世界书院研究

第一卷

孔祥林 主编

国家社会科学基金项目『世界书院研究』成果

山东省社科理论重点研究基地

孔子研究院中外文明交流互鉴研究基地成果

山东人民出版社·济南

国家一级出版社 全国百佳图书出版单位

图书在版编目（CIP）数据

世界书院研究 / 孔祥林主编 .-- 济南：山东人民出版社, 2024.9
ISBN 978-7-209-14707-1

Ⅰ. ①世… Ⅱ. ①孔… Ⅲ. ①书院—介绍—世界
Ⅳ. ①G649.1

中国国家版本馆CIP数据核字（2023）第129016号

世界书院研究
SHIJIE SHUYUAN YANJIU
孔祥林　主编

主管单位　山东出版传媒股份有限公司
出版发行　山东人民出版社
出 版 人　胡长青
社　　址　济南市市中区舜耕路517号
邮　　编　250003
电　　话　总编室（0531）82098914
　　　　　市场部（0531）82098027
网　　址　http://www.sd-book.com.cn
印　　装　山东新华印务有限公司
经　　销　新华书店

规　　格　16开（170mm×240mm）
印　　张　111.75
字　　数　1580千字
版　　次　2024年9月第1版
印　　次　2024年9月第1次
ISBN　978-7-209-14707-1
定　　价　358.00元（全四卷）

《世界书院研究》编委会

前 言

从研究书院开始，笔者就一直在思考以下两个问题，什么是书院，书院是什么。

什么是书院?

本书在第一编“中国书院”中，专门设立“中国书院类别”一章，将中国以书院命名者分为教育书院、学术书院、举业书院、学术兼举业书院、奉祀书院、书斋书院、教会书院、正音书院、礼乐生培训书院、官廨书院、公事书院、公馆书院、交际书院、公所书院、道家书院、佛寺书院、出版书院17种。此外，还有许多虽然不以书院命名但是被相关研究列为书院者，如五代的白鹿国学或白鹿国庠，宋代的万卷堂、拏云馆、绿野亭、学古斋，清代学海堂，等等。

那么什么性质的才是真正的书院呢？这就是笔者思考的第二个问题，书院是什么。

书院是什么?

书院是什么，探究的是如何为书院确定性质。关于这个问题，学界早在20世纪早期就进行过热烈讨论；1949年以后，书院私学说与特殊教育组织说成为主要观点，私学说逐渐演化出高级私学、正规化私学、制度化私学等不同说法，但学者们普遍认为书院是继承孔子私学传统的载体。笔者基本赞同此种观点，因此在本书“中国书院历史”前特设“绪论”，明确书院性质就是私学，并从纳入国家要务、设置学官、国家设置学生名额、向国学推荐学生、学生参加科举考试、学生享受国家优待、学校经费等七个方面与官学进行比较，官学属于国家教育体制，而书院除南宋和元时小部分被纳入官学体系外，在其他历史时期就是私学。

书院既然是私学、是学校，那么书院首要功能就是教育。讲学、祭祀、藏书并不是书院专利，书院不过是在模仿官学，更何况明清时期许多书院连奉祀建筑都不设；校书、刻书早期更是国学专权，宋代皇帝赐书都是国子监刊本；它们其实都不能作为界定书院性质的依据。

书院是进行教育活动且没有被纳入国家教育体制的私学。按照此性质，历史上的书院其实可分作三类：一类是名副其实的书院，一类是有名无实的书院，一类是无名有实的书院。

名副其实的书院是书院主流，不论是只进行启蒙教育的书院还是清代连举人都去进修备考的书院都属此类。

有名无实的书院虽然没有名副其实的书院多，但也不少。本书中的奉祀书院、书斋书院、官廨书院、公事书院、公馆书院、道家书院和出版书院都不是真正意义上的书院。目前仅见一所的公所书院广州文澜书院虽然开展会文活动，但没有进行教育活动，也不能算是书院。兼具礼祠和家庙的苏州文正书院设有教育族人的家学，所以应该被视作书院。

在中国历史上，无名有实的书院之出现比其真正拥有名字要早得多。孔子首创私学，春秋战国时期百家争鸣，各家无不收徒设教，秦汉时期文化经典端赖私学师徒传授才未湮没，一直到书院名称出现前，这类无名有实的书院一直承担着教育和传承思想文化的重任。但本书既然名书院研究，为了探讨书院源流，适当上溯书院教育发端还是必要的。但在书院名称出现前，私学教育只能说是书院性教育，不能将其作为书院来看待。书院名称出现后的私立教育机构虽然有的不是以书院命名，但学界大都视其为书院，所以应该将其纳入书院研究范畴。此类书院中国不多，比较多的是日本的藩校。由于书院存在的江户时期，日本根本就没有国立学校，也没有实行科举制度，各地大名（诸侯）虽然大都设置书院，但国家并没有制定相关制度，因此书院都是依照大名个人意愿设置和管理。藩校多以馆为名，与中国的私立书院非常相似，因此有的藩校干脆以书院命名，如松尾藩校名德道书院、佐仓藩校名德成书院、大洲藩校名止善书院、挂川藩校名德造书院、馆林藩校名造士书院、平户藩校名犹兴书院等，所以本书直接将日本藩校称作藩校书院，将其纳入书院研究范围。

有的书院有名无实，有的书院无名有实，重名还是重实？本书既然名书院研究，就应该名实兼顾，将它们全部列入研究范畴而指出它们的不同。

一孔之见，不知正确与否，还请方家指教，并请对本书存在的问题给予指正，笔者翘首以待！

目　录

第二编 朝鲜书院

第三编　日本书院

第四编 东南亚及欧美书院

附 表

第一编

中国书院

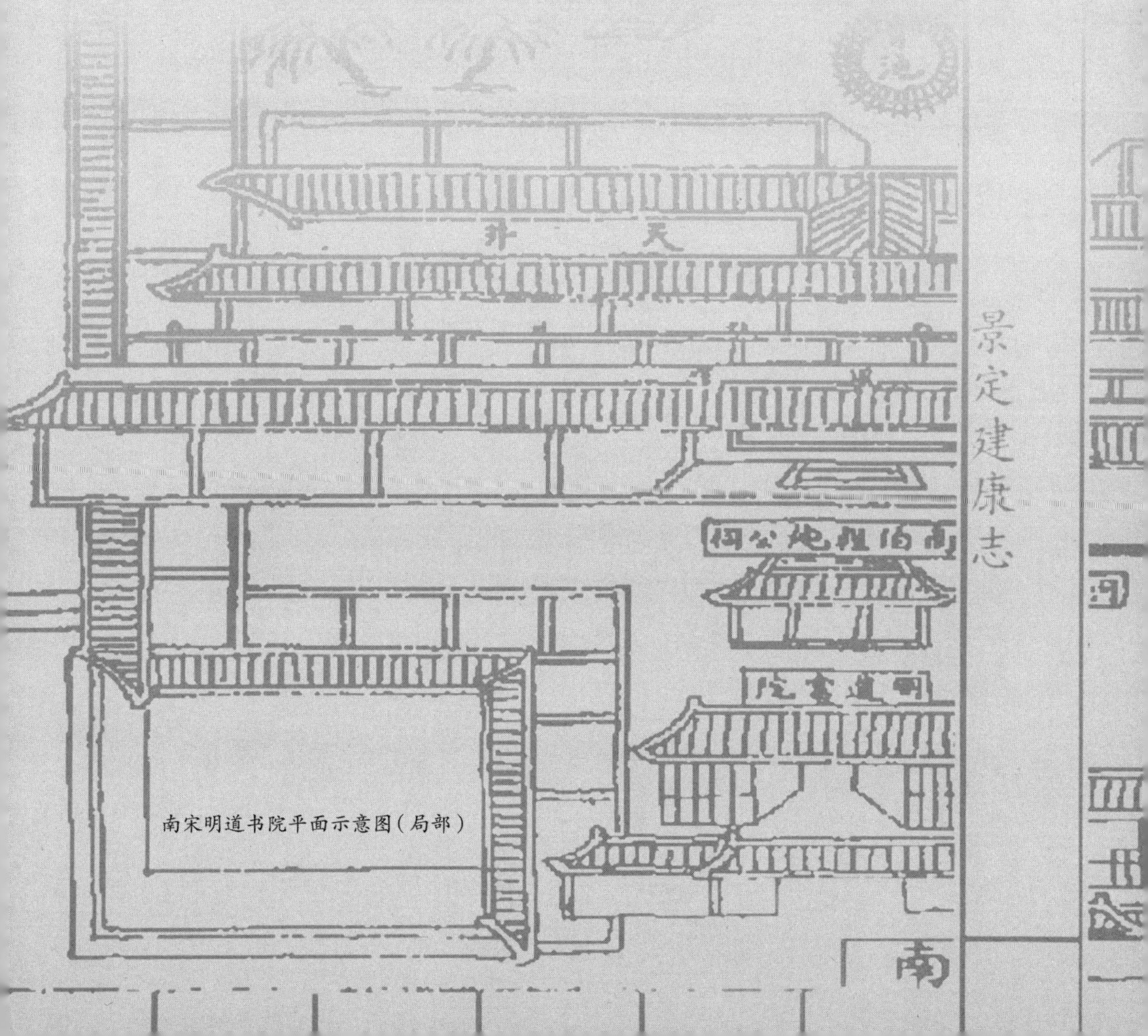

南宋明道书院平面示意图（局部）

绪　论

笔者每读中国书院史就大惑不解，为什么学者多认为书院始于唐代？将书院历史仅仅上溯到唐代是不是书院出现太过突兀？之所以将书院认定始于唐代，主要是许多研究者只重视书院名称而忽略书院性质。

研究书院必须首先确定书院性质，只有这样才能真正研究书院。

20世纪80年代，关于书院研究日益活跃，对于书院性质，有的学者将其定义为“书院是中国士人围绕着书，开展包括藏书、读书、教书、讲书、修书、著书、刻书等各种活动，进行文化积累、研究、创造与传播的文化教育组织”①，定义可谓全面，但是藏书、读书、教书、讲书、修书、著书、刻书等各种活动并非书院专利，好多都是在仿造官学。

书院性质一直是一个争议很大而且没有定论的问题。关于书院性质主要有两种观点；一是私学说，一是特殊教育组织说。私学说认为书院承继了孔子私学传统，特殊教育组织说认为书院是中国古代集讲学、藏书和祭祀三大功能于一体的介于官学和私学之间的特有的教育组织形式。《八十年中国书院研究综述》“书院的性质、制度与精神”在列举各种观点后说，“关于书院性质这一争议最大的问题，由于官学、私学、书院概念的相互交叉和包含，衡量官学的标准难于确定，历来众说纷纭，至今仍未解决”②。其实，要解决这个问题，只要

① 拓夫、林尔吉：《八十年中国书院研究综述》，见朱汉民、李弘祺主编《中国书院》（第六辑），湖南教育出版社2004年版，第1页。

② 朱汉民、李弘祺主编：《中国书院》（第六辑），湖南教育出版社2004年版，第43页。

将官学与书院相比较就能得出明确的答案。

书院与官学的差别主要表现在七个方面：一是是否纳入国家要务，二是是否设置学官，三是国家是否设有学生名额，四是是否可以向国学推荐学生，五是学生是否可以参加科举考试，六是学生是否享有国家优待，七是学校经费是否列入国家预算。

一、纳入国家要务

（一）官学被纳入国家要务

在历史上，几乎每代王朝都非常重视教化，而学校为教化之源，“古之教者，家有塾，党有庠，术有序，国有学”[①]，中国古代王朝很早就确定了国家教育体系，兴办学校也就成为国家要务。

董仲舒《对贤良策》说“是故南面而治天下，莫不以教化为大务。立太学以教于国，设庠序以化于邑”，汉武帝接受董仲舒建议设立太学，元帝令郡国学校设置五经百石卒史。魏明帝诏称“尊儒贵学，王教之本也”，令郡国贡士“经学为先”。晋太元九年（384年），朝廷下诏修复国学，令州郡普修乡校。梁天监四年（505年），朝廷下诏分遣博士、祭酒到州郡立学。后赵石勒命郡国立学官，每郡置博士、祭酒二人。北魏时还将学校推广到县党村庄，“县立讲学，党立教学，村立小学”。

唐代对官学更加重视。武德四年（621年），朝廷令州、县、乡一律设置学校。国家不时下诏督促地方政府修建学校，唐玄宗要求州县每乡都要建设一所。北宋朝廷于庆历、熙宁、崇宁三次下诏兴学。最晚到元代时就将学校是否增修作为地方官员三年考绩的重要内容，“夫州县长佐之吏，考绩于三载，必

① 《礼记·学记》，引自上海古籍出版社《四库全书》本。本书凡未注明出处者均引自《四库全书》。

曰文庙有无增葺”[①]。古代文庙设在学校内，庙学一体，文庙即学校。明太祖朱元璋更将官学作为州县地方官员报告政绩的重要内容之一：“高皇帝尝谕铨部诸臣曰：‘农桑，衣食之本；学校，风化之原。州县报政，必以课农、兴学为最。’”[②]

（二）书院没有被纳入国家要务

书院在宋代曾经受到国家重视，皇帝赐额、赐书给白鹿洞、岳麓、应天府、嵩阳、石鼓、明道等著名书院，并赐给部分书院田产，清朝康熙、乾隆也曾给许多书院题额题联，雍正分别给各省拨银1000两建造省级书院，雍正、乾隆还多次就书院建设发出上谕，但这些都是偶一为之的行动，并没有制度性安排。除元朝外，书院并未像官学一样被纳入国家要务。

二、设置学官

（一）官学设置学官

官学自周代起就设置学官，国家大学设置大司成、小司成、乐师、大师、小师、笙师、韎师、旄人、籥师、鞮鞻氏等教育官员和教师。西汉时国家建立官学体系，中央有太学，设博士专管教学，郡国有官学，武帝时“乃令天下郡国皆立学校官”，元帝时“郡国置五经百石卒史”，元始三年（3年）王莽当政时曾下令建立地方学校体系，“郡国曰学，县、道、邑、侯国曰校，校、学置经师一人。乡曰庠，聚曰序，序、庠置《孝经》师一人”[③]，各级学校都有国家设置的学官。

学校设官被历朝所沿用。在书院之名已经出现的唐代，中央设立国子学、太学、四门学、律学、书学和算学，玄宗时又增设广文馆和玄学馆。国子监设

---

① ［元］杨桓：《修阙里庙垣记》，见［清］孔继汾述《阙里文献考》，山东友谊书社出版社1989年版，第824页。

② ［明］李盘：《新建南溪书院记》，见《粤西文载》卷二九。

③ 《汉书·平帝纪》，引自上海古籍出版社《四库全书》本。

祭酒1人，司业2人，“祭酒、司业之职，掌邦国儒学训导之政令”，主管全国教育，国子监丞主管州监事，下设主簿、录事等。《旧唐书》记载：国子监设博士2人，助教1人；太学、四门学各设博士3人，助教3人；律学设博士、助教各1人；书学、算学各设博士2人；五经博士各1人；广文馆博士2人，助教2人；合计30人。《新唐书》记载学官更多：国子监博士、助教各5人；太学、四门学博士、助教各6人；律学博士3人；五经博士各2人；不计广文馆共47人。地方府州县学校均设博士1人，助教1人，而三牧、大都护府、中都护府、上州还增加助教1人。

宋代中央有国子监、太学、武学、律学和小学。设祭酒总管，司业、监丞、主簿各1人，太学博士10人，学正、学录各5人，学谕20人；武学设博士、学谕各2人；律学设博士2人；小学设教谕2人。州学设教授，崇宁二年（1103年）州学设教授2人，县学设学长、学谕各1人。从《剡录》看，学校还设直学1人、斋长、斋谕各1人，“学长、谕、直学各一人，斋长、谕各一人，学生文士五十人，武生阙焉。小学教谕一人，小长一人，学生四十人。出政和学制”[①]，“出政和学制”，就是按照国家制定的县学标准设置。

人们历来认为元朝最不重视文化教育，但是元代地方学校学官却最多。“凡师儒之命于朝廷者曰教授，路、府、上中州置之。命于礼部及行省及宣慰司者曰学正、山长、学录、教谕，路、州、县及书院置之。路设教授、学正、学录各一员，散府、上中州设教授一员，下州设学正一员，县设教谕一员，书院设山长一员。中原州县学正、山长、学录、教谕并受礼部付身，各省所属州县学正、山长、学录、教谕并受行省及宣慰司札付”[②]。江南初定时学官远多于此，总管府府学设教授2人，钱粮官2人，学录、学正各2人；散府府学设教授2人，钱粮官1人，学录、学正各1人；县学设教谕2人，钱粮官1人；部分

---

① 《剡录》卷一《学志》。

② 《元史·选举志一》。

书院被纳入国家管理，每院设山长2人，钱粮官1人，学录、学正各1人。大德五年（1301年）改为江浙各路设儒学提举1人，教授1人，学正1人，学录1人，直学2人；散府、诸州并各处书院设教授1人，学正1人，学录1人，直学1人；县学设教谕1人。此外，有的学校还设有省委副教官，从学正“有省委副教官处设一员，无省委副教官处二员”看，应该是下州所设。

明代地方学官减少，府学设教授1人，训导4人；州学设学正1人，训导3人；县学设教谕1人，训导2人。

清代地方学官采用明朝制度，但学官更少，其他未变，训导都减为1人。

除国学外，地方学官品秩不高，但都是国家编制内官员，除元朝部分学官外都由中央政府任命。明代时，《明会典》将儒学列入本级地方政府所属衙门，《清会典》将学官列入编制，如顺天府定编只有府尹1人，丞1人，属官治中1人，通判1人，经历1人，照磨1人，司狱1人，府学教授满汉各1人，训导满汉各1人。清代提高学官品秩，教授正七品，学正、教谕均为正八品，训导从八品。全国共有教授191名，学正198名，教谕1109名，训导1531名。

（二）宋元时期仅部分书院设置学官

书院授官始于北宋，大中祥符八年（1015年），岳麓书院山长周式被召至京师，朝廷任命他为国子监主簿，但周式固谢不应诏，皇帝允准他还山肄业，赐给他对衣、鞍马，但这次任命并非制度，属于偶然。

南宋时，个别书院实际上是官学一部分，“潭州岳麓书院系隶属郡学”，白鹿洞书院“仍会潭州岳麓书院隶属州学”[①]，清湘书院“拨隶州学，一等教养”[②]。隶属官学的书院山长，有的以官员兼任，有的以学官兼任。嘉定四年（1211年），洪州东湖书院落成，以江西转运司常平使陆持之长书院，“连帅以

---

① ［南宋］崔敦诗：《论南康军奏请白鹿洞书院额疏》，见［明］黄淮、杨士奇《历代名臣奏议》卷一一五。

② ［南宋］程珌：《赐名清湘书院记》，见《洺水集》卷七。

书币强起持之长之”。建康明道书院自淳祐十一年（1251年）连续以江东抚干、帅参、添差教授、建康节推、上元县尉等充任山长，属于地方官员自行安排，并非国家制度性规定。

学官兼任书院山长初见于淳熙十五年（1188年），潭州州学教授顾杞兼任岳麓书院山长，但不知是否由朝廷任命。朝廷任命初见于宝庆元年（1225年），是年赐额清湘书院，朝命“俾郡博士兼领之”[①]。淳祐二年（1242年），严州知州请于朝，朝命以严州教授兼任钓台书院山长，“知州季镛闻于朝，以州学教授兼山长”。教授兼书院山长还有以下诸例：淳祐间汤汉以信州教授兼象山书院山长；林畊以衡州教授兼石鼓书院山长；刘元刚以江州教授兼濂溪书院山长；时少章以婺州教授兼丽泽书院山长，不久又转南康军教授兼白鹿洞书院山长。教授兼任书院山长已经成为惯例，但仅限于部分官管书院。

书院山长授官最早见于景定元年（1260年），胡立本“准吏部差，正任迪功郎，充建康府明道书院山长”，景定四年“诏吏部诸授书院山长者并视州学教授”，书院山长授官成为制度，但并非所有书院山长均授官，只是部分官管书院。

元朝书院设官比较多，但并非所有书院，也是只限于官管书院，私立自管书院则未设。至元十九年（1282年）时，江南书院设官与散府府学相似，“书院山长二员，钱粮官一员，学录、学正各一员”[②]。不同的是散府府学主管名教授，书院主管名山长，其他学官完全相同。至元二十四年规定书院学官待遇与官学学官相当，“（山长）只受行省札付，月请粮米三石，钞三两”，与州学学正相同，地位降低。至元三十年规定，三年考试合格与学正一样可以就任府、州学教授，“江南各处书院止设山长，受行省札付，此同学正出身，一考于府、州学教授内任用”，高于学录和县学教谕。大德二年（1298年）改为“书院有

---

① ［南宋］程珌：《赐名清湘书院记》，见《洺水集》卷七。

② ［元］佚名：《庙学典礼》卷一《郡县学院官职员数》。

钱粮处设山长二员，无钱粮处只设一员”。大德五年改革，书院设官与散府、诸州学校设官完全相同，“散府、诸州并各处书院设教授一员，学正一员，学录一员，直学一员”，山长改为教授，地位提高，由行省委任改为“提刑按察司体覆，申台呈省到部”充任；大德六年再改为“下州并书院各设学正一员”，书院只设学正一员，如同下州州学；书院山长等级逐渐降低。

元代设官书院较多，大德五年改革后设官书院大为减少。按照吏部所拟，只保留书院46所，后又增加新设书院37所，总共才83所，而江浙行省分别为19所和26所，占总数的一半还多。

明代书院不设学官，明洪武元年（1368年）曲阜尼山书院、洙泗书院虽设山长（正德二年改称学录），但都是奉祀官员，两书院均无学生，孔子、颜子、孟子后裔都在孔颜孟三氏学就学。清代沿用明代制度，两书院学录只管奉祀，“圣裔国子监学录二人，正八品，一奉尼山书院祀，一奉洙泗书院祀，并由衍圣公于族内选用”。

清代书院也不设官，雍正四年（1726年），江西巡抚请求朝廷为白鹿洞书院设立学官，选任掌教，但部议并未同意。

三、国家设置学生名额

（一）官学设置学生名额

北魏时，国立地方学校即设置学生名额，大郡100人，次郡80人，中郡60人，下郡40人。书院出现的唐代，各学均有学生名额，“京都八十员，大都督、中都督府、上郡各六十员，下都督府、中郡各五十员，下郡四十员，京县五十员，上县四十员，中县三十员，下县二十员”①。宋代官学也设置学生名额，崇宁三年“始定诸路增养县学弟子员，大县五十人，中县四十人，小县二十人”②。

---

① 《通典》卷五三《大学》。

② 《宋史·选举三》。

元至元六年（1269年），朝廷只在路学设置学生名额，“十二月，中书省定学制，颁行之。命诸路、府官子弟入学，上路二人，下路二人，府一人，州一人，余民间子弟，上路三十人，下路二十五人。愿充生徒者，与免一身杂役”。成宗大德五年（1301年）冬十月将学生名额扩大到府、州学，“又定生员，散府二十人，上中州十五人，下州十人”，学生名额较宋代大为减少。在大德五年府、州学校设立名额以前，州学也有学生，至元十九年颁行的规定要求，“诸府州直隶者，有受敕教授，仰本路官将管下免差儒户内，选拣有余闲年少子弟之家，须要一名入州学，量其有无，自备束脩，从教授读书，修习儒业。……非儒户而愿从学者并听。秋季，本司参佐同本学官就学试验，择学业有成名子弟近上者充府州学生”。凡纳入儒户家庭，如果有余闲年少子弟必须送一人到州学学习。

明洪武二年（1369年）即规定官学学生名额，“生员之数：府学四十人，州县以次减十”，府学廪生四十名，州学三十名，县学二十名。军队也设置儒学并设置学生名额，“成化中定卫学之例，四卫以上军生八十人，三卫以上军生六十人，二卫、一卫军生四十人，有司儒学军生二十人，土官子弟许入附近儒学，无定额”，管辖4卫以上儒学名额多达80人。上述名额由国家按月给米，称作“廪膳生员”，简称“廪生”，后来由于人数增加，又增加不给米生员，称作“增广生员”，简称“增生”，名额与廪膳生员相同，此外还有不设名额的附学生员。

清代国立学校学生名额减少，根据各府州县人口、经济、文化等人文情况设置。直隶顺天府、大兴县、宛平县学校均25名，府学、大州、大县23名，其次州县大学18名、中学15名，小学10名；江南、浙江府学和大州县25名，其次州县大学20名、中学16名、小学12名；其余各省府学、大州县20名，其次州、县大学15名、中学12名、小学8名。廪生和增生均可按此名额设置。

（二）仅元代官管书院设置学生名额

南宋时，有的书院有学生名额，但属于官学学生名额，非书院专设。

岳麓书院于乾道元年（1165年）重建后设养士额20名，淳熙十五年（1188年）增加10名，绍熙五年（1194年）朱熹又“今议别置额外学生十员，以处四方游学之士”。从《宋史》记载看，岳麓书院学生由州学选拔而来，“州学生月试积分高等升湘西岳麓书院生，又积分高等升岳麓精舍生，潭人号为三学生”[①]，学生名额仍然是州学名额，正如中书舍人崔敦诗《论南康军奏请白鹿洞书院额疏》所说，“潭州岳麓书院系隶属郡学，所养生员皆自郡学补中拨入”。崔敦诗还建议白鹿洞书院“仍会潭州岳麓书院隶属州学规例一体施行”[②]，白鹿洞书院隶属于南康军学，学生名额也是来自官学。南宋时，官管书院学生名额应该都是来自官学，淳熙十三年石鼓书院重建后，“为增置弟子员”，“较试诸生充弟子员”[③]，学生也是来自官学。

元代被纳入官学的书院由国家设置学生名额，但未见制度规定。从大德元年（1297年）《行省坐下监察御史申明学校规式》看，集庆路学大学生员64名，明道书院14名，南轩书院8名，上元县学7名，江宁县学11名，书院与官学一样设置学生名额。

元代书院还设有生徒，“南轩书院生徒、钱粮最为鲜少”，浙江慈溪鄮山书院曾设置生徒21名，“儒学提举司行下本路儒学及鄞县学，分拨到生徒二十一名，递年身故，见存儒人七名，在院陪拜肄业”[④]。鄮山书院为大德二年（1298年）建，分拨生徒应该发生在大德五年令府州学设置学生名额后，但是国家规定生员散府20人，上中州15人，下州10人，鄮山书院生徒比散府生员还多，生徒不应该全是生员，应该是有生有徒。

明清时期，书院再无官定学生名额。清代时许多书院学生有额，如南京省城书院钟山书院生徒内课50名，外课70名，湖北省城书院江汉书院内外肄业

① 《宋史·尹穀传》。
② ［明］黄淮、杨士奇：《历代名臣奏议》卷一一五。
③ ［南宋］廖行之：《石鼓书院田记》，见氏著《省斋集》卷三。
④ ［元］袁桷：《延祐四明志》卷一四《学校考》。

生员定额60名，广东省城书院端溪书院正课生徒120名，但此额与官学不同。官学定额是初级科举功名廪生、增生名额，由国家规定；而书院定额由书院自己确定在书院学习的生徒名额。

四、向国学推荐学生

（一）官学向国学推荐学生

周代国家即有推举人才的规定，“命乡论秀士，升之司徒曰选士，司徒论选士之秀者而升之学曰俊士。升于司徒者不征于乡，升于学者不征于司徒，曰造士”[①]。早期贡举多由官府，隋行科举，贡举逐渐转向学校。

唐代州县学生可以被选拔到京师四门学，开元二十五年（737年），玄宗下敕：“诸州、县学生，年二十五已下，八品、九品子，若庶人生年二十以下，通一经以上，及未通经、精神通悟，有文词史学者，每年铨量举选，所司简试，听入四门学，充俊士。”[②]宋元符二年（1099年）推行三舍法，“令诸州行三舍法，考选升补悉如太学。州许补上舍一人，内舍二人，岁贡之。其上舍附太学外舍，试中补内舍生，三试不升舍，遣还其州。其内舍免试，至则补外舍为生”[③]。元代至元十九年（1282年）规定，“诸府州直隶者，有受敕教授，仰本路官将管下免差儒户内，选拣有余闲年少子弟之家，须要一名入府州学，量其有无，自备束脩，从教授读书，修习儒业。……非儒户而愿从学者并听。秋季，本司参佐同本学官就学试验，择学业有成名子弟近上者充府学学生。仍申本州照会，标入学生之籍，依旧住学肄业”。但是元代岁贡名额少得可怜，只有总管府才有资格，而且是儒生和小吏各占一半。至元十九年规定“岁贡人额：按察司上路总管府三年一次贡二名，儒一名，吏一名；下路总管府二年一次贡一名，儒吏递进”。

① 《礼记·王制》。

② 《唐会要》卷三五《学校》。

③ 《宋史·选举三》。

明洪武十七年（1384年）规定，府州县学每年向国子监贡送一名学生，贡生在国子监学习考试后就可出任学官、州县副职或小京官。其后贡生名额虽然多次变化，最终确定为府学一年一贡，州学三年两贡，县学两年一贡，每次均贡一名。遇到国家重大喜庆时，还会加设恩贡。清代采用明朝制度，并增加了拔贡，每十二年考一次。

（二）仅元代官管书院可以向国学推荐学生

宋代时，潭州“州学生月试积分高等升湘西岳麓书院生，又积分高等升岳麓精舍生，潭人号为三学生”[①]，州学学生积分最高者两升才能成为岳麓精舍生，而推荐到国学者是州学最优秀的学生，升入国学者应该有岳麓精舍生，但学生名额是州学的，因为国家规定“州许补上舍一人，内舍二人，岁贡之”，书院并没有推荐学生入国学名额。

元代时，书院学生秋季考试优秀者可以充府州学生，在籍儒生经考试优秀者也可为贡生，书院学生主要来自儒户，应该也有选拔贡生资格。

明清时期，书院根本就没有向国学推荐学生资格。

五、学生参加科举考试

（一）官学学生参加科举考试

唐代参加科举人员有两类，“由学馆者曰生徒，由州县者曰乡贡”[②]，中央各类官学从在馆学生中选拔出来送到尚书省参加考试者名“生徒”，由地方州县从私学或自学人士中选拔举送到尚书省参加考试者名“乡贡”。唐代贡士之法规定，“上郡岁三人，中郡二人，下郡一人，有才能者无常数”。

元代学生秋季考试优秀者可以充府州学生，岁贡时“于系籍儒生内选试，

① 《宋史·尹穀传》。

② 《新唐书·选举二》。

行义修明，文书优赡，深通经史，晓达时务，可以从政者，保申本司，再行体覆相同，然后贡解”[①]，贡解者“或用为教官，或取为吏属”，就可进入仕途。

明清时期，只有获取初等功名的诸生和新考中儒童第一名才有资格参加乡试，乡试合格的举人才有资格考取进士，不在校士子连参加乡试的资格都没有，遑论参加省试、会试。在校诸生也不是都可以参加乡试，而是要通过考试选拔，成绩优秀者才有资格参加。省提学官三年一任，任内两次考试生员，考试成绩分作六等，一等、二等和三等前五名才能参加乡试。从曲阜孔颜曾孟四氏学看，廪生和增生名额各40名，考试取一等16名，占廪生和增广名额20%；二等33名，占41.25%；五等6名，占7.5%；六等2名，占2.5%；其余为三、四等。除一等、二等和三等的前五名参加乡试外，新考中儒童第一名也可以参加，四氏学可起送55名参加乡试。除儒童第一名外，额内生员只有54名，占生员名额总数的67.5%。

（二）唐宋元时书院学生可以直接参加科举考试，明清时期江西三所书院有乡试名额

书院学生在唐宋元时期可以参加科举考试。唐代允许不在校士子参加科举考试，“其不在馆学而举者谓之乡贡”[②]，不在学校者也可被贡。乡贡还允许“投牒自进”，即自由报考，考试“一切以程文为去留”，以成绩优劣为取舍依据，乡贡可以参加进士、明经等科考试。

宋代与唐代一样，不在校士子也可参加国家最高等级的科举考试，考取进士等功名，在书院读书者当然可以参加科举考试。但庆历四年（1044年）规定“士须在学三百日，乃听预秋赋，旧尝充者，百日而止”[③]，举送到礼部初次参加科试的乡贡必须在官学学习300天，再次应试者也必须在学学习100天。

---

① ［元］佚名：《庙学典礼》卷一。

② 《通典》卷一五《选举三》。

③ 《文献通考》卷四六。

熙宁初推行三舍法时又规定，“举子家状必自言受业某州教授，使不得人自为说”[①]，应举士子须提供官给文书作为担保，举子报考家状也要写上曾受业某州教授，不在官学学习就难以报考，书院学生必须入官学学习后才能报考。

南宋时，岳麓书院和湘西书院成为官学优秀学生的进修学校，“州学生月试积分高等升湘西岳麓书院生，又积分高等升岳麓精舍生，潭人号为三学生”[②]，两学书院其实已经成为官学的一部分，在学学生虽然名为书院学生其实是官学学生。

元代官学允许非儒户子弟入学学习，官管书院学生每年秋季考试优秀者也可以成为府州学生，一样可以被贡解。

明清时期“科举必由学校”，不进入国立学校没有资格参加获取举人称号的考试，比较特殊的是江西白鹿洞书院、白鹭洲书院和南昌澹台祠（书院），明清时期诸生有参加乡试名额。“先朝二百七十余年，吉州之鹭院科举与南康之白鹿洞、南昌之澹台祠俱有定额……我朝顺治年间尚存其例，但或多或少，未有定额”，因战乱书院被毁，定额也随之停止。康熙中，吉州十学（府学与下属九县县学）诸生呈府，府呈学政，要求恢复，经督学道批准，“本道今科试，该属除正案三等前大学十名、中学五名、小学三名，俱照例准取科举人闱。此外再增大学八名，中学四名，小学二名，以为鹭洲书院科举，永为定额”，给予白鹭洲书院参加乡试名额。吉安府学廪生名额为20，属于大学。明清时期，并不是所有生员都可以参加乡试，各官学都有分配定额，凡愿参加乡试者必须参加由学政主持在府州举办的科考，合格者才有资格参加。参加科考者必须是生员，生员名额均设在各级官学，书院本身没有名额，给予书院参加乡试名额是省学政特例，并非国家规定。书院借此提高地位和吸引力，而各官学也希望增加参加乡试人数，但这种情况很少见。

---

① ［宋］陈傅良：《建岳麓书院记》，见《长沙府岳麓志》卷七。

② 《宋史·尹穀传》。

六、学生享受国家优待

（一）官学学生享受国家优待

国家给予官学学生的优待之一是免役。宋代时州县学生经公试与私试者可免本人差役，太学内舍生可免本户，上舍生还可免借措，"凡州县学生曾经公私试者复其身，内舍免户役，上舍仍免借，借如官户法"。元代规定在籍学生蠲免杂泛差徭，"钦奉圣旨：节该在籍秀才，做买卖纳商税，种地纳田税，其余一切杂泛差徭并行蠲免"[①]。明代廪生和增生均免除本人杂泛差徭，还优免本户两个男丁，清代优免丁粮和差役。

另一个优待是国家给予官学学生生活经费。北宋时州学学生就有生活经费，孔颜孟三氏学"内举人依本州学生例与供给"[②]，可见州学学生有供给。金代早期，府学学生每人每月给钱三贯、米五斗，泰和元年（1201年）九月制定赡学养士法，州府"生员给民佃官田人六十亩，岁支粟三十石"，此制度一直实行到金末，兴定元年（1217年）尚书省曾奏请罢除州府学生廪给，宣宗不同意，"帝曰：自古文武并用，向在中都设学养士犹未尝废，况今日乎？"[③]明代廪生每人每月给米1石，后改为每人每月给银1两，连同闰月每人每年12.45两；清代标准降低，每人每年给银8.66两。

（二）私立书院学生没有国家优待，官管书院提供生活经费

私立书院学生未见享受国家优待记录，只有官管书院学生享受国家优待。

南宋绍熙五年（1194年），朱熹在岳麓书院设置额外名额接待游学之士，"依州学则例，日破米一升四合，钱六十文"；建康明道书院正供生员每人每月给钱5贯，每日提供膳食，"米二升五合，造食钱三百文"，每晚支给油钱

---

① ［元］佚名：《庙学典礼》卷六。

② ［金］孔元措：《孔氏祖庭广记》，山东友谊书社1989年版，第116页。

③ 《续文献通考》卷五〇。

200文，冬季四个月每日给木炭2斤；两书院都是官管书院，待遇都比较优厚。

元代南方书院多为南宋遗留，原有许多学田，收入颇多，至元十三年（1276年）规定向书院学生、官学学生和游学者提供饮食，“照旧例行供”，“诸斋生员日行二膳，游学之人无所归者亦日有以赡之，年老者月给生料，幼学者日亦行供”[①]。北方官建的西安鲁斋书院经奏准朝廷，令陕西行省“仰所在官司量拨系官田土入学，奉朔望春秋之祀，修缮祠宇，廪饩师生”，官拨土地向师生提供粮食。私人建造而交给官方的书院也提供饮食，元至正七年（1347年），河北新乐永寿乡赵氏兄弟建成壁里书院，“割侠神里田三百亩以廪师生”，地方官蠲免土地差役，“郡县之官既蠲除差役，复言于朝，请设学官”[②]。书院设官，成为官办书院，继续向师生提供饮食。

清代官管省城书院大都向学生提供生活经费。如沈阳书院给肄业生员每人每月膏火银1.5两，广东端溪书院道光时给正课生童每人每月膏火银1.2两，云南五华书院给正课生童每人每月膏火银1.6两、米3京斗，福建鳌峰书院给一等生监每人每月膏火银1.6两，二等生监1.2两，加增生监1.4两，湖南岳麓书院乾隆二十八年规定正课生员每人每月给银1两。经费来源虽然有皇帝所赐帑银置产收入，但数量太少，主要还是官员筹措，有官员拨给、官绅捐助、官银生息等，但均未被列入国家预算。

七、学校经费

（一）官学经费由国家拨给

唐代时，京师中央各学和京畿府县学校官员与教师月俸、禄米由国家发给，地方学官早期由地方供给，开元十年（722年）改由国家预算内拨给，学生生活费也由国家供给。

---

① ［元］佚名:《庙学典礼》卷一《都省复还石国秀等所献四道学田》。

② ［元］苏天爵:《新乐县壁里书院记》，见《滋溪文集》卷三。

宋乾兴元年（1022年），判国子监事孙奭奏准朝廷拨给兖州州学学田10顷“以为学粮”，“始命诸州置学官，率给田十顷养士”，国家拨给各学土地，学校将土地租给农民耕种收取地租作为办学经费。“熙宁三年诏，列郡修辟学馆，其都府置学官者给公田十顷，著为令。”上府、大州官学给田10顷，一般州郡拨给5顷，县学多为2顷。由于国家不时将绝户人家土地或寺庙田产拨给学校，因此有的学校土地大量增加。天圣九年（1031年），青州州学一次“颁公田三十顷”，元丰六年（1083年）“诏以永兴军广教禅院没官田三十余顷赐府学养士”，而福州州学学田在政和中达到“田一千三顷三十亩，房廊三百一十四区，钱一万七千四十四贯一百二十五文，米四千九百二十九石五斗八升”。除学田外还有贡士庄，收入专供赴京参加科举贡士作盘缠等用。有的学校还有园地、池塘、山林、房屋、沙岸等财产。宁德县学“田一十三顷九十六亩三角三十八步，园地一十四顷八十四亩一角一十四步，租课钱八十九贯二百一十四文足，白米一百四十五石，芋棱谷共五斗五升，本学旧房廊屋六十八间，屋地一十所，屋檐地一片，火巷地一段，新收住屋一十八所，年抽地课钱四百二十九贯二百六十文足”，每年收钱518贯多，白米145石。沙岸收入比较大，元代时昌国州“石同中统钞一百四十锭，鱼鲞三百斤，宜山中统钞五十锭，乌沙、洋务中统钞三锭，洋山中统钞二十五锭”，五处沙岸收租218锭。

除学田收入外，有的地方政府还从自有收入中支出。《淳熙三山志》记载，崇宁兴学时，县学“崇宁初行舍法，乃诏学置学长一人，学谕一人。学长掌一学之事，学谕以经术训导诸生，委州知通教授，选老成有行艺为闾里所推服者，各给俸禄，县以不系省杂收钱充”。

元代基本采用宋代学田养士办法，学田主要是宋代旧存。灭南宋后，仅“江东、江西、浙东、浙西四道诸路州县学并杭州太学赡学田产，约有数万来亩”，江南学田、贡士庄每年可收钱粮三百余万贯石，“江南地面有贡士庄、学院养士钱粮，若取索亡宋时租籍照勘，尽数拘收，该钱粮三百余万贯石”，由于元代九年没有开考，“其各路、县贡士庄所收钱粮，路计数万贯石，县计数千贯石”[①]。元代除以此供学校、书院养士外，还用于维修孔子庙、祭祀孔子，羡余还用于制作国子监孔子庙和曲阜孔子庙礼乐器等。

明代国家实行定税制，确定税收总额和存留、起解数目，学校经费被列入国家预算，从存留中支付。“洪武初，令教授俸照品级、学正而下照杂职例支给。十三年奏定：学正、教谕、训导俸各月支米与杂职同，师生廪膳米每人日一升”[②]，学校服务人员俸钱从徭役收入中支给。从明嘉靖《龙溪县志》看，学校服务人员中库子府学4名，县学2名，每名每年银6两；门子府学4名、县学2名，每名每年银6两；斋夫府学8名，县学6名，每名每年工食银12两；膳夫府学4名，县学2名，每名每年工食柴薪银20两；殿夫府学、县学各1名，每名每年工食银4两；斗级府学4名，县学2名，每名每年6两。服务人员府学共25人，每年共银252两；县学15人，每年共银152两。

清代仍然实行定税制，国家确定地方政府税收总额，学校所有费用从地方上交国家税收中留存（即扣减），属于国家预算内列支。仍以龙溪县为例，“本县儒学教谕、训导二员，原俸加品俸银八十两正。斋夫三名，门子三名，共六名，工食银三十七两二钱；膳夫二名，工食银一十三两三钱三分三厘三毫三丝”，“本县圣庙香灯银二两五钱二分，廪生二十名，廪粮五十七两八钱六分六厘八毫六丝六忽”，“县学释菜仪礼银五两七钱六分，乡饮二次银二十一两五钱一分五厘，修理、祭祀、救护、乡饮家伙银六两正”，“县学岁贡生员往京盘缠、旗匾银一两二钱五分，大比年进士花币、旗匾银五两三钱三分三厘三毫三丝二忽，新科举人花币、旗匾银一十两六钱六分六厘六毫六丝，旧科举人盘缠、酒席银二百八十五两六钱六分六厘六毫六丝”，县学总共留银527.111648两，此外还有文庙、山川、社稷等坛祭祀共银179.44两[③]。同是乾隆年间志书，

① ［元］佚名：《庙学典礼》卷一。

② 《明会典》卷三〇《户部十五·俸给二》。

③ ［清］乾隆《龙溪县志》卷五《赋役》。

曲阜县学其他费用与龙溪县学大致相同，廪生虽然都是20名，但曲阜“县学廪生银一百七十三两一钱五分二厘”[①]，几乎是龙溪县的三倍。

（二）书院经费主要自筹

唐及五代书院经费完全靠办学者自筹。宋朝时，有的书院是民间自办，如华林书院、雷塘书院，经费主要为自筹；有的是民办官助，如白鹿洞书院、应天府书院、石鼓书院、嵩阳书院等，民间自发兴建，经办过程中朝廷曾给予不同资助。天圣二年（1024年），江宁知府王随奏请朝廷赐给茅山书院田地3顷，景祐二年（1035年）拨给嵩阳书院田1顷，景祐年间赐额石鼓书院并赐田5顷，但拨给土地的书院很少，给地并非制度性规定。还有的书院是官办，如岳麓书院、秀溪书院等，经费主要由官府负责。但官府主办或民办官助书院的发展并不长久，在北宋中期官学兴盛时或者衰落，或者被改为官学。熙宁七年（1074年）兴学，朝廷下诏规定，“州学已差教授处，管下有书院并县学旧有钱粮者并拨入本学”，将书院学田收归官学，甚至将书院改为官学，著名的应天府书院就被改成南都府学，石鼓书院被改成衡州州学，秀溪书院被改为洪州州学。

元代官管书院与官学一样被纳入国家管理，经费主要由政府拨给，但维持经费并没有被列入国家预算而是从南宋遗留学田收入中支出。其支出主要是学官俸禄和学生膳食，“省台行下设立职员，月给口粮，儒士每日登堂会食”。

明代书院经费主要是自筹，虽然有官员拨给经费和购置田产交给书院收取钱粮，但都是官员个人行为，不能视其为国家拨给。清代亦然，虽然雍正十一年（1733年）令各省创建省级书院并赐银一千两，“岁取租息，赡给师生膏火”，并令各省“其不足者，在于存公银内支用”，但也没有将其列入国家预算。国家明确规定，省城书院和府州县立的义学、社学都由官府负责束脩膏火，书院却不在其列，“直省会城立书院，府州县立义学、社学，选择生徒

---

① ［清］乾隆《曲阜县志》卷四一《赋役》，山东友谊出版社1998年版，第285—286页。

肄业其中，聘荐绅宿儒学问淹贯者为之师，束脩膏火之费官为供备，以宏乐育”[①]，在经费方面地方书院还不如官立义学和社学。

结论：书院是私学

从以上七个方面对比看，除南宋部分书院被纳入国家管理以及元代部分书院被收编纳入国家教育体系外，其他时期有的书院可能具有官学某个特点，但与官学仍有很大差别，即使清代官办省级书院也不具备这几个特点，仍然不能称之为官学，书院的基本性质还是私学。

人们一般将各级官立学校习称官学，其实官学这一名称并不准确。各级官学并不是各级官府自行设立，经费也不由各级地方官府支出，而是根据国家政令设立，经费被列入国家预算，官员由国家任命，因此将其称为国立学校更确切。

① 《大清会典》卷三二。

第一章　中国书院历史

书院作为私学，发端于孔子，历经战国、汉魏南北朝不断发展，但一直没有通用名称，直到唐代丽正修书院出现才以书院命名。丽正修书院只是官办修书和藏书机构，但其后的集贤书院在唐玄宗倡导下举行诗酒唱和活动，被民间仿效后成为读书人或官员的书斋，再由书斋而发展成家族子弟学习场所，教育对象由家族扩大到本家族以外人士，作为私立教学机构的书院才真正形成。

第一节　书院教育发端

确定书院私立学校性质，就可以去探讨书院源头，而孔子创立的私学就是书院的发端。为什么说书院发源于孔子，我们可以从现代人对书院的功能定义来判断。

一、孔子私学是书院教育的发端

《八十年中国书院研究综述》以书院功能定义书院说，“书院是中国士人围绕着书，开展包括藏书、读书、教书、修书、著书、刻书等各种活动，进行文化积累、研究、创造与传播的文化教育组织”[①]，以下根据其功能分项进行分析。

① 拓夫、林尔吉：《八十年中国书院研究综述》，见朱汉民、李弘祺主编《中国书院》（第六辑），湖南教育出版社2004年版，第1页。

（一）读书

孔子自述“吾十有五而志于学”，他终生都在学习，收徒设教后仍然学而不厌，五十岁还刻苦学习《易》，“加我数年，五十以学《易》，可以无大过矣”①，韦编三绝，以至于将串联《易》的牛皮绳都翻断多次。孔子三千弟子都在孔子门下读书。

（二）教书

舞雩台

从《左传》记载看，孔子三十岁时已有弟子琴张，可见孔子三十岁以前已经收徒设教，开办私学。由于鲁国三桓专权，孔子看不惯这种礼崩乐坏局面，“故孔子不仕，退而修诗书礼乐，弟子弥众，至自远方，莫不受业焉”②。孔子一生设教，弟子三千，贤人七十，培养了一大批德才兼备的人才。

《论语》中关于孔子教育弟子的记载很多，鲁国国都城南舞雩台是他们常去的地方，关于舞雩台最著名的记载就是《论语·先进篇》中的《侍坐章》。

---

① 《论语·学而》

② 《史记·孔子世家》。

(三)修书

孔子首创私学，虽然有古代史籍可以作为教科书，但这些典籍未必符合孔子教学需要，司马迁说“孔子以诗书礼乐教”，孔子四十岁时“修诗书礼乐”，应该就是根据教学需要编写教材。孔子带领弟子周游列国，一方面是宣传自己的政治主张，寻找实现自己政治抱负和政治理想的机会，但如果仅仅如此，孔子完全没有必要在卫国、陈国、蔡国、宋国、郑国、曹国几个小国之间奔波十四年。孔子说“吾自卫反鲁，然后《乐》正，《雅》《颂》各得其所”，就清楚说明孔子在周游列国期间曾经进行正乐的准备工作，而周游列国活动区域正是中原文化腹地，《诗经》的主要产地。

孔子有感于“周室微而《礼》《乐》废，《诗》《书》缺”，于是对古代文献进行整理：“追迹三代之礼，序《书传》，上纪唐虞之际，下至秦缪，编次其事。曰：‘夏礼吾能言之，杞不足征也；殷礼吾能言之，宋不足征也；足，则吾征之矣。’”“故《书传》《礼记》自孔氏”，“吾自卫反鲁，然后乐正，《雅》《颂》各得其所”，“古者《诗》三千余篇，及至孔子去其重，取可施于礼义，上采契、后稷，中述殷周之盛，至幽厉之缺。始于衽席，故曰‘《关雎》之乱以《卫风》始，《鹿鸣》为《小雅》始，《文王》为《大雅》始，《清庙》为《颂》始’。三百五篇孔子皆弦歌之，以求合《韶》《武》《雅》《颂》之音。礼乐自此可得而述，以备王道，成六艺”[①]，孔子删《诗》《书》，订《礼》《乐》，系《周易》，作《春秋》，对古代文献进行系统整理工作，既保存了古代文献，也为后人留下学习的经典。除《乐》失传外，后世不论官学还是私学书院，《诗》《书》《礼》《易》《春秋》都是必学教科书。

---

① 《史记·孔子世家》。

（四）藏书

孔子作春秋处

对于孔子是否有藏书，当时文献没有记载，但书是教育的基础，没有书如何进行教育？孔子弟子众多，应该会提供书供弟子抄录学习。鉴于当时尚无印刷等先进的书籍复制方式，书上的内容只能依靠人手工抄写，而且纸张尚未出现，丝帛作为书籍载体也过于昂贵，不是一般人能够使用的，当时最为普遍的方式应该是将内容抄写在竹木等比较便宜且易于获得的材料上，从近年出土的战国、秦汉简帛中竹木简多而丝帛少也能得到证明。

西汉武帝时，鲁恭王刘余因为扩建宫殿，拆除孔子故宅，在墙壁内发现孔子九代孙孔鲋在秦始皇焚书坑儒时偷藏的《尚书》《礼》《论语》《孝经》等儒家经典，这批文献用蝌蚪文写在竹简上，属于先秦以前文献，这说明孔子家一直有藏书。司马迁曾亲至孔子故宅考察，他说孔子"故所居堂，弟子内，后世因庙，藏孔子衣冠琴车书，至于汉二百余年不绝"，还能看到孔子的藏书。

（五）著书

孔子虽然自述"述而不作"，但他也进行了著述，为《易》作《十翼》，因鲁史而作《春秋》。"孔子晚而喜《易》，序《彖》《系》《象》《说卦》《文言》"，《易》和《春秋》都是《六经》之一。此外，孔子去世后，弟子将平时随时记录的孔子言行编排整理成《论语》，使之成为儒家的一部重要经典，官学、书院的必读教科书。

（六）刻书

刻书是孔子私学唯一没有进行的工作，那是因为刻板印书尚未出现，但在传播文化方面孔子私学仍然做了大量工作。孔子私学教材主要靠弟子自己抄写，假设三千弟子每人抄书一部，比刻书印量都多，甚至比我们现在许多图书的印量都多。

从以上方面与书院的功能对比来看，孔子创办的私学与后世书院并没有差别，唯一不同的就是孔子没有给私学取正式的名称——书院。

二、孔子对教育的贡献

书院与国家官学政教合一、官师一体相反，政教分离，学校独立于国家体制以外，不再是国家政治的一部分；官师分离，教师不再是国家官员，而是以具有专业知识的贤人为师，教师成为独立职业；教育对象扩大，没有官学的种种限制。书院的这些特点缘起孔子，是孔子对教育的一大贡献。

孔子对教育的贡献不仅于此，孔子更大的贡献在于他创立的博大精深的儒家思想为教育指明了方向，他的教育方法和学习方法为后世教育提供了借鉴。

学而优则仕虽然出自孔子弟子子夏之口，但孔子也是主张学而优则仕的。孔子说“先进于礼乐，野人也；后进于礼乐，君子也；如用之，则吾从先进”（《论语·先进》）。学而优则仕在当时是一个先进的革命性口号，春秋时期仍然沿用世卿世禄制度，官员都是贵族世袭，如鲁国司徒为季孙氏，司空为孟孙氏，司马为叔孙氏，三氏代代世袭。孔子主张学而优则仕打破了世卿世禄制度，为平民子弟提供了公平竞争的舞台。从汉代开始的举荐与考试相结合的察举制到隋唐时期成熟而延续到清末的科举制度，都以学而优则仕为理论基础，既推动了教育发展，也促进了书院发展。

孔子兴办私学的目的是培养治国理政的人才，力图通过弟子重整“礼崩乐坏”的社会秩序，建设和谐社会。在政治上，孔子主张天下为公，以建设大同世界和小康社会为理想，主张选贤举能，以民为本，富民教民，轻徭薄赋，平衡财富，博施济众，教化为先，减省刑罚，创立了以仁政德治为核心的政治思想。在个人修养上，孔子主张以德修身，博文亲仁，提倡孝悌忠信，礼义廉耻，恭宽敏惠，仁恕笃敬，温良俭让，智勇刚直，创立了以仁为纲的伦理思想。在教育上，孔子主张有教无类，学而优则仕，提倡学而不厌，诲人不倦，因材施教，教学相长，创立了系统的教育思想体系。中国古代教育，不论是官学还是书院、私学，教育都是德行为先，以培养爱国惠民的人才为目标，教育目的、教育方式、个人修养，无不受到孔子思想的影响。

杏坛

孔子一生诲人不倦，终生从事教育事业，积累了丰富的教育经验，创造了科学的教育方法和教育方式，创立了系统的教育理论。孔子十五志学，学而不已，阖棺乃止的终生学习精神；食无求饱，居无求安，韦编三绝的刻苦学习精神；学无常师，见贤思齐，每事问，不耻下问，温故知新，时习结合，学思结合，四勿退省，多闻多见，学以致用等学习方法无不为后人所效法。孔子有教无类的教育主张，学而优则仕革命性的教育口号，因材施教、循循善诱、举一反三、触类旁通、不悱不启、启发式、教学相长、针对性教育等一系列的教学方法，为后世包括书院在内的所有教育所采用，至今仍然被借鉴。

孔子创办私学，最重要的是打破了贵族对教育的垄断，将学术文化扩散到民间，而这种传统也被书院所继承。书院打破了官府对教育的垄断，扩大了人们的受教育范围。

三、孔子讲堂是书院之祖

孔子讲学处一直受到很好的保护，在汉代名孔子讲堂。建武五年（29年），光武帝刘秀道经曲阜时讲堂仍存，内中还有弟子房间。“（光武帝）东巡狩，过鲁，坐孔子讲堂，顾指子路室谓左右曰：‘此太仆之室。太仆，吾之御侮也。’”[①]永平十五年（72年），明帝至曲阜，“亲御讲堂，命皇太子、诸王说经”[②]。三国魏初所编《皇览》说“诸弟子房舍井瓮犹存”。北魏《水经注》记载，“京相璠、服虔、杜预并言，洙水在鲁城北，浚深之为齐备也，南则泗水，夫子教于洙泗之间，今于城北二水之中，即夫子领徒之所也”[③]。宋绍兴四年（1134年）成书的《东家杂记》说“学已废，遗址存焉”，同年所刻的《鲁国之图》中作“仲尼燕居堂”，东有燕居里、洙泗里、洙泗乡，西侧为孔林，有孔子祖孙三代墓等，教学虽停，遗址尚在。宋宝庆三年（1227年），孔子五十一代孙、袭封衍圣公孔元措编成的《孔氏祖庭广记》图中作“讲堂”，系一个独立院落，记述说“先圣学堂在庙北五里，泗水缠其北，洙水由其南。《皇览》云：诸弟子房舍井瓮犹在。周敬王三十六年，先圣自卫返鲁，于此删《诗》《书》，定《礼》《乐》，系《周易》，至三十九年，鲁人西狩获麟而《春秋》绝笔，因曾参孝行而作《孝经》”。宋淳祐十二年（1252年），杨奂《东游记》记载说，“林东三里讲堂也，林与堂俱在洙北泗南”。虽经百余年的宋、金、蒙古三国攻伐，遗迹仍存。元初被废，“洙泗故基为民所有，化为禾黍，过者兴叹”，至元三年（1337年），孔子五十五代孙、曲阜世袭县尹孔克钦“出赀市田，贸材经营”，进行重建，“量度礼殿讲堂，门庑斋庖”[④]，恢复旧貌，因孔子讲业洙泗之间，“泗水经其北，洙水带其南”，遂将其命名为洙泗书院，设山长

① 《后汉书·祭遵传附祭肜传》。

② 《后汉书·明帝纪》。

③ ［北魏］郦道元：《水经注》卷二五《泗水》。

④ ［元］宋元隆：《创建洙泗书院记》，见《阙里志》卷一八。

洙泗书院

主祀。明洪武元年（1368年）仍设山长奉祀，由衍圣公保举孔氏族人到部任命，正德二年（1507年）因当时书院均不设官，经孔子六十二代孙、衍圣公孔闻韶奏准，改称学录，秩比国子监，从九品。清顺治元年（1644年）令照旧设置，乾隆元年（1736年）升学录为正八品，一直延续到民国初年。洙泗书院随坏随修，在“文革”中幸免于难，1986年重修。

孔子讲堂流传有序，历经两千多年而犹在，虽然书院名称出现略晚，但称之为“书院之祖”是当之无愧的。

第二节　书院教育发展

孔子首创私学，发端了书院教育，书院教育一直在传承、在发展。

一、战国时期

孔子去世后，弟子散走四方，大多延续孔子收徒设教传统。“自孔子卒后，七十子之徒散游诸侯，大者为师傅卿相，小者友教士大夫，或隐而不见。故子路居卫，子张居陈，澹台子羽居楚，子夏居西河，子贡终于齐。如田子方、段干木、吴起、禽滑釐之属皆受业于子夏之伦”[1]，仅子夏就培养出田子方、段干木、吴起、禽滑釐等卓越人才。

战国时期是中国书院教育的第一个大发展期，也是中国第一个学术大发展期。百家争鸣，儒、墨、道、法、兵、农、名、杂、阴阳、纵横，各家蜂起，基本都是著书以成其说，收徒设教以发展传播本派学说。孔子开创的儒家学派一分为八，墨家也一分为三。在鲁国，儒家由曾子传子思，子思通过门人传道孟子。子思、孟子、荀子效法孔子，收徒设教，率领弟子周游列国，到处宣传自己的政治主张，寻找推行儒家思想、实现自己政治理想的机会。相传子思（公元前483—公元前402年）撰写《中庸》等篇，孟子（约公元前372—公元前289年）留传《孟子》，荀子著有《荀子》，均擅一时之盛。战国时期，战争频仍，由于争夺和自保的需要，各诸侯国纷纷用士养士，并出现著名的稷下学宫，聚集众多的各国各派学者，汇集道家、儒家、法家、名家、兵家、纵横家、阴阳五行家等各种学术流派，稷下学宫成为当时的学术中心。淳于髡“诸弟子三千人”，孟子“从者数百人”，田骈“徒百人”，宋钘、尹文师徒“率其群徒，辩其谈说”。列为大夫的学者有“数百千人”，淳于髡被立为上卿，孟子和荀子被列为卿，荀子还曾三任祭酒，齐宣王时，“邹衍、淳于髡、田骈、接予、慎到、环渊之徒七十六人，皆赐列第，为上大夫”。各学派学者“无官守，无言责”，“不任职而论国事”，“不治而议论”，思想开放，学术氛围浓厚，学无常师，各学派弟子自由听讲请教，各学派公开辩论，相互吸收融合。稷下学宫历时大约一百五十年，中经田单破齐而衰微，伴随秦灭齐而消亡，但它在历史上的作用是很大的。稷下学宫促成诸子百家发展、融合与分化，产生一大批学术著作，如《管子》《晏子春秋》《慎子》《尹文子》《十大经》《法经》等差不多都产生于稷下学宫，此外还有失传的《田

---

① 《史记·儒林列传》。

子》《蜎子》《宋子》等。稷下学宫著述内容博大精深，涉及哲学、政治、伦理、经济、军事、历史、教育、文学、艺术、天文、地理、历法、数学、农学等多学科知识，丰富了先秦思想理论宝库，促进了我国古代思想文化的繁荣。稷下学宫虽然由官方兴办，但采用书院式教育，学术自由，学者来去自由，比后世的许多书院还要开放、开明。

二、两汉时期

秦朝统一六国，焚书坑儒，禁止私学，春秋战国期间发展起来的书院式私学教育和民间学术活动遭到沉重打击，但强权高压并不能摧毁书院式教育和私学。叔孙通仕秦为博士，仍有弟子百余人，高祖五年（公元前202年）制定礼仪，到鲁国召请儒生三十余人。同年，刘邦追击项羽至孔子故里鲁国时，“鲁中诸儒尚讲诵，习礼乐，弦歌之音不绝”，并在南宫召见儒生申公师徒，可见在鲁国一带儒家书院式教育仍在延续。

汉武帝罢黜百家、独尊儒术后，朝廷重视经学，选录经术之士为官，更加激发民间教育热情，书院式私学教育很快发展起来。《中国教育通史》说“汉代私学教育，无论是从规模、范围上，还是从质量、效果上，都要超过官方教育，实际上担负着教育的主要任务”[①]，这一观点是正确的。

虽然惠帝四年（公元前191年）才废除秦朝的挟书律，但儒家学者们对儒家经典的传授已经活跃起来，书院教育又进入一个兴盛期。当然这个时期不同于战国以学派为特点，而是以经典的师法和家法相传承，“汉兴，言《易》自淄川田生，言《书》自济南伏生，言《诗》于鲁则申培公，于齐则辕固生，燕则韩太傅，言《礼》则鲁高堂生，言《春秋》于齐则胡母生，于赵则董仲舒”[②]。

---

① 李国钧、王炳照总主编：《中国教育制度通史》（第一卷），山东教育出版社2000年版，第413页。凡本书以下不再注出版社和出版时间。

② 《汉书·儒林传》。

《易》由孔子传给商瞿，商瞿授鲁国桥庇，桥庇授江东馯臂，馯臂授燕周丑，周丑授东武孙虞，孙虞授齐田何。汉兴，田何徙居杜陵，授东武王同、雒阳周王孙、梁丁宽、齐服生，王同授淄川杨何。传承者还有齐即墨成、广川孟但、鲁周霸、莒衡胡、临淄主父偃。其后传人有砀田王孙、沛施雠、兰陵孟喜、琅琊梁丘贺、河内张禹、琅琊鲁伯、淮阳彭宣、沛戴崇、兰陵白光、沛翟牧、平陵士孙张、齐衡咸等。此外东郡京房、沛高相、燕韩婴、由河东迁徙吴兴的姚平等也在传授。《易》的私学传授已经分布至今山东、河北、江苏、陕西、山西、河南、安徽、浙江诸省。

《书》的教育由济南伏生发端，"山东大师无不涉《尚书》以教"，师生转相传授，著名学者有鲁周霸、兒宽、孔安国、孔霸，宁阳夏侯胜与夏侯建，洛阳贾嘉、千乘欧阳生家族、济南林尊、济阴曹曾、平陵平当、梁陈翁生、琅琊殷崇、楚国龚胜、九江朱普、上党鲍宣、齐周堪、长安许商、东郡赵玄等。私学传授已经分布在今山东、河南、河北、江苏、江西、山西、陕西诸省。

《诗》汉初本来就有鲁、齐、韩三家，《鲁诗》传人有代赵绾、兰陵王臧、鲁孔安国、邹韦贤及韦玄成父子、砀鲁赐、陈留许晏等；《齐诗》有郯后仓、琅琊萧望之及伏湛、东海匡衡、颍川满昌等；《韩诗》出燕，传人有淮南贲生、河内赵子、泰山栗丰等；《毛诗》原出赵人毛公，传人有虢人徐敖、九江陈侠等，《诗》学遍及今山东、河北、北京、河南、安徽、陕西等省市。

《礼》经出鲁高堂生，《礼》容传自鲁徐生，传人有瑕丘萧奋、东海孟卿及后仓、沛闻人通汉及庆普、梁戴德及戴圣等，流传在山东、河南、江苏等省。

《春秋公羊传》由齐人胡母生、广川董仲舒传授，传人有兰陵褚大、东平嬴公、东海孟卿、下邳严彭祖、薛颜安乐、淮阳冷丰、颍川堂溪惠等，流传今山东、河北、河南、江苏等省。

《春秋穀梁传》由瑕丘江公传授，传人有鲁人荣广、清河胡常、沛人蔡千秋、梁人周庆、楚申章昌、汝南尹更始、上蔡翟方进等，流传今山东、河北、河南等省。

《春秋左氏传》分别由阳武张苍、洛阳贾谊、平阳张敞传授，传人有赵贯公及子长卿、清河张禹、汝南尹更始、黎阳贾护、苍梧陈钦等，流传今河南、山西、广西等省区。

东汉时传播更广，《易》传人有绵竹任安，《齐诗》有蜀郡任末、梓潼景鸾，《韩诗》有犍为杜抚、阆中杨仁、山阴赵晔、会稽澹台敬伯、临泾李恂，《仪礼》有资中董钧，《公羊》有南昌程曾，儒家经典开始向四川、浙江、江西、甘肃等省流传。

汉代私学更像书院，私学都进行教书、读书、讲书、修书、著书等活动，而且很多私学建造专门从事教学的房舍。

各学派学者大都收徒设教。《汉书·儒林传》说："自武帝立五经博士，开弟子员，设科射策，劝以官禄。讫于元始，百有余年，传业者寖盛，支叶蕃滋，一经说至百余万言，大师众至千余人，盖禄利之路然也。"但《汉书》介绍各学派侧重弟子官位，很少介绍弟子数量，所以史载西汉各派弟子数量不多。其实，西汉学者收徒设教，弟子并不是仅为高官者数人。孔子十四代孙孔光（公元前65—5年）"经学尤明，年未二十举为议郎，光禄勋匡衡举光方正，为谏议大夫，坐议有不合，左迁虹长，自免归，教授"，孔光二十岁左右即辞官教授，成帝初为博士，不久升为尚书，"自为尚书，止不教授。后为卿时，会门下大生讲问疑难，举大义云。其弟子多成就，为博士、大夫者见师居大位，几得其助力，光终无所荐举，至或怨之，其公如此"。孔光大约四十岁因官至尚书不再收徒，但弟子仍在，再升为卿后还召集门下大生讲问疑难。孔光的弟子多有成就，有为博士、大夫者，弟子绝非三两人。史载西汉弟子最多者为传授《鲁诗》的申公，"弟子自远方至受业者千余人"。西汉后期，伏湛"少传父业，教授数百人"；林吉等为许商上冢，"大夫、博士、郎吏为许氏学者，各从门人，会车数百两，儒者荣之"；许商弟子炔钦、吴章"皆为博士，徒众尤盛"，上述大儒的弟子都很多。

从两汉之际开始弟子数量逐渐增多。《梁丘易》学者京兆杨政“教授数百人”，颍川张兴“弟子自远至者著录且万人”，《孟氏易》学者南阳洼丹“徒众数百人”。《欧阳尚书》传人欧阳歙任汝南太守“教授常数百人”，弟子济阴曹曾“门徒三千人”，乐安牟长“诸生讲学者常有千余人，著录前后万人”，其子牟纡“隐居教授，门生千人”。长安宋登“教授数千人”。鲁国孔僖之子长彦、季彦因守父墓，寄居陕西临晋不归，“长彦好章句学，季彦守其家业，门徒数百人”，陈留杨伦“讲授于大泽中，弟子至千余人”。《齐诗》学者琅琊伏恭任常山太守，“敦修学校，教授不辍，由是北州多为伏氏学”。《鲁诗》学者任城魏应“教授山泽中，徒众常数百人”，永平初为博士，“应经明行修，弟子自远方至，著录数千人”。《韩诗》学者淮阳薛汉“教授常数百人”，弟子犍为杜抚“弟子千余人”。临泾李恂“少习《韩诗》，教授诸生常数百人”，“迁武威太守，后坐事免。步归乡里。潜居山泽，结草为庐，独与诸生织席自给”，晚年仍然设教。梁国夏恭“习《韩诗》《孟氏易》，讲授门徒常千余人”，“善为文，著赋、颂、诗、励学凡二十篇”，卒后“诸儒共谥宣明君”。汝南廖扶“习《韩诗》《欧阳尚书》，教授常数百人”。公羊学学者陈留楼望教授不倦，“诸生著录九千余人”，去世时“门生会葬者数千人”。金乡丁恭教授常数百人，建武初为博士，“诸生自远方至者著录数千人”。扶风李育“常避地教授，门徒数百”。《严氏春秋》学者安丘甄宇三世传业，与孙甄承都是“教授常数百人”。南昌程曾“还家讲授会稽，顾奉等数百人常居门下”。东缗丁恭“习公羊、严氏《春秋》。恭学业精明，教授常数百人”，“迁少府，诸生自远方至者著录数千人，当世称为大儒”，弟子樊儵“删定《公羊严氏春秋章句》，世号‘樊侯学’，教授门徒前后三千余人”，弟子楼望“教授不倦，世称儒宗，诸生著录九千余人，年八十，永元十三年卒于官，门生会葬者数千人，儒家以为荣光”。《颜氏春秋》学者河阳张玄“诸儒皆伏其多通，著录千余人”，《左氏春秋》学者陈国颖容“初平中，避乱荆州，聚徒千余人”。礼容学者陈留刘昆少习容礼，“王莽世，教授弟子恒五百余人。每春秋飨射，常备列典仪，以素木瓠叶为俎豆，桑弧蒿矢，以射菟首。每有行礼，县宰辄率吏属而观之”[1]。薛人曹褒传《庆氏礼》，“褒博物识古，为儒者宗”，“作通义十二篇，演经杂论百二十篇，又传《礼记》四十九篇，教授诸生千余人，庆氏学遂行于世”。大学者郑玄“客耕东莱，学徒相随，已数百千人”，去世时，“自郡守以下尝受业者，缞绖赴会千余人”。

不仅儒家私学大招弟子，其他学派也是如此。顺帝时，广汉新都人杨厚辞官，“归家，修黄老，教授门生，上名录者三千余人”[2]。东汉末钟皓世善律法，“避隐密山，以诗、律教授，门徒千余人”。当然不如儒家私学兴盛，南顿蔡玄“门徒常千人，其著录者万六千人”，牟长“诸生讲学者常有千人，著录前后万人”，清代全盛时期任何一所书院都没有这么多学生，即使在今天也是一个颇具规模的大学。东汉时私学学生一般很多，当时保举博士的条件之一就是要有门徒五十人以上。

汉代私学学习方式与太学相似，以自学为主，弟子如有不明白处向老师请益，老师予以解答，就像郑玄《郑志》所载的那样。私学也集体上课，西汉成帝时胡常经常举行大都授，翟方进“候伺常大都授时，遣门下诸生至常所，问大义疑难，因记其说，如是者久之”，颜师古注说“都授，谓总集诸生大讲授也”[3]。这种大课还是开放式的，非本门弟子也可听讲，并可以请教疑难。

弟子较少，随时可以向老师请益，但弟子过多，老师就很难一一指教，因此采用“次相授业”方式，即由入学时间较长、水平较高弟子对新入门弟子进行教育。西汉董仲舒“下帷讲诵，弟子传以久次相授业，或莫见其面”[4]；东汉马融“常坐高堂，施绛纱帐，前授生徒，后列女乐。弟子以次相传，鲜有入

---

① 《后汉书·刘昆传》。

② 《后汉书·杨厚传》。

③ 《汉书·翟方进传》。

④ 《汉书·董仲舒传》。

其室者”[1]；郑玄“因涿郡卢植事扶风马融，融门徒四百余人，升堂进者五十余生。融素骄贵，玄在门下，三年不得见，乃使高业弟子传受于玄。玄日夜寻诵，未尝怠倦，会融集诸生考论图纬，闻玄善算，乃召见于楼上。玄因从质诸疑义，问毕辞归，融喟然谓门人曰：郑生今去，吾道东矣！”[2]新进弟子很难见到老师，如果不是马融需要善算弟子，投入门下三年的郑玄仍然没有机会被召见于楼上。弟子多，采用“次相授业”不失为一个好办法，可以有效地将本派学说传递到每位弟子。

弟子中学业优异者可以担任都讲。丁鸿“年十三，从桓荣受‘欧阳尚书’，三年而明章句，善论难，为都讲”；郭丹“既至京师，常为都讲，诸儒咸敬重之”。杨震门下也设有都讲，“后有冠雀衔三鳣鱼飞集讲堂前，都讲取鱼进曰：蛇鳣者，卿大夫服之象也；数三者，法三台也；先生自此升矣”。弟子众多，都讲并非一人，桓荣去世后，皇帝给予优待，“除兄子二人补四百石，都讲生八人补二百石”，门下有八名都讲。都讲既多，还要设元都讲，侯霸“笃志好学，师事九江太守房元，治‘穀梁春秋’，为元都讲”。

汉代书院式教育不仅仅承担教育职责，更重要的是承担经典的保存和学术思想的发展与传承。

秦朝焚书坑儒，对传统思想文化造成很大破坏，从《汉书·儒林传》看，《书》《诗》《礼》《春秋》都只能上溯到汉初，唯《易》被视为筮卜之书，没有遭禁，传承不绝。

《汉书·儒林传》记载了其传承统续：“自鲁商瞿子木受《易》孔子，以授鲁桥庇子庸，子庸授江东馯臂子弓，子弓授燕周丑子家，子家授东武孙虞子乘，子乘授齐田何子装。及秦禁学，《易》为筮卜之书，独不禁，故传受者不绝也。汉兴，田何以齐田徙杜陵，号杜田生，授东武王同子中、雒阳周王孙、

① 《后汉书·马融传》。

② 《后汉书·郑玄传》。

丁宽、齐服生，皆著《易传》数篇。同授淄川杨何，字叔元，元光中征为太中大夫。齐即墨成至城阳相，广川孟但为太子门大夫，鲁周霸、莒衡胡、临淄主父偃，皆以《易》至大官。”

《易》在秦朝没有受到限制，一直公开传承，所以到西汉发展最快。田何传王同、周王孙、丁宽、服生等人。王同弟子杨何于武帝元光年间（公元前134—公元前129年）被立为博士。丁宽初受《易》于田何，“读《易》精敏，材过项生，遂事何。学成，何谢宽，宽东归。何谓门人曰：‘《易》以东矣’”，得到田何高度称赞；丁宽后又到洛阳随周王孙学习古义，作《易说》三万多言。传田王孙，田王孙复传施雠、孟喜、梁丘贺，《易》因此成施、孟、梁丘三家，宣帝末三家并立为博士，各有章句两篇。施雠传张禹、鲁伯；张禹传彭宣、戴崇；施雠一派又出现张、彭之学。孟喜传白光、翟牧，又分为翟、孟、白三家。梁丘贺又随京房受《易》，五鹿充宗学梁氏《易》，传士孙张、彭祖、衡咸，梁丘《易》又有士孙、邓、衡之学。此外《易》还有京房的京氏之学，高相的高氏学。武帝时，太学七博士，《易》为杨何，甘露三年（公元前51年）石渠阁会议后增加梁邱博士，太学十一博士中《易》占两家，东汉光武帝时太学设十四博士，《易》博士就有施氏、孟氏、梁丘氏和京氏四家。

《尚书》在秦代受到摧残最为严重，到汉文帝求治《尚书》学者时仅找到九十多岁的济南伏生。伏生在焚书坑儒时将《尚书》藏于墙壁内，到西汉时仅找到二十九篇，教于齐鲁之间。由于伏生年老不能出行，皇帝特派晁错前往学习。伏生传欧阳生和张生，欧阳生传兒宽，兒宽又受业孔安国，传欧阳生之子，家世相传，至武帝时曾孙欧阳高为博士，形成《尚书》欧阳学，至东汉初欧阳歙已经“八世博士”。张生授夏侯都尉，夏侯都尉授族子夏侯始昌，世称夏侯学。夏侯始昌传族子夏侯胜，夏侯胜传堂兄之子夏侯建，夏侯建又师事欧阳高，打破师法家法传统，努力吸取各家学术内容，“左右采获，又从五经诸儒问与《尚书》相出入者，牵引以次章句，具文饰说”，但遭到夏侯胜非议，批评欧阳“建所谓章句小儒，破碎大道”，欧阳建反击夏侯胜“疏略，难以应

鲁壁，在今曲阜孔子庙内

敌”，分道扬镳，各自成派，世称大、小夏侯学。大夏侯传许商、孔霸，又有孔、许之学。武帝时太学设置欧阳《尚书》博士，为七博士之一，石渠阁会议增加大、小夏侯博士，太学十一博士占三。此外，武帝时孔子故宅发现焚书坑儒时孔鲋所藏《尚书》《礼》《论语》《孝经》等儒家经典，由于是用蝌蚪文书写的，不同于当时隶书抄写的今文经被称为古文经。《古文尚书》经孔安国整理后献给朝廷请求列入学官，因巫蛊事件未遂，但安国后裔一直家传十代，至东汉末因家族无嗣而终止，西汉末也曾一度列入国学，设置博士。

《诗》虽然在秦代也是焚禁重点，但《诗》便于口诵记忆，仍然完好地保存下来，“以其讽诵，不独在竹帛故也”，所以西汉初就有鲁、齐、韩三家传承，除此三家立于官学外，民间还有《毛诗》流传。

《鲁诗》由齐人浮丘伯传鲁人申公和刘邦异母弟刘交及其子刘郢，申公曾任楚王刘郢太子戊之傅，因刘戊不好学而“归鲁，退居家教，终身不出门，复谢宾客，独王命召之乃往。弟子自远方至受业者千余人，申公独以《诗经》为训，故以教，亡传疑者则阙弗传”。《鲁诗》影响很大，申公弟子为博士者十余人，如孔安国、周霸、夏宽、鲁赐、缪生、徐偃、阙门庆忌等。传承《鲁诗》著名者有江公，“暇丘江公尽能传之，徒众最盛，及鲁许生、免中徐公，皆守学教授”[1]，江公也官至博士，传韦贤，韦贤传子韦玄成，开《鲁诗》韦氏学。韦氏父子均以明经官至丞相，因此邹鲁谚语说“遗子黄金满籯，不如一经”。徐公、许生传王式，王式传张长安、唐长宾、褚少孙，三人均为博士，《鲁诗》又有张氏、唐氏、褚氏之学。张生之侄游乡授元帝《鲁诗》，门人许晏也为博士，张氏又有许氏学。《鲁诗》学者多潜心治学，到东汉初仍有“世传《鲁诗》，以信行知名”的高诩，“闭门诵习、不交僚党，京师称之”的魏应，“闭户讲诵，绝人间事，兄弟皆为祝儒所称”的鲁恭、鲁丕兄弟等。

《齐诗》主要传人为辕固，景帝时以治《诗》为博士，因贬低黄老之术为“此家人言”而得罪窦太后，若不是皇帝假以援手就死于野猪圈中。弟子众多，“诸齐以《诗》显贵，皆固弟子也”，以夏侯始昌学业最明。始昌《五经》并通，主要传授《齐诗》和《尚书》。弟子后仓通《诗》《礼》，官博士，授翼奉、萧望之和匡衡。匡衡善说《诗》，时人赞说“无说《诗》，匡鼎来。匡说《诗》，解人颐”，迁博士，延续《齐诗》参与政治的传统，“朝廷有政议，傅经以对”，后官至丞相。授《诗》师丹、伏理与满昌，师丹官至大司空，伏理授成帝《诗》，家世传《诗》，因此《齐诗》有匡氏、师氏和伏氏之学。东汉时，伏氏学尤盛。伏理子伏湛光武帝时任大司徒，湛弟伏黯明《齐诗》，改定章句作《解说》九篇。伏黯嗣子伏恭太常试经第一，拜博士，官至太仆，觉伏黯著述太长，删减浮辞，将伏黯章句减定为二十万言。《齐诗》中，翼奉“淳学不仕，好律历阴阳之占”，以《诗》附会阴阳五行灾异之说，自言“窃学《齐诗》，闻五际之要。《十月之交》篇知日食地震之效昭然可明，犹巢居知风，穴处知雨”，提出“五际六情十二律”理论。

《韩诗》由燕人韩婴始传，文帝时为博士，“婴推诗人之意，而作内外传数万言，其语颇与齐鲁间殊，然归一也”。对现存《韩诗外传》，《四库全书总目

---

① 《汉书·儒林传》。

提要》说其“引《诗》以证事，非引事以明《诗》”[1]，诚为确评，该书侧重于政事道德的研究，而非阐发《诗》的含义，引《诗》只是作为观点的论据。韩婴传贲生、赵子，赵子授蔡谊，蔡谊传食子公与王吉。食子公为博士，王吉授长孙顺，顺也为博士，《韩诗》因此有王、食、长孙之学。到东汉时《韩诗》大兴，薛汉“世习《韩诗》，父子以章句著名”，“尤善说灾异谶纬，教授常数百人”，建武初年为博士，曾受诏改定图谶，“当世言《诗》者，推韩为长”。弟子杜抚编定《韩诗章句》，作《诗题约义通》，弟子千余人。

《毛诗》传人为毛公，景帝间为河间献王刘德博士，授贯长卿，贯授解延年，解授徐敖，徐敖王莽时任讲学大夫。《毛诗》一直在民间流传，哀帝时刘德建议立学官未遂，王莽时与其他古文经一并立学官，但随着王莽败亡而废。此时谢曼卿为《毛诗》作训，传卫宏，为《毛诗》作序，卫宏“从曼卿受学，因作《毛诗序》，善得《风》《雅》之旨”。东汉时郑众、贾逵俱传《毛诗》，马融作《毛诗传》，郑玄作《毛诗笺》，到东汉末《毛诗》一跃成为《诗》学之首。

武帝时太学设鲁、齐、韩三家博士，《毛诗》属于古文经，西汉平帝时曾立为博士，但到东汉光武帝时被废止了。东汉以后《毛诗》大兴，三家今文《诗》反而失传了，“《齐诗》亡于魏，《鲁诗》亡于西晋，《韩诗》亡于宋”[2]。

礼书有三部，分别为《仪礼》《礼记》《周礼》。

《仪礼》首先由鲁国高堂生传授，汉时称作《士礼》《礼经》，到晋代始称《仪礼》，主要传授文字。汉文帝时，鲁国徐生传授礼容，“鲁徐生善为颂，孝文时，徐生以颂为礼官大夫，传子至孙延、襄。襄其资性善为颂，不能通经，延颇能，未善也”，徐延及弟子公户满意、桓生单次都曾官礼官大夫，主要传授礼仪仪式，对《礼》经并不通晓。传授《礼》经一派，由礼容派进行。徐氏弟子萧奋传孟卿和闾丘卿，孟卿传后仓，“仓说礼数万言，号曰《后氏曲台

---

① 《四库全书总目提要》卷一六。

② 《隋书·经籍志》。

记》。授沛闻人通汉子方、梁戴德延君、戴圣次君、沛庆普孝公。孝公为东平太傅。德号大戴，为信都太傅。圣号小戴，以博士论石渠，至九江太守。由是礼有大戴、小戴、庆氏之学”。“普授鲁夏侯敬，又传族子咸，为豫章太守。大戴授琅邪徐良斿卿，为博士、州牧、郡守，家世传业。小戴授梁人桥仁季卿、杨荣子孙。仁为大鸿胪，家世传业。荣琅邪太守。由是大戴有徐氏，小戴有桥、杨氏之学”①，徐良为大戴博士，桥仁、杨荣为小戴博士。后仓《礼》为初期的七博士之一，大戴、小戴约在宣帝时立博士，均为后期的十四博士，庆氏礼据《后汉书》也设立了博士，“苍授梁人戴德及德兄子圣、沛人庆普，于是德为大戴礼，圣为小戴礼，普为庆氏礼，三家皆立博士”②，但十四博士并无庆氏礼。从《曹褒传》看，庆氏学大行于世端赖曹褒父子。曹褒之父曹充习庆氏礼，建武中为博士，“从巡狩岱宗，定封禅礼，还，受诏议立七郊、三雍、大射、养老礼仪”。曹褒幼承父教，立志修订礼乐，章和元年（87年）受诏修订叔孙通《汉仪》，“褒既受命，乃次序礼事，依准旧典，杂以五经谶记之文撰次，天子至于庶人冠婚吉凶终始制度，以为百五十篇”。和帝即位后，曹褒又作章句，和帝遂以《新礼》两篇冠之。曹褒著述颇丰，“作《通义》十二篇，《演经杂论》百二十篇，又传《礼记》四十九篇。教授诸生千余人，庆氏学遂行于世”。明帝时，有董钧传习庆氏礼为博士，教授弟子百余人。

《仪礼》在东汉前期主要传习礼仪规范，对经学研究不多，影响也不大，“中兴以后，亦有大、小戴博士，虽相传不绝，然未有显于儒林者”。至东汉后期，马融（79—166年）、郑玄（127—200年）、卢植（？—192年）等为《仪礼》作注，特别是郑玄作注后，《仪礼》更加受到重视。汉代列入五经，唐代列入九经，宋以来为十三经之一。

《礼记》是孔子弟子及后学关于《礼》的原理与实施细则的论述，是在传

---

① 《汉书·儒林传》。

② 《后汉书·卫宏传》。

礼过程中加以解释说明和补充的汇集。这部分内容很多,《汉书·艺文志》记载有131篇,《隋书·经籍志》说是河间献王刘德从民间搜集的。在考校经籍时,刘向又发现《明堂阴阳记》《孔子三朝记》《王史氏记》《乐记》等数十篇,规模达到214篇。由于数量太多且精粗不一,到东汉时出现了相传戴德选辑的85篇的《大戴礼记》和戴圣选辑的49篇的《小戴礼记》。《大戴礼记》流传不广,到唐代已遗失大半,仅存39篇,而《小戴礼记》经迭曹褒、马融、卢植、郑玄作注,特别是郑玄作注后地位日益上升,唐代尊为经,列为九经之一,宋代以后位居三礼之首。

《周礼》又名《周官》《周官经》,相传为周公制礼作乐所作,但不可信,应该是战国时人所作。汉武帝时始面世,经刘歆(公元前50—23年)奏请列为经,"刘歆奏请《周官》六篇列之于经,为《周礼》",王莽时设置博士。王莽参照《周礼》进行篡位改制,败坏了《周礼》名声,《周礼》后经郑众(?—83年)、贾逵(174—228年)、马融、郑玄等人作注后地位有所上升,但整个汉代研习者不多。郑玄将《周礼》推为三礼之首,后均列入九经、十三经,为儒家基本经典之一。

《春秋》本是鲁国史书,鲁昭公二年(公元前540年),晋国韩宣子访鲁,"观书于太史氏,见《易》《象》与《鲁春秋》,曰:'周礼尽在鲁矣。'"。孔子曾经进行过整理,"世衰道微,邪说暴行有作,臣弑其君者有之,子弑其父者有之,孔子惧,作《春秋》"[①]。《春秋》本经辞略义隐,学习非常困难,学者开始为其作传。《汉书·艺文志》记载有《春秋邹氏传》《春秋夹氏传》各11卷,但影响不大,真正有影响的是《春秋公羊传》《春秋穀梁传》《春秋左氏传》三种。

《春秋公羊传》在景帝时始由公羊寿与胡母生著于竹帛。胡母生为齐人,景帝时为博士,年老归乡教授,"齐之言《春秋》者宗事之,公孙弘亦颇受焉"。董仲舒也治《公羊春秋》,与治《穀梁春秋》的江公在武帝前辩论,"仲

① 《孟子·滕文公》。

舒通五经，能持论，善属文，江公呐于口。上使与仲舒议，不如仲舒，而丞相公孙弘本为公羊学，比辑其议，卒用董生，于是上因尊公羊家，诏太子受公羊春秋，由是公羊大兴”。公羊学于是成为《春秋》学正宗，太学设立博士，为最初七博士之一。董仲舒“以《春秋》灾异之变，推阴阳所以错行”，著有《灾异之记》，以辽东高庙灾下狱险些被杀。弟子有褚大、嬴公、段仲温、吕步舒等人，唯有嬴公守学，不失师法。嬴公传孟卿、眭孟、贡禹，贡禹又随眭孟受学。孟卿传疏广，贡禹、疏广热衷以经学议论政事。眭孟也热衷灾异说，推出天子宜求索贤人禅位以承顺天命的结论，导致被杀。眭孟弟子百余人，唯严彭祖和颜安乐经学修明，“质问疑谊，各持所见”，眭孟称赞“《春秋》之意在二子矣”。眭孟被杀后，二人均专门教授，分传公羊学严、颜之学。严彭祖在宣帝时为博士，传学王中，王中授公孙文、东门云。颜安乐授泠丰、任公，颜氏学又有泠、任之学。疏广传莞路，贡禹授堂溪惠，堂溪惠授冥都，莞路、冥都又师从颜安乐，颜氏之学又有莞、冥之学。东汉时，严、颜之学均被列为学官，为《春秋》两博士，位列十四博士中，弟子众多，学术著作增加。严氏《春秋》著名学者有丁恭，学义精明，后为博士，教授常数百人，弟子著录数千人，时称大儒。丁恭弟子樊儵删定《公羊严氏春秋章句》，世号“樊侯学”，门徒前后3000余人。弟子楼望教授不倦，弟子有9000余人。樊儵弟子张霸再删《公羊严氏春秋章句》为20万言，更名“张氏学”。颜氏《春秋》著名学者杨终著《春秋外传》12篇，改定章句15万言。何休（129—182年）作《春秋公羊解诂》11卷，为《春秋公羊传》制定“义例”，阐述“三科九旨”说及“五始、七等、六辅、二类”之义，成为当时公羊学宗主。

关于《春秋穀梁传》作者说法不一，王充《论衡》认为作者名穀梁实；桓谭《新论》、应劭《风俗通》认为作者名穀梁赤；阮孝绪《七录》认为作者名穀梁俶，字元始；颜师古认为作者名穀梁喜。西汉初江公学于申公，江公在武帝时和董仲舒并立于朝，不善言辞，与董仲舒辩难落败，公羊学在丞相公孙弘支持下成为官学，穀梁学衰微，只有荣广、皓星公二人受学。荣广“高才敏捷，与

《公羊》大师眭孟等论，数困之，故好学者颇复受《穀梁》”，为穀梁学争得一点天地。蔡千秋、周庆和丁姓子孙均随荣广受学，蔡千秋又师事皓星公，为学最笃。宣帝即位后听说卫太子好《穀梁春秋》，以问丞相韦贤、长信少府夏侯胜及侍中史高，三人均为鲁国人，“言穀梁子本鲁学，公羊氏乃齐学也，宜兴穀梁”。宣帝于是召见蔡千秋，与公羊学学者辩说，宣帝善穀梁学，元康中选郎10人随蔡千秋学习，千秋死后，“征江公孙为博士，刘向以故谏议大夫通达待诏，受《穀梁》，欲令助之。江博士复死，乃征周庆、丁姓待诏保宫，使卒授十人”，至甘露元年（公元前53年）已十余年，皆已明习穀梁学。宣帝“乃召五经名儒、太子太傅萧望之等大议殿中，平《公羊》《穀梁》同异，各以经处是非”。在宣帝支持下，穀梁学大胜，周庆、丁姓均为博士，丁姓弟子申章昌也为博士。尹更始随蔡千秋学《公羊》，从《左传》取材以成章句，传子尹咸及翟方进、房凤。翟方进官至丞相，但他虽受《穀梁》但心好《左传》，房凤也支持刘歆《左传》立博士的建议。《春秋》三传中，《公羊》《穀梁》属今文经，重视义理，《左传》属古文经，重视记事，正如朱熹所说“‘左氏’是史学，‘公’‘穀’是经学。史学者记得事却详，于道理上便差；经学者于义理上有功，然记事多误”[①]。《穀梁传》虽也解经，但言义不及《公羊》之大，而记事不如《左传》之长，学界地位远不如《公羊》和《左传》，虽然蔡千秋等取材《左传》以弘《穀梁》，但仍然比不上《公羊》，所以学者治《穀梁》者少。三国以后，《春秋》基本为《左传》独占，《公羊》和《穀梁》都衰微了。

《左传》传为左丘明所作，《史记·十二诸侯年表序》说：“鲁君子左丘明惧弟子人人异端，各安其意，失其真，故因孔子史记具论其语，成《左氏春秋》。”唐宋以来疑者不少，但无令人信服的证据。西汉初，张苍、贾谊、张敞、刘公子皆修《春秋左氏传》，贾谊并作《左氏传训诂》，以授贯公，贯公传子长卿，长卿传张禹，张禹传尹更始，更始传子尹咸及翟方进、胡常，胡

① 《朱子语类》卷八三。

常授贾护，贾护授陈钦，陈钦授王莽，刘歆也从尹咸和翟方进习《左传》。但《左传》并未被视作经书，直到刘歆受诏整理内秘府藏书，发现古文《左传》并大力宣扬，《左传》才被引起重视，“初，《左氏传》多古字古言，学者传训诂而已。及歆治《左氏》，引传文以解经，转相发明，由是章句义理备焉”。到东汉时，左氏学开始兴盛。郑兴原学《公羊春秋》，曾随博士金子严受《左氏春秋》，“晚善《左氏传》，遂积精深思，通达其旨，同学者皆师之。天凤中，将门人从刘歆讲正大义。歆美兴才，使撰条例、章句训诂及校三统历”，刘歆令其撰写条例、章句和训诂。经郑兴、陈元努力，平帝时《左传》还一度被立为学官，设立博士。两汉之交，孔子后代也传习《左传》，十六代孙孔奋随刘歆习《左传》，孔奋弟孔奇著《左氏义诂》，二十代孙孔融也习《左传》。到东汉末，服虔作《春秋左氏传解谊》，成为《左传》权威著作。颖容也著《春秋左氏条例》五万余言，《春秋释例》十卷。建安中，因河东人乐详条列数十条关于《左传》的疑问请教，谢该逐一解答，名为《谢氏释》，也流行于世。东晋元帝时，服虔《春秋左氏传解谊》曾立博士。唐代孔颖达奉诏撰写《五经正义》，于《春秋》三传中特重《左传》，《左传》被正式列入经典。

《论语》记录孔子及弟子言行，是最真实反映孔子思想的著作。对于其成书，《汉书·艺文志》说“《论语》者，孔子应答弟子、时人及弟子相与言而接闻于夫子之语也。当时弟子各有所记，夫子既卒，门人相与辑而论纂，故谓之《论语》”，关于《论语》的成书虽然还有其他说法，但此观点被广泛认同。秦始皇焚书坑儒后，《论语》有两家传授：一是《齐论》，“传《齐论》者，昌邑中尉王吉、少府宋畸、御史大夫贡禹、尚书令五鹿充宗、胶东庸生，唯王阳名家”，仅有王吉为名家；一是《鲁论》，“传《鲁论语》者，常山都尉龚奋、长信少府夏侯胜、丞相韦贤、鲁扶卿、前将军萧望之、安昌侯张禹，皆名家，张氏最后而行于世”[①]。此外还有《古论》，出自孔子故居，孔安国曾经为之训解，

① 《汉书·艺文志下》。

但传播不广。张禹先后从王吉、庸生学习《齐论》，后习《鲁论》，曾任博士，初元中为皇太子讲授《论语》，以《鲁论》为主，著成《论语章句》，因其封安昌侯，世称《张侯论》，“采获所安，最后出而尊贵。诸儒为之语曰：‘欲为《论》，念张文’，由是学者多从张氏，余家浸微”。东汉末，郑玄以《张侯论》为本，参照《齐论》和《古论》，著成《论语注》，成为后世通行本。

《孝经》相传孔子所作，《汉书·艺文志》说“《孝经》者，孔子为曾子陈孝道也。夫孝，天之经，地之义，民之行也。举大者言，故曰《孝经》”，但并不可信，一般认为系孔门后学所作。汉代《孝经》也有古文与今文两个版本。古文出自孔子故宅，今文《孝经》“汉兴，长孙氏、博士江翁、少府后仓、谏大夫翼奉、安昌侯张禹传之，各自名家，经文皆同，唯孔氏壁中古文为异”。据桓谭《新论》说：“《古孝经》千八百七十二字，今异者四百余字。”长孙氏有说二篇，江翁、后仓、翼奉、张禹各有一篇，其中以张禹《孝经说》影响最大。《孝经》也是先在民间流传，后被国家采用为学校教科书和民间教化教材。平帝时地方设立官学，“乡曰序，聚曰庠。序、庠置《孝经》师一人”[①]，向民众宣讲《孝经》以进行社会教化。

《论语》《孝经》虽然都没有单独列经，也没有单设博士讲授，却是最重要的儒家经典。在汉代，五经属于专经研习，学者只习一经或某一家之学即可，但《论语》和《孝经》是学者必须兼通的。

《诗》《书》《易》《礼》《春秋》《论语》《孝经》是儒家基本经典，也是中国传统思想文化基础，虽然历经秦火磨难，但被学者们冒死保存下来，并通过私学传授，才逐渐引起国家重视成为国家教科书，也是后世书院的基本教材。

书院性教育在教学和学习内容设置上相对于国学博士专经更加自由。国学都是传授一经或一家之说，不能兼经、兼说，张玄就因为兼说遭到学生反对而

① 《汉书·平帝纪》。

被罢免。张玄“少习颜氏《春秋》，兼通数家法”，“会颜氏博士缺，玄试策第一，拜为博士。居数月，诸生上言：玄兼说严氏、宣氏，不宜专为颜氏博士。光武且令还署，未及迁而卒”[①]，诸经学均无宣氏，此二字当是衍文。早期私学也多是专授一经，但也有传授多经或多家的，西汉时传多经或受多经者较少，到东汉大多兼习多经或多家。西汉初，申公就传授《诗》和《穀梁春秋》与江公；孟喜善为《礼》和《春秋》，授《礼》后仓，授《春秋》疏广；东汉张恭祖向郑玄传授《周官》《礼记》《左氏春秋》《韩诗》《古文尚书》；夏恭“习《韩诗》《孟氏易》，讲授门徒常千余人”；廖扶“习《韩诗》《欧阳尚书》，教授常数百人”；鲁丕“以《鲁诗》《尚书》教授，为当世名儒”；武荣“治鲁《诗经》韦君章句，阙帻传讲《孝经》《论语》《汉书》《史记》《左氏》《国语》。广学甄微，靡不贯综”[②]，兼传经史。兼习诸经或诸家者比较多。王璜习传费直《易》，随徐敖学《毛诗》，又传《古文尚书》；后仓习《礼》于孟喜，习《尚书》于夏侯始昌，也通《诗》；韩婴传《诗》，“亦以《易》授人”；丁宽先从田何习《易》，后随周王孙守古义；孔安国学《诗》申公，后习《古文尚书》；胡常以明《穀梁春秋》为博士，但也随庸生学习过《古文尚书》；郑众“年十二从父受《左氏春秋》，精力于《三统历》，作《春秋难记条例》，兼通《易》《诗》”。到东汉末，出现了几位通才大儒。马融“才高博洽，为世通儒，教养诸生常有千数”，“著《三传异同说》，注《孝经》《论语》《诗》《易》《三礼》《尚书》《列女传》《老子》《淮南子》《离骚》，所著赋、颂、碑、诔、书记、表奏、七言、琴歌、对策、遗令凡二十一篇”；贾逵“悉传父业，弱冠能诵《左氏传》及五经本文，以《大夏侯尚书》教授，虽为古学，兼通五家《穀梁》之说”，“尤明《左氏传》《国语》”，作《左氏传解诂》三十篇，《国语解诂》二十一篇，“诏令撰欧阳、大小夏侯《尚书》古文同异，逵集为三卷，

---

① 《后汉书·张玄传》。

② 《汉故执金吾丞武荣碑》。

帝善之。复令撰齐、鲁、韩诗与毛氏异同，并作《周官解故》”，“逵所著经传义诂及论难百余万言，又作诗、颂、诔、书、连珠、酒令，凡九篇，学者宗之，后世称为通儒”[①]；郑玄“始通《京氏易》《公羊春秋》《三统历》《九章算术》。又从东郡张恭祖受《周官》《礼记》《左氏春秋》《韩诗》《古文尚书》”，成为通才，“凡玄所注《周易》《尚书》《毛诗》《仪礼》《礼记》《论语》《孝经》《尚书大传》《中候》《乾象历》，又著《天文七政论》《鲁礼禘祫义》《六艺论》《毛诗谱》《驳许慎五经异义》《答临孝存周礼难》，凡百余万言”[②]。

汉代书院式教育的另一大特点是许多学者都建造学舍。孔子首创私学也有学舍，汉建武五年（29年），光武帝刘秀过曲阜，“坐孔子讲堂，顾指子路室谓左右曰：‘此太仆之室。’”[③]，孔子私学有讲堂，弟子们也有各自的房间。当然，限于当时经济水平，学舍规模不会很大，所以《论语》等书记载孔子教学多是在山上、水边、田野。到汉代，随着经济的发展，建造学舍已经比较常见。两汉之际，曲阿包咸避乱“因住东海，立精舍讲授”，和帝时，陈留陈充“服阕，立精舍讲授”，顺帝时，河间刘淑“少学明五经，遂隐居，立精舍讲授，诸生常数百人”，桓帝时，瑕丘檀敷“举孝廉，连辟公府皆不就，立精舍教授，远方至者常数百人”，汉末，北海邴原曾避乱海岛，“既还，乃筑精舍，讲述诗书礼乐，聚徒常数百”[④]，都是自立学舍。有的学舍规模比较大，余姚董春“少好学，师事侍中、祭酒王君仲，受《古文尚书》，后诣京房授《易》。究极圣旨，条列科义，后还为师。立精舍，远方门徒学者常数百人。诸生每升讲堂，鸣鼓三通，横经捧手请问者百人，追随上堂难问者百余人”[⑤]，讲堂规模很大，可容纳上百人。马融学舍规模更大、更豪华，马融“善鼓琴，好吹笛，

① 《后汉书·贾逵传》。

② 《后汉书·郑玄传》。

③ 《后汉书·祭遵传附祭彤传》。

④ 《萧氏续后汉书·邴原传》。

⑤ 《后汉书补逸·董春传》。

达生任性，不拘儒者之节，居宇器服，多存侈饰。常坐高堂，施绛纱帐，前授生徒，后列女乐，弟子以次相传，鲜有入其室者”，学舍还建有高楼，郑玄在马融门下三年都没有见到马融，幸遇马融“集诸生考论图纬，闻玄善算，乃召见于楼上，玄因从质诸疑义”，郑玄在楼上见到马融。

汉代私学大多已经具备书院功能，与后世书院相比，所缺的就是一个“书院”名称而已。就其保存典籍、传承经典、影响教育等历史作用看，汉代私学是后世书院所无法比拟的。

三、魏晋南北朝时期

历史规律一般是官学兴则私学衰，官学衰则私学盛，但从东汉末开始，官学“时兴时废，若有若无”，私学也呈衰落之势，推究其原因，还是战乱影响。“仓廪足则知礼节，衣食足则知荣辱”，兵荒马乱，随时都有生命之忧，多少人还有读书欲望。搜索《三国志》《晋书》《南史》《北史》等此时期史书，私学教育记载寥寥无几。虽然如此，书院式教育并没有中断，由于士大夫的坚持，书院虽然艰难维持但仍然在延续。

三国时期基本延续汉代传统，一是士大夫在野收徒设教，二是士大夫在官不忘讲授，三是士大夫退出政坛仍然设教发挥余热。

丹阳唐固一边著述，一边设教，“固亦修身积学，称为儒者，著《国语》、《公羊》、《穀梁传》注，讲授常数十人”，后被孙权拜为议郎，官至尚书仆射。刘焉以宗室曾官中郎，“后以师祝公丧去官，居阳城山，积学教授”，后举贤良方正，重新走上仕途。田畴避乱徐无山中，聚民五千余家，“制为婚姻嫁娶之礼，兴举学校，讲授之业班行其众，众皆便之，至道不拾遗，北边翕然服其威信”①。巨鹿张跱“并州牧高干表除乐平令，不就，徙遁常山，门徒且数百人”。邴原、国渊、管宁、王烈等人为躲避战乱，迁居辽

① 《三国志·魏书·田畴传》。

东，纷纷收徒设教，私学兴盛一时。邴原“在辽东，一年中往归原居者数百家，游学之士教授之声不绝”，返归后“于是讲述礼乐，吟咏诗书，门徒数百，服道数十，时郑玄以博学洽闻注解典籍，故儒雅之士集焉”。国渊“笃学好古，在辽东，常讲学于山岩，士人多推慕之”。管宁“乃因山为庐，凿坯为室，越海避难者皆来就之而居，旬月而成邑，遂讲《诗》《书》，陈俎豆，饰威仪，明礼让，非学者无见也”。

魏国王肃官至中领军加散骑常侍，弟子数百人，“甘露元年薨，门生缞绖者以百数”。乐隐任车骑将军何苗长史，弟子牵招、史路等追随卒业。东吴步骘为相后“犹诲育门生，手不释书，被服居处有如儒生”。虞翻得罪孙权，贬官交州，“虽处罪放而讲学不倦，门徒常数百人”[①]。

魏国乐详被太守杜畿任为祭酒，后任太学博士，“至正始中，以年老罢归于舍，本国宗族归之，门徒数千人”，“博士乐详，由畿而升，至今河东特多”[②]。隗禧曾任谯王郎中，“年八十余，以老处家，就之学者甚多”[③]。蜀国向朗因马谡逃亡知情不举，被罢官回成都，“开门接宾，诱纳后进”。

虽然书院式教育的私学还存在，但规模大者也不过数百人，与汉代动辄几千甚至上万人规模已不可同日而语。

两晋时期官学不振，私学虽然与汉代无法相比，但从文献记载看，较三国时期还是所发展。王裒之父王仪被司马昭所杀，“痛父不以命终，绝世不仕，立屋墓侧，以教授为务”。步熊“少好卜筮数术，门徒甚盛”。束皙坚辞不任相国赵王司马伦记室之职，“辞疾罢归，教授门徒”。司徒蔡谟罢官后“杜门不出，终日讲诵，教授子弟”。青州隐逸之士刘兆、徐苗等“皆务教授，惟（汜）毓不蓄门人”。续咸“性孝谨，敦重履道，贞素好学，师事京兆杜预，专《春秋》、郑氏《易》，教授常数十人”。范宣“虽闲居屡空，常以读诵为业，谯国

① 《三国志·吴书·虞翻传》。

② 《三国志·魏书·杜畿传》注引《魏略》。

③ 《三国志·魏书·王肃传》注引《魏略》。

戴逵等皆闻风宗仰，自远而至，讽诵之声，有若齐鲁”。私学较多，门徒也有增加。唐彬虽授学较晚，但弟子颇多，“晚乃敦悦经史，尤明《易经》，随师受业，还家教授，恒数百人”。霍原“山居积年，门徒百数”。杜夷弟子更多达千人，“年四十余始还乡里，闭门教授，生徒千人”。刘兆门徒更多达数千人，“兆博学洽闻，温笃善诱，从受业者数千人”。

十六国多为少数民族建立的地方割据政权，局势动荡不已，大多数政权不重视教育，幸赖私学薪火相传。酒泉人祈嘉“博通经传，精究大义。西游海渚，教授门生百余人”[①]。祈嘉被前凉张重华聘为儒林祭酒，教授不倦，“在朝卿士、郡县守令彭和正等受业，独拜床下者二千余人”。台产是位学识渊博的学者，隐居不仕，兴办私学，“少专京氏《易》，善图谶、秘纬、天文、洛书、风角、星算、六日七分之学，尤善望气、占候、推步之术。隐居商洛南山，兼善经学，泛情教授，不交当世”[②]。宋纤“隐居酒泉南山，明究经纬，弟子受业三千余人”。杨轲被石虎召至襄国，但坚不受职，石虎无奈，只好放归，杨轲“自归秦州仍教授不绝”。姚兴治下的长安成为私学重镇，远远超过同时期的南方，“天水姜龛、东平淳于岐、冯翊郭高等皆耆儒硕德，经明行修，各门徒数百，教授长安，诸生自远而至者万数千人”。当然，在政权林立的北方，私学教育发展还必须依靠割据者支持。后秦国主、羌人姚兴非常重视和支持私学，“兴每于听政之暇，引龛等于东堂，讲论道艺，错综名理”，“凉州胡辩，苻坚之末东徙洛阳讲授，弟子千有余人，关中后进多赴之讲业”，姚兴为此专门下敕给守卫边关将领，给予往来学者以便利，“兴敕关尉曰：‘诸生咨访道艺，修己厉身，往来出入，勿拘常限’。于是学者咸劝，儒风盛焉”[③]。

历史不怕有文化的人，也不怕没文化的人，最怕的是文化不高却自恃有文化的人。有文化者重视文化，没文化者尊重文化，真正糟蹋文化的是那些没有

---

① 《晋书·隐逸·祈嘉传》。
② 《晋书·艺术·台产传》。
③ 《晋书·姚兴载记上》。

文化却自恃有文化者。

孔子说“用之则行，舍之则藏”，如果无法治世救民，只能归隐。在社会激烈动荡时期，有的儒者无力救世，隐居山林，兴办私学。敦煌人郭瑀“少有超俗之操，东游张掖，师事郭荷，尽传其业。精通经义，雅辩谈论，多才艺，善属文”，郭荷去世后，“遂服斩衰，庐墓三年。礼毕，隐于临松薤谷，凿石窟而居，服柏实以轻身，作《春秋墨说》《孝经错纬》，弟子著录千余人”[①]。扶风鲁祈隐居兴办私学，“遭赫连屈孑暴虐，避地寒山，教授弟子数百人”[②]。

从《南史·儒林传》看，许多儒林人物都曾在太学、国学担任教职，说明南朝官学教育比较正常，但从人物传记看，私学教育也比晋朝兴盛。伏曼容建武中任中散大夫，“时明帝不重儒术，曼容宅在瓦官寺东，施高坐于听事，有宾客辄升高坐为讲说，生徒常数十百人”，闲暇时讲授，并著有《周易集解》《毛诗集解》《丧服集解》《论语义》《老庄义》。其孙伏挺天监中任中军参军事，“居宅在潮沟，于宅讲《论语》，听者倾朝。挺三世同时聚徒教授，罕有其比”[③]，伏挺祖孙三世同时聚徒讲授。孔佥“少师事何胤，通五经，尤明《三礼》《孝经》《论语》，讲说并数十篇，生徒亦数百人，三为五经博士”[④]，教而优则师，三次担任国学五经博士。郑灼出仕前已经讲授，担任国子助教后，在私宅仍然讲授不辍，“每自学还私室讲授，道俗受业数百人，率常如此”。顾越“家传儒学，并专门教授”。臧荣绪“隐居京口教授”。关康之初与臧荣绪隐居京口，晚以母老家贫，求任岭南小县，“不通宾客，弟子以业传受”。顾欢“于剡天台山开馆聚徒，受业者常近百人”。杜京产“始宁东山开舍授学”，后又“于会稽日门山聚徒教授”。徐璠之“还祛蒙山立精舍讲授”，其侄徐伯珍“积十年究寻经史，游学者多依之”，“受业生凡千余人”，同郡娄幼瑜“亦聚徒教

① 《晋书·隐逸·郭瑀传》。

② 《魏书·释老志》。

③ 《南史·儒林·伏曼容传附晅子挺传》。

④ 《南史·儒林·孔佥传》。

授，不应征辟”[①]。吴苞“善《三礼》及老庄，宋太始中过江聚徒讲学”，“与刘瓛俱于褚彦回宅讲授，瓛讲《礼》，苞讲《论语》《孝经》，诸生朝听瓛，晚听苞也”。沈麟士“隐居余干吴差山，讲经教授，从学士数十百人，各营屋宇，依止其侧。时为之语曰‘差山中有贤士，开门教授居成市’”[②]。

除学者自办私学外，南朝还出现了家族私学。刘孝绰祖刘勔，仕宋官至司空，父绘，仕齐官至大司马，家族很大，“孝绰兄弟及群从诸子侄，当时有七十人，并能属文，近古未之有也。其三妹适琅邪王叔英、吴郡张嵊、东海徐悱，并有才学，悱妻文尤清拔。悱，仆射徐勉子，为晋安郡，卒，丧还京师，妻为祭文，辞甚凄怆。勉本欲为哀文，既睹此文，于是阁笔。孝绰子谅，字有信，少好学，有文才，尤博悉晋代故事，时人号曰‘皮里晋书’。历官著作佐郎、太子舍人、王府主簿、功曹史、宣城王记室参军”[③]，刘孝绰的堂兄弟子侄七十余人俱能著文，就连三个妹妹都有才学，嫁与徐悱的小妹撰写的悼夫祭文连她的公爹、当时著名的文学家徐勉都不敢再撰。如果没有家族学校，真不知道如何培养出这么多人才。

南朝私学出现三个新现象。一是私学受到国家重视，表现在两个方面：一个是许多学者被召至国学任博士等教职，如雷次宗被召至京师主持儒学馆，并设置学生百余人；另一个是国家派学生到私学学习，如派何子朗、孔寿等六人到会稽追随何胤受学。二是私学受到皇族和地方官员的重视与支持。吴苞受到始安王萧遥光与地方官员江祏、徐孝嗣支持，“始安王遥光及江祏、徐孝嗣共为立馆于钟山下教授，朝士多到门焉。当时称其儒者。自刘瓛以后，聚徒讲授，唯苞一人而已”[④]。诸葛璩也受到太守支持，“璩性勤于诲诱，后生就学者日至，居宅狭陋，无以容之，太守张友为起讲舍”。三是三教融合。

---

① 《南史·隐逸·徐伯珍传附娄幼瑜传》。

② 《南史·隐逸·沈麟士传》。

③ 《梁书·刘孝绰传》。

④ 《南史·隐逸·吴苞传》。

雷次宗随僧人学习儒经，“少入庐山，事沙门释慧远，笃志好学，尤明《三礼》《毛诗》”，元嘉十五年（438年）被召至京师，于鸡笼山设儒学馆，设置诸生百余人，令其教授。何胤“师事沛国刘瓛，受《易》及《礼记》、《毛诗》，又入钟山定林寺听内典，其业皆通”，辞官后居会稽若邪山云门寺，晚年“居虎丘山西寺，讲经论学，僧复随之”，著述儒释兼备，注《百法论》《十二门论》各1卷，注《周易》10卷，著《毛诗总集》6卷，《毛诗隐义》10卷，《礼记隐义》20卷，《礼答问》55卷。[①]张讥兴办私学，弟子儒释道均有，“吴郡陆元朗、朱孟博，一乘寺沙门法才、法云寺沙门慧拔，至真观道士姚绥，皆传其业”，学业流传在三教中，并且著述颇丰，撰有《周易义》30卷，《尚书义》15卷，《毛诗义》20卷，《孝经义》8卷，《论语义》20卷，《老子义》11卷，《庄子内篇义》12卷，《庄子外篇义》20卷，《庄子杂篇义》10卷，《玄部通义》12卷，《游玄桂林》24卷。

北朝自北魏开始重视教育，道武帝初定中原，先立太学，置五经博士生员千有余人，天兴二年（399年）春增国子太学生员至三千人。“献文天安初，诏立乡学，郡置博士二人，助教二人，学生六十人。后诏大郡立博士二人，助教四人，学生一百人；次郡立博士二人，助教二人，学生八十人；中郡立博士一人，助教二人，学生六十人；下郡立博士一人，助教一人，学生四十人”，官学教育一时兴盛起来。虽然道武帝一度“禁立私学”，但私学依然非常兴盛。北魏时“燕齐赵魏之间，横经著录不可胜数，大者千余人，小者犹数百”；北齐时“朝章宽简，政纲疏阔，游手浮惰十室而九。故横经受业之侣遍于乡邑，负笈从宦之徒不远千里。入闾里之内，乞食为资，憩桑梓之阴，动逾十数。燕、赵之俗，此众尤甚焉”；北周“文教远覃，衣儒者之服，挟先王之道，开黉舍，延学徒者比肩，励从师之志，守专门之业，辞亲戚，甘勤苦者成市。虽

① 《南史·何胤传》。

通儒盛业，不逮魏、晋之臣，而风移俗变，抑亦近代之美也”[①]。而且从《北史·儒林传》看，兴办私学者主要是儒林，《北史·隐逸传》中士子兴办私学的则很少，恰与南朝相反。

北朝儒林私学大兴的主要原因是国家对教育的重视，许多儒林正是依托兴办私学进入官学和官场的。太原张伟“学通诸经，乡里受业者常数百人。儒谨泛纳，虽有顽固问至数十，伟告喻殷勤，曾无愠色。常依附经典，教以孝悌”，太武帝时被辟任中书博士，累迁至中书侍郎，封建安公。泥阳梁祚“笃志好学，历习经典，尤善《公羊春秋》《郑氏易》，常以教授”，经荐举后任秘书中散，稍迁秘书令。平原张买奴“经义该博，门徒千余人，诸儒咸推重之”，出仕北齐，任太学博士，官至国子助教。南皮李铉“年二十七归养二亲，因教授乡里生徒，恒数百人，燕赵间能言经者多出其门”，后举秀才，除太学博士，升任国子博士。武邑刘兰三十岁始入小学读书，三年后就“立黉舍，聚徒二百”教授，“学徒前后数千，成业者众”，出任国子助教。北平张雕武“负卷从师，不远千里，遍通五经，尤明三《传》，弟子远方就业者以百数”，出仕后官至国子祭酒。真定房晖远“明《三礼》《春秋三传》《诗》《书》《周易》，兼善图纬。恒以教授为务，远方负笈而从者动以千计”，后被召为博士。河间马敬德“教授于燕赵间，生徒随之者甚众”，请求荐举后任国子助教，迁国子博士，被举荐为齐后主授书，后官至侍中，封建安王。曲阳杜台卿北齐亡后“归于乡里，以《礼记》《春秋》讲授弟子”。有的学者是公务之余收徒设教，河间权会仕齐为四门博士，监知太史局事，后迁国子博士，“参掌虽繁，教授不阙”，“而贵游子弟慕其德义者，或就其宅，或寄宿邻家，昼夜承间受其学业，会欣然演说，未尝懈怠”。也有学者专心教授，虽屡经荐举坚不出仕。饶阳刘献之以儒学为宗，“本郡逼举孝廉，至京称疾而还”，孝文帝诏征典内校书，也“固以疾辞”终身不仕，虽然弟子不多，但质量很高，“时中山张吾贵与

---

① 《北史·儒林传上》。

献之齐名，四海皆曰儒宗。吾贵每一讲唱，门徒千数，其行业可称者寡。献之著录，数百而已，皆通经之士。于是有识者辩其优劣”。

魏晋南北朝时期私学延续书院式教育传统，教书、读书、著书缺一不可。

在教书方面，魏晋南北朝时期具有以下几个特点：

一是教学内容扩大。汉代私学主要传授儒家经典，而且偏重某经甚至某家，而南北朝时期社会激烈动荡，学术思想相对自由，儒学式微，玄学大兴，佛教发展，道教重兴，都在私学教育上表现出来。

虞翻被贬交州，“虽处罪放而讲学不倦，门徒常数百人，又为《老子》《论语》《国语》训注，皆传于世”。张讥在侯景之乱中为太子讲“老庄”，撰《周易义》《尚书义》《毛诗义》《孝经义》《论语义》《老子义》《庄子内篇义》《庄子外篇义》《庄子杂篇义》《玄部通义》《游玄桂林》等，“吴郡陆元朗、朱孟博，一乘寺沙门法才、法云寺沙门慧休、至真观道士姚绥，皆传其业”。雷次宗也讲玄学，顾欢“年二十余，更从豫章雷次宗谘玄儒诸义”。沈麟士隐居“余干吴差山，讲经教授，从学士数十百人”，讲学内容不详，但其著述有《周易两系》《庄子内篇训注》《易经》《礼记》《春秋》《尚书》《论语》《孝经》《丧服》《老子》要略数十卷，著述内容应该也是教学内容。

佛教大约在一世纪初传入中国，初期佛教经典翻译不多且不准确，魏晋南北朝时期，中国僧侣纷纷西行求法，将佛教经典和戒律带回中国并翻译。东晋开始，佛教寺院进入大发展时期，寺院教育也随之开展。后赵时期，西域僧人佛图澄收徒讲经，“受业追随者常有数百，前后门徒几且一万，所历州郡兴立佛寺八百九十三所”。弟子道安自立门户，建寺传教，制定“僧尼规范”，促成寺院教育规范化，促进佛教教育大发展，到东晋十六国时期形成南北佛教中心。道安高足慧远被派到庐山传教，在江州刺史桓伊帮助下兴建东林寺聚徒讲学，弟子众多，著名者不下百人，东林寺也成为南方佛教中心，净土宗发祥地之一。外僧鸠摩罗什受到后秦国主姚兴敬重，被待以国师之礼，鸠摩罗什在逍遥园澄玄堂演说佛经，在长安草堂寺重译佛经，沙门自远而至者有5000多人。

东汉末年黄巾起义失败后，道教转入沉寂，经过葛洪、寇谦之、陶弘景等人努力，对道教教义进行改革，从神转向人，从虚无缥缈的彼岸世界转向世俗的现实世界，以适应当时门阀世族脱俗离世、闲散放浪以追求长生不老的需求。南方道教儒道兼修，采药炼丹，追求成仙养生，北方道教吸收儒家伦理制定戒规，吸收佛教轮回观念，立坛宇，修功德，诵经持戒。南北道教都受到皇家重视，南方设道馆，北方建道场，以供传教修行。除官办道场外，也有道士隐居山林收徒弘道。东晋时道士张忠隐居泰山兴办私学，“永嘉之乱，隐于泰山。恬静寡欲，清虚服气，餐芝饵石，修导养之法。冬则缊袍，夏则带索，端拱若尸，无琴书之适，不修经典，劝教但以至道虚无为宗。其居依崇岩幽谷，凿池为窟室，弟子亦以窟居，去忠六十余步。五日一朝，其教以形不以言，弟子受业观形而退。立道坛于窟上，每旦朝拜之”[①]。

二是教学方式灵活多样。一为老师讲授，学生可以当场请教。上党李业兴求学于渔阳鲜于灵馥，在鲜于灵馥讲说《左传》后即问大义数条，李业兴“晚乃师事徐遵明于赵魏之间。时有渔阳鲜于灵馥亦聚徒教授，而遵明声誉未高，著录尚寡，业兴乃诣灵馥黉舍，类受业者。灵馥乃谓曰：‘李生久逐羌博士，何所得也？’业兴默尔不言。及灵馥说《左传》，业兴问其大义数条，灵馥不能对，于是振衣而起曰：‘羌弟子正如此耳’。遂便径还。自此，灵馥生徒倾学而就遵明，学徒大盛，业兴之为也”。弟子提问老师不能回答，竟使门徒追随他人而去。二为有的学者仍然“递相宣授”，杨轲私学“虽受业门徒，非入室弟子莫得亲言，欲所论授，须旁无杂人，授入室弟子，令递相宣授”[②]。三为学者择师而学，自由来去。华阴徐遵明“年十七，随乡人毛灵和等诣山东求学，至上党乃师屯留王聪，受《毛诗》《尚书》《礼记》。一年，便辞聪游燕赵，师

① 《晋书·隐逸·张忠传》。

② 《晋书·隐逸·杨轲传》。

事张吾贵。吾贵门徒甚盛。遵明伏膺数月，乃私谓友人曰：‘张生名高而义无检格，凡所讲说不惬吾心，请更从师。’遂与平原田猛略就范阳孙买德。受业一年，复欲去之。猛略谓遵明曰：‘君年少从师，每不终业，如此用意，终恐无成。’遵明乃指其心曰：‘吾今知真师所在矣，正在于此。’乃诣平原唐迁，居于蚕舍，读《孝经》《论语》《毛诗》《尚书》《三礼》，不出门院，凡经六年”，“又知阳平馆陶赵世业家有《服氏春秋》，是晋世永嘉旧写，遵明乃往读之，复经数载。因手撰《春秋义章》为三十卷”[①]。南皮李铉“年十六，从浮阳李周仁受《毛诗》《尚书》，章武刘子猛受《礼记》，常山房虬受《周官》《仪礼》，渔阳鲜于灵馥受《左氏春秋》。铉以乡里无可师者，遂与州里杨元懿、河间宗惠振等结友，诣大儒徐遵明受业。居徐门下五年，常称高第”[②]。

著述方面，三国动荡，著述尚少。丹阳唐固著《国语注》《公羊传注》《穀梁传注》，东海王肃曾注《尚书》《诗》《三礼》《左传》《论语》等，虞翻为《老子》《论语》《国语》作训注，隗禧作诸经解数十万言。两晋时期著述也不多，束皙著有《五经通论》《发蒙记》等，氾毓合三传为之解注，撰有《春秋释疑》《肉刑论》等，续咸有《汲冢古文释》《异物志》等，范宣有《礼》《易》论难。十六国著述很少，已知郭瑀著有《春秋墨说》《孝经错纬》。南北朝时期，著述大增。南朝伏曼容著有《周易集解》《毛诗集解》《丧服集解》《论语义》《老庄义》等；顾越著有《丧服》《毛诗》《老子》《孝经》《论语》等义疏四十余卷；臧荣绪著有《五经序论》；何胤注《百法论》《十二门论》《周易》，著有《毛诗总集》《毛诗隐义》《礼记隐义》《礼答问》；张讥著有《周易义》《尚书义》《毛诗义》《孝经义》《论语义》《老子义》《庄子内篇义》《庄子外篇义》《庄子杂篇义》《玄部通义》《游玄桂林》等。北方学者著述较多，徐遵明有《春秋义草》，梁祚著有《国统》，刘献之著有《三礼大义》《三传略例》

---

① 《北史·儒林·徐遵明传》。

② 《北史·儒林·李铉传》。

《注毛诗序》并章句疏，熊安生著有《周礼义疏》《礼记义疏》《孝经义疏》《周礼音》《仪礼音》《礼记音》《毛诗音》。

经营方面，私学针对不同的门徒有不收费和免费两种情况。冯伟“门徒束脩一毫不受，耕而饭，蚕而衣，箪食瓢饮，不改其乐”，在学校亦读亦农，自食其力。徐遵明“悬纳丝粟，留衣物以待之，名曰影质，有损儒者之风”。刘焯“然怀抱不旷，又啬于财，不行束脩者未尝有所教诲，时人以此少之”。对门徒收费应该属于常态，所以不收费和贪婪者才被作为典型著录，徐遵明和刘焯太过贪财，有损师者形象。

私学不仅仅是在民间传播传统思想文化，而且大力支持官学。一是私学为官学提供师资。高允于北魏神䴥三年（430年）还家教授，受业者千余人，四年与卢玄等俱被征，拜中书（北魏国学名中书学）博士。敦煌索敞为刘延明助教，专心经籍，尽能传延明之业，北魏平凉州，以儒学征为中书博士。张伟“学通诸经，乡里受业者常数百人”，太武帝时被辟，任中书博士。董征初讲授生徒，太和末出任四门小学博士。平原张买奴“经义该博，门徒千余人，诸儒咸推重之”，入齐为太学博士，官至国子助教。渤海鲍季详甚明《礼》，兼通《左氏春秋》，“少时恒为李宝鼎都讲，后亦自有徒众，诸儒称之”，北齐时任太学博士。南皮李铉“教授乡里，生徒恒数百人，燕赵间能言经者多出其门”，后举秀才，除太学博士，升任国子博士。武邑刘兰“立黉舍，聚徒二百”教授，“学徒前后数千，成业者众”，出任国子助教。北平张雕武“弟子远方就业者以百数”，出仕后官至国子祭酒。河间马敬德“少好儒术，负笈随徐遵明学《诗》《礼》，略通大义而不能精，遂留意于《春秋左氏》，沉思研求，昼夜不倦，教授于燕赵间，生徒随之者甚众”，毛遂自荐，请州将举秀才，“至都，唯得中第，请试经业，问十条并通，擢授国子助教，再迁国子博士”。真定房晖远世传儒学，“明《三礼》《春秋三传》《诗》《书》《周易》，兼善图纬。恒以教授为务，远方负笈而从者动以千计”，定州刺史闻其名召为州学博士。二是为官学补缺。前秦时太学没有研究《周礼》学者，只好求助于民间。韦逞之母宋氏自幼丧母，没有兄弟，其父为不使家学断绝，便传学女儿，“‘吾家世学《周官》，传业相继……吾今无男可传，汝可受之，勿令绝世。’属天下丧乱，宋氏讽诵不辍”，动乱中宋氏“背负父所授书”逃难，儿子年少，“宋氏昼则樵采，夜则教逞，然纺绩无废”。前秦太学“唯《周官》礼注未有其师”，博士卢壶推荐说，“窃见太常韦逞母宋氏世学家女，传其父业，得《周官》音义。今年八十，视听无阙，自非此母无可以传授后生。于是就宋氏家立讲堂，置生员百二十人，隔绛纱幔而受业，号宋氏为宣文君，赐侍婢十人，《周官》学复行于世”[①]，《周礼》赖宋氏而流传。何胤隐居授书，屡征不就，梁武帝派何子朗、孔寿等六人到隐居地受学。

四、隋唐时期

按照习惯，人们都将隋唐视作一个时期，但就私学教育说，将隋朝划入南北朝更合适，这是因为隋朝延续南北朝遗风，私学教育还很发达，但唐朝就私学教育来说是一个衰微期。

隋朝私学依然兴盛，从《隋书·儒林传》看，许多学者都有收徒设教的经历。西域人何妥于开皇六年（686年）“出为龙州刺史，时有负笈游学者，妥皆为讲说教授之”；东海包恺大业中为国子助教，“聚徒教授，著录者数千人”；武安马光“初教授瀛博间，门徒千数”，“开皇初，高祖征山东义学之士，光与张仲让、孔笼、窦士荣、张黑奴、刘祖仁等俱至，并授太学博士，时人号为六儒”，弟子追随至长安，“至是多负笈从入长安”；以上三位出仕仍然设教。信都刘焯免官后“优游乡里，专以教授著述为务”，河间刘炫也是罢官后“归于家，以教授为务”，“刘炫聪明博学，名亚于焯，故时人称二刘焉”[②]，“于时旧儒多已凋亡，二刘拔萃出类，学通南北，博极古今，后生钻仰，莫之能测。所

① 《晋书·列女·韦逞母宋氏传》。

② 《隋书·刘焯传》。

制诸经义疏，搢绅咸师宗之”①，“天下名儒后进，质疑受业，不远千里而至者不可胜数”，今河北南部一时竟成教育中心。平原王孝籍“博览群言，遍治五经”，辞官“后归乡里，以教授为业，终于家”。江都曹宪“仕隋为秘书学士，聚徒教授，凡数百人，公卿多从之游”②。琅琊颜师古“失职归长安，不得调，窭甚，资教授为生”。大儒王通“隋末居白牛溪，教授门人甚众”。以上六位属于辞官后收徒设教。孔颖达以教授为务，王恭每于乡间教授，弟子自远方至数百人，都是未仕前私学授教。

唐代私学衰落，检新旧《唐书》，设学教授者仅有寥寥数人。涟水王义方高宗时以“毁辱大臣，言词不逊，左迁莱州司户参军，秩满，家于昌乐，聚徒教授”。李邕之父李善在高宗乾封中出为经城令，“坐与贺兰敏之周密，配流姚州，后遇赦得还，以教授为业，诸生多自远方而至”。蔡州袁滋“少依道州刺史元结读书，自解其义，结重之。后客荆郢间，起学庐讲授”。偶尔几所私学，也都没有点出弟子数量，大概人数都不多。大儒王通玄孙王质弟子略多，德宗、宪宗间“寓居寿春，躬耕以养母，专以讲学为事，门人受业者大集其门”。记载弟子数目大约有两例：一为咸通中荆州号“唐五经”者，“唐咸通中，荆州有书生号‘唐五经’者，学识精博，实曰鸿儒，旨趣甚高，人所师仰，聚徒五百辈，以束脩自给。优游卒岁，有西河、济南之风”③；一为贞观初越王东阁祭酒马嘉运，“退隐白鹿山，诸方来受业至数千人”④。毫无疑问，贞观初马嘉运弟子众多是前朝私学兴盛遗绪，而咸通中唐五经则是社会动乱官学受到冲击后的回光返照。

为什么如此兴盛的私学进入唐代就如此迅速地衰落？其原因大概有三：一是官学教育的兴盛，二是科举制度的确定，三是国家教科书的统一。

---

① 《隋书·儒林传序》。

② 《新唐书·曹宪传》。

③ 《北梦琐言·不肖子三变》。

④ 《新唐书·马嘉运传》。

唐武德元年（618年）五月，李渊下令恢复中央和地方官学。“令国子学置生七十二员，取三品以上子孙；太学置生一百四十员，取五品以上子孙；四门学生一百三十员，取七品以上子孙”，地方官学则是“上郡学置生六十员，中郡五十员，下郡四十员；上县学生四十员，中县三十员，下县二十员”。其后国家不断完善教育体系，武德元年十一月令“皇族子孙及功臣子弟于秘书外省别立小学”，武德三年令州府置医学，设医药博士，武德四年诏令“吏民子弟有识性明敏、志希学艺，亦具名申送，量其差品并即配学，州县及乡各令置学”，除皇族、贵族、官员子弟外，平民子弟也可入学，并令乡也设学。武德九年于门下省设弘文馆，教授书法，贞观时改为教授儒家经书。贞观二年（628年），国子监设置书学和算学，贞观六年置律学，贞观十三年于东宫设崇文馆，教授诸王。贞观初“又于国学增筑学舍一千二百间，太学、四门博士亦增置生员。其书算各置博士、学生，以备艺文，凡三千二百六十员”，到贞观末，“是时四方儒士多抱负典籍，云会京师，俄而高丽及百济、新罗、高昌、吐蕃等诸国酋长亦遣子弟，请入于国学之内，鼓箧而升讲筵者八千余人，济济洋洋焉，儒学之盛古昔未之有也”，仅中央国学就有这么多学生。唐高宗、武则天时期虽然对教育重视不够，但龙朔二年（662年）还在洛阳设置东都国子监。唐玄宗完善教育制度，开元二十九年（741年）设置崇玄馆，专门传授道家经典，天宝九载（750年）设立广文馆，专门培养专攻进士业学生。此外，太医署有医学，太史局有历学、天文学，太仆寺有兽医学，唐代国家设置从上到下涵括了儒学、道学、律学、数学、天文、历学、文学、书法、医学等教育内容的完善教育体系，除初级蒙学，私学基本没有立足之地。

从汉代开始，国家逐步完善选士制度，陆续设置孝廉、茂才、明经等常科和贤良方正、文学、明法、敦厚、有道、尤异、治剧、兵法、阴阳灾异、童子等特科，选士逐渐演化为察举和考试相结合，而考试首重儒学，延平元年（106年）尚敏建议“自今官人宜令取经学者”。无论通过官学、私学、家学还是自学成才者都可以经察举入仕为官，特别是到东汉时贤良方正重视隐逸名流、岩穴之士，极大地刺激了人们的学习积极性，以致“遗子黄金满籯不如一经”成为流行谚语，而这种制度基本在三国、两晋南北朝时期所沿用，当时官学教育式微，私学兴盛是必然的。隋代开始设科取士，而到唐代科举取士逐渐制度化。科举常科有秀才、明经、俊士、进士、明法、明字、明算、一史、三史、开元礼、道举、童子等十二科，前期比较重视进士和明经，后期则独重进士。允许参加科举考试者有两类，一类是由州县学校和中央官学推举的生徒，一类是自由报考而通过本县和州考试的乡贡。安史之乱前，国家重视生徒；安史之乱后，官学衰敝重视乡贡。唐代允许私学和自学者参加科举考试，客观上促进了私学发展，但科举考试重视文学，而传统私学主要传授经学，当社会取向转向进士，转向文学，对私学势必造成很大冲击。

南北朝时期，北方经学与南方经学各自传授，逐渐产生差异。北方经学延续汉代传统，侧重经学章句训诂，南方经学受玄学影响，侧重义理解释，哲学意味更重，正如《隋书·儒林传》所说，“大抵南人约简，得其英华；北学深芜，穷其枝叶”。儒家经典作为国家通用教科书不能不统一，贞观四年（630年），唐太宗令颜师古统一文字，“太宗又以经籍去圣久远，文字多讹谬，诏前中书侍郎颜师古考定五经，颁于天下，命学者习焉”，并命尚书左仆射房玄龄召集诸儒加以讨论，“时诸儒传习师说，舛谬已久，皆共非之，异端蜂起，而师古辄引晋、宋以来古本，随方晓答，援据详明，皆出其意表，诸儒莫不叹服”，贞观七年颁行天下。仅仅统一文字还是不够的，“儒学多门，章句繁杂”，注疏多歧，贞观十二年唐太宗令孔颖达等撰定《五经正义》，贞观十五年书成付国子监施行，次年因有学者批评，唐太宗令赵弘智与孔颖达“复更详审”，永徽二年（651年）再次修订，永徽四年倾全国学术力量编修的《五经正义》终于颁行全国，“三月壬子朔，颁孔颖达《五经正义》于天下，每年明经令依此考试”。此外，贞观二年魏征奏请皇帝同意校订四部书，“以丧乱之后，典章纷杂，奏引学者校订四部书。数年之间，秘府图籍灿然毕备”。国家统一教科书，校订四部书，不准个人修订教科书，学者们连研究内容都不多了，研究性私学也无以为继。

唐代科举促使传统私学衰落，中期进士考试重视诗赋，社会取向转向文学，而当时行卷制度需要高官名流赞誉，科举应试者只要拜某人或某几人为师足矣，而诗赋重要的是创作而不是研究，学者自学足矣，所以私学衰微成为历史的必然，而作为个人书斋的书院应运而生。

第三节 唐代书院名称出现

孔子首创私学，开启书院式教育，虽然历经千年延续发展，但书院名称直到唐代才出现。

一、最早的书院名称

文献中，书院一名最早见于张说《恩制赐食于丽正殿书院宴赋得林字》诗：

东壁图书府，西园翰墨林。
诵诗闻国政，讲易见天心。
位窃和羹重，恩叨醉酒深。
缓歌春兴曲，情竭为知音。

从“位窃和羹重”看，此诗是张说拜相以后所作。张说（667—730年）于景云二年（711年）初次拜相，以中书侍郎为同中书门下平章事，但十月即罢。开元元年（713年）九月二次拜相，任中书令，十二月被贬出京，任相州刺史、河北道按察使，再贬岳州刺史。开元七年迁右羽林将军兼检校幽州都督，入京戎服见玄宗，“帝大喜，授检校并州长史兼天兵军大使，修国史，敕赍稿即军中论撰”，开元九年九月诏拜兵部尚书、同中书门下三品，回京。开元十年四月张说任朔方军节度大使往巡五城，开元十一年二月兼中书令，时仍在并州，四月改吏部尚书兼中书令，大约不久回京。结合丽正书院历史看，张说此诗应该写作于开元十一年再次拜相后、开元十三年丽正书院改集贤书院前，但此诗中的书院并非我们现在所说的教育机构，而是藏书、修书机构。

二、丽正书院由来

中国自古重视收藏整理古代文献，历代王朝都设置专门机构以掌其事。相传夏朝有太史，商朝有作册，又有专门收藏占卜甲骨的场所。

周朝即设立完善的文献管理体系："大史掌建邦之六典以逆邦国之治，掌法以逆官府之治，掌则以逆都鄙之治"；"小史掌邦国之志，奠系世，辨昭穆；若有事则昭王之忌讳"；"内史掌王之八枋之法，以昭王治"，"内史掌书王命"；"外史掌书外令，掌四方之志，掌三皇五帝之书，掌达书名于四方，若以书使于四方，则书其令"[①]。周朝还设有专职管理收藏典籍的地方，保存盟约的盟府，掌管宗庙祭祀文献等的天府等。

秦朝的重要档案正本、副本分藏不同地方。比如律令，正本藏中央禁室，副本一藏宫廷，由少府遣官专门负责，以备朝廷随时查阅，副本还藏丞相、御史大夫等处，以供民间查阅。

西汉"外有太常、太史、博士之藏，内有延阁、广内、密室之府"[②]。东汉延熹二年（159年）"初置秘书监，掌典图书，古今文字考合异同"，"汉氏图籍所在有石渠、延阁、广内，贮之于外府；又御史中丞居殿中，掌兰台、秘书及麒麟、天禄二阁，藏之于内禁"[③]。此外藏书之所还有金匮、东观、宣明、鸿都等。

掌管图籍机构，汉以后或名秘书省，或名秘书监，藏书之所除兰台、东观

---

① 《周礼·春官》。

② ［汉］刘歆：《七略》，见《汉艺文志考证》。

③ 《通典·秘书监》。

外，梁有文德殿，北齐有文林馆，后周有麟趾殿，隋有秘书外阁、观文殿等。

唐朝仍以秘书省主管图籍，但中书省史馆、门下省弘文馆、东宫崇文馆和司经局等处都藏有大量图书，而且每处都设置专门官员进行管理。弘文馆早在唐太宗时藏书已达20多万卷，设学士“掌详正典籍”，设校书郎“掌校理典籍，刊正谬误”；崇文馆设学士“掌经籍图书”，设校书郎“掌校理书籍”；司经局设洗马“掌经籍”，设文学“分知经籍”，设校书、正字等“掌校刊经史”。开元五年（717年），唐玄宗采纳大臣建议整理内府藏书、续修王俭《七志》及《隋书·经籍志》等目录著作的建议，以昭文馆学士马怀素为修图书使，与崇文馆学士褚无量“整比”四部之书，马怀素举荐秘书少监卢俌、崔沔为修图书副使，又设置乾元院使、刊正官、押院中使、知书官等，“于东都乾元殿前施架排次，大加搜写”，并“广采天下异本”。开元六年冬，唐玄宗西还长安，将书籍迁至长安东宫丽正殿，于著作院设修书院，即丽正殿修书院，简称“丽正殿书院”，又称“丽正修书院”“丽正书院”。

丽正修书院设置时间，《唐会要》作开元五年（717年）十一月，《集贤注记》作开元六年十二月，《集贤注记》是正确的。《旧唐书》《新唐书》之《玄宗本纪》都记载开元五年正月玄宗幸东都，开元六年十一月自东都还，在长安丽正殿设修书院不会在开元五年，而且《集贤注记》为韦述所著，更加可信。韦述开元五年十二月入秘书省，相继担任修书学士、丽正殿直学士，撰写《群书四录》序例，参与续撰目录学专著《七志》，校勘四库书籍，参加撰写四部总集，编撰《集贤书目》，“在书府四十年，居史职二十年”，天宝十五载有感于同时之人“凋亡已尽”，担心“后来贤彦多不委书院本末”，撰成《集贤注记》，记载书院历史、故事、修撰史书次序及学士姓名事迹。虽然该书已经散佚，但还有部分保存在《玉海》等类书中，以过来人记经历事应该不会失误。

丽正修书院何时改为丽正书院？《资治通鉴》《大事记续编》《历代通鉴御览》《通鉴总类》均作开元十一年（723年）“置丽正书院”，但《旧唐书》《唐会要》均有开元九年关于丽正书院的记载：“时率府兵曹梁令瓒待制于丽正书院，因造游仪木样，甚为精密。一行乃上言曰：‘黄道游仪，古有其术而无其器。以黄道随天运动，难用常仪格之，故昔人潜思皆不能得。今梁令瓒创造此图，日道月交，莫不自然契合，既于推步尤要，望就书院更以铜铁为之，庶得考验星度，无有差舛。’从之，至十三年造成。”[①] 此处丽正书院应该是丽正修书院略称。

丽正书院之名是毫无疑问的，因为许多文献都记载开元十三年（725年）改丽正书院为集贤书院[②]。《唐六典》及《旧唐书》、《新唐书》之《张说传》和《徐坚传》都有相关记载，“开元十三年，召学士张说等宴于集仙殿，于是改名集贤殿，修书所为集贤殿书院，五品以上为学士，六品以下为直学士，以说为大学士，知院事，说累让大字，诏许之”[③]。上面张说诗就是当时记录，是更为可信的。

三、集贤书院职能

开元十三年（725年），唐玄宗要封禅泰山，召集中书省、门下省官员及礼部官员、学士等宴于集仙院。唐玄宗非常高兴，他说：“今与卿等贤才同宴于此，宜改集仙殿丽正书院为集贤院”，于是下诏：“仙者捕影之流，朕所不取。贤者济治之具，当务其实。院内五品以上为学士，六品以下为直学士”，“中书令张说充学士知院事，散骑常侍徐坚为副，礼部侍郎贺知章、中书舍人陆坚并为学士，国子博士康子元为侍讲学士，考功员外郎赵东曦，监察御史咸廙业，左补阙韦述、李钊、陆元泰、吕向，拾遗毋煚，太学助教余钦，四门博士赵元默，校书郎孙季良并直学士，太学博士侯行果，四门博士敬会直，右补阙冯鹭并侍讲学士”，将原来丽正书院修书官员全部转入集贤院。

集贤书院人员设置，据《唐六典》记载为：

---

① 《旧唐书·天文上》。

② 开元十三年（725年），丽正殿书院改称“集贤殿书院”，简称“集贤书院”。

③ 《唐六典》卷六“集贤殿书院”。

学士：五品以上为学士，每以宰相为学士者知院事。初，张说为中书令，知院制，以右常侍徐坚副之。自尔常以近密官为副，兼判院。

直学士：六品以下为直学士，并开元十三年置。

侍讲学士：开元初，褚无量、马怀素侍讲禁中，为侍读，其后康子元等为侍讲学士。

修撰官、校理官：同直学士，无常员，以他官兼之。又有留院官、检讨官，皆以学术别敕留之。

中使：一人。自乾元殿写书，则直知出入，宣传进奏，掌同宫禁。

孔目官：一人。开元五年置。

知书官：八人。开元五年置。

书直及写御书：一百人。开元三年十二月，敕于秘书省、昭文馆兼广召诸色能书者充，皆亲经御简。后又取前资常选三卫散官五品以上子孙，各有年限，依资甄叙。至十九年，敕省官为直院也。

拓书手：六人。乾元殿初置二人，开元十四年奏加至六人，取人及有官同有院。

画直：八人。开元七年敕，缘修杂图，访取二人，八年又加六人，十九年院奏定为直院。

装书直：十四人。开元六年置八人，七年更加十人，十九年八月减四人。

造笔直：四人。开元六年置。

典：四人。开元五年置二人，九年加二人。

集贤院学士：掌刊缉古今之经籍，以辨明邦国之大典，而备顾问应对。凡天下图书之遗逸，贤才之隐滞，则承旨而征求焉。其有筹策之可施于时，著述之可行于代者，较其才艺，考其学术而申表之。凡承旨撰集文章，校理经籍，月终则进课于内，岁终则考最于外。开元八年十月敕，学士等入经三年以上为年深，若校理精勤，纰缪多正，及不能详核，无所发明，委修书使录奏，别加褒贬。

集贤书院主要的职能还是以修书为主。开元五年（717年）所置孔目官、知书官应是是年整理内府藏书时所设。

四、书院名称由来

丽正书院、集贤书院虽然初设时都以修书藏书为主，但是由于汇集众多文学人才，加之唐玄宗爱好文学，经常赐宴书院，在书院诗酒唱和，书院逐渐成为举行文学活动的场所。

早在丽正书院时，唐玄宗就曾经举行诗酒唱和活动，上引张说诗题作《恩制赐食于丽正殿书院宴赋得林字》，就是举行分韵赋诗活动所作。改为集贤书院后，这种活动更多，规模也更大。

开元十三年（725年），唐玄宗命张说为集贤院学士，知院事。唐玄宗特赐宴祝贺张说上任，皇帝亲自赋诗，得“珍”字，张九龄赋得“辉”字，苏颋赋得“兹”字，韦杭赋得“西”字，程行谌赋得“回”字，源乾曜赋得“迎”字，裴崔赋得“升”字，李暠赋得“催”字，萧嵩赋得“登”字，李元纮赋得“私”字，贺知章赋得“谟”字，陆坚赋得“今”字，刘升赋得“宾”字，王翰赋得“筵”字，赵冬曦赋得“莲”字，韦述赋得“华”字，均为五言排律十二句。张九龄并作序说：

> 集贤殿者，本集仙殿也。上不以惟睿作圣，而犹垂意好学，用相必本于经术，图王亦始于师臣。及乎鸿生硕儒，博闻多识之士，自开元肇建，以迄于今，大用征集，焕乎广内，而听政余暇，式燕在兹，忠臣嘉宾，得尽心之所，聪明文思，有光被之德，故下以道亲，上亦欢甚，即于御座，爰发德音。以为候彼神人，事虽千载，传于方士，言固不经，遂改仙为贤，去华务实，且有后命，增其学秩，是以集贤之庭，更为论思之室矣。中书令、燕国公外弼庶绩，以奉沃心之谋，内讲六经，以成润色之业，故得出入华殿，师长翰林。惟帝用臧，固天所赖，拜命之日，荷宠有加，降

圣酒之罍，下御厨之膳。食以乐侑，人思德饱。时则有侍中、安阳公等承恩预焉，学士、右散骑常侍、东海公等摄职在焉。或禹稷大贤，泉云诸彦，文王多士，周室以宁，武帝得人，汉家为盛，而高视前古，独不在于今乎？咸可赋诗，以光鸿烈。①

君臣诗酒唱和，何等欢乐！

上有所好，下必甚焉，受皇帝影响，地方官员和士子将自己的书斋和家族学校称作书院，书院功能逐渐扩大，成为新兴的读书和教学场所。

书院之名应该来自修书院，中国人习惯双音节词汇，所以将修书院简称为书院。如《贺知章传》“开元中，张说为丽正殿修书使，奏请知章入书院”，《集贤注记》说，“八年春，行冲知丽正院，取秘书学士入丽正校勘，通前二十人，十年春移书院明福门外，中书省之北”，《玉海》也记载，“乾元书院更号丽正修书院，置使及检校官，改修书官为丽正殿学士。十一年春，置丽正修书学士，光顺门外亦置书院”②，以上都将修书院略称书院。

约定俗成，书院就成为新的名称。

五、唐代诗文中的书院

受皇帝诗酒唱和影响，加之唐诗繁荣，有关书院诗作也频频出现。

就可靠性来说，唐诗中的书院是最可信的，因为它们是当时人即时而作，并非后人追述。

唐诗中提到的书院诗作除丽正书院和集贤书院外大约有18首，下面根据诗作内容分析各个书院创建时间及性质。

---

① ［唐］张说：《张燕公集》卷四。

② ［南宋］王应麟：《玉海·典籍志》。

题玉真观李泌书院

韩翃

白云斜日影深松，玉字[1]瑶坛知几重。
把酒题诗人散后，华阳洞里有疏钟。

此书院既然冠以玉真观当然是设在观内，只能是李泌借用的场所，不可能在此进行教育活动，这里应该是李泌读书的书斋。

作者韩翃（719—788年）字君平，大历十才子之一，天宝十三载（754年）进士，“侯希逸表佐淄青幕府，府罢，十年不出。李勉在宣武，复辟之，俄以驾部郎中知制诰”[2]，“建中初，以诗受知德宗，除驾部郎中，知制诰，擢中书舍人”。

书院主人应该是京兆人李泌（722—789年），他少慧，七岁时曾受到唐玄宗召见。好道学，年轻时经常游历嵩山、华山、终南山，天宝中向唐玄宗上书《复明堂九鼎议》，唐玄宗命待诏翰林，东宫供奉，宰相杨国忠忌其才辨，污奏其感遇诗讽刺时政，诏于蕲春安置，李泌于是潜逃名山隐居。其书院当在未向唐玄宗上书之前，如果李泌任官后，韩翃应该称李泌官职，可见时间当在安史之乱以前。

同耿拾遗春中题第四郎新修书院

卢纶

得接西园会，多因野性同。
引藤连树影，移石间花丛。
学就晨昏外，欢生礼乐中。
春游随墨客，夜宿伴潜公。

① “字”当为“宇”之误。
② 《新唐书·文苑·韩翃》。

散帙灯惊燕，开帘月带风。
朝朝在门下，自与五侯通。

“学就晨昏外”，毫无疑问第四郎新修书院是学习场所，“欢生礼乐中”不可能是一个人的学习场所，作者同耿拾遗“春游随墨客”，看来是有诗文活动。

诗题一作“同钱员外春中题薛载少府新书院”。

作者卢纶（739—799年）为大历十才子之一，大历六年（771年）出任集贤学士、秘书省校书郎，升任监察御史，十一年受元载等政治斗争影响被罢官禁用，建中元年（780年）才复起为昭应县令，贞元中入河中节度使浑瑊幕府，任检校户部郎中。耿拾遗当为耿湋，宝应二年（763年）进士，也为大历十才子之一，大约在大历初至十一年秋任右拾遗，结合二人履历看，第四郎新修书院时间应该在大历年间。

宴赵氏昆季书院，因与会文并率尔投赠

卢纶

诗礼挹余波，相欢在琢磨。
琴尊方会集，珠玉忽骈罗。
谢族风流盛，于门福庆多。
花攒骐骥枥，锦绚凤凰窠。
咏雪因饶妹，书经为爱鹅。
仍闻广练被，更有远儒过。

赵氏昆季当为赵冬曦兄弟。唐代开元中，赵冬曦与兄夏日，弟和璧、安贞、居贞、颐贞、汇贞皆擢进士第。赵冬曦曾任集贤院修撰、知史馆事、直学士，卒于国子祭酒。赵安贞官至给事中，赵居贞官至吴郡采访使，赵颐贞官至安西都护，赵居贞之子赵昌两官安南都护、国子祭酒、工部尚书兼太常卿等。同时有韦述兄弟六人也为一时英彦，韦述、韦逌兄弟均官集贤院直学士，韦迪为礼官。张说称赞说“赵、韦昆季，今之杞梓也”[①]，书院当以此命名。书院创始时间不详，鉴于赵氏昆季七人均高中进士，家庭应该设有专门的读书场所，至于称名昆季书院，应该是在张说赞词之后，张说开元十九年（731年）去世，而丽正书院约开元九年称名，赵氏昆季书院应该在此后不久仿称。果如此，赵氏昆季书院应该是较早命名的家族书院。

既然为赵氏昆季书院，应该是家族学习场所，也开展会文活动，卢纶此次会文活动应该也在大历时。

杜中丞书院新移小竹

王建

此地本无竹，远从山寺移。
经年求养法，隔日记浇时。
嫩绿卷新叶，残黄收故枝。
色经寒不动，声与静相宜。
爱护出常数，稀稠看自知。
贫来缘[②]未有，客散独行迟。

御史中丞系正五品上阶，既然书院以中丞为名，应该是个人书斋。

王建（768—835年），大历十年（775年）进士，初任渭南尉，历任秘书丞、侍御史，大和中出为陕州司马。贞元九年（783年）有盐州刺史兼御史中丞杜彦光，或是此人，书院建造时间应该在贞元九年略后。

---

① 《旧唐书·韦述传》作“冬曦兄冬日，弟和璧、居贞、安贞、颐贞等六人”，此从《新唐书·赵冬曦传》。

② 《全唐诗录》卷二九九，“缘”一作“原”。

题五老峰下费君书院

杨巨源

解向花间栽碧松，门前不负老人峰。
已将心事随身隐，认得溪云第几重。

从诗意看，费君书院应该是隐居读书的书斋。

作者杨巨源（755—约833年），山西河中人，贞元五年（789年）进士，初为节度使张弘靖从事，元和九年（814年）官秘书郎，改太常博士，十三年任虞部员外郎，不久出为凤翔少尹，再入为国子司业，长庆四年（824年）致仕，以河中少尹食禄终身。费君生平事迹不详，书院时间难以遽定，邓洪波先生《中国书院史》认为当在贞元间（785—804年）或以后，当有依据。

夏日会修行段将军宅

顾非熊

爱君书院静，莎覆藓阶浓。
连穗古藤暗，领雏幽鸟重。
尊前迎远客，林杪见晴峰。
谁谓朱门内，云山满座逢。

既然称段将军书院应该是个人书斋，书斋还作会客之用。

作者顾非熊为顾况之子，会昌五年（845年）进士，《旧唐书》说他“累佐使府”，大中间任盱眙尉，看来一直在地方任官，后弃官归隐茅山。段将军生平事迹不详，难以确定书院的具体时间。细玩诗意，当顾非熊任佐使府时作。

题宇文裂山寺读书院

于鹄

读书林下寺，不出动经年。
草阁连僧院，山厨共石泉。
云庭无履迹，龛壁有灯烟。
年少今白头，删诗到几篇。[①]

题目直接作读书院，就是个人书斋，而且是在寺院内，应该是借用。

于鹄，生平不详，代宗大历至德宗时久居长安，应试不第，贞元中历佐山南东道、荆南节度使幕。与张籍、孟郊唱和，张籍（约766—约830年）有悼亡诗《伤于鹄》。宇文裂生平事迹不详，书院时间应该在800年左右。

赠李太守

于鹄

几年为郡[②]守，家似布衣贫。
沽酒迎幽客，无金与近臣。
捣茶书院静，讲易药堂春。
归阙功成后，随车有野人。

从诗意看，书院为李太守的书斋。“家似布衣贫”，不可能在外营建书院，应该是在衙署内。

① 《全唐诗》卷三一〇，“草”一作“书”，“连”一作“通”，“云”一作“雪”，“庭”一作“亭”。

② 《全唐诗》卷三一〇，“郡”一作“太”。

李太守不知何人，书院创建时间也难以确定，从于鹄生平看也应该在800年左右。

同恭夏日题寻真观李宽中秀才书院

吕温

闭[①]院开轩笑语阑，江山并入一壶宽。
微风但觉杉香满，烈日方知竹气寒。
披卷最宜生白室，吟诗好就步虚坛。
愿君此地攻文字，如炼仙家九转丹。

题目作李宽中秀才书院，且在寻真观中，而且作者“愿君此地攻文字，如炼仙家九转丹”，毫无疑问是李宽中借读的书斋。

作者吕温（771—811年），贞元十四年（798年）进士，次年又中博学宏词科，授官集贤殿校书郎，十九年任左拾遗，次年夏以侍御史为入吐蕃副使，永贞元年（805年）还京，转户部员外郎，改司封员外郎，升刑部郎中，元和三年（808年）秋贬道州刺史，后徙衡州，卒于官。李宽中生平事迹不详。光绪《湖南通志》认为石鼓书院“旧为寻真观，唐刺史齐映建合江亭于山之右，元和中州人李宽结庐读书其上，刺史吕温尝访之”，如此，此诗当作于810年左右。

疾[②]后与郡中群公宴李秀才

许浑

强留嘉客宴王孙，岩上余花落酒尊。
书院欲开虫[③]网户，讼庭犹掩雀罗门。

---

① 《御定全唐诗录》卷六八，“闭”一作“闲”。

② “疾”一作“病”。

③ ［唐］许浑：《丁卯诗集》卷上，“虫”一作“尘”。

耳虚尽日疑琴癖，眼暗经秋觉镜昏。

莫引刘安倚西槛，夜来红叶下江村。

从诗意看，李秀才为过客，并非书院主人，书院只是宴会的场所，作陪的是郡中群公，应该是在许浑官衙内，为其个人书斋。

作者许浑（约791—约858年），大和六年（832年）进士，开成元年（836年）受卢钧之邀入南海幕府，后出任当涂、太平县令，因病去职，大中间入朝为监察御史，因病乞归，复起后先后任润州司马、虞部员外郎，出任睦州、郢州刺史，晚年归润州。从诗题《疾后与郡中群公宴李秀才》看，当在许浑任刺史时，此书院不知在睦州还是郢州，时间当在850年至858年之间。

罢郡归洛，途次山阳，留辞郭中丞使君

刘禹锡

自到山阳不许辞，高斋日夜有佳期。

管弦正合看书院，语笑方酬各咏诗。

银汉雪晴褰翠幕，清淮月影落金卮。

洛阳归客明朝去，容趁城东花发时。[①]

山阳在今江苏淮安，时为楚州。此书院应该是楚州刺史个人书斋。

刘禹锡（772—842年），贞元九年（793年）进士及第，并登博学宏词科，两年后再登吏部取士科，释褐为太子校书，不久丁忧家居，十六年入淮南节度使兼徐泗濠节度使杜佑幕府为掌书记，十八年任渭南主簿，不久迁监察御史，二十一年参与王叔文改革，任屯田员外郎，判度支盐铁案兼崇陵使判官。元和元年（806年）改革失败，刘禹锡被贬为连州刺史，途中再贬朗州司马，九年

① ［唐］刘禹锡：《刘宾客文集·外集》卷一。

十二月被召回京，因《玄都观诗》被放播州刺史，因母年高改任连州，十四年母死离职。长庆元年（821年），刘禹锡出任夔州刺史，四年夏改任和州，宝历二年（826年）奉调回洛阳，诗当作于此时。

南溪书院

杨发

茅屋住来久，山深不置门。
草生垂井口，花落拥[1]篱根。
入院将雏鸟，攀萝抱子猿。
曾逢异人说，风景似桃源。[2]

从诗意看，书院应是作者本人书斋，如果是教学书院，学生众多院内不会有雏鸟，也不会有攀萝抱子猿。

杨发，太和四年（830年）进士，曾任太常少卿、苏州刺史、岭南节度使，治军严厉，激起军变，坐贬婺州刺史，卒于官。

关于南溪书院，《明一统志》作“在叙州府南溪县北”，明曹学佺《蜀中广记》说“志云：治西弹琴台，唐杨发弹琴于此，瘗琴其下。父老言：每夜静，人或时闻琴音，发亦家于此，有南溪书院诗云”，清雍正《四川通志》作“南溪书院在南溪县西北，唐杨发读书处”，均认为在四川，但杨发因父居苏州而占籍，何时入川？书院建于山区，应该是作者未出仕之前，时间当是在九世纪初期。

① “拥”一作“接”。

② ［宋］赵师秀编：《众妙集》。

书院二小松

李群玉

一双幽色出凡尘，数粒秋烟二尺鳞。
从此静窗闻细韵，琴声长伴读书人。①

从诗意看，书院当是作者个人书斋。

李群玉（808—862年），湖南澧州人，能诗，杜牧游澧时劝其科举，但他“一上而止”。大中八年（854年）进京献诗皇帝，授官弘文馆校书郎，三年后辞官归里。诗时间不详，书院建造时间也不详。

田将军书院

贾岛

满庭花木半新栽，石自平湖远岸来。
笋进邻家还长竹，地经山雨几层苔。
井当深夜泉微上，阁入高秋户尽开。
行背曲江谁到此，琴书锁著未朝回。②

题田将军宅

姚合

焚香书院最风流，莎草缘墙绿藓秋。
近砌别穿浇药井，临街新起看山楼。

① ［唐］李群玉：《李群玉诗集·后集》卷四。
② ［唐］贾岛：《长江集》卷一〇。

栖禽恋竹明犹在，闲客观花夜未休。

好是暗移城里宅，清凉浑得似江头。[①]

结合二诗诗意看，此书院为田将军宅中个人书斋。

贾岛（779—843年），早年曾出家为僧，元和六年（811年）韩愈劝其还俗，举进士不第。唐文宗时贾岛被贬长江主簿，开成五年（840年）三年考满，迁普州司仓参军，会昌三年（843年）迁司户参军，未任而卒。

姚合（约779—约855年），元和十一年（816年）进士，不久出任武功主簿，三年期满后入魏博节度使田弘正幕府为从事，后相继任富平、万年县尉，约48岁时回京任监察御史，50岁升侍御史，两年后升户部员外郎，一年后出任金州刺史，54岁回京先后任刑部郎中、户部郎中，56岁外任杭州刺史，三年后回京任右谏议大夫，一年后兼给事中，再一年后出任陕虢观察使，62岁任秘书监。

田将军未知何人，姚合在魏博时田弘正、田布父子均曾任节度使，而田弘正"少习儒书，颇通兵法"，"乐闻前代忠孝立功之事，于府舍起书楼，聚书万余卷，视事之隙与宾佐讲论古今言行可否"[②]。如是田弘正，则书院在魏州，今河北大名附近。时间约为元和十四年，因为长庆元年（821年）七月田弘正已被杀。

题子侄书院双松

曹唐

自种双松费几钱，顿令院落似秋天。

能藏此地新晴雨，却惹空山旧晚烟。

枝压细风过枕上，影笼残月到窗前。

莫教取次成闲梦，使汝悠悠十八年。[③]

---

① ［唐］姚合：《姚少监集》卷七。

② 《旧唐书·田弘正传》。

③ 《唐诗鼓吹》卷四。

从诗意看，此书院应该是家族子弟读书处。

曹唐，桂州人，初为道士，返俗后屡举进士不第，有说大和间中进士。咸通（860—874年）中曾为邵州、容管从事等。从此诗可知，广西已经有书院之设。

宿沈彬进士书院

齐己

相期只为话篇章，踏雪曾来宿此房。
喧滑尽消城漏滴，窗扉初掩岳茶香。
旧山春暖生薇蕨，大国尘昏惧杀伤。
应有太平时节在，寒宵未卧共思量。[①]

既然是进士书院，当然是个人书斋。

书院主人沈彬，《全唐诗》说“字子文，高安人。唐末应进士，不第。浪迹湖湘，尝与僧虚中、齐己为诗友。事吴为秘书郎，以吏部郎中致仕。年八十余，李璟以旧恩召见，赐粟帛，官其子”，恐怕有误，没有考中进士不可能称进士书院。

齐己（约863—约937年），俗姓胡，名得生，潭州益阳（今湖南宁乡）人，出家后自号“衡岳沙弥”，龙德元年（921年）赴川途经荆州，被节帅高季兴留驻龙兴寺为僧正，客死荆州。

齐己早有诗名，龙德元年入荆州，诗作于此前。高安属今江西，晚唐十国时文人自设书院也成风气。

① ［唐］齐己：《白莲集》卷七。

及第后，读书院咏物十首上礼部李侍郎

樊铸

钥匙

开物务便成，通幽自有程。
退藏缘遇暗，入用为逢明。
契理关潜受，知机力不争。
赖因相启发，遂得振金声。

鞭鞘

幸约策为名，提携道正行。
卜邻贞干并，口质真绳并。
节峻根堪托，柔多指可萦。
希看着鞭处，下下振声明。

诗共十首，由于是在敦煌写本中发现，已经残缺，现选两首以见其貌。十首诗分别吟咏帘钩、鞭鞘、箭括、门扂、钥匙、药臼、滤水罗、井辘轳、砖道，仅一首诗题不存，从内容看，分别是书院内外的饰物和主人随身使用的器物，没有与教学相关者，毫无疑问，此书院也是书斋。诗为作者及第后作以上礼部李侍郎，此书院很可能是樊铸备考的书院。作者科举及第，数年孤灯冷房终有收获，欣喜何及？爱屋及乌，忍不住将陪伴自己数年器物逐一歌咏一番。

作者樊铸除此诗外，未见他诗，《唐文粹》收录其《檄曲江水伯文》，系天宝三载（744年）作，可见樊铸为开元、天宝年间人。

唐代涉及书院文章不计丽正书院和集贤书院外已知仅有一篇，即唐苏味道《司空山记》。

苏味道《司空山记》作于天宝十四载（755年），文说：

湖南攸邑，为地最僻。有司空山，去县四十五里，当南岳之东隅，连云阳之福地，振潇湘之胜境，作郡邑之崇丘。东西广一百二十里，南北一百八十里，高二千六百丈。下有温水源，故名温泉山焉，亦名紫麟峨眉山。及司空隐此得道，遂名司空山焉。中有大观一所，昔唐天宝七年，主上因搜郡国图籍，以司空全家轻举之异，五月十三日敕下，建造祠宇，标额为朱阳观，盖取南岳朱阳洞当此山之南故也。乃度道士焚修，禁止樵采。每遇岁旱，居人祈祷，无不昭应，自是十方归从，纷若云臻。

殿砌之前，有古坛三级，方广数丈，故老相传云，司空朝斗之坛也。傍有杉松，开四季不谢之花，松皆偃盖。每清秋景寂，皓月当空，居人过客，静夜之间，往往犹闻步虚杵臼之声。自观远近，司空遗迹，尚可寻访。……又坛之西二里有真武冈，相传云真武常出现于此。又名土地垌，盖卢琼徙居于此。为土地主者，故今乡俗以真武土地为一堂而祭之，凡所祈祷，无不感应。

司空宅在山之西，去观十一里，今殿宇有像，坛井基图，宛然在焉。宅左有光石山书院，故基尚存。比一里有惠光寺，前有洗药池，池水冬温夏凉，异香袭人，掬饮可以愈病。又十里有菩提寺，寺前有池，方广二十丈，其水亦如药池，岁旱不涸。传云，司空昔常于此水沐浴，今谓之仙池。又去三十五里有隐真崖，是司空炼药时栖止之地。故崖之左右平石之上，有石臼仅二尺许，臼底微红，犹有药气。傍有石池，方广一丈，水清如鉴，中有荷生，芳华甚异，每花开五色相间，传云，司空种荷之池也。於戏！自司空发迹于兹，奇迹遗踪，异址不鲜。若夫志学之士，栖心之人，寻访于此，往往亦有遇焉。

司空山相传为梁天监二年（503年）道士张岊得道成仙全家八十余人升天之所，故事本身荒诞不经，苏味道全凭道士钟仙芝解说记录，不知有多大真实性。光石山书院何人所建，建于何时，均语焉不详，即使为张岊所设不可能有书院之名，苏味道参访时名书院也应该是时人以时名称呼旧迹，并非此前已有书院之称，书院名称不可能早于丽正书院。

光石山书院位于奉祀张岊的朱阳观左侧，既然位于道观之侧可能不是后来意义上教学的书院，很可能是道人书斋。

唐代诗文中的书院按照年间、性质列表如下：

唐代诗文所见唐代书院一览表

书院名称	创建时间	创建人	书院性质	说明
赵氏昆季书院	约721—730年	赵氏	家族学校	有会文活动
李泌书院	约742—756年	李泌	书斋	借用道观，有诗酒会文
樊铸书院	约742—756年	樊铸	书斋	
第四郎书院 薛载少府书院	约766—776年	薛载	家族学校 书斋	有会文、礼乐、学习活动
杜中丞书院	783年略后	杜中丞	书斋	移竹绿化
田将军书院	约819年	田弘正	书斋	植花移石建楼阁，宅邸内
费君书院	约785—804年	费君	书斋	隐居山野
宇文褧书院	800年前后	宇文褧	书斋	借用佛寺，备考
李太守书院	800年前后	李太守	官衙书斋	衙署内
李宽中书院	810年前后	李宽中	书斋	借用道观，备考
郭中丞书院	826年前	郭中丞	官衙书斋	诗酒会文，衙署内
南溪书院	9世纪初	杨发	书斋	山野
段将军书院	不详	段将军	书斋	有会文活动
许浑书院	850—858年	许浑	官衙书斋	诗酒会文，衙署内
李群玉书院	不详	李群玉	书斋	
曹氏书院	873年前后	曹氏	家族学校	植松
沈彬书院	921年以前	沈彬	书斋	有会文活动
光石山书院	不详	不详	疑道人书斋	755年存遗址，不可能名书院

唐代诗文中所提及非国立书院外的18所书院中，有14所属于个人读书会客的书斋，3所属于家族子弟读书学校，光石山书院应该是时人以时名称旧书斋。李泌书院、李宽中书院位于道观内，宇文褧书院位于佛寺内，应该是备考

举子借用建筑而命名。郭中丞书院、许浑书院宴请客人应该是在自己衙署内。

图表中书院名称其实在当时都是通称书院，并没有所属个人或家族名称，都是当时的诗人为了区别而加上了拥有者姓名或官称。

书斋取名书院也是很正常的，唐代最初的丽正书院、集贤书院都是修书藏书场所，到唐玄宗时又增加诗酒唱和活动，而书斋就是个人读书、写书、藏书并进行诗酒唱和的场所，二者作用相同，取名书院既时髦又切题，何乐而不为呢？

六、方志中的唐代书院

历代方志中记载的唐代书院，《中国书院史资料》收录26所，《中国书院史》收录40所，笔者又发现李绅书院一所，下面对各所书院一一进行研究。

桂岩书院　在江西高安。最早见于南宋嘉定四年（1211年）幸元龙撰写的《桂岩书院记》："桂岩书院在高安郡北六十里，唐国子祭酒幸南容公之旧址也"，"幕山虎踞于南，实祭酒之故居。烟云吐纳，明晦变化，丹青莫状。昔尝卜此山，开馆授业"。幸南容（746—819年），贞元九年（793年）进士，从此走上仕途，先后官太常卿、国子监祭酒兼太子宾客等，元和九年（814年）告老还乡。从其生平看，开馆授业的时间应该在其未出仕之前，告老还乡后五年去世，是以高官高年还乡不可能开馆授业。咸通七年（866年）其孙幸轼出仕，"家徙于郡，而书院自是芜也"，书院荒废。宋嘉定四年，后裔幸元龙还乡，"披阅图籍，喟然欲复旧观"，"松下有小坡，世传祭酒杖履所憩，村民至今以春秋祀之"，"至于旧址，兰蕙幽芳，竹柳疏雅"，"乃剪草莱，凿山取径，列以青松，间以冬青。半山创小亭曰'紫翠'……因植桂百株，结草堂数间，为斋者四，讲隶有舍，庖膳有所"，周必大为书"桂岩书院"，魏了翁为题匾"桂岩精舍"[①]。记载较为详细，但唐代是否名书院仍难以证实。

---

① 《江西通志·艺文·记五》。

皇寮书院　原来最早见于清雍正十年的《江西通志》："皇寮书院在永丰县二都渝洲，唐刘庆霖为吉州通判，流寓永丰，建书院以讲学。其十二世孙刘炎重建，周云、朱舆言均有记。"[①]近年从《吉丰二都渝州刘氏族谱》发现的周云、朱舆言《皇寮书院记》和刘庆霖资料证明所言不虚。据族谱载，刘庆霖（807—878年），"讳泽，蜀之明月峡人，元和二年生，乾符五年殁。庆霖自幼颖敏，唐太和三年为胄监，开成二年出任庐陵郡赈，会昌四年六月奉诏裁减佐官，遂归，值寇乱道阻，弗获西迁。因家于箬山岭打石寨下居焉，自是不复仕进，隐居教授，四方师尊。故于居南开地构居，匾曰'皇寮书院'，以实汉之宗室"[②]，虽然唐代并无通判官称，但有相应佐官别驾，所以还是可信的。周云《皇寮书院记》为南宋绍兴八年（1138年）撰，记载皇寮书院兴废："皇寮书院在永丰县治之西北一舍许，实庆霖刘公讲学之所也。公名泽，蜀明月峡下人也。当唐末通判吉州，值寇乱道阻，弗获归故里，因家于属邑阳城恩江镇之西北，自是不复仕进，隐居教授乡里子弟，及四方学者翕然师尊之。奈所居湫隘，无以处学者，乃于居之南开地数亩，建屋若干楹，依山俯溪，环植松竹，幽偏宏敞，规模壮观，不事雕斫，不施黝垩。廊庑斋房，经籍琴瑟，凡学殖之具无不悉备。厥后，唐社既屋，书院寻毁，莽为荆棘之墟久矣。迨我朝五星聚奎，文运大兴，郡赈公若干世孙炎，字伯琬，复以明经举，发身科目，屡困弗第，养尊林泉。每过书院旧址，重增慨叹，奋然欲继先志，遂捐己赀，芟其荒芜，剪其荆棘，构屋若干楹，视旧有加。割田五十亩以资赡用，拨山一所以备炊焚，置佃四家，罗吴萧许，以供役使。经始于绍兴五年乙卯之秋，讫工于明年之冬。匠工钱缗米石，砖瓦之费，皆出于伯琬。每以二月上丁舍菜，邑宰李侯谓与乡父老暨四方学者莫不嗟叹思旧，斯可以见仁心义理之天不可泯者也。"

---

① 《江西通志·书院》。

② 《吉丰二都渝州刘氏九修族谱·世系图》。

皇寮书院为会昌四年(844年)刘庆霖被裁官后创建，唐末被毁，宋绍兴五年(1135年)十二世孙刘炎重建，并“割田五十亩以资赡用，拨山一所以备炊焚(当为‘爨’——摘者注)，置佃四家，罗吴萧许，以供役使”。以后又毁，明景泰六年(1455年)裔孙刘昱、刘亮兄弟再次重建。资料充足，是可信的。

景星书院　最早见于明天顺《明一统志》：“景星书院在府城东，唐李渤刺江州，元和初以右拾遗召，不拜，韩愈以书勉之，有景星凤凰先睹为快之语，后人因建景星书院。”明嘉靖《九江府志》也记载说，“景星书院在郡治东，唐李渤元和初以右拾遗召，不拜。韩愈遗之书，有‘朝廷士类引领东望，若景星凤凰先睹为快’之语。渤乃就命。长庆中，刺史江州，因建书院，遂名‘景星’。元末兵毁，今东岳庙是其故址”。《明一统志》有误，李渤已任江州刺史，不可能再以右拾遗召。两书记载不同，《明一统志》认为后人所建，嘉靖《九江府志》作李渤长庆(821—824年)中任江州刺史时自建。景星书院名称最早见于元代，元代《庙学典礼》有元贞元年(1295年)三月“山长盛应春已勾当过四十个月”的记载，大德中徐奇伯、黄泽曾任山长，《吴澄文集》中也记载张鉴、吕以能曾任山长。虽然历史文献最早只能上溯到元初，但应该是南宋旧存，不可能是元初新建。既然如此，还有四百多年空白期，实在不敢相信为唐建。

陈氏书堂　最早见于宋开宝二年(969年)徐锴《陈氏书堂记》。陈氏出南朝陈宣帝第六子陈叔明，裔孙陈伯瑄于唐宪宗元和初随马总来江西，占籍德安县太平乡常乐里，“合族同处，迨今千人，室无私财，厨无异爨，长幼男女以属会食，日出从事，不畜仆夫隶马。大顺中，崇为江州长史。乾宁中，崇弟勋为蒲圻令，次弟玫本县令，能嗣其业。如是百年，勋从子衮，本州岛曹掾。我唐烈祖中兴之际，诏复除而表揭之，旌其义也。衮以为族既庶矣，居既睦矣，当礼乐以固之，诗书以文之，遂于居之左二十里曰东佳，因胜据奇，是卜是筑，为书楼堂庑数十间，聚书数千卷，田二十顷，以为游学之资，子弟之秀者，弱冠以上皆就学焉。自龙纪以降，崇之子蜕、从子渤、族子乘登进士第。

近有蔚文尤出焉，曰逊，曰范，皆随计矣。四方游学者，自是宦成而名立盖有之”。子孙合族同处，千人而不分爨，曾受到南唐烈祖李昪（937—943年在位）表彰。

陈氏书堂创立时间从徐锴记看当在李昪表彰后，徐锴撰文在开宝二年（969年）略前。族孙陈衮于家族住宅之左二十里东佳建书楼堂庑数十间，聚书几千卷，置田二十顷，子弟优秀者弱冠以上皆到学读书，同时接待四方游学之士。

陈氏家族在陈氏书堂建成以前应该也有族人学习的场所，龙纪（889年）以来，族人陈蜕、陈渤、陈乘相继举进士，大顺（890—891年）中陈崇任江州刺史，其弟陈勋、陈玫乾宁（894—898年）中分别任蒲圻令、本县令，徐锴撰文时陈衮在本州任曹掾，陈逊、陈范已被选为乡贡，在科举取士时代，如果家族没有学习场所，难以想象能出现这么多人才。近年发现《江州陈氏家法》为大顺元年（890年）陈衮制定，其中规定："一、立书堂一所于东佳庄，弟侄子姓有赋性聪敏者令修学，稍有学应举者"，"一、立书屋一所于住宅之西，训教童蒙。每年正月择吉日起馆，至冬月解散。童子年七岁令入学，至十五岁出学，有能者令入东佳。逐年于书堂内次第抽二人归训，一人为先生，一人为副"，可见在大顺元年以前书堂和书屋已经开办有年，没有书堂，如何抽取二人担任书屋老师。

义门书院之名最早见于明嘉靖《九江府志》，"义门书院在敷扬下乡，去县治西北六十里东佳山下，唐义门陈衮即左建之。聚书千卷，以资学者，子弟弱冠悉令就学。至宋，徐锴为之记。今废"。清雍正《江西通志》作东佳书院，"在德安县东林山下，唐义门陈衮建，聚书千卷以资学者，子弟弱冠悉令就学。一名义门书院，宋徐锴有记"。徐锴记为己巳年作，当为开宝二年（969年），此记见于南宋《宝刻丛编》和《宝刻类编》，前书据《诸道石刻录》作"南唐义门陈氏书堂记，徐铉撰，徐锴书并篆额"，后书作"义门陈氏书堂记，徐铉撰书并篆额"，撰文者均为徐锴之兄徐铉，不知孰是。

陈氏书堂有场地有学田，有藏书有教学，还有外地学子前来求学，已经是很规范的书院，也是有确切记载的唐代书院式学校，但遗憾的是不名书院而名书堂。

鳌峰书院　最早见于熊禾《勿轩集》，《乙巳元旦鳌峰书院会拜五十五人》诗："晓日曈曈一岁初，乡闾盛会说吾庐。运当尧历三千六，数协羲图五十余。修竹岁寒欣得友，野花春色且携书。大篇听取艰贞训，万古天心定不虚。"乙巳当为大德九年（1305年）。《史传三编》说熊禾"宋亡，退修初服，束书入山，筑洪源书室，聚徒讲习，四方来学者云集，粝食涧饮，日以孔孟之道相磨砻，于朱子之书是信是行。阅十二年归故山，复创鳌峰书院"，时间当在至元末。据《明一统志》说"鳌峰书院在建阳县西崇泰里，唐尚书熊秘建，本朝正统中重修"，明嘉靖《建阳县志》也说"鳌峰书院在崇泰里熊墩，唐尚书熊秘建。岁久颓圮，国朝正统十三年奉部符重建，复圮，成化六年副使何乔新重建"，均认为是唐代熊秘始建。熊氏为建阳世家，北宋熊知至、南宋熊节和熊庆胄及入元熊禾均能文，《闽中理学渊源考》称其为"建阳熊氏家世学派"。然而，鳌峰书院记录上缺四百年，难以确认为唐代始建。

草堂书院　仅见于清同治《福建通志》，福宁府福鼎县"草堂书院，唐林嵩读书处，基犹存"，实难相信为唐代始建。

松洲书院　分别见于清同治和民国刊本《福建通志》。清同治《福建通志》说"松洲书院在二十四都，唐陈珦与士民讲学处，今废"。民国《福建通志》《陈珦传》记载陈珦生平颇详："陈珦，字朝佩，元光子，入籍漳州。自幼不群，从许天正受学。万岁通天元年举明经及第，授翰林承旨直学士。及武后称制，上疏乞归养，使主漳州文学。龙溪尹席宏聘主乡校，乃辟书院于松洲，与士民论说典礼。是时，州治初建，俗固陋，珦开引古义，于风教多所裨益。……为刺史十余年，剪除顽梗，训诲士民，泽洽化行。十九年登王维榜进士，表辞封爵，不允。二十五年乞休，复寻松洲别业，聚徒教授。天宝元年卒，谥文英。"陈珦在武则天称制时兴办书院，开元二十五年（737年）致仕后再次于书院聚徒教授。明嘉靖《龙溪县志》卷六《学校》记录书院五所、义塾一所：

芗江书院：在县东北二十三四都。洪武二十三年知府钱古训、知县刘孟雍因里人杨彦章、洪干请建。中塑朱文公像以陈淳、黄榦、刘宗道配。

建溪书院：在县东二十二都。洪武十二年乡人苏廷贵创建，延邑儒刘宗道教子弟于其中。

文山书院：在十一都，文山之麓。初，宋儒有蔡汝者于平林建乡校以教学，岁久圮。国朝洪武间贡士郑深道请巡按御史陈述而新之。后深迁乡校于南坡，扁曰观澜书院。弘治七年，布政使林同以南坡混民居，乃迁于今所。中祀先圣先贤，左右翼以回廊，前为大门，又前为书院及斋舍。又措义田以资香灯。岁春秋次丁日乡士夫行释菜礼，三山林瀚记。林同书院八景诗：礼殿晴霞，讲堂夕照，桂庭月色，芹沼波光，巨镇文澜，山岩屏石，凤山呈秀，虎渡分清。

周潘书院：有名第山之麓，周匡物、潘存实读书于此。

龙江书院：在紫芝山高处。朱文公守郡时讲道之所，后人因建书院，此文公道原堂在焉。正德间郡守陈洪谟重修，立石坊。

龙瀛义塾：郡守钱古训为乡先生教授郭邦文立于龙骇瀛，以教四方来学者。

“社学”条下收录有名社学三所和乡都社学：

养正社学：在开元寺前左偏，尚书仙游郑纪记。

居正社学：在马平街，专习《春秋》，莆田周英记。

履正社学：在东河边，专习《礼记》，莆田林俊记。以上俱郡守罗列立。

乡都社学，计一百二十九处。

记载可谓详细，却无关于松洲书院信息。周匡物为唐元和十一年（816年）进士，其读书处还有人以此命名书院，陈珦如此功绩竟无书院，让人无法理解。

同书卷三《祠祀》有陈珦之父陈元光庙威惠庙：

威惠庙：城北门外，祀唐将军陈元光。公河东人，父政以诸卫将军戍闽，出为岭南行军总管，平广寇，开创漳州，以左郎将领州事，后战没于阵，漳人至今思之。庙初建漳浦县，建炎四年，始建今所。宋守章大任记。灵著顺应昭烈广济王庙食于漳，历年数百，祭皿未尝一日干也。然丰杀视情，不度于礼，或者尊奉之典犹有未备，狃于俗欤？抑歉于力欤？淳熙乙巳，郡侯方公因祠者之请，于是定为春秋二祀。其行事也，以仲月之吉，春曰祈歌载芟，秋曰报歌良耜，如周人之祀社稷焉。又取黄汪二公祀神曲次第歌之，笾豆簠簋，粢醴牲币，既仿诸古，其有宜于今者亦不尽废礼，视州社而微杀焉。行之四年，余适守是邦，贡士萧桂芳与其众请曰：礼之始行，费以缗计者百，桂芳与其半，余则预庙事者共助之。嗣是以哀资为例，惧弗克久。顷白于郡将，出众力置田助祭，使奉祀者递掌其租入以给厥事。既得之，而余、桂芳复捐田以助，计其费幸可以无乏，盍识之以遗后人。余谓漳介泉潮间，其初惟荒徼入也。自王惠绥兹土，始创为州，夷群盗之薮，聚邑居之繁，屹然为闽壮藩。建邦启土之功，诚不在社稷下。至于死勤事，使圣人复生，亦当以杀身成仁归之。然则方侯尝为从臣，是举诚知所本者，诸君又能不爱其力，相与扶植之，是可传也，是可书也，后之人其毋忘经始之艰云。

记载可谓详细，竟然也全无书院消息，而且《明一统志》、《清一统志》、清雍正《福建通志》也均无松洲书院记载，到清乾隆《龙溪县志》才记载“松洲书院在二十三四都，唐陈珦与士民讲学处”，实在难以认定松洲书院始自唐代。

梁山书院　在福建漳浦。清康熙《漳浦县志》记载：“梁山书院，唐潘存实读书处，今废。”《中国书院史》载：“梁山书院，在漳浦县。邑人潘存实读书处。按：存实字镇之，唐宪宗元和十二年（817年）进士，官至户部侍郎。史志记载：‘浦人登第自存实始。’潘氏之始开纪录或许正与早年在梁山书院‘自修’有关，故梁山之建当在元和十二年之前。”此出处也未单独注明，只是将福建书院统一加注，但关于所有书院的最早著录为《明一统志》，《明一统志》、《清一统志》和《福建通志》均未著录梁山书院，不敢相信为唐代创建。

孔林书院 在广东南雄市平林村。《明一统志》记载，“孔林书院在府城东一百里，唐宪宗时，曲阜孔戣为岭南节度使，因家焉。后孙振玉始建书院”，《明一统志》只说是孔戣后孙振玉建，并没有说明时代。清雍正《广东通志》作宋建隆七年孔戣裔孙孔闰建，“孔林书院，在平林村，唐孔戣为岭南节度使，子孙遂家焉。宋建隆七年裔孙孔闰建，陈叔秀记”，有陈叔秀为记，此说是可信的，但是年代有误，建隆只有四年。

《中国书院史》认为：“孔戣长庆四年（824年）正月己未以74岁高龄逝世，以其30岁得子，子又30岁得子，振玉当生于840年即唐武宗登基之时，若振玉活70岁，则卒于唐亡后三年。孔闰为唐昭宗景福二年（893年）癸丑科进士，时年19岁，唐亡时（907年）已33岁，且宋建隆为宋太祖陈桥兵变所颁年号，只有三年多，所谓建隆七年当为乾德四年（966年），若孔闰在世，已有92岁。故此，孔林书院不论其创建人为谁，其创建时间当以唐代末期为是，至少也是五代，而绝不会是宋代初年。”[①] 孔振玉为孔戣“后孙”，并不一定是孙子，孙子及以后曾孙、玄孙等均可称“后孙”。孔戣有“有四子：长曰温质，四门博士；遵孺、遵宪、温裕皆明经”[②]。《孔子世家谱》记载：温质官四门博士，四子，绚、纶、纁、织；温孺（遵孺）宪宗时明经，官华阴县丞，三子，纬、绛、缄；温宪（遵宪）明经，二子，绎、纯（迁居湖南桂东）；温裕，懿宗时进士，官至尚书左丞，出为天平军节度使，子二，纻、续。孔戣孙均以“纟”部字为名，并无振玉。孔绚、孔纶均为咸通四年（863年）进士，孔绚迁居江苏丹阳，

① 邓洪波：《中国书院史》，东方出版中心2004年版，第22—23页。凡本书以下不再注出版社和出版时间。

② ［唐］韩愈：《唐正议大夫尚书左丞孔公墓志铭》，见《五百家注昌黎文集》卷三三。

孔纶无传；孔纁咸通十四年状元，无传；孔织，子邈；孔纬，大中十三年（859年）状元，官至宰相，其子昌弼光化三年（900年）迁居广东，开孔氏岭南派；可见昌弼是孔戣曾孙。据《南雄孔氏族谱》与《南雄州志》记载，孔闰于建隆三年（962年）创建孔林书院。建隆三年说比较可信，元至元十七年（1280年），鄱阳建造双溪书院还采用孔林书院布局方式，“如孔林旧，左讲堂，右斋序”[①]。

丽正书院　在浙江会稽。见于清康熙《浙江通志》，“丽正书院，唐开元十一年置”，雍正《浙江通志》作“丽正书院，旧《浙江通志》唐开元十一年置。久圮”。开元十一年（723年）玄宗置丽正书院，聚文学之臣，侍讲修书，真不敢想象会稽县竟以丽正为名设书院。

青山书院　在浙江寿昌。见于清雍正《浙江通志》：“青山书院，在县西南十里青山。《寿昌县志》唐隐君翁洮建”，清光绪《浙江通志》也说：“青山书院在县西南十里青山，唐隐居翁洮建。”《寿昌县志》始纂于明嘉靖，唐至明嘉靖六百余年未见记载，难以相信是唐代所建。

光石山书院　在湖南攸县。见上“唐代诗文中的书院”，应该是以时称指旧址，不可能先于丽正书院。

天宁书院　在湖南桃源。见于清光绪《桃源县志》：“天宁书院，在桃川宫东北，相传创于唐时，今废”。本来就是相传，并无证据，应该也是后世好事者为之。

杜陵书院　在湖南耒阳。《明一统志》载“杜陵书院，在耒阳县北二里杜甫墓前”，并无创始时间。清雍正《湖广通志》说“杜陵书院，在耒阳县北二里，即杜甫祠。唐建，明嘉靖辛亥知县马宣重建”。近人多认为大历五年（770年），杜甫客死潭州至岳阳舟中，葬于耒阳，时人建祠奉祀。唐代杜陵有祠，并无书院，徐介有《耒阳杜工部祠堂》诗，裴说有《题耒阳杜公祠》诗，孟宾于有《耒阳杜公祠》诗，题咏均是杜甫祠堂，并未提及书院。徐介

---

① ［元］刘辰翁：《双溪书院记》，见《须溪集》卷一。

生平不详；裴说天祐三年（906年）状元及第，后梁时官至礼部员外郎；孟宾于后晋天福九年（944年）进士，曾任楚永州军事判官、阳山令，南唐丰城令，以水部郎中致仕，入宋后去世。杜陵于唐代设书院不可信，最早只能在宋朝。

韦宙书院 在湖南衡山。见于清《湖南通志》："韦宙书院，在衡山县南十五里。宙仕唐为永州太守，退居创书院于净福山。今遗址犹存"。

韦宙于元和中出任永州太守，多善政，立学官，设学生十五名，还朝为大理少卿，出为江西观察使、岭南东道节度使，加检校尚书左仆射、同中书门下平章事，咸通中去世。韦宙好医，著有《韦氏集验独行方》十二卷、《玉壶备急方》一卷，此外还有《零陵录》一卷，在永州任内设书斋有可能，书院则不可能，否则《新唐书》本传不会只记载立学官而不载设书院。

邺侯书院 在湖南衡山。清乾隆《湖南通志》记载有二，分别名明道书院、南岳书院，"明道书院在衡山县西。本邺侯书院，唐李泌子蘩建。有泌手书'极高明'三字。又泌故居有明道山房，明万历中李天麟建"，"南岳书院在衡山县南岳西，一名邺侯书院。唐李泌隐居于此，名端居室，宋建书院"。李蘩所建后名明道书院者文献极少，倒是名南岳书院者文献较多。清雍正《湖广通志》卷一一《山川志》引明嘉靖《衡岳志》说"唐李泌、张九龄旧游地，有南岳书院，宋胡文定与子致堂、五峰、朱晦庵、张南轩讲学其中"，卷二三《学校志》说"南岳书院在衡山县西。唐肃宗时李泌退隐衡山，诏赐道士服，为治室庐于烟霞峰侧，名曰端居室，多藏书，故韩愈诗云'邺侯家多书，插架三万轴'。自宋元来掌教有官，育士有田"。《钦定续文献通考》说"宁宗开禧中，则衡山有南岳书院，掌教有官，育士有田，略仿四书院之制"。宋代卫泾《故中大夫、提举武夷山冲佑观、祥符县开国男赵公墓志铭》说"昔文定胡公父子遗规在焉。尝请于朝，创南岳书院"[①]，开禧中为潭州太守赵善某复建。此

① ［宋］卫泾：《后乐集》卷一八。

邺侯书院

前胡安国及子胡宏、朱熹、张栻讲学其中，开禧中复建，元代时设山长，娄志淳、杨廷镇等曾任。流传有绪，是比较可信的。

李泌（722—789年）于肃宗时为避害急流勇退，隐居衡山，代宗即位后召为翰林学士，从此出山仕宦终生，官至中书侍郎、平章事。李泌隐居处，清《湖广通志》《湖南通志》均作端居室，书院当是后名。韩愈《送诸葛觉往随州读书》诗说“邺侯家多书，插架三万轴。一一悬牙签，新若手未触”，但诗是送诸葛觉到李泌之子李蘩随州刺史任所，并非衡山，此时李蘩“行年余五十”，而李泌代宗时才被强令食肉娶妻。毫无疑问此时李泌已经去世，而且“京邑有旧庐”，可见邺侯书院并不在衡山。

石鼓书院　在湖南衡阳。最早见于唐刺史吕温《同恭夏日题寻真观李宽中秀才书院》诗，为元和中李宽读书书院，宋至道三年（997年）邑人李士真重建，景祐二年（1035年）集殿校理刘沆请额赐名，庆历二年（1042年）改为官学，淳熙十三年（1186年）复为书院，北宋刘挚、南宋范成大有诗，南宋朱熹、张孝祥等有文，戴溪、林岍等为山长，文献著录比比皆是。宋王应麟《玉海》谓：“衡州石鼓山有书院，起唐元和中，州人李宽所为，国初尝赐敕额，

石鼓书院

淳熙十三年，部使者潘畤因旧址列屋数间，榜以故额。宋若水益广之，朱熹为记。”始于唐代应该是无疑问的。

卢藩书院　见于清道光《衡山县志》：“卢藩，唐时人，隐居衡山，创书院于紫盖峰，院废基存。”卢藩大中十年（856年）曾任歙州太守，官至尚书，近千年后才见书院之名，应该也是后世好事者为之。

西溪书院　见于元代安熙《封龙十咏》，序说“西溪废址在玉石峰东北龙首峰西虾蟆石下，李唐隐士姚敬等栖遁之地。宋时有九经张著为山长，聚徒百人，咸平之后废于兵火。峰峦明秀，泉石清美，云烟奇丽，真群贤讲学进修之所，惜其无为兴复之者”，《西溪书院废址》诗说：“世道有升降，乾坤几清磨。谁知昔年中，师生此弦歌。我来爱佳名，策杖时经过。深寻得遗经，山径信非讹。”[1] 认为系唐代姚敬隐居之所，宋代张著聚徒百人讲学，咸平（998—1003

---

① ［元］安熙：《默庵集》卷一。

年）以后毁于火。山下还有中溪书院，“中溪书院在龙首峰下，宋初李文正公昉于此受业，山长张蟠叟等数人相与聚徒，常过百人，后废于兵，独存夫子遗像及治平二年左周所撰夫子堂记。中统初，敬斋李公始为增葺，仍奉旨敦励，学者甚众”。诗作于柔兆敦牂，即丙午年，当为大德十年（1306年）。《明一统志》采用安熙之说，“西溪书院在龙首峰西，唐隐士姚敬栖遁之所。宋有九经张著曾为山长，复增葺之”，并说张著曾经扩修。安熙为藁城人，家近封龙山，曾在山“养疴避暑”，其说当有据。

张说书院　见于明弘治《保定郡志》：“张说，唐开元中书令，过满城，筑书院于抱阳山，以为藏修之所，后人名其居曰‘相公堂’”，并说遗址见存。《中国书院史》说“张说书院，又名张相公堂，在满城县花阳山中，武则天永昌元年（689年）以前张说创建，为其读书藏修之所”①，但未注明出处。之所以定为永昌元年以前大概是因为张说此年制科考试得中出仕，其实张说是洛阳人，“其先范阳人，代居河东，近又徙家河南之洛阳”②，“其先自范阳徙河南，更为洛阳人”③，《新唐书·宰相世系表》也说“踕，晋散骑常侍，随元帝南迁，寓居江左。六世孙隆，太常卿，复还河东，后徙洛阳。生子犯，子犯生峻，河东从事，生弋”。张弋为张说曾祖，曾官户部郎中、怀州刺史，可见张说为洛阳人无疑。张说大约于开元七年（719年）以右羽林将军检校幽州都督，不久授检校并州长史兼天兵军大使，此间可能到满城一带活动过，但时间很短。即使真为永昌元年建，也不可能名书院，此时尚无书院之称。

瀛洲书院　见于清雍正《陕西通志》：“（蓝田）瀛洲书院在县治南，唐学士李元通建，明弘治时知县任文献重修”，《中国书院史》认为系武德六年（623年）之前学士李元通建，“它是我国历史上最早的书院之一”，但未注明依据，开元之前未见书院之称，即使是李元通建，也不可能名书院。

---

① 邓洪波：《中国书院史》，第19页。

② 《旧唐书·张说传》。

③ 《新唐书·张说传》。

丹梯书院 最早见于《明一统志》："丹梯书院在南龛山之上，宋建"，清雍正《四川通志》说丹梯书院在巴州南南龛山，唐张曙读书处，始指为唐代张曙读书处。清道光《巴州志》引《志稿》说"唐丹梯书院，在州南一里书案山，唐状元张曙读书所也"，书案山即南龛后崖。张曙为成都人，龙纪元年（889年）进士，官至右拾遗。明以前未见其读书处记载，实难相信是唐代书院。

南溪书院 在四川南溪。始见于唐杨发诗。《明一统志》说"南溪书院在南溪县西北"，并引杨发诗；明曹学佺《蜀中广记》引《志》云："治西弹琴台，唐杨发弹琴于此，瘗琴其下，父老言，每夜静，人或时闻琴音发，亦家于此，有南溪书院诗"，也引全诗；清乾隆《四川通志》作杨发读书处，"南溪书院在南溪县西北，唐杨发读书处"。此书院是否彼书院就是另外的问题了。

凤翔书院 见于清嘉庆《四川通志》："凤翔书院在南溪县北半里，唐进士杨发读书处，今废。"仅此孤证很难让人相信，况且南溪县还有纪念杨发的南溪书院。

张九宗书院 在四川遂宁。见于《明一统志》："张九宗书院，在遂宁县书台山，唐贞元间建"，六百多年后凭空出世，本来让人难以相信，而清乾隆《四川通志》作唐贞观九年（635年）建，"张九宗书院在遂宁县，唐贞观九年建，今废"，那就更难使人相信了，因为贞观时书院名称尚未出现。

李公书院 最早见于明嘉靖年间，《青州府志》说在临朐，"李公书院在县西南，唐李靖读书处。一云靖从太宗征闾左，于此阅司马兵法。未详"，民间传说连编者都难相信。《临朐县志》说："李靖读书台在县南一百里，相传李靖微时读书于此。又云靖从太宗征闾左，因于此阅司马兵法焉。今有书堂社，然其事不可考矣"，编者相信的底气也不足。李靖（571—649年），雍州三原（今陕西三原东北）人。祖父李崇义官至北魏殷州刺史，封永康公。父李诠，官隋朝赵郡郡守。其舅为隋朝名将韩擒虎。李靖出身名门，初仕为隋朝长安县功曹，后任驾部员外郎，深受左仆射杨素和吏部尚书牛弘赏识，根本就没有微时，也没有随太宗东征。“太宗将伐辽东，召靖入阁，赐坐御前，谓曰：‘公南平吴会，北清沙漠，西定慕容，唯东有高丽未服，公意如何？’对曰：‘臣往者凭借天威，薄展微效，今残年朽骨，唯拟此行。陛下若不弃，老臣病期瘳矣。’太宗愍其羸老，不许。二十三年，薨于家。”[①]李公书院与李靖风马牛不相及。

费君书院　在山西永济。见于唐杨巨源《题五老峰下费君书院诗》，历史上有这个书院是毫无疑问的。《中国书院史》作在山西永济中条山太乙峰下，系邑人费冠卿读书处，采自郝喜明《山西书院名录》（未刊稿），但也没有说明来自何书。

九峰书院　在浙江龙游。清雍正《浙江通志》作“九峰书院在县东九峰山下，万历《龙游县志》唐侍郎徐安贞读书处，圮”。徐安贞（698—784年），开元六年（718年）进士，曾任乾元殿校书官、丽正书院修书学士，二十二年迁中书侍郎，天宝之乱后避乱湖南，终于平江。其读书处应该是在开元六年中进士之前，是时尚无书院之名，应该是后世好事之人建造书院以资纪念而已。

青山书院　在浙江寿昌。《浙江通志》载：“青山书院在县西南十里青山，《寿昌县志》唐隐君翁洮建。”翁洮，字子平，睦州人。唐光启三年（887年）进士，曾官礼部主客司员外郎兼殿中侍御史，辞官归隐，朝廷召之不出，有诗记载此时，《枯木诗辞召命作》作“枯木傍溪崖，由来岁月赊。有根盘水石，无叶接烟霞。二月苔为色，三冬雪作花。不因星使至，谁识是灵槎”。归隐故里，设书院读书并非没有可能，但五六百年后才突然冒出，应该是后世好事者为之。

德润书院　在浙江慈溪。《中国书院史》称“唐大中二年（848年），县令李楚臣创建”[②]，但没有注明具体出处，当采自《中国书院辞典》：“德润书院，在浙江宁波。原为三国吴相阚泽（字德润）所建之普济寺，唐大中二年（848）

---

① 《旧唐书·李靖传》。

② 邓洪波：《中国书院史》，第19页。

县令李楚臣建为书院。屡兴屡废。清雍正初迁至小东门外。明清时与慈湖书院齐名，弟子考中举人进士者数以百计。”如此著名，《明一统志》、《清一统志》、清雍正《浙江通志》为何均无记载？

蓬莱书院　在浙江象山。《中国书院史》作“大中四年（850年），县令杨弘（宏）正建”，从下注看，应该是采自邵祖德、张彬、王海松的《浙江书院名录》（未刊稿）。此书院在《明一统志》《清一统志》《浙江通志》上也均未载，故难相信。

草堂书院　据《中国书院史》记载：“草堂书院，在长溪县（今属福鼎县），邑人乾符二年（875年）进士林嵩读书处。嵩字降神，中进士时正值黄巢起兵反唐，次年即东归，为团练巡检官、度支使，赞理军务。史称其‘虽在军旅，不忘俎豆之事。后除毛诗博士，官至金州刺史’。故草堂书院之建，不在中进士之前，即在‘东归’之后。博士之除，或许正得力于书院的苦读钻研。”[①]出处也未单独注明，但不会早于《明一统志》，《清一统志》《浙江通志》均未载。清康熙二十二年（1683年），工部尚书杜臻《闽粤巡视纪略》说太姥山有林嵩读书处，“咸通初，林嵩建草堂，读书其中，遗址尚存”，后面还节录林嵩乾符六年关于太姥山之记。似乎更为可信。

清闻读书院　据《中国书院史》载：“在福唐县（五代时改名福清），唐水部郎中陈灿读书于此”[②]，也是统一注释，未单独注明出处，《明一统志》《清一统志》《福建通志》均未载，难令读者信服。

和平书院　据《中国书院史》载：“在邵武，唐末，邑人黄峭建”，由于统一注释，也不知出自何书，《明一统志》《清一统志》《福建通志》均未载。

李渤书堂　据《中国书院史》说：“在江西德安县南四十里史君山坞。长庆中，江州刺史李渤巡至此山，‘见环拱秀丽，遂筑室于斯，为士人读书

① 邓洪波：《中国书院史》，第20页。

② 邓洪波：《中国书院史》，第20页。

处’”，也是没有单独注明出处，但统一注释最早未过明嘉靖。且连《明一统志》《清一统志》、清雍正《江西通志》都无载，难以令人相信。

登东书院　据《中国书院史》记载：“在庐陵（今属吉水），乾符末年，解世隆创建”，因为统注，也不知具体出处。但连《明一统志》《清一统志》、清雍正《江西通志》都未载，难以令人相信。

施肩吾书院　据《中国书院史》载：“《正统道藏·历世真仙体道通鉴》卷四十五《施肩吾传》，其称洪州（今南昌）人。施肩吾在元和年间（806—820年）中进士后，隐居州城西一里的西山芭蕉源，筑室读书其中，终身不仕。沿西山‘梯级而上，有书院旧址，石室故在’，肩吾‘手植老柏尚有一二存者’，其所作诗文‘山中所传’也有十之四。这说明书院虽然佚名，但其存在于唐末是没有问题的。该院与施氏读书修道有关，暂且可以名为施肩吾书院。”该书为元代浮云山道士赵道一修撰，时间较早，似可信，且施肩吾（780—861年）为道教高真。施肩吾元和中举进士，但淡于荣利，不待授官即东归。施氏心慕洪州西山为古十二真仙羽化之地，遂筑室隐居，潜心修道炼丹，号栖真子。

文山书院　在湖南澧州。《明一统志》载：“文山书院在澧州治南，唐李群玉读书之所。文山，群玉字也。”明彭大翼《山堂肆考》有相同记载。李群玉（808—862年），澧州人，宣宗（847—859年在位）时献诗，得授弘文馆校书郎，三年后辞官归。李群玉去世近六百年始见书院之名，毫无疑问是后世好事者为之。

文献公书院　在广东始兴。《中国书院史》说：“唐开元年间（713—740年）创建。按文献为张九龄（678—740年）谥号，始兴与曲江同郡，故书院当为纪念集贤书院学士张九龄而建。”[①] 书院为纪念张九龄而建毫无疑问，但不可能是唐代的。作者并未单独注明出处，通注最早为《明一统志》，七百年后凭空冒出的书院应该是后世好事者为之。

---

① 邓洪波：《中国书院史》，第22页。

儒溪书院 在贵州绥阳。《明一统志》《清一统志》均不载，《中国书院史》据谭佛佑《贵州书院名录》（未刊稿）收录，“相传为柳宗元读书处。柳宗元（773—819年）为贞元进士，元和十四年去世，故儒溪书院的创建时间，当在贞元、元和之间。然地方志作柳宗元乾符三年（876年）建，时在柳宗元去世后半个多世纪，故此院不为依托则为误记，大半应该是汉人为纪念柳氏所建”[①]。柳宗元生于长安，建中四年（783年）因避乱迁往夏口（今属武汉）。贞元元年（785年）随父任官迁居江西，不久回京，九年考中进士，在京任官，十七年出任蓝田尉，十九年回京，永贞元年（805年）贬官邵州刺史，未到任再贬永州司马，元和十年（815年）回京，不久贬为柳州刺史，十四年回京，不久去世。绥阳在贵州北部，柳宗元生平似未到过贵州，恐是好事者臆造。

青莲书院 在四川盐亭。清雍正《四川通志》载：“青莲书院在盐亭县东六十里，唐李白读书处。”人们一般认为李白是四川昌隆（今江油附近）青莲乡人，李白幼年在故乡读书，开元六年（718年）隐居大匡山读书，曾经出游剑阁、梓州（辖盐亭县）等地，十三年出川再未返乡。李白去世近千年才出现的读书处，毫无疑问是后人所建纪念物。

海棠池书院 在四川大渡河。《中国书院史》载：“贞元年间（785—804年），西川节度使韦皋建。”但未注明出处，《明一统志》《清一统志》与《四川通志》均未载，也应该是后世好事者为之。

李绅书院 在浙江宁波。始见于南宋宝庆（1225—1227年）《四明志》，“大中岳林寺，县东北五里，旧名崇福院，梁大同二年置，在大溪西，唐相李绅为书院额，废于会昌中。大中三年，闲旷禅师复建于溪东。皇朝大中祥符八年赐今额”，其下开列了寺田树木、布袋和尚事迹和宋代皇帝封号以及寺僧与皇帝的交往、墨迹等，非常详细，其记载可信。李绅（772—846年）为书院题额时间在会昌（841—846年）前，而李绅出生于浙江乌程其父任职地，六岁丧

① 邓洪波：《中国书院史》，第23页。

父迁居无锡。贞元十六年（800年）李绅曾东游天台，结识修真和尚，次年秋赴京应试，为崇福院题额应在此时，也属于借寺庙读书备考。

为便于比对分析，特列表于下：

方志所见唐代书院一览表

书院名称	位置	创建者	记创建时间	最早著录情况	性质	可信度
桂岩书院	江西高安	幸南容	793年出仕前	1211年重建记	疑开馆	书斋可信
皇寮书院	江西永丰	刘青霖	844年	1138年重建记	讲学	书斋可信
景星书院	江西九江	李渤	821—824年间	元《庙学典礼》	书斋	难以相信
陈氏书堂	江西德安	陈衮	937—969年间	969年徐锴记	书院	比较可信
鳌峰书院	福建建阳	熊秘	875—879年间	1305年熊禾诗	教授	难以确认
草堂书院	福建福鼎	林嵩	860—875年间	清同治《福建通志》	读书处	难以相信
松洲书院	福建龙溪	陈珦	武则天时	清乾隆《龙溪县志》	教授	难以相信
梁山书院	福建漳浦	潘存实	817年出仕前	清康熙《漳浦县志》	读书处	难以相信
孔林书院	广东南雄	孔闰	不详	元刘辰翁1280年记	书院	不可信，系北宋初建
丽正书院	浙江会稽	不详	723年	清康熙《浙江通志》	书院	难以相信
青山书院	浙江寿昌	翁洮	9世纪	清雍正《浙江通志》	读书处	难以相信
光石山书院	湖南攸县	不详	不详	755年记	疑道人书斋	难以相信
天宁书院	湖南桃源	不详	唐	清光绪《桃源县志》	不详	难以相信
杜陵书院	湖南耒阳	不详	不详	徐介、裴说诗	祠堂	难以相信
韦宙书院	湖南衡山	韦宙	元和间	清《湖南通志》	书斋	似难信

（续）

书院名称	位置	创建者	记创建时间	最早著录情况	性质	可信度
邺侯书院	湖南衡山	李泌	756—762年间	明嘉靖《衡岳志》	书斋	似可信
石鼓书院	湖南衡阳	李宽	810年左右	唐刺史吕温诗	书斋	比较可信
卢藩书院	湖南衡山	卢藩	9世纪	清道光《衡山县志》	书斋	难以相信
西溪书院	河北元氏	姚敬	唐	1306年安熙诗	书斋	似可信
张说书院	河北满城	张说	719年左右	明弘治《保定郡志》	书斋	难以相信
瀛洲书院	陕西蓝田	李元通	623年前	清雍正《陕西通志》	不详	难以相信
丹梯书院	四川巴州	张曙	9世纪	《明一统志》	读书处	难以相信
南溪书院	四川南溪	杨发	9世纪初	唐杨发诗	读书处	似难信
凤翔书院	四川南溪	杨发	9世纪	清嘉庆《四川通志》	读书处	难以相信
张九宗书院	四川遂宁	张九宗	唐贞元年间	《明一统志》	不详	难以相信
李公书院	山东临朐	李靖	唐贞观前后	明嘉靖《青州府志》	读书处	难以相信
费君书院	山西永济	费君	约785—804年间	唐杨巨源诗	读书处	似可信
九峰书院	浙江龙游	徐安贞	718年出仕前	明万历《龙游县志》	读书处	难以相信
青山书院	浙江寿昌	翁洮	唐大顺间	明万历《寿昌县志》	书斋	难以相信
德润书院	浙江慈溪	李楚臣	848年	出处不详	不详	难以相信
蓬莱书院	浙江象山	杨宏	850年	出处不详	不详	难以相信
草堂书院	福建福鼎	林嵩	875年前后	出处不详	读书处	似可信
清闻读书院	福建福清	陈灿	不详	出处不详	不详	难以相信

（续）

书院名称	位置	创建者	记创建时间	最早著录情况	性质	可信度
和平书院	福建邵武	黄峭	唐末	出处不详	不详	—
李渤书堂	江西德安	李渤	唐长庆间	出处不详	不详	难以相信
登东书院	江西吉水	解世隆	唐乾符间	出处不详	不详	难以相信
施肩吾书院	江西南昌	施肩吾	唐元和间	元《历世真仙体道通鉴》	修道	似可信
文山书院	湖南澧州	李群玉	9世纪中期	《明一统志》	读书处	难以相信
文献公书院	广东始兴	张九龄	唐开元间	出处不详	读书处	难以相信
儒溪书院	贵州绥阳	柳宗元	贞元前	出处不详	读书处	难以相信
青莲书院	四川盐亭	李白	开元十三年前	清雍正《四川通志》	读书处	难以相信
海棠池书院	四川大渡河	韦皋	唐贞元间	出处不详	不详	难以相信
李绅书院	浙江宁波	李绅	800年	宋宝庆《四明志》	读书	似可信

方志所见唐代书院共43所，其中光石山书院、石鼓书院、南溪书院、凤翔书院、费君书院5所还见于唐人诗文中。其他38所中，桂岩书院、皇寮书院、陈氏书堂、邺侯书院、西溪书院、草堂书院、施肩吾书院、李绅书院等8所因为著录较早比较可信或似可信；至于儒溪书院、李公书院，因其各自的主人公柳宗元、李靖根本就没有到过该地，完全是无稽之谈；其他28所亦很难让人相信创自唐代。在比较可信或似可信的8所书院中，陈氏书堂不名书院而名书堂；施肩吾书院、李绅书院实则佚名；其他书院也不一定是当时名称，如邺侯书院，可能是后人追加的名称。

唐人诗文连同后世方志记载的书院共56所，真正可信的大概只有25所。有的是士子读书备考的书房，有的是官员读书兼会文的书斋，真正具有教学功能的并不多，大概只有唐人诗文中的赵氏昆季书院、第四郎书院、曹氏书院和方志中的陈氏书堂几所，数量虽然不多，但仍然不影响其作为私立教学机构名称的价值。

第四节　五代十国书院走向社会

进入10世纪，中国又进入一个军阀割据的大分裂时期。在北方，军阀割据政权如同走马灯，50多年间相继建立后梁（907—923年）、后唐（923—936年）、后晋（936—947年）、后汉（947—950年）和后周（951—960年）五个政权，历史上称作五代。在南方，70多年间相继建立吴（902—937年）、前蜀（907—925年）、吴越（907—978年）、楚（907—951年）、闽（909—945年）、南汉（917—971年）、荆南（924—963年）、后蜀（934—965年）、南唐（937—975年）和北汉（951—979年）十个政权，历史上称作十国。

五代十国时期，不仅各国之间互相攻伐，北方还有契丹南侵，社会急剧动荡，官学教育受到冲击，但却为书院发展提供了契机。烽火连天，封建士大夫们并没有沉沦，他们躲避乱世，或归隐山林，或读书著述，或收徒设教，有条件者则创建书院。

见诸史料的五代书院有15所，但如同唐代书院一样，可信者并不是很多。可信者有窦氏书院、龙门书院、胡氏书堂、中溪书院、睢阳学舍和辽代龙首书院6所，比较可信的有嵩阳书院、匡山书院和梧桐书院3所。

窦氏书院　最早见于范仲淹《窦谏议录》，范阳窦禹钧“于宅南构一书院四十间，聚书数千卷，礼文行之儒，延置师席。凡四方孤寒之士，贫无供须者，公咸为出之，无问识不识，有志于学者听其自至，故其子见闻益博”[①]，建

---

① ［北宋］范仲淹：《范文正公集·别集》卷四《窦谏议录》。

造了当时位置最北的书院。窦氏书院是真正的书院，有房四十余间，藏书数千卷，聘请专职教师，对外开放，并为贫穷学生提供费用，可惜的是只说书院，未标其名，窦氏书院是人们据其姓氏为名。窦禹钧于唐天祐（904—907年）末起家幽州掾，“历沂、邓、安、同、郑、华、宋、澶州支使判官。周初为户部郎中，赐金紫，显德中迁太常少卿，右谏议大夫致仕”[①]。

窦氏书院建造时间比较早。《窦谏议录》说窦禹钧年三十无子，夜里梦见祖父、父亲告诉他无子且短寿。窦禹钧广作善事，十年后又梦见祖父、父亲，他们告诉他因作善事延寿三十六年，赐五子，“汝三十年前实无子分，又寿促，我尝告汝。今汝自数年以来，名挂天曹阴府，以汝有阴德，延算三纪，赐五子，各荣显，仍以福寿而终，死后当留洞天，充真人位”。窦禹钧八十二岁而卒，长子窦仪于乾化四年（914年）生，创建书院即使在乾化四年后，该书院也是五代最早书院之一。

窦禹钧五子：长子窦仪（914—966年）是北宋初年名臣，曾官工部尚书；次子窦俨（919—960年），晋天福六年（941年）进士，历仕后晋、后汉、后周，入宋转礼部侍郎；三子窦侃，后汉乾祐初举进士，官至起居郎；四子窦偁（925—982年），后汉乾祐二年（949年）进士，出仕后周为秘书郎、绛州防御判官，入宋官至左谏议大夫；五子窦僖，后周广顺初进士，官至左补阙。在这种极烈动荡的时代，五子都举进士，时人称为“窦氏五龙”。五代名臣、不倒翁冯道曾赠诗窦禹钧说：“燕山窦十郎，教子以义方。令椿一株老，仙桂五枝芳”，这就是《三字经》“窦燕山，有义方，教五子，名俱扬”的来历。窦氏第三代也多显赫，窦僖三子窦諲、窦謶、窦诰均举进士，窦諲官至都官员外郎，窦謶官至秘书丞，而窦偁之婿丁谓（966—1037年）官至宰相。范仲淹也是北宋名臣、政治家、文学家，略晚于窦氏第三代，记还说“凡四方之士由公之门登贵显者，前后接踵来拜公之门，必命左右扶，公坐受其礼。及公之亡，蒙恩深

① 《宋史·窦仪传》。

者有持心丧三年以报其遗德”，窦氏书院在当时影响很大，范仲淹记载应该是可信的。

龙门书院　在洛阳。始见于《宋史·张去华传》，“父谊，字希贾，好学不事产业。既孤，诸父使督耕陇上，他日往视之，见阅书于树下，怒其不亲穑事，诟辱之。谊谓其兄曰：‘若不就学于外，素志无成矣。’遂潜诣洛阳龙门书院，与宗人沆、鸾、湜结友，故名闻都下。长兴中，和凝掌贡举，谊举进士”。张谊后唐长兴（930—933年）中举进士，可知书院建于此前。

睢阳学舍　在商丘，即应天府书院前身，最初由杨悫在归德军将军赵直支持下开办。《宋史·戚同文传》记载：“始闻邑人杨悫教授生徒，日过其学舍，因授《礼记》，随即成诵，日讽一卷，悫异而留之。不终岁，毕诵五经，悫即妻以女弟。自是弥益勤励读书，累年不解带。时晋末丧乱，绝意禄仕，且思见混一，遂以同文为名字。悫尝勉之仕，同文曰：‘长者不仕，同文亦不仕。’”可见学舍最晚创办于后晋末之前。戚同文卒年73岁，未说何年卒，从《宋史》其子戚纶传可知当在宋雍熙三年（986年）左右。戚纶“太平兴国八年举进士，解褐沂水主簿，按版籍得逋户脱口漏租者甚众。徙知大和县，同文卒于随州，纶徒步奔讣千里余”，戚纶于太平兴国八年（983年）举进士，即授沂水县主簿，三年后升任太和知县，可知戚同文当生于914年。北宋徐度《却扫篇》说戚同文“生唐天祐中”，天祐四年（907年）唐亡，但吴王杨隆演继续使用此年号至十五年（918年），914年为天祐十一年。戚同文入睢阳学舍就读时尚未结婚应该在20岁左右，可证睢阳学舍开办应在后唐时期。杨悫去世后，由戚同文接办，后由曹诚扩建，徐度说曹诚扩建后邀请戚同文主持，“邀楚丘戚先生主之”，徐度还说“予幼时犹及见之”，他的话应该是可信的。大中祥符二年（1009年）赐额应天府书院。

胡氏书堂　在江西奉新。最早见于徐铉（917—992年）《洪州华山胡氏书堂记》，为胡仲尧创建，“君名仲尧，字光辅。奕叶儒学，蝉联簪绂，曾门标举，焕列宿之华，祖德韬映，戢少微之耀。至于我先人，少好《左氏春秋》

之学，研几索隐，儒者宗焉。及君之长，克扬其业，言斯出矣，身则践之，揖让周旋之仪，孝友姻睦之行，修乎闺门之内，形于群从之间。少长有礼，丝麻同爨，乡党率义，人无间然。君以为上古之风，可以驯致，由六经之旨，可以化成也。乃即别墅华林山阳玄秀峰下，构书堂焉。筑室百区，聚书五千卷。子弟及远方之士从学者，常数十人，岁时讨论，讲席无绝"。徐文没有署年，《明一统志》作："宋雍熙中光禄寺丞胡仲尧建，四方游学者常数百人，钱若水诗'居近华林对白云，义风真可劝人伦。儿孙尽得诗书力，门巷偏多车马尘'。"《江西通志》作宋雍熙（984—987年）中建。近人发现宣统《甘竹胡氏十修族谱》收录有宋人胡逸驾《祭华林始祖侍御史城公祖妣耿氏夫人二墓文》说五代时胡珰创建，时间当在南唐保大四年（946年）以前，"筑室百区，广纳英豪，藏书万卷，俾咀其葩。出其门者为相为卿，闻其风者载褒载嘉"[①]。徐铉记中毫无提及胡珰创建事，如果胡仲尧故意隐去，夺人之美，贪天之功，那就太不厚道了，特别是以孝义著称的家族竟然会发生此等事？也许有人会说胡珰与胡仲尧是同一人，胡珰是胡仲尧的另一个名字，但这不可能，而且徐铉文也不可能是保大年间所撰。

胡仲尧《宋史》有传，列入《孝义传》，说他"累世聚居至数百口，构学舍于华林山别墅，聚书万卷，大设厨廪，以延四方游学之士。南唐李煜时尝授寺丞，雍熙二年诏旌其门闾。仲尧诣阙谢恩，赐白金器二百两。淳化中州境旱歉，仲尧发廪减市直以赈饥民，又以私财造南津桥，太宗嘉之，除本州岛助教，许每岁以香稻、时果贡于内东门。五年，遣弟仲容来贺寿宁节，召见仲容，特授试校书郎，赐袍笏犀带，又以御书赐之，公卿多赋诗称美。仲尧稍迁国子监主簿致仕，卒"，淳化五年（994年）胡仲尧还健在。其弟仲容"字咸和，咸平三年复至阙贡土物，改大理评事，屡被赐赉。仲容建本县孔子庙，颇为宏敞，后迁光禄丞致仕，天禧中特赐绯鱼，卒年七十九"，胡仲容天禧

① 邓洪波：《中国书院史》，第46页。

（1017—1021年）中还健在，大约出生在940年前后。胡仲尧还有另一个弟弟克顺，端拱二年（989年）进士。综合来看，胡仲尧当出生在930年前后，即使再早十年，至保大四年时他也不过二十几岁。毫无疑问，创建者绝非胡仲尧，像这样的大家族主事者一定是年高辈尊者。

徐铉生于917年，胡珰创建华林书院在946年之前，即徐铉30岁前。徐铉虽然十岁能属文，仕吴为校书郎，入南唐试知制诰，但不久被贬为泰州司户掾，虽不久复官，但很快又被流放舒州，后周显德三年（956年）才召为太子右谕德，复知制诰。保大四年前徐铉身份低微，撰文可能性似乎也不大。

从《宋史・胡仲尧传》看，胡氏书堂创建当在李煜即位和雍熙二年诏旌之前；传说“累世聚居至数百口，构学舍于华林山别墅，聚书万卷，大设厨廪，以延四方游学之士。南唐李煜时尝授寺丞，雍熙二年诏旌其门间”。胡仲尧因为家族聚居、兴办学校才被李煜授官寺丞，雍熙二年诏旌门间，可见胡氏书堂不论是否胡仲尧创建，时间都在南唐时期。

胡氏书堂筑室百区，聚书五千卷，子弟和四方从学者数十人，已经是完备的书院，可惜其不以书院为名。华林书院之名大概以王禹偁（954—1001年）《寄题义门胡氏华林书院》诗为最早，“水阁山斋架碧虚，亭亭华表映门间。力田岁取千箱稻，好事家藏万卷书。旋对杯盘烧野笋，别开池沼养溪鱼。吾生未有林泉计，空愧妨贤卧直庐”。杨亿（974—1020年）《南康军建昌县义居洪氏雷塘书院记》也提道“豫章胡氏有华林书院”，文章中有“去年处士之兄子待用举进士，得乙科”语，系指洪文抚之侄洪待用考中进士事，查《江西通志》，洪待用为咸平三年（1000年）进士，可见杨亿文作于咸平四年。华林书院之名应该是入宋后所改。

中溪书院　在河北元氏县封龙山中。最早记录为安熙（1269—1311年）大德十年（1306年）的《封龙十咏》，其序说：“中溪书院在龙首峰下，宋初李文正公昉于此受业，山长张蟠叟等数人相与聚徒，常过百人，后废于兵，独存夫子遗像及治平二年左周所撰夫子堂记，中统初，敬斋李公始为增葺，仍奉旨敦励，学者甚众。”[①] 李昉（925—996年）于后汉乾祐中举进士，从此步入仕途，入宋官至宰相，《宋史》有传。李昉受业当在举进士之前，可见书院建于乾祐三年（950年）前。虽然安熙记载较晚，但有孔子像和北宋治平二年（1065年）左周所撰《夫子堂记》碑，而蒙古中统（1260—1264年）初，李治（《元史》本传作李冶，误）归隐，教学其间，“学徒益众”。安熙写诗时李治祠堂尚在，十咏中就有《敬斋祠》诗。记载有序，还是可信的。

嵩阳书院　在河南登封太室山麓。最早提及嵩阳书院的是南宋崔敦诗（1139—1182年），他在《论南康军奏请白鹿洞书院额疏》中说，“至道二年赐西京嵩阳书院额”，其次王应麟（1223—1296年）《玉海》说，“嵩阳书院，至道二年七月甲辰赐院额及印本九经书疏，祥符三年四月癸亥赐太室书院九经，景祐二年九月十五日己丑，西京重修太室嵩阳书院，诏以嵩阳书院为额。又至道三年五月戊辰，河南府言甘露降书院讲堂。国初斯民新脱五季锋镝之阨，学者尚寡，海内向平，文风日起，儒老往往依山林即闲旷以讲授，大率多至数十百人。嵩阳、岳麓、睢阳及白鹿洞为尤著天下，所谓四书院者也”，但所载与《宋史》有异。《宋史》作景祐三年（1036年）九月己酉“赐河南府新修太

嵩阳书院

① ［元］安熙：《默庵集》卷一。

室书院名曰嵩阳书院”[①]，书院本名太室，仁宗赐名嵩阳书院。太宗如果已经赐额，真宗不可能四十年后再赐额，最大的可能是太宗只是赐书，真宗赐额，如同《清一统志》所说。

嵩阳书院始建于五代说见于《明一统志》，“嵩阳书院在登封县大室山，五代时建，宋至道初赐九经子史，景祐初王曾奏置教官，赐今名及田一顷”。《清一统志》并说五代初建时名太室书院，“嵩阳书院在登封县太室山南麓，五代周时建，初名太室书院，宋至道初赐九经子史，景祐二年更名嵩阳，与睢阳、白鹿、岳麓号四大书院”。

嵩阳书院始建于五代似乎是可信的。至道二年（996年）太宗赐书，此时距宋朝建国才36年，如果是新建书院皇帝赐书可能性不大，皇帝赐书至少在社会上有一定影响力，书院应该是五代建造，宋代重修。

匡山书院　在江西泰和。最早文献记载为《明一统志》：“匡山书院在泰和县东匡山下。昔里人罗洞晦清修不仕，后唐征拜官，以疾辞归，从游益众，遂名其学曰匡山书院。”清《江西通志》记载更为详细：“匡山书院在泰和县东匡山下。南唐邑人罗韬隐居不仕，长兴间以博学能文征，授端明殿学士，以疾辞归，乃建匡山书院，聚徒讲学。重和间孙罗弘重葺。明永乐中裔孙罗汝止新之，邹幼亨记。国朝学士张贞生结茅于此，辟舍构亭，题咏甚多，著有《玉山遗响》。”南唐无长兴，长兴（930—933年）为后唐年号，而长兴时南唐尚未立国，且泰和一带属吴。授端明殿学士应该是后唐，同光二年（924年）改“解卸殿为端明殿”，始设端明殿学士，令“翰林学士、户部侍郎、知制诰冯道，翰林学士、中书舍人赵凤俱以本官充端明殿学士。端明之职自此始也”[②]，天成二年（927年）“诏端明殿学士班位宜在翰林学士之上，今后如有转改只于翰林学士内选任。先是端明殿学士班在翰林学士之下”。长兴二年（931年）“以翰林

① 《宋史》卷七。

② 《旧五代史》卷三六。

学士、兵部侍郎刘昫守本官充端明殿学士”，清泰元年（934年）以“凤翔节度判官韩昭胤为左谏议大夫，充端明殿学士”，一般征官不可能授予这样的高官，此说授端明殿学士言过其实。

《江西通志》还有罗韬传记：“罗韬，字洞晦，庐陵人。唐末隐居不仕，南唐征授长沙通判，除端明殿学士，不拜，献丹扆四箴，礼赐金币以归。爱匡山山水，徙居之，建书院于山麓，事闻，敕赐额匡山书院，命翰林学士赵凤为扁题。及卒，门人私谥静逸先生。”编者注明出处来自《玉山遗响》，并加按语说，“按：罗韬，各志俱不载，白志采张篑山《庸书》所载罗洞晦先生传补入，是时学校之政未有修明，共溺于词章，取具应制，韬崛起，以圣学为己任，有宋道学之盛，盖有开先之力焉”。早期方志均无罗韬事迹，只有康熙五十九年巡抚白潢《西江志》采用张贞生《庸书》罗韬传记补录。张贞生系顺治进士，累官侍读学士，康熙中因过失降两级，辞职归家，捐宅为诚意书院，后以原官复职，卒于官。记述文字不多，但错误不少。第一，南唐没有端明学士之官，端明学士为后唐始设。第二，敕赐额“匡山书院”，皇帝赐额此等大事史书不可能不记述，但史书无载。曾皋记说“朋来自远，书院筑焉，圣殿经阁埒今学宫，明宗嘉而赐额”，云后唐明宗赐额，也不可信，后唐辖区未过长江，不可能长臂管辖。第三，题写匾额的赵凤为后唐翰林学士、端明殿学士。第四，称赞罗韬“以圣学为己任，有宋道学之盛，盖有开先之力焉”，赞誉太过且不合事实。方志多为本地人士编纂，一般家乡情结太重，往往言过其实，这也是笔者不敢轻易相信方志的原因。

匡山书院初建未见当时记载，但有明永乐和万历两次维修记载。明永乐维修有学博邹幼亨记，万历丙午（1606年）维修有曾皋记，并有明永乐进士钱习礼、吏部尚书王直（1379—1462年）等地方先贤吟咏诗篇，北宋重和（1118—1119年）间罗韬之孙罗弘还曾重修，资料较早且多，还是比较可信的。

梧桐书院　在江西奉新县。最早见于南宋徐应云《梧桐书院记》：“五季时有中庸、诚前二先生，姓罗氏，仁节、仁俭，其名也。先生兄弟筑精舍于山之阳，以义理之学授其徒。李氏有江南，国相、郡守知其名，辟召莫能至，独以徐铉为知己者。著书十四卷，号《宗孟集》。没世肥遁，士论高之”，可知初为罗仁节、罗仁俭兄弟讲学处。“二先生伯仲相师，以圣贤性理之学教授生徒”，“从游者担簦蹑屩，争师事之”。徐应云为丰城人，嘉定十五年（1222年）被解试，记应罗氏裔孙罗伯虎作，嘉熙四年（1240年）因旧址重建书院，并设祠堂奉祀[①]。其后记载最早见于《明一统志》：“梧桐书院，在奉新县。南唐时中庸、明诚两罗先生讲道之所，山多梧桐，故名。”清雍正《江西通志》说：“梧桐书院在奉新县罗坊镇，南唐罗仁节、仁俭讲学之所，山多梧桐，故名。学者称仁节为中庸先生，仁俭为诚明先生。”记述较早，流传有序，也比较可信。

兴贤书院 在江西吉水县东鉴湖湖畔。《中国书院史》说：“南唐保大年间（943—957年），邑人解皋谟创建。按吉水建县于保大八年（950年），兴贤书院当创建于此年或其后七年间”，但未说明出处。《明一统志》《清一统志》《江西通志》均无记载，似难信以为真。

云阳书院 见于《中国书院史》：“在洪州建昌县（今属江西永修县）。南唐进士吴白建以隐居之所”，但未注明出处。《明一统志》《清一统志》《江西通志》均无记载，似难信以为真。

蓝田书院 也见于《中国书院史》：“蓝田书院，在福州古田县杉洋北门外，南唐知县徐仁椿创建”，史料来自民国《古田县志·书院》。此书院《明一统志》作“在古田县东”，与螺峰书院、浣溪书院“皆宋时建，朱熹书匾”，应该是宋代创建。

天衢书院 最早见于清雍正《广东通志》：“天衢书院，在静福山。五代时郡人黄损肄业之处。”《中国书院史》作：“在连州桂阳县（今广东连县），邑人黄捐肄业之所”，史料来自清道光《广东通志》。《明一统志》无记载，似难信以为真。

---

① ［清］同治《奉新县志》。

光禄书院 在吉州庐陵县（今属江西吉安）。最早见于清雍正《江西通志》："光禄书院在庐陵淳化富田，宋开宝二年邑人刘玉建。"清同治《新昌县志》也有与此相似记载。开宝二年（969年）为北宋纪年，庐陵当时为南唐所辖，有人定为五代时期。但此前未见记载，七百多年后突然冒出来似乎也难以令人信以为真。

留张书院 见于《中国书院史》："留张书院，又名书堂、道院，在高安县北六十里（今属江西宜丰县），后梁时张玉创建。据同治《新昌县志》记载，张玉，字云仙，唐天复二年（902年）进士，天祐元年（904年）任九江观察使。唐亡，遂隐居不仕，居山构筑书堂，讲学其间。这是整个五代时期创建最早的一所书院"，书中并没有注明出处。《文渊阁四库全书》根本就没有此书院的信息，而且张玉中进士两年后就官至九江观察使也实在难以让人相信。

龙首书院 见于清雍正《山西通志》："龙首书院，州西南，辽翰林学士邢抱朴建，今儒学基即其故址"，"一经楼，龙首书院东，辽郎中邢建妻陈夫人教子读书处。辽《列女传》：陈氏甫笄，通经义，好吟咏，时以女秀才名之。归于建，有六子，陈氏亲教以经，后二子抱朴、抱质皆以贤位宰相"。邢抱朴《辽史》有传，综合《辽史》所载，他于保宁（969—979年）初任政事舍人，统和十年（992年）拜参知政事，十三年（995年）因母忧去官，二十二年（1004年）去世。政事舍人为辽代早期官称，政事省后改中书省，政事舍人即中书舍人，唐代为正五品上，设六员，"分押尚书六司。凡有章表皆商量可否，则与侍郎及令连署而进奏"，时人视为文士之极任，朝廷之盛选。辽代地位也很高，《辽史》有政事舍人任枢密直学士和出任开京留守的记录。邢抱朴（？—1004年）保宁初出任政事舍人，应该出仕有年，本传说"抱朴与弟抱质受经于母陈氏，皆以儒术显，抱质亦官至侍中，时人荣之"，《烈女传》说其母陈氏有六子皆亲自教育。综合各种信息来看，书院设立应在北宋之前。龙首书院初载时间不早，但"今儒学基即其故址"可证其不虚。

除书院外，五代十国时期还有一些官办教学机构。后梁魏博节度使罗绍威

（877—910年）曾开办学馆，“绍威好学工书，颇知属文，聚书数万卷，开馆以延四方之士”[①]。南唐升元中在庐山设立国学，“元系唐朝李宾客渤隐居，旧有台榭，环以流水，杂植花木，为一时之胜。南唐升元中因建学馆，买田以给诸生，学者大集，乃以国子监九经李善道为洞主，掌其教授”[②]。《十国春秋》说升元四年（940年）“是时建学馆于白鹿洞，置田供给诸生，以李善道为洞主，掌其教，号曰庐山国学”。

五代时书院式私学仍然存在。临淄人石昂开设私学，“家有书数千卷，喜延四方之士，士无远近多就昂学问，食其门下者或累岁，昂未尝有怠色”，不仅施教，还提供食宿，与书院相比就少一个书院名称。魏州贵乡人罗绍威“好招延文士，聚书万卷，开学馆，置书楼”，也缺少书院名称。潭州岳麓山在唐末五代时也有僧人建造的私学，“碑言书院乃寺地，有二僧，一名智璿，一名某，念唐末五季湖南偏僻，风化陵夷，习俗暴恶，思见儒者之道，乃割地建屋以居士类，凡所营度多出其手。时经籍缺少，又遣其徒市之京师而负以归。士得屋以居，得书以读。其后版图入职方，而书院因袭增拓至今”[③]。此碑南宋时尚存岳麓书院，欧阳守道长期任教岳麓书院，记录是毫无疑问的，名满四海的岳麓书院竟是由和尚发其端。其建屋购书，“士得屋以居，得书以读”，基本具备书院功能，但它也是缺少一个书院名称。

唐代书院基本以个人书斋为主，开展教育者仅有赵氏昆季书院、第四郎书院、曹氏书院、陈氏书堂四所，而且都是家族创办以教育本族子弟。而五代十国时期书院虽然数量不多，但教育对象已转为面向社会。窦氏书院聘请师资，接受四方求学者，“无问识不识，有志于学者听其自至”，并为贫寒者提供生活之需；洛阳书院接纳开封襄邑人张谊；睢阳学舍弟子更多，“请教之人不远千里而至，登第者五六十人，宗度、许骧、陈象舆、高象先、郭成范、王砺、滕

① 《新五代史·罗绍威传》。

② ［南宋］朱熹：《白鹿洞牒》，转引自清雍正《江西通志》卷一四五。

③ ［南宋］欧阳守道：《赠了敬序》，见《巽斋文集》卷七。

涉皆践台阁”，入宋后许多学生成为朝中重臣；胡氏书堂（华林书院）“聚书万卷，大设厨廪，以延四方游学之士”，“筑室百区，聚书五千卷，子弟及远方之士从学者，常数十人”；匡山书院“延收四方”；梧桐书院“从游者担簦蹑屩，争师事之”；晚唐创办的陈氏书堂仍然坚持接纳外来学者，“江南名士皆肄业于其家”，“四方游学者，自是宦成而名立盖有之”；中溪书院是北宋初期名相李昉受业处，“山长张蟠叟等数人相与聚徒，常过百人”；可信的五座书院和比较可信的三座书院除嵩阳书院不详外，其他七所都面向社会接纳学者，可见五代十国时期书院服务对象已经由个人和家族转向社会大众。

五代十国社会动荡，教育式微，但在中国书院史上却是一个非常重要的时期，书院由唐代个人书斋和家族学校转向社会，成为开放的教育机构。

第五节　北宋书院勃兴

研究书院，一般将宋朝作为一个历史时期进行研究，虽然北宋、南宋同属一个王朝，同是书院大发展时期，但北宋和南宋时期书院发展并不相同。北宋的发展主要是数量，而南宋的发展除数量外，更重要的是质量，也就是书院制度的完善，所以本书将北宋和南宋分作书院历史的两个时期。

一、北宋书院发展历史

晚唐以后，战乱频仍，五代十国纷然而起，或国祚短暂，或疆域偏狭，官办教育大多付诸阙如，赖有数量不多的私立书院支撑着整个教育事业。入宋以后，百废待兴，国家根本无暇顾及教育，学者转向山野隐居读书或教学，而五代时创建的窦氏书院、胡氏书堂、嵩阳书院、中溪书院和南唐国学白鹿洞书院继续开办。宋朝辖区内，开宝九年（976年）创建岳麓书院；辖区以外，建隆三年（962年）南汉境内创建孔林书院，开宝二年南唐境内建造光禄书院。

岳麓书院

北宋太宗朝（976—997年）开始建造书院。太平兴国中，江西相继新建怀玉精舍、秀溪书院、莲溪书院、曾氏学舍、慈竹书院、香溪书院、雷塘书院，雍熙中江西新建华林书院，淳化中福建建造溪山书院，至道中湖南建造石鼓书院，河南嵩县建造和乐书院，河北元氏西溪书院既然有九经张著聚徒百人讲学且咸平中毁于火也应该建于太宗朝。太宗朝先后建造14所书院，著名的有雷塘书院、华林书院和石鼓书院。此外方志还记载江西奉新胡仲尧建造郁竹、南垣和车坪三座书院，此三座书院在《宋史·胡仲尧传》没有记载，徐铉《洪州华山胡氏书堂记》也未提及，《四库全书》中也全无踪迹，实难信以为真。真宗朝建造书院的区域大为扩大，湖南、广东、安徽、河南、浙江、江西、四川、山东都出现了书院，25年间建造约21所，著名的嵩阳书院、应天府书院均建造于此间。

仁宗朝（1022—1063年）是北宋书院大发展时期，42年间全国各地建造书院约54所，虽然不可尽信，但书院大发展是毫无疑问的。英宗朝4年建造2所，神宗朝18年建造约21所，哲宗朝15年建造13所，徽宗朝25年建造约35所，钦宗朝2年建造3所。北宋立国168年，连同时间不详标明建于北宋时期书院31所，共约197所，完全可以说是书院勃兴，当然也是书院第一个大发展时期。

本书统计的北宋书院数目汇集了《中国书院辞典》、李国钧《中国书院史》和白新良《中国古代书院发展史》诸书成果，此外笔者新发现北宋书院16所。其中从北宋诗文集中新发现10所，从王禹偁诗中发现仆射相公书院，魏野诗中发现终南山黄池谷王仲先书院，张方平诗中发现代渊代祠部书院，文同诗中发现张少愚书院，黄庭坚、李廌诗中发现陈师道求志书院，苏轼诗中发现李公择白石山房，米芾文集中发现他的西山书院，慕容彦逢文集中发现他自设的汝州官衙书院，苏颂诗中发现翟家湾书院，赵鼎臣诗中发现王信孺书院，此10所书院均是北宋人记北宋事，不会有误。笔者从南宋诗文集中新发现3所，从南宋初汪应辰诗中发现陆佃陶山书院，林景熙文中发现陆佃修竹书院，刘宰文集中发现其祖父刘微与汤氏于金坛合建书院；从元人文集中新发现2所，从元代胡炳文文中发现婺源张舜臣龙川书院，赵汸文中发现婺源汪绍、汪存父子四友堂；这5座书院距诗文作者时间很近应该也不会有误。另外笔者还从今人邹律姿《湖南文庙与书院》中发现通道崇宁四年建造的罗蒙书院，年代具体，书院延续有序，也是可信的。

曲阜尼山书院，宋庆历中文宣公孔宗愿建

二、北宋书院发展原因

考察北宋书院发展历史，可以看出北宋书院勃兴是由五个方面推进的，一是朝廷支持，二是科举推动，三是民间热情，四是官员推动，五是学者参与。

（一）朝廷支持

对于北宋初年朝廷重视支持书院，吕祖谦作了很好的概括："祖宗尊右儒术，分之官书，命之禄秩，锡之扁榜，所以宠绥之者甚备。"[①] 朝廷支持书院的主要措施包括赐予经书、设置教官、赐予院额，如果说还不够全面，应该再加上赐予田土和增加解额。

经北宋皇帝赐额的书院一共有5所。时间明确无疑的是应天府书院和岳麓书院，分别为大中祥符二年（1009年）和大中祥符八年赐额。石鼓书院赐额时间不详，只说是国初，明《衡岳志》作景祐二年（1035年）集贤校理刘沆请额赐名。嵩阳书院赐额有三说：《宋史》说景祐三年九月己酉"赐河南府新修太室书院名曰嵩阳书院"；朱熹说"至道二年，赐西京嵩阳书院额"；《玉海》记载混乱，"嵩阳书院，至道二年七月甲辰赐院额及印本九经书疏，祥符三年四月癸亥赐太室书院九经，景祐二年九月十五日己丑，西京重修太室嵩阳书院，诏以嵩阳书院为额"，先说至道二年（996年）赐额，未说额名，接说大中祥符三年赐书太室书院，后又说景祐二年西京重修太室嵩阳书院，诏以嵩阳书院为额。综合各家记载看，景祐三年赐额嵩阳书院，此前名太室书院，如果两次赐额，只能是至道二年先赐额太室，但两次赐额似乎不太可能，四十年后真宗改变其父太宗赐额似乎没有必要。最大可能是至道二年太宗只赐书并未赐额，如同太平兴国二年（977年）赐书白鹿洞书院一样，而咸平四年（1001年）真宗对岳麓书院也只是赐书未赐额。赐额应该是从大中祥符二年真宗赐额应天

---

① ［南宋］吕祖谦：《白鹿洞书院记》，见《东莱集》卷六。

府书院开始的，因为此前太宗、真宗三次赐书都是原有书院，而应天府书院由私人独自扩建，赐额能更显表彰和提倡。除真宗所赐四所外，熙宁九年（1076年）神宗还曾亲自为王说隐居教授的桃源书院题额颁赐。

赐书书院始于宋太宗。太平兴国二年（977年），应江州知州周述请求，赐予庐山白鹿洞书院国子监九经，"太平兴国二年，知江州周述言：庐山白鹿洞学徒常数千[①]百人，乞赐九经肄习。诏国子监□本仍传送之"[②]，一次赐给国家全套通用教科书——《周易》《尚书》《毛诗》《礼记》《周礼》《仪礼》《春秋左氏传》《春秋穀梁传》和《春秋公羊传》。至道二年（996年）还赐给嵩阳书院印本九经书疏。真宗也两次赐书与书院，一次是咸平四年（1001年），应潭州知州李允则乞请赐给岳麓书院，"三月二十日辛卯，允则奏岳麓山书院修广舍宇，生徒六十余人，请下国子监赐诸经释文义疏、《史记》、《玉篇》、《唐韵》，从之"，赐给了更多书籍；另一次是大中祥符三年（1010年）赐给太室书院九经。

赐官书院始于白鹿洞。太宗朝太平兴国"五年六月己亥，以白鹿洞主明起为褒信主簿，赐陈裕三传出身"，授予在白鹿洞讲书的洞主明起褒信县主簿官职，陈裕则三传出身功名。淳化中，赐官华林书院，胡仲尧被赐予本州岛助教。真宗朝，"（大中）祥符二年二月二十四日庚戌诏，应天府新建书院，以曹诚为助教"，授予曹诚府学助教官职；大中祥符八年，真宗专门召见办学卓有成就的岳麓书院山长周式，授官国子监主簿，拟留其在京教授，周式无意在京任官，坚持回岳麓书院执教，真宗答应其回山要求，赐给对衣鞍马和内府书籍，以国子监主簿回山，并赐给御书"岳麓书院"院额；天圣六年（1028年），晏殊请以王洙为应天府书院说书也获得朝廷批准。上述五次赐官都是针对个人的偶然行为，而明道二年（1033年）令应天府书院设置讲授官一员则是制度内设置。

---

① "千"当为"十"之误。

② ［南宋］马端临：《文献通考》卷四六。

岳麓书院额

书院赐田始于天圣二年（1024年），“知府王随奏处士侯仲遗于茅山营葺书院，教授生徒，积十余年，自营粮食，望于茅山斋粮所剩庄田内给三顷充书院赡用，从之”，到南宋庆元时，虽然书院早无踪迹，但书院赐田仍在，“今额在镇江路”[①]。其次是宝元元年（1038年）赐给嵩阳书院田十顷。与赐田相似的还有书院地基免税，天圣六年朝廷免除应天府书院地基税钱。

增加解额只见于应天府书院。天圣三年（1025年），知府李及以“本府书院甚有生徒”为由，奏请增加三名解额。应天府所在京东路包括现在山东全省和江苏徐州及河南商丘以东地区18个府、州、军，参加省试名额只有150名左右，每个府州军平均不到9名，而应天府一所书院就能增加3名，这是很大的优待。

朝廷支持最多的是华林书院。江西奉新胡氏家族累世聚居，“构学舍于华林山别墅，聚书万卷，大设厨廪，以延四方游学之士”，雍熙二年（985年），太宗下诏旌其门闾，掌门人胡仲尧赴阙谢恩，赐予白金器200两。淳化中，洪州遭受旱灾，胡仲尧发廪赈灾，压低粮食价格，并捐建南津桥，太宗嘉奖，授予本州岛助教，后升至国子监主簿致仕。淳化五年（994年），胡仲尧之弟仲容代兄入觐，太宗特授试校书郎，赐给袍笏犀带。仲容咸平三年（1000年）再

① 《至大金陵志》卷九引庆元志。

次入觐，改任大理评事，天禧中又特赐绯鱼，迁至光禄丞致仕，去世后，又以后嗣胡讷试校书郎。太宗、真宗两朝对奉新胡氏给予优待，固然是由于胡氏累世合聚，但不可否认，建造书院也是一个重要因素，否则朝廷不会首先赐以学官。其次是雷塘书院。建昌洪氏也是累世聚居，创办雷塘书院，“子弟之秀者咸肄业于此”，“弦诵不辍”，至道中“以御书百轴下赐其家”。朝廷召见掌门人，家主洪文抚派弟弟洪文举入觐，“特赐清闲之宴，召对赤墀之下。劳问数四，叹息久之。解褐授官，以示光宠。天子又自署一幅曰‘义居人’以赐之”①，如果不是有书院，皇帝不可能赐以御书百轴。

（二）科举推动

北宋开国第二年即建隆二年（961年）就举行科举考试，整个宋朝除因战乱或国丧偶尔暂停过一两次外一直坚持正常开考。科举取士科目较多，有进士、九经、五经、开元礼（后改开宝通礼）、三史、三礼、三传、学究、明法、说书、武举等，此外还有不定期举行的制科。乾德二年（964年）设置贤良方正能直言极谏、经学优深可为师法和详闲吏理达于教化三科；景德二年（1005年）改为贤良方正能直言极谏科、博通坟典达于教化科、才识兼茂明于体用科、武足安边科、洞明韬略运筹决胜科、军谋宏远材任边寄科；天圣七年（1029年）去掉武足安边科增加详明吏理可使从政科、书判拔萃科、高蹈丘园科、沉沦草泽科和茂才异等科成天圣十科，高蹈丘园科、沉沦草泽科和茂才异等科主要是针对布衣之士。北宋科举取士人数远超唐代，唐代虽每年开科但进士每科取士多则二三十人，少则几人、十几人，一般不超过30人，明经及第也不过百人。宋初科举或一二年举行一次，或三四年举行一次，到嘉祐三年（1058年）才定为三年一次，但取士名额每科100人左右。太平兴国二年（977年）一科取士500多人，“得吕蒙正以下一百九人，越二日复试诸科得二百人，并赐及第，又

---

① ［北宋］杨亿：《南康军建昌县义居洪氏雷塘书院记》，见《武夷新集》卷六。

阅贡籍得十举以上至十五举进士、诸科一百八十余人，并赐出身，九经七人不中格亦怜其老特赐同三传出身，凡五百余人”[①]。为限制参加科举人数，天圣五年规定参加殿试进士名额不得超过500人，诸科不得超过1000人。仁宗在位41年，开科13次，共取进士4570人。

北宋对科举及第者也很优待，太平兴国二年考试结束后，“皆赐袍笏，锡宴开宝寺，帝自为诗一章赐之”。授官也较高，进士第一名授将作监丞，第二、三名授大理评事，并为诸州通判；第四、五名授校书郎，签书诸州判官事；第六名以下第一甲及第者授两使职官、知县；第二甲授初等职事官，第三、四甲并诸科及第、出身者授判司簿尉；第五甲和诸科同出身者守选。前三名一般前程远大，仁宗朝13科39名前三名“不至于公卿者五人而已”。制科取士数量较少，但地位更高，授官也高。北宋右文抑武，官员待遇优厚，科举出身比较容易，加之官学普及很晚，书院成为主要教育场所，吸引众多读书人到书院学习，推动了书院发展。

（三）民间热情

北宋书院以由民间自发建造者为多。一类是家族创建，如广东南雄孔氏家族创建孔林书院，江西南丰曾致尧家族建造曾氏学舍，江西安义洪氏家族建造雷塘书院，江西奉新胡氏家族建造华林书院，江西修水黄庭坚家族建造芝台书院，浙江鄞县王氏建造桃源书院，江西资溪石氏建造进修书院，浙江余姚吕氏建造吕氏义塾。一类是个人独自建造，江苏金坛侯仲逸创建茅山书院；江西新昌石墩创建万卷堂以藏书并成为石氏义塾；山西永济王昉创建首阳书院；湖南李士真至道三年（997年）重建石鼓书院；河南曹诚重建睢阳学舍，后被真宗赐额应天府书院；江西南丰瞿元肃大中祥符中创办华林书堂；湖南湘阴邓咸建造笙竹书院；江西宜丰蔡譔建造义方书院；孙琛建造白鹿洞

---

① 《宋史·选举一》。

之书堂教育子弟。

兴办书院带来的家族发达与荣耀更加促进民间创办书院热情。陈氏书堂创自晚唐，“自龙纪以降，崇之子蜕、从子渤、族子乘登进士第。近有蔚文尤出焉，曰逊，曰范，皆随计矣。四方游学者，自是宦成而名立盖有之”，龙纪（889年）以后，陈氏子弟陈蜕、陈渤、陈乘高中进士，陈逊、陈范也被举为贡士送京参加科举考试。科举中式而后就是出仕为宦，“大顺中崇为江州长史，乾宁中崇弟勋为蒲圻令，次弟玫本县令，能嗣其业。如是百年，勋从子衮本州岛曹掾”[①]，大顺（890—891年）间，陈崇官至江州长史，乾宁（894—898年）中陈崇之弟陈勋、陈玫分别任蒲圻县令和本县县令，其后陈勋之侄陈衮官任本州岛曹掾。窦禹钧创办窦氏书院，五子都举进士，时人称为窦氏五龙。长子窦仪曾官工部尚书；次子窦俨入宋转礼部侍郎；三子窦侃官至起居郎；四子窦偁入宋官至左谏议大夫；五子窦僖官至左补阙。窦氏第三代也很显赫，窦僖三子均举进士，窦諲官至都官员外郎，窦諹官至秘书丞，窦偁之婿丁谓官至宰相。雷塘书院也是科举兴盛，书院主持洪文抚兄子洪待用高中进士，被举至京师参加科考多达十人，“去年处士之兄子待用举进士，得乙科，同时侪流登是选者以十数”。戚同文创办书院，“门弟子由文行而进者，自故兵部侍郎许公骧而下凡若干人。先生之嗣，故都官郎中维，枢密直学士纶，并纯文浩学，世济其美，清德素行，贵而能贫”[②]，两个儿子戚维、戚纶都是进士出身后在朝中任官，书院将登科弟子题名壁上，“登科者题名于舍，凡孙何而下，七榜五十六人”[③]，每榜平均8人。江西奉新胡氏创办华林书院，子弟科第连绵，“仲容弟克顺，端拱二年进士，至都官员外郎、三司户部判官。仲容子用之、洎从子用庄、用舟并进士及第”。南丰曾氏学舍自曾致尧太平兴国八年登第后，77年间家族举进士19人，曾致尧一代6人，其子曾易占一代6人，其孙曾巩一代7人，

① ［南唐］徐锴：《陈氏书堂记》。

② ［北宋］范仲淹：《南京书院题名记》，见《范文正集》卷七。

③ ［北宋］释文莹：《戚同文主应天府书院》，见《玉壶清话》卷一。

而嘉祐二年（1057年）曾巩、曾牟、曾布兄弟三人连同堂弟曾阜、妹夫王无咎、王彦深6人同科登第更轰动全国。黄庭坚曾祖黄湜建造芝台书院，“以儒学奋，一门兄弟共学于修水上芝台书院，道义相磨，才华竞爽，时人谓之十龙，后登第者强半”[①]，曾经来此游学的宋庠、宋祁兄弟同科进士，而且宋庠高中状元。宜黄人乐史创建慈竹书院，“课肄后昆”，四个儿子先后于淳化、咸平间高中进士，父子一门五进士。科举及第入仕更能催发民间创办书院热情。

书院培养出众多人才受到当时名人宣扬，陈氏书堂由南唐徐锴作记，雷塘书院由杨亿作记，窦氏书院由范仲淹作记，许多诗人也创作关于书院的诗歌，五代名臣冯道赠诗赞扬窦氏书院“燕山窦十郎，教子以义方。令椿一株老，仙桂五枝芳”，王禹偁、黄庭坚、李廌、魏观、苏颂、赵抃、文同、刘挚、张方平、李之仪、罗从彦、赵鼎臣等也都有歌咏书院诗歌。书院培养人才的实际效果加上名人宣传，更获得社会认可，吸引更多士子跟进，加快书院发展。

（四）官员推动

最早创建书院的官员是潭州太守朱洞，开宝九年（976年）创建岳麓书院，其后咸平四年（1001年）知州李允则创建长沙湘西书院，真宗朝蓬州知州王旦建造果山书院，景德初英州知州王仲达为石汝砺讲学建造涵晖书院，景祐三年（1036年）范仲淹任睦州知州时在浙江建德建造龙山书院，宝元二年（1039年）任越州知州于绍兴建稽山书院，庆历初端州知州包拯于肇庆创建星岩书院，治平二年（1065年）晋城知县程颢创建古书院，全县设置分校72处，熙宁五年（1072年）湖州知州孙觉请建安定书院，元祐五年（1090年）潮州知州王涤建造城南书院，宣和三年（1120年）被贬梅州安置的刘安世建造梅城书院聚士讲学。有的官员归乡后也创办书院，侍郎乐史回乡创建慈竹书院，郡学教授邓晏归乡后弟子为其建造秀溪书院。

---

① ［南宋］袁燮：《秘阁修撰黄公行状》，见《洁斋集》卷一四。

(五)学者参与

学者参与以推动书院发展有两种方式，一是自己建造书院讲学，二是到书院任教。

学者创办书院在书院名称出现以前就已经存在了，孔子创办私学就是最早进行书院式教育的学者。

北宋前期创办书院的著名学者有石介、李觏等人，中后期理学大师宋五子邵雍、周敦颐、程颢、程颐、张载及其弟子们杨时、游酢、罗从彦、谢良佐等纷纷讲学。

石介(1005—1045年)曾创办泰山书院。虽然从石介撰写的《泰山书院记》看似乎是孙复建造的，"乃于泰山之阳，起学舍斋堂，聚先圣之书满屋，与群弟子而居之"[①]，其实是石介自己建造的。孙复是山西平阳人，四次参加科举均未考中，四十岁都未婚，很难有余力建造书院；而石介为泰山徂徕人，虽然世代为农，但"豪于乡里"，石家是聚族而居的大家族，石介之父石丙为大中祥符五年(1012年)进士，"专三家《春秋》之学"，此时在外任官，家境应该较为富有，有能力建造规模不大的书院。石介经郓州士建中介绍拜孙复为师，执弟子礼甚恭。龙图阁待制孔道辅来访和孙复回访时，石介都是执杖屦站立在孙复左右，孙复上下台阶和行礼时石介都是在旁搀扶，"介执杖屦立侍复左右，升降拜则扶之，其往谢亦然"，撰写书院记当然不好说是自己出资建造的。石介也是北宋著名学者，与孙复、胡瑗并称宋初三先生。天圣八年(1030年)石介进士及第，先在地方任官，景祐五年(1038年)起相继为父母守丧，又创建徂徕书院教授弟子，庆历二年(1042年)服除，入京任国子监直讲，"学者从之甚众，太学由此益盛"[②]。

---

① [北宋]石介:《泰山书院记》，见《徂徕集》卷一九。

② 《宋史·石介传》。

李觏（1009—1059年）于庆历三年（1043年）创办盱江书院，“倡立盱江书院，讲明正学，从而师之者恒数十百人，所学以推明圣经为本，不泥于汉唐诸儒穿凿之说，独不喜孟子。尝曰孔子尊王，孟子乃劝诸侯叛王，故作常语，其间多毁斥孟子者”[①]，是很有个人见地的学者，经范仲淹推荐进入太学，担任助教，后升任直讲。

许多读书人或为谋生或因志向爱好而创办书院，江苏常州周孚先、周恭先兄弟创办城西书院和城东书院，兄弟各执教一所，直史馆孙冕请求归老白鹿洞书院。

宋五子邵雍、周敦颐、程颢、程颐、张载及其弟子们创建的书院不多，文献中仅见周敦颐读书处九江濂溪书堂、讲书处永兴濂溪讲堂、任通判赣州事时参与建造的清溪书院，程颢任晋城令创建的古书院以及河南宝丰和扶沟的明道书院，程颐创建的河南伊川鸣皋书院和伊川书院，张载倡道的西安正学书院、讲学的绿野亭，游酢建造的福建建阳廌山草堂和为其建造的崇安廌山书院，谢良佐读书处的上蔡书院，杨时讲学的无锡龟山书院，罗从彦的福建漳平豫章书院，但这些书院在文献中出现都很晚，很多可能是后世为纪念而建造。北宋已经流行建造书院撰文以记，如王禹偁有《潭州岳麓山书院记》、杨亿有《南康军建昌县义居洪氏雷塘书院记》、徐锴有《陈氏书堂记》、徐铉有《洪州华山胡氏书堂记》、石介有《泰山书院记》，孔武仲也为秀溪书院作记，还有许多关于书院的诗作。宋五子及其弟子书院中只有周敦颐濂溪书堂有时人赵抃（1008—1084年）“濂溪书堂”诗，潘兴嗣（约1023—1100年）所撰周敦颐墓志铭有记，“尝过浔阳，爱庐山，因筑室溪上，名之曰濂溪书堂”，其他学者建造的书院竟然没有记录，实在不敢相信。

学者到书院任教随着书院出现就产生了，没有学者书院也无法存在，因为并非所有书院均由创办者自己执教，有的是因为书院创办者自己无能力任教，

---

① ［明］何乔新：《李泰伯传》，见《椒邱书院》卷二〇。

有的则是创办者因故不能任教，北宋书院勃兴，自然离不开学者参与。咸平前，九经张著就在河北封龙山西溪书院讲学，“聚徒百人”。

著名学者在书院任教者有石汝砺、范仲淹、孙复等。

石汝砺是广东英德人，早年游学江西，后归家著述讲学，主攻易学，著有《乾生归一图》《易解》《易图》等。景德中，知州王仲达为其在州南涵晖谷建涵晖书院，供其讲学。庆历兴学建造州学后石汝砺又到州学讲学。

范仲淹是北宋名臣，天圣五年（1027年）为母守丧期间，被南京留守晏殊聘请到应天府书院掌教。虽然此时范仲淹尚无多大成就，但他曾在应天府书院苦读四年，27岁进士登第，已经声名鹊起。

孙复大约在天圣元年（1023年）归隐泰山读书收徒，虽然收徒设教比范仲淹为早，但书院设置较晚。孙复在教育上的社会影响很大，著名弟子有石介、文彦博、范纯仁、刘牧、姜潜、张洞、李缊等人，交往请教者有北宋名宦王曾、孔道辅、范仲淹、李迪等人。经石介在京宣扬，范仲淹、富弼等人推荐，庆历二年（1042年），孙复以布衣出任秘书省校书郎、国子监直讲，“介既为学官，语人曰：‘孙先生非隐者也’。于是范仲淹、富弼皆言复有经术，宜在朝廷，除祕书省校书郎、国子监直讲”。皇帝幸太学听讲，拟任其为迩英阁祗候说书，被杨安国以孙复讲说与先儒多有不同而作罢，“车驾幸太学，赐绯衣银鱼，召为迩英阁祗候说书。杨安国言其讲说多异先儒，罢之”。孙复在太学与胡瑗不合，胡瑗教养学生强于孙复，但孙复经学高于胡瑗，“复与胡瑗不合，在太学常相避，瑗治经不如复而教养诸生过之”。孙复后来交人不慎，朝议将其贬到地方任官，尚未上任，翰林学士赵概等十余人建言孙复“经为人师，不宜使佐州县”，留京仍任直讲。

三、北宋四大书院

四大书院是北宋书院勃兴的象征，研究北宋书院就不能不研究北宋四大书院。

（一）四大书院诸种说法

关于四大书院说法众多，主要有范成大说、吕祖谦说、王应麟说和马端临说。

范成大说见于其乾道九年（1173年）的《骖鸾录》，“天下书院有四，徂徕、金山、岳麓、石鼓”，认为四书院为山东泰山徂徕书院、江苏茅山书院、湖南长沙岳麓书院和衡州石鼓书院。

吕祖谦说见于其淳熙六年（1179年）《白鹿洞书院记》，“某窃尝闻之诸公长者，国初斯民新脱五季锋镝之厄，学者尚寡，海内向平，文风日起，儒先往往依山林，即闲旷以讲授，大师多至数十百人，嵩阳、岳麓、睢阳及是洞为尤著天下，所谓四书院者也”[①]，认为四书院为河南嵩山嵩阳书院、湖南长沙岳麓书院、河南商丘应天府书院和江西庐山白鹿洞书院。

王应麟说见于其所著《玉海》，“天下四书院”条下开列白鹿洞书院、岳麓书院、应天府书院和嵩阳书院。

马端临四书院说有二：一为天下四书院，分别为赐额的白鹿洞书院、石鼓书院、应天府书院和岳麓书院；一为宋初四书院，分别为白鹿洞书院、嵩阳书院、岳麓书院和应天府书院。二说均见于其所著《文献通考》。

四人五说共出现徂徕、茅山、岳麓、石鼓、嵩阳、应天府、白鹿洞七座书院，唯岳麓为各说所共有，其次白鹿洞、应天府各有四说，嵩阳三说，石鼓两说，徂徕、茅山仅范成大一说。七书院中，岳麓书院、应天府书院、嵩阳书院和石鼓书院是皇帝赐额，茅山书院有赐田，而白鹿洞则是因为历史最早而且为朱熹重建和讲学。

---

① ［南宋］吕祖谦：《东莱集》卷六。

（二）北宋四大书院：泰山书院、应天府书院、岳麓书院和白鹿洞书院

古人开列四大书院依据主要是皇帝赐额，正如吴泳所说，“臣尝考国朝建立书院隶于近职方者三：潭曰岳麓，衡曰石鼓，南康曰白鹿洞，皆由上方表敕赐额，盖所以揭圣范、崇道规也”[①]，其实这是很不科学的。书院重要性应该按照当时影响和历史作用为依据，如此，北宋四大书院应该是泰山书院、应天府书院、岳麓书院和白鹿洞书院。

1.泰山书院

范成大所说徂徕书院应该是泰山书院，创建者石介有《泰山书院记》记其事，“乃于泰山之阳，起学舍斋堂，聚先圣之书满屋，与群弟子而居之”，记为康定元年（1040年）撰，但并不是书院初建时间。

石介为奉符（今泰安）人，“世为农家”，其父进士出身，“专三家《春秋》之学”，受父亲影响，石介自幼向学，天圣五年（1027年）闻说范仲淹执讲应天府书院即赶往求学，天圣八年高中进士。景祐元年（1034年），石介经郓州

泰山书院

① ［南宋］吴泳：《御书宗濂精舍跋记》，见《鹤林集》卷三八。

士建中介绍结识四次科举未第的孙复，请孙复到泰山讲学，对孙复执弟子礼。于东岳庙东侧创建学馆信道堂，后因东岳庙扩建迁至泰山中麓凌汉峰下，“初，两先生筑室泰山下以为学馆，属大辟岳祠壖基甫迫，乃北徙山麓，而以旧馆为柏林地，岁分施钱为养士之费”。新建泰山书院习称上书院，原学馆并入东岳庙，东岳庙每年分钱作为书院经费，直到金代依然，“学者至今赖之”①。石介《泰山书院记》应该是为上书院所作，所以从文意看好像是孙复所建。石介、孙复讲学泰山期间，胡瑗也远道来学，三人结识于泰山，相互切磋学问，被称作宋初三先生。

之所以将泰山书院列为北宋四大书院之首，一是因为它开创了泰山学派和宋代理学先河，二是泰山书院石介、孙复入主太学，标志着新兴理学开始成为国家教育的重要内容，为理学成为官方哲学思想奠定基础，其历史功绩是任何一所书院无法相比的。

泰山书院倡导“以仁义礼乐为学”，宣扬儒家道统，拒斥杨墨佛老之学。

孙复，字明复，号富春，世称泰山先生，北宋理学家、教育家，庆历之际经学变古的代表之一。孙复主要研究《周易》和《春秋》，著有《易说》64篇、《春秋尊王发微》12卷等。研究经传主张“舍传以求经”，不惑传注，专重义理。研究《春秋》抛弃传统三传，而以己意解释，变专门学为通学，在当时影响很大。宋代研究《春秋》学者孙觉、刘敞、瞿子方、吕本中、胡安国、吕祖谦、叶梦得、吕大圭、家铉翁等多采用孙复之法，研究不惑传注，注重探讨本义，开宋代以义解经新风。特别是胡安国师承孙复弟子朱长文，所著《春秋传》到元代就成为学校教科书和科举考试法定读本。欧阳修评价说，“先生治《春秋》，不惑传注，不为曲说以乱经，其言简易，明于诸侯大夫功罪以考时之盛衰，而推见王道之治乱，得于经之本义为多”②。朱熹也评价很高，“推言治

① ［金］党怀英：《鲁两先生祠堂记》，见《山东通志》卷三六之一九上。

② ［北宋］欧阳修：《孙明复先生墓志铭并序》，见《文忠集》卷七。

道，凛凛然可畏，终是得圣人个意思”[①]。在文学上，孙复反对当时科举时文，主张“文者道之用也，道者教之本也”，为文要“左右名教，夹辅圣人”。

石介，字守道，世称徂徕先生，北宋初期哲学家、文学家，著有《徂徕集》20卷等。在哲学上，认为道至高无上且完美无缺，是天地万物和人类社会的根本，“道于仁义而仁义隆，道于礼乐而礼乐备”，“立其法而万世不改者道之本也，通其变而使民不倦者道之中也”。因此主张以道正性，以道统性，而中和是道的极致境界，“和谓之至道，中谓之大德，中和而天下之理得矣”[②]。政治上主张以民为本，“孰为天下？孰为国家？民而已。有民则有天下，有国家；无民则天下空虚矣，国家名号矣，空虚不可居，名号不足守”，建议“息民之困在择郡守县令，减僧尼，禁祠庙，省差役，罢支移，停贡献，宽馆驿，久使任，抑兼并，斥游惰”[③]。在文学上主张道统与文统一致，“学为文，必本仁义”，提倡古文运动，批判当时的浮华文风，是北宋古文运动提倡者之一。后人对石介评价很高，苏轼有诗赞扬说“堂堂世上文章主，幽幽地下埋今古。直饶泰山高万丈，争及徂徕三尺土”，朱熹赞扬他是刚介有不动心之人，“若非关洛诸公出来，便是第一等人”。

胡瑗，字翼之，世称安定先生，北宋初期哲学家、教育家。早年曾到泰山与石介、孙复探讨学问，虽然此时泰山书院尚未创办，但他在泰山游学十年也深受泰山学派影响，是泰山学派三大学者之一。在性、命关系上，胡瑗认为“命者禀之于天，性者命之在我。在我者修之，禀于天者顺之”，开宋代理学性、命之学之先声。政治上主张民本，安民之道一在求贤用贤，二在教民养民。君王即使贤明能干，若无贤臣辅佐，只能“倡而无知，令而无从”，虽有爱民欲望，也无法实行仁政于天下，“天下之广，生灵之众，一贤不可独治，故必群贤并进于朝廷则可大行其道”。经学主研《易经》，大胆疑经，自立新

---

① ［南宋］朱熹：《朱子语类》卷八三。

② ［北宋］石介：《上颍州蔡侍郎书》，见《徂徕集》卷一七。

③ ［北宋］石介：《根本》，见《宋文鉴》卷一〇二。

解，开创义理易学。《宋元学案》评价说“宋世学术之盛，安定、泰山为之先河，程、朱二先生皆以为然”。胡瑗主要著作有《周易口义》《洪范口义》《春秋口义》《论语说》等。

泰山书院开泰山学派，这是理学崛起初期出现的第一个学派，对理学形成具有重大影响。对于泰山学派，后世学术界评价很高，黄宗羲评价说，“宋兴八十年，安定胡先生、泰山孙先生、徂徕石先生始以师道明正学，继而濂洛兴矣。故本朝理学虽至伊洛而精，实自三先生而始，故晦庵有伊川不敢忘三先生之语”，高度肯定泰山学派对周敦颐（濂溪）、二程（洛学）等宋代理学发展的重要作用。

宋初三先生均曾在泰山研修，并都进入国子监担任直讲，他们的哲学思想促进了宋代理学发展，他们的教育思想和实践则丰富了中国教育理论。

石介非常重视教育，他先后创建信道堂学馆、泰山书院和徂徕书院，景祐元年（1034年）调任南京留守推官，并兼提举应天府书院。庆历二年（1042年），守丧期满的石介首先进入太学，担任国子监直讲。经石介推介，次年，由范仲淹、富弼推荐，孙复也进入太学任教，以布衣授秘书省校书郎、国子监直讲。胡瑗进入太学时间较晚，但他的教学方法却先他进入太学。

胡瑗自泰山返回后，被范仲淹聘请到苏州府学教学，推荐到朝廷参定声律，制作钟磬，以布衣授官校书郎。后随范仲淹到陕西任丹州军事推官。服丧期满后胡瑗又受湖州知州滕宗谅邀请到州学任教，“瑗教人有法，科条纤悉备具，以身先之，虽盛暑必公服坐堂上，严师弟子之礼，视诸生如其子弟，诸生亦信爱如其父兄，从之游者常数百人。庆历中，兴太学，下湖州取其法，著为令”。庆历中范仲淹执政，兴太学，令太学和地方官学都采用胡瑗先后在苏州官学和湖州官学创立的分斋教学法。胡瑗苏湖教法一反当时盛行的重视诗赋风气，主张明体达用，提倡经世致用，重视经义和实务，在学校中设置经义斋和治事斋。经义斋学习研究儒家经典，属于“明体之学”，治事斋分为治民、讲武、堰水、历算等科，分别学习行政管理、农田、水利、军事、天文历法等知识，属于“达用之学”。经义斋“择疏通有器局者居之”，治事斋分科教学，规定一人各治一事并兼摄一事，创立了学科必修和选修制度，这在世界上都是首创。胡瑗分斋施教成果显著，“故天下谓湖学多秀异，其出而筮仕往往取高第，及为政多适于世用，若老于吏事者，由讲习有素也”，因此胡瑗被诏教授诸王宫，但他以病推辞而不赴任。

范仲淹革新失败，许多改革措施都被废除，但他推行的胡瑗苏湖教法却仍然实行，而且变法失败八年后的皇祐四年（1052年），胡瑗还被任命为国子监直讲，进入太学。此时石介已经去世，他与孙复主持太学事务，因为太学右侧邻近御书阁，为防火不准学生留宿，为使学生有更多学习时间，他们担保防火责任，请求有关部门放宽火禁，改学生走读制为寄宿制。教学中，他根据学生爱好分类设教，“遂推诚教育多士，亦甄别人物，故好尚经术者，好谈兵战者，好文艺者，好尚节义者，皆使之以类群居，相与讲习，胡亦时召之使论其所学，为定其理，或自出一义，使人人以对为可否之，当时政事俾之折衷，故人皆乐从而有成，今朝廷名臣往往胡之徒也”①，培养出一批学有专长的弟子，孙觉、朱临、倪天隐等长于经义之学，范纯仁、钱公辅等长于政事，钱藻、滕元发长于文艺，苗授、卢秉等长于军事，刘彝等长于水利。

宋初三先生进入太学为太学带来兴盛。欧阳修说石介“及在太学益以师道自居，门人弟子从之者甚众，太学之兴自先生始”②，程颐说“孙殿丞复说《春秋》，初讲旬日间来者莫知其数，堂上不容，然后谢之，立听户外者甚众。当时《春秋》之学为之一盛”，“胡博士瑗讲《易》，常有外来请听者多，或至千数人”③。《宋史》也说“瑗既居太学，其徒益众，太学至不能容，取旁官舍处之。礼部所得士，瑗弟子十常居四五，随材高下，喜自修饰衣服容止，往往相

---

① 《宋名臣言行录》前集卷一〇。

② ［北宋］欧阳修：《徂徕石先生墓志铭并序》，见《文忠集》卷三四。

③ ［北宋］程颐：《回礼部取问状》，见《二程集》。

类，人遇之虽不识皆知其瑗弟子也”[1]。

遗憾的是，石介、孙复进入太学后，斯人已去，泰山书院即趋于凋零。两氏子孙尽力维护，金代时依然设教，以并入岱庙的下书院地基分得香火钱为经费，“岁分施钱为养士之费”。蒙古窝阔台八年（1236年），元好问东游到泰山曾经造访，王旭造访也有诗，明弘治中泰安知州许应元也曾重修，书院直至清末尚在，但没有了著名学者也就寂寂无闻了。

2.应天府书院

关于应天府书院的创建时间，一般均作大中祥符二年（1009年），其实这只是赐额时间，创办时间远早于此。

《宋史·戚同文传》记载：戚同文未婚前随邑人杨悫学习，杨悫见其聪颖，将妹妹嫁于他。杨悫去世后，戚同文为其治丧养孤，所依归德军将军赵直“厚加礼待，为筑室聚徒，请教之人不远千里而至，登第者五六十人，宗度、许骧、陈象舆、高象先、郭成范、王砺、滕涉皆践台阁”。戚同文晚年随任随州书记的长子戚维居住，73岁卒于汉东。关于其去世时间，有作976年，有作985年，应该是986年或稍后，因为同书《戚纶传》记载，戚纶太平兴国八年（983年）举进士，解褐任沂水主簿，迁任太和知县，闻父丧徒步千余里奔丧，可见戚同文出生时间在914年或稍后。戚同文随杨悫到睢阳学舍就学时尚未结婚，应该在20岁左右，也就是934年左右，可见睢阳学舍最晚设于后唐时。

杨悫去世后，睢阳学舍由戚同文接办，北宋时成书的《隆平集·戚纶传》记载，“父同文，字文约。幼孤，事祖母以孝闻，从邑人杨懿受经。懿隐居不仕，而以女弟妻同文，遇疾因托以家事，同文为葬其三世之未葬者。遭世丧乱，亦不复仕，聚徒讲学，相继登科者五十六人，践台阁者亦至十数”，他书均作杨悫（繁体作慤），唯此书作杨懿，字形相近，当是刻工所误。《宋史·戚同文传》说弟子“登第者五六十人，宗度、许骧、陈象舆、高象先、郭成范、

---

① 《宋史·胡瑗传》。

王砺、滕涉皆践台阁”，其中郭成范为开宝五年（972年）进士，王砺为太平兴国五年（980年）进士，许骧为太平兴国初进士，宗度太平兴国元年参修《太宗实录》，陈象舆端拱元年（988年）时官盐铁副使，高象先淳化三年（992年）时官户部副使，滕涉景德元年（1004年）任殿中丞，而戚同文长子戚维建隆二年（961年）进士，次子戚纶太平兴国八年进士，他们都活跃在太祖、太宗朝，可见戚同文所办书院跨越五代至宋太宗朝。可能是戚同文年老体衰，儿子又出仕在外，戚同文随长子戚维赴随州，书院因无人掌管而停办。其后由曹诚接手，“初，楚丘戚同文聚徒教授，士不远千里而至，及卒，应天府民曹诚即同文旧居旁造舍百余区，聚书数千卷，延四方之士讲习其中”[①]。赐额是在“讲习甚盛”之后，《续资治通鉴长编》说“大中祥符二年二月庚戌：应天府民曹诚以赀募工，就戚同文所居造舍百五十间，聚书千余卷，博延生徒，讲习甚盛。府奏其事，上嘉之，诏赐额曰应天府书院”。

戚同文本人就是学者，“通五经业”，著有《孟诸集》20卷，他教学有方，在书院中最先制定规章制度，“先生乃制为学规，凡课试讲肄、劝督惩赏莫不有法，宁亲归沐与亲戚还往莫不有时，而皆曲尽人情，故士尤乐从焉”[②]。僧人文莹称赞他是“宋都之真儒，虽右之纯德者殆亦罕得。其徒不远千里而至，教诲无倦。登科者题名于舍，凡孙何而下，七科五十六人”[③]。

应天府书院属于民办，赐额后即被国家接管，“命奉礼郎戚舜宾主之，仍令本府幕职官提举，又署诚府助教”，“学士之子、殿中丞舜宾时在私庭，俾干其裕，故太原奉常博士渎时举贤良始掌其教，故清河职方员外郎吉甫时以管记以领其纲”。由于书院原是戚同文创办，所以国家接管后仍委戚氏家族管理，由戚同文之孙、戚纶之子戚舜宾主管，原奉常博士王渎掌教，原职方员外郎吉甫以书记负责纪律，而出资扩建者曹诚被授予府学助教官职。

---

① ［南宋］陈均：《九朝编年备要》卷一三。

② ［南宋］徐度：《却扫编》卷上。

③ ［北宋］释文莹：《戚同文主应天府书院》，见《玉壶清话》卷一。

真宗赐额应天府书院，端明殿学士、礼部侍郎盛度撰文记其事，前翰林学士、参知政事陈尧佐题写院名，造成一时轰动，“今端明殿学士盛公侍郎度文其记，前参预政事陈公侍郎尧佐题其榜，由是风乎四方，士也如狂望兮梁园，归欤鲁堂，章甫如星，缝掖如云”，四方学者负笈来游，石介、孙复、范仲淹等著名学者都曾到此学习。

应天府书院所在商丘于大中祥符七年（1014年）升格为南京，由于地理位置重要，知府一般由朝廷重臣担任，晏殊、宋绶、蔡齐、范仲淹均曾出任知府。石介曾任南京留守推官、提举应天府书院事，晏殊任内曾邀请守丧的范仲淹主讲，王洙担任说书，书院进入全盛期，“讲议乎经，咏思乎文。经以明道，若太阳之御六合焉；文以通理，若四时之妙万物焉。诚以日至，义以日精，聚学为海，则九河我吞，百谷我尊；淬词为锋，则浮云我决，良玉我切。然则文学之器天成不一，或醇醇而古，或郁郁于时，或峻于层云，或深于重渊。至于通《易》之神明，得《诗》之风化，洞《春秋》褒贬之法，达礼乐制作之情，善言二帝三王之书，博涉九流百家之说者，盖互有人焉”。应天府书院培养出多方面人才，“若夫廊庙其器，有忧天下之心，进可为卿大夫者，天人其学，能乐古人之道，退可为乡先生者亦不无矣。观夫二十年间相继登科，而魁甲英雄，仪羽台阁，盖翩翩焉，未见其止，宜观名列，以劝方来”[①]，北宋名臣范仲淹、富弼、王尧臣、向敏中、尹洙、张方平和著名学者石介、孙复等一大批贤才皆出自应天府书院。应天府书院科第尤其兴盛，天圣五年（1027年）科举，状元和探花就被应天府书院学生王尧臣和赵鲹夺走。

鉴于应天府书院培养出众多人才，所以本书将其列为北宋四大书院之一。但好景不长，景祐二年（1035年）应天府书院被改作应天府学，成为官学，庆历三年（1043年）又升格为南京国子监。北宋末年，南京国子监被毁，明嘉靖十年（1531年）朝廷重建应天府书院，但此书院已非彼书院。

① ［北宋］范仲淹：《南京书院题名记》，见《范文正集》卷七。

3.岳麓书院

不论历史、规模，还是学术影响力，岳麓书院都是中国最有名的书院之一，但其最鼎盛时期主要在南宋。

岳麓书院始于五代，是南宋最著名的儒家重镇，但非常有意思的是，书院最初是由僧人创建的。

南宋淳祐（1241—1252年）间曾担任岳麓书院副山长的欧阳守道记载说："往年余长岳麓，山中碑十余，寻其最古者，其一李北海开元中为僧寺撰，其一记国初建书院志撰者名。碑言书院乃寺地，有二僧，一名智璿，一名某，念唐末五季湖南偏僻，风化陵夷，习俗暴恶，思见儒者之道，乃割地建屋以居士类，凡所营度多出其手。时经籍缺少，又遣其徒市之京师而负以归。士得屋以居，得书以读。其后版图入职方，而书院因袭增拓至今。"[①]记载可谓详细，遗憾的是没有记录书院创建时间和规模。

乾德元年（963年），长沙归顺宋朝，开宝六年（973年）尚书郎朱洞出任潭州太守，左拾遗孙逢吉通理郡事，三年后将其扩建，"作讲堂五间，斋舍五十二间"，讲有堂，习有斋，宿有舍，已经是设施完备的书院。书院扩建不久就收到良好的社会效益，"五六载之间，教化大洽，学者皆振振雅训，行谊修好，庶几于古"[②]。

遗憾的是，继任地方官没有朱洞眼界，致使书院凋敝，"诸生逃解，六籍散亡，弦歌绝音，俎豆无睹"。新任太守李允则到任后志在复兴，"公询问黄发，尽获故书，诱导青衿，肯构旧址"，咸平二年（999年）重建岳麓书院。"外敞门屋，中开讲堂，揭以书楼，序以客次。塑先师、十哲之像，画七十二贤，华衮珠旒，缝掖章甫，毕按旧制，俨然如生。请辟水田，供春秋之释奠，奏颁文疏，备生徒之肄业"[③]。重建的岳麓书院仿造国学，庙学合一，祭祀有

① ［南宋］欧阳守道：《赠了敬序》，见《巽斋文集》卷七。

② ［南宋］陈傅良：《重修岳麓书院记》，见《止斋集》卷三九。

③ ［北宋］王禹偁：《潭州岳麓山书院记》，见《小畜集》卷七。

庙，讲学有堂，藏书有楼，待客有次，并置办水田，提供祭祀经费。咸平四年，李允则将扩修岳麓书院、招收生徒六十余人之事奏报朝廷，并请求赐给国子监经书，皇帝应请赐给“诸经释文义疏、《史记》、《玉篇》、《唐韵》”。大中祥符五年（1012年），山长周式请求太守刘师道增建房舍也获得支持。

山长周式为湘阴人，“学行兼善，尤以行义著称”，也是一位很有素养的学者，著有《毛诗笺注辨误》8卷、《论语集解辨惑》10卷、《拾遗》1卷，而且办学有方，“郡人周式为山长，教授数百人”，学生数量增加好几倍。

岳麓书院越办越好，引起宋真宗重视。大中祥符八年（1015年），皇帝在偏殿召见周式，拟任命其为国子监主簿，留在京师设教。但周式不愿在朝廷任官，坚持回岳麓书院任教，皇帝同意其要求，赐给对衣鞍马和内府书籍，并亲自题写岳麓书院额。

岳麓书院为地方官创办，主要由地方官员支持。天圣八年（1030年），漕臣黄总曾奏请朝廷特赐山长孙胄一官。

北宋时岳麓书院最著名的是三学生事。据《宋史·尹穀传》记载：“初，潭士以居学肄业为重，州学生月试积高分高等升湘西岳麓书院生，又积分高等升岳麓精舍生，潭人号为三学生。兵兴时，三学生聚居州学，犹不废业。穀死，诸生数百人往哭之。城破，多感激死义者”[①]。由于传主尹穀（？—1276年）死于南宋末元兵攻破长沙时，三学生是何时事不详，是南宋事还是自北宋沿袭而来？那就需要对三学进行考察。

北宋令各州设学始于庆历四年（1044年）第一次兴学时，令诸路州、军、监立学，但皇祐四年（1052年）明确规定只许藩镇设学，其他州不可。熙宁二年（1069年）第二次兴学时始令州县设学，但直到元丰元年（1078年）才设置了府州学官53员，“诸路惟大郡有之”，到元祐元年（1086年）府、州、军才都设立学校。潭州为上州，系荆湖南路驻地，元丰元年前设官的府州学应该包括潭州。

---

① 《宋史·尹穀传》。

湘西书院最早见于胡宏（1102—1161年）《与秦会之书》："长沙湘西、岳麓山书院，元是赐额，祖宗时尝命山长主之，今基址皆在。湘山负其背，文水荣其前，静深清旷，真士子修习精庐之地也。"[①]此信大约在绍兴十七年（1147年），胡宏致宰相秦桧请求恢复岳麓书院和湘西书院，不可能有误，可见湘西书院始建于北宋。

三学学生递升法应该是仿造北宋太学三舍法。王安石变法将太学生分作三种：外舍生、内舍生和上舍生。外舍生每月进行一次私试，每年进行一次公试，第一等和第二等升内舍；内舍生每两年进行一次舍试，成绩优、平二等者升上舍；上舍生又分为三等，行、艺俱优为上等，一优一平为中等，二平或一优一否为下等。行就是日常每月记录的学生行为，必须"师教不戾规矩"；艺就是考试成绩，"治经程文合格"。上舍上等者可以直接授官，中等者可以不参加省试（礼部试）直接参加殿试，下等者可以不参加解试直接参加省试。元符二年（1099年）规定，州府学校也实行三舍法，"县学生选考升诸州学，州学生每三年贡太学。至则附试，别立号，考分三等，入上等补上舍，入中等补下等上舍，入下等补内舍，余居外舍"[②]。参考学生升级制历史，潭州三学生应该是在州府学校实行三舍法之后，即元符二年之后。

岳麓书院由官员重建，一直由地方州府掌控，所以在设立地方官学后被纳入官学进行管理和教学，这也保证了书院在北宋长盛不衰。

4.白鹿洞书院

白鹿洞书院是创立最早的书院之一。相传唐贞元（785—805年）中洛阳人李涉、李渤兄弟隐居庐山读书，李渤曾养一白鹿跟随，因此人称其为白鹿先生。宝历（825—827年）中，李渤任江州刺史，"就其地创台榭，遂以白鹿名洞"。南唐升元（937—943年）中，"因洞建学馆，置田以给诸生，学者大集，

---

① ［南宋］胡宏：《五峰集》卷一。

② 《宋史·选举三》。

白鹿洞书院

以李善道为洞主，掌教授，当时谓之白鹿国学”，书院成为一所国办学校。开宝八年（975年），南唐入宋。太平兴国二年（977年），“三月庚寅，知江州周述言：‘庐山白鹿洞学徒数千百人，请赐九经肄习。’诏从其请，仍驿送之”。其中“数千百人”应该有误，可能是数十百人。三年后，洞主明起被任命为褒信县主簿，讲学的陈裕赐予三传出身。咸平五年（1002年），敕有司修缮，“又塑宣圣十哲之像”。大中祥符初，直史馆孙冕请求归老白鹿洞，皇祐五年（1053年）孙冕之子孙琛“即故址为学馆十间，牌曰白鹿洞之书堂，俾子弟居而学焉”①。王应麟记载是可信的，据朱熹说，赐经赐官见于《宋会要》，咸平五年维修塑像见于陈圣俞所记，而孙琛维修《玉海》说有郭正祥所记。孙琛以后记载阙如，直到南宋书院才在朱熹重建和关心下重新声名鹊起。

四大书院各有特点，泰山书院属于学者私立，应天府书院是私立交官办，岳麓书院是官员建造，白鹿洞书院宋以前是私立转国有，入宋后国有转官有再转私立。属性不同，结局也各不相同，泰山书院由于创办者离去而消沉，应天府书院由书院转为官学，再转为国子监因社会动乱而消亡，岳麓书院由书院转为官学而续存，白鹿洞书院由于复建者去世而衰微。

---

① ［南宋］王应麟：《玉海》卷一六七。

嵩阳书院、石鼓书院和茅山书院不被列入北宋著名书院各有原因。

茅山书院一是时间短暂，创办者侯仲逸“营葺书院，教授生徒，积十余年，自营粮食”[①]，虽属难能可贵，但书院开办时间很短，不久被崇禧馆兼并，其后南宋端平间迁建于三角山也很快废圮，淳祐中再次迁建于顾龙山又改成圆通庵。二是在学术和教育上都乏善可陈。

石鼓书院虽然相传为唐元和（806—820年）中李宽所建，但在北宋寂寂无闻，至道三年（997年）邑人李士真重建，赐额时间也不详，直到明代《衡岳志》才说是景祐二年（1035年）经集贤校理刘沆请额赐名，但不久就改为州学。直到南宋淳熙十二年（1185年）重建，朱熹为记，朱熹、张栻等讲学才举世闻名。

嵩阳书院虽然建造较早，又是唯一经皇帝赐额、赐书、赐田的书院，但在教育和学术上成就不大，英宗时书院已经荒废，“师席久倚，生徒尽散落”，钱衮（字去私）任登封知县，“尽料邑人子弟之良者遣往教之，四方之士来者皆留其中”，才使嵩阳书院一度兴盛，“嵩阳之学至今为盛，盖去私至后始能如此”[②]。

四、北宋书院与官学关系

一般认为，书院作为私学，历史上就是官学的补充。官学衰微则书院易兴盛，官学兴盛则书院易衰微，正如朱熹所说，“前代庠序之教不修，士病无所于学，往往相与择胜地，立精舍，以为群居讲习之所，而为政者乃或就而褒表之，若此山，若岳麓，若白鹿洞之类是也。逮至本朝庆历、熙宁之盛，学校之官遂遍天下，而前日处士之庐无所用，则其旧迹之芜废亦其势然也”[③]。实际上就北宋书院历史来看，朱熹第一个观点是正确的，但第二个观点并不完全正确。

① 《至大金陵新志》卷九引庆元志。

② ［北宋］文同：《都官员外郎钱君墓志铭》，见《丹渊集》卷三七。

③ ［南宋］朱熹：《衡州石鼓书院记》，见《晦庵集》卷七九。

虽然北宋从景德二年（1005年）就下诏劝学，并有庆历、熙宁、崇宁三次较大规模兴学，每次兴学都对书院造成一定冲击，但并没有造成书院衰落。这主要由两个原因：一是北宋虽然重文抑武，但官学教育比较滞后；二是随着经济发展，人口增加，社会对教育有了更多需求，而官学发展未能适应社会对教育的需求，官学教育主要属于中等水平的应试教育，初级教育的小学只在崇宁兴学后短暂设置，高级的学术研究性教育和大部分时间内的初级教育并没有被纳入国家教育体系，书院仍然有自己的发展空间。

北宋立国后迟迟未能设置学校，景德二年（1005年）虽然下诏劝学，次年也曾按照王钦若建议下令各地修建或重建孔子庙，将挪为他用的孔子庙交还学校，大中祥符四年（1011年）还下诏令州城设置孔子庙，不久又令"庙中起讲堂，聚学徒，选儒雅可为人师者以教焉"，但只是一纸空文，并没有具体支持办学的措施。乾兴元年（1022年），兖州太守孙奭"私建学舍，聚生徒，乞请太学助教杨光辅充本州岛讲书，从之"，并给田10顷[①]，国家才开始支持设置地方学校。景祐四年（1037年）国家诏令藩镇设学，相继赐给江宁府、寿州、京兆府、秀州、应天府、真定府、泉州等10多个州府学校5顷至30顷不等的学田，但此次兴学范围很小，一般州不许设置。虽然出现了景祐二年将南京应天府书院改作府学和景祐三年将石鼓书院改作州学的情况，但对其他书院的冲击不大。

对书院冲击较大的是庆历兴学。庆历四年（1044年）"诏诸路州、军、监各令立学，学者二百人以上许更置县学"，将国立学校扩大到州、军、监一级，学生超过200人以上的县也许设学。然而仅过八年，兴学政策就进行收缩，皇祐四年（1052年）下诏只许藩镇设学，"自今须藩镇乃得立学，他州勿听"。普设学校对书院冲击也不大，只有湘阴笙竹书院改作府学。冲击较大的是对参加进士考试的乡贡规定，"士须在学三百日乃听预秋赋，旧尝充者百日

① 《钦定历代职官志》卷五一。

而止”[①]，初次举送到礼部参加科试的乡贡必须在州学学习300天，再次应试者也必须在州学学习100天，改变过去允许官学外士子“投牒自进”即自由报考、“一切以程文为去留”即以成绩优劣定取舍的办法，书院学子无法再直接报考参加解试，必须先到官学学习，对书院学生参加科举造成较大影响，虽然这并不是致命威胁。

熙宁第二次兴学设学对书院影响不大，虽然扩建整顿地方官学，普设各路和州县学校，改变州县有学而无教的局面，为地方学校拨充学田，解决学校教育经费，但到元丰元年（1078年）全国才设置州府学官53员，“诸路惟大郡有之，军监未尽置，元祐元年诏齐、庐、宿、常等州各置教授一员，自是列郡各置教官”，到元祐元年（1086年）才令府、州、军、监全部建造学校。对书院冲击主要有两个方面：一是熙宁七年（1074年）规定，“州学已差教授处，管下有书院并县学旧有钱粮者并拨入本学，补试生员选差职掌，余官毋得干预”[②]，将书院钱粮收归州学，将补试生员交由学官；二是规定应试乡贡家状必须注明受业的官学教授，“举子家状必自言受业某州教授，使不得自为说”[③]，不在州学学习就很难被推举为乡贡参加进士考试。

崇宁兴学遍设县级学校和小学，官方教育真正普及起来，对书院影响也不是很大。崇宁兴学规范了国家教育：一是县学设置学生名额，大县40名，中县30名，小县20名；二是制定学生升级办法，县学学生经过考选可以升入州学，州学学生可以三年一次升入太学，“诸州郡额各取三分之一添充贡士额”，全面推行太学三舍法，贡士至太学进行考试，成绩上等补中舍，中等补下舍，下等补内舍，其余入外舍，太学“月一私试，岁一公试，补内舍生；间岁一舍试，补上舍生”，取消原来的进士科，上舍生可以直接出仕为官。崇宁兴学对书院的影响主要有二：一是崇宁三年诏令规定，“科场取士悉由学校升贡”，不在官

① 《文献通考》卷四六。

② 《资治通鉴长编》卷二五二“熙宁七年四月己巳”。

③ ［宋］陈傅良：《建岳麓书院记》，见《长沙府岳麓志》卷七。

学学习就无法通过考试进入仕途；二是私学必经官府批准，即使童蒙学馆也必须履行手续，“崇宁以后，舍法加密，虽里闾句读童子之师不关白州学者皆有禁”①，幸好此法仅实行不到20年，宣和三年（1121年）就废止不行，6年后北宋就结束了。

北宋官学教育是为科举服务的，教育内容、方式等都是围绕科举来设计，存在严重弊端，正如朱熹所说，“今郡县之学官置博士弟子员，皆未尝考其德行、道艺之素，其所受授又皆世俗之书，进取之业，使人见利而不见义，士之有志于为己者盖羞言之，是以常欲别求燕闲清旷之地，以共讲其所闻而不可得”②。社会上固然汲汲于功名者多，但也不乏探究学术之士，而探求学术之士大多也没有影响他们的科举前程，所以研究学术书院也仍然具有生命力。

就整个北宋书院历史看书院勃兴而持续发展，就四大书院看是一时勃兴而衰微。

第六节　南宋书院兴盛

南宋是中国书院的兴盛期，这主要表现在两个方面，一是书院数量大量增加，二是书院管理逐渐规范完善。

一、南宋书院发展概况

进入南宋，书院数量空前增加，笔者统计，见诸各种正史、方志、文集等史料的书院大约有641所。按照朝代来分，高宗朝（1127—1162年）36年间时间比较确切的大约有86所，孝宗朝（1163—1189年）27年间大约102所，光

---

① ［南宋］陈傅良：《潭州重修岳麓书院记》，见《止斋集》卷五。

② ［南宋］朱熹：《衡州石鼓书院记》，见《晦庵集》卷七九。

宗朝（1190—1194年）5年间约8所，宁宗朝（1195—1224年）30年间约117所，理宗朝（1225—1264年）40年间约169所，度宗朝（1265—1274年）10年间约67所，端宗朝2年1所。此外，具体时间不详者中，南宋初期5所，前期5所，中期9所，后期10所，末期23所，孝宗淳熙和光宗绍熙之间3所，可知为南宋者34所，只说宋而难以分辨北宋还是南宋者有127所，这部分大多应该是南宋，毕竟北宋书院不多。高宗朝连同南宋初期4所共91所，平均每年近2所，孝宗朝平均每年近3.8所，光宗朝平均每年1.6所，宁宗朝平均每年3.9所，理宗朝平均每年4.2所，度宗朝平均每年6.7所，除光宗朝时间短促外，呈逐年增长趋势。如果将年代不够明确者一并计算，南宋立国152年，平均每年约5所。虽然一些书院建设年代不可尽信，但还是能反映书院发展趋势的。

二、南宋书院发展原因

推动南宋书院发展的主要因素是理学的发展，其次是朝廷的表彰支持、民间的热情和政府官员的热心。

（一）理学发展与传播

理学虽然出现在北宋，但在北宋时期书院发展中发挥作用不大，宋初理学三先生中，石介、孙复仅在泰山建造泰山书院和徂徕书院，胡瑗在泰州建造安定书院，北宋理学五子邵雍、周敦颐、程颢、程颐和张载建造的真正能够确认的书院仅有周敦颐的濂溪书堂。

北宋理学家在北宋书院发展中发挥的作用不大，这是由他们的政治地位和学术地位决定的。宋初理学三先生对学术和教育的影响比较大，政治上的影响则很小。北宋元祐时期朝中形成三个政治集团，一是苏轼、吕陶、上官均为主的蜀党，一是程颐、朱光庭、贾易为主的洛党，一是以刘挚、梁焘、王岩叟为主的朔党，三派之间相互斗争，尤以蜀党和洛党之争最为激烈，鹬蚌相争，最后朔党得利。

在学术上，王安石变法期间，其主持修撰的《三经新义》成为官定教科书，后王安石变法虽然失败，但其学术上的正统地位并未被取消，崇宁三年（1104年）蔡京执政时王安石甚至进入大成殿配享孔子庙，位在颜回、孟子之次，政和三年（1113年）又加封舒王[①]，其子王雱也被追封为临川伯从祀孔子庙。靖康元年（1126年），二程弟子杨时（号龟山）建言罢黜王安石配享，“伏望追夺王爵，明诏中外，毁去配享之像，使邪说淫辞不为学者之惑。疏上，安石遂降从祀之列”[②]，将王安石由配享降为从祀，但《三经新义》作为官定教科书的地位未变。《三经新义》作为教科书已经50多年，士子们都是由此科举出仕，废除《三经新义》将使他们过去的心血白费，所以遭到太学学生反对，“龟山一出，追夺荆公王爵，罢配享孔了，且欲劈毁三经板，士子不乐，遂相与聚问：三经有何不可？辄欲毁之。当时龟山亦谨避而已”[③]，群情汹汹，杨时不能面对，只能一躲了之。杨时的建议也遭到一些官员反对，“士之习王氏学取科第者已数十年，不复知其非，忽闻以为邪说，议论纷然，谏官冯澥力主王氏，上疏诋时，会学官中有纷争者，有旨学官并罢，时亦罢祭酒”[④]，杨时也被免去国子祭酒职务。淳熙三年（1176年），洪迈建言罢去王安石孔子庙从祀也未成功，次年李焘建议增加范仲淹、欧阳修、司马光、苏轼从祀孔子庙，罢免王安石父子，朝廷讨论意见不一，只是罢去王雱从祀，直到淳祐元年（1241年）理宗下旨才将王安石赶出孔子庙。而二程学说直到南宋绍兴年间仍然受到禁止，秦桧称二程学说为“专门”，绍兴十九年（1149年），“侍御史汪勃请戒饬

---

① 有学者认为王安石封号与孔子相等，实为望文生义。孔子时号为“至圣文宣王”，孔子的王是周天子文王、武王的王，塑像虽然按照中祀等级为冕九鎏、服九章，但崇宁四年（1105年）就改为冕十二鎏，用天子冠冕，颜回、孟子、王安石都是冕九鎏。宋代的王其实相当于周朝的公，王安石塑像是断不敢用十二鎏冕的。

② 《宋史·杨时传》。

③ 《经义考》卷二四二。

④ 《宋史·杨时传》。

攸司，凡专门曲说必加黜落，中丞曹筠亦请选汰用程说者，并从之”[①]，科举采用二程学说者一律黜落不取。胡安国之侄胡宪在太学只能偷偷学习，“绍兴中，以乡贡入太学，会伊洛学有禁，宪独阴与刘勉之诵习其说”[②]。直到绍兴二十五年（1155年）秦桧死后才稍微开禁，“程、王之学，数年以来宰相执论不一，赵鼎主程颐，秦桧主王安石。至是，诏自今毋拘一家之说，务求至当之论，道学之禁稍解矣”[③]。

南宋初期，书院就开始复兴，创建者主要是伊洛学派。胡安国父子及门生创建文定书堂、碧泉书院、云峰书院，杨时及其门人建造西山精舍、南塘书院，罗从彦等建造钓鳌书院，尹焞建造和靖书院，张栻建造城南书院、道山书院、南轩书院，心印横渠的何子应建造金华书院，伊洛学者高闶建造长春书院，程颐门人焦瑗建造焦征君讲舍，衢州郡守张嵲为汪应辰建造明正书院，与理学有关的书院大约有31所，虽然有的书院名称可能是后来追加或更改，也不一定全部属实，高宗朝理学者们所建书院数量不算很多，但对后世的影响很大。

孝宗朝建造的与理学有关的书院大约58所，约占本期所建书院的60%，不仅数量众多而且对当时和后世影响都很大。尤其是刘珙乾道元年（1165年）重建的岳麓书院和淳熙六年（1179年）朱熹重建的白鹿洞书院，都是南宋标杆式的书院。

建造书院最多的是朱熹学派。朱熹是最热衷建造书院的理学家，乾道五年（1169年）为母服丧，建造寒泉精舍著述；淳熙六年（1179年）知南康军时重建白鹿洞书院，自兼洞主，延请名师，充实图书，请求皇帝赐额赐书，置办学田，订立学规《白鹿洞书院教规》；淳熙十年在武夷山建造武夷精舍，潜心著述，广收门徒；绍熙三年（1192年）遵父遗嘱建造竹林精舍，后更名沧洲精舍，淳祐四年（1244年）赐额考亭书院；绍熙五年知潭州兼荆湖南路安抚使，扩建

① 《宋史·选举二》。
② 《宋史·胡宪传》。
③ 《宋史·选举二》。

岳麓书院。受朱熹影响，弟子门人也纷纷创办书院。黄榦晚年于建阳建造环峰草堂，聚徒讲学，诸生云集，“巴蜀江湖之士皆来就学”。彭蠡先被朱熹聘为白鹿洞书院经谕，负责讲解《四书》和《西铭》，晚年回乡建造精舍盛多园，与朱门四友黄灏、冯椅、曹彦约“讲求道学性命之蕴”，其子彭方也为朱熹弟子，晚年辞官归隐，建造宝林书院训徒授业。冯椅虽未建学，长子冯去非建去非学舍授徒，三子冯去疾提举江西茶盐时建临汝书院，聘请著名学者程若庸为山长。蔡沈追随朱熹于建阳，建大明堂（即庐峰精舍）读书著述，后又将祖居武夷山牧堂改作南山书堂著述授徒。陈宓出任南剑州知州，嘉定二年（1209年）建造延平书院。刘爚在朱子学遭禁时追随朱熹于武夷山建造云庄山房，著述讲学，担任国子监司业时奏请朝廷罢禁“伪学”，颁《白鹿洞书院学规》于太学，刊印《四书集注》。蔡念成从学于白鹿洞书院，嘉定初与契友陈宓、李燔等建造延平书院并任山长。刘爚创建义宁精舍讲学，嘉定三年皇帝赐额云庄书院。汪观国、汪杞建造义塾，景炎元年（1276年）皇帝赐额包山书院。李燔从朱熹受学，“凡诸生未达者先令访学燔，俟有所发，乃从熹折衷，诸生敬服”，朱熹任潭州太守时随赴岳麓书院教学，朱熹被禁时回地方教学，朱熹去世后顶住学禁，率领上千弟子为朱熹治丧，后回建昌与建昌籍弟子创建修江书院教学。嘉

武夷精舍

定二年（1209年）李燔受邀至延平书院作学规并讲学。嘉定十年，朱熹之子朱在知南康军，兴复白鹿洞书院，邀请李燔讲学，次年李燔应郡守之邀担任白鹿洞书院堂长。宝庆二年（1226年），李燔在知南康军曹豳支持下扩建白石书院。李燔弟子魏了翁嘉定二年（1209年）守丧故乡时建造白鹤书院（后更名鹤山书院），宝庆元年贬官靖州时建造鹤山书院，绍定五年（1232年）出知泸州时又建造穆青书院（后改鹤山书院），去世后端平间其子孙又因赐宅于苏州建造鹤山书院。饶鲁随黄榦、李燔、柴元裕、柴中行等学习，游学豫章书院和东湖书院，归乡建造朋来馆，广聚学者相互切磋，后建石洞书院聚徒讲学，先后讲学于白鹿洞、濂溪、建安、东湖、西涧和临汝等著名书院。

其他学派也纷纷建造书院，作为研究与宣传本学派学术的据点。金华学派吕祖谦开设丽泽书堂，唐仲友开设说斋精舍，舒璘开设广平书塾，楼昉也设精舍。象山学派吴绍古开设玉贞书院，杨简教学处设慈湖书院，邹近仁开设归轩书院，沈焕先后开设南山书院和竹洲书院。永嘉学派陈傅良开设仙岩书院，永康学派陈亮开设龙川书院。

新兴理学吸引众多学者到书院就学，番阳许氏建造桐岭书院，聘请陆九皋前来讲学，“公为一出，桐岭学者于是变而乐义理之言，厌场屋之陋，士大夫闻风，莫不愿与三席，自远至者，踵系不绝，兴起甚众”①。

（二）朝廷表彰理学

南宋初期，朝廷对理学算不上多么重视，理学者由于受传统儒家思想影响，主张抗战，反对讲和，许多理学者虽然文能治国安邦，武能抵御强敌，但往往因与皇帝和执政大臣意见相左反而受到压制，最严重的是庆元二年（1196年），道学竟被指为“伪学”而遭到禁止，朱熹被指为“伪学魁首”，列入乱党第五位。

---

① ［南宋］陆九渊：《陆修职墓表》，见《象山集》卷二八。

庆元党禁本因朝臣赵如愚与韩侂胄个人恩怨而引发，二人合谋发动宫廷政变，拥立宁宗即位，韩侂胄欲求节度使遭到赵如愚拒绝而生隙，庆元元年（1195年）二月韩侂胄以宗室为相不利社稷游说宁宗将赵如愚贬出朝廷，而朱熹是经赵如愚推荐担任焕章阁待制兼侍讲入朝的，早在绍熙五年（1194年）闰十月就遭韩侂胄内批而被罢官。庆元二年正月赵如愚暴毙，次月道学就被指定为"伪学"，科举考试考生试卷稍涉义理就被黜落，连《论语》《孟子》都不能引用。朱熹被监察御史沈继祖罗织不忠、不孝、不仁、不义、不恭、不谦六大罪状，要求宁宗学孔子诛少正卯，朱熹被罢祠落职。庆元三年"伪学"之禁不断升级，先是"伪学"之徒不得担任京职，并清查各科进士和太学上舍是否为"伪学"之党，连官员荐举、考生结保都要加上"如是伪学甘受朝典"的套语，随后将"伪学"升级为"逆党"，仿造北宋元祐党籍制定《伪学逆党籍》，将宰执赵如愚、留正、王蔺、周必大4人和朱熹、陈傅良、楼钥等待制以上13人，吕祖俭、叶适、吴猎、杨简、黄灏、詹体仁、袁燮等余官31人，皇甫斌等武臣3人，杨宏中等太学生6人和蔡元定、吕祖泰2人共59人列入名单，或罢官，或贬斥，或从军发配。虽然列入黑名单的并非全是理学者，有的是曾经直接或间接触怒过韩侂胄的官员或其徒党，但对理学的打击也是很大的，如朱熹学派、象山学派、金华学派、永嘉学派，都有学者牵涉其中。好在庆元党禁时间很短，嘉泰二年（1202年）便弛解党禁，赵如愚被平反，在世者如陈傅良、刘光祖等复官，蔡元定被特赐迪功郎，吕祖泰特补迪功郎，监潭州南岳庙。

史弥远伪造宁宗密旨暗杀韩侂胄，对金投降议和，按照金人要求将韩侂胄头颅函送金廷，遭到著名理学家真德秀、魏了翁等人反对，曾师从朱熹和吕祖谦的刘爚则建议史弥远表彰朱熹，"请以熹所著《论语》、《中庸》、《大学》、《孟子》之说以备劝讲，正君定国，慰天下学士大夫之心"，上奏为"伪学"平反，"庆元以来权佞当国，恶人议已，指道为伪，屏其人，禁其书，学者无所依向，义利不明，趋向污下，人欲横流，廉耻日丧，追惟前日禁绝道学之事，不得不任其咎。望其既仕之后，职业修，名节立，不可得也。乞罢伪学之诏，息邪说，正人心，宗社之福。又请以熹《白鹿洞规》颁示太学，取熹《四书集注》刊行之”[①]，向史弥远“荐引诸贤”，追封朱熹，谥号文，召林大中、楼鑰等15位故老入朝，起用真德秀、魏了翁、杨简等理学家。嘉定五年（1212年），宁宗令“以朱熹《论语》《孟子》‘集注’立学”，朱熹理学开始成为官学。嘉熙元年（1237年），“诏以朱熹《通鉴纲目》下国子监，并进经筵”，朱熹理学地位进一步增强。嘉定九年，追谥吕祖谦为成，张栻为宣，十三年追谥周敦颐为元，程颢为纯，程颐为正，张载为明。理宗宝庆三年（1227年），追赠朱熹为太师、信国公，绍定三年（1230年）改封徽国公。淳祐元年（1241年），追封周敦颐为汝南伯、程颢河南伯、程颐伊阳伯、张载郿伯，连同朱熹一并从祀孔子庙，同时从孔子庙中赶出王安石。景定二年（1261年），又追封张栻华阳伯、吕祖谦开封伯，从祀孔子庙。度宗咸淳三年（1267年），追封邵雍新安伯，与司马光一并从祀。

孔子庙配祀除孔子弟子颜回外，唐贞观二十一年（647年）始增加春秋至晋代学者22人（其中2人为孔子弟子）配享，开元二十七年（739年）增加孔子弟子配祀，北宋元丰七年（1084年）增加孟子配享和荀子、扬雄、韩愈3人从祀，大观二年（1108年）增加孔子之孙子思从祀，崇宁三年（1104年）增加王安石配享，政和三年（1113年）增加王安石之子王雱从祀，但王安石父子先后都被赶出孔子庙，此时孔子庙配祀后代学者仅有25人。而南宋将理学家代表北宋五子、司马光和朱熹、张栻、吕祖谦等9人相继从祀，表明理学已经成为思想文化正统，理学完成了从“伪学”到正统官学的华丽转身。

（三）朝廷支持

南宋朝廷在提倡理学的同时，也采取一些措施支持书院发展。对书院发展影响较大的主要有三个方面，即赐额、赐建书院和为书院设置官员山长，此外

---

① 《宋史·刘爚传》。

还有零星的赐书和赐田。

赐额和赐书均始于孝宗，是在朱熹一再祈请下才赐予的。淳熙五年（1178年），朱熹出知南康军，八年，重建的白鹿洞书院落成，朱熹奏请赐额赐书，“欲望圣明俯赐鉴察，追述太宗皇帝、真宗皇帝圣神遗意，特降敕命，仍旧以白鹿洞书院为额，仍诏国子监仰摹光尧寿圣宪天体道性仁诚德经武纬文太上皇帝御书石经，及印板本九经疏、《论语》、《孟子》等书，给赐本洞，奉守看读，于以褒广前烈，光阐儒风，非独愚臣学子之幸，实天下万世之幸”，但并未获得朝廷批复，“朝野喧传，相与讥笑，以为怪事”。召对延和殿时，朱熹再次祈请，皇帝才令臣下讨论。中书舍人崔敦诗建议采用岳麓书院办法设置生员，令国子监颁给经书，“今来南康军所奏虽非定制，然亦所以推广朝廷崇儒重道之化。本监访闻潭州岳麓书院系隶属郡学，所养生员皆自郡学补中拨入，及请选行艺之士充长，委实曲尽。今勘当南康军奏所复白鹿洞书院养士一二十人名额，经书未敢擅便标榜收买，本监欲下本军随宜措置标榜，所有经书具数申监印造，仍会潭州岳麓书院隶属州学规例一体施行”[①]。宁宗嘉定三年（1210年）曾赐额刘爚旧居义宁精舍为云庄书院，嘉定四年为建造的南昌书院赐额东湖书院。

南宋对书院赐额一直很慎重，广西全州为北宋太守柳开建造书院，十多次请求赐额都未获同意，“初公刺史全州也，作堂湖山，遐迩来学亲为指授，迨今全人师慕如新。前牧守监司援白鹿故事，乞名书院，亡虑十数，史君杨侯苦请尤切，率尼未下”，直到宝庆元年（1225年）知州程榆“显述颠末，复请于朝，朝廷下仪曹”，幸赖礼部尚书程珌向丞相建议仿造濂溪书院和东湖书院才获得批准，“某时待罪春官，与尚书郎刘致一合词于朝曰：三代盛时天下之学不一，家有塾，党有庠，术有序，盖不止天子诸侯之国有学而已。所以本朝庆历既令天下州军咸立学，又令天下大小县皆得立学，此正三代多设学校之意。况道以文而后名，文以道而为古，柳公古文之倡实有功于斯道，今若效濂溪、

① ［明］黄淮、杨士奇：《历代名臣奏议》卷一一五。

东湖，令本州揭牓，仍拨隶州学一等教养，于理为顺。丞相是之，曰：‘此郡所当言，而朝廷所当行者。’亟言之。即日报可，名以清湘书院，且俾郡博士兼领之”[①]。

伴随对理学的推崇，理宗开始放开对书院赐额。绍定五年（1232年）赐额贵溪应天山书堂为象山书院，端平元年（1234年）应陈韡之请为其师杨方故居赐额先贤书院，端平二年为湖南靖州魏了翁鹤山书院御书匾额，嘉熙二年（1238年）为游酢赐匾廌山书院，嘉熙中赐额金华吕祖谦丽泽书院，淳祐二年（1242年）为江万里创建书院御书赐额宗濂精舍，淳祐三年赐额蔡沈庐峰书院，淳祐四年赐额朱熹建阳沧洲精舍为考亭书院并御书匾额，同年为福建建阳黄榦龟峰精舍赐额环峰书院，淳祐五年御书赐额安徽徽州紫阳书院，淳祐六年为制置大使孟珙给避难流寓的蜀地士子在公安创建的竹林书院“亲洒宸翰，赐名公安书院”，为岳麓书院赐御书院额，淳祐八年御书赐额福建莆田涵江书院，淳祐九年赐额安徽当涂天门书院，淳祐十年赐额江西铅山鹅湖书院为文宗书院，御书江宁明道书院额，淳祐间御书赐额白鹭洲书院，赐定海应繇“翁洲”二字，应繇因此建翁洲书院。宝祐六年（1258年）赐额江西大庾周程书院为大庾书院，景定三年（1262年）为桂林奉祀张栻和吕祖谦的书院赐额宣成书院，景定四年御书赐额“道州濂溪书院”和御书江西大庾道源书院，景定五年赐额安徽当涂丹阳书院。理宗赐额书院还有浙江宁波沈焕讲学的南山书院、楼昉的甬东书院、江山克斋书院、镇江淮海书院、广东韶关相江书院、福建建瓯建安书院，甬东书院、克斋书院、淮海书院、建安书院都是御书院额。其后度宗咸淳二年（1266年）赐额福建将乐龟山书院，赐额福建淳安方逢辰讲学的石峡书院，端宗景炎元年（1276年）为汪氏兄弟所建逍遥堂赐额为包山书院，德祐元年（1275年）赐额福建尤溪南溪书院[②]。

---

① ［南宋］程珌：《赐名清湘书院记》，见《洺水集》卷七。“授”当为“援”之误。

② ［明］《南溪书院志》载德祐元年赐额，但嘉熙元年建后即有李韶《南溪书院记》，可能是用原名为赐额。

赐建书院不多，都是应臣下之请建造的。理宗景定三年（1262年）应赵必升之请为谢良佐敕建浙江仙居上蔡书院，度宗咸淳中应知州陈蒙之请为赵抃在衢州建造书院，以赵抃谥号命名清献书院，应吏部尚书徐直谅之请为其父徐元杰建造御书院。

书院设置山长始见于大中祥符二年（1009年），岳麓书院以周式为山长，但并非国家设置。南宋前期多以州学教授兼任书院山长，嘉定八年（1215年）创办的江宁明道书院早期“聘名儒为山长，招志士以共学”，后改为从阃府官员中委派。山长列为国家官员从景定四年（1263年）开始，诏吏部诸授书院山长者并视州学教授，部分书院山长被纳入国家官员队伍，成为新科进士任官职位之一。

赐田见于记载的很少。元代邓文原记载，景定五年（1264年），刘应安以别业创建精舍，作为学者藏修息游之所，郡守朱禩孙请于朝，赐额丹阳书院，“且赐公田为亩者二百”[①]。弘治《将乐县志》记载，度宗咸淳二年（1266年）赐额将乐龟山书院，“仍诏郡县拨田养士”。

（四）民间热情

书院作为私立教育机构，其发展一直依靠民间推动，南宋时期依然。高宗朝民间建造书院约30所，占同期书院总数的近40%；孝宗朝也是约30所，占本期书院总数的35%；宁宗朝约20所，占本期建造书院总数的不到20%；理宗朝大约35所，占本期建造书院总数的约20%；度宗朝约20所，占本期建造书院总数的约40%；民间建造书院占比两头高、中间低，应该是官学教育不振造成的。

比较著名的民间私立书院有建炎四年（1130年）黄护创建的福建同安鳌头精舍，朱松、朱熹父子曾往讲学，咸淳间镇官游绛请建石井书院，由朱熹之子

① ［元］邓文原:《丹阳书院田记》，见《巴西集》卷上。

朱在董建，并设山长，进士余谦一曾任。江西丰城绍兴间邑人陈自俛于荥塘剑池庙左建造龙光书院，“四方来学者三百余人，悉廪之”，朱熹曾过书院留居一个月。东阳长衢郭氏家族尤其热心，先后建造书院5所，郭钦止创建石洞书院，先后聘请叶适、魏了翁主师席，朱熹、吕祖谦、陈傅良、陆游、陈亮都曾往来，朱熹四次过访，并在此改定《大学章句》。郭钦止从兄郭良臣创办西园书院，郭良臣之子郭溥创建南湖书院，族人郭伯中创建清溪书院。郭湜之妻吴崇福创办高塘书院，礼聘著名学者钱文子主师席，学生著录者每年500人，免费供给米盐，教师束脩、书院经费均独自承担，钱文子出仕后，又聘请叶适之子叶味道主教席。嘉定间，赵公恃妻郭氏将诸侄为其建造的养老园林改为西湖书院，“诸侄之典州者各分俸为安人置田宅，为娱老计，在郡之西湖，堂奥粗备，植松竹，莳花果，为亭为沼，以奉燕游。安人曰：‘若专从事于此，何以训勉孙曹？’乃更为堂，取静渊诰词中语榜曰操修，翼两斋，合而名之曰西湖书院”[①]。

（五）官员热心

官员热心建造书院是南宋书院大发展的另一个重要原因，在北宋时期，官员建造书院的情况非常少，在南宋却是一个非常普遍的现象。高宗朝官员建造书院数量不到10所，孝宗朝10所略多，宁宗朝大约33所，理宗朝约60所，度宗朝约13所，呈年均逐渐增多趋势。官员修建书院最早、影响最大者当属刘珙重建岳麓书院。影响较大者还有制置使孟珙为流寓四川士子建造公安书院；为流寓襄阳子弟建造南阳书院；江万里出知吉州军建造白鹭洲书院，出知隆兴府在南昌建造宗濂书院，又令南安知军林寿公在大庾建造道源书院，三座书院都请得皇帝赐额。朱熹知南康军重建白鹿洞书院，自任洞主，亲自讲学，制定《白鹿洞书院学规》，知潭州重建岳麓书院也是亲自讲学。方逢

① ［南宋］卫泾：《郭安人墓志铭》，见《后乐集》卷一四。

白鹭洲书院

辰“所至以讲学为急务，士师其道，吏畏其威，民怀其德”；淳祐十年（1250年）状元及第，任官佥书平江军节度判官厅公事，“吴中有和靖书堂，郡请公领学事，初讲太极，将《图说》分作五节，发明濂洛蕴奥”；贾似道为相被罢职，“徐国博以书来招，公开讲于婺之书堂，生徒从游者数百人”；景定二年（1261年）任官婺州太守被沮，“公遂即家创塾以私淑其徒”；三年，任官江东提刑，“治事少暇，必至鄱江书堂，与多士讲书”；四年转江西转运副使，“治事之暇，必至东湖、宗濂二书院及府庠，与士友讲论，明辩而笃行之”；宋亡后，“公居室虽毁而书塾岿然，劫火之外，避地来归，命子梁等洒扫文庙，修葺书院，廊宇斋序，日与生徒讲明修己治人之道，若将终身焉”①；不论在官在野，一以书院为急务。

（六）官学腐败

官学腐败也是南宋书院发展的一个重要原因，正如朱熹所说：“前代庠序之教不修，士病无所于学，往往相与择胜地，立精舍，以为群居讲习之所”，

① ［元］文及翁：《故侍读尚书方公墓志铭》，见《蛟峰集·外集》卷三。

“抑今郡县之学官置博士弟子员，皆未尝考其德行、道艺之素，其所受授又皆世俗之书，进取之业，使人见利而不见义，士之有志于为己者，盖羞言之，是以常欲别求燕闲清旷之地，以共讲其所闻而不可得”[①]。南宋理学家蜂起，理学大发展并逐渐确立正统地位，而官学只重科举，促使学者转向书院，促进书院发展。

三、书院管理逐渐规范完善

书院在唐代多为书斋，个别从事教学活动但规模不大。北宋书院除教学活动外，有的还从事学术研究，规模开始扩大，但尚未完善制度，经费也难以保障。发展到南宋，书院种类齐全，教学活动、管理逐渐规范，建筑功能齐备，经费多有保证。

早期书院以书斋为多，教育也多属初级，到南宋，书院已经有书斋、教育、研究、著述、科举培训、出版、奉祀等类别。书院师长有洞主、山主、山长、副山长、学谕、经谕、堂长、司纠、堂录、讲书、讲说、学长、望宾、学宾、斋长、钱粮官等名目。教学分科、分斋，大多“每旬三、八讲经，一、六讲史；每月三课，上旬经疑，中旬史疑，下旬举业”；考试则“月试积分”，有的还实行升级制度，潭州“州学生月试积分高等升湘西、岳麓书院生，又积分高等升岳麓精舍生”。教学方法灵活多样，有集中讲授、个别钻研、相互问答辩难，切磋研讨蔚成风气。学术活动百家争鸣，百花齐放，采用讲会和会讲形式，邀请各派学者交流论辩。金华学派丽泽书院邀请考亭学派朱熹、湖湘学派张栻、象山学派陆九渊和陆九龄兄弟、永康学派陈亮、永嘉学派薛季宣、陈傅良、叶适等不同学派学者演讲，探讨交流。吕祖谦为调和朱陆学术纠纷于淳熙二年（1175年）邀请朱熹、陆九渊和陆九龄兄弟至鹅湖讨论；朱熹过访，在岳麓书院与张栻共讲，就《中庸》已发、未发和察识、涵养之序以及太极、仁

① ［南宋］朱熹：《衡州石鼓书院记》，见《晦庵集》卷七九。

等理学重大理论问题展开争论。岳麓书院以后又先后邀请陈傅良、朱熹、真德秀讲学。就学术活动说，南宋可以称作中国书院的黄金时期。书院管理逐渐规范，朱熹制定的《白鹿书院揭示》成为书院规范。书院奉祀人物范围扩大，由原来仿照官学奉祀孔子等圣贤扩大到名宦乡贤和学派代表。书院规模扩大，建筑功能齐备，祭祀有庙有祠，教学有堂，学习有斋，住宿有舍，庖湢仓廪无不齐备，有的甚至建有楼阁亭榭，园林山池。书院经费渐有保障，或自置土地，或官拨田产，或拨款生息，江宁明道书院“帅府累次拨到田产四千九百八亩三角三十步，岁入米一千二百六十九石，稻三千三百六十二斤，菽麦一百一十余石，折租钱一百一十贯七百文，又有白地房廊钱，本府每月拨下赡士支遣钱五千贯十七界官会并芦柴四十束”①，公安书院“田租岁入二千石有奇，山泽间架之利为钱二百万”，南阳书院“田租岁入六千石有奇，山泽渔征之利为钱四百万”②，白鹭洲书院“置田租八百石有奇，绕城濠池岁入租银五十两赡学”③，钓台书院“郡捐帑五万缗，就城为抵质库，月受其息，以助养士”④，办学经费都非常宽裕。

以上详见相关各章节，此处不再赘述。

四、南宋四大书院

关于南宋四大书院，清初全祖望认为：“岳麓、白鹿以张宣公、朱子而盛，而东莱之丽泽，陆氏之象山，并起齐名，四家之徒遍天下，则又南宋之四大书院也”⑤，岳麓书院、白鹿洞书院、丽泽书院、象山书院分别因张栻、朱熹、吕祖谦、陆九渊而盛，学术上分属湖湘学、闽学、婺学和江西学，门生众多，影

① ［南宋］周应合：《景定建康志》卷二九《儒学志二·建明道书院》。

② ［南宋］高斯得：《公安南阳二书院记》，见《耻堂存稿》卷四。

③ ［清］雍正《江西通志·白鹭洲书院》。

④ ［南宋］郑瑶等：《景定严州续志》卷三《钓台书院》。

⑤ ［清］全祖望：《鲒埼亭集外集》卷四五。

响很大，以此四大书院作为南宋书院代表是很合适的。

（一）岳麓书院

岳麓书院于乾道元年（1165年）经湖南安抚使兼知潭州刘珙重建恢复，定养士额20名，聘请胡宏弟子彪居正主持，著名理学家张栻主教。张栻反对科举利禄之学，以培养传道济民人才为办学目标，编写《孟子说》和《论语解》为教材，培养出胡大时、彭龟年、吴猎、赵方、游九言、陈琦等众多优秀人才，湖湘学派大盛。岳麓书院一直受到官员重视，淳熙三年（1176年）湖南转运副使萧之敏礼聘胡宏弟子吴翊为山长，但被吴翊以其师胡宏请任未得而拒绝。淳熙十五年湖南安抚使潘畤重修，益额10人，因山长例由教授兼任，礼聘张栻弟子吴猎为堂长以主持。绍熙五年（1194年）朱熹来任湖南安抚使兼知潭州，重整岳麓书院，颁行《白鹿洞书院揭示》，增置额外名额10人，以接待外来求学者。

岳麓书院一直比较重视学术研究，乾道三年（1167年），朱熹来访，与张栻论学，举行了著名的朱张会讲，吸引了众多学者旁听，“舆马之众，饮池水立竭，一时有潇湘洙泗之目焉”。淳熙十五年（1188年）、绍熙五年（1194年）、嘉定十五年（1222年）陈傅良、朱熹、真德秀分别来院讲学。其中张栻、朱熹、真德秀后来均从祀孔子庙。

（二）丽泽书院

丽泽书院原名丽泽堂，为吕祖谦（1137—1181年）讲学处。乾道二年（1166年）十一月，母亲去世，吕祖谦守丧在家，应该是次年开始设堂讲学。堂址在吕祖谦所借居的官屋，前临二湖，恰符合《周易》兑卦象义“丽泽，兑，君子以朋友讲习”之意，故以丽泽命名。吕祖谦亲自编写《东莱左氏博议》，与朱熹合编《近思录》供生徒学习，手定规约，规定“凡与此学者，以讲求经旨、明理躬行为本。肄业当有常，日纪所习于簿，多寡随意”，“凡有所疑，专置册记录，同志异时相会，各出所习及所疑，互相商榷”[①]。常邀永嘉学派薛季宣、陈傅良、叶适和永康派陈亮等来书院切磋探讨。吕祖谦外出任官和去世后，由朱熹门人潘叔度、潘叔昌与吕祖谦之弟吕祖俭、吕祖泰等继续传道授学，“一时士人倾心向往……踵武相接，天下称婺州为小邹鲁”，“同门至千百”，培养出吕祖俭、叶邽、楼昉、乔行简、王瀚、戚如琥、王深源、李大有等八九十位学者，形成著名的金华学派，又称婺派。嘉定元年（1208年），门人请求将原居官屋之半建祠奉祀，知州李大异扩建为书院，设有祭祀专祠和收藏生前著述的遗书阁，嘉熙中赐额丽泽书院。宋末元初，相继由著名学者何基、王柏、金履祥担任山长或主讲，吸引各地学者前来求学，培养出著名学者许谦、柳贯等。曾在丽泽书院任教的吕祖谦、何基、王柏、金履祥和受教学者许谦五人后来都从祀文庙，在所有的书院中，丽泽书院从祀孔子庙的学者数量最多，而曾在书院讲学的学者朱熹、张栻、陆九渊也都从祀孔子庙，可见丽泽书院的影响是很大的。

（三）白鹿洞书院

白鹿洞书院重兴于淳熙六年（1170年），朱熹知南康军，访得书院遗址，即行重建，自任洞主，延聘教师，招收生徒，确定课程，亲自授课，刻印教材《论孟要义》，制定院规《白鹿洞书院揭示》，划拨田产，同时奏请朝廷赐额，颁给书籍，趁皇帝召对延和殿之际再次当面陈请，最终获得国子监印刷诸经。朱熹还请陆九渊、刘清之、林择之讲学，陆九渊留下著名的《白鹿洞书院讲义》。朱熹去职时仍留钱30万，嘱知军钱闻诗建造礼殿、两庑并塑像。嘉定十年（1217年），朱熹之子朱在来任知军，兴复书院，礼请朱熹弟子李燔前来讲学，次年同门黄榦、胡泳等10余人来访，李燔、黄榦、陈宓讲说《易经》《乾卦》和《坤卦》，不久知军聘任李燔为堂长，学者云集，“讲学之盛，它郡无比”。

---

① ［南宋］吕祖谦：《乾道五年规约》，见《东莱集·别集》卷五。

白鹿洞书院自朱熹重建后主要由朱熹学派主持，嘉定中，弟子陈宓知南康军时，弟子门人黄榦、李燔、陈宓、胡泳、林夔孙、陈文蔚、张洽、汤中、饶鲁等曾先后讲学。白鹿洞书院相关学者中朱熹、陆九渊、黄榦后来从祀孔子庙。

（四）象山书院

象山书院原名象山精舍，是陆九渊的道场。陆九渊（1139—1193年）为江西金溪人，乾道八年（1172年）进士及第后，将家中东偏房槐堂辟作讲堂授徒设教，“学者辐集”，“至不能容”。门人彭世昌访友贵溪，见应天山“陵高而谷邃，林茂而泉清”，与张氏兄弟商议结庐迎接陆九渊来讲学。陆九渊“登而乐之，乃建精舍”，淳熙十四年（1187年）登山讲说，将应天山改成象山，书院改称象山精舍。“学徒各来结庐”，“相与讲习”，讲学五年，学生累计数千人。在象山的五年也是陆九渊学术最终形成时期，两年后他就去世了。

绍熙二年（1191年），陆九渊出知荆门军。临行安排高足傅子云主持。绍定四年（1231年），陆九渊弟子袁燮之子袁甫任江东提刑，见象山书院距城太远，请于朝将书院移建于贵溪城南三峰山，次年理宗赐额象山书院。象山书院落成后，袁甫礼聘陆九渊门人杨简弟子冯兴宗（字振甫）为堂长主教，“振甫学问凿凿真实，忠信笃敬，毫发无伪，感人悟物，盖超于言辞之表”，“四方学子来集，振甫朝夕训警，恳至切到，语自肺腑流出，群士信向”，其后学者钱时、汤汉都曾担任堂长，淳祐中汤汉还以信州教授兼象山书院山长。遗憾的是象山书院其兴也勃，其衰也急，宋亡以后就逐渐衰落了。

第七节　金代书院萧条

北宋末年，北方落入女真之手，广大的北方地区书院建设几近为空白。金代占领北方一百多年，仅建造了10所书院。其中山东3所，即日照状元书院、武城弦歌书院和淄博郑康成书院；山西4所，即浑源翠屏书院、绛县涑阳书院、柳林龙泉书院和陵川贞白书院，以及辽宁显州书院、河南林州黄华书院和湖北谷城文龙书院，其中5所建造在大定年间。

金代最有影响的书院是山东日照状元书院。状元书院以张行简得名，文献记载书院创建于大定十九年（1179年），其实这年是他高中状元时间。张行简祖父张莘卿，父张暐、叔张晔，连同张行简、张行信祖孙三代五人均中进士。张行简之父张暐，正隆五年（1160年）进士，曾官礼部侍郎、翰林学士承旨，官至安武军节度使，“历太常、礼部二十余年，最明古今礼学，家法为士族仪表”。张暐长子即张行简，官至礼部尚书、太子太傅、翰林学士承旨；二子张行信，大定二十八年（1200年）进士，曾官礼部尚书，两次拜相；女婿为孔子五十一代孙、衍圣公孔元措，官至太常卿。张行简父亲担任礼部侍郎，兄弟担任礼部尚书，家族相继主管金朝礼仪近60年。张行简子侄也多中第居官，成为金代最有名的文化官宦家族。

比较著名书院还有翠屏书院、显州书院和弦歌书院。

翠屏书院是已知最早建造的金代书院，以状元刘撝和尚书右丞苏保衡讲学而著称。刘撝为浑源人，金天会元年（1124年）词赋状元及第，官至石州刺史，以善为赋著称于时，子、孙、曾孙八人举进士，曾孙刘从益、刘祁父子为金末元初著名诗人，是金代著名科举文化世家。苏保衡大定三年（1163年）任尚书右丞，是金代贤相之一。

显州书院是关外第一所书院，耶律楚材幼年时曾入院学习。耶律楚材是汉化的契丹人，辅佐成吉思汗父子三十多年，担任中书令十四年，建议并推行以儒家思想治国，使蒙古帝国逐渐采用汉法，是蒙古初年著名政治家。

弦歌书院因孔子弟子子游曾宰武城而建，在武城县西40里处，元泰定中迁建县治之南，由元朝著名书法家刘赓题名，著名文学家张起岩撰记。

第八节　元代部分书院官学化

元代书院经历了一个由破坏到复兴、到发展再到废弛的阶段，而元代书院最大特点就是部分书院被收归官办，被官学化。

一、元初书院破坏

蒙古兵南下时，烧杀抢掠，攻占城池后劫持人畜财富北归，对坚守不降的城市甚至进行屠城，玉石俱焚，学校、书院均遭到严重破坏，“兵兴以来，他郡邑学官灾毁，或多鞠为茂草，博士就居民舍，诸逐利，弃弦诵，寥然其存者不过为士卒之营垒矣”[①]，甚至连曲阜孔子庙都难以幸免。金贞祐二年（1214年），蒙古军进攻山东，曲阜孔子庙“殿堂庑廊，灰烬什五，手植桧三株亦被毁无遗”。后经儒家士大夫如耶律楚材（契丹人）、高智耀（党项人）、刘秉忠、许衡等人劝谏开导，蒙古最高统治者逐渐重视儒家思想，加意保护学校和书院，中统二年（1261年），忽必烈还专门下达保护文庙、书院的圣旨，“宣圣庙及管内书院，有司岁时致祭，月朔释奠，禁诸官员、使臣、军马毋得侵扰亵渎，违者加罪”[②]，但蒙古将领们根本不当回事，破坏学校、书院现象屡禁不止。至元十二年（1275年），元军攻占南京，“平章阿珠占据明道书院，军士舁弃圣像野中”，竟然将书院孔子塑像扔至田野。至元三十一年七月，即位刚刚两个月的武宗不得不再次下诏重申世祖保护学校、书院圣旨：“皇帝圣旨里，中书礼部会验，钦奉诏书，谕中外省司百官吏人等：孔子之道，垂宪万世，有国家者所当崇奉。曲阜林庙、上都、大都诸路府州县邑应设庙学、书院，照依

---

① ［元］吴海：《送龙江书院山长叙》，见《闻过斋集》卷一。

② 《元史·世祖纪》。

世祖皇帝圣旨，禁约诸官员使臣军马，毋得于内安下，或聚集理问词讼、亵渎饮宴、工役造作、收贮官物等，其赡学地土产业及贡士庄田，外人毋得侵夺。”

元兵南下，江南书院遭到严重破坏，正如戴良所说，“十数年来，中原衅难，远近绎骚，江淮闽浙之间，所在兵起，侵轶官宇，蹂践民庐，则所谓书院者，常十废其八九，求其修儒服俎豆事于干戈之际，世固未见其人焉”[①]。书院被破坏主要分以下情形：一是战争直接破坏，二是蒙古将领和官员强占，三是佛教僧徒强占，四是地方豪强抢夺书院田产，五是有的书院被改为官学。

战争对书院的破坏是最大的，元兵南下时许多书院毁于兵燹。广西桂林宣成书院至元十五年（1278年）“适值天兵来临，凡天下地土之图与夫人民之数悉以内附，独桂林不下，由是吾夫子之宫墙、二先生之精舍俱成煨烬”，官学、书院全毁于大火。浙江缙云美化书院“兵毁及之，悉化而为蒿莱烬砾”，福建沙县凤岗书院、江西安福石岗书院“宋末毁于兵”，长沙岳麓书院“德祐再毁于兵”，广西全州清湘书院“元初毁于兵”，广东海阳韩山书院“皇元奄有此土，屋室灰烬于兵”，嘉兴宣公书院至元十三年（1276年）“书院延烧于兵”，都是毁于战争。广东四会濂溪书院“宋末废”，福建南剑州龟山书院也是元初被毁，虽然没有具体废毁原因，在宋末元初烽火连天时期，战争应该是首要原因。有的书院虽然保存下来，但也遭到不同程度破坏，如著名的湖南衡山石鼓书院、江西南昌宗濂书院、浙江江山崧山书院、广东遂溪文明书院等。

蒙古将领大多只知烧杀抢掠，许多书院被强占为衙署或住宅。至元十二年（1275年），平章阿珠强占南京明道书院。福建顺昌双峰书院被北来人强占，经州判和廉访使出资赎回才恢复，“代变风移，有北来寄公屋书院旧基而家有之，乃郡府判某过为眷而赎之以吾俸，不可，会廉使汴梁李公果力主某

① ［元］戴良：《重修甫里书院记》，见《九灵山房集》卷一一。

请归赎，今而后乃得复为双峰书院”[①]。稼轩书院被军队强占，一直到大德四年（1300年），新任信州路总管朱霁才收回恢复，“先时郡即宋某官辛幼安第为稼轩书院，国初戍兵夺而居之，公归其侵地，新其栋宇，俨然列为学宫矣”[②]。不仅北来官员将领强占书院，连衙役都敢强占。江西余干东山书院被北来小吏霸占，李荣庭以双倍价格购回，续办书院，“天下大乱，汝靓之后寒饥滨于死，终不以非道去贫，书院遂为北胥徒所有，荣庭不忍见，鬻常产，倍价取之”，“设先圣燕居堂，师友讲习藏修各有所，规矩如国初四书院，肄业则明体适用如湖学，愿与天下英才共之，俾文公之道大明于斯世，笃行、忠定之家学亦不绝矣”[③]。

至元十四年（1277年），元世祖忽必烈任命党项人杨琏真珈为江南释教都总统，后改称江淮释教都总统，掌管江南佛教事务。杨琏真珈为忽必烈最信奉的藏传佛教帝师八思巴弟子，又有宰相桑哥支持，“倚恃权势，肆行豪横，将各处宫观、庙宇、学舍、书院、民户房屋、田土、山林、池荡及系官业产，十余年间尽为僧人等争夺占据。略举杭州太一宫、四圣观、林处士祠堂、龙翔宫、伍子胥庙，绍兴鸿禧观及湖州安定书堂、镇江淮海书院等处，皆亡宋以前先贤名迹、江山形胜之地，远者百有余年，一旦皆被僧人强行抵赖，或称先系寺基，或云僧人置到，不经官府陈理，一旦使力逐出业主，将应有财赋钱粮等物据为己有。既得之后，不为修理爱护，拆毁圣像，喂养头匹，宰杀猪羊，恣行蹂践，加之男女嘈杂，缁素不分，蔑视行省、行台，欺虐官民良善，致使业主无所告诉”[④]。僧人有恃无恐，纷纷强占书院和书院财产。江苏吴县学道书院“据为僧寺，田悉夺去”，丹徒淮海书院“至元中并入甘露寺”，濂溪书

---

① ［南宋］刘辰翁：《南剑双峰书院记》，见《须溪集》卷一二。

② ［元］苏天爵：《元故通议大夫、徽州路总管兼管内劝农事朱公神道碑》，见《滋溪文稿》卷一七。

③ ［南宋］谢枋德：《东山书院记》，见《叠山集》卷二。

④ ［元］佚名：《庙学典礼》卷三。

院“入元为鹤林寺所并”，长洲和靖书院“元初为云岩寺僧所据”，江西玉山怀玉书院“元时改为寺田，并于僧”。上海青浦孔宅书院“元初为寺僧所据”，到至正时才恢复书院，设山长。浙江桐庐钓台书院田产被僧人强占，“邻僧怙势，悉夺其恒产，以为己有，诉之于官，仅复其半，所食者瘠田五十亩而已”，南昌东湖书院被僧人强占土地230亩。苏州虎丘和靖书院始建于南宋端平二年（1235年），“江南内附，书院夺于僧”，被僧人夺占，地方官无力争回，大德十一年（1307年），山长王达只能另选原宋检法厅基建造大成殿，“前无门径，旁无两庑”。镇江淮海书院至元二十七年（1290年）被甘露寺吞并，无力争回，元贞元年（1295年），府学教授黄一龙只好迁址儒林里重建。安徽舒城为宋朝著名画家李公麟故乡，李公麟生前曾与苏轼、黄庭坚等人交游，后人在县治之东飞霞亭之北建造龙眠书院，元初被东禅寺僧人强占，蒙古人锡里布哈以进士掌管县事，也不敢索要，另选隙地重建。“昔邑之君子，有李公麟伯时，尝读书龙眠山，因以自号，故有龙眠书院，在县治东，飞霞亭之北。国初，东禅寺僧并之，而书院废，燮里君得隙地于清心池亭之上，盖伯时与苏子瞻、黄鲁直诸贤之所共游者也，乃辟地为屋，以复书院之旧，以广为学之处。”[①] 慈溪慈湖书院于咸淳七年（1271年）郡守刘黻迁于普济寺东重建，至元二十二年，“普济僧恃杨总统权势侵夺其地，毁祠像，诸生诉于官。至元丁亥，按察副使侍其君佐巡按至县，乃占先生旧宅”[②]，诸生即使告到官府也未能争回，只好迁回杨简故居。湖州安定书院至元中被寺僧占据，延祐中才被湖州路总管郝鉴收回。浙江衢州明正书院始建于南宋景定末，拨给籍没田地176亩，咸淳间又增加63亩，元初虽然设书院，置山长，“而兹田之夺于浮屠、老氏者什七八”，地方官也不敢处理。皇庆间，衢州路总管、高丽人伊噜特穆尔调阅历年诉讼档案将田地判还书院，寺僧又挟教门公函来争，贿赂衙吏搜集总管黑材料上告浙东道，

---

① ［元］虞集：《舒城县学明伦堂记》，见《道园学古录》卷八。

② 《延祐四明志》。

浙东道也调征图籍核查，费尽周折才将土地收归书院。

有的书院田产还遭到豪右强占，福建建阳芦峰书院田产“攘于豪右，书院亦圮”。钓台书院山林也被豪强强占，“尝入钱佃其旁官山三十顷，取鬻薪之奇赢，以佐营缮之费，豪民欲擅其利，构讼连数岁不决”①。景星书院“有鱼湖八区，通数百顷，为豪家所有者四十余年”，山长吕以能到任后“白于上司而复”。光泽县云岩书院在元初土地也被侵没，天历二年（1329年）才收回。

元初令天下建学，有的书院被改为学校。番江书院被改作蒙古学，江西新建宗濂书院于元统初年被改为县学，地方士大夫万一鹗、熊朋来认为周敦颐祠不可废，在地方官员支持下也只能觅址另建。

二、书院恢复与发展

虽然元初战争对书院造成很大破坏，但随着战争结束，书院又受到重视，各地又纷纷恢复和新建书院。

蒙古入主中原，前方野蛮的蒙古骑兵忙着攻城略地，后方儒家士大夫则忙着治理国家和教化皇帝。耶律楚材于成吉思汗十年（1215年）被招入成吉思汗麾下，常晓以儒家治国安民之道，推许儒家为治天下之匠，建言禁止官吏贪腐和擅自征伐杀戮。窝阔台三年（1231年）耶律楚材被任命为中书令（宰相），开始逐步推行中原治理模式，恢复文治，尊孔重教，以儒治国，定制度，制礼乐，创学校，开科举，拔隐逸，访遗老，举贤良，省刑罚，薄赋敛，设立州郡长官，军民分治，制定法令，推行法制，禁止将农田改作牧场，征收赋税。乃马贞后当政后，耶律楚材受到排挤，杨惟中接任中书令，继续推行耶律楚材的治国措施。杨惟中早在窝阔台八年随阔出南征时就任随军行中书令，在枣阳寻访儒、道、释、医、卜等各方面人士，搜罗各种典籍尤其是理学著作，回京后创建太极书院，意图为蒙古制定书院标准。“中令杨公当国，议所以传继道

① ［元］黄溍：《重修钓台书院记》，见《文献集》卷七上。

学之绪，必求人而为之师，聚书以求其学，如岳麓、白鹿为书院，以为天下标准，使学者归往”，请宋儒赵复、王粹等为师儒，“选俊秀之有识度者为道学生”①，理学开始在北方传播。蒙哥即位后，忽必烈在金莲川设立幕府，杨惟中、刘秉忠、许衡、姚枢、窦默、张文潜、杨果、郝经等一大批儒家学者入幕。忽必烈即位后，许衡、姚枢、窦默分别任太子太师、太子太傅、太子太保，许衡与徐世隆制定元朝礼仪制度，与刘秉忠、张文谦制定元朝官制，许衡还出任国子监祭酒，专门教育蒙古贵族子弟。经儒家士大夫的不懈努力，蒙古野马被戴上辔头，逐步皈依儒家思想。忽必烈“陈说《四书》及古史治乱，至丙夜不寐”，成宗铁穆耳即位后下诏令崇奉孔子，“孔子之道垂宪万世，有国家者所当崇奉”，武宗海山即位两个月即加封孔子为大成至圣文宣王，而仁宗首开皇帝即位遣官至曲阜孔子庙告祭先河，并为此后明清历代皇帝所遵循。

元代书院恢复与发展是从统一南北后开始的，至元十六年（1279年）灭南宋以前有确切纪年的新建书院只有9所，而改国号之前总共仅有3所。灭宋后，仅至元中有确切纪年建造的书院就有13所，记载至元中和世祖间有22所，元初有29所。元初建造书院主要在江西和浙江，应该都是在至元后期。51所书院中北方书院很少，只有河北、山东、河南各一所，统一后15年每年平均3.4所，看来南方平定后很快就兴起兴建书院热潮。成宗在位13年，新建书院大约26所，年均2所；武宗在位4年6所，年均1.5所；仁宗10年31所，年均3.1所；英宗3年5所，年均1.67所；泰定帝5年17所，年均3.4所；天顺帝1年3所；文宗、宁宗共5年24所，年均4.8所；惠宗35年99所，年均约2.8所。另外还有中期4所，130所具体时间不详，整个元朝新建书院大约418所。元朝书院发展比较均衡，统一后的至元年间和泰定帝至惠宗前10年是两个小高峰，统一后至元年间新建书院年均4.8所，泰定帝至惠宗前年均4.4所。

---

① ［元］郝经：《太极书院记》，见《陵川集》卷二六。

据文献记载，元朝还修复重建宋代书院124所①，两者相加542所，尚未达到南宋书院不包括宋代127所的631所规模，但书院较宋代更为普及，主要是基本属于空白的北方原金代辖区大都建造了书院。“昔天下未有学，惟四书院在梁、楚间，今江浙行中书省所统吴、越、闽之地，偏州下邑无不立学，其为书院者至八十有五，大抵皆因先贤乡邑及仕国遗迹所存而表显之，以为学者之依归，不然，则好义之家创之，以私淑其人者也”②，江浙行省属下吴越、福建地区书院已达85所。

北宋时虽然北方建造了不少书院，甚至出现像泰山书院那样名震一时的书院，产生邵雍、程颢、程颐、张载、孙复、石介等一批理学大家，但在金朝统治的一百多年间，北方书院近乎销声匿迹。元初杨惟中创建太极书院后，著名学者杨奂于陕西乾县创建紫阳书院。随着理学北传，北方书院开始普及，北京建造书院4所，河北20所，山西15所，山东26所，河南20所，陕西8所，合计93所，并出现像京师太极书院、西安鲁斋书院等著名书院，出现刘因（河北容城人）、许衡（河南新郑人）、姚枢（辽宁朝阳人）、窦默（河北肥乡人）等著名理学家，刘因和许衡还入祀文庙为先儒，接续了北方中断百余年的理学统绪。

三、元代书院发展的主要原因

元代书院发展原因多与南宋相同，既有朝廷的提倡支持，也有民间的热情和官员的热心，但理学发展推动作用减弱，代之而起的是书院官学化。

宋代时，政府官员支持甚至亲自创建书院，拨给田产维护书院运转，以官学学官兼任山长，景定四年（1263年）开始甚至官派山长并将其纳入国家官吏队伍，但书院并没有被列入国家教育体系，也没有制度化，而元代将部分著名

① 白新良：《中国古代书院发展史》，天津大学出版社1995年版，第34页。

② ［元］黄溍：《西湖书院田记》，见［清］乾隆《浙江通志》卷二六一。

书院纳入官学系统且制定较为完善的制度。

元朝统一后，在教育上对南北采用不同办法。至元二十一年（1284年）拟定，“腹里儒学教官例，路教授拟设一员，学正、学录各设一员，散府、上中州设教授一员，下州设学正一员，县设教谕一员”，“江淮儒学各路拟设教授一员，学正一员，学录一员，直学二员，散府诸州并各处书院拟设教授一员，学正一员，学录一员，直学一员，各县拟设教谕一员”，[①]可能是由于南方教育水准高于北方，学生多于北方，所以学校设官比北方要多。朝廷还将南方具有地产钱粮的书院收归国有，初期吏部额设书院46所，其中至少23所在江浙行省，大德间又增加37所，其中江浙行省26所，“本省额设浙东、浙西道杭州西湖，嘉兴宣公，湖州安定，平江学道、和靖，镇江[②]，婺州丽泽，台州上蔡，绍兴稽山，衢州柯山，温州永嘉，江东道建康明道、南轩，太平天门，徽州紫阳，饶州鄱阳，乐平州慈湖，信州广信、鹅湖、象山，铅州宗文，池州齐山，福建道建宁武夷；创设浙东、浙西道常州龟山，建德钓台，绍兴兰亭、右军、高节、和静，庆元慈湖、州石，婺州月泉，衢州明正、清献、崧高，处州独峰、石洞、明善，镇江茅山，嘉兴传贻；江东道太平东轩、采石，余干州忠定、石洞，浮梁州长芗、双溪；信州道蓝山，德兴初庵，饶州锦江，徽州晦庵”[③]。但从文献记载看，设置过山长的书院远远多于83所，不仅江南的江苏、浙江、安徽、江西、湖南、湖北、福建、广东、四川等省一些书院设置山长，属于江北的河北、河南、山西、山东等省也有书院设置山长，河北新安静修书院、山东曲阜尼山书院和洙泗书院、邹县峄山书院、滕州性善书院、曹州景山书院与费县颜鲁公书院、河南南阳缑山书院、诸葛书院和嵩县伊川书院等都有山长。

元代制定了系统的书院学官制度。南方粗定，即额定官学、书院官员，据至元十九年（1282年）正月江浙行省给浙东道札付看，官学和书院官员定额为

---

① ［元］佚名：《庙学典礼》卷六。

② 书院名称按路分列，无书院之路不列，镇江时也为路，有路名却无书院名称当是遗漏。

③ ［元］佚名：《庙学典礼》卷六。元代镇江为路名，下当缺书院名。

“总管府教授二员，钱粮官二员，学录、学正各二员，斋长、谕各一员；散府教授二员，钱粮官一员，学录、学正各一员，斋长、谕各一员；书院山长二员，钱粮官一员，学录、学正各一员，斋长、谕各一员；县学教谕二员，钱粮官一员，斋长、谕各一员”①，书院学官定额与散府相同，多于县学。大德二年（1298年），裁减冗员，改为无儒户和钱粮的书院只设一员山长。

至元二十四年（1287年）裁革钱粮官，进一步明确各级教官的任命程序和待遇。路学教授、诸州、散府教授由吏部任命，给敕牒，“月请学粮五石，钞五两”；学正和书院山长由行省札付任命，“月请粮米三石，钞三两”；学录所在学校直隶行省的由行省给札付，路管的由路给付身，“每月请粮米二石，钞二两”；县学教谕由路给札付，“月请粮米一石五斗，钞一两五钱”；书院山长待遇仍然高于县学主管教谕。至元三十年国家规定，书院山长三年（实际为30个月）一任考满，与学正一样可升任府州教授，府州教授一任考满可升任路学教授，学录、教谕一任考满可升任学正。元代学官官阶很低，府州教授正九品，考满可升任从八品的司、县官。

世界上任何事情都有两面性，书院官学化影响书院自由运行，但也能促进书院发展。书院被列为官学，政府官员就会重视。泰定间，浙江嘉兴宣公书院管理者受贿出租给僧徒建庵，书院山长索要不得，至正十四年（1354年），嘉兴路总管刘贞命有司督促拆庵复建书院。江西南昌东湖书院土地被僧强占320亩，被江西提举儒学柳贯收回。江西瑞州西涧书院被纳入官学，郡守高节与山长丁起晦合谋重建。江西上饶稼轩书院设置山长，几任知州相继重建维修，大德七年（1303年）知州朱霁决定扩建，委托山长赵然明经理。南宋景定时，朱熹讲学地奉化建造龙津书院，至元十八年（1281年）改称文公书院，设山长，州官重修，“州达噜噶齐察罕、知州事李侯炳，与其贰星侯粲、李侯居安议允协，其属臧君涓、郑君元均赞甚力，以工给其役，以吏

---

① ［元］佚名：《庙学典礼》卷一。

董其事，木石之费一不以侵官士”。至顺二年（1331年），潮州路总管王元恭与地方官灭里沙、哈里蛮命山长陈文字重修韩山书院。山东滕州大德四年知州尚敏创建书院，倡捐得钱5000缗贷出取息作为书院经费，延祐元年（1314年）赐额性善，设置山长，延祐二年知州进行改建，拨给绝户地233亩，天历三年（1330年）新知州到任，维修建筑，完备器物，追查贷款，拨田5顷，书院土地达到1030亩。

书院设置山长也有利于书院发展，许多山长尽心尽责，致力于修复和完善书院。至元二年（1336年），彭璠到任曲阜尼山书院山长，即禀请上官重修，一复旧貌。苏州和靖书院山长王建大德十一年（1307年）创建大成殿，元统间山长吴希颜克复故址，请将常平提干厅土地拨入，又以书院储粮变卖钱8600贯扩建。后至元六年（1340年），汤子逸代理明道书院山长，“夙夜刻厉，以图称塞职事，修堂庑，作储室，治阁道，朔望始集诸生堂上，诵说先王之道，前日之废者举，怠者勤，昧者昭，学士大夫亡不说”[①]。大德九年，嘉兴陆宣公书院山长赵鲁扩修书院。至正十九年（1359年），浙江松阳明善书院山长薛益重修书院，“遂以起废举坠为己任，首捐私财，市木石，募匠佣，士之好义者咸乐佽助之。乃卜吉庀事，缺者使之完，仆者使之植，丹垩涂塈，内外焕然，更置祭器及凡百需之物，其规制昔所未备者，至是毕备”[②]。河北新安静修书院山长王朝佐至元五年“始构两庑，绘从祀像”。孔森出任浙江昌国翁洲书院山长，“翁洲在海上，去城府远，有司不暇顾，殿宇颓圮，米廪弗给，释奠不备，君走谒于郡守，以修葺废坠为请，郡守是之，书院遂得一新”。福建顺昌双峰书院始建于南宋咸淳中，元兵南下时被官员占为住宅，至元三十一年被判官母逢辰以公私钱财买回，恢复书院，但一直无人管理，“朔望无告礼，衿佩无来迹，出内变化，任匹夫为之，破屋颓垣，保奸聚慝，弗问弗省”，大德十年（1306

① ［元］杨翮：《赠明道书院权山长汤子逸序》，见《佩玉斋类稿》卷五。

② ［元］王袆：《明善书院记》，见《王忠文集》卷一〇。

年）山长谢中到任，“环瞻感愤，亟诣府言书院蠹坏状，首辟盗霸，正黄景颜之罪，钩索欺隐以次毕露，返侵括欠，旧疆寝归，则按儒籍，惩逋播，召子弟，斥非类，渐复仪观，则大饰殿庑，自门徂堂，斋序祠宇、墙阶径道、周庐映带无不治，飞檐浮构、觚稜文甓、高低按度无不合，棂星沟路、盖瓦级砖、赤白漫漶、表里显节无不鲜，衮冕绘事、著像设位、祭仪礼器以及讲坐屏席、日用百具无不备，厨湢完整，邑仓都廪周防曲制无不至”，使书院容貌一新。浙江缙云美化书院毁于战乱，元贞二年（1296年）陈天益来任山长，发起重修，获得廉访副使贝降、佥事完颜实支持，令知县主其事，陈天益带头募捐置办田地164亩。像此类山长重修书院记载文献中有很多，书院设置山长确实促进书院发展。

书院发展当然离不开国家支持，元代国家支持书院发展的措施包括提倡建造书院，改义学为书院，对新建书院赐额，书院设官和设置学生名额，为著名学者建造书院，对创建书院者授官和表彰，对捐赠书院土地给予优待等。

忽必烈即位，刘秉忠即建议开学校，行科举，祭孔子，许多建议被忽必烈采纳，中统二年（1261年）即下诏保护学校和书院，至元二十八年（1291年）专门下诏令江南诸路“各州县设立小学，其他先儒过化之地，名贤经行之所，与好事之家出钱粟赡学者，并立为书院”，直接推动元代书院发展。

义学改书院主要在南方。浙江浦江原有南宋咸淳中建造的月泉书堂，入元后改称月泉书院，以方逢辰之子方栋任山长。浙江海宁黄冈书院本是南宋邑人贾氏义塾，至正五年（1345年），“行中书省核实，遂立为书院”。至正中，江苏江阴人蔡以忠“以别业一区、田六顷立义塾”，“事闻于上，赐额澄江书院”。浙江鄞县陆天佑之子建造义塾，“又割田一百有五十亩，为报祀廪饩之须”，浙帅命名为东湖书院，并亲自题写书院和讲堂额。湖南长沙原有三贤堂，元统间黄澹因之创建义学，后赐额乔江书院。许东冈设义学授徒，去世后，弟子改称东冈书院。至正二十三年，浙江余姚一所义学改称古灵书院。

元代仍然采用宋朝对书院赐额办法。至元十七年（1290年），朝廷为隐居不仕的张弼卿讲学书院赐额蓝山。至元十九年，江西乐平创建书院奉祀杨简，“事既上闻，赐额曰慈湖书院”。至元二十五年，余江倪镗就其父倪玠讲学处建造书院，请求赐额，朝命赐以锦江书院。至元中，原南宋枢密院编修丁易东入元不仕，“建石坛精舍教授生徒，资以廪费，事闻，赐额沅阳书院”。皇庆元年（1312年），江西弋阳谢枋得“门人虞舜臣率其徒筑室买田，祠于弋阳之东，江浙行省请于朝，为叠山书院”，同年还为河北新安刘因祠堂赐额静修书院，为河南南阳新建书院赐额诸葛书院。延祐元年（1314年）朝廷为山东滕州新建书院赐额性善书院，为西安许衡书院赐额鲁斋书院，为河南洛宁闻陟义塾赐额洛西书院，为原司马光独乐园故址的五贤堂赐额伊洛精舍，并令翰林学士承旨刘赓题写院名，四年为江西永丰阳丰书院赐额，延祐间还为四川绵竹张栻故居书院赐额紫岩书院。天历二年（1329年）朝廷为陕西凤翔新建奉祀周公书院赐额岐阳书院，至顺间为河南巩县新建书院赐额嵩洛书院。元统三年（1335年）朝廷赐额浙江慈溪杜洲书院，至正二年（1342年）为临沂新建奉祀曾子书院赐额曾子书院。至正三年，朝廷为揭傒斯之父揭来成书院赐额贞文书院；同年江西广丰儒士何大衢绘制好书院图纸，请求建造书院，地方官转请朝廷，赐额原道书院，设山长。至正五年为河南登封新建书院赐额颍谷书院，七年为姚枢赐

复建的月泉书院

建书院赐额雪斋书院。十二年，河南濮阳国子生唐兀崇喜建书院，请于朝，赐额崇义书院。至正十三年朝廷赐额河北开州崇义书院，二十二年赐额福建松溪湛卢书院，二十三年赐额福建光泽崇仁书院。至正间朝廷还赐额山西汾阳卜山书院、江苏江阴澄江书院、福建同安浯江书院、山东高唐静山书院、湖南长沙东冈书院。此外，有赐额时间不详的浙江长兴黄冈书院、山东东阿奉祀李谦的野斋书院、濮州历山书院、山西太原冠山书院等。

对于创建书院，皇帝也乐于赐额以示支持。大德间炮手军总管舒苏台独资创建嵩县伊川书院，十年乃就，通过薛友谅请赵孟頫奏请赐额，武宗很高兴，“且曰：力役之大，财用之广，咸于一家，诚不易得也。宜赐额曰伊川书院。其命翰林直学士友谅文诸石，集贤学士赵孟頫书丹，参知政事郭贯篆”[①]。至大元年（1308年），河南行省平章政事何玮奏请于诸葛亮隐居地卧龙冈建造书院，经朝廷同意，于武侯祠东建精舍书院。竣工后，书院奏请朝廷赐额，皇帝即日令中书平章政事与翰林诸臣商议，提出建议方案，“夫子庙宜因旧制，殿曰‘大成之殿’，门曰‘大成之门’，侯之祠宜曰‘武侯之祠’，侯曰‘非澹泊无以明志，非学无以广材，非静无以成学’，学为侯作也，宜以讲堂为‘静成之堂’，东序为‘明志之斋’，西为‘广材之斋’，阁所以崇群书也，宜曰‘崇文之阁’，合而名之曰‘南阳书院’”，得到皇帝同意，并令翰林学士承旨程钜夫撰写碑文，刘赓书写，立碑书院[②]。

对赐额书院，国家还是很重视的。从柳贯《甫里书院记》记载看，先由陆龟蒙后裔陆德原提议出资建设，经路总管同意，转廉访使察实，上报行省，行省报中书省，礼部、集贤院、国子监会商同意后中书省再奏请，皇帝同意后赐额，“总管赵侯凤仪闻而韪之，为移廉访使者按实上之行省，次达于中书，而礼部、集贤院、国子监咸请著甫里书院之额”，这些程序应该是元朝惯例。

---

① ［元］薛友谅：《伊川书院碑记》，见［清］雍正《河南通志》卷四三。

② ［元］程钜夫：《南阳书院碑》，见《雪楼集》卷七。

个人创建的书院，国家会根据创建者意愿设立山长。延祐五年（1318年）前，历山公千奴创建书院，“请于有司”，“于是郡邑上其事，有司乃定名曰历山书院，就俾范秀为学官而督教事焉”，官府定名历山书院，并将教师范秀任命为学官。延祐三年，炮手军总管蒙古人克呼士希屯兵嵩县，于屯内建设书院，割田千亩以供祭祀和教养，请于有司，设置山长，“天下既定，兵革偃息，乃即所屯建书院、立社，以教导民。凡书院殿堂门庑、斋序庖廪、庋书之阁，为屋五十楹，请于有司，置山长一人，割田千亩以备祭养，事悉如制，名曰伊川书院”[①]。至治元年（1321年），南京王进德创设江东书院，朝廷赐额，并设官掌教，“买宅一区，割田九顷，创建江东书院，朝锡以额，设官掌其教”[②]。

元代官办书院也置弟子员，“国朝于天下祠学所谓书院者，例设官置师弟子员，与州学等”[③]。钓台书院延续南宋旧例，“国朝仍其旧，设师弟子员”，石门洞书院至元三十一年（1294年）“部使者王公侯按节过之，乃始征用庐山白鹿洞故事，筑书院山中，置师弟子员，使朝夕讲肄，以承国家敦儒育才之美”[④]。元代时书院有生员也有生徒，元代《庙学典礼》记载，建康明道书院设置生员名额14名，南轩书院12名，而上元县学才7名，江宁县学11名，比县学都多。《延祐四明志》记载赵寿大德二年（1298年）创建鄮山书院交给政府后，“儒学提举司行下本路儒学及鄞县学，分拨到生徒二十一名”，但大德时国家规定散府生员20名，上中州15名，下州10名，鄮山书院不可能设置21名生员，应该是所记载的“生徒”。

元代时，国家支持甚至出资为著名官员、学者姚枢、许衡、揭来成、李谦等建造书院。

姚枢是元初最早进入蒙古朝廷的汉族学者之一。蒙古攻破许州，姚枢至燕

① ［元］程钜夫：《故炮手军总管克呼君碑铭》，见《雪楼集》卷二二。

② ［元］吴澄：《金陵王居士墓志铭》，见《吴文正集》卷八五。

③ ［元］宋禧：《高节书院增地记》，见《庸庵集》卷一四。

④ ［元］柳贯：《新修石门洞书院记》，见《待制集》卷一五。

京投奔汉族官员杨惟中，被引见给窝阔台，1235年窝阔台征宋之时，随杨惟中访求儒、道、释、医、卜等人才，在德安从俘虏中访得名儒赵复，力劝其赴北方讲学授徒，自己也从赵复处到得到程朱传注诸书，广为刻印，从此攻习理学，并传授许衡、窦默，将理学传播到北方。1250年，姚枢被忽必烈召至漠北，向忽必烈宣讲儒家治国平天下等理念，劝忽必烈采用汉法治国，被委向太子授经。宪宗二年（1252年），姚枢随忽必烈南征，多次劝忽必烈戒杀，忽必烈采纳他的建议并颁布止杀诏书，姚枢官至尚书省左丞、翰林学士承旨。姚枢去世后被加赠嘉猷程世旧学功臣，赠鲁国公，谥文献。至正七年（1347年），经监察御史奏准，朝廷于姚枢隐居讲学地河南辉州设置雪斋书院，“至正七年，监察御史言：雪斋姚先生当世祖龙潜之时，首陈二帝三王之道，佐立万世无疆之基，所以阐明道学，其功大矣。圣朝以鲁斋许文正公从祀孔庙，覃怀又立书院，先生首倡道学，辉州讲道之地宜立书院，设山长，以淑诸人，庙堂韪之”[①]，国家为姚枢建造了以其号为名的雪斋书院。

奉祀许衡的鲁斋书院虽然是地方官府建造的，但得到皇帝赐额和拨给土地的优待。许衡是推动元朝国家体制正规化的功臣之一。宪宗四年（1254年），被忽必烈召至西安，出任京兆提学，广建学校。忽必烈即位后，中统元年（1260年）许衡担任集贤大学士兼国子祭酒，教育蒙古贵族子弟，至元六年（1269年）与徐世隆共同制定官制和朝仪，八年又与郭守敬共同制定历法。许衡去世后被追谥文正，加赠正学垂宪佐运功臣，追封魏国公，皇庆二年（1313年）被许从祀孔子庙。延祐元年（1314年），侍御史赵世延请按照他郡先贤过化之地设立书院例为许衡在西安建造书院，并请拨给土地以养士，获得皇帝批准，并专门下达谕旨，“谕陕西行省行台大小诸衙门官吏人等：中书省奏，御史台言，故中书左丞许衡首明理学，尊为儒师，世祖皇帝在潜邸尝以礼征至六盘山，提举陕右学校，文风大行。西台侍御史赵世延请依他郡先贤过化之地为

① ［元］许有壬：《学斋书院记》，见《圭塘小稿》卷六。

立书院，前齐哩克琨总管王某献地宅以成之，延请前国子司业某同主领教生徒，乞降旨拨田养士，将王某量加旌劝。准奏，可赐额曰鲁斋书院，仰所在官司量拨系官田土入学，奉朔望春秋之祀，修缮祠宇，廪饩师生，务在作养人材，讲习道义，以备擢用。从本路正官主领，敦劝行省行台常加勉励，其王某，令有司别加旌表。仍禁治过往使臣、官员人等毋得在内停止、亵渎饮宴、聚理词讼、造作工役，应赡学产业，书院公事，毋得诸人侵扰，彼或恃此为过作非，宁不知惧？”[①]

李谦出仕首任应奉翰林院文字，朝廷制诰多出其手，后转待制、直学士，先后辅导真金太子和后来的元成宗，以儒家思想和汉族历史、制度、政治得失等进行教育，成宗即位后即下诏中外尊崇孔子，“孔子之道垂宪万世，有国家者所当崇奉”，对蒙古皇帝逐渐汉化作出重要贡献。死后，皇帝下诏为其建造书院，就以其号为名野斋书院。

揭来成学术贡献不大，其子揭傒斯为元朝著名文学家，曾任授经郎，在奎章阁教育皇亲国戚和贵族子弟，任《辽史》《金史》和《宋史》总裁编纂三史，官至集贤学士、翰林侍讲学士。仁宗时，朝臣以揭来成学行师表一方请求为其建造书院，并请赐予谥号以示本朝尚德之意，但朝廷仅赐予贞文先生之号，并未同意建造书院。至正三年（1343年），中书平章政事特穆尔达实等再次奏请，皇帝允准，令以谥号贞文为书院之名。

朝廷除为本朝著名学者建造书院外，也为前朝名人建造书院。至正五年（1345年），廉访佥事赵承僖拜谒范仲淹祠堂，起意扩建，因为官建书院即派山长由官方管理，范仲淹八世孙范文英请求“慎选族人之贤者充主奉，斯足矣，官除山长则乞免焉”，“时总管古燕吴侯秉彝闻公之所建明，即叙公所言，请于行省上之。中书议有关世道，且不设教官而以居嫡者世主祠而行教，

① ［元］程钜夫：《谕立鲁斋书院》，见《雪楼集》卷一。

于事便”[①]。经朝廷批准将范仲淹祠堂扩建为书院，不派山长，由范仲淹裔孙自行管理。

朝廷为文化学术名人建造或支持为其建造书院不多，作用却很大，因为此举本身就显示出朝廷对学术的尊重和表彰。

向创建书院者赐官以作鼓励是元代首创。至元二十一年（1284年），浙江松阳县前太学生萧子登重建明善书院，四年后萧子登报告行省，即被任命为山长。大德二年（1298年），慈溪人赵寿因其祖父随朱熹学习，将其家别墅一区改作鄮山书院，割田一顷作为经费来源，被任命为书院山长，“上于省府，建山长以主之，赵寿其始也”[②]。至顺中，松江陆德原为乃祖陆龟蒙创建书院，获得总管赵凤仪支持，“为移廉访使者按实，上之行省，次达于中书，而礼部、集贤院、国子监咸请著甫里书院之额，即署德原为其山长”[③]，经逐级申请到朝廷获得批准，陆德原被任命为书院山长。至元三年，零陵县丞曾圭令其子曾尧臣独自捐资创建浯溪书院，“请于行省，设官以司其教”，其子曾尧臣按例当授山长。这种私家建造书院而交公者授予山长只一代，此后就由官府选调任命。大德二年（1298年）赵德建造鄮山书院而被任命为山长，大德十一年时山长为林德载，至大三年（1310年）时为杜世学，后来山长都不是赵氏担任。虽然创建者担任山长只有一任，但担任山长后就进入国家官吏队伍，可以升转。刘光溭建造白石书院，经地方报至中书省审定，设置山长，刘光溭被入选调。大德五年（1301年），湖南宝庆人刘履泰创建庆洲书院，捐田360余亩，报请中书同意，以刘履泰为山长，刘履泰依靠此出身，官至通道县尹。

士大夫之所以热衷创建书院，本来是为了提高家族或地方文化素质和道德水准，现在又可以借机入仕，何乐而不为？“近世书院间有田，而捐田者先有

---

① ［元］郑元祐：《文正书院记》，见《侨吴集》卷九。

② 《延祐四明志》。

③ ［元］柳贯：《甫里书院记》，见《待制集》卷一四。

长书院之意，既得一檄，则次第而进，爵禄可指而立俟”[①]，士大夫通过创建书院或捐助田产成为书院山长，然后进入官僚队伍。元朝科举时行时停，士大夫难得有进身机会，捐资捐田创建书院就成为入仕的终南捷径，更刺激民间创建书院热情。浙江临海人应繇官至参知政事，宋理宗赐额翁洲书院，入元后其孙应翔被任命为山长，捐田为书院经费。刘履泰去世后，其子刘寿翁克承先志，出私钱万余缗重修，让书院面貌焕然一新。

国家支持私人创办书院，对创建者给予奖赏，“创建书院者以闻，恩锡奖重，如诸学规”。奖赏除上述授官山长外，还给予“义门”“义士”等称号。至元二十四年（1287年），长兴人蒋必胜创建书院，并捐田以地租作为日常经费，至治元年（1312年），其弟蒋居仁捐田204亩，申请赐额东湖书院，后至元五年（1339年）再捐100亩，被表彰为义门蒋氏。元贞三年（1296年），浙江桐乡儒士刘应安独自创办吴氏义塾，捐赠土地200亩，义塾办得有声有色，大德十一年（1307年），州府上报江浙行省，行省上报朝廷，旌表“义门”，“州若府疏其事于江浙省，而以闻于朝曰，吴氏义塾田为亩者二百，师生饩廪有度，讲肄有业，童冠鼓箧而来者逾百员，盍举以旌善？朝命表其门曰‘义士’”，书院收归官办后又捐给土地200亩，“又增田二百亩以羡岁入”[②]。元泰定时，上饶刘光溭创建白石书院，行省为设置学生名额，派遣教官，朝廷并给予旌表，刘光溭“自琼归，创白石书院……分田赡养学徒，省为设额，行省为差官以教，公朝复加旌表焉”[③]，可惜没有说明给予何种旌表。

对捐赠给书院田地者，国家给予免除力役优待，“其田有苗税而无力役”，征收租税而免除徭役。至顺二年（1331年），江苏常熟县民曹善诚重建奉祀孔子弟子言偃的文学书院，并拟捐赠土地1600亩作为书院经费来源，但担心被人误解为躲避征徭而犹豫不决，两任知州相继劝解才打消疑虑，最终捐田2600

---

① ［元］刘岳申：《白沙书院记》，见《申斋集》卷五。

② ［元］邓文原：《吴氏义塾记》，见《巴西集》卷上。

③ ［元］吴澄：《有元征事郎翰林编修刘君墓志铭》，见《吴文正集》卷七七。

亩，书院也设置弟子员。至正间，浙江龙泉人章溢创建龙渊义塾，置田380余亩，国家原来规定义塾土地不享受免赋优待，“会官府计田以赋，而塾有田不能独贷”[①]，但江浙行省却破例免除赋税徭役，“江浙行省参知政事石抹公闻而嘉之，檄本郡免其科徭”[②]。虽然文献中这类记载不多，但从此事看元代曾经有此规定。有的地方连赋税也一起免除。元贞二年（1296年），高峰书院山长杨震稟请上官，免除了书院接受的捐给民田和官拨宾贤贡士官田赋税。

元朝官员虽然以蒙古人和色目人为主，但与南宋汉族官员一样热心书院建设。元代早期建造者多为汉族官员，中书令杨惟中于太宗十二年（1240年）在京师创建太极书院，世祖前河南路征收税课所长官兼廉访使杨奂于陕西乾县创建紫阳书院。江南初定，一些官员就修复受到破坏的书院，一些官员则建造新书院。前者如至元十四年（1277年）宣慰使张弘范修复安徽当涂采石书院；后者有至元十七年，按察副使粤屯希鲁建造江西浮梁绍文书院；十九年慈溪令翟衡以杨简祠改建为慈湖书院；二十四年，婺源知县汪元奎建造紫阳书院；三十一年廉访副使王俣建造浙江青田石门书院。地方官员建造书院非常普遍，贯穿整个元朝且遍布各省。

元代官建书院的主力由汉族官员逐渐转向蒙古等少数民族官员。至元中蒙古官员建造书院尚少，但也有江西蒙山银场提举侯勃兰奚创建正德书院，廉访使丑的建造杭州西湖书院，县监阿里建造江西崇仁草堂书院等。从成宗朝开始逐渐增多，元贞二年（1296年），部使者女真人完颜贞建议重修绍兴和靖书院，捐俸购置土地，与郡守蒙古人鸿和尔通力落成，“祭室、讲堂、藏修之庐、庖湢之舍，凡为楹一百有六十，祭器昔无所有，而新冶铜、陶土、劚竹木制之者，为事九十四通，塾之址及田土之隶于塾者为亩二百”。大德七年（1303年）江西乐安县尉明安塔拉建造柳塘书院，大德中炮手总管克呼士希独自创建伊川

---

① ［明］徐一夔：《冯氏义塾记》，见《始丰稿》卷四。

② ［元］宋濂：《龙渊义塾记》，见《文献集》卷四。

书院，并割田千亩以备祭养。泰定间监察御史忽鲁大都建造四川剑阁文贞书院，后至元六年（1340年）浙东道元帅锁南班建造浙江鄞县鲁斋书院，历山公千奴独自建造历山书院。一些蒙古官员也热心建造书院，蒙古人赵世延皇庆二年（1313年）建言以许衡从祀孔子庙，于西安建造鲁斋书院奉祀，任四川肃正廉访使时发起于四川绵竹建造紫岩书院，以奉祀张栻，两书院均获赐额。蒙古人特穆尔布哈任职县尹，至治二年（1322年）、三年分别在河南光山和山西夏县建造涑水书院。最有意思的是福建建宁屏山书院，它原是刘子翚讲学处，朱熹从学并题匾，虽然名为书院但只是奉祀，元代将其迁至刘子翚侄子枢密刘珙故居，改建成书院后受到前后几任行省和郡各族官员支持。元统初年，郡守安达拉请建书院，获得贰宪李端支持，上报朝廷于至元五年（1339年）获得批准，佥宪左达喇实哩行部至郡，采用朱熹五世孙朱炘建议，从建安书院余赀中拨钞150定作为建设经费，当年即拨付30定维修祠堂，至正元年（1341年），贰宪威伊喇徒行部至郡，与郡守玛哈穆通、守刘巴延修建书院，"作礼殿奉夫子燕居，先生之祠侑食者无所改，而都宫有门，凡书院之所宜为次第而举之矣"[①]，屏山书院终于在蒙古、党项、汉等族官员、士大夫的共同努力下落成，并被纳入官学系统。

有人说，崖山以后无中国，事实上，没有的只是赵宋王朝，文化中国一直在延续，在发展。蒙古骑兵虽然以武力战胜赵宋王朝，从军事上、政治上看，他们是胜利者，但进入中原后，发达先进的中原文化马上就对他们进行改造。契丹人耶律楚材，党项人高智耀，汉人杨惟中、刘秉忠、许衡、姚枢、窦默等儒家士大夫不断用儒家思想教化蒙古皇帝和贵族。许衡建议元世祖实行汉法，"考之前代，北方之有中夏者必行汉法，乃可长久，故后魏、辽、金，历年最多，他不能者皆乱亡相继，史册具载，昭然可考。……以是论之，国家之当行汉法无疑也"，并与徐世隆、刘秉忠等制定元代礼制官制。儒家士大夫建议止

① ［元］虞集：《屏山书院记》，见《道园学古录》卷三六。

杀戮，重农桑，兴学校，修文庙，祭孔子，开科举，建书院，都被皇帝采纳。元代皇帝成为儒家思想信徒，成宗即位当年下诏崇奉孔子，“孔子之道垂宪万世，有国家者所当崇奉”，令大兴学校。武宗即位两个月加封孔子为大成至圣文宣王，大力赞颂孔子，“盖闻先孔子而圣者非孔子无以明，后孔子而圣者非孔子无以法，所谓祖述尧舜，宪章文武，仪范百王，师表万世者也”。仁宗认为“修身治国，儒道为切”，英宗赞扬真德秀《大学衍义》为“修身治国无逾此书”，仁宗即位后遣使专程到曲阜孔子庙祭祀，报告登极，首开元明清皇帝即位告祭先河，蒙古野马逐渐被戴上笼头。

历史上所有进入中原地区的少数民族都被改造，被融合，被同化，无一例外，匈奴、鲜卑、羯、氐、契丹、党项、女真等民族已经消亡，蒙古族、满族也只有在其民族聚集区才保存其文化。少数民族进入中原，并非没有保护其民族文化意识，而是采取各种措施以求本民族文化能够延续。辽初就规定不准契丹人参加科举考试，契丹人耶律蒲鲁“重熙中举进士第，主文以国制无契丹试进士之条闻与上，以庶箴擅令子就科目鞭之二百”[①]，耶律庶箴的儿子耶律蒲鲁随汉族士大夫参加科举考中进士，何等荣耀！主持考试者将事情报告给皇帝，皇帝因耶律庶箴让儿子参加科举考试而鞭其二百。清朝建立后，在东北地区实行军事管理，目的就是要保持本民族文化传统。雍正二年（1724年），办理船厂事务的给事中赵殿最上书请求建造文庙学校，“船厂地方应建文庙，设立学校，令满汉子弟读书考试”，惹得雍正皇帝大发雷霆，严加训斥，“本朝龙兴，混一区宇，惟恃实行与武略耳，并未尝恃虚文以粉饰”，“我满洲人等因居汉地，不得已与本习日以相远，惟赖乌拉、宁古塔等处兵丁不易满洲本习耳。今若崇尚文艺，则子弟稍颖悟者俱专意于读书，不留心武备矣”，因此不同意在吉林设立学校。但发达的中原文化岂是能轻易被遏制住的，雍正皇帝去世不到一年，乾隆元年（1736年）七月高宗就批准在吉林建造文庙和学校。

---

① 《辽史·耶律庶成传》。

民间建造书院热情不减，一是元初一批不愿出仕新朝的遗老建造书院。咸淳三年（1268年）状元黎立武官至国子监司业，宋亡不仕，潜回江西新余蒙山，创建蒙山书院，授徒讲学，“礼先达以主试，月讲季课，春秋行释菜礼，四方学者云集”[①]。张卿弼隐居不仕，至元十七年（1280年）弟子于弋阳为其创建蓝山书院。安徽汪维岳创建歙县友陶书院，浙江翁森创建仙居安洲书院，福建刘希泌创建建阳化龙书院，熊禾创建建阳洪原书院，江西裴方润创建贵溪临清书院，湖南陈古迂创建茶陵东山书院。卫富益师从金履祥、许谦，宋亡后日夜悲泣，撰文祭祀文天祥、陆秀夫，隐居浙江石门石人泾，建白社书院教学，但不许出仕元朝者听讲，至大中又不应荐举，导致书院被毁。对于遗民创建书院，国家一般给予支持和鼓励。丁易东于湖南常德创建书院，“捐己田一千二百亩以赡生徒”，事闻于朝，忽必烈赐额沅阳书院，授官山长。南宋遗民建造书院不是很多，但创办者一般都是德行学问兼优，教学水平很高。二是家族建造。元初江西弋阳詹氏建造湖山书院；吉水张氏建造白沙书院；永丰曾氏创建武城书院；浙江兰溪唐良骥创建齐芳书院，聘请著名学者金履祥教育家族子弟；北京昌平刘姓邑人泰定中为唐代谏议大夫刘蕡建造谏议书院；湖北荆州孙氏建造东山书院。许多家族建造的书院也接受外姓子弟入学。三是士人自建，这类书院是民间私立书院主流。广东东莞邑人翟龛建造聚秀书院，江西永丰进士陈应沐建造阳丰书院，浙江浦江郑德璋元初建造东明书院，湖南攸县邑人谭渊建造凤山书院，山东平邑邑人康辅之等人建造东山书院，陕西三原邑人李子敬等建造学古书院，陕西临汾邑人石彦明建造晋山书院。后至元三年（1337年），祁阳人曾圭“业儒术，命其子尧臣捐家赀，度材庀工为浯溪书院，请于行省，设官以司其教，又割私田三百亩以廪学者”。后至元五年，诏令禁止私建佛寺，允许民众承租佛寺为业。奉新邓谦亨请于官府，将宅居附近的种德堂改建为三贤书院。士人自建书院贯穿整个元代，遍及全国各地。

① ［清］乾隆《江西通志》卷二一。

受儒家思想和社会上广建书院影响，元代还出现佛教和道教书院。南昌莲华宝胜寺原有唐代名相张九龄祠堂，元初寺僧至宝于寺内建莲溪书院。浙江余杭东原有相传葛洪炼丹巨井，元贞二年（1296年）道士孟宗宝建造书院，以其号集虚为名。

四、元末书院衰败及其原因

元末书院残破，教育停滞，南京书院就是一个代表，“郡书院四，曰明道、南轩、昭文，皆先贤遗迹，或老屋腐垣劳于补葺，或基构庳隘与编户等，或贫无岁入，乏祭养之资，独江东后兴，栋宇坚完，丹垩炳炫，崇严靓深，不劳于补葺而无庳隘之嫌，贯粟出纳，丰俭适宜，祭养有给，是乃郡士仁斋王君之创造，而草庐吴先生之所规制也”[①]，南京四所书院中仅有后建的东山书院一所保存完好且能举行正常的祭祀和教育。至正中，松江西湖书院改作道院。

元末书院衰败原因之一是战乱，“十数年来，中原衅难，远近绎骚，江、淮、闽、浙之间所在兵起，侵轶官宇，蹂践民庐，则所谓书院者常十废其八九，求其修儒服俎豆事于干戈之际，世固未见其人焉”[②]。第二个原因则是成也萧何败也萧何，部分书院收归国有成为官学，朝廷早期推动书院发展，元末则加剧书院衰败。吴澄曾指出元代书院师资水平不高、经费不足、教育水平不高的弊端，“今日所在书院鳞比栉密，然教之之师官实置之而未尝甚精于选择，任满则去矣。养之之费官虽总之，而不能尽塞其罅漏，用匮则止矣。是以学于其间者往往有名无实，其成功之藐也固宜。刘氏义塾既不受官府之拘牵，则与睢阳之初一也，其养之之费有继，而教之之师亦恶可不慎也欤？不然，学徒锵锵，书声琅琅，非不可视、可听也，要其效之所成，高者仅可应举徼利达，卑者不过识字记姓名而已，又奚足云哉！”[③]元初山长多是南宋进士等饱学之士，

① ［元］陶安：《送石仲方诗》，见《陶学士集》卷二。

② ［元］戴良：《重修甫里书院记》，见《九灵山房集》卷一一。

③ ［元］吴澄：《儒林义塾记》，见［清］雍正《江西通志》卷一二七。

即使协助辅导的教师助理也多有功名，“除前廊耆旧，皆亡宋登科贡舍之人，逐月朔望轮次讲书外，东西序耆儒内请每日登堂讲《通鉴》一章”。元朝中期以后，多以下第举子充任山长，延祐间“下第举人，年七十以上者与从七品流官致仕，六十以上者与教授，元有出身者于应得资品上稍优加之，无出身者与山长、学正，受省札”，泰定元年（1324年）“蒙古、色目人，年三十以上并两举而不第者与教授，以下与学正、山长；汉人、南人年五十以上并两举不第者与教授，以下与学正、山长”，虽然这两次均属恩例，是偶然举措，并没有被列入国家制度，但一科应会试者300人，只取不到100名进士，落第者200多人，数量也不少。书院学官待遇不高，虽然有升转规定，但僧多粥少，很难按期升转，教官多不安业，只不过借此作为晋升台阶，“每借阶饵腆禄，故视事席未暖辄乞委引去，视庙堂芜圮、墁瓦飘剥漫不经意”[①]。书院经费不足，连教官俸禄都无法保障，苏州丹阳书院“老屋数楹，岁乏常入，教官借廪郡庠，几无容托，甫至，突未黔寻托事去，无以振宣文化，踵袭滋久，见闻为常，礼摧乐喑，莫克扶植”[②]。有此数条就足以造成书院衰败。

第九节　明代书院繁盛

明代是中国书院大发展时期之一，除明初书院沉寂外，明中后期虽然有两次毁书院情况发生，但书院基本一直在发展。

一、明代书院发展简况

为了解明代书院发展的情况，先将明代新建、重建书院列表如下：

① ［元］陶安：《送天门孙山长序》，见《陶学士集》卷一二。
② ［元］陶安：《送丹阳山长刘彦质序》，见《陶学士集》卷一二。

明代新建修复书院统计表

年号	年数	新建			修复重建	总计	年均
		总数	有确切纪年	无确切纪年			
洪武	31	39	9	30	18	57	1.84
建文	4	2	2	—	1	3	0.75
永乐	22	27	6	21	10	37	1.68
洪熙	1	1	1	—	—	1	1
宣德	10	6	1	5	10	16	1.6
正统	14	20	9	11	16	36	2.57
景泰	7	18	6	12	9	27	3.86
天顺	8	11	5	6	11	22	2.75
成化	23	89	47	42	30	119	5.17
弘治	18	106	37	69	20	126	7
正德	16	190	83	107	28	218	13.6
嘉靖	45	783	431	352	46	829	18.4
隆庆	6	79	39	40	2	81	13.5
万历	48	445	240	205	20	465	9.69
天启	7	31	13	18	—	31	4.43
崇祯	17	122	58	64	2	124	7.3
不明	—	493	—	493	—	493	
合计	277	2462	987	982	222	2685	9.69

从表看，从洪武到宣德间年均不超过2所，从正统开始，增速逐渐加快，到嘉靖达到高峰，嘉靖后增速逐渐减缓。宣德前五朝（1368—1435年）68年新建重建书院114所，年均不足1.7所，新建重建不偿所废，属于书院衰落期；正统至弘治五朝（1436—1505年）70年新建重建书院330所，年均4.7所，为低速发展期；正德至隆庆三朝（1506—1572年）67年新建重建书院1128所，年均16.8所，为高速发展期；万历至明末三朝（1573—1644年）72年新建重建书院

620所，年均8.6所，是书院发展减速期。

二、明初书院衰落

元朝自成宗以后陷入长期的皇位争夺纷争中，至正十一年（1351年）红巾军起义后各路义军蜂起，元军与义军、皇室与军阀、义军与义军互相征伐，战乱频仍，全国几无一片净土，书院遭到严重破坏。

入明以后，兵燹之余许多幸存书院已经荒废。比如著名的江西鹭州书院，“宋家书院但空名，二水中分草树平。陵谷变来基亦废，野人耕处草还生”[①]；江西武宁柳山书院“礼殿丹垩陊，雩亭棘榛荒”[②]；建文二年（1400年）兴国安湖书院“栋宇倾挠，廊庑荒芜”[③]，知县唐文凤因此重修；歙县紫阳书院“两庑倾圮，三门朽腐，椽瓦蠹缺，风雨震凌，生徒学士过之彷徨太息”[④]；会稽宋瑭“先世所遗土田庐舍及丹崖、青壁、五松、听泉、槐西、梅东诸书院多弃失颓圮”[⑤]，一副残破不堪景象。

有的书院被改作官学。江西新建宗濂书院于洪武五年被改建为县学，福建邵武樵溪书院“洪武初以书院为府学”，福建建宁屏山书院洪武十一年（1378年）被改作县学。明初，安徽安庆山谷书院被改作府学，四川南充果川书院被改作县学，广西桂林宣成书院被改作临桂县学。江西弋阳南山书院也被改作县学，“国朝洪武初，诏天下郡县皆立学以造士，书院遂改为今学也”[⑥]。福建古田城南书院被改作官学射圃，“洪武间改为射圃，仍扁其门曰城南书院”。

有的书院被改作祠堂。河南南阳卧龙岗元代建有诸葛书院和武侯祠，洪熙元年时“萧然破坏，采椽败席，不除风雨”，太守陈正伦仅重修祠堂，书院则

① ［明］李昌祺：《访鹭州书院遗址》，见《运甓漫稿》卷五。

② ［明］李昌祺：《游柳山书院》，见《运甓漫稿》卷一。

③ ［明］唐文凤：《进腊日诗》，见《梧冈集》卷三。

④ ［明］唐文凤：《上刘知县重修紫阳书院书》，见《梧冈集》卷一〇。

⑤ ［明］刘球：《思全记》，见《两溪文集》卷四。

⑥ ［明］胡俨：《弋阳县重修儒学记》，见《颐庵文选》卷上。

付诸阙如；浙江嘉兴江南书院被改作奉祀唐代陆贽的陆宣公祠堂，以其十六世孙陆应奇守祠奉祀。被改作祠堂的书院还有江苏丹阳濂溪书院、江西鄱阳白云书院、福建崇安梓翁书院和龙溪芗江书院等。

有的书院还被改作他用。山西临汾晋山书院永乐间被改作县衙，山西首阳书院宣德间被改作仓场。苏州鹤山书院被改作公馆，"永乐以来，凡遣大臣行视水利，巡抚地方，皆居院以治事"[①]，"百余年来，书院岿然犹存，凡巡抚大臣行部至，辄舍于是"[②]。

有的书院被占为寺庙。滕州性善书院被尼姑夺占，直到弘治十年（1497年）经知县马文盛禀请巡抚、提学收回；漳州龙江书院被佛寺占用，成化四年（1468年）才被福建按察司佥事周守谟与知府王文等收回重修；江西余干东山书院明初也被寺占，弘治间知县沈时才恢复。

此期新建书院约74所，多是民间私建，少部分为官员创建。前者多为私塾，江西万载桐冈书院教子，星子龙潭书院教宗党，婺源桂岩书院延师训子孙，万载绿荫书院课子弟。有的书院除本族子弟外还扩大到乡里子弟，江西吉安梅溪书院教育子孙及俊秀，横峰荷峰书院教族里子弟，江苏苏州练氏义塾延师教里子弟。也有部分书院教育范围扩大到外来学者，江西泰和林塘书院以待来学之士，万年玉溪书院纳天下学者，新余石门书院来学者众，广东高要崧台书院吴桂芳择士课，顺德锦云书院由解元曾节司教，从游者甚众。泰和刘埜明初曾任会昌教官，朱元璋下诏征召制礼作乐、通晓古今人士，刘埜被赣州推举，赴京后上陈六条，被执事者厌恶而废，归家后虽被聘为临江教授，年余后归家，修建林塘书院以待来学之士。后者比较少，永乐末有和州知州王晉将连云观改建为峨眉书院，"以为生儒讲学之所"。

此期修复书院38所，有民修，也有官修。民修有江西泰和萧则善重修石

① ［明］彭韶：《来鹤楼合祠碑铭》，见《彭惠安集》卷五。
② ［明］吴宽：《跋魏元裕遗墨》，见《家藏集》卷五二。

冈书院，书院为其曾祖萧仪凤南宋时所建，元末毁于兵祸，入明不久萧则善即进行重修。官修有洪武元年（1368年）广东韶州知府徐炳文等重修相江书院，建文二年（1400年）江西安国知县唐文凤重修安湖书院，永乐中韶州知府沈源“重修相江书院，招多士讲业其中，躬课之”。

官学兴盛是书院衰落的第一个原因。朱元璋早在统一前一年，就意识到教育重要性，“治天下者当先其重且急者，而后及其轻且缓者。今天下初定，所急者衣食，所重者教化。衣食给而民生遂，教化行而习俗美。足衣食在于劝农桑，兴教化在于兴学校”[①]，将教育列为国家头等大事。洪武二年（1369年）十月“诏天下郡县立学”，十一月礼部颁发《皇明立学设科分教格式》，规定“各府州县于洪武三年正月为始开学”，按照皇帝诏令各地纷纷复立学校，到洪武末年全国新建官学304所，重建648所，重修81所，先后设立官学1033所。其后官学继续发展，建文朝4年建造9所，永乐朝22年建造86所，洪熙朝1年建造4所，宣德朝10年建造27所，此外军队建造20所，少数民族自治地区建造22所，不足70年共建造官学1201所[②]，官学几乎遍及每一座县级以上城市。国学生“厚给廪饩，岁时赐布帛文绮、袭衣巾靴，正旦、元宵诸令节俱赏节钱。孝慈皇后积粮监中，置红仓二十余舍，养诸生之妻子。历事生未娶者赐钱婚聘，及女衣二袭，月米二石”，诸生归省，“人赐衣一袭，钞五锭，为道里费”[③]，优厚待遇为历代之最。府学、州学、县学分别设置学生40名、30名、20名，“师生月廪食米人六斗，有司给予鱼肉”，待遇也比较优厚。最重要的是“科举必由学校”，官学独占士大夫出仕一途。洪武初年朝廷即从地方学校选择学生到国子学学习，初定府州县学每年均贡一人，洪武二十一年改为府州县学分别贡3人、2人和1人，二十五年确定为府学每年贡2人，州学3年贡2人，

---

① 《明太祖宝训》卷一。

② 见孔祥林、孔喆：《世界孔子庙研究》，中央编译出版社2011年版，第103—105页、第108—113页。

③ 《明史·选举志》。

县学1年1人。明朝初年官员缺乏，监生被派发到诸司先习吏事，朝廷“随时任监生以时务”，“凡清理田赋，修治水利，稽查皇册”无不加以任使，永乐间占领越南，十七年也“遣监生唐义颁赐《五经》《四书》《性理大全》《为善阴骘》《孝顺事实》等书于府州县学”。监生可以直接授官，而且授官很高，洪武二十六年，朝廷将刘政、龙潭等全部六十四名监生授予“行省布政、按察两使及参政、参议、副使、佥事等官”，从二品至正五品不等。监生考取进士比例很高，“历科进士多出太学”，朝廷对及第者也格外施恩，洪武二十一年，任亨泰廷对第一，朱元璋亲自撰写《题名记》，刻立进士题名碑于国子监门。优厚的生活待遇和美好前程将读书人引向国学，较高水平的书院失去存在基础。

第二个原因是遍立社学。洪武八年（1375年）正月，朱元璋就下令，“恁台省大官人用心提调，教各州县在城并乡村，但有三五十人家，便请个秀才开学，教军民之家子弟入学读书，不妨他本业，务要成效”，二月礼部正式行文全国，令各府州县设立社学，每50家1所，社学很快发展起来。有学者统计，明代先后设立1438所社学[①]，实际数量应该远不止此，嘉靖间万振孙任职襄阳就创建社学108所。从天顺五年（1461年）编成的《大明一统志》看，全国有府133个，直隶州34个，属州191个，县1091个，不计土官宣慰司、宣抚司、长官司、军民府等府州县共有1449个，每个府州县连一所都平均不到。《中国教育制度通史》据500余种方志统计，仅洪武间就设立3139所小学，小学包括社学、义学、义塾和家塾，但社学应该是其大宗，因为洪武八年一年就设立2155所，其他年份有确切纪年的合计只有29所，其余1009所只说洪武间而没有确切纪年[②]。该书列表统计明朝共设立社学12612所[③]，此数字仍嫌不足。《续文献通考》记载，元至元二十三年（1286年）全国有官学20166所，二十五年有24400所，二十八

---

① 王兰荫：《明代之社学》，载1936年9月《师大月刊》第25期，转引自邓洪波《中国书院史》，第275页。

② 李国钧、王炳照总主编：《中国教育制度通史》（第四卷），第265页。

③ 李国钧、王炳照总主编：《中国教育制度通史》（第四卷），第272页。

年有21300所，其中最多的就是社学，全盛时社学应该不少于20000所，明代即使改为一里一所社学也不应该如此之少。明初社学初办，似乎是令有暇者入学，但地方官为显示政绩，强令人们入学，致使朱元璋大为恼火："社学之设，官吏以为营生。有愿读书者无钱不许入学，有三丁四丁不愿读书者受财卖放，纵其愚顽，不令读书。有父子二人，或农或商，本无读书之暇，却乃逼令入学。有钱者又纵之，无钱者虽不暇读书，亦不肯放。将此凑生员之数，欺诳朝廷。"[①]洪武三十一年又令七八岁子弟入学读朱元璋《御制大诰》、明代律令和朱熹《小学》《孝经》《孝顺事实》《百家姓》《千字文》等蒙学读物，教育对象扩大到幼儿和初学者，这就使初级蒙学类书院失去赖以存在的基础。

第三个原因是明初几乎没有遗民。宋亡后许多崇尚气节的士大夫不愿出仕为异族效力，归隐山林创办书院。而明朝是汉族推翻蒙古族建立的王朝，由元入明学者大都拥护新王朝，很少有人归隐创办书院，致使书院失去高水平的师资。

第四个原因也是最重要的原因，是朝廷对书院极力限制。有学者认为，洪武元年朱元璋令设置曲阜尼山书院和洙泗书院，其实曲阜尼山书院和洙泗书院都是祭祀性质的书院，尼山是孔子出生地，洙泗书院相传是孔子晚年教育旧址，两书院设置山长只是为了显示尊重孔子和满足奉祀孔子需要，而并非为了讲学。同年，朱元璋就下令"改天下书院山长为训导，书院田皆令入官"，虽然将山长改为训导，但将书院纳入国家教育系统，降低书院主事级别，这并不重要，最关键的是收走书院田地，绝大部分书院都是依靠土地地租运转，将书院土地收归官府就切断了书院生命线。洪武五年，朱元璋再次下令革罢书院训导，将书院弟子转至地方官学，"革罢训导，弟子员归于邑学，书院因以不治"[②]，将书院剔除出国家教育系统，书院很快就衰落了。

---

① 《大诰·社学第四十四》。

② ［明］胡谧：《伊洛书院记》。

三、书院低速发展期

正统至弘治（1436—1505年）五朝70年是明代书院低速发展期，新建书院254所，修复86所。

书院发展的第一个原因是官学不振。科举规范后，读书人先考秀才，进入地方官学，国子监学生与地方官学学生一样，要先考取举人然后才能考取进士，虽然国子监贡生可以经过考试入仕，但只能出任最低级官员，国子监优势地位下降，而景泰间因为边防战争国家缺少经费，推行捐纳法，纳银、纳粟、纳米、纳绢、纳马、纳牛、纳草都可获得监生称号，使得国子监生流品混淆，更降低国学地位。地方官学与科举结合固然带来官学繁荣，“率天下而为欲速成之”，但“学问由此而衰，心术由此而坏”，逐渐造成官学衰落。官学唯科举是务，成为科举培训学校，讲学逐渐流于形式。师资严重不足，洪熙元年（1425年）全国缺额1800多名，超过编制的40%，虽然朝廷一再下令让举人出任教职，但“举人厌其卑冷，多不愿就”，只好选用岁贡生，而各地官学推举贡生多是按年递补，被称之为挨贡，水平不高，正如浙江布政司右参议戴同吉洪熙元年所说，“近年以来，为师者多记诵之学，经不能明，身不能正，生徒放旷而不敢责，有所问辩而不能对，故成材者少，无良者多”[①]。教师水平低下，教育质量自然下降，而官学只重科举，学生唯习八股文，“比来习俗颓弊，不务实德，于己记诵旧文以图侥幸”，致使“登名前列不知史册名目、朝代先后、字书偏旁”[②]。官学如此，只能靠书院“匡翼夫学校之不逮也”。

书院发展的原因二是社学衰微。洪武间规定每五十家设一社学，朝廷也意识到太滥太多，所以正统间诏令一里设一社学，数量大为减少，但即使如此，也难以为继。李梦阳曾指出社学弊端：“县必里立一学，曰社学，设师敛

① 《明宣宗实录》卷一〇。

② ［明］顾炎武：《日知录》卷一六。

才以养其蒙，乃其师不曰‘予养蒙者’也，顾月征其课金、鸡米、酒食，民之子或苦而不来，则辄禀诸官，句摄而鞭笞之，民见其师，非惟不养也，而又苦其子，曰‘是役我也’，则潜贿其胥吏而脱其子，贿者脱，贫者萃，其师必饥饿，谢之去，官者则顾谓人曰‘甚哉！社学之于治，乖也’。”[①]社学并非由政府包办，而是社学费用由官府向民间摊派，不仅要提供教师薪水，还要提供日常鸡米酒食，人们不堪其害，以致要贿赂胥吏逃脱入学，这样的社学如何能延续下去！社学衰微，则为民间书院特别是初级书院发展带来发展机遇。

书院发展的第三个原因是朝廷转变了对书院的态度，由限制改为支持，作出这一转变的是宪宗皇帝朱见深。朱见深为太子时，英宗为其选择孔子五十八代孙孔公恂和司马光裔孙司马恂为师。朱见深深受孔子思想影响，即位当日即去国学文庙致祭，成化十二年又将文庙祭祀升为大祀，是明代最为尊孔的皇帝之一。成化十五年（1479年），兵部右侍郎李敏请求将其居家守孝时所建书院交与官府，皇帝赐额紫云书院，二十年，宪宗还令地方政府重建江西贵溪象山书院。此后孝宗也于弘治二年（1489年）批准修复江苏常熟学道书院，大同广灵王之子朱仕玳创建书院珍藏皇帝赐书，孝宗赐额务学书院。正德元年（1506年），按察副使邵宝奏准维修福建德化濂溪书院。皇帝支持修建书院，地方官员也大力支持。江西婺源程氏重修明经书院，“言于知县丁君佑、教谕陈君简，上于提调学校御史娄君谦、巡按御史胡君汉，咸嘉予之而亦乐出俸金以赞之者”[②]，获得各级官员的批准和支持。修复书院需要逐级申请到行省批准，看来明代修复和新建都需要履行报批手续。

国立学校衰微和国家支持为书院发展带来契机，政府官员、致仕官员和民间人士纷纷创建或维修书院。

---

① ［明］李梦阳：《南新二县在城社学碑》，见《空同集》卷四二。

② ［明］程敏政：《婺源程氏明经书院重修记》，见《篁墩集》卷一五。

紫云书院

在书院低速发展期，不论书院的新建还是修复都是以官员为多。白新良先生《中国古代书院发展史》曾统计，“在此时新建154所书院中，明确为官建者达90所，在修复前代86所书院中，官修达60所，官建、官修总数占60%以上”[①]。

官员新建书院方面：正统间平定州学正夏廷器“筑石楼书院，督诸生肄业其中”，“人材鹊起”；成化八年（1472年），南阳知府段坚将僧寺改建豫山书院，将尼庵改建志学书院，同时还重建诸葛书院；成化十一年，南雄知府江璞创建大中书院，延其叔父主持；成化十三年，河南提学佥事吴伯通提议创建苏门山百泉书院，“乃遣庠生之秀敏者卢瑢等数十人肄业其中”，还建造伊洛书院，重修伊川书院和洛西书院；弘治六年（1493年），御史樊祉分别在锦州、辽阳创建辽右书院和辽左书院，七年又在辽阳建造正学书院，自金代义州创建显州书院以来东北再次出现书院；弘治中，潘府任福建长乐知县，建造南山、凤歧和龙峰三所书院，升任广东提学副使时又建造恩平凤凰书院和清远瑞峰书院。

① 白新良：《中国古代书院发展史》，天津大学出版社1995年版，第67页。

官员修复书院方面：正统三年（1438年），南康知府翟溥福重修白鹿洞书院，“见白鹿洞书院遗址喟然兴叹，倡议重建，延经师，简弟子肄业其中，亲为讲论大义”；正统四年（1439年）江西右布政使焦宏重修九江濂溪书院，“九江濂溪书院久废，人侵轶其地，公复之，建祠宇以兴起士人”；成化四年（1468年），福建按察司佥事周守谟与知府王文等重修漳州龙江书院，并建堂五间、大门三间及两斋数间；成化五年，长沙知府钱澍重修岳麓书院，弘治初经长沙府通判陈钢、同知杨茂元、知府王瑫等相继重修终于恢复旧貌并重新进行教学活动；成化时郡守岳正重建兴化涵江书院，“郡有涵江书院，岁久圮废，公为择旁近爽垲之地重建一新，且增其祭田，访求宣圣裔孙之转徙他处者还居之”[①]；弘治初，永济知州许鹏重修恢复改作仓场的首山书院；弘治十年监察御史重建衡山文定书院等。

致仕官员新建书院方面：成化六年（1470年），廉州知府饶秉鉴罢官归里，于广昌故里立义学以教宗族，创建雯峰书院，与翰林修撰罗应魁讲学其中；弘治八年（1495年），河南参政阎光甫致仕后即其父藏书静乐堂扩建岍山书院，“乃即堂之故址为书院，中为敦本堂，东西为养正、复初二斋，堂之后斯阁建焉。中设孔子及四配像，旁两壁各置架以庋书，而总名曰崇经者，亦张伯玉尊经意也。阁之下设七贤像，左右为肄诵之房，后为燕室，设乡贤主于中，翼以庖庾，周为高垣”[②]；弘治十三年，户部尚书梁璟致仕归家，建造石桥书院，以教育子姓和本乡俊秀子弟，供给薪米笔札，定时进行课试。

民间人士新建书院方面：成化间郫县张伯明创建子云书院，并购书置于楼上，教育本族和本乡子弟；弘治二年，台州谢氏新建方岩书院，“为堂四楹，其左右翼而相观、恐闻二斋以居学徒，置田三十亩以资养，而仰高、望海、采藻三亭及桃溪书屋、方石山房于右焉”[③]。修复方面：成化十六年（1480年），吴氏族人请于官

① ［明］黄仲昭：《兴化郡守蒙泉岳公祠记》，见《未轩文集》卷三。

② ［明］李东阳：《岍山书院崇经阁记》，见《怀麓堂集》卷六五。

③ ［明］李东阳：《方岩书院记》，见《怀麓堂集》卷三三。

府重建吴淀、吴澄兄弟于皇庆元年（1312年）创建的明经书院；成化十八年（1482年）江西南丰曾氏子孙重建南丰书院，扩建祠堂，令子孙主奉祀事。

四、书院高速发展期

正德、嘉靖、隆庆三朝（1506—1572年）67年间新建书院1051所，重修76所，合计1127所，年均16.8所，是明代书院发展最快时期。推究其主要原因，一是朝廷毁淫祠，二是理学新发展，其次依然是官员热心和民间热情，但仍然以官员倡导为主。

（一）毁淫祠改书院

明代淫祠有三类：一类是没有列入国家祀典的奉祀神灵的神祠，一类是民间私自建造并奉祀与其社会地位不相当的神祠，一类是不在国家额内的寺庵宫观。

早在明初，朱元璋就对祠宇进行一次清理。洪武元年（1368年）“令中书省下郡县，访求应祀神祇、名山大川、圣帝明王、忠臣烈士，凡有功于国家者及惠爱在民者著于祀典，岁时致祭”；次年“又诏：天下神祇常有功德于民，事迹昭著者，虽不致祭，禁人毁撤祠宇”；洪武三年“定诸神封号，凡后世溢美之称皆革去。天下神祠不应祀典者即淫祠也，有司毋得致祭”，凡未列入国家祀典的就是淫祠，不准祭祀；洪武六年颁布《禁淫祠制》，“其民间合祭之神，礼部其定仪颁降，违者罪之”。成化元年（1465年），湖广巡抚王俭上疏请求“凡天下鬼神，不系礼典所载及当代祀典者，并宜撤其廊宇，毁其像设”，朝廷采纳此建议，撤毁淫祠，福建南安知府张弼曾毁淫祠六百余所，“土木偶人付诸水火”。但毁淫祠改书院记录不多，已知有薛瑄门人、河南南阳知府段坚于成化八年以僧寺改作豫山书院，以尼庵改作志学书院。

大规模毁淫祠是从弘治元年（1488年）开始的。弘治元年，礼科张九功建言，“祀典正则人心正”，认为“今朝廷常祭之外，又有释迦牟尼文佛、三清三境、九天应元雷声普化天尊、金阙真君、元君、神父、神母，诸宫观中又有水宫星君、诸天诸帝之祭，非所以法天下”，新即位的武宗将奏疏发给朝臣讨论，决定停止遣官祭告京师佛教大兴隆寺、道教朝天宫，罢祀紫微大帝、雷声普化天尊、祖师真君、梓潼帝君、崇恩真君、隆恩真君、金阙上帝、玉阙上帝、神父圣帝、神母元君、金玉阙元君，保留京师东岳庙、真武庙、都城隍庙和灵济宫，除令拆毁官学中的梓潼帝君神祠外，其他神祠并未要求拆毁。对于地方淫祠，“非有功德于民，不合祀典者，俱令革去”。这次毁淫祠较多，但改作书院不多。如弘治元年昆山知县杨子器“撤毁淫祠百区，悉取土木像投诸水火，禁绝僧道巫祝游民及四月十五日山神会，尚鬼之俗为之一变”，弘治九年任常熟知县，毁二郎神庙改作奉祀夏原吉和周忱的报功祠，毁温将军庙改作何孝廉祠，毁屠太保祠改作奉祀张旭的草圣祠。弘治四年吴江知县金洪“崇儒新学舍，正俗毁淫祠”。弘治六年江阴知县黄傅禁毁李太尉、王太尉、陈烈士等淫祠，苏州知府曹凤将“绕城小庙动盈万”“尽将妖像付烈焰”。弘治十一年，温州知府文林“前后所毁淫祠殆尽”。弘治间，云南按察副使林俊毁淫祠三百六十余区。正德间，广东顺德知县吴廷举“毁淫祠八百余所”。但弘治间改建书院不多。弘治初，松江知府刘璟“毁淫祠及无额庵院”，“因即其所为社学若干所”。浙江参政周近仁将废寺改作万松书院，虽然奉祀孔子，并以孔子后裔主祀，但并没有进行教学活动，只是官员们的游览场所。直到嘉靖四年（1525年）侍御潘景哲“益广楼居斋舍为三十六楹”，“揭白鹿之规，抡彦选俊肄习其间，以倡列郡之士”，才开始进行教学。弘治中，直接将寺庙改建书院不多，弘治十三年，河南郏县曹豹将高阳寺改建养正书院，云南蒙化署知府胡光以僧寺改建明志书院，江西泰和知县杨南金将螺山淫祠改建清风书院。

正德间毁淫祠改书院开始增多。正德二年（1507年），长沙拆除道林寺将材料移入岳麓书院供扩建之用；正德六年，御史陈凤梧将江西泰和休笑庵改建静斋书院；正德七年，江西进贤县将福胜寺改建钟陵书院，东坛庙为征士书

万松书院

院；正德八年，湖南辰州知府戴敏毁淫祠建崇正书院；正德十四年，江苏巡按成英毁淮安一尼寺改建忠孝书院。正德间安庆知府胡缵宗将怀宁县佑圣观之僧庵改建山谷书院，江西提学副使李梦阳令毁淫祠，建昌知府安奎将东岳祠改作盱江书院，其他14所淫祠改作社学，河南安阳将一道观改建后渠书院，安徽徽州知府留志淑将祁门东岳庙改建东山书院，知府张芹将老子祠改为徽州郭外紫阳书院，山西蒲州同知吕经将东岳庙改成河中书院。

毁淫祠改书院最盛是在嘉靖年间。嘉靖元年（1522年），毁淫祠首先从北京开始，“遍察京师诸淫祠，悉拆毁之”。第二年扩大到全国，皇帝在监察御史熊荣言请修饰载于国家祀典的天下神廊奏疏上批示，“应祀神廊令有司修理，但近年以来，奸民附奉镇巡司府州县官，不问贤否即立祠堂、去思碑亭，并私创庵院淫祠。其令巡按御史逐一查毁”。此次毁淫祠范围更广，而且与改作书院结合起来。嘉靖元年，解州知州林云叙、州判吕楠将广慈寺改建解梁书院；嘉靖二年，陕西耀州将明德寺改建文正书院，广西庆元知府王显高将东岳祠改建四贤书院，江苏东海知州廖世昭将观音院改建崇正书院；嘉靖四年，河南提学副使萧凤鸣将睢县一尼庵改建锦襄书院；嘉靖六年，安徽六安知州欧阳德将龙王庙改建为格致书院；嘉靖八年，陕西同官以频山寺改建崇正书院；嘉靖十年，河南禹州邑人张鲲将清凉寺改建辋山书院；嘉靖十一年，山西参政吴廷翰将泰山庙改建书院，河南禹州知州刘魁将西兴国寺改建白沙书院，山西洪洞县将四洲寺改建丽泽书院；嘉靖二十二年，山东龙口知县贾璋将慧灯庵改建河滨书院；嘉靖二十三年，浙江提学副使阮鹗令知县吴三畏将道会司所改建慈湖书院；嘉靖二十六年，江西高安知县潘仲骖将广福寺改建尊道书院；嘉靖二十九年，广西南宁将崇善祠改建西郭书院，千佛堂改建东郭书院，堡平废寺改建中郭书院。嘉靖初，广西藤州将东岳祠改建凤山书院，广西廉州知府韩鸾将无妙观改建海天书院。嘉靖间以淫祠改书院的还有河南汤阴知县卢学之将永通尼寺改建主静书院，广西廉州知府胡鳌将玄妙观改建崇正书院，浙江江山知县黄纶将东岳行宫改建仰山书院，湖南东安知县陈祥麟将一寺庙改建清溪书院，山西参议吴廷翰将洪洞千佛寺改建相观书院，山东东阿将洪福寺改建东流书院，江苏句容将接待寺改建南轩书院，安徽太平知县邱振将开福寺改建为文峰书院。嘉靖中，浙江会稽县将善法寺改建古小学，崇祯中又改作证人书院，江西南丰知县向缟将嘉济庙改为紫阳书院，瑞州推官潘仲骖改广福寺为尊道书院，玉山怀玉书院在正德朱宸濠叛乱时被僧人占据，“嘉靖间提学王宗沐以左道宜斥，请于抚按，有司改复书院”。嘉靖末，金溪知县程秀民以西升废寺改建象山书院。从记载看，毁淫祠改书院基本遍及全国。

地方官员中胡缵宗最热衷于毁淫祠改书院，正德末任安庆知府，将怀宁县撤废的佑圣观西侧僧庵改建山谷书院，将潜山县撤废的一所寺庙改建皖山书院，将桐城县灵泉寺西移改建桐溪书院，嘉靖二年（1523年）调任苏州知府，又将景德寺改建为学道书院，将龙兴寺改建为和靖书院。

毁淫祠改书院最典型的是广东提学副使魏校。正德十六年（1521年）任职后，为改变广东“崇尚鬼教，所在淫祠布列，巫觋盛行”的风俗，即告示全省学校，声明“撤无额寺观淫祠，改创书院、社学，以教多士”，抽调官员“通查境内淫祠及废寺观，尽数拆毁”，如委派知县章昺等五人通查雷州府，高明县教谕李士文等六人分查附郭县番禺、南海各乡。发文广州《为毁淫祠以兴社学事》，“仰广州府抄案委官亲诣各坊巷，凡神祠佛宇不载于祀典、不关于风教及原无敕额者尽数拆除，择其宽广者改建东、西、南、北、中、东南、西南社学七区，复旧武社学一区，仍量留数处以备兴废举坠，其余地基堪以变卖，木植可以改造者收贮，价银工料在官以充修理之费。斯实崇正黜邪，举一而两便者也。抄案官吏先具依准，仍将毁拆兴建过缘由造册缴报”[①]。魏校一次就在广州越秀山改建五所书院，“照得粤秀山一城之镇，故有观音阁，今改而新之，崇奉宋广东漕宪周元公遗像，顺民心也。山之左为迎真观，右为悟性寺，因并废之，塑奉程淳公、正公遗像；南有仁皇废寺，塑奉朱文公遗像。即其旧扁更为濂溪、明道、伊川、晦庵四书院，迎真观之左有天竺寺，改为崇正书院，合祀四先生。广之诸生来讲者使散居各书院”。魏校的安排非常具体可行，原寺观铜像融铜变卖，神位、座案、炉瓶、钟鼓等收取使用，迎真观土地原是官府置买收回招人承租，寺田为僧人自置转给他寺，没有度牒僧道送官还俗，年老无家且小心谨慎者拨给每书院两名为庙祝，洒扫门庭，崇奉香火，每月支给米三斗，报送知府列入养济院，有度牒者转至光孝寺、玄妙观等寺观，“斯实崇正黜邪之大者也，必须得人庶可集事，拟合选委，牌仰广州右卫指挥李松督同武生黄泽、黄节”经办，“承委官员惟勤惟慎，务殚厥心，事完之日具由回报，抄牌官吏先具不违，依准缴牌”[②]。嘉靖元年（1522的）四月行文全省《毁淫祠以兴社学事》，要求将各撤毁淫祠田地转给社学，“本道已行各处，凡神祠佛宇不载于祀典者尽数拆除，因以改建社学。今岁适当造册之年，合收其田入官，改为社学之田”。在魏校号令下，嘉靖四年，归善县将华光庙改作豫章书院。嘉靖初年，魏校所建海丰文山书院和西峰书院、陆丰清明书院和桂林书院恐怕都是以撤毁寺观改建。

---

① ［明］魏校：《钦差提督学校、广东等处提刑按察司副使魏为毁淫祠以兴社学事》，见《庄渠遗书》卷九。

② ［明］魏校：《为崇正学以辟异端事》，见《庄渠遗书》卷九。

隆庆朝也有将淫祠改为书院者，但已经大为减少。隆庆五年（1571年），江苏清河知县张性诚将如意庵改建崇正书院。隆庆中，湖北宜都知县周宗武将淫祠改建正心书院。

（二）理学新发展

明代是理学继宋代以后又一个重要发展时期，相继出现曹端（1376—1434年）、薛瑄（1389—1464年）、吴与弼（1392—1469年）、陈献章（1428—1500年）、胡居仁（1434—1484年）、蔡清（1459—1509年）、罗钦顺（1465—1547年）、湛若水（1466—1560年）、王守仁（1472—1528年）、吕柟（1479—1542年）、吕坤（1536—1618年）、刘宗周（1578—1645年）、孙奇峰（1585—1675年）、黄道周（1585—1646年）等一批理学大家，尤以王守仁心学最为著称。

元代依然以程朱理学为官方哲学，朱熹《四书集注》等成为官方教科书，明永乐十三年又编辑《性理大全》《五经大全》和《四书大全》，将其作为科举圭臬，程朱理学成为士子入仕的敲门砖。程朱理学本来就过于烦琐，正如王守仁所说，“言之太详，析之太精”，但“言益详道益晦，析理益精学益支

贵州修文王守仁悟道处

离，无本而事于外者益繁难”，不利于人们学习和掌握。社会需要新的理论以拯救日益涣散的人心，王守仁应运提出“致良知”和“知行合一”学说。他认为良知是每个人心中先天固有的“本然之知”，“知善知恶是良知，为善去恶是格物”，“致良知”就是保持和发扬意念中的善，“致良知”的方法和目的就是“知行合一”，“知之真切笃实处即是行，行之明觉精察处即是知”，要充分发挥人心固有的天德良知。与王守仁同时的湛若水与王守仁“致良知”为宗不同，而是以“随处体认天理”为宗。王守仁求之内，湛若水求之外，都属于心学范畴。虽然学术有不同，但二人弘治十八年（1505年）相约“共以倡明圣学为事”，从此不论为宦还是家居都以讲学为己任，围绕他们身前身后建造了众多书院。

正德二年（1507年）王守仁被贬为贵州龙场驿丞，第二年到任后暇时收徒设教，弟子为建龙冈书院，提学副使席书闻听“知行合一”后，邀请至贵阳文明书院讲学。正德十二年王守仁巡抚赣南，在赣州修复6所书院，建造义泉、正蒙、富安、镇宁、龙池5所书院，并两次亲至白鹿洞书院讲学，使其成为王学大本营。正德十四年，平定宁王朱宸濠叛乱后，又以稽没的内官黄瑞基宅第创建东湖书院。嘉靖元年（1522年）王守仁归乡为父亲守丧期间，在绍兴、余姚等地讲学，弟子为其扩建绍兴稽山书院，集资建造阳明书院。嘉靖六年，以左都

龙冈书院

御史总督两广及湖广平乱，又于南宁创建敷文书院。嘉靖七年，王守仁病逝于归家途中。

王守仁去世当年，安徽青阳为纪念王守仁两至九华山建造阳明书院，第二年，门人薛侃遵照王守仁遗愿，于杭州天真山创建天真书院，“侃奔师丧，既终葬，患同门聚散无期，忆师遗志，遂筑祠于山麓，同门董沄、刘侯、孙应奎、程尚宁、范引年、柴凤等董其事，邹守益、方献夫、欧阳德等前后相役。斋庑庖湢具备，可居诸生百余人。每年祭期以春秋二仲月仲丁日，四方同志如期陈礼仪，悬钟磬，歌诗侑食，祭毕讲会终月”，每年农历二月、八月的第二个丁日集合同门祭祀，祭祀后会讲一个月。门人邹守益于江西安福创建复古书院，间月会讲五日，致仕后与同门刘邦采、刘文敏、刘子和、刘阳、欧阳瑜、刘肇衮、尹一仁等再建连山、复真等三书院为四乡会，每年春秋还两次聚合五郡乡大夫于青原山举行大会。受此影响，王守仁门人的同志之会遍及四方，嘉靖十三年（1534年）门人李遂于衢州建造衢麓讲舍，本地诸生设立龙游水南会、兰西会进行会讲活动，还邀请王守仁高足钱德洪、王畿讲学。嘉靖十四年，贵州巡抚王杏于贵阳建造阳明书院，直隶监察御史曹焜于九华山创建仰止祠，隆庆时知县率诸生于此讲学。嘉靖十五年，江西安福知县程文德建造复古书院。嘉靖十六年，佥事沈谧于秀水创建文湖书院，“率同志王爱等数十人讲学于其中”。嘉靖十八年，江西提学副使徐阶于南昌建造仰止祠，同门吉安邹守益、罗洪先和抚州陈九川等及各郡选士俱来合会。嘉靖十九年，门人周桐、应典等于永康创建寿岩书院，“桐、典与同门李珙、程文德讲明师旨，嵌岩作室以居来学，诸生卢可久、程梓等就业者百有余人，立师位于中堂，岁时奉祀，定期讲会”。嘉靖二十一年，门人范引年于青田建造混元书院，提学副使阮鹗增建为心极书院。嘉靖二十三年，门人徐珊于湖南辰州创建虎溪精舍。嘉靖二十七年，万安门人创建云兴书院，门人陈大伦于韶州创建明经书院。嘉靖二十九年，吏部主事史际于溧阳创建嘉义书院，门人吕怀于南京新泉精舍建造大同楼作为会讲之所。嘉靖三十一年，兵备佥事沈谧恢复王守仁所设而被强暴者据为私有的赣州义泉、正蒙、富安、镇宁、龙池5所书院，御史黄洪昆在安徽泾县建造水西精舍。嘉靖三十三年，直隶监察御史闾东、宁国知府刘起宗建造水西书院，礼聘钱德洪、王畿分别隔年会讲。嘉靖三十四年，欧阳德改建天真仰止祠。嘉靖三十五年，提学御史赵镗于安徽广德修建复初书院，湖广兵备佥事沈宠于蕲州崇正书院建造仰止祠。嘉靖四十二年，提学御史耿定向、知府罗汝芳于宣城建造志学书院。王守仁自建书院7所，修复6所，弟子等为建20余所，合计30余所。其后万历、崇祯间仍有人建造书院以弘扬阳明学。

阳明学对书院发展影响最大的是徐阶。徐阶嘉靖三十一年（1552年）以礼部尚书兼东阁大学士入阁，四十一年代严嵩为内阁首辅，直到隆庆二年（1568年）七月致仕。徐阶以王守仁再传弟子自居，嘉靖三十二年于京师灵济寺大开讲会，自为盟主，邀请王守仁弟子欧阳德、程文德、聂豹讲学，“学生云集至千人”，轰动京师。徐阶位高权重，重视讲学，地方官纷纷仿效，以建书院讲学作为升迁捷径，“凡抚台莅镇必立书院以鸠集生徒，冀当路见知”，促进地方官员大力发展书院。

许多理学家不愿出仕，以研究和弘扬理学为生，创办书院，收徒设教。吴与弼晚年在家乡江西崇仁小陂书院设教十余年，弟子胡居仁返乡余干先后创办礼吾、南谷和碧峰三所书院讲学，成化三年（1467年）和成化十六年两度应聘主讲庐山白鹿洞书院，还应进士姚灏之聘主讲贵溪桐源书院，与罗伦、张元桢等会讲于余干应天寺和弋阳圭峰。另一个弟子陈献章返回故乡广东新会建造春阳台、庐阜精舍（又名小庐山书屋、小庐山书院）讲学，此外还讲学于碧玉楼、江门钓台和嘉会楼。薛瑄虽然没有自建书院，但也为他建造4所书院，在其出生地河北元氏万历九年（1581年）建造文清书院，嘉靖十七年（1538年）在其讲学处湖南芷江建造文清书院，四川屏山建楼山书院，弟子山西布政司参政王盛于故里山西河津建造文清书院。

五、书院减速发展期

经过正德、嘉靖、隆庆三朝的高速发展，书院已经非常普及，发展到偏僻的乡野山村，而随着社会整体文化水平的提高，书院特别是学术书院也从士大夫独占发展到平民也可参与。在这种情形下，万历及其以后时期书院应该是继续大发展，但是万历至崇祯亡国72年间仅新建书院598所，重建书院22所，合计620所，仅占嘉靖一朝45年828所的不足75%，不计社会动乱的崇祯朝，万历、天启两朝55年也仅新建476所，修复20所，合计496所，仅占嘉靖朝的60%。分析其主要原因，一是书院自身的弊端，二是万历和天启的两次毁书院。

学者创办书院的目的本来是救正官学只重科举的弊端，但是书院经官府介入后许多书院却变成科举补习学校。九江兵备葛寅亮重建阳明书院，“选诸生肄业其中”；江西参议陆梦龙“善谈文章，进诸生讲艺阳明书院”；瑞州知府邓之屏“下车即聚四学之俊，会文筠阳书院，躬亲评阅，月给膏楮，是科发解魁九人”。宜春知县徐栻“校士拔其隽者馆昌黎书院”；南康知县汪承爵“辟旭山书院，率诸生课艺其中”；黄州知州吴淮“建号舍二十楹于东坡书院，拔两庠诸生茂异者数十人讲习其中，躬自校艺，一时人材称盛”；归德知府郑三俊“创立范文正书院，择所属俊髦六十余人讲读其中，俱以科第显，多至大官”；山西提学副使陈讲“建河汾书院，萃士之良者课业有程，多所造就”；翼城知县李士淳“尝建翔山书院，讲艺课业”，王浚初“属文试辄高等，督学使者拔置河东书院，俾卒业，甲子领乡荐，戊辰成进士”。陕西提学副使杨一清“岁试必遍八府三边，建书院，以拔各学之俊秀，躬督教……所识拔士如吕柟、康海、李梦阳之伦，称许为大魁”。即使如王守仁也不能免俗，嘉靖三年（1524年），稽山书院钱楩与魏良政并发解江浙，王守仁听说后，“笑曰：‘打蛇得七寸矣’”。但王守仁主张书院研究与从事举业要“两无相碍”的观点是正确的，“举业不患妨功，惟患夺志，只如前日所约，亦自两无相碍”。毕竟能够正确处理学术研究与举业关系的人太少了，许多书院将全部精力用于举业，正如唐枢批评的那样，“考书院之设，由宋迄今，日以寖广，然宋以明道讲学，而近世则惟逐声誉、立异同、弄笔墨而徼利达而已”[①]。书院也与官学一样成为追逐名利的场所，势必影响学者创办书院积极性。

毁书院是从嘉靖朝开始的，主要针对王守仁和湛若水心学派。嘉靖元年（1522年），王守仁居家守丧讲学，“四方来游其门益众，科道官迎当路意，以伪学举劾”[②]。给事中章侨、毛玉和御史梁世骠、程启充先后上疏，指责王守仁“倡异学以号召天下，好高务名者靡然宗之，取陆九渊之简便，诋朱熹为支离”，因此“乞行天下通为禁革”[③]，但并没有被皇帝所采纳。王守仁去世后，湛若水先后任南京国子祭酒和礼部、吏部、兵部尚书，在南京任职16年，和王守仁高足邹守益和河东学派吕柟“共主讲席，东南学者尽出其门”，招致朝中权贵嫉恨。嘉靖十六年二月，御史游居敬上疏攻击湛若水“倡其邪说，广收无赖，私创书院”，“乞戒谕以正人心”[④]，四月壬申，世宗颁旨“若水留用，书院不奉明旨私自创建令有司改毁，自今再有私创者巡按御史参奏。比年阳倡道学、阴怀邪术之人仍严加禁约，不许循袭，致坏士风”[⑤]，下令禁毁私建书院。次年四月，吏部尚书许赞再次奏请禁毁书院，“近来抚按两司及知府等官多将朝廷学校废坏不修，别起书院，动费万金，征取各属师儒赴院会讲。初发则一邑制装，及舍供亿，科扰尤甚。日者南畿各处已经御史游居敬奉行拆毁，人心称快，而诸未及宜尽查算。如仍有建者，许抚按据奏参劾”，五月，“帝以其悉心民隐，即命内外严加禁约，毁其书院”[⑥]。有学者将此次禁毁书院称作两次，其实应该为一次，嘉靖十七年四月许赞奏请是嘉靖十六年禁毁的继续。嘉靖十六年主要禁毁南京及附近书院，嘉靖十七年是扩及全国，由于这次撤毁的

---

① ［明］唐枢：《重修长春书院记》，见《浙江通志》卷二六。

② 《明纪》卷二八。

③ ［清］顾炎武：《日知录》卷一八。

④ 《续文献通考》卷五〇。

⑤ ［明］余继登：《典故纪闻》卷一七。

⑥ 《皇明大政纪》。

是私建书院，所以撤毁书院不多，湖南慈利嘉靖十年建造的月川书院被拆毁是因为没有经过报批，“寻以未经申详当路革去”。禁止建造书院效果也不大。嘉靖前期，有确切纪年的新建书院每年在10所左右，嘉靖十年至嘉靖十五年分别是12所、9所、2所、15所、13所、7所，而禁毁书院以后的嘉靖十六年7所，嘉靖十七年8所，嘉靖十八年1所，嘉靖十九年5所，嘉靖二十年10所，嘉靖二十一年10所，只是嘉靖十八年影响较大，嘉靖十九年开始恢复，嘉靖二十年就恢复正常，清雍正《江南通志》中关于嘉靖毁书院记载极少，嘉靖十七年，江苏盐城县丞胡鳌还创建正学书院。书院大发展的趋势，连皇帝也难以制止，所以沈德符说“虽世宗力禁而终不能止”①。

对书院影响比较大的是万历间张居正和天启间魏忠贤两次毁书院。

隆庆六年（1572年）六月，张居正担任内阁首辅，开始进行各种改革，整饬吏治，富国强兵，万历四年（1576年）规定地方官员试行征赋不足九成者一律处罚，当年受到革职处分的地方官员山东有2名，河南有9名，降级处分的山东有17名，河南有2名。改革当然会影响部分官僚和士大夫利益，他们或在朝廷唆使言官上疏，或在地方利用书院广造舆论。张居正本来就对书院讲学非常反感，王守仁再传弟子徐阶当政时，在京师灵济寺大开讲学之风，自任盟主，聘请王守仁高足欧阳德、聂豹、程文德分别主持，“学徒云集至千人”，“为自来未有之盛”②。张居正一直受到徐阶提携不便公开反对，但心生厌恶，认为“其徒侣众盛，异趋为事，大者摇撼朝廷，爽乱名实，小者匿蔽丑秽，趋利逃名”③。为“尊主权，课吏职，信赏罚，一号令”，万历三年就上疏建议“不许别创书院，群聚徒党，及号召地方游食无行之徒空谈废业，因而启奔竞之门，开请托之路。违者，提学御史听吏部、都察院考察奏黜，提学按察司

---

① ［明］沈德符：《野获编》卷二四。

② 《明儒学案》卷二七《南中王门学案三》。

③ ［明］张居正：《答南司成屠平石论为学》，见《张太岳文集》卷二九。

官听巡按御史劾奏，游士人等许各抚按衙门访拿解发”[①]，此建议被采纳，收入《换给提学官敕谕》[②]。万历五年，张居正父死应回籍守丧，虽然皇帝下诏夺情，但仍遭到朝臣反对，翰林院编修吴中行、检讨赵用贤、刑部员外郎艾穆和主事沈思孝等上疏指责张居正违背“万古伦常”，“贪位忘亲”，惹得张居正大怒，将四人施以廷杖，打得奄奄一息。观政进士邹元标再次上疏指责张居正，被廷杖160，张居正仍不解气，将吴中行、赵用贤革职，其他三人发配充军，更激起官员和士大夫指责。

万历七年（1579年），常州知府建造书院科敛民财案给张居正禁毁书院提供了借口，张居正以皇帝诏书名义毁天下书院，“七年春正月戊辰，诏毁天下书院。先是原任常州知府施观民以科敛民财私创书院，坐罪褫职，而是时士大夫竞讲学，张居正特恶之，尽改各省书院为公廨，凡先后毁应天等府书院六十四处”[③]，《明通鉴》所说64处是改为公廨，此数字或许是可信的。《中国书院史》列表统计被毁书院仅46所，笔者又发现被卖为民居的广西藤县三元书院、改作祠堂的江西南昌豫章书院、山西闻喜董泽书院、广西平乐道乡书院，改作察院的河北枣强大原书院，左舍右圃僦于民的安徽祁门东山书院和废除的浙江嵊县东楼书院，加在一起才54所。54所书院中仅有5所是改为公廨的，两者相加才113所，此数字恐怕还不够。因为这54所中只有一所陕西书院，而陕西学政李翼轩执行毁书院是最卖力的，毁书院并查卖书院田粮，深受张居正赏识，“查改书院并田粮事一一明悉，必如是而后为芟草除根，他日亦不得议复矣”，如此少实在不可思议。

① ［明］张居正：《请申旧章饬学政以振兴人才疏》，见《张太岳文集》卷三九。

② 《礼部志稿》卷二四。

③ 《明通鉴》卷六七。

张居正所毁书院一览表

书院名称	所在地	毁改时间	毁改情况	说明
龙城书院	江苏常州	万历七年	拆毁	
白鹿书院	江西星子	万历七年	废	留三百亩祭祀，卖千余亩解司
东楼书院	浙江嵊县	万历七年	废	
稽山书院	浙江绍兴	万历七年	佃于吴氏	十年知府萧良乾改文公祠仕学所
东山书院	安徽祁门	万历七年	左舍右圃僦于民	
河东书院	山西运城	万历八年	废，改三圣庙	祀尧舜禹
玉溪书院	江西贵溪	万历八年	废，改玉溪祠	后奉例通复
象山书院	江西贵溪	万历八年	变卖	知县伍袁萃捐赀赎改象山祠，寻奉例通复
东山书院	江西余干	万历八年	议革	
绵江书院	江西瑞金	万历八年	改社学	
涵江书院	福建兴化	万历八年	毁院卖田	
瑞樟书院	福建建阳	万历八年	裁革	
文江书院	江西吉水	万历八年	市地归民间	十一年邹元标奏准复建，改仁文
端明书院	江西玉山	万历八年	废	知县周日申寻址更建端明祠
怀玉书院	江西玉山	万历九年	废	
复古书院	江西安福	万历九年	改三贤祠	田奉文变卖，知府余之桢等增置
大科书院	广东广州	万历九年	毁	
友仁书院	广西藤县	万历九年	奉勘为民居	
三元书院	广西藤县	万历九年	奉勘合卖为民居	事后别建永安门内，清改社学
橘园书院	广西岑溪	万历十年	废	复申毁书院令废
恒阳书院	河北正定	万历十年	改游击将军署	万历四十一年迁将军署恢复
瀛山书院	浙江遂安	万历十年	撤门额	
道源书院	江西大庾	万历初	废。寻复	巡按陈效与知府等择地重建
紫阳书院	江西婺源	万历	毁	万历中复，天启改三贤祠
明经书院	江西婺源	万历	不详	十二年知县率胡氏族人重修

（续）

书院名称	所在地	毁改时间	毁改情况	说明
叠山书院	江西上饶	不详	不详	
濂溪书院	江西德化	不详	不详	
一峰书院	江西永丰	不详	不详	
复真书院	江西安福	不详	不详	
锦江书院	江西安仁	不详	不详	
白鹭书院	江西吉安	不详	改湖西公署	
豫章书院	江西南昌	万历	改祠	豫章二十四先生祠
仁文书院	江西吉水	万历	毁	天启拆毁追价
筠阳书院	江西高安	万历初	奉文变卖	傅孟春捐银赎回，五年后恢复
观澜书院	福建龙溪	万历	改孔氏家庙	
文学书院	江苏常熟	万历初	仅存言子祠	三十四年重修改虞山，天启中再毁
晋阳书院	山西太原	万历初	废	二十一年改三立祠，再改三立书院
大原书院	河北枣强	万历初	改北察院	
崇正书院	河北正定	不详	不详	
水西书院	安徽泾县	不详	废	江陵柄国，鞠为茂草
松林书院	山东青州	不详	不详	
愿学书院	山东长清	不详	不详	
惜阴书院	湖南长沙	万历六年	改惜阴祠	
清溪书院	湖南东安	不详	改景濂精舍	知县朱应辰改
问津书院	河南叶县	万历初	毁废	
铁泉精舍	广东广州	万历	毁拆	
玉泉精舍	广东广州	万历	毁拆	
天阶精舍	广东广州	万历	毁拆	
西樵书院	广东广州	万历	毁拆	
敷文书院	广西桂林	万历	改为别署	万历十一年恢复

（续）

书院名称	所在地	毁改时间	毁改情况	说明
道乡书院	广西平乐	万历	改七贤祠	
大益书院	四川成都	万历五年	议毁	后改大儒祠
董泽书院	山西闻喜	万历	改祠	
鹤山书院	四川邛崃	万历初	改鹤鸣公馆	《四川通志》作万历中改校士馆

之所以万历毁书院记载很少，主要原因：

一是毁书院时间很短，万历十年（1582年）六月张居正病死，毁书院只延续不到三年半时间。

二是许多官员对张居正独断专权、培植个人势力、科举不公等行为非常不满，况且大多官员支持书院，不仅不毁书院，反而想方设法进行维护。浙江巡按御史谢师启、提学佥事乔因阜“谓万松书院祀先圣不当毁，具疏得存”。江西都御史邵锐以白鹿洞书院有赐额不便拆毁，留田三百亩备祭祀。万历十年（1582年）绍兴知府萧良乾将稽山书院改名朱子祠并进行维修。桂林敷文书院改为别署，连王守仁塑像都不动，为掩人耳目只是以屏遮挡，万历十一年即撤除屏障，进行维修。提督北畿学政傅孟春出资赎回书院，风头一过即恢复。吉水仁文书院被拆除，土地被卖给民间，知县以己俸将土地赎回给邹元标，万历十一年邹元标即将土地还给吉水，报请批准后重建书院。

三是毁书院并非拆除书院，有的只是撤除书院名称，如浙江遂安瀛山书院只是撤门额；有的是停止书院教学活动，如江西大庾道源书院、太原晋阳书院；有的是改作他用，贵溪象山书院应该变卖，知县伍袁萃捐资以赎，改为象山祠，山西运城河东书院改作奉祀尧舜禹的三圣庙，福建龙溪观澜书院改作孔氏家庙，广西平乐道乡书院改作七贤祠，四川邛崃鹤山书院改作校士馆，江西白鹿洞书院和湖南长沙惜阴书院都是改作祠堂。停止教学活动的大庾道源书院和吉水仁文书院，风头已过即“寻复”，万历二十一年（1593年）太原晋阳改称三立祠，后再改为三立书院。江西高安筠阳书院行文变卖，侍郎傅孟春捐银抵值，五年后知府周之基奉诏重修，书院被恢复。傅孟春提督北畿学政时，正逢毁书院，“捐数百金赎之，事定还为书院”。真定恒阳书院被改为游击将军衙署，万历四十一年，督学傅某决意恢复，“檄府别建游击署而以书院还，有司发赎锾七百余金，中丞汝南刘公、郡守周公、司马陈公佐焉。经始于正月，成于七月，重门之外为坊，内为讲堂，东西为精舍，凡十四所，讲堂之后为长廊，有堂有厢，后有水亭，一如旧时之制，又置田以资给诸生，于是三十二城之名士皆至”[①]，修复后成为正定府书院，选拔32县优秀诸生进修。桂林敷文书院在毁书院时改为别署，“中有公像，有司不忍毁，犹以屏隐约而藏之”，奉祀的王守仁像只是以屏遮挡，万历十一年，陈纪持宪粤西，“撤其屏，肃瓣香，瞻拜祠下，见其院第荒芜”，上其事于三院，获得两广总制、广西巡抚和监察御史同意，有司佥同捐余锾维修，恢复书院。江西吉水文江书院为邹元标所建，万历八年被毁，土地卖给民人，知县陈某见邹元标居处湫隘，捐俸赎回交还邹元标，万历十一年，邹元标被召回朝任吏科给事中，奏准重建，改称仁文书院。许多书院在张居正去世后不需要维修就恢复书院功能，而见诸史书的主要是书院修建记录，所以张居正毁书院历史记载不多。

明代三毁书院虽然都有政治因素，但第一次嘉靖毁书院主要是学术上反对王、湛学说，张居正毁书院已经侧重政治，而天启魏忠贤毁书院则全是政治因素。

明末王朝政治日益腐败，社会矛盾日益尖锐，土地兼并日益严重，剥削日益残酷，而矿监税使遍布全国，“树旗建厂，视商贾懦者肆为攘夺”，既掠夺工商业者财富，宦官们还以开矿为名掠夺房屋和土地，激起工商业者和市民阶层反抗。为挽救大厦之将倾，明智的士大夫们建议朝廷进行改革，但屡遭排斥和打击，户部郎中顾宪成、左都御史高攀龙等都被革职出朝，回到原籍无锡后里居讲学，并常至苏州、松江、嘉兴、太仓、宜兴等地讲会，“龙山盛会不减

---

① ［明］赵南星：《重修恒阳书院记》，见《畿辅通志》卷九八。

鹿洞、鹅湖”，高攀龙也“偕四郡同志会讲于乐志堂”，弟子云集，无所容纳。士大夫们既为讲学需要，也为政治需要，急需一处广联同志场所，“我吴尽多君子，若能联属为一，相牵相引，接天地之善脉于无穷，岂非大胜事哉！”①东林党于万历三十二年（1604年）发起并经官府批准恢复宋代杨时讲学的东林书院。顾宪成等“风声雨声读书声，声声入耳；家事国事天下事，事事关心”，讲学之余“讽议朝政，裁量人物”，很快成为一个既具学术性更具政治性团体。学术上反对阳明学派谈空说幻，言行不一，提倡求真务实，实学实用，“学顾躬行”；政治上反对宦官专权乱政，主张“政事归于六部，公论付之言官”，反对派遣矿监、税使到全国各地横征暴敛，要求惠商恤民，减轻赋税，破格选拔人才。东林党围绕立太子、梃击太子、光宗服红丸暴死、移宫等事件与其他党派和阉党发生激烈冲突，终于招致阉党报复。

天启四年（1624年），阉党开始发难。乔应甲上疏指淮抚李三才为东林党魁，“东林得淮抚则暗有所恃，淮抚得东林则两有所挟”，张讷则参劾吏部尚书赵南星，致使17人被革职。天启五年阉党拿书院开刀，正月，阉党十孩儿之一的兵科给事中李鲁生以“假道学不如真节义”为词上疏建议将京师首善书院改作忠臣祠，以奉祀阵亡辽代将士。在阉党周维持、倪文焕、张讷建议下，八月，魏忠贤矫旨下诏毁书院，“其东林、关中、江右、徽州一切书院俱着拆毁，暨田土房屋估价变卖，催解助工”，并惩处讲学者，“本内有名如邹元标，少负忠名，出山潦倒，其身虽死已久，然巨奸依势之恶尚存，着削了籍，仍追夺诰命。外如孙慎行、冯从吾、余茂衡名虽假乎理学，行无异于市井，或通关节，而居之不疑，或躬窝主，而腼颜无耻，甚至假仙惑世，吞产谋孤，读此令人发指。此三员都着削了籍为民，仍追夺诰命”②。此次毁书院比前两次都严厉得多，过去是改毁，而此次明确拆毁。天启六年四月，魏忠贤再次下令，“苏

① ［明］顾宪成：《泾皋藏稿》卷五。

② 《明熹宗实录》卷六二。

东林书院

常等处私造书院尽行拆毁，刻期回奏”[①]。天启五年令下后，东林书院在高攀龙关说下只拆毁依庸堂，天启五年四月二十八日，应天巡按徐吉特发十万火急票牌，责令无锡县“即便督同地方人等立时拆毁。拆下木料俱即估价，以凭提解，不许存留片瓦存椽”[②]。五月初，东林书院除道南祠因官建先贤祠堂幸免外其他建筑全部被拆除，书院房屋材料与土地变卖银两631.2两。陕西巡抚本为阉党，执行格外卖力，拆毁关中书院，“掷夫子象于城隅”。江西吉水仁文书院在魏忠贤毁书院时改称明德祠以冀逃过被拆厄运，“再毁于魏珰矫旨之时，而委曲易其名为明德祠”[③]，但仍然在劫难逃，最后被拆毁追价。婺源紫阳书院，天启毁书院时令变价出卖，知县金兰乞请不准，将紫阳书院改称三贤祠。江西高安筠阳书院在天启毁书院时，知府陶履中上报改作公署，“天启间魏珰尽毁天下书院，奉檄甚亟，知府陶履中以改建公署申报”[④]。

① 《明熹宗实录》卷六六。

② ［清］许献等:《东林书院志》卷一八。

③ ［清］李元鼎:《仁文书院兴废纪略》，见［清］雍正《江西通志》卷一三三。

④ ［清］雍正:《江西通志》卷二一。

天启被毁书院，有人统计共26所，其数字并不准确，其中江西安福复古、复贞等书院并未拆毁。清雍正《江西通志·高赉明传》转引自康熙二十二年（1683年）《江西通志》说："天启间知安福县，有惠政。时魏珰毁天下书院，建生祠，邑有复古、复礼诸书院皆在毁中。赉明曰：'复古祀王文成、湛甘泉、邹文庄。文成学问事功在天下，毁之则得罪名教；甘泉为粤儒宗，某粤人，毁之则得罪乡先达；文庄为安福理学开先，毁之则得罪地方；宁死不敢为。'诸书院岿然得存，邑人至今颂之。"① 白鹭洲书院似也未毁，清雍正《江西通志·余玉节传》引自《湖广通志》说："时欲废白鹭洲书院，以建魏忠贤生祠，节力存之。"② 除此26所外被毁的还有常熟文学书院、南昌澹台祠。文学书院"天启中魏珰毁之"，奉祀孔子弟子澹台灭明的澹台祠始建于南宋，"天启末，大珰魏忠贤斥卖郡国书院，助水衡钱，此祠亦不免，至曳澹台先贤像投于湖滨"③。天启间被毁书院还有天启五年（1625年）所废浙江嵊县长春书院、天启四年毁而崇祯元年（1628年）复的上海嘉定明德书院，以及宜兴明道书院和安徽休宁柳溪书院，改为江防行署的采石书院，此五所书院毁于天启年间但不清楚是否毁于魏忠贤毁书院。

魏忠贤所毁书院一览表

书院名称	所在地	拆毁时间	拆毁情况
首善书院	北京	天启五年	改作忠臣祠，毁匾额对联、碑刻
关中书院	陕西西安	天启五年	毁，掷夫子象于城隅
东林书院	南京常州无锡	天启五年	拆依庸堂，6年续拆，仅存道南祠
明德书院	南京苏州嘉定	不详	改劝农所。崇祯初复改书院
紫阳书院	南京徽州	不详	不详

① ［清］雍正：《江西通志》卷六一。

② ［清］雍正：《江西通志》卷六一。

③ ［清］雍正：《江西通志》卷一〇八。

（续）

书院名称	所在地	拆毁时间	拆毁情况
紫阳书院	南京徽州婺源	不详	改三贤祠
福山书院	南京徽州婺源	不详	不详
还古书院	南京徽州休宁	不详	价银630两出售，毁三之一。崇祯初复故
中天书院	南京徽州黟县	不详	不详
林应书院	南京徽州黟县	不详	不详
碧阳书院	南京徽州黟县	不详	天启时为魏珰所毁，崇祯时修复
明道书院	南京常州宜兴	不详	天启毁
仁文书院	江西吉安吉水	不详	拆毁追价，崇祯十五年知县沈中柱奉宪檄修复
洎阳书院	江西饶州乐平	天启五年	毁废
怀玉书院	江西广信玉山	不详	不详
濂溪书院	江西九江德化	不详	不详
征士书院	江西南昌进贤	不详	改迎春亭
钟陵书院	江西南昌进贤	不详	不详
栖贤书院	江西南昌进贤	不详	不详
鹅湖书院	江西广信铅山	不详	不详
双溪书院	江西饶州浮梁	不详	天启间魏忠贤毁天下书院，遂属民产
友教书院	江西南昌	不详	不详
正学书院	江西南昌	不详	不详
复古书院	江西吉安安福	不详	未毁。知县高赉明坚不从命，不毁书院
复贞书院	江西吉安安福	不详	未毁。知县高赉明坚不从命，不毁书院
白鹭洲书院	江西吉安庐陵	不详	似未毁，知县余玉节力存之
萃和书院	江西吉安泰和	不详	不详
筠阳书院	江西瑞州高安	不详	奉檄甚亟，知府陶履中以改建公署申报
文学书院	南京苏州常熟	不详	毁
澹台祠	江西南昌	不详	毁。曳澹台先贤像投于湖滨
证人书院	浙江绍兴	不详	工未半告寝

天启毁书院数量并不多，但它背后是阉党对东林党人的人身迫害，残杀杨涟、左光斗等东林六君子和周顺昌等后六君子，逼死高攀龙和冯从吾，是非常血腥而残酷的，历史影响也很大。但即使在毁书院的天启六年（1626年），山西洪洞知县赵京仕、四川蓬溪知县杨学孔仍然分别建造登瀛书院和石鱼书院。

天启七年（1627年）八月，熹宗去世，毅宗即位，十一月将魏忠贤安置到凤阳守陵，寻命逮治，魏忠贤闻讯自缢而死，崇祯元年即赠恤被魏忠贤残害者，并下令“各处书院宜表彰者，着提学官尽行修复”[①]，书院之禁一解，建造书院之风又起，崇祯间虽然战乱频仍，17年间仍然建造书院122所，重建2所，年均近7.3所，仅次于嘉靖、正德、隆庆和万历。由此可见，建造书院是社会共识，不是一两次禁毁书院就能扼杀的。

明代书院在早期还是以民间建造为主，其后官员建造逐渐增多，成化以后，官员成为建造书院主力。在已知书院建造者中，正德间官员建造约98所，邑人包括致仕还乡官员建造约19所；嘉靖中官员建造约395所，邑人及致仕归乡官员建造约42所；隆庆间官员建造约37所，邑人包括致仕官员建造6所；万历间官员建造约220所，邑人及致仕官员建造约26所；天启间官员建造15所，邑人建造2所；崇祯间官员建造约50所，邑人建造约8所，合计官员建造约735所，民间建造约103所，民间只占官员建造的14%，连七分之一都不到，官员成为建造书院的绝对主力。这既是明代书院发展的一大特点，也是书院发展的动力和三次毁书院效果都不大的主要原因之一。

明代各级政府官员热衷建造书院，连兵备官员也不例外。万历初，直隶密云兵备使钱藻在霸州建造益津书院，“合道属十三学弟子员，拔其尤聚肄于中”。

① 《东林书院志》卷一。

第十节　清代书院鼎盛

清朝是满族建立的少数民族政权，进入中原后，深知要在中原站稳脚跟就必须尊重中原思想与文化。顺治元年（1644年），山东巡抚方大猷向朝廷建议，“先圣孔子为万世道统之宗，本朝开国之初一代纲常培植于此，礼应敕官崇祀，复衍圣公并四氏学博士等之封，可卜国脉灵长，人文蔚起”[①]，朝廷采纳方大猷建议，继承明代尊孔崇儒政策，次年还加号孔子大成至圣文宣先师，恢复被明世宗废除的孔子庙大成殿名称，顺治九年和顺治十七年皇帝还两次专门到京师国子监文庙祭祀孔子，以显示对孔子思想的推崇和汉文化的认同。作为传播传统思想文化工具的书院也得到大发展，达到历史鼎盛。

清代书院鼎盛，一是数量空前，清朝新建书院5517所，重建574所，合计6091所；二是书院形成省级、府州级、州县级自上而下的体系；三是清末书院教育开始向现代教育转变；四是研究性书院大增。

清代书院发展经历了衰落、恢复、高速发展、式微、复兴的曲折道路。

清代新建修复书院统计表

年号	年数	新建			修复重建	总计	年均
		总数	有确切纪年	无确切纪年			
顺治	18	75	41	34	61	136	7.56
康熙	61	789	647	142	248	1037	17
雍正	13	300	233	67	25	325	25
乾隆	60	1419	1204	215	159	1578	26.3
嘉庆	25	388	313	75	19	407	16.28

① 《孔府档案》卷〇〇七九卷。

（续）

年号	年数	新建			修复重建	总计	年均
		总数	有确切纪年	无确切纪年			
道光	30	625	496	129	31	656	21.87
咸丰	11	201	139	62	6	207	18.82
同治	13	515	338	177	14	529	40.7
光绪	34	989	572	417	11	1000	29.4
宣统	3	4	3	1	—	4	1.33
不明	—	212	—	212	—	212	—
合计	268	5517	3986	1531	574	6091	22.73

一、清初书院衰落

明朝末年，农民起义本来就对书院造成一定破坏，而清兵入关，激起汉族激烈抗击，清兵的野蛮军事行动诸如嘉定三屠、扬州十日、江阴八十一日等对书院造成更大破坏，“所在屠灭，郡邑为墟”[①]，许多书院毁于战火之中。战乱也给觊觎书院财产者带来机会，豪强趁机抢占，寺僧借机吞并。清朝统治者害怕士大夫借书院讲学开展反清活动，对书院采取限制措施，顺治九年（1652年）就颁发不准创建书院谕旨，“各提学官督率教官、生儒，务将平日所习经书义理着实讲求，躬行实践。不许别创书院，群居徒党，及号召地方游食无行之徒空谈废业”[②]。本来战乱之时“文学诸生谋生犹恐不给，奚暇诵读”，大多书院也停止教学活动，即使个别学者仍然坚持教学也只能另觅他所，“故墟榛莽，朔望课士于义学”。

清雍正、乾隆初各省编纂的通志有的记录书院存废状况，有的只是个别记

① ［清］嘉庆《四川通志》。

② 《古今图书集成·选举典·学校部》卷三八三。

录。《贵州通志》著录全省书院14所，“今废”者7所，“今圮”者2所，“余无考”1所，仅存4所，3所继续开展教学活动，雍正重建1所，未注明是否教学，既然雍正十一年（1733年）重建应该是开展教学的，幸存不到29%；明代有记载的书院共33所，幸存仅12%。《云南通志》著录全省书院109所，“久废”40所，“今废”17所，“今暂作训导署”1所，废弃58所，仅存51所，不到原来的46.8%；清雍正十一年《广西通志》著录全省书院70所，“今废”33所，“今圮”2所，“今渐圮废”1所，“后废”“后圮”“久圮”各1所，改社学1所，改祠3所，改义学3所，废改46所，仅存24所，不到原来的35%，保存情况最差。

有的省保存情况似乎好一些。《甘肃通志》著录全省书院20所，“今废”1所，“后废”2所，改社学、县学、提学考院各1所，保存14所，占70%。《陕西通志》著录全省书院44所，“今废”11所，“今圮”1所，“存遗址”3所，保存29所，接近66%。《福建通志》著录全省书院154所，福州府侯官县原有书院6所已废5所，古田县原有书院4所已废3所，莆田县原有书院10所已废8所，仙游县原有书院5所俱废，龙溪县原有书院8所，除观澜书院改作孔氏家庙外其他均废，长泰县原有书院3所俱废，福宁府书院5所已废3所，福安县书院2所俱废，宁德县、龙岩州都是3所书院俱废，连同光泽县今圮的崇仁书院、今废的海澄县清漳书院和建宁县云谷书院，改作正音书院1所，全省已废书院47所，保存107所，接近70%。《山西通志》著录全省书院82所，“今废”1所，康熙三十四年（1695年）圮1所，“后废”16所，改祠1所，改察院1所，保存62所，超过75%。《四川通志》著录全省书院57所，“今废”2所，“今圮”7所，“久废”1所，改为崇忠祠1所，废圮11所，保存46所，超过80%。《湖广通志》著录湖北书院54所，“今废”8所，“基存”2所，保存44所，超过81%。湖南书院著录51所，“今圮”1所，存址2所，“久废”3所，保存45所，接近90%。表面看起来保护还不错，但从保护较好的几省看，废弃的大都集中在几个府州，有的府州则没有，如湖南衡阳府久废3所和基存1所，永州府今圮1所，岳州府存址1所，其他府州未见，似乎不太可能。同样《福建通志》中，建宁府32所书院、延平府22所书院一所未废，似乎也不太可能。由于各省通志都是地方报送材料，很可能是有的府州将废弃列入，有的州府则没有列入。

顺治十四年（1657年）朝廷也有批准抚臣袁廓宇之请修复衡阳石鼓书院以显示重视书院的举措，顺治间也曾新建75所、修复61所书院，但远远赶不上废圮数量，整体来看，书院呈现衰落景象。

二、康熙雍正间恢复

康熙二年（1663年），轰轰烈烈的抗清斗争基本被平定，国家逐步安定下来，但朝廷并没有改变限制书院政策，只是一些有远见的汉族官员开始修复书院。康熙十年，安徽巡抚靳辅命知府姚琅修复顺治九年操江巡抚李日芃创建的培原书院，命教授庄名弼教学课士。康熙十二年，河南巡抚佟凤彩重建开封大梁书院。直到康熙十五年，皇帝才有支持书院举动。是年，宁古塔将军哈达在吉林兴安建造满洲书房教育满族贵族子弟，请求皇帝赐名，康熙皇帝赐名龙城书院，并赐御书“龙飞胜地”匾额。康熙二十三年平定台湾，山河完全统一，皇帝才加大对书院支持。康熙二十五年，“颁发御书‘学达性天’四字匾额于宋儒周敦颐、张载、程颢、程颐、邵雍、朱熹祠堂及白鹿洞书院、岳麓书院，并颁日讲解义经史诸书”；康熙三十二年又将此额颁发安徽徽州和婺源紫阳书院。康熙三十三年颁发御书“昌明仁义”与河南开封大梁书院。康熙四十一年颁发御书“乐育英才”与京师义学金台书院。康熙四十二年先后向云南昆明昆

学达性天额

明书院颁发“育才”额，向山东济南白雪书院赐额“学宗洙泗”。康熙四十四年向江苏苏州文正书院赐额“济时良相”，向江苏丹徒宝晋书院和扬州胡安国书院分别颁发赐额“宝晋遗踪”和“经术造士”，向浙江杭州崇文书院赐额“正学阐教”，向福建建阳考亭书院赐额“大儒世泽”和对联“诚意在心，阐邹鲁之实学；主经穷理，绍濂洛之心传”，向上海青浦孔宅书院赐额“圣迹遗徽”额和“泽衍鲁邦，四海人均化育；裔分吴会，千秋世永蒸尝”对联，向苏州言偃文学书院赐额“文开吴会”，向周敦颐祠堂赐额“理明太极”，向董仲舒祠堂赐额“正谊明道”，向杨时祠堂赐额“程氏正宗”，向罗从彦祠堂赐额“奥学清节”，向李侗祠堂赐额“静中气象”，向胡安国祠堂赐额“霜松雪柏”，向蔡元定祠堂赐额“紫阳羽翼”，向蔡沈祠堂赐额“学阐图畴”，向真德秀祠堂赐额“力明正学”。康熙五十年为雍亲王新建热河乐山书院题写院名。康熙五十五年向浙江杭州敷文书院赐额“浙水敷文”，向福建福州鳌峰书院赐额“三山养秀”，福建尤溪南溪书院赐额“文山毓哲”。康熙五十六年向江西鹅湖书院赐额“穷理居敬”和“章岩月朗中天镜，石井波分太极泉”对联。康熙五十八年向河南开封大梁书院赐额“两河文教”，向江西南昌豫章书院赐额“章水文渊”。康熙六十一年向江苏苏州紫阳书院赐额“学道还淳”。康熙皇帝共向书院赐额19方，对联3副，颁给22所书院，题写书院院名1所，向宋六贤、董仲舒及九位理学家祠堂赐额11方次，已知杨时赐额悬挂于故乡福建将乐龟山书院，蔡沈赐额悬挂于故乡福建建阳九峰书院，宋六贤、董仲舒和其他七位理学家也均有祭祀书院，赐额共涉及书院将近40所。

康熙朝虽然国家尚未废除限制书院发展政策，但皇帝频频向书院赐额无疑发出重视书院信号，地方官员和民间对建造书院渐觉没有后顾之忧。康熙十四年（1675年），安徽“巡抚靳辅檄各郡县立书院，为讲肄之所”；康熙二十一年，两江总督于成龙在南京创建虹桥书院，“檄上下江知名士肄业其中，一时称盛”；康熙二十二年，广西巡抚郝浴创建桂林华掌书院，“召集各属诸生肄业其中”；康熙二十四年，云贵总督蔡毓荣创建云南昆明书院，康熙四十二年皇帝赐额“育才”后改名育才书院；浙江巡抚赵士麟创建杭州敬一书院，“每月朔日会绅衿耆老，宣讲圣谕，望日集师儒讲学于此”；康熙四十六年，福建巡抚张伯行创建福州鳌峰书院，康熙五十年，皇帝赐额“三山养秀”；康熙五十三年，江苏巡抚张伯行于苏州创建紫阳书院；康熙五十六年，广西巡抚陈元龙创建阜成书院。地方大员创建书院，属下各官纷纷仿效。广西巡抚郝浴康熙二十二年创建华掌书院后，康熙二十五年，梧州知府陈天植捐俸购回原陈公祠，创建观澜书院；康熙二十七年，永康州知州创建丽泽书院；康熙二十九年，宁明州教授高熊征创建南陂书院；康熙三十一年，平乐建造三渠书院；康熙三十五年，苍梧知县刘以贵将义学改建为茶山书院；康熙四十六年，广西永淳士民为知县徐凤池建造徐公书院；康熙四十八年，广西永安知州陈大辇创建眉江书院；康熙四十九年，平乐知县黄大成建造新道乡书院；康熙五十六年，庆远知府高茂选创建龙江书院。广西巡抚陈元龙创建桂林阜成书院，康熙五十八年，士民为巡抚陈元龙建造爱日书院。康熙一朝，新建书院789所，修复、重建前代书院248所，书院开始恢复。

雍正朝是清代书院政策转变期，也是书院发展的重要时期。

雍正前期，皇帝对书院仍然采取限制政策。雍正元年（1723年）下诏“命各省改生祠、书院为义学，延师授徒，以广文教”[①]。雍正四年，江西巡抚请求为白鹿洞书院选任掌教，部议不准，皇帝赞同部议，“至于设立书院，择一人为师，如肄业者少，则教泽所及不广；如肄业者多，其中贤否混淆，智愚杂处，而流弊将及于藏垢纳污。若以一人教授，即能化导多人俱为端人正士，则此一人之德才即可膺辅弼之任，受封疆之寄而有余，此等之人岂可易得？当时孔子至圣，门弟子三千余人，而史称身通六艺者仅七十有二，其余不必皆贤，况后世之以章句教人者乎？”[②] 雍正皇帝即使以孔子为例否定书院，理由也难以使人

① 《清文献通考》卷六九《学校八》。

② 《清实录·世宗实录》卷四三。

信服，其实皇帝真正担心的是书院“贤否混淆”，害怕集聚反清力量。雍正十一年，皇帝意识到江山已经稳固才转变对书院态度，由限制改为支持，“各省学校之外，地方大吏每有设立书院，聚集生徒，讲诵肄业者。朕临御以来，时时以教育人才为念，但稔闻书院之设实有裨益者少，而浮慕虚名者多，是以未曾敕令各省通行，盖欲徐徐有待而后颁降谕旨也。近见各省大吏渐知崇尚实政，不事沽名邀誉之为，而读书应举之人亦颇能摒去浮嚣奔竞之习，则建立书院，择一省文行兼优之士读书其中，使之朝夕讲诵，整躬励行，有所成就，俾远近士子观感奋发，亦兴贤育才之一道也”。朝廷命令各省督抚在各省会设立省城书院，并对书院经费和管理体制作出规定：“督抚驻扎之所，为省会之地，著该督抚商酌举行，各赐帑金一千两。将来士子群居读书，豫为筹划，资其膏火，以垂永远。其不足者，在于存公银内支用。封疆大吏等并有化导士子之职，各宜殚心奉行，黜浮崇实，以储国家菁莪棫朴之选。如此，则书院之设有裨益于士习民风而无流弊，乃朕之所厚望也。”[①]在省城设立书院，就将书院中心从传统的山林转向省城，而且明确封疆大吏对士子的化导职责，便于国家对书院管理。

遵照世宗明令，各省很快设立省城书院。据《大清会典》记载，全国共建省城书院22所，即京师金台书院，直隶保定莲池书院，奉天盛京沈阳书院，山西太原晋阳书院，江苏南京钟山书院和苏州紫阳书院，浙江杭州敷文书院，江西南昌豫章书院，福建福州鳌峰书院，山东济南泺源书院，河南开封大梁书院，湖北武昌江汉书院，湖南长沙岳麓书院和城南书院，广东广州粤秀书院和肇庆端溪书院，广西桂林秀峰书院和宣成书院，云南昆明五华书院，贵州贵阳贵山书院，四川成都锦江书院，陕西西安关中书院，甘肃兰州兰山书院。除广东两书院各五百两白银、奉天沈阳书院由学田田租内拨给外，其他书院均拨给白银一千两作为师生膏火。此外，安徽安庆修永书院也得到赐给帑金一千两，应该也属于省城书院，况且安徽已于康熙二十六年（1687年）设省，而乾隆元年

① 《大清会典》卷三九五《礼部·学校·各省书院》。

关中书院

（1736年）的《江南通志》设府书院一称，分别为江宁府书院钟山书院、苏州府书院紫阳书院和安庆府书院修永书院，也可佐证修永书院为省城书院。

督抚设立省城书院，各府、州、县纷纷设立自己驻地书院，“其余各省府州县书院，或绅士出资创立，或地方官拨公经理，俱申报该管官查核”[①]，形成省、府、州、县各级官立书院系统。由于两年后世宗去世，所以设立省城书院的诏令对雍正朝书院发展影响不是很大，雍正13年间，全国新建书院300所，修复或重建25所，每年平均25所，速度在清朝排第四，但数量不多，仍然属于书院恢复期。

三、乾隆间高速发展

雍正设立省会书院诏令促进了乾隆朝书院大发展，而自幼深受儒家思想影响的高宗对汉文化情有独钟。乾隆元年即颁布上谕：“书院之制所以导进人才，广学校所不及。我世宗宪皇帝命设之省会，发帑金以资膏火，恩意至渥也。古者乡学之秀始升于国，然其时诸侯之国皆有学，今府州县学并建而无递升之

① 《清会典则例》卷三九五《礼部・学校・各省书院》。

法，国子监虽设于京师，而道里辽远，四方之士不能胥会，则书院即古侯国之学也。居中讲习者固宜老成宿望，而从游之士亦必立品勤学，争自濯磨，俾相观而善，庶人材成就，足备朝廷佐使，不负教育之意。该部即行文各省督抚、学政，凡书院之长必选经明行修、足为多士模范者，以礼聘请，负笈生徒必择乡里秀异、沉潜学问者肄业其中，其恃才放诞、佻达不羁之士不得滥入书院中。酌仿朱子《白鹿洞规条》立之仪节，以检束其身心，仿《分年读书法》予之程课，使贯通乎经史，有不率教者则摈斥勿留。学臣三年任满咨访考核，如果教术可观，人材兴起，各加奖励；六年之后著有成效，奏请酌量议叙。诸生中材器尤异者，准令荐举一二，以示鼓舞。"[①] 此上谕一是肯定书院在国家教育中的地位，"导进人才，广学校所不及"；二是规定书院教育目的，培养"足备朝廷佐使"人才；三是明确省会书院既是各省府州县各级官学之上最高规格的教育机构，也是连接地方官学与中央官学以形成递升的中间环节，如同"古侯国之学"；四是规定师资标准，"经明行修、足为多士模范者"；五是规定书院学生标准，"负笈生徒必择乡里秀异、沉潜学问者"，从地方选拔优秀人才；六是规定书院管理办法，"酌仿朱子《白鹿洞规条》立之仪节，以检束其身心"；七是规定教学方法，仿照《分年读书法》设置课程；八是规定奖惩措施，师资三年考课"教术可观，人材兴起"者给予奖励，六年著有成效者酌量议叙升迁，优秀学生可以被举荐到国学，不服从管理学生则予以开除。这是一个比较全面的关于书院教育的国家文件。

清高宗非常重视书院建设、教学和管理，可谓无微不至。

一是关心著名书院。首先是赐额。乾隆三年（1738年）向福建福州鳌峰书院赐额"澜清学海"；乾隆九年向江西星子白鹿洞书院赐额"洙泗心传"，向安徽徽州紫阳书院赐额"道脉薪传"，向湖南长沙岳麓书院赐额"道南正脉"；乾隆十六年向江苏苏州紫阳书院赐额"白鹿遗规"，向文正书院赐额"学淳业

① 《清朝文献通考》卷七一。

广”；乾隆二十一年向陕西西安关中书院赐额“秦川浴德”。其次巡行著名书院。先后至保定莲池、河南辉县百泉、江苏江宁钟山、苏州紫阳和杭州敷文等书院察看，并留题诗篇。乾隆十五年题诗保定莲池书院，乾隆十六年题诗苏州紫阳书院和杭州敷文书院，此后乾隆二十二年、乾隆四十五年、乾隆四十九年还三次题诗紫阳书院，乾隆二十二年、乾隆二十七年、乾隆三十年、乾隆四十五年、乾隆四十九年五次题诗敷文书院。再次为赐书。乾隆十六年首先向江宁钟山书院、杭州敷文书院颁赐新刊殿版《十三经》《廿一史》，其后不断向书院颁赐经史书记和御制诗文。四为赐予帑金。乾隆二年，朝廷向福州鳌峰书院赐银一千两；乾隆四年又向杭州敷文书院赐银一千两，“上以浙江敷文书院生童众多，每岁帑金租息银仅四百余两，不足以敷饩廪，特命加赐帑金一千两，交与该抚经理，定取息银以资诸生膏火”；乾隆二十八年，江西巡抚明德以豫章书院公费不敷，请求将九江、赣州两关平余银及各属城濠地租银每年共三千余两，除作巡抚衙门书役工食和一切办公、赏兵外，余银千余两拨归书院以佐士子膏火，也获得皇帝批准。

二是亲自过问建造京师书院。京师金台书院始建于明万历四十六年（1618年），清初改为义学，康熙四十一年（1702年）虽请到赐额“乐育英才”，但仍为义学。乾隆四年，高宗令改作京师书院，设置学长、学副等师长，规定“凡京师及各省举贡生监”均可于中肄业，几乎如同第二个国子监。

三是关心选配书院师长。乾隆三十年（1765年），下诏改书院主持者山长为院长。虽然自宋代起，书院主持者多称山长，但高宗认为不妥，山长乃自外于王化之称谓，而今普天之下莫非朝廷子民，山长名义殊为未协，要求从民间访求学者主讲书院，“且在籍闲居之人未尝无端谨绩学可主讲席者，若实心延访，使之及早更代，自必鼓舞振兴，共相淬励，方不负设馆育材之意”。此年高宗规定不准丁忧在乡官员主持教学，甘肃兰山书院聘请丁忧府丞主讲就受到批评，“甘肃兰山书院于去岁延请丁忧在籍之府丞史茂来主讲席，此甚非是。督抚有维持风教之责，缙绅中积学砥行、足备师资者谅不乏人，何必令丁忧人员腼居讲席，是应聘者固不能以礼自处，而延请地方大吏亦复不能以礼处人，于风化士习颇有关系，恐他省不无类此者，特为明切晓示通谕知之”，并下谕各省禁止。乾隆四十年，针对各地书院院长多由上官同僚相互推荐，“遂至徇情延请，有名无实”，朝廷给各省督抚下令，“嗣后省城及各府州县大小书院，务访学行兼优者俾主讲席”，并将陕西巡抚毕沅制定的“将所请院长姓名、籍贯、更换到馆日期造册详报抚藩衙门查核”办法推行各省。乾隆五十年又规定，禁止教职官员兼充院长。

四是优待书院师长。乾隆元年（1736年）高宗就规定对三年任满而“教术可观、人材兴起”的书院之长各加奖励，六年任满卓有成效者奏请酌量议叙。乾隆三十年，贵州巡抚刘藻奏请将主持云南五华书院讲席五年“尽心训迪、著有成效”的张甄陶调任贵州贵山书院山长，并请六年任满时由抚臣就近考核，照例奏请议叙或送部引见示奖，均获得高宗的同意。高宗同时严厉批评不奏请奖励议叙山长的督抚，“各督抚并未见有遵旨具奏者，即如齐召南之在敷文书院，廖鸿章之在紫阳书院，岂止六年之久，何以从前未经办及？朕所知已有二人，恐各省似此者尚复不少，着各该督抚将因何不行遵旨办理之处查明具奏。嗣后均以六年为满，秉公考察，分别核办，庶于劝学程功均有实济，着传谕各督抚知之”。对于奏请奖励议叙的书院师长很快就予以办理，乾隆四十五年六年任满、教绩可观的陕西关中书院掌教进士戴祖启加恩录用为国子监学正，乾隆五十九年“学行兼优，训诲不倦，实有成效”任教岳麓书院十二年的著名学者罗典记录二次。高宗之所以重视奖励书院师长，是因为他深知“漫无考核，既无以为激劝之资，则日久因循，未免怠于训课，惟知恋栈优游，诸生或且习而生玩，恐于教学无裨”[①]。

五是具体指导书院教学。首先要求按照学生资质进行不同教育。乾隆九年（1744年），高宗颁发谕旨规定，“嗣后书院肄业士子，令山长择其资禀优

① 《大清会典》卷三三。

异者，将经学、史学、治术诸书留心讲贯，以其余功兼及对偶声律之学；其资质难强者，且令先攻八股，穷究专经，然后徐及余经以及史学、治术、对偶声律”。其次考试要灵活，“至每月课试，仍以八股为主，或论或策，或表或判，听酌量兼试，能兼长者酌赏，以示鼓励”，鼓励学生兼试他课。

乾隆间书院进入高速发展期，据统计，乾隆间全国新建书院1419所，修复重建前代书院159所，合计1578所，年均26.3所。广东香山县历史上只有丰山和榄山两座书院，乾隆年间竟连续建造了鳌山、旗山、桂山、东山、金山、凤山、凤池七所书院。书院兴盛不仅仅在于数量增加，还表现在官办书院形成省、府、州、县书院体系，书院管理更为规范，书院教学内容更为广泛，书院分布更广，除西藏、新疆等边远地区外书院已经非常普及。

四、嘉道咸间式微

嘉庆（1796—1820年）、道光（1821—1850年）和咸丰（1851—1861年）三朝就书院数量看仍然是发展时期，嘉庆年间新建书院388所，修复重建19所，合计407所，年均16.28所；道光年间新建625所，修复重建31所，合计656所，年均21.87所；咸丰年间新建201所，修复重建6所，合计207所，年均

辽宁复州横山书院，道光二十年（1840年）建

18.82，较乾隆年均发展速度减缓。之所以把此段时间称为书院式微，主要是因为书院腐败和战争破坏。

从乾隆年间开始，由于朝廷和官方重视，书院师长待遇大幅提高，成为许多人觊觎的肥缺，早在乾隆时期就存在官员上下相互推荐而因循延聘问题。乾隆后期吏治日趋腐败，此问题也越来越严重，正如时人王昶所说，不少书院"为郡县者据为己有，且各请院长以主之。而所谓院长，或为中朝所荐，或为上司属意，不问其人学行，贸贸然奉以为师。多有庸恶陋劣，素无学问，窜处其中。往往家居而遥领之，利其廪给，以供糊口，甚至诸生有终年而不得见，见而未尝奉教一言，经史子集、诗赋古文之旨茫无所解"[①]。皇帝也深知个中弊端，嘉庆二十二年（1817年），仁宗发布上谕说："书院、义学夤缘推荐，滥膺讲席，并有索取束脩身不到官者，殊失慎选师资之意。着该督抚、学政等务延经明行修之士讲习讨论。如有学品庸陋之人滥竽充数者立即辞退，以励师儒而端教术。"但冰冻三尺非一日之寒，问题也非皇帝一个谕旨就可以解决。道光二年（1822年），宣宗也颁谕旨："各省府州县分设书院，原与学校相辅而行，今日废弛者多，整顿者少。如所称谕旨并不到官及令教职者充，且有并非科第出身之人腼居是席，流品更为冒滥，实去名存，于教化有何裨益？着通谕各省督抚，于所属书院务须认真稽查，延请品学兼优绅士住院训课。其向不到馆支取干俸之弊永行禁止。至各属教职，俱有本任课之责，嗣后亦不得兼充，以责专成。"皇帝虽发谕旨，但问题并未解决，道光十四年，宣宗再发谕旨，规定各级书院院长任命程序及稽查办法，"嗣后各省会书院院长，令学政会同督抚、司道公同举报，其各府州县院长由地方官会同教官、绅耆公同举报。务择经明行修之人，认真训课。概不得由上司挟荐，亦不得虚列院长名目，并不亲赴各书院训课。仍令学政于案临时就便稽查，以昭核实"。次年再次重申延聘院长标准，"延请院长，必须精择品学兼优之人士，不得徇情滥荐"，并表扬学行兼

---

① ［清］王昶：《天下书院总志序》。

优且训诲不倦的岳麓书院院长欧阳厚均，向全国提供院长典范①。但积重难返，每况愈下，正如栾城知县桂超万所说，“迩来书院虽设，大抵上官荐引私人食干俸而已，久之经费遂为不肖官绅所侵，而堂舍因之易圮。余所见闻，远近一辙”②。“远近一辙”，已经是非常普遍的现象。

院长延聘非人不仅影响书院教育质量，而且致使书院荒废。教学成为虚文，房舍破烂不修，经费难以保障，甚而田产迷失，正如时人邹贤峰所说的那样，“天下书院虽无讲学之禁，一变而废讲课文，再变而营私射利，三变而庐舍一空”。

嘉庆元年（1796年）以来，内忧外患日益严重，国内白莲教、天理教、太平天国、捻军相继起事，少数民族起义此起彼伏，鸦片战争英国入侵，战乱不已，给书院造成很大破坏，尤以太平天国破坏最为严重。洪秀全原是读书人，四次考秀才不中，厌恶和尚，恨及袈裟，毁掉孔子牌位。借用基督教义，参合中国传统思想文化，创建拜上帝会，自称为上帝次子下界诛妖救世。洪秀全明白，要使人们拜上帝，使基督教这棵小草在中国成长，必须拔掉孔子这棵大树，要树立自己权威，必须打倒最大的权威孔子。于是编造上帝派人下界捉拿并鞭挞孔子的故事，借上帝之口指责孔子说“尔因何这样教人糊涂了事，致凡人不识朕，尔声名反大过于朕乎？”打得孔子连连求饶，趁人不注意逃回下界。所以起事之初，太平天国所到之处破坏孔子庙和书院，有像毁像，有木主毁木主，房屋或改作马厩，或改作军火仓库，占领南京后，甚至将孔子庙改作屠宰衙门。起事之初见到儒家经书就扔到粪坑里，定都南京后却开科举，以删除不符合基督教义的儒家经典作为科举教材。太平天国行经的广西、贵州、湖北、湖南毁掉书院65所，与清廷长期对峙的浙江毁掉50余所，江西毁掉至少39所，连同江苏、安徽，毁掉总数应该不少于200所，当然这些书院不都是毁于太平

---

① 《大清会典》卷三九六。

② ［清］光绪《畿辅通志》卷一一五。

天国之手。白莲教活动主要区域书院破坏情况不详，但战乱影响书院发展是无疑的，嘉庆间河南、湖北均仅建造书院3所，嘉庆九年前四川仅建造6所。云南回民起事也毁掉不少书院，云南弥渡龙文书院、安宁升庵书院、楚雄鹿城书院、牟定万春书院、景谷凤山书院等都毁于咸丰间，废弃书院则达到83所。

战争对书院的破坏最为严重，杭州诂经精舍“鞠为邱墟”，贵州遵义启秀书院“咸丰中，杨逆为灾，书院并书籍付之一炬”，扬州梅花书院、安定书院“咸丰三年，夷为平地”，安徽庐阳书院咸丰三年（1853年）毁于兵，黄州河东书院咸丰“三年贼毁”，韶州相江书院“咸丰四年毁于兵”，光化复文书院“咸丰六年毁于土寇”，襄阳筑阳书院“咸丰六年贼毁”，庐江潜川书院咸丰年兵毁，舒城龙山书院咸丰初毁，南陵春谷书院咸丰十年兵燹毁，江宁凤池书院“经贼毁拆，今成桑园”，句容华阳书院“兵燹后圮废无存”，广西来宾萃英书院“咸丰之乱院宇悉毁”，安徽宁国西津书院“咸丰十年毁于兵”，杭州敷文书院“咸丰十一年粤匪乱毁”，嵊县剡山书院咸丰十一年“洪杨溃军入境尽圮”，嘉应州培风书院“咸丰之后两遭兵燹，院宇颓废”。除战争的直接破坏外，书院财产也遭受严重损失。有的书院经费被征为军用，致使书院荒废，这种情况安徽最为严重，寿县寿阳书院“咸丰中提书院经费作军需，遂至中废”，泗州夏丘书院“咸丰初，洪杨兵起，书院公款尽数提出

梅花书院

募勇，院宇倾圮”，全椒襄水书院“咸丰四年，公提经费募勇，书院遂废”。太平天国北征，河北蠡县“设局办团，运费不支”，暂将成才书院“公项挪用，至今十余年未议捐补”。有的书院被军队占用，河南禹县凤台书院“咸丰军兴，书院恒充往来军帅馆舍，弦诵遂辍”；赣州书院“统帅者屯宿其中十数年之久，兵勇析椽代薪，毁户支榻，岌岌乎栋折榱崩”。京畿地区书院也未能幸免，同治初“教匪猖狂，赵、魏、□、冀间烽烟四声，无论通都大邑，书院之毁于兵火者比比皆是。即规模犹在，亦仅为屯军粮、贮器械之地，而取养士之费以养兵”[①]。

五、同治光绪间复兴

同治二年（1863年），太平天国尚未平定，清廷已经开始痛定思痛，将恢复书院作为底定人心措施。是年，穆宗令各省督抚清理书院财产，恢复原有书院，“近来军务省分各府州县竟将书院公项借端挪移，以致肄业无人，月课废弛。嗣后由各督抚严饬所属，于事平之后，将书院膏火一项凡从前置有公项田亩者作速清理，其有原存经费无存者亦当设法办理，使士子等聚处观摩，庶举业不致久废，而人心可以底定”。第二年，历经14年的社会大动乱终于结束，久乱之后，人心思定，朝廷与各级官员也高唱“戢干戈，修文事”，修复残毁书院，恢复书院教学活动，并新建一大批书院。据统计，同治朝新建书院515所，修复重建14所，合计529所，年均40.7所，是清朝也是历代最高发展速度；光绪朝新建书院989所，修复重建11所，合计1000所，年均29.4所，光绪二十七年（1901年）诏令全国书院改学堂后新建书院有确切纪年者37所，占已知有确切纪年572所的6.47%，按此比例，光绪二十八年前新建重修935所，年均34.6所，是仅次于同治朝的发展速度。

① ［清］毛庆麟：《益津书院记》，转引自陈谷嘉、邓洪波《中国书院史资料》，浙江教育出版社1998年版，第937页。凡本书以下不再注出版社和出版时间。

台湾台中大肚磺溪书院

乾隆间高速发展主要得力于各级政府官员，特别是知县新建书院占新建书院的60%以上，而同光时期则是官方和民间共同努力，民间创建书院数量已经远远超过官方，民间人士成为新建书院主力军。

官方方面，平定太平天国的曾国藩、曾国荃、左宗棠、李鸿章等四大中兴名臣仍任地方大员，他们都非常重视建设书院，或亲自建设，或饬令地方官员修建。典型的是左宗棠，他早年曾求学于长沙城南书院，出仕前曾主讲醴陵渌江书院，具有浓厚的书院情结。同治五年（1866年）闽浙总督任内于福州创建正谊书院，同治八年出任陕甘总督后新建书院18所，维修书院19所，光绪七年（1881年）出任两江总督后又支持学政创建江阴南菁书院。

私人创建书院也空前增加，许多人甚至不仅建设一座书院。同治八年（1869年）江苏吴江里人仲廷机创建盛湖书院和松陵学舍，同治初云南刘有训、赵有仁分别在曲靖和华宁建造星湖书院、学源书院，光绪五年（1879年）四川盐亭贡生谭慎修创建麟亭书院和孝灵书院，光绪十五年云南鹤庆邑绅舒金和创建玉屏书院和庆云书院。地方官也发起士绅公建，如安徽南陵春谷书院在乾隆四十八年（1783年）和光绪十六年都由士绅和家族认捐，光绪重建，“知县张源溱劝谕各乡绅士分任捐资重建。书院头进头门，戴氏建；头门外天开文运石坊，西溪张氏建；头门内东西厢屋，彭、胡、程三姓同建；仪门，徐氏重建；讲堂，王氏重建；后堂，叶氏重建；号舍东第一间第二间，东溪刘氏建……东第十五间，江苏候补知府丁骧建”[①]，所有建筑都由个人或家族认捐。

同光时期书院达到鼎盛，一是书院开始向乡村普及，二是向满族军营普及，三是出现教会书院，四是书院开始向现代教育转型。

乡村普及书院从清初就开始发展，康熙十七年（1678年）、康熙十八年广东高要乡人就公建金溪、培风和桂溪3所书院，康熙间又公建长溪和沙溪2所书院，但中断近百年到嘉庆十年（1805年）、嘉庆十二年至嘉庆十四年才又公建矶溪书院、九曲书院、墨林书院和鳌云书院。其他地区乡人公建书院偶有记载，嘉庆二十年以后广东番禺、中山、顺德、封开陆续出现，道光间新会建造4所，并扩展到湖南、江西、重庆。咸丰间逐渐增多，主要还是在广东。到同治时建于乡村书院逐渐增多，同治间有确切纪年的里人公建书院就有30多所，尤以广东、江西为多。同治四年（1865年），广东四会里人公建龙江书院和龙

香港水头村二帝书院，道光年间建

① 《南陵县志》卷八《春谷书院》，转引自陈谷嘉、邓洪波《中国书院史资料》，第999页。原文句读不妥，本书另标点。

田书院；同治六年，龙川里人公建培文书院，开平里人公建育文书院；同治十年茂名士绅建造敦仁和南宫两书院；同治五年，江西奉新里人公建上义书院；同治七年重续华林书院，泰和里人公建槎江书院；同治八年泰和里人公建千秋书院，吉安里人公建石莲书院；同治十年，万年两乡公建萃英书院，北乡公建共辰书院。同治间江西乐安建造书院43所，四川达县建造书院10所，这些书院绝大多数在乡下，应该是乡人公建。

光绪年间里人公建书院更为普遍，湖南茶陵三都、二十五都、下二十都分别公建文江书院、龙湖书院、芦江书院，九、十和十三都与十六、十七和十八都分别合建象湖书院和雩江书院，谭姓公建梅林书院，源泉公堂公建源泉书院；既然是乡人公建就应该是在乡村，茶陵各都建造书院毫无疑问都是在乡村。光绪间，广西合浦建造书院10所，分别位于公馆、福旺、闸口、石康、平陆、南康、小江、西场、浦江村等地，其中公馆、西场、闸口、南康、石康现在为乡镇驻地，浦江仍然是村庄。广西钦江建造书院5所，分别位于小董、板城、大寺、船厂、龙门地，其中小董、板城、大寺现在为镇驻地，船厂仍然为村庄。四川安岳建造书院30所，四川三台、江西万载各建造23所，江西盐乘建造14所，广东东莞建造13所，湖南新田建造12所，福建龙岩建造8所，由于书院不是以地方为名，难以确定建造位置，但这么多的书院不可能都建造在城市内，明清县城一般在两平方公里左右，也难以容纳如此众多的书院。新田12所书院全由各家族建造，更不可能都在县城内。

满族原是游牧民族，骑射起家，入关后仍然重视本民族传统，东北作为满族人龙兴之地不设州县，仍然实行军事管理。康熙十五年（1676年），宁古塔将军哈达在吉林兴安建造满洲书房，请求皇帝赐名，圣祖赐名龙城书院，并赐御书额“龙飞胜地”，给予支持，但世宗对东北满族人学习汉文化持反对态度。雍正二年（1724年），负责吉林船厂的给事中赵殿最上书皇帝请求在吉林设立学校，受到皇帝的指责，“本朝龙兴，混一区宇，惟恃实行武略耳，并未尝恃虚文以粉饰”，“我满州人等因居汉地，不得已与本习日以相远，惟赖乌喇、宁古塔等处兵丁不改易满州本习耳。今若崇尚文艺，则子弟之稍颖悟者俱专意于读书，不留心于武备矣”①，为使满族人保留骑射传统反对设立学校。虽然乾隆元年（1736年）皇帝同意吉林设立学校，但对满族子弟学习汉语仍然持坚决反对态度。乾隆二十二年发布上谕，“着将东三省之新满洲、乌拉奇等考试汉文永行停止”②，对各地八旗子弟要求就近设点办学和参加科举考试斥之为“背谬已极”，“殊失设立驻防之本意”，“嗣后不得以此谬论再行妄渎”③。

清代对于入关满族采取不同政策，在京师和盛京设置官学，分馆学习满文、蒙古文、汉文，而骑射为各馆通课。遍布全国的满族八旗军营未见书院之设，直到嘉庆五年（1800年），镇浙将军范建忠才在杭州建造梅青书院，“选八旗兼好文之壮丁，延师教习诗文，以应科岁试、乡试”。道光十年（1830年），镇闽将军萨秉阿将福州八旗总官学改建龙光书院，“捐俸延师”。道光中，将军穆腾阿于江苏镇江建造摭余书院。同光间八旗书院基本普及。同治十年（1871年），四川总督吴棠捐廉建造成都八旗少城书院；同治十一年，绥远将军定安建造归绥（今呼和浩特）长白书院，“并延山长，按月扃试，蒙汉人等愿应课者均准入考”；同治十三年，哈尔滨双城堡总管富兴等建造启心书院；光绪三年（1877年），察哈尔都统穆图善联系旗人、汉人捐建抡才书院，“议定条规，报部立案，以垂永久”；光绪十六年，山东督粮道善联与德州驻防营兵共同捐建正谊书院。办得比较好的驻军书院是河北遵化清陵兰阳书院，同治十一年，马兰镇总兵钟昌奏请朝廷，倡捐建造兰阳书院，教育绿营兵丁子弟，官绅捐银4000两置地3123亩，买房180间，年收租银178两余，租钱199万余，捐银800两，年收利息80两，保证书院和所属义学日常经费。

① 《吉林通志·圣训志》。

② 《大清会典》卷三九五《礼部·学校·各省书院》。

③ 《清高宗实录》乾隆三年（1738年）七月壬戌。

明万历十年（1582年），意大利传教士利玛窦来到中国开始传播天主教，但笃信儒家思想的中国人根本就不相信什么上帝，逼得利玛窦等传教士变服易装，学习研究儒家思想和中国文化。当他们了解中国思想文化后，就纷纷著书介绍中国思想文化，将儒家经典翻译到欧洲，使欧洲人“发现了一个崭新的精神和物质的世界”，儒家无神论的哲学思想，仁政德治的政治思想，融政治与道德为一体的伦理思想，为欧洲启蒙思想家提供了武器。应该说，东学西渐早于西学东渐，早期传教士传教成就远远赶不上他们对中国思想文化的介绍。第一次鸦片战争以后，西方传教士开始将传教与教育结合起来。道光二十二年（1842年），马礼逊基金会在香港建造马礼逊书院，次年英国伦敦会将1818年创建于马六甲的英华书院迁到香港；二十九年英国圣公会在香港创建圣保罗书院。道光三十年，教会书院进入内地，英伦教会士施敦力在厦门创建教会书院英华书院，美国北长老会范约翰在上海创建清心书院；第二年，美国北长老会女教士夏礼将创建于澳门的女塾迁至广州，改称真光书院，德国信义会教士郭士立在香港马礼逊山建造巴陵书院，进入内地的书院规模小，水平低，社会影响不大。咸丰八年（1858年），第二次鸦片战争失败后签订的《天津条约》和《北京条约》准许外国人自由传教，教会书院很快发展起来。到1900年，内地教会书院已发展到36所，从厦门、上海、广州发展到福州、登州、宁波、杭州、通州、北京、武昌、苏州、九江、南京、汉口、青岛等15个城市。教会书院数量虽然不多，但它们传授现代科学知识、管理和教学方法等对传统书院造成很大冲击，推动中国传统书院向现代教育转化。

中国传统书院的转化有以下表现：一是增加实用知识。同治三年（1864年）巡道丁日昌倡建上海龙门书院，课程以经史性理为主，旁通时务，辅以词章。同治十二年陕西学政许振祎建造泾阳味经书院不课时文，以实学为主，光绪十一年（1885年）增设求友斋，以天文、地舆、经史、掌故、理学、算学为教学内容。光绪二年巡道冯焌光倡建求志书院“分经学、史学、掌故、算学、舆地、词章六斋，按季命题课士”。光绪五年迁建后的长沙湘水校经堂以经济

武昌两湖书院

之学训士，要求学生“寝馈于四书六经，探治平之本，然后遍读经世之书，以研究乎农桑、钱币、仓储、漕运、盐课、榷酤、水利、屯垦、兵法、马政之属，以征诸实用”。江苏盐城尚志书院“课生徒以经史、性理、时务之学”。二是增设现代科学知识课程。光绪四年，上海绅士张焕纶等人创办正蒙书院，以国文、舆地、经史、时务、格致、数学、诗歌为教学内容；光绪十年改名梅溪书院，扩建洋人书馆，增设英文和法文，旁及洒扫应对、进退礼仪以及习武、练身、体育。光绪十六年张之洞创建两湖书院，除设置传统经史诗赋外，新添外语、商务、经济、算学。江苏山阳勺湖书院“设经解及算术、几何，一月一课”。三是创建西式书院。光绪二年中国人徐寿与英国人傅兰雅共同创建上海格致书院，课程摈弃八股时艺，设格致类（格致总说、天文、历算、气象、物理、化学、医学、测量、地学）、语文类、教育类、人才类、富强治术类（富强总说、工业、轮船铁路、商贸权利、邮政、海军）、农产水利类、社会救济类、国际现势类、边防类、其他类。光绪二十一年，天津陈骧创建时中书院，“专课西学，并设西学官书局”。

第十一节　光绪末年书院改制

鸦片战争之后，清朝积贫积弱，成为任人宰割的羔羊，特别是甲午战争完败于日本的现实，促使有志之士去反思，去思考，如何扶大厦之将倾？康有为的观点很有代表性，他认为，中国的落伍就在于八股和科举，“学八股者，不读秦汉以后之书，更不考地球各国之事，然可以通籍累至大官。今群臣济济，然无以任事变者，皆由八股致大位之故。故台辽之割，不割于朝廷而割于八股；二万万之款，不赔于朝廷而赔于八股；胶州、旅、大、威海、广州之割，不割于朝廷而割于八股”[①]，将科举八股视为落后挨打的罪魁祸首。解决问题的良方就是兴学育才，改革旧的教育体制，特别是书院体制。

一、书院改制的前奏

光绪二十一年（1895年），顺天府尹胡燏棻首先上书建议将书院改制为学堂，“特旨通饬各直省督抚，务必破除成见，设法变更，弃章句小儒之习，求经济匡时之材，应先举省会书院，归并裁改，创立各项学堂。……数年以后，民智渐开，然后由省而府而县，递为推广。将大小各书院一律裁改，开设各项学堂”[②]。先裁改省城书院，然后由府而县逐级推广至所有书院。但此方案并没有引起朝廷重视。

光绪二十二年（1896年），书院改制建议增多，刑部左侍郎李端棻建议将书院改制为学堂，陕西巡抚胡聘之反对书院改制，主张变通书院章程，进行整顿，而秦绥章则提出整顿书院的三项措施。

---

① 《康南海自编年谱》。

② ［清］胡燏棻：《变法自强疏》，见朱有瓛《中国近代学制史料》（第一辑下册），第473页。

五月初二日，刑部左侍郎李端棻上奏《推广学校以励人才折》：“惟育才之法匪限于一途，作人之风当遍于率土。臣请推广此意，自京师以及各省府州县皆设学堂。府州县学选民间俊秀子弟年十二至二十者入学，其诸生以上欲学者听之。学中课程，诵《四书》、《通鉴》、《小学》等书，而辅之以各国语言文字，及算学、天文、地理之粗浅者，万国古史近事之简明者，格致理之平易者，以三年为期。省学选诸生年二十五以下者入学，其举人以上欲学者听之。学中课程，诵经史子及国朝掌故诸书，而辅之以天文、舆地、算学、格致、制造、农桑、兵、矿、时事、交涉等书，以三年为期。京师大学，选举贡监生年三十以下者入学，其京官愿学者听之，学中课程一如省学，惟益加专精，各执一门，不迁其业，以三年为期。……或疑似此兴作，所费必多，今国家正值患贫，何处筹此巨款？臣查各省及府州县率有书院，岁调生徒入院肄业，聘师讲授，意美法良。惟奉行既久，积习日深，多课帖括，难育异才。今可令每省每县各改其一院，增广功课，变通章程，以为学堂。书院旧有公款，其有不足，始拨官款补之。因旧增广，则事顺而易行；就近分筹，则需少而易集”，并建议创设藏书楼、仪器院、译书局，广立报馆，选派学堂高才生或出国留学，或考察国内矿产、商务、测绘地图，限期撰写报告[①]。此方案具体易行，当天皇帝就批给总理衙门讨论。

六月，陕西巡抚胡聘之上奏反对改书院为学堂，“裁改书院一事，关系人才之消长，学术之纯疵，不可不熟筹审议。夫国家书院之设，固欲多方造就，广育人才，以备任使。自教失其道，名存实亡。合天下之书院，养士无虑数万人，而朝廷不免乏才之叹，从而议裁议改，畴曰不宜？然苟不控其本，眩于新法，标以西学之名，督以西士之教，势必举中国圣人数千年递传之道术而尽弃之，变本加厉，流弊何所底止”。因此建议变通章程，整顿书院，“查近日书

---

① 《刑部左侍郎李端棻奏请推广学校折》，转引自陈谷嘉、邓洪波《中国书院史资料》，第1980—1985页。

院之弊，或空谈讲学，或溺志词章，既皆无裨实用。其下者专摹帖括，注意膏奖，志趣卑陋，安望有所成就。宜将原设之额大加裁汰，每月诗文等课酌量并减，然后综核经费，更定章程，延硕学通儒，为之教授。研究经义，以穷其理，博综史事，以观其变。由是参考时务，兼习算学，凡天文、地舆、农务、兵事与夫一切有用之学，统归格致之中，分门探讨，务臻其奥。此外水师、武备、船炮、器械及工技制造等类，尽可另立学堂，交资互益”。其具体想法，“拟就令德书院另订条规，添设算学等课，择院生能学者，按名注籍，优给膏奖，省外各府属如有可造之士，由臣与学臣随同甄录调院。并于天津、上海，广购译刻天算格致诸书，俾资讲求。其一切费用，即于各书院汰额减课项下量为挹注，或由不敷，由臣等设法捐筹，不另开销公帑”，“拟请旨饬下各省督抚，于现在所有书院详议推行，不惟其名惟其实，不务其侈务其精”[①]。

八月，翰林院侍讲学士秦绶章就整顿书院提出建议，“整顿书院约有三端：一曰定课程。宋胡瑗教授湖州，以经义、治事分为两斋，法最称善。宜仿其意分类为六：曰经学，经说、讲义、训诂附焉；曰史学，时务附焉；曰掌故之学，洋务、条约、税则附焉；曰舆地之学，测量、图绘附焉；曰算学，格致、制造附焉；曰译学，各国语言文字附焉。士之肄业者，或专攻一艺，或兼习数艺，各从其便。制艺试帖未能尽革，每处留一书院课之已足。一曰重师道。书院山长必由公举，不论爵位年岁，惟取品行端方、学问渊博、为众所推服者；其算学、译学，目前或非山长所能兼，则公举诸生中之通晓者各一人，立为斋长，分课之，而仍秉成于山长。省会书院规模较广，山长而下兼设六斋之长，分厘列舍，与诸生讲习其中。一曰核经费。各属书院，或田亩，或公款生息，或官长捐廉，或绅富乐助，皆有常年经费，即或僻陋之区容有不足，就本地公款酌拨，亦属为费不多”[②]。

---

① ［清］胡聘之：《请变通书院章程折》，转引自陈谷嘉、邓洪波《中国书院史资料》，第1986—1989页。

② 《礼部议复整顿各省书院折》，转引自陈谷嘉、邓洪波《中国书院史资料》，第1989—1990页。

礼部将胡聘之原奏、李端棻原奏和秦绶章原奏三折通行各省督抚学政，令各省参酌办理。许多省很快就进行书院整顿，改定章程，在书院内增设算学、译学等教学内容，但直接改为学堂者少。江西巡抚德寿最先行动，当年八月就按照胡聘之办法裁减南昌友教书院生童课卷名额，增设算科，招收18名生徒，聘请2名算学教习教授。光绪二十三年（1897年），陕西巡抚张汝梅、学政赵维熙将奏请新建的格致实学书院改称崇实书院，将原奏请的致道、学古、求志、兴艺等六斋改为政事、工艺二斋，增加格致、英文、算术、制造等内容，在书院内“添设制造一区，专备诸生考求艺事，仿制品具之所”，为学生提供制造机械的实习场地。江苏苏州平江书院、正谊书院改定课章，添设西学，南京文正书院、惜阴书院改定课程条规，改考西学。广西桂林经古书院添设算学，每季由书院监院禀请抚宪命题考试，内容为算数、算理、天文和时务。行动最敏捷的是云南，各州县书院均添设算学，昆明经正书院并设立算学馆。湖南也是行动很快的省之一，光绪二十三年六月，长沙岳麓书院山长王先谦根据秦绶章方案制定发布《月课改章手谕》，增设算学和译学，分别招收50名和40名学生，设置学生斋长和译学教习，教授数学和外语。受其影响，宁乡云山书院和玉潭书院增设算学和方言。长沙校经书院改定章程，设置经学、史学、掌故、舆地、算学、词章六科课士，并设置算学、舆地、方言学会，制定《校经学会章程》，创办《湘学新报》，设置史学、掌故、交涉、商学、舆地等六个栏目，发布师生研究成果。受校经书院影响，岳州府岳阳、慎修两书院，衡山县雯峰、观湘、集贤和研经四书院，浏阳县南台、狮山、浏西、文华、洞溪和文光六书院，武冈观澜、鳌山、青云和峡江四书院及希贤精舍，以及沅州沅水校经书院、永明濂溪书院、平江天岳书院，均以经义、史学、时务、舆地、算学、方言作为课程。光绪二十四年春，湖北武昌经心书院改章，“分习经史、地理、天文、外政、格致、制造、绘图、算学诸门”。光绪二十三年，漕运总督松椿扩建江苏清江崇实书院，“购买书籍，延订算学兼光电化重教习二人，英法语言文字教习一人，招送驻堂学生四十人，附从者亦以四十人为率”。

二、戊戌变法与书院改制失败

书院正式改制是从戊戌变法开始的。

光绪二十四年（1898年）五月十五日，康有为上奏《请饬各省改书院、淫祠为学堂折》，向皇帝建议将书院和淫祠改作学堂，“我各直省及府州县咸有书院，多者十数所，少者一二所，其民间亦有公立书院、义学、社学、学塾，皆有师生，皆有经费。惜所课皆八股试帖之业，所延多庸陋之师，或拥席不讲，坐受脩脯者，其省会间有及考据词章之学者天下数所而已。师徒万千，日相率为无用之学，故经费虽少，虚糜则多。今既罢弃八股，而大学堂经济常科皆须小学、中学之升擢，而中学、小学直省无之，莫若因省府州县乡邑公私现有之书院、义学、社学、学塾，皆改为兼习中西之学校，省会之大书院为高等学，府州县之书院为中等学，义学、社学为小学。方今创办伊始，亦无高等学，凡有诸学略备者为中等学，粗知图算、舆象、语言文字、政律者为小学，但以学规、经费为等级，不论郡邑乡落，不论公私官民，皆颁发大学堂章程，令仿照办理”[①]。五月二十二日，光绪皇帝颁发谕旨，令各省督抚即将各省府厅州县大小书院改为兼习中学、西学的学校，“前经降旨开办京师大学堂，入学肄业者由中学、小学以次而升，必有成效可睹。惟各省中学、小学尚未一律开办，总计各直省会及府厅州县无不各有书院。着各该督抚督饬地方官各将所属书院处所、经费数目，限两个月详复具奏，即将各省府厅州县现有之大小书院一律改为兼习中学、西学之学校。至于学校阶级，自应以省会之大书院为高等学，郡城之书院为中等学，州县之书院为小学，皆颁给京师大学堂章程，令其仿照办理”，“至于民间祠庙，其有不在祀典者，即著由地方官晓谕民间，一律改为学堂，以节糜费而隆教育”。[②]

---

① 康有为：《请饬各省改书院淫祠为学堂折》，转引自陈谷嘉、邓洪波《中国书院史资料》，第2467页。

② 《改书院为学校上谕》，转引自陈谷嘉、邓洪波《中国书院史资料》，第2470页。

书院改学堂谕旨颁布后，湖北、陕西、山东均闻风而动，湖北通令11府67州县将书院改为学堂，并于七月十八日将武昌江汉书院改作高等学堂，山西通令全省109所书院一律改制学堂，并于七月二十日将太原令德书院改作省会学堂，山东巡抚张汝梅“至各府州县应设之小学堂，臣已迭经严札催办”；其次为江苏，两江总督刘坤一令将南京的钟山书院、尊经书院、惜阴书院、文正书院、凤池书院和奎光书院分别改作学堂，七月十一日将江阴的省级书院南菁书院改作高等学堂，并在院田沙田创办农学。四川学政吴庆抵令“拟大为变通，所属各书院官师月课一律改课时务策论，如大政典、大沿革、中外交涉以及天文、舆地、兵谋、商务、制造、测算，分门命题，不得再课时文帖试”。其他直省也有行动但规模不大，天津七月二十一日将集贤书院改作北洋高学堂，将会文书院、三取书院和稽古书院合并改作天津府中学堂和天津县小学堂，直隶七月二十六日将省级保定莲池书院改作高等学堂，江西七月二十八日将南昌友教书院改作算学堂，七月三十日江苏清江县将崇实书院改作中西学堂，八月四日顺天府将京师金台书院改作顺天府中学堂。湖南长沙求贤书院改作武备学堂，衡阳县金江书院改作金江两等小学堂，桃源县桃溪书院改作高等小学堂，凤凰厅尊经书院改作资治学堂。

戊戌变法书院改制不多，因为四月二十三日宣布变法到八月初六变法失败只维持103天，而颁布书院改学堂上谕颁布到变法失败仅有70多天。九月三十日，慈禧太后颁发申明旧制懿旨，并就礼部“各省书院请照旧办理，停罢学堂”片奏发旨：“书院之设，原以讲求实学，并非专尚训诂词章，凡天文、舆地、兵法、算学等经世之务，皆儒生份（分）内之事，学堂所学亦不外乎此，是书院之与学堂名异实同，本不必定须更改。现在时势艰难，尤应切实讲求，不得谓一切有用之学非书院所当有事也。”[①] 旨下后，许多改制书院由学堂复改为书院，如著名的湖南长沙时务学堂于光绪二十五年（1899年）改作求实书院。

---

① 《申明旧制懿旨》，转引自陈谷嘉、邓洪波《中国书院史资料》，第2486页。

三、书院改制成功

戊戌变法失败后，书院改制也随同取消，许多改制学堂的书院复改为书院。但书院积弊并未消除，反而愈演愈烈，“所有款息多为地方官侵蚀，现虽渐次规复，而馆谷丰者常有巨绅盘踞，或出自上官推荐，不论其学品优劣。更有一人拥数馆，视为利薮，常年不到馆，课卷寄阅”。师长如此，生徒也不务正业，“肄业生徒每朋居燕处，狎昵为非，而不之顾”[①]，“今日书院积习过深，假借姓名，希图膏奖，不守规矩，动滋事端”。而书院改制学堂多在省会等重要城市，多由督抚、学政亲自操作，尤其重视选择师长和学生。湖南长沙时务学堂聘请梁启超任中文总教习，李维格任西文总教习。贵州贵阳将学古书院改作经世学堂，聘请“时与住院生于词章帖括之外讲贯西学，孜孜不倦，士义翕然”的严修主持，“延算学一人教习，择娴习西文西语一人副之”，“选生监有文行，不染气习者四十人”。直隶改制学堂“各处学生，县学堂拟挑选聪颖文童，府学堂拟挑高等生员，省会高等学堂拟挑取各属举贡生监，酌定额数，分班肄习。每班设中学教习、西学教习各一员，每堂设监督一员。功课责成教习，堂务责成监督。每月逢朔考中学，逢望考西学，年终由北洋大臣派员分赴各堂大考一次，严定去取。其出身等级亦照京师大学堂奏定章程办理，以昭划一”[②]。新学堂本来就是新气象，与旧书院相比，差距当然很大。更为重要的是，八国联军入侵，慈禧太后、光绪皇帝出奔西安，次年签订丧权辱国的《辛丑条约》。在此存亡之际，清廷只能打出新政旗号以收拾人心，而教育作为“救时首务”自然受到重视，而书院改制再次被提出。

光绪二十七年（1901年）五月，湖广总督张之洞、两江总督刘坤一联名上奏《江楚会奏变法三折》，再提改书院为学堂建议。八月初二，朝廷下达书院

① 刘家模：《请振兴学校书院折》，见《光绪谕折汇存》卷二〇。

② 《直隶总督荣禄折》，转引自陈谷嘉、邓洪波《中国书院史资料》，第2476页。

改制上谕："除京师已设大学堂，应行切实整顿外，着各省所有书院，于省城均改设大学堂，各府及直隶州均改设中学堂，各州县均改设小学堂，并多设蒙养学堂。其教法当以四书五经纲常大义为主，以历代史鉴及中外政治艺学为辅，务使心术纯正，文行交修，博通时务，讲求实学。庶几植基立本，成德达材，用副朕图治作人之至意。着各该督抚、学政切实通饬，认真兴办。所有礼延师长、妥定教规，及学生毕业，应如何选举鼓励，一切详细章程，着政务处咨行各省悉心酌议，会同礼部复核具奏。将此通谕知之"①。十月十五日，皇帝再次颁发上谕，催促各省抓紧办理，并将山东巡抚袁世凯奏章及山东大学堂章程转发各省参照办理，"前经谕令各直省着设立学堂，责成该督抚、学政切实通筹举办。通省学堂同时并举，财力或有不逮，若必待各府厅州县中小学堂簕足始行举办，转致观望迟延。查袁世凯所奏山东学堂事宜及试办章程，拟先于省城立学堂一区，分斋督课。先从备斋、正斋入手，俾初学易于速就，渐有师资，再行次第推广。其教规课程参酌中西，而谆谆于明伦理、循礼法，尤得成德达材，本末兼资之道。着政务处即将该署督原奏并单开章程，通行各省，立即依照举办，毋许宕延。"②在朝廷催促下，各省纷纷行动，到光绪末书院改制就基本结束。

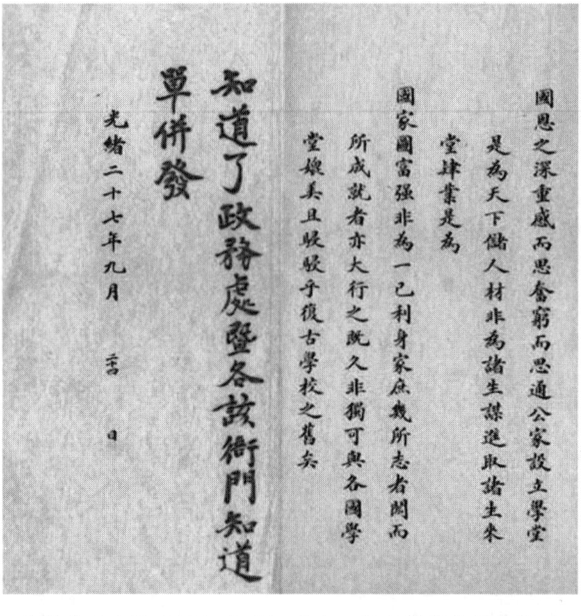
國恩之深重感而思奮窮而思通公家設立學堂
是為天下儲人材非為諸生謀進取諸生來
堂肄業是為
國家圖富強非為一己利身家庶幾所志者閎而
所成就者亦大行之既久非獨可與各國學
堂媲美且駸駸乎復古學校之舊矣
知道了政務處暨各該衙門知道
單併發
光緒二十七年九月　日

光绪皇帝在山东巡抚袁世凯兴办山东大学堂奏折上批示

① 《改书院为学堂上谕》，转引自陈谷嘉、邓洪波《中国书院史资料》，第2489页。
② 《速办学堂上谕》，转引自陈谷嘉、邓洪波《中国书院史资料》，第2490页。

据《中国书院史》统计，清代湖南有书院394所，改为各级学堂121所；四川有书院504所，改为各级学堂122所；山东有书院213所，改为各级学堂81所；广东有书院531所，改为学堂79所；贵州有83所，改为学堂51所；甘肃有书院101所，改为学堂52所；河南有书院211所，改为学堂49所；安徽有书院188所，改为学堂39所；八省合计原有书院2225所，改为学堂594所。邓洪波先生预测全国改为书院者最少也在1000所以上，这个数字还是比较保守的。据《清史稿》记载，全国有府201个，直隶州69个，直隶厅60个，散州108个，散厅71个，县1250个，不计土府1、土州3、土司140和旗164，合计行政单位1759个。而清代先后共有书院6091所，未设书院府厅州县很少，朝廷要求府厅州县均设学堂，各级政府经费紧张，新建学堂可能性不大，最多的应该是将书院改作学堂。

改设学堂比例最高的是湖南省，清末全省有府9，直隶州4，直隶厅5，散厅3，县64，合计行政单位85个，改学堂121所，每个行政单位改学堂平均1.42所；其次是广东，广东有府9，直隶州7，直隶厅3，散州4，散厅1，县79，合计103，改学堂79所，平均近0.77所；四川有府15，直隶州9，直隶厅3，散州11，散厅11，县118，合计167，改学堂122所，平均约0.73所；山东有府10，直隶州2，散州8，县96，合计行政单位116个，改学堂81所，平均近0.7所；贵州有府12，直隶州1，直隶厅3，散州13，散厅11，县34，合计74，改学堂51所，平均约0.69所；甘肃有府8，直隶州6，直隶厅1，散州6，散厅8，县47，合计76，改学堂52所，平均0.68所；安徽有府8，直隶州5，散州4，县51，合计79，改学堂39所，平均约0.49所；河南有府9，直隶州5，直隶厅1，散州5，县96，合计116，改学堂49所，平均约0.42所。湖南平均高于1，明显属特例，安徽、河南低于0.5，明显是遗漏太多，其他5省平均在0.68至0.77之间。广东是书院最为发达省份，甘肃、贵州属于边远地区，山东、四川属于教育比较发达地区，这五省很有代表性，由此可见，每个行政单位书院改设学堂比例应该在70%左右，全国书院改学堂至少应该在1200以上。

书院是在最为鼎盛时期改制学堂的，虽然有1200多所书院改为学堂，仍然延续教育功能，但也仅占清代书院6091所的五分之一左右，除去当时不存者，也不会超过三分之一，即使在民国时期还有部分书院改作学堂，但绝大部分书院被废弃，这不能不说是莫大损失。即使改作学堂，后来随着教育的发展，建筑大多被拆除改造，能够保存至今的更属凤毛麟角。幸运的是，还有长沙岳麓书院、江西庐山白鹿洞书院、河南嵩阳书院、江西吉安白鹭洲书院、无锡东林书院、江西铅山鹅湖书院、浙江永康五峰书院、广州广雅书院、贵州修文龙岗书院、西安关中书院、台湾道东书院等鲁殿灵光。

历经千余年的中国书院，在其最为兴盛的时期戛然而止，但书院教育并没有消亡，在现代教育不断发展的今天，人们日益重视书院精神和教学方法，呼唤书院教育回归，古代书院仍然能够为今天的教育提供借鉴。

第二章　中国书院类别

对于书院，有学者称之为“新的教育机构”，有学者归纳为“中国士人为了满足自身日益增长的文化教育需求，在新的历史条件之下，整合传统的官学、私学以及佛道教育制度的长处之后，创造并日渐完善的一种新的学校制度”[①]，均重视和强调书院教育功能，有学者还注意到书院研究功能，“书院是中国古代特有的教育组织形式。它以私人创办和组织为主，将图书的收藏和校对，教学与研究合为一体，是相对独立于官学之外的民间性学术研究和教育机构”[②]。从中国书院历史情况看，毫无疑问，教育和研究是书院主流，但书院类别却复杂得多，就其性质来看，有教育书院、学术书院、举业书院、学术与举业兼具书院、纯粹祭祀性书院、书斋书院，甚至还有处理公务的官衙书院等。

实际上，书院性质并非单一，有的书院具有多种性质，而且书院性质并非一成不变。前者如长沙城南书院，既供教学之用，也可诗酒会文，张栻曾经与人同游城南书院，“论文鼓琴，煮茶烹鲜，徘徊湖上，薄莫乃归”，后者如清代扬州梅花书院曾为乾嘉学派扬州派重镇，是著名学术书院，但嘉庆十三年（1808年）一度转为举业性高级书院，盐政阿克当阿增加学生名额，同时招引举人就读，连同外来学习举人达到100多人。次年会试，书院向举人们发放进

---

① 拓夫、林尔吉：《八十年中国书院研究综述》，见朱汉民、李弘祺主编《中国书院》（第六辑），湖南教育出版社2004年版，第43页。

② 李国钧、王炳照总主编：《中国教育制度通史》（第三卷），第221页。

京赴考路费，本科考中进士4名，其中洪莹高中状元，一时引起轰动。虽然如此，将书院划分类别还是很有必要的，毕竟书院性质差别很大，大致划出种类有利于对书院进行把握和研究。

第一节　教育书院

教育书院是书院主流，从其性质看，可以分成家塾书院、家塾兼义学书院、家塾兼私塾书院、家族书院、族塾兼义学书院、族塾兼私塾书院、私塾书院、私塾兼书斋书院、义学书院、社学书院、官办教育书院等。

一、家塾书院

家塾书院贯穿于整个书院史，早在书院产生的唐代就已出现。唐诗中的赵氏昆季书院应该是赵冬曦家族设立的家塾书院。赵冬曦与兄赵夏日，弟赵和璧、赵安贞、赵居贞、赵颐贞和赵汇贞七人均进士及第，所以卢纶赞扬说“花攒骐骥枥，锦绚凤凰窠”，该书院应该是男女均可就读，“咏雪因饶妹”，不可能凭空引用谢道韫咏雪“柳絮因风起”典故。另外曹唐《题子侄书院双松》诗中的子侄书院也应该是曹氏家塾。辽国应州龙首书院也属于家塾书院，它是辽国刑部郎中邢简之妻陈氏教育儿子邢抱朴、邢抱质的家塾。辽保宁初邢抱朴已经出仕辽国任政事舍人、知制诰，书院应设于此前。

宋代开始家塾书院逐渐增多，凡世家大族一般都会建造供子弟读书的书院。北宋时黄庭坚祖父黄湜于大中祥符中创建芝台书院，“一门兄弟共学于修水上芝台书院，道义相磨，才华竞爽，时人谓之十龙，后登第者强半”[①]。浙江鄞县桃源书院原是王说家塾，神宗曾御书赐额。南宋嘉泰三年（1203年）江西

① ［南宋］袁燮：《秘阁修撰黄公行状》，见《洁斋集》卷一四。

安福周奕创设秀溪书院，“讲经有堂，诸生有舍，丛书于间，旁招良傅以训其四子，曰伯纪、承勋、伯仍、大同”[①]，聘师教育四子当然是家塾书院。核山书院“东西塾环，子侄学焉”；鄞县应长卿建造花厓书院，“藏书五千卷，延良师教子侄”，也都属于家塾书院。淳安吴氏于南宋中期创建札溪书院，“考卜奇胜，肇造书宇，讲堂其中，扁以达善，前有涌泉，疏池涤研，两庑旁翼为东西斋。斋上为阁，左曰明经，经史子集之书藏焉；右曰见贤，古先贤哲之像列焉。门之外垒土为坛，环植以杏，结亭曰风雩。伯仲子姓肃肃雍雍，蚤夕其间，以修以游”[②]，是颇有规模的家塾书院。元初，浙江兰溪唐良骥设立齐芳书院，延聘理学大师金履祥及毛凤教育子孙。明正统十三年（1448年），四川乐山刘新创建东坡书院，“令其从子肃敬之、子节介之读书其间”，成化二年（1466年）其侄刘肃举进士，成化十九年其子刘节考中举人，二人科举中式分别在书院创建18年和35年后，看来初建时书院就是家庭私塾。嘉靖中，歙县郑炳建造蒲山书屋，“建以教其子若弟”，也是家塾。

家塾书院非常常见，就连皇家宗室也有设置。皇家宗室书院始于宋朝，明代也有设置。

宋朝比较重视京师宗室子弟教育，“至道元年以近属繁衍，初置学官，于是教授之名立。迨咸平，迄祥符，南宫北宅复置侍教，十岁已上并令肄业。治平初，增小学教授十有二员，此命名分职大略也。旧制七岁入小学，能诵《孝经》、《论语》，升大学，又能诵两经，善书札，宗正以闻。熙宁、元祐并敕诸院立小学，八岁至十四者岁检举焉。是时厥后其制益详，此进德修业次序也。南渡以来，杭越首置诸王宫大小学教授，西外、南外并立宗学，人知为善之乐，以荡陵德者鲜矣”。而皇子读书处，大中祥符八年（1015年）诏名资善堂，南宋始名书院，高宗养赵伯琮（即孝宗）为嗣，命宰相赵鼎“于宫门外造书院

① ［南宋］杨万里：《秀溪书院记》，见《诚斋集》卷七七。

② ［南宋］程珌：《札溪书院记》，见《洺水集》卷七。

屋一区，欲伯琮就学”，造屋十有六间，高宗令以资善为名，“只以书院便为资善院”。

藩室建造书院也是始于南宋。嘉泰三年（1203年），筠州创建乐善书院，选择宗室“幼而未名者，以二十人为额。既望，帅郡僚延处六斋，斋各有名，择老成之士训以经史，教官总其课程，别立一斋待不率教者。市田千亩，用足岁计”①。虽然属于童蒙教育，由于是宗室子弟，20人竟设六斋教学，而且每年有1000亩土地收入作为经费。管理也很严格，专门设置处罚不守制度学生的斋室。

明代藩王建造书院比较多。弘治八年（1495年），代王之子朱仕玳为保存御赐书籍，建造书院，皇帝赐额“务学”。正德六年（1511年），宁王朱宸濠于南昌建造阳春书院。楚藩有崇本书院和正心书院，鲁藩有承训书院，沈藩有勉学书院，吉藩有崇德书院，徽藩有崇古书院，襄藩有贞白书院，晋藩有养德书院，蜀藩有西清书院。

清代康熙皇帝非常重视皇子教育，选择老成谨慎、学问优长的满、汉官员为师傅教育皇子，雍正皇帝取名尚书房，道光间改称上书房。教室设在皇帝处理朝政的乾清宫东庑内，“近在禁御，以便上稽察也”，便于皇帝随时查看。各王府一般也设有家塾，称作学房、书房或小书房，阿哥和格格都要入塾读书。贫寒贵族办不起家塾，子弟可以到宗学学习。皇子每年仅在元旦、端午、中秋、万寿（皇帝生日）和自寿（个人生日）放假5天，每天卯（晨五时）入申（十五时）出，在学10个小时，下午下学后还要去学习骑马射箭。学习内容有四书五经、史籍、诗词和本民族语言，与书院教育差别不大，只是没用书院名称罢了。

家塾书院一般延续时间比较长，子孙从幼年开始教育，许多直到子孙高中进士，有的甚至世代传承家学，贯穿初等教育、中等教育乃至高等教育诸阶段。

---

① ［南宋］周必大：《筠州乐善书院记》，见《文中集》卷六〇。

二、家塾兼义学书院

有的书院创办者除让自家子弟就学外，还免费接纳乡里子弟就学，这类书院可称为家塾兼义学书院。

五代窦氏书院就属于家塾兼义学书院，“于宅南构一书院四十间，聚书数千卷，礼文行之儒，延置师席。凡四方孤寒之士，贫无供需者，公咸为出之，无问识不识，有志于学者听其自至，故其子见闻益博”①，接受外来求学者并对贫穷无以自养者提供供应，也帮助自己子弟增广见闻和知识。

家塾兼义学书院一直延续到书院消亡。

北宋皇祐中，孙琛建白鹿洞书堂以教子弟，“四方有学者至遂馆谷之”。浙江东阳郭钦止于绍兴十八年（1148年）凿穿山洞，发现洞外另有田地，不愿独占，于是创建石洞书院，除教育自家子弟外还接受乡里子弟就学，“地之偶出于吾庐，非赐余者，吾其可自泰而游，将使子孙勤而学于斯，学其可以专？盍使乡里之秀并焉。于是度为书院，礼名士主其学，徙家之藏书以实之，储洞之田为书院之食，而斥洞之山为书院之山，示郭氏不敢有也”②，为院生提供食物，是家塾兼义学的书院。项圣予所建卢溪书院，“下相郎君开义塾，美意非徒淑姻族，乡里烝烝义风俗。乃翁固喜儿读书，更喜他人与儿俱”③，除子孙外还接受乡里子弟，既然“美意非徒淑姻族”，还惠及乡里，应该是免费的，也属于家塾兼义学书院。南宋末年，广东仁化邹氏创建青云峰书院，“伯父爱其幽胜，屋于斯以为诸子藏修游息之所，而予父共成之。买田其中，收其岁入专以给游学之书费”④，既教育诸子也接受外来游学学子并提供费用。

元代江西乐安夏友兰创建鳌溪书院，“施田赡给，敦请名儒詹贡士掌教，

---

① ［北宋］范仲淹：《范文正公集·别集》卷四《窦谏议录》。

② ［南宋］叶适：《石洞书院记》，见《水心集》卷九。

③ ［南宋］曾丰：《寄题项圣予卢溪书院》，见《缘督集》卷三。

④ ［南宋］欧阳守道：《青云峰书院记》，见《巽斋文集》卷一六。

其事闻上，官为设官，家有内塾教子，又有外塾普及亲邻诸幼之可教者。月朔弦望，远近宾朋，内外子弟，深衣会讲，以身率先，升降进退威仪整肃如学校规"①，书院交由官府后，设置内塾教育自家子弟，外塾教育亲邻幼子，书院虽设立内外塾，仍然属于家塾兼义学书院。历山公齐诺建造历山书院，"聚书割田，继以廪粟，以曹人范秀为之师，其子弟与乡邻凡愿学者皆集，又虑食不足，率昆弟岁捐粟麦佐之"，"又与子侄约，凡胜衣者悉就学，暇日习射"②，书院供本家族和乡邻子弟就读，且提供饮食；元丞相脱脱于所赐宣平县宫家庄建造书院，"延师教其二子，俾有成立，为时名臣"，后因父老之请"聚其子弟而教育之"，赐额景贤书院；都属于家塾兼义学书院。元代时既有规模又有经费保证书院一般收归为国有，按照当时惯例，捐建书院者可以出任山长，由此可以进入仕途，齐诺没有推荐自家子弟而是推荐范秀为山长。明洪武十一年（1378年），长洲练塤创建练氏义塾，"作堂三楹间，以为讲习之所，旁为四室，以供寝处庖湢，延儒士高平范焕为师，俾里中子弟就学焉，割田三十亩以食之"③。虽然名为义塾，与许多进行初等启蒙教育的书院实质上并没有多大差别，而延请名师应该进行中等教育。

三、家塾兼私塾书院

虽然孟子说"古者易子而教之"，但有的士大夫限于财力难以聘师教育自家子弟，或者认为自己教育更好，于是设立书院教育子弟，子弟太少，不妨收些外人子弟收些费用贴补家用，有的虽然聘请老师教育子弟，但子弟不多，不妨收些外人与自家子弟共读，也能减轻负担。但这种家塾兼私塾书院记载很少，可能觉得收费不够高大就不便记录在案。湖南攸县廖仰之家族于庆元元年（1195年）创设龙潭书院，既教育本家子弟，也接受外来学者，"岁招明师，日

① ［元］吴澄：《元将仕佐郎赣州路同知会昌州事夏侯墓志铭》，见《吴文正集》卷七四。
② ［元］程矩夫：《历山书院记》，见《雪楼集》卷一二。
③ ［明］宋濂：《长洲练氏义塾记》，见《文献集》卷四。

集良友，与其子弟讲学肄业于上，士之自远而至者常数千百人。诵弦之锵，灯火之光，简编之香，达于邻曲。其子弟服食仁义，沉酣经训，往往多为才之良者”[①]。“士之自远而至者常数千百人”，“常数千百人”不可能是义塾，应该是收费书院，即家塾兼私塾规模较大的书院。此类书院多进行启蒙初等教育，有的书院也进行中等教育，如上述龙潭书院。

四、家族书院

家族书院一般由世家大族建造，可以分为五种，一是一个家族共建共用，二是个人建造而供家族共用，三是个人为两家族建造共用，四是两家族共建共用，五是官府为某家族建造。

一个家族共建共用书院已知最早为建于晚唐的江西德安陈氏书屋和陈氏书堂。陈氏书屋和书堂属于家族共建书院。近年发现的大顺元年（890年）陈衮制定的《江州陈氏家法》记载说：“立书堂一所于东佳庄，弟侄子姓有赋性聪敏者令修学，稍有学应举者”，“立书屋一所于住宅之西，训教童蒙。每年正月择吉起馆，至冬月解散。童子年七岁令入学，至十五岁出学，有能者令入东佳。逐年于书堂内次第抽二人归训，一人为先生，一人为副”，书堂设置早于大顺元年，此前如果没有书堂，如何抽取二人担任书屋老师。

南宋时唐准（字希易）创建的盱山书院也属于家族共建共用书院，“希易又知学非特以自淑，亦将以淑人，况吾之亲族自有可选造之士，特患无以帅之而莫之从，无以倡之而莫之和，无以统之而莫之聚耳，非吾之所当任其责乎？乃集其宗族之亲而议之，协众力，鸠众财，即其祖居之傍创为书院。规模甚巨，会讲有堂，肄业有舍，休宿有室，廊庑之宽，门庭之严，庖湢之备，尝得朱文公先生所书‘盱山书院’四大字因以为名而揭之。萃诸子侄就学其中，希易既自以身教之，次有堂长、学长、斋长诸职，又相与励翼之，藏修于斯，丽泽

① ［南宋］杨万里：《龙潭书院记》，见《诚斋集》卷七六。

于斯，试功课效于斯，规矩森然，率履不越，盖前乎此之所未有也”[①]，规模很大，唐准亲自主持，并依次设堂长、学者、斋长进行教育与管理。

醴陵李氏建造的莱山书院也属于家族共建共有书院，“书院，其一族子弟隶学之所也”，“为其族公之”。

到明清时，许多稍有规模的家族纷纷创办书院，教育本族子弟。咸丰间，广东顺德县许多家族都建造家族书院，“其有大宗名族自设家塾亦称书院者，如采册所载龙涌陈氏之北池书院，浔氏之东梁义学，甘村甘氏之渤海书院，霞石何氏之霞石义学，豸浦之萃涣书塾，菱溪之德星书屋，名目不一，皆集备公费，立有课程”[②]，一县竟有六所家族共建共用书院。

个人建造而供家族共用书院也不少。北宋嘉祐中，湖南兴宁人曹靖建造观澜书堂，以教育族人。绍兴十四年（1144年），侍郎李椿年建造江西浮梁新田书院，嘉定间李大友“率乡人新之，延李德俊教族子弟”；淳熙间，赵汝愚之弟赵汝靓创建东山书院，赵汝愚之子赵崇宪讲学，设风云堂由笃行、忠定兄弟教育子弟；应长卿“间作花厓书院，藏书五千卷，延良师教子侄”；都应该属于个人创建而供全家族共用书院。南宋时，江苏金坛太府丞张镐“以其居去庠序远，因建书院，招名师，合族之子弟教之，且拨田为经久计，邑人刘宰为取《孟子》‘申之以孝悌之义名之’”[③]，命名申义书院，张镐独自为家族建造书院，并捐田作为书院经费，为使书院传之久远，其侄张宗湜又捐设张氏义庄。南宋舒璘于浙江奉化建造广平书塾作为讲学之所，去世后，德祐元年（1275年）其孙舒泌改作书院，“帅子若孙暨宗族之秀朝益朝习”，成为教育本家子弟和家族子弟的族塾。

个人为两家族共建书院很少见。明代怀来与马营建有二贤书院，是高邮李士龙为范仲淹后裔和欧阳修后裔建造的，“怀来与马营又俱有二贤书院，盖范

---

① ［南宋］包恢：《盱山书院记》，见《敝帚稿略》卷三。

② ［清］咸丰《顺德县志》卷五《学校志序》。

③ ［南宋］嘉定《镇江志》。

文正、欧阳文忠公之后裔居其地，相与建之，以祀其祖，以启其学云”。

两家族共建共用书院也很少见。南宋初，江苏金坛汤氏家族为族人建造家塾书院，并求得上饶名士王某为师，但所需3000缗经费尚缺500缗难以筹备，姻亲刘微在座，当即允捐500缗，并请让自己儿子们一起入院学习，当时刘微家不在金坛，众人都很愕然。刘威回乡后出卖家产，最先交上捐款，然后全家迁到金坛。二子进入书院学习，长子考中进士，次子岁贡京师，孙子刘桂岩、刘宰中进士，曾孙用辰、用厚、应龙也举于乡[①]。

元至正间，龙泉章溢创建龙渊义塾，妻族陈氏资助土地230亩，因此在陈氏聚集的石华、象溪另设两处别塾教育陈氏年幼子弟，待他们年龄稍大再入义塾学习，“石华、象溪二所复设别塾，以教陈氏族子之幼者，俟其长乃赴龙渊受业”[②]。

官府为家族建造书院比较少见。桐乡严光钓鱼台在北宋景祐中知州范仲淹建造祠堂，南宋绍定元年（1228年）知州陆子遹于严光钓鱼台下建造书院，置经史子集，以教育严氏和方氏子弟，是官员为两个家族建造的书院。而上海青浦庭闻书院则是官员为孔子后裔一姓建造，清咸丰二年（1852年），知县余龙子有感于孔子子孙“多力农，无弦诵声”，没有家塾，于是慨然发起捐建，“集费延师，专为孔氏家塾。二十年来，有游于庠者，有贡于廷者，彬彬乎渐有成焉”。

家族性书院一般具有很强的生命力。江西贵溪原有唐代观察使高宽仁故居，南宋前期七世孙高可仰创建桐原书院，并置膳田，以教乡族子弟，时人汪应辰为文以记。元代时，高宽仁裔孙高惠甫又割田补充书院经费。元末尽毁，明宣德间高宽仁十四世孙高吉昌重建，萧镃为记。成化间，胡居仁居中讲学，其门人徐宏嗣主持，兴盛一时。万历三十一年（1603年），贵溪知县吴继京重修，并申请以裔孙高绍宪奉祠。江西德兴银峰书院建于南宋绍兴间，余瀚、余

① ［南宋］刘宰：《先祖十九府君墓志》，见《漫塘集》卷三二。

② ［元］宋濂：《龙渊义塾记》，见《文献集》卷四。

渊曾延请朱子讲学其中，明崇祯间，余瀚裔孙余应馨改建于肯堂山下。江西德兴息斋书院原是南宋末余芑舒教学处，清康熙间裔孙余元驭还进行重修。德兴归轩书院为宋儒邹近仁讲学处，明嘉靖中裔孙邹侃重修。这些书院都延续五六百年。

山西长治雄山书院始建于北宋靖康中，元泰定二年（1325年）李桓修复，置田200亩，种树万余株，以作书院经费。李桓临终时告诫族人说："吾之所以不辞劳苦以成是学，非为己谋，将以诱掖后学"，此后李氏族人一直精心保护书院，"塞异人之谋，讼胥吏之贪"。村中无赖"勾结贪吏"，侵吞书院土地，砍伐书院树木，"莫敢谁问"，李氏族人挺身而出，诉之官府，历经多年仍未争回，直到至正十二年（1352年），李惟馨因父丧回籍守丧才活动官府追回土地200余亩，粮食360石，树木上万株，随之进行扩建，然后请于礼部，赐额雄山书院，相继延请进士宋子明、李拥皋主持教学，"执经问难者百十人，洋洋济济"，"人始知礼乐而户诗书矣"。其后李惟馨十几代裔孙一直维持书院运行500多年，一直到清末废止书院改为学校，此书院前后共延续700余年。

家族书院一般属于启蒙初等教育，但世家大族建造的书院延时久远，涵盖初等教育、中等教育乃至高等教育的也不乏见。

五、族塾兼义学书院

家族书院除教育本族子弟外还接受外来学者学习，此种书院唐代未见，始见于五代十国时期。江西德安陈氏书堂除教育本家子弟外还接受外来学者，"田二十顷，以为游学之资"，"四方游学者，自是宦成而名立盖有之"，而请徐锴撰写《陈氏书堂记》的门生章谷就曾于此就学，可见确实是族塾兼义学书院。胡氏书堂（华林书院）"大设厨廪，以延四方游学之士"，"子弟及远方之士从学者数千人"，已是规模很大的族塾兼义学书院。

族塾兼义学书院一直延续到书院结束。北宋建隆三年（962年）创建的广东南雄孔林书院是孔子后裔的家族书院，但书院也接受本地外姓子弟入学，置地

55亩作为书院经费。南宋庆元元年（1195年）廖仰之兄弟建造龙潭书院，聘师教育子弟并接待外来求学者，“岁招明师，日集良友，与其子弟讲学肄业于上，士之自远而至者常数千百人。诵弦之锵，灯火之光，简编之香，达于邻曲。其子弟服食仁义，沉酣经训，往往多为才之良者”[①]。龙泉鲍某捐资建造金斗书堂，“聚乡族之子弟而教之”；刘允迪致仕后在故乡玉山创办义学，“聘知名之士以教宗族子弟及乡人之愿学者，割田八百亩以供义学师生食宿开支”。

元延祐四年（1317年），江西永丰曾德裕建造武城书院，接受宗党子弟入学，报请朝廷批准，以曾氏贤儒主持，“祠先圣先师以及其考，以处宗党来学之人。翰林之长移文集贤院，转而上闻，朝议可之，俾推曾氏子孙之儒而贤者掌其教”。江西吉水张文先建造白沙书院，教育族里俊秀子弟，捐良田于书院，并代纳其赋税，“使师生廪膳可终岁”，“近世书院，间有田而捐田者先有长书院之意，既得一檄则次第而进，爵禄可指而立俟。文先既不为其身谋，而谋及其族里与其子孙孙子甚远，此其所以异于近世者，又将以开来哲而继先志，则此田与书院相为无穷必不见夺于世”[②]，不为求官而为子孙、乡人远谋，建造家塾兼义学书院，难怪获得撰文者大力称赞。

明弘治二年（1489年），翰林院编修谢世衍于家乡浙江太平建造方岩书院，“教其乡族子弟”；弘治十六年，杭州郡守杨温甫在家乡鄞陵建造平山书院，“使吾乡之秀与吾杨氏之子弟诵读其间”；弘治间，京卫参军谢贵于家乡江西新淦建造玉山书院，“弦诵以时，养习有地，合乡之人与族之子弟于是学焉”；弘治中，户部尚书梁璟致仕后创建山西原平石桥书院，“以教子侄及乡之俊秀，给以薪米笔札而时课之”；正德间，山西潞城东火村仇森、仇朴创建东山书院，“延耆儒以教子弟及乡之俊秀，以广义学之意”，“置田百五十亩以供义学先生束脩之用”；上述都是族塾兼义学书院。安徽歙县富商佘育创建潜

① ［南宋］杨万里：《龙潭书院记》，见《诚斋集》卷七六。

② ［元］刘岳申：《白沙书院记》，见《申斋集》卷五。

虬书院，“以馆四方交游暨来学者，而收训其族子弟于中”[①]，书院既是接待友人和学者的场所，也是教育族中子弟的族塾。

族塾兼义学书院一般属于初等教育，但也偶有涵盖中等教育和高等教育者。

六、族塾兼私塾书院

北宋时，江西新昌著名学者石渥、石待旦父子创办石溪义塾并亲自任教，还曾聘请程颢主管塾事。义塾规模很大，分作上、中、下三区，分别称为上书堂、中书堂和下书堂，题作“白云青嶂”“石城半隐”和“集贤讲道”，邀请寇准、王钦若、董儒等著名人士为书堂作记。义塾还设有议善阁、传心阁和万卷堂，万卷堂专门存储石待旦收藏书籍，吸引众多士子前来学习，“四方之士不远万里，赢粮笥书，及门而受业者麇至”[②]。生徒中官至侍从及登第者多达76人，本县内中进士者18人，而石氏12人。四方士“赢粮”自带粮食就学，可见并非义学，石氏登第者12人，也是族塾，所以这是一所族塾兼私塾书院，弟子们考中这么多进士，四方学子来游学，看来是教育水平很高。

七、私塾书院

私塾书院是较为常见的书院，许多功名无望的士子设立书院收徒教书作为谋生手段，但由于设立者多名微位卑，难以请人撰记刻碑，所以有关记载很少。

元至元中，江西贵溪裴方润建造临清书院，“教乡党子弟”；江西大余里人王邦叔建造仙堂书院，“训族党子弟”；江西新城处士朱民表建西村书堂，“以教族党子弟”；这种个人建造的书院应该是私塾。至大三年（1310年），新安胡淀发起迁址新建明经书院，“其规则，田三之二为春秋丁祭、山长俸给，

---

① ［明］李梦阳：《潜虬山人记》，见《空同集》卷四八。

② ［明］胡翰：《白云亭记》，见《胡仲子集》卷七。

三之一开义学，盖恐山长未必皆能兼训导，姑徇其名以期永久，而义学则敦其实也”[①]，所捐置土地收入三分之二供春秋丁祭和山长俸给，三分之一供义学之用，并没有书院生徒经费，看来书院生徒是自费的。私塾书院一般教育水平不高，高级的会发展成举业书院。

八、私塾兼书斋书院

许多学者专心学术，但为谋生不得不开设私塾，收徒设教以糊口，主要精力用于研修学问。这类书院也不少，由于古人多自视清高，羞于言钱，所以记载不多。南宋黄榦所建书院，“六七小童得方大哥监视之，可以杜门终日，寻绎遗经，足以自乐”[②]。陈亮所建龙川书院“今年不免聚二三十小秀才，以教书为行户”[③]，以教书为职业，书院既是私塾，也是著述之所。这类书院教育起点一般很高，进行初等教育的可能性不大。

九、义学书院

乐善好施是中国人的美德，在历史上创办义学书院者比比皆是。

北宋庆历间，湖北嘉鱼邑人李宗儒创建义学书院；南宋绍兴元年（1131年），江西丰城邑人陈自俛创建龙光书院，“四方来学者三百余人，悉廪之，朱子曾过书院，留居一月”；南宋后期，俞掞在丰溪建造瑜山书院，专收贫寒子弟，“集里之贫士读书其中”，毫无疑问这些都属于义学书院。嘉定十四年（1221年），永丰黄惟直认为“吾幸有薄田畴，与其私吾子孙，曷若举而为义塾，聚英才教育之以乐吾志”，于是独自创建龙山书院，“课试仿州县法，春秋校艺，以礼屈邑佐或乡之中第者司其程尺，日讲月肄，则均自主之”[④]，龙山书

① ［元］胡炳文：《与草庐吴先生书》，见《云峰集》卷一。
② ［南宋］黄榦：《与晦庵朱先生书之一》，见《勉斋集》卷四。
③ ［南宋］陈亮：《与朱元晦书》，见《龙川集》卷二〇。
④ ［南宋］真德秀：《龙山书院记》，见《西山文集》卷二六。

院已经不是私塾，而是水平较高的义学书院。

元初，湖南武陵人丁易东在石坛精舍教授生徒，资以廪费，赐额沅阳书院；鄞县陆天佑之子按照其父遗命建造义塾东湖书院，“即其地筑义塾，奉紫阳朱子像，以教一乡之子弟。讲有席，息有榻，与凡庖湢之所、食饮之器，虽微而完，既又割田一百有五十亩为报祀廪饩之须。浙帅王公名之曰东湖书院，堂曰育英，为书大字以榜之，嘉其志也”[①]；大德二年（1298年），江西丰城李克家建造同文书院，“凡乡人有志于学者聚而教焉，买田以给之”；至元三年（1338年），湖南祁阳县尉曾奎父子建造浯溪书院，“又割私田三百亩以廪学者”；至正四年，新乐县赵恕、赵愿兄弟捐建璧里书院，“中为礼殿以祠夫子，颜曾思孟、十哲列焉，前树仪门，翼以两庑，后讲艺之堂，东西栖士之舍，合五十楹，坚完可久，割侠神里田三百亩以廪师生”；许昌冯梦周兄弟创建颍昌书院，“岁以地三顷之入给之”。上述书院应该均为义学书院。

许多教育机构虽然名为义塾，但有的义塾比许多书院更像书院。南宋建炎前后创建的嵊县渊源堂义塾，设有富学、辉声、集彦、擢秀和恢义五斋，细伦堂、蕴秀轩、同襟馆和兰馨室等，建筑很多，规模超过很多书院。绍兴十八年（1148年）渊源堂义塾还聘请名士王十朋为师，台州、温州、金华等地许多士子前来交流学习。江西万安刘桂平建造的儒林义塾，“凡党里子弟童蒙以上悉许来学”，“有斋舍以馆诸生，有庖厨以供饮食，施田若干亩岁收所入以赡”[②]；曹州楚邱朱仲敏设置朋习书塾“延礼儒士，以淑其乡里子弟”；虽然以义塾、书塾命名，设施和师资都不次于书院。元至正十三年（1353年），浙江龙泉章溢家族创建龙渊义塾，“创燕居以奉先圣，而先师为配，春秋行释菜之礼。旁列四斋，曰逊敏，曰知通，曰敬乐，曰博约，以居弟子员。后敞敬义堂，月旦望鸣鼓集士以申五伦之教。建大门榜曰龙渊义塾，甓其修涂以达于东西，灌木

① ［元］程端学：《东湖书院记》，见《积斋集》卷四。

② ［元］吴澄：《儒林义塾记》，见《江西通志》卷一二七。

嘉篁前后郁然。聘经明行修之士以为师，诸生业进者月有赏，才颖家单不能裹粮者资之，不率教者罚之。田赋出入主塾事者司焉，日用有籍，月考朒赢，岁二会，其数有余则他贮，益斥田以广其业。石华、象汉二所复设别塾，以教幼者，俟其长乃赴龙渊”[①]。接受其祖先创设的桂山书院和仙岩书院都因无恒产而废的教训，捐置土地150亩，其妻党陈京也捐助230亩，书院义田规模达到380亩。学校规模大，设施齐全，聘请高水平老师教学，教学规范，管理严格，资金充裕，奖励优秀，学生须自带粮食，义塾资助贫困，并在石华和象汉设立两所别塾，教育年幼，为义塾提供生源。

元代时义塾可以转为书院，但需要履行程序，也要相应的要求，“创为闾塾，殿堂斋庑略如学校，而以田一百亩入于塾，择勤敏者掌之，而以其所入延士之有学行者为塾师，使冯氏与其邻里之子弟入学于塾，且给午饷，使竟日不替于学。后至元初，知州事赵侯孟贯义之，署为冯氏义塾，俟有成效，将请于朝如书院，未遑也”[②]。义塾有房舍、塾师和固定收入，且有一定成效，才能请于朝批准为书院，看来元代对批准设立书院的要求还是比较高的。

明弘治二年（1489年），台州太平谢方石建造义学方岩书院，“为堂四楹，其左右翼而相观、恐闻二斋以居学徒，置田三十亩以资养”[③]。嘉靖间，南京刑部尚书顾应祥在原籍长兴建造养正书院，“延师训邑中童稚”，应该也是义学。

义学书院一般教育水平不高，大都属于初等教育的蒙学，但也不乏中等甚至高等教育者。上述江西丰城邑人陈自俛创建的龙光书院，四方来学者三百余人，连朱熹都来留居一月，教育水平至少是中等。

十、社学书院

元代时，朝廷明令设立社学。至元七年（1270年）颁布的《农桑之制

---

① ［明］宋濂：《龙泉义塾记》，见［清］乾隆《浙江通志》卷二六一。

② ［明］徐一夔：《冯氏义塾记》，见《始丰稿》卷四。

③ ［明］李东阳：《方岩书院记》，见《怀麓堂集》卷三三。

一十四条》就规定兴办社学。农村五十家为一社，“每社立一学，择通晓经书者为学师，农闲使子弟入学。如学文有成者，申复审官司照验”[①]。至元二十五年，大司农司统计全国共设立社学24400多所，有的社学建造孔子庙，但尚未发现有以书院命名者。

明洪武八年（1375年）令立社学，但以书院命名的社学很少。已知成化中程乡知县刘彬建造社学命名周溪书院，“即其地构堂于曲池之上，最高处图太极图于北壁，前作讲堂，左右为楼，居楼外凿二石井，泉甘而洌，谓之天泉井，榜其门曰周溪书院”[②]。正德十三年（1518年），巡抚王守仁在赣州城东、西、南、北和再西一次建造五座社学，分别名义泉书院、富安书院、正蒙书院、龙池书院和镇宁书院，五书院后被豪强强占。嘉靖三十一年（1552年），弟子沈谧署兵备佥事时全部收回并恢复。

明代以社学改建为书院的比较多，如武昌府学前社学于明成化间由提学薛纲改建为芹香书院，河南商丘嘉靖中御史蔡叆将社学改作应天府书院，苏州将学道书院改作督粮道署后，将书院迁于社学。嘉靖三十二年（1553年），安庆知府李逊以社学旧址建造龙山书院，山西高平嘉靖间将正蒙社学改为晋城书院。

清顺治九年（1652年），朝廷也曾令每乡设社学一区，但未见以书院命名者，以书院改社学者倒不少。如浙江淳安雉峰书院改作雉峰社学，宁夏中卫将应理书院改作社学，广西全州凤坡书院雍正三年（1725年）改作社学，江西赣州义泉书院改作东坊社学。有的地方为应付公事，将社学设在书院内，陕西临潼县横渠书院和骊山书院均设有社学，眉县横渠书院内也设置社学。

社学书院教育水准不会太高，应该以初等教育为主。

---

① 《新元史·食货志》。

② ［明］陈献章：《程乡社学记》，见《陈白沙集》卷一。

十一、官办教育书院

官办书院从北宋开始，早期以教育书院为多，明清时虽然以举业书院为多，但教育书院仍然不少。

北宋开宝九年（976年），潭州太守朱洞将僧人智璿创建的学校扩建为岳麓书院，“讲堂五间，斋舍五十二间”，是已知最早由官员建造的书院。咸平四年（1001年），潭州太守李允则又建造湘西书院，景德初英州知州王仲达为石汝砺建造涵晖书院。南宋绍兴中，江苏溧阳知县施祐建造金渊书院，供士子肄业。以上都属于官建教育书院。桐乡严光钓鱼台在北宋景祐中知州范仲淹建造祠堂，绍定元年（1228年）知州陆子遹于台下建造书院，置经史子集，以教育严氏和方氏子弟，属于官办家族私塾性质。淳祐元年（1241年），知州王佖始置斋舍，聘请堂长教学，春秋祭祀后讲习。淳祐十一年扩建，“延致衿佩，教养其间”，郡“捐帑五万缗，就城为抵质库，月收其息以助养士”，次年，知州季镛请于朝，以州学教授兼任书院山长，书院一变为半官方性质，学生水平提高，教育质量大升。

元至治二年（1322年）和至治三年，县尹特穆尔布哈分别在河南光山和山西夏县建造涑水书院，分别教育才能优秀者和初学儿童；元顺帝时，大嵩场盐司丞张元礼建嵩江书院，“聘名师训其里人，朔望舍菜，后升堂会诸生讲论道德”；也都属于教育书院。

明代官办书院逐渐增多，但逐渐转为举业书院，教育书院很少。成化中，南阳知府段坚“又以民俗之偷由未预养，乃选属邑童蒙，建志学书院，刻《小学》《孝经》《论语》《崇正辨文》《公家礼》诸书以教之”[①]；嘉靖五年（1526年），安徽庐江知县周良会建造毛公书院，“教乡之俊秀”。以上都属于初级教育书院。弘治初，山西蒲州知州许鹏重建首阳书院，“简州之少

---

① ［清］雍正《河南通志》卷五六《段坚传》。

俊得二百人，礼聘国子生王绅为之师，越四五年渐有成业，士之进于州学者视昔有加”①，学生四五年后可进入州学，应该属于中级的教育书院。万历间，江西永新知县余懋衡建造明新书院，“讲求实用之学”，属于较为高级的教育书院。

官办教育书院以初等和中等教育为多，再高级的就是举业书院了。

十二、军队教育书院

早在元代时军队内就设立官学，吐蕃等处宣慰使司都元帅府就设有儒学教授二员，而明代军队设置官学成为制度，经朝廷批准，洪武十七年（1384年）辽东都司首先创建官学，终明一代先后建造100多所军队官学。受地方创建书院影响，军队也开始自建书院。嘉靖五年（1526年），江西兵备副使何棐以武弁子弟无数，于九江卫内创建肄武书院，以教育军人子弟，派学官一人领其教。嘉靖六年，副使赵春于徐州建彭西书院，为武生居业之所。

清乾隆间禁止军队建造书院，嘉庆五年（1800年）始见镇浙将军于杭州建造梅青书院，“选八旗兼好文之壮丁，延师教习诗文，以应科岁试、乡试”，虽然目的是应科举，但“延师教习诗文”，也属于教育书院。道光以后，军队书院大兴。道光十年（1830年），镇闽将军在福州改设的龙光书院，将军穆腾阿在镇江建造的摭余书院；同治十年（1871年），成都建造八旗少城书院；同治十一年，马兰镇总兵建造的兰阳书院等都属于军队书院。

十三、文武分教书院

广东揭阳榕江书院始建于清乾隆八年（1743年），初时仅设文科，乾隆四十一年增设武书院，“复念国家揆文奋武并重，偕偕士子均隶胶庠，欲更设新院，招诸生以时习射”，东接原院舍添建武书院，有堂及东西舍各十五楹、

① ［明］李东阳：《重建首阳书院记》，见《怀麓堂集》卷六五。

射圃及观德堂。落成后“考取肄业生童百十人，附课二百余人，肄业者资以膏火，课则拔其优，概予奖赏，武院亦如之，皆延名师主教事”。

第二节 学术书院

何为学术书院？明代黄桂芳一段话似可以作为定义：“圜冠方领之士往往依山林，即幽旷，以宫以田，以讲圣贤之绝学，盖不以科目得失累其中，邃道义而薄词章，则书院之设凛凛乎不可尚也”[①]，不以科举为累，邃道义而薄词章就是学术书院。书院的理想状态应该是李元振所说的那样：“凡九州四海之士与夫嗜古积学、不求荣达者，无不与焉”，“凡谈道讲义，著书立说，研究乎天人性命之理者，业无分仕隐，咸得优游于其中焉”[②]。

孔子首创私学，即开创学术性教育，诸子百家设学，无一不是宣传自己的学术思想。秦汉以来私学一直延续讲学传统，只是到唐代官学兴盛，科举取士，全社会均重视诗文进士，看不起研究经学的明经，学术地位下降，所以从唐代书院出现直到宋初，主要是书斋和家塾，尚未见学术书院。北宋时随着理学兴起，学术书院也逐渐兴起，而伴随着朱熹理学、王守仁心学和乾嘉考据学的兴盛形成三个高潮。

学术书院始见于北宋，已知最早的学术书院应该是广东英州知州王仲达景德中为学者石汝砺建造的涵晖书院。石汝砺善《易经》，在涵晖谷讲授，王仲达因此建书院。最著名的当属石介创建的泰山书院。景祐元年（1034年），石介拜孙复为师并请其到泰山讲学，胡瑗此时也在泰山，宋初理学三先生齐聚一堂，开创泰山学派和理学先河，“今先生游从之贵者，故王沂公、蔡二卿、李

① ［明］黄桂芳：《重修紫阳书院记》，见《白云集》卷六。

② ［清］李元振：《南阳书院记》，转引自陈谷嘉、邓洪波《中国书院史资料》，第957页。

泰州、孔中丞，今李丞相、范经略、明子京、张安，道士熙道、祖择之，门人之高弟者石介、刘牧、姜潜、张洞、李缊”[①]，交游者如王曾、孔道辅、范纯仁等都是当时名人，弟子石介、刘牧都是著名学者，是当时最为著名的学术书院。宝元元年（1038年），石介母、父相继去世，守丧期间于家乡创建徂徕书院，教授《易经》。其后学术书院越来越多，李觏在江西南城建造盱江书院，萧楚在江西泰和建造清节书院，宣和三年（1121年），刘安世贬官安置广东梅州，建梅州书院，“日聚多士讲学其中”。

南宋是学术书院的第一个兴盛期，其原因与朝廷对待理学态度有很大关系。早在北宋时期，新兴理学在王安石熙丰新政时就受到排斥，虽然元祐更化时程颐一度被尊为帝王之师，但蔡京当政时就遭到伪学之禁。靖康元年（1126年），杨时担任国子祭酒，力诋王安石新学为邪说，反遭到太学学生围攻，程氏理学也被逐出国学。宋室南渡后，东南学者以杨时为程氏正宗，力诋王安石新学，赞倡程氏理学，理学再次兴起。绍兴元年（1131年），高宗追赠程颐为直龙图阁，制词说“尔颐潜心大业，高明自得之学可信而不疑，而浮伪之徒自学问文采不足表见于世，乃窃借名以自售，外示恬默，中实奔竞，使天下之士闻其风而疾之，是重不幸焉。朕所以振耀褒显之者，以明上之所与在此而不在彼也”[②]，明确宣示以程氏理学为学术正统。但仅仅延续五年，谏官陈公辅就疏求禁止程氏之学，疏说“今世取程颐之说谓之伊川之学，相率从之，倡为大言，谓尧舜文武之道传之仲尼，仲尼传之孟轲，孟轲传之颐，颐死遂无传焉。狂言怪语，淫说鄙论，曰此伊川之文也；幅巾大袖，高视阔步，曰此伊川之行也。师伊川之文，行伊川之行，则为贤士大夫，舍此者非也。诚恐士习从此大坏，乞禁止之”，高宗可能担心理学影响太大，因此下诏规定“士大夫之学一以孔孟为师”，理学又一次遭到禁止。绍兴二十六年秦桧死后，朝廷下令“取

① ［北宋］石介：《泰山书院记》，见《徂徕集》卷一九。

② 见《宋史纪事本末》卷二一《道学崇诎》。

士勿拘程颐、王安石一家之说”，程氏理学被解禁。此后朝廷党争不断，关于理学真伪、是非也争议不断。淳熙十年（1183年），理学被指为道学，但随着周必大为相，淳熙末年道学派逐渐得势。庆元二年（1196年），韩侂胄当政时理学又被指为伪学，当年科举，试卷凡涉及义理者均被黜落，朱熹被指为伪学魁首被落职罢祠，理学信徒被逐出朝廷。庆元三年伪学又升级为逆党，仿照北宋元祐党禁设置《伪学逆党籍》，朱熹、陈傅良、叶适、袁燮、杨简、蔡元定等理学者均被列入，或罢官，或远斥，或充军，或下狱，甚至被迫害致死。庆元六年，朱熹去世，尽管党禁严酷，但近处弟子们纷纷赶来奔丧，路远弟子私自祭吊，布衣吕祖泰则至登闻院击鼓上书请斩韩侂胄。理学实力引起韩侂胄后怕，嘉泰二年（1202年），台谏上书说“真伪已别，人心归正”，韩侂胄借此向宁宗建议弛伪学之禁，健在的“伪学逆党”如陈傅良、刘光祖等复官，去世的赵如愚平反，理学也得以翻身。开禧末年，韩侂胄失势，史弥远当政，理学逐渐恢复正统地位。嘉定元年（1208年），诏赐朱熹谥号为文，以褒崇名节；第二年，又将朱熹《四书章句集注》列为教科书；嘉定十年，按照魏了翁建议分别追谥周敦颐、张载、程颢、程颐为元、明、纯、正，最终确立理学的正统地位。

南宋理学遭受如此多的变故，理学者得势时公开大兴书院，失势时归隐悄悄讲学著述，促进学术书院大发展。

乾道元年（1165年），刘珙重修岳麓书院，不以科举为务，以期培养传道人才，“侯之为是举也，岂将使子群居佚谈，但为决科利禄计乎？抑岂使子习为言语文词之工而已乎？盖欲成就人才以传斯道而济斯民也”[①]。乾道间，贵溪许氏创建桐岭书院，聘请陆九皋为师，“公为一出，桐岭学者于是变而乐义理之言，厌场屋之陋，士大夫闻风莫不愿与参席，自远至者踵系不绝，兴起甚

① ［南宋］张栻：《潭州重修岳麓书院记》，见《南轩集》卷一〇。

众”[①]。绍熙元年（1190年），朱熹担任潭州太守时，令州学教授为来岳麓书院求学的四方有志之士提供资助，“契勘本州州学之外复置岳麓书院，本为有志之士不远千里求师取友，至于是邦者无所栖泊，以为优游肄业之地。故前帅枢密忠肃刘公特因旧基复创新馆，延请故本司侍讲张公先生往来其间，使四方来学之士得以传道授业解惑焉。此意甚远，非世俗常见所到也。而比年以来，师道陵夷，讲论废息，士气不振，议者惜之”，“今议别置额外学生十员，以处四方游学之士，依州学则例日破米一升四合，钱六十文，更不补试，听候当职考察搜访，径行拨入者，庶几有以上广圣朝教育人才之意。凡使为学者知所当务，不专在于区区课试之间，实非小补。牒教授及帖书院照会施行，仍请一面指挥合干人排备斋舍几案床榻之属，并帖钱粮官于本州岛赡学料次钱及书院学粮内通融支给”[②]，同时聘请贡士黎某充任讲书。淳熙十二年（1185年），“部使者东阳潘侯畤德鄜始因旧址列屋数间，榜以故额，将以俟四方之士有志于学而不屑于课试之业者居之”[③]，潘畤与朱熹交情厚重，淳熙四年，建造月林书院曾邀请朱熹前往讲学，并令二子友端、友恭拜朱熹为师，他重建石鼓书院的目的就是使之成为学术书院。袁甫建造番江书堂，“选通经学古士率生徒而课之，余暇日亦数加考察，俟其有立”[④]。宋末程绍开原来研究陆学，后来合会陆学与朱子学，创建书院奉祀朱熹和陆九渊，意图调和朱陆学术，并将书院命名为道一。

南宋理学大兴，出现一大批理学家，仅入祀孔子庙的就有朱熹、张栻、陆九渊、吕祖谦、真德秀、魏了翁、李侗、陈淳、袁燮、黄榦、蔡沈、辅广、何基、金履祥、王柏等15人，还有由北宋入南宋的杨时、胡安国、罗从彦、尹焞等，有的专门讲学，有的仕宦不忘讲学，或自建书院，或他书院借讲，仅孝宗朝建造开讲书院就有60多所，占本期新建书院的近70%。此期所建多为学术书

① ［南宋］陆九渊：《陆修职墓表》，见《象山集》卷二八。

② ［南宋］朱熹：《潭州委教授措置岳麓书院牒》，见《晦庵集》卷一〇〇。

③ ［南宋］朱熹：《衡州石鼓书院记》，见《晦庵集》卷七九。

④ ［南宋］宋袁甫：《番江书堂记》，见《蒙斋集》卷一四。

院，南昌新建东湖书院使“拔俗之士所欲藏修息游于其间者”。

官学、书院只重视科举而忽略对士子进行道德培养，这反而间接促进了学术书院发展。欧阳守道曾批评只重科举现象，决意开设学术书院，但学者只求科举中第，无人向学，“予解褐且六年，追念半生学力无几，每每发愤太息，塾于私家，思与二三同志专意从事于所当学，然至者认科第为的，则亦惟索我于所亟用之时文。以予笔砚代耕，犹未得自脱于区区之故技，彼已不相益而相习，未尝不怛然内疚于心也”。曲江邹某为其家所建青云峰书院求记，欧阳守道希望他们办成学术书院，“学也者，因圣贤之书，求圣贤之心，而为圣贤归者也。举子之文不过求先达准绳尺度，学先达之文，足以得先达之科第而已矣，读圣贤之书，求圣贤之所以为圣贤也，孰御焉？”[①]周允成也是一位反对科举、重视学术德行的学者，他与同乡王君创建书院，“立书院于登高山之麓，萃英秀而教之，中设讲堂，四斋旁列，扁曰‘道艺’，曰‘文行’，曰‘才德’，曰‘器识’。谓艺者必本于道，文者必副以行，才者必将以德，器者必深于识也，岂徒习训诂、工声律哉！”[②]

元代是学术书院的沉寂期，由于元代著名学者比较少，专门进行学术活动的书院不多，开展学术活动书院也不多。像赵复讲学的北京太极书院、熊禾讲学的福建建阳洪原书院和鳌峰书院、金履祥讲学的浙江兰溪齐芳书院和仁山书院、吴澄讲学的江西崇仁正中堂和久大堂、姚枢河南辉县雪斋书院、陈澔与饶鲁在都昌西山注《礼记集说》的云住书院等已属凤毛麟角。除知名学者外，也有人建造学术书院或进行学术活动，如元末阴用照任临汝书院山长，“聚徒数百人讲心性之学”。元初龚霆松有感于朱陆两派学者议论不一，因建理源书院，作《四书朱陆会同注释》，三年书成，人称朱陆忠臣。

明代是学术书院的第二个兴盛期，高峰主要是由王守仁和湛若水推动的。

---

① ［南宋］欧阳守道：《青云峰书院记》，见《巽斋文集》卷一六。

② ［南宋］姚勉：《周恕斋墓志铭》，见《雪坡集》卷四九。

从明初开始，不时有学者或官员建造书院或借助其他书院开展学术活动。吴与弼21岁开始讲学，在家乡设小陂书院专心授徒，开崇仁学派，著名弟子有胡居仁、陈献章、娄谅、胡九韶、谢复等十余人。陈献章得老师“静观涵养”之旨开白沙学派，胡居仁得老师“笃志力行”之旨启余干之学。陈献章返回家乡广东新会，讲学于春阳台、小庐山书屋、江门钓台、碧玉楼、嘉会楼，著名弟子有湛若水。胡居仁绝意仕进，筑室梅溪山中从事讲学，两度受聘主讲白鹿洞书院，讲学贵溪桐源书院和淮王府。

成化间，河南提学佥事吴伯通有感于当时教育之弊，征得巡抚李衍同意，于河南境内设置四所学术书院，“以祀前贤，而励后进”。其中辉县百泉书院建于成化十六年（1480年），“遣庠生之秀敏者卢瑢等数十人肄业其中，吴君亲为定教条，每行部至辄率守令督课焉”[①]；洛阳伊洛书院建于成化十七年（1481年），“遴属校生员若民子弟之颖异者，居宿以专业，较官轮次莅校，郡僚以

百泉书院

① ［明］刘健：《百泉书院记》，见［清］雍正《河南通志》卷四三。

时督课焉”[1]。弘治间桂林重建宣成书院，延师分教，以谈一凤总理，“乃严立教条，析疑义，正文体，每励诸生以明体达用之学，绰有苏湖遗风”，并不专重科举。正德间，广西巡按御史林季琼建议在桂林宣城书院大集师儒讲五经同异，请藩臬大卿前往听讲，并选聘五经经师各一人，招各郡成材生员300余人。陕西提学副使何景明“教诸生专以经术世务，遴秀者于正学书院，亲为说经，不用诸家训诂，士始知有经学”[2]。

王守仁随处讲学，一生自建书院7所，修复书院6所。他所创立的阳明学派成为明代中后期显学，弟子众多，形成众多门派：浙中王门主要活动于浙江中部，重要弟子和后学有徐爱、蔡宗兖、朱节、钱德洪、王畿、季本等十余人；江右王门主要活动于江西一带，代表人物有邹守益、欧阳德、聂豹、罗洪先、刘文敏等十余人；南中王门主要活动于江苏、安徽一带，代表人物有黄声曾、朱得之、唐顺之、徐阶等七八人；楚中王门主要活动于湖北一带，代表人物有蒋信、冀元亨等人；北方王门主要指山东、河南一带的王门后学，代表人物有穆孔晖、尤时熙、孟化鲤、杨东明等六七人；粤闽王门主要活动于广东、福建，代表人物有薛侃、周坦等人。此外还有受其影响的王艮建立泰州学派，刘宗周建立蕺山学派。弟子及信徒们为传播阳明学建造书院20余所，定期讲会，随处宣讲。特别是徐阶官至内阁首辅，在北京大开讲会，自为盟主，约请王守仁弟子欧阳德、程文德、聂豹等讲学，云集千人，地方官纷纷仿效，甚至以建造书院、开展讲学活动作为升迁捷径。

湛若水学术影响远逊王守仁，但他寿高位尊，在南京任职国子监祭酒和吏、礼、兵三部尚书达16年，随处讲学，创建书院，他一生亲自建造和他人为之建造书院40多所，讲学足迹遍及江苏、广东、安徽、福建、湖南等省。

王守仁之后，阳明学大兴，除王守仁弟子们外，很多官员、学者也建造学

---

① ［明］胡谧：《伊洛书院记》，见［清］雍正《河南通志》卷四三。

② 《明史·何景明传》。

术书院或开展讲学活动。嘉靖十三年（1534年），江西宁州知州蒋芝创建山泉书院，设置习礼、听乐、句读和书算四堂，号房12间。隆庆元年（1567年），知州黄诰又添建敬义和文会二所。嘉靖间，大名府通判刘夔“葺元城书院，进诸生商榷经史”；安庆知府胡缵宗创建近思书院，“奉周程张朱五子，使有志性理之学者肄习其中”；广西督学王宗沐“檄诸生会宣成书院论学，不徒校课文艺，且令反求本心，士多启悟”。隆庆元年（1567年）创建的庐陵西原会馆，相继聘请乡先生陈蒙山、王塘南、贺定斋主持教育，来学习者常至数百人，“每岁季月小会，九月大会”。万历初，何维柏以南京礼部尚书致仕，“辟天山书院，发明献章宗旨，荐绅之士皓首北面”。万历中，潞安知府陈儒“创书院，延绅士会讲，多所发明”；永新知县余懋衡“创明新书院，讲求实用之学，置田以资师儒供膳”；旬邑文在中挂冠归里，“建乐育书院，日讲内圣外王之学，负笈从游者甚众”；开州学正张舜典“与诸主朝夕讲论皆朱程语录，不以举业为先”。崇祯间，德化邑人文士弘创建嘤鸣会馆，每月四日为小会，每季孟月九日为大会，与汤文祯、何一化等聚徒讲学。

万历中，广东参政周应治在惠州“聚十校弟子为之辨晰”，学生众多，难以容纳，于是创建天泉书院，“设条规，择博士之贤者为之督率。月凡会者四，方期登堂，进诸生辨质疑难，诸所陈说讲义汇而成编，名曰道一”，每月四次会讲，会讲时让弟子辨疑质难，进行讨论，是学术性很强的书院。天启三年（1623年），李日宣为曹于汴建弘运书院以讲学，书院坚持开展学术活动，请裴鹤章“谈天人一贯之理，为曹真予所印可”，请郝本章讲学，“曹真予于汴友敬之”，都获得曹于汴赞同，还请李甲黄“析朱陆同异”。曹于汴去世后，请吕崇烈主持，“崇烈主其事，抠衣升堂，颂礼甚严，指示如梧叶秋雨清快宜人，又如剥蕉抽茧条分缕析，晋人士多从游，著《讲学语录》行于世”[①]。

---

① 以上三条分见《山西通志》卷一三九《裴鹤章传》《郝本彰传》《吕崇烈传》。

清代是学术书院的第三个兴盛期，主要是随乾嘉学派而兴起。

乾嘉学派发端于明清之际的学者顾炎武、黄宗羲。顾炎武（1613—1682年）认为经学为儒学正统，“经学即理学”，不研究儒家经典而沉溺于理学家语录是“讲空虚之学”，学者要“务本原之学”，研究经学要首重文字，治文字必自读音始。他重实用而不尚空谈，一生读万卷书，行万里路，足迹踏遍鲁、冀、晋、豫，对国家典制、天文仪象、河漕兵农、郡邑掌故以及经史百家、音韵训诂都有研究。所著《天下郡国利病书》《肇域志》是其实学的代表作，《日知录》《音学五书》等著作广征博考，成为清代考据学派经典，为乾嘉学者研究经典提供方法和途径。黄宗羲（1610—1695年）反清失败后，自康熙二年（1663年）至十八年在慈溪、绍兴、宁波、海宁等地讲学，晚年专心著述，由阳明学转向重视经史。

顾、黄之后，阎若璩、胡渭、毛奇龄、万斯同、顾祖禹等乾嘉学派先驱继承反对空谈学风，学识渊博，考辨精微，著作宏富。乾隆年间大兴文字狱，士大夫们纷纷躲进故纸堆，正式形成乾嘉学派。以惠周惕、惠士奇、惠栋祖孙三代为代表的吴派“唯汉是信”，极其推崇汉儒经说，严格遵循汉代经学研究重视名物训诂、典章制度的传统；以江永发端、戴震集大成的皖派重视对《三

宁波甬上证人书院，黄宗羲讲学处

礼》中名物典章制度考证，以语言文字学作为治学门径，通过文字、音韵来了解经书内容与含义；后期以王念孙、王引之、汪中等为代表的扬州学派反对一味墨守汉代经学，主张会通，开拓对先秦诸子和传统经学研究。各派纷纷建造书院，或以其他书院为据点，开展学术研究和讲学。

吴派初以苏州紫阳书院为大本营，惠栋（1697—1758年）主讲，就由心性之学转向稽古考文。其后钱大昕主持16年，“一时贤士受业于书院门下者不下二千人，悉皆精研古学，实事求是”，培养出钱大昕、王鸣盛、王昶、朱骏声等一批考据学者，而他们各自主持书院讲学。钱大昕曾在南京钟山书院、太仓娄东书院主讲，王鸣盛曾在吴江笠泽书院主讲，王昶曾在太仓娄东书院、杭州敷文书院和诂经精舍主讲，朱骏声曾在嵊山书院、吴江松陵书院、清溪书院和江阴暨阳书院主讲。江宁钟山书院也是吴派的学术重镇，杨绳武、卢文弨、孙星衍、朱琦都曾担任院长主讲。

徽州紫阳书院和旌德洋川毓文书院是皖派学术重镇。紫阳书院先后聘请江永、凌廷堪、汪龙等为山长主讲，培养出戴震、程瑶田、胡培翚等皖派著名学者。毓文书院先后聘请洪亮吉、赵良澍、包世臣为山长主讲，虽然没有培养出著名学者，但使书院形成考据学风。

徽州紫阳书院

扬州安定书院和梅花书院是扬州派重镇，相继聘请陈祖范、杭世骏、蒋士铨、赵翼、戴震、洪亮吉、姚鼐等著名乾嘉学学者执教，培养出段玉裁、汪中、王念孙、洪亮吉、孙星衍、焦循、王引之等乾嘉学者，而优秀弟子们又外出讲学，段玉裁先后主讲山西寿阳县寿阳书院、浙江嘉兴鸳湖书院和太仓娄东书院，孙星衍先后主讲南京钟山书院、泰州安定书院、杭州诂经精舍等。

阮元（1764—1849年）在推动乾嘉学术书院方面作出重要贡献。阮元认为，“圣贤之道存于经，经非诂不明，汉人之诂去圣贤尤近”，他并以自己为例说，“元少为学，自宋人始，由宋而求唐，求晋、魏，求汉，乃愈得真实”。虽然他推崇汉学，但他批评考据学家“但求名物，不论圣道”，更反对理学家“但立宗旨，即居大名”，主张“推明古训，实事求是”，所以在任浙江巡抚时于嘉庆六年（1801年）在杭州创建诂经精舍。因憾于“古人之诂散而难稽也”，“聚诸生于西湖孤山之麓”，阮元编纂成《经籍纂诂》108卷，聘请王昶教授词章，孙星衍教授经义。嘉庆二十二年（1817年），阮元出任两广总督，有感于“州郡书院止以制艺试贴与诸生衡得失，而士子习经但取其有涉制艺者，简练以为揣摩，积习相沿，几乎牢不可破”[①]，先于粤秀书院设立学海堂“专课经史诗文”，培养考据人才，“亦有三五佳士矣”；接着于道光元年（1821年）捐俸，在广州创建学海堂，教育士子，“凡经义子史、前贤诸集下及选赋诗歌古文辞，莫不思与诸生求其程，归于是，而示以从违取舍之途”[②]，采用循序渐进方式以图改变本地风习。书院不设山长，因为阮元认为山长一人不能兼赅众长，不设山长还能回避当时推荐山长陋习，因此设置八位学长，“此学堂专勉实学，必须八学长各用所长，协力启导，庶望人才日起”。八位学长同司课事，每位轮值一年负责。学海堂基本采用阮元办法，十余年后，门人卢坤担任总督，制定更为严密的措施，“诸生各因性之所近，自择一书肄习，又于学长八人中择师

① ［清］崔弼：《新建粤秀书院学海堂记》，见《学海堂集》卷一六。

② ［清］吴岳：《新建粤秀书院学海堂记》，见《学海堂集》卷一六。

而从，谒见请业，各届季课各就所长交出季课”，可选择的书目为《十三经注疏》《史记》《汉书》《后汉书》《三国志》《文选》《昌黎先生集》《朱子大全》和杜甫诗，涉及经史、诗文和理学，同时编纂出版《皇清经解》。

杭州诂经精舍和广州学海堂培养出大批人才，成为乾嘉学派大本营，并成为书院改革范例。两江总督兼江苏巡抚陶澍在南京创建的惜阴书舍，广西布政使郑祖琛在桂林创建的榕湖经舍，江西按察使刘体重在南城创建的经训书院，苏松巡道丁日昌在上海创建的龙门书院，福建巡抚王凯泰在福州创建的致用书院，张之洞分别在武昌、成都、太原、广州创建的经心书院、尊经书院、令德书院和广雅书院，都参照诂经精舍和学海堂教学模式。道光十九年（1839年），南京设置惜阴书舍，“溯金陵鸡笼山故事，经、史、文三学并立。今兹增设惜阴书院，专为激励翘秀趋实慕古，故仿鸡笼遗意，分经、史、词章命题课士，制举之业仍归两书院”，仿照南朝宋在鸡笼山设儒学馆、玄学馆、文学馆和史学馆之制，新设惜阴书院，以经、史、词章课士，而举业仍然由钟山书院和尊经书院负责。

受诂经精舍和学海堂影响，许多地方纷纷设立专课经古的书院。天津初于问津书院中设置学海堂以课经古，光绪十三年（1887年）又因稽古寺设立稽古书院，由于经费不足，难以聘请山长，只设每月官课而无师课。知府汪守正筹捐千金，带动邑绅捐助二千金，官府又决定每年拨给铜钱1200串，确保书院经费，于是书院延聘山长，成为正规的专课经古书院。

同治四年（1865年），苏松太道丁日昌于上海蕊珠书院湛华堂设置龙门书院，“聘请山长主讲，按月分课，以《性理精义》《小学》《近思录》等书命题，兼及经解史论，考取入院者每月别给膏火”。同治六年，巡道应宝时以吾园废址创建龙门书院，“凡肄业者必先从事于《小学》《近思录》，以正其志趋，后及群籍以备考索。……月课性理、策论，期有合于胡安定经义、治事立斋之意，故不以举业、试赋列入课程”[①]，属于专注学术的书院。光绪二十三年（1897年）山

① ［清］应宝时：《龙门书院记》，转引自陈谷嘉、邓洪波《中国书院史资料》，第1021页。

东昌乐重建营陵书院，“导以理学、考据、词章、训诂、音韵、天文、算学、吏治、方舆、兵制、河漕、盐铁诸有用实学”，属于重视实用的学术书院。

第三节　举业书院

举业书院是指专门或以考课为主、以强化科举考试训练而以科举中式为目的的一类书院。

孔子创办私学的目的就是培养能够推行自己政治主张、实现自己政治理想进而改善社会的政治精英。“学而优则仕”，当时是革命性口号，教育和学习的目的都是出仕做官，孔子主张学而优则仕，意图打破世卿世禄制度，为身份低微者争取从政机会。后世读书人认为只有出仕做官才能实现自己理想，展现自己人生价值，改善自己及家族地位，读书出仕因此成为大多读书人的首要目标。而从西汉开始的察举选士制度特别是隋唐以来的科举选士制度为读书人提供较为公平的竞争舞台，吸引众多读书人入其彀，教育也必然要适应这种需求，即使是大多私立书院也难以逃脱。

创办书院的目的，学者们几乎一致认为是救正官学只重视科举的弊端，正如明代李梦阳所说：“士养于学足矣，奚贵于书院？盖书院者，萃俊而专业者也。夫士群居则杂，杂则志乱，志乱则行荒，故学以养之者，大也。书院以萃之者，其俊也，俊不萃则业不专，业专则学精，学精则道明，道明则教化行”[①]。王守仁也说“惟我皇明，自国都至于郡邑咸建庙学，群士之秀，专官列职而教育之，其于学校之制，可谓详且备矣，而名区胜地，往往复有书院之设，何哉？所以匡翼夫学校之不逮也。夫三代之学皆所以明人伦，今之学宫皆以‘明伦’名堂，则其所以立学者固未尝非三代意也。然自科举之业盛，士皆

---

① ［明］李梦阳：《东山书院重建碑》，见《空同集》卷四二。

驰骛于记诵辞章，而功利得丧分惑其心，于是师之所教，弟子之所学者，遂不复知有明伦之意矣”①。李梦阳希望书院专事学术，王守仁希望书院重视道德培养，但最具讽刺意味的却是许多书院成为科举补习学校。

创建举业书院的目的是培养更多士子获取更高功名，对于这一点许多官员丝毫不予掩饰。万历四十年（1612年）重建河北正定恒阳书院，“于是三十二城之名士皆至”，选拔真定府5州27县名士进修。名士赵南星记文说：“有文学造余而问曰：‘今之教士不以道德彝伦，惟文词之尚，如是则郡邑有学宫矣，又益之书院，是不过使诸生多取科第而损公帑，劳民力，倘亦可以已乎？’余曰：‘卓哉！吾子之问。天下之无教化久矣，然道固不废，文词之所称者非道德彝伦耶？心会而身体之，古教化在其中矣。夫国家设科第以罗士，士非此莫由自致。’”②许多书院在科举上也取得成功，如四川潼川知府费某乾隆十九年（1754年）到任即建造文峰书院，年底落成肄业，二十一年春试，“书院生徒中食饩者四人，补博士弟子者一十七人，一时争传为盛事焉”③，一次考试就有4人食廪，17人考中庠生。

一、举业书院历史

重视考课的书院早在书院产生的唐代就已出现。陈氏书堂虽然不以考课为主，在科举上却表现优异，“自龙纪以降，崇之子蜕、从子渤、族子乘登进士第。近有蔚文尤出焉，曰逊，曰范，皆随计矣。四方游学者，自是宦成而名立盖有之”④。从龙纪元年（889年）到徐锴作记的己巳年（969年），八十年间就有陈崇、陈勋、陈玫兄弟分别担任江州长史、蒲圻令和本县令，陈衮任本州曹掾，陈崇之子陈蜕、侄子陈渤与陈登三人举进士，族人陈逊、陈范被举为乡贡

① ［明］王守仁：《万松书院记》，见《王文成全书》卷七。

② ［明］赵南星：《重修恒阳书院记》，见［清］雍正《畿辅通志》卷九八。

③ ［清］刘益：《文峰书院记》，转引自陈谷嘉、邓洪波《中国书院史资料》，第1211页。

④ ［南唐］徐锴：《陈氏书堂记》，见［清］雍正《江西通志》卷一二二。

将要参加科举考试，还有在此游学者宦成而名立者。如果没有考课训练，难以想象一个家族、一个书院八十年间会出现这么多人科举中式。唐末或后唐初所建著名的窦氏书院也是如此，成材者主要是窦氏子孙，窦禹钧五子均中进士而出仕，长子窦仪官至工部尚书，为北宋名臣，孙辈也有三人进士及第后出仕，他们的成就主要在从政，无论学术还是文学都乏善可陈，人们津津乐道的也是他们科举成功，正如《三字经》所宣扬的那样，"窦燕山，有义方，教五子，名俱扬"。后唐时期杨悫创办、戚同文接办的睢阳学舍"登第者五六十人，宗度、许骧、陈象舆、高象先、郭成范、王砺、滕涉皆践台阁"，如果不是重视考课也不可能出现这么多人才。唐诗中的宇文褧书院、李宽中书院、樊铸书院虽然属于书斋性，但也都是备考书院。

北宋时，黄庭坚祖父黄湜"以儒学奋，一门兄弟共学于修水上芝台书院，道义相磨，才华竞爽，时人谓之十龙，后登第者强半"①，十人同学，过半者科举及第，虽然以儒学奋，但如果不以科举为重，难以取得如此成就。

北宋时官立长沙岳麓书院和湘西书院也属于举业书院。"州学生月试积分高等升湘西岳麓书院生，又积分高等升岳麓精舍生，潭人号为三学生"②。潭州州学学生考试积分高等升入湘西书院，湘西书院学生考试积分高等升入岳麓书院，这应该是在北宋州学实行三舍法后的举措。

熙宁四年（1071年），在王安石主持下，太学实行三舍法，外舍700人，内舍200人，上舍100人，逐级递升。生员各执一经随讲官学习，"月一私试，岁一公试，补内舍生，间岁一舍试，补上舍生"，私试孟月经义，仲月论，季月策，公试由太学主管考试，初场经义，次场论策。元符二年（1099年），"令诸州行三舍法，考选、升补，悉如太学。州许补上舍一人、内舍二人，岁贡之。其上舍附太学外舍，试中补内舍生，三试不升舍遣还其州；其内舍免试，至则补外

① ［南宋］袁燮：《秘阁修撰黄公行状》，见《洁斋集》卷一四。

② 《宋史·尹穀传》。

舍为生”。崇宁三年（1104年）朝廷罢科举，停止州郡发解和礼部试，每岁直接由太学（上舍生200人、内舍600人）、辟雍学生（外舍3000人）公试，选取574人，其中上等47人直接任官，中等140人可以参加皇帝策试，下等187人补内舍生。州学学生经推荐进入国学考试，合格就可以参加每年公试，优秀者就可以直接任官，提高了地方官学地位。而长沙湘西书院和岳麓书院虽然属于州学，但均位州学之上，特别是岳麓书院优秀学生可以直接贡入国学参加每年公试。虽然岳麓书院只是个例，但也说明举业书院在社会上已经具有很高地位。

书院本来是不满于官学腐败而兴起，正如朱熹所说，“抑今郡县之学，官置博士弟子员，皆未尝考其德行、道艺之素，其所受授又皆世俗之书，进取之业，使人见利而不见义，士之有志于为己者盖羞言之，是以常欲别求燕闲清旷之地，以共讲其所闻”，于是建书院以居“有志于学而不屑于课试之业者”①。但在强大的科举取士面前，许多书院逐渐转向科举，成为士子科举的培训场所，沦为官学附庸，这不能不说是莫大的讽刺！

南宋时，举业书院逐渐增多，地方官员和著名学者也参与创办。地方官员如提点刑狱宋若水淳熙十三年（1186年）重修石鼓书院，“选建师儒，较试诸生充弟子员”，聘永嘉戴溪为山长，遴选生员，廖谦以第一名入选。江西泰和知县赵汝謩于南宋嘉泰元年（1201年）创建龙洲书院，“择春秋补试前列者十人居之，而主以庠长”②。嘉定三年（1210年），建宁府学因生徒三百人难以容纳，知府李某捐俸3000余缗建造紫芝书院，“增弟子员”。淳祐二年（1242年），制置大使孟珙为流寓蜀士在公安建造竹林书院，为流寓襄阳士子在武昌创建南阳书院，“择文学行义之士众所推服者以师表之，旬有课，季有试，暇日则教之射，士无饥渴以害其心，咸自砥砺以成其业”③，也像官学一样以科举为目的，不同的是还进行射箭训练，这是由孟珙世代行伍家庭出身

① ［南宋］朱熹：《衡州石鼓书院记》，见《晦庵集》卷七九。

② ［南宋］周必大：《太和县龙洲书院记》，见《文中集》卷五九。

③ ［南宋］高斯得：《公安南阳二书院记》，见《耻堂存稿》卷四。

和担负抵抗蒙古重任所决定的。

不仅官办书院多以科举为目标，许多私立书院也是如此。著名学者陈亮创办龙川书院，“今年不免聚二三十小秀才，以教书为行户……后年随众赴一省试，或可侥幸一名目遮蔽其身”[①]，期望学生能够考中进士。嘉定十四年（1221年）永丰黄惟直创建龙山书院，“课试悉放州县法，春秋校艺，以礼屈邑佐或乡人之中第者司其衡尺，日讲月肄”[②]；嘉定间，黄运乾创建广丰龙山书院，“殿堂斋舍一如学制，捐产以奉廪给，课试悉仿州县学法”[③]；咸淳元年（1265年）建造的九峰书院，“冠者执经而问难，成童占毕而吟诵，朔望有讲说，春秋有课试，且岁合邑之明经，能赋之俊彦，校其优劣，第其高下而旌别以礼。于是各精所肄，多为成材，一时之盛盖彬彬矣”[④]。以上都采用官学教学方式，均属举业书院。嘉定二年（1209年），魏了翁创建鹤山书院，鹤山书院专门教育应试者，“乃约十余士之当赴类省试者会文其上，是岁自类元王万里而下凡得七人，其不在得中者后亦接踵科第，或以恩得官，莫有遗者”[⑤]，“书室俄空焉，人竞传为美谈”[⑥]。魏了翁探花出身，考课教学果然了得。十几名学生在四川当年类省试中竟然夺得第一名以下七人。类省试是朝廷为照顾川陕士子赴京师考试路途遥远而许可在本省组织的考试，朝廷规定第一名类元“视恩鼎甲”，待遇如同廷试进士第三名，其余一律给予同进士功名。鹤山书院剩下的几名学生也在后来的考试中及第，没有考中的也因恩得官，书院为之一空。虽然取得如此辉煌的成就，但魏了翁非常清醒，考课教育不过是记览文词以博取利禄罢了，“了翁曰：是不过务记览为文词，以规取利禄云尔”。南宋时，举业书院已经比较常见，裘万顷有《送范二丈入蓝田书院》诗，诗中说“敏捷朝千字，辛

① ［南宋］陈亮：《与朱元晦书》，见《龙川集》卷二〇。
② ［南宋］真德秀：《龙山书院记》，见《西山文集》卷二六。
③ ［清］雍正《江西通志》卷二二。
④ ［南宋］卫宗武：《重修义塾建夫子祠堂记》，见《秋声集》卷五。
⑤ ［南宋］魏了翁：《赠王彦正》，见《鹤山集》卷九二。
⑥ ［南宋］魏了翁：《书鹤山书院始末》，见《鹤山集》卷四一。

勤夜一灯。明年冠秋试，万里看飞腾”，送朋友到书院就读，期待他明年秋天考试高中，看来蓝田书院也是一所举业书院。

元代从太宗九年（1237年）始开科举，136年间三举三停，总共举行16次，取士共1061人，还不到北宋咸平二年（999年）一科取士1800多人的60%。科举不常，取士又少，地位又不高，士子们失去了科举热情，加之许多书院收为官办，举业书院比较少见。因此元代书院多记书院规模而少见讲学方式，但也并非没有关于举业书院的记载。至元二十九年（1292年）迁建的锦江书院“会课讲试一如例程”，毫无疑问是一所举业书院。

明代是举业书院大发展时期，府州县各级地方官员为了增加本地科举中式人数，纷纷创办举业书院。成化十五年（1479年），河南提学吴伯通令建洛阳伊洛书院，次年落成后，“遴属校生员若民子弟之颖异者居宿以专业，较官轮次莅校，郡僚以时督课”；成化十六年又建造辉县百泉书院，“乃遣庠生之秀敏者卢瑢等数十人肄业其中”；弘治六年（1493年），御史樊祉选考河东、河西优等诸生分置辽右、辽左书院，“乃选考河东西诸生之优等者，庠各有差，建辽右、辽左二书院以分处之，读书其中，以相切磨”；嘉靖中，湖北黄州知府吴淮建造东坡书院，“拔两庠诸生茂异者数十人讲习其中”；徽州知府何东序重修紫阳书院，“简七校之士讲业其中”。最典型的是正德九年（1514年）巡盐御史张士隆建造河东书院，“选学中俊士四十余人肄业书院，比秋已举三人”，而王浚初“属文试辄高等，督学使者拔置河东书院，俾卒业，甲子领乡荐，戊辰成进士”。

明嘉靖中，岳麓书院也沦为举业书院，“明年中式者十余人，又足征数君子之功也”，也许是受此影响，嘉靖“二十年（1541年），同知莆田林华集孝廉、诸生肄业”，“招孝廉及三庠诸生卒业”①，已经是高级举业书院。大师是书院的灵魂，没有了大师，书院也就失去了灵魂，在重视科举的官员管理下，在

---

①［清］康熙《岳麓志·书院沿革》。

俗儒、腐儒教育下，即使名噪一时的书院也泯然众人矣。

清代是举业书院鼎盛期，各级政府所在地几乎都有建造。清初地方官就开始纷纷建造举业书院。康熙二十一年（1682年），战乱之后，补行广西乡试，仅有30人应试，巡抚郝浴有感于广西文教落后，“九郡之中十年才一试耳，而英才向学域于郡县，有玉不琢，有美不扬，士奚由劝？”于是在原宣成书院旧址建造华掌书院，“捐资多购经史及四子百家之文，延有道宿儒为之师，诸生至者月有廪费，以为常科。岁两试所取皆才，拔其奇尤集于斯院，于是驰檄九郡所属州县，名俊来赴，济济森森，咸以后至为辱焉”[①]。康熙三十四年《白鹿洞书院戒勉》规定，“读书思取科第，则举业为目前之急，如遇课期，须如孤军逢敌，拼力一战，不可草草放过”。康熙间，湖广右布政使翟凤翥“修江汉书院，建奎星楼，选士数百人读书其中，督课每月六试，前列者皆优赏之，所得士如汪錞、金德嘉、周之麟等皆其翘楚，又延请名士讲述六条及濂洛之学，楚人思慕不置”[②]；巡抚李发甲“创建湖湘书院，弘辟讲堂，周以庐舍，俾秀民之选肄业其中”[③]；康熙四十六年，张伯行任福建巡抚建造鳌峰书院，“选士肄业其中，数躬诣书院，勖诸生以明体达用之学，士子蒸蒸向风”，调任江苏巡抚，“建紫阳书院督课诸生”。雍正十一年（1733年）令各省设置省城书院后，府厅州县纷纷仿照，举业书院遍及全国各地。

举业书院多为地方官员所建，也有私人所立。明嘉靖中，大学士夏言致仕归里，于江西贵溪建造闻讲书院，“集诸生讲学其中”。

① ［清］王如辰：《创建华掌书院记》，见［清］雍正《广西通志》卷一一五。

② ［清］乾隆《湖广通志·翟凤翥传》。

③ ［清］乾隆《湖广通志·李发甲传》。

二、举业书院级别

举业书院根据其学生水平高低可以分作初级、中级和高级，以考取庠生为目标为初级，以考取举人为目标为中级，以考取进士为目标为高级。但许多书院并非只招收一种资格院生，有的是诸生童生兼收，有的是诸生举人兼收，有的是举贡生监并收，有的是童生诸生举人并收，因此本书将举业书院分作初级、中级、高级、初中合设、中高合设和初中高合设6类。

按照院生最高功名划分等级，将生童兼收者视为中级，将举人诸生兼收和举贡生监并收者视为高级。

（一）初级举业书院

初级举业书院一般设置在县一级和散州、散厅及部分直隶厅城市，由县级和不辖县的散州、散厅地方官员主办。散州、散厅虽然行政级别高于县，但辖区与县差别并不大，特别是散厅一般设在紧要或偏僻地区，辖区人口有的反而不如县多，文化水平也不高，官学学生名额甚至比相邻的县还要少。如湖南乾州厅和永绥厅，清代廪生名额都只有4个，外加新童2个；凤凰厅甚至没有廪生，只有新童3个；晃州厅廪生8个；而邻县黔阳、泸溪县廪生名额都是8个，辰溪12个，沅陵、溆浦都是15个，溆浦还有新童3个。清代地方官学设置廪生名额是综合参考地方人口数量、经济水准和文化水准后确定的，也可以作为地方书院学生来源水平的一般参考。

宋元科举考试只有三级，解试、省试和殿试，解试在府、州和国子监举行，根据国家分配的解额通过考试选拔参加省试人员；省试由礼部主持，通过考试选拔参加殿试人员；殿试则选取进士。与明清相比，没有庠生（秀才）一级功名，但有县学学生须经过岁试升入州学的规定。实行三舍法时规定，县学学生入学三个月以上且没有违犯二等罚以上过失，可以参加第二年正月的州学公试，合格者补入州学外舍，外舍经考试升内舍，内舍再经考试升上舍，上舍就有参加解试资格，所以宋代还有为培养县学学生升入州学的初级举业书院。

南宋嘉泰元年（1201年），江西太知县赵汝謩创建龙洲书院，“择春秋补试前列者十人居之，而主以庠长”[①]；嘉定间，永丰黄君创建的龙山书院“课试悉仿州县法，春秋校艺以礼，屈邑佐或乡之中第者司其程尺，日讲月肄，则君自主之，青衿来游莫不竞劝”[②]，都是初级举业书院。

元代官学制度与宋代相同，府州官学设置学生名额，县学不设，加之科举不正常，所以初级举业书院比较少见。天历三年（1330年），安徽舒城县尹夔理溥化重建龙眠书院，“遂立之师，进诸生而教之”，当属于初级举业书院。

明清初级举业书院也比较少，主要原因应该是地方官认为秀才功名太低，不值得下大力气去培养。成化中，平阳知府许铎于永利池侧建书院，“以居俊秀”；嘉靖五年（1526年），庐江知县周良会即汉毛义读书处故址建毛公书院，“以教乡之俊秀者”；嘉靖中，宜春知县徐栻“校士拔其隽者馆昌黎书院”；新昌曲江书院“聚俊秀讲学其中”；盩厔令何起鸣“作集贤书院，录士之才者教之”；书院学生主要为俊秀，都是初级举业书院。

清乾隆八年（1743年），苏州知府雅尔哈善建造平江学舍和六门义学；二十七年，知府李永书合并为平江书院，教育长洲、元和、吴县童生。乾隆九年，盱眙知县郭起元重建敬一书院，“采县俊髦肄业其中”，“聘延名师开设讲席，生徒远近云集”。乾隆二十二年，定州知州姚小坡创建定武书院，学生“学宪按临考优等入黉宫者甚众”。道光八年（1828年），开封知府栗毓美因大梁书院“生童同处肄业，课既不便，人亦难容”，于是创建彝山书院，“专为童子月课之地，有房舍五十六间，招府属十六州县童生肄业”，但规定“未过本州县考者，不准在书院肄业”。虽然是府办书院，但生徒为已通过州县考试者，生徒须再经府试和院试才能取得秀才资格，彝山书院也属于初级举业书院。清

① ［南宋］周必大：《太和县龙洲书院记》，见《文中集》卷五九。

② ［南宋］刘爚：《龙山书院记》，见《云庄集》卷四。

光绪时，省城书院关中书院“住院肄业者举、贡、廪、增、附生皆有，惟无童生，以童生有各州县书院也”[①]，可见陕西省州县官办书院均培养童生，多属于初级举业书院。

（二）中级举业书院

中级举业书院是举业书院最大宗，明清特别是清代，县、州、厅、府、道、省官员都有建造，甚至连私人都会设置，其院生一般从各级官学诸生中选拔。

宋代时获取参加解试资格（如同明清举人）的是府州学学生，培养训练主要是在官学，所以中级举业书院比较少。潭州三学法中的湘西书院和岳麓书院都属于中级举业书院。潭州三学生法见于《宋史·尹穀传》，尹穀系南宋末人，曾入李庭芝制幕，被荐为衡州太守，尚未赴任，元兵进攻潭州，德祐二年（1276年）正月潭州城破，尹穀全家自焚。潭州州学学生升入法仿效三舍法，州学如同外舍，湘西岳麓书院生如同内舍，岳麓精舍生如同上舍。三学递升除北宋短暂取消解试外都是在解试之前，所以属于中级举业书院。南宋嘉定三年（1210年），建宁府“秋赋动逾万数，荐送率八十余人，儒风最盛。学有生徒三百，分十二斋，犹不足以容之”，府学学生太多，难以容纳，知府建造紫芝书院，“增弟子员，又广田畴以丰其储”[②]。虽然是府学分校，但以书院为名，还应属于中级举业书院。

明代从正统至崇祯，建造中级举业书院的记载比比皆是。正统中，平定州学正夏廷器“筑石楼书院，督诸生肄业其中”；弘治四年（1491年），杨一清出任陕西提学副使，“岁试必遍八府三边，建书院，以拔各学之俊秀”；弘治六年，巡按御史樊祉创建辽宁辽阳辽左书院和锦州辽右书院分别招收辽东、辽西优等诸生；弘治中庐州知府宋鉴建造孝肃书院，“择庠俊十余人”；正德六

---

① 《陕西通志·关中书院》，转引自陈谷嘉、邓洪波《中国书院史资料》，第915页。

② ［南宋］楼鑰：《建宁府紫芝书院记》，见《攻媿集》卷五四。

年（1511年），山西巡抚在浑源州建造石溪书院，“集诸生讲学其中”；陕西提学副使朱应登“创有正学书院，以造多士，应登拔士之高等者作养其中”；正德八年，江西瑞州知府邝璠创建筠阳书院，集四学之俊会文；正德九年巡盐御史张士隆于山西运城建造河东书院，“文试高等诸生”；正德中，陕西提学副使何景明“陕西属所试诸生奇者悉取正学书院，亲自督教”；嘉靖时知府何东序重修紫阳书院，“乃简七校之士讲业其中”；嘉靖二十五年，广东高州知州欧阳烈创建拱极书院，“聚六庠之秀”；嘉靖三十五年，霍州知州褚相“创建霍山正学书院，集庠彦肄业其中”；嘉靖四十一年，武冈同知蒙大赉改建鳌山书院，“集优秀庠生会文”；嘉靖末，广东南雄知府周思久建造弘道书院，“拔俊才修业其中”；隆庆二年（1568年），河南永城知县左思明以旧驿站改建太邱书院，“诸生月试日课”；五年，江苏淮阴知县张性诚以如意庵改建崇正书院，“诸生肄业”；隆庆间江苏常州知府施观民建造龙城书院，“选诸生秀者课”；万历五年（1577年），江苏宿迁知县喻文伟建造凌云书院，“集诸生会文”；浙江桐庐知县李绍贤建造凤鸣书院，“诸生会课”；万历二十五年，广东参议周应治建造惠阳天泉书院，“聚十校弟子”；二十七年，兵备道葛寅亮于江西九江建造阳明书院，“选诸生肄业”；三十八年，河南商丘重建范文正公讲院，“集九邑之士俊秀者肄业其中”；四十年，河南鄢陵知县张舜典建造弘仁书院，“与诸生讲学”；四十六年，安徽来安知县周之冕建造景濂书院，“集诸生讲习”；四十八年，广西梧州知府陈鉴建造梧阳书院，“教十属生徒”；万历中，山西泽州知州王所用重修张公书院，“建东西学舍，集一州四县士肄业其中”；归善知县邓镳创建天泉书院，“与诸生讲学肄业”；聂良杞“出典滇学，置五华书院，萃博士弟子读习其中”；在院学生均为诸生，都属于中级举业书院。

有的书院专门对诸生进行科举训练，这种书院毫无疑问就是中级举业书院。弘治中，湖北黄州知府吴淮于黄冈建造东坡书院，“拔两庠诸生茂异者数十人讲习其中，躬自校艺，一时人材称盛”；嘉靖三十一年（1552年），遂溪知县张天叙“创建书院，集多士讲艺其间”；万历二十三年（1595年），江西南康知县汪承爵建造旭山书院，“率诸生课艺”；万历中，文昌知县贺沚“开玉阳书院，亲与诸生讲学课艺”；顺庆知府昝云鹤、南充知县吴亮嗣创建嘉湖书院，“率诸生讲艺，获隽甚多”；崇祯四年（1631年），翼城知县李士淳“建翔山书院，讲艺课业”；崇祯十三年，广西玉林知州刘履丁建造瑞泉书院，“为诸生讲道课艺之所，题之曰‘活泼泼地’”。

知府、知州、知县大都是进士出身，他们亲自对诸生进行考取举人训练，轻车熟路，所以很快就能出成果。正德九年（1514年），巡盐御史张士隆创建河东书院，“昼诲河东诸生”，“尝选学中俊士四十余人肄业书院，比秋已举三人，今年又选少且敏者十余人，亦肄业”[①]；嘉靖末永平兵备道温景葵“选士入孤山书院，延师丰廪，严程课，如亲子弟，科甲多出其门”；隆庆中瑞州知府邓之屏“下车即聚四学之俊，会文筠阳书院，躬亲评阅，月给膏楮，是科发解魁九人”；万历三十九年（1611年），归德知府郑三俊建造范文正公书院，“择所属俊髦六十余人讲读其中，俱以科第显，多至大官”；万历中，商洛抚治参议苏浚“创书院，建文屏，谭经校艺，指示法程，由是科第鹊起”。有进士出身官员指导，诸生容易考取功名。正德中，李承恩“弱冠，入邑庠为弟子员，督学使者优之，俾聚讲大梁书院，正德十四年（1519年）领乡荐”；王体“髫年即能读书，属文试辄高等，督学使者拔置河东书院，俾卒业。甲子领乡荐，戊辰成进士”[②]，万历四十三年考中举人，隆庆二年（1568年）考中进士；济源知县史记言创建启运书院，“集多士督课饩养之，后举人吴明、工部侍郎段国璋、副都御史周维新咸出其门”，举业书院效果还是很明显的。

清代中级举业书院已经比较普及，早在雍正十一年（1733年）许建书院以前官员们就纷纷建造举业书院。顺治十三年（1656年），广东南雄知府陆世楷

---

① ［明］吕柟：《河东书院夫子像记》，见［清］雍正《山西通志》卷二〇七。

② ［明］王浚初：《都察院右副都御史赠户部右侍郎述斋王公神道碑铭》，见［清］雍正《山西通志》卷一九七。

“解俸建天峰书院……诸生肄业其间，季试月课，亲临不倦”[①]；康熙二年（1663年），关中书院从府学和各个县学考取优秀学生，崔襟汉就曾经应考第一名，“西安守叶承祧遴取属邑诸生入院，襟汉为举首”；康熙二十年建造的安徽池州池阳书院“征郡学及六邑诸生，升其孝秀英敏者读书其中”[②]；康熙二十一年，广西巡抚郝浴与督学王如辰创建华掌书院，“于是驰檄九郡所属州县，名俊来赴”，“檄取通省高才生诣院读书，给以廪饩”，“科岁两试所取皆才，拔其奇尤集于斯院”，“择诸郡名士读书其中，所造士甚众”；两江总督于成龙建虹桥书院，“择督学岁科两试前茅士萃书院课之”，“檄上下江知名士肄业其中”；江西饶州知府翟凤翥“建芝山书院，集诸生日课之”；嘉定知州张能鳞创建高幖书院，“集诸生讲读其中”；康熙五十八年江西南昌重修豫章书院后，“就提学臣王思训岁科两试所得士亲加考阅，拔其尤者，进诸生百几十人，俾肄业焉”；院生为诸生，或中乡荐，都属于中级举业书院。康熙元年（1662年），四川眉州知州赵蕙芽创建眉山书院，“诸生讲艺其中”；康熙四十一年，广西按察使郑昱“修复宣成书院，集诸生课其行艺而进退之”；讲艺、课艺都是科举八股文训练，毫无疑问都是举业书院。雍正二年（1724年），江苏布政使鄂尔泰扩建苏州紫阳书院，“征七郡之士弦诵其中”，并刻印《南邦黎献集》两种，一为制义，一为古文诗赋，都是科举考试参考书。毫无疑问，这都是选择优秀人才集中培训以参加科举考试。康熙二十八年，江西南昌重建豫章书院，“诸生来学者众，累科乡荐名隽颇出其中”，培养诸生中举，也属于中级举业书院。

雍正十一年（1733年）令建省城书院后，有的省城书院也是举业书院。如云贵总督尹继善根据圣旨建造的云南新五华书院，“遂远聘明师于江南，而集学使所取前列诸生，并通行各属，举报文行兼优之士，严加考验，拔其尤者收入书院肄业。复酌定条约，日有课，月有试，训诲有程……手订制艺古文、诗

---

① ［清］雍正《广东通志·陆世楷传》。

② ［清］雍正《江南通志》卷九〇。

赋各种刊成数卷，令诸生以时诵习”[①]，选拔诸生入院，诵习制艺古文诗赋，完全是中级举业书院。

雍正后中级举业逐渐增多，不仅府州，许多县也有设置。乾隆十九年（1754年），襄垣知县李体用建造古韩书院，次年落成，后年“延名师，训诸生，重文艺”；乾隆二十年，太谷知县吕宗谧创建凤山书院，“工甫竣，鹿鸣报捷者三”；道光十八年（1838年）创建的巴东信陵书院落成，“诸生既有会学之所”。

（三）初中级合设举业书院

专门的中级举业书院并不是很多，最多的是同时招收诸生和童生的初级和中级合设书院。

明代就已经出现生童兼收书院，但比较少见。明嘉靖二年（1523年），海州知州廖世昭将东海县观音院改建崇正书院，“课诸生、童子”；嘉靖中，高州知府欧阳烈建造拱极书院，“以贰府王佐专院事，聚六庠士之秀者，取师儒分督之，定期立会，亲与诸生讲解，又拔俊秀于硇州，令游胶序”[②]。以上都是院生既有诸生，也有童生、俊秀。

清代生童兼收书院大增。康熙四十九年（1710年），雷琼道焦映汉创建海南琼山琼台书院，“延名宿为师，聚阖郡生童讲贯其中，月有课，日有程”；乾隆九年（1744年），什邡方亭书院落成，“始定正课生员四名，童生四名，每名每月膏火给仓米三斗；副课生员六名，童生八名，每名膏火月给米二斗；附课生员十名，童生十二名，每名膏火给米一斗”[③]；乾隆二十三年，黄州河东书院“聘山长，考取各州县生童得二百人，时书院各州县院试，补诸生至数十人”；嘉庆十九年（1814年），祁门东山书院告示说，“凡遇课

---

① ［清］尹继善：《新建五华书院碑记》，见《云南通志》卷二九。

② 《广东通志·欧阳烈传》。

③ 《重修什邡县志·方亭书院》，转引自陈谷嘉、邓洪波《中国书院史资料》，第1199—1200页。

期，生童等各骋妍而抽秘，共赏奇而析疑，务各矢志程功，下帷不辍”；道光十六年（1836年），阳朔县建造寿阳书院，“给考课生童膏火之费”；同治七年（1868年）时，江苏如皋安定书院“官课生员超等第一名膏火二千文，童生上取第一名膏火一千五百文”；同治间，湖北襄阳鹿门书院“得膏火者生童各只二十名”；光绪十八年（1892年），四川新都县龙门书院规定，设文生正课8名，附课8名，童生正课16名，附课36名。上述书院院生都是既有诸生，也有童生。道光七年（1827年）创办的天津辅仁书院“转岁，列优等者七人，游泮者九”，短短一年就有诸生七人考试为优等，九人考中生员，成绩斐然，也是生童兼收的中等举业书院。

道光二十七年（1847年），重修后的湖南远安沮江书院有生童，还对参加乡试生员和会试举人补助经费，举人并未到院，仍然属于初中级合设。同治十二年（1873年），扬州安定书院“增定生监正课四十名，附课四十名，随课无定额。童生上取十五名，中取二十名，次取无定额”，院生有生员、监生和童生。清代监生原有恩监、优监、例监和荫监四种。恩监生一种是从八旗官学的汉文学生中考取，三年考一次，“优秀者拔作监生”，一种是从算学馆满汉肄业生中考取，还有一种是孔子等圣贤后裔，清代皇帝亲至国子监文庙祭祀孔子时，要召孔子长孙衍圣公率领圣贤后裔入京观礼，观礼族人有定额，礼成后作为优待，没有功名者送入国子监读书。优监生从各府州县官学附生、武生中选拔，各省学政三年任满考取一次，大省不过五六名，中省不过三四名，小省一二名，宁缺毋滥。例监是对向国家捐纳钱谷等未有功名者的奖励。荫监是凭借祖先官职、功劳、名望不经考试而赏给的，其中恩荫监生是在朝廷举行庆典时对官员的格外施恩，文职京官四品以上、外官三品以上、武职二品以上者可以送一子入监读书，二年后录用；难荫监生是对因公殉职官员的奖励，三司首领、州县佐贰官员死难者可以送一子入监读书；关于特荫监生，一种是可以直接入监读书的圣贤后裔恩生，一种是朝廷特许效力多年的内外大臣荫一子直接入监读书的荫生。光绪十一年（1885年）又增加从参加会试的举人中选拔优秀者入监读书，等待下科考试，称为举监。清代时，监生能够直接入监读书的不多，有的只是获得参加科举考试资格，地位还没有生员高，所以既有监生又有生员、童生，性质上仍属于初中级合设。

（四）高级举业书院

高级举业书院是以举人为院生的书院。

已知最早以举人为院生的书院是嘉靖七年（1528年）巡按御史王重贤建造的辽宁辽左习武书院，供“本科举人备考”，属于武科高级举业书院。嘉靖初，杭州万松书院一度将会试未中举人集中培训，“提学佥事万潮与监察御史潘仿拓新万松书院于省城南，取试士之未尽录者廪饩之”，也属于高级举业书院。

清代专课举人书院出现比较晚，已知最早是同治十三年（1874年）天津创建的新会书院。清康熙五十八年（1719年），天津始创建三取书院，乾隆十六年（1751年）、道光七年（1827年）相继创建问津书院和辅仁书院，“数十年来，科第之胜甲于他邦，大抵得力于书院为多，然皆为生童而设，孝廉不与焉”。同治十三年（1874年），经贡生娄举信建议，盐运使祝垲于天津新建会文书院，“专课举人”，成为天津第一所高级举业书院。第二所是光绪九年（1883年），湖南巡抚卞宝第创建的长沙孝廉书院，作为全省举人肄业之所。

宋代时没有生员、举人等功名名称，不能按照明清标准来确定举业书院高低，南宋浙江淳安石峡书院院生可以参加省试，该书院也算得上是高级举业书院。方梦魁、黄蜕、何梦桂同读于石峡书院，黄蜕先于淳祐七年（1247年）中进士第二名，方梦魁尚未得第，以联语“状元留后举，榜眼探先锋”为贺，黄蜕则以联语“欲与状元留地位，先将榜眼破天荒”为谢。淳祐十年，方梦魁果然以状元登第，度宗为其改名方逢辰。十五年后何梦桂又以第三名登第，同科及第的还有侄子何景文，度宗得知此故事后，御书联语“一门登两第，百里足三元”相赐。一所书院，十八年间，院生先后考取榜眼、状元、探花，明清时期高级举业书院也很少能达到如此水平者。

（五）中高级合设举业书院

纯粹以举人为院生的高级举业书院很少，远没有以诸生和举人同为院生的中高级合设书院为多。

中高级合设举业书院最早见于嘉靖二十年（1541年）时的岳麓书院，“同知莆田林华集孝廉、诸生肄业”，“招孝廉及三庠诸生卒业”[①]，以举人、诸生为院生。但此类书院明代很少，主要出现在清代。

清康熙二十八年（1689年），贵州巡抚田雯重修贵阳阳明书院，“别建合一亭、传习轩五楹，集孝廉、诸生读书其中”[②]，以举人和诸生为培养对象。同治九年的广州菊坡精舍也属于中高级混合举业书院，“专课通省举贡生监经史诗赋之所，仿照学海堂章程，童生不得与试”。衡阳船山书院与菊坡书院相同，只收举人、贡生、生员和监生，该书院于清光绪十一年（1885年）由清末名臣彭玉麟捐银12000两迁建，交由衡永郴桂分巡道管理。彭玉麟在给朝廷奏疏中有比较详细的管理办法，“惟是该书院集衡、永、郴、桂府州所属举、贡、生、监肄业其中，则凡延聘师儒、甄别生徒、整饬院规、给发膏奖，皆应归衡州分巡道主持其事。其肄业生先由巡道札饬各府县及各学公同详慎举报，出具切实考语，送道应试。每年期定二月初旬由道甄别一次，复复试以定录取。课分超、特、一三等，限定额无多，载在章程内”[③]。

道光十六年（1836年）浙江敷文书院增设孝廉月课，培养杭州府举人，考试录取内课18名，外课18名，附课20名，除正月、腊月外每月一课，每课考试一篇《四书》文，一篇试帖或论或疏，纯粹为举人参加会试强化训练。敷文书院为省城书院，不应该收录童生，应该是中高级合设举业书院。

---

① ［清］康熙《岳麓志·书院沿革》。

② ［清］乾隆《贵州通志·阳明书院》。

③ ［清］彭玉麟：《改建船山书院片》，转引自陈谷嘉、邓洪波《中国书院史资料》，第1116页。

（六）初中高级合设举业书院

初中高级合设举业书院出现在清代。乾隆二十八年（1763年）时江苏丹徒宝晋书院设生员20名，童生20名；乾隆五十年增加为生员50名，童生30名，后逐渐增加到生员、童生各160名；道光七年（1827年）设置孝廉堂，专门招收举人，举人未有定额，只是规定“肄业孝廉，每课取上上卷八名，上卷八名，余列中卷”。从“肄业生员每课取超等四十名，特等四十名，余列一等”看，超等、特等均占总额的四分之一，如果也按此比例，孝廉名额当在32名左右，但孝廉不像生员每县都有固定名额，而是全靠生员自己去考取。宝晋书院由丹徒知县费中孚所建，应该是镇江府书院，丹徒县学虽然是大学但也只有25名生员名额，廪生连同增生才50名，不可能设生员名额160名，而镇江府连同下辖4县共有廪生、增生各125名，250名生员中才能选出160人到宝晋书院肄业。宝晋书院是举人、诸生、童生共存的书院。

同治七年（1868年）重建的扬州梅花书院也是举人、生员和童生共存，“生童额数并与安定书院同”，并恢复了孝廉堂会，“从前孝廉堂会课本附梅花书院，今仍附入”[①]。

第四节　学术兼举业书院

二十世纪初，反对传统思想文化是那个时期的基调，人们的思维被“左”的观念所控制，非要说书院具有“自动讲学与反科举的精神”，而此精神“是书院不朽的灵魂”。书院自动讲学是其特色，也是其最大贡献，但反

① ［清］同治《续纂扬州府志·梅花书院》，转引自陈谷嘉、邓洪波《中国书院史资料》，第1035页。

赴试者，如常朝夕聚会。考德问业之外，或时出与经书论策题目，量作课程，就与讲析文义，以无妨其举业之功”[①]。嘉靖三年（1524年），王守仁在籍守丧，受聘讲学绍兴稽山书院，“先生临之，只发大学万物同体之旨，使人各求本性，致极良知以止于至善，功夫有得，则因方设教，故人人悦其易从”。学者们从四方赶来，王守仁高端学术讲座何等轰动！学术书院何等兴旺！但王守仁并不反对弟子从事举业，第二年，稽山书院钱楩与魏良政考中举人，王守仁听说后高兴地说“打蛇得七寸矣”。即使如理学大师王守仁创办学术书院也要考虑弟子出路，为学生考中举人而高兴。

书院得名之初学术性不强，各种版本的四大书院计有徂徕、茅山、岳麓、石鼓、嵩阳、应天府、白鹿洞七所，北宋时仅孙复与石介的徂徕（实为泰山）书院以学术著称，此外还有李觏盱江书院、石汝砺涵晖书院。三所学术书院中，只见泰山书院有弟子考中进士记载。石介《泰山书院记》提及孙复的五名弟子中四名进士，除石介中进士是在书院创办之前，刘牧、张洞、李缊都是在书院创办之后，不算石介，四名著名弟子三人考中进士，如果只讲学术不事举业，真难相信有如此成绩，泰山书院应该是学术与举业兼具的第一所书院。

南宋时，由于理学兴盛，学术书院大增，但纯讲学术，书院根本无法立足。欧阳守道是南宋著名教育家，他认为学校要培养圣贤，“学也者，因圣贤之书求圣贤之心，而为圣贤归者也；举子之文不过求先达准绳尺度，学先达之文，足以得先达之科第而已矣；读圣贤之书，求圣贤之所以为圣贤也，孰御焉？”[②]但不讲举业难以获得社会认同，“近岁士习趋下，号称前辈者或亦止于传习场屋之文，谩不省讲学为何事，幸而收科，自谓一第如探囊中物，不复增益其所未能，后学效之，凡书肆所售，谓之时文，空囊市去，如获至宝，而圣

① ［明］王守仁：《牌行委官季本设教南宁》，见《王文成全书》卷一八。
② ［宋］欧阳守道：《青云峰书院记》，见《巽斋文集》卷一六。

贤格言大训、先儒所为孳孳讲切以觉人心者反弃置之，以为非举子日力暇到，自吾里中士不免病此，他郡之来学者何讥焉。是徒使其不远千里而来，非惟无益，而又害之也”，现实比人强，欧阳守道也只能随俗。淳祐二年（1242年），江万里聘任欧阳守道为白鹭洲书院首任山长，在书院十几年，培养出一大批人才。宝祐四年（1256年），文天祥考中状元，同时还有40人考中进士，名声大噪，皇帝也御书赐额，评价书院质量还是以考中进士数量为标准的。

明代时，学术科举兼重书院也不少。弘治十年（1497年），西安地方官员与秦王朱泳诚等合力重建正学书院，“择士之秀而贤者讲读其间，日惟从事于身心理性之学，以上寻程张遗绪，而举子业亦兼治不废，遵时制也”[①]，选择优秀士子进学讲读，学习理学，兼习举子业，属于学术与科举并习。正德十三年（1518年），何景明任陕西提学副使，“取士于书院，日论说六经，尝曰缘枝叶忘寻本根，此末学之弊”，“陕西属所试诸生，奇者悉取正学书院，亲自督教，间出俸钱赡所不给，关中得人于时为盛”；嘉靖初，唐龙任陕西提学，“士学趋诡异，乃新正学书院，选士群肄之，刬其奇靡而约诸理，其所登进者悉为名臣”。两所书院均培养出不少科举精英。万历间，虞山书院规定，“每月初三日，诸生会文于精舍、经房，儒学监会”，“每月初六日，孝廉会文于弦歌楼，本县亲阅”，“每月初九日，讲学于学道堂，本县辍政半日往听焉。佐领、儒学各官、乡荐绅、孝廉、生童、孝子、善人，悉会听讲。讲时不掣签，不命书，不拘生童，随有志有见者讲论三吾章以发其端”[②]。每月分别考试诸生、举人一次，举办会讲一次，毫无疑问属于科举兼学术书院。

清代省城书院大多也是学术与举业兼具。雍正二年（1724年），江苏布政使鄂尔泰重修苏州紫阳书院，“增廓其制，征七郡之士弦诵其中，间以政暇聚于春风亭，亲与唱和，士风一时振起。刻有南邦黎献集二种（一制义，一古文

---

① ［明］朱诚泳：《小鸣稿》卷九。

② ［明］耿橘：《虞山书院会约》，转引自陈谷嘉、邓洪波《中国书院史资料》，第695页。引文中“三吾章”当为“三五章”。

诗赋）。鄂升任后，士庶于书院旁构堂，颜为西林氏讲学处”[①]，刻印八股文范本发给院生，毫无疑问是重视举业的。钟山书院“数年来，书院诸生或以乡会举，或以实学优先举，以及学使岁科、节使采风，大都得之书院者为多”，院长杨绳武希望诸生“上则开来继往，为圣贤不朽之业；次则砥节砺行，为豪杰有用之材；即等而下之，而仅仅以科举之学自奋，亦必经明行修，文章尔雅，不愧为读书种子，而后可不愧为书院之士”[②]。对于院生来说，上、次都不是一般人能够达到的，科举才是最容易达到的目标，此时钟山书院也是学术举业兼重的。广东省城书院之一的肇庆端溪书院“正课生童一百二十名”[③]，正课院生连童生都有，学术性不会太强，可能是以举业为重。广州省城书院粤秀书院自康熙四十九年建造后，“士之登巍科、掇膴仕者甚众”，嘉庆二十五年重修后，“近年以来，院生之登巍科、掇膴仕者视前较盛”[④]，看来一直重视科举。江西有省城书院豫章书院，光绪八年（1882年）“巡抚李文敏于觉斯堂右建孝廉堂，课举人”[⑤]，豫章书院成为高级举业书院。云南省城书院五华书院设“正课之给膏火银者八十人，其附课而来者不计焉。其课诸生，月凡四，初三、十三、十八、二十八皆课日也。初三、十八日曰官课，自督抚、学政及云南府以次而周皆监院，于先一由之。至日，诣官廨请课题，一《四书》文，一试贴诗，至夕而毕。十三、二十八两日曰师课，则院长自课之，亦一《四书》文，一试贴诗，至夕而毕”[⑥]，不论官课师课都是《四书》文、试贴诗各一，这是对科举的强化训练。四川省城书院锦江书院早在康熙四十三年（1704年）初创时就“延

① ［清］乾隆《江南通志·学校志·书院》。

② ［清］杨绳武：《钟山书院碑记》，转引自陈谷嘉、邓洪波《中国书院史资料》，第878页。

③ ［清］道光《肇庆府州志·端溪书院》，转引自陈谷嘉、邓洪波《中国书院史资料》，第901页。

④ ［清］陈昌齐：《重修粤秀书院碑记》，转引自陈谷嘉、邓洪波《中国书院史资料》，第904—905页。

⑤ 《南昌县志》卷一三下，转引自陈谷嘉、邓洪波《中国书院史资料》，第891页。

⑥ ［清］光绪《昆明县志·五华书院》，转引自陈谷嘉、邓洪波《中国书院史资料》，第909页。

访贤士可为人师者主其席，定课试之约”，以举业为重，乾隆三十九年（1774年）时月试经义和八股文，“郡县学之士升选萃处，日计廪，月计试，抠衣隅坐，先经义而后时文，先行谊而后进取”[①]。陕西省城书院关中书院明万历间由冯从吾主讲，融合程朱理学和陆王心学，学术风气甚盛，但康熙三十六年巡抚毕沅重修后，“延至经师江宁戴进士祖启主席其间，复于通省生徒中选其有德造者，俾潜心教学，共获观摩，旬有试，日有课。不数载，关中乡试中式膺馆选者大半皆书院之士，一时称盛事焉”，属于学术与举业并重。到光绪间，“住院肄业者举贡生廪增附生皆有，惟无童生，以童生有各州县书院也”，成为中级和高级兼设的举业书院。浙江省城书院敷文书院于道光十六年（1836年）增加了举人考课，“道光十六年，巡抚乌尔恭额以浙江举人向无考课，于敷文书院盈余提银考课孝廉，扃试敷文书院”，兼具高级举业书院性质，直到同治五年（1866年）苏文忠公祠落成，于祠东建造学海堂，才将举人考课迁出到学海堂。福建鳌峰书院从康熙十一年（1672年）至嘉庆九年（1804年）49科乡试考中举人856名，每科平均17.5人，而福建每科取中105名，占全省举人总额的六分之一。

清代不仅省城书院学术与举业兼具，有的府州书院也如此。同治四年（1865年），杭州知府薛时雨设立的东城讲舍也是一所学术与举业兼具书院，其所撰记明示其用意，“士之登斯堂者，庶几知原本经术，诵法先儒，因文见道，日鏃而月厉之，卓然为明体达用之学，勉为全浙人文之冠冕，上以报朝廷科目取士之盛典，而下不负兴贤育才者之心”，所以“举诸生中有文行者与焉，课举业经艺外，兼课试赋杂文”[②]。

① ［清］吴省钦：《重建锦江书院讲堂碑记》，转引自陈谷嘉、邓洪波《中国书院史资料》，第912页。

② ［清］薛时雨：《东城讲舍记》，转引自陈谷嘉、邓洪波《中国书院史资料》，第1395页。

第五节　奉祀书院

不进行教学活动，而用来专门奉祀某位历史文化名人的书院被称为奉祀书院。奉祀书院可以分作列入国家祀典和未列入国家祀典两类。

一、公祀书院

公祀书院是被列入国家祀典的书院。被列入国家祀典的奉祀书院以孔子为最多，其他如子思、范仲淹、朱熹、魏了翁等人也有礼制奉祀书院，但范仲淹、朱熹、魏了翁等人的奉祀书院有时还进行教学活动，并非专门的奉祀书院。

（一）专门奉祀孔子书院

专门奉祀孔子而不进行教学活动的书院有曲阜尼山书院、洙泗书院、汶上圣泽书院、河南兰考仪封书院。

尼山书院是最早建造的奉祀书院。

尼山为孔子诞生地，东汉时人们即在孔子出生的山洞举行祭祀活动。建宁二年（169年），鲁相史晨“念孔渎、颜母井去市辽远，百姓酤买不能得香酒美肉，于昌平亭下立会市”，“又敕渎井”，“于渎上东行道表南北各种一行梓”[①]。《魏书·地形志中》说鲁有叔梁纥庙，唐《括地志》说“叔梁纥庙亦名尼丘山祠，在兖州泗水县五十里尼丘山东址”，五代后周显德间兖州太守赵侯再建庙祀。北宋庆历三年（1043年），“孔子四十六代孙、袭文宣公、知兖州仙源县宗愿作新宫庙，有庙，有夫子之殿，有夫子之位，有讲堂，有学舍，有祭田”，已成书院形制，也未见设教记载。皇祐二年（1050年）因孔子出生尼山加封山神为

① 东汉《史晨碑》，碑在曲阜孔子庙。

毓圣侯，建庙奉祀。绍兴二十四年（1154年）的《鲁国之图》中有图画，金正大四年（1227年）成书的《孔氏祖庭广记》有《尼山图》和《金尼山庙制图》。元至顺三年（1332年），孔子五十四代孙、衍圣公孔思晦请求恢复尼山祠庙，设置山长，并推荐彭璠出任。至元二年（1336年）朝廷批准，次年彭璠到任后重修，四年八月落成。重建后“置子弟员，以凡民之子弟俊秀者充之，皆复其身役”①，尼山书院成为名副其实的书院。明洪武元年（1368年），朝廷为尼山书院设山长，山长为衍圣公属员，由衍圣公保举到朝廷任命。尼山书院不再进行教学活动，山长专主祭祀和保护尼山。有学者认为朱元璋为尼山书院、洙泗书院设山长是重视书院，其实此二书院并非教育书院而是奉祀书院。进行教育的是孔颜孟三氏学，朝廷为之设置孔颜孟三氏学教授司，设教授、学录、学司各一员。同年经翰林国史院官会同太常博士陈世昌议准，设置并拨给洒扫户7户。正德二年（1507年），经衍圣公奏准，山长改称学录，秩比国子监，从九品，清乾隆元年（1736年）定为正八品。书院春秋两祭，春季为二月二十八日孔子忌日，秋季为八月二十七日孔子诞辰，由本书院学录主祭。

洙泗书院原称讲堂，是孔子周游列国归来后整理六经和教育弟子的地方。建武五年（29年）光武帝道经曲阜时讲堂仍存，三国魏文帝时编纂的《皇览》说“诸弟子房舍井瓮犹存”。宋绍兴四年（1134年）成书的《东家杂记》说“学已废，遗址存焉”，金代《孔氏祖庭广记》图中为一独立院落。元至元三年（1337年）在旧址重建，因孔子讲业洙泗之间和“泗水经其北，洙水带其南”命名为洙泗书院，以孔滨为山长。洙泗书院一直未见设置弟子记载，就是一所专门奉祀书院。书院主祀孔子，配祀四配、十二哲和孔子弟子。明洪武元年（1368年），令洙泗书院仍然设置山长，由衍圣公保举，主持洙泗书院祭祀，为衍圣公属员，由衍圣公保举到朝廷任命。正德二年（1507年）经衍圣公孔闻

---

① ［元］虞集：《尼山创建书院记》，见［清］孔继汾《阙里文献考》卷三四，山东友谊书社1989年版，第841—844页。

科举并非书院主调和精神；相反，历史上举业书院反而是大宗，学术书院毕竟属于少数，而讲学书院被划为学术书院也并非都反科举，大部分是学术与举业兼具。

自汉代实行察举制度以来，中国逐渐形成并完善了文官选拔制度，而文官选拔制度的核心就是隋唐一直延续到清末的科举制度。科举制度为士大夫提供较为公平公正的竞争平台，吸引众多士大夫由此登上政治舞台。虽然有个别士大夫或讨厌仕途污浊，或厌倦仕途险恶，或不屑科举猥琐，或科举出仕无望，归隐山林，或著书立说，或设立书院收徒讲学，但这毕竟是凤毛麟角。古代中国人幼儿开蒙，就熟读牢记了“天子重英豪，文章教尔曹，万般皆下品，惟有读书高”，“朝为田舍郎，暮登天子堂，将相本无种，男儿当自强”。宋朝真宗皇帝也亲自写诗劝人读书：“富家不用买良田，书中自有千钟黍。安居不用架高堂，书中自有黄金屋。出门无车毋须恨，书中自有马如簇。娶妻无媒毋须恨，书中自有颜如玉。男儿欲遂平生志，勤向窗前读六经。”千钟黍，黄金屋，马如簇，颜如玉，试问哪位士子能拒绝如此诱惑？哪所书院能拒绝如此诱惑？

中国人的聪明就在于不固执一端，而是中庸，“执其两端而用其中”，许多现代人学西方学会了固执一端，官学是坏的，书院就是好的，其实大多数书院是官学的补充。书院并不只是为救正官学举业弊端而产生的，正如翟凤翥所说：“或谓学校课试，遵时制为科贡之门，书院教养遵古法为性命经济之学，是又分而二之矣。夫学以明伦，圣贤道统孰大于是？书院讲学未尝废文，亦未尝不以科贡应制，二者不容偏废。”[①] 王守仁主张书院要阐明正学，讲析义理，但不要妨害举业，学术、举业要兼重。他委任季本为师，牌行南宁府延师设教，“仰本官就于新创敷文书院内安歇，每日聚集该府县学诸生，为之勤勤开诲，务在兴起圣贤之学，一洗习染之陋。其诸生该赴考试者，临期起送，不该

① ［清］翟凤翥：《芝山书院记》，见［清］雍正《江西通志》卷一三四。

诏奏准，山长改称学录，秩视国子监，从九品，清顺治元年（1644年）作为优待孔子后裔一项内容照旧设置，乾隆元年（1736年）定为正八品。洙泗书院一直未进行教学活动，正如清高宗所说“自从传凤躅，谁敢设皋比”，孔子教学的地方谁敢开讲呢？洙泗书院虽然得名晚，但它其实是书院之祖。书院春秋两季祭祀，均以仲月中丁，由本书院学录主祭。

山东汶上为孔子所宰中都处，后人立祠祭祀，北魏孝昌二年（526年）曾立碑记事，唐代有吴道子所绘徐浩题额的孔子像碑和颜真卿夫子庙堂记碑，“北宋元祐四年都水少监马之贞建大成殿，中肃圣容，旁列十哲，堂室门庑具备”，元至元中东平教授马栎庵“捐地十二亩，构堂藏书，以授其徒”。从明代开始改称圣泽书院，“南为牌坊，榜曰圣泽书院，有重门，中为拜殿三间，后为正殿三间，殿内祀至圣孔子，四配、十哲分侍左右”。明代中期设太常寺博士奉祀，以衍圣公第三子承袭，如无第三子可以弟侄代袭，三子年幼也可以近支族人借任，正七品。清顺治元年（1644年）循例设置，一直延续到民国初年。元代一度从事教育活动，明清只进行祭祀。

河南兰考仪封书院即孔子周游列国封人请见处，明正统九年（1444年）诏于仪封立庙，嘉靖十四年（1535年）设官奉祀，以孔子35代长孙次子后裔孔承寅主祀，授官学正，秩比国子监，正九品，清乾隆元年改为正八品。子孙世袭，顺治八年（1651年）员缺，衍圣公奏准照旧世袭，民国九年改作奉祀官。

（二）奉祀子思的专门书院

文庙四配中的颜回、曾参、孟子分别在各自故乡曲阜、嘉祥、邹城建有列入国家祀典的奉祀庙宇，唯独子思没有庙宇，只有一所相传其讲学处邹城的中庸书院。书院始建于元元贞元年（1295年），初名中庸精舍，赐名中庸书院。明正德二年（1507年）设翰林院五经博士主祀，由衍圣公二子承袭，春秋仲月上丁祭祀，民国九年改作奉祀官。

（三）奉祀朱熹的书院

文庙十二哲中的闵损、冉雍、冉耕、冉求、仲由、言偃、卜商、端木赐、颛孙师、宰予、有若、朱熹，先贤中的任不齐、邵雍、周敦颐、程颢、程颐、张载，先儒中的伏生、韩愈，都设有奉祀的翰林院五经博士，但大多都有奉祀的祠庙，有专门奉祀书院者不多。

南宋时国家规定奉祀朱熹的书院有两所。一在朱熹出生地福建尤溪，宋嘉熙元年（1237年）创建书院，元初省委朱熹五世孙朱林为山长奉祀朱松及朱熹，元代设山长及弟子员，进行教学活动。明代圮废，弘治十二年（1499年）重建，改为奉祀祠堂，“为堂五间于左，以祀文公，堂之前东西为两廊，又前为拜亭，临于旧方塘之上，塘之中布石为桥而覆之以亭；又为堂三间于右，以祀韦斋，东西亦为两廊，其前则横亘以垣，而门于其中，又合二祠而缭以周垣，总为门三间，仍揭宋敕赐南溪书院之额于其上焉”[①]。一在朱熹晚年移居的福建建阳，绍熙元年（1190年），朱熹建造竹林精舍，理宗赐额考亭书院，省委其孙朱沂任山长主祀，朱沂去世后以其子朱椿继承，入元后，省委朱熹五代孙朱彬主祀。明景泰六年（1455年）封朱熹九世孙孙朱梴为翰林院五经博士，奉祀福建建安，世袭，清康熙二十九年（1690年）续封闽派十八世孙朱滐。嘉靖二年（1523年）增加江西婺源奉祀，封朱熹婺源十一世孙朱墅为翰林院五经博士，清顺治十二年（1655年）续封朱熹徽派十五代孙朱煌。

（四）奉祀范仲淹的书院

国家指定奉祀范仲淹的书院为苏州文正书院，文正书院原为范仲淹故居，宋咸淳十年（1274年）郡守潜说友建造奉祀范仲淹祠堂。元至正五年（1345年）裔孙范文英请求建书院奉祀，由裔孙主奉，不需官府设置山长，主祀范仲淹神

① ［明］黄仲昭：《重建南溪书院记》，见《未轩文集》卷三。

像，朝廷同意，赐额文正书院，属于家族专祠。

明宣德九年（1434年）重修后，正中奉祀范仲淹，西偏设家庙岁寒堂奉祀范仲淹父子，东偏设书院，“为祠堂前后各五楹，后以奉公神像，前置累朝碑刻，东西有廊庑，东祠宋郡守潜公，咸淳中始建是祠者也。堂东偏为书院，构用旧材，以其尚坚好也。院亦有堂，前后各三楹，揭以忠厚旧扁，东西有庑，斋宿、阅牲以及庖湢莫不有所。其西偏则范氏家庙岁寒堂在焉，子孙岁祀公父子于其中。外为门屋三间，亦仍以文正书院旧额揭之”[①]。万历二年（1574年）增设三公堂，奉祀范仲淹曾祖、祖、父三代，并以四子纯祐、纯仁、纯礼和纯粹配祀。

文正书院由范仲淹裔孙主奉，明《姑苏志》将其称作子孙奉祠事者，不属于教学书院，“书院凡六，设官主教事者四：学道，文学，和靖，甫里。子孙奉祠事者二，文正，鹤山。今唯文正、鹤山存，而鹤山又为巡抚公署，乃以后屋为祭所云”，其实文正书院设有家塾，由裔孙义学师主教，仍然具有教育功能。

文正书院在明代就被列入国家祀典，“国朝列于祀典，子孙世守其所”[②]，清代依然，康熙四十四年（1705年）皇帝赐给御书“济时良相”额。春秋以地方长官主祭，东庑还以创祠奉祀的郡守潜说友从祀，以后陆续增加宣德九年重修的知府况钟、嘉靖四十三年（1564年）重修的御史温如璋、董尧封和万历二年（1574年）重修的御史邵陛。明清时裔孙主奉均由政府任命，所以苏州文正书院是兼具礼祠和家庙性质的书院。

列入国家祀典阶段性专门奉祀的书院还有苏州奉祀魏了翁的鹤山书院。

二、私祀书院

私祀书院是指未被列入国家祀典的书院，有的是官建，有的是私立。

---

① ［明］张益：《重修文正书院记》，见范仲淹《范文正集·补编》卷三。

② ［明］王鏊：《姑苏志》卷二四。

（一）官建奉祀书院

虽然许多奉祀书院并未列入国家祀典，但仍然以官建为多。孔子、董仲舒、诸葛亮、韩愈、李纲、杨时、吕祖谦、魏了翁、练子宁、罗伦、陈选等人都有官建的奉祀书院，有的书院有时进行教学活动，有时专门奉祀，而专门奉祀时间更长。

未被列入国家祀典奉祀孔子的书院有曲阜春秋书院、石门书院。

春秋书院位于息陬村，相传是孔子作《春秋》处。南朝任昉《述异记》记载，“曲阜南十里有春秋台”，宋代有庙，规定以该村集市税收为祭祀费用，清康熙时已称春秋书院，康熙五十四年（1715年）重修，衍圣公、曲阜世职知县等齐集祭祀。书院祭祀为春秋两祭，春季在孔子忌日二月二十八日，秋祭在孔子诞辰八月二十七日。

石门书院位于曲阜市境北部董家庄，原是供奉孔子、释迦牟尼和老子的三教堂，清康熙三十六年（1697年），衍圣公孔毓圻奏请毁三教堂，撤去佛祖和老子像，因近石门山称石门书院，以董家庄集税作为祭祀经费，每年春秋衍圣公派四氏学教授或学录前往致祭。

奉祀西汉董仲舒和唐代颜真卿的董颜书院在山东德州，明万历四十二年（1614年）建，后被人强占，无法恢复，清康熙三十一年（1692年）邑人田雯只好迁址创建，“因购吕氏止园之后屋，葺治丹雘，置两主于上，俾俎豆无阙，传诸久远”，仅有一座建筑，毫无疑问也是仅供奉祀的书院。

专门奉祀诸葛亮的书院最早建于绍定三年（1230年），汀州太守李华平定民乱，郡后有卧龙山，北宋时就建有卧龙亭，元丰间太守陈轩（字元舆）曾有诗，李华于郡西建造卧龙书院，“相郡西偏为堂三楹，前荣后室，翼以两庑，扁仍亭旧，曰卧龙书院，而刻诸葛忠武侯遗像于其间，图八阵奇正之势，书‘王业不偏安、汉贼不两立’语于左右壁，而朝夕瞻敬，以寓愿学思齐之意，盖不徒存故迹、侈后观也”[①]。虽名为书院，并无教育设施与活动，就是一座祠堂。

专门奉祀杨时的道南书院在常州，常州知府于明嘉靖四年（1525年）重建。“中祠公，二周既仍侑坐，今又益以道乡而下七公”，没有教学设施，“岁春秋二举，取诸田租以供，田二百亩，租若干石，祭之余以充修理之用”[②]，土地收入仅供祭祀和维修，毫无疑问不进行教学活动，属于奉祀书院。中堂主祀杨时，左右两侧以同门同志邹浩、周孚先、周恭先、唐棣四人配，左右分列门人邹柄、喻樗、再传私淑者尤袤、李祥、蒋重珍和闻风而兴起者谢应芳。杨时虽是从祀文庙的理学家，但从邵宝《道南书院记》看，没有申请列入国家祀典。

专门奉祀吕祖谦的书院在浙江金华。吕祖谦去世后，开禧三年（1207年），门人及士大夫请于州，拟将吕祖谦旧居之半改作祠堂以奉祀，获得知州李大异支持，赞助铜钱50万，次年秋，“为屋才十余楹，外门五间，祠室及前轩各三间。又欲前为一堂，匾以丽泽书院，以存公之旧，且为后来讲习之地。后为遗书阁，以庋平日所著如《大事记》《读诗记》《阃范》《近思录》《春秋尚书讲义》《家法祭礼》及它书之未成者，皆可以传院垂后，而工费犹未备”[③]，资金不足，仅建造了祠堂一组，成为奉祀书院。

专门奉祀练子宁的书院在其故乡江西新淦。燕王朱棣入南京，御史大夫练子宁痛斥朱棣篡国，被割去舌头后仍不屈，遭到磔死，家族被诛杀151人，流放371人。正德七年（1512年），江西提学副使李梦阳为练子宁建造金川书院，“前为门二重，各三楹，门之内为堂，以妥公之神，堂之后为后堂，李公扁其门以今名，扁其后堂曰浩然”[④]。金川书院并无教学建筑，毫无疑问是一所奉祀书院。

专门奉祀明代南京国子监祭酒罗伦的书院在其故里江西永丰，因其墓和旧

① ［南宋］陈元晋：《汀州卧龙书院记》，见《渔墅类稿》卷五。

② ［明］邵宝：《道南书院记》，见《容春堂续集》卷一一。

③ ［宋］楼鑰：《东莱吕太史祠堂记》，见《东莱集·附录》。

④ ［明］姚翼：《重修金川书院记》，见［清］雍正《江西通志》卷一三三。

游金牛书院均在偏僻乡下，为便于祭祀，弘治中，江西提学邵宝令吉安知府张宗厚于城内建造一峰书院，“作堂三间，中设公像，题其门曰一峰书院”，一堂一门，也是奉祀书院。

奉祀陈选的书院在浙江临海，明代布政使陈选去世后，“毛给事宪请于朝，锡谥建祠”[①]，正德十六年（1521年）郡守罗侨奏请在其生前藏修的丹崖书院改设祠堂。

（二）私立奉祀书院

私立奉祀书院有的供个人祭祀休闲，有的则是家族祠堂。

弘治中，邵宝在无锡建造慧山书院，内设忠定祠奉祀北宋名臣李纲，书院没有教学设施，不可能进行教学活动，只奉祀李纲和供邵宝个人休闲。

同治十三年（1875年），浏阳北乡四十二都乡民集资建造石山书院，正殿与后殿分别奉祀文昌帝君及上三代，两殿之间建魁星楼奉祀魁星，正殿东厢奉祀乡贤，东路设名媛祠奉祀名媛。奉祀乡贤为张、王、吴、孔、周、罗等30余姓先人，名媛为周、吴、罗等12姓先妣，很像地方公祠。该书院在《石山书院汇纪》中没有任何教学记载，就是一所纯粹奉祀书院。

三、生祠书院

奉祀书院还有一种生祠书院，清初时存留比较多。清雍正二年（1724年），世宗曾下诏进行清理，“若今之生祠书院，不知始自何人，自督抚提镇以及监司守令所在多有，究其实，不过官员在任之时或系下属献媚逢迎，或地方绅衿有出入公门包揽词讼之辈倡议纠合，假公派费，占地兴工，甚至园囿亭台穷极华丽，劳民伤财，一无顾惜，及其后或为宴会游玩之场；或本官竟据为产业。考其年月，则官员去任之后百姓追思而特为兴造者甚少”，因此下令“嗣后如

---

① ［清］雍正《浙江通志·陈恭愍祠》。

有仍造生祠书院者，或经告发，或被纠参，即将本官及为首之人严加议处。其现在之生祠书院，如果系名宦去任之后民间追思盖造者，准其存留，其余俱着地方官查明，一概改为别用，或为义学，延师授徒，以广文教”[①]，确系有功于民，离任后百姓为表达怀念建造的允许保留，否则改作义学。

雍正间，顺德训导湛上锡“待诸生严而有礼，知县何玉度请主义学讲席，从者数百人，成名累累。顺邑绅士醵金于南关外作湛公书院，复置田以供祀事，立石纪功。迁潮州潮阳教谕，卒于官，雍正二年祀名宦”[②]，置田以供祀事，可知是奉祀书院。从记叙顺序看，书院建造在迁潮阳教谕前，属于生祠。

第六节　书斋书院

书院名称在唐代初现时书斋是书院主流，唐诗中提到的18所书院中有14所属于个人书斋，方志中记载比较可信的7所书院中也有3所属于书斋，有的供士子读书备考，有的则供官员诗酒会文。其后以书院命名的书斋代不绝书，屡屡见于文集和方志中。

以书院命名的书斋就其性质可以分作以藏修为主的藏修型、交游为主的交游型、休闲为主的休闲型三类。之所以强调“为主”，是因为绝大多数书斋书院兼有以上几种性质，不同的只是各有侧重罢了。

一、藏修书斋

藏修书院早在唐代就是书院大宗，唐诗中的李泌书院、樊铸书院、宇文褧书院、李宽中书院、南溪书院、费君书院都属于这种类型。李泌书院、李宽

① 《江西通志》卷首之三。

② 《广东通志》卷四二。

中书院都是借用道观，宇文褧书院借用佛寺。宇文褧“读书林下寺，不出动经年”属于潜心苦读；费君书院“已将心事随身隐”属于隐居读书；朋友祝愿李宽中“愿君此地攻文字，如炼仙家九转丹”，毫无疑问李宽中在潜心备考；樊铸是“及第后，读书院咏物十首上礼部李侍郎”，樊铸书院是他及第前备考的书斋。

北宋时以书院命名的藏修型书斋也不少。陈师道在京师设置求志书院，时人黄庭坚、秦觏、李廌都有诗。李廌诗题为“求志书院诗四首”，序说“陈师道履常之所居也”[①]，黄庭坚《次韵秦觏过陈无己书院，观鄗句之作》诗说：“陈侯大雅姿，四壁不治第。碌碌盆盎中，见此古罍洗。薄饭不能羹，墙阴老春荠。唯有文字性，万古抱根柢。我学少师承，坎井可窥底。何因蒙赏味，相享当牲醴。试问求志君，文章自有体。玄钥锁灵台，渠当为公启”，有注说“无已来京师，寓居陈州门”，可见陈师道求志书院是其寓居京师开封藏修的书斋。陈师道客居京师多年，因不满以王安石经义取士不屑于参加科举，元丰四年（1081年）曾巩推荐他参修本朝史，但因他为布衣未果，推荐他任太学学录他又不屑，直到元祐二年（1087年）经苏轼等推荐才出任徐州教授，离开开封。其间未见他任教记载，可见求志书院属于藏修书斋。同类还有张方平诗中的代祠部书院、文同诗中的张（愈）少愚书院、黄庭坚诗中的徐氏书院。代渊天圣二年（1024年）登进士第，“上第西归即弃官”，归乡隐居四川青城山读书。张少愚书院“涧水侵断桥，车马不得通”；徐氏书院“学书但学溪老鹅，读书可观樵夫歌”；都是以书院命名的藏修书斋。

南宋时许多书院也是藏修书斋。浙江龙泉李宗儒、李师儒兄弟创设槐荫书院，“君家欣慕名书斋”；董侍郎蒙泉书院“一室可忘老，四窗宜读书。但教樽有酒，莫问食无鱼。客子家何在，明朝岁又除。思归徒自苦，安处即吾庐”；姚显叔南屿书院“朝夕置身书卷间”；木山父书院“占得文房一丈强”，

---

① ［北宋］李廌：《济南集》卷二。

“书叶乱掀风满床”；朱氏梅芳书院“穷经得趣床横易”。以上都是读书型书院。傅瑾“初锐意科第，所居之旁书院扁曰筑隐，集士友会文其中，将为进取计，且以厉其后进”[①]。

官员宅邸也会设置书斋书院。林之奇《拙斋文集》记载：“（杲径山）顷在京师，尝至一贵人书院，其人正写一纸文字，乃是要（阙）老处陷害一士大夫。方读未竟，贵人出，曰见其文字否？杲云不曾见。其贵人云必见之。杲曰：‘公这文字要陷害人，未论行与不行，只这一念起时已入驴胎马腹了也，岂计他人见与不见。’”[②]此种书院既是书斋，也作会客之用。

有的藏修书院供研究之用。虞刚简建造沧江书院潜心研究，“尽屏幼志，非益友不亲，自绵州后则又弃去科举业，于圣贤求仁立德之要益审思不释，沉潜六经，于《易》尤为精诣，以周、程诸子遗言与邵子先天书、汉上朱氏变玄之说，参贯融会，随文申义。阅十有六年，书成而未出，尚朝惟暮习，以益所未至”[③]，属于研究性书斋。朱炳昭所建梅芳书院，“玉梅苍竹拥冰壶，中有扬雄宅一区。地占清虚开境界，人从确实作工夫。穷经得趣床横易，体道存心壁画图。格物致知功用大，的传愿继考亭朱”[④]，是专门研究朱子学的书斋。

藏修书院也贯穿整个书院史。元大德四年（1300年），陈斗龙创建百丈溪书院，“书院，吾塾也，吾将与乡邑同志于此讲习焉”；明成化初，黔阳知县陈钢“又建面山草堂，休沐读书其中”；明中期许廷章“复筑柳溪书院，因以自号，承欢之暇则温绎旧业，以故所得益深，所养益粹”。以上都是个人藏修书院。清康熙五十七年（1718年），被贬铁岭的郝浴建造银冈书院，“卜筑于南门之右，方十许亩。中为书屋三间，前有圃种蔬，后有园种花，左壁吾卧室也，右壁一

---

① ［南宋］陈文蔚：《傅县丞墓志铭》，见《克斋集》卷七。

② ［南宋］林之奇：《拙斋文集》卷二。

③ ［南宋］魏了翁：《朝请大夫利州路提点刑狱主管冲佑观虞公墓志铭》，见《鹤山集》卷七六。

④ ［南宋］姚勉：《题朱氏梅芳书院》，见《雪坡集》卷一五。

银冈书院

带皆吾友连屋而居也。屋中造甓床一丈，风月之夕吾友毕来，登床趺坐，床下钻火烹茶漉酒，纵谈名理，至夜分不散。架插天下古今图书，恣吾友展玩。有化人来则焚香晤对，参验竺乘”[①]，名为书院，其实是个人藏修兼交游的书斋。

官衙中也有藏修书院。南宋宝祐二年（1254年）新建的真州分司衙署，于官廨正厅西建造书院，“正厅之西建书院三间，书院之南建熏风一堂，以为公事应酬之暇藏修游息之所。旁开水门，列小红桥，前为站台，起见山楼，桃柳梅竹杂然前陈，群山众水灿然在目。楼之前又有曰可轩，盖几于尽得一州之胜，而无一不可人者”[②]。风景优美，真是藏修的好地方。明成化中，临汝知县周瑛曾建临汝书院，“予初到官，尝节缩，稍入为读书屋于私第西南偏，既又为小屋以庋书，及因地之洼而池之以涤笔砚，创画多时，名号未备，至是题书屋为临汝书院，池曰浴云池，改小屋为续骚亭”[③]。虽名为书院，其实是个人藏修书斋。清康熙元年（1662年），浙江江山知县万里侯“建署内书院，颜曰明

① ［清］郝浴：《银冈书院记》，见［清］乾隆《盛京通志》卷一一三。

② ［南宋］包恢：《真州分司记》，见《敝帚稿略》卷四。

③ ［明］周瑛：《续骚亭记》，见《翠渠摘稿》卷三。

远堂”；康熙二十二年，黄岩知县甘国辅于县衙东路建峄山书院；书院建造在官衙内不可能进行教学，只能是个人藏修或兼交游之所。

受士大夫影响，连皇室贵族也纷纷建造藏修书院，尤以清代雍亲王（即世宗胤禛）最为热衷。康熙四十八年（1709年），胤禛被加封为雍亲王，在雍和宫内设置书院，“宫之东为书院，入门为平安居，后为如意室，室后正中南向者为太和斋，书院正室也。斋之东向南正室曰五福堂，斋之西为海棠院”。康熙五十年，雍亲王于热河赐第内建造乐山书院，圣祖亲为题匾。康熙皇帝赐给圆明园后，于园中设置了碧桐书院和汇芳书院，“汇芳书院，内宇为抒藻轩，后为涵远斋，斋之前西垣内为翠照楼，东垣内为倬云楼，又东为眉月轩，倬云楼南稍东为随安室，又东逾溪桥为断桥残雪”，此外还设置静香书屋、涵德书屋、贮清书屋和夕佳书屋[①]，这些书院和书屋其实都是书斋，属读书藏修处所。

二、交游书斋

交游书斋也是书斋书院大宗，一类是官衙书院，一类是私第书院。

官衙书院在书院名称产生的唐代就已经出现，唐诗中李太守书院、郭中丞书院、许浑书院都属于这一类。古代为限制官员贪污受贿，一般不允许官员在任职地购置土地房产，官署一般为前衙后宅，主管官员都是住在官署内。李太守既然“几年为郡守，家似布衣贫”，更不可能在任职地购置书院，只能是以官衙建筑命名，虽然“家似布衣贫”，但朋友来了还是要招待，“沽酒迎幽客”；许浑书院“书院欲开虫网户，讼庭犹掩雀罗门”，书院、讼庭为对，当然就是在官衙内的书斋；郭中丞时为楚州太守，书院当然在官衙内。李太守招待朋友，朋友有诗，主人当然要唱和；许浑“与郡中群公宴李秀才”，招待李秀才，郡中群公作陪，主人有诗，客人不可能不唱和；郭中丞招待刘禹锡，“清淮月影落金卮”，“语笑方酬各咏诗”。毫无疑问以上书院都是官衙内交游

① ［清］《皇朝通志》卷三二。

型书斋。明成化中，韩雍在苍梧行台建造友清书院，“作屋三楹为休憩之所”，“休暇与客游其间”，也属于官衙内交游书院。

私第交游书院也是在唐代就已经出现，唐诗中田将军书院就属于此类，因为姚合诗题就作《题田将军宅》，因为是私第，所以才“满庭花木半新栽，石自平湖远岸来”[①]，“近砌别穿浇药井，临街新起看山楼”[②]。此后历代都有此类书院。北宋时王信孺赐第书院，赵鼎臣诗题说“诣王信孺赐第，因过书院，怀李萧远、王尧明，题于壁。二君皆信孺客，相继登第而王独第一，故云”，诗说“平原门下客三千，桂籍连年得两贤。毕竟文章归第一，王郎后发独争先”，虽然是赐第，但赐予后属于私人住宅，毫无疑问该书院是以书院命名的私第交游书斋。

南宋徐载叔“中年卜居城中，号桥南书院，地僻而境胜，屋庳而人杰，清流美竹，秀木芳草，可玩而乐者不一而足。载叔高卧其中，裾不曳，刺不书，客之来者日益众，行者交迹，乘者结辙，诃殿者笼坊陌，虽公侯达官之门不能过也”[③]，访客如过江之鲫，恐怕难以安静读书。董亿建造两书斋，“即先庐竹林辟观过斋，聚书万卷，日延贤师友讲贯道艺，未尝泛交，别墅在城东，创潜乐书院，时与亲宾尊酒论文，略无子弟过失”[④]，潜乐书院即为以书院命名的交游书斋。魏了翁贬官安置靖州，“城之东得隙地，为屋数间，亭沼华木略具，号鹤山书院，距寓馆不数十步，时时携友往来其间，未必如水竹庄之胜。然而主人心安乐，华竹有和气，则何地而不适其适也”[⑤]，也是交游书院。

明清时以书院命名的私第型交游书斋大增，明成化中黎暹罢官归里，“构罗江书院，吟啸其中，颂赋诔铭踵门祈者无虚日，文笔遂冠一时”，嘉靖中黄佐罢官家居，“卜筑粤洲草堂，文学士多从之游”。

---

① ［唐］贾岛：《田将军书院》，见《长江集》卷一〇。

② ［唐］姚合：《题田将军宅》，见《姚少监集》卷七。

③ ［南宋］陆游：《桥南书院记》，见《渭南文集》卷二一。

④ ［南宋］周必大：《登仕郎董君亿墓志铭》，见《文中集》卷七五。

⑤ ［南宋］魏了翁：《答苏伯起振文》，见《鹤山集》卷三六。

三、休闲书斋

以书院命名的休闲书斋多是由退休官员所建，古代官员特别是明清时期退休后一般不能在京师或任官地居住，必须回原籍。有的官员功成名就，年老体衰，有的宦海沉浮终于上岸，大都无意进取，悠游林泉，颐养天年。

南宋时，户部尚书吴兴沈宾王致仕后于城北创建园林，设灵寿书院其中，“具区前临，湖心远峰，明晦灭没，近而后溪，凤凰、毗弁诸山，往往凑泊于溪山亭之下，殆或天与者”。

明成化末，山东巡抚盛颙致仕归家，其弟盛颐为其建造休闲书院，“颐为之构方塘书院，迭山凿池，莳花植竹，以为娱老之地。公时静坐一室，焚香读书以自适，泊如也”[①]。弘治十一年（1498年），南京礼部尚书邵宝致仕后在无锡其七世祖旧居作容春精舍，初建时仅为一堂一院，正德七年（1512年）扩建，增加前堂为书库，左侧建燕居亭奉祀孔子燕居画像，右侧设家庙，每日瞻谒，后部为居室，“精舍中为堂三间，仍扁曰容春精舍，吾师八分书；前堂五间，中为厨二十，庋古今书籍万余卷，扁曰泉斋，吾师真书；二堂之间为庭，庭中立鼋山石一，左右植松四株，梅二株，竹数竿；堂左直前门为燕居亭，中悬仲尼燕居之像；堂右为曲径，通家庙，以达堂寝”[②]。邵宝还建造慧山书院，主建筑忠定祠奉祀北宋抗金名将李纲。名为奉祀名人，实为个人休闲。书院有超然堂，左室称吟松个，右室称咏竹个，后轩名泉斋，据说是其三十年前曾经梦登尚书台，台上建筑名超然堂，景色与江阴定山相同，所以堂面向东北，堂右建有面向东北的海天亭，堂左建有保存李东阳和其曾祖石刻像的两知亭。正德间黄绾辞官归里，建造石龙书院，“书院凡五间，中为凝道堂，东曰幽赏，西曰寓远，其窝曰虚白，东轩曰天风，西曰空翠，曰石龙云者，黄子之先在洞黄山

---

① ［明］邱濬：《明故都察院左副都御史盛公墓志铭》，见《重编琼台藁》卷二三。

② ［明］邵宝：《复乔司马问精舍状》，见《容春堂后集》卷一四。

下，有湖有石，如龙生湖底，水枯辄见，故云"[①]，书院规模不大，有堂有轩，有湖有石，足以安度晚年。崇祯间侍读学士陈熙昌减死放还，"筑云淙书院，啸咏其中"。户部员外郎巫三祝"乞终养归，筑彩云书院于霍山，岁时与诸弟奉二老人觞，执鸠杖，乐融融也"，以享天伦之乐。

四、藏修兼举业书院

藏修兼举业书院比较少见。魏了翁贬官回籍，"筑室于先庐之北，曰鹤山书院，聚书求友，朝益暮习，将以质其所未信"[②]，供个人藏修，同时还培训贡士，"嘉定三年春，诏郡国聘士，卬之预宾贡者比屋相望，未有讲肄之所，会鹤山书院落成，乃授之馆。其秋试于有司，士自首选而下拔十而得八，书室俄空焉"[③]，属于藏修兼举业书院。

第七节　教会书院

教会书院虽然也属于教育书院，但其为外国设在中国，并对中国书院和教育产生重大影响，所以本书还是将其作为一类专门研究。

明万历七年（1579年），意大利传教士罗明坚进入澳门，后至肇庆天宁寺传教，但不久被驱回澳门。万历十年，意大利传教士利玛窦进入中国，他见传教非常困难，中国人只信孔子，根本不相信什么外来的主。为了解中国人及其信仰，利玛窦转而研究儒家思想，"遂僦馆延师，读儒书，未一二年，四子五经皆通大义"[④]。为便于接近中国官员和士大夫，在瞿太素建议下，利玛窦穿儒服，

---

① ［明］郑善夫:《石龙书院记》，建《少谷集》卷一〇。

② ［南宋］魏了翁:《靖州鹤山书院记》，见《鹤山集》卷四七。

③ ［南宋］魏了翁:《书鹤山书院始末》，见《鹤山集》卷四一。

④ ［清］张尔岐:《蒿庵闲话》。

戴儒冠，自称儒者。利玛窦在华28年，结交了徐光启、李之藻等中国官僚学者，最后客死中国。他用儒家思想附会论证天主教义，天主就是儒家经典中的上帝，撰写《天学实义》向中国人介绍天主教，同时将《四书》翻译成拉丁文，并撰写《基督教传入中国史》，向欧洲人介绍中国和孔子思想。

早期来华传教士与利玛窦一样，他们热衷于接近朝廷，接近皇帝，力图借助朝廷力量推动传教。由于传教士大都主张将天主教义和儒家思想相调和，一手拿圣经，一手拿儒经，向中国人传播天主教义，向西方翻译儒家经典，介绍孔子思想、中国文化和历史，他们在传教方面远远赶不上向西方介绍中国文化的成就。《基督教传入中国史》传入欧洲，先后被译成意大利文、拉丁文、法文、德文、西班牙文出版，在欧洲社会和思想界引起强烈反响，西方学者认为它对"欧洲文学、科学、哲学、宗教及生活方面的影响或许要超过17世纪其他任何的史学著作"。

早期传教士热衷建造讲堂传教，但遭到中国禁止。传教士发现了书院的作用，正如狄考文所说："为了培养高效可靠的牧师，为了造就基督教学校的教员，并通过他们向中国引进西方文明中自然科学和人文科学的人才，作为接近中国上等阶层的最后途径，使本地教会自力更生，坚定其抗御内部迷信习惯的侵蚀和外部有教养阶层怀疑宗教论者攻击书院的信念，应重视教育工作。"[①] 在中国不能建造，他们就先从华人聚集的境外开始。1818年，在马六甲创建英华书院，编印发行《中英杂志》，1823年创建新加坡书院，1839年在印度尼西亚巴达维亚创设中国书院，招收华人子弟入院学习，意图通过华人将基督教传入中国。道光二十年（1840年）的鸦片战争，西方坚船利炮打开中国大门，传教士趁机进入中国。他们先在港澳立足，徐图向内地发展。道光二十二年，马礼逊基金会在香港建造马礼逊书院，次年马六甲的英华书院迁至香港，同年英国

---

① ［美］费丹尼：《狄考文：一位在中国山东四十五年的传教士》，郭大松、崔华杰译，中国文史出版社2009年版，第128—132页。

圣公会在香港建造圣保罗书院，咸丰元年（1851年）德国信义会教士郭士立设立巴陵书院。咸丰十年英国圣公会在澳门设立拔萃女书院，意大利嘉诺撒仁爱修会也建造嘉诺撒圣心书院，同治八年（1869年）还建造圣芳济书院。

道光三十年（1850年）教会书院开始进入内地。在厦门，英国教会建造英华书院，开展中小学教育。在广州，咸丰元年（1851年），美国北长老会女教士夏礼迁来澳门女塾，改称真光书院，专招女童学习。咸丰二年，美国传教士何柏林设立英华书院。在福州，咸丰二年出现了保罗福音书院，咸丰三年美国教士卢公明在福州设立潞河书院，美国公理会设立格致书院。

第二次鸦片战争后，清政府被迫签订《天津条约》和《北京条约》，条约规定外国人可以自由传教，教会书院迅速发展起来，从沿海城市厦门、广州、福州向更深内地发展。同治三年（1864年）英国偕我公会在宁波建造华英费迪书院，美国长老会狄考文在山东登州建造登州文会馆；同治六年美国长老会在杭州建造育英书院，英国公理会娄建德在通州建造潞河书院；同治九年至十一年美国美以美会在北京相继建造瞽目书院、汇文书院和慕贞书院；同治十年美国监理会在苏州建造存养书院，美国圣公会在武昌建造文华书院；光绪四年（1878年）在福建莆田出现培元书院；光绪七年美国美以美会在九江建造同文

通州潞河书院

书院；光绪八年加拿大海外宣教会在台湾淡水建造理学堂大书院；光绪九年美国长老会狄乐播在山东潍县建造文美书院；光绪十四年美国美以美会傅罗在南京建造汇文书院；光绪二十年美国浸礼会库寿龄在山东青州建造广德书院；光绪二十二年英国循道会在汉口建造训女书院；光绪二十四年德国路德会昆祚在青岛建造德华书院；光绪二十六年法国天主教罗思思在南宁建造辣丁书院；光绪二十八年英国伦敦会在天津建造新学书院；光绪二十九年美国复初会海维礼在湖南岳州建造湖滨书院。到光绪末年，浙江嘉兴、沈阳、开封、重庆、湖南益阳也都出现教会书院，此时教会书院已达96所，分布在今18个省、市、自治区和特别行政区的30座城市。

教会认为，科学“是上帝特别赋予教会去打开‘异教邪说’大门的工具和争取人们信仰福音的手段”[①]，因此书院在传授宗教知识外多进行现代教育，传授科学知识，进行初级教育、中级教育或高级教育。山东登州文会馆大学部开设四书五经、策论经义、中国史记、诗赋、万国通览、福音合参、天道溯源、省身指掌、救世之妙、是非学、心灵学、富国策、圆锥曲线、微积分、天文学、代数学、地理学、地理志、地石山学、测量学、化学、乐法、体操等，购置有锅炉、蒸汽机、柴油机、电动机、发电机、铣床、磨光机、螺丝机、烧焊用具、电镀设备、化学药品、瓦斯灯、显微镜、望远镜、各种电池等机械和试验设备，编印《代数备旨》、《行学备旨》（几何学）、《理化试验》、《电学全书》、《电气镀金》、《测绘全书》、《微积习题》、《振兴实学记》、《乐法启蒙》等教材，设置物理实验室、化学实验室、机械厂、发电厂、天文台等，学生还进行六韵诗、时文、赋等举业写作训练。中等教育的福州鹤龄英华书院课程设有中英文圣经、中西文史知识、数学、代数学、几何学、身体学、格物学、电学、身体学等课程。有的教会书院还设有

① ［美］狄考文：《基督教会与教育的关系（1877年）》，见陈学恂《中国近代教育史教学参考资料》（下册），人民教育出版社1987年版，第10页。

医学和医院。大多教会书院重视中国文化传授，有的书院设置儒家经学，鼓励、培养学生参加科举考试。

中国书院改学堂时期，教会书院也随之进行改造。广州格致书院光绪二十九年（1904年）改称岭南学堂，1926年改称岭南大学。上海圣约翰书院、培雅书院和度恩书院合并为圣约翰大学；南京基督书院与益智书院光绪三十二年合并为宏育书院，宣统二年又与会文书院联合改建为金陵大学。登州文会馆光绪三十年迁往潍县与英国浸礼会创办的广德书院中的大学班合并，更名为广文学堂，次年与青州郭罗培真书院和济南共和医道联合改称山东新教大学，宣统元年（1909年）改称山东基督教大学，1931年改称齐鲁大学。

登州文会馆

教会书院促进了中国现代教育发展。登州文会馆同治三年（1864年）初创时名蒙养堂，招收6名贫寒子弟，免收学杂费，无偿提供学生食宿、服装、笔墨甚至回家路费；光绪三年（1877年）初改称登州文会馆，并添设高等科，“分置正、备两斋。正斋视高等学堂之程度，即隐括中学于内；备斋视高等小学堂之程度，而隐括蒙学于内”[①]，光绪七年开设大学预科，八年经纽约长老会总部

① 王文德、刘玉峰编：《文会馆志》。

批准为大学，英文名称为登州学院。

光绪二十七年（1901年），山东巡抚袁世凯创办全国第一所省城大学山东大学堂，邀请馆主狄考文和赫士帮助设计规划，赫士带领登州文会馆教习和毕业生，沿用文会馆方法、条规，采用文会馆课本、教材，根据文会馆办学经费、教学仪器设备和各项经费开支编制了预算，很快创办了山东大学堂，赫士被聘请为总教习。制定的《山东大学堂章程》分学堂办法、学堂条规、学堂课程和学堂经费4章96节，具有很强的操作性。光绪二十八年朝廷颁行各省参酌办理，成为各省创办大学堂模式，清廷也授命赫士帮助制定全国办学规划和各种规章制度。而文会馆毕业生纷纷被聘请到各地学堂任教。丁韪良于光绪二十四年被聘为京师同文馆总教习，刘永锡等8人分任数学、物理、化学等教习，1900年以前有3人任教于上海圣约翰大学，1902年京师大学堂整顿后，在校6名西学教习中仍有4名为文会馆毕业生。山西大学堂聘请李天相等6人，云南大学堂聘请朱学儒等6人为教习，由于师资缺乏，连文会馆肄业生也被聘走。

第八节 正音书院

正音书院是以推行普及官话（普通话）为目标设置的书院，始于清雍正六年（1728年）。世宗在召见大小臣工时发现广东、福建两省籍官员使用方言“不可通晓”，“凡官员有莅民之责，其语言必使人共晓，然后可以通达民情，熟悉地方事宜，而办理无误。……朕每引见大小臣工，凡陈奏履历之时，惟有福建、广东两省之人仍系乡音，其敷奏对扬尚有不可通晓之话，则赴任他省，又安能宣读训谕、审断词讼皆历历清楚，使小民共知而共解乎？官民上下语言不通，必使吏胥从中代为传述，于是添饰假借，百弊丛生，而事理之贻误者多矣。且此两省之人其语言既皆不可通晓，不但伊等历任他省不能深悉下民之情，即伊等身为编氓亦必不能明白官长之意，是上下之情扞格不通，其为不便实甚”。于是下达正音上谕，令广东、福建推广官话，“广东福建人多不谙官话，着地方官训导。……应令该督抚、学政，于凡系乡音读书之处，谕令有力之家，先于附近延请官话读书之师教其子弟，转向授受，以八年为限。八年之外，如生员贡监不能官话者暂停其乡试，学政不准取送科举；举人不能官话者暂停其会试，布政使不准起文送部；童生不能官话者，府州县不准取送学政考试；俟学习通晓官话之时再准其应试。通行乡音之省一体遵行”。在皇帝严令下，福建省于雍正七年就设置正音书院110所，基本每县1所，个别2所，而广东省采用普设社学方式，南海县设立112所，番禺设立47所，全省可能设置了超过2000所推广官话的社学。

世宗普及官话的初衷是好的，但实际效果不彰，不得已将时间推迟4年，雍正十二年（1734年）又令选派浙江、江西等地通晓官话的举贡充任“额外正音教职”，专教官话。到乾隆二年（1737年）时“通晓官话者寥寥无几”，“外省人员处一传众咻之地，实难成功，应将两省咨送教职撤回”，将普及官话责任推给地方官员和教官，“查州县为亲民之官，而教官有董率士子之责，应行令该督抚、学政，转饬各州县，凡校士课农与士民相见之时常以官话相劝示，而教官于月课生童时逐一实心教导，务其通晓官话，不使狃于积习。其有能厘正一州一邑者，该督抚调有保荐之时一并叙入政绩，其漫不经心者记过示惩”。朝廷考虑到急切难以成功，只好放宽期限，“但不必勒定年限，以俟从容之化”[①]，乾隆十年不得不裁汰正音书院，轰轰烈烈的普及官话活动基本结束，正音书院大多改作他用。

---

① ［清］素尔讷等撰：《钦定学政全书》卷五九。

第九节　礼乐生培训书院

礼乐生培训书院是专门培养孔子庙祭祀礼生、乐生、舞生、歌生的书院，仅见于台湾台南。为培养文庙祭祀礼乐生，道光十五年（1835年），台南文庙设置乐局于文庙东侧，光绪十七年（1891年）命名以成书院，至今尚存，有老少院生百余人。

以成书院

第十节　官廨书院

以书院命名的官廨非常少见，已知有松江通判官廨棠溪书院。明正统初，吏部主事黄平出任松江通判，以原清军官署作为办公场所，创建厅堂斋舍，命名为棠溪书院。其后接任者于钦于院内栽植梧桐，宁祥、傅恺增建外门与牌匾。成化十年（1474年），于准来任同知，重加修葺，作为同知官廨。前面治事厅为处理公务场所，后面燕寝堂既保存档案又是个人书斋，诸轩又可与同官士友讨论道义。“前为治事厅，后为燕寝堂，左右两庑，外设门墙，先生于厅之楣揭其师聘君康斋吴先生‘黄堂勤政’四大字，又以‘恺悌君子，民之父母’八字置之北壁，书《太极图解》于北壁之东，《西铭解》于北壁之西，寝堂中仍揭康斋‘勤谨和缓’四大字于楣，书‘平易近民’、‘视民如伤’于堂之南北壁，堂之东西壁尽书，古今嘉言善行有关于政教者以自勉励。于寝堂两荣分为四室：东北曰清军局，军册藏焉；西北曰清匠局，匠册藏焉；东南曰琴室，中设圣贤像，古琴一张、蓍策一椟置于左右；西南曰雪窗，中置一榻，旁积古今书籍，揭‘惩忿窒欲，改过迁善’八字以自警。堂之前虚轩幽敞，扁曰‘太古轩’，轩之北书‘吏隐’二字，琴室之前扁‘翠竹轩’，轩左之池名鱼跃池，池之傍有钓鱼矶，池之内有莲，因书茂叔《爱莲说》。雪窗之前扁‘碧梧轩’，轩之西南作棠溪桥，杂植花卉蔬果竹木数十余种。先生每日升公堂，与郡侯王公及诸同寅商确政事，毕即造书院清理公事，既暇则深衣幅巾，退坐寝堂，读书鸣琴，遍观格言以自省，又其暇或赏花，或看竹，或观鱼，或垂钓，绿阴满窗，清香透户，草色连阶，同官士友有来书院者则相与讲论道义，游观景物，情思洒然而不知倦也。”[①] 于准为吴与弼弟子，看来从政不改书生本色，将官廨建设得如此富有文化气息。

第十一节　公事书院

公事书院是设于官衙内的一类书院，此类书院虽然早在唐代就有设立，如唐诗中郭中丞书院和许浑书院，是官员诗酒会文场所，未见有关处理公务记载。而到南宋，官衙书院处理公务记载较多，就已经不属于个人书斋，所以将

① ［明］胡居仁：《棠溪书院记》，见《胡文敬集》卷二。

其列为公事书院。

绍兴八年（1138年），赵鼎贬官绍兴知府，府衙也有书院，故人之子、原属官不议"衩衣直入书院"求见寻药，尚难以辨认是否为公事书院。从朱熹参劾唐仲友文章看，台州州衙内有书院、西书院和里书院。书院存放赠送官员礼品书籍，发放新衫给弟伎散乐，接受属下送来折酒钱；西书院存放贪污赃物，外人可以出入，应该属于公事所用；里书院匿人刻制雕版制作假钞，应该是个人私密空间，属于个人书斋。

清代时，官衙比较流行设置书院。如山西按察使司大堂"西为书院，中悬圣祖仁皇帝御书'冰鉴'二字匾额，赐前按察使、升陕西巡抚巴锡，川堂悬御书'福'字圆匾，赐前按察使、升通政司右通政宋筠"[1]；康熙元年（1622年），江山知县万里侯于县衙内设书院，颜曰明远堂；壶关县衙"康熙二十县知县章经增建书院及花厅"；这种官衙书院一般位于中轴线一侧，官员处理公务与公私接待，也属于公事书院。

公事书院中还有一类属于官方接待所用。嘉定六年（1213年），刘学箕出游至安康，地方官安排所住汉东书院位于官衙之内，"馆于汉东书院，屋宇靓深，梅竹茂密，前通州治之东厅，接以过廊，后有堂，甚闳壮，榜以'平心'，左史刘公某所书也。堂侧即书院所，环列明窗，爽洁特甚，后架廊以接厨廥，前创亭以趋东厅后庑，周回缭曲，不类官廨，若东西王侯第宅，而又不与有治相混杂"[2]，虽然书院不与官衙相混杂，但能直通官衙东厅就说明书院位于官衙之内。

① ［清］雍正《山西通志》卷三七。

② ［南宋］刘学箕：《寓室记》，见《方是闲居士小稿》卷上。

第十二节　公馆书院

公馆书院是供接待官员使用，一种是专门建造的以书院命名的公馆，一种是以原书院改作公馆使用，还有一种是临时安置官员。

以书院为名专建公馆已知有福建延平府道南书院。明弘治五年（1492年），延平府为上级官员建造驻节公馆，就以道南书院为名，“今吾侪新构公宇，以为朝命重臣驻节之所，甫尔告成，而未有名称，盍揭道南二字以为书院之榜，以示八闽士民与夫四方宦游士大夫，凡使节往来及以事经行者，俾知兹郡为道学重兴渊源所自之地”，而且书院建筑也是按照前堂后寝的官廨制度建造的，“书院在府治之东，广丈十有一，长十有七，前为三门，后为厅事，中为堂，最后为燕息之所，前后各六楹，并翼以两厢，通环以周垣”[①]。

书院改作公馆主要是在清雍正时。杭州虎林书院是明代将巡抚旧院改建的，颇有规模，“前为大门，署曰虎林书院，中建明贤堂，左右为门，中为凝道堂，堂后为友仁堂，左右各建三馆，以待诸生肄业及四方来学者，最后有藏书楼”。清康熙三十二年（1693年）于万松岭建造敷文书院后改作宣讲圣谕之用。雍正八年（1730年）改称皇华馆，“独念国家宾兴大典，三岁一举，秉尺衡文之使来兹土者向无一定馆舍，临时辄借民房以停行李，又奉颁诏旨，或有经由差审事件，其星轺暂驻之地亦当为之，重体统，肃关防，而民居湫隘，喧阗杂沓，非所以尊王人而慎事机，计当专设一馆”，书院改成接待官员公馆[②]。明正德十三年（1518年）建造的河北广平府漳川书院，清代也被改作皇华馆。

书院改作公馆使用的比较多，早在明初就已出现。苏州鹤山书院在明初例

① ［明］邱濬：《道南书院记》，见《重编琼台藁》卷一六。
② ［清］李卫：《改旧府为皇华馆记》，见《浙江通志》卷三〇。

罢生徒后，成为往来官员公馆，“永乐以来，凡遣大臣行视水利，巡抚地方，皆居院以治事……宣德、正统间，巡抚、尚书周文襄公往来居之最久”①。始建于清康熙二十年（1681年）的安徽池州池阳书院，原来“征郡学及六邑诸生，升其孝秀英敏者读书其中”，“置田七百余亩，以为供膳，讲诵极盛”，是一所很出色的中级举业书院，但到雍正时却成为公馆，“今为宪使往来驻节之地矣”②。康熙四十年创建的山西平遥西河书院“规模弘敞，讲堂学舍皆备”，“买田二百九十余亩为书院费”，“其后浸废弛，书院、义学皆改为公馆”，道光间只好选址另建；嘉庆间，位于州衙之后的蓟州渔阳书院“在官者往往以为宅，并往来驿使时息其中，未免以讲堂为邮亭矣”③；始建于嘉庆二年的山东昌乐营陵书院，光绪中“无典籍馈寒畯，无良田饩生徒，考课遂因之作辍不时，独科岁试令于此扃试生童，而供张长官境，每假以为馆，书院存其名耳”④；书院实际上变成公馆。

书院安顿贬谪官员在南宋就已出现，绍兴十九年（1149年），郑刚中因忤秦桧被安置封州，寄住在浦江书院。明代时，户部尚书王杲被贬斥雷州，寄住在高要崧台书院，最后客死于此。

第十三节 交际书院

书院改作交际场所早在南宋就已出现，有的书院就成为官员宴饮场地。南宋程公许有《陪宪节饭石堂书院，渡江游双泉墅，即席和韵》诗和《雨晴后同兄、侄游开元寺一览亭，饮道传书院》诗，石堂书院宴请上司，道传书院宴请

① ［明］彭韶：《来鹤楼合祠碑铭》，见《彭惠安集》卷五。

② ［清］雍正《江南通志》卷九〇。

③ ［清］赵锡蒲：《新建洗心书院记》，转引自陈谷嘉、邓洪波《中国书院史资料》，第934页。

④ ［清］程丰厚：《捐增营陵书院经费记》，转引自陈谷嘉、邓洪波《中国书院史资料》，第967页。

家人，书院成为官员交际宴饮场所。明末时这种现象更多，明隆庆四年（1570年）王世贞任山西按察使，曾赴郡守书院宴会，“余在山东日，待郡守礼颇简，留饭一次，彼必侧坐，虽迁官谒辞送之阶下而已，遣官人投一刺亦不答，盖其时皆然。其后复起，累迁山西按察使，一日清军、提学二道偶约余同宴，二郡守升官者置酒于书院，余甚难之，第令列名与分而辞不往，乃闻具糖席，张嬉乐，具宾主，纵饮夜分而罢，颇以为怪，后问之余弟，乃知近日处处皆然，不以为异也”[①]。嘉靖三十五年王世贞任山东按察副使时，官员之间交际很少，15年后到山西任官，两位郡守升官均在书院宴客，宴席丰盛，歌舞奏乐，纵饮至半夜，可见官场腐败到何等程度！

第十四节　公所书院

以书院命名公所不多，已知有广州文澜书院。广州西关地势低洼，每至雨季河道淤塞，几成泽国。嘉庆十五年（1810年），乡绅何太清配合官府进行一次疏浚。事后，众商家商议，认为清淤必须有专人负责，并需要专款。十三行中的潘、卢、伍、叶等商行捐献出下九甫绣衣坊十余间瓦房，与何太清等人联合设立清濠公所，后又集资添建大屋12间，作为士绅名流和科举士子议事雅集处所，取名文澜书院。冬日枯水季节主持清濠，其他季节以文会友。岁末节庆或金榜题名时各举行小型叙会，春秋各举行一次大型叙会，赋诗作文，请翰林、进士主持评选，获奖者于附近酒家举行宴会“大食会”，又称“壶碟会”。文澜书院名为书院，并不进行教育活动，只是十三行关于清理河道的议事公所，但也进行诗文会友和捐资助学等文化活动，促进当地文化兴盛。兴办后五十年间，附近就有梁耀枢、谭宗浚、李文田高中状元、榜眼、探花。

---

① ［明］王世贞：《觚不觚录》。

第十五节 道家书院

道家书院非常少见，是爱好道教的士大夫建造的一类书院。

道家炼丹书院见于南宋。范成大《何同年书院》诗序说“有丹灶甚雅”，诗说“竹色侵晚帙，泉声漱嵌根。试通丹灶路，应到老人村”[①]。书院主人与范成大同年，应该是绍兴二十四年（1154年）同科登第，书院建造应该在登第之后，这是一所爱好炼丹的士大夫所建书院。

浙江余杭苕溪集虚书院为孟集虚于宋末元初建造。孟集虚系“儒者而寄迹道家者流，为诗文咸有法度，炼元养素九锁山中，斋居者三年，既乃为世故役弗遂其志，戚戚然恶之，所蓄书数千卷将室成而藏焉，且与方外奇士游，居讲习于此”[②]。孟集虚由儒入道，建造书院并将其作为与方外人士讲习处所。

第十六节 佛寺书院

儒家学者多不排斥佛教，许多学者也与僧人常有联系，唐代时许多学子借住寺庙备考，宋代以来许多学者借用寺庙讲学。北宋时浙江鄞人王说、王致、楼郁、杨适、杜醇即借用妙音院立孔子像，讲贯经史。淳熙二年（1175年），吕祖谦为调和朱熹理学与陆九渊心学矛盾借用鹅湖寺进行学术辩论。明代时，王守仁“与门人冀元亨、蒋信、唐愈贤等讲学于龙兴寺，使静坐密室，悟见心体”。吕柟“与诸同志讲学宝邛寺”，冯从吾讲学宝庆古刹数年，万历二十七年

① ［南宋］范成大：《石湖集》卷一八。

② ［南宋］邓牧：《集虚书院记》，见《伯牙琴》。

（1609年）十月初一，“右丞汪公、宪长李公、宪副陈公、学宪段公联镳会讲，同志几千余人，相与讲心性之旨，甚具欢然”，临行诸公认为“寺中之会，第可暂借而难垂久远”，于是动议建造关中书院，书院落成后才不在寺庙讲学。

受儒家士大夫影响，有的佛寺也建书院。著名的岳麓书院最早就是由僧人智璿等二人创建，割地建屋，市书京师，用心良苦。南宋咸淳末，南昌莲华宝胜寺僧人普绕建造披云堂，元初，僧人至宝建莲溪书院，“入国朝，僧至宝作室四楹竹间，榜曰‘莲溪书院’”①。明代中期，张友兰于超果寺讲学，去世后其孙张俊即讲堂旧址建友兰书院，奉祀张友兰，教育乡间子弟和寺庙僧人，“延师其中以教乡人子弟及寺之僧”②。

第十七节　出版书院

出版书院是指专门刊印图书的书院，此类书院始见于元代。

大德六年（1302年），泉州佐官张绍先致仕定居福建建阳，构建书坊同文书院刊印四书、六经以及十七史诸书，“侯又于居之西偏辟室逾百楹，命曰同文书院，延置四方贤士大夫，所事所交，隆礼谦下不少懈。又以《六经》、《四子》与夫《十七史》等书，幸赖伊洛、考亭诸大儒参互讨论，统纪已一，当吾世不亟刊定，何以质往圣不谬，百世以俟，来哲不惑”③。六经、四书均采用理学家注释，适应当时科举考试已由汉唐注疏转向理学家注解的社会需要。

---

① ［元］危素：《莲花宝胜寺记》，见《说学斋稿》卷一。

② ［明］顾清：《题超果寺重起西廊疏》，见《东江家藏集》卷二三。

③ ［元］熊禾：《闲乐堂记》，见《勿轩集》卷三。

第十八节　书院性质变化

书院性质只能大致划分，而且书院性质并非一成不变，有的在不断变化。

有的教育书院变成奉祀书院。

福建尤溪南溪书院南宋时从事教育，明弘治十二年（1499年）重建后就失去教育功能，成为奉祀书院，“为堂五间于左以祀文公，堂之前东西为两廊，又前为拜亭，临于旧方塘之上，塘之中布石为桥而覆之以亭，又为堂三间于右，以祀韦斋，东西亦为两廊，其前则横亘以垣，而门于其中，又合二祠而缭以周垣，总为门三间，仍揭宋敕赐南溪书院之额于其上焉”[①]，书院左堂奉祀朱熹，右堂奉祀朱松，丝毫未见讲学设施，毫无疑问，已经变成纯粹的祠堂。同样的还有常州道南书院，明正德十四年（1519年）初建时除奉祀外，还有讲学活动，“延给事毛宪讲学其中，士子云集”[②]；嘉靖四年（1525年）重建后就没有讲学功能，“前为门，为仪门，各四楹，中为堂六楹，后寝如之，左右两庑各四，其门之数，最后为楼六楹，其下可以藏修焉，其上可以登眺焉，扁曰望闽，以无绝其委，其东有池，为亭以临之，可以游息焉，扁曰思洛，以无忘其源，缭以周垣，爽垲宽廓，崇伟靓深”，“中祠公，二周既仍侑坐，今又益以道乡而下七公”，中堂六楹就是祠堂，碑文还说“岁春秋二举，取诸田租以供，田二百亩，租若干石，祭之余以充修理之用，不别科率”[③]，土地收入仅供祭祀和维修，全无教学之用，已经变为纯粹祭祀的书院。

有的家塾变成族塾。

江西安福石岗书院为南宋宝祐间萧仪凤（庆元四年，1198年进士）始创，

① ［明］黄仲昭：《重建南溪书院记》，见《未轩文集》卷三。

② ［清］乾隆《江南通志·学校志·书院》。

③ ［明］邵宝：《道南书院记》，见《容春堂续集》卷一一。

原为家塾，“宋末毁于兵，仪凤从孙徙梅溪复创之，元季又毁，梅溪之孙三溪复创之，明永乐中名士共为诗，梁潜作序，杨士奇记之”[①]。萧安恒（即三溪）重建改称南熏书院，梁潜序说“今南熏之建，萧氏特以教其一家子弟耳，而有古人党塾之遗意”。书院延续200多年，子孙繁衍增多，由家塾改成族塾。

有的学术书院变成举业书院。

南宋时张栻和朱熹弟子先后主讲岳麓书院，朱熹、张栻会讲，“学徒千余，舆马之众至饮池水立竭，一时有潇湘洙泗之目焉”，岳麓书院成为理学重镇，何等辉煌！明嘉靖中岳麓书院沦为举业书院，“明年中式者十余人，又足征数君子之功也”，也许是受此影响，嘉靖“二十年，同知莆田林华集孝廉、诸生肄业”，“招孝廉及三庠诸生卒业”[②]，岳麓书院已经是中高级举业书院。

白鹿洞书院在朱熹重建后也成为理学重镇，与岳麓书院可以并称为书院双璧。朱熹自任洞主，李燔、黄榦、陈宓、陈说、陆九渊也来讲学，而朱熹制定的《白鹿洞揭示》成为中国、朝鲜、日本三国书院乃至官学的圭臬，但到明代也沦为官学附庸，成为科举补习学校，甚至发生牌坊更名的闹剧。嘉靖三十一年（1552年），巡按曹忭在白鹿洞书院添建牌坊二座，一座在明伦堂前，次年题额“山水辉光”，一座在书院前里许，题额“前修逸迹”。当时人们就认为“此书院育才登庸之地，逸迹非所宜名”，于是就没有使用。书院学生本来在科举中势头很盛，但自刻额“山水辉光”后连续四科无人中举，人们怀疑坊额不吉利，“在洞藏修诸生咸承宗师抡选茂异之质，汇送作养，历稽秋闱夺魁江右。近自乙卯四科不捷，佥谓明伦一堂关系诸生尤切，‘山水辉光’四言虽摘晦翁诗句，载考翁与尤延之杂咏，曰‘弦歌独不嗣，山水无辉光’，夫去‘无’字以名额亦似可观。若因诗辞以逆意极为不美，十余年来科目凋落，在诸生自责。虽云学力欠纯，而或人私议，常疑诗谶之有害”，于是建议更换坊额，“改

---

① ［清］雍正《江西通志》卷二一。

② ［清］康熙《岳麓志·书院沿革》。

‘山水辉光’曰‘道学渊源’，改‘前修逸迹’曰‘高山仰止’”。一个坊额，竟然致使书院四科都无人考中举人，官员也不敢不认真对待，万历六年（1578年）朝廷将“山水辉光”改成“高山仰止”，“前修逸迹”改成“圣域贤关”，改名后科举是否兴盛，就不得而知了。

唐代取名书院，主要是修书馆、学校和书斋，南宋以来，书院几乎成为混元袋，什么设施都向里装，致使书院性质越来越复杂，远远超出学者对其定义范围。本书大致进行以上分类，以期方便于研究。

教育书院、学术书院、举业书院、学术学业兼具书院、正音书院、教会书院、佛寺书院、培养文庙礼乐生的书院开展教学活动，属于名副其实的书院；奉祀书院、书斋书院、官廨书院、公事书院、公馆书院、出版书院、交际书院、公所书院、道家书院等9类都没有进行教学活动，是名不副实的书院；而一些以堂、塾命名的教学机构是无名有实的书院。

第三章　中国书院教学

中国教育历史源远流长，西周时期就产生“学在官府”比较完备的官学教育系统，自孔子“有教无类”招生办学后又确立私学教育形式，这两者在中国教育史上一直长时间并行发展，而在后者基础上又形成一种独特的教育组织形式——书院。书院汲取官学和私学优点，兼顾官学和私学不同的教育内容和教学形式，其丰富的教育内容和科学的教学形式推动了古代教育的创新性发展，对古代社会传播基础文化、提升民众文化水平、培养优秀人才起到了积极的促进作用。

第一节　教学内容

书院虽然属于私学，但在强大的科举取士制度影响下，绝大部分书院不得不受官学影响，特别是教学内容的影响。虽然如此，书院既然是私学，就不像官学那样受到严格限制，在教学内容设置上有一定自主性，兼顾官学和私学不同的教学内容，成为包含初等教育、中等教育、高等教育、专科教育等多层次综合性的教育教学体系。事物的发展有一个过程，一切事物只有经过一定过程才能实现自身的发展，书院也是如此，书院教学功能逐渐加强，并且在发展过程中由于受到历代独特的学术文化影响，书院教学内容也表现出不同特点。

一、唐代书院教学内容

科举制起源于隋朝，到唐代时已经十分成熟，它将国家对人才选拔扩展到平民阶层，因此吸引到大量平民参与。从“稍有学成应举者，除现置书籍外，须令添置”就可看出陈氏书堂对科举考试和应试教育的重视，既对学子用心培养，还给与物质奖励。因此陈氏书堂应试教育获得很大成功，不但为本族培养出众多登科入仕的优秀人才，还扩大了书堂影响力，“宦成名立”后更吸引四方学子前来求学。

启蒙教育是针对初学者的基础教育，是所有文化教育的基础。陈氏家族注意到启蒙教育的重要性和必要性，特别设立一所书屋进行启蒙教育。它的启蒙教育一为提升家族文化水平，二为充实家族应举人员队伍，提高中举概率，“子年七岁令入学，至十五岁出学，有能者令入东佳”[①]。族中儿童7岁入学接受启蒙教育，普通水平者学到15岁就结束课程毕业，而有才能者就转入东佳书院继续接受应试教育。

唐代进行教学活动的书院不多，教学内容未见记载，但书院教育目标主要还是参加科举考试以博取功名出仕为宦，那么就可以从官学教学内容和科举考试内容来推测。

唐代官学以《论语》《孝经》为必修课，开元中又增加《老子》，《论语》《孝经》学习时间共1年。经学以《周易》《尚书》《周礼》《礼记》《仪礼》《毛诗》《春秋左氏传》《穀梁传》《公羊传》九经为选修课。其中《礼记》《左传》为大经，学习时间各3年；《毛诗》《周礼》《仪礼》为中经，学习时间《新唐书》作各2年，《唐六典》作各2.5年；《周易》《尚书》《公羊传》《穀梁传》为小经，《新唐书》作《周易》2年，其余各1.5年，《唐六典》作《周易》2.5年，其余各1年。学生可以通5经、3经或2经，通2经即可出仕，通2经可以是大

---

① 陈谷嘉、邓洪波：《中国书院史资料》，第23页。

经、小经各1部，也可以是2部中经。学习以五经为主，五经通用教材为孔颖达主编的《五经正义》，包括《周易》《尚书》《毛诗》《礼记》和《左传》，开元至太和中改为《礼记》《仪礼》《周礼》《毛诗》和《左传》，太和七年（833年）又恢复孔颖达五经。此外选修课还有《史记》《汉书》《后汉书》《三国志》《国语》《说文》《字林》《三苍》和《尔雅》。

唐代不仅规定学习内容，还规定五经注疏版本，“诸教授正业，《周易》郑玄、王弼注，《尚书》孔安国、郑玄注，‘三礼’、《毛诗》郑玄注，《左传》服虔、杜预注，《公羊》何休注，《穀梁》范宁注，《论语》郑玄、何晏注，《孝经》、《老子》并开元御注。旧令《孝经》孔安国、郑玄注，《老子》河上公注”[①]。

科举取士以秀才、明经、俊士、进士、明法、明书、明算、一史、三史、开元礼、道举、童子科12科为常科，但秀才科时间很短，高宗永徽中就废止不举，明法、明书、明算、一史、三史、开元礼、道举取士不多，童子科选拔超常儿童，参与者不多，主要科目为进士和明经。进士科考试内容多有变化，到书院产生时期基本定型，有帖一大经，杂文试诗赋和试对策，侧重诗赋，最被士人看重，“搢绅虽位极人臣，不由进士终不为美”，但取士太少，一科及第者最少1人，最多79人，唐代开科266次，3次未取，263次取中6642人，每科平均24人，考中最难，因此有“五十少进士”之说。明经科考试三场，“先帖文，然后口试，经问大义十条，答时务策三道”。帖经即填空，将经文中间空缺三字补填，每经10题，《孝经》2题，《论语》8题，主要测试经文熟悉程度；口试测试对经文的理解，每经问大义10条；策问考察解决社会问题的能力，三道题。每科取士约百人，考中比进士容易得多，因此有“三十老明经”之说。此外还有学究一经（九经任选其一）、二经、三经、五经及三礼（《周礼》《仪礼》《礼记》）、三传（《左传》《公羊传》《穀梁传》）、史科（一史、三史，从《国语》《史记》《汉书》《后汉书》《三国志》中选）等科目，考试取中都可授官。科举取

① 《唐六典》卷二一。

士内容主要来自九经和《论语》《孝经》，书院教学不可能不以此为教科书。

陈氏书堂“自龙纪以降，崇之子蜕、从子渤、族子乘登进士第。近有蔚文尤出焉，曰逊，曰范，皆随计矣。四方游学者，自是宦成而名立盖有之”，自龙纪（889年）至开宝二年（969年）百年间有陈蜕、陈渤、陈乘三人考中进士，陈逊、陈范被举荐参加进士考试，外来学习者“宦成而名立”也应该科举有成，如果没有学习科举经书，真难以想象取得如此成绩。

二、北宋书院教学内容

北宋官学教育开展得比较晚，但科举考试却恢复得很早，建国第二年就正式恢复科举考试，规定了考试形式和考试内容，兴办官学后国家又规定了学习内容，北宋私立书院大多以科举为目的，官立书院大多直接转为官学或划归官学，这就决定大多书院教学内容不得不受科举考试和官学教育内容的制约。

北宋科举分作常科和制科。常科定期举行，包括进士、明经（九经、五经、通礼、三史、三礼、三传、学究、明法、说书）和武科。制科又称特科、制举、大科，不定期举行，内容、方式也不固定。武科又名武选、武举，主要选拔军事人才。常科最重要，进士最被看重，其次为明经诸科。

常科考试为解试、省试、殿试三级，解试在州府与国学举行，按照国家分配名额选拔出参加省试人员，省试即礼部试，由礼部主持，选拔出参加殿试人员，殿试一般由皇帝亲临策试，确定进士等级。

常科解试、省试考试内容基本相同，宋初考试内容有写诗1首，赋1篇，论1篇，策5道，帖《论语》10帖（如同填空），笔答经义10条。庆历兴学时废除帖经和墨义，考试三场。第一场回答策问3道，1道为经史，2道为时务；第二场写论1篇，第三场写诗赋各1首。熙宁兴学大变，“进士罢诗赋、帖经、墨义，各占治《诗》《书》《易》《周礼》《礼记》一经，兼以《论语》《孟子》。每试四场：初本经，次兼经，并大义十道，务通义理，不须尽用注疏；次论一首；次时务策三道，礼部五道”。元祐更化侧重经学，分进士为经义兼诗赋进士和经义进士两类。经义兼诗赋进士任选1经，第一场本经义1道，《论语》或《孟子》义1道；第二场赋及律诗1首；第三场论1首；第四场子史时务策2道。经义进士并习两部经书，一部大经一部中经或两部大经。考试第三场、第四场与经义兼诗赋进士相同；第一场本经义2道，《论语》义1道；第二场本经义3道，《孟子》义1道。

官学教学内容基本沿用唐制，但也有变化，必修课改为《论语》和《孟子》，去除《孝经》和《老子》。经取消小经，以《诗》《礼记》《周礼》《左传》为大经，《尚书》《周易》《公羊传》《穀梁传》《仪礼》为中经。科举诗赋进士只选1经，专经进士须选2经，但不能选2部中经，攻《左传》得兼《公羊传》和《穀梁传》，攻《尚书》《周礼》必须兼《仪礼》或《周易》，攻《礼记》《诗经》得兼《尚书》，其实都是3经。注本变化较大，《周易》用王弼、韩康伯注，《尚书》用孔安国注，《诗经》用毛苌、郑玄注，《左传》用杜预注，《公羊传》用何休注，《穀梁传》用范宁注，而且强化注疏作用，科举考试中试卷与注疏不同就被判为不合格。

熙宁八年（1075年）教材发生重大变化，王安石变法，改用《三经新义》，即王安石的《周官新义》、王雱、吕惠卿的《毛诗义》和《尚书义》，官学以此为教材，科举考试以《三经新义》为依据，废除先儒传注。王安石《三经新义》一直遭到党争对手和二程学派反对，靖康元年（1126年）杨时就曾建议废除《三经新义》，结果遭到大学学生反对，“诸生习用王学，闻时之言，群起而诋詈之，时引避不出，斋生始散，诏罢时祭酒”，杨时虽然被罢去国子监祭酒，但也取消了王安石配享孔子庙，降三级为先儒。《宋史》记载，绍兴十二年（1142年），有举子上书乞用王安石《三经新义》，被宋高宗否决：“上曰：‘六经所以经世务者，以其言皆天下之公也，若以私意妄说，岂能经世乎？王安石学虽博，而多穿凿以私意，不可用。’”[①] 由此看来，《三经新义》被废除应

① 《宋史全文》卷二一上。

该与王安石罢去配享是同时的。《三经新义》虽然使用时间不长，但影响还是很大的，特别是蔡京当政时借此为严厉打压政治对手的工具，“自崇宁初，蔡京用事，严护而确守之，其有言新法不便者，目为奸党，有外《新义》《字说》之学者目为邪说，小则削职贬秩，大则走瘴岭、锢海岛，一时耆旧尝与之争者零落既尽”①，虽然有夸大成分，但这种现象应该还是有的。

北宋早期书院教育内容与官学差别不大。太平兴国二年（977年），江州知州周述请求赐给白鹿洞书院国子监九经，太宗应请赐给国子监刊本《九经义疏》，至道二年（996年）又赐给嵩阳书院九经书疏。咸平四年（1001年），潭州知州李允则请求赐书岳麓书院，真宗应请赐给“诸经释文义疏、《史记》、《玉篇》、《唐韵》”。大中祥符三年（1010年）又赐给太室书院九经。《九经义疏》是官学通用教材，由国子监校勘、审定、印刷，颁发给各官学作为通用教材，白鹿洞书院和岳麓书院都是主管者知州请求皇帝颁给经书的，毫无疑问，书院和官学一样都是以经书为主要教育内容。

北宋中期书院教学虽然仍以儒家经典为主要内容，但表现出与初期不同的特点，“出现了不依附科举，讲求纯粹的经义之学或经世实学的倾向”。孙复在泰山书院讲授《春秋》，“尊天子，黜诸侯”，置三传于不顾，全凭己意诠释。石介赋诗说，“先生晨起坐堂上，口讽《大易》《春秋》辞……吁嗟斯文敝已久，天生吾辈同扶持……当以斯文施天下，岂徒玩书心神疲”②。表明他们创立书院的宗旨和目标就是复兴儒学，扶持圣人之道，“以师道明正学”。石介在泰山书院、徂徕书院讲《易经》和《春秋》，“重义理，不由注疏之说”。李觏开设盱江书院，讲礼不拘泥于汉唐诸儒旧说，抒发己见，推理经义。石汝砺在涵晖书院讲《易经》也是专讲义理。学者们打破汉唐经学的桎梏，阐发儒家经典义理，开创了新儒学，推动了理学兴起。

---

① ［南宋］宋若水：《上何右丞书》，见《忠愍集》卷一。

② ［北宋］石介：《徂徕石先生文集》，中华书局1984年版，第19—20页。

随着北宋中后期书院教学职能的深化，书院与宋代理学互助式发展成为一大特色。朱汉民《宋代书院与理学》中说：“宋代学术史上存在一个非常突出的现象，就是书院与理学几乎同步发展。书院是唐五代起发源、北宋初兴、南宋发达，而理学也是唐代出现萌芽、北宋奠基、南宋走向繁荣，而且整个宋代理学的发展过程，几乎都是和书院教育联系在一起的。”① 北宋是理学发展的奠基期，理学家们或主持国学，或讲学书院，或创建书院，为南宋时期书院发展和理学繁荣奠定基础。正如李国钧先生所说：“自周敦颐‘得孔圣不传之道于千五百年之后，有志之士获闻其说，始知诵词章之为末学，科举利禄之坏人心，而郡邑之间设官养士，所习不出乎此。’于是新安之朱、广汉之张、东莱之吕、临川之陆暨夫志同道合之人，‘讲求为己有用之学，则又自立书院。以表异于当时郡邑之学专习科举之业者’。”② 周敦颐理学虽然还是初创，但周敦颐的思想已经影响很多人，包括后期理学大家，程颐、程颢就曾随其读书，在他之后书院教学宗旨亦随之改变，由学习词章、科举之业逐渐转为兼研性理之学。

三、南宋时期书院教学内容

南宋是书院奠基期，书院与理学同步发展是这一时期书院发展的突出特点，于是，理学研究和讲授就成为南宋书院教学的主要内容之一。吕祖谦《丽泽书院乾道五年规约》第一条就约定“凡与此学者，以讲求经旨、明理躬行为本”③，张栻《岳麓书院记》说“盖欲成就人才，以传道而济斯民也”，朱熹《白鹿洞书院揭示跋》则说“熹窃观古昔圣贤所以教人为学之意，莫非使之讲明义理，以修其身，然后推以及人。非徒欲其务记览为词章，以钓声名、取利禄而已也”④，奉新周允成创建书院，“中设讲堂，四斋旁列，扁曰道艺，曰文

① 朱汉民：《书院精神与儒家教育》，华东师范大学出版社2013年版，第77页。

② ［元］吴澄：《熬溪书院记》，见《全元文》卷五〇八。

③ 邓洪波：《中国书院学规集成》，中西书局2011年版，第409页。

④ 邓洪波：《中国书院学规集成》，中西书局2011年版，第637页。

行，曰才德，曰器识。谓艺者必本于道，文者必副以行，才者必将以德，器者必深于识也。岂徒习训诂、工声律哉！”[①] 对抗科举诱惑，反对场屋俗学，讲求经义，明理修身，一直是南宋理学的追求，也是在理学主导下南宋书院的追求。不过理学家们反对“钓声名、取利禄”并不是全然反对参加科举，而是追求在明道致用条件下参加科举入仕为官。陆九渊《白鹿洞书堂讲义》中说：

> 博学、审问、慎思、明辨而笃行之，由是而进于场屋，其文必皆道其平日之学，胸中之蕴，而必不诡于圣人；由是而仕，必皆共其职，勤其事，心乎国，心乎民，而不为身计；其得不谓之君子乎？[②]

学、问、思、辨四者，穷理也。通过学问思辨的为学方法，可以达到穷就事物之理的高度，应用于实践中，对于科举应试自然不在话下，写出的文章高深还不会歪曲圣人意图；进入官府后，其思想境界和才能使其不为自身谋虑而专心投身于国家治理，这才是君子科举入仕的正确道路。

南宋理学主要以朱熹为代表的程朱理学、以陆九渊为代表的心学、以吕祖谦为代表的东莱之学为主，而这三位大家均热衷于书院建设，积极创办、主持书院，与朱熹有关的书院甚至达到六七十所之多。每派建设书院则以本学派思想内容为教学宗旨和主要教学内容。

南宋初期二程理学仍然被禁止，胡安国之侄胡宪在太学就只能偷偷学习。秦桧去世后才对理学开禁，“诏自今毋拘一家之说，务求至当之论，道学之禁稍解矣”[③]。但仅过四十多年，理学就遭到更大打击，庆元二年（1196年）理学被指为“伪学”，科举考试试卷涉及义理就被黜落，甚至连《论语》《孟子》都不能引用，而且对理学打击逐渐升级，次年清查已考中进士和太学上舍是否

① ［南宋］姚勉：《周恕斋墓志铭》，见《雪坡集》卷四九。

② 邓洪波：《中国书院学规集成》，中西书局2011年版，第638页。

③ 《宋史·选举二》。

为“伪学”徒，“伪学”徒不能在京任官，举荐官员和考生结保都要加上“如是伪学甘受朝典”的保语，随之再升级为“逆党”，制定《伪学逆党籍》，将理学者朱熹、陈傅良、吕祖俭、叶适、吴猎、杨简、蔡元定和宰执赵如愚、留正、周必大等59人都列入“伪学逆党籍”，受到罢官、贬斥、编管、从军等处罚。幸好只折腾了六年就平反昭雪，理学也因祸得福，嘉定五年（1212年），朱熹《论语集注》和《孟子集注》立于学官，成为国家教科书，朱熹、周敦颐、程颢、程颐、张载相继分别追加文、元、纯、正、明谥号，并先后从祀孔子庙，而王安石父子先后被赶出孔子庙，《三经新义》也遭到贬斥，程朱理学成为正统官学。

程朱理学成为官学，既是官学教科书，当然也是书院主要教育内容，尤以《大学》《中庸》《论语》《孟子》为重点。绍定五年（1232年）《延平郡学及书院诸学榜》规定：“早上文公《四书》，轮日自为常程，先《大学》，次《论语》，次《孟子》，次《中庸》，六经之书随其所已读，取训释与经解参看。”[①] 学习儒家经典也不同于前代对经典中名物制度的考据训诂，而是强调其中的义理内涵。张栻说：“学者潜心孔孟必得其门而入，愚以为莫先于义利之辨”，学习孔孟之道，首先要明了其中蕴含的“义利之辨”等道德教化内容；陆九渊讲学白鹿洞也以“君子喻于义，小人喻于利”来阐发学者当辨明义利之别，树立正确的为学志向。除了儒家元典，理学大师们的理学著作、会讲讲义、经典注疏等也是南宋书院学习的重要内容，周敦颐《太极图说》和《通书》，程颐《伊川易传》，张栻《孟子说》，朱熹《四书集注》，陆九渊《语录》，朱熹和吕祖谦合编的《近思录》等，都是书院主要学习内容。朱熹《沧州精舍示学者》中就要求，“正襟危坐，将《大学》《论语》《中庸》《孟子》及《诗》《书》《礼记》、程张诸书分明易晓处反复读之”[②]。

---

① 邓洪波：《中国书院学规集成》，中西书局2011年版，第603页。

② 陈谷嘉、邓洪波：《中国书院史资料》，第200页。

除研究和传授理学外，南宋书院还主动承担起风化民俗、开启民智的任务，因而蒙学教育也是南宋书院教学的重要内容。一般蒙学教育多为传授基本文化知识，侧重于教习文字，而南宋蒙学教育由于理学参与，表现出更高水平，侧重于礼仪学习和道德的启蒙培养。朱熹《童蒙须知》规定，“夫童蒙之学，始于衣服冠履，次及言语步趋，次及洒扫涓洁，次及读书写文字及有杂细事宜，皆所当知。今逐目条列，名曰《童蒙须知》。若其修身、治心、事亲、接物与夫穷理尽性之要，自有圣贤典训昭然可考，当次第晓达”①，读书写文字只是其中一小部分，最重要的是要知晓礼仪、进退、洒扫之法，态度安详恭敬，才能“进德修业，入于大贤君子之域”。真德秀《教子斋规》侧重行为举止教育，八条依次规定学礼、学坐、学行、学立、学言、学揖、学诵、学书。

为了适应书院蒙学教育的需要，名师大儒亲自编订童蒙读物和蒙学教材。吕祖谦编纂《少仪外传》，朱熹编纂《小学》和《童蒙须知》，刘清之编纂《戒子通录》，方逢辰编纂《名物蒙求》，王应麟编纂《小学绀珠》，陈淳编纂《小学诗礼》等，这些童蒙读物和教材，成为初级教育书院的主要学习内容。

南宋科举方面也发生了变化，建炎二年（1129年）规定继续采用元祐将进士分成经义和诗赋两科的办法，但科举考试内容减少，“第一场诗赋各一首，习经义者本经义三道，语孟义各一道，第二场并论一道，第三场并策三道，殿试策如之。自绍圣后举人不习诗赋，至是始复，遂除政和令命官私相传习诗赋之禁”，“习诗赋举人不兼经义，经义人只试一经”，诗赋科减少了经义，经义科减少了一经。考试内容减少，以科举为目标的书院也就减少了学习经义时间，有更多时间学习研究理学。

南宋学术性书院比较多，多传授新兴理学。密阁修撰眉山杨知章建造云山书院，“即云山书院讲授后进，吉月，月半诵《论》《孟》《中庸》《大学》，语或

---

① 邓洪波：《中国书院学规集成》，中西书局2011年版，第585页。

至旰，听之者各充然有得”[①]，方逢辰主领和靖书堂，讲授《太极图说》，“吴中有和靖书堂，郡请公领学事，初讲太极，将图说分作五节，发明濂洛蕴奥”[②]。

南宋举业书院也不少，大都按照科举考试内容进行教学。制置大使孟珙为流寓蜀士在公安建造竹林书院，为流寓襄阳士子在武昌创建南阳书院，“择文学行义之士众所推服者以师表之，旬有课，季有试，暇日则教之射，士无饥渴以害其心，咸自砥砺以成其业”[③]；建康明道书院“每月三课，上旬经疑，中旬史疑，下旬举业”，都进行科举考试训练。有的书院完全按照官学程式进行教学，如嘉定十四年（1221年）江西永丰黄维直建造的龙山书院，“课试悉仿州县法，春秋校艺，以礼屈邑佐或乡之中第者司其程尺，日讲月肄则君自主之，青衿来游莫不竞劝”[④]。

初级教育书院主要学习朱熹《四书集注》和《通鉴纲目》，同时进行科举训练。徐元杰为延平书院制定的课程为：“一、早上文公四书轮日自为常程，先《大学》，次《论语》，次《孟子》，次《中庸》，六经之书随其所已读，取训释与经解参看。一、早饭后编类文字，或聚会讲贯。一、午后本经论策，轮日自为常程。一、晚读《通鉴纲目》，须每日为课程，记其所读起止，前书皆然。一、每月三课，上旬本经，中旬论，下旬策，课册待索上看佳者供赏”。

四、元代基本确定书院教学内容

元代并不重视文化教育，太宗窝阔台九年（1237年）在耶律楚材等人的开导下首次开科取士，但元朝130年间三兴两废，开考16次，除第一次取士人数不详外，15科共录取1061名，还不到宋太宗咸平二年（999年）一次科举取士1800多人的60%，但非常有意思的是，元代基本确定了书院学习内容。

---

① ［南宋］魏了翁：《中大夫秘阁修撰致仕杨公墓志铭》，见《鹤山集》卷七四。

② ［南宋］文及翁：《故侍读尚书方公墓志铭》，见《蛟峰文集》外集卷三。

③ ［南宋］高斯得：《公安南阳二书院记》，见《耻堂存稿》卷四。

④ ［南宋］刘壎：《龙山书院记》，见《云庄集》卷四。

之所以说元代基本确定了书院学习内容，是从两个方面来考虑的。

一是基本确定科举考试教科书。皇庆二年（1313年）下诏规定科举考试的程序和内容："考试程序：蒙古、色目人第一场经问五条，《大学》《论语》《孟子》《中庸》内设问，用朱氏章句集注，其义理精明、文辞典雅者为中选；第二场策一道，以时务出题，限五百字以上。汉人、南人第一场明经，经疑二问，《大学》《论语》《孟子》《中庸》内出题，并用朱氏章句集注，复以己意结之，限三百字以上；经义一道，各治一经，《诗》以朱氏为主，《尚书》以蔡氏为主，《周易》以程氏、朱氏为主，已上三经兼用古注疏，《春秋》许用三传及胡氏传，《礼记》用古疏注，限五百字以上，不拘格律[①]。第二场古赋、诏、诰、章、表内科一道，古赋、诏、诰用古体，章、表四六，参用古体。第三场策一道，经史时务内出题，不矜浮藻，惟务直述，限一千字以上。"[②]《四书》均成为兼经，以朱熹《四书集注》为准，五经虽然仍然为专经，许用旧注疏，但大多由汉唐旧注改为以理学家注解为主，《诗经》用朱熹解，《尚书》用蔡沈解，《周易》用程颐、朱熹解，《春秋》用三传和胡安国解，只有《礼记》还用旧注疏，理学成为科举考试标准。在科举时代，科举考试内容就决定了教育内容，书院也不能免俗，以程朱理学为主要教育内容，清代中期考据学学派兴起后才扩大教学内容。

二是制定学习日程和方法。元延祐二年（1315年），程端礼制定《程氏家塾读书分年日程》，以朱熹《白鹿洞揭示》《程董二先生学则》和真德秀《西山真先生教子斋规》为纲领，根据朱熹"居敬持志、循序渐进、熟读精思、虚心涵泳、切己体察、着紧用力"、"敛身正坐、缓视微吟、虚心涵泳、切己体察"、"宽着期限、紧着课程"和古人"未熟快读足遍数，已熟缓读思理趣"的读书法，八岁前先读《性理字训》（程逢源增广本），从八岁开始将

---

① 《元史纪事本末》作"不拘格"，可见"律"为衍文。

② 《元史·选举志一》。

学习分作六个阶段。

第一阶段先读《小学》，然后依次读《大学》经传正文、《论语》正文、《孟子》正文、《中庸》正文、《孝经刊误》和《易》正文、《尚书》正文、《诗经》正文、《仪礼》和《礼记》正文、《周礼》正文、《春秋》及其三传正文，均要达到熟练背诵程度，至十五岁前基本结束。读书方法是："日止读一书，自幼至长皆然，此朱子苦口教人之语。随日力性资，自一、二百字渐增至六、七百字，日永年长可近千字而已。每大段内必分作细段，每细段必看读百遍，倍读[①]百遍，又通倍读二三十遍。后凡读经书仿此"，"大抵小儿终日读诵，不惟困其精神，且致其习为悠缓，以待日暮，法当才完遍数，即暂歇少时，复令入学，如此可免二者之患"。为督促学生学习，书院设计印制《日程空眼簿》，逐日记录8个方面的情况：早晨背读的起止，面试背读昨日书情况，本日的面授书内容，本日读书情况（起止，看读百遍、背读百遍，背读、背说通过墨销朱记），挑试夜间玩索书起止，面授书试说大意通过起止，单日夜玩索书（如《大学》要字求其训，句求其义，章求其旨，每一节要十数次涵泳思索，以求其通）起止和玩索性理学起止，双日夜背读已经背过的书（一、二卷或三、四卷）起止，仿照定本点句读、圈发字音，已背诵但忘记的地方用朱色作记号并在熟背后用墨笔销去。学生逐日填写，第二日早晨交老师检查，亲笔勾销。

第二阶段依次读《大学章句》和《大学或问》、《论语集注》和《孟子集注》、《中庸章句》和《中庸或问》，抄读《论语或问》合于《论语集注》者，抄读《孟子或问》合于《孟子集注》者。学习方法与第一阶段相同，读书、背书、温书，每天固定的字数要看读百遍，背读百遍，夜间玩索、背读旧书和性理书。

第三个阶段专治本经，从《周易》《尚书》《诗经》《礼记》《春秋》中任选一经作为个人参加科举考试的本经进行全面研究。专治五经都有具体要求，如《尚书》的要求是：

---

① 倍读，即背诵。——摘者注

治《尚书》抄法

先手抄全篇正文读之，别用纸抄正文一段；

次低每段正文一字，抄所主蔡氏传；

次低正文一字，节抄所兼用古注疏；

次低正文二字，附节抄陆氏音义；

次低正文二字，节抄朱子语录、文集之及此段者；

次低正文三字，节抄金氏表注、董氏所纂诸儒之说及诸说精确而有裨蔡氏传者；

其正文分段以蔡氏传为主，每段正文既抄诸说，仍空余纸，使可续抄其书序及朱子所辩，附抄每篇之末，其读书纲领及先儒诸图抄于首卷。

读书法：其蔡氏传及所节古注疏并依读《四书》例，尽填读经空眼簿如前法，其所附抄亦玩读其所当读者，余止熟看参考。须令先读蔡氏传，毕，然后读古注疏。其古注疏与蔡氏传训诂指义同异以玩索精熟为度，异者以异色笔批抹，每篇作一册。

第二、三阶段需要三四年时间。

第四阶段为看史，主读《通鉴》，参看《通鉴纲目》，两汉以上参看《史记》《汉书》《后汉书》，唐代参看《唐书》、范氏《唐鉴》。每5日为一周期，3日读史，2日温习。本阶段设计印刷了《读看史日程表》，第一日背读四书经注，或问一遍，背读经正文，夜晚读看性理书并温习；第二日背读本经传注一遍，背读经正文，夜晚仍然读看性理书并温习；第三、四、五日白天内容相同，都是看读说记《通鉴》，参看史书，夜晚不同，第三日仿点史考释文，第四日、第五日温记史。

第五阶段读看韩愈文章和《楚辞》。6日为一个周期，3日温习经典，3日读文。本阶段设计印刷了《读看文日程表》，第一日白天背读四书经注、或问一遍，背读经正文；第二日白天背读本经传注一遍，背读经正文；第三日白天温记《通鉴》，背读经正文；第四、第五、第六白天读看玩记文法，温记文法；夜晚第一至第三日都是考索制度、治道书，第四至第六日都是抄点抹截文。

第六阶段为学作科举文字阶段，按照科举内容分成经问、经义、古赋、制诰表章和策五个方面，都是读看9天、写作1天。设计印刷了《读作举业日程表》，此阶段前六天早饭前背读《四书》和本经传注、《或问》，后三日温习经书、《离骚》和韩愈文章，前九日白天看读头场文字，夜晚考索制度方面书籍，温看性理书，第十天作头场文。此阶段需要两三年。

六个阶段结束，学生已到二十二三岁或二十四五岁，就可以去参加科举考试了。

《读书分年日程》在元代就受到重视，"国子监以颁示郡邑校官为学者式"[①]，为书院和官学所采用。明初继续沿用，胡居仁将其作为丽泽学堂规矩，"学中规矩，一依白鹿洞及程端蒙、西山真先生为准"。明中期以后被废弃，"明初诸儒读书大抵奉为准绳，故一时人才虽未及汉宋之隆，而经明行修彬彬盛焉。及乎中叶，学校废弛，家自为教，人自为学，则此书虽存而由之者鲜矣"[②]。到乾隆元年（1736年）又成为书院程式，皇帝训饬省城书院师生说，"酌仿朱子《白鹿洞规条》立之仪节，以检束其身心；仿《分年读书法》予之程课，使贯通乎经史"[③]。

元代开科考试不多，三开两停，时断时续，但也没有影响书院仿照官学教学，锦江书院"会课讲试一如例程"。按照江浙等处儒学提举司的规定，明道书院"大学生员课试，三十岁以下者各各坐斋读书，延请讲书训诲"，"每日课治：治经义者小经义冒，治赋者省诗，午后纳课呈山长；晡后书名会食，课办

① 《元史·程端礼传》。

② ［清］陆陇其：《跋读书分年日程后》，见《三鱼堂文集》卷四。

③ 《清实录·高宗实录》卷二〇，转引自陈谷嘉、邓洪波《中国书院史资料》，第857页。

呈公堂，放学”[①]，完全按照科举内容进行训练。

明清时期许多书院都是科举培训学校，崇祯二年（1629年）重建的河南永城太丘书院“令诸生诵习其中，月试而日课之”，清顺治中创建的南雄天峰书院“诸生肄业其间，季试月课”，都是按照官学内容、方式进行教学。湖南安仁书院嘉庆间规定要求诸生读更多书籍，“诸生习五经须熟读详解，《性理》《小学》《近思录》《大学衍义》不时详读，纲目、诸史、三通，各量资性以为多寡。其节次，由武英殿颁行御纂、钦定及嘉庆年间奉颁御制、钦定各集，皆宜潜心通读，仿照《读书日程》限定功课，月计不足，岁计有余，诸生毋以迂远而忽之”[②]，开列学习书目并提出程度要求。

元代初级教育书院基本沿用宋代旧制，但增加《小学》和学习写诗。元大德元年（1297年），江浙等处儒学提举司规定，“小学生员课业：每日从小学教谕出题授书训导，每遇三日一次供诗，每日背诵隔日书，授本日书，出本日课题，省诗对句；食后习功课，午后说书，《大学》《中庸》《论语》《孟子》《小学》之书，《通鉴》，出晚对，供晚对”。

明代初级教育书院也是以《小学》《四书》《五经》为主。成化五年（1469年），江西提学李龄为白鹿洞书院制定八戒规定：“读书必循序，不可躐等，先读《小学》，次读《四书》《五经》及御制书，史、鉴，各随资质高下”，胡居仁制定的《丽泽堂学约》也说，“读书务以《小学》为先，次《四书》以及《六经》与周、程、张、朱、司马、邵之书，非理之书不得妄读”。

清以前大多书院学习内容主要是儒家经典、理学著作和历史典籍，个别书院准许学习水利、地理、数学、天文、军事等实用知识，大都禁止阅读老庄、佛学、小说等。白鹿洞书院嘉靖间甚至连《战国策》都不让读，高贲制定的《洞学十戒》第八戒就是不许“观无益之书，谓如老庄仙佛之书及《战国策》

---

① ［元］佚名：《庙学典礼》卷五。

② 《宜溪书院条规》，见陈谷嘉、邓洪波《中国书院史资料》，第1706页。

诸家小说、各文集，但无关于圣人之道者皆是”，但康熙间的王综就开明得多，他提倡学古，制定的《白鹿洞书院戒勉》十六条中专设“学古”一条，“为人不法古人必卑俗，为文不法古文必卑靡。如聪明有余，左、国、史、汉诸书以次观览，倘有余力，即唐宋大家亦不可少”，聪明有余可依次读《左传》《国语》《史记》《汉书》，仍有余力可读唐宋大家古文。

五、不同类型书院的教学内容

随着历史发展，元明清时期书院类型更加多样，除传统书院外，还出现专科书院、中西书院等类型，因此书院教学内容更加丰富。

（一）传统书院教学内容

元明时期是宋代理学的延续，程朱理学在元明两代都受到朝廷推崇，元明书院也因而延续南宋书院教学传统，以理学为主要教学内容，明代中后期阳明心学崛起，书院教学内容则理学和王学兼存。

明代前期，书院教学内容也以程朱理学为主。成化年间胡居仁讲学白鹿洞书院，其《白鹿洞讲义》曰：“务使今日白鹿洞即昔日之白鹿洞，今日之学即文公昔日之学，今日之道即文公昔日之道。”[①] 嘉靖元年（1522年）罗辂《洞学榜》规定：“自今明示程式，以讲读《四书》《五经》大义为主，而扩充以史传。”[②] 万历年间东林书院以《白鹿洞书院揭示》为总章程，举行会讲主题为《四书》，“每会推一人为主，说《四书》一章”。

程朱理学成为官方哲学以后，逐渐进入思想僵化、学术空疏状态，明代中后期王守仁、湛若水心学思想异军突起，力图改变这种现状，在他们主导下的明代书院教学内容也增加心学。

---

① 邓洪波：《中国书院学规集成》，中西书局2011年版，第645页。

② 邓洪波：《中国书院学规集成》，中西书局2011年版，第648页。

嘉靖年间湛若水曾访白鹿洞书院，白鹿洞将其《心性图说》《四勿总箴》刻于洞壁，并写信给他求刻新说，湛若水遂赠予《心性总箴二图说》。其信中说："见《心性图》刻，俨若对先生。因与诸师生发明先生'随处体认天理'之学，听者莫不动心焉。"[①] 是时作为朱子学派主阵地之一的白鹿洞书院仍在主讲程朱理学，但心学已渐渐出现在白鹿洞书院课堂上。正德十三年（1518年），王守仁刻《遗洞修道说》《遗洞大学古本序》两石赠予白鹿洞书院，欲以其"致知"学说求正于文公，至今仍存于白鹿洞书院。嘉靖四十四年（1565年），王守仁弟子王畿受邀讲学于白鹿洞书院，讲《致知难易解》，宣扬"致良知"之说。

到清代，在统治者推动下，书院大量官学化，书院教学多"课举业"，但有的书院也反对敷衍、空疏的八股取士而致力于实学。

清初著名学者颜元在康熙三十五年（1696年）应约至河北肥乡漳南书院主教，建议书院设文事斋，"课礼、乐、书、数、天文、地理等科"，设武备斋"课黄帝、太公以及孙吴五子兵法，并攻守、营阵、陆水诸战法，射御技击等科"，设经史斋"课十三经、历代史、诰制章奏、诗文等科"，设艺能斋"课水学、火学、工学、象数等科"，设理学斋"课静坐，编著程、朱、陆、王之学"，设帖括斋"课八股举业"，"以上六斋，斋有长，科有领，而统贯以智仁圣义忠和之德，孝友睦姻任恤之行"。六斋成，"读书作文如常课，而习礼、歌诗、学书计、举石、超距、击拳，率以肄三为程，讨论兵农，辨商古今，惟射以水不得学"[②]，学习内容全面而实用。

皇帝也意识到讲习实学的重要，雍正元年（1723年）两江总督查弼纳倡建钟山书院，皇帝就颁赐"敦崇实学"匾额。乾隆元年（1736年），高宗就书院专门发出上谕要求贯通经史：

① 邓洪波：《中国书院学规集成》，中西书局2011年版，第650页。

② ［清］颜元：《漳南书院记》，转引自陈谷嘉、邓洪波《中国书院史资料》，第1410—1411页。

> 该部即行文各省督抚、学政，凡书院之长，必选经明行修、足为多士模范者以礼聘请；负笈生徒必择乡里秀异、沉潜学问者肄业其中，其恃才放诞、佻达不羁之士不得滥入书院中。酌仿朱子白鹿洞规条，立之仪节，以检束其身心，仿《分年读书法》予之程课，使贯通乎经史，有不率教者则摈斥勿留。学臣三年任满咨访考核，如果教术可观，人材兴起，各加奖励，六年之后著有成效，奏请酌量议叙；诸生中材器尤异者，准令荐举一二以示鼓舞。

乾隆九年，部议制定了省城书院教学内容和教学程序等：

> 嗣后书院肄业士子，令院长择其资禀优异者，将经学、史学、治术诸书留心讲贯，以其余力兼及对偶声律之学；其资质强者且令先工八股，穷究专经，然后徐及余经，以及史学、治术、对偶声律。
>
> 至每月课试仍以八股为主，或论或策或表或判，听酌量兼试，能兼长者酌赏，以示鼓励。
>
> 再，各省学官陆续颁到圣祖仁皇帝钦定《易》《书》《诗》《春秋》“传说汇纂”及《性理精义》《通鉴纲目》《御纂三礼》诸书，各书院院长自可恭请讲解。至三“通”等书，未经备办者饬督抚行令司道各员，于公用内酌量置办，以资诸生诵读。[①]

提倡重视经史之学，强调考课以八股为主，省城书院如此，地方书院自然要跟进，这就决定了乾隆以后书院的教育内容和方式。

乾嘉学派出现后，汉学考据学占据学术主流地位，其主导下的书院以经学训诂、考证作为主要教学内容，阮元创立的诂经精舍、学海堂书院为其中

① 《大清会典》卷三九五《礼部·学校·各省书院》。

代表。专勉实学、尊经崇汉是阮元创办书院宗旨，其《西湖诂经精舍记》说："圣贤之道存于经，经非诂不明。……精舍者，汉学生徒所居之名；诂经者，不忘旧业且勖新知也。……舍经而文，其文无质；舍诂求经，其精不实。"[①]诂经精舍原是他任浙江学政时聚集诸生撰写《经籍纂诂》处，到任浙江巡抚时就将昔日修书之屋改为诂经精舍，选生徒入学专研汉学，延请经学大师王昶和孙星衍到书院主讲，"相与讲明雅训，兼治诗古文辞"，"暇日聚徒讲议服物典章，辨难同异，以附古人教学"。精舍中还奉祀汉代经学大家许慎和郑玄，以示书院之志。学海堂为阮元总督两广时创建，为"课通省举贡生监经解诗诂之所"，名取于东汉经学家何休，《学海堂集序》中说："昔者何邵公学无不通，进退忠直，聿有'学海'之誉，与康成并举。惟此山堂，吞吐潮汐，近取于海，乃见主名。"教学内容以汉学为主，兼及众学，"多士或习经传，寻疏义于宋齐；或解文字，考故训于仓雅；或析道理，守晦庵之正传；或讨史志，求深宁之家法；或且规矩汉晋，熟精萧选；师法唐宋，各得诗笔"[②]，包含经学、小学、史学、文学、理学等多方面，这应与学海堂承担的"课通省举贡生监"职责有一定关系。阮元弟子吴荣光仿学海堂创建校经书院，"书院以校经为名，所贵顾而思义，疏证异文，援引古文，务期实得而止"[③]。

清代有的书院还承担武生童考试。光绪间养正书院《兼课武生童章程》说："今书院考课，得以互相校射，互知优劣，必获观摩之益。"考试有射箭、开弓、舞刀、抱石等项目，考试结束后的第二天，生童还要"自带《武经》兵书赴院，听候山长在讲堂上经解书义数□……生童与山长师生定自当终其身恪

---

① ［清］阮元：《研经室集》，《续修四库全书》（第1479册），上海古籍出版社2002年版，第159页。

② ［清］阮元：《研经室集》，《续修四库全书》（第1479册），上海古籍出版社2002年版，第506页。

③ ［清］左调元：《拟校经书院学约》，见邓洪波《中国书院学规集成》，中西书局2011年版，第1076页。

执弟子之礼”[①]。养正书院虽然不直接进行军事教育，但承担武生童考试，并由山长为生童讲课，武童生对书院山长要终生执弟子礼。

个别书院虽不设武科，但允许学生习射。四川射洪金华书院规定，“初二、十六两日会讲毕，有愿习射者于射圃各射箭五枝”。

个别书院还进行医学教育。唐大顺元年（890年）《江州陈氏家法》规定，“命二人学医，以备老少疾病，须择谙识药性方术者。药材之资，取给主事之人”[②]，此时陈氏设有专门进行教育的书堂、书屋各一所，学医应该在书堂中。

元历山公千奴在山东创建历城书院，“复藏方书，聘定襄周文胜为医师，以待愿学者与乡之求匕剂者”[③]，书院不仅收藏方书、开展医学教学，还付诸实践，设置门诊，为学者和乡民诊疗。除医学外，历城书院还开展军事教育，“又与子侄约，凡胜衣者悉就学，暇日习射御，备颜行”，这是千奴为蒙古军事贵族出身所决定的。

（二）武科书院教学内容

专门武科书院出现在明代。嘉靖五年（1526年），江西兵备副使何棐为教育武弁子弟，于九江卫内创建肄武书院。嘉靖六年，兵备副使赵春于徐州建设彭西书院，为武生居业之所。嘉靖中，御史胡文举在辽阳建造习武书院，“建辽左书院一，习武书院一”。嘉靖后期，巡按御史王重贤重建，“公将以吉日聚武士之秀者读书、习射其中，如文书院制”[④]，“中堂五间，东西号房各十间，观德厅三间，箭楼一座，大门三间”，建成后集中培训武举，“取本科乡试武举群居其中，定会示程，优以供给，俾各娴习骑射，精通韬略。乙丑会试中式

---

① 邓洪波：《中国书院学规集成》，中西书局2011年版，第113页。

② ［唐］陈崇：《江州陈氏家法》，转引自陈谷嘉、邓洪波《中国书院史资料》，第24页。

③ ［元］程矩夫：《历山书院记》，见《雪楼集》卷一二。

④ ［明］陈暹：《重建辽阳武书院记》，转引自陈谷嘉、邓洪波《中国书院史资料》，第669页。

二十人”[①]，嘉靖乙丑（四十四年，1565年）一科考中武进士20人。

明代武科书院教育内容不详，但可以从武学教育内容和武科考试内容来推测。

正统元年（1436年）规定：凡幼童及武职子弟读书两本，一本从《小学》《论语》《孟子》《大学》中选取，一本从《武经七书》和《百将传》中选取，同时练习书法；都指挥等官听教授、训导讲解《武臣大诰》《历代臣鉴》《百将传》以及古今名臣嘉言懿行。成化元年（1465年）略作修改，幼官子弟中年龄较大通读困难者可以同军官一样听讲，每月初二、十六日幼官子弟由教官率领演习弓马。

明代武科始于天顺八年（1464年），是年颁行武举法，令各地军事机构推选军职子弟和民间通晓武艺之人参加，规定策略答对2问、骑射9箭中4、步射中2即为及格。弘治六年（1493年）开始正规，正德三年（1508年）颁布武举条格，规范武科考试。会试第一场考试骑射，9射3中为合格，第二场步射，9射中1为合格，第三场考试策2道、论1道。嘉靖元年（1522年）恢复为骑射4中、步射2中为合格。

清代地方不设武学，学生附设在儒学内，教材有《武经七书》《百将传》《四书》和《孝经》。康熙四十九年（1710年）规定：“考试武生童，用论二篇，第一篇出《论语》《孟子》题，第二篇出《孙子》《吴子》《司马法》题”，乾隆二十五年（1760年）第二篇论文改为默写三书的一章或数段300字左右，内容不正确或别字者不录取。乡会试分内外场，“外场头场试马射，纵马三次，发九矢，中二者为合式；二场试步射，发九矢，中三者为合式，再开刀、舞刀、掇石，以试技勇”；内场顺治初规定考策2篇，论1篇，题出《武经七书》，康熙时改为首题用《论语》《孟子》，次题用《孙子》《吴子》《司马法》，另加时务策，嘉庆十二年（1807年）“武闱内场策论改为默写《武经》”，降低考试难度。

---

① ［明］《全辽志》卷一，转引自陈谷嘉、邓洪波《中国书院史资料》，第667页。

总的来看，不论明清，武科学习考试内容除骑射外，分为儒家经典和《武经》两方面，武科书院教学内容应该大致如此。

（三）中西书院教育内容

清代后期，中国与西方接触增多，出现多种中西书院，有西方人开设的书院，有国人开设的教授中西学的书院，也有中西合建的书院。

上海圣约翰书院是西方教会开设的著名书院。1879年，美国圣公会上海主教施约瑟将圣公会原属培雅书院和度恩书院合并为圣约翰书院。书院初期设西学、国学和神学三门，以上海方言授课，次年增设医学，后年设英文部，开始用英语授课。1892年正式开设大学课程，四年后形成文科、理科、医科、神学科及预科，1905年改称圣约翰大学。1881年，美国监理会传教士林乐知在上海创建林华书院，次年创立分院，书院为三级八年制，先后学习识字、音韵、英语、历史、地理、代数、物理、化学、天文、力学等知识，一般六年就可以毕业，继续深造者学习航海、测量、国际公法、人体生理、富国策等，进行专业培训，20世纪初中国海关、邮政、铁路以及实业界许多人才出自该书院。1900年与苏州博习书院、中西书院合办苏州东吴大学。

中西合办书院著名者有清同治十三年（1874年）于上海租界内创设的格致书院。由英国驻沪领事麦华陀提议，西人傅兰雅、中国人徐寿等发起，中外绅商、官员捐建，中方资金达到三分之二以上，徐寿为首任山长。书院以“意欲中国士商深悉西国之事，彼此更敦和好”“令中国人明晓西国各种学问与工艺与造成之物”为宗旨，主要招收中国人，对生徒讲解西方自然科学技术，课程有六门，“一矿务，二电务，三测绘，四工程，五汽机，六制造”，每门课程下又细分条目，“以便倡行西学，引人讲求”。书院内还建有书房和博物房，书房收藏新闻报纸、翻译成中文的外国著作和中国经史子集，博物房收藏西方的机器、日用品、地图等，便于生徒观阅。

国人开办的著名中西书院有王维泰1896年创建的上海王氏育材书塾。他创设书院的目的是响应国家“崇尚实学”号召，为国家培养抵御外辱的优秀人才，“他日学有成效，由官长咨送大学堂考验，用备折冲御辱之选，其有补于自强大计者非浅鲜也”[①]。其书院的教学内容以中文、西学结合，分正馆、备馆两级，正馆学习经史、词章、掌故、算学、化学、英文等课程；备馆则专重中文，兼习英文、算学。

总之，就书院的教学内容而言，只有应试教育是从一而终的，这和儒家“学而优则仕”的思想以及科举制的发展息息相关。书院其他教学内容则随各朝各代特有的学术思想而表现出不同的特色。北宋中期理学肇始，书院就增加经义之学；南宋理学发达，书院便研义理；元明延续宋学，书院以程朱理学为主；王湛心学兴起，心学也成为书院教学内容；清代推崇汉学，书院也教授训诂考据经学。

第二节　教学方式

书院是在官学和私学基础上形成的一种教育组织，深受官学教育影响，许多书院直接采用官学教学方式，“课试悉仿州县法”[②]，除官学教学方式外，书院也综合私学的不同教学方式，使书院教学方式更为丰富。

由于书院学生水平不同，教学方式也有差异。

一、中高级书院教学方式

中高级书院一般以自学为主，总体来看，教学方式主要有讲学、会讲、讲会、会文、优游、雅集、默思等。

① 邓洪波:《中国书院学规集成》，中西书局2011年版，第152页。

② ［南宋］刘爚:《龙山书院记》，见《云庄集》卷四。

(一)讲书

讲书是最早的教学方式之一，也是书院开展教学活动所使用的最基本方式，类似于现代学校的课堂教学。

嘉定八年(1215年)建造的建康明道书院规定，每旬四次讲书，“每旬山长入堂，会集职事、生员授讲、签讲、复讲如规。三、八讲经，一、六讲史，并书于讲簿”，山长讲书后，抽签让学生复讲。

南宋嘉定时，密阁修撰杨知章于故乡眉山建造云山书院，亲自为学生讲授《四书》，“即云山书院讲授后进，吉月月半诵《论》《孟》《中庸》《大学》语，或至旰，听之者各充然有得”[①]。

绍定五年(1232年)，徐元杰出任南剑州知州，热心教育，聘请道艺之士充任延平书院讲经，制定《延平郡学及书院诸学榜》，详细规定学习内容和时间安排：

> 一、早上文公四书轮日自为常程，先《大学》，次《论语》，次《孟子》，次《中庸》，六经之书随其所已读，取训释与经解参看；
>
> 一、早饭后编类文字，或聚会讲贯；
>
> 一、午后本经论策，轮日自为常程；
>
> 一、晚读《通鉴纲目》，须每日为课程，记其所读起止，前书皆然。
>
> 一、每月三课，上旬本经，中旬论，下旬策。[②]

从此“课程表”中可以看出书院属于中等教育水平，“聚会讲贯”，也采用讲书方式。

---

① ［南宋］魏了翁：《中大夫秘阁修撰致仕杨公墓志铭》，见《鹤山集》卷七四。

② 邓洪波：《中国书院学规集成》，中西书局2011年版，第603页。

明代湛若水在大科书院规定每月初一、十五讲学，“朔望升堂，先生讲书一章或二章，务以发明此心此学。诸生不可作场说话，听过亦必虚心听受，使神意一时相授乃有大益”。

清康熙五十六年（1717年），李文炤主讲岳麓书院，制定《岳麓书院学规》：“每日于讲堂讲经书一通。夫既对圣贤之言，则不敢亵慢，务宜各顶冠束带，端坐辨难，有不明处反复推详。或炤所不晓者，即烦札记，以待四方高明者共相质证，不可蓄疑于胸中也。”① 老师每日都要讲经书一通，不明白处反复讨论，连老师也解答不了的问题要记录在日记簿中，待遇到四方高明者质证解答。

有的书院令学生复讲。清嘉庆间，广州粤秀书院每月6次讲书就是学生复讲，“每月逢二、八日上堂讲书，不拘《四书》《五经》诸史，听院长抽阅发问，诸生务宜各抒心得，贯串宣讲，则平时义理精熟，不特识见开朗，作为文辞自无剿说之弊，其有疑义登堂质问”②，这样的教学方式是很科学的。

（二）会讲

许多学者将会讲和讲会混二为一，其实两者是有差异的。会讲侧重会，多人讲，进行讨论，讲会侧重讲，以宣讲为主。会讲如同现在的讨论会，讲会如同讲座。因此本书将会讲和讲会作为两种教学方式。

会讲有两种形式，一种是书院内部宣讲和讨论，一种是约请学术名家进行学术讨论、辩论和交流。

书院内部宣讲和讨论有的是每日举行，可以算作日常课程的一部分。如郑廷鹄《示白鹿洞主帖》规定：“主洞教官务宜正身修德，以倡率诸生，每日平明升堂会讲。”③ 主洞官的职责之一就是每日升堂会讲。元初，石峡书院每日签讲，“每旦签讲，略说大义，长喻是正之，正录明辩之”。但每日会讲的书院不

① 邓洪波：《中国书院学规集成》，中西书局2011年版，第1035页。

② 《粤秀书院条规十八则》，见陈谷嘉、邓洪波《中国书院史资料》，第1708页。

③ 邓洪波：《中国书院学规集成》，中西书局2011年版，第652页。

多，一般都是规定时间举办。南宋景定年间《明道书院规程》规定："每旬山长入堂，会集职事生员授讲、签讲、覆讲如规。三、八讲经，一、六讲史，并书于讲簿"[①]，山长每旬4日讲学。明万历三十二年（1604年）东林书院《会约仪式》规定，大会每年一次，春天或秋天举行；小会每年8次，分别在三、四、五、九、十月、十一月的十四日和二月、八月的仲丁日举行，每次3天，"每年一次大会，或春或秋临期酌定，先半月遣帖告知。每月一小会，除正月、六月、七月、十二月祁寒盛暑不举外，二月、八月以仲丁之日为始，余月以十四日为始，会各三日。愿赴者至，不必遍启"，"大会每年推一人为主，小会每月推一人为主，周而复始"。万历间冯从吾主讲关中书院，非常重视会讲，专门制定《关中书院会约》，约定每月3次，"会期每月三会，初一、十一、廿一"，"会期讲论……其言当以纲常伦理为主，其书当以《四书》《五经》《性理》《通鉴》《小学》《近思录》为主"，"余与诸同志讲学关中书院会，凡旬日一大举，凡农工商贾中有志向者咸来听讲"[②]。耿橘《虞山书院会簿引》说："虞山会讲来者不拒，人皆可以为尧舜，何论其类哉！凡我百姓，年齿高者与年少而知义理者，无分乡约、公正、粮里、市井、农夫，无分僧道、游人，无分本境、他方，但愿听讲许先一日或本日早报名会簿"[③]，除书院师生外，还允许院外愿听之人前来听会，不限身份，人人皆可，只需在会讲当天或前一天先去报名，以便书院管理。

书院会讲时，一般先由主讲者以自己的观点讲学，讲学完毕后由听众质疑问难，并进行论辩。万历三十二年（1604年）顾宪成的《东林会约》约定："每会推一人为主，说《四书》一章。此外有问则问，有商量则商量。凡在会中，各虚怀以听，即有所见须俟两下讲论已毕更端呈请，不必搀乱。"[④]

---

① 邓洪波：《中国书院学规集成》，中西书局2011年版，第163页。

② 邓洪波：《中国书院学规集成》，中西书局2011年版，第1650页。

③ 邓洪波：《中国书院学规集成》，中西书局2011年版，第272页。

④ 邓洪波：《中国书院学规集成》，中西书局2011年版，第238页。

明代是会讲的鼎盛时期，《明史》记载：

正嘉之际，王守仁聚徒于军旅之中，徐阶讲学于端揆之日，流风所被，倾动朝野，于是搢绅之士，遗佚之老，联讲会，立书院，相望于远近。[①]

由于王守仁等人倡举，会讲大兴，各书院积极组织和参与会讲，并制定相应会约，如上述《关中书院会约》《虞山书院会约》《东林会约》，会约中规定讲会制度的内容，包括宗旨、规约、会仪等。

会讲最自由的是虞山书院。万历间知县耿橘制定的《虞山书院会约》规定，"每月初九日讲书于学道堂，本县辍政半日往听焉。佐领、儒学各官、乡荐绅、孝廉、生童、孝子、善人悉会听讲。讲时不掣签，不命书，不拘生童，随有志、有见者讲论三五章以发其端。本县只是庸下，无足商榷，随时聘请主教阐发精义"，"释子、羽流虽非吾类，然中间不无悔悟来归者，此入笠之一机也。即是自负自高，亦不妨姑令听讲，许坐于百姓之列。若有所讲说，许上堂立论。若果有见，许坐于诸生之后"，官员、举人、生童，搢绅、百姓甚至和尚、道士都可参加，并自由发言，和尚、道士真有见解可以坐于诸生之后。书院举行这种面向社会开放的会讲活动对学生是有益的，使学生接触书院老师之外的学术观点能开阔学生视野，更有利于学生学习。

第二种形式是约请两位或几位学者演讲，分别讲述各自学术观点并举行交流，其代表就是朱熹、张栻的岳麓会讲和朱熹与陆九龄、陆九渊的鹅湖之会。

乾德三年（1167年），朱熹觉得自己与张栻虽然同属二程学派，但学术上有差异，书信探讨不便，因此致信张栻希望当面探讨，获得张栻的同意后便应约到岳麓书院访问。在两个多月的时间里，两人就《中庸》中的"未发""已发"的心性论、察识涵养的工夫论、太极论、仁论等主要问题展开认真热烈的

---

① 《明史·叶茂才传》。

讨论切磋，“二先生论《中庸》之义，三日夜而不能合”，最终在很多方面达成共识，二人都认为收获极大。朱熹张栻会讲，许多学者远道而来听讲，“学徒千余，舆马之众，至饮池水立竭”，成为中国书院史、思想史上的一件大事。

淳熙二年（1175年），吕祖谦为了调和朱熹理学与陆九渊心学理论分歧，使两人哲学观点“会归于一”，约请朱熹和陆九龄、陆九渊兄弟到鹅湖寺相会，双方就各自哲学观点展开激烈辩论，“鹅湖之会论及教人，元晦之意欲令人泛观博览而后归之约，二陆之意欲先发明人之本心而后使之博览。朱以陆之教人为太简，陆以朱之教人为支离，此颇不合”，辩论三日，不欢而散。

朱张会讲为求同，朱陆会讲为辩异。前者“志同而心契”，互相倾听，共同切磋，化解彼此学术上的差异和分歧，达成了学术共识。后者虽然吕祖谦想达成学术共识，但参与者却想争是非曲直，正如陆九渊所说，“伯恭约元晦为此集，正为学术异同，某兄弟先自不同，何以望鹅湖之间？”只能不欢而散。

朱张会讲、朱陆会讲为后世开创了求同、求异不同类型的学术会讲，为后世学者所仿效，当然，没有大家也就达不到如此高度。

（三）讲会

讲会一般是书院内部优秀学者讲学或邀请当世名家到本院进行讲学，这种教学方式几乎贯穿整个书院史。

南宋时理学家辈出，讲会活动非常活跃，许多书院都邀请著名学者前往讲学。朱熹曾应邀到福建延平书院、湖南石鼓书院、湖北问津书院讲学。张栻受邀到白鹿洞、石鼓等书院讲学。许多官员也是学者，每到一地也去讲学。袁甫任官时，巡视途经象山书院亲自讲学，创建番江书院不时前去讲学。徐元杰知南剑州，一月一次到州学和书院检查，并经常亲自讲学。

虽然学术观点不同，朱熹仍于淳熙八年（1181年）邀请陆九渊到白鹿洞书院讲学。陆九渊以《论语》中“君子喻于义，小人喻于利”为题，阐明为学当以讲求经义、明理修身为本，不能沉迷于科举得失。陆九渊《白鹿洞书堂讲义》说："此来得从郡侯秘书至白鹿洞堂，群贤毕集，瞻睹盛观，窃自庆幸。秘书先生、教授先生不察其愚，令登讲席，以吐所闻。……取《论语》中一章，陈平日之所感，以应嘉命，亦幸有以教之。"① 这次讲会非常成功，"群贤毕集，瞻睹盛观"，"听者莫不悚然动心焉"。

元代明经书院设有"诸生会讲之堂"，主持者胡炳文经常邀请学者到书院讲学，先后邀请朱宝斋、赵鼎峰、赵古淡、赵植庵、郑存斋、滕山癯、吴瑞轩、戴晋翁、戴苍山、方壶、戴恕翁、潜心、方则斋、梅村、蛟塘、江古修、程道夫、朱实轩、江雪矼、张西岩、王太宇、方玉泉等20多人举行讲会。

明代讲会活动也非常活跃。王守仁致仕后讲学稽山书院，环坐听讲者300余人，王守仁"只发《大学》万物同体之旨，使人各求本性，致极良知以止于至善，功夫有得则因方设教，故人人悦其易从"②。湛若水所到之初无不讲学，"于其乡，则有甘泉、独冈、莲洞馆谷；于增城、龙门，则有明诚、龙潭馆谷。于羊城，则有天关、小禺、白云、上塘、蒲涧馆谷；于南海之西樵，则有大科、云谷、天阶馆谷；于惠之罗浮，则有朱明、青霞、天华馆谷；于韶之曲江，则有帽峰。英德则有清溪、灵泉馆谷；南都则有新泉、同人、惠化馆谷；溧阳则有张公、洞口、甘泉馆谷；扬州则城外、行窝、甘泉山馆谷；池州则有九华山、中华馆谷；徽州则有福山、斗山馆谷；福建武夷则有六曲、仙掌、一曲王湛会讲馆谷"；"南岳则有紫云馆谷"③；此外见诸记载的还有广东南海西樵讲舍、增城莲洞书院、湖南衡山甘泉书院、安徽休宁天泉书院、江苏江浦新江书院、番禺鳌峰书院等，合计40多所。

广西宣成书院曾经聘请五位学者讲五经异同，召集诸郡成材生员300人听讲，可谓盛况空前，"巡按广西监察御史莆田林公按治之初，偕藩臬大卿议集

① 邓洪波：《中国书院学规集成》，中西书局2011年版，第638页。
② 《王守仁年谱》，见《王文成全书》卷三四。
③ 《湛甘泉先生文集》卷三二。

师儒讲五经同异于宣成书院，于时聘经师五员，召诸郡成材生员至者三百人，甚盛举也”[①]。

（四）会文

会文一般属于命题作文，与考试基本相同。有的书院会文其实就是考试，如白鹭洲书院万历二十年馆例规定，“每月三、八日各号房公堂会文，朔望日于正堂会考。字须楷书，文须完结，间试论、策、表，俱不可不作”。有的书院则不同于考试，如同作文竞赛，只评出优秀作品，一般不计入学生学习成绩。不少书院开展会文活动，雅集、优游时一般都会进行诗文创作并进行评比。

明隆庆间，邓之屏出任瑞州知府，下车即召集府县4所官学学生到筠阳书院会文，并亲自评阅。万历三年（1575年），宿迁知县喻文伟创建凌云书院，“集诸生会文其中”。

明万历间，常熟虞山书院举行会文活动，知县耿橘制定的《虞山书院会约》规定，每月2次，分别面向诸生和举人。“每月初三日，诸生会文于精舍经房，儒学监会。会卷口房多备，听来者领用。卷面粘一浮签，听本生自书姓名。文完，口房学吏收齐，揭去浮签，于卷后角上实填本名，弥封用印。即日，儒学会同三纲孝廉入，有本室闭阅。阅完，本县复阅，以三等发落。一等复试，亲阅”，诸生会文自由报名，试卷弥封用印，如同科举考试，官学学官与举人阅卷，知县核定，成绩分成三等。举人会文“每月初六日，孝廉会文于弦歌楼，本县亲阅”，知县独自阅卷。耿橘是万历二十九年（1601年）进士，三年出后任常熟知县，热心教育，新建书院，于虞山书院主办会文活动，书院诸生均可以参加，有利于提高书院学生作文能力。

清嘉庆十五年（1810年）创建的广州文澜书院虽然是一所公所，并不进行教学，但举办会文活动，每年春秋两次大叙会，年节还有小叙会。叙会时举办

① ［明］顾璘：《送杨郡博宣成书院讲〈易〉序》，见《息园存稿文》卷三。

会文活动，诸生以上才能参加，请翰林、进士评卷，评出佳作。这种会文活动带动了本地科场兴盛，先后有50余人考中进士，李文田为咸丰九年探花，梁耀枢为同治十年状元，潭宗浚为同治十三年榜眼，会文效果明显。

（五）优游

孔子弟子三千，根本不可能有众多房舍用作教室，山陬水浒都是课堂，舞雩咏归，农山言志，观水论道，周游列国，随处开讲。《论语·先进》末章记载孔子与子路、曾皙、冉求等人谈志向，曾皙说："莫春者，春服既成，冠者五六人，童子六七人，浴乎沂，风乎舞雩，咏而归。"夫子赞叹道："吾与点也！"我们先不去考虑"风乎舞雩"深层的政治含义，单从表层来看：暮春时节，天气逐渐转暖，换上清爽的春衣，邀约几个志同道合的朋友，在沂水边洗一洗，到舞雩台吹吹风，兴到浓处放声高歌，心情愉悦满载而归，这是一幅多么美好的春游图。朱熹《论语集注》中就此说："曾点之学，盖有以见夫人欲尽处，天理流行，随处充满，无少欠缺，故其动静之际，从容如此。而其言志，则又不过即其所居之位，乐其日用之常，初无舍己为人之意。而其胸次悠然，直与天地万物上下同流，各得其所之妙，隐然自见于言外。"[①] 朱子十分认同和赞赏这种优游而学，因而在他主持书院期间就将这种方法纳入其教学方式之中。

优游是一种寄情山水、在自然环境中启发并教导学生的方式。在朱子教学经历中，他经常与学生走出课堂，畅游山水之间，吟诗作文。朱子门人叶贺孙说："（朱熹）及无事领诸生游赏，则徘徊顾瞻，缓步微吟。"这种教学方式也被岳麓书院沿用下来，周锷《岳麓书院课艺叙》中记载山长罗典就经常与学生外出游玩，在自然中能有多得："夫子之为教也，认明经义，既使之各有所得于见闻之外，复于游息时随时拍点，凡身心性命，处己接物，无不洞彻夫情

① ［南宋］朱熹：《四书章句集注》，中华书局2012年版，第131—132页。

理，而使皆旷然有得于心。”[①] 他注重理论与实践结合，义理理论应该要在现实中有所体会，才得真正认明经义。

（六）雅集

唐代最早出现的以书院命名的丽正书院、集贤书院都曾举行诗酒雅集活动，唐玄宗经常与臣下诗酒唱和，《全唐诗》中就收录许多雅集诗作。书斋性书院也进行诗酒雅集活动，刘禹锡、许浑都有书院雅集诗作，但尚未见到唐代有书院雅集的教学活动。宋代书院雅集活动增多，关于书院雅集诗作大增，张栻就有与人同游城南书院“论文鼓琴，煮茶烹鲜”，赋诗为记。诗文雅集毕竟是具有较高水平的文人才能参加的活动，多是书院师长参与，师生同集情况比较少。元大德九年（1305年）元旦，鳌峰书院会拜55人参加，熊禾有诗，应该是师生同集。至正二年（1342年），重修石峡书院落成，先达耆俊之士“更唱迭和，以庆其成，前后为诗近百篇，会粹为一帙”《石峡书院诗》，请黄溍为序，属于社会贤达与师生雅集。王岂岩创办江东书院，诞辰时“诸生为歌诗以侑为寿之觞”，结集请程端礼作《江东书院寿王岂岩诗序》，属于师生雅集。

诗文雅集活动有助于师生之间、学生之间交流和了解，所以有的书院非常重视雅集活动。李颙康熙年间制定的《关中书院学程》就专条规定，“联五、七同志，每月朔望两会，相与考德问业，夹辅切劘”。

清代阮元创建的学海堂师生水平都比较高，诗文雅集教学活动就开展得很好。学海堂位于今广州城北粤秀山，书院本身所在自然环境就很优越，阮元说：“山半石岩，古木荫翳，绿榕红棉，交柯接叶”，还修建至山亭、竹径、此君亭等场所供师生休息使用。《学海堂志・雅集》篇专记书院师生雅集活动，“君子之学，息焉，游焉，从于舞雩，未忘讲习……当鱼鸟相亲，花木成列，

① ［清］欧阳厚均：《岳麓诗文钞》，岳麓书社2009年版，第524页。

人生而静，会心不在远也”[①]，标明其倡导劳逸结合、寓教于乐的教学方式。书院在特定时间举行一系列雅集，正月二十日即阮元生日当天举行寿日会，“少长咸集，日景方长，衣冠气盛，春光明丽，四坐同欢，开岁雅游，斯为首路”；花朝上巳节“木棉遍山，垂杨夹路，花光鸟语，依依可人，联袂清游，欣然欲赋”，在美丽的自然环境中有感而发，进行诗赋创作；盛夏时节开“曝书会”，“清晓登山，陈书就日，各携所业，从容讨论”，夏日潮湿，书本易受影响，书院就借此举办晒书活动，清晨时由师生携带自己攻读书本登山，待日出之后，一边晒书，一边就此展开讨论；七月五日举行释菜礼，“人怀奉手，或则作礼，或则赋诗”；中秋时举行赏月会，“中秋前后，月色如昼，相约为坐月之游，不设灯檠，爝火未光也。不及俗事，只谈风月也。有坐论者，有行吟者，随意所如，倦则假寐，焚香瀹茗，动辄彻宵”；重阳寒食，“展宋玉之赋，诵泉明之诗”；至冬至梅开时节，“登山亭，赏奇析疑，抗言高论”；可见学海堂优游教学内容多么丰富。这种方式使师生们研究经史训诂之余，既可放松身心，吟诗作赋以抒发情感，又可与学友讨论切磋，加深对学习的理解。

岳麓书院在罗典任院长间（1782—1808年）诗文活动很多，师生唱和，学生组织岳麓文会，诗文会友，院长寿诞时出仕弟子、在院弟子诗会祝贺，刊刻有《岳麓八景诗》等。

（七）默思

中高级书院一般以自学为主，正如《朱子语类》所说，“事事都用你自去理会，自去体察，自去涵养。书用你自去读，道理用你自去究索”。为促使学生思索，发挥学生学习主动性，书院教学还采用默思方式。

湛若水在大科书堂讲学时就规定每日下午3时至7时要默思：

---

① 赵所生、薛正兴：《中国历代书院志》（第三册），江苏教育出版社1995年版，第301页。

诸生进德修业须分定程限，日以为常。每日鸡鸣而起，以寅、卯、辰三时诵书，以巳、午时看书，以未时作文，申、酉二时默坐思索，戌、亥二时温书。然此等大抵皆不可失了本领，通是涵养体认之意。如此持循，当月异而岁不同。①

学生每天6小时背书，4小时读书，4小时默思，4小时温书，2小时作文，学思结合，深得孔子“学而不思则罔，思而不学则殆”学习真谛。

二、初级书院教学方式

初级书院大多从启蒙开始，教学方式就比较简单。

从元大德元年（1297年）江浙等处儒学提举司规定看，初级书院教育为教谕说书，学生诵书、背书、说书，练习作诗。儒学提举司规定，明道书院“小学生员课业：每日从小学教谕出题授书训导，每遇三日一次供诗，每日背诵隔日书，授本日书，出本日课题，省诗对句，食后习功课，午后说书，《大学》《中庸》《论语》《孟子》《小学》之书，《通鉴》，出晚对，供晚对”②。说书应该是从元贞元年（1295年）开始的，江浙行省行御史台规定，“朔望讲书，除职事合选述讲议登堂讲说外，其诸生并无讲说，今后合预先出题，置立签筒，遍写该讲生员名姓，临时掣签背讲”。

元元贞元年（1295年），江浙行省行御史台规定了小学教学方式、程序、学习内容和每日课程：

坐次：师席居中，左右以次设书桌，以右为上，诸生序齿两两相对。直日设坐，师席南两端，钟设于师席右，名牌设于师席左。

① ［明］湛若水：《甘泉文集》卷六。

② ［元］佚名：《庙学典礼》卷五。

直日所掌诸物：直日名牌（上书直日伦次、名姓，用毕，纸糊复书），钟，签筒，砚，水瓶，手牌（上书安详、恭敬），箕箒，书桌，香炉，界方，火炉，诸生所说书名牌（人名以上书姓，诸生至，各认名，依次挂）。

直日所掌诸事：清晨洒扫，温诵旧书，专监视，诸生不如法者，举之。诸生晨参、讲书、会食、习字、呈押、试书、暮归，并鸣钟喝揖。

诸生所讲读书：合用朱文公《小学》书为先，次及《孝经》《论语》。早晨合先讲《小学》书，午后随长幼、敏钝分授他书。《孝经》合用文公刊误本，"语""孟"用文公注，《诗》《书》用文公集传订定传本讲说，诸生所习字合用唐颜尚书字样，写大小两样。

诸生逐日仪式：

晨参：清晨诸生毕至，师就坐。直日鸣钟一声，诸生以次出门外，序立；第二声，诸生以次自正门东方入，北面上，重行立；第三声，喝揖，诸生齐揖，班首自西折旋至师前，进三步，拱手问先生安否，师云"如常"，复退三步揖，折旋入本位。直日喝："圆揖！"诸生圆揖，喝："就位！"诸生各就位。中有兄弟、叔侄同学，候就位后，卑幼者就尊揖。

讲书：直日与侍立各一人，以小学书及签筒置于书桌毕，于堂中诸生北面重行立。鸣钟一声，喝："诸生齐揖，拱立！"初开讲日，师先讲《小学》书第一章。次日，诸生齐揖毕，侍立，取签置师前卓上，呼其上姓名，闻呼者出班，自东方折旋入本位，或抽三四签，惟师意。毕，师复讲授第二章，讲毕，鸣钟，喝："揖！"诸生齐揖。毕，喝："复位！"诸生各就位。

诵书：诸生就坐，诵所授书，或未通晓，起立拱手问师，再说，或斋长先通师令，巡问诸生通否，务要熟讲精思，毋得率略。

会食：早食至，直日鸣钟，喝："揖！"诸生齐揖。就食，毋得语言、咳唾。伺食俱毕，喝："揖！"齐揖，以次退。就庭中以序行，步务为舒徐，毋得跳踯戏笑。少顷，直日鸣钟，各就位。午食亦如之。

习字：直日取砚，各置诸生桌上，满贮水，诸生各取笔墨，习大字一纸，小字一纸，务要模仿精工，字画端谨，通晓前贤笔法，毋得率略及有浥污。写毕，直日收砚（非写字时不得置砚），敛诸生书纸于师前，以次呈押毕，复散于诸生位。

试书：直日鸣钟，诸生各执书重行立于师前，以次就试。当试者以两手执书册，度与师，或自执，或令斋长右立执之。试者揖毕，拱立念书，毕，复揖，向前取书册而退。俱毕，以次授诸生书。

授书：以所读书分班次，如十人读《论语》，则十人为一班。直日鸣钟，序立如前仪。就师席前听授讲，毕，齐揖，以次退，就坐。熟诵精思，或有疑问，如上仪。

出入：出则执手牌，入则置直日位。

暮归：如清晨仪。但班首于师前，道先生安，置圆揖，毕，以次出外。序其卑幼，各揖尊者。直日执诸生名牌，从上喝名，两两而退。其有成童愿宿斋者，从便讲读。[①]

规定非常详细具体，而且“照依已行事理施行”，看来并非新制，而是旧规，此规定对后世初级教学影响很大，朝鲜书院基本也采用。

三、分级教育

有的书院学生水平不同，就采用分级教育方法。

北宋时，石待旦创建的鼓山书院分三级教学，逐级递升，“又为义学三区，号上中下书堂，使学者迭升之，人以此勉励，成名者众。旁又置议善阁，占山水之胜”[②]。

---

① ［元］佚名：《庙学典礼》卷五。

② ［南宋］《会稽志》卷一八。

元大德元年（1297年），江浙行省儒学提举司规定官学和书院将学生分成大学生员和小学书院，采用不同教育方式，规定明道书院：

明道书院总计一十四名，治经七名，治赋七名。

大学生员课试，三十岁以下者各各坐斋读书，延请讲书训诲。近因上年溧水州田土被水淹没无收，止是旦望行供，才于十二月初一日为头，每日照旧例行供讲课。每日课治：治经义者小经义冒，治赋者省诗，午后纳课呈山长；晡后书名会食，课办呈公堂，放学。

小学生员课业：每日从小学教谕出题授书训导，每遇三日一次供诗，每日背诵隔日书，授本日书，出本日课题，省诗对句，食后习功课，午后说书，《大学》《中庸》《论语》《孟子》《小学》之书，《通鉴》，出晚对，供晚对。[①]

元至治二年（1322年），河南光山县尹特穆尔布哈建造涑水书院，次年在山西夏县建造涑水书院，设五斋，也都是采用分别教育方式，“聚邑士之俊造与幼学者分教焉”。

分别教育是书院主要教育方式之一，因为许多家族书院子弟年龄不一，教育程度不同，不可能按照年龄或学习内容设置不同书院，只能在一所书院内分开分别进行教育，乡村建造的书院由于同样原因大多也是这样。清乾隆间官办的酒泉书院就采取这种方式，“析其舍为两院，一课成人，一课小子，择州文学二人为之师”。

四、分斋教学

北宋胡瑗主张明体达用，提倡经世致用，重视经义和实务，在苏州、湖州

① ［元］佚名：《庙学典礼》卷五。

教学时设置经义斋和治事斋，采用分斋教学方式。经义斋研修“明体之学”，学习研究儒家经典，“择疏通有器局者居之”；治事斋研修“达用之学”，设治民、讲武、堰水、历算等科，分别学习行政管理、农田、水利、军事、天文历法等知识。规定一人各治一事并兼摄一事，创立学科必修和选修制度。此办法在范仲淹庆历兴学时推广到太学和地方官学。

受此影响，有的书院也采用分斋教学法。南宋时，周允成建造书院，“中设讲堂，四斋旁列，扁曰道艺，曰文行，曰才德，曰器识。谓艺者必本于道，文者必副以行，才者必将以德，器者必深于识也。岂徒习训诂、工声律哉！”

元至元中，富珠哩翀“欲于顺阳建博山书院以淑其人，分置六斋，治礼、治事、经学、史学、书学、数学”，分科进行教育，可惜天不假年，因去世而未遂。

康熙三十五年（1696年），颜元应请至漳南书院主教，建议书院“东第一斋西向，榜曰‘文事’，课礼、乐、书、数、天文、地理等科；西第一斋东向，榜曰‘武备’，课黄帝、太公以及孙、吴五子兵法，并攻守、营阵、陆水诸战法，射御、技击等科；东第二斋西向，曰‘经史’，课十三经、历代史、诰制、章奏、诗文等科；西第二斋东向，曰‘艺能’，课水学、火学、工学、象数等科……门内直东曰‘理学斋’，课静坐，编著程、朱、陆、王之学；直西曰‘帖括斋’，课八股举业；皆北向。以上六斋，斋有长，科有领，而统贯以智、仁、圣、义、忠、和之德，孝、友、睦、姻、任、恤之行”。书院分成六斋进行教学，“读书、作文如常课，而习礼、歌诗，学书计，举石，超距，击拳，率以肄三为程，讨论兵农，辨商今古，惟射以水不得学”[①]，看来已经落实了颜元设想。

广州学海堂虽然没有分斋教学，但设专课，“课业诸生于《十三经注疏》

---

① ［清］颜元：《漳南书院记》，转引自陈谷嘉、邓洪波《中国书院史资料》，第1410—1411页。

《史记》《汉书》《后汉书》《三国志》《文选》《杜诗》《韩昌黎集》《朱子大全》诸书中，各因资性所近，自选一书肄习”[①]。

第三节　书院考试

考试是书院用以考查学生学习成绩、进行科举考试训练并进行选拔、评定、奖惩生徒的一种考核方式，在书院教学中占据重要地位。

一、考试种类

书院考试主要有招生考试和常规考课两种。

书院一般向学生提供膏火，学生不必为生计分心而得以安心求学，因此想要进入书院学习者众多，而书院也想将有限经费培养出更多更优秀人才，“必视其人肯就学而加以讲习之功则学进，必因其才有可造而予以砥砺之益则业精，自当选择以定其名数”[②]，所以书院会像现代大学系统一样，通过举行招生考试来选择优秀学生。

宋代入院考试比较简单，景定年间《明道书院规程》规定：“士之有志于学者，不拘远近，诣山长入状，帘引疑义一篇，文理通明者请入书院，以杜其泛”[③]，申请入院者提供家世情况并当场写作一篇关于经典的疑义文章，文理通明就可入院学习。明代白鹭洲书院招收学生公开考试，万历二十年（1592年）馆例规定，“书院号房有限，本府据所偶知量取作养，以示倡率。于作养一念原无分别，凡会考之期，各县未取生员有志者俱许赴会，一体校阅发落”[④]。

① ［清］《学海堂志》，转引自陈谷嘉、邓洪波《中国书院史资料》，第1639页。

② 邓洪波：《中国书院学规集成》，中西书局2011年版，第83页。

③ 邓洪波：《中国书院学规集成》，中西书局2011年版，第163页。

④ ［明］汪可受：《白鹭洲书院馆例》，转引自陈谷嘉、邓洪波《中国书院史资料》，第747页。

清代学生数量大增，书院招生考试渐趋复杂严格。清道光《龙冈书院章程》规定：“书院每年二月初二日开课，先期由县出示晓谕，生童赴礼房报名备卷。至期齐集书院，听候本县扃试”[①]，每年二月初二举行招生考试，在此之前由官府发布告示，生童按要求前去县衙礼房报名，考试当天到书院参加考试，根据考试成绩按额录取。

南京惜阴书舍是专研经史词章的学术书院，“分经、史、词章三门命题课士”，招收的院生标准更高，“今惜阴书舍专为实学而设，应由两院山长、监院各就院中肄业诸生将其能攻经文者保送，其有在书院而尚未著名，及素未在书院与举人本不与课者，自信钻研有素，一体听其报名投考，听候监院示期甄别，齐集扃试，取定甲乙，送入书院”[②]，考生一是由省城书院钟山书院和尊经书院山长、监院保送能攻经文者，二是自信有能力报考者，考试后根据成绩录取。

常规考课大多分作官课和斋课两类，仅个别书院还有学师官课。

官课又称大课，由官府负责考试，官课考试时间一般一月一次或两次，但也有多者。

清代浙江杭州敷文书院专设孝廉课，每年十次考课，正月、腊月不课，五月、九月由山长课试，其他八次分别由布政司、按察司、运粮道和杭州道轮流主持。广州菊坡精舍专课全省举贡生监，每月一次官课，分别由总督衙门、巡抚衙门、布政司、按察司和运粮道轮流主持。广东粤秀书院每月初三为官课，每季孟月由总督、巡抚两院轮流主持，仲月和季月由司、道轮流主持。江苏丹徒宝晋书院设在镇江府城内，所以官课由道、府、县轮次课试。湖南安仁宜溪书院由知县创办，官课由知县负责，“每月官课二次，定以初三、十八两日。清晨躬亲至院点名，关锁各生书室，俱归号舍就课，申刻

① 邓洪波：《中国书院学规集成》，中西书局2011年版，第13页。

② ［清］陶澍：《惜阴书舍章程》，转引自陈谷嘉、邓洪波《中国书院史资料》，第1697页。

交卷，送署校阅评定”，官课时知县到书院检查并亲自评定考卷。广东韶州相江书院官课一月三次，“每月十三日为道宪官课，初三、二十三日为府宪官课”，每月道台上一次官课，知府上两次。官课最多的是康熙间的湖北江汉书院，湖广右布政使翟凤翥重修后，“选士数百人读书其中，督课每月六试”，翟凤翥督课考试每月6次。

斋课又称小课、师课、堂课、馆课，由书院负责考试，相对官课更加灵活，考试次数也更多。粤秀书院、菊坡精舍都是每月两次小课，湖南安仁宜溪书院每月“馆课四次，定以初八、十三、二十三、二十八四日”，燕山书院也是四次，“斋课每月定于初七、十二、二十二、二十七等日，凡四课，院长命题阅课”[①]。广东归州丹阳书院多达每月6次，“每月山长月课六次，以三、八为期”。

学师官课见于云南新平桂香书院。书院每月4课，初二为知县官课，十六日为学师县学教谕官课，十二日、二十二日为山长师课。考试内容相同，“试题：官课制艺一篇，试帖一首，除艺帖外，间杂试经古及字课”。[②]

有的书院还会临时增加课试。玉山书院规定，科场之年强化训练，增加课试，“科场年每月加课一道，官师分校，定于每月初十、十一、二十一三日，专课诸生。照科场出题作文，次日申刻交卷，日入不完者不阅”[③]。《崇正书院章程》规定，“生监遇有乡试之年，应于试前数月各加堂课一次”[④]，“遇闰一例月课”。有的是官员自行加试，丹徒宝晋书院在清道光年间，知府将课试前二十名集合到府衙进行单独课试，“道光年间，前府窦、前府赵俱于月课外，提前二十名到署，另行小课诗赋、经解、策论”。

---

① 邓洪波：《中国书院学规集成》，中西书局2011年版，第56页。

② ［清］道光《桂香书院学规》，转引自陈谷嘉、邓洪波《中国书院史资料》，第1647页。

③ ［清］庄逵吉：《玉山书院规条摘要》，转引自陈谷嘉、邓洪波《中国书院史资料》，第1717页。

④ 邓洪波：《中国书院学规集成》，中西书局2011年版，第41页。

二、考试内容

考试内容有两类，一类是科举性考试，一类是学术性考试。

书院多为举业性质，大多按照科举考试内容和要求进行考试。早在南宋时，建康明道书院“每月三课，上旬经疑，中旬史疑，下旬举业”；福建延平书院“每月三课，上旬本经，中旬论，下旬策”；江西永丰龙山书院“课试悉仿州县法，春秋校艺，以礼屈邑佐或乡之中第者司其程尺，日讲月肄，则君自主之”①；都是按照官学科举考试内容进行考课。

元代开科考试不多，三开两停，时断时续，但也没有影响书院仿照官学方式考试。江浙行省《行台坐下讲究学校便宜》规定，“儒生五十岁以下者各供月课，孟月经、赋，仲月论，俱各全篇，季月经疑、史评”，锦江书院“会课讲试一如例程”。

明清时期，随着科举考试内容变化，书院考试内容也发生改变。敷文书院孝廉课为举人参加会试的强化训练班，每次课试考试一篇《四书》文，一篇试帖或论或疏，不能写论和疏者可以写一诗一赋。广州菊坡精舍专课全省举贡生监，属于中高等举业书院，主要进行科举考试训练，课试经史诗赋。广东粤秀书院每课考试《四书》文一篇，试帖诗一首，如果有时间，再安排课试经文及策，或作律诗、经解。山西令德书院“官课、堂课题目均经解一道，史论一道，杂体诗、文各一道”；玉山书院“照科场出题作文”，“每课《四书》文一篇，五言排律诗一首”；东阳书院“会课每月两期，官课定于初二日，斋课定于十六日，均试以制艺排律”，每月举办两次考试，一次官课、一次斋课；考课内容均为科举考试的八股文和五言排律诗。宜溪书院课试“每课《四书》一篇，诗一首，生员或经文或策或论一篇，间出经解一首，每首约三百字”，偶尔增加一首经解文章。

---

① ［南宋］刘爚：《龙山书院记》，见《云庄集》卷四。

许多书院以科举得中为培养目标，如广东“省垣各书院以时艺课士”，所以考课内容也随科举内容而改变。清嘉庆间广州粤秀书院就规定：“每课《四书》文一篇，试帖诗一首。现在功令五经并试，首场作论改为试帖，科岁两试亦止策及经文，今课期制艺试帖之外，如遇日永余闲，应作经文及策，或作律诗、经解，停止作论”①，跟随科举内容进行调整。清末许多书院增加考试内容，海阳书院“山长斋课，随大课之月，以十六、二十六日为期，十六日一文一诗，与官课同。至二十六日，或诗赋、经解，或策论、算学，迭以各体试之，亦分经义、治事之遗意也”；“又每年分作四季，各加古学及时务学一次”②。

进行学术性考试的书院不多，已知有清代惜阴书舍、诂经精舍和鳌峰书院。

惜阴书舍是专为实学设置的书院，“分经、史、词章三门命题课士”，选择院生“无论经、史、词章，果精一艺已足知名，不必矜博骛广，致践虚骄。经则诗、书分任，史则班、马各宗，词章亦骈、散攸分，文笔互判，但有所长，悉听自占”，考试内容不作统一要求，根据个人所长撰写，还是很自由的。为培养全才，鼓励院生做全部试卷，“学重专家而勇有兼人，诸生如果积修深至，资力逾恒，或能兼通经史，并擅翰藻，认做全卷，但能入式邀取，悉与另列优等，以旌异材，花红书籍优奖较常加倍”③。

嘉庆五年（1800年）阮元创建的诂经精舍最初每月一次课试，“问以十三经、三史疑义，旁及小学、天部、地理、算法、词章，各听搜讨书传条对，以观其识，不用扃试糊名之法”，与省城敷文、崇文、紫阳书院专肄举子业完全不同。

---

① ［清］梁廷枏：《粤秀书院条规十八则》，转引自陈谷嘉、邓洪波《中国书院史资料》，第1708页。

② 邓洪波：《中国书院学规集成》，中西书局2011年版，第58页。

③ ［清］陶澍：《惜阴书舍章程》，转引自陈谷嘉、邓洪波《中国书院史资料》，第1697—1698页。

福建鳌峰书院从道光三年(1823年)开始，馆课不再仅试时文、律诗，“兼试古学、经解、史论、杂体诗赋”，增加学术考试。

课试出题，官课一般都由官府审查确定或直接命题。《学海堂志·事宜》记载：“每季孟月初旬，即由管课学长知会，齐集堂中公拟题目。每题加倍拟备，定期请题，转赴督、抚、学三署呈宪裁定”[①]，官课先由学海堂八位学长公拟考题，每题按课试数量加倍拟出，呈请总督、巡抚、学政选定。云南五华书院每月初三和十八日官课，由督抚、学政、知府轮流主持并出题，“至日诣官廨请课题”。求志书院“课期，由各掌教出题，送交观察，刊刷总单”，书院各掌教拟题，呈请道台确定。四川新都龙门书院规定官课由知县命题，“官课定于每月初二日，由本县命题”。河北栾城龙冈书院道光十七年规定，官课由知县出题，馆课由山长出题，“每月初二日官课一次，十七日馆课一次，作为正课，在院扃试，专试制艺试帖；初九日、二十四日两日散课二次；一由本县出题，一由山长出题”。湖南龙潭书院规定每年二月十八日和八月十八日两次官课由知州出题，“先期由董事禀请州尊命题，一《四书》文，一试帖诗，一赋，一古近体诗，一策论，限三日交卷，毋得过期”，这种官课不扃试，实际上属于科举训练。

馆课一般由书院自行拟定，如广州菊坡书院“每月小课，应由院长酌定，每月两课”，四川新都龙门书院规定由山长命题，“堂课定于十二日、二十二日，由山长命题”。

惜阴书舍还建立课题档案，“每课所出试题，督院礼房另立书本登记某年月课题，以免重复”，由总督府礼房记录在案，以免将来课试考题重复。

三、考试方式

书院考试方式一般有两种，一种是封闭考试，一种是开放考试。

---

① 赵所生、薛正兴：《中国历代书院志》(第三册)，江苏教育出版社1995年版，第286页。

封闭考试多名扃试，官课基本都是采用这种方式，有的书院连馆课也封门考试，梗阳书院就规定，“官课及山长公课俱封门扃试”。广东韶州相江书院官课更严，考试不在书院，而是安排在府衙或考棚，“每月十三日为道宪官课，初三、二十三日为府宪官课，或在本署，或在考棚，均扃门考课”。

嘉庆九年（1804年）玉山书院规定，“官课扃门课试，兼课生童。每课《四书》文一篇，五言排律诗一首。申刻交卷，如有继烛及携卷出做者，定置末等”。咸丰间定武书院规定“日落交卷，不许继烛，不完者不录”。同治间洞溪书院规定“堂课以每月二十三日为期，黎明时击梆三通，无论内外学，各带笔砚出堂，静候院长点名出题。作文一篇、诗一首，不准入房挟带，限申刻交卷，经烛不收”[①]。

广州粤秀书院不论官课、馆课均为扃试，“课期，诸生黎明登堂，向院长揖坐，封门发题。如官课委员监场，监院教官于课日清晨请题封发，试卷即日收齐，次早该委员呈送，不得假手院役滋弊。至馆课即令监院监场”，“两院课期派厅官一员，司道课期各派首领佐贰官一员，协同监院、教官查察”，总督、巡抚轮值时指派厅官监试，司道轮值是指派副职监试。

杭州敷文书院孝廉月课每月一课，正月、腊月无课，每年十课，其中官课八次，师课二次，官课师课相同，都是采用扃试，“官师课期，诸孝廉衣冠，于卯刻齐集敷文书院，听候扃门考试。每课一《四书》文，一试帖，或一论，或一疏。辰刻散卷，申刻交卷，不准给烛”，考试时间为八个小时。对试卷印刷管理也有严格规定，“试卷内用奏本纸，红格刷印，直行，纸页计足一文一诗一论之数。卷面朱印‘敷文书院孝廉月课’字样，监院用印钤记，以杜更换，即委令敷文书院监院办理，委员先期各衙门酌委”。

书院考试大都很严格。广泽书院月课也采用扃试，规定“月课辰时封门，

---

① 邓洪波：《中国书院学规集成》，中西书局2011年版，第1146页。

逾时不到者虽属高才不准补进，酉时交卷，秉烛继晷者虽有佳构不列前茅”[①]，考试时间10小时，考试迟到者即使是优秀学生也不准再进入考试，超过交卷时间，虽然作出好文章也不会名列前茅。

采用开放式考试书院不是很多，官课和侧重学术的书院有的采用这种方式，甚至让学生带试题回家去做，三日、五日、十日甚至两个月再交卷。

山西《令德书院章程》规定三日后交卷，“官课、堂课题目均经解一道，史论一道，杂体诗、文各一道。均限三日交卷，题目必须全作”[②]。浏东狮山书院规定官课、官学课三日交卷，“每年请县官二课，东西官学二课，限三日内齐卷解送”。龙潭书院请知州二月十八日和八月十八日各官课三日交卷，“一《四书》文，一试帖诗，一赋，一古近体诗，一策论，限三日交卷，毋得过期”[③]。光绪间桂阳龙潭书院规定每月三课，分别一日、三日交卷，“初五、二十五日课《四书》文及试帖各一艺，限本日交卷。望日课经艺及杂体文并古今诗各一艺，限三日交卷”。

惜阴书舍属于学术书院，课试侧重自研，规定五日交卷，“每月一课，课期不与两书院相重。除开课日齐致书舍外，余课皆领卷归家，各就所占之题检寻推究，五日交卷，后阅取榜示”，每月一次课试，除开课课试在书舍外，其他均在家作题，五日交卷。但为检查自修水平，督院会在几次课试后举行扃试，“不准领卷出外，不给烛，不收投考”，采用开放式和封闭式相结合方式。

章学诚主持的清漳书院斋课规定十日交卷，“先期发问，诸生抄录回家，十日以后录入下次课卷，则窗下尽有余闲，可以翻阅经书，从容置对”。

求志书院设有季考，可以两个月交卷，“课期定在朔日，无论远近，均以散题之日为始，缴卷限两月截止”。

有的书院课试方式比较灵活，玉山书院师课时，凡住在书院的学生当日

---

① 邓洪波：《中国书院学规集成》，中西书局2011年版，第38页。

② 邓洪波：《中国书院学规集成》，中西书局2011年版，第75页。

③ ［清］《龙潭书院学约》，转引自陈谷嘉、邓洪波《中国书院史资料》，第1596页。

交卷，而不住书院学生可以带题回家去做，“每月师课两次，定于每月初八、二十二日，专课童生。凡在书院肄业者当日交卷，其有离城稍远者领题外作，次日清晨交卷”。

带题回家去做是很好的方法，只有让学生拥有充足的时间查找资料，才能写出高水平文章，即使是科举书院也可以采用这种方式，书院课试不过是科举强化训练，只有日常锻炼写出高水平文章，科举考试时才会有好文章出世。

为了保证考试公平公正，有的书院试卷要弥封，有的官课由官员组织评卷。广州粤秀书院官课结束后，试卷由官府指派的委员自呈送官府，不准书院工作人员报送，以防作弊。乾隆间望洛书院课试，书院馆师评阅后呈给知县确定名次，“今拟每月朔望所课之文，馆师阅定交送到县，卑职亲定甲乙”。求志书院斋课“监院收卷后，呈送观察，将卷面姓名弥封钤盖关防，分送各斋掌教阅看。掌教阅定后填写甲乙，送呈观察裁定，榜示院门”[①]，由多名掌教进行评卷，确定等级，然后交由山长，山长呈请道台审定，然后根据成绩排名张榜公布。

四、考试奖惩

根据考试成绩给予奖惩早在南宋就已开始，白鹭洲书院规定：“如生童有连考三次前五名者，副升为正，附升为副。有连考三次后五名者正降为副，副降为附。”[②]元元贞元年（1295年），江浙行省行御史台规定，朔望讲书时掣签令学生背讲，“二次文理不通者降供”，减少学生膏火。

明清时期大部分书院都制定并实行奖惩制度，根据考试成绩对学生进行奖惩，成绩优秀者给予奖励，奖励方式一是发给奖金，二是升级，三是将优秀试卷送呈上官或刻印成范文。

---

① 邓洪波：《中国书院学规集成》，中西书局2011年版，第146页。

② 高立人主编：《白鹭洲书院志》卷八，江西人民出版社2008年版，第183页。

宝晋书院光绪初规定：“肄业孝廉每课取上上卷八名，上卷八名，余列中卷”，“孝廉上上卷，给膏火钱三千文，上卷给膏火钱二千文，中卷无膏火”；“肄业生员每科取超等四十名，特等四十名，余列一等”，“生员超等给膏火钱二千四百文，特等给膏火钱一千文，一等无膏火”；“肄业童生每课取上取四十名，中取四十名，余列次取”，“童生上取给膏火一千八百文，中取给膏火八百文，次取无膏火”；“驻防肄业生员每课取超等四名，特等四名，余列一等”，“驻防肄业童生每课取上取二名，中取二名，余列次取”，“驻防生童每课共给膏火二十千八百文，发交该生童自行摊派”[①]。驻防军人子弟生员、童生共取12名，膏火共给20800文，标准略高于非驻防生童。

粤秀书院规定每次考课均给奖金纸笔银，诸生首名白银1两，超等至特等第一名5钱；童生上取首名5钱，第二名、第三名3钱；旗籍生员一等首名1两，其余一等至二等首名5钱；旗籍童生上取首名5钱。

丹徒宝晋书院奖金不高，但官课、斋课均发给。“官课生员第一名至第三名，奖资各五百文，第四名至第十名，奖资各三百文，斋课仿此。童生第一名至第三名，奖资各三百文，第四名至第十名，奖资各二百文，斋课仿此”，同治七年，提高斋课奖励标准，“今定生员斋课奖资：前十名每名一千文，十一名至四十名，每名六百文。童生斋课奖资：前十名每名七百文，十一名至四十名每名四百文”，“其举人官课奖资应准照给，第一名一千文，第二名至第五名各五百文”[②]。

惜阴书舍由于不给膏火，只发奖金，金额较高，“每课入试之卷，超等第一名给优奖银四两，二、三名各给银三两，四、五名各给银二两，六名以下至末皆给银一两，不列等免给”[③]。杭州敷文书院孝廉每年十次月课，“每课额定正取18名，次取18名，余俱作为附取。正取每名给膏火银二两，次取每名给

---

① 《宝晋书院规条》，见陈谷嘉、邓洪波《中国书院史资料》，第1699页。

② 《宝晋书院规条》，见陈谷嘉、邓洪波《中国书院史资料》，第1700页。

③ ［清］陶澍：《惜阴书舍章程》，转引自陈谷嘉、邓洪波《中国书院史资料》，第1698页。

膏火银一两，附取每名给膏火银四钱”，由杭嘉湖道公布，当堂发给。

清中期石鼓书院正课均给月米，每月共米4石，住斋生少，即将剩余月米分给本月官师两课考列超特一等。童生考列上、中、次取之住斋者。虽然有月米，奖金也很高，官课奖赏，生员“超等五名，第一名钱三千文，二、三名各二千四百文，四、五名各一千六百文；特等十名，前五名各一千文，后五名各八百文”；童生“上取五名，第一名钱二千三百文，二、三名各一千四百文，四、五名各一千二百文；中取十名，前五名各六百文，后五名各四百文；次取二十五名，各三百文”。师课生员“超等五名，第一名钱二千五百文，二、三名各二千一百文，四、五名各一千四百文；特等十名，前五名各八百文，后五名各六百文；一等二十五名，各三百文”；童生“上取五名，第一名钱二千一百文，二、三名各一千二百文（宜作一千五百文），四、五名各一千文（宜作一千二百文）”，中取、次取奖金标准因原书缺页不详，官课不论书院或是童生，均奖励40名，师课生员奖励也是40名，童生上取与官课相同，中取、次取也应该相同，也是共40名。

许多书院将学生分成等级，在正式生徒之外，会额外招收一些外课生或附课生，根据考试成绩可以升降。玉山书院额设诸生、童生正课各8名，附课各20名，课试成绩不论官课、斋课，生员分作超等、特等和一等3等，童生分作上取、次取和又次取3等，附课生连续3次考课成绩在前三名者补作正课生。粤秀书院也规定，“若诸生中有连考优等三次者，外课升正课，附课升外课，准其有缺挨补”。

除资金奖励外，有的书院还将优秀文章送交上官或刻印。惜阴书舍规定：“每次课卷监院饬发诸生阅后，仍汇齐交由山长，选择其文理较优者送督署礼房缮誊清稿，以便督院随时鉴定。可为程式者谕令梓人吴太和住院刊刻成集，以彰古学”。

有的书院对考卷失误和考试成绩不好者给予处罚。处罚方式主要有罚款和降级直至除名。

彝山书院规定对试卷失误给予罚款，“诗中失粘一字，错抬头一处，出一韵，俱罚银一钱。至错写题目，不避庙讳、御名，诗全出韵者，罚膏火每月一半”①。玉山书院规定“诗中失粘为科场大病，课卷如有失粘者，每一字罚钱五文，出句用平声住脚者罚钱二十文”。鳌峰书院对考试成绩差者扣除膏火，以此用于奖励成绩优秀者，“生监每课考在一等二十名末者，查明内外课共若干名，每名将全月膏火扣罚三分之一，以为加赏考列十名前之人；鳌峰童生每课考在又次取十五名末者，查明正课若干名，每名将全月膏火罚扣三分之一，以为加赏考列八名前之人”。

根据课试成绩对学生降级甚至除名的书院不少。广州粤秀书院规定，每年二月前进行考试甄别，令诸生童赴监院报名投卷候考，录取者才能入院居住学习。定额正课生监80名，童生20名，每月三次课试，连考三次都在后五名者正课降外课，外课和附课均除名。对课试作弊者进行严惩，“如有全抄刻文及全卷雷同并不能完卷者，正外课俱降附课，附课除名”。玉山书院规定，正课生员连续三次成绩在一等者（最低等）、附课童生连续三次成绩在又次取者（最低等）降为附课，附课则扣除。鳌峰书院规定，生监合计官课、馆课三次考试成绩在一等二十名末和两次在一等十名末者内课即降外课，外课即降附课，附课则册内除名；童生合计官课、馆课三次在又次取八名末和两次考在又次取四名末者，正课降为附课，附课则于册内除名。②

---

① ［清］史致昌：《考古学奖励正副课应升应降每月膏火支领章程》，转引自陈谷嘉、邓洪波《中国书院史资料》，第1693页。

② ［清］吴荣光：《鳌峰书院章程》，转引自陈谷嘉、邓洪波《中国书院史资料》，第1539页。

世界书院研究

第二卷

孔祥林 主编

国家社会科学基金项目『世界书院研究』成果
山东省社科理论重点研究基地
孔子研究院中外文明交流互鉴研究基地成果

山东人民出版社·济南
国家一级出版社 全国百佳图书出版单位

目　录

第四章　中国书院师长

师长是书院的灵魂，除必须具备固有的“传道、受业、解惑”职能外，还肩负着表率学生、管理学生的重任，因此书院都非常重视师长的设置与选聘，并给予优厚的待遇。由于书院基本属于私立，且历经千余年发展，没有统一的制度，师长的设置、职责、聘任、待遇都值得进行研究。

第一节　师长设置

书院师长是对书院教师和管理者的统称，包含教学职位、管理职位、荣誉职位等。在书院初创期，师长的设置相对简单，往往出现创建者既负责书院的管理又负责教学的情况。随着书院规模的扩大和制度的完备，书院师长逐渐增多，不同时期、不同书院有山长、副山长、洞主、说书、助教、堂长、堂正、学长、斋长、学录、学宾、司书、钱粮官等名称。

一、南宋前书院师长设置

唐代虽有书院，但未见设置师长，而山长一称在唐代就出现了。唐代阆州太守孙丘建学以尹恭初为山长，“尹恭初，阆州人也。家世儒，业通五经，善谈论，唐刺史孙丘置学舍于州北古台山，以恭初为山长，学者大集。恭初不下山二、三年，教诲不倦”。五代时，湖南衡山也有学者称作山长，“五代零陵蒋维东好学，能属文，乾祐中，常隐居衡岳，从而受业五十余人，号维东为山长云”[①]，遗憾的是不知这两所学校是否以书院为名。学校既然名山长，就不是官学，因为唐代官学不论府州县学设置的都是经学博士和助教，即使是刺史建造也只能属于私学，五代蒋维东隐居衡山教授的毫无疑问就是私学。

白鹿洞在南唐时设置了洞主，但此时尚未称书院。马端临《文献通考》说：“南唐升元中，白鹿洞建学馆，以本道为洞主。”从北宋马令《马氏南唐书》看，此时名国学，并非书院，“卢绛，字晋卿，南昌人也。读书略通大义，不事事，常以博弈角抵为务，乡里鄙之。绛惭，愤入庐山国学，与诸葛涛、蒯鳌相善，诸生篋笥稍丰辄强取之，山下桑门亦苦其无赖，号为庐山三害。会朱弼为国子助教，规其过，遂亡去”[②]，此时名国学，又设有国子助教，毫无疑问并非书院，王应麟《玉海》说“当时谓之曰白鹿国庠”。此说很奇怪，南唐首都在今南京，称西都，设江宁府，扬州为东都，设江都府，此前的吴国首都在江都府，而庐山在吴国和南唐都属江州，设奉化节度使，两国都不应该在庐山设国学或国庠，此名称恐怕有误。

宋太平兴国五年（980年）“六月己亥，以白鹿洞主明起为褒信主簿，赐陈裕三传出身”，洞主明起被皇帝授予褒信县主簿的官职，陈裕被赐予三传出身，明起和陈裕应该是书院教学者。

书院山长一称应该始于岳麓书院，大中祥符八年（1015年），山长周式被授予国子监主簿，“方是时，山长周式以行义著，八年，召见便殿，拜国子学主簿，使归教授，诏赐书院名，赐中秘书”[③]，宋真宗召见，授官赐书，又赐书院名，书院设山长是毫无疑问的。

曹诚捐建书院，“既成，邀楚丘戚先生主之。先生名同文，生唐天祐中，历五代入本朝”，在书院历史五代一节中曾论证戚同文大约生于914年，卒于

---

① ［北宋］马永易：《实宾录》卷一一。

② ［北宋］马令：《马氏南唐书》卷二二。

③ ［南宋］马端临：《文献通考》卷四六。

986年，可见曹诚捐建书院应该在北宋初，大中祥符二年（1009年）只是赐额应天府书院。朝廷命戚同文之孙奉礼郎戚舜宾主之，曹诚为府助教，并非为书院设置助教。同样，江西奉新的华林书院淳熙中胡仲尧“除本州岛助教”也是如此。助教是各府设置的官员之一，“牧、尹、少尹、司录、户曹、法曹、士曹、司理、文学、助教”，主管教育。授官助教还是不错的，以府助教执教书院也可以，岳麓书院师长授官国子学主簿，还与教育有关，而白鹿洞授官褒信县主簿与书院无关，应该是离开白鹿洞书院去担任褒信县主簿。戚舜宾“自祥符初被诏管勾应天府书院，切摩诲诱，诸生多至成就”，升任淮南提点刑狱，朝议认为其为长者，不宜任搏击官吏，改任管勾国子监，改判刑部，张方平、王尧臣等认为戚舜宾老于庠序，请求改任馆阁检讨①。由此可见，书院设官尚无制度，转任也无制度。

据王应麟《玉海》说，应天府书院“祥符中，曹氏请以金三百万建学于先生之庐，以舜宾干其裕，王渎掌其教，张吉甫领其纲，密学纶画一而上，真宗嘉叹，面可其奏，盛度文其记，陈尧佐题其榜”，应天府书院师长齐备，戚舜宾负责，王渎主管教学，张吉甫主管纪纲，枢密直学士戚纶上请朝廷赐额，真宗同意，盛度文为文记事，陈尧佐题写院名，遗憾的是没有师长名称。

北宋书院师长名称除岳麓书院山长外，应天府书院还有说书之名，白鹿洞书院有洞主之称。

应天府书院说书，据《玉海》说，“（天圣）六年九月，晏殊言请以王洙充书院说书，从之”，看来是受朝命而设。范仲淹《代人奏乞王洙充南京讲书状》也说“贺州富川县主簿、充应天府书院说书王洙，于天圣二年（1024年）御前进士及第，素负文藻，深明经义，在彼讲说已满三年，伏望圣慈，特与除授当州职事官兼州学讲说”②，两者吻合。《宋史》本传说“（王洙）再举，中甲科，

---

① ［北宋］张方平：《举戚舜宾馆阁检讨》，见《乐全集》卷三〇。

② ［北宋］范仲淹：《范文正集》卷一八。

补舒城县尉，坐覆县民钟元杀妻不实免官。后调富川县主簿，晏殊留守南京，厚遇之，荐为府学教授”，未提其任说书事，但荐为府学教授与范仲淹之文吻合。王洙担任应天府书院说书是无疑的。说书本为朝官，名崇政殿说书，“掌进读书史，讲释经义，备顾问应对。学士侍从有学术者为侍讲、侍读，其秩卑资浅而可备讲说者则为说书”，国子监、地方官学均有设置。乾兴元年（1022年）孙奭任官兖州，曾举荐赵师民任兖州说书。

《玉海》载应天府书院“明道二年（1033年）十月乙未，置讲授官一员”，此讲授官应该是教育官员的泛指，不可能以讲授官为名，历代职官未见此官，此说仅见于南宋李焘《续资治通鉴长编》和王应麟《玉海》。

北宋岳麓书院周式始称山长，隐者雷简夫也称山长，“简夫始起隐者，出入乘牛，冠铁冠，自号山长”①，山长并非书院专用。南宋书院主持者称山长者逐渐增多，景定四年（1263年），诏吏部诸授书院山长者并视州学教授后，山长几乎成为书院主持者通称。元代将许多书院收归国有，山长成为教官，书院主持者罕有不称山长者。清乾隆三十年（1765年）皇帝认为山长乃自外于王化之称谓，而今普天之下莫非朝廷子民，名义殊为未协，“主讲席者自应称为院长”，山长一律改称院长，但到清末大都复改称山长。

说书是宋代官职之一，皇帝崇正殿、王府、王子资善堂和国子监、太学、府学、州学均有设置。其职责，《宋史》载“（崇正殿说书）掌进读书史，讲释经义，备顾问应对。学士侍从有学术者为侍讲、侍读，其秩卑资浅而可备讲说者则为说书”②。崇正殿说书为皇帝进讲，备顾问应对，北宋时止进讲《通鉴》，南宋才讲经。《叶味道传》说“故事：说书之职止于《通鉴》而不及经，味道请先说《论语》，诏从之”，叶味道是嘉定十三年（1220年）进士，任鄂州教授，经主管三省架阁文字、宗学谕任太学博士兼崇政殿说书，说书讲经应该在

---

① 《宋史·雷德骧传》。

② 《宋史·职官志二》。

理宗时。各级学校、书院不会备顾问应对，应该只有进读书史、讲释经义职责。宋代科举还曾设说书科，皇祐中顾临曾中说书科，嘉祐元年（1056年）罢。

洞主之称有三种，最早为地方酋长称号，南朝时江西奉新土著豪酋余孝顷就称新吴洞主。唐代时，南方土著“无城郭可居，依山傍险，自称洞主。寻常亦各营生，急则屯聚相保”。南宋时，广东、江西私贩矾者也称洞主，“惟漳州之东去海甚迩，大山深阻，虽有采矾之利，而潮、梅、汀、赣四州之奸民聚焉，其魁杰者号大洞主、小洞主，土著与负贩者皆盗贼也”，元明时对少数民族首领也称洞主。其次为道士自称，唐代王轨称华阳洞主，北宋真宗时道士柴通玄自号罗山太一洞主。三为教育机构之主。南唐升元四年与白鹿洞设学馆，以国子监九经李善道为洞主，掌教授，当时称为白鹿国庠。北宋时，有处士高怿“梦道士持素书聘为白鹿洞主”，看来北宋时白鹿洞仍称洞主。南宋时曾改称山长，理宗时俞公明曾两任南康府教授兼白鹿书院山长，“再调和州教官，两易南康兼白鹿书院山长”[①]。明清时复称主洞，为书院之长。

二、南宋书院师长体系基本完备

南宋是书院大发展且制度完善时期，书院师长体系也逐渐完备。

北宋时，仅见岳麓书院设山长，应天府书院设说书，虽然书院必须有主事者和执教者，但因文献不足，师长名称大都尚属缺如。

南宋时，随着书院规模扩大，特别是学者官员的介入管理，书院师长逐渐增加，名称逐渐明确，师长体系逐渐完备。

朱熹淳熙七年（1180年）知南康军，发帖聘任杨日新为白鹿洞书院堂长，“本洞旧制，洞主之外，更有堂长名目。今睹学录杨日新年德老成，在洞供职，纪纲庶事，表率生徒，绩效可观，合行敦请。须至给帖者。右给帖付贡士杨日

---

① ［南宋］方逢辰：《宋知郡寺丞俞公行状并铭》，见《蛟峰文集》卷七。

新，准此充白鹿洞书院堂长职事”[①]。可见白鹿洞书院有洞主、堂长和学录，此外有经谕，朱熹曾聘请彭蠡担任，讲说《四书》和《西铭》。宝庆三年（1227年）时书院设有堂长、学录和直学。

北宋时岳麓书院即设山长，绍兴间胡宏致函秦桧请求令潭州太守与漕臣重修，自己愿任山长，并请按州县监官给予廪禄，“今若令潭守与漕臣兴复旧区，重赐院宇，以某有继述其先人之志，特命为山长，依州县监当官给以廪禄，于以表朝廷崇儒广教之美”[②]，但他不依附秦桧自然不会获得秦桧支持。乾道元年（1165年），湖南安抚使刘珙重建后，聘请张栻主教。张栻虽与朱熹、吕祖谦并称为“东南三贤”，但因其为胡宏弟子，因胡宏未能担任山长而不敢称山长。绍熙五年（1194年），朱熹任潭州知州时，扩大岳麓书院，聘请醴陵贡士黎贵臣任讲书，聘请郑贡生为学录，从朱熹《潭州委教授措置岳麓书院牒》来看，岳麓书院归州学教授管理，学生经费由本州岛赡学料次钱和书院学粮内通融支给，此两项经费由钱粮官主管。宝祐元年（1253年），湖南转运副使吴子良聘请学者欧阳守道为岳麓书院副山长，主持书院教务，此时还设有山长、堂长、舍长。不同时期，岳麓书院有山长、副山长、堂长、讲书、学录、舍长等师长。

朱熹题写院名的盱山书院是唐准（字希易）发动唐氏家族建造的家族书院，唐准亲自讲学，并设堂长、学长和斋长等，“希易既自以身教之，次有堂长、学长、斋长诸职”。

南宋时，书院师长体系基本完备，最为典型的是嘉定八年（1215年）建造的建康明道书院，设山长一员总负教养之责，六斋各设堂长一员分司其职，此外设有堂录、讲书、堂宾、直学、讲宾、钱粮官、司计、掌书、堂祠、斋长、医谕等，师长名目总计达13种之多，还有为程颢设立的奉祀后裔掌祠，负责教

① ［南宋］朱熹：《南康军请洞学堂长帖》，见《晦庵别集》卷六。

② ［南宋］胡宏：《与秦桧之书》，见《五峰集》卷二。

育掌祠的掌仪。开庆元年（1259年）明道书院应山长之请仿照东湖书院设置了提举官，师长多达16种。明道书院还特别设置了医谕一职，医谕待遇仅月禄米7斗且无俸，比最低待遇月钱10贯、米1石的斋长还要低，当属兼职。即使如此，此前此后均未见其他书院设置医谕[①]。当然，其他规模较小的书院并没有设置这么多职位，有的书院甚至由一人兼任山长、教师、执事。

景定四年（1263年）山长授官前，著名书院的山长多以教授兼任。淳祐间汤汉以信州教授兼象山书院山长；顾杞以潭州教授兼任岳麓书院山长；林畊以衡州教授兼石鼓书院山长；刘元刚以江州教授兼濂溪书院山长；时少章以婺州教授兼丽泽书院山长，不久转南康军教授兼白鹿洞书院山长；严州教授兼钓台书院山长。景定四年授官后，仍有山长以教授兼任者，景定四年，"婺州布衣何基、建宁府布衣徐几皆得理学之传，诏各补迪功郎，何基婺州教授兼丽泽书院山长，徐几建宁府教授兼建安书院山长"[②]。有的府州属下书院多，教授兼任多所书院山长，咸淳初，毋廷瑞以黄州教授兼任雪堂书院山长和河南书院山长。

堂长之称，首见于白鹿洞。朱熹说"今按《江南野史》，本洞旧制，洞主之外更有堂长名目"[③]。北宋时国学也设堂长，强至《贾绎充堂长牒词》说，"稽于众，求学行完懋，而可以为诸生长者，咸以前件人为言，乃询群议，以补斯职，其勉力以赞学事，益副诸生之所望"[④]。堂长当为学校任官，而检索《宋史》，熙宁"四年，尽以锡庆院及朝集院西庑建讲书堂四，诸生斋舍、掌事者直庐始仅足用。自主判官外，增置直讲为十员，率二员共讲一经，令中书遴选或主判官奏举"，熙宁五年，强至召判户部勾院、群牧判官，奏举判官恰为强至负责，国子监建造了四处讲书堂，堂长似当为此所设。

---

① ［南宋］周应合：《景定建康志》卷二九《儒学志二·建明道书院》。

② 《宋史·理宗本纪五》。

③ ［南宋］朱熹：《南康军请洞学堂长帖》，见《晦庵集·别集》卷六。

④ ［北宋］强至：《祠部集》卷三三。

南宋书院设堂长最早见于白鹿洞书院，淳熙七年（1180年），朱熹任命贡士杨日新“充白鹿洞书院堂长”，其次为岳麓书院，淳熙十五年时吴猎为堂长。朱熹在白鹿洞书院开其端，岳麓书院承其绪，南宋书院设置堂长因之成为风气。上蔡书院、象山书院、道南书院、东湖书院、钓台书院、明道书院、濂溪书堂、北岩书院、临汝书院、韩山书院、白龙洞书院等都设置了堂长，陈宓建造的延平书院竟然有李燔、林羽、蔡念成、杨复、余道夫、李伯武、赵师恕、邓邦老为堂长。

在南宋，有的书院堂长为实际主持者，有的为教师。

有的书院之所以由堂长为实际主持者，就是因为山长是由府州教授兼任，而教授还要负责府州学校教育，而有的书院距离府州学校较远，教授不可能住院管理，所以书院设堂长以主持。

淳熙十五年（1188年）岳麓书院以州学教授顾杞兼任山长，吴猎为堂长，维修后两人联名请陈傅良为记，堂长为实际负责人。王炎《论请岳麓书院堂长》说，“今日湘中九郡惟一书院，书院惟一堂长”，也可证堂长为岳麓书院实际主持者。绍定四年（1231年），袁甫兴建象山书院就直接设置堂长主持，“余持节江左，兴建象山书院，延振甫为堂长，四方学子来集，振甫朝夕训警，恳至切到，语自肺腑流出，群士信向，虽负隽拔敏赡之才者，一闻振甫讲说大旨，却立拱手，曰：冯堂长我师也”①。

明道书院山长在景定前一直由沿江制置使兼知府派官出任，山长并非挂名，月俸100贯，与堂长相同，但比堂长少月禄米3石，时价米每石36贯，俸禄仅为堂长一半，“寒月送炭，山长入堂日支五斤，堂长日五斤，堂录、讲书日各三斤”，可见山长不是每日来院，堂长则常驻，书院日常管理以堂长为主。

钓台书院距州城50里，由严州教授兼任山长，淳祐元年（1241年）“知州王佖始延堂长，训严氏子孙”，亦由堂长主持书院。

---

① ［南宋］袁甫：《冯君振甫墓志铭》，见《蒙斋集》卷一八。

有的书院堂长系教师。嘉定十五年（1222年），陈宓创建延平书院，延请李燔、林羽、蔡念成、杨复、余道夫、李伯武、赵师恕、邓邦老为堂长，堂长多至8人，毫无疑问都是教师。建康明道书院“置山长一员，教养之事皆隶焉。自建书院以来，阃府于诸幕官中选请兼充，景定元年以后从吏部注差”，以山长为书院主持，选取程偃孙为程颢宗孙后，“委堂长胡淳讲书”，堂长就是教师。

山主之称见于上蔡书院。景定三年（1262年），台州太守王华甫建造上蔡书院，奏请以参知政事杨栋为上蔡书院山主，诏书同意，杨栋因此迁居台州。咸淳七年（1271年），台州又奏请以力辞参知政事而改任知庆元府兼沿海制置使的王爚充上蔡书院山主，也获得皇帝同意。

学宾之称初见于官学。汪大猷曾经维修官学，推举年长者为学宾，“推年长者为学宾，遇释菜则为祭酒”[①]。官学设置学宾者不少，嘉泰三年（1203年）昆山县学“请前进士、绍兴户曹朱起宗、临安簿沈诚为主学，为学宾，耸其观听，长瀛边先进老成，谈经命题督课，具有法度，其兼训导，职掌袁宗义、沈逢原、胡日严乡曲所推，列职在学，俱给月俸，以示优异”[②]，学宾并非公务人员，而由地方官员自主任命。嘉定六年（1213年），道州郡守方信儒访求周敦颐后裔，“得兴嗣之子鑰以为学宾”。绍定五年（1232年），昆山县学也设有学宾，吴郡太守为昆山县学购置学田：“一日学宾何旦、直学陆震持郡符踵门而告曰：‘新租之增为赐多矣，是宜刻石以寿其传，盍为我记之。’”[③]

书院设学宾始见于白鹭洲书院。学宾无定额，以客礼待之，给予钱米。太学果行斋学生蔡顺孙与弟太学生蔡源因守丧家贫，无以为生，求见李昴英，请任学宾，“鹭洲书院有学宾，无限员，监司帖差前此甚多，愿得此以糊口，庶专心学问也”，李昴英认为，“昔范文正居忧，尝掌学事，今欲为书院泛职，于

---

① ［南宋］楼鑰：《敷文阁学士宣奉大夫致仕赠特进汪公行状》，见《攻媿集》卷八八。

② ［南宋］袁宗仁：《昆山校官养士之碑》，见《吴都文粹续集》卷五。

③ ［南宋］上官震：《昆山县学租记》，见《吴都文粹续集》卷五。

理无碍。况书院之设，政欲储四方英俊，相与讲贯，以上庠之士，乃屑预籍其间，亦可谓下乔矣，不犹愈于其他滥吹者乎？照所陈帖，差充鹭洲书院学宾。夫所谓宾者，当以客礼待之，每月钱米宜加优厚，少俟服除，即参太学，亦非久縻廪稍者也”[①]。学宾“相与讲贯”，与学生们讲学讨论。欧阳守道也被白鹭洲书院聘为学宾，并不授课，每月给钱一万，称作月送，欧阳守道坚辞不受。

上蔡书院设有宾职，太守王华甫聘学者车垓、车若水为宾职，“景定中，会稽王华甫守台，于城之东湖建上蔡书院，首聘公兄弟处以宾职”，后有王复曾为望宾，宾职的名称应该是望宾。

明道书院师长具体职责与宋代国子监师长职责对照看，应该是山长主持；堂长协助山长，负责日常教学及管理；堂录“通掌学规”；讲书如同博士，“掌分经讲授，考校程文，以德行道艺训导学者”；直学“掌诸生之籍及稽察出入”，“诸生德业修否置簿书之，掌于直学，参考黜陟”；斋长“掌表率斋生，凡戾规矩者，纠以斋规五等之罚，仍月考斋生行艺，著于籍”；钱粮官为兼职，负责管理钱粮；司计负责财物管理；掌书负责文书和图书；堂祠负责管理祠堂并筹备祭祀；堂宾和讲宾均有俸有禄，应该驻院，堂宾俸禄低于讲书而高于直学，讲宾则低于直学，可能分别辅助堂长和讲书；医谕有禄无俸，待遇低于宿斋职事生员，应该也是兼职。

白鹿洞书院还曾设有经谕，由朱熹聘请彭蠡担任，经谕辅助讲解《四书》和《西铭》，其他书院未见此职。

三、元代书院师长设置

元代部分书院收归国有，由政府派遣官员出任师长，设置山长、钱粮官、学录、学正和斋长、斋谕。

---

① ［南宋］李昴英：《太学果行斋学生蔡顺孙等札子乞差充鹭州书院学宾职事判》，见《文溪集》卷一一。

至元十九年（1282年），江浙行省规定：

> 总管府：教授二员，钱粮官二员，学录、学正各二员，斋长、谕各一员；散府：教授二员，钱粮官一员，学录、学正各一员，斋长、谕各一员；书院：山长二员，钱粮官一员，学录、学正各一员，斋长、谕各一员；县学：教谕二员，钱粮官一员，斋长、谕各一员。[①]

书院主管名山长，钱粮官、学录、学正、斋长、斋谕等学官定额与散府相同，多于县学，但山长级别低于散府教授。大德二年（1298年）改为“书院有钱粮处设山长二员，无钱粮处只设一员”。大德五年进行改革，书院设官与散府、诸州学校设官完全相同，“散府、诸州并各处书院设教授一员，学正一员，学录一员，直学一员”，山长改为教授，减少一人，还减去钱粮官，改设直学一员。大德六年书院学官再次减少，“下州并书院各设学正一员”，书院只设学正一员，如同下州州学。

山长是元代书院教学与管理正常运行的关键，早期其下又设相关人员具体负责书院教学与管理。学正、学录主要负责“训诲生员，出题考试”[②]，斋长、斋谕负责辅助教学和管理学生，钱粮官负责管理钱粮。

除国家规定设置的师长外，有的书院还自行添置，濂溪书院设有教谕，明道书院设有司训，唐桂芳“弱冠为明道书院司训，元至正中，用荐授建宁路崇安县教谕，再任南雄路学正”[③]。

此外书院还有工役人员和临时聘用人员。前者如淮海、濂溪、茅山三书院，根据需要聘请了学吏、学仆、门仆等执事人员，执事人员主要负责看门、巡视、打扫和保卫等工作，并领取相应薪俸和生活补贴。后者如杭州西湖书

---

① ［元］佚名：《庙学典礼》卷一。

② ［元］佚名：《庙学典礼》卷五。

③ 《四库全书总目》卷一六九。

院，在承接国家刻印图书项目时，为保证项目按时完成，临时聘请当地名儒负责校勘，并招收大量校对人员和手抄工，一旦项目结束，这些临聘人员也随之解散。

除国家规定的官师外，元代书院还有名为耆旧、耆儒的师资：

> 在学儒人，除前廊耆旧，皆亡宋登科贡舍之人，逐月朔望轮次讲书外，东西序耆儒内，请每日登堂讲《通鉴》一章，然后会食。[①]

前廊耆旧均为南宋登科贡舍之人，每月朔望轮流讲书，东西两序耆儒每日登堂讲《通鉴》一章。耆旧、耆儒应该是由学田收入赡养的年老无依之人，中书省曾令“若有耆宿名儒实无依倚者，亦于上项钱内酌量给付养赡”[②]，国家既然以学田收入养赡，他们就在书院内义务授课。对年老无依的前朝登科贡舍之人和没有功名的儒生收养在书院内是一个很好的办法，既解决了他们的生活困难，又让他们发挥余热教导后生，更重要的是减少知识阶层对蒙古王朝的敌视，这比清王朝废科举而不考虑解决读书人出路要高明得多。

四、明清书院师长设置

明代以后，随着书院发展，教学管理、学生管理等行政事务渐多，师长设置更为完备。除山长外，还“设立了院总、监院、监理等职，以分山长之劳，并逐渐形成行政、财务、勤杂等比较完备的职事系统”[③]。

清代书院主要师长有山长、堂长、学长、会长、斋长、讲书、经长、监院、首士、掌祠、掌书、书办等等。除上述所列者外，还有“协助山长讲学的讲习、副讲、教习，主持书院讲会的负责人有主盟或盟主，负责书院总务管理

---

① ［元］佚名：《庙学典礼》卷六。

② ［元］佚名：《庙学典礼》卷一。

③ 陈谷嘉、邓洪波：《中国书院制度研究》，浙江教育出版社1997年版，第112—113页。

的管干、董事、司事，负责保管、借阅图书的管书、司书，负责书院杂役的看守、采樵、口斗、斋夫、堂夫、更夫等等”[①]。但有的书院师长很少，如陕西省城书院关中书院仅设院长、监院各一人，斋长二人，“规制：院长一人，掌教事；监院一人，掌庶务；斋长二人”。

明清时期，书院师长的设置随着国家教育政策的转变而产生变化。山长仍然是书院教育核心，但不同时期却有不同称谓。洪武元年（1368年），明太祖下令改天下山长为训导，书院学田均收缴入官。紧接着洪武五年朝廷又革罢训导，遣散学员，取消书院。不过，洪武时期仍有个别书院设山长等师长。如浮梁长芗书院以朱伯高为山长，张京伯为直学。清代乾隆三十一年（1766年），高宗又令改称院长，但清末时复改为山长。

书院一般设山长（院长）主持，但也有书院不设。《学海堂章程》就规定永不设山长，“管理学海堂，本部堂酌派学长吴兰修、赵均、林伯桐、曾钊、徐荣、熊景星、马福安、吴应逵共八人，同司课事。其有出仕等事，再由七人公举补额，永不设立山长，亦不允荐山长”，阮元不设山长的用意是使八学长各用所长，“学长责任与山长无异，惟此课既劝通经，兼该众体，非可独理。而山长不能多设，且课举业者各书院已大备，士子皆知讲习。此堂传勉实学，必须八学长各用所长，协力启导，庶望人才日起”，并让学生自由择师，“应令该生等于学长八人中择师而从”。安徽桐城各书院均不设山长则是因为没有经费，“书院必有山长，惟桐城各书院俱无，皆因经费不足也”。

明清书院除聘有山长及副讲外还设有监院一职。监院负责将书院山长及生徒的平日言行记录在册，并定期向官府汇报，官府亦据此来评定山长业绩及生徒奖惩，监院是联系书院与官府的桥梁。嘉靖三十一年（1552年），知府郑廷鹄在《示主洞教谕崔柏帖》中明确提到监院官的职责：“每季终向官府启报一次书院情况，并封送星子县，当官验过印封入铺递来。”同时规定了启报内

---

① 朱汉民：《中国书院文化简史》，中华书局2010年版，第44—47页。

容："一、洞中诸生请假情况，二、院中供应分配情况，三、堂长与直学对诸生的过失记录情况，四、日、月课情况，五、本月山长的教学内容及诸生学习情况。"[①] 明南康知府李应升称，"本府即责在提调，而府与洞难以互相移文，势必仍照前规，另与所属训导一员督理洞事，而受成本府。凡洞主所欲行及洞中所应行者，须详悉本府。巨者以便转呈，细者以候批示"[②]，以府学一员训导"督理洞事"，应与监院类似。

清代时，重要书院大都设有监院一职。虽然会有"似属冗滥"[③] 的质疑，但随着官府对书院管理的强化这一职位越发重要。道光二年（1822年），陈寿祺主福州鳌峰书院讲席时作《拟定鳌峰书院事宜》，对监院一职提出明确要求：

> 请择监院，向例大宪于教官中择派一人监理书院事。监院得其人，则出纳清而生徒之廪饩充，约束严而胥役之奸弊绝，书院事可不劳而治，此山长之左右手也。必其人端方廉洁，通晓事体，稽查严明，然后助山长耳目所不及，相与有成，要以能破除情面，守正不阿、厘饬积玩为最要，非公正明强之士盖不足以胜斯任也。[④]

监院责任重大，必须由公正明强之士担任，一般从官学师资中派遣充任。辽宁义州聚星书院由州官学主管学正担任；甘肃兰州五泉书院规定，"即在兰州府、皋兰县两学教官内拣选一人兼管"；湖北墨池书院规定，"应设监院官一员，由府每年于各学教职中检委一人"；广东韶州相江书院规定，"监院一员，由府在各学教职内遴委兼管"。

---

① 《白鹿书院志》卷一〇。

② 《白鹿书院志》卷四。

③ 《白鹿书院志》卷一〇。

④ ［清］陈寿祺：《拟定鳌峰书院事宜》，转引自陈谷嘉，邓洪波《中国书院史资料》，第1543页。

如果监院不负责，对于书院管理就会带来负面影响。清人吴树梅曾对不负责任的监院批评道：

本部院莅湘以来，得诸访闻，书院弊端不一而足，该监院何竟不能精为综核，仰副责成？且山长之曾否到院？果于何时开馆？住院诸生果否能确守院规、不预外事？诸生每月考课甲乙名册及按日所记功课，所习何业？均未陈及，则知事多遗漏，于本部院认真整顿谆谆告诫之意，犹未实力体察。①

书院本是培养人才之地，监院乃紧要之司，只有办事怨劳不避，才能有利于书院发展。

清康熙时，白鹿洞书院规定了书院师长名称及其职掌：

主洞：其名始于宋明起为白鹿洞主，见《洞志》。合无礼聘海内名儒，崇正学、黜异端、道高德厚、明体达用者主之，无则不妨暂缺。

副讲：仍旧称，见《洞志》。主批阅文字，辨析疑义，合无聘本省通五经、笃行谊者为之。

堂长：仍旧称，朱子有《请洞学堂长牒》，见洞志。主诱掖，调和洞中学徒，尊巡行，督视课业勤惰。主洞、副讲即择学徒之优者为之，不称则更易。

管干一人，副管干一人，新拟增，专管洞内一切收支出纳、米盐琐碎、修整部署诸务。即于洞中择有才而诚实者为之，不称则更易。

典谒二人，专管接对宾客及四方来学者，察其言貌动静不系匪类，

① ［清］吴树梅：《行湘水校经书院详陈应行事宜札》，转引自陈谷嘉、邓洪波《中国书院史资料》，第1591—1592页。

然后通刺副讲，副讲以为可，然后引见主洞处，庶混滥一清，匪人不得托足，学人皆有观摩，且无供给不赀之患。择洞中言貌娴雅者充之，按月更易。

经长五人，即设经义斋之意。

学长七人，即设治事斋之意。礼、乐、射、御、书、数，缺御，增历、律。

引赞二人，择洞中学徒为之，以备上司谒圣引礼。须声音洪亮，进退疾徐中节。盖四方于此乎观礼，主洞、副讲平时教演礼仪，学长考订得失，务与俗尚不同。

火夫一人，樵采一人，门斗一人，司启闭、洒扫，每夜提铃巡守、轮值。①

书院讲学兼管理者仅2人，主洞为长，副讲为副，分别从国内和省内选聘，而洞长没有合适人选还可以暂缺；学生兼职工作人员7人，其中堂长负责督查，管干、副管干负责管理财物出纳，典谒负责接待，引赞负责上司谒圣赞礼；辅导讲学兼管理12人，经长、学长负责管理各斋，辅导讲学；以上19人都是从学徒中选择。服务人员只有火夫、樵采、门斗3人。

胡林翼创建箴言书院，并亲自制定书院规制，关于书院师长的编制、职责、任职条件俱作了明确规定：

山长一人，掌教诸生，品文艺，以道化人，而不与公事焉。不拘科第、年龄、本乡、外县，务访品行端正、经学淹通、有名于时、无玷于躬者……监院一人，掌经理庶务，常住院中，院之庶事取决焉。必择素有品望、能调

① ［清］高璜：《白鹿洞书院经久规模议》，转引自陈谷嘉、邓洪波《中国书院史资料》，第1512页。

和舆情而不偏党、识时宜而不执拗者任之。无定期日，以功过而久暂之。

掌管二人，掌收契约，理田产，量租谷，葺房屋，发膏火，经庶用，祠堂、书院祭祀之规必饬焉，仓库器具之数、书籍之储，以佐监院而稽核之。举贡生监不拘也，贵介而不贵通，贵朴而不贵华。其受任也，视勤惰、公私而久暂之。

首事数人，于启馆、放馆及春秋祭祀请之入院，共襄公事，轮流派任掌管。耳目既习，擘画无难，且以示公也。

胡林翼进士出身，曾带兵打击太平天国，官至湖北巡抚，用人标准自然与众不同。

清代有的书院将教学和管理分开，院长主管教学，庶务由书院方设人专管。一类以监院负责：胡林翼创建的箴言书院以监院负责庶务，“监院一人，掌经理庶务，常住院中，院之庶事取决焉”；山东昌乐营陵书院规定，“设立监院二人，所有备办课卷、发给膏火及书院修建工程等事皆其专责，务以秉公办理，悉臻妥协，不得稍有粗率弊混”。一类以首事负责：玉潭书院“岁举一二人为首事，经理书院一切应需之事”；湖南浏阳狮山书院“素择老成殷实八人为首事管理诸务，三年更换，留旧二人，添新六人”。一类以董事负责：河北定州定武书院咸丰七年规定，“书院一切事宜经官绅议定，俱由绅士经理，所有董事分监院、营造、催收、支发各司其事。俱要实心经营，勿许推诿懈怠”，“监院专管供应，山长稽查生童，遵照院规从严约束，或干犯规条立予戒饬，有不遵者禀官究处”；河北栾城龙冈书院设董事四人，每年二人轮值为总理董事。桐乡书院道光间设董事十六人，常董二人或四人，开课时事物增多，还增设副董二人，并制定董事九则，已经比较接近董事会，“书院董事议定多人，内以数人为常董。十六人值年，每年四人，轮流更换”，“常董二人或四人皆可，毋庸逐年更换，非有弊端不必轻易，其或经病故、衰老、远处，则缺一人必更举一人，即会同各董事议之”，“开课之时，各细事委曲繁多，议于常董及值年董事外更议副董事二人，经营勷办，与常董事俱不逐年更换”[①]。

管理主体可分三种方式：一种是民间主导，如上述三类；一种是官府主导，民间参与，如河北深州文瑞书院，“以州判为提调，学正、训导为监院，选择本地绅士为董事”；一种是学生自治，如四川射洪金华书院，从肄业生员中公举二人为斋长，“经理督率院务，并理一切经费出入”。

明代有的书院以道士、僧人为服务人员。正统十三年（1448年），四川乐山刘新创建东坡书院，“募僧居之，以给洒扫奠献之役”；正德十六年（1521年），广东提学魏校令将广州寺庙改作濂溪、明道、伊川、晦庵、崇正五书院，令选僧人在书院服务，“选年老无家、小心谨慎者每院二人为庙祝……俾之洒扫门庭，崇奉香火”；嘉靖三十三年（1554年），王守仁门人胡宗宪重建杭州天真书院，“右拓基为净香庵，以居守僧”；崇祯十三年（1640年）建造的郁林瑞泉书院“右三楹募僧人居司启闭焉”，都是以僧人为书院服务人员。嘉靖十八年重建的眉州鹤山书院“设道士司启闭”，以道士为服务人员。

第二节　师长职责

书院师长职责可以分为教学职责与管理职责。教学职责有升堂讲学、质疑解惑、考课批文等，管理职责主要有组织祭祀、维持书院纪律以及其他诸多杂事的管理。

一、教学职责

“师者，所以传道、受业、解惑也”，书院师长虽承担着多种职责，但教书育人才是其最重要且最本职的工作。

① ［清］道光《桐乡书院章程》，转引自陈谷嘉、邓洪波《中国书院史资料》，第1478页。

（一）课堂教学

书院是教育机构，讲学是首要任务，教师一定要登堂讲业。南宋时，明道书院规定山长通管书院教学，“置山长一员，教养之事皆隶焉”，“每旬山长入堂，会集职事、生员授讲、签讲、复讲如规。三、八讲经，一、六讲史”，每月六次讲书。山长虽然由阃府官员兼任，上任之初也一定要先行开讲，《景定建康志》中就保存着程必贵、吴坚、胡崇、朱貔孙、赵汝酬、潘骥、周应合、张显、胡立本、翁泳等人的开堂讲义。陈著被辟为白鹭洲书院山长，亲自讲书，讲义保存在其文集《本堂集》中。

元代江浙行省规定，官学、书院朔望讲书，每日讲《通鉴》一章，“职事合选述讲义，登堂讲说”，“教官正录、前廊耆旧朔望轮次讲说”，“除前廊耆旧，皆亡宋登科贡舍之人，逐月朔望轮次讲书外，东西序耆儒内请每日登堂讲《通鉴》一章”[①]。

明代许多书院规定师长定期讲书，有的规定山长要首先带头。河南游梁书院规定“每逢五逢十日，早饭后听讲”[②]；江西督学副使郑廷鹄《示主洞教谕崔柏帖》要求白鹿洞书院“每日平明升堂会讲，主洞官先讲”。

清代书院制度保存为多，关于师长讲书的规定记载也多。高璜《白鹿洞书院经久规模议》规定，“每月朔望开讲，初二、十六会文，分别第给赏”[③]。白鹿洞书院规定，每月初一、十五教师要开讲。友教书院规定，每月初一、初六由院长为诸生讲学，内容包含经、史等。营陵书院规定，“掌教必须住院与诸生朝夕讲贯”，康熙七年（1668年）规定“副讲月有讲期”。云南新平桂香书院规定，每月初一、十一日、二十一日三次讲书。康熙五十六年李文炤《岳麓书

---

① ［元］佚名：《庙学典礼》卷五《行台坐下宪司讲究学校便宜》。

② 邓洪波：《中国书院学规集成》，中西书局2011年版，第899页。

③ ［清］高璜：《白鹿洞书院经久规模议》，见邓洪波主编《中国书院学规集成》，中西书局2011年版，第673页。

院学规》规定，“每日于讲堂讲经书一通”，岳麓书院天天开讲，这里的山长应该是最勤奋的，但到乾隆二十八年时改为“初二、十六日上堂讲书”。钟山书院在胡培翚任院长时“以经学教士，逢八日进诸生而教之”，每月三次亲自讲书。

乾隆间玉潭书院不设讲期，“诸生各执所业诣上房就讲”，诸生执所业找老师当面请讲是一个好办法，因为科举规定，除通经外，考生可以从《五经》考题中选择一经来答，乾隆五十八年（1793年）才改为《五经》并考。考生各专一经时，单独授课就是最后的教学方法。

（二）答疑解惑

答疑解惑是教师的主要职责之一，学生在书院学习过程中如遇到疑问可以向老师请教。宋人彪居正曾就学于碧泉书院，他向当时大儒胡宏请教：

> 彪居正问：“心无穷者也，孟子何以言尽其心？”曰：“惟仁者能尽其心。”居正问为仁，曰：“欲为仁，先识仁之体。”曰：“其体如何？”曰：“仁之道弘大而亲切，知者可以一言尽，不知者虽设千万言亦不知也；仁者可以一事举，不能者虽指千万事亦不能也。”曰：“万物与我为一，可以为仁之体乎？”曰：“子以六尺之躯，若何而能与万物为一？”曰：“身不能与万物为一，心则能矣。”曰：“人心有百病一死，天下之物有一变万生，子若何而能与之为一。”[①]

通过不断向老师问难，彪居正对于“尽心”的认识也逐渐深入。

各书院都非常重视发挥教师答疑解惑的作用，康熙二十一年（1682年）白鹿洞书院规定副讲“主批阅文字，解析疑义”。

由于师长在书院居于主导地位，书院制度很少对师长提出要求，反而提倡

---

① 朱汉民：《中国的书院》，商务印书馆1991年版，第102页。

学生积极向老师提问请教。清乾隆二十年（1755年）白鹭洲书院规定，每月朔望祭祀后，“退适讲堂，恭听先生训诲，或讲书一章，或论史一则，有疑斯质，务求祥明”[①]；岳麓书院《王九溪先生学规》要求“疑误定要力争”；光绪间桂阳龙潭书院规定“诸生执经问字，析疑辨难，务期有益身心”。《豫章书院学约十则》要求学生“凡有所见，随手札记，心有疑难处，随时质问先生以得其解，则凡所读书皆能得益”[②]，鼓励学生积极思考提问。李文炤《岳麓书院学规》规定：“每日于讲堂讲经书一通。夫既对圣贤之言，则不敢亵慢，务宜各顶冠束带，端坐辨难，有不明处，反复推详。或炤所不晓者，即烦札记，以待四方高明者共相质证，不可蓄疑于胸中也。”[③]学生有不明白之处要向师长请教，师长也不明白就要记录在册，等待遇到高明者请教，绝对不能将疑问蓄于胸中。

对于学生请求答疑解惑的时间和方式有的书院也有规定。李颙《关中书院会约》规定，大堂开讲时如有不明白之处不要当场提问，可以课后到老师寓所讨论，“先辈大堂开讲，只统论为学大纲，而质疑晰惑未必能尽，盖以大堂人士众多，规模宜肃，不肃则不足以镇浮嚣、定心志。私寓则相集略少，情易孚，意易相契，气味浃洽，得以畅所欲言。……如果真正有志进修，不妨次日枉顾颙寓，从容盘桓，披衷相示”；乾隆间玉潭书院规定，讲书后“各归斋细看，有疑义处用纸条录出，持诣上房质问”；有疑义不当场提问，而是课后找山长请教，这种做法是不错的，既便于维护讲课秩序，又利于师生详细探讨。康熙二十一年《白鹿洞书院经久规模议》规定了学生提问程序，“凡学徒有疑义，先求开示于经、学长；不能绝，再叩堂长；不能决，再叩副讲，不能决，再叩主洞，不许躐等”[④]，学生要逐级提问。以上材料表明，书院师长有责任为学生随时答疑解惑。

---

① ［清］王铭琮：《白鹭洲书院学规》，转引自陈谷嘉、邓洪波《中国书院史资料》，第1528页。

② ［清］陈宏谋：《豫章书院学约十则》，转引自邓洪波主编《中国书院学规集成》，第619页。

③ 邓洪波：《中国书院学规集成》，中西书局2011年版，第1035页。

④ ［清］高璜：《白鹿洞书院经久规模议》，转引自陈谷嘉、邓洪波《中国书院史资料》，第1515页。

（三）考课批文

书院通过考课进行科举培训，借以提高学生科举应试能力，而师长通过批阅考卷帮助学生提高写作水平也就成为师长教育职责之一。辽宁义县《聚星书院条规》规定，“山长有衡文之责”，“山长有训课之责……考课不可间辍，问卷须细加批改，随时讲贯”；相江书院规定“掌教务须实在住院改文讲书，认真训迪”；康熙间白鹿洞书院规定，副讲“主批阅文字，辨析疑义”，“月有讲期，会有批阅”，“课卷交副讲先生详加评阅，析别瑜瑕，呈堂鉴定发案”[①]；求志书院规定，“监院收卷后，呈送观察，将卷面姓名弥封钤盖关防，分送各斋掌教阅看。掌教阅定后，填写甲乙，送呈观察裁定，榜示院门”[②]。以上书院都讲考课批文作为师长主要职责。

考课一般有官课、师课和馆课（堂课），官课由官员主持，师课由官学师长主持，馆课山长主持。清代豫章书院除官课、师课外，还有自课，即学生自我考察，“每月三次，以初八、十八、廿八日为期。每月先生一课，其余两课，本部院、藩司、臬司、粮道、盐道轮流出题课试，周而复始……每月三课之外，各生尚有自课，随时送先生阅定”[③]，自课答卷也要送至先生处批阅。师课、自课比较少见，最多的是馆课。

书院大多规定考课次数与时间。云南新平桂香书院规定，每月考课四次，初二为馆课，十六为官学师课，十二、二十二日为师长堂课；四川新都龙门书院规定，“每月官课一次，堂课二次”；湖南安仁宜溪书院规定每月官课二次，馆课四次；广州菊坡精舍规定官课每年十二次，院长小课每月二次，都以馆课为多。当然也有书院官课和馆课次数相同，陕西蓝田玉山书院规定每月官课、馆课（名师课）各二次；宝晋书院规定每月二课，初二官课，十六日山长斋课。

---

① 邓洪波：《中国书院学规集成》，中西书局2011年版，第671页。

② 邓洪波：《中国书院学规集成》，中西书局2011年版，第146页。

③ 邓洪波：《中国书院学规集成》，中西书局2011年版，第621页。

清道光三年时，鳌峰书院“每月十六日，院长馆课始于诗文外，兼试古学、经解、史论、杂体诗赋”，会文也是考课的形式。会文是指观摩而又含有竞赛、考试意义的文章写作集会。宋代时定期考策、论、表、判各类文体，也会涉及科举的应试文。

有的书院师长教学职责比较简单，同治间箴言书院规定“山长于阅文之暇，亦可进诸生谈论，各抒心得，教学相长之义也”[①]，看来山长的主要职责是批改学生文章。广州菊坡精舍职责跟家单纯，“专主阅卷”。

二、管理职责

书院师长管理职责主要有组织祭祀、严明书院纪律和规章两个方面。

（一）组织祭祀

书院祭祀是受官学的影响，祭祀“尊前贤，励后学”，目的是对生徒进行成圣出成贤教育。

北宋开始，书院就已具备祭祀功能。王禹偁《潭州岳麓书院记》记载：

> 初，开宝中，尚书郎朱洞典长沙，左拾遗孙逢吉通理郡事，于岳麓山抱黄洞下肇启书院，广延学徒……塑先师十哲之像，画七十二贤，华衮珠旒，缝掖章甫，毕按旧制，俨然如生。请辟水田，供春秋之释奠。[②]

南宋时书院祭祀已经很普遍，《明道书院规程》规定，“春秋释奠，朔望谒祠，礼仪皆仿白鹿书院”[③]，仿照官学孔子庙春秋释奠，朔望行香。有的书院祭祀更加频繁，每天都要祭拜，“每日早起，子弟在书院，皆先着衫到影堂前

① ［清］胡林翼：《箴言书院育材章程》，转引自陈谷嘉、邓洪波《中国书院史资料》，第1614页。

② 陈谷嘉、邓洪波：《中国书院史资料》，第52页。

③ ［南宋］周应合：《景定建康志》卷二九《儒学志二・建明道书院》。

击板，俟先生出。既启门，先生升堂，率子弟以次列拜炷香，又拜而退。子弟一人诣土地之祠炷香而拜，随侍登阁，拜先圣像，方坐书院，受早揖，饮汤少坐，或有请问而去”[①]。元明清时期大多书院仍然保持祭祀传统，详情参见第九章“中国书院祭祀”。

书院祭祀在南宋时，部分被列入官办的书院一般由地方行政长官主祭，这是唐朝以来的官学制度，但组织者一般为书院师长。钓台书院淳祐二年（1242年）扩大后，州学教授兼山长，祭祀以知州名义进行，“循故实，以四仲月守致词，遣山长率职事致祭，守亦时往”[②]，太守并不经常参加，山长率职事代太守致祭，祭祀的组织工作由书院师长负责。

元代设官书院师长与官学学官一样，“瞻仰师尊，释奠焚香在诸儒人之首，讲书会课坐正席之中”[③]，祭祀虽然也由地方行政长官主祭，但祭祀组织工作与南宋一样有书院师长负责。

明清时，书院不再纳入官办，祭祀由书院负责，许多书院规定由师长主祭。康熙间李塨《恕谷学教》规定，“行学仪：每日清晨至，向上揖先圣，揖师。遇朔望令节随师拜先圣”；乾隆四十一年（1776年）草堂书院规定，“诸生每月遇朔望随师谒圣，宜班位整肃，衣冠齐楚，质明行礼”；光绪间龙潭书院规定，“仲春仲丁日，由院长率诸生恭行祀圣典礼”；金华书院规定，“书院启馆之后，山长率领肄业生童每月朔望日恭谒神座，行四拜礼”。以上都由书院师长主祭，学生跟随行礼。

（二）严明书院纪律和规章制度

“国有国法，家有家规”，书院也需要有关规章制度来保障运行，书院师长正是这些制度的执行者，有的还是制度的制定者。

① ［南宋］黎靖德编，王星贤点校：《朱子语类》，中华书局1986年版，第2674页。

② ［南宋］郑瑶等：《景定严州续志》卷二。

③ ［元］佚名：《庙学典礼》卷四。

南宋时，许多书院创办者亲自执教，纷纷制定本书院规章制度。乾道二年（1166年），吕祖谦守丧在籍，设丽泽堂收徒设教，虽然出仕在外，仍然关心书院管理，乾道四年（1168年）九月制定《规约》十一条，规范书院学生行为，其后由四次增补，五年两次分别增加五条和七条，六年再增加七条学生除名标准，九年增加《直日须知》，将制度增加到三十多条。朱熹创办沧洲精舍，撰写《沧洲精舍示学者》；陆九渊设置讲堂，撰写《示象山学者》，都属劝勉式制度。

元明清时期许多书院师长亲自制定规章制度。元泰定三年（1326年），刘鹗被征掌教河南、东坡、安阳三书院，亲自撰写《齐安河南三书院训士约》。明初吴与弼一生讲学，曾制度《学规》，胡居仁讲学终生，制定《丽泽堂学约》。正德初，王守仁贬官龙场驿丞，建造龙冈书院，制定书院制度《教条示龙场诸生》，后又为某书院制定《教约》。万历三十二年（1604年），顾宪成倡议维修东林书院，讲学其中，撰写《东林会约》，崇祯初，吴桂森担任东林书院山长，再次制定《东林会约》。万历四十三年修建问津书院，萧继忠主持三十余年，制定《问津书院学规》。明末刘宗周主讲证人书院，制定《证人社约言》《约戒》《证人社会仪》《证人社约跋》《证人社约檄》五个规章制度。查铎讲学德安稽山书院，制定《楚中会条》，致仕后修复水西书院教学，制度《水西会条》。清初高世泰主讲东林书院，制定《东林讲会规则》。康熙二十四年（1685年），汤来贺主讲白鹿洞书院，制定《白鹿洞书院学规》；四十六年，邹江遐任教问津书院，制定《问津书院会约》；五十六年，李文炤任岳麓书院山长，制定《岳麓书院学规》。乾隆间章学诚任清漳书院院长，制定《清漳书院条约》（一）（二）；桑调元曾主讲大梁书院、滦源书院、敷文书院、濂溪书院等书院，制定《大梁书院学规》《泺源书院学规》和《道山书院学规》；杨绳武主讲钟山书院，制定《钟山书院规约》；乾隆十五年（1750年），白鹭洲书院山长符乘龙制定《白鹭洲书院课规》。道光二年（1822年），陈寿祺主讲鳌峰书院，制定《拟定鳌峰书院事宜》，五年又制定《鳌峰崇正讲堂规约八则》；光绪初林豪主讲澎湖文石书院，制定《文石书院续拟学约八条》。

明清时期书院规章制度日益详细全面，许多书院制度举凡学生言语、行为、交接、服饰、容貌、生活、陪祭、听讲、考课、膏火等都有规定和违规处罚措施，有的惩戒很严厉。乾道六年（1170年）吕祖谦《规约》有七条除籍规定“亲在别居，亲没不葬（谓服除不葬，火焚者同），因丧婚娶（身犯及主家），宗族讼财，侵扰公私（谓告讦、胁持、邀索之类），喧噪场屋（诈冒同），游荡不检，并除籍。仍关报诸州在籍人。诸斋私录讲说之类并多讹舛，不可传习”[①]。明道书院规定学生三次不参加谒祠、听讲和供课就罢职住供。清代鳌峰书院规定，“生童有扰乱院规者即行扣名，课期生童有匿卷不交者即行扣除”；濂溪书院规定“有博弈喧呼、饮酒号呶者，在院者鸣鼓逐出”，“出入衙门，其行不忌，在院者鸣鼓逐出”。有的书院还专门设置惩戒违规学生的斋室，嘉泰三年（1203年）创建的筠州乐善书院“别立一斋待不率教者”，虽然是教育宗师幼年子弟的书院但仍然设立处罚不服从管理学生的专用房间。有的书院还公开展示处罚违规学生的刑具，明嘉靖二年（1523年），江苏巡抚胡缵宗重建苏州和靖书院，“悬夏楚朴榎于堂下”，学生升堂就能见到惩治的工具，应该不只是吓唬学生。

第三节　师长选聘

书院掌教一般称为山长（乾隆皇帝曾令改为院长），山长的学术水平、道德水准决定着书院盛衰。对于书院师长的选聘，关键就在于选择出能够胜任教学与管理多重职责者。

宋代书院山长多由书院创立者自任，少数由地方政府聘任或公众推举。山长的选聘和任用需要考察诸多方面，南宋时周愚自荐担任岳麓书院堂长，官府

① ［南宋］吕祖谦：《东莱集·别集》卷五。

就其事和王炎“商度”。王氏作《论请岳麓书院堂长》一文表明态度，他认为：

> 炎前此闻其人颇能为诗，至于学问之浅深，行义之优劣，炎实未能知之，不敢轻于所议……夫差一职事，在使府径自行下，岂有不可？又使炎退而议焉，不惟见其重于许与？盖虚中待下之备，今之君子所未有也。窃谓书院得名，由山长周式以行义闻于真庙之朝。今湘中九郡，惟一书院，书院惟一堂长，先生以命世儒宗主盟吾道，士之一经品题者，身价便重，视他人所谓差充职事事体似不同也。……如周愚果堪充上件职事，酌之乡论，出自使府，招之使来，人谁闲言？[①]

周愚认为自己“颇能为诗”“文采可观”，自请担任岳麓书院山长。但在王炎看来，有文采、能诗文是远远不够的，山长应该具有较高的学识和良好的德行，同时需要兼顾“乡论”，经明行修，堪为多士模范，如此方才可以胜任堂长之职。

晏殊在任应天知府时，聘请范仲淹执掌应天府书院教席，还以进士、富川县主簿王洙担任讲书。王洙“素负文藻，深明经义，在彼讲说已满三年”，天圣六年（1028年），晏殊推荐王洙充任州学讲说，“伏望圣慈，特与除授当州职事官兼州学讲说”[②]。应天府书院“常选学行可为人师者为之”，韦不伐久处师席，范仲淹、石延年、刘潜及山东豪俊慕名从游者甚众，书院兴盛，德才兼备、可为师表的师长才能吸引更多的学者。

南宋时，官办书院山长“所在多以教授兼之”[③]，或多由地方长吏“帖差”幕职官兼任。若山长为布衣名儒，则另设提举官一员，以州县属员兼任。南宋理

---

① ［南宋］王炎：《论请岳麓书院堂长契勘》，转引自陈谷嘉、邓洪波《中国书院史资料》，第185页。

② ［北宋］范仲淹：《代人奏乞王洙充南京讲书状》，《范文正集》卷一八。

③ ［南宋］欧阳守道：《白鹭洲书院山长厅记》，转引自陈谷嘉、邓洪波《中国书院史资料》，第132页。

宗景定四年（1263年）五月“丁酉，婺州布衣何基、建宁府布衣徐几皆得理学之传，诏各补迪功郎，何基婺州教授兼丽泽书院山长，徐几建宁府教授兼建安书院山长”，是年山长正式成为学官，“诏吏部，诸授书院山长者并视州学教授”。

元初，部分书院被纳入国家管理，设置山长、学录、学正等学官，中原地区由朝廷直接委派，其任免主于中央礼部，其他地区由行省及宣慰司任命。据《元史》记载：

> 中原州县学正、山长、学录、教谕，并受礼部付身。各省所属州县学正、山长、学录、教谕，并受行省及宣慰司札付。凡路府州书院，设直学以掌钱谷，从郡守及宪府官试补。直学考满，又试所业十篇，升为学录、教谕。凡正、长、学录、教谕，或由集贤院及台宪等官举充之。①

中原书院山长、学正、学录均由集贤院及台宪官举荐充任，由礼部给予身份凭证，其余各省由行省及宣慰司下发公文任命。至元二十四年（1287年），江浙行省明确规定：

> 除教授只受敕牒外，本学合设正、录、直学，并书院山长、县学教谕各各员数，所受文凭，随月请学粮钱数，省府除已开坐移咨都省照验外，合下仰照验，据滥设不应之人，截日尽行革去。前项额定人员以勾当三年为满，如是阙员，选保德行才能曾得乡漕荐举、堪为后进师范者，本路行移本道按察司，委便体覆相应回准公文，然后备申本道宣慰司，转呈省府照详定夺，毋得滥行保举。②

---

①《元史·选举志一》。

②［元］佚名：《庙学典礼》卷二《学官职俸》。

书院山长必须由经过乡试、漕试荐举的贡生且德行才能堪为师范者充任。本路选择推举，报请本道按察司审查，再报请本道宣慰司，转呈省府批准后才能任命山长。

元代时，国家管理的书院山长已经被纳入国家学官体系，像官学师长一样可以升转。至元三十年（1293年）中书省明文规定：

> 学录、教谕一考升学正，学正一考升府、州教授，府、州教授一考升路教授。又照得江南各处书院止设山长，受行省札付，此同学正出身，一考于府、州教授内任用。[①]

书院山长、学正可以一考升任府、州教授，学录一考可以升任学正。

从书院山长的人选上看，元代前期主要以安置前朝遗民为主，其中不乏名宿大儒，目的在于化解当时的政治矛盾。皇庆年间，科举逐渐恢复，下第举人成为书院山长的重要人选。元朝曾两次施恩落第举人，一次是延祐间，“下第举人，年七十以上者，与从七品流官致仕；六十以上者，与教授；元有出身者，于应得资品上稍优加之；无出身者，与山长、学正。受省札，后举不为例。今有来迟不及应试者，未曾区用。取旨。帝曰‘依下第例恩之，勿著为格’”，六十岁以上的没有出身的下第举人和未赶上考试的举人均被授予书院山长之职；一次是泰定元年（1324年），“蒙古、色目人，年三十以上并两举而不第者，与教授；以下，与学正、山长。汉人、南人，年五十以上并两举不第者，与教授；以下，与学正、山长。先有资品出身者，更优加之，不愿仕者，令备国子员，后勿为格”，两次参加科举而未中的三十岁以下蒙古人和色目人、五十岁以下的汉人和南人均可被授予山长之职[②]。虽然这两次都是偶然为之，并

---

① ［元］佚名：《庙学典礼》卷四《升用教授资格》。

② 邓洪波：《中国书院的教师与学生管理制度》，《河北师范大学学报（教育科学版）》2003年第4期。

没有成为制度，但每次参加科举定额300人，取中不足百人，符合安置条件的应该也不少，关键的是此后山长有缺，地方政府可以选择举人充补。

元代书院山长还可以选聘训导等师资作为自己的助手，协助处理教学事务。关于训导的选聘标准，元人夏天佑在《颍昌书院记》中称，“官设山长固不问，若训导之师则慎严其选，必经明行修可以造就人才者”，训导必须通晓经学，品行端正。山长选聘训导作学院师长，往往要致送聘书。陶安在元末曾以乡试举人身份历任明道、高节、采石等书院山长，在《陶学士先生文集》中就收录有《采石书院聘训导书》[①]。

没有被纳入官学的书院在师长的选择上比较自由，锦江书院“惇延师儒，推请长谕，惟舆论是从，而弗挠于私”[②]，书院的教师和斋长、斋谕均按照舆论推选。

明清时期，山长既可以由建院者自任，也可以由官府或公众选聘。书院创建者有时自任山长，这些创建者多为德高望重的学者。如明正德三年（1508年），王阳明于贵州任驿丞时创建龙冈书院，他自任山长。嘉靖年间，广东增城湛若水、南海方献夫、番禺王渐逵和揭阳薛侃分别建立云谷书院、石泉书院、镇海书院和中离书院并各自担任书院山长。

明万历二十年（1592年），吉安知府汪可受说“宋时朝除山长，本朝定议教授摄山长厅事，尊时制也”，清康熙三十年（1691年），吉安知府罗京说“及明代，汪公重建书院之时，详请以教授兼摄山长”，白鹭洲书院在明代时曾以教授兼任书院山长，但这只是偶然行为，并非国家制度安排。

清代对书院山长的选聘有严格规定。清乾隆元年（1736年）上谕称：

> 凡书院之长，必选经明行修、足为多士模范者，以礼聘请。负笈生徒，必择乡里秀异、沉潜学问者肄业其中，其恃才放诞、佻达不羁之士，

---

① ［明］陶安：《采石书院聘训导书》，见《陶学士先生文集》卷二〇。

② ［元］王构：《锦江书院记》，见《全元文》卷四五〇。

> 不得滥入书院中。酌仿朱子白鹿洞规条立之仪节，以检束其身心，仿分年读书法予之程课，使贯通乎经史，有不率教者则摈斥勿留。学臣三年任满，咨访考核，如果教术可观，人材兴起，各加奖励。六年之后，著有成效，奏请酌量议叙。诸生中材器尤异者准令荐举一二，以示鼓舞。[①]

朝廷对直省书院山长资格有严格规定，同时规定了考核奖励的办法。

对于书院师长的要求各地不同，但品学兼优是必须的条件，有的还有功名要求。嘉庆年间，云南广南府培风书院规定，山长“必择素悉品学兼优，勤于教诲，且非科甲出身者不得延请”；道光十七年（1837年）河北栾城龙冈书院规定，“延请山长，每岁九月间，由总理及董事会同邑绅公择科甲出身、学行素著、诗文兼长者以为多士矜式”；河北遵化燕山书院规定，“书院每岁延订山长，以前冬十月为率。由经管绅董公访科甲出身、品学兼优、夙所共知者，禀商州署，由绅董具关聘订。不得官为勒荐，亦不得以幕友官亲塞责”；光绪八年（1882年）湖北孝感西湖书院规定“本院掌教由首事绅衿访择本邑品学兼优之举人、进士，公举聘请，住院训迪。其非举人、进士，毋得延膺讲席”；广东惠州丰湖书院也规定，“掌院老师须选择两榜品学兼优者”。以上书院都要求师长必须是进士或举人。胡林翼选择箴言书院师长，惟德才是举，没有功名要求，“山长一人，掌教诸生，品文艺以化道，而不与公事焉。不拘科第、年龄、本乡、外县，务选品行端正、经学淹通、有名于时、无玷于躬者。监院、掌管人等及众士绅公论之，论定而后请之”[②]。

地方书院选任师长方式很多，有的规定本邑乡绅公举。河北定州定武书院规定，“今书院一切事宜，既议归绅士经管，嗣后山长亦归绅士延聘”，“延聘山长于每岁十月初旬，监院集同人公议，不许一人作主”；云南广南府培风书

---

① 《训饬直省书院师生》，《清高宗实录》卷二〇。

② ［清］胡林翼：《箴言书院规制》，转引自陈谷嘉、邓洪波《中国书院史资料》，第1610页。

院由府县和两土司捐资作为山长束脩，向由知府延请，但“不过情面荐托，山长到馆亦不过因循于事，故百余年来科目寥寥”，道光年间规定，“采访公论，即延本地科甲主讲，庶可长年驻院，不至半途而废。……若有品望不孚众论者不得延请”[①]。

许多书院规定书院师长要经绅士公议，并经官府批准才能聘请。光绪间河北宁津临津书院规定，“院长由绅士公议，禀明本县核定，延请学隆望重之师主讲书院，以资训迪而示景从”；山西永济敬敷书院规定，“敦请山长必须官民公商，择其品学兼优者始下关聘，如上官函荐及本县官亲与附近地方绅士一概不得滥请”[②]；北京延庆冠山书院规定，绅董要遍访京师名儒，拟出候选人名单，绅董和知州在每年的十一月十五日协商选出第二年的山长人选，再由州府发出聘书；湖南龙潭书院规定，“院长由绅遴选品学并优之士，商知董事，禀请州尊延请”；广东丰湖书院规定，“掌教老师须择两榜品学兼优者，听绅士公议，禀本府出名聘请”[③]；广东归州丹阳书院规定绅士推举一二人禀请知州裁定，“书院所以作育人才，山长即为人才模范。今议每值延请之期，合邑绅士公举素有品学、足以服众一二人，候本州酌定延请。如山长不实心教诲，即辞谢另请名师，一切情面嘱托概不允从”。绅士主导选聘，应该比较公正，同治元年（1862年）广东韶州知府史朴却认为相江书院此举大有弊端，“书院掌教，递年由绅士公同访定已登科第、品学兼优之先达，禀请本府查实，具关聘延，不由官荐，以致有名无实”，但也没有提出选择办法，只要求“掌教务须实在住院改文讲书，认真训迪”[④]。

有的书院规定，山长不许官员推荐。咸丰七年（1857年）河北定州定武书院规定，“书院连年废弛，皆因山长多来自权要。今书院一切事宜，既议归绅士经管，

---

① 邓洪波：《中国书院章程》，湖南大学出版社2000年版，第265—267页。

② 邓洪波：《中国书院学规集成》，中西书局2011年版，第103页。

③ ［清］罗含章：《丰湖书院章程》，转引自陈谷嘉、邓洪波《中国书院史资料》，第1620页。

④ ［清］史朴：《相江书院规条》，转引自陈谷嘉、邓洪波《中国书院史资料》，第1621页。

嗣后，山长亦归绅士延聘，务期士林能收实益。倘仍有瞻循情面、暗受请托，或山长受聘而不到馆，及到馆而不久于其事，所有一年脩脯，著落监院与众绅士罚赔。如当道有情荐山长者，即抄呈条规，公同力辞，不得再蹈覆辙"[①]。

有的书院规定不得选聘本地人士。光绪间，辽宁义州聚星书院规定，"山长有衡文之责，如请同邑人士恐蹈徇私情弊，难服士子之心，须由异地聘请"；河北无极圣泉书院规定，"延请院长，不由官荐以杜请托之弊，不许董事一人擅主。不许请本邑人，必众董事访求外州县品学兼优者主讲"；河北定州定武书院既不准聘请本邑人士也不准聘任省外人士担任山长，"延聘山长于每岁十月初旬，监院集同人公议，不许一人作主，亦不许延聘本籍及外省人"。

选聘本地人士容易有弊，但外地人士难于久居，于是有的书院要求延聘本邑或附近人士为山长。光绪八年（1882年）湖北孝感西湖书院规定，"书院掌教由首席绅衿访择本邑品学兼优之举人、进士公举聘请"，"如文品不符公论及各衙门荐非本邑之人，许绅士呈明辞退"；河北巨鹿广泽书院光绪间规定，"书院掌教山长应由绅士访附近文行兼优之科甲，每年十一月初七日众首事禀商关聘。其远方夙彦不能常在院中主讲者不得滥充是席，庶免有名无实"；四川新都龙门书院"旧规，永不聘外县人当山长，今仍照旧"；云南广南培风书院规定山长必用科甲，早期本地没有只好从外地聘请，道光时本地已有不少举人，"嗣后采访公论，即延本地科甲主讲，庶可长年驻馆，不至半途而废"，"倘此后公祖父母官碍于情面而不得不另请，从前原有官捐束脩延请山长之例请，不必动支书院生息"，官府不按公议聘请书院则不付报酬，此法不错，可以杜绝官府染指。

胡林翼创建箴言书院，针对当时当道推荐山长弊端，明确规定箴言书院师长由监院、掌管人等酌定，不准当道荐举，"各县书院山长，多由当道荐致，

---

① ［清］《定武书院新议经理章程十二条》，转引自陈谷嘉、邓洪波《中国书院史资料》，第1450页。

品行学问既难深知，每年到馆率不过三数月即行解归，以书院为应酬周旋之具，于教育人材之道毫无实际。箴言书院聘请山长，由监院、掌管人等共同酌定，不由当道荐致”[①]。

清朝时期书院山长任期多有规定。乾隆元年（1736年）皇帝规定，“学臣三年任满，谘访考核，如果教术可观，人材兴起，各加奖励。六年之后著有成效，奏请酌量议叙”，但大多只限于省城书院。五华书院掌教孙见龙和先后掌教五华书院、贵山书院的张甄陶经朝廷批准，议叙给予八品官职衔。乾隆四十七年，原鸿胪寺少卿罗典任岳麓书院山长，连任27年，先后题奏四次，经吏部记录八次。光绪元年（1875年），原四品卿衔、员外郎徐棻接任岳麓书院山长，十一年“奉旨以徐学术湛深，志行端洁，讲求实践，成就后学，洵堪嘉奖，赏给三品卿衔”，二十年又恩赐二品顶戴。

地方书院山长任期大多为一年一任，个别为两年一任或三年一任。北京地区书院山长任期多为一年，每年年末时商定出次年山长人选。有的允许连任，河北栾城龙冈书院规定每年九月由总理和董事会同邑绅选出后禀报知县具文敦请，留任者也必须在八九月间禀明知县确定。广州菊坡精舍规定两年一任，“聘请院长，须隔年九、十月间禀请院示，选关聘定，专主阅卷”。

大多书院尤其重视选择山长。岳麓书院清代已知20位山长中，2位功名不详，13位进士，3位举人，2位贡生。江阴暨阳书院清代先后聘任33名山长，其中进士17人，举人12人，副贡3人，进士中探花1人，举人中后中进士1人。更为厉害的是黟县碧阳书院，22任山长除4人功名不详外，其余18人均为进士，其中1人为会元。

---

① ［清］胡林翼：《箴言书院规制》，转引自陈谷嘉、邓洪波《中国书院史资料》，第1611页。

第四节　师长待遇

士人充任书院师长多为稻粱之谋，要使师长专注院事，精心教育，必须给予优厚的待遇。

书院师长待遇没有统一规定，由各书院自行确定。作为书院教育管理的核心，山长薪金最高，其他师长则根据职责不同给予不同报酬。

宋代明道书院山长系阃府官员兼职，月俸100贯，每日贴食钱700文，寒月（十月初一至来年正月）到校每天送炭5斤；堂长月俸100贯，米3石，每日贴食钱700文，宿斋每夜给油2两，寒月每日炭5斤；堂录月俸60贯，米1石5斗，每日贴食钱500文，宿斋每夜油2两，寒月每日炭3斤；讲书月俸50贯，其他与堂录相同；堂宾26贯，米1石2斗，每日贴食钱200文，寒月每日炭2斤；直学24贯，钱粮官20贯，讲宾17贯，司计15贯，掌书15贯，堂祠14贯，其他均与堂宾相同；斋长10贯，米1石，其他也与堂宾相同。[①]堂长月俸连同贴食钱141贯，米3石，明道书院规模很大，田产钱粮充足，其他书院恐怕没有这样优厚的待遇。

元代部分书院与国立学校一样设置学官，在经济待遇上二者相当。至元二十四年（1287年）规定“山长祗受行省札付，月请粮米三石，钞三两”，是时书院还设学正、学录各一员，学正米3石，钞3两；学录一员，米2石，钞2两。耆宿于至元二十六年给米养赡，当时并无标准，“有每名一石者，有五斗者，有一名两处支粮者，有一家数口共食行供饮膳者，有不系贫寒之士冒滥支请者”，而名儒原本没有规定，大德元年（1297年）规定每人每月给米5斗。由于元代学校经费并未被列入国家预算，而是由学田收入支给。南方书院大部分都有学田，学官俸禄不成问题。但北方书院学田较少或者没有学田，学官俸禄就较难保障。

① ［南宋］周应合：《景定建康志》卷二九《儒学志二·建明道书院》。

元代时，部分书院官学化，书院师长除有薪俸外，还会有职级升转等方面的政治待遇。虽然书院学官可以升转，但时间很长，直学三年才能升为学录、教谕，再六年才能升为学正或山长，十二年才能升为府州教授，而且学官职级很低，学正、山长为最低级的从九品，府、州教授仅为从八品，再经一任十五年才能转路学教授升为正八品。元代洪焱祖“年二十六为平江路儒学录，浮梁州长芗书院山长，绍兴路儒学正，调衢州路儒学教授，擢处州路遂昌县主簿，天历元年（1328年），年六十二，以徽州路休宁县尹致仕”，由此可见，路学学录可升书院山长，山长升路学学正，学正升路学教授，教授才能转县主簿，不过这一过程历经36年。徐奇伯比较幸运，元至元三十一年（1294年）被举荐为建昌路南城县教谕，升抚州路临汝书院山长，再调江州路景星书院；至大三年（1310年）阶从八品将仕佐郎，升新淦州儒学教授；延祐五年（1318年）任金溪县主簿，任职未满归家；泰定二年（1325年）授正七品承事郎，贵池县尹致仕。此外，由于官学、书院众多，师官升转往往无阙，只能转任他职。鳌溪书院山长李守中任满到吏部谒选，校官无缺，被任命为宁都州下河巡检，庐州景贤书院山长盛克明任满也因无缺只能任泰州税课副使。

明朝书院师长薪资数量各不相同。湖南临湘县人文书院规定，“书院掌教每年束脩钱一百千文”[①]，待遇比较低。山东莘县先觉书院规定，“每年延请山长，向由绅士访品学兼优者禀官送关书，每年束脩二百千，薪水一百千”[②]，待遇比较优厚。书院师长薪资名目也日渐增多，不仅有钱，个别书院还有禄米。江苏毗陵龟山书院规定，“山长一员，月俸米三石，钞一十五两”[③]。河南滑县欧阳文忠公书院对山长薪资种类和数量都有明确规定，“山长每年脩脯钱一百二十千，薪水钱六十千，节礼钱十二千，儒学月课薪水银六十两”[④]。

---

① ［清］同治《临湘县志·学校志》。

② ［民国］《莘县志·艺文志下》。

③ ［明］成化《重修毗陵志·职官》。

④ ［清］同治《滑县志·学校》。

清代书院每年支付给教学人员报酬较多，不同地区、不同书院给予山长薪资不尽相同，这与书院的经济状况、级别性质、山长的学术资质等因素密切相关。

清初书院师长待遇较低。顺治时，江西巡抚蔡士英制定《白鹿洞书院洞规》规定：主洞每年108两，副讲54两，督洞儒官为兼职，每年14两。康熙七年待遇降低，不设洞主，副讲“岁支朱墨轿伞、供饩银三十两”。清中期以后待遇逐渐提高。安徽旌德洋川毓文书院规定，举人山长年薪200两，进士300两，翰林400两，另加膳银160两，程仪（路费）20两；辽宁义州聚星书院光绪间规定“院长束金一千五百吊，每月薪水二十吊，由二月至十一月止，不计闰月，每年束金薪水共应一千七百吊”，光绪间银1两约3吊（每吊1000文），折银560多两；待遇都还是比较丰厚的。湖北襄阳县鹿门书院山长“每年束脩银二百四十两，薪水银一百二十两，聘敬银八两，贽敬银四两，随役银一两，往返程仪银二十两，三节仪银各四两，每次随仪银二两，每课席饭银一两”[①]；直隶南宫县东阳书院掌教“脩金一百二十两，按两季致送；薪膳每月银一十两，茶水银每月一两，按月致送；节敬四两，按节致送；路费六两，年终解馆致送”[②]；山西长治县上党书院，山长可得“脩金二百六十两，聘金贽敬各四两，送学酒席银六两”[③]；待遇也算丰厚。江西白鹭洲书院山长“薪脯脩金共钱四百串，镇关二十元，舆费、节礼共二十元”[④]，待遇就比较差。四川新都龙门书院道光间“山长每年束脩银一百两，三节致送，每节节敬四两，开馆、解馆往来夫马，由斋长酌量应付”，光绪十八年时待遇更差，“龙门书院师长束脩、

① ［清］同治《襄阳县志·鹿门书院章程》，转引自陈谷嘉、邓洪波《中国书院史资料》，第1797页。

② ［清］陈柱：《重修东阳书院及经费碑记》，转引自陈谷嘉、邓洪波《中国书院史资料》，第1752页。

③ ［清］光绪《长治县志·学校志》。

④ ［清］曾省三：《兴复书院经费告示》，转引自陈谷嘉、邓洪波《中国书院史资料》，第1794—1795页。

火食、节礼、夫马每年共谷八十石”，当时谷价每石不到1000文。湖北孝感西湖书院山长待遇也很低，“掌教一岁束脩、薪水各致送六十串，聘礼四串，端午、中秋节礼各二串”，全年仅130千文。

一般来说，山长待遇以省城书院为高。广东端溪书院山长“聘仪银二十两，程仪银四十两，每年束脩银五百两，端阳、中秋、年节礼银共三十两，每月分蔬薪银一十二两，上米三石，照时价折银约七两零”，全年按十个月算约银820两。云南五华书院山长“束脩银四百两，月薪蔬银十五两，米二京石”，按每年十个月计算，年约690两。长沙岳麓书院和城南书院虽然都是省城书院，待遇差别却很大。乾隆间，“岳麓书院掌教每年束脩银三百六十两，每月薪水银七两，每年开馆酒席银四两，生辰、端午、中秋、年节每节银六两，每年共四百六十五两”，此外每月还有禄米2石，全年22石；而“城南书院掌教每年束脩银一百二十两，每年薪水银六十两，节仪一十六两，开馆酒席二两”，合计全年198两，禄米每月也降为1.5石，全年16.5石，待遇连岳麓书院的一半也不到[①]。这应该与书院规模和教学水平相关，岳麓书院正课60名，附课15名，不论正课、附课均为生员，而城南书院正课生员20名，童生20名。

总的来看，清代对书院山长还是很优待的，薪资名目很多，束脩银、伙食银、茶水银、聘礼银、节仪银、程仪，有的书院还很人性化，鳌峰书院山长本人生日和父母生日都有节仪每人白银10两。

关于薪金付给方式，束脩银有的一次性付给，有的分春秋两次；薪水一般是按月付给。湖北宜昌墨池书院为防止山长不能按时到院或提前归家，规定束脩和薪水按10个月逐月付给，“如至开课时山长不到，或未及听课先归者，由府另行延人代课，其束脩薪水均按十个月分计，山长一月不在馆，即将其月脩脯支给代课之人，庶足以重月课而收实效”[②]。

---

① ［清］陈宏谋：《申明书院条规以励实学示》，转引自陈谷嘉、邓洪波《中国书院史资料》，第1584—1585页。

② ［清］道光《墨池书院章程》，转引自陈谷嘉、邓洪波《中国书院史资料》，第1571页。

清代书院机构设置完备，除山长外，其他教学人员和行政管理人员也会享有不同的薪金待遇。

监院负责处理书院各项行政事务，一般由官府委派或由学官兼任，有的按月给薪，有的只是给予补助。辽宁义州聚星书院光绪间监院由州学主管学正兼任，“每月薪水钱三十吊”，折银10两，待遇较高。云南省城五华书院“监院以校官充之，自有俸，月薪蔬银六两，米一京石”；湖南凤凰敬修书院“监院教官每岁廪米十石，办公银四十两”；广东韶州相江书院“监院一员，由府在各学教职内遴委兼管，月支饭食银二两”；归州丹阳书院“儒学监院每月月费钱三千文”；河北遵化燕山书院“委儒学充监院提调，按年每份津贴七十二吊”；湖北襄阳县鹿门书院，监院“每年夫马银十五两，每课席饭银一两”①。以上都应该属于补助。道光十七年（1837年）时河北栾城龙冈书院“两学监院应送薪水，每学每节送大钱四千文，三节岁需大钱二十四千文”，府学、县学均派监院，章程虽说应送薪水，但并无数目，可能是指送节钱，也应该属于补助。

书院其他工作人员也会给予不同报酬。山东莘县先觉书院斋长“经理院事，每人给月费二千文”，看院役“月给工资四千文”，礼书“月给笔资一千文”②。山西长治县上党书院学书谷七石二斗，书院门役谷十四石四斗，府县礼生二十五石③。河北宁津临津书院光绪间设斋长一人管理图书，“年终予辛资一百四十四千”；河北栾城龙冈书院道光十七年规定，书院设董事四人，每年二人轮值，常川在院，管理租谷银钱等，每人每年各给十千文，书院看守每年也是十千文，董事待遇很低，纯属补助。

书院师长待遇最为全面具体的为鳌峰书院。《鳌峰书院章程》规定：院长

---

①［清］同治《襄阳县志·鹿门书院章程》，转引自陈谷嘉、邓洪波《中国书院史资料》，第1797—1798页。

②［清］光绪《莘县志》卷八。

③［清］光绪《长治县志·学校志》。

每年脩脯银400两，嘉庆十五年（1810年）增至600两，伙食银120两，闰月加10两，年节敬银30两（端午、中秋、元旦各10两），生日和父母生日银30两（每人10两），辞馆回籍程仪银24两，每年合计804两，闰年814两。此外有聘金16两，盘费按远近临时酌给，不超过24两，初到时下马席银3两，日供3日3两，省城书院待遇还是很优厚的；监院由学官兼任，辛劳银每年48两，闰月加4两，年节银30两；服务人员，看守头门、二门长班、缮写、管书、厨夫、水夫、火夫共8名，每人每月工食银1.5两；斋夫4名，每人每月工食银0.5两；缮书1名，每月工食银1.5两；院丁1名，每月工食银1两；打扫夫1名，每月工食银0.5两，嘉庆十四年（1809年）增至1两；办理书院事物道书2名，每月给纸张银和工食银3两；所有服务人员遇闰月加发1个月工食银。[①]

书院待遇因为地方经济、师长资质、书院规模、教学水平等诸方面因素影响，差别很大，但总的来看，待遇还算优厚。

有的地方对书院服务人员给予免除徭役的优待。同治十三年（1875年），署大理知府发文给宾川州豁免桂香书院佃户、门户夫役，同时发给佃户和夫役执照，但这种情况并不普遍。

---

① ［清］吴荣光：《鳌峰书院纪略·章程》，转引自陈谷嘉、邓洪波《中国书院史资料》，第1533—1540页。

第五章　中国书院学生

书院作为一种独特的教育组织形式，自宋代以后逐渐成为士人求学、研究学术的重要场所，发展成教育中心和学术中心。它虽属私学，但在不同时期又不同程度地承担官学职能，承担养士责任。学生作为书院主体之一，是书院研究的重要内容，对各个历史时期书院学生来源、学生类别、学生待遇和学生出路等方面进行分析，可以更好地呈现书院发展的历史风貌。

第一节　学生来源

书院学生来源取决于某一历史时期书院在社会发展中的角色定位，最能反映书院特色。

一、唐代书院学生来源

盛唐时期，丽正殿书院和集贤殿书院只是藏书和修书机构，虽然也进行诗酒唱和活动，但尚未进行教学活动。到唐代中后期，个人书院出现，个人书院虽多是官员读书会客的书斋和士子备考的书房，但也出现赵氏昆季书院、第四郎书院、曹氏书院、陈氏书堂等家族书塾。这批家塾式书院主要教育本家子弟，学生当然来自本家族，除陈氏书堂外，面向社会招生的书院很少。

二、五代十国时期学生来源

五代十国时期时间虽然很短，却是中国书院发展的一个重要时期，书院开始由家族走向社会，学生来源也扩大到社会。

在北方，招收外来学生的有窦氏书院、龙门书院、睢阳学舍和中溪书院。

窦氏书院大约创建于后梁初，窦禹钧最早建造了面向社会的书院。范仲淹《窦谏议录》说："（窦禹钧）于宅南构一书院四十间，聚书数千卷，礼文行之儒，延置师席。凡四方孤寒之士，贫无供须者，公咸为出之，无问识不识，有志于学者听其自至，故其子见闻益博。"[①] 四方之士前来求学，不管认识不认识，窦氏书院一律接待，并对孤寒子弟予以资助，将教育对象由家族扩大到社会。

洛阳龙门书院在后唐时也已招收外来求学者。《宋史·张去华传》记载，张去华之父张谊为开封襄邑人，喜欢读书，遭到诸父怒骂，"谊谓其兄曰：'若不就学于外，素志无成矣。'遂潜诣洛阳龙门书院，与宗人沆、鸾、湜结友，故名闻都下。长兴中，和凝掌贡举，谊举进士"，张谊与同宗张沆、张鸾、张湜偷偷跑到洛阳龙门书院求学，并于后唐长兴（930—933年）中考中进士。龙门书院规模应该不小，一次就接受四位外来求学者。

商丘杨悫于后唐时在商丘创建睢阳学舍，去世后由妹夫戚同文接办。《宋史·戚同文传》记载，归德军将军赵直"厚加礼待，为筑室聚徒，请教之人不远千里而至，登第者五六十人，宗度、许骧、陈象舆、高象先、郭成范、王砺、滕涉皆践台阁"。其中郭成范为开宝五年（972年）进士，王砺为太平兴国五年（980年）进士，许骧为太平兴国初进士，宗度太平兴国元年（976年）参修《太宗实录》，他们入学可能多在后周时期。求学者不远千里而至，睢阳学舍培养出许多人才，它是应天府书院的前身。

中溪书院位于河北封龙山中。元代安熙说，"宋初李文正公昉于此受业，

---

① ［北宋］范仲淹：《范文正公集·别集》卷四《窦谏议录》。

山长张蟠叟等数人相与聚徒，常过百人，后废于兵，独存夫子遗像及治平二年左周所撰夫子堂记。中统初，敬斋李公始为增葺，仍奉旨敦励，学者甚众”[①]。李昉为后汉乾祐进士，此后走向仕途，读书当在此前。书院为张蟠叟等人聚徒讲书处，且处于山中，应该面向社会学子开放。

在南方，招收外来学生的有江州陈氏书堂和洪州奉新胡氏书堂。

陈氏书堂创建于唐末，大顺元年（890年）陈崇《江州陈氏家法》载，“一、立书堂一所于东佳庄。弟侄子姓有赋性聪敏者令修学，稍有学成应举者。……一、立书屋一所于住宅之西，训教童蒙。每年正月择吉日起馆，至冬月解散。童子年七岁令入学，至十五岁出学，有能者令入东佳”，可见初办时只是陈氏家塾，学生为家族子弟。到十国时，陈氏书堂开始接待外来求学者。开宝二年（969年）徐铉《陈氏书堂记》说，陈崇从弟陈“衮以为族既庶矣，居既睦矣，当以礼乐以固之，诗书以文之。遂于居之左二十里曰东佳，因胜据奇，是卜是筑，为书楼堂庑数十间，聚书数千卷，田二十顷，以为游学之资”，“四方学者自是宦成名立盖有之”，陈氏书堂拨田20顷，用于招待外来学者。

胡氏书堂建于南唐或略前，《宋史·胡仲尧传》说胡氏家族“累世聚居，至数百口。构学舍于华林山别墅，聚书万卷，大设厨廪，以延四方游学之士。南唐李煜时尝授寺丞，雍熙二年诏旌其门闾”，徐铉《洪州华山胡氏书堂记》说“乃即别墅华林山阳玄秀峰下构书堂焉。筑室百区，聚书五千卷，子弟及远方之士从学者数千人，岁时讨论讲习无绝”，学生既有胡氏子孙，也有四方学者。

五代十国时期的窦氏书院、陈氏书堂、胡氏书堂都以教育本家子弟为主，同时招收游学之士，窦氏书堂、陈氏书堂还对贫寒之士给予资助。睢阳学舍杨悫初办时主要面向社会招生，戚同文接办后仍以对外为主，但戚氏子孙戚维、戚纶、戚舜宾等和杨悫子孙也在学舍学习。

纯粹的家族书院有辽初的山西应州龙首书院，这是一所由女性执教的家庭

---

① ［元］安熙：《默庵集》卷一。

书院。《辽史·列女传》说“陈氏甫笄，涉通经义……尤好吟咏，时以女秀才名之。年二十，归于简……有六子，陈氏亲教以经，后二子抱朴、抱质皆以贤位宰相”，辽国郎中邢简妻陈氏有六子，她亲自教育，两个儿子邢抱朴、邢抱质都官至宰相。

总的来看，五代十国时期，书院学生已经从唐代的家族子弟扩大到外姓子弟，并且出现非家族子弟书院。

三、两宋时期书院学生来源

两宋期间，书院学生主要来自本地士子，但也会接待四方游学之士，并且为他们安排住宿，生源限制逐渐消失，而“邦之秀彦”的招收也显著提升了书院生徒整体水平。

北宋政权建立之初，积极吸纳士人参与重建政治、经济、文化新秩序，受此影响，社会上形成“为父兄者以其子与弟不文为咎，为母妻者以其子与夫不学为辱”，“五尺童子耻不言文墨”的好学之风，然而北宋官学在此时却呈现萧条局面。宋代官学大体沿用唐制，分为中央官学和地方官学。中央官学国子监由后周转来，教学并未停止，而州学和县学地方官学却迟迟未恢复。立国77年后，朝廷于景祐四年（1037年）命藩镇立学，而他州勿听；庆历四年（1044年）令诸路、州、郡、监立学，只有学生超过200人的县才可以立学。州、郡虽普立学校，但没有设定名额，至崇宁三年（1104年）才规定县学学生名额，大县50人，中县40人，小县20人。同时规定，凡在校经过公试和私试的学生就给予免除个人徭役的优待，升至“内舍生”免全家徭役，升至“上舍生”还免除借措法。

北宋前期官学不振，出现重振及创建书院的热潮，涌现出诸如白鹿洞、嵩阳、岳麓、石鼓、睢阳、泰山、茅山等著名书院。

与官学不同，书院不限制生徒身份和籍贯，开门办学，生徒可以跨地域学习，这为更多士人提供了求学机会。湖南笙竹书院虽然主要是招收湘阴县

“肄业之士”，但湖北江夏（今湖北武昌）冯京和安州（今湖北安陆）郑獬也负笈游学其中[①]，并分别于皇祐元年（1049年）和皇祐五年先后考中状元[②]。戚同文执掌应天府书院时，“其徒不远千里而至，教诲无倦”[③]。泰山书院著名生徒中张洞为河南开封人，祖无泽为河南上蔡人，饶子仪为江西临川人[④]。河南嵩阳书院在皇祐中已经衰落，“县有嵩阳书院，师席久倚，生徒尽散落”，知县钱衮（字去私）到任后，“尽料邑人子弟之良者，遣往教之，四方之士来者，皆留其中，嵩阳之学，至今为盛。盖去私至后，始能如此”[⑤]，书院从民间选择优秀子弟入学，同时安排游学之士进驻，看来书院并没有固定的学生来源，由地方政府自行决定。

当然也要看到，北宋书院数量尚少，规模尚小，招生人数有限，太平兴国二年（977年），白鹿洞书院有生徒数十人[⑥]，岳麓书院在李允则“修广舍宇”时，生徒只有六十余人[⑦]。可以想见，能入书院学习者只是士人中的极少一部分，完全没有后世书院学生之多。

这一时期还有不少书院由家族主办，其招收对象主要是本族或当地士人，同时接受四方求学之士。

北宋中期后，历经三次大规模文教改革，官学地位得到极大提高，逐渐承担起培养科举人才重任，一些书院被改为官学，这就从制度上将书院排除在国家教育体系之外，导致北宋前期书院逐渐走向衰落。与此同时，以周敦颐和二程为代表的儒家学者正着手构建宋代新儒学体系，理学家们开始选择书院作为研究、传播学说基地。部分书院和新儒学结合意味着北宋书院由以培养科举人

① 《湖南通志》卷六八。
② 《文献通考·选举五》。
③ ［北宋］释文莹：《戚同文主应天府书院》，《玉壶清话》卷一。
④ ［清］黄宗羲：《宋元学案》卷二《泰山学案》。
⑤ ［北宋］文同：《都官员外郎钱君墓志铭》，见《丹渊集》卷三七。
⑥ ［元］王应麟：《玉海》卷一六七。
⑦ 《湖南通志》卷六八。

才为主要职能转变为兼具学术研究、传播和人才培养职能。

南宋书院继承这种转型发展趋势。石鼓书院在北宋改为州学后逐渐荒废，淳熙十二年（1185年）监司潘畤于旧址重建，“列屋数间，榜以故额，将以俟四方之士有志于学而不屑于课试之业者居之”，但未成而去官。不久，宋若水来任而完善，“俾郡县择遣修士以充之”。朱熹为之作记说：

> 今郡县之学官置博士弟子员，皆未尝考其德行道艺之素，其所受授又皆世俗之书，进取之业，使人见利而不见义，士之有志于为己者，盖羞言之，是以常欲别求燕闲清旷之地，以共讲其所闻而不可得。此二公所以慨然发愤于斯役而不敢惮其烦，盖非独不忍其旧迹之芜废而已也。

在朱熹看来，当时官学更为重视世俗之书、进取之业，却忽略对德行道艺的培养。潘畤、宋若水重建石鼓书院，则致力于培育学生德行道义，重建后“选建师儒，较试诸生充弟子员”，从官学中选拔优秀学生。

随着书院制度和职能转变，书院学生来源也进一步多样化。从地域看，除本地学生外，书院学生地域分布更为广泛。如朱熹创办的武夷精舍，在建成以后招收的70名门人中，除10人里籍不详之外，不属于福建籍贯的有24人，占有明确籍贯记载的60人中的40%[①]。张栻主教岳麓书院时，除2人里籍不详之外，31人中有20人来自湖南之外的地区[②]。有些书院还为异地生源入学提供条件。建康明道书院规定，可接纳任何地方的求学者，但必须进行考试，“士之有志于学者，不拘远近，诣山长入状，帘引疑义一篇，文理通明者请入书院，以杜其泛”[③]，求学者填报自己家庭的基本情况，当面考试疑义一篇，只要文理通明即可入院学习。绍熙四年（1193年），朱熹出任潭州荆湖南路安抚使，在

① 方彦寿：《朱熹书院门人考》，华东师范大学出版社2000年版，第90—132页。

② ［清］黄宗羲：《宋元学案》卷七一《岳麓诸儒学案》。

③ ［南宋］周应合：《景定建康志》卷二九《儒学志二·建明道书院》。

“本州州学之外复置岳麓”，设置额外学生10名给四方游学之士。“今议别置额外学生十员，以处四方游学之士，依州学则例日破米一升四合、钱六十文，更不补试，听候当职考察搜访，径行拨入者”。书院为游学学生提供斋舍，按照州学例每日给予钱米。入学时并不补试，由朱熹考察搜访直接拨入。同时，朱熹为这些学生安排住宿，“牒教授及帖书院照会施行，仍请一面指挥，合干人排备斋舍几案床榻之属”[①]。

南宋时，由于金兵和蒙古兵的相继南侵，许多士子背井离乡投奔荆鄂，制置使孟珙在襄阳人聚居地武昌建造南阳书院，在四川人聚居地公安建造公安书院，分别专门教育两地留寓士子。

书院招生打破生源限制，也带来书院教育的繁荣。乾道三年（1167年），朱熹携弟子范念德、林用中自福建崇安启程，于八月抵达长沙，与主教岳麓、城南两书院的张栻就“中和”“太极”“知行”“仁说”等问题进行辩论，史称“朱张会讲”。湖湘士子纷纷远道而来，现场聆听，以至岳麓书院门前“学徒千余，舆马之众至饮池水立竭，一时有潇湘洙泗之目焉”[②]，充分反映当时书院对社会士子的开放程度，更说明书院生源之广泛。

除游学之士外，书院还从民间选择优秀子弟入学。绍定二年（1229年）黎州玉渊书院重修后，选择地方优秀人才进行集中教育，“将与邦之秀彦肄业其间”。咸淳八年（1272年），兴国县衣锦乡因距县城道远，知县何时建造安湖书院，“汇试馆下录为生员凡二十八人，又拔其望四人为之长”，从乡间馆塾考试后选拔28人为书院学生，并选拔4名有声望者为其长。

南宋时，官立书院也从官学中招收学生。岳麓书院和湘西书院接受来自州学的优秀学生，州学学生月试积分高等升为湘西岳麓书院生，再试积分高等升为岳麓精舍生；石鼓书院改为州学而废，淳熙十二年（1185年）监司潘畤于旧

① ［南宋］朱熹：《潭州委教授措置岳麓书院牒》，见《晦庵集》卷一〇〇。

② ［清］康熙《新修岳麓书院志》卷三，岳麓书院御书楼复印本。

址重建，但未成而去官，宋若水来任而完善，“俾郡县择遣修士以充之”，“选建师儒，较试诸生充弟子员”；朱熹重修白鹿洞书院，上疏请求赐额赐书，中书舍人崔敦实除建议朝廷同意外，并建议参照“潭州岳麓书院系隶属郡学，所养生员皆自郡学补中拨入，及请选行艺之士充长”例，“今勘当南康军奏所复白鹿洞书院养士一二十人名额”；嘉泰元年（1201年），江西太知县赵汝谟创建龙洲书院，“择春秋补试前列者十人居之，而主以庠长”[①]；都是从官学学生中选拔优秀学生。

总的来看，宋代学生来源有三：一是招收本地士子，二是接待四方求学之士，三是从国立学校中选拔优秀学生。

四、元代书院学生来源

元代书院生徒来源主要由在籍儒人、乡邻子弟、外来游学者等构成。因性质不同，书院招生对象也存在差异。一些官办书院专门招收在籍儒人，并且官学与书院生徒可以实现区域内分配；民办书院招生对象则主要为乡里家族子弟，承担文化传播和社会教化作用；还有一些书院接纳外来游学之士，方便诸生求学。

元代部分书院被纳入国家管理，教学中以传播程朱理学为宗旨，与国立学校一样，书院学生主要来自儒户，部分来自儒户之外的民户。蒙古初年，士子被纳入编户一体当差。中统元年（1259年），忽必烈接受西夏进士高德耀建议，“汉儿河西秀才每，不拣甚么差发，徭役不教当者”，免除河西儒生差发徭役，将读书人编为儒户，并“刻符印付公，凡汉北、河西儒户悉委公镇之，从公给文以为验”，高德耀先后恢复三四千儒户。

元朝规定，掾吏选补，中书省从枢密院、御史台令史中选取，枢密院、御史台令史从六部令史中选取，六部令史以诸路岁贡人吏中补充。至元十九年

---

① ［南宋］周必大：《太和县龙洲书院记》，见《文中集》卷五九。

（1282年），因朝廷掾吏不足，需要岁贡儒吏补充。都省认为“省掾考满，出而临民，入而事上，资品既高，责任亦重，溯流寻源，皆自岁贡中出。由此言之，岁贡儒吏若不先加教养，次以铨试收之，必将苟且以求侥幸，人才失真，所关匪细”，于是规定，州府要从管下免差儒户内选择学生：

> 有余闲年少子弟之家，须要一名入府州学，量其有无，自备束脩，从教授读书，修习儒业。若无余闲子弟可以读者，不得桩配。责要本路官朔望拜庙，就加省视，勿令废替。非儒户而愿从学者并听。①

州府要从管下免差儒户内选择学生，且非儒户子弟亦可入学读书。

元代部分书院收归官办，也像官学一样设立学生名额。元至元六年（1269年）初设学生名额，但仅限于路学，“十二月，中书省定学制，颁行之。命诸路府官子弟入学上路二人，下路二人，府一人，州一人，余民间子弟，上路三十人，下路二十五人。愿充生徒者与免一身杂役”。大德五年（1301年）始将学生名额扩大到散府学校和州学，“散府二十人，上、中州十五人，下州十人”，并未提及书院，考虑到书院设官与散府和州学相同，此次设置学生名额也应该与州学相同。据江浙《行省坐下监察御史申明学校规式》记载，大德元年，明道书院有学生名额14名，南轩书院8名。大德二年，鄮山书院也由儒学提举司分配给本路儒学和鄞县县学生徒21名。不过，虽然非儒户子弟可以就读，但书院学生主要还是来自儒户。庆元路学儒户195户，大学生员64名；明道书院儒户37户，大学生员14名；上元县学儒户38户，大学生员7名；江宁县学儒户59户，大学生员11名；慈溪县儒户222户，除县学外，还拨给鄮山书院部分生徒。

需要指出的是，元代儒户数量有限，不及总户数的百分之一，因此实际

① ［元］佚名：《庙学典礼》卷三《岁贡儒吏》。

在校学生非常少。同时由于元代很少举行科举考试，即使开科取士，数量也很少，所以分配给书院的学生名额也逐渐减少。如鄮山书院建于大德二年，原设21名，到延祐间“递年身故，见存儒人七名，在院陪拜肄业”，20年间仅剩下三分之一。

乡邻子弟、外来游学者也是元代书院学生来源。至治二年（1322年），光山知县特穆尔布哈创建涑水书院，“聚士之俊造与幼而学者分教之”，“贫而无资来学，及四方宦游者至，则如归”，该书院既接受本地俊造之士和初入学幼童，也接受外来求学者。

孔子、颜子、孟子后裔外出游学，在平江（今苏州）、嘉兴等地官学、书院都可以入学成为学生，“孔颜孟三氏子孙游学于外，所至儒学书院，人给米石，盖前元所著令，此则宣圣五十五世孙克刚、克信至正间游江南时，平江、嘉兴二属邑文移也”[①]。

五、明代书院学生来源

书院在明代前后期发展呈现不同状态，因而学生来源亦有区别。

明初即建立国子监和府、州、县、卫、所儒学官学体系，乡间设立社学，无论学校数量、招生规模和办学质量等方面都超越前代，基本上能满足士人读书应举要求，也使得朝廷所规定的“科举必由学校”人才选拔政策得到贯彻实施。科举取士制度地位日益提高，广大士人为能在科场中脱颖而出，纷纷将官学作为读书应举的场所。入官学读书应举成为大多数士人的必然选择，对学术的追求也被炙手可热的科举功名几乎销蚀一空。

明初不少书院虽然有书院之名，但并不从事教育，有的已经成为祭祀先儒、乡贤或者祖先的场所，如元嘉兴江南书院重建为陆贽祠堂，元南阳诸葛书院重建为武侯祠，南宋樵溪书院重建后为李纲祠堂等。部分从事教育的书院

① ［明］吴宽：《跋孔氏先世所藏文移》，见《家藏集》卷五〇。

学生一是来自宗族乡党，如石冈书院“聚宗族乡人子弟而教之”。二是来自本地，多是官员建造或修复的书院，如永乐中韶州知府沈源重修相江书院后亲自讲授，“招多士讲业其中，躬课之”。三是来自外地，临江教授刘埜辞职后“遂于东园之东筑林塘书院以待来学之士”，抛弃举业的江西吴与弼创建小陂书院，弟子遍布江西，并有陈献章来自广东新会、谢复来自安徽祁门。但此时学生以本地为主，来自外地的很少。

明代中后期，政治腐败对官办教育、科举制度都产生极大的消极影响，官学逐渐衰败，加之王、湛之学兴起，书院于正统、成化年间再次获得发展机会。在这一过程中，地方官吏、王公贵族在书院修复、创建和管理过程中发挥的作用越来越大。

此期民间建造的书院学生依然主要来自族人和乡党子弟。梁璟辞职归乡后建造石桥书院，“以教子姓及乡之俊秀，给薪米笔札，而时课试之”；扬子云书院“既又多购书庋置楼上，将使其族与其乡子弟讲习读诵”；杭州知府杨温甫于故乡建造平山书院，“使吾乡之秀与吾杨氏之子弟诵读其间”；嘉靖间，山西长治仇森兄弟建造东山书院，“延耆儒以教子弟及乡之俊秀，以广义学之意”；书院都是以教育家族子弟为主，兼及乡邻子弟，而徽州李汛建造李源书院和商人余育归乡建造潜虬书院则为专门教育本族子弟，潜虬书院“收训其族子弟于中”。

官员建造的书院大多成为科举补习学校，学生主要来自官学和本地优异子弟。

县办书院学生来源有三。一是来自民间：嘉靖五年（1526年），庐江知县周良会建造毛公书院，“以教乡之俊秀者”；新昌曲江书院“聚俊秀讲学其中”；盩厔令何起鸣“作集贤书院，录士之才者教之”，都是从民间招收学生。二是来自官学：嘉靖中，宜春知县徐栻“校士拔其隽者馆昌黎书院”；万历元年（1573年），砀山知县王廷卿创建龙峰书院“为诸生居业地”；万历三年，宿迁知县喻文伟创建凌云书院“集诸生会文其中”；万历四十六年，安徽来安知县周之冕建造景濂书院，“集诸生讲习”；学生都来自官学，属于以诸生为学生的中级举业书院。三是来自外地：崇祯二年（1629年）重建的永城太丘书院本欲“令诸生诵习其中，月试而日课之”，建成后“童子颖秀者搜罗无遗，邻邑来试者亦与焉”。

府、州官员创办的书院学生一是来自本地官学：正统间，南康知府翟溥福重修白鹿洞书院，“简弟子肄业其中”；平定州学正夏廷器“筑石楼书院，督诸生肄业其中”。二是从府州官学和下属各县官学中选拔：成化间扬州知府王恕建造资政书院“以教郡邑学弟子”；弘治中，湖北黄州知府吴淮建造东坡书院，“拔两庠诸生茂异者数十人讲习其中，躬自校艺，一时人材称盛”；嘉靖二十五年，高州知府欧阳烈创建拱极书院，“聚六庠士之秀者，取师儒分督之，定期立会，亲与诸生讲解”；嘉靖中，吉安白鹭洲书院“聚九邑之士之敏于学者食而教之”；嘉靖时知府何东序重修紫阳书院，“乃简七校之士讲业其中”；隆庆间，江西瑞州知府邓之屏“下车即聚四学之俊会文筠阳书院，躬亲评阅，月给膏楮，是科发解魁九人”，江苏常州知府施观民建造龙城书院，“选诸生秀者课”；万历二十七年（1599年）盐运使何继高建造沧州天门书院，“凡附近州县生员，不论民灶，但系学院考试优等中取入院”[①]；万历三十九年重建的归德府范文正讲书院“集九邑士之俊秀者肄业其中”，“择所属俊髦六十余人讲读其中，俱以科第显，多至大官”；万历中霸州新建益津书院“合道属十三学弟子员拔其优聚肄于中”；南大吉任绍兴知府，“葺稽山书院，简八邑才隽子弟讲习其中”，都是从本级官学和下属官学中选拔优秀学生。三是从民间招收学生：成化中平阳知府许铎于永礼池侧建书院，“以居俊秀”；弘治初，蒲州知州许鹏重建首阳书院，“于是简州之少俊得二百人，礼聘国子生王绅为之师，越四五年渐有成业，士之进于州学者视昔有加”。

省级官员创办的书院学生大多来自各级官学，范围比较广。成化十三年

---

① ［清］康熙《沧州志》卷三。

（1477年），河南提学佥事吴伯通等创建辉县百泉书院，“遣庠生之秀敏者卢璐等数十人肄业其中”。弘治六年（1493年），巡按御史樊祉创建辽左书院和辽右书院，分别招收辽东、辽西优等诸生。正德六年（1511年），山西巡抚石玠建造石溪书院，“集诸生讲学其中”；正德年间，提学副使何景明“陕西属所试诸生，奇者悉取正学书院，亲自督教，间出俸钱赡所不给，关中得人于时为盛”[①]。嘉靖时期，广西提学副使李中“以身为教，择诸生高等聚五经书院，讲难不辍”；山东提学副使吕高“士有卓异者拔入湖南书院，亲自督课，讲明正学，务得真才”；聂良杞“出典滇学，置五华书院，萃博士弟子读习其中，士风丕变”；有的在本府州选拔，有的是从全省选拔。弘治八年，陕西提学副使杨一清建造武功绿野书院，从县学中选择学生，未中选者也三日一次来听讲，西安府学、凤翔县学诸生也闻风而至，“择士子充其中，而以县学训导赵文杰为之师，俾日讲性理之学，凡县学诸生则三日一至听讲，其规约大率与白鹿、睢阳类。未几，若西安、凤翔诸生闻风就学者踵至，君时坐堂上躬督劝之，沨沨乎道学之流行也”[②]。有的书院在从官学诸生中选拔学生的同时也注意从民间选取优秀人才进行培养。成化十七年（1481年），提学佥事吴伯通创建洛阳伊洛书院，“遴属校生员若民子弟之颖异者，居宿以专业”。

有的官员建造书院目的并非专为培养科举之士，弟子范围就比较广。李梦阳《东山书院重建碑》说：“夫士养于学足矣，奚贵于书院？盖书院者萃俊而专业者也。夫士群居则杂，杂则志乱，志乱则行荒，故学以养之者大也。书院以萃之者其俊也，俊不萃则业不专，业专则学精，学精则道明，道明则教化行，而人知亲长之义，人知亲长之义则盗贼可不兵而平也，故书院者，辅学以成俊者也。”[③]官学士子群居志乱行荒，书院选拔菁萃，业专学精道明，教化大行。理想很美好，在科举大行时代却很难实现，只有学者设立或主讲书院才能达此

① 《陕西通志·何景明传》。

② ［明］吴宽：《绿野书院记》，见《家藏集》卷三八。

③ ［明］李梦阳：《东山书院重建碑》，见《空同集》卷四二。

目标。王守仁守丧在籍，讲学绍兴稽山书院，书院学生本来是以本地人士为主，但四方闻风而来，“聚八邑彦士，身率讲习以督之。于是萧璆、杨汝荣、杨绍芳等来自湖广，杨仕鸣、薛宗铠、黄梦星等来自广东，王艮、孟源、周冲等来自直隶，何秦、黄弘纲等来自南赣，刘邦采、刘文敏等来自安福，魏良政、魏良器等来自新建，曾忭来自泰和，宫刹卑隘至不能容，盖环坐而听者三百余人”，听讲者除本地八邑人士外，还来自两湖、广东、河北、江西诸省。王守仁去世后，弟子薛侃遵其遗愿，于杭州城南建造天真书院作为同门祭祀老师和讲学场所，“患同门聚散无期，忆师遗志，遂筑祠于山麓，同门董沄、刘侯、孙应奎、程尚宁、范引年、柴凤等董其事，邹守益、方献夫、欧阳德等前后相役。斋庑庖湢具备，可居诸生百余人。每年祭期以春秋二仲月仲丁日，四方同志如期陈礼仪，悬钟磬，歌诗，侑食。祭毕，讲会终月”[①]。此类同门祭祀讲学的学术性书院，王守仁弟子先后建造了20余所，学者地域很广。

六、清代书院学生来源

有清一代，书院数量众多。官府主办书院生源，一是从所属官学中选拔，一是从民间选优，民办书院学生仍然主要以本地子弟为主。

官府主办书院学生可以雍正十一年（1732年）令各省建造省城书院分出两期。前期基本采用明朝办法，县和散州所办书院一般从县学或州学选拔优秀生员，府办书院一般从府学和所属各县县学、散州州学、散厅厅学选拔优秀生员，直隶厅、州办书院从厅学、州学和所属县学选拔优秀生员，此外都还从民间选拔优秀童生。如康熙二十年（1681年），池州知府喻成龙建造池阳书院，“集六邑诸生肄业其中”，集中府学和下辖5县学学生学习。康熙间泾县知县扩建水西书院，“增置水西馆舍，集诸生异等者考德讲业”，选拔县学优秀学生到书院学习。而徽州碧阳书院招生则由学政选拔，“凡肄业者由学政挑选，有余

① ［明］《王文成文集》卷三五。

缺以文高试名在前者补”。

也有督抚等官员于省城建造书院，从全省选拔优秀生员进修。康熙二十一年（1682年），广西巡抚郝浴建造华掌书院，“檄取通省高才生诣院读书，给以廪饩”；康熙二十三年（1684年），于成龙出任江南总督，“择督学，岁科两试前茅士萃书院课之”；康熙五十二年，江苏巡抚张伯行建造紫阳书院，“择所属高材诸生肄业其中”；康熙中，江西提学王思训“岁科两试所得士亲加考阅，拔其优者，进诸生百几十人俾肄业焉”；雍正二年（1724年），江苏布政使鄂尔泰重修紫阳书院，“征七郡之士弦诵其中”，均已开省城书院之先河。

各省建造省城书院后，对学生的选拔清政府非常重视。乾隆九年（1744年），朝廷“议准，书院诸生宜严加甄别，令驻省道员专司稽察”[①]，由驻省城道员专门负责稽察，“生徒由驻省道员专司稽察，各州、县秉公选择，布政司会同该道再加考验，果系才堪造就者方准留院肄业”[②]，学生来自全省。省城书院一般从全省各县选拔优秀生员，浙江敷文书院“萃十一郡之俊造”，苏州紫阳书院“择所属高材诸生肄业其中”，湖北江汉书院“其通省高材生由监司以上赏拔者始得升肄此院”，关中书院光绪七年时巡抚冯誉骥“与院内立志学斋，选高材生为上舍”。

省城书院多招诸生肄业，河北莲池书院“延名宿，集诸生肄习”，广西秀峰书院专收生员，陕西关中书院“住院肄业者，举、贡、廪、增、附生皆有，惟无童生，以童生有各府州县书院也”，不招童生。湖北江汉书院“其通省高才生，由监司以上赏拔者始得升肄此院”。广州菊坡精舍规定“为专课通省举贡生监经史诗赋之所，童生不得与试”，招生学生标准很高，“除举、贡外，其廪、增、附、监各生，或经学院考取各属经古方准应试，或由三院山长考取前列酌送与课”，只有学政考取者才能应试，粤秀书院、学海堂、菊坡精舍三大

① 《皇朝通考》卷七四。

② 《山西通志》卷七六，转引自陈谷嘉、邓洪波《中国书院史资料》，第873页。

书院山长考取前列者才能推荐参加。

有的省城书院也从民间选拔俊秀子弟，广东粤秀书院乾隆二十年（1755年）时设生监正课80名，童生20名，嘉庆十四年（1809年）时设生监正课80名，外课40名，童生正课20名，外课10名，端溪书院嘉庆十四年时设生监正课60名，附课160名，童生正课20名，附课80名；湖南城南书院嘉庆间设生监正课28名，附课40名，童生正课30名，附课10名；福建鳌峰书院道光二年（1822年）时设生监内课、外课各60名，童生内课60名，外课40名，都是生监童生均收。个别书院专收童生，广西宣城书院嘉庆间设童生正课25名，额外正课8名，附课20名。

清代在福建和广东出现以官员、举监生童为学生的学习官话的正音书院。雍正六年（1728年）皇帝发布谕旨要福建广东官员学习官话，“应令福建、广东两省督抚，转饬所属各府州县有司及教官，遍为传示，多方教导，务期语言明白，使人通晓，不得仍前习为乡音，则伊等将来引见殿陛，奏对可得详明，而出仕地方民情亦易于通达矣”，朝廷规定“八年之外，如生员贡监不能官话者暂停其乡试，学政不准取送科举；举人不能官话者暂停其会试，布政使不准起文送部；童生不能官话者，府州县不准取送学政考试；俟学习通晓官话之时更准其应试”，逼迫举监生童和地方官员到正音书院学习官话。第二年福建即普设正音书院，府州县无不设置，当年即设立110多所，一般府州县各1所，有的2所，泉州府依郭县晋江有4所，漳平府依郭县有5所，龙溪县更多达7所，唯有建安县、瓯宁两县因同处一城共设1所，台湾当时属福建省，台湾府和凤山县、诸罗县也各设1所。

书院学生多动态管理，许多书院一年一别，经考试选取。嘉庆二十二年（1817年）丹阳书院、二十四年丰湖书院、嘉庆间敬修书院、咸丰十年（1860年）箴言书院、同治元年（1862年）相江书院、光绪中西湖书院都规定一年一别。粤秀书院规定每年甄别，一月五课三优，以后月课如果接连四课三优，可以升拔，旷课者以一月五课作为三次计算，分别递降。

有的书院三年一别，光绪间龙潭书院规定“三年再行甄别”，甄别采用考试办法，龙潭书院就规定，“届三年甄别之期，则董事禀请州尊于仲冬发题扃试，预期出示晓谕，诸生赴式者先至监院报名备考”。学海堂也是三年一别，“肄业诸生定以三年为期，期满复行举报更换以期后来之秀接踵相望”。

第二节　学生类别

唐代教育书院很少，且多为家族创办，五代虽然有的书院面向社会招生，但学生也不多，一直到北宋时期也未见书院学生类别记载。北宋熙宁四年（1071年），将太学学生分作上舍、内舍和外舍，元丰二年（1079年）又将三舍法推行到州学，随着书院学生增加，书院学生也开始分类。

一、南宋学生类别

南宋时，私立书院自主招生，学生大多不多，黄榦“书院中六七小童”，陈亮“今年不免聚二三十小秀才，以教书为行户”，学生未见有种类之分，有类别的是官立书院。

官立书院是有学生名额的，朱熹重修白鹿洞书院后奏请赐额赐书，中书舍人崔敦诗建议仿照岳麓书院例设置学生名额，“本监访闻潭州岳麓书院系隶属郡学，所养生员皆自郡学补中拨入，及请选行艺之士充长，委实曲尽。今勘当南康军奏所复白鹿洞书院养士一二十人名额”[①]，岳麓书院学生由郡学拨给，占用郡学学生名额，而书院是官学的附属。岳麓书院、白鹿洞书院不是个例，南宋中期以教授兼任山长和景定后设置山长的书院都应该属于这种情况。宝庆元年（1225年），全州太守程榆请求赐额柳开书院，程珌时主礼部，建议“今若

---

① ［明］黄淮、杨士奇：《历代名臣奏议》卷一一五。

效濂溪东湖，令本州揭榜，仍拨隶州学一等教养，于理为顺。丞相是之，曰此郡所当言而朝廷所当行者，亟言之。即日报可，名以清湘书院，且俾郡博士兼领之”，清湘书院是仿照濂溪书院和东湖书院之例，可见都从属于官学。石鼓书院淳熙十三年（1186年）重修后“选建师儒，较试诸生充弟子员”，从官学中选拔学生。嘉定三年（1210年），建宁府学“有生徒三百，分十二斋，犹不足以容之”，太守李某于是建造紫芝书院以安置，“乃捐俸钱三千余缗，度地于学之东西两隅，广为四斋。鸠工于嘉定三年仲冬朔旦，讫役于明年二月之望。修廊广厦，翚飞跂翼，名斋以志道、据德、依仁、游艺。以其前挹紫芝之峰，扁曰紫芝书院，盖前所未有也。财不费于官，敛不及于民，增弟子员，又广田畴以丰其储，举郡之士欢奋感励”，新建书院“增弟子员”，应该是增府学的学生名额。

官办书院学生有固定名额，官府可以额外增设。朱熹就曾令岳麓书院设置10名额外学生以安排四方游学之士，“今议别置额外学生十员，以处四方游学之士……更不补试，听候当职考察搜访径行拨入者，庶几有以上广圣朝教育人才之意”[①]。学生还可以公开招收，朱熹《招举人入白鹿咨目》说“今岁科场解发省待补之士二十有八人，文行彬彬，识者盖称之，郡亦与荣焉。然惟国家之所以取士与士之所以为学待用之意，有如前所谓者，是以更欲与诸君评之。今白鹿洞诸生各已散归，山林阒寂，正学者潜思进学之所，诸君肯来，当戒都养给馆致食以俟。专此咨白，可否须报”[②]。

书院额内学生，明道书院称作正供生员。《中国书院史》认为还有职事生员，“斋长为生员自治职事，它和司计、掌书等皆由生员兼任，故又有职事生员之称”[③]，似乎是误读《景定建康志》造成的。原文有“职事生员米二升五合造食钱三百文”“宿斋职事生员每夜支油钱二百文”“众职事生员日各三斤”，应

---

① ［南宋］朱熹：《潭州委教授措置岳麓书院牒》，见《晦庵集》卷一〇〇。

② ［南宋］朱熹：《晦庵集·别集》卷六。

③ 邓洪波：《中国书院史》，第177页。

该在“职事生员”中间加顿号，如同“山堂长贴食钱七百文”一样，并非有山堂长，而是指“山长”和“堂长”。如果斋长、司计、掌书属于“职事生员”，“职事生员”有造食钱三百文，“堂宾至斋长贴食钱二百文”，则斋长等“职事生员”既有造食钱300文，又有贴食钱200文，两份补贴合计500文，与堂录和讲书相同，高于堂宾、直学、讲宾等，似乎是不可能的。而“每旬山长入堂，会集职事生员授讲、籤讲、覆讲如规”，山长入堂讲授，只让“职事生员”参加，其他生员不参加，似乎也是不可能的。因为牵涉到书院学生类别，不得不进行辨析。

二、元代学生类别

元代官办书院和官学一样，将学生分作两类，大学生员和小学生员。大学生员有名额，小学生员则无。集庆路（今南京）明道书院有大学生员14名，南轩书院有8名。大学生员也像国立学校一样分为治经儒人和治赋儒人两类。明道书院有大学生员14人，治经和治赋各7人；南轩书院有大学生员8人，其中治经2人，治赋6人，没有小学生员分业。

书院大学治经生员、治赋生员和小学生员学习内容不同。明道书院规定：

> 大学生员课试：三十岁以下者各各坐斋读书，延请讲书训诲。近因上年漂水，州田土被水淹没无收，止是旦望行供，才于十二月初一日为头每日照旧例行供讲课。每日课治：治经义者小经义冒，治赋者省诗，午后纳课，呈山长，晡后书名会食，课办呈公堂，放学。
>
> 小学生员课业：每日从小学教谕出题授书训导，每遇三日一次供诗，每日背诵隔日书，授本日书，出本日课题，省诗对句，食后习功课，午后说书，《大学》《中庸》《论语》《孟子》《小学》之书，《通鉴》，出晚对，供晚对。

其课试奖惩办法，书院与路学和上元、江宁县学相同：

> 照得路学、明道、南轩书院、上元江宁两县学，见依奉前儒学提举司指挥，备奉江东建康道肃政廉访司指挥，承奉行御史台札付坐下学校便益事数内议得：儒人课试，每月从教官出题，或赋论、经义、史评之类。在籍诸生供本经全篇，每五卷约取一名，照旧例，魁名三分，亚名二分，次名一分半，通榜者各一分，教官考试逐月载籍，岁终计其数以考优劣。如十二试积及十分者，次年正月内从教官申请，本路文资正官、廉访司官诣学，集及分儒生帘引，文义通畅者取首名，申上司以凭岁贡，其余籍记姓名。所有十二试俱黜者降供一季，发付本学训诲，逐日坐斋习读，候降供满日再行引试，中格许令回参，其连三月不试者从教官议罚。前件讲究得，若将路学、明道、南轩书院、上元、江宁两县学考中儒人花名，试中经赋，每月开申本路儒学，转申总管府照验，仍将试中经赋装褙成册，每季申解合干上司，以备岁贡。①

大学生员每月一次课试，按5比1录取通榜，通榜者记1分，第一名记3分，第二名记2分，第三名记1.5分，全年12次考试成绩累计10分以上者，次年正月经本路文资正官和廉访司官员当面考试，第一名成绩者列为岁贡人选。但元代贡生名额少得可怜，至元十九年（1282年）定“岁贡人额，按察司、上路总管府三年一次，贡二名，儒一名，吏一名；下路总管府二年一次，贡一名，儒吏递进”②。集庆路总管府下辖3县2州，三年才能贡1名儒生，聊胜于无。

书院将学生分级较为常见，至治二年（1322年），光山知县特穆尔布哈创建涑水书院，“聚士之俊造与幼而学者分教之”，将已有较高水平的学生和初学者分开教育，同时既接受本地俊造之士和初入学幼童，也接受外来求学者，“贫而无资来学及四方宦游者至则如归”。

---

① ［元］佚名：《庙学典礼》卷五。

② ［元］佚名：《庙学典礼》卷一。

民办书院交于官府，创办者可以决定学生名额。许昌冯梦洲创建颍昌书院，“岁以地三顷之入给之，弟子不逾二十员，多则耗其师之力，旬月季严课试法，必第其高下，激赏以示劝惩”。

三、明代学生类别

明代官办书院多是科举培训学校，不论是招收民间俊秀的初级科举书院，还是从官学中选拔优秀诸生的中级科举书院，学生水平大都接近，将学生区分等级者很少。当然也有个别将学生分级者，成化时期伊洛书院“遴属校生员若民子弟之颖异者，居宿以专业”，培训诸生是为考取举人，民间优秀弟子是为考取诸生，目标不同，水平不同，应该分类。嘉靖二十年（1541年），岳麓书院也曾招收举人为学生，“同知莆田林华集孝廉、诸生肄业”，“招孝廉及三庠诸生卒业”[①]，同一所书院既有举人，也有诸生，诸生和举人也应该分开肄业，学生自然也有类别。

民间书院多属于初等教育，学生水平不可能都相同，老师可能按照学生水平授课，但未见有学生分级的名称。

正统三年（1438年），都指挥佥事张玉、广东布政使刘永清等捐俸重修濂溪书院，“祠之左右创建斋舍，左居郡之秀民，右居武官子弟”，将学生分成民籍和军籍。

明代书院新出现举人学生。嘉靖四年（1525年），杭州万松书院曾将参加会试而没有考中进士的本府落第举人收罗其中，集中培训；嘉靖七年，巡按御史王重贤创建辽左习武书院，集中武举备考。

四、清代学生类别

清代是中国书院教育最为成熟时期，为了教学方便，也为了推行竞争，官

① ［清］康熙《岳麓志·书院沿革》。

办书院几乎都划分学生类别等级，而且越分越细。

顺治间，白鹿洞书院即将学生分作两类，一类为住洞生员，额10名，一类为会课诸生，约60名。雍正十一年各省建造省城书院后，一般都从全省选拔学生，限于经费等各方面原因，各省分类分级设置不同名额。乾隆十七年（1752年），安徽敬敷书院设置内课24名，外课24名；乾隆二十年，广东粤秀书院设生监正课80名，童生20名；乾隆二十四年，苏州紫阳书院设置正课60名，外课40名；乾隆二十八年，岳麓书院设置正课50名，附课20名，乡试之年再增加正课20名，附课10名；钟山书院内课生徒50名，外课生徒70名，此外还有八旗生徒5名。福建鳌峰书院早期学生分作生监和童生两类，生监分作内课、外课和附课三等，童生分作正课和附课两等，嘉庆时，生监又分作一等、二等和住院三等。

随着生员增多，各省城书院纷纷增加学生名额。安徽敬敷书院嘉庆二十四年（1819年）增加附课20名。苏州紫阳书院道光间进行调整，正课减到40名，但外课增加到80名，陶澍担任巡抚后再次增加，正课为50名，外课100名。粤秀书院嘉庆十四年正课未变，但增设外课，生监40名，生童10名，乡试年再增加生监正课20名，外课10名。岳麓书院乾隆五十年（1790年）增加正课18名，附课15名，嘉庆四年再增加附课35名。云南五华书院道光十九年（1839年）只设生员120名，二十一年改为正课80名，附课80名，同治间增加举人正课15名，附课20名，内舍生40名。

省城书院初期以招收诸生为主，个别书院也招收童生，清中期开始，有的书院还招收举人。道光十八年（1838年），浙江敷文书院开始课试举人，设举人内课18名，外课18名，附课20名。书院学生有举人、生监、童生等类，每类一般分两等，内课和外课或正课和附课，有的分三等，福建鳌峰书院嘉庆间分一等生监、二等生监和住院生监，分别设额80名、70名和80名，此外还设上卷童生60名；四川锦江书院分正课、附课和外课三等。

受省城书院影响，有的府办书院甚至县办书院也将学生分类分等。广东韶州府相江书院设置生、童内课、外课各20名；归州丹阳书院设置内课生员10名、童生6名，外课生员20名、童生12名；湖南浏东狮山书院道光间设生监正课10名，附课10名，童生正课20名，附课20名；胡林翼在故乡湖南益阳重建箴言书院设生监正课15名，附课10名，童生正课15名，附课10名；湖北孝感西湖书院光绪间设置生员正课10名、附课30名，童生正课10名、附课30名；辽宁义州聚星书院每年取生员超等3名，特等4名，童生上取5名，中取6名；上述府州县书院都是将学生分成两类两等。湖北宜昌墨池书院将学生分成两类三等：正课生监40名，文童15名；附课生监30名，文童15名；又附课80名。扬州梅花书院将学生分作正课、附课、随课三等，正课、附课有膏火，随课无，但实行升降制，随课一岁中取三次优等可升附课，再三次优等可升正课，后改为一月连续三次优等升级，乾隆五十八年（1793年）两淮转运使亲课诸生，选拔最优秀者为上舍，在正课之上，成为二类四等，嘉庆十三年（1808年）又增加举人一类。

有的书院有不占定额的自费生，桐乡书院道光间就规定，"书院原为诸生肄业之所，如有情愿居中肄业者听从其便，但须自备膏火"。

书院录取学生大都采用考试方法确定并定级，绝大多数书院都是一年一甄别。辽宁义州聚星书院是每年二月初二甄别，根据考试成绩确定，酌取超等生员3名，每月每人给予膏火钱14吊，特等生员4名，每月每人给予膏火钱10吊，酌定童生上取5名，每月每人给予膏火钱12吊，童生中取6名，每月每人给予膏火钱8吊，没有考取的生童参加可以考课，每课也给饭钱200文。河北栾城龙冈书院也是二月初二甄别，先期由县衙发布告示，生监先到县衙礼房报名，考试录取前12名为正课。浙江敷文书院举人月课也是每年甄别，每年正月由宪台发布告示，杭州在籍举人才能报考，选取内课、外课各18名，附课20名。

开封彝山书院也是每年甄别，程序最为严格，正月官衙开印（正月十九至二十一日之间，由钦天监择日）后，发文通知属下各州县报名，未通过本州县初考者不能参加，祥符县童生要同考五人当场互结，外州县童生要带本初科考原保廪生甘结，旗人童生由守尉衙门咨文甄别，书院监院禀请府衙发给属下16个考点的点名册派斋长进行核对，甄别、复试后确定正课、附课人选，如果录取后发现假冒，审核的斋长要扣罚一月薪水。

岳麓书院乾隆间招收学生方式比较特殊，由官府保送，一是由巡抚行文各府州保送，二是由学政考取移送，“岳麓书院定额正课五十名，附课二十名。候本部院行各属保送，或由学院考取移送，其零星赴辕求取者，一概不准”①。

湖南龙潭书院最为特殊，学生名额按捐赀多少分配给各团各族，每捐赀800串给额1名，为照顾贫穷团族，另设不需捐赀的4名公课，州内士子皆可报考。学生三年甄别一次，由知州主持，团族缺额本团本族随时可以补充，但公课不行。

虽然是官办书院，但经费依然有限，粥少僧多，为更好发挥书院在培养人才方面的作用，书院引进竞争机制，除将学生分类分等外，主办者还嫌不足，制定升降制度。宜昌墨池书院规定正课每月给钱1400文，其中生监40名，文童15名；附课每月给钱1200文，其中生监30名，文童15名；又附课80名，没有按月发给的膏火，考课优等者给予奖金，“以备升补”。“其升降：以附课三次优等者升正课，正课三次劣等降附课；又附课三次优等者升附课，附课三次劣等者降又附课；其正、附课生童一次考课不到者扣本月膏火三分之一，二次不到者扣三分之二，连三次不到者扣除名额，以附课、又附课优等升补”，不仅奖优罚劣，还奖勤罚懒。河南开封彝山书院每年考试取正课40名，附课60名，每月官课2次，斋课2次，当月成绩在20名以后者，正课降附课，附课降随课，附课前20名升正课，随课前20名升附课，升降范围最大。

民办书院未见有分类分等之设，但初等教育的书院会将成年人和初入学者分别进行教育。

---

①［清］陈宏谋：《申明书院条规以励实学示》，转引自陈谷嘉、邓洪波《中国书院史资料》，第1584页。

清代八旗军兵驻扎全国各地，有的驻军自行设置书院，有的则到地方书院就读，为示区别，称作旗生、旗童，南京钟山书院有八旗生，广州粤秀书院有旗籍生员和童生，开封彝山书院有旗人童生。

第三节　学生待遇

书院学生多无固定职业或经济来源不足，大多数书院会给予一定资助，以供其生活读书之用。

书院学生待遇与书院经济状况、管理方式密切相关，不同历史时期、不同书院皆有区别。为奖优罚劣、奖勤罚懒，书院也会制定相关制度，对取得优异成绩者给予奖励，对成绩不好者予以惩罚。

一、生徒膏火

书院给予学生的经济资助一般被称为“膏火”。膏火原指膏油灯火，唐人杜甫在《奉酬薛十二丈判官见赠》一诗中就有“不是无膏火，劝郎勤六经”之句，后来用以指书院、官学等发给肄业生徒的生活费用。书院学生享有的膏火往往由钱、谷两部分组成，谷用于解决饮食，钱则用于帮助用度，当然，也存在只有谷而无钱或只有钱而无谷的情况。

唐代时教学书院多为家族建造，生徒也为族人，经费当由家族提供。五代时，陈氏书堂“田二十顷，以为游学之资”，对四方学者提供饮食，窦禹钧窦氏书院“凡四方孤寒之士无供需者公咸为出之”，只对家境贫寒者予以资助，游学者需要自备供需。

宋代书院多属于自行建造，各自管理，学生待遇也各不相同。有的书院向学生提供饮食，淳化五年（994年），华林书院“大设厨廪以延生徒”；皇祐五年（1053年），孙琛即白鹿洞“学之故址为屋，榜曰书堂，俾子弟居而学焉，四方之士来者亦给其食”[①]。

南宋时，著名书院多以教授兼山长，被纳入官学体系，由官府给予膏火。绍熙五年（1194年），朱熹兴学岳麓，设额外名额以接待四方学者，按官学标准给予膏火，“游学之士，依州学则例，日破米一升四合，钱六十文。其排备斋舍几案床榻之属并帖钱粮官，于本州赡学料次钱及书院学粮内通融支给”[②]，宋代升小，约合今664毫升，1升4合米约重790克，足够一日食用，钱60文也足够菜金。白鹿洞书院招生，从朱熹所撰《招举人入院状》看无偿提供住宿饮食，“诸君肯来，当戒都养，给馆致食以俟”。明道书院拥有大量田产收入和官府拨款资助，办学条件十分优越，学生待遇优厚。正供生员每人每月给钱5贯，每日提供膳食，“米二升五合，造食钱三百文”，每晚支给油钱200文，冬季四个月每日给木炭2斤；官办书院既给米，还给钱。南宋也将私立书院纳入国家管理，并给予支持。景定五年（1264年），刘应安建造丹阳书院，“刘君自长兹山，即擢文学掾”，成为官办书院，“郡守朱公禩孙为请于朝，报可，且赐公田，为亩者二百，由是教养以立”，请于朝获得赐田教养学生。

元至元十九年，绍兴路学“生员照例行供”，“日行二膳”，看来是书院集体供膳。

私立书院一般由建造者捐置土地，收租以养学生。嘉定间永丰黄维直建造龙山书院，“捐产之半以奉之廪给”；东阳郭钦止建造石洞书院，“储洞之田为书院之食，而斥洞之山为书院之山”；龙山书院“龙山主人捐私帑开黉舍，买田以为粮，延师以授业”，可见都为书院学生提供膳食。广东仁化邹某建造青云峰书院，“买田其中，收其岁入专以给游学之书费”，看来只提供教材。

元代南方书院多为南宋遗留，原有许多学田，收入颇多，至元十三年“照旧例行供”，“诸斋生员日行二膳，游学之人无所归者亦日有以赡之，年老者月

---

① ［北宋］郭祥正：《白鹿洞书堂记》，见嘉靖《白鹿洞志》卷七。

② ［南宋］朱熹：《潭州委教授措置岳麓书院牒》，《朱熹集》卷一〇〇，四川教育出版社1996年版，第5111页。

给生料，幼学者日亦行供”[①]，“儒士每日登堂会食”，向书院学生、官学学生和游学者提供饮食，膳食应该仍然采用南宋标准。至元二十一年（1284年）广东重建韩山书院，“馆生日食之供有庖，岁入之租有廪”，也是向学生提供饮食。在北方，新建的西安鲁斋书院经奏准朝廷，令陕西行省“仰所在官司量拨系官田土入学，奉春秋朔望之祀，修缮祠宇，廪饩师生”，官拨土地向师生提供粮食。

元代支持私人新建书院，只要书院建筑有规模，经费有保障，国家就会赐予书院名称，并按照建造者意愿授予书院山长官位。从文献看，元代新建书院大多提供粮食。奉新邓谦亨创建三贤书院，“于是割田若干，岁入得粟数百石，以备圣贤飨祀、师生廪膳之资”；至元三年（1337年），零陵丞曾圭令子曾尧臣捐资独自建造浯溪书院，“割私田三百亩以廪学者”；至正十年重建的射洪陈子昂金华书院“重得庑间官田三百余亩，他日收其入以给廪饩”；吉水文昌人张文先创建白沙书院，“捐良田入书院内，岁入租赋于官，使师生廪膳可终岁”[②]；李德邻创建骊山书院“割田二顷给其廪饩”；陆天佑兄弟创建鄞县东湖书院“割田一百有五十亩为报祀廪饩之须”；盱眙崇圣书院“买田四百亩给其饩廪”；新乐璧里书院“割侠神里田三百亩以廪师生”；陆德原创建甫里书院，“割私田以供粢盛稍食，凡四顷有奇”；唐兀崇喜建造崇义书院，“买田四顷五十亩有奇，著于籍，延聘儒师，训迪士子，凡醴齐、膳饮、币帛、脯修之需，胥此出也”，都为学生提供饮食。

有的书院还为外来学者提供膳食，西涧书院规定，“士自远方来，饭三日。愿留者不三日拘，著于式”[③]，而河北长芦官办中和书院“游学之士皆代其束脩之费而廪给之”，替游学之士交纳学费并提供膳食。也有的私立书院经费不足，需要学生自带口粮，元初方逢辰讲学石峡书院，生徒慕名而来，“东南之士多

① ［元］佚名：《庙学典礼》卷一《都省复还石国秀等所献四道学田》。

② ［元］刘岳申：《申斋集·白沙书院记》。

③ ［元］王义山：《稼村类稿·瑞州重建西涧书院碑》。

裹粮从之，教虽勤，未及于养”[①]。有的书院学生要交学费，中和书院既然代游学之士束脩之费说明书院岁学生是收束脩的。

明代书院学生生活待遇最差，主要原因是洪武元年将书院土地全部收归国有，“改天下书院山长为训导，书院田皆令入官”，绝大多数书院靠土地地租维持，收走书院土地就切断了书院生命线，洪武五年又废除书院，“革罢训导，弟子员归于邑学，书院因以不治”。其后恢复和新建书院只好重新购置土地，但书院土地都很少。

明嘉靖以前向学生提供膏火的书院比较少。婺源桂岩书院为戴氏家族书院，成化二十三年（1487年）重修，有“私庾十有二楹以藏谷”；弘治八年（1495年）重建的方岩书院“置田三十亩以资养”；弘治中巡抚等重建的西安正学书院“堂之后为会馔之所”；弘治十三年，户部尚书梁璟辞职归乡，“又建石桥书院以教子姓及乡之俊秀，给薪米笔札，而时课试之”；祁门李氏家族李源书院“作仓二储粟以膳其族子弟之可教者，同志往还亦取给焉”；正德十三年（1518年），四川以万安旧寓改为大益书院，“买田于双流以六百金，岁入四百六十有余石，于是书院之居养裕矣”；正德间，李梦阳提学江西，令毁淫祠以改书院，建昌府改建盱江书院，“是庙故入租一百三十八石七斗，又鸣山废庙租八百五十四斗，今其田悉归之书院，即以赡集习者”；正德间广西官员重修宣成书院，以救荒谷盈余置地110亩，“列郡生徒就学悉有廪饩，贫不能存者亦赒赍焉”，看来都向学生提供膏火。正德十四年（1519年），湛若水所建大科书院只向远方学生和贫寒学生提供，“本书院有好义之士，所置学田随年所收多寡，贮之公廪，量诸生之贫及远方不能裹粮者给之”[②]。在查到的提供膏火的8所书院中，桂岩书院、李源书院、方岩书院、石桥书院4所是家族创办的以教育族人为主，官员创办的4所中，1所靠淫祠财产，1所靠变卖国家救

① ［南宋］方逢辰：《蛟峰集·外集·石峡书院增田记》。

② ［明］湛若水：《泉翁大全集·西樵大科书堂训规》。

灾粮食购置土地，1所会馔但不详所出，1所只向贫寒和远来学生提供。元代自建书院土地动辄三四百亩，明代书院多为几十亩，百余亩即为多者，土地少则收入少，明代书院学生待遇差是当然的。

嘉靖以前，许多书院不向学生提供膏火。江西乐安龙冈书院由谢均福创建，弘治间，六世孙、湖广巡抚谢绶对其儿子谢琪说，“书院无田，奚以守？”“琪买田百亩，择谨厚者掌之，以供祭祀及束脩之费”①，龙冈书院建于元至顺年间，不可能没有土地，明弘治年间无土地应该是明初被没收，弘治重置只有100亩，收入只供祭祀和束脩；退休官员创办的岍山书院“垣之外为田百余亩，岁收其入以共祀事”，也是收入只供祭祀所需；潞州仇氏建造东山书院“院外西北置田五十亩，煤窑一座，则以供春秋粢盛及有事于书院者之用”，土地和煤窑的收入只负责祭祀和书院有事。上述几所书院都不向学生提供饮食。

嘉靖朝开始，向学生提供膏火的书院逐渐增加。嘉靖七年（1528年）建造甘泉书院，“十五年，御史陈蕙置田八十亩为赡；十七年，御史洪垣增买田三十三亩”；嘉靖十三年官建九华山甘泉书院，初时学者“不能裹粮为久居计”，仅有捐赠的10亩土地以充公费，后来乡人宁铎“刈田百亩入书院，以赡士之来学者”；嘉靖间，按察使王得春重建辽阳武书院，“择诸士隽异者养之于辽阳书院，给以廪饩，躬为课习”。隆庆元年（1567年），大名知县朱湘新建应龙书院，“置地百亩为供亿费，又置百三十亩以助弟子员之贫者”，不仅提供供需，还资助贫寒学生。万历初年，宁夏建造朔方书院，巡抚张葱登等官员和庆藩各郡王捐田300多亩，“书院供需及一切考课宾兴等费咸取办焉”。万历初，襄阳知府万振孙创建岘山书院，“诸生至，即斋舍为寓，诸凡膏楮薪廪之类咸太守给之”，待遇比较好，向学生提供柴米纸油等。万历二十年（1592年）白鹭洲书院规定，“诸生长住号房，朝夕不离者，本府量助供给银，每名每

---

① ［明］陈献章：《龙冈书院记》，见《陈白沙集》卷一。

月三钱”。万历三十三年（1605年），嘉定知县韩浚创建明德书院考虑到“其负笈而来者势必授餐”，“故为置田三百亩，廛数区”，为学生提供膳食。正定恒阳书院于张居正毁书院后改为游击将军署，万历四十一年恢复书院，“又置田以给诸生”。天启间，重修志道书院，“仍虑膏火无资，恐致间辍，复处金百五十余，置田五十顷零，召佃取租，岁得金百四十余，给子衿之肄于斯者供会之需”①。白鹿洞书院重建后，历代捐赠土地2300多亩，但学生仍要自带粮食。弘治间江西提学邵宝令各府州县起送学生入白鹿洞书院，“闻兹洞院皆当负笈裹粮，从事于斯”，书院并不提供饮食。嘉靖三十四年，饶藩永丰王朱厚爊捐赠土地292亩，岁收租谷432石，“以养俊髦”，但万历八年毁书院时只留300亩用作祭祀。万历十二年恢复书院，将土地1100多亩拨给书院，才向学生提供稻谷，“若诸生肆业洞中，使其出府领谷，山路往返几数十里，似为不便”，请求知府将书院附近所收租谷存储洞中给发。

嘉靖后有的书院仍然不向学生提供膏火。嘉靖初，四川夹江平川书院“其岁时致祭，则又置祭田十亩”，仅有祭祀经费。嘉靖五年，官员重建的道南书院“以义起礼，拟诸释菜，郡守主之，岁春、秋二举，取诸田租，以供田二百亩，租若干石祭之，余以充修理之用，不别科率”，仅供祭祀和维修。万历四十四年（1616年）重建的祁门东山书院，知县“因捐俸锾五十镮，为置田租六十秤，即令处士辈督守之，岁以所获为修缮具”，所收地租只用于书院维修。崇祯二年（1628年），还古书院规定更为苛刻，不仅不提供饮食，连餐具也不提供，“会文者止许用桌凳并灶锅，其余碗碟等物各自备用”。

有的书院只向外来学生和贫寒学生提供膏火。虞山书院万历时规定“远方来者，每人一月给饭米三斗，菜银一钱”，“本县之人，近者在家造送，远者在院煮造，果家贫不能自膳者，亦照外客例领米银”。有的书院平时自食，只在会讲、会文时才向学生提供饮食。虞山书院万历中规定，会讲时不向百姓供

① ［明］曹于汴：《重修志道书院置田供赡碑记》，见《仰节堂集》卷四。

饭，官员、举人、生童、搢绅等每四人一座，午饭二荤二素，晚饭六菜，酒数行，上司和教主加倍；会文时，向所有参加的生童供饭。

王守仁去世后，嘉靖九年（1530年），弟子于杭州城南建造天真书院，“始买田七十余亩，蒸尝辑理，岁病不给。侍御张君按浙，乃跻书院而叹曰：‘先生之学，论同性善，先生之功，存于社稷，皆所宜祀，矧覆泽兹土尤甚，恶可忽哉？’乃属提学佥事徐君阶，命绍兴推官陈让，以会稽废寺田八十余亩为庄，属之书院，又出法台赎金三百两，命杭州推官罗大用及钱塘知县王釴买宋人所为龟畴田九十余亩以益之。于是需足人聚，风声益树，而道化行矣”。六年后经费才有保证。

待遇最好的是襄阳岘山书院。万历元年（1573年）建造岘山书院，落成时“适岁当大比士，太守纠七州邑生儒肄习其中。诸生至，即斋舍为寓，诸凡膏楮薪廪之类，咸太守给之”，恰逢科举之年，知府万振孙集合辖区内七州县诸生备考，提供膏火纸张，应该是临时举措。

清代书院膏火在雍正以前很少，乾隆以后逐渐增加。

清初书院膏火多沿用明代办法提供膳食。康熙七年（1668年），白鹿洞书院规定，住洞士子10名，“每月支米三斗”[①]，会文士子60名，每月会文一次，“一等赏银三钱，为廪米、衣布、油灯、盐菜之资；二等赏银二钱，为米盐、油菜之资；又二等给米盐菜油银一钱五分，三等免赏。或一年已过十二会，其中未列二等者仍给米二斗”[②]，不论住洞还是不住洞，膏火都很少。康熙二十年，池州知府喻成龙建池阳书院，“集六邑诸生肄业其中，置田七百余亩，以为供膳”。康熙二十二年，湖南江永濂溪书院规定，“一、每日茶饭，人各定米八合，照数均管给发，不得多寡异同，以紊常规；一、每日吃饭止以蔬菜为主，或肉或鱼，

① 清代每升约1035.7毫升，每升米约重880克。1石=2斛=10斗=100升，1升=10合。

② ［清］廖文英：《白鹿洞书院新规》，转引自陈谷嘉、邓洪波《中国书院史资料》，第1511页。

十日一进，太密则费，太疏则苦，儒门清淡，诸生勉之”[①]，每人每天米八合，菜以蔬菜为主，十天吃一次肉或鱼，生活标准很低。康熙三十年，白鹭洲书院规定，“长住房舍朝夕不离者，本府量助供给，各人每月给钱三百文，给米一斛”，待遇略为优厚。康熙二十三年，总督蔡毓荣建造昆明书院，虽然置地300亩，岁收120石，但仍然难以提供学生膏火，学生仍然“裹粮负笈”。

清雍正以后书院学生膏火大增，起因在于皇帝下令各省建造省城书院并赐给膏火基金。

清雍正十一年（1733年），皇帝令各省城“建立书院，择一省文行兼优之士读书其中，使之朝夕讲诵，整躬励行，有所成就，俾远近士子观感奋发，亦兴贤育才之一道也。督抚驻扎之所，为省会之地，著该督抚商酌举行，各赐帑金一千两。将来士子群居读书，须预为筹画，资其膏火，以垂永久。其不足者，在于存公银内支用”[②]，命令各省建造书院时要给予学生膏火，预先筹划，以垂久远。各省将皇帝所赐帑银作为学生膏火基金，或付商收息，或置地收租，经费不足，再以存公银两生息。皇帝对书院学生膏火也非常关心，乾隆四年（1739年）因浙江敷文书院生童众多，每年帑银租仅有400余两，远远不敷应用，皇帝“特命加赐帑金一千两，交与该抚经理，定取息银，以资诸生膏火”[③]。

省城书院学生膏火比较优厚。云南五华书院学生每月膏火银1.6两，米3京斗，学长加倍，道光二年学生膏火再增加5钱。福建鳌峰书院嘉庆十年前一、二等生监各60名，每名每月膏火银分别为1.6两和1.2两，上卷童生20名每名每月膏火银6钱，道光间新增住院生监80名，每名每月膏火银1.4两，上卷童生增加到60名，每名每月膏火增加到1两，所有学生膏火每年均发11个月；此外还有课试补助，每月三课，每课每人给饭食银3分，嘉庆十九年（1814年）再增1分，每年膏火和饭费共

① ［清］徐尊显：《濂溪书院学规》，转引自陈谷嘉、邓洪波《中国书院史资料》，第1606—1607页。

② 《清朝文献通考》卷七〇。

③ 《清朝文献通考》卷七一。

银4521两，闰年再加一个月共411两，学生不足300人，每人平均15两。岳麓书院乾隆二十八年（1763年）规定设正课生员60名，每名每月给银1两，米3斗，每年给11个月，附课生员15名，按课给银，每月两课，给纸笔银5钱；城南书院正课生员20名，每名每月给膏火银8钱，米3斗，童生20名，每名每月给膏火银6钱。沈阳书院设肄业生员24名，每人每月给膏火银1.5两。广东粤秀书院正课生监、童生嘉庆十四年均由1.65两增加到1.8两，新设外课生监、童生均为9钱。道光时端溪书院“正课生童一百二十名，每名月支膏火银一两二钱”。南京钟山书院膏火标准较高，同治时“生徒内课五十名，膏火银月二两四钱，外课七十名，半之，八旗生五名，如内课”。省城书院膏火最多的是甘肃兰山书院，正课每人每月3两，附课1.5两，但发放是动态的，按照每月官课成绩给发，每次官课应课诸生三四百人，取正课20名，附课40名。但官课一次不到者罚半月膏火，堂课一次不到者罚5钱，课试平仄一字错讹罚3钱。省城书院学生膏火标准虽然不一，但比起清初来都大大提高。

受省城书院给予学生膏火影响，各地书院也增加膏火或提高膏火标准。

四川什邡方亭书院初创时并无膏火，乾隆十二年（1747年）“肄业诸生始有膏火之资”，“始定正课生员四名，童生四名，每名每月膏火给仓米三斗；副课生员六名，童生八名，每名膏火月给米二斗；附课生员十名，童生十二名，每名膏火给米一斗”[①]，待遇比较低。

白鹭洲书院康熙三十年（1691年）时规定，长住房舍朝夕不离者各人每月给钱300文，给米一斛，乾隆二十年（1755年）“酌加正课膏火，每月一两，准入正课，止与课而不在院肄业者每月给膏火五钱”。乾隆五十三年，江西友教书院规定，内课生员30人，膏火每人每月1两2钱，外课生20人，膏火每人每月8钱，都是按照11个月计算，闰月再加一月。除此之外，每课还要给学生提供10桌饭食。同在江西的鹅湖书院，正课生员每人每月给予膏火纹银9钱，正课童生则每人每月给予纹银6钱，每年按10个月发放。安徽旌德洋川毓文书

① 《重修什邡县志》卷六，转引自陈谷嘉、邓洪波《中国书院史资料》，第1199—1200页。

院规定，内课生每月薪银1两，外院生每月给纸笔银5钱，其余生童课期到院受课者只发奖金而无月费，本院肄业生徒凡发科甲者备送花红银50两。阜阳聚星书院规定："每年录取生员正课二十名，副课十名。每名每月膏火正课给钱一千二百文，副课给钱六百文。童生正课二十名，副课二十名，每名每月膏火正课给钱一千文，副课给钱五百文。"广东惠州丰湖书院嘉庆二十四年规定，正课生监每名每月膏火银1.5两，附课6钱，正课生童每月1两，附课每月5钱，不住院者均减半。韶州相江书院内课生童每名每月1两，外课5钱。

膏火比较优厚的地方书院为扬州梅花书院。梅花书院乾隆间正课岁给膏火银36两，附课12两，乾隆五十八年（1793年）两淮转运使亲课诸生，选取最优秀者十余人，称为上舍，每年加给膏火银18两。

学生膏火最为优厚的是辽宁义州聚星书院。清光绪间取超等生员3名，每名每月膏火14吊，特等生员4名，每名每月膏火10吊，上取童生5名，每名每月膏火12吊，中取6名，每名每月膏火8吊，每课还发给饭钱200文。光绪间铜钱贬值，大约3吊换银1两。

中西部书院学生膏火一般略低。湖北孝感西湖书院在光绪八年（1882年）时生员正课10名，每名每月膏火800文；附课10名，每名每月500文；童生正课10名，每名每月膏火500文；附课30名，每名每月膏火300文。当时本地谷价每石800文，学生膏火很少，待遇不高。宜昌墨池书院道光间略高一点，正课不分生监、童生，生监40名，生童15名，一律每名每月1400文；附课生监30名，生童15名，一律每名每月1200文；又附课80名，不予膏火只发奖金。

湖南浏东狮山书院生童膏火正课每名每月钱800，米3斗，附课仅米3斗，不住斋正课不给米，附课每月米1.5斗，每年只发8个月。龙潭书院光绪间膏火标准较高，"肄业生每名月给膏资三串"，每月铜钱3000文。嘉庆间凤凰敬修书院膏火标准比较高，"膏火：生员正课月给银一两二钱，附课六钱，童生正课月给银八钱，附课四钱"，与东部地区差别不大。

条件好的书院附课生也能享受膏火。清同治《崇正书院章程》规定："生监正课壹拾贰名，每名每月膏火制钱贰千文。附课拾名，每名每月膏火制钱壹千贰百文”[①]。

学生膏火一般按月发给，陕西略阳嘉陵书院最为特殊，按照学习进度和考课成绩发放膏火。其办法如下：将膏火定为50分，其中读经30分，不读经20分。读经有《易》《书》《诗》《周礼》《礼记》《春秋左传》六种，以《周礼》《礼记》《春秋左传》为主，《春秋左传》12本，《礼记》10本，《周礼精义》6本，20日内通记1本才能给予膏火，然后读《易》《书》《诗》，每部均限80日内熟读，才能给予膏火，每人每月800文。不专于读经或读经不能如数者，生员、童生膏火均为10分，生员每人每月膏火1200文，童生膏火800文，初二官课、十六官课成绩在前十名者均给予半个月，十名以后则不给。虽然计算方法较为复杂，但促进效果应该是不错的。

个别书院不发膏火而是提供饮食。咸丰十年（1860年），胡林翼创办的箴言书院只提供饮食，生活标准住斋生童每月均为米3斗，火钱180文，油盐蔬菜钱360文，允许自办蔬菜。河北遵化燕山书院光绪十一年（1885年）时除向学生提供饭食茶水灯火外，每月还发给东钱340文，每月两次官课，20名生员奖励5名，首名8钱，其下依次为6钱、5钱、4钱、3钱，童生8名奖励3名，分别为8钱、3钱、2钱。

膏火一般与考课挂钩，少参加考课就会扣减。鳌峰书院就规定，“查肄业生童每月应考三课，如无故一次不到者罚扣半月膏火、饭食银两，无故二次不到者罚扣全月膏火、饭食银两，接连三次不到者即将册内姓名扣除”。

为鼓励学生更好地学习，大多书院膏火都是动态的。初入书院时一般根据甄别考试成绩确定学生等级，按照等级给予膏火，学习期间再根据考课成绩进行调整。湖北孝感西湖书院光绪八年（1882年）规定每月一次考课，根据考课确定膏火等级，“书院向于开印后甄别一次，取定甲乙，即长年给予膏火，未

---

① 邓洪波：《中国书院学规集成》，中西书局2011年版，第40页。

足以资鼓励。因改以每月课试等级，分别正附课给予膏火勿庸先行甄别”。

鳌峰书院规定很有代表性：“鳌峰生监如有合计官课、馆课三课考在超等十名前、两次考在超等五名前者，不须连接，外课准升内课，其附课准升外课；如有合计官课、馆课三次考在一等二十名末，两次考在一等十名末者，不须连接，内课即降外课，其外课即降附课，至附课则册内除名。”[①] 此时生监不算附课不到200名，官课、馆课只要有三次考试成绩在前十名或两次在前五名者即可升级，附课升外课，外课升内课；如果三次成绩在后二十名或两次在后十名者，内课降为外课，外课降为附课，附课则除名。童生共30名，官课、馆课三次成绩在前八名或两次在前五名者，附课升为正课；三次成绩在后八名或两次在后四名者正课降为附课，附课则除名。学生膏火是按照等级给予的，内课生监每名每月膏火为1.4两，外课为1.2两，附课则无，降低了等级也就是相应减少了膏火，不仅如此，生监每次考课成绩在后二十名者即扣罚当月膏火三分之一用于奖励前十名，童生每次考课成绩在后十五名者也扣罚当月膏火三分之一用于奖励前八名。河南彝山书院规定，膏火根据课试成绩随时升降，上半月降级者，领半月原级膏火和降级膏火，下半月降级者领原膏火，下月则领降级膏火。

有的书院没有膏火资助，乾隆间河北宁河县渠梁书院学生要自备，“在院肄业者自具膏火”，只是考课奖赏，“考课奖赏各费，一切取自内署”。

二、奖金

书院为了使学生一心向学、积极进取，还对表现优异者进行奖励。此类奖励形式多样，大都依据每次考试成绩确定，在每次考试之后兑现。宋代延平书院规定“课策待索上看，佳者供赏”；建康明道书院也规定“文理优者传斋，书德业簿”，佳作传赏并记录在德业簿上都属于对学生奖励，主要是精神方面的鼓励。

---

① ［清］道光《鳌峰书院章程》，转引自陈谷嘉、邓洪波《中国书院史资料》，第1538—1539页。

清代除传斋、书簿、刊印等精神鼓励外，还更多地给予物质奖励，许多书院除膏火升降外，会根据考课成绩发给奖金。

省城书院中大都有考课奖金。福建鳌峰书院道光间每月一次官课，赏银共10两，其中生员一等第一名1两，第二至第十一名5钱，童生上卷第一名5钱，2至6名每名3钱，每年11个月，合计110两；每月两次馆课，每课赏银各4两，每年合计88两；赏银每年共198两，遇到闰月再加18两。岳麓书院官课每月1次，院课一等首名奖金8钱，其余各5钱，二等各4钱；两司、两道官课一等首名奖5钱，其余各3钱，二等各2钱；馆课每月一次，奖励标准与司道相同。每次课试都是一等取五、六名，二等加倍。城南书院每月2次考课，一等首名奖5钱，其余各3钱，二等均各2钱，童生首名2钱。

地方书院许多也有奖金。韶州相江书院，每月道宪官课1次，府宪官课2次，每次生员取超等8名，奖金前三名依次为8钱、6钱、4钱，四、五名各3钱，后三名各2钱；童生上取前三名奖金分别为6钱、4钱、3钱，四、五名各2钱，后三名各1钱。友教书院每课考试排选取超等5人，第1名奖励8钱，第2至5名每人各奖励6钱；特等10人，每人3钱；一等前三名童生每人各2钱。东湖书院每课考试奖励是超等第一名8钱，其余超等为6钱，特等每人3钱，一等前3人每人2钱，与友教书院奖励数额大致相同。湖北孝感西湖书院每年课试10次，生员第一名花红600文，第二名300文，第三至五名各300文；童生第一名400文，第二至五名各200文。生员第二名300文当为500文或400文之误。宜昌墨池书院堂课每月2次，生监、童生各取5名，第一名均奖800文，第二名600文，第三至五名各500文，官课由官府发给。扬州梅花书院考课奖金比较高，第一等定额14名，第一名给优奖银1两，第二、三名8钱，其他6钱。

考课奖金标准最高的是辽宁义州聚星书院，每月考课，生员超等取3名，奖钱首名8吊，第二、三名均6吊，童生上取4名，奖励第一、二名分别为6吊、5吊，其他均为4吊，中取6名，首名奖3吊，其他均2吊，光绪间铜钱3吊约合白银1两。

考课奖金对成绩好的学生来说是一笔比较丰厚的收入。陕西归绥古丰书院光绪十一年（1885年）创设，住院童生20名，每人每月膏火银6钱。每月官课、堂课各3次，非住院生童也参加。官课生员取超等4名，第一名给银1.5两，其他三名各1两；特等取6名，各给7钱；童生上取4名，第一名给8钱，其他三名各6钱，中取8名，前四名各给4钱，后四名各给2钱。堂课生童各取5名，生员第一名6钱，其余4钱，童生第一名6钱，其余各2钱。每年按在书院10个月计算，膏火共120两，奖金则多达519.1两，是膏火的4.3倍还多。

南京惜阴书舍学生因自钟山书院和尊经书院书院选拔，原书院已有膏火，书舍不发膏火，而是给予奖励，所以奖金较为丰厚。超等第一名奖银4两，第二、三名各3两，第四、五名各2两，第六名以下至末各1两，不列等者不给。

有的书院不仅平常课考给予奖励，还对参加乡试、会试、朝考者给予资助，对考中功名者也给予奖励。龙江书院规定："新进文武花红钱壹千文，恭谒帝君时给领。补廪花红钱陆千文，起文时给领。恩、岁贡花红钱捌千文，考贡时给领。拔、优贡花红钱拾陆千文，荣归时给领。文武乡试斧赀钱叁千文，省垣给领。中式文举花红钱壹百千文，武举花红钱陆拾肆千文，解元加倍，副车减半，荣归时给领。文武举人会试、拔、优贡朝考斧赀钱贰拾肆千文，云程时给领。中式文进士壹佰陆拾千文，武进士壹百贰拾千文，词林鼎甲倍增，荣归时给领。其一切书、门、兵、礼等房应向各家道喜，不准在书院讹索。"[①] 旌德毓川书院规定，"本院肄业生徒凡发科甲者备送化红银50两"，标准更高。

第四节　学生出路

书院教育提高了学生的道德修养和学业水平，他们或科举入仕，治国平天

① 《龙江书院章程》，见邓洪波《中国书院学规集成》，中西书局2011年版，第750页。

下；或投身教育，教化社会；或著书立说，传承和创新儒家思想，都对社会作出积极贡献。

一、科举入仕

无论如何拔高书院的反科举革命性，但事实却是无情的，从书院出现的那一天起，绝大多数书院不论是创办者还是学生都将科举入仕作为首要目标，而事实也充分证明，书院学生在科举入仕方面确实大为成功。

书院产生的时代正是科举制度成为中国文官选拔制度日益成熟的时代，大批读书人将科举视作实现自己理想和人生价值的正途，书院学生也不能免俗，纷纷挤上科举入仕的独木桥。

晚唐陈氏书堂为浔阳陈氏家族学校，“子弟之秀者，弱冠以上皆就学焉。自龙纪以降，崇之子蜕、从子渤、族子乘登进士第。近有蔚文尤出焉，曰逊，曰范，皆随计矣。四方游学者，自是宦成而名立盖有之”，龙纪元年（889年）以后，族人陈蜕、陈渤、陈乘均登进士第，到南唐时仍有陈逊、陈范为乡贡。

五代时窦氏书院窦禹钧五子均中进士出仕，长子窦仪入宋曾官翰林学士、工部尚书，为北宋名臣，次子窦俨官至礼部侍郎，孙辈中至少3人中进士，也都出仕。龙门书院有外来学生张谊后唐长兴中进士，曾官中书舍人。江西奉新胡氏书堂有族人胡克顺端拱年间中进士，河北中溪书院李昉后汉乾祐间中进士，入宋官至宰相。睢阳学舍入宋后赐额应天府书院，“登第者五六十人，宗度、许骧、陈象舆、高象先、郭成范、王砺、滕涉皆践台阁”[1]，主持者戚同文两个儿子戚维、戚纶也都考中进士。

北宋时，孙复讲学泰山书院，可以说是最早最著名的学术性书院，但也没有影响弟子们科举入仕。刘牧景祐三年（1036年）进士，官至广南西路转运判官，著有《易解》等，还是著名学者；张洞进士出身，曾官权三司度支判官、

① 《宋史·戚同文传》。

淮南转运使；李缊也是进士出身，曾任奉符县尉，因派弓手救出同学姜潜获罪去官。江西分宁黄氏家族“一门兄弟共学于修水上芝台书院，道义相磨，才华竞爽，时人谓之十龙，后登第者强半”[①]，黄庭坚祖父黄湜兄弟13人中有10人中进士，到黄庭坚已经是第23位进士，家族世代簪缨，出仕为官。曾来此学习的宋庠、宋京兄弟同科高中进士，宋庠且考中状元。胡氏家族雷塘书院10余人被举荐参加科考，洪待用考中进士。江西奉新胡氏华林书院子弟科举连绵，胡克顺、胡用之、胡用庄、胡用先后考中进士。宜黄乐史创办慈竹书院，父子五人都考中进士，南丰曾氏家族创办曾氏学舍，77年间三代考中进士19人。

南宋是中国书院的黄金时期，培养出一大批理学大家，但研究理学并没有影响他们科举入仕，朱熹、吕祖谦、袁燮、陆九渊、陆九龄、真德秀、魏了翁、李燔等都在中进士后进入仕途。大名鼎鼎的白鹿洞书院也是为科举服务，一次科举就有“解赴省待补之士二十有八人，文行彬彬，识者盖称之，郡亦与荣焉”，朱熹也引以为荣。魏了翁创建百鹤书院，指导十余位有资格参加四川类试的学生，当年7人科举中式，未科举中式者有的在其他考试中中选，有的以恩荫为官，未有遗漏。石峡书院科举很盛，淳祐七年（1247年）黄蜕考中榜眼，方逢辰祝贺，黄蜕以诗作答，“欲与状元留地位，先将榜眼破天荒”，下科方逢辰果然高中状元，咸淳元年（1265年）何梦桂中探花，从子何景文也中同科进士，度宗为赐“一门登两第，百里足三元”对联。

元代将许多书院收归国有，新建书院由于捐建者交于官府可以授官山长，因此许多书院和官学一样大都被纳入国家教育体系，书院教育直接为科举服务。但由于元代科举不盛，130年间三开两停，15次科举仅取士1061人，还不到北宋咸平二年（999年）一次取士1800多人的60%。虽然延祐年间和泰定元年曾两次施恩落第举人，但不过是授予官学教授、学正和书院山长等品秩很低的学官。为解决官吏素质低下问题，元代曾实行贡生制度，但名额极少，“岁贡人额，按

① ［南宋］袁燮：《秘阁修撰黄公行状》，见《洁斋集》卷一四。

察司、上路总管府三年一次，贡二名，儒一名，吏一名；下路总管府二年一次，贡一名，儒吏递进”[①]，上路总管府三年才贡儒生一人，下路总管府四年才贡儒生一人，少得可怜，而且地位低下，一般选补六部令史，六部令史可以选补枢密院、御史台令史，枢密院、御史台令史才可选补中书省掾吏。元代还曾实行过举荐制度，“自京学及周县学以及书院凡生徒之肄业于是者，守令举荐之，台宪考核之，或用为教官，或取为吏属，往往人材辈出矣”[②]。有元一代，读书人入仕机会很少且地位低下，深深挫伤了书院学生科举出仕的积极性。

明代虽然规定“科举必由学校”，但各级官办书院大都从官学中选拔优秀诸生、监生、生童甚至举人进行科举强化培训，所以书院学生仍然以科举入仕为正途，通过科举进入仕途的学生比比皆是。嘉靖末，永平道温景葵“选士入孤山书院，延师丰廪严程，课如亲子弟，科甲多出其门”，书院学生科举中式者多为其弟子。王体“属文试辄高等，督学使者拔置河东书院，俾卒业。甲子领乡荐，戊辰成进士”，隆庆二年（1568年）考中进士。隆庆间瑞州知府邓之屏“作兴人才，下车即聚四学之俊，会文筠阳书院，躬亲评阅，月给膏楮，是科发解魁九人”，效果明显且快捷。湖北襄阳地区万历前科举中式者甚少，“顾三年一宾隽计偕者，何二三寥落者”，知府万振孙于是修复岘山书院，“乃即郡庠之西昭明书院废址而辟新之”，并且仿照岳麓、白鹿书院规制开展教学。科考之年，万振孙还召集七州邑生集于书院，不仅为他们提供相当丰厚的资助，还“校其文而评第焉，诸士争相淬砺”，“及秋举于乡者，视往昔加倍”[③]。万历三十八年（1610年），郑三俊创立归德府范文正公书院，“择所属俊髦六十余人讲读其中，俱以科第显，多至大官”，效果很好。御史张仲修“至河东之年，尝选学中俊士四十余人肄业书院，比秋已举三人”，当年就有三人中举。杨一清弘治四年（1481年）提学山西，“建书院，以拔各学之俊秀”，康海、吕柟、

---

① ［元］佚名：《庙学典礼》卷一《岁贡儒吏》。

② 《元史·选举志一》。

③ ［明］胡价：《岘山书院记》，《襄阳府志》卷一三，清光绪十一年刻本。

李梦阳均入选。李梦阳弘治七年中进士，康海弘治十五年状元及第，二人均以文学著称，位列明前七子，而李梦阳为首。吕柟十七八岁被选入正学书院，正德三年（1508年）高中状元，以经学著称，入祀文庙为先儒，可以说达到书院的较高水平。

私立书院大多也是以科举入仕为正途，四川嘉州刘洪禹建造东坡书院，令侄子刘肃和儿子刘节读书其中，刘肃成化二年（1466年）中进士，官至巡抚，刘节成化十九年中举，曾官夷陵知州。

清代从朝廷到各级地方官员无不重视书院，尽力创设，选拔优秀举监生童入院学习，强化科举应试训练。科举必由学校，取士多自书院，书院学生成为乡试主力军。顺治间，汤调鼎知澧州，“捐资建延光书院，俾肄业其中，给廪督课，由是中科者众”；雍正四年（1726年），鄂尔泰总督云贵，“滇旧有书院，使者分为三舍，课其优拙以高下其廪饩，而士亦皆能自奋。丙午宾兴，得之书院者甚多”，当年就有多人乡试中举。康熙五十一年（1712年），江西上饶知府周錞元修复信江书院，招收上饶、永丰、铅山、玉山、贵溪、弋阳、万年、兴安等七邑生徒“近百人讲肄其中”。在教学过程中，书院延请名师，取得良好的教学效果，改变了上饶地区科举落后状况。李光地赞赏说：“作兴之先时，郡士科名寥落，自书院设立，明年即有首举于乡者，后遂连年相踵起，故曰‘山川之秀有开之者也，人文之盛有倡之者也。’”[①]到清代晚期，书院生员与科举关系更为密切。道光二十九年（1849年），直隶昌黎县知县王应奎捐建碣阳书院，后来成为当地科甲鼎盛地。同治三年（1864年）甲子科乡试，书院“中举五名，齐麟玉、董树柏、董光耀、孙岳龄、罗庆云，院中悬有‘五凤齐飞’匾额”，六年（1867年）丁卯科“中举三名”，其中齐锡朋为经魁，十二年（1873年）癸酉科又中举五名，副榜两名，其中经魁一名，书院悬“斗宿腾

① 李才栋：《江西古代书院研究》，江西教育出版社1993年版，第388页。

辉”匾，“至光绪年间，捷春秋榜者踵相接，皆得力于肄业考课也”[①]。

除进士正途外，书院学生科举入仕还有下第举人赐官、贡生任官等途。虽然举人、贡生并非书院设置，但书院有培训举人者且多选择优秀诸生为学生，仍可视为书院学生入仕之途。

下第举人赐官，宋代始于太平兴国二年（977年），“得十举以上至十五举进士、诸科一百八十余人，并赐出身；九经七人不中格，亦怜其老，特赐同三传出身”，“优等授官”，但授官品秩很低，且非定制，偶然举行。元代仅有两次，延祐二年（1315年）令70岁以上者赐以七品流官退休，60岁以上者授教授，没有出身者授山长和学正，只给省札。泰定元年（1324年）略微优待，蒙古人和色目人30岁以上且两举下第者授教授，以下授学正或山长，汉人和南人50岁以上且两举下第者授教授，以下授学正、山长。明代下第举人优秀者才能选入国子监称为举监，给予教谕俸禄，学习期满考试合格可任府佐贰官或州县正官，官位有限而教官缺乏，朝廷拟任教官，但举人多不愿任，朝廷允许教官可以参加会试后才逐渐被接受。

贡生任官始于元代，按察司、上路总管府，三年贡一人，下路总管府四年贡一人，一般选任六部令史，可升枢密院、御史台令史，然后可选补中书省掾吏。明代贡生又名监生，名目很多，有举监、贡监、荫监、例监，贡监又有岁贡、选贡、恩贡和纳贡，但最多的是岁贡。岁贡府学一年贡两名，州学两年贡三名，县学一年贡一名，均要到国子监学习，至少学习四年，考试合格给予出身，然后到六部等机构实习三个月，经过考核，上等者报吏部候补，回监再学习一年才能授官。明初官员缺乏，贡生授官很高，洪武二十六年甚至有布政使、按察使及参政、参议等，但科举考试正常后进士日重，贡生日轻，授官很低，多是教谕等学官。岁贡本来规定“天下按察司选生员年二十以上、厚重端秀者送监”，但后来多是以在学年限长和年龄大者推举，被称为“挨贡”。清

① 《昌黎县志》卷五。

代基本采用明制。贡生虽然授官很低，但毕竟为学生提供了一个出仕机会。

二、从事教育

科举入仕虽然是书院学生正途，但毕竟能够一跃龙门的只是少数，许多学生只好以教书为业，有的自己开馆设塾，有的应聘为家庭教师，只有水平高者才有机会到书院任教。

北宋石介曾入应天府书院求学于范仲淹，建造泰山书院师事孙复，守丧回乡创建徂徕书院开馆收徒。

南宋是书院学生在书院任教的黄金时期，有的学者不愿出仕，专心教育，有的学者则是在出仕前和出仕后进行教学。黄榦从朱熹受学，朱熹出仕后受委托主持竹林精舍，朱熹落职家居，于建阳设潭溪精舍授徒，丁母忧时于墓侧筑庐讲学，任职临川，助建峨峰书院，辞官讲学白鹿洞书院，回福建专心教育，诸生云集，“巴蜀江湖之士皆来受学”，门人子弟遍布各地，从学于福州的门人有林学蒙、郑文遹、赵汝腾等21人，外地的有朱钜、朱钧、郑师孟、杨复等4人，还有四川、湖南等外省人氏[①]。朱熹弟子陈埴主讲明道书院，弟子众多。柴元裕游学东山书院，曾聆朱熹授课，成为朱熹弟子，后归乡建造松冈学舍，教授生徒。汤汉曾随柴元裕学习，成年后曾任象山书院山长。吴猎乾道中曾在岳麓书院读书三年，淳熙间曾任书院堂长。黄榦弟子饶鲁还先后师从柴元裕、柴中行、李燔等人，游学豫章书院、东湖书院，他放弃科举，回乡建朋来馆，广聚学者，互相切磋，复筑石洞书院聚徒讲学。受诸道部使之聘，先后主持白鹿洞、濂溪、建安、东湖、西涧、临汝诸书院，弟子众多，学术影响也很大。景定二年荐授迪功郎，差饶州州学教授。

南宋学者赵复在元兵南下时于德安被俘，经杨惟中、姚枢救护带至元都燕京，杨惟中为建太极书院，将理学传至北方。姚枢从此随赵复学习理学，后为

---

① 方彦寿：《黄榦与南宋福州书院教育》，《闽江学院学报》2012年第6期。

避祸隐居苏门山，读书教授，刻板印行《小学》《论孟或问》《家礼》等理学著作，请杨惟中刻印《四书》，田尚书刻印《诗折衷》《易经程传》《书蔡传》《春秋胡传》，在北方大力传播理学，并传学许衡、窦默，去世后朝廷为建雪斋书院。赵复、许衡均入祀文庙。

元代理学家刘因曾随赵复学习，虽曾短暂入仕执教太学，但一生主要开馆收徒，还曾应聘为家庭塾师。许谦追随金履祥就学，终生不仕，“延祐初迁居东阳八华山，学者翕然从之，寻开门讲学，远而幽冀齐鲁，近而荆扬吴越，皆不惮百舍来受业焉。其教人也至诚谆悉，内外殚尽”，及门弟子见于著录者千余人。

明代胡居仁、陈献章、娄谅、胡九韶受学吴与弼小陂书院，后均以讲学为业。胡居仁终身不仕，返乡余干创建礼吾、南谷、碧峰三所书院讲学，还两度受聘主讲白鹿洞书院，应聘主讲贵溪涧源书院。陈献章返乡设春阳台、庐阜精舍（又名小庐山书屋、小庐山书院）讲学，此外还讲学于碧玉楼、江门钓台和嘉会楼。娄谅不愿仕进，任官两月即回乡讲学芸阁。胡九韶在小陂书院时协助吴与弼教学，吴与弼去世后，许多弟子转学胡九韶门下，胡九韶也以教学为生。

清代欧阳厚均入罗典门下游学岳麓书院，三十年后出任书院山长，主讲二十七年。周玉麒师从欧阳厚均，也是三十年后出任岳麓书院山长，主讲六年。钱大昕二十二岁破格被荐入苏州紫阳书院就读，四十八岁辞官设教，先后担任钟山书院、娄东书院和紫阳书院山长二十四年。

三、学术研究

书院学生专门从事学术研究者不多，大多是一边设教，一边研究，有的是仕宦不忘著述。

南宋时，黄榦弟子何基拒不出仕，即使被任命教授兼丽泽书院山长也不赴任，潜心学术研究，教书育人，著有《大学发挥》《中庸发挥》《易启蒙发挥》

《近思录发挥》等。何基弟子王柏出身理学世家，以经学为业，多次受聘主讲丽泽、上蔡等书院，著有《诗疑》《书疑》《读易记》等。何基另一弟子金履祥绝意仕进，专心著述讲学，曾讲学钓台、丽泽、齐芳书院和重乐精舍，开设仁山书院，著有《尚书注》《大学疏义》《论语集注考证》《孟子集注考证》《通鉴前编》等。三人均因学术贡献于清雍正二年（1724年）从祀文庙。

元代理学家刘因从青年时期即应聘塾馆，三十岁后开设学馆，不久应太子之召赴京，教授皇室子弟，但时间很短，回乡守丧，此后讲学著述为生，著有《易系辞说》《四书集义精要》《静修文集》等，清宣统二年（1910年）从祀文庙。

明清时期从事学术研究的书院学生很多。杰出者如明代吴与弼，他出身书香门第，其父吴蒲曾官国子监司业，他却既不参加科举，还多次拒绝朝廷征召，隐居故乡设小陂书院设教，培养出胡居仁、陈献章、娄谅、胡九韶、罗伦等著名学者，首开崇仁学派。胡居仁终身不仕，自崇仁归家后专心著述教育，先后在余干建造礼吾书院、南谷书院、碧峰书院主讲，相继被督学李龄、钟成聘请主持白鹿洞书院，著有《易象抄》《易通解》《居业录》《胡文公文集》等。陈献章一生只出仕三年，绝大多数时间都在家乡设馆，先后讲学于碧玉楼、江门钓台、小庐山书屋、嘉会楼，著名弟子有湛若水、梁储、林光、张诩、贺钦等，著有《白沙集》《白沙诗教解》等，开白沙学派，又称江门学派。吴与弼虽然未能入祀文庙，但弟子胡居仁、陈献章都在明万历十二年（1584年）被许从祀。

明末清初在绍兴又出现了刘宗周、黄宗羲、张履祥师徒的蕺山学派。

刘宗周教学蕺山书院，黄宗羲、张履祥等都来求学。黄宗羲在清兵入关后变卖家产，招募青壮抗清，抗清失败后隐居，先后在绍兴证人书院、宁波甬上证人书院等处讲学。张履祥家境贫寒，在拜师刘宗周以前的崇祯三年就到颜统家当塾师，明亡后一度抗清，失败后隐居教书终生，晚年曾应吕留良之邀至崇德南阳村东庄执教。刘宗周、黄宗羲、张履祥分别于道光二年（1822年）、光绪三十四年（1908年）和同治十年（1871年）被命从祀文庙。

乾嘉著名学者王鸣盛青年时入读苏州紫阳书院，四十二岁辞官专心著述，著有《十七史商榷》（100卷）、《尚书后案》、《蛾术编》。钱大昕仕宦讲学之余，著有《廿二史考异》《十驾斋养新录》《潜研堂文集》等。他以“实事求是”为宗旨，治学内容广博精深，涉及史学、经学、小学、算学、校勘、金石等，成为一代大家。

第六章　中国书院制度

自萌芽以降，书院内涵和功能不断演进、丰富，在多个历史时期都曾发挥过不可或缺的作用，对中华民族思想文化的发展作出重大贡献。探究书院“风姿阔绰”及“愈久弥坚”之因，其不断完善各项制度也是主要原因之一。

第一节　书院制度历史

孟子说：“大匠诲人必以规矩，学者亦必有规矩。”没有规矩不成方圆，书院没有制度也难以发展，所以早在书院刚刚出现不久就出现简单的管理制度，南宋时书院制度基本确立，元明清时期日臻完善。

一、唐代初现书院制度

最早的书院制度见于大顺元年（890年）的东佳书堂及陈氏书屋。《江州陈氏家法》规定：

> 一、立书堂一所于东佳庄，弟侄子姓有赋性聪敏者，令修学，稍有学成应举者，除现置书籍外，须令添置。于书生中立一人掌书籍，出入须令照管，不得遗失。
>
> 一、立书屋一所于住宅之西，训教童蒙。每年正月择吉日起馆，至冬

月解散。童子年七岁令入学，至十五岁出学，有能者令入东佳。逐年于书堂内次第抽二人归训，一人为先生，一人为副。其纸笔墨砚并出宅库，管事收买应付。①

接受外来学者后，在书堂条下又增加了相关内容："应宾客寄止修业者并延于彼，一一出东佳庄供应周旋。"

虽然书堂、书屋的有关规定都只有一条，但书堂规定了入学标准、学生待遇、书籍管理，后来又补充了经费来源，书屋规定了学生范围、学习时间、学生年龄、师资和经费来源，已经具备制度雏形。

五代时戚同文接办睢阳学舍也制定了规范制度，"先生乃制为学规，凡课试讲肄、劝督惩赏莫不有法，宁亲归沐与亲戚还往莫不有时，而皆曲尽人情，故士尤乐从焉"②，已经是比较全面的书院制度，可惜没有流传下来。

二、南宋书院制度基本完备

南宋现存第一个比较规范的书院制度是吕祖谦的《规约》，而朱熹《白鹿洞书院揭示》、程端蒙和董铢《程董二先生学则》、真德秀《西山真先生教子斋规》则基本确定了书院制度。除书院学生的道德行为规范外，关于学生入学程序、课程安排、学生德业考察黜陟的规范也均已出现。

（一）吕祖谦《规约》

现存第一个比较规范的书院制度是吕祖谦乾道四年（1168年）制定的《规约》：

① ［唐］陈崇：《江州陈氏家法》，转引自陈谷嘉、邓洪波《中国书院史资料》，第23—24页。
② ［南宋］徐度：《却扫编》卷上。

乾道四年九月规约

凡预此集者，以孝弟忠信为本，其不顺于父母、不友于兄弟、不睦于宗族、不诚于朋友、言行相反、文过遂非者，不在此位。既预集而或犯，同志者规之；规之不可，责之；责之不可，告于众而共勉之；终不悛者除其籍。

凡预此集者，闻善相告，闻过相警，患难相恤，游居必以齿相呼，不以丈，不以爵，不以尔汝。

会讲之容端而肃，群居之容和而庄（箕踞、跛倚、喧哗、拥并，谓之不肃；狎侮、戏谑，谓之不庄）。

旧所从师岁时往来，道路相遇无废旧礼。

毋得品藻长上优劣，訾毁外人文字。

郡邑政事，乡闾人物，称善不称恶。

毋得干谒、投献、请托。

毋得互相品题，高自标置，妄分清浊。

语毋亵、毋谀、毋妄、毋杂（妄语，非特以虚为实，如期约不信、出言不情、增加张大之类皆是。杂语，凡无益之谈皆是）。

毋狎非类（亲戚故旧或非士类，情礼自不可废，但不可狎昵）。

毋亲鄙事（如赌博、斗殴、蹴鞠、笼养扑鹑、酣饮酒肆、赴试代笔及自投两副卷、阅非僻文字之类，其余自可类推）。

此规约主要涉及行为规范，缺少学习方面的规定，于是次年进行补充：

乾道五年规约

凡与此学者以讲求经旨、明理躬行为本。

肄业当有常，日纪所习于簿，多寡随意。如遇有干辍业，亦书于簿，一岁无过百日，过百日者同志共摈之。

凡有所疑专置册记录，同志异时相会，各出所习及所疑互相商榷，仍手书名于册后。

怠惰苟且，虽漫应课程而全疏略者同志共摈之。

不修士检，乡论不齿者，同志共摈之。

同志迁居，移书相报。[①]

乾道五年十月再次补充交际方面规范：

乾道五年十月关诸州在籍人

一、在籍人将来通书止用一幅，不许用虚礼（谓如学际天人，及即膺召用、台候、神相、百拜、过呼官职之类）。

一、通书不许用札目，不许改名。

一、通书止许商榷所疑，自叙实事（谓自叙出入行止之类）。

一、通书不许以币帛玩物为信（玩谓图画及几案玩具，物谓研扇凡什物之类）。

一、在籍人将来相见不用名纸门状。

一、在籍人不幸有丧，仰同州同县在籍人依规矩吊慰，仍具书寻便报知堂上，道路虽远，无过半年。

一、在籍人如有不遵士检玷辱，斋舍同籍人规责不悛者，仰连名具书报知堂上，当行除籍。如共为隐蔽，异时恶声彰闻，或冒犯刑法，同州同县人并受隐蔽之罚。

右关诸州在籍人，各仰递相传报遵守。

---

① ［宋］吕祖谦：《丽泽书院学规》，转引自陈谷嘉、邓洪波《中国书院史资料》，第197—199页。

吕祖谦大概认为还不够完善，乾道六年又一次补充除籍内容：

乾道六年规约

亲在别居

亲没不葬（谓服除不葬，火焚者同）

因丧婚娶（身犯及主家者）

宗族讼财

侵扰公私（谓告讦、胁持、邀索之类）

喧噪场屋（诈冒同）

游荡不检

并除籍。仍关报诸州在籍人。诸斋私录讲说之类并多讹舛，不可传习。

右七条。

虽然迭经补充，吕祖谦所撰规约仍稍嫌粗疏。

（二）朱熹《白鹿洞书院揭示》

淳熙六年（1179年），朱熹重修白鹿洞书院，随之制定《白鹿洞书院揭示》：

父子有亲，君臣有义，夫妇有别，长幼有序，朋友有信。

右五教之目。

尧舜使契为司徒，敬敷五教，即此是也，学者学此而已。而其所以学之之序亦有五焉，其别如左：

博学之，审问之，慎思之，明辨之，笃行之。

右为学之序。

学问思辨四者所以穷理也，若夫笃行之事，则自修身以至于处事接物亦各有要。其别如左：

言忠信，行笃敬，惩忿窒欲，迁善改过。

右修身之要。

正其义不谋其利，明其道不计其功。

右处事之要。

己所不欲，勿施于人，行有不得，反求诸己。

右接物之要。

熹窃观古昔圣贤所以教人为学之意，莫非使之讲明义理，以修其身，然后推以及人，非徒欲其务记览为词章，以钓声名取利禄而已也。今人之为学者既反是矣。然圣贤所以教人之法具存于经，有志之士，固当熟读深思而问辨之，苟知其理之当然，而责其身以必然，则夫规矩禁防之具岂待他人设之而后有所持循哉！近世于学有规，其持学者为已浅矣，而其为法又未必古人之意也，故今不复以施于此堂，而特取凡圣贤所以教人为学之大端，条列如右，而揭之楣间，诸君其相与讲明遵守而责之于身焉，则夫思虑云为之际，其所以戒谨而恐惧者，必有严于彼者矣。其有不然，而或出于此言之所弃，则彼所谓规者必将取之，固不得而略也。诸君其亦念之哉！①

《白鹿洞书院揭示》简略而全面，涉及教育内容、学习次序和修身、处事、接物诸规定，朱熹又特别强调教学目的在于讲明义理，使学生修身躬行，推己及人，而非记览词章博取功名，因此受到后世推崇。南宋淳祐六年（1246年）被颁发至府州县各级官学和书院，成为后世历代书院和官学规条，并传至海外，成为朝鲜官学和书院、日本藩校和书院的常规，可以说是书院第一制度。

① ［南宋］朱熹：《晦庵集》卷七四。

（三）程端蒙和董铢《程董二先生学则》

《程董二先生学则》，由程端蒙和董铢合编：

凡学于此者，必严朔望之仪：其日昧爽，直日一人主击板，始击，咸起，盥漱，总栉衣冠。再击，皆着深衣或凉衫，升堂，师长帅弟子诣先圣像前再拜焚香，讫，又再拜，退。师长西南向立，诸生之长者率以次东北向再拜，师长立而扶之，长者一人前致辞，讫，又再拜。师长入于室，诸生以次环立再拜，退，各就案。

谨晨昏之令：常日击板如前，再击诸生升堂序立，俟师长出户立定，皆揖。次分两序，相揖而退。至夜将寝，击板会揖如朝礼。会讲、会食、会茶亦击板如前。朝揖、会讲以深衣或凉衫，余以道服褙子。

居处必恭：居有常处，序坐以齿。凡坐，必直身正体，毋箕踞倾倚、交胫摇足。寝必后长者，既寝勿言，当昼勿寝。

步立必正：行必徐，立必拱，必后长者，毋背所尊，毋践阈，毋跛倚。

视听必端：毋淫视，毋倾听。

言语必谨：致详审，重然诺，肃声气，毋轻毋诞，毋戏谑喧哗，毋及乡里人物长短及市井鄙俚无益之谈。

容貌必庄：必端严凝重，勿轻易放肆，勿粗豪狠傲，勿轻有喜怒。

衣冠必整：勿为诡异华靡，毋致垢敝简率，虽燕处不得裸袒露顶，虽盛暑不得辄去鞋袜。

饮食必节：毋求饱，毋贪味，食必以时，毋耻恶食，非节假及尊命不得饮，饮不过三爵，勿至醉。

出入必省：非尊长呼唤、师长使令及已有急干不得辄出学门。出必告，返必面，出不易方，入不踰期。

读书必专一：必正心肃容，计遍数，遍数已足，而未成诵，必须成诵，遍数未足虽已成诵必满遍数。一书已熟，方读一书，毋务泛观，毋务强记。非圣贤之书勿读，无益之文勿观。

写字必楷敬：勿草，勿敧倾。

几案必整齐：位置有伦，简帙不乱，书笥衣篋必谨扃钥。

堂室必洁净：逐日直日再击板如前，以水洒堂上，良久以帚扫去尘埃，以巾拭拭几案，其余悉令斋仆扫拭之，别有秽污，悉令扫除，不拘早晚。

相呼必以齿：年长倍者以丈，十年长者以兄，年相若者以字，勿以尔汝，书问称谓亦如之。

接见必有定：凡客请见，师坐定，直日击板，诸生如其服升堂，序揖立侍，师长命之退则退。若客于诸生中有自欲相见者，则见师长毕就其位见之，非其类者勿与亲狎。

修业有余功，游艺有适性：弹琴，习射，投壶，各有仪矩，非时勿弄，博弈鄙事不宜亲学。

使人庄以恕而必专所听：择谨愿勤力者庄以临之，恕以待之，有小过者诃之，甚则白于师长惩之，不悛，众禀师长遣之，不许直行己意。苟日从事于斯而不敢忽，则入德之方庶乎其近矣。

学则十八条，涉及谒圣、拜师的礼仪要求，居处必恭、步立必正、视听必端、言语必谨、容貌必庄、衣冠必整、饮食必节、出入必省、堂室必洁净等日常行为准则，读书必专一、写字必楷敬、游艺有适性、几案必整齐等学习规范，接见必有定、相呼必以齿、使人庄以恕等待人接物要求，是很全面的。淳熙十四年（1187年）朱熹题跋评价说："余以为凡为庠塾之师者，能以是而率其徒，则所谓成人有德、小子有造者将复见于今日矣，于以助成后王降德之意岂不美哉？"[①] 经朱熹推荐后，成为书院广泛采用的制度之一。

---

① ［南宋］朱熹：《跋程董二先生学则》，见《晦庵集》卷八二。

（四）真德秀《西山真先生教子斋规》

影响较大的还有真德秀的《西山真先生教子斋规》：

一曰学礼：凡为人，要识道理，识礼数，在家庭事父母，入书院事先生，并要恭敬顺从，遵依教诲，与之言则应，教之事则行，毋得怠慢，自任己意。

二曰学坐：定身端坐，齐脚敛手，毋得伏槃靠背，偃仰倾侧。

三曰学行：笼袖徐行，毋得掉臂跳足。

四曰学立：拱手正身，毋得跛倚欹斜。

五曰学言：朴实语事，毋得妄诞，低细出声，毋得叫唤。

六曰学揖：低头屈腰，出声收手，毋得轻率慢易。

七曰学诵：专心看字，断句慢读，须要字字分明，毋得目视东西，手弄他物。

八曰学书：凝志把笔，字要齐整圆净，毋得轻易胡涂。

区区八条，文字简短，但易记易行。

《白鹿洞书院揭示》《程董二先生学则》和《西山真先生教子斋规》基本确定了书院制度，成为各书院规范，江西提学李龄成化五年制定的《白鹿洞书院八戒》第一条就要求“诸生入洞，悉遵文公《教条》及董程《学则》、真先生《教子斋规》，不可有违”。

（五）建康明道书院《规程》

始建于嘉定八年（1215年）的建康明道书院制定的《规程》，制定了书院学生入学程序、课程安排、德业考察黜陟的规范：

一、春秋释菜，朔望谒祠，礼仪皆仿白鹿书院。

一、士之有志于学者不拘远近，诣山长入状，帘引疑义一篇，文理通明者请入书院，以杜其泛。

一、每旬山长入堂，会集职事、生员授讲、籤讲、覆讲如规。三八讲经，一六讲史，并书于讲簿。

一、每月三课，上旬经疑，中旬史疑，下旬举业（以孟、仲、季月分本经、论、策三场），文理优者传斋，书德业簿。

一、诸生德业修否置簿书之，掌于直学，三考黜陟。

一、职事、生员出入并用深衣。

一、请假有簿，出不书簿者罚。一应书院士友不许出外请谒、投献，违者议罚，有讼在官者给假，事毕日参。

一、请假逾三月者，职事差替，生员不复再参。

一、凡谒祠、听讲、供课，若无故而不至者，书于簿，及三，罢职住供。

一、凡职事、生员犯规矩而出者不许再参。①

（六）《延平郡学及书院诸学榜》

淳祐元年（1241年），徐元杰出知南剑州时制定州学和延平书院课程表：

一、早上文公《四书》，轮日自为常程，先《大学》，次《论语》，次《孟子》，次《中庸》，六经之书随其所已读取训释与经解参看。

一、早饭后编类文字或聚会讲贯。

一、午后本经、论、策，轮日自为常程。

一、晚读《通鉴纲目》，须每日为课程，记其所读起止，前书皆然。

---

①［南宋］周应合：《景定建康志》卷二九《儒学志二・建明道书院》。

一、每月三课，上旬本经，中旬论，下旬策，课册待索上看，佳者供赏。

一、学职与堂职升黜必关守倅。[1]

课程表规定了学习内容和学习顺序，每天分早晨、上午、下午和晚上安排学习内容，每月三次课试内容，最后要求郡学和书院职员的升黜必须报告州署。

南宋基本确立了书院制度，为后世书院制定制度提供借鉴，书院制度日益完善。

三、元代官定书院制度

宋代书院制度有的是官员制定，如《白鹿洞书院揭示》、建康明道书院《规程》、《延平郡学及书院诸学榜》，有的是学者制定，如吕祖谦《规约》、董程《程董二先生学则》和真德秀《西山真先生教子斋规》。元代时由于许多书院被收归国有，为加强对书院管理，制度主要由官府和官员制定，但目前见到的元代书院制度不多。

由于书院和官学一样被纳入国家管理，所以官府制定制度也将书院纳入。元贞元年（1295年），江浙行省行御史台曾颁发《行台坐下宪司讲究学校便宜》十三条，规定“肄业诸生朔望并须诣学陪拜听讲”，每月课试按照旧例计算分数，年终按分殿最，朔望讲书改老师独讲为增加学生抽签背讲，行供执事、生员每人讲书会课须立定成规，书院山长、县学教谕要经保结出任，保护书板，有司官员不准向儒生派差，等等。大德元年（1297年），江浙等处儒学提举司就行御史台和江南浙西道廉访司行文，制定建康路官学和书院朔望拜谒孔子庙、教学程式、课试方法和规绳法度行文，并行文各路学参照执行。

官员制定书院制度，见有刘鹗《齐安河南三书院训士约》。泰定二年（1325年），刘鹗被征召掌教河南、东坡、安阳三书院，次年制定该制度，要

① ［南宋］徐元杰：《延平郡学及书院诸学榜》，见《梅野集》卷一一。

求书院学生“德行之宜崇”“士习之宜端”“实学之宜事”“文体之宜正”“会课之宜勤”“浮伪之宜禁”，并逐条提出具体要求。

四、明代书院制度内容增多

明代书院制定的制度不是很多，但制度内容却有增加，一是增加书院日常管理制度，二是新出现会规，三是制度日渐复杂。

宋元书院制度主要是针对学生制定的，涉及学生的品行、学习和日常行为诸方面，很少涉及书院管理，明代开始制定书院管理制度。

（一）书院日常管理制度

万历二十年（1592年），吉安知府汪可受为白鹭洲书院制定两个制度，一个是针对学生管理的《馆例十二条》，一个是针对书院管理的《约禁十一条》。

《约禁》规定：

> 一、书院系礼教之地，二程夫子俨然临之，过客登游止宜谈道论德，以为后学法程。若盛筵扮戏、长夜酣饮，自亵居尊之体，有道君子必不其然，幸相与守之。
>
> 一、在会生员自有号舍，不许占住，内居作践。
>
> 一、内外门子择空房与居，常时在院接应士客，掌司启闭，收贮物件，怠玩失事者究处。
>
> 一、书院楼阁、厅堂、亭台及门外东西号舍，每岁十月门子禀官，照志书议定物价通行修理，修后再有损坏坐赃处究。
>
> 一、书院桌椅器皿，乡士大夫敛银专置以备公会，各衙门不得挪借。如有衙门差役托言暂假，许门子执照固辞。
>
> 一、书院内外及台上树株遇夏秋枯燥时，门子取水浇灌。其台上及堤

前竹木俱要四季看管，不许外人窃伐。

一、附近民居人家不许放纵六畜入洲作践，违者门子禀官。

一、梅林渡官渡船五只，遇水泛时即便遵照成规轮二只赴院答应。如有懒惰失误定行罪责，并追领过工实入官。

一、江洲无烟火之地，特设净土庵旁守书院，其僧人另从幽径往来，与儒者各成一家。在会儒生毋得入庵搅扰，染习异教。

一、一切妇女不许借口烧香闲游，玷污佛场。如有僧人勾连纵容，访出将本僧责逐，妇女连夫并治。

一、庵内僧众止容恪守净教者十人，诵经礼佛，免其接应官府，游方僧人并宜斥绝，免滋混扰。①

内容全面而具体，开清代书院制度先河。

（二）会规

会规是伴随着讲会而出现的。

王守仁在庐陵、滁州和南京任官时随时讲学，并非皆以书院为讲坛，虽然在南赣担任巡抚后开始建造书院，但也常在寺观等处讲学。返乡守孝期间，嘉靖四年（1525年）王守仁于余姚龙泉寺中天阁讲学，每月初一、初八、十五、二十三日四次，为使弟子常聚讲会，王守仁特作《书中天阁勉诸生》：

虽有天下易生之物，一日暴之，十日寒之，未有能生者也。承诸君之不鄙，每予来归，咸集于此以问学为事，甚盛意也。然不能旬日之留，而旬日之间又不过三四会，一别之后辄复离群索居，不相见者动经年岁，然则岂惟十日之寒而已乎？若是而求萌蘖之畅茂条达，不可得矣。故予切望

① ［清］刘峄：《白鹭洲书院志》卷二。

诸君勿以予之去留为聚散，或五、六日，八、九日，虽有俗事相妨亦须破冗一会于此。务在诱掖奖劝，砥砺切磋，使道德仁义之习日亲日近，则世利纷华之染亦日远日疏，所谓相观而善、百工居肆以成其事者也。

相会之时，尤须虚心逊志，相亲相敬。大抵朋友之交以相下为益，或议论未合，要在从容涵育，相感以诚，不得动气求胜，长傲遂非，务在默而成之，不言而信，其或矜己之长，攻人之短，粗心浮气，矫以沽名，讦以为直，挟胜心而行愤嫉，以圮族败群为志，则虽日讲时习于此亦无益矣。诸君念之念之。

王守仁此文虽然只是对弟子门人提出常聚讲学切磋和相亲相敬的要求，内容比较简单，但它却是第一个会规。王守仁复出后，门人吴仁仍然在阁中聚徒讲会。

在王守仁生前，弟子们为学习传播阳明学就开始结社，嘉靖五年（1526年）前，江西安福刘邦采就组织惜阴会，规定隔月聚会5日，王守仁为著《惜阴说》。王守仁去世后，弟子门人纷纷结社讲会。嘉靖十一年，方献夫联络在京同志40余人，定期会于庆寿山房；十二年，王畿会合同志讲会于南京，“或讲于城南诸刹，或讲于国子鸡鸣，倡和相稽，疑辩相绎”；十三年，衢州诸生柴惟道等组织龙游水南会，徐用检等组织兰西会。

早期讲会多借用寺观，到嘉靖十三年，开始建造书院。安福邹守益、刘邦采等弟子建造复古、连山、复真诸书院，春秋二季联合五郡于青原山大会；浙江衢州同门也建造衢麓讲舍；十九年，永康周桐等建造寿岩书院，亦定期讲会。

讲会不论在寺观还是书院，并非常住，而是定期举行讲会，且规模较大，为规范讲会活动，就有必要制定会规。钱德洪弟子查铎嘉靖四十四年（1565年）举进士后任德安推官，为书院制定《楚中会条》，万历初致仕，重回水西书院讲学，制定《水西会条》。从万历开始，制定会规者逐渐增多，萧良干制定《稽山会约》，顾宪成制定《东林会约》，海南文昌玉阳书院制定《会条》，耿橘制定《虞山书院会约》和《虞山书院会仪》，撰写《虞山书院会簿引》，崇祯间刘宗周制定《证人社约言》、《约诫》和《证人社会仪》，陕西西安冯从吾制定《宝庆寺学会约》，吴桂森制定《东林会约》。

早期会规比较简单，《楚中会条》洋洋洒洒约三千字，有立志、用功、存天理、明五伦、先孝弟、砺名节、本举业等，真正属于会文的只有一条。《稽山会约》定立真志、用实功、销旧习三条，《水西会条》增加求益友为四条，顾宪林《东林会约》定饬四要（知本、立志、尊经、审几）、破二戒、崇九益、屏九损四条，也都是引导劝诫。比较具体全面的有刘宗周证人社会规、耿橘虞山书院会规和冯从吾宝庆寺会约，此外东林书院《会约仪式》对仪式规定很具体。

虞山书院会规由三个文件组成，规定书院会文、会讲、大会的时间、仪式，会文、会讲的内容要求，会讲饮食，书院日常管理，外来学者及本地贫寒学者膏火标准，等等，文字虽欠精炼，但内容比较全面。书院活动由常熟知县耿橘组织，依托虞山书院进行。每月初三一般会文，初六举人会文，初九会讲，三月初三和九月初九大会，每次三天。书院活动最大特点是除举人会文有身份要求外，其他活动任何人都可以自由参加。初三会文由经房和官学监会，个人自由领卷参试，第二天由官学官师和三纲①举人评卷，知县复阅，分成三等。每月初九讲会，知县、官员、学官一定参加，乡绅、举人、童子、平民甚至和尚、道士愿意听讲者来者不拒，提前一天或当日报名就可参加。讲书不指定内容，不指定讲者，只要有见地，即使是和尚、道士也可以上堂讲说。

刘宗周于崇祯四年（1631年）创建证人书院，亲自制定的证人社会规有《约言》《约诫》《会仪》《约檄》和《社约跋》五个文件。《约言》是对会员的要求，有齐圣、读书、孝弟、广仁、明义利、克己、重名节、节俭、徙义、规过十条；《会仪》为讲会规定，有会期、聚会礼圣、会讲、会费、会录、会戒

① 三纲：由选举举人担任，文纲以督文辞，学纲以研道妙，会纲以定众志。

六条；《社约跋》言社名之义；《约檄》说结社目的；《约诫》则为行为规范，最为具体，计有十则三十条，违反者都要处罚。

（三）书院制度日渐复杂

书院制度日渐复杂最有代表性的是白鹿洞书院。朱熹所制《白鹿洞书院揭示》为书院代表性制度，也许因此，历任江西提学、吉安知府和洞主纷纷制定制度。成化六年（1469年）江西监察御史兼提督学政李龄制定《白鹿洞书院八戒》，胡居仁为洞主时制定《续白鹿洞规》，正德末提学佥事邵锐制定《白鹿洞书院禁约》[①]，嘉靖元年（1522年）南康知府罗辂制定《白鹿洞洞学榜》，嘉靖三十一年提学郑廷鹄有《示主洞教谕崔柏帖》，嘉靖中江西按察司前设兼理学务高贲亨制定《洞学十戒》，万历十八年（1590年）洞主章潢制定《为学次第》，122年间先后有七个制度，这些制度都是对南宋书院制度的补充，李龄的八戒第一条就说，"诸生入洞，悉遵文公《教条》及董程《学则》、真西山《教子斋规》，不可有违"。

五、清代书院制度普及且具体

明以前虽然书院制度基本确定，但制定制度的书院并不多。到清代，大多书院都制定各自制度，制度内容也由泛泛而变得更加具体全面。

清代是书院制度普及期，上自省城书院，下至府州县各级政府建造的书院，以及民间建造的书院，大多制定了制度。书院制度遍及全国各地，遥远的青海、甘肃，甚至蕞尔小岛澎湖的文石书院也制定了制度。

内容方面，清代制度更加全面，包括书院教学、考试、奖惩、学生招收、学生膏火、经费管理等，许多书院甚至分别制定不同方面的制度。

---

① 《中国书院史资料》作万历六年（1578年），非，邵锐（1480—1537年）正德三年（1508年）进士，《江西通志》多次提及他正德十六年为提学。

湖南桂阳龙潭书院制定《龙潭书院学约》和《龙潭书院章程》，前者侧重教学，后者侧重书院管理，包括祭祀、院长选聘、师长待遇、学生膏火、学生选聘、经费管理等，非常全面。

咸丰十年（1860年），胡林翼在家乡湖南益阳创建箴言书院，亲自制定《箴言书院规制》《箴言书院选士章程》和《箴言书院育材章程》三个制度。《规制》侧重师长、工勤人员设置、职责、选聘、财产财物管理、经费管理等，特别申明胡氏子孙、姻戚等不得介入管理、承租土地等；《选士章程》侧重书院学生名额、考取办法、学生标准、课考、成绩奖惩等；《育材章程》规定汉学、宋学、经济学、辞章专业的课程、读书方法等；内容非常全面具体。

湖南宁乡乾隆十九年（1754年）重建玉潭书院，三十二年制定《玉潭书院章程》和《玉潭书院条约》，还制定《玉潭书院规条》和《六斋铭》。《章程》侧重书院管理，包括管理人员首事经理、经管、书办、门役的职责范围、院长选聘、课程安排、经费管理等；《条约》侧重对学生的要求，有"规矩宜守""课业宜勤""经学宜通""古学宜讲"和"时文宜工"五条；《规条》侧重于教学管理，包括学习时间安排、教学方法、课试时间及要求、学生日常规范等；《六斋铭》则是正谊斋、明道斋、主敬斋、存诚斋、进德斋和居业斋各斋的要求。

原来曾经制定过制度的书院也不断制定新的制度。

白鹿洞书院在康熙年间就先后又制定五个制度。康熙七年（1668年）南康知府廖文英制定《白鹿洞书院新规》八条，二十一年江西学政高璜制定《白鹿洞书院经久规模议》十二条，二十四年洞主汤来贺制定《白鹿洞书院学规》七条，三十四年江西学政王綡制定《白鹿洞书院戒勉》十六条，五十一年原敬制定《白鹿洞书院续规》六条。此外，孙奇逢有《题白鹿洞聚讲四条后》。

白鹭洲书院于康熙至乾隆年间先后制定六个制度。康熙三十年（1691年），知府罗京制定《白鹭洲书院馆规》十三条，汪知府制定《馆例》十二条，《约禁》十一条；乾隆十五年（1750年），山长符应龙制定《课程》十条；乾隆二十年，知府王铭琮制定《学规》八条。此外，山长孔兴渐制定《学说四则》，专讲读书立志、重气节、读经适用和乐群敬业，其实也属于制度一类。

第二节　书院制度类别

书院制度从内容看，大致可以分作四类：一类为劝勉式，一类为禁止式，一类为融合上两类的劝禁式，一类为规程式。

四类中禁止式最早出现，始于南宋乾道四年（1168年）吕祖谦《丽泽书院学规》；其次是劝勉式，始于南宋淳熙六年（1179年）朱熹《白鹿洞书院揭示》；再次是规程式，始于南宋嘉定八年（1215年）的《明道书院规程》；劝禁式出现最晚，始见于明万历间冯从吾《宝庆寺学会约》。宝庆寺会讲时间不长，地方官员建造关中书院后就转至书院。

一、劝勉式

劝勉式以朱熹宋淳熙六年（1179年）《白鹿洞书院揭示》为最早，也最典型。朱熹认为“古昔圣贤所以教人为学之意，莫非使之讲明义理，以修其身，然后推以及人”，所以《白鹿洞书院揭示》以“父子有亲，君臣有义，夫妇有别，长幼有序，朋友有信”为教育之目，“博学之，审问之，慎思之，明辨之，笃行之”为为学之序，“言忠信，行笃敬，惩忿窒欲，迁善改过”为修身之要，“正其义不谋其利，明其道不计其功”为处事之要，“己所不欲，勿施于人，行有不得，反求诸己”为接物之要，将“圣贤所以教人为学之大端”的引导和劝诫作为书院教育特色，开启书院学规的新传统——劝勉式学规。

朱熹正面引导，没有“禁”“毋”等刺激性字词，便于学子接受，所以《白鹿洞书院揭示》成为后世书院制度范本。南宋陈文蔚《双溪书院揭示》、徐元杰《延平郡学及书院诸学榜》，元刘鹗《齐安河南三书院训士约》，明顾宪成

《东林会约》、刘宗周《证人社约言》、无名氏《玉阳书院会条》、萧良干《稽山会约》、查铎《楚中会条》和《水西会条》、王守仁《教条示龙场诸生》，清汤来贺《白鹿洞书院学规》、胡建伟《文石书院学院约》、杨锡绂《岳麓书院学规》等都属于这一类。

二、禁止式

禁止式以吕祖谦宋乾道四年（1168年）制定的《丽泽书院学规》为最早，其后五年、六年、九年四次补充。初制十一条中仅禁止的"毋"字就出现九次，而"不顺于父母，不友于兄弟，不睦于宗族，不诚于朋友，言行相反，文过遂非者"，经规劝不改者则开除，六年又补充"亲在别居，亲没不葬（谓服除不葬，火焚者同），因丧婚娶（身犯及主家）、宗族讼财、侵扰公私（谓告讦、胁持、邀索之类）、喧噪场屋（诈冒同）、游荡不检，并除籍"，以期通过严格的制度使学生自我约束。

此类严厉制度明代著名的有刘宗周制定的《约戒》、邵锐制定的《白鹿洞书院禁约》、汪可受制定的《白鹭洲书院约禁》等。清代禁令制度大兴，许多书院制度中都有有关条款，代表性的有清李塨《恕谷教条》、章学诚《清漳书院条约》等。

最为典型且严厉的是刘宗周证人社（证人书院）《约诫》：

一、戒不孝

　　一、语言触忤，行事自专者，上罚；

　　一、甘旨不供，阴厚妻子者，上罚；

　　一、制中嫁娶，宴乐纳妾者，上罚；

　　一、亏体辱亲，匿丧赴试者，出社（借出继名色赴试同）。

一、戒不友

　　一、分析不平，争财构衅者，上罚；

一、偏听内言，嫉妒伤和者，上罚。

一、戒苟取

一、依势欺凌，设机诳骗者，出社；

一、结交官吏，说事过钱者，出社（此戒在孝廉、缙绅尤易犯之，谓元乘势打劫，恶过穿窬）；

一、设机局骗，逐戏赌钱者，出社；

一、贪婪悭吝，交易不明者，中罚。

一、戒干进

一、贿求权势，钻刺衙门者，上罚；

一、怀挟买题，请人代笔者，上罚；

一、要结当途，树碑刻石者，上罚；

一、易姓冒名，顶替侥幸者，出社。

一、戒贪色

一、多畜婢妾，屡进屡出者，中罚（此等过端，罚亦难加，今第存此成条。倘事在可已，蚤图而预改之；若恶不悛，径听出社）；

一、溺顽童，携挟倡优者，上罚；

一、淫污外色，有干名义者，出社。

一、戒妄言

一、期约不信，面誉背毁者，上罚；

一、文过饰非，巧言佞口者，上罚；

一、好谈闺闲，攻发阴私者，上罚；

一、搬斗是非，使机舞智者，出社（犯此戒者，尤能败类，故特从重典）。

一、戒任气

一、强项自满，刚愎拒谏者，中罚；

一、陵虐寡弱，动辄殴骂者，中罚。

一、戒过饮

一、呼卢酩酊，长夜不止者，中罚；

一、擎拳攘臂，脱巾岸帻者，上罚；

一、使酒骂座，执成嫌隙者，上罚。

一、戒奢侈

一、衣冠过丽，随俗习非者，中罚；

一、饮食过侈，暴殄无纪者，中罚。

一、戒惰容

一、科头翘足，纵肆不简者，中罚；

一、拍肩执袂，相接无礼者，中罚。

以上上罚，罚杜门谢会讲二次，至赴会日，仍治具供汤饼一次，诸友不更赍分。中罚，谢会讲二次，一次至赴会日，仍捐古书一册，藏小学，若因意不赴会者，听。①

规定十项三十条，内容非常全面，涉及家庭孝友、日常行为、科场考试、饮食、交游、容貌、举止等，违背者逐项有罚，严重者开除会籍，受上罚者闭门思过，禁止两次参会，还要提供一次讲会饮食，受中罚者也是禁止两次参会，还要捐献一册古书。

三、劝禁式

劝禁式在内容上包括劝勉式和禁止式内容，一般是劝勉在前而禁令在后。最早见于明万历间冯从吾《宝庆寺学会约》，会约共二十八条，原文太长，择要摘录如下：

① ［明］刘宗周：《约戒》，转引自陈谷嘉、邓洪波《中国书院史资料》，第705—707页。

一、会期：每月三会，初一、十一、廿一。以中午为期，不设酒礼，不用柬邀。大家初会相拜，止于会中行之，不必登门以滋劳扰，若别有请益不在此例。

一、会期讲论，勿及朝廷利害、边报差除及官长贤否、政事得失，毋及各人家门私事与众人所作过失及词讼请托等事、亵狎戏谑等语。其言以纲常伦理为主，其书以四书五经、《性理》、《通鉴》、《小学》、《近思录》为主，其相与当以崇真尚简为主。务戒空谈，敦实行以共任斯道，无令乡之先达如横渠、泾野诸先生专美于前可也。

一、会中一切交际俱当谢绝，此正崇真尚简处，彼此各宜体亮。若中有至亲旧友，不与学会相与者随便。

一、彼此讲论，务要平心易气，虚己下人。即有不合，亦当再加详玩，不可自以为是，过于激辩……

一、坐久兴到，愿歌诗者歌诗数首以畅涤襟怀……

一、学之不讲，孔子忧之，况于学者？今吾辈讲学于此，非徒教人，乃所以自求其益耳……

一、古今理学，名儒标宗立旨不翅详矣。阳明先生揭以致良知一言，真大有功于圣学，不可轻议。……吾辈今日为学不在远求，只要各人默默点检自家心思，默默克治自家病痛，则识得本体，自然好做工夫。……

一、人非圣贤，孰能无过？……今吾辈发愤为学，断当自改过。……以后会中朋友偶有过失，即彼此于静所尽言相告，令其改图，不惟不可背后讲说，即在公会中亦不可对众言之。……

一、毋自恃文学，违误父兄指教。

一、毋妄自尊大，侮慢宗党亲朋。

一、毋对尊长哕噫嚏咳、欠伸跛倚、睇视唾洟及撒手交足等弊。

一、毋在稠众中高谈阔论，旁若无人。

一、毋假以送课，遍谒官长，以希进取。

一、毋争强好胜，擅递呈词。

一、毋借人书籍不还及致污损。

一、毋到人书房窥看私书及称夸文房器具。

一、毋拣择衣服、饮食及致饰车马等物。

一、毋见人贫贱姗笑凌辱，见人富贵叹羡诋毁。

一、毋结交星相士术及扶鸾压镇诸凡无稽之人。

一、毋看《水浒传》及笑资戏文诸凡无益之书。

一、毋撰造词曲杂剧及歌谣、对联讥评时事，倾陷同胞。

一、毋替人撰造揭帖、词状及私约书札。

一、毋轻易品评前辈著作及学问浅深、行事得失。

一、毋彼此约分饮酒游乐。

一、毋唱词作戏、博弈清谈。

一、毋出入酒馆，纵情声妓及更深夜静方才回家。

一、毋哄人、詈人并议论人家私事。

一、毋作课之日轻易告假，彼此说话、看稿，以乱文思。①

冯从吾初借宝庆寺讲学，制定《宝庆寺学会约》，由于讲学大受欢迎，而地方狭小，万历三十七年（1609年），陕西布政使汪可受等为其建造关中书院，讲学也迁至书院。

会约共二十八条，前五条涉及讲会要求，分别为会期安排、讲论内容、谢绝交际、讲论要平心静气、讲论中间可以歌诗，中三条分别教学目的为修德、致良知、改过迁善。前八条都有劝诫内容，后二十条皆为行为规范，一律为禁令“毋”。

---

① ［明］冯从吾：《宝庆寺学会约》，转引自陈谷嘉、邓洪波《中国书院史资料》，第733—736页。

劝禁式书院制度很少，与此接近的有清代桑调元《大梁书院学规》和杨绳武《钟山书院规约》。《大梁书院学规》制定于乾隆年间，共九条，分别为辨志、立本、穷经、学古、博习、静、恒、整、勿聚谈，前八条为劝勉，后一条为禁止。《钟山书院规约》也是制定于乾隆年间，共十一条，分别为先励志、务立品、慎交游、勤学业、穷经学、通史学、论古文源流、论诗赋派别、论制义得失、戒抄袭倩代、戒矜夸忌毁，前九条为引导劝诫，最后两条申明禁止。两制度虽然最后均设禁止条，但并非声色俱厉。

四、规程式

规程式以宋嘉定八年（1215年）建造的建康明道书院《规程》为最早，十一条规程包括春秋释奠礼仪、学生入学方式、课程安排、考课安排、学生德业考察及处罚、职员与学生着衣、请假规定、禁止外出请谒投献、对请假超过三月者处理、对缺席祭祀和功课者处罚、职员和学生开除者不许重入，内容比较全面。明成化五年江西提学李龄制定的《白鹿洞书院八戒》、万历六年江西提学邵锐制定的《白鹿洞书院禁约》、吉安知府汪可受制定的《白鹭洲书院约禁》，除规范学生行为外还涉及财务管理、土地管理等，虽然也可以被视为规程式但其内涵不够全面。

清代时，规程式制度大兴，许多书院多以章程命名，甚至刻碑永志。著名的有胡林翼《箴言书院规制》、缪彝《燕山书院条规》、李炘《丹阳书院条规十二则》、曾传缙《龙门书院碑记》以及无名氏的《聚星书院条规》、《临津书院章程》、《桐乡书院章程》等。

清道光十九年（1839年）四川新都县令张奉书制定的《龙门书院章程碑记》比较有代表性。章程共二十五条，文字不算太多，为便于了解清代书院管理制度，故全录如下：

一、山长每年束脩银一百两，三节致送，每节节敬银四两，开馆、解馆往来夫马，由斋长酌量应付。

一、监院每年薪水银十二两，三节致送。

一、书院原有产业并新置田亩，岁收租谷约计课折银五百两有奇。山长束脩、节礼、聘金并监院薪水及生童膏火共需银三百四十两，余银以作生童奖赏、课期卷价、柴炭之费，此外不准支用。

一、额设官生正课四名，童生正课十名，每名每月支膏火银八钱。官生附课四名，童生附课三十名，每名每月支膏火银五钱。经费稍裕，再行增添。余俱作为外课，不给膏火。

一、斋长二名，每名岁支薪水钱八千文。

一、院中看司，每年给钱六千文。

一、课期礼房唱名造册，每年给纸笔钱四千文。

一、每年示期收录生童，务于前数日至礼房注册投考，收取者方准入院肄业应课，未经收取者不准应课。至收录不到，月课始来投考者，必考超、特等一次以作收录，再考超、特等一次方挨次补正、附课。

一、上馆之日收录已取者咸须齐集，随同谒见山长。

一、每年课期自三月起至十月至，共八个月，每月官课一次，堂课二次。官课定于每月初二日，由本县命题，堂课定于十二、二十二日，由山长命题。

一、生童正附课，以每月官课考列在前者挨次补取，如上月考取正、附课，下月官课落后，即降为外课。上月考取外课，下月官课列前，即拔为正、附课。按月升降，不得以一次考取即领数次膏火。

一、生童正附课须两次堂课俱到始给全分膏火，如堂课一次不到，正课扣银二钱，附课扣银一钱二分；二课不到，正课扣银四钱，附课扣银二钱四分。

一、官课奖赏文生四名，超等第一名奖赏钱六百文，第二名奖赏钱四百文，第三、四名奖赏钱三百文；童生正课奖赏十名，超等第一名奖赏钱六百文，第二、三名每名奖赏钱四百文，第四名至第十名每名奖赏钱三百文。

一、堂课每次文生发超等第一名，童生发超等三名，每名给奖赏钱二百文，文生发特等二名，童生发特等四名，每名给奖赏钱一百二十文。

一、堂课亦须扃试，不得领卷出外，如违，文虽佳不录。

一、堂课不得请人顶替，如违，正课扣膏火银二钱，附课扣膏火银一钱二分。

一、堂课用卷格三篇，不必全套。

一、月课试卷奖赏、柴炭及山长到馆、解馆酒席，准于公项内支销；至本县饭食、生童点心，官为捐办。

一、正、附、外课生员岁科两试，以学宪下学之日始，发落之日至，生员堂课不到免扣。

一、正、附、外课童生岁科两试，县府考，以取齐之日始，发榜之日至，院考以发落之日止，堂课不得免扣，余日仍照前议。

一、应课领卷次日始行交投者，查出交监院责斥，若系正、附课，将膏火扣除，以后不再投考。

一、课期点名，生童有不具衣冠者逐出。

一、院田应上大粮米、都江堰工费照旧按田完纳。

一、院田每年应上差钱免派。

一、正、附、外课生童堂课文理荒谬者，初次山长责斥，二次山长指名扣膏火银二钱，附课扣膏火银一钱二分。①

内容包括山长、监院、斋长、看司等人员待遇、书院经费收入和用途、学生名额及膏火、考课办法及其奖罚标准、书院土地税费和免差等，涵盖书院教学、管理的方方面面。这种全面的书院管理制度在清代非常流行。

---

① 见陈谷嘉、邓洪波《中国书院史资料》，第1659—1661页。

第七章　中国书院著述、刊书与藏书

书院是从事教育传播知识的教育机构，不能没有书籍。许多著名学者或学成于书院，或执教于书院，学习教学之余不忘著述。为了教学和传播需要，许多书院还刻印书籍。因此，藏书、著书、刊书也成为书院的主要活动。

第一节　书院著述

书院虽然以传授知识为主，但书院的传授者和接受者并不只是被动传授或接受旧知识，还要创造新知识。他们或开展学术研究，或进行诗文创作，促进了中国思想文化的发展。

书院著述包括学术著述、诗文创作和书院志编印等方面。

一、学术著述

唐代书院多为书斋，未见著述记载。书院著述最早见于五代的戚同文，他青年时期入睢阳学舍就读，中年主持，“好为诗，有《孟诸集》二十卷”。

书院著述至北宋大兴。周式担任岳麓书院山长，真宗召见，周式不愿在朝任职，仍回书院主教，著有《毛诗笺注辨误》《论语集解辨惑》等书。孙复讲学泰山8年，著述不辍，“先生尝以为尽孔子之心者大《易》，尽孔子之用者《春秋》，是二大经，圣人之极笔也，治世之大法也，故作《易说》六十四篇，《春秋尊王发微》十七卷；疑四凶之不去，十六相之不举，故作《尧权》；防后世之篡夺，诸侯之僭偪，故作《舜制》；辨注家之误，正世子之名，故作《正名解》；美出处之得宜，辨传嗣之有嫡，故作《四皓论》”[①]，许多著述完成于泰山书院。周敦颐“因筑室溪上，名之曰濂溪书堂……尤善谈性理，深于《易》学，作《太极图》《易说》《易通》数十卷，诗十卷，今藏于家”[②]。

南宋是书院著述的第一个兴盛期，有关书院著述记述较多，许多理学家曾在书院著述。朱熹热心书院建设，所到之处建造修复书院，在书院教学和著述，他的许多著作都是在书院完成的。朱熹曾在月林书院撰写《四书章句集注》，绍熙三年（1192年）归建安建造考亭书院，著成《孟子要略》，五年十一月归里后，虽屡获任命皆不出，于竹林精舍专心著述，相继著成《韩文考异》《楚辞集注后语辨证》，集《书传》，改《大学》“诚意章”。胡安国筑碧泉书堂，写成《春秋传》。胡宏隐居不仕，讲学碧泉、道山书院，著有《知言》《易外传》《皇王大纪》等。魏了翁宝庆元年被贬谪到靖州安置5年，建造鹤山书院讲学著述，“湖湘江浙之士不远千里负书从学，乃著《九经要义》百卷，订定精密，先儒所未有”[③]，另著有《周易集义》《古今考》等著作，撰写记、序、跋、书等，仅书信就有60余篇，是他一生著述最丰富的时期。陆九渊门人傅子云在陆九渊外出从仕期间主持槐堂精舍，著有《易传》《论语集传》《中庸大学解》《孟子指义》《离骚经解》等。黄榦弟子黄崇义被聘主持汝水书院，兵乱隐居，著有《周易集说》《理学要语》《涧西文集》。孙应时淳熙十一年（1184年）应邀讲学东湖书院，“手著问思录稿五十条，通鉴摘义稿三十条，为经史说稿一卷”[④]。贵溪陈立大“家有藏书若干卷，而缮写点校手泽存焉。又有所著《论语正义》廿卷。其子善益自尊庋，题其室曰静明书塾”。

---

① ［北宋］石介：《泰山书院记》，《徂徕集》卷一九。

② ［北宋］潘兴嗣：《濂溪先生墓志铭》，《周元公集》卷四。

③ 《宋史·魏了翁传》。

④ ［宋］孙应时：《烛湖集》卷二〇。

元代不重视文化教育，著名学者、思想家少见，许多书院又被纳入官学体系，以致书院著述不是很多。元初，马端临曾先后担任慈湖、柯山书院山长，编撰《文献通考》，《文献通考》成为继《通典》《通志》之后又一部关于历代典章制度的巨著。元末，郑玉于徽州师山建造精舍著书，“元郑玉构精舍于师山，有三乐堂、极高明轩，著《春秋阙疑》于其中，后人因之为书院”[①]。贵溪人桂本隐居不仕，“讲明象山陆氏之学，创灵谷书院，著述其中。所著有《四书通义》《五经统会》《三极一贯图》《金精鳌极类纂》《道统铭》等书，皆能致力于前儒之所未及，而自立于不朽者也”[②]。

明代许多理学家都与书院关系密切，很多人在书院讲学著述，推动理学发展。吴与弼21岁开始设教，一生未仕，大多时间讲学著述家乡小陂书院，著有《康斋文集》12卷。弟子胡居仁也是一生未仕，先后在家乡建造礼吾、南谷、碧峰书院讲学，也曾主讲于白鹿洞、贵溪桐源等书院，一生大半生活在书院中，著有《易象抄》《居业录》《胡文敬公集》等，成为入祀文庙大儒。另一弟子陈献章38岁在春阳台设馆教学，除赴京任职外，绝大多数时间在乡春阳台、庐山书院等讲学著述，去世后，门人整理成《陈献章集》，开岭南学派，陈献章成为唯一入祀文庙的岭南学者。王守仁贬谪龙场驿丞，建造龙岗书院讲学，悟道龙岗，因著《五经亿说》。颜鲸“在鄂集诸生于濂溪书院，论孔颜曾孟要旨，著《原性订道》诸篇”。

除大儒外，许多学者也是在书院讲学著述兼具。明代前期，太平贡生田云“其学以曹、辛二人为津途，而溯源于河、汾”[③]，创建弘孝书院，与同志贾中、屈擢升讲学著述，田云著有《安邑性宗》和《绛阳正传》，贾中著有《衍易全书》和《幽人心声》，屈擢升著有《随见录》。李承恩在弱冠之年即以弟子员身份被大梁书院督学邀请至书院讲学，著《易大义》《诗大义》《书拾》《蔡学》

---

① 《江南通志·学校志》。

② ［元］王袆：《灵谷书院记》，见［清］雍正《江西通志》卷一二九。

③ 《山西通志·人物》。

《庸拾》《朱孟子说》若干卷。成化时，郑节建草峰书院讲学其中，著述《礼传》80卷，《续真西山政经》2卷，他还发明《朱子家礼》，作《家礼略》2卷。

清代许多乾嘉学派大师著述来自书院。钱大昕辞官后先执教钟山书院，后出掌娄东书院、紫阳书院，最终客死紫阳书院，30年间讲学著述，是其学术辉煌期，完成《廿二史考异》，重订《金石录》，补唐、五代、宋学士年表等，著述十余种。惠栋一生未仕，潜心学术，曾主讲紫阳书院，著有《古文尚书考》《九经古义》《后汉书补注》等著作。俞樾曾主讲紫阳书院，讲学前溪书院、仙潭书院，虽曾短暂入仕，但一生重在讲学著述，著述500卷。卢文弨53岁辞官，20余年主讲江浙崇文、钟山、龙城等书院，其中主讲钟山书院11年，校勘古籍，笔耕不辍，著有《钟山札记》《抱经堂文集》《仪礼注疏详校》等。赵翼辞官后主讲安定书院，讲学著述吟诗，著成《廿二史札记》《陔余丛考》等。罗典任岳麓书院山长27年，著成《凝园读〈诗〉管见》《凝园读〈书〉管见》《凝园读〈春秋〉管见》三部经学著作。

二、诗文创作

科举考试有经义、策论、诗赋等内容，目的是考察应试者对传统思想文化的理解认识和治国从政能力。大多书院为培养治国人才，要围绕科举考试进行教育和培训，组织学生进行训练，产生了大量的诗文作品。虽然许多人基于对传统思想文化的批判而否定科举制度，但不可否认，科举选拔的并不全是庸才，毕竟能力低者难以突围，只有优秀者才会脱颖而出。书院诗文创作虽然精品不多，但也不乏优秀作品。

历史上关于书院的诗文不少，有的是书院建造者、书院活动参与者的吟诵，有的是应邀为书院作记，著名诗人、学者代不乏人。唐代韩翃、卢纶、许浑、刘禹锡、贾岛，宋代王禹偁、杨亿、石介、范仲淹、苏颂、文同、张方平、黄庭坚、朱熹、吕祖谦、陆九渊、陆游、范成大、杨万里、张栻、真德秀、张孝祥、王十朋、魏了翁、文天祥、金履祥，元代张养浩、吴澄、程文海、虞集，明代刘基、宋濂、杨士奇、薛瑄、陈献章、湛若水、罗钦顺、李东阳、吴与弼、胡居仁、李梦阳、王守仁、吕柟、刘宗周，清代汤斌、颜元、李塨、孙奇逢、阮元、孙星衍、林则徐、张履祥、章学诚，都有关于书院的诗文。有的学者以书院为家，创作了许多诗文集。

书院聚集文人学者，许多书院诗文雅集为常态。张栻讲学城南书院，时常雅集，“同游城南书院，论文鼓琴，煮茶烹鲜，徘徊湖上，薄莫乃归，明日作别书此为赠”，作诗以赠好友，他作城南书院诗27首书赠好友，朱熹也曾题跋。

书院有重大活动也会组织诗会。元至正二年（1336年）八月，扩建的石峡书院落成，夏浦为文以记，吴暾登堂讲学，“两人今为其乡先达，耆俊之士咸与之更唱迭和，以庆其成，前后为诗近百篇，会粹为一秩”，合集出版，请黄溍为序。王岂岩创建江东书院，生日时诸生赋诗为祝寿，“我公初度，祝寿为歌诗以侑为寿之觞”，诗歌合集刻印，请程端礼为序。乾隆间罗典主持岳麓书院，经常举行诗文唱和活动，结集刊成《岳麓八景诗》，寿诞时毕业与在院弟子诗联为贺。有的书院学生还自动结社，成立文化团体。乾隆五十八年，岳麓书院学生严如熤等18人结成岳麓文会，作诗唱和。

三、书院志编印

编印书院志在南宋就已出现，元代未见，明代大兴，清代已经比较普遍。

南宋淳祐元年（1241年），白鹭洲书院落成后就编印《白鹭书院志》，方大琮致江万里信中说，“便邮中领赐翰函剖颂，则颁教《白鹭书院志》，记文讲义皆精到”。李文伯建造莱山书院后也编印《莱山书院志》，并请欧阳守道作《题莱山书院志》。

明代书院编志兴起。弘治七年（1494年）有《白鹿洞志》，弘治九年有《弘道书院学规》，正德九年（1514年）有《岳麓志》，正德十六年有《万松书院志》，嘉靖十二年（1533年）有《石鼓书院志》《百泉书院志》，嘉靖三十三年有《白鹿洞书院志》，嘉靖中有《西湖书院志》，万历六年（1578年）有《重修百泉书院志》，万历二十年有《白鹿洞书院志》，万历三十九年有《龙光书院志》，万历四十一年有《二张先生书院录》，万历四十二年有《东林书院志》，万历中还有《仁文书院志》《共学书院志》《虞山书院志》，天启二年（1622年）有《白鹿洞书院志》《瀛山志略》，崇祯六年（1633年）有《岳麓志》。年代不具体的明代书院志还有《崇正书院志》《正学书院志》《郑溪书院志》《辋山书院志》《河东书院志》《南溪书院志》《安定书院集》《虎林书院志》《鹿城书院集》《贞义书院集》《首善书院志》《天心书院志》《河中书院图记》《怀中书院志》《复古书院志》《共学书院志》等。

有的书院还多次续修，白鹿洞书院自弘治编志后，在正德六年、嘉靖三十三年、万历二十年、天启二年经四次续修。

清代，书院编志比较普遍。尚未编志或新建书院纷纷编印新志，已经编志书院不断续修。

清代书院修志从康熙间就已经开始，康熙二十九年（1690年）有《姚江书院志》，康熙三十年有《敕赐紫云书院志》《南阳书院学规》，康熙三十四年有《朱阳书院志》，康熙间有《连山书院志》。雍正年间较少，有《紫阳书院志》《钟山书院志》。乾隆年间较多，有《凝秀书院志》《玉潭书院志》《群玉书院志》《潜溪书院志》《宝晋书院志》《龙山书院志》《还古书院志》《五峰书院志》《东明书院志》《龙湖书院志》等。嘉庆年间有《端溪书院志》《汉口紫阳书院志略》《玉潭书院辑略》《毓文书院志》《鳌峰书院志》《增修鹅湖书院志》等。道光中有《粤秀书院志》《端溪书院志略》《城南书院志》《莼湖书院志》《彝山书院志》《东坡书院志》等。咸丰同治中战争不已，咸丰中仍有《锦江书院志》《东山书院志略》，同治中有《重修信江书院志》《重修白鹭洲书院志》《应元书院志》《续修岳麓志》《宁乡云山书院志》《郴侯书院志》《士乡书院志》等。光绪是书院大发展时期，书院编志也多，有《凤巘书院志》《学海堂志》《续修问津书院志》《金鹗书院志略》《校经书院志略》《浏东狮山书院志略》《浏东洞溪书院志》《岳阳慎修两书院合志》《石山书院汇纪》《渌江书院志》《崇义书院志》《陕甘味经书院志》《豫南书院志》《明道书院志》《鄮山书院志》《诗山书院志》等。

除新修书院志外，还不断续修旧志。白鹿洞书院明弘治七年（1494年）编志后，四次续修，入清后清康熙十二年（1673年）、康熙五十七年、乾隆六十年（1795年）、宣统二年（1910年）又四次续修。白鹭洲书院明代重编院志后，清康熙三十年、乾隆十七年、同治十年（1871年）三次重修。白鹭洲书院也于康熙三十年、乾隆十九年、同治十年三次续修。

当然，书院志书并非均为书院人士所编著，但毕竟是书院的产物。

第二节　书院刊书

自雕版印刷发明以来，书院一直在出版事业中担当着主要角色，书院刊刻书籍也成为中国古代五大刻书系统的重要组成部分[①]。作为书院的主要活动之一，书院所刻之书，后人有“书院本”之称。清末刘光蕡说：“版印书籍盛行于宋，其事多领于书院，所谓‘院本’也。”曹之在《中国古籍版本学》中也说：“以刻书单位区分又有官刻本、坊刻本、家刻本。官刻本简称官本，其中有京本……书院本。”

一、书院刻书历史

书院刊书在北宋时期较为稀少，至南宋已呈现繁荣之势，特别是到了南宋孝宗乾道、淳熙年间，书院刊书进入快速发展期，至理宗淳祐年间达到高峰，所刻书籍数量及质量都达到很高水平。据清人叶德辉《书林清话》记载，仅宋

① 万安伦:《中外出版史》，高等教育出版社2017年版，第215页。

代八大书院刻书就达到12种602卷[1]。宋代书院所刊之书多为版刻精美、校雠精细的善本之作。顾炎武曾说："宋元刻书，山长主之，通儒定之，学者则互相易而传布之。故书院刻书有三善焉。山长无事则勤于校雠，一也；不惜费而工精，二也；版不贮官而易印行，三也。"[2]

北宋书院刊书未见记载，现存金刻本《南丰曾先生文集》保存着王震元丰八年（1085年）《南丰曾先生文集序》，元至正初建造南丰书院，"后列讲堂斋舍，内藏全集镌板"，保存的《曾巩全集》书板可能就是当时的书板。曾巩家族是北宋著名的文化官宦世家，有曾氏学舍供子弟读书，自太平兴国曾致尧进士登第后77年间考中进士19人，元代犹存的书板极可能就是北宋南丰学舍所刻。

南宋书院刻书记载较多。淳熙十四年（1187年），重建石鼓书院落成，"且摹国子监及本道诸州印书若干种若干卷，而俾郡县择遣修士以充入之"[3]，是已知最早的书院刊书。绍定三年（1230年），金华丽泽书院刻印司马光《切韵指掌图》，至今犹存。淳祐八年，龙溪书院曾经刻印陈淳《北溪大全集》，"淳祐戊申，郡倅薛公季良锓梓龙溪书院"。淳祐中，南康知军方岳曾在白鹿洞书院刻印《先正书传》，"本军昨准发下《先正书传》，今方刊成，所以惠后学者多矣。谨印造十部计四十册申解，所有印板不委留在白鹿书院，或合申解使台取自行下"。开庆元年（1259年），南京留守、知府马光祖命明道书院山长"修程子书，刻梓以授诸生"，编纂刻印程子著作发给书院学生，山长周应合捐出月俸五千贯充刻梓费，刻板167块，藏于书阁，令司书掌之。咸淳元年以前，建宁建安书院已经刻印《晦庵集》及续集，是年又刻印别集。咸淳间，尤溪南溪书院也刻印书籍，黄岩孙任尤溪县令，重新南溪书院，"录朱子所作太极通书、西铭三书解及与门人问答书疏散见文集语类中者，及后儒之说有发明者，

---

① 顾沿洎：《古代书院藏书对现代图书馆的启示》，《河北学刊》2010年第7期。

② ［清］顾炎武：《日知录·监本二十一史》。

③ ［南宋］朱熹：《衡州石鼓书院记》，见《晦庵集》卷七九。

申以己意，荟萃成篇，伦类通贯，名曰辑解，刊于书院”[①]。此外，潮州元公书院、竹溪书院、福安环溪书院、龙山书院、徽州紫阳书院、漳州龙溪书院、梅隐书院、衡阳石鼓书院、信州贵溪象山书院、泳泽书院、鄂州鹄山书院等都刻印过书籍[②]。

元代官方比较重视书院刻印书籍。元贞元年（1295年），江浙行省要求保存有木板的官学、书院整理书板，修补残阙，印刷书籍，并令设官管理，“各处学校见有书板令教官检校，全者整顿成帙，置库封锁，析类架阁，毋致失散，仍仰各印一部及置买四书、九经、通鉴各一部，装背完整，以备检阅，不许借借出学。如有书板但有欠阙，教官随即点勘无差，于本学钱粮内刋补成集”[③]。杭州西湖书院存有原南宋太学大量经史群书石刻、木板，“凡经部五十一，史部三十六，子部十一，集部二十四，都一百二十二种”，至正十七年（1357年），尊经阁和书库均年久失修，“书板散失埋没，所得瓦砾中者往往刓毁虫朽”，至正二十一年，江浙行中书平章政事组织专门班子修补刻印，在陈基等人主持下，“重刻经史子集，欠缺以板计者七千八百九十有三，以字计者三百四十三万六千三百五十有二，所缮补各书损毁漫灭以板计者一千六百七十有一，以字计者二十万一千一百六十有二，用粟以石计者一千三百有奇，木以株计者九百三十，书手刊工以人计者九十有二”[④]，工程浩大，耗时一年才完成。至元二年（1336年），经朝廷批准，委托西湖书院刻印《国朝文类》79卷。

元代书院刻书也很多。建康明道书院曾刊印程子书，并编辑刻印二程外书，“近年，行台治书侍御史郭俟尝命山长赵晋之重刻程氏遗书于既毁之后，今钱塘沈天锡嗣长书院，而曰有遗书无外书，是二程夫子之遗训犹未完也，乃

---

① ［清］李清馥：《闽中理学渊源考》卷一八。

② 陈谷嘉、邓洪波：《中国书院制度研究》，浙江教育出版社1997年版，第236—241页。

③ ［元］佚名：《庙学典礼》卷五《行台坐下宪司讲究学校便宜》。

④ ［元］陈基：《西湖书院书目序》，见《夷白斋稿》卷二一。

续刻外书十二卷，以补一家之言”。至正间，刘珙八世孙刘子长重建屏山书院，刻印先人刘子翚《屏山集》、刘子翚之孙刘学箕《方是闲集》与《传忠录》。陈仁子宋亡后不仕，建造东山书院，读书著述刻书，曾刻印《梦溪笔谈》《增补六臣注文选》等500余卷，刻印精良，人称东山陈氏，誉满湖广。

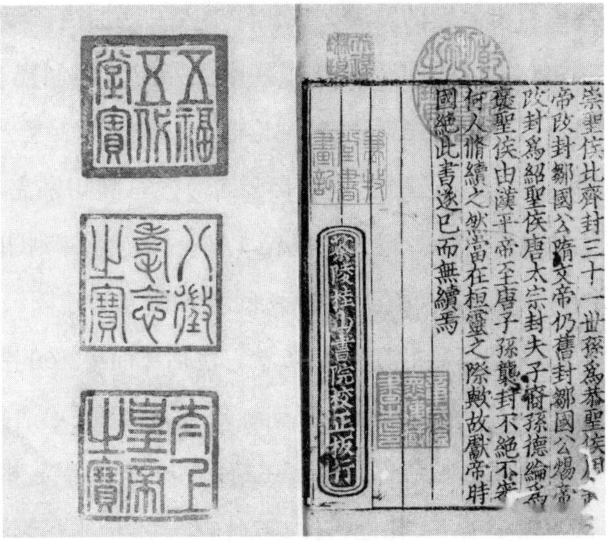
东山书院元代刊书

元代刊书质量很高，一方面得益于官府重视。元代对刻书管理严格，官方刻书须上报中书省或其他相关机构批准。书院刊书时态度认真，校勘精善，保证了印书质量。大德年间，九路儒学与书院联合刻印《十七史》，其中《南史》与《北史》是由官府委派信州路象山书院、稼轩书院、蓝山书院与信州路儒学、玉山县学、弋阳县学、上饶县学等一起刊刻。另一方面，当时的书院山长多具有一定学术水平，集著述、编辑与刊书于一身，这成为刊书质量的一大保证。如马端临先后担任慈湖书院、柯山书院山长，其代表作《文献通考》就由他一人著述、编辑、校勘、刊刻而成，被认为是《通典》《通志》之后规模最大的记述历代典章制度的专著。

对书院刻书，民间也非常支持。至元中，杭州人朱庆宗因二子在西湖书院学习，捐献宜兴土地275亩、年租132石作为出版经费，“凡书板之刓缺者补治之，舛误者刊正之，有所未备着增益之”。元人冯梦周建造颍昌书院，将自己刊刻的六经诸图诸书和《四书》《小学》等书板捐给书院，“且虑书版所在民间，得印者什无二三，强有力胁之使印者什则六七，是书版为学校累，又买某乡桑枣地若干亩，计一岁之所入，毕一岁纸墨装褙工食之费则止矣”[①]，置买土地作为刊印经费，可谓煞费苦心。

明初书院土地被收归官学，书院衰微，书院刊书当然很少。洪武二十一年（1388年），曾有建阳梅溪书院刊刻元人王幼学《资治通鉴纲目集览》59卷。随着科举制度的发展，成化间书院发展加快，至嘉靖之时迎来发展高峰，书院刻书也随之发展。成化中，南阳知府段坚创建志学书院，教育童蒙，刊印教材，“刊《小学》《孝经》《论语》《崇正辨文》《公家礼》，教民学孝，俗言授之讲习”。嘉靖三十六年（1557年），总制胡宗宪“命同门杭二守唐尧臣重刻先生文录、《传习录》于书院，以嘉惠诸生”，刻印王守仁书作。崇祯年间，漳浦明诚书院刊刻黄道周《榕坛问业》18卷。建阳云庄书院刊刻宋祝穆编辑、元富大用撰辑《事文类聚》236卷，包括《前集》60卷、《后集》50卷、《续集》28卷、《别集》32卷、《新集》36、《外集》15卷、《遗集》15卷等。白鹿洞书院刻书很多，万历时还保存邵宝主持刻印的《易经》板59片，《书经》板53片，《春秋》板68片，《礼记》板197片；王崇庆刻《遵道录》板101片，王榛刻《礼教仪节》板235片，《二业合一训》板49片，高口亨刻《伊洛渊源》板160片，郑廷鹄刻《重修白鹿洞志》板180片，张纯加刻44片，此外还有被按察司取走的田汝耔所刻《史记》板2000片、《五礼图》板5片。

明代刻书有个重要特点就是藩府刻书。明代藩王“分封而不赐土，列爵而不临民，食禄而不治事”，无所事事，而朝廷又重视藩室子弟教育，致使大多子弟热心文化。许多藩府刻印书籍，蜀藩、晋藩、秦藩、鲁藩、周藩、宁藩、郑藩、徽藩、肃藩、沈藩等40多藩都曾刻印书籍。藩府刻书多以书院名义。武昌楚藩曾以崇本书院、正心书院刻印，正心书院正德五年（1510年）刻印《新序》10卷，崇本书院嘉靖十四年（1535年）刻印《刘氏二书》30卷，嘉靖十六年刻印《重修政和经史证类备用本草》30卷，嘉靖十九年刻印《东莱先生古文

① ［元］郑元祐：《颍昌书院记》，见《侨吴集》卷九。

关键》2卷等。兖州鲁藩承训书院嘉靖二十三刻印《诚斋易传20卷》，嘉靖四十四年刻印《抱朴子》内外篇70卷。荆州辽藩梅南书屋正德十四年刻印《元诗体要》14卷，嘉靖七年刻印《霁山先生文集》5卷，嘉靖八年刻印《东垣十书》19卷。潞安沈藩勉学书院嘉靖十四年刻印《焦氏易林》2卷，长沙吉藩崇德书院万历六年刻印《二十家子书》29卷，徽藩崇古书院嘉靖间刻印《锦绣万花谷》120卷，蜀藩西清书院嘉靖四十二年刻印《金丹大成》，襄藩贞白书院万历三十年刻印《宗藩训典》12卷。藩府刻书最著名的是太原晋藩，以养德书院名义嘉靖四年刻印李善注《文选》60卷，嘉靖八年刻印《唐文粹》100卷和嘉靖皇帝御制《敬一箴》，不知具体年月的有《四书五经注解》、赵孟頫《读书谱》，此外太原晋藩以宝贤堂、志道堂、虚益堂等名义刊书8种300余卷。

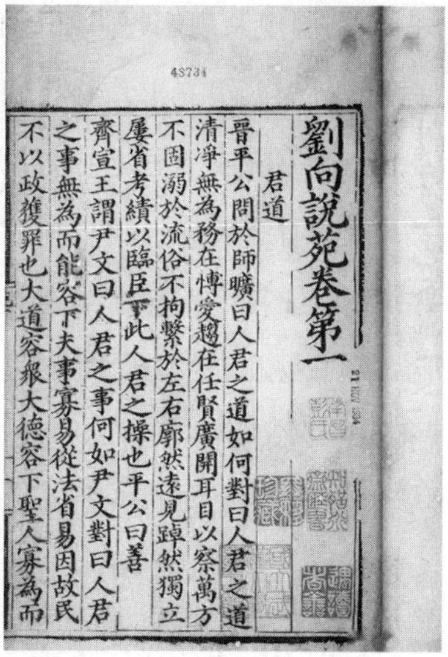
劉向說苑卷第一
君道
晉平公問於師曠曰人君之道如何對曰人君之道
清淨無為務在博愛趨在任賢廣開耳目以察萬方
不固溺於流俗不拘繫於左右廓然遠見踔然獨立
屢省考績以臨臣下此人君之操也平公曰善
齊宣王謂尹文曰人君之事何如尹文對曰人君
之事無為而能容下夫事寡易從法省易因故民
不以政獲罪也大道容衆大德容下聖人寡為而

楚藩刻书

藩府刻书大多很精美，尤以晋藩为最。始封晋王为明太祖朱元璋三子朱㭎，年禄万石，到正德年间增至87万石，藩府还以余财购置万顷良田，资金雄厚。晋藩注重收藏古籍，又有朝廷赐书，收藏丰富，时有“明代藏书，周晋二府”之称。晋府一改明人刻书自行窜改恶习，刻书多以内府所赐宋元刊本为底本，并延请名士校勘，刻书不惜工本，纸墨精良，且多巨著，历代均视为佳刻。

清代书院刻书风气很盛，雍正二年（1724年），广西巡抚李绂重修宣成书院，“刻《韩子粹言》及诗论数种”[①]，同年，江苏布政使鄂尔泰扩建苏州紫阳书院，“征七郡之士弦诵其中”，为帮助士子科举中式，刻印《南邦黎献集》两种，一种是制义，一种是古文诗赋。顺治十二年（1655年），巡抚蔡士英制定

① ［清］李绂：《穆堂初稿·广西造士录序》。

《白鹿洞洞规》规定每月都要刊印书院优秀作文，“每月约刊会文十篇，共费银三两，每年共银三十六两，刷印纸张银十两”。

许多书院或于书院中设书局专门刊印，或由著名学者亲自主持刊刻，规模较大，成为有影响的出版印刷机构。康熙四十七年（1707年），福州鳌峰书院在巡抚张伯行主持下，开始编刻《正谊堂全书》，原编63种473卷，后又续刻5种46卷。该书收录了从宋代周敦颐、二程、张载、朱熹、杨时、黄榦、熊禾直到清代陆陇其、张伯行等数十人的文集或专著，是汇辑宋以来濂洛关闽理学名著的大型丛书，成为书院刻书最大的一部。清代学者阮元创立的诂经精舍刊刻有《诂经精舍文集》8集，学海堂刊印书籍有《学海堂经解》180种，《学海堂文集》90卷等。

有的书院定期刻印学生优秀作文。白鹿洞书院就规定，每月会文后，选择10篇优秀文章刻印，康熙七年（1668年）时认为“会文定刻十篇，未必俱可传世”，改成每年汇刻一卷。南京惜阴书院道光十九年（1839年）规定，每次课试后，试卷经批改后由监院发给本人，然后收回交山长选择文理较优者送呈总督署礼房誊清，以便总督随时鉴定，可为程式者刊刻成集，每年编定刻印纸板工费白银120两。此外莲池书院、钟山书院、关中书院、敬敷书院等都刻印过课艺集。

二、刊书内容

书院刊印书籍种类很多，大致包括学规章程类、参考书类、学术著作类、课艺类、历史文献类以及方志类等六类。

学规章程类书籍主要是供书院内部使用，用以规范书院师长、学生以及其他工作人员的行为；参考书类主要用于学生阅读参考，以培养其自学能力，书院学生人手一册；学术著作类书籍主要是指书院师长、学生自己的学术性专著；课艺类主要刻印学生优秀文章；此外，历史文献类和方志类书籍也有很多。[①]

---

① 赵连稳、朱耀廷：《中国古代的学校、书院及其刻书研究》，北京日报出版社2007年版，第218—220页。

宋代刊书内容较为广泛，除志书外，尚刻有讲义，师长著述，生徒作业等。有学者统计，宋代书院刊书见诸记载而又较为著名的包括：吉州白鹭洲书院嘉定十七年（1224年）刊刻的《汉书集注》100卷，《后汉书注》90卷，《志注补》30卷；梅隐书院嘉定年间刊刻的蔡沈《书集传》6卷；丽泽书院绍定三年（1230年）刻印的司马光《切韵指掌图》2卷和吕祖谦《新唐书略》35卷；信州康山书院绍定四年刻印的袁燮《洁斋家塾书钞》12卷；泳泽书院淳祐六年（1246年）刻印大字本朱熹《四书集注》19卷；龙溪书院淳祐八年刊刻陈淳《北溪集》50卷；竹溪书院宝祐五年（1257年）刻印《方岳秋崖先生小稿》83卷；环溪书院景定五年（1264年）刻印杨士瀛《新刊仁斋直指方论》26卷、《小儿方论》5卷、《伤寒类书活人总括》7卷及《医脉真经》1卷；建安书院咸淳元年（1265年）前刻印朱熹《晦庵先生朱文公文集》100卷、目录2卷、续集11卷、别集10卷，成为现存朱熹文集中珍贵的“闽版”①。

在元代，儒家经典及阐释经典要义书籍成为书院生徒必读之书，因而刻印较多。此外，各种体裁的史书、本院山长等人的专著等也有刊刻。这些书籍大部分与书院所立课程有关，属于教学、学术研究用书。如元大德三年（1299年）广信书院刊刻《稼轩长短句》12卷，泰定二年（1325年）圆沙书院刊刻陈彭年《广韵》5卷，泰定四年（1327年）西湖书院刊刻马端临《文献通考》348卷，元统二年（1334年）梅溪书院刊刻《韵府群玉》20卷、《皇元风雅》30卷，至元二年到至正二年（1336—1342年）西湖书院刊刻《国朝文类》70卷，至正十一年（1351年）建安书院刻印《蜀汉本末》3卷，至正二十六年南山书院刻印《广韵》5卷②。这些书院刊书校勘精善、印制精良、字体优美、装帧考究，被认为元代书院刻本的代表。

明代书院刊书内容不外经史子集，其中又以经部儒学、集部及史部为多。

① 杨布生、彭定国：《中国书院与传统文化》，湖南教育出版社1992年版，第53页。

② 姚伯岳：《中国图书版本学》，北京大学出版社2004年版，第227页。

如，梅溪书院刊印元王幼学《资治通鉴纲目集览》，紫阳书院刊印元方回《瀛奎律髓》，白鹿洞书院刊印《史记》，无锡崇正书院刊印宋吴椒《事类赋》，广东崇正书院刊印朱熹《四书集注》及《汉书注》、《后汉书注》，上谷书院刊印《史记选》，明德书院刊印《重订直言篇》《重订并音连声韵学集成》，柳塘书院刊印《翰林评选注释程策会要》等。其中，白鹿洞书院刊印的《史记集解》是根据南监集解单行本进行翻刻，在当时盛行正文与注疏合刻的时代，这种单行本非常难得。此外，为配合书院教学，明代书院又重刻、校刻古籍，并刻印具有书院自身特色的学术著作。如广东甘棠书院刊印书院创始人吴伯通《石谷达意稿》，崇文书院刊印《金先生讲学记录》，瀛山书院刊印明人金瑶《金栗斋先生文集》，顺德国士书院刊印明人傅振商《古论玄著》，云丘书院刊印《双江聂先生文集》，正谊书院刊印《杨铁崖先生文集》，东林书院刊印《杨文靖集》，同文书院刊印明袁达《佩兰文集》，九峰书院刊印金人元好问《中州集》，义阳书院刊印明何景明《何氏集》，大梁书院刊印明于谦《于忠愍公集》等[①]。

为更好地开展书院教学、科研工作，清代书院刊印了众多图书，包括书院教辅性用书、书院师生研究成果、读书札记等。清代学术研究以经史训诂学为主，书院刊书亦对此内容有所侧重。嘉庆六年（1801年），阮元创办诂经精舍，其课业主要为经、史疑义及小学、天文、地理、算法，先后由阮元、孙星衍、王昶、俞樾等著名学者主讲，阮元还亲自主持刊刻经籍和文集工作，有《诂经精舍文集》《十三经注疏校勘记》《经籍训诂》等书。还有许多书院将读书笔记等加以整理刊印成书，如建于嘉庆十年（1805年）的苏州正谊书院所刻的《志学斋日记》就是日记汇编。

① 李国钧等：《中国书院史》，湖南教育出版社1998年版，第969—970页。

第三节　书院藏书

南宋人汪应辰《桐源书院记》说：“书院者，读书之处也”[①]，读书处如何能离开书？元人欧阳玄甚至认为以为有书才能号称书院，“唐宋之世，或因朝廷赐名、赐书，或以故家积书之多，学者就其书所在而读之，因号为书院”[②]。清人戴均衡在《桐乡书院四议》中说：“书院之所以称名者，盖实以为藏书之所，而令诸子就学其中者也。近世第以为课士之地，而罕有谋藏书于其中者。呜呼！是不惟无以成夫贫而有志之人，亦岂书院所以称名之意哉！”[③]都是在强调书院藏书的重要性。没有书焉何称书院？书才是书院的基础。书院藏书如此重要，因此成为与官府藏书、私家藏书并列的中国古代三大藏书体系之一，在保存传统典籍、促进教育发展与文化传播中发挥了重要作用。

一、书院藏书历史

书院得名就因藏书而起，唐玄宗开元六年（718年）创建丽正殿书院，其首要任务是搜书、校书和藏书，开元十三年改称为集贤殿书院，简称集贤书院，收藏图书达53915卷，且抄正副两本分藏于长安与洛阳。

书院藏书是伴随着书院的出现而出现的。唐代书院多为书斋，少事教学，不论教学书院还是举子备考、官员交游书斋都离不开书，中国自古就有藏书传统，韩愈《送诸葛觉往随州读书》诗就说“邺侯家多书，插架三万轴”，私人藏书已经颇具规模。

书院藏书始见于九江陈氏东佳书堂，大顺元年（890年），陈崇制定《陈

① ［南宋］汪应辰：《桐源书院记》，见《文定集》卷九。

② ［元］欧阳玄：《圭斋文集》卷五。

③ 赵所生、薛正兴：《中国历代书院志》（第九册），江苏教育出版社1995年版，第769页。

氏家法》说，“立书堂一所于东佳庄。……除现置书籍外，须令添置”[①]，书堂不仅已有藏书，而且明确规定要继续添置。到五代时，东佳书院藏书已达数千卷，“为书楼堂庑数十间，聚书数千卷”[②]。在北方，同时期的窦氏书院也“藏书数千卷”，长沙岳麓书院的前身从京师购置书籍，“时经籍缺少”，僧智璿“又遣其徒市之京师而负以归”。

北宋初年，书院藏书已经非常普遍，“寻阳陈氏有东佳学堂、豫章胡氏有华林书院，皆聚坟索以延俊髦”，泰山书院“聚先圣之书满屋”，藏书已经非常丰富。徐铉说华林书院“聚书五千卷”[③]，到王禹偁作记时“好事家藏万卷书”，《宋史》也说“聚书万卷”[④]。大中祥符二年（1009年），曹诚创建应天府书院，“买田市书”，“聚书千余卷”。雷塘书院藏书更多，“竹简韦编，将敌秘书之副”[⑤]，几乎与国家藏书库相当。为支持书院发展，皇帝也不断向书院赐书，太平兴国二年（977年）和至道二年（996年），太宗分别赐给白鹿洞书院和嵩阳书院国子监刊印的九经；咸平四年（1001年），应潭州知州李允则乞请，真宗将国子监“诸经释文义疏、《史记》、《玉篇》、《唐韵》”赐给岳麓书院。

到南宋时期，得益于印刷技术的改进，书院藏书数量进一步增长。浙江东阳人蒋友松创办南园书院“聚书三万余卷，宾硕儒以教其族党子弟”[⑥]；王十朋梅溪书院“家藏三万轴”；淳祐末年，叶梦得在江西贵溪创办石林书院，“聚古今图书数万卷”；咸淳元年（1265年），王所在浙江黄岩宁溪山创建南峰书院，藏书10950册；陈傅良仙岩书院“藏书可万家”，应长卿花厓书院“藏书五千卷”，慈湖书院则“藏山之卷九千，插架之轴三万”[⑦]。魏了翁鹤山书院藏

---

① ［唐］《陈氏家法三十三条》。

② ［清］光绪《江西通志》卷一二二。

③ ［南唐］徐铉：《骑省集》卷二八，四库全书版。

④ 《宋史·孝义传》。

⑤ ［北宋］杨亿：《武夷新集》卷六。

⑥ ［清］光绪《浙江通志》卷二八。

⑦ ［南宋］文及翁：《慈湖书院记》，见《延祐四明志》卷一四。

书更加丰富，“家故有藏书，又得私阁之副而传录焉，与访寻于公私所板行者，凡得十万卷”[①]，在书院尊经阁中藏有十万卷书籍，数量可谓巨大。

元代书院藏书数量大增，动辄万卷。蒙古初，中书令杨惟中于大都创建太极书院，收藏图书8000余卷。大德五年（1301年），武昌南阳书院重修尊经阁，“乃葺旧阁，谋藏书也。会宪使历山公俾提举学事者萃列郡校官板书至，因庋之其上，以待学者。汇经史子集八架，有壁而加扃鐍焉”[②]，将全省官学官板本书汇集尊经阁。延祐年间，克列士希在嵩县建立伊川书院，“起稽古阁，贮书万卷”；长社颍昌书院藏书“若干万卷”，濮州历山书院“聚书万卷”，滨州解节亨建造东庵书院“藏书万数千卷”，平定州冠山书院“藏书万卷”。成都草堂书院藏书搜罗范围很广，藏书数量更多，“北燕南越，西陕东吴，有刻则售，有本则书，仆输肩赪，车递牛汗，厥数惟何，廿有七万”[③]，卷数多达27万！需要指出的是，官府支持在元代书院藏书发展中起了很大作用，元贞元年（1295年）六月，朝廷曾令各路书院、儒学除必备《四书》《九经》《通鉴》等书之外，还要刊印院中书板，充实藏书[④]，以行政命令的方式倡导书院藏书，促进书院藏书增加。

明代书院地域分布广泛，数量众多，但藏书规模较小，宋元时期藏书兴盛局面不复存在。明代书院多不记载藏书数量，重建的鹤山书院“屋则爽垲，庋以六经，储以群籍”，重建的首阳书院“后为堂，曰养正，以藏古今图书”，武信书院“祠前为厢房二，以贮祭器书籍”，甘肃徽山书院“山之巅峰建尊经阁，资多识也”。有的记载藏书数目也很少，琼山桐墩书院“筑室于麓，藏书若干卷”，桐庐沧江书院“藏书千卷”，紫云书院聚书数千卷。嘉靖三十七年（1558年）冬，邹守益、刘邦采、刘阳等创建复真书院，建成后，时“先生长

① ［南宋］魏了翁：《鹤山先生大全集》卷四一。
② ［元］程矩夫：《尊经阁记》，《雪楼集》卷二二。
③ ［元］李祁：《草堂书院藏书铭》，《云阳集》卷一〇。
④ ［元］佚名：《庙学典礼》卷五《行台坐下宪司讲究学校便宜》。

者，既诸同游各以书至，越数月，书数千卷萃矣”。藏书过万卷者有鳌峰书院，藏书达数万卷，实属凤毛麟角。江西分宜以查抄的严嵩房产改设豫章书院，将严嵩抄录的秘阁副本置于宝翰楼内，藏书应该较多，但被人偷卖，大概为掩盖偷书暴露，最后连楼都被焚毁，“分宜严氏嵩居屋废址，后为豫章书院，万历九年，学使孙代改建。中有宝翰楼，藏书甚富，多严氏自秘阁抄录之本，与前后学使购求于四方而贮之此地者，往往为书贾窃出转鬻，今其楼已付烈焰，无问缥缃之帙矣”①。

即使著名书院藏书也不多。白鹿洞书院明代正德间藏书分经、子、史、集四部，经部11部，子部25部，史部31部，集部11部，共78部，还内多残失。嘉靖后期，藏书有所增加，经部49部，史部29部，子部65部，集部34部，共177部。万历中期，藏书有圣制7部，经部35部，史部40部，子集112部，共194部。天启初，藏书共191部，未分经史子集②。

造成明代书院藏书数量大幅下降的原因：一是元末战争的破坏，致使书院藏书被毁；二是明初将书院土地收归官学，切断了书院经济命脉，书院停办，致使书籍散失，即使书院重办也无力大量购置。

清代书院藏书数量较明代大为增加。省城书院大多藏书丰富，雍正二年（1724年），广西巡抚李绂重修宣成书院，“刻《韩子粹言》及诗论数种，购书数千卷，经史子集略备”③。雍正间云南新建五华书院，“御赐《古今图书集成》计六汇编，三十二典，六千一百九部，共一万卷，五百二十函，五千一十八本”④，此外购置了四库书。河北保定莲池书院设万卷楼藏书，清初“万卷藏书雄上谷”，光绪四年（1878年）筹银1500两，购书33711卷，还不包括丛书，“丛书若通志堂、学海堂经解、古经解、小学汇函、六经疑问、十一经解、十

① ［清］陈宏绪：《江城名迹》卷一。

② 《白鹿洞书院古志五种》，中华书局1995年版，分见第143、428、509、998、427页。

③ ［清］李绂：《广西造士录序》，《穆堂初稿》卷三四。

④ ［清］乾隆《云南通志》卷七。

子全书、汉魏及聚珍板、正谊堂、海山仙馆、粤雅堂、白芙堂、算学读画斋、双桂堂、十万卷楼、式训堂、宜稼堂、俞氏诸丛书、船山、岭南诸遗书、朱高安十三种、王氏四种、李氏五种、敏果斋七种、国朝名人著述十四种、诗词杂俎九种、明季稗史汇编，其数目卷数已散见诸部则不复著录”[①]。著名书院藏书也大为增加，嘉庆末年，岳麓书院藏书达10045卷，此后曾在咸丰年间被兵火焚毁，同治时又达到14130卷。山东泺源书院藏书102部2427本，此外还有未列本数的《宋史》10套，《经义述闻》1部，《御纂性理精义》1部，已经是很少的。

地方书院藏书也很丰富，一些县设书院藏书也很多。宁津临津书院藏书64种，平山县天柱书院藏书41种，乐平尊道书院藏书27种150函18夹板2907卷，永平敬胜书院藏书66种67部610函（7部无函数）4736册（1部无册数），嘉庆十年（1805年）建造的涞源县正谊书院藏书更多达6万多卷。

二、藏书来源

书院藏书来源主要有六个：一是创建者自置，二是官府置书，三是朝廷赐书，四是社会捐赠，五是自行刻印，六是抄书。

（一）创建者自置

书院自置是书院藏书最早也是最主要的来源。晚唐陈氏书堂是家族创办书院，“除现置书籍外，须令添置”，五代窦氏书院是个人创办书院，“藏书数千卷”，毫无疑问都是创办者自置书籍，岳麓书院最初是僧人建造，僧智璿“遣其徒市之京师而负以归”，也是创办者自己购买书籍。

北宋虽然有朝廷赐书，但书院书籍主要来源还是创办者自置。应天府书院

---

① ［清］黄彭年：《万卷楼藏书碑记》，转引自陈谷嘉、邓洪波《中国书院史资料》，第1849页。

是创办者曹诚“市书”，“聚书千余卷”，泰山书院石介为孙复所建，“聚先圣之书满屋”，陈氏东佳书堂、胡氏华林书院“皆聚坟索以延俊髦”，洪氏雷塘书院“竹简韦编，将敌秘书之副”，宜丰乡贡郭廷发与兄松壑、弟梅庄创设志学精舍，建造藏书楼梯云楼，这些私立书院藏书毫无疑问都是自置的。

自南宋开始，官员建造书院藏书主要由官员置办，民间建造书院主要由创建者个人置办。

南宋民间建造书院藏书记载较多，而且藏书丰富。东阳郭钦止石洞书院“徙家之藏书以实之”，应长卿花厓书院“藏书五千卷”，王所南峰书院藏书10950册，陈傅良仙岩书院“藏书可万家”，蒋友松南园书院“聚书三万余卷”，王十朋梅溪书院“家藏三万轴”，叶梦得石林书院“聚古今图书数万卷”，魏了翁鹤山书院藏书最为丰富，“凡得十万卷”，淳祐初，赵崇宪在余干建造的忠定书院“作篇金楼藏异书”。丽泽书院虽然由郡守为吕祖谦建造，但书却是吕祖谦遗著遗稿，“后为遗书阁，以庋平日所著如《大事记》《读诗记》《阃范》《近思录》《春秋尚书讲议》《家法》《祭礼》及他书之未成者，皆可以传远垂后”[①]。

金代建造书院很少，也有私立书院收藏图书，绛县邑人吕士俊建造涑阳书院，“置藏书以聚学者”。

元代书院藏书主要来自民间创建书院者。大德间田公著创建天门书院，“益市经书”，伊川炮手军总管勖实戴创建伊川书院，设“庋书之阁”，“其子慕颜帖木复起稽古阁，贮书万卷”。程谦夫建造西岩书院，“为堂四楹以聚书”。齐诺建造历山书院，“聚书割田”，“复藏方书，聘定襄周文胜为医师，以待愿学者与乡之求匕剂者”。蠡县人王彦弼创建书院，“竖一楼以庋书籍”。程樟隐建造樟隐书院，“夫统绪之学，经济之具，书无不备也”。孟集虚建造集虚书院，“万卷书藏一老身”。高伯川建造中和书院，“华屋中藏万卷书”。私

① ［南宋］楼鑰：《东莱吕太史祠堂记》，见《攻媿集》卷五五。

建书院藏书众多多因私人不断积累的旧藏，并非一时购置。冯梦周创办冯氏书堂时即“买书千卷，构堂蓄之，以待里之不能有书者”，创建颍昌书院时，将自己多年搜集图书若干万卷和刊刻的六经诸书诸图书版若干卷一并置于书院内。张思明创建共山书院，将平生30余年搜集图书37000余卷置于院内。至大中，德兴余文夫“藏书辟馆”，命名银峰义塾。延祐元年（1314年），解节亨建造东庵书院，将“家藏书万数千卷”置于书院。后至元间，多尔济建造石室书院，“割俸购书”。至正六年（1346年），陈桢创建安仁石鹿书院，将家藏书籍置于书院，“别为山房以庋藏先世书籍”。元末，徐舫藏书千卷，隐居沧江书院，自号沧江散人。

明代民间建造书院自置书籍记载不少，但记载藏书数量不多。永乐间万载“刘文忠因山水之胜，结屋藏书以教子”；成化七年（1471年），婺源戴彦亨重修桂岩书院，“为书楼十有二楹以庋书”。成化间，郫县邑人张伯明创建子云书院，“多购书庋置楼上”；成弘间，祁门邑人李汛创建李源书院也是自购书籍，“为楼十二楹，购古今图籍其上”；嘉靖三十七年（1558年）安福人公建复真书院，堂前为萃胜楼以藏书；万历元年，都御史何源创设南郭云庄，作为藏书讲习之所。记载书院藏书数量的有龙溪书屋、东湖书院、二泉书院、岍山书院等。明初，周善甫龙溪书屋“购书数千卷”，嘉靖五年吴廷举屋若干楹，购书数千卷，被勒令致仕归里，“创东湖书院，积书万卷”。正德中邵宝家居，作书斋二泉书院，“前堂五间，中为橱二十，庋古今书籍万余卷”。万历中，张舜典创弘仁书院，“置经史数千卷”。陇州人阎静乐父子素喜积书，阎静乐曾为教官，致仕后“建静乐堂藏其书，以教学者”，“其子光甫为吏部考功郎中，时欲成父志，置所未备书复万余卷，季子参甫为监察御史，亦积书以益之，于是经书子史皆备”，于是建造岍山书院，设崇经阁以藏之。多者不过万余卷，与宋元时期动辄数万卷不可同日而语。

清代民间独立创建书院不多，大多是官倡民随共同建造，所以民间建造书院并置办图书的记载很少。

（二）官府置书

官建书院一般会同时置办书籍，官府管理书院也会不时添置。

南宋时期，官建书院很多但关于藏书的记载很少。已知有嘉定元年（1208年）参政李璧捐俸与知县黄榦创建峨峰书院"聚书藏于阁"，淳祐九年（1249年）提举冯去疾建造临汝书院设尊经阁以藏书。隆兴府修建东湖书院，"萃十有一郡之书，纵观博采，撷其精华，所获者富矣"①，从下属各县调集图书。

元代官府为书院置书记载也不多，记载藏书数量者更是凤毛麟角。蒙古初年，中书令杨惟中建造太极书院，"聚书以求其学"，"贮江淮书"，将收集的理学著作集中书院。至大间重修南阳书院，建造"庋书之阁"。秘书大监达可建造石室书院，"割俸购书"，"不书籍于家而籍于书院"。吕思诚读书处冠山精舍，后赐额为冠山书院，"中书礼部移文宣慰司，下冀宁路指挥，平定州储书万余卷"②，官府置书已经是很多的。

明代官建书院不少，官府也不断为书院置书。嘉靖四十年（1561年），御史陈文燧建云中书院，"捐赎锾购书，俾生徒肄业"。江西分宜以查抄的严嵩家产改设豫章书院，除严嵩藏书外，还有学使们购置之书，"中有宝翰楼，藏书甚富，多严氏自秘阁抄录之本，与前后学使购求于四方而贮之此地者"。白鹿洞书院不断接受官府置书，嘉靖间提学胡汝霖增书5部、郑廷鹄增书8部、王宗沐增书14部，巡按徐绅增书3部，知府张纯发书11部又4部，主洞推官吴国伦增书7部，主洞训导陈汝简增书9部、主洞教授李资元增书7部。

清代官府为书院置书最多。康熙十二年（1673年），贵州巡抚曹申吉捐资重建贵山书院，"并置书数千卷"。雍正十一年（1733年），巡抚元展成"购经史子集书千余卷贮之院中"。康熙二十年，池州知府喻成龙建造池阳书

---

① ［南宋］袁燮：《东湖书院记》，见《洁斋集》卷一〇。

② ［清］雍正《山西通志》卷三五。

院，“采购鸿文，搜罗秘籍，圣经国史，诸子百家，凡数千卷”。康熙二十一年，广西巡抚郝浴重修宣成书院，“又捐资多购经史及四子百家之文”。康熙三十年，新蔡创建大吕书院“藏‘通鉴’‘性理’诸书，以供披览”。四十八年，尤溪知县刘宗枢建造正学书院，“捐俸置膳田，多购书以资诵读”。康熙中，河南巡抚佟凤彩“葺大梁书院，购书置田”。江西巡抚、提学为豫章书院“购《十三经》《二十一史》、唐宋大家文集、先儒语录、性理诸书”。雍正九年，总督鄂尔泰迁建五华书院，“购置经史子集万余卷”。嘉庆末，湖南巡抚李尧栋动用公帑500缗，为岳麓书院购置图书387部10054卷。道光十二年（1832年），山丹知县黄璟为仙堤书院购置《三十名家》《五经大观》《七经联珠》《四经左国》《分国左传》《乡党图考》《律赋会心》《律赋新研》《五经类编》《小题嘉言》《二十四家》《云祥记》《试帖偶余》《试赋偶余》《周礼集解》15种18部96本。同治八年（1869年），江西巡抚刘坤一又为豫章书院“重购《十三经》《二十四史》藏院中”。光绪十年（1884年），房山云峰书院“添购经史，光绪二十一年购新书，改革之机伏矣”，光绪十五年，平山知县为天柱书院购置书籍。

清代许多官员重视书院藏书，有的官员甚至令下属各级政府为书院添置书籍。光绪间，直隶总督令下属州县筹款为书院购置图书并颁发应购置书目，“顷奉大府檄，俾州县皆筹款购书，储诸书院，以待向学之士”，巨鹿知县赵映辰因俸薄募捐置办，“余苦俸薄，不能独立捐资以成其美，而邑绅徐君成德三人皆慨然出资以助用，能就颁发书目购其尤要者。计为部三十有六，为函一百四十有二，为帙九百八十有奇”[①]。

清代有的书院不断增置书籍。莲池书院藏书在清初已三聚三散，乾隆间经总督方观承拨给白银300两购置图书，咸丰十一年时莲池书院有书四橱，被清

① ［清］赵映辰：《广泽书院储书记》，转引自陈谷嘉、邓洪波《中国书院史资料》，第1850页。

河道陶梁带走180种，仅存不到1000卷，光绪四年，山长黄彭年争取到官员支持，筹集白银1500两，购置图书33711卷，此外还购置丛书等近30种。

（三）朝廷赐书

朝廷赐书始于宋太宗，太平兴国二年（977年），应江州知州周述请求，赐予庐山白鹿洞书院国子监九经，一次赐给国家全套通用教科书《周易》《尚书》《毛诗》《礼记》《周礼》《仪礼》《春秋左氏传》《春秋穀梁传》和《春秋公羊传》。其后不断应请赐书书院，至道二年（996年）赐给嵩阳书院印本九经书疏；咸平四年（1001年）应潭州知州李允则祈请赐书岳麓书院，“三月二十日辛卯，允则奏岳麓山书院修广舍宇，生徒六十余人，请下国子监赐诸经、释文、义疏、《史记》、《玉篇》、《唐韵》，从之”，赐给了更多教科书；大中祥符八年（1015年）赐给山长周式国家藏书“中秘书”；大中祥符三年赐给太室书院九经。

南宋时，朱熹重修白鹿洞书院后，上疏朝廷，请求赐额赐书，“仍诏国子监仰摹光尧寿圣宪天体道性仁诚德经武纬文太上皇帝御书石经及印板本九经疏、《论语》、《孟子》等书给赐本洞，奉守看读”，中书舍人崔敦实建议，“经书未敢擅便标榜收买，本监欲下本军随宜措置标榜，所有经书具数申监印造”[①]，令南康军申请国子监印造颁给。

元明均未见皇帝向书院赐书，仅见有元皇太后赐书记载，鲁斋书院位于皇太后封地内，“启赐书籍如干卷”。

清代皇帝赐书较多。康熙二十五年（1686年），湖南巡抚丁思孔“疏请颁发国子监校刊经史置岳麓书院中”，皇帝颁给日讲经义及经史诸书，次年，又赐给《十三经》《廿一史》等书16种。康熙五十五年，颁赐给浙江敷文书院《古文渊鉴》《渊鉴类函》《周易折中》《朱子全书》诸书。雍正九年（1731年），赐给云南新建五华书院“《古今图书集成》计六汇编，三十二典，六千一百九

① ［南宋］崔敦诗：《论南康军奏请白鹿洞书院额疏》，见《历代名臣奏议》卷一一五。

部，共一万卷，五百二十函，五千一十八本”[1]。乾隆十六年（1751年），皇帝一次赐给江宁钟山书院、苏州紫阳书院、杭州敷文书院各武英殿新刊《十三经》《二十二史》各一部。

（四）社会捐赠

向书院捐赠图书的有官员，也有民间人士。

向书院捐赠书籍早在南宋时就已经出现，但元明记载很少，到清代才大兴。

南宋淳熙八年（1181年），白鹿洞书院“又承本路诸司及四方贤士大夫发到文籍，收藏应付学者看读”。朱熹为刘子和作传，其子刘仁季“以其先人所藏《汉书》四十四通为谢”，朱熹将其转赠白鹿洞书院。淳祐五年（1245年），韶州知州陈圭“捐金市朱文公所著书”赠予韩山书院。

清代向书院捐书以官员为多。康熙二十一年（1682年）重建华掌书院，广西巡抚郝浴“捐资多购经史及四子之文”。道光间，惠州知府杨希铨任潼川知府时曾增置草堂书院图书，转任惠州知府时又以廉俸购书，向丰湖书院捐赠《御纂七经》《子史精华》《渊鉴类稿》《佩文韵府》《康熙字典》《钦定四书文》《四书汇参》等书共589本。光绪八年（1882年），同知陈宗海重建来凤书院，捐廉购置图书40部1511本，随后又捐赠新刊书籍10部，同知黄炳堃拨保山营款5000两购书数万卷捐给来凤书院，报省审核不准报销，自己捐廉赔补。光绪十一年，遵化知州缪彝向燕山书院捐赠《钦定四书文》《康熙字典》《阮刻十三经》《史记》《前汉书》《后汉书》《资治通鉴》《续资治通鉴》《纲目三编》《大学衍义》《朱子全书》《吾学录》《近思录》《文选》《唐宋诗解》《培远堂手札》等15种。光绪初年，遵化知州陈以培为燕山书院捐置《畿辅通志》。捐书最多的应该是岳麓书院新捐官书，其目录载于同治六年（1867年）的《续修岳麓书院志》上，计有图书226种469函5404本13779卷，一次就收到如此多的捐书。

---

① ［清］乾隆《云南通志》卷七。

民间向书院捐赠书籍者也有记载。乾隆十二年（1747年），“优廪生李正千之母舒氏又捐纺织金置《十三经注疏》《廿一史》《明史》《朱子纲目》等书”捐给光化复文书院。清中期，崔焘主动提出向益津书院捐助自购的《十三经注疏》《史记》、两《汉书》《日知录》《文选集评》各一部，共5部37函260册。

捐书规模最大的是向岳麓书院捐书。咸丰二年（1852年），岳麓书院藏书毁于太平天国进攻长沙战火，山长丁善庆捐书4部800卷并发起募捐，官绅纷纷捐助，湘阴人李桓一次捐出《资治通鉴》《四库全书提要》等36种2000余卷，湖南巡抚李瀚章捐出《御纂周易折中》等8部，仕宦在外的浙江巡抚杨昌濬捐出《八十三经古注》《旧唐书》等13种，曾国荃捐献《王船山遗书》1部279卷。捐书前后持续10多年，到同治七年（1868年），岳麓书院藏书就达到14130卷的规模，远远超过兵燹前的10054卷。

除向书院捐赠图书外，两江总督曾国荃还向船山书院捐赠书板，“将家藏所刻《船山遗书》三百二十二板片捐置”。

书院主要是被动接受各界捐赠书籍，有的也会公开向社会募捐。元代文安邑人、湖广儒学提举李元镇捐建老泉书院以奉祀苏洵三父子，捐田资助学生，资金不足，公开向社会募捐购书，“且欲买经籍作楼庋之，而其费不赀”，向社会寻求资助。

（五）自行刻印

书院进行教学活动，首先必须有学习教材，为了满足教学需要，要去购买教材，但对于规模较大书院来说，购买远远不如自行刻印更经济、更能满足教学要求，所以一些规模较大的书院便自行刻印书籍。南宋正是中国理学大发展时期，在朱熹《四书集注》列为官学教材特别是元代将理学家著作作为科举教科书后，理学著作供不应求，为了扩大理学影响，增加本学派社会影响力，各书院竞相刻印书籍，书院自行刻印也逐步大发展。

书院刻印书籍情况，参见本章第二节“书院刊书”。

（六）抄书

抄书是最早的复制书籍方式，在印刷术没有产生以前，书籍主要就是依靠抄录来复制，即使书院产生在印刷术产生之后，但并不是所有的书都是在市场上能够买到，有些孤本珍本还需要抄录来复制。

南宋魏了翁鹤山书院藏书就要很多抄本，“家故有藏书，某又得私秘书之副而传录焉”，藏书有些就是抄录的。沈麟士聚徒授经，“迨年且八十，犹手抄故所毁亡书至三千卷”，抄录了许多经毁亡而幸存下来的珍本。

元初，赵复将南宋理学家著作带至北方，蒙古初年，北方尚无法买到，为了学习，只能抄录。姚枢在百门山，“时鲁斋许公在魏，公过魏，与窦汉卿相聚茅斋，鲁斋听公言议正粹，遂造苏门，尽录是数书以归”，许衡听姚枢与窦默谈论后，专程至姚枢处抄录而去。

江西分宜以查抄的严嵩房产改设豫章书院，将严嵩藏书置于书院宝翰楼内，内中就有不少抄本，“中有宝翰楼，藏书甚富，多严氏自秘阁抄录之本”[①]，许多藏书就是严嵩从朝廷书库中抄录的副本。

三、藏书保护管理

书籍是书院的重要组成内容之一，大多书院都重视藏书的保护管理，建造专门的收藏建筑，设置专人管理，并制定严格的管理制度。

（一）完善藏书设施

书院重视保护藏书，当然要有专门的保护场所。五代时陈氏东佳书堂就有书楼，陈衮“为书楼堂庑数十间，聚书数千卷”。宋咸平三年（1000年）重建的岳麓书院就有专门建筑书楼，“揭以书楼”，嵩阳书院“宝楼藏赐书”，泰山

① ［清］陈宏绪：《江城名迹》卷一。

岳麓书院御书楼

书院“聚先圣之书满屋”，宜丰乡贡郭廷发与兄松壑、弟梅庄创设的志学精舍设藏书楼梯云楼，都有专门的藏书之所。南宋时藏书设施增多，朱熹选址白鹿洞书院建造书阁；庆元四年（1198年），新建龙头书院有“经史之阁”；嘉定元年（1208年），以吕祖谦旧居改设丽泽书院，“后为遗书阁”；同年，参政李壁“创峨峰书院，聚书藏于阁”；嘉定七年新建札溪书院“斋上为阁，左曰明经，经史子集之书藏焉”；嘉定间，魏了翁鹤山书院建造尊经阁，参政李壁与知县黄榦创建峨峰书院，“聚书藏于阁”；嘉熙四年（1240年），苏州和靖书院“作藏书堂”；淳祐元年（1241年）所建建康明道书院有御书阁，“上严奉宸翰，环列经籍”；淳祐六年所建徽州紫阳书院有书楼和宸奎阁；淳祐八年，临汝书院“左个之左竖危楼，贮诸经及群书于其间，扁曰尊经阁”；淳祐十年，公安书院“建杰阁以奉宸奎”；淳祐初，赵崇宪在余干建造忠定书院“作篇金楼藏异书”；景定三年（1262年），理宗御书道州濂溪书院后建造保存御书的宸奎阁，四年赐额御书大庾道源书院后，“建云章阁以藏之”；咸淳中新建慈湖书院“乃创书楼”，涵江书院也建有书楼。

元代书院藏书设施逐渐普及，重修南阳书院建造“庋书之阁”，“阁所以崇群书也，宜曰崇文之阁”；新建石门洞书院建有经阁，中和书院新建“书楼上下各三间，高明宏深”，东庵书院“中树高堂为群书之府”，金华书院“构书楼”，石门洞书院有经阁，重修西湖书院“创藏书库”，重修张岩书院“有楼以藏圣贤之书”，南轩书院重建藏书阁，主一书院有藏书阁，洛西书院有“庋书之阁”，袁州南轩书院重建尊经阁，勉斋书院设云章阁，藏书建筑已经非常普遍。

明清时，许多书院均设置专门藏书建筑。成化二十三年（1487年）重建的婺源桂岩书院“左为书楼十有二楹以庋书”，弘治初重建的首阳书院“后为堂曰养正，以藏古今图籍”，成弘间所建祁门李源书院“辟地为楼十二楹，购古今图籍其上”，嘉靖三十七年（1558年）新建的安福复真书院“堂前为萃胜楼以藏书”，都建造了藏书楼堂。嘉靖四十四年，常熟知县王杲迁建文学书院于言偃墓附近，还建造了两座书楼，“堂之左右稍北则对立书楼”。

藏书建筑早期多称藏书楼、赐书阁，保存御书的称宸奎阁，皇太子题书的称云章阁，后世多以尊经阁为名。之所以藏书建筑以尊经为名，元代理学家吴澄曾经解释说，“夫尊经云者，岂徒曰庋群书于高阁以为尊也哉？尊之一言何所本始？曾子尝言尊所闻，子思尝言尊德性”。尊经，尊的是经书所载的儒家思想。

藏书建筑形式早期有堂、楼、阁等，但以楼阁为多。楼阁为多层建筑，置书上层可以防潮，“书库为楼以远湿”，有利于书籍保存长久。

藏书一般都是上架保存，条件好的保存在封闭的橱柜内还外加锁防护，“为橱以防鼠”。元代南阳书院“汇经史子集为八架，架有壁而加扃鐍焉”。江浙行省要求各地将书板“整顿成秩，置库封锁，析类架阁”。光绪间，黄彭年主持莲池书院，购置图书33711卷，“增橱十，别以十干，续增橱十二，别以十二支”，图书均置于橱内，且有编号。

学海堂《藏板章程》规定，书板“每架脚俱用厚瓷碗盛之，碗中贮石灰以防蚁蛀，碗下用厚红砖垫之以防潮气”，防护措施还是很科学的。

（二）设置专人管理

设人管理图书早在唐代就已经开始，大顺元年（890年），《江州陈氏家法》就规定设置专人管理藏书，“立书堂一所于东佳庄……除现置书籍外，须令添置。于书生中立一人掌书籍，出入须令照管，不得遗失”[①]。元代西湖书院收藏有南宋国子监藏书木板20余万，设置司书专管。

清代以前，书院制度很少涉及藏书管理，关于藏书管理人员更是少见，明万历间，白鹿洞书院有书院库子，负责收管书院藏书目录。

清代许多书院都设置专门图书管理人员。康熙二十二年（1683年），濂溪书院规定诸生轮流各管一个月；嘉庆十四年（1809年），粤秀书院规定书籍由监院负责，“如有遗失残缺令监院赔补”；道光间狮山书院规定以书办收管；咸丰间箴言书院书籍由监院负责，司书专管；同治间相江书院设置看使管理书籍；光绪间龙潭书院规定由一名董事管理；崇文书院规定“交斋长经管”；文正书院规定，“立斋长以专责成，所藏书籍整齐卷页，谨守管铨，统归经理，无事不得擅离，有事回家须禀明山长，择人庖代。每逢夏季六月，在书院检出曝晒，必亲自监管，以防遗失”；都有专人管理书籍。莲池书院还设置管理机构，于万卷楼前设置学古堂管理图书，“置之长，佐以斋长，使典守焉”。

有的书院设立专职图书管理人员，还确定其待遇。城南书院设置看役一名负责，“书楼收藏宜谨，添设看役一名，照门堂斋夫之例，每月给银六钱，米二斗，以资养赡”。光绪间，河北宁津临津书院规定设置斋长一人管理图书，并规定管理人员待遇、任职条件和年限，“书院存书，设斋长一人经管。年终予辛资一百四十四千，俾得常住书院以专其责。以岁考列第一者为之，设有枪替幸取者，不准冒充，如第一有故不就，则以第二、第三代之。三年一易”[②]。

---

① ［唐］陈崇：《江州陈氏家法》，转引自陈谷嘉、邓洪波《中国书院史资料》，第23页。

② ［清］《临津书院章程》，转引自陈谷嘉、邓洪波《中国书院史资料》，第1442页。

（三）编制图书目录

元延祐初，张思明“自始仕好蓄书，洎通显矣，益缩取俸钱，转市四方，积三十年，得凡经史子集若干卷，既以藏之其居共城苏门百泉之上，而类次其目录”，三十年收藏图书37000余卷，贮之共山书院，编制目录，并请柳贯作序。

杭州西湖书院前身为南宋国学，收藏有南宋石经和书板，“经史子集无虑二十余万”，泰定元年（1324年）地方官员“创屋五楹”，进行保护，并编制目录，有经部51部，史部36部，子部11部，集部22部。至正二十一年（1361年），因建筑颓圮，书版受到破坏，江浙行省官员进行修补，竣工后，再次编制目录。

清代许多书院都按类编辑藏书目录，比较著名的有《岳麓书院新置官书总目录》《白鹿书院类分书目》《安徽芜湖中江书院藏书目》《大梁书院藏书目》《兴化文正书院藏书目》《仙源书院藏书目录初编》等。乐亭尊道书院借《尊道书院藏书记》将书院全部藏书27种150函18夹板2907卷记录在案，其实也是一种编目方式。

（四）图书目录载于志书

为保护书院藏书，许多书院将书院藏书目录载于本书院专志，有的还载录于地方志。

许多书院都将藏书目录收录于书院志中，比较有名的有白鹿洞书院书籍志、白鹿洞书院续增书籍总目、白鹿洞书院类分书目、白鹿洞书院藏书目录、百泉书院书籍目录、百泉书院书籍志、虞山书院书籍志、东林书院书籍书目、共山书院典籍志、白鹭洲书院书籍志等。嘉靖《白鹿洞书院志》登记藏书187种1940多本，书板7种；万历《虞山书院志》记录藏书240余种；康熙《朱阳书院志》记录藏书170余种和寻乐堂藏书34种；嘉庆九年《毓文书院志》卷八登录藏书目录，经部15部137本，史部27种780本，子部3种10本，集部已残缺；同治六年《续修岳麓志》登录《新捐官书目录》最为详细，开列了捐助人捐助的书目、卷数、本数和函数。

登录于地方志的有岳麓书院、敬胜书院、天柱书院、燕山书院等。岳麓书院《新置官书总目录》（330函387部3271本10054卷）附刊于嘉庆《湖南通志》，敬胜书院全部藏书目录及数量（藏书66种67部610函4736册）载于清光绪《永平府志》，天柱书院藏书目录藏书41种（经11部，史8部，子7部，集15部）载于光绪《平山县志》，燕山书院接受知府缪彝捐赠书目载于光绪《遵化通志》。

不论是载于书院志还是地方志，都是将书院藏书情况向社会公开，有利于社会监督，也有利于书院藏书保护。

（五）制定管理制度

明以前未见有图书管理制度，书院制度中关于图书管理规定见于明正德末嘉靖初的白鹿洞书院。江西提学邵锐鉴于白鹿洞书院图书遗失严重，在制定的《白鹿洞书院禁约》九条中单列两条图书管理制度，第一条规定江西科举考试时不许从白鹿洞书院借书，"本洞储书专以教迪士类，近年江西科场必取洞书应用，及至领回，缺者不敢言缺，失者不敢言失，洞书残落，大半由此。今后江西科场书籍，布政使自备，该府毋得辄取鹿洞书籍送用，以致遗失"；二是规定"今后仰府设立一样册籍四本，明开书籍什器，解起本道钤印。印过，一留本道存照，一留本府存照，一发本府学存照，一发付书院库子收管。本洞教授每月朔查取门库损失有无，执结，岁终仍申本道查考"[①]。

---

① ［明］邵锐：《白鹿洞书院禁约》，转引自陈谷嘉、邓洪波《中国书院史资料》，第741页。此禁约作万历六年有误，邵锐（1480—1537年）没有活到万历，他正德三年（1508年）中进士，十五年为江西督学佥事，十六年为提学，近经兵乱当指正德十四年代宁王之乱，可证在正德末或嘉靖初。

清代初期图书管理规定逐渐增多，但大多出现在书院制度中，一般为单条。康熙二十二年（1683年），《濂溪书院学规》第二条规定诸生轮流管理一个月，“在院诸生各管一月，上下交递，如有遗失，除责赔外，仍赴学惩戒”。乾隆二十八年，陈宏谋为岳麓书院制定的《申明书院条规以励实学示》15条最后一条为图书管理规定，“书院内所贮御纂经史并古今人文集、通省志书，皆历任院司陆续备贮，听诸生随时取阅，用资诵习，增广学识。责成教官造册存查，师生取阅登号记数，阅后缴还销号。有未缴者，每年散馆时教官查收销号。或遇各衙门取阅，一体登记，送回注销，有未送回者，遇岁底或升调离任，教官开单禀请发还。凡教官交代，照册接受，通报院道存案。如有遗失，即着前管之教官赔补。续颁之书亦照登册办理”，规定还是比较全面。道光间《狮山书院条规》规定，“藏书楼书籍交书办收管，诸生领看必亲书领条，送还时面销领条，均不许携出院外，如有墨污损坏即着购赔，领者慎之”。光绪间《龙潭书院章程》也是设图书管理专条，规定“不得私借出外”，“每年六月初旬，董事会同诸生曝晒”；箴言书院规定“毋许借出书院头门”。同治元年（1862年），相江书院规定，“新置书籍、器具，各造印册三本，一存府署，一存监院，一交看使。如有遗失，着看使赔补。书籍准院生童取阅，随时缴还，由看使按日登簿，月底监院查考，并按四季督令看使勤加晒凉，免致残缺”。

清代后期始出现专门的藏书管理制度。道光三年（1823年）城南书院制定《藏书条款》6条，光绪二十三年（1897年）华阳书院制定《储书规条》4条，光绪间崇文书院制定《经管书籍章程》6条，学海堂制定《藏书规条》6条。

图书管理制度包括图书登记、借阅、保护等方面内容。

书院增加图书要及时登记。岳麓书院规定：“新收者，或系颁发，或系征取，俱于各书名下注明几卷、几本、几套，系某年月日收到字样。内捐置及购买者除照前例注明外，并添注何员何人捐购字样。”安徽芜湖中江书院规定：“远近官绅颁发捐送书籍，随到随登录。”广东学海堂规定：“堂中藏书册二本，其一流交，其一存堂。如续有所藏，随时著录”，购书均有备份，一册借阅，一册收藏。学海堂、城南书院都规定，每本书首尾两页要加盖本书院印鉴，以防被人偷换。相江书院规定“新置书籍、器具，各造印册三本，一存府署，一存监院，一交看使。如有遗失，着看使赔补”。

许多书院对借阅对象、借阅册数、借阅期限、爱护图书以及借阅图书遗失、破损的赔偿等都有明确规定。中江书院规定：“《史》《汉》《三国》及各种类书只准偶尔翻查，不准借出”，“至于孤本、抄本，尤不准借”。具体借阅时，生徒可先查阅书院藏书楼编目，知道某书有无，然后填写于阅书簿。待取得书籍后，记明某月某日取某书几卷几本，下面还需书押借书者姓名和斋长姓名。还书时，司书吏记明某书某日交还。一次只许借书一种，不超过五卷，十日为期。华阳书院规定一部书一次只能借一两册，不准借全部。有的书院规定只准书院学生借阅，华阳书院规定，“院内之书只准诸生在院翻阅，不准借给他人，并不准自行带出，以防遗失”。有的书院也对院外人士开放，胡林翼《箴言书院规制》规定，“凡院外之人愿读某书者，自具薪水蔬油连院，呈明监院，限以日月而借之，仍不许出院门”。在爱护图书方面，华阳书院规定，“诸生翻阅书籍要格外爱惜，固不可有玷污损，即书角、板□阅时留心，以备藏书之久远”。对污损图书，狮山书院规定“如有墨污损坏即着购赔”。管理者遗失图书，城南书院规定“责成监院赔补”，借阅者遗失，崇文书院规定“令该生如数赔补”。

保护措施包括伏期晾晒，上架入柜，分类存放，书籍外加护套、图书修补等。城南书院规定，“书籍用木夹板为套，分经史子集四类锁贮亮柜”，书籍每于七八月间晾晒一两次。修补方面，白鹿洞书院规定“修正书籍，每五年一大修，三年一小修。南康府呈委主洞教官慎选博识谨笃洞生四名，查理损坏书籍若干本，动支洞租，召募书匠，逐一修整”。

第八章　中国书院经费

经费事关书院生存和发展，是书院实现教育目标的重要物质保障。清人史致昌在《彝山书院志》序言中提出："经费志养源也"，"必经费有余而后事可经久"[①]。书院基本功能诸如教徒授课、藏书刊书、祭祀等能否得到有效发挥，一定程度上取决于书院经费的多寡。正因为经费多寡事关书院兴衰发展，历代书院都会积极拓展经费来源，并加强对经费的管理。

书院经费按照其用途，可分为修建经费和运营经费。

第一节　书院修建经费

书院修建经费，宋以前主要来自民间，南宋中期以前，除部分官管著名书院外，仍然以民间为主力。元代中期以前以民间为主，后期官方参与。明清时期官方组织建造，但资金大部分来自民间。

一、宋以前以民间经费为主

唐代能够确认的书院主要由民间建造，建造经费当然主要来自民间。"（陈）衮以为族既庶矣，居既睦矣，当礼乐以固之，诗书以文之。遂于居之左

① ［清］史致昌：《彝山书院志》序，道光二十六年刊本。

二十里曰东佳，因胜据奇，是卜是筑，为书楼堂庑数十间，聚书数千卷，田二十顷，以为游学之资，子弟之秀者，弱冠以上皆就学焉”[①]，陈氏书堂建造和运营经费均来自家族。赵氏昆季书院、第四郎书院、曹氏书院，都以人名或家族为名，教育家族子弟，官建是不可能的，经费应该都来自个人或家族。

杜中丞书院、田将军书院、费君书院属于个人书斋，当然由个人建造。李太守书院、郭中丞书院、许浑书院都是官衙书院，应该都是将原有建筑命名，官署增加建筑在每个朝代都是很困难的，除非在新建、迁建和报请批准大规模维修时才有可能。李泌书院、李宽中书院、宇文褧书院都有借用道观、佛寺，应该如官衙书院一样，都是借原有建筑命名的。

五代十国时期窦式书院为窦禹钧自建，“于宅南构一书院四十间”，胡氏书堂为胡致尧自建，“乃即别墅华林山阳玄秀峰下，构书堂焉。筑室百区，聚书五千卷。子弟及远方之士从学者，常数十人，岁时讨论，讲席无绝”，龙首书院为邢建妻陈氏教育二子邢抱朴、邢抱质的家塾，与睢阳学舍、中溪书院一样都为私立，建造经费当然来自民间。

二、北宋家族经费为多

北宋官方经费开始进入书院建造，官私并举，但以民间经费为主，家族经费为多。

（一）官费

北宋官府建设书院不多，潭州太守朱洞建造岳麓书院，李允则扩建，均未说明经费来源，王禹偁记说李允则任济州时“举进士者，钱五万，袭衣以副之；应学科者，钱三千，绨袍以遗之，咸出己俸”，捐俸独不及此次扩建，又

---

① ［北宋］徐锴:《陈氏书堂记》，见《江西通志》卷一二二。

说“请辟水田，供春秋之释奠”[①]，看来修建经费应该来自官方。

（二）家族出资

北宋书院主要为私立，以家族建造为主。一种是家族共建，雷塘书院“子弟之秀者咸肄业于兹”，“于所居之侧崇饰学舍”，建设经费当然来自洪氏家族，南雄孔氏孔林书院、奉新胡氏华林书院、修水黄庭坚家族芝台书院、南丰曾巩家族南丰书舍等也应是如此。一种是多个家族合建，金坛汤氏欲建书院，需钱3000缗，家族仅集资2500缗，姻亲刘微捐资500缗，要求其子也入书院就读，两个家族共建，书院建成后就成为汤刘二氏家塾。

（三）个人出资

北宋也有个人出资建造的书院。应天府书院为“乡人曹氏请以金三百万建”；泰山书院为石介为其师孙复所建，“乃于泰山之阳起学舍斋堂，聚先圣之书满屋，与群弟子而居之”；徂徕书院为石介守丧家居时建；茅山书院为侯仲逸自建，“处士侯仲逸于茅山营葺书院，教授生徒，积十余年，自营粮食”；义方书院为蔡譚所建，“宋元祐间家居不仕，筑义方书院，有志于学者给之”；城东、城西书院为程颐弟子周孚先、恭先兄弟建，“在程颐门下十七年后归，生徒远至者众，创城西、城东书院，兄弟分主之。杨时至郡，馆之城西，命诸生师之”。

三、南宋建设经费多元

从南宋书院建设经费来源看，有官费、家族出资、个人出资和各界捐资。

南宋前期建设书院仍然以民间为主，高宗朝修建书院约86所，官建不足10所，孝宗朝27年约102所，官建大约10所，光宗朝5年8所，未见有官建。

① ［北宋］王禹偁：《潭州岳麓山书院记》，见《小畜集》卷一七。

宁宗朝随着对道学解禁，官建书院逐渐增加，宁宗朝30年修建书院117所，官建约33所，接近30%，理宗朝40年修建书院约169所，官建约60所，超过35%。

(一)官费

官建书院多以官费。嘉定四年(1211年)，隆兴府建造东湖书院，“爰以学宫岁用之赢，并湖增筑东西十有余椽，南北十有九椽，门庭堂宇宏丽崇深，庖湢器用咸备无缺，糜钱二百万，米百余石，以竟其役”，以学校盈余建造。嘉定八年，建康知府刘榘以钤辖旧廨改筑明道书院，“部使者西山真公捐金三十万、粟二千斛以助之”①，后任知府李珏“咸相其役”，以官费改建。端平中，浙西提举常平茶盐建造虎丘山书院，“拟计积累之赢，略仿先朝四书院之制，并祠筑室以舍学者，买田收谷以食之”，以官署盈余兴建。嘉定九年，宜州教授摄州事张自明“以州用赢钱二万作龙溪书院”，广西运使方信孺“捐鹾钱二十四万助之”；淳祐二年(1242年)，制置使孟珙创建公安竹林书院，贾似道“捐缗钱廪粟葺而新之”；白鹿洞书院建造君子堂，“太守史侯慨然捐钱粟助风化”。南宋时，捐资并非指捐出个人财产，公款也称捐，咸淳七年(1271年)，建造岱山书院，太守刘黼“捐公帑以为助”，“给旧酒坊基，且拨僦直偿寨，助以缗钱若干，于县亦有所捐以相之”，太守、知县均捐公款资助，太守还“岁减酒息钱”。有的书院建设虽未记载经费来源，但可以肯定是来自官费。淳熙十二年(1185年)重修石鼓书院，“连帅林侯栗、诸使者苏侯诩、管侯鉴、衡守薛侯伯宣皆奉金、赍割公田以佐其役，逾年而后落其成焉”②；南康郡守朱熹重修白鹿洞书院“乃属军学教授杨君大法、星子县令王君仲杰董其事”，升任浙东提举后，“遣钱三十万，属军守钱闻诗建殿庑并塑像”；这些官

① [南宋]周应合:《景定建康志》卷二九《儒学志二·建明道书院》。

② [南宋]朱熹:《衡州石鼓书院记》，见《晦庵集》卷七九。

员资助应该是官费，如果是私财，记述者一定会说是捐俸而大力宣扬。其实，像岳麓书院、白鹿洞书院等都是州学官学的一部分，使用公款维修很正常。南宋官员动辄出资建设书院，看来官员能自主动用的经费比较多，南宋以后这种情况就很少见。

（二）家族出资

家族建造书院南宋也比较常见。嘉泰元年（1201年），江西建昌崔希易"集其宗族之亲而议之，协众力，鸠众财，即其祖居之傍创为书院"[1]；"番阳许氏为书院桐岭，延师其间以处乡之学者"；贵溪"桐源书院，高氏特以教其家与一乡子弟，有古人闾塾之遗意"[2]；仁化青云峰书院为邹姓兄弟合建，"伯父爱其幽胜，屋于斯以为诸子藏修游息之所，而予父共成之"。泰兴马州书院为孔元虔兄弟咸淳间建造，"马州书院者，孔圣五十二代孙元虔昆季所建也"。

（三）个人出资

南宋时个人出资建设书院大增。一种为教育书院：绍兴五年（1135年），刘炎（字伯琬）重建皇寮书院，"匠工钱缗米石、砖瓦之费皆出于伯琬"，"割田五十亩以资赡用，拨山一所以备炊焚，置佃四家，罗吴萧许，以供役使"。应长卿"间作花厓书院，藏书五千卷，延良师教子侄"；嘉定中黄云干独自建造永丰龙山书院，"悉其力载经载营"；周奕建造秀溪书院，"旁招良傅以训其四子"；吴尧臣建造札溪书院，"考卜奇胜，肇造书宇，讲堂其中，扁以达善"；赵公恃故后，"诸侄之典州者各分俸"为其妻郭氏建造颐年园林，郭氏令改作西湖书院。此种书院最多，东阳石洞书院、西园书院、南湖书院、高塘书院、清溪书院、青田介石书院、龙云刘氏兰玉书院等属于此类。教育书院也有多人共

① ［南宋］包恢：《盱山书院记》，见《敝帚藁略》卷三。
② ［南宋］汪应辰：《桐源书院记》，见《文定集》卷九。

建的，周允成“与同邑王君立书院于登高山之麓，萃英秀而教之”。一种是个人自建书斋：史公亮“考十室于城南，榜曰云庄书院，因自号云庄叟”；虞刚简“自上华阳，即筑室成都之合江，以成雍公卜居未遂之志，秀才范公为榜曰沧江书院”；魏了翁家居建造鹤山书院，编管靖州再建鹤山书院，两书院均为自建书斋。

（四）各界捐资

各界捐资建造书院有官员捐俸独自建设书院、公款不足官员捐俸补充、公私官民出资共建和社会公建等情况。

官员捐俸建造书院在南宋中期就已经出现。嘉定三年（1210年），建宁郡守李某“捐俸钱三千余缗”，“财不费于官，敛不及于民”[①]，独自捐俸建造紫芝书院。咸淳九年（1273年），新淦知县程西渠捐俸建造高峰书院，“捐俸钱三百缗，市曾氏宅一区为高峰书院”。捐俸维修书院有潮阳太守林式之，咸淳五年“捐俸金四十两，命堂长林震曾董其役”，重修韩山书院。

公款不足官员捐俸补充有东莱书院竹轩和白鹭洲书院山长厅。嘉熙元年（1237年），摄郡事张肖望先捐钱50万、米10斛，资金不足，张肖望捐俸钱20万，新任郡守韩祥捐俸钱10万，“摄郡事肖望张君渭叟与履善同寅相好也，捐楮五十万，米十斛，属理掾赵君师乘莅其役，既又虑费弗给，肖望辍俸余二十万，履善十万佐之，未几落成”[②]。景定四年（1263年）令书院设官后，白鹭洲书院山长黄嘉建造山长厅，也是经费不足捐俸补充，土地官拨，“材木瓦石与凡工役百须之费多方经画，铢积而寸累之，佐以俸给之余，为门厅堂室便坐数处，数月而成”。

公私官民共建书院有丽泽书院。开禧三年（1207年），郡守李大异依据士

① ［南宋］楼鑰：《建宁府紫芝书院记》，见《攻媿集》卷五四。

② ［南宋］袁甫：《东莱书院竹轩记》，见《蒙斋集》卷一四。

大夫和吕祖谦兄弟门人建议，决定建设丽泽书院，“出钱五十万，属掌书记宣君绘经理其事，前增城主簿潘君颐孙实董斯役。郡寮及其门人合力以佐费”，官钱50万不足，婺州府官员和吕祖谦兄弟门人捐助共襄其举。

社会公建书院见于绍兴中，广南西路安抚司机宜文字吴元美被秦桧编管广西容县，登门求学者很多，客死后，邑人于官学旁公建勾漏书院以奉祀。

四、元代以个人经费为主

元代由于有个人建造书院交与官府后可以对建造者授予首任山长的规定，所以书院建设经费主要来自个人，但也有官费、各界捐资等。

（一）个人出资

个人出资建造书院有两种情况，一种是建后交官，一种是自建自有。

私人建造书院捐给官府，官府设官任官最早见于至元二十四年（1297年），是年萧子登因重修松阳明善书院，“行中书因署子登山长”。长兴蒋必胜建造东湖书院捐官，官设山长，特设师弟子员。其后此类记载一直延续到元末。大德二年（1298年），四明赵寿“割大厦腴田，创鄮山书院”，“上于省府，建山长以主之，赵寿其始也”[①]；大德四年，夏友兰建造鳌溪书院，“邑东门外创建书院，施田赡给，敦请名儒詹贡士掌教，其事闻上，官为设官”；大德五年，“里人刘履泰以父命创庆洲书院，捐田三百六十余亩，中书准设书院，以履泰为之长”；延祐四年（1317年），真德秀子孙所建西山书院“列为学官”；至元三年（1337年），县尉曾圭“命其子尧臣独捐家赀，度材庀工，不一岁告成”，“表其额曰浯溪书院，请于行省设官以司其教”；至正四年（1344年），新乐赵恕、赵愿兄弟“捐家赀修建书院”，“监察御史杨君俊民表以书院之号，郡县之官既蠲除差役，复言于朝，请设学官”；陆贽裔孙陆德原“中岁出其余

① ［元］《延祐四明志》。

力，建学立师，教里中子弟”，赐额甫里书院，“即署德原为其山长”；刘光溵“买田筑宫，中为礼殿，书院之制悉备……所隶有司上其事于中书省，省允其言，始定置山长，入选调”；王进德创建江东书院，“买宅一区，割田九顷，创建江东书院，朝锡以额，设官掌其教”。

私人自建自有书院也很多。大德七年（1303年），慈利田公著建造天门书院于山中；大德九年，太和严氏建造朴山书院；延祐元年（1314年），滨州解节亨建造东庵书院；天历元年（1328年），陆居敬兄弟自建鄞县东湖书院；元统三年（1335年），张千崖曾外孙荣岳孙独自维修万载张岩书院。还有一些不知具体时间者，秘书大监达可“告老还乡，既以私财建书院”，建造石室书院；获鹿人高健之母“发所畜粟帛”建造太行书院；历山公齐诺“聚书割田”，建造鄄城历山书院；高伯川买地独自建造沧州中和书院；吉水张文先建造白沙书院，靖州会同粟朝仪独自建造广德书院，多尔济舍宅建造石室书院，刘韐八世孙刘子长重建屏山书院，临潼李德邻创建骊山书院。长安李仲章皇庆二年（1313年）“割田二顷，建河南书院”，“割应城田四百亩建长庚书院，聘名师教乡里子弟”，先后建造两所书院。薛友谅“割岁入之奇，仿书院之制爰建义塾，用迪教事，乃经乃营”，延祐元年赐额洛西书院，所建五贤堂赐额伊洛精舍，也是一人独建两所。至元二十六年（1289年），婺源建造晦庵书院，致仕家居的原饶州路总管府治中王元圭“请身任其责，毋烦有司”，独自出资建造。延祐二年（1314年）火后，南台监察御史汪良臣、同知福建都转运盐使汪良垕兄弟“为买北郭民居侨立书院”，“其处占地庳下”迁回旧址重建，王元圭之孙王思礼、王思仁、王光辅出资，“抡材计佣、委致金谷、不懈益勤”，王元圭祖孙两建晦庵书院。

（二）官费建设

官费建设书院较私建为少。至元二年（1336年）重建和靖书院，官拨土地，而建设经费则来自书院自有积蓄，“籍书院粒米之在廪者，粜之得中统钞八千六百贯”；至元五年重修屏山书院，“用朱炘言，取建安书院计余赋之留郡者为至元钞一百五十定，以作书院”；至正元年（1341年），重建考亭书院文公祠堂，“乃辍他学之羡，积得中统钞千五百缗，以属诸县典史陈德敬共其事”；太平路总管胡国安重修天门书院“征积逋，合钱四万缗，贮官帑”；都是使用书院结余资金。

至大初年（1308年），河南行省平章政事何玮令重修南阳书院，“乃合僚吏禄入之赢以备佣，相山之有良木石隶官者以具材，审制度地，与设官养士之宜”[①]；大德中，炮手军总管士希“乃即所屯建书院……请于有司，置山长一人，割田千亩以备祭养，事悉如制，名曰伊川书院”；至正初，鄞县大嵩盐场司丞张元礼“出钱建嵩江书院，聘名师训其里人”；至正五年，廉访佥事赵承僖和总管吴秉彝“二公商出公帑羡余，命工益址而崇制”，扩建苏州文正书院；使用的都是官府经费。

至正十九年（1359年），福州建造勉斋书院，“行省平章布哈特穆尔闻之，亟发白金五十两及租田一百五十亩奇以给以赡”；至正十八年重修杭州西湖书院，浙西道肃正廉访使丑的“出私廪白粳二百石谋作兴之，丞相康里公更益白金五十两”，都是给予部分资助。

（三）各界捐资

各界捐资有官员独捐、官民共捐和民间集资等。

官员独捐的有正德书院和金华书院。延祐二年（1315年），提举陈以忠维修瑞州路正德书院，“其费一皆已出，无所资于人”；元至正十年（1350年），射洪令周镐“捐己俸，鸠材谷，募工匠，亲董厥役”，捐俸独自重建金华书院，并以官田300余亩作为书院廪饩。

官民共捐是最多的捐资形式。大德五年（1301年），陆九渊裔孙陆如山

---

① ［元］程文海：《南阳书院碑》，见《雪楼集》卷七。

“慨然谋诸贤士大夫，且怀牒郡庭以为请，众咸义之，为助其费”，在县尹张居怿支持下，建成青田书院。大德七年，重建稼轩书院，“此赖郡侯捐俸倡助，而诸人相与成之也”。延祐三年（1316年），四川宪使赵世延倡建紫岩书院，“所属遂捐俸以先……于是若吏若士民欣助说从，合力以相厥役”。至元二年（1336年），肃政廉访使鲁别多喇捐俸重修石门洞书院，“首发橐捐俸”，“自郡监牧而下若邑之寮吏、院之师生，咸有所输”。宪使、郡守令弋阳知县牟某重修蓝山书院，知县“捐俸为倡，诸儒协助”，“蓝山张先生孙某某亦捐资建先贤祠”。至元四年（1338年），因西汉孔武曾任官盱眙而卒，监县纳琳布哈“首捐俸五百贯以倡其众，寮寀士民咸乐输财助役”，建成崇圣书院。至正元年重修钓台书院，“山长沉元鼎方谋铢积寸累，以兴坏而起废”，总管罗廷玉“复谕士人合私钱二千五百缗助其弗给”。至正二年（1342年）重修道州濂溪书院，“郡士李某乐助以相其志”，五年再修，“郡士蒋通复请出赀”，山长戴世荣“割已俸作石台于应门之南……又率郡士文某作瞻德亭”，虽然有山长捐俸，但主要经费来自民间。至正十九年，明善书院山长薛益首先捐资重修，“首捐私财，市木石，募匠佣，士之好义者咸乐佽助之”。宁都重修梅江书院极高明楼，知州赵天泽“乃率州之好义者相与出力，积木石，佣工役而经营之”。

民间捐资共建也比较常见。至元十七年（1280年），门人杨应桂、申益章等为其师张弼建造蓝山书院。延祐七年（1320年），“三原民李子敬聚弟子，懋以民钱五万缗，筑室储书，号曰学古”，建造学古书院。许昌冯梦周等“乃捐衣布之赢”，建设颍昌书院，鲍元康率同门为其师郑玉建造师山书院。

从王恽《饶州路创建书院疏》、熊禾《建阳同文书院疏》、许有壬《霸州创建老泉书院疏》和《修乔江书院疏》看，元代还流行发动民间力量集资修建书院。饶州路书院由朱熹裔孙朱淮发起，不知建成与否；从熊禾《书坊同文书院上梁文》看，同文书院已经建成，霸州文安老泉书院也已落成。

五、明代以私资为主

元代书院建设经费亦以私资为主，但主要由个人建造，而明代私资则以个人建造和捐助为主。

（一）个人出资

个人出资独自建设书院主要在明中期以前，尤以明初为多。洪武中修建书院约39所，其中大约21所为个人出资；永乐中修建书院27所，其中大约16所为个人出资；个人出资建造尤以江西为多，洪武中约14所，永乐中约10所。宣德后个人建造有所减少，但个人出资建设书院贯穿整个明朝。

（二）各界捐资

各界捐资有官员捐俸、官民合捐、民间捐资、官费民捐、官费官捐等方式。

官员捐俸有个人独捐也有合捐。

官员独捐一般都是中低级官员。宣德间，长沙卫指挥周辛甫捐赀重修岳麓书院讲堂；景泰三年（1452年），藤县知县唐礼捐俸60贯买地重修三元书院，“计匠三百余工，费铜钱二十余缗，借民力不伤民财”；弘治十二年（1499年），舒城主簿何雍独自捐修龙眠书院，“捐俸资市材陶瓦，一毫不动于民”；万历三十二年（1604年），嘉定知县韩浚独自建造明德书院，“余乃出俸糈，庀财用，诹日举役，再阅月而告成”。成化四年（1468年），江西提学李龄捐资建造白鹿洞书院延宾馆，“木价匠工砖石灰瓦之费皆公捐己资，未尝有毫末敛于民”；万历二十七年，运使何继高捐俸建造沧州天门书院；已经是比较高级的官员。

官员合捐一般是高中级地方官员带头，中下级官员随从。永乐十四年（1416年），按察司佥事刘咸“尽出廪资”倡修伊川书院，“知府李遵义、教授杨旦以下闻予兹举，亦皆欣然割俸以相厥役”；成化四年（1468年），福建按察司佥事周守谟、漳州知府王文、同知胡珉、推官江白等“相与捐俸以图新之”，重修龙江书院道原堂。正德六年重修东山书院，江西右布政使任汉捐银100两，右参政董朴捐银50两，吴廷举20两，“任公出金百，右参政董公金五十，吴公二十”；嘉靖中维修石鼓书院，侍御史某捐俸260两，邓云霄130两，衡州知府杨英、同知强有义、通判许世卿、罗三达、推官李汝章各20两，衡阳知县罗梦阳30两，合计520两。

官民合捐有两种情况，一种是官倡民随，一种的民倡官助。

官倡民随比较多见。正统二年（1437年），都指挥佥事张玉、布政使刘永清等商议重修濂溪书院，得到官员和邑人捐助，“暨诸僚属咸捐俸廪、下及耆民勤相助役”。弘治七年（1494年），通判陈刚“捐俸置材”维修岳麓书院，并将请得的谷王府旧材投入维修工程，陈刚监修谷王府有功，“王赐之金帛，不受，请王故殿材修复岳麓书院，王许之”，此次维修还得到本地人的支持，“吾捐俸为之，郡人若少参罗君鉴、都阃杨公铨、庠生陈大用辈亦有佐之者”。弘治十二年，尤溪重修南溪书院，郡守孙衍捐俸首倡，社会各界纷纷捐助，“侯乃捐己俸为倡，而邑之僚属、学之师生及邑人之尚义者，各随其力之所及而乐助之，惟恐或后”。正德二年（1507年），守道吴世忠根据长沙卫指挥杨溥和生员何凤等人建议，倡率府县卫官员及师生“随力佐助”，扩建岳麓书院。嘉靖三十一年（1552年），官民诸生捐资建造水西精舍，“计财之费，出于官十二，出于诸生十三，出于尚义十五”。万历十三年（1585年），重建张居正所毁水西书院，查宪副、翟驾部首倡，“第置数簿分投大夫士类”，“群情欣助”。

民倡官助比较少见。成化十六年（1480年），婺源吴浚拟修复明经书院，“族之人亦协谋捐赀以应之者，既相与言于知县丁君佑、教谕陈君简，上于提调学校御史娄君谦、巡按御史胡君汉，咸嘉予之而亦乐出俸金以赞之者”。

民间捐资比较常见。弘治八年（1492年），王天宇弟子秦伟谋建书院，“锓疏遍告于里之富而好礼者、商贾之游于其地者，鸠缗钱若干”，刻印广告公开向社会募捐。万历二十年（1592年）重修白鹭洲书院，知府汪可受“谋之搢绅，韪其议”，“帑不费公，调不程民”，以民间捐助维修。万历四十四年，邑人谢心元捐资重建祁门东山书院。崇祯元年（1628年），重修天启毁书院时被毁三分之一的还古书院，邑人汪先岸捐银100两。民间集资建造书院最多的是王守仁弟子。嘉靖四年（1525年），王守仁弟子于绍兴建造阳明书院；九年“门人行人薛侃、进士钱德洪、王畿合同志之资为之”建造杭州天真精舍；十五年，邹守益等弟子建造复古书院；二十一年，弟子范引年任教青田，诸生叶天秩七十有余人“纠材筑室”，建造混元书院；二十三年建连山书院；二十七年万安弟子建造云兴书院，“作疏纠财，是夕来相助者盈二百金”；三十七年，安福邑人公建复真书院。

官费官捐不是很多，已知有三例。嘉靖六年（1527年），右都御史陈文鸣令祁门知县重建环谷书院，“费以其俸，而僚属亦以其俸来助，补而措之官者才十二，而民不与焉”，80%的建设经费为官员捐资；嘉靖末，九江分守“以其余力捐廉斥羡”维修白鹿洞书院；万历四十三年（1615年），抚宁知县王台“捐俸赀帑羡若干缗，创书院一区”；后三例应该是以官费为主，官署羡余要多于官员个人捐资。

官费民捐也不是很多。弘治八年（1495年），陕西提刑副使杨应宁言于巡按御史，令武功县令宋学通以张载绿野亭旧址建造绿野书院，“学通方经度材用，而邦人士咸乐相助，数月而功毕”，以官费和民间捐资建造。正德九年，提学蔡巨源命重建蒲圻凤山书院，赐银100两迁走道观，“取扑刑之赎暨士夫之助”，以官费赎金和官员、民间捐资建造。嘉靖十八年（1539年），韶州知府符某出赎刑银50两“昌之，民金者、帛者、谷粟者、泉而货者肩摩而至”，官费仅50两，应该是以民间捐资为主。

（三）官费

官费建设嘉靖前比较少见，嘉靖间比较多。

宣德九年（1434年），苏州知府况钟“请于朝”，重修文正书院，既然请于朝，当出自官费。成化十五年（1479年），河南提学吴伯通征得巡抚同意，“檄河南府”，令维修伊川书院、洛西书院，新建伊洛书院，十六年，令维修百泉书院，“檄卫守张君兼营财费”，官府下文令地方建造，都应该是官费建设。弘治十年（1497年）监察御史郑惟桓“会财于官，役力于民”，维修文定书院；正德十三年（1518年），成都以万安故居改建大益书院，巡按御史卢雍、熊相“助以罚金五百”，副使江良贵“出学道赎金凡四百”；正德末重修百泉书院，“知府发帑赢财，市材易甓，檄下知辉县李杰肇事，推官杨惠来责工”；嘉靖四十五年（1566年），知县林元立重修徽州紫阳书院，“其财用出公帑”；建设都是来自官费。

嘉靖间官费建设书院比较多。嘉靖四年重修道南书院，经费“皆有司存焉”；嘉靖六年（1527年），姚少参“遂檄发赎金”重修西湖书院；七年，苍梧县生员呈请建造敷文书院，两广总督王守仁批准，“合用银两亦准于该府库内照数动支”；十三年，御史熊子爵“节缩公帑之赢凡五百金”建造九峰书院；十四年，侍御命重修丽泽书院，“费取之赎，工取之佣”；十五年，侍御发茶马课若干缗建造徽山书院，次年又发公币50两助建；二十一年，重修白鹭洲书院，“其费凡多千金，皆收诸公帑之余，罚锾之入”；二十七年，监察御史令重修南通文正书院，“谓司帑赢储可取给也，命运判冉从孺发金三百有奇”；四十年，御史王得春“出赎金若干”重建辽阳武书院；全是动用官费建设。

万历中以官费建设比较少见。四十一年（1613年），江西按察副使葛寅亮令郡守费某维修白鹿洞书院，“尽发锾金之在南康者，不给，费君益捐资佐之”；御史傅某命恢复张居正毁书院时改作游击署的恒阳书院，“发赎锾七百金，中丞汝南刘公、郡守周公、司马陈公佐焉”；万历中，傅振商重修学古书院，“随动锾八十余金，不给者二千石，查别贮足之”；万历间，河南巡按方大美建议藩臬诸大夫捐赀300余两重修大梁书院；都是以官费建设。

（四）书院自有经费

以书院自有经费修建书院者不多，已知有白鹭洲书院。崇祯八年（1635年），吉安知府林希有见白鹭洲书院残破，“于是亟下令庐陵，核书院钱谷数得若干缗，不足则佐以赎锾，复佐以俸金”，以书院自有钱谷为主，辅以官费和捐俸。

（五）以淫祠改造、建设

明代成化元年（1465年）、弘治元年（1488年）朝廷都曾同意官员建议令毁淫祠，正德、嘉靖间毁淫祠尤多，许多淫祠直接改为书院或以建筑材料建造书院。正德二年（1507年），拆毁道林寺，“一应木石砖瓦搬运书院”扩建岳麓书院；正德间，徽州太守张芹改老子祠为紫阳书院；嘉靖间，临晋知县焦某“毁寺拆观”建造王官书院；嘉靖九年所建武信书院“凡所供费，木瓦皆取诸淫寺”；都是将淫祠建筑材料用于书院建设。嘉靖初，镇定将天王寺改作恒阳书院；嘉靖四年，归善将华光庙改作豫章书院；嘉靖八年，元氏县将佛寺改作封龙书院；都是将寺庙直接改作书院。淫祠改书院虽然不能直接提供建设经费，但节省建设经费也可以视为官府出费。

六、清代以捐资和乡人自建为主

清代书院经费有官费、官费捐资结合、个人出资和各界捐资等，但以捐资和乡人自建为主，许多官费建设也吸收捐资参与。

（一）官费

清代纯以官费建设书院不多，主要在前中期，后期较少见。

康熙二十一年（1682年）建造华掌书院，巡抚郝浴及藩司崔维雅、臬司黄元骥、参议简上皆捐资以倡。康熙三十一年，孝感知县梁凤翔捐赀建造西湖书院。乾隆十六年，盐运使卢见曾建造天津问津书院，耗银2400两。乾隆三十五年（1770年），署理新宁知县康基田“捐赀创建”宁阳书院。乾隆五十八年，两浙南都盐运使阿某“斥币余若干金大为修葺”，重修杭州紫阳书院。乾隆中，甘肃藩参黄文炜捐资重修酒泉书院。嘉庆二年（1797年），监司秦瀛以费500缗维修杭州敷文书院，同治五年（1866年），布政蒋益澧斥帑七千缗重修诂经精舍，同治七年，湖广总督李瀚章发帑金4万两维修岳麓书院，实际用钱60518.939串。

（二）官费与捐资结合

清代捐资建设书院非常普遍，即使是官费建设的书院，也会吸收捐资。

官费与捐资结合有官费与官捐、官费与民捐和官费与官民合捐三种形式，其中官民合捐为多。

官费与官捐不是很多。康熙五十一年（1712年），江西学政黄霖维修白鹿洞书院，“爰竭俸钱，庀材鸠工，又十三郡学田例赋所入，今悉输以充工料之费”；雍正十一年直隶总督李卫修建莲池书院，“共费金钱若干万，动支公费若干，馀皆余捐养廉以足之”；道光八年重修敷文书院，“筹拨盐库存贮恭修文澜阁节省银一千两，复与杭州知府成、仁和县知县杨、钱塘县知县罗各捐廉以资经费……通计用银一千三百六十两有奇”，都是官费与官员捐俸结合。

官费与民捐结合很少见。乾隆五十五年（1790年）恢复古紫阳书院，诸商“先后请于运司转详盐院动支营运项下款银交”，并捐银8000两，此外邑绅鲍志道再独捐3000两。

官费与官民合捐比较多。乾隆八年（1743年），揭阳知县张薰捐俸335两，动支充公银310两，连同出卖别业的许之翰义让50两建造榕江书院。乾隆十九年，潼川知府费某请得追缴倒卖官木银700两，“复创捐己俸，与所属共相输助，又集得数百金”，建造文峰书院。嘉庆二年（1797年），平远知州周景益“勾稽积年逋租罚锾，得一百余金，不足则益以己俸，又不足则与州之士大夫努力而经营之”，重修书院并改平阳为凤西书院。道光十六年（1836年），周至知县徐葆贞“首倡捐银并拨项，共捐银一千二百九十四两五钱，各士民咸踊跃乐从捐款，连变卖树价等项共得银二万二千九百三十两零四分三厘”，用银16202.741两迁建对峰书院。光绪五年（1879年），顺天府尹毕道远维修京师金台书院，“共收捐款一万四千六百三十一两，臣衙门节省序工银一千两”。

（三）捐资

捐资建设书院有官员独捐、官员合捐、官民合捐、官员诸生合捐、士民独捐、士民合捐等多种形式。

官员独捐者不少，主要在康乾时期，嘉庆以后少见。康熙三十一年（1692年），署建阳知县、同知刘邦彦、学博蓝陈略捐俸重修考亭书院；三十四年，甘肃徽县知县郭某独自捐俸重建徽山书院；四十一年，云南临安知府董弘毅独自捐资维修崇正书院，“予乃得独任其力”；四十二年，四川合州州佐蔡某捐俸独自维修濂溪书院，“捐俸钱”，“凡金以两计者一百六十有奇，其一切赏赉之需皆君输之”；四十九年，分巡雷琼道焦映汉建造琼台书院，“一切土木瓦砾工役之需约费六百余金，捐之薄俸，不假助援”。雍正三年（1725年），洪雅知县卢见曾“捐俸庀材”，独自维修雅江书院；九年，文山知县徐本仙“捐资百五十两”，独自建造文山书院。乾隆七年（1742年），揭阳知县陈树芝独资建造鸿溪书院，“计费镪约六百有奇，不假醵于人，悉自倒箧而出”；十五年，陕西宜川知县吴炳独自捐廉120两重建瑞泉书院，十七年，又捐银364.58两进行扩建；二十三年，义宁知县刘廷独自捐俸建造义江书院，“木石砖瓦、匠作工役等费，一一皆捐己俸，而毫不累民”。嘉庆二十五年（1820年），广州知府罗含章“请于大府，愿捐资修建”，费银3600余两维修粤秀书院。光绪七年（1881年），腾越厅陈宗海独自捐廉维修来凤书院，“计用费一千五百七十八两，皆余捐廉为之”。康雍乾时期官员独捐资金一般都很少，清末捐资比较多。

官员合捐以康熙间为多，嘉庆后少见。康熙二十三年（1684年），云南总督蔡毓荣捐俸为倡，建造昆明书院；二十九年，吉安知府罗京“自捐其费，一丝一粒不以取民，一事一役不以烦士，即僚属之助各随其力”，官员捐资重修白鹭洲书院；二十四年，湖南巡抚丁思孔“捐俸为倡”，率僚属捐俸维修岳麓书院；四十三年，四川巡抚贝和诺等捐俸金建造锦江书院。乾隆九年（1744年），琼州知府于霈等官员“合捐廉俸”银2000余两建设苏泉书院。嘉庆二十四年（1819年），甘肃布政使屠之申率同府县各捐廉俸，将兰皋一所公廨改作五泉书院。

官民合捐建设书院在清代是最多的，文献中记载官建书院很多，但官建并非官费，更多的是官民合捐建设。官民合捐建设书院贯穿整个清王朝。顺治九年，淳安知县高某“捐清俸，身先士民，一时发见此心者若伐县鼓而群应之”，官民合捐，维修瀛山书院。顺治十二年（1655年），观察鲍某捐俸首倡，募集资金维修白鹭洲书院。康熙四十八年（1709年），云南嵩明知州汪熙捐俸倡修鹿元书院，“劝捕驿诸君及多士捐赀相助”。乾隆十一年（1746年），乐昌知县冯翕建造昌山书院，“出廉俸洎邑士夫醵财成之”；十二年，如皋知县捐俸购买房产改为雉水书院，士绅31人捐银2260两；十三年，香山知县暴煜捐俸50两为倡，绅士踊跃乐输，募集数百两，重修丰山书院；二十年，云南盐丰白盐井提举郭存壮“捐廉俸并绅士所输”费银300两维修龙吟书院。嘉庆七年（1802年），嘉定知府宋鸣琦“捐俸百金为倡，不两月诸县以数千金至”，重建九峰书院。道光七年，南宫知县捐廉俸银百两为倡，同城官署也量力捐俸，阖邑无不踊跃，募集钱5591千文，重修东阳书院，余款4000千文发店生息；同治元年（1862年），署恩施知县许光曙“捐廉为之倡，邑之士庶皆争先输写，计得捐款并军需余项共八千缗有奇”，建造麟溪书院。光绪元年（1875年），宁晋邑人庞际云捐千金倡建书院，知县张瑛劝捐阖邑得京钱9700余缗，八年开工，知县查宗仁捐廉百金，共用京钱14000缗有奇，余银4000两、京钱5000贯发质库生息，作为书院日常经费。

官员诸生合捐建造见于石泉，乾隆二十九年（1764年），知县姜白岩“捐俸以倡，而诸生踊跃恐后”，建成西山书院。

士民独捐建设书院比较常见。乾隆十四年，邑绅徐士修捐资维修徽州紫阳书院，耗银3172多两，并捐银12000两为膏火资。乾隆五十五年，郧县李祖庚“独力捐四百余金为龙峰书馆营房舍，兼置学田园地”。同治六年（1867年），潮州人郎中郭学玩独自捐资建造上海龙门书院，“计所建四十一间，用银九千六百七十七两五钱一分七厘”。

士民合捐建设书院也较常见。康熙二十二年（1683年）、四十四年，盐商捐资重修杭州崇文书院。乾隆二十八年（1763年），揭阳蓝田邑人谋建书院，“不匝月得白金千有余两”，建成蓝田书院。嘉庆二十四年（1819年），钦州知州建造东坡书院，“是役也，皆诸士绅自以赀输”，经费全部来自民间。道光十七年（1837年），“邑人陈赞国捐银一千为之倡，阖乡悉力佽助，共襄盛举”，在番禺县小亨乡建成镜溪书院。光绪十五年，云南鹤庆邑人舒金和、李毓煊、蒋宗汉分别捐银1500两、2000两、500两共建玉屏书院。

捐资方式一般是捐出资金，个别为捐助建筑材料。乾隆十七年（1752年），永川知县彭时捷迁建桂山书院，“各皆踊跃，乐输良材坚甓，不可胜用”。

捐资一般由主持者统一使用，但也出现了认捐建筑的形式。南陵春谷书院由家族、士绅或独自或联合认捐，多者认捐一座或几座建筑，少者几姓或数人

内蒙古多伦兴化书院，光绪十年由山西籍商人捐建

认捐一座甚至一间，“光绪十六年（1890年），知县张源溱劝谕各乡绅士分任捐资重建。书院头进头门戴氏建，头门外‘天开文运’石坊西溪张氏建，头门内东西厢屋彭、胡、程三姓同建，仪门徐氏重建，讲堂王氏重建，后堂叶氏重建；东号舍第一、第二间东溪刘氏建……东第九间谢仁义、何叙伦、何明新、何继孝、乔崇德、贲宣哲堂同建，东第十间，钟溪杨姓、上东童姓、尹塘何姓、钟塘陈姓同建……东第十三间、西第十四间长江水师提督李成谋建……”所有建筑均有人认捐出资建造。

为了鼓励士民捐助，许多书院都对捐助者进行奖励。祁门“劝捐东山书院膏火经费启”规定，“仿照徽郡之已事，以捐至千金及二百金以上者，立祠书院之中，岁时奉祀，亦崇德报功之义也。其有旧家大族，心有余而力不足，未能符享祀之数者，如愿量力捐输，均得刻石以垂久远焉”，采用徽州紫阳书院的办法，根据捐资数量分别采用奉祀和刻碑方式进行奖励。

（四）士民出资自建

士民出资自建有民人自建、乡人公建、家族公建、多个家族合建等形式。

民人自建自营书院不多。康熙十九年（1680年），郝文灿建造漳南书院，自为学师，后曾聘颜元为师。乾隆五十九年（1794年），旌德县洋川镇人谭廷柱出资白银2万余两独自建造毓文书院，自主招生聘师，出资运营。

乡人公建书院在清初就已出现，光绪间达到顶峰。顺治间建造3所，其中湖南公建2所，湖北1所。康熙间建造约20所，其中广东8所，安徽2所，湖南2所，江西2所，甘肃2所，贵州、广西、香港、云南各1所。乾隆间约13所，其中江西5所，广东4所，湖南、江苏、云南、福建各1所。嘉庆中约18所，其中广东13所，湖南3所，江西、云南各1所。道光中约34所，其中广东13所，江西11所，湖南5所，甘肃2所，广西、贵州、海南各1所。咸丰中约25所，其中广东11所，湖南8所，江西5所，海南1所。同治光绪中许多地方书院暴增，同治间江西乐安建造43所，四川达县建造10所，光绪中四川安岳建造30所，四川三台、江西万载各建造23所，江西盐乘建造书院14所，广东东莞建造13所，湖南新田建造12所，广西合浦建造10所，福建龙岩建造8所，这么多书院不可能都在城市，主要在乡下，应该是乡人公建。

家族公建书院再次繁荣。康熙中安徽泾县倪姓建造紫山书院，福建永安陈姓建造安砂书院，湖南攸县蔡氏建造凤鸣书院。乾隆间，湖南茶陵谭姓建造白沙书院，安徽绩溪曹姓建造萃升书院。道光中江西进贤熊氏建造熊氏书院、湖南茶陵苏氏公建寻乐书院、安徽绩溪周姓建造濂溪书院，宜章彭氏公建承启书院。同治中湖南酃县唐姓建造鹿原书院，茶陵谭姓建造梅林书院、刘姓建造梓林书院；光绪中宁海陈氏建造竟成书院，湖北红安王姓建造桃花书院。

多个家族合建书院虽然在北宋就出现了，但一直不多。乾隆三十四年（1769年），琼山县邑绅吴、杜、温、冯、何、毛六家建造雁峰社学；道光元年报请道宪改称书院；道光七年，湖南宜章柳氏、刘氏合建西山书院；同治四年（1865年），安徽泾县左、郑二姓建造三隅书院。

（五）书院自有经费

以书院自有经费修建情况非常少见。全以书院自费维修的有嘉庆二十年（1815年）新都龙门书院，“因将本年膏火费用以外所积若干金修而成之……用银一百一十两，不募化而集事”①。另外，乾隆四十年（1775年）广西平乐重修道乡书院，以书院自有经费为主，“稽数年书院田租所积，得四百余金，因思以书院所入供书院之用，有不足则捐俸以益之”。光绪十一年（1885年），大理县重修敷文书院，节缩书院经费计2000余两和官民捐银各占一半。

---

①［清］杨道南：《改修龙门书院记》，转引自陈谷嘉、邓洪波《中国书院史资料》，第1204—1205页。

第二节 书院运营经费

明代李梦阳说："聚而不养则散，制散成聚莫先乎财。《易》曰何以聚人，曰财。故田者财以之生，养以之成者也"[①]，财是聚集人的关键，书院是聚人进行教育的场所，请师要钱，学生膏火要钱，房屋维修也要钱，日常经费就是书院的生命线。

一、经费来源

"书院无田，奚以守？"[②]在农业社会中，土地是国家、人民也是书院赖以生存的基础，所以在南宋以前土地一直是书院经费的主要来源。随着商业经济的发展，南宋开始出现放贷生息、房租、湖塘、山泽、沙场、芦苇等收入，以后又增加煤矿、盐灶、水磨、水碾等经费来源，到清代，放贷生息逐渐也成为书院主要经费来源之一。

(一)田地

唐代陈氏书堂是陈氏家族兴办的家族书院，学校经费由家族提供，书屋"纸笔墨砚并出宅库，管事收买应付"，书堂"一一出东佳庄供应周旋"，"田二十顷，以为游学之资"，应该是从家族土地中拨出20顷为四方游学之士提供经费。五代时窦氏书院"礼文行之儒，延置师席，凡四方孤寒之士，贫无供须者，公咸为出之，无问识不识，有志于学者，听其自至"，自费聘请老师，还对贫穷无法自供者供给所需。南唐升元中白鹿洞"因建学馆，置田以给诸生"，

① ［明］李梦阳：《大梁书院田碑》，见《空同集》卷四一。

② ［明］陈献章：《龙冈书院记》，见《陈白沙集》卷一。

置办田地作为经费。

书院土地来源有朝廷赐田、官府拨田、官费置田、创建者置田、各界捐置、官民捐款与官费同置、书院自置等。

1.朝廷赐田

朝廷赐田书院最早见于北宋，但历史上并不多。天圣二年（1024年），“知府王随奏处士侯仲遗于茅山营葺书院，教授生徒，积十余年，自营粮食，望于茅山斋粮所剩庄田内给三顷充书院赡用，从之”，到南宋庆元时，书院早无踪迹，但赐田仍在，“今额在镇江路”[①]。宝元元年（1038年），朝廷还赐给嵩阳书院田十顷，“赏田逾千亩”。

南宋朝廷赐田的记载也有二例。一为元代邓文原《丹阳书院田记》，景定五年赐额丹阳书院，“且赐公田为亩者二百”；一为明弘治《将乐县志》，咸淳二年，赐额龟山书院，“仍诏郡县拨田养士”。

元代朝廷赐田很少。延祐元年（1314年），西安建造奉祀许衡书院，“乞降旨拨田养士”，皇帝赐额鲁斋书院，“仰所在官司量拨系官田土入学，奉朔望春秋之祀，修缮祠宇，廪饩师生”[②]，地方官拨给土地1000亩。鲁斋书院在皇太后封邑内，还曾得到皇太后赐田，“以奉元故为皇太后分地，启赐经籍如千卷，学田七十亩”[③]。

明清均未见朝廷赐田，但有的省城书院用皇帝所赐帑银购置田地，性质比较相近。雍正十一年（1733年），赐银一千两令各省建设省城书院，江宁钟山、苏州紫阳、安徽培原、江西豫章、云南五华等省城书院用于购置土地，贵州贵山书院也用扩建后的余银购置田地。

2.官府拨田

官拨土地是书院土地主要来源之一，最早见于北宋，一直延续到清末。

---

① 《至大金陵新志》卷九引《庆云志》。

② ［元］程文海：《谕立鲁斋书院》，见《雪楼集》卷一。

③ ［元］张养浩：《奉元路鲁斋书院三先生祠堂记》，见《归田类稿》卷五。

咸平二年（999年）潭州太守李允则维修岳麓书院，“请辟水田，供春秋之释奠”[①]，请求上级官府拨给书院田地。

南宋时官拨土地比较多。白鹿洞书院淳熙六年（1179年）朱熹知南康军时，“于建昌县置东源庄田，以给学者”，十年，知军朱端章“拨浮屠没入田以益之”，嘉定十四年（1221年）知军黄桂“续置西源庄田三百亩”，咸淳间，知军刘传汉增置贡士庄。淳熙十三年（1186年），提点刑狱宋若水继修石鼓书院，“籍在官闲田归之”，“会有习佃常平田者，因畀之书院，使入租于官，取其赢为养士，助诸生”，“凡田以亩计二千二百四十有奇，合为米六百二十七斛有奇”。嘉定八年（1215年）建造明道书院，“帅府累政拨到田产四千九百八亩三角三十步”。淳祐二年（1242年），阃帅孟珙建造南阳书院，“给予官田百三十亩”，淳祐十二年，南安知军陆镇请于朝创建太傅书院，“拨妙圣寺田五百有奇，以膳学者”。景定五年（1264年），贡士刘肇建书院，“郡守朱公以闻于朝，锡丹阳书院名额，拨僧寺没官之田二顷给其食”。景定末，衢州郡守王已建造明正书院，“且以其没入之田百七十有六亩隶焉。咸淳间，继之者赵侯孟奎，又益以他田六十有三亩”。咸淳五年（1269年），苏州新建学道书院，“拨官田以养士，又于其中规为育材庄，专充孔、颜、言氏子孙赡羞奉给之需”。咸淳八年，将余姚、定海没入官田拨给慈湖书院以为奠飨之需。淳祐三年建造韩山书院，“复拨置田亩山地式廪士之费，租入附于学库收支，董以佥幕”，官拨土地，但收入官管。

元代部分书院列为官学，旧存南宋官学、书院的土地大多保存，地租照收。元初教育尚未全面进行，“自归附之后，诸生并无日请月逐饮食，亦无往来游士”，七年间学租积存很多，“各路、县贡士庄所收钱粮，路计数万贯石，县计数千贯石”，仅江浙行省“钱粮三百余万贯石”。浙东宣慰使石国秀等垂涎此项收入，自请承包江东、江西、浙东、浙西四道学田收入，20%留给学校书院，每年上交宝钞3000锭，但被识破未遂。江浙地区经费不缺，官拨土地

① ［北宋］王禹偁：《潭州岳麓山书院记》，见《小畜集》卷一七。

比较少见，其他地区还有官拨土地现象。山东滕州性善书院就不断收到官拨土地，大德五年“以礼教乡官地三顷给之”，延祐二年（1315年）“又给以使相乡户绝地二顷一十五亩，如市乡一十八亩”，天历中“增给礼教乡官地五顷，合其旧有凡为田十顷三十余亩”[1]。至大二年（1309年）重建南阳诸葛书院，“割官之废地四十顷籍于学”。至正九年，余姚高节书院收到官拨土地461亩，太守郭文煜“虑其田租之入尚薄，不足赡学士，于是为核云柯海滨之地得四百十有六亩，继核汝仇湖田又约四十有五亩，悉以归之”；四川射洪县尹周廷望建造金华书院，“重得庑间官田三百余亩，他日收其入以给廪饩”。至正十九年（1359年）福州维修勉斋书院，“行省平章布哈特穆尔闻之，亟发白金五十两及租田一百五十亩奇以给以赡”。

明代官拨土地比较少。弘治七年（1494年），兴化郡守王弼“取废寺之田若干亩，牒所在税课局及祇守祠之役者，岁收其入，请于府量给以备春秋之祭”。弘治十一年，杭州以废寺建造万松书院，“拨废寺山地闲田一百七十余亩”。正德初，二程书院“得官田五顷五十七亩三分，岁取其入以充修葺教养之费”。正德三年，重建黄陂二程书院，“得官田五顷五十七亩三分，岁取其入以充修葺教养之费”。嘉靖四年（1525年），侍御潘景哲重修万松书院，“置赡田若干顷”。杭州天真书院为王守仁弟子所建，买田70亩，侍御张某、提学佥事徐阶命绍兴推官将“会稽废寺田八十余亩为庄，属之书院”。万历三十二年（1604年），嘉定知县韩浚将“没入之田”三百亩拨给书院。

清代官拨土地较明代为多，土地数量也多，特别是东北、西北地区，地广人稀，动辄上千亩。康熙五十二年（1713年），拨给苏州紫阳书院田307亩余。雍正五年（1727年），襄阳知府高茂选将枣阳县洞山寺土地300亩、城壕涸地351亩、查出欺隐地104亩一并拨给乳泉书院。乾隆三十年（1765年），沈阳将清理出的土地拨给萃升书院两千亩，年收租银120两。乾隆三十九年，富平

---

① ［元］虞集:《滕州性善书院学田记》，见《道园学古录》卷八。

台湾鹿港文开书院由士民捐建，鹿港厅拨给学田运营

知县报请批准后，将元陵地1133亩拨给南湖书院，年收租银74两有奇。乾隆五十一年，遵义知府刘诏升迁建湘川书院后，拨给官田41亩。乾隆间，辽宁习武书院、海州海城书院、铁岭银冈书院、宁海南金书院都是陆续拨至一千亩，沈阳萃生书院更是多达两千多亩；周人杰摄灵州知州，凡遇争夺荒地者大半判给书院，先后达一千余亩；定州知州姚立德将勘出水冲荒地366.1亩呈请宪台同意后拨给定武书院；乐池县知县王承爔趁石鼓寺豪强争占和金龙寺僧互相陷害之际，断给每寺租谷20石，将20石以外的石鼓寺土地126.5亩、金龙寺租银16.488两拨给凤山书院。同治九年，宁国知县张达五将查出无主荒田1500余亩拨给西津书院，每亩年收稻一百斤；同治十一年（1872年），宁夏知府拨给银川书院土地135顷。光绪中，抚宁知县拨给云从书院绝户地230余亩招佃，租谷俱充院费。

官拨土地所有权一般仍属官有，土地拨给书院发租，收取地租，但需要向国家交税，“取其赢为养士”。

3.官费置田

以官费为书院购置土地在南宋已经出现，并一直延续到清末。

南宋淳熙八年（1181年），朱熹拨钱白鹿洞书院买田；嘉定九年（1216

年），宜州建造龙溪书院，广西转运使方信孺捐鹾钱“四十万买田给诸士”；淳祐五年，潮州太守陈圭“拨钱一千五百贯置田益廪”；开庆元年（1259年），提学“出公帑置田三百五十亩”与石鼓书院，都是以官费置田。

明正德中，巡按御史谢天锡“籍救荒谷赢余置田一百一十亩”与桂林宣成书院；嘉靖四年维修道南书院，以官费买田200亩，作为春秋祭祀经费，盈余用于维修。嘉靖中，浙江侍御“出法台赎金三百两，命杭州推官罗大用及钱塘知县王釴买宋人所为龟畴田九十余亩以益之”，增加天真书院土地；四川提学副使以赎银600两为大益书院于双流购置土地，岁入大米460余石。万历中重建大梁书院，藩臬诸大夫各捐赎羡，买地若干顷。

清顺治间，江西巡抚蔡士英“会商前任李臬司暨学道、馆县捐资六百二十一两一钱八分零，复买吴苏子田六百余亩入洞收租”，以官费为白鹿洞书院置田。雍正十三年（1735年），江苏巡抚高其倬拨给苏州紫阳书院赎锾和变卖废祠余两置田。嘉庆元年（1796年），永昌知府庆玉以“郡属厅州县各有捐助，以及因公罚充之项，除支费外，存库银一千四百六十五两零九分”，为永保书院购置年租米57.75石的土地。道光初，平乐知府唐鉴捐银680两为道乡书院购置年收租谷11298斤田地，后又分别以捐银290两、75两、30两购买年租谷7000斤、1200斤、490斤三宗田地，年收谷19988斤，折米16512斤。

4.创建者置田

在农业社会中，土地是最主要的收入来源，毫无疑问，书院建造者自置土地是很普遍的现象，但由于早期书院多是家族或个人私立，不需要单独核算，所以早期书院文献中关于自置土地的记载很少。已知记载有唐代东佳书堂，“田二十顷，以为游学之资”，北宋大中祥符二年（1009年）曹诚捐建应天府书院，“买田市书，以待来学者”。

从南宋开始，关于书院自置土地的记载逐渐增多。绍兴五年（1135年），刘炎重建皇寮书院，“割田五十亩以资赡用”。绍熙元年（1190年），朱熹建造竹林精舍，置田90亩。嘉定中，鄞县尹沂创建台山书院，“置田百二十亩以供祀事，赡生徒”。张栻弟子钟如愚之子创办主一书院，割田500亩以充书院经费。

元代为鼓励民间建造书院，对将规模较大且置办足够土地的书院捐给政府者，即给予授官首任山长的奖励，所以元代许多书院建造者都自置田地，而且普遍田地数量较大。元初，主一书院土田被豪家霸占，其孙赎回并再捐赠500亩，使书院土地达到1000亩。至元二十四年（1287年），长兴蒋必胜建造东湖书院，并捐土地为书院经费，至治元年（1321年）赐额，其弟居仁增捐土地204亩，至元元年（1335年）蒋克明再捐400亩。大德二年（1398年）赵寿建造鄮山书院“割田一顷以赡”；大德五年，刘履泰建造庆洲书院，“捐田三百六十余亩资其用”，至元六年，其子再捐二百亩，收回被侵占一百亩；大德间，田公著捐建天门书院，“买田二百亩以为食”；克呼士希建造伊川书院，“割田千亩以备祭养”；至大三年（1310年），胡淀等建造明经书院，胡淀捐田300亩，胡澄捐田50亩；至治元年（1321年），王进德“买宅一区，割田九顷，创建江东书院，朝锡以额，设官掌其教”；至顺二年（1331年），常熟邑人曹善诚建造文学书院，“畀以田二千六百亩有奇”；至顺中陆德明建造甫里书院，“割私田以供粢盛稍食，凡四顷有奇”；至元三年（1337年），曾尧臣建浯溪书院，“又割私田三百亩以廪学者”；至正四年（1344年），新乐赵恕、赵愿兄弟建造壁里书院，“割侠神里田三百亩以廪师生”；至正十六年，婺源汪仲玉建造商山书院，“其既廪之供则买于旁近，得田二百余亩，在黟者五十余亩”。舒噜多尔济建造石室书院，“祀敛其新都膏腴之田亩一百五十所入，庙干家僮二百指”；临潼邑人李德邻建造骊山书院，“割田二顷给其廪饩”；鄞县陆天佑之子重修东湖书院，“割田一百有五十亩为报祀廪饩之须”。

明代书院创建者自置田地很少。成化二十三年（1487年），婺源戴希英重修家族所建桂岩书院，“仍议割田供费，以亩计者三十”；成弘间，祁门李汎建造李源书院，“以其父景瞻君尝给田二十亩资其学”；弘治二年（1489年），编修谢世衍于家乡建造方岩书院，“置田三十亩以资养”；弘治中，阎仲实建造岍山书院，

“垣之外为田百余亩，岁收其入以共祀事”，湖广巡抚谢绶维修其祖先所建龙冈书院，令其子谢琪“买田百亩，择谨厚者掌之，以供祭祀及束脩之费”；嘉靖中，长治邑人仇森、仇朴等建造东山书院，“置田百五十亩以供义学先生束脩之用”。自置田地一般二三十亩，百亩就是很多，与元代动辄几百亩不可同日而语。

清代特别是晚期民间建造书院不少，但有详细记载者不多，而且书院更重视设立基金生息，所以自置田地记载很少。乾隆五十五年（1790年），郧县李祖庚“独力捐四百余金为龙峰书馆营房舍，兼置学田园地”，乾隆五十八年，支本、支金兄弟捐资迁建剡山书院，支金另捐田20余亩作为岁脩经费。

5.各界捐置

各界捐资有官员独捐、士民独捐、官民合捐、王府捐田、官民捐款与官费同置等形式。

官员单独捐置田地始见于南宋，嘉定二年（1209年），南剑平知州陈宓建造延平书院，“捐俸市田”。元延祐二年（1315年），提举陈以忠为瑞州正德书院“置田增租岁入可二百斛……其费一皆己出”。明弘治七年（1494年），通判陈刚捐俸维修岳麓书院，“又买田若干亩”。嘉靖十三年（1534年），池州贰守柯某捐俸为甘泉书院买田10亩；三十一年，杨继盛建造甘肃狄道超然书院，买田两千亩。万历四十四年（1616年），祁门知县“因捐俸锾五十镮，为置田租六十秤”。万历中，泽州知州王所用建体仁书院，捐田24亩。清康熙五十二年（1713年），建昌同知郭惟筦重建崇儒书院，“捐俸置田以给膏火”。道光三年，署江阴知县王沄“乃裒所入俸廉，倾其橐代之，一限并纳”，一次缴纳银2600余两，购买滨江新涨沙田3300亩交于暨阳书院作为膏火之用。道光十年（1830年），平乐知府唐鉴为道乡书院捐廉395两，三次购田87亩，年收租谷8690斤。

士民独捐土地有两种情况，一种是直接捐地，另一种是捐钱置地。

直接捐地最早见于北宋，南宋未见，元明少见，清代略多。大中祥符二年（1009年），曹诚捐建应天府书院，“买田市书，以待来学者”。元至元二十八年（1291年），杭州“郡人朱庆宗以二子尝肄业其中，念无以报称，乃捐宜兴州洎阳村圩田二百七十有五亩归于书院，遵著令减其租什二，实为米一百三十有二石”，捐给西湖书院土地275亩。元贞元年（1295年），南宋应䌛之孙为所建翁洲书院捐置田地。天历三年（1330年）重建龙眠书院，“邑贤范凤瑞割田二百亩以供祭养”；至元三年，方逢辰之子方梁、方栋诸弟捐田二顷有奇与石峡书院；元中期，刘衍、汪谊分别向衢州明正书院捐田100亩和50亩。明嘉靖十三年（1534年），邑人宁铎向甘泉书院捐田百亩；三十三年，宁国知府刘起宗等建造泾县水西书院，南陵县曹按寡妻陈氏“输田八十亩有奇”。隆庆三年（1569年），遂安建造瀛山书院，邑人等捐田10余亩；隆庆中，安福刘元卿建造复礼书院，捐给山林庄屋出租以作书院经费，万历中陈国相又捐助土地30亩。

清代士民独捐情况大幅增多。乾隆十九年（1754年）、四十一年合肥捐职州同李植、陈嘉鸾各自向庐阳书院捐一座田庄，分别年收租谷30石、32石；四十六年，邵武邑人魏郑泰向正音书院捐赠年租338石的土地和2所庄屋。嘉庆二十一年（1816年），贡生魏文复捐田40亩与南宫东阳书院为岁修之资。有的书院还多次接受士民独自捐田。如皋雉水书院在乾隆十二年至三十年共募集到田361亩，园19.3亩，城内地基2方，年收租银80余两，大豆31石。如皋安定书院收到多位邑人捐田，汤临等捐地50亩，年租24千文；魏芳谷捐地10亩，年租10两；马盛万捐地7亩，年租4.8千文；刘云江捐地7.5亩，年租5.5千文；徐锦捐房53间，租银70两，田4亩，租4两；陈连瑞捐水涝圩草田62亩，租钱20千文。

捐钱购置田地的情况比较少见。康熙二十八年（1689年），海南定安县“教谕梁廷佐母冯氏捐赀置田一顷九十三亩，为寒士灯油及诸生科举费”。乾隆十五年，庐州庐阳书院募捐银700两置田，年收租谷120石。如皋邑人沈为仁向安定书院捐钱830.4千文，置地50亩，年入租钱33.6千文。乾隆中舒城重建龙眠书院，知县“解囊橐以为倡”，“遂踊跃欢趋，或施良田，或输多金，随所乐将，不督不拒，不数月，计得田六十九石五斗，得银四千余两，又置田一百石有奇”，既直接募捐田地，也募捐到资金购置田地。道光十八年（1838年），新都邑人捐款购田54亩与龙门书院。

官民同捐置地始见于元代。大德二年（1298年），美化书院山长陈天益“乃率先置养士田十五亩，继而询荒核耗，经理而得田，及诸儒所助，通一顷六十四亩”。大德九年，同知南剑州毋逢辰倡议为考亭书院捐田，名贤后裔及士大夫群起响应，共捐田410余亩。至大中，提举陈童发动士人和官员为丹阳书院捐赠土地，“侯犹以为未足以赡，乃劝士之有田者数十家暨官之好义者一二人各出力以助，或十亩，或五亩，有八亩、七亩者，有四亩、三亩、二亩者，积少而多，所得之田以亩计凡二百”[①]，连同从天门书院拨来400亩，土地达到600亩。至元四年（1338年），盱眙监县纳琳布哈“首捐俸五百贯以倡其众，寮宷士民咸乐输财助役”，建造崇文书院，“买田四百亩，给其饩廪”。明嘉靖三十一年（1552年），捐建水西精舍，官民诸生捐置土地，“田之赡，出于官十四，出于诸生十二，出于嫠妇十六”[②]。清乾隆四十二年（1777年），平远知州解倖为倡，慕义之家集输千金，购置瓜仲一庄，岁入谷80余斛；道光元年（1821年），广西义宁署知县捐廉置田40亩，劝谕士绅捐置40亩。同治十三年（1874年），枣强官民捐资建造敬义书院，剩余制钱16000余串，知县认为发商生息不可持久，于是购置土地932多亩，丰年可收租1000多串。

王府捐田见于明代。嘉靖三十四年（1555年），饶藩永丰王捐给白鹿洞书院土地292亩，年租432石。万历初，庆藩六郡王与三宗人捐俸及总戎谢某为宁夏朔方书院购置土地300余亩。

6.官民捐款与官费同置

此种情况不多。乾隆四十七年（1782年），略阳知县高瑆募捐建造嘉陵书

---

① ［元］吴澄：《丹阳书院养士田记》，见《吴文正集》卷三七。

② ［明］邹守益：《水西精舍记》，转引自陈谷嘉、邓洪波《中国书院史资料》，第516页。此处似有误，嫠妇十六恐为十四。

院，为保证书院运营，自捐并拨出零星杂项银700两，从士绅中募集300两，陆续置买田地。

7.书院自置

元延祐中，南康郡守崔翼之“视学田之入而节缩其冗泛，计其赀之积，可易民田百亩”，亲自查看，以白鹿洞书院积存购置良田。至元三年（1337年），徽州紫阳书院节缩浮费，“买田三十亩有奇”。至正初，太平路总管胡国安“以天门赢资一万五千缗买田，给采石教养”，将天门书院盈余购置土地拨给采石书院。清代襄阳龙门书院自置水旱地341亩，用钱2145串，年收租钱190串，纳粮1.36石。嘉庆二十年（1815年），新都龙门书院以余银40余两购置土地1.3亩。广州学海堂在兵乱后原发商生息本银被退回，同治二年（1863年）先后以两千两购田62.2亩、1950两购田29.218亩，分别年收租银142两、130两。

（二）放贷生息本金来源

书院放贷生息本金有御赐、官拨、官员捐资、民间捐资、官民合捐、官费与官民合捐等多种来源。

1.御赐

御赐书院帑银仅见于清朝，而且仅限于省城书院。清雍正十一年（1733年），令各省设立省城书院，各赐帑银一千两。乾隆三年（1738年）加赐鳌峰书院一千两；乾隆四年，因杭州敷文书院学生众多加赐帑银一千两，“交与巡抚经理，定取息银”。收到御赐帑银，有的书院用来购置土地，浙江敷文书院、湖北江汉书院、湖南岳麓书院、福建鳌峰书院、广东肇庆端溪书院将其作为本金放贷生息。

2.官拨

书院最早放贷生息的本金来自官拨，淳祐元年（1241年）桐乡钓台书院重修后，“郡捐帑五万缗就城为抵质库，月收其息以助养士”[①]。

① ［南宋］郑瑶等：《景定严州续志》卷三。

元明未见记载，清代很多。雍正十一年（1733年），湖北江汉书院除赐银外，借支藩库公项银三千两，连同积余息银共凑成五千两，总督又拨给武昌厂口岸本银五千两，一并发典商生息，月息1.5分，年息1800两。雍正间，广东总督郝玉麟奏准拨给端溪书院盐羡本银两千两发商生息，每年利息480两，遇闰加增40两。乾隆三年（1738年），江苏巡抚杨永斌奏准拨给紫阳书院帑银四万两生息。乾隆九年，孝感知县“捐各项变价银”539.2两，岁收租银97.56两。乾隆三十一年，沈阳书院“奏请借帑营息”。乾隆五十年，常州府将查抄入官钱两千千文拨给东林书院生息；同治十年，巡抚张之万拨给藩库银六千两生息。嘉庆间，铜仁知县禀请后将公款300余缗拨给书院生息。道光四年（1824年），湖南巡抚将“司库有从前绅士捐建贡院号舍余剩银两及积存无关支用闲款，并盐道库节年支剩光化各项内，共可提银六千二百两，以之发商生息，每年可得息银六百二十两”，作为城南书院加增膏火。同治十一年（1872年），霸州知州禀请上官同意，“将振捐余款生息银一百七十余两、闰年一百八十余两归入书院”；光绪十七年始，无极知县将积弊义谷折价生息，每年得制钱225.72千文与书院。江西省城豫章、友教、经训三书院原有本金银23322两余，太平天国起事被挪作军用，事平后，地方官除归还外，增拨46677两余，凑成七万两发典生息。

拨给资金仍归官有，只是将本金生息交与书院作为运营经费。

3.官员捐资

官员捐资见于山东省城书院，乾隆、嘉庆间巡抚发起募捐，“十府牧令捐俸增至一万五千两有奇”，道光二十年（1840年），山东巡抚托浑布再次发起募捐，40余名官员共捐银14000余两，发典商生息，作为泺源书院经费。乾隆四十二年，揭阳知县刘业勤捐廉银两千两交商生息，以作榕江书院膏火。光绪二十年，广东学政徐琪以精舍旧游名义捐俸两千两于诂经精舍发典生息。

4.民间捐资

民捐见于清代，有独捐和合捐两种形式。

民间独捐不少见，乾隆十四年（1749年），安徽歙县徐士修独自捐修紫阳书院后，又捐银12000两，解交府库，发典生息。乾隆五十九年，歙绅鲍志道捐银八千两，交淮商生息，其孙鲍均捐银五千两存两淮生息，黟绅胡尚熷、胡元熙、胡积城捐银五千两，黟邑各绅将原捐存建碧阳书院银内拨出银六千两，除归还垫项四千两，余银七千两发交歙、休二县典商生息，紫阳书院放贷本金多达两万两[①]。同治间，黄州邑绅刘维桢向河东书院捐银两千两，交商生息，年息16%，生息320两。光绪八年（1882年），山西平遥日升昌号财东李五玉之母王氏捐银三千两，银存本号，每年交息为超山书院经费。

民间合捐也比较普遍。乾隆四十八年（1783年），甘肃镇番建设苏山书院，邑人"共捐制钱二千串零五十千文，交商营运，每月一分五厘行息，月朔呈交"。乾隆五十三年，丹阳绅士捐银4434两与宝晋书院，年息12%，收息532两余。道光二十四年（1844年），山西平遥建造超山书院，平遥各票号等捐助白银一万两，每年生息650两作为书院运营经费。同治二年（1863年），江西吉安知府发起为白鹭洲书院募集运营经费，募集到钱16600缗，田租2500石，清理出旧捐钱2700缗，银1000两，发典生息和买店置业。

5.官民合捐

官民合捐始见于元代，大德四年（1300年），滕州知州建造义塾性善书院，捐俸首倡，得钱五千缗放贷取息，"出己俸以率州士，得钱五千缗，贷诸人取子息以供师弟子之食"[②]。

官民合捐本金明代未见，清代为多。湖北孝感西湖书院自康熙三十一年（1692年）由知县梁凤翔创立后，不断有官民捐至银2100两，钱160串，嘉庆元年（1796年）全被挪作军需，重新募集，光绪八年增至4200串，年息420串。乾隆十年（1745年），山西安邑官民募银一千两生息为条山书院膏火。道光二十七

---

① ［清］道光《徽州府志》。

② ［元］虞集：《滕州性善书院学田记》，见《道园学古录》卷八。

年（1847年），雷琼兵备道黄宗汉捐廉三百千文，生员张朝敬捐钱四百二十千文，陈于厘兄弟捐钱一百二十千文，一并发商生息，道光九年再次募捐，募集三千千文，发当生息，为琼台书院经费。江阴暨阳书院康熙间初建后即设本金生息，道光间学政廖鸿荃以洋银100元倡捐，募银三千两，连同旧存共六千两生息。乾隆三十九年（1774年），陕西户县知县汪悫斋接受士绅建议募集基金3000缗，发典生息，年息银360两，为明道书院经费。嘉庆二十四年（1819年），徽州知府捐廉400两为倡，募集资金14500两，发当生息。道光三年（1823年），广东韶州知府"捐廉倡助，复劝之僚属绅富，共捐银四千四百有奇，合之向日捐存银二千三百两有奇，得六千三百两之数，发商权子母，岁以息为用"。道光九年（1829年），琼山知县苏棨捐廉俸银440元发起募捐，募集洋银3420元，折钱2648千文，连同他钱凑成三千千文发当商生息，为雁峰书院膏火。道光十一年，贵东道于克襄捐廉为倡，募银2500两有奇，"交盐商、当铺、会馆诸处生息"。光绪十三年（1887年），天津知府发起募捐，募集白银三千两，发质库生息，为稽古书院运营经费。

6.官费与官民合捐

官费与官民合捐仅见于清代。乾隆二十八年（1763年），江苏丹徒知县将充公之产和绅士捐项利息银1467.9两每年拨给宝晋书院，此笔基金应该超过一万两。道光元年（1821年），广州知府罗含章请于院司得充公田七顷变卖，连同官绅捐题等得银三万两，发当商年得息三千两。光绪九年（1883年），昌乐知县程丰厚拨库平银400两，发起募捐，募集到钱12000千文，发典生息，为营陵书院经费。陕西富平南湖书院多次募捐生息，乾隆三十九年募银850两，道光三年以修建余银1919两，生员李必荣捐钱50万，光绪二年，藩司拨银500两，本县拨钱250万，知县捐钱12万，本金累计为银3269两，钱312万。周至以官费和官民合捐迁建对峰书院，将经费余银5000两发典生息。

为了保证本金安全和利息收入，放贷收息一般由官府负责，为追求利益最大化，多发放给典当行、盐商、茶商等本地最盈利的行业商家。安徽徽州紫阳书院募集本金一万两千两，“解交府库发典生息”。河北南宫县东阳书院放贷本金四千贯，三千贯交当店，一千贯交盐店，年息18%。深州文瑞书院本金一万千文，发州境及下属三县盐当各商28家，年息12%。甘肃兰州五泉书院的经费主要靠本银生息，本银六千两，其中茶商一千两，当商五千两。

（三）官拨经费

早期书院经费主要来自书院建造者，南宋时部分书院如岳麓书院、白鹿洞书院等成为官学一部分，经费当然来自官拨，从朱熹《潭州委教授措置岳麓书院牒》看，“今议别置额外学生十员，以处四方游学之士。依州学则例，日破米一升四合，钱六十文。……并帖钱粮官于本州岛赡学料次钱及书院学粮内通融支给”，书院只有学粮而无经费。嘉定八年（1215年）建造的建康明道书院也是从本地官府赡士钱内支给，“本府每月拨下赡士支遣钱五千贯”。

书院没有专项经费，地方官员就从自己能够掌控的经费中调拨。嘉定四年（1211年），隆兴府建造东湖书院，拨给东湖收入，“湖之岁入，东自二台，西及闸亭给之”。嘉定八年，建康府从赡士支遣钱内每月拨给明道书院五千贯，淳祐十二年二月初二日，知府吴渊离任前将明道书院经费由赡士钱支给改为从张庄变粜二麦价钱内拨给，但次月上任的新知府就改回月拨五千贯。淳祐元年（1241年），吉州太守江万里创建白鹭洲书院，拨给城壕岁入租银50两；景定三年（1262年）台州知州王华甫建造上蔡书院，拨给东湖岁收，“东湖岁利万缗拨付上蔡书院”。

元代部分书院纳入国家管理，经费也由政府提供，但江南主要从南宋官学、书院的学田收入中支给，书院山长等列入政府官员，俸禄也由官府发给，孔森任浙江庆元翁洲山长，“为山长三年，禄米仰于郡庠，俸钱给于府库，无所自遂”[①]。

---

① ［明］徐一夔：《故松江府学教授孔君墓志铭》，见《始丰稿》卷一四。

明代官拨书院经费比较少见。弘治六年（1493年），御史樊祉建辽左、辽右书院，“命官典薪米供亿之费”。万历二十七年（1599年），盐运使何继高建造沧州天门书院给以全部经费，“饩廪课资给以赎锾，著为令”。

清代官拨经费也不多见。雍正八年（1730年），高州知府呈请上宪将海菜铺租银51.54两、岁学租钱72千文、府衙岁收地租108石和城埠地租银30.91两拨作敷文书院经费。乾隆二十八年（1763年），经各县批准，丹徒知县“以充公之产及绅士捐项岁支租息银一千四百六十七两九钱零”为宝晋书院经费，乾隆三十八年，江西巡抚明德经奏请同意，将“九江、赣州两关平余银及各属城濠地租银每年共三千余两，除作巡抚衙门书役工食、一切办公、赏兵外，尚余银千余两，请归书院佐士子膏火，得旨允行”[①]。乾隆间，夔州府拨给莲峰书院延师束脩、膏火260两。乾隆五十五年重建古紫阳书院，“于淮南杂项活支款下每年拨给银三千七百二十两，以为延请山长及诸生膏火”。道光十年（1830年），河南开封府规定，下属15州县每年向彝山书院捐银518两。同治元年（1862年），学海堂因乱后商家退回生息本金，书院只能以此购田，但年收入减少银208两，不敷使用，经督宪札批从惠济义仓每年所收田租拨给银244两。同治十一年，霸州知州禀请上官同意后将赈捐余款生息银170余两、闰年180余两拨给益津书院。清代时，陕西粮道每年向关中书院助银三千两。

由于地方官府自主经费不多，难于拿出资金支持书院，许多地方官员想方设法筹拨经费支持书院。一是加征税费。光绪十三年（1887年），略阳知县傅汝梅规定增加白水江往来运盐规费，每驮收钱80文，用作嘉陵书院膏火及士子宾兴之资；光绪二十五年，河州知州建议并经上官同意，趁水磨更换执照之际，每轮水磨加征银1.4两，水磨1043轮，连同知州捐银共1580两有奇，以款建造龙泉书院，余银1000两发商生息，作为龙泉书院经费。二是从税费中提取。嘉庆十七年（1812年），云南盐丰县盐井署理提举规定，“由篮草项下每月

① ［清］《钦定八旗通志》卷一六六。

抽取三十四千文，以六千作馆师薪水，余作生童膏火”；光绪初，青浦知县禀请，每征粮正银二两，于平余办公项下提钱10文作为书院膏火，经两江总督同意，通饬各属一律照办，江南实征银468万两有奇，可提取23400千文。光绪六年，安徽庐江县知县提议仿照，“每征钱粮正银一两，于卑职平余办公项下提钱十文，以作书院士子膏火”。三是令商人资助。山西襄垣知县程汝涛认为，县官生日时盐、当两行演戏宴会并送礼约四五十千文，连同县官夫人一年两度约费一百千文，因此令改掉陋习，盐、当两行各出钱一百千文交书院监院作为师生膏火。

（四）房租

早在北宋时国家就规定将房租作为教育经费，元丰三年（1080年），令“取州县田租、屋课、息钱之类，增为学费”，以房租作官学经费。书院房租收入始见于南宋，元代未见，明代不多，清代多见。

书院出租房屋来源有官拨、书院自置和接受捐赠三种方式。

1.官拨房屋

官拨房屋出租最早见于南宋建康明道书院，《景定建康志》记载，明道书院在宜兴县有房，年租81.9贯，建康城内1处房产，每日收钱260文，年收93.6贯，合计年收房租175.5贯。乾隆五十一年，宁夏灵州建造奎文书院，拨给官房一所，市房30间，月租九千文。乾隆年间，莲峰书院有“大南门内官房四间，每年收租钱三十二千八百文”。光绪十八年时广西镇安崇正书院有归公房出租。

2.书院自置房屋

自置房屋有自建，有购买。万历四十六年（1618年），祁门重建东山书院，“缮铺房四间，岁入其僦赁为葺理之费”。道光十四年，栾城募捐维修龙冈书院，以两千缗建造房屋，赁租充费。道光间，广州学海堂在省城建造房屋2所，每年租银379.834两。同治二年（1863年），白鹭洲书院募钱18860串，部分发店生息，部分买店置业。

3.捐赠房屋

捐赠房屋与书院主要见于明清，有官捐，也有民捐，有直接捐房，也有捐款购买或建造。

明万历三十二年（1604年），嘉定知县韩浚独自捐俸建造明德书院，同时建造房铺11区，年收租银15.79两。乾隆十二年（1747年），徐建枃向如皋书院捐市房一所，岁征租银16两；十七年，朱溓捐赠店房一所，租银5.4两；三十年，徐锦向捐房53间，租银70两。乾隆二十四年，张掖知县绅衿公捐银550两，为甘泉书院购买铺面房屋76间，岁收租银27.28两。嘉庆元年（1796年），四川乐山邑人罗其晏捐银千两购买“民室四，市室五”，捐给九峰书院出租。道光初，平乐知府唐鉴捐廉680两，其中522两购置三处房产，捐给道乡书院出租收息。道光十四年（1834年），知县“金董事劝捐制钱四千余缗，以二千筑书院，余筑市房，赁租充费”。道光十六年，朱、陶、蔡三姓邑人向东林书院捐赠房屋6间，“招租采息为书院杂项公费”。

（五）其他收入

除以上四种主要来源外，书院还有盐灶、水磨、水碾、煤窑、湖池、鱼塘、芦苇、山泽、沙场、渡口等收入。

盐灶已知有四川夔州莲峰书院。乾隆三十三年（1768年）官民捐资建造莲峰书院，以捐资1400两购买大宁县龙津庙余地卤眼，修筑莲峰、莲奎、莲院、莲壁4座井灶熬盐，年租钱800千文，四年后因卤水稍淡减免64千文，实收736千文，此外又有灶户每年愿捐4灶租钱96千文，合计832千文。

水磨已知有陕西宜川瑞泉书院，乾隆十七年，宜川知县捐廉20两购置水磨一座，年收租银12两。

水碾已知有甘肃张掖甘泉书院，乾隆四十三年，张掖武举冯魁捐给一座水碾，每年租银3两。

煤窑已知有山西潞州东山书院，明嘉靖中，仇森家族建造东山书院，“院西北置田五十亩，煤窑一座，则以供春秋粢盛及有事书院者之用”。

湖池收入见于清代，甘肃张掖甘泉书院有城外草湖共地291.7亩，年收租银11.95两，湖北孝感西湖书院城内有官池1口，每年收租。

鱼塘最早见于南宋南康景星书院，“有鱼湖八所，通数百顷”。康熙二十一年（1682年），广西巡抚郝浴建造华掌书院，“复置鱼塘二区，用赡诸生，期永久而无废”。

芦苇收入始见于南宋。淳祐十一年（1251年）、咸淳五年（1269年），两淮制置使两次出给公据拨给淮海书院两所芦场，其后开垦成田9425亩余，年入租粮2929石余，钞175贯，元至顺时还存芦地26.75亩，藤料沙芦年入租钱35贯。清乾隆十年（1745年），湖南巡抚将洞庭湖磨盘洲稀芦地1022亩、草地2700亩、泥地222亩收入拨给岳麓书院和岳阳书院各35%。乾隆十四年，无为有人争夺苇荡，知府呈请上官拨归庐阳书院，岁入租银400余两，递年增加，至光绪十一年（1885年）已达829.8两。乾隆三十三年，黄州拨给河东书院稀芦403亩，泥滩202亩，白沙540亩。乾隆间张掖甘泉书院有官池123.4亩，年收芦苇租银25两。

山泽收入见于南宋。淳祐二年（1242年），制置使孟珙建造公安书院和南阳书院，公安书院有“山泽间架之利为钱二百万”，南阳书院有“山泽鱼征之利为钱四百万”。绍兴五年（1135年），刘炎重建皇寮书院“拨山一所以备炊焚”，为书院提供燃料。南宋时钓台书院“尝入钱佃其旁官山三十顷，取鬻薪之奇赢以佐营缮之费”，书院租赁官山三十顷，采卖山柴，赚取差价，作为书院维修经费。

沙场收入见于南宋，拨给淮海书院沙场，元至顺时年收租51.5贯。

渡口收租见于元代，宁波慈湖书院有渡口6处，每年收租，“租谷一十五石三斗五升七合”。

二、经费组成

书院经费来源虽多，但并非每所书院都有这些收入。从书院具体收入看，有纯地租，纯利息，纯房租，地租与利息，地租与房租，房租与利息，官捐与利息，地租、房租与利息，地租、利息与官费，地租、房租与官费，利息、地租与官捐，盐灶租、房租与地租，苇租、地租与利息，利息、地租、房租与官员捐助，利息、捐款、房租、地租、湖租、苇租和水碾租等15种方式。

（一）纯地租

地租是书院最早也最普遍的收入方式。

晚唐陈氏书堂“田二十顷，以为游学之资”；北宋咸平二年（999年）岳麓书院“请辟水田，供春秋之释奠”；大中祥符二年（1009年）曹诚建造应天府书院“买田市书以待学者”；天圣二年（1024年）茅山书院“给三顷充书院赡用”；宝元元年（1038年），朝廷赐给嵩阳书院田十顷，“赏田逾千亩”；南宋景定五年赐额丹阳书院，“且赐公田为亩者二百”；淳熙十三年（1186年），石鼓书院“凡田以亩计二千二百四十有奇，合为米六百二十七斛有奇”，都是以地租为收入。最为典型的是白鹿洞书院，淳熙六年，南康知军朱熹“于建昌县置东源庄田以给学者”，淳熙十年，知军朱端章“拨浮屠没入田以益之”，嘉定十四年，知军黄桂“续置西源庄田三百亩”，咸淳间，知军刘传汉增置贡士庄，经费全部来自地租。

元代书院大多仍依靠地租。大德二年（1278年）建造的鄮山书院“田土：水田一百亩二角九步。钱粮：每岁该收早黄谷二百六十七石一斗五升，输纳税粮该米五石七斗七升，准谷一十九石一斗”[①]，经费来自书院建造者赵寿捐献的一顷水田，年入经费为税后黄谷248.05石。至大三年（1310年）建造的

---

① ［元］《延祐四明志》卷一四。

明经书院，“畀之土田，输其岁入以养师弟子。淀所畀以须计者三，澄所畀以亩计者五十”[①]，以建造者胡淀捐田300亩和胡澄捐田50亩岁入为书院经费。陆德原建造甫里书院，“割私田以供粢盛稍食，凡四顷有奇”；吉水张文先建造白沙书院，“捐良田入书院内，岁入租赋于官，使师生廪膳可终岁”；曾靖翁建造志欧书院，“置赡田五百亩”，都是建造者捐田作为经费。

明代大多书院仍以地租为经费来源。成化二十三年（1487年），婺源戴希英重建桂岩书院，“割田供费，以亩计者三十”。弘治二年（1489年），谢方石建造方岩书院，“置田三十亩以资养”。正德十三年（1518年），成都创建大益书院，嘉靖间以赎银600两于双流购置土地，岁入大米460余石，“书院之居养裕矣”；嘉靖四年，广德州判官邹守益创建复初书院，“置田三百亩以供学者”；嘉靖中监察御史张景建天真书院，“买田数百亩以给肄业诸生”；嘉靖中杨继盛在甘肃狄道创建超然书院，“买民地二百亩资诸生，给笔札”，都是以地租作为书院经费。

清代有不少纯以地租为经费的书院。

顺治十二年（1655年）时，白鹿洞书院经费全部来自地租，年收银938两。乾隆二十八年，青海清溪崇文书院有知县劝捐中下田62亩，除去正赋外每年收谷51.8石。道光十九年（1839年），四川新都龙门书院经费纯为地租，有田177亩，年收租谷393.56石，米8.76石，钱81.2千文，银4.5078两。道光间，贵州黎平黎阳书院每年经费只有租谷300余挑。同治末，甘肃灵县鹑觚书院有涧沟荒地931亩，每亩年收40文，每年得37.2串，合巩家寺地109亩，每亩年收200文，年收21.8串，每年共收钱69串。同治十三年（1874年），河北枣强募捐建造敬义书院，余钱16000余串，“虑发商生息不可以持久，于是买上地，召佃人耕种之”，买地932亩余，年收租钱一千串有奇。光绪元年（1875年）时，陕西蓝田玉山书院经费全部来自地租，书院有8处土地2106.4亩出租耕

① 引文中的“须”当为“顷”之误。

种，岁收租钱1499.4串。新疆济木萨书院和奇台县书院都只有膏火土地60亩，年收银60两，迪化州虎峰书院有膏火地650亩，岁收租银40两。

（二）纯利息

书院经费全靠放贷生息主要在清代中后期。

乾隆二十年（1755年）重建凤山书院，二十六年知县倡捐募银1200两交市肆行息，四十三年知县再次倡捐，募银2210两生息；嘉庆十年（1805年）建造的海州卫公书院“以四百金取息，为延师课乡人子弟之资”；嘉庆二十四年，甘肃按察使捐银一千两，连同士绅捐银共六千两，其中五千两发当商生息，一千两发茶商生息，年息720两，闰月加征60两，为五泉书院“每岁延师束脩及生童薪水之费”；同治八年建造的番禺应元书院“书院经费二万余金，发商生息，其用可足”，都以利息作为书院经费。

（三）纯房租

纯靠房租为经费的书院仅见于清末的新疆昌吉书院，书院有膏火官房2所，年收租银40两。

（四）地租与利息

书院以地租和放贷利息为经费始见于南宋淳祐元年（1241年），桐乡钓台书院“郡捐帑五万缗就城为抵质库，月收其息以助养士”，此时书院还有土地64亩。元代滕州性善书院经知州捐俸首倡，得钱五千缗放贷取息，“出己俸以率州士，得钱五千缗，贷诸人取子息以供师弟子之食”，同时拨给官地三顷，延祐二年（1315年）时拨给土地已达1030亩。

清代是放贷生息的大发展时期，以地租和放贷生息作为书院主要经费来源当然大增，范围也非常广。长沙岳麓书院和城南书院在乾隆二十八年（1763年）时放贷本金银8700两，年息1938两，地租年收谷697.8石；乾隆间，山西寿阳三任知县向书院共捐银一千两存当商，每月一分五厘生息，为山长修膳，道光十九年（1839年）将维修文昌宫捐款余钱一千贯发当生息，月五厘，同治六年将维修文庙捐款余钱1800贯存当生息，期年六厘，从康熙年间至同治四年（1865年），五任知县共置地164亩，拨给清出土地18.34亩，收租以供生童膏火；河北南宫东阳书院道光七年时放贷本金4000贯，年息720贯，土地1007.1亩，年收租京钱815.4贯；湖北孝感西湖书院每年收入租谷74.3石，银2两，乾隆九年知县募捐539.2两，放贷年息97.56两，四十二年邑绅夏扶黄和知县高质义合捐1000两，年息180两，光绪八年（1882年）时放贷本金4200串，年息420串，地租年入120余串，年总收入540串；陕西富平南湖书院有土地1691亩，放贷本金银3269两，钱322万；山东昌乐营陵书院年收地租银400两，放贷生息本金14000串；山西虞乡王官书院，同治十一年知县劝绅富捐银2400两，光绪五年，阎敬铭捐俸1200两，均发典生息，年息468两，光绪五年署知县拨给绝户地230亩，增加地租收入。上述书院都以地租与利息为经费。

（五）地租与房租

以地租和房租作为书院经费明代已经出现，但以清代为多，而且分布也很广。明万历三十二年（1604年），嘉定知县韩浚独自捐俸建造明德书院，置田三百亩有奇，“廛共一十一区，廛银一十五两七钱九分”；嘉庆间，云南广南知府为培风书院购置土地房屋，价值5000余两，年收租500余两；甘肃徽县凤山书院有市房4所85间，缴纳基地租金房21间，土地69.5垧；道光时，江苏宝应画川书院土地年纯收入三百五六十千文，房租年纯入六七十千文，合计年收入420—430千文；光绪间，宁夏平罗又新书院有房25间，年收20余千文，田10顷，年收租粮四五十石；光绪间，新疆绥来书院有市房10间，岁收租银120两，膏火地1200亩，岁收租银60两，共有经费180两；天津蓟州渔阳书院有地175.21亩，年收租钱201.53千文，外房一分，年收租钱6000。上述书院经费都来自地租与房租。

（六）房租与利息

以房租与放贷利息作为经费的书院不多。宁夏灵州奎文书院乾隆五十一年（1786年）建，“其膏火之费，有官建店房一所，市铺三十间，每月收租钱九千文，又有官及阖属士民捐存钱一千四百八十四千，俱交当商营建，每月按一分五厘起息”[1]，店房年租金108千文，利息年收267.12千文，每年共收经费钱375.12千文。

（七）官捐与利息

以官捐和放贷利息为经费的书院也不多。乾隆二十九年（1764年）建造的沭阳怀文书院，邑人吴九龄捐膏火银1000两，次年监生周光燕等捐钱230千文，乾隆三十四年知县倪学洙捐钱1370千文，每月得息27.4千文，不足之款由知县捐养廉银补给。道光十年（1830年）时，开封彝山书院经费由官捐和地租组成，官捐由开封府下辖15州县直接解给府库，每年518两，基金本银2000两，遇闰不加，年息288两，每年总收入白银806两；道光二十五年，本金增加，利息增至742两，每年收入也增至1260两。

（八）地租、房租与利息

以地租、房租与放贷利息作为经费的书院主要在清代中后期。

道光六年（1826年）时，广州学海堂有土地2570亩，年收租银652.148两，房租两所，年入租银379.834两，放贷本金为总督拨给银4000两，发商生息，年息480两，年总入银1511.982两。

道光时，无锡东林书院经费主要来自三个方面：一是地租，有义租田1340亩，年收租米1018.82石，小麦177石；二是放贷利息，本金16000千文；三

---

① ［清］嘉庆《灵州志》卷一，转引自陈谷嘉、邓洪波《中国书院史资料》，第1314页。

是房租，获捐房屋6间，出租收息。咸丰十年（1860年）战乱，书院钱款迷失，同治五年（1866年），公议于本邑布捐项下提拨二成12093千文生息。

（九）地租、利息与官费

以地租、利息和官费为经费的书院很少，已知两所都是省城书院。

广东肇庆端溪书院嘉庆时经费来自三个方面：一是土地收入银1179.378两；二是放贷本金3000两，年息720两，遇闰加60两；三是每年官拨铁规银、小礼银270两。云南昆明五华书院置田10721多亩，地485亩，年收米214.58石，银1568两有奇，督学每年拨学租银201两有余，嘉庆二十年（1815年）学政顾莼复同司道捐银1000两生息。

（十）地租、房租与官费

以地租、房租与官费为经费的书院很少。南宋嘉定八年（1215年）建造的建康明道书院，帅府屡次拨给土地，书院土地达到4908多亩，每年收米1269石，稻3662斤，菽麦110多石。书院另有房产土地收入，宜兴县房屋年收租赁费81贯900文，三块白地日收租金1贯565文，两处房产日收租金260文。此外淳祐十二年（1252年）建康府每年还拨给书院赡士钱11万贯，但不久被建康留守王野减为5000贯。明道书院应该是经费最多的书院。

（十一）利息、地租与官捐

此种方式比较少见。光绪间，河北巨鹿广泽书院规定，山长脩金100吊由书院生息支给，薪水20两和关聘银2两俱由官捐，此外书院有地亩收租。

（十二）盐灶租、房租与地租

以盐灶租、房租与地租为书院经费仅见于四川夔州莲峰书院。乾隆三十三年，莲峰书院以银1400两购买灶眼，设4灶熬盐，每年租钱800千文，四年后因卤水稍淡减少64千文，另有灶户每年愿捐4灶租钱96千文，书院共收832千文。房屋为官房4间，年收钱32.8千文。地租为开县里民愿充土地年收谷22.8石，折钱9.12千文，地租8千文。合计书院每年共收881.12千文。

（十三）苇租、地租与利息

以苇租、地租与利息为经费仅见于庐州庐阳书院。苇荡为乾隆十四年（1749年）知府蔡长沄拨给，当时年租银400余两，递年增加，光绪十一年时年入为829.8两；地租有乾隆十五年以募捐银700两购置，年租谷120石，乾隆十九年、四十一年合肥捐职州同李植、陈嘉鸾各捐一座田庄，分别年租谷30石、32石，共182石；利息为乾隆十五年募捐银210两设，年息50两。

（十四）利息、地租、房租与官员捐助

以生息、地租、房租与官员捐助为经费仅见于辽宁义州聚星书院，光绪八年（1882年）时，放贷本金5万吊为官绅合捐，发当商生息，年息5000吊；年收地租580吊；房租为书院买宅一区，租与礼房，年租460吊；官员捐助为无论正署官长每年捐廉300吊，二月初二书院甄别时发出，500吊按当时本地1两银折钱1100文的行情折银450余两，参照直隶知州600两—1200两养廉银标准，此项捐款不能算少，此规定“始末缘由条分缕析备载于书，又刻诸石者为石与书互佐证，失彼则有此，失此则有彼，再再经心不过，期历历不坠，共扶文教云尔”[①]，用心可谓良苦！聚星书院全年收入6270吊，经费是很宽裕的。

（十五）利息、捐款、房租、地租、湖租、苇租和水碾租

甘州甘泉书院经费最为复杂，有利息、商家捐款、房租、地租、苇租、水碾租等。乾隆间放贷本金2000两，分交当商，月息一分，每年228两，闰

① ［清］李珠：《重修聚星书院记》，转引自陈谷嘉、邓洪波《中国书院史资料》，第1265页。

年加19两；商家捐助共140两，其中乾隆二十四年（1759年）知县准三街杂粮行岁捐银90两，三十四年准白米行年捐银50两；房租为绅衿共捐银550两购置76间，年收租银27.28两；土地为官拨6063.1亩，年收小麦数百石；湖租来自城外草湖，面积291.7亩，年收租银14.95两；苇租来自城内外苇池，面积123.4亩，年收租银25两；水碾租由武举冯魁捐入，年收租银3两；合计年入银438.23两，小麦数百石。

第九章　中国书院祭祀

中国自古就有在学校祭祀圣贤的传统，《礼记》说“凡学，春官释奠于其先师，秋、冬亦如之。凡始立学者，必释奠于先圣先师”[①]，初建学校时祭祀先圣先师，每年四季祭祀先师。春秋以降，礼崩乐坏，祭祀制度遭到破坏。西汉罢黜百家，独尊儒术，孔子思想成为国家指导思想，逐渐恢复并完善传统礼仪制度，官立学校也恢复祭祀。东汉永平二年（59年）国家规定，“郡、县、道行乡饮酒礼于学校，皆祀圣师周公、孔子，牲以犬”[②]，学校祭祀周公和孔子，以犬为牲，祭祀等级不高，但其后制度逐渐完善，祭祀等级由中祀升为最高等级的大祀。

书院作为新兴教育组织，虽然兴起于民间，但由于国家和政府官员的关心和支持，也必然受到国家礼仪制度的影响和制约，特别是在书院初步发展的宋元时期，书院奉祀人物、奉祀方式乃至祭祀制度受国立学校影响很大，政府建造或管理的书院几乎就是国立学校的翻版。明清时期，由于书院激增，国家对书院管理逐渐减弱，书院祭祀日趋自由，奉祀人物、奉祀方式乃至祭祀仪式主要由主办者确定或制定，只要不违背国家礼仪制度，政府一般不会干预，祭祀与否国家也没有统一规定，历代都有许多书院不奉祀人物，也不进行祭祀活动。

虽然书院祭祀受到国立学校祭祀制度的影响和制约，但即使在国家控制较为严格的宋元时期，书院祭祀也没有成文的制度和规定。本章根据历史文献

① 《礼记·文王世子》。

② 《后汉书·礼仪志》。

对书院祭祀性质、奉祀人物历史、书院奉祀人物、奉祀人物方式、奉祀人物变化、奉祀形式、祭祀礼仪和主祀者等分别进行归纳研究，以期对方兴未艾的书院研究提供借鉴。

第一节 书院祭祀性质

历史上书院众多，除南宋和元代列入国家管理的书院外，都没有祭祀制度，为便于研究书院祭祀，有必要首先研究书院的祭祀性质。

书院祭祀就其性质看，可以分作公祀和私祀，此外还有许多书院不设祠堂，不奉祀任何人物，也不举行祭祀活动。

一、公祀

所谓公祀，是指经国家批准列入祀典并由官方主持的祭祀，本书只研究书院公祀。

中国自古就有食德报功的传统，对于作出贡献的人物进行国家祭祀。东汉即令学校祭祀周公、孔子，唐天宝十三载（754年），玄宗曾发布诏令，“五岳四渎及名山大川并灵迹之处、先贤祠庙，各委郡县长官致祭”[①]。

宋元时期，官立或官办书院多奉祀孔子，并设山长，毫无疑问，祭祀均为公祀，未奉祀孔子的书院有的也列入公祀。

未设孔子庙而只奉祀范仲淹的苏州文正书院自元代设立后一直被纳入国家祀典。北宋时即设庙宇奉祀范仲淹，宣和五年（1123年）赐额庆阳奉祀范仲淹祠堂为忠烈庙，南宋时南北隔绝，无法祭祀，改祭于苏州太平山族墓，“每岁上巳，三司率僚属，郡博士率前序，偕来致祭”，已经属于公祀。元代增改为

① ［宋］宋敏求：《唐大诏令集》卷九《天宝十三载册尊号赦》。

文正书院，后孙不愿交由官办，要求不设山长而由子孙奉祀，“建书院以祀公，慎选族人之贤者充主奉祠足矣，官除山长则乞免焉”，获得朝廷同意，“遂以书院登诸祀典，春秋祭享，郡之官属、师生与其族之子姓咸集祠下行礼，著为定规”。明代“列于祀典，子孙世守其所”[①]，“每岁上巳，有司致祭，今祭于城中书院”，朝廷还颁布祝文，赞颂范仲淹“学冠天人，才兼文武，义敦九族，名垂千古”[②]。列入国家祀典就属于公祀，清代依然。

明清时期，书院不再列为官学，原奉祀孔子者许多不再奉祀，只有部分书院经朝廷批准列入祀典，由地方官员公祀。

洪武四年（1371年），明太祖朱元璋曾颁发诏书确定诸神封号并厘正祀典。诏书规定，“历代忠臣烈士并依当时初封名爵称之”，“天下神祠无功于民，不应祀典者，有司毋得致祭”，对民间祠宇进行清理，列入祀典的人物仍然不少。从《吴都文粹续集》看，明代苏州府列入国家祀典的书院祠宇有10处，西周初让王的泰伯和仲雍、春秋伍子胥和范蠡、西晋张翰、南朝顾野王、唐代陆龟蒙、南宋卫泾、孝子周容、甘泉龙神，都被奉祀在祠庙内，只有春秋言偃、北宋范仲淹和南宋魏了翁有专门奉祀的书院，可见列入祀典的书院并不是很多。

明代公祀已经形成制度。景泰中，江西巡抚韩雍奏请赐予谢枋得谥号，有司致祭叠山书院，“巡抚韩雍奏请赐谥文节，仍命有司春秋致祀”。成化时，奉祀范仲淹的苏州文正书院“命守臣即书院岁时致祭”，“每岁上巳有司致祭”。弘治四年（1491年），太学生林海上言建议将奉祀朱熹的福建尤溪南溪书院列入公祀，“邑人太学生林海上言，祠为文公毓秀之地而作，然其诞辰之际未秩于祀典，似于圣朝崇儒重道之意犹未能无少阙遗也。朝议允其言，命有司岁以九月望日行事”，朝廷同意将南溪书院祭祀列入国家祀典，地方官在九月十五

---

① ［明］王鏊：《姑苏志》卷二四。

② ［明］钱谷：《吴都文粹续集》卷一四。

日要亲自致祭。弘治十五年，又令奉祀朱熹的婺源紫阳书院春秋举祀。

明代公祀是很隆重的，奉祀人物由朝廷批准，祭文由朝廷制定颁给，祭品由国家提供，祭祀由地方官主祭。弘治间，江西提学副使邵宝奏请将周敦颐墓祠纳入国家祀典，“周惇颐生于有宋，上契列圣，下启群儒，语其时贞而复元，论其地大而将化，开人之功万世永赖，无庸赘述。乃若九江之地，生寓精神，没藏体魄，实与故里相类。顾百年以来，墓与书院久废初复，而祀不在典，诚为未称。惟昔范文正公生于苏而葬于洛，二处皆有祠祀，崇名相也。岳武穆王生于相而葬于杭，二处皆有祠祀，崇名将也。我国朝于忠贞勋德礼数加隆至于如此，识治君子皆以为当，况道学大儒如惇颐者哉！惇颐之后称大儒者曰朱熹，贯于婺源，产于建阳，祠祭之典二处兼举”，请求将周敦颐墓祠按照朱熹例列入国家祀典，“乞敕礼部查捡朱熹婺源、建阳事例，就令书院赐以春秋二祭，定式拟祝，行令有司以时行事”，获得皇帝同意，“奉圣旨：是”[①]。

弘治十一年（1498年），苏州府长洲县民、魏了翁裔孙魏芳奏请将魏了翁列入祀典，“特赐秩之祀典”，礼部讨论后认为“以公平生具载史传，考论其功于法得祀，宜命守臣春秋举行，如范文正公故事”，与祭祀范仲淹一样，“酌于礼官之所议，出于君上之所从，陈其牲醴，奉其币帛，内出祝词，俾有司奠读如仪”[②]，看来这是列入国家祀典的制度。列入祀典，属于公祀，国家制定并颁布祭祀祝文。魏了翁祝文为“晚宋名儒，继明绝学，著书行世，抗节立朝。遗疏攸存，余风未泯，式彰明祀，以厉方来”。朝廷还将常熟奉祀孔子弟子言偃（子游）的文学书院列入国家祀典并颁给祭文，“元建文学书院于县东，今入祀典，春秋祀之。祝文曰：文学名科，礼乐为教，启我后人，儒风聿兴”[③]。

清代规定，“岳镇海渎神庙及先圣先贤、名臣忠烈祠宇有倾圮应修者，地方有司动本省公项葺治，报部核销”。古代帝王、圣贤名臣祠宇大都列入国家

① ［明］邵宝：《表崇道学大儒墓祠疏》，见《周元公集》卷五。·

② ［明］吴宽：《敕祀鹤山先生魏文靖公记》，见《家藏集》卷三八。

③ ［明］王鏊：《姑苏志》卷二八。

祀典，但哪些先贤、名臣和忠烈之士列入公祀却未见详细记载。清乾隆十四年（1749年），皇帝出巡中省，曾制定北京至河南沿途三十里以内应该祭祀祠墓的人物标准，“其名臣以从祀帝王庙者为断，如伊尹、周公、许远、吕蒙正、范仲淹、司马光、王曾、韩琦、岳飞等九人；先贤以从祀圣庙者为断，如子贡、韩愈、程颢、程颐、邵雍、朱子、许衡等七人。其祠墓均应遣赐祭醊，以昭旷典。又如殷比干墓、汉关侯墓、晋嵇绍祠、唐颜真卿墓，皆忠义卓越千古，并应一体叨荣。祭文由翰林院撰拟，香帛由太常寺、祭品由地方官豫备，遣祭各官照例开列具奏，恭候钦命往祭”，后又增加本朝名臣致祭以从祀贤良祠为断[①]。可见清代可以列入国家祀典的人物有三类：一是入祀历代帝王庙的帝王和功臣，二是入祀文庙的先圣先贤先儒，三是入祀贤良祠的清代名臣。

清代应该是延续明代制度，因为范仲淹仍然像明代一样公祀于苏州文正书院，杭州紫阳书院依然“春秋有司致祭”。清代公祀制度已经比较具体，“凡有司致祭先代圣君名臣皆有牲无乐，其祭器不用笾豆簠簋，仪非酌奠者有司便服行礼，三上香、奠酒而已”[②]，祭品、祭器、仪式甚至致祭官员着装都有具体规定。

国家公祀标准虽然很高，但书院奉祀人物中符合清代标准者并不少。清代时，历代帝王庙奉祀历代帝王170余位，从祀81位；其中7位还从祀文庙；贤良祠奉祀140位，其中汤斌还从祀文庙；入祀孔子庙的人物有四配、十二哲、79位先贤和75位先儒（民国又增加2位先儒）；但有奉祀书院者并不多。有主祀书院者主要是文庙从祀人物，孔子、曾子、子思、孟子、闵损、端木赐、言偃、蘧瑗、澹台灭明、公冶长、朱熹、邵雍、周敦颐、程颢、程颐、张载、伏胜、毛亨、许慎、郑玄、诸葛亮、韩愈、陆贽、范仲淹、胡瑗、杨时、尹焞、李纲、胡安国、张栻、陆九渊、真德秀、吕祖谦、黄榦、辅广、蔡沈、魏了翁、文天祥、许衡、吴澄、刘因、薛瑄、胡居仁、陈献章、王守仁、刘宗周、

---

① 《大清会典》卷七八。

② 《钦定续文献通考》卷八五。

黄宗羲、陆陇其等五六十人，从已知文献资料看，并非均被列入祀典。

虽然大多书院祭祀没有被列入国家祀典，但地方官员致祭书院，特别是官员建造或由官府参与的书院却是很普遍的现象。北宋时岳麓等书院祭祀虽然文献未见主祭者记载，但作为官府仿照官学建造的书院应该也像官学一样由地方行政长官主祭，从南宋记载看也应该如此。嘉定八年（1215年），建康府建造明道书院落成，太守李珏“率郡博士及诸生行舍菜礼，自是春秋中丁率为彝典”①，因为官学孔子庙为春秋上丁祭祀，书院就定在中丁；景定三年（1262年），嘉禾创建宣公书院，奉祀唐代陆贽，“郡侯率诸生祭菜于宣公”；都是郡守亲自致祭。绍定元年（1228年）以严光祠堂扩建为钓台书院，有燕居堂奉祀孔子，淳祐三年（1242年）请于朝，设山长，以州学教授兼任，“循故实，以四仲月守致词，遣山长率职事致祭，守亦时往”②，四时致祭，虽然遣山长率职事致祭，但郡守致词则是以太守名义致祭，国子监文宣王庙也是遣官员致祭，祭文是以皇帝名义，主祭者还是皇帝。元至治二年（1322年），光山县尹特穆尔布哈创建涑水书院，设祠奉祀司马光，“岁时以祀，率诸执事肃然就位，盥洗周旋，登降拜伏，笾豆静嘉，礼容有恪，神之来享也无疑矣”③，也是地方行政长官主祭。

公祀都是以地方行政长官主祭，祭祀目的正如明宣德九年（1434年）《重修文正书院记》所说，“肆惟我国家敦崇教化，尊尚儒贤，其于前代良臣谊弼功德及人而庙祀于郡邑者，必命守臣严祀事，葺祀宇，示劝之意不既深乎！”④朝廷通过祭祀对人民进行教化。

① ［南宋］周应合：《景定建康志》卷二九《儒学志二·建明道书院》。
② ［南宋］郑瑶等：《景定严州续志》卷三《钓台书院》。
③ ［元］王纬：《涑水书院碑记》，见《山西通志》卷二〇四。
④ ［明］张益：《重修文正书院记》，见《范文正集》补编卷四。

二、私祀

私祀，即没有纳入国家祀典的祭祀。书院祭祀以私祀为最多，有的是书院奉祀人物根本不够纳入国家祀典的标准，有的则是虽然符合国家奉祀标准，但除孔子通祀天下外，一般只能单独主祀一处，只有配祀不受一处的限制。

历代帝王大多只将陵寝祭祀列入祀典，国家规定祭祀地点，清代规定伏羲祭祀于河南淮宁县，女娲祭祀于山西赵城县，炎帝祭祀于湖南酃县，黄帝祭祀于陕西中部县，少昊祭祀于山东曲阜，颛顼、帝喾祭祀于河南滑县，尧祭祀于山东东平，舜祭祀于湖南宁远，禹祭祀于浙江会稽，即使有的书院奉祀古帝王也不能列入祀典，只能是私祀。

历代圣贤中，周公奉祀于曲阜和咸阳，颜子奉祀于曲阜，曾子奉祀于嘉祥，子思和孟子奉祀于邹县，闵损、冉雍、冉耕、冉求、子路、言偃、卜商、端木赐、宰予、有若、任不齐、伏生、关羽、韩愈、邵雍、周敦颐、程颢、程颐、张载、朱熹均设置专门奉祀的翰林院世袭五经博士，朱熹于江西婺源和福建建安各设一员，关羽则于山西解州、河南洛阳、湖北当阳各设一员，但圣贤大多有专门祠庙，书院奉祀并不多。

书院奉祀神祇中的魁星、仓颉没有被列入国家祀典；文昌帝君虽然于清嘉庆五年（1800年）被列入国家祀典，但除北京外专门奉祀祠宇不多，一般都是在衙门内临时设主奉祀；土地虽然被列入祀典，但不是主祀；社稷虽是祀典中通祀神祇，但各地都在社稷坛祭祀。

乡贤名宦，国家规定奉祀在官学内，书院并不是礼制规定的场所，只有个别历史上影响很大的人物有专门的奉祀书院，但一般也只有一所。

有功书院者和创建者先人被列入国家祀典的几乎没有。

明嘉靖四年（1525年）重建常州道南书院，中堂主祀杨时，左右以同门同志邹浩、周孚先、周恭先、唐棣四人配享，以门人邹柄、喻樗以及再传私淑者尤袤、李祥、蒋重珍和闻风而兴起者谢应芳从祀。杨时是从祀文庙先儒，可以申请列入公祀，但重建者并未申请，为什么不申请公祀呢？主办者提学使邵宝认为："私祀可，公祀不可，公祀何为而不可也？公祀在典。龟山既列诸庙庭从祀矣，诸贤者皆乡贤也，亦有祀于祠矣，再举则黩，是以公祀不可也。私祀何为而可也？以义起礼，拟诸释菜，郡守主之，岁春、秋二举"[①]。杨时已经入祀文庙，配祀诸人也已入祀乡贤祠，如果再请列入祀典则是轻慢不敬。

所以书院奉祀绝大多数属于私祀。

私祀书院一般以山长主祭，湖南益阳箴言书院就规定"山长主祭，监院、掌管、首事、肄业诸生助祭"。

三、不祀书院

唐宋时，许多书院属于书斋和家塾，不祀书院较多，南宋和元代书院奉祀比较普遍，明清时期不祀书院反而增多。

北宋康定元年（1040年）略前，孙复创建泰山书院，"起学舍斋堂，聚先圣之书满屋，与群弟子而居之"[②]，没有奉祀建筑，不可能奉祀人物。

南宋官立书院增多，奉祀书院随之增加，但私立书院多不奉祀，有的官立书院也不奉祀。

嘉泰元年（1201年），唐准建造盱山书院，"规模甚巨，会讲有堂，肄业有舍，休宿有室，廊庑之宽，门庭之严，庖湢之备"；嘉泰二年所建安福秀溪书院"讲经有堂，诸生有舍，丛书于间，旁招良傅以训其四子"；嘉定十四年（1221年），永丰黄某所建龙山书院"中为堂一，旁列斋六"；桂岩书院"植桂百株，结草堂数间，为斋者四，讲隶有舍，庖膳有所"；都没有奉祀建筑。此四所书院均为私立，盱山书院"萃诸子侄就学其中"，秀溪书院"训其四

① ［明］邵宝：《道南书院记》，见《容春堂续集》卷一一。

② ［北宋］石介：《泰山书院记》，见《徂徕集》卷一九。

子”，桂岩书院“日与诸弟课书其中”，都属于家塾，而龙山书院为义塾，“与其私吾子孙曷若举而为义塾，聚英材教育之以乐吾志”。衢州西安徐载叔桥南书院，从陆游嘉定元年《桥南书院记》看就是个人书斋，也不会举行祭祀。私立书院不祀的比较多。

嘉泰三年（1203年）创建的筠州乐善书院专门教育宗室未成年子弟，选址在州学之侧，“即郡庠之侧创乐善书院，外设重门，东西两庑，庑各三斋，中为讲堂三间，列直舍于后，廪庖器用备焉”①；嘉定四年（1211年）落成的建宁紫芝书院是因为州学学生众多难容，“秋赋动踰万数，荐送率八十余人，儒风最盛，学有生徒三百，分十二斋犹不足以容之”，“于学之东西两隅广为四斋”，书院只是州学的扩大；二书院均紧靠州学，学生可以参加州学孔子庙祭祀，不设奉祀建筑是可以的。同样是官建，太和知县赵汝谟嘉泰元年创建的龙洲书院“叠石为基，创屋二十楹，列左右生斋曰裒然，曰卓尔，自堂及门端正显敞，下逮庖湢各得其所”②，建筑20间，有讲堂、大门、两斋，也没有奉祀建筑，应该是经费不足，难以建造奉祀建筑。

到南宋后期，赐额书院必须建造奉祀建筑。淳祐七年（1247年）建造的韶州相江书院，“中为祠堂，旁居学徒，后人屡有增拓，且立先圣殿而受赐额于朝矣”，初建时并未奉祀孔子，增建先圣殿后才得到赐额，南宋赐额书院似乎必须奉祀孔子。

元代时，官立书院和私建交由官办书院一般都奉祀孔子，甚至按照礼制建造标准的孔子庙，合祀所有圣贤，但许多私立书院仍然不建造奉祀建筑，不进行祭祀活动。

元初，高伯川所建中和书院，“乃营为二区，其东正堂三间，东序如之，以为讲师之居；其西书楼，上下各三间，高明宏深，盛夏无暑气，东西庑亦各

① ［南宋］周必大：《筠州乐善书院记》，见《文中集》卷六〇。

② ［南宋］周必大：《太和县龙洲书院记》，见《文中集》卷五九。

三间，绕以周垣，高大其门。西皋赵公为大书‘中和书院’以表之”[①]，未设祠堂。延祐元年（1314年）解节亨所建东庵书院“书院在居第之东偏，中树高堂为群书之府，翼以东西序，为师友讲习之地，亢以重门，为内外之别，中庭荫以松栢，冬夏青青”[②]，也无奉祀建筑。延祐中创建的灵谷书院“为屋三楹间，东为端彝斋，西为钝斋，而讲说、栖息暨庖湢之所咸备焉”，未见奉祀建筑。中和书院自聘教师，东庵书院“不隶于有司”，灵谷书院自己讲学，都是私立，所以就不像官立或官办书院一样进行奉祀。

明清时期，由于书院多属私立，即使官立书院也没有被纳入国家管理，所以不祀书院逐渐增多。

明弘治二年（1489年）谢世衍私建方岩书院，“为堂四楹，其左右翼而相观、恐闻二斋以居学徒，置田三十亩以资养，而仰高、望海、采藻三亭及桃溪书屋、方石山房于右焉”；祁门李汛私建李源书院，“辟地为楼十二楹，购古今图籍其上，东西两庑各八楹，厅事十二楹”[③]；成化中，韩雍在苍梧行台建造友清书院，仅有屋三间；嘉靖二十三年（1544年）廉州知府胡鳌建造尚志书院，“中辟讲堂，旁列斋舍，讲堂后为会食之堂，又其后为庋书之阁，门庭涂径沈邃严整”；万历四十年（1612年），饶阳知县重修近圣书院，“厅事三楹，后为尊经阁，傍为号舍二十间，闳门屹墉，廖朗岑寂”；四十一年，督学令重修恒阳书院，“重门之外为坊，内为讲堂，东西为精舍，凡十四所。讲堂之后为长廊，有堂有厢，后有水亭，一如旧时之制”[④]；黄廷昂私建文峰书院，“中为堂，裒古今书实之，左右辟明诚、敬义二斋，课诸子焉”。上述书院不论私立还是官建，不论新建还是重修，都无奉祀建筑，当然也就不会祭祀。

清代不祀书院大量增加。康熙四十九年（1710年）建造的琼台书院、五十二

---

① ［元］王旭：《中和书院记》，见《兰轩集》卷一二。

② ［元］程钜夫：《东庵书院记》，见《雪楼记》卷一三。

③ ［明］程敏政：《李源书院记》，见《篁墩文集》卷一八。

④ ［明］赵南星：《重修恒阳书院记》，见《畿辅通志》卷九八。

年建造的静宁陇干书院、乾隆十六年（1551年）建造的天津问津书院、十九年扩建的江陵龙山书院、二十年创建的太谷凤山书院、三十一年的庐江潜川书院、三十八年的舒城龙山书院、四十一年的蓝田玉山书院、五十三年的遵义湘川书院、道光十年（1830年）新建的孝感观山书院、十六年建造的阳朔寿阳书院、十八年重修的栾城龙冈书院、二十二年创建的施南五阳书院、二十四年的桐乡书院、同治初重建的襄阳春陵书院、光绪二年（1876年）复建的宝晋书院、六年建造的施南凤山书院、重建的平越墨香书院、八年重建的腾越来凤书院、十五年建造的鹤庆玉屏书院、十六年重建的南陵县春谷书院和桐乡书院，资料中都未见有奉祀建筑，应该都不举行祭祀活动。

清乾隆二十年（1755年）山西太谷知县吕崇谧建造凤山书院，“大门三楹，二门一楹，讲堂五楹，东西厢房各五楹，后正馆五楹，东西厢馆亦各五楹，庖厨井厩靡不备具”①；四十八年建造的贵州黄平星山书院仅有照壁一座，大门五间，讲堂五间，其中稍间作粮仓，左右书舍各三间；光绪二年署知州程荣寿迁建的平越墨香书院“大门三楹，二门五楹，讲堂五楹，堂下东西斋舍各七楹，其照墙围墙庖湢仓廒之属亦咸完善”，都未见奉祀建筑，毫无疑问，应该都是不祀书院。

第二节　奉祀人物历史

唐和五代时期书院均未见有奉祀人物记载，书院奉祀人物最早是从岳麓书院奉祀儒家圣贤开始的，到南宋后期进入书院奉祀的大发展时期。南宋后期，奉祀儒家圣贤继续发展，奉祀理学家、乡贤名宦均已出现，还出现儒家圣贤与理学家

---

① ［清］乾隆《太谷县志·凤山书院》，转引自陈谷嘉、邓洪波《中国书院史资料》，第973页。

合祀、孔子与理学家分祀、儒家圣贤与乡贤名宦分祀、孔子与理学家共祀、理学家独祀、乡贤名宦同祀、孔子与理学家及名宦共祀等现象。但南宋后期直到明初，奉祀人物最多的还是儒家圣贤和理学家。进入明代后，受朱元璋令地方学校建造先贤祠奉祀乡贤名宦的影响，奉祀乡贤名宦大增，虽然乡贤名宦的影响无法与儒家圣贤和理学家相比，但在人数上却成为奉祀大宗。受文昌主管功名的诱惑，清代许多书院不再奉祀圣贤、理学家或名宦乡贤，而改为只奉祀文昌帝君。

一、儒家圣贤独尊

儒家圣贤独尊从北宋开始一直延续到南宋中期。

北宋时，书院进行奉祀者还比较少。开宝九年（976年），潭州太守朱洞和通理郡事孙逢吉重建岳麓书院，“讲堂五间，斋舍五十二间”，没有提到专门奉祀建筑，但王禹偁记载咸平二年（999年）太守李允则重建时说，“肯构旧址，外敞门屋，中开讲堂，揭以书楼，序以客次，塑先师、十哲之像，画七十二贤，华衮珠旒，缝掖章甫，毕按旧制，俨然如生”，塑孔子、十哲像，画七十二贤，既然“毕按旧制”，说明此前也奉祀孔子、十哲和七十二贤，应该是开宝九年旧制，此前智璿初建为私人创建，不可能采用国家制度。

除岳麓书院外，官建书院已知白鹿洞书院咸平五年（1002年）奉祀圣贤，衡阳石鼓书院大中祥符元年（1008年）设夫子庙。曲阜尼山书院庆历三年（1043年）建孔子庙，由孔子长孙、袭封文宣公孔宗愿重建，虽然不是官府建造，但孔子长孙有皇帝加封的爵位，而且主管曲阜孔子庙祀事，保护孔子遗迹，也有官府性质。

私人建造而奉祀书院也已出现。太平兴国间，江西新建邓晏典教郡庠两年后辞职回乡，弟子为建秀溪书院，“中设夫子位，翼以颜、曾、思、孟”，奉祀孔子可能，但“翼以颜、曾、思、孟”不可能，因为四配之名最早见于绍熙五年（1194年）朱熹沧洲精舍祝文，而国家规定设置四配是在咸淳三年（1267年）。河北元氏中溪书院治平二年（1064年）建夫子堂，设孔子像。湘阴邓氏请于知县王定民，将舜庙改作孔子庙，建造堂庑斋室，称笙竹书院，元祐六年（1091年）又于孔子庙后建造县学，“易舜祠为孔子庙而塑绘之，堂庑斋室，创作有次，士之升降，进退裕然。又后其庙立学，于以育士其中焉”[①]。翟家湾书院虽然规模较小，没有建造祠庙，但也奉祀儒家圣贤，“予家三圣像将龛置于屋壁”[②]，将孔子、颜子、孟子三人像置于壁龛中，奉祀三圣是仿照当时官学孔子庙，主祀孔子，以颜子、孟子配享。

南宋中期以前，奉祀儒家圣贤仍然是书院主流。淳熙六年（1179年），朱熹重建白鹿洞书院，九年去职提举浙东，捐钱三十万“建礼圣殿并两庑，塑绘孔子、十哲等像。越二年，知军朱端章加板壁，绘从祀者像”[③]，完全仿照北宋国子监孔子庙制度。淳熙十四年重建石鼓书院“别建重屋以奉先圣先师之象”，也应该采用国学制度。

二、儒家圣贤与理学家并隆

建祠奉祀具有悠久历史，唐代就有奉祀屈原的汨罗祠，韦庄有“汨罗祠畔吊残晖”诗句，范成大文中作清烈祠，可见直到南宋初还没有汨罗书院一称。有些据说是北宋和南宋早期建造的书院，其实是祠堂，南宋晚期甚至到元朝才改作书院。苏州奉祀范仲淹的祠堂在南宋咸淳时由郡守潜说友建造，但改称书院则在元至正六年（1346年）。奉祀陆九韶、陆九渊兄弟的二陆祠早在淳熙中就在江西金溪建造，淳祐中才祀于槐堂书院，增祀陆九龄，并以傅子云和杨简配祀。

理学家奉祀最先是从官学和祠堂开始的，多是以名宦、乡贤和过贤为名义。乾道元年（1165年），南安军学教授郭见义因周敦颐庆历七年（1047年）任

---

① ［北宋］王定民：《笙竹书院记》，见邓洪波《湖南书院史稿》，湖南教育出版社2013年版，第27页。

② ［北宋］苏颂：《次韵阳孝本翟家湾书院二首》，见《苏魏公集》卷一一。

③ ［明］嘉靖《白鹿洞志·书院沿革》。

南安军司理，程珦以兴国令摄判事，遣二子程颢、程颐随周敦颐受业，于军学内设祠绘周敦颐和程颢、程颐像奉祀。乾道六年，因周敦颐曾任岭南提点刑狱，韶州知州于州学讲堂东序创建祠堂奉祀，并以二程配祀，十一年后，州学教授廖德明扩修，“像设俨然，列坐有序，月旦望率诸生拜谒，岁春秋释奠之明日则以三献之礼礼焉”。乾道（1165—1173年）中，黄州郡守李审初于州学内建造二程祠，奉祀本州属邑黄陂出生的程颢、程颐兄弟，绍熙三年（1192年）朱熹为作《黄州州学二程先生祠记》。淳熙二年（1175年），张栻知静江府，于府学明伦堂侧设三先生祠，奉祀周敦颐和程颢、程颐；同年刘珙于建康府学建造祠堂奉祀程颢；绍熙间，主簿赵师秀绘像奉祀，嘉定八年（1215年）改建新祠，建造书院，真德秀捐助钱粮，“部使者西山真公捐金三十万、粟二千斛以助之”[①]。淳熙五年（1178年），袁州州学设三先生祠，奉祀周敦颐，以二程配祀。淳熙六年，朱熹出知南康军，于军学建造濂溪祠，奉祀周敦颐，请张栻作记。同年，隆兴府学设立濂溪先生祠奉祀周敦颐。淳熙八年，婺源县学建造三先生祠，奉祀周敦颐和二程。淳熙十年，韶州州学建造濂溪先生祠堂奉祀周敦颐。绍熙二年（1191年），应城县学建造上蔡谢先生祠奉祀谢良佐。嘉定八年（1215年），汉阳军学设置五先生祠堂，奉祀周敦颐、程颢、程颐、游酢、朱熹，鄂州州学设四贤堂，奉祀周敦颐、程颢、程颐和朱熹。

书院奉祀理学家从南宋后期才开始。嘉定二年（1209年），弛解党禁，赐谥朱熹为文，五年，将朱熹《论语集注》《孟子集注》立于学宫，理学成为官方哲学，书院才开始奉祀理学宗师。嘉定二年，南剑州知州陈宓创建延平书院，设祠奉祀李侗，端平元年（1234年）赐额；嘉定十年，赐额建康奉祀程颢的书院为明道书院；朱熹之子朱在于白鹿书院增建前贤之祠；宝庆元年（1225年），知县刘克庄于朱熹所建沧洲精舍增设祠堂，奉祀朱熹；绍定五年（1232

---

① 《中国书院史资料》收录朱熹《明道先生书院记》、游九言《明道书院记》，所记均不是明道书院而是府学明道祠堂，游文在《景定建康志》卷二八《本朝兴崇府学》中，朱文在卷三一《祀先贤・府学祠堂》中，均不在卷二九的《建明道书院》中，这样随便加题会误导学者。

年），赐额江西贵溪奉祀陆九渊的应天山书堂为象山书院；端平元年（1234年），应陈韡之请为其师杨方故居赐额先贤书院；端平二年，为湖南靖州魏了翁鹤山书院御书匾额；嘉熙二年（1238年），为游酢赐匾廌山书院；嘉熙元年（1237年），尤溪知县以朱熹诞生址建造南溪书院，奉祀朱松、朱熹父子；嘉熙中，赐额金华吕祖谦丽泽书院；淳祐二年（1242年），为江万里创建的书院御书赐额宗濂精舍，主祀周敦颐，以张载、程颢、程颐、朱熹配祀；淳祐三年，赐额蔡沈的庐峰书院；淳祐四年，赐额朱熹建阳沧洲精舍为考亭书院并御书匾额；同年，赐额福建建阳黄榦环峰精舍为环峰书院；淳祐五年，御书赐额奉祀朱熹的安徽徽州紫阳书院；淳祐九年，御书赐额安徽当涂天门书院，不久设七贤祠奉祀周敦颐、程颢、程颐、张载、朱熹、张栻和吕祖谦；宝祐六年（1258年），赐额江西大庾周程书院为大庾书院；景定三年（1262年），为桂林建造的奉祀张栻和吕祖谦的书院赐额宣成书院；景定四年，御书赐额奉祀周敦颐书院为道州濂溪书院，御书赐额江西大庾奉祀周敦颐、程颢、程颐的书院为道源书院；理宗赐额的还有宁波奉祀沈焕的南山书院，奉祀楼昉的甬东书院，江山奉祀侍郎徐复殷的克斋书院；咸淳四年（1268年），度宗"命建康府建南轩书院祠先儒张栻"；至宋末，著名理学家几乎都有奉祀书院。

在朝廷赐额的同时，地方书院也兴起奉祀著名理学家的风气。建炎四年（1130年），朱熹之父朱松担任福建同安安平镇官，公余训迪秀民，黄护为建鳌头精舍，嘉定四年（1211年），镇官游绛请于郡守建造石井书院，"于镇西为书院，绘二先生像而祠焉"，奉祀朱松和朱熹父子。淳熙六年（1179年），朱熹任南康知军，重修白鹿洞书院，离任后书院为立生祠，被朱熹劝止，"郡诸生为立生祠于讲堂之右，公移书撤之"，朱熹去世后，开禧元年（1205年），白鹿洞书院奉祀周敦颐、程颢、程颐和朱熹，"开禧乙未，诸生绘濂溪、二程、文公像合祀于讲堂"[①]，开禧无乙未，只有乙丑，即开禧元年。湘潭钟如愚师事

① ［明］嘉靖《白鹿洞志》卷二。

张栻，弱冠举进士，学而不仕，嘉定十五年(1222年)真德秀知潭州，聘任钟如愚为南岳书院山长，钟氏去世后，其子创建主一书院，奉祀张栻，以钟如愚配祀。嘉定中，范正武将程颐注《易》处改作北岩书院，“塑颐像祀之”。朱熹曾登福建漳州临漳台，有筑室读书意愿而未遂，宝庆元年(1225年)，郡守危桢始仿白鹿洞规制筑龙江书院于台之下以成夫子之志，淳祐六年(1246年)，“郡守方来复于书院之东偏，构堂三楹，肖夫子之像于其中，配以高弟北溪陈安卿，每岁春秋率庶僚暨邦之群彦祀焉，而颜其堂曰‘道原’，盖取夫子与北溪授受之语也，其后邦人复以勉斋黄直卿侑食于堂”[①]，奉祀朱熹并以弟子陈淳配祀，以后又增祀弟子黄榦。端平二年(1235年)，仓司曹豳奏请将奉祀尹焞的虎丘祠堂改设和靖书院；景定二年(1261年)，后人又建祠奉祀曹豳。淳祐七年(1247年)，德庆县令许鉴创建濂溪书院。淳祐初，分宜令王杭迁建钤冈书院，奉祀周敦颐、张载、程颢、程颐和朱熹五人。淳祐八年(1248年)，提举冯去疾因朱熹曾至抚州，建造临汝书院以奉祀朱熹，“祀子朱子其中”。宝祐中，黄州郡守李节将乾道中于府学建造的二贤祠增建为河东书院。二程弟子谢良佐(1050—1103年)造党禁未解即卒，朱熹弟子台州太守黄罃祀其于州学，景定三年(1262年)，台州知州王华南为建上蔡书院。景定五年，四会县令宋有万创建濂溪书院，咸淳八年(1272年)，县令赵时昉维修，“春秋行释菜礼，朔望拜谒讲书”。咸淳元年(1265年)浦江令王霖龙建造月泉书堂，立朱熹、吕祖谦祠堂。咸淳五年，县令家之柄以辅广书斋传贻堂改为书院，奉祀朱熹和辅广。

理学家虽然强势兴起，但并不妨碍书院继续奉祀儒家圣贤，毕竟理学只是孔子思想的发展，理学祖师还是孔子，所以南宋与元代时期，官立书院一般必须奉祀孔子，即使是以名人字号命名的书院也必须如此。

考亭书院是理学圣地，朱熹晚年著述并终老于斯。朱熹初创沧州精舍时主

---

① ［明］何乔新：《赣州创建道原堂碑》，见《椒邱文集》卷二八。

祀孔子，首创颜子、曾子、子思、孟子四配配享，并以周敦颐、程颢、程颐、邵雍、张载、司马光、李侗七位理学家从祀。宝庆元年（1225年），邑令刘克庄始添建祠堂奉祀朱熹。

嘉定八年（1215年），全州为奉祀北宋太守柳开建设柳山书院，宝庆元年（1225年）赐额清湘书院，但书院仍以奉祀孔子为主，至元至顺二年（1331年）依然，“至顺辛未，予自成均出守是郡，释菜先圣先师，拜先生遗像”，重修后，燕居堂仍为主要建筑。

象山书院虽以陆九渊号命名，但也是主祀孔子，绍定五年（1232年），袁甫“始至舍奠先圣，退谒三先生祠，竦然若亲见象山先生燕坐，而与二先生相周旋也”，有祠堂奉祀陆九渊兄弟。

赵如愚家族建造的东山书院原来只奉祀朱熹，以赵如愚配祀，南宋末番阳李荣庭接管，对书院进行改造，“设先圣燕居堂”，增设燕居堂以奉祀孔子。

咸淳七年（1271年）创建的慈溪慈湖书院设礼殿奉祀孔子，祠堂奉祀杨简，“礼殿崇崇，祠宇奕奕”。

嘉定九年（1216年）广西宜州创建的龙溪书院奉祀孔子，以颜回和仲由配享。端平三年（1236年），郡守陈韡创建瑞州西涧书院，奉祀孔子，以先师颜回配祀，“书院所祠先贤也，复置燕居，像夫子于中，而尊事之，先师配焉，如《春秋》尊王”。淳祐元年（1241年），江万里创建白鹭洲书院，有文宣王庙、棂星门，仿照官学建设孔子庙。淳祐十二年（1252年），姚勉创建西涧书院，次年状元及第，文集中有“赐第后谒先圣”祝文，并有颜子、曾子两通，可见西涧书院祭祀孔子，以颜子和曾子配享。咸淳八年（1272年），兴国知县何时在距县城200余里的衣锦乡创建安湖书院，“前为燕居”，奉祀孔子[①]。

即使私立书院由于受官立书院影响也奉祀孔子。腾芳书院为学者自建，教育家族及乡党子弟，规模不大，“羯来十亩地，建此一书屋”，但也奉祀先圣先

① ［南宋］文天祥：《赣州兴国县安湖书院记》，见《文山集》卷一二。

贤，“仰瞻圣贤像，冠履森在目”[①]。

元代官立书院奉祀孔子更为普遍。

元延祐元年（1314年）为许衡建造书院，以许衡号鲁斋命名，“前为夫子燕居之殿，以颜子、曾子、子思、孟子侍坐，后为讲堂，左右列格物、致知、诚意、正心四斋，以张子厚先生昔讲道于横渠，乃为室东偏合张许二先生而祀之”，设燕居殿主祀孔子，四配配享，东偏设祠同祀张载和许衡，仍然以孔子为主祀。

至正三年（1343年），经中书平章政事等奏请皇帝同意，为揭傒斯之父揭来成建造书院，以揭来成谥号贞文为书院名称，中心建筑为主祀孔子的大成殿，奉祀揭来成的祠堂位于讲堂之后，“其制为大成殿四楹于中，殿之北为明伦堂四楹，殿之南为门四楹，上为重屋，门之南为灵星门四楹，别为贞文祠，置明伦堂之后”[②]，大成殿居中，有门有坊，而奉祀揭来成的祠堂只是位于明伦堂后。

云岩书院原为李方子教学处，天历二年（1329年）重建后“作室象夫子燕居，又作祠象先生”，主祀孔子，设祠奉祀李方子。

至正十年（1350年），因朱熹曾任同安主簿建造大同书院，“建礼殿，以奉先圣，作戟门于殿之外，又外为棂星门，殿之后作别室祠文公，以乡贤朴乡吕先生大圭配”，正殿祀孔子，祠堂奉祀朱熹，并以乡贤吕大圭配祀。

至正二十年（1360年）落成的以黄榦之号命名的勉斋书院，“礼殿中崇，象圣人之燕居，祠宇旁峙，严先生之祀事”[③]，礼殿居中奉祀孔子，祠堂旁峙奉祀黄榦。

元代重建的屏山书院本以朱熹之师刘子翚之号命名，但“作燕居以祀宣圣，后作祠宇以奉文靖、晦庵、忠肃三贤遗像”，先建燕居殿主祀孔子，后设

① ［南宋］姚勉：《题腾芳书院》，见《雪坡集》卷一七。

② ［元］欧阳玄：《贞文书院记》，见《圭斋文集》卷四。

③ ［元］贡师泰：《勉斋书院记》，见《福建通志》卷七一。

祠堂奉祀刘子翚，以朱熹和刘子翚之侄刘珙配祀。

元代赵继清因六世祖赵鼎曾被安置潮州，请求出任潮州，到任重建得全书院，“燕居祠庭，讲肄之室，门墙堂庑，粲然毕备”，书院虽然以赵鼎之号命名，但设燕居殿奉祀孔子，以祠堂奉祀赵鼎。

道州奉祀周敦颐的濂溪书院没有奉祀孔子，只设专祠奉祀周敦颐，书院因紧靠州学，学生都参加州学孔子庙祭祀，才没有招致批评，“与郡学为邻，郡学有先圣庙，每岁春秋二仲上丁，郡侯率教授、山长各以其职事，命生徒祀先圣于郡学，次丁则合祀子周子于书院之专祀，每月朔望，款谒皆然。原其初建，虽由时君有独祠濂溪之命，亦其地势适然，故祠事之专，无间言者焉”[①]，但元初也曾有地方官员要求撤除祠堂改祀孔子。

至元三十一年（1294年），全永道州分司发现道州濂溪书院保存着南宋皇帝御书院额和牌匾以及省札一道，又见书院供奉周敦颐等七人，建议将额匾拘收焚毁，依宣圣庙例撤像改塑孔子，“又见书院正厅塑像七位，问得系是亡宋封赠濂溪先生周元公等。为此会验江南诸处书院供依宣圣庙例，塑孔子神像，其濂溪书院既是学舍，又有万寿牌，合塑宣圣神像，诸儒朔望谒奠，于礼为当。其濂溪先生等却系亡宋道学之士，其教出于孔子，纵有明道辅世之功，终是人臣，不当据素王之位，合议改正”，由此可见，江南书院奉祀孔子为惯例。岭北湖南道肃政廉访司认为此建议不妥，“卑司照得道州乃濂溪先生本乡，后人思慕为之立祠，至亡宋理宗始赐书名额，本州岛已有文庙塑立孔子神像，书院遂因其旧址立濂溪先生像貌，以弟子二程先生等列位其次，今已年远。看详濂溪书院改塑孔子神像及拘收亡宋御书等事节系集贤院、翰林院讲究事理”，因此送察院讨论。察院“议得濂溪先生学续千载，道传二程，维持纲常，发明仁义，实大惠于学者，乃有功于圣门，学被斯民，礼宜通祀，岂止乡土一祠而已。但国家混一之初，未有定例，况《礼》云，非天子不议礼，不制度，不考

① ［元］欧阳玄：《道州路重修濂溪书院记》，见《圭斋文集》卷五。

文，盖礼乐者，自天子出也，有司不敢擅自定夺。其廉访司官所至之处，勉励学校，宣明教化，申理冤狱，建白利病，顾此不为，乃擅自改易庙像，甚非所宜。亡宋御书牌匾即系前代事理，况腹里并江南，僧道寺观皆有异代牌匾碑石，岂独濂溪书院？江南四省书院非一，恐复有不知典故之人私意更改，深为未便。宜咨御史台，具呈中书省，送礼部、集贤院、翰林院讲究区处”，礼部等依据至元十三年“名山大川、寺观庙宇并前代名臣遗迹不许拆毁”圣旨，回复御史台，御史台“本台看详，诸处寺观收顿古今书画墨迹、碑铭碑面，处处有之，中间别无禁制，此系动众扰人事理，难议施行，理合钦依圣旨事意，条理学校，岁时致祭圣帝明王、忠臣烈士”①。虽然全永道州分司奉承不成反讨没趣，但对元代书院发展还是有贡献的，促使朝廷出台保护书院政策，使书院能够在官学以外保留奉祀人物。

即使不设孔子庙的书院也要祭祀孔子，道州濂溪书院山长、学生参加郡学春秋释奠。

三、儒家圣贤、理学家、乡贤名宦同重

书院奉祀乡贤名宦也是出现在南宋。

嘉定八年（1215年），全州为北宋太守柳开建造书院，多次奏请朝廷赐额，都未获批准。宝庆元年（1225年），太守程榆再次奏请，恰逢认可柳开提倡古文功绩的程珌担任礼部尚书才获批准，赐额清湘书院；淳祐三年（1243年），潮州太守郑良臣建造城南书庄，奉祀韩愈，左祀赵德，右祀周敦颐和廖德明。上述均属于名宦分祀。

严光钓台于北宋景祐中由知州范仲淹创建祠堂奉祀，宋绍定元年（1228年）陆子通建为书院，淳祐元年（1241年）时春秋祭祀；端平三年（1236年），瑞州太守陈韡建造西涧书院，“书院所祠先贤也，复置燕居像夫子于中而尊事

① ［元］佚名：《庙学典礼》卷四《行御史台至元三十一年八月日札付》。

之，先师配焉，如春秋尊王”，燕居殿主祀孔子，以颜回配享，殿后设祠堂奉祀刘涣、刘恕、刘羲仲祖孙三代；咸淳中，金华“郡守陈蒙请于朝，即赵抃故居立书院，因以抃谥扁焉”，命名清献书院。上述书院都属于乡贤分祀。

咸淳八年创建的兴国县乡下安湖书院，“书院之制，前为燕居，直以杏坛，旁为堂，左先贤祠”[①]，属于圣贤与先贤分祀。

淳祐十二年（1252年）建造的永嘉书院奉祀孔子燕居像，东室奉祀伊洛诸儒，西室奉祀乡贤，属于圣贤、理学家和乡贤分祀。

元代时，新建和重建书院依然多祀儒家圣贤。元初，临江儒学教授张千崖于江西万载创建张岩书院，设礼殿奉祀孔子，设祠奉祀周敦颐、程颢、程颐、张载、邵雍和司马光。至元十三年（1276年）改建的宣公书院，“两庑从祀十哲，像貌悉皆完美”，既然有两庑就是孔子庙[②]。至元二十一年，潮州重建韩山书院，“即庙之旧址为先圣燕居，先师兖、郕、沂、邹四国公侍，而韩子之专祠附”，燕居殿奉祀孔子，以颜回、曾参、子思、孟子配享，另设祠堂奉祀韩愈。延祐元年（1314年）为许衡建造的书院赐额鲁斋，“前为夫子燕居之殿，以颜子、曾子、子思、孟子侍坐，后为讲堂，左右列格物、致知、诚意、正心四斋，以张子厚先生昔讲道于横渠，乃为室东偏，合张、许二先生而祀之”，主殿奉祀孔子和四配，张载和许衡奉祀于东偏祠堂。同年建造的志欧书院设有圣殿和两庑，应该是仿照官学孔子庙奉祀，另设欧阳公祠奉祀欧阳修。延祐二年（1315年）瑞州所建正德书院“圣师像位龛帐案座靡不整严”，奉祀孔子和四配。同年改建的滕州性善书院“右庙堂以祠孟子”。延祐三年赐额的成都紫岩书院，“先圣燕居堂配以颜曾思孟，西向列坐”。延祐四年，永丰曾德裕建造武城书院，“祠先圣先师以及其考”，奉祀孔子和四配，另设祠堂奉祀其父曾晞颜。延祐七年创建的庐陵凤冈精舍“奉夫子燕居像，以曾子附，朔望率乡士肃

---

① ［南宋］文天祥：《赣州兴国县安湖书院记》，见《文山集》卷一二。

② ［元］单庆、徐硕纂修：《至元嘉禾志》卷七。

拜，二仲丁日行释菜礼”。山西平定冠山精舍原是吕思诚父祖读书处，朝廷赐额冠山书院，“建燕居殿，设宣圣像，以颜、曾二子列配”，设殿奉祀孔子，以颜子、曾子配享。上述书院仍然是以奉祀儒家圣贤为主。

元代也有新建书院奉祀理学宗师。蒙古太宗十二年（1240年），中书令杨惟中于大都建造太极书院，“立周子祠，刻太极图及通书西铭等于壁”。延祐元年（1314年）创建的鲁斋书院，以燕居殿奉祀孔子及四配，设祠奉祀张载和许衡。

奉祀乡贤名宦的书院在元代也有建造。元贞元年（1295年），王修竹以陆游旧居建造书院，主祀陆游祖父陆佃，以陆游和陶弘景配祀；元统间，长沙邑人黄澹创建义学，朝廷赐额乔江书院，内设三贤堂，奉祀屈原、贾谊和杜甫，当然这些都是私立书院。

明代时，书院奉祀乡贤名宦现象大增，这主要是由于国家诏令地方奉祀先贤造成的。明洪武元年（1368年），诏令“郡县访求应祀神祇、圣帝、明王、忠臣、烈士、久有功于国、遗爱及民者，载诸祀典”，第二年“令天下学校各建先贤祠，左祀贤牧，右祀乡贤”[①]，命建先贤祠奉祀在本地为官有善政的官员和有嘉言懿行的本地人士。有的官学大多是旧有建筑群，难以增加新建筑，或新建建筑卑陋不称，有的地方干脆将名宦祠和乡贤祠建造在书院内。正德十二年（1517年）建造的山西河中书院、正德十三年建造的成都大益书院和浙江嘉善思贤书院都在院内建造了名宦祠和乡贤祠。万历末年，江西抚州创建崇儒书院，奉祀晏殊、王安石、曾巩、陆九渊、吴澄和吴与弼，都是本地出身的名人，属于奉祀乡贤的书院。

明代书院奉祀人物的第一个特点是转向本地人士或与本地有联系的人士，江西安福建造的一批书院最有代表性。嘉靖十五年（1536年）建造的复古书院设三先生祠奉祀王守仁、程文德和邹守益，另设二贤祠奉祀布衣刘文敏和刘肇

---

① ［明］李之藻：《頖宫礼乐疏》。

衮；嘉靖三十七年安福邑人公建复真书院，于聚奎楼奉祀刘文敏、刘邦采、刘阳和尹一仁四先生，于楼后建堂专门奉祀邹守益，以朱调、王铸、王钊、朱叔相等从祀；万历十八年（1590年）建造的识仁书院奉祀刘元卿；万历中建造的任仁精舍奉祀邹善；万历二十一年建造的道东书院奉祀李时勉和刘廉节、刘养冲、彭石屋等；王守仁、程文德分别曾在赣南、安福任职，邹守益、刘文敏、刘邦采、刘阳、尹一仁、邹善、刘元卿、刘养冲（淑唐）等都是安福人，多是王守仁弟子门人。

明代奉祀乡贤名宦的第二个特点是人数众多。正德十二年（1517年），蒲州州佐吕经认为"山川之神祭不逾境"，将东岳庙改作河中书院，主祀舜帝，以伯夷、叔齐、王通、薛瑄配祀；东庑改名宦祠，奉祀汉代黄霸、周堪、田延年、杜诗、刘佑、史弼、杜畿，晋代王浚、路述、薛善、元淑，隋代杨尚希、杨弘、丘和、党君素，唐代杜楚客、蒋俨、陆象先、颜真卿、徐弘敏、姜师度、郭子仪、韦陟，宋代晁补之、范仲淹、范纯仁、赵尚宽、朱寿昌、钱晦、孙载、游师雄、郝仲连，金代张万公、巴图噜完颜策丹额克，元代刘天孚、拜珠、哈雅、靳克忠，明代康茂才、徐政、张廉、邵童、曹端等43人；西庑为乡贤祠，奉祀周代段干木，汉代姚平、司马迁、暴胜之、胡建，西晋张华，北魏皇甫遐、敬珍，隋代薛浚、陈孝意、赵绰、敬肃、张文诩，唐代吕子藏、敬播、罗道宗、柳范、柳泽、吕諲、裴晃、柳芳、薛珏、卢操、杨巨源、樊宗师、马存亮、胡证、薛逢、赵匡、司空图，宋代柳开、李兴、姚宗明、侯仲良，金代强伸、王廷筠、庞整、侯小叔、田世英、李献甫、陈元凯、裴居敬、明代薛鲁、张福、冯祥、卫述、杨莹等47人[①]，总计奉祀人物多达95位。

山西河汾书院三立祠原来奉祀王通、司马光和薛瑄，都是本地名人，万历二十一年（1593年），魏允贞任山西巡抚，重新更定奉祀人物，"乡贤自风后以下至伯夷叔齐十有七人，位南向；名宦自叔向以下至明吕文简十有八人，西

---

① ［明］韩邦奇：《河中书院记》，见《苑洛集》卷三。

向；乡贤自董狐以下至薛文清十有六人，东向；寓贤卜子夏、田子方、段干木别为位，居乡贤上；题曰三立祠”①，风后至伯夷叔齐17位乡贤面南，叔向以下至明代吕楠以下18为名宦在东侧面西，卜商与弟子田子方、段干木和董狐至薛瑄16位乡贤在西侧面东。黄帝时的解州风后、仓颉，唐虞时的稷山后稷，夏朝安邑关龙逢、夏县巫咸、平陆傅说、首阳伯夷、叔齐，周代平遥尹吉甫、介休介子推、晋阳羊舌肸、董狐、西河卜商，汉代介休郭泰、太原王烈、解州关羽，西晋晋阳郭琦，隋代龙门王通，唐代太原狄仁杰、河东张巡、闻喜裴度，宋代平阳孙复、夏县司马光、介休文彦博、闻喜赵鼎，明代河津薛瑄，当时认为人品有瑕疵的晋国士会、荀息、襄陵邓攸、平阳霍光、王延之、河东柳宗元、晋阳祁奚、平陆宫之奇、安邑段干木、广武周续之、广武周党、太原温峤、绛州王绩、太原韩通等，曾在山西任官的叔向、包拯、程颢、刘大夏、于谦、吕柟等，都不出乡贤和名宦的范围，奉祀人物多达54位。

陕西西安关中书院名臣祠奉祀汉代槐里令朱云，丞相王嘉，典属国苏武，太史令司马迁，大司空窦融，定远侯班超，好畤侯耿弇，太守孔奋，槐里侯万修，司空第五伦，太尉杨震、杨秉、李固；唐代莱公杜如晦，中书侍郎杨绾，黄门侍郎韩休，邺侯李泌，中书令李晟，太尉段秀实，邠公杜黄裳，太保柳公权，岐公杜佑；宋代莱公寇准，魏公韩琦，学士吕大忠、杨砺，参政范仲淹、申公、吕公著，左仆射吕大防，蕲王韩世忠；元代廉访董立，中丞张养浩；明代都御史景清，金乡侯王真，兵部尚书王竑，都御史马文升、秦纮，户部尚书雍泰，学使李梦阳，给事中张原，兵部侍郎邹应龙，巡抚陈镒，尚书杨鼎、王恕，巡抚余子俊，尚书彭泽、孙丕扬，巡按浦鋐、张铨，知府曹璜，洛川知县陈惟芝，总制汪乔年，巡按金毓峒、毕懋康，按察使黄纲，知县满朝荐、吴从义，山东佥事王征，共59人，均为名宦和乡贤。

明清时期仍有新建书院奉祀儒家圣贤。弘治十一年（1498年）新建杭州万

① ［明］王道行:《三立祠记》，见［清］雍正《山西通志》卷二〇七。

松书院，“规制略如学宫，中为大成殿，奉宋太学孔子石像，前为仰圣门，左曾唯亭，右颜乐亭，后为明道堂、毓秀阁，东西二斋曰居仁、曰由义，延孔氏之裔以奉祀事”。万历三十四年（1506年）重修匡山书院，“为圣殿，为经阁”。乾隆四十四年（1779年），襄阳重修鹿门书院，于讲堂后添建宣圣殿，复制孔子遗像奉祀。

但奉祀圣贤书院急剧减少，甚至省城书院大都未祀孔子。京师金台书院只有朱子堂七间，山东泺源书院乾隆二十六年（1761年）增建文昌阁，于阁下奉祀朱熹，以陆陇其、张履祥和劳史三人配祀。江宁钟山书院“为门，为厅事，为讲堂，为楼，为东西学舍，规模大备”，只于讲堂左设屋一间，奉祀总督查弼纳、德沛和尹继善、巡道方昂，院长杨绳武、夏之蓉、钱大昕、卢文弨、姚鼐、胡培翚、任泰等。苏州紫阳书院“中奉朱子木主”，以张伯行和高其倬配祀。福建鳌峰书院“前为正谊堂，中祀周、程、张、朱五子，后为藏书楼，置经史子集若干橱，右祀宋明闽中先儒，为六子祠”，乾隆十七年增祀十七人，将六子祠更名为二十三子祠。江西豫章书院早在康熙二十八年（1689年）就建造了理学名贤祠，奉祀澹台灭明以下四十八人，以后又设白公祠，奉祀巡抚白潢。湖南长沙城南书院设南轩先生祠奉祀张栻；广州粤秀书院设先贤祠，广西桂林宣成书院奉祀张栻和吕祖谦，书院名称就取自两人谥号。

孔子是传统思想文化代表，列入国家祀典通祀全国，奉祀孔子庙宇未经国家批准不允许私人建造。官学是国立学校，必须建造孔子庙以奉祀，而书院即使是省城书院也不是官学，所以不能奉祀孔子。省城设有府学，有文庙供书院师生祭祀，可以不建造奉祀孔子建筑。广东肇庆端溪书院原设圣贤楼，奉祀孔子，左右配祀各十人，赵敬襄认为“书院非学宫，祀先师于义为僭，当易名为先贤楼”，撤出孔子木主，改称先贤楼，奉祀先贤。省城书院中，浙江杭州敷文书院设有孔子庙，其由明代万松书院改称，保存了原有孔子庙。

明清时期有的书院还奉祀孔子，嘉庆十四年（1809年）建造的施南南郡书院“堂后建圣殿”，奉祀孔子，但已经大大减少。

杭州万松书院大成殿奉祀孔子及四配

明清时期也有新建书院奉祀理学家。提学副使吴伯通成化十六年（1480年）建河南辉县百泉书院，祀宋六贤、吕祖谦及司马光、张栻、许衡，配祀姚枢、窦默，康熙中增祀孙奇逢；十七年建造洛阳伊洛书院，奉祀宋六贤和司马光、张栻、吕祖谦、许衡。成化十八年四川宜宾知府陆渊之建造翠屏书院，设五贤祠奉祀周敦颐、张载、程颢、程颐和朱熹。万历五年（1577年）杭州万松书院增设继道堂，奉祀周敦颐、程颢、程颐、张载和朱熹。万历二十七年，巡盐御史叶永盛聚集盐商子弟于西湖跨虹桥西侧出题考试，评定等次，后盐商出资建造书院，前堂奉祀朱熹。

明清时，书院奉祀乡贤名宦大增。明太祖令学校设置先贤祠奉祀乡贤名宦，府州县各地学校陆续设置，但是没有省级官学，省城最高级别学校为府学，只奉祀本府乡贤名宦，省城无法奉祀全省乡贤名宦，而省城书院则提供了这种场所。

河南开封大梁书院始建于明代，原有祠堂奉祀周敦颐等十贤，古圣贤祠奉祀三皇及历代名臣，康熙二十八年（1689年），有人提出奉祀汉以下130余人，巡抚阎兴邦最后确定为115人，有春秋战国时期卜商、段干木、信陵君，西汉张良、纪信、周苛，东汉王霸、坚镡、傅俊、祭遵、李膺，三国徐庶、诸葛亮，晋祖逖，唐狄仁杰、张巡、颜真卿，五代赵犨、赵珝，宋代包拯、范仲淹、欧阳修、张咏、苏轼、吕诲、刘安世、李纲、宗泽、张叔夜、张克戬、向子韶、岳飞，金代完颜陈和尚，元代察罕帖木儿，明代冯胜、铁铉、张辅、轩輗、马文升、年富、陈良谟、何乔新、秦金、于谦，清代佟凤彩，等等，共116人。奉祀人物是河南全省的名宦和乡贤。

清代书院奉祀人物开始重视学术。开封大梁书院康熙二十八年（1689年）增加奉祀人物多达115位，乾隆五年，雅尔图出任河南巡抚，认为奉祀与教育无关人士不妥，厘正大梁书院奉祀人物，"夫书院之实本为讲学而设也，原与祠庙不等，而书院之有所祀则因讲学而祀其先师也，或又因某先生尝主讲于此没而祀焉，以志不忘也"，"夫书院既为讲学之地，自非讲学之当师者不祀也。大梁书院既为一省之书院，自不独产于大梁之当师者始祀也，是非再行厘正之不可。厘正之将奈何，曰为学必以圣人为依归，学圣当以伊洛为标准"，于是以汤斌《洛学编》为依据，奉祀编内41人和附见10人，《洛学编》之外保留原来的邱方山、孙奇逢、冉觐祖等，共61人。

书院选择奉祀人物，其实也显示书院的学术倾向。清嘉庆五年（1800年），诂经精舍经学生陆尧春、严杰、周中孚建议，孙星衍请得阮元同意，

蕺山书院刘子祠内景

于雍肃堂设许慎和郑玄栗主，“洁牲醴，具菜果，率诸生罗拜于堂下”，表明诂经精舍崇尚考据，属于乾嘉学派。浙江绍兴蕺山书院设刘子祠，主祀刘宗周，两侧配祀人物多达35位，主要是戴易、祝渊等蕺山派学者，这就表明书院属于蕺山学派。

第三节 奉祀人物类别

元代袁桷曾归纳宋元时期书院奉祀状况说，“宋初肇建四书院，释奠释菜之礼悉遵令甲。若郑玄所言，高堂生、毛公、制氏之徒皆不得专祭，仅列于从祀。濂洛之说行，于是先贤之祠竞立，首于其乡，复推其居官游历之地，甚者谓其观风宣化，虽其足迹之所不至亦当有祠。夫古不墓祭，谓其神专于其居室也；又曰‘不歆非类’，谓惧其渎而不正也。今郡县朱文公祠最广，各慕悦胥劝，终莫能有病之者，繇是空岩海屿屹然岿立，而入仕者借是以为资历，何先贤祠祀先后盛衰之不同也”[①]。北宋书院主要奉祀儒家圣贤，南宋后期至元代理学宗师大盛。其实南宋书院奉祀人物范围已经扩大，儒家圣贤、理学宗师、乡贤名宦、文昌帝君、创办者先人等都成为奉祀对象。

从历史情况看，书院奉祀人物主要有七类：一是孔子等儒家圣贤，二是理学家，三是关羽，四是神祇，五是乡贤名宦，六是有功书院者，七是家族先人。

一、儒家圣贤

儒家圣贤主要是指国家礼制规定的国立学校奉祀人物。

国立学校早期奉祀人物已经不得而知，东汉时以周公为先圣主祀，孔子为

① ［元］袁桷：《白石书院记》，见《清容居士集》卷一八。

先师配享，大约到东汉后期改成以孔子为先圣主祀，弟子颜回为先师配享[①]。魏晋南北朝诸国仍然以孔子为先圣主祀，颜回为先师配享。唐武德七年（624年）改周公为先圣，孔子为先师。贞观二年（628年），左仆射房玄龄、博士朱子奢建言恢复以孔子为先圣、颜回为先师，“周公、尼父俱圣人，然释奠于学以夫子也。大业以前，皆孔子为先圣，颜回为先师”[②]，看来隋代曾改周公为先圣，降孔子为先师，但此事文献中未载，可能是在仁寿元年（604年）废除学校时。《隋书·儒林传》说：“及高祖暮年，精华稍竭，不悦儒术，专尚刑名，执政之徒，咸非笃好”，仁寿元年下诏废除学校，“儒学之道，训教生人，识父子君臣之义，知尊卑长幼之序。升之于朝，任之以职，故能赞理时务，弘益风范。朕抚临天下，思弘德教，延集学徒，崇建庠序，开进仕之路，伫贤隽之人，而国学胄子，垂将千数，州县诸生，咸亦不少，徒以名录，空度岁月，未有德为代范，才任国用，良由设学之理多而未精。今宜简省，明加奖励”，“于是国子学唯留学生七十人，太学、四门及州县学并废”[③]，除国子学只保留70名学生外其他学校全部废除，降孔子为先师很可能就是这次废学时。隋朝虽亡于炀帝，但文帝此次废学实是亡国之始，毁掉那么多士大夫饭碗和前程，这就难怪隋朝末年那么多起义和叛乱。秀才造反三年不成，但秀才加持造反就会成功，汉高祖、唐高祖、明太祖无不如此。失去社会精英支持，没有哪个王朝能够维持下去，清朝废科举但未解决已取得中级及以下功名和正在为功名努力的知识分子前程是又一次历史证明。

贞观二年（628年），学校恢复孔子先圣主祀地位，永徽二年（651年）再次圣周师孔，显庆二年（657年）再改为圣孔师颜，其后孔子主祀地位再未改变。唐贞观以后陆续增加配祀人物，逐渐形以孔子为主祀、以颜回、曾参、子思、孟子为配享、十二哲为配祀、79位先贤为从享、77位先儒为从祀的奉祀人物系列。

① 详见孔祥林、孔喆：《世界孔子庙研究》，中国编译出版社2011年版，第286—288页。
② 《新唐书·礼乐志》。
③ 《隋书·高祖下》。

由于文庙奉祀人物众多，书院像官学一样奉祀的不多，而选择部分人物奉祀为多。本书将奉祀孔子及一两位配享称作圣师，孔子和四配称为五圣，孔子、四配、十哲（清代增为十二哲）称为圣哲，像官学一样奉祀所有人物者称作圣贤。

奉祀儒家圣贤书院以宋元时期为多，特别是元代，由于部分书院列入官办，一般都按照建造官学制度建造孔子庙，合祀儒家圣贤。但在明清时期，书院不再列为官学，新建书院很少建造孔子庙，宋元时期建造有孔子庙的书院重建或改建时也很少保留。比如新安静修书院，元大德三年（1299年）初建时设有孔子庙，至元五年（1339年）又“构两庑，绘从祀像”，按照礼制合祀圣贤。明弘治十四年（1501年）重建，不再建造孔子庙，“邑中有庙，著于令典，此不已渎乎？乃改建书院，于是知礼者以为宜”[①]，因为官学已有孔子庙，书院再建孔子庙属于渎礼，所以原有孔子庙也不再保留。

二、理学家

北宋以来，理学大兴，学者辈出，从南宋开始理学逐渐取代经学成为儒学正脉，仅进入文庙享祀的理学家就多达57位。其中朱熹位居十二哲，配祀大成殿，邵雍、周敦颐、程颢、程颐和张载为先贤，从享两庑，此六人地位最高，中国称作宋六贤，朝鲜也称宋六贤，日本孔子庙奉祀称宋六子，本书将此六人称作理学宗师，入祀文庙者称作理学家，一般学者称作理学者。书院奉祀多以宋六贤集体出现，南宋早期还有除朱熹外的北宋五贤、除邵雍后的宋五贤集体出现，本书也分别称作宋六贤、北宋五贤和宋五贤。

三、关羽

关羽以忠义著称，历代受到尊崇，蜀汉后主景耀二年（259年）追谥壮缪

① ［明］吴宽：《新安县重建静修书院记》，见《家藏集》卷三八。

侯，宋徽宗崇宁元年（1102年）追封忠惠公，四年改号崇宁真君，大观二年（1108年）改封武安王，宣和五年（1123年）加号义勇，高宗建炎二年（1128年）加号壮缪，淳熙十四年（1187年）加封壮缪义勇武安英济王，元天历八年（1335年）改号显灵义勇武安英济王，明成化十七年（1481年）封崇宁义勇武安王，万历十年（1582年）封协天大帝，四十二年加封三界伏魔大帝神威远镇天尊关圣帝君，清顺治改封忠义神武关圣大帝，乾隆三十一年（1766年）加号忠义神武灵佑关圣大帝，嘉庆十八年（1813年）加号仁勇，道光八年（1828年）加号威显，咸丰四年（1854年）加号护国保民，五年加号精诚绥靖，同治九年（1870年）加号翊赞，光绪五年（1879年）加号成忠义神武灵佑仁勇威显护国保民精诚绥靖翊赞玄德关圣大帝。在雍正前对关羽的崇拜只属民间信仰，雍正三年（1725年）始诏令天下郡县春秋祭祀，列入国家祀典。

关羽庙宇遍天下，但书院奉祀很少，已知有浏阳文华书院奉祀。

四、神祇

书院奉祀神祇多属民俗信仰，神祇主要有社稷、文昌帝君、魁星、仓颉和土地。文昌帝君和魁星主管文运和科第，所以最受崇拜，奉祀的书院也最多。虽然文昌帝君和魁星功能有重叠，但并不妨碍有的书院两者均祀，清乾隆元年（1736年）创建的广东德庆端山书院，正堂供奉文昌帝君，后堂供奉魁星，乾隆二十九年创建的汉口紫阳书院也设有文昌阁和魁星阁，问津书院将文昌阁和魁星阁均设在书院主体西侧，独立成区。乾隆间四川什邡方亭书院圣像楼“前标魁阁，左翼文昌，书院在中”，也奉祀文昌帝君和魁星。

（一）社稷

社稷是被纳入国家祀典的祭祀神祇，唐代至清代，京师和府州县每级政府所在城市基本都有建造并按时祭祀。书院设社稷坛奉祀仅见于松江，元元贞元年（1295年）重建西湖书院时因“吾夫子燕居无所，春秋社稷无所，顾、陆名贤祠宇亦无所”，“于是楼之上以像燕居，庭之中以坛社稷”[1]，楼上奉祀孔子，庭中设置社稷坛以便祭祀。

（二）文昌帝君

文昌帝君相传为越嶲人张亚子，他因报母仇居住在四川剑州七曲山，晋朝时战死，后人立庙祭祀。

唐安史之乱时，玄宗入蜀避难，途径七曲山，曾梦见张亚子，封其为左丞。广明二年（881年），唐僖宗避黄巢之乱入蜀，追封张亚子济顺王。宋真宗将张亚子改号英显王，哲宗加号为辅元开化文昌司禄帝君，赋予文昌司禄功能，此后张亚子广受尊崇。元延祐三年（1316年）加号宏仁，全称为辅元开化文昌司禄宏仁帝君。明景泰五年（1454年），代宗皇帝赐额奉祀庙宇为文昌宫。

清嘉庆五年（1800年），白莲教军“窥梓潼山，望见祠山旗帜却退”，官府认为是文昌帝君显灵吓跑了白莲教军，上报朝廷，病笃乱投医的皇帝颁给御书“化成耆定”额，并发帑重修京师文昌宫，次年落成，皇帝亲自拜谒，行三跪九叩大礼，令将文昌宫祭祀列入国家祀典，“帝君主持文运，崇圣辟邪，海内尊奉与关圣同，允宜列入祀典”，朝廷议定，“春祭以二月初三诞日，秋祭，仲秋诹吉将事，遣大臣往。前殿供正神，后殿则祀其先世，祀典如关帝。咸丰六年，跻中祀。礼臣请崇殿阶，拓规制，遣王承祭，后殿以太常长官亲诣，二跪六拜，乐六奏，文舞八佾”，皇帝同意，并“行直省，文昌庙以时享祀，无祠庙者设位公所祭之，毕，彻位随祝帛送燎”[2]，地方有文昌庙者春秋在庙祭祀，无庙者在官府内设位祭祀，祭毕将文昌帝君牌位连同祝文和帛一并焚烧于燎所。文昌帝君平步青云，被列入国家祀典，且跻升中祀，与关圣帝君相同。

---

① ［元］张之翰：《西湖书院记》，见《西岩集》卷一六。

② 《清史稿·文昌帝君》。

清嘉庆以前，张亚子本来属于地方民间信仰，宋以前，奉祀张亚子祠堂不多。唐初李靖曾建造于山西应州，相传唐末李克用之母在祠内祈祷时见有金甲神人破壁而出，于是怀孕而生李克用，还属于武将形象。

据司马迁《史记·天官书》说："斗魁戴匡，六星曰文昌宫。一曰上将，二曰次将，三曰贵相，四曰司命，五曰司中，六曰司禄。"北斗星上方六星呈筐形，被称为文昌宫，《孝经援神契》说，"文者精所聚，昌者扬天纪，辅拂并居，以成天象，故曰文昌宫"。六星各有所掌，《春秋元命包》曰："上将建威武，次将正左右，贵相理文绪，司禄赏功进士，司命主灾咎，司中主左理也"，但人们最看重的是"司禄赏功进士"。道教也借风助雨，将其收入道教神系，赋予他司天下文运、掌人间禄籍的功能，并将其具化为五文昌，即文昌帝君、魁星星君、朱衣神君、纯阳帝君和文衡帝君。

朱衣神君穿红衣，能辨文章优劣，相传欧阳修阅卷时曾经显灵。宋代赵令畤《侯鲭录》说"欧阳公知贡举，每阅试卷，坐后常觉一朱衣人点头，然后其文入格。初疑侍吏，及回视一无所见，因语其事于同列，为之三叹。尝有句云'文章自古无凭据，惟愿朱衣一点头'，又云'清夜梦中糊眼处，朱衣暗里点

台湾台中大肚磺溪书院供奉五文昌

头时’”[①]，因此备受读书人崇奉。有的书院、庙宇径直题作“朱熹夫子神位”，元代以来科举以朱熹《四书集注》为准则，直书朱熹倒也符合实际。

纯阳帝君即吕洞宾，据说他时常护佑赶考举子，曾以黄粱梦点醒赴考的卢生，所以迷信的举子会在考前夜宿其神像旁以求神示。

文衡帝君即关圣帝君，民间信仰认为关公是朱衣神转世化身，《桃园明圣经》载关公自言“吾乃紫薇宫里朱衣神，协管文昌、武曲星”。

文昌帝君既然主管人间功名禄位，当然就受到追求功名禄位的读书人信奉，许多地方纷纷设庙祭祀。南宋嘉熙年间，蒙古攻占四川，许多四川人移居钱塘，蜀人牟子才等人在吴山建立梓潼帝君庙奉祀。元朝末年，吴山文昌祠被毁，徐一夔发起重建，其疏文说：“文昌祠在蜀之潼川，实司科举之事，宋南渡后有祠在吴山之巅，盖蜀士赴举者所创也。自经兵变，颓圮弗治，圣朝更化，首诏科举取士，乃者宾兴，而浙司得人为盛，此皆神明阴佑斯文所致”[②]，将浙西科举兴盛归功于梓潼帝君。

宋代时，文昌祠多建在山上，还没有与学校拉上关系，贵州播州就建在治东凤山上。元代时文昌祠开始向文庙靠近，至顺年间镇江有“文昌祠三间，在庙之东”。明代时，地方官学开始建造文昌宫，但遭到士大夫反对。弘治初年，倪岳《正祀典疏》说：“道家谓梓潼以孝德忠仁显灵于蜀庙，食其地于礼为宜，祠之京師不合祀典。至于文昌之星与梓潼无干，今乃合而为一，诚出傅会，所有前项祭祀伏乞罢免，仍行天下学校，如旧有文昌祠者亦合拆毁”[③]，经朝廷同意，拆除官学内文昌祠。但是，文昌帝君既然主管功名利禄，自然就有人信奉礼拜，所以不久后又开始在学校内建造文昌祠。在30所明代学校图中，思南府学、宿迁县学和泾县县学学校内都建造了文昌祠，但都在文庙东的学校院内。

---

① ［明］彭大翼：《山堂肆考》卷八三。

② ［明］田汝成：《西湖游览志》卷一二。

③ ［明］黄训：《名臣经济录》卷二九。

官学奉祀文昌帝君多有不便，书院就没有什么顾忌，所以许多书院奉祀文昌帝君。书院奉祀文昌早在南宋就已出现，淳祐间白鹿洞书院建造文昌宫以奉祀，“淳祐间，知军陈洽建友善堂及文昌宫”。明代书院奉祀文昌开始增加，万历二十三年（1595年），同知张嘉正建造罗定南征书院，“中为丽泽堂，上有文昌阁”，万历间，江宁以原国子监文昌阁建造文昌书院。清代书院奉祀文昌增多，顺治十六年（1659年），安陆知府马逢皋重修大观轩，“塑文昌像于阁上，于季春朔三日率诸生读书属文于此，后如期而至。十八年推官黄尊光筑墙建坊，颜曰文昌书院”，直接命名文昌书院。康熙五年（1466年），新昌知县黄运启于文昌书院“建楼三楹，中祀文昌，左右为诸生肄业所”。康熙十六年，虹县知县彭翼宸于兴学书院“建文昌阁于后，其前为星聚堂，朔望集诸生课业”。康熙二十三年，云贵总督蔡毓荣创建昆明书院，“前殿三楹，祠文昌帝君”。康熙二十六年，岳麓书院增建文昌阁。康熙四十六年，梧州知府李世孝于茶山书院“复建文昌祠、魁星楼、讲堂、学舍，更名回澜”。雍正七年（1729年），总督李卫重建杭州紫阳书院巢翠阁改称文昌祠，奉祀文昌帝君。雍正十三年（1735年）以前，河北元氏县西贾村有村民高用宾建造的三台书院，书院设文昌宫奉祀文昌帝君。嘉庆十九年（1814年）创建的台湾高雄凤仪书院、同治元年（1861年）创建的南投文昌书院、同治二年创建的宜兰登瀛书院、光绪九年（1883年）重建的南投明新书院均祀文昌。同治四年，平江文家市文华书院也添建文昌阁。

不仅府县书院建造奉祀文昌帝君，就连省级书院也未能免俗。山东泺源书院乾隆二十六年建造文昌阁，并于阁下奉祀朱熹，江西豫章书院也设文昌阁于理学祠后。

（三）魁星

魁星又名奎星，本是北斗七星中的星名，有人说是北斗的第一至第四颗星，也有人说是第一星。《孝经援神契》说“奎主文章，苍颉效象”，宋均注

“奎星屈曲相钩，似文字之画”，道教认为奎星也主文运，称之为大魁夫子、大魁星君，奉祀魁星的目的为“俾助文风之盛”。

南宋时书院已奉祀魁星，嘉定九年（1216年）宜州权知州张自明因黄庭坚谪居时曾赁居西门内，即旧址建龙溪书院，“创讲堂，上为魁星阁”。江西高安西涧书院和具体地址不详的正谊书院都奉祀魁星，姚勉在贡举前一年于正谊书院祭祀魁星，祈求魁星保佑荣获魁首。祭文说“魁第一也。北斗七元，在天为众星首，而魁者乃斗之第一星也。魁之枕参则曰参首，杓之携龙则曰龙角，东苍龙角，亦二十八宿之第一星也，杓之所携犹第一宿，而况魁乎？魁杰立名，取象在此。前辈有言曰科第当作状元，仕宦当作宰相，学术当至圣人，言皆当为第一也。士之远大自期，立志要当若是，此吾正谊师友平日之所讲明也。岁壬子诏宾兴，壬为天一，子首十干，明年癸丑，丑为斗牛分，魁兆开矣。维七月朔，乃三秋之第一日，用率众俊，蒇礼大魁，神之相之，贡于乡若漕，第于太常，策于大廷，使臣正谊之人皆第一，自此卓然为第一流人物于斯世，维魁星实照临之”①。又于西涧书院祭祀魁星，“维斗有星，第一曰魁，上拱紫微，旁列三台。司文之权，光芒昭回，鬼斗入梦，先兆有开。伟兹涧堂，凤山崔嵬，江湖川闽，云蒸英才。有诏兴贤，士争踏槐，邀灵于星，文刃恢恢。秋风联鞯，铃声喧豗，春榜蜚英，禹门之雷。昨庭唱胪，百花之梅，万里荣途，瑞庆大来。徼福投诚，尚相之哉”②，希望魁星赐以福佑。姚勉如愿以偿，次年，也就是宝祐元年（1253年）果然高中状元。

明清时，奉祀魁星书院增多。康熙四十六年（1707年）广西梧州回澜书院曾重建魁星楼，康熙六十一年重修赣州濂溪书院，将苏轼移祀于魁星阁下，此前均已奉祀魁星。雍正四年（1725年），浙江巡抚李卫在杭州敷文书院建造魁星阁奉祀，“前为书院门，表以石坊，曰太和元气；进内为戟门，拾级而登为

---

① ［南宋］姚勉：《正谊书院祭魁星》，见《雪坡文集》卷四七。

② ［南宋］姚勉：《西涧书院祭魁星》，见《雪坡文集》卷四七。

正谊堂，后为魁星阁，左右为斋舍”[①]，同年江西巡抚裴徫度重修白鹿洞书院也建造魁星楼奉祀，“五星亭之左建魁星楼”。乾隆二十七年（1762年）建造的山西临晋桑泉书院大门建成两层楼，将魁星奉祀在楼上。乾隆五十七年，岳麓书院建造魁星楼，“湖广总督毕沅莅星沙，渡江校课，指书院前平田中土阜曰：‘斯地也若建魁星楼，可以发甲。’并致金百两谋始焉”[②]，倡捐建成。嘉庆十九年（1814年）创建的台湾高雄凤仪书院也奉祀魁星。

（四）仓颉

相传仓颉是文字的创造者，战国始见著录。相传他为黄帝史官，也有说他曾自立为帝，号仓帝。关于仓颉造字，《荀子·解蔽》说“好书者众矣，而仓颉独传者壹也”，《韩非子·五蠹》说“昔者仓颉之作书也，自环者谓之私，背私者谓之公”，《吕氏春秋》也说“仓颉作书”。汉代《说文解字序》说“仓颉之初作书，盖依类象形，故谓之文；其后形声相益，即谓之字”，《淮南子·本经》则说“昔者仓颉作书，而天雨粟，鬼夜哭”。文字是在人们生活中出现并逐渐发展而成熟的，不可能成于一人之手，很可能仓颉对文字进行统一规范工作，所以后人将造字功劳推到他一人身上。

仓颉造字有功人类，当然受到后人尊重，汉代即有庙奉祀，金代时有庙在盩厔，岁时致祭，明代时配祀历代帝王庙，东庑第二位，位风后、力牧后列从祀第三位。有的官学也建祠奉祀，云南建水临安府学就有字圣祠。书院建祠奉祀仓颉已知主要在台湾，嘉庆十九年（1814年）创建的台湾高雄凤仪书院、光绪九年（1883年）创建的南投明新书院均奉祀仓颉，彰化员林兴贤书院木主题称“仓颉圣人”，台北大观义学奉祀的木主作“制字先圣神位”。

---

① ［清］乾隆《浙江通志·万松书院》。

② ［清］《岳麓续志》卷一。

（五）土地

不论皇家宫殿还是偏僻乡村，不论祠庙还是墓园，凡有人群聚居或围墙之内必定设置土地神祠，书院也不例外。元元贞元年（1295年）新建淮海书院设有祭祀土地的地灵祠，大德间南阳书院祭祀司土，广州粤秀书院设有福德祠，上海青浦孔宅书院在西南角设有土地祠三间，柳州龙城书院设土地祠于仪门东偏，香港二帝书院于大门内照壁上设神龛供奉，题作“土地福德正神”。

五、乡贤名宦

乡贤是指本地出生的名人，明代设立乡贤祠后明确规定为本地有嘉言懿行人士和本地出生在外地为官有善政的官员。寓贤是在出生外地而在本地侨居的贤人，过贤是指偶一经过本地的贤人，名宦是指在本地为官有善政的官员。

乡贤名宦是明洪武元年（1368年）诏令各地学校奉祀的，明代时规定由各省督学抚臣采访后确定。鉴于奉祀太滥，清顺治元年（1644年）规定，提学官要严格审核，“名宦乡贤风教所关，提学官遇有呈请务要核实确据。若有受人请求妄举者，师生人等即以行止有亏论，其从前冒滥者径自革除”[①]。

清雍正二年（1724年）将名宦乡贤入祀决定权收归国家，“嗣后名宦乡贤除故明以前不议外，所有本朝应入二祠人员皆由题请，经部议覆而后定”，并规定具体程序：“凡崇祀名宦、乡贤之礼，直省司牧之官有功斯民、遗爱难泯者，荐绅、处士积学力行垂范乡里者，由学校师生公举以达州县，州县以达督抚、学政，岁于八月具疏，部加复核，岁终汇疏以闻，列祀名宦、乡贤二祠”[②]。但不久又因朝议对包括明代的所有已祀者进行复核，“名宦乡贤相沿岁久，冒滥实多，行令各省督抚学臣秉公详察。如果功绩不愧名贤，学行允协乡评者，将

---

① 《大清会典》卷七一《礼部・仪制清吏司・风教》。

② 《大清会典》卷三二《礼部・仪制清吏司・学校》。

姓名事实造册具结，送部核准，仍许留祀；若无实迹，报部革除。嗣后有呈请入祀者，督抚学臣照例报部核明”，并规定对作弊者进行处罚，“如私自批行入祀，事觉将请托与受托人等治罪，出结具详地方官一并议处”。乾隆十四年（1749年）又令礼部严加审核，“名宦乡贤嗣后督抚题报到日，该部务确核事迹，倘名实不能相副即秉公指驳，将详报不实之地方官照例题参，庶名器不致滥邀而教化益臻纯备”[①]。

书院属于私立，早期创建者在确定奉祀人物上具有较大自由，但后期特别是清代就深受国家制度影响，尤其是官立书院。

由于书院奉祀名宦乡贤都在本地小范围内选择，人员众多，因此无法进行界定，只能笼统称之。

六、有功书院者

中国人主张食德报功，对有功于后人者要予以报答，而最好的报答就是建祠奉祀。书院也是如此，后人对有功于书院特别是有功于本书院者要进行奉祀。奉祀有两种形式，一是专祠奉祀，一是配祀其他祠堂。

设专祠奉祀有功于书院者的书院不少。岳麓书院明嘉靖五年（1526年）设置六君子祠，奉祀对书院有功者宋代潭州太守朱洞和李允则、安抚使刘珙、山长周式、明代通判陈钢和同知杨茂元。安徽婺源胡氏明经书院元代初建时设殿奉祀孔子，明成化重建时设祠改祀书院创办者之一且任首任山长的胡炳文，其后又增加创办者胡淀、胡澄兄弟配祀。清康熙间，江西巡抚白潢重修豫章书院，购置书籍，选拔优秀诸生入院，康熙五十九年（1720年）又题请增加江西举人九个名额，后人于书院建白公祠奉祀。赣州濂溪书院将原来有功于书院的王之良、陈履忠、刘武元、苏弘祖、郎永清、宋荦、白启明、任进爵、朱光圉配祀周敦颐，康熙六十一年（1722年）王世绳重修，全部移祀

① 《大清会典》卷七一《礼部·仪制清吏司·风教》。

于西讲堂单独奉祀。

有功书院者配祀他祠者也不少。南宋宝庆二年（1226年），朱熹弟子李燔请于知县，于县西创建李氏山房书院，奉祀兵部尚书李常，元泰定间，书院扩建，就将李燔奉祀在李常祠堂内。淳祐元年（1241年），江万里创建白鹭洲书院，设置孔子庙奉祀孔子等儒家圣贤，设置祠堂奉祀周敦颐、程珦、程颢、程颐、张载和朱熹，后人将江万里配祀在祠堂内。

七、家族先人

奉祀家族先人书院北宋未见，南宋开始出现。咸淳中，福建顺昌廖邦杰创建双峰书院，礼殿奉祀孔子，设祠堂奉祀其先人廖刚与其父廖德明。廖刚刚正无私，为官敢于批评蔡京、秦桧，廖德明为朱熹弟子，官至运使，均谥文靖。南宋时，钟如愚师事张栻，去世后，钟如愚之子建造书院，请名于官，得名主一书院，设祠堂奉祀张栻，以钟如愚配祀。元代钟如愚三世孙钟梦鲤扩建，设祠分别奉祀张栻和钟如愚。元初刘光溲建造白石书院，设礼殿奉祀孔子，设文公祠奉祀朱熹，以黄榦配祀，设祠堂奉祀祖父刘养浩，刘养浩为黄榦弟子。至元二十九年（1292年）倪镗迁建锦江书院，除分祠奉祀孔子、朱熹、乡贤外，还设世美祠为家祠。明成化二十三年（1487年）重建的婺源桂岩书院，主事者戴善美主祀其曾祖戴彦亨，以其祖戴道谋和其父戴希英配祀。

第四节　奉祀人物方式

书院奉祀人物神祇虽然很多，但并不是每个书院都奉祀这么多人物神祇，而是每个书院选取某个人物神祇或某些人物神祇奉祀。

奉祀人物可以分作独祀、单祀、同祀、共祀、合祀和分祀六种方式。

一、独祀

所谓独祀是指一座书院只奉祀一位人物或神祇。

南宋中期以前，偶有书院独祀，南宋后期与元朝许多书院官办，奉祀孔子圣贤为多，独祀较少，明清时期书院返归民间，书院独祀比较常见。

书院独祀按照被奉祀者性质可分为圣人、理学家、名宦、乡贤、寓贤、过贤、名人、有功书院者、文昌、魁星十类。

（一）圣人独祀

虽然民间动辄称画圣、书圣、诗圣等，但国家礼制封圣者只有至圣孔子、复圣颜子、宗圣曾子、述圣子思、亚圣孟子五人，周公于清代称元圣，但并非正式封号。有独祀书院的圣人已知有孔子、孟子。

独祀孔子书院见于元至正六年（1346年）鄱阳陈桢所建并讲学的石鹿书院，由于是学者自建讲学，“即盘石之下为书院，授徒其间，中祠孔子，别为山房以庋藏先世书籍”，没有像官办书院一样有配圣。清乾隆九年（1744年）建造的什邡方亭书院“迎设圣人像于中堂”，也是独祀孔子。

独祀孟子见于元延祐二年（1315年）改建的滕州性善书院，“右庙堂以祠孟子，左讲堂，翼以两斋以居业”，书院仅奉祀孟子。

（二）理学家独祀

书院理学家独祀始于南宋，但国家设官后多增祀孔子，明代书院不再官办后才逐渐增多。

南宋景定四年（1263年），国家为书院设官前，书院特别是私立书院多为独祀。嘉定中将程颐注《易》处改建为北岩书院，“塑颐像祀之”，独祀程颐。端平二年（1235年），苏州改尹焞祠堂为和靖书院，设祠堂独祀尹焞。淳祐六年（1246年）建造的相江书院，“为祠五间，继以讲堂，间亦如之；左右为两斋，皆五间；外为三门”，只设祠堂奉祀周敦颐。此外，端平二年御书赐额的湖南靖州鹤山书院奉祀魏了翁，嘉熙二年（1238年）赐匾的鹰山书院奉祀游酢，嘉熙中赐额的金华丽泽书院奉祀吕祖谦，宝庆间慈溪建造慈湖书院“以祀乡先生杨文元公”，淳祐三年（1243年）赐额蔡沈的庐峰书院奉祀蔡沈，淳祐四年为黄榦赐额的福建建阳环峰书院奉祀黄榦，景定三年（1262年）应赵必升之请为谢良佐敕建浙江仙居上蔡书院，应该都是独祀本人。景定四年国家为书院设官后，书院开始增祀圣人，如和靖书院于咸淳初增设燕居堂主祀圣人，相江书院景定五年（1264年）前“立先圣殿而受赐额于朝矣”，都是改理学家独祀为圣人与理学家二祀。

元代许多书院由官府管理，多按照官学奉祀孔子圣贤，所以独祀书院不多。蒙古太宗七年（1235年）建造太极书院，由于此时书院尚未被纳入国家管理，所以独祀周敦颐，“乃于燕都筑院，贮江淮书，立周子祠，刻太极图及通书、西铭等于壁”。

明代书院不再列入官学，理学家独祀大量增加。明弘治五年（1492年）迁建的泰州安定书院“有祀堂三间，经义、治事二斋”，独祀胡瑗。嘉靖十五年（1536年），安福知县程文德建造复古书院，独祀王守仁。嘉靖十六年，薛侃门人、参议沈谧于嘉兴建文湖书院，独祀王守仁。万历四十年（1612年）建造的阳明书院“为堂三，中祀先生，左曰讲堂，右曰习堂”，独祀王守仁。崇祯十三年（1640年）建造的郁林瑞泉书院“中三楹轩敞宏丽，为诸生讲道课艺之所，题之曰‘活泼泼地’，盖得之心而寓之境也，左三楹立晦翁朱夫子庙，右三楹募僧人居司启闭焉”，独祀朱熹。梧州敷文书院万历毁书院“中有公像，有司不忍毁，犹以屏隐约而藏之”，万历十一年重修，“后为后堂，窿然特起，前道佥事欧阳公瑜题其上曰道德功勋，奉公像以居”，仍独祀王守仁。此外，正德间迁建的莱州东莱书院独祀吕祖谦，嘉靖初青阳知县建造阳明书院奉祀王守仁，万历间兵备葛寅亮于九江建造阳明书院独祀王守仁，上蔡谢显道书院独祀谢良佐，万历九年（1581年）元氏建造的文清书院奉祀薛瑄。

清代独祀理学家的书院继续增加。顺治八年建造的鄞县月湖书院“中奉祀朱熹”；康熙四十六年建造的合州濂溪书院“堂五楹，中奉濂溪先生木主”；乾隆二十九年建造的石泉西山书院，“中为讲堂三间，后为书室五间，中奉朱子神主”；乾隆三十四年建造的户县明道书院，“楼四楹，初时上设龛及香案，奉祀明道先生”；光绪七年重修后的北京金台书院“建造朱子祠七间”，都是独祀理学家。台湾彰化和美道东书院咸丰八年落成，主祀朱熹，现在神龛内悬挂孔子画像，摆放朱熹牌位，孔子有像而无神主似未奉祀。

道东书院神龛

（三）名宦独祀

书院独祀名宦早在南宋就已经开始。嘉定八年（1215年），全州知州林岜为北宋全州太守柳开建造柳山书院奉祀，宝庆元年（1225年）赐额清湘书院，仍然独祀柳开，但时间很短，两年后即增建燕居楼，增祀孔子等。

明洪武二年（1369年），朱元璋令地方建造乡贤祠奉祀名宦和乡贤，书院独祀名宦大增。

黄榦嘉定五年（1212年）曾任新淦令，任内多善政，嘉靖元年（1522年）重建高峰书院，独祀黄榦。欧阳修曾任乾德令，光化建书院奉祀，以欧阳修谥号命名文忠书院，嘉靖四十一年重修，祠名思贤，独祀欧阳修。嘉祐元年（1056

年），周敦颐出任合州判官，任官五年，嘉靖十年合州建造合宗书院，独祀周敦颐。嘉定中，魏了翁曾任眉州知州，嘉靖五年眉州建造鹤山书院，“为正堂，为后屋，为大门，各三间。堂则翼翼，可栖神明，举蒸尝”，独祀魏了翁。孙懋因得罪太监刘瑾等“八虎”，被贬任藤县县尉，万历六年（1578年）藤县建造南麓书院，独祀孙懋，“曰景贤祠，置先生神位于中”。东汉陈寔曾任太邱长，河南永城因此建太邱书院奉祀，崇祯二年（1629年）重修后，“堂之北藏书楼三间，列陈公像于中”，独祀陈寔。明嘉靖间，杨继盛被贬狄道典史，在任兴办超然书院，捐俸置田，雍正四年（1726年）郡守建祠祭祀，乾隆二十三年（1758年）于祠后建造书院，独祀杨继盛。

（四）乡贤独祀

书院乡贤独祀初见于南宋。建昌李氏山房原来只是藏书，“中更乱离，书与山房俱毁”，南宋宝庆二年（1226年），朱熹弟子李燔请于知县，于县西创建李氏山房书院，奉祀邑人、兵部尚书李常。咸淳七年（1271年），重建慈溪书院，奉祀杨简，“然礼殿犹阙也”，属于乡贤独祀，元初毁于僧，至元二十四年（1287年）重建，“始崇礼殿，中严祠庭”，改为孔子与乡贤分祀。

元代书院独祀乡贤比较少见。岐山书院，元天历二年（1329年）六月“赐凤翔岐阳书院额，书院祀周文宪王，仍命设学官，春秋释奠如孔子庙仪”[①]，书院奉祀周公，就不需要再奉祀孔子圣贤，岐山为周人故里，属乡贤独祀，明正德中重建，改为同祀西周周公姬旦、召公姬奭和太公吕望，以张载配享，成乡贤共祀。至正十年（1350年）建造的射洪金华书院，“仍故基构正祠四楹，位先生像于中”，因书院“前界庙学之壖”，未奉祀孔子等圣贤，书院奉祀初唐诗人陈子昂为本地人，属于乡贤独祀。皇庆元年（1312年）建造叠山书院独祀谢枋得，蒙古兵南下，谢枋得毁家组织义兵抗元，至大都后绝食而死，“门人郑

---

① 《元史·文宗纪》。

康仲、徐炎午辈裒田供费”，书院私立，就不需要奉祀孔子。

书院乡贤独祀主要见于明清时期。洪武末，新余建造的石门书院“中为仰高之堂，后为寝室，奉先生神主栖焉”，独祀乡贤学者梁寅。弘治间合肥建造的包公书院“南面建屋五间，中坐公之像”，只奉祀包拯一人。正德十二年（1517年）咸宁建造相山书院，独祀乡贤北宋名臣、三元及第的冯京。嘉靖六年建造的祁门环谷书院“肖先生像居堂中”，独祀乡贤汪克宽。苏州学道书院始建于南宋咸淳五年（1269年），设燕居殿奉祀孔子，专祠奉祀言偃，七年增设乡贤祠奉祀颜、曾、思、孟四配，以周敦颐、二程以下九位理学家从祀，成孔子、圣配与理学家共祀、乡贤三祀，明嘉靖四年重建，仅设堂奉祀言偃，成为乡贤独祀。明嘉靖十五年（1536年），安福知县程文德建造复古书院，嘉靖十六年薛侃门人、参议沈谧于嘉兴建文湖书院，都独祀其师王守仁。嘉靖间建造的永丰六一书院独祀欧阳修，由苏州浒墅佛庵改建的文正书院“邪塑尽彻，设先生木主于中堂，岁时特牲祀之”，独祀范仲淹，也属于乡贤独祀。

清康熙三十四年（1695年）建造的新乡省身书院奉祀春秋时期著名卫国贤大夫蘧伯玉，“新，故卫壤”，也为乡贤独祀。

（五）寓贤独祀

寓贤是指在他乡居住的贤人，书院独祀寓贤初见于南宋。西汉末，严光早年与光武帝刘秀同学，刘秀称帝后不应延聘出仕，北宋时范仲淹为太守创建祠宇奉祀，绍定元年（1228年）知州陆子遹创建书院奉祀。严光为余姚人，寓居桐庐富春山，书院奉祀属于寓贤独祀。但淳祐元年（1241年）扩建，即增加燕居殿以奉祀孔子等圣，成圣人与寓贤二祀。理学家独祀中的尹焞、程颐、魏了翁虽然都是入祀文庙的理学家，但最初奉祀均是从其曾寓居来考虑的，也可以视为寓贤独祀。康熙四十九年（1710年），因旧道乡书院改作七贤祠，平乐知县黄大成新建道乡书院，“专祀道乡先生”，北宋邹浩被放逐昭州五年，故属于寓贤独祀。乾隆四十一年，潼川建造书院，“传是杜少陵侨居旧址，故更其名曰草堂，绘其像于堂之后楹”，独祀杜甫，也属于寓贤独祀。

（六）过贤独祀

过贤是指曾经过某地的贤人，书院独祀过贤初见于南宋，元代偶有记载，明清逐渐增加。

朱熹过缙云，爱其山水似武夷，嘉定中，郡人叶嗣昌建造独峰书院，独祀朱熹。司马光在父亲任官地光山出生，至治二年（1322年）建造涑水书院，“堂为七楹，中设公像，名曰粹德堂”，并无其他奉祀建筑，也属于过贤独祀。

明正统十三年（1448年），嘉州因山上有题字为苏轼所书，于是建书院奉祀，“此昔为公潜隐之地，遂创为屋若干间，肖公像于中而名曰东坡书院”[①]，苏轼为眉州人，嘉州应该是偶一过之，属于过贤。王守仁过杭州，登天真山，欲筑书院于此，嘉靖九年，门人薛侃按照王守仁遗愿建造天真精舍，独祀王守仁。嘉靖中，昌乐县建造龟峰书院，奉祀韩愈，清光绪十六年（1890年）重修，“当院始建时，尝祀韩公于庭，兹谨复之”，韩愈十岁时曾随时任太守的兄长韩会到过韶州，属于过贤独祀。寿阳因韩愈有《过寿阳驿诗》，明万历二十五年（1597年）建造寿阳书院，清光绪时“正厅五楹，中祀昌黎伯栗主”，独祀韩愈，也属于过贤独祀。钦州雍正初建造东坡书院，“书院为后堂三间，中祀东坡像”，苏轼海南归来后曾被安置廉州，清代钦州属廉州府，应该因此建造书院奉祀，所以将其归为过贤独祀。

（七）名人独祀

书院奉祀多为与本地有关的人物或与学术相关的圣贤学者，而有的书院奉

① ［明］刘春：《东坡书院记》，见《四川通志》卷四二。文中“千”当为“干”之误。

祀与本地毫无关系的历史人物，本书将此类人物归为名人。

名人独祀始见于南宋。绍定三年（1230年），汀州太守李华建造卧龙书院，“为堂三楹，前荣后室，翼以两庑……而刻诸葛忠武侯遗像于其间，图八阵奇正之势，书‘王业不偏安，汉贼不两立’语于壁，而朝夕瞻敬”，独祀诸葛亮。诸葛亮一生主要在长江中下游活动，未见至福建记载，奉祀诸葛亮的目的是建造者表示抵抗外族入侵的决心和意志，故将其归为名人独祀。

（八）有功书院者独祀

书院独祀有功书院者也不多见。婺源胡氏明经书院由婺源胡氏十四世孙胡淀、胡澄始建于元皇庆中，请从父胡炳文教育族人与乡人。成化十六年（1480年）重建，“中作堂为讲道之所，左为祠以奉云峰先生，右为室以居诸生之肄业者，前为门屋，缭以周垣”，祠堂独祀婺源胡氏十三世孙胡炳文。

（九）文昌帝君独祀

书院独祀文昌帝君已知最早出现在明代。隆庆元年（1567年），宁夏建造揆文书院，“建仪门、前后堂各三楹，左右列号舍各六区……后筑台十尺，为文昌祠”，“卜吉释菜文昌”，毫无疑问，书院独祀文昌帝君。

书院独祀文昌帝君主要在清代。康熙二十二年（1683年），井陉知县周文煊借文昌阁建造东璧书院，“阁前书舍”，独祀文昌帝君，康熙四十年重修更直接改名文昌书院。康熙五十三年，河北济源重建启运书院“大门三间，内为中庭三间，进中庭数十武为讲堂三间，堂前列东西斋各五间，堂后起阁祀文昌”，书院只设阁奉祀文昌帝君。康熙间海南文昌将玉阳书院迁至城内，改称至公书院，文昌阁位于讲堂后，是书院内唯一的奉祀建筑，文昌帝君就成为至公书院独祀。乾隆六年（1741年），阳安建造凤山书院，“为讲堂、寝室各三楹……置梓潼像于中”；乾隆十四年，周至建造对峰书院，“前为大门，次仪门，次讲堂，次掌教居室，极后为文昌祠”，都是独祀文昌。乾隆十六年创建的河北南宫东阳书院“中建讲堂五间，其两旁为厨房，堂之前为文昌祠，祠之东西各建书舍十三间，隔以短垣。其外为聚奎门，门之外为大门，牌楼屹立，颜曰东阳书院”[①]，文昌祠为书院核心建筑，只奉祀文昌帝君，并不奉祀他人。乾隆十八年，南充建造南池书院，“度寺后削平二级，通文星门，属文昌楼，为释菜所”；嘉庆十年（1805年）建造藤州书院，“建文昌专祠于讲堂之后，以为诸生展拜之所”；咸丰五年（1855年）建造琼山环江书院，“内祀文昌帝君，外为讲堂，翼以两廊”，都是独祀文昌。光绪十五年奉议州建造崇正书院，“前后三楹，从绅民议，中祀文昌”，书院规模很小，独祀文昌帝君。

（十）魁（奎）星独祀

书院独祀魁星已知最早为明初，永乐二十年（1422年），广东乐昌邑人白思谦建造凤山书院，“规其形：两阁在前，东额以经文，西扁曰经武，内分为左右两旁，制仿经义、治事二斋，讲堂居中，后为魁星楼”，再无其他奉祀建筑，以魁星楼独祀魁星。

清代独祀魁（奎）星开始增多。雍正十二年（1734年），东莞新建宝安书院，设重屋，“上供奎宿，颜之曰文聚楼”；乾隆七年（1742年），江阴建造暨阳书院，“堂后为奎宿楼”，设楼独祀奎星。乾隆二十八年建造临晋桑泉书院，“大门建高楼三楹，上祀魁星”；嘉庆初，施南朝阳书院“前为院门，门有楼，楼凡两层，上祀魁星”；道光元年（1721年），义宁建造义江书院，“院门上建奎星阁一座”。书院并无其他奉祀建筑，都是在书院大门设楼于楼上独祀魁（奎）星。

二、单祀

所谓单祀是指一个奉祀空间只奉祀一位人物或神祇。书院独祀当然也是单祀，但单祀不一定是独祀。

---

① ［清］张志奇：《东阳书院碑记》，转引自陈谷嘉、邓洪波《中国书院史资料》，第924页。

三、同祀

所谓同祀是指在一个奉祀空间内并排奉祀多位人物，奉祀人物只有位次差别而无等级不同。

书院同祀可分为理学宗师、理学宗师与理学家、经学家、名宦、名宦与乡贤、乡贤、寓贤、父子、有功书院者、异姓先人、族人和五文昌十二类。

（一）理学宗师同祀

理学宗师同祀以宋五贤为多。南宋淳祐初，分宜令王杭迁建钤冈书院，奉祀宋五贤周敦颐、张载、程颢、程颐和朱熹五人。明成化十八年（1482年），四川宜宾知府陆渊之建翠屏书院，设五贤祠；嘉靖二年（1523年），云南建水崇正书院设五贤祠，皆奉祀宋五贤。嘉靖初建造的安庆近思书院，嘉靖中安庆知府胡缵宗创建的桐城桐溪书院，也是设祠奉祀宋五贤。清康熙四十八年（1709年）建造的鳌峰书院“前建正谊堂，中祀周、程、张、朱五夫子”，道光十八年（1838年）建造的巴东信陵书院“后为堂，设主以祀宋周、程、朱、张五子”，乾隆十二年（1747年）建造的福建连城五贤书院设五贤堂，亦皆奉祀宋五贤。宋五贤一般都是五贤同祀。

北宋五贤同祀不多，元延祐元年（1314年），薛友谅建造的伊洛精舍书院设五贤堂，奉祀北宋五贤邵雍、周敦颐、二程和张载。

（二）理学宗师与理学家同祀

理学宗师与理学家同祀的书院始于南宋，明清时期比较普遍。

南宋淳熙二年（1175年），吕祖谦邀请朱熹与陆九龄、陆九渊至鹅湖相会，以调和朱熹理学与陆氏心学分歧，淳祐十年（1250年）建造书院，赐额文宗，书院有四贤祠，奉祀朱熹、吕祖谦、陆九龄、陆九渊。

成化十七年（1481年）建造的洛阳伊洛书院，奉祀宋六贤及司马光、张栻、吕祖谦、许衡，全部为入祀孔子庙先儒。正德八年（1513年），辰州知府戴敏毁淫祠建正学书院，设六贤祠奉祀宋五贤和张栻，同年重建的筠阳书院于嘉靖中建造七贤祠，奉祀宋五贤和陆九渊、王守仁。嘉靖十四年（1535年）重修的丽泽书院，“并祀朱文公、张宣公、吕成公”，理学宗师朱熹与理学家张栻、吕祖谦同祀。赣州濂溪书院原祀周敦颐、程颢、程颐、苏轼、文天祥、王守仁、汤斌，以有功书院者配祀，属于共祀，清雍正元年（1723年）将非从祀文庙的苏轼移祀魁星阁，将有功书院者迁至西讲堂，增祀杨时，成为理学宗师与理学家同祀。

康熙五十五年落成的三水正学书院“前堂祀周、张、程、朱诸夫子”，雍正间，蓝鼎元于普宁建造棉阳书院，“书院为屋三，中祀周、程、张、朱五先生”，乾隆十四年落成的香山丰山书院“移奉宋五子于正斋”，皆奉祀宋五贤。乾隆三十五年扩建的新宁宁阳书院“堂左附建敞厅，设周程五子木主，并白沙陈子木主”，同祀宋五贤和明代陈献章。乾隆二十年建造的平远平阳书院同祀更多，“后建景贤堂五间，祀濂洛关闽九贤”，即奉祀邵雍、周敦颐、程颢、程颐、张载、司马光、朱熹、张栻和吕祖谦。

（三）经学家同祀

经学家同祀很少，仅见于诂经精舍。嘉庆二年（1797年），浙江督学阮元于杭州组织编纂《经籍诂》，后改书院为诂经精舍，“五年，祠先儒许叔重、郑康成于舍中雍肃堂”，同祀汉代经学家许慎和郑玄。阮元为清代经学家、训诂学家，推崇汉学，所以选择汉学大家奉祀，以彰显书院学术追求。

（四）名宦同祀

书院单独同祀名宦不多。成化五年（1469年），九江知府建造靖忠书院，奉祀陶渊明和狄仁杰，后增祀赵昴发，三人均曾任彭泽令；嘉靖二年（1523年）建造的常州景贤书院，奉祀宋代郡守柳开、周敦熙和龚基，都属于名宦同祀。清康熙二十四年饶州建造希贤书院奉祀曾至本地任职的后汉宋均，晋代陶渊明，唐代颜真卿、狄仁杰、白居易，宋代范仲淹、周敦颐、朱熹、杨简、王十朋，明代王守仁、葛屺瞻、张静涵以及清代翟凤翥，也属名宦同祀。

（五）名宦乡贤同祀

名宦乡贤同祀的书院不多。嘉靖十四年（1535年），颍州在据传为欧阳修致仕后的旧居建造西湖书院，书院设四贤堂，奉祀晏殊、欧阳修、吕夷简和苏轼。吕夷简为本地人，其他三人均曾任颍州太守，分属名宦和乡贤，既然祠名为四贤，当是同祀。

（六）乡贤同祀

乡贤同祀的书院比较多，主要出现在明清时期。

广东端溪书院原设圣贤楼，主祀孔子，以先贤20人配祀，清后期认为书院非学宫，奉祀孔子为僭越，撤去孔子神主，改为只祀先贤，二十人均面南同祀，中间向东依次为陈献章、伍云、陈庸、谢祐、湛若水、黄佐、罗一中、叶春及、李材、杨起元，中间向西依次为邱浚、林光、张诩、李孔修、薛侃、陈激衷、唐嵩、庐宁忠、唐伯元、区大伦，奉祀人物都是本地名人，属于乡贤同祀。

明万历间创建的庐陵明学书院奉祀文天祥、胡铨、周必大、颜端、何罗韬，奉祀的都是本地出身的名人；万历末，江西抚州建造崇儒书院，奉祀晏殊、王安石、曾巩、陆九渊、吴澄和吴与弼等六人，晏殊、王安石为临川人，曾巩为南丰人，陆九渊为金溪人，吴澄、吴与弼均为崇仁人，均是抚州人。以上两所书院奉祀的都是本地名人，没有师徒等关系，应该是一排并祀，属于乡贤同祀。

南昌豫章书院初设豫章十二先生祠，奉祀罗从彦、陆九韶、陆九龄、陆九渊、李燔、黄灏、张洽、吴澄、吴与弼、罗伦、胡居仁、张元祯，以后增加欧阳德、邹守益、罗洪先、魏良弼四人。明万历间巡抚凌云翼、潘季驯又增加舒芬、罗钦顺、胡直、罗汝芳、王时槐、邓以赞、李材、邓元锡八人，改称豫章二十四先生祠。由于奉祀人物均是江西籍儒家学者，清康熙二十八年，巡抚宋荦改称理学名贤祠。奉祀的人物虽然都是理学名家，其中罗从彦、陆九渊、吴澄、胡居仁、罗钦顺等五人还从祀文庙先儒，但籍贯都是江西，还应将他们视为乡贤。既然名为二十四先生祠就不应该有等级差别，也应属于乡贤同祀。

嘉靖间夹江建造平川书院，“后为桂华楼二十有八楹，上祀诸乡贤，乃汉费公贻、宋田公锡、李公浩勾、龙公庭实、文公尚忠、陈公遗安也，祀今宿公者”，系乡贤同祀。

康熙三十年（1691年），新蔡知县吕民服建造大吕书院，设时雨堂奉祀周初吕侯、孔子弟子漆雕开、曹恤和秦冉以及汉代陈蕃。新蔡为吕侯封地，孔子三弟子均为蔡国人，陈蕃为西临平舆人，当是按乡贤奉祀，也属乡贤同祀。

（七）寓贤同祀

寓贤同祀的书院很少见，目前仅见雷州怀坡书院。从唐代开始，广东、海南就是发配官员之地，许多正直官员学者被发配于此。正德十三年（1518年），雷州知府王秉良建怀坡书院，奉祀苏轼、任伯雨、苏辙、李纲、赵鼎、李光、胡铨等，他们有的是发配至此，有的则是发配海南岛时在此地逗留。

（八）父子同祀

父子同祀仅见于福建尤溪南溪书院。嘉熙元年（1237年），尤溪知县李修购回朱熹出生处，建造祠堂奉祀，“作屋三楹，中设二先生祠位”，呈父子同祀，改称南溪书院后仍未改变。父子同祀，有违伦理，“祠堂中父子并立。韦斋，父也；晦庵，子也；虽齐圣不先父食，而可正南比肩并立乎？”至正四年（1344年），佥宪赵某谒祠发现不妥，“况奉古之贤人而可不顺其父父子子之伦欤？”将朱熹改在一侧为侍。至正七年，于讲堂会极堂后添建祠堂奉祀朱松塑像，画朱熹、郑义斋像配祀，将原祠堂奉祀朱熹塑像，而绘黄榦像配祀。

（九）有功书院者同祀

江苏省城书院钟山书院奉祀总督查弼、德沛、尹继善，巡道方昂，院长杨绳武、夏之蓉、钱大昕、卢文弨、姚鼐、胡培翚、任泰等，奉祀的均是有功本书院者，祠堂仅屋一间，左右即使摆放木主也难以祭祀，应该是面门一面摆放，所以应该是同祀。

（十）异姓先人同祀

先人同祀很罕见，仅见于明代高邮李士龙为河北怀来范氏族人和欧阳式族人建造的二贤书院，同祀范姓先人范仲淹和欧阳姓先人欧阳修。

（十一）族人同祀

族人同祀见于江西德兴二贤书院。淳熙间朱熹门人程端蒙建造蒙斋书院讲学，庆元间程珙建造柳湖书院讲学，明嘉靖三十八年（1559年）程氏裔孙将二书院合并为二贤书院，奉祀程端蒙和程珙。

（十二）五文昌同祀

书院奉祀五文昌者现在以台湾为多，台湾彰化员林兴贤书院和台中璜溪书

兴贤书院同祀五文昌

院皆奉祀文昌帝君，左右侍立天聋、地哑二童子，座前再奉祀五文昌塑像。

四、共祀

所谓共祀，即在一个空间内分等级奉祀多位人物，一般设主祀、配享二等，有的还设第三等从享，如大成殿奉祀孔子、四配和十二哲。

书院共祀可分为道统共祀，圣师共祀，五圣共祀，圣哲共祀，五圣与理学家共祀，圣贤共祀，孔子与理学家共祀，孔子与圣配、理学家共祀，孔子与理学家、名宦共祀，孔子与圣配及创办者先人共祀，孔子与寓贤共祀，配圣共祀，师弟共祀，师弟与有功者共祀，理学家共祀，理学家同门共祀，理学家同门与名宦等共祀，理学家与弟子、乡贤共祀，理学家与名宦共祀，理学家与乡贤共祀，理学家与有功书院者共祀，名宦共祀，名宦与寓贤共祀，名宦与过贤及乡贤共祀，乡贤与寓贤共祀，乡贤与寓贤、名宦共祀，乡贤与名人共祀，寓贤共祀，寓贤与名宦、乡贤共祀，寓贤与朋友共祀，过贤与名宦共祀，家族共祀等三十二种组合方式。

（一）道统共祀

将儒家道统人物共祀于一祠非常少见，已知有甘肃狄道超然书院和陕西西安关中书院，但关中书院尚有名臣祠和正学祠，属于分祀。

嘉靖二十年（1541年），杨继盛贬官狄道，捐金建造超然书院，内设道统祠，“祠作木龛三，中祀五帝、三王、周公、孔子，南北祠颜、曾、思、孟、汉董子、隋王子、唐韩子、宋周、陈、张、朱、元许鲁斋氏、刘静修氏，我明薛文清公”[①]，主祀五帝、三王、周公、孔子，左右以文庙四配，汉董仲舒，隋王通，唐韩愈，宋周敦颐、张载、朱熹，元许衡和刘因，明薛瑄配祀，其中“陈”当为“程”之误，应该是程颢、程颐。杨继盛《自著年谱》略有不同，孔

① ［明］张万纪：《超然书院记》，转引自陈谷嘉、邓洪波《中国书院史资料》，第666页。

子、周公为配享。主配人物按照儒家道统设置，但配祀人物并无礼制依据，建造者根据个人爱好随意选取。

（二）圣师共祀

从东汉后期以来，国立学校绝大部分时间内主祀孔子，以颜子配享，称先圣先师，北宋元丰七年（1084年）增加孟子配享，南宋咸淳三年（1267年）始增加成四配。南宋官办书院一般都按照国家制度奉祀，凡咸淳三年以前书院燕居殿（礼殿）奉祀均称为圣师共祀。

淳熙七年（1180年），朱熹致祭白鹿洞书院，祝文说“意庶几乎先圣先师之传，用以答扬太宗皇帝之光训。鼓箧之始，敢率宾佐，合师生，恭修释菜之礼，以见于先圣，以先师兖国公、先师邹国公配，尚飨”，可见先圣先师为主祀孔子，以颜子、孟子配享。淳熙十四年（1187年），石鼓书院“别建重屋以奉先圣先师之象”[①]，此文为朱熹撰，也应为颜子和孟子配享。此时国家礼制配享先师即为颜子和孟子，看来是采用国家礼制。

比较特殊的是南宋西涧书院和元冠山精舍，都以颜子和曾子配享。淳祐十二年（1252年），姚勉创建西涧书院，次年状元及第，文集中有“赐第后谒先圣”祝文，并有颜子、曾子两通，看来西涧书院主祀孔子，以颜子和曾子配享，此时曾子尚非国家规定的配享。元代吕思诚读书处原名冠山精舍，后赐额冠山书院，“建燕居殿，设宣圣像，以颜、曾二子列配”。冠山书院虽是赐额，但原是家族私立书院，且在元延祐间规定孔子庙四配以前建造，所以没有按照礼制配享。

（三）五圣共祀

五圣共祀即主祀孔子，以颜子、曾子、子思、孟子四人配享，最早见于绍熙五年（1194年），是年朱熹沧洲精舍落成，恭行释菜礼，“以先师兖国公颜

① ［南宋］朱熹：《石鼓书院记》。

氏、郕侯曾氏、沂水侯孔氏、邹国公孟氏配”[①]。但四配作为国家祀典制度却在73年后的咸淳三年（1267年），“咸淳三年，诏封曾参郕国公，孔伋沂国公，配享先圣”，国立学校孔子庙成四配，其后许多书院也以四配配享。

咸淳八年（1272年），新建兴国县安湖书院落成后，“率诸生以牲币荐于先圣先师”，此时国家设四配已经5年，先圣先师应该为五圣。

元代时，上海青浦孔宅书院被占为祠庙，主簿“遂撤土偶投诸水，迁圣人像于向所建学处，徙其庙为礼殿以居之，而益之以四配”，奉祀孔子，以四配配享。

（四）圣哲共祀

圣哲共祀是指书院主祀孔子并设配享和配祀，且在一个空间内。按照国家礼制规定，北宋早期配享仅颜子一人，元丰七年（1084年）增加孟子，崇宁三年（1104年）增加王安石，但时间很短，建炎元年（1126年）罢去，南宋咸淳三年（1267年）增加曾子和子思成四配，但仅在南宋疆域内，自元延祐三年（1316年）始全国统一为四配。配祀始于唐开元八年（720年），圣门四科十人因颜子配享其实只有九人，宋端平二年（1235年）以子思补成十哲，咸淳三年子思升配享后以颛孙师补，清康熙五十一年（1712年）增加朱熹，乾隆三年（1738年）增加有若，成十二哲。

书院圣哲共祀初见于北宋，元明时有的书院也采用此种奉祀方式。

已知最早圣哲共祀的是白鹿洞书院，咸平五年（1002年）“敕有司重修缮，又塑宣圣十哲之象”[②]。

大德七年（1303年），慈利州学改建，新作孔子、四配和十哲神像，原像无处存放，邑人田公著请求建造书院奉祀，获得官方同意，新建书院专设礼殿奉祀孔子、四配和十哲；延祐七年（1320年）建造的三原学古书院于至正十八

① ［南宋］朱熹：《沧洲精舍告先圣文》，见《晦庵集》卷八六。

② 《玉海》卷一六七。

年（1358年）废，奉祀的五圣塑像移入官学大成殿，明永乐中旧址建造三官庙，成化中恢复书院，“即其殿宇奉宣圣及四配十哲像如故”；至正七年（1347年）落成的新乐县璧里书院“中为礼殿以祠夫子，颜曾思孟、十哲列焉”；明弘治中，杭州建造万松书院，“参政周公木毁报恩寺而建大成殿，中设先师像及四配十哲”；嘉靖初重建的汶上圣泽书院设大成殿，“殿内祀至圣孔子，四配、十哲分侍左右”，都是圣哲共祀。

（五）五圣与理学家共祀

五圣与理学家共祀始见于南宋。绍熙五年（1194年），朱熹建造沧洲精舍落成，行释菜礼告成，“今以吉日，谨率诸生恭修释菜之礼，以先师兖国公颜氏、郕侯曾氏、沂水侯孔氏、邹国公孟氏配，濂溪周先生，明道程先生、伊川程先生、康节邵先生、横渠张先生、温国司马文正公、延平李先生从祀”[①]，主祀孔子，以颜曾思孟为四配，周敦颐、程颢、程颐、邵雍、张载、司马光、李侗七位理学家从祀，首开五圣与理学家共祀先河。国家设四配为咸淳三年（1267年），朱熹设四配比国家早了73年。

（六）圣贤共祀

圣贤共祀指将孔子与群弟子共祀一堂，初见于岳麓书院。北宋咸平二年（999年）重修，“外敞门屋，中开讲堂，揭以书楼，序以客次。塑先师、十哲之像，画七十二贤，华衮珠旒，缝掖章甫，毕按旧制，俨然如生”[②]，孔子和十哲为塑像，七十二贤为画像，是仿照国子监孔子庙的做法。南宋乾道元年重修，“为屋五十楹，大抵悉还旧规。肖阙里先圣像于殿中，列绘七十子”，应该仍然保存北宋旧制。南宋前期，“剡周氏作渊源堂，制先圣十哲坐像，列画七十二子

① ［南宋］朱熹：《沧洲精舍告先圣文》，见《晦庵集》卷八六。

② ［北宋］王禹偁：《潭州岳麓山书院记》，见《小畜集》卷一七。

为一堂”[①]，将孔子与群弟子共祀于一堂，孔子和十哲为塑像，七十二贤为画像。

（七）孔子与理学家共祀

孔子与理学家共祀一室多见于南宋，元明清书院偶有所见。

孔子与理学家共祀初见于赣州濂溪书院。周敦颐曾任虔州司理，后人为建濂溪祠奉祀，淳祐八年（1248年）改为书院，主祀孔子，以周敦颐和二程配祀。

元代姚枢建造书院“中堂龛鲁司寇容，旁垂周、程、张、邵、司马六君子像”，主祀孔子，以周敦颐、程颢、程颐、张载、邵雍、司马光六人配祀。

明嘉靖四十二年（1563年）建造的宁夏朔方书院“后为飨堂一楹，以祠夫子，而有宋横渠先生配焉”，主祀孔子，以理学家张载配享。

湖南汝城濂溪书院嘉庆九年（1804年）迁址重建，于正房当心间设孔子和周敦颐塑像奉祀，题作夫子堂。

（八）孔子与圣配、理学家共祀

孔子、圣配与理学家共祀仅见于内蒙古多伦兴化书院，光绪十年（1884年）建造的兴化书院设大成殿，主祀孔子，以孟子和朱熹配祀。

兴化书院大成殿内景

① ［南宋］高似孙：《剡录》卷一。

（九）孔子与理学家、名宦共祀

孔子与理学家、名宦共祀也不多见。康熙十七年（1678年）建造的宁国西津书院，“于是年八月二十七日乃夫子诞日，进夫子神位，以周、程、张、朱及近溪辅之”，主祀孔子，以宋五贤和罗汝芳配祀。罗汝芳虽是理学著名学者，但并未入祀文庙，嘉靖四十一年罗汝芳曾任宁国知府，配祀的理由为“罗近溪先生守宛陵，以师道临民，刑扑不用，一郡有邹鲁风”，故视其为名宦，书院奉祀属孔子与理学家、名宦共祀。

（十）孔子与圣配及创办者先人共祀

此种方式的奉祀仅见一例。元延祐四年（1317年），学士曾德裕丁永丰创建武城书院，“祠先圣、先师，以其父武城伯晞颜配享，宗党来学者居之，移文集贤院，朝议可之，俾曾氏子孙贤者掌其教”[①]，主祀孔子，以曾子配享，曾德裕之父曾晞颜配祀，还获得集贤院批准，并以贤明子孙主教主祀。

（十一）孔子与寓贤共祀

孔子与寓贤共祀仅见于台湾彰化县鹿港镇文开书院。台湾地区主管部门2013

文开书院正殿内景

① ［清］雍正《江西通志》卷二一。

年编印的“台湾地区的书院”作主祀朱子，以八寓贤配祀，但笔者2016年考察所见却主祀孔子，以十寓贤配祀，并无朱子木主。

（十二）配圣共祀

配圣共祀即以四配某位为主祀，另一位为配享。这种情况很罕见，已知仅有邹城中庸书院。元贞元年（1295年），县尹司居敬因子思讲堂建造中庸精舍，“子思子南面，孟子西向”，以子思为主祀，孟子配享。古人认为子思是孟子的老师，所以以孟子配享子思，其实子思去世时孟子尚未出生，但孟子与子思合称思孟学派，孟子配享也是合理的。

（十三）师弟共祀

师弟共祀是书院比较常见的奉祀方式，早在南宋即已出现，元明清代有所见。

师弟共祀有两种类型：一类是主祀一人，以一弟子或众弟子配祀；一类是正位理学家一排同祀，左右以众弟子从祀。

淳祐六年（1246年），纪念朱熹登临有愿筑室读书而未遂的漳州临漳台龙江书院增建祠堂，主祀朱熹，以弟子陈淳配祀；咸淳五年（1269年），县令家之柄将辅广书斋传贻堂改为书院，奉祀朱熹和辅广；宋末，钟如愚之子建造主一书院，主祀张栻，以钟如愚配祀。这三所书院都主祀一人，以一弟子配祀。

南宋嘉定九年（1216年）创建的龙溪书院，奉祀孔子，以弟子颜回和仲由配祀。明成化十六年（1480年）重建的徽州紫阳书院“中肖文公像，以蔡元定、黄勉斋配”，主祀朱熹，以弟子蔡元定和黄榦配祀。弘治十年（1497年）重修滕州性善书院，以弟子乐正克、万章配祀。嘉靖十五年（1536年），安福知县程文德建造复古书院，奉祀其师王守仁，后人增祀程文德、邹守益。嘉靖中宜春设昌黎书院，“祀昌黎，以李翱、皇甫湜、卢肇、郑谷配”，主祀韩愈，以弟子李翱、皇甫湜、卢肇、郑谷配祀。嘉靖中建造的水西书院“正祀王文成公，配以高弟子王公艮及邹欧钱王四公”，主祀王守仁，以弟子王艮、邹守益、钱洪、王畿配祀。万历四十年（1612年），山西芮城知县赵廷琰建文学书院，主祀子夏，以弟子田子方、段干木配祀。开封游梁祠万历间改称游梁书院，“祀亚圣孟子，以公孙丑、万章、公都子、屋庐子、陈臻、充虞配享”。上述书院都是主祀一人，而以群弟子同祀。

淳祐间将建于淳熙中的二陆祠迁入槐堂书院，增祀陆九龄，正位同祀陆九韶、陆九渊和陆九龄兄弟，以陆九渊弟子傅子云、杨简配祀。明弘治四年（1491年）建造的温州鹿城书院设有四贤祠，奉祀程颢、程颐、朱熹和张载，从祀四贤门人多达33人，“旁列从祀诸贤徐寓、刘安节、陈埴、刘安上、叶贺孙、鲍若雨、周恭叔、沈躬行、许景衡、陈经正、陈经邦、谢天、申包定、周端朝、林武、蒋叔蒙、周僩、黄显子、戴蒙、曹叔远、钱木之、沈僩、蔡誉录、林湜、徐容、潘旻、戴述、赵霄、周去非、叶味道、张杨卿、薛洪、林补，凡三十三人，皆四先生高弟也”[1]。既然名四贤祠，程颢、程颐、朱熹、张载四人应该是一排同祀，四人弟子两侧配祀。清康熙二十六年（1688年），守道张思明建开封二程书院，“祀明道程子、伊川程子，两庑从祀门人五十一人”，同祀二程，以众弟子从祀。上述书院都是主祀同祀多人，以众弟子配祀。

（十四）师弟与有功者共祀

此种奉祀方式很少见。明万历中，将孟子祠改为游梁书院，主祀孟子，以弟子公孙丑、万章、公都子、屋庐子、陈臻、充虞配享，康熙二十八年迁址改建，增加弟子乐正子配享，有功孟子的赵岐、孙奭、孔道辅、钱唐从祀，书院为师弟与有功者共祀。

---

① ［清］乾隆《浙江通志》卷二二五。

（十五）理学家共祀

理学家共祀是较为常见的书院奉祀人物方式，早在南宋中期就已经出现。嘉定二年（1209年），南剑州知州陈宓建造延平书院，主祀周敦颐，以杨时、罗从彦、李侗、朱熹配祀，“以四先生之像与夫子序列于书堂之祠，岁率二祀”。淳祐二年（1242年），江万里奏建宗濂精舍，主祀周敦颐，以张栻、程颢、程颐和朱熹配祀，“知隆兴府江万里奏建祀濂溪先生，以先生尝令南昌，配以张子、二程子、朱子”。同年创建的大庾周程书院，奉祀周敦颐，以二程配祀。蒙古太宗七年（1235年）建造大都太极书院，主祀周敦颐，后来增加程颢、程颐、张载、杨时、游酢和朱熹配祀。

明成化十六年（1480年），提学副使吴伯通建河南辉县百泉书院，“初议专祀邵子，既而更议，祀宋濂溪周子、邵子、司马温公、明道、伊川两程子、横渠张子、晦庵朱子、南轩张氏、东莱吕氏、元鲁斋许氏凡十贤，以姚枢、窦默二氏配”[①]，同祀宋朝周敦颐、邵雍、司马光、程颢、程颐、张载、朱熹、张栻、吕祖谦和元代许衡，以元代姚枢、窦默配祀，康熙中增祀孙奇逢，奉祀人物均为理学家，仅姚枢和窦默没有入祀孔子庙，邵雍、许衡、姚枢、窦默均曾寓居此地。嘉靖中，兵备陈洪蒙于九江建造濂溪书院，“祀濂溪先生，以二程配之”，崇祯间，巡盐御史杨鹗重修体仁书院，设祠主祀程颢，“以伊川、张、邵、朱、吕诸先生左右列而配焉”，以程颐、张载、邵雍、朱熹等配祀。

康熙十年（1671年），韶州重修相江书院，主祀周敦颐，“配以王阳明、陈白沙、湛甘泉”，以王守仁、陈献章、湛若水配祀，书院奉祀也属于理学家共祀。

（十六）理学家同门共祀

理学家同门共祀与理学家和弟子共祀的不同之处在于，除理学家师弟外，

---

① ［明］刘健：《百泉书院记》，见《河南通志》卷四三。

还有后世私淑者。常州道南书院主祀杨时，“南面位中，余则道乡先生邹忠公、志完教授先生周公伯忱、坑冶先生周公伯温、秘书先生唐公彦思并焉，皆公同门同志者也；外此数公，则左右分列，编修邹公德久，中丞喻公子才，皆公门人也；文简尤公延之，肃简李公元德，忠文蒋公良贵，皆一再传而私淑者也，犹公之门人也；至于龟巢谢公子兰，则闻风而兴起者也”[①]，配享从祀者均为同门同志门人，属于理学家同门共祀。

（十七）理学家同门与名宦等共祀

安徽泾县水西书院初祀王守仁，以弟子王艮、邹守益、欧阳德、钱德洪、王畿配享，为师弟共祀。天启初，增加朱熹与王守仁同祀，罗汝芳、何迁、耿定向配享，清初增加李邦华配享，雍正二年（1724年）增加黄翠崖等33人从祀，乾隆二年（1737年）又增加张学载等76人，乾隆十八年再增加13人从祀，正位同祀二人，配享9人，从祀122人，多为王守仁一派学人。

（十八）理学家与弟子、乡贤共祀

歙县紫阳书院为淳祐六年（1246年）太守韩朴创建，奉祀朱熹，只以弟子黄榦和蔡沈配享，清雍正三年（1725年）增加朱子门人李燔等五人和朱熹三子朱在，成八配享，康熙四十年（1701年）增加程洵、滕璘等十一位新安门人为从祀先贤。从祀先儒始自明正德七年（1512年），太守熊桂增加陈栎、程复心、汪克宽、胡炳文、倪士毅、赵汸五人，康熙四十年又增加程若庸、陈栎等九人，到明嘉靖时祠堂中祀朱子，左右以黄榦、李燔、张洽、陈淳、李方子、黄灏、蔡沈、朱在配享，以程洵、滕璘、祝穆、李季札、程永奇、滕珙、吴昶、汪莘、谢琎、汪清卿、许文蔚等十一位新安门人为先贤从祀，以宋程若庸、陈栎、元胡炳文、程复心、倪士毅、汪炎昶、曹泾、朱升、明汪克宽、赵汸、唐

① ［明］邵宝：《毗陵道南书院记》，转引自陈谷嘉、邓洪波《中国书院史资料》，第571页。

桂芳、杨琢、汪循、程瞳等十四位宋至明本地学者为先儒从祀，配祀人物分成三级，即配享先贤、从享先贤和从祀先儒。在书院奉祀人物中是比较复杂的，但明显是受文庙主祀、配享四配、配祀十二哲、从享先贤、从祀先儒的影响。

（十九）理学家与名宦共祀

嘉靖中，宝庆府建造东山书院，主祀周敦颐，以张九成配享。张九成曾被贬邵州，属于名宦，故书院为理学家与名宦共祀。

（二十）理学家与乡贤共祀

理学家与乡贤共祀比较常见。南宋宝祐三年（1255年）建造的宝庆濂溪书院“中为先生祠堂，祠乡贤于东西两序以侑焉”，主祀周敦颐，以乡贤配祀。

玉山金刚峰下曾为朱熹、陆九渊、汪应辰等讲学处，门人创建怀玉书院。清代重建后，奉祀朱熹、陆九渊、汪应辰和吕祖谦，而以汪逵、刘允迪、詹叔善及有司之有德于玉者配祀。汪应辰及子汪逵、刘允迪、詹叔善均是玉山人，属于理学家与乡贤共祀。明正德间，祁门重建东山书院，“上祀徽国文公，而以汪环谷、谢竹山、方秋崖三先生配”，主祀朱熹，以乡贤汪克宽、谢竹山、方岳配祀；清初重建的余干芝山书院“后堂特祀朱文公，以郡先贤饶、柴诸公配”，主祀朱熹，以余干理学者饶鲁、柴中行等人配祀，都属于理学家与乡贤共祀。

（二十一）理学家与有功书院者共祀

隆庆三年，瑞金知县吕若愚重修绵江书院，奉祀王守仁，以嘉靖间创建书院的知县王鉞配祀，万历中再配祀吕若愚。台湾新北明志书院为贡生胡焯猷于乾隆二十八年（1763年）捐献十七间房屋创设，并捐水田80甲作为院产，乾隆三十四年监生郭宗嘏捐田161.6甲、园29.2甲、合租1517.996石为学租，由此又设胡焯猷、郭宗嘏二人禄位配祀朱熹。

（二十二）名宦共祀

淳祐三年（1243年）建造的潮州韩山书院，主祀韩愈，以赵德配祀，淳祐五年，太守陈圭“增塑周濂溪、廖槎溪二先生像”，“文公中居，天水赵公左，濂溪、槎溪二公右”[①]，主祀韩愈、以赵德、周敦颐、廖德明左右配祀。韩愈为唐代潮州太守，赵德为海阳尉，韩愈曾令其兴办州学，周敦颐曾任广南东路提点刑狱，廖德明前任潮州通判，所以为名宦共祀。

（二十三）名宦与寓贤共祀

杭州西湖书院移入四贤祠，奉祀李泌、白居寺、苏轼和林逋，李泌、白居寺、苏轼等曾任杭州太守，李泌穿六井，引湖泊，白居易、苏轼整治西湖，均有善政，属于名宦，林逋为奉化人，隐居西湖，梅妻鹤子，属于寓贤，故书院奉祀属于名宦与寓贤共祀。

（二十四）名宦与过贤及乡贤共祀

明万历时，成都大益书院设大儒祠，奉祀周敦颐、程颢、程颐、尹焞、范祖禹、魏了翁，后增加薛瑄、蒋信、邹智从祀。名为大儒，其实范祖禹、蒋信、邹智都算不上。周敦颐曾佥判合州、蒋信曾任四川佥事管提学道，薛瑄曾至四川辅助平乱，都属名宦，程颢、尹焞都曾过四川，属于过贤，程颐曾编管涪州，也属过贤，范祖禹、张栻、魏了翁、邹智为川人，属乡贤。当然，在选择奉祀人物时侧重理学，但也不能算理学者共祀，只能归为名宦与过贤、乡贤共祀。

---

① ［南宋］林希逸：《潮州重修韩山书院记》，转引自陈谷嘉、邓洪波《中国书院史资料》，第171—172页。

（二十五）乡贤与寓贤共祀

明正德中，襄阳为乡贤庞统建造凤栖书院，“左设公位，侑以德操”，主祀庞统，以寓贤司马徽配祀，属于乡贤与寓贤共祀。

（二十六）乡贤与寓贤、名宦共祀

明万历间重建的常熟虞山书院，祠堂主祀文庙十哲之一的孔子弟子言偃，以梁昭明太子萧统、名宦宋代知县孙应时、乡贤张洪、吴讷、徐恪、桑悦、周木、邓韨、朱召、邹泉配祀。言偃为常熟人，萧统为寓贤；山西汾河书院原设三立祠，奉祀王通、司马光和薛瑄，万历中改祀乡贤名宦与寓贤，“乡贤自风后以下至伯夷、叔齐十有七人，位南向，名宦自叔向以下至明吕文简十有八人，西向，乡贤自董狐以下至薛文清十有六人，东向；寓贤卜子夏、田子方、段干木别为位，居乡贤上”，都主祀乡贤，属于乡贤与寓贤、名宦共祀。

（二十七）乡贤与名人共祀

元至元二十六年（1289年），王修竹购得陆游旧居，六年后建造修竹书院，并建祠奉祀陆游祖父陆佃，以陆游和陶弘景配祀。如此奉祀，来自朋友陈用宾的一个梦。至元二十二年，陈用宾做客王修竹家，“吾梦侍公武林，访草窗周氏，居庭阒然，中悬画障，视其景物秀异，不类凡区，一峰拔地起，直入云际，下有小楷书，凡六十五字，署陆务观题，诵其文历历，曰：‘水声兮激激，云容兮茸茸，千松拱绿，万荷奏红，爰宅兹严，以佚放翁。岌万仞其如削，峻一极而天通。余乃跨野鹤，追冥鸿，往来乎蓬莱之宫，披海氛而一笑，以观九州之同’”。四年后，王修竹购陆游旧居，十年后建成书院，陈用宾来访，见与当年梦境相同，因此设祠奉祀陆佃、陆游和陶弘景[①]。

---

① ［南宋］林景熙：《陶山修竹书院记》，见《霁山文集》卷四。

（二十八）寓贤共祀

嘉靖二年（1523年），苏州知府胡缵宗将永定寺改建为金乡书院，主祀澹台灭明，以尹焞和魏了翁配祀，“金乡固子羽之封也，中为寓公堂，奉子羽像而严事焉，复得吴贤之寓吴者曰尹和靖焞、魏鹤山了翁遂用祔之；后为正大堂，旁列书舍，以郡之良子弟肄其中，而以孔氏之道切劘焉”[①]。澹台灭明系孔子弟子，鲁国人，《史记·仲尼弟子列传》说他“南游至江，从弟子三百人，设取予去就，名施乎诸侯”，苏州有其墓和澹台湖，所以称其为寓贤，因宋封金乡侯称金乡书院。尹焞为洛阳人，北宋灭亡后南渡，曾隐居苏州。魏了翁为四川人，赐邸在苏州，亦为寓贤，所以书院为寓贤共祀。

（二十九）寓贤与名宦、乡贤共祀

元至元初永济邑人王弘善建造首阳书院，弘治间重建，设祠奉祀伯夷、叔齐，左祀名宦，右祀乡贤。伯夷叔齐是孤竹国王子，武王灭商时叩马劝阻无效，商亡后隐居，义不食周粟，采薇而食，饿死首阳山，属于寓贤。书院主祀寓贤，以名宦、乡贤共祀。

（三十）寓贤与朋友共祀

康熙三十年（1691年）重建诸葛书院，“中祀忠武侯，以司马德操、徐元直配之”，诸葛亮、司马徽、徐庶为朋友，司马徽、徐庶都曾向刘备推荐诸葛亮，诸葛亮为寓贤，司马徽为颍川阳翟人，徐庶为颍川人，书院奉祀属于寓贤与朋友共祀。

乾隆四十一年（1776年），潼川建造书院，因相传此处为杜甫侨居旧址，更名草堂书院，绘杜甫像独祀。八年后，以“李杜千古知己，立宜并祀”，“又

① ［明］胡缵宗：《金乡书院寓公堂记》，见《吴都文粹续集》卷一三。

于讲堂后隙地成室三间，塑少陵像，并以青莲像配之”，主祀杜甫，以李白配祀。杜甫为寓贤，李白因朋友配祀，书院奉祀也为寓贤与朋友共祀。

（三十一）过贤与名宦共祀

明代安庆知府以程颐、朱熹曾至安徽潜山讲学，黄榦、游酢曾在此地任职且有政绩，为建皖山书院并设祠奉祀，黄榦为朱熹弟子，游酢为程颐弟子，应该采用共祀，以程颐和朱熹同祀，黄榦和游酢配祀。

（三十二）家族共祀

家族共祀书院不少，有父子共祀、祖孙三代共祀、兄弟儿子共祀、父子侄子共祀、叔侄共祀、曾祖孙共祀等。

父子共祀书院不多，已知有湖南衡山安定书院和江西新淦金川书院。明弘治十八年（1505年），衡山县重修文定书院，“中为堂祀公，配以少子宏所谓五峰先生者”，主祀胡安国，以少子胡宏配祀。金川书院正德七年（1512年）提学副使李梦阳令建，奉祀练子宁父子。朱棣入南京时，御史大夫练子宁被执，当面指责朱棣，被割去舌头，朱棣说吾欲效周公辅成王，练子宁以手沾舌血书“成王何在”，被零刀割死，家族及姻亲被逮，死者151人，发配戍边者371人。

祖孙三代共祀见于西涧书院和桂岩书院。瑞州西涧书院始建于端平三年（1236年），奉祀刘焕、刘恕、刘羲仲祖孙三人。祖孙刚直，刘焕不能事上官，刘恕反对王安石变法，刘羲仲反对秦桧，均辞官归隐。婺源桂岩书院于成化二十三年（1487年）重建，“中一室祀彦亨君暨道谋、希英两公”，奉祀三人分别是重建者戴善美的曾祖、祖父和父亲。

兄弟儿子共祀见于叠山书院，始建于元皇庆元年，主祀毁家抗元的谢枋得。谢枋得组织义兵抗元，妻子、次女、两个弟弟和三个侄子均被害，宋亡后被强迫赴大都出仕，至大都后绝食而死。明正德中“提学邵锐以公弟君禹、君烈、君泽、公之子定之配享”，增加谢枋得的三位弟弟和儿子配祀。

父子侄子共祀见于胡文定公书院。胡安国家族一门在学术上均有建树，福建崇安建造的胡文定公书院“左为祠，肖先生像居中，而以先生子从籍溪、致堂、茆堂、五峰四君子配焉”，主奉胡安国，以侄子胡宪、胡寅和儿子胡宁、胡宏配祀。

叔侄共祀见于婺源明经书院。元皇庆元年（1312年）胡淀、胡澄兄弟与族父胡炳文创办明经书院，以胡炳文为山长，明成化中重建后设祠奉祀胡炳文，以后又增加胡淀和胡澄兄弟配祀。

曾祖孙共祀见于新淦惜阴书院。明成化间，新淦以陶侃读书台建造惜阴书院，“设桓公像，以靖节配之”，主祀陶侃，以曾孙陶渊明配祀。

五、合祀

所谓合祀，是指在一个主奉祀空间和几个附属空间分等级奉祀多位人物，一般是正殿奉祀主位或加配享、从享，而两厢从祀，如同文庙大成殿和两庑。

从历史情况看，合祀有文庙合祀、圣师与理学家合祀、五圣与理学家及名宦乡贤合祀、古帝与名宦乡贤合祀、理学家与乡贤名宦合祀、寓贤与名宦乡贤合祀、名宦合祀等七种组合方式。

（一）文庙合祀

文庙合祀是书院最早的奉祀方式，此种方式来自官学孔子庙，明以前比较常见，此后则少见。

北宋开宝九年（976年），潭州太守朱洞和通理郡事孙逢吉重建岳麓书院，“讲堂五间，斋舍五十二间”，似乎没有专门的奉祀建筑，但王禹偁咸平二年（999年）重建记说，“塑先师十哲之像，画七十二贤，华衮珠旒，缝掖章甫，毕按旧制，俨然如生”，塑孔子、十哲像，画七十二贤，既然“毕按旧制”，说明此前也奉祀孔子、十哲和七十二贤，应该是开宝九年旧制，此前智璿初建

岳麓书院文庙大成殿及两庑

为私人创建，不可能采用国家制度。据《宋史》载，“周显德二年（955年），别营国子监，置学舍，宋因增修之。塑先圣、亚圣、十哲像，画七十二贤及先儒二十一人像于东西庑之木壁”①。国学文宣王庙正殿供奉孔子、颜回和十哲塑像，东西两庑墙壁设木板绘孔子七十二弟子和二十一位先儒像，奉祀方式也相同，可见开宝九年时就按照国家制度奉祀儒家圣贤，奉祀方式也与国学相同，遗憾的是王禹偁所记比当时国立学校少二十一位先儒。按照唐代制度，国子监文宣王庙奉祀孔子、亚圣、十哲、孔子弟子和二十二位先儒②，州县学仅奉祀孔子和颜回，岳麓书院仿照的是国子学制度，不应该遗留二十一位先儒，很可能是王禹偁撰文时漏记。至今岳麓书院东侧仍设有完备的全部奉祀建筑。

大中祥符元年（1008年），衡阳石鼓书院有孔子庙，“祥符初元，奉夫子庙迁焉，书院之名始著”③，既然有孔子庙，应该同北宋官学孔子庙一样奉祀国家规定的所有人物。

南宋淳熙九年（1182年），朱熹捐钱三十万为白鹿洞书院“建礼圣殿并两

---

① 《宋史·文宣王庙》。

② 开元八年（720年），孔子弟子子夏升为十哲配祀后成二十一位。

③ ［南宋］廖行之：《石鼓书院田记》，见《省斋集》卷四。

庑，塑绘孔子、十哲等像。越二年，知军朱端章加板壁，绘从祀者像”[1]，从淳熙七年朱熹所撰祝文看，主祀孔子，以颜子、孟子配享，此次又绘从祀者，完全仿照国子监文庙制度合祀。

按照礼制合祀儒家圣贤以元朝最为常见，原因就是部分书院被纳入国家管理。至元十三年（1276年）重修的嘉禾宣公书院“两庑从祀、十哲像貌悉皆完美”，设两庑，有从祀和十哲像，毫无疑问也是仿照官学孔子庙奉祀。大德五年（1301年）建造的益阳庆洲书院“殿以祀先圣，庑以祀先贤”，有殿庑奉祀先圣先贤，淳熙元年（1174年）建造的石峡书院元至大二年（1309年）重修，“庙貌斋宇丹雘相辉”，并“新圣师从祀像”，有圣师从祀应该是合祀孔子庙全部奉祀人物。元统二年（1334年）创建的甫里书院有夫子殿、两庑、仪门、泮池，是比较完备的孔子庙，至正二十五年（1365年）扩建，新增泮池桥、灵星门，“规制与郡学侔”，既然设置完备的孔子庙，也应该按照文庙礼制合祀。

后至元二年（1336年）新建的弋阳蓝山书院“绘先圣先师十哲从祀像”，而书院“门庑斋庭夹室”齐备，应该是仿照官学孔子庙大成殿奉祀先圣先师十哲，两庑画像从祀。元建嘉定县大场真义塾“中为殿以祀先圣，四配十哲侍焉，其诸贤像则图于两庑之壁”，元皇庆二年（1313年）创建的武冈儒林书院，“先圣先师十哲从祀塑绘森严，庙貌相称”，皆按照文庙制度合祀儒家圣贤。

（二）圣师与理学家合祀

元大德中，炮手军总管舒苏台（克呼士希）创建嵩县伊川书院，“盖上以奉先圣先师，其殿庑东以祀程夫子兄弟及濂溪、康节、横渠、温公、南轩、东莱、晦庵九先生，西以祀鲁斋许文正公”，殿内奉祀先圣先师，此时元朝尚未采用南宋制度设置四配，应该主祀孔子，以颜子和孟子配享，东西庑以理学家

① ［明］嘉靖《白鹿洞志·书院沿革》。

从祀，东庑奉祀程颢、程颐，周敦颐、邵雍、张载、司马光、张栻、吕祖谦和朱熹，西庑奉祀许衡。

（三）五圣与理学家及名宦乡贤合祀

见于至元四年（1338年）建造的盱眙崇圣书院，“上为燕居堂以祀夫子，配以兖、郕、沂、邹四公，中为两庑，右祀周程十儒，左祀郡守孔公，侑以晋侍中陈骞等六人”[①]，燕居堂奉祀五圣，西庑奉祀周敦颐、二程等十位理学家，左庑主祀西汉临淮太守孔武，为名宦，配祀之一的陈骞为临淮人，属乡贤，而两庑位于大成殿之前，所以将奉祀归为五圣与理学家、名宦乡贤合祀。

（四）古帝与名宦乡贤合祀

见于正德十二年（1507年）新设的河中书院，主祀舜帝，以伯夷、叔齐、王通、薛瑄配享；东庑改名宦祠，奉祀汉代黄霸、周堪，晋代王浚、路述，隋代杨尚希、杨弘，唐代颜真卿、郭子仪，宋代晁补之、范仲淹、范纯仁，金代张万公、巴图噜完颜策丹额克，元代拜珠、哈雅、靳克忠，明代康茂才、曹端等43人；西庑为乡贤祠，奉祀周代段干木，汉代司马迁、暴胜之，晋代张华，北魏皇甫遐、敬珍，隋代薛浚、赵绰，唐代敬播、罗道宗、柳范、柳泽、杨巨源、司空图，宋代柳开、姚宗明，金代强伸、王廷筠，明代薛鲁、冯祥、杨莹等47人[②]。书院奉祀为古帝与名宦、乡贤合祀。

（五）理学家与乡贤名宦合祀

见于明正德末新建祁门东山书院，“中祀徽国文公，东西亦邑先哲求崖方氏、环谷汪氏配，名宦、乡先达则附祀两庑”，书院主祀朱熹，以乡贤方岳、

---

① ［元］苏天爵：《盱眙县崇圣书院记》，见《滋溪文稿》卷二。

② ［明］韩邦奇：《河中书院记》，见《苑洛集》卷三。

汪克宽配享，两庑以名宦乡贤从祀，书院奉祀属理学家与乡贤名宦合祀。

（六）寓贤与名宦乡贤合祀

见于弘治元年建造的永济首阳书院，“后为祠堂三区，中以祀夷、齐二贤，左祀名宦，右祀乡贤”，正祠祀寓贤伯夷、叔齐，两庑分祀名宦、乡贤。

（七）名宦合祀

见于潮州韩山书院。书院原主祀韩愈，以赵德、周敦颐、廖德明配祀，为名宦共祀。元至顺二年（1331年），改为赵德、陈尧佐堂上左右配享，两庑以贤守王涤、李迈、丁允元、廖德明、郑良辰、林寿公、陈圭从祀，堂庑均奉祀名宦，属于名宦合祀。

六、分祀

所谓分祀是指一所书院有多个独立空间奉祀多位人物或神祇，采用分祀的书院最多，而分祀人物也非常复杂。

分祀有二祀、三祀、四祀、五祀、六祀、八祀等不同形式。

（一）二祀

二祀即一座书院设置两座祠宇，奉祀不同人物或神祇，是书院最多的奉祀方式。

按照奉祀人物神祇性质，可以分为文庙合祀与理学家二祀、孔子与理学家二祀、圣师与理学家二祀、五圣共祀与理学家二祀、理学家与名宦二祀、理学家与乡贤二祀、经学家与佛徒二祀、乡贤与名宦二祀、乡贤与过贤二祀、名人与有功书院者二祀、父子二祀等46种方式。

1.文庙合祀与理学家单祀

文庙合祀与理学家单祀始见于南宋，元明都有出现。

大德三年（1299年）重建新安县静修书院，刘因“既没之七年，新安县三台乡作专祠以祀之，并立孔子庙与明伦堂、诸生斋室”，至元五年（1339年）又“构两庑，绘从祀像”，按照礼制合祀圣贤，并设祠奉祀刘因；元统二年（1334年），苏州迁建和靖书院，设有大成殿及两庑和祠堂。有大成殿和两庑应该按照礼制合祀圣贤，祠堂奉祀理学家尹焞，都属于文庙合祀与理学家单祀。

明洪武二年重修的赣州濂溪书院有礼殿、两庑、仪门、棂星门，是标准配置的孔子庙，应该按照礼制合祀圣贤，另有道国元公祠奉祀周敦颐，也属于文庙合祀与理学家单祀。

2.文庙合祀与理学家同祀

见于淳祐元年（1241年）江万里创建的白鹭洲书院。书院有文宣王庙、棂星门，合祀孔子等儒家圣贤，设祠同祀周敦颐、程珦、程颢、程颐、张载和朱熹六君子，属文庙合祀与理学家同祀。

3.文庙合祀与理学家师弟共祀

主一书院南宋初建时主祀张栻，以其弟子钟如愚配祀，元元贞甲午[①]“改作礼殿、两庑、仪门、棂星门、藏书阁、两先生祠、官署、公庖，凡作屋若干间”，有标准的孔子庙和两先生祠，其分祀属于礼制合祀与理学家师弟共祀。静修书院至正十五年（1355年）增画弟子梁泰等四人像侑食，也属于此类。

4.文庙合祀与乡贤二祀

此种方式在元代比较多见。元统二年（1334年）建造的苏州甫里书院有完备的孔子庙，“规制与郡学侔”，有甫里先生祠，文庙合祀礼制圣贤，祠堂奉祀唐代陆龟蒙。陆龟蒙是长洲人，属于乡贤，所以归类为礼制合祀与乡贤分祀。至元二年建造的弋阳蓝山书院也属于此种方式，书院“绘先圣先师十哲从祀像”，属于文庙合祀，张卿之孙又捐建先贤祠，捐田供祀并奉祠事，可见先贤祠奉祀张卿，也属于乡贤。瑞州正德书院延祐二年（1315年）时“圣师像位、

① 元贞无甲午，当为至元三十一年，元贞前一年，即1294年。

龛帐案座靡不整严”，已经奉祀先圣先师，至元间有大成殿、两庑和先贤祠，看来是按照礼制奉祀先圣先师和先贤先儒，也是文庙合祀与乡贤二祀。

5.文庙合祀与乡贤同祀

见于南宋绍定四年（1231年）建造的象山书院。“提刑袁甫请于朝，遣上舍生洪阳祖即其地建书院”，“中为圣殿，翼以两庑。……右为梭山、复斋、象山三先生祠，赐额象山书院”[①]。书院遣人专建，有圣殿和两庑，合祀文庙圣贤，西北角设置三先生祠，奉祀陆九韶、陆九龄、陆九渊三兄弟。陆氏三兄弟为贵溪人，所以称作文庙合祀与乡贤同祀。

6.文庙合祀与乡贤、创建书院者共祀

见于元元贞元年（1295年）新建的淮海书院，书院建有礼制孔子庙，有大成殿、两庑、戟门、灵星门、泮池等建筑，大成殿“塑圣师十哲像”，两庑“绘从祀诸贤于壁”，按照礼制合祀圣贤。另设先贤祠，奉祀“淮乡先达及创置书院者”等20人。

7.文庙合祀与书院杰出弟子共祀

见于至大二年（1309年）重修后的浙江石峡书院，“庙貌齐宇，丹雘相辉”，并“新圣师从祀像”，“造祭器”，可见原来就有孔子庙，奉祀孔子、颜子，还有从祀，采用国立学校孔子庙制度奉祀。书院还设祠堂奉祀淳祐十年和淳祐七年分别高中状元和探花的学生方逢辰、黄蜕，故将奉祀归为文庙合祀与书院杰出弟子共祀。

8.孔子与理学家二祀

见于崇祯五年（1632年）麻城建造的经正书院，“前为讲堂，中塑圣像，后祀濂溪、晦庵诸先儒”，书院奉祀属于孔子与理学家二祀。

9.孔子与文昌二祀

四川什邡在清乾隆三年（1738年）毁三教堂时将孔子两尊铜像和一尊铁像

---

① 《江西通志》卷二二。

移至方亭书院，九年邑人拟建夫子楼奉祀，但被人认为不符合礼制半途作罢，权奉于文昌祠后殿，是为孔子与文昌二祀。

10.孔子与名宦单祀

见于约建于后至元间的石室书院，“为殿以祀先圣，为室以祀公”，殿祀孔子，室祀文翁，文翁为西汉蜀郡太守，所以将奉祀归为孔子与名宦单祀。

11.孔子与寓贤单祀

见于南宋淳祐十一年（1251年）重修的钓台书院，增设燕居殿奉祀孔子，祠堂奉祀东汉严光。严光早年与光武帝刘秀同学，刘秀即位后多次延聘严光却拒不出仕。严光为余姚人，隐居富春山，桐庐钓台为其隐居处，属于寓贤。

12.孔子与乡贤单祀

始见于咸淳五年（1269年）苏州创建的学道书院。书院奉祀孔子弟子言偃，“别建殿曰燕居，以奉先圣”。孔子与言偃虽属师弟关系，但建造书院是因言偃为吴人，所以将奉祀定为孔子与乡贤单祀。

舒璘（1136—1199年）创建广平书塾，一面教学，一面与杨简、袁燮、沈焕探究陆学，形成四明学派。“先生殁，门人敬事不怠，肖像祠于塾，乃遹追先志，奂饰堂序，帅子若孙暨宗族之秀朝益朝习，春、秋舍菜先圣，岁时、朔望谒祠，齿拜讲说”[①]。春秋祭祀孔子，朔望拜谒祠堂，也属孔子与乡贤单祀。

元天历二年（1329年），光泽县重修云岩书院，“乃作堂，像夫子燕居，又作祠，像先生”。云岩书院原为南宋光泽人李方子讲学处，书院奉祀为孔子与乡贤单祀。明万历十八年（1590年）重建还古书院，“寝室五楹，额曰德邻室，祀邑之先哲程公大昌以下凡十人。……中台阁，特奉圣像祀焉”，也分祀孔子和乡贤。

13.孔子与主办者先人二祀

这种情况比较少见，已知始见于福建顺昌双峰书院。南宋咸淳中，廖邦

① ［宋］王应麟：《广平书院记》，见《四明文献集》卷一。

杰为其祖父廖刚创建书院，建礼殿奉祀孔子，建祠堂则奉祀其先人廖刚、廖德明。廖刚（1070—1143年）以刚正著称，在朝曾先后批评蔡京、秦桧及其同党，廖德明则为朱熹弟子。

14.圣师共祀与理学家单祀

圣师与理学家分祀是南宋书院奉祀出现的一个新现象。淳祐六年（1246年）建造的徽州紫阳书院设有大成殿，有祠奉祀朱熹；端平二年（1235年），苏州将尹焞祠堂改作和靖书院，独祀尹焞，咸淳初，"提举李芾建燕居堂以奉先圣"，都是殿堂与祠堂分设，应该按照礼制殿堂主祀孔子，以颜子、孟子配享，所以将奉祀归为圣师共祀与理学家单祀。

15.圣师共祀与理学家师弟共祀

淳祐六年（1246年），徽州太守韩补奏建书院于城南，御书紫阳书院四大字榜其门，"中为明明德堂，祀文公，以勉斋、元定侑之"，奉祀朱熹，以黄榦和蔡元定配祀，最后为大成殿奉祀先圣先师。

16.圣师共祀与乡贤共祀

南宋端平三年（1236年），高安郡守陈韡创建西涧书院，设祠奉祀刘焕、刘恕、刘羲仲祖孙三人，奉祀人物虽然是祖孙三代，但为知州所建，不是家族所设，所以将其视为乡贤。端平三年（1236年）重建，"复置燕居，像夫子于中，而尊事之，先师配焉"，祠祀仍旧，是为圣师共祀与乡贤共祀。

17.五圣共祀与理学家单祀

五圣共祀与理学家二祀以元代最为常见。由于元时部分书院被纳入国家管理，许多书院并没有按照礼制建造标准孔子庙，而只建造大成殿（燕居殿、礼殿）奉祀孔子与四配。元延祐五年建造的成都紫岩书院"其先圣燕居堂，配以颜、曾、思、孟，西向列坐，应图合礼"，燕居殿主祀孔子，以四配配享，另设祠奉祀张栻，属于五圣共祀与理学家单祀。

18.五圣共祀与理学家同祀

此种分祀出现在南宋，元代较为常见。

南宋景定三年（1262年）建造的宣成书院有殿有祠，分别奉祀孔子圣师和张栻、吕祖谦，虽然建造书院者的理由是“南轩持节、东莱垂弧实在兹土”，张栻为名宦，吕祖谦为出生于此的寓贤，但此前一年张栻、吕祖谦均已从祀孔子庙，还应属于五圣共祀与理学家同祀。

元延祐元年（1314年）建造的鲁斋书院，“前为夫子燕居之殿，以颜子、曾子、子思、孟子侑坐。……以张子厚先生昔讲道于横渠，乃为室东偏，合张、许二先生而祠之”[①]，燕居殿五圣共祀，祠祀张载、许衡属理学家同祀，书院奉祀属五圣共祀与理学家同祀。

19.五圣与理学家共祀及理学家师弟共祀

考亭书院绍熙五年（1194年）初建时名沧洲精舍，主祀孔子，以颜曾思孟为四配，周敦颐、程颢、程颐、邵雍、张载、司马光、李侗七位理学家从祀，属于五圣与理学家共祀。宝庆元年（1225年）邑令刘克庄始建祠堂，奉祀朱熹，成为五圣与理学家共祀及理学家分祀。后增加朱熹弟子黄榦配祀，祠成师弟共祀，元至元二十五年（1288年），参照建安武夷书院之例又增加蔡元定、刘爚和真德秀配祀，“今公祠以文肃黄氏榦配，旧典也，从以文节蔡氏元定、文简刘氏爚、文忠真氏德秀，建安武夷例也”[②]。蔡元定、刘爚为朱熹弟子，真德秀受教于朱熹弟子詹体仁，书院奉祀为五圣与理学家共祀及理学家师弟共祀。

20.五圣共祀与理学家家族共祀

元至正七年（1347年）将胡安国祠堂改成文定书院，“其制：右为礼殿，奉宣圣及四子侍坐像；左为祠，肖先生像居中，而以先生子从籍溪、致堂、茆堂、五峰四君子配焉”。书院设礼殿主祀孔子，以四配配享，设祠堂主祀胡安国，以侄胡宪、胡寅和子胡宁、胡宏配祀。礼殿共祀五圣，祠堂家族共祀，这种情况非常少见。

---

① ［元］程矩夫：《鲁斋书院记》，见《雪楼集》卷一三。

② ［宋］熊禾：《考亭书院记》，见《勿轩集》卷二。

21.五圣共祀与名宦单祀

至元二十一年（1284年）重建的潮州韩山书院“即庙之旧址为先圣燕居，先师兖、郕、沂、邹四国公侍，而韩子之专祠附”，燕居殿主祀孔子，以颜曾思孟配享，另设祠堂奉祀韩愈。韩愈虽然为从祀孔子庙先儒，但潮州奉祀是因其任潮州太守首开教化功绩，将其归于名宦。皇庆二年（1313年）登封建造颍谷书院，“因高就下为殿，以祀先圣先师”，后至元五年（1345年）重修，“堂殿宏敞深靖，像设以制”，“又以祠以舍考叔像”。殿祀先圣先师，像设以制，应该是五圣共祀，祠堂独祀颍考叔。颍考叔为春秋时期郑国治理颍地大夫，属名宦。二书院奉祀均为五圣共祀与名宦单祀。

22.五圣共祀与名宦共祀

见于至元二十一年（1284年）重建的韩山书院，“即庙之旧址为先圣燕居，先师兖、郕、沂、邹四国公侍，而韩子之专祠附”。燕居殿奉祀孔子，以兖国公颜回、郕国公曾参、沂国公子思、邹国公孟子四配配享，祠堂主祀韩愈，以赵德、周敦颐、廖德明配祀，书院奉祀属于五圣共祀与名宦共祀。

23.五圣与乡贤、名宦、过贤同祀

见于后至元五年（1339年）建造的奉新三贤书院，“中为先圣燕居，别室为三贤祠，一如他书院制”，也是有庙有祠，庙祀孔子，祠祀周敦颐、苏轼和黄庭坚。奉祀周敦颐是因为其曾在此地任职，属名宦，黄庭坚是本地人，属乡贤，而苏轼则是因为其弟苏辙谪官此地时曾经来访，属过贤。

24.五圣共祀与寓贤父子共祀

见于元至正二十二年（1362年）新修的嵊县二戴书院，“首作礼殿，弟子两夹室，中像圣容及四侑，又东为二戴祠四楹”，礼殿为五圣共祀，二戴祠为戴逵、戴颙父子共祀，二戴为东晋谯人，在嵊隐居，属于寓贤，书院奉祀为五圣共祀与寓贤父子共祀。

25.五圣共祀与乡贤单祀

见于南宋咸淳七年（1271年）于杨简故乡慈溪创建的慈湖书院，“礼殿崇崇，祠宇奕奕”，祠堂奉祀杨简，此时国家已规定四配，礼殿应该是五圣共祀，所以将奉祀定为五圣共祀与乡贤单祀。

26.五圣共祀与文昌单祀

书院分祀五圣与文昌者不多。同治十一年（1872年）落成的鉴湖书院，大成殿前建造文昌阁；光绪十八年（1892年）重建的吉首潕溪书院，文昌阁建造在书院内大成殿之后；既然名大成殿，不应该只奉祀孔子，一般是五圣共祀，故将奉祀归为五圣共祀与文昌单祀。

27.圣哲共祀与理学家单祀

见于江宁明道书院。嘉定八年（1215年）创建的江宁明道书院设燕居殿奉祀孔子等，春风堂独祀程颢。开庆元年（1259年），张显主持书院，“设先圣及十四先贤神位于堂中”，应该奉祀孔子、四配和十哲，属于圣哲共祀，而书院属于圣哲共祀与理学家单祀。

28.圣哲共祀与理学家同祀

见于杭州万松书院。书院弘治初建时仅五圣共祀，嘉靖九年文庙撤塑像后移入郡学文庙，孔子四配十哲像为圣哲共祀，万历五年（1577年）增建继道堂，奉祀周程张朱四先生，分祀圣哲共祀与理学家同祀。

29.圣哲合祀与乡贤单祀

见于宣公书院。元至元十三年（1276年）改设后，“两庑从祀十哲像貌悉皆完美”，可见书院应该是正殿主祀孔子，以四配配享，两庑奉祀十哲，属于圣哲合祀，另有祠堂奉祀唐代陆贽，陆贽此时虽然已经奉祀孔子庙，但书院建造在陆贽故里，属于圣哲合祀与乡贤单祀。

30.理学家二祀

见于高峰书院。咸淳九年（1273年），因黄榦曾宰新淦，以其斋名建造高峰书院，分别设祠奉祀黄榦和朱熹。

31.宋五子同祀与本省理学家同祀

见于福州鳌峰书院。康熙四十七年（1708年），福建巡抚张伯行建造鳌峰书院，设正谊堂同祀宋五子，设六子祠奉祀闽中宋明先儒，乾隆十七年（1752年）先儒增至23人。

32.理学家单祀与名宦单祀

见于道乡书院。康熙四十九年，平乐重建道乡书院，“为寝室者二，皆三楹，前祀忠公，后祀文公”，奉祀邹浩与朱熹，故定其为理学家单祀与名宦单祀。

33.理学家单祀与乡贤同祀

见于临汝书院。淳祐八年（1248年），江西提举冯去疾创建临汝书院，主祀朱熹，明代增设三贤祠，奉祀陆九渊、吴澄和吴与弼，嘉靖后又增祀陈九川和吴悌，改称五贤祠。不论三贤还是五贤，都是在理学上有所建树的学者，但都是本地籍贯，所以还得视为乡贤。

34.理学家单祀与有功书院者单祀

杭州崇文书院原奉祀朱熹，后设祠堂奉祀叶永盛。叶永盛为明万历间巡盐御史，暇日于西湖跨虹桥西集合盐商子弟会文，后人因此设书院和祠堂，属于理学家单祀与有功书院者单祀。

35.理学家同祀与有功书院者共祀

清雍正二年（1724年），广西巡抚李绂重修宣成书院，同祀张载、吕祖谦，三贤祠主祀郝浴，以王如辰、高熊征配祀，属于理学家同祀与有功书院者共祀。

36.理学家单祀与文昌分祀

杭州紫阳书院康熙四十二年（1703年）初建时“中为乐育堂，奉朱子木主”，独祀朱熹，雍正七年，总督李卫重建巢翠阁为文昌祠，属于理学家单祀与文昌分祀。

山东省城书院泺源书院“二门外有文昌阁，阁下为朱子祠堂”，虽然文昌和朱熹均奉祀在一座建筑内，但奉祀不在一个空间，所以依然属于理学家单祀与文昌分祀。

37.理学家单祀与魁星分祀

雍正十三年（1735年），甘泉重建安定书院，有祠奉祀胡瑗，书院“中矗起为楼者三，礼魁宿，兆文明也”，奉祀魁星，书院奉祀为理学家与魁星分祀。

嘉庆三年（1798年）新建隆安榜山书院“中建讲堂，其后旧为文成公祠，改建杰阁，上奉魁斗之星，下奉文成神位，以时俎豆”，阁上奉祀魁星，下祀王守仁，以时祭祀，为理学家单祀与魁星分祀。

38.经学家同祀与佛徒同祀

同治四年（1865年），杭州知府薛时雨以无碍庵改建东城讲舍，“后楼三楹设位祀许、郑两经师，中三楹为讲堂，上构庋阁，仍安莲池、太素栗主，示不忘故也”。书院同祀许慎、郑玄，因无碍庵原为释袾宏（号莲池）与其师太素梵修地，所以仍然保留其木主。经学家同祀与佛徒同祀，仅见此一例。

39.师弟共祀与乡贤共祀

见于明弘治十年（1497年）滕县重建的性善书院，“前祀亚圣孟子，以乐正子、万章配，后祀滕文公，以然友、毕战配”，前祠孟子，以弟子配祀，属师弟共祀；后祠滕文公，以滕文公之师然友与臣毕战为配，属乡贤共祀。

40.乡贤单祀与名宦二祀

见于明嘉靖九年（1530年）重建的环谷书院，“中构堂三楹，以祀环谷先生，右构一室，为名宦祠”，书院主祀汪克宽为乡贤，书院奉祀为乡贤单祀与名宦二祀。

41.乡贤单祀与过贤单祀

见于敬义书院。同治十二年，枣强知县方宗诚借董仲舒祠堂建造书院，因《史记》载“太公困于棘津”，枣强为古棘津地，取太公所述丹书之言命名敬义书院。书院“每岁课士时，率诸生拜董子之堂，而春秋太公之祀亦即于讲堂设位行礼”。虽然姜太公没有常设祠堂，但春秋均在讲堂举行祭祀，也应将奉祀视为乡贤单祀与过贤单祀。

42.名人单祀与书院创办者单祀

见于惜阴书院。道光十七年(1837年),两江总督陶澍建造南京惜阴书院,设景陶堂,主祀陶渊明。陶澍去世后,于景陶堂后飨堂独祀陶澍。陶渊明主要生活在江西,与南京并无关系,恐为陶澍认宗所致,只能属于名人,所以将书院奉祀归为名人单祀与书院创办者单祀。

43.寓贤单祀与文昌二祀

见于范文正公讲院。万历三十八年(1610年),睢阳建造范文正公讲院,"门之北建文昌楼,楼之北文正祠三楹",分祀文昌帝君与范仲淹。睢阳即北宋应天府,范仲淹曾在书院读书和任教,属于寓贤,故将书院奉祀归为寓贤单祀与文昌二祀。

44.书院创办者单祀与文昌二祀

见于学海堂。道光四年(1824年),两广总督阮元在广州建造学海堂,是一所专注经史训诂的书院。阮元去世后,设阮太傅祠独祀阮元,后"设文澜阁,上祀文昌神",奉祀属于为书院创办者单祀与文昌二祀。

45.父子二祀

朱熹出生在父亲朱松任职的福建尤溪,南宋建造南溪书院时一室共祀,元代改为两室分祀,明弘治十二年(1499年)重修,"为堂五间于左以祀文公","又为堂三间于右,以祀韦斋",父子分祀。朱熹祠堂五间,居左,地位高于乃父。因南溪书院是赐额书院,被列入公祀,如果是家族奉祀祠堂则不可以。

46.父单祀与子师生、乡贤共祀

明正德间重建徽州紫阳书院奉祀朱熹与其父朱松,也属父子分祀。但朱熹祠堂"崇像文公,配以高弟勉斋黄公、西山蔡公,侑列以乡之硕儒若定宇陈氏、云峰胡氏、林隐程氏、道川倪氏、环谷汪氏、东山赵氏。堂北之高处为韦斋先生祠"。朱熹以弟子黄榦、蔡元定配享,以本地元明理学者陈栎、胡炳文、程林隐、倪道川、汪克宽、赵汸从祀,属师弟学派同祀。

（二）三祀

书院设置三座祠宇奉祀不同人物神祇亦比较常见。从史料看，三祀大约有道统人物共祀与名宦及乡贤，文庙合祀与寓贤及乡贤，孔子、理学家及乡贤，圣师共祀、名宦单祀及理学家，五圣共祀、名宦及理学者，乡贤单祀与名宦及有功书院者，寓贤同祀与名宦及乡贤等21种形式。

1.道统人物共祀与名宦及乡贤三祀

明万历初建关中书院时并无奉祀，清康熙二年（1663年）前后，西安知府叶承祧将道统祠、名臣祠和正学祠先后移入关中书院。道统祠“祀伏羲、神农、黄帝、尧、舜、禹、汤、文、武历代圣人，以帝臣王佐配”，名臣祠祀“汉槐里令朱云，丞相王嘉，典属国苏武，太史令司马迁，大司空窦融，定远侯班超，好畤侯耿弇，太守孔奋，槐里侯万修，司空第五伦，太尉杨震、杨秉、李固；唐莱公杜如晦，中书侍郎杨绾，黄门侍郎韩休，邺侯李泌，中书令李晟，太尉段秀实，邠公杜黄裳，太保柳公权，岐公杜佑；宋莱公寇准，魏公韩琦，学士吕大忠、杨砺，参政范仲淹、申公、吕公著，左仆射吕大防，蕲王韩世忠；元廉访董立，中丞张养浩；明都御史景清，金乡侯王真，兵部尚书王竑，都御史马文升、秦纮，户部尚书雍泰，学使李梦阳，给事中张原，兵部侍郎邹应龙，巡抚陈镒，尚书杨鼎、王恕，巡抚余子俊，尚书彭泽、孙丕扬，巡按浦鋐、张铨，知府曹璜，洛川知县陈惟芝，总制汪乔年，巡按金毓峒、毕懋康，按察使黄纲，知县满朝荐、吴从义，山东佥事王征”，正学祠祀“宋大儒程颢、程颐、张载，东以朱光庭等十四人，西以吕大忠等十八人配”。道统祠正位分祀为儒家道统人物；名臣祠奉祀人物多为与本地有关者，有名宦，也有乡贤；正学祠正位奉祀二程和张载，就学统看不是很合理，应该是出于地域考虑，程颢曾任鄠县主簿，张载曾任官渭州并寓居眉县，配祀朱光庭曾任官陕西，吕大忠为陕西人，也属于名宦、乡贤。

2.文庙合祀与乡贤三祀

见于宣公书院。至正十四年（1354年）重建后，“其中为先圣庙、两庑、仪门、东西礼亭、棂星之门具焉，其西为宣公祠，祠西为室，东乡，以祀郡之贤”，建有完整的礼制孔子庙，奉祀人物也应该是按照礼制合祀，而陆贽祠堂还设西厢奉祀乡贤，就整个书院看，属于文庙合祀与乡贤三祀。

3.文庙合祀与寓贤及乡贤三祀

见于南阳书院。元大德五年重修后的书院有大成殿和两庑，按照礼制奉祀孔子庙人物，还建有武侯祠奉祀诸葛亮，乡先贤祠奉祀乡贤，由于南阳系诸葛亮隐居处，属于寓贤，所以将奉祀归为文庙合祀与寓贤及乡贤三祀。

4.文庙合祀与理学家及书院建造者先人三祀

见于主一书院。南宋初建时书院主祀张栻，以钟如愚配祀，属于师弟共祀。至元三十一年（1294年）钟如愚三世孙钟梦鲤重建，设燕居之堂奉祀孔子，以四配配享。揭傒斯任山长后进行扩建，仿造官学建造孔子庙，按照制度奉祀孔子、四配以及从祀先贤先儒，“夫子以燕居之服坐于堂，而四公侑，今既殿矣，则从秩祀儒以尸，隶于主一者若干，官所定也”，按照官学孔子庙制度奉祀，此外还建造两座祠堂分别奉祀张栻和钟如愚，属于文庙合祀与理学家及书院建造者先人三祀。

5.文庙合祀与名宦寓贤、有功书院者三祀

见于杭州西湖书院。书院原为南宋太学，有孔子庙按照礼制合祀，元兵南下，礼殿独存，至元三十一年（1294年）改为书院，迁入锁澜桥侧的三贤祠，祠奉祀白居易、林逋和苏轼，白居易、苏轼均曾任官于杭州，整治西湖，属于名宦，林逋为奉化人，隐居西湖，属于寓贤，此时为文庙合祀与名宦寓贤分祀。后至元元年（1335年）重修，将三贤祠改称尚德，另设尚功祠奉祀改设书院的徐琰，成为文庙合祀与名宦寓贤、有功书院者三祀。

6.孔子、理学家及乡贤三祀

淳祐十年（1250年）创建的永嘉书院，“中奉宣圣燕居像，东室祀伊洛诸儒，西室祀乡先贤”，孔子、理学家、先贤各自成室，属于三祀。

7.孔子、理学家、名宦三祀

咸淳九年（1273年），因黄榦曾任新淦令，以其斋号建造高峰书院，分别设祠奉祀黄榦和朱熹，次年“创燕居堂于西，以祀先圣”，属孔子、理学家、名宦三祀。

8.孔子、理学家同祀及有功书院者三祀

见于白鹭洲书院。同治七年书院重修，“上祀至圣”，主祀孔子，“左前为六君子祠，右前为景贤祠”，六君子祠奉祀宋六贤邵雍、周敦颐、程颢、程颐、张载和朱熹，景贤祠奉祀南宋首创书院者江万里等有功书院者，也属于三祀。

9.孔子、乡贤单祀，圣配、寓贤及理学家共祀

见于苏州学道书院。书院原为言偃祠堂，咸淳五年（1269年）初建书院，增设燕居主祀孔子，七年增设先贤祠，“中祠颜、曾、思、孟，列澹台子羽次四子之左，两序则从祀学道之师周程以下九人”，同祀四配，以澹台灭明配享，周敦颐、二程等九人从祀，言偃为乡人，澹台灭明为寓贤，先贤祠为圣配同祀与寓贤、理学家共祀，而书院则为孔子、乡贤单祀，圣配、寓贤及理学家共祀。

10.孔子、过贤和乡贤、文昌三祀

见于嘉应州培风书院。清同治七年（1868年）重修书院，“因堂为楼以讲学，以奉先圣，移九贤于西楼，以梓潼宅其中”，书院奉祀孔子、文昌帝君和过贤、乡贤韩愈、刘元城、文天祥、张九龄、狄青、周敦颐、王守仁、蔡蒙吉等。“落成，公率诸生释奠于先圣、九贤”，既然有梓潼宅，不可能不祀文昌，也属于三祀。

11.孔子和理学家共祀与文昌、魁星三祀

见于什邡方亭书院。方亭书院原祀文昌，乾隆三年毁三教堂时，地方官员将三教堂孔子像移入后殿，九年时曾建夫子楼供奉孔子，因有人说不合礼制而作罢。乾隆四十一年，知县任思正建造圣像楼奉祀，“丁酉春，卜吉迎圣像安

奉于上，旁设二程子位”，主祀孔子，以二程配祀。此时书院还有魁星阁、文昌祠，系孔子和理学家共祀与文昌、魁星三祀。

12.圣师共祀、名宦单祀及理学家三祀

广西全州嘉定八年（1215年）建造柳山书院，独祀北宋太守柳开，宝庆元年（1225年）赐额清湘书院，三年增加燕居楼、率性堂等建筑，奉祀先圣先师，书院此外还奉祀周敦颐、程颢、程颐、张载、张栻和朱熹，属于圣师与名宦及理学家三祀。

宋咸淳中潮州进士胡申甫建造的京山书舍也属于圣师与名宦及理学家三祀。“耸以三祠，安定左而昌黎后，瞻仪肃肃，侑我圣师”，中祠祀圣师，左祠祀胡瑗，后祠祀韩愈。韩愈为潮州太守，胡瑗与潮州没有关系，应该是胡申甫为同族选祀，故为圣师共祀、名宦单祀及理学家三祀。

13.圣师共祀、理学家师弟共祀、书院创建者先人三祀

见于元代重建的白石书院，“中为礼殿，书院之制悉备。殿北立文公祠，以文肃侑食。后立大父祠”，书院设一殿二祠。元代礼殿一般主祀孔子，以弟子配享，一祠主祀朱熹，以弟子黄榦配祀，一祠奉祀建院者祖父刘养浩，因此将奉祀归为圣师共祀、理学家师弟共祀、书院创建者先人三祀。

14.圣师共祀及寓贤、书院建造者三祀

见于苏州和靖书院。苏州尹焞读书处三畏斋，于嘉定七年（1214年）绘像祭祀改为祠堂，端平二年（1235年）改作书院，独祀尹焞，咸淳初增设燕居堂奉祀先圣，考虑到礼制孔子庙以颜子、孟子配享，应属于圣师与寓贤分祀，景定二年（1261年）增设祠堂奉祀改书院者曹豳，成为圣师共祀及寓贤、书院建造者三祀。

15.圣师共祀、乡贤共祀及魁星三祀

见于西涧书院。书院为官建，奉祀刘焕、刘恕、刘羲仲祖孙三人，端平三年火后重建，“书院所祠先贤也，复置燕居像夫子于中而尊事之，先师配焉”，成圣师共祀与乡贤共祀二祀，宝祐元年（1253年）姚勉状元及第，曾于西涧书

院祭祀魁星，可见西涧书院此时是圣师共祀、乡贤共祀及魁星三祀。

16. 五圣与理学家合祀、父子并友人共祀与师弟共祀

见于元至正七年（1348年）重修尤溪南溪书院，“构祠三间……塑韦斋先生之像坐于中，而旧绘像置于塑像后，绘文公、立斋立像配之。仍葺旧祠中坐文公之塑像，而以勉斋所绘立像配之。修旧燕居堂，堂之左右新作两庑，塑申申夭夭及兖、郕、沂、邹四公像，重绘濂溪至鲁斋十有一先生像”。燕居堂主祀孔子，以四配配享，为五圣共祀，两庑绘周敦颐至许衡11位理学家从祀，系五圣与理学家合祀；两所祠堂，一所主祀朱熹，以黄榦配祀，为师弟共祀；一所主祀朱松，以子朱熹和原房东郑乾道配祀，属父子与朋友共祀。

17. 五圣共祀、名宦及理学者三祀

见于新淦高峰书院。书院咸淳九年（1273年）初建时设祠分别奉祀曾任县令的黄榦和其师朱熹，次年增建燕居堂奉祀孔子，元大德二年（1298年）燕居堂增加四配塑像，改成五圣共祀、名宦及理学家三祀。

18. 五圣共祀与乡贤及文昌三祀

见于光绪十八年（1892年）重建的吉首潕溪书院，书院左祠前设大成殿、后设文昌阁，中路讲堂西侧设鹤公堂奉祀乡贤吴鹤。吴鹤为王守仁弟子，开设私塾教育苗族子弟，是苗族教育家。

19. 孔子、社稷、名贤三祀

见于松江西湖书院。松江因“吾夫子燕居无所，春秋社稷无所，顾陆名贤祠宇亦无所”，元贞元年重建西湖书院，“于是楼之上以像燕居，庭之中以坛社稷，庑之左以位名贤，庑之右以舍师儒与诸生”[①]。楼上奉祀孔子，庭中设社稷坛，东庑之东奉祀三国时人顾雍、陆逊等，奉祀的皆是名贤。书院设社稷坛的，恐独此一例。

---

① ［元］张之翰：《西湖书院记》，见《西岩集》卷一六。

20.乡贤单祀与名宦及有功书院者三祀

见于余江环谷书院。明嘉靖九年，祁门知县陈光华建造环谷书院，主祀乡贤汪克宽，另设名宦祠奉祀名宦，嘉靖三十年（1551年）增设建功堂，奉祀有功书院的知县陈光华和郡守留志淑，书院奉祀为乡贤单祀与名宦及有功书院者三祀。

21.寓贤同祀与名宦及乡贤三祀

见于明弘治初重建的首阳书院，“祠堂三区，中以祀夷、齐二贤，左祀名宦，右祀乡贤”，伯夷、叔齐在武王灭商时曾叩马谏阻，商亡后义不食周粟，隐居首阳山采薇而死，属于寓贤，所以将奉祀归为寓贤同祀与名宦及乡贤三祀。

（三）四祀

书院四祀不多，有道统圣贤共祀与圣师共祀及名宦、理学家四祀，文庙合祀与寓贤、乡贤、土地四祀，五圣共祀与理学家四祀，理学家与乡贤、名宦、魁星四祀等8种形式。

1.道统圣贤共祀与圣师共祀及名宦、理学家四祀

见于清代嵩阳书院。康熙十三年（1674年）书院建诸贤祠，十六年添建先师殿和三贤祠，三十八年巡抚阎兴邦添建道统祠。诸贤祠奉祀宋代曾提举崇福宫的韩维、吕诲、司马光、程颢、程颐、刘安世、范纯仁、杨时、李纲、李邴、朱熹、倪思、王居安、崔与之，三贤祠奉祀二程和朱熹，是邑人耿介讲学时“以程朱为道统所宗，不当与诸贤列”而从诸贤祠中抽出单独建祠奉祀。书院道统祠奉祀道统圣贤，先师殿奉祀圣师，诸贤祠奉祀名宦，三贤祠奉祀理学家，形成四祀。

2.文庙合祀与寓贤、乡贤、土地四祀

见于元南阳书院。大德五年（1301年）重修南阳书院落成告祭，程文海撰告成文四则，分别为先圣孔子、武侯诸葛亮、乡先贤和司土，孔子告文虽然只

以颜子配，但书院有从祀两庑，可见为文庙合祀，书院为文庙合祀与寓贤、乡贤、土地四祀。

3.五圣共祀与理学家四祀

见于新淦高峰书院。咸淳九年（1273年）建造书院时分别奉祀朱熹和黄榦，元大德二年（1298年）“增塑先师四国公像”，并于勉斋祠侧设侍读公祠，设置一殿三祠分祀。

4.圣师共祀与理学家师弟、名宦乡贤共祀及建院者先人四祀

见于锦江书院。至元二十九年（1292年），倪镗移建锦江书院，有大成殿以祀圣师，东祠祀朱熹，以真德秀配祀，西祠奉祀熊彦诗、倪莹、倪玠等乡贤五人，以寿春、扬州二府君配祀，院西还设有家祠世美祠，整座书院建造一殿三祠，分别为圣师共祀、理学家师弟共祀、名宦乡贤共祀和建院者先人，在书院奉祀中也是比较复杂的。

5.理学家同祀及文昌和有功书院太守、士绅四祀

见于惠州丰湖书院。嘉庆五年（1800年），惠州太守迁建丰湖书院，“堂上为楼曰澄观楼，祀文昌暨周、程、张、朱五夫子，又东为伊公祠，生祀太守伊公，西亦有祠，凡斯院之捐田助银者各以其主进，盖与伊公祠同为报功之意”，文昌与宋五子分祀于澄观楼上下，东西太守和捐助者两祠应该都是生祠。

6.理学家与乡贤、名宦、魁星四祀

见于绍兴蕺山书院。书院设忠介祠奉祀刘宗周，以弟子门人35人配祀，属于同门共祀；名宦乡贤祠主祀王羲之，左为乡贤、右为名宦配祀；清晖楼上独祀汤太守，来英阁独祀魁星。书院奉祀为四祀。

7.父、子与名宦、乡贤四祀

见于黟县碧阳书院。清嘉庆十三年（1808年）书院重修，“中路为大门三楹，上为朱子祠三楹，又上三楹为讲堂，又上三楹为韦斋先生祠，祠左为卫道，奉官此土兴文教者，右为衍绪，祀邑先哲有儒行者”，书院设置四祠，分别奉祀朱熹、朱熹之父朱松、名宦、乡贤。

8.文昌合祀、奎星、乡贤、名媛四祀

仅见于浏阳石山书院。书院光绪十年（1884年）落成，正殿奉祀文昌，后殿奉祀文昌帝君上三代，两殿之间起魁星楼奉祀魁星，正殿东厢奉祀乡贤，东路设名媛祠奉祀名媛。该书院为北乡四十二都乡民集资建造，奉祀乡贤为张、王、吴、孔、周、罗等30余姓先人，名媛为周、吴、罗等12姓先妣，很像地方公祠。

（四）五祀

五祀比较少见，已知有光绪间湖南龙潭书院。龙潭书院仲春仲丁“祀圣后即祭文昌、奎星，行古礼；复祭陈侍郎，用少牢特豚，仿行王船山仪注；颜公用少牢特豚；崇文祠用少牢特豚”，祭祀孔子、文昌、奎星、陈侍郎、颜太守、崇文祠。陈侍郎、颜太守一祠，为建造书院有功者，崇文祠奉祀“捐赀襄建书院及董事之劳勚者”，所以奉祀属于孔子及文昌、奎星、有功书院者五祀。

（五）六祀

六祀书院非常罕见，仅见岳麓书院一例。岳麓书院设有礼制文庙，合祀圣贤，濂溪祠奉祀周敦颐，崇道祠同祀朱熹、张栻，船山祠奉祀王夫之，都奉祀理学家，六君子堂奉祀朱洞、李允则、周式、刘珙、陈钢、杨茂元，慎斋

岳麓书院船山祠与慎斋祠

祠奉祀山长罗典，都是有功书院者。奉祀属于文庙合祀与理学家、有功书院者六祀。

（六）八祀

八祀书院也非常罕见，仅见问津书院一例。湖北新洲问津书院建于孔子周游列国使子路问津处。西汉淮南王刘安建庙讲学，唐代杜牧重修，宋代朱熹讲学，元代改称书院。设大成殿主祀孔子，以四配十哲配祀，两庑设子路、子贡和朱熹的单祀专祠，设隐士祠和乡贤祠（同室二祠）奉祀隐士长沮、桀溺和乡贤操恬庵等6人，设名宦祠和先儒祠（同室二祠）奉祀名宦刘安、杜牧、熊尚文、王阳明等17人和先儒龙麟洲等15人，是设祠最多的书院之一。此外，书院主体西侧还设置魁星楼和文昌阁，分别奉祀魁星和文昌帝君。隐士属乡贤，先儒是本地文化名人，也属乡贤。奉祀属于圣哲共祀与孔子弟子、理学家、名宦、乡贤、文昌、魁星八祀。

第五节　奉祀人物变化

书院奉祀人物众多，奉祀方式不一，看起来非常复杂，其实书院奉祀人物并不是一成不变的。朱熹创建竹林精舍并无祠堂，宝庆元年（1225年），邑令刘克庄始建祠堂独祀朱熹，淳祐十一年（1251年）添建燕居庙奉祀孔子，以颜子和曾子配祀，呈儒家圣贤与理学宗师分祀，祠堂后来增加黄榦配祀，元至元二十五年（1288年）参照建安书院之例增加蔡元定、刘爚和真德秀配祀，“今公祠以文肃黄氏榦配，旧典也，从以文节蔡氏元定、文简刘氏爚、文忠真氏德秀，建安武夷例也”[①]。

① ［元］熊禾：《考亭书院记》，见《勿轩集》卷二。

苏州虎丘尹焞读书处三畏斋，嘉定七年（1214年）士人黄毅请于知府画像奉祀，端平二年（1235年）仓司曹豳奏请设立和靖书院，景定二年（1261年）建祠奉祀曹豳，咸淳初增建燕居堂奉祀先圣先师，明嘉靖二年（1523年）重建则省去大成殿，不再奉祀孔子，“乃徙祠于龙兴寺，榜其门曰和靖书院，颜其堂曰三畏，列楹周阿，揭虔妥灵”，改为只祀尹焞。嘉靖后又以后堂奉祀义夫马瑢木主。

南宋淳祐九年（1249年）因朱熹曾到过抚州，提举冯去疾建造临汝书院奉祀朱熹，明代增设三贤祠，奉祀陆九渊、吴澄和吴与弼，连主祀都进行改变，嘉靖后又增祀陈九川和吴悌，改称五贤祠。

赣州濂溪书院祠堂明代时奉祀周敦颐、程颢、程颐、苏轼、文天祥、王守仁，并以有功书院的王之良、陈履忠、刘武元、苏弘祖、郎永清、宋荦、白启明、任进爵、朱光圉等人配祀，清康熙六十一年（1722年）王世绳重修，将苏轼移祀魁星阁下，将有功书院诸人移祀西讲堂，因杨时为程门弟子且曾任官赣州增加享祀。

湘潭钟如愚师事张栻，弱冠举进士，学而不仕，嘉定十五年（1222年）真德秀知潭州，聘任钟氏为南岳书院山长。钟氏去世后，其子创建主一书院奉祀张栻，钟如愚配祀。宋末社会动乱，至元三十一年（1294年）钟如愚孙钟梦鲤重建，设燕居之堂奉祀孔子，以四配配享。揭傒斯任山长后进行扩建，仿造官学建造孔子庙，按照制度奉祀孔子、四配以及从祀先贤先儒，“夫子以燕居之服坐于堂，而四公侑，今既殿矣，则从秩祀儒以尸，隶于主一者若干，官所定也”，此外还建造两座祠堂分别奉祀张栻和钟如愚。

白鹿洞书院曾设祠奉祀周敦颐、朱熹、陶渊明、李白，苏伯诚认为不妥，分二祠将周朱共祀、陶李共祀。但二祠一院，杨廉认为不妥，建议改变，“今两祠并峙，一门共入，殊无差别，而于尊奉二先生之意似犹欠专。今不若改门正对二先生之祠，其陶李之祠从旁而入为当。又二先生祠宜以黄榦、李燔、张洽、黄灏、陈宓等配食，诸人皆晦翁高弟，尝讲学其处，乃不得分一席而坐，而陶元亮之隐节，李太白之文章，独得俎豆其间，不亦有轻重之失伦哉”，其建议是正确的，祠堂设置也要区分主次。

韶州相江书院淳祐六年初建时“右为祠五间，继以讲堂，间亦如之，左右为两斋，皆五间，外为三门”，只奉祀周敦颐；咸淳元年（1265年）时已“且立先圣殿而受赐额于朝矣”，增加奉祀孔子；明洪武元年时礼殿犹存，清康熙十年重建后“为讲堂，为斋舍，为亭，为池，最后为六贤祠，则祀周子，而以王阳明、陈白沙、湛甘泉、张文献、余文襄配焉”，已经不再奉祀孔子；道光四年（1824年）扩建，“最后为楼，楼祀文昌，其下仍祀四子，更益以张、余二先生，其左右阁，阁祀文昌，其下有义举祠”，增祀文昌、魁星和有功书院者。书院增祀民间信仰神祇，信仰更加低俗。

苏州明道书院始建于宋咸淳五年（1269年），“别建殿曰燕居以奉先圣”，“七年常茂又建先贤祠于讲堂之西，祠颜、曾、思、孟，列澹台子羽次四子之左，两序则从祀学道之师周程以下九人”。明嘉靖二年（1523年），知府胡缵宗重建，“其前为门，扁曰东南邹鲁，仪门曰学道书院，塞门曰学得精华，堂曰学孔堂，塑吴公言子像于其中”，改为独祀言偃。

书院奉祀伴随书院的产生而产生，唐及五代书院鲜有奉祀，两宋私立书院多不祀，官立书院鲜有不祀。元代书院不祀者少见，从明代开始不祀书院逐渐增加，到清晚期，新建书院不祀者已经很常见。

第六节 书院奉祀形式

书院奉祀源自官学孔子庙，早期奉祀形式也采用官学做法，多以塑像或画像。明嘉靖九年（1530年）厘正文庙祀典，认为中国传统就是“造木主以栖神，天子、诸侯庙皆有主，大夫束帛以依神，士结茅为蕝，无像设之事”，“抟土而肖像焉，则失‘神而明之’之义矣”，因此诏令全国撤塑像，改木主。受朝廷诏令影响，有的书院也撤像改换木主，但大部分书院依旧奉祀。

奉祀人物的形式有塑像、画像、石刻像、木主等，奉祀众多人物的书院有的塑像画像并用，有的纯用塑像，有的纯用画像，有的塑像木主并用，有的画像木主并用，有的纯用木主。

一、塑像画像并用

塑像和画像并用是书院最初的奉祀方式，最早奉祀的岳麓书院孔子和十哲为塑像，七十二贤为画像，“塑先师、十哲之像，画七十二贤，华衮珠旒，缝掖章甫，毕按旧制，俨然如生”，奉祀方式与国子监孔子庙相同，奉祀人物的服饰也相同。白鹿洞书院咸平五年（1002年）塑圣贤像，南宋淳熙八年（1181年），朱熹知南康军，拨钱令建礼殿和两庑，塑圣贤像，两年后，知军朱端章令增加板壁，绘制从祀先贤先儒画像。礼殿内孔子和颜子、曾子、孟子、十哲为塑像，两庑墙壁添置木板绘画先贤先儒像，都仿造国学做法。关于奉祀人物的形象，岳麓书院应该是仿照官学孔子庙采用冕旒像，但白鹿洞书院全是生活像，孔子作讲学状，两庑画像如同五百罗汉。这些形象受到欧阳守道批评，并呈请上官要求改造。

嘉定八年（1215年）全州知州林岜建造柳山书院，奉祀柳开，宝庆元年（1225年）赐额清湘书院，三年增加燕居楼、率性堂等建筑，分别奉祀孔子和柳开，此外书院奉祀周敦颐、程颢、程颐、张载、张栻和朱熹。德祐二年（1276年）兵火后仅存七人画像，此时柳开是塑像，元统元年（1333年）重修时，重塑柳开像，学宾邓华夫请走旧像，另设潢溪书院以奉祀。虽然孔子形象不详，但已经是塑像画像并用。

至元十三年重建后的嘉禾宣公书院设庙主祀孔子，并以孔子弟子从祀，“两庑从祀十哲像貌悉皆完美”，应该是塑像画像并用，大成殿为塑像，两庑为画像。至大二年（1309年）重修后的石峡书院“新圣师从祀像”，也应该是圣师为塑像，从祀为画像，此外另行奉祀的方逢辰为石刻立像，至顺三年（1332年）改为塑像。

二、纯用塑像

纯用塑像见于奉祀人物较少的书院。

嘉定中淳安建造的札溪书院奉祀孔子桐木雕像，“旁有老桐莫知其年，一日震雷，不烦斧斤，乃以其材象洙泗圣人而事之，用瞻仪刑以肃朝夕”。南宋道州濂溪书院“正厅塑像七位”，全是塑像。咸淳九年（1273年）新淦创建高峰书院，次年“创燕居堂于西，以祀先圣”，元大德二年（1298年）“增塑先师四国公像”，孔子和四配均为塑像。

明天顺二年（1458年），重修白鹿洞书院，“塑先圣四配像于礼殿，李、周、朱三公像于前祠，而书院之观悉复其旧矣”，礼殿和祠堂全部是塑像。清康熙五十一年重修亦然，“先是，庙祀至圣诸贤像，今且剥落。考诸故典，祀像非宜也，木主如制。然奉承已久，不敢毁没，欲更新又惧失真也。随走力之曲阜，逐一临摹真像，至如所摹装塑之，特少加金碧耳。于今，正殿两庑遗容俨然，恍若春秋师弟一堂授受”①，连两庑都是塑像，在书院中是非常少见的。三陈书院奉祀陈尧叟、陈尧咨、陈尧佐兄弟，明代罗伦认为陈尧叟、陈尧咨德行不足奉祀，建议“当撤二公之像沉之于江”，可见奉祀均为塑像。山西平定邑人孙杰创建高岭书院，“劚石为洞，肖夫子像祀之”，也是塑像。

三、纯用画像

纯用画像一般是奉祀人物比较少的书院采用的方式。

嘉定四年（1211年），泉州石井镇因朱松曾任首任镇官，且在公余教育民间俊秀子弟，为此建造鳌头书院奉祀朱松和朱熹父子，令朱熹三子朱在负责，“绘二先生像而祠焉”；白鹿洞书院开禧元年（1205年，《白鹿洞志》作乙

① ［清］冀霖：《重修白鹿洞书院记》，转引自陈谷嘉、邓洪波《中国书院史资料》，第1379页。

未，误，开禧无乙未，只有乙丑）“诸生绘濂溪、二程、文公像合祀于讲堂”；元代创建的太行书院“为屋于杏坛之侧，以祠乡先贤，访其遗像，悉图于壁间”[①]，皆纯用画像，太行书院是将奉祀人物直接画于墙上。

元至元二年（1336年）创建的弋阳蓝山书院“绘先圣先师十哲从祀像”[②]，先圣先师以及十哲、从祀人物全部为画像是很罕见的。

四、塑像木主并用

奉祀人物较多的书院多是塑像与木主并用，主要人物用塑像，从祀人物仅用木主。

明代创建的岍山书院将孔子与四配奉祀在崇经阁中，阁下奉祀七贤，燕室奉祀乡贤，“中设孔子及四配像，旁两壁各置架以庋书，而总名曰崇经者，亦张伯玉尊经意也。阁之下设七贤像，左右为肄诵之房，后为燕室，设乡贤主于中”[③]，孔子、四配、七贤为塑像，乡贤为木主。清乾隆三年（1738年）令毁三教堂，四川什邡将三教堂两尊孔子铜像和一尊孔子铁像移往方亭书院，乾隆四十一年建夫子楼奉祀，“建夫子楼于院后，移奉圣像，旁列二程夫子木主，率学者四时释菜”[④]，孔子为塑像，程颢、程颐为木主。

五、画像木主并用

东林书院奉祀孔子为画像行教像，四配均为木主，孔子画像下也设木主，还是很规范的，这种奉祀方式并不少见。

---

① ［元］危素：《太行书院先贤祠记》，见《说学斋稿》卷二。

② ［元］程端礼：《弋阳县新修蓝山书院记》，见《畏斋集》卷五。

③ ［明］李东阳：《岍山书院崇经阁记》，见《怀麓堂集》卷六五。

④《重修什邡县志·方亭书院》，转引自陈谷嘉、邓洪波《中国书院史资料》，第1199页。

六、纯用木主

木主是古老的奉祀方式，也是书院采用最多的方式。

阆中锦屏书院创建于嘉靖初，设三贤祠奉祀朱熹、张栻和黄裳，“阁下为大棱，函三木主，祠晦翁朱先生、南轩张先生、兼山黄先生”，都是木主。杭州紫阳书院奉祀朱子为木主，诂经精舍奉祀的许慎和郑玄也为木主。赣州濂溪书院“设濂溪、二程、文信国木主于大堂”，奉祀周敦颐、二程和文天祥都是木主。永丰六一书院“奉安欧文忠公木主”，安福复古书院万历十二年（1584年）建造二贤祠奉祀安福理学布衣刘两峰、石峰二先生，“涓吉奉二先生木主入祀”；吉水仁文书院奉祀邹元标，“先师木主祀于其中”；成化中段坚任南阳知府，建志学书院，死后“作木主祀于志学书院”，都奉祀木主。台湾台中大肚磺溪书院现在奉祀六位神像，五个木主，木主规格大于塑像，应该原来只奉祀木主，后来增加塑像，先增加文昌，后来又增加五文昌。五文昌塑像座上均题神名，均自左起，应该时间不久。

七、木主问题

对于木主，需要说明四个问题：

一是在古代人的观念中，木主才是神灵的依附体，即使有塑像或画像也必须设木主。

二是木主必须一位一主，不能一块木主上题多人神位。广东肇庆端溪书院原有圣贤楼，主祀孔子而左右各以十人配祀，十人姓名书写在一块木牌神主上，赵敬襄认为书院奉祀孔子系僭越违礼，撤出孔子，将左右配祀之人均改为木主，一人一主。书院奉祀孔子僭越违礼缺少依据，但十人共用一块木主实在不合适，这种情况中国台湾、日本、越南文庙都有。中国台湾台北大观义学一个木主题作“濂洛关闽五先贤神位”，日本长崎圣堂七十二贤姓名书写在五个木主上，越南延庆文庙“七十二贤先贤神位”“历代先贤神位”“历代先儒神位”

都只有木主各两方，会安文圣宫“先哲神位”也是两方，这些都是因为空间太小采用的变通方法，但这是不可取的。

三是木主的形制、规格、颜色都有严格的礼制规定。在礼制文庙中，孔子木主“高二尺五寸五分，广六寸五分，厚一寸；朱地金书；小座高一尺四寸五分，大座高一尺四寸五分”；四配木主“高一尺七寸，广四寸五分，厚五分；赤地金书；小座高三寸五分，大座高一尺五分”①；十二哲木主“高一尺四寸，广三寸五分，厚五分；赤地金书；小座高二寸五分，大座高一尺”②；两庑先贤先儒木主规制相同，“高一尺三寸六分，广三寸五分，厚六分；赤地墨书；小座高二寸，大座高七寸五分”③。书院奉祀木主可以参照国立文庙制度，孔子、四配按照各自礼制规定，朱熹按照十二哲制度，其他奉祀人物不能超过先贤先儒木主规格。

四是木主的材料采用周代制度，“夏后氏以松，殷人以柏，周人以栗”，用栗木制作。

八、孔子等人塑像

书院奉祀孔子宋元时期多用塑像，个别书院采用国立学校文庙制度，孔子为冕旒帝王像，更多书院刻意为与官学文庙不同，多采用燕居像即日常生活像，所以奉祀殿堂也不以大成为名，而名以燕居。现代许多学者强调书院刻意显示与官学的种种不同，其实在宋元时期最大的刻意强调不同就在于书院用孔子燕居像和以燕居为奉祀孔子殿堂命名。

宋元之所以采用孔子燕居像，就是因为书院并未列入国家礼制。宋末，

---

① ［清］文庆、李宗昉等纂修：《钦定国子监志》卷三《祀位图说》，北京古籍出版社2000年版，第57页。

② ［清］文庆、李宗昉等纂修：《钦定国子监志》卷三《祀位图说》，北京古籍出版社2000年版，第59页。

③ ［清］文庆、李宗昉等纂修：《钦定国子监志》卷三《祀位图说》，北京古籍出版社2000年版，第69页。

张栻弟子钟如愚之子建造主一书院，主祀张栻，以钟如愚为配。元贞甲午[①]重建，建燕居堂奉祀孔子，并以四配配享，钟梦鲤拟将孔子等像按照官学孔子庙改作冕旒像，“夫子以燕居之服坐于堂，而四公侑，今既殿矣，则从秩祀儒以尸隶于主一者若干，官所定也”，程钜夫认为不妥，“河汾氏不云乎？‘通于夫子，受罔极之恩’，使儒之隶于主一者若钟氏之于主一焉，则一不为少，不然，虽多亦奚以为？抑又言之：家塾而从燕居，礼也，冕而殿焉，是乎非耶？”[②]书院采用燕居像才合乎礼。

书院奉祀孔子像并非全是燕居像，元大德十一年（1307年）重修后的双峰书院“衮冕绘事，著像设位”，采用的就是衮冕像。

孔子塑像有铜像、铁像、石雕、泥塑等类型，以泥塑为多。有的书院现存阴线石像，不知是否为奉祀之用，按照传统，奉祀人物一般不用阴刻。

朱熹委托钱闻诗为白鹿洞书院建造礼殿时，希望按照开元礼，“不为塑像而临祭设位”，只设木主，钱闻诗坚持塑像，朱熹希望按照古礼做坐像，即双腿前屈而身坐于两脚后跟上。因为当时流行做法是塑像坐于高座上，而祭品置于敷地而设的莞席上，苏轼曾批评其做法，“古者坐于席，故笾豆之长短，簠簋之高下，适与人均，今土木之像，既已巍然于上，而列器皿于地，使鬼神不享，则不可知，若其享之，则是俯伏匍匐而就也”[③]，古代礼器是按照席地而坐设计的，现在改成高座，神灵如果享受就必须俯身而就。钱闻诗没有听从朱熹建议，按照己意塑造孔子像，图绘七十子像，朱熹无奈，作《跪坐拜说》一文，“姑记本末，写寄洞学诸生，使书而揭之庙门之左，以俟来者考焉”[④]。功竣后，请张栻为文以记之，张栻文集所收此文有“先圣像自阙里肖于殿中，而绘七十子于列”，但欧阳守道发现碑刻中没有此语，“及入殿瞻仰，乃知肖自

① 应为至元三十一年，1294年，是年成宗即位，次年改元。

② ［元］程钜夫：《主一书院记》，见《雪楼集》卷一二。

③ ［北宋］苏轼：《东坡全集》卷四九《私试策问》。

④ ［南宋］朱熹：《跪坐拜说》，见《晦庵集》卷六八。

阙里之说有不然者，往往作记之初，像犹未就，或者以肖像阙里告，故先生喜而书之。及其既成，先生以为不然，故删去而不刊也”，推测张栻撰文后见塑像不佳，刻碑时将此句删去。欧阳守道批评原来塑像不符传统，“夫□容当止，今像则张颐；手容必恭，今象则左手下凭，右手高举，而尽舒其十指；其作凭几宣说之状，则如道流之奉其师；其盘屈两足，置覆于前，则似释氏之所谓趺坐；若阙里果如此，则是子孙自诬其祖矣，而岂不异哉！至于七十子之像，服饰之色，尤为鄙俗。青黄紫绿，色色有之，但求殊异，不涉重复，而不顾古人之本无此服，其系带俱短，状同幅帛，不类垂绅。或前行，或反顾，或指书，或并肩而若语，或附掌而若笑，或凝立而捻髭，或舒臂而曳帨，或若曳杖，或若举扇，或执卷注视，或一人曳卷而众人共观之。容貌不庄，厚诬甚矣”，因此上书湖南转运使吴子良建议改正，“伏望台慈详酌行下书院，集议择日改塑先圣像及改塑七十子像。其元像塑绘先圣像太巨，七十子像太小，殊不相称，皆类释老所为。今欲大小适中，稍与今人相似，庶申申夭夭、誾誾侃侃之气象学者得以目击心维，无所怪惑。且因以释南轩先生之遗憾，岂不韪哉！”但不知上官是否采纳了他的建议改正没有。

书院不是礼制建筑，奉祀人物形象没有必要像国立学校孔子庙那样庄重严肃，但即使是燕居像也要符合传统，“子之燕居，申申如也，夭夭如也”，也是整饬而和乐舒展的。

第七节　书院祭祀礼仪

历代王朝非常重视官学孔子庙祭祀，唐朝州县普建孔子庙后就制定了详细的祭祀制度，包括祭祀名目、礼仪、祭品、祭器、音乐、舞蹈、歌词等，明清时期逐级形成春秋释奠、月朔释菜、望日上香的定制。

唐代未见书院祭祀记载，宋代官建书院多采用国家祭祀制度，南宋后有的书院已经不再仿照官学奉祀孔子，而是奉祀学术宗师、历史先贤、民间信仰人物，甚至家族先人，被奉祀者有的列入国家祀典，但没有孔子祭祀等级高，不能采用官学文庙祭祀制度，有的书院虽然奉祀孔子，但限于经费，难以像官学文庙那样举行盛大祭祀，祭祀等级从低，礼仪从简，不用释奠而用释菜等。嘉定八年（1215年），建康明道书院初建落成后行舍菜礼，每年春秋仲月中丁也如此，建造孔子庙后有所改变，春秋仲月中丁仍然舍菜，每月朔望拜谒，“春秋释菜，朔望谒祠，礼仪皆仿白鹿书院”[①]；淳祐二年（1242年）创建的公安书院“有燕居以行舍菜”；咸淳八年（1272年），四会县令赵时昉维修濂溪书院后，“春秋行释菜礼，朔望拜谒讲书”；看来春秋释菜、朔望谒祠是宋代各大书院惯例，并为以后各代书院所沿用。舒璘创建广平书塾，元初其孙舒珌改为书院，“春秋舍菜先圣，岁时朔望谒祠”；元天历中建造的安田书塾“构礼殿奉先圣先师”，“畀田百亩，供里塾春秋释菜之费”[②]；明正德初创建的山西黎城苍溪书院设圣贤道统堂，春秋释菜；春秋祭祀用释菜礼，较官学文庙释奠均低一等。书院也有完全按照官学文庙祭祀等级祭祀的，如元代获鹿太行书院春秋释奠，朔望释菜，就采用了官学孔子庙制度。明代白鹿洞书院春秋释奠，朔日不释菜，有行香礼，应该是朔望行香，采用部分文庙制度。

元代规定“凡有司致祭先代圣君名臣皆有牲无乐”[③]，列入祀典的公祀书院祭祀不能使用乐舞，明清时官学祭祀孔子可以设乐舞，但未见书院祭祀使用乐舞的记载。

白鹿洞书院有奉祀孔子的礼圣殿，奉祀宗师的宗儒祠，奉祀名人的忠节祠和先贤祠，礼圣殿祭祀活动有释奠、释菜和行香，还有每年正月郡守送诸生入院时定期举行的释菜礼，以及郡守上任、提学宪臣按试的至和去、抚按二司巡

---

① ［南宋］周应合：《景定建康志》卷二九《儒学志二·建明道书院》。

② ［元］吴澄：《安福州安田里塾记》，见《吴文正集》卷四一。

③ 《元史·祭祀五·周公庙》。

历的至和去、委官管理洞事的上任、主洞教官初至等不定期举行的释菜礼，在书院祭祀中很有代表性。下面以白鹿洞书院为例分析书院祭祀。

一、释奠礼

释奠礼始见于周代，当时可用于祭祀山川、庙社和学校。从三国曹魏开始，释奠只用于国家最高学校，成为学校祭祀孔子的专用名词。唐宋时，释奠礼还用于武成王庙，“凡祭祀之礼，天神曰祀，地祇曰祭，宗庙人鬼曰享，至圣文宣王、昭烈武成王曰释奠”[①]。明代废止武成王庙祭祀，释奠为孔子庙独有。清代释奠礼又用于关帝庙和文昌祠，但二祠影响都很小。关帝庙清代才被列入国家祀典，且只在京师和直省祭祀，文昌帝君是嘉庆五年（1800年）因白莲教义军至梓潼山见山祠旌旗而退，朝廷认为文昌帝君显灵，于京师建庙奉祀，咸丰六年（1856年）被纳入国家祀典，定为中祀，并令直省有庙祠者以时享祀，无祠庙者在官署临时设位祭祀。文庙释奠礼遍行天下，且在学校文庙举行，以至于许多人认为释奠是孔子庙专用礼仪。

书院祭祀多仿照孔子庙，凡奉祀孔子才能举行释奠礼。国家规定，学校文庙释奠礼于每年仲春、仲秋第一个丁日举行，书院举行释奠礼一般避开上丁，“先圣祠祀以春秋二仲上丁，国典也，书院不敢同”，因此大多改在中丁举行。选择丁日的理由是丁日为柔日，五行为火，“丁火，文明之象也”。也有的书院自行确定时间，湖南益阳箴言书院就定为“二月初十日、九月初一日为定期”。

书院释奠礼仪基本采用国家礼制，从明代白鹿洞书院释奠仪程看与国学文庙祭祀差别不大。

下面以白鹿洞书院为例介绍明代祭祀官员、释奠仪程、释奠礼器与祭品以及释奠祝文。

---

① 《政和五礼新仪》。

（一）祭祀官员

主祭献官为南康府主管，分献官为南康府佐贰官和本洞教官。

（二）释奠仪程

日期：用春秋仲月仲丁日。

献官：南康府府官。

分献官：府佐贰官及本洞教官。

斋戒：三日，不饮酒，不茹荤。散斋二日，沐浴更衣，宿于别室。致斋一日，宿于洞中。

省牲：羊一，豕一，兔三。

陈设：

……

仪注：

通赞唱："执事者各司其事。"次唱："陪祭官各就位。"次唱："分献官各就位。"次唱："献官就位。"

引赞引献官至拜位。

通赞唱："瘗毛血。"执事者以毛血瘗于坎，遂启牲匣盖。

通赞唱："迎神。"

通赞唱："鞠躬，拜，兴、拜、兴、拜、兴、拜、兴，平身。"献官、陪祭官同四拜。

通赞唱："奠帛，行初献礼。"捧帛者各捧帛，执爵者各执虚爵。

引赞诣献官前赞："诣盥洗所。"导献官至盥洗所。赞："搢笏。"献官盥手，进巾讫。赞："出笏。"赞："诣酒尊所。"导献官至酒尊所。赞："司尊者举幂酌酒。"执爵者各以前执虚爵受酒，同捧帛者在献官前，先师由中门，余由左门入，序于神案之侧，朝上立。引赞导献官从左门入，赞“诣至圣先师孔子神位前。”引赞导献官至神位前，赞：“跪”。献官跪。赞：“搢笏”，进帛者转身西向，跪，进帛于献官右，献官接帛。赞：“奠帛。”献官奠帛，执帛者跪，奠于神位前案上。执爵者转身西向，跪，进爵于献官右，献官接爵。赞：“献爵。”献官献爵，执爵者跪，献爵于神位前。赞：“出笏，”献官出笏。赞：“俯伏，兴，平身。”赞：“诣读祝位。”读祝位设于殿中香案前，读祝者跪，取祝文退于献官之左。引赞赞：“跪。”献官并读祝者皆跪。

通赞随唱：“众官皆跪。”陪祭官俱跪，引赞赞：“读祝。”读祝者读讫，仍将祝文跪置于香案上，退，西，朝上立。

引赞与通赞同赞：“俯伏，兴，平身。”引赞赞：“诣复圣颜子神位前。”导献官至神位前。赞：“跪。”献官跪。赞：“搢笏。”捧帛者跪，进帛于献官右，献官接讫。赞：“奠帛。”捧帛者接帛，跪，奠于神位前案上。执爵者跪，进爵于献官右，献官接讫。赞：“献爵。”献官献爵，执爵者跪，献于神位前。赞：“出笏。”献官出笏。赞：“俯伏，兴，平身。”赞：“诣宗圣曾子神位前。”仪同复圣。行讫。赞“诣述圣子思子神位前。”仪同前。讫。赞：“诣亚圣孟子神位前。”仪同前。此时分献官于十哲、两庑一同行礼。赞：“复位。”引赞导献官至原拜位立。

通赞唱：“行亚献礼。”仪同初献。

通赞唱：“行终献礼。”仪同亚献。捧福酒者捧酒，捧福胙者捧胙，各立于神位前。案之东。

通赞唱：“饮福受胙。”引赞诣献官前赞：“诣饮福位。”饮福位在读祝位所，引赞导献官至饮福位。赞：“跪。”献官跪。赞“搢笏。”捧福酒者跪进于献官右。赞：“饮福酒。”献官接酒饮讫，捧福酒者接爵，捧福胙者跪进于献官右，赞：“受胙。”献官受胙讫，捧福胙者接胙，由中道捧出。赞：“出笏，俯伏，兴，平身。复位。”引赞导献官仍至原拜位。

通赞唱：“鞠躬，拜，兴，拜，兴，平身。”献官、陪祭官同二拜，讫。

通赞唱："彻馔。"执事者各于神位案上将笾豆一口，跪举，举讫。待执事者回于原位。

通赞唱："送神，鞠躬，拜，兴、拜、兴、拜、兴、拜、兴，平身。"献官、陪祭官同四拜，讫。

通赞唱："读祝者捧祝，进帛者捧帛，各诣瘗位。"执事者各诣神位前，读祝者先跪，取祝文，捧帛者各跪取帛，以序而出。

通赞唱："望瘗。"执事者各捧祝文、帛往瘗所。引赞诣献官前，赞："诣望瘗位。"导献官至瘗所，待焚祝帛讫，引赞、通赞同唱："礼毕。"

瘗毛血，迎神，奠帛，初献，奠爵，读祝，亚献，终献，分献，饮福受胙，彻馔，送神，望瘗，主要程序与官学孔子庙完全相同，最大的不同是没有音乐和舞蹈。洪武二十六年（1393年）朝廷"颁大成乐器于天下府学，令州县学如府式，始定舞用六佾，乐用登歌"，地方官学文庙都可以用六佾舞，奏登歌乐，歌词也是由国家制定并颁布的。

（三）释奠礼器与祭品

先师：羊一，豕一，爵三，登一，铏二，簠、簋各二，笾、豆各八，酒尊，篚一，帛一（白色，长一丈八尺）。

四配、十哲以次递减。

祭品：

笾实：形盐、藁鱼、枣、栗、榛、菱角、芡（即鸡头莲）、鹿脯（代用）、白饼（白面造）、黑饼（荞麦粉造）、糗饼（米粉造）、粉糍（糯米糍糕）；

豆实：韭菹（以韭切去本末，取中四寸）、菁菹、芹菹、笋菹、醓醢（猪肉鲊，用盐酒料物调过）、鹿醢（代用）、兔醢、鱼醢、豚胉（猪肩上肉）、脾析（用牛百叶切细汤熟，用盐酒造）、饱食（用糯米饭羊脂蒸熟）、糁食（用牛羊豕肉细切，粳米饭同熬）；

簠实：黍、稷；

簋实：稻、粱；

登实：太羹（猪肉汁，不用盐酱）；

鉶实：和羹（汁用口料和者）。

嘉靖九年（1530年）厘正文庙祀典后，牲用太牢，牛、羊、豕各一，笾豆各十，白鹿洞书院释奠降低了一等，与四配相同，但祭品有误，八笾豆却各有十二种祭品，这是大祀的礼制祭品，国子监文庙和曲阜文庙都是十笾豆，应该是去除笾实和豆实的后四种。

嘉靖四十四年（1565年），洞生张文瑞等人以为祭品太少，呈请洞主增加，"本洞春秋祭祀，文庙止备猪羊各一只，有不掩豆，殊为渎亵。呈乞转申，加猪二只，羊一只，以为四配、十哲、两庑之牲"，洞主陈汝简转呈知府，知府转呈署提学道批准，"将羊代鹿，文庙九坛，两庑十二坛"，"其猪一只，右畔带首解为四段，陈设四配；左畔解为二段，陈设十哲；又猪一只解为六段，陈设两庑。永为定规"。从批文分解猪来看，文庙不是九坛，而是七坛，即孔子和四配各一坛，十哲东西各一坛，两庑也不是十二坛而是六坛。

（四）释奠祝文

祝文完全采用国家颁布的文庙释奠祝文：

维某年岁次甲子某月甲子朔越某日甲子，江西布政司南康府某官某等谨率白鹿洞师生，敢昭告于至圣先师孔子：惟师德配天地，道贯古今，删述六经，垂宪万世。兹仲（春秋），谨以牲帛醴齐、粢盛庶品，式陈明荐，以复圣颜子、宗圣曾子、述圣子思子、亚圣孟子配。尚享！

二、释菜礼

释菜礼又作舍菜，是一种古老的祭祀名称，初见于三《礼》中。汉代文献中一直未见，直到东晋升平二年（358年）才有释菜记录，豫章王开馆立学，“行释菜礼”[①]，但无具体内容。齐永明三年（485年），命有司商议释奠、释菜当行何礼，尚书令王俭说“中朝以来，释菜礼废，今之所行释奠而已”[②]，可见南朝时已不举行释菜礼。北魏天兴四年（403年）、永熙三年（534年）都曾举行释菜礼，但不知是如何行礼的。也许是由于释菜中断时间太久，《旧唐书》和《新唐书》都将释奠和释菜混用。

宋代恢复释菜礼，国家规定的释菜礼在三种情况下举行。一是各州府贡举人始入辟雍时举行。建隆二年（961年）规定，“诸州府贡举人十一月朔日正衙见讫，择日谒先师，遂为常礼”。熙宁五年（1072年）因释菜使用释奠礼仪被中止，“国子监言：旧例遇贡举岁，礼部贡院集诸州府所贡第一人谒奠先圣，如春秋释奠仪，况春秋自有释奠礼，请罢贡举人谒奠”；大观元年（1107年）恢复，“大观初，大司成强渊明言，考之礼经，士始入学有释菜之仪，请自今每岁贡士始入辟雍并以元日释菜于先圣”。二是国学举行的常祭，元丰七年（1084年）制定四孟释菜仪，农历一月、四月、七月、十月各举行一次，政和三年（1113年）《五礼新仪》改为一年一次“以孟春元日释菜，仲春、仲秋上丁日释奠”。徽宗时还制定释菜仪注，载于《政和五礼新仪》。三是在举行乡饮酒礼时举行，绍兴十三年（1143年）规定举行乡饮酒礼时先释菜先圣先师。

金代未见释菜记录，元中统二年（1261年）下诏规定，“宣圣庙及管内各书院，有司岁时致祭，月朔释奠”[③]，月朔不可能释奠，应该是释菜。明洪武元年（1368年）规定，府州县学文庙春秋行释奠礼，京府及附府县学文庙春秋

---

① 《南史·豫章文献王传》。

② 《南齐书·礼志上》。

③ 《元史·世祖本纪》。

释奠时用释菜礼，这是因为本城内高等的国子监文庙、府学文庙进行释奠，同城的京师府学、各府附郭县学举行释菜礼就可以。洪武十七年规定，国子监文庙每月朔望祭酒以下行释菜礼，地方官学文庙则是郡县长官朔望行香。清顺治元年（1644年）规定，文庙都是朔日释菜，望日行香。两朝都制定颁布了释菜礼仪注。

书院举行释菜礼比较多，一是有的书院虽然奉祀孔子，但没有像官学那样祭祀释奠礼，而是用释菜礼；二是许多书院并不奉祀孔子，不能用释奠礼，只能用释菜礼。

释菜礼是比较简单的祭祀，祭品种类少，仪注也比较简单。

（一）祭祀官员

主祭献官，定期释菜每年岁首送诸生入洞由南康府主管担任，不定期释菜由释菜本官担任，诸生入洞释菜由南康府佐贰官或教官担任，不定期释菜由官员从官担任，主洞教官至院由堂长、直学担任。

（二）释菜时间

白鹿洞书院岁首送诸生入书院每年都选择日期，官员到南康释菜一般在到达的次日或第二日。

（三）释菜仪程

斋戒三日

省牲：兔三，前期一日午后宰兔为醢，毛血用盘盛贮，待次日早瘗。

陈设：

……

仪注：

通赞唱："执事者各就位，陪祭官各就位，分献官各就位，献官就位。"

“瘗毛血。”

“迎神，鞠躬，拜，兴，拜，兴，拜，兴，拜，兴，平身。”

“行献礼。”

引赞唱：“诣盥洗所。”

“诣酒尊所，司尊者举幂，酌酒。”

“诣先师孔子神位前，跪，献爵，俯伏，兴，平身。”

“诣读祝位，跪。”

通赞唱：“众官皆跪。”

引赞唱：“读祝。”

引通同唱：“俯伏，兴，平身。”

引赞唱：“诣复圣颜子神位前，跪，献爵，俯伏，兴，平身。”

“诣宗圣曾子神位前。”同前。

“诣述圣子思子神位前”，同前。

“诣亚圣孟子神位前”，同前。

分献官引赞先时盥洗、酌酒，同时诣十哲、两庑神位前一同行礼。

“复位。”

通赞唱：“送神，鞠躬，四拜，兴，平身。”

“礼毕”。

仪程与明代文庙礼制相同。

(四)礼器与祭品

先师位：爵三，旁二爵先酌，中爵待献官行。笾豆各二,二豆在中，以盛菁菹、兔醢，二笾在两旁，以盛枣、栗。

四配每位同。

东哲共一坛，西哲共一坛，两庑亦然。爵各三，如前。豆一，居中以盛菁醢，笾二，两旁，以盛枣、栗。

祭品：

笾实枣、栗，豆实菁醢、兔醢。

礼器与祭品与明代文庙礼制相同。

（五）释菜祝文

宋代释菜时，文宣王庙孔子和配享均设置祝版，应该有祝文，但文献中未见配享祝文，明清时每月初一释菜礼不用祝文，唯新科进士到文庙释褐（脱掉便服换官服）时用释菜礼祭祀，文献记载“第一人具祝文行事”，但文献中也未见到。嘉靖《白鹿洞志》说年初诸生入院、学宪入院及按试的至与去、抚按二司的至与去、管理委官和教官至院举行释菜礼都属于有事则告的告祭，所以均有祝文。

1.郡守送生入洞释菜祝文

维某年岁次甲子某月甲子朔越某日甲子，江西布政司南康府某官某等谨率白鹿洞师生，敢昭告于至圣先师孔子：惟师德配天地，道贯古今，删述六经，垂宪万世。某来守是邦，职司提调，倡率诸生讲明正学，尚冀造就真才，以成国家之治。兹当一岁鼓箧之初，恭修释菜之礼，谨以牲帛醴齐、粢盛庶品，式陈明荐，以复圣颜子、宗圣曾子、述圣子思子、亚圣孟子配。尚享！

官学文庙每月初一释菜不用祝文，此祝文赞语也是采用国家颁布释奠祝文，仅祭祀原因文字不同。

2.郡守到任释菜祝文

郡守到任要到书院祭祀，从祝文看采用的是释菜礼。嘉靖《白鹿洞志》在释菜礼部分只说诸生入洞、学宪首次至院和主洞教官初至书院行释菜礼，没有提到郡守到任。郡守到任释菜祝文前后也是与国家颁布释奠祝文相同，仅中间祭祀理由不同，“垂宪万世”与“恭修释菜之礼”之间为：

某钦承上命来守是邦，兹当履任之初。

抚按二司和提学道来去均行释菜礼，郡守离任也应该行礼，北宋苏轼上任、离任时均有自撰的文宣王庙祝文，无郡守离任祝文应该是编者遗漏之故。

3.抚按二司巡历至时释菜祝文

抚按二司官员巡察时祝文亦采用国家颁布的释奠祝文，唯祭祀原因不同，“垂宪万世”与“恭修释菜之礼”之间为：

兹当巡历之初。

4.抚按二司巡历去时释菜祝文

与至时祝文仅一字之别，“兹当巡历之初”改作“兹当巡历之余”。

5.提学道按试至时释菜祝文

亦采用国家颁布的释奠祝文，独致祭原因不同，“垂宪万世”与“恭修释菜之礼”之间为：

兹当按试之初。

6.提学道按试去时释菜祝文

与至时一字之差，“兹当按试之初”改作“兹当按试之余”。

7.委官管理洞事上任释菜祝文

同样采用国家颁布的释奠祝文，独致祭原因不同，“垂宪万世”与“恭修释菜之礼”之间为：

某承委管理书院教事，兹当谒庙之初。[①]

嘉靖《白鹿洞志》同样没有委官管理去任祝文，也没有主洞教官到任及去任祝文，从上述几个祝文看，也应该采用了国家颁布的释奠祝文而略作改动。

需要说明的是，明《白鹿洞志》将释菜置于释奠之前是不合适的，释菜对本书院也许是大事，但属于有事则告的临时祭祀，重要性无法与释奠相比，释奠是最重要的大祭。

三、行香

行香本来是礼佛形式，在中国传统祭祀中本不存在。宋太祖曾规定官学孔子庙朔望行香，朱熹曾批评说：“谒先圣焚香不是古礼，拜进将捻香，不当稽首，只直上捻香，了却出笏叩首而降拜。”元至元六年（1269年）朝廷规定，每月“朔望，自长次以下正官同首领官，率领僚属吏员俱诣文庙烧香”，三十一年诏谕规定，“其赡学田土产业及贡士庄所出钱粮以供春秋二丁、朔望祭祀及师生廪膳”[②]，朔望祭祀恐怕不仅仅是行香，很可能是朔日释菜，望日行香。

白鹿洞书院行香仪程

陈设：香烛。

仪注：

通赞唱：“就位。”

---

① 引文均见［明］嘉靖《白鹿洞志》卷四。

② ［元］佚名：《庙学典礼》卷一。

引赞唱："诣香案前。""跪，上香，俯伏，兴，平身，复位。"

通赞唱："鞠躬，四拜，平身。""礼毕"。

《白鹿洞志》未说何时行香，考虑到并无望日释菜的记录，应该是每月朔望举行。仪注与明代国家颁布的文庙行香仪注基本相同。

四、宗儒祠祭祀

宗儒祠不是国家礼制建筑，白鹿洞书院明正统三年（1438年）设，奉祀周敦颐、朱熹和李渤，命名三贤祠。弘治十一年（1498年），苏葵迁出李渤，十六年提学副使邵宝增加曾随朱熹讲学于洞者十四人，改名宗儒祠。后提学赵渊因陆九渊曾与朱熹于此讲义利之辩又增祀陆九渊。祠奉祀周敦颐、朱熹、陆九渊三人，以黄榦、蔡沈、李燔、林择之、吕炎、吕焘、胡泳、黄灏、彭方、周耜、彭蠡、张洽、冯椅、陈宓配享。

（一）祭祀日期

春秋仲丁礼圣殿释奠后。

（二）祭祀仪程

省牲：

羊一，豕一，兔一。

陈设：

如四配之品，东西配位递降如两庑之品。

帛一。

仪注：

通赞唱："就位"，"瘗毛血"，"迎神"，"鞠躬，四拜，平身"，"行献礼"。

引赞唱："诣盥洗所"，"诣酒尊所，酌酒"，"诣神位前"，"跪，奠帛，献爵"，一献，三爵，东西配位执爵者奉安其□。"俯伏，兴"，"诣读祝位，跪"。

通唱："众官皆跪。"

引唱："读祝。"

通引同唱："俯伏，兴，平身。"

引唱："复位。"

通唱："送神，鞠躬，四拜，平身"，"礼毕"。

祝文：

维某年月日某官等敢昭告于濂溪周先生、文公朱先生、象山陆先生：於惟三先生天挺人豪，应道而出，过化是邦，有著有述，图书惟精，知行合一，义利之辩，炳若星日。垂训鹿洞，翰墨克积，道学宗盟，万世矜式。某等敬率诸生服行无斁，春(秋)祀有严，洁牲告格。以勉斋黄先生、九峰蔡先生、弘斋李先生、三山林先生、义乡吕先生、月坡吕先生、桐源胡先生、西坡黄先生、强斋彭先生、洞正周先生、梅坡彭先生、洞长张先生、厚斋冯先生、三山陈先生配，尚享！

宗儒祠设七坛，周敦颐、朱熹、陆九渊各一坛，但共享羊和豕，配享东西各设两坛。

宗儒祠的祭祀等级还是很高的，羊、豕各一，与白鹿洞书院释奠孔子相同，陈设如四配，书中未见释奠时四配的具体陈设，四配陈设在嘉靖厘正后由十笾豆改为八笾豆，簠簋各二，如果采用国家礼制，就与释奠孔子完全相同，书院释奠孔子降低一等，四配也应相应降低一等，应该采用国定十哲陈设，笾豆各四，簠簋各一，两庑与十哲基本相同，不同的是猪肉有差别，十哲五人共享一头猪，两庑十六人分一头猪，白鹿洞书院"配位递降如两庑"不知是如何设置的。

五、忠节祠

忠节祠也不是国家礼制建筑，属于白鹿洞书院自行设置，明弘治十六年（1503年）提学副使邵宝创建，奉祀诸葛亮和陶潜。其后主洞教官陈琦认为二人都是白鹿洞书院重建前的人物，与白鹿洞书院没有关系，将陶潜木主迁往府治陶桓公祠合祀，但不久又将木主迎回。由于忠节祠已没有祭祀，于是将二人合祀于先贤祠。

六、先贤祠祭祀

先贤祠为弘治中苏葵所建。奉祀李涉、李渤、李善道、朱弼、明起、刘元亨、刘涣、刘书恕、陈瓘、李龄、胡居仁、苏葵、邵宝、蔡清、陈铨、唐龙，后增加诸葛亮、陶潜后为十八人，由于奉祀人物按时间前后排列，诸葛亮排在第一位。

（一）祭祀日期

春秋仲丁祭祀宗儒祠后致祭。

（二）祭祀仪程

省牲：

羊一，豕一，兔一。

陈设：

亦如四配之品，帛一。

仪注：

通赞唱："就位"，"瘗毛血"，"迎神，鞠躬，二拜，兴，平身"，"行献礼，奠帛，献爵（一献三爵）"，"读祝"，"送神，鞠躬，二拜，兴，平身"，"礼毕"。

祝文：

维某年月日，某官等敢昭告于汉丞相忠武侯诸葛公、晋处士靖节陶公、唐太学博士李公、唐礼部尚书李公、南唐白鹿洞洞主李公、南唐庐山助教朱公、宋白鹿洞洞师刘公、宋白鹿洞洞主明公、宋颍上令刘公、宋右司谏陈公、宋秘书丞刘公、明江西提学李公、明白鹿洞洞主敬斋胡公、明江西提学虚庵苏公、明江西提学二泉邵公、明江西提学虚斋蔡公、明江西巡按御史陈公、明江西巡按御史渔石唐公：於惟诸公人品高洁，师道尊严，淹贯六经，敬敷五教，出处或异，功德则同，世代虽殊，法程犹在。白鹿书院道学渊源，服公教化，秩祀有年。兹值仲（春、秋），谨以牲醴用申常祭，尚享！

祭品与宗儒祠相同，仪注基本相同，唯将四拜改作二拜，祭祀等级有所降低。

第八节　书院主祀者

关于书院主祀者，官办书院和列入国家祀典的书院一般由地方行政长官主祀，私立书院一般由书院主持者主祀，比较特殊的是一些官办或民办书院由国家或地方政府委托圣贤后裔与名贤后裔主祀。

一、地方官员主祀

地方官员主祀的书院有两类，一类是官员主办的书院，一类是列入国家祀典的书院。

地方官员主办的书院比较多，明清时期基本每个府州县都有建造，有的地方甚至不止一所，但地方官员主祀可能只有一所。国家规定，每年春秋仲月上丁祭祀文庙必须由地方最高行政长官主祀，省城有总督的由总督主祀府学文庙，没有总督的由巡抚主祀，外府文庙驻学政的由学政主祀府学文庙，驻道员的由道员主祀，而且要求所有文武官员必须参加。书院祭祀一般都在仲月中丁举行，个别书院改在季月上丁，也有的书院选择主奉人物的诞辰等时间举行。

列入国家祀典的书院不多，清代虽然规定入祀文庙、入祀历代帝王庙和入祀贤良祠的人物祠庙在帝王出巡沿途三十里内的要派人致祭，但这些人物有祠庙的不多，而以书院为祠奉祀的更少。列入国家祀典的书院主要是主奉孔子及圣贤、理学宗师、历史名人的著名书院。

二、书院主持者主祀

主持者主祀的书院可以分作两类，一类是主办者主祀，主要有以奉祀为主的书院、家族创办的书院和规模较小自办的书院，一类是进行教学且规模较大聘请专职师长的书院。

三、圣贤后裔主祀

圣贤后裔主祀的书院有的是国家规定的，有的是地方政府规定的。

国家规定由圣贤后裔主祀最多的是为孔子设立的书院，曲阜的尼山书院、洙泗书院，山东汶上的圣泽书院，河南的仪封书院，这几座国家都设置了奉祀官员，尼山书院和洙泗书院参照国子监设置了学录，圣泽书院设置了太常寺博士，规定由衍圣公第三子承袭，仪封书院设置了国子监学正，由本地孔子后裔承袭主祀。

孔子庙四配中颜子、曾子、孟子都有各自的庙宇，唯独孔子的孙子子思没有，元元贞元年（1295年）邹县县尹司居敬在相传子思讲学处设置中庸精舍，塑像奉祀，后改称中庸书院。明正德二年（1507年）设翰林院五经博士奉祀，以衍圣公次子承袭。曾子江西永丰后裔在元代时曾设置主教者。延祐四年（1317年）江西永丰学士曾德裕创建武城书院，奉祀孔子、曾子，并以其父曾晞颜配祀，移文集贤院获得同意，“俾推曾氏子孙之儒而贤者掌其教”，以曾氏后裔贤者主管书院教育和祭祀。

孔子庙十二哲中除冉求、宰予外十位都设置主祀的五经博士，其中朱熹安徽婺源和福建各设一位，宋六贤中的邵雍、周敦颐、程颢、程颐、张载也都设置五经博士，但五经博士大多有祠奉祀。

嘉定八年（1215年）江宁创建明道书院，开庆元年（1259年），权充山长周应合建请，经皇帝同意，札付池州选择程颐五世孙程偃孙作为程颢后裔主祀，未及两年偃孙早卒且无子。景定三年（1262年），官府行文池州访寻本宗嫡派子孙而不得，牒文郡学和书院选择同姓可教者，选到十岁程庆老为偃孙继嗣掌祠，改名幼学，聘其叔父程必贵教育。明道书院为程颢后裔提供生活经费，待遇都非常优厚。予偃孙之母钱500贯为衣被之用，掌祠程幼学钱500贯为制衣费，程幼学生父程之材1000贯和四疋土绢；建康府每月支给钱300贯和米两石，一半付给程必贵，供曾母每日生活费用，一半给书堂，为曾母衣服等用；书院每日行供折钱每月45贯，米7斗5升，拨给程必贵为程幼学生活经费；程必贵负责教育程幼学，旬有课程，讲学不废，每月给钱50贯，米5斗。

道州为周敦颐故里，建濂溪书院于州学之侧，“每岁春秋二仲上丁，郡侯率教授、山长各以其职事命生徒祀先圣于郡学，次丁则合祀子周子于书院之专祀，每月朔望款谒皆然”。元至正五年（1345年），郡守吴肯访求到周敦颐八世孙周善溥，推荐其仿照颜子、孟子例专主濂溪书院祀事，“请援颜、孟例世以其后人之贤者为书院山长，以奉专祠，宪府是其议，移有司达之行省焉”[①]。

周敦颐墓在江西德化，后人建有濂溪书院，明弘治间江西提学副使邵宝等商议，“于湖南道州取其裔孙周纶前来守奉”，上疏朝廷请求仿照范仲淹、岳飞、朱熹例将祠墓列入祀典，同时拨给奉祀裔孙土地，“乞敕礼部查捡朱熹婺源建阳事例，就令书院赐以春秋二祭，定式拟祝，行令有司以时行事，仍于邻

① ［元］欧阳玄：《道州重修濂溪书院记》，见《圭斋文集》卷五。

近无碍田内拨给数十亩以为裔孙守墓之赡”，获得皇帝同意。

地方官员令圣贤后裔奉祀早于国家设置博士主祀。朱熹晚年移居福建建阳，绍熙元年（1190年）建造竹林精舍，淳祐四年（1244年）理宗赐额考亭书院，省委其孙朱浙任山长主祀，朱浙去世后以其子朱椿继承。入元后，行省委任朱熹五代孙朱彬主祀建安书院。朱熹出生地福建尤溪于南宋嘉熙元年（1237年）建造书院，德祐元年（1275年）赐额南溪书院。元初，行省委任朱熹五世孙朱林为山长奉祀朱松及朱熹，并设弟子员进行教学。

淳祐中，知军杨栋与镇官郑雄飞为唐代流寓福建莆田的孔仲良后裔建书院和孔子庙，理宗亲书赐额涵江书院，并设山长，以黄绩兼任山长，祝洙、刘存畔等继任，元至大时改由孔子五十三代孙敬山充任，其后子孙孔丛山、孔克万世袭，一直延续到元末，入明才废。明成化间郡守重建涵江书院，访求迁往他处的孔子后裔主持。元末，山西乐平流寓族人孔克威建造松峰书院，“塑先师像于中，提举学政给衣巾以奉祭祀”[①]，也由孔子裔孙主祀。

明弘治十一年（1498年），浙江右参政周木新建杭州万松书院，“规制略如学宫，中为大成殿，奉宋太学孔子石像，前为仰圣门，左曾唯亭，右颜乐亭，后为明道堂、毓秀阁，东西二斋曰居仁、曰由义，延孔氏之裔以奉祀事”，“查取衢州先圣五十八代孙、生员孔公衢、孔公积来供祠事”，此后一直由孔子后裔主祀。

四、名人后裔主祀

名人后裔主祀亦有的经朝廷批准，有的由政府官员批准设置。

经朝廷批准的名人后裔主祀已知有范仲淹和魏了翁。北宋范仲淹是在南宋咸淳十年（1274年）建祠以裔孙奉祀。元至正五年（1345年），范仲淹八世孙范文英请求建造书院奉祀，并请以裔孙主祀、行教，不像其他书院那样设置而由

---

① 《山西通志》卷一四八。

官府委派山长，获得朝廷同意，称作主奉，子孙代代承袭，到清康熙间已经世袭到第二十世孙范世兴，此后一直延续到清末，是所有名贤后裔中奉祀历史最久的。文正书院还被列入国家祀典，春秋祭祀由地方长官主祭，其他祭祀则由裔孙主奉并管理书院。对南宋魏了翁的奉祀是在元至顺初经皇帝同意设置的。魏了翁之孙魏起拟将魏了翁苏州赐第改作书院，逐级申请，经皇帝同意，令子孙奉祀，并令虞集撰文为记。

地方政府批准名人后裔主祀已知有唐代陆龟蒙、北宋欧阳修、南宋汪应辰和陆九渊。陆龟蒙裔孙元统二年（1334年）捐建甫里书院以奉祀，获得知府同意，设置山长主教事。欧阳修后裔奉祀的是江西永丰六一书院，南宋时因桥名六一，与欧阳修号相合，文天祥题写桥名，有好事者于桥侧置房12间，建石桥庵奉祀欧阳修塑像，召僧主持，僧徒日众改作寺。嘉靖初年，地方官找来欧阳修后裔欧阳云奉祀，“授田置室”，并夺回寺产，为建六一书院。汪应辰子孙奉祀见于元代，至正十年（1350年），江西玉山县县监以县学旧址创建端明书院，以纪念南宋端明学士、诗人汪应辰，事前访求其孙汪社得其遗文而申达获准，建成后有司优免其子孙丁役主奉祭祀。陆九渊后裔奉祀见于明代，万历三十一年（1603年）重修江西贵溪象山书院，知县吴继京申请陆氏裔孙奉祀。

第十章　中国书院建筑

历史上各代先后建造书院近万所，书院在中国是数量上仅次于佛寺的建筑群，但书院奉祀人物众多，不像佛寺那样单纯，而且建筑群没有规制，所以书院形制千差万别。

第一节　书院建筑形制发展

书院自出现以来，经历了纯学舍、学庙共设、庙学祠共设几个阶段，但在学舍与庙祠共设阶段中又有庙重祠轻、学重而庙祠皆轻的小阶段。

此章的庙特指奉祀孔子的建筑，包括上一章的庙和殿；祠则指奉祀儒家圣人以外的祠堂；学则指书院教学建筑。

一、纯学舍时期

纯学舍时期主要是自唐代书院出现到北宋孔子庙出现之前，延续时间将近200年。

唐和五代时期关于书院记载很少，几所著名且颇具规模的书院也都没有祭祀活动和奉祀建筑记载，应该是尚无奉祀建筑出现，所以把此阶段称作纯学舍时期。

二、学庙共设时期

学庙共设时期主要是从北宋开始到南宋后期祠堂出现之前，延续时间也是约200年。

书院建造孔子庙应该是从朱洞开宝九年（976年）重建岳麓书院开始的，虽然文献只说“讲堂五间，斋舍五十二间”，并没有关于孔子庙信息，但咸平二年（999年）李允则重建后，“外敞门屋，中开讲堂，揭以书楼，序以客次。塑先师、十哲之像，画七十二贤，华衮珠旒，缝掖章甫，毕按旧制”[①]，既然塑绘圣贤像“毕按旧制”，就说明此前也有塑绘圣贤像，同样王禹偁记成文中也未提及孔子庙，但“塑先师、十哲之像，画七十二贤”就是当时国子监文宣王庙制度，应该有奉祀建筑。其后白鹿洞书院也建造孔子庙，“咸平五年，敕有司重修缮，又塑宣圣十哲之像”。大中祥符元年（1008年）衡州石鼓书院设夫子庙，大中祥符二年，曹诚重建应天府书院“前庙后堂”，官建书院基本都仿照官学建造孔子庙。庆历三年（1043年），孔子四十六代孙、袭封文宣公孔宗愿也在孔子出生地尼山建造尼山书院，“作新宫庙，有殿有寝，有讲堂，有学舍，有祭田”[②]，建造标准孔子庙，因由孔氏家族奉祀，还设有寝殿奉祀孔子夫人，具有家庙性质。金代依然，有庙门、大成门、大成殿、两庑和奉祀孔子夫人的寝殿。

私立书院建造孔子庙从建隆三年（962年）开始，是年，流寓广东南雄的孔子后裔孔闰建造孔林书院。孔林书院形制当时未有记载，南宋刘辰翁《双溪书院记》说“正如孔林旧，左讲堂，右斋序，堂后为仰高祠，祠先贤”[③]，新建双溪书院仿照孔林书院旧制，讲堂后设祠堂，奉祀先贤，作为孔子后裔，孔闰奉祀的一定是祖先孔子，而且仰高一词来自颜回赞扬孔子语“仰之弥高”，祠堂

---

① ［北宋］王禹偁：《潭州岳麓山书院记》，见《小畜集》卷一七。

② ［元］虞集：《尼山创建书院记》，见《阙里文献考》卷三四，山东友谊书社1989年版，第842页。

③ ［南宋］刘辰翁：《双溪书院记》，见《须溪集》卷一。

就是孔子庙。

官建书院建造孔子庙，私立书院也不遑多让。太平兴国间，江西新建建造秀溪书院“中设夫子位”，虽然不一定是孔子庙，但有奉祀孔子的建筑。河北元氏封龙山中溪书院在治平二年（1064年）建造夫子堂，湖南湘阴笙竹书院则直接由舜庙改作孔子庙，并建造“堂庑斋室”，都有奉祀孔子的建筑。

南宋后期以前，新建书院建造孔子庙不是很多。淳熙中，周瑜建渊源堂，“制先圣十哲坐像，列画七十二子为一堂，辟富学、辉声、集彦、擢秀、恢义五斋，又有细论堂、蕴秀轩、同襟馆、兰馨室。时永嘉王公十朋居师席，台温秀士咸在馆塾”[①]，将孔子、十哲、七十二子同奉一堂，设五斋，请王十朋主讲，台温秀士在馆学习，虽然庙只有一堂，也属于庙学共设。绍兴间，侍郎李椿年建造浮梁新田书院，嘉定间重修，“有大成殿及堂庑斋舍”，不知是初建还是重修添建，但有孔子庙是无疑的。淳熙八年（1181年），朱熹出钱30万，委托知军钱闻诗创建白鹿洞书院礼殿，“属知军钱闻诗建礼殿两庑并塑像，后二年，知军朱端章加板壁，绘从祀诸贤像”，白鹿洞书院按照官学规制重建标准孔子庙。石鼓书院淳熙十四年（1187年）重建，“别建重屋以奉先圣先师之象”，也有孔子庙。

虽然把北宋至南宋后期以前称作学庙共设时期，但并非所有书院都建造了孔子庙，其实除个别官建书院外，建造孔子庙的还是少数。石介《泰山书院记》说“乃于泰山之阳起学舍斋堂，聚先圣之书满屋，与群弟子而居之”，就未建孔子庙，同样那些书斋性书院也不可能建造孔子庙。

三、庙学祠共设时期

书院设祠[②]应该是从嘉定二年（1209年）弛解党禁后才开始的。嘉定三年为

---

① ［南宋］高似孙：《剡录》卷一。

② 检索书院资料，在《广东通志》中发现有朱熹所作《濂溪书院记》，初以为发现了最早奉祀理学宗师的书院，急忙检索《晦庵集》，但并无濂溪书院字样，最后才发现《晦庵集》中有此文，但题目作《韶州州学濂溪先生祠堂记》，原来不是书院而是州学内的祠堂。

刘爚故居义宁精舍赐额为云庄书院，十年，为建康奉祀程颢书院赐额明道，到南宋末，著名理学家几乎都有奉祀的赐额书院。

赐额书院由于是官办，所以大多都设有奉祀的庙或殿堂。嘉定十年（1217年）建造的建康明道书院设有奉祀孔子、四配和十哲的燕居堂和奉祀程颢的祠堂，“燕居堂在主敬堂之后，山长张显设先圣及十四先贤神位于堂中”，奉祀程颢的祠堂在前，“祠堂居中，三间，广四丈，深三丈，中设塑像，榜曰河南伯程纯公之祠”，应该是最早出现的庙学祠共设书院。

随着赐额书院增加，庙学祠共设书院逐渐增加。绍定四年（1231年），在陆九渊贵溪教学处建造的象山书院设置了孔子庙和三先生祠，“中为圣殿，翼以两庑，后为彝训堂，翼以居仁、由义、志道、明德四斋，堂后为仰止亭，有池，上建濯缨、浸月二亭，堂左为储云、佩玉二精舍，右为梭山、复斋、象山三先生祠，赐额象山书院”[①]，有圣殿、两庑就是当时标准孔子庙，有彝训堂及四斋为学舍，有三先生祠奉祀陆九韶、陆九龄、陆九渊，庙学祠无一不设。淳祐元年（1241年），江万里创建白鹭洲书院，“以程大中先生尝为庐陵尉，乃即是洲建书院，以祀周、三程、张、朱六君子，有文宣王庙、棂星门、云章阁、道心堂、万竹堂、风月楼、浴沂亭，斋舍庖湢具备，理宗御书额之”[②]。书院有文宣王庙、棂星门，说明是标准孔子庙，且书院以周敦颐、程珦、程颢、程颐、张载、朱熹为祀，又有斋舍，庙学祠均具。

庙学祠共设对许多书院来说并非一蹴而就，而是不断完善补充的。淳祐七年（1247年）相江书院初建时只有学祠，后来才增加奉祀孔子的殿，“筑相江书院于帽峰之麓，中为祠堂，旁居学徒，后人屡有增拓，且立先圣殿，而受赐额于朝矣”[③]。尹焞读书虎邱西庵，斋名三畏，嘉定七年（1214年），士人黄士毅请求知府同意绘像奉祀，端平二年（1235年）胡淳即地设学，设置三省、务本、

① ［清］雍正《江西通志》卷二二。

② ［清］雍正《江西通志》卷二一。

③ ［南宋］欧阳守道：《韶州相江书院记》，见《巽斋文集》卷一四。

朋来、时习四斋，仓司曹豳奏立书院，赐额和靖。景定二年（1261年）为曹豳设祠，咸淳初才添建燕居堂奉祀孔子。由祠改书院，再增燕居殿，最终成为庙学祠共存书院。比较特殊的是，和靖书院有两所祠堂，一祀尹焞，一祀有功于书院的曹豳，开后世一所书院多祠先河，后来逐渐发展到两祠、三祠、四祠甚至五祠、六祠。

由祠逐步发展到庙学祠共存的还有西涧书院。绍兴间，瑞州太守鲍贻逊为北宋直臣刘涣、刘恕、刘羲仲祖孙建造高节祠奉祀，端平三年（1236年）改建为西涧书院，“复置燕居，像夫子于中而尊事之，先师配焉，如春秋尊王”，设殿奉祀孔子，以先师配享，但未建祠堂，至元二十二年（1285年）才添建祠堂。西涧书院由祠而庙学再发展到庙学祠共存是比较特殊的。

南宋后期虽然逐步发展到庙学祠共设，但并非所有书院都如此，有的私立书院由于受官学影响只是建造孔子庙而无祠堂。嘉定十四年（1221年），江西广丰黄维直创建龙山书院，“殿堂斋舍一如学制”，“课试悉仿州县学”，就具有完整的孔子庙。

总的来看，南宋后期书院祠堂大兴，但到元朝则是孔子庙大兴，许多新建书院都按照礼制建造标准孔子庙。推究其原因，应该是元代将部分书院收归官办造成的。

至元十七年（1280年）重建的蓝山书院“中为宫焉，有庙堂以祀夫子，两庑翼焉，有明伦堂以讲学，有祠以奉其乡先生，其左右斋曰稽古、学易、约史、兴诗、立礼、成乐。祭器有藏，庖湢有所。前为大门，略如郡县学之制”，有庙堂两庑，略如郡县学之制，就是仿照郡县官学制度建造孔子庙；至元中，提举姜荣建造上高正德书院，“有大成殿、两庑、明伦堂、致思堂、佑善堂、先贤祠，分六斋课士”，设有大成殿、两庑，是标准的孔子庙。以上两书院都是庙学祠并设。元代时，标准孔子庙也不过设置大成门、大成殿、两庑罢了，虽然南宋中期已经出现棂星门和泮池，但尚未成为必备设施。大德十一年（1307年）重修后的福建顺昌双峰书院“棂星沟路”，应该建有孔子庙。棂星门自南宋起逐渐成为孔子庙配置，没有孔子庙，书院不会建造棂星门，因为棂星门仿照坛庙设置，只有大祀等级的坛庙才能设置，绍兴十年（1140年）国子监孔子庙祭祀等级升为大祀孔子庙才有资格建造棂星门。

元贞元年（1295年），钟氏扩建主一书院，“谋改作礼殿、两庑、仪门、棂星门、藏书阁、两先生祠，官署公庖，凡作屋若干间。以燕居之堂为问仁之堂，讲肆为厚德之堂，凡改屋几间，又增斋庐为四架，溪桥而覆之以瓦，大凡为屋几百间”[①]，有礼殿、两庑、仪门、棂星门，在当时就是很标准的官学孔子庙，也是庙宇学均设。

大德十年（1306年）重建的顺昌双峰书院“大节殿庑，自门徂堂、斋序祠宇、墙阶径道、周庐映带无不治，飞檐浮构，觚棱文甓高低按度无不合，棂星沟路、盖瓦级砖、赤白漫漶、表里显节无不鲜，衮冕绘事、著像设位、祭仪礼器以及讲坐屏席、日用百具无不备，厨湢完整，邑仓都廪、周防曲制无不至”[②]，从设棂星门看应该有孔子庙，文中“大节殿庑”应该是指“大成殿庑”。

泰定间丰城揭氏创建的蒨冈书院“构燕居之堂及庑与门，以底于完美”，燕居堂有庑有门，院落独立，已经是简单但完整的孔子庙。至元二年后迁址重建的苏州和靖书院，迁来大成殿，“辇大成殿，即新址而前为仪门”，“翼殿为两庑”，成为标准孔子庙。同年重建的石门洞书院，“礼殿仪门，论堂经阁，斋庑庖廪，以次及于瀑下之亭，栋甍翚如，阶墄砥如，鲜好整比，轶于旧观，又新作棂星门六扉以严等威”[③]，书院有礼殿、仪门、棂星门、庑，已经是很完备的孔子庙。至元三年（1337年）创建的浯溪书院也设置孔子庙，“中为大殿以奉先圣，东西两庑属焉”，有殿有庑，不会无门，如此就是标准孔子庙。至正四年创建的新乐璧里书院“中为礼殿以祠夫子，颜曾思孟、十哲列焉，前树仪

---

① ［元］程钜夫：《主一书院记》，见《雪楼集》卷一二。

② ［元］刘将孙：《重修南剑路顺昌县双峰书院记》，见《养吾斋集》卷一五。

③ ［元］柳贯：《新修石门洞书院记》，见《待制集》卷一五。

门，翼以两庑；后讲艺之堂，东西栖士之舍；合五十楹，坚完可久”[①]，规模不算大，前庙后学，布局很规矩。至正十四年（1354年），嘉兴重建的宣公书院“中为先圣庙、两庑、仪门、东西礼亭、棂星之门具”，设有棂星门、仪门、先圣庙，两侧设有两庑和两座礼亭，孔子庙非常完整，较一般官学孔子庙还多两座礼亭。元代时，赣州濂溪书院设有礼殿、左右庑、仪门、灵星门，也是标准孔子庙。元末时，余姚严光墓侧建造高节书院“门屋四楹，中建大成殿，两翼短庑，殿后子陵祠”，有大成殿、两庑和门屋，也是标准孔子庙。

元代时，不仅书院，有的义塾也建造孔子庙。泰定间，李辛翁重建安贤义塾，“一仿书院精舍之制，礼殿、庑门、讲堂、斋舍各有其所”[②]，有礼殿和庑、门；至元末，江西万安刘氏建造儒林义塾也建造孔子庙，“中创先圣燕居之室，二庑翼其左右，前为中门，门之前为外门”[③]，建有正殿、两庑和两重门，都是标准孔子庙。

明代时新建书院很少建造孔子庙，重修书院中的孔子庙应该是前朝遗留。天顺重修后的福建崇安胡文定公书院“其制右为礼殿，奉宣圣及四子侍坐像，左为祠，肖先生像居中，而以先生子从籍溪、致堂、茆堂、五峰、四君子配焉，祠之后有堂。前有重门，翼以廊庑。其外门曰文定公书院”[④]，应该是保存的元代旧制，有殿无庑。重修的山西长治东山书院“有先师庙、学习堂、志道、据德、依仁、游艺斋，尊经楼，又有入德门、格心桥”[⑤]，仍然保留着孔子庙。榆次源池书院岁久荒废，嘉靖三年（1524年）重建后“前圣殿，翼以两庑，后为讲舍”，有殿有庑，属于孔子庙，应该是元代旧制。

---

① ［元］苏天爵：《新路县璧里书院记》，见《滋溪文稿》卷一。

② ［元］欧阳玄：《安成李氏重修安贤义塾记》，见《圭斋集》卷五。

③ ［元］吴澄：《儒林义塾记》，见《吴文正集》卷四一。

④ ［明］彭时：《重修胡文定公书院记》，见《明文衡》卷一〇〇。

⑤ ［清］雍正《山西通志》卷三五。

四、庙祠逐步减少

明清时期书院虽然仍为庙学祠共设时期，但书院祭祀功能弱化，表现在建筑上一是奉祀建筑减少，二是奉祀建筑退居次要位置，第三则是干脆不设奉祀建筑。

明清时期许多新建或重建书院减少了奉祀建筑。

明初婺源戴氏创建桂岩书院，成化七年（1471年）扩建，“为堂十有二楹，为门屋十有二楹，两庑各六楹，衡以亩计者四，纵倍之，中一室祀彦亨君暨道谋、希英两公，左为书楼十有二楹以庋书，右为私庾十有二楹以藏谷”[①]，书院没有专门奉祀建筑只在堂中辟出一室设祠，奉祀初创者戴彦亨及子道谋、孙希英，虽然属于家祠，但规模很小。弘治十四年（1501年），河北新安知县周伦重建静修书院，就省去孔子庙，“初，三台中有孔子庙，东有学，西有书院，庙亦废，久而学改为神祠，君毁之，而庙亦不复建”，不建孔子庙的理由是“邑中有庙，著于令典，此不已渎乎？”[②]

弘治间建造的陇州岍山书院“乃即堂之故址为书院，中为敦本堂，东西为养正、复初二斋，堂之后斯阁建焉。中设孔子及四配像，旁两壁各置架以庋书，而总名曰崇经者，亦张伯玉尊经意也。阁之下设七贤像，左右为肄诵之房，后为燕寝，设乡贤主于中”[③]，将孔子、四配奉祀在崇经阁上，两旁并置架存书，阁下奉祀七贤，阁后却设室奉祀乡贤。

湖南汝城濂溪书院嘉庆九年（1804年）迁址重建，占地面积3564平方米，建筑面积1669平方米，有建筑46间，其中正堂建筑面阔七间，但仅将正中一间题作夫子堂，奉祀孔子，以周敦颐配祀。

清代许多新建书院奉祀建筑退居次要位置。

---

① ［明］程敏政：《桂岩书院记》，见《篁墩文集》卷一七。

② ［明］吴宽：《新安县重建静修书院记》，见《家藏集》卷三八。

③ ［明］李东阳：《岍山书院崇经阁记》，见《怀麓堂集》卷六五。

贵州省城书院贵山书院嘉庆二十五年（1820年）重修后，“头门三间，左为书办房五间，右为监院所三间；门内之西神宫三间，内房五间，容[1]房三间，厢房一间；二门三间，内讲堂三间，堂左五斋，曰居敬、尊闻、赏奇、析疑各十间，聚学五间，堂右五斋，曰立诚、行知各十间，问辩五间，集思、广益各六间；堂后山长内房三间，房东厨房一间，后西役房一间，左斋内尹公祠三间，阳明祠三间。缭之以垣”[2]。奉祀建筑神宫和两所祠堂都不在轴线上，规模只有三间。

康熙三十年建造的河南新蔡大吕书院将奉祀祠堂设在书院最后，“中构讲堂三间，曰典礼堂；后书室三间，曰时雨堂，供吕侯、漆雕子、曹恤子、秦冉子、汉陈蕃子，藏《五经》、《通鉴》、《性理》诸书；左斋房六间，曰居仁斋，曰成德斋，右斋房六间，曰由义斋，曰达材斋；大门三间，曰大吕书院”[3]，将奉祀祠堂设在最后还兼作书库之用。

有些书院的奉祀建筑规模和建筑等级都低于讲堂。清光绪二十六年（1900年）落成的湖南湘乡东山书院，有斋舍60多间，大成殿、讲堂都是只有三间，但讲堂前出廊，等级比大成殿还高，面积也比大成殿多。

明清时期不设奉祀建筑的书院也不少见。

明弘治二年（1489年）落成的方岩书院“为堂四楹，其左右翼而相观、恐闻二斋以居学徒，置田三十亩以资养”，书院只有讲堂和斋舍。成弘间创建的李源书院也不设奉祀建筑，“辟地为楼十二楹，购古今图籍其上，东西两庑各八楹，厅事十二楹”；万历四十一年重修的饶阳书院“厅事三楹，后为尊经阁，旁为号舍二十间，闶门屹墉”，都没有奉祀建筑的记载。

乾隆五十七年（1792年）重建的湖南通道恭城书院占地面积2830平方米，建筑面积1820平方米，三进院落，是一所颇具规模的书院。但前两进为斋舍，

---

① 按，此处“容”似误，当作“客”。

② 《贵州通志·学校志三》，转引自陈谷嘉、邓洪波《中国书院史资料》，第913页。

③ ［清］乾隆《新蔡县志·大吕书院》，转引自陈谷嘉、邓洪波《中国书院史资料》，第955页。

最后为讲堂，并没有奉祀建筑。该书院并不与官学文庙邻近，而是远在县城西北43公里外的罗蒙山下。

道光十四年（1834年）建造的湖南溆浦县崇实书院设计很规矩，最前为照壁，照壁前设泮池，照壁与左右院墙相接处设置斜向的院门，东门上嵌“崇实书院”额，西门上嵌“吴氏蒙养”额，院内设大门、前厅、阁楼、中厅和后厅。书院占地面积2450平方米，建筑面积1600平方米，规模也不小，但根本不设独立的奉祀建筑，只在后厅供奉孔子像举行祭祀。

道光十八年（1838年）建造的河北栾城龙冈书院“房室计三十五间，大门三间，二门三间，讲堂五间，左右厢房十间，后院上房五间，左右厢房六间，守者住房、厨房三间。照壁二，牌坊一，惜字炉一，又后义学三间，门楼一，照壁一”①，也是不设奉祀建筑。河北巨鹿广泽书院初建时“讲堂三楹，东西肄业所各三间，前为二门，又前大门三楹。二门东有小院一所，北房三间，为山长内宅”，规模不大，未设奉祀建筑。光绪二年（1876年）迁建后规模大增，设施齐备，仍然没有奉祀建筑，“讲堂三楹，中悬萃英堂匾额，堂西壁有书差房二间，堂两翼号厂各三十楹，号板号凳俱备。除月课外，兼作县试所。堂前为甬路，为二门，门外左有敬惜字纸楼，左竖记事碑。又前大门三楹，中悬广泽书院匾额。堂后退庭三楹，厅前左右厢房各三楹，厅西厨房三间。号厂西肄业所，大厅五楹，厅后小院一所，北房三间，西房二间，厅前西房二座共七间，前为照壁，为二门，门外西偏院役房二间”，单体建筑规模不大，但建筑数量不少，不计未标明开间的两座二门，合计99间。光绪十二年，又“于号厂东建大厅三楹，两耳房、东西厢房各三楹，又东西房各二间，前为二门，又前为大门，通大街”②，仍然没有添建奉祀建筑。清代河北不建奉祀建筑的书院不少，宁津县临津书院建房70多间，也没有奉祀建筑。

---

① ［清］桂起万：《国朝重修龙冈书院记》，转引自陈谷嘉、邓洪波《中国书院史资料》，第945页。

② ［清］光绪《巨鹿县志·广泽书院》，转引自陈谷嘉、邓洪波《中国书院史资料》，第921页。

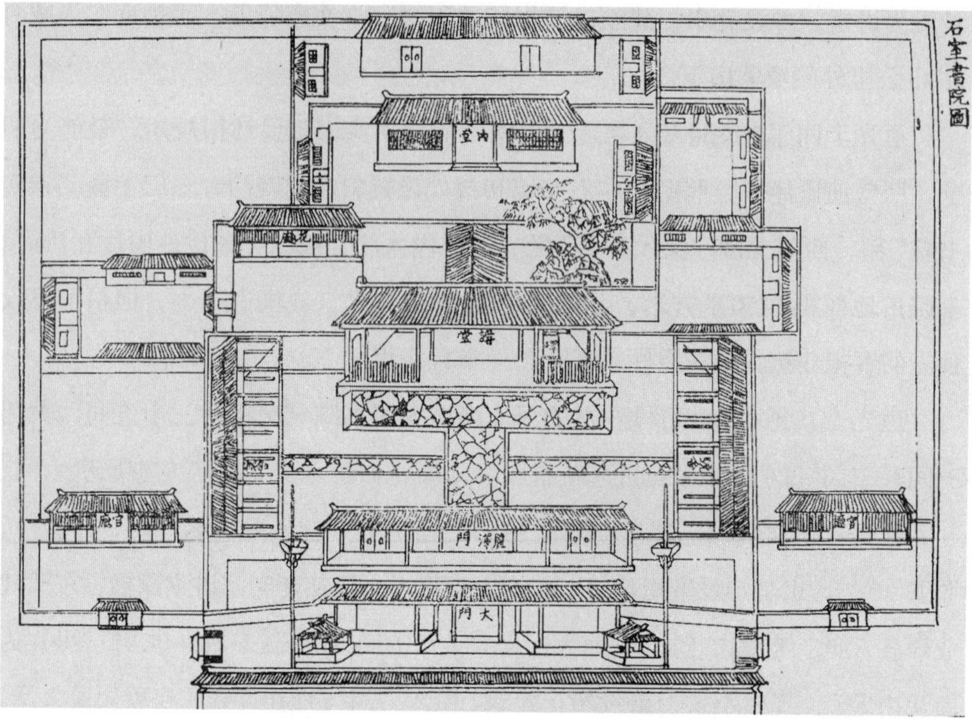

江苏海州石室书院平面示意图，咸丰年间建，不设祠堂

清代新建书院总的趋势是祭祀功能弱化，但也有个别书院重视奉祀。湖南桂阳县余田乡上冲村南的鉴湖书院落成于同治十一年（1872年），规模比较大，南北宽40米，东西深200米，占地8000平方米，大门朝东。建筑基本是按照文庙设计的，前设照壁，东西以墙与书院南北前相连，于转角处设置角门，中轴线上依次设置大门、文昌阁、大成殿和崇圣祠，两侧为斋房，文庙中心建筑大成殿、崇圣祠均有，并有奉祀文昌帝君的文昌阁，独独没有讲堂。

第二节　书院规模

为便于区分书院规模，本书将40间以下规模的称作小型书院，41间至60间称作中型，61间至100间称作大型，超过100间者称作超大型书院。

唐代书院多为书斋，规模都不大，主要是小型书院。特别是借住寺庙道观的书院，不过三两间而已；而进行教育的赵氏昆季书院、第四郎书院、曹氏书院都是家塾，规模也不会大；倒是僻居乡野的东佳书堂颇有规模，“书楼堂庑数十间，聚书数千卷”，可能达到中型规模。

五代十国时期书院规模有所扩大，窦氏书院“四十间，聚书数千卷”，戚同文创建的睢阳学舍北宋初时学生“相继登科者五十六人”，已经颇具规模，而胡氏书堂“筑室百区，聚书五千卷，子弟及远方之士从学者数千人，岁时讨论讲习无绝”，规模更为可观，分别达到中型和大型规模。

北宋时期官办书院大都具有一定规模。岳麓书院“作讲堂五间，斋序五十二间”，属于中型，李允则扩建又增加礼殿与两庑，就应该成为大型书院。白鹿洞书院规模据江州知州周述所言，太平兴国二年（977年）时规模比较大，“宋朝太平兴国二年三月庚寅，知江州周述言庐山白鹿洞学徒数千百人，请赐九经书肄习，诏从其请，仍驿送之”，咸平五年（1002年）又塑孔子和十哲像，“咸平五年敕有司重修缮，又塑宣圣十哲之象”，有庙有学，学徒数十（学者认为千为十之误）百人，南宋时朱熹“率损其旧十七八”，“度为小屋二十余间”，可见原来建筑规模当在百间左右，属于大型书院。但官学兴起，白鹿洞书院很快就走向衰落，皇祐五年（1053年），孙琛只重建十间学馆，“祥符初，直史馆孙冕请以为归老之地。皇祐五年，其子琛即故址为学馆十间，牌曰白鹿洞之书堂，俾子弟居而学焉”[①]。

北宋私立书院许多是书斋，规模不会很大，专门从事教育的泰山书院“起学舍斋堂，聚先圣之书满屋，与群弟子而居之”，虽然没有关于建筑的具体情况，但规模不会大，最大也就是中型规模。元初重建的双溪书院“正如孔林旧，左讲堂，右斋序，堂后为仰高祠，祠先贤”[②]，可见孔林书院左侧设讲堂和

---

① ［南宋］王应麟：《玉海·白鹿洞书院》。

② ［南宋］刘辰翁：《双溪书院记》，见《须溪集》卷一。

祠堂，右侧设斋序，规模也不大。曹诚建造的应天府书院规模也不大，范仲淹说“兼至圣文宣王庙已有学舍三十余间，有修学进士二十余人”[①]，徐度说“前庙后堂，旁列斋舍，凡百余区”[②]，《玉海》说“学舍百五十间”，三者差距很大。范仲淹于天圣五年（1027年）因为母守丧，被晏殊招请执掌应天府书院教席，是时人实地时记，徐度是近百年后记，王应麟则是二百年以后了，应该说范仲淹是更可信的，况且他是代人写给朝廷的。

南宋前期书院规模多为中小型。绍兴初，朝廷为储君赵伯琮（即孝宗）建造的书院也很小，“宰臣赵鼎得旨，于宫门外造书院屋一区，欲伯琮就学，有司以图来上，凡建屋十有六间，从约也”[③]。嘉泰三年（1203年），筠州为王府建造乐善书院也不大，“即郡庠之侧创乐善书院，外设重门、东西两庑，庑各三斋，中为讲堂三间，列直舍于后，廪庖器用备焉”，“别立一斋待不率教者”[④]，由于紧靠州学，不设奉祀建筑，只设讲堂、七斋，其中一斋专供惩罚不服从管教者使用，讲堂只有三间，其他建筑开间也不会多，规模不是很大，但只有二十名学生也足够使用了。官建书院规模大多也不大，朱熹重建的白鹿洞书院，“率损其旧十七八，力不足而意则有余矣”[⑤]，“即其故基，度为小屋二十余间，教养生徒一二十人”[⑥]，规模缩小，以后又拨钱30万，重建礼殿和两庑。嘉定十四年（1221年），知军黄桂重建正殿，增辟三门，绍定中，知军史文卿建五经堂，淳祐间知军陈洽建友善堂及文昌宫，规模逐渐扩大。嘉定四年（1211年），南昌建造的东湖书院“规制益广，合三十有四间”，规制益广也只有三十四间。

---

① ［北宋］范仲淹：《代人奏乞王洙充南京讲书状》，见《范文正集》卷一八。

② ［南宋］徐度：《曹诚捐建应天府书院》，转引自陈谷嘉、邓洪波《中国书院史资料》，第47页。

③ ［南宋］卫泾：《同执宰奏皇太子会议资善堂札子》，见《后乐集》卷一二。

④ ［南宋］周必大：《筠州乐善书院记》，见《文中集》卷六〇。

⑤ ［南宋］吕祖谦：《白鹿洞书院记》，见《东莱集》卷六。

⑥ ［南宋］朱熹：《晦庵集》卷一六。

南宋后期，书院规模增大。淳祐元年（1241年）江万里建造的白鹭洲书院"有文宣王庙、棂星门、云章阁、道心堂、万竹堂、风月楼、浴沂亭，斋舍庖湢具备"[①]。淳祐二年，孟珙在抗金前线为流亡士子建造的书院规模比较大，公安书院和南阳书院都有六十间。

淳祐二年扩建的钓台书院规模也增大：

> 知州赵汝历凿石累土以广其地，益以栋宇。为门三间，榜曰钓台书院，历级而升为官厅，左仍先生祠也，羊裘轩、客星阁悉仍其旧。以招隐堂废产为燕居堂，下为门庑，榜曰燕居之门。由官厅而右为讲堂，榜曰清风堂。堂之北为复屋，榜曰遂高堂。堂之南临流为阁，榜曰云峰烟水。为四斋：曰明善，在清风堂之南，希贤在其右；曰尚志，在云峰烟水之左，修己在其右。为炉亭，曰会友，山长、堂长有位，祭器有库，储畜有仓，庖湢有所。……改登台路于书院之右，山腰有亭以待憩息，东台旧有亭，更为亭西台，对立相望。[②]

有建筑20余座，达到中等规模。

私立书院规模一般为小型。宝庆元年（1225年），魏了翁落职、夺三秩，被安置靖州，"城之东得隙地，为屋数间，亭沼华木略具，号鹤山书院"[③]，建造的鹤山书院只有几间房屋。开禧三年（1207年），吕祖谦门人等请求将吕祖谦父祖租用的官屋一半改作书院，郡守同意，嘉定元年（1208年）改建，"为屋才十余楹，外门五间，祠室及前轩各三间，又欲前为一堂，扁以丽泽书院，以存公之旧，且为后来讲习之地，后为遗书阁，以庋平日所著如大事记、读诗记、阃范、

① ［清］雍正《江西通志》卷二一。

② ［南宋］郑瑶等：《景定严州续志》卷三。

③ ［南宋］魏了翁：《答苏伯起振文》，见《鹤山集》卷三六。

近思录、春秋尚书讲义、家法祭礼及它书之未成者、皆可以传远垂后”[①]，丽泽书院也只有房屋十几间。嘉定中，胡尧臣创建的札溪书院中设讲堂，两庑为斋，斋上设阁，东阁储书，西阁奉祀先贤，门外设杏坛，规模也不大。

咸淳四年（1268年）建造的潮州京山书院，林希逸诗说“天南胜处是京山，精舍新成数百间。柱石规模何整整，衣冠人物想班班”[②]，诗人多夸张，看来也是想象之辞，难以相信有如此规模。

南宋规模最大的可能是建康明道书院：

祠堂居中，三间，广四丈，深三丈，中设塑像，榜曰河南伯程纯公之祠。

东西两廊各一十五间。

御书阁在春风堂之上，五间，广八丈，深四丈，上严奉宸翰，环列经籍。

春风堂在祠堂之后，七间，广十丈，深五丈，盖会讲之所也。昔朱公掞见明道先生于汝，归谓人曰春风中坐了一月，堂名盖取此也。中设讲座，四围设听讲位，临阶垂帘，前筑一台，植以四柱。

主敬堂在春风堂之北，三间，广三丈八尺，深二丈三尺，盖会食会茶之所也。庭中荷池前植三槐。

燕居堂在主敬堂之后，山长张显设先圣及十四先贤神位于堂中。

山长位在主敬堂之左，

堂长位在主敬堂之右，

堂录位在春风堂上之左，

讲书位在春风堂后之右，

---

① ［南宋］楼鑰：《东莱吕太史祠堂记》，见《攻媿集》卷五五。

② ［南宋］林希逸：《寄题京山书院》，见《竹溪鬳斋十一藁续集》卷四。

职事位二所，一在春风堂上之右，一在春风堂后。

尚志斋三间，在主敬堂前东序之南。

明善斋三间，在主敬堂前西序之南。

敏行斋三间，在主敬堂前东序之北。

成德斋三间，在主敬堂前西序之北。

省身斋在春风堂前之左，系续添。

养心斋在春风堂前之右，系续添。

公厨在主敬堂前东序之后，

米敖在主敬堂前东序之南，钱库在主敬堂前西序之南，

直房在公厨之侧，

蔬园在书院之右，后土祠居大门内之左，

中门屋三间，广四丈，深二丈五尺，揭御书明道书院四字于楣，左为幕次，右为吏舍。

大门屋三间，广四丈四尺，深一丈八尺，左右设枑，缭以垣墙。①

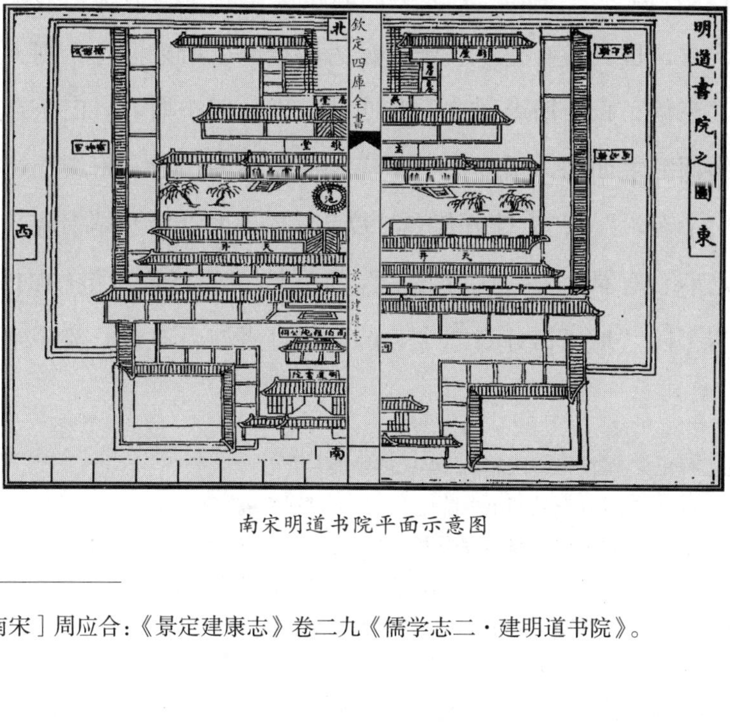

南宋明道书院平面示意图

① ［南宋］周应合:《景定建康志》卷二九《儒学志二・建明道书院》。

大小建筑近百间，属于大型书院。

元代新建书院虽然有的规模仍然很小，但基本都达到中型规模。如至正八年（1348年）建造的怀德书院“正殿、左右庑、讲堂、前门各四楹，缭以周墙”，总体看规模有所扩大。至大二年（1309年）重建的南阳书院“祠之东为孔子庙，庙之后为学，凡堂序门庑、庖湢库庾、肄业之斋、庋书之阁、官守之舍咸备，屋以间计，祠十有二，庙学四十有六”[①]，合计五十八间。新乐邑人赵氏兄弟建造的璧里书院“中为礼殿以祠夫子，颜曾思孟十哲列焉，前树仪门，翼以两庑，后讲艺之堂，东西栖士之舍，合五十楹”[②]。至正十四年（1354年）扩建的陆宣公书院，“中为先圣庙、两庑、仪门、东西礼亭、灵星之门具。其西为宣公祠，祠西为室，东乡，以祀郡之先贤，其外为三门。庙东为讲堂，其前轩仍旧，扁曰仁义之堂，以藏宣公奏议，谓其言无非仁义也，西斋以延师教弟子。又增买荡地若干亩以益廪膳，庖厨仓溷各得其所”[③]，都达到中型规模。

元代出现一批超大型书院，其中有官建，也有私建。

官建规模较大的书院有：至元十一年（1274年）重建落成的稼轩书院“计屋不啻二百楹”；至元二十二年，瑞州重建的西涧书院“书院自燕居而祠堂，而讲堂，位置各有差。亭于前，为朔望拜，所致斋位，则夹祠堂之左右。讲堂之东偏，长于斯者居之，其西偏，则处职于斯者。旧止存八斋，兵后圮甚，缮而完之如初，增四斋于两庑，廪于旁为门七，附庸之屋六，以楹计，一百三十有八”[④]；大德元年（1297年）重建的会稽和靖书院“祭室、讲堂、藏修之庐、庖湢之舍，凡为楹一百有六十”[⑤]；延祐三年（1316年）建造的成都紫岩书院“地以亩计者二十，屋以楹计者二百有奇，斋序堂室，库庾

① ［元］程矩夫：《南阳书院碑》，见《雪楼集》卷七。

② ［元］苏天爵：《新乐县璧里书院记》，见《滋溪文稿》卷一。

③ ［明］刘基：《嘉兴路重修陆宣公书院碑铭》，见《诚意伯文集》卷九。

④ ［元］王义山：《瑞州重建西涧书院记》，见《稼村类藁》卷八。

⑤ ［元］戴表元：《和靖书院记》，见《剡源文集》卷一。

庖湢，凡学所需靡不具。其先圣燕居堂配以颜曾思孟，西向列坐，应图合礼，其制度精详，规模宏敞，皆蜀所未有”[①]；元统元年（1333年）重建的全州清湘书院“为屋计百五十有八楹”，“作斋池上，为屋五十有二楹”[②]，合计210间，都属于超大型书院。

私立书院规模较大的有：元贞元年（1295年），钟氏扩建的主一书院，“大凡为屋几百间”[③]；大德中，张绍先“又于居之西偏辟室逾百楹，命曰同文书院，延置四方贤士大夫，所事所交，隆礼谦下不少懈”[④]；皇庆元年（1312年）落成的婺源胡氏明经书院“为屋数百楹，右先圣燕居之殿，左诸生会讲之堂，又其左斋庐四，又其前二塾，扁曰明诚、敬义，山巅构亭，据高望远”[⑤]。书院动辄百余间，甚至数百间，规模非常大。

元代私立书院规模大，究其原因，私立书院达到一定规模并置有维持运营的土地，这种情况下书院会收归国办，朝廷给予创建者山长官位，山长可以因此而出仕，具有经济实力的家族通过创办书院而踏入仕途不能不说是一条终南捷径。

明代时，书院规模以中小型为多。成化七年（1471年）戴氏重修的桂岩书院，“为堂十有二楹，为门屋十有二楹，两庑各六楹，衡以亩计者四，纵倍之，中一室祀彦亨君暨道谋、希英两公，左为书楼十有二楹以庋书，右为私廪十有二楹以藏谷”[⑥]，合计建筑60余间。成化弘治间，祁门里人李汎重建的李源书院“辟地为楼十二楹，购古今图籍其上，东西两庑各八楹，厅事十二楹”[⑦]，合计47间，连同其他建筑五十余间。嘉靖四年（1525年）建造的常州

① ［元］张养浩：《敕祠成都紫岩书院记》，见《归田类稿》卷五。
② ［元］柳宗监：《清湘书院记》，见《广西通志》卷一〇四。
③ ［元］程钜夫：《主一书院记》，见《雪楼集》卷一二。
④ ［元］熊禾：《闲乐堂记》，见《勿轩集》卷三。
⑤ ［元］吴澄：《明经书院记》，见《吴文正集》卷三七。
⑥ ［明］程敏政：《桂岩书院记》，见《篁墩文集》卷一七。
⑦ ［明］程敏政：《李源书院记》，见《篁墩文集》卷一八。

道南书院“前为门，为仪门，各四楹；中为堂六楹，后寝如之；左右两庑各四其门之数；最后为楼六楹，其下可以藏修焉，其上可以登眺焉，扁曰望闽，以无绝其委；其东有池，为亭以临之，可以游息焉，扁曰思洛，以无忘其源；缭以周垣”①，建筑40余间。嘉靖四年重修杭州万松书院，“乃增修书院，益广楼居斋舍为三十六楹”。嘉靖时，柳州龙城书院“有堂，凡五间，东西为序各如其数；直前为仪门，树坊于中，又前为外门，凡三间，门之端扁曰龙城书院”②，建筑仅20余间。崇祯十三年（1640年），郁林建造瑞泉书院，“缭以周垣，门棂户牖犁然毕举，中三楹轩敞宏丽，为诸生讲道课艺之所，题之曰活泼泼地，盖得之心而寓之境也，左三楹立晦翁朱夫子庙，右三楹募僧人居司启闭焉”③；成化间郫县建造扬子云书院，“书院前为堂，堂左右为夹室，夹室之南为庑，庑南为门，堂之北为楼”④；弘治间江西玉山谢乾锡、谢贵父子创建玉山书院，“中为堂曰会讲，后曰与善，傍列两斋，左曰精义，右曰丽泽，出精义，左上为楼，以庋经史曰宝墨，为庖湢所具器什，缭以周垣，东置良畴为廪，入曰阅稼，西为射圃，有亭曰游艺。弦诵以时，养习有地，合乡之人与族之子弟于是学焉”⑤；正德六年（1511年）重建余干县东山书院，“中构堂五间，南向，以祠，而堂之东仍构云风堂，西构讲堂，又构东西廊号房，以处讲朱子之学者”⑥；正德七年，提学李梦阳令迁建进贤钟陵书院，“于是书院立祠，祠周子，前立讲堂，祠左右斋四，明、通、公、溥，有东西廊屋，又立光霁亭云”⑦；嘉靖二年（1523年），苏州知府胡缵宗建造安定书院，“设先生之主于堂，旁庑翼如，以复两斋”；嘉靖八年改建天真书院，“中为

① ［明］邵宝：《道南书院记》，《容春堂续集》卷一一。
② ［明］余勉学：《柳州北郭碑记》，见《广西通志》卷一〇四。
③ ［明］金九陛：《建瑞泉书院记》，见《广西通志》卷一〇四。
④ ［明］周瑛：《扬子云书院记》，见《翠渠摘稿》卷三。
⑤ ［明］陆深：《玉山书院记》，见《俨山集》卷五四。
⑥ ［明］李梦阳：《东山书院重建碑》，见《空同集》卷四二。
⑦ ［明］李梦阳：《钟陵书院碑》，见《空同集》卷四二。

祠堂，后为文明阁、藏书室、望海亭，左为嘉会堂、游艺所、传经楼，右为明德堂、日新馆，傍为翼室”；嘉靖中创建颍滨书院奉祀苏辙，“前为门，中为祠，祠前曰讲堂，亭曰如如，赵君所志，楼曰并高”；正德十三年，提学佥事王廷相以万安旧居改建大益书院，“前为讲堂，后为燕寝，翼以左右之室，列为五斋，进为先贤之祠，树之门阀，缭以垣墙”，嘉靖十三年又添建名宦祠和乡贤祠[①]；黄廷昂私立的文峰书院“中为堂，裒古今书实之，左右辟明诚、敬义二斋，课诸子焉”。上述书院虽然没有具体间数，但规模不大，均属于中小型。

像元代动辄百余间甚至数百间规模的书院在明代很少见。洪武二年（1369年）重修的赣州濂溪书院，礼殿十二楹，道立堂十二楹，仪门十二楹，灵星门三，各二楹，左右庑皆十楹，道国元公祠八楹，“堂之前东西为诸生肄业之所，典教之居列于学侧，缭以崇墉，甃砌丹垩，炳然焕然，肖像俨如，笾豆有序，浚池种莲，环植松竹”[②]，不计学习斋舍，建筑就有61间，还延续着元代遗风。明代规模较大的书院有嘉靖二年（1523年）苏州知府改建的学道书院，“以祀言子，后为讲堂，堂后为弦歌楼，两庑各五十楹”，但并非新建，而是将景德寺改造。嘉靖三十三年（1554年）重修的白鹭洲书院规模很大，“为屋大小凡数百楹，名虽仍旧而实则新作也。其制绰楔前起，表以书院之名；次为聚秀楼，下设关键，即大门也；次为仪门，门内有廊，中为崇政堂，后为适轩，为云章之阁，阁与堂皆有夹室；仪门外两序各启侧门，左达尊德斋，右达集义斋，附斋两旁是为书室；堂斋门阁以间计者各三，而深阔不等；书室以间计者二百，则广狭如一；仪门左右及两斋之后皆有憩厅，阁后隙地则为江文忠公祠，为道心堂、时雨亭，皆因地势而面南；庖湢稍近适轩，左右分置，基周围总若干丈”[③]，属于超大型书院。

---

① ［明］陆深：《大益书院记》，见《俨山集》卷五二。

② ［明］王礼：《重建濂溪书院记》，见《麟原前集》卷六。

③ ［明］罗钦顺：《白鹭洲书院记》，见［清］雍正《江西通志》卷一三一。

清代书院也是以中小型为多。顺治间重建的芝山书院“正堂五间，后堂如之，两廊号舍十间，仪门三间，头门坊一间”，只有建筑24间。康熙中建造的江西宁国西津书院规模更小，“中建大楹三间，后楼三间，大门二，东西廓各五，额曰西津书院”[①]，所有建筑加起来也就是20余间。康熙三十年（1691年），新蔡县建造大吕书院，“立大门一重，典礼堂一重，时雨堂一重，堂东西各有斋，曰达才，曰成德，曰居仁，曰由义。内奉伯夷、漆雕开、曹邮、秦冉、陈蕃之主”，“更于院之西构观德堂三间，为习射圃”[②]，四堂四斋，建筑不超过四五十间。乾隆二十年（1755年），建始知县邱岱迁建的五阳书院仅有房10间，“建房舍十间”。乾隆二十年重建的山西太谷凤山书院规模也不大，“大门三楹，二门一楹，讲堂五楹，东西厢馆各五楹，后正馆五楹，东西厢馆亦各五楹。庖厨井厩靡不备具”[③]，“旁建厨房、仓房、马棚共二十三楹”，合计建筑57间。乾隆三十一年建造的庐江潜川书院“照墙一座，大门五间，二门楼一座，厅事五间，厅后左右厢房十二间，讲堂五间，讲堂左右厢房四间，后堂五间”，总共50余间。乾隆三十一年建造的广东乐昌昌山书院，“为门、堂、室各五楹，翼以廊屋三十余间”。嘉庆十四年（1809年）所建湖北施南府南郡书院“立讲堂三楹，为喻义堂，堂前翼以讲舍十间为肄业斋房，堂后建圣殿。中置山长书舍，其右偏为花厅，厅后环以仓厨，共二十二间”[④]。道光二十一年（1841年），知县袁景晖劝捐扩建后兼做考棚，也只有40多间，“开拓基地，兼做考棚，有讲堂、号舍以及厅阁厨圃，共计四十余间”。光绪六年（1880年），湖北来凤建造凤山书院，“为院门三间，龙门三间，内室三间，左右书舍各五间，厨房三间，左右各附考棚五间”，总共32间。

---

① ［清］吴伟儒：《西津书院序》，转引自陈谷嘉、邓洪波《中国书院史资料》，第982页。

② ［清］吕民服：《大吕书院记》，见《河南通志》卷四三。

③ ［清］乾隆《太谷县志·凤山书院》，转引自陈谷嘉、邓洪波《中国书院史资料》，第973页。

④ ［清］同治《施南府志·南郡书院》，转引自陈谷嘉、邓洪波《中国书院史资料》，第1094页。

即使是一些省城书院规模也不大。广西省城书院秀峰书院“中为书厅，最后为寝室，前为讲堂五间，东西厢学舍各十五间”；乾隆七年（1742年）新建的沈阳书院“讲堂五楹，东厢五楹，西厢五楹，群房十一楹”，规模都不算大。安徽省城书院以培原书院改建，规模略大些，“门庑斋堂，深广爽垲，因年远倾废，鸠工葺治，栋宇较斳，垣墉涂茨，堂左右各七楹为号舍，东西各九楹为六斋，又于堂东隙地增改号舍数十间，宽敞可容百余人”。

清代有的省城书院规模比较大。康熙四十六年（1707年），张伯行出任福建巡抚，“建鳌峰书院，为学舍百二十楹”；云南省城书院五华书院始建于雍正八年（1730年）秋，次年三月落成，“为屋百七十有二，修者半，创者半”；雍正十年扩建的钟山书院“凡门二层，堂二进，楼二层，两旁斋舍百余间”，都属于超大型书院。

清代后期湖南书院规模大都比较大。同治二年（1863年）迁建的炎陵县洣泉书院仅斋舍就有40多间，共有建筑六七十间；同年建造的宁乡云山书院占地13000平方米，建筑面积约5500平方米，大小建筑158间；同治六年迁建的平江天岳书院占地3914平方米，建筑面积2141平方米，有斋舍52间，连同大成殿、讲堂、大门、藏书楼、罗孝子祠等近80间；光绪二十六年落成的湘乡东山书院占地3500平方米，有斋舍60多间，连同讲堂、大成殿、大门等共百间左右，建筑面积近1500平方米，都属于大型或超大型书院。

第三节　书院布局方式

书院不像官学有那么多的礼制限制，奉祀人物比较自由，建筑布局也多姿多彩。

为便于分析书院布局方式，本书将具有正殿、两庑以奉祀孔子并以先贤配祀者称作庙，只设殿堂奉祀孔子等者称作殿，奉祀关羽者称作宇，奉祀文昌帝君者称作阁，奉祀魁星者称作楼，奉祀此外人物者称作祠，将从事教育部分称作学，师生居住场所称作舍。

为便于分析书院布局方式，先分成庙学式、庙学祠式、殿学式、祠学式、阁学式、楼学式、纯学式、纯祠式等，然后每式再划分具体布局形式。

一、庙学式

庙学式主要见于宋元时期，尤以元朝最为常见，明清时期由于书院不再列入国家教育体系，新建书院很少再采用这种布局。

庙学式有前庙后学式、右庙左学式、左庙右学式三种布局形式。

(一)前庙后学式

庙在前，学在后，是官学的主要布局形式之一，其实这种布局形式非常不方便。孔子庙除祭祀时一般不开放，人员不能从中穿行，一般都是另外辟门供人出入，但书院有不少采用此种布局方式者，可能还是受官学影响。

前庙后学式在书院中出现很早，北宋大中祥符二年(1009年)曹诚重建的应天府书院“前庙后堂”，就是采用这种布局形式。

元代兴建的榆次源池书院岁久荒废，嘉靖三年(1524年)重建“前圣殿，翼以两庑，后为讲舍”，明代建造文庙的书院不多，重建应该是保存元代旧制。前有殿有庑，后有讲舍，也属于前庙后学式。

至元末创建的江西万安儒林义塾“中创先圣燕居之室，二庑翼其左右，前为中门，门之前为外门，后为讲堂，堂之后炉亭，有斋舍以馆诸生，有庖厨以供饮食”[①]。只奉祀孔子，未设祠堂，前面有殿有庑，是标准孔子庙，也属于前庙后学式布局。

南宋陆九渊曾讲学江西贵溪南三峰山下，绍定四年(1231年)，提刑袁甫

① ［元］吴澄:《儒林义塾记》，见《吴文正集》卷四一。

请于朝，遣上舍生洪阳祖即其地建书院。“中为圣殿，翼以两庑，后为彝训堂，翼以居仁、由义、志道、明德四斋，堂后为仰止亭，有池，上建濯缨、浸月二亭。堂左为储云、佩玉二精舍，右为梭山、复斋、象山三先生祠，赐额象山书院”①，中为圣殿，是因为殿前有门。彝训堂及四斋位于圣殿之后，总体属于前庙后学式。比较独特的是，后部呈三路布局，右设三先生祠奉祀陆九韶、陆九龄、陆九渊三兄弟，左侧设储云、佩玉两精舍。精舍一指教学场所，一指修炼居住之所，中路已设堂斋为教学之用，二精舍应该是师生居住场所，所以后部属中学右祠左舍式。

至元三年（1337年）创建的浯溪书院“中为大殿以奉先圣，东西两庑属焉，又于殿之左为祠，以祀元公，右为祠以祀颜公，后为明伦堂，前为三门，周以崇垣”②，庙在前，学在后，比较特殊的是庙左右各设一祠，分别奉祀元结和颜真卿，祠附在庙内，还属于前庙后学式。

（二）右庙左学式

咸淳元年（1265年）创建的九峰书院隶于国家，调进士为山长，设有宣圣祠，以居室改用，规模很小，入元后日渐残破。至元二十年（1283年）重修，修建了完整的孔子庙，“塾故有宣圣祠，祠因人之庐而立，规制卑隘，岁久且敝，顾不足以耸听观、历悠远。是究是图，乃堂乃构，易新去故，视昔崇敞，翼以两庑，表以重门，畚土以益外墉，叠石以广前堤，而夫子之宫墙始肃，创开讲之所于左，架游息之轩于后，上楼下宇，斋闳庖室，坏者修，倾者起，缺者补，增筑垣墙为丈二十有八而赢，甃盖涂塈，其旧者加倍，而师生之庐舍始完”③，义塾呈右庙左学形式。

---

① ［清］雍正《江西通志》卷二二。

② ［元］苏天爵：《浯溪书院记》，见《滋溪文稿》卷二。

③ ［元］卫宗武：《重修义塾建夫子祠堂记》，见《秋声集》卷五。

丰城揭氏泰定间建造的茜冈义塾，初建时建楼以祀孔子，后义塾扩建，于西侧建造燕居堂奉祀，“中建巍楼一，前建小楼二，中以奉先师，旁以处学徒，主簿君割右畔之地益其广，而构燕居之堂及庑与门，以底于完美”。燕居堂有庑有门，属于标准孔子庙。庙在西，呈右庙左学式布局。

（三）左庙右学式

左庙右学也是官学最常见的布局方式之一，但在书院中却很少见。元至元二年（1336年）重修的曲阜尼山书院“学宫在庙之西，仿国子监制也”。

现存岳麓书院也属于左庙右学式，文庙在左，学舍在右。比较复杂的是，自讲堂起后部分作三路。中路前为讲堂，后为御书楼；左为祠堂区，右为园林。祠堂区集中设置六座祠堂，中设崇道祠和六君子堂，前设船山祠和慎斋祠，后设濂溪亭和四箴亭。元延祐元年（1314年）建诸贤祠合祀朱熹、张栻与书院有功人士，明弘治七年（1494年）始建崇道祠专祀朱熹、张栻。

清康熙重建青浦孔宅书院平面示意图，中路及左路为庙，右路为学舍

六君子堂建于嘉靖五年（1526年），奉祀有功于书院的朱洞、李允则、周式、刘珙、陈钢和杨茂元，朱洞、李允则、刘珙、陈钢均为重建书院者，周式为第一任山长，杨茂元创建尊经阁。船山祠专祀岳麓书院弟子王夫子，为光绪元年（1875年）所辟。慎斋祠专祀山长罗典，乾隆四十七年（1782年）起连任山长27年，掌教期间肄业学生为朝廷定额的三倍。濂溪祠专祀周敦颐，清嘉庆十七年（1812年）建。四箴亭奉祀程颢、程颐，天启四年（1624年）设，祠内左右壁上镶嵌明代石刻四箴。岳麓书院孔子庙比较规范，前设照壁，不辟正门，左右设石雕牌楼德配天地和道冠古今，轴线上依次为大成门、大成殿和崇圣祠（今不存），大成殿、大成门为黄瓦，两庑绿瓦黄缘，都是合规合矩的。

二、庙学祠式

庙学祠式产生于南宋，元代比较常见，明清新建书院采用此种布局方式很少。

根据祠堂数量，可以分作庙学单祠式、庙学双祠式、庙学三祠式、庙学六祠式四类。

（一）庙学单祠式

庙学单祠式有前庙中祠后学式、前庙后学并左舍右祠式、前庙后学右前祠式、右庙左祠中学式和右庙前学左后祠式五种布局形式。

1.前庙中祠后学式

浙江严光墓前高节书院位于山腰，前低后高，布局采用前庙中祠后学式，“门屋四楹，中建大成殿，两翼短庑；殿后子陵祠，褱衣冠像，祠东西室列秩乡贤，祠下左右为四斋，讲堂四楹居祠后”[①]，规模不大。最前为孔

---

① ［明］陶安：《高节书院记略》，见《陶学士集》卷二〇。

子庙，有大成殿、门屋和两庑，殿后为子陵祠，左右设室祀乡贤，祠前两侧设四斋，祠后设讲堂，属于前庙中祠后学式，比较特殊的是中祠两厢也设祠以奉祀乡贤。

2.前庙后学并左舍右祠式

见于贵溪象山书院，“中为圣殿，翼以两庑，后为彝训堂，翼以居仁、由义、志道、明德四斋，堂后为仰止亭，有池，上建濯缨、浸月二亭，堂左为储云、佩玉二精舍，右为梭山、复斋、象山三先生祠，赐额象山书院”。

3.前庙后学右前祠式

至大二年（1309年）重建的诸葛书院形式非常特殊，“祠之东为孔子庙，庙之后为学。凡堂序门庑、庖湢库庾、肄业之斋、庋书之阁、官守之舍咸备。以间计，祠十有二，庙学四十有六。端庄广直，不务侈丽，割官之废地四十顷，籍于学，置山长一人掌其教。又名讲堂为静成之堂，东序为明志斋，西序为广材斋，阁曰崇文，合名之曰诸葛书院”[①]。作为书院本体是前庙后学式，但书院右侧还有独立的武侯祠，如果不是以诸葛书院为名完全可以分成两个独立的建筑群。武侯祠在西，规模很小，只占孔子庙和学舍的四分之一多一点，且武侯祠规格低于孔子庙，应该称之为前庙后学右祠式。

端平二年（1235年）因尹焞读书堂创建和靖书院，元初被僧人强占，不得已迁址另建。大德十一年（1307年）创建孤零零的大成殿，至元二年（1336年）山长吴希颜到任后迁回旧址重建，“辇大成殿，即新址而前为仪门，门少西为先生祠，又西为上祠，又西临广衢为外门。翼殿为两庑，殿后建习堂，堂东斋庐曰六”[②]。有殿，有两庑，是标准孔子庙，属于前庙后学右前祠式。复杂一点的是，学东侧有斋庐。

---

① ［元］程钜夫：《诸葛书院碑记》，见［清］雍正《河南通志》卷四三。

② ［元］郑元祐：《重建和靖书院记》，见《侨吴集》卷九。

4.右庙左祠中学式

此种布局见于元代重建的婺源晦庵书院，“位夫子庙于右，而祠文公于左，讲舍中峙，列庑翼舒，门术有严，阶阯有截，炀爨委积，有庖有庾”[①]。

5.右庙前学左后祠式

见于元延祐元年（1314年）创建的志欧书院，有圣殿、两庑，是齐备的孔子庙，“中构圣殿，左为欧阳公祠，前为讲堂，翼以两庑、四斋”[②]，属于右庙前学左后祠式布局。

（二）庙学双祠式

庙学双祠式仅有中庙左学右二祠一种形式。

至正十四年（1354年）嘉兴创建的宣公书院属于这种布局方式：“中为先圣庙、两庑、仪门、东西礼亭、棂星之门具。其西为宣公祠，祠西为室，东乡，以祀郡之先贤，其外为三门。庙东为讲堂，其前轩仍旧，扁曰仁义之堂，以藏宣公奏议，谓其言无非仁义也，西斋以延师教弟子。”[③]书院建筑呈东中西三路布局。中路为完备的孔子庙，有棂星门、仪门、两庑、正殿，还有东西礼亭；西路主建筑为宣公祠，奉祀陆贽，西厢奉祀本郡先贤；东路有讲堂和西宅，为讲学修习之所，另有收藏陆贽奏议的仁义之堂。建筑完备，布局规整合理。

南阳书院原为两路布局，西路为武侯祠，东路前为孔子庙，后为学，元大德五年重修后有乡贤祠，但不知位于何处，无法明确其布局形式。

（三）庙学三祠式

庙学三祠式见于元大德五年重修后的南阳书院，书院落成后程文海所撰告成文有先圣孔子、武侯诸葛亮、乡先贤和司土四则，可知书院有文庙、武侯

---

① ［元］柳贯：《婺源州重建晦庵书院记》，见《待制集》卷一五。

② ［清］雍正《江西通志》卷二一。

③ ［元］刘基：《嘉兴路重修陆宣公书院碑铭》，见《诚意伯文集》卷九。

祠、乡贤祠和土地祠。已知书院东西两路布局，武侯祠在左，孔子庙和学舍在右，呈前庙后学布局，遗憾的是不知乡贤祠和土地祠所在，无法确认其具体布局形式。

(四)庙学六祠式

见于岳麓书院。岳麓书院左庙右学，文庙轴线上设置照壁、大成门、大成殿、崇圣祠，大成殿前设两庑，是标准文庙。书院前为学舍，后供祭祀。后部左右分作三区，右区为园林，中区为藏书楼(以文昌阁改)，左区主要供奉祀，设置濂溪亭、崇道祠、六君子祠、四箴亭、船山祠和慎斋祠六座祠堂。

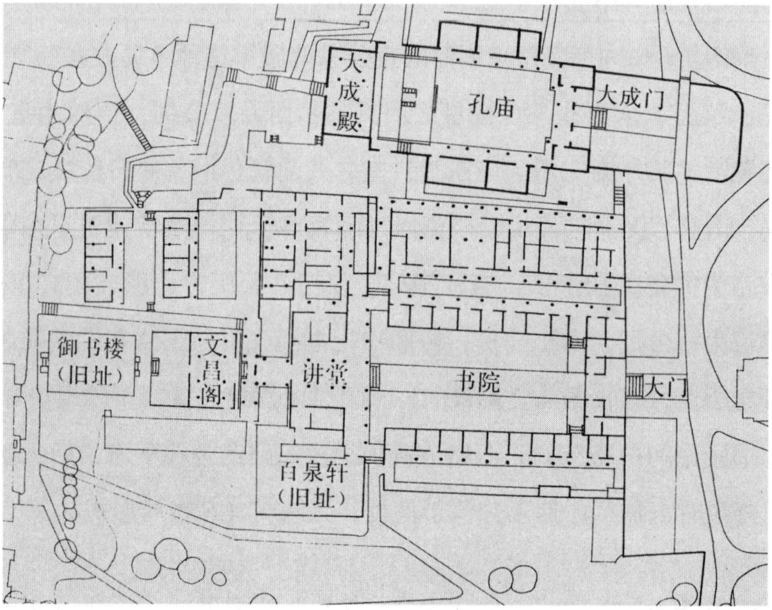

岳麓书院平面图

三、殿学式

殿学式主要出现在南宋和元朝，明清时期除旧书院有保留外，新建书院采用此种方式的也很少。

殿学式布局有前殿后学式、后殿前学式和右殿左学式三种布局形式。

（一）前殿后学式

元元贞三年（1296年）创建的吴氏义塾采用前殿后学式，“中象燕居，翼以斋庑；其北讲堂，寝息有所，左右书器，庋阁严奥，重门辉赫；南穴为池，直池北东廪舍庖湢各有攸处。又增田二百亩，以羡岁入，中河为桥，级石夷平，便诸入塾者”[①]，形式有些仿造官学，中为燕居殿，后为讲堂，前为池塘，池中架平桥，池东北为廪舍。

前殿后学式书院还见于元至正十三年（1353年）章溢创建的龙泉龙渊义塾。虽然名为义塾，实际上是非常规范的书院，设施齐备，“创燕居以奉先圣，而先师为之配，春与秋行舍菜之礼；旁列四斋，曰逊敏，曰知通，曰敬乐，曰博约，以居弟子员；后敞正义堂，月旦、十五日鸣鼓集多士以申饬五伦之教；前建大门，榜之曰龙渊义塾”[②]。这种布局方式很特别，在奉祀先圣先师的殿前两庑设置学生读书的书斋。作为书院教学的主要建筑正义堂在殿后，还应归为前殿后学式布局。

前殿后学式其实就是前庙后学式的变化，缺少奉祀建筑两庑。

（二）后殿前学式

后殿前学式其实是后庙前学式的变体，后庙前学式布局在中国官学中非常罕见，因为中国传统观念是尊者在前，奉祀孔子不应在后，此种布局方式在朝鲜王朝时期官学中却很普遍，造成这种差异的原因应该是朝鲜多山，官学乡校多依山而建，庙在后，但位置最高，而在平原地区则是前庙后学。中国官学采用这种布局方式的非常罕见，而书院采用这种布局方式者不少。

---

① ［元］邓文原：《吴氏义塾记》，见《巴西集》卷上。

② ［明］宋濂：《龙渊义塾记》，见《文献集》卷四。

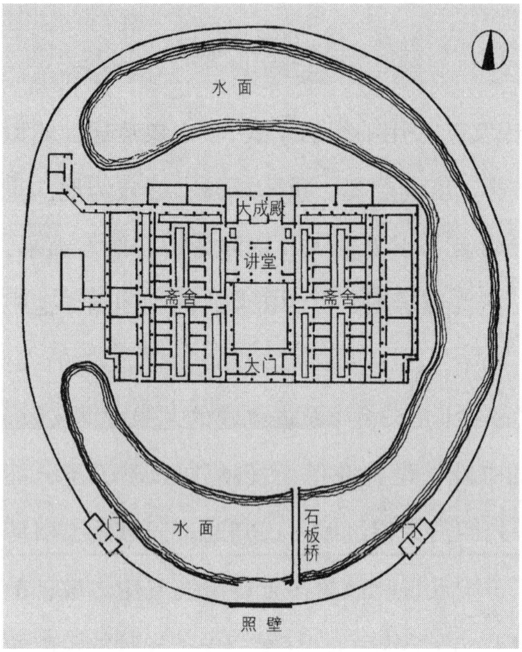

东山书院平面图（摘自邹律姿《湖南文庙与书院》）

后殿前学式最早见于北宋建隆三年（962年）流寓广东南雄的孔子裔孙孔闰建造的孔林书院，前为堂，后为殿。元至元十七年（1280年）建造的双溪书院也采用此种布局，“正如孔林旧，左讲堂，右斋序，堂后为仰高祠，祠先贤”。

光绪二十六年（1900年）落成的湘乡东山书院轴线上由南向北依次为大门、讲堂和大成殿，两侧各有南北三排五座斋舍。书院前学后殿，以斋舍为主。

光绪十四年（1888年）建造的溆浦家族私立崇实书院也是采用后殿前学式布局，书院前设泮池、照壁，在东南、西南角分别设置斜向角门为出入口，轴线上由南向北依次设大门、前厅、钟楼、中厅和后厅，后厅奉祀孔子像，两侧设置两层的斋室。

清代时，湖南采用前殿后学式布局较多，平江天岳书院、汝城濂溪书院、炎陵米泉书院、醴陵渌江书院、湘乡东山书院、宁乡云山书院都采用此种布局。

（三）右殿左学式

元大德九年（1305年），泰和严周父创建朴山书院，先圣燕居殿在西，“复作室于东偏，为书院”[①]，属于右殿左学式。

至大三年（1310年），婺源胡淀扩建家塾为明经书院，两年后落成，“为屋数百

① ［元］刘将孙：《朴山书院记》，见《养吾斋集》卷一五。

楹，右先圣燕居之殿，左诸生会讲之堂，又其左斋庐四，又其前二塾，扁曰明诚、敬义，山巅构亭，据高望远”[①]。右设燕居殿，左为讲堂，也属于右殿左学式布局。

四、殿学祠式

殿学祠式产生于南宋，元代也比较常见，明清时期新建书院多为祠学式，此种布局方式新建书院很少见。

殿学祠式有单祠式、双祠式、三祠式、四祠式四种。

（一）殿学单祠式

殿学单祠式有前殿中祠后学式、前殿中学后祠式、前殿后祠庑学式、前殿后学并左祠式、中殿左祠右学式、后殿前祠中学式、右殿左前祠后学式七种布局形式。

1.前殿中祠后学式

潮州自韩愈去后不久即建庙奉祀，宋元祐五年（1090年）迁庙于城南，淳祐三年（1243年）添设书院，改名城南书庄，具体布局不详。元至元二十一年（1284年）增设燕居殿，奉祀孔子和四配，“即庙之旧址为先圣燕居，先师兖郕沂邹四国公侍，而韩子之专祠附”，“韩祠、燕居位置相直”[②]，形成前庙中祠后学的布局形式，燕居殿在前，韩愈祠堂在中，最后为讲堂。

元至元二十四年（1287年）重建的宁波慈湖书院，“始崇礼殿，中严祠庭，后辟讲堂”，也呈前殿中祠后学式布局。

2.前殿中学后祠式

至正三年（1343年）创建的贞文书院采用前殿中学后祠的布局方式，“其制为大成殿四楹，于中殿之北为明伦堂四楹，殿之南为门四楹，上为重屋，门之

---

① ［元］吴澄：《明经书院记》，见《吴文正集》卷三七。

② ［元］吴澄：《潮州路韩山书院记》，见《吴文正集》卷三七。

南为棂星门四楹。别为贞文祠，置明伦堂之后。左为山长之署四楹，其两庑为诸生斋居，左右皆四楹，斋之南又为屋各五楹，庾库庖湢咸以次置”[①]，比较特殊的是，左侧还有山长官署和诸生宅居以及服务设施一组建筑，但明伦堂是学舍主体建筑，虽然不规范，仍应该视其为前庙中学后祠式布局。殿门外棂星门四楹是中国已知最早出现的四楹三间式牌坊。此前棂星门都是两楹一间的建筑形式，坛庙和孔子庙前都是两楹一间三座并立。

关于三间四楹式牌楼出现时间，近世建筑史学者刘敦桢先生认为“牌楼之始，殆限于一间二柱，其自一间增为三间、五间，始于何时尚属不明”[②]；梁思成先生认为“宋元以前仅见乌头门于文献，而未见牌楼遗例。今所见牌楼者实为明清特有之建筑型类”[③]，认为牌楼始于明，此棂星门是目前已知最早出现的三间四柱式牌坊。

3.前殿后祠庑学式

此种布局形式罕见，已知元代重建的屏山书院是前殿后祠并学的布局，“前作燕居以祀宣圣，后作祠宇以奉文靖、晦庵、忠肃三贤遗像，左斋曰不远复，右斋曰毋不敬”[④]，前殿奉祀孔子，后祠奉祀杨时、朱熹和刘珙，不设讲堂，设斋于祠堂两庑。

4.前殿后学并左祠式

元延祐元年（1314年）西安创建的鲁斋书院采用前殿后学式，“前为夫子燕居之殿，以颜子、曾子、子思、孟子侍坐；后为讲堂，左右列格物、致知、诚意、正心四斋；以张子厚先生昔讲道于横渠，乃为室东偏，合张许二先生而祀

① ［元］欧阳玄：《贞文书院记》，见［清］雍正《江西通志》卷一二七。

② 刘敦桢：《牌楼算例》，见《刘敦桢文集》（一），中国建筑工业出版社1982年版，第196页。

③ 梁思成：《中国建筑史》，见《梁思成文集》（三），中国建筑工业出版社1985年版，第261页。

④ ［元］张槼：《重建屏山书院记》，见［清］乾隆《福建通志》卷七一。

之”[①]，张载、许衡祠“为室东偏”，应该在讲堂院内。

5. 中殿左祠右学式

严光钓鱼台于绍定元年（1228年）创建书院于台下，淳祐元年（1241年）知州王佖增加斋舍。淳祐十一年，知州赵汝历凿石累土，扩大台基，形成中殿左祠右学式布局，“为门三间，榜曰钓台书院，历级而升为官厅，左乃先生祠也，羊裘轩、客星阁悉仍其旧；又以招隐堂废址为燕居殿，下为门庑曰燕居之门；由官厅而右为讲堂曰清风堂，之北为复屋曰遂高堂，之南临流为阁曰云峰烟水，为四斋曰明善、希贤、尚志、修己；为垆亭曰会友；山长、堂长有位，祭器有库，储蓄有仓，庖湢有所。……改登台路于书院之右，山腰有亭以待憩息。东台旧有亭，更为亭西台，对立相望”[②]。限于地形，虽然不是很规整，但三路布局还是很清楚的。

咸淳八年（1272年）建造的兴国安湖书院也属于中殿左祠右学布局形式。“书院之制：前为燕居，直以杏坛，旁为堂，左先贤祠，祠后为直舍，缭斋以庑，不侈不隘，临溪为之门，堂名絜矩，斋名笃志、求敏、明辨、主善、率性、成德，其门总曰安湖书院”[③]。燕居殿在中，先贤祠在左，讲堂絜矩堂应该在右，而两庑为六斋。

6. 后殿前祠中学式

建康明道书院始建于嘉定八年（1215年），初建时规模不大，“前护重门，中俨祠像，扁其堂曰春风，上为楼，旁二塾，曰主敬，曰行事，昶名其泉曰泽物，表其坊曰尊贤”[④]，属于前祠后学式。到景定时，程颢祠堂仍然居中，堂后为春风堂，下层为会讲堂之处，上层名御书阁，保存皇帝御书集书籍，春风堂后为主敬堂，会食会茶之所，再后为燕居堂，奉祀孔子及十四位先贤神位。书

---

① ［元］程矩夫：《鲁斋书院记》，见《雪楼集》卷一三。

② ［清］乾隆《浙江通志》卷二九。

③ ［南宋］文天祥：《赣州兴国县安湖书院记》，见《文山集》卷一二。

④ ［南宋］周应合：《景定建康志》卷二九《儒学志二·建明道书院》。

院轴线呈前祠中学后殿的布局形式，奉祀孔子的燕居殿竟然位于最后。这可能是由于燕居殿是后来增建的。

7.右殿左前祠后学式

右殿左前祠后学式其实是右殿左学式的特殊方式，即左学前设祠堂，后为学舍。

至正四年（1344年）新建的南丰书院“中为圣殿，左为曾文定祠，后列讲堂斋舍，内藏全集镌板。有司春秋致祭”①。虽然说中为圣殿，但祠堂在左，学舍在后，右侧似无建筑，应该属于右殿左学式，而左学前为祠，后为学舍。

福建崇安安定书院也是这种布局方式，“右为礼殿，奉宣圣及四子侍坐像，左为祠，肖先生像居中，而以先生子从籍溪、致堂、茆堂、五峰四君子配焉，祠之后有堂。前有重门，翼以廊庑。其外门曰文定公书院”②。右设礼殿，奉祀孔子，以四配配享；左侧前设祠堂，奉祀胡安国，以其侄胡宪、胡寅和二子胡宁、胡宏配祀，后为学舍，从事教育活动。

（二）殿学双祠式

殿学双祠式书院并不少见，南宋苏州学道书院与和靖书院、永嘉书院、新淦高峰书院、尤溪南溪书院、全州清湘书院、元代白石书院，都是一殿两祠，但都不清楚布局形式。

能够确定的殿学双祠式有后殿中学前双祠式、后殿左右祠前学式、前殿后学并左右祠式、前殿中学后二祠式、中殿中祠后祠前学式和后殿中二祠前学式六种。

1.后殿中学前双祠式

同治九年重修白鹭书院，大成殿在后，讲堂在前，六君子祠在左前，景贤祠在右前，采用的就是后殿中学前双祠式布局。

---

① ［清］雍正《江西通志》卷二二。

② ［明］彭时：《重修胡文定公书院记》，见《明文衡》卷一〇〇。

2.后殿左右祠前学式

宋咸淳中，潮州进士胡申甫建造京山书舍，前为论堂，两庑名观善、会文，“是为师友往来讲切问辩之所，四斋隅置，则弦诵者居岩，最后耸以三祠，安定左而昌黎右，瞻仪肃肃，侑我圣师”[1]，前学后殿祠，殿祀圣师，祠分别祀胡瑗、韩愈。

3.前殿后学并左右祠式

至元二十九年（1292年）迁建的锦江书院属于此种布局形式：“殿曰大成，堂曰敬仪，阁曰云章，序曰同理。东辟祠室专飨朱子，配以真文忠公，右列乡贤熊曲肱而下五人，左以寿春、扬州二府君陪祀。院之西仿苏子族亭，为堂曰带经，祠曰世美，高下方直，宏深敞丽，虽大郡校宫力出于公者有所弗及。”[2]大成殿居前，学舍敬仪堂和云章阁、同理序在后，东置奉祀朱熹并以乡贤熊彦诗等配祀的祠堂，西设家祠世美祠。这种布局形式非常少见。

4.前殿中学后二祠式

见于嵩阳书院，轴线上由南向北依次为大门、先圣殿、讲堂、泮池、道统祠、藏书楼，藏书楼左耳为观善堂，西耳为崇儒祠，先圣殿前左右两厢分别为博约斋、敬义斋，藏书楼前左右两厢分别为三益斋、四勿斋，书院布局比较规整。

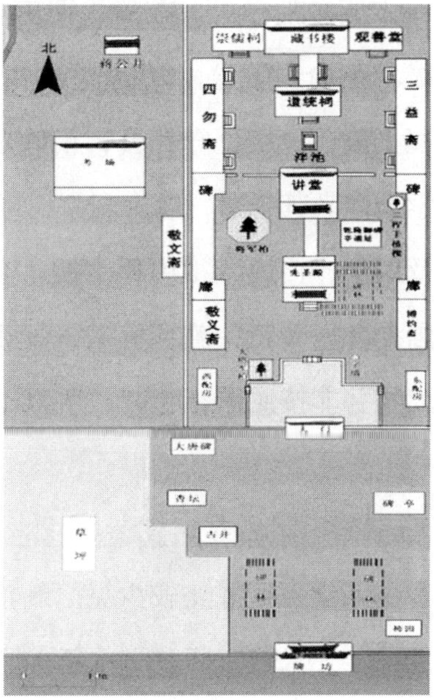

嵩阳书院平面示意图

明代石鼓书院也是此种布局，“院前为棂星门，次禹碑亭，亭之东西翼以号舍若干楹，亭后为敬义堂。循石磴而上，中为孔子燕居堂，后为风雩亭，亭后为讲堂，旁列主静、定性二斋，堂后为乡贤祠，祠后为砥柱

① ［南宋］林希逸：《潮州海阳县京山书舍记》，见《鬳斋续集》卷一〇。

② ［元］王构：《锦江书院记》，见［清］雍正《江西通志》卷一二七。

中流坊，坊后为寓贤祠”。

5.中殿中祠后祠前学式

明弘治间，陇州建造岍山书院规模不大，将孔子奉祀在尊经阁上，“乃即堂之故址为书院，中为敦本堂，东西为养正、复初二斋，堂之后斯阁建焉。中设孔子及四配像，旁两壁各置架以庋书，而总名曰崇经者，亦张伯玉尊经意也。阁之下设七贤像，左右为肄诵之房，后为燕室，设乡贤主于中”①，这种方式非常罕见，不为孔子设置单独奉祀建筑，将孔子和四配置于楼上，两侧还存放书籍，而于楼下奉祀名宦，楼后设室奉祀乡贤。虽然奉祀孔子的建筑为楼，但由于本书将奉祀孔子单体建筑称作殿，所以这种布局方式仍被归为中殿中祠后祠前学式。

6.后殿中二祠前学式

元至元四年（1338年）创建的江苏盱眙崇圣书院建于山阴，院址呈三级台地。燕居堂在上，在后，两庑在中，学舍在下，在前，“黉舍在山之阴，山三级。上为燕居堂，以祀夫子，配以兖、郕、沂、邹四公；中为两庑，右祀周、程十儒，左祀郡守孔公，侑以晋侍中陈骞等六人；下为淮山堂，以居其师，进学斋以教其子弟，庖厨门亭，咸有其所，合三十八楹”②，上为燕居堂以祀孔子及四配，西庑奉祀周程十儒，东庑奉祀曾任职本地并去世的孔子十一代孙孔安国，并以晋侍中陈骞等六人配祀，下为学舍。燕居堂虽然有两庑从祀，但从祀人物并非按照国家礼制，所以不称庙而称殿。

（三）殿学三祠式

殿学三祠式比较少见。新淦高峰书院在南宋初建时设二祠分别奉祀朱熹与黄榦，元大德二年（1298年）“增塑先师四国公像”，并设侍读公祠，成一殿三祠式；嵩阳书院在康熙十三年（1674年）建诸贤祠，十六年添建先师殿和三贤

① ［明］李东阳：《岍山书院尊经阁记》，见《怀麓堂集》卷六五。

② ［元］苏天爵：《盱眙县崇圣书院记》，见《滋溪文稿》卷一。

祠，三十八年巡抚阎兴邦添建道统祠，也呈一殿三祠式；可惜此二书院都不知布局形式。已知布局形式的有平江天岳书院和东林书院，前者为前学后中殿左二祠右一祠式，后者为前学中殿后祠左二祠式。

1.前学后中殿左二祠右一祠式

湖南平江天岳书院，始建于清康熙五十九年（1720年），中经两次搬迁，同治六年（1867年）迁至今处。书院大门两侧纵向斋舍各两排，每排13间，正对讲堂，堂后为大成殿，也属于后殿前学式。比较复杂的是，大成殿两侧设祠，左设屈子祠和九君子祠，右设罗孝子祠和藏书楼。前为学习区，后为奉祀区，规划还是非常规矩整齐的。

2.前学中殿后祠左二祠式

见于东林书院。东林书院轴线突出，自前向后依次为大门、牌楼、泮池、仪门、丽泽堂、依庸堂、燕居庙、三公祠，左侧设园林、东林报功祠、道南祠、再得草庐、时雨斋等、右侧有小辨斋、心鉴斋、寻乐处、来复斋等。

（四）殿学四祠式

见于淳祐二年建造的公安竹林书院，“有燕居以行舍菜，有公堂以正讲席，有闶其门，有翼其庑，前列四祠以彰有德，后峙八斋以肄生员”，书院有一殿四祠，可惜无法知其布局形式。

五、殿祠阁学式

嘉应州培风书院，同治七年（1868年）时“因堂为楼以讲学，以奉先圣，移九贤于西楼，以梓潼宅其中”，但不详其具体布局形式。已知有中学右祠左前殿后阁式、前阁中殿后祠庑学式两种布局形式。

（一）中学右祠左前殿后阁式

见于光绪十八年重建的吉首潕溪书院。潕溪书院原为始建于清乾隆三年

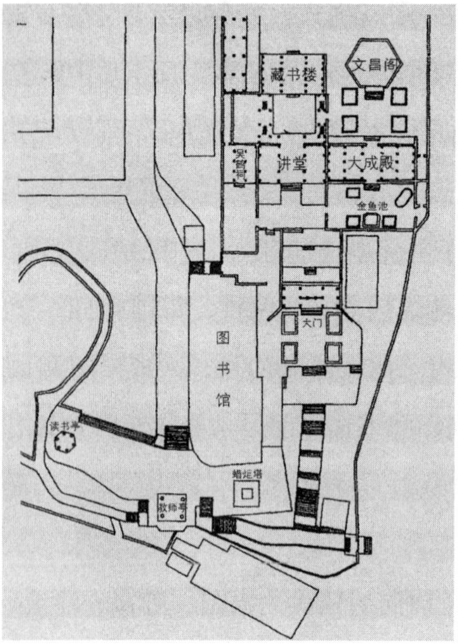

濂溪书院平面图（摘自邹律姿《湖南文庙与书院》）

（1738年）的镇溪书院，嘉庆十二年（1807年）改称濂溪书院，咸丰十年（1860年）毁于兵燹，光绪十八年（1892年）重建。书院依山而建，限于地形，大门没有正对讲堂，而是略微偏左将近一间。左前为大成殿，后为文昌阁，右为讲堂和藏书楼，讲堂右侧设置鹤公祠，奉祀乡贤吴鹤。

（二）前阁中殿后祠庑学式

见于同治十一年（1871年）落成的桂阳鉴湖书院，书院朝东，围墙东南、东北两角抹角设门，轴线上依次设照壁、大门、文昌阁、大成殿和崇圣祠，未见讲堂，属于前阁中殿后祠庑学式。崇圣祠是奉祀孔子先人的祠堂，明嘉靖九年（1530年）命各地官学建造启圣祠，奉祀孔子之父，并以四配之父和二程、朱熹、蔡沉之父配祀，清雍正元年加封孔子上五代先人为王，改称崇圣祠奉祀。崇圣祠是文庙的必备殿祠之一，但书院设置的很少。

六、殿祠楼学式

南宋瑞州西涧书院有燕居殿、祠堂，还奉祀魁星，殿祠楼学皆备，遗憾的是不知具体布局形式。

七、殿阁楼学式

书院同时奉祀孔子、文昌、魁星的不多，已知什邡方亭书院在乾隆四十一年（1776年）重修后曾如此奉祀，建筑布局采用后殿中学前楼左祠式。

乾隆四十一年于学后建造圣像楼奉祀孔子和二程，“登楼瞻瞩，前标魁阁，左翼文昌，书院在中”，为后殿中学前楼左祠式。

八、殿祠楼阁学式

书院殿祠楼阁均设者很少见，已知新洲问津书院为前学后殿祠右前楼阁式。问津书院三路布局：中路通贯书院，左右两路仅至讲堂前。中路轴线上设照壁、仪门、讲堂、大成殿，大成殿两庑左设子贡祠、隐士祠和仲子祠，右设名宦乡贤祠、朱子祠；左路设从先堂和问津堂；右路设魁星楼和文昌阁。

九、殿宇祠学式

书院奉祀关羽的很少，仅见后殿前学左宇右阁式一种布局形式。

湖南浏阳文家市文华书院始建于清道光二十一年（1841年），最前设照壁和左右过街亭，中轴线上依次设置大门、讲堂、大成殿和成德堂，大成殿左右设斋舍，布局非常整齐。同治四年（1865年）讲堂左侧添建关帝殿，右斋舍之右添设文昌阁。大成殿重檐歇山顶，面阔五间，进深五间，周设回廊，下设高台，前出七级踏步，深受官学影响。

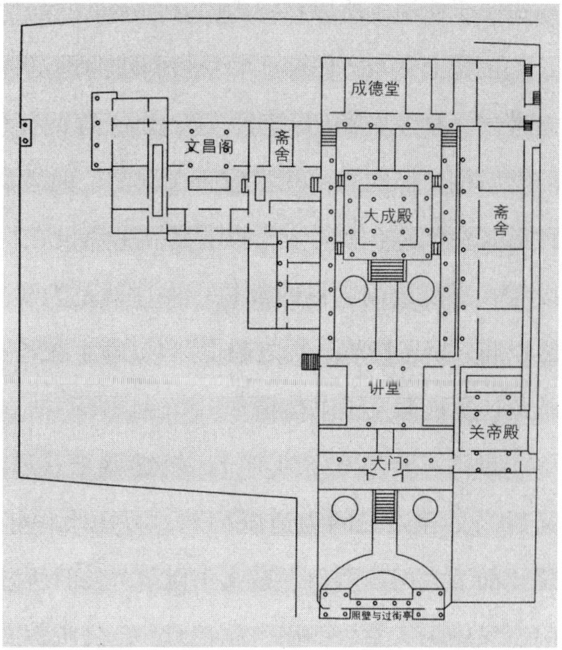

文华书院平面图（摘自邹律姿《湖南文庙与书院》）

十、学祠式

学祠式是最为常见的书院布局形式，特别是明清时期。学祠式有单祠式、双祠式、三祠式、四祠式四种。

（一）单祠式

单祠式有前学后祠式、前祠后学式、左祠右学式、左学右祠式、中祠左右学式五种布局形式。

1.前学后祠式

明代由于新建书院多不再奉祀孔子，仅设祠堂奉祀本地名宦乡贤和与本书院相关人士，所奉祀者地位多不高，所以祭祀重要性下降，由于前学后祠布局方式便于使用，所以在官学中几乎不见的前学后祠成为最常见的布局形式。

正德七年（1512年）李梦阳创建的进贤钟陵书院“书院立祠，祠周子，前立讲堂，祠左右斋四：明、通、公、溥，有东西廊屋，又立光霁亭云”，属于前学后祠，但四斋不在堂前而在祠前，如果堂门向后就可成为祠学相对式，这种形式在朝鲜乡校[①]中比较常见。书斋设在祠前左右其实是不错的方式，官学设庙，书院设祠，目的都是一样，就是为学生提供成圣成贤的学习榜样，“建之以庙，贤圣毕聚，标之趋也”[②]，学生在圣贤面前读书，出门就能见到心仪的圣贤，更能激发读书热情。

嘉靖三十年（1551年），杨继盛于狄道建造超然书院，“中五间为讲堂，又后高处盖殿三间为道统祠”；万历十一年（1583年）重修后的桂林敷文书院“前为大门，颜曰‘敷文书院’，公旧所题名也，手泽犹有存焉尔。中为仪门，又中为大堂，颜曰‘耀德堂’，公所敷文降蛮处也。两廊各翼以精舍十八

① 相当于中国的府、州、县各级官学，朝鲜王朝是中国藩属，官学名称不敢与中国名称相同，故不分行政级别一律称为乡校。

② ［明］李梦阳：《钟陵书院碑》，见《空同集》卷四二。

楹，后为后堂窿然特起，前道佥事欧阳公瑜题其上曰‘道德功勋’，奉公像以居”[①]，奉祀王守仁；崇祯二年重建的永城太丘书院“门以北，东西各建五楹，北则讲堂五楹……北则又堂五楹，堂之北藏书楼三间，列陈公像于中，宏丽高敞，焕然巨观也”，都属于前学后祠式。

嘉靖四十四年（1565年）常熟知县王杲将文学书院迁址于言偃墓附近。“其地南阻民居，乃东辟为书院门，门内稍虚，其南为垣，途北折为门，表曰南方精华，言南方学肇吴公也。门内为池，树以棹楔，表曰洙泗渊源，言吴公之道本洙泗也。又进为学道堂，揭示遗训，俾士民知所兴也。堂北为祠门，中建祠宇，旁翼以亭，自非瞻礼门不轻启，明有敬也。堂之左右稍北则对立书楼，稍南则对立号舍，各蔽以墙，出入有门，升降有阶”，前区设讲堂、号舍、书楼、池塘、牌坊，后区设门设祠和亭。书院规模较大，设计也很合理。

清初建造的芝山书院“书院正堂五间，后堂如之……书院后堂特祀朱文公，以郡先贤饶、柴诸公配”[②]，后堂奉祀朱熹，以本地先贤饶鲁和柴中行配祀；康熙三十年（1691年）重建的诸葛书院“中建讲堂，后建三立祀，中祀忠武侯，以司马德操、徐元直配之”；道光十八年（1838年）建造的巴东信陵书院“前为讲堂……后为堂，设主以祀宋周、程、朱、张五子”；乾隆二十年（1755年）建造的平远平阳书院“前大门三间，中……三间，悬康熙时御笔文教遐宣匾额，后建景贤堂五间，祀濂洛关闽九贤”；乾隆二十九年，石泉建造西山书院，“中为讲堂三间，后为书室五间，中奉朱子神主”；乾隆四十九年，潼川草堂书院“于讲堂后隙地成室三间，塑少陵像，并以青莲像配之”，都是前学后祠式。

金台书院也是前学后祠式，前后三进院落，门外设八字形照壁，轴线上依次为书院门、垂花门、“乐育英才”门、讲堂、朱子堂，形制简洁。

---

① ［明］陈纪：《修复敷文书院记》，见［清］雍正《广西通志》卷一〇四。

② ［清］翟凤翥：《芝山书院记》，见［清］雍正《江西通志》卷一三四。

2.前祠后学式

前祠后学式其实是一种不便于人们出入的布局方式。之所以明知出入不便还采用这种布局方式，是因为人们重视祠堂，要将祠堂放在前面。

淳祐六年（1246年）建造的相江书院“为祠五间，继以讲堂，间亦如之；左右为两斋，皆五间；外为三门”；宝祐三年（1255年）建造的宝庆濂溪书堂“中为先生祠堂，祠先贤于东西两序以侑焉。其后为讲堂，直舍、斋庐、门庑、庖湢皆备”，都采用前祠后学的布局。

成化十三年（1477年）创建的苏门山百泉书院“凡为屋三重，为楹六十有二。扁其门曰先贤祠，中曰讲道堂，左右为斋凡八，后曰主敬堂”[①]；成化十七年创建的伊洛书院“中曰十贤祠，祀前诸儒，后曰讲道堂”；隆庆时贵阳阳明书院“前为享堂，后为讲堂，俱六楹”；万历间建造的开封游梁书院“中为殿六楹，祀孟夫子其上，以万章、公孙丑诸弟子配，前为门，题曰仁义之门，又前为门，题曰游梁祠，仍其旧也。殿之北建讲堂六楹，扁曰性善，其东西各列号舍十八间，以处诸生，亦既备矣”[②]，都是前祠后学式。

清康熙五十五年（1716年）落成的三水正学书院“前堂祀周、张、程、朱诸夫子，后堂师生讲肄”；乾隆二十三年（1758年）建造的狄道洮阳书院于杨继盛祠堂后建造讲堂；乾隆五十七年建造的隆安榜山书院中建讲堂，其后为文成公祠；同治十二年（1873年），枣强知县方宗诚“得前邑令张君所购宅基一区，在董子祠前，爰筹资创建书院讲堂”，也都是前学后祠式布局。

3.左祠右学式

成化十六年（1480年）重修的婺源明经书院“中作堂为讲道之所，左为祠以奉云峰先生，右为室以居诸生之肄业者，前为门屋，缭以周垣”[③]，祠堂在左，讲堂在中，学生肄业之所在右，但讲堂和学生肄业之所都属于学舍，所以

① ［明］刘健：《百泉书院记》，见［清］雍正《河南通志》卷四三。

② ［明］方大美：《游梁书院碑记》，见［清］雍正《河南通志》卷四三。

③ ［明］程敏政：《婺源胡氏明经书院重修记》，见《篁墩集》卷一五。

依然是左祠右学式布局。

明崇祯十三年（1640年），玉林创建瑞泉书院，“缭以周垣，门棂户牖，犁然毕举。中三楹轩敞宏丽，为诸生讲道课艺之所，题之曰‘活泼泼地’，盖得之心而寓之境也，左三楹立晦翁朱夫子庙，右三楹募僧人居司启闭焉”，虽然右侧有三间管理人员用房，但只是附属建筑，仍然属于左祠右学式布局。

南昌豫章书院清康熙三十六年重修，仍然保持左祠右学旧制，“书院右为讲堂，左为祠，仍祀先贤名儒，旁列号舍数十间”。

4. 左学右祠式

元延祐元年（1314年）新建的滕州性善书院“其宫之地凡八亩，右庙堂以祠孟子，左讲堂，翼以两斋以居业”[①]，属于简单而标准的左学右祠式。

弘治十一年（1498年）重建的诸葛书院“复为堂六楹，中肖侯像，左右庑楹亦如之；其后为亭，覆以茅，扁以草庐。庐之后又为堂六楹，曰卧龙。祠之左为堂庑各四楹，曰书院”[②]。左为学，规模很小，正堂和两厢都是三间，右为祠，祠堂和两厢都是五间，堂后还有草庐和五间的卧龙堂，或许是因为此处相传为诸葛亮隐居处卧龙岗。

5. 中祠左右学式

明嘉靖九年（1530年）创建的杭州天真书院“中为祠堂，后为文明阁、藏书室、望海亭；左为嘉会堂、游艺所、传经楼；右为明德堂、日新馆，旁为翼室”[③]。中间设祠堂，奉祀王守仁，左右建筑虽然没有点名用途，但从建筑名称看应该是学习场所，属于中祠左右学式布局。

（二）双祠式

双祠式书院比较常见，有中祠右祠左学式、前学中祠后祠式、左祠右学

① ［元］虞集：《滕州性善书院学田记》，见《道园学古录》卷八。
② ［明］李东阳：《重建诸葛武侯祠堂记》，见《怀麓堂集》卷六六。
③ ［明］邹守益：《天真仰止祠记》，见《王文成公全书》卷三五。

式、中祠庑学式四种形式。

1.中祠右祠左学式

乾隆十九年（1754年），《福州府志》记载鳌峰书院为“前为正谊堂，中祀周、程、张、朱五夫子，后为藏书楼，置经史子集若干橱；右祀宋明闽中先儒，为六子祠；其左凿池……稍进有堂，额曰名教乐地”，书院三路布局，中路和右路设祠，左路设学。

2.前学中祠后祠式

康熙四十九年（1710年）新建平乐道乡书院，“前为讲堂者一，为寝室者二，皆三楹，前祀邹忠公，后祀文公”，为前学中祠后祠式布局。

3.左祠右学式

杭州崇文书院“中奉朱子而以后寝祀永盛”，“辟其左为亭，恭摹御书勒石崇奉，后为敬修堂，为诸生斋舍”，书院两路布局，左路前后设二祠，分别奉祀朱熹和有功书院者叶永盛。

4.中祠庑学式

弘治十年（1497年），重修的滕州性善书院“前祀孟子，后祀滕文公，别以乐、万、毕、然为配，庑为藏修之所，神而附之教焉”，书院规模很小，正房为前后两祠，学舍设于两侧厢房内。

（三）三祠式

三祠式书院也不多见，已知首阳书院为此式。

弘治元年（1488年）重建的永济首阳书院“中为堂曰崇德，以施讲授；后为堂曰养正，以藏古今图籍；旁为左右庑，以为肄习之所；又后为祠堂三区，中以祀夷、齐二贤，左祀名宦，右祀乡贤”[①]，该书院由知州许鹏主持重建，所以根据国家规定建造了名宦祠和乡贤祠，书院属前学后三祠式布局。

---

① ［明］李东阳：《重建首阳书院记》，见《怀麓堂集》卷六五。

（四）四祠式

四祠式极为罕见，见于清嘉庆十三年（1808年）重修的黟县碧阳书院。

碧阳书院“中路为大门三楹，上为朱子祠三楹，又上三楹为讲堂，又上三楹为韦斋先生祠，祠左为卫道，奉官此土兴文教者，右为衍绪，祀邑先哲有儒行者”。书院三进院落，前祠朱熹，中设讲堂，后祠朱熹之父朱松，左右祠堂分祀兴学名宦和儒行乡贤，属前祠中学后三祠式。

十一、学祠官署式

仅见西安正学书院一例。

此种布局形式仅见于明弘治十年（1497年）重建的西安正学书院，“画为三区：其中为祠，左为提学分司，而书院实居其右。祠有堂有庖，有库司，有前后堂，有左右庑，书院之制皆与司称，又左右环为肄业之室，堂之后为会馔之所，共为门三重以通出入，塈而垣之四周，而其制始备”[①]，提学官署与学舍规制基本相同，祠堂、学舍、官署共用一门，这种形式是很少见的，呈中祠右学左官署布局。

十二、学阁式

学阁式独祀文昌帝君，此种布局明代已经出现，清代逐渐增加。

学阁式有前阁后学式、前学后阁式、左阁右学式和右阁左学式四种布局形式。

（一）前阁后学式

前阁后学式比较少见。清康熙二十四年（1685年）创建的昆明书院“前殿三楹，祠文昌帝君，中构一阁为讲贯之所，后厅五楹为憩息之地，两庑各构

---

① ［明］李东阳：《重建正学书院记》，见《怀麓堂集》卷六五。

三十厦为诸生栖止之区”；乾隆十一年（1746年）建造的南宫东阳书院“二门内建文昌祠，中设讲堂五间”；乾隆十六年创建的河北南宫东阳书院“中建讲堂五间，其两旁为厨房，堂之前为文昌祠”，都属于前阁后学式布局。

（二）前学后阁式

明隆庆元年（1567年）宁夏建造揆文书院，“建仪门、前后堂各三楹，左右列号舍各六区……后筑台十尺，为文昌祠”；海南文昌至公书院两进院落，大门三间，讲堂三间、两厢各五间，最后为文昌阁，三间重檐，形制简洁。二书院都属于前学后阁式布局。

康熙二十二年（1683年），井陉知县周文煊借文昌阁建造东璧书院，“阁前书舍”；康熙五十三年，河北济源重建启运书院“大门三间，内为中庭三间，进中庭数十武为讲堂三间，堂前列东西斋各五间，堂后起阁祀文昌”，乾隆十四年建造的周至对峰书院，“前为大门，次仪门，次讲堂，次掌教居室，极后为文昌祠”；嘉庆十年的藤州书院“建文昌祠于讲堂之后”，也都是前学后阁式。

（三）左阁右学式

见于嘉庆二十年（1815年）重修的南宫东阳书院，“迁文昌祠于东南隅，讲堂仍其旧观”，文昌祠在左，学区在右，呈左阁右学布局。

（四）右阁左学式

见于道光二年（1822年）建造的广南府培风书院，“如是量度地面，分为二，取古人尚右之义以建文昌宫，而以左手建书院”，采用右阁左学式。

十三、学祠阁式

祠阁式书院不是很多，已知有前学中阁后祠式、右前祠后学左阁式、下祠上阁后学式和下学、上阁祠、左右祠式四种布局形式。

（一）前学中阁后祠式

见于万历三十九年（1611年）重建的范文正讲院，“建讲堂三楹，堂之北建文昌楼，楼之北文正祠三楹，祠之北藏书楼三楹。自门以至藏书楼之东西，各建号房二十楹，集九邑士之俊秀者肄业其中”[①]。

（二）右前祠后学左阁式

康熙四十二年（1703年）初建杭州紫阳书院，“其中为乐育堂，奉朱子木主，堂后有簪花阁、五云深处、讲堂”，为前祠后学式，雍正七年将东侧巢翠亭改作文昌祠，呈右前祠后学左阁式布局。

（三）下祠上阁后学式

山东省城书院泺源书院“二门外有文昌阁，阁下为朱子祠堂”，奉祀文昌的阁和奉祀朱熹的祠位于一座建筑的上下两层。

（四）下学、上阁祠、左右祠式

见于清嘉庆五年（1800年）迁建的惠州丰湖书院，“堂上为楼曰澄观楼，祀文昌暨周、程、张、朱五夫子，又东为伊公祠，生祀太守伊公，西亦有祠，凡斯院之捐田助银者各以其主进，盖与伊公祠同为报功之意”，书院呈三路布局，中路前学后阁，阁上层奉祀魁星，底层奉祀宋五子，左右两路设生祠，分祀有功书院的太守和捐助者。

十四、学楼式

学楼式独祀魁（奎）星，此种布局形式在明初已经出现，清代逐渐增多。

---

① ［清］符应琦：《宋范文正公讲院碑记》，见［清］雍正《河南通志》卷四三。

学楼式有前学后楼式和前楼后学式两种布局形式。

（一）前学后楼式

永乐二十年（1422年），乐昌建造的凤山书院“讲堂居中，后为魁星楼”，乾隆七年（1742年），江阴建造的暨阳书院“堂后为奎宿楼”，都属于前学后楼式。

（二）前楼后学式

乾隆二十八年（1763年）临晋建造的桑泉书院“大门建高楼三楹，上祀魁星”，道光元年（1721年）建造的义宁义江书院“院门上建奎星阁一座”，都属于前楼后学式布局。

十五、学祠楼式

学祠楼式书院不多，雍正十二年（1734年）重建甘泉安定书院，三路布局，大门设于西路，东一路都是讲院，东二路是学舍，“中矗起为楼者三，礼魁宿，兆文明也”，不知魁星楼位于哪路。

学祠楼式已知有前学后祠楼一体式一种布局形式。

嘉庆三年（1798年）新建的隆安榜山书院“中建讲堂，其后旧为文成公祠，改建杰阁，上奉魁斗之星，下奉文成神位，以时俎豆”，前学后楼，楼上奉祀魁星，下祀王守仁，以时祭祀，楼祠一体。

十六、学祠楼阁式

见于同治间建造的浏阳石山书院，书院呈三路布局：中路四进院落，前院设讲堂，左设乡贤祠，右设居业斋，第二进正祠奉祀文昌，院中设“文光射斗”亭，第三进为魁星楼，第四进为后祠，奉祀文昌三代先人；东路设名媛祠；西路为半学斋。书院一般奉祀文昌，石山书院还按照礼制设后祠奉祀文昌三代先人，比较少见，而中间以魁星阁间隔更是少见。

十七、纯学式

唐代及五代十国时期书院未见有奉祀建筑，北宋书院除几所官办书院外也大多没有奉祀建筑，基本属于纯学式。南宋设置奉祀建筑逐渐增多，元代已经比较普及，进入明代后，设置奉祀建筑书院逐渐减少。

元代时，长芦高伯川创建书院规模不大，“乃营为二区：其东正堂三间，东序如之，以为讲师之居；其西书楼，上下各三间，高明宏深，盛夏无暑气，东西庑亦各三间；绕以周垣，高大其门。西皋赵公为大书‘中和书院’以表之”①，没有设置奉祀建筑。

明代不设奉祀建筑书院增多，成化间郫县人张伯明创建子云书院，“书院前为堂，堂左右为夹室，夹室之南为庑，庑南为门，堂之北为楼，楼制高亢弘敞，每开轩四望，则岷嶓诸山左右环绕，而汶江前水交流其中”②；弘治二年（1489年）新建的方岩书院只有讲堂和两斋，西侧也不过三座小亭和两座书斋，“为堂四楹，其左右翼而相观、恐闻二斋以居学徒，置田三十亩以资养，而仰高、望海、采藻三亭及桃溪书屋、方石山房于右焉”③，都未设奉祀建筑。

弘治间创建的江西玉山书院“中为堂曰会讲，后曰与善，旁列两斋，左曰精义，右曰丽泽。出精义，左上为楼，以庋经史，曰宝墨。为庖湢，所具器什，缭以周垣。东置良畴为廪人，曰阅稼；西为射圃，有亭曰游艺。弦诵以时，养习有地，合乡之人与族之子弟于是学焉。前启修途曰云径，值途作亭曰礼宾，右有清池，池上曰洗玉亭，左为方塘，塘上之亭曰天光云影，其后为绰楔，曰绿阴深处，下有寻乐窝，右偏之池为观莲，复亭其上曰理窟，名义惟良，筑凿有焕，而皆为书院设也。既成，取山名名之曰玉山书院”④，书院有堂

① ［元］王旭：《中和书院记》，见《兰轩集》卷一三。

② ［明］周瑛：《扬子云书院记》，见《翠渠摘稿》卷三。

③ ［明］李东阳：《方岩书院记》，见《怀麓堂集》卷三三。

④ ［明］陆深：《玉山书院记》，见《俨山集》卷五四。

有斋，藏书有楼，庖湢有室，书院前有四亭两池一堂，并立有“绿荫深处”牌坊，独独没有祠庙。

万历四十年（1612年），创建的运司养蒙精舍“中有游息亭，亭后有堂六楹曰养正，择师居之，左右四斋，各六楹”，全无祠庙建筑。

雍正九年创建的文山书院“捐资百五十两置义馆六椽，学田一所，师课蒙习，以企弦歌之”，书院仅有五间建筑，没有奉祀建筑。乾隆五十七年（1792年）建造的通道恭城书院位于原宋崇宁四年（1105年）罗蒙书院旧址，三进院落，最后为讲堂，也未设奉祀建筑。

清代不祀书院大为增加，海州嘉庆间所存四所书院除卫公书院不详外，石室书院、怀仁书院、怀文书院均无奉祀建筑。

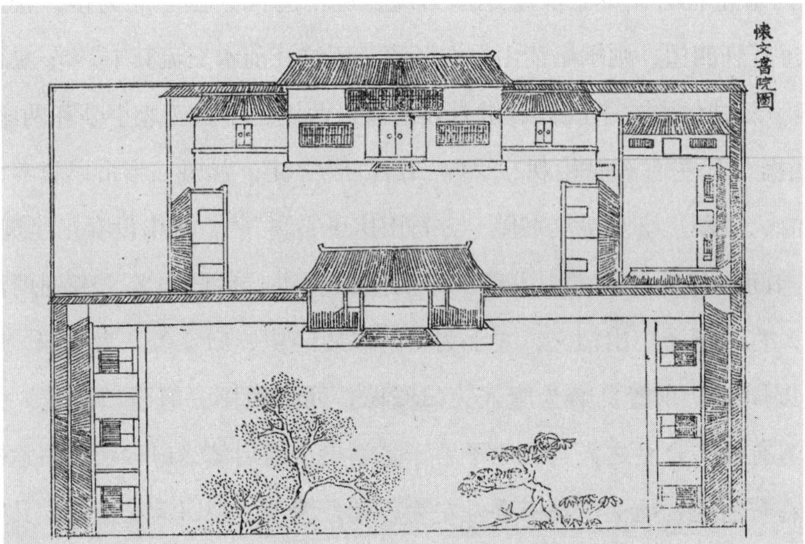

怀文书院平面示意图

十八、书院形制的变化

书院形制并非一成不变，有的书院特别是延时很长的书院形制会发生变化，甚至很大变化。

元至大二年（1309年）扩大的南阳诸葛书院“祠之东为孔子庙，庙之后为学，凡堂序门庑、庖湢库庾、肄业之斋、庋书之阁、官守之舍咸备。以间计，祠十有二，庙学四十有六，端庄广直，不务侈丽”①。诸葛亮祠堂在右，书院在左，书院前设孔子庙，后为学舍，呈前庙后学布局。弘治十一年（1498年）重建后，省去孔子庙，于左侧建设书院学舍，“复为堂六楹，中肖侯像，左右庑楹亦如之；其后为亭，覆以茅，扁以草庐。庐之后又为堂六楹，曰卧龙。祠之左为堂庑各四楹，曰书院”②，呈左学右祠的布局。

婺源胡氏明经书院原为胡氏家塾，元至大三年（1310年），胡淀与弟胡澄、族父胡炳文商议改建于西山之麓，“为屋数百楹，右先圣燕居之殿，左诸生会讲之堂，又其左斋庐四，又其前二塾，扁曰明诚、敬义，山巅构亭，据高望远”③，奉祀孔子，属于左殿右学式。至正时毁，明成化十六年（1480年）重建后，“中作堂为讲道之所，左为祠以奉云峰先生，右为室以居诸生之肄业者，前为门屋，缭以周垣”④。虽然还是左侧奉祀，右侧讲学，但书院不再奉祀孔子，改为奉祀胡炳文，后来又增加胡淀、胡澄兄弟配祀，变成左祠右学式。

湖南醴陵渌江书院始建于清乾隆十八年（1753年），后经乾隆十九年、三十一年、五十二年三次修建才最终落成，当时呈前学后殿式，斋舍位于两侧，门前还设有泮池。书院居于城内喧嚣嘈杂不便学子学习，道光九年（1829年）迁至西山原南宋淳祐年间的西山书院旧址，虽然仍为前学后殿的布局方式，但斋舍全位于左侧，同时在书院前建造了考棚。光绪二十七年（1901年）朝廷在考棚前的靖兴寺右建造宋名臣祠。

① ［元］程钜夫：《诸葛书院碑记》，见［清］雍正《河南通志》卷四三。

② ［明］李东阳：《重建诸葛武侯祠堂记》，见《怀麓堂集》卷六六。

③ ［元］吴澄：《明经书院记》，见《吴文正集》卷三七。

④ ［明］程敏政：《婺源胡氏明经书院重修记》，见《篁墩文集》卷一五。

第四节　书院建设

士大夫是中国文化水准最高的人群，具有很高的艺术修养和审美标准，十年寒窗，本来就枯燥乏味，尤其需要一个舒适的环境。五代十国时，江西奉新胡氏于华林山建造书院时就充分考虑到环境对学习的重要性，“又以为学者常存神闲旷之地，游目清虚之境，然后粹和内充，道德来应，于是列植松竹，间以葩华，涌泉清池环流于其间，虚亭菌阁鼎峙于其上，处者无斁，游者忘归，兰亭石室不能加也”[①]，环绕涌泉清池，栽植松竹花卉，构建凉亭，为学者提供优美的学习环境。

孔子“仁者乐山，智者乐水”造就了中国人喜爱山水的情怀，书院创建者尽可能选择清僻幽静之地，山环水绕之处，借观造景，依势构建，设亭阅书，建阁豁目，莳花清心，潴水涤虑，即使没有山水之胜，也要掘池叠山，栽花植树，借景入院，将读书者置身优美的环境之中。

一、书院选址

建造使人舒适的读书环境，选址非常关键，书院建造者尤其重视选址。

唐代书院初现，多为书斋，或借用寺观，或将官衙建筑命名，或建造于私第，只有个别书院建在山野。唐中期以后，战乱不已，官学衰微，为躲避战乱，潜心读书，士子大多归隐山林，正如朱熹所说，“前代庠序之教不修，士病无所于学，往往相与择胜地，立精舍，以为群居讲习之所”[②]，书院由城市转入山林。从北宋开始，随着官方介入，书院又逐渐由山林向城市转移，到清代

① ［南唐］徐铉：《洪州华山胡氏书堂记》，见《骑省集》卷二八。

② ［南宋］朱熹：《衡州石鼓书院记》，见《晦庵集》卷七九。

时，书院大兴，由城市逐渐普及乡村。

读书需要安静，需要远离喧嚣的烦扰，远离世俗的诱惑，最佳环境当是山林，所以许多书院都建造在山林中。

唐代杨发南溪书院“风景似桃源”，“草生垂井口，花落拥篱根。入院将雏鸟，攀萝抱子猿”；费君书院建在五老峰下，水环云隐，“认得溪云第几重”；李宽中秀才书院山水环绕，“江山并入一壶宽”，都是建造在优美的山水之中。五代时著名书院几乎全在山林中，中溪书院在封龙山中，白鹿洞书院在庐山中，嵩阳书院在太室山麓，匡山书院在匡山下，梧桐书院在山之阳。宋代以后，许多书院干脆以山命名，著名的就有湖南长沙岳麓书院、山东泰山书院、山东徂徕书院、江苏茅山书院、江西象山书院、湖南石鼓书院、山西冠山书院、绍兴蕺山书院、衢州柯山书院。以山命名的书院较多，恐怕能占到书院总数的十分之一。

平原无山，那就选水，中国人自古就喜欢临水而居，所以许多书院干脆以湖、池、江、河、川、溪命名。如江西铅山鹅湖书院，浙江杭州西湖书院，福建福州西湖书院，江西南昌东湖书院，浙江宁波东湖书院、东阳南湖书院、嘉兴文湖书院和鸳湖书院，河南汝南南湖书院，河北保定莲池书院，四川成都墨池书院，重庆大足凤池书院，陕西白河天池书院，山西榆次源池书院，江苏南京凤池书院，江苏苏州平江书院，浙江桐庐桐江书院，湖北武汉江汉书院，江西鄱江书院，河南巩义河洛书院，北京通县潞河书院，山西太原河汾书院，江西景德镇两河书院，山东济南泺源书院，江西九江濂溪书院，上海梅溪书院，江苏常熟虎溪书院，浙江淳安札溪书院，安徽桐城桐溪书院，广东肇庆端溪书院，福建同安双溪书院，河北永年漳川书院，辽宁锦县凌川书院，上海嘉定练川书院，重庆万州万川书院，陕西子长汾川书院，以水为名的书院占十分之一还多，由此可见人们对水的喜爱。

江河中小岛也是建造书院最为理想的位置，所以许多书院以洲命名，如江西白鹭洲书院，江苏泰兴马洲书院、扬州太平洲书院，浙江慈溪杜洲书院、鄞

花洲书院

县竹洲书院、龙泉笏洲书院，安徽颍上河洲书院，福建漳州松洲书院，江西新建三洲书院，河南邓州花洲书院，湖北潜江中洲书院，湖南衡阳东洲书院，广东潮州瀛洲书院，海南琼山西洲书院，云南洱源新洲书院。

许多书院选址都非常好。安庆培原书院“在府泮之左，面江流，枕龙岳，实据一城之胜”。嘉定四年（1211年）创建的东湖书院选址南昌东湖，“长堤回环，柳阴四合，水光照耀，芙蕖舒红，烂如云锦，重之以古木森列，飞梁之外，佳致无穷，此固拔俗之士所欲藏修息游于其间”[①]，如此美景，学者岂能不心旷神怡！

衡阳石鼓书院建于半岛之上，右为湘江，左为蒸水，双水交会于前，地形逐渐升高，建筑依势安排，环境非常优美。

湘江明代抚州创建的崇儒书院“背岘台而面青云，灵谷汝水金堤百雉回环左右”，建成后，“临孔道为门，门东折而南为大门，直甬道而上为堂，后为祠，甬道东西为号房，左为阁，为桥，江水如带，帆樯下上，面南为亭，为

① ［南宋］袁燮：《东湖书院记》，见《洁斋集》卷一〇。

石鼓书院

圃，池塘掩映，竹树蔽亏，顿还南湖伟观，颜曰崇儒书院”[①]；光绪二十二年（1896年）建造的湖南湘乡东山书院水面环绕，仅在西侧与地相连，南面池上架桥以供出入，位置都非常好。

浙江东阳石洞书院选址最为巧妙。山中有洞，以绝壁封堵，人都以为山洞已经到底。郭钦止一次来游，偶然发现洞底有罅缝，还听到空中远远有流水声，于是在石壁上凿出台阶百余步而登，“君逼视其罅，遥闻水声出空中，凿岸百步，梯级而后进，土开谷明，俄若异境，稍复深入，臻于旷平，则石之高翔俯踞，而竹坚木瘦皆衣被于其上，水之飞湍瀑流，而蕉红蒲绿皆浸灌于其下，潭涧之洼衍，阿岭之嵌突，以亭以宇，可钓可奕，巧智所欲集，皆不谋而先成。君又荫茂密以崇其幽，植芳妍以绚其阳，左右面势，彼此回薄，而山之向背曲折，阴晴早暮，姿态备矣”，洞后竟然是风光秀丽的世外桃源。郭钦止发现后绝不独占，而要造福于乡邻，绍兴十八年（1148年）创办书院教育本家和乡邻子弟，“君甚乐之，以为山水之美，千载而潜，譬犹赵璧、隋珠璞于外

① ［明］邹元标：《崇儒书院记》，见［清］雍正《江西通志》卷一三三。

而韫于中，其一日忽彰，何异武陵、天台显于今而閟于昔也。既而叹曰：‘地之偶出于吾庐，非私赐余者，吾其可自泰而游！将使子孙勤而学于斯，学其可以专，盍使乡党之秀并焉。’于是度为书院，礼名士主其学，徙家之藏书以实之，储洞之田为书院之食，而斥洞之山为书院之山，示郭氏不敢有也”[①]。书院位于山谷之中，有塘有池，阴晴早晚风景各异，生徒需要从石洞拾级而上才能到达，远离尘嚣，真是读书好去处。郭钦止还刻意营建，建造“依绿堂、明善堂、三友堂、怡偲堂、东涧吟所”等建筑，有桂壑、月峡、倾月、石井、玉泉、飞雪、玉佩、依剑、药圃、小烂柯、高碧岩、壶天阁、韫玉岩诸景点和笙鹤亭、清旷亭等观赏点，吸引陆游、刘过等文人过访，他们陶醉于风光之中，纷纷作诗赞颂，陆游有《郭氏山林十六咏》，刘过有《石洞二十咏》，陈傅良有《石洞十咏》，王楙有《南湖记》和《依绿堂记》，汤致有《西园明善堂记》，戴岷隐有《三友堂记》，孙德之有《怡偲堂记》和《东涧吟所记》，主人将这些诗文汇刻为《石洞遗芳集》传世。[②]

广东南雄大中书院“左学宫，右郡城，巾山北峙，天马南翔，岚光壑态隐暎东西，而书院适其中。书院后为楼，楼后为亭二，东曰光风霁月，西曰源头活水。前为堂，外为门，四环以池，池东为登云桥，西为步月台，中为天光云影亭”[③]。书院左邻学宫，右接郡城，池水周碧，群山环翠，波光潋滟，且建有楼亭台桥，选址好，造景也很好。

书院即使不能建于山水之间，也要借景入院。早在唐代段将军书院就已经借景远山，“林杪见晴峰”，透过树梢可以远眺晴峦。

二、书院造景

书院虽然重视选址，但自然环境并不完全符合建造者意愿，所以对环境要

① ［南宋］叶适：《石洞书院记》，见［清］乾隆《浙江通志》卷二八。

② ［清］乾隆《浙江通志》卷四七。

③ ［明］罗伦：《大中书院记》，见《一峰文集》卷五。

进行改造，弥补其不足，增加其美观。

造景有两种方式，一是借景补景，二是平地造景。

所谓借景补景，就是原来已有不错的风景，但稍嫌不足，人工进行补充。

浙江桐庐钓台相传为东汉严光隐居垂钓处，北宋景祐元年（1034年）范仲淹任太守时重建祠宇，绍定元年（1228年），太守陆子遹于台下建造书院，淳祐十一年（1251年），太守赵汝历扩建，凿石累土扩大范围，并补景造景，“凿石累土以广其地，益以栋宇，为门三间，榜曰钓台书院，历级而升为官厅，左乃先生祠也，羊裘轩、客星阁悉仍其旧。又以招隐堂废址为燕居殿，下为门庑，曰燕居之门。由官厅而右为讲堂，曰清风堂，之北为复屋曰遂高堂，之南临流为阁曰云峰烟水。为四斋，曰明善、希贤、尚志、修己，为垆亭，曰会友”，“改登台路于书院之右，山腰有亭以待憩息，东台旧有亭，更为亭西台，对立相望”。元至元元年（1337年），建德路总管罗廷玉重修，并增加建筑，“新者曰三公不换亭，曰天下十九泉亭，曰锦峰绣岭亭，曰东台、西台两亭，甃登台之路而为门以识之，又作门其外榜曰钓臺，曰富春山”，明正统元年（1436年），知府万观重建，又增加清风轩、高节轩，弘治四年（1491年），知府李德恢又于祠堂前添建牌坊[①]。历次扩建，添加建筑，有的建筑是功能性的，有的纯粹增加景观。严光钓台背依青山，下瞰富春江，本来就风景秀丽，历经四百多年不断造景补景更加完美，但遗憾的是现在已经不存。

广西全州清湘书院元至顺二年（1331年）重修，引泉为渠，设三叠瀑布，蓄水为池，池畔建造斋舍52间，“明伦堂之右又有源泉，贯堂下而东出，乃导之过率性堂，汇燕居堂之左泉，悬流百尺，三折而下，作池潴之，作斋池上，为屋五十有二楹”[②]。景色优美，明人严震直赞美说“清湘仿佛小蓬莱”。

王守仁生前曾登临杭州城南天真山，“山多奇岩古洞，下瞰八卦田，左抱

---

① ［清］乾隆《浙江通志》卷二九。

② ［元］柳宗监：《清湘书院记》，见《广西通志》卷一〇四。

西湖，前临胥海”，爱其风景优美，心生卜筑其间以终老之念，并告知弟子洪畿。王守仁去世后，嘉靖九年（1530年）弟子薛侃遵师遗愿，建造天真书院祭祀先师并供同门讲会。嘉靖三十三年，门人胡宗宪巡按浙江进行重建，“左为叙勋堂，右为斋堂，后崖为云泉楼，前为祠门，门之左通慈云岭，磴道横亘若虹，立石牌坊于岭上，题曰‘仰止’，下接书院百步，一亭曰‘见畴’，曰‘泻云’，曰‘环海’，右拓基为净香庵以居守僧，外为大门，合而题之曰‘阳明先生祠’，门外半壁池，跨池而桥曰‘登云桥’，外即龟田亭，其上曰‘大极’”，三十六年，胡宗宪平定倭寇再次重修，“辟凝霞、玄阳之洞，梯上真，蹑蟾窟，经苍峡，采十真以临四洮，湘烟越峤，纵足万状，穷岛怒涛，坐收尊俎之间，四方游者愕然，以为造物千年所秘也”①。借助自然风光进行补景造景，天人合一，融为一体。

康熙四十二年（1703年）建造的杭州紫阳书院也是借景补景的杰作。紫阳山位于杭州南门外，因与新安紫阳同名，两浙盐运司高熊征发动盐商捐资建造书院，为与新安有别称作紫阳别墅。书院借景补景，依照地形建造楼阁堂榭，设置钓矶池台，为山水形象赋名，环境非常优美。山巅建阁，登临可观西湖胜景和钱塘潮水，“中为乐育堂，奉朱子木主，堂后有簪花阁，有五云深处，讲堂东为近水楼、南宫舫、瀛洲榭，生徒于此弦诵焉。又折而东，为春草池，为垂钓矶，为看湖台，为别有天，为寻诗径。循径而入，为层梯迭巘，蹑其巅为巢翠亭，远瞩钱塘、圣湖，如在襟带间，其他如小瞿塘、石蕊峰、梧桐冈、鹦鹉石、笔架峰、螺泉、葡萄石诸胜，皆岩石瘦削，壑谷幽涧”②。读书疲劳，园林寻诗，登高眺远，何乐如之！

平地造景主要在平原地区，没有自然山林湖池，只好叠山挖池。明万历二十七年（1599年）创建的西安关中书院，叠山凿池，架桥建亭，特别重视闹

---

① 《王文成公全书》卷三五。

② ［清］乾隆《浙江通志》卷二五。

中取静，“讲堂六楹，诸公匾曰允执，盖取关中中字意也。左右各为屋四楹，皆南向若翼，东西号房各六楹，堂后假山一座，三峰耸翠，宛然一小华岳也。堂前方塘半亩，竖亭于中，砌石为桥，偏西南不数武掘井及泉，引水注塘，并覆以亭。二门四楹，大门二楹，旧开于南，缘邻官署，冠盖纷沓，深山野人不便厕迹，因改于西巷，境益岑寂，且不失吾颜氏陋巷家法也。西巷地基乃用价易民居，大门外复构屋，南北相向，各三楹，门北隙地复构小屋数楹，仍居数家，以供洒扫之役。前后稍为修葺，未及数月，焕然成一大观矣。松风明月，鸟语花香，令人有春风舞雩之意”[①]。

成化弘治间创建的安徽祁门李源书院院内凿渠引水，掘池蓄水，种竹养莲，建亭筑山，院外引水环绕，架桥以供出入，“前凿小渠，引活水其间，种竹数百竿。又前为碧照亭，亭下随地凿两半月池，蒲柳交翠，墙外引水环之，为桥以通往来者。涧上曰镜山，万木森然，下照水中，蔚有殊意，亭因以名。亭右有圃，圃中为莲池，结草亭以供吟眺，此书院之大凡也”[②]，环境非常优美。

平地造景最为优美的是正德九年（1514年）巡盐御史张仲修创建的陕西运司河东书院，“是诸车人、店人、牙人愿献木石暨力，诸工师愿献能，诸园薮愿献厥植”，建造了环境非常优美的书院：

乃诜义七命理，乃筑堵周七十雉；乃作先门三隐，南面；北渡石杠，仪门三隐；又北讲经堂五隐，阿棚前南面层阶，双桐夹阶，桐外有二松夹陈，皆松栢芳槐；东为崇义斋五隐，西面；西为远利斋五隐，东面；碑亭二在二斋南，南面；斋负序，序交仪门之南墉；仪门东东号门，南面；东号门而北东上号门，东中号门，东下号门，皆西面，北上；东序在其前，三号皆南面，三隐；自门折道以登其堂，皆夹树，下楸中槐上

① ［明］冯从吾：《关中书院记》，见《少墟集》卷一五。

② ［明］程敏政：《李源书院记》，见《篁墩文集》卷一八。

> 桐，背二梨，其夹阶也皆茨柏；号皆有厨二隐，在左，西面；仪门西西号门，南面；西号门而北，其制如东号门，而北表二门皆双楸；退思堂在请经堂北，五隐，南面，二槐夹阶，茨柏在其南；四教亭在堂北，亦南面；堂东偏南下为左曲房，西面；其后胥人房，西偏南下为右曲房，东面，其后隶人房。西墉之西蜂房四区，东面；东墉之东蜂房亦四区，西面；四教亭北筑阁构楼曰书林，上祀三晋名贤，侧藏籍，其林带水为环，池如圆璧，以种莲泛舟，曰天光云影；又北为乱石滩，滩北为山九峰，中峰曰仰止亭，东曰杏坛，西曰桃源，旁皆甃井曰源头，四洞；先后山曰游仙，莲池在山后麓，巇岫峦岩，皆有茂木，绾雾萦云，故左曰豹变，右曰凤鸣；自环池东为石榴园，亭曰日心，西为葡萄园，亭曰月种，皆背松棚；菊篱见山在山北，西面，亭曰悠然；其后牡丹园，亭曰丽景，又其后纫兰园，亭曰余佩，皆西，亭皆南面；竹径通幽，在山北，东面，亭曰绿漪；其后荼蘼园，亭曰微风，又其后藉草园，亭曰一般，皆东面，亭皆南面；自仰止山后，历青阳而北为游息亭，又北为百果园；其山北东麓甃井，槐亭西麓亦甃井，槐亭翻车上水，潜山翼流，南过源头井，又南会于乱石滩，又南汇为环池；环池东南闸流过东蜂房，南萦东号厨，至东号门至南，东汇为方塘，西会西流于石杠；其西南闸流过西蜂房，南萦西号厨，至西号门之南，西汇为方塘；东会东流于石杠，又北流分灌山后诸园，至于百果。

将书院建造成优美园林，门堂楼斋，山石亭台，四时花卉，应时百果，各自成园。最具匠心的是水系，凿井取水，翻车上山，潜山翼流，南流至乱石滩，汇为环池，环池中建书林楼，形如辟雍，环池东南设闸，水渠南流过东蜂房，绕过东号厨，转入大门后石桥下，而环池西南闸则从西蜂房、西号厨也流至大门后石桥下，水由石桥北返至后花园浇灌山后各院花果，水渠环流整个书院。北方少水，书院却建造了如此多的水面和水渠，形成蜿蜒多姿的人工水系。不仅如此，建筑、水系、花果、假山都还具有深邃寓意，“故君子入先门则怀德，瞻仪门则正履，视碑以惧后，居斋以斋心，陟崇义思入神，降远利思窒欲，升讲经堂思考业，处退思以防过，守四教以存诚，仰山以乐仁，览水以乐智，睹蜂房以思义，仁且智与义矣斯周德。日心，忠也，月种，顺也，忠顺不失，斯见岁寒不凋之节，故松棚在其后。松棚者，与松为朋也。是故历乱石可以知险，登书林楼可以知危，游杏坛以述古，访桃源以济世，憩悠然以正出处，阅丽景以观造化，抚绿漪以成圭璧，赏微风而识乾坤，是故余佩如兰，斯馨藉草靡适，其适若是乎？可以游息矣，故游息亭终焉。譬诸草木，既尔斯果矣，故百果园又终焉”[①]。游走书院，身心深受儒家伦理道德的洗礼，好似上了一堂生动的修身课。

三、书院绿化

早在唐代，人们就非常重视书院绿化和美化。杜中丞书院远从山寺移栽绿竹，李群玉书院、曹唐子侄书院栽植青松；第四郎新修书院植树栽花，点缀山石，“引藤连树影，移石间花丛”；费君书院虽然建在五老峰下，仍然栽花植松，“解向花间栽碧松”；段将军书院“连穗古藤暗”，“莎覆藓阶浓”，书院静谧，“领雏幽鸟重”，环境都非常优美。而田将军书院花木满庭，绿莎缘墙，笋迸邻家，栖禽恋竹，“石自平湖远岸来”，“临街新起看山楼”，简直就是一座精美的小园林。

南宋陈亮建造龙川书院，精心设计绿化。柏屋前植两柏两桧，“接以秋香、海棠，围以竹，杂以梅”，临池小憩亭“两旁植以黄菊，后植木樨八株，四黄四丹，更植一大木樨于其中”，独松堂面对老松，堂后建廊，栽植李桃，环植以竹，终年常青，四季花开。

明正德九年建造的山西运城河东书院绿化也是精心规划的。学舍区栽植

① ［明］吕柟：《河东书院记》，见［清］雍正《山西通志》卷二〇七。

松、柏、桐、楸、槐、李、茨柏等树木，以绿为主，小有花卉，便于生徒专心学习。后部叠山凿池，花果成区，设置石榴园、葡萄园、荼蘼园、百果园、藉草园。学生苦读之后，后园赏花品果，豁目清心，疲劳顿消。

南宋王十朋所建梅溪书院绿化非常出色，从《书院杂咏》看，植有牡丹、芍药、岩桂、江梅、酴醾、红梅、海棠、瑞香、菊花、蜡梅、石榴、檐卜、李花、千叶黄梅，千叶红桃、千叶白桃、佛见笑、荷花、蓼花、萱花、芭蕉、菖蒲、慎火草、葡萄等二十多种花果以及斑竹、燕竹、西河柳等竹木，饲养鹤、鹅、花鸭、鸂鶒等禽鸟，设有假山、盆池、足鲤池，点缀盆景，藏书三万轴，建有渊源堂、细论堂、宜桂轩、蕴秀轩、同襟馆、富学斋、辉声斋、集彦斋、擢秀斋、恢义斋、兰馨室等十多座建筑，书院本身就是一座小型植物园，一座园林，一座小型图书馆。

古代文人雅士多“以植物比德”，松柏凌寒不凋，莲出淤泥而不染，梅花香自苦寒来，竹之虚心有节，菊之甘于隐逸，兰之清香四溢，都能对学子们进行潜移默化的教育，而桂树则激励学子们蟾宫折桂。明弘治间建造的三原弘道书院栽植花木就充分考虑到花木寓意，“仰高门之内树以梓，育美材也；中立门内以桧，期栋梁也；考经堂前松柏与竹，观节操也；春光亭前牡丹、莲、菊与梅，觇四时之造化也；考经堂后独植杏，思孔堂也”①，设计者用意深远。

四、园林书院

宋代开始私家园林大兴，书院也与园林相结合，有的将书院建造在园林内，有的则是将书院建造成园林。

北宋政和二年（1112年），永嘉周行已将净光山下谢灵运西射堂遗址改造为浮沚书院，其书院就是一座园林。其自作《浮沚记》说：

---

① ［明］王云凤：《弘道书院记》，转引自陈谷嘉、邓洪波《中国书院史资料》，第612页。

予浮云其仕，泛然出，油然归，有名无位，凡民如也；有乡无居，逆旅如也。僦室浮光山之下，古西射堂之遗址，蕞然小洲，缭以勺水。予视吾生若沤，起灭不常；若萍，去留无止；以吾无止之身，而处暂寓之室，聚沫也，尘垢也，蝉蜕也，刍狗也，于吾何有哉？

政和岁在执徐，六月癸丑，飓风大作，桥断门毁，檐折雨漫，乃易桥以舟，墐北户而南向，增檐为轩，寄容足之苟安。按《尔雅》水中可居曰洲，其小者曰沚，人所为曰潏，予恶潏之名，而欣沚之义，于是总其名曰浮沚。

浮沚之西，旧为小阁名曰沤阁，浮沚之东新为小轩名曰萍轩，其沚旧为门道所从出，辟而为室名曰浮室。室者，窒也，窒吾心之阴幽不善也。其南假道于邻，引舟而渡到彼岸焉，名曰筏渡。渡者，度也，度一切阳明之善也。是吾居也因水而为洲，因洲而为室，因室而为名，因名而为义。义皆浮义也，寄焉宜也，聊尔而已耳。故吾不独浮其仕，又且浮其居，不独浮其居，又且浮其生，然则有之而何得，无之而何失，吾闻古之有道也贫而乐，穷而通，岂谓是欤！非曰能之，愿学焉，记以自警。①

书院建筑不多，但取名寓意深刻，富含人生哲理，将主人人生感悟寄托在书院中。

建筑本来就是园林四大要素之一，南宋时许多园林就将建筑取名书院，作为园主藏修消遣、诗文会友场所。

湖州怀苏书院位于辛参政嘉林园内，“有池数十亩”，“有嘉林堂、怀苏书院，相传坡翁作守多游于此”；东浦书院位于赵府北园内，“有东浦书院、桃花流水、熏风池阁、东风第一等亭，园正依临湖门之内城上，一眺尽见具区之

---

① ［清］乾隆《浙江通志》卷五〇。

胜”[①]，环境都非常优美。更美的是湖州沈尚书园内的灵寿书院，“沈宾王尚书园正依城北奉胜门外，号北村，后又名曰自足，有灵寿书院、怡老堂、溪山亭、对湖台，尽见太湖诸山。叶适《北村记》：户部尚书吴兴沈公园于城北奉胜门外，亩余三十，中涵五池，大半皆水，惟对湖台高不逾丈，具区前临，湖心远峰，明晦灭没，迎而后溪、凤凰、毗弁诸山往往凑泊于溪山亭台之下，殆或天与者，故名其回曰自足。余尝评天下山水之美，吴兴特为第一，其山脉地络，融液而津灌者，莫非气之至清，渟止演漾，澄莹绀彻，数百十里接以太湖，蒲荷苹蓼，盛衰荣落，无不有意，而来鸥去鸟，风帆浪楫，恣肆渺莽，不知其所穷，盖仙圣之宅非人世也”[②]。

南宋陈亮将龙川书院建造成园林：

一面治小圃，多种竹木，起数处小亭子……亮旧与秘书对坐处，横接一间，名曰燕坐，前行十步，对柏屋三间，名曰抱膝，接以秋香海棠，围以竹，杂以梅，前植两桧两柏，而临一小池，是中真可老矣。……抱膝之东侧，去五七步，作一杉亭，颇大，名曰小憩，三面临池，两旁植以黄菊，后植木樨八株，四黄四丹，更植一大木樨于其中。去亭可十步，池之上为桥屋三间，两面皆着亮窗，名曰舫斋。过池可十四五步地，即一大池，池上作赤水堂三间，又作箔水，正临大池，池可三十亩，池旁又一小池，小池之旁即驿路。去驿路百步，有一古松，甚大而茂，当是七、八十年之松，赤水堂正对之，名曰独松堂。堂后为宁廊一间，中有大李树，两旁为小廊，分趋舫斋，小廊之两旁即植桃，堂之两旁为小斋以憩息，环植以竹。独松堂寻赤水木未足，度与舫斋皆至秋可成。杉亭之池如偃月，西一头既作柏屋，东一头当作六柱榧亭一间，名曰临野，

① ［清］乾隆《浙江通志》卷四二。

② ［清］乾隆《浙江通志》卷四一。

> 正西岸上稍幽，作一小梓亭于其上，名曰隐见。更去西十步，即作小书院十二间，前又临一池，以为秀才读书之所，度二年皆可成也。两池之东有田二百亩，皆先祖先人之旧业，尝属他人矣，今尽得之以耕，如此老死，亦复何憾！田之上有小坡，为园二十亩，先作小亭，临田名曰观稼，他时又可作一小圃，今且植竹，余未有力也。此小坡亮所居三，正对之屋之东北又有园二十亩，种蔬植桃李而已。楼台侧畔杨花过，帘幕中间燕子飞，可只作富贵者之事业乎？①

园林内建筑稀疏，只有二堂三屋六亭二斋二廊和小书院十二间点缀其间，水面较多，有大小两处池塘，仅大池面积就达三十亩，院内遍植各种花木和丛竹，

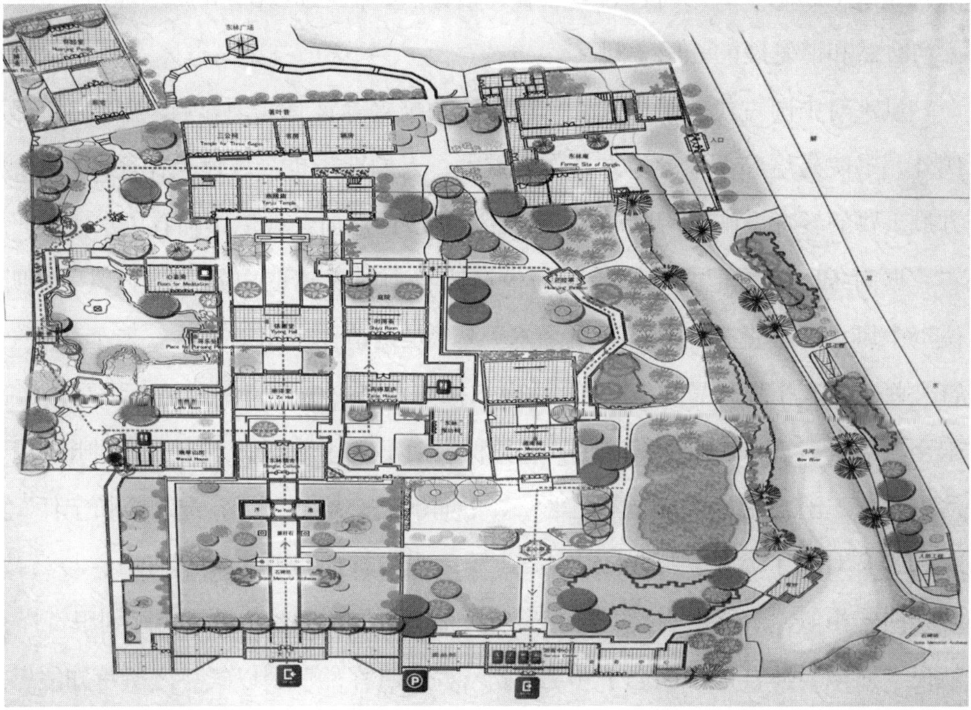

东林书院平面示意图

① ［南宋］陈亮：《与朱元晦秘书》，见《龙川集》卷二〇。

书院与园林融为一体。

明正德九年建造的山西河东书院叠山挖池，渠水环绕，遍植花木，虽然书院建筑较为集中，但仍不失为一座风景优美的园林。

东林书院就是一座园林，中贯轴线，依次设大门、石坊、东林精舍、丽泽堂、依庸堂、燕居庙，院内点缀水池、泮池、花木和斋、亭、祠等建筑，长廊曲桥，花木扶疏，环境优美，院外弓河北折南流成为东界，更为书院增色。

第五节　风水对书院建筑的影响

风水学起源于战国时代，虽然有迷信色彩，但也是观察利用地理形势达到人与自然和谐发展的一门学问。

风水对中国古代建筑的选址、建筑物的配置等具有深刻影响，书院也毫不例外。书院是培养人才的地方，作用重大，人们期望也高，而且往往是一个地方最重要的教育设施，所以许多书院建造者在建造前会找堪舆师看风水。

据南宋魏了翁记文载，魏了翁根据风水师建议建造白鹤书院。魏了翁听说资中风水师王直夫“雅善青囊之术”，于是邀请他来祖居查看。未至其家王直夫就断定其祖坟位置，“余表兄高南叔拉与登隈支山，过蟠鳌镇，历马鞍山，未至山数里，直夫顿足而言曰：‘由长秋山而下乾冈数里，其下当有坤申朝甲乙出之水，子之先君子其当葬此乎？’下而卜之，果如所云，遂为今长宁仟”。风水师又对魏了翁说：“子未有室居，子之先庐被山带江，其上有山，与马鞍之朝向若相似，然隈支为巽，巳峰实当其前，傥知之乎？”魏了翁感到很奇怪，就说“而未尝涉吾地，而恶乎知之？”风水师回答说“余以气势之所萃知之”。占后果然如其所言，于是魏了翁按其所说位置建造书院。风水师又说“书院气势之所钟，当有以文字发祥者”，于是魏了翁约请十多位可以参加四川类试的学生来书院会文。考试前，应考者在塔上题名，风水师就问塔几级，魏了翁说塔高七级，风水师就说当有七人考中。后来包括类试第一名王万里在内共七人考中，其他没有考中者也在其后其他考试中考中，没有考中的也因为恩荫为官，无一人遗漏。风水师还说，“白鹤书院虽得江山之要，然此地堙郁已久，今一旦开豁呈露，则家于是山之下者，其余气所钟，亦当有科级之应”，连书院下的人家也会有人登第，后来这年魏了翁的弟弟和邻居两人考中①。白鹤书院的学生及邻居考试登第和风水师堪舆并没有直接关系，但人们科举中式的结果却可以从侧面反映出好的教育环境对学生学习生活的正向影响。类试是朝廷为照顾川陕子弟赴临安考试不便而专门组织的川陕子弟科考，绍兴五年（1135年）规定，“川陕类试合格第一人依殿试第三人例推恩，余并同赐进士出身”，第一名类元按廷试第三名授官，其他考中者按赐进士出身恩例。类试取中率不高，一般按照解额的十六人取一名，魏了翁白鹤书院仅仅几个月培训就有大约一半人考取，确实了不起。

岳麓书院风水也很好，张栻给朱熹信说，本地权势之家拟占为墓地，“书院相对按山颇有形势，屡为有力者睥睨作阴宅。昨披棘往看，四山环绕，大江横前，景趣在道乡碧虚之间，方建亭其上，以风雩名之”②。明正德二年扩建时，“守道吴世忠习堪舆，谓风水背戾，更向，置新殿，改路随水道，萦绕出山口”③，根据风水进行全面勘测并重新规划建设，调整书院大门朝向，形成自江岸书院牌楼经咏归桥直达书院进而登上高明、中庸、禹碑诸亭的中轴线，使书院建筑与岳麓山地形和风景更加有机结合。清乾隆五十四年（1789年），两广总督毕沅“指天马横峰回抱之高阜，可构魁星阁以当文峰，而为今秋闱先兆”④，增建八角形魁星阁。清乾隆三十三年（1768年），书院因风水师建议改变头门朝向，“当事以术士祸福之言，改书院头门朝向，使其偏对麓右，所谓

① ［南宋］魏了翁：《赠王彦正》，见《鹤山集》卷九二。

② ［南宋］张栻：《答朱元晦秘书》，见《南轩集》卷二一。

③ ［清］康熙《岳麓志·书院沿革》。

④ 朱汉民、邓洪波：《岳麓书院史》，湖南教育出版社2013年版，第643页。

白虎高昂千尺，院中灾病大作，几致撤散。至三十五年，巡抚德福恢复大门旧制，院中渐次安堵”[①]，风水师的话不可尽信。

湖北施南府同治八年重修钟灵书院，因为缺少文峰按照风水师建议进行补救，“惟形家言：此地山水环绕，惜少文峰。又据邑士言：向无宾兴乡试。艰于措资，因复与诸绅谋，于公款内拨款为乡会宾兴，且于天马山之阳建魁星阁，于报元岩顶建石塔”[②]，在书院附近的天马山之阳建造魁星阁，在报元岩顶建造石塔，以完善风水。

蓟州知州赵锡蒲似乎精通风水，嘉庆十五年（1810年）“下车后遍览形势，见蓟之来脉本于崆峒，因修整山梁，开浚河泉，使地气得舒而风气自当日盛。且念治国以得人为本，人材以务学为先”，于是选定洗心泉西侧建造洗心书院，“北接崆峒之秀，南连翠屏之奇，且泉流回绕，环抱面前，宛合形家之局”[③]。

风水对书院建筑影响普遍的是建造文昌阁和魁星阁，两阁一般建造在书院东南和东方，此两处宜建高建筑以纳阳气，开文运。

① 朱汉民、邓洪波：《岳麓书院史》，湖南教育出版社2013年版，第638页。

② ［清］邓师韩：《钟灵书院记》，转引自陈谷嘉、邓洪波《中国书院史资料》，第1112页。

③ ［清］赵锡蒲：《新建洗心书院记》，转引自陈谷嘉、邓洪波《中国书院史资料》，第934页。

附录

中国书院大事记

公元前551年　周灵王二十一年，鲁襄公二十二年，孔子出生。

公元前522年　周景王二十三年，鲁昭公二十年，《左传》记孔子批评弟子琴张，可证孔子此时已经收徒设教，可定为私学教育之始。

公元前484年　周敬王三十五年，鲁哀公十一年，孔子结束周游回国，删诗书，定礼乐，系周易，继续教育弟子，其旧址称孔子讲堂，元代称洙泗书院，此为书院之祖。

公元前360年左右　齐威王创建稷下学宫。

718年　唐开元六年，设丽正殿修书院，简称丽正殿书院，此为书院名称之始。

约721—730年　唐玄宗开元中，赵氏昆季书院得名，此应为家族书院之始。

约890年　唐昭宗大顺元年，江州陈氏设书堂，后名义门书院、东佳书院。

962年　宋太祖建隆三年，广东南雄孔闰建孔林书院。

969年　宋太祖开宝二年，徐锴为陈氏书堂作记。吉安人刘玉建光禄书院。

976年　宋太祖开宝九年，潭州太守朱洞建岳麓书院。此为官员建设书院之始。

996年　宋太宗至道二年，赐嵩阳书院额并印本九经书疏，此为赐书书院之始。

977年　宋太宗太平兴国二年，应江州知州周述之请，赐白鹿洞书院九经。

980年　宋太宗太平兴国五年，授白鹿洞主明起为褒信县主簿，陈裕三传出身。此为书院授官、授功名之始。

997年　宋太宗至道三年，赐御书百轴及御书“义居人”与建昌洪氏，洪氏有洪塘书院。

999年　宋太宗咸平二年，潭州太守李允则扩建岳麓书院，奉祀孔子、十哲和七十二贤。王禹偁为记。

1001年　宋太宗咸平四年，赐岳麓书院额、诸经释文义疏、史记、《玉篇》、《唐韵》。

杨亿作《南康军建昌县义居洪氏雷塘书院记》。

1002年　宋太宗咸平五年，白鹿洞书院塑孔子、十哲像奉祀。

1005年　宋真宗景德二年，下诏劝学。

1006年　宋真宗景德三年，令地方维修孔子庙。

1009年　宋真宗大中祥符二年，应天府民曹诚捐建应天府书院，前庙后堂，朝廷以曹诚为府助教。

1010年　宋真宗大中祥符三年，赐太室书院九经。

1011年　宋真宗大中祥符四年，令州城设孔子庙。

1015年　宋真宗大中祥符八年，召见岳麓书院山长周式，欲授国子监主簿，周式愿回岳麓书院，赐给对衣鞍马、内府书籍，并赐给御书岳麓书院额。

1022年　宋仁宗乾兴元年，赐给兖州州学学田10顷，此为官学给田之始。

1024年　宋仁宗天圣二年，赐田茅山书院，此为书院给田之始。

1025年　宋仁宗天圣三年，增应天府解额三人，王洙为书院说书。

1030年　宋仁宗天圣八年，漕臣黄总请授官岳麓书院山长孙胄。

1033年　宋仁宗明道二年，应天府书院置讲授官一员。

1035年　宋仁宗景祐二年，应天府书院改为府学，给田10顷。

赐石鼓书院额。

石介建泰山书院。

1036年　宋仁宗景祐三年，赐河南新修太室书院名曰嵩阳书院。

1038年　宋仁宗宝元元年，赐嵩阳书院田10顷。

1043年　宋仁宗庆历三年，范仲淹新政，下诏令州县兴办官立学校。

1069年　宋英宗熙宁二年，王安石新政，下诏兴学。

1085年　宋神宗熙宁八年，以王安石等《三经新义》立于官学。

1102年　宋徽宗崇宁元年，蔡京执政，北宋第三次兴学。

1104年　宋徽宗崇宁三年，以王安石配享孔子，位颜子、孟子下。

1126年　宋钦宗靖康元年，杨时奏请罢王安石配享，朝议降为从祀。

1155年　南宋绍兴二十五年，秦桧死后，伊洛学之禁稍解。

1168年　南宋孝宗乾道四年，吕祖谦制定《丽泽书院学规》，次年修订，此为现存书院学规之始。

1180年　南宋孝宗淳熙七年，朱熹制定《白鹿洞书院揭示》。

1181年　南宋孝宗淳熙八年，朱熹请赐额赐书白鹿洞书院。

1196年　南宋宁宗庆元二年，禁道学，理学被指为伪学，朱熹为“伪学魁首”，次年升级为“逆党”。

1202年　南宋宁宗嘉泰二年，弛解党禁。

1209年　南宋宁宗嘉定二年，追谥朱熹为“文”；九年追谥吕祖谦“成”，张栻“宣”；十三年追谥周敦颐“元”，程颢“纯”，程颐“正”，张载“明”。

1210年　南宋宁宗嘉定三年，赐额刘爚故居义宁精舍为云庄书院，此为理学家书院赐额之始。

1212年　南宋宁宗嘉定五年，以朱熹《论语集注》《孟子集注》立于官学，理学成为正统。

1225年　南宋理宗宝庆元年，赐额全州奉祀柳开书院为清湘书院。

1232年　南宋理宗绍定五年，赐额贵溪陆九渊应天山书堂为象山书院，此后赐额书院大增，理学家几乎都有奉祀的赐额书院。

1240年　蒙古窝阔台十二年，行中书省杨惟中建燕京太极书院，以赵复主教，此为南宋理学传入北方和元建书院之始。

1241年　南宋理宗淳祐元年，命朱熹、周敦颐、程颢、程颐、张载从祀孔子庙，罢王安石。

1246年　南宋理宗淳祐六年，赐御书岳麓书院额。

颁《白鹿洞学规》于各州府县立石。

1261年　蒙古忽必烈中统二年，令不得骚扰书院。

1262年　南宋理宗景定三年，应赵必升之请为谢良佐敕建仙居上蔡书院，为赐建书院之始。

1263年　南宋理宗景定四年，诏吏部诸授书院山长者并视州学教授，为书院授官之始。

赐道州濂溪书院御书“道州濂溪书院”额，赐南安郡道源书院御书额。

1276年　元世祖至元十三年，令生员照例行供，日行二膳。

1280年　元世祖至元十七年，为隐居不仕的张弼卿讲学书院赐额蓝山书院，当为元代朝廷赐额书院之始。

1282年　元世祖至元十九年，江浙行省设学官，书院设山长二员，钱粮官一员，学录、学正各一员，斋长、斋谕各一员。

御史台令贡儒吏，上路总管府三年一贡，儒生、吏员各一名，下路总管府两年一贡，儒生、吏员递进。书院为官学，学生也有资格被举荐。

1288年　元世祖至元二十五年，浙江松阳萧子登重建明善书院，行省任命为山长，当为建造书院者赐官山长之始。

1291年　元世祖至元二十八年，令先儒过化之地、名贤经行之所与好义之家出钱粟赡学者并立为书院，并由行省及各路宣慰使等札付之。

1315年　元仁宗延祐二年，令科举落第60—70岁举子没有出身者授学正或书院山长。

1339年　元惠宗后至元五年，诏令禁止民间建造佛寺，所建佛寺收回出租给民，邓谦亨将种德堂改作三贤书院。

1347年　元惠宗至正七年，朝廷批准为姚枢建造以其号命名的雪斋书院，此当为元朝为个人建造书院之始，此前许衡、李谦、揭来成书院均是赐额。

1368年　明太祖洪武元年，改天下山长为训导，书院田皆令入官。

1369年　明太祖洪武二年，诏天下郡县立学，礼部格式要求次年正月开学。

1372年　明太祖洪武五年，革罢训导，书院弟子员归于邑学。

1373年　明太祖洪武六年，颁布《禁淫祠制》。

1375年　明太祖洪武八年，诏立社学，以教民间子弟。

1436年　明英宗正统元年，令各处提学官及司府州县官严督社学，不许废弛。

1465年　明宪宗成化元年，湖广巡抚王俭上疏奏准毁淫祠，部分淫祠改作书院。

1479年　明宪宗成化十五年，应兵部右侍郎李敏之请将其守丧期间所建而捐于官府书院赐额紫云书院，当为明代皇帝赐额书院之始。

1488年　明孝宗弘治元年，礼科张九功奏准毁淫祠，部分淫祠改作书院。

1522年　明世宗嘉靖元年，毁京师淫祠，次年推行全国，许多淫祠改作书院。

1537年　明世宗嘉靖十六年，御史游居敬攻击湛若水私创书院，令毁私创书院。

1538年　明世宗嘉靖十七年，吏部尚书许赞奏准禁私建书院。

1575年　明神宗万历三年，张居正疏请“不许别创书院”，列入《换给提学官敕谕》。

1579年　明神宗万历七年，诏毁天下书院，变卖书院田产。

1625年　明熹宗天启五年，二月毁首善书院，八月令拆毁书院。

1652年　清世祖顺治九年，题准不许别创书院。

1657年　清世祖顺治十四年，巡抚奏准重修石鼓书院。

1675年　清圣祖康熙十四年，安徽巡抚靳辅令各郡县立书院。

1676年　清圣祖康熙十五年，赐额宁古塔将军所建书院为龙城书院，御题“龙飞胜地”额，此为清代皇帝赐额书院之始。

1686年　清圣祖康熙二十五年，颁“学达性天”额与周敦颐祠、张载祠、程颢祠、程颐祠、邵雍祠、朱熹祠及白鹿书院、岳麓书院，颁发御纂日讲解义经史诸书于直省学官及白鹿、岳麓二书院。

1693年　清圣祖康熙三十二年，颁徽州紫阳书院“学达性天”额。

1694年　清圣祖康熙三十三年，赐御书开封游梁书院“昌明仁义”额。

1702年　清圣祖康熙四十一年，赐御书“广育群才”额与京师金台书院。

1703年　清圣祖康熙四十二年，赐山东省城白雪书院“学宗洙泗”额，赐云南昆明书院“育才”额。

1705年　清圣祖康熙四十四年，颁御书“圣迹遗徽”额和“泽衍鲁邦四海人均化育，裔分吴会千秋世永烝尝”对联与上海青浦孔宅书院，赐扬州正谊书院董子祠“正谊明道”额，胡安国书院“经书造士”额，胡安国祠“霜松雪柏”额，周敦颐祠“理明太极”额，杨时祠“程氏正宗”额，罗从彦祠“奥学清节”额，李侗祠“静中气象”额，蔡元定祠“紫阳羽翼”额，蔡沈祠“学阐图畴”额，真德秀祠“力明正学”额。

1711年　清圣祖康熙五十年，赐福建鳌峰书院“三山养秀”额。

1717年　清圣祖康熙五十六年，圣祖御书“穷理居敬”额及御书“章岩月朗中天镜，石井波分太极泉”对联与鹅湖书院。

1719年　清圣祖康熙五十八年，赐江西豫章书院“章水文澜”额，赐河南大梁书院“两河文教”额，赐浙江敷文书院“浙水敷文”额，并赐《古文渊鉴》《渊鉴类涵》《周易折中》《朱子全书》等。

1722年　清圣祖康熙六十一年，赐苏州紫阳书院“学道还淳”额。

1723年　清世宗雍正元年，谕禁现任官立生祠、书院，原建不符者改义学。
赐江宁钟山书院“敦崇实学”额。

1726年　清世宗雍正四年，江西巡抚请为白鹿洞书院选任掌教，部议、帝意均不同意。

1728年　清世宗雍正六年，诏令福建、广东正乡音，次年福建各县建正音书院。

1733年　清世宗雍正十一年，令各省建省城书院，各赐白银1000两为膏火资金。

1736年　清高宗乾隆元年，上谕院长必选经明行修、足为多士模范者，负笈生徒必择乡里秀异、沉潜学问者，仿白鹿洞规立之仪节，仿《分年读书法》予之课程，奖励卓有成效山长。

1738年　清高宗乾隆三年，赐御书“澜清学海”额于福州鳌峰书院。

1739年　清高宗乾隆四年，因浙江敷文书院生童多而经费不足，赐银1000两交巡抚定取息银。

1744年　清高宗乾隆九年议准，书院诸生宜严加甄别，令驻省道员专司稽察。赐额白鹿洞书院“洙泗心传”、苏州紫阳书院“白鹿遗规”、岳麓书院“道南正脉”、徽州紫阳书院“道脉薪传”。

1751年　清高宗乾隆十六年，赐给南京钟山书院、苏州紫阳书院、杭州敷文书院武英殿新刊《十三经》《二十一史》各一部。

1756年　清高宗乾隆二十一年，御赐“秦川浴德”额与陕西关中书院。

1765年　清高宗乾隆三十年，令书院山长一律改称院长。不准回籍守丧官员到书院任教。

1772年　清高宗乾隆三十七年，授贵州贵山书院掌教张甄陶八品官职衔，以六年期满。

1825年　清仁宗嘉庆五年，镇浙将军范建中建造梅青书院，教育八旗壮丁应试。

1817年　清仁宗嘉庆二十二年，针对书院院长多为官员因循延聘，上谕令督抚“务延经明行修之士”。

1834年　清宣宗道光十四年，上谕规定省会书院院长令学政会同督抚、司道公同举报，各府州县院长由地方官会同教官、搢绅公同举报。

1842年　清宣宗道光二十二年，马礼逊基金会在香港建造马礼逊书院。

1850年　清宣宗道光三十年，英伦教会士施敦力在厦门建造英华书院。

1863年　清穆宗同治二年，上谕令各省督抚清理书院膏火。

1872年　清穆宗同治十一年，绥远将军定安建造归绥（今呼和浩特）长白书院，招收蒙汉学生。

1895年　清德宗光绪二十一年，顺天府尹胡燏棻上书建议将书院改制为学堂。

1898年　清德宗光绪二十四年，五月十二日令各省督抚将各直省府厅州县大小书院改为兼习中学、西学学校。九月三十日，西太后同意礼部

“各省书院照旧办理，请罢学堂”。

1901年 清德宗光绪二十七年五月，湖广总督张之洞、两江总督刘坤一奏请书院改学堂，八月初二上谕令省城改设大学堂，各府和直隶州改设中学堂，各州县改设小学堂，并多设蒙养学堂，从此书院改学堂风行全国。

世界书院研究

第三卷

孔祥林 主编

国家社会科学基金项目『世界书院研究』成果
山东省社科理论重点研究基地
孔子研究院中外文明交流互鉴研究基地成果

山东人民出版社·济南
国家一级出版社 全国百佳图书出版单位

目 录

第二编 朝鲜书院

第三编 日本书院

第四编 东南亚及欧美书院

第二编

朝鲜书院

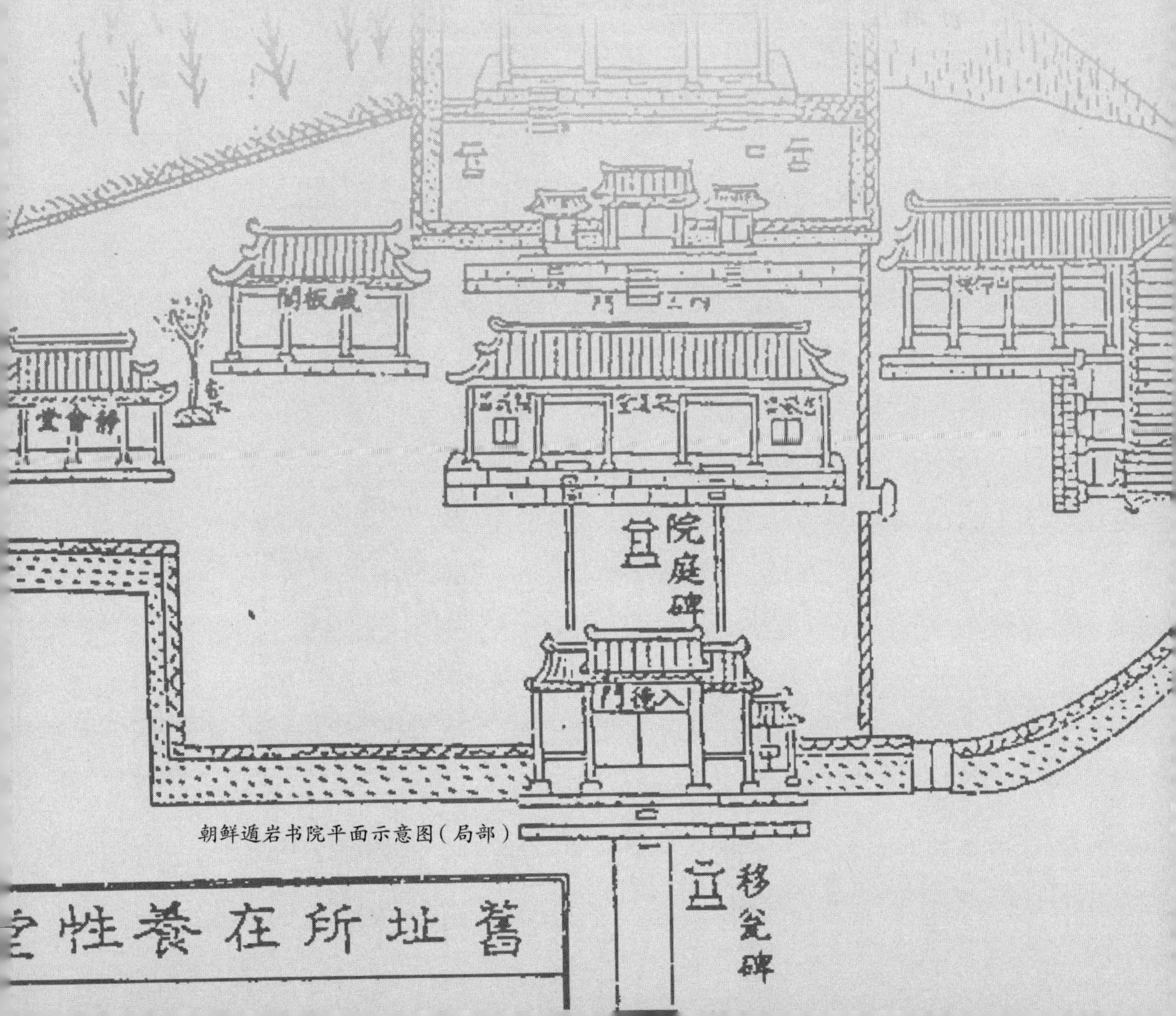

朝鲜遁岩书院平面示意图（局部）

第一章　朝鲜书院历史

朝鲜半岛深受中国思想文化影响，追随中国的脚步发展前进，而其书院却在中国书院普及四个多世纪后才出现。尽管如此，其发展却比较快，到1740年就达到453所[①]，是中国以外书院数量最多和最为普及的地区。

朝鲜书院出现仅100多年就进入边限制边发展的阶段，不到200年就达到鼎盛，从1740年开始基本进入发展停滞期，高宗八年（1871年）兴宣大院君撤毁书院后进入衰落期。20世纪初已有恢复和新建书院的现象，从20世纪70年代开始，各地纷纷重建书院，大多书院已经恢复，并新建了许多书院。

第一节　书院传入

朝鲜书院与中国书院一样，也是私学发展与成熟的产物。

一、朝鲜半岛教育概况

西汉元封三年（公元前108年），汉武帝消灭卫氏朝鲜，将朝鲜半岛北半部纳入中国版图，设置郡县，并派遣中国官员前往治理。此前汉武帝已经接受董仲舒建议，黜刑名，崇儒术，兴太学，儒家思想成为中国封建社会的统治

① 朝鲜多将书院和祠宇通算，严格来说祠宇没有教育功能不能称作书院。

思想。国家不时策试贤良方正，举荐选用孝廉，在国学设立五经博士，置博士弟子员，大批儒生进入官吏队伍。因此，派往朝鲜的郡县官吏少不了通晓儒学人才，他们遵循中央政府方针以儒家思想作为治理理念，孔子思想被正式引入朝鲜。《朝鲜简史》说“早在公元一世纪初，就有一些朝鲜人背诵《诗经》《书经》和《春秋》等”儒家经书，儒学已经开始普及，儒家教育也逐渐发展起来。

官学教育最晚在东汉初期就已经普及，汉永平二年（59年）令“郡、县、道行乡饮酒礼于学校，皆祀圣师周公、孔子”，郡、县是汉族聚集区行政区名称，道是少数民族聚集区行政区名称，“有蛮夷曰道”[①]，连少数民族地区都建立学校，设置郡县的朝鲜半岛北部不可能不建立。

东晋退出朝鲜半岛，朝鲜半岛出现高句丽、新罗、百济、六伽倻等国家，经过战争吞并，最后形成高句丽、百济、新罗三国，历史上称作三国时代。

三国时代，各国纷纷仿照中国设立学校。高句丽（公元前37—668年）占有原来乐浪郡和带方郡辖区，最接近中国，受中国文化影响最早也最深，在三国中最早建造学校。小林兽王二年（372年）六月“立太学，教子弟”，仿照中国设立最高学府太学，教育贵族子弟。

百济（公元前18—660年）是以高句丽和扶余移民为主建立的国家，他们先后征服马韩、弁韩等部落，占领朝鲜半岛南部西侧，虽然位于朝鲜半岛西南角，但与中国接触很早，建国后第四年（公元前15年）就派遣使者与汉朝乐浪郡通好，枕流王三年（386年）“始立太学，颁律令”[②]，也设立太学。

新罗（公元前57—917年）位于朝鲜半岛东南隅，早期名辰韩，相传秦代时就有中国人迁居，“辰韩，耆老自言秦之亡人，避苦役适韩国，马韩割东界地与之”[③]。但是新罗偏处朝鲜半岛东南隅，与中国交往不便，中国文化传入较

① 《汉书·百官公卿表》。
② 《朝鲜史略》卷一。
③ 《后汉书·东夷传》。

晚，早期主要通过高句丽接受中国文化，直到六世纪中期才与中国密切交往。据朝鲜历史记载，七世纪中期朝鲜才设立国学，但善德王九年（640年）就向唐朝派遣留学生，“夏五月，王遣子弟于唐，请入国学”，如果新罗没有学校，学生没有一定基础，应该无法到唐朝国学学习。

除官学外，高句丽私学教育也发展起来。《旧唐书·高丽传》记载：“俗爱书籍，至于衡门厮养之家，各于街衢造大屋，谓之扃堂，子弟未婚之前昼夜于此读书习射。”《新唐书·高丽传》也记载：“人喜学，至穷里厮家，亦相矜勉，衢侧悉构严屋，号扃堂，子弟未婚者曹处，诵经习射。”扃堂教育诵经习射，学习儒家经书和练习武艺，是综合文武的全面教育。

新罗设置官学以前就进行贵族教育，将贵族子弟聚集起来，使他们“相磨以道义，或相悦以歌乐，游娱山水，无远不至”，“类聚群游，以观其行义”，以此“知其人邪正，择其善者荐之于朝”，这种组织名花郎，教育也名花郎教育。花郎徒自认为是弥勒化身，与僧侣一起生活、修炼，进行文武教育，平时是教育团体，战时就是军事团体。初期以“入则孝于家，出则忠于国”“除无为之事，行不言之教”“诸恶莫作，诸善奉行”为信条，儒佛兼用，中期开始以圆光法师（531—630年）提出的“世俗五戒”为行动准则，“一曰事君以忠，二曰事亲以孝，三曰交友以信，四曰临战无退，五曰杀生有择”，转向以儒家伦理为信条。不少花郎徒学习《诗经》《尚书》《礼记》《左传》等儒家经典。“贤佐忠臣从此而秀，良将勇卒由是而生”[①]，为新罗培养出一大批优秀人才。花郎教育应该属于亦官亦私教育。

648年，新罗真德女王遣使入唐，请改唐朝章服，采用唐朝制度，奉唐朝正朔，采用唐朝年号，取消新罗才使用一年的太和年号，获得唐朝同意。668年，在唐朝支持下，新罗统一了朝鲜半岛。为巩固统一，新罗需要强大的思想武器，而儒家思想主张大一统，提倡等级名分，提倡伦理纲常，非常适合于当

---

① ［高丽］《三国史记·新罗本纪》“真兴王三十七年”。

时社会现实。虽然统一后新罗仍然推崇佛教，但在政治方面却以儒家思想为治国理念，兴学重教，科举取士，大量派遣子弟入唐留学，官学教育迅速发展起来，最晚在景德王四年（745年）就将学校推行到州。

新罗时期，民间仍坚持高句丽设置扃堂教育平民未婚子弟的传统。《诸蕃志》"新罗国"说"人知书喜学，厮役之家亦相矜勉，里有庠，匾曰扃堂，处子弟之未婚者习书射于其中"，"故号君子国"，私学教育仍然非常普及。新罗时期《壬申誓记刻石》也可以证明私学普遍。刻石说"壬申年六月十六日，二人并誓记。天前誓：今自三年以后，忠道亲执，过无失，誓。若此事失，天大罪得，誓。若国不安，大乱世，可宁？行，誓之。又，别先辛未年七月廿二日，大誓:《诗》《尚书》《礼》《传》，伦得誓三年"，两个年轻人在辛未年发誓三年内学完《诗》《书》《礼》《传》几部儒家经典，次年又发誓不论社会安定与否都要坚守忠道。此石刻的年代有552年、612年、732年诸说，不论何年，都是在地方设立官学以前，他们学习应该是在私学。

918年建立的高丽王朝是朝鲜半岛官学和私学都开始普及的王朝。

太祖十三年（930年），王建在西京（今平壤）创建学校，"冬，王幸西京，创置学校，置博士官，以秀才廷鹗为书学博士，别创学院，聚六部生徒教之。赐彩帛以劝之，又赐仓谷百石"。成宗即位当年（982年）令州、郡、县选取俊秀子弟送京学习，送达国都学生有300多人，因在京学生思乡，五年放还207人，次年令全国十二牧各差经学博士一名教育还乡士子。仁宗仿照中国设立国学、太学、四门学、律学、书学、算学等六学，五年（1127年）又"诏诸州立学，以广教道"，将官学推广到州。

993年至1019年期间，高丽受到契丹三次进攻，官办教育设施遭到很大破坏，致使学校衰微，私学则趁机而起。高丽私学不同于高句丽时期遍及乡村的扃堂，而是由学者独自创办的高级私学，因有十二位高官和学者创办，史称十二徒。

首创私学者为崔冲，他本是国家元老，面对官学凋敝，首先创办私学，

“时守太师、中书令致仕崔冲，收召后进，教诲不倦，诸生填溢门巷，遂分九斋，曰乐圣、大中、诚明、敬业、造道、率性、进德、大和、待聘。及冲卒，谥文宪，凡诸生应举者隶名九斋籍中，谓之文宪公徒。又有儒臣立徒者十一，世称十二徒，冲徒为最盛。东方学校之兴，盖由冲始，时谓海东孔子”。其他十一徒是“曰弘文公徒，侍中郑倍杰，一称熊川徒；曰匡宪公徒，参政卢朝；曰南山徒，祭酒金尚宾；曰西园徒，仆射金无滞；曰文忠公徒，侍中金殷鼎；曰良慎公徒，平章金义珍，一云郎中朴明保；曰贞敬公徒，平章黄莹；曰忠平公徒，柳监；曰贞宪公徒，侍中文正；曰徐侍郎徒，徐硕；曰龟山徒，未详”，“儒门十二徒各置斋有多有少，每夏一集肄业，名曰夏天都会”①。私学与官学差别不大，也是以九经和三史为主要教育内容。后来十二徒虽然名为私学，但已经被国家收编，成为国家教育一部分。忠烈王三十年（1303年），安珦建议设置国学赡学钱，“且荐李㤥、李瑱等为经史教授使，于是七管、十二徒诸生横经受业者以数百计”，恭愍王元年（1353年）国王教旨说“学校庠序风化之源，国学名存实无，十二徒、东西学堂颓圮不修，宜令葺治，养育生徒”，十二徒成为国学一部分。恭愍王元年四月，李穑上疏建议“外而乡校，内而学堂，考其才而升诸十二徒，十二徒又总而考之升之成均。限以日月，程其德艺，贡之礼部，中者与官，不中者给出身之阶，非国学生不得与试”，乡校学生和京师学堂学生经考试后升为十二徒，十二徒考试后升入国学成均馆，十二徒成为国学成均馆低等学生。十二徒隶属国学成均馆延续到高丽末，恭愍王十二年，国王下教旨说“自今成均、十二徒、东西学堂、诸州郡乡校严加教诲，作成人才”，直到恭让王元年（1390年）国学“罢十二徒私学”②，延续200多年的十二徒才销声匿迹。

---

① ［朝鲜］《增补文献备考》卷二〇二。

② ［朝鲜］《增补文献备考》卷二〇二。

高丽时期，私学已经很普遍。宣和六年（1124年）徐竞出使高丽，其所撰《宣和出使高丽图经》说，“上而朝列官吏，闲威仪而足辞采，下而闾阎陋巷，闻经馆书社三两相望，其民之子弟未昏[①]者则群居而从师授经。既稍长，则择友各以其类讲习于寺观，下逮卒伍童稚，亦从邹[②]先生学”。“经馆书舍三两相望”，稍长后志同道合者又讲习于寺观，可见私学教育已经非常普及，而且已经发展到中级水平以上的自修。

二、书院传入

关于朝鲜书院历史，一般以中宗三十六年（1541年）丰基郡守周世鹏创建白云洞书院为朝鲜书院嚆矢。朝鲜《增补文献备考》说“明宗五年，赐绍修书院之额。院在庆尚道顺兴县白云之洞，书院之设始此”，“东国初无书院，中庙壬寅，故参判周世鹏为丰基守，丰基属县有顺兴，有高丽文成公安裕旧居，世鹏遂即其基创立绍修书院，以为士子藏修之地。文纯公李滉继世鹏而为邑守，转闻于朝，请依宋朝故事，赐额版书且给土田臧获，明庙许之，又命大提学申光汉作文记之。于是士争慕效，书院寖盛”。但其注说“《礼曹书院录》‘镇川之百源，咸兴之文会，其创建在于绍修之前’，而文纯公李滉文集曰‘东国旧无书院，自绍修创始云’”[③]，因李滉一语将朝鲜书院出现时间定为中宗三十六年。《增补朝鲜文献备考》《各道祠院》“镇川百源书院”说“宣祖丁酉建，显宗己酉赐额”，为宣祖丁酉（三十年，1597年）建，显宗己酉（十年，1669年）赐额，今人李泰东《书院胜览》并作宣祖四十一年重建。《咸兴文会书院》说“明宗癸亥建，宣祖丙子赐额”，为明宗十八年（1563年）建，宣祖九年（1576年）赐额，不知孰是。

① 按，此处“昏”当为“婚”。

② 按，此处“邹”当为“乡”。

③［朝鲜］《增补文献备考》卷二〇九。

绍修书院全景

其实，朝鲜书院早在世宗时就已出现，比绍修书院早120多年。

李朝《世宗实录》记载，世宗即位当年（1418年）十一月颁布教令，“其有儒士私置书院，教诲生徒者，启闻褒赏”[①]。世宗二年正月就奖励两位创建书院者，“金堤前教授官郑坤私置书院，境内与他乡自愿来学者无不教训；光州生员崔保民私置书院，训诲生徒”，均受到“量宜注授”[②]之赏。是年九月又奖励姜友谅，平安道观察使启“咸从县人、生员姜友谅私置书院，教授学徒，请依前日教旨，除旁近州郡教导以褒之”，世宗“命下吏曹”授官[③]。遗憾的是，这三所书院均没有留下名称。

《兴岩书院志》说兼具书斋、书堂、精舍、乡贤祠、先贤祠以及祭祀文益渐的道川书院于太宗元年（1401年）在丹阳落成，《紫云书院志》“书院的起源及历史”也有此说，但都没有给出依据。如果属实，道川书院建立时间比绍修书院早140年。

朝鲜书院研究中有一些认为建造时间很早的书院，但从《书院胜览》看，

① ［日本］学习院东洋文化研究所：《李朝实录·世宗实录》，学习院东洋文化研究所1956年版，第24页。凡本书以下不再注出版社和出版时间。

② ［日本］学习院东洋文化研究所：《李朝实录·世宗实录》，第454—455页。

③ ［日本］学习院东洋文化研究所：《李朝实录·世宗实录》，第616页。

早期书院大多最初并非书院，而是后来改称。最早的鸥湖书院，太祖元年（1392年）建于安东，初名伴鸥亭，肃宗四十六年（1720年）迁建荣州，正祖四年（1780年）建立里社，纯祖十二年（1812年）才升格为鸥湖书院。咸南文川汶浦书院有说1395年建，但《增补文献备考》作肃宗乙亥（二十一年，1695年）建。玉洞书院有说始建于中宗十三年（1518年），其实原来只是奉祀黄喜的影堂，肃宗四十年（1714年）才建造书院。崇祯纪元后五己丑[①]（1889年）知州闵种烈所撰《玉洞书院重修记》说"万历庚辰，本裔诸公乃度其杖屦之所而俎豆之，名之曰白玉洞影堂"，可见影堂创建于明万历八年（1580年）。《尚州牧邑志》（1832年成书）说"玉洞书院在州西六十里，肃庙甲午创建，享翼城公黄喜"[②]，《商山志》说"白玉洞在中牟洞白玉洞峰下，肃庙甲午享黄庞村喜，配金沙西湜。旧有庞村影堂，升院后以旧址不合藏修，移建于其北数百步"[③]，升院时的《通文》也说"昔壬午年之会，道论齐发，或欲以先生影堂为尸祝之所"，都说是升格后才名玉洞书院。这种情况的书院还有南原龙章书院、浦项德林书院、永同枫溪书院、始兴苏山书院、居昌蓝田书院等20多所。

据说泰仁有所书院早于白云洞书院。嘉靖二十五年（1546年）庆尚道公文说："书院之设，虽于此道则创见，中原郡县在在有之，全罗道泰仁县设立，情愿儒生养育之事，载于《舆地胜览》。"[④]《东国舆地胜览》记载："乡学堂，在县东二十里，正言丁克仁始设家塾，后县人宋世琳重恢其制，建讲堂，东西有斋舍，常聚学徒教诲焉。"[⑤] 丁克仁1453年文科及第，任官正言，次年端宗被废，归乡从事教学，时间早于白云书院，可惜此处并非以书院为名。

朝鲜比较重视教育，肩堂传统在朝鲜王朝时期仍然保存着。李滉《伊山书

---

① 朝鲜民间不承认清朝正统地位，不奉清朝正朔，不用清朝年号，而沿用崇祯纪年。

② ［韩国］《玉洞书院志》。

③ ［韩国］《玉洞书院志》。

④ ［韩国］《绍修书院志》。

⑤ ［朝鲜］《东国舆地胜览》卷三四。

院记》(明嘉靖三十七年，1558年作)说，“荣郡据小白之南，地灵而风美，号称人才之渊薮。其俗尚文艺，尤好群居肄业，名之曰‘居接’，一境之士咸萃焉，亦有自他方负笈而来者。虽多不厌，皆官措供给，殆无阙岁，其来尚矣。旧有谷若干石以养秀士，乃正德年间郡守李侯沆所置，差人典守，久而不替”，明正德间(1506—1521年)郡守李沆置办稻谷若干石作为学者生活费用，“一境之士咸萃”，“亦有自他方负笈而来者”，可见这里已有很长历史和很大规模，其实就是一所书院，当然还缺一个书院名称。

第二节 书院发展

朝鲜书院虽然传入较晚，但发展却很快。

朝鲜王朝建立后，自太祖李成桂起大都重视教育，将学校推广到县，“内而国学，外而乡校，增置生徒”，都城建造国学成均馆，府州县普建乡校，完善了教育体系。乡校即府州县官学，因朝鲜当时是明朝属国，无法采用明朝名称，官学一律称乡校，国学称成均馆。官学以科举应试为主，成为追求名利工具，到十五世纪后期，儒生通过忠顺卫入属就可以被任官，不必再由学校、科举，直接冲击官学教育和科举选官制度，而官学教育开始衰微，教官水平下降，许多读书人回归私学，投奔德学兼备的老师。

官学不振必然促使私学发展，正如李滉所说“夫自王宫国都以及列郡莫不有学，顾何取于书院，而中国之所尚如彼，何哉？隐居求志之士，讲道肄业之伦，率多厌世之嚣竞，抱负坟策，思遁于宽闲之野，寂寞之滨，以歌咏先王之道，以蓄其德，以熟其仁，以是为乐，故乐就书院。其视国学、乡校在朝市城郭之中，前有学令之拘碍，后有异物之迁夺，其功效岂可同日而语哉！由是言之，非惟士之为学得力于书院，国家之得贤者必于此而优于彼也”，“自宋朝四书院之后，渐盛于南渡，而大盛于元明之世。国家学校不若书院之可专于尊贤讲道之美意，故或因私立而宠命之，或国命之而择人教养也”[①]。

一、书院历史分期

关于朝鲜书院历史分期，学界有按性质和速度划分两种分期法。

（一）按性质变化分期

朝鲜书院历史如果按照书院性质来分，大致可以分作藏修时期、藏修祭祀并重时期和祭祀时期。

藏修时期时间很短，基本就是明宗朝（1546—1567年）。据统计，明宗朝共建书院17所，赐额4所，全部是书院，没有祠堂。从宣祖开始进入藏修祭祀即祠院并建时期。宣祖朝22年，新建书院63所，赐额15所；新建祠16所，赐额3所。光海君14年，新建书院32所，赐额14所；新建祠7所，赐额3所。仁祖27年，新建书院31所，赐额5所；新建祠19所，无赐额。孝宗10年，新建书院28所，赐额6所；新建祠10所，赐额3所。显宗15年，新建书院52所，赐额33所；新建祠18所，赐额10所。肃宗朝46年，新建书院176所，赐额104所；新建祠125所，赐额24所。祭祀时期即日占时期及以后，特别是20世纪70年代大规模复建和新建，复建和新建书院基本上没有藏修功能，成为纯粹祭祀场所。

其实这个观点是有问题的。明宗朝建造的书院并非皆书院无祠堂，而明宗前建造的绍修书院是先建祠堂后建书院的，建造者周世鹏《竹溪志序》说，“嘉靖辛丑秋七月戊子，余到丰城，是年大旱，明年壬寅大饥，其年立晦轩祠堂于白云洞。又明年癸卯，移建学宫于郡北，别立书院于晦轩庙前”，嘉靖壬

---

① ［朝鲜］《增补文献备考》卷二〇九。

寅[①]（二十一年，中宗三十七年，1542年）先建造奉祀安珦祠宇，第二年才建造书院。嘉靖庚申（三十九年，明宗十五年，1560年）李滉《迎凤书院记》说，“凡为屋五十余间，正堂曰诚正，东斋曰克复，西斋曰敬义，又有高明之楼，风咏之坛，而总名之曰迎凤书院。乃与院东立祠庙若干楹，已奉三贤之祀。乃定祭式，乃簿物品”[②]，不仅建造奉祀乡贤李兆年、李仁复、金宏弼的祠堂，还制定祭祀仪式，举行祭祀活动。隆庆丁卯（元年，明宗二十二年，1567年）建造的易东书院“其祠曰尚贤，正堂曰明教，左右翼室曰精一也，直方也，东西两斋曰四勿也、三省也，门之大者曰入道，而总之以易东书院之号”[③]，尚贤祠奉祀本地学者、高丽国学祭酒禹倬。检索李滉文集，还有他撰写的《白云洞书院祭安文成公文》《祭安文敬公文》《临皋书院祭郑文忠公文》《易东书院祭禹祭酒文》，虽然文后未属年月，但白云洞书院建于明宗前，易东书院建造于明宗二十二年且已建造祠宇，临皋书院建于明宗八年，奉祀高丽朝名臣郑梦周，而李滉卒于明宗后三年（1570年），很可能初建时也建造了祠宇。其实在明宗朝，命名书院的首要条件是奉祀某位乡贤。李滉嘉靖己未（三十八年，明宗十四年，1559年）撰写的《伊山书院记》说，伊山书院落成后拟命名书斋，因为本地没有可以确定奉祀的乡贤，不能以书院命名，征求李滉意见。“吾乡先正可祠于学者未有定论，于书院之制斯为未备，欲姑以书斋名之如何？”李滉认为没有这个必要，直接命名为伊山书院，“古之书院所祠岂尽其乡之人哉！有祀先圣先师者，亦有不立祠庙者，惟视其力从其宜而已。今兹学也犹未遑于置田一事，置祭田以定所祀，且俟后日而议之未为不可。第观其立学规模，实仿于书院之制，何必避其名而迁就于书斋之称乎？请因其本地之号而稍变之，

① 朝鲜王朝前期一般使用明朝纪年。清初，朝鲜王朝感谢明朝援助抗倭，且对满族的入侵与强迫效忠而不满，官方从康熙时才采用清朝年号，而民间多以崇祯后某年纪年，不用清朝年号。

② ［朝鲜］《退溪学丛书》第二部第三卷。

③ ［朝鲜］李滉：《易东书院记》，见《退溪学丛书》第二部第三卷。

名曰伊山书院”[①]。从这段文字中可以看出，在明宗时，人们认为没有奉祀乡贤就不能称书院，只有奉祀乡贤才能称作书院。既然没有单独藏修时期，那么也就没法界定藏修与祭祀并重时期。其实，朝鲜书院从出现开始就是藏修与祭祀并重，即使现在大多书院只进行祭祀，但有的书院仍然进行藏修活动，笔者于2018年2月考察韩国书院时发现，长城笔岩书院讲堂黑板上就有讲授《论语》的记录。

（二）按发展速度分期

有学者按照书院发展速度将其历史分为零星出现期、慢速发展期、快速发展期、高速发展期、撤毁衰落期和复建期。

有学者认为零星出现期在燕山君以前，近百年仅零星出现5所。其中太宗朝（1402—1418年）18年2所，世宗朝（1419—1450年）32年、文宗朝（1451—1452年）2年和端宗朝（1453—1454年）2年未建，世祖朝（1455—1468年）14年2所，成宗朝（1470—1494年）25年1所。

慢速发展期在燕山君至明宗朝，70多年间建造25所。其中燕山君朝（1495—1505年）11年3所，中宗朝（1506—1544年）39年4所，仁宗朝（1545—1546年）2年2所，明宗朝（1546—1567年）22年新建16所。

快速发展期在宣祖至仁宗朝，以每年2所以上的速度增加，82年新建181所，其中宣祖朝（1568—1608年）41年新建86所，光海君朝（1609—1622年）14年新建38所，仁祖朝（1623—1649年）27年新建57所。

高速发展期在孝宗朝至英祖前，75年间新建415所。从孝宗朝（1650—1659年）速度加快，孝宗朝10年新建35所，显宗朝（1660—1674年）15年新建70所，肃宗朝（1675—1720年）46年新建301所，更达到每年6.5所的速度。

英祖十七年（1741年）第一次撤毁书院、高宗八年（1871年）再次撤毁，书

---

① ［朝鲜］李滉：《伊山书院记》，见《退溪学丛书》第二部第三卷。

院进入衰落期。

20世纪初开始出现复建和新建，到20世纪70年代复建和新建速度加快，朝鲜原来撤毁的书院基本都得到复建，并出现一批新建书院。

这种分期，问题较大之处在于零星出现期和慢速发展期中到底出现多少书院，此说认为中宗以前共出现8所书院，但《紫云书院志》所载的《朝鲜时代书院・祠宇年代・地域别状况》认为只出现1所，看来此说并没有被广泛认同。

（三）本书分期

《紫云书院志》中《朝鲜时代书院・祠宇年代・地域别状况》将书院、祠宇分开，具体到时代、地域，一目了然，可信度比较高，所以本书根据此表将朝鲜书院历史分作慢速发展期、快速发展期、高速发展期、发展减速期、发展停滞期、撤废衰落期和复建期七个历史时期。

慢速发展期为中宗至宣祖时期，从1543年周世鹏创建白云洞书院126年间建造书院83所，平均每年近0.66所。此期呈逐渐加快趋势，明宗22年16所，年均不到0.73所，宣祖41年64所，年均约1.55所。

朝鲜书院祠宇年代、地域一览表＊

	京畿	忠清	全罗	庆尚	江原	黄海	咸镜	平安	合计
	院/祠	院/祠	院/祠	院/祠	院/祠	院/祠	院/祠	院/祠	院/祠
中宗前	/2	/1	1/	/3	—	—	/1	/3	1/10
中宗1506—1544年	—	—	1/	2/1	—	—	—	—	3/1
仁宗1545年	—	—	—	—	—	—	—	—	—
明宗1546—1567年	1/	1/	1/	8/	1/	1/	2/	1/	16/
宣祖1568—1608年	6/3	7/2	13/10	27/5	—	7/1	1/2	3/4	64/27
光海君1609—1622年	2/	7/	5/4	14/2	2/	1/	1/1	—	32/7
仁祖1623—1649年	2/2	5/1	6/7	13/8	2/3	/1	1/1	4/2	33/25
孝宗1650—1659年	5/	1/1	5/3	10/2	2/2	3/	/1	1/	27/9

（续）

		京畿	忠清	全罗	庆尚	江原	黄海	咸镜	平安	合计
		院/祠	院/祠	院/祠	院/祠	院/祠	院/祠	院/祠	院/祠	院/祠
显宗1660—1674年		6/1	8/3	8/4	18/4	/3	2/	5/3	5/1	52/19
肃宗	1675—1691年	12/3	4/	1/10	14/10	2/4	2/1	—	2/6	37/34
	1692—1712年	8/4	20/25	23/25	59/34	2/2	3/5	2/6	5/14	122/115
	1713—1720年	2/	6/4	4/2	5/4	/1	/3	/1	/3	17/18
景宗1721—1724年		/1	3/2	3/3	3/3	1/2	/1	/2	/3	10/17
英祖	1725—1740年	1/6	1/12	2/18	8/37	2/11	1/14	2/9	2/14	19/121
	1741—1776年	/1	—	2/2	/2	/2	/1	—	—	2/8
正祖1777—1800年		1/4	—	2/	1/2	—	1/	1/	—	6/6
纯祖1801—1834年		2/	/1	—	—	—	—	—	—	2/1
宪宗1835—1863年		/1	—	—	1/	—	—	—	—	1/1
年代不详		/5	1/10	4/42	9/8	4/7	1/1	6/3	/5	25/81
合计		48/33	64/62	81/130	192/125	18/37	22/28	21/30	23/55	469/500

* 据《紫云书院志》载《朝鲜时代书院·祠宇年代·地域别状况》制表。

快速发展期为光海君至肃宗十七年，83年间建造178所，年均约2.14所。光海君14年32所，年均约2.3所，仁祖7年30所，年间约4.3所，孝宗10年27所，年均2.7所，显宗15年52所，年均近3.5所，肃宗前期17年37所，年均近2.2所。

高速发展期为肃宗十八年至三十八年，21年间建造122所，年均多达5.8所，是快速发展期的2.6倍还多。

发展减速期为肃宗三十九年至英祖17年第一次撤废书院。28年间新建书院44所，年均不到1.6所。其中肃宗三十八年后年突然大幅下降，8年建造15所，年均不到1.9所，景宗4年10所，年均2.5所，英祖前16年建造19所，年均不到1.2所。

发展停滞期为英祖十七年第一次撤毁书院到高宗再次撤毁，130年间仅新建12所。其中英祖后36年仅建造3所，年均不到0.1所，正祖24年6所，年均

0.25所，纯祖34年2所，宪宗29年1所，年均都不到0.1所。此期新建的书院恐怕不如所毁的多。

1871年，大院君令撤毁书院，只令保留47所。其实其中只有书院27所，其他20所为祠庙。

1882年令恢复书院后，开始复建或新建，但数量不多，1910年日本占领前大约重建二三十所，20世纪50年代开始加速，到21世纪初，共有1076所。

二、书院发展原因

书院发展的原因主要有四个方面，一是士林热心，二是国家重视，三是地方官员支持，四是官学腐败。

（一）士林热心

朝鲜时期，士林以性理学正统自居，主张强化农村自治，在农村大力发展书院，既符合他们的政治诉求，更有利于扩大士林派基础，增强士林派力量，因此士林派非常热心建设书院。

士林在书院发展中确实发挥了重要作用。礼安易东书院就是由生员发起，在县监支持下建造的。“嘉靖癸亥间，苞山郭侯趪来莅兹邑，宁以清俭明恕为治，不数年而邑境大安，公私裕足，于是生员金君富弼、叔君穆、琴君应来、琴君兰秀谋于众曰：吾乡祠院不作则已，作则今其时哉！不可失也。乃同辞以白侯。侯乐与之筹画措置，凡需费工力，或专或助，期可以成矣。诸君退又与乡之父老群彦协心商度，各出财力有差”[①]，士林出谋出资于隆庆元年（1567年）建成易东书院。伊山书院也是在士林建议下官民协力建造的，“嘉靖甲寅冬，顺兴安侯瑺来莅是郡，勤谨职事，政通弊祛，尤以右文兴学、激励人才为先务。郡之诸士以及父老相与谋曰：我侯文成公之后也，观其所以存诸中与夫

---

① ［朝鲜］李滉：《易东书院记》，见《退溪先生全书》卷五九。

施政事者，其能知治本以不爽先志乃如此，吾乡学舍之作若以请于侯宜无不成者，时哉，不可失也。遂以白侯，侯慨然曰：是固吾志，矧诸君之所以责我者，如是我何敢不力。……侯于是量事功，计徒役，办需费。父老诸生莫不感侯之义，出谷与物有差”[①]，也是士林出谋出资于嘉靖三十七年（1558年）建成伊山书院，为屋三十二间。迎凤书院则是由士林提议官府独自建造的，“岁戊午八月，侯即释奠于先圣先师，州之文士咸萃焉，齐行合辞以书院为请，侯于是嘉与佥同，乃相厥宜。……乃因故废佛寺之基，涤祓而新之”，于嘉靖三十八年（1559年）建成，“为屋五十余间”[②]。李滉文集中只有三篇书院记，都是士林发起、官民合作建造的书院。

（二）国家重视

为了显示国家对书院重视和支持，从中宗开始仿照宋朝皇帝做法，国王向一些书院赐额、颁书、赏给土地和奴婢，有的国王还会指示为某人建造书院。

国家支持书院始于李滉建议。嘉靖二十八年（1549年），时任丰基郡守的李滉致书监司沈通源，请其转闻于上，“请遵依宋朝故事，颁降书籍，宣赐匾额，兼之给土田臧获，以赡其力”。转奏至朝，赐额绍修书院，赐给书籍，虽因书院已有土地、奴仆足以运营没有赐给，但已开国家支持书院之先河。

书院赐额一般先由家族或士林提议推动，再由地方官员奏请，“请额事，朝廷既有广施之典，则此院不可无士林请额之行”。玉洞书院主祀黄喜，1788年请额，由黄喜子孙发布通文发起，联络附近2所书院、14所书堂30余名儒生出文支持，在京任官本孙参判黄升源、监察黄瑗居中联络，于次年一月十四日获得批准。请额费用当然也不少，“前后承宣互相推诿，实物捧入之意，且疏厅经费已过千金，虽竭力助送，而公私财力荡然无存”，族人捐牛

① ［朝鲜］李滉：《伊山书院记》，见《退溪先生全书》卷五九。
② ［朝鲜］李滉：《迎凤书院记》，见《退溪先生全书》卷五九。

数十头出售筹措经费也不够，到十二月尚未获批准，京中债务已达300两，乡中债务450两，最后黄氏子孙集资500两，出售书院土地250两，才还清全部债务。

绍修书院额，嘉靖二十九年明宗亲题

陶山书院额，国王赐额，令韩石峰书写

赐额方式有两种，一种是国王亲自书写，另一种是国王选定名称安排臣子书写。其具体做法为，“凡祠院额号，艺文馆撰定，备三，望入启受点后令善写人书写，下本道悬板，礼曹佐即往宣额号。宣额号致祭时，祭官以道内守令差定”；“御笔赐额，则悬板令京刻高手摹板，而真本则奉安于本院，近侍陪进而仪仗鼓吹前导”①。赐额书院主要是国王定名，择人书写，国王亲自题写书院额很少，大约只有五处：宣祖元年（1568年）亲书白川文会书院额，壬辰（1592年）倭乱中被焚，国王请明朝使臣朱之蕃题写，肃宗二十三年亲自题写东祠、西祠颁给书院，二十四年又题写书院额；肃宗还题写清州华阳书院额、尚州兴岩书院额和朿齐庙“清圣庙”庙额，英祖题写杨州道峰书院额。国王赐额也会改变，沃川原有赵宪祠堂，国王赐额“表忠”，后改为书院，与金集书院名称相同，本地儒生上请，肃宗八年赐额改为“沧洲书院”。

赐建书院不多，已知明宗九年（1554年）曾指示为郑梦周建设书院：“上以郑梦周道德忠节不让于安裕，命即其生长之地创建书院。”②

① ［朝鲜］《增补文献备考》卷二一〇。

② ［朝鲜］《增补文献备考》卷二一〇。

朝鲜书院赐额时间、地域一览表＊

<table>
<tr><td colspan="2" rowspan="2"></td><td>京畿</td><td>忠清</td><td>全罗</td><td>庆尚</td><td>江原</td><td>黄海</td><td>咸镜</td><td>平安</td><td>合计</td></tr>
<tr><td>院/祠</td><td>院/祠</td><td>院/祠</td><td>院/祠</td><td>院/祠</td><td>院/祠</td><td>院/祠</td><td>院/祠</td><td>院/祠</td></tr>
<tr><td colspan="2">明宗 1546—1567年</td><td>—</td><td>—</td><td>—</td><td>3/</td><td>—</td><td>1/</td><td>—</td><td>—</td><td>4/</td></tr>
<tr><td colspan="2">宣祖 1568—1608年</td><td>1/</td><td>/1</td><td>4/4</td><td>7/</td><td>—</td><td>2/</td><td>1/</td><td>1/1</td><td>16/6</td></tr>
<tr><td colspan="2">光海君 1609—1622年</td><td>2/</td><td>4/</td><td>/1</td><td>5/</td><td>—</td><td>1/</td><td>1/</td><td>/1</td><td>13/2</td></tr>
<tr><td colspan="2">仁祖 1623—1649年</td><td>1/</td><td>1/</td><td>—</td><td>2/</td><td>1/</td><td>—</td><td>—</td><td>—</td><td>5/</td></tr>
<tr><td colspan="2">孝宗 1650—1659年</td><td>3/1</td><td>1/</td><td>2/2</td><td>—</td><td>/1</td><td>—</td><td>—</td><td>—</td><td>6/4</td></tr>
<tr><td colspan="2">显宗 1660—1674年</td><td>5/1</td><td>6/</td><td>7/1</td><td>9/3</td><td>2/2</td><td>1/</td><td>/1</td><td>3/2</td><td>33/10</td></tr>
<tr><td rowspan="3">肃宗</td><td>1675—1691年</td><td>5/</td><td>5/</td><td>5/5</td><td>14/</td><td>—</td><td>5/</td><td>2/</td><td>3/2</td><td>39/7</td></tr>
<tr><td>1692—1712年</td><td>18/3</td><td>8/2</td><td>10/3</td><td>10/1</td><td>1/1</td><td>8/3</td><td>3/1</td><td>5/4</td><td>63/18</td></tr>
<tr><td>1713—1720年</td><td>1/</td><td>2/</td><td>—</td><td>2/1</td><td>—</td><td>—</td><td>—</td><td>1/</td><td>6/1</td></tr>
<tr><td colspan="2">景宗 1721—1724年</td><td>1/</td><td>5/</td><td>2/</td><td>/2</td><td>—</td><td>1/</td><td>—</td><td>—</td><td>9/2</td></tr>
<tr><td rowspan="2">英祖</td><td>1725—1740年</td><td>1/</td><td>2/2</td><td>1/</td><td>1/1</td><td>—</td><td>—</td><td>1/</td><td>/3</td><td>6/6</td></tr>
<tr><td>1741—1776年</td><td>/1</td><td>—</td><td>—</td><td>/1</td><td>—</td><td>—</td><td>—</td><td>—</td><td>/2</td></tr>
<tr><td colspan="2">正祖 1777—1800年</td><td>1/3</td><td>—</td><td>1/3</td><td>4/2</td><td>—</td><td>—</td><td>—</td><td>/2</td><td>6/10</td></tr>
<tr><td colspan="2">纯祖 1801—1834年</td><td>1/</td><td>—</td><td>/1</td><td>—</td><td>—</td><td>—</td><td>—</td><td>—</td><td>1/1</td></tr>
<tr><td colspan="2">宪宗 1835—1850年</td><td>/1</td><td>—</td><td>—</td><td>—</td><td>—</td><td>—</td><td>—</td><td>—</td><td>/1</td></tr>
<tr><td colspan="2">哲宗 1850—1863年</td><td>—</td><td>—</td><td>—</td><td>1/</td><td>—</td><td>—</td><td>/1</td><td>—</td><td>1/1</td></tr>
<tr><td colspan="2">合计</td><td>40/10</td><td>34/5</td><td>32/20</td><td>58/11</td><td>4/4</td><td>19/3</td><td>8/3</td><td>13/15</td><td>208/71</td></tr>
</table>

＊据《紫云书院志》载《朝鲜时代书院・祠宇年代・地域别状况》制表。

国王赐书始于绍修书院，嘉靖二十九年（1550年）赐额同时赐给《四书》《五经》，两年后又赐给《四书》《五经》《性理大全》各一件，此后成为制度，凡赐额书院都会赐书。伊山书院万历二年（1574年）赐额，五年秋冬和八年三次赐书，先后赐书十种。

国王赐田和奴婢始于为郑梦周建造的永川临皋书院。明宗九年，国王令"匾额、书册、奴婢、田结一依绍修书院例颁降"。绍修书院因为赐额前已经有土地和奴婢，国家只对绍修书院赐额和书籍，颁给土地和奴婢其实是从临皋书院开始的，以后成为制度，凡赐额书院颁给土地3结，奴婢数量不详，孝宗八年（1657年）曾规定赐额书院7名，未赐额书院5名。

为了支持书院发展，国家有时会拨给祠院基地。肃宗八年，国王令开城新建朴尚衷书院，“院基田民依文忠公书院创建时例，命以公田代给”。肃宗十六年，也曾将在衿川的寿进宫柴场拨给忠贤书院作为迁建院基。

国家优待书院，国王对书院奴婢也格外施恩。按照国家规定，奴仆凡娶驿吏之女所生子女仍归驿役，但书院奴仆娶驿吏之女所生子女则不再归回驿站而归书院。肃宗八年（1682年），“闵维重筵奏：公私贱之娶驿吏所生之类，自前年申明事目还属驿役矣。江陵乡校及孔夫子画像奉安之五峰书院、文成公李珥之松潭书院典仆娶驿吏所生皆未免属驿云。乡校奴婢与他公贱有异，书院奴婢或得属公之贱，或自本院买，若失此奴婢则不成貌样，似当有变通之道矣。上曰：‘乡校、书院所关重大，奴婢勿为属驿，并令还给。’”[①] 国家搜查私募人员一律服军役，书院私募人员也被搜出，副承旨权愈向国王建议对几所著名书院额外施恩，予以保留，“诸书院募入者搜出以充阙伍之故，募入人等皆怀涣散之计，将无以守护。……从祀诸贤平生所经过处皆立书院，虽不可一一皆用特典，而若礼安之陶山书院、庆州之玉山书院、玄风之道东书院、安阴之龙门书院、杨州之道峰书院、延日之乌川书院则曾所募入者仍存勿侵”，获得国王同意，书院私募奴婢仍留书院。

国家保护批准设立的书院，对破坏书院者给予严厉处罚。英祖十四年五月，“安东儒生私毁文正公金尚宪祠。上曰：‘文正精忠大节，炳烺后世，敢私毁其祠乎？乱民也，首倡者刑配。’”将私毁金尚宪祠堂者判刑后发配远方。

民间私建的书院为提高社会地位，纷纷请求国王赐额，以致出现一座书院两代国王重复赐额的情况。“（肃宗）五年，清北御史闵维重奏曰：‘江界即先

---

① ［朝鲜］《增补文献备考》卷二一〇。

正臣李彦迪谪死之地，士人建祠俎豆，而尚未赐额矣。’上命赐额而连有故，不及举行。至九年始赐额曰‘景贤’，令本道都事致祭宣额。本院已于万历四十二年赐景贤之额，道臣启闻，礼曹启请，新颁额板还取来，烧于香室。”① 奉祀李彦迪的书院早在明万历四十二年（1614年）已经由光海君赐额，肃宗九年（1668年）又颁给同样名称额板，朝鲜王朝发现重复后将新颁书院额板收回焚毁。

（三）地方官员支持

与中国一样，书院发展离不开地方官员支持。地方官支持主要在两个方面，一是支持建造书院，二是从财力人力上支持书院运营。

朝鲜书院建造整体来看以士林为主，但早期却是以官员为主。明嘉靖二十二年（1543年）建造的绍修书院是丰基郡守周世鹏一手策划并付诸实施的，建筑经费来自庆尚道，“越明年壬寅，又请于方伯林公百龄，林公大施鱼盐，兹用创立文成公庙于竹溪之上，又建书院于其前”，除建造书院外，还置办书院运营经费②。嘉靖三十七年建造的伊山书院虽然是诸生父老提议，但决定和实施者是郡守安瑺（安珦后裔），经费以官方为主，诸生父老资助。嘉靖三十八年建造的迎凤书院虽然也是州之文士启请，但决策与实施者是牧使卢庆麟，土地、经费全部来自官方。隆庆元年（1567年）落成的易东书院虽然由生员金宏弼、赵穆等人提议，但都是邑长赵趪筹划措置，“凡需费工力或专或助”③。1572年，庆州府尹李齐闵根据民间愿望，报请监司同意，拨出库余资金建造玉山书院，官民协力，得以落成，“府尹李侯齐闵采十三乡之愿，躬卜定其基，告于监司，请建书院。出其库余以主其费，乡老儒士亦尽其力。壬申二月始

---

① ［朝鲜］《增补文献备考》卷二一〇。

② ［朝鲜］金仲文：《白云院创建识》，见《绍修书院志》。

③ ［朝鲜］李滉：《易东书院记》，《退溪学丛书》第二部第三卷。

玉山书院讲堂

事，八月讫功。则祠宇与讲堂暨东西两斋及乎前楼总四十余间”[1]。壬辰（1592年）倭乱后重建道东书院，“使相既给会米，又劝一道守宰使之各随力以助”，道官带头资助，并劝属下各级官员捐助。

官员对书院运营支持主要有拨给土地、拨给官费作为基金收息、拨给奴婢、拨给人役等方式。

明嘉靖三十七年（1558年），荣川郡守安瑺主持建造伊山书院落成后，又拨给粮食和服务人员，“增赡谷数百石，给良贱若干口”。三十八年星州牧使卢庆麟创建迎凤书院后拨给奴婢，“臧获既优既充”。隆庆元年（1567年），礼安县监赵赟创建易东书院后拨给土地、粮食、布匹和服务人员，“侯于是拨寺社田之当还官者及他田亩若干结、良贱若干名以属之，又多出布谷以付之”。宣祖九年（1575年）冬，庆尚道监司尹根寿支持建造奉祀曹植的德川书院，次

① ［朝鲜］许晔:《书院记》，见《玉山书院志》。

年拨给废寺真兴寺土地。清康熙八年庚戌[1]，庆尚道观察使拨给绍修书院芙蓉山下开垦土地。

地方官员拨钱作为基金生息见于道东书院，1871年府尹拨给100两矫救钱供放贷生息。

除国家拨给奴婢外，地方官也会拨给书院奴婢。明嘉靖二十五年（1546年），庆尚道观察使令将杀人强盗李孙妻女4人拨给绍修书院为婢，二十六年又将晋州、山阴县、居昌籍没罪犯妻女6人发给为婢。

拨给人役最多的是道东书院。从道东书院档案看，书院有维修等工程时就拨给军丁从事服务，档案有12年派遣军丁从事修建记录，延续时间多达69年。肃宗四十六年（1720年）维修，4次派来50人次，庚申（1740年）维修神厨，12次派来105人次，庚午（1750年）创建杏坛，1次25人，辛未（1751年）伐木，6次派来97人次，壬申（1752年）修理垣墙祠宇，7次共派116人次，己丑（1769年）修理垣墙、讲堂，6次派人95人次，壬辰（1772年）讲堂小修1次7人，乙巳（1785年）维修垣墙门库，13次193人次，戊申（1788年）移立墓道碑5天490人次，最多一次200人。军丁好像是道东书院的专职维修队伍，有事召之即来。

受到地方官员支持最多的是绍修书院。创建之初，为保证书院运营，周世鹏就为书院置办学田、宝米以作永久，地方大员也大力支持，“将以余赀设藏修之廪，不惬于用。翌年癸卯，李公彦迪继林公为方伯，且施盐藿之惠。黄君又纳四十五硕之租，仍是立宝米若干，置学田若干，以属于院”。绍修书院是第一所国王赐额书院，而安珦裔孙安玮出任牧使，安玹出任庆尚道观察使，地方各级官员更加支持。水使拨给青鱼基2所，观察使送给熊川鱼基3所，郑方伯送给天城堡鱼基四所，前后所送鱼基一年交纳青鱼三千五百贯，食盐十六石。明嘉靖二十五年（1546年），令“安东、义兴、义城等官白米各壹石，酱

① 按，实应为康熙九年（1670年）。

太各壹石，灯油各壹斗，醴泉、龙宫、比安等官白米各壹石，醴泉酱太壹石，并以费送次，真宝、青松、军威等官则白米各壹石费送次”[①]；六月二十六日，晋州牧送给铜铁，价本粗短常木绵参同拾捌疋；六月二十九日，龙宫县送给捣炼纸30张；九月十四日，官为修造典祀厅东边遮阳、儒生房舍外行廊、祭器库等；七月十八日，醴泉县发给破获贼赃衣服17件，布匹1疋77尺，以给院直和婢子；十月二十日，丰基郡拨给荠浦境内鱼基3处；嘉靖二十六年二月十七日，山阴县发给盗贼赃物衣物13件，婢子6人人各1件，院直4人人各1件；二月二十六日，观察使将兴海、昌原、彦阳、蔚山等地赃物衣服8件发给；四月一日，观察使送给壮纸15帖，油烟墨10丁，松墨5丁，羔毛笔20柄，是年观察使还发给贼赃，东莱小鼎4个、鍮炉口1个，咸安鍮盆1个、青松大盘1竹，真宝进止盘1竹，安东全漆3升。嘉靖三十四年，荣川郡守按照规定，每年春秋两道纳注纸2卷、壮纸3卷，以供封护窗户。当然，像绍修书院这样得到地方官如此全面大力支持的书院属于凤毛麟角。

（四）官学衰败

朝鲜王朝虽然国都设有成均馆和四学，地方府郡县均设有乡校，教育机构比较普及，但到十五世纪中期官学教育就开始衰败。世祖七年（1462年），国王批评诸道观察使说：“近来学校疏弛，是由上之人劝励未至耳。”成宗二年（1471年），礼曹上奏国王批评各道观察使不重视教育，校舍破败，有的乡校学生甚至借用私馆，“诸邑儒生额数且少，学舍颓废，师生或有侨寓私馆，观察使慢不致察，有违国家兴学校之意”。同样的地方官职，朝鲜王朝设定的品阶高于中国，县令为从五品，县监为从六品，但郡县乡校所设训导仅为最低的从九品，士大夫不屑就任，势必会影响乡校教育质量。1560年有人就评价说：“外有乡校，亦国典所设，士不肯聚、教尼不行者，诚以养育之方非特不

---

① ［韩国］《绍修书院志》。

备而反有害，为世之所病焉。是以有志风化者思所以振作，则书院之设岂偶然哉！”[①]李滉曾批评官学教育说“若夫郡县之学则徒设文具，教方大坏，士反以游于乡校为耻。其刓弊之极无道以救之，可为寒心”，而书院才是教育正确出路，“惟有书院之教盛兴于今日，则庶可以救学政之缺，学者有所依归，士风从而丕变，习俗日美而王化可成，其于圣治非小补也”[②]。

第三节 书院的限制与撤毁

朝鲜王朝时期党派斗争非常激烈，朝鲜书院重祭祀，而书院大多牵涉奉祀人物，奉祀人物又大多都贴有党派标签，这种斗争势必影响书院发展。研究朝鲜书院不能不先简要了解一下朝鲜王朝政治。

一、朝鲜政治架构

朝鲜王朝时期，国王是国家象征，具有无上权力，具体政务由议政府处理。议政府设领议政、左议政、右议政各一人，统率百官，治理人民，下设六曹[③]、百司，领议政相当于宰相，大事合议，其建议报国王批准，但国王一般不能否决，否则被批评为失德。另设司谏院负责谏诤，司宪府负责监察，弘文馆负责文翰，整个架构与中国相似，只有个别名称不同。地方设立道、府、郡、县，郡县下面划分面、里、统，如同中国的乡、村、保。乡设留乡所，后称乡厅，以地方人士负责，以辅佐或牵制守令，在京师汉城设置京在所，作为留乡所与政府间的联系机构。

---

① ［朝鲜］朴承任：《代绍修书院有司上户曹书》，见《绍修书院志》。

② ［朝鲜］李滉：《上监司沈公书》，见《绍修书院志》。

③ 相当于中国的六部，朝鲜是中国藩属，国家机构和官员名称不能与中国相同，六部称六曹，主官和副主管分称判书和参判，相当于中国的尚书和侍郎。

二、朝鲜党派之争

朝鲜王朝党派之争几乎贯穿整个王朝史，而且争斗非常激烈，影响非常大。

（一）朝鲜朋党

朝鲜早期国家权力主要由勋臣掌握，到成宗时（1470—1494年）以留乡所为根据地的地方势力开始登上政治舞台，他们被称作士林派。成宗重用士林派首领金宗直，金宗直推荐一批乡野人士进入朝廷，与勋臣严重对立，开启朝鲜朋党政治。

士林派大多为岭南人，推崇岭南出身的郑梦周、吉再等气节之士，政治上反对王权专制与宰相中心制，主张强化三司以尊重言论与学术；经济上主张实施地主与佃户制，安定中小地主；社会管理上主张实施乡约与社仓制，强化农村共同体；其实就是主张建设比程朱理念更充实的充满义理与道德的社会。士林派过于理想化，由于成宗居中调节，两派尚能和平共处。但成宗去世，燕山君即位，士林派借编纂《成宗实录》影射世祖篡位，刺激到国王和勋臣，金驲孙等30多人被处斩，金宗直被掘墓斩尸，郑汝昌、金宏弼等被流放，金宗直一派几乎被完全逐出政界，史称戊午（燕山君四年，1498年）士祸。燕山君十年为加强专制，一举肃清勋臣和士林残余势力，史称甲子士祸。燕山君专制激起士林反弹，士林发动政变，废除燕山君，拥立中宗。

中宗即位后重用以赵光祖为首的畿湖派士林。畿湖派与岭南派均反对汉代经学，提倡程朱理学，但他们以三代为理想，主张王道，致力于教化君主，强调仁义，主张施行均田，改正贡纳制，实施乡约，普及小学，没收赏赐给拥立中宗功臣的赐田。他们主张更为激进，既遭到功臣派反击，又逐渐被中宗所厌恶，终于在中宗十四年（1519年）被扣上叛逆罪而被肃清。赵光祖流放后被赐死，服毒不死被缢死，史称己卯士祸。权臣彼此水火不容，中宗二十六年（1531年）沈贞被赐死，两年后朴敬嫔、福原君被赐死，勋旧派灭亡。

中宗去世后，第一继妃章敬王妃之子即位为仁宗，外戚尹任（大尹）一派掌权，但仁宗仅一年就去世，第二继妃文定王妃之子即位为明宗，外戚尹元衡（小尹）一派掌权，立即清除大尹派，同时也清除一些士林，史称乙巳士祸。明宗二十年（1565年）文定大妃去世，小尹派也随之灭亡。

（二）朝鲜党争

宣祖即位后，士林掌权，但很快分裂成以金孝元为首的东人派和以沈义谦为首的西人派，开启朝鲜二百多年的党争。

朝鲜党派之争不仅仅是权利之争，还是哲学之争。十六世纪，朝鲜理学出现主气说和主理说之争。

主气说始于金时习，他反对朱熹的“理在气先”，认为气无所不在，无所不包，主张气一元论，其后徐敬德受张载气论和邵雍象数论影响，创立唯气哲学，代表人物有曹植等人。

主理说始于赵光祖，他认为理是世界的主宰，气是理的派生物，主张理一元论。李彦迪认为理和气相依不离，但“有理而后有气”，理在气先，以理为本。李滉认为理是本体，是产生天地万物的本源，“理在事先”。由于李滉是安东礼安人，其学说被称作岭南派，著名学者有柳成龙、金诚一、郑逑等。

李珥反对徐敬德等人的气一元论，也反对李滉的理先气后论，认为理与气同时形成世界的本源，主张把二者调和起来，提出理气二元论。他的思想对京畿道和忠清道一带影响很大，被称作畿湖派，代表人物有成浑、宋翼弼、金长生、郑晔等著名学者。

西人派赞同李珥学说，东人派赞同李滉学说。

宣祖二十四年（1591年）因为建储之争，西人失势，对于如何处理西人，东人分裂成持强硬态度的北人党和持稳健态度的南人党。壬辰（1592年）日本入侵的倭乱时期，柳成龙为首的南人党一度压倒北人。丁酉（1597年）再乱，李舜臣去世，柳成龙下台，北人掌权，不久分裂成大北派和小北派，小北派又分成以南以恭为首的清小北和以柳永庆为首的浊小北，柳永庆一派掌权。宣祖四十一年（1608年）宣祖去世，柳永庆被赐死，大北派得势，不久又分裂为肉北、骨北和中北三派。骨北派垮台后，肉北派掌权，光海君五年（1613年），仁穆王后之父金梯男被赐死，大北派控制整个朝政。光海君十三年（1621年），西人党发动政变，李尔瞻、郑仁弘等被处死，消灭了大北派，小北派也式微，西人逐渐掌握政权达50余年，但又分成勋西派和清西派。仁祖五年（1627年），后金入侵，西人又分成主和的少西派和斥和的老西派。围绕是否要随后金出兵反明，又分为主张出兵的洛党和反对出兵的原党。1649年孝宗即位，金自点倒台，洛党崩溃。

面对灭亡的明朝和新起的清朝，朝臣中又出现北伐论。一派持尊周大义论，主张讨伐清朝，洗雪高度文明的明朝被低文化满族欺侮的耻辱，报答明朝出兵抗倭的恩德，继续使用明朝年号，建立万东庙，奉祀派兵帮助朝鲜抗倭的万历皇帝和亡国的崇祯皇帝，设置大报坛报答明朝恩义，此派以宋时烈、宋浚吉、李浣、林庆业为代表，称作山党；另一派追求实利，承认明朝灭亡、满族兴起的现实，与清朝接近以争回历史上失去的领土，称作汉党。但两派均没有实现各自的目标，清西派宋时烈成为西人党领袖。显宗十五年（1674年）围绕孝宗仁宣大妃去世，南人党主张期年丧，西人党主张大功，西人失败，金寿兴、宋时烈被流放，南人掌权。围绕如何处置宋时烈，南人党产生分歧，主张激进的许穆一派被称为清南党，主张稳健的许积一派被称作浊南党。第二年，因为王族福善君、福昌君、福平君的三福之变，南人党垮台，西人党重新执政。围绕如何处理南人党，西人党分裂成以宋时烈为首主张缓和的老论党（元老派）和以尹拯为首的主张激烈的少论党（少壮派）。肃宗十五年（1689年），西人党反对肃宗册封张僖嫔之子为世子，惹怒国王，宋时烈被赐死，西人党垮台，南人党再起。五年后，张僖嫔失宠，南人党失势，西人党再起。肃宗四十六年去世，张僖嫔之子景宗即位，次年少论党赵泰耇、崔锡恒执政。景宗二年（1722年），少论党指控老论党谋逆，金昌集、李颐命、李健命、赵泰来被杀，是谓壬寅大狱。英祖为强化王权，遏制老论长期执政，采取荡平策，对四色（南人党、北人党、老论党、少论党）一视同仁，试图弥平党争。但英祖四年，以岭南人李麟佐为中心的少论及南人中的激进势力在商人和奴婢的援助下举行叛乱，一度占领清州。叛乱失败，少论党被驱除，老论党从此执政近50年。英祖三十八年，世子被赐死，围绕壬午事件老论党又分为时派和僻派。时派同情世子，僻派支持英祖，反对正祖即位。正祖（1776—1800年在位）即位后，时派蔡济恭执政，正祖继续强化王权，平均登用四色党人。

早在光海君二年（1610年），入明使者许筠带回天主教十二教义，天主教传入朝鲜。到正祖时期，许多著名人士也受洗入教，天主教影响加大，传统文化受到很大冲击。老论党时派又被称为信西派，僻派被称为攻西派。正祖九年规定天主教为邪教，禁止信仰，禁止从北京输入天主教书籍，十五年将信教而焚烧传统神主灵碑的尹持忠处以死刑。

正祖以后，国王大多幼年即位，政治权力被外戚掌握，一般是外戚掌握大权。纯祖（1800—1834年在位）11岁即位，大妃之父金祖淳执政，国家要职基本被其家族安东金氏占据。宪宗（1834—1849年在位）时国家权力落入大妃父亲赵万永、赵寅永兄弟之手，丰壤赵氏专权15年。哲宗（1849—1863年在位）娶安东金汶根之女，国家权力再次落入安东金氏之手。此三朝国家权力被外戚和老论党掌握，历史上称为势道政治。外戚和老论党卖官鬻爵，贿赂公行，盘剥百姓，是朝鲜历史上最为黑暗时期。

纯祖即位，大妃摄政，僻派得势，镇压天主教，处死中国传教士周文谟与李承薰、李家焕、丁若钟和权哲身等朝鲜教徒，流配丁若铨、丁若镛兄弟，世称辛酉邪狱。南人信徒黄嗣永密报北京的西洋主教，要求欧洲列强派遣海军威胁朝鲜王朝恢复信教，这种叛国行为遭到政府更加严厉的镇压，南人势力急剧萎缩，实学也急速衰退。

三、限制书院

限制书院的第一个原因是书院发展过快、过多。书院虽然提高了乡村教育水平，普及了儒家思想，提高了民众素养，但是冲击了官学，而书院拥有大量土地与奴婢，他们享有免除徭役等优待，又影响了国家收入，甚至影响了军源补充。肃宗“六年，命勿赐叠设书院之额。时书院渐盛，乡校儒生咸归书院，良民避役者皆称院仆，为弊多端”。第二个原因是书院与学派、家族和党派相互结合，致使党争异常激烈，造成政治不稳定。从仁祖时，官方就意识到问题严重性，开始限制书院过度发展。

限制书院过度发展采取的措施主要有两个方面：一是禁止私建书院，二是从严掌握叠设书院。

仁祖二十二年（1644年），庆尚道观察使上奏，建议创建书院及书院奉祀者要事先报请礼曹，经朝廷批准后才能建造，国王接受此建议，令新建书院者必须报请朝廷批准。

孝宗六年（1655年），“命勿赐叠设书院之额”，原因在于良民以院仆逃避军役，“时书院渐盛，乡校儒生咸归书院，良民避役者皆称院仆，为弊多端”。八年，忠清道观察使徐必远启请禁止私建书院、祠堂并限定奴婢名额，国王同意，规定赐额书院奴婢七人，其他书院五人，乡贤祠一人，撤毁私立书院，并令严惩首倡创建私立书院的儒生，“徐必远状启言：‘书院私建有弊，而院奴未有定额，请禁其私建，毁其滥杂，查其额数。’上从其言，禁书院、乡贤祠之私建，首唱儒生定罪。赐额书院给奴婢七人，未赐额书院给五人，乡贤祠则给一人，使之看护，而并令汰其额外。时撤毁者只数处，而私建募入之类纷然相继，莫之能禁焉”[①]。撤毁私立书院收效甚微，仅仅撤毁几处。国王虽严禁私建书院，但民间不仅照常建造而且纷纷请求赐额，显宗“时朝廷虽禁祠院之私

---

① ［朝鲜］《增补文献备考》卷二一〇。

建，而私建相继，请额纷然。上皆据法不许，礼曹或请施则辄下严教。自是无论叠设、新建，如定州之凤鸣书院、砺山之竹林书院、燕岐之凤岩书院、安城之道基书院，礼曹并不许赐额，后因参赞宋浚吉筵奏特许。至于龙冈之鳌山书院，以边塞特为赐额以激劝之”[①]。国王虽然严厉批评请求赐额这一行为，但仍然挡不住民间和士大夫的热情。定州凤鸣书院奉祀金尚宪、凤岩书院和道基书院奉祀金长生、竹林书院当时奉祀赵光祖和李珥也均为西人党，由于西人派宋浚吉奏请获得赐额。

肃宗元年（1675年），南人执政，户曹判书吴挺纬奏请再次重申孝宗八年禁令，“吴挺纬札请申明，孝庙丁酉定制禁令后，私建书院者令诸道启闻，勿施募，入院奴婢定额外汰补军丁，校生之图属书院者并令还属校籍，不入校籍而冒赴者依法惩治。命下备边司，备边司覆启，到今追论不无纷纭之弊，宜自今重颁丁酉定制，俾得遵奉焉。从之”[②]。虽然获得国王同意，但执行很难。第二年，礼曹就启请为箕子和乙支文德增加奴婢名额，“二年，礼曹启曰：‘因吴挺纬札子，外方书院奴婢已有定制，而平壤仁贤书院即箕子腏享之所，蒙养斋即高句丽乙支文德之祠。太师东来之后始为礼义文物之国，文德破隋之举大有克敌保邦之功，不可与他书院一例定额。道臣有此参酌加定之请。请令庙堂议。’从之”，马上为平壤箕子书院和乙支文德祠增加奴婢定额。

肃宗八年，西人执政，大司成金万重认为书院太多，规模太大，甚至超过孔子庙，因此建议制定制度，旧有书院允许请额，一律停止再建，允许建造祠院者不许叠设，获得国王同意。“大司成金万重疏曰：‘书院之设，一道至有八九十者，宫室之美，守护之盛，往往逾越圣庙。广占土田，多聚闲丁，群居游谈，徒事餔啜，不可不稍为之制。今宜一例停止，勿许上请，而其已设书院，未及赐额者许令请额，而宜禁其叠设也。’从之。”[③]

---

① ［朝鲜］《增补文献备考》卷二一〇。

② ［朝鲜］《增补文献备考》卷二一〇。

③ ［朝鲜］《增补文献备考》卷二一〇。

肃宗二十一年（1695年），西人再次执政，有臣子建议，对不执行禁止私建书院的地方官予以论罪，“今乃一边建祀，一边来请，士习可骇。若令外方不给烟军则必不能任意创设，且创建时道臣地方官必无不知之理，不禁私建者论罪定式则法可行矣”。私建书院一直是朝廷难以解决的难题，肃宗三十一年，全罗道监司闵镇远启请，“私建书院，地方官论罪，首唱儒生停举”，左副承旨李德成也建议，“自今如有书院请额疏，先令该曹考他处已设与否而处之”，国王采纳他们的建议令定为制度。肃宗四十年规定，“癸未以后，祠院私建者并令撤毁，而惟定州新安书院、义州白马山城姜邯赞、林庆业祠宇及洪翼汉祠宇虽是私建，并令勿毁，因筵臣奏也”，这应该是一次比较认真的清理私建书院的行动，肃宗二十九年以后私建书院大多撤毁，私自增加配祀人物也要撤去牌位。肃宗四十一年（1715年）再次下令诸道禁止私自建立书院。

朝廷虽然屡次下令禁止私建书院，但士大夫并不买账，而是想方设法建造。肃宗二十一年，就有臣子上奏不准边建边请赐额，但可以先请赐额而后建，“臣奏：书院私建已有禁令，为士子者请而后建可也”。

为了限制书院发展，臣子们也提出了不少建议。肃宗三十六年（1710年），宪府建议将各邑书院合享一处，肃宗同意，但礼曹认为此事很难办理。“礼曹判书赵泰采启曰：‘书院合享事启蒙允，士论必不归一，易于生弊，请下询大臣。’”大臣会议认为不好办理，“诸臣以为，若毁已建之祠，使之合享，则士论必至纷拏”，建议“自今新设处，本邑如有可以合享处合享，配享处配享”，肃宗也只好改变初衷，接受诸臣建议[①]，新设书院可以合享，旧书院保存原来制度。

朝廷禁止私建祠院，有的人就变换名称，不称祠院而称庙。英祖十四年（1738年），左议政宋寅明启请就反映这种情况并建议严加惩罚。“左议政宋寅明启曰：‘朝廷有祠院私建之禁，故称庙而创建者亦多有之。儒生虽不施罚，

① ［朝鲜］《增补文献备考》卷二一〇。

道臣推考，守令罢职宜矣。从之。’”英祖采纳了他建议，严禁建庙，并对不予制止的地方官员严加惩处，道官追究考查，守令罢官。

英祖十七年（1741年）曾下撤毁令，规定甲午后不禀朝廷而私建祠院及追享者，不论儒贤大臣，一并撤去；除已故者不予追究外，道臣罢职，守令拿除，首倡儒生限五年停举；此后不禀私建者，道臣拿处，守令施以三等夺告身之律，儒生远配；其匿而不闻者令御史追究；对违规地方官员处罚更加严厉。甲午后新建书院所在道官罢官，守令捉拿审判；此后再出现建造书院，道官捉拿审判，守令追夺原来任官凭信，儒生发配远方。第二年又规定“凡甲午以后创设者皆毁撤焉，盖以冒禁令而私建故也”，肃宗下令以后私自建立的书院一律撤除。

国王虽然采取如此严厉的措施，但仍然挡不住民间建造热情，不仅民间有禁不止，国家主管部门礼曹也阳奉阴违，受到正祖批评。正祖六年（1782年）下教[①]说：“祠院之追享，新设邦禁至严，诸道此弊庶几止熄。而此惟峤南一路尚不从令，因缘春曹图得官题，或即旧而追配，或乍黜而旋享，乡党成蛮触之场，良丁占隐匿之薮，使之一并毁撤。来头段，除非筵禀，毋得自礼曹擅行之意，著为令甲，严饬该曹仍为发关知委于本道及七道两都。”[②] 正祖十五年，再次重申英祖十七年规定，针对以影堂、精舍名义私建祠院现象规定，“诸道各邑以影堂、精舍别立名目者，依祠院例勘罪，生祠堂一体禁断”。

哲宗十三年（1862年）也下令撤毁私建祠院，凡哲宗即位以来新建者一并撤享，“各邑所在书院中赐额外，庚戌以后十三年来创建处依定式并令撤享”。高宗即位当年下令清理祠院土地奴婢，重申严禁叠设私设，“今上元年八月，命赐额书院田结、院仆、库直等名色，自庙堂定额、乡贤祠保率一并删汰，官封祭需严饬防塞，祠院之叠设、私设严立防禁”。

---

① 朝鲜历史上多为中国属国，国王称大王，庙号称宗，从宋雍熙三年（986年）“改诏为教”，国王下令称“教”，不再称诏、旨。

② ［朝鲜］《增补文献备考》卷二一〇。

朝鲜时期不仅大建祠院，而且广建生祠。肃宗三十八年令全部撤毁，“筵臣启曰：‘生祠之弊未有甚于近日，至于奉命使臣一时宣布德音，些少便民之政，而苟有形势则民必立祠，庸呆之辈典一州而无生祠则以为羞耻，几乎人人有之，州州有之，其弊不可言，自今以后，行关列邑刻期撤毁宜矣。’”。肃宗也感触很深，采纳了此建议。“上曰：‘末世守令之可合生祠者岂多有之，而谄谀成风，因一时要誉有此立祠，若果有特异之政则固为可尚。近来立祠不足为贵，生存立祠依所达撤毁可也。’”

朝鲜王朝虽然采取很多措施限制书院发展，但不仅没有限制住发展，反而越限越多，究其原因，主要是因为党派之争。各党派都将书院作为显示本派道统的正统工具，并以此扶植和扩大本派势力。所以某派执政就大力发展奉祀本派人物的书院，并极力争取赐额。最为典型的是肃宗年间，肃宗元年至六年南人执政，七年至十五年为西人，十六年至二十年再为南人，二十年后再为西人，赐额院祠情况详见下表：

肃宗年间赐额书院祠堂表*

道名	类别	元年至六年（1675—1680年）南人执政				七年至十五年（1681—1689年）西人执政				十六年至二十年（1690—1694年）南人执政				二十年（1694年）以后西人执政				
		南	西	少	无	南	西	少	无	南	西	少	无	南	西	老	少	无
庆尚	书院	7	1		3				1	6			1	1		2		2
	祠													2				1
全罗	书院					1	3		1					2	1	2	2	2
	祠						1		3									2
忠清	书院	2					2	1		1			1		1	5		2
	祠																	2
京畿	书院				2		1	1		2			3		3	6	3	1
	祠																1	1
江原	书院									1								
	祠															1		

（续）

道名	类别	元年至六年（1675—1680年）南人执政				七年至十五年（1681—1689年）西人执政				十六年至二十年（1690—1694年）南人执政				二十年（1694年）以后西人执政				
		南	西	少	无	南	西	少	无	南	西	少	无	南	西	老	少	无
平安	书院	1					1		1				2			2		1
	祠				1				1						1			2
咸镜	书院						2								1	1		1
	祠																	1
黄海	书院	1			1		1		2						3		3	1
	祠														1			2
合计	书院	11	1		6	1	10	2	5	10			7	3	9	18	8	12
	祠				1		1		4					2	2	1	1	11

* 本表据李树焕《朝鲜时代书院的成立与发展》编制，见《中国书院》第六辑，湖南教育出版社2004年版，第212页。

表中南为南人，西为西人，少为少论，老为老论，无则不属于任何党派。

从表中明显可以看出，不论是南人还是西人，执政时主要向本派祠院赐额，此外则是无所属党派的书院。南人两次执政间向本派21所书院赐额，仅向西人党属1所书院赐额；西人两次执政间向本派19所书院赐额，3所祠堂赐额，仅向南人党4所书院和2所祠堂赐额。

党派执政不仅大力发展本派书院，还撤毁异己一派的书院。大北首领郑仁弘大张旗鼓地创建奉祀导师曹植的书院并请到白云洞书院赐额，到仁祖时西人执政就被撤毁。

朝鲜党派之争异常激烈，甚至连从祀文庙先儒也不能幸免。肃宗十五年，南人执政，将西人崇奉的理学家李珥和成浑赶出文庙。肃宗二十年，西人执政又将二人请回。

不仅党派如此，许多执政人士也特别重视推崇自己的老师，为老师建造书院，请求赐额。大北首领郑仁弘出自曹植门下，其当政时，奉祀曹植的晋州德川书院、三嘉龙岩书院和金海新山书院等都请得赐额。光海君七年（1615年），还通文全党和在京本党官员，在距京城不到30里的杨州三角山白云峰下创建书院，第二年便请到白云洞书院赐额。

所谓叠设书院是指为某位名人建设一所以上祠院。早期限制叠设书院主要采取不予赐额的做法。孝宗六年（1655年），“命勿赐叠设书院之额。时书院渐盛，乡校儒生咸归书院，良民避役者皆称院仆，为弊多端，故有是命”[①]。孝宗八年规定，“自是无论叠设、新建，如定州之凤鸣书院、砺山之竹林书院、燕岐之凤岩书院、安城之道基书院，礼曹并不许赐额”。但当时对于叠设书院时严时松。肃宗六年，岭南儒生为因己卯士祸被贬的金湜在其去世地建设书院，呈请赐额，国王令礼曹商议，礼曹以叠设为由不同意，但国王照常特命赐额。同样，安东儒生建造奉祀李滉的书院，请求赐额，礼曹认为其故乡礼安已有赐额陶山书院，不同意赐额，但国王仍然予以赐额，“安东儒生以文纯公李滉先乡建书院，请赐额。礼曹以礼安有李滉书院已赐额，安东未免叠设为言，教曰：‘文纯乃我国之儒宗，虽配享于文庙，其先乡尚无赐额，诚为欠典。’特为赐额”[②]。肃宗三十六年，有人启请为赵光祖宁边书院赐额，理由很充分，就是宁边儒风不振，“西土贸贸，儒风不振，光祖大贤，似不当拘叠设之禁也”，肃宗询问诸臣后赐额药峰书院。

叠设书院一直是个难以解决的问题。肃宗二十一年（1695年），承旨尹德骏上启建议即使从祀文庙大贤叠设书院也不许请求赐额，“承旨尹德骏启：‘道德高下不系院之多少，而纷纭叠设，冒禁请额，而政院不得不捧，该曹又为两端说话。自上又令特为赐额叠设之禁，自先朝何尝一番施行乎？继自今虽从祀大贤，若叠设则勿捧请额院宜矣。’从之”。

朝廷虽然不允许叠设书院赐额，但士大夫并非全部支持。肃宗二十年，左议政朴世采就建议可以设乡祠，但不予赐额，“如从祀诸贤及大名贤当有优异

① ［朝鲜］《增补文献备考》卷二一〇。
② ［朝鲜］《增补文献备考》卷二一〇。

之道，非此而叠设者，朝廷待以乡祠，而不许赐额，则规制益明矣”，对从祀文庙学者和大名贤可以设立乡祠，获得国王同意。从祀文庙学者是国家规定的，很好确定，但是大名贤却没有标准，各地动辄以大名贤启请，主管的礼曹非常头疼，只好向肃宗请示：“三十二年，礼曹判书闵镇厚启曰：‘文纯公朴世采曾以书院叠设禁断陈达，而有大名贤勿拘之请，而别无指的之人，疏陈者辄称大名贤，该曹难于取舍，宜有定式也。’”国王也难以确定，将皮球踢给道臣：“上曰：‘书院叠设处，令道臣申饬一切，防塞可也。’”国王、礼曹都不能确定，道臣如何确定大名贤？

叠设书院成为老大难问题，肃宗三十九年不得不制定制度，不仅禁止赐额，而且规定一律不准叠设。“三十九年，上谕承旨曰：‘书院叠设之弊久矣，请额之疏纷纭，此无一切之法故也。自今虽从祀儒贤，如有叠设书院，严加禁断，勿许请额式，永为定式。’”不论是否从祀文庙，一律不准建设，更不许疏请赐额。

关于党争操纵书院设毁，最典型的就是郑介清书院。郑介清原为务安官属，“有文才，颇慧黠，文忠公朴淳教育而奖拔之，及淳为汝立等所挤，介清附汝立之徒攻斥淳甚力”。郑介清原属于西人党，被西人党首领、领议政朴淳提携，但在朴淳受到另一位叛归东人的西人郑汝立排挤时，他却追随郑汝立大力攻击朴淳。郑汝立狱起，郑介清又落井下石，将其所著《排节义论》上交，“宣庙览之惊骇，命词臣作《反排节义文》颁布中外。且得其与汝立书，有曰‘当代见道高明惟尊兄一人’。宣庙教曰：‘渠所谓道者，何道耶？可问之。刑讯一次，流之北边。’后又出逆招，未及拿鞫而先死于谪所”，“门徒等创院以祀之”。到仁祖时，西人金长生“疏陈其罪，请毁其院”，仁祖同意。但到孝宗时书院仍存，西人宋浚吉再次向国王建请毁撤，“孝庙教曰：‘赞善之师亦曾疏达，先朝已蒙允命。今闻惊骇之言不可置之，申明先朝成命，即为举行。’后令道臣驰启，于是院遂毁”。肃宗元年（1675年），南人执政，全罗道儒生疏请建院，礼曹以两朝已有成命不许，国王令大臣会议后同意复建，三年并应请赐额“绿山书院”。六年，西人重新执政，全罗道观察使任奎启曰："郑介清书院重建实由贼镌之主张，而镌为院长，啸聚无赖，作为渊薮。及镌伏法之后，道内诸儒齐会乡校，摘发肆凶之类，施行削罚。则悖妄之徒自知不容，反肆其毒，拔剑潜入，击割发通人耳颊。列邑悖儒转相效尤，习不可长，此专由介清书院之设也。"这引起国王重视，命大臣会议，国王下教说："依两朝下教，令礼官即速撤毁，以正士习，以杜纷挐之弊。"但这还没有终结，九年后南人执政时再次复建，肃宗三十年西人执政时最终毁撤。一个书院三建三毁，由此可见党派纷争对书院有多么大的影响。

四、撤毁祠院

朝鲜大规模撤毁祠院有两次，一次在英祖十七年（1741年），一次在高宗八年（1871年）。

英祖十七年撤毁是国王亲自下达的命令，"十七年，教曰：'凡令之解弛，专由于挠攘，不可不行一切之法。甲午后不禀朝廷，私自建祠院及追享者，勿论儒贤大臣并撤去。而已故者外，道臣罢职，守令拿除，首倡儒生限五年停举。此后不禀私建者道臣拿处，守令施以三等夺告身之律，儒生远配；其匿而不闻者当以御史问矣。'大臣奏曰：'岭南最多乡贤祠，不过村中数间茅屋，道臣、守令难以尽知，而先贤影堂、守令生祠，尤与学宫有异矣。'上曰：'乡贤祠久则为书院，生祠堂亦有禁令，一体禁断可也。'于是祠院撤毁者凡三百余所"[①]。英祖撤毁祠院态度坚决，措施严厉，效果也比较好，撤毁祠院300余所，基本刹住私建风气，此后书院进入发展停滞期。

大规模撤毁书院是在高宗八年。"上谓领议政金炳学曰：'书院设置始以前朝人文成公安裕之道学有所寓慕，建院妥灵者。迩来无穷之弊，家家有院，且一人之四、五、六处建院比比有之，各其本孙之周旋为家庙矣。本以尊贤之意，近作为先之事。且道学忠节姑舍一次，辅道之人则每多建院与生祠，此非

① ［朝鲜］《增补文献备考》卷二一〇。

当然之事也，今此书院归正即经远之谟也。予有尊贤之心，则叠设实非尊贤之本意，故如是矣。'"因此高宗下令，"文庙从享人外，书院及叠设书院并为毁撤"[1]，仅保留奉祀文庙从祀者等人的47所院祠，书院从此进入衰落期。

朝鲜半岛学校建造文庙具体时间不详，大约在8世纪中期。早期奉祀人物直到明嘉靖九年厘正文庙祀典前基本追随中国增加，嘉靖九年（1530年）厘正文庙祀典也没有随明朝改变，只是在肃宗八年（1682年）罢黜公伯寮、荀况、马融、何休、贾逵、王肃、王弼、杜预、吴澄、申党10人，增加杨时、罗从彦、李侗、黄榦。奉祀人物除孔子、四配相同外，中国为十二哲，而朝鲜为十哲，没有随清朝增加有若和朱熹，而是在肃宗四十年将邵雍、周敦颐、张载、程颐、程颢和朱熹称作宋六贤，位居十哲之后。

朝鲜半岛文庙从祀有本国18位学者，称作东国十八贤。东国十八贤从祀始于高丽显宗十一年（1020年），追封新罗学者崔致远[2]为文昌侯从祀本国文庙，十三年追封新罗学者薛聪为弘儒侯从祀，忠肃王六年（1319年）增加本朝学者安珦（朝鲜理学之祖），1518年增加高丽郑梦周，光海君二年（1610年）增加本朝学者金宏弼、郑汝昌、赵光祖、李彦迪、李滉，肃宗八年增加李珥和成浑，十五年罢祀李珥、成浑，二十年恢复，四十三年增加金长生，英祖三十年（1756年）增加宋时烈和宋浚吉，四十年增加朴世采，正祖二十年增加金麟厚，高宗二十年（1883年）增加赵宪和金集。

保留的47所书院中，其实以书院命名的只有27所，以祠为名的有20所。

大院君保留院祠一览表

书院名称	奉祀人物	配祀人物	创建时间	赐额时间	地址
崧阳书院	文忠公郑梦周	禹玄宝、徐敬德、金尚宪、金堉、赵翼	1573年	1575年	京畿道开城
龙渊书院	文翼公李德馨	赵絅	1691年	1692年	京畿道抱川

① ［朝鲜］《增补文献备考》卷二一〇。

② 赴唐留学生，中唐朝进士，朝鲜人称其为文学之祖。

（续）

书院名称	奉祀人物	配祀人物	创建时间	赐额时间	地址
鹭江书院	文烈公朴泰辅		1695年	1697年	京畿道果川
牛渚书院	文烈公赵宪		1648年	1675年	京畿道金浦
坡山书院	文简公成浑	成守琛、白仁杰、成守琮	1568年	1650年	京畿道坡州
德峰书院	忠贞公吴斗寅		1695年	1700年	京畿道阳城
深谷书院	文正公赵光祖		1650年	1650年	京畿道龙仁
四忠书院	忠献公金昌集	李颐命、赵泰采、李建命	1725年	1726年	京畿道果川
遁岩书院	文元公金长生	金集、宋浚吉、宋时烈	1634年	1660年	忠清道连山
鲁冈书院	文正公尹煌	尹文举、尹宣举、尹拯	1675年	1682年	忠清道鲁城
武城书院	文昌侯崔致远	申潜、丁克仁、郑彦忠、宋世林、金若默、金灌	1615年	1696年	全罗道泰仁
笔岩书院	文正公金鳞厚	梁子征	1590年	1662年	全罗道长城
西岳书院	弘儒侯薛聪	金庾信、崔致远	1561年	1623年	庆尚道庆州
绍修书院	文成公安珦	安轴、安辅、周世鹏	1543年	1550年	庆尚道顺兴
金乌书院	忠节公吉再	金宗直、朴英、郑鹏、张显光	1570年	1575年	庆尚道善山
道东书院	文敬公金宏弼	郑述	1605年	1607年	庆尚道玄风
灆溪书院	文献公郑汝昌	郑蕴、姜翼、俞好仁、郑弘绪	1552年	1566年	庆尚道咸阳
玉山书院	文元公李彦迪		1573年	1574年	庆尚道庆州
陶山书院	文纯公李滉	赵穆	1574年	1575年	庆尚道礼安
兴岩书院	文正公宋浚吉		1702年	1705年	庆尚道尚州
玉洞书院	翼成公黄喜	金湜、黄孝献、黄纽	1714年	1789年	庆尚道尚州
屏山书院	文忠公柳成龙	柳袗	1613年	1863年	庆尚道安东
彰节书院	忠正公朴彭年	成三问、李垲、柳成源、河纬地、俞应孚、赵旅、元昊、金时习、李孟专、成聃寿、南孝温、严兴道	1685年	1699年	江原道宁越
忠烈书院	忠烈公洪命耉		1650年	1652年	江原道金化

（续）

书院名称	奉祀人物	配祀人物	创建时间	赐额时间	地址
文会书院	文成公李珥	成浑、赵宪、朴世采、安瑭、辛应时、吴德龄、金德诚	1568年	1568年	黄海道白川
凤阳书院	文纯公朴世采		1695年	1696年	黄海道长渊
老德书院	文忠公李恒福	金德诚、郑弘翼、闵鼎重、吴斗寅、李尚真、李世华	1627年	1687年	咸镜道北清
江汉祠	文正公宋时烈		1785年	1785年	京畿道骊州
显节祠	文正公金尚宪	郑蕴、洪翼汉、尹集、吴达济	1688年	1693年	京畿道广州
忠烈祠	文忠公金尚容	尹烇、洪命亨、宋时荣、权顺长、金益景、李相吉、黄一皓、沈誢、李淳五、洪翼汉、姜渭聘、尹荣、李淳叙、闵垶、尹集、李时善、黄善身、具元一、姜兴常、金秀南	1642年	1658年	京畿道江华
纪功祠	壮烈公权慄		1841年	1841年	京畿道高阳
彰烈祠	文贞公尹集	洪翼汉、吴达济	1717年	1721年	忠清道鸿山
表忠祠	忠愍公李凤祥	南延年、洪霖	1731年	1736年	忠清道清州
忠烈祠	忠愍公林庆业		1697年	1727年	忠清道忠州
褒忠祠	忠烈公高敬命	高从厚、柳彭老、高因厚、安瑛	1601年	1603年	全罗道光州
忠烈祠	忠烈公宋象贤	郑拨、尹兴信、赵英圭、卢盖邦、文德谦、宋凤寿、金希寿、金祥、宋伯、申汝櫓	1605年	1624年	庆尚道东莱
彰烈祠	文烈公金千镒	黄进、崔庆会、张润、李廷鸾、李义精	宣祖时	1607年	庆尚道晋州
忠烈祠	忠武公李舜臣		1614年	1723年	庆尚道固城
褒忠祠	忠刚公李述源		1738年	1738年	庆尚道居昌
褒忠祠	忠武公金应河		1665年	1668年	江原道铁原
清圣庙	清惠侯伯夷	仁惠侯叔齐	1691年	1701年	黄海道海州
太师祠	壮节公申崇谦	庾黔弼、卜智谦、裴玄庆	高丽时	1796年	黄海道平山

（续）

书院名称	奉祀人物	配祀人物	创建时间	赐额时间	地址
三忠祠	武乡侯诸葛亮	岳飞、文天祥	1603年	1668年	平安道永柔
武烈祠	明尚书石星	李如松、杨元、李如柏、张世爵、骆尚志	1593年	1593年	平安道平壤
忠愍祠	忠壮公南以兴	朴命龙、金浚、李尚安、金尚毅、李希建、宋图南、张暾、金良彦、宋德荣、金彦寿、韩德文、尹惠、咸应秀、梁晋国、林忠恕	1681年	1682年	平安道安州
表节祠	忠烈公郑著	诸景彧、白庆楷、韩浩连、白庆翰、许沆、林之焕、金大宅	纯祖时		平安道定州
酬忠祠	西山大师休静			1784年	平安道宁边

保留书院中主祀者非文庙从祀者的有龙渊书院（主祀李德馨）、鹭江书院（主祀朴泰辅）、德峰书院（主祀吴斗寅）、四忠书院（主祀金昌集）、鲁冈书院（主祀尹煌）、金乌书院（主祀吉再）、玉洞书院（黄喜）、屏山书院（主祀柳成龙）、彰节书院（主祀朴彭年）、忠烈书院（主祀洪命耇）、老德书院（主

崧阳书院，在今朝鲜开城

祀李恒福）等11所，而祠庙中仅有江汉祠1所奉祀文庙从祀者。

文庙从祀者中，薛聪主祀书院1所，崔致远主祀书院1所、配享1所，安珦主祀书院1所，郑梦周主祀书院1所，金宏弼主祀书院1所，郑汝昌主祀书院1所，赵光祖主祀书院1所，李彦迪主祀书院1所，李滉主祀书院1所，金麟厚主祀书院1所，李珥主祀书院1所，成浑主祀书院1所、配享书院1所，金长生主祀书院1所，赵宪主祀书院1所、配享书院1所，宋浚吉主祀书院1所，配享书院1所，朴世采主祀书院1所，配享书院1所，宋时烈没有专享书院，只有主祀祠宇1所，配享书院1所，金集既没有专祀书院也没有专祀祠堂，只配享在主祀其父金长生的书院。

就地域看，保留书院最多的是庆尚道，有10所；其次为京畿道8所；忠清道、全罗道、江原道、黄海道各2所；咸镜道1所；平安道则没有。保留祠堂以平安道最多，有5所；其次京畿道和庆尚道各4所；忠清道3所；黄海道2所；全罗道、江原道各1所；咸镜道则没有。两者相加，庆尚道最多14所，其次京畿道12所，忠清道、平安道各5所，黄海道4所，全罗道3所，江原道3所，咸镜道1所。

第二章　朝鲜书院类别

朝鲜第一所赐额书院绍修书院，是为奉祀第一位将朱子学引入朝鲜的安珦建造的，先建庙，而后建造书院，早期一般没有奉祀乡贤就不能称作书院，所以朝鲜书院与中国书院重科举、日本书院重教学不同，一直重祭祀，并且由于书院多为去世名贤建造，朝鲜书院中的研究书院很少。朝鲜书院主要分为科举书院、教育书院、科举兼教育书院、学术书院、祭祀书院，类别比较少。

第一节　科举书院

研究朝鲜书院教育，有必要先了解一下朝鲜的教育制度。

朝鲜王朝以儒家思想作为国家指导思想，尤其推崇朱子学，后人称作儒教王朝。朝鲜王朝非常重视教育，建立了完善的教育系统。

朝鲜王朝于京城设国学成均馆和东西南北中五学，但北学时间很短，习称四学，府、郡、县设立乡校，乡村设立书堂。成均馆学生为取得初级功名的生员和进士，定额200名，四学定额各100名，乡校学生为16岁以上平民子弟，乡校按照人口设置名额，府和大都护府乡校90名，都护府乡校70名，郡乡校50名，县乡校30名，乡校学生定额原为15000名。朝鲜王朝设4个留守府，8个道，6个尹府，5个大都护府，20个牧使府，73个都护府，79个郡，25个设县令县，140个设县监县，应设乡校352所。甲午（1895年）更张，改地方行政为道、府、郡三级，全国设13道，23府，338郡，道不设学校，所以朝鲜共有乡校361所。

乡村广设书堂是朝鲜王朝的教育特点。朝鲜立国之初就“外方乡村各建书堂，各定训长”，成宗二十八年（1497年），国王“以乡学书籍甚少，命印《四书》三经颁赐于诸道”。宣祖二年（1569年），著名理学大师李珥上疏建议对乡学师儒给予官位以吸引士人，孝宗十年（1659年）命祭酒宋时烈制定学规，规定“其训长令其一乡择差，一如大学掌议之例，而守令时时亲自往审，考讲其学徒，监司及都事教养官亦考讲，或制述。如有实效表著者，依《大典》其师长量减户役，其学徒量施赏格，而其中最表著者则启闻，其师长升为童蒙教官或除他职，以示劝奖之道”[①]。由于国家重视，乡村书堂一直坚持教学活动，1788年，玉洞书院发布请求赐额通文，响应者中就有道谷书堂、鲁东书堂、颖滨书堂、首阳书堂、竹林书堂、智川书堂、松岩书堂、凤岩书堂、首善书堂、龙门书堂、石门书堂、梅岩书堂、孤峰书堂等14所书堂，由此可见书堂之多、之活跃。

朝鲜时期，平民子弟七八岁进入书堂学习，优秀者16岁入乡校，乡校学生考取生员或进士即可进入国学成均馆学习。成均馆相当于高等教育，乡校属于中等教育，书堂属于初等教育。而书院与乡校一样设置学生名额，也属于中等教育。仁祖二十年（1642年），朝鲜第一次规定书院学生名额，朝家讨论时，大臣建议定额50名，国王认为太多，要求“无过六、七人”，礼曹建议“令各道参酌多少，无过二十人恐或得中”，国王同意，书院设额不过20名，由各道自行确定[②]。肃宗三十六年（1710年）国家再次规定书院学生名额，“定书院下斋生数，已赐额书院二十名，文庙从祀儒贤书院三十名，未赐额书院十五名”，后来再次规定，“勿论从享未从享，赐额书院则皆以二十名定额”[③]，所有书院

① ［朝鲜］《增补文献备考》卷二〇九。
② ［朝鲜］《增补文献备考》卷二一〇。
③ ［朝鲜］《增补文献备考》卷二一〇。

一律设学生定额20名，取消非赐额书院的学生名额。

由于书院设置学生名额，纳入国家教育体系，与官立学校一样重视科举，所以朝鲜书院也以科举书院为多。

白云书院由丰基郡守周世鹏建造，属于官立，创建之初规定就显示出科举性质。嘉靖二十四年（1545年）制定《白云书院榜》规定，“凡入院之士，司马则如入大学，其次则初试入格者。虽非入格，其一心向学有操行而愿入者，有司稟于斯文而迎之”，“于是学徒盛集，非上舍与俊秀者不得列”。学生首先录取已获得生员和进士功名者，其次为初试入格者，再次才是一心向学者。

朝鲜王朝科举制度与中国略有不同，考试分作生进科和文科。

生进科又名小科、司马试。司马试是据《礼记·王制》“大乐正论造士之秀者以告于王，而升诸司马曰进士”命名的。小科在各道和汉城府举行，分生员和进士两类。生员考试《五经》义和《四书》疑，进士考试写作诗赋表策。小科生员、进士如同中国唐朝明经和进士，但唐朝明经和进士是最高等级功名，而朝鲜属于最低等功名，如同中国明清时期秀才。虽然生员、进士均属于小科，但进士地位低于生员，坐次在生员之后，“国初承高丽旧例，设进士试者为劝励初学，故进士举官者称为寄斋。坐次则生员为一行，寄斋为一行。乞依旧例，进士、幼学尚齿，坐于生员之下”①。

文科考试分初试、复试和殿试三级。初试有馆试和乡试两种：馆试在京城举行，应试者为在国学成均馆就读生员和进士，在馆学习满300日者才能参加，取中50名；乡试在京城和道驻地举行，应试者为不在成均馆读书学生，取中名额，汉城40名，京畿道20名，忠清道25名，全罗道25名，庆尚道30名，江原道15名，平安道15名，黄海道10名，永安道10名。复试又名礼曹试（中国礼部试），由礼曹主持，应试者为馆试和乡试合格者共240人，选取33人参加国王亲自主持的殿试。殿试确定前3名为甲科，其次7人为乙

① ［朝鲜］黄喜：《陈进士、生员坐次之制议》，见《玉洞书院志》。

科，其他23人为丙科，称作文科中式，如同中国进士。第一名称壮元[①]，第二名、第三名通称探花。殿试合格者即可入仕为官，壮元一般授从六品官，探花可授官正七品。

书院初起，国家就将其纳入体系内进行管理。明宗十年（1555年），洪迟上疏建议书院学生“非初试入格者则不许”，次年国家就规定，“书院地形深邃，可合藏修之所，而且有田以供儒生，故士之往者甚多，而非初试者则不许”[②]，未参加过初试者不准进入书院学习。此规定得到很好执行，西岳书院就规定，“凡入院之士，司马则如入大学，其次初试入格者。虽非入格，其一心向学有操行而愿入者，有司稟于斯文而迎之。夫开院固欲迎贤，若滥入则不肖者间之”[③]，招收学生生员、进士者优先，其次为初试合格者，未入格者如果一心向学书院禀请后也可以入院就读，严格执行国家规定。文会书院也规定生员、进士不需要书院讨论就可以直接入院，“取士之法，勿论长少，取其有志学业、名行无污者，院儒佥议许入。会者未满十员，则不得定议。生员、进士则直许入勿议。若有儒生或挟势求入，或欲因而干谒道主、州官者，皆勿许入”[④]，有志学业、名行无污者经书院讨论后可以入读，以10人为限，并特别规定对请托道主和州官等挟势求入者坚决拒之门外，以保持书院独立性和水准。

绍修书院一直重视科举，“盖以读书为田地根本，而余力从事于公车课试之文，亦不害为奉遵院规之意也”。明嘉靖二十六年（1547年），郡守安玹即出题令学生练习，致函书院师长说，“今送题脚，使诸秀才定时以之科次，如十二徒先生或遇试急作古事，后亦为例，切切”[⑤]。1727年规定学生轮流居斋，每月朔轮换，通告各书堂及洞内优先录送能够撰写科举文章者和通读之人，并

① 中国的状元在朝鲜称“壮元”。

② ［朝鲜］《明宗实录》卷二〇，明宗十一年丙辰正月壬午条。

③ ［朝鲜］《西岳书院规》。

④ ［朝鲜］《文会书院学规》。

⑤ ［韩国］《绍修书院志》。

成为制度，“其洞员子弟可堪制述及通读之人，列书其年岁及字号，以为凭考定额之地，而若其才学未及之年少则从后录送，以为永事”。1730年《居斋节目》说：“科举虽是学者第二、第三件事，而不可以无科年而不曾留意，须于限内或一、二巡出题试才事。”虽然经费紧张，学生定额减至10名，一月一换，半月居斋，而且只在冬月开学，但仍规定生员、进士不受此限，“司马不废业之员，明经将应讲之士，勿拘斋额，随意来做”[①]。1738年时经费紧张，规定“官家试才定额外，毋论他本邑不得许入”。1749年要求各面书堂将“有志向学不废读书者、立志勤家方事举业者、聪颖夙成文理通晓者，冠者四十岁以下、童蒙者十五岁以上，抄名成册，自院入录讲案，并许招迎”。1760年时经费可能不再紧张，规定，“立志勤实方事举业者，聪颖夙成文理通晓者，勿拘冠童他本邑并许招迎”，都规定招迎方事举业者。1790年，《居斋节目》要求学生共制时策，兼习科工，“程文非实地工夫，而俗尚亦不可不兼治。胜友多会之日，自有相长之道，读书之暇共制时策，兼习科工，恐为无妨事”。正因为重视科举，学子在科场多捷足先登，白云洞书院“来栖之人不下五年皆为名士，连捷巍科，人谓入院便登第”[②]。

伊山书院也是一所科举书院，1775年制定的《伊山书院通读时规约七条》规定，“制述以箴铭论辨事”。早期规定学生名额16人，6名公养，必须是入格者，10名自费，为未入格者，“诸生常额十六员，内公养六员，私赍十员。公以入格，私以未入格”。设置养正堂为低等培训处，“寓生不拘冠未冠、无额，成才乃升院”，进行科举考试训练。《养正堂立约》规定，“每十日院中出题制述，即日收考”[③]。伊山书院保存的《入格录》记录历年入格者姓名、字、出生时间和获得功名、任官等情况，共收录642人，取得功名者205人，其中文科中式54人（壮元1人），进士36人，生员134人，司马40人，5人获得进士、

① ［韩国］《绍修书院志》。
② ［朝鲜］《顺兴文成公庙白云书院斯文立议》，见《绍修书院志》。
③ ［韩国］《伊山书院志》。

生员双功名，其中4人一科同获双功名。小科获得功名者205人，接近32%，大科54人，接近8.5%，考中率还是比较高的。

道东书院《入院录》未标明学生资格，但也属于科举书院。1787年（丁未）三月商定创设育英斋，“取其养育英才。近来乡风不古，士习颓弛，居接之时多有混杂之弊，岂非乡中之慨然而皆儒之所羞耶？自今以后，任司则年年罢接时，自接中荐出，居接则禀官，设白抄，选十五人以为定式，而毋至口口有名无实之意”[①]，规定每年三月初一居接，居接时禀官选取十五人，其中诗取十一人，赋取四人。诗赋是小科进士必试内容，设育英斋选取善为诗赋者应该是为强化书院科举入式。《节目》规定对参加科举考试者给予5贯钱补助，文科生进也给予5贯，武科出身则给予2贯。

地方官员也希望书院科举兴盛，对科举中式学生予以奖励。明嘉靖二十六年（1547年），永川郡守“以试取科次捷报”，奖励绍修书院生员李褉、权应参等名纸各4张，羔毛笔各3柄，油烟墨各2丁，南继李、郭瀚、韩祐、金希俊等名纸各3张，笔3柄，油烟墨2丁。

虽然朝鲜学者也希望书院学子能够专心学问，但在强大的科举入仕大环境下，书院也难以放得下一张安静地做学问的书桌，即使大学者也难以阻止。李滉希望学者孳孳向道，“为今之士科举之习虽不能全废，其视圣贤为己之学，正心修身之道，则内外本末轻重缓急之序，判然如霄壤之不侔矣。学者诚能审择于此而勇决其取舍，以其孳孳向道之诚，易其汲汲驰外之心，本之于性分而求之于方册”[②]，李珥希望学子“不可贪躁热中以丧其志”，“今世以科举取人，虽有通天之学，绝人之行，非科举无由而进于行道之位，故父教其子，兄勉其弟，科举之外更无他术，士习之渝职此之由。第今为士者，多为父母之望，门户之计，不免作科业，亦当利其器，俟其时得失，付之天命，不可贪躁热中以丧其志也”[③]。

① ［韩国］《道东书院志》。

② ［朝鲜］李滉：《迎凤书院记》，见《退溪学丛书》第二部第三卷。

③ ［朝鲜］《增补文献备考》卷一八七。

第二节　教育书院

教育是书院最主要功能，朝鲜学者也如此认为，理学宗师李滉就说，“夫自王宫国都以及列郡莫不有学，顾何所取于书院而中国之所尚如彼，何哉？隐居求志之士，讲道肄业之伦，率多厌世之嚣竞，抱负坟策，思遁于宽闲之野，寂寞之滨，以歌咏先王之道，以蓄其德，以熟其仁，以是为乐，故乐就于书院。其视国学乡校在朝市城郭之中，前有学令之拘碍，后有异物之迁夺，其功效岂可同日而语哉！由是言之，非惟士之为学得力于书院，国家之得贤者必于此而优于彼也”，“自宋朝四书院之后，渐盛于南渡，而大盛于元明之世。国家学校不若书院之可专于尊贤讲道之美意，故或因私立而宠命之，或过命之而择人教养也”[①]，书院与官学最大区别就是书院没有教学制度的约束，僻居山野，更利于学者藏修。李滉也希望书院注重藏修，少事举业，绍修书院“欲专意诵读，暂缓制述”，就获得李滉赞许，“此意甚好”。

李珥主张书院不应从事举业，他制定的《隐屏精舍学规》规定“若欲做科业者必习于他处”，所以他在石潭书室时不允许学生携带科举文集，“李珥尝于石潭书室，不许人持科文抄集，惟以《小学》《近思录》先奖诲之，次及《四书》《五经》。经学不明、文理不达者不许赴科”[②]。

朴世采也反对书院从事举业，他制定的《文会书院院规》规定将习举业置于书院之外，“今宜院外别设一斋，以待隶举业者，使毋得辄升讲堂，肆做时文，以犯大戒”，既然将习举业者置于院外，且不许辄升讲堂，其书院应该是纯教育性的。而《南溪书堂学规》明确规定“如异端、科举文字切不许入堂”，

① ［朝鲜］《增补文献通考》卷二四〇。

② ［朝鲜］《增补文献备考》第一八七。

将科举直接排除在书院之外，南溪书堂就是纯粹的教育书院。

兴岩书院曾中断教学，“院教学间废有年”，1811年恢复，“以四季朔朝会集冠童，始自《小学》，至于《四书》，而年限则冠者以三十为限，童子不拘年齿”①。绍修书院1848年时规定自读《小学》以上均可入学，都是从初级教育开始。

武城书院院规规定，“入斋之规，无论长幼贵贱，有志读书为学者皆可入院”②，凡有志读书者不论身份年龄一律可以入院读书。武城书院创办于光海君七年（1615年），肃宗三十五年（1709年）赐额，不可能不受国家“非初试者则不许”入院规定的制约，最大的可能是像伊山书院一样，书院设置院生、寓生、童蒙不同等级，符合国家规定的为院生，不符合规定的为寓生或童蒙。

第三节 科举兼教育书院

由于国家规定书院优先招收已经获取初级功名和初试入格者，书院不能违背，开展教育只能另辟蹊径。

李滉参与创建的伊山书院另招童蒙和定额外寓生，童蒙与定额学生分开，童蒙只有授业和召唤才能进入额内学生学习的地方，“非因受业与招致不得入入德门内”，寓生成才才能升入书院，“寓生不拘冠未冠，无定额，成才乃升院”③。童蒙接受初等教育，诸生优先录取已取得初级功名及初试合格者，当以科举为先，教育、科举并存。

绍修书院1730年曾规定优待不事科举者，一律列入十员定额之内提供饮食，“昔朱文公至岳麓书院谕诸生曰：‘前人建书院，本以待四方士友相与讲

① ［韩国］《兴岩书院志》。

② ［朝鲜］《武城书院规》。

③ ［朝鲜］李滉：《伊山院规》，见《退溪学丛书》第二部第三卷。

业，非止为科举计。'盖读书求道实士子之本业也，如有向学之士，留意于俗学科臼之外而负笈来会，讲究心经性理等书，则宜一体置之于十员之例，以体前贤立院之本意事"，但并不排斥科举，"司马不废业之员，明经将应讲之士，勿拘斋额，随意来作"，"科工虽是学者第二第三件事，而不可以无科年而不曾留意，须于限内，或一二巡出题试才事"[①]。居斋规定也是教学科举并重，1749年、1760年《居斋节目》都规定招迎"有志向学不废读书者，立志勤实方事举业者，聪颖夙成文理通晓者"，前者有年龄限制，"冠者则四十岁以下，童蒙则十五岁以上"，后者则无年龄、地域限制，"勿拘冠童、他本邑并许招迎"。1790年《居斋节目》说"程文非实地工夫，而俗尚亦不可不兼治"，规定"读书之暇共制时策，兼习科工，恐为无妨事"，一直是教育与科举兼顾。

国家规定书院学生名额，但并非每所书院都有那么多符合规定的生员、进士和初试入格者，符合规定的学生少，书院当然就可以招收规定外的学生。

绍修书院学生名额一直很少，1544年11人，司马（已考取生员或进士者）仅有5人，不足一半，壬子司马2人是8年后才考取的；1545年11人，司马5人均是入院后考取，丙午（1546年）及第的2人入院时应该为司马，那也仅有2人符合条件；1546年18人，司马只有6人，另5人为入院后考取；1547年12人，司马仅有1人，另3人为入院后考取；1556年入院11人，其中6人为司马，5人无功名，此后司马就很少了，1557年入院9人全无功名，1558年入院11人，只有1人为当年司马，其余10人无功名，1559年入院13人，只有1人为司马，还有1位没有注明何年司马，为1576年文科及第，至少11人无功名，1560年入院10人，2人为司马，8人无功名。1686年20名学生，只有1名为司马，另2人为入院后考中；在院学生都以司马为少数。1790年至1888年间《入院录》中学生标明资格者减少，而且没有科别，不知是入院前已获司马还是入院后新获，个别标明文科或官职都应是入院后取得的，并非入院前。1744年《入院

① ［韩国］《绍修书院志》。

录》中开始出现童蒙入院记录，入院童子1人，1749年入院童蒙8人，1754年4人，1760年21人。教育扩大到初级水平，都足以说明，绍修书院也是科举兼教育书院。

绍修书院名额如此少尚难以招到符合条件的学生，道东书院学生数量多，更不可能有这么多符合条件者。万历三十八年（1610年）四月二十三日一次入院学生21人，1722年三月墓祀后一次入院35人，1728年十月二日墓祀后一次入院更多达42人。道东书院所在玄风只是一个设置县监的小县，不可能有这么多的生员、进士和入格者，应该以不入格者为多。兴岩书院也是如此，甲申六月十六日录取62人（另档作78人），九月十九日加录26人（另档作15人），一年录取88人（另档作93人），丙戌加录11人，丁亥加录19人，四年间共录取118人，兴岩书院所在尚州虽然是牧使级别，但也不可能有如此多符合国家规定的学生，应该像绍修书院一样有国家规定外的入学者，它们都应该是科举兼教育书院。

1808年，李仁行主教伊山书院，有感于书院只重科举，经费不足，于是购田数十亩，设立讲学所，讲学所定额10名，“盖读书贵于静专，薄力难于多供，须通一乡定十员，以为轮次讲读事”，于科举书院外单设教育的讲学所。

第四节　学术书院

朝鲜书院中学术书院比较少见，主要原因应该是朝鲜书院大多是为某位名人去世后奉祀所建的，并非名人在世时的讲学处。

奉祀曹植的德川书院初期属于学术书院。

曹植（1501—1572年），号南冥，出身书香门第，其父曹颜亨文科壮元，他20岁也考中生员和进士。在新进士大夫赵光祖一案中，其父被罢官，叔父惨遭灭门，从此放弃科考，专研理学，朝廷屡次征召，俱不赴任。48岁回乡从事研究并教育弟子，50岁时，吴健、郑仁弘、河沆、崔永庆等学者纷纷投入门下。61岁时建造山天斋和橡室讲学，弟子河应图为结茅屋数间于德川上。去世三年后，弟子崔永庆、河沆、河永庆、孙天祐、柳宗智等与弟子、州牧具忭和弟子、监司尹根寿决定于德川讲学旧址建造书院。次年书院落成，有祠宇、讲堂敬义堂和东西两斋敬斋和义斋，以河沆为院长。弟子郑逑致祭墓前，与崔永庆等制定院规，弟子会讲一如曹植在时，“退与守愚诸公定院规，会讲如山天斋旧仪”①。

德川书院此后成为南冥学派重地，据统计，1603年时有学生93人，1623年有185人，1629年有172人，1634年有212人，1642年有240人，1650年达到顶峰，有266人，此后开始衰落，1657年降至114人，1671年略微增加到125人。从《青衿录》看许多人在书院长期学习，孔勖名字出现在1634年、1642年、1650年、1657年名单中，长达24年，姜翼文（1568—1648年）名字出现在1609年、1623年、1629年、1634年、1642年名单中，更长达34年，但他文科出身，官至礼曹判书，后期应该离开书院去做官，1642年最后一次录名后6年去世，看来有的学生身份是终生的。同样还有权涛（1575—1644年），他的名字出现在1609年、1623年、1629年、1634年、1642年青衿录中，他官至大司宪，1642年后两年去世。

宣祖九年（1576年），弟子卢钦、宋希昌等还在三嘉晦岘建造晦山书院，后因地方狭隘，弟子宋希昌与文景虎、曹应仁等移建于香川书院，后得赐额龙岩书院。建造此书院的卢钦、宋希昌都是三嘉人，而居住三嘉弟子多达8人，很可能也是弟子研修之所。

曹植弟子百余人，大多有著述。壬辰（1592年）倭乱时，50余名弟子组成最大的义兵团抗击日军入侵。

深谷书院从崇祯再丁卯（1747年）陶庵先生所定学规看也属于学术书院。

---

① ［韩国］《德川书院志》。

学规规定学习内容为《小学》《四书》《三经》《心经》《近思录》《家礼》诸书，“读书次第：先《小学》，次《大学》(兼《或问》)，次《论语》，次《孟子》，次《中庸》，次《诗经》，次《书经》，次《易经》，而《心经》《近思录》《家礼》诸书或先或后训诲读过”。规定不许做科业文字，“书院本为士子群居讲学而设，而近来游书院者但以春秋参祀为重，故书院只为先贤享祀之所，有其名而无其实。往往或有居斋者而不过习科文而观杂书，未见有讲习之美，可胜叹哉！此后居斋者勿读非圣之书，又勿做科业文字，于斋中惟专意于义理之说，朝夕肄习”。每月一次会讲、一次讲会。会讲采用抽签方式轮流各讲一章，如果人多章少，未讲之人从头再开始，直到每人都讲；如果人少章多，已讲之人抽签再讲，直到每章皆讲。讲会在上年十二月确定每月讲书内容，每月制定当读章数，“所定章数必须不多不寡，以熟读精究为主，讲时无徒令一场诵过，就文义上反复讨论，而直月录其义理之大者上于院长以质其是非，使后来就讲者得以参考”。讲会时从中抽出一章讲诵，而且规定四十岁以上方许临讲，四十岁以下只背诵。

第五节　奉祀书院

朝鲜书院重祭祀，有的书院并不进行教学活动，纯粹是奉祀祠堂。高宗八年(1871年)撤毁书院时，国王对领议政金炳学说，“书院设置始以前朝人文成公安裕之道学有所寓慕，建院妥灵者。迩来无穷之弊，家家有院，且一人之四五六处。建院比比有之，各其本孙之周旋为家庙矣。本以尊贤之义，近作为先之事。且道学忠节固舍一次，辅道之人则每多建院与生祠，此非当然之事也”[①]，可见奉祀书院之普遍。

① ［朝鲜］《增补文献备考》卷二一〇。

1747年，洪念海所作深谷书院《学规》说，“书院本为士子群居讲学而设，而近来游书院者但以春秋参祀为重，故书院只为先贤享祀之所，有其名而无其实”，许多书院是因为各种原因中止教学，成为奉祀书院。兴岩书院也曾经中断教学成为纯粹奉祀书院。1811年制定的《节目》说，“本院讲学间废有年”，该书院为肃宗三十二年（1706年）赐额，独享理学家宋浚吉，“讲学间废有年”，可见此前有讲学活动中间间断，就成为纯奉祀书院。

正因为朝鲜书院重祭祀，所以朝鲜多将书院和祠堂都称作书院。

第三章 朝鲜书院教学

朝鲜书院是受中国书院影响而出现而发展的，各方面都深受中国书院影响，同时深受朝鲜王朝《学令》和科举考试内容影响，所以朝鲜书院在教学内容、教学方式和考试方式等方面与中国书院也有一定差异。

第一节 教育内容

朝鲜王朝推崇朱子学，而且存续时间正是中国明清时期，所以朝鲜书院教育教学内容主要也是儒学经典。

朝鲜书院教学内容深受《学令》和科举考试内容影响。

朝鲜王朝初年就制定《学令》,《学令》本来是专为国学成均馆和各级乡校制定的，宣祖时李珥请求居斋者一依《学令》，书院也要遵守。对学习内容，《学令》规定，“诸生读书先明义理，通达万变，不须徒事章句，牵制文义。常读《四书》《五经》及诸史等书，不挟庄老、佛教、杂流、百家子集等书，违者罚”[①]，规定学生只能学习《四书》《五经》和史籍。

朝鲜半岛科举考试基本采用中国制度，新罗元圣王四年(788年)采用唐朝制度，“始定读书出身科，读《春秋左氏传》，若《礼记》《文选》而能通其义，

---

① [朝鲜]《增补文献备考》卷二〇七。

兼明《论语》《孝经》者为上，读《曲礼》《论语》《孝经》者为中，读《曲礼》《孝经》者为下，读若博通《五经》、三史、诸子百家书者超擢用之”，水平不高，考试内容只有《左传》《论语》《孝经》《曲礼》和《文选》几种。高丽光宗九年（958年）改为“试以诗、赋、颂及时务策”，穆宗七年（1004年）“定以三月开场锁闱，贴《礼经》十条，明日试诗、赋，越一日试时务策”，考试水平提高，但经书只有《礼经》一种。延祐元年（1314年），元朝遣使颁发科举诏，忠穆王即位（1344年）采用元朝制度，“初场试六经义、《四书》疑，中场古赋，终场策问”，考试经书内容大幅增加。十八年，“李穑知贡举，始用元乡试、会试、典试之制”。

明洪武三年（1370年），遣使至高丽颁发科举程式，“乡试、会试程式：则第一场《五经》义，限五百字以上，《四书》疑，限三百字以上；第二场试礼乐论，限三百字以上；第三场时务策，限一千字以上”[①]，考试内容为《五经》《四书》。朝鲜太祖元年（1392年）规定，“今后内而成均正录所，外而按廉使，择其经明行修者，开具年贯三代及所通经书，登于成均馆。长贰试所讲《四书》《五经》《通鉴》以上，以其通经多少、见理精粗第其高下，为第一场。入格者送于礼曹，试表章古赋为中场，试策问为终场。通三场入格者三十三人送于礼曹量才擢用”[②]，考试内容增加了《通鉴》。定宗元年（1399年）小科考试设生员、进士试，生员考经典，进士考古赋和十韵诗。大科考试考《四书》，“制述初场《四书》疑、义、论一篇，中场赋、表、笺中一篇，终场对策一篇”，后来又增加《五经》，“制述《四书》义一篇，《五经》义一篇”。后五经改为三经，即《周易》《尚书》和《诗经》，“初试，《四书》中抽栍一书，三经中自愿一书”，“讲书初场四书三经背诵，愿讲《春秋》者听”。改三经的时间未见记载，成宗二十年（1489年）“上以乡学书籍甚少，命印《四书》三

① ［朝鲜］《增补文献备考》卷一八四。

② ［朝鲜］《增补文献备考》卷一八六。

经颁于诸道”，可见在朝鲜初期就已经只读三经。大科复试前有时要求讲《经国大典》和《家礼》，有时要求讲《小学》和《家礼》。考试内容早期为《四书》《五经》，中后期为《四书》三经，《四书》全考，三经可自选一经。

朝鲜书院基本按照《学令》要求和科举考试内容安排教学内容。

嘉靖三十七年（1558年），李滉制定的《伊山院规》规定，“诸生读书以《四书》《五经》为本原，《小学》《家礼》为门户。遵国家作养之方，守圣贤亲切之训，知万善本于我，信古道可践于今，皆务为躬行心得、明体适用之学。其诸史子集文章、科举之业，亦不可不为之。旁务博通，然当知内外本末、轻重缓急之序，常自激昂，莫令坠堕”。虽然规定以《四书》《五经》为本原，《小学》《家礼》为门户，但允许读“诸史子集文章”，只是不允许读“邪诞妖异淫僻之书”，较国家《学令》规定的“常读《四书》《五经》及诸史等书，不挟老庄、佛经、杂流、百家子集等书，违者罚”显得宽松，“科举之业亦不可不为之”，允许学习科举之业，较那些反对科举者也高明得多。由于李滉被奉为朝鲜理学宗师，许多书院都按照其规定安排教学内容。崇祯十二年（1639年）制定的《玉山书院院规》第一条就是照录李滉《伊山院规》。

李珥万历四年（1576年）制定的《隐屏精舍学规》规定了学习内容，“非圣贤之书、性理之说则不得披读于斋中，史学则许读，若欲做科业者必习于他处”。他为国家撰定的《学校模范》规定读书之序：“先以《小学》培其根本，次以《大学》及《近思录》定其规模，次读‘论’、‘孟’、《中庸》、五经，间以《史记》及先贤性理之书，以广意趣，以精识见。”[①]《学校模范》是宣祖十五年（1582年）根据国王指示为官学制定的制度，“以补《学令》之未备者”，增加《小学》和《近思录》。

深谷书院由李縡制定的院规规定了学习次序，“读书次第：先《小学》，次《大学》（兼《或问》），次《论语》，次《孟子》，次《中庸》，次《诗

① ［朝鲜］《增补文献备考》卷二〇七。

经》，次《书经》，次《易经》，而《心经》《近思录》《家礼》诸书或先或后，循环读过”[①]。增加了真德秀《心经》、《近思录》和《朱子家礼》，五经减去三《礼》和《春秋》三传，应该是受科举考试内容变化的影响。金元行制定的《石室书院讲规》“所讲学必先《小学》，次《大学》（兼《或问》），次《论语》，次《孟子》，次《中庸》，次《心经》《近思录》，后及诸经，周而复始”，内容较深谷书院少三经和《家礼》，但其他内容的学习顺序相同。

绍修书院1730年规定，“朝食堂后，因正坐通读《小学》《心经》《近思录》等书，至如‘三纲’‘二伦’行实，朝家之所刊布亦宜时时通读，俾至熟讲事”，增加《心经》和朝家编纂的《三纲行实》《二伦行实》等通俗教化读物。1749年规定，“居斋所读书，当以《六经》《四书》为本，或参以史书。而每朔望交递时，以《小学》《心经》、性理诸书、朱子书、退溪集等书中拈出通读一篇”。1761年规定，“斋中恒读三经、《四书》《小学》等书，敬读《白鹿洞五规》《朱文公十训》《敬斋箴》《夙兴夜寐箴》等章，通读《心经》《近思录》《朱书节要》等篇”。1789年又规定先读《大学》，次读《论语》，次读《孟子》，次读《中庸》。

有的书院还要求通读本书院主祀人物文集，1775年，伊山书院就要求通读李滉全集，“愿与一乡英材，通读我老先生遗集”。

朝鲜王朝大力提倡朱子学，贬斥佛教和道教，《学令》规定，“不挟老庄、佛经、杂家、百家子集等书，违者罚”，对科举考试引用佛教经典和老庄之学者给予严厉惩罚。成宗二年（1471年）“行别试，有举子于乡试对策言祀佛禳祸者，试官斥之”，国王知道后命流放远方：“上手札下批曰：‘儒生对策之辞，予甚愤焉。佛之为害谁不知之，况学孔孟者乎？宜令有司屏之遐裔，明示好恶。’”[②]宣祖三十三年（1600年），李涵引用《庄子》语，被削去功名，国王

① ［韩国］《深谷书院志》。

② ［朝鲜］《增补文献备考》卷一八六。

并严加禁止，“以李涵用庄语，特命削科。上教考官曰：‘试制有用庄老语者，自三坟八索以来可法之文不为不多，安用庄生诐淫之说？今宜禁断。’”①

受此影响，有的书院规定只能学习儒家经典。李滉制定的《伊山院规》就规定“自余邪诞妖异淫僻之书并不得入院近眼，以乱道惑志”。《玉山书院院规》照录李滉规定，深谷书院虽然规定“勿作科业文字于斋中，惟专意于义理之说朝夕肄习”，但也规定“勿读非圣之书”。李珥制定的《学校模范》也规定“非圣之书勿读，无益之文勿观”。

第二节　教学方式

由于朝鲜书院学生有的已是小科入格者，有的已经在书堂接受了初级教育，所以教学多以自学为主，这一点与官学是不同的。

从《学令》看，官学学官每日授课，“每日学官齐坐明伦堂，儒生请行揖礼，鼓一声，诸生以次入庭，行揖礼，讫，各就斋前相对揖，遂就斋次。儒生诣学官前请行日讲，上下斋各抽一人读所读书。通者岁抄通考画数，合计于科举式年，讲书画数不通者罚楚。鼓二声，诸生执所读书各诣师长，先将前授论难辩疑，后承新授。不务多，要须研精。如或对卷昏睡、不留意承教者罚”。而书院则以自学为主，李滉《伊山院规》规定，“诸生常宜静处各斋，专精读书，非因讲究疑难不宜浪过他斋，虚谈度日，以致彼我荒思废业”。绍修书院1730年《居斋定规》规定，“诸君子常宜静处各斋，专心讲业，惟恐一时放过。若非讲论疑难处则不须漫过他斋，空谈外事。至如素读之暇，雪月交辉，夜气虚明，则相与散步楼亭，或口占吟咏，此亦畅郁遣兴之一助事”。

书院以自学为主，但也有授书、会讲、讲会、轮讲、制述等活动，有的书

① ［朝鲜］《增补文献备考》卷一八七。

院还有诗文写作。

授书　从朴世采制定的《南溪书堂学规》看，书院有授书活动。每日早饭后，学生略微逍遥，即归书室整理书籍，“以俟师招入授书”，老师授书后各自回斋舍自学，如有疑难问题就向老师求教，“授书后分就读所，凡然终日读之，少有疑问，辄来质问，再三反复，不可放过。一言一句，必求践履之方”。绍修书院1789年曾开设《四书》课，“列坐明伦堂，使善读者轮读《大学》，讲说文义”，但只坚持6日就因经费不足而终止。

会讲　绍修书院院长权思浩认为时人只重科举，大多人连《朱子节要》都没有读完，因此于1801年发起于十一月二十二日开展讲读《朱子节要》活动，“窃念今时后生专意于公车之文，不复致心于古人为己之学，至于不能尽读朱夫子节要书一帙者亦多矣，所以不揆僭窃为此一会。一府士林各家所藏节要书各自赍来，以为合席讲讨之地。且今冬夜甚长，年少儒生昼讲夜制，以为兼治之计亦为不妨”[①]。绍修书院还将会讲扩大到院外儒生，各面[②]设训长，每月朔望聚集本面儒生能够讲义者练习讲书，以便参加书院会讲，“各面训长以朔望聚该面儒生之可与讲义者训习锻炼，以为通读时率来应讲事”。1848年时，书院每月两次会讲也允许不在书院儒生参加会讲，“诸生贫而不得裹粮者，只于朔望会讲时许并来参讲”。

伊山书院1775年规定读书为轮读，读后讲论，“通读之际，端坐敛容，轮次敬读，读毕讲论文义事”，1815年，《讲学所斋居节目》规定轮读后讨论，“先生集通读有已卯近例，端坐敛容，轮次敬读，讨论文义事”，应该都是会讲。

玉山书院也采用会讲方式，但此方式遭到破坏，乙亥年堂中不得不完议重申旧规，“简选才学之士，考讲庸学，学礼而后付名儒籍，专出于作成之美意。而近来旧法渐弛，士习不淑，就讲之际专以请嘱行私为能事，莫重奖劝引进之

① ［韩国］《绍修书院志》。

② 面：朝鲜行政单位，如同中国乡镇。

良法，反为戏玩无实之归，此非当初为士林严立程规之意。此后则儒生辈痛祛此习，为熟复温习，毋至临讲取拙。及其设讲之日，院长手自抽签，讲章遍示堂中，使之应讲。若有误诵句读、不解文意者，必严加黜斥，无使由来美规徒作无益之文具事”[①]。

深谷书院每月一次会讲，上年十二月确定下年每月会讲内容，“每年十二月讲会时，分排来岁逐朔所当讲之书。如正月讲立教，二月讲明伦之类”，“每讲会，先定一朔内所当读之章书，起某章，止某章，后次讲会就其中抽一章讲诵。四十以下背诵，掌议与直月同为出栍定其高下。四十以上方许临讲，亦出栍，掌议、直月是出栍者，许令除讲，有司年老则勿为之，色掌则同诸生为之”，“一朔内所定章必须不多不寡，要以熟读精究为主。讲时无徒令一场诵过，就文义上反复讨论，而直月录其义理之大者上于院长，以质其是非，使后来就讲者得以参考”[②]。每次会讲均给出成绩，成绩分为通、略、粗、不四等，“每讲辄列书案中人姓名，名下录其起止及通、略、粗、不之属。一件置于院中，一件上于院长，各得以考其勤慢”[③]。虽然名为讲会，但每人都讲，其实为会讲。

石室书院每月一次会讲，定于十六日。会讲采用抽签方式，30岁以上者可以看书讲说，30岁以下者必须背讲，但注解可以看书，年老不在应讲者可以听讲，但要参加讨论，远道而来者不论年龄皆可以参加听讲。如果章数少而人多，讲完章数即可，不必人人都讲，讲后进行讨论，“讲皆毕，即相反复讨论，务穷旨趣乃已”。

讲会　伊山书院1775年举行讲会，1785年举行心近讲会，1806年会讲衍义通读，1815年与一乡章甫讲读李滉遗文，“每夜深闻读书声琅然于斋室之间，盖绝胜弹丝吹竹敲金击石之乐也，首尾数十日”，“皆为院中盛事”。

---

① ［韩国］《玉山书院志》。

② ［韩国］《深谷书院志》。

③ ［韩国］《深谷书院志》。

玉山书院制定了详细的讲会程序：

享祠礼毕，设讲席于中堂，立讲长以主之（明经行义、众所推服者为之），择有文行者一人为司讲，一人为直日，一人为执礼，一人为读法。

讲会日早朝，讲长率有司及直日及执礼及读法及诸生先行相揖礼（会中以齿德俱尊者为东西班首，诸生中以习礼者为东西曹司）。

执礼立于阼阶上，读法立于西阶上，东向，读朱子《白鹿洞规》，次读蓝田《吕氏乡约》，乃升堂就讲。

讲长坐北壁下堂中，南向（讲长有故未参则虚其位）。听讲坐西壁下与斋任相对（斋任即直日、执礼、读法）。诸生皆南行，北向，西上，以齿序立。直日诣书案前抽栍示当讲者，当讲者再拜。讲讫，又再拜而出。讲毕，讲长与听讲之应抗礼者交相揖。诸生向讲长再拜，讲长答一拜，又向听讲者再拜，听讲者答一拜。诸生交相揖乃退（升降，讲长及斋任由东阶，诸生由西阶）。[①]

轮讲　深谷书院每月一次轮讲，初一焚香后进行。月讲时先读《白鹿洞揭示》《学校模范》《隐屏精舍学规》，一人大声读，众人悚听，然后轮流抽签讲读，"每月讲时，就所当讲之篇，以人抽栍相继讲读，以一章为率。而人多章少，则篇尽后又抽栍，未讲之人复自第一章循环讲诵，毕讲而止。人少章多，则毕讲后又抽栍，已讲之人继讲，其下尽篇而止"[②]，每人都要讲，每章都要讲。

制述　伊山书院每十日一次制述，"每十日院中出题制述，即日收考，不作有罚，按色掌检举"[③]。1727年绍修书院院长规定五日一次作文，"刻意究业，五日一制，十日就院任"。1761年规定在斋读书后制述，"罢斋时各背讲，撤

① ［韩国］《玉山书院志》。

② ［韩国］《深谷书院志》。

③ ［韩国］《伊山书院志》。

讲后又制述”。伊山书院1775年规定“制述以箴铭论辨事”，1815年院长李仁行规定，“有时著述，必以箴铭颂论，辨切于身者事”。

写诗　有的书院比较重视写诗。绍修书院1738年府使规定，“日课一首，而翌日朝食堂前收券上府，日以为常，而题则自官家出之”，“定限内不得呈券者，依太学例，勿许参朝食堂事”，每日一诗，未作者不许就餐。绍修书院训长还出题要诸生唱和，据《居斋日记》记载，1810年十二月十二日，“训长出四韵要和诸生”，1813年十二月十八日，“两训长先吟一绝，要和于斋中，诸生亦随其倡成”。伊山书院规定学生每日写诗，1775年《伊山书院通读时规约七条》要求“每日次集中诗绝句或长篇，切己者事”[①]，1815年《伊山书院讲学所居斋节目》规定，“每日谨次集中，诗绝句四韵，合切己者，而亦不可专习，妨读书事”[②]，虽然要求作诗，但不许专习。

第三节　书院考试

从见到的十几种朝鲜书院方志看，朝鲜书院进行考试的不多，考试资料也很少，只能按照考试方式和考试奖罚略作研究。

一、考试方式

根据教育水平高低，考试方式有背诵、讲书、制述等。绍修书院1780年规定，学生半月一次轮换居斋，离斋前要背诵所读经书，并进行制述考试，“罢归，各背诵所读，又制述，即日收券，以考勤慢事”。

背诵　绍修书院1749年规定，居斋学生由10员增至15员，每批在书院学

① ［韩国］《伊山书院志》。

② ［韩国］《伊山书院志》。

习半个月，离开时要背诵半月所读新书，背诵给出成绩并计入个人档案，“一月再换，而每朔望交递，必背诵十五日所读书，讲案名下书填通不，以考勤慢”。深谷书院规定，月讲时四十以下背诵，也给出成绩，“四十以下背诵，掌议与直月，同为出栍，定其高下”。

讲书　玉山书院有19世纪初学生成绩档案记载，考试内容为《四书》，考试方法为学生讲说，成绩分三档，粗、略和通，壬戌（1802年）八月考试21人，84个成绩，2个不清楚，18通，33略，31粗，成绩最好者为3通1略，最差者3粗1略。辛未（1811年）11人44个成绩，其中5通8略31粗，最好者2通1略1粗，最差者全粗。丁丑（1817年）正月5人考试，成绩为1通4略15粗。讲书都没有不通，成绩还不错。

讲书考试成绩是根据《学令》规定给出的。讲书成绩有5等，最优为大通，其下依次为通、略通、粗通，最差一等“下此者”即不通。《学令》规定给分标准：“诸生讲经句读详明、议论通豁、该括一书纲领旨趣纵横出入诸书、融会贯通到十分尽处为大通；虽不至十分尽处，句读详明、议论通豁、该括一书旨趣融会贯通者为通；虽不至融会贯通，句读详明、释义通豁、连上接下、能得一章大旨者为略通；句读明白、释意分晓、虽得一章大旨、议论有未尽者为粗通；下此者罚。”[①]

深谷书院月讲和每月一次会讲都给出成绩，也属于讲书考试。

制述　绍修书院初创不久，明嘉靖二十六年（1547年），郡守安玹即出题给书院，令学生定时制述，“今送题脚，使诸秀才定时以制科次”。1730年规定一、二巡出题试才，“科工虽是学者第二、第三件事，而不可以无科年而不曾留意，须预限内或一二训出题试才”。1738年时，安东府就出题考试，“日课一首，而翌日朝食堂前收券上府，日以为常，而题自官家出之”。1810年十二月十一日，官府出一赋三诗考试。赋题为《献暝以风鸣骂坐》，诗题分别

① ［朝鲜］《太学志》。

为《卮酒进上，大言天下，高祖之天下，押下字》《老枝擎重玉龙寒，押龙字》《安得广厦千万间，以庇天下寒士，押寒字》。此次的成绩为："赋：徐干发二下一、次上一，柳无量寿三下一、次上二，徐干表三中一、三下二，徐干文次上一，李仁浩次上二，洪达次上一，琴尚烈三下一，金辉德三下一、次上一，徐干才次上一，金永著三下一，金永商次上一；诗：黄龙晔次上一，安秉性三下一，黄豹吉次上一。"① 制述最多者柳无量寿和徐干表分别作一赋二诗，徐干发、李仁浩和金辉德一赋一诗，6人仅作一赋，3人仅作一诗。

考试成绩是按照朝鲜科举制述规定给出的。朝鲜科举考试制述入格者成绩分作九级，分别作上上、上中、上下、二上、二中、二下、三上、三中、下下，此外还有不入格的次上、次中、次下。科考时入格者还量化为分，上上记9分，以下均递减1分，"制述每场上上九分，其下以次递减，下下一分"②。此次考试21个成绩中，二下1个，三中1个、三下7个，次上12个，不入格者超过半数，最好成绩二下才属于第六等，记4分，成绩不能算好。

二、考试奖罚

考试实行奖罚见于深谷书院、绍修书院和玉山书院，各书院奖罚方式不一。

深谷书院每月一次月讲，一次讲会，每次讲书成绩都分作通、略通、粗通和不通4等，"每讲辄列书案中人姓名，名下录其起止及通、略、粗、不之属"，此外通还有纯通一级。成绩量化以画统计，纯通和通均记2画，略通记1画，粗通记半画，"纯通二画，通同，若计画之数同则有纯通者当居右；略一画，粗半画"。每年夏末和冬末根据门人画数进行奖罚，"每夏冬之末通计讲生画数或赏或罚，就四十岁以下为之。冠者出画壮一人，画末一人。画壮则赏壮纸一束、白纸二束、笔墨各一；画末则满座面责。童蒙出画壮以下三人，画

① ［韩国］《绍修书院志》。

② ［朝鲜］《增补文献备考》卷一八六。

末以上三人。画壮则赏与冠者同；其次白纸二束，笔墨各一；其次白纸一束，笔墨各一；画末则夏楚七度，其次五度，其次三度”[①]。冠者组成绩最高者和童蒙组前三名都有奖励，冠者组倒数第一名在全体师生面前批评，童蒙组倒数第一名、第二名、第三名分别给予7下、5下、3下的体罚。

绍修书院1738年规定，安东府日课一首，次日早饭前收卷，如果未能交卷则不准进食，“定限内不能呈券者，依太学例，勿许参朝食堂事”。

玉山书院对考试成绩差者处罚最为严厉，讲书成绩不合格就被取消学籍，改由他人替补。1809年府尹审核的《玉山书院儒生案》所载46名儒生中有崔圣宽、都凤米、权时宗、金仲日、金兴休、高植汉、金林宁7人因落讲被人取代，处罚比例也不低。但落讲被取代次数可能不多，1770年、1780年、1862年、1881年《儒生案》中均无落讲被取代记录，只有因亡故、病休、移居等原因被取代的记录。

---

① ［韩国］《深谷书院志》。

第四章　朝鲜书院师长

决定书院办学质量最关键的要素是书院师长，由于朝鲜书院承担着教学和社会教化的双重责任，而且深深地卷入政治和党派斗争之中，所以国家逐渐重视对书院的管理，为加强对书院管理，19世纪中期，有的地方行政长官甚至直接兼任书院主管。

第一节　师长设置

朝鲜书院出现较晚，且未经改朝换代，所以其历史不算复杂，但师长名称却不一且复杂。

虽然早在15世纪初朝鲜文献中就有对私立书院的记载，但书院设置师长最早见于白云书院。嘉靖二十一年（1542年），建院者周世鹏以金仲文为院长，其所制定《院规》记载“别择业文信慎者一人为院长，又择一人为贰，共主院事”，设院长、院贰各一人，其后设立的书院无不设置师长。

早期书院多是官建，师长多由创建官员聘任，如白云书院院长由创建者郡守周世鹏聘任，道东书院初任院长郭赾由安东大都护府使郑逑于万历三十二年（1604年）推荐延请。仁祖二十二年（1644年），礼曹曾经建议令道臣选任书院院长，“入院之士亦令道臣择，置院长俾尽教育之方”，“只令极择院长，使无滥杂之弊”[①]，

① ［朝鲜］《增补文献备考》卷二一〇。

此建议是礼曹关于书院诸建议中的一项，似乎得到国王同意而推行，但史料中尚未发现此时官置院长记载，直到宪宗十三年（1847年）才见有地方官员兼任院长。

各书院在师长名称和人员设置方面却有很大差异。

一、书院主管

书院主管名称有的名院长，有的名都有司、一有司、上有司等，以院长为多。

以院长为主管的书院有绍修书院、玉洞书院、玉山书院、武城书院、兴岩书院、道东书院、宁海丹山书院、仁山书院、龙山书院、东江书院、泊山书院、道南书院、吴山书院、凤林书院、凤阳书院、昆山书院、东□[①]书院、贤□书院、桧渊书院、西岳书院、龙山书院、龟冈书院、丹溪书院、道溪书院、龟湾书院、龙渊书院、陶皋书院、大邱研经书院、泗阳书院、漆谷书院等。

以都有司为主管的书院有安东屏山书院、龟溪书院、虎溪书院、松川书院、临川书院、玉溪书院、勿溪书院、三溪书院、牛渚书院等。以上有司为主管的书院很少，有陶山书院。以一有司为主管的书院仅见兴岩书院，即使牧使兼任也未改变。有的书院主管名称也会改变。

伊山书院初设院长1人，有司1人，　般半年1任，设斋任2人，半年1任，可以连任。后郡守与司马所[②]诸生商议将书院主管名称改为都有司和有司，“院有司以近居廉干品官二人差定，又择儒士之识事理、有行义，众所推服者一人为上有司，皆二年相递”，“院中凡事，有司与都有司议，详告于诸生而处之，如有难断者禀于司马所。凡日用上下等物有司掌之，每六朔请来都有司，照勘元数，计除外遣在置簿，告官踏印而后备后考，院中书册什物始终并点检”[③]。

---

① “□”为虚缺号，用来标明缺漏或无法辨认的字，1个“□”代表1个汉字。

② 司马所：朝鲜中期地方乡镇进士与生员协商的工具，初期主要进行乡村教化和辅助地方官员治理，后来权利扩大干预政务，成为社会弊端。

③ ［韩国］《伊山书院志》。

书院有司由郡守委派居近书院官员兼任，都有司选择儒士出任，都有司与有司不能解决的问题请示司马所，司马所成为书院决断机构。

玉山书院创建时设都有司、副有司各1人，总务2人，财务3人，庶务4人，监董2人。建成后设院长1人，斋任1人，1821年8月起增设为2人，半年一任，可以连任。

私立书院就没有如此复杂。万历四年（1576年），学者李珥创建隐屏精舍，只是从学生中推荐堂长、掌议各1人，有司2人，直月2人。堂长、掌议负责组织讨论，有司负责管理书院财物、事务，“推斋中年长有识者一人为堂长，又推侪辈中学优者一人为掌议，又择二人为有司，又轮选二人为直月。堂长、掌议、有司，非有故则不递，直月则一月相递。凡斋中论议，掌议主之，禀于堂长而定之（堂长有故在他处，其时参会最长者摄之），凡斋中之物出纳及斋直使唤、什物有无，有司掌之（非有司则不得擅自使唤斋直、检罚之事）”[①]，全部由学生自我管理。

二、书院职员

书院主管下属职员名称有院任、斋任、有司、斋有司、掌议、公事员、会员等。

以院长为主管的书院一般下设院任、斋任或有司，有的设斋任和有司，还有的设都有司、掌议、色掌、公事员、会员等。

宁海丹山书院、仁山书院、丹溪书院、道溪书院、龟湾书院、龙渊书院、陶皋书院、军威书院等都是院长下设斋任2人。玉洞书院院长下设斋任2—11人不等，初期是2年1任，1740年改为基本1年1任，偶有任2年者，也有1年2任或3任者。德川书院1576年建院后设院长1人，下设院任2人，其后院任1—4人不等，1769年至1866年间院任多为1人或2人，个别时为3人或4人。院长连任较多，

---

① ［朝鲜］李珥：《隐屏精舍学规》，见氏著《栗谷全书》卷一四《杂著》。

任期最长达12年，院任大多半年1任，连任者较少见。1817年，龙山书院、东江书院院长下设斋任1人，会员分别有14人和10人。1832年，安东龟溪书院都有司下设斋有司2人，公事员2人。1835年，道南书院院长下设斋任2人，公事员2人。1840年，西岳书院院长下设斋任1人，会员4人；龟冈书院院长下设斋任1人，会员15人。1839年，桧渊书院院长下设掌议2人，公事员2人。

万历三十二年（1604年），道东书院重建时，由安东大都护府使郑逑荐举秀才郭赾为院长，郭庆兴、郭澍、郭崦、严士奇、郭卫国、朴启修、郭岭、金应先、朴□、郭扬馨、金确等十一人为有司。万历四十八年（1620年），由有司、生员郭庆兴接任院长，次年，由文科、成均馆博士郭崦接任院长。天启三年（1623年），由禁府都事李籥接任院长，金应先、郭以昌为有司。有司一般有2—3名，少则1名，多则6—7名。偶有生员、进士和退职的县监、察访、府使等地方官员以及承旨、校理、参判、参奉、禁府都事等朝中官员担任院长。

伊山书院院长下设有司和斋任，其中有司1人，一般半年1任，也有1—2个月卸任者，一年有换4任者，戊辰一年更多达7任；斋任一般2人，有时1—3人，甚至多至6人。

白云书院（不久赐额绍修书院）从1542年至1718年设院长、监官各1人。《任事录》第二卷还提到白云书院设有别有司和上有司，“本院任员，有院长一，别有司二，上有司一”。从1708年起，白云书院设院长、上有司各1人，别有司多为3—4人，任期多为半年，间或有任期1年或1年半者，也有2—3个月去职者。1724年，改上有司为有司，1748年后取消有司，仅存院长和别有司，任员更换非常频繁。1904年改为院长1人，别有司2人。万历十年（1582年），绍修书院有5位堂长，与2位有司共同制定制度。1789年，设置授课教师训长，院长琴孝胤邀请金世炼、成彦根为训长，负责教学，“粤在己酉之端阳月，山长琴孝胤设通读于本院，而邀素翁为训长，许以皋比，使之诱掖，不佞亦率水息生徒与各面训长忝在末席。素翁为不佞曰：《四书》为吾家门户，讲经义者不可不先于此。于是略定节目，书之壁上，列坐明伦堂，使善读者轮读《大学》，讲说文义。实近世不易得之盛事也。时多士坌集而物力不赡，自是月十一始，止十六日而罢，首尾五六日，所讲者只《大学》一书而已。间又请题于官，或自出题，各试诗赋于斋，课制四次时”[①]。

设置师长人员最多的书院是武城书院，其师长人数是逐步增加的。1854年书院自治时仅有都有司宋克采、斋长宋儒元、掌议朴□来、色掌金廷勋和安永斗5人。地方官兼任后书院人员逐渐增加，1875年县监兼任院长时仅有院长、都有司、掌议、色掌各1人，1879年书院人员增加到8人，设置搢绅掌议、讲长、本邑掌议和色掌、道内掌议各1人，道内色掌2人。1882年书院人员增加到13人，设有搢绅掌议1人，本邑掌议1人、色掌2人，道内掌议1人、色掌2人、直月1人，讲修斋掌议1人、色掌1人等。1891年，全罗道观察使兼任院长，书院人员增加到24人，设有院贰、搢绅讲长、搢绅掌议、本孙有司各1人，道内掌议、色掌各2人，直月、直日各1人，本邑掌议1人，色掌2人；设有讲修斋有司1人，道内训长、本邑训长各1人，道内色掌、本邑色掌各1人，道内掌议2人，本邑掌议1人，本邑直月、直日各1人。1904年，书院人员达到25人，设有执纲、讲长、讲长兼院贰各1人，搢绅掌议2人、有司3人，道内掌议3人，色掌、直月、直日各1人，本邑讲长、训长、掌议、色掌、直月、直日各1人；设有讲修斋掌议、色掌各1人，本孙掌议、色掌各1人。只要官府一插手，书院人员就会膨胀。

以都有司主管的书院一般设有司、斋有司，有的还设有掌议、会员、斋员、公事员、都执礼等。虎溪书院、玉溪书院、屏山书院都有司下设斋有司1人或2人，屏山书院不同年间有会员12人、43人，虎溪书院1812年有斋员13人，1839年有斋员28人。1832年，安东龟溪书院都有司下设斋有司2人，公事员2人。纯祖二十三年（1823年），松川书院都有司下设斋有司2人，都执礼1人，公事员2人。1851年，三溪书院设有都有司、兴岩斋有司2人、公事员2人。牛

---

① ［朝鲜］成彦根：《通读节目识》，见《绍修书院志》。

渚书院都有司下设掌议，多为1—2人，任期大多为半年。

以上有司主管的陶山书院设有斋有司2人，句管监督3人，公事员10人，别有司3人，别库有司2人，坛所有司1人，师长22人。伊山书院设有司1人，一般下设斋任2人，多则4—6人。

以一有司主管的兴岩书院设有二有司、本所掌议、别所掌议和斋任各1人，1883年斋任改称斋有司，1887年增设搢绅有司、搢绅别有司，此后则无。起初，一有司由牧使兼任，1894年官制改革后由郡守兼任，1928年郡守不再兼任，一有司改称院长，书院设院长1人，掌议2人。

有的书院职员名称会改变。万历三十二年（1604年），道东书院始设，院长负总责，下设有司数人，早期以2人为多，1797年，因有司多至5人，始设上有司1人，十五年后撤销。

都有司、上有司名称也见于官学乡校。1839年，军威乡校设有都有司1人、斋任2人；1840年，机张乡校设有都有司1人、掌议2人；1840年，尚州乡校设有都有司1人、掌议2人、斋任1人，丰基乡校设有都有司1人（幼学）、掌议1人、斋任2人。1839年，宁海乡校设有上有司1人、掌议1人，仁同乡校设有上有司1人、掌议2人。朝鲜初年，府学设有教授1人，郡县乡校设有训导1人，后来都被废除。

三、书院教师

绍修书院请额时，李滉就意识到设置教学师长的重要性，“谨按故事：凡书院必有洞主或山长为之师，以掌其教。此一件大事尤当举行，但须择于遗逸之士或闲散之员，而其人才德望实必有出类超群之懿，卓然为一世师表者乃可为之。如不得其人，而徒窃其号，则与今教授、训导之不职者无异，有志之士必望望然而去之，窃恐反有损于书院。故今不敢并以为请，此则在阁下之截度献替，朝廷之商酌可否如何耳”[①]，但考虑到不得其人反有损于书院，未敢启

① ［朝鲜］李滉：《上监司沈公书》，见《绍修书院志》。

请，只是向监司反映由其裁度。

朝鲜书院尤重祭祀，教学师长不是很多，有的书院甚至没有设置。宣祖十一年（1578年），李珥在应旨上疏中就提到这个问题，并建议设置教学师长，“近来书院之建，可以养志学之士，为益不浅，而但不设师长，故儒生相聚放意自肆，无所矜式，不见藏修之效。国家设立本意必不如此，故议者或诋书院，以为可罢，此非正论也。臣愚欲乞于大处书院依中朝之制，设洞主、山长之员，薄有俸禄，如童蒙教授之例，择有学行、可为师表者及休官退隐之人使居其任，责以导率，则其教育之效必有可观，而他日国家之得人未必不资于此”①，但在文献中未见国家接受李珥建议派官的记载。

有的书院设置负责教学的师长，一般由院长、讲长、训长等担任。石室书院以院长和讲长负责教学，金元行《石室书院讲规》规定：“讲事，院长（以公卿大夫之有贤德负士望者为之）外，又别立讲长，以共主之（亦以有经术行义为众所推者为之，勿拘居之远近，位之高下，但专主讲学，余无所与）。”武城书院地方官兼任院长后，教学主要由讲长负责，讲长负责讲说经书，答疑解难，指导礼节。1879年，武城书院设讲长1人，1891年，郡守徐绮辅兼任搢绅讲长，并设训长2名，道内和本邑各1人，1904年，教学由本邑负责，设本邑讲长、训长各1人。1789年，绍修书院设置训长负责通读《四书》，但仅通读《大学》后即因经费难以维持而中止。隐屏精舍设堂长、掌议负责组织讨论，“凡斋中论议，掌议主之，禀于堂长而定之（堂长有故在他处，其时参会最长者摄之）”。

第二节　师长职责

朝鲜书院的师长承担着书院本身的管理、教学和祭祀等工作，虽然不同时

---

① ［朝鲜］《增补文献备考》卷二一〇。

期师长的名称有不同，各书院师长的设置也有差异，但师长的职责差别并不大。

朝鲜书院一般以院长（都有司、上有司、一有司）负全责。嘉靖二十六年（1547年），白云书院规定“院长一人常定，祭祀、儒生供馈等事及所属人物、寺刹、田畓、财物、器具、院舍、间阁大小事乙，并只专掌措置检举使内乎矣”，院长负责书院祭祀、儒生供馈、书院人员、寺刹土地、财物、器具、建筑等大小事物。

陶山书院和武城书院的各师长职责很有代表性，下面以此两院进行分析。

一、陶山书院师长职责

陶山书院设置上有司1人，斋有司2人，句管督监3人，公事员10人，别有司3人，别库有司2人，坛所有司1人。

其各自职责如下。上有司：统管书院一切事物，按照李滉制定的《伊山院规》应该是两年一任。上有司又称作山长、洞主、首任、院长等。斋有司：负责庶务。句管督监：统管书院财产，任期三年，可以连任。别有司：负责管理档案和编制书院预算，任期三年，可以连任。别库有司：负责管理书板和印刷，修理书院的船和桥，任期两年。坛所有司：负责管理试士坛和坛上的阁。

二、武城书院师长职责

在不同时期，武城书院师长的名称不同，师长数量也不一样，《武城书院志》规定了师长的各自职责。院长：负责书院所有事物。院贰：辅佐院长，院长不能履任时代行院长职责。讲长：负责讲说经书，答疑解难，指导礼节。斋长：裁决斋中大小事物。都有司：监督书院大小事物和人员。副都有司：辅佐都有司，有时可以代行都有司职责。执纲：按照《院中士纪奖励办法》，奖励执行士风和纪纲人员，处罚违背士风和违反纪纲人员。直月：负责儒林会议各项礼仪。直日：辅佐直月。掌议：负责评议书院中各种大小事情。色掌：负责督促推进书院正在进行的各项工作。

第三节　师长任用

书院承担着传授知识、培养人才的重任，而师长承担着书院教学、祭祀和日常管理工作，责任重大，因此各书院非常重视师长选聘。在19世纪中期，国家还一度直接介入赐额书院管理，由地方行政长官直接兼任书院院长。

一、师长任职条件

周世鹏最早提出书院院长的任职条件，“别择业文信慎者一人为院长，又择一人为贰，共主院事”，他还特别强调要选择居近书院且用意专者，“主院者若远居，则虽有至诚，不得常常顾之，必致荒废，须以大平（内外竹内外东）五里人为之可也。某初于旧兴，得一士金仲文，俾掌文成公祠事，其所居至近，其用意甚专，刊荆榛开庙院，实赖其力。至于典祀礼贤，亦终始一心，使之久主庙院，必不中废。某少时读书诸山，间见有僧之创寺者，名曰化主，护其寺甚于护身，观其志，虽所谓削足曤眼而不顾也。夫僧犹然，况于士人乎？余由是益信金生之慎护也。苟无大故，虽终身仍掌可也。然若怠于礼贤，使訑訑之色拒人于千里之外，则亦不可一日为是任也，诚在诸斯文审察何如耳”[①]，“必以谨慎人所不厌人”。周世鹏眼光独到，着眼长远，提出关于书院院长选任的非常好的建议。金仲文任院长12年，1554年由生员权应参接任院长，但此后大多三四年一换，间有任职一二年者，而万历庚子（万历二十八年，1600年）开始很少有任职二三年者，大多一年一任或半年一换，甚至有一年多至四五人者，但此可能有误，此时除院长外还设有别有司和上有司。英祖三十年（1754年），院长黄檄也说“院中古昔院任题名录一册，多破毁，不胜感慨。兹于暇

① ［韩国］《绍修书院志》。

隙手自补缉，假衣藏之柜中”，可能就是这次补缉造成的。院长更换如走马灯，容易缺少事业心，缺乏长远规划，对书院是很不利的。

玉山书院院规深受绍修书院院规影响，其书院师长任职条件与绍修书院完全相同，即“别择业文信慎者一人为院长，又择一人为贰，共主院事”。

伊山书院嘉靖戊午（嘉靖三十七年，1558年）落成后即“立学规”，李滉制定的《伊山院规》规定，“院有司以近居廉干品官二人差定，又择儒士之识事理、有行义，众所推服者一人为上有司，皆二年相递”[①]，提出由居近书院的廉干品官出任院有司，主管上有司必须是儒士中识事理、有行义且为众望所归者，而且要两年一换。

石室书院规定院长和讲长共同主管书院，并规定各自的任职条件，院长“以公卿大夫之有贤德负士望者为之”，讲长“亦以有经术行义为众所推者为之，勿拘居之远近，位之高下，但专主讲学，余无所与”，讲长只管教学[②]。

武城书院不仅规定师长选聘范围，还规定各师长任职条件。师长原则上是在本道内选聘，不分远近，道内掌议师长等由本道选聘，本邑掌议师长等由本邑在附近选聘。院长聘用是选择三品以上年高德劭的文官，讲长聘用是选择60岁以上精通经学、德高望重者，训长聘用是选择60岁以上学高明礼者，斋长聘用是选择50岁以上学高望重者，执纲聘用是选择50岁以上性格刚正者，都有司聘用是选择50岁以上操行谨慎并有执行能力者，直月、直日聘用是选择40岁以上性格刚直并明礼者，掌议聘用是选择40岁以上具有责任心和正义感并能事必躬亲者，书册有司聘用是选择具有一定学识并通晓文章的儒生，别库色掌聘用是选择办事能力强者。师长任职资格标准很高，按照这样的标准选聘师长，组织书院运营班子能很好地发挥书院教化育人的作用。

1884年，绍修书院行府使例兼院长规定，“本所大小院任必以文官及生、

① ［朝鲜］李滉：《伊山院规》，见《退溪先生全书》卷五八。

② ［朝鲜］金元行：《石室书院讲规》，见《渼湖集》卷一四《杂著》。

进入格中有士望者择定，而勿以侥幸入格之人拘颜混荐”[1]，必须是文官、生员、进士等有名望者才能担任书院职员，要求比较高。

兴岩书院对各职员都提出条件，“本院斋任荐出依他院例，必备望填为院长，而或无院长之时，则亦填为于一有司事”，别有司从奉享的宋浚吉后裔中选择，“本院别有司以本孙中搢绅荐望事”，本邑别有司由本地有声望且品德方正者出任，“本邑别有司有地望、尚廉隅者填为于院长，而院长一一收拾修录转送于本孙别任以为凭信事”。任期为一年半，“列邑从事之地，任员不可无递代之期，必以三享为恨（当为限之误——摘者注）。如有冒蹲之弊，自斋中驳递事”。

二、师长选任

许多书院选择获得功名的儒林担任师长，但高等功名文科登第者多出任官职，担任书院师长者比较少见，大多是辞官后才来书院就职，担任书院师长最多的是低级功名的进士和生员。

1542—1718年，绍修书院先后聘任181位院长，其中文科出身（相当于中国进士）的有22位（其中7位任官后任），生进科（相当于中国秀才）有58位（其中进士24位，生员26位，司马5位，生员、进士双兼3位），曾任官员者22位（其中文科7位、进士1位），无功名和未任官者87位，占总数的48%，有功名者80位，占总数的44.2%，任官但无功名者14位，占比7.7%，有功名和任官者占比51.9%，师长水平还是比较高的。1649—1700年，有院长82位，其中有白丁61位，白丁院长占比多达74.4%，接近四分之三。1588—1648年，有院长64位，其中白丁只有13位，白丁院长仅占20%，而文科出身的多达10位，占比高达15.6%。

绍修书院虽然规定书院师长必须由文官或有声望的进士、生员担任，但自1886年9月至1897年9月，先后共有65位院长，其中有现任府使5位，郡守

---

① ［韩国］《绍修书院志》。

2位，曾有官职者11位（其中前都正1位、前参判1位、前都事1位、前参奉1位、前监察1位、前同知1位、前监役2位，参判、都正为堂上高官，其他均为中下级官吏），进士1位，而没有官职功名的幼学46位，超过总数的70%，师长水平大幅下降。

1573—1847年，玉山书院开始由地方官兼任院长，其间，大约有院长270位，其中有进士32位，官员43位，白丁接近200位，占比超过70%，师长水平是比较低的，出现这种情况的原因是主要由本地人担任院长。

许多书院聘请退位官员担任院长。道东书院曾聘请离任县监、县令、郡守、府使、察访等地方官和承旨、校理、参判、参奉、禁府都事、博士、持平、佐郎等朝官担任院长。绍修书院也曾聘请退职府使、县监、察访、参奉、正郎、佐郎、通判、司直、典籍、掌令、司艺、直长、校理、通德郎、判官、正言、都事、修撰、佥枢、持平、掌令、右尹、参判、郡守等担任院长。从19世纪初开始，担任院长的官员级别明显提高，有多位参判、承旨出任院长。

玉山书院初期聘请诸如参奉、县监、察访、直长、别检等低级官吏，持平、府使、郡守、佐郎、判官、正郎、都事、校理、司谏等中级官员，师傅、大司谏、参议等高官担任院长。

兴岩书院早期聘任的院长社会地位最高，其历任院长列表如下。其中李宜显、俞拓基、沈焕之都曾任领议政（相当于中国的内阁首辅），权尚夏曾任左议政，其官阶仅次于领议政。退位高官担任书院院长可以提高书院声望，但不一定能够提高书院办学质量，就在这些退位高官担任院长时，兴岩书院曾中断教学，“院教学间废有年”，至1811年才恢复教学。

兴岩书院历任院长列表

任次	姓名	籍贯	字	号	谥号	身份
1	权尚夏	安东	致道	遂庵、寒水斋	文纯	肃宗朝左议政，宋时烈弟子，大学者
2	李宜显	龙仁	德哉	陶谷	文简	英祖朝领议政，农岩门人
3	俞拓基	杞溪	展甫	知守斋	文翼	英祖朝领议政

（续）

任次	姓名	籍贯	字	号	谥号	身份
4	宋明钦	恩津	晦可	栎泉	文元	英祖朝赞善、经筵官，陶庵门人
5	权震应	安东	亨叔	不详	不详	英祖朝儒学者，南唐门人
6	金亮行	安东	子静	止庵	不详	吏曹参议，贞菴门人
7	金履安	安东	不详	三山斋	不详	英祖、正祖朝学者，赞善，金元行子
8	李敏辅	延安	伯讷	不详	不详	英祖朝学者、判书
9	沈焕之	青松	辉元	晚圃	忠宪	正祖朝领议政
10	李辉正	不详	不详	不详	不详	不详
11	宋来熙	恩津	子七	不详	不详	宪宗朝学者，赞善

对书院师长的任用监督，士林具有很大权力，既能推荐书院师长，也能罢免、处罚书院师长。书院师长特别是主管者关乎书院盛衰，各地都很重视，慎选其人。1693年绍修书院士林完议称，“此所物力之丰啬，系于上有司之能不能，其为任不轻而重。而近来法久弊生，乡内外混淆，故已为乡内者若差此任则以不为察任为常事。上有司之设岂端使然哉！自今以后，一从乡内望定。而既定之后，若或有如前呈单图递之事则断不容贷，通于乡堂，施以重罚事”，上有司以乡内士望来确定，上有司如有不端则施以重罚。1662年，绍修书院士林完议规定，书院只能把米谷出租给院内人员，否则就斥退书院师长，“本院长利米租分给时以院下人受出，而无一升及于一郡儒品。若违此立议，则士林斥退院有司三员事”①。1700年，议定9条规定，交由师长执行，如果徇私舞弊，则予以处罚，“立条之后，如有循私不遵之事，则任员从重论罪事”。

玉山书院院规规定，士林既要选任师长，也要罢免不称职者。“别择业文信慎者一人为院长，又择一人为贰，共主院事”，“凡主院事者，或当任不谨，或典守不廉，斯文重罚”②。

① ［韩国］《绍修书院志》。

② ［韩国］《玉山书院志》。

三、师长任期

早期院长任期较长，周世鹏主张院长宜久任，金仲文任院长长达12年。17世纪以前，院长任期多为三四年，17世纪以后，院长多是一年一任，间或有两年一任或一年两任者，17世纪末，间或有一年三至五任者，两三个月一换像走马灯似的。18世纪，院长改为半年一任，间或有任职一年、一年半、两年者，甚至有任职两三个月或上任即卸任者，还有许多未上任者。1850年竟有6任院长，分别为正月、三月、四月、五月、七月、九月上任。1801至1897年，共有300任院长，年均3任还多，如此频繁地更换院长，难怪书院日渐衰落。

玉山书院初创即规定院长半年一任，可以连任，第一任院长陈靴连任2任，第二任院长孙光嵪连任4任，第三任院长孙晔连任19任，间隔3任后再任12任，壬辰倭乱期间中止院长任命，两年后恢复院长制度，孙晔隔两任后再任1任院长，前后16年共任32任院长。17世纪，院长仍以连任为多，只任1任者很少，权应生初任院长时连任13任至1614年8月卸任，22年后再任院长且连任9任。李皖4次出任院长，分别连任5任、8任、6任、2任，合计任期10年半。18世纪前期，只任1任者增多，其任期也缩短，孙德升出任5次院长，任期分别为1任、4任、1任、1任、3任，可见院长更换多么频繁。从18世纪中期开始，院长连任者已经很少，连任者最多连任4任，大多数都是半年一任。

伊山书院初设院长1人，设有司1人，一般半年一任，设斋任2人，半年一任，可以连任。也许是意识到书院师长更换频繁不利于书院管理，郡守与司马所诸生商议改为都有司、有司均久任，“院有司以近居廉干品官二人差定，又择儒士之识事理、有行义，众所推服者一人为上有司，皆二年相递”，“院中凡事，有司与都有司议，详告于诸生而处之，如有难断者禀于司马所。凡日用上下等物有司掌之，每六朔请来都有司，照勘元数，计除外遣在置簿，告官踏印而后备后考，院中书册什物始终并点检”[①]。后来又将有司改为半年一任，也有一两个月卸任者，有一年换4任者，更有戊辰一年多达7任者。戊戌至辛未34年间共有101任有司，约每年3任，更换也是很频繁。

玉洞书院设院长1人，斋任2—11人不等，初期基本2年1任，1714年至1729年之间有9任院长，1729年起院长基本1年1任，偶有任2年者，也有1年2任或3任者，1779年基本改为1年2任，院长任期逐渐缩短。

牛渚书院以都有司为主管，都有司前期任期较长，多为3年1任，多者7年1任，1731年至1803年之间有25任都有司，1804年至1899年之间有66任都有司，且多为1年1任，间或有2—3年1任者，也有任期多达5年者。

兴岩书院约自1854年起由府使兼任一有司，府使对书院事物不可能事必躬亲，书院事物由二有司主持，二有司多为2年1任。

德川书院早期院长任期较长，1592年至1694年之间仅有15任院长，其中有8年未设院长，院长少则任职2年，也有任职19年、18年、16年、10年者。1721年起，院长任期改为1年1任，1769年院长似改为春秋2任，时有时无，而院任则每年春秋2任，非常规范。

总的来看，朝鲜书院院长任期较短，更换过于频繁。

四、地方官兼任书院主管

《增补文献备考》未载地方官兼任书院主管一事，由此看来，地方官兼任书院主管似乎不是出于国家规定，但是从1850年前后开始有几所著名书院都由地方官兼任院长，如果没有国家规定为什么会出现这种现象呢？

地方官任书院主管最早见于玉山书院。1614年8月至次年2月县监李宜活任院长，1671年2月至8月郡守李耉征任院长，1720年2月至8月府使金世平出任院长，但在此间出任院长者还有参奉（从九品，朝廷院、寺、监、署等机

---

① ［韩国］《伊山书院志》。

构属官)、察访(从六品,地方属官,管理驿站等)、校理(正五品,弘文馆属官)、直长(从七品,朝廷院、寺、监、署等机构属官)、别提(从六品,朝廷司、寺、署等机构属官)、佐郎(正六品,朝廷各曹属官,相当于副司长)、持平(正五品,司宪府属官)、判官(从五品,朝廷府、院、寺、监等机构属官)、正郎(正五品,朝廷各曹属官,相当于司长)、师傅(正一品,国王世子侍讲院官属,一般以左议政、右议政兼任)等,除察访外均为朝廷属官,不可能到地方兼任院长,此间出任院长的官员应该是卸任者,而不是在任官员。从1767年开始,有的院长官职前加"前"字,有的不加,这就能很好地区分院长是在任官还是卸任官。1847年2月至1857年2月为现任府尹和卸任官出任期,这10年间有20任院长,府尹兼任13任院长,卸任官出任7任院长。1857年2月至1902年8月为现任官员兼任期,除1868年9月至次年2月有1任院长为领议政柳厚祚外,其他院长均为地方官兼任,1894年官制改革前主要由府尹兼任院长,仅1891年8月至次年8月之间为观察使兼任院长,官制改革后主要由郡守兼任院长,仅1901年8月至次年8月之间为观察使兼任院长。

地方官兼任书院主管最早见于绍修书院。1792年3月至6月由行府使许晪兼任书院院长。1799年4月至1800年9月行府使姜忱,1805年7月至1806年9月行府使郑淙,约1803年行府使柳季麟,1820年3月至1821年3月行府使吴鼎秀,1823年8月至10月行府使李毅远,1827年3月至4月行府使金祖渊,1833年2月至4月郡守赵亨复,1834年5月至1835年7月行郡守李汇宁,1838年9月府使南勉教,1840年府使朴云秀,1842年9月至1844年8月府学李凤九,1846年9月府使徐世辅,1849年3月至12月府使李允植,约1854年府使金曾铉,1864年正月至6月府使丁大植,1865年9月府使严锡谦,1867年至1879年3月府使成赫寿、金硕根、李钟信、赵骏九、林彻洙相继兼任书院主管。1879年9月至1880年府使赵岐淳、1882年3月府使徐再淳、1883年至1886年府使睦承锡、1887年3月至4月府使李宪基、1887年至1892年府使金奭熙和徐相邻、1893年9月行郡守郑东箕、1893年11月府使金聃永、1895年5月府使尹锡五、1895年

5月至1896年12月郡守郑夏默、1897年9月郡守沈钟舜、1900年3月至1901年郡守李喆和、1901年4月至1902年2月观察使李裕寅、1902年6月至1904年3月郡守朴珉荣、1905年至1906年郡守郑在学和金昌洙、1907年奉化郡守金寅钦、约1908年郡守丁憙燮、1910年3月郡守元般常都曾兼任书院主管，但绍修书院一直是地方官与前官员、进士、幼学、生员等混任书院主管。

兴岩书院自1854年起由本州牧使兼任一有司，1856年、1857年、1859年亦然，1860年后有9位牧使的任职时间不详，1885年、1890年、1893年、1894年均由牧使兼任一有司，1894年官制改革后，1897年、1901年、1902年、1903年、1906年、1907年、1908年均由郡守兼任一有司，1912年地方官已不兼任一有司。此前，书院主管一直由地方官兼任，且没有混任现象。

五、地方官兼任众师长

武城书院是为奉祀崔致远建造的，地方官不仅可以兼任书院院长，还可以兼任其他师长。崔致远，字孤云、海云，庆州人，是朝鲜新罗末期的学者、文学家。景文王八年（868年），崔致远到唐朝留学，六年后考中唐朝宾贡科进士，两年后出任唐朝溧水县尉，乾符六年（879年）进入镇海军节度使高骈幕府，以撰写声讨黄巢的《讨黄巢檄文》而名闻天下，官至殿中侍御史、内供奉。中和五年（885年），崔致远回国，官至兵部侍郎、知瑞书监事。崔致远虽然出身贵族家庭，但按照新罗三等八品的骨品制规定，六头品家庭出身的崔致远最高只能官至六品的阿飡，他深感国政混乱和骨品制限制，四十岁便归隐古刹，著有《桂苑笔耕》，朝鲜人尊其为朝鲜汉文学的奠基人。高丽显宗十一年（1020年），崔致远成为第一个从祀朝鲜半岛文庙的学者，三年后又追封为文昌侯。光海君七年（1615年），建造泰山祠奉祀崔致远，肃宗二十二年（1696年）赐额武城书院，同时以本朝尚州牧使申潜配祀，仁祖八年（1630年）增加本朝正言丁克仁、校理宋世琳、厚陵参奉郑彦忠和内资正金若默配祀，肃宗元年（1675年）又增加本朝进士金灌配祀。

武城书院曾分别由县监、道观察使、府观察使兼任院长，不同时期还由县监、县令、郡守等兼任其他师长。

(一)县官兼任

县官兼任院长见于乙亥年、己卯年、壬午年、丙戌年、戊子年的记事文章中。朝鲜历史上多将记事文章书写在木板上，而不是将其刻在石碑上，这很可能是出于节省费用的考虑。

乙亥年(1875年)，宋钟寿在《武城书院重修记》中署名如下：

院长：县监李□□

都有司：不寒轩十世孙丁□□

掌议：金□□

色掌：禹在镐

由于朝鲜长期是中国属国，新罗曾使用过太和年号，但仅1年(647年)就因采用唐朝制度、奉中国正朔而主动放弃太和年号，此后的1200多年间，除个别动乱时期外，朝鲜一直采用中国年号，直至朝鲜高宗时才设置建阳(1896年)、光武(1897—1906年)年号。朝鲜王朝前期多采用明代年号，入清后采用清朝年号，然而民间不屑于采用清朝年号而只以干支纪年或以崇祯后几干支纪年，只以干支纪年就不方便推算公元纪年。此中色掌禹在镐还出现在1884年的《武城书院院志开刊记》中，因此可知此乙亥年是1875年，不是1815年或1935年。此时只有泰仁县监兼任院长(朝鲜习惯，凡本地记事碑刻、挂板都是直书官职，如县监、知县、牧使、郡守等，不属地名)，师长连同院长才4人。日常主事是都有司、配祀者丁克仁十世孙。四年后的高宗十六年(己卯年，1879年)，书院师长增加了一位县监，一位察访。总的来说，一位县监任院长，一位县监任搢绅掌议，一位察访任讲长。

是年闰三月，宋程淳在《武城书院重修记》中署名如下：

院长：县监闵观镐
摺绅掌议：县监金益健
讲长：察访金禹铉
本邑掌议：金乐钦
色掌：安夔□
道内掌议：李秾弼
色掌：金荣远、李会秀

此记虽然没有确切纪年，但高宗十六年是己卯年且闰三月，可知为是年。朝鲜时一县只设一位县监，察访则是负责管理驿站与马政的属官。师长共8人，其中政府官员多达3人，且居主导地位，职员中设本邑掌议、道内掌议各1人，设本邑色掌1人、道内色掌2人。掌议负责评议书院中各种大小事情，色掌负责督促推进书院正在进行的各项工作，共同加强对书院的管理监督。

高宗十九年（壬午年，1882年），书院师长减少一位官员察访。金稷钦在《武城书院复户保奴还复记》中署名如下：

院长：泰仁县监李定植
摺绅掌议：任实县监韩箕锡
本邑掌议：金永鲲
色掌：权永镐
色掌：裴基镐
道内掌议：李承灏
色掌：林喆相
色掌：崔正烈

直月：宋麟玉

讲修斋掌议：崔翰□

色掌：金在基

本邑讲修斋掌议：□□□

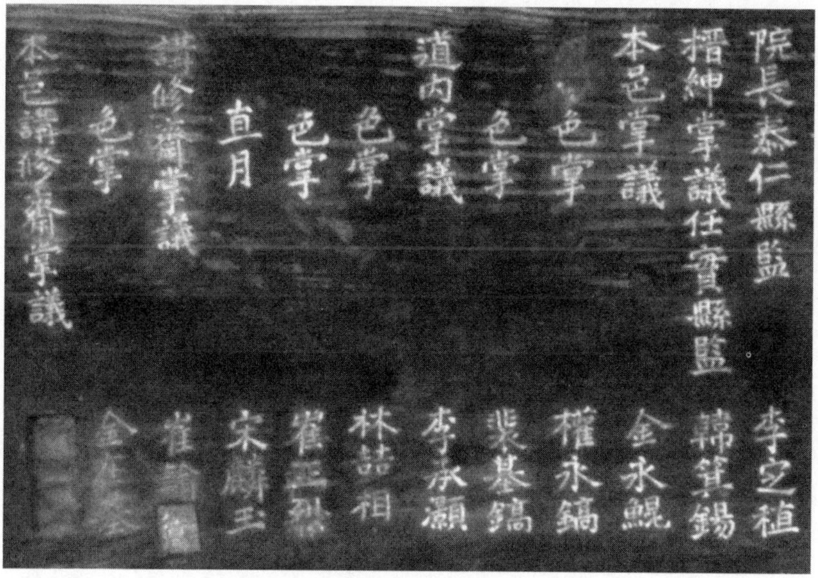

1882年武城书院师长题名

此记虽无确切纪年，但文中有“自戊寅本孙宋程淳、丁皿基、金永烈、金廷述、郑汉龟甫，儒林李秉德、金永准、金永璐、黄基焕、边吉容甫心齐议同，屡呈营邑。宋程淳、金永烈甫两□京司，时领合李最应氏持下慕贤之心”等字样，1879年《武城书院重修记》为宋程淳所撰，此壬午年只能是1882年，如果是1822年，宋程淳已经能够发起恢复武城书院复户保奴并两至京司，这说明宋程淳至少已经是成年人，不可能57年后还能撰文。

院长为本县县监，搢绅掌议为东侧邻县任实县县监，与己卯年相比，本邑和道内均增加1位色掌，而且道内增加直月1人，应该是为了加强书院管理。

高宗二十三年（丙戌年，1886年）又增加了一位县监，此时书院的县监已达到3位。金永朝在《武城书院重修记》中署名如下：

院长：县监郑履源

搢绅掌议：县监奇亮衍

搢绅讲长：县监申岐朝

重修有司：文昌侯崔先生后孙镜源

本邑掌议：金鼎厚

色掌：安永文

色掌：崔在凤

道内掌议：孙履祥

色掌：崔昌源

色掌：俞根喆

直月：吴尚默

直日：朱弼焕

讲修斋掌议：郑邦翼

色掌：韩镇珠

□□掌议：文昌侯崔先生后孙日几

此记也是无确切纪年，所幸武城书院还提到搢绅掌议、县监奇亮衍所撰的《武城书院院志开刊记》，记为阏逢涒滩五月，即甲申年五月，所署都有司中有宋程淳，可知奇亮衍1884年时任井邑县监，此丙戌年为1886年。在武城书院任职官员中有三位县监，郑履源任院长，应该是在任泰仁县监，奇亮衍应该还是南邻的井邑县县监。

1886年，武城书院有师长15人，又增加一位道内直日，负责日常事物的直月、直日均属道内，主要是为了加强道内的管理力度，此外还增加了奉祀者后孙掌议和重修有司，重修有司应该是临时设置的，但增设后孙掌议则增加了后孙在书院管理中的地位。

高宗二十五年（戊子年，1888年）九月，减少2位县监，增加1位县令。金光钦撰《武城书院重修记》并署名如下：

院长：县监申榔

搢绅掌议：县令李憙翼

儒林讲长：金永朝

掌议：金永夏

色掌：金琬淳

道内掌议：金显模

讲修斋掌议：李会粹

有司：权直圭、禹在镐、安尧锡

此记也无确切纪年，从有司禹在镐可知为1888年。

朝鲜王朝大县设令，小县设监，县令高于县监，县令从五品，县监从六品，全国共设县令25员，县监140员，全罗道有县令5员，县监28员。

书院师长的最大变化是没有了本邑职员，增加了负责日常管理的有司3人，而有司全属道内，可以进一步加强道内的掌控力。

（二）道官兼任

关于道观察使兼任书院师长，《增补文献备考》中并无记载，武城书院对此记载较多，虽然笔岩书院对此记载只见一例，但时间早于武城书院。

高宗二十五年（1888年）六月，金升集在《笔岩书院重修记》中记载笔岩书院的组织机构如下：

院贰：道伯李宪植

搢绅有司：地主金升集

儒林都有司：进士郭璟钟

副有司：幼学朴万升

本孙都有司：参奉金义柱

副有司：进士金琪中

监董有司：进士金兴焕、幼学金理中

掌议：宋荣淳

邑掌：奇宇仁

此文也无确切时间，仅署“上之二十五年戊子六月”，高宗二十五年（1888年）为戊子年，因此知为是年。比较奇怪的是当时笔岩书院没有院长，而全罗北道道伯（即道观察使，当时习称道伯）李宪植仅担任院贰，即副院长。

笔岩书院奉祀朝鲜儒者金麟厚（1510—1560年），金麟厚字厚之，号湛斋，31岁进士登第，曾任弘文馆副修撰、玉果县监。仁宗去世后，金麟厚辞官归里，专心研究理学，明宗时屡征不起。宣祖二十三年（1590年）门人奉祀，显宗三年（1662年）赐额笔岩书院，正祖十年（1786年）增加本朝县监梁子澂配祀。正祖二十年（1796年）追谥文正，从祀朝鲜文庙。

笔岩书院师长可以分成四部分：一是道官，二是地方搢绅，三是儒林，四是奉祀者后孙。除院长外，书院师长都是民间人士，主要还是在书院自治方面与武城书院有所不同。

笔岩书院于高宗二十五年（1888年）六月已经由道官兼任院长，但是年九月武城书院仍然由县监兼任院长，直到高宗二十八年（1891年）春才由全罗北道观察使兼任院长。

辛卯年（1891年）九月观察使闵正植在《武城书院弦歌楼记》中署名如下：

院长：巡相闵正植

院贰：县监闵恒植

搢绅讲长：郡守徐绮辅

　　掌议：府使金炳亿

道内掌议：高永柱、金基柱

　　色掌：李基文、安镕坮

　　直月：金相浩

　　直日：朴纪炫

本邑掌议：金永麟

　　色掌：权钟丰、金俊相

讲修斋有司：吴重根

　　道内训长：监察崔命华

　　本邑训长：金彰钦

道内掌议：李钟仁、崔钟九

　　色掌：赵完昭

本邑掌议：金其述

　　色掌：宋基玉

　　直月：张硕培

　　直口：安以燮

本孙有司：金永吉

此记无确切纪年，记中有“今年春莅任之初，院儒黄基焕、金直述、权钟林甫纳刺接见，以本院院长之名来忝，是为道伯例荣之任也”语，结合壬辰秋重修有司禹在镐、黄基焕、金直述、权钟林等人在《武城书院重修记》中的署名可知此记撰于1891年。由此可知，最晚于是年春道观察使兼任书院院长已为成例。

政府官员增加到4人，主要师长由道观察使、县监、郡守、府使兼任，道内人士有院掌议、色掌、直月、直日和讲修斋掌议、色掌，书院日常事物主

武城书院1891年9月师长题名

要由道内人士负责，本邑人士有院掌议、色掌和讲修斋有司、训长、掌议、色掌、直月、直日，讲修斋主要由本地人士负责。增加本孙有司，直接参与书院管理。

1891年，观察使兼任院长，县监兼任院贰，郡守任搢绅讲长、府使任搢绅掌议。1892年，观察使任仍院长，郡守和府使退出，由县监3人分别任院贰、讲长和搢绅掌议。

（三）府官兼任

高宗三十一年（1894年）官职改革，将全国改为府、郡两级，府设观察使，郡设郡守，此后武城书院院长改由府观察使兼任，郡守任院贰等职。1904年，地方官员兼任武城书院师长者达到9人。

甲辰（1904年）十一月，全州郡守权直相等人在《武城书院重修记》中署名如下：

院长：观察使李容植

执纲：万顷郡守郑寅羲

讲长：全州郡守权直相

兼院贰：古阜郡守李昌翼

搢绅掌议：参奉金在国、监役高根洙

有司：主事赵公熙、议官李善、秘书承朴麟东
道内掌议：高相圭、金钟斗、梁□根
色掌：郭贞洙
直月：金溶铎
直日：柳长郁
本邑讲长：金永三
训长：李秉玟
掌议：金箕述
色掌：柳种奎
直月：金永曹
直日：金东洙
讲修斋掌议：林炳森
色掌：徐铨
本孙掌议：金庆述
色掌：金永采
讲修斋前掌议：金载愚
色掌：姜勉会
道内前掌议：金奎植
色掌：权滢镐、李成雨

全州府观察使兼任院长，万顷、古阜、全州3郡郡守分别兼任执纲、讲长和讲长兼院贰，奇怪的是兼职中没有武城书院所在地郡守即泰仁郡守。此次书院师长最大的变化是新设执纲，位在院贰之上，是仅次于院长的书院负责人。

光武五年（1901年），书院院长由观察使赵汉国兼任，院贰、搢绅讲长、搢绅掌议分别由郡守金靖圭、李根洪、金昌植兼任，地方官员减少到4人。

1903年，书院院长仍由观察使赵汉国兼任，院贰、讲长、掌议分别由泰仁、淳昌、咸悦3郡郡守兼任，有司2人分别由监役、参书担任，兼任官员增至6人。1904年，兼任官员又增至9人，府观察使兼任院长，万顷郡守、全州郡守、古阜郡守分别兼任执纲、讲长和讲长兼院贰，参奉、监役各一人兼任搢绅掌议，主事、议官、秘书承兼任有司。

府官兼任致使书院师长大增，1901年书院师长为22人，1903年书院师长为29人，1904年书院师长为25人，此外还有前任师长5人。

（四）士林自治

1913年武城书院记事文中没有了地方官员的兼任师长，恢复了士林自治。柳源模撰《武城书院慕贤记》时将书院师长署名如下：

道内斋长：郑就源

执纲：进士吴在准

　　掌议：郑宋夔、金正表

　　色掌：崔乘汶、金龙然、林镐均、丁宋奎

本邑斋长：进士金焕圭

　　执纲：宋荣昌

　　掌议：金亨培、赵休章、金在钦

　　色掌：金东必

本孙掌议：金焕星

　　色掌：金淙述

　　有司：丁炳奎、郑导植

别库有司：金永桓

　　直月：金成基

　　直日：权宁哲

地方官不再兼任书院师长可能是从1910年开始的，当时正值朝鲜沦为日本殖民地，接受日本统治的时期。1917年，武城书院记事文中又出现了院长和院贰，并分别由校理金镇祜和察访朴万焕担任，二人书院外职务应该是曾经任职而非当时兼职。1928年书院已不设院长，领衔为本邑斋长进士金泽，1930年领衔改为都有司，1932年又恢复院长、院贰，位居都有司之上，虽然院长尹用求有判书衔，但毫无疑问是前朝曾任职务，此时朝鲜王朝已经灭亡，不会再有封建王朝官职。

庚午年（1930年），金焕丰撰《贤宇重修及典祀所创建记》时将书院师长署名如下：

都有司：进士金焕圭
副有司：宋容昌
搢绅讲长：主事李重明，参奉金永宽
儒林讲长：金廷述
搢绅斋长：主事权丙夏
儒林斋长：郑云宪
搢绅训长：参奉徐仁焕、高济淳
儒林训长：金综铉
本邑斋长：进士闵泳硕
　　执纲：金炳庸
　　掌议：金焕丰
　　色掌：李熙元
　　直日：安恒燮
　　直月：李弼绪
道内执纲：林文奎
道内掌议：参奉裴斗铉、金炳亮、金振权、李振永、金哲斗、李春

宪、河明容

色掌：朴敬植、金奎炫、文禹烈

本孙掌议：金焕星

色掌：丁炳奎

监董：郑昌柱、金焕珍、金永皓、宋相浩

别库有司：金焕益

书院师长共34人，主要由三类人组成：一是搢绅，二是儒林，三是本孙，虽然不清楚都有司、副都有司和监董是否是奉祀者本孙，但毫无疑问本孙在其中发挥重要作用。丁炳奎1928年为别有司，1930年为本孙色掌，1936年转任监董；金焕星1928年任道内都有司，1936年为本孙掌议；宋基贤1928年为本孙色掌，1936年转任掌财；金焕珍1928年为本孙掌议，1930年为监董。1948年都有司一为金灌六代孙金政，二为宋世琳十二代孙宋□德；斋长为金若默八代孙金峻哲；掌议为丁克仁十一代孙丁文德；色掌一为郑彦忠八代孙郑载□，二为金若默旁九代孙金□述。此六人中仅金□述标明旁孙，其他五人都应该是宗孙（即中国的嫡长孙），由此可见武城书院完全被奉祀者后孙掌管。

朝鲜日据时期回归书院自治后的师长人数更加庞大，1913年为21人，1917年为34人，1928年减至16人，1930年又恢复到34人，1932年书院师长更多达57人。

（五）道官再次兼任

1936年武城书院恢复道官兼任院长，由全罗北道知事高元勋兼任院长，井邑郡守赵东敏兼任院贰，但1937年又恢复书院自治的师长架构，由斋长领衔。因为缺少1933—1935年的相关记录，所以，不清楚这次以道官兼任院长持续了多长时间。

1936年，高元勋撰《弦歌楼重修记》时将武城书院师长署名如下：

院长：全北知事高元勋

院贰：井邑郡守赵东效

搢绅讲长：博士李光秀

儒林讲长：进士金泽

搢绅训长：直员姜昌永

儒林训长：权宁谟

搢绅斋长：主事权丙夏

儒林斋长：进士金焕圭

　　执纲：宋荣祚

搢绅都有司：参奉沈应铉

儒林都有司：许业

搢绅掌议：参奉郑泰焕

儒林掌议：林士圭

　　色掌：权宁祚

讲修斋掌议：郑就源

　　色掌：金明洙

本邑斋长：金廷述

　　执纲：宋荣昌

　　掌议：姜喆镐

　　色掌兼总务：金焕相

本孙掌议：金焕星

　　色掌：金淙述

　　掌财：宋基贤

有司：金焕一、安恒燮、林在圭、李熙元

监董：丁炳奎、安在根、郑吉柱

直月：教官金成基

直日：权宁玉

书院师长共32人，可以分作五类：一是地方政府官员，院长由全北知事兼任，副院长由井邑郡守兼任，二是搢绅，三是儒林，四是本邑人士，五是奉祀者本孙。具体设置讲长二人、训长二人、斋长二人、都有司二人、掌议二人，都是搢绅、儒林各一人；此外还有执纲一人、色掌一人、讲修斋掌议和色掌各一人；本邑设斋长、执纲、掌议、色掌兼总务、掌财、直月、直日各一人，有司四人，监董三人；奉祀者本孙设掌议、色掌、掌财各一人。从人员设置来看，书院由道和郡双重管理，本邑以上应该为道委任人员，本邑以下为本郡人员，后孙也参与管理。文中有“楼之创建高宗朝辛卯”“丙子仲春，全罗北道知事、开城高元勋谨记”，可知此文为1936年所撰。

六、地方官兼任书院师长的制度性问题

地方官兼任书院主管是个人行为还是制度规定？这个问题有待商榷。如果说是制度规定，那么为什么同属庆尚道的玉山书院、绍修书院、兴岩书院、德川书院、道东书院有的是地方官兼任书院主管，而有的则非地方官兼任书院主管？兴岩书院从1854年至1912年均由地方官兼任书院主管一有司；玉山书院从1847年至1857年主要由地方官兼任书院主管院长，1857年2月至1902年8月之间除1868年9月至1869年2月有1任书院主管为领议政柳厚祚外，其他均为地方官兼任；绍修书院从1792年3月至6月由行府使李毅远兼任院长后一直由地方官员与民间人士混任院长；而道东书院、德川书院一直未见地方官员兼任院长。德川书院不是赐额书院，可能是因为规定地方官员只兼任赐额书院，但道东书院是赐额书院，1573年赐额的双溪，1607年赐额的道东，为什么同是赐额书院又在同一道内却没有地方官兼任院长？

如果不是制度规定地方官员兼任书院师长，为什么京畿道、全罗道也有这种现象？京畿道金浦郡郡守兼任牛渚书院院长，该郡癸未（当为1883年）十一月完文说“故自斋中禀于兼院长本城主徐公阁下”①。全罗道武城书院和笔岩书院都曾由道最高行政长官兼任师长。如果没有制度规定，地方官不会这样兴师动众，也不可能获得本地儒林同意。

1884年，安东府使在发布的绍修书院公文中明确规定，“本官例兼院长，本院如有大段之事则必告官禀处”②，1891年观察使兼任武城书院院长“是为道伯例荣之任”，既然是“例兼”“例荣”，就是有例可循、可援，而庆尚、全罗、京畿3道都有此例，应该是制度性规定。

从武城书院记事牌来看，这么多官员兼任书院师长也可证明为制度性安排。

武城书院任职官员除本道、本府、本县官员外，还有他郡他县官员任职。1875年仅有县监李某某任院长；1879年有3位官员任职，县监闵观镐任院长，县监金益健任搢绅掌议，察访金禹铉任讲长；1882年有2位官员任职，泰仁县监李定植任院长，任实县监韩箕锡任搢绅掌议；1886年有3位官员任职，县监郑履源任院长，县监奇亮衍任搢绅掌议，县监申岐朝任搢绅讲长；从1884年《武城书院志开刊记》署名来看，奇亮衍为井邑县监；1888年有2位官员任职，县监申榔任院长，县令李惪翼任搢绅掌议。

从1891年起都是4位官员在书院任职。1891年巡相（即道观察使）闵正植任院长，县监闵恒植任院贰，郡守徐绮辅任搢绅讲长，府使金炳亿任搢绅掌议；1892年观察使闵正植任院长，县监闵泳哲任院贰，县监李时宇任讲长，县监李喆和任搢绅掌议；1895年观察使李道宰任院长，县监朴义成任院贰，牧使闵钟烈任讲长，郡守尹秉任搢绅掌议；1901年观察使赵汉国任院长，郡守金靖圭任院贰，郡守李根洪任搢绅讲长，郡守金昌植任搢绅掌议；1903年府观察使

① ［韩国］《牛渚书院志》。

② ［韩国］《绍修书院志》。

赵汉国任院长，泰仁郡守孙秉浩任院贰，淳昌郡守李根洪任讲长，咸悦郡守郑宽永任掌议；1904年观察使李容植任院长，万顷郡守郑寅羲任执纲，全州郡守权直相任讲长，古阜郡守李昌翼兼院贰。

武城书院任职官员应该都是现任，因为朝鲜与中国一样，凡卸任官员在官职前一般均加“前”字。已知外地任官者来自任实县、井邑县、古阜郡、淳昌郡、咸悦郡、万顷郡、全州郡等地，都在武城书院附近，朝鲜1895年行政区划改革为府郡，不可能这么巧书院任职官员都是卸任官。

这么多现任官员在书院兼职，从1891年起都是4位官员在书院任职，并且都是观察使兼任院长，3位郡守兼任他职，这应该是国家规定。1871年撤毁书院，全国仅保留27所书院，20所祠堂，为加强对保留书院的管理才规定这么多现任官员到书院兼职。

第五章　朝鲜书院学生

朝鲜书院初创时，招收学生尚多自由，国家确定书院学生名额和身份后，大多书院不得不优先招收生员、进士和初试合格者，书院自主招生余地缩小，有的书院只能招收寓生或童蒙。国家优待书院，拨给书院土地和奴仆，学生免服兵役，书院能够为学生提供膳食，并规定学生为已取得生员、进士资格和初试合格者，学生可以参加科举考试，这也为学生提供了科举出仕的方便。

第一节　学生名额

朝鲜书院规模一般都不大，不可能无限制地招收学生，所以每个学院院规虽不尽相同，但是在入学人数限定上大致相同，有的书院还将书院入学人数定额写在院规内。对于书院院生数额，国家最初没有明确规定，各书院根据各自拥有的学田规模确定招生人数。

白云书院初建后就规定学生名额，嘉靖二十五年（1546年）五月二十一日，庆尚道观察使就发函规定学生名额为10人，“居接应当儒生等乙准十员”，并发函荣川府衙供给大米。“儒生十员为额，四时常养”[1]，根据书院收入确定为定额10人，且规定只向官府派来的学生提供饮食，不接受私自来学者，“司马

① ［韩国］《绍修书院志》。

则如成均，学生则非官旨不得供馈。不得擅弄书钥，不得阑入者。儒生之自远方来者，如有向善慕义请谒祠庙礼以送之”，并将此规定名《白云洞书院令》，书于木板挂在至乐斋内。[①]当时符合条件的学生人数尚少，嘉靖二十六年（1547年）规定还可以接待相约来寓的儒生、名儒和来访学者，“儒生十员为额，四时常养为乎矣，间或有未满额数之时为乎事是去等，当有余储事是昆，儒生相约来寓，或过额数为良置，诚心供顿为齐”，“本邑近邑儒生乙空旷时无亦请坐居寓为旂，儒生段置有故下家时，必请继居人承接乃出，无致自我或至一日空旷为乎矣。近居儒生有故时乙良，不计远近彼此道，名儒风闻来寓则许居为齐”，“寻院先生儒生并只敬待为齐”。1549年国王赐额绍修书院后，书院人数增加，或至20余人，“顷在己酉，特蒙圣眷，赐额颁经，命依国学。崇儒右文之盛化声闻四播，远近钦慕，学子云集，多或至二十余员”[②]。

伊山书院初期规定学生名额为16人，其中公养额6人，自费额10人，超过额数，就从后向前裁减，“诸生常额16员，内公养六员，私赍十员。公以入格，私以未入格。充额额外如有加员，就额数内从末减”[③]，1579年后将书院学生名额改为10人。从伊山书院嘉靖戊午（嘉靖三十七年，1558年）始建当年至清康熙十九年（1680年）的历年入院名册来看，其中29年未招收学生，9年招收2次学生，当年入院学生12人，次年入院学生27人，1560年招收学生6人，1561年招收学生18人，1562年招收学生9人，1563年招收学生7人，1564年招收学生10人，1656年招收学生16人，1657年招收学生4人，有的年份仅招收1人，招收学生不算多。

仁祖二十二年（1644年），国家开始为书院设定学生名额。是年庆尚道观察使上启建议，建造书院须报请礼曹商议，朝廷批准后才能创建，礼曹建议“置院长俾尽教育之方，时加拣试以为澄汰之地”，国王认为书院应该设定学

① ［韩国］《绍修书院志》。

② ［朝鲜］朴承任：《代绍修书院有司上户曹书》，见《绍修书院志》。

③ ［韩国］《伊山书院志》。

生限额，“传曰：‘若无定限，则必为不学者之渊薮。’问于大臣参酌定数，大臣议以五十人定额。传曰：‘无过六七人，更为酌定。’礼曹启：‘只定六七人，事体埋没。请令各道参酌多少，无过二十人恐或得中。’传曰：‘姑为置之’”①，规定每所书院学生不得超过20人。

肃宗三十六年（1710年）朝家规定书院学生名额，“定书院下斋生数：已赐额书院二十名，文庙从祀贤儒书院三十名，未赐额书院十五名。后毋论从享、未从享，赐额书院则皆以二十名定额”②，规定文庙从祀贤儒书院学生名额30人，赐额书院20名，未赐额书院15名，不久废除未赐额书院名额，不论是否从祀文庙者，凡赐额书院一律确定为20名。

国家虽然规定书院名额，但许多书院并没有遵照规定招收学生，有的书院入学学生多于定额，有的书院少于定额，有的书院有时高于定额，有时则限于经费而不足额。

绍修书院嘉靖二十五年（1546年）初建时，鉴于财力规定只招收10名学生，常年为其提供饮食，如果合乎条件者超过定额，则按时间先后入院，“供士之规，入格则亦依旧规，而如过额数，则计其日子先后以为递代事”。1700年规定，居斋不得超过10员，如果超过，即使是已经入格，也要按照入格先后时间确定，不许接待他官不入格者，不许为本府乡外子弟供应饮食，也不许入格者无事来院流连，先贤子孙未入格与其他未入格者一视同仁，府中官员不准再在书院食宿。此后学院经费紧张，已经不能像初创时学生四时居斋，只能实行轮流就读方式，学生一月一换。1720年规定“定出月有司十员，递朔来读”。1727年改为每年九月至三月底居斋，但仍然接待外来自费求学者，但不过二三人，“至于他官抱材年少之人，或闻风之远而来，则亦是美事，本邑儒生亦宜相让许寓，而其数不过二三员事”。1730年由于请求入院者过多，规定

① ［朝鲜］《增补文献备考》卷二一〇。

② ［朝鲜］《增补文献备考》卷二一〇。

入院者相让，“斋儒当无过十员之额，而或有前额人后朔追来者，或有他邑人闻风远来者，并宜延接，添得额限。而若至过多纷沓，则非但斋室难容，抑恐做业不专。莫若先来者让于后来者，年少者让于年长者，家近者让于家远者。退俟后朔之期，务合士子相让之道”，但司马、明经不受此限，“司马不废业之员，明经将应讲之士，勿拘斋额，随意来做”[①]。1731年改为半月居斋，1738年规定学生定额23名，分两批居斋，每批一个月。1749年书院经费更为紧张，每年只能开办2.5个月，从十月十六日至十二月底，为包括童蒙在内的15名学生提供饮食，但“一月再换，而每朔望交递，必背讲十五日所读书，讲案名下书填通不，以考勤慢”。由于申请入学者多，“先来者让后来者，少者让长者，近者让远者”。办法不同，入院学生数量变化也很大。1727年入院学生有49人，1728年入院学生有19人，1729年入院32人，1730年入院41人，1732年入院仅3人，1737年入院50人，1738年入院25人，1741年入院10人，1744年入院49人，包括童子1人，1746年入院60人，包括童蒙5人，1750年入院29人，由于不是全年供馈，学生数量高于国家定额。19世纪书院经费更加紧张，学生数量大幅下降，1840年入院5人，1842年入院4人，1843年入院1人，1845年入院5人，1846年入院13人，1848年入院5人，1849年入院3人，1850年入院26人，1853年入院5人，1854年入院4人，1855年入院5人，1856年入院7人，17年间仅入院80人，远远低于国家规定名额。

道东书院不是每年都有学生入院，而是间隔几年甚至十几年才会有学生入院一次。万历三十八年（1610年）入院22人，1612年入院7人，1617年入院11人，1628年入院6人，1631年入院20人，1634年入院5人，1638年入院22人，1640年入院14人，1644年入院8人，35年间入院115人，平均每年入院不足4人，学生在书院学习时间应该比较长，不可能只是一年。1707年国家规定书院学生名额后，道东书院作为入祀文庙先贤金宏弼的赐额书院，其学生也不

---

① ［韩国］《绍修书院志》。

多，当年入院4人，到1719年才再次入院33人，1722年入院35人，1728年入院42人，1729年入院1人，1732年入院11人，1733年入院5人，1739年入院3人，1740年入院16人，1741年入院2人，1743年入院4人，1751年入院53人，1762年入院11人，1778年入院9人，1779年入院28人，73年间入院257人，年均入院不足4人，由此可见，学生在院学习时间应该也是不限于一年。

除了国家规定的学生名额，有的书院还招收不占名额的寓生、童生等。嘉靖三十七年（1558年），伊山书院创建时就有童蒙和寓生，“童蒙非因受业与招致不得入入德门内”，“寓生不拘冠未冠，无定额，成才乃升院”[①]，童蒙是初学者，寓生不是正式学生，当然都不会占用名额，寓生成才后才能升为正式的学生，寓生不设定额，就可以根据书院能力自行招收，童蒙也应该无名额，而且应该是童蒙升寓生，寓生升诸生。占用名额的院生基本上都是20岁以上通过举荐入学者，20岁以下年幼学生被称作童蒙、童生，且不占书院名额。岭南地区许多书院为了教育童蒙还设立专门的斋，如养蒙斋、养正斋等。

屏山书院招收的童蒙比较多，每年食米12石，食米标准为每5人1天食米1升，每月食米3斗，每年每5人食米36斗，按朝鲜1石15斗计，童蒙为25名。二月至八月，五员供馈，朝夕各1升，九月至正月，朝夕各7合供馈，每5人每年食米63斗，每年供米21石，可知有儒生25名。由此可见，儒生、童蒙都是25名，学生是比较多的。

第二节 学生资格

早期国家对书院学生资格没有限制，中宗三十六年（1541年）新建白云洞书院，“聚凡民俊考（当为秀——摘者注）者而讲习学问，储谷取赢以供廪，徐

① ［朝鲜］李滉：《伊山院规》，见《退溪先生全书》卷五八。

贸经史以备讲读”[1]。《白云洞书院令》规定，非经官府同意不得供应饮食，不接受远方来学者，“儒生自远方来者，如有向善慕义请谒祠庙礼以送之”。嘉靖二十四年（1545年），《白云书院榜》则规定司马和初试入格者优先，“凡入院之士，司马则如入大学，其次初试入格者，虽非入格，其一心向学有操行而愿入者，有司禀于斯文而迎之”[2]，对已经考中生员、进士者（司马试）优先，其次为初试合格者，一心向学者虽未入格，在书院禀请士林商议后也可入院学习。从《入院录》的记载来看：1543年入院3人，1人为当年司马，至少2人当时无功名；1544年入院11人，5人入院前为司马，6人无功名；1545年入院11人，2人次年及第，应该是司马，其他9人无功名；1546年入院18人，4人为司马，2人为当年司马，至少12人无功名；1549年入院24人，司马4人，其中3人为当年司马，至少17人无功名；1550年入院15人，仅有2人为司马；已取得功名者比例逐渐降低，当然其他可能是入格者。书院学生定额10名，之所以超过定额是因为当时规定书院也接受外邑学生，前提是由所在官府提供经费。

17世纪初，绍修书院严格执行国家关于学生资格的要求，“而独此白云学式与他学不同，入学之人非解额入格，则虽茂才出萃不许入门”，致使书院仅有数名学生，“近因朔讲，尝聚徒其处，诸生之应讲者只有入格数人，而其余专不来会。牵制官令，间有来者，或至洞门外，逡巡不肯入”。1613年出任丰基郡守的李埈深为不满，“今以一乡俊彦而独为书院所不纳，其所争只是欠一张试卷耳”，李埈试图改革，但遭到士林反对，“郡守寻院之初，固已疑其规制太陋，而谓其流来既久不可猝改”，只好发文与士林协商，采用陶山书院和易东书院办法，“欲望院中通议一乡斯文夫子及诸士子，镌改学式，远近士子无论入格与否皆许入学。若谓淑慝不可混，廪饩不可周，则取陶、易诸书院规式选入，用圈点给食，定额数，揭之屋壁，永久遵用，使鼓箧远游之士无藩墙

① ［朝鲜］《增补文献备考》卷二一〇。

② ［韩国］《绍修书院志》。

未窥之叹，则矜佩济济，弦诵洋洋，户外之屦常满，稷下之士益盛”[①]。从《入院录》来看，1612年入院6人，1613年入院11人，1614年入院2人，1615年入院10人，1616年入院10人，1617年入院3人，入院人数并未增加，看来改革没有成功。

朝鲜书院学生一般称作儒生，不局限于两班[②]官员子弟，但书院学生和两班官员子弟一样拥有兵役豁免权，所以国家开始重视书院院生。明宗十年（1555年），洪迟上疏建议“非初试入格者则不许”，次年国家就规定非初试入格者不准进入书院学习。此规定颁布后，各书院纷纷照办。西岳书院规定生员、进士与初试合格者优先，初试未合格者如果一心向学，书院禀请士林商议后也可以允许其入院就读，“凡入院之士，司马则如入大学，其次初试入格者。虽非入格，其一心向学有操行而愿入者，有司禀于斯文而迎之。夫开院固欲迎贤，若滥入则不肖者间之”[③]。玉山书院基本照搬绍修书院规定，“凡入院之士，司马则如入大学，其次初试入格，虽非初试入格，其一心向学有操行而愿入者，有司禀于斯文许入。夫开院固欲迎贤，若滥入则不肖者间之，非徒耗廪，将有损于书册什物，愚者至而贤者必不肯来，亦荒废庙院之一渐也，其择尤不可不谨也”[④]。文会书院也规定生员，进士优先，不需要书院讨论即可直接入院，有志学业，名行无污者经书院讨论后才可以入读，以10人为限，并特别规定对请托道主和州官等挟势求入者坚决拒之门外，“取士之法，勿论长少，取其有志学业，名行无污者，院儒佥议许入。会者未满十员，则不得定议。曾参初试者，备三员许入。生员、进士则直许入勿议。若有儒生或挟势求入，或欲因而干谒道主、州官者，皆勿许入”[⑤]。

---

① ［朝鲜］李埈：《论白云洞院长文》，见《绍修书院志》。

② 两班：指高丽、朝鲜王朝时期的官僚地主阶级。朝会时，君主居中面南，文官在东，武官在西，按地位高低由北向南排列，以后两班又延伸到官员的家族和家门，成为社会地位的象征。

③ ［朝鲜］《西岳书院院规》。

④ ［韩国］《玉山书院志》。

⑤ ［朝鲜］《文会书院学规》。

白云洞书院学生入院严格执行国家规定，从《入院录》来看，1556年入院11人，其中6人为司马，5人无功名。然而，此后司马就很少，1557年入院9人全无功名；1558年入院11人，只有1人为当年司马，其余10人无功名；1559年入院13人，司马1人，1576年及第1人不知何年司马，至少11人无功名，其他人未注明是否为入格者。

玉山书院儒生入院严格执行国家规定，优先录用司马（生员、进士）以及司马试的初试入格者，这些人向学热度高、有操行，但初试未入格者须获得儒林首肯后才可以入院。玉山书院儒生一般是由荐主推荐入院，若被荐举者未达到入院资格时，必须毕讲《中庸》《大学》《小学》《礼记》等，从中选拔水平高者入院。1734年、1771年只注明“毕讲”，没有具体成绩。1802年均有每人考试成绩，从成绩来看，21人参加考试，《中庸》通者7人，略通者5人，粗通者9人；《大学》通者5人，略通者8人，粗通者8人；《小学》通者6人，略通者8人，粗通者7人；《家礼》无通者，略通者12人，粗通者9人。虽然成绩还算可以，但直接入院者很少，大多在书院设讲时才能交替入院，因此入院儒生数量是不固定的。学生在入院之前，已经通过家学或者书堂接受过一定教育，具有一定水平。从记录上来看，英祖十年（1734年）新荐32人，入格者4人，入格别属4人；英祖四十七年（1771年）新荐42人，入格者仅有7人，都是入格者少，不入格者多。

毕竟符合条件的学生少，各书院在优先保证国家规定条件者入院的基础上放开标准。绍修书院1690年规定接受自费来学者，“如有向学之诚，则虽未入院，勿论总角冠者赍粮来栖事”。1749年规定，将原定入院名额10名改为15名，学生逐月居斋改为轮流居斋，每月朔轮换，“恒供十员，自是旧规。而居斋月数无多，举乡儒生恐难遍到。恒供定一十五员（并以童蒙、会儒不计），一月再换，而每朔望交递”，将学生范围扩大至15岁至40岁之间，并无入格要求，“居斋儒生自各面书堂成册送院，而若有志向学不废读书者，立志勤窠方事举业者，聪颖夙成文理通晓者，冠者则四十岁以下，童蒙者十五岁以上，抄名成册，自院入录讲案，并许招迎”[①]。1848年，招生范围再次扩大，读《小学》以上者均可入学，“居斋儒生无定额，自读《小学》以上许入院”[②]，但改为自带口粮。

伊山书院初期从学规上看不出对学生身份的要求，但可以看出学生身份的差别，有低一等的童蒙。“童蒙非因受业与招致，不得入入德门内”，只能在书院之侧的养正堂学习，不是受业和召唤不能进入书院。《伊山院规》是李滉于书院落成的嘉靖三十七年（1558年）制定的，是在国家规定“非初试者则不许”的第三年，为了不违背国家规定，又能扩大教育范围，所以在建造书院时就将原来教育童蒙的养正堂迁至书院之侧，继续教育童蒙。对于未参加过初试但已经受过教育者定名为寓生，“寓生，不拘冠未冠，无定额，成才乃升院”[③]，寓生没有定额，不论年龄大小都能入院，但只是书院院生的候补，成才后才能成为正式院生。此后规定招收6名入格者，由书院提供饮食，称为公养生，另外招收10名未入格者，称为私赍，自费就学。

比较特殊的是武城书院，院规规定，“入斋之规，无论长幼贵贱，有志读书为学者皆可入院”[④]，凡有志读书者不论身份、年龄一律可以入院读书。武城书院创办于光海君七年（1615年），肃宗三十五年（1709年）赐额，不可能不受国家“非初试者则不许”入院规定的制约，最大的可能是像伊山书院一样，设置了院生、寓生、童蒙等不同等级，符合国家规定的为院生，不符合国家规定的为寓生或童蒙。

绍修书院早期允许外邑学生入院学习，但必须是入格者，并由本地官府提供经费。1700年规定，外邑未入格者不准居斋，本府外乡子弟也不准供馈，自

---

① ［韩国］《绍修书院志》。

② ［韩国］《绍修书院志》。题目《绍修书院居斋节目》下著明戊申，志作1900年，毫无疑问是错误的，前文为1813年，此戊申当为1848年。

③ ［朝鲜］《伊山院规》。

④ ［朝鲜］《武城书院规》。

带粮食的童蒙则不论本府或外邑均可接受，“居斋儒生，他官则不入格者，各居院录之人勿许来栖，而本府则乡外子弟亦不许供馈事”，“童蒙则勿论他本官，裹粮来栖事”。不久放开入院限制，“挟书来寓，无论他道他官一体许入，而亦必持官帖来付额数”，外邑要求入院者只要持本邑官府公文并付费者即可入院学习。1760年改为不论年龄、资格，“居斋儒生趁期入院，而若有志向学不废读书者，立志勤实方事举业者，聪颖夙成文理通晓者，勿拘冠童并许招迎”[①]。

有的书院学生入院采用推荐方式。1628年，临皋书院在《院中儒案修正时完议》中规定推荐学生的年龄、资格和推荐人责任，“新荐之人以二十岁为限，必择有学文世阀之人，圈点许录，而各于名下并录荐人，荐非其人则厥罚惟均事”。道东书院从1612年开始采用推荐方式，从记录来看，一种是公荐，一种是个人私荐，公荐少而私荐多。1612年和1628年是联名推荐，荐者2—4人不等，1631年、1634年、1638年为1人独荐，其后独荐和联荐并行，联荐2—8人不等，也有无人推荐者，荐举制度一直实行到1907年。

私立且没有官府介入的书院就没有那么多限制。李珥创办的隐屏精舍规定不分学生出身，素昧平生者经随同学习考察后可以入院，即使是悖乱乖戾之人，只要已经证明改过并经在院学生同意也可入院学习，“入斋之规，勿论士族、庶类，但有志于学问者，皆可许入。斋中先入者，佥议以为可入，然后乃许入。若前日悖戾之人愿入，则使人先自改过修饬，熟观所为，决知其改行，然后许入。素昧平生者愿入，则使之姑按近村（或养正斋）或山寺往来问学，观其志趣操履，知其可取然后许入”[②]。朴世采制定的《南溪书堂学规》也规定不问学生出身，只要是常来读书且笃志向学者就可加入，“书堂之士，必择笃志向学，常常来读者，许入而置籍焉，且勿以显族、微品为拘”。

① ［韩国］《绍修书院志》。

② ［朝鲜］李珥：《隐屏精舍学规》，见氏著《栗谷全书》卷一五《杂著》。

玉山书院曾对儒生实行动态管理，1809年经府尹审核的《儒生案》中注明李世春为崔圣宽落讲代，秋宽旭为都凤米落讲代，徐大仲为权史宗落讲代，姜文兴为金仲日落讲代，方思国为金兴休落讲代，曹连兴为高植汉落讲代，庾再得为金林宁落讲代，46名儒生中有7人因落讲而被人取代，取代比例为15%，还是不低的[①]。

第三节　学生生活待遇

朝鲜书院学生免服军役，书院为部分学生提供膳食，有的书院则对院生和童蒙都提供膳食。

屏山书院规定："入院儒生常供五人，通计支供之数，遂月舂凿，别藏一柜。如其月儒生不会，其舂米毋得他用，又舂次月之米，添藏而供之。一年之内，儒生所会之月稀罕，而舂米多积，亦不得移用于他处。数年后，米数既多，而儒生于常数外多聚，则临时酌定，虽五员之外，量数加饷无妨。"所供膳食标准，"按此供馈之规甚善，二月至八月，五员供馈朝夕各一升，九月至正月朝夕各七合，供馈合米二十　石。当月儒生多会，供米不足则以前月余米补用，如无余米则诸生姑令散去，毋得引用次月之米"，每年二月至八月每五人早晚各一升米，九月至来年正月每五人早晚各七合米，天长多吃，天短少食。粮食按月使用，如果当月聚会多而超过定额就食用上月余米，如果上月没有余米就暂停供膳。童蒙的膳食标准较低，"童蒙亦常供，五员朝夕米各五合，通计一年，所用米十二石。"[②]

绍修书院初建时规定向10名斋生提供饮食，"儒生供馈诸需百用粗定，其中食盐灯油铺陈等物及器用随备之道"，每餐每人有1条青鱼佐饭。后因粮食

① ［韩国］《玉山书院志》。

② ［朝鲜］《吴山志》卷三《学规·养贤》。

基金（宝谷）放贷后未能全部收回，鱼基、盐盆废弃，加之各地官府不再捐赠，有时还遭遇灾荒，书院竟至借贷，“本院养士之需，比昔百不一存，只以所收如干钱谷，计除目今逋欠前头经费外，所以为供士计者不过十数石十数缗而已。庖厨必甚冷薄”，每年能够供应学生的只有十几石米和十几缗钱，不得已先后采取半年居斋、隔月居斋、冬季居斋、一月轮替、半月轮替等办法减少供给，但饮食质量相对较低，“斋中供亿一款非不尽心，而院仆极其疲残，庖厨极其冷薄，想不无寒斋永夜事事酸苦之叹”[①]，院长只能劝慰鼓励学生，“供士一款，当任者所当惕念盛备，而院储荡败，盘供太薄，群居冷斋，虽不免酸苦之味，而第念食淡攻苦，自是吾儒常分，勿犯餔啜之戒，须玩菽粟之味，则庶有咬菜做事之效事”。

第四节 学生出路

书院的教育目标一是培养具有道德理想的圣人君子，二是培养具有儒家情怀且爱国惠民的官僚。从发展趋势来看，早期书院教育目标是侧重培养法圣贤的贤人，发展到后期由于社会发展所需，为了向朝廷推送人才，书院教育目标更多是培养官吏，而国家设置书院学生名额，要求具有初级功名和初试入格士子进入书院，本来就是要培养治理国家的人才，这就决定了科举入仕才是学生正途。朝鲜与中国一样，僧多粥少，书院学生不可能都能踏上仕途，有的学生则以教育为业。

一、仕宦

从书院的《入院录》和《青衿录》来看，许多学生正是通过科举走上仕途的。

---

① ［韩国］《绍修书院志》。

早在绍修书院创办之初，科举就非常兴盛。嘉靖二十六年（1547年），《顺兴文成公庙、白云书院斯文立议》中记载，“来栖之人不下五年皆为名士，连捷巍科，人谓入院者便登第”[①]，进入书院就能考取功名。但早期《入院录》中并未记录学生入仕情况，1790年才开始有学生任官记载，1840年至1855年间记载最多，16年入院学生71人，入仕者30人，入仕率高达42%，入仕者中承旨2人，参议1人，参判5人，大司成1人，牧使1人，府使3人，郡守2人，仅堂上官[②]就多达10人。

德川书院学生入仕情况也比较好，1609年《青衿录》收录学生183名，出仕者47人，出仕率为25.7%，仕至堂上官者8人，其中判书1人，右参赞1人，参判1人，大司宪1人，大司谏1人，右承旨1人，承旨1人，牧使1人。

伊山书院学生入仕情况也不错。从嘉靖三十七年（1558年）至万历四十八年（1620年），入院学生472人，入仕者90人，入仕率为19%，其中封君1人，承旨1人，参判2人，右尹1人，府使5人，郡守6人，县监10人，堂上官计6人。

书院学生能够参加科举考试，因此吸引官立乡校学生转投书院学习，孝宗六年（1655年）勿赐叠设书院之额的理由之一就是乡校学生转投书院，“时书院渐盛，乡校儒生咸归书院”，如果书院学生没有参加科举考试的资格，官立乡校儒生应该不会转投书院。

二、从教

能够走上仕途的书院学生不多，许多学生选择从事教育。

绍修书院有许多历任院长来自本书院学生，1544年10名入院学生中就有权应参（1554年、1568年两任）、闵著元（1561年任）、李禊（1571年任）三人四次担任院长，1545年入院的黄秀良1577年任院长，1552年入院的朴承伦1584

① ［韩国］《绍修书院志》。

② 堂上官：朝鲜王朝官员分四等，正三品上阶及以上为堂上官，正三品下阶至从四品为堂下官，正五品至从六品为参上官，正七品及以下为参下官。

年任院长，1569年入院的闵兴业1600年任院长，1572年入院的金天祥1588年、1593年任院长，1572年入院的金九鼎1611年任院长，黄秀奎1602年任院长，1575年入院的安悟1602年、1619年任院长，1576年入院的韩山斗1616年任院长，黄怡1604年任院长，1581年入院的权俊臣1601年、1618年、1623年任院长，1590年入院的朴守绪1626年任院长，1602年入院的权斗南1621年、1624年任院长，1609年入院的郭玹1628年任院长，1613年入院的郭玖1634年、1640年、1647年任院长。

道东书院院长、有司也是多来自本书院学生。1610年入院的郭赾1614—1620年任院长，郭庆兴1614年任有司，1620年任院长，金应先1614年、1623年任有司，郭澍、郭岭1614年任有司，郭以昌1623年任有司，1639—1641年任院长，1612年入院的郭卫国1614年任有司，1630—1636年、1646—1650年、1653—1654年任院长，1617年入院的郭弘栽1638—1639年、1641—1646年、1656年、1659—1660年、1661—1663年任院长。

从以上两个书院的情况来看，书院学生从事教育的不在少数。

第六章　朝鲜书院制度

朝鲜书院是在中国书院影响下而出现和发展的，在书院制度方面也是如此，但朝鲜书院也有自己的制度，基本情况是中国书院制度和朝鲜书院制度共用。

第一节　采用中国箴规

嘉靖三十七年（1558年），伊川书院落成，李滉为制定《伊山院规》，首先主张仿照官学将《四勿箴》《白鹿洞规》《夙兴夜寐箴》揭诸壁上，“泮宫明伦堂书揭伊川先生《四勿箴》、晦庵先生《白鹿洞规》《十训》、陈茂卿《夙兴夜寐箴》，此意甚好，院中亦宜以此揭诸壁上以相规警”。因此伊山书院规定每日早晨学生要先读箴规，“诸生每于早朝盥栉衣冠，待警鼓，登敬止堂，行相揖礼，敬读《白鹿洞规》《敬斋箴》《夙兴夜寐箴》，读讫，又行揖礼事”[①]。

自李滉提倡后，朝鲜书院大多采用《白鹿洞书院揭示》《四勿箴》《十训》《夙兴夜寐箴》作为书院院规，有的书院还增加《心箴》《敬斋箴》和《十悔训》。

绍修书院早期规定，每日早晚餐后，由善读学生一人大声朗读《白鹿洞规》，众学生恭听，“每于朝夕食堂，整巾服，相揖开坐，撤床后长拱序立，令

① ［韩国］《伊山书院志》。

坐中善读人一人抗声敬读《白鹿洞规》一遍，毕，相揖而退，各归斋读书”[1]。1749年规定早餐后听读《白鹿洞规》和《伊山院规》，时时诵习《朱文公十训》《夙兴夜寐箴》《敬斋箴》等。1760年规定，“斋中恒读三经、《四书》、《小学》等书，敬读《白鹿洞五规》《朱文公十训》《敬斋箴》《夙兴夜寐箴》等章，通读《心经》《近思录》《朱书节要》等篇”。1780年规定，“朝食堂时，诸生行相揖礼，拱手序立，使善读者高声敬读《白鹿洞规》《敬斋箴》《夙兴夜寐箴》，后通读《心经》《近思录》《朱书节要》等篇章”，“罢归，各背诵所读，又制述，即日收券以考勤慢事”。1790年规定，“朝起栉弁后行庭揖礼，齐会食堂，令善读者读《朱文公十训》《白鹿洞规》《敬斋箴》《夙兴夜寐箴》，诸生拱立敬听。听罢仍坐，通读《心经》《近思录》《朱书节要》诸书。而或自上达下，自少至老，轮次跪读，讲论文义。讲罢，各归斋室”。1810年又改为每日晨“敬读《夙兴夜寐箴》《敬斋箴》《东西铭》”。

玉山书院《院规》采用《伊山院规》，也是将《四勿箴》《白鹿洞规》《夙兴夜寐箴》等揭于壁上，崇祯十二年（1639年）将《白鹿洞规》书写在木板上并将其悬挂于壁上。深谷书院李縡制定《院规》，规定将《白鹿洞规》和李珥的《学校模范》与《隐屏精舍学规》揭于壁上。

石室书院每月十六日举行讲会，会后由直月读《白鹿洞规》和《学校模范》，但《学校模范》因为文字太多被分成三节，每次讲会依次读一节。

李滉还将《白鹿洞规》《敬斋箴》和《夙兴夜寐箴》列入他的《圣学十图》，朴世采在《南溪学堂学规》中规定将李滉《白鹿洞规图》《敬斋箴图》等揭于壁上，以资警省，“《白鹿洞规图》《敬斋箴图》及《要诀为学图》皆净写揭诸壁上，以资警省，盖为学大体要道皆具于此也”。

从选用中国书院箴规来看，朝鲜书院非常重视培养学生的道德修养和自我约束能力。

---

① ［韩国］《绍修书院志》。

一、《白鹿洞规》

《白鹿洞书院揭示》习称《白鹿洞规》，是朱熹最早为书院制定的制度，后来成为书院制度典范，并影响到国立学校。南宋淳祐六年（1246年），“理宗诏颁《白鹿洞学规》于各州府县立石”，此后，《白鹿洞书院揭示》便成为书院和各级国立学校的教规，并影响到朝鲜和日本，许多朝鲜书院将《白鹿洞规》书写在木板上并悬挂在讲堂内。

《白鹿洞规》是朝鲜书院使用最多的中国箴规。绍修书院将《白鹿洞规》悬挂在白云洞内，陶山书院将《白鹿洞规》悬挂在典教堂内，笔岩书院将其悬挂在清节堂内，西岳书院将《白鹿洞规》刻于木板并悬挂在墙上，深谷书院曾将《白鹿洞规》揭于壁上，道东书院至今还保存着《白鹿洞规》的木板。陶山书院照录全文，绍修书院仅摘录正文，而无后跋，笔岩书院不仅照录全文，还后附崇祯八十三年（1710年）金麟厚所作的《读白鹿洞学规诗》：

世远人已亡，经残教亦隳。有宋启文治，真儒生应期。
濂洛发关键，晦翁宏其规。眷彼白鹿洞，旧有庠序基。
荒芜久不修，讲讨无生师。结构蹑故迹，菁莪育中坻。
惟天叙五伦，降此民秉彝。唐虞荡荡治，亦不出乎兹。
学问且思辨，笃行在先知。身修而可推，应接皆得宜。

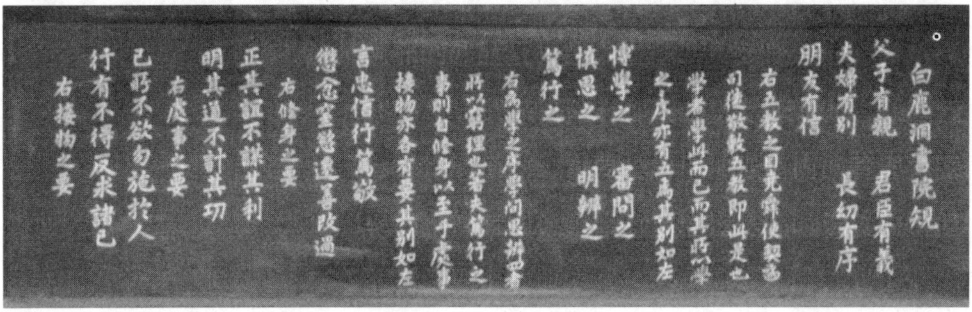

绍修书院白鹿洞规悬板

此乃为学要，儒者当孜孜。楣间揭明训，圣途无他歧。

云何世上士，舍此而不为。争将耀浮藻，利禄相追随。

三复朱子规，千古空於戏。

二、《四勿箴》

《四勿箴》是北宋理学家程颐根据孔子在《论语·颜渊》中的“非礼勿言、非礼勿听、非礼勿视、非礼勿动”创作而成的四言箴诗，南宋诗人刘克庄曾有诗评价说“四勿箴佳最切身”。明嘉靖六年（1527年），世宗皇帝为之作注并将其颁发给全国各地官学，随同世宗御撰《敬一箴》刻石陈列在专建的敬一亭内，作为学生修身教材。受中国影响，朝鲜许多书院也将《四勿箴》作为学生行为规范，著名的绍修书院、陶山书院都是全文抄录在木板上而悬挂在讲堂内。

四勿箴

伊川先生

颜渊问“克己复礼”之目，子曰“非礼勿视，非礼勿听，非礼勿言，非礼勿动”。四者身之用也，由乎中而应乎外，制于外所以养其中也。颜渊事斯语，所以进于圣人。后之学圣人者，宜服膺而勿失也。因箴以自警。

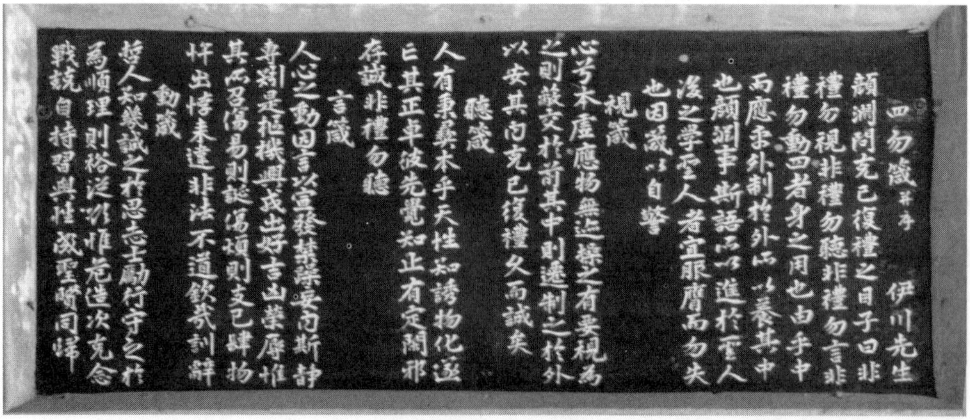

陶山书院四勿箴悬板

视箴

心兮本虚，应物无迹；操之有要，视为之则。

蔽交于前，其中则迁；制之于外，以安其内。

克己复礼，久而诚矣。

听箴

人有秉彝，本乎天性；知诱物化，遂亡其正。

卓彼先觉，知止有定；闲邪存诚，非礼勿听。

言箴

人心之动，因言以宣；发禁躁妄，内斯静专。

矧是枢机，兴戎出好；吉凶荣辱，推其所召。

伤易则诞，伤烦则支；己肆物忤，出悖来违。

非法不道，钦哉训辞。

动箴

哲人知几，诚之于思；志士励行，守之于为。

顺理则裕，从欲惟危；造次克念，战兢自持。

习于性成，圣贤同归。

三、《心箴》

《心箴》是南宋范浚创作的四言箴诗，备受朱熹推崇。明嘉靖六年（1527

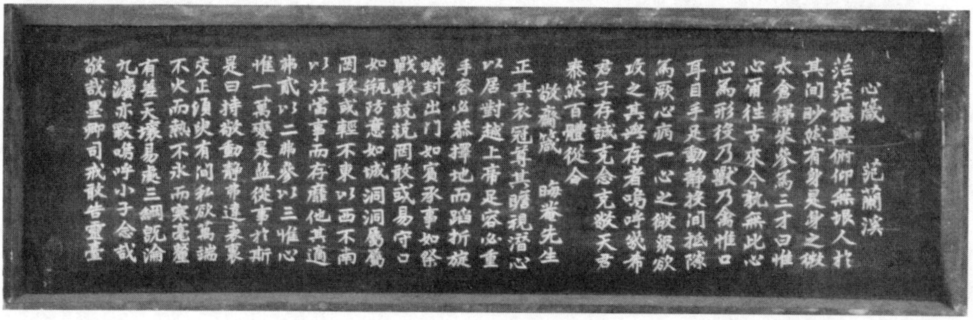

绍修书院心箴、敬斋箴悬板

年），世宗为之作注后将其连同程颐的《四勿箴》一同颁给各地学宫。朝鲜书院受此影响，也将其作为学生规范，绍修书院将《心箴》和《敬斋箴》抄录在一块木板上悬挂在讲堂内：

心箴

范兰溪

茫茫堪舆，俯仰无垠，人于其间，眇然有身。
是身之微，太仓稊米，参为三才，曰惟心尔。
往古来今，孰无此心，心为形役，乃兽乃禽。
惟口耳目，手足动静，投间抵隙，为厥心病。
一心之微，众欲攻之，其与存者，呜呼几希。
君子存诚，克念克敬，天君泰然，百体从令。

遁岩书院没有照录全文，而是选择部分内容作为对联悬挂在讲堂凝道堂前檐柱上。凝道堂面阔五间，六柱每柱一联，两端角柱向外一侧也挂对联，共有八联。右起依次为："茫茫堪舆，俯仰无垠""人于其间，渺然有身""是身之

遁岩书院凝道堂《心箴》对联

微，太仓粢米”“参为三才，曰惟心尔”“往古来今，孰无此心”“心为形役，乃兽乃禽”“惟口耳目，手足动静”“投间抵隙，为厥心病”，选《心箴》前十六句，唯第六句将“稊米”改作“粢米”。

四、《敬斋箴》

《敬斋箴》为朱熹创作，他继承并发展了程颐“涵养须用敬”的主张，强调主敬功夫，从穿衣戴帽到举手投足都要端正整齐，从家居到在外都要谨慎严肃，从心意到言语都要专一弗贰，惟精惟一，表里交正。如此久久，自会进入天理昭诸的境界，南宋学者陈淳曾经评价《敬斋箴》为“铺叙日用持敬工夫节目，最亲切”。中国书院很少将其用作教规，绍修书院将《敬斋箴》全文照录悬挂在讲堂白云洞内：

敬斋箴

晦庵先生

正其衣冠，尊其瞻视。潜心以居，对越上帝。
足容必重，手容必恭。择地而蹈，折旋蚁封。
出门如宾，承事如祭。战战兢兢，罔敢或易。
守口如瓶，防意如城。洞洞属属，罔敢或轻。
不东以西，不南以北。当事而存，靡他其适。
弗贰以二，弗参以三。惟精惟一，万变是监。
从事于斯，是曰持敬。动静无违，表里交正。
须臾有间，私欲万端。不火而热，不冰而寒。
毫厘有差，天壤易处。三纲既沦，九法亦斁。
呜呼小子，念哉敬哉。墨卿司戒，敢告灵台。

遁岩书院也是没有照录全文，而是择要作为对联悬挂在学生肄业的养性堂前檐柱上。养性堂五间六柱，柱上均挂对联，左起依次为“正其衣冠，尊其瞻视”“足容必重，手容必恭”“守口如瓶，防意如城”“出门如宾，承事如祭”“当事而存，靡他其适”“惟精惟一,万变是监”。

李滉将《敬斋箴图》列入《圣学十图》，朴世采在《南溪书堂学规》中规定将《敬斋箴图》揭于壁上“以资警省”。

五、《夙兴夜寐箴》

《夙兴夜寐箴》为南宋陈柏所作。陈柏，字茂卿，人称南塘先生，浙江仙居人。陈柏所撰《夙兴夜寐箴》深受当时著名学者王柏喜爱，王柏认为“此箴甚切实，得受用，以教上蔡书院诸生，使之人写一本，置坐右”，元末明初著名学者宋濂对《夙兴夜寐箴》评价很高，“本末明备，体用兼该，非真切用功者当不能为是言”[①]。自王柏将其列为上蔡书院诸生座右铭后,《夙兴夜寐箴》日益受到重视，元代程端礼将其与程颐的《四勿箴》、朱熹的《敬斋箴》和蔡元定的《夜气歌》在学案中并列。

朝鲜许多书院将《夙兴夜寐箴》作为学生座右铭，陶山书院、绍修书院都将其抄录在木板上而悬挂在讲堂内，李滉在《伊山院规》中也主张将《夙兴夜寐箴》题写在书院墙壁上以教育诸生。

夙兴衣寐箴

陈南塘

鸡鸣而寤，思虑渐驰，盍于其间，澹以整之。

或省旧愆，或紬新得，次第条理，瞭然默识。

本既立矣，昧爽乃兴，盥栉衣冠，端坐敛形。

提掇此心，皦如出日，严肃整齐，虚明静一。

---

① ［明］宋濂:《题朝夕箴后》，见《文宪集》卷一二。

乃启方册，对越圣贤，夫子在坐，颜曾后先。
圣师所言，亲切敬听，弟子问辨，反复参订。
事至斯应，则验于为，明命赫然，常目在之。
事应既已，我则如故，方寸湛然，凝神息虑。
动静循环，唯心是监，静存动察，勿贰勿参。
读书之余，间以游泳，发舒精神，休养情性。
日暮人倦，昏气易乘，斋庄整齐，振拔精明。
夜久斯寝，齐手敛足，不作思惟，心神归宿。
养以夜气，贞则复元，念兹在兹，日夕乾乾。

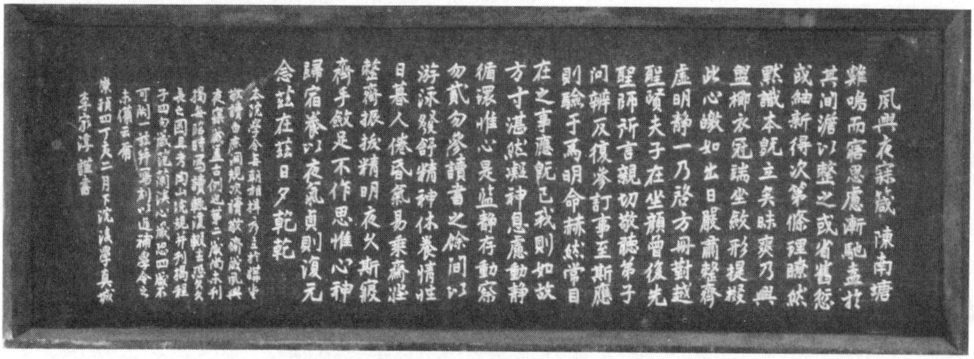

绍修书院《夙兴夜寐箴》悬板

1827年，绍修书院将《夙兴夜寐箴》书写在木板上并悬挂在讲堂内，“本院学令，每朝相揖，乃立于讲堂，敬读《白鹿洞规》，次读《敬斋箴》《夙兴夜寐箴》，盖古例也。第二箴尚未刊揭，每临时写读，辄复辍去，恐欠久长之图，且考陶山院规，并刊揭程颐《四勿箴》、范浚《心箴》，恐四箴不可阙一，兹并写刻，以进补学令之未备云尔”[①]。

李滉也将《夙兴夜寐箴图》列入《圣学十图》，为第十图。

① 绍修书院李家淳1827年书《夙兴夜寐箴》看板后跋。

六、《十悔训》

《十悔训》出自《朱子家训》，1749年绍修书院《居斋节目》记载，“居斋群处，不专以诵读为事，要在丽泽观善提醒身心，如朱文公《十悔训》《夙兴夜寐箴》《敬斋箴》等训诫之事时时诵习”[①]。但《十悔训》的作者为朱柏庐（1627—1698年），并非朱熹（谥号为文，习称朱文公）。出现这种错误的原因应该是《朱柏庐治家格言》又称《朱子家训》，人们认为朱子就是朱熹，就是朱文公，但此朱子并非彼朱子。

十悔训

朱柏庐

不孝父母死后悔，不亲家族疏后悔。

少不勤学老后悔，安不思难败后悔。

富不俭用贫后悔，春不耕种秋后悔。

不治垣墙盗后悔，色不谨慎病后悔。

醉中妄言醒后悔，不接宾客去后悔。

七、《东西铭》

每日晨读《东西铭》见于1810年绍修书院，“敬读《夙兴夜寐箴》《敬斋箴》《东西铭》”。

《东西铭》为北宋理学家张载的作品。《西铭》本名《订顽》，原是张载《正蒙·乾称篇》的第一段，《东铭》本名《砭愚》，原为《正蒙·乾称篇》的最末一段，张载将其书写后分别置于学堂双牖西侧和东侧，作为师生座右铭。此二文是张载针对当时一些人的顽愚品性而作，深刻阐述儒家思想大意。后来

① ［韩国］《绍修书院志》。

二程对此大加赞赏，程颐于是将《订顽》改称《西铭》，将《砭愚》改称《东铭》，以示学子深刻铭记之意。

西铭

乾称父，坤称母，予兹藐焉，乃混然中处。

故天地之塞，吾其体；天地之帅，吾其性。民，吾同胞；物，吾与也。

大君者，吾父母宗子；其大臣，宗子之家相也。

尊高年，所以长其长；慈孤弱，所以幼其幼。圣，其合德；贤，其秀也。

凡天下疲癃残疾、茕独鳏寡，皆吾兄弟之颠连而无告者也。

于时保之，子之翼也；乐且不忧，纯乎孝者也。

违曰悖德，害仁曰贼。济恶者不才，其践形惟肖者也。

知化则善述其事，穷神则善继其志。不愧屋漏为无忝，存心养性为匪懈。

恶旨酒，崇伯子之顾养；育英才，颖封人之锡类。

不弛劳而底豫，舜其功也；无所逃而待烹，申生其恭也。

体其受而归全者，参乎？勇于从而顺令者，伯奇也。

富贵福泽，将厚吾之生也；贫贱忧戚，庸玉汝于成也。

存，吾顺事；没，吾宁也。

东铭

戏言出于思也，戏动作于谋也。发乎声，见乎四支，谓非己心，不明也。

欲人无己疑，不能也。过言非心也，过动非诚也。

失于声，谬迷其四体，谓己当然，自诬也。欲他人己从，诬人也。

或者以出于心者，归咎为己戏；失于思者，自诬为己诚。

不知戒其出汝者，归咎其不出汝者。长傲且遂非，不知孰甚焉。

八、《十训》

《十训》见于李滉《伊山院规》，“泮宫明伦堂，书揭伊川先生《四勿箴》、晦庵先生《白鹿洞规》《十训》、陈茂卿《夙兴夜寐箴》”，从其文字看《十训》应该是朱熹的作品，但遍查中国古籍和朝鲜文献均无《十训》，网上搜索也无踪影。可能也是与绍修书院一样，将朱伯庐《十梅训》误作朱熹所撰。

第二节　制定本书院制度

朝鲜书院重视制定管理制度，白云洞书院落成后，即发布《白云洞书院令》，嘉靖二十五年（1546年）又制定书院制度，次年庆尚道观察使安玹领衔以斯文立议名义予以确定。嘉靖三十七年（1558年），伊山书院落成后，“于是立规约，定员额”，李滉亲自制定《伊山院规》，嘉靖三十八年（1559年）迎凤书院落成后也是“立为学规，督率有方”。

1545年制定《白云书院榜》，1546年制定、1547年确定《顺兴文成公庙、白云书院斯文立议》，此外，1582年、1592年、1614年、1625年、1626年、1629年、1637年、1641年、1646年、1648年、1650年、1662年、1690年、1693年、1700年、1719年、1750年、1759年、1788年、1789年都曾就书院管理等“立议”“完议”。为加强学生管理，1720年院长谕示斋中，1720年制定《居斋措置》，1727年制定《居斋定规》，1730年、1738年、1749年、1760年、1761年、1780年、1790年、1793年制定《居斋节目》，1789年甚至为通读《四书》而制定《通读节目》。

朝鲜书院多制定综合制度，此外还不时制定名为“节目”“立议”“完议”等各种临时、专项制度。

学规、院规等书院制度一般由院方、师长、官员、著名学者、士林等制定，《白云书院院规》由建造者丰基郡守周世鹏制定，《伊山书院院规》《深谷书院院规》分别由著名学者李滉、李縡制定。

立议多由师长、士林或儒生制定，绍修书院1629年《士林立议》由院长、别有司和儒生共同制定，1637年《院中立议》、1641年《院中士林立议》由在乡退职官员和院长、儒生共同制定，1662年《立议》因提出对院任要求等由士林制定，1779年《院中完议》由院长和堂中50人共同制定。玉山书院乙卯、壬子、丙申《完议》都是由堂中制定，乙卯《完议》由21人签字画押，崇祯七年（1634年）《立议》由院中15人签字画押，万历四十六年（1618年）《立议》后面开列36人姓名，其中22人名下还有画押，应该是士林或学生共同订立。

《居斋节目》有的为官制，但大多为书院师长制定。绍修书院1738年《居斋节目》为官制，1760年、1761年、1780年、1790年、1793年《居斋节目》都是由院任制定。

朝鲜书院制度分为禁止式书院制度和规程式书院制度，但以规程式书院制度为多。

一、禁止式书院制度

禁止式书院制度是朝鲜书院最早出现的书院制度，但纯粹禁止式书院制度不多。

（一）《白云书院榜》

嘉靖二十四年（1545年），《白云书院榜》是最早出现的禁止式书院制度。该榜被书写在木板上悬挂在斋内：

邑宰子弟不得留滞贻弊

留滞则不但所率之丘侵弊守直之家，渔食邻阁，横生愤怒，其渐不可胜言者。甚至不敬庙庭，不谨书院，视净室思淫，视华壁思秽，其毁瓦墁，未必不自子弟始。呜呼！世有父兄仁而子弟未必仁者，亦有子弟仁而父兄未必仁者。闻吾言，岂不为之回动乎？然固有父兄子弟俱仁者矣，而亦有父兄子弟俱为未仁者，如吾望何？

邑宰子弟不得擅使书册

擅使则必有因缘偷窃之弊，子弟之心父兄岂知之？若携出门或致遗失，则人必曰偷窃也，其贻愧当与竹溪同流也。为父兄者可不警哉，为子弟者可不惧哉！某不令子弟寓于此欲防其源也。然有大志而无书册，积诚来学之君子，则亦不可一切拘于此例也。

禁射侯游宴

乡饮酒及斯文雅饮则此固其地也，至于浮浪之辈，不解文字而醉红裙，拍肩执袂，歌号呜呜，必事淫泆而为快者，则不但为溪岳之所羞，将必有损于庙院，亦须从容忠告，勿使相近可也。若暴禁则反遭不令之怒，不如不禁之为愈也。然闻吾言，彼必自避，亦不待禁者也。

复守直之家，人不得役，官不得夺

今之列邑为私伴者亦多矣，不夺彼而取此，则是武人高世之罪人也。凡入院之士，司马则如入大学，其次则初试入格者。虽非入格，其一心向学，有操行而愿入者，有司禀于斯文而迎之。

夫开院固欲迎贤，若滥入则不肖者间之，非徒耗廪，将有损于书册什物，愚者至而贤者必不肯来，亦荒废庙院之一渐也，其择尤不可不谨也。别置入院录，凡入院之士必自录姓名，且记其来寓年月。

夫题名者，岂偶然哉！后来者必披案历指曰：某也学而为己，某也学而为人。某也生而有愧，某也没而无怍。其穷达虽殊而贤愚亦远，呜呼！可不惧乎？可不勉乎？

嘉靖二十四年四月[1]

---

① ［韩国］《绍修书院志》。

此榜只是周世鹏所撰《白云书院院规》的后半部分,《白云书院院规》共11条,《白云书院榜》选取《白云书院院规》的后6条，其前还有5条：

一曰谨记，二曰礼贤，三曰修宇，四曰备廪，五曰点书。

夫不谨则祀不享，不礼则贤不至，宇不修则必坏，廪不备则必匮，书不点则必败，五者不可以废一也。斯文统检，有司监掌。

学田所出，每年十一月院长出册三件，一件申于官，一件报于斯文，一件留置院中。

宝米所纳，每年正月成册三件，其申报如前。必存本取息而用之，若不待存本而先用其息，则在民腹中而未纳者，有本之名，无存之实。须以先纳者充存其本，然后用其所息课也。今夫列邑司马所亦多置田立宝，然而送迎婚丧之需或资于此，故其久保也鲜矣，若书院则必以养贤为主，无他耗费然后庶可支久，无大阙欠。

别择业文信慎者一人为院长，又择一人为贰，共主院事。

主院者若远居，则虽有至诚，不得常常顾之，必致荒废，须以大平（内外竹内外东）五里人为之可也。某初于旧兴，得一士金仲文，俾掌文成公祠事，其所居至近，其用意甚专，刊荆榛开庙院，实赖其力。至丁典祀礼贤，亦终始一心，使之久主庙院，必不中废。某少时读书诸山，间见有僧之创寺者，名曰化主，护其寺甚于护身，观其志，虽所谓削足曜眼而不顾也。夫僧犹然，况于士人乎？余由是益信金生之慎护也。苟无大故，虽终身仍掌可也。然若怠于礼贤，使訑訑之色拒人于千里之外，则亦不可一日为是任也，诚在诸斯文审察何如耳。

春秋大享例卜季月上丁，上丁有故，改不中丁。有故者如国讳私讳之类。

凡舍菜先圣必于春秋仲月，而此卜季月者，公既配享仲月，而上巳之清明、重阳之佳节，即公平生浴禊游赏于此者，追而祭之，公必乐而降歆。祭之日，尽会一乡父老斯文秀士于溪上，而为饮禧礼，相与讽咏而归，则所谓神人以和者，必于此而得之矣。

备献官六执事。

有司前期七日告斯文，豫定献官及诸执事。

致斋日献官点晒藏书，省视墙宇亏漏，会计米谷什物。受禧日众斯文共察之。

若司马有司则每节必检，院中有司则每月必检。①

前5条连同榜上最后1条内容更像规程式书院制度。

（二）玉山书院《佥议立学事》

禁止式书院制度很少见，玉山书院《佥议立学事》属于此类。

佥议立学事

乡之学宫，国之成均也，以之尊先贤、养后进，有所观感而矜式之地也，不可一日空旷。而近年以来士风不古，虽以公会重事累度出文而恬不随参，况敢望负笈鼓箧、诵诗读书之盛乎？兹以佥议轮回立学，学规条例列于案左：

一、五员一时来会，五日立学事。

一、诸子百家中随所读，日夜勤业，毋至放过时日事。

一、不但读书做业，必以律身修行为第一工夫事。

一、食点录朝夕着名事。

一、立学未几预着食点录似若留五日者损徒事。

一、五度不立则黜院事。

一、四度不立则削去事。

---

① ［韩国］《绍修书院志》。

一、三度不立则削籍事。

一、二度不立则损徒事。

一、五度呈刺削去事。

一、四度呈刺则削籍事。

一、三度呈刺则损徒事。

一、二度呈刺则永损事。

一、单刺辞意紧不紧分检施罚事。[1]

此立议是针对学生出勤情况制定的。学生要5人同时来院学习5天，每日早晚餐后要点名签到，缺席者给予处罚。5次点名不到者会被赶出院门，4次点名不到者取消全部成绩，3次点名不到者取消学籍，2次点名不到者取消座次。借口请假5次者取消此前全部成绩，借口请假4次者取消学籍，借口请假3次者取消座次，借口请假2次者罚做其他事情，并根据其请假事由给予惩罚。

二、规程式书院制度

朝鲜书院制度以规程式为多。

（一）《顺兴文成公庙、白云书院斯文立议》

最早的规程式书院制度是嘉靖二十五年（1546年）制定、次年由庆尚道观察使安玹领衔通过的《顺兴文成公庙、白云书院斯文立议》。

顺兴文成公庙、白云书院斯文立议

文成公庙及书院，今副提学周君景进为郡守时所创建也。凡先贤所居所寓之地立庙设院之意周君《竹溪志》详焉，盖以其传闻之熟而兴起

① ［韩国］《玉山书院志》。

之易也。尝过昌黎县，问之韩文公庙殆数百楹，若使吾东方人见之必以为骇异，而中原之人尊尚先贤如是之笃也。以其斯人之有功于斯道而知尊斯人，则其尊圣人当益至而尚之不得以不笃也。文成公之有功于斯道于史传备矣，而今其庙只有三楹，书院如之而旁舍稍加焉，若使中国人见之必怪其小而尚之不笃也。人犹怪之，以为有郡学文庙何事复设，如使中国人闻之必益怪其褊而笑其尚之尤不笃也。知其中国之所尚，而虑将怪我之不笃，则必能悟其创见之非可怪也。他日负笈来游，鸿儒硕学彬彬辈出，羽仪朝端，则必喜其收效之及远，尚之尊之之意自发于中而不已焉。吾于是知斯庙斯院之可以悠久而不坠当与人性之善而长存也，卫而护之之策亦当永行而不已焉，敢列于后。

嘉靖二十六年二月初三日，观察使安玹，前司谏黄孝恭，都事郑浚，郡守柳敬长，前正郎安公信，差使员黄俊良。

一、文成公及配位春秋行祭及儒生常养事乙一依周景游《竹溪志》，永永举行为齐。

一、周先生创建时亲自督役，既成之后躬祀庙庭，匹马来宿，与儒生讲论经义，其尊贤兴学之意出于至诚乙仍于。下人化之，虽儿童走卒如遇行祀之日则各致虔诚，若见儒生则必致恭敬，其化之易行如是。而来栖之人，不下五年皆为名士，连捷巍科，人谓入院者便登第，盖其山川清淑之气自令人涤去烦襟，发舒其浩然之气，心地清明，入门便有光风霁月之想，成材之意自然而然。信乎人言之不诬，而有益于国家养育人材之道至矣。周君兴学之诚悠久可想，而山川养成人材之理晓然无疑，继为邑倅之员及继居儒生永永体量，无使吾之所为不及禹前人为齐。

一、文成公庙宇及书院间阁置簿载录为遣，雨漏破毁处乙，院长儒生告说为良在等，本邑以趁时修理为旀。完固与否，每岁末道以牒报为齐。

一、儒生十员为额，四时常养为乎矣，间或有未满额数之时为乎事是去等，当有余储事是昆，儒生相约来寓，或遇额数为良置，诚信供顿为齐。

一、本邑近邑儒生乙，空旷时无亦请坐居寓为旀，儒生段置有故下家时，必请继居人承接乃出，无致自我或至一日空旷为乎矣。近居儒生有故时乙良，不计远近彼此道。名儒风闻来寓则许居为齐。

一、寻院先生、儒生并只敬待为齐。

一、儒生藏修之事则英达之士自得于中是在果，尚论之际流注想易，令人快说豪语，愿以攻己之恶自笃于中。入门不言洞外事，出门不挂在院事，勿使如虚舟庙院为乡人所厌之地为齐。

一、院长一人常定，祭祀、儒生供馈等事及所属人物、寺刹田畓、财物、器具、舍间阁大小事乙，并只专掌措置检举使内乎矣。必以谨慎人所不厌人以相承为齐。

一、留乡所、司马所亦，院长人乙卑逊于已为去乙。万有侵损事，或庙院所属人物、田结、寺刹乙有所侵扰，或作会院中为在如中，非徒得罪名教，道以风闻检举为乎事是昆，一体扶护，以为子孙永世成人之地为齐。

一、近山僧寺乙，豪气儒生勿以辟异端为言，或至侵损，以长物我相忘之量，且料其供馈时有劳之事，常存抚恤之意为齐。

一、右水使郑公允诚永纳施青鱼基三所乙，公文柜藏于郡为有旀，熊川官移文二百贯，则十一月内各官以输送一千二百二十贯，则正、二月内输送事已为公事。本郡及熊川官一路各官行移为有昆，每年九月内无遗枚举。道良中牒报，翻牒移文熊川及一路各官为乎矣。万一他水使时下人等不量永施养育人材之意，或至推寻为意为去等，向前公事及此条件乙，无遗枚举。道良中牒报移文，使儒生勿发无鱼之叹为齐。

一、宝米出受人或未准纳，则官为发差，无弊捧上为旀。未准数乙良，官储以充数为遣。官中以后年良中征诸受人，纳之于官为齐。

一、每年田畓所收及宝边贸易所出谷物，年终本官、院长一同会计，用有余数则逐年宝本以加施行，太多则庙院名字以田畓买得，结卜库数开录。院及本官踏印置簿，道良中牒报为旀。元在田畓乙良，为先誊录施行为齐。

一、院上《竹溪志》付书册五百二十五卷及节备上书册四十九卷乙，并只誊录载录，勿出门外为遣，衣纸乙本郡亦随破随补为旀。完在与否乙年终牒报。一应器皿、铺陈乙良置，并只誊录施行，随补勿缺一物为齐。

一、庙院奴婢乙，官中常加护恤为旀，定送根因公文乙，并只柜藏本邑本院，郡司誊录施行。生产物故乙，每三年修正，如有逃亡根寻存录为齐。一族切邻之役，并宜完护。

一、庙院直人子孙乙世定勿役他处为遣，军籍时有推问事为去等，斯文议定。儒生常养事乙，道良中牒报，以图永护为乎矣。院直人蕃盛不得为去等，本乡僧人欲为还俗来居者十人为额定体，勿定他役为置。山上诸刹许多僧人乙良刷定军役不冬为遣，为儒生供馈归俗人乙独亦侵定他役不得事是旀。义城官乡校良中，有一守令亦，良民十名为额私给为良置，常为充定军籍是不动为有去等。道以为先贤庙庭，为儒生常养，定体为有在。初亦逃籍云水间人以归俗者乙，必定军役为在如中失于褊隘，有乖养育人材之道为乎事是昆，右良充定，勿定他役为齐。

一、人物段盛衰无常为在果，近在田畓三十结乙，庙院守护以，永定耕食人乙，除杂役，专为守护为遣，备给儒生供馈时柴木令是齐。

一、儒生供馈诸需百用粗定为在有果，其中食盐、灯油、铺陈等物及器用随备之道，如或有碍为乎等乙用良。水铁盐盆二坐乙，蔚山官贸来，盈德官次知，同县可信盐汉，逢授亦为有昆，同逢授人乙。本县以传音捧上，移文为良在等，名字誊录置簿为遣。每朔所收乙，依民间相约例，盐石乙量一年之用数，量宜捧上，输来用下。其余或以盐石，或以官木以，依式捧上。上项物件备用为遣，其余乙良，储诸本郡为有如可。或米硕无储，或依前买得田畓为旀。每朔所收盐石、木棉元数及备用贸储数爻，院长一同分明开录，年终道良中牒报为旀。盐盆乙良随破随改，牒报改造，永永使内齐。

一、万有未完事为去等，各官行下备给，使人材养育事永永不替次以。辞缘具录，道良中牒报为齐。青衣眷录册所书，止于此条。

嘉靖二十五年二月初五日①

本处照录原文，此非标准古汉语，读者大致能够读懂，难解处略作说明如下：

第1条规定文成公安珦和配享春秋祭祀、儒生日常供馈按照周世鹏《竹溪志》记载进行。

第3条规定祠堂和书院建筑修缮要一一记录在案，当祠堂和书院出现漏雨或破损时，院长或儒生要及时报告本邑维修，每年年末要向观察使报告是否完好。

第4条规定书院儒生定额10人，全年供馈，未满10人时儒生可以相约来研讨，即使儒生超过定额书院也要尽力照顾。

第5条规定人员空缺时要邀请本邑或邻近郡邑儒生来学习，儒生有事离开时要找好接替者，近郊儒生不论远近，闻名求学者要准其留宿。

第6条规定要恭敬接待来访师生。

第7条规定研修学问者不要说对人有偏见的言语，要严格要求自己，不要使祠堂书院成为乡人讨厌的对象。

第8条规定设院长一人，负责祭祀、儒生供馈，管理人员、寺刹田畓、财物、器具、建筑等大小事务，因而须任命不被人避讳而又谨慎之人并以此相承。

第9条规定留乡所、司马所要尊敬院长，如果发生侵犯院长或侵害书院人员、土地、寺刹，或者在书院集会等事情，不仅得罪名教，更需要本地加以约束。

第10条规定不要以辟异端攻击山寺，要考虑到山寺为书院提供日常所需，对其常存抚恤之心。

第11条专讲水使郑允诚拨给的青鱼基，拨给文书存于郡衙柜中，并知会本郡、熊川郡和庆尚道内各府。熊川郡每年11月内要上交300贯钱，其他各衙门

① ［韩国］《绍修书院志》。

12月内上交2200贯钱，书院每年9月之前要向各处发送公文提醒，新水使上任时可将拨给公文呈报。

第12条规定捐赠宝米如未按时送到，要官府催缴，如果当年数量不足官府先足额垫付，明年再补缴。

第13条规定每年地租和宝米利息收入年底由本官和院长一起结算，如有剩余转为宝米出租，再多就购置土地，将购置土地记录在案，加盖本官和书院印信并上报道衙。

第14条规定书院图书不得出院门，书皮随破随补，年底清查。碗碟、席子等要全部登记造册，岁时查缺补漏，确保完好。

第15条规定官府要优待院中奴婢，将拨给公文保管在本邑和本院柜中，每隔三年补充出生和死亡数量，要将逃亡者记录在案。

第16条规定在书院服务的院直子孙不服劳役和军役，要制成文书上报道衙，以永久庇护。如果院直人数不足，可从拟还俗僧人中选择10人，免除劳役。寺院僧人还俗后要服务儒生，不负担劳役和军役。义城郡某郡守拟私自将拨给的10名良民充军未能得逞，因为看守圣贤庙宇、供养儒生是他们的责任。

第17条规定从书院附近划出30结土地出租给人耕种，免其劳役，给儒生提供供馈。

第18条规定供养儒生的食盐、灯油、铺陈器物等因季节因素有时难以获得，因此从蔚山府买入两座水铁盐盆，交由盈德县出租给盐汉，按照民间约定，上交一年的所需食盐，其余的或交食盐，或交官木，以换取书院需要物品，再有结余，可以买米或土地。每月初，与院长一起将食盐和木棉的收入、支出、存储数量记录在册，年终上报道衙。盐盆破损时报请随破随修，以垂永久。

第19条规定如果出现纠纷，各衙协商解决，以使人才培养之道不受影响。以上事宜均被记录下来后，上报于道衙。

（二）《伊山院规》

《顺兴文成公庙、白云书院斯文立议》过于琐碎，而李滉制定的《伊山院规》则简单易行。

伊山院规

一、诸生读书以《四书》《五经》为本原，以《小学》《家礼》为门户，遵国家作养之方，守圣贤亲切之训，知万善本具于我，信古道可践于今，皆务为躬行心得，明体适用之学。其诸史子集文章、科举之业亦不可不为之，旁务博通，然当知内外本末、轻重缓急之序，常自激昂，莫令坠堕，自余邪诞妖异淫僻之书并不得入院近眼以乱道惑志。

一、诸生立志坚苦，趋向正真，业以远大自期，行以道义为归者，为善学；其处心卑下，取舍眩惑，知识未脱于俗陋，意望专在于利欲者，为非学；如有性行乖常，非笑礼法，侮慢圣贤，诡经反道，丑言辱亲。败群不率者，院中共议摈之。

一、诸生常宜静处各斋专精读书，非因讲究疑难不宜浪过他斋，虚谈度日，以致彼我荒思废业。

一、无故无告切无频数出入，凡衣冠作止、言行之间各务切偲，相观而善。

一、泮宫明伦堂书揭伊川先生《四勿箴》、晦庵先生《白鹿洞规》《十训》、陈茂卿《夙兴夜寐箴》，此意甚好，院中亦宜以此揭诸壁上以相规警。

一、书不得出门，色不得入门，酒不得酿，刑不得用。书出易失，色入易污，酿非学舍宜，刑非儒冠事。刑谓诸生或有司以私怒捶打外人之类，此最不可开端，若院属人有罪则不可全赦，小则有司，大则与上有司同议论罚。

一、院有司以近居廉干品官二人差定，又择儒士之识事理、有行义，众所推服者一人为上有司，皆二年相递。

一、诸生与有司务以礼貌相接，敬信相待。

一、院属人完恤，有司与诸生常须爱护下人，院事、斋事外毋得人人私使唤，毋得私怒罚。

一、立院养士，所以奉国家右文兴学、作新人才之意，人谁不尽心？继今莅县者必于院事有增其制，无损其约，其于斯文岂不幸甚。

一、童蒙非因受业与招致，不得入入德门内。

一、寓生不拘冠未冠，无定额，成才乃升院。[①]

《伊山院规》有12条，内容比较全面，易于学生遵守。第一条虽然规定以《四书》《五经》为本原，以《小学》《家礼》为门户，但允许读“诸史子集文章”，只是不允许读“邪诞妖异淫僻之书”，较国家《学令》规定的“常读《四书》《五经》及诸史等书，不挟老庄、佛经、杂流、百家子集等书，违者罚”显得宽松，“科举之业亦不可不为之”，允许学习科举之业较那些反对科举者也高明得多。

李滉去世后，他在朝鲜的思想学术地位日益提升，《伊山院规》多被岭南书院采用。绍修书院1749年在《居斋节目》中规定，每日早餐后恭听《白鹿洞规》和《伊山院规》，“食毕，曹司一人拱立读《白鹿洞规》《伊山院规》，诸生端坐敬听，毕，各就斋”[②]。《西岳书院院规》计17条，第1条至第5条就原文采用《伊山院规》的第1条至第5条，第6条和第7条采自《白云书院院规》，第8条至第12条分别采自《白云书院榜》之第5条、第6条、第1条、第3条、第4条，第8条、第9条全部采用，第10条、第11条、第12条只采用题目，不

① ［朝鲜］李滉：《伊山院规》，见氏著《退溪先生全书》卷五八。

② ［韩国］《绍修书院志》。

采用解说。其余5条为自撰，分别为“凡院所属，非公事切勿私使”，“凡院生春秋享祀时无故不参者，斯文重罚”，“凡主院事者，或当任不谨，或典守不廉，斯文共议黜之”，“院书册及器用切勿出院门”，“凡未冠者切勿许入斋舍，以致毁瓦画墁点污书册事”，这些内容除罢黜院长外在上述三个院规中都有涉及，只是文字不同罢了。

（三）《隐屏精舍学规》

隐屏精舍是李珥在万历四年（1576年）于海州创办的私立书院，光海君赐额绍贤书院。创办初始，李珥制定《隐屏精舍学规》。

一、入斋之规，勿论士族庶类，但有志于学问者皆可许入。斋中先入者佥议以为可入，然后乃许入。若前日悖戾之人愿入，则使之先自改过修饬，熟观所为，决知其改行然后许入。素昧平生者愿入则使之姑按近村或养正斋或山寺往来问学，观其志趣操履，知其可取然后许入。

一、推斋中年长有识者一人为堂长，又推侪辈中学优者一人为掌议，又择二人为有司，又轮选二人为直月。堂长、掌议、有司非有故则不递，直月则一月相递。凡斋中论议，掌议主之，禀于堂长而定之（堂长有故在他处，其时参会最长者摄之），凡斋中之物出纳及斋直使唤、什物有无有司掌之（非有司则不得擅自使唤斋直、检罚之事）。凡物皆有籍，递时案籍交付于代者。凡师弟朋友所讲论之说，皆直月掌其记录，以为后考之资。

一、每月朔望，师弟子皆以官服（有官则纱帽团府品带，儒生头巾、团领条带）诣庙，开中门，出庙貌，再拜，焚香（师若不在，则斋中年长者焚香），又再拜（叙立位次，则师居前行，弟子为后行，西上）。

一、每日五更起寝，整叠寝具，少者持帚扫室中，使斋直扫庭，皆盥栉、正衣冠读书。

一、平明时，皆以常服（笠子、直领或冠巾直领之类，但不用襦夹直领），诣庙庭，不开中门，只再拜（师若在斋，则亦以常服谒庙）。师在讲堂则就师前行拜礼（师不起立，只于座上俯答其礼），分立东西相向，行揖礼（师不在，则拜庙后出庙门，分立庭东西，相向而揖）。凡读书时，必端拱危坐，专心致志，务穷义趣，毋得相顾谈话。

一、凡几案书册笔砚之具皆整置其所，毋或乱置不整。

一、凡食事，长幼齿坐，于饮食不得拣择，常以食毋求饱为心。

一、凡居处，必以便好之地退让长者，毋或自择其便。年十岁以长者出入时少者必起。

一、凡步履必安详，徐行后长，秩然有序，毋或乱不整。

一、凡言语必信重，非文字礼法则不言，以夫子不语怪力乱神为法，且以范氏七戒存心寓目（七戒书于壁）。

一、非圣贤之书、性理之说则不得披读于斋中（史学则许读），若欲做科业者必习于他处。

一、常时恒整衣服冠带，拱手危坐，如对尊长毋得以亵服自便，且毋得著华美近奢之服。

一、食后或游泳于潭上，亦皆观物穷理，相咨讲义理，毋得游戏杂谈。

一、朋友务相和敬，相规以失，相责以善，毋得挟贵挟贤挟富挟父兄挟多闻见以骄于侪辈，且不得讥侮侪辈，以相戏谑。

一、作字必楷正，毋得乱书，且不得书于壁上及窗户。

一、常以九容持身，毋得跛倚失仪，喧笑失言，终始不懈。

一、昏后明灯读书，夜久乃寐。

一、自晨起至夜寝，一日之间必有所事，心不暂怠，或读书，或静坐存心，或讲论义理，或请业请益，无非学问之事，有违于此即非学者。

一、有时归家，切宜勿忘斋中之习，事亲接人，持身处事存心，务循天理，务去人欲。如或入斋修饬，出斋放倒，则是怀二心也，不可容接。

一、只有掌记善恶之籍，审察诸生居斋处家所为之事，如有言行合理者及违学规者皆记之，月朔呈于师长（凡违学规者，只有遍告于堂长、掌议共加规责，若不悛则乃告于师，若悛改则爻其籍，勿告于师）。善者奖励之，恶者镌诲之，终不受教则黜斋。

一、诸生虽非聚会之时，每月须一会于精舍（月朔必会，朔日有故则退，定不出一二四日，有司先期回文周告）。讲论义理，且改定直月。

一、乡中愿学者皆姑接养正斋。①

李珥属于畿湖学派，此学派书院多采用《隐屏精舍学规》，京畿道龙仁深谷书院就将此学规揭于壁上。

（四）深谷书院《陶庵先生本院学规》

深谷书院是为奉祀赵光祖建造的赐额书院，遵行朱熹制定的《白鹿洞规》和朝鲜李珥制定的《学校模范》和《隐屏精舍学规》，崇祯再丁卯（1747年）又由著名学者李縡制定比较详细的学规，举凡职员选任、诸生行为规范、成绩优劣奖罚、讲会次序等。《陶庵先生本院学规》在朝鲜书院自定学规中比较有代表性，照录于下：

陶庵先生本院学规

学者所以学为人也，为人之方都在《小学》一书，故朱子曰那个是做人的样子，士之有志于学者舍是书奚以哉！于惟我敬庵文正公先生实东方道学之宗，而其学一以《小学》为主，以及于《四书》《近思录》。盖闻寒暄金先生老年犹以小学童子自处，先生少受学于寒暄，故信是书如此，渊源其有所自矣。吾乡幸以得先生杖屦于是，衣履于是，俎豆于是，凡我缝掖之士孰不闻风而兴起也哉？自今游先生之院者当读先生所读书，欲读

① ［朝鲜］李珥：《隐屏精舍学规》，见氏著《栗谷全书》卷一六《杂著》。

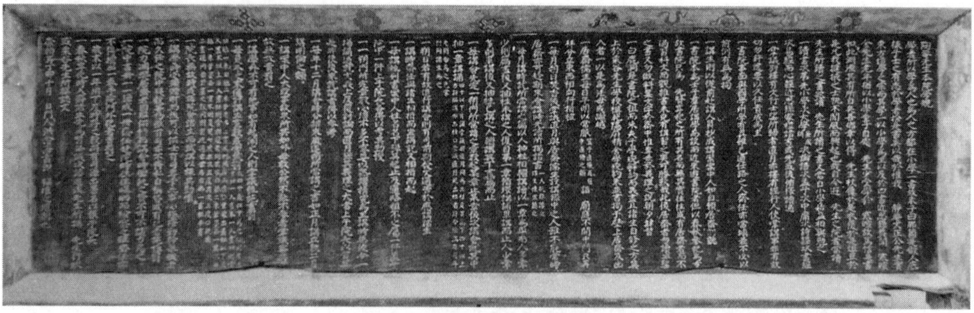

陶庵先生本院学规

先生所读之书，又当自《小学》始，盍相与勉之？

一、读书次第：先《小学》，次《大学》（兼《或问》），次《论语》，次《孟子》，次《中庸》，次《诗经》，次《书经》，次《易经》，而《心经》《近思录》《家礼》诸书，或先或后循环读过。

一、掌议别择有文行、士望所归者；直月亦择有经行人使掌讲事，非有故切勿许递，要以久任责成为主。

一、书院事面与国学州学有异，虽已通仕路之人，斋任亦当填差，不必以前例有无为拘。

一、讲生则以从前赴讲人员抄成讲案，案中人如自愿居斋则听。

一、书院本为士子群居讲学而设，而近来游书院者但以春秋参祀为重，故书院只为先贤享祀之所，以有其名而无其实，往往或有居斋者而不过习科文而观杂书，未见有讲习之美，可胜叹哉！此后居斋者勿读非圣之书，又勿做科业文字，于斋中惟专意于义理之说，朝夕肄习。

一、白鹿洞是书院之祖，而朱夫子学规辞约而义尽，且诸生自修之方莫上于栗谷先生《学校模范》《隐屏精舍学规》约束，并书揭于壁上，居斋及出入者一以是为法，毋或逾越。

一、居斋儒生每日平明以常服（笠子直领或冠巾直领之类）诣庙庭，不开中门，只再拜，分立东西，相向行揖礼。

一、每月朔日焚香后，掌议、直月与居斋儒生设讲，录中之人虽不能常时居斋亦可趁期来会讲，是时先读所揭诸书，一人抗声读之，诸生悚然听之。

一、每月讲时，就所当讲之篇以人抽栍相继讲读，以一章为率；而人多章少则篇尽后又抽栍，未讲之人复自第一章循环讲诵，毕讲而止；人少章多，则毕讲后又抽栍，已讲之人、继讲之人其下尽篇而止。

一、每讲会，先定一朔内所当读之章数，起某章，止某章，后次讲会就其中抽一章讲诵（十四以下背诵，掌议与直月同为出栍定其高下，四十以上方许临讲，亦出栍。掌议直月是出栍者，许令除讲，有司年老则勿为之，色掌则同诸生为之）。

一、朔日若有故退行讲会，则有司前期发文通告于应讲诸生。

一、讲时斋任与诸生相揖而坐，讲讫又相揖而起。

一、每讲辄列书案中人姓名，名下录其起止及通略粗不之属，一件置于院中，一件上于院长，各得以考其勤慢。

一、朔内所定章数必须不多不寡，要以熟读精究为主，讲时无徒令一场诵过，就文义上反复讨论，而直月录其义理之大者上于院长，以质其是非，使后来就讲者得以参考。

一、每年十二月讲会时分排来岁逐朔所当讲之书，如正月讲立教，二月讲明伦之类。

一、讲案中人大段事故众所其知外毋敢公然不参，不参者掌议察其有故，无故责罚之。

一、讲学外不可有他事，如有起闹之人则掌议辄施重罚。

一、每夏冬之末，通计讲生画数，或赏或罚（就四十岁以下为之，冠者出画壮一人，画末一人，画壮则赏壮纸一束，白纸二束，笔墨各一；画末则满座面责。童蒙出画壮以下三人，画末以上三人，画壮则赏与冠者同，其次白纸二束，笔墨各一，其次白纸一束，笔墨各一；画末则夏楚七度，其次五度，其次三度。纯通二画，通同，若计画之数同则有纯通者当居右，略一画，粗半画）。

一、院长无故时或诣院会诸生而试讲以课其勤惰。

一、讲学时必须赡财而后可以供士，有司专掌此事，必极择勤干举职者而久任之，院中钱谷等物虽有司亦不得私自称贷，或有犯者施极罚。

一、院力凋弊，居斋者固难供馈，而讲会时御饥之资不可不随力为之。

一、院中书册一一录成一册，斋任赴院时往往暴晒而检察之，虽斋任亦不得擅出一卷于院门外，犯者责罚之。

岁末以一年用下及时存之数两有司录出，署名以报于院长。

一、春秋享祀时，入斋诸生先为习仪，次读退溪先生所撰先生行状或栗谷先生所撰志文。

深谷书院位于京畿道龙仁市，因为赵光祖在学术上属于畿湖学派，所以将李珥制定的《学校模范》和《隐屏精舍学规》与朱熹制定的《白鹿洞规》一同揭于书院壁上。《学校模范》是宣祖十五年（1582年）李珥受国王之命为官学制定的制度，共16条，分别为立志、检身、读书、慎言、存心、事亲、事师、择友、居家、接人、应举、守义、尚忠、笃敬、居学和读法，规定学生每月朔望参谒文庙行礼后至明伦堂，听掌议大声朗读《白鹿洞规》和《学校模范》。

第七章　朝鲜书院藏书与出版

书籍是书院存在的基础之一，所以书院一直非常重视书籍的收集和保存。随着书院教育的发展，特别是随着中国理学在朝鲜的传播和普及，朝鲜书院培养出一批著名理学家，仅获准入祀朝鲜文庙者就多达16人，占入祀朝鲜文庙本国学者的89%。他们的书籍需要出版以广宣传，而书院教育的发展，吸引着越来越多的学生入院受教，学生所需书籍数量也越来越多，而壬辰倭乱使朝鲜教育设施和书籍遭到严重破坏，国家无力出版书籍以适应教育发展，各地书院为了自身发展需要只能自行刻印出版，这促进了书院出版的发展。朝鲜书院多是为奉祀某位或某些人物所建，而入祀者均已故，所以朝鲜书院著述不多。

第一节　书院藏书

没有书籍何来教育，没有书籍如何创办书院？书院创始者无不将藏书作为要务。嘉靖二十一年（1542年），丰基郡守周世鹏创建白云书院，从京城购买书籍，“掘地得鍮金百有余斤，输京师贸书册，以藏于院”。嘉靖三十八年（1559年）创建迎凤书院，“凡为屋五十余间，正堂曰诚正，东斋曰克复，西斋曰敬义，有高明之楼，风咏之坛，而总名之曰伊山迎凤书院。乃于院东立祠庙若干楹。土田臧获既优既充，又贸书千余卷以藏之”[①]，购置书籍与建造学舍祠

① ［朝鲜］李滉：《迎凤书院记》，见《退溪先生全书》卷五九。

堂、置办土田奴婢一样重要，而书院一次购置千余卷书册，可见对书籍是何等重视。

一、书籍的来源

朝鲜书院书籍主要来自七个方面：一是国王赐书，二是官府、官员致送，三是自行购置，四是民间捐赠，五是自行抄写，六是自行刻印，七是相互交换。

（一）国王赐书

国王赐书始于白云洞书院。明宗五年（1550年），著名学者李滉继任丰基郡守，建议国王仿照中国赐额颁书于白云洞书院，“李滉继莅本郡，以为教不由上则后必废坠，以书遗监司，请转闻于上，而依宋朝白鹿洞故事，赐额颁书，兼给土田臧获，俾学子藏修。监司沈通源从其言启闻，赐额曰绍修书院”①，朝臣讨论时认为白云洞书院学舍、书籍、田粮均已齐备，建议仅赐额和赐给两三种书籍即可，“丰基白云洞书院，黄海道观察使周世鹏所创立，其基乃文成公安裕所居之洞，而其制度规模盖描朱子公白鹿洞之规也。凡所以立学舍，置书籍、田粮，供给之具无不该尽，可以成就人才也。李滉之请赐匾额、书籍、土田、藏获不可尽从，而匾额及书籍二、三件特命下送，则远方儒生必鼓舞欣感而兴起也”，国王“命加给白云洞书院书籍”，结果仅赐额绍修书院和赐给《四书》《五经》《性理大全》等23种书籍。明宗七年，国王再次令赐书绍修书院，“庚戌，上御书讲，说经安玹曰：庆尚道丰基郡有绍修书院，高丽人安裕之故居也，一道儒生济济相取如朱文公之白鹿洞，有志之士欲博览诸书，而穷乡下邑简稀罕必贻有志之欢，请于印册之一时各颁一件”，国王令“加给书册，陲以传之”，国王是否按照安玹建议每次印书都要赐给绍修书院不得而知，但经常赐书应该是可能的。宣祖三十五年（1602年），绍修书院编

---

① ［朝鲜］《增补文献备考》卷二一〇。

制图书目录《绍修书院书册置薄》，目录分为内赐本和道上院备本，内赐本就是国王赐书，可见绍修书院赐书不少。

明宗九年（1554年）国王令赐给崧阳书院书籍，“上以郑梦周道德忠节不让于安裕，命即其生长之地创建书院，匾额、书册、奴婢、田结一依绍修书院例颁降”[1]，令在郑梦周被刺死的开城建造书院奉祀，赐额崧阳书院，按照绍修书院之例赐给书籍等。同年赐额永川林皋书院，明宗二十年赐额海州首阳书院，明宗二十一年赐额咸阳濫溪书院，都同时赐给书籍。

伊山书院宣祖十年（1577年）获得国王赐书，“宣赐《诗传》二件、《论语》二件、《礼记》二件、《胡传春秋》二件、《大学》二件、《性理大全》一件、《朱子语类》一件于院中，己卯又宣赐《书传》二件，庚寅又宣赐《周易》二件、《孟子》二件”，四年间赐给书籍109种。

玉山书院宣祖二十九年（1596年）获得国王赐书，“《周易》二秩二十六卷，《诗传》一秩九卷，《书传》二秩十卷，《论语》二秩十四卷，《孟子》二秩十六卷，《中庸》二秩二卷，《大学》二秩二卷，《春秋》一秩八卷，《礼记》二秩三十一卷，《性理大全》一秩二十五卷，《朱子大全》一秩九十五卷，《朱子语类》一秩七十五卷，《儒先录》一秩四卷”，合计13种20部325卷。

赐额书院同时也赐给书籍很可能成为定例，如此一来赐给书院的书籍是很可观的。

（二）官府、官员致送

官府、官员致送图书最早见于白云书院，嘉靖二十二年（1543年）庆州府尹林鹏首先捐赠《春秋胡氏传》《书传》和《自警编》，此后不断有官府和官员致送图书。官府不仅致送书籍，还将书板送给书院。安珦后裔安应昌不断给书院送书，还致送书法作品。

---

① ［朝鲜］《增补文献备考》卷二一〇。

官府、官员致送绍修书院书籍表

时间	官府、官员	致送书籍情况
1543年	庆州府尹林鹏	《春秋胡氏传》《书传》《自警编》
1547年2月19日	庆尚道观察使	《顺兴族谱》1件
1547年2月22日	庆尚道观察使	《大学》1册,《中庸》1册,《论语》1件7册,《孟子》1件7册,《诗》1件10册,《尚书》1件9册,《春秋》1件8册,《童蒙先习》1册,《童蒙须知》1册,《入学图说》1册,《天运绍统》1件2册,《朝鲜赋》1册,《张东海大法贴》1件
1547年3月1日	安东府	《顺兴安氏族谱》木板
1550年	安东府	《晦庵诗文》1件
1557年5月	醴泉郡守权镕	《礼部韵》1部
1581年12月21日	永川郡守周博	《武陵杂稿》8卷
1588年	庆尚监司金睟	《仪礼图》10卷,《唐鉴》5卷
约1600年	永春县监朴崇古	《六臣遗稿》
1647年	安应昌	副提学金銤字帖,《兰亭帖》1卷，中草书8篇，大草书8篇
1649年12月	安应昌	《保宥录》1卷,《八先生赞书帖》8篇，历书1部
1649年11月	庆尚道巡察使李曼	《朱文酌海》8卷,《小学》4卷,《书大问》2卷
1650年	荣川府衙	《启山志》1卷
1656年3月	义城县令安应昌	《赵静庵碑铭》改装本,《崇仁殿碑铭册》,《寻院录》7卷,《杂录》2卷
1658年	义城县令安应昌	《追远录》7卷
1659年	义城县令安应昌	《追远录》木板342块
1659年7月28日	义城县令安应昌	《补闲集》1卷,《自庵集》1卷
1664年6月	善山府使安应昌	《金自庵书帖》1卷，大草书8张
1665年4月	善山府使安应昌	《帝王历年册》1部
1667年	庆尚道观察使沈梓	《一松集》
1667年7月	庆尚道监司李泰渊	《牧隐集》17卷,《稼亭集》4卷,《麟斋集》1卷
1669年8月	庆尚道观察使沈梓	《一松集》4卷

（续）

时间	官府、官员	致送书籍情况
1704年3月	顺兴府使蔡成胤	《湖州集》1卷
1711年	顺兴府使李夏源	《东皋遗稿》4卷
1737年10月	星州官府	《鹤谷集》4卷
1739年1月	永春府衙	《朴正字遗稿》7卷
1755年10月	庆尚道监司李彝章	《阴崖集》2卷
1760年	晋州府衙	《内外忠烈记》1秩
1791年12月	宁越府	《六臣遗稿》木板89块

玉山书院也曾收到官府致送的书籍，1838年巡营致送《锦石集》1秩5卷，1869年庆州府使致送《三政矫救节目》1卷。

（三）自行购置

自行购置是书院书籍的重要来源。白云洞书院初创时就购置书籍，修建书院时挖掘出300多斤铜器，变卖后从都城购买所需书籍，“贸《四书》《五经》《二程全书》《朱子大全》《大学衍义》《通鉴纲目》及他书之可以卫斯道者”[①]。1672年买入《皇明纪略》4卷、《白沙集》9卷，1691年置备《海东乐府》1部，1710年新购入《西厓乐府》3卷、《四佳集》13卷，1711年新购入《眉叟集》15卷。

迎凤书院也是自筹经费购置书籍，一次购置千余卷。

西岳书院重建于嘉靖辛酉（嘉靖四十年，1561年），1592年在倭乱中被焚，1602年重建，1623年赐额。17世纪初西岳书院购书较多，1604年买藏《九经衍义》，其后不断购置书籍，1620年买藏《四游录》1卷，天启壬戌（天启二年，1622年）买藏《朱子节要疑释》1部，1623年买藏《忠烈录》1部，1624年买藏《小学》1件、《通鉴》1件，崇祯戊辰（崇祯元年，1628年）买藏《陆宣公集》

① ［朝鲜］周世鹏：《致安牧使玮书》，见《绍修书院志》。

1件、《周易》1件、《晦斋集》1件，1630年买藏《孔子通记》1件，1631年买藏《诗大全》1帙、《诗谚解》《书谚解》《小学》各1帙、《汉史》1帙，1632年买藏《易上经》《四书谚解》《杜诗谚解》《诗学指南》各1帙，1633年买藏《左传》1帙，1635年春买藏《东国地理志》1帙、占毕斋碑文1幅、碑阴志1幅，1636年春买藏《小学谚解》1帙，1637年买藏《周易谚解》1帙，1639年买藏《家礼》1秩。1604年至1639年购买书籍24种24部，碑帖2种2件。此外，1615年还印藏《唐音》2件、《礼部韵》1卷，1627年印藏《孟子》1件。①

（四）民间捐赠

嘉靖二十二年（1543年）白云书院落成，“儒林之喜斯文者或以好书相遗”，咸安郡守金学曾之子金应诚捐赠家藏《礼记》11卷和《文选》15卷。其后书院不断接受捐赠，1568年入藏《十九史略》7卷，1581年入藏《朱子节要》19卷，1582年入藏《理学统纪》8卷，1585年入藏《小学集成》5卷、《秋江集》4卷、《孔子家语》2卷和《翻译小学》6卷，1586年入藏《大广益会》4卷和《杜诗》2卷，1639年入藏《西厓先生文集》10卷。1641年汉城书生许君格送来孔子庙碑邕文1篇、张寅字帖1篇、周天球诗1篇、施笃臣诗1篇和桧图铭记1篇，1653年安东庐江书院送来《鹤峰先生文集》5卷，道南书院送来《愚伏文集》10卷，1719年安阴龙门书院送来《葛川集》2卷、《瞻慕堂集》2卷和《桐溪集》5卷，1758年郁阳书院刊行并送来《锦溪集》5卷，1778年宁海李周远送来3册《宣祖文集》。1598年宁海温泉书堂捐赠文集三册，1778年宁海李周远赠送温泉书堂刊印其先集3册。

玉山书院收到的民间赠书比较多，自1817年至1869年玉山书院接受民间赠书30种②。

---

① 采自《西岳书院考往录》，见《玉山书院志》。

② 采自《玉山书院志》第105—116页《考往录》。

玉山书院接受民间赠书列表

时间	书名	捐赠者
1817年	《耕隐遗事》1卷	永川龙潭书院
1817年	《小山集》	安东龟潭书堂
1819年	《松坞集》2卷	军威松岘祠
1820年	《观感录》3卷	宁海九峰书院
1825年	《真乐堂金先生文集》1卷 《久庵金先生文集》2卷	长山金氏门中
1827年	《敬斋洪先生实记》1卷	义兴
1828年	《桐溪实记》1卷	咸昌临湖书院
1828年	《傅岩实记》1卷	光山祠
1828年	《聋汉孙先生文集》3卷	孙氏门中
1831年	《韩遁翁文集》4卷	作者本孙
1832年	《蒙庵集》3卷	作者本孙
1838年	《川沙集》5卷	作者本家
1841年	《晚点堂集》1卷	咸安作者本孙
1842年	《景贤录》3卷	玄风道洞书院
1844年	《阳坡□记》2卷	军威作者本孙
1846年	《东湖实记》2卷	星州作者本孙
1846年	《松隐集》	德南书院
1846年	《四礼便览》	李光正判书家族
1847年	《□轩续集》4卷	仁同东洛书院
1849年	《太极问辩》《大学补遗》	江界景贤书院儒生
1857年	《守庵集》2卷	稷川刊役所
1860年	《郑守庵文集》2卷 《南寓庵文集》3卷 《南□□文集》6卷	不详
1867年	《聋斋集》《龙川联稿》《丧祭辑略》合4卷	不详
1869年	《是庵集》2卷	不详
合计	30种	

从书籍捐赠者来看，以作者后孙赠送为多，民间赠书少有经典和名家名作，对书院教学作用不是很大。

（五）自行抄写

自行抄写比较少见，西岳书院1636年曾写藏崔致远的《杜苑笔耕集》1帙。

（六）自行刻印

书院自行刻印也是朝鲜书院书籍的重要来源之一，许多著名书院无不自行刻印书籍。具体情况参见下节书院刊书。

（七）相互交换

相互交换书籍，互通有无，在古代是比较常见的现象，但由于资料有限，有关书院交换书籍的记录很少。绍修书院有两部《朱子语类》，想以一部《朱子语类》交换一部《通鉴纲目》，郑经世闻听后，专门印刷一部《通鉴纲目》与之交换。

二、书籍的保护管理

书籍来之不易，各书院都非常重视书籍的保护管理，书院建造专门的藏书阁，任用专人管理书籍，制定详细的书籍借阅制度。

朝鲜大多数书院都建造专门的藏书室。绍修书院建有两间藏书阁，陶山书院建造了东西光明室各三间，分别收藏历代国王赐书、李滉使用过的书籍、李滉门徒著述以及韩国学者书籍。为防止书籍受潮，藏书室都是两层，上层存书，下层悬空。

白云书院非常重视书籍管理，嘉靖二十四年（1545年）周世鹏制作的院规就将点书与谨祀、礼贤、修宇、备廪同列为书院五项要务，“书不点则必散”。《白云书院榜》特别规定“邑宰子弟不得擅使书册。擅使则必有因缘偷

陶山书院西光明室

窃之弊，子弟之心父兄岂知之？若携出门或致遗失，则人必曰偷窃也，其贻愧当与竹溪同流也。为父兄者可不警哉，为子弟者可不惧哉！某不令子弟寓于此欲防其源也。然有大志而无书册，积诚来学之君子，则亦不可一切拘于此例也”。次年又规定书籍不能出院门，“院上《竹溪志》付书册五百二十五卷及节备上书册四十九卷乙，并只誊录载录，勿出门外为遣，衣纸乙本郡亦随破随补为旅。完在与否乙年终牒报”[①]，书册封面也要随破随补，年终要将书籍保存状况上报郡衙。现存的许多书册至今还保存着“来读院中，勿出院门”“来览院中，勿出院门”“来读院中，勿借官门”“勿出院门”“来读院中”“来览院中”等字样。

受白云书院影响，玉山书院也将点书与谨祀、礼贤、修宇、备廪同列为书院五项要务，“书不点则必散，五者不可以废一也。斯文统检，有司监掌”，规定“院书册及器用切勿出院门”，“凡未冠者切勿许入斋舍，以致毁瓦画墁

① ［韩国］《绍修书院志》。

点污书册事”，还特别规定“邑宰子弟不得留滞贻弊，不得擅使书册”[①]。壬辰倭乱之后，内阁书籍散失，宣祖三十二年（1599年）国王令玉山书院呈上23种书籍，此后地方官多下帖从书院借书，“每每输上往来之际，不但编帙毁弊，或旷年未推，多有阙失之端，士林之百年成规如是严截，则一时官长亦可从便借去”[②]，造成书籍破损和遗失。《朱子大全》《语类》为万历丁丑（1577年）宣祖赐给的珍本，后被弘文馆调去，英祖四十五年（1769年），玉山书院士林上书巡相，请求发文索回，“生等伏见本府下帖，则以弘文馆推纳本院所藏《朱子大全》《语类》两秩事，自营门行关上送。故生等取见院在《考往录》，则所藏两秩果是乱前本，而万历丁丑宣赐者也。一自奉修之后，本邑儒生爱玩而宝藏之，至今数百年之久而宛然如昨日印出。千里外输送之际，莫重宣赐，或有致伤阙失之患，则大为士林之所共慨惜。日后奉推之事，惟在阁下处置中。生等敢以区区悬迫之私，冒昧仰润。伏乞阁下移书瀛馆，使之完璧，千万幸甚”[③]。正祖十六年（1792年），借遣官致祭之际，国王提出借书，“阁臣李晚秀口传筵教‘若曰玉山书院书册不出院门，已为成规，良庸嘉焉。然予欲见之，则必当与之。以此传谕于七子处，如有可观册子即为赍来’”。国王打破规定，造成书籍散失，府使也发布公文申明书册不出院门，“以杜弊事”：

本院书册编袠浩穰，宣赐亦多。设院之初，定为节目，不出院门者，已不易之定式，而无一卷阙失之弊。近年以来，自家或有所看册子则下帖本院，每每输上往来之际，不但编帙毁弊，或旷年未推，多用阙失之端，士林之百年成规如是严截，则一时官长亦可从便借去。兹成完文，以杜后弊事。

---

① ［韩国］《玉山书院志》。

② ［朝鲜］《本府完文》，见《玉山书院志》。

③ ［韩国］《玉山书院志》。

士林借此机会制定书籍管理制度，重申“书册不出院门”这一成规，对不遵守者痛施削罚：

本院书册非但私备，宣赐居多，故珍藏谨守，不敢出院门，已成不刊之典。而惟宣庙己亥冬，以内阁书册之乱后散亡，传谕院中输上二十三帙册子而已。赐祭时，阁臣口颁圣教，至以本院书册不出院门猥蒙嘉奖。自此以后则使成榻前定夺，士林间私自借观，勿为举论，虽有营府下帖以此辞，缘防报而如是敦议。后为任司者，如或不遵守，致有一册子除名之弊，□断当齐会痛施削罚事。①

为保护书籍，自白云书院规定书籍“勿出门外”后许多书院都制定此规定，伊山书院规定“书不得出门”，玉山书院规定“院书册及器用切勿出院门”，兴岩书院1813年规定书籍要藏置柜中，“院之图书，任员或有持去，留置私家，非但有骇瞻聆，实是吾乡之谬规。自今为始，坚封着署，置于院中柜子。若不遵行，则自乡中付罚事”②。玉山书院因“前秋所失至于百余卷之多”，癸酉（约1693年）二月堂中专门为管理图书制定完议，规定每月朔望斋任要两次检查藏书，“书册每月朔望斋任亲自考阅事”。

为防止书籍受潮，许多书院都规定按时晾晒书册。嘉靖二十四年（1545年）绍修书院规定，每年春秋季月上丁祭祀前斋居时晒书，“致斋日，献官点晒藏书”。

三、藏书状况

朝鲜书院自出现后，虽然有日本和后金入侵，但战事不多，大多数书院都

① ［韩国］《玉山书院志》。

② ［韩国］《敦事节目》，见《兴岩书院志》。

重视收藏保存图书，书院藏书比较多，然而，高宗毁撤书院后，毁撤书院书籍散失，只有保留书院保存较多图书。

嘉靖甲辰（嘉靖二十三年，1544年）时白云洞书院藏书就有500多卷的规模，其中既有儒家经典、理学著作，也有文集、文选、诗选、蒙书、诗韵等，基本能满足教学和学习需要。

白云洞书院藏书目录

书目	部数	卷数	书目	部数	卷数	书目	部数	卷数
《周易大全》	1	14	《春秋附录大全》	1	17	《大学》	1	—
《春秋胡传大全》	1	7	《春秋胡传小全》	1	4	《中庸》	1	—
《礼记大全》	1	16	《唐板小全》	1	10	《论语大全》	2	各7
《诗大全》	1	9	《诗大文》	1	2	《孟子大文》	1	2
《书大全》	1	9	《书谚吐》	1	8	《性理大全》	1	36
《书大文》	1	1	《周礼》	1	7	《中庸或问》	1	—
《朱子语类》	1	59	《伊洛渊源录》	1	2	《文选》	1	15
《左传大全》	1	23	《韩昌黎集》	1	16	《近思录》	2	各4
《柳子厚集》	1	13	《宋鉴》	1	16	《小学》	2	各4
《博物志》	1	1	《续博物志》	1	1	《韵府群玉》	1	10
《樊川集》	1	4	《完陵集》	1	1	《近思录》	2	各4
《自警编》	1	7	《朱子大全》	1	70	《东国通鉴》	1	19
《大学衍义》	1	12	《名臣言行录》	1	17	《文章规范》	1	2
《俪语编录》	1	20	《通鉴》	1	15	《孟子大全》	2	各7
《真西山心经》	1	2	《楚辞》	1	2			

朝鲜书院藏书比较丰富的有陶山书院、玉山书院和屏山书院。

陶山书院藏书1026种4605册，其中有儒经典籍98册614卷，史书161册1108卷，散文、小说63册384卷，文选704册1108卷，而且许多都是壬辰（1592年）倭乱之前的书籍，包括李滉个人藏书和原易东书院藏书，此外还保存陶山书院文书档案2128件。

玉山书院丙申时有赐书13种321卷，自备图书159种1200余卷。2004年调查得知，玉山书院收藏古籍943部3799册，其中1573年庆州出版的《三国史记》是朝鲜仅存的完本，被列为第525号文化遗产，此外还有朝鲜王朝早期金属活字印刷的《晋书》《唐柳先生集》，以及1500份书院土地和奴婢所有权文件。

1969年调查得知，屏山书院藏书1071部3039卷，其中儒家经典71部，史书52部，传记174部，儒生著述54部，天文学著作3部，医书4部，道家书籍1部，百科类8部，选集693部，其他11部。

尽管书院已经退出教育体系100多年，许多书院仍然保存着诸多书籍。在朝鲜书院申报世界文化遗产时，绍修书院保存着古籍141种563册；灆溪书院保存着包括《寒洲文集》《东溪文集》《松滩集》在内的古籍147部，书院文书档案717件；道东书院保存着包括《春秋左传》在内的10类26种古籍，26卷书院文书档案；武城书院保存着古籍8部，书院文书档案14卷；道南书院保存着古籍8种；笔岩书院虽然没有保存书籍，但保存着书院文书档案68件。

第二节　书院出版

身陷政治、学术争论旋涡的书院，为扩大本学派、本党派影响更需要出版自己的书籍。壬辰（1592年）倭乱期间书院、乡校等教育设施遭到严重破坏，书籍也多被焚毁遗失，战后国家财力不足，无力刻印出版书籍，这给书院自行出版提供了良机。

许多书院拥有较多土地和奴婢，能够为出版提供经费和人力，纷纷开始刻板印书。书院出版活动主要分布在南方，最活跃的是在庆尚道，其次是在全罗道、忠清道，以及北方的咸镜道、平安道，京畿道少有书院出版活动，而江原道根本就没有书院出版活动。造成这种局面的主要原因有四个方面，一是南方学者众多，李滉、柳成龙、李彦迪、安珦、金宏弼、金长生、郑汝昌、赵光祖、金麟厚、宋浚吉、宋时烈等都是南方人；二是南方学者政治势力强大，柳成龙、宋时烈等都是当时炙手可热的政治家；三是南方学者家族势力强大，能够为本族和本学派出版提供资金；四是南方经济势力强大，有较强的经济基础。

书院出版最早见于白云书院，嘉靖二十三年（1544年）书院落成后随即编印《竹溪志》，并刊印经典和理学著作，“又印经书、理学若干帙藏之”。

万历元年（1573年）玉山书院刊印李彦迪文集，至1701年已先后重印5次，1735年再次重印，因经费紧张，未能重新刻板，只对残损严重部分进行修补，即使如此也只重印了《九经衍义》《大学补遗》和《求仁录》三种。有鉴于此，1736年，玉山书院堂中完议规定每年从地租粮食中取出20石另储作为出版经费，“今年文集重刊时以物力不敷，只取《九经衍义》《大学补遗》《求仁录》中最刓板易之而已，其余板易殆刓缺甚，重刊之举似不出四五年之后，刊时物力不可不预为规画措处。兹因斋会收议完定，本院库储租二十石逐年除出，别置他所，料理变通，以为及时需用之地，而亦不无主管看检之任，别定有司，年年传受，一一检察，而本院首任总领之，使此刊役并无临时窘窒之患事”，完议末有21人画押，看来这是书院经过郑重研究作出的决策①。历经8年积累，玉山书院于1744年重刊《晦庵集》，并刊印《近思录》，动用积蓄利息500余贯，庆尚道观察使金尚星先后拨米40余石，庆州府使宋征启也拨米资助玉山书院。

玉山书院比较重视刊印书籍，19世纪设有专门负责出版的刊所，地方官府也重视刊印书籍，玉山书院刊印《晦斋别集》时，庆尚左道临时任命都都监、都监、校正都监、校正有司、写本、监印、板校、都厅直日等有司。

西岳书院印书也比较早，1615年“印藏《唐音》二件，《礼部韵》一卷”，1627年刻印《孟子》，“印藏《孟子》二件”。

书院出版的书册多是本书院奉祀者的著作，如论山遁岩书院主祀沙溪金长

---

① ［韩国］《玉山书院志》。

生，以其子慎独斋金集与弟子宋浚吉、宋时烈配享，从现存木板来看，有《沙溪全书》《沙溪先生遗稿》《家礼辑览》《经书辨疑》《丧礼备要》《沙溪先生年谱》《慎独斋全书》《慎独斋先生遗稿》《慎独斋年谱》，出版的全是金长生父子作品。

由于书院多出版本族、本党和本派著作，所以书院出版规模不大，少则出版30—50部，一般多为100—300部，刊印书册超过500部的书院非常少。原因主要是朝鲜时期党派斗争激烈，党派不同的书院、学者之间都难以开展学术交流或书籍交换活动；其次是出版者多热衷编辑出版本家族文集和传记，主要是为了光耀门庭，也难以获得其他人认同。

刊书经费主要由书院自筹，玉山书院设置刊书专用稻米，每年20石，逐年积累，官府也给予资助。许多书院发文求助于书院乡校，1841年桧渊书院为重刊文穆公遗集通文各书院乡校寻求资助。

通文

右文为通告事。伏以尊慕先贤而典刑莫攀，则必寓如见之诚于当日，所著述文字以其珠唾玉韵仿佛于对越讽诵之间故也。惟我先师文穆公遗集与所纂《心经》发挥五先生礼说，几过累百板。昌平故里儺笔留香，湖西学者考德有所者赖有此耳，第其锓梓年久，字画顽敝，印纸枝看鱼鲁莫辨。噫！承千古心学之遗编，为百代得道之巨帙，其将朽败断烂，莫之传后耶？鄙乡佥员齐会烂商，方谋重刊而其在同室之谊，不可不一番奉告。①

1840年，陶山书院重刊《陶山集》2200余板，任务较巨，先成立凤停会，发通文，约请附近各书院乡校至安东凤停寺会商资助，并通文致庆州管下列邑校院至义城乡校协商。

① ［韩国］《玉山书院志》。

通文

右文为通谕事。伏以《陶山集》重刊之论经年阅岁□竟无期，虽缘世故之苦相缠绊，而吾党卫道之诚亦恐有多小未尽处也。况向来主事诸公次第零谢，苟不惕然相勉图所以及今敦事，则安知后之视今不犹今之视昔邪？生等为是之惧。兹于凤寺之会，思有排布，一边□□，一边写本，剞劂之役亦将次第而始矣。然而如许大役，有非生等数郡之所可独担者。窃料佥尊之合力共济，□院迩之珠，而生等一方之会来兹私自分排，仰告爻数。以今年八月二十日定道会于义城乡校，伏愿佥尊济济来会，以为合席烂商之地。千万幸甚！①

会商后，庆州管下各书院乡校分摊刊书经费735两，供亿50两。玉山书院于1843年召开会议，将经费和供亿分摊给管下20邑，玉山书院所在邑分摊120两，玉山书院分摊50两，乡之各院分摊35两，刊所分摊15两，要求各邑将钱直送安东刊所，“正月晦日以退陶老先生文集重刊事定道会于本院，会员多至一百二十员。设道席于亦乐门外，排钱于管下二十邑，而爻数至七百三十五两。本邑分排一百二十两，内五十自本院担当。列邑则各自其邑定都厅以为收钱，直送于安东刊所。而多士供亿之赀为五十两，自乡中各院分排三十五两，而十五两则自刊所出”②。

书院大多有专门用于保存书板的藏板阁，陶山书院、笔岩书院、遁岩书院、屏山书院、道东书院都有藏板阁三间，笔岩书院还有敬藏阁三间。

现在有的书院还保存着许多书板。笔岩书院保存书板688块，主要是主祀者的《金麟厚文集》，现存650块书板中，初版1块，再版258块，三版391

① ［韩国］《玉山书院志》。

② ［韩国］《玉山书院志》。

遁岩书院藏板阁

块；绍修书院保存书板428块，其中《竹溪志》117块；灆溪书院保存书板337块；道东书院保存书板71块；玉山书院保存书板1121块，包括《近思录》《晦斋集》《求仁录》《大学章节》等中国、朝鲜书籍；遁岩书院保存书板1841块，几乎包括金长生、金集父子的全部作品；屏山书院保存22种书籍1927块木板，几乎包括柳成龙祖孙三代的全部著述；保存书板最多的是陶山书院，现存计有57部作品的4014块书板。现在屏山书院和陶山书院的书板均已被移存韩国国学振兴院，韩国国学振兴院收藏书板有50000余块。

第八章 朝鲜书院经济

朝鲜书院与中国书院在经费方面有些差异，朝鲜书院特有奴婢、院属等人力方面的收入及其提供的无偿服务。书院经费难以全面反映朝鲜书院经济状况，所以本章采用韩国书院研究术语称作书院经济。书院经济包括书院建造、维修、祭祀以及讲学活动需要的物质和人力保障。

朝鲜王朝时期以农业经济为中心，书院经费收入主要来自土地，此外还有粮食放贷、钱币放贷、国家或官府拨给的各种实物与鱼盐，以及无偿服务的奴婢和院直等。虽然只有小部分奴婢和院直交纳贡物，大部分奴婢和院直为书院提供无偿服务或微偿服务，书院收入不多，但减少书院开支其实也算国家提供的一项变相经费。

第一节 建设经费

朝鲜书院基本属于官民共建，但早期书院建设经费以官方为主，民间为辅，中期以后则以民间为主，官方为辅，偶有国王令建造维修书院。

嘉靖二十一年（1542 年），丰基郡守周世鹏建造白云书院（赐额绍修书院），书院建设经费主要来自官方，“先生于是仍具请于方伯李公清，而卜地新作，制度极备。越明年壬寅，又请于方伯林公百龄，林公大施鱼盐，兹用创立文成公庙于竹溪之上，又建书院于其前，将以余赀设藏修之廪，不悭于用。

翌年癸卯，李公彦迪继林为方伯，且施盐藿之惠”[①]，建设经费主要来自庆尚道。书院用地也来自官拨，“某之立庙立院于宿水寺废址者”，将废弃寺庙改作书院。民间捐助很少，只有进士黄君彬首倡捐纳米15硕，“时进士黄君彬纳米十五硕”。嘉靖二十五年，观察使令官为建造典祀厅等，只提供木棉布3同18匹作为建筑工人工资，郡为建筑工人提供饮食和五金器件，剩余1280件屋瓦留存书院作为随时维修之用。

嘉靖三十七年创建的伊山书院是地方人士向郡守安瑺提议并获得郡守同意建造的，“于是量事功，计徒役，办需费，父老诸生莫不感侯之义，出谷与物有差”[②]，官民共同建造，但以官府为多，落成后郡守又“增赡谷数百余石，给良贱若干口”[③]。

嘉靖三十八年创建的迎凤书院是士林提议由府使卢庆麟建造的，“因故废佛寺之基，涤祓而新之”，“土田臧获既优既充，又贸书千余卷以藏之”[④]，全无提及民间出资，应该是府使独自出资修建。

嘉靖四十六年创建的易东书院也是士林建议由县监郭趪建造的，易东书院落成后，郭趪又“拨寺社田之当还官者及置他田亩若干结、良贱若干名以属之，又多出布谷以付之”，“乡士自愿纳田者，自金君以下七人焉”[⑤]，官府建造书院，民间捐纳土地作为运转经费。

嘉靖四十七年，士林拟建造道东书院，致函庆尚道观察使，请求拨给建设经费，“伏愿阁下当此新化之日，式遵古贤之范，度赀量工，特加致力，米布盐钱等物从优题给，以为立庙之根基，竖石之助赀，则日后轮奂之就绪，贞珉之表德，莫非阁下进人之赐也”[⑥]。士林自建书院也向官府请求支持，看来官民

① ［朝鲜］《白云书院重建识》，见《绍修书院志》。

② ［朝鲜］李滉：《伊山书院记》，见《退溪学丛书》第Ⅱ部第三卷。

③ ［朝鲜］李滉：《迎凤书院记》，见《退溪学丛书》第Ⅱ部第三卷。

④ ［朝鲜］李滉：《易东书院记》，见《退溪学丛书》第Ⅱ部第三卷。

⑤ ［朝鲜］许晔：《书院记》，见《玉山书院志》。

⑥ ［韩国］《道东书院志》。

共建书院是当时常见的做法。

隆庆六年（1572年）的玉山书院为府尹李齐闵根据士林建议建造的，“府尹李侯齐闵采十三乡之愿，躬卜定其基，告于监司，请建书院。出其库余以主其费，乡老儒士亦尽其力。壬申二月始事，八月讫功。则祠宇与讲堂暨东西两斋及乎前楼总四十余间”①，玉山书院是以官府出资为主，以民间赞助为辅建成的。

不仅书院初建以官府出资为主，有的书院重建亦如此。万历二十年（1592年）倭寇入侵，道东书院被毁，庆尚道观察使“既给会米，又劝一道守宰使之各随力以助”，观察使离任后，工程未完，捐助不能到位，“适此多事，不能以时输致”，万历三十五年（1607年），安东大都护府使郑逑联同大邱都护府使和陕川郡守特发重建道东书院求助通文，“敢此奉告，伏惟列邑使君佥侍，幸无以鄙昧之言为不足听，申年使相之题，庶几及时优济如何”②。书院重建经费由观察使资助并劝本道守宰捐助，也是以官府出资为主。宣祖三十四年（1601年），为重建在壬辰倭乱中被毁的德川书院，巡察柳永询和兵使金太虚资助米20硕、租50硕，“环山中一里为取息之地，以备院中之需”。1805年，绍修书院重修日新斋，经费为丰基、荣川、安东三地的地贯等粮90余石和债钱30两。

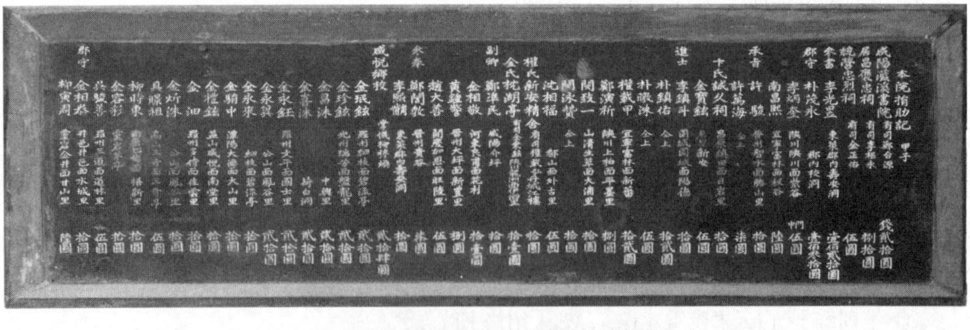

遁岩书院1924年维修捐钱题名悬板

① ［韩国］《道东书院志》。

② ［韩国］《道东书院志》。

书院后期建设经费主要由书院自筹，资金主要来自民间。书院重建重修一般会发通文向各书院、乡校求助，各书院、乡校虽然各有各的困难，但一般会予以力所能及的资助。

道东书院1720年重修，向庆尚道21地的书院、乡校发通文请求资助。1803年维修道东书院，2月募集资金，捐助者有官家、书院、乡校、家族、个人，本地捐助有1160.8两，外地捐助有星州60两，清通25两，宜宁11两，高灵19.5两，草溪27两，灵山15.5两，昌原6两，大邱14两，昌宁34两，陕川16两，漆原10两。捐资最多者为文敬公金宏弼本孙200两，其次为进士公本孙100两，官家仅1人，李鼎康捐助10两。各地书院、乡校大多捐助资金，本邑礼渊书院和尼阳书院各捐助9两，乡校捐助15两，外地乡校、书院多捐助2两或1两，星州捐助最多，乡校捐助10两，川谷书院捐助5两，桧渊书院捐助10两。募集资金总计1459.95两，维修书院共用1394.4两，剩余65.55两用来偿还本院债务①。

玉山书院讲堂宪宗五年（1839年）火后重建，向庆尚道道内书院、乡校和社会各界发通文求助，道内书院、乡校大多赞助玉山书院重建，连同家族、祠堂、个人等共赞助434两。玉山书院对书院奉祀者后裔制定12等捐助标准，从30两至1钱不等，安排专人收取，募集资金569.5两，本地书院、乡校、祠堂、家族、个人等捐助1612.7两，合计募集资金2616.2两，书院讲堂重建后剩余134两放贷生息。

兴岩书院丙辰（约1856年）重修募捐171笔3564两，其中知礼宋氏门中、怀德宋氏门中（宋浚吉后裔）各捐250两，个人捐助者最多捐500两，捐助者主要来自庆尚道大邱、安东、星州、巨济、闻庆、庆山等地的家族、个人、书堂，没有来自官方、书院和乡校的捐助者。

书院后期建设经费主要来自民间，但也有个别书院得到地方官员资助。彰

---

①［韩国］《道东书院志》。

节书院因为奉祀端宗和被废后的忠臣，国王多次下令对其进行维修，观察使赵鹤年、金大根先后捐俸重修书院，1853年观察使吴取善捐俸5万两重修书院，但官员捐俸重修者比较少见。1778年绍修书院重修，府使李正模赠米3石，1817年德川书院重建书院山天斋，营门、州牧分别给米50石、20石。

有的书院维修虽然没有得到官府经费支持，但得到了官府人力支持。道东书院在18、19世纪维修时一直得到地方官府支持，书院维修等工程军丁不时召之即来。1720年书院维修时，官府4日共派来军丁50人次，伐沙、立柱、盖瓦。1740年维修神厨，官府12日共派军丁105人次，伐木、立柱等。1750年创建杏坛，官府1日派来军丁25名。1751年伐木，官府6日共派来军丁97人次。1752年修理垣墙，官府7日共派来军丁136人次，伐木、盖瓦等。1769年修理垣墙，官府6日共派来军丁95人次。1772年维修讲堂，官府派来军丁7人。1785年维修书院，官府14日共派来军丁243人次。1788年移立墓碑，官府5日共派来军丁490人次，运送木材、碑石。1858年重修书院时，没有记录军丁人数，但有军丁酒食费13.9两的记载，由此推断军丁人数也不少。

绍修书院维修也得到地方官府的大力支持。1791年明伦堂改瓦，“报官请军”给予支持。1799年重修至乐斋，官府17日共派给军丁303人次，搬运土石、瓦、椽和盖瓦等。1812年维修书院，官府23日共派给军丁217人次，负责伐木、运土等。1813年维修书院，先后有役军185人次帮助搬运木材、泥土等。役军到书院帮工，书院不用付其工钱，只负责提供一顿午餐即可。

调用军丁并非易事，关键在于书院与地方官员的关系如何。1587年，道东书院为整修金宏弼墓请求调派军丁搬运土石，“呈于守宰则守宰辞以不得擅发，呈于道伯则道伯辞以朝有禁令”，不得不请于礼曹，礼曹批评“本道及本官辞以禁令不许运石殊涉太固”，1589年再请于道，道伯仍认为“凶年役民为难”。建设书院能否调用军丁主要在于地方官员是否支持。

绍修书院重修日新斋还得到山林管理官员的材料支持，1805年重修日新斋，“求得于林吏松楸及权氏松林洞丘木、长椽、枋木及椽木二百余个，伐于一浮石面坐石”[①]。

国家较少直接介入书院修建。国王令建造书院始于奉祀郑梦周的临皋书院，明宗九年（1554年），“上以郑梦周道德忠节不让于安裕，命即其长生之地创建书院，匾额、书册、奴婢、田结一依绍修书院例颁降”。国王令维修书院见于彰节书院，英祖三十四年（1758年），礼曹判书洪象汉奏陈彰节书院六臣祠颓圮，“上亦令本道修葺”。

第二节 日常经费

日常经费是书院赖以生存的基础，经费不足，书院也难以开展正常教学。绍修书院创办之初，经费充足，10名学生常年居斋学习。进入18世纪，书院经费日益紧张，“向来四时常养已不可望，而三冬居斋尚多旷废，间或有冬春数朔月有司之规，放学之日常多，居斋之日常少”。居斋时间和办法也一再改变，1720年改为每年居斋5个月，“分徒递进”，“不过每月千文钱而已，庖厨凉薄，杯勺难继”；1727年改为9月至次年3月居斋，学生“递朔来读”；1730年改为半月居斋；1738年改为定额23人，分两批轮流居斋[illegible]个月；1749年改为十月十六日至十二月晦日居斋2.5个月，定额15人，“朔望交替”；1760年教学经费“不过是十数石、十数缗而已”也难保证，改为定额20人，“十五日相递”；1761年改为“三冬居斋”，10人轮流入斋，朔望交递；1780年“恒供十员，自是院中旧规，轮番入斋，朔望交递”；1790年坚持三冬居斋，改为“十日轮递”；1810年改为居斋20人。1900年改为无定额，“自读《小学》以上许入院”，但学生要自带粮食，书院提供灯油爇薪，并允许家贫无法带粮者参加朔望会讲。

---

① ［韩国］《绍修书院志》。

朝鲜书院日常经费主要来自土地、基金、宝米，此外日常经费来源还有鱼盐、赠粮和奴婢、院直等纳贡。

一、土地收入

在农业社会中，土地是国家最主要的收入来源，因此朝鲜王朝教育经费主要来自土地。通过《续大典》的法制化，国家给予成均馆土地400结[①]，都城四门学各10结，州府乡校各7结，郡县乡校各5结，赐额书院各3结，未赐额书院为3结以下。

（一）土地来源

书院土地一般来自四个方面，一是国家拨给，二是地方官员拨给，三是社会捐助，四是书院自行购置。

1.国家拨给

国家拨给书院土地始于李滉陈请，“依宋朝白鹿洞故事，赐额颁书，兼给土田臧获，俾学子藏修”，但因绍修书院已有土地而未给，“李滉之请赐匾额、书籍、土田、臧获，不可尽从。而匾额及书籍二、三件特命下送，则远方诸生必鼓舞欣感而兴起也，土田则周世鹏措置不无不足，仍而不改”[②]。

国家拨给书院土地始于临皋书院，明宗九年（1554年），国王令建临皋书院奉祀郑梦周，“匾额、书册、奴婢、田结一依绍修书院例颁降”，但朝家并未赐给绍修书院奴婢、田结，不知赐给临皋书院多少奴婢、田结。

---

① 结：朝鲜半岛早期土地单位，不是以面积计算，而是以稻谷收获量计算。“握者谓之把，递以上之至于结。十把为束，十束为负，百负为结”，“吾东之田，十束为一负，十负为一总，十总为一结”，1结=10总=100负=1000束=10000把。朝鲜世宗二十六年（1444年）把土地分为六等，一等1结为38亩，六等1结为152亩。1束土地面积，据道东书院《田畓大帐册》推算，大约一等直田、直畓10平方尺，二等12平方尺，三等14.4平方尺，四等18.2平方尺，五等25平方尺，六等40平方尺。

② ［韩国］《绍修书院志》。

朝鲜王朝规定，拨给赐额书院土地3结，拨给未赐额书院土地3结以下，未赐额书院需要自备所需田地，土地不足3结也不能以民田充给。书院给田制度制定时间不详，但在肃宗七年（1681年）前已经实行，是年，国王令赐给邱山书院3结土地，“教曰：‘邱山书院，夫子真像奉安之地，事体自别。朝廷虽无赐额，院规则一依赐额例遵行。’又命给田三结，募人二十名”①。赐额书院给田3结很可能是从明宗九年（1554年）赐田临皋书院开始的，嘉靖二十三年（1544年）时，白云（绍修）书院有土地2结72负7束。

赐额书院有的得到超过规定的赐田，奉祀崇祯皇帝的万东庙就得到赐田20结，“赐额祠庙位田，依赐额书院例或给三结，而湖西万东庙以崇祯皇帝享祀之所特给二十结”②。道峰书院英祖九年（1733年）也被赐田7结，赐田达到10结，“道峰书院位田，英祖癸丑因户曹判书金在鲁筵奏例给三结，外加给七结”。有的未赐额书院也享受到赐田3结的优待，邱山书院虽然没有赐额，但因为有孔子画像，肃宗七年（1681年）国王令按照赐额书院例给田3结。

赐额书院给田3结不算多，根据《续大典》规定，国家给郡县乡校赐田各5结，郡县官学土地比赐额书院都要多。

2.地方官员拨给

地方官员拨给书院土地始于白云书院。嘉靖二十一年（1542年），丰基郡守周世鹏创建白云书院即拨给土地，“既立文成公庙，奉安影帧，思有庙不可以无书院，于是立书院，思有书院不可以无田，于是立田，立实米，以为吾徒藏修之廪，田若干结卜，岁入租若干斛，米若干斛”③，“又取庙旁公田之在私者立为位田”。嘉靖二十三年时，绍修书院有旱田72负4束，畓（水田）1结94负3束，合计2结66负7束，应该是部分拨给部分购置。康熙九年（1670年），庆尚道观察使将芙蓉山下开垦的土地拨给绍修书院。

---

① ［朝鲜］《增补文献备考》卷二一〇。

② ［朝鲜］《万极要览·财税篇·免税学田》。

③ ［朝鲜］《云洞绍修书院学田记》，见《竹溪志·尊贤录》卷三。

早期书院土地多是地方官员拨给。易东书院于明隆庆元年（1567年）落成，礼安县监郭趪拨给易东书院土地、良贱和布谷，“拨寺社田之当还官者及置他田亩若干结、良贱若干名以属之，又多出布谷以付之”。嘉靖三十八年（1559年）落成的迎凤书院“土田臧获，既优既充”，书院为星州牧卢庆麟在文士建议下独自建造的，土田臧获都应该是官府拨给。玉山书院也有官拨土地，“院中田畓或出于买得，或出于属公”，属公者当是官府拨给。

地方官员拨给书院土地不是很多，因为国家严禁官员私自将土地拨给书院，《续大典》中就规定，“书院请位田，而本道私自与受者随现重绳”，地方官员私自给予书院土地就会受到严厉惩罚。

3.社会捐助

社会捐助始见于易东书院，隆庆元年（1567年）易东书院落成后，“乡士自愿纳田者，自金君以下又七人焉”[①]，发起建造书院的生员金富弼等七人捐赠了土地。玉山书院建成后，万历四十二年（1614年），奉祀的金宏弼裔孙金浚等人捐纳土地，“第虑无田然为久长，爰告官府，谋诸邑人，于本州地得田若干，又于清道、密阳地先生之孙浚纳田若干”[②]。1759年国王令重修彰节书院后，地方官捐俸购置土地，“道臣又捐俸置田以为久远之规”。1938年德川书院接受迎日郑相珍捐赠土地三方合计2225坪。

4.书院自行购置

书院自行购置是书院土地的主要来源之一。周世鹏创建白云洞书院时，“买得田畓秩，倍里谷员六十五内畓柒卜二束，东元员二十九田十三卜九束，下植松员五十内沓十五卜，省召只员一百二十九畓柒卜三束”[③]，书院共买得畓（水田）29卜（负）5束和田（旱田）13卜9束，合计43卜4束，相当于0.434结，此次购置土地不是太多，但此后经常购置土地。嘉靖二十五年（1546年）制度

① ［朝鲜］李滉：《易东书院记》，见《退溪先生全书》卷五九。

② ［朝鲜］《呈书誊录》，见《玉山书院志》。

③ ［朝鲜］《白云洞书院行移胜录》。

规定“每年田畓所收及宝边贸易所出谷物，年终本官、院长一同会计，用有余数则逐年宝本以加施行，太多则庙院名字以田畓买得，结卜库数开录。院及本官踏印置薄，道良中牒报为旀”，每年书院收入年末由本官（丰基郡守）和院长共同会计，如果有结余在原本的基础上追加宝米，再多则以庙院名义购置土地，将购置土地面积记录在案，加盖书院和丰基郡官印后上报庆尚道监司。嘉靖中期共买田畓1结65卜4束。

玉山书院最重视购置土地，不仅在本地购置土地，还在清道、密阳置买土地。癸卯（约1783年）完议规定“近来院力凋残，每多旷废，实为欠事。……适得道伯帖下租又添院用，所余略买田土，欲为别设之计，此后为任者各自惕念”。戊午（约1798年）完议规定每年居接[①]经费赢余不准借贷，只能用于购买土地，“四十两钱、三十石谷居接，量入为用，而其余则切勿假贷，移用聚利，如有良畓可买者买之，以为接粮补用之地。而钱谷出入之际，首任同为看检，毋有疏漏之弊事”[②]。玉山书院此后不断购置土地，嘉庆二十年（1815年）以130两钱买入94负5束、正租6斗落的水田；道光二年（1822年）以120两钱买入94负5束、正租6斗落的水田；道光九年八月以55两钱购买7斗落水田；道光十一年以40两钱买入3负9束和7负1束、正租4斗落的两段土地，以65两钱购买5斗落的水田，道光十二年以20两钱买入4负7束、正租2斗落的水田，以115.5两钱购买10斗落的水田；道光十三年以55两钱买入正租5斗落的水田，以97两钱购买9斗落的水田；光绪七年（1881年）以90两钱买入13负、正租5斗落的水田。

道东书院1899年成立补院稧，成员捐资设立基金，1904年以1631.95两钱购买土地。

① 居接：李滉“群居肄业名之曰居接”。

② ［韩国］《玉山书院志》。

（二）土地数量

书院占有土地的数量未见具体记载，纯祖（1801—1834年在位）时编纂的守令《治郡要诀》说书院财谷远远超过乡校，“列邑书院财谷比乡校尤多，若统计院校之财则可以终年养士居接云云”。朝鲜朝设8个道，5个留守府，6个府尹府，1个庶尹府，5个大都护府，20个牧使州，75个都护府，77个郡，25个县令县，140个县监县，1894年甲午改制，全国设23个府，338个郡，共设置乡校361所，府州乡校均给田7结，郡县乡校各给田5结，拨给乡校土地约2000结。乡校、书院财谷均主要来自土地，书院财谷多于乡校，书院上地也应该多于乡校。《万机要览》中记载，全国合法的祠院免税位田共118514结，但以寺刹（历代国王的胎封守护或者御制奉安的寺刹）为多。全国赐额书院只有200所，赐额祠宇70所，拨给每所赐额书院和祠宇土地3结，不过810结土地，连同个别书院多赐也不会超过1000结土地。

玉山书院是赐额书院，土地既有国拨、官拨，也有私人捐赠，而且书院也一直重视自购土地，“院中田畓或出于买得，或出于属公，或出于附近相换，或出于奴婢”，土地应该是比较多的。1694年《田畓案》序文中记载，“庆山、清、密田畓则别有小册，故不付于此，其他迎日地所在者别付，当推而未推者并为载录，悬注其下”，不包括庆山、清道、密阳的土地，玉山书院有田5结78负，畓13结46负4束，合计19结24负4束土地。当时清道、密阳大约有8结土地，连同庆山，玉山书院大约有30结土地。

玉山书院1694年土地表

所在地 / 田畓数	有琴里	玉山	士坊	良佐洞	普门里	迎日县	安康县一带	合计
田	0—18—2	—	—	—	—	—	5—59—8	5—78—0
畓	0—31—0	0—53—6	1—39—0	0—10—2	0—8—5	1—21—9	9—82—2	13—46—4
合计	0—49—2	0—53—6	1—39—0	0—10—2	0—8—5	1—21—9	15—42—0	19—24—4

* 单位：结—负—束。

1759年《田畓案》中记载，不计庆山、清道、密阳的土地，玉山书院有田6结16负5束，畓14结21负4束，合计20结37负9束土地。

玉山书院1759年土地表

所在地 田畓数	安西初	安南初	安南二同	安北初	安北二同	府东初	府北初	北安谷	府南初	安西初	院奴长巴	迎日	合计
田	547.4	—	9.7	17.1	—	—	—	—	—	—	35.3	8	616.5
畓	346.3	91.8	254.3	232.2	143.6	8.7	36.3	29.4	19.6	13.5	94	151.7	1421.4
合计	893.7	91.8	263	249.3	143.6	8.7	36.3	29.4	19.6	13.5	129.3	159.7	2037.9

* 单位：负，100负=1结。

不计庆山、清道和密阳的土地，玉山书院1759年比1694年增加1结13负5束的土地。通过谷物的收获量，可以大致推算清道和庆山的土地数量。本县及迎日所在田畓收获的脱粒谷物，1758年收租154石4斗，1764年收租196石9斗，加上粟3石5斗，太（大豆）10斗，黍5斗，木麦2斗，而1760年清道打租131石11斗，1780年收租约6石。清道1760年的地租相当于1758年本县和迎日地租的85%，1764年本县和迎日地租的66%左右，按66%计算，清道大约有地13.2结，庆山1780年的地租相当于1758年本县和迎日地租的不到4%，1780年本县和迎日地租的约3%，按3%计算，庆山有地约0.7结，不计密阳的土地，玉山书院大约有36结土地。

道东书院辛丑《田畓大帐册》记载，书院共有土地9结82负6束，其中有位田3结2负，位畓5结8负4束，书院地基26负8束，附属寺院地基11负2束，寺院未田4负3束，此外还有无纪年的高灵土地60负8束，土地超过10结，虽然道东书院的土地数量赶不上玉山书院，但是道东书院也是土地数量比较多的书院之一。

绍修书院后期土地未查到记载，2007年绍修书院有畓30885平方米，田20715平方米，垈地11731平方米，山1351平方米，史迹地10582平方米，道路2506平方米，合计77770平方米，其中有可耕地63331平方米。

2005年兴岩书院有田2495坪（约8248平方米），畓10071坪（约33292平方米），宅基地1063坪（约3514平方米），林地15町9反6（约158285平方米），可耕地41540平方米。

上述绍修书院和兴岩书院的大部分土地应该都是历史遗留，因为这两个书院都是保留书院，后世土地肯定有所增减，但变化应该不会很大。

（三）书院土地免税

国家规定给予赐额书院3结土地，给予未赐额书院3结以下土地。按照朝家规定，书院土地不能像乡校土地那样享受免税优待，虽然景宗元年（1721年）朝家曾经批准给予赐额书院3结土地免税的优待，但此规定不久就被废除，“景宗元年，因户曹判书闵镇远启，免税田结，赐额书院各给三结，未几罢之”[①]。从国家制度层面上来讲，书院土地要照章纳税，但许多书院经地方官员批准免除土地税收。

绍修书院是最早享受到土地免税优待的书院。1560年郡守朴承任在《代绍修书院有司上户曹书》中说“院属学田已置者皆得免税”，但早期书院土地不多，1544年绍修书院只有田72负4束，畓1结94负3束，合计2结66负7束，还没有达到免税3结的标准。

玉山书院在清道、密阳购置的土地一开始就享受免税优待。万历四十二年（1614年）玉山书院权应生等人上书庆尚道巡察使请求免除书院土地税收，“学田与官田均不税之者亦且古矣，今者书院等是学也，而以其创在近世，后于制田，故凡田之属于书院者皆仍私田之旧不得减税，计之数，其势然也。噫！书院之设，自中州以及我邦皆为尊先贤，养后进，而苟无其田，则无以供笾豆、廪师生矣。惟我书院乃晦斋先生杖屦之地，而宣宗大王初年之命建也，锡额颁书，其崇奖至矣。第念无田非为长久之计，兹置学田于本州及清道、密阳者殆将数

① ［朝鲜］《增补文献备考》卷二一〇。

十年矣。其间阅几方伯皆有不税之令，阅几邑宰而皆从方伯之令，则院田之不征盖亦有例矣。今者独清道邑吏抄出院田之疏，比于私田"①。书院土地经道巡察使批准发布公文就可享受土地免税优待，而且已经享受到几任道伯优免。

道东书院《田畓大帐册》记载有免税位畓2结34负9束，位田65负1束，合计为3结土地，看来是严格执行国家赐额书院免税3结土地的规定。

3结土地税超过30两钱，兴岩书院不知何故不是免税，而是采用定额拨钱的方式，但仅给3.99两钱，连实际价值的七分之一都不到，"复户三结自是朝家划给而常定，论之则不下于三十金，自官出给三两九钱九分。故广询于湖岭列邑，额院规例则俱以常定例捧用而来。院所捧如是零星，此必是官吏弄奸，自院中禀官呈营以为推觅事"，呈文监司后不知是否增加钱额。

国家规定书院地基和寺院地基免除税收，道东书院"院基贰拾陆负捌束，公顷免赋税，寺基拾壹负贰束，公顷免赋税"。道东书院《院田收税记》记载，按粮食收获量征收土地税，税有钱也有粮。收钱标准是每斗1等田2钱5分，2等田2钱，3等田1钱5分，4等田1钱，5等田7分，6等田5分。收粮没有标准，从账目上来看，西部城的每斗2等田2负2束，3等田2负，4等田1负7束，5等田1负5束，6等田1负，都很清楚，唯独1等的3宗土地标准不一，分别为5斗14负4束，2斗4负5束，3斗8负，从每斗2负2.5束至2负7.66束不等。

书院土地免税决定权主要掌握在地方官员手里，并不是所有的地方官员都热衷照顾书院给予蠲免。从绍修书院1759年《院中立议》来看，书院土地就征收杂税，"本院田畓多有地薄卜多者，徭役之难堪，其弊已极，而其中或有两班干犯公然耕食，而反使本所担当其卜数"，甚至书院土地被两班贵族强占，书院还要照常纳税。

朝鲜王朝是农业社会，土地也是书院的主要经费来源。日本侵略朝鲜时，丙申（1596年）再乱，明朝再次出兵，1598年绍修书院捐助明朝军队，一次就

① ［韩国］《玉山书院志》。

捐谷数百石[①]，“戊戌之春，天兵南下，继粮无策，院纳数百石之谷，以补讨贼之资”[②]，由此可见绍修书院收入还是颇丰的。

二、宝米

所谓宝米就是出租米谷取息。最早设立宝米出租取息的是白云书院，嘉靖二十一年（1542年）由进士黄彬捐助创建白云书院，“别置宝米四十石为诸生藏修之费”。周世鹏制定《白云书院院规》规定，“必存本取息而用之”，“须以先纳者充存其本，然后用其所息课也”[③]。嘉靖二十五年（1546年）《顺兴文成公庙、白云书院斯文立议》规定“宝米出受人或未准纳，则官为发差，无弊捧上为旀。未准数乙良，官储以充数为遣。官中以后年良中征诸受人，纳之于官为齐”，如果宝米捐赠人未能缴纳米谷时，官府差使将其全部收缴。若数量不足，则由官府支付满额，宝米捐赠人第二年再将其补缴给官府。同时还规定，将每年书院结余稻米作为宝米出租，“每年田畓所收及宝边贸易所出谷物，年终本官、院长一同会计，用有余数则逐年宝本以加施行”[④]。

1572年创建的玉山书院设立300斛（10斗为1斛）宝米，存本取息，但由政府强制将其出租给村民，难以全部收回，到万历十七年（1589年）已有减少。书院儒生上书请求仿照海州文献堂、安东庐江书院的做法，将宝米划给书院附近一、二村放贷，“创院之初，大小询谋，议设学赀，或蒙官惠，或收乡里，聚得三百余斛，期以存其母而取以子，庶为可继之策也。厥后还上之赈过于民愿，贫氓单户俱厌公债，院储于是全废。粜籴稍之灭损，将与其本而亡之，院之为院至不可扶持矣。民等敢将此意陈达于前令鉴阁下，请民户之在院旁者除还上之给，受书院之谷，以为取息之路，永图勿替之规，则令鉴阁下深思长

---

① 朝鲜大石20斗，小石15斗。

② ［朝鲜］车云辂：《报方伯牒呈》，见《绍修书院志》。

③ ［韩国］《绍修书院志》。

④ ［韩国］《绍修书院志》。

虑，特取二十户付诸书院，使自敛散，定为式例矣。……民等所控非是一邑之偏见，实由士林之公议。伏见海州之于文献堂、安东之于庐江院，俱以院底一、二村分给院谷，使之储蓄不匮，儒林有永赖之泽矣"[①]，请求免除书院附近20户村民的官府强迫农民借贷，改为书院借贷。为刊印书籍，1736年，书院立议每年秋收后拨出20石米进行"春贷秋收"作为刊书基金。

设宝米出租取息应该是书院比较通行的做法。玉山书院提出参照海州文献堂、安东庐江书院的做法，绍修书院文献中记载"依他书院例"，绍修书院、玉山书院位于朝鲜半岛东南部，海州文献堂位于朝鲜半岛西北海岸，当时属于欠发达地区，由此看来书院采用宝米出租取息的做法在朝鲜比较普及。

宝米利息很高，一般为年息30%，绍修书院初期宝米年息高达50%，万历十年（1582年），书院商定改随行市，每斗宝米年息3升，降为30%，"旁邑宝租便利，一斗皆取三升，而吾乡书院独取五升，实为未便。相议定夺，自今以后，依他书院例，一斗取息三升"[②]。

出租宝米利息太高，并不受欢迎，但由于是政府强制派给，村民不得不接受，所以玉山书院儒生上书官府请求将宝米出租划给书院附近村庄，以便就近管理，不致迷失。绍修书院1662年规定，米只能出租给院中下人，不能出租给他人，如果院长、别有司把宝米出租给他人就会被罢免，目的也是保障宝米安全。

三、钱币放贷

出贷银钱以收取利息作为书院经费的做法也比较常见。1871年，庆州府尹拨给玉山书院矫救钱100两放贷生息，以补充书院经费。庚子重修玉山书院后余钱394两，自4月起放贷，5年后仍在取息。1819年3月至4月放贷于书员、儒生、奴婢和典仆，书员厅17人共贷出22.5两，儒生厅贷出10两，奴厅15人

① ［韩国］《玉山书院志》。

② ［韩国］《绍修书院志》。

共贷出16两，婢子10人共贷出11.5两，合计60两。半年后收回本利74.99两，利息接近25%，接将74.8两贷出。次年三月除去死亡者免收利息外共收本利93.25两，年息高达55.4%，再将本息92.2两贷出。1840年，募集资金重建玉山书院后剩余134两也放贷生息。

尚州郡为补充玉洞书院、兴岩书院、乡校和祠坛的祭祀经费，1862年设立千余金的基金助享钱，规定存本取息，以利息资助祭祀，但不久就破本取用，本金荡然。1906年，郡守再次为书院、乡校和忠义坛设置1100两钱的祭祀基金助享钱，年息30%，生息330两，拨给玉洞书院、兴岩书院各50两。

道东书院1899年成立补院稧，成员捐资设立基金，当年募集231两，随募随贷，获得利息113两5钱，1900年正月初三连同新募集基金共381.5两放贷，到1901年二月初二获得利息190.75两，年利率50%。1902年二月初三将本金572.25两放贷，获年利息286两。1903年连同新收基金达到916.75两，二月初三基金达到1396.75两，放出1375两。1904年二月初二连同新收基金达到1937.97两，当年以1631.95两购买土地，余款360.02两继续放贷。该基金一直延续到1939年。

兴岩书院设立修理稧募集维修基金，1928年十二月有本金983円[①]14钱，当年得息295円3钱，一年后剩余447円22钱，贷出后次年收获利息134円16钱。

四、奴婢

奴婢是在书院服役的贱民，承担看护书院、制作饮食、清洁卫生等杂务，祭祀时负责制作祭品、洗刷祭器等，此外还为书院学生提供各种服务，所以李滉制定的《伊山院规》中专门开列“院属人完恤”一条，“有司与诸生常须爱护下人，院事、斋事外毋得人人私使唤，毋得私怒罚”。

奴婢制是朝鲜的古老传统，虽然高丽王朝、朝鲜王朝都曾“华化”进行改革，但由于贵族的反对奴婢制仍然延续下来。朝鲜王朝时期，统治阶级是两

① 円：同“圆”，日圆。

班，被统治阶级则包括平民阶层、身良役贱阶层和贱民阶层。贱民分为公贱和私贱，属于公家载于官籍的为公贱，属于私人的为私贱。贱民男称奴，贱民女称婢，合称奴婢，又称臧获。

（一）奴婢来源

书院奴婢来源一是朝家赐给，二是官府拨给，三是书院自行购买。

1.朝家赐给

朝家赐给奴婢最初通行于官学乡校，国家规定，成均馆差备奴38人，跟随奴15人；都城四学差备奴各10人，跟随奴各10人；府乡校差备奴30人；大都护府、牧乡校差备奴各20人；都护府乡校差备奴20人；郡县乡校差备奴各10人。白云书院落成后，作为教育机构，郡守李滉也仿照官学体例建议庆尚道监司申请朝家赐给奴婢，“请遵依宋朝故事，颁降书籍，宣赐匾额，兼之给土田臧获，以赡其力”，朝家仅赐额、颁书，并未赐给奴婢。明宗九年（1554年），国王令建造临皋书院奉祀郑梦周，按照绍修书院例颁降“匾额、书册、奴婢、田结”，此为朝家拨给书院奴婢之始。拨给临皋书院奴婢数量不详，宣祖时（1568—1608年在位）曾拨给陶山书院“奴婢各一人”，看来朝家赐给奴婢数量不多。17世纪时，书院奴婢增多，肃宗八年（1682年），忠清道观察使徐必远建言禁止私建书院，制定书院院奴定额，国王听从其建议，规定奴婢名额，“赐额书院给奴婢七人，未赐额书院给五人，乡贤祠给二人，使之看护，而并令汰其额外”[①]。

2.官府拨给

官给奴婢始于白云（绍修）书院。嘉靖二十五年（1546年）三月，庆尚道观察使安玹令丰基郡将本郡寺奴婢五口移属白云书院，丰基郡守将2奴3婢拨给，“内赡寺婢检德年十一，丙申生，奴奇孙年二十一，丙戌生；济用监奴乭伊年二十三，甲申生；内资寺婢时从年十，丁酉生，婢莫从年十三，甲午生，等

① ［朝鲜］《增补文献备考》卷二一〇。

乙，后所生并以定属为造。各司良中移文颐下为去乎，依法使唤向事合行”[1]，规定奴婢所生后代也归书院，已免除其他杂役，书院可以依法使唤他们。内赡寺、内资寺、济用监都是朝家机构，5名奴婢都属于公贱。嘉靖二十五年十一月，将已故杀人强盗、良人李孙的妻女3人和在逃杀人强盗、私奴李孙的妻子良女今之共4人籍没为婢拨给白云书院。嘉靖二十六年（1547年）二月二十一日拨给晋州、义宁、山阴、居昌等处籍没罪人的妻子、儿女等8婢1奴，二月二十八日拨给兴海籍没罪人之女1婢。两年之间就拨给书院19名奴婢。西岳书院始建于1561年，1602年“壬寅重营庙宇，始出官奴、库直、官婢、饭母”，既然是官奴官婢，毫无疑问是官府拨给的。庆尚道巡察使拨给玉山书院官奴贵山，万历三十九年（1611年），贵山因为离家思亲，呈文请求巡察使将其同属奴婢身份的母子4人并属于玉山书院。

3.书院自行购买

书院自行买入奴婢以玉山书院记载为多。从现存文书来看，最早见于1684年的《奴婢案》，“买得婢有分，年三十六”，下录其所生2婢，分别为3岁、1岁。其后不断买入奴婢，至1837年150多年间，玉山书院先后买得奴婢27名。

玉山书院买得奴婢表

时间	奴婢	价格	方式	说明
不详	婢有分	不详	不详	1684年《奴婢案》
1715年	奴李介叱34岁，及7岁女和5岁、1岁2子。4人	20两	自卖	年值凶荒，资生无路
不详	奴，18岁	不详	不详	1723年《奴婢案》
1755年	婢正郎20岁，奴介叱同15岁。2人	不详	不详	姐弟
不详	奴卜全伊32岁，奴加八里44岁。2人	不详	不详	1758年《奴婢案》
1794年	贵才，男	3两	自卖	因贫寒
1798年	□万，男	7两	自卖	生道无路

① ［韩国］《绍修书院志》。

（续）

时间	奴婢	价格	方式	说明
1799年	宋圣得，男	4两	自卖	杀岁
1813年	明文无名字	10两	自卖	杀岁，生涯为难
1818年	石岩，男，25岁	不详	不详	
1819年	有心，女，23岁；子泽龙5岁，天龙2岁。3人	15两	不详	
1819年	又暹，男，25岁	7两	不详	
1831年	松白，女，35岁；及9岁、7岁2女，4岁、1岁2子。5人	69两	不详	
1835年	昌范，男，14岁	不详	不详	
1837年	于今大，男；分三，男。2人	不详	不详	

玉山书院买得奴婢数量应该远大于这个数字，1794年至1837年之间共买奴婢17名，买入奴婢数量之所以较多，是因为这段时间内书院档案比较齐备，17、18世纪书院档案保存较少，难以找到有关资料。

朝鲜太祖七年（1398年）国家规定奴婢价格，“凡奴婢价多不过五升布一百五十匹，马价则至四五百匹，是重畜轻人，于理不顺。愿自今凡奴婢价，勿论男女，年十五以上四十以下者四百匹，十四以下四十一以上者三百匹，论定买卖，永为恒法”①，玉山书院买入的奴婢价格远低于国家标准。从卖身契来看，贵才是“本以贫寒之人，慈母侍亲之道至无变通”，□万是“老父生道无路”，宋圣得是碰上大灾荒“杀岁”，“妻子饥死丁宁”，都是在面临生存危机时自卖，不可能按照国家规定的标准价格要价。

（二）奴婢数量

奴婢不论是拨给还是自买，最初数量都不多，但奴婢一入书院就成为书院永久财产，而朝鲜王朝实行“贱人所系从母役”政策，婢子所生子女均属于书

① 《朝鲜王朝实录·太祖实录》太祖七年六月壬戌条。

院，大多书院奴婢数量都呈级数增加。

道东书院崇祯七年（1634年）三月载：有奴11人，其中应男、后男、锄同、顺生4人尚存，成福、自隐福、命金、尾生4人已故，相龙编伍，成男御营军，守日京□保；有婢10人，其中李代、奉玉、奉代、奉梅、贵粉5人尚存，彦介、菊月已老，正令、后代、成春已故。到1693年时，有奴婢138人，其中壮者64人，弱者53人，老者1人，逃亡20人。婢女九月（崇祯九年已故）生1奴4婢，家族已经繁衍至第五代，共有87人，其中已故13人，逃亡4人，壮者35人。婢女贵分71岁，生3奴4婢，3男所生随母不计，长女生1奴1婢，四婢生3奴3婢，五婢生1奴5婢，六婢生2奴3婢，奴婢共34人。短短59年间，健在奴婢由9人增加到64人，奴婢繁衍之快由此可见一斑。

玉山书院1578年只有奴婢17人，1629年增加到68人，51年间奴婢增加了3倍，1694年再增加到130人，65年间又接近翻了一番。现将玉山书院1578年至1801年奴婢数量列表如下：

玉山书院1578年至1801年奴婢数量列表

<table>
<tr><td colspan="3" rowspan="3">类别</td><td colspan="14">时间（年）</td></tr>
<tr><td>1578</td><td>1629</td><td>1681</td><td>1684</td><td>1694</td><td>1696</td><td>1708</td><td>1717</td><td>1723</td><td>1762</td><td>1774</td><td>1780</td><td>1789</td><td>1801</td></tr>
<tr><td colspan="14">奴婢数量（人）</td></tr>
<tr><td colspan="3">奴</td><td>2</td><td>25</td><td>—</td><td>38</td><td>—</td><td>17</td><td>41</td><td>46</td><td>92</td><td>51</td><td>46</td><td>47</td><td>48</td><td>28</td></tr>
<tr><td colspan="3">婢</td><td>15</td><td>43</td><td>—</td><td>39</td><td>—</td><td>10</td><td>27</td><td>36</td><td>46</td><td>33</td><td>29</td><td>32</td><td>38</td><td>27</td></tr>
<tr><td colspan="3">现存</td><td>17</td><td>68</td><td>—</td><td>77</td><td>—</td><td>27</td><td>68</td><td>82</td><td>138</td><td>84</td><td>75</td><td>79</td><td>86</td><td>55</td></tr>
<tr><td colspan="2">外居奴婢</td><td rowspan="2">他官居</td><td rowspan="2">—</td><td rowspan="2">—</td><td rowspan="2">—</td><td rowspan="2">33</td><td rowspan="2">—</td><td rowspan="2">14</td><td rowspan="2">34</td><td rowspan="2">46</td><td>34</td><td rowspan="2">43</td><td>10</td><td>11</td><td>26</td><td>26</td></tr>
<tr><td rowspan="2">逃亡</td><td>所在地确认</td><td>2</td><td>31</td><td>34</td><td>34</td><td>34</td></tr>
<tr><td colspan="2">所在地未确认</td><td>—</td><td>—</td><td>—</td><td>1</td><td>—</td><td>16</td><td>15</td><td>16</td><td>16</td><td>32</td><td>46</td><td>41</td><td>40</td><td>38</td></tr>
<tr><td colspan="3">合计</td><td>17</td><td>68</td><td>109</td><td>111</td><td>130</td><td>57</td><td>117</td><td>144</td><td>190</td><td>159</td><td>162</td><td>165</td><td>186</td><td>153</td></tr>
</table>

此表采自韩国岭南大学所编的《玉山书院志》，数字不尽准确，1694年与

1696年两年间奴婢数量差距较大，但是此时并无战乱，应该是原始档案不全或统计不正确造成的，基本可以反映玉山书院奴婢增加的趋势。

（三）奴婢纳贡

从万历六年（1578年）《玉山书院官奴婢案》来看，奴婢分为官奴、官婢和公婢，从1684年和1723年玉山书院《奴婢案》来看，婢有私婢和班婢。官婢、公婢、官奴都属于公贱，私婢、班婢都属于私贱。

奴婢不管公贱还是私贱，根据承担义务不同，分作率居奴婢和外居奴婢。率居奴婢居住在书院附近，又可以分作两小类，一类在书院内服役，负责看守书院和承担书院各种杂役；另一类是院底奴婢，负责耕种书院田地，书院有重大活动时也会应招当值。外居奴婢不在书院服役，但要向书院交纳贡品。

玉山书院称外居奴婢为“外处收贡奴婢”，1747年《奴婢案》记载收贡6人，其中5人每人2两，1人1两，总计11两，是年“外处收贡奴婢”有37人，其中16岁以上60岁以下者27人，只是针对部分奴婢收贡。1758年《奴婢案》并无外处收贡奴婢清单，“奴婢今年收贡秩”中只记载义城婢以丹名下“二口，一口一两，一口二两”，总计20两。

绍修书院对所有奴婢一律征收贡膳，1759年《院中立议》强调，“本院奴仆多有遗漏未推者，存亡多寡之数当任者专不检察，贡膳交纳比前大缩”，可见对奴婢征收贡膳这一规定已经执行很长时间。此次规定元奴婢外居者每名每年各交米1石，居住在书院附近并在院服役者每名每年交黄豆12斗，奴的妻子和子女以及假属奴婢无论居处远近一律每名每年交黄豆12斗[①]。根据英祖七年（1731年）确定的粮食价格“钱一两米三斗定为市直”计算，外居元奴婢每年交米1石（15斗）折钱5两，黄豆价格不应低于大米，12斗黄豆也不应少于4两钱，交贡标准至少是玉山书院的两倍。绍修书院不论奴婢是否服役一律向其征收贡

① ［韩国］《绍修书院志》。

膳，当然交贡数量有所差别，绍修书院奴婢交贡数量远比玉山书院奴婢交贡数量要多。

五、院直

朝鲜书院一般将奴婢和各种在书院承担服务任务的人员统称为院属，其实奴婢和院直差别很大。奴婢属于贱民，是书院世袭的永久财产，而院直有的是良丁，有的是身良役贱，他们被官府指派到书院服务，与书院没有依附关系，仍然保留个人身份，在书院服务只是抵充国家徭役。

在书院服役而没有依附关系的人群名称不一，嘉靖二十五年（1546年）白云（绍修）书院《顺兴文成公庙、白云书院斯文立议》将依附书院者称作奴婢，将非依附者称作院直。

（一）院直来源

院直主要来源有三：一是朝家拨给，二是地方官府拨给，三是书院自行招募。

1.朝家拨给

朝家拨给院直初见于白云书院。嘉靖二十五年（1546年），丰基郡守周世鹏认为“书院守直人无一名土著，皆以贼人所生定属，非但无依据，实非久远之虑”，因此上书道监司，转报礼曹批准，将“本邑元官属林种同、安玉孙、新属人金景良、黄世斤等四户以，移属本院”。郡守周世鹏给予完文保护，“移属本院，以为永世使用之地，继自今留乡所、司马所、业儒校生下及三班须体朝家尚贤之意，一心扶护为旀。后之守此土者置不得擅夺，不得侵扰”。书院将此完文刻于木板，悬挂在讲堂内。

玉山书院似乎也有朝家划给良丁，但划给时间不详。1774年在府尹审核后用印的《玉山书院院属案》中记载有15名良丁，1780年为17名，1799年为25名，1863年为35名。良丁不是奴婢，与书院没有依附关系，国家拨给良丁只是确定名额，虽然是永世遵行，但一般是“随阙随代”，“有颐者代定”，拨给

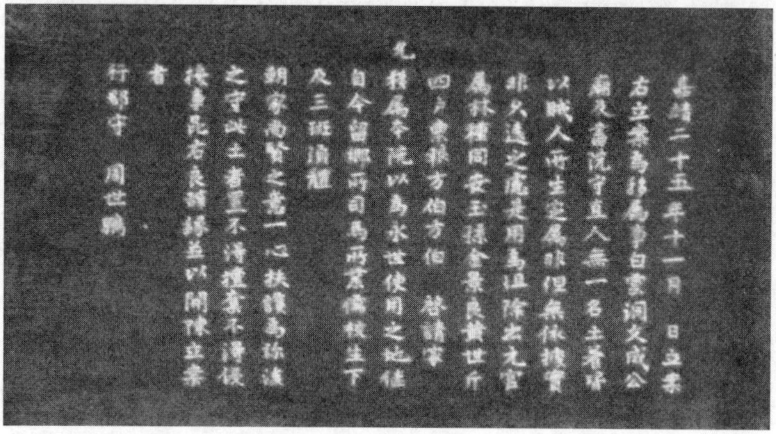

奉基郡守周世鹏奏准拨给绍修书院院直公文悬板

良丁年长不能服役或去世后都是另派他人应差。国家拨给良丁的名额不可能逐年增加，毫无疑问是书院在蒙混官府，但官员在国家“右文兴学、养育人才”的教育方针下也乐于支持书院，也就睁一只眼闭一只眼不与深究。

2.地方官府拨给

地方官府拨给是书院院直的主要来源，始于白云（绍修）书院。嘉靖二十五年（1546年）时，地方官府将书院附近田畓30结招人耕种，免除他们杂役，让他们专门守护书院，并向书院提供生活柴木，“近在田畓三十结乙，庙宁守护以，永定耕食人乙，除杂役，专为守护为遣，备给儒生供馈时柴木令是齐”[①]。其后许多新建书院加以仿效。嘉靖三十七年（1558年）伊山书院落成，荣川郡守安瑺“给良贱若干口”，隆庆元年（1567年）易东书院落成，礼安县监郭趪“良贱若干名以属之”，都是拨给良贱。贱为奴婢，良即良丁，地方官拨给良丁到书院充当院直提供服务，免除其军役和其他杂役作为补偿。

地方官拨给玉山书院院直比较典型。1861年，玉山书院在《斋任书目》中提道：“本院创建在隆庆壬申，而朝家崇儒之典迥出寻常，按道佥贤莅府诸公右文之诚靡不用极。就考院荘（当为“藏”——摘者注）《考往录》可知也。况

① ［韩国］《绍修书院志》。

在肃庙朝，因奉命使臣回启，有本院所属还为出给之教，纶音炳焕，永为不刊之典，镂板高揭，已作永遵之规。本院所属院生、良下典之添加他院者良由此耳。戊午刊额之时，虽有各院分定额数，而伊时主事者于本院无一半分顾护之意，故本院士林初不□下，一任其所为而已。然三百年遵守之旧规，不可拘泥于一时擅易之数而有增减者。故本院则一依募入之数逐年案报，其后官家亦知本院院规之与他自别，依院报□印以给者。自戊子至今已近四十年之久矣。窃念本院院属初非本院之私自募入者也，自建院以来，入院诸贤俱以尊道之诚各捐供役之丁。十七名即府尹李公之所永属也，百名是府伯柳公之所限定也，良丁十八名，敬差官郑公移属焉，假属五名，府尹崔公永属之。虽以龙蛇抢攘之日，军籍之荡残何如，而方伯韩公永属五十名，府尹朴公又复若干名，府尹权公亦属四名。前后营、本府之属丁多至二百余名，而朝家划给犹不在其数焉。壬辰兵火之后，此等文迹虽已荡失，一部《考往录》犹幸传来，断烂故纸昭然可考，此非可信无疑之文迹乎？今以官上见在之数，较之朝家及营府划给之额，犹且六七十，未满元数。"[①] 隆庆六年（1572年）玉山书院创建后，地方官员不断捐给供役之丁，府尹李公拨给书院永属17名，府伯柳公限定100名，敬差官郑公拨给书院良丁18名，府尹崔公拨给书院永属5名，监司韩公拨给书院永属50名，府尹朴公蠲免若干名院直徭役，府尹权公拨给4名。其实，府尹永属17名是奴婢，有1578年府尹认定的《奴婢案》可证，1629年、1684年、1723年、1747年、1758年《奴婢案》都只著录奴婢，1751年《院属案》才出现所属斋直、筛子匠、炭军、下典、莞席军、冶匠、世丁等，计有良丁47名，下典26名，莞席军8名，此外还有属于奴婢的奴子27名，婢夫6名，婢子12名。

从玉山书院历年《院生案》《院属案》来看，1774年、1776年有官家额定院直25名，1780年增至32名，凡是逃亡和已故者均由他人代替；1799年改称官给良丁，增加至39名，1863年增至64名。

---

① ［韩国］《玉山书院志》。

3.书院自行招募

书院自行招募院直时间不详。肃宗元年（1675年）令“募入院奴婢，定额外，汰补军丁”，次年，议政府参赞权愈奏请国王“礼安陶山书院即先正臣李滉藏修之所也，宣庙朝特给奴婢各一人，又给一店，以为永久守护之道。而一道多士之所聚会犹未足支给，故募入若干民人得以给使用而供多士矣”，可见此时陶山书院已经私自募入民人。而且陶山书院并非孤例，权愈建议“文庙从祀诸贤书院宜施优异之典，其平生经过处祠院虽不可一一皆施特恩，而至若礼安之陶山、庆州之玉山、玄风之道东、安阴之龙门、杨州之道峰、延日之乌川诸书院，则已募入者仍存勿侵，而更勿令募入似宜”[①]。

玉山书院1751年有案付良丁、新入良丁和案外良丁，案付良丁和新入良丁应该是朝家和地方官府拨给的，而案外良丁应该是书院自行招募的。同样额内院生21名也是官府拨给的，案外院生8名也是书院自行招募的。

（二）院直缴费

官拨院直免除国家各项杂役，自行招募院直有的经过官府认可则可免除杂役，有的没有获得官府认可则不能享受这些优待。据岭南大学《玉山书院志》记载，免除杂税的院直要向书院纳税，而没有享受到免除杂役者则不须向书院纳税，“这些院属中，虽然也有贱民，但大部分是为了躲避兵役或者劳役才投靠到此，也属于良民。为了逃避兵役或者劳役，他们有人担任负责院内杂役的书院守卫，但大部分要像奴婢纳税一样，承担书院的经济负担。在当时，他们和奴婢一样，既要向书院纳税，又要做劳役。因此，两者所要承担的经济负担大致是一致的。另一方面，借书院之力逃避兵役或者劳役是他们的最终目的，如若兵役和各种杂役免除不了的话，书院也不会给其任何经济负担”[②]。

---

① ［朝鲜］《增补文献备考》卷二一〇。

② ［朝鲜］《玉山书院志》。

玉山书院文书档案中未见院直纳税记录，绍修书院1759年《院中立议》规定缴费者只有奴婢也无院直，既然书院研究者有此结论，当有所据。特别是玉山书院院直很多，1751年，玉山书院有院直良丁47人，下典26人，莞席军8人，此外还有奴29人，婢夫6人，婢子12人，合计128人；1863年，玉山书院有都色24人，斋直27人，朝家划给良丁35人，官给良丁64人，祭器下典4人，车子军10人，朝家划给下典奴67人，官给下典奴13人，此外还有御书阁守直军20人左右，仅府尹审核的书院服役人员就有260多人。书院根本不需要这么多人服役，而且1751年院直中有28人住在迎日县，6人住在长鬐县，与玉山书院都有三十公里左右的距离，来书院服役也多有不便，很可能也像外处奴婢一样以纳贡代替服役，向书院交纳钱两。

六、其他收入

其他收入有鱼盐和船、官给钱粮、官给食物、官给文具、店铺等，大多是个别书院才有，不像土地、宝米、基金、奴婢、院直那样普遍。

（一）鱼盐和船

鱼盐收入始于白云书院，建造书院时官府就拨给白云书院鱼盐充作建设费用。嘉靖二十一年（1542年），庆尚道观察使林百龄“大施鱼盐，兹用创立文成公庙于竹溪之上，又建书院于其前”，经费不足，第二年继任观察使李彦迪“且施盐藿之惠”。书院落成后，右水使郑允诚拨给熊川青鱼基3所，“永永施给”。熊川鱼基由地方管理，每个鱼场按惯例分鱼120冬音（1冬音等于20尾），三个鱼基共分到鱼2520冬音。书院10名学生每人每餐2尾鱼，每年只需720冬音鱼，其中，200冬音鱼制作鱼酱，其余晒干送到白云书院。嘉靖二十五年（1546年），观察使安玹拨给赃款购置生铁，在宁海、盈德制作3座熬盐盐盆。嘉靖二十七年（1548年），观察使郑万钟又拨给天城堡4所鱼基，每所鱼基上交青鱼500冬音。鱼盐“一年所纳，青鱼三千五百贯，食盐十六石，为馔羞所供之外余悉贩贸，粮酱油馔铺设什器及院中一应用度皆赖是不匮”，基本保证书院日常所需。鱼基、盐盆和奴婢等嘉靖二十九年（1550年）都获得朝家认可，“安玹所与鱼盐之供、役隶之充仍而不改”。然而，有的官员并不支持，“鱼盐该纳之官，比年以来不体国家兴学之至意，养士之资视之寻常，一不致意，有司不得已告于郡守，郡守报于监司，监司督于本官，非一再然后或略输焉，或半输焉，甚者犹累数岁而不输焉。供亿告罄，措补无路，至于称贷官仓，艰难支持。有司窘迫之私忧既云极矣，朝廷教育之事体亦大乖焉”，致使书院经费紧张。嘉靖三十九年（1560年），书院不得不上书户曹请求蠲免税收[①]。壬辰（1592年）倭乱后，“熊川官府荡败无形，故鱼则不敢望也”，鱼供停止。由于日本入侵，军费紧张，户曹[②]将制盐划为军粮，绍修书院盐盆也被收归国有，经儒生陈请，庆尚道巡察使将盐盆发还书院，减半交税，1610年盐盆又被收归国有，书院儒生再次上书巡察使争索。1727年，鱼盐之供早已断绝，“海邑鱼盐之供及中道各官米豆灯油等物，自巡营分排委输之规，废阁已久者乎”[③]。

享受到国家鱼盐之供的还有玉山书院。1610年，庆尚道观察使李廷臣拨给书院煮盐7石，“顷在庚戌年秋，李巡相廷臣念切兴学政，先右文，本府别煮盐七石题给，以为院生朝夕之周。自是厥后岁以为常，永久不替”[④]。后改为每年拨给书院煮盐5石，“盐五石，自官家每年上下事”。除了地方官吏拨给外，玉山书院也在长鬐、迎日等地自备3座盐盆，每年向书院上缴盐2石，分春秋两次上缴，“盐釜一坐，盐各一石式，春秋二等备纳事”[⑤]。

自备船只见于玉山书院，并得到户曹免役优待。1661年玉山书院儒生蒋侠等上书迎日县监文称“船只自户曹完文，盐盆则自本官蠲税以保之，使专养

① ［朝鲜］朴承任：《代绍修书院有司上户曹书》，见《绍修书院志》。

② 户曹：相当于中国户部，朝鲜王朝为中国藩国，六部均称曹。

③ ［朝鲜］李征道：《居斋定规》，见《绍修书院志》。

④ ［韩国］《玉山书院志》。

⑤ ［韩国］《玉山书院志》。

士之供者其来尚矣。船只盐盆别色之侵不计，完护而依他还夫例，种种侵督而殊无。日前本官完护之意，致有海夫、盐干杂役之怨，皆怀涣散之计，无意本院之供。伏愿阁下俯采多士之恳，船只、盐盆勿侵，完文依前成给，使之专役于本院，则官家之所费者不多而多士之所受者多矣”①，获得县监同意，给文完护，船夫、盐工都免除杂役。

1664年，玉山书院儒生上书兴海郡守，“伏以弊院设立之初，买得若干船只，而呈户曹受完文，以为养士之具者其来尚矣，其中禾音万船只在于治下，自前巡使道及本郡完文非不叠积，而苟非其等内完文则未免横侵之弊。兹敢烦渎于仁政之下，伏愿特加顾念，成给完文，使禾音万格军不依专役，于弊院则阁下之赐至矣，多士之幸大矣”，获得兴海郡守同意，“依旧例施行”。②

（二）官给钱粮

官员拨给粮食始于白云书院。嘉靖二十五年（1546年）正月，安珦11代孙安玹出任庆尚道观察使，规定白云书院学生名额为10人，发函令荣川府衙供给粮食。由于粮食不足，6月12日安玹又令附近郡县向白云书院提供粮食，“安东、义兴、义城等官白米各壹石，酱太各壹石，灯油各壹斗，醴泉、龙宫、比安等官白米各壹石，醴泉酱太壹石，并以费送次，真宝、青松、军威等官则白米各壹石费送次”③，送给书院大米、制作大酱的大豆和灯油，共送大米9石（大石20斗，小石15斗），大豆4石，灯油3斗，12月30日安玹又令醴泉、荣川、真宝各提供油1斗。此规定在1727年之前就被废止，“中道各官米豆灯油等物，自巡营分排委输之规，废阁已久者乎”。除本道监司指令拨给外，有的地方官主动捐助粮食，1555年6月6日，丰基郡守韩琦赠送中赤豆5斗，至1788年，共有官员致送粮食69次，共送米54石6斛66斗，稻谷154石，大豆

---

① ［韩国］《玉山书院志》。

② ［韩国］《玉山书院志》。

③ ［韩国］《绍修书院志》。

31石7斛10斗，小米3石，青稞麦10石，皮麦1石，面粉5斗等。官员拨给粮食以庆尚道监司和丰基郡守为多，也有顺兴府使、醴泉郡守、荣川郡守、朝中差官、安东判官等。致送粮食数量以监司为多，1605年巡相李时彦一次致送米7石，大豆1石，棉布10匹。18世纪道官巡视时致送粮食为多，1708年观察使洪万朝送10石水稻，1722年观察使赵泰億巡视时送10石水稻，1726年观察使俞拓基巡察时送2石白米、2石小米、2石大豆、3石水稻，1734年观察使金在鲁巡视时送20石水稻，1738年巡察使李箕镇巡查时送7石青稞麦，1742年观察使金尚星巡察时送15石水稻，1745年观察使权爀巡察时送10石水稻，1746年观察使尹公巡察时送5石水稻，1782年秋观察使赵时俊巡视时送10石正租，但此后再无记载。丰基郡守致送粮食主要在17世纪，18世纪未见，致送粮食数量最多的一次为1605年丰基郡守卢景任送给童蒙斋7石大米、3石米牟、2石大豆、5石正租、6石荒租。

官给钱粮比较常见。嘉靖三十七年（1558年）伊山书院落成，郡守、安珦后孙安瑺“增赡谷数百石”。隆庆元年（1567年）易东书院落成，礼安县监郭趪“又多出布谷以付之”。万历三十四年（1606年），观察使柳永询与兵使金太虚向德川书院捐赠稻米，“捐以米二十硕，租五十硕，环山一里为取息之地，以备院中需用”①。

玉山书院官给钱粮较多，从1816年至1873年的《考往录》来看，19世纪前期，本道巡使和本府府尹来书院均捐助粮食，外地官员则捐助钱两，但1841年后再无相关记载，可见从18世纪中期开始此惯例则不再延续。

玉山书院接受捐赠钱粮表

时间	官职	姓名	捐助粮食数量	捐助钱数
1816年8月	庆尚道监司	李存秀	别会租50石	—
1820年2月	庆尚道巡使	金履载	别会租7石	—

---

① ［韩国］《德川书院志》。

（续）

时间	官职	姓名	捐助粮食数量	捐助钱数
1825年8月	庆尚道巡使	赵寅永	别会租10石	—
1828年3月	庆尚道巡使	郑基善	租10石	—
1828年9月	庆州府尹	李元八	租2石	—
1831年9月	庆尚道巡使	朴岐寿	租10石	—
1832年9月	庆尚道巡相	金阳淳	别会租10石	—
1835年10月	荣川郡守	李汇宁	—	钱3两
1837年2月	庆尚道巡相	尹声大	别会租10石	—
1840年7月	东莱郡守	李明迪	—	钱10两
1841年2月	庆尚道巡使	洪在喆	别会租20石	—
合计	—	—	129石	13两

捐助谷米均为别会租，且来自官府设置的社仓，这应该是社仓出租谷米后的利息，而不是官员自费。

（三）官给食物

官给食物最早见于白云（绍修）书院。嘉靖二十六年（1547年）二月十三日，庆尚道观察使安玹首先向书院提供“清酒二盆，生雉三首，鸡儿三首”，供先生会诸生之用。次日，右兵使金舜皋向书院提供鱼2630尾，“贯目三十冬音，青鱼一百冬音，桶大口三十尾”[①]。此后直到1826年，官员向绍修书院共致送食物131次。从书院记录来看，16世纪末地方官员赠送食物最为频繁，其次为17世纪，但在1826年后再无记载。

致送食物的官员有庆尚道监司、右兵使、顺兴府使、永川郡守、醴泉郡守、旌善郡守、奉化郡守、朝家差官、宁海都护使、蔚珍县令等，以丰基郡

① ［韩国］《绍修书院志》。

守为多，丰基郡守裴三益任职3年致送食物10次，李逗春任职6年致送食物16次，官给食物都非常频繁。

致送食物计有贯目鱼600尾，青鱼2618尾，鳕鱼28尾，鳕鱼干60尾，碧鱼234尾，比目鱼29尾，其他杂鱼398尾，鱼干14尾，红蛤3斗7升，鹬蚌200个，野鸡44只，干野鸡2只，鸡44只，狗2只，猪4只，獐子7只，鹿肉12斤，肉11斤，松子42斗5升，芝麻13斗5升，野芝麻51斗5升，盐4石21斗，各种酒84瓶17坛8镨，酒米11斗，以及鹅、蟹、鲍鱼、海带、鲸鱼油、烤肉、蜂蜜、石耳、酱菜、土酱、酱油、西瓜、甜瓜、茄子、黄瓜、大葱、鹿头、獐脚、肺、肝，祭祀后的祭品、菜肴、粥饭等无所不有。

部分官员向白云（绍修）书院提供食物表

时间	提供者	提供食物
1547年2月23日	观察使安玹	清酒2盆，生雉3只，鸡3只
1547年2月24日	右兵使金舜皋	贯目鱼600尾，青鱼2000尾，鳕鱼干30尾，鸡3只
1547年秋	监司任虎臣	酒2罐，生雉5只，鳕鱼5尾，比目鱼7尾，松子2斗
1548年11月19日	丰基郡守李滉	清酒1壶，生雉1只
不详	丰基郡守李滉	青鱼200尾
1557年5月	醴泉郡守权镕	酒米6斗，酒曲10张，烧酒3镨
1557年11月14日	庆尚监司金光轸	清酒2坛，生雉2只，鸡5只
1557年11月22日	郡守曹淑	清酒1坛，鹿肉3斤，鸡2只，比目鱼干1尾
1558年6月1日	丰基郡守张文辅	秋露1壶，苏鱼40尾
1559年12月9日	丰基郡守朴承任	官醪2壶，猪肉1箱，华虫（雉）1只，生肉6升
1564年	庆尚监司李友闵	清酒2瓶，鸡3只，鱼干2尾，米2石，豆1石
1567年5月18日	丰基郡守尹承庆	烧酒1坛，鸡3只，松子3斗。6月18日松子5斗
1569年6月17日	敬差官徐崦	清酒1坛，鸡2只，松子1斗
1571年3月15日	丰基郡守李逗春	药酒2瓶，松子1斗，獐肉3斤，鸡2只，碧鱼20尾，清酒1坛
1571年3月25日	都事俞大猷	柏子1斗，獐肉3斤，鸡2只，碧鱼20尾，清酒1盆

（续）

时间	提供者	提供食物
1574年7月7日	丰基郡守赵庆兰	角黍1碗，烧酒2葫芦，海鱼2尾，松子2斗
1575年11月11日	庆尚监司朴谨元	米2斛，豆2斛
1575年12月1日	丰基郡守裴三益	清酒1坛，青鱼3贯，鹿肉5斤，鸡3只，鱼干2尾
1581年	丰基郡守安凤	清酒1盆，生肉5斤，药果1碟，生雉1只，海松子1斗
1585年11月21日	丰基郡守金大鸣	清酒1罐，碧鱼80尾
1589年	丰基郡守边以中	快脯牛肉，千叶1部，肝1部
1594年8月24日	盈德县令安琎	大口2尾，生鳆2升，银鱼100尾，红蛤4升，食盐5斗，甘藿10丹
1594年8月28日	宁海都护金九鼎	盐3石，干大口5尾，广鱼3尾，痲鱼12，道也味5尾，杂鱼40尾，白条2贴，全鳆1贴，丰鹬200介，红蛤3斗
1597年7月10日	昌乐察访崔山立	酒米3斗，鸡3只，鳕鱼3尾，茄子、黄瓜、大葱等
1597年7月	丰基郡守李春祺	秋露1封，巨口2尾，西瓜2颗
1613年	丰基郡守李埈	6月，颁胙祭品2碗，酒1壶；9月23日，酒、松子
1646年2月25日	蔚珍县令黄益清	盐20斗，干文鱼1尾，早藿20束，干大口10尾，沈连鱼3尾，连鱼卵2升，干红蛤5升，鲸油4升
1647年2月12日	金化县监安应昌	鳕鱼2尾，雉2只，干雉1只，蜂蜜2升，烧酒1瓶
1656年3月14日	义城县令安应昌	烧酒1瓶，鳕鱼2尾，鸡3只，鳕鱼2尾，芝麻1斗
1656年5月4日	丰基郡守尹益亨	烧酒2瓶，鸡2只，野芝麻2斗，豆1石
1664年3月	平陵察访安弘	鳕鱼10尾，中蟹20只，申三鱼70尾，鲂鱼2尾，明太鱼50尾
1680年2月	奉化县监安重	松子5升，土酱1斗
1688年11月25日	顺兴府使黄得禹	碧鱼3串，柿干2碟
1696年7月	顺兴府使郑重昌	清酒15瓶，狗2只，角黍1碗，米食1碗
1699年11月3日	顺兴府使成硕莀	鹿肉4斤
1738年7月3日	府使	甜瓜70个，面粉5斗
1738年12月1日	府衙	年糕面各1碗，小菜1盘，清酒2镨，青鱼10尾，米3斗
1738年12月6日	府衙	酱油1斗，炭3石，木柴20束
1810年12月12日	官	明太鱼1部，酱5升，盐5升
1813年12月10日	府使	太4封，甘藿3丹，明太鱼60尾

向书院致送食物未见其他书院，独白云（绍修）书院为多，应该是与书院主祀的安珦后裔有关。安珦后裔为当时望族，1543年，国王命将原来奉祀在顺兴乡校却因1457年顺兴府使李甫钦作乱、乡校被毁而转至国都大宗的安珦画像送回绍修书院，命承政院注书、安珦胄孙安珽专程护送，离都时在朝任官的安珦内外后裔40多人拜送，“奉影出城之日，凡文成内外云仍之在朝者四十余人，供帐都门，设祭拜送，一时盛事无大于此”[①]。安珦11代孙安玹（1510—1560年）1546年正月十七被任命为庆尚道观察使，虽然任职仅1年1个月，但拨给书院鱼基、盐盆、公私奴婢，令辖内郡县拨给米豆灯油等，制定书院制度《顺兴文成公庙、白云书院斯文立议》，奠定书院运营基础。安玹回都后先后担任汉城府尹、大司宪、议政府参赞、兵曹判书、户曹判书、礼曹判书等，1559年官至左议政，成为仅次于领议政的二号朝臣。他入朝后仍然关心书院运营，1559年曾专门致函丰基郡守朴承任对其关照绍修书院表示感谢：“且院长虽欲尽力竭诚养儒，迷劣下人等带率并恤其奴婢院属人辈，生理之际必多烦渎告达，想必有生涩可厌之理，而每蒙宽教厚恤，闻之不胜感激。且闻儒生等共感于心，咸欲进寓，慕仰风声，自就长进，一动静之间便能养育人材，以为国家之用，人孰不感激乎？”[②]名为感激，其实是希望多加关照。安玹之兄安玮（1491—1563年）以司宪府执议弹劾权臣尹任被贬外任忠州牧使，官至兵曹判书。安氏家族在庆尚道为官者也不少，安瑺1556年任荣川郡守，安瀚1560年任义城县令，安凤1583年任丰基郡守，安琎1594年任盈德县令。安珦后裔在本地任官时当然支持维护书院，而在朝中高官和本地官员明事理者当然会对其给予关照。

---

① ［朝鲜］安珽：《安注书珽书》，见《绍修书院志》。

② ［朝鲜］安玹：《与丰基郡守朴承任书》，见《绍修书院志》。

（四）官给文具

地方官员不时致送学习用具也是主要见于白云（绍修）书院。1545年春，庆尚道观察使权应昌首先送给书院油烟墨20丁和名楮30张，1546年，刚刚到任庆尚道观察使的安玹先后3次致送纸墨笔扇，第2次致送每人笔墨扇各1。此后本道官员和丰基郡守不断致送学习用具，道内其他府郡县地方官员、甚至朝中官员和外道官员也有致送学习用具。至1765年，书院先后125次接到官员致送的文具，计有纸219卷另150张，墨518丁及20桶，各种笔160支，砚台8座，扇子73把。致送文具以丰基郡守为最多，先后共致送75次，其次为庆尚道观察使，共致送15次，但主要在16世纪，17世纪仅有1629年、1636年、1638年3次。丰基郡守罗纬素4年内5次送墨40丁；吴熽3年内5次送墨30丁，纸3卷；鱼尚俊3年内4次送墨34丁，纸5卷；李尚伋3年内6次送墨28丁，纸20卷，笔3支。道外致送文具的官员有忠清道监司、户曹正郎，道内致送文具的官员有丹阳郡守、安东府使、顺兴府使、安东判官、荣川郡守、堤川县监、蔚珍县令、义城县令、奉化县监、新宁县监等。忠清道监司金玏1次致送真墨2丁，松墨3丁，黄笔2支，白笔3支，壮纸5束；安东府使1次致送真墨5丁，黄笔5支，白纸2束，紫砚5盒。安珦后裔对绍修书院尤其关心，安玹任职庆尚道观察使1年，致送文具3次，计有墨21丁，白扇11把，羔毛笔11柄，纸5束，捣练纸30张；安凤任职丰基郡守时，3年内致送文具6次，计有25柄羔毛笔，17丁真墨；安珦14代孙安应昌自1636年至1665年30年间24次过问绍修书院，向书院致送笔墨纸砚，鸡鱼酒食，10匹木棉布，6部书，22件书画作品，5件碑帖；听说书院祭祀以鸡代牲，1656年安应昌致送祭祀全部祭品，“4瓶祭酒、1封香、1斗2升稻米、1斗2升黍米、1斗2升稷米、1斗2升粱米、1碟2组鹿脯、4条鱼鱐、4升鱼醢、4升鹿醢、4升黄栗、4升柏子、4升薤菹、4升菁菹、4支蜡烛、20只油龙、1张祝文纸、1丁墨、1头猪、528份茶食、1卷杂下纸、5张油纸等”。

部分官员向白云（绍修）书院提供文具表

时间	提供者	提供物品名称及其数量
1546年2月4日	观察使安玹	墨10笏
1546年6月11日	安瑚、安玹	白扇11把，羔毛笔11柄，油墨11丁，纸5束
1546年6月29日	观察使安玹	捣练纸30张
1547年4月11日	观察使	壮纸15贴，油烟墨10丁，松墨5丁，羔毛笔20柄
1547年7月27日	永川郡守	名纸1卷（20张），羔毛笔18柄，油烟墨12丁
1555年5月20日	荣川郡守	注纸2卷，壮纸3卷。每年春秋2次，糊窗用
1556年1月22日	丰基郡守金庆言	白纸1卷，常楮3束
1557年5月	庆尚监司俞绛等	草壮纸15卷，油墨15丁，羔毛笔20柄
1567年4月8日	观察使柳昌门	壮纸10卷，羔毛笔10柄，油烟墨10丁，白帖扇、油漆扇各11柄
1567年5月18日	丰基郡守尹承庆	白纸3卷，草纸5卷
1569年5月28日	丰基郡守李逗春	白纸3卷，常纸9卷
1569年6月13日	丰基郡守李逗春	羔毛笔10柄
1569年6月22日	庆尚监司李阳元	折扇10柄
1570年5月20日	丰基郡守李逗春	大墨14丁
1571年5月29日	丰基郡守李逗春	羔毛笔10柄
1575年11月11日	庆尚监司朴谨元	墨10丁
1577年6月29日	丰基郡守裴三益	白纸3束
1579年12月16日	丰基郡守裴三益	正学纸5卷
1580年4月15日	丰基郡守裴三益	羔、黄毛笔6柄，真墨2笏
1580年11月18日	丰基郡守安凤	羔毛笔6柄。12月19日，墨3丁
1581年	丰基郡守安凤	3月7日羔毛笔4柄，3月14日真墨4丁，11月16日羔毛笔8柄
1582年7月6日	庆尚监司	真墨10定，续木10匹
1583年冬	丰基郡守安凤	羔毛笔7柄
1599年4月	户曹正郎李咏道	真墨10定，白纸3卷

（续）

时间	提供者	提供物品名称及其数量
1599年6月20日	忠清监司金玏	真墨2笏，松墨3笏，黄笔2柄，白笔3柄，壮纸5束
1600年10月	昌乐察访崔山立	白纸5束
1607年4月1日	宁海都护金九鼎	扇子20柄
1646年2月25日	蔚珍县令黄益清	壮纸1卷，白纸1卷，草纸3卷

地方官员不时致送文具的记载在其他书院也很少见，白云（绍修）书院官给文具较多的原因与致送食物较多的原因应该是相同的。

安东府使林象鼎最关心书院发展，1738年规定，定期向绍修书院致送学习、生活物品，“十一月望日白纸一束；冬至日馔一盘，豆竹一盂，简纸十四幅；十二月初一日饼、面各一盘，清酒二镨，白米五斗，生雉三只，青鱼十尾；初六日艮酱一斗，炭三石，柴木二十束”[①]，涉及纸张、食物、粮食、柴炭，可说是无微不至。

（五）店铺

书院所属店铺有三种，一种是朝家赐给，一种是官府拨给，一种是自愿投托。

朝家赐给店铺始于宣祖给赐陶山书院。宣祖八年（1575年）赐额陶山书院时并无赐给店铺记载，此事见于朝鲜《增补文献备考》。肃宗二年（1676年）十月初十，议政府“参赞权愈奏曰‘臣奉命岭南，回还时过礼安陶山书院，即先正臣李滉藏修之所也，宣庙朝特给奴婢各一人，又给一店，以为永久守护之道’”[②]。赐给陶山书院一店应该是可信的，如无此事，权愈不可能凭空启奏，

① ［韩国］《绍修书院志》。

② ［朝鲜］《增补文献备考》卷二一〇。

因为他请求为陶山等书院保留私募民人，而此时“重臣建白诸书院募入者搜出以充阙伍”，国王令“该曹禀处”，但并未落实。四年后国王又下令落实：“庚午七月初三日，大臣引见入侍时，右赞成沈回启内，上曰：‘书院所属还为出给事曾已传教，而尚不出给事，甚无据，即为出给可也。’”①该曹迟迟不办说明他们内心抵触，连该曹都抵触的事情权愈如果没有依据断不敢虚奏，此文书档案还见于道东书院、玉山书院，毫无疑问该文书是真实的。

朝家赐给店铺还见于玉山书院，士林致城主呈文说原属省法里水铁店为“正庙朝特命划给以备院用者也。公私杂役蠲免之意，府郡完文及题旨不啻申严”，府尹1835年完文说“玉山书院铁店所属俱是朝家划给”，由此可见，铁店应该是朝家赐给的。

官府拨给书院店铺最多。玉山书院创建后，隆庆六年（1572年），庆州府尹李齐闵拨给书院沙器店（瓷器）、水铁店（制作铁器）和冶铁店，并给予保护公文，“隆庆五年壬申，府尹李公齐闵定惠、斗德两寺及沙器、水铁、冶铁各店定属完护”②。此时间有误，隆庆五年为辛未，六年才是壬申，朝鲜使用明朝年号不一定正确，干支纪年不会有误，因此应该是隆庆六年，而玉山书院也是隆庆六年落成的。

自愿投托店铺也见于玉山书院。1844年，甘谷冶铁店自愿投托玉山书院，“甘谷冶铁店自愿请属，故收公议，依例成给官完文，许属以为春秋收贳补用事”③，春秋收取冶铁店利息贴补书院。店铺投托书院，需要报请官府注册，官府给予完文才可以享受蠲免杂役优待。地方官员也非常明白，“投托店户谋避户役”，携带店铺投托书院，就是图谋在书院庇护下免征户役，但为了显示对教育的重视，官员大多给予蠲免杂役完文。

除朝家赐给书院店铺外，官拨店铺没有法律依据，自置、投托店铺蠲免杂

---

① ［韩国］《道东书院志》。

② ［韩国］《玉山书院志》。

③ ［韩国］《玉山书院志》。

役同样也没有法律依据，但官员大多热衷右文兴学，在自己权利允许的范围内尽力行此善举，以博得士林善誉。地方差吏向店铺征税，书院士林就向道、府申述请求官给完文以蠲免，大多时期营、府都会给予完文，但地方小吏有时并不执行，照常催征。玉山书院省法里水铁店据说是“正庙朝特命划给以备院用者也”，1895年府尹给予“公私杂役蠲免勿侵”完文，但地方差吏照常征收税款。1901年，地方官吏征收钱100两，利息15两，书院士林十二月呈文大邱府，次年二月府观察使批示批评“官隶辈恣意侵讨”，要求“依辞推还”，并发给完文，“切勿侵责于该店”，但地方官吏照征税款。1903—1906年每年照征利息不误，士林每年呈文郡守，郡守每年批示依例蠲免，“既成府完，又有院辞，而何不依例勿侵”，“属之本院，已著完文，依前例勿侵”，“完议如是，则吏属之侵讨似无其理，而设有系府派员之侵责，一遵往例，无至更侵”，“前后可据，□迹不啻申严，而又此侵讨，事体何在？诚极骇惋。从兹以往，更无诛求为旀。所夺足贯及浮费□即一一还推”。郡守发怒，小吏照征税款，就是因为书院并无免征杂役的国家规定，所以地方官吏才敢有恃无恐。

并非所有官员都这么关照书院，有的官员就识破士林书院店铺蠲免杂役的借口。1876年，玉山书院所属柯亭铁店被本面都掌征收“正铁钱、铁石米价合二十八两五钱五分”，镇营征收铁10斤，书院首奴呈文道主请求蠲免，“本院所属柯亭铁店即朝家划给，而营、本府杂役一切蠲减之意踵出完文，使之守护者由来三百年于兹矣”，并附上过去蠲免文书誊录。道主发现破绽，“以册子辞意论之，此是陶山书院事也，不可以此为准”[①]，陶山书院是朝家赐给书院，柯亭铁店并非朝家拨给，不能援引陶山书院之例蠲免。

店铺除向书院缴纳利息外，还要为书院提供产品以供书院日常使用。玉山书院店铺较多，称川和岭颠2个店铺每月缴纳3副铁器；豆流洞和岭颠2个店铺每月缴纳3石木炭，春秋享祀以及接待时另加3石炭，再加上20套食盘、50套

① ［韩国］《玉山书院志》。

铗盘、4座立灯檠盘、4座墙盘桶、4座圆盘桶；岭颠、朴谷、豆流洞等4个店铺秋季各自缴纳10捆木头、4束生麻，春秋享祀时4个店铺一起缴纳10只生禽、4只干雉、80箱南草；磨造店缴纳10套4立足盘、3件立长盘桶、1件立圆盘桶、2只生禽、1只干雉、10捆南草、3乘桃仁、10斗山果、10捆山麻、10捆生麻、1斗山药；沙器店每年春秋两季各缴纳200套碟子、40套大碗、50套大瓷碗、50套中碗、50套广器。[①]西山书院朴谷店原本制作瓷器，后来因为没有制作匠人，每年便向书院缴纳10匹棉布。

① ［韩国］《玉山书院志》。

第九章　朝鲜书院祭祀

“夫教必自尊贤始，故于是立庙而尚德，立院而教学”[①]，书院奉祀先圣先师的目的就是对受教育者进行成圣成贤教育，朝鲜著名理学家李滉也认为“其有庙以祀先贤者，则其于崇道作人之方尤为备也”[②]，“大抵守分不耻之士而极意尊贤，诸生知自重其身而勤志讲学，则彼此交尽而书院之名实得矣”[③]，所以朝鲜书院也仿照中国的祭祀礼仪奉祀先圣先贤。书院奉祀的人物除孔子和中国先贤外，更多的是本国先贤，奉祀人物方式、祭祀礼仪与中国差别也不大，最大的差异是朝鲜纯粹奉祀书院较多，而且有的本名祠堂却被列入书院，有的书院其实就是某一家族或某人的祠堂。

第一节　奉祀人物

朝鲜书院是在中国明朝才传入的，所以受明朝书院影响很大，但朝鲜书院更重视奉祀，赐额书院都是因为奉祀某位人物，然而有的奉祀人物根本与学术或教育无关，很像报德祠。正因如此，朝鲜《增补文献备考》干脆合称为“祠院”。

---

① ［朝鲜］周世鹏：《竹溪志序》，见《绍修书院志》。

② ［朝鲜］李滉：《迎凤书院记》，见《退溪先生全书》卷五九。

③ ［朝鲜］李滉：《退溪全书》卷一。

朝鲜书院奉祀人物可以分作三大类：第一类是孔子，第二类是中国名人，第三类是朝鲜半岛名人。

一、孔子

中国早期书院主要奉祀孔子，受中国影响，早期有的朝鲜书院也奉祀孔子，如肃宗时的邱山书院、五峰书院。国王对有孔子画像的书院还给予优待，邱山书院并非赐额书院，因为有孔子画像，肃宗七年（1681年）国王令给田三结，募人20名，“七年，教曰：‘邱山书院，夫子真像奉安之地，事体自别。朝廷虽无赐额，院规则一依赐额例遵行。’又命给田三结，募人二十名”[①]。

但到十八世纪，书院奉祀孔子就受到国王干预，只许国立学校奉祀孔子，不许私立书院奉祀。英祖十七年（1741年），国王曾下教不准尼山书院和报恩书院奉祀孔子，“上教曰‘大贤之升配圣庙，先儒之配食圣庑，犹为之慎且重焉，况孔圣之下奉书院乎？国有圣庙，乡亦奉殿，岂敢私自屑越乎？今闻尼山、报恩两书院有孔圣位版及影帧云，其令本县，影帧则奉安于乡校，位版则敬埋于乡校殿后洁净之处’”[②]。国王认为书院奉祀孔子是亵渎，令将书院奉祀的孔子像转给国立学校文庙，把孔子牌位埋在乡校文庙大成殿后面，但此令并没有全面执行，次年“因赞善朴弼疏，诸道孔圣影堂之未及毁撤者仍置焉”，许多书院仍然保存奉祀孔子的影堂。

正祖即位初，馆学儒生请赐额于尼城阙里祠，正祖不同意，认为一个州县只在国立乡校有一处孔子庙即可，没必要再设一处，“批曰‘自泮宫至于州县既奉大成殿，若阙里祠即儒生取名寓意之处，非朝廷指挥之所也。且东庑西序，前庙后庖，则一邑之内又一大成殿，事甚渎矣。不许’”[③]。但正祖

---

① ［朝鲜］《增补文献备考》卷二一〇。

② ［朝鲜］《增补文献备考》卷二〇九。

③ ［朝鲜］《增补文献备考》卷二一〇。

华城阙里祠奉祀的孔子像

十七年（1793年）国王同意水原为奉祀孔子像建造阙里祠，“十七年，命建阙里祠于水原，奉安圣像，春秋季朔享祀”。因为水原有专门奉祀孔子像的阙里祠，哲宗二年（1851年）水原留守赵秉骏以阙里祠孔子像年久渝弊，建议将江陵、堤川奉祀的孔子像移奉阙里祠，获得国王同意，“教：‘以是府是地之揭虔夫子影帧，即我正宗大王接千圣、冠百王之精义大谛也，外此而不有朝令私自奉安是慢也，亵也。今此绡本年久高渝，重摸之尚惧不得，而关东、湖西所奉之移奉，揆以事体诚为得宜也。近来列邑书院之法外私建，宜有一番申明，而先贤影帧之无端建祠者，虽曰慕德而法外之举，非所以慕德也。况乡里睢盱哄扰之弊，适足为俗习日渝之忧乎？今此提饬之后，如有所入闻则非但主张之士子，该不查之道臣、守令亦当严处’”，严申不准建祠奉祀。

毁撤书院时，泮谷书院被撤，原奉祀孔子像无处保存，于是在官学高山乡校内新建圣庙一座，有殿三间和庙门三间，使高山乡校有两处孔子庙，文庙在后面南，圣庙在前面东。

朝鲜书院主祀孔子的有咸镜道咸兴文会书院、端川福川书院、江原道溟州五峰书院、庆北道云岩书院4所，以孔子配祀的有庆北道城南书院。此外还有文川的文宣王影堂、京畿道乌山阙里祠、忠清道鲁城阙里祠、全罗道咸悦文宣王影堂、庆尚道昌原孔夫子影殿5处祠堂，兴宣大院君撤毁书院后没有保留一处奉祀孔子的祠院，1946年重建的江原道溟州五峰书院恢复祭祀孔子。

二、中国名人

奉祀的中国名人有箕子、朱熹、诸葛亮等。

奉祀箕子的书院有平安道平壤仁贤书院、成川箕圣影殿、龙岗箕子影殿3处（朝鲜认为箕子是后朝鲜人），周公主祀1处，颜回主祀、配享各1处，诸葛亮主祀3处、配享2处，管宁、苏定方、胡安国、程颐主祀各1处，程颢主祀3处，岳飞配享2处，吕大临配享1处，文天祥配享2处，郑臣保、刘绖、李成梁、李如梅主祀各1处，林庆业配享1处。奉祀朱熹的书院为最多，不计毁撤书院以后新建者共29处，其中独祀朱熹之地仅平安北道定州新安书院1处，另外还有2处祠堂。主祀中国名人而以朝鲜名人配祀之地有23处，其中配享孔子2处，配享颜子1处。奉祀伯夷、叔齐的祠庙有黄海道海州清圣庙1处。

全部奉祀中国人的书院不是很多，全北镇安三川书院主祀颜子，以诸葛亮、程颢、程颐、朱熹配享；平安道永柔三忠祠和全南道武侯祠都是主祀诸葛亮，以岳飞和文天祥配享；平壤武烈祠奉祀明朝援朝抗日的兵部尚书石星和提督李如松、左协将杨元、中协将李如柏、右协将张世爵、总兵骆尚志五人；江华府李总兵祠奉祀明朝援朝抗日将领李成梁、李如梅父子；忠清道大兴苏都督祠奉祀唐代名将苏定方；全罗道茂朱龙湖影堂奉祀宋代吕大临和朱熹；江原道春川春睡堂奉祀诸葛亮等；黄海道海州清圣庙奉祀伯夷和叔齐等。肃宗四十二年（1716年），于南原立祠，奉祀壬辰之乱中阵亡的明朝援朝抗日将领李新芳、毛永先和蒋表三人。德川书院主祀曹植，但曹植生前在其讲学的山天斋内悬挂其亲手模写的孔子、周敦颐、程颢、朱熹画像朝夕瞻仰。山天斋被焚后，圣贤画像移入书院，纯祖十七年（1817年）营门划给米50石，州牧出租20石，邻官也与资助，官给役丁，在士林与曹植本孙的资助下于德川书院外右侧重建山天斋，奉祀孔子，以周敦颐、程颢、朱熹配享，曹植从祀。

大多书院是共祀中国和朝鲜名人，庆北道城南书院奉祀周公、箕子、孔子、颜子、朱熹和朝鲜李衡祥；江原道溟州五峰书院主祀孔子，以朱熹和朝鲜理学家宋时烈配享；庆北道云岩书院主祀孔子，以孙舜孝和金济配享；庆北道川谷书院主祀程颢，以朱熹和朝鲜名人金宏弼、李彦迪、郑逑配享；黄海道遂安龙溪书院主祀管宁，以高丽宰相李连松和朝鲜判中枢姜栢年配享。

朝鲜书院主祀中国人且以朝鲜人配享最多的是朱熹。最早奉祀朱熹的书院为宣祖元年（1568年）黄海道白川儒生所建，上疏请额，“上嘉之，以御笔赐额文会”，独祀朱熹。黄海道海州绍贤书院主祀朱熹，以朝鲜理学家赵光祖、李滉、李珥、成浑、金长生和宋时烈配享；忠南道公州忠贤书院主祀朱熹，以高丽、朝鲜名人李存吾、李穑、徐起、赵宪、成悌元、金长生、宋浚吉和宋时烈配享；全北道任实新安书院主祀朱熹，以朝鲜名人韩好谦、李舒、宋庆元、韩必圣等8人配祀；黄海道黄州白鹿洞书院主祀朱熹，以朝鲜理学家金宏弼、李珥配享；黄海道安岳鹭峰书院主祀朱熹，以理学家李珥配享；黄海道信川正源书院、文化凤岗书院和宋禾道东书院都是主祀朱熹，以朝鲜理学家赵光祖、李滉、李珥配享；黄海道延安飞凤书院主祀朱熹，以高丽中书令崔冲和朝鲜理学家金宏弼、李珥、成浑和朴世采配享；黄海道殷栗凤岩书院主祀朱熹，以朝鲜理学家金宏弼和李滉配享；黄海道载宁景贤书院、长渊龙岩书院都是主祀朱熹，以李珥配享；全北道茂朱朱溪书院主祀朱熹，以宋时烈配享；全北道淳昌武夷书院主祀朱熹，以薛公俭、薛仁俭和赵元吉配享；全南道谷城道东书院主祀朱熹，以高丽理学家安珦配享；全南道咸平紫阳书院、庆北道云谷书院和庆北道盈德新安书院都是主祀朱熹，以宋时烈配享；全南道康津南康书院主祀朱熹，以宋时烈和朴光一配享；忠北道云谷书院主祀朱熹，以朝鲜学者郑逑配享；忠南道天原道东书院主祀朱熹，以朝鲜金驲孙、郑逑、黄宗海配享；忠南道礼山晦庵书院主祀朱熹，以李洽、李湛、赵克善和姜敏学配享；京畿道涟川临漳书院主祀朱熹，以李珥配享。朝鲜书院主祀朱熹而以朝鲜人配享最多的集中在黄海道，时间上也是以17世纪最多。

英祖大规模撤毁书院，却赐额三忠祠。起因是出使到北京的使臣赵显命将文天祥画像带回国内献给国王，英祖拟建岳飞、陆秀夫、文天祥祠于传说中的宋徽宗、钦宗墓侧，但大臣们认为不便，“上曰：‘文丞相精忠义烈，令人起敬。曾闻六镇有皇帝冢云，今以岳、陆、文建祠配享，欲使二帝无臣而有臣也。’问议于大臣，大臣以为不便”，于是将文天祥配享于奉祀诸葛亮的卧龙祠，并赐额“三忠祠”，“教曰：‘卧龙祠即宣庙御龙湾时兴感命建者，而岳武穆追配亦昔年旷感之圣意也。卧龙欲复汉室，岳武穆欲迎二帝，信国欲存宋祚，三贤之忠一也。其以信国公同配于卧龙祠。’仍亲制祭文遣臣致祭，寻以御笔赐额曰三忠祠”[①]。

兴宣大院君毁撤书院后，奉祀中国名人的祠院仅保留奉祀林庆业的忠烈祠，奉祀伯夷、叔齐的清圣庙，奉祀石星、李如松等五人的武烈祠，奉祀诸葛亮、岳飞、文天祥的永柔三忠祠。

三、朝鲜半岛名人

之所以称作朝鲜半岛名人是因为书院奉祀人物有新罗、高丽和朝鲜不同时期名人，但新罗、高丽时期的名人比较少，其中有新罗的薛聪、崔致远，高丽的崔冲、安珦、郑梦周、李穑等，朝鲜半岛名人最多的是朝鲜王朝时期的理学者。从祀朝鲜文庙的东国十八贤中，新罗朝薛聪奉祀书院2所，崔致远奉祀书院7所；高丽朝安珦奉祀书院12所，郑梦周奉祀书院12所；朝鲜朝李滉奉祀书院31所，宋时烈奉祀书院29所，李珥奉祀书院21所，赵光祖奉祀书院17所，李彦迪奉祀书院16所，郑逑奉祀书院14所，金宏弼、金长生奉祀书院均13所，赵宪奉祀书院11所，宋浚吉奉祀书院10所，郑汝昌、闵鼎重奉祀书院均9所，成浑、朴世采、金尚宪奉祀书院均8所，金集奉祀书院7所，金麟厚奉祀书院2所。李滉、李珥被称作朝鲜理学双璧，影响大，奉祀书院多是必然的，书院

① ［朝鲜］《增补文献备考》卷二一〇。

奉祀第二多的本国人宋时烈早年随金长生、金集父子学习，27岁中壮元，历仕仁宗、孝宗、显宗、肃宗四朝，曾任吏曹判书、右议政、左议政，是朝鲜党争中西人老论派的首领，虽然宋时烈被流配并被赐死，但五年后平反，老论派执政，在政坛影响很大。此外奉祀比较多的还有新罗时期联合唐朝消灭百济、高句丽而统一朝鲜半岛的金庾信奉祀书院8所，高丽朝创办私学的中书令崔冲奉祀书院6所，高丽朝在元朝考中进士、学习朱子学并回国传授的宰相李穑奉祀书院11所，朝鲜理学家曹植奉祀书院5所，李滉和曹植的弟子郑逑奉祀书院14所，李滉的弟子柳成龙奉祀书院5所。

朝鲜书院主要奉祀人物一览表

人名 \ 数量 \ 处所数量 \ 地区		京畿	忠清	全罗	庆尚	江原	黄海	咸镜	平安	合计
		院/祠	院/祠	院/祠	院/祠	院/祠	院/祠	院/祠	院/祠	院/祠
朱熹	数量	1/1	7/	5/	3/	—	10/	1/	2/1	29/2
	赐额	1/	3/	1/	1/	—	9/	—	1/	16/
李滉	数量	—	5/	2/	17/	1/	4/	1/	1/	31/
	赐额	—	1/	1/	11/	1/	4/	1/	—	19/
宋时烈	数量	3/	13/	5/	4/	—	1/	3/	—	29/
	赐额	3/	10/	4/	—	—	1/	2/	—	20/
李珥	数量	3/	1/	1/	2/	1/	13/	—	—	21/
	赐额	3/	1/	1/	1/	1/	11/	—	—	18/
赵光祖	数量	3/	2/	3/	—	—	4/	3/	2/	17/
	赐额	3/	—	3/	—	—	4/	2/	2/	14/
李彦迪	数量	1/	1/	2/	11/	—	—	—	1/1	16/1
	赐额	1/	—	2/	6/	—	—	—	1/	10/
郑逑	数量	—	2/	1/	10/	/3	—	—	1/	14/3
	赐额	—	2/	1/	6/	—	—	—	1/	10/
金长生	数量	2/	4/	3/	2/	—	2/	—	—	13/
	赐额	2/	4/	3/	1/	—	2/	—	—	12/

（续）

人名 \ 数量 \ 处所 \ 地区		京畿	忠清	全罗	庆尚	江原	黄海	咸镜	平安	合计
		院/祠	院/祠	院/祠	院/祠	院/祠	院/祠	院/祠	院/祠	院/祠
金宏弼	数量	—	1/	2/	5/	—	4/	—	1/	13/
	赐额	—	—	2/	5/	—	3/	—	1/	11/
郑梦周	数量	2/	—	1/	5/	—	—	3/	1/	12/
	赐额	1/	—	—	3/	—	—	2/	1/	7/
赵宪	数量	1/	6/1	1/1	—	—	1/	2/	—	11/2
	赐额	1/	4/	1/1	—	—	1/	2/	—	9/1
宋浚吉	数量	—	7/1	1/	2/	—	—	—	—	10/1
	赐额	—	6/	—	1/	—	—	—	—	7/
郑汝昌	数量	—	1/	1/	6/	—	—	1/	—	9/
	赐额	—	—	1/	5/	—	—	1/	—	7/
闵鼎重	数量	1/	1/	1/	—	—	—	5/1	1/	9/1
	赐额	1/	1/	1/	—	—	—	3/	—	6/
金尚宪	数量	2/1	—	1/	1/1	—	—	3/	1/1	8/3
	赐额	2/1	—	1/	1/1	—	—	1/	1/1	6/3
成浑	数量	1/	—	1/	2/	—	3/	1/	—	8/
	赐额	1/	—	1/	—	—	3/	1/	—	6/
合计	数量	20/2	51/2	31/1	70/1	2/3	42/	23/1	11/3	250/13
	赐额	19/1	32/	23/1	41/1	2/	38/	15/	8/1	178/4

书院奉祀最多的人物是朱熹和李滉，有29所书院、2所祠堂奉祀朱熹，有31所书院奉祀李滉。

四、配祀人物的确定

朝鲜书院配祀人物早期主要由士子公论决定，国家很少干预，除非公论不一申诉至朝廷。仁同临皋书院奉祀郑梦周，以赵光祖、徐敬德配祀，仁祖二十年（1642年），生员张荣以其师张显光配祀，遭到本道士论反对，张荣竟惩罚主论之人，郑梦周后孙诉至朝廷，经朝廷争论后仍然以士子公论配祀，“仁祖二十年，仁同生员张荣以其师张显光私自并享于文忠公郑梦周临皋书院，一道士论咸以为文忠公东方理学之祖，故文正公赵光祖之道德、文康公徐敬德之学问俱在配食之列，则显光虽贤不当并列。荣怒其异己，罚其主论之人。于是典签郑俊以文忠公后孙疏白其事，命下礼曹议。礼曹以为书院配享位次全在士论之归一，初非朝廷之所指挥，亦非子孙之干预，请寝其疏。政院驳启曰：‘郑梦周百世师也，后贤之并列同享，决不可张荣之排公议而罚异己，擅自跻享，诚为可恶。此事初不上闻则已，既上闻而该曹之不为明好恶，定士论，极为未安。’上命自本曹据礼指挥。礼曹启请张显光依公论配享，以正祀典。从之”①。肃宗八年（1682年），开城崧阳书院拟增加朴尚衷配享，但士论不一，“而或以为文忠公郑梦周东方理学之宗师，宜以尚衷配食；或以为尚衷生并一世，志同道合，非如后学之悬绝，宜并列。士论歧贰，莫能定”。留守申报于朝，国王令大臣会议，“领议政金寿恒以为尚衷、郑梦周虽曰生并一世，书院为此专以道德高下，则尚衷并享恐未安”，建议为尚衷另立一祠，获得国王同意。

书院配祀人物虽然主要由地方士论决定，但对品德有亏之人也会罢祀。丰基儒生将黄俊良送进李滉书院配祀，参判李选上疏揭露其陷害康惟善过失，虽然其后来改善随李滉学习，李滉并为其撰写祭文，但其得罪士论，不齿于人，建议斥去其从祀。肃宗令大臣会议，最后国王下令罢黜。

书院配祀人物虽然要基于士论，但赐额书院追享人物要报请国家批准。肃宗四十年（1714年），广州明皋书院未经申报擅自增加配享的当事人和地方官都受到处罚，首倡儒生三年不准参加科举考试，府尹罢官，道官也被追究责任，“四十年，礼曹启曰‘广州明皋书院乃赐额书院，而壬辰以故判书赵复阳、故副提学赵持谦一时追享而无陈疏仰请之事，依定式，首倡儒生任弼周、朴再

---

① ［朝鲜］《增补文献备考》卷二一〇。

炫、赵持常限三年停举，府尹李世勉罢职，监司金万重推考，宜矣。从之’”。从礼曹建议看，当时国家已有制度（定式），礼曹是根据制度提出处理意见。“自是凡有擅自追配者摘发论罪，而配享位版亦命撤去”，不仅处罚相关人士，还有撤去擅自增加的牌位（位版）。正祖十九年（1795年），命将郑澔配食楼岩书院。正祖二十四年再次重申，赐额书院未经国家批准增加的配祀人物要撤除，“二十四年三月，命赐额书院不经禀命私跻俎豆者并厘正，从左议政沈焕之启请也”。纯祖二十六年（1826年）也曾命曹汉英追配孤山书院。

一经国家同意的奉祀人物书院无权改变，否则就会受到惩罚。英祖元年（1725年），公州礼岩书院将配祀宋时烈牌位置于交椅下，英祖就下令给予书院五年不准参加科举考试的处分，“公州礼岩书院，朱夫子主享，诸儒贤配祀矣。壬寅以后，院儒以先正臣宋时烈位版降置交椅下。以赐额书院，官给祭需，而先正位肆然废祭，请查处严治。上曰‘五年停举’”。

五、奉祀人物的称号

奉祀中国人物多采用中国封号或谥号，奉祀孔子仍采用元代封号，称大成至圣文宣王。对书院奉祀的中国先贤称谓，肃宗也曾专门做过规定，“特进官闵镇远启曰‘涟川临漳书院致祭，祭官既已发行，祭文头辞国王谨遣臣谕祭朱某之灵云。临漳乃朱子书院，而以本朝人致祭之例书之似未安。且启圣、宣武两祠祝文称朝鲜国王谨遣臣某敢昭告于，下当曰宋徽国公朱文公宜矣’”。肃宗接受闵镇远建议，将致祭朱熹祝文起首改为“朝鲜国王谨遣臣某敢昭告于宋徽国公朱文公”，“上曰‘自今为始，永为定式，而致祭日期如可及则改书祝文，罔夜下送可也’”。从文意看，对奉祀中国人物都采用这种形式，朱熹有封号也有谥号，所以封号、谥号并用，李成梁有封号则称封号宁远伯，其子李如梅没有封号、谥号，则称官位总兵。肃宗二十一年（1695年）“命以岳武穆合享于永柔诸葛武侯之祠，致祭文头辞仿关王庙祭文之例”，应该是与祭祀朱熹祭文相同，以“朝鲜国王谨遣臣某敢昭告于宋徽国公朱文公”那样。

朝鲜早期名人多有封号，朝鲜朝多有谥号，所以有爵号者称爵号，如弘儒侯薛聪、文昌侯崔致远，有谥号者称谥号，如文纯公李滉、文成公李珥等。

高丽朝郑梦周（1337—1392年）因反对朝鲜王朝创建者李成桂篡位，被李成桂之子李芳远派人刺杀，李芳远即位后追赠其谥号为文忠，郑梦周被奉为忠孝代表。中宗十二年（1517年）命从祀朝鲜文庙，并建造奉祀书院，遣使致祭，祭文称朝鲜王朝封赠的文忠公，宣祖认为不可，“梦周，高丽人也，岂肯受本朝官爵，虽有领议政之赠，只书圃隐先生可也，此亦不欲臣异代节士之意也”。肃宗二十一年（1695年），祭文头辞定为“高丽门下侍中、忠义伯郑公”，以为永久遵行之例。现在郑梦周故里龙仁忠烈书院奉祀牌位仍然题作“圃隐郑先生神位”。人虽然已死，但还要尊重其生前意愿，这是非常合适的。

六、奉祀人物的位置

有的书院奉祀人物没有发生变化，但奉祀人物位置发生变动。西岳书院1561年初创时，同祀崔致远、薛聪和金庾信，以崔致远居中，薛聪、金庾信位于左右，1618年庆州府尹李孝全认为不妥，将薛聪、金庾信改为东西两侧配享，成为共祀。

有的书院配祀人物很多，就带来如何排序的问题。肃宗三十八年（1712年），江华留守赵泰耇请示新配祀洪命亨在忠烈祠位置，“礼曹启曰：‘论以爵位，当在东壁判书李尚吉之下，掌令李时稷之上。’上从之”，看来是以配祀人的爵位高低为序。从整体看，一般按奉祀人物生存时间为序，前朝在前，本朝在后，时间相近则以爵位高低为序。比如，海州绍贤书院主祀朱熹，以赵光祖、李滉、李珥、成浑、金长生、宋时烈配享，延安飞凤书院主祀朱熹，以崔冲、金宏弼、李珥、成浑、朴世采配享，配享人物都是以出生时间先后为序。

朝鲜党派之争也影响到书院奉祀人物，因为从祀文庙就当然获得建造赐额书院的资格，所以各派争夺十分激烈。李彦迪（号晦斋）和李滉（号退溪）从祀文庙遭到郑仁弘、李尔瞻等大北派反对，成浑（号牛溪）、李珥（号栗谷）、宋浚吉（号同春堂）、宋时烈（号尤庵）从祀文庙都遭到岭南一带书院反对，岭南一带在学术上属于岭南派，后又称退溪学派，在政治上属于东人系，而成浑、李珥、宋浚吉、宋时烈在学术上属于畿湖派，后又称栗谷学派，在政治上都属于西人系，但西人系势力强大，四人都从祀文庙。纯祖五年（1805年），发起的以李滉弟子西厓柳成龙、鹤峰金诚一、寒冈郑逑、旅轩张显光等四学者从祀文庙活动也遭到西人系反对而无疾而终。

不仅不同党派之间争夺从祀文庙，同色党派间也相互争夺书院配享位次。虽然同出李滉门下，柳成龙支持者（屏论）和金诚一支持者（虎论）因为配享书院位置产生严重对立矛盾。柳成龙历任领相和文衡，位居高官，金诚一曾任副提学和庆尚监司。柳成龙比金诚一官位高，但金诚一比柳成龙大四岁。宣祖七年（1574年），建造陶山书院，只配享月川赵穆没有引起矛盾。宣祖六年安东设有庐江书院，主祀李滉，光海君十二年（1620年）增加柳成龙和金诚一配享，因为二人位置先后引起纷争，最后根据郑经世的意见，年龄差别不大按官位高低排序，柳成龙在东侧配享，金诚一在西侧配享。肃宗二年（1676年）赐额虎溪书院，纠纷再起，因虎溪书院位于金诚一门徒所在地，他们的主张称作虎论，柳成龙有光海君五年专门建造的奉祀书院，仁祖元年（1623年）赐额屏山书院，其门徒主张被称作屏论。纯祖五年（1805年）岭南掀起柳成龙、金诚一、郑逑、张显光四先生文庙从祀运动，此时鹤峰门徒气势正盛，又展开金诚一、柳成龙位置互换运动。纯祖十二年，在虎溪书院追配金诚一一系的大山李象靖，争论归属于虎论一侧，屏论与虎论之间展开极其激烈的争论和对立，成为书院建立以来朝鲜王朝中极其激烈的门中对立事件。屏虎之争以后又衍生出位牌是否移动的问题，以至于扩大到庙位是否迁移的问题，最后甚至成了从监司到朝廷的难题，因为地方士林纷争造成此事件无休止延续。从这种纷争中可以看出岭南一带士林之间存在着巨大的意见对立，随着大院君下达书院撤废令，虎溪书院遭到撤毁，而李滉的陶山书院和柳成龙的屏山书院都在保存之列，金诚一没有了奉祀场所，其后裔在近处临川祠（以后的临川书院）建立供奉处。

岭南学派为柳成龙和金诚一奉祀位置争斗，畿湖派也没闲着，他们为成浑和李珥的学术造诣而争论，奉祀成浑（牛溪）的书院认为成浑的理论更优秀，供奉李珥（栗谷）的书院则认为李珥的理论更优秀，双方开展栗牛论纷争，争议不断又互相制衡。

七、奉祀人物的变化

奉祀人物的变化一是改换奉祀人物，二是增加奉祀人物。

迎凤书院嘉靖三十八年（1559年）落成时奉祀乡贤李兆年、李仁复和寓贤金宏弼。文烈公李兆年"当乱世，事昏君，能奋忠竭诚，犯颜谏诤，不惮逆鳞之祸。及其终不可回，则飘然脱屣，匹马还乡，以全臣节"，文忠公李仁复"体质弘重，文学高古，名闻中华。其遭乱则建讨贼之义，于逆髡则有先见之明，而又能处于二傲弟之间，皆有补于名教"，"其在邻邦而往来，有若金先生宏弼，身任道学之倡，为近世儒宗，则实有功于斯文。慨然欲于其境内依山林，即闲旷，建置馆宇，以祀以养，庶可以作新乎多士，阐扬乎圣化矣"[①]。不久，迎凤书院改为主祀程颐、朱熹，明宗十五年（1560年）增加金宏弼配祀，仁祖元年（1623年）增加李彦迪和郑逑配祀，仁祖二十年增加张显光配祀。

增加奉祀人物有两种情况，一种是原来没有奉祀人物，后来增加；另一种是增加配享人物。

嘉靖三十七年（1558年），荣丰建造伊山书院，因本地没有合适人物奉祀，拟定名书斋。李滉认为不必，"古之书院所祠岂尽其乡人哉？有祀先圣先师者，亦有不立祠庙者，惟视其力、从其宜而已。今兹学也，犹未遑于置田一事，置祭田以定所祀，且俟后日，而议之未有不可。第观其立学，规模实仿于书院之制，何必避其名而迁就于书斋之称乎？因其本地之号而稍变之，名曰伊山书院"[②]。后来增

① ［朝鲜］李滉：《迎凤书院记》，见《退溪先生全书》卷五九。

② ［朝鲜］李滉：《伊山书院记》，见《退溪先生全书》卷五九。

加李滉为主祀。

增加配享人物的情况有很多。开城府崧阳书院是宣祖六年（1573年）国王下令为高丽侍中郑梦周建造的，显宗九年（1668年）增加本朝徐敬德、金尚宪配享，肃宗七年（1681年）增加金堉和赵翼配享，正祖八年（1784年）增加高丽侍中禹玄保配享。陶山书院宣祖七年建，次年赐额，主祀李滉，光海君七年（1615年）增加弟子赵穆配享。

第二节　奉祀形式

在奉祀形式上，朝鲜与中国相同，不论有否塑像或画像，牌位才是主要的。朝鲜文庙原来奉祀位版（牌位、木主）、塑像或画像，明嘉靖九年（1530年）中国撤除塑像、只设牌位后，朝鲜也于宣祖七年（1574年）采用同样的奉祀形式。书院奉祀比文庙自由，虽然牌位是必须的，但有的书院还奉祀画像。

遁岩书院奉祀形式全为牌位，牌位置于神座上，神座如四出头官帽椅，主祀金长生居中面南，金集、宋时烈在东侧面西，宋浚吉在西侧面东；长城笔岩书院奉祀形式均为牌位，书院主祀金麟厚，以梁了瀓配享，金麟厚居中面南，梁子瀓在东侧面西；泰仁武城书院奉祀形式有画像和牌位，书院主祀崔致远，配享申潜、丁克仁、宋世琳、郑彦忠、金若默和金灌均只有牌位，崔致远居中面南，丁克仁、申潜和金若默在东侧面西，宋世琳、郑彦忠和金灌在西侧面东，丁克仁为首配，宋世琳为次配，申潜为第三，牌位顺序与国家颁布顺序不同，按照常规应该是申潜、宋世琳、金若默在东面西，丁克仁、郑彦忠、金灌在西面东，不知是什么原因造成这样的排序。

绍修书院始建于中宗三十六年（1541年），明宗五年（1550年）赐额，是朝鲜书院赐额之始，书院初期独祀安珦，中宗三十九年增配安轴、安辅兄弟，仁祖十一年（1633年）增配创建书院者周世鹏。现在绍修书院仍保存着

武城书院祠堂奉祀

朱熹、李德馨、周世鹏、许穆、李元翼的画像，除周世鹏外均非绍修书院奉祀人物。

平壤武烈祠始建于宣祖二十六年（1593年），奉祀帮助朝鲜击退倭寇的明朝兵部尚书石星和赴朝将领李如松、李如柏等五人，均以画像祭祀，武烈祠初建时石星、李如松、李如柏等五人均健在，壬辰倭乱明朝援朝将领也无阵亡者，武烈祠应为生祠。仁祖五年（1627年）后金伐朝，祠堂遭到破坏，仅存石星和李如柏画像，武烈祠将奉祀形式改为牌位奉祀。祠堂遭后金毁坏重修，并没有举行祭祀，肃宗三十五年（1709年）特令春秋致祀，“教曰‘武烈祠，宣庙朝为明朝诸将创建者，尚无致祭之事，实为欠典。遣礼官致祭，申饬守护，其后每岁春秋降香祝行祀’”，派遣礼官前往祭祀，祭祀的香和祝文由朝廷颁给。

朝鲜书院一般建筑较少，奉祀人物大多在一处祠堂内，但也有几处地方同时奉祀的。平安道安州忠愍祠分别在正祠和东西两庑内奉祀，正祠奉祀八人，东庑奉祀五人，西庑奉祀四人。白川文会书院没有正祠，西祠奉祀李珥、成浑、赵宪和朴世采，东祠奉祀安瑭、辛应时、吴亿龄和金德诚，奉祀人物都是本朝人物，但西祠地位要高过东祠，因为西祠奉祀的四位均是入祀朝鲜文庙先儒，而东祠奉祀的只是本朝显宦。

第三节　书院祭祀

朝鲜书院虽然特重祭祀，而且官办色彩浓厚，但书院毕竟不是官立学校，在祭祀方面比较自由，祭祀礼仪也较官立学校文庙简单得多。

一、祭祀名目

朝鲜书院祭祀与国立学校文庙祭祀差不多，定期祭祀有春秋大祭、朔望行香。由于朝鲜书院多由被奉祀者后裔参与管理，所以还会像家族祠堂一样举行新年元日、端午、中秋、冬至等节令家祭。非定期祭祀的原则是有事则告，书院院长上任、重修竣工、因维修需要迁出或回奉牌位时都会举行祭祀，家族管理的书院在家族发生大事时也会举行祭祀。

二、祭祀时间

春秋大祭在每年夏历二月、八月的第二个丁日或三月、九月的第一个丁日进行，原因就是要躲开文庙二月、八月的第一个丁日释奠。之所以选在丁日祭祀，是因为丁日属柔，属火，有光明之相。新年祭祀一般会在正月初五或初六进行，端午、中秋、冬至一般在节日当天进行祭祀。

朝鲜王朝时，如果遇到国王、王后等人举办丧事，祭祀就会延期。道东书院1823年二月祭祀，就因连逢国忌，推迟到三月上丁，“中丁国忌，下丁则与嘉顺宫下玄日相值，因官下帖，退行于三月上丁”[1]。为避开国忌，许多书院都将国王、王后忌日题刻在木板上，悬挂在讲堂内。

---

① ［韩国］《玉山书院志》。

笔岩书院国忌悬板

三、祭祀等级

朝鲜书院祭祀一般用释菜礼，即文庙祭祀等级仅次于释奠礼的第二等，文庙释菜礼一般在每月初一举行，进士释褐也是用释菜礼，朝鲜文庙有事则告的告由礼一般也是用释菜礼。礼行三献，读祝，祭品用牲，一般属于释奠大祭的礼仪。

四、祭文

书院祭祀礼仪高于释菜，低于释奠，按照中国礼制规定，文庙常规释菜一般没有祭文，但朝鲜书院春秋释菜则必备祭文。祭文除用于春秋常祭外，国王遣官致祭、书院落成与维修、神主牌位迁出或回归等临时祭祀也会读祭文。

朝鲜书院使用祭文与中国文庙祭文形式相似，祭文内容分作五段，第一段内容为祭祀时间和主祭人，第二段内容赞颂被祭者，第三段为祭祀理由，第四段是点出配祀者，第五段是请被祀者享用。定期祭祀的祭文赞词一般不变，如李滉为郑文忠撰写的常享祝文只有“学造天人，忠贯日月，光前启后，永世无斁”[1]十六个字，德川书院祭祀曹植的常享祝文赞词为“呜呼先生，学务为己，

① ［朝鲜］李滉：《郑文忠公常享祝文》，见《退溪先生全书遗集》卷一〇。

识造明决，道存守为，功侔距关”①。

临时致祭祭文一般比较长，正祖十六年（1792年），国王命承政院左副承旨李晚秀致祭陶山书院，祭文为“大东元气，养得真儒，天人性命，孔孟程朱。执厥绳尺，正我步趋。浑浑姿性，进进工夫。道不坠地，实在先生。穆陵侧席，董凯迩英。丘园帛贲，厦毡纵横。角巾南归，介石之贞。维陶有山，永矢衡泌。口餐杞菊，手披签帙，味哉深造，毫缕四七。万人山仰，一方泉达。青衿蹈矩，红女知让。仁人利博，太和肸蠁。纵有异端，载胥以诳。环峤七十，一不迷向。是谓邹鲁，繄谁之功？触类仲长，如挹高风。几杖林壑，绘素之中。六条十图，请师我公。与配食故参判赵穆共享之”②。此祭文还算比较短的，纯祖二十六年（1826年）派遣礼曹佐郎金瓒致祭曹植由沈义谦撰写的祭文较长，该祭文是四言赞诗，多达126句504字。

正祖遣阁臣致祭陶山书院祭文

乌山华城阙里祠是朝鲜孔氏家庙，尤其受到朝鲜国王重视，常享祭文就是国王遣官致祭时要在祭文上亲自填写自己名讳。相传元至正十年（1350年），孔子

① ［朝鲜］《德川书院志》。

② 陶山书院匾额文。

五十四代孙孔昭（后为避高丽国王名讳改称孔绍）随高丽恭愍王之妃、元朝鲁卫王之女长公主来到高丽，初居华城，后官至门下侍郎平章事（宰相），封昌原伯，子孙遂以昌原为籍贯。其子孔帑官至集贤殿大学士，长孙孔俯洪武九年（1376年）考中生员，次年考中文科，也官至门下侍郎平章事，次孙孔僿不仕新朝。正宗十六年（1792年），国王知孔氏来历，令以曲阜为籍贯，于华城建造阙里祠奉祀，亲题“圣庙”匾额，规定春秋二祭，“每岁冬夏二至日，自礼曹令观象监择日，必于三、九月上旬前而写字官写祝文，登御览，御笔亲书填御讳，并封香下送”。制定的祭文为：“维年号几年、岁次干支、几月干支朔几日干支，朝鲜国王李（御讳）谨遣臣某官姓名。敢昭告于先圣大成至圣文宣王：伏以仰高钻坚，遗像在堂，万世我师，保思无疆。谨以清酌庶羞式陈明荐，尚飨！”十九年，正宗行幸水原，令礼曹判书闵钟显奠爵，国王亲自撰写祝文：“维年月日（以下并同祝文式）先圣大成至圣文宣王：伏以夫子之祠遍于天下，义起华城，岂无以也。云仍东来，于兹爰宅，在地如水，舍而奚适？自奉园寝，桑梓犹敬，矧乎宫墙，密迩宣圣。市槐坛杏，巷琴沂瑟，我衣之振，我配置洁。慈驾来临，新丰官道，礼成荐藻，恩暨养老。艺林矍圃，文事武备，徕汝赤子，亦授之食。《孝经》显亲，《鲁论》爱民，咫尺明训，若聆谆谆。是时是境，曷不展忱？载蠲铏豆，有问在函。谨以清酌庶羞，式陈明荐。尚飨！”[①]由于不是常享，祭文就长了许多。

原来祭祀朱熹的祭文为国王遣臣谕祭，肃宗三十八年（1712年），闵镇远认为以本朝人致祭之例不妥，改为朝鲜国王遣臣某敢昭告于宋徽国公朱文公，国王命为定式。

五、祭品

朝鲜书院祭品有两类，一类是中国式祭品，一类是朝鲜式祭品。中国式祭品有文庙释奠式和释菜式两种。

---

① ［朝鲜］孔明烈：《东国阙里志》卷二。

曾经使用中国文庙释奠式祭品的只有平壤仁贤书院。书院主祀箕子，崇祯六年（1633年）重修后，礼曹建议仿照崇仁殿使用祭品，但大臣们以为崇仁殿为朝鲜国王始祖之庙，应该按照文庙制度使用祭品，所以从第二年开始就仿照文庙制度使用太牢（用牛、羊、猪三牲等）祭祀，四年后改为只用一头猪祭祀。英祖十四年（1738年），平安道观察使闵应洙启请厘正定式，礼曹认为“当时定夺时只曰宜仿文庙释奠之规，则本道不以外方乡校例举行，而直用国学太牢之规。况自戊寅以后，代用豕牲，今至百余年之久，而乡校所不用之太牢，恐不可轻许”①，经国王同意仍然使用豕牲。

朝鲜文庙祭祀、祭品、祭器均仿照中国制度。成均馆大成殿释奠孔子位笾豆各十，簠簋各二，登铏各三，爵三，牲用太牢，牛、羊、豕各一，唯登铏超过了登一铏二的礼制。笾内分实形盐、鱼鳙、干枣、栗黄、榛子、菱仁、芡仁、鹿脯、白饼、黑饼，豆内分盛韭菹、醓醢、菁菹、鹿醢、芹菹、兔醢、笋菹、鱼醢、脾析、豚拍，簠簋内分盛稻粱黍稷，与中国完全相同。平壤仁贤书院仿照文庙使用的应该是这样的祭品。

大多书院采用文庙释奠祭品，但不按主祀等级设置，而是按照释奠最低等级的十二哲和两庑设置。

德川书院奉祀曹植，簠簋各一在中，分盛稻黍，四笾在左，分盛干枣、鱼鳙、栗黄和鹿脯；四豆在右，分盛菁菹、鹿臡、韭菹和鱼醢，俎一在前，豕一，分作七体；再前为币篚。祭品用宋代名称，但豕解为七体与宋代十一体不同。

奉祀赵光祖的深谷书院也是采用释奠最低等级设置祭品，但只设三笾三豆，笾豆各少一个，少了两种祭品。

濫溪书院祭品与常规不同，是将猪头和前蹄供奉给主祀，后蹄供奉给配享者。

书院祭祀等级较低，一般用释菜礼，所以祭品比较简单。

礼曹建议华城阙里祠祭器数量按照文庙启圣祠礼制，“笾豆各二，簠簋各

① ［朝鲜］《增补文献备考》卷二一〇。

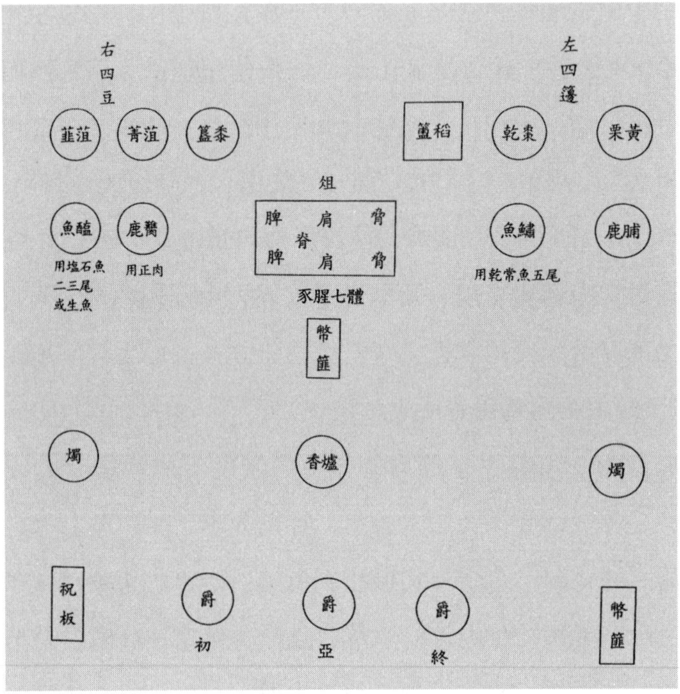

德川书院祭品陈设图

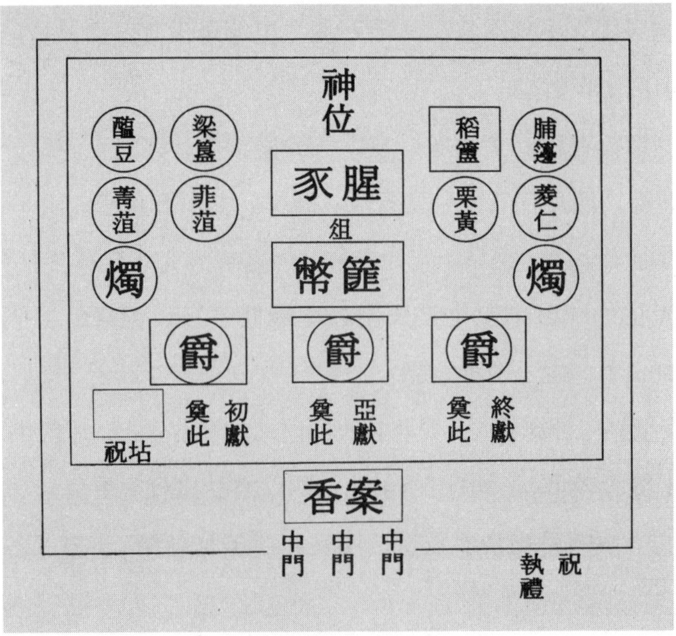

深谷书院祭品陈设图

一，豕羊腥各一，爵三，用币”，正祖确定“笾豆各一，爵三，而无币，有祝。祝与香春秋下送，令孔氏世居中行尊者献三爵，由其中一人读祝，又数人为执事”①。笾豆各一，比释菜礼祭品还要少。

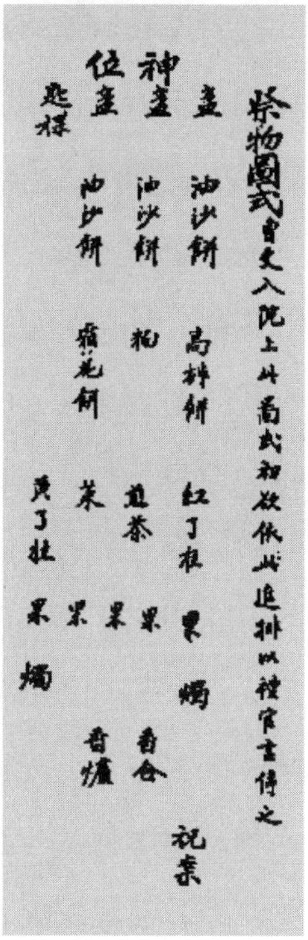

朝鲜式祭品

绍修书院祭品本来用猪一头，但限于经费，有时用鸡替代。1656年，安珦后裔安应昌曾提出赠送三头猪，一头用于当年祭祀，另两头雌雄各一用于繁殖，供以后使用。

朝鲜式祭品在《玉山书院志》中有载，左图所示祭品为道光十九年（1839年）庆州玉山书院讲堂火后重建落成，国王应请派遣庆州府尹俞章焕致祭时所曾计划使用。神位前设3盏，再前第一排设油沙饼3份，右设匙楪，第二排设高□饼、糆、霜花饼，第三排设红了柱、煎茶、菜、黄了柱，最前一排设果五种。

在祭品制作方面，陶山书院坚持古老的淘米传统。祭祀前一天晚上，先将祭祀用米请来，所有人对米一鞠躬，将米装在罐子内，祭祀主管在手持火把的仆人护送下到井边淘洗米，为保持米的清洁，不能用手触碰，主管淘米时只是向罐内注水，双手摇晃罐子后将水倒出，再重新注水，一共重复九次，每一次都要大声报出淘洗次数，九次结束后将祭祀用米送回制作祭品处，主祭官员要列队欢迎。

六、国王遣祭书院

国王遣官致祭书院事例不少，在书院赐额、书院主祀从祀文庙等重大事件时都会进行。

清康熙元年（1662年）即显宗三年，国王赐名奉祀金麟厚书院为笔岩书院，

---

① ［朝鲜］孔明烈：《东国阙里志》卷二。

并遣官至长城笔岩书院谕祭金麟厚，祭文为“维康熙元年，岁次壬寅，二月乙卯朔，十六日庚申，国王遣臣礼曹正郎尹衡谕祭于先正臣金麟厚之灵：煌煌明哲，夙挺殊姿，九苞粲然，仪于德辉。际遇明时，式赞弘猷，直而温如，和而不流。金华玉署，启沃密勿，责难陈善，雍容吁咈。天胡降割，二圣继陟，阴邪闯然，伺隙煽慝。君子明夷，兆足以休，进退随时，与道俱谋。见几而作，不俟终日，栖迟衡泌，硕人之轴。龙蟠凤逸，抱德怀贞，恋君一篇，金石精诚。身虽在野，忠岂忘心？清风峻节，百代之钦。乡人起慕，建祠妥灵，俎豆时修，未有嘉名。爰锡之额，奠此菲薄。爽灵不昧，歆予同酌”[①]。

正祖二十年（1796年），令金麟厚从祀文庙，国王遣官至长城笔岩书院致祭，祝文为“天眷吾东，真儒继作，有俨圣庑，一体配食。曰维文正，遹承道嫡，纯粹中正，光明洒落。伟然大节，功垂千亿。若宋之周，屹为先觉，斯文永赖，后学攸式。寡昧旷感，景仰寀笃。从祀之请，实循举国。吉辰载涓，缛礼在即，互庑序配，时代不错。先告厥由，祇荐泂酌”[②]。

正祖元年（1777年），遣右副承旨祭祀华阳书院，正祖五年命遣官致祭分别奉祀李彦迪和李滉的庆州玉山书院和礼安陶山书院，“传曰‘御极以来迄未遑焉，以予尊慕景仰之心歉愧实深。遵故事，有图上基地之命，及今举行尤属允当。庆州玉山书院、礼安陶山书院遣官致祭，祭官、祀品依年前华阳书院致祭时例，仍命两书院图画以进’”。不久又遣官致祭绍贤书院，“又传曰‘两先正书院月前致祭时，此先正书院岂不并设？而予自幼笃慕文成之学，旷世之感诚不浅浅，古所谓朝暮遇者即实际语也。伊时适因手编先正文字，拟待讫工仍命赐祭矣。今则册子既成，先正文成公绍贤书院遣承旨致祭，祭文业有亲撰以置者，该房就誊，内阁精写传祝’”。正祖亲自为祭祀李珥撰写祭文，后来知道宋时烈也在此书院配食，又增加宋时烈祭文，“传曰‘礼曹誊录之本，无宋

① 长城笔岩书院记事板文。

② 长城笔岩书院《文庙从祀颁教文》板。

先生配食之语，故致祭传教中遗漏矣。今闻丙申年追配之，故原誊录不书，然则此先正祠版乌可不一例致祭乎？祭文亦命内阁知制教撰进’”，但正祖没有料到，李珥、宋时烈在绍贤书院都是配享，书院主祀的是朱熹，而主祀李珥的是紫云书院，“又传曰‘昨日有绍贤书院致祭之命矣，追闻筵臣之言，此书院即配享云，更思之，果然。御制祭文体重，当行于主享之院。至于紫云又在先正坟庙之乡，昨日所下传教中绍贤二字改以紫云书出，配享位设祭云亦有例，金文元公、朴文纯公祠版，承旨亦一体奠爵，祭文命内阁词臣撰进。绍贤书院致祭不但已有成命，此地即先正杖屦之所，而朱夫子主享，先正李文纯、李文成、赵文正、成文简、金文元东西配侑，其可谓盛矣。其中一先正追配之旧甲重回，事不宜偶，才命旋寝，心有所缺。依初下教致祭，主享位祭文当制下，配位祭文亦令内阁撰进’”[①]。此次遣官致祭紫云书院和绍贤书院，李珥祭文由国王亲自撰写，紫云书院配食的宋时烈、金长生、朴世采和绍贤书院配食的李滉、李珥、赵光祖、成浑、金长生的祭文由内阁撰写，由此可见，国王遣官致祭，书院所有享祀人物不论主祀还是配祀都有祭文，都要读祝。

正祖七年（1783年），国王遣官分别致祭主祀宋时烈的西原华阳书院和奉祀李珥的海州石潭书院，遣官致祭原因是发生了骚乱。“七年，传曰‘邈矣！关西距京敻越，尚无怪乎？上俗贸贸，至若湖西海西，俱是先正杖屦之所也，不幸近日承讹传讹，因疑传疑，未见有卫正辟邪之效，职由予忝在君师之职，教未下究之致，岂道内一二人士之罪也？予方反省歉叹，倘使先正在世，世道胡至于此？此时旷世之感尤不容已。西原华阳书院、海州石潭书院分遣阁臣及近侍之臣致祭。而西原则独享宋文正，而海州则赵文正、李文纯、成文简、金文元、宋文正五先生与李文成配食云。祭文亦当亲撰以下矣’”，致祭祭文也是由国王亲自撰写。

国王出行，途径地方如有书院也会遣官致祭。正祖八年（1784年），途径

---

① ［朝鲜］《增补文献备考》卷二一〇。

坡州，遣提学吴载纯致祭风溪祠，遣承旨致祭紫云书院和坡山书院。

遣官致祭后，国王有时还令录用先正后裔。正祖遣官致祭后，“传曰‘陶山书院致祭后，业欲下教而未果。况于宰臣李宪默升资之后，亦不可一为一否。先正李滉奉祀孙令该曹随品复职调用，先朝紫云书院致祭时有录用子孙之命，此亦继述之一端，先正李珥奉祀孙或支孙亦令该曹录用’”。

七、祭祀仪注

定期祭祀中，春秋释菜，初一、十五行香，两者的仪注是不同的。释菜隆重而行香简易。

（一）释菜仪注

从德川书院祭祀仪注看，朝鲜释菜仪注与中国基本相同。

时日：书院以春秋二仲月中丁，享礼先师赠领议政文贞公南冥曹先生。前一月检举院所属，排办享礼。前期，行事执事官集肄仪节于院之讲堂，讫，退。

斋戒：前享礼五日，执事官散斋三日，宿于正寝，不吊丧、问疾、作乐及与秽恶。致斋二日，一日于厅事，其一日质明赴祠所宿斋，惟享礼事得行，其余悉禁。

陈设：前享礼三日，有司设行事执事官次于庙门外，随地之宜（此日先涤祭器）。

前二日，有司牵牲诣祠所。

前一日，扫除庙之内外（次日再涤祭器）。

享礼日，丑前五刻，执事者陈币篚于神位之左（币以白绢或苎，长一丈八尺），祝板于神位之右，置于坫（祝板长尺二寸，广八寸，梓楸或柏为之）。

次设祭器，掌馔者实之。左四笾（第一行干枣在前，鱼鱐次之；第二行栗在前，鹿脯次之）。〇[1]右四豆（第一行韭菹在前，鱼醢次之；第二行菁菹在前，鹿醢次之）。〇俎一在笾豆间（实以豕腥七体，两髀在上端，两肩两胁次之，脊在中）。〇簠一在笾前（实以稻）。〇簋一在豆前（实以黍）。〇爵三在笾豆之间。庙上东南隅设象尊二（一实清酒，一实玄酒）。〇有司设烛于神位前。〇设洗二于东阶之东（盥洗在东，爵洗在西）。〇罍在洗东，加勺。〇篚在洗西南，肆实以巾（若爵洗之篚则又实以爵加坫）。〇执罍篚者位于其后。〇设揖位于庙南门外，初献在西，东向，亚终献及祝在东，西向，北上（祝位稍却）。〇又设三献官席位于庙下东阶东南，西向，北上。〇祝位二，于庭中稍北。〇学生位于庭中，北向，西上。〇诸执事位于献官之后。〇设初献饮福位于东序，西向。〇又设祝位于庙上前楹间，西向。〇开瘗坎于庙宇之北壬地，方深取足容物，南出阶。〇阶（衍文）设望瘗位于瘗坎之南。〇三献官在南，北向，西上。〇祝在东，西向。

省馔：前享礼一日，献官帅其属，常服阅馔物（未后二刻，执事者设祭器于庙上，东阶北，皆藉以席，加以巾盖。三刻，献官以下就东门外，谒者引献官诣庙，升自阼阶，视涤濯，执事者举幂告洁。既讫，引降。就省牲位）。〇视牲充腯（执礼设牲榜于东门外，西向，南上。掌牲者位于牲西南，北向，祝位于牲东，各当牲后，祝、史各在其后，俱西向。献官位于牲前近北，南向，监察位于献官之西，南向，差后。掌牲者牵牲就位，少前曰：请省牲，退，复位。献官省牲，掌牲者又前举手曰：腯，复位。祝巡牲一匝，西向举手曰：充，复位。祝与掌牲者以次牵牲诣厨，授典祀官。典祀官帅宰人割牲，置于馔所）。〇诣厨，视涤溉，讫（谒者引献官诣厨，省鼎镬，视涤溉，监取明水火，取水于阴鉴，取火于阳燧。阴

① 〇用来标示不同的文字内容。

鉴未能猝办，以井水代之。火以供爨，水以实尊）。○各还斋所。○晡后，掌庙者扫除庙之内外。

行事：享礼日丑前五刻（行事，仲春用丑时一刻），行事执事官各人造次。○掌馔者帅其属诣盥洗位，盥手，帨手。○实馔具毕。○赞者引初献官常服（凡行事，执事官皆赞者引），升自东阶（凡行事，执事官升降皆自东阶），点视陈设，讫，退就次。○各服其服。○赞者引学生先入就位。○赞者引三献官及祝诣庙南门外揖位立定（当以仪礼宾西主东之位为序）。○赞者赞：揖！引入就位，西向立。○次引祝入，就庙下西向立。○赞者对立于三献官之前。赞请行事，退复位。○赞者引初献以下诣阶间拜位，重行，北向，西上，皆再拜。○赞者引祝升庙就位。○祝诣神位前，启龛。○执礼曰：行奠币礼！

奠币：赞者引初献官诣盥洗位，北向立。○执罍者酌水。○初献搢笏，盥手，帨手。○执笏，诣神位前，北向立。○搢笏，跪。○奉香者（在献官之右）捧香盒，奉炉者（在献官之左）捧香炉跪进。○赞者赞：三上香。○奉炉者奠炉于香桌上。○祝诣神位之左，西向，搢笏，跪。○执事者以币授祝。○祝奉币授初献。○祝执笏，兴。○初献受币，奠讫，执笏，俛伏，兴。○祝复位。○初献降阶复位。○执礼曰：行初献礼！

初献：赞者引初献再诣盥洗位，北向立。○搢笏，盥手、帨手。○执笏，次诣爵洗位，北向立。○搢笏，洗爵，拭爵。○以爵授执事者。○执笏，升庙，诣尊所，北向立。○执事者以爵授初献。○初献搢笏，跪，执酌（当为爵——摘者注）。○执尊者举幂。○执事者酌酒。○初献以酌（当为爵）授执事者，兴。○执笏，诣神位前，北向立。○搢笏，跪。○执事者以爵授初献。○初献执爵，三祭酒，奠酌（当为爵）。○执笏，俛伏，兴。○少退，跪。○执事者启簠簋盖。○次引祝诣神位前，东向。○搢笏，跪，读祝文。○读讫，执笏，兴。○祝复位。○赞者引初献诣阶间拜位。○初献再拜。○初献降阶复位。○执礼曰：行亚献礼！

亚献：赞者引亚献诣盥洗位，北向立。○搢笏，盥手，帨手。○执笏，诣爵洗位，北向立。○搢笏，洗爵，拭爵，以授执事者。○执笏，升庙诣尊所，北向立。○执事者以爵授亚献。○亚献搢笏，跪，执酌（当为爵）。○执尊者举羃。○执事者酌酒。○亚献以酌（当为爵）授执事者，兴。○执笏，诣神位前，北向立。○搢笏，跪。○执事者以爵授亚献。○亚献执爵，三祭酒，奠酌（当为爵）。○执笏，俛伏，兴（少退再拜）。○赞者引亚献阶间拜位。○亚献再拜。○降阶复位。○执礼曰：行终献礼！

终献：赞者引终献诣盥洗位，北向立。○搢笏，盥手，帨手。○执笏，诣爵洗位，北向立。○搢笏，洗爵，拭爵，以授执事者。○执笏，升庙诣尊所，北向立。○执事者以爵授终献。○终献搢笏，跪，执酌（当为爵）。○执尊者举羃。○执事者酌酒。○终献以酌（当为爵）授执事者，兴。○执笏，诣神位前，北向立。○搢笏，跪。○执事者以爵授终献。○终献执爵，三祭酒，奠酌（当为爵）。○执笏，俛伏，兴（少退再拜）。○赞者引终献阶间拜位。○终献再拜。○降阶复位。○执礼曰：行饮福受胙！

饮福受胙：赞者引初献升阶，诣东序，西向立。○执事者以爵酌福酒，合置于一爵。○持爵诣初献之左，北向立。○祝进，立初献之西，东面，白·再拜。○初献再拜，搢笏，跪，受爵。○祭酒，啐酒。○奠爵。○执馔者以俎进，减神位前胙肉合置一俎（胙减正脊横脊）。○又以豆取黍稷饭合置一豆。○先以饭授初献。○初献受讫，以授执馔者。○执事者再以酌（当为爵）授初献。○初献受爵，饮，卒爵。○执事者受虚爵，复于坫。○初献执笏，俛伏，兴，再拜，降复位。○执事者各复位。○执礼曰：赐胙！再拜！○在位者皆再拜（已饮福受胙者不拜）。○执礼曰：彻笾豆！

彻笾豆：祝入，彻笾豆（彻者笾豆各一，少移于故处）。○执礼曰：再拜！○在位者皆再拜。○祝诣神位前，阖龛。○执礼曰：望瘗！

望瘗：引初献以下就望瘗位（献官北向立，祝以下西向立）。○祝取币祝板。○降自西阶，置于瘗坎。○执礼曰：可瘗！○置土半坎。○初献以下诣南门外揖位立定。〇执礼者赞曰：揖！礼毕，退！〇有司帅其属监彻礼馔。〇阖户以降，乃退。

仪注采自朱熹《绍熙州县释奠仪图》，除无奏乐外基本相同，唯省馔一节较朱熹仪注更细，“前释奠一日，释奠官帅其属，常服，阅馔物，视牲充腯，诣厨视涤溉，讫，各还斋所。晡后，掌庙者扫除庙之内外”，程序中也多三上香。

祝文：

维岁次某年（春三秋九）月朔某日，后学某官姓名敢昭告于先师文贞公南冥曹先生：伏以敬义之学，出处以时，卓立大东，百世宗师。属兹季（春仲[①]秋），谨以洁牲洁盛醴齐，式陈明荐。尚飨！

德川书院另设山天斋奉祀孔子，祭祀行释菜礼，其仪注为：

前期献官以下皆盛服（今用深衣凉衫），掌仪设神座用席，先圣南向，配位西向，从祀位东向，设祝板于先圣位之右，设香炉、香案、香盒于堂中，设祭器于神座前，每位各左一笾（今用漆盘，实以脯果），右一豆（今用漆盘，实以笱〔当为筍——摘者注〕菜）。设牺尊一于堂上东南隅（今以瓦尊代），加勺幂，设烛皿于堂中，二于从祀位之前。设洗二于东阶之东（盥洗在东，爵洗在西），卓一于洗东，卓上箱二（巾东爵西）。设献官位于堂下，北向，分奠者一人次之，诸生又次之，皆北向，西上。及期，掌仪设椅子于各位，奉纸牌安之。

执事榜：献官一人，分奠官一人，相礼一人，祝一人，掌仪一人，赞者二人，司尊一人，奉香、奉炉各一人。

---

① 仲，当为衍文。

行礼笏记：献官以下立于东廊下。○掌仪帅执事者升堂实酒馔。○赞者一人引献官升堂点阅。○降就堂下位。○分奠官及诸生各就位。○赞者一人离位，小前再拜讫。○进立于献官右，西向，曰：再拜！○在位者皆再拜。○掌仪、祝、司尊者皆升。○掌仪立于东序，西向，○祝立于阼阶上，西向。○司尊者立于尊南，北向。○赞者引献官诣盥洗位之南，北向立。○盥手，帨手，升。○焚香再拜。○降，再诣盥洗之南，盥手，洗手。○诣爵洗南，北向立。○洗爵以授赞。○升诣尊所，西向立。○赞以爵授献官。○司尊举幂酌酒。○献官以爵授赞。○俱诣先圣前。○献官北向跪。○赞跪授爵。○献官执爵三祭。○执事者奠爵于笾豆之间。○俛伏，兴，少立。○祝诣献官之左。○东向跪。○读祝。○讫，兴，复位。○献官再拜。○次诣盥洗南，盥手，帨手，升诣配位前，再拜。○降，再诣盥洗南盥帨。○诣爵洗南洗诸配位爵，讫。○赞者以盘兼俸（当为捧）升诣尊所。○司尊举幂酌酒诸配位爵。○俱诣配位前。○献官东向跪。○赞跪授爵。○献官执爵三祭。○执事者奠爵于笾豆之间。○献诸配位爵讫。○献官俛伏，兴，少退，再拜。○讫，复位。○在位。

行从祀礼（献官诣配位酌献时）：赞者一人引分奠官诣盥洗南，北向立。○盥手，帨手，升。○焚香，再拜。○降，再诣盥洗南盥帨。○诣爵洗南，洗爵，以授赞。○升诣尊所，西向立。○赞以爵授分奠官。○司尊举幂酌酒。○分奠官以爵授赞。○俱诣从祀位前。○分奠官西向跪。○赞跪，授爵。○分奠官执爵三祭。○执事者奠爵于笾豆之间。○俛伏，兴，少退，再拜。○讫，复位。○在位者皆再拜，退。

仪注较中国宋代、明清都要简略。

祝文：

维岁次云云后学某敢昭告于先圣孔夫子：伏以集厥大成，万世之师，今以吉辰，恭修释菜之礼，以濂溪周先生、明道程先生、晦庵朱先生配，南冥曹先生从祀。尚飨！

虽然朝鲜与中国的祭祀仪注基本相同，但朝鲜各书院祭祀也有自己的特点。陶山书院春秋祭祀时有歌唱环节，歌名《道东歌》，系中宗三十六年（1541年）文成庙落成后第一次祭祀时周世鹏创作。歌唱的两名学生年龄一大一小，在祠堂院子内左右对立，每次献酒后都要唱三节歌词。歌唱有点像文庙释奠，朝鲜国学成均馆文庙采用中国制度，祭祀时有音乐和歌唱。

（二）行香仪注

书院行香仪式很简单，每次都是上一次香。韩国书院申报世界遗产材料时说是鞠两个躬，上一炷香，朝鲜也一直采用明朝礼仪。有的书院还保持古代传统，不上香，而是焚烧香木，中国传统用檀香，朝鲜书院多是用柏木刨花。

第四节 祭祀经费

赐额书院祭祀费用均由国家拨给，“赐额书院，官给祭需”①，绍修书院“四位祭物自官备送”。官给祭需具体内容未见记载，从安珦后代祭祀安珦墓看是给予猪米。安珦后裔致坟墓所在地长湍府只请求按例提供一头猪，请状“自初有官供猪口之典礼，依前题给事行下”，备注“饭米则例于乡校春享时出给，故不并请”，祭祀前一天长湍府送来一头宰杀干净的猪，“依例题送猪已宰杀去毛，亦硕而不瘠”。干鱼蔬果等是自己从市场购买，经费不知是否包括在乡

① ［朝鲜］《增补文献备考》卷二一〇。

校所给饭米中。[①]

尚州郡玉洞书院和兴岩书院每年可得到郡拨给祭祀钱7.5两，远不敷用。1862年尚州郡专门设立千余金的基金助享钱，规定存本取息，以利息资助祭祀，但不久破本取用，至1905年本息俱无。1906年，郡守为此专为乡校、书院和忠义坛设置1100两的春秋祭祀基金，每年生息330两，其中乡校150两，玉洞书院、兴岩书院和忠义坛各50两，纛祭、厉祭和城隍各10两。

官给祭需有时执行得不好。晋州在壬辰倭乱时死义之士众多，地方建祠奉祀，并请得赐额，但是“堂宇颓废，洒扫无人，春秋享祀亦不设行。近处僧人慕其义烈，每当城陷之日，乞米于村邑，作佛事以供云”。侍读官金昌协建议，“另饬本邑，俾不废阙也”，肃宗八年（1682年）令本道春秋举行祭祀，“上曰‘祠宇既已赐额，而祀事废而不行，闻来寒心。分付本道，春秋祀享各别修举，勿令废坠’”[②]。

绍修书院祭祀时曾得到乡校和各洞支持。官府除按规定提供四位奉祀者祭品外，还送扶助“米一石，太一石，真荏三斗，水荏三斗，甘酱五斗”，派给服务人员“马草、烧木都色五人，使令一人，小童四人”。乡校“扶助米二石，太二石”，乡中“扶助正租三十石”，各洞也要资助，“顺兴洞内木两疋，愚臾洞内正租两石、木一疋，登秧洞内正租两石，白也洞内正租两石，西部洞内木一疋，日彦洞内木一疋，丹溪洞内正租一石，往古介洞内木一疋，卧龙洞内正租两石，大龙山洞内木二疋，奴佐里洞内木两疋，般丰下里木一疋”，此外“漆原乡校扶助木两疋”[③]，不计官府准备的祭品，共有米43石，太3石，布13疋。这种情况恐怕只是一个特例。

赐额书院由国家拨给祭需，非赐额书院祭祀经费就只能书院自筹。

---

① ［朝鲜］安羽济：《墓祀首末叙》，见《绍修书院志》。

② ［朝鲜］《增补文献备考》卷二一〇。

③ ［朝鲜］《绍修书院志》。

第十章　朝鲜书院建筑

朝鲜多山而少平原，而山林更适合学者藏修游息，且山林环境也有利于建筑布置，所以朝鲜书院多建造在山林内。山势逐渐升高，建筑随地形设置，朝鲜书院多将奉祀建筑建造在书院后部，呈前学后祠的布局方式。前学后祠布局方式早在书院出现之前就已经被朝鲜官学乡校广泛采用，成为朝鲜国立学校最普遍的布局方式，但前学后祠布局方式在中国国立学校中几乎没有，因为它不符合尊者在前的礼制传统，而在书院中则比较常见。

第一节　书院选址

《礼记·学记》记载“故君子之于学也，藏焉，修焉，息焉，游焉”，学习是比较枯燥单调的事情，既需要远离红尘的安静场所，又需要游目骋怀的自然环境，所以历代修建学习场所往往会选择山环水绕的风光优美之处。朝鲜书院也是如此，朝鲜本来就是多山水而少平畴的国家，所以书院大多与山水为邻。

对于选择山林建造书院，李滉曾经分析说，“夫自王宫国都以及列郡莫不有学，顾何所取于书院，而中国之所尚如彼，何哉？隐居求志之士，讲道肄业之伦，率多厌世之嚣竞，抱负坟策，思遁于宽闲之野，寂寞之滨，以歌咏先王之道，以蓄其德，以熟其仁，是以为乐，故乐就于书院。其视国学、乡校在朝市城郭之中，前有《学令》之拘碍，后有异物之变迁，夺其功效岂可同日而语哉！由是言之，非惟士之为学得力于书院，国家之得贤者必于此而优于彼也”，“自宋朝四书院之后，渐盛于南渡而大盛于元明之世，国家学校不若书院之可专于尊贤讲道之美意，故或因私立而宠命之，或国命之而择人教养也”[①]。学者讨厌社会嚣竞和学令拘束，想要寻找安静自由的学习环境，所以选择山林建造书院，而书院专于尊贤讲道，更符合学者追求。

绍修书院位于群山环抱之中，西接小山，东临高山，一条清溪沿山自书院后环绕至门前，山环水抱，书院掩映在青翠之中，环境非常优美。为了更好地使学者欣赏美景，消除学习疲劳，院内东侧临水建造至乐斋，正门前临水建造景濂亭，为了便于下瞰清溪，东仰高峰，建筑都设计成南北向。门前借用西侧土台，取名灵龟峰，上筑消魂台，遍植高耸的青松，可使久坐学子持卷散步静思，可以说是天造人设的学习好去处。

德川书院为明万历四年（宣祖九年，1576年）重建，奉祀著名学者曹植，万历二十年（宣祖二十五年，1592年）壬辰倭乱和丁酉再乱中书院被焚，万历二十九年重建书院，天启二年（光海君十四年，1622年）书院重建落成，选址非常好，“正堂曰敬义，左右夹室曰东翼、西翼也，东西斋旧号曰敬、曰义，而今改以进德也、修业也，斋轩则光风霁月，而正门则幽贞也。依山俯水，奥衍缭廓，峰岚拱揖，川泽萦纡，若远若近，自成形势，建院之地无以加此也”[②]，“院之南有溪焉，含虚凝碧，汇为澄潭，临之有浴沂之兴。溪之上有桃林焉，间以松柽，望之如武陵之原，诚游赏之佳胜已。今我崔先生每杖屦逍遥其上，欲构亭以备游息之具”，“亭成而胜亦奇，溪若增其清，鱼若增其乐”[③]。峰岚拱揖，川泽萦纡，水汇澄潭，书院依山俯水，下瞰平野千畴，风景优美，确为理想的藏修之地。

---

① ［朝鲜］《增补文献备考》卷二一〇。

② ［朝鲜］《德川书院志》。

③ ［朝鲜］《德川书院志》。

嘉靖四十二年（1563年），礼安生员等向县监郭趪建议建造书院，“得地于县东北，距先生旧居十有余里，其水为鳌潭，实洛江上游发源于太白，经清凉南注，至此而成潭。山自东屏来者蜿蟺西迤，临潭而止。爰有丘陵依山俯水，奥衍弘敞，自成形势，若远若近，峰峦川泽控揖环带，考卜定基之所无以易此也”[①]。书院建造在丘陵之上，依山俯水，山自东来，蜿蜒而西，洛江北来，注水成潭，地势非常优越。

陶山书院藏匿深山，群山环抱，背后青山如椅，近前或清川如带，或碧波荡漾，远处翠峰如案。建筑各抱山势，步步升高。书院下临洛东江，前置广场，升高11级踏步至书院正门，经过分别为5级、2级、4级、4级、4级的5段踏步到达进德门前平台，左右为东西光明室，再升6级进入讲堂大门进德门，再进入讲堂庭院，升高8级踏步进入讲堂典教堂，讲堂后再升8级踏步进入祠堂尚德祠院，升高4级踏步进入祠堂，从书院前广场到祠堂尚德祠需要爬升45级，连同不设踏步升高近10米。建筑错落有致，最高处建造奉祀的尚德祠，春花秋月，夏阴冬雪，四季各擅秀色。

陶山书院全景

① ［朝鲜］李滉：《易东书院记》，见《退溪先生全书》卷五九。

陶山书院前山水

灆溪书院三面环山，前临灆溪，轴线上依次为正门风咏楼、讲堂明诚楼、祠门和祠堂。前后呈三级台地，讲堂明诚楼比风咏楼高8级踏步，祠门比讲堂高29级踏步。祠门与祠堂虽然在一个台面上，正祠也比祠门高5级踏步。除适应地形外，更多的还是考虑建筑等级。登上风咏楼，眼前平野青翠，远处青山环绕，选址也不错。

玉山书院三面环山，一条清溪于前呈弧形绕过。书院背依高山，建筑顺山势逐步升高，经过三级平台才到达书院正门亦乐门，入门后跨过一条小渠拾级而上为无边楼，楼后平台为讲堂求仁堂院落，左右设闇修斋和敏求斋，而求仁堂台基高于庭院5级踏步，绕过讲堂后为祭祀区，经过6级踏步到达祠门，入祠门，升5级踏步才能到达祠堂体仁庙，整个书院院内就有前后6级平台。笔者曾夏天去造访，四望青翠，云雾飘浮，环境清幽，如果不是同伴招呼快走，真想再仔细领略一番。

道东书院位于琵琶山东麓，面向东北，背依青山，洛东江从脚下蜿蜒流过。建筑依山而建，中轴线上依次为水月楼、正门唤主门、讲堂中正堂、祠门和祠堂。书院前后为三进院落，第一进院落在水月楼后，院落空疏，不植一树，只有轴线上设一座仅能容一人垂首而过的小门；第二进院落为学习区，中设讲堂中正堂，左右设两斋；第三进院落为奉祀区，一门一祠，连典祀厅都设在祠外右侧且自成区。书院前为农田，沿自然升高的小路而上，升高13级到达水月楼，过楼升高12级到达讲堂前门，再升高11级到达讲堂，过讲堂升高19级到达祠门，进入第三进庭院，升高4级才能进入祠堂，整个轴线设踏步59级，祠门台基高过水月楼顶。在书院前建楼是很好的设计，登楼前俯洛东江清流，近瞰平野，远眺群山，后望满山青翠，选址确实很好。

屏山书院选址也很好，背依青山，面对屏山和洛东江。书院为四进院落，前院由大门复礼门和晚对楼组成，右前角设一池塘，左前角设一角门；第二进院落位于晚对楼后，有讲堂立教堂及其两斋诚明斋和敬义斋；第三进院落位于立教堂后，没有主建筑，左为尊德祠祠门，右为藏板阁小门；第四进院落为祠堂尊德祠及门。建筑依据山势逐渐升高，进入书院，先要通过一段自然坡路，升高7级到达院门，穿过院门，升高11级到达晚对楼，过晚对楼升高6级到达庭院，再升高5级进入讲堂，过讲堂升高13级到达祠门，升高5级进入庭院，再升高4级进入祠堂。整个书院共设台阶51级，讲堂台基超过大门顶部，祠堂台基超过晚对楼顶高。屏山书院最有气势的建筑为晚对楼，晚对楼面阔七间，

屏山书院

可容200人就坐，是学习讨论的绝好场所。登楼可俯视清澈江水，观赏屏山的春花秋叶，夏云冬雪，晨辉晚霞，唯一不足的是前山太过高大，且距离太近，感觉有点儿压抑。

德川书院不仅重视选址，还注意造景，引水挖塘，植荷建亭，“垣内引泉源为左右方塘，种莲其中，别构三楹于溪上，为风咏之所，扁之曰洗心，后改以醉醒”[①]。

第二节　建筑规模及基本配置

可能是限于国家为书院设定学生名额不多，且朝鲜时期经济不算发达，所以朝鲜书院规模普遍不大，但为了满足教学和祭祀需要，教学设施、奉祀建筑以及必需的管理服务设施还是齐备。

一、建筑规模

总的来看，朝鲜书院建筑规模都不太大，小型为多，中型很少，虽然历经二百多年发展，规模变化却不大。

朝鲜书院建筑规模一般不过三五十间，嘉靖三十七年（1558年）建造的伊山书院“为屋三十二间，又移构养正堂于其侧。堂故郡守琴侯椅所创以训童蒙者也”，房屋不会超过40间。绍修书院一直到现在也不过33间房屋，濫溪书院大约36间房屋，笔岩书院、道东书院都是大约40间房屋，都属于小型书院。武城书院规模更小，只有20余间房屋。

嘉靖三十八年落成的迎凤书院“凡为屋五十余间”，玉山书院水月楼、讲堂中正堂和两斋都是面阔五间，内外三门都是三间，从平面图看有50余

---

① ［朝鲜］河憕：《德川书院重建记》，见《德川书院志》。

间，都是朝鲜规模较大的书院。陶山书院建筑70余间，应该是朝鲜规模最大的书院之一。

二、基本配置

书院主要职能是传播知识和培养德才兼备的人才，除了通过学习儒家经典外，还通过奉祀圣贤向学者提供学习榜样，“有庙以祀先贤者，则其与崇道作人之方尤为备也”①，因此书院建筑要满足学习和奉祀需要，“谨按书院制度，建祠宇以昭祀，立明伦堂以重伦，置东西斋以居学者，藏修固有所矣”②，书院建筑基本配置主要有奉祀的祠堂、讲学的讲堂、学习的斋室以及为祭祀和教学所用的服务设施。

朝鲜书院尤重祭祀，本地没有可以奉祀作为学者的学习榜样就不能称作书院。嘉靖三十七年（1558年）创建伊山书院，因士论难以选定可以奉祀的本地学者，拟以书斋为名，请李滉作记：“吾乡先正可祠于学者未有定论，于书院之制斯为未备，欲姑以书斋名之，何如？”李滉认为不必如此，“古之书院所祠岂尽其乡人哉？有祀先圣先师者，亦有不立祠庙者，惟视其力、从其宜而已。今兹学也，犹未遑于置田一事，置祭田以定所祀，且俟后日。而议之未有不可。第观其立学，规模实仿于书院之制，何必避其名而迁就于书斋之称乎？因其本地之号而稍变之，名曰伊山书院”。从此记载看，当时的确实存在这种现象，没有可以奉祀的本地先正就不能称作书院，只能称作书斋。伊山书院应该是当时首创，只有学舍而无祠堂也称作书院，“其正堂曰敬止，东斋曰诚正，西斋曰进修，门曰志道，台曰观物，庖厨库藏无一不具”，并没有奉祀建筑，现在书院奉祀李滉是宣祖七年（1574年）赐额时的事情。

---

① ［朝鲜］李滉：《伊山书院记》，见《退溪先生全书》卷五九。

② ［朝鲜］河爱一：《洗心亭记》，见《德川书院志》。

16世纪中期是朝鲜书院萌芽期，此时书院已经确定基本配置。嘉靖三十八年（1559年）落成的迎凤书院“正堂曰诚正，东斋曰克复，西斋曰敬义，有高明之楼，风咏之坛，而总名之曰伊山迎凤书院。乃于院东立祠庙若干楹，以奉三贤之祀，乃定祭式，乃簿物品，庖廪门墙，既备既毕”。祠堂于学舍之东，奉祀事昏主能奋忠竭诚、犯颜谏诤而不得则飘然还乡的乡贤李兆年，忠君讨贼、善处傲弟的乡贤李仁复，往来讲学的近世儒宗金宏弼，并制定祭祀制度。学舍部分设置讲堂诚正堂、两斋克复斋和敬义斋、可游可息的高明楼和风咏坛，以及为教学服务的庖廪。

易东书院“其祠曰尚贤，正堂曰明教，左右翼室曰精一也、直方也，东西两斋曰四勿也、三省也，门之大者曰入德，而总之以易东书院之号”。建筑有祠堂尚贤堂，讲堂明教堂，东西四勿斋和三省斋，大门入德门，不同的是讲堂两端还设有耳室精一和直方。建筑不是很多，但基本配置齐备。

笔岩书院在朝鲜书院建筑配置中比较典型，学舍讲堂在正门内，名曰清节堂（图中②）；两斋在讲堂后分别名曰进德斋（图中③）和崇义斋（图中④）；

笔岩书院平面示意图

祠堂名为祐东祠（图中⑥），为独立院落，设三间祠门（图中⑨），还有为祭祀做准备的典祀厅（图中⑩）；大门设于廓然楼（图中①）下，前设红箭门（图中⑫）和下马石（图中⑬）；此外还有敬藏阁（图中⑤）、藏板阁（图中⑦）、办公的库直舍（图中⑪）、管理奴婢的汗掌舍（图中⑧）。

第三节　布局方式

朝鲜书院布局方式比较简单，主要是前学后祠式，个别书院为左学右祠式、右学左祠式和学祠分立式。

一、前学后祠式

前学后祠式是朝鲜书院最常见的布局形式，大多书院都采用这种布局。前学后祠式又可分为前后式布局和相对式布局。

（一）前后式

前后式布局是指前学后祠式中书斋位于讲堂之前的布局形式。

濫溪书院是比较标准的前学后祠式布局。书院教学部分在前，有讲堂明诚堂、两斋养正斋和辅仁斋等，祠堂独立成区，有祠门、祠堂和典祀厅。

玉山书院轴线上依次为书院正门亦乐门、无边楼、讲堂求仁堂、祠堂内三门，最后为祠堂体仁庙。虽然从平面图中看似乎轴线偏左，其实那是地形限制致使祠堂区呈平行四边形造成的错觉，就建筑看轴线并无偏差。祠堂独自成区，院内还设有典祀厅。教学区呈四合院式，前为无边楼，后为求仁堂，两厢分别为闇修斋和敏求斋。

彰节书院是最为标准的前后式布局。轴线上自前向后依次为拜鹃楼、讲堂、内三门和彰节祠，讲堂前设东西两斋，彰节祠前设东西两庑，管理舍设于书院之外左侧。

同样采用前学后祠式布局的还有泰仁武城书院。武城书院布局比较简单，只有前后两个院落，轴线上依次为弦歌楼、讲堂、祠门和泰山祠，只有一处讲修斋设在院外左侧。

遁岩书院也是采用前学后祠式布局。书院为三进院落，第一进院落只有山仰楼和书院大门；第二进院落为学舍区，轴线上有养性堂及其两斋，右侧还有凝道堂、静会堂等建筑；第三进院落为祠堂区，仅有崇礼祠和祠门。祠堂与养性堂在中轴线上，但不与大门相直，而大门与山仰楼相直，在大门处左转5度左右。主讲堂不在轴线上，因为遁岩书院匾额悬挂在凝道堂内，凝道堂应该是主讲堂，位置偏在书院右下角，方向与轴线平行。

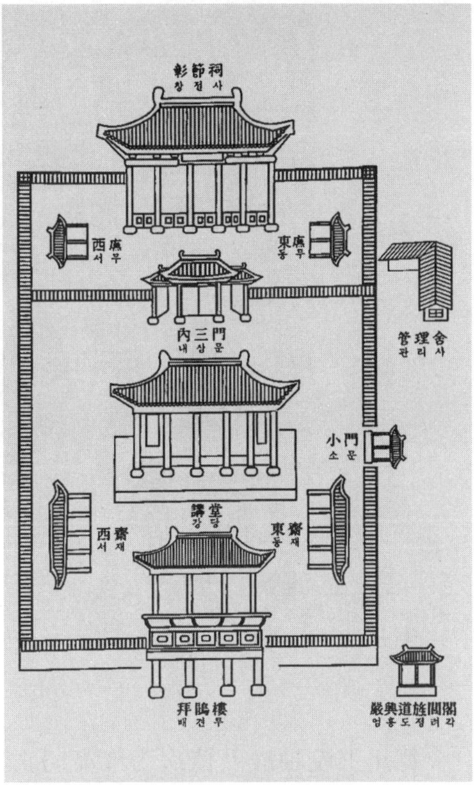

彰节书院平面示意图（摘自《彰节书院志》）

陶山书院布局有过变化，原来陶山书堂与陇云精舍和下库直舍是连在一起的，扩建书院时将陇云精舍和下库直舍西迁造成现存布局。总体来看，陶山书院属于前学后祠式，但不太规矩，建筑布局比较杂乱。书院朝向西南，大约南偏西15度左右。书院大门直接讲堂，讲堂东侧之后为祠堂尚德祠，尚德祠与讲堂不在一条轴线上。尚德祠西侧为典祀厅。讲堂典教堂东侧为藏板阁，西侧为上库直舍。书院大门与讲堂大门之间左侧前为陶山书堂，西侧前为陇云精舍，后为下库直舍，而讲堂大门前东西建造东西光明室，书院大门外还有亦乐书斋。

前学后祠式布局有个特别现象，即讲堂不与祠堂在一条中轴线上。上述陶山书院如此，德川书院、屏山书院、濫溪书院都是如此。

陶山书院平面示意图

德川书院轴线上依次为红箭门、大门时静门、讲堂敬义堂。祠堂崇德祠也是略微偏离中轴线，东移不到敬义堂面阔的一半，而且内三门与崇德祠轴线也向右转，与大门和讲堂的轴线形成一个约15度的夹角。濫溪书院朝向西南，也是祠堂轴线略微左移，讲堂面阔四间，去往祠堂的台阶应该设于第二间与第三间之间，但改为正对左起第二间，较讲堂左移半间，祠堂和内三门轴线较台阶也左转5度左右。屏山书院前有一条轴线，从院前道路一直延伸到讲堂立教堂，但祠堂却左转，祠门转至讲堂轴线外近6米。

屏山书院平面示意图（摘自《书院胜览》）

（二）相对式

相对式布局的主要特征是两斋位于讲堂后面，这种布局形式在乡校中比较常见，书院中也有不少。

长城笔岩书院轴线上自前向后依次为红箭门、廓然楼、讲堂清节堂、祐东祠，前后三进院落。第一进院落不再设建筑，而是将两斋置于讲堂后的第二进院落中；第二进院落建筑比较集中，左为进德斋、右为崇义斋，祠门前右侧还设敬藏阁；第三进院落为奉祀区，除主祠外还设有典祀厅。主轴东北角建有藏板阁和奴婢总管住宿的汗掌舍，西侧建有供应学生饮食的库直舍。朝鲜乡校和书院喜欢以楼作门，这其实是个很好的设计，楼上可以凭高远望，也可以进行学术讨论。

兴岩书院也属于相对式布局。轴线上依次为外三门、讲堂进修堂、神三门和祠堂。学区两进，讲堂前后各一进。进修堂两侧设耳房据德斋和居业斋，后设两厢依仁斋和集义斋。祠堂一进，无厢房，东侧设独立的祭祀服务区，主房名存诚斋，供制作祭品和保存祭器，前门通学区，西夹门通祠堂。

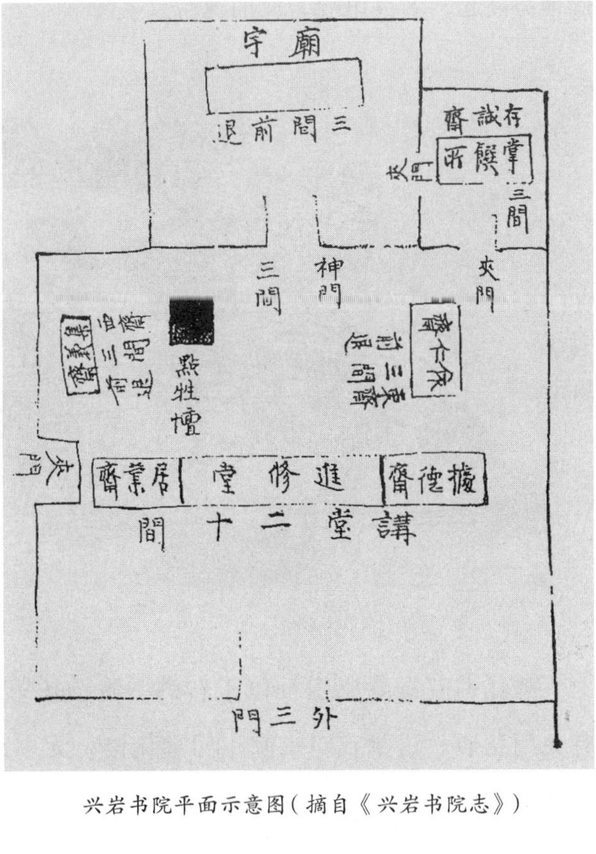

兴岩书院平面示意图（摘自《兴岩书院志》）

玉洞书院轴线上依次为清越楼（下层设通道兼作正门）、讲堂蕴辉堂、内三门和祠堂景德祠，没有厢房，讲堂左右各辟一间题作琢章斋和斲露斋，讲堂面向祠堂，也属于相对式布局。

雪斋书院非常简单，只有讲堂、内三门和祠堂，虽然没有书斋，但祠堂与讲堂朝向相对，也应该被视为相对式布局。

二、左学右祠式

已知采用左学右祠式布局的书院有绍修书院、鸥江书院、伊川书院等。奉祀安珦的文成公庙在西，一祠两门，独立成院。后为典祀厅，厅东为影帧阁，保存安珦、周世鹏等人画像。学舍在东，迎门为讲堂，面东，堂北建筑六间，分设日新斋和直方斋，堂北偏东为学求斋，学求斋面南，前东为至乐斋，南北向，日新斋西为藏书阁。正门外东侧设有景濂厅，南北向；门西为省牲台，再西地势高起，名灵龟峰，设消魂台。

绍修书院平面示意图

鸥江书院祠堂崇道祠位于右侧，讲堂止善堂位于左侧，各自独立成区，有夹门相通。讲堂直对书院正门宣化楼，无书斋，祠堂有内三门，右侧设典祀厅。

三、右学左祠式

已知采用右学左祠式布局的书院有迎凤书院、剡溪书院、临川书院等。

迎凤书院嘉靖三十八年（1559年）落成时，“乃于院东立祠庙若干楹，以奉三贤之祀，乃定祭式，乃簿物品”，学舍在西，祠堂在东，奉祀本地乡贤李兆年、李仁复和寓贤金宏弼。

伊川书院讲堂在右，前对大门，祠堂在左，只设一祠一门，但朝向不与大门相同，大门、讲堂均向南略偏东，而祠堂则朝西略偏南。

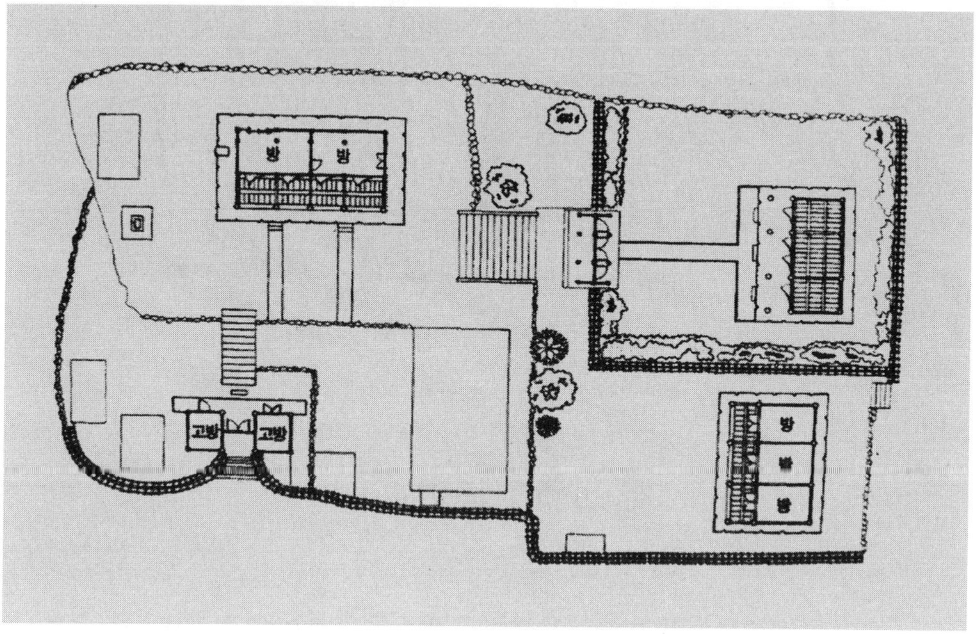

伊川书院平面图（摘自《书院胜览》）

四、学祠分立式

义城德阳书院前为学堂，后为祠堂，但两者各自成区。祠堂名尚忠祠，前设神三门，右侧附设一区当为典祀厅，有夹门相通。学区有讲堂景义堂，东西设两斋。

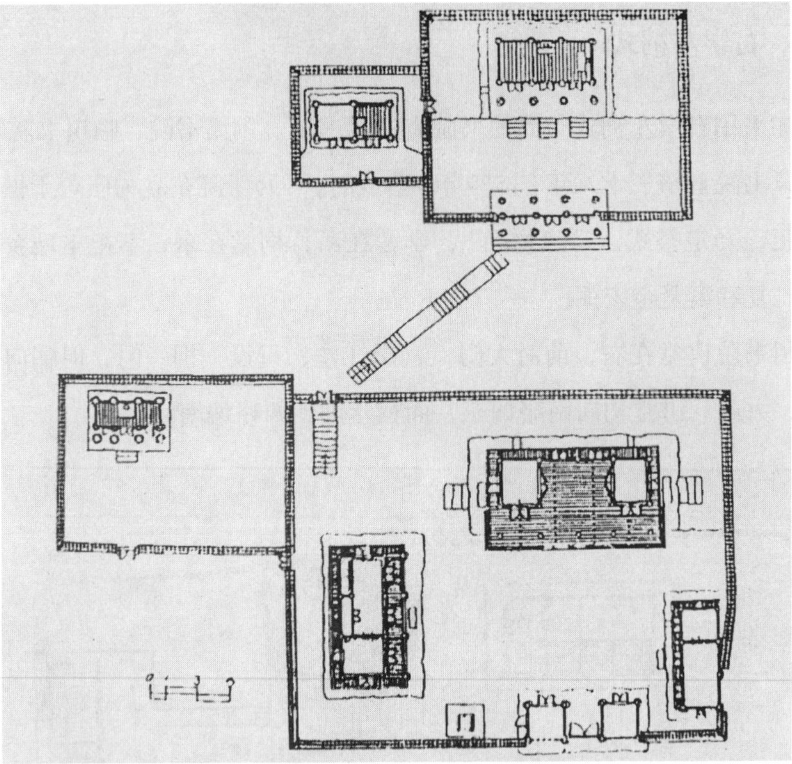

德阳书院平面图(摘自《书院胜览》)

第四节 建筑实例

了解书院建筑最好的办法就是选取几座不同类型的典型书院进行具体分析，所以本节选择朝鲜著名的绍修书院、陶山书院和笔岩书院为例进行分析。

一、绍修书院

绍修书院始建于中宗三十七年(1542年)，是丰基郡守周世鹏为高丽学者安珦建造的。安珦(1243—1306年)，初名裕，改名珦，后因犯朝鲜文宗名讳回称原名，字士蕴。十八岁文科中式，出仕为校书郎，先后任尚州判官、国子司业、东京留守、集贤殿大学士，官至宰相。安珦曾随高丽忠宣王、忠烈王三次赴元，1298年将新刊《朱子全书》带回朝鲜。他倾心朱子学，自号晦轩，亲自在国学讲授朱子学，因此被称为朝鲜理学之祖，高丽忠肃王五年（1318年）从祀高丽文庙。周世鹏先建祠堂，再于祠东添建讲堂，初名白云洞书院。李滉出任丰基郡守后请求国王仿照宋朝皇帝赐额和赐给书籍、土地和奴婢，明宗五年（1550年）国王赐额绍修书院，并赐给书籍，但由于书院已经具备条件，没有赐给土地和奴婢。

绍修书院是朝鲜第一所赐额书院，也是朝鲜最古老和最为著名的书院之一，一直得到很好保护，由于安珦是从祀朝鲜文庙的先儒，大院君毁撤书院时绍修书院成为幸存的47所院祠之一。书院至今尚完整保存，有正门、讲堂、祠堂、斋室等大小13座建筑。2019年绍修书院作为韩国书院之一被列入世界遗产目录。

正门　正门面南，名志道门，一间，灰瓦悬山顶，分心式木架，柱头出栱承梁，出檐较深，屋顶硕大，显得建筑非常厚重，这是朝鲜古代建筑的共同特点。檐下施彩绘，箍头简单，找头较长，枋心不施图案，如同中国的雅五墨。

讲堂　讲堂位于正门内，面阔四间，从侧面看进深四间，室内进深一间，抬梁式木架，灰瓦歇山顶，建筑不是传统的与正门平行，而是垂直面东，以歇

绍修书院讲堂及书斋

山面对正门，且悬挂“白云洞”横匾。全木地板，架空，外连走廊。西一间设火炕。檐下施彩绘，形式与正门相同。

日新斋、直方斋　日新斋和直方斋为一栋建筑，面南，面阔六间，两斋各三间。灰瓦歇山顶，前出廊，除中间两间外均设栏杆。木件不施油漆，非常朴素。两斋原来分别是院长和教师住房，所以设火炕。

学求斋　学求斋面南，面阔三间，进深一间，灰瓦悬山顶，原为学生宿舍。中间木地板，开敞，两端封闭，火炕房。房基以自然石砌筑，木件均为本色，比较简陋。

至乐斋　至乐斋面西，面阔三间，进深一间，抬梁式木架。北端一间封闭，其他两间敞开，东临围墙，可以远眺东山，俯瞰清溪。

文成公庙　文成公庙面阔三间，侧面看进深三间，室内进深一间，前出廊，灰瓦悬山顶。檐下施彩绘，也与正门相同。文成庙是祭祀安珦的祠堂，因安珦谥号文成公而得名。中宗三十九年（1544年）以安轴、安辅配享，仁祖十一年（1633年）增加周世鹏配享。设两祠门，正门向南，面阔一间，灰瓦歇山顶，东偏门建筑形式与正门相似，但规模小且低，也是面阔一间，围墙以鹅卵石砌成，灰瓦顶。

绍修书院文成公庙

影帧阁 影帧阁面南，面阔三间，进深一间，灰瓦悬山顶，四周出檐很深，檐下彩绘，木件油漆。阁内保存有文庙奉祀人物绘图、朱熹、安珦、周世鹏、李德馨、许穆、李元翼画像。

藏书阁 藏书阁面南，面阔两间，进深一间，灰瓦悬山顶。木件原色，乱石砌基。

典祀厅 典祀厅面南，面阔三间，进深一间，灰瓦悬山顶。

景濂亭 景濂亭位于正门外东侧，南北向，面阔三间，进深一间，灰瓦歇山顶，木地板悬空，外加一周栏杆，木件均本色。亭下小溪随青山由东而南，是游息的好地方。

书院建筑仅正门、讲堂、祠堂和影帧阁油漆彩绘，其他建筑均为本色，建筑台基除讲堂、影帧阁、祠堂为加工块石外，其他均为自然石，显得很简陋。

二、陶山书院

陶山书院是李滉晚年教学著述的地方。李滉（1501—1570年），字景浩，号退溪，34岁文科中式，曾任承文院副正字、世子侍讲院文学、忠清道御史、弘文馆修撰、丰基郡守等职，50岁告病回乡，专心教学和著述。他著有《退溪全书》《圣学十图》等，集朝鲜理学之大成，为朝鲜理学代表。李滉谥号文纯，光海君二年（1610年）从祀朝鲜文庙。

李滉归里后先建桂堂书堂教学，因弟子众多，地方狭窄，明宗十二年（1557年）迁至今处建造陶山书堂和陇云精舍。宣祖七年（1574年），本地儒林公议建造祠堂和书院，次年请得国王赐额陶山书院。

陶山书院是朝鲜著名书院之一，一直得到很好保护，大院君毁撤书院时陶山书院幸免于难，2019年陶山书院作为韩国书院之一被列入世界遗产目录。

正门 正门面南，一间，三柱分心式木架，灰瓦悬山顶，檐下施彩绘，底色为黄灰色，图案略像中国雅五墨。下设台阶，12级踏步。

陶山书堂 陶山书堂始建于明宗十二年（1557年），三年后落成，是陶山

陶山书堂

书院最早建筑，原为李滉讲学著述处。面阔三间，进深一间，抬梁式木架，灰瓦悬山顶，东西檐下分别各向外接出一间和半间，西山如同歇山顶。东间为木地板，悬空，与东厦相接，为开放空间，名岩栖轩，中间为火炕房，为封闭空间，名玩乐斋，西间连同外接厦子为厨房，也是全封闭空间。东厦为李滉弟子郑逑任安东府使时添建。陶山书堂独立成院，筑有围墙，石砌灰瓦顶，南面中设柴门名幽贞，下设五级踏步。李滉还重视环境美化，于台下开掘梦泉，挖掘池塘，种荷取名净友堂，院外东侧栽植松竹梅菊，命名节友社。木件均为本色，堂基乱石砌就，虽然简陋，但保持原貌，还是不错的。

陇云精舍　陇云精舍与陶山书堂东西相对，是一座平面H形的建筑，左右建筑各面阔三间，进深一间，北两间为火炕房，南间为木板房，向内一面敞开，向外和南均设窗，东侧地板间名时习斋。抬梁式木架，灰瓦悬山顶，中间以廊相连，但均封闭。陇云精舍是院生弟子们学习生活的地方，年长者住东房，年幼者住西房。陇云精舍与陶山书堂一样是陶山书院最早建筑，相传都是附近龙遂寺僧人法莲和净一建造的。房基由加工过的方正石块砌就，应该是后世重建过。

亦乐书斋　亦乐书斋位于书院门外之西，原是郑士诚（1545—1607年）投入李滉门下学习时其父建造的。书斋为独立小院，门一间，东向，三柱分心式木架，灰瓦悬山顶，书斋面阔三间，进深一间，抬梁式木架，灰瓦悬山顶，全封闭空间，西间设火炕。斋匾为李滉题。木件油漆，檐下施简单彩绘，木料方正，质量远超陶山书堂。斋名应该来自孔子的“有朋自远方来，不亦乐乎”。

进道门　进道门为讲堂大门，建筑形式与书院正门相似，面阔一间，三柱分心式木架，灰瓦悬山顶，檐下施彩绘，略同中国雅五墨，但为五彩，很鲜艳。下设台阶，六级踏步平台。

典教堂　典教堂面阔四间，进深一间，抬梁式木架，灰瓦歇山顶，檐下施彩绘。东三间为讲堂，前后不设墙壁，木板地面悬空，西一间设火炕，四面封闭，为院长室，名闲存斋。檐下悬挂陶山书院匾额，宣祖七年（1574年）赐额时由朝鲜中期著名书法家韩石峰题写，室内正面悬挂“典教堂”，两侧悬挂《白鹿洞规》、1792年遣阁臣致祭祭文、赐祭教旨、《四勿箴》、《夙兴夜寐箴》和国忌日期悬板。典教堂建造在高台上，下设阼阶和宾阶，均为七级踏步。宾

陶山书院讲堂典教堂与两斋

阶西侧设庭燎，圆形柱础，上立六棱石柱，柱顶置石盆，非常别致。檐下和室内均施彩绘，也是不绘枋心。典教堂之名据李滉说“五典之教，即明伦之意”，最初李滉为易东书院讲堂取名五教堂，“凡学宫正堂泛称皆曰明伦，与泮宫同，虽似无妨，然亦太无分辨，故改之如此，亦不失明伦之意”，后觉“前拟堂斋之名多未稳”，改为典教堂[①]。五典，孔颖达认为是父义，母慈，兄友，弟恭，子孝；蔡沈认为即父子有亲，君臣有义，夫妇有别，长幼有序，朋友有信。

博约斋　博约斋位于为典教堂下，为东厢房，面阔三间，进深一间，前出廊式木架，灰瓦悬山顶。檐下略施彩绘，全封闭，原是学生读书处。斋名应该来自颜回赞扬孔子的“夫子循循然善诱人，博我以文，约我以礼，欲罢不能”。

弘毅斋　弘毅斋与博约斋东西相对，建筑形式、功能均相同。斋名应该采自曾子的“士不可以不弘毅”。

内三门　内三门为尚德祠大门，面阔三间，三柱分心式木架，灰瓦悬山顶。辟三门，东西两间前设阼阶和宾阶，门下设三级踏步，台下设三级踏步。由于是祠堂大门，建筑规模最大，但檐下仅略施彩绘。

尚德祠　尚德祠面阔三间，进深一间，前廊式木架，灰瓦歇山顶，檐下也略施彩绘。台下设左右二阶，各三级踏步。尚德祠建于宣祖九年（1576年），主祀李滉，光海君七年（1615年）以李滉弟子赵穆配享。

典祀厅　典祀厅位于尚德祠西侧，为独立院落，设门一座，一间，分心式木架，前后柱很细，灰瓦歇山顶。院内不设正厅，只设东西厢房，各面阔二间，进深一间，抬梁式木架，灰瓦悬山顶，檐下略施彩绘。东厢房为酒厅，北间为木板房，南间为火炕房。西厢房为祭器库，南间为木板，北间为砖地。院东北设角门可以直通尚德祠。

藏板阁　藏板阁面阔三间，进深一间，灰瓦悬山顶，地板悬空，全木造，用来保存李滉文集和书院出版书籍木板。

---

① ［朝鲜］李滉：《陶山全书》第三册《易东书院堂斋名号》。

光明室　光明室东西二所，建造在书院进德门下平台上。东室为纯祖十九年（1819年）建，保存历代国王赐给书籍和李滉使用过的书籍，为防潮湿，分为两层，下层悬空。面阔三间，进深一间，抬梁式木架，灰瓦悬山顶。匾额为李滉所提。西光明室为1930年仿照东室形制建造，收藏李滉门徒著述和学者书籍。书库名称出处来自朱熹《藏书阁书橱铭》“惠我光明”。

上库直舍　上库直舍位于典教堂西侧，是一所独立的院落，门设在东南角，一间，正房面阔五间，左右与东西厢房连檐，倒座也是面阔五间，与东西厢房连檐，东厢房面阔三间，西厢房面阔五间，是供学生饮食和管理人员居住的地方。

下库直舍　下库直舍位于陇云精舍之后，原在陶山书堂西侧，建造书院时因堵住轴线而西迁，1932年易地重建时形成现存形制，院落独立，有正房和东西两厢，南门与陇云精舍相通，东南角门通向中路，作用与上库直舍相同。

试士坛　试士坛位于书院前的洛东江边，原是正祖十六年（1792年）举行特别科举考试的地方。是年正祖派阁臣、礼曹判书李晚修至陶山书院祭祀，国王特令“待祭之日，阁臣坐典教堂，招诸生立于进道门内庭，以赍去书题揭示，各令应制，收捧试卷，还朝日以启。如是则小邑支应为弊必当不少，令庙堂中饬道伯区划谷物”[①]，祭祀时举行特别考试，如同中国恩试。岭南学子踊跃报名，7200余人参加，陶山书院难以容纳，改在书院前洛东江沙滩上举行，交卷者达3632名，国王亲自阅卷后选取11人中式并赐宴。为资纪念，在河岸修建试士坛。1974年因修建安东水坝，为免试士坛被水淹没，于是加高，将当年记事碑移至台上。

三、笔岩书院

长城笔岩书院原是金麟厚故里。金麟厚10岁进入金安国门下就学，31岁

---

① 正祖教旨，见陶山书院典教堂匾额。

笔岩书院

文科及第，先后任承文院副正字，弘文馆博士兼世子侍讲院说书、弘文馆副修撰、玉果县监等，仁宗去世后辞职归隐，屡征不起。他专心研究理学，著有《河西集》《周易观象篇》《西铭事天录》等。在学术上主张理气混合说，反对李滉的理气一物说。正祖二十年（1796年）从祀朝鲜文庙，谥号文正。

书院为宣祖十八年（1585年）建，因战乱被毁，仁祖二年（1624年）重建，显宗三年（1662年）赐额笔岩书院，为47所保留院祠之一。书院有红箭门、廓然楼、清节堂、祐东祠、进德斋、崇义斋、敬藏阁、藏板阁、汗掌舍、库直舍等12座建筑。2019年笔岩书院被列入世界遗产目录。

红箭门 红箭门是朝鲜常见的建筑，一般建造在祠庙、乡校前。两柱一间，上部穿插两道横梁，下层横梁上安设九支箭穿过上层横梁，很像中国宋代的乌头门，不过多了一道梁和九支箭。

廓然楼 廓然楼相当于书院大门，英祖三十六年（1760年）建，面阔三间，灰瓦歇山顶。楼分两层，下层为通道，辟三门，东进西出，中门不开。柱头设斗栱，柱间设倒梯形坐墩。檐下施彩绘，飞椽、直椽、望板都做彩绘，额枋可分出箍头、找头和枋心五段，枋心绘花草。室内彩绘精美，五架梁也分作五段，枋心也是通体绘五彩云龙，老角梁做成龙形并通体绘龙。

清节堂 清节堂为书院讲堂，面阔五间，五檩抬梁式木架，灰瓦悬山顶，略施彩绘。中三间木板房，前面不设门窗，全部敞开。檐下悬挂“笔岩书院”匾额，匾框彩绘云龙，室内悬挂《白鹿洞规》等十余方匾额。

崇义斋 崇义斋为西斋，面阔四间，五檩，前出廊式木架，灰瓦悬山顶。中二间木板房，边二间火炕房。木架均为本色，房基以未细加工石块砌筑，显得很简陋。

祐东祠正门 祐东祠正门面阔三间，进深一间，两柱抬梁式木架，灰瓦悬山顶。门安在前柱间，设三门，左门题入门，右门题出门，中门紧闭。柱头设座斗，座斗承栱承里檩枋和里檩，座斗下与额枋相交处出昂，昂后端设斗承栱，栱以斗承挑檐枋，不像中国的传统斗栱。檐下也施五彩彩绘，不绘枋心，如同中国雅五墨。院落东南角设一角门，一间，灰瓦悬山顶。

祐东祠 祐东祠面阔三间，前出廊，灰瓦悬山顶。柱头出昂，蔓草形，承斗承栱，檐下施彩绘。室内彩绘很漂亮，可以分出箍头、找头、枋心五段，枋心绘花卉、仙鹤等如同苏式彩绘，由于屋架前出廊，五架梁仅剩四架，正中二梁不分四面，通体彩绘，也可以分出五段，枋心绘五彩云龙通梁缠绕，边二梁枋心绘鱼草，二架梁绘仙鹤，椽子刷漆，檐椽两端绘找头，枋心正中绘花卉。祐东祠主祀金麟厚，正祖十年（1786年）增加弟子、女婿梁子澂配享。

附录

朝鲜书院大事记

1418年 世宗即位当年，令将儒士私置书院、教诲生徒者启闻褒赏，此为朝鲜已知最早书院记载。

1420年 世宗二年，令授官私置书院教诲的金堤前教官郑坤、光州生员崔保民、咸从生员姜友谅，以示褒奖。

1518年 中宗十三年，命以高丽学者郑梦周从祀朝鲜文庙。

1542年 中宗三十七年，丰基郡守周世鹏于安珦旧居遗址建造祠庙，次年竹溪书院成。

1547年 明宗二年，庆尚道监司拨给白云洞书院奴婢5名（2奴3婢），此为官拨奴婢与书院之始。

庆尚道观察使安玹等制定《顺兴文成公庙、白云书院斯文立议》，此为朝鲜书院制定制度之始。

1549年 明宗四年，丰基郡守李滉请求国王为竹溪书院宣赐匾额，颁降书籍，给土田臧获，赐额绍修书院，给赐四书五经，此为朝鲜国王赐额、赐书书院之始。

1554年 明宗九年，令为高丽末年名臣郑梦周建造书院，赐额、赐书、赐给奴婢和土地均与绍修书院相同。此为朝家为名贤建造书院、赐奴婢和土地之始。

1558年 明宗十三年，李滉为伊山书院制定《伊山院规》，此为朝鲜书院制度楷模。

李滉在《伊山院规》中建议仿照官学明伦堂将程颐《四勿箴》、朱熹《白鹿洞规》、朱柏庐《十悔训》、陈柏《夙兴夜寐箴》揭诸壁上，此为朝鲜书院采用中国书院制度之始。

1568年　宣祖元年，黄海道儒生建造朱夫子书院，国王赐额文会书院。此为儒生建造书院之始。

1610年　光海君二年，命本朝学者金宏弼、郑汝昌、赵光祖、李彦迪、李滉从祀文庙。

1642年　仁祖二十年，规定书院学生名额不得超过20名，由各道自行确定。规定新建书院必须先报请礼曹商议、朝廷同意。

1655年　孝宗六年，“书院渐盛，乡校儒生咸归书院”。

命勿赐额叠设书院。

1657年　孝宗八年，禁止私建书院、乡贤祠，首倡儒生定罪。

令书院校生还归乡校，不入校籍而冒籍赴试者依法惩治。

定书院奴婢额数，赐额书院给奴婢7人，未赐额书院给奴婢5人，乡贤祠给奴婢1人，定额外汰补军丁。

令撤毁额外书院祠堂，但仅撤毁数处，私建、募人纷然相继，莫之能禁。

1675年　肃宗元年，重申孝宗八年规定。

1681年　肃宗七年，以邱山书院奉祀孔子像，令按赐额书院例给田3结，募人20名。

1682年　肃宗八年，国王令将奉祀孔子画像的五峰书院和奉祀李珥的松潭书院奴仆所娶驿吏之女所生奴婢不还驿吏。

令禁止叠设书院。

令本朝学者李珥、成浑从祀文庙，十五年罢黜，二十年恢复。

1694年　肃宗二十年，采用朴世采建议，除从祀文庙诸贤和大名贤外禁止叠设书院赐额，叠设者以乡祠待之。

1695年 肃宗二十一年，定地方官不禁止私建书院者论罪。

定从祀大贤叠设书院不与赐额。

1700年 肃宗二十六年，规定赐额书院募人20名，未赐额书院不给，不合规定者搜括充丁。

规定不经朝令批准私建书院者地方官论以重律。

1705年 肃宗三十一年，定私建书院地方官论罪，首唱儒生停举。

1710年 肃宗三十六年，规定书院学生名额，赐额书院20名，从祀文庙贤儒书院30名，未赐额书院15名。后改为赐额书院主祀不论是否从祀文庙一律20名。

规定拟新建书院处，能与原有书院合享者合享，配享者配享。

1712年 肃宗三十八年，令撤官员生祠。

1713年 肃宗三十九年，令从祀文庙贤儒也不得叠设书院。

1714年 肃宗四十年，因广州赐额明皋书院未经申请将已故判书赵复阳、副提学赵持谦追享，按照制度将首倡儒生任弼周、朴再炫、赵持常停举三年，府尹李世勉罢职，监司金万重推考。

1717年 肃宗四十三年，令本朝学者金长生从祀文庙。

1721年 景宗元年，令给赐额书院3结田土免税优待，但不久废止。

1725年 英祖元年，公州礼岩书院将宋时烈牌位降置交椅之下，国王令给予书院五年停举处罚。

1738年 英祖十四年，针对违背不许建造祠院禁令而建庙者现象，规定道臣推考、守令罢职。

1741年 英祖十七年，令撤毁甲午以来新建书院、祠堂300余所。

规定甲午以来未经朝廷批准新建书院祠堂及追享处，道臣罢职，守令拿处，首倡儒生停举5年。此后再有未经批准建造者，道臣拿处，守令施以三等夺告身之律，首倡儒生远配。从此书院进入停滞期。

1754年 英祖三十年，令本朝学者宋时烈、宋浚吉从祀文庙。

1764年　英祖四十年，令本朝学者朴世采从祀文庙。

1781年　正祖五年，规定赐额书院只许筵禀时国王批准，不准礼曹擅批。

1787年　正祖十一年，重申英祖十七年禁止私建书院规定，并规定擅自增加配享者，道臣重推，地方官罢职，首倡儒生停举3年。

重申赐额书院募人20名。

1796年　正祖二十年，令本朝学者金麟厚从祀文庙。

1800年　正祖二十四年，命赐额书院中未经批准增加的配祀人物一并厘正。

1862年　哲宗十三年，命撤享哲宗元年以来所建赐额以外书院。

1864年　高宗元年，命赐额书院田结、院仆、库直等名色除庙堂定额外一律删汰。

1865年　高宗二年，撤废华阳洞书院和万东庙，此为大院君撤毁书院先声。

1871年　高宗八年，命文庙从享人外书院及叠设祠院并为毁撤，全国仅保留47所，其中书院27所，祠庙20所。

1874年　高宗十一年，下教恢复万东庙。

1882年　高宗十九年，令恢复书院。

1883年　高宗二十年，令本朝学者赵宪、金集从祀文庙。

第三编

日本书院

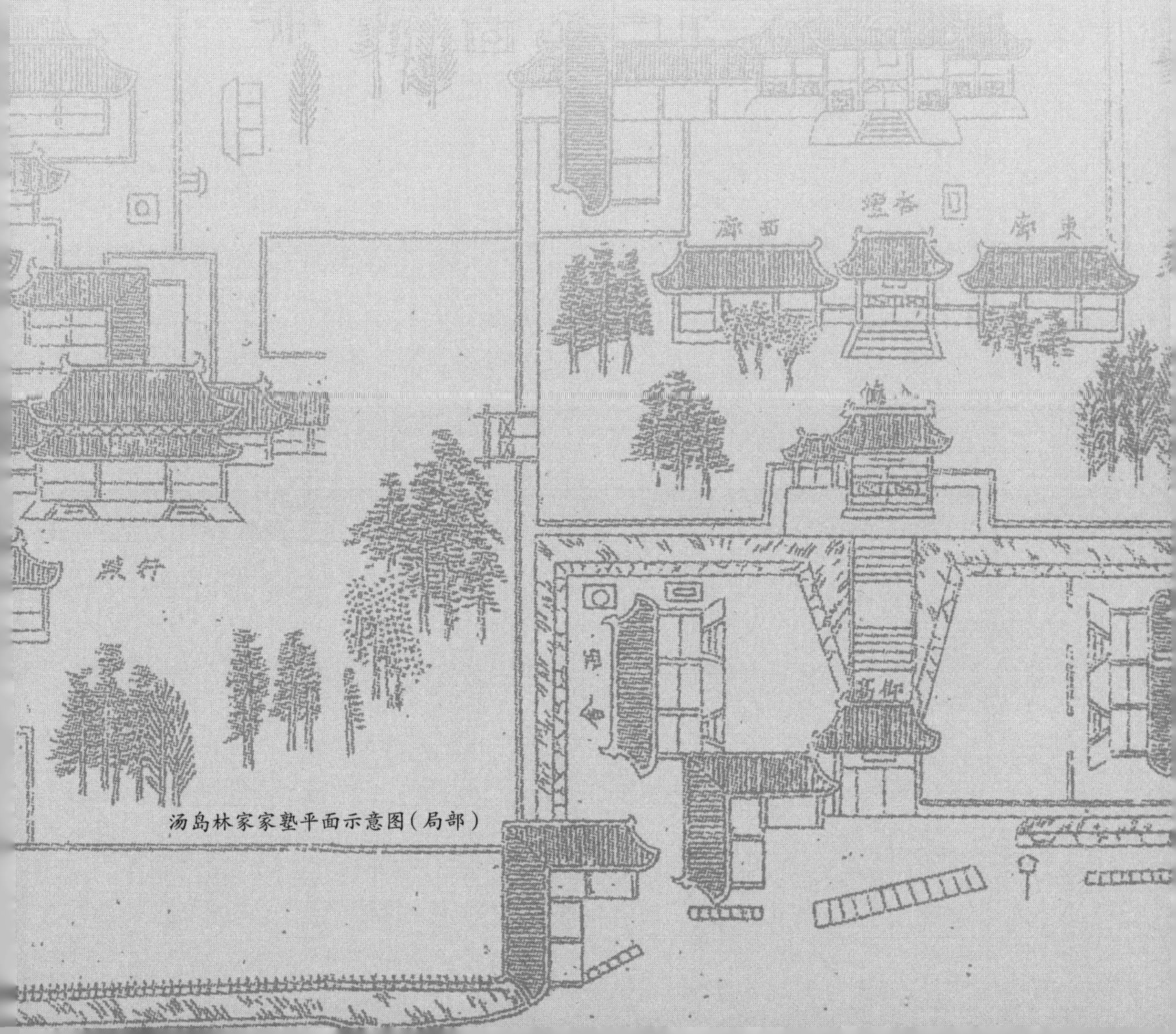

汤岛林家家塾平面示意图（局部）

第一章　日本书院历史

日本古代教育并不发达，只在八到十二世纪存在过官办教育，短暂实行过科举制度。江户时期，虽然幕府设置昌平黉学问所，各藩设立藩校，教育有所发展，但主要在贵族和武士阶层进行，直到明治维新时期日本教育才真正发展起来。日本私学自九世纪出现以后，由于长期战乱也没有获得发展，直到正保二年（1645年）才出现以书院为名称的教育机构，江户时期藩校大兴，由于当时国家并没有官学，也没有实行科举取士制度，藩校其实就是书院。

第一节　书院出现与发展

在中国，书院由私学发展而来，人们习惯将书院作为官学的对立面。然而，日本私学是受到官学影响而产生的，所以，要研究日本书院历史就有必要先研究一下日本教育。

一、日本早期教育

日本教育是伴随孔子思想的传入而开始的。日本《古事记》记载，应神天皇时“又科赐百济国‘若有贤上者贡上’，故受命以贡上人名和迩吉师，即《论语》十卷、《千字文》一卷，并十一卷，付是人即贡进”，百济人和迩吉师将《论语》和《千字文》传入日本；《日本书纪》也记载“十五年八月壬戌朔，丁卯，百济王遣阿直歧贡良马二匹。……阿直歧亦能读经典，即太子菟岛稚郎子师焉。于是，天皇问阿直歧曰：‘如胜汝博士亦有耶？’对曰：‘有王仁者，是秀也。’时遣上毛野君祖荒田别、巫别于百济，仍征王仁也”，“十六年春二月，王仁来之，则太子菟岛稚郎子师之。习诸典于王仁，莫不通达”[①]。日本学者推算，应神天皇十六年为公元285年，这是最早关于日本教育的记载。日本历史文献出现很晚，《古事记》成书于和铜五年（712年），没有纪年，《日本书纪》成书于养老四年（720年），虽有纪年，所记许多天皇在位七八十年甚至百年以上，实在令人难以置信，而且所记史实与中国史籍和朝鲜史籍记载多有不符。据高丽《三国史记》记载，近肖古王三十年（375年）百济始设博士，“《古记》云：百济开国已来未有以文字记事，至是得博士高兴始有书记”[②]，百济375年始有博士和文字，怎么能在90年前就向日本派遣博士？所以有学者推算为公元405年，应该是比较可信的。百济博士高兴、王仁都应该是中国移民，因为直到七世纪统一新罗时期朝鲜人才仿照唐朝取中国式姓名，唐朝名将黑齿常之由百济降唐，沙吒相如也是由百济入唐的将领，他们都不是汉式姓名。

关于日本教育的记载从六世纪开始增多。《日本书纪》记载，继体天皇七年（513年），百济所派五经博士段扬尔来到日本，看来日本已经进行五经教育，继体天皇十年百济又派五经博士高安茂来接替段扬尔，钦明天皇十四年（553年），百济派五经博士王柳桂到日本接替博士马丁安，同时还派去《易经》博士王道良。当时日本接受中国文化都是通过朝鲜半岛的百济，百济自知儒学水平不高，就请求中国梁朝派遣博士帮助，南朝梁大同七年（541年），百济派使者请求派遣毛诗博士，梁武帝如请派去毛诗博士，以后梁朝又应请派去礼学博士，中国向百济传授，百济向日本传播，中国思想文化以接力方式传向日本。

---

① ［日本］《日本书纪》卷一〇《应神天皇》。

② ［高丽］《三国史记·百济本纪》。

二、日本官学

日本国家教育是伴随着对中国政治、文化等制度的了解才开展的。日本与中国交往很早，中国史籍记载，东汉建武二年（26年），日本倭奴国使者到达中国，汉光武帝赐以“汉委奴国王”金印，此记载是真实可信的，该金印1784年在日本福冈出土，现保存在福冈博物馆。此后，汉永初元年（107年）、魏景初二年（238年）、魏正始四年（243年）、魏正始八年（247年）、魏正始九年（248年）、西晋泰始二年（266年）日本多次遣使至中国，中国也于魏正始年间三次派遣使者到达日本。从东晋义熙九年（413年）至梁天监元年（502年）间，倭国五王赞、珍、济、兴、武（日本学者考证分别为仁德、反正、允恭、安康、雄略天皇）曾先后十三次派遣使者到中国，接受中国皇帝册封，与中国联系非常密切。只是日本当时经济、文化尚不发达，还不能充分了解中国文化。

推古天皇八年（600年），第一批遣隋使绕道朝鲜半岛到达中国，十四年间日本先后派出五批遣隋使，自舒明天皇二年（630年）至宽平六年（894年），日本接连派出19次遣唐使，其中13次到达中国。遣唐使携带众多留学生和留学僧，初期有250人左右，后期增加到500人左右，最多一次竟达594人。留学生、留学僧中许多人都具有较高文化水准，大都留学时间很长，南渊清安留唐32年，高向玄理留唐33年。许多留学生、留学僧回国得到重用，高向玄理就被任命为国博士，成为国事顾问。随着对中国的了解，日本开始学习中国的政治制度。推古十一年，圣德太子摄政，首先改革官制，将儒家伦理德目德、仁、礼、信、义、智作为官阶名称，各分为大、小两等共十二阶。次年制定《宪法十七条》作为国家政治与道德规范，除第二条“笃敬三宝”为信奉佛教外，其他十六条多来自儒家理念，“以和为贵”，“以礼为本”，“绝餮弃欲”，“惩恶劝善”，“信是义本”，“绝忿弃瞋”，“勿敛百姓”，“背私向公”，“使民以时”。大化二年（646年）又进行改新，建立中央集权制度，采用班田收授法和租庸调法。大宝元年（701年）制定《大宝律令》，日本逐渐成为制度健全的国家。

正是在学习中国制度的过程中，天智天皇二年(663年)仿照中国太学设立大学寮，文武天皇时又将教育推广到地方，令地方各国设立国学，当时日本尚未实行府县制。大宝元年(701年)制定教育制度，是年颁布的《大宝律令》第22条“学令”就有学校制度。由于《大宝律令》内容大部分已经散佚，现代学者认为其主要内容仍然保存在《养老律令》中，是年二月丁巳还举行释奠礼祭祀孔子。养老二年(718年)颁布的《养老令》仿照中国唐朝制定日本大学和地方国学制度：国学大学寮设大学头为主管，设博士、助教教授儒家经典，“凡博士、助教皆取明经堪为师者”，“皆分经教授学者，每授一经必令终讲，所讲未终，不得改业”，“皆计当年讲授多少以为考课等级”；学校以礼乐、明经、明法、算术、音韵、籀篆为六艺，设置明经(学习儒学)、算术(学习算术)、文章(学习史籍、诗文)、明法(学习法律)四道，但以明经为主；以儒家九经《周易》《尚书》《毛诗》《周礼》《礼记》《仪礼》《春秋左氏传》《论语》《孝经》为教科书，比唐代仅少《公羊传》和《穀梁传》两经；九经还规定注本，“《周易》郑玄、王弼注，《尚书》孔安国、郑玄注，‘三礼’、《毛诗》郑玄注，《左传》服虔、杜预注，《孝经》孔安国、郑玄注，《论语》郑玄、何晏注”；九经中《论语》《孝经》为必修课，其他七经为选修课，选修七经又根据卷帙多少分为大经、中经、小经，“凡《礼记》《左传》各为大经，《毛诗》《周礼》《仪礼》各为中经，《周易》《尚书》各为小经”。对通经标准也作规定，“通二经者，大经内通一经，小经内通一经，若中经，即普通两经；其通三经者，大经、中经、小经各通一经；通五经者，大经并通；《孝经》《论语》需兼通”。大学学生定员400名，学生资格为五位以上官员和东西史部(世代以文书为职业的家族)贵族子孙、八位以上官员和已通二经的国学生，入学年龄在13至16岁。教学方法是学生“先读经文通熟，然后讲义”，旬末和年终考试，旬末考试方法是“其试读者每千言内试一帖三言，讲者每二千言内问大义一条。总试三条，通二为第，及全不通斟量决罚”。岁末考试，“每年终，大学头助、国司艺业优长者试之。试者通计一年所授之业，问大义八条，得六以上为上，得四以上为中，得三以下为下。频三下及学九年不堪贡举者并解退”。地方学校分两种：一种是国学，当时日本地方区划分为畿内和七道，设58国和3岛，国学学生按国大、上、中、下分别定员为50人、40人、30人、20人；另一种是府学，只有一所，设在北九州太宰府，当时因为北九州位置重要，所以和首都、摄津一样，特设治理机构太宰府，下辖北九州的肥前、肥后、丰前、丰后、筑前和筑后六国，府学为六国共同学校，学生名额为300人，是当时除大学寮以外最大的学校。国学和府学学生资格为郡司官员子弟和庶民子弟，“国学生虽通二经，犹请愿学者，申送式部，考练得第者进补太学”[①]，考试合格可入太学学习。

此时日本也采用科举制，“凡学生通二经以上求出仕者，听举送。其应举者，试问大义十条，得八以上送太政官”，大学寮学生通二经后就可以申请出仕，经过专门考试，试问十条通过八条就可以送交太政官（宰相）选用。明经道和文章道学生毕业考试合格者被称为举人，地方国学推荐国学生被称为贡士，考试时分为秀才、明经、进士、明法四科，由式部组织考试，合格者根据成绩高下授予不同官职，一般在政府机构中担任中下级官吏。

选用读书人为官吏，提高了官吏素质，改善了国家管理水平，得到天皇大力支持。天平宝字二年（759年），孝谦天皇敕书说“如闻治国之要不如简人，简人任能，民安国富。窃见内外官人景迹曾无廉耻，志在贪盗，是宰相训导之怠，非为人皆禀愚性。宜加诱诲，各立令名。其维城典训者，叙为政之规模，著修身之检括；律令格式者，录当今之要务，具庶官之纪纲；并是穷安上治民之道，尽济世翊化之宜。其滥不杀生，能矜贫苦，为仁；断诸邪恶，修诸善行，为义；事上尽忠，抚下有慈，为礼；遍知庶事，断决是非，为智；与物不妄，触事皆正，为信。……若有习仁义礼智信之善……举而察之，随品升进。

① ［日本］《养老令》“学令”见《令义解·学令》。

自今以后，除此色外不得任用”[①]，要求以儒家理念选拔官吏。天皇也努力学习儒家思想，宇多天皇宽平元年（889年）“受《周易》于博士善源爱成”[②]，淳和天皇天长八年（831年）“召筑波守善道真贞……论‘三传’、‘三礼’义”[③]。仁和天皇在承和五年（838年）祭祀孔子第二天“御紫宸殿，召大学博士、学生等十一人，递令论难昨日所讲《尚书》之义，赐禄有差”[④]。平城天皇、淳和天皇都重视儒学教育，专门下令劝促亲王和贵族子弟到大学寮学习，春秋祭祀孔子后“亲王以下群官就大学寮亲讲经”。

读书好就可以出仕为官，于是众多学子埋头读书。为适应教育大兴需要，桓武天皇扩大大学寮规模，下令增加大学寮学生定员，将大学寮劝学田由20町增加到120町。新建京城平安京时，大学寮被安排在紧靠大内里的中央大道朱雀大路以东，两条大路之南，正门朱雀门与东南门美福门之间的南面，位置比中国唐朝国子监还靠近中央大道，而且规模大于各个官衙，南边还有供贵族子弟读书的私立奖学院和劝学院，三个教育场所占四分之一个坊。

好景不长，日本官办教育持续时间很短，不到三个世纪就衰落了。衰落原因一是中央集权制度瓦解。贞观八年（866年），外戚藤原氏获得摄政称号，从此日本进入200多年的摄政、关白专权时期，天皇失去管理国家权力，外戚专权，被政治化的儒学失去政治支持和社会需要。二是考试任官制度破坏，使教育失去出仕做官优势。摄政、关白专权，贵族子弟通过院举和官荫就可以出仕，不必再去读书就可做官，学校地位下降。三是班田制废弛，国家财力紧张，教育经费无法保证。大学寮连维修房屋、筹办祭品的经费都没有，只好靠卖官、募捐和各国捐助来维持生存，保安二年（1121年）连孔子庙都倒塌不修。治承元年（1177年）太极殿大火，大学寮被延烧，同时遭受火灾的民部省、神

① ［日本］《续日本纪》卷二二。

② ［日本］《大日本史》卷三一。

③ ［日本］《大日本史》卷二四。

④ ［日本］《续日本后纪》卷七。

祇官厅等官衙相继重建，藤原氏贵族私学劝学院不久也进行复建，大学寮却从此关门大吉。地方国学经费更加紧张，虽然未见关张记载，但大多连祭祀也难以举行，延喜十六年（916年），伊势国学孔子庙损坏后无力重建，延长五年（927年）石见国学礼器都被人偷去。四是教官世袭化。赴日的王仁后裔被赐姓为"西文首"，自称是汉灵帝曾孙的阿知使主子孙被赐姓"东汉直"，都成为日本文化大家族。到平安时期，东汉直和西文首两家又分别分成清原、中原两家和菅原、大江两家。9世纪时，菅原氏三代相继为文章道博士，门人满朝野，到10世纪末，明经道博士由清原、中原两家代代世袭，文章道博士由菅原、大江、藤原诸家继任，明法道成为坂上氏的世业，算道成为三善氏的世业，阴阳道成为贺茂安培的世业，医道成为和气丹波家族的世业。学问被家族垄断，教官成为世袭，学问成为博士家业，甚至沦落为家族世代为生的技艺，教育怎能不衰落?

三、日本私学出现

受官办学校影响，私学在平安前期出现并得到发展。当时私学有三种：一种是贵族家族为本族子弟建立的私立学校。私学最早是大学寮别当和气广世于延历（782—806年）末年创建的弘文院。和气广世按照其父意愿，在大学寮以南创建弘文院，捐助垦田20町（每町约9917平方米）作为办学经费，聘请学者进行教授。嵯峨天皇也鼓励贵族建设私学，藤原冬嗣于弘仁十二年（821年）在大学寮南侧创办劝学院，教育藤原家族子弟，被称为南曹。嵯峨天皇皇后桔嘉智子于嘉祥三年（850年）创办学馆院，教育本族子弟。元庆五年（881年）在原行平创办奖学院。一种是学者创办的私塾，天长五年（828年），留唐回国的空海和尚创办第一所私塾综艺种智院，其后菅原、庆滋、大江、善渊、滋野安成、大藏美行等学者也纷纷建立私塾，规模最大的是菅原氏私塾，菅原道真（845—903年）任塾主时"门徒数百，充满朝野"。还有一种是村邑小学，是在地方创办的初级识字学校。

足利学校

13世纪初开始，日本进入长期动乱时期，天皇大权依然旁落，幕府将军执政，镰仓时期，幕府将军大权旁落，“陪臣执国命”，镰仓末期，天皇再分南北，一直到德川幕府成立前的400多年里，将军们互相夺权，偌大的日本仅剩一所足利学校讲授汉唐经学，以传授《易经》为主，为武将们培养顾问，以占蓍决吉凶。已经接受宋代理学的禅僧歧阳方秀（1363—1424年）批评说“大唐一府一州以及郡县皆有学校，日本才足利一处学校，学徒负笈之地也。然在彼而称儒学教授为师者至今不知有好书，徒就大唐破弃之注释教诲诸人，惜哉！后来若有志本书之学者，速求新注书而可读之”[①]，希望足利学校传授朱子学。永享十年（1438年）左右，受命管理幕府直辖领地足利的关东管领上杉宪实聘请镰仓禅僧快元为足利学校第一任庠主（校长），学校教育才改为以理学为主。全盛时期，足利学校学生多达3000人，葡萄牙传教士沙勿略天文十八年（1549年）在日本寄出的信中说“四方攻学之徒云集坂东之大学，斯学徒归其国，则各以所学教授乡人”。足利学校虽然是室町幕府兴办，但当时日本已经没有官学了，所以足利学校还应该属于私学。

战乱时期，规范的学校只有一所足利学校，但进行教育活动的还有两类人。一类是僧人，一类是博士家族。

---

① 转引自西村天囚《日本宋学史》。

早在奈良时期，日本僧人一直内外兼修，既学习佛经，也学习儒学，著名的入唐留学僧空海出家前就已熟读儒家经书，回国后创办综艺种智院讲授儒家经典。镰仓以后，寺院教育“大都不用经典，专以修经（《四书》《五经》）、史（《史记》《汉书》等）、子（《老子》《荀子》等）、集（诗文集）和作诗文为业”①，僧人们以讲授儒学和中国文化为主，寺院日常生活完全中国化，堂上说法也全用汉语。大动乱时期，寺院成为一方净土，日本文脉一缕不绝竟为寺院所系，形成以五山禅僧为中心的五山文化②，禅僧们儒佛互补，寺庙如同私学，成为日本理学早期的主要传播者。

官学废弛，长达11年的应仁之乱（1467—1477年）使京都几乎成为废墟，博士无以为生，只好在将军之间游走觅食。由于博士只由嫡长承袭，其他子弟也为生计四处奔走，如明经博士清原宣贤（1475—1550年）往返于京都和越前，文章博士菅原家族的章长、长淳跑到丰后、越前，他们外出为将军讲学应该设有学校，但文献并没有记载。

日本私学与中国私学基本相同，它们与书院的差别其实也是缺少书院之称。

四、日本书院产生

书院在日语中一般是指一种建筑形式，14世纪产生，16世纪定型，现在日本保存的建筑很多都是这种类型。因此，有人说“提到书院，现在几乎所有的日本人都以为是装壁龛的房间，而不会认为是学校”③。宽弘四年（1007年），文章博士大江匡衡巡视尾张国学，见国学凋敝，不禁发出“思乡贡以兴书院”的感叹。

---

① ［日本］尾形裕康：《日本教育通史》，达承出版社1965年版。

② 日本正平二十三年（1368年）仿造中国五山十刹名称制定日本五山十刹，将京都天龙寺、相国寺、建仁寺、东福寺、万寿寺称作京都五山，将镰仓建长寺、园觉寺、寿福寺、净智寺、净妙寺称作镰仓五山，将京都等持寺、临川寺、真如寺、安国寺、宝幢寺、普门寺、广觉寺、妙光寺、大德寺、龙翔寺称作十刹。

③ ［日本］平坂谦二：《被称作书院的日本学校》，载朱汉民、李弘祺主编《中国书院》（第一辑），湖南教育出版社1997年版，第261页。

书院出现的唐代，正是日本全面学习中国文化的时期。推古天皇八年（600年），第一批遣隋使绕道朝鲜半岛到达中国，200多年间，日本一共派出22批使者，其中16批到达中国。使者到中国时还会携带大批留学生和留学僧同行。许多留学生、留学僧都具有较高文化水准，有的人留唐有30多年（高向玄理留唐33年，南渊清安留唐32年），对中国思想文化等各个方面都非常了解，书院作为新兴的学习、教育机构自然会引起他们重视，他们将书院文化介绍到日本，所以书院一词在十一世纪初出现在日本文献中是完全可能的。

书院出现在教育机构中却很晚，最早出现的是忍冈林家家塾。《昌平志》记载：宽永“十一年甲戌，赐官材于林信胜以筑书院。逊按：以故纳言骏河公邸（邸在田安门内）材一构（厅堂庖厨共一构）赐于信胜，筑书院于孔庙侧。是年移置焉”。宽永十一年（1634年），幕府将已故纳言官邸建筑赐给林家家塾，林家将建筑拆迁建在孔子庙西侧，命名书院。宽文“三年癸卯十二月，林恕号书院曰弘文馆。逊按：前是林恕进讲经幄《五经》终篇，是年十二月二十六日，列相连署，传特旨：赐号弘文院，因号书院曰弘文馆。官名弘文昉于此”。由此可见，书院只是一座建筑名称，并非整个建筑群都称书院。

1632年的忍冈林家家塾

真正以书院命名的教育机构是长崎立山书院。长崎是日本江户时期最重要的对外开放港口，而且只对中国商人、朝鲜商人和荷兰商人开放，因此成为幕府税收的重要来源。幕府留作直辖地，派长崎奉行进行管理。因为中国是日本最重要的贸易对象国，长崎也成为旅居中国人最多、开设商埠最多的城市。旅居长崎的中国人以商人为多，在明清换代的剧变中，许多不愿剔发易服的士大夫旅居长崎，其中不乏饱读史书的学者，他们与长崎的学者交往，对长崎的社会文化均产生一定影响，长崎也成为日本得中国风气之先的城市，日本最早的书院出现在长崎并不是偶然的。

出生在肥前神崎的日本学者向井元升曾向林吉左卫门学习天文历数，熟读《本草》，精通医学，有感于长崎缺少学校，正保四年（1647年），便向长崎奉行马场三郎左卫门建议创建学校，立即获得长崎奉行同意。由于天正八年（1580年）大名大村纯忠曾将长崎和附近茂木地区献给耶稣会作为领地，长崎因此成为日本天主教最为兴盛的地区。丰臣秀吉发现天主教的巨大影响后将长崎收为直辖领地，于庆长元年（1596年）在长崎处死26名传教士和日本信徒，并从庆长十七年开始禁止天主教，采用将耶稣和圣母玛利亚画像木板放在地上迫使人们踩踏的办法来鉴别天主教徒，对天主教徒采取火烧、妇女裸体游街等办法进行迫害，激起了天主教徒的反抗，宽永十四年（1637年）爆发了岛原天主教徒起义。幕府虽然镇压平定了起义，但也认识到天主教势力的可怕。为了消除天主教影响，当然需要用儒家思想进行教化。马场三郎左卫门拨给东上町土地161坪建立立山书院，聘请向井元升为祭酒，讲授仁义五常等儒家伦理，听众众多，以致于学舍难容。

万治元年（1658年），向井元升携家移居京都，专心行医，立山书院无人主持。宽文三年（1663年），书院被筑后町大火烧毁。延宝四年（1676年），长崎奉行牛込（yū，古同“迂”）忠左卫门重建书院，聘请南部草寿为祭酒。儒学兴起，人才辈出，书院培养出著名弟子西川忠英、今井弘济、杏一洞、福山德润、南部南山等人。延宝八年，南部草寿辞职回京都，恰巧向井元升之子向井元成来到长崎，被聘为第三任祭酒，从此祭酒就被向井家世袭，延续七任直到明治维新时期。贞享二年（1685年），向井元成在从中国输入的书籍中发现有关天主教内容的《环有诠》，马上报告给官方，幕府任命向井元成担任书物改役，接过原由当地硕学僧人担任的检查从国外输入书籍事务，每年支给禄米三十俵（草袋，1俵等于4斗）和银六贯三百六十目，此后这个职务也由向井家代代世袭。

立山书院“堂舍偏狭，不便于多容书生”，向井元成请求扩建书院，长崎奉行决定将伊势町原来的长崎村铸钱所旧址545坪土地赐给书院作为扩建书院用地，同时别所播磨守、驹木根肥后守、佐久间安艺守、久松备后守等六位镇台都捐出俸银资助。“孔子庙甚陋隘，而庙貌之设不中仪式，仅存其名耳。艺州刺史佐君信就、备州刺史久君定持到府以来，德刑两行，尤有志文治，因典校向井元成之请，乃命之相地之宜，卜爽垲之处于崎之东，新作庙宫而崇大之。有庭坛，有讲堂，百器具备。”[①] 宽永七年（1630年）十二月动工，次年八月落成，改称钱溪书院，人们也称其为中岛圣堂。此次重建，“择胜于邑东，带山襟川，辟地五百有余步，大修土木之功，邑人争助效力者不知其几。宫墙黉厦，沼地园囿，不日将成。盖比之旧地，其广十倍，比之旧庙，其高数尺，而经营结构之美，亦异于昔日之观矣”[②]，扩大占地面积，也扩大建筑规模，增建棂星门、杏坛门、大门、崇圣祠、明伦堂和书库。竣工后举行迁移仪式和祭祀。祭祀名称为释菜，祭祀仪式由旅居中国人沈丙制定，这个仪式一直沿用到明治维新。正德二年（1712年），长崎中国商会经长崎奉行同意参加祭祀，行三跪九拜礼，并捐款资助，一直到明治二十五年（1892年）中国商人在大浦町建造孔子庙后才停止。

---

① ［日本］朝仓元礼：《长崎孔子庙记》，摘自《长崎市史》。

② ［日本］田边方业：《崎阳大成殿上梁文》，摘自《长崎市史》。

钱溪书院的圣堂

钱溪书院一直受到长崎奉行的关心和支持。一是亲自参加书院祭祀活动，每次祭祀奉行一定到庙参加。二是拨给土地，享保三年（1718年），长崎奉行日下部丹波守将书院后面的721.5坪土地拨给书院以备将来扩建之用。三是拨给经费，享保六年（1721年）拨给教育经费白银2贯。四是不时向书院赠送书籍，宽政三年（1791年），奉行水野若狭守赠送《康熙字典》和《月令广义》等书籍；宽政八年，奉行中川飞驒守赠送《十三经注疏》，奉行手附近藤重藏赠送《群书治要》；文化五年（1808年），松平图书头赠送《文献通考》和《佚存丛书》；文化八年，曲渊甲斐守赠送《御制增订清文鉴》；文政三年（1820年），筒井和泉守赠送《渊鉴类函》；文政七年，高桥越前守赠送图书30种150册，次年又赠送图书4种110册。五是过问书院教学活动，天明八年（1788年），长崎奉行水野若狭守为书院聘请高松南陵和村冈武兵卫分别担任助教和讲释世话役，令书院恢复废止的每月定期讲经活动，令停止活动的唐音劝学会恢复学习汉语，并给唐音劝学会笔墨费白银22枚。天保十三年（1842年），长崎奉行令书院公开讲经，允许士农工商四民自由参加每月定期举行的讲经活动，次年开始在书院举行17岁以下青少年四书五经素读考试，根据成绩给予奖励。六是出面筹集维修经费，宽政四年（1792年），令中国商会长崎会所从赋税中借给书院白银18贯[1]；文化四年（1807年），长崎奉行同意从长崎会所借银16贯550目维修圣庙讲堂，同时任命官员负责监督；文政十三年（1830年），长崎奉行又同意从长崎会所借银15贯修缮书院。

旅居长崎的中国人对书院给予大力支持。一是不断捐赠物品，文化七年（1810年），中国船主刘培原捐赠在中国制作的孔子像木雕神龛；天保十一年（1840年），船主沈绮泉捐赠在中国制作的康熙皇帝题写的“万世师表”匾额和顾孝先题写的对联；天保十三年，中国船主们捐款建造崇圣祠，并从中国运来匾额、对联、神位和祭器；文政十三年（1830年），中国船主按照长崎奉行规定，每船每年向书院捐赠白糖200斤，合计20000斤，作为书院维修基金；弘化元年（1844年），船主王元珍捐赠50部左右的《孝行录》，镌刻修庙记事碑。二是经常借款给书院，除上面提到的由长崎奉行协调的借款外，嘉永四年（1851年）长崎商会还自主借给书院白银3贯供其维修讲堂和圣庙。三是赞助祭祀经费，从元文元年（1736年）起，按照长崎奉行细井因幡守决定，中国商人长崎会所每年支给祭祀费用白银3贯。由于当时旅居长崎的中国人尚未建设孔子庙，经长崎奉行同意，从正德二年（1712年）开始，中国商会商人都可以参加圣庙祭祀活动，并在日本人祭祀完毕后单独行三跪九叩大礼，但到天保十四年，长崎奉行令改在日本人祭祀后两三天再去行礼。明治维新后，长崎圣堂祭祀停止，但旅居长崎的中国人仍然坚持祭祀。四是光绪五年（1879年），清朝驻长崎理事官余瓗发起捐款独自维修一新。五是提供智力支持，协助制定祭祀礼仪，沈丙为撰写《长崎孔夫子庙记》，郑滋为撰写《向井堂记》。

江户后期，钱溪书院开始衰落。安政六年（1859年）书院被改称教授所，庆应三年（1867年）长崎大改革中废除长崎会所，将向井家俸银从6贯369目骤减为35两[2]。明治元年（1868年）创设广运馆，分设本学局和汉学局，书院成为

---

① 1贯=3759克，1贯=1000目，1目=3.759克。

② 1两=4目7分，约17.6克。

汉学局校舍。明治四年维新，废除书院所有官员，停止所有经费，切断官方与钱溪书院所有关系，圣庙也改为向井氏私产，讲堂等改为公产，成为公立第三小学枫林小学校舍，以后又成为长崎准中学校等学校校舍。

明治维新后，钱溪书院改为学校，无法举行祭祀活动，明治二十六年（1893年），旅居长崎的中国人在长崎大浦町新建自己的孔子庙，也就中断了与长崎圣堂的联系。虽然长崎热心人士一再发起恢复祭祀活动，以期引起官方和民间对保护圣堂的重视，也曾在明治二十四年和明治四十二年两次成功游说长崎县知事和长崎市长举行祭祀，并且在大正三年（1914年）组织每周两次在讲堂内演讲《论语》《孟子》《儒学大义》和日本《万叶集》的活动，但这项活动仅持续五年就无疾而终了。失去官方和旅居长崎的中国人支持，经费欠缺，建筑破败不堪，藏书被出卖，到1919年连庙地也被出卖，钱溪书院还是寿终正寝了，只有大成殿和杏坛门被迁移到兴福寺内而幸存下来。

钱溪书院虽然没有保存下来，但由于长崎官方和旅居长崎的中国人支持，钱溪书院还是成为日本延续时间最久和办得最好的书院。

五、日本书院发展

本部分研究的日本书院是指以书院命名的书院，不包括下节中的藩校书院。日本以书院命名的学校大约有52所，其中藩校6所，藩建乡校11所，私塾29所，寺子屋1所，医学1所，性质不详4所。

日本书院一览表

书院名称	院址	创建时间	创建者	性质	备注
立山书院	长崎	正保四年（1647年）	向井元升	私塾 官助	1711年迁建改称钱溪书院
藤树书院	滋贺高岛郡	庆安元年（1648年）	中江藤树	私塾	不久大沟藩禁阳明学废
鹤山书院	佐贺多久	元禄十二年（1699年）	多久茂文	乡校	多久邑建，又名东原庠舍
微响书院	冈山县	享保十七年（1732年）	万波甚吉	私塾	天明八年废业

（续）

书院名称	院址	创建时间	创建者	性质	备注
止善书院	爱媛大洲藩	延享四年（1747年）	加藤泰衔	藩校	1800年重建改称明伦堂
微响书院	冈山县	天明六年（1786年）	万波甚太郎	私塾	天保五年至十三年停办，安政三年停办
德成书院	千叶佐仓	宽政四年（1792年）	堀田正顺	藩校	佐仓藩主
成章书院	秋田秋田郡	宽政五年（1793年）	藩主义和	乡校	
尚德书院	秋田雄胜郡	宽政五年（1793年）	藩主义和	乡校	
时习书院	秋田雄胜郡	宽政五年（1793年）	藩主义和	乡校	
育英书院	秋田平鹿郡	宽政五年（1793年）	藩主义和	乡校	
弘道书院	秋田仙北郡	宽政五年（1793年）	藩主义和	乡校	
崇德书院	秋田山本郡	宽政五年（1793年）	藩主义和	乡校	
博文书院	秋田秋田郡	宽政五年（1793年）	藩主义和	乡校	
怀德书院	大阪尼崎町	不详	不详	私塾	原怀德堂，天明宽政年间改为怀德书院
曲溪书院	东京	宽政中	服部保命	私塾	私塾
德道书院	松尾藩	享和二年（1802年）	太和道灌	藩校	藩主建，明治年间仍活动
北门书院	静冈县	享和三年（1803年）	挂川藩藩主	乡校	
鸠岭书院	京都	文政元年（1818年）	不详	乡校	
温故书院	秋田山本郡	文政七年（1824年）	秋田藩公建	乡校	一作温古书院
泊园书院	大阪	文政八年（1825年）	藤泽东畡	私塾	家族三世四任，1948年废
教学书院	仙台	天保二年（1831年）	樱田质	私塾	
明霞书院	东京麻布区	天保四年（1833年）	宫崎诚	私塾	明治十年废业
谦待书院	新泻西蒲原	天保八年（1837年）	小泽孱守	私塾	安政四年废业
大道书院	大分大分郡	天保八年（1837年）	佐藤龙之进	私塾	安政元年废业
顺正书院	京都	天保十年（1839年）	新宫凉亭	医学专科	
青溪书院	兵库养父郡	天保十四年（1843年）	池田缉	私塾	明治十一年废业
心学书院	仙台	天保中	大岛彦集	私塾	

（续）

书院名称	院址	创建时间	创建者	性质	备注
德造书院	静冈县	弘化六年（1849年）	挂川藩主	藩校	一说建于享和二年
弘滨书院	香川多渡津	弘化三年（1846年）	林良斋	私塾	1869年林良斋去世后废
虎溪书院	兵库朝来郡	弘化中	习田笃	私塾	明治七年废业
岁寒书院	大阪府西区	嘉永元年（1848年）	高木熊三郎	私塾	
鬒山书院	佐贺西松蒲	嘉永二年（1849年）	谷口中秋	私塾	庆应三年废业
龙山书院	福冈三池郡	安政三年（1856年）	横地春斋	私塾	明治元年废业
造士书院	群马县	安政四年（1857年）	田中悝斋	藩校	
观山庭书院	大阪府西区	万延元年（1860年）	小川勘左卫门	寺子屋	明治五年废业
樱溪书院	长崎	文久三年（1863年）	楠木硕水	私塾	
青槐书院	新泻三岛郡	庆应间	斋藤三郎	私塾	明治初年废
犹兴书院	平户藩	明治十三年（1880年）	不详	藩校	
凤鸣书院	佐世保针尾岛	明治十五年（1882年）	楠木端山	私塾	
善邻书院	东京	明治二十七年（1894年）	宫岛大八	私塾	宫岛曾留学中国8年
江西书院	佐世保针尾岛	明治间	不详	不详	
留正书院	广岛	明治间	不详	不详	明治四年订有规则
汀北书院	东京六区	不详	不详	不详	明治八年仍招生
丽泽书院	京都	不详	木下顺庵	私塾	
䌹斋书院	京都高岛郡	不详	浅见䌹斋	私塾	
和合书院	尾州	不详	海部士毅	私塾	
清风书院	和歌山藩	不详	沧田何庵	私塾	沧田氏（1827—1919年）
典学书院	宫城佁台区	不详	太田盛	私塾	庆应年间最盛
牧山书院	宫城佁台区	不详	不详	不详	天保十年男生、女生共86人
静修书院	长崎	不详	须藤庄九郎	私塾	明治三年至四年最盛
望楠书院	京都	不详	林强斋	私塾	又名望楠轩书院
合计	52所				

从52所书院的创建时间来看，17世纪中期是日本书院的萌芽期，只出现长崎立山书院、滋贺藤树书院和佐贺多久鹤山书院3所书院，从18世纪到明治维新前是日本书院的发展期，虽然明治维新后还出现了几所书院，但日本书院还是开始走向衰落，随着现代教育的开展，书院或改为学校，或关门大吉。

日本成立的第二所书院为中江藤树建造的藤树书院。中江藤树（1608—1648年），号顾轩，近江国大沟藩高岛郡小川村（今属滋贺县高岛郡安昙町）人。他批判朱子学的“理一分殊”，反对强制性道德修养，主张孝为万事之本，修养以内省为主，推崇王阳明良知说，强调“明明德”之道即为儒学。“明明德”学问在于“以心读心”，在于格物致知，主张神儒一致，将阳明学与日本神道相结合。宽永十六年（1639年），中江藤树开始在故乡讲学，参照朱熹《白鹿洞规》制定《藤树规》作为教学规章，从学者有90多人，以致室不能容，于是新建房舍，庆安元年（1648年）落成，取名藤树书院，遗憾的是不久他就去世了。

江户时期，日本官方思想是以林罗山为代表的朱子学，朱子学以外的学术思想均被称作“异学”，宽政二年（1790年）和宽政六年幕府曾两次下令禁止

藤树书院

"异学"，阳明学也在严禁之列。虽然中江藤树去世时阳明学尚未受到幕府禁止，但受到大沟藩大名禁止，书院一直未能开展学术活动。

第二节　藩校书院

江户时期，虽然藩校书院由各地诸侯建造，对领地内武士及其子弟进行教育，但日本既没有像中国那样实行科举制度，授予学生进士、举人、生员等功名，也没有像西方学校那样授予学生博士、硕士、学士等学位，藩校很像中国的官办书院。日本藩校就是书院，为了与以书院为名称的教育机构相区别，所以称之为藩校书院。

一、藩校就是书院

为什么将藩校称之为书院？下面以佐仓藩校和米泽藩校为例来说明。

佐仓藩校学问所是第六代佐仓藩主堀田正顺于宽政四年（1792年）建造的，文化二年（1805年）改称温故堂，教材有《四书》《五经》《小学》《近思录》《仪礼》《周礼》《春秋三传》《尔雅》等，教学方法有素读、轮讲、讲释和考试。天保四年（1833年）改为文武兼修，课程设置改为文学（学习《小学》《四书》）、礼节、算术、兵学、武艺，天保六年增设医学，天保九年增设炮术。

天保七年（1836年）迁址建造成德书院，以新温故堂为中心，周围还设置分校。早在温故堂时期，文政七年（1824年）在藩领出羽国村山郡柏仓村阵屋设置北庠，文政八年在千叶县猪鼻台为防护江户湾藩士和子弟设置南庠，天保五年在江户藩主官邸设置温故堂，在佐仓设置东塾和西塾。天保七年改称成德书院，同时增设医学局，内设汉方和兰方（荷兰医学）两科，次年江户藩主官邸也设置成德书院，十年佐仓附设演武场，嘉永二年（1849年）将医学局迁出改称医学所，万延元年（1860年）附设洋学舍，庆应元年（1865年）

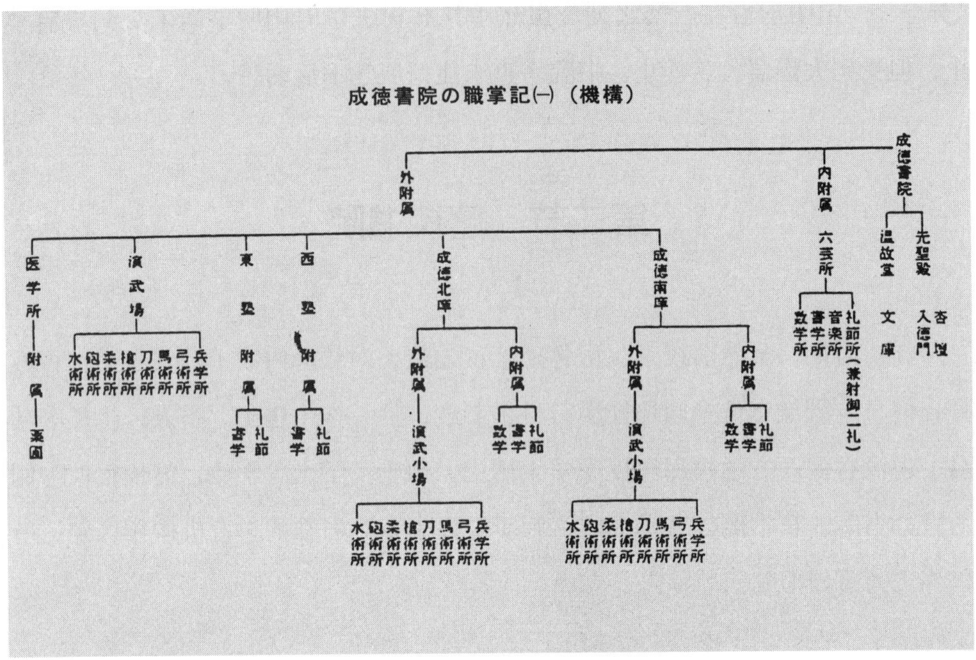

成德书院机构图

附设江原、将门和饭野三所乡校。成德书院本部设六艺所，下分礼节所、音乐所、书学所和数学所，而礼节所还兼学射和御。附设演武场，南庠、北庠的演武小场又分作兵学所、弓术所、马术所、刀术所、枪术所、柔术所、炮术所和水术所。

学问所时招收藩士子弟，也接受町士子弟和外藩学生，另外每月还有一次公开讲座，谁都可以听讲。温故堂时，藩士子弟八岁就要到附设的读书稽古所读书习字，学习礼节，设置东塾和西塾后，城内藩士子弟在东塾学习，城外藩士子弟在西塾学习。十五岁进入温故堂学习，二十四岁毕业，十五岁还要学习武艺，这是藩士子弟的义务。

书院也是以《白鹿洞揭示》为学规，文化十年（1813年）温故堂就悬挂《白鹿洞揭示》，天保七年十月二十三日书院开学，温故堂教授兼学问所奉行吉见治右卫门讲解《白鹿洞揭示》，此后每年正月十一日开学首先讲解《白鹿洞揭示》。

米泽藩校学问所始建于元和四年（1618年），藩重臣直江兼续邀请茨城九山和尚兴建禅林文库，但是第二年直江兼续去世，九山和尚也离去，学问所也就无疾而终。元禄十年（1697年），藩主家臣、藩医矢尾板三印在自家宅内建造奉祀孔子圣堂感麟殿，四代藩主上杉纲宪在圣堂旁边建造讲堂，成为藩的学问所。由于藩经费紧张，学问所很快就衰落了。明和四年（1767年），上杉宪治以养子身份从高锅藩来任第九代藩主，因为他自幼随日本有名学者细井平洲学习，爱好学问，安永五年（1776年）再建学馆，按照细井平洲建议，根据《大学》"一家让，一国兴让"命名为兴让馆，文化三年（1806年）迁入医学馆好生馆。元治元年（1864年），兴让馆被烧毁，随即重建，庆应四年（1868年）戊辰战争中学馆关闭，第二年重开，明治四年设置洋学舍和宫内、小松、荒砥、宫、小国乡校，明治五年停办，明治七年，在藩士们的共同努力下，改成私立米泽中学校，现在名为兴让馆高等学校（高中）。

兴让馆初创时聘请两位提学（教师），学生定额20名，称诸生。诸生和老师全部住馆，诸生每年每人给予银1两津贴。另外还有自费学习的十几位寄塾生，十岁左右每天早饭前素读的素读生，在友于堂读书习字的走读生，又称友于堂生，素读生接受诸生指导。学习内容为《四书》《五经》《孝经》《荀子》《孔子家语》《左传》，学习年限为三年。明治四年，改为设置皇学、洋学、医学、笔学、数学五科。

兴让馆落成当年，细井平洲为兴让馆制定学则，并亲自书写，至今犹存。其文选自《管子》《弟子职》："先生施教，弟子是则。温恭自虚，所受是极。见善从之，闻义则服。温柔孝悌，毋骄恃力。志毋虚邪，行必正直。游居有常，必就有德。颜色整齐，中心必式。夙兴夜寐，衣带必饰。朝益暮习，小心翼翼。一此不解，是谓学则。"

其实不仅藩校是书院，就连幕府官学昌平黉学问所也具有书院性质。庆长八年（1603年），德川家康逐步统一日本，迫使日本皇室加封他为右大臣和征夷大将军，于江户（今东京）设立幕府，开启260多年的江户时期。

德川家康虽然从马上取天下，但他深知儒经思想在治理国家方面的作用，“予常闻儒生讲经书，深知欲为天下之主者不可不通《四书》之理，即不能全通，亦当熟玩《孟子》一书”[①]，戎马倥偬，曾邀请藤原惺窝讲说朱子学，并请藤原惺窝任官，藤原惺窝不愿出仕，推荐弟子林罗山进入德川家康幕府。

庆长十九年（1614年），儒士林罗山向二代将军德川秀忠建议兴建学校，因当时军务方殷，至宽永七年（1630年）将军始赐给林罗山庄地5353坪和200金修建学舍，建造忍冈家塾。

林罗山（1583—1657年），名信胜，号罗山，法号道春，京都人，曾到建仁寺学佛，庆长九年（1604年）拜藤原惺窝为师学习朱子学，次年由藤原惺窝推荐进入德川家康幕府，庆长十二年开始为二代将军德川秀忠讲学，宽永元年（1624年）担任三代将军家光的老师，成为幕府核心幕僚，参与公文、文书和《武家诸法度》的起草工作。宽政九年，尾张藩主德川义直（德川家康第九子）捐资并规划增建先圣殿，“九年壬申冬，尾张源敬公（讳义直）捐数百金，即其宅地创建庙宇……奉安宣圣及颜、曾、思、孟诸像，且置俎豆，令信胜以时致祭。又书殿额（先圣殿，又名大成殿），命官匠平内大隅镌以揭焉，其庙制多出于公之规画云”[②]。

对忍冈家塾，历代将军都非常重视。一是亲临祭祀听讲。宽永十年（1633年），三代将军家光亲谒圣堂祭祀，并听林罗山讲解《尚书·尧典》；元禄元年（1688年）至三年，五代将军纲吉每年都亲临祭祀，在书院听讲，讲后赐宴赐物。二是赐款赐物维修扩建家塾。宽永十一年，将军将骏河公官邸“材一构，厅堂庖厨共一构，赐于信胜，筑书院于孔庙侧，是年移置焉”，忍冈家塾有了书院；庆安四年（1651年），幕府拨钱派工匠维修家塾；万治三年（1660年），四代将军家纲赐给林罗山之子林恕700金，令其改造，次年竣工，“转易方位，始备制度”，“其工役皆系官举，有司临董之”；宽文十二年（1672年）

① 转引自《近世日本的儒学》。

② ［日本］犬冢逊：《昌平志》（宽政十二年，1800年抄本）卷一《庙图志》。

又赐给官材，增建东西二塾；延宝二年（1674年），特发官钱修葺。三是赐官赐禄。宽文三年（1663年），林恕为四代将军家纲进讲经书，赐号弘文馆，因将书院改称弘文馆，定林恕禄米1100石，编修《本朝通鉴》后加增200石；贞享四年（1687年），赐给林罗山之孙林信笃弘文院学士官号。四是赐给学粮。宽文八年，编纂出《本朝通鉴》，林恕请求将拨给修书95人口粮的一半留给家塾，将军同意，将全部口粮留给家塾作为学粮。

林罗山忍冈庄园先建家塾，后增圣堂，再设书院，虽然将军拨地拨款建造，幕府派人营造维修，拨给学粮，将军也亲临谒拜，但仍然属于林家私学，而且林罗山也将家塾称作书院，其时间比长崎立山书院还早13年，这应该是日本的第一所书院，可惜的是文献没有记载下书院名称。

忍冈家塾后有最教院、普门院、山王祠、观音阁、宽永寺，右侧有辩才祠、狐王庙和经堂，“梵呗之喧不能无扰也”。元禄三年（1690年），五代将军

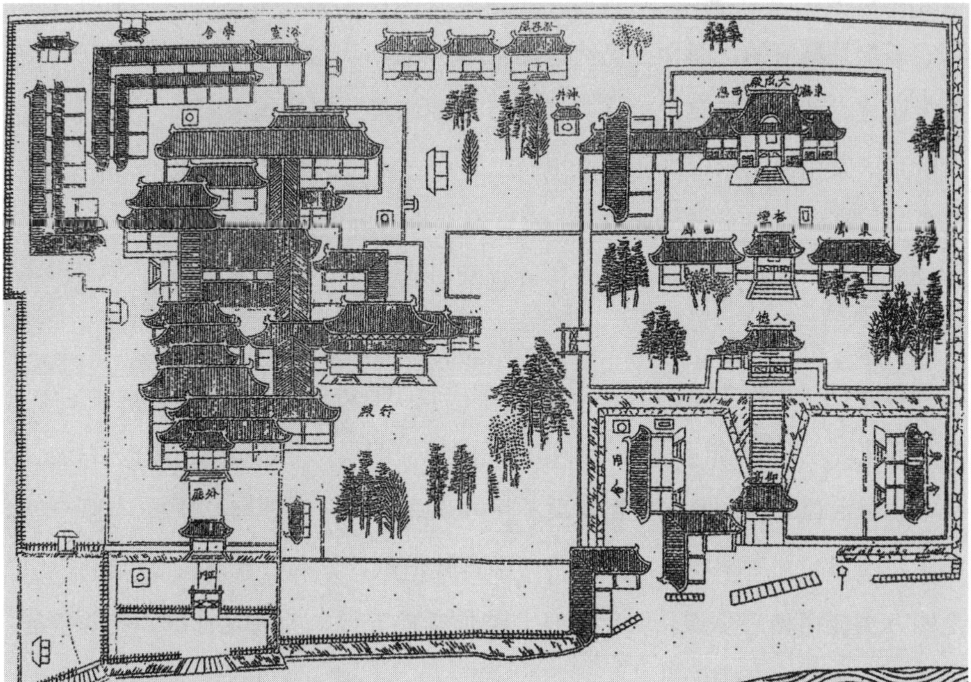

1691年初建的汤岛林家家塾

纲吉决定迁址另建，“七月九日，召林信笃入，执政、丰后守阿武正武、相模守土屋正直、通政、备后守牧野成贞，并传命于朝曰‘孔庙之设原创于尾张公，而累朝因以加崇隆，然义不本于朝典，殆有缺于盛心。且地逼寺刹，缁流接踪，夫熏莸不同器，矧儒佛共境乎？将审择爽垲，鼎新庙殿，以昭国家崇尚之意。汝其赞成，以副孤意’”[①]。元禄四年，汤岛圣堂落成，将军封林信笃为朝散大夫、大学头，主管庙学事，子孙世袭，将军“传命于朝曰‘新庙鼎成，汝实创基，子孙继袭，世主祭祀’”，并设看守庙干六员，赐祭田田租1000石作祭祀经费，学粮依旧照常拨给。

对于新建的汤岛圣堂，犬冢逊认为是官私并行。他认为，元禄三年“越十一月二十一日，大君亲制大成殿三大字，加以干鳆，以赐信笃。按：本俗，凡有赠遗，必加干鳆，义殆涉赠遗，可见兴造系于官举，而义仍涉林氏私奉矣，所谓官私并行者是矣”，他的分析有一定道理。大学是幕府建造的，还建造专供将军使用的行殿，任命林氏世袭大学头以主管，看来应该是幕府官学。其实圣堂是幕府的，而学校仍然是林家的。理由一是将军看重的是圣庙，将军下令迁建时就对林信笃说“审择爽垲，鼎新庙殿，以昭国家崇尚之意”，建造庙殿是国家用以昭示崇尚孔子思想。二是在忍冈时，祭祀祝文称林氏主祭者姓名致祭，迁至汤岛后改为命祭，“前是祝文直云姓名敬致祭，至是改云命具官姓名昭致祭”，祝文首为“大君遣具官某敢昭告于大成至圣文宣王”，祭主不再是林氏，而是幕府将军。

幕府是在宽政九年（1797年）才将学校收归官办的。《昌平志》宽政二年条犬冢逊按说：“顷岁学政弛废，师道阔疏，虽守旧规，亦多宿弊。今大君始正统位，锐意治道，凡颓坠之宜振者莫不尽兴焉。次至庠黉，询及师儒，连辟柴野邦彦、冈田恕并居学职。邦彦等乃与学官林信敬议，条分规约，改革宿弊。于是四方生徒稍稍来学焉。明年三月，特加学粮五口，并前凡百口。支养生徒，

---

① ［日本］犬冢逊：《昌平志》卷二《事实志》。

以余钱新购学本。别赐三十口于信敬，以充塾粮。儒员、佐学政及黉学、家塾各给支粮并昉于此。”[①] 看来是林家书院经营不好，将军大不满意，下决心进行改革。宽文二年先派官员担任佐学政，辅佐林家大学头，次年将学生名额增至100名，另给30人口粮与大学头林信敬，应该是幕府收走学校，作为补偿，继续保留林家书院，给予30人的学粮，同时还发给儒员、佐学政俸禄，这都是将学校改为官学的举措。日本斯文会所编《汤岛圣堂年表》说宽政九年12月1日，幕府将林家经营的汤岛圣堂改为官学，开设昌平坂学问所，允许幕府直属武士子弟入学学习，并扩大圣堂规模，增建三栋学生宿舍，两栋供幕府直属武士官员或子弟住校，另一栋供武士的家臣或子弟居住，每栋住10人，看来住校学生定额是30名。《昌平志·事实志》宽政九年条下也说：“十二月改革黉制。逊按：庙学所由，始于林氏忍冈私塾。元禄癸未虽升为学院，仍循故辙，多所因袭，是以官私并行。事涉疑似，亦其成法也尚矣。又宽文庚戌，从林恕之请，以史馆禀（当为廪——摘者注）为学费，以待四方英髦其教育之，不限士庶，许生徒皆负笈而游焉。至是变更黉制，乃放生徒，罢职员（即癸丑所置），专令大夫士及子弟讲肄焉。又元禄辛未所置神田，原充祭费及庙干、门卒支给，享保壬寅始令小小补缮，取费于此，而其租税出纳主祀司焉。故世不详其义，或指为主祀秩禄，亦其称谓涉于疑似。是月朔特加赐主祀大学头林衡俸廪千五百苞，并原秩凡三千石（班亚亲卫郎骑将），定为世禄，而神田之入统于大司会以充祭祀。黉学乏费，因交壬午所赐私塾粮三十口，改增学粮，并前凡百三十口，以统于大司会。于是祭田世禄始正称谓，官私之用不混而一。又罢庙干六员，始置庙学使令十二人（后增至二十人），庙卒十人（后增至二十人）。其制：大约学官（即主祀），下有教官二员，以掌教授，又有庙学主事二人，以掌杂务。其下有庙学使令及庙卒，以掌祭器、书籍、文簿、会计、看舍守门之事。”此次改革力度很大，将自由求学改为只允许大夫士及子弟入学，将原祭祀神田收入、

---

① ［日本］犬冢逊：《昌平志》卷二《事实志》。

学徒口粮等由大学头主司改交大司会，收回林家私塾学生口粮，增加大学头俸禄，撤除儒员、佐学政等教育官员改为只设两员教官。

宽政十年，幕府才下达设立学问所培养各级武士子弟走读生和住校生文件，次年三月又下达设立学问所、鼓励人们努力学习和允许开学的命令，又以学官尾藤二洲官宅设立书生寮。宽政十二年，大学头等请求扩大书生寮，第二年获得幕府同意，由学问所自行建造。

不论是忍冈林家书院，还是迁至汤岛后改为官学，其实都是书院。宽永十一年（1634年）林家书院已称书院，“十一年甲戌，赐官材于林信胜以筑书院”，宽文三年（1663年），赐号林恕弘文院后将书院改称弘文馆，六年制定弘文馆规约执掌，设置经义、史学、诗文、博读和皇邦典故五科，设置大员长、左右员长、员实、员特、员秀、员前等职务，规模比较大。家塾招生很自由，四方负笈游学者都可以入学。

书院迁至汤岛后主要进行祭祀和教学活动，也属于书院性质。汤岛圣堂一直由林罗山家族世袭大学头，主持教育，设置儒员负责教学。早期儒员多由林家子孙担任，后也委派他姓学者出任，享保三年（1718年）就有人见后充、木下寅亮、荻生观等三位儒员。宽政二年（1790年）五月一次任命柴野邦彦和冈田恕两位佐学政，九月任命尾藤孝肇为庙学教官，宽政四年还设置庙学待宾。学生定额95名，宽政三年（1791年）又增加5名，并给林家私塾30名学粮。除教学外，还定期举办三种对外公开讲座。第一种是面对公众的“东舍讲经”，始于元禄四年汤岛圣堂落成后，由大学头林信笃在仰高门内东舍举行，“听者凡可三百余人，士庶咸与焉。舍不能容，至有席地而听者。信笃退谓其徒曰‘我讲说有年矣，而人众盛多未见如今日，实文教所致也’”。享保二年（1717年）七月改为林家私塾学生轮流宣讲，规定正月十八日开始，十二月十日停止，除丁祭、佳节、夏日晒书、国丧、将军谒庙、维修外不能停止，每天巳开午停，每次两个小时，只讲《四书》，令士农工商前来听讲，每月、每季都要将听讲者登录姓名上报官府，此项活动一直延续到明治维新时期。第二种是厅堂讲经，始于正德五年（1715年），释奠后大学头林信笃父子在厅堂讲经，当时有陆奥守伊达纲持等四位列侯和士大夫听讲。享保三年（1718年）九月三日，幕府令儒员林信如、人见后充厅堂轮流演讲，水下寅亮和荻生观等东舍讲经，但因水下寅亮和荻生观等并非林家弟子，也改在厅堂轮流宣讲。宽政四年（1792年）令大学头林信敬、儒员柴野邦彦、冈田恕和尾藤孝肇轮流厅堂宣讲，每年正月十五日开讲，只讲《白鹿洞规》，每月六次（十二年改为三次），定在每旬四日和九日未时开讲，申时结束，只讲《四书》，"令列侯、大夫、士及藩臣、处士咸与听焉"，十二年又不允许藩臣、处士听讲。第三种是释奠后的常规讲经。日本汤岛圣堂和部分藩校一样，仍然保留着中国唐代以前的传统，释奠后要进行讲经、赋诗和宴乐活动，讲经时设置读师、问疑者、直讲、讲师等，问疑者一般设五人，提问五个问题。五代将军亲自讲经时，还令大学头林信笃父子等进讲。

藩校时期，日本没有实行科举制度，没有全国统一的教育体系，没有官学系统，没有统一教材，藩校由各大名（诸侯）自建，经费由大名自负，学官由大名自设自委，教材由大名自选自定，其性质基本与书院相同。有的藩校干脆以书院命名，性质基本与书院相同，所以本书称其为藩校书院，纳入书院研究。

至于幕府官学，前期为林家私塾，宽政二年改为官学私塾并设，九年改革始全部官办，但没有考试任官制度，学生只是来学习知识，随时可以离去，性质与书院也基本相同。而幕府领地设立的官学与藩校差别不大，所以本书也将官学视为书院进行研究。

以书院命名的藩校列表

书院名称	藩名	创建时间	备注
成德书院	佐仓	宽政四年（1792年）	初名佐仓学问所，1805年改称温故堂，1836年改称成德书院
德造书院	挂川	享和元年（1801年）	在静冈县挂川市
造士书院	馆林	弘化四年（1847年）	在群马县馆林市

二、藩校书院历史

江户时期实行幕藩制，幕府将军是日本实际统治者，天皇只是名义上的国家元首。幕府将全国土地分封给270个大名，大名分到地租1万石至120万石不等的领地，大名要将领地分封给陪臣，陪臣要发给自己的家来（家臣）俸米。幕府拥有680万石的领地，几乎占全国地租的四分之一，幕府将260万石左右的土地分封给直属家臣武士旗本和御家人。此外，幕府还独占江户、大阪两个国内主要市场，支配全国的都市和矿山，集中各藩采集的金、银、铜矿石铸造货币和供对外贸易，控制国家经济命脉。大名受大将军控制，对幕府承担着政治、军事和经济义务，在自己领地（藩国）上则拥有行政、军事、财政、司法等权利，是领地的专制君主。在这种体制下，大名、旗本、御家人要效忠将军，为将军负担徭役和军役，而陪臣、武士、家来既要效忠将军，也要效忠各自的主君，将军、大名和武士通过领地和禄米的层层分封结成君臣、主从关系。

在这种政治架构下，需要强有力的思想支持，而主张国家统一，宣扬大义名分，把三纲五常等人伦关系绝对化，提倡服从，反对犯上作乱，朱子学非常适合当时社会形势，所以德川幕府从早期佛儒并用转向独尊朱子学，指定朱子学为官学，朱子学以外的思想流派均为“异学”，幕府先后于宽政二年（1790年）、宽政六年两次下令强行禁止“异学”，朱子学成为日本的国家统治思想。

幕府需要朱子学安定国家，大名也需要朱子学安定各自领地，因此大名也大力提倡朱子学，兴办学校并以此教育武士及其子弟。

首代幕府将军德川家康第九子德川义直被封为尾张藩主，是幕府关系最亲密的亲藩御三家（纪伊、水户、尾张）之一。德川义直重用赴日明儒陈元赟，元和八年（1622年）就曾聘请理学家藤原惺窝门下堀杏庵，宽永六年（1629年）前就建造孔子庙，并建造大津町学问所，从京都聘请熊谷立节教育藩士子弟，首开大名建造学校嚆矢。此后大名纷纷各自建造藩校，日本全国先后建造大约293所藩校。

日本藩校历史可以分为萌芽期、慢速发展期、高速发展期、发展减速期和衰败期五个阶段。

（一）萌芽期

萌芽期为宽永年间。此间建造4所藩校，分别是宽永六年（1629年）左右建造的尾张藩大津町学问所、宽永十三年建造的盛冈藩作人馆、宽永十八年建造的冈山藩花畠教场和宽永十九年建造的桑名藩立教馆，数量虽然不多，但分布比较广。尾张在名古屋，属于关东地方，盛冈在岩手县，属于东北地方，冈山属于中国地方，桑名在三重县，属于近畿地方。

（二）慢速发展期

慢速发展期是从宽文十年（1670年）到安永九年（1780年）。宽永以后28年未见新建藩校出现，宽文十年才出现大村藩集义馆（1790年改名五教馆）和鹿岛藩弘文馆，延保二年（1674年）又有新建会津藩郭内讲所，经过11年沉寂，贞享二年（1685年）严原藩新建小学校。元禄年间（1688—1703年）是日本藩校发展的一个小高潮，17年间新建13所藩校。此期111年，新建64所藩校。藩校范围日益扩大，已经分布在现在的17个县，遍布日本除北海道以外的三岛。

（三）高速发展期

高速发展期是从天明元年（1781年）到天保十五年（1844年），63年间新建129所藩校，年均新建藩校超过2所。其中天明年间（1781—1788年）建造23所藩校，年均建造藩校近3所，是日本藩校发展最快时期；其次是宽政年间（1789—1800年）新建32所藩校，平均新建藩校近3所。此期，藩校书院已经遍及日本。

庄内藩校致道馆（1804年建）

（四）发展减速期

发展减速期是从弘化元年（1844年）到庆应四年（1868年），此间仅新建39所藩校。

（五）衰败期

日本藩校书院衰败是从明治维新时期开始的，明治二年（1869年）实行版籍奉还，命令各藩交回各自领地和户籍。明治四年废藩置县，教育改革，藩校也被废除，其中许多藩校被改作新式学校，同时实行政教分离，藩校孔子庙都被当作宗教财产被拍卖，延方乡校圣堂以不到164圆被卖为三夜堂社殿，山口藩萩明伦馆圣堂被卖后成为海潮寺本堂，名古屋藩校圣堂以600圆价格被卖到岐阜县新羽岛成为永照寺金堂，鹤冈庄内藩校致道馆圣庙一开始被改为神社，后来又以250圆价格被卖为八幡神社本殿。改为学校的藩校大多因为学校扩大而陆续被拆除，有的则因战争而被毁坏，会津藩校日新馆毁于倒幕战争，冈山藩校、仙台藩校养贤堂等全部毁于第二次世界大战。

需要说明的是，日本藩校数量远远不止293所，许多藩校并没有被全部统计在内。一是过去研究者只注意各藩在领地内建造的藩校，而忽略在江户藩邸设置的藩校，由于江户幕府规定实行朝觐交代制度，各藩大名家属常住江户，大名要隔年分别居住在领地和江户，所以许多大名都在江户设置藩校。松前藩于天保十一年（1840年）在江户藩邸内设置明伦馆；萩藩于天保十二年（1841年）在江户樱田藩邸建造文武道场有备馆，讲堂内设经学、国学、兵学、曲礼四科，武场分别练习弓术、马术、剑术、枪书和柔术；佐仓藩于宽政四年（1792年）在领地内建造藩校学问所，文化二年（1805年）改称温故堂，天保五年（1834年）在江户藩邸也开设温故堂，天保六年佐仓温故堂改称成德书院后，天保八年江户藩邸学校也改称成德书院。

二是藩校并非一藩只设一所，有的藩就建设好几所。北海道松前藩在文化十年至文化十二年间（1813—1815年）建造倡教馆，文政五年（1822年）建造徽典馆，同时在福山白川町设威远馆，1853年在川原町设医学济众馆，在江差阵营内设江差学校，领地内还在城内、荒町、新荒町、唐津内泽町等处设立6个支校。会津藩于享和二年（1802年）在江户和田仓邸设立藩校成章馆，在芝邸设立藩校考兴馆，文化二年（1805年）将两校合并，文化八年在东京湾观音崎为驻防军队设立养正馆，次年设立集义馆，仅在东京就先后建造4所。会津藩延宝二年（1674年）设立郭内讲所教育武士子弟，天明八年（1788年）增设西讲所，元禄二年（1689年）设置对町人等平民进行教育的町讲所，天明八年（1788年）增设一所成南、北学馆，享和二年（1802年）分别更名友善舍和青蓝舍，也有4所学校，宽政十一年（1799年）将东西讲所合成日新馆，文政三年（1820年）将友善舍和青蓝舍分别改作南素读所和北素读所。

第三节　官学、乡校和私塾

由于江户时期没有实行科举制，不论幕府官学、藩校、乡校还是私塾，都以教育为主，性质都属于书院。

一、官学

官学是幕府在其直辖领地内建造的学校，先后建造24所官学，15所官学有具体设置时间。从有具体设置时间的官学看，最早的官学是正保四年（1647年）在长崎设立的明伦堂，其次是官私兼具的汤岛圣堂，18世纪宽政间设置3所官学，19世纪设置9所官学，主要集中在宽政三年（1791年）至文久三年（1863年）之间，其中宽政、文久年间各4所。

德川幕府并不重视教育，虽然幕府早在宽永七年就拨给土地和经费资助林罗山在忍冈建造学舍，三代将军德川家光虽然也去祭祀和听讲，但幕府并未过问教育，没有设立全国教育体系，林家书院只是林家私塾。元禄三年（1690年）迁至汤岛后，虽然五代将军家纲经常去祭祀并讲经和听讲，但教育仍然由林家主管，直到宽政九年（1797年）改称昌平坂学问所才将教育收归幕府，真正成为幕府官学。

昌平坂学问所和林家书院一样，继续进行教学和仰高门日讲即原来的东舍讲经等活动，只是增加学生考试。宽政十年增设寄宿寮，住校生定额30名，十二年增设书生寮，享和二年（1802年）扩建后书生寮学生增至七八十名，此外还有许多走读生。住校生和走读生主要是幕府直属武士官员及子弟，以及武士家臣或子弟，书生寮学生可以是陪臣、游学者、学问所师资的门人弟子。据统计，自弘化元年（1844年）至庆应元年（1865年）就有135藩505人到学生寮求学，分别投在学问所师资门下，其中古贺精里门下有121人，安积艮斋门下有109人，林家门下有105人，佐藤门下有65人，中村门下有56人，盐谷宕阴门下有28人，河田门下有5人，衫原心斋门下有4人，筒井门下有2人，衫门下、若山勿堂门下、望月毅轩门下、古贺安积门下和佐原门下都只有1人。学校没有规定学习时间，学生在学时间短则不到一年，长则多达16年，便可以自由离去。

二、乡校

乡校是藩主或藩主家臣设置在领地内乡下的学校。有的藩非常重视教育，藩主在驻地设置藩校，在领地内设置乡校等教育机构。建造学习场所最多的是冈山藩，17世纪中期曾设立120所手习所（教习所）。其次是伊势崎藩，先后设立25所乡校，其中文化五年（1808年）至文政四年（1821年）间就建造7所乡校，庆应间建造3所乡校，明治五年（1872年）以前又建造15所乡校。水户藩和会津藩各建造15所乡校，也是设置乡校较多的藩。水户藩是幕府首代将军德川家康第十一子赖房的封国，是与将军关系最近的御三家（尾张、纪伊、水户）之一。水户藩早期对教育不够重视，天保九年（1838年）才建造藩校弘道馆，但对乡校还比较重视，建造藩校前的文化间就建造2所，天保中又建造3所，弘化中建造1所，安政间建造9所，50多年间共建造15所乡校。遗憾的是，这些教育机构大都没有留下名字，留下名字的共有175所乡校。

乡校名称有学校、乡校、学舍、堂、馆、所，以书院命名的有8所，全在秋田藩，宽政五年（1793年）建造育英书院、弘道书院、时习书院、崇德书院、成章书院、博文书院、尚德书院7所乡校，文政七年（1824年）又建造温故书院。

已知最早设立的乡校是山口藩一门家老毛利元俱于宽永五年（1628年）建造的时观园，先后聘请山县长伯（山县周南之父）、滝鹤台、若月大中等为教师。时观园早期以讲授汉学为主，嘉永三年（1850年）迁址扩建后改称学文馆，文武兼修，增加算术、习字、礼法、兵学、弓术、马术、剑术、枪术、炮术、洋式枪阵等，于东侧建造日新舍作为步卒（足轻）练武的场所，一直延续到明治维新时期。

山口熊毛郡德修馆是一门家老宍户在文化六年（1809年）建造的，文武兼修。文学部分作三等九级。第一等名下等，分作敬道、无逸和观善三级，敬道素读（只念不讲）《孝经》《大学》和《中庸》，无逸素读《论语》和《孟

宍户领主学校德修馆

子》，观善素读《五经》。第二等名中等，分作乐群（原作郡）、琢磨和日就三级，乐群是自己读书、听讲，复讲经书、轮流讲解《蒙求》；琢磨是自己轮读经书、《蒙求》，译文、写诗、写信、翻译古文；日就是撰写经书诸子的讨论文章。第三等名上等，分为典学、小成和入学三级，典学是讲解《四书》，或者是各体文章；小成是轮流讲解、讨论，或者检查低级同学的诗文作业；入学是文学的最高一等。

从教学上看，以上两所乡校无疑也属于书院。

以书院命名的乡校列表

书院名称	藩名	创建时间	备注
鹤山书院	佐贺藩	元禄十二年（1699年）	多久领主多久茂文建
育英书院	秋田藩	宽政五年（1793年）	平贺郡横手下根岸町
弘道书院	秋田藩	宽政五年（1793年）	仙北郡角馆胜东町
时习书院	秋田藩	宽政五年（1793年）	雄胜郡汤泽内馆町
崇德书院	秋田藩	宽政五年（1793年）	山本郡桧山町
成章书院	秋田藩	宽政五年（1793年）	秋田郡十二所上町

（续）

书院名称	藩名	创建时间	备注
博文书院	秋田藩	宽政五年（1793年）	秋田郡大馆町
尚德书院	秋田藩	宽政五年（1793年）	雄胜郡下院内村
温故书院	秋田藩	文政七年（1824年）	山本郡能代根町

三、私塾

日本也有很多私塾，但现在研究力度不够，已知仅有51所，其中35所以书院为名，其他16所多名堂或塾，山崎闇斋私塾名称不详。其中京都伊藤仁斋的古义堂、江户山鹿素行的积德堂、大阪三宅石庵的怀德堂（也称怀德书院）、山口萩市吉田松阴的松下村塾、菅茶山的廉塾（1781年创建）、山口河野养哲的越氏塾（1685年创建）、江户荻生徂徕的萱园、京都和江户山崎闇斋的私塾等，都是由著名学者创办，就其性质说也属于书院。

山崎闇斋（1618—1682年）38岁始于京都收徒设教，私塾名称不详，后又迁至江户教学，前后有弟子6000余人，山崎闇斋的私塾应该是日本最大规模的私塾之一。

京都古义堂是伊藤仁斋于宽文二年（1662年）设立的。伊藤仁斋（1627—1705年）注重文辞古义，竭力表彰《论语》《孟子》，他认为《大学》《中庸》"非孔孟真血脉"，所著《论语古义》释义唯以孟子为据，向风靡世间的朱熹《四书集注》提出挑战。他主张"圣门学问第一字是'仁'，'义'以为配，'礼'以为辅，'忠信'以为之地"[①]，否定理学的理、心、性说，主张"太极"为"一元气"，反对宋儒的"理"为天地本源说，创建日本古义学派，其子伊藤东涯继承并发展其思想。

① ［日本］伊藤仁斋：《童子问》。

京都古义堂

越氏塾是河野养哲贞享二年（1685年）创建的私塾，分作素读科、自读科、经学科、历史科、制度科、兵学科、诗歌文章科，使用教科书有《四书》《五经》《春秋左氏传》《小学》《文章规范》《唐宋八大家文》《唐诗选》《资治通鉴》《近思录》《孔子家语》《说苑》等，可以说是很规范的书院。

怀德堂前身是多松堂，正德三年（1713年）三宅石庵门人中井甃庵、三星屋武右卫门、道明寺屋吉左卫门、舟桥屋四郎左卫门共同凑银为老师购置住宅，并设讲堂，几年后根据三宅石庵要求借用苎屋三郎右卫门别墅，天保九年（1838年）迁至吉左卫门别墅设立讲舍，取名怀德堂。两年后，武右卫门（中村睦峰）、吉左卫门（富永芳春）、四郎左卫门（长崎克之）、吉兵卫（吉田盈枝）、又四郎（山中宗古）五人捐款扩建怀德堂。书院初期日讲，不久改为隔日讲。怀德堂是由商人们捐赠建造、维持的私塾，一直延续到明治二年（1869年）停业。

咸宜园是学者广濑淡窗于文化十四年（1817年）在天皇领地日田（今大分县日田市）创建的私塾，学者不论地域、身份、阶级都可以入塾，先后有来自日本66个以上封国的5000多名学生入塾学习，也是日本最大的私塾之一。

关启辅（1833—1914年）早年在昌平坂学问所安积艮斋门下学习，后到仙台藩校担任教官，因高倡勤王大义下狱。出狱后明治初年在仙台开办私塾麟经堂，明治三年（1870年）在东京开办私塾绥猷堂，明治十八年闭馆，15年间入塾弟子包括住校生和走读生先后有4000多人，培养出陆军大将松川敏胤、文学家馆森袖海以及许多政治家、实业家、医生等。

松下村塾原由吉田松阴的叔父玉木文之进于1842年创办，1855年吉田松阴因思想激进被幕府勒令在家闭门思过，成为该塾山鹿派兵学的教师，两年后成为塾主，1859年被幕府处死，松下村塾仍由玉木文之进等续办至1892年。松下村塾时间不长，但培养出一批明治维新干将，被称作“明治维新胎动之地”，影响很大。

江户时期，日本没有实行科举制度，不论藩校、官学，还是乡校、私塾，都没有科举训练之扰、之累，只有教育和学习知识，所以日本书院更像理想中的书院。

松下村塾（刘海宇提供）

日本私塾一览表

私塾名称	位置	创建时间	创建者	性质	说明
忍冈圣堂	江户	宽永七年（1630年）	林罗山	私塾 官助	又名林家书院
藤树书院	滋贺高岛郡	正保三年（1646年）	中江藤树	私塾	
立山书院	长崎	正保四年（1647年）	向井元升	私塾 官助	1711年迁建改称钱溪书院
不详	京都、江户	明历元年（1655年）	山崎闇斋	私塾	弟子前后6000余人
积德堂	江户	延宝三年（1675年）	山鹿素行	私塾	
越氏塾	山口	贞享二年（1685年）	河野养哲	私塾	1864年改称学习堂成乡校
萱园	江户	约宝永末	荻生徂徕	私塾	
怀德堂	大阪	享保九年（1724年）	三宅石庵	私塾	元禄末设塾，町人捐资创建
*环翠楼	大阪八尾	享保十一年（1726年）	十位町人	私塾	享保元年前开讲，享保十一年买房
*含翠堂	大阪平野乡	享保十五年（1730年）	六位町人	私塾	
微响书院	冈山县	享保十七年（1732年）	万波甚吉	私塾	天明八年（1788年）废业
*水哉馆	大阪	明和四年（1767年）	中井履轩	私塾	
廉塾	不详	天明元年（1781年）	菅茶山	私塾	
微响书院	冈山县	天明六年（1786年）	万波甚太郎	私塾	天保五年停，十四年复，安政三年停
曲溪书院	东京	宽政中	服部保命	私塾	私塾
*咸宜园	天领日田	文化十四年（1817年）	广濑淡窗	私塾	66国5000余人入塾
泊园书院	大阪	文政八年（1825年）	藤泽东畡	私塾	
教学书院	仙台	天保二年（1831年）	樱田质	私塾	
明霞书院	东京麻布区	天保四年（1833年）	宫崎诚	私塾	明治十年废业
谦待书院	新瀉西蒲原	天保八年（1837年）	小泽孱守	私塾	安政四年废业
大道书院	大分大分郡	天保八年（1837年）	佐藤龙之进	私塾	安政元年废业
顺正书院	京都	天保十三年（1842年）	新宫凉庭	私塾	儒医兼修
松下村塾	山口萩市	天保十三年（1842年）	玉木文之进	私塾	
青溪书院	兵库养父郡	天保十四年（1843年）	池田缉	私塾	明治十一年废业

（续）

私塾名称	位置	创建时间	创建者	性质	说明
心学书院	仙台	天保中	大岛彦集	私塾	
弘滨书院	香川多渡津	弘化三年（1846年）	林良斋	私塾	
虎溪书院	兵库朝来郡	弘化中	习田笃	私塾	明治七年废业
岁寒书院	大阪府西区	嘉永元年（1848年）	高木熊三郎	私塾	
鬟山书院	佐贺西松蒲	嘉永二年（1849年）	谷口中秋	私塾	庆应三年废业
龙山书院	福冈三池郡	安政三年（1856年）	横地春斋	私塾	明治元年废业
古义堂	京都	万延二年（1861年）	伊藤仁斋	私塾	
樱溪书院	长崎	文久三年（1863年）	楠木硕水	私塾	
青槐书院	新泻三岛郡	庆应间	斋藤三郎	私塾	明治初年废
*麟经堂	仙台	明治初	关启辅	私塾	明治三年停
*绥猷堂	东京	明治三年（1870年）	关启辅	私塾	明治十八年停
凤鸣书院	针尾岛	明治十五年（1882年）	楠木端山	私塾	佐世保
善邻书院	东京	明治二十七年（1894年）	宫岛大八	私塾	宫岛曾留学中国8年
丽泽书院	京都	不详	木下顺庵	私塾	
䌹斋书院	京都高嶋郡	不详	浅见䌹斋	私塾	
和合书院	尾州	不详	海部士毅	私塾	
清风书院	和歌山藩	不详	沧田何庵	私塾	
典学书院	宫城佁台区	不详	太田盛	私塾	庆应年间最盛
静修书院	长崎	不详	须藤庄九郎	私塾	明治三年至明治四年最盛
望楠书院	京都	不详	林强斋	私塾	又名望楠轩书院
丽泽书院	京都	不详	木下顺庵	私塾	
和合书院	尾州	不详	海部士毅	私塾	
典学书院	宫城佁台区	不详	太田盛	私塾	庆应年间最盛
牧山书院	宫城佁台区	不详	不详	私塾	天保十年有男女生86人
静修书院	长崎	不详	须藤庄九郎	私塾	明治三年至明治四年最盛

（续）

私塾名称	位置	创建时间	创建者	性质	说明
望楠书院	京都	不详	林强斋	私塾	又名望楠轩书院
*双松塾	大阪	不详	松本衡 松林渐	私塾	
合计	51所				

* 在前者为本书新发现。

第二章　日本书院类别

日本书院出现时，早就废止了短暂实行过的科举制度，没有了科举制的干扰，书院也能够更好地坚持教育特性。所以，日本绝大部分书院都是教育书院，但也有教育兼研究书院、专为中国留学生创办的培训书院、出版书院、书店书院。

第一节　教育书院

不论是书院、藩校、乡校，还是官学、私塾，日本书院几乎都是教育机构，在第一章日本书院历史中为了论证书院、藩校、官学、乡校和私塾的书院性质，已经列举长崎立山书院、滋贺藤树书院、佐仓藩校学问所（成德书院）、米泽藩校学问所（兴让馆）、幕府官学昌平坂学问所、山口藩乡校时观园和德修馆、私塾京都伊藤仁斋的古义堂、江户关启辅的麟经堂、山口河野养哲的越氏塾，本处就不再重复。

教育书院，从日本的历史情况看，可以分为初等与中等教育书院和高等教育书院两类。

一、初等与中等教育书院

日本书院也是以初等与中等教育为大宗，大部分乡校、官学、藩校、私塾都属于此类。一般来说素读属于初等教育，素读以后就属于中等教育。

长崎钱溪书院属于初等与中等教育书院。学生不论士农工商身份，六七岁以上凡属于书院定员都可以入学学习，虽然说不限学生身份，但还是官员子弟和富家子弟为多。学生均走读，外地路远学生都是自己租赁房屋或投亲告友解决住宿。学科有汉学、医学、历史、作文、写诗，教科书有《三字经》《小学》《蒙求》《孝经》《四书》《五经》《国史略》《日本外史》《元明史略》《春秋左传》《前汉书》《后汉书》《通鉴纲目》《文章规范》《唐宋八家文》《国语》《伤寒论》《金匮要略》，初入学先素读课文，依次学习《三字经》《孝经》《大学》《中庸》《论语》《孟子》《小学》等，五个月后进行素读考试。每个人素读30分钟，误一字扣一分，三等及以上为及第，三等以下为落第，及第者根据考试等级可得到一千钱至三千钱不等的奖励，通过素读考试在当时就是很荣耀的事情。素读考试及第者可以根据自己的水平决定通读诸子百家和汉文史书，遇到不懂的地方做好记录，第二天到校向老师请教。每三年举行一次学问考试，只有素读及第者才能参加，考试内容为两个方面，一是从《论语》《孟子》《小学》等教材中抽出考题，让学生讲述段落大意，要严格区分音读（中国读音）与训读（日本语音）；二是以史书记载的治乱兴废为例，总结政治得失和人物评价，并结合当时形势讲述理财殖产方法、富国强兵策略、港湾土地开垦等，可以用汉文讲，也可以用日文讲，由幕府儒员评定优劣，给予优秀者奖励。

菰野藩校修文馆规定八岁以上藩士子弟必须到校学习，教科书有《朱子小学》《国史略》《十八史略》《元明史略》《蒙求》《史记》《历史纲鉴补》《前汉书》《后汉书》《三国志》《春秋左氏传》《资治通鉴》《文章轨范》《世说新语》《文选》《唐诗选》诸种，学习年限为七年，学习期满进行毕业考试，考试合格给予相当职事。

从时间安排上看，松前藩校徽典馆也属于初等与中等教育书院。徽典馆每天课程是素读、口授、提问、习字，少年学习从巳时到午时，先口授，后习字，中午连同午餐休息一个小时，下午温习、习字，申时离校，一天在校四个时辰，从春分到秋分间未时就离校去习武，一天在校两个时辰。

山口熊毛德修馆属于小领主创办乡校，将学生分作三等九级，从划分标准看，也属于初等与中等教育书院。下等只素读，分敬道、无逸、观善三级：敬道素读《孝经》《大学》《中庸》；无逸素读《论语》《孟子》；观善素读《五经》。中等分作乐郡（应该为乐群）、琢磨和日就三级，乐群是自读经书，或者作诗，或者听取口授、复讲经书、轮讲《蒙求》；琢磨自读和轮读经书，或者轮讲《蒙求》，或者写诗、翻译古文等；日就写讨论诸子和史书文章等。上等三级分别为典学、小成和入学，典学不时讲解《四书》，或者写各体文章；小成诸生轮讲、讨论，检查低级学生的诗文作业；入学是文学进步科。最高级文学进步科没有具体要求，但次级小成不过具有与诸生轮讲、讨论和检查低年级学生诗文作业的水平，基本达到中等教育水平。

津和野藩校养老馆天明六年（1786年）初建时只进行中级教育，初级教育在私塾进行，七八岁先到私塾素读《四书》《五经》，完成这些课业后到十五六岁再入馆听取讲解。弘化二年（1845年）学制改革，设立句读，嘉永二年（1849年）藩校平面图中有训导句读寮，可证开始进行初等教育。

二、高等教育书院

日本高等教育书院不多，已知江户忍冈林家书院、汤岛昌平坂学问所、大阪怀德堂、藤树书院、积德堂、古义堂、萱园等都属于高等教育书院，除昌平坂学问所外主要是私立书院。藤树书院、积德堂、古义堂、萱园等都还属于教育兼研究书院。

忍冈林家书院是林罗山于宽永七年（1630年）在三代幕府将军德川家光赐给的私宅建造的，宽永十一年又赐给已故纳言骏河公邸以其建筑材料建造书院。正保元年（1644年），德川家光令林罗山修撰《本朝编年录》，自神武天皇至宇多天皇，立纪59，但因大同、弘仁、天长4纪正史残阙迟迟未成，宽文三年（1663年）令置史馆续录，“给修史生支粮”，拨给80人廪粮，四年后因书仍未修完，“更增生员，加给廪粮十五口，并前凡九十五口”，林家书院学生看来大多参加编写。林罗山之子林恕总裁，林恕二子春信、信笃、林罗山次子守胜之子胜澄“与学生野节、野询、坂井亨、伊庭春贞等三十余人分较编纂”[①]，八年书成，定名《本朝纲鉴》。林家书院有三十多名弟子参加编纂，弟子具有编写史书的能力，看来林家书院属于高等教育书院。修书过程中，书院改称弘文馆，六年，弘文馆制定规约职掌，“设科凡五：曰经义，曰史学，曰诗文，曰博读，曰皇邦典故。又置大员长、左右员长、员实、员特、员秀、员萌等”，分科设员也可证明林家书院为高等教育书院。

书院初迁汤岛后名称不详，从林信笃由弘文院学士改称大学头看，正式名称应该是大学寮，因为奈良时期的《养老令》规定大学寮设大学头，但犬冢逊说“庙学所由始于林氏忍冈私塾，元禄癸未虽升为学院，仍循故辙，多所因袭”，此名称未见他书记载。史料有缺，无法确定。林家书院在宽政九年（1797年）改为官学昌平坂学问所以前，仍然属于林家家塾，依然是高等教育书院。元禄四年（1691年），汤岛圣堂落成后，由大学头林信笃在仰高门内东舍举办对外公开讲座，“听者凡可三百余人，士庶咸会焉。舍不能容，至有席地而听者”，时称“东舍讲经”。享保二年（1717年）改由林家弟子轮流宣讲《四书》，每年正月十八开讲，十二月十日停止，“令士庶农商咸与听焉”。享保三年，幕府曾令儒员水下寅亮和荻生馆等东舍宣讲，也因非林家弟子而作罢。这种公开讲座由林家弟子轮流宣讲，可见弟子水平都较高。

林家书院许多弟子学成后担任各藩儒官或藩校教官。明和八年（1771年）岩槻藩选送儿玉南柯等二人到林家书院学习，二人回藩后成为藩儒官，天明八年（1788年）儿玉南柯退隐后于宽政十一年（1799年）建造私塾迁乔馆，文政间被藩主改作藩校，仍由其为儒官。松代藩儒者菊池专藏属林家朱子学派，应该

---

① ［日本］犬冢逊：《昌平志》卷二《事实志》。

是在林家书院学习过的学者，宝历十一年（1761年）开始在评定所长屋每月逢八（初八、十八、廿八）三次宣讲，推动藩校设立。大槻平泉曾在昌平黉学习，文化七年（1810年）担任仙台藩校养贤堂第四任学头。而佐藤一斋曾任林家书院塾长，后来担任昌平坂学问所儒官。

宽政九年（1797年），幕府收回林家主管的汤岛圣堂，改称昌平坂学问所，成为幕府官学。十二年设置书生寮，有在书生寮学习过的学生担任外地藩校学官或儒官。尾张藩浪人鹫津郁太郎弘化二年（1845年）入学，成为古贺谨堂门人，嘉永元年（1848年）退学后出仕久米藩，因事辞职后回到尾张藩担任侍读，先后擢任藩校教官和督学。水户藩原任藏（1830—1867年）于嘉永六年（1853年）入学，成为古贺谨堂弟子，安政二年（1855年）学成归藩，擢任水户弘道馆训导。土屋藩木原雄吉嘉永三年（1850年）入学，成为古贺谨堂弟子，七年退学回藩担任藩主文学。仙台藩关启辅（1833—1914年）嘉永五年（1852年）入学，成为安积艮斋弟子，安政五年（1858年）十二月退学，回到仙台担任藩校教官。学生在昌平坂学问所学习后要自谋职业，出任藩校学官或藩儒官，应该具有较高水平，由此看来，昌平坂学问所也是高等教育书院。昌平坂学问所学生要投在某位教员门下，很像现在的研究生，也可证明昌平坂学问所是一所高等教育书院。

怀德堂是由商人三星屋武右卫门、道明寺屋吉左卫门、舟桥屋四郎左卫门、备前屋吉兵卫、鸿池屋又四郎于享保十一年（1726年）在获得幕府批准后集资建造的，请其师三宅石庵为学主，同门中井甃庵为预人（委托人）主管事务。该书院为讲座式，主要面对具有一定水平的町人。初期日讲，讲说《四书》《五经》《诗经》《春秋胡传》《小学》和《近思录》，每月望日还为集资建堂的弟子们讲《象山集要》，学术上属于朱陆并重。开始时，三宅石庵讲《论语》，五井兰洲、并河诚所、井上赤水也分别执讲，次年五井兰洲、并河诚所先后离开，师资不足，享保十三年改为隔日讲，中井甃庵也参加讲授。三宅石庵主教时不准讲说杂书，创办者之一道明寺屋吉左卫门（富永芳春）的儿子富永仲基十七岁时就认为儒家经典和诸子书中有谬误，著有《说蔽》一文，二十岁进入怀德堂成为三宅石庵弟子，因《说蔽》被认为诽谤儒学，仲基因此被逐出师门。三宅石庵去世后，中井甃庵为学主兼预人，五井兰洲为教授，馆事有所改变，一是改变原来武士上座的规定，所有学生不论贵贱贫富都是同辈，以新旧、长幼、学术水平高低区分座次；二是虽然仍然强调不讲杂书，但有余力者可以学习诗赋文章或医学，并开办诗会和文会；三是取消无关人员不准听讲规定，本町人员只要不妨碍教学就可以听讲，成为半公开的书院。天明二年（1782年），第三代学主三宅石庵之子春楼去世，中井甃庵之子竹山接任学主兼预人，课程仍然是二、七早讲《尚书》，夜讲《近思录》，还开讲《大学》，会读（集体阅读和讨论）《伊洛渊源录》和《左传》，重开诗会。怀德堂还邀请著名学者讲课，古义派著名学者伊藤东涯和三轮执斋等曾到馆举办讲座。从教育内容和教育方式上看，怀德堂也属于高等教育书院。

第二节　教育兼研究书院

日本是程朱理学传入最早的国家，据说早在高仓天皇时其侍读清源赖业就曾为他讲说《大学》和《中庸》，现在日本还保存着题有“正治二年三月四日，大江宗光”题记的《中庸章句》抄本，正治二年为公元1200年，距中国该书出版仅有11年。经过400年传播，到江户幕府时期，朱子学就成为日本官学，江户幕府崇奉朱子学，以林罗山家族垄断学术，将朱子学以外的思想学派统称为“异学”，宽政二年（1790年）和宽政六年两次下令禁止“异学”，造成日本哲学思想的沉闷，致使日本书院研究不够活跃。

日本教育兼研究书院主要是私塾，著名的有中江藤树的藤树书院、山鹿素行的积德堂、伊藤仁斋的古义堂、荻生徂徕的萱园等。

藤树书院　中江藤树创办的私塾。中江藤树（1608—1648年），名原，字惟命，号顾轩，门人称为藤树先生。他自幼学习中国文化，十一岁即读《大学》，十五岁进入大洲藩成为中级武士，十六岁随京都禅僧学《论语》，精研《四书大全》，信奉朱子学。二十七岁脱离武士籍，回乡孝养母亲。三十七岁接触到《王阳明全集》，深为叹服，认为只有王阳明才真正继承孔子思想真髓。《大学》中心思想是“明明德”，明德居于心中，却贯通太虚，包容天地万物；“道”即良知，明德之本在于以良知为镜而慎独。他推出良知说，强调“心之良知斯之谓圣”，只要致良知，便如“太阳已出，昏时自明，云行雨施，天日自若”。他批评日本朱子学，“倭国圣人不作，而异端之教日新月盛，邪诞妖妄之说竟起，涂生民之耳目，溺天下于污浊”。在乡时收徒设教，同时研究著述，建造藤树书院，三十九岁仿照朱熹《白鹿洞规》作《藤树规》，撰成《孝经启蒙》《大学考》《大学解》《中庸解》《中庸续解》等书，开创日本阳明学派。

中江藤树的著名弟子有渊冈山和熊泽蕃山。渊冈山（1617—1686年）以致良知为学问，致力于“自反慎独”工夫，注重个人道德，属德教学派。熊泽蕃山（1619—1691年），出生于京都，宽永十八年（1641年）至次年就学中江藤树门下，研修阳明学。正保二年（1645年）至明历三年（1657年）出仕冈山藩，此后隐居著述，著有《大学或问》《集义和书》《集义外书》等。他反对佛教、基督教，提倡儒学，主张仁政，主张“学不拘泥一流，不徒立异说，心欲得大道之实义，宜应时处位，以施于国家之经纶”，趋于事功，属事功学派。他认为教育是治国平天下的根本，学校是传授圣人之道、培养有用之才的场所，主张设立学校，并亲自讲授。他非常重视女性教育，著有《女子训》和《女子训或问》。

积德堂　山鹿素行于延宝三年（1675年）在江户创办的私塾。山鹿素行（1622—1685年），名高祐，字子敬，号素行。他八岁投入林罗山门下学习朱子学，十五岁学习兵法，十七岁学习神道，他读儒家经典发现宋学与汉唐不一，四十岁后开始怀疑宋代理学，“素行始讲宋学，左祖程朱。年四十后，有疑于理气心性之说，以先是所著经解数种悉烧之”。万延二年（1861年）由赤穗藩辞职回江户开设私塾讲学，“称门人者殆四千余人，声价振于朝野”，“宽文六年著《圣教要录》三卷，刊行于世。非斥程朱，辩驳排诋无所忌惮，其意在讽刺于崇奉宋学者。当时之人，自王侯贵族至士庶尊信程朱者极众矣，遂以斯获罪，被幽于播州之赤穗矣”。幽禁赤穗十年，重回江户，以私宅积德堂开办私塾，教授兵学和儒学。他呼吁从孔孟原著中探索儒学真意，因此被称为古学派。

古义堂 伊藤仁斋于万延二年（1861年）在京都创建的私塾。伊藤仁斋（1627—1705年），名维桢，字源助，号仁斋。十一岁即读中国儒学经典，早年崇奉朱子学，三十七岁时怀疑程朱理学与孔孟之旨不同，认为《大学》《中庸》“非孔孟之真血脉”，《论语》《孟子》才是“天下之至理”，“孔孟之直指见于‘论’‘孟’二书者，炳如丹青，包含天下之理而无缺，会萃百家之典而不遗，出于此而旁径也，他歧也”，“圣门学问第一字是仁，义以为配，礼以为辅，忠信以为之地”，宋儒以理、以心、以性为主是不对的，批评宋学是“知心而不知德”，“仁义是二字，乃王道之体要”，要“贵德而不贵心”，主张恢复儒经经典古义，摒弃朱子学，所以被称作古义派。仁斋于万延二年于京都堀川创建私塾古义堂，收徒设教，其子伊藤东涯等继承他的思想，形成日本古义学派。享保年间，伊藤东涯门人安原贞平被上田藩招请设立家塾教育藩士子弟，其子右文继承父业，门人桂右仲、木村竞等也设立家塾进行教育。

萱园 荻生徂徕约宝永末年于江户重建的私塾。荻生徂徕（1666—1728年），名双松，字茂卿，号徂徕。早年学习朱子学，五十岁后受中国明朝文人李攀龙和王世贞古文辞学影响，转而批判朱子学。他认为孔子的道即尧、舜、禹、汤、文王、武王、周公的先王之道，保存在六经之中，学习先王之道的途径就在于直接钻研六经，要正确理解六经必须通晓汉语古文辞，“今之学者，为以识古言为要，欲识古言，非学古文辞不可也”，批判宋儒不懂古文辞义，用当时辞义去解释六经，牵强附会，杜撰出先王、孔子所无的性理学，“性理之于修身，人与我皆不胜其苛刻”。他还主张四民皆役人论，士农工商各自承担着各自的职责，社会缺一不可，四民应该“相亲、相爱、相生、相承、相辅、相养、相匡、相救”，他的这一观点肯定了武士以外庶民的价值和作用，是有进步意义的，因此也广受庶民支持。荻生徂徕著有《论语征》《大学解》《中庸解》《辨道》《辨名》等，这些著作传入中国后也受到中国学者推介。俞樾评论《论语征》说：“其大旨好与宋儒抵牾，然亦有谓宋儒是处，议论通达，多可采者。”荻生徂徕学说被称作古文辞学派、徂徕学派，门下弟子众多，著名的有太宰春台、服部南郭、安藤东野、山县周南、平野金华等，在日本影响也很大。高远藩藩士坂本天山信奉徂徕学，门人星野葛山、中村中倧开设家塾教育藩士。庄内藩18位儒官中15人、彦根藩27位儒官中25人都来自徂徕学派，彦根藩校稽古馆首任教授就是服部南郭弟子野村公台，熊本藩校时习馆首任教授秋山玉山原学于林家书院，后来改随服部南郭学习徂徕学。

第三节　中国留学生培训书院

光绪二十年（1894年）中日甲午海战，大清帝国遭到惨败，转而重视日本的崛起，光绪二十二年（1896年）向日本派出13名官学生以后，自费生也开始大幅增加。由于中国大多留学生基础知识和语言不好，只能先在补习学校学习，然后再去投考专门学校。正是在这种形势下，日本开始创办中国留学生预备学校。预备学校有13所，其中以书院命名的有东京亦乐书院（弘文书院）和同文书院。

东京亦乐书院由日本教育家嘉纳治五郎于明治三十二年（1899年）创建，为接待张之洞派来的13名中国留学生将私塾改称亦乐书院，取“有朋自远方来，不亦乐乎”意，三年后改称弘文书院，为避乾隆皇帝弘历讳改称宏文书院。书院学制三年，主要教授日语和中学课程，第三学年分文科和理科。此外还设置各种速成科，如速成师范科、速成理化科、速成音乐科、速成警务科等，学习时间有六个月、八个月至一年。因留学生太多，曾在东京各区设置分校。

1909年，由于中国留学生减少，书院停办。虽然书院开办仅仅10年，但在书院学习者先后共有7100多人，毕业者有3800余人，民国时期著名人物黄兴、陈天华、杨度、胡汉民、张澜、林伯渠、鲁迅、李四光、许寿裳、陈寅恪、陈师曾等都曾在此进修过。亦乐书院及其后续的弘文书院是创办较早、接受中国留学生最多、影响最大的中国留学生教育机构。

同文书院由东亚同文会创办。东亚同文会创办于1898年，由东亚会与同文会合并而成。首任会长为近卫笃麿（1863—1904年），他早年留学欧洲，1896—1903年任日本贵族院议长，1895—1904年任日本学习院院长，教育日本华族（贵族）子弟，是日本近代著名政治家。该会纲领明确规定“帮助中国改良”和“研讨当前时事”，将收集、整理、研究中国情报和培养人才作为主要工作内容，在中国上海、天津等地设立同文书院，招收日本留学生来中国学习。

1899年10月在东京设立同文书院，专门接受中国留学生到院学习。《东京同文书院章程》“宗旨”明确规定，“本院专招清国留学生，授以各专门学校预备之课程”。《章程》共10章37条，第四章“肄业年限及课程”规定：

十二、本院定二年卒业。

十三、课程如左，但有应行增减之处随时酌定。

第一年：修身，日本语读法，日本语会话，日本文法，算学，英语，体操。

第二年：修身，日本语读法，日本语会话，日本文法，翻译，算学，英语，物理，化学，地理，历史，体操。

十四、已卒业之学生有仍愿留学本院者，课临时参酌为设特科，其课程别定。

每学年分作三个学期：四月至七月为第一学期，九月至十二月为第二学期，次年一月至三月为第三学期。每学期、学年都要进行考试，第二学年的考试也是卒业（毕业）考试。考试成绩为百分制，每学年考试“统将学期点数合算，以每科均平得五十点以上、总算均平得六十点以上则为合格，否则落第”。

学赀规定：每月修金2元，住宿费1元，伙食费8元，“衣服、衾褥、书、笔、砚、医药及按例出游费用并一切杂用均归学生自备。此费摊匀，每月十元即彀”，入学前要至少先交三个月学赀。

学生入学须先提具入院申请书及个人履历，经考试录取后须由书院认可的保人出具保证书，“入学以后，非有万不得已事故不得中途退学”，但书院有权令学生退学，“品行不修屡戒不悛”“学年考试屡次落第”“因疾病事故难望卒业”“违犯本院章程告诫”“不纳应缴款项”即必须退学。

同文书院教学受中日两国关系影响很大，1915年，日本政府向袁世凯提出“二十一条”后，留日学生纷纷归国，东京同文书院学生骤降至32名，至1922年，同文书院难以为继，不得不转交给私人管理。

在中国的同文书院以搜集中国情报为主，为日本侵华进行先期准备，但东京同文书院对中国学生留学日本作出贡献，24年间，先后招收中国留学生3000多人，毕业者和准毕业者达984名，许多留学生由此进入日本各大学深造。

第四节　出版书院

日本也出现过名不副实的书院，主要有两种，一种是出版书院、一种是书店书院。

日本出版书院创始时间不详，已知最早者是三树一平创办的明治书院。三树一平明治十二年（1879年）于神奈川师范毕业后到小学任教，有感于教材不足，于明治二十九年创办明治书院，以出版教科书、教辅材料和辞书为主，同时也出版学术著作和儒家经典。昭和四年（1929年）出版岛地大等人的《天台教学史》，昭和三十九年出版川口久雄的《平安朝日本汉文学史研究》，昭和四十六年出版利光三津夫的《律的研究》等，至今明治书院仍然活跃在出版界。

早期出版书院还有刀江书院、开明书院、汲古书院、东方书院、高桐书院、日光书院等，而现在日本出版书院更多，有人调查大约有80家出版书院，如帝国书院、清水书院、京都书院、艺文书院、古今书院、杏林书院、岩田书院、世界书院、嵯峨野书院、明治书院等。汲古书院、清水书院、世界书院、嵯峨野书院、艺文书院、古今书院、岩田书院、帝国书院、明治书院等还都活跃在出版界。

第五节　书店书院

书店书院始创时间不详，至今东京神田古书店中仍然有名为自游书院、文献书院的书店，日本共有以书院命名的书店10家左右。

此外，日本现在还有教授书法、书法代笔、网上诗社、网上业余创作、算命、销售书法用品、咨询机构、史料馆、小旅馆、生产建筑材料、印刷品装订、提供日文韩文转换服务等五花八门的书院，其中以教授书法的书院为多，大约有20家。

第三章　日本书院教学

日本书院早期教学基本仿照中国，学习内容主要为儒家经典，由于日本书院教育多是从入蒙开始，教学方法也是先素读（用日语读汉语经典），考试合格后转入在老师辅导下自学，大多书院也采用升级法，逐步提高学习难度和深度。由于日本书院特别是藩校书院和乡校、官学主要由官府主办，教育对象主要是武士及其子弟，所以书院也重视军事教育，从18世纪初有的书院就开始文武兼修，19世纪进行文武两道教育成为普遍现象。19世纪初，西方列强逐步打破日本的封闭状态，迫使日本放弃锁国政策，而幕府的软弱妥协激起日本人民反对，尊王攘夷，引发民族主义兴起，体现在教育上就是对民族文化的重视，增加日本国学教育，而列强入侵也迫使日本民族反思，掀起学习西方科学知识热潮，并体现在教育内容上。

第一节　教育内容演变

日本书院不论藩校、官学，还是乡校、私塾，早期都是进行文科教育，以儒家经典为主，个别书院还设医学，后来陆续增加武科、洋学、国学、算学，而有的国学到19世纪中期日本民族主义发酵时还更名为皇学。

藩校书院教育内容演变比较典型的是萩藩明伦馆。萩藩于享保三年（1718年）创建藩校明伦馆，次年藩主就发布文武修业规则训令，文武兼修。天保十一年（1840年）设置医学所和洋学所，嘉永二年（1849年）迁址扩建藩校明伦馆后将医学所迁入藩校内，改名济生堂，安政二年（1855年）于馆内设置西洋学所，藩主允许有志者到西洋学所学习兰学（荷兰医学）。安政六年改设学科，设置经学、历史、制度、兵学和文章五科，将好生馆改称好生堂，西洋学所改称博习堂。文久三年（1863年）规定，除学习《四书》《五经》外，还要学习日本国典、神典，以明国事，还规定废除弓术，改学驭法。元治元年（1864年）正月，藩校开学时除照旧讲解《大学》三纲领外，增加《日本书纪》“天祖敕语”，并规定此为永久定例。藩主毛利敬亲多次亲至藩校，在讲堂听诸生讨

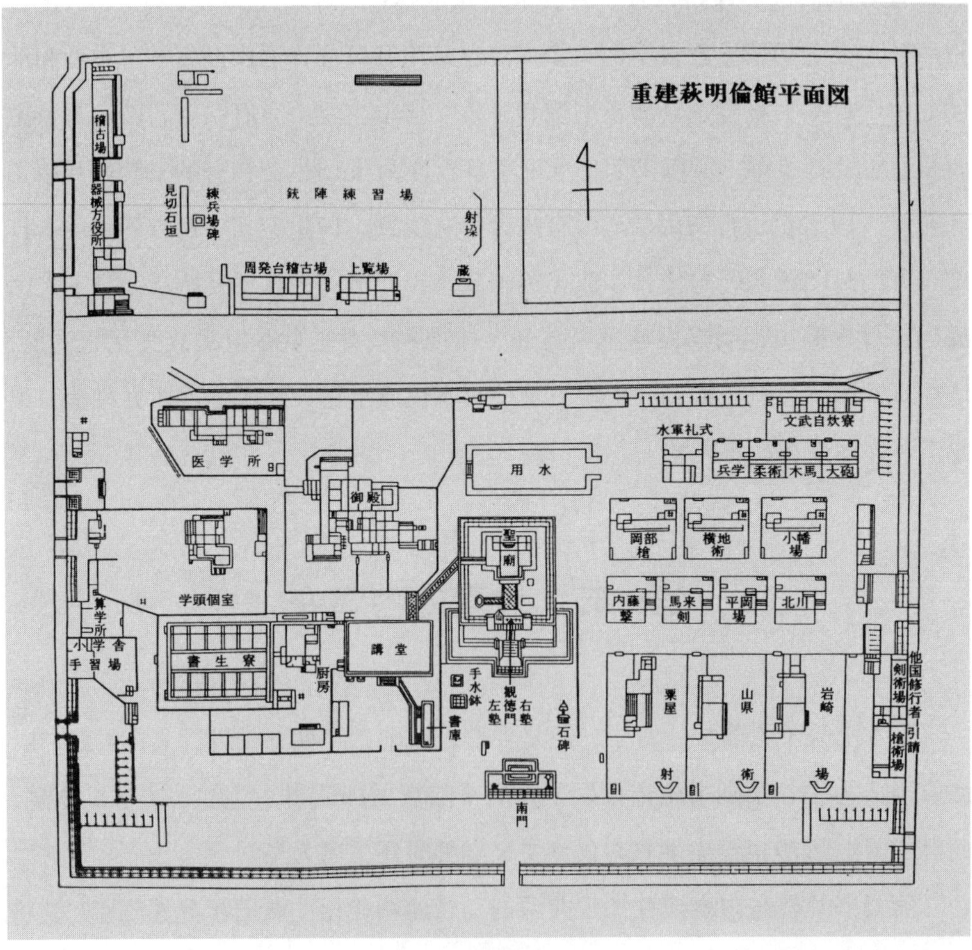

萩藩明伦馆学科分布图

论，到练兵场视察武艺训练。这年藩主移镇山口，萩藩校改称萩明伦堂，山口讲习堂改为藩校明伦馆。次年明伦馆改定学科，为七八岁至十五六岁者设置素读、手习（练习写字）、算术、铳阵（步枪阵法）和鼓法五科，为十七岁以上者设置国学、汉学、剑术、枪术、步兵学、骑兵学、炮兵学七科。萩明伦馆奉祀孔子，元治元年（1864年）五月，藩校山口明伦馆祭祀以楠木正成为主祀，以村田清风等17人配祀，六月萩明伦馆共祀孔子和菅原道真，将圣堂改称学校祀堂。庆应二年（1866年），将好生堂、萩舍密局、外科器械调制局都迁往山口藩校。庆应三年，再次改革学制，设置小学舍、步兵塾、文学寮、兵学寮和三兵科塾。明治二年（1869年），又改革学制，设置小学舍、步兵学科、文学课和兵学科。明治三年再改学制，萩明伦馆改称萩学校，设置文学寮、洋学寮、兵学寮和炮兵讲习所。次年，兵学寮和炮兵讲习所由学校分出，隶属军政局，废止春秋祭祀的儒家释菜仪式。

萩藩明伦馆记载的学习内容变化还不够详细，越氏塾正好可以作为补充。贞享二年（1685年），河野养哲创办的越氏塾原为私塾，只有文科。河野养哲去世后，成为藩办乡校，按照藩校文武兼修主旨，宽保元年（1741年）除《四书》《五经》外，还设有历史、书法、数学、兵学和武艺，包括剑术、枪术、弓术和柔术等分科。万延元年（1860年）迁至船头町后，学习科目设置更细，有汉学、礼仪、音乐、天文、地理、算术、兵学、剑术、枪术、弓术、柔术、水战、火炮射击、火枪阵，文久三年（1863年）藩主又令增加日本国学，元治元年（1864年）规定开学时除继续讲解《大学》三纲领外，还要讲解《日本书纪·神代卷》中的天照大神神敕。教科书改为国典汉籍并用，要求讲明神道本教主旨，设置专门的日本国典教师。教科书主要有《诗经》《尚书》《礼记》《春秋左氏传》《小学》《近思录》《文章轨范》《说苑》《孔子家语》《资治通鉴》《唐诗选》《绝句解》《古文真宝》《明七才子诗》，以及《史记》《汉书》等中国史书，还要学习日本神典、典章制度和六国史（《日本书纪》《续日本纪》《日本后纪》《续日本后纪》《日本文德天皇实录》《日本三代实录》）等。

萩藩乡校时观园始建于宽永五年（1628年），学习内容以汉学为主，嘉永三年（1850年）迁址后改称学文堂，学科大增，增加算术、习字、礼法、兵学、弓术、马术、剑术、枪术、炮术和西式铳阵，文武兼修。

书院教育内容变化最多的是在尊王攘夷时期。

福山藩天明六年（1786年）建造藩校弘道馆，进行文科教育，同时在西町中设置十多所习武的稽古场。安政元年（1854年）新建藩校诚之馆，文武兼修，新增皇学、洋学、医学和兵学，医学中还设兰学。上田藩于文化八年（1811年）建造藩校明伦馆，文武兼修，文久间追随社会形势，扩大武场，强化武学，增加洋学、医学、笔道等教学内容。福冈藩校修猷馆于元治元年（1864年）将和学（日本学）列为正课，明治元年（1868年）设立武场，学习皇学、儒学和武艺。

松代藩宝历十一年（1761年）设置藩校稽古所，文化三年（1806年）火烧后重建更名学问所，文政间设置大演武场，学习各种兵器和各流派武艺。嘉永六年（1853年），仿照水户藩校弘道馆建成文武学校。明治元年（1868年）改革学制，设置学政局，文学馆设置皇学寮、汉学寮、洋学寮和医学寮，武学馆设置用兵寮、击剑寮、驭马寮、水泳寮等。

明治二年（1869年）学制改革，许多书院才增加国学和洋学。杵筑藩校学习馆始建于天明八年（1788年），只设文科，明治二年才增设国学和洋学。鹿儿岛藩校造士馆始建于安永二年（1773年），文武分设，安永四年增加医学，此后单建学习天文学的明时馆，明治二年才增加国学和洋学，与汉学分成三局。

以上只是教育内容变化的大趋势，其实书院教育内容并不相同，一所书院也会在不断进行变化。大阪町人集资建造的怀德堂早期只准讲《四书》《五经》等儒家经典，禁止讲其他杂著，宝历八年（1758年）适当放宽教学内容，如果有余力可以讲诗文，并开办诗会和文会。

日本书院比较重视学术流派，早期书院在学术上比较自由。16世纪前期南村梅轩在高知传授朱子学，弟子众多，创立南学派，在高知影响很大，但在宽文三年（1663年）野中兼山失势以后有所衰微。宝历十年（1760年）创建的藩校奉朱子学为正学，伊藤古文派和荻生徂徕古文辞学派被斥为邪说。天保初年，佐藤一斋门下奥宫糙斋主讲阳明学，弘化年间，13代藩主山内丰熙招请冈本宁浦为儒官在家塾讲说阳明学，藩士中接受者也很多，改奉阳明学。萩藩藩校明伦馆始建于享保三年（1718年），从第二代学头山县周南信奉徂徕学，到天保八年（1837年）第九代学头山县大华时改奉朱子学。

幕府官学汤岛圣堂由林家世袭主持，一直主奉朱子学。享保三年（1718年）九月幕府任命荻生徂徕之弟徂徕观和木下寅亮为讲师，宽政元年（1789年）并派徂徕学者冈田清助以佐学政，打破林家朱子学一统，但次年幕府下令严禁朱子学以外的异学，确保朱子学正统地位。

受幕府异学之禁影响，许多官立书院在学术上逐渐转向朱子学。冈山藩校早期奉阳明学，宽文九年（1669年）改奉朱子学。举母藩校崇化馆奉古义学派，宽永禁止异学后改奉朱子学。田边藩校明伦馆原来属于闇斋学派，嘉永三年（1850年）任用昌平坂学问所儒员古贺精里门下野田笛浦为儒员，也转向朱子学。秋月藩校稽古馆天明五年（1785年）聘请徂徕学派学者亀井南冥弟子原震平任教授，宽政四年（1792年）受幕府禁止异学影响，改为聘请闇斋学派的小川晋斋，文化十年（1813年）改聘朱子学派的井上学圃。福冈藩东馆修猷馆以藩儒笔头（首席）任馆长，西馆提拔布衣亀井南冥为馆长，宽政年间禁止异学时，免去亀井南冥馆长，由训导江上源藏代理，也转向朱子学。

长冈藩校崇德馆于文化五年（1808年）创建，初由古文辞学派学者秋山景山任教。文化八年又从京都古义堂招聘伊藤东岸为教师，两派共存；天保七年（1836年）聘请昌平坂学问所塾头佐藤一斋门人高野松阴为都讲，改为朱子学与古义学并存；庆应三年（1867年）废除古义学派，成为朱子学一统。

岩槻藩早期选用闇斋学派学者山县大贰为儒臣，山县大贰因批评幕府于明和四年（1767年）被处以死刑，明和八年藩主选派儿玉南柯等二人到昌平黉学习朱子学，设置藩校后就以儿玉南柯为儒官，藩校也就奉行朱子学。

各藩设立的藩校书院学术取向大都受藩儒臣影响。鹤岗藩校致道馆因为该藩家老水野华阴、番头匹田九皋、华阴弟子加贺山桃李与桃李弟子白井东月都是信奉徂徕学，该藩18位儒官有15位属于徂徕学派，受儒臣影响，多选用徂徕学者任教，在学术上也长期属于徂徕学派。

一、增加武学教育

从历史文献来看，冈山藩学校最早设置武学设施。宽文九年（1669年）藩校落成，第二年就在学校设置射圃，另在他处设置长达73間[①]的驯马场，但学校并没有进行武科教育，元治元年（1864年）才建造专门武馆武扬馆进行武学教育。

书院从18世纪初开始文武兼修。就其实际情况看，有的藩校书院初建即文武兼修，有的书院是文馆增加武科教育，有的书院是文武分设后再将文武两馆合并。

已知初建书院即文武兼修最早的是岩村藩。元禄十五年（1702年），松平乘纪被封为岩村藩大名，到任后不久就设立文武兼修的文武所。其次是萩藩，享保三年（1718年）建造藩校明伦馆，设有圣堂（奉祀孔子）、讲堂、学寮，以及枪、剑、炮、弓术稽古场，文武兼修，进行综合教育，文化三年（1806年）开始操练水军。再次为锅岛藩，享保七年设置文武学校稽古所。熊本藩宝历四年（1754年）同时建造时习馆和武艺所，鹿儿岛藩安永二年（1773年）建造藩校造士馆，在藩校一侧建造演武馆。土浦藩宽政十一年（1799年）建造郁文馆，包括文馆和武馆，文右武左，各自成区。林田藩是一个俸禄仅1万石的外样小藩，宽政六年（1794年）建造藩校敬业馆时就设置文武两场。彦根藩于宽政九年（1797年）参照熊本藩校时习馆建造藩校稽古馆，文武兼修，设置讲堂、学

---

① 間：日本长度单位，1間6尺，1尺30.3厘米，73間约长132.71米。为与中国“间”字区分，均采用“間”。

寮和武场，天保元年（1830年）改称弘道馆，明治二年（1869年）改称文武馆。庄内藩文化元年（1804年）建成藩校致道馆，也是文武兼修。上田藩文化八年（1811年，有说文化十年）建造的藩校明伦堂也是文武兼修。

早期建造的书院多是先设文馆，后增加武学教育，并增设武馆，中期建造的许多书院也是增建武场。

秋月藩安永四年（1775年）始建藩校稽古亭，天明四年（1784年）增加武学，增设武场。鸟取藩大约于宝历七年（1757年）建造藩校尚德馆，只有文科，嘉永五年（1852年）扩建，增加武场和小武场，增设武学，文久二年（1862年）增设兵学局，次年又增设炮术稽古场。丰津藩于宝历八年（1758年）将石川麟洲的家塾改为藩校思永斋，天明八年（1788年）扩建，增加练习弓马枪剑的武场，增加武学，藩校也改称思永馆。津和野藩于天明六年（1786年）建造藩校养老馆，也是只设文馆，建造独立圣堂奉祀孔子，嘉永二年（1849年）学制改革，增加武学，并设武场，四年后养老馆被焚，安政三年（1856年）迁址重建，不再建造圣堂，也不再奉祀孔子，改为奉祀大国主命和楠木正成。松代藩宝历十一年（1761年）建造文馆稽古所，文政间建造武场，嘉永四年（1851年）仿照弘道馆建造文武学校。

福山藩天明六年（1786年）建造藩校弘道馆，进行文科教育，同时在西町中设置十多所习武的稽古场。安政元年（1854年）增设武学，建造文武兼修的诚之馆，围绕文馆建造众多的武学专馆，有弓术的日置流和印西流，枪术的佐分利流和无边无际流，剑术的自现流、玉心流和一传流，柔术的转心流和直信流，火术的榊山流，炮术的富冈流、荻野流和古田流等。

津藩于文政二年（1819年）建造藩校有造馆，四年建造支校伊贺上野崇广堂，两校都只有文馆，以后才增加武场。崇广堂东区主要是文馆，但也设兵学寮，西区则全是演武场馆。从设置的专馆来看，武学击剑有户波流、置阴流和若山流，柔道有关口流、扬心流、楠流和实光流，金建枪有内海流，素枪有无边流，枪有十文字流和高田流，薙刀有知新流，弓有叠流，兵学有右风山流和山鹿流，马术有神明流和森内流，还设有专门马场进行马术训练。

在19世纪，连乡校书院也开始增加武学教育。水户藩常陆村乡校初期以教育医生为主，弘化元年（1844年）改称暇修馆，吸收神官、乡士、村役和庶民子弟入学，以文科教育为主，安政三年（1856年）增设武场和射击场，进行军事教育。

有的书院早期文武分修，文武馆分设，后来文武兼修，将文武馆合一，这种现象主要出现在19世纪。

冈藩于安永五年（1776年）将半官半私的辅仁堂扩建为藩主由学馆，天明三年（1783年）因地方狭小迁址扩建，六年新建武场经武馆，进行弓术、马术、剑术、枪术、军学、火术、柔术等教育，明治元年（1868年）因为书院迁址不便合并在一起，改称修道馆。

萩藩藩校明伦馆天保十二年（1841年）开始从柳川藩招聘枪师和剑士，每年两次，一直延续到弘化元年（1844年），改为从会津藩招聘5名枪术教师，并派武士到会津藩学习枪术。藩主非常重视文武兼修，第九任藩主毛利齐房经常莅临藩校，第十一任藩主齐元、第十三任藩主敬亲都曾在归藩时到藩校召见文武教师，勉励文武之道。敬亲还在城中召见文武教师，令山鹿流兵家吉田矩方讲解《武教全书》的《战法篇》，下令奖励文武。天保十一年（1840年）在江户官邸设置文武兼修的有备馆。文久三年（1863年）废除弓术，改学驭法，敬亲至藩校，在讲堂听诸生讨论，到练兵场视察武艺训练。

虽然在19世纪绝大多数书院文武兼修，但并不是所有的书院都进行武学教育。林家书院发展成汤岛圣堂和学院，再改为幕府学校昌平坂学问所，一直都是只进行文科教育。长崎钱溪书院也是只有文科教育而无武科教育，即使嘉永六年（1853年）才建造的备中藩西江原乡校兴让馆也是只设文科，不设武科。

总的来看，藩校书院进行武科教育的为多，私立书院、官学、乡校、私塾进行武科教育的很少，这很可能是因为幕府不允许私立书院从事兵学教育，吉田松阴的松下村塾是安政三年（1856年）七月才被允许教授兵学的，但三年后吉田松阴就被处死。

二、增加医学教育

为了藩主和武士健康，日本许多藩都设有专职藩医，许多医生是医儒兼修，而许多学者也是精通儒医两道，向井元升、河野养哲、滝鹤台、南部伯民、关正轩、矢尾板惟一等都是兼通儒医。许多学者都是既教授儒学，也教授医学，如南部伯民儒医两道门人颇多。中村中倧文政七年（1824年）被高远藩主任命为儒官，以儒医两道教育藩士。

已知江户时期最早在私塾书院进行医学教育的是中江藤树，他曾向学医的大野了佐传授《大成论》，因其愚呆，“诵读数十遍不能记一字”，宽永十五年（1638年）再次来学，为其撰写《医筌》传授医书，了佐也以医成家。次年向春山田权、二十年向山田和森村、正保三年（1646年）向仲条太教授医学，并为山田和森村撰写《小医南针》。

正保四年（1647年）创办长崎立山书院的向井元升既学习儒学又学习医学和天文历数，他主持立山书院12年，不知是否传授医学，后续的钱溪书院教科书中有中国医书《伤寒论》和《金匮要略》，不知是否是他所置，向井元升后携家迁居京都专门行医，书院停办且不久被焚。延宝四年（1676年）书院重建后四年，其子向井元成成为世袭祭酒。《长崎市志》虽然记载钱溪书院有医学学科，但没有记载何时开设。

贞享二年（1685年）创办越氏塾的河野养哲原本行医，一生未娶，以行医盈余资助教育，既教学，又行医，文献虽未记载是否同时传授儒学和医学，但应该是可能的。

米泽藩校兴让馆是已知开展医学教育最早的书院之一。元禄十年（1697年），藩医矢尾板惟一建造奉祀孔子的圣堂感麟殿，藩主于圣堂侧建造讲堂，成为藩校学问所，令矢尾板惟一主持教育，应该也开展医学教育。米泽藩一直重视医学，藩医也一直很活跃，明和元年（1764年），侍医藁科松伯贞祐推荐细井平洲担任藩主上杉治宪的老师，宽政五年（1793年）在国产所内建造医学校好生馆，并附设药草园，任命平田道宣为会头（会长）。文化三年（1806年）将医学校好生馆迁入藩校，以饭田幽涧任总裁，并购置荷兰外科器械。文化九年（1812年）江户大地震震毁藩主官邸，书院不得不压缩开支，次年废止好生馆，但文政七年（1824年）又恢复。

弘前藩稽古馆是较早设置医学的藩校。宽政八年（1796年）建造藩校，两年后就将医学方迁移至稽古馆内。

书院增加医学教育主要是在19世纪前中期。佐仓藩接触荷兰医学比较早，宽政二年（1790年），藩主就聘请通晓荷兰医术（日本称兰方）的樋口保贞为藩医，天保六年（1835年）于藩校成德书院内设立医学局，设置总管、教授、都讲和授读等师长，天保八年任命的医学局都讲兼执事神保玄贞也是兰方医生。萩藩于天保十一年（1840年）设置医学所，高知藩于天保十二年设置医学所泽流馆。高锅藩于嘉永初设立医学馆，嘉永六年（1853年）藩校明伦堂为游学藩士和外藩留学生增建住宿的切偲楼，将医学馆迁至藩校内，在切偲楼设立医学所，规模比较小，只有两个房间，一室2.5坪，一室3.75坪。松前藩嘉永六年（1853年）设立医学济众馆，不久迁入藩校徽典馆。上田藩校明伦堂则是文久间才教授医学。

儒医并重是日本书院教育的一个特点。天保十三年（1842年），新宫凉庭创建的顺正书院就是一所儒医兼重的私立书院。新宫凉庭是丹后人，少年家贫，到长崎学习兰医十余年，在京都行医，由于医术高超，积蓄颇多，“以医术成名致富”。有感于“积而不散非守钱奴乎”，于是独自建造顺正书院。书院设大门、石门、正厅、学舍、讲堂、祠堂、宣圣庙、文库等数十间，并辟有药圃和花圃，购置学田若干顷。越前藩主、南部藩主等赐赠年禄、年金、元金等各种资金6700多两，放贷取息作为日常经费。文库收藏“汉兰书籍”，“经史百家无一不备”，“使有志于学者入其院，读其书”。

三、增加国学（皇学）教育

从遣唐使到达中国后，日本开始全面学习中国阶段，直到9世纪末菅原道真主张和魂汉才，日本人才开始重视本国文化。进入江户时期，林罗山试图用朱子学观点叙述日本历史，著有《神道传授》和《本朝神社考》等书，企图调和日本固有信仰和朱子学说。山鹿素行早年受教于林罗山，41岁时开始怀疑朱子学，4年后刊行《圣教要录》批判朱子学，被视为异端流放到赤穗。他在被流放的十年间专心著述，宣扬儒家尊王思想和日本中心主义，同时讲授兵学，宣扬武士道，成为武士道理论的鼻祖。荷田春满致力于研究日本《万叶集》《古事记》《日本书纪》，反对以儒学、佛学解释日本古典，主张以古语、古文阐明日本固有精神，并曾向八代将军德川吉宗建议建立日本国学堂，后世奉其为日本复古国学先驱。弟子贺茂真渊传道本居宣长，本居宣长传道平田笃胤，他们被称为日本国学四大名人。他们附会日本人是神的子孙，是优等民族，要以"大和心"代替"汉心"。西方列强用坚船利炮打开日本国门，也激化了日本民族主义，激起日本人对日本国学的重视。平田笃胤弟子大国隆正仿效《孝经》"不爱其亲而爱他人者谓之悖德，不敬其亲而敬他人者谓之悖礼"，称生于皇国不修皇学而学习汉籍谓之悖学，大力提倡日本国学，正是这种思想潮流促进日本国学教育的发展。

《长崎市志》记载钱溪书院教科书中有日本史籍《国史略》《日本外史》，但未注明此为何时的教科书，难以据此推定日本书院教授日本国学的时间。已知较早讲授日本国学的书院是会津藩校，宽政二年（1790年）以神道指南役大竹政文兼任和学师范（教师）。从天保开始，日本藩校开始增加日本国学。饫肥藩校学问所天保二年（1831年）扩建后改称振德堂，设立和、汉、洋三学，日本国学成为独立学科。尾张藩校明伦堂于天保四年（1833年）设置国学教场，开始讲授《日本书纪》《古今和歌集》等有关日本国学的书籍。水户藩于天保十二年举行临时开学式，由教授头取青山云龙讲说《日本书纪·神代卷》，由会泽正致斋讲说《孝经》首章。锅岛藩校大约在嘉永六年（1853年）增设国学科，庆应三年（1867年）设有皇学生室，已经将日本国学称作皇学。萩藩明伦馆文久三年（1863年）接到指示，学生除《四书》《五经》外还要学习日本国典和神典，正月开学时，除学习《大学》三纲领，还增加《日本书纪·神代卷》中的天照大神神敕。次年，越氏塾改称学习堂，根据国家公文规定和萩明伦馆约定，修改旧规章制度，同时采用日本国典和中国古典，宣传神道本教旨意。松代藩明治元年（1868年）改革教育体制，增设皇学寮，米泽藩校兴让馆于明治四年（1871年）设置皇学。弘前藩于宽政八年（1796年）建造藩校稽古馆，两年后迁入医学堂，文化五年（1808年）迁建后虽然仍以文科为主，但逐渐增加了其他学科，从平面示意图来看，设有和学堂、兵学堂、数学堂、天文堂、将略堂、士略堂等。

增加神道教育比较早的书院是会津藩校，天明八年（1788年），藩主任命卜部流神学者中野义都和大竹政文为指南役，十一月二十一日开讲神道，宽政十年（1798年）开设茶道教学。

由此可见，书院增加日本国学教育是从19世纪前期才开始的，而尊王攘夷促进日本国学教育的发展，进而改称皇学。

遗憾的是，日本重实用而少系统研究，很容易走上片面和极端，大力提倡国学最终酿成军国主义和武士道精神，将日本带向穷兵黩武的深渊。

四、增加数学教育

久留米、延冈藩开展数学教育比较早，久留米藩主有马赖僮爱好数学，在18世纪中期就招请数学家来藩施教，其曾孙有马兹监作为津和野藩主养子成为津和野藩主，藩校养老馆文化十一年（1814年）就以木村俊左卫门为算学稽古世话手代，嘉永二年（1849年）升任关流数学世话役，后来又以桑本才次郎、中村愿吾为数学教授。

书院普遍增加数学教育主要在19世纪中期。萩藩乡校时观园嘉永三年（1850年）改称学文堂，增设算术。越氏塾改为官立乡校后在万延元年（1860年）迁往船头町以前也增加数学。日出藩校致道馆于庆应间增设算学，设有算术教场。萩藩嘉永二年（1849年）重建落成时设有算术所。到明治维新前，书院就比较普及数学教育。

五、增加洋学教育

日本藩校进行洋学教育是从天保年间开始的。佚肥藩校天保二年（1831年）扩建后设立和、汉、洋三学，洋学成为独立学科。萩藩藩校明伦馆天保十一年（1840年）设置洋学所，锅岛藩校大约在嘉永六年（1853年）增设洋学科，这几所藩校设立洋学所都早于幕府，幕府是安政二年（1855年）才设立洋学所的，后来改称蕃书调所。

幕府设置洋学所后，各地藩校也纷纷设立，洋学教育逐渐普及。萩藩藩校明伦馆安政二年增建西洋学所，高知藩校致道馆文久二年（1862年）扩建后增设洋学寮，庆应二年（1866年）建设独立的洋学所开成馆。锅岛藩校庆应三年迁建后设置英学生室，弘前藩校稽古馆于安政六年（1859年）增设兰学堂，明治初又新设英学寮，日出藩校致道馆于庆应间增设洋学，丰津藩于明治三年（1870年）增设藩校育德馆分校大桥洋学校，米泽藩校兴让馆于明治四年增设洋学舍，都开展洋学教育。

第二节 教育内容

日本书院早期学习内容不多，主要就是儒家经典，17世纪末有个别书院增加医学教育，18世纪初有的书院增加军事学教育，18世纪末开展军事学教育的书院逐渐增加，到19世纪中期，藩校书院、乡校书院已经比较普遍开展军事学教育，同时又增加国学、洋学、数学等学科，个别书院还增加天文学、音乐等教育内容。明治维新之前，尊王攘夷，日本民族主义空前高涨，有的书院将国学改称皇学。

一、文科教育内容

文科教育内容早期基本都是中国典籍，后来才增加日本文献。钱溪书院一直是教授文科，教科书有《三字经》《孝经》《小学》《蒙求》《元明史略》《春秋左传》《前汉书》《后汉书》《通鉴纲目》《文章规范》《唐宋八家文》《伤寒论》《金匮要略》《国语》《国史略》《日本外史》等，除学习中国经史和日本历史、语文外，还学习医书。

贞享二年（1685年）重建的越氏塾初期也是只教中国典籍，教科书有《小学》《四书》《五经》《文章规范》《唐宋八大家文》《唐诗选》《资治通鉴》《近思录》《孔子家语》《说苑》等。文久三年（1863年），藩校明伦馆改为除学习中国经典外还要学习日本国典、神典，元治元年（1864年）时越氏塾已经成为藩校一部分，改称学习堂，按照藩校规定随之改为国典、汉典并用，但素读科开列书目为《孝经》《论语》《孟子》《大学》《中庸》《诗经》《书经》《易经》《礼记》《春秋》《唐诗选》《绝句解》《古文真宝》和《明七才子诗》，仍然全是中国经典；自读科强调学生要文武双修，不得有失偏颇，如果天赋不同，适当专修某些学科也是允许的，教科书除素读科内容外还有汉日史书。

多久乡校鹤山书院规定素读书籍次序、讲义书籍次序和选修书目：

> 一、《大学》《孟子》《中庸》《诗经》《易经》《古文》，右素读次第。
>
> 一、《小学》《论语》《大学》《中庸》《诗经》《书经》《易经》，右讲义书次第。
>
> 一、《蒙求》《十八史略史》《史记》《汉书》《国语》《战国策》《左传》《国史略》《日本外交史》《日本政纪》《大日本史纲鉴》《纲目资治通鉴》，右选读书，各人任意。[①]

---

① ［日本］平坂谦二：《被称作书院的日本学校》，载朱汉民、李弘祺主编《中国书院》（第一辑），湖南教育出版社1997年版，第264页。原文有误，《日本外交史》当为《日本外史》，《大日本史纲鉴》《纲目资治通鉴》应为《大日本史》《纲鉴纲目》《资治通鉴》。

从开列书目看，应该不是元禄十二年（1699年）书院初创时规定的，而是19世纪初制定的。素读、讲义书目全为中国典籍，只在选读书目中才有《国史略》《日本外史》《日本政纪》《大日本史》等几种日本史籍。

冈山藩乡校闲谷学校规定，素读生主要读《孝经》《小学》《四书》《五经》，此外还有《左传》《国语》《史记》《汉书》。学习顺序是，先读《五经》，然后讲授《小学》，学生成年后讲授《四书》，然后根据学生情况依次讲授《五经》、《左传》、历史、诸子、贤传等，全部是中国典籍。一般农家子弟上完习字课和素读课程后就不再学习，应该去干农活。教师要本着信守忠信孝悌精神，尽力引导成绩优秀学生博览群书，练达文章。

松前藩校徽典馆创设于文政五年（1822年），设置三科：素读科读《三字经》《孝经》《四书》《五经》《文选》《十八史略》，以及日本的《古事记》《日本外史》《国史略》，全部读完以后进行考试，考试合格升入讲义科；讲义科在老师指导讲解下学习《四书》《诗经》《尚书》和《左传》，学习结束后进行考试，考试合格升入质问科；质问科学习《十八史略》《外史》《史记》《汉书》《通鉴纲目》等，《外史》应该是《日本外史》，只有一种日本史纪。

菰野藩校修文馆教科书不算多，有《四书》《五经》《朱子小学》《孝经》《蒙求》《史记》《前汉书》《后汉书》《三国志》《春秋左氏传》《十八史略》《资治通鉴》《文章轨范》《世说新语》《昭明文选》《唐诗选》《国史略》《元明史略》，主要是中国儒学和历史书籍，日本的只有《国史略》和日本人编写的《元明史略》。

棚仓藩校修道馆是最短命的藩校，明治二年（1869年）设立，两年后关闭。虽然是在日本尚武之风高涨时期，藩校仍然文武分设。文馆以《四书》《五经》《史记评林》《汉书评林》《后汉书》《贞观政要》《韩非子解诂》《战国策》《小学内篇》等中国经典、史书以及日本史书《日本书纪》《续日本纪》为教科书。

在学习内容方面，尾张藩校明伦堂很有代表性。文化八年（1811年），明伦堂督学冢田大峰规定了读书内容。主要是中国典籍，分为本业和助业，并制定学习顺序：

读书次第

《孝经》、六记(《礼记》中的学记、坊记、中庸、表记、缁衣、大学)、《论语》、《家语》、《孔丛子》、《毛诗》、《尚书》、《周易》、《礼记》、《春秋经传》、《国语》、《孟子》、《荀子》。右十三书必日课熟读而可研核也。

《周礼》《仪礼》《公羊传》《穀梁传》。右四书可参验经义。

以上本业。

《管子》《晏子》《老子》《列子》《庄子》。右五子颇有可征于古训者，不可不读也。

《战国策》《史记》《汉书》《后汉书》《三国志》《晋书》以下历史。右顺次通览，可以择人物臧否，可以辨时世兴废。

战国以降诸子百家之书。右诸子百家通读而可以取博览多识，可以别道义得失。

本朝六国史以下记录之书。右亦通观而知其大概也。

此余宇内所有之书无不可读者也。

以上助业。①

日本"六国史以下记录之书"只是助业，要求也只是"通观而知其大概"，教学内容主要是中国典籍，天保四年(1833年)才开始教授《日本书纪》和《古今和歌集》等日本书籍。

尾张藩校明伦堂从细井平洲开始，儒家经典主要用朱熹注，也并用他注。文化八年(1811年)冢田大峰主教时尽废朱熹注，用古注和自注的《十三书》，

① 《名古屋市史》。

虽然遭到人们非难，但天保三年（1832年）大峰离任后仍然采用其注。直到元治元年（1864年）才进行改革，《四书》《五经》仍然用朱熹注，还增加《靖献遗言》为必读书。庆应三年（1867年），新聘督学鹫津毅堂制定新的读书顺序，将读书分作初级、二级、三级、四级和五级五等。

初级：

《白鹿洞书院揭示》（参照水户弘道馆述义、新论、《靖献遗言》）、《小学》（参照集成、纂述、句读、集说、纂注、辑疏、纂说）、《孝经》（参照刊误、大义）、《皇朝史略》、《日本外史》、《日本政纪》（参照《逸史》）、《十八史略》、《元明史略》。

二级：

《论语集注》（参照或问、精义、辑疏、正解、三鱼堂大全、任武曹大全、汇参、辑释、纂疏、集编、通证、蒙引、存疑、异同、条辨、直解、辑证、困勉录、松阳讲义、吕晚村讲义、翼注）、《孟子集注》（同上）、《文公家礼》（参照《温公家仪》、家范）、《左传杜注》（参照林注、孔疏、辨误、附注、补注、补正、释例）、《国语》、《纲鉴易知录》、《史记》、《三国志》、《文章规范》、《联珠诗格》、《三体诗》、《唐宋八大家义格》、《瀛奎律髓》（刊误）。

三级：

《近思录》（可参照叶采、茅星来、江永注）、《续近思录》（参照《太极图说》《通书》）、《性理字义》、《大学章句》（参照或问、辑疏、正解、三鱼堂大全、任武曹大全、辑释、汇参、纂疏、集编、通说、蒙引、存疑、异同、条辨、直解、经注、集征、困勉录、松阳讲义、翼注、吕晚村讲义）、《中庸章句》（辑略，其他同上）、《大日本史》、《日本野史》、《通鉴纲目》、《宋元纲目》、《明纪纲目》、《资治通鉴》、《宋元通鉴》、《通鉴纪事本末》、《明史纪事本末》、《贞观政要》、《陆宣公奏议》、《唐鉴》、

《六典》、《江家次第》、《令义解》、《制度通》(参照太平年表、青标纸、殿居袋、地方大成)、《延喜式》、《弘仁格》、《职原抄》、《大学衍义补》、《群书治要》(可通览《经济纂要》《棠阴比事》《听讼汇案》《牧民心解》《三事忠告》《政谈》《太平策》《经济录》《同拾遗》《备藩典刑》《西山遗事》《西山随笔》《鹰山遗事》《烈公遗事》《银台遗事》《肥后物语》《国家食货略》《改货议》《同后议》《骏府政事议》《稽德篇》《骏台杂话》《雨夜灯》《君臣言行录》《明良洪范》《盍彻问答》《迪彝篇》《嘤鸣馆遗草》《告志编》《常陆带》《农业全书》)、《名臣言行录》、《伊洛渊源录》、《考亭渊源录》、《七书》(参照《孙子》则十家注、直解、讲义,参照其他六书,直解、讲义亦同)、《宋诗纪事》、《清六家诗钞》(参照浙西六家)、《文体明辨》(参照《古文关键》《文章正宗》《古文观止》《文编》《古文折义》)、《唐宋八大家文读本》(参照茅坤《八大家文钞》)、《唐宋诗醇》。

四级:

《诗经集传》(参照《诗序辨说》、《诗童子问》、《读诗记》、《诗传遗说》、正解、说约、诗辑、传说汇纂、《御纂诗义折中》、《毛诗草木鸟兽虫鱼疏》、毛诗陆疏、《广毛诗名物解》、《诗集传》、《名物钞》)、《书经集传》(参照《书序辨说》、纂疏、纂注、讲义、旁通、音释、传说汇纂、衍义)、《易经本义》(参照程传、朱鉴易说、通释、附录、纂注、蒙引、折衷)、《礼记集说》(参照补正)、《仪礼经传通解》、《春秋》(胡传、附录、纂疏)、《钦定春秋传说汇纂》、《六国志》、《晋书》(参照《十六国春秋》)、《南史》、《北史》、《唐书》(参照《旧唐书》)、《五代史》(参照《旧五代史》、《五代史记》、纂注)、《宋史新编》(参照《宋史》,读《东都事略》《南宋书》)、《辽史》、《金史》、《元史》(宋以后读《弘简录》《四朝别史》亦可)、《明史稿》(参照《明史》)、《南疆绎史》(参照《明季逸闻》)、《台湾纪事本末》(参照《平台纪略·附东征集》《武功盛记》)、《东华录》、《三朝实录》、《八家集》(亦可读《圣武记》《迩匪教编》《匪夷犯疆录》)、《史通》、《读史余论》、《读史管见》、《二十二史札记》、《周子全书》、《二程全书》、《张子全书》、《胡氏知言》、《上蔡语录》、《杨龟山集》、《尹和靖集》、《延平问答》、《罗子全书》(周张二程以下书就《语类》《性理大全》《理学类编》等得其略亦可)、《朱子文集》(参照南轩、东莱、北溪、勉斋集)、《朱子大全集》、《朱子语类》、《黄氏日钞》、《读书录》、《困学纪闻》、《经义考》、《经史问答》、《学蔀通辨》、《盐铁论》、《杜氏通典》、《钦定续典》、《文献通考》、《续文献通考》、《历代名臣奏议》、《经世文编》(可参照《经济类编》)、《圣武记》、《海国图志》(可参照《海国兵谈》)、《行水金鉴》、《荒政丛书》、《农政全书》、《昌黎集》、《柳柳州集》、《欧阳全集》、《苏老泉集》、《东坡全集》、《栾城集》、《王临川集》、《曾南丰集》、《韩魏公集》、《范文正公集》、《陈龙川集》、《李忠定公集》、《杜诗详注》、《杜诗心解》、《李太白集》、《白香山集》(其他《韦苏州集》《刘随州集》《岑嘉州集》《李元宾文编》《孟东野集》《贾长江集》《李贺集》《李长吉集》《樊川集》《王维集》《李翱集》《孙可子集》《温公传家集》《忠正德文集》《宗忠简集》《龟山集》《曾茶山集》《山谷集》《淮海集》《王梅溪集》《石湖集》《诚斋集》《放翁集》《文文山集》《叶水心集》《叠山集》《元遗山集》《虞道园集》《杨铁崖集》《宋学士集》《刘诚意集》《逊志斋集》《高启集》《陈白沙集》《李空同集》《何大复集》《唐荆川集》《李西涯集》《杨继盛集》《归震川集》《刘戢山集》《吴梅村集》《钱谦益集》《汤潜庵集》《方望溪集》《三魏集》《汪尧峰集》《壮悔堂集》《精华录》《曝书亭集》《敬业堂集》《刘海峰集》《大云山房集》《三鱼堂集》《樊榭山房集》《邵青门集》《随园集》《瓯北集》《姚姬传集》等可通览，文宜即本集读之，至诗则读《全唐诗》《宋诗纪事》《元诗选》《列朝诗别裁》《湖海诗传》亦可)。

五级：

《钦定三礼义疏》(可参照《仪礼集说》《五礼通考》《读礼四考》)、《通志堂经解》(与诸经参考者不用再读)、《孝经注疏》(参照孔传、郑注、指解、述注、集传、御纂集注、《孝经文义》)、《论语注疏》(参照义疏、偶记、述何、补疏、稽求篇)、《孟子注疏》(参照《孟子生卒年月考》、正义、杂记)、《毛诗注疏》(参照《诗本音》、《稽古编》、《诗说》、《诗辑》本义、补注、故训传、《小学》、补疏、细义、《毛郑诗考正》)、《尚书注疏》(参照《禹贡锥指》、《地理今释》、小疏、《古文尚书考》、集注音疏、后案、《古文疏证》、《释天补疏》、撰异)、《周易注疏》(参照《易传》、《郑注易传》、订诂、《易音》、仲氏易、《易说》、《周易述》、图略、章句、述补、虞氏义、郑子义、《易义别录》)、《礼记注疏》(参照补疏、《深衣考证》、抚本礼记、《郑注考异》)、《周礼注疏》(参照《疑义举要》《周官禄田考》《军赋说》《汉读考》《考工创物小记》)、《仪礼注疏》(参照《学礼质疑》、章句、小疏、《丧服足征记》、《汉读考》、《释官》、《礼经释例》)、《尔雅注疏》、《公羊传注疏》、《穀梁传注疏》、《大戴礼补注》、《皇清经解》(既与注疏参照者不用再读)、《孔子家语》、《孔丛子》、《老子》(参照王弼注、苏辙注、翼注、徐大椿注)、《阴符经》、《庄子》(因参照郭象注、口义、《义海纂微》、翼注)、《列子》、《墨子》、《管子》、《晏氏春秋》、《吕氏春秋》、《韩非子》、《新书》、《淮南子》、《杨子法言》、《春秋繁露》(参照《演繁露》《续演繁露》)、《说苑》、《吕览》、《新序》、《论衡》、《白虎通》、《风俗通》、《抱朴子》、《文中子》、《陔余丛考》、《丹铅录》、《说文》(段玉裁注)、《经典释文》、《通雅》、《日知录》、《琅琊代醉编》、《汉魏丛书》(《说郛》《稗海》《知不足斋丛书》《读画斋丛书》《龙威秘书》类可涉猎)、《武编》、《武备志》、《纪效新书》(可参照《江南经略》《练兵实记》《登坛必究》《经国雄略》及皇国兵家书)、《陆象山集》、《王阳明集》、《明儒学案》、《楚辞》(参照王逸、洪兴祖、朱文公、蒋骥注)、《文选》。

初级必读《白鹿洞书院揭示》等书籍8种，参照约14种，合计约22种，其中日本必读书籍3种，参照3种；二级必读书籍13种，参照40余种，合计50余种，全为汉籍，没有日本书籍；三级必读书籍41种，参照约40种，通览31种，合计约112种，其中日本书籍30多种，参照约20种；四级必读书籍74种，参照约60种，通览59种，可读12种，合计约205种，基本为中国书籍；五级必读书籍55种，参照80多种，涉猎5种，合计140多种，没有日本书籍，只提到参照日本兵家书，并没有开列书目。合计要读书约190种，参照约217种，通览约90种，可读12种，涉猎5种，总计530多种，其中中国书籍约490种，日本必读书籍11种，参照30种左右。日本书院没有科举，学生可以安心读书，但500多种中国和日本典籍也太多了，必读的190种书籍恐怕也是很难通读。

许多藩校书院还设置选修课。会津日新馆就设置神道、皇学、和学、书学、礼式、茶道、数学、天文学、医学、雅学等专业供学生自由选择。许多选修课也很复杂，神道科内容有卜部吉田神道和垂加派，卜部吉田神道分作讲习、讲义免许、一事位、二事位、三事位、四重奥秘平等6级，垂加派分作讲习、讲义免许、初重位坛、二重位坛、三重位坛、三重位玉笺集许可、四重奥秘许可、奥秘皆传8级。皇学学习方式为讲说和轮讲，分作初等、乙等、甲等、得业生四等。和学为二条流，学习写作和歌。书学有华样（中国式书法）和和样（日本式书法），和样又分作尊円流和泷本流，分作第四等、第三代、第三代优等、第二等、第二等优等、第一等、上等、免许等。礼式为小笠原流，分作初等至九等九级，从第四等就随便参加。数学为关口流，也分作初等到九等九级。天文学学习内容为编制历书和天气预报，备有天球仪和地球仪。医学学习本道科（内科）、外科、小儿科、痘疮科、本草科、兰学（荷兰医学）科，分作初等至五等五级，规定合力级别以上医师之子12岁入学。雅学学习舞蹈、音乐和能乐，茶道学习石州流。

二、武科教育内容

武科教育内容分为军事理论和军事技术两个方面。

军事理论方面　越氏塾“兵学科”要求以《周易》《周礼》中关于王者军事的内容为主，通晓中国七部兵书和内外兵家之书，明了兵制、军事、地理、形势、器具，养成诚忠义烈的节操。松前藩校徽典馆万卷楼兵书之部有中国兵法七书和日本《城制秘案》，和汉军书之部有《汉楚秘诀评林》和《太平记》两种，应该是学习的教科书和参考书。七书是北宋元丰间颁行的武生应试必读的七种兵书——《孙子》《吴子》《六韬》《司马法》《黄石公三略》《尉缭子》和《李卫公问对》，日本兵学学习中国武经七书是很正常的，因为此前日本兵法书籍很少。津和野藩校养老馆二、七日下午二时内讲也包括七书，保存在养老馆文库中还有《兵要录》和《武用弁略》两种日本兵书。

津藩支校上野崇广堂学习兵学右风山流和山鹿流。山鹿流由山鹿素行创建。山鹿素行是日本儒学古学派创始人之一，武士道精神的积极倡导者，山鹿流兵学的创建者。他主张武教，强调军事以求适应日本当时幕府执政的武家政治，同时也希望依据儒家理想修正当时的武断政治，并根据儒家思想重新解释兵学，将作为战争技术的传统兵学扩展为包括修身治国学问的近世兵学。兵学方面著有《武教小学》《武教要录》《武教全书》《武教本论》等。忍藩藩校进修馆军事学习北条流，以《士鉴要法》为教科书，武士必须学习儒学和军学。津和野藩校养老馆兵学有山鹿流、越后流和长沼流，后来又采用荷兰、英国兵制。

军事技术方面　日本书院早期军事教育主要还是传统的军事技术刀枪弓剑和柔术等，嘉永三年（1850年）幕府奖励学习枪炮，武科也相应增加铳（步枪）、炮等现代武器的学习。

津藩伊贺上野崇广堂虽然只是藩校支校，但文武兼修，文馆和兵学寮在右，武场在左。学习内容有剑术、枪术、弓术、刀术和柔术，区分很细，击剑有户波流、置阴流和若山流，柔道有关口流、扬心、楠流和实光流，金建枪有内海流，素枪有无边流，枪有十文字流和高田流，薙刀有知新流，弓术有叠流，马术有神明流和森内流。

福山藩校诚之馆在军事技术方面的学习内容比较多，弓术有日置流和印西流，枪术有佐分利流和无边无际流，剑术有自现流、玉心流和一传流，柔术有转心流和直信流，火术为榊山流，炮术有富冈流、荻野流和古田流，居合[①]有身舍流，此外还有面积各六叠的野岛流、甲州流和长沼流，这么小的房间不知是否是角技场所。

鸟取藩校约建于宝历七年（1757年），当时只设文科，嘉永五年（1852年）扩建增设武场，设有枪术场、剑术场、拔刀柔体场、弓术场和马场，文久二年（1862年）增设兵学局，次年又增设炮术场。

水户藩校弘道馆建造晚，武学方面内容也比较全面，传统军事技术枪术、剑术、薙刀、柄太刀、居合、柔术、弓术等都有专门训练场以及驯马场，饲养34匹马的马厩，现代军事技术有神发流的炮术场、制药场。

萩藩藩校武科设兵学、剑术、枪术、弓术、柔术、水战、炮术、铳阵等科。剑术有新荫流、片山流、梦想流，射术有日置流、伴流，设有横地枪场，枪术设有冈部枪场和小幡枪场，剑术设有内藤击剑场、马来击剑场、北川击剑场和平冈击剑场。

津和野虽然只是一个43000石的小藩，但教育内容很广。在军事技能方面，剑术有通心流、弘流、一刀流、家次流和田宫流，枪术有忍心流、宝藏院流、种田流、以心流、实手流和风传流，柔术有起倒流和地窗流，弓术有竹林流射术、伴流射术和御流仪骑射，马术有大坪流，炮术有茂木流、西洋流和中岛流，军贝有吉田流和樱井流、甲州流。

彦根藩宽政十年（1798年）建造藩校稽古馆，文武兼修，武科内容最为丰富。弓术有武田派、日置派和片冈派，枪法有心镜派、风传派和宝藏院派，剑

① 居合：日本剑道的一派，坐着迅速拔刀杀敌的一种刀法。

术有正法念派的未来记兵法、念派兵法、念派兵法未来记、念派正法兵法未来记入内和江武知明派兵法正法，居合有新心派和伯耆派，柔术有新心派，薙刀术有仙移派，炮术教授操作大炮方法，单骑教授作为骑士的要领，军马教授骑军马的要领，马术在稽古馆马术小屋里备有木头的马和军马作为练习工具，骑马方法有恶马新当派和八丈派，此外还有医术的太子派和桑岛派。

会津日新馆武术科设置弓术、马术、枪术、刀术、炮术、柔术、居合、水练、武讲和土国等专业。弓术主要学习日置流，有道雪派、丰秀派和印西派，设初心、许、印可3级，丰秀派还设置书传一级，17岁达到许席的给予褒奖。马术为大坪流，有本流、古流和新流，设置初心、书传、许、印可4级，也是17岁达到许席的给予褒奖。枪术有大内流、宝藏院流和高田派的一旨流，大内流设置初心（再分三小级）、阴、许、印可4级，宝藏院流在阴前再增加仕挂和目录2级，一旨流在阴前再增加仲拉和老功2级，19岁达到许席的给予褒奖。刀术学习一刀流沟口派、真天流、安光流、太子流和神道精武流，分别设置5级、6级或7级，17岁达到高级的也给予褒奖。炮术有稻留流、种子岛流、梦想流、自由斋流、萩野流、一味流、水田流、新格流、诸葛流、高岛流，都设置初心、许、印可3级。柔术有神道精武流、神妙流、稻上新妙流、水野新当流、梦想流，神道精武流设置初心、琢、二段、切纸下、切纸、目录、许、印可8级，其他流派不详。居合有林崎新梦想流、无乐流、一宫流、今井景流和荒本当流，无乐流设置初心、仲位、小切纸、许、印可5级，其他流派不详。水练（游泳）有向井流，设初心、仲位、老功、许、印可5级。土国是修筑城墙办法，设境目许、印可2个等级。武讲研究兵学的小教练、大教练，设教练、练兵、出师、战格、许可5级。由此可见日本军事技术的复杂。

三、医学教育内容

长崎钱溪书院虽然未设医学，但将《伤寒论》《金匮要略》列为学习内容。中江藤树私塾既讲儒学也讲医学，中江藤树根据学生要求进行医学教育，曾为痴呆的大野了佐授《大成论》，“诵读数十遍不能记一字”，31岁时为他撰写《捷径医筌》，“既而了佐以医成家”。32岁和39岁时曾为来学医的春山田权、仲条太讲医学，36岁时为山田、森村二位弟子撰写《小医南针》，37岁撰写《神方奇术》，仅医学书籍就撰写三种。

鹿儿岛藩校造士馆始建于安永二年（1773年），四年增设医学院，讲习汉医学。佐仓藩校成德书院天保七年（1836年）设立医学局，设立汉方和兰法二科，学习中医和荷兰医术。其教科书未见记载，现在还残存着当时的部分医学类书籍，应该就是当时的学习内容，有《医事韵府》《牛痘篇》《外科医法》《原病论》《治疗书》《外科书》和《人身穷理》等。水户藩校弘道馆设有医学局，有本草、兰学、调药、制药所、制药场、唐臼场、治疗所、养牛场、药圃等，看来中医和西医兼学。米泽藩医学好生馆文化三年（1806年）迁入藩校兴让馆，购入荷兰外科器械。福山藩校诚之馆设有医学，明治二年还建造医学校并兼设医院。松前徽典馆图书馆万卷楼医书之部有《药方》《难经本义》，木草之部有《本草纲目》和《大和本草》，应该是医学学习的内容。津和野藩校养老馆保存的医学类书籍有汉方书《方苑》《养生法》，兰方书《解体刀式》《内治全集》《重订解体新书铜板全图》《牛痘论》《和兰脉论》。为适应教学需要，顺正书院、米泽藩校兴让馆、水户藩校弘道馆等都设有药圃。

四、洋学教育内容

安政二年（1855年）幕府设立洋学所，次年允许旗本子弟到蕃书调所（洋学所）修学。佐仓藩万延元年（1860年）在医学所内设置临时的洋学教室，庆应元年（1865年）建立独立的洋学所。越氏塾乡校万延元年（1860年）增加天文、地理，高知藩校致道馆文久二年（1862年）迁建时增加洋学寮，米泽藩校兴让馆明治四年（1871年）增设洋学所，但不久就改称外国语学校，外国语也是洋学所学习内容。

高知藩庆应二年（1866年）创建独立的洋学开成馆，下设军舰局、货殖局、劝业局、税课局、捕鲸局、矿山局、山虞局、铸造局、火药局、医局、译局11局，涉及军舰、经商、实业、工业、税收、捕鱼、矿业、山林物产、铸造、医学、外语等专业，学习内容非常广泛。

五、国学教育内容

尾张藩校明伦馆于天保四年（1833年）以铃木离屋为教授，开始讲授《日本书纪》《古今和歌集》等日本书籍，汉典和国典并重。鸟取藩校尚德馆于万延元年（1860年）开设国学。钱溪书院关于日本国学的教科书比较少，只有《国史略》和《日本外史》。

越氏塾学习日本书籍比较多，从教学日程看，“二之日、七之日神典、经书讲释”，有日本神典，但书目不详；“四之日国书会讲，但《新论》《皇朝史略》《日本外史》之类”，开列三部书目；“七之日，兵书会讲”，不知是何种兵书；“九之日，《六国史》会讲”，六国史是指《日本书纪》《续日本纪》《日本后纪》《续日本后纪》《日本文德天皇实录》《日本三代实录》六部日本史籍；“廿一日，和汉文会”，要用日语、汉语撰写诗文。设置五科，以经学科为主，历史科、兵学科、制度科、诗歌文章科为副。从各科要求看，“经学科”以《四书》《五经》为主，以程朱理学为基础，兼及日本皇典；“兵学科”以《周易》《周礼》中关于军事内容为主，通晓中国《孙子》《吴子》《六韬》《司马法》《黄石公三略》《尉缭子》和《李卫公问对》七部兵书，明了兵制、军事、地理形势、器具，应该有日本书籍；“制度科”以中国三《礼》为主，明了内外历代制度沿革和律令格式、礼仪典章，兼及本国镰仓以降武家法度条目；“诗歌文章科”要求读和汉古今诸集。这么多内容恐怕难以尽读。

会津藩校日新馆所设皇学方、神道方、和学所、礼式方、茶道、能乐等。皇学（和学）方学习内容就是《日本书纪》《续日本书纪》等日本史籍，分作初等、乙等和甲等三级，经过各自考试逐步升级。神道方传授神道仪式，幕府举办神道活动也是日新馆派人去从事。和学所主要进行和歌创作和吟诵，礼式方学习小笠原流，学习内容从膳食、茶碗放置直到切腹自杀方法等，茶道学习的是石州流。

六、算学教育内容

江户时期的算学包括算术、代数、几何、测量学、珠算、算筹等。会津藩校日新馆以数学为选修课，选修学生很少，现在还保存着测量仪器、算筹等教具。津和野藩校养老馆的数学为关流算学，先后以木村俊左卫门、桑本才次郎、中村愿吾为数学教师，以藤田定资的《精要算法》为教材，数学教授桑本才次郎执笔编写的《算术尖円豁通》（微积分）由养老馆出版并作为教科书，他还撰写《球类通考》《円理称平术》等数学著作。养老馆书库除上述三种数学类图书外，还保存着六种数学类图书，分别是《平方帝式解》《图像志》《三角法》《规矩元法町见》《箇条》《算法起则草》。

七、天文历法学教育内容

开设天文学的书院不多，水户藩校弘道馆设有学习天文知识的天文方和观察天象的天文台。越氏塾万延元年（1860年）增设天文学，高知藩校致道馆文久二年（1862年）迁建时增设天学寮。津和野藩校养老馆保存有天文学类图书《线仪》和《古历便览大全》，会津藩校日新馆设有天文方和天文台，购置天球仪和地球仪，还编制历书和天气预报书。

八、音乐学教育内容

开设音乐课最早见于会津藩校，宽政四年（1792年）设置雅乐司役，以司成日向忠兼管，三年后恢复土津神社的神乐。

仲东门善吹横笛，受藩命到越氏塾，于是开设音乐课，应该是教学生演奏笛子。水户藩校弘道馆为天保十二年（1841年）间，设有音乐局和歌学局。越氏塾改为乡校后，万延元年（1860年）迁至船头町后也增加音乐学。

第三节　教育方式

早期日本书院主要学习中国儒家经典，而且大多书院都是初等教育，又无科举制度，所以教学方式比较简单，后期藩校书院文武兼修，学习内容增多，教学方式也变得复杂。

一、分科教育

越氏塾成为萩藩乡学后，有汉语、礼仪、音乐、天文、地理、数学、兵法、剑术、枪术、弓术、柔术、游泳、火炮发射技术、火枪阵等学科。教科书有《论语》《孟子》《大学》《中庸》《诗经》《书经》《易经》《礼记》《小学》《近思录》《春秋左氏传》《文章规范》《八大家文》《说苑》《孔子家语》《资治通签》以及中国史书、日本史书。将学生分作素读科和自读科，素读科念诵《孝经》《论语》《孟子》《大学》《中庸》《诗经》《书经》《易经》《礼记》《春秋》《唐诗选》《绝句解》《古文真宝》和《明七子诗》；自读科自读素读科书籍，通读《史记》《汉书》等历史典籍，要求学生文武双修，不得有失偏颇，据说藩中子弟很少有偏科的学生，如果因为天赋不同，而适当专修某些学科也是可以的。具体课程安排如下：

二、七日：释讲神典经书；

三日：讲授《四书》；

四日：讲授国书，但仅限于《新论》《皇朝史略》《日本外史》一类；

六日：讲授《五经》；

七日：兵法课；

九日：《六国史》课；

十一日：诗歌会；

二十一日：中日文会。

每旬五日、八日不安排学习内容，但要自习武艺。

山口藩校明伦馆于安政六年（1859年）秋将学科定为专修六科，次年九月将学习内容改为五门学科：经学科、历史科、制度科、兵学科和诗歌文章科。以经学科为主，其他四科为副，且以经学为参考典范，所有学科都要恪遵国义。

经学科：以四书五经为主，以程朱理学为基础，同时明辨本国国家形式，固守忠信孝悌，践行知行合一。

历史科：以《春秋》《资治通鉴纲目》为主，明是非，知正义，同时学习古今中外历史，学习治乱兴废的道理、政治事务的得失，知晓判断人口增减的道理。

制度科：以《周礼》《礼仪》《礼记》为主，通晓国内外历代制度的演变，律令格式，礼仪典章，并要求学生们熟知本邦镰仓时代以来的武士法规条目。

兵学科：以《周易》《周礼》中帝王兵法为主，通过学习中国七部兵书全面学习古今中外的兵法知识，通晓兵法、军事、地理、政治、器械，培养忠诚义气的品德，保持武士本分。

诗歌文章科：广涉日本、中国诸集，去浮华，避粗俗，效法正大雄伟本质。

教学分科，考试也分科。文久元年（1861年）秋季考试，通考七律诗一首，题目为“赤间关怀古”，经学科考题为《兴乡学议》，历史科考题为《宋论》，制度科考题为《论国利病》，兵学科考题为《富国强兵论》，诗歌文章科考题为《北畠准后论》，经学为议，其他四科为论。

从课程安排来看，每旬二日、七日讲释内容为神典和经书，三日《四书》会讲，四日国书会讲，但仅限于《新论》《皇朝史略》《日本外史》之类，六日《五经》会讲，七日兵书会讲，九日《六国史》会讲，每月十一日诗歌会，二十一日中日文会。元治元年，学制再次改革，为从七八岁到十五六岁的学生设置素读、写字、算术、铳阵和鼓法五科，为十七岁以上学生设置国学、汉学、剑术、枪术、步兵学、骑兵学和炮兵学七科。

津和野养老馆嘉永二年（1849年）设置菁菁舍，将学生分作只读不讲儒家经典的素读生和学习儒学与中国历史的讲释生，讲释生可以从国学（日本学）、兵学、医学、数学和礼学中任选一科学习，武艺方面规定士格、中小姓以上必修剑术、枪术和炮术，徒士以下必修剑术、炮术和柔术，选修弓术、马术、骑射术、拔刀术和军贝。

二、升级递进

日本书院不论私学、官学，还是藩校，各类书院大都是从启蒙开始，由于学生水平不等，所以一般都是进行分级教育，采用升级递进方法。

熊毛德修馆分作文学部和武术部。文学部分成下、中、上三等九级。下等一级名敬道，素读《孝经》《大学》和《中庸》；二级名无逸，素读《论语》和《孟子》；三级名观善，素读《五经》。中等一级名乐郡（应该是乐群），自行读书，或作诗，或听讲授，或复讲经书，或轮流讲说《蒙求》；中等二级名琢磨，自行看书后轮流讲读，或轮流讲读《蒙求》，或作诗、翻译古文等；三级名日就，撰写经书、诸子、史书的讨论文章。上等一级名典学，不时讲解《四书》，或者撰写各体文章；上等二级名小成，诸生轮流讲说、讨论，检查下级同学的诗文；上等三级名入学，文学进步科。武术部分作目录、中许和皆传三等。从上午八时至下午四时学生各自按照自己的爱好练习弓马剑枪等各种武艺。学生必须文武兼修，升到文学中等三级日就的学生武术必须达到武术科的目录水平。学生七八岁入学，没有年限规定，考试分春秋两次进行。

彦根藩校稽古馆设一之寮为习字生学习处，从六之席逐级向一之席递进，合格后成为读书生，进入二之寮；二之寮也是由六之席逐级向一之席递进，经过素读（光念不讲）、复读考试合格后进入三之寮；三之寮由五之席逐级向一之席递进，再经考试合格进入四之寮成为会读生；会读生又分成入德舍、敬业舍、博习舍、进学舍、日新舍五个等级，逐级递升；从进入一之寮到四之寮结束一共分成二十二个等级。

庄内藩校致道馆将学生分作句读生、缲扬生、外舍生、试舍生和舍生五等，都是通过考试合格递进。句读生在句读所学习，在句读师指导下素读《孝经》《论语》《诗经》《书经》《礼记》《大学》《中庸》和《易经》，学习期限为四年，分别在西之间、中之间、东之间和北之间依次递进，每天8时至14时学习，北之间还有2个小时的自习，每年有四次学力检查，考试合格才能升为缲扬生。缲扬生在终日诘学习，以自学和讨论为主，一个房间6人至7人，读书作文，除《四书》《五经》外还学习史书和诗文，学习时间为8时至16时，自习到17时，每年也有四次学力检查，按照成绩升为外舍生。外舍生在外舍学习，一室两人，也是以自学和讨论为主，也读书、作诗、作文，但所读书除诗文、史书外增加了诸子百家，学习时间也为8时至16时，但16时后习武，也是每年4次学力检查，按照成绩升为试舍生。试舍生一人一室，主要是自学和讨论，学习内容自选，学习时间是从7时到17时，每年一次学力检查，三年不合格就要退学，成绩优秀者升为舍生。舍生在本舍学习，每人一室，学习内容自选，以自学和讨论为主，每天从6时到22时学习，不承担藩的义务，毕业后根据才能和个性给予藩的工作，一般会被录用为藩的主要职员。致道馆基本不负担学生生活，外舍生、试舍生寄宿者每人每年都要交7俵[①]米，只向舍生提供饮食。致道馆建筑设计安排很有匠心，句读生教室靠近句读师房间和外舍生教

① 俵：日本计量单位，1俵为4斗，1斗约为14.4公斤。

室，便于学生接受句读师和高级学生指导，缲扬生教室靠近助教、典学等教官房间是考虑到学生自学便于向老师请教。

日出藩校致道馆将学生按照受教育程度分作受业生、素读生、四书生、五经生和经学生五级，每级学生一个个按顺序到教师面前接受同等教育，也可以提出问题向老师请教。

会津藩校原来设置郭内讲所教育武士及其子弟，先后设置北学馆和南学馆，町讲所教育町人等平民及其子弟。享和三年（1803年）藩校日新馆落成后，文政三年（1820年）将町讲所分别改作北素读所和南素读所，实行分级教育。素读所属于初级教育，武士子弟13岁开始习字，14岁开始学习弓马枪刀等武艺，16岁开始根据学生水平和考试成绩顺序参加会读和讲说，为进入讲释所做准备。

将学生分级晋升是各书院普遍采用的办法。结城藩校秉彝馆伴随着学习进度，将学生分作一等生至四等生，平户藩校维新馆将学生分作蒙生、秀士和学员三等，看来都是逐级晋升。日出藩校致道馆将学生分作受业生、素读生、四书生、五经生和明经生，看来是按照学习程度命名。佐贺藩校致道馆设置内生寮、外生寮和蒙养斋，看来也是将学生分级。

有的书院将分级教育设在多处。佐仓藩校成德书院设立附属的东塾和西塾，规定8岁至14岁学生在东塾和西塾学习，15岁至24岁学生到书院温故堂学习。日出藩则设立两所学校，稽古堂为初等教育学校，致道馆为中等教育学校。

有的书院从中级教育开始，初级教育在私塾进行，水户弘道馆、初建的津和野养老馆都是采用这种办法。

三、教学方式

日本书院没有统一教学方式，根据创办者要求或主教者爱好采用不同方式教学。

（一）长崎钱溪书院教学方式

钱溪书院只设文科，下设汉学、医学、历史、作文和作诗五科。其教学方式如下：

课程素读：初为《三字经》，继以《孝经》《大学》《中庸》，再到《论语》《孟子》，然后是《五经》和《小学》，至此为一期。此间，每日一字不漏地反复咏读，回答提问，逐篇进行，不烂熟于心绝不开读下篇。如此学习五个月后，要通过素读考试。

素读考试：于每年二三月之交进行。不仅有明伦堂学生，还有市内其他私塾和讲习班“塾生”，即前一年十月为此做好准备，反复朗读、熟练掌握《五经》《四书》《小学》的考生。开考之日，长崎奉行所（行政公署）派来“检使”一名、监考两人，坐在正面，其右为长崎代官（幕府分封或派来的长官）高木氏、当地德高望重之人数名，左侧为祭酒向井氏、助教、世话掛（干事），书记员列席。考生听从书记员指示，轮流逐一跪坐于前，每人单独素读约30分钟。计分方法是每误一字减一分，至三等及第，其下为落第。及第者按其等级可获赏赐千钱至三千钱不等，在当时能通过素读和吟诗考试是颇为荣耀的。

检查：素读及第者可根据自己的学识水平，自行通读涉及诸子百家和汉文历史书籍，遇有问题之处做好标签记录，待第二天到校请教，解疑答惑。

授课内容：每日下午（至日落）教授、助教等人轮流上课。

伦理方面，有《四书》《小学》《孝经》等伦理道德之真理为主，间以《五经》教学。

历史方面，讲授《日本外史》《史记》《左传》等。

学生们在听课后，各自检查，努力掌握所学内容。

会读：每月有六次夜会（初更至放学）。会读主要研讨《四书》《小学》中有关修身道德的内容。学生们面对教授围坐一圈，轮流抽签，中签者被提问。被提问人按教师指示讲授一章或两章内容后，大家提出自己的意见，或纠正所讲的错误。会读既能培养学生的学习和思考能力，又可了解每位学生平素学习的勤怠状况。

诗文会：自拟题目或各自随意撰写以书信、评论、纪行各种文体的汉字或汉字加假名的文章，荟聚一堂，交流心得，以文会友。诗文会无定日，公开举办，允许其他塾生参加。

学问考试：三年举办一次，考生必须是朗读考试及第者。当日长崎奉行所派官员出席，形式同朗读考试。

考试内容：（一）从《论语》《孟子》《小学》等教材中抽出相关问题，让考生讲述段落大意、严格区分音读（中国传来的读音）与训读（日本固有的“大和”读音）、解义、余论等。（二）以史书记载的治乱兴废为例，总结政治得失、人物评价，结合当前形势讲述理财殖产之术、富国强兵之策、港湾土地开垦之法等，宏观有政治经济，微观至人物评价，论及古今，坦吐各自意见。考生可选择用汉文或和文（日语）论述，由幕府儒员评定其学力和思想优劣。优者可获得相当的奖赏，但考试目的在于奖励人才和学问，考试合格，并不给新的资格。

讲义考试：始于安政三年（1856年），每月一次，长崎奉行莅临。考生讲述《四书》《五经》中的适当章节。此考试不仅限于明伦堂及类似“塾生”，长崎港内所有居民皆可应试，被称为“御前讲义”，不过讲义优胜者并没有任何奖赏。

（二）津和野养老馆教学方式

说教式：讲义、讲演，教授、助教轮流出席。

轮讲式：轮流讲义、讲解，课堂讨论。

素读式：不考虑文字内容，以读法为中心，句读四人出席。

复读式：往返朗读，如果习熟贯通允许退出。

内会式：选择讲解或会读，教官一人出席。

训导式：经传子史百家。

训蒙式：对初学者授业，教官一人出席。

诗文会式：给予题目，教官修改。

素读生四时试业式：定期考试，二、五、八、十一各月，成绩评价为上、中、下、落第。

春秋大考试：春三月，秋九月。

轮读生四时试业式：同上。

上听式：在藩主面前考试。

他所稽古者试业式：游学三年归国者考试。

他者生来访式：从他藩来留学的学生毕业讲义、诗文会、联欢会。

教学方式中，对初等学生有素读式、复读式、训蒙式、四时试业式和春秋大考试，中等及其以上学生有说教式、轮讲式、内会式、训导式、诗文会式、四时试业式，外出游学者有试业式，他藩来留学者有毕业讲义、诗文会和联欢会，此外还有在藩主面前举行的考试上听式。同时还规定参加人员，说教式由教授、助教轮流出席，素读式须四位句读师出席，内会是和训蒙式须一位教官出席，十五会式由教官出题并修改。教学方式是很科学的。

每月讲义时，藩主亲自参加，家老、中老、表用人、侧用人、大目付依次就坐，寺社、町奉行、郡奉行、纳户奉行、勘定奉行、御缘侧诘役、物头、马迴、御雇中小姓依次在大书院三之间就坐，徒士勘定格在廊下就坐，听教授讲说。

水户弘道馆教育从中级开始，学生入校后为讲习生，学习方法是先由训导讲授经书，然后学生分成大约10人一小组进行讲读。讲习课程结束后升为轮讲生，学习方法是学生依次轮流讲说，然后进行提问答辩，最后由指导老师总结。在依次轮讲《论语》《孟子》和《左传》后，优秀者升为居学生。居学生学习方法一是听总教、教授讲授，在总教、教授指导下轮流讲说；二是每月两次作文，一次日文，一次汉文，按照老师出的题目两三天内交卷，内容以伦理道德和时务策为主，也有诗歌。

日本书院比较流行诗会和文会。长崎钱溪书院诗文会自拟题目或各自随意以书信、评论、纪行各种文体的汉字或汉字加假名写成的文章，荟聚一堂，交流心得，以文会友。诗文会无定日，公开举办，允许其他塾生参加。松前藩校徽典馆诗会每月三次，接受汉诗写作指导，文会每月一次，定在二十日。津和野藩校养老馆规定每旬一日下午二时为蒙生诗会，十日下午六时为大人诗文会。闲谷学校每旬二日诗会，要布置三次作业，每月十五日举办文会。鹤山书院规定每月一次文会，两次诗会。大阪町人集资建造的怀德堂从宝历八年开始也举办文会和诗会。

四、教学方法

书院教学方法主要有会读、会讲、讲会、考试等。津和野养老馆培达塾规定二日、七日轮讲，四日、九日会读，读书、轮讲仅限经书，会读、质问、独看也不能选择子史集说。

会读　荻生徂徕私塾萱园的会读方式是将学生分成5人至10人的小组，每次选2人至3人为"当读"，读经典并进行讲说，之后大家提问，展开讨论，最后由高足弟子充当的会头根据讨论情况进行评判。津和野养老馆每月两次会读，藩主参加，每次十四五人各自讲说，讲师进行提问，互相讨论。长崎钱溪书院每月六次会读，从初更到放学，主要研究《四书》和《小学》中有关修身道德的内容。方式是学生们面对教授围坐一圈，轮流抽签，中签者被提问。被提问人按照老师指示讲述一章或两章内容后，大家提出自己意见，或纠正讲述错误。

会讲　多久鹤山书院规定，每月八日和二十四日举办讲义大会，凡进行到《孟子》讲义内容以上的学生都要参加。抽签抽出两到三名学生让他们讲说，并相互讨论，所有学官都要参加并听取他们的讲说，时间大概从早上八点到十点。

伊藤仁斋堀川塾制定了具体的讲会程序："凡会日，主人先至，扫除室内，然后揭历代圣贤道统图于北壁之上。以左为讲者之座，右为赞者之座，掌读会约，众必推一人为会长。众毕至，各以齿为序，诣先圣先师位前设拜。毕，赞者立先圣先师位前，说为踞之要，毕，众皆拜，赞者答拜，既取会约置之先圣先师位前，拜，退。于是进众中讲者，请升座。讲者起，至先圣先师位前拜，然后升座讲书。毕，众皆拜，讲者亦拜，而后众各质问疑所。若其答意义难通，稍失其理，会长为之折衷。议论既毕，讲者自收书退。众复进讲者升座如初，众讲共毕后，会长又出策问或论题试诸生。"[①] 这种讲会每月一次，仪式感很强，庄重严肃，而且效果很好，"发挥圣意，劝诱学者，详悉审明，亲切著实，若寻常之语，听者警动，多所奋励"[②]。

讲会 多久鹤山书院规定每月九次讲会，每旬的二日、六日、九日举行，中等年级以上的文武教师和学习到《孟子》讲习以上的学生，以及校外家老以下者都必须参加，不得请假。教师和教师主管先后讲课，走读生和住校生一同听课，时间是从早八点到早十点。

考试 日本书院也进行考试（试验），考试名目和方法也各有不同。

幕府将军直辖学校昌平坂学问所每年春秋两试，秋试诗和辨，春试设四种，文、和、问、讲，但从《辛酉春秋试品评簿》和《壬子春秋试品评簿》看，两页各9人，只有1人有"和"的成绩。从记录成绩看，有中中、中下、下上、下中、下下，应该是从上上到下下九级，成绩最好的是第五级中中。

水户藩校弘道馆考试最为频繁，每月三次考试，四日考试经典，十日考试诗歌，二十五日考试作文。

---

① ［日本］伊藤仁斋：《古学学生文集》卷六《同志会式》，转引自熊庆年《中国书院与日本近世塾》，见《中国书院》第二辑第319页。

② ［日本］北村可昌：《古学先生伊藤君碣铭》，转引自熊庆年《中国书院与日本近世塾》，见《中国书院》第二辑第319页。

津和野藩校养老馆规定考试种类较多，有素读生的四时试业式和春秋大试验、轮读生的四时试业式、藩主亲临的上听式、到他藩游学者的试业式、外藩游学者的来访式等六种。定期考试中，素读生的四时试业式分别在每年农历二月、五月、八月、十一月举行，素读生的春秋大试验分别在春三月和秋九月举行，轮读生的四时试业式也是在每年农历的二月、五月、八月、十一月举行，定期考试都要给出上、中、下、落第四等成绩。非定期考试，藩主亲临的上听式在藩主临校时在藩主面前进行，到他藩游学者的试业式是对本藩派出在外留学三年归来者的考试，外藩游学者的来访式是对外藩来馆留学者的毕业考试，还要举行诗文会和恳亲会（联欢会）。

对于素读生的春秋大试验，《藩校养老馆》有较为详细的介绍，考试内容分别是素读《孝经》70字，《中庸》120字，《论语》200字，《孟子》300字，《五经》和日本《三代格》各500字，《续日本纪》和《春秋左传》各1000字，评定成绩标准相同，都是无误者为上等，读错1—3字为中等，读错4—6字为下等，读错7字以上为落第，标准是很高的。

津和野养老馆还规定10岁读完《四书》和《令义解》，13岁读完《五经》和《日本书纪》，15岁读完《汉书》和《六国史》，如此才能成为优秀生。

长洲藩校明伦馆素读考试分作两科，《孝经》和《大学》为一科，素读100字，遗忘或读错3字以内为上等，5字以内为中等，7字以内为下等；《论语》《孟子》和《中庸》为一科，素读300字，没有遗忘和误读为上等，遗忘和误读3字以内为中等，5字以内为下等。

多久鹤山书院考试名目有书法考试、读书考试、文武会考和文武内考等。书法考试于每月十四日和二十五日举行两次，教师监考，现场书写，当场评出优劣名次，然后将优秀书法作品装裱起来贴在门框、横梁上面，以此激励鞭策学生。读书考试于每月八日、二十四日举办两次，由相应教师监考。每次让两名学生朗读已经学过的书籍里的某篇文章或某几个章节。文武会考于每年春季举行，藩府大臣家老以及年老、执事、大目付等职位的人亲临考试现场，文武老师总管以下的教练、学管等一并出席。文武内考于每年秋季举行，文武老师总管以及顾问内抽出一名文武都懂的人亲临考试现场，教师以下的学监一并出席。

鹤山书院考试方式有章指、抽签两种。章指是对小学生采用的方式，考试前老师就提前说明要考哪个章节。抽签是对学习到《孟子》以上的学生采用的方式，从已经学过的《小学》《孟子》《论语》以及其他已经教授过的内容当中，抽取一篇或数篇作为考试内容。文武内试要在文武总管面前当场抽签进行，当场决定考哪个章节哪篇文章，考试学生依次进场，学生和学生之间有停顿时间，当场检查学生学习情况。素读考试方法基本相同。考试非常严肃，文武内试前规定要先朗读室内考试条例。

书院一般会对成绩优秀者给予奖励，成绩差者给予惩罚。养老馆规定对成绩优秀者予以表彰：对春秋两次大考试成绩优秀者奖励书籍，日本著名作家森鸥外8岁时读《论语》和《孟子》均无一字失误，获得一部《四书正文》奖励，第二年春秋大试验又无失误，再次为优等生，获得一部《四书集注》奖励。长崎钱溪书院素读考试，及第者按其等级可获赏赐千钱至三千钱不等，能通过素读和吟诗考试是颇为荣耀的事情。

水户弘道馆考试奖励标准最高。每年秋季进行文武大试验（大考试），藩主亲临，执政以下藩厅官员都要出席，按照居学生、医学生、家塾生、音乐生顺序入场就座。每人选择自己最得意篇章发表讲说，然后再进行武科考试。最后根据文武考试的综合成绩给予奖励，最高为金[①]5两，其次有白银5枚或3枚，以及纱绫、图书等奖品。

多久鹤山书院规定，读书考试时如果学生有遗忘学习内容就对其进行惩罚，走读学生下午两点放学后留校直到下午四点，住校生罚到下午四点不准吃饭，以此激励学生好好学习。

---

① 日本1两金重16.5克，折银225克，折铜钱4000文。

五、学习时间安排

书院学习时间一般都比较长。松前藩徽典馆规定每月初一、十五休息，人日（正月初七）、上巳（三月初三）、端午（五月初五）、七夕（七月初七）和重阳（九月初九）五节各放假一天，暑假十四天，七月初七到二十日，年末休假二十天，从腊月二十至翌年正月初十，每年假期大约六十天。彦根藩校稽古馆休息时间比较多，每月八日、十五日、二十一日和二十八日休息，五节、正月初一到十五、七月十三至十六、十二月二十一日至晦日放假，此外，天神、千代宫、多贺的祝贺日也是休息日，每年有假期七十多天。总的来看，学习时间安排都比较多。

大多书院把每天的学习时间安排得比较紧。熊毛德修馆每天安排11个小时的学习时间，上午8时至10时，读书、独自讲说及演习礼仪；10时至12时讲说、写字；12时至下午1时，午餐；下午1时至2时半，论讲讨论；下午2时半至4时，算术；下午4时至6时休息；晚上6时至10时夜课；晚上10时休息。

高远藩校进德馆建造较晚，万延元年（1860年）才开馆，文武兼修，和学、汉学、洋学、书学并设。学习时间按幼年和中年安排，8岁至15岁的幼年班学生每天学习7个小时：午前8时至10时素读，午前10时至12时习字，午后1时至2时素读复习，午后2时至4时习字。对16岁至25岁的中年班学生只安排5个小时的学习时间：午前10时至12时轮讲，午后1时至4时会读、英文和数学，中年班学生学习时间反而比幼年班学生学习时间少的原因应该是没有列入习武时间。

最为轻松的是彦根藩校稽古馆，学生每天上午9点到11点学文，12点到下午3点习武，一天只有5个小时的学习时间。

各书院学生的在校学习年限不一。昌平坂学问所规定学生的在校学习年限为3年，“每岁准程，试其成否，三年不成乃从黜去”。尾张藩校明伦馆规定学生的在校学习年限为2年，“两年内还不能掌握的可责令其退学”。闲谷学校规定，农家子弟上完习字课和素读课后就不要再学习，要回家去种地。庄内藩致道馆将学生分作句读生、缲扬生、外舍生、试舍生和舍生五等，都是通过考试合格递进，句读生学习期限为4年，试舍生学习年限为3年，每年一次考试，三年考试不合格者就必须退学，如果舍生毕业至少也得15年左右。佐仓藩校成德书院规定，藩士子弟8岁至24岁必须入学学习，这是义务，8岁先入稽古所（藩校的分校，后称东塾、西塾）读书、习字和学习礼节，15岁到藩校本校温故堂学习，学习方法有讲解、轮讲和考试，学完课程考试合格就可以毕业，如果成绩不好，即使超过24岁也不能毕业，学习时间多达十六七年。会津日新馆规定12岁素读完《孝经》《四书》《五经》《小学》和《童子训》就给予奖励，16岁升入讲释所（大学）也给予奖励，对19岁枪术达到许席者给予褒美，学习时间也需要10余年。熊毛德修馆规定学生七八岁入学，每年春秋两次考试，没有毕业年限规定。

六、学习内容安排

各书院的学习内容安排也不相同。越氏塾改为官学后，教学日程安排为：每旬二日和七日讲解神典和经书，三日为四书会讲，四日为国书会讲（《新论》《皇朝史略》《日本外史》之类），六日为五经会讲，七日为兵学会讲，九日为六国史会讲，每月十一日为诗歌会，二十一日为和汉文会。

津和野藩校养老馆会业课程规定：每日早晨6时素读，8时就不明白问题向训导求教；每旬六日上午8时馆讲《大学》《论语》《书经》《易经》，下午2时内会读《左传》和《通鉴纲目》；三日和八日下午2时轮讲《四书》《五经》；二日和七日下午2时内讲《四书》《五经》和中国兵书《七书》，下午6时为塾轮读；四日和九日复读，下午6时为塾会读；五日和十日下午2时蒙生内讲《世说新语》《孔子家语》《孝经》《小学》，一日下午2时为蒙生诗会，十日下午6时为大人诗文会。

水户藩弘道馆文武兼修，采用朝文夕武的办法，上午学文，下午习武，各4个小时。

第四章　日本书院师长

日本书院师长名称比较多，即使藩校书院师长名称也千差万别，而且日本特别重视等级制度，有的书院对师长身份也作规定，待遇也各不相同。

第一节　师长设置

书院主持者名称不一，有祭酒、奉行、总裁、学头、教授、督学、头取、头人、总教、学长、提学、学政、总受持、庠长、学主、司业等名称，但以祭酒、总裁、学头、督学为多见。教师名称有教授、助教、都讲、讲师、员长、句读师、付教、教谕、授读、训导、习字师、算术师、枪师、师范、指南役、司讲、引立挂（教练）等，其中句读师负责素读生朗读，习字师负责教习书法，师范、指南役、引立挂多教兵法武艺。管理人员名称有目付（督查）、学监、头取助役（副院长）、司业、典学、司监、舍长、肝煎（教务）、监生等，职员有典籍、司书、司籍、司漏、司记、司宾、书记（秘书）、谒者、主事、主财、世话挂（干事）、会计吏、司计、司典、执事、主簿、物夫、勤番、勤番组头（主事）等，服务人员名称有炊夫、仕夫、给仕、使丁、使夫、门卫、下番、庙干、庙丁等。

虽然书院师长名称如此复杂，但并不是每所书院都设置如此多师长，而是各书院只设置其中一种或几种而已。

庄内藩校致道馆设有司业、学监、典学、御役目付（监察）、句读师等，日出藩校致道馆设总教、学监、司业、教授、训导、句读师等，仙台藩校养贤堂设学头、学监等，尾张藩校明伦馆设督学，壬生藩校学习馆设置学头、助教师、句读师、算术师、兵法师范（指导）、武艺师范等，明伦堂设置揔司、学监、句读师、句读师助等。高远藩校进德馆于万延元年（1860年）建造，设置有总裁、学监、教授方、文库司等。高知藩校致道馆文久二年（1862年）迁建后，设有司业、教授、助教，具体有经学教授、史学教授、书学教授、剑术指南、枪术指南等。高锅藩校安永六年（1777年）初建时设置学校造立御用挂、稽古改役、勘定奉行、讲书师范等师长，次年设置3名师范（教师）、4名助师范，后来又改称教授、助教授。菰野藩校修文馆天保七年（1836年）间设置督学1人，教师4人，助教5人；明治二年名称有所改变，人员有所增多，设置督学1人，督学参谋1人，教授3人，助教5人，典籍2人，舍长1人，副舍长1人，学掌2人。冈藩安永五年（1776年）将半官半私的辅仁堂扩建为藩校由学馆，委任藩儒臣夏目庄右卫门以下5人为司业，天保三年（1832年）扩建后设置教授，以藩儒臣担任，明治元年（1868年）文武馆合并后改称修道馆，在文馆内设有司业、典学、监学、教授、助教等师长，在武学内单独设立文武主事事务所，8間20坪，规模不小，但不知设置何职。

庄内藩校致道馆师长很精炼，祭酒1名，司业2—3名，学监2—3名，助教14—15名，典学5名，句读师9名，司书2名。

师长设置最为复杂的是佐仓藩校成德书院。佐仓藩校天保七年（1836年）扩建改称成德书院后设立一整套管理和教学机构。成德书院主设温故堂，内附设六艺所，外附设南庠、北庠、东塾、西塾、演武场、演武小场和医学所。书院设学问所奉行（总裁）、学问所肝煎（教务）、学问所目付（督察）书院负责人和勤番、下吏、定番、下番等职员，教务还在书院、两庠、两塾、两演武场、六艺所、医学所设置执事，目付在书院设置主讲和小监。温故堂设教授、付教、都讲、授读；南庠（为千叶县猪鼻台守备江户湾武士设）、北庠（为村

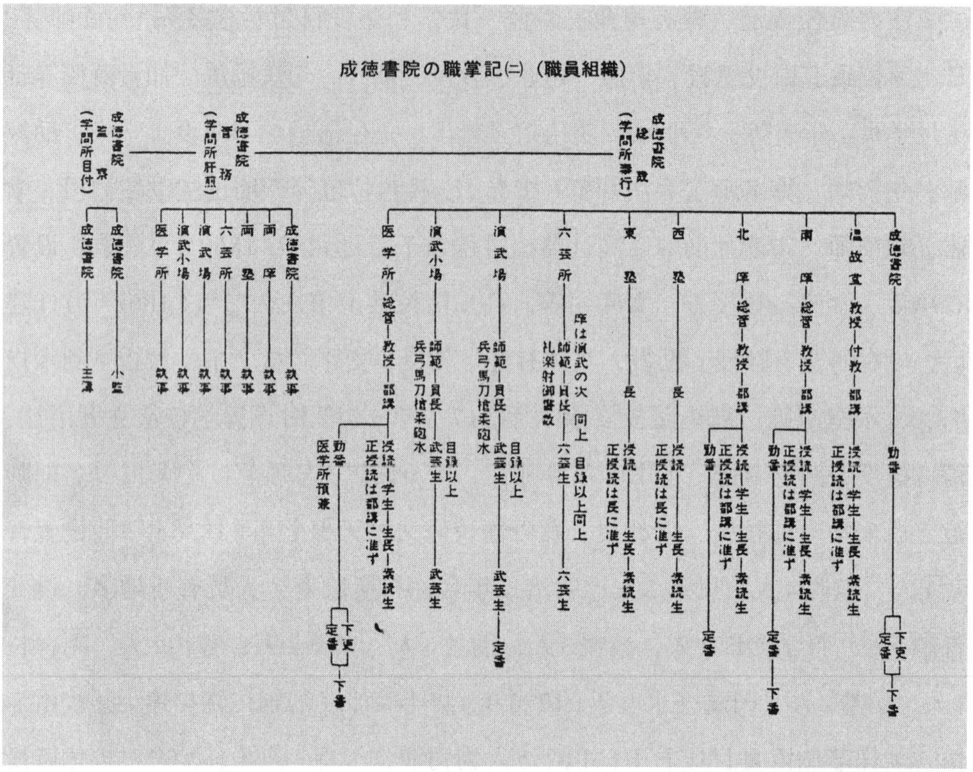

成德书院师长图

山郡柏仓村兵营武士设）、医学所均设置总管、教授、都讲、授读等师长和勤番、定番等职员，南庠和医学所还设置服务人员下番；东塾和西塾均设置塾长、授读。以上六学均是从素读教育开始，温故堂、南北庠和医学所素读生可依次升生长和学长，两塾只能升学长。六艺所设置礼乐射御书数各艺师范（教师）、员长、六艺生，演武场和演武小场都是设置兵弓马刀枪柔炮水各术师范、员长、武艺生。

各书院师长数量差别很大。尾张藩校明伦堂天明三年（1783年）初建时仅设总裁、主事各1名，都讲2名，典籍3名，书记2名，谒者2名，给仕（勤杂工）2人，总共13人；60多年后人员大增，“职员：总裁1名，督学1名，教授5名，典籍5名，监生5名，上座生10名，素读系25名；事务员：主事2至3名，书记5名，主财8名，谒者、给事6名，事务所和食堂附中间分部6名和

10名”，职员多达42名，事务员27—32名。人员大增的原因应该是学生大增，明伦堂初创时学生只有70名左右，此时已达400—500名。

饫肥藩享和元年（1801年）建造藩校学问所，设置教授4名和主事15名，第二年增设5名句读师位于教授以下主事之上，天保元年（1830年）改建学问所，命名振德堂，增设藩校挂、用人（执事）、相谈（顾问），不计勤杂人员就接近30人。

多久乡校鹤山书院在明治维新以前设文武方头人1名，教授1名，助教2名，教谕2名，教谕兼学监1名，指南役2—3名，稽古指南役8—9名，职员23名，此时学生大约200名，师长也很多。明治维新尚未改革学制前人员有所减少，设教导1名，小干事1名，副教导2名，寮监9名，职员20名，是时学校有寄宿生120名，走读生100名，其中寮监应该负责教学，否则教师太少了。

高远藩校进德馆为万延元年（1860年）创建，文武兼修，下设文学部和武学部，因此设置文武总裁为馆长，由家老冈野忠休兼任，文学部分设和学、汉学、洋学和书学，文学部设置师范2名，师范代（又名大助教）3名，助教（又名中助教）9名，句读（又名小助教）14名，武学部只设师范1名或2名，仅教师就接近30名。

小仓藩校思永馆设学校头取（简称学头，即校长）、头取助役（简称副头取，即副校长）各1名，助教7名（其中1名轮流到支馆教学），武艺师范1名，句读师（训导师）6名，另外还有讲解加势、句读、司籍、习字师等，藩所有学事担当家老1名，学事担当用人1名，学馆目付1名，物书（秘书）2名，有教员48名，事务员5名，给仕（勤杂）3名，门卫兼使丁4名，合计60人。

官办书院设置师长比较多，私立书院设置师长则比较少。日本最早创立的书院为长崎立山书院，是向井元升在长崎奉行（幕府领地长崎的行政管理者）支持下于正保四年（1647年）创建的，由于是私人主持，书院师长似乎没有正式名称，《长崎市志》只称其为塾师。万治元年（1658年），向井元升迁居京都后因为没有塾师而停办，书院并于宽文三年（1663年）长崎大火中化为灰烬。延宝四年（1676年），长崎奉行牛込忠左卫门重建书院，聘请南部草寿主持，称圣堂祭酒。虽然官员介入，但师长仍然很少。祭酒后由向井氏世袭，安政六年（1859年）改称教授，明治元年（1868年）改称圣堂学头。教授时，下设助教负责教学，选用博学之士，初设1员，幕府末年一度增加为2员；世话挂（干事）3员，负责书籍管理兼任圣堂书记员；教导1员。由于书院是私立官助，所以师长很少。

大阪怀德堂又名怀德书院，是商人集资建造的私立书院，人员更为精干。设学主为山长，负责教学，设副教授辅助，设预人即监督，负责联系町奉行、撼会所、町会所事物和书院后勤事物，并兼任授课，支配人由初创时捐资五同志担任，其中1人并担任年行司，负责日讲谢礼金、年挂金（分期交纳的捐款）、捐赠金的收纳保管和支出，由书院支付费用的只有负责教学的人员。

私立书院改为藩立后人员就会增多。越氏塾在私塾时期设置教授1人、都讲1人、会计吏1人、属吏1人、炊夫1人、使夫2人；安永八年（1779年）改为藩立乡校后人数开始增加，设置督学、都讲、助教、司典等师长和会计吏、炊夫、仕夫等服务人员，仅教师就增加助教和司典，人数至少增加一倍；直属藩校明伦堂后，元治元年（1864年）改称讲习堂，设置文学教授方1人、都讲兼舍长1人、小学助教1人、手习师1人、步兵引立挂（教练）1人、骑兵引立挂1人、炮兵引立挂1人、击剑引立挂1人、稽古方世话役（干事）2人等，仅教师就增加到8人。

书院师长的设置、名称并非一成不变，由于受创办者或主持者影响会经常发生变化，最典型的是幕府官学。

林罗山创立林家书院，宽文三年（1663年）因林恕为幕府将军讲经，赐号弘文院，因将书院改称弘文馆，六年设经义、史学、诗文、博读和皇邦典故五科，设置大员长、左右员长、员实、员特、员秀、员萌等师长，具体人员不详，只说其长子春信为左员长，第二位负责人、大员长应该由林恕自兼。此时的林家家塾师长主要是林家子弟，宽文十年秋季释奠，林恕为初献，次子林信笃为亚献，其侄林信恕为终献，侄孙林信如担任分奠。

元禄四年（1691年）书院迁至汤岛后，设大学头，主管庙学事，由林家世袭，阶朝散大夫，班列小性组番头（亲卫郎骑将）之后，百年间仍然由林家主管。元禄十五年，五代将军德川纲吉谒庙后讲经，林信笃与二子信充、信智均讲《论语》。宝永元年（1704年）初见林信智为儒员，不知何时所设，也不知有几员。享保三年（1718年），幕府任命林罗山四子林靖之孙林信如、弟子人见行充、木下顺庵养子寅亮、荻生徂徕之弟荻生观四人为儒员，而木下寅亮和荻生观并非林家弟子，幕府令二人仰高门讲经，因非林家弟子作罢。享保七年时，儒员有林信智、林信如和人见行充，祭祀时由林信笃与二子林信充、林信智分别担任初献官、亚献官和终献官，汤岛圣堂仍然由林家主持。其后儒员还有安永三年（1774年）的林信笃之孙、林信智之子林信有，天明七年（1787年）有人见称，宽政五年（1793年）有林信彭。

到18世纪后期，林家逐渐衰微，三代大学头林信言1773年去世，长子信爱1771年去世，四代大学头信征1787年去世，信言堂兄弟信恕1771年去世，信有1785年去世。信征袭任大学头时“幼弱不能执事”，13年后去世，年仅27岁。加之1772年、1786年汤岛圣堂连遭火灾，幕府也不重视，重建的圣堂和学校规模都大为缩小，致使教育不振。天明七年（1787年），四代大学头林信征去世，林家虽有林信笃次子信智之孙信彭任儒员，但幕府不再从林家选择大学头，而改从弟子中选择，富田能登守明亲次子志作为林家养子袭任第五代大学头。幕府第十一代将军德川家齐锐意改革，见学政弛废，宽政二年（1790年）五月，连辟柴野邦彦、冈田恕为儒员[①]并佐学政。“顷岁学政弛废，师道阔疏，虽守旧规，亦多宿弊。今大君始正统位，锐意治道，凡颓坠之宜振作者莫

① 铃木三八男《圣堂物语》作“圣堂附儒者”，且将柴野彦辅任作天明八年，冈田清助任为宽政元年。

不尽兴焉。次至庠黉，询及师儒，连辟柴野邦彦、冈田恕并居学职”[①]，九月又委派尾藤孝肇为庙学教官。宽政四年（1792年）以肥前守锅岛治茂儒臣古贺朴为学宾，虽然三个月即辞去，但宽政九年又出任庙学教官。

宽政四年（1792年），幕府加强对书院管理，健全管理机构，设置员长、司监、司讲、司计、司籍、司漏、司记、司宾八种。宽政九年，改革学制，将林家学院改为幕府直辖学校，称昌平学问所，习称昌平黉。仍以大学头主管，下设学问所儒者（教官）2人以掌教授，学问所勤番组头（庙学主事）2人以掌杂务，学问所勤番（庙学使令）12人（后增至20人），分别掌管祭器、书籍、文簿、会计，学问所下番（庙卒）10人，看舍守门，将宽政五年设置官员全部罢去。文久三年（1863年）设置学问所奉行，位在大学头之上，选用田中藩主本田正讷、高锅藩主之弟秋月种树和田中藩儒士芳野金陵为教职，安政元年（1854年）高远藩中村黑水到昌平坂学问所学习成为塾头。

第二节　师长职责

各书院师长的具体职责也不相同。鹤冈庄内藩校致道馆以祭酒1名主持全馆事物，副馆长兼任教头负责教学，司业2—3名主管教学，学监2—3名负责监察，同时也监督学生成绩，助教14—15名负责指导学生讨论，典学5名处理日常事务，并负责监督学生，句读师9名指导学生素读方法等，司书2名负责管理图书。

津和野养老馆弘化二年（1845年）以藩厅官员直接出任藩校管理者，行政长官家老担任都教，为养老馆最高责任人，负责教师任免、学生赏罚、校纪执行等；中老（仅次于家老的藩厅官员）担任准都教，作为家老辅佐；表用人负

① ［日本］犬冢逊：《昌平志》卷二《事实志》。

责购买教科书，支给学习用品，管理授业经费，维修校舍等；大目付（藩总监察）负责管理校内法规，监督管理学生。嘉永二年（1849年）书院扩建后，机构改革，设置文学总司和武艺总司分掌文武教育。

汤岛林家家塾宽政四年（1792年）设置员长、司监、司讲、司计、司籍、司漏、司记、司宾八种师长，其具体职掌规定为："曰员长：二员，掌教育生徒，每日一次巡视学舍。曰司监：摄司仪，二员，掌勉励游惰，稽查勤怠，每日二次巡视学舍。曰司讲：无定员，或为讲解师，或为司塾讲，或为授读师。曰司计：摄司器，二员，掌会计。曰司籍：一员，掌书籍。曰司漏：一员，掌报时。曰司记：一员，掌簿录。曰司宾：二员，掌应接宾客及学门筦钥、各牌放交。"师长职责明确，有的还有具体要求，员长要每日巡视一次学舍，司监则要每日巡视两次学舍。

津和野养老馆各师长在嘉永前后名称不同，但职责相同，括号内外分别为各师长在嘉永后和嘉永前的名称：

家老（都教）：养老馆最高责任制，负责任免教师、赏罚学生，管理藩校纪律。

中老（准都教）：家老（都教）辅佐。

表用人：负责购买教科书、发放教学用品、管理授业科财物、维修校舍等。

大目付（监察）：管理校内法规，监督管理学生。

教授：贤明权威，稳重有道，有着和年龄相匹配的高尚品德，关心国事，专注学问。

助教：由品行端正，热心教学的人担任，在规范行动、修正品德、笃学、勉行几个方面教导学生弟子，辅佐教授，是教授左右手。

句读（司业）：详细明了读本的字音字义，性格开朗，相当于现在讲师或助手。

塾长（舍长）：任命俊秀锐敏者担任，监督学生日常生活，惩戒不良行为。

计吏（取缔）：根据管理者指示，负责校内物品账目。须由廉洁正直者担任。

司记（守传）：记录学生出席、缺席情况。

司客：负责薪炭、汤茶、接待。

有的书院不仅规定各师长职责，还提出师长的任职条件。师长职责最为明确的是彦根藩稽古馆，宽政九年（1797年）建馆后，设置众多师长和职员，并规定各自的职责和任职条件。

头取：总裁馆内事物，由中老（仅次于家老的重臣）以上的藩臣兼任，或者是家老（藩主大名家臣之长）的嫡子担任。

稽古奉行：监督馆内文武两道老师以及学生品行，由笹之间席以上的武士担任。

建馆出资人兼书物奉行：管理馆内各种事物和物品出纳，由物头（弓组、铁炮组等足轻之长）或母衣役（大名卫队卫士）担任。

学问方（文化课教师）：掌管文学方面事物，无定员，由儒者、步行（勤杂工）、足轻、农商中的超群优秀者担任。

素读方（素读教师）：将学生分成四个班级分别教授，定额18至20名，由武士中有文学者担任。

一之寮、二之寮素读方6名，教初等生素读和写字。

三之寮素读方6名，教育一之寮、二之寮进级学生和优秀生。

四之寮素读方8名，教育最优等学生。

从以上素读教师中选取最有学问者兼任主管来管理激励各位老师。

手迹方：习字教师，6名，由武士中善书者担任。

诸用方：掌管馆内物品和金钱出纳，4至5名，由武士担任。

会头用挂（助手）：集合生徒，排列课程表，回答提问。无定员，一般由学问方、第四寮老师或诸士子弟和步行有文学才能者担任。

军学：讲授井伊家上泉流兵法。所谓上泉流是从常陆介藤原秀胤传授给冈本半介宣就的兵法，此外还有越后流兵法。无定员，由诸士或步行担任。

和学：以后改称国学。教授《古事记》《六国史》以下日本史及和歌。无定员，由诸士或步行担任。

礼节：小笠原流，教授座作进退、洒扫应对、饮酒倒酒、接受迎送等武家礼法。无定员，由诸士或步行担任。

天文学：备有浑天仪，教授日月星辰运行的相关知识。无定员，由诸士或步行担任。

算术：教授算盘算筹。无定员，由诸士或步行担任。

医学会头：讲论医书，组织讨论，解答疑难。由藩医代替。

武艺师范：

弓术：武田流、日置流、片冈流。

枪术：心镜流、风传流、宝藏院流。

剑术：正法念流未来记办法、念流兵法、念流兵法未来记、念流正法兵法未来记入内、江武知明流兵法正法。

居合：新心流、伯耆流。

柔术：新心流。

薙刀术：仙移流。

一骑前（单骑）：教授作为骑士的要谛。无定员，由诸士担任。

军马：教授操纵军马的要领。无定员，由马役担任。

马术：在稽古馆马术小屋备有木头马和军马进行练习。

乘方（骑马方法）：恶马新当流、八丈流。

医方：太子流、桑岛流。

炮术：教授炮术，米村流、一贯流、一梦流、藤冈流、柴田流、大成自得流、太田流、太玄流。

门卫：早六点开门，晚六点关门，打扫门内外卫生，日夜两名轮流执勤。8名，由骑士充任。

物主方下役（出资人差役）：按照主管命令行事。定员3至4名，由足轻充任。

诸用方下役（一般差役）：按照主管命令行事。定员3名，但每年十一月以后增加一名，由足轻充任。

门卫中番：按照上番命令监察。8名，后来增加到10名，由足轻充任。

坊主（小男孩）：由广间（大厅）坊主兼任，负责馆长、稽古的杂役。无定员，由坊主充任。

小使（小工）：按照出资人命令打扫馆内外，或者从事其他事物，20名，由普请方（负责建设）役夫（做粗活的工人）充任。

门下番：按照番士指示打扫。2名，由农民充任。

矢取（拾箭人）：在射箭练习场报告射箭结果，按照射手指示取回射出的箭。3名，由农民或商人的儿童充任。

角触：和矢取同样的工作。这是文久三年以后出现的，1名，农民或商人的儿童。

此外，家老、评定役、评定目付（监察）、目付、内目付、右笔（书记员）也兼任学馆职务。

这是日本藩校书院最为详细的师长名称、职责范围及其任职资格。日本是等级制非常严格的国家，幕府制定一套详细的等级制度，各藩虽然有差异但大致是相同的。藩内武士一般分作一门（大名本族）、家老（大名家臣之长，多位）、中老（次于家老的重臣）、番头（骑兵大将）、物头（足轻大将）、徒士头、马廻（护卫大名的骑马武士）、平士、徒士、足轻（最下级武士）、小者（仆人）等，平士以上算武士，也就是诸士，徒士、足轻属于卒，也有说是低级武士。

第三节　师长聘任

私立书院规模一般不大，多由创建者自己负责，如长崎立山书院，中江藤树的藤树书院，伊藤仁斋的古义堂，都未见有聘请他人担任书院师长记载，即使规模较大的林家家塾早期也是由自家父子负责。大阪泊园书院是藤泽东陔于文政八年（1825年）创建的，其子南岳于明治六年（1873年）重兴，南岳长子黄鹄、次子黄坡相继主持，一直延续到1948年黄坡去世都是由本家族负责。

藩立书院或乡校书院多聘请有名学者主持教育，其他人员一般由本藩儒臣或有文化的武士担任。

尾张藩校天明二年（1782年）新建藩校明伦馆，由本地儒臣细井甚三郎（号平洲）担任总裁，其他人员全部从本藩选派。学馆总裁细井甚三郎是藩御庭御足轻头（步卒头）上座（首座），学馆主事深泽仙右卫门为金方御纳户（储藏室或藏衣室）上座，学馆都讲冈田仙太郎和关进治都是御马迴（护卫藩主骑兵）组次座，学馆典籍石川忠治、小川善太夫、南宫大助都是五十人组格，学馆谒者岸上吉藏、角田新右卫门都是御步行（勤务）格。

多久鹤山书院选聘教习武艺和礼仪老师唯才是用，“新流派稽古年轻教师礼仪可以调查研究一下，例如跡方北岛加太夫，如果技术熟练，责任心强，就可以考虑聘请他当老师”，“教习射箭的年轻教师古贺又兵卫、田中斟左门、松崎及平技术熟练，责任心强，就可以考虑聘请他们当老师”，“如果有希望能从事教授弓箭的，要进行面试，面试之后可安排相应教学工作”，“练习枪术的，如果动作技术方面和中岛市郎右门有相似之处，或者曾经跟随中岛彦右门、鹤田文次郎学习过的，责任心强的，就可以考虑聘请他当老师”。要与老师签订合约，协议到期，表现不合格者就解除合约，而如果一月中如果有十至十五天不能上课者就必须罢免。

藩校书院一般由藩重臣担任主要负责人。高远藩校进德馆于万延元年（1860年）创建，文武兼修，下设立文学部和武学部，由家老冈野忠休兼任文武总裁。津和野藩校养老馆弘化二年（1845年）改由家老一人担任都教，主管馆事，中老（仅次于家老的藩厅官员）担任准都教，作为家老辅佐，大目付（藩厅总监察）负责管理校内法规，监督学生生活，担任学生指导。小仓藩校思永馆也是由家老一员负责。

师长的选任一般都很慎重，津和野养老馆就规定，教授要贤明权威，稳重有道，有着和年龄相匹配的高尚品德，关心国事，专注学问；助教由品行端正、热心教学的人担任，在规范行动、修正品德、笃学、勉行几个方面教导学生弟子；句读由详明读本音义者担任；塾长任命俊秀敏锐者担任，监督学生日常生活，惩戒不良行为；计吏根据管理者指示，负责馆内各种物品账目，任命廉洁正直者担任。

日本书院师长任职有两种特殊现象，一种是家族世袭，另一种是师徒相传。

长崎私立官助的立山书院及其后续的钱溪书院是家族世袭的典型。正保四年（1647年），向井元升向长崎奉行马场三郎左卫门建议建造书院，获得支持，拨给土地建造圣堂和书院，向井元升成为塾师，讲说儒家伦理，听讲者常常挤爆讲堂。长崎是受天主教影响最大地区之一，幕府禁止天主教，宽永十四年（1637年）曾爆发反抗暴政的岛原起义，天主教信徒也积极参加。向井元升讲说致使人们正伦理而明秉彝，得辨仁义五常，长崎文教由此兴起。万治元年（1658年），向井元升迁往京都行医，没有塾师，书院停办。宽文三年（1663年），书院被火延烧，延宝四年（1676年），长崎奉行重建书院，聘请南部草寿担任圣堂祭酒，延宝八年，南部草寿辞职而去，书院又没有塾师，恰好向井元升三子向井元成来到长崎，被聘为祭酒，子孙文平、元仲、齐宫、雅次郎、鹰之助世袭七代，直到明治维新时期书院废除才结束这种师长世袭制。

大阪怀德堂是由商人集资建造、集体管理而后发展为家族世袭的典型。商人们集资建造私塾性书院时，其中的中井甃庵经多方交涉，获得幕府准许。书院落成后，以其师三宅石庵为学主，中井甃庵为预人（委托保管者），捐资者五人为支配人，其中一人担任年行司，负责日讲谢礼金、年挂金（分期交纳的捐款）、捐赠金的收纳保管和支出。三宅石庵去世后，中井甃庵成为学主兼预人。中井甃庵去世，推举三宅石庵之子三宅春楼为学主，中井甃庵之子竹山为预人。三宅春楼天明二年（1782年）去世，竹山兼任学主，此后学主就为中井家族世袭，怀德堂也由中井家独自管理。文化元年（1804年），竹山去世，因长子先卒，遗言以其弟履轩为教授，其子硕果为预人兼教授，不再设学主。天保十一年（1840年）硕果病卒，原来以外甥并河寒泉为养子，寒泉回宗，又以从弟之子桐园为嗣，桐园为预人，寒泉为教授。一直延续到明治维新时期，人们尊新厌古，几乎成为洋学的天下，怀德堂门可罗雀，不得不关门大吉。

大阪泊园书院也是家族世袭。藤泽东陔于文政八年（1825年）创建该书院，其子南岳于明治六年（1873年）重兴书院，南岳长子黄鹄、次子黄坡相继主持，一直延续到黄坡去世。

家族世袭最典型的是汤岛圣堂。林罗山于宽永七年（1630年）争取到幕府支持在忍冈创建家塾，由于其任幕府侍读，负责幕府的外国事物和法制起草等工作，所以没有书院职务。子孙兼任侍读，宽文三年（1663年），赐予其子林恕弘文院学士，“十二月二十六日，列相连署，传特旨，赐号弘文院，因号书院曰弘文馆。馆名弘文昉于此”，但并非书院职务。《昌平志》说其孙林春信“袭号弘文院学士、朝散大夫、大学头”，恐非，设置大学头应该是在迁至汤岛升格为学院后的元禄四年（1691年），“四年辛未正月，新庙落成，二月七日迁神位，命大学头林信笃致告”，“越十三日，林信笃特恩朝散大夫、大学头，班亚亲卫郎骑将，主管庙学事”，日本斯文会所编《史迹汤岛圣堂》所列大学头也以林信笃（1680年起主管书院事）为第一代，可见世袭大学头是自林罗山之孙林信笃开始，历经林信充、林信言、林信征、林信敬、林衡、林皇光、林健、林韑、林升延续十代，但血统上只有四代，到林信敬已经不是林氏后裔而是林氏弟子，不是血统而是学统。天明七年（1787年），林信征去世，林家仅有林信笃次子信智之孙信彭时任儒员，为林信敬堂兄弟，在大学头因年幼或生病时与父信有都曾以林氏族人代为主祭，但林信彭是林信有养子，林家已经无人。于是以弟子为养子承继，富田能登守明亲次子被幕府选作林家养子，改名林信敬承袭。林信敬任职五年去世，无子，以松平能登守松平乘蕴次子能藏为嗣，改名林衡。以养子为嗣，这在中国是根本不可能的事情，但在日本这种现象很多，某派学者没有后裔或后裔学术上不能接续，就以弟子为养子作为学统延续。大名也是这样，某大名没有后代，就经幕府同意以另一大名之子来接续。米泽藩原是上杉家族领地，年禄30万石，宽文四年（1664年）大名上杉纲胜去世，以吉良义央长子三郎作为上杉家继承人，削减为15石，宝历十年（1760年）又以高锅藩大名秋月种美的第二子直松为米泽藩大名上杉重定的养子接任大名。幕府将军没有后嗣，就从本家族中选择，有的也说养子，其实是不对的，八代将军德川吉宗是德川家康的曾孙，属于御三家之一的纪伊家，他接替家继任将军，从血缘看，他是家继的祖父辈，祖父怎能成为孙子辈的养子呢？

福冈藩修猷馆属于藩校而由学者家族世袭的典型。天明三年（1783年）决定建造藩校修猷馆就任命竹田定良为总受持（馆长），其后馆长就为竹田家族世袭。宽政八年（1796年）竹田定良辞职，长子定矩接任二代总受持，文化四年（1807年）定良次子定夫接任，天保十一年（1840年）定简接任，庆应元年（1865年）定猗接任为第五代总受持，一直到明治四年（1871年）废藩时都是由竹田家族袭任馆长。

不仅书院负责人世袭，有的教师也是家族世袭。昌平坂学问所圣堂附儒者古贺朴宽政四年（1792年）曾任学宾，三月后离去，九年来任，去世后其子古贺小太郎继任，《圣堂物语》说古贺谨一郎以小太郎之子继承家职（世袭的行业），看来是世袭的。津和野藩校养老馆山口刚斋、山口省斋、山口慎斋、山口鼓溪祖孙四代担任津和野藩校养老馆文学祭主兼教授，也是属于家族世袭。

师徒世袭担任学官的也不少。土浦藩校郁文馆宽政十一年（1799年）建馆后，聘请朱子学者藤森弘庵为教授，弘庵任职20年，其后门人弟子五十岚仪一、田中正诚、木原节夫等相继担任郁文馆教授。萩藩校明伦馆曾经由越氏塾河野养哲门人山根之清、小仓实廉、之清的儿子泰德和小田村公望的养子直道担任祭酒，小田村公望和之清的养子道晋还担任过都讲。越氏塾宽保元年（1741年）复兴后，由曾跟随荻生徂徕学习的山县周南的弟子滝鹤台出任督学，其后一直由徂徕学派学者负责。明和四年（1767年）收归藩校，藩校教师轮流主教，越氏塾出身的山根华阳、山根南溟父子曾来任教，八年后改为常设，华阳弟子饭田乐轩于1775年至1787年任督学，其后同门吉田文献、胁山阳、吉武江阳、今津桐园、今津秋庵相继担任督学。

第四节　师长待遇

日本书院师长不论藩立、私立还是私立官助都给予俸禄，有的藩立书院师长由武士担任，由于武士已有俸禄，所以只是给予补助。另外，有的书院对师长还进行奖励。

藩立书院中，尾张藩校明伦馆总裁（后改称督学）、主事、都讲都是禄米20石，这应该是月禄，文化、文政间待遇有所提高，总裁俸禄每年千石以上，督学200石至300石，教授100石至200石，典籍50俵至59俵，监生40俵，上座生年金3两，素读系给袴1反[①]，后来改为给100匹，主事150石，书记2石，主财8石，谒者、给事金3两，事务所附中间（仆役）、食堂附中间都是每人2

① 反，日本布匹长度单位，长28尺，宽9寸，每尺30.3厘米。

两3分。三根山藩校始建于天保年间，明治三年聘请新保正与为大教授，秩禄23石，也应该是月俸。

藩设立的乡校书院也给予报酬。秋田藩于宽政间设立8所乡学，均以书院为名，统属藩校明德馆管理，教授由明德馆派遣，经费也由藩厅支付，育英书院教授薪金为银180目。

大阪含翠堂是商人们设立的私立书院，享保十四年（1729年）时每年两次发给俸禄，七月、十二月分别给教师白银43目，明和年间标准提高，每月给教师白银25目，一年共计300目。

长崎立山书院及其迁建后的钱溪书院属于私立官助。正保四年（1647年）由向井元升倡议建造，待遇不详，重建后长崎奉行聘请南部草寿为祭酒，俸禄150石，应该是年禄。迁建为钱溪书院后，祭酒（校长）兼书物改役（负责审查长崎港进口图书，严禁天主教图书进口）禄米30俵，给予相当于列为武士的俸禄白银6贯[①]360目；安政六年（1859年）改为教授后给银35两[②]，应该是月俸。明治元年（1868年）改称圣堂学头，给米60俵，银25两（一说米30俵，银35两）。助教相当于教授，支给银币20枚或15枚，世话役每人支给银币3枚，教导每人支给银币5枚，待遇差距非常大。

彦根藩校稽古馆职员都是领取俸禄的藩士，稽古馆应该是不再付给报酬。宽政年间稽古馆每年经费仅70两，不算无定员的教师就有20多位，职员和服务人员50多位，70两连这些人俸禄都不够。稽古馆教授早期给予10人的家禄，天保十三年（1842年）增加到20人，安政四年（1857年）破格给予250石。

多久乡校鹤山书院师长的待遇最为详明。明治维新前书院师长的具体待遇规定为：

---

① 贯：日本计重单位，1贯等于1000目，约3759克，目（又作匁）以中国开元通宝定重量，约3.759克。匁：日本古代衡量单位。

② 两：日本两比中国小，金1两=4匁4分=16.5396克，银1两=4匁7分=17.6673克。

文武方头人：1名，由家老等级者担任，兼杂务头人，一年合力定银1枚，从邑厅支出，不用书院经费。

教授：1名，由骑士等级者担任，兼杂务中役，如无合适人选，可以平士等级者升格任命，每年俸米4石5斗[①]。

助教：由平士等级者担任，每年俸米2石7斗，外加合力钱200目，但以20文为1目，下同。

教谕：2名，由平士等级者担任，每年俸米2石7斗，外加合力钱每名200目。

教谕兼学监：1名，由平士等级者担任，兼杂务目付（监察），每年俸米2石7斗，外付合力钱200目。

指南役：2—3名，由平士等级者担任，按学生多少增减，内1名兼司库，每名每年俸米2石7斗，外加合力钱200目。

稽古指南役：8—9名，不分骑士、平士等级者担任，每名每年俸米1石8斗。

教授以下、指南役以上有定勤和日勤之别，每日2—3名定勤，每名每日给米9合。

合力钱1目折铜钱20文远低于市价，按照市价，1两金=60目银=4贯铜钱，按江户时期每贯铜钱960文折算，1目也折64文。书院初创的元禄十二年（1699年），米价1石约85.7目，万延时米价涨至约146.5目，庆应年间米价已经涨至约304.6目。每派武艺和礼仪还各设置一位教师，每年俸禄1石5斗，如果是两位教师则每人7斗5升，而捕手教师略高，每年俸禄1石8斗。待遇不算优厚，这些人很可能都是在书院兼职。

---

① 日本衡制进率与中国相同，1石=10斗=100升=1000合，京升方4.9寸，深2.7寸，约1803立方厘米，1石大米大约144公斤。

明治二年（1869年），师长由23名减为20名，名称改变，待遇也改为新货币：

教导：1名，月给金7円。

小干事：1名，月给金6円。

副教导：2名，月给金每名6円。

寮监：9名，月给金每名5円。

明治四年，废藩置县，改为多久乡学校，师长名称再次改变，待遇有所提高：

大寮监：1名，月给金9円。

中寮监：2名，月给金每名8円。

小寮监：月给金每名7円。

待遇最为丰厚的是幕府官学。自林罗山起林家兼任幕府侍读，负责外国事物和法制起草等工作。宽文三年（1663年）赐予林恕弘文院学士，给予俸禄1000石，宽文七年编成《本朝通鉴》后加赐200石。迁至圣堂后，升格为学院，仍由林家负责，称大学头，官阶从五位下，朝散大夫，班在小性组番头（亲卫郎骑将）之后，主管庙学事，子孙承袭。二代大学头林信充宝历四年（1754年）辞去大学头，充任民部少辅。宽政九年（1797年），幕府将学院收归为幕府直辖官学，大学头加俸1500苞，年俸达到3000石，六代大学头林衡时增至3500石。

师长卓有成绩还会受到加禄奖励。福冈藩校修猷馆总受持竹田定良俸禄300石，天明七年（1787年）因为创建藩校及藩校开办以来的功绩加增20石。

第五章　日本书院学生

宽政十一年（1799年），彦根藩校稽古馆落成，藩厅专门给目付（藩监察主管）发出通知。通知共14条，具体内容如下：

一、稽古馆已经建成，各位武士、家臣的户主及未成年男子中十五岁到三十岁之间的务必每日到校学习，不得懈怠。在这个年龄阶段中，家中有用人、主管、佣工等人的可以视自己情况自由安排是否到校学习。

一、有俸禄的、骑马徒士、三御步行等人可自行安排是否到校学习。

一、陪臣千石、一骑之骑马役可自由到校学习，但须向目付申报名字。

一、满十五岁但到校学习有困难的，提出申请后方可自由安排。

一、三十岁以上人员，或未满十五岁的，也想上课的人员由自己的父母或者兄长向稽古馆取众提出申请后可以到校学习。

一、到稽古馆学习时需申报姓名，因故不能到校的要在上课前向目付提出申请。

一、稽古馆素读所用书籍是《孝经》和《四书》，请自行准备。

一、十五岁到二十岁之间的学生，素读是必修课，二十岁以上的希望参加素读课的可以自由参加。

一、十五岁到二十岁之间的学生需要练字，二十岁以上的和前项一样，希望的可自由参加。但是写字练习需要桌子和砚台，故参加练字的学生需自带写有自己名字的桌子、砚台参加。

一、十五岁的学生素读和练字都需参加，所以两个都要申请。

一、到校学习时需身着和服，要求简单朴素。着简单和服，自带骨柳饭、炒米饭，所有这些都应以质朴简单为宗旨。

一、儿童上下学途中，路上由二十岁以上的学生帮忙照料。

一、藩主家臣以及弟子长到十五岁以后，需学习弓箭、枪术、剑术、居合的入门。

一、每月休息时间稍后另行通知。

通知规定15岁至30岁之间的武士、家臣及子弟必须到馆学习，只有家有雇佣人员、已在藩服务或学习有困难者可以自行决定是否入馆学习，入学者要由父兄向稽古馆总管提出申请，自备书籍、课桌、砚台、午饭，在校要穿和服，学习内容是素读（只读不讲）《孝经》《四书》和写字。此通知涉及学生身份、入学办法、学习内容、费用、着装等诸方面，比较典型地反映日本书院学生情况。

第一节 学生资格

日本书院以各藩自办藩校为多，由于江户时期实行严格的身份等级制度，大多藩校对学生身份都有一定要求，而私立书院则比较自由，对学生身份很少有限定。

藩校书院学生主要为武士子弟，许多藩校规定藩士子弟必须到馆学习，多久鹤山书院甚至规定，士族子弟25岁之前如果拿不到书院的文化课毕业证书和一门武艺证书就失去继承武士身份的资格，不能继承家族的武士身份。

高知藩校规定，藩士子弟13岁起必须到藩校教授馆学习，会津藩规定武士及其子弟11岁至18岁者必须到藩校日新馆学习，尾张藩文久三年（1863年）规定，千石以上藩士子弟达到11岁必须入学受教。白河藩规定10岁以上藩士子弟到藩校立教馆文武兼修，忍藩规定10岁以上藩士子弟入馆学习，武士身份的人必须学习儒学和军学（北条流），丸龟藩规定16岁至37岁的藩士都要到藩校正明馆学习文武两道。新庄藩校明伦堂始建于安永四年（1775年），规定全部藩士子弟都要入学，十五六岁以上的藩士子弟则没有限制。峰山藩规定藩士男子必须到藩校敬业馆学习，彦根藩规定15岁至30岁武士及子弟都必须进馆学习，不得懈怠。佐仓藩校规定，8岁至24岁藩士子弟必须入学，这是义务。8岁先入读书稽古所（藩校分校，后称东塾、西塾）素读、习字和学习礼节，15岁到藩校本校温故堂学习，学完课程考试合格就可以毕业，如果成绩不好，即使超过24岁也不能毕业。萩藩明伦馆只允许士族子弟入学，文久三年（1863年）才扩大到卒子弟。高田藩校建造很晚，庆应二年（1866年）建造修道馆，教官从儒臣和武士中选拔，藩士子弟必须入馆学习。多久鹤山书院也规定士族子弟8岁至25岁之间为学习年龄，如无重大疾病必须入校学习，而卒以下武士不受此限。

有的藩校书院学生入学标准更高。小笠原藩校天保年间只允许武士身份的子弟入学，以后放宽到卒的上位者子弟可以到生徒控所学习，庆应年间才允许下卒子弟入学，但仍未对平民开放，入学年龄没有特别规定，八九岁到十二三岁都可以。鹤冈庄内藩校致道馆规定，中级以上武士子弟均可以入学，下级武士只有优秀子弟才可以入学。鸟取藩校尚德馆大约建于宝历七年（1757年），只允许中级以上武士及子弟入学，嘉永五年（1852年）扩建后才扩大到下级武士及其子弟。天童藩规定坊主格以上地位的30岁以下藩士每天午刻（12时）至申刻（16时）到藩校养正馆学习，而住在武家公邸的藩士整天都要去学习。平户藩校维新馆入学标准更高，只有马迴（大名的骑兵卫队）以上的武士子弟才有资格到馆学习，13岁以上入馆，将学生分成蒙生、秀士和学员三等。津和野养老馆嘉永二年（1849年）建造菁菁舍，规定物头以下马迴以上武士的嫡子15岁必须入舍学习三年，马迴格以下武士子弟可以自由申请。

有的藩比较开明，也允许庶民子弟入学。壬生藩校学习馆允许一般庶民入馆，熊本藩校时习馆初期只允许武士及其子弟入学，后来才扩大到庶民。冈山藩乡校闲谷学校初创时就允许庶民子弟入学，学生以庶民子弟为主，也接受武士子弟和来自他领的学生和浪人。冈山藩校石山仮（临时）学馆以8岁至20岁武士子弟为教育对象，但也允许20岁以上武士子弟和庶民子弟入学，但据说庶民子弟实际上并没有入学的。尾张藩校明伦堂在细井平洲担任督学时虽然不允许庶民入学，但允许庶民听讲，他还经常到藩内讲学所巡回讲课，教导庶民。藩办书院开放庶民入馆学习一般都比较晚，福山藩是明治元年（1868年）才允许庶民到藩校诚之馆学习的。

多久鹤山书院为领主多久茂文于元禄十二年（1699年）创建，没有学生身份限制，武士、百姓和町人子弟都可以入院学习，但家臣子弟从8岁到25岁必须到书院学习，没有修满学业者不能继承身份。但从书院平面图看，有家老子弟和卒子弟学习和寄宿场所，未见百姓和町人子弟学习场所。明治维新前寄宿学生多达150名（其中20名由邑主负担费用），走读生130名，为便于领内子弟就学，还下设3所分校，上田町分校学生8人，志久分校学生60人，笹原分校90人，而且规定每年资助3—5名学生到江户、京都、长崎等地学习。多久只是一个8600石领地的小邑主，如此重视教育是难能可贵的。170多年的教育背景使多久成为日本江户时期教育最为普及的地区，以致时人说“多久的百姓置锹论道”，“多久的鸟也会说《论语》”。

有的藩为武士子弟和町人子弟分别设学进行教育。会津藩于延宝二年（1674年）设立郭内讲所教育藩士子弟。元禄元年（1688年），藩主保科正容令再兴郭内讲所教育藩士，另建町讲所教育町人，但次年强令将宽文四年（1664年）民间集资建造的稽古堂与其合并。天明八年（1788年）规定，11岁至18岁武士及其子弟必须到郭内讲所学习。享和二年（1802年），町人可以入学的町讲所增加到两所，甲贺町的讲所命名青蓝舍，花畠通的讲所命名友善舍。

有的藩校将学生按照身份在书院内分别教育。鸟取藩校尚德馆规定，武士子弟在大文场和大武场学习，徒士、足轻子弟只能在小文场和小武场学习。高知藩校致道馆文久二年（1862年）迁建后区分得更细，武士子弟在养正寮学习，时习寮和轻格子弟手习所供地位低的人学习，乡士以下、徒士称氏者的教场和足轻以下、不称氏的徒士教场还要分开，前者在右，后者在左。日出藩将藩主子弟和武士子弟分开教育，文化年间建造藩校致道馆教育武士子弟，天保十二年（1841年）建造学问所，以稽古堂作为藩主子弟的学习场所，聘请教授教学，规定给人（有领地家臣）以上武士长男要每月六次陪读。水户藩校规定藩校弘道馆只接受武士子弟入学，乡校允许庶民入学，设置在大久保村的乡校暇修馆允许神官、乡士（乡居武士）、村役人（村官）和其他一般庶民子弟入学，设在常陆的延方学校始建于文化五年（1808年），允许乡医、神官、乡士和村民入学，教育内容为医学、汉学和国学，后来又增加武场，进行军事教育。

私立书院、私塾、乡校等对学生身份一般没有要求。钱溪书院虽然有官助，但仍然属于私立，规定入学者无论身份、年龄，不问士农工商，凡有志于学，年龄在六七岁以上，又在学校定员以内者均可入学。当然受时代所限，在校学生还是当地官员、富人子弟居多。学生多为走读，几乎没有住校生。外地来求学的学生一般各自在市内租房或投亲靠友走读。当时具体的学生人数无从得知，据说应有百名左右。

大阪怀德堂是町人们集资建造的私塾，学生不论身份地位都可以来学习，享保十一年（1726年）曾规定武士在上座，但讲学开始后才到的武士不享受此优待。享保十五年，三宅石庵去世，由五井兰州接任学主即取消此差别，学生交往不论贫富贵贱，按照入门早晚、年龄大小、学问水平高低排座。

私塾虽然不限定学生身份，但收归藩办官办后就有了身份规定。越氏塾初办时为私塾，对学生身份没有限制，武士、陪臣、寺社人员都可以入塾学习。河野养哲去世后成为藩乡校，改为以教育藩士为主，寺社人员、足轻、陪臣以下入塾学习不用登记。

学生资格变化最多的是林家书院。忍冈时期由林家自行负责招收学生，“不限士庶，许生徒皆负笈而游焉”，四方负笈游学者都可以入学。当时参与编写《本朝通鉴》的就有95人，可见书院颇有规模。《本朝通鉴》编写完成后，林恕请求将参与编写的学生的学粮减半拨给，幕府照旧拨给全额。书院迁往汤岛后，圣堂祭祀收归幕府，但学院教学仍然由林家负责，仰高门讲经也允许庶民听讲。宽政三年（1791年），将原来拨给学粮的95人名额收归官有，再增加5人凑成定额100人，为补偿林家，仍保留林家家塾，给予30人的学粮，“别赐三十口于信敬，以充塾粮”，官私共存。次年制定学规规定，“僧道商工、乐伎优杂及离绝君父、伪冒姓名、不道乡贯而窃籍他邦者并不许入学，但如商工弃其本业、奋志笃学者，许齿于生徒之末”，限定学生范围，不允许僧人、工商、乐伎优杂和违背伦理、假冒身份者入学，但允许商工业者放弃本业后学习，座位在学生最后。宽政九年（1797年）幕府将学校收归官有，改称昌平坂学问所，成为幕府直属学校，“变更黉制，乃放生徒，罢职员（即癸丑所置），专令大夫士及子弟讲肄焉”，清出林家弟子，取消私学。规定幕府直参（能够参见日本实际统治者幕府将军的武士）子弟才可以入学，寄宿学生旗本（将军直属武士中领地不满1万石但能面见将军的武士，此时约4000多位）子弟20人，御家人（领地1万石以下不能面见将军的武士）子弟10人，天保以后增加至48人，全部支给官费，另外还招收走读生。享和元年（1801年）添建书生寮，扩大招生范围，陪臣、浪人、游学者和学问所教官门人都可以入学，从《书生寮姓名簿》看，还有很多处士。弘化三年（1846年）至庆应元年（1865年）各藩到昌平坂学问所学习者共505人，其中有35藩处士54人，约占总学习人数的10.6%。书生寮开始定额50人，以后再加到七八十人。

第二节　学生名额

日本书院多是各藩自办，江户时期封藩270多个，大藩领地多达120万石，小藩领地只有1万石，还有领地在1万石以下的小领主。由于各藩收入不等，经济实力差距很大，所以学校规模不等，学生名额多少不一。

早期建造的书院一般学生名额较少。冈山闲谷学校延宝元年（1673年）落成，建造时间早，且是乡校，学生定额30—50人。萩藩是领地只有36万石的中等藩，享保三年（1718年）重建，住校生定额45人。米泽藩安永五年（1776年）建造藩校兴让馆时是15万石的小藩，初设藩费学生定额20人，自费生（寄宿生）10多人，天明饥荒时藩费生一度减少到12人，两年后才恢复旧额。津和野是个只有4.3万石的小藩，天明六年（1786年）建造藩校养老馆，初期只进行中等教育，初等教育在私塾进行，素读《四书》《五经》后十五六岁才能入馆学习，进行复读、轮读、诗文会等中级教育，所以学生数量不多，走读生30人，寄宿生20人。庄内藩校致道馆始建于文化元年（1804年），学生数额300多人，其中寄宿生20人左右。在馆学生分五级，只有递升到第三级才能寄宿。但也有个别实力较强的藩校学生众多，福冈藩是52.6万石的中等藩，天明四年（1784年）同时建造两座藩校，即东学问所修猷馆，西学问所甘棠馆，东馆有学生600人，西馆有学生300人，宽政十年（1798年）甘棠馆被焚，两馆合一，学生达到900人。

19世纪建造的书院一般学生名额较多。相马藩校育英馆文政五年（1822年）始建，有学生200多人。饫肥藩享和元年（1801年）建造藩学校，天保元年（1830年）扩建后称振德堂，有学生120人。柳川是10.9万石的小藩，文政七年（1824年）始建藩校传习馆，有学生150人。

建造较早的书院到19世纪时学生数量大增。萩藩嘉永二年（1849年）有1000多人，但只向30名住校生提供饮食。会津藩校日新馆规模较大，文化六年（1809年）时有学生1000多人，仅15岁以上提供一餐者就有600多人。越氏塾改乡校后，今津桐园任教授时，每日受业者有六七十人，登记的门人有350人，文久元年（1861年）九月十七日一天发放读本的小学校生徒就有54人。

一般来说，书院经济实力可以决定藩校学生的多少，但藩主重视也是藩校学生多少的重要因素。学生名额并不是全由书院经济实力来决定的，许多小藩的藩校书院规模并不小，学生名额也不少。多久只是一个8500石的领主，连大名都不是，但领主一直重视教育。元禄十二年（1699年）就建成鹤山书院，书院在两次火灾中被焚都是次年重建。鹤山书院在明治维新前有寄宿生150名，其中学校给费者20名，自费者130名，走读生120名，合计270名；明治维新后、学制改革前寄宿生仍然有120名，其中校费生10名，自费生110名，走读生100名，合计220名。

有的书院注册学生很多，但并不是每人都能到校学习。萩藩乡校越氏塾有注册弟子350人，但听课者并不多，今津桐园墓碑记载一次听课者有六七十人，庆应二年（1866年）二月繁泽权右卫门上课12天，少时23人，多时36人，12天共有372人，平均每天有31人，学生多为船夫。

第三节　学生类别

日本书院学生类别至为繁杂，有的以学习程度划分，有的以身份高低划分，有的以是否住校分类，有的以是否享受生活补助分类。

按照学习程度划分学生类别者为多。庄内藩校致道馆文化二年（1805年）开学，将学生分作句读生、缲扬生、外舍生、试舍生和舍生5类，此外还有学前生，每日上午7时到8时到馆读书，称作朝句读。日出藩校致道馆将学生按照受教育程度分作受业生、素读生、四书生、五经生和经学生5类。平户藩校维新馆将学生分作蒙生、秀士和学员3类，水户弘道馆将学生分作讲习生、轮讲生和居学生。熊毛德修馆将学生分作3等9类，下等为敬道、无逸、观善3类，中等分作乐群、琢磨、日就3类，上等分作典学、小成和入学3类。

有的藩校根据学生身份将其分在不同教室学习，但根据身份等级确定学生级别的不多，仅见于会津日新馆。在素读所，俸禄500石以上武士的长子为第一等，俸禄在300石至500石武士的长子为第二等，俸禄未满300石武士的长子和300石以上武士的次子为第三等，花色纽组以上者为第四等。

有的书院根据学生是否住校将学生分成寄宿生和走读生。津和野养老馆学生就分成寄宿生和走读生，多久鹤山书院分内生（住校生）和走读生。会津日新馆也设走读生，到讲释所走读的学生要编成什，选出什长，每什要一块到校、离校。

有的书院以学生是否享受生活补助分类，米泽藩校兴让馆将学校给予生活补助者称作诸生，将自费者称作寄宿生。此外还有走读的友于堂生，10岁左右早饭前到馆素读的童生。

分类最为复杂的是会津藩校日新馆。日新馆将学校分作素读所（小学）和讲释所（大学）两级。素读所按学生身份分等，第一等为俸禄500石以上武士的长子，第二等为俸禄300石至500石武士的长子，第三等为俸禄未满300石武士的长子和俸禄300石以上武士的次子，第四等为花色纽组以上者。身份不同，学习内容也不相同。第四等素读《孝经》《四书》《小学》《诗经》《书经》《礼记》《易经》《春秋》，学习《童子训》，考试合格者升入第三等，如果12岁合格，优秀者给予奖励。第三等学《四书》（并记朱熹注）、《小学》（并记朱熹注）和《左传》，春秋两次课试合格者升入第二等。第二等学习《四书》（并记朱熹注）、《小学》（并记朱熹注）、《礼记集注》、《蒙求》、《十八史略》，春秋二次考试合格者升入第一等，如果14岁合格，优秀者予以奖励。第一等学习《近思录》《二程治教录》《伊洛三子传心录》《玉山讲义附录》《诗经集注》《礼记集注》《周易本义》《春秋左氏传》《国语》《史记》《前汉书》《后汉书》和《四书》（并记朱熹注），春秋两次内试素读没有标点本，再经过本试合格者就可以升入大学，如果16岁合格还给予奖励。在素读所修完第一等者、俸禄500石以上武士的长子和成绩、人物优秀希望入学者、南北学馆等出身者经过考试就可以到讲释所学习。

讲释所（大学）将学生分作上、中、下三等。下等学生读没有标点的经书、历史，学习写作七言绝句诗和文章，练习将汉文训读体直书的文本还原为汉文原文文言文（复文），考试合格后升入中等。中等学生读没有标点的经书、历史和杂书，学习写作七言律诗、五言排律、作文、序、跋、记事，考试合格者升入上等。上等学生学习经书和史书，下午和晚上以内会为主，进行讨论和调查研究。中等生优秀者如果获得昌平黉书生寮资格就可以去游学，也可以到其他藩校游学，时间3年，可以延长到10年，优秀者经过选拔还可以到外国留学。

第四节　学生费用

日本书院学生费用情况不一，有的书院不向学生收费，并且免费提供饮食，有的书院提供部分经费，有的书院学生一切自费，有的书院还要学生交纳束脩和谢仪。

向学生免费提供饮食的书院不是很多。尾张藩校明伦堂不收学生束脩和谢仪，庆应以前没有寄宿生，学生全部走读，藩校提供饮食，每年共需玄米164石，柴炭等杂费约250两，应该是提供一餐。米泽藩校兴让馆设学置学生名额20个，学生一律住校，与教师一起生活，书院每年给予学生1两补助，此外还设置10多个自费名额。津和野养老馆进行中级以上教育，七八岁在私塾素读《四书》《五经》，十五六岁后到养老馆开讲，学生名额为60名，其中寄宿生和走读生各30名，只有超过半数的寄宿生享受藩费补助。冈山闲谷学校虽然是乡校，但待遇不错，《闲谷学校学业规则》规定民间子弟、家臣子弟都可以申请餐饮，看来是免费提供饮食。

忍冈林家书院宽文四年（1664年）因为按照幕府安排编纂《本朝纲鉴》，幕府拨给95人口粮，书院迁至汤岛后依然，宽政二年（1790年）幕府又增加5人凑足百人，作为官学学生口粮，又赐30人口粮作为林家私塾学生口粮。宽政九年，汤岛林家学院收归幕府，同时将130人口粮全部收回，交由大司会统管，免费提供饮食。次年建造寄宿寮，规定寄宿生30名，天保后增至48名，均由幕府提供费用。享和元年（1801年）添建书生寮，扩大招生范围，陪臣、浪人、游学者和学问所教官的门人都可以入学，开始定额50人，以后增加到七八十人，从130名学生学粮中拿出30名学生的学粮作为书生寮经费，30人经费负担七八十人明显不够，书生寮学生应该是自己要负担部分经费。

有的书院只对部分学生提供部分费用。多久领主规定，鹤山书院设置文学专修生七八名至十名，每名每月给米3斗，内生（住校生）只提供盐、酱、油和沐浴费用。明治维新前，鹤山书院负担费用的住校生增加到20人，自费生130名，明治维新后，学制改革前降为校费生10名，自费生110名。萩藩明伦馆规定住校生45名，但只向30名住校生提供饮食。津和野藩校养老馆设寄宿生20名，半数以上为藩费生，由藩发给经费，其他学生则需自备经费。

有的藩校规定费用全部由学生自理。彦根藩校稽古馆初创时就规定，学生要自备教材《孝经》和《四书》，自备课桌和砚台，自带食物，“自带骨柳饭、炒米饭，所有这些都应以质朴简单为宗旨”。宽政年间，稽古馆每年开支仅70两左右，看来确实没有向学生提供多少经济支持。会津藩校日新馆早期也不提供饮食，文化三年（1806年）才向15岁以上者供一餐，供餐者有600多人。越氏塾天明二年（1782年）开始，藩主出资供给住校生6人饭食，宽政七年（1795年）住校生增加到10人，万延元年（1860年）改称讲习堂，有寄宿生15名，其中6人得到藩全额饭食补助，5人得到半额饭食补助。鹤冈庄内藩校致道馆规定，对于在素读所（相当于小学）和终日诘（相当于初中）学习的学生不提供饮食，外舍生（相当于高中）、试舍生（相当于大学）需要住校，每人每年要交7俵米，书院只向舍生（相当于研究生）提供饮食，还免去舍生一切公务。

有的书院要求学生自备学习书籍，有的学校则向学生提供书籍。萩藩乡学越氏塾向学生发放教科书，文久元年（1861年）九月十七日就向小学7名学生发放《孝经读本》各1部，向12人发放《大学》《中庸》各1部，向3人发放《大学》各1部，向船夫班的23名学生发放《孝经》《大学》各1部，向2人发放《孝经》各1部，向7人发放《大学》《中庸》各1部，书院1天内就向54名学生发放经书96部。

有的书院也要求学生自备学习用具，有的书院则为学生提供全部学习用具。冈山闲谷学校提供习字的全部文具：习字所里，每个学生配备一个学习桌，一个木砚，五个盘子以及相应的纸、墨，一支毛笔，一把刷子，一个水桶。盘子、笔、刷子如果没有了就依次补充，临摹用纸在二日的抄写课上发给学生。高锅藩向藩校明伦堂提供学生学习用的兵器。

有的书院规定学生入学要向老师交束脩，每年还要交谢仪。长崎钱溪书院是私立书院，学生需要交纳一定费用，但并没有明文规定，按照惯例，每名学生每年要交纳束脩和谢仪约200疋①。束脩可以是现金，也可以是实物，谢仪每年分两次交纳。

多久鹤山书院规定学生入学要献束脩，“入学者与老师初见时，必先奉赠礼物以表敬意。分银札八分、五分、三分不等，武术也需准备。藩札三分相当于十文钱，其余以备之”。此外每年还要交两次谢仪，“文武共，一年分寒暑两次以团扇、素面或者和纸作为谢师礼物”。

菰野修文馆规定，学生入学献束脩时向老师送装入箱子的2把扇子，谢仪每年中秋和春节送两次，贫家子弟每次大约从银二三匁②到金1朱或2朱③，富家子弟一般是金50疋到100疋，富家子弟相当于贫家子弟的5倍左右。

第五节　学生出路

书院时期，日本没有科举制度，学生就没有科举入仕一途，但“学而优则仕”，通过学习能够顺利继承家族的身份地位，能够在本藩或外藩谋得职位。

① 1疋折铜钱25文。

② 银1匁=3.759克。

③ 金1两=16.5396克=4匁4分=16朱，金1朱折铜钱250文。

日本社会在历史上是一个等级森严的社会，每个人一出生就有自己的身份，而家族地位一般采用严格的宗法制，只有长子才有资格继承。为了提高武士素质，各藩几乎都规定武士子弟必须到藩校学习，有个别藩甚至规定将学生在书院的学习成绩作为其继承家族身份的条件。多久邑就规定，士族子弟25岁之前如果拿不到鹤山书院文化课毕业证书和一门武艺证书就失去继承武士身份的资格，不能继承家族的武士身份。

为鼓励学生努力学习，许多藩规定对学习成绩优秀者予以重用。庄内藩校致道馆将学生分作句读生、缲扬生、外舍生、试舍生和舍生五等，都是通过考试合格递进。舍生考试合格，就容易被录用为藩的主要官员。菰野藩规定，学习七年期满，考试合格者给予相当的职务、工作。

尾张藩主在制定的明伦堂制度中一再申明要对成绩好的学生予以重用，“学业达标合格的加以提拔鼓励”，“今后可以考虑从这些学生当中招募有识之士委以重任，从学校里推荐过来的要优先录用”，“千石以上官员之家的学生，可根据情况给予重职。先给予一个家中仆人的身份，但同时要磨炼他的意志。”督学家田大峰有目的地培养多方面人才，将学生修行分作7道14科，“孝友慈爱（孝敬长辈，兄弟和睦，有良善慈爱之心）、直言正义（直言不讳，公正），宽裕庄栗（不挑剔，做好人，言行举止庄重）、刚毅信敬（刚强坚毅，信任敬重），方正公察（不偏袒，公正，能辨明是非）、果断明决（明达有决断），深计远虑（深谋远虑）、数量洁清（清正廉洁），辞辩捷给（能言善辩，应对敏捷）、临机应对（能灵活机动应对情况的变化），愿悫廉清（诚实，廉洁清白）、笃实简要（忠诚老实，简单扼要），能文善书（善于属文，善于书写）、事理疏通（能简明扼要的梳理各种事情）”，规定“前面的科目之中，有一人准备两道三科，择其长处，根据其人品格，给予相应职务”，有目的地培养不同人才给予任用。

许多藩为鼓励学生学习，都规定学习成绩优秀者可以到幕府官学昌平黉学问所进修，或到其他藩校游学，也可到国外留学。会津日新馆庆应二年（1866年）曾派山川大藏赴俄罗斯和欧洲留学，庆应三年又选派横山主税和海老名季昌到欧洲留学。

高锅藩规定对优秀学生给予学费到江户、京都等地留学。多久领主规定，乡校鹤山书院每年可以有3—5人到江户、京都、长崎等地学习，游学费用来自书院和领主，均由书院文武教师总管发给。福冈藩主以私金资助藩校修猷馆优秀藩士到江户、大阪、长崎游学，还派遣留学生到国外求学。津和野藩校派遣学生到大阪、江户留学，天保十四年（1843年）一次就派出六人留学，其中中老（仅次于家老的重臣）、马迴（藩主的骑马卫士）和两位医师符合身份要求，另外两人身份低就以中老随从名义派出。会津藩日新馆将学生分作下等、中等和上等三个阶段，进入中等就有望被推举到幕府官学昌平坂学问所进修，或者到全国其他地方游学，由藩支给经费，弘化三年（1846年）至庆应元年21年间到幕府官学昌平坂学问所进修的就有19人。从津和野藩校养老馆的情况来看，外出留学一般为三年，归来后还要对学生进行考试以测试其留学成绩。学生到其他藩校书院留学是普遍现象，津藩支校崇广堂平面图中就有两处留学所，一所位于大门右侧，题作“留学所”，一位于主馆右侧，兵学寮之后，题作“大和留学所”，看来两所接待的留学生不同。

外出学习者更容易得到官位。菰野藩修文馆学生藤牧金吾约于嘉永三年（1850年）被选拔外出游学，先后游学神户藩儒小谷秋、水津藩儒官斋藤拙堂和江户儒家盐谷宕阴门下，文久四年（1864年）回藩，被任命为修文馆督学兼藩主侍讲。津和野养老馆坂村佐代治因身份低只能以随从身份到昌平黉学习，归来后担任藩校教授。

学生到幕府官学昌平坂学问所学习后任官者很多。仙台藩大槻平泉曾经担任舍长，回藩后于文化七年（1810年）担任藩校养贤堂第四任学头。关启辅嘉永五年（1852年）入学，成为安积艮斋弟子，安政五年（1858年）担任经义挂、舍长，同年十二月退学，回到仙台担任藩校教官。来自水户藩的原任藏嘉永六年（1853年）入学，成为古贺谨堂弟子，安政二年（1855年）学成归藩，擢任水户弘道馆训导，还设家塾收徒设教。来自土屋的木原雄吉嘉永三年入学，成为古贺谨堂弟子，七年回藩担任藩主文学。来自尾张藩的浪人鹫津郁太郎弘化二年（1845年）入学，成为古贺谨堂门人，嘉永元年（1848年）退学后出仕久米藩，因事辞职后回到尾张藩担任侍读，先后擢任藩校教官和督学。津和野藩堀竹堂回藩后担任藩校养老馆教授，市川复斋回藩后担任养老馆汉学教授，还兼任藩厅寺社奉行。

私立书院学生虽然在任职上没有藩校优势，但由于书院教育质量高，并不影响他们获得好的前程。越氏塾虽然是私塾，但许多弟子都能在藩主那里找到很好的工作。门人山根之清、小仓实廉和山根之清之子泰德都担任藩校祭酒（校长），小田公望、山根之清养子道晋担任过藩校都讲（主讲），小田公望养子直也担任过藩的祭酒，其后今津秋庵也担任过藩校讲师。

足利学校一直以研究《周易》著称，早在16世纪初期弟子就有3000多人，学生毕业后很容易在各藩找到官位，大多为大名提供占卜服务。

第六章　日本书院制度

日本书院制度深受中国书院制度影响，有的书院直接将《白鹿洞书院揭示》作为书院制度，有的书院则是制定本书院制度。

第一节　采用中国箴规

日本书院采用中国书院制度主要是采用《白鹿洞书院揭示》，另有个别书院采用朱熹的《敬斋箴》、管仲的《弟子职·学则》。

一、《白鹿洞书院揭示》

《白鹿洞书院揭示》传入日本比较晚，平坂谦三先生认为其随《朱子文集》传入，大约是在15世纪前后，但传入途径不详。最早重视《白鹿洞书院揭示》的是中江藤树（1608—1648年），他于宽永十六年（1639年）制定的《藤树规》就是仿照的《白鹿洞书院揭示》，并照录其绝大部分内容。

研究《白鹿洞书院揭示》较早的日本学者是山崎闇斋（1618—1682年），他30岁时所著《辟异》就全文引用《白鹿洞书院揭示》，在接触到朝鲜李滉的《白鹿洞书院学规集注》和《白鹿洞规图》后，他于庆安三年（1650年）撰写《白鹿洞书院揭示集注》。山崎闇斋开端后，日本兴起《白鹿洞书院揭示》研究热，其弟子浅见䌹斋作《白鹿洞书院揭示考证》《白鹿洞书院揭示师说》和

《白鹿洞书院揭示讲义》，三宅尚斋作《白鹿洞书院揭示解说》和《白鹿洞书院揭示口义》，幕府儒官中村兰林作《白鹿洞书院揭示讲说》和《白鹿洞书院揭示口解》，中村惕斋作《白鹿洞学规讲录》，贝原益轩作《白鹿洞学规讲义》，山口春水作《白鹿洞揭示演说》，唐崎彦明作《白鹿洞学规讲义》，稻叶默斋作《白鹿洞揭示笔记》，山口刚斋作《白鹿洞书院揭示附录》，樱田虎门作《白鹿洞书院揭示讲义》，昌平黉佐藤一斋作《白鹿洞书院揭示解义》《白鹿洞书院揭示问》和《白鹿洞书院揭示译》，堤它山作《白鹿洞学规发挥》，东条琴台作《白鹿洞揭示校正》，川崎履作《白鹿洞揭示答书》，佐藤坦作《白鹿洞学规集注》，长野子成作《白鹿洞揭示别录》，泽田眉山作《白鹿洞揭示略解》，岩本复作《白鹿洞揭示图解》，久米订斋作《白鹿洞揭示口义》，阪谷朗斋作《白鹿洞揭示说》，山下秋堂作《白鹿洞书院揭示译解》和《白鹿洞书院揭示释义》等。“此书出版之数量在我国亦十分之众，以闇斋的《白鹿洞书院揭示集注》为开端，各类藩校及民间都对其进行出版，其数目达到七十余种。”[①] 学者们对《白鹿洞书院揭示》给予很高评价，阪谷朗庐认为“盖宇宙间事物千端万绪，而揭示外无道，揭示外无给，苟不合乎此者皆邪说暴行矣”[②]。

藤树书院首开其端，此后直接以《白鹿洞书院揭示》作学规的书院越来越多。

会津藩校稽古所创建于宽文四年（1664年），次年藩主保科正之招请山崎闇斋为宾师，并请他编写《玉山讲义附录》，山崎闇斋就将《白鹿洞书院揭示》收录在中卷内，会津藩校稽古所是已知最早学习《白鹿洞书院揭示》的藩校。创于宽文六年（1666年）的冈山藩闲谷学校讲堂落成时就悬挂上《白鹿洞书院揭示》，每月讲释6次，后来改在每月朔日“月次讲释”，还

① ［日本］阿部吉雄：《日本朱子学与朝鲜》，东京大学出版社1965年版，第282页。

② ［日本］阪谷朗庐：《白鹿洞揭示说》，见《朗庐全集》，转引自张品端《〈白鹿洞书院揭示〉在日本的流传及其影响》，《集美大学学报》第10卷第3期。

允许一般农民听讲，贞享三年（1686年）京都中村惕斋来访时也进行讲说。创建于元禄十二年（1699年）的多久鹤山书院落成时也将《白鹿洞书院揭示》书写在讲堂壁上。

宽政四年（1792年），汤岛林家学院重建完成，恢复厅堂讲经。大学头林信敬有病，由林信彭代讲，摄讲《白鹿洞规》，并给每位听讲者各发一册，“每岁开讲例止洞规，发讲席间，给赐刊刻洞规于听者各一本”，每年首次开讲都讲《白鹿洞书院揭示》应该是从此开始的。幕府甲府官学徽典馆每年正月十五开馆讲释《白鹿洞书院揭示》，也是每人发给一册，要求听讲者衣冠整齐。骏府明新馆正月十九开馆也是讲说《白鹿洞书院揭示》。

私立书院大阪怀德堂在中井竹山担任教授兼预人时，将《白鹿洞书院揭示》置于巨板上，每年开讲时悬挂在讲堂门楣上。

佐仓藩校温故堂从文化十年（1813年）即以《白鹿洞书院揭示》为学规，正月十一日开学首先讲释，并成为惯例，改称成德书院后，天保七年（1836年）书写成匾悬挂在讲堂内。松山藩校明教馆文政十一年（1828年）开馆时，教授日下陶溪讲说《白鹿洞书院揭示》，其后的教授武智五友竟默写洞规904次。

备中一桥家嘉永六年（1853年）建造的乡校兴让馆将《白鹿洞书院揭示》悬挂在讲堂内，每天早晨第一件事就是集合全体师生，由首任教授阪谷朗庐带领学生齐声诵读，然后才上课，每年二月朔日祭祀完孔子，然后由馆长讲解《白鹿洞书院揭示》，本地大小官员都要出席。明治维新后，即使兴让馆成为

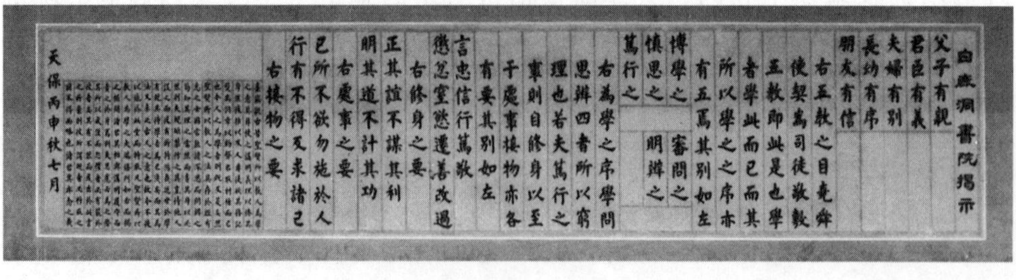

成德书院白鹿洞规匾

私立中学，仍然保持这一传统，并且在开学典礼、毕业典礼、校友会等活动时也是先齐诵《白鹿洞书院揭示》。

安中藩校造士馆、柳河藩校传习馆都将《白鹿洞书院揭示》悬挂在讲堂内，多久乡校鹤山书院则将其书写在讲堂壁上。

最重视《白鹿洞书院揭示》者莫过于新发田藩主讲口直养，他于安永元年（1772年）创建藩校道学堂，将《白鹿洞书院揭示》作为藩校的教育目标和学则，并规定庶民也可来听讲，安永七年还令印刷《白鹿洞书院揭示》广为宣传，贫困学生可以申请免费领取或只付给成本，“从藩中到乡村贫困学生可以申请无代价附与或只附与资力与纸代”，农村的讲会所和城区的社讲所都有讲师讲说《白鹿洞书院揭示》，藩主还将《白鹿洞书院揭示》作为奖品颁给有善行者，使《白鹿洞书院揭示》成为社会教化教材。

日本书院采用《白鹿洞书院揭示》一览表

书院名称	位置	性质	开始时间	采用方式			说明
				学则	开讲	教科书	
藤树书院	滋贺	私塾	1639年	√			中江藤树摘入藤树规
稽古馆	会津	藩校	1665年	√	√		
闲谷学校	冈山	藩校	1666年	√	√		
鹤山书院	多久	乡校	1699年	√			
育英馆	阿武郡	乡校	1716—1735年		√		
时习馆	熊本	藩校	1756年	√			
振德堂	篠山	藩校	1767年	√			
道学堂	新发田	藩校	1772年	√	√	√	
怀德书院	大阪	私塾	1782	√			
养老馆	津和野	藩校	1786年	√			
弘道馆	佐贺	藩校	1787年		√		
学问所	广岛	藩校	1781—1788年		√		

（续）

书院名称	位置	性质	开始时间	采用方式			说明
				学则	开讲	教科书	
昌平黉	东京	官学	1792年		√		
明伦堂	金泽	藩校	1792年	√			
敬业馆	林田	藩校	1789—1800年		√		
徽典馆	甲府	官学	1789—1800年		√		
稽古所	挂川	藩校	1802年	√	√		
立教馆	桑名	藩校	1809年		√		
稽古馆	弘前	藩校	1810年		√		
成德书院	佐仓	藩校	1813年	√	√		原名温故堂
礼让馆	宫津	藩校	1818年	√			
传习馆	柳川	藩校	1826年		√		十代藩主立花鉴贤定
博喻馆	前桥	藩校	1827年	√	√	√	
明教馆	松山	藩校	1828年	√	√		迁建后开馆时
教谕场	津山	乡校	1841年		√		
徽典馆	松前	藩校	1845年			√	
文武学校	松代	藩校	1846年		√		
造士馆	安中	藩校	1853年	√			
兴让馆	备中	乡校	1853年	√	√		
诚之馆	福山	藩校	1856年		√		
明道馆	福井	藩校	1854—1859年		√		
道学馆	鹤田	藩校	1866年			√	
明伦堂	名古屋	藩校	1867年			√	
求道馆	足利	藩校	1868年	√			
观光馆	佐野	藩校	1869年		√		
敬义馆	馆山	藩校	1869年		√		

（续）

书院名称	位置	性质	开始时间	采用方式			说明
				学则	开讲	教科书	
藩校	松本	藩校	1870年	√			
维新馆	平户	藩校	1870年	√		√	
修身舍	森	藩校	1870年	√			
学聚馆	吹上	藩校	1871年	√			
学问所	津山	藩校	不详	√			
明新馆	骏府	官学	不详		√		
育英馆	阿武郡	乡校	1716—1735年	√			

已知日本有包括官学、藩校、乡校、私塾在内的42所书院采用《白鹿洞书院揭示》作为学则或教科书，此外还有琉球那霸的国学，宽政十年（1798年）也将《白鹿洞书院揭示》作为学则，但此时琉球尚未属于日本。

《白鹿洞书院揭示》对日本书院发展和教育作出较大贡献，但是在明治维新时其主要内容被纳入《教育大旨》和《教育敕语》，由于片面强调忠君爱国，以致形成效忠天皇的狂热和军国主义的嚣张，这对中国和亚洲诸国造成很大伤害，这不是儒家思想和《白鹿洞书院揭示》造成的，如同武器不会杀人而是使用者杀人一样。

二、朱熹的《敬斋箴》

日本书院主要采用《白鹿洞书院揭示》为学则，没有像朝鲜书院那样将《四勿箴》《心箴》《夙兴夜寐箴》作为书院规则，只有多久乡校鹤山书院曾经一度将朱熹的《敬斋箴》当作学则书写于讲堂壁上，大约在文政间《敬斋箴》才被《东原庠舍学制》取代。

三、管仲的《弟子职·学则》

将管仲《弟子职·学则》作为书院学则的见于米泽藩校兴让馆。安永五年

米泽藩校兴让馆管仲《弟子职·学则》匾

（1776年）九月，藩主上杉治宪的老师细井平洲第二次到米泽，藩校重兴，据《大学》“一家仁，一国兴仁；一家让，一国兴让”取名兴让馆，并选择管仲《弟子职·学则》第一章作为兴让馆学则，亲自将其书写在木板上并悬挂于讲堂内：

先生施教，弟子是则。温恭自虚，所受是极。

见善从之，闻义则服。温柔孝悌，毋骄恃力。

志毋虚邪，行必正直。游居有常，必就有德。

颜色整齐，中心必式。夙兴夜寐，衣带必饬。

朝益莫习，小心翼翼。一此不懈，是谓学则。

此悬板至今尚存于山形县立米泽兴让馆高等学校内。

第二节　自定学规

日本书院大都有学规，除使用中国书院学规外，更多的是制定本书院学规。

一、私立书院学规

日本书院最早学规是从私立书院开始的，最早见于藤树书院的《藤树规》。该学规制定于宽永十六年（1639年），具体如下：

大学之道，在明明德，在亲民，在止于至善。

朱子曰：尧舜使契为司徒，敬敷五教。五教者，父子有亲、君臣有义、夫妇有别、长幼有序、朋友有信是也。学者学此而已。愚按：三纲领之宗旨壹是，皆以五教为定本，而其所以学之术，存养以持敬为主，进修以致知力行而日新。其别如左。

畏天命，尊德性。右持敬之要，进修之本也。

博学之，审问之，慎思之，明辨之，笃行之。右进修之序。学问思辨，四者所以致知也。若夫笃行之事则自修身，以至于处事接物亦各有要。其别如左。

言忠信，行笃敬，惩忿窒欲，迁善改过。右修身之要。

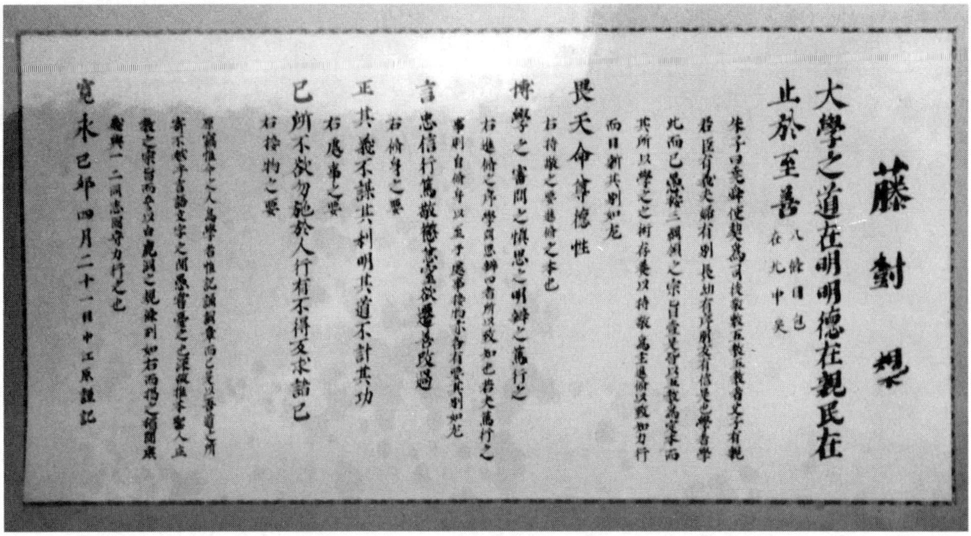
藤樹規

大學之道在明明德在親民在止於至善

畏天命尊德性

博學之審問之慎思之明辨之篤行之

言忠信行篤敬懲忿窒慾遷善改過

正其義不謀其利明其道不計其功

己所不欲勿施於人行有不得反求諸己

寛永己卯四月二十一日中江原謹記

藤树规

正其义不谋其利，明其道不计其功。右处事之要。

己所不欲，勿施于人，行有不得，反求诸己。右接物之要。

原窃惟今之人为学者，惟记诵词章而已，是以吾道之所寄不越乎言语文字之间。愚尝忧之也深，故推本圣人立教之宗旨，而参以白鹿洞之规，条列如右而揭之楣间，庶几与一二同志固守力行之也。

“修身之要”“处事之要”“接物之要”照录朱熹的《白鹿洞书院揭示》，朱熹的“为学之序”改作“进修之序”，而且照抄五教内容，毫无疑问，中江藤树的《藤树规》是在朱熹《白鹿洞书院揭示》的基础上略加修订而成的。

同时，中江藤树还制定《学舍坐右戒》，具体如下：

一、可明辨长幼之序，而笃行惠顺之义也。尊长敌少幼，辈行凡五等：曰尊者，谓长于己二十岁以上在父行者；曰长者，谓长于己十岁以上在兄行者；曰敌者，谓年上下不满十岁者，长者为稍长，少者为稍少；曰少者，谓少于己十岁以下者；曰幼者，谓少于己二十岁以下者。

《记》曰：行一物而三善皆得者唯世子而已，其齿于学之谓也。故世子齿于学，国人观之，曰：将君我而与我齿让，何也？曰：有父在，则礼然。然而众知父子之道矣。其二曰：将君我而与我齿让，何也？曰：有君在，则礼然。然而众著于君臣之义矣。其三曰：将君我而齿让，何也？曰：长长也然。而众知长幼之节矣。又曰：天子之元子，士也。天下无生而贵者也，此乃可观长幼之序，不可不敬。

一、同志之交际，可以恭敬为主，以和睦行之；一毫不可自择便利，狠毋求胜；不可淫媟戏慢，评论女色；不可动作无仪；不可里巷之歌谣、俚近之语出诸口；宜德业相劝，过失相规。

一、每日清晨拜诵《孝经》，可以养平旦之气，而后或受读，或受讲，或温习，或誊写，不可一时放慢。晚炊后可以游于艺，若及志倦体疲，则可少逍遥自适。[①]

《学舍坐右戒》比较简单，只有三条，分别要求学生明辨长幼之序、同学之间恭敬和睦、学业不能怠慢，尤其重视《孝经》。具体的要求主要在第二条。

大阪怀德堂后又称怀德书院，这是商人集资建造的私立书院，享保十一年（1726年）制定堂规并悬挂在大门一侧。其规定为：

一、学问尽忠孝，鼓励敬业，解释以自得其趣为第一，所以不带书的人也能听。发生不得已的事情，讲课中允许退出。

一、武家子弟坐上座，但讲课中途出席者不受制限。

一、首次出席的人要向中井忠藏（甃庵）提出申请，若忠藏不在，向掌管人助手提出。

同时还公布日课规定：

一、日讲之书：《四书》《五经》《诗经》《春秋左传》《近思录》。

一、每月望同志会合，老先生讲《象山集要》。每年正月十五日初会，同志燕集，老先生有初讲，后因故每月会改在十六日。

一、休息日为朔日、八日、十五日、二十五日。

“武家子弟坐上座……”一条在三宅石庵去世后被取消，改为“学生之交不论贵贱贫富均为同辈，但是有年龄大小的差别，座席可以新旧长幼、学术深浅互相推让”，同时也将原来的无关系者禁止进入改为没有关系的本町人只要无碍就可以听讲。

---

① ［日本］《藤树先生全集》卷三。

二、幕府官学学规

未见林家书院制定学规，元禄四年（1691年）幕府将其迁至汤岛，落成时大学头林信笃于圣堂仰高门东舍讲经，以后此举成为制度。宝永五年（1708年）制定仰高门讲经制度，共五条，具体如下：

一曰：起讲于未，而傍于午，院迩来会，迟速从意；

二曰：讲无虚日，士庶许听，但人众溢席，敢辞后者；

三曰：佳节三名日皆俗间嘉辰，亦人事不可废者，故于是日特阙讲；

四曰：门外须却退仆从，切禁诤斗厕闹；

五曰：汤水有局，饮洗从便。

仰高门讲经制度允许自由听讲，所以非常简单。宽政五年（1793年），幕府加强对书院管理，“九月十八日详定学政，始置学规、职掌二例”，才制定学规。

学规五则：

一曰入学：僧道商工乐伎优杂及离绝君父、伪冒姓名、不道乡贯而窃籍他邦者并不许入学，但如商工弃其本业、奋志笃学者，许齿于生徒之末。

二曰行义：学校是育才首善之地，而教化所由出焉。宜笃实退让，必信必礼，勿议国政，勿失成宪，切禁游惰骄纵、妄诞虚夸之习，博奕玩戏、衣食丰美之风，长幼有序，先后有次。自非疾病有故不敢晏起，质明闻柝必起。

三曰修业：经史作文，各因其材而造就，亦须由《四书》《小学》，尤禁败俗非圣之书、新奇怪异之说。每岁准程，试其成否，三年不成乃从黜去。

四曰讲会：讨论义理，讲穷精微，须必有依据，切禁无稽臆说。作诗若文，字句声律须就先辈质问。

五曰放缴：学门启阖，严限晨昏，牌具姓名，出入必信。放于卯时，缴于酉时，自非疾病有故不许出宿于外，外人亦不许留宿于内。①

第一条规定学生资格，其他四条均是对学生的要求，虽然文字简单但内容比较全面。

三、藩校书院学规

藩校书院大都制定学规，学规一般都是简单易行。小滨藩校顺造馆天明中由藩厅老中名义发布藩校制度，制度共4条，分别是藩校禁止孔孟程朱之学之外的异学；学生要专守礼让，尊敬师长，信义相交；讲习讨论经史之外，禁止无益杂谈；以经业为本，旁及子史，有余力可修文艺。

彦根藩校稽古馆宽政十一年（1799年）开馆仪式时就宣布了制度，该制度还被贴在讲堂南面墙上，每年正月十五开学时，师长一定将其大声读给学生们听。

一、学文之道，在于忠信孝悌之根基，通达治国安邦之宗旨，成为为国可用之才，相互激励。

一、习武之道，在于习得弓马剑枪，以仁义廉耻为根基，精心钻研武道，刻苦钻研。

一、天生笨拙之人，如果不能熟练习得文武技艺，如果能遵循五伦之道，行为端庄，也不必感到羞耻。

以上几条务必牢记。今日开馆之际，遵循直政公直孝公遗风，昌盛武道，熟练弓马剑枪，以忠信孝悌为根本礼仪，知廉耻，正风气，各位务必

---

① ［日本］犬冢逊：《昌平志》卷二《事迹志》。

领会本规定，相互鼓励，不得有误。习武之人，务必行为端正，如果不是，即使精于武艺，行为放荡，不懂礼仪；又或者是偏文弱武，藐视天下，应被视为伤风败俗，祸害国家，罪不可赦。各位弟子，切记切记，以为共勉。

宽政十一年己未七月

除此以外，藩府九月二十一日开馆前关于学生入学的通知中也有有关学规的规定，藩府家臣和有领地武士长子以及15岁至30岁男子必须每天到馆学习，只有家里有用人、主管、佣工等人者、在藩厅服务者可以自由决定是否到馆学习，规定学生自带教材、自带学习工具，甚至对学生的着装、自带饮食等也作出规定，“到校学习时需身着和服，要求简单朴素。自带骨柳饭、炒米饭，所有这些都应以质朴简单为宗旨”。开馆后又补充不得把馆内书籍带走、不得打架斗殴、注意用火安全以及上午九点到十一点学文，十二点到下午三点习武等。

藩厅对书院管理也非常严格。家老每年要对稽古馆视察六次，并认真视察讲课情况。除定期视察外，还经常临时到馆检查。近侍、视察员、视察监督员也会时不时到馆激励学习，视察员、内部视察员也会到馆视察。特别是书记员会在每年正月十六日和每月四日到馆检查。藩主也会不时赴馆视察，直亮《当用日记》记载，文化九年（1812年）二月二十一日藩主从江户回来后，马上就到稽古馆视察，九月十四日听玉渊授课，二十二日听中养父授课，十二月十一日集合馆内诸位差役发表讲话。

尾张藩校明伦堂文化九年（1812年）时督学冢田大峰制定《戒约》，主要侧重于学生学习：

一、对学问用心，孝顺父母，尊敬兄长，忠于君主，取信于友。领悟施政之道。若被任为一官半职，就要用心掌握和其官职相应的谋略，致力于安定团结的目标。学业上要懂得主修和辅修分开，从《孝经》《论语》

开始研究经义，作为主修，涉猎史记、孔子等百家全书，分辨时事兴废，人物得失，作为辅修。

一、要从文章中领会道义，能够自己书写，书中文义能非常明了的理解，依据其意达成的程度诚心诚意的修行。有闲暇时间要练习写诗，写诗时要根据对事物的感觉、对风花雪月的真情实意而吟咏。

一、区分经义，分清史传，举出古今之人得失。其中是非是否正确，评论其道义，以矫正自身的修行。有志之士在良善之间的取舍，比起书，学问切磋更值得推崇。平日里不要妄论他人过失缺点，谦虚恭谨，做事快速敏捷，博览群书，慎言慎行，忠诚老实，恭顺敬重。

一、对待同学的学习，无论其长幼、高贵还是贫贱，都要胸怀坦荡，知己短处，给同学好的指引。不得以贱与贵、少与长、学问的深与浅区别对待同学，一定要保持谦逊的姿态。

一、平常言行举止，《曲礼》《少仪》《内则》《弟子职》诸篇文章里都有记载，还有另外其他的。看过各篇后，肯定会有所得。品行懒惰的要多读书，这样才能成长，否则就要接受世人的嘲讽，甚至变成师友的耻辱。这是应该要思考的。

右边各条不单单只是关乎明伦堂的事情，而且更是要成为一国之表率的事情。在这堂中子弟的表现，应该要成为风化之标本。一定要心存敬畏之心，若背负戒约的，还有放荡浮华之辈，一定要给予深深地斥责。根据其品格，也会给予临时退馆的决定。

19世纪中期，面对外国列强的环伺，日本危机感日益增强，文久三年（1863年），藩主德川庆胜亲自制定了九条学规：

如今国家形势不容乐观，每日被各种形势所迫，被迫快步追赶。不稳定的时候，民众一家之仪是根据自己所属的藩的样子，一藩之目标是则可以成为国家的目标。太平之年长久，特别是因为四通八达的地理，自然学习方面容易染上地痞流氓之风气，也容易变得娇柔懒惰。义勇奋发的决断精神传到诸藩那里自然消失了，最后成为皇武祖先所追随的忠孝礼的瑕疵，成为万世永存的耻辱。学校是一国士林风气的榜样，除弊是焕然一新的起源，任何细微的地方都要做出奋发向上的姿态。

一、入学者要能明辨是非，知晓大义，要有杀身成仁的精神，切不可任意妄为，文武艺术的磨炼才是学习的初衷。

一、总之，无论和平时期还是战乱时候，万事以和为贵。为了现在的国家，必须尽快改变目前的处境，把这个想法切实地贯彻到自己的行动中。凡事以和为贵，恪守彬彬君子之风。如果凡事固执己见，以自我为中心，最终就会弄得人心不和，不能团结一致。

一、成绩位居倒数的国校学生一定要告示天下，让人们都知道这些倒数的人是最可耻的。无论学文学武，都要根据他们的成绩，如果成绩好就可以加以提拔。学生需要掌握的记忆，限定两年之内一定要让学生掌握。一定要学生刻苦学习，努力钻研，学业达标合格的加以提拔鼓励，两年内还不能掌握的可责令其退学。

一、新申请入学的，如果能达到一定的标准的可即时成为学生。

一、无论如何，所有学生一切平等，以学业水平论高低，不能拘泥于做学问的风格异同。

一、总之，可以根据对应的规定，根据学生性格的不同，决定录取或者不录取。

一、今后可以考虑从这些学生当中招募有识之士委以重任，从学校里推荐过来的要优先录用，录用人才时要参照经书中的用人之道。

一、学生在学校可修习弓马剑枪炮等技能，管理人员根据其技能，要做到与每个学生详细面谈。不拘泥于学生以前的旧习，可对学生情况做一些详细调查。

一、千石以上官员之家的学生可根据情况给予重职，先给予一个家中仆人的身份，但同时要磨炼他的意志。这些人的十一岁到二十岁的子弟一定要让他们上学，使之好好学习。

十一月十四日

御当君御实名

前大纳言样御实名

执事

也许是危机意识太重，这些学规让人感觉有点语无伦次。

制定规章制度最为详细的是多久乡校鹤山书院。鹤山书院又名东原庠舍、东原精舍，先后制定《东原精舍仕组觉（计划备忘录）》《东原庠舍学制》《教则》《东原庠舍规则》《入学心得书》《学科学规试验法及诸则》以及职员名称及俸禄、束脩谢仪等。

《东原庠舍规则》系安政六年（1859年）制定的，具体如下：

一、学生始入门，行束脩之礼有差，师乃授业垂识，而后相率谒于圣庙，退而授之业。

一、生徒在学，各以其等列叙齿，勿敢有挟贵长侮卑幼，勿敢有不逊而犯上，壹是皆宜礼仪相先。

一、内生每日轮带二人，掌晨夜击钟及洒扫堂舍、供给茶汤等事。

一、昧爽钟鸣而起，栉盥，整衣服，共列师前，行拜礼，而各请益，肄业坐必端正，文具宜检。夜课既竣，复拜如初，然后乃寝，若夫笃志勤业者不在此限。

一、朝食以辰牌，晚饭在未申之交，夜则初更为期，每须守礼遵度。

一、外生每日上堂就课，在己（当为巳——摘者注，以下均直改）牌前，将命者二人及后至者一人掌洒扫等事，至未牌而散。乃若朝夕散堂亦以来晏者给扫除。课中及往来途中不许喧噪放逸。

一、凡课业自卯至辰、自己（巳）至末（未）、自酉至戌为正当，先讲明经义，而及子史，虽课余时必有事焉。要需惜阴如天，群于诗，会于文，则有别课。

一、设经筵，月九次，期在二、六、九之旦，至临时讲说及六艺诸术亦当分期，月再考书课，才再试艺术，以行劝惩，干文干武，各宜进益，勿有逋负。

一、朔望诸节，学职以下皆当谒圣庙，勿或怠废。本日休课，使寄宿生各归省其父母。

一、凡学生无料之高下与职之有无，至慎在火，严禁在酒，及出入假告，事事皆有法，违者是罚。亡论佚游、宴乐、戏慢、淫媟，须知凡百玩好皆妨志业，如有不从师教，而败类乱德之徒其放黜之，不得再入学矣。

右特系日用恒规，过此以往，凡圣贤千言万语远且大者孰非学则？苟能日夜讲求，而以实践力行，则将有所成就，亦何必哓哓（哓哓）。

多久乡校鹤山书院的制度很具体，管理也比较严格。明治三年七月的藩学法令规定，无论是住校生还是走读生一年均给予两次奖励。“六个月内来校一百二十日以上的奖励美浓纸一束，一百一十九日（含）以下一百日以上的奖小笔一对、墨一只”，“一年内到校学习二百四十天以上的学生会进行嘉奖鼓励，奖品包括美农纸一套，小笔一对，笔墨一条”。对于学习特别勤奋的学生“给予美浓纸两束或三束作为奖励”。对违反书院制度者进行处罚，“学生有不遵守校纪的，走读生下午两点限制离校，住校（生）学习到下午四点，依据其表现，留两到三天；住校生一天或两天，三日二便之外不得离开书桌，不准外出，还有数十日的离校禁止；严重的走读生和住校生一律退学，禁止出入校门”。

明治二年育德馆开设特训，12月25日改正文武学馆馆训，规定如下：

一、文武之道虽有区别，但文武双修犹如车有两轮，缺一不可。

一、学习文化的目的是光正一国之风，一定要研究天地运行之道，推考古今之历史，修身养德，习之以道，立志为国效忠。

一、学习武学的目的是掌握箭术刀法，练就虎胆雄心，威武不屈之大丈夫气节，立志为国效忠。

总的来看，日本书院学规一般简单易行，以劝勉式为主，即使有禁止内容也不像中国那样声色严厉。

第七章　日本书院著述、刊书与藏书

日本书院大多从事初等至中等教育，只有部分书院和幕府官学昌平坂学问所从事高等教育，因此进行著述和刻书的书院比较少，但日本有重视保存文化典籍的传统，所以不论是官立书院还是私立书院，藏书还是比较普遍的。

第一节　书院著述

日本书院著述有三种，第一种是幕府官学组织的著述，第二种是藩校书院组织的著述，第三种是私立书院的个人著述，但不论官府组织著述还是个人著述，日本书院著述不是很多，而且主要是在私立书院。

一、官学书院组织著述

官学书院组织著述的只有忍冈林家书院。正保元年（1644年），三代将军德川家光令林罗山修撰《本朝编年录》，编年录起自日本神话中的始祖神武天皇，终至宇多天皇（887—897年在位），共59纪，40卷，但因桓武、大同、弘仁、天长四天皇正史残阙，蒐辑多年仍未完成。宽文四年（1664年），四代将军德川家纲令林恕续录撰次，老中（执政）美浓守稻叶正则、大和守久世广之、相模守土屋数直、内膳正板仓重矩并领监修，于林家书院设置史馆，拨给80人月粮，作为参与编修史生的生活费用，宽文七年闰月书仍未成，于是增加编辑生员，加拨15人月粮，“恕及二子春信、信笃、侄胜澄与学生野节野勋、阪井亨、伊庭春贞等三十余人分校编纂，而恕实总裁之。是年十一月朔开局，五日一休，执政以下凡监修诸有司隔日巡视，其间各遣使馈劳问不绝，实国朝以来未有之盛举也”。宽文十年书成，赐名《本朝通鉴》，“凡三百十卷。誊净进上，仍增恕秩禄二百石及信笃白银千锭，信澄衣一套，史生银锭各有差。恕因请以史馆口粮之半永为学生之资，令给全数字以充学粮”[①]。《本朝通鉴》是江户时期官方编修史籍中最具影响力的编年体通史，在修史体例、文字、史观、史论等方面都为之后的史著提供借鉴。

二、藩校书院组织著述

藩校书院组织著述也不多见，已知会津藩著述不掇。承应元年（1652年），会津藩藩主保科正之命官医土岐长元编纂《辅养编》，宽文五年（1665年）主持编纂《玉山讲义附录》，次年编纂《会津风土记》3卷，宽文八年编纂《二程治教录》，宽文九年编纂《伊洛三字传心录》，宽文十二年编纂《会津旧事杂考》和《会津神社志》，延宝元年（1673年）编成《唐鉴要略抄》，贞享元年（1684年）编成《会津农书》，文化元年（1804年）编纂《诸士系谱》（又名《会津诸家系谱》），耗时20年，成书360卷。

三、私人著述

私人著述比较多，主要是私立书院，有林家书院、大阪怀德堂、滋贺中江藤树的藤树书院、京都伊藤仁斋的古义堂、江户山鹿素行的积德堂、会津横田俊益的稽古堂等。

林家书院著述自林罗山始，在经书方面，林罗山标点并出版《大学抄》《大学解》《论语解》等；在史学方面，他采用朱子学观点叙述日本史，著有

① ［日本］犬冢逊：《昌平志》卷二《事迹志》。

《神道传授》《本朝神社考》，力图调和日本固有信仰和朱子学说。他推崇朱子学，批判陆九渊和王阳明心学，批判佛教教义，排斥耶稣教，提出融合儒学和日本神教的神道论。他宣扬日本神道就是王道，也就是理，心外无别神，心外无别理，心清明是神之光，行迹正是神之姿，政行是神之德，国治是神之力，他的神道思想对日本后来的垂加神道和复古神道都有很大影响。林罗山一生著述很多，其子编成《林罗山先生文集》多达150卷。

大阪怀德堂著述主要是第四代学主中井竹山（1730—1804年）与其弟中井履轩（1732—1817年）。兄弟二人遵父命师事怀德堂助教五井兰洲，其父中井甃庵为学主兼预人，中井甃庵去世后，三宅石庵之子春胜任学主，中井竹山任预人。中井竹山在春胜去世后兼任学主，在讲学管理之余仍然著述不辍，著有批判徂徕学的《非征》8卷，记述德川家康事迹的《逸史》13卷，关于当时政治、经济、社会、文化评论的《草茅危言》5卷，文集《奠阴集》20卷，此外著述还很多，但大多未刻印。履轩自明和四年（1767年）36岁独自设塾水哉馆讲学，专心教学读书著述51年。中井竹山去世前留有遗言让其主管怀德堂，他仍然住在水哉馆，担任怀德堂教授并定期讲学。履轩著述130余种，涉及礼乐政刑、兵法、医术、历数、河工、古韵、深衣等诸多方面，诸如《七经逢原》32卷、《七经雕题》56卷、《七经雕题略》19卷，但刻印的只是一小部分。他清节自持，不喜交际，豪迈不羁，与伊藤仁斋、荻生徂徕并称为具有独立立场的学术大家。除竹山兄弟外，学生也有著述。创建怀德堂五同志中的道明寺屋芳春三子富永仲基十七岁就撰写出《说蔽》，指出儒家经典和诸子中的谬误，因而被指斥为诽谤儒学，被三宅石庵逐出师门，赶出怀德堂，到宇治黄檗山万福寺担任刻印《大藏经》的校正挂，他还批判神道、儒道和佛道，指出三道之外还有“诚之道”。他涉猎大量佛经，不拘泥于鬼神概念，撰写《初定后语》进一步表达他的宗教论，由于批评佛经思想，受到佛家恶评，但本居宣长、平田笃胤等人则对此大加推崇。仲基是很有思想的学者，但天不假年，只活了32岁。怀德堂另一个弟子山片蟠桃具有超群的经营能力，被称作中井门中的诸葛亮，除学习儒学外，他还学习天文学，对兰学（西方科学）也很有兴趣。内藤湖南对仲基和蟠桃评价很高："这些天才学遍大家之长，不断推出各种创意发明。富永仲基的《初定后语》、三浦梅园的《三语》、山片蟠桃的《梦之代》三本书是超越世俗偏见，对一些问题进行刨根问底的著作。"

中江藤树（1608—1648年）27岁放弃武士身份，返乡赡养母亲，29岁即有弟子来学，32岁作《藤树学规》，可见弟子已多。藤树一边授徒，一边著述，相继著有《持敬图说》（31岁作）、《原人》（31岁作）、《论语乡党启蒙翼传》（32岁作）、《翁问答》（33岁作）、《孝经启蒙》（35岁作）、《小医南针》（36岁作）、《神方奇术》（37岁作）。他初习朱子学，33岁始接触阳明学，读到王守仁弟子王畿《龙溪语录》，"触发数多，虽然恐佛语间杂近禅学"，37岁读王阳明全集，"甚喜焉，学益进，弟子日众多矣"[①]，转而改奉阳明学，著有《大学考》《大学解》《中庸解》《中庸续解》，成为日本阳明学祖师。藤树书院在中江藤树去世后被大沟藩主禁止后停止学术活动，著名弟子熊泽蕃山和渊冈山等在外地开展教学著述活动。

伊藤仁斋（1627—1705年）36岁时在京都开设私塾古义堂，执教40余年，一边收徒一边著述。他初学宋理学，三十七八岁时怀疑宋儒背离孔子和孟子思想，于是摒弃朱子学，主张恢复孔孟儒家经典古义，著有《语孟字义》《论语古义》《孟子古义》《中庸发挥》《大学定本》《童子问》等书，开创古义学派。其子伊藤东涯继承家学，也是设教兼著述，著有《今古学变》《操斛字诀》《制度通论》《制度通》《名物六帖》《弁疑录》等。

山鹿素行（1622—1685年）早年入林罗山之门在林家书院学习，41岁时在江户设塾讲学，同时著述不掇，42岁至45岁与门人共同编出《山鹿语言类》45卷，46岁撰写《圣教要录》，攻击朱子学，被视为异端，流放到赤穗十年，54岁时回到江户，以私宅积德堂收徒设教，讲授兵学和儒学。山鹿素行早年

① 日本会津本《陶山先生年谱》，见《藤树全集》卷四二。

学习宋学，晚年宣称“以周公、孔子为师，而不以汉唐宋明诸儒为师”，批判宋学，程朱道学为阳儒而阴为异端，主张回归孔子之前的儒学，开创日本古学派。

横田俊益（1620—1702年）也是教学著述两不误的学者之一，45岁时在会津创办由民众集资建造的稽古堂，请冈田如默为堂主，自任教师对民众讲说《论语》等儒家经典，同时著述不辍，著有《养心录》《本草日用集》《大学章句倭字抄》《四箴倭字训戒》《通鉴拔书》《山内天正记》《山内横田系谱》等。

第二节　书院刊书

日本书院大多规模很小，即使藩校书院规模也不大，许多藩只有十几万甚至几万石高[①]，而许多支藩只有一万石，大名还要隔年住在江户，经费本身就不充裕，能够投入到教育的经费就更少了，但有的书院为了教学需要也曾自行刻印出版。

已知自行刻印书籍的书院有松前藩校徽典馆、米泽藩校兴让馆、佐仓藩校成德书院、一关藩校教成馆、汤岛圣堂、长崎钱溪书院、会津藩校日新馆、庄内藩校致道馆、津和野藩校养老馆等。

松前藩文政五年（1822年）创建藩校徽典馆后，用木活字印刷白文（白话）《古文孝经》和《白鹿洞书院铭》，作为教科书发给学生。印刷教科书用的5万木活字，是从下野黑羽藩大关土佐守处买来的。

米泽藩校根据藩主上杉治宪的要求，于文化四年（1807年）编辑细井平洲遗稿《嘤鸣馆遗稿》并刻板印行。细井平洲（1728—1801年）是上杉治宪的老师，安永五年（1776年）创建藩校时建议根据《大学》“一家仁，一国兴仁；一

① 石高：藩领地谷物产量。

家让，一国兴让”命名为兴让馆，选择《管子·弟子职》为兴让馆学则，并亲自题写后将其悬挂在讲堂内。平洲去世后，治宪令兴让馆收集其遗作，整理后刻印出版。

佐仓成德书院也刻印过书籍，但刻印书籍不详，现在还保存着松崎明复（1771—1844年）选编的《春秋左氏传》和《白鹿洞书院揭示》。

一关藩校教成馆始建于天保三年（1832年），自行刻印教科书，到嘉永六年（1853年）二十多年间刻印6种经书。

长崎钱溪书院刻印比较多，但除《白鹿洞书院揭示》外，多是书画作品。废校后还保存木板160块，其中有颜真卿书《游虎丘寺之文》2块，苏轼记赵子昂书《画记》2块，欧阳明文6块，有安政二年艺州神谷达良调之文的《文公先生真像》1块，董其昌《饮中八仙歌》6块，祝枝山《梅花七绝》1块，祝枝山书杜牧之《停车诗》1块，张瑞图《唐诗》1块，张瑞图《唐七绝诗》2块，米芾书《前赤壁赋》5块，陈言溥书《唐诗四首》2块，高玄岱书周茂叔《爱莲说》1块，苏文忠笔《七绝》2块，赵子昂《清华斋帖》1块，米芾《马赋》8块，董其昌书《昼锦堂记》8块，米芾书《禁中诗》2块，苏轼《蜃奇楼诗》2块，董其昌书《唐诗》3块半，米芾《继锦堂藏帖》1块半，赵子昂书董其昌跋《杨公济梅花十绝》1块，仲穆书《辋川诗二十首》1块，赵孟頫书《草庵记游诗》2块，陈白沙诗3块半，田边时敏书向井元升《圣堂记》半块，颜真卿书《多宝佛塔感应恩碑》5块，赵子昂《游天冠山诗》2块，李白书《独酌诗》和杜甫书《古柏柯诗》1块，苏轼自画赞《竹图》和沈岱赞史忠笔《松图》1块（两面刻），董其昌自书赞《莲图》和王本笔钱泳赞《兰图》1块（两面刻），米友仁笔米芾赞《梅图》和郭忠恕笔文徵明赞《菊图》1块（两面刻），朱文公书《孝》（大字）1块，守中斋上石赵子昂书1块，董其昌书2块，苏轼《大江东去》3块，苏轼咏书古《黄州寒食二首》王江楼法帖2块，董其昌书《鹤寿山法帖》2块，崇宁二年夏米芾《禁中诗》7块，王羲之《兰亭帖》8块，赵子昂《前赤壁赋》7块，董其昌行书4块半，铁舟道人梅图半块，米芾书《秋兴诗》6块，苏轼书《拟归去来诗》4块，李白草书刻于《拟归去来诗》一版背，苏轼书欧阳修《醉翁亭记》9块，王羲之书《般若心经》5块，苏轼《表忠观碑》3块，《白鹿洞揭示》4块，赵佳笔《雨后山水》1块，祝枝山图画1块，竹云画白龙山人记1块，林道荣书福寿、福、寿、董其昌醉月1块，小曾根乾堂笔宋人诗、池原日南书1块，共62种，主要是书法，仅有几块为绘画。刻制这么多木板印刷，看来书院刻印在当时很有市场。内中《文公先生真像》有安政二年（1855年）文，此版刻制不会早于此时，但不可能都是同时所刻制，因为明治四年（1871年）钱溪书院就停止刻印了。

江户汤岛也刻印过书籍，《昌平志》说，宽政四年（1792年）黉学落成，九月十五日厅堂讲经开讲，“会信敬疾，族人信彭摄讲《白鹿洞规》。每岁开讲例止洞规。发讲席间，给赐刊刻洞规，于听者各一本”，给赐刊刻洞规，应该是自行刻印的。

会津藩早在藩主保科正之时就不断编印书籍，承应元年（1652年）编印《辅养编》，次年印行《九章算术》，宽文五年（1665年）至宽文十二年，陆续编印《玉山讲义附录》《会津风土记》《二程治教录》《伊洛三子传心录》《会津旧事杂考》《会津神社志》等，延宝元年（1673年）编印《唐鉴要略抄》。藩校日新馆于天保十三年（1842年）设置专门的出版机构开版方（印刷所），印刷出版《日新馆童子训》《近思录》《小学》《四书集注》《白鹿洞书院揭示》《四书训蒙》《辅养编》《二程治教录》《伊洛三子传心录》《玉山讲义附录》《皇朝二十四孝》《孝经刊误》《和汉年代歌》《本事史》《草书格》等，既可满足教学之用，也在藩内薄利出售。

鹤冈庄内藩早期从京都购置图书，藩校致道馆从江户订购图书，后来自行刻印。先是以司书氏家龙溪为中心用木活字印刷，后改为木板。所印书籍主要为学校学习使用，只印刷《四书》，出售给学生。书板用樱木，两面刻，现在还保存着全部木板，共317块。

津和野藩校养老馆刻印书籍不详，已知刻印过本馆数学教授桑本才次郎执笔编写的教科书《算术尖円豁通》(微积分)，该馆文库还收藏有本馆刻印的本馆医学教授吉木兰斋所著的《西学入门》。

第三节　书院藏书

日本书院大多藏书数量不多，但日本有重视保存书籍的传统，个别书院藏书还是很丰富的。

龟山藩校明伦馆藏书3900多册，彦根藩校弘道馆藏书23000多卷，庄内藩校致道馆天保三年(1832年)时藏书11000余册，明治六年废校时散失一部分，现在鹤冈市立乡土资料馆还保存着6800多册。高远藩校进德馆万延元年(1860年)创建时有图书666部3388册，以后陆续接受捐赠，到明治元年(1868年)时达到978部7113册。

已知藏书有关资料较多的有长崎钱溪书院、佐仓藩校成德书院和松前藩校徽典馆。

长崎钱溪书院藏书不详，长崎是当时日本唯一对中国、荷兰开放的港口，来自中国的图书很多，书院祭酒向井氏还担任图书检查官，获取图书更容易，藏书应该不少。从教科书看，有《三字经》《孝经》《四书》《五经》《小学》《蒙求》《春秋左氏传》《前汉书》《后汉书》《通鉴纲目》《文章轨范》《唐宋八家文》《伤寒论》《金匮要略》《元明史略》《国语》《日本外史》《国史略》等。接受捐赠书籍较多，宽政三年(1791年)，长崎奉行水野若狭守捐赠《康熙字典》《佩文斋咏物诗选》和《月令广义》各1部；宽政八年，中川飞驒守捐赠《十三经注疏》1部，奉行守附近藤重藏捐赠《群书治要》1部；文化五年(1808年)松平图书头捐赠《文献通考》和《佚存丛书》各1部；文化八年，曲渊甲斐守捐赠《御制增订清文鉴》1部；文政三年(1820年)，筒井和泉守捐赠《渊鉴类函》1部20套；文政七年，高桥越前守捐赠书籍30种150册；文政八年又捐赠书籍4种110册；弘化元年（1844年）唐荷主王元珍捐赠前后《孝行录》50部，接受捐赠的图书应该主要是从中国进口的。此为还收藏本地文献《长崎实录大成》16册，《长崎志续编》16册，《长崎图志》1册，《长崎年表》（内附录、俸禄拾遗各1册）4册，《长崎会所勘定帐大意书》1册，《代官町年寄诹访大宫司家谱稿》1册，《明治二十一年调长崎市土地户口帐》1册，《文化、文政、天保、弘化、嘉永、安政年间唐船方日记并配铜帐》6册，《菊地家系谱·向井家由绪书》1卷等。

佐仓藩校成德书院藏书原来也不少，废校后散失很多，因明治六年（1873年）书院改称鹿山精舍，这批书因此称作鹿山文库。保存的中国儒家经典有《五经大全》（江户刊印）、《五经集注》（中国刻印）、《新刻十三经注疏》（明崇祯汲古阁刊印）、《论语孟子或问》（正保四年1647年刊）和成德书院刻印、松崎明复选编的《春秋左氏传》等。词典有日语、荷兰语双语辞典《和兰辞典》《译键》《和兰字典》《和兰字汇》《和兰辞书》，荷兰语、日语和汉语三译辞典《模理损字书》，英语日语对译《英和对译袖珍辞书》《英和对译辞书》以及《蕃语象胥》等。医学书籍有《医事韵府》《牛痘篇》《外科医法》《原病论》《治疗书》《砲痍论》《外科书》《人身穷理》《药性论》等。动植物类图书有西方的《本草书》和《博物志》等，此外还有日本历史抄本《国史》等。外语书大多是购置的，据记载，荷兰人Marin Houttuynd的《博物志》动物界18册、植物界14册、矿物界5册，是天保十四年（1843年）用金50两①购置的。

松前藩主松前昌广自幼爱好学问，曾到江户昌平坂学问所就学，师事儒者山田山川，天保十一年（1840年）在江户藩邸设立明伦馆教育藩士，弘化间充实藩校徽典馆文库万卷楼。藏书有“皇典、经书、历史、子类、诗文集、杂书、活字木版大长棹一函”。废藩废校后书籍移往町役场，昭和二十二年

① 日本金1两为4目4分，约16.5396克，不到中国的半两。日本金1两等于银5两（银1两等于4目7分，约17.6673克）铜钱4贯。

（1947年）调查有“《日本书纪》《古事记》《古事记传》等千五百余卷”，遗憾的是这些书在昭和二十四年火灾中被焚。据元江差定在住辻氏文库抄本《福山御文库现在书目》记载，有18类37种528册。其目录为：经史之部有《大学》《中庸》《论语》59册，诸子之部有《老子》《庄子》《列子》7册，儒书杂书之部有《近思录》《读书录》64册，文集之部有《朱子文集》《菅家文草》11册，诗集之部有《杜诗集注》《诗学提要》52册，兵书之部有《七书》《城制秘案》25册，和汉军事之部有《汉楚秘诀评林》《太平记》10册，石刻真迹之部有《千字文》《黄庭经》22册，释书之部有《起信论议幻虎录》5册，画谱之部有《和汉名笔画谱》《寒叶斋画谱》7册，绘图之部有《西洋地图》《分间江户大地图》5册，医书之部有《药方》《难经本义》6册，木草之部有《本草纲目》《大和本草》4册，外国书之部有《鲁志亚世代略》《万国地名考》8册，和书之部有《古事记》《日本书纪》73册，歌书之部有《万叶集》《徒然草》136册，连歌俳谐部有《连歌》《连歌问答》10册，鹰书之部有《松前家鹰书》《鹰秘事药集》24册。此应该是所有藏书目录，这与昭和二十二年调查的1500卷悬殊不大。藏书主要是从江户、大阪等处购置的，宝历十一年（1761年）《御参府中入方调帐》记载，“《四书》一部一步，《武马书》三册二百文，绘本三通九百八十文，《唐诗选》三百九文，《古今集》二百文，《千字文》三百文，《孝经》一册百六十文”，当时伞一把160文，小刀一把200文，镜子一面700文，印笼（佩戴在身上的小药盒）一个350文，看来日本当时印刷业很发达，书籍价格并不算贵。

藏书最丰富的是林家汤岛学院和大阪泊园书院。林罗山家族一直重视收藏图书，明历三年（1657年）书库被焚，平生所藏经史千余部和历年私记30余卷仅林罗山轿内的《梁书》一卷幸免，所赖分与长子林恕1000部和次子守胜700部不在库内幸存。书库被焚使林罗山大受打击，“信胜在途，其徒走报之。乃叹曰：‘祸及图书，我事已矣。’自是郁郁不怿，遂寝疾五日而卒”。火后，幕府将军特赐官阁书60部，又赐500金令自行购置。不几年，图书增至2600余部近20000卷。宽政十二年（1800年）编纂《昌平志》，单立第四卷开列藏书目录，开列藏书2451种20990册，其中中国典籍2300多种20000余册，有中国版本，也有日本版本和朝鲜版本，朝鲜著述62种236册，日本著述数百部和林家著述并未计算在内，此外还有西洋左道之书长期封禁橱柜未作统计。图书来源，一是自行购置，二是将军赐予，三是大名捐赠。从文献来看，主要是自行购置，将军赐予仅一次，赐予官阁图书60种，仅存34种502册。大名捐赠64种图书，但多是大部头，安永二年（1773年）尾张藩主源宗睦捐赠《二十一史》一种500册，50秩，四函，素函铜锁；天明元年（1781年）纪伊藩主源治贞捐赠《十三经》一种202册；元禄四年（1691年）水户藩主源光圀捐赠《旧事记》10册，《故事记》3册，《日本纪》22册，《续日本纪》25册，《续日本后纪》10册，《文德实录》5册，《三代实录》25册；安永九年对马守宗义公捐赠朝鲜本《五经大全》56册，《朱子大全》69册；等等。

大阪泊园书院以藏书数量多且精著称，藏书15600多种，两万几千册，著名的有曾经文徵明、祁承㸁收藏的明版《唐诗纪事》，清王鸣盛旧藏《宋元资治通鉴》，日本镰仓末期复刻元至大版宋释契嵩《镡津文集》，林罗山增补《群书治要》抄本，荻生徂徕《徂徕山人外集》抄本，藤泽祖孙的课本和抄本等。藏书由黄坡之子藤泽恒夫于1951年以泊园文库名义捐给关西大学。

足利学校藏书不多，但珍品最多。现在还保存着列为日本国宝的宋刊本《昭明文选》和宋版《礼记正义》《尚书正义》《周易注疏》4种77册。《昭明文选》是南宋明州（今宁波）刊本，元禄三年（1690年）接受的捐助，其他3种均是关东管领上杉宪实永享十一年（1439年）捐赠的。列为日本重要文化财的有宋刊本《周礼》《附释音毛诗注疏》《附释音春秋左传注疏》、宋版《唐书》和日本室町时期抄本《周易传》《周易》《古文孝经》《论语义疏》8种98册，仅宋刊本和宋版书就有8种。

日本书院藏书中很多来自中国，许多中国书籍出版后不久就来到日本，甚至包括历代不允许出口的方志、驻军志等。由于长崎是唯一允许中国商船停靠的港口，所以图书很多，连幕府也是在长崎采购图书。文化四年（1807年）幕府一次从长崎采购图书47部：《孝经大全》《易酌》《洪范九畴》《毛诗明辨录》《篆字九经》《世庙识余录》《汤子遗书》《康熙诗文集》《历代名家文抄》《皇清诗选》《性理精义》《定例类钞》《钦定五军道里表》《记纂渊海》《钦定学政全书》《字鉴》《问奇类林》《世宝录》《阙里文献考》《漕河图志》《六书音韵表》《古今廉鉴》《怀庆府志》《增修林县志》《峨眉山志》《容城县志》《续河南通志》《赣州府志》《青田县志》《武义县志》《直隶遵化县志》《九华山志》《定海县志》《鹤林寺志》《解州安邑县志》《南宁府志》《福州驻防志》《长子县志》《镇洋县志》《朝邑志》《新化县志》《南岳总胜集》《医学心悟》《女科切要》《眼科大全》《增订刑钱指掌》等，涵盖经学、文学、地理、方志、漕河、驻军、典制、音韵、医学等方面，内容非常广泛。

第八章　日本书院经费

日本书院经费主要有两个方面，一是修建经费，一是日常经费。官办和藩办书院经费主要由幕府和藩厅负责，私立书院主要由创办者自筹。

第一节　修建经费

书院修建经费因为书院性质不同来源也不同，一般而言，藩办书院修建经费主要来自藩方，官办书院修建经费主要来自幕府，个别来自私人捐助；私立书院修建经费多为自筹，部分来自官府资助。

一、藩办官办书院修建经费

江户早期，各藩多有儒官，充当藩主侍读并教育藩主子弟和藩士及子弟，儒官多在自家宅邸建造私塾，藩府多给予资助，成为半官半私学校。如米泽藩学校最早是儒臣兼侍医矢尾板三印在自宅建造的奉祀孔子的感麟殿，五代藩主上杉纲宪在感麟殿侧建造讲堂以教育藩士，三印去世后，后任片山氏续办。

尾张藩主德川义直从京都招请儒士熊谷立节教育藩士子弟，在大津町建立半官半私的学校学问所，给予十人俸禄，但不久人去学废。宽延元年（1748年），根据蟹养斋的建议建造藩校明伦馆，给予土地300坪，免除地租，并资助银30两。但这种半官半私学校也是难以持久，蟹养斋与藩重臣不和，仅持续

3年3个月就关门了。

随着对教育的重视，大多藩都是自筹资金建造藩校。前述尾张藩就是在半官半私的巾下明伦堂停办后31年，藩主于天明二年（1782年）决定出资独自建造。仙台五代藩主伊达吉村喜爱文化，跟随儒臣田边希贤、大岛良设等学习经史、日本典籍、和歌，跟随狩野常信学习绘画，元文元年（1736年）按照儒臣高桥玉斋和芦野东山建议建造藩校学问所。水户藩主拿出个人经费白银10420两建造藩校弘道馆。佐仓藩校成德书院、三春藩校讲所、松岭藩校里仁馆、庄内藩校致道馆、土浦藩校郁文馆、伊势崎上野乡校向义堂、松代藩校稽古所、上田藩校明伦堂、岩村藩校知新馆、津藩藩校有造馆、彦根藩校稽古馆、林田藩校敬业馆、鸟取藩校尚德馆、冈山藩学校、福山藩校诚之馆、津和野藩校养老馆、萩藩藩校明伦馆、高知藩校致道馆、日出藩校致道馆、丰津藩校育德馆、多久乡校鹤山书院、松山藩校明教馆、丰津藩校育德馆、日出藩校致道馆、冈藩藩校修道馆、高锅藩校明伦堂、饫肥藩校振德堂、弘前藩校稽古馆等都是以藩费建造的。

也有个别藩校书院是由个人捐助建造的。津和野是一个禄米只有4.3万石的小藩，天明六年（1786年）建造藩校养老馆，由武士身份的庄屋头弥重平次郎独自负担建筑经费，学习用品和馆内藏品也由其捐赠。宽政十年（1798年）彦根藩校建造稽古馆，田中五介世诚和辻平内承志为出资人，书院落成后前者被委任为稽古馆兼任书籍管理，后者没有职务，遗憾的是没有说明各自出资数目。会津藩于宽政十一年（1799年）至享和三年（1803年）扩建藩校日新馆，建设经费由大商人须田新九郎等负担，日新馆规模很大，建造时动用工人就多达18300人，须田新九郎独自承担大半，捐资数额不会小。福山藩校修猷馆年久失修，文久二年（1862年），藩儒臣浜贞彝见学舍朽败，向藩主提议独自捐资改造，获得藩主同意后施工，第二年竣工，工程不小，捐资应该也不会少。小笠原藩明治二年（1869年）迁建藩校育德馆时，糖果店老板玉江彦右卫门捐献7000两独自建造，此外中原嘉右卫门、小今井助右卫门、堤平兵卫三人还捐银

1500两购置图书。天童藩校养正馆也是捐建的，文久三年（1863年）佐藤重纲独自建造后捐给藩主。

汤岛圣堂被收归幕府后，设立昌平坂学问所，已经成为官学。宽政八年（1796年），幕府决定进行扩建，经与大学头林衡商议，决定按照明末遗民朱舜臣所制孔子庙模型新建。但幕府经费紧张，于是令大名捐资，“令伯耆守本多正意、大和守堀亲氏、近江守松平长容、左京亮堀直方、信浓守小出英筠、甲斐守黑田长舒、骏河守松平亲贤、信浓守稻垣长续、山城守秋月种德、伊豫守本多忠奝、和泉守锅岛直宣等十一人纳金以助工费”，11人捐米约30万石，兴役之日，肥前平户藩主壹岐守松浦清又自动进献金1万两[①]。此次扩建，使学问所达到历史鼎盛。十一年竣工后，幕府对捐纳的十一位大名给予赐刀荣誉。此次扩建名义上是大名捐资，其实是幕府强迫大名们出资的。

二、私立书院建设经费

私立书院有的是自建，有的是自建官助，有的是民间集体捐款合建。

未建藩校前，藩主多委托儒官设立私塾教育武士子弟。享保年间，上田藩主招请伊藤东涯门人安原贞平教育子弟，安原贞平还自设家塾教育藩士，贞平去世后，其子右文继续开办，门人桂右仲、木村竞等也都开设私塾；天明年间，高远藩星野葛山、中村中倧等各自开设家塾；津和野藩在未建藩校前儒学者汤永常、马场传左卫门和医生、儒学者水谷通庵、山田林庵、西寿庵等都在自己私邸建塾设教；福山藩在未建藩校前也是委托儒官在家塾教育武士子弟；岩槻藩儒臣儿玉南柯退休后于宽政十一年（1799年）在自宅建造私塾迁乔馆，文政年间迁乔馆移交藩府，成为藩校；这些私塾文献都未记载藩主是否资助，应该多是儒官自建。

① 《圣堂物语》作金2万两，犬冢逊《昌平志》作金1万两，犬冢逊《昌平志》为此事后一年成书，应该更可信。

学者私立书院大多是自建的。滋贺中江藤树的藤树书院、京都伊藤仁斋的古义堂、山口河野养哲的越氏塾、大阪中井履轩的永哉馆、江户荻生徂徕的萱堂、江户山鹿素行的积德堂、大阪藤泽东畡的泊园书院都未见官府资助记录，都是学者自建。

私立官助的书院也不多。长崎立山书院由学者向井元升建造，获得长崎奉行拨给土地免费使用等支持；冈藩在未建藩校前的享保十一年（1726年），以藩费支持儒臣关正轩在私邸建造辅仁堂教育武士及其子弟，属于私立官助，但安永五年（1776年）辅仁堂就被改建为藩校由学馆。日出藩儒臣帆足万里于文化年间在宅内建造学舍稽古堂，教育藩内武士，也得到藩厅的经费支持。

私立官助最大的书院是忍冈林家家塾。虽然书院为林罗山自建，但幕府将军拨给忍冈别庄土地5353坪和200金资助，此外还拨给骏河公邸材料建造书院，官助大于自费。宽永九年（1632年），德川家康第九子、尾张藩主源义直在林家赐庄内建造孔子庙，安置孔子和四配像，图绘21位圣贤画像，置办祭器。孔子庙建成后，维修和重建均由幕府负责。庆安三年（1650年），幕府开始维修林家书院，万治三年（1660年），将军赐给500金改建孔子庙，幕府并派官匠负责工程。宽文十二年（1672年），幕府赐给官材增建两栋塾舍。延宝二年（1674年），幕府特发官钱修葺孔子庙。元禄三年（1690年），幕府将林家书院迁往汤岛，升格为学院，幕府“命飞驒守蜂须贺隆重助工役，令通政右京亮松平辉贞董役事，服部正弘、小笠原长泰并副之，官匠依田盛直规画”，经费由幕府令大名捐助，工程由幕府官员主持，其后维修重建也均由幕府负责。宽永十六年（1639年）、安永元年（1772年）、天明六年（1786年）三次火后也都是由幕府重建，宝永元年火后重建是幕府令大名捐助，安永、天明两次火后重建都是幕府独自出资，幕府经费紧张，一切从省，规模大为缩小。宽政九年（1797年），将书院收归幕府成为官学昌平坂学问所，林家虽然仍然世袭大学头，但已经没有实权。

足利学校早期属于官立，后来聘请僧人为庠主，到江户时期就属于私立官助。足利学校每年都要推算将军下年的运势上报，与幕府关系非常密切，维修重建经费多由时幕府拨给。宽文七年（1667年），四代将军德川家纲拨给白银50贯①修建，享保十五年（1730年）八代将军德川吉宗拨给金100两②维修，宝历四年（1754年），书院除圣堂外被焚，幕府拨给500两重建。

民间捐资建造书院也不多。会津藩乡校稽古堂由数百名庶民于宽文四年（1664年）捐款集资建造，以冈田如默为堂主，由横田俊益教育武士和庶民，藩主保科政之免去土地租税，给予一些资助，并赐给一处菜园。水户藩常陆延方学校是由郡奉行和本乡父老共同建造，经费应该是民间集资，所以允许乡医、神官、乡士和村民子弟入学受教。

大阪怀德堂初期为商人集资建造，后来重建时得到幕府支持。元禄末，三宅石庵于大阪设塾收徒，正德三年（1713年），门人中井甃庵、三星屋武右卫门、道明寺屋吉左卫门、舟桥屋四郎左卫门采用分期付款方式捐资为老师购置住宅和讲堂，取名多松堂。天保九年（1838年），迁至吉左卫门别墅建设讲舍，取名怀德堂。此时恰逢将军德川吉宗问到是否有人愿意在大阪设立学问所事，中井甃庵得知此消息，与众同门商量后，与吉左卫门、四郎左卫门三人赶到江户活动，中井甃庵奔走十个月，最终获得幕府同意，拨给土地，同门武右卫门（中村睦峰）、吉左卫门（富永芳春）、四郎左卫门（长崎克之）、备前屋吉兵卫（吉田盈枝）、鸿池又四郎（山中宗古）五人捐款兴建书院，十一年竣工。到天明元年（1781年），建筑日渐残破，学主中井竹山发起募捐集资维修，募集到白银18贯多，除维修外还有剩余。宽政四年（1792年），大阪大火，怀德堂被焚，中井甃庵之子竹山请求幕府给钱重建书院，向幕府提交1080两的建筑预算书，幕府认为太多，最终只拨给300两，宽政七年动工，次年落成，共用银700余两，虽然大火也给商家造成很大损失，但还是靠本地町人和弟子们捐款

① 1贯白银合3759克。

② 江户时期1两金兑5两银、4000文铜钱。

解决了问题。

大阪平野乡含翠堂也是由商人们集资建造的，土桥七郎兵卫友直发起，受到土桥九郎右卫门、成安源右卫门、德田四郎右卫门、井上佐兵卫、间元之进、末吉平次郎等人支持，众人协力，建造含翠堂，由土桥友直主持，邀请五井持轩、三宅石庵不时讲课，享保十四年（1729年）聘请泽田元隆主讲。

第二节 日常经费

藩校、官学书院日常经费基本都是藩厅、幕府支给，私立书院大部分自筹，个别书院得到官助。

一、官办藩办书院日常经费

官办书院日常经费有的是由藩主捐给土地以收地租，有的是藩厅每年拨给经费，有的藩是设立专项基金，以利息作为日常经费。

藩主捐给书院土地不是很多。备前藩主池田光政于宽文六年（1666年）设置乡校闲谷学校，出具文书将所在木古村的内高（俸禄）279石6斗5升8合捐给学校，让其自主经营。元禄十三年（1700年），藩主池田纲政将附近学田21町7反1亩半[①]、畑（旱地）7町6反1亩半、学校手林（学校自营林）140町多、托管山林71町2反7亩等一并捐给学校，并出具捐赠文书，同时还拨给负责耕种的63户农民并迁至学校周围。佐仓藩天保七年（1836年）扩建成德书院，弘化二年（1845年）藩主堀田正笃将佐仓领分内俸禄1700石捐给书院作为书院日常经费。多久东原庠舍乡校落成后，正德五年（1715年），六代邑主多久茂明将书院和圣庙周围的椎原山土地捐赠给书院，年租80石，作为圣堂祭祀和书院

① 町，日本土地面积单位，1町=10反=100亩=3000坪（步）=9917.737平方米。

日常经费，宽政八年（1796年），九代邑主茂邻又捐赠15石地租的土地，嘉永年间，第十一代邑主再捐赠30石，使书院经费达到年收地租125石，还拨给皂隶5户为书院服务，将庙山捐给书院，以供薪炭之用。

藩校书院日常经费主要由藩拨给。萩藩明伦馆享保三年（1718年）落成，藩主每年给米500石作为经费，宽政八年（1796年），藩祖毛利齐房将藩校经费增加到白银60贯，天保六年（1835年）又增加到米3000石。文久三年（1863年），藩府迁往山口，以山口讲习堂为藩校，也称明伦馆，将原来萩的藩校明伦馆改称讲习堂，藩校经费也因此分开，山口2000石，萩1000石。

秋田藩不仅负责藩校明德馆日常经费，也负责宽政年间建造的8所乡学书院经费，其中育英书院教授年薪白银180目，年度运营经费米137石。

会津藩主保科正容于元禄元年（1688年）将其领地俸禄100石捐给教育武士的郭内讲所，50石捐给教育町人的町讲所，藩校扩建成日新馆后向600名16岁以上学生每天提供一餐，费用应该大为增加。

彦根藩校稽古馆经费由藩拨给，宽政年间每年经费约70两。从《职制》看，稽古馆有素读方18至20名，手迹方6名，诸用方4至5名，学问方、军学、和学、天文学、算术、一骑前和军马均无定员，但无定员并非不设，该书“藩学者”中就有和学方冈村教邦、国学方长野主膳等记录，后期藩校还设有武艺、马术和炮术等学科。武艺包括弓术、枪术、剑术、居合、柔术、薙刀术6种，各术还分流派总共15个，马术下分乘方和医方，乘方和医方各有两个流派，炮术流派则多达8个，分科10个，流派25个，恐怕10位教师也难以胜任，而职员和服务人员多达50名，仅教授一人就给予十人俸禄，一年70两的经费连俸禄都不够。除教师外，其他人多由藩的官员、诸士（各级武士）、足轻（步卒）、步行（勤杂）充任，他们在藩内都要俸禄，在稽古馆应该是无偿服务。

有的藩校书院日常经费得到民间赞助。安永九年（1780年），萩藩町人内海七郎右卫门向藩厅捐米400石供出租，每年得利36石，藩厅以其半拨给越氏塾。

藩校书院大兴时期，各藩经济状况大多不佳，藩校书院经费大都比较紧张。18世纪后期天明年间，由于日本气温降低，造成大饥馑，米泽藩财政非常紧张，不得不免去藩校兴让馆提学，将学生名额由20名减为12名，两年后才重新聘请提学，恢复学生名额。文化九年（1812年），江户大地震，藩邸遭到破坏，为了维修江户藩邸，藩主不得不暂停医学馆好生馆，暂停友于堂教学，中止聘请的读长和助读，废止寄宿生，三年后才恢复。

设立运转基金的不多，见于津和野藩。藩校养老馆建成后一直由藩府拨给经费，为长远计，弘化四年（1847年），藩主亀井兹监卖掉江户深川房产得银7000两，又拿出自己的积蓄3000两，凑成10000两作为藩校基金，分别放给大阪和会津商人，以其利息作为藩校长期运营经费。

林家书院日常经费得到幕府资助。宽文八年，为幕府编成《本朝纲鉴》，请求幕府将参加编纂的95名学生的口粮减半续拨，幕府非常大方，仍然照常拨给。元禄四年（1691年）林家书院迁至汤岛后，幕府拨给祭田，岁收1000石。将军经常前往祭祀或观礼并亲自讲经，每次都有赏赐。五代将军德川纲吉元禄元年至宝永二年18年间16次拜谒孔子庙，每次赏赐都很丰厚，元禄六年“仍赐信笃白银百锭，门生三人（大河内衡、和田坚、安见慎）衣各二套，一人（野节）白银五锭，又二人（阪井宽、深尾直）三锭，学生（若干人）五十锭”[①]，而且基本成为定例。纲吉去世后，林家的好日子就到头了。八代将军吉宗锐意改革，重整幕府财政，享保七年（1722年）开始，幕府不再单给祭祀经费，令从拨给的1000石中支出，将军也不再谒庙，赏赐也因之断绝，书院经费开始紧张。为解决祭祀经费，明和八年（1771年）幕府曾令列侯捐献仪刀和银锭资助祭祀，但令非朝意，只有列相一、二诸侯及期捐纳。次年再次令列侯捐纳仪刀银锭，祭祀前一日，凡万石以上的大名都必须捐纳，没有敢不捐者。汤岛圣堂明和九年火灾，祭器书籍被毁，安永三年（1774年）重建后，令列侯捐纳祭器

---

① ［日本］犬冢逊：《昌平志》卷二《事实志》。

书籍。宽政二年（1790年）增加学粮，“特加学粮五口，并前凡百口（支养生徒，以其余钱新购学本），别赐三十口与信敬，以充塾粮”。

宽政九年，幕府将林家家塾改为幕府直辖学校，取消林家家塾，将大学头俸禄增至3000石，祭祀神田收归大司会，原拨给学院的口粮交由大司会一并管理，经费其实全部改由幕府支给。由于幕府经费紧张，宽政十年幕府规定，祭祀前各大名按照品秩捐纳仪刀和马代银锭，改变原来随意捐纳的现象，而且幕府带头，祭祀时派近侍代表将军致祭，献上仪刀一鞘，马代大板一金，并成为制度。祭祀结束后，亲藩、各藩代表依次献纳仪刀、银锭，将军代表、监察官现场观看，各藩没有敢不捐纳的。

二、私立书院日常经费

私立书院经费大多依赖于自筹，有的还获得官方资助。

大阪怀德堂日常经费与建设经费一样，主要依赖商人赞助。最初五名发起者定额交纳挂银，每人每年10目。舟桥屋四郎右卫门和三星屋武右卫门都是父子两代捐助，而鸿池又四郎则是儿子和曾孙三代捐助。此外怀德堂也接受其他人捐赠，宝历八年（1758年）捐助者多达33人。天明元年（1781年），学主中井竹山为维修房舍发起募捐，募集到白银18贯多，除用于维修外，剩余的资金放贷收取利息作为日常经费。为了能够使怀德堂永久延续，宽政十年（1798年），学主中井竹山发起募捐，每人半贯，计划募集100人50贯，结果募集到60人30贯。安政六年（1859年），商人们为怀德堂设置总额白银80贯的基金，平濑宗十郎出资45贯，平濑市郎兵卫出资15贯，白山彦五郎出资20贯，名义是五年间不收怀德堂利息，实际上是按五年间五朱①付给怀德堂利息。

大阪含翠堂早期由7名商人创办，日常经费全靠每人交纳定额挂银（分期交纳），创建之初借用井上佐兵卫家房屋讲课，规定每人每年交纳白银50目，

① 朱，又作铢，江户时代1两=17.625克=4分=16铢。

后来又增加助力生员（助成成员）十人，此外也接受他人捐赠，推举一人充任年行司管理，结余资金向外放贷，月息1分，享保二年（1717年）结余124目，次年闰月共13个月收入利息16目1分2厘，享保七年用银1贯321目5分购买土地，十一年收入定额交纳和捐赠370目，利息收入553目7分4厘，地租38目6分3厘，年纯收入962目3分7厘，但此年用银2贯300目购置含翠堂土地和建筑，看来是动用了原来盈余。定额交纳的办法持续几年就发生问题，享保八年（1723年）参与创办含翠堂的七人中的井上左兵卫、间元之进分别只交纳20目和30目，可能是因为经济困难难以足额交纳。其后由于创办者经济情况的变化和去世，定额交纳难以坚持，享保十八年废除定额交纳，代之以自由捐赠，但自由捐赠就少很多。明和四年（1767年）接受12人捐赠才88目1分，利息成为主要收入，这年有资金8贯189目4分1厘，利息和地租收入515目多。

钱溪书院属于私立官助，房舍由官费维修，祭酒俸禄由官府发给，教具除课桌外所需物品不多，笔墨费用由长崎会所（商会）每年资助银币20枚，学生每人每年大约要交100疋铜钱的束脩和谢仪，经费能够满足所用。元文元年（1736年）长崎奉行规定，每年二月二十一日释奠孔子，由长崎会所提供白银3贯。

第九章　日本书院祭祀

不论是官学、藩校，还是乡校、私塾，日本书院大都举行祭祀活动，大多仿照中国官学祭祀孔子，只有个别书院奉祀本国历史人物或神祇，但总体来看，奉祀人物不多，祭祀仪式也比较简略。

第一节　奉祀人物

日本书院奉祀人物以中国圣贤为主，只有个别书院在奉祀中国圣贤的同时奉祀日本名人或神祇，另有极个别书院只奉祀日本名人或神祇。

日本书院祭祀人物也在不断变化，比较典型的是津和野藩校养老馆，天明六年（1786年）初建时建造有独立的奉祀孔子的圣堂，嘉永六年（1853年）火后重建，没有再建圣堂，但以孔子像举行祭祀，祭祀仪式由中国式改为日本神道式，不久废祀孔子，奉祀日本大国主命和楠木正成。这种变化正好反映那个时期日本人的心路历程，日本人由崇尚中国文化逐步发展到弘扬民族文化，但也出现了一个危险趋势，民族主义过度膨胀，终于使日本走上军国主义的不归路。

一、中国圣贤

奉祀中国圣贤一般按照中国文庙制度全部奉祀，但由于日本书院规模比较小，所以此类奉祀极少，多是只选取部分圣贤奉祀。

按照中国文庙制度奉祀全部圣贤的只见到汤岛圣堂。汤岛圣堂的前身是忍冈圣堂，又称林家书院，也称书院，始建于宽永七年（1630年），只有学舍和书库，虽然是幕府拨给土地和经费建造的，但属于林家私塾。宽永九年，尾张藩主德川义直规划并捐资建造圣堂，第二年才开始举行祭祀，主祀孔子，以颜回、曾参、子思、孟子四配配享。宽文十年（1670年）时已经增加宋六贤配享，这年八月上丁林恕（林罗山三子，弘文院学士、大学头）祭文说“以兖国复圣公、郕国宗圣公、沂国述圣公、亚圣邹国公，且以周元公、程纯公、程正公、张明公、邵康节、朱文公从祀”，从祀的有四配和宋代六贤周敦颐、程颐、程颢、张载、邵雍、朱熹。

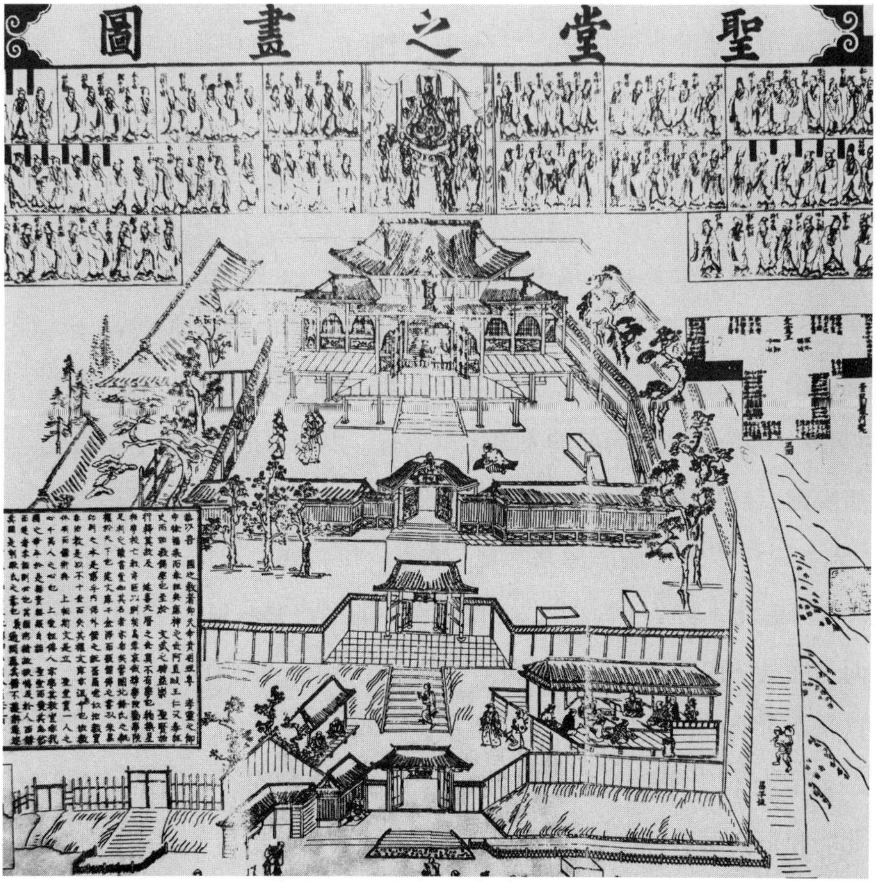

汤岛圣堂

迁至汤岛后，元禄四年（1691年）二月孔子、四配像迁座后举行首次祭祀，主祀孔子，仍然以四配和宋代六贤配享从祀，四配献官名分献官，宋六贤献官名分奠官，而没有祭祀先贤、先儒的记录，看来从祀人物并没有增加。但从元禄四年《正位暨配享从祀诸贤儒方位次序图》看，中为孔子，左右为四配，均面南；前面东西两侧为十哲，东西向；北墙靠近中间为宋六子，面南；大成殿内北墙两端、东西墙、南墙以及前面报厦的东西墙和南墙上都悬挂从祀先贤先儒画像。东边称作东庑，有澹台灭明、原宪、南宫适、商瞿、漆雕开（以上在北墙）、樊须、公西赤、梁鳣、冉孺、伯虔、冉季、漆雕哆、漆雕徒父、商泽、任不齐（以上在东墙）、公家（良）孺、奚谷（容）咸（蒧）、颜祖、句井疆、秦商、公祖句兹、县成、燕伋、颜之仆、乐欬（以上在南墙）、邽巽、公西舆如、公西蒧、陈亢、琴牢、步叔乘、左丘明、穀梁赤、高堂生、毛苌、杜子春、王通（以上在报厦东墙）、欧阳修、杨时、陆九渊、蔡沈、许衡、陈献章、王守仁（以上在报厦南墙）；西边称作西庑，有宓不齐、公冶长、公晳哀、高柴、司马耕（以上在北墙）、有若、巫马期、颜辛、曹恤、公孙龙、秦祖、颜高、壤驷赤、石作蜀、公夏首（以上在西墙）、后处、公肩定、邬（鄡）单、罕父黑、荣旂、左人郢、郑国、原亢、廉絜、叔仲会（以上在南墙）、狄黑、孔忠、施之常、秦非、申枨、颜哙、公羊高、伏胜、孔安国、董仲舒、后苍、韩愈（图中漏掉了韩愈，但在后面的人名名单上有，以上在报厦西墙）、胡瑗、司马光、胡安国、吕祖谦、张栻、真德秀、薛瑄、胡居仁（以上在报厦南墙）。据《昌平志》说“以上贤儒图像共八扁（或五六位，或七八位，共为一扁，揭于两庑。次序起北，转至于南）”，此说有误，如果“共八扁”，那么每庑只有四扁，而每庑贤儒像都是在五个墙面上，其中必须有一扁画像需要悬挂在两面墙上，这是不可能的，而且也与“或五六位，或七八位，共为一扁”不符，东庑44位，西庑45位，平均每扁都在10位以上，毫无疑问，应该是每庑八扁，即正殿北墙和报厦南墙各一扁，正殿东墙、南墙和报厦东墙各两扁，如此则正殿每扁五位，报厦东西墙每扁六位，南墙东七位，西八位，正好与“或五六位，或七八位，共为一扁”记载完全吻合。

《昌平志》中《正位暨配享从祀诸贤儒方位次序图》奉祀先儒不计宋六贤共27人，从祀文庙最晚的是明万历十二年（1584年）的王守仁、陈献章和胡居仁，而没有万历四十七年（1619年）从祀的李侗和罗从彦，而天启四年（1624年）升为先贤的左丘明还在先儒之列，奉祀人物与明崇祯孔胤植补本《阙里志》所载曲阜孔子庙奉祀先圣、先贤、先儒数量相同，不同的是宋六贤单独提出位于十哲之后、先贤之前，其他位次也全部相同，毫无疑问，汤岛圣堂奉祀人物基本采用中国文庙当时制度，宋六贤单祀且位于先贤之上是日本的首创，1714年朝鲜文庙也将宋六贤置于十哲之后。

元禄四年《圣堂之画图》上部正中为孔子像，前面为十哲像，东面有43人画像，西面有44人画像，少四配和宋六子；人物画像左边下面有文字的位次图，图中少十哲和宋六子，其他可分辨出人物与《阙里志》也相同。画像图和文字图虽然与《正位暨配享从祀诸贤儒方位次序图》相比有所差异，画像图少四配、宋六子和两位贤儒，文字图少十哲和宋六子，这些应该是画图作者失误，因为详细记录元禄四年祭祀的《宪庙实录》明确记载着配祀四配和宋六子，而且有孔子弟子62人反而没有十哲，这是不能想象的。元禄四年圣堂画像图和位次图均有先贤先儒，《昌平志》虽然名《正位暨配享从祀诸贤儒方位次序图》，但同书的释奠旧仪和宽政十二年（1800年）开始的释奠新仪均不从祀先贤先儒，这与《宪庙实录》没有祭祀先贤先儒的记载是一致的，先贤先儒只是悬挂画像而不预享祀，这与唐开元以前孔子弟子画像而不预享祀一样。2007年汤岛圣堂恢复释奠百年纪念，恢复的先贤先儒画像均悬挂在两枋之间，看来也是沿袭旧制。宽政十二年，幕府将汤岛圣堂收归后改称昌平坂学问所，释奠礼仪也进行改革，“今仪专用《延喜式》”，罢祀十哲。《延喜式》是延喜年间制定的国家制度，其中包括国家大学寮和地方国学的祭祀制度。

奉祀中国圣贤比较多的有长崎钱溪书院和米泽藩校兴让馆。长崎钱溪书院原名立山书院，始建于正保四年（1647年），圣堂很小，方两間。延宝四年

（1676年）迁建后改称钱溪书院，圣庙方四間，建筑面积16坪，约52.9平方米。从文献记载看，奉祀孔子、四配、十哲和七十二贤儒，奉祀似乎有先儒。但七十二贤木主只有16个，每个木主多题5位姓名，最多可题名80人，宓不齐一人独占一个木主，则最多76人，那就容不下先儒，看来没有奉祀先儒。

钱溪书院还建有日本唯一的一所崇圣祠，奉祀孔子五代先祖，以颜子之父颜无繇、曾参之父曾点、子思之父孔鲤和孟子之父孟孙激配享，以周敦颐之父周辅成、张载之父张迪、二程之父程珦、朱熹之父朱松、蔡沈之父蔡元定从祀。

米泽藩校兴让馆设有先圣殿，由于原是藩医矢尾板三印在自宅内建造的感麟殿，后来移往藩校，改称先圣殿，建筑很小，大约两米见方，除奉祀孔子外还奉祀七十二贤，藩校图中也标明有东庑和西庑。

奉祀中国圣贤的书院以奉祀孔子和四配为多，萩藩藩校明伦馆、会津藩校日新馆、多久东原庠舍、高远藩校德修馆、水户藩校弘道馆、德山乡校鸣凤馆、熊毛乡校德修馆都是奉祀孔子和四配。足利学校原来奉祀孔子一人，宽文八年（1668年）增加四配配享，“此学素安圣像，今副四配神位”，但到明治四年（1871年），圣庙祭祀又罢去四配，增加小野篁和神君陪祀，现在又恢复四配配享，保留小野篁从祀，取消神君从祀。

奉祀孔子一人的书院也不少，初建的名古屋圣堂、冈山藩学校、冈山闲谷学校、福山藩校诚之馆、津和野藩校养老馆都是奉祀孔子，没有配享和从祀。

个别书院主祀孔子，只以颜回一人从祀，如庄内藩校致道馆，也有的书院奉祀孔子，只以颜回、曾参配享，如菰野藩校修文馆。

二、日本名人和神祇

日本书院初建时主要奉祀中国圣贤，即使偶有日本学者和神祇一般也是配祀孔子或分别奉祀，但到江户幕府末期，随着日本民族主义发酵，书院奉祀人物开始发生变化，逐渐增加日本神祇和学者，甚至撤除中国圣贤改换为日本名人或神祇。

（一）日本名人

日本书院奉祀本国名人不多，见诸记载的有菅原道真、吉备真备、楠木正成、小野篁、池田光政等人。

菅原道真（845—903年）是日本著名汉学家，精于汉诗，官至右大臣，后被贬为太宰府权帅，卒于任上。他针对当时全盘模仿唐朝的社会风气，主张"和魂汉才"，发展民族文化，死后被奉为日本的学问神，奉祀庙宇称作天满宫，共有13000多座，遍及全国各地。主祀菅原道真的书院有山口藩校明伦馆，与孔子分祀的书院有高野藩校致道馆，文馆后另设菅公庙奉祀；配祀孔子的有津藩藩校有造馆、山口藩校萩明伦馆，有造馆与吉备真备一同配祀，萩明伦馆是在四配后配祀。书院奉祀菅原道真都很晚，萩明伦馆是元治元年（1864年）增加配祀，山口明伦馆主祀则是在文久三年（1863年）。

吉备真备（约693—775年）23岁时到唐朝留学19年，系统钻研中国经史、天文、军事、音乐等各方面知识，回国时带回中国礼仪、历法、音乐等方面书籍和乐器、武器等，带回的《唐礼》对日本国家礼仪制度产生很大影响，《大衍历》则在18年后取代仪凤历成为日本历法。吉备真备归国后曾任东宫学士，藤原仲麻吕当政时被贬至地方先后任筑前国守、肥前国守，60岁时作为遣唐副使再次入唐，两年后回国，出任太宰大贰，10年后因平定仲麻吕之乱有功官至右大臣。吉备真备任大学助教时教授五经、三史、明法、音韵、算术、籀篆六道，几乎涉及日本大学的全部六艺，又建议制定日本祭祀孔子礼仪和器物，是奈良时期著名学者。所以津藩文政三年（1820年）建造藩校有造馆时就以他和菅原道真配享孔子。

楠木正成（约1294—1336年），元弘元年（1331年）在后醍醐天皇倒幕中大破幕府征讨军，建武三年（1336年）在与幕府足利尊氏的凑川之战中兵败自杀，因其竭力效忠后醍醐天皇被后世视为忠臣与军人典范，尊为武神。奉祀他的书院有山口藩校明伦馆和津和野藩校养老馆，都是在江户幕府后期改祀的，山口蒲校明伦馆为元治元年（1864年）改祀，并以村田清风等17人配祀；津和野藩校养老馆是明治三年（1870年）由孔子改祀。楠木正成因推翻幕府兵败自杀，在尊王攘夷思潮兴盛时期正好适应时代需求，加之此时日本民族主义思潮泛滥，此时被奉祀不是偶然的。

小野篁（802—852年）是平安初期诗人，因为相传他创建足利学校，所以以其配享孔子。

池田光政（1609—1682年）是备前藩主，宽文六年（1666年）创建闲谷学校，死后葬于学校外东侧，后人在学校东部孔子庙东侧建造闲谷神社奉祀。

山口藩校明伦馆原来主祀孔子，以四配配享，文久三年（1863年），藩厅迁往山口后又在山口新建藩校明伦馆，改为以菅原道真为主祀，同时还命附属学校越氏塾一并改换，元治元年（1864年）五月还曾在山口明伦馆祭祀楠木正成，并以村田清风等17人配祀，六月，萩明伦馆改为主祀孔子和菅原道真，圣堂也改称学校祀堂，明治元年（1868年），山口和萩的明伦馆在文学寮祭祀楠木正成。此时山口藩校独祀菅原道真，萩市原藩校仍然主祀孔子，与菅原道真共祀，两学都是临时设位祭祀楠木正成，属于分祀。

津和野养老馆本来独祀孔子，明治三年（1870年）改为奉祀日本大国主命和楠木正成，将儒家释奠仪式改成日本神道式。菰野藩校修文馆原来主祀孔子，并以颜子和曾参配祀，明治二年（1869年）并设武场改为显道馆后改为祭祀应神天皇和本藩藩祖。如果没有明治维新的废除藩校，日本书院奉祀人物肯定还会发生更多改变。

（二）日本神祇

奉祀日本神祇的书院也不多，已知有水户藩校弘道馆奉祀鹿岛大神，彦根藩校稽古馆和菰野藩校修文馆奉祀八幡神，津和野藩校养老馆明治三年改祀大国主命。

水户弘道馆分别建造奉祀孔子的孔子庙和奉祀武道神鹿岛大神的鹿岛社，

孔子庙呈东西走向，庙门向西，朝向孔子故乡，而鹿岛神社则呈东南、西北走向，背靠东南方的鹿岛本庙。鹿岛大神是神话人物，相传名武瓮槌，曾受天照大神之命，与经津主前往说服大国主让国，在神武天皇东征时，也依靠武瓮槌大神的赐师灵剑摆脱神灵惩罚。庆长十年，德川家康为庆祝关原合战胜利奉献社殿，宽永十一年，水户首代藩主德川赖房为祈祷三代将军德川家光病愈奉纳门楼。

据说日本神道教战神八幡神即应神天皇，相传为日本第十五任天皇。奉祀他的书院有彦根藩校稽古馆和菰野藩校修文馆。彦根藩校稽古馆是宽政十年（1798年）建造的，在讲堂后部单设祭祀空间，安置藩主井伊直中书写的孔子谥号和八幡宫神号作为文武二神奉祀，文神就是孔子，武神就是八幡宫神祇。菰野藩校修文馆原来奉祀孔子，并以颜子和曾子配祀，明治二年（1869年）并设武场改为显道馆后改为祭祀应神天皇和本藩藩祖土方雄氏。

大国主命是日本出云神话中的人物，《日本书纪》说他是出云神话中最高神素盏鸣神之子，《古事记》说他是六世孙。他平定国内，修治国土，巡游天下，保护农业，发展医疗，是文明的象征。奉祀他的是津和野藩校养老馆，明治三年停止祭祀孔子，而改为奉祀大国主命和楠木正成。

三、奉祀人物称号

日本是从大宝元年（701年）开始祭祀孔子，因为孔子曾任鲁国司寇，所以日本也仿照中国称孔子为鲁司寇。唐开元二十七年（739年），玄宗追封孔子为文宣王，神护景云二年（768年），日本称德天皇也根据遣唐留学生膳大丘建议采用中国封号。《大日本史》记载：“膳大丘，胜宝四年随遣唐使如唐，归为大学助教。景云中上言：‘臣前如唐，问先圣之遗风，览胶庠之余烈，国子监有两门，题曰文宣王庙。有国子学生程贤语臣曰：今主上大崇儒范，追崇为王，凤德之征于今至矣。皇朝准旧典，犹称前号，诚恐乖崇德之情，失致敬之礼。大丘庸暗，闻斯行诸，敢陈管见，以请明断。’”

江户时期，幕府采用元代封号尊称孔子为大成至圣文宣王，许多书院也采用此称号，如幕府官学昌平坂学问所（汤岛圣堂）、山口藩校萩明伦堂、熊毛乡校德修馆都是尊称孔子为大成至圣文宣王，而四配也采用元初封号分别尊称兖国复圣公、郕国宗圣公、沂国述圣公、邹国亚圣公，十哲为南宋封号，宋六贤为南宋谥号，先贤先儒不预祭祀只是姓名。长崎钱溪书院则采用明嘉靖九年（1530年）改正祀典后的称号，孔子为至圣先师，四配分别为“复圣颜子之位”“宗圣曾子之位”“述圣子思子之位”“亚圣孟子之位”，七十二贤一律称“先贤”，如“先贤宓子不齐之位”。水户藩校弘道馆最为简单，直接称孔子神位、颜子之位、曾子之位、子思之位、孟子之位。

第二节　奉祀形式

日本书院奉祀形式有的用雕像，有的用画像，有的用木主，有的雕像和木主混用，有的雕像和画像混用，更有的是雕像、画像和木主混用，形式是多姿多彩。

一、雕像

奉祀雕像的书院不少，但雕像不多，许多书院都是仅孔子为雕像。佐仓藩校成德书院、冈山藩校闲谷学校、高松藩校学馆、柳川藩校传习馆、盛冈藩校作人馆、津和野藩校养老馆、德山乡校鸣凤馆、山口藩校明伦馆属校防府越氏塾、丸龟藩校正明馆、会津藩校日新馆等都只有一尊孔子雕像。雕像比较多的书院有高远藩校进德馆和多久东原庠舍圣庙，都有孔子和四配五尊雕像，名古屋藩校明伦堂圣堂除有孔子和尧、舜、禹、周公五尊雕像外，还有孔子、颜子的彩绘木雕落地座像和孔子木雕高座像。汤岛圣堂原来奉祀的雕像最多，有孔子、四配、十哲共15尊雕像，1923年毁于火灾后，改为奉祀孔子和四配。

多久鹤山书院圣庙供奉的孔子铜像

雕像形式不一，以孔子司寇像为多，佐仓藩校成德书院（两尊）、米泽藩校兴让馆、丰津藩校育德馆、丸龟藩校明伦堂为司寇趺坐像，盛冈藩校作人馆、德山乡校兴让馆为司寇坐椅像，汤岛圣堂、越氏塾、福山诚之馆、柳川传习馆为司寇立像。此外，泊园书院为孔子行教像，左手执杖，多久东原庠舍原为燕居坐像，后转至白木圣庙神社，而越氏塾燕居立像。长崎钱溪书院和多久东原庠舍圣庙、备前藩校闲谷学校都是孔子冕旒坐椅像，而且闲谷学校和东原庠舍孔子像均为京都中村惕斋制作，东原庠舍孔子像为元禄十三年（1700年）铸成，而闲谷学校孔子像为元禄十四年定制，宝永四年（1707年）升座，做工精致，是日本孔子像精品。

米泽藩校兴让馆孔子像

雕像大多为铜铸，柳川传习馆司寇立像、米泽兴让馆司寇趺坐像、丰津育德馆司寇趺坐像、佐仓德成书院司寇趺坐小像、多久东原庠舍冕旒像和原燕居坐像、长崎钱溪书院冕旒坐像都是铜铸。来处不详的三重县田丸町孔子庙孔子和子思、孟子三尊冠冕像也是铜铸，此组铜像明治三十六年（1903年）自京都古美术商店请得，可能是某藩校所供奉，明治维新后流落出来。

雕像小部分为木雕，盛冈作人馆为木雕司寇坐椅像，高远藩校进德馆孔子、颜子、曾子、子思、孟子均无木雕燕居趺坐像、佐仓德成书院司寇趺坐像、泊园书院行教像、丸龟藩校明伦馆司寇趺坐像，足利学校为燕居趺坐像。

足利学校木雕孔子燕居趺坐像有“天文三年正月甲申之日初刻之，明四年秋八月上丁忌毕矣”的题记，说明这尊像敬作于天文四年（1535年），是已知有确切记录时间最早的孔子木雕像。泊园书院原来奉祀孔子的木雕行教像，据说是小野篁所敬刻，天明间（1781—1788年），高松藩士冈井郡太夫将其献给藩主，先在披云阁奉祀，建造圣庙后供奉在圣庙释奠。

此外，大阪大正殿奉祀孔子冠冕坐像为铁铸，此像来历已不详，大正四年（1915年）为奉祀此像和天皇建造大正殿，很可能是原来藩校供奉的塑像，在明治维新后落入私人之手。

二、画像

许多书院奉祀画像，有的只奉祀孔子，如福冈藩校修猷馆、松山藩校明伦馆，有的以弟子配享，如鹤岗致道馆原来奉祀孔子，以颜子配享，师徒均为画像，菰野藩校修文馆奉祀孔子，以颜子、曾子配享，也都是画像。

福冈藩校修猷馆孔子画像

书院奉祀画像也多种多样，松山藩校明教馆奉祀的是孔子冕旒侧坐像，庄内藩鹤冈致道馆奉祀的是孔子行教像和日本著名画家谷文晁所绘的颜子半身燕居像，福冈修猷馆在讲堂奉祀的是狩野典信所绘孔子司寇侧坐像，菰野藩校奉祀的是福井正兴绘制的孔子司寇侧立像和颜子、曾子二弟子侧立像，加纳藩主水井尚服赠人的孔子冕旒侧坐像和颜子、曾子二人同帧立像，应该是该藩藩校原来奉祀的画像，该藩藩校文武馆也应该是奉祀画像。

三、木主

木主习称牌位，是中国最传统的奉祀形式，即使有塑像或画像仍然需要木主，因为按照中国传统观念，神灵是依附在木主上的，所以如果祠庙发生不测，首先抢救的就是木主。日本书院建筑不多且不大，所以有的书院或与塑像混用，也有的书院只用木主。只奉祀木主的书院有山口藩校萩市明伦馆、水户藩校弘道馆、熊毛学校德修馆等。明伦馆和进德馆均采用元代封号，但在封号下题“木主”，这是不合适的，水户弘道馆题作“孔子神位”“颜子之位”等才符合传统。

萩明伦馆圣堂木主

四、塑像和木主混用

日本有书院奉祀采用塑像和木主混用的形式。长崎钱溪书院大成殿面积仅有16間，大约52.88平方米，却要供奉孔子、四配和七十二贤，因为难以容纳如此众多人物，所以采用塑像与木主混用的奉祀形式，孔子为冕旒铜坐像，高

钱溪书院铜像与木主

4尺2寸，大约1.27米，前置木主，四配每人一块木主，七十二贤一块木主题写五人姓名，宓不齐独占一块木主，应该是初作时遗漏而补做的。

第三节　祭祀礼制

日本大多书院都举行祭祀，祭祀时间大致相同，但祭祀等级、祭祀名称、祭品、祭祀仪式等差别较大。

一、祭祀时间

祭祀时间一般是每年春秋两次祭祀，定在春秋仲月上丁举行。从昌平坂学问所圣堂看日本停祭太多，一是将军去世称国丧停止祭祀，从宝永六年（1709年）五代将军德川纲吉去世汤岛圣堂停止祭祀后，将军去世停止祭祀几乎成为惯例，有的还是整个国丧期间都要停止祭祀，正德二年（1712年），六代将军家宣去世，当年和次年的祭祀都停止，到正德四年秋季才恢复，这在中国是没有的现象，国丧期间不奏乐、不婚嫁，但祭祀不能停。二是汤岛圣堂主祀去世后也停止祭祀，宝历八年（1758年）十一月，第二代大学头林信充去世，汤岛圣堂九年停止祭祀，直到宝历十年春祭时才恢复祭祀。宽政九年（1797年），以大学头林衡请求，当大学头有疾病或其他原因不能主祀时令儒员主祭，是年五月“命儒员柴野邦宪、尾藤考肇、古贺朴等二仲祭典，主祀疾病若有故，宜以次充献官”。

二、祭祀等级

江户时期，日本没有完善的礼制，幕府官学昌平坂学问所圣堂祭祀也没有确定祭祀等级，从其着装等要求看，对祭祀还是很重视的。从祭品来看，足利学校采用比较标准的中祀等级。

三、祭祀名称及祭品

祭祀名称也仿照中国，个别书院名释奠，大多书院名释菜。

（一）释奠

祭祀采用释奠的书院不多，已知有足利学校、汤岛昌平坂学问所以及名释菜其实为释奠的庄内藩校致道馆。

足利学校圣庙早期祭祀比较严格按照中国中祀规格，从《足利学校记录》所载享和二年（1802年）乐器、祭器目录中可知，孔子案前有三俎、二簠、二簋、八笾、八豆、二尊、二杓、三爵、一筥、祝版，四配有四簠、四簋、八笾、八豆、十三爵，圣位陈设案一，四配陈设案二，可知四配两人一案，每案二簠、二簋、四笾、四豆，所用祭品没有记载。宽政五年（1793年）制定的《足利学校释奠式并学规》有载：“笾八，其实形盐、干鱼、枣、栗、榛、菱、芡、鹿脯；豆八，其实韭菹、醓醢、菁、鹿醢、芹菹、兔醢、笋菹、鱼醢；簋二，其实黍饭、稷饭；簠二，其实稻饭、粱饭；俎三，其实大鹿、小鹿、豕

（或雁、雉、兔、凫、鲋、鲤代用）”，其中的“爰”当是“芡”之误，“菁”应为菁葅，簠、簋、笾、豆内的祭品与中国完全相同，唯一不同的是俎内祭品。在中国，俎内盛放最高的祭祀祭品太牢——牛、羊、猪三牲，而日本三俎内为鹿和猪，还可以用大雁、野鸡、野鸭、兔子、鲋鱼、鲤鱼代替。从《足利学校记录》来看，此释奠式并未实行，但宝历四年火灾前既然已经严格按照中国中祀规格设置礼器，那么祭品也应该严格按照中国制度来配备，《足利学校释奠式并学规》中所设计的祭品应该是按照过去的制度来恢复的。

汤岛昌平坂学问所宽政八年（1796年）以后改称释奠，但孔子主位仍然是三簠、三簋、三俎、三笾、三豆，三簠内祭品均为粢，其实为稻米，三簋内祭品分别是黑饼、白饼和菜（菁），元禄时还曾经用毬糖、缠糖，三俎祭品均为鲷鱼，三笾均为果品，分别春用鲜果橙子秋用干栗、春用干柿秋用梨子、春用干栗秋用葡萄，三豆分别用鸭（鸟肉）、鱼肉、腊鲕（其实为鱼子），四配（配座）和宋六子都只有一种祭器，但簠簋都是两种祭品，分盛黑饼、白饼、粢和菜，笾、豆都是三种祭品，祭品与孔子相同，而十哲没有祭品，每位只有一爵。

宽政十二年（1800年）昌平坂学问所汤岛圣堂改用延喜式祭祀，其祭品为：

居中一座：至圣文宣王。

笾三个：其实一个春则杏橙，秋则干栗；一个春则干柿，秋则梨子；一个春则干栗，秋则葡萄。

豆三个：其实一个鸟肉，一个鱼肉，一个睹鱼若鲕[①]脯，各五斤。

簋三个：其实一个菜，一个黑饼，一个白饼。

簠三个：并实粢米。

俎三个：其实鲷鱼各一条。

牺尊二个：其实醴齐。

① 鲕：盐腌的鳟鱼肠或卵。

象尊二个：其实醴齐。

罍二个：其实去酒。[①]

爵三个：在于洗所。

杓三个：尊罍别加上。

配享四座：颜子、曾子、子思子、孟子。

笾四个：每座各一个。合实生果、干果、凡三种，各五个，共十五个。春秋异品，并效正位。

豆四个：每座各一个。合实鱼、鸟肉及鲕睹各五片。

簋四个：每座各一个。合实黑饼三、白饼二。

簠四个：每座各一个。合实涂菜。

俎四个：每座各一个。其实鲷鱼。

爵四个：每座各一个。在于坫所。

坫一个。

从祀六座：周子、程伯子、程叔子、张子、邵子、朱子。

笾六个：每座各一个。其实效配座。

豆六个：每座各一个。其实效配座。

簋六个：每座各一个。其实效配座。

簠六个：每座各一个。其实效配座。

爵六个：每座各一个。在于坫所。

牺尊二个：其实醴齐。

象尊二个：其实醴齐。

罍二个：其实玄酒。

杓三个：尊、罍别加上。

盥罍一个，加杓。

① 去酒：当误，应该是法酒。

洗一个。

篚一个：合实币及祭文版。

白帛一条：如每座奠币，各用一条，凡五条。

曝布三条：各长四尺，拭爵及手巾料。

楸版一枚：长一尺二寸，广七寸，厚六分。[①]

虽然取名释奠，但礼器、祭品远远达不到标准。

庄内藩致道馆祭祀名称虽然自称释菜，但是祭器却是两簠、两簋、八笾、八豆、三俎，祭品簠簋内为稻、粱、黍、稷，笾内为披鲑、坚盐、菱、榛、栗、枣、干鲷、莲子，豆内为鲙、云雀、生鱼片（刺身）、盐鲇、韭、芹、菜、笋，三俎内为鲷鱼、小鲷和鸭。祭品大多与中国相同，笾内只是用莲实和披鲑替代芡和鹿脯，豆内只是以云雀、生鱼片、盐鲇替代鹿醢、兔醢和醓醢，这在中国也是允许的，唐开元礼就规定本地不出产的祭品可以用本地所产相似物产替代。唯一不符合释奠祭品的是俎内祭品，不用牛、羊、猪三牲而换成鱼和鸭。祭品多用鱼，正体现了岛国特色。

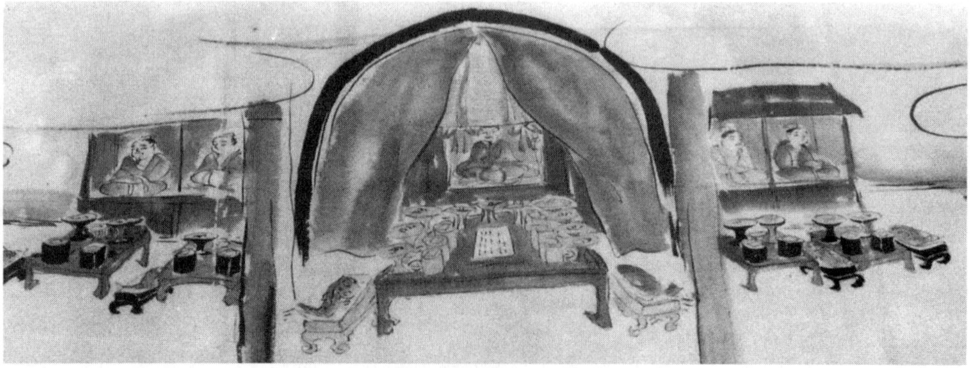

古画中的致道馆祭品

① ［日本］犬冢逊：《昌平志》卷五《仪节志》。

（二）释菜

日本书院祭祀名释菜的比较多，比如，忍冈林家书院、长崎钱溪书院、米泽藩校兴让馆、备前藩校闲谷学校、多久乡校鹤山书院以及名为释奠实际为释菜的水户藩校弘道馆等。

忍冈林氏家塾于宽永十年（1633年）忍冈圣堂落成后举行的第一次祭祀使用的就是释菜礼，“宽永十年癸酉二月十日，始释菜孔子庙”，其后宽永“十二年乙亥二月，释菜孔子庙”，“万治二年己亥二月，释菜孔子庙，林恕献官，八月释菜，自是每岁以春秋二仲为定式”，忍冈孔子庙一直采用释菜礼，从万治二年（1659年）并改为每年春秋两次祭祀。宽文十年（1670年），林恕《庚戌释菜记》“忍冈圣堂释奠图”[①]中，孔子一案，案上供有二俎、一簠、一簋、一笾、一豆、三爵；四配中颜子与子思、曾子与孟子各共一案，案上供有簠、簋、笾、豆各一，每人案前一爵；宋代六贤在外从祀，东西各三位，位前均无案，但殿内西南角放置一案，案上置簠、簋、笾、豆、俎各一，当是为宋六贤所设。殿外奉祀官员有正献、亚献、终献各一，分献、分奠各二。从《庚戌释菜记》来看，分献负责祭祀四配，分奠负责祭祀宋代六从祀，既然有分奠官员奉祀，六从祀应该有供案和供品，殿内西南角的供案应该是六从祀的，但是四配案上无俎，六从祀却有俎，恐怕是该图所绘不够准确。在中国古代，释菜又名舍菜、舍采，本是用苹蘩之类植物作祭品祭祀先圣先师的一种典礼。明清时文庙释菜不用牲牢币帛，只用三豆，供奉芹、枣、栗三种祭品，从所用礼器来看，忍冈孔子庙祭祀虽然名为释菜但并不是按照释菜礼摆放供品。

忍冈圣堂迁往汤岛后祭祀仍名释菜，宽文时期孔子正位俎二（分盛雄鸭、雌鸭），簠（粢）、簋（黑、白饼）、笾（生果）、豆（鱼腊、菜）各一，四配（配座）无俎，从祀宋六贤仅备爵。元禄时主位改为簠、簋、笾、豆、俎各三，四

---

① 林恕文题作《庚戌释菜记》，图应该名释菜，作释奠误。

配、从祀都是各一。孔子正位簠内均为粢，簋内分别为黑饼、白饼和缠糖，三豆内分别为鱼蜡和菜，三笾中两笾为干果，一笾为鲜果，三俎中为鹤，两侧为鲷鱼。配位簠内为粢和菜，簋内为黑饼和白饼，豆内为鱼腊，笾内为生果和干果，俎内为鱼。从祀位礼器比配位少俎，其他相同，祭品也应该相同。正位三簠、三簋、三豆、三俎，虽然仍名释菜，但已说明日本江户时期孔子庙祭品已经不再采用中国礼制。

长崎钱溪书院祭祀也为释菜，其祭器、祭品如下：

帛：白绢一丈二尺。

爵：盛酒；爵：盛酒；爵：盛酒。

铏：和羹，豕之角煮。

登：太羹，鸡之酒煎。

簠：黍；簠：稷。

簋：稻；簋：粱。

笾：榛，蒲草种子代替；笾：菱，银杏代；笾：芡，藕代；笾：鹿醢；笾：形盐；笾：藁鱼；笾：枣；笾：栗。

豆：韭菹；豆：醯醢；豆：菁菹；豆：鹿脯，小鸟代；豆：芹菹；豆：兔醢，鸡卵代；豆：笋菹；豆：鱼醢，猪肝脏代。

登：数二十，盛猪角煮的羹。

爵：数二十，各盛酒。①

释菜用八笾豆，二簠、二簋、一登、一铏，与释奠相比只少俎，礼器、祭品远远超过释菜。

米泽兴让馆在元禄十年（1697年）将孔子像由藩医八尾板矢印宅迁往感麟

① ［日本］《长崎市史地志篇·中岛圣堂》。

殿（以后改称先圣殿）时举行释菜仪式，孔子像前用三俎、二笾、二豆，三俎内均供奉干鲍鱼和咸鲑鱼，二笾内供奉赤饭、白饼、粟饼，二豆内供奉梨、栗、榛，不知三种供品是怎样摆放在两件祭器内的。东西两侧七十子前只有一笾一俎，俎内也是供奉干鲍鱼和咸鲑鱼，笾内供奉赤饭、白饼、粟饼。祭祀级别很低，但就释菜来说祭品就是很丰富。安永五年（1776年）祭祀就更丰富，孔子像前有黍、稷、稻、栗、梨、榛、盐鲍、鲜鱼、赤饭、和羹，此外还有大殿样、喜平治样、相模样分别敬献的盐鲍，祭酒敬献的牺献，提学敬献的鲜鱼等，可惜的是文献没有记载使用的祭器名称。

多久鹤山书院圣庙和闲谷学校现在的祭祀也名释菜，但祭器均用二笾三豆，多久圣庙供奉枣、栗、菁、脯、笋、饼和粢，闲谷学校供奉枣、栗、菁菹、笋菹、兔醢，较释菜祭品就丰盛了。

水户藩校弘道馆于安政四年（1857年）举行开馆祭祀名释奠，但所用祭器为一簠、一簋、七笾、四豆、三俎，簠内用繁（当是“蘩”之误），簋内用粟，笾内分别用松鱼节、枣、削盐、栗、干肴、糕和水果，豆内分别用青菜、海藻、水果、腌肴，俎内分别用生鱼、鹬、野鸡，虽然礼器和祭品比释菜要多，但是都达不到释奠礼制。

（三）祭品制作

祭品的制作方法，见于《昌平志》，其方法如下：

菜：用青菁菜拾把，拣去蠹叶，洁净数遍，切作寸断。

黑饼：即胡糕。用蒸糯米捣练作饼，凡叁拾伍，研胡麻子一升为衣而无馅。

白饼：即粉糕。制同黑饼，而无麻子衣及馅，亦叁拾伍。

乌肉：用盐藏鸭壹翼，临用洗洁之，切作薄片。

鱼腊：用盐藏鲑鱼壹尾，重大约若干斤，临用洗洁之，切作薄片，如或大脔，须报切之。

鱼子：即鲰脯。用盐藏马鲛子贰挺，临用用水洗洁之，切作薄片。

生果：用香橙、梨子各叁拾伍枚，葡萄壹筐，并备拣择，但香橙、梨子切作薄片。

干果：用干栗柒拾伍枚，干柿百枚，但如干柿切作薄片。

鲷鱼：大者壹尺伍寸，凡三尾，以充正位；小者捌寸，凡四尾，以充配座。用盐少许腌过，水洗洁之。

酒：用醇酒伍升，水罗漉过之。[①]

日本其他书院祭品大多与此相似，制作方法也应该相同。

四、主祭

藩校书院一般以藩主为主祭，但江户时期由于实行参觐交待制度，藩主一年在藩，一年在江户，偏远的藩旅途往返费时，藩主一多半的时间都不在藩内，亲自祭祀的次数不多。萩藩明伦堂规定春季由藩主亲自致祭，秋季则由学头主祭，藩主两年才能亲自祭祀一次。

私立书院一般由书院主持者主祭，如长崎钱溪书院文化元年（1804年）由祭酒向井元仲任献官。

第四节　祭祀礼仪

早在大宝元年（701年）日本就开始祭祀孔子，基本采用唐代祭祀礼仪，江户时期日本书院祭祀仍然大多采用中国式礼仪，也有个别书院采用日本式礼仪。

---

① ［日本］犬冢逊：《昌平志》卷五。

一、忍冈林家书院释奠仪

忍冈林家书院圣堂和迁至汤岛后的学问所一直采用中国式祭祀礼仪。宽文十年（1670年）释奠仪注简述如下：

祭祀前各官从杏坛门入庙，在大成殿前面北排列站立，掌仪和赞礼在东面面西而立，迎神、送神人员在西面面东而立。掌仪升堂巡视，巡视后下堂鞠躬复位。

迎神　迎神者唱迎神词，其歌词为："大哉孔（宣）圣，道德尊崇。维持王化，斯民是宗。典祀有常，精纯并（益）立（隆）。神其来格，於昭圣容。"[①]乐工奏"越天乐"，掌仪升堂，揭起孔子等神像前帘子，然后复位。

奠币　赞礼进至台阶前鞠躬而退，在献官右侧面西而立；掌仪升堂在门左侧，面西而立；祝者在堂前廊下面西而立；迎神、送神人员升堂后在乐器之侧面西而立；掌仪下堂至初献前请奠币，然后升堂复位；初献至盥洗位前盥洗，然后升堂，赞礼跟随，祝者捧币至牺尊前半跪；初献至孔子香案前一揖，上香，鞠躬，行一拜一起四拜礼，然后到堂内东侧面西而坐。

初献　初献鞠躬后由漆阶升堂，斋郎等将供品依次送入殿内，初献将祭品献上，乐工奏"庆云乐"，初献献供后下堂复位；初献起坐下堂，洗爵升堂；赞礼持爵跟随，至牺尊前站立，司尊者将酒注入爵内；迎神、送神者唱"初献词"："大哉圣王，实天生德。作乐以崇，时祀无斁。清酤维（惟）新（馨），嘉牲孔硕。荐羞神明，庶几昭格"；乐工奏"五常乐"；初献至香案前，北面再拜。

读祝　读祝文："维（惟）宽政十年岁次庚戌，八月朔乙酉越丁亥日，弘文院学士林恕敬致祭于大成至圣文宣王：惟王德配天地，道冠古今，删述六经，

---

① 括号内的字为明洪武六年颁布的歌字，下同。二者有不同，可能是摘录所致，如日本的"精纯并立"明显就有问题，根本就不合韵，而《昌平志》就作"精纯并隆"。

垂宪万世。谨以币帛醴齐粢盛诸品，祇奉旧章，式陈明荐。以兖国复圣公、郕国宗圣公、沂国述圣公、邹国亚圣公，且以周元公、程纯公、程正公、张明公、邵康节、朱文公从祀。尚享。”

亚献　掌仪下堂迎亚献，亚献不奠币、不读祝，其他与初献相同；迎神、送神者唱亚献词：“百王宗师，生民物轨，瞻之洋洋，神其宁止。酌彼金罍，维（惟）清且旨，登献维三，於嘻（戏）成礼”；乐工奏“太平乐”；亚献成礼后下堂复位。

终献　终献与亚献相同，唱终献词：“牺象在前，豆笾在列，以享以荐，既芬既洁。礼成乐备，人和神悦，祭则受福，卒（率）迺（遵）无越”，乐工奏“庆德乐”。

分献　掌仪下堂迎分献，分献二人至盥洗位洗爵后升堂，执爵二人执爵相随，分献在东西分别向颜子、子思、曾子、孟子奠酒，再拜后下堂复位。

分奠　掌仪下堂迎分奠，分奠也是二人，仪式与分献相同，分别在东西向周敦颐、程颐、邵雍、程颢、张载、朱熹奠酒，再拜后下堂复位。

说经　献官、读文者、斋郎、诸生依次升堂，掌仪唱“着座”，献官以下均落座，讲经开始，结束后撤走书阁。

读诗　读师依次朗读献官以下诸人诗作，读完后，撤走文台，读诗结束。

彻馔　亚献由漆阶升堂撤除供品，迎神、送神者将供品接传下去；乐工奏“陵王乐”。

送神　掌仪唱“起座”，献官以下均起座；掌仪唱“鞠躬”，献官以下均鞠躬；掌仪唱“兴”，献官以下均起立。迎送神者唱送神词：“有严学宫，四方来崇，恪恭祀事，威仪雍雍。歆兹（格）为（惟）馨，神驭还（旋）复，明禋斯毕，咸膺百福”；乐工奏“越天乐”；掌仪唱“下帘”，放下神像前帘子，献官以下依次下堂，祭祀结束。

这次祭祀仪式基本采用中国明朝释奠仪式，但明洪武六年制定的祭祀孔子乐章六章七奏，亚献、终献用一个歌章。日本此次使用的乐章与洪武六年乐章

汤岛圣堂释奠场景

相比少奠币一章，终献用御馔乐章而御馔未奏乐。至于歌辞中个别文字不同，可能是引文中的讹误。特别需要说明的是，这次祭祀与奈良至室町时期有不同，最大的不同是说经、读诗不是在祭祀结束以后而是在祭祀过程中间，而说经、读诗也是明代释奠仪注中所没有的。

释奠讲经在中国是从三国时期的魏国开始的，魏主曹芳通经后派太常赴辟雍释奠孔子。从西晋开始，皇帝、皇太子通经后都亲自到太学释奠，都是先讲经后释奠，释奠后宴飨赋诗。北魏也是先讲经后释奠，但由南朝的通经者自讲改为皇帝听讲，皇帝听讲时，有主讲、侍讲、预讲，还有摘句、录义等。北齐讲经制定详细制度，置执经一人，侍讲二人，执读一人，擿句二人，录义六人，奉经二人。隋朝讲经还增加辩论，讲经人也借讲经向皇帝讽谏。唐武德七年（624年），高祖亲临释奠，释奠后讲经，“引道士、沙门有学业者与博士杂向驳难，久之乃罢”，三教互相辩论。唐太宗令孔颖达讲经，自己也参加驳难。《开元礼》制定《皇太子释奠于孔宣父》仪注，讲经改称讲学，于释奠后举行。

中国唐代以后取消讲经，日本接受的是唐代释奠礼仪，所以还保存着讲经活动。忍冈林家书院自宽永十二年（1635年）春祭后由大学头林罗山宣讲《论语》第一章后基本保持这一传统。“礼失求诸野”，所以将讲经仪注详细记录如下：

宴飨既毕，各官、诸宾皆退。开敞厅堂，更正讲位。（按：元禄及正德仪，并祭讫各官会于厅堂，主祀讲经，列侯、大夫、士庶咸环听焉。其位次：列侯坐于上局，大夫、士坐于次局，东西相向，礼于下局，藩臣、处士杂坐焉。讲讫设飨，猿乐侑宴。）献官坐于上局，东向，分献分奠坐于其南，北向西上。执事者坐于下局，层行，西向北上。书阁者（书阁，书筐，豫陈于西庙[①]，就取书于筐盛于阁上，以铁如意镇压之），举阁（左转过，自分奠之后），置于献官前，还复原位（即西厢位）。献官讲经一通（讲止一章），各官俯听，讲讫皆兴（讲讫，以铁如意镇定讲本，铿然有声，各官认闻皆兴）。问者进，跪于书阁前（西向），质问疑义，凡三问三答（初问、二问、三问，仪并同。每献官辩析滞义，各官皆俯。按：宽文仪，问者五人，其答者也五人，若三四人。又有执如意者一员，每答就授，讫，复受之。正德仪，问者四人。享保己亥仪五人，壬寅仪三人，顷岁正于三人）。问者各复位，乃彻阁（书阁者举阁如初仪，复陈于西厢，藏书于筐）。[②]

讲经后读诗也是沿袭中国古制。六朝时中国有赋诗传统，最早见到的作品是西晋元康二年（292年）皇太子释奠后潘尼所作《释奠颂》和释奠诗，此后释奠后赋诗成为惯例。宋元嘉二十二年（445年），皇太子释奠后颜延之曾作《皇太子释奠会作诗》，至今保存在《文选》中。《隋书·经籍志》著录有南齐《释奠会诗》十卷，陈太建二年（570年）皇太子释奠后也曾将释奠诗结集，《陈书·陆瑜传》记载，“太建二年，太子释奠于太学，宫臣并赋诗，命瑜为序文，甚赡丽”，可惜这两部释奠诗集都已失传。隋朝以后，释奠后不再赋诗，赋诗传统断绝。日本书院、韩国乡校和书院至今还保存着这种传统，日本多久东原

① 庙，当为厢。

② ［日本］犬冢逊：《昌平志》卷五。

庠舍还有赋诗活动，韩国乡校、书院祭祀后有名为“汉诗白日场”活动就是步韵唱和，但是都是七言诗，已非四言赞诗传统。其仪注如下：

> 文台者（即书阁者，取诗卷于匣，盛于台上，加铁如意二柄），举台置于上局东侧（台当献官，既置文台，复跪于西厢）。讲师（掌仪若祝者，旧仪分奠）进跪于文台前，西向读诗（首读献官诗，各官皆府[①]，次读各官姓名，各认闻亦俯。按：宽文仪，先读诗序，次读献官以下执事者诗，顷岁诗止献官，他上姓名）。讫，复位。文台者乃彻台（仪如彻阁），复于原位。[②]

颁俎在讲经和读诗之后，间隔时间是够长的。犬冢逊说：“宽文仪，说经、读诗举于庙殿，其仪在于彻供前。元禄仪亦举于庙殿，其仪在于下帘、垂帐后。但庙殿仪讫，复举于厅堂，其仪先读献诗，次读宴诗。顷岁厅堂仪废，止于庙殿。宽政甲寅特加厘正，移庙殿仪举于厅堂。又颁胙式，元禄壬午，各官馂于主祀本宅，顷岁献官以下集于神厨。饮福受胙，掌仪、祝者掌之。宽政甲寅亦更厘正，颁于厅堂，戊午二月皆废其仪。”可见也屡有变化。

> 侍者奉胙（黑白饼、鱼腊切作薄片，□以白纸而红白纸线结束之，盛于木台，但献官及诸官各用小木台，如执事者，共一大盘）置于献官前，次分献、分奠各一。次举大盘（纸裹无□），置于执事者前，献官揖各官曰：受胙。皆俯。献官退，各官以次受胙而退。[③]

遗憾的是，讲经、读诗、颁俎、馂设于宽政十年春祭时停止不举。

---

① 府，当为俯。

② ［日本］犬冢逊：《昌平志》卷五。

③ ［日本］犬冢逊：《昌平志》卷五《旧仪说经、读诗、颁俎式》。

二、长崎钱溪书院释菜仪

长崎钱溪书院文政元年（1818年）的“释菜礼役”中安排的执事有：视烛，清道，掌仪（告祭之次第），赞，开垂帐，迎神，奠帛，献官（上香，领属官行三跪九叩首），司尊、献官介者，初献，亚献，终献，献馔，传供，祝（读祝文），献官（上香，三跪九叩首），分奠官（四配十哲等之奠官）司尊，分奠官介者，开讲（《论语》“乡党篇”第一节、第二节），献官（上香，领属官三跪九叩首），送神，撤馔，焚祝帛等。可知祭祀是三献，行三跪九叩首之礼，使用的是清朝礼仪，不同于汤岛圣堂的明朝四拜礼。在祭祀后，唐人（中国人）还单独行礼，也是三跪九叩首。唐人行礼始于正德二年（1712年），是经过长崎奉行同意的。长崎圣堂祭祀基本是参照中国清朝仪注，是由旅居长崎的中国人沈爕庵制定，但增加讲经环节。

三、米泽藩校兴让馆释菜仪式

米泽藩校兴让馆是最早建立的藩校，也是最早祭祀孔子的藩之一。元禄十年（1697年）设立藩校学问所，当年塾主、藩医矢尾板三印举行孔子像迁座仪式。其仪注如下：

> 塾主拜礼（再拜而退），祝文朗读，塾主跪座四拜，门弟拜礼（圣像前拱手四拜而退），诗文朗读（门人所作），《论语》讲义讲释《论语·为政》，塾主讲释（在讲堂讲释），飨宴。

行礼很简单，但祭祀时既有祝文也有告文。祝文使用中国明代《阙里志》所载祭文，告文则是藩医自撰，除赞颂孔子及其思想外，还增加祈祷国家太平的内容。祭祀虽然简单，但祭祀后的讲经、献诗、飨宴一项不缺，而且讲经还分成讲义和讲释两次进行。飨宴有二汁七菜，还有不化妆、不伴奏的单人舞

“难波”“羽衣”“养老”。

次年三月，藩主上杉纲宪出席第一次官费祭祀释菜，官费祭祀坚持26年，因为藩财政紧张，中停52年，但祭祀并没有停止，由藩医自行祭祀。安永五年（1776年）恢复官费祭祀，祭祀看来很隆重，卸任藩主等人进献祭品，其祭祀礼仪“奠供之式”记载比较简单：“开椟扉，献了，再拜，献酒”，“祝盘，炷香，再拜，阶下拱手，告文，升阶，炷香，再拜，御拜礼，献章，诗吟，书格，书物，讲谈，右终，而御拜礼”，献酒一次，上香一次，然后吟诗、讲经，比儒医私祭少了飨宴。

四、庄内藩校致道馆释菜仪式

庄内藩校致道馆祭祀比较庄重，三献官一般由祭酒、司业和学监担任，藩主在藩时也要去亲自行礼，藩主在江户时以藩主名义致祭，家老要到校。其祭祀仪式如下：

祭祀三天前开始准备，与祭人员从上午十时着礼服斋居。

第二天五时起床沐浴，准备祭器，在养老堂演习祭祀礼仪。

前一天仍然是五时沐浴，在庙内悬挂幔帐，清洗祭器并将其陈设在庙内。

祭祀当天两点起床沐浴，四时早餐，五时在养老馆聚齐。

迎神：祝和执尊四人从神库请出孔子画像张挂在至圣殿内。与祭人员皆拜。执事人员向尊罍注入酒水，然后三献等人才从讲堂去孔子庙。执馔向笾、豆、簠、簋、俎等摆上供品。

初献：赞礼请出祭酒并引导至殿内献酒，然后引导祭酒复位。

亚献：赞礼引导亚献到殿内献酒，然后引导亚献复位。

终献：赞礼引导终献到殿内献酒，然后引导终献复位。

赐俎：执俎、执笾随祭酒入庙，祝向祭酒赐俎。

鹤岗藩校致道馆释菜场景

彻馔：从庙内取下祭品放入神库。与祭人员再拜，献官等退出。

送神：将孔子画像送回神库。[①]

原文为黑崎与八郎的《致道馆释奠记》，记载比较简单。但是对于上下台阶的步法记载较为详细，上台阶时先迈右脚，下台阶时先迈左脚，而且是两脚在一级台阶聚齐后再迈向下一个台阶，即拾级而上。

五、足利学校祭祀仪式

足利学校原来祭祀为春秋两次，春祭称作释菜，秋祭称作释奠，明治十三年（1880年）制定释奠略式，改在冬至日举行，1915年又改在11月23日举行（新尝祭，1948年改称勤劳感谢日），沿用至今。现在采用的释奠仪式基本就是明治十三年制定的。其仪注如下：

① 摘自庄内文化财保存会编《致道馆》。

一、掌事、神官、协律郎、打钟手升堂，察看堂内。

二、午前十时，鸣钟三下。（掌事察看完堂内，打钟手在十时鸣钟三下，祭祀开始）

三、祭官盥漱。（祭官在杏坛门前盥漱，入门从东阶升堂，在廊下北面并列，参列者着席）

四、掌事引导仪式见证人在堂东侧。

五、祭官立礼，再拜，着席。（赞礼在祭官列队后唱“祭官再拜”，拜后在堂内西侧并列，其顺序为初献、亚献、终献、分献、祝。赞礼在盥洗所之侧面东立）

六、掌事告辞。（掌事通知仪式见证人、参祭者执行祭祀仪式）

七、大麻行事。（祓主奏祓词，举行大麻行事）

八、迎神。（神官开门后，奏迎神祝词）

九、供馔、执尊。（奏乐）

赞礼引导献官至膳所，依次供簠、簋、笾、豆、俎，掌事接过供上。

初献至膳所取爵，至洗所洗爵注酒，将酒供于祭坛上。亚献、终献、分献也各自照此办理。配供者也取爵供于小野篁。（奏乐结束）

十、祝、祭官跪座再拜，读祝文，祭官再拜。

祝至祭官正面，跪座再拜，起立近前一拜，焚香，跪座取祝板读祝文，读毕，将祝板复置案上。祝、祭官起立再拜，复座。

十一、赐胙饮福。（奏乐）

掌事至膳所取爵，至洗所洗爵，从孔子、四配前爵中取酒赐给初献，初献饮福酒，掌事接过酒爵回膳所。（奏乐结束）

十二、礼仪终。

赞礼唱：“礼仪讫”。

十三、送神。

神官奏送神祝词。

十四、掌事告辞。（掌事通知仪式见证人、参祭者仪式结束）

十五、鸣钟二下，祭官退堂。（打钟手鸣钟二下，祭官等从西阶退出，仪式全部结束）

礼仪很简单，但增加日本神式大麻行事。

足利学校祭祀时，市长不担任主祭，而是担任掌事和祝，初献由助役（副市长）担任，亚献、终献、分献分别由教育委员或史迹委员担任，配祀小野篁献官由教育委员会次长担任。市长不担任主祭，与中国礼制不同。

六、菰野藩校修文馆祭祀仪式

菰野藩校修文馆祭祀仪式最为简单，馆内没有专门庙宇，以讲堂作为祭祀场所。供奉神酒，每年正月初二悬挂孔子、颜子和曾子三人画像，供上酒，卯时藩主、生徒都着正服依次行拜礼，行礼后于讲堂由教师进讲《论语·学而》一章或半章，讲毕，撤下祭祀用酒颁发给生徒。明治二年（1869年），改为祭祀藩主保护神应神天皇和首任藩主木雕像，时间也改为八月十五日，早六时举行日本式祭祀，藩官员、武士、生徒都要参加。

七、彦根藩校稽古馆开馆仪式

稽古馆于宽政十一年（1799年）落成，十一月十一日先举行开课仪式，十八日才举行开馆仪式。开馆仪式先祭祀文武二神，庆典庄严而隆重。根据当时《御开讲式目之党》（开课典礼备忘录）记载，先参拜藩主，之后参拜家老（藩臣主管）以及稽古馆官员，然后举行神酒顶戴仪式，以祈祷五谷丰登、无病无灾，右笔头（首席）宣读规章制度，接着向建造稽古馆相关工匠以及讲师敬酒，到此庆典活动结束。第二天即开始授课，首先是龙为门（玉渊）、大菅权之丞（兰泽）二人讲解《孝经》第一章。然后是弓术、枪术、剑术、居合教师演示，武术演示后，学生们分别到各自班级里开始练习。

第十章　日本书院建筑

日本大兴书院的江户时期，经济并不发达，全国租米大约2720万石，其中大约1900万石分封给270多个大名（诸侯），每年租米1万石至120万石不等，但大多大名租米在10万石左右。大名还要将自己年贡租米分给陪臣，陪臣也要将自己的禄米分发给家来（家臣）。大名要一年在领地，一年在江户，而妻子长住江户为人质，开支很大。各藩经济都比较紧张，所以，日本不论藩校，还是乡校、私塾，规模都不大。

第一节　书院布局形式

日本绝大多数书院都要进行祭祀，但并不是所有书院都建造奉祀建筑，只有很少书院建造孔子庙，许多书院都是在讲堂临时悬挂画像或摆放木主进行祭祀，也有书院不进行祭祀活动，当然这种书院很少。

日本书院并没有像中国那样规制健全的孔子庙，本书将有独立院落者称作孔子庙，简称庙，只有奉祀孔子殿堂者称作殿，奉祀日本名人和神祇者称作社，所以将日本书院布局分为庙学式、庙学社式、殿学式、堂学一体式、堂学社一体式和讲堂兼祀式六类。

一、庙学式

设有独立孔子庙院落的书院不多，已知有江户昌平坂学问所、长崎钱溪书院、水户藩校弘道馆、庄内藩校致道馆、备前藩校闲谷学校、足利学校、多久鹤山书院等。其布局形式有左庙右学式、右庙左学式、前学后庙式、庙学分立式、庙主学围式五种。

（一）左庙右学式

左庙右学式是庙学式中常见的布局方式之一，忍冈林家书院、汤岛昌平黉学问所、仙台藩校养贤堂、尾张藩校名古屋明伦馆、上田藩校明伦馆、小仓藩校思永馆等都采用这种布局方式。

林家书院 宽文元年（1661年）扩建后属于左庙右学式布局。孔子庙独立成区，前设入德和杏坛两重门，杏坛门两侧各设四间行廊，先圣殿两侧各附设两间耳房，称作两庑。学舍部分前为弘文馆，原是宽永十一年（1634年）以将军赐给的骏河公邸建造的书院，宽文三年因封林恕为弘文馆学士改称弘文馆，中为宽文四年将军命修《本朝编年录》而设置的史馆，后部为学舍和书库。

1661年的林家家塾

昌平黉学问所　元禄三年（1690年），林家书院迁至汤岛，改称昌平黉学问所，规模扩大，但仍采用左庙右学式布局方式。入德门前增加仰高门和院内东舍、西舍，学舍部分增加建筑更多，有将军亲临释奠的行殿。元禄十六年，江户大火，学问所被延烧，次年重建，圣堂建筑基本照旧，没有再建将军行殿，学舍也有减少。安永三年（1774年），江户大火，大成殿被延烧，次年重建，规模大为缩小。天明六年（1786年），学问所再次被大火延烧，次年重建，建筑规模更小，学舍建筑数目也大减。宽永十一年（1634年），形制有所变化，东部增加教官住宅、更衣所、看守舍等辅助建筑，孔子庙减少一进，将仰高门东移东向，改成孔子庙东侧门，也减去东西学舍，大成殿增加东西两廊，西部学舍大增，达到鼎盛期。

仙台藩校　最初为第五代藩主伊达吉村在元文元年（1736年）创建的学问所，七代藩主伊达重村于宝历十年（1760年）迁址扩建，明和九年（1772年）改名养贤堂，并亲自题写堂匾。随着教育的发展，学校又显得狭窄，九代藩主周村于文化十一年（1814年）进行扩建，三年后落成。养贤堂虽然从天明六年（1786年）开始祭祀孔子，但直到文政二年（1819年）十一代藩主齐义才在讲堂之东建造圣堂，安置圣像。安政年间（1854—1859年）又在校门之南添建教育庶民的日讲所，形成藩校的最终规模。养贤堂为左庙右学式布局，学舍在西，圣庙在东。整个学校周有围墙，西、北、南三面墙外还有水沟。校门向西，门前有学头（校长）住宅和职员、步卒住房，南北两组建筑之间形成一个小广场，可以说是日本最有气势的校门。养贤堂文武兼修，文馆在北，武场在南，但武场建筑很少，面积也不大，与文馆无法相比。校门后有甬道北折引向讲堂和圣庙。圣堂为一独立院落，面积不大，一殿一门而已，建筑既少且小。但圣庙院落以外还有围墙将圣庙与校舍截然分开，只有中和门与讲堂前东侧一门可以进入，圣庙一区占地面积并不小。讲堂在日本学校中分隔空间最为复杂，它平面呈田字型，由四代学头大槻平泉设计，参照天子五学平面，袭用中国夏、商、周三代学校名称，“夏曰校，殷曰序，周曰庠”，内设四个露天庭院，其他分隔为21个空间。居中一室为讲堂，名学，相连四间名校，按方位分别称东校、南校、西校、北校。北校面南，位置最尊，供藩主临校使用。四周共有16室，称为庠，东为春，南为夏、西为秋、北为冬，每季4间，分别以孟、仲、季、旺命名，如东庠自北起第二室分别命名为春孟庠、春仲庠、春季庠、春旺庠。设计别致且有新意，可惜的是这所学校除校门外其他建筑全部毁于第二次世界大战的大轰炸中。

尾张藩校　明伦堂是日本最大的藩校之一。首任藩主德川义直是将军德川家康之子，是三大亲藩（幕府将军同族）之一。德川义直崇奉孔子思想，元和八年（1622年）就曾聘请理学家藤原惺窝门下堀杏庵讲学，宽永六年（1629年）就建造江户时期最早的孔子庙圣堂。宽永九年捐银资助林罗山在江户忍冈创建圣堂，同时在封地名古屋设置半官半私的大津町学问所，从京都聘请熊谷立节教育藩士子弟。义直以后学校废弛，直到七代藩主宗胜才于宽延元年（1748年）在巾下新设学校，并自书明伦堂堂匾，但延续三年后就因经费无法解决而关闭。天明二年（1782年），九代藩主宗睦又在片端长岛町重建明伦堂，次年落成学校，七年落成圣堂。此前的安永九年（1780年）已经聘请著名学者细井平洲为儒臣，担任编写藩史的继述馆总裁，此时任命其为明伦堂督学。细井平洲主持学校时，不仅允许庶民听讲，他还亲自到藩内各地讲学所巡回讲学，藩内学风大盛。藩校明伦堂讲堂在西，圣堂在东，虽然校门和讲堂正门都向西，但圣堂庙门向南，所以应该属于左庙右学式。学校文武兼修，但只有稽古场和木马稽古场两座建筑属于习武场所，以文为主。圣堂面积较大，周有围墙，形成独立的封闭院落，很有气势。院内东北角还有一座小圣堂，原是德川义直宽永六年前建造的，奉祀孔子、伏羲、禹、文王和周公，从德川义直的祭文看以奉祀为主。

（二）右庙左学式

右庙左学式是比较常见的庙学布局方式，日本书院采用此种方式的有长崎钱溪书院、津藩有造馆、津和野旧养老馆、鹤岗庄内藩校致道馆以及昭和重建的汤岛圣堂等。

长崎钱溪书院 圣庙在右，讲堂明伦馆在左，但布局并不规矩，右学只有明伦堂一座建筑，而学寮位于庙前右侧。长崎钱溪书院孔子庙建筑较多，设有棂星门和杏坛门两重门，圣殿和崇圣祠两座奉祀建筑，由于崇圣祠为后来添建，择隙地而建，位于大成殿之左。

津藩有造馆 这是日本规模最大的藩校之一，文政二年（1819年）创建，次年落成，三年开工建设圣堂，四年竣工。学校以文馆为中心，北、西、南三面为武场，东面为马场，形成武场四面围护的布局形式，设计者更匠心独运，将武场设计为28个小间，以比喻二十八宿拱卫北斗。从此也可以看出，具有明显的重文轻武倾向。圣堂在学馆前面偏西，为一组独立建筑，有石砌一周围墙，建筑不多，一殿一门，正门名仰高门，正殿名大成殿。大成殿内分成前后两部分，前部分（中堂）供祭祀行礼，后部分（内阵）是神龛，供奉孔子像，并以吉备真备和菅原道真配享。有造馆校门向北，但圣堂和讲堂都刻意安排面南，无疑属于右庙左学式。

鹤冈庄内藩 这是个封地只有14万石的谱代（关原之战前幕府将军德川氏早期的世代家臣）小藩，僻处本州西北，文化发展较晚，从天明到宽政年间藩主追求奢侈华美，统治极端残暴，社会大乱。七代藩主酒井忠德为整治士风，决定开设学校进行教化，享和元年（1801年）开始在御持筒町建设致道馆，二年完成圣庙、表御门（正门）、东西门、书库，三年完成讲堂、养老堂、御入座敷（藩主专用建筑），文化元年（1804年）建成武场稽古所，至此致道馆全部完工。根据治教一致要求，文化十二年将致道馆迁移到轮马场町的郡代役所（幕府直辖领地官员官衙）西邻，圣堂、讲堂等由草顶改为瓦顶，并增建外舍、本舍、小教场、武术稽古场等建筑，奠定最后规模。致道馆平面南北窄而东西长，讲堂等在东，圣庙位居西北角。学校正门向西，门内北侧为圣庙，圣庙规模不大，只有一殿一门和附设在庙东的神库和神厨，占地面积也不到学校十分

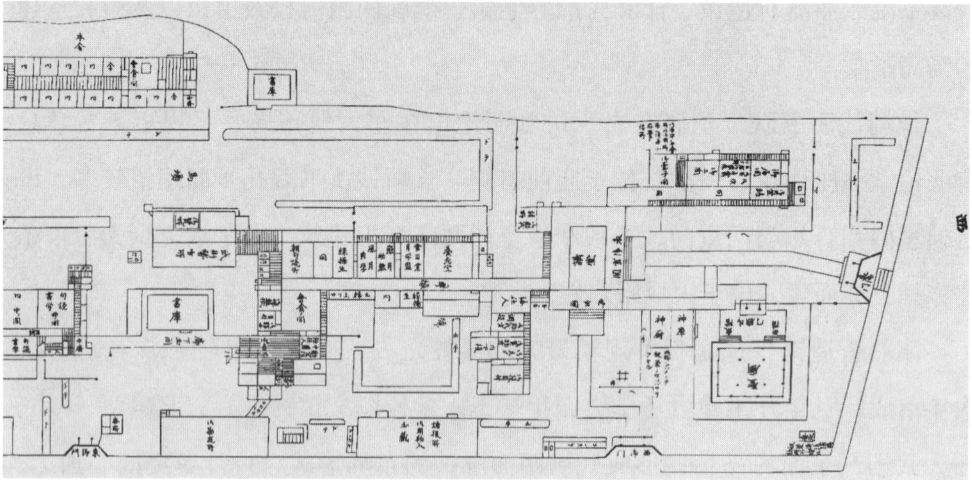

鹤岗庄内藩校致道馆示意图（局部）

之一，但圣庙坐北面南，学校主建筑讲堂位于圣庙东侧，坐东向西，圣庙位置更为重要，布局属右庙左学式。

汤岛新圣堂　大正十二年（1923年）关东大地震，汤岛圣堂被毁，昭和十年重建，改为孔子庙在西，学舍在东，成为右庙左学式布局。

熊毛乡校德修馆　熊毛乡校德修馆为只有禄米11329.5石的三丘领主宍户就年于文化六年（1809年）创建，中间为圣庙，左边为讲堂，右边是习武道场，占地面积1.5万平方米，属右庙左学式布局。德修馆文武兼修，全盛时期有教员30多人，学生402人，其中住校生48人。现在仅存弘化六年（1849年）模仿萩明伦馆圣堂新建的圣堂。

（三）前学后庙式

前学后庙式是罕见的庙学布局方式，日本书院此布局方式却比较多，已知有初建的忍冈林家书院、佐仓藩校成德书院、冈山藩学校、饫肥藩振德馆等。

忍冈林家书院　宽永七年（1630年）初建时有学无庙，宽永九年尾张藩主德川义直规划并资助建造先圣殿，孔子庙独立成区，只有一殿一门，殿门均向西，前对林氏斋，右侧是学舍和书库，按照孔子庙的朝向应该称为前学后庙式。

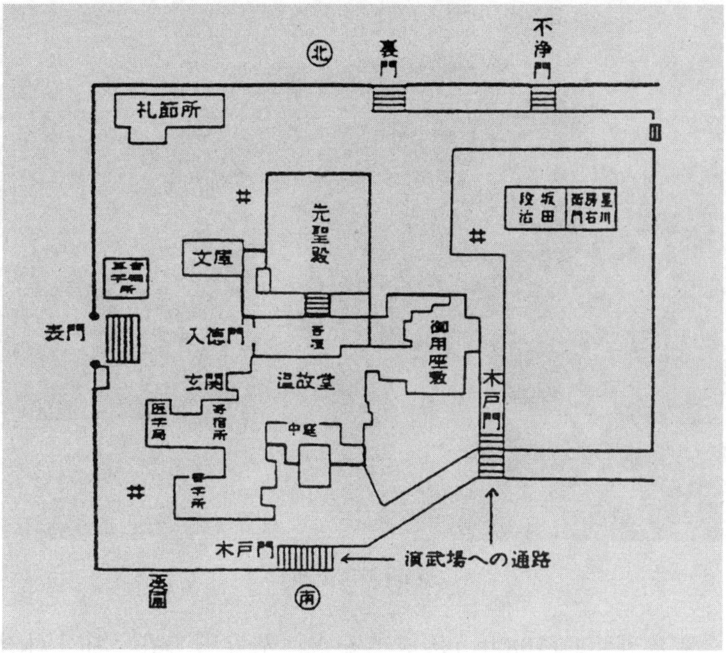

成德书院平面示意图

佐仓藩成德书院　佐仓藩校始建于宽政四年（1792年），六代藩主堀田正顺创建学问所，文化二年（1805年）改称温故堂，天保七年（1836年）迁址扩建，改名成德书院。成德书院大门向西，门内为入德门，入德门是孔子庙庙门，进入入德门北转为先圣殿。学校温故堂在先圣殿之南，大门（玄关）也向西。虽然校门、讲堂正门都向西，但讲堂为东西向建筑，玄关设于建筑西端，更重要的是学校主体先圣殿面南，布局还属于前学后庙式。

（四）庙学分立式

庙学分立式是比较少见的布局形式，日本书院此布局方式见于多久鹤山书院。

多久鹤山书院　多久领主只有一万石封地，经济状况并不好，四代邑主多久茂文是佐贺藩大名第三子，他崇儒好学，受封不久即规划建设学校，元禄十二年（1699年）首先建成学校鹤山书院。学校落成次年向京都中村惕斋订制

鹤山书院圣庙

孔子铜像，宝永五年（1708年）落成恭安殿。恭安殿为孔子庙主体建筑，前设仰高石坊两柱一间，庙东距校舍百余米，学校北行转而向西再转而向北才能到达，属庙学分离式布局。

（五）庙主学围式

文庙居中，学舍围护，就属于庙主学围式，日本书院此布局方式仅见于会津藩校日新馆。

会津藩校日新馆　宽文四年（1664年），会津藩儒者横田俊益发动士农工商四民数百人捐资创建私学稽古堂，开展庶民教育。受民办学校影响，延保二年（1674年），藩主保科正之设立对武士进行教育的藩立学校郭内讲所，元禄元年（1688年）藩主保科正容增设对町人进行教育的町讲所，于郭内讲所安奉山崎闇斋赠给藩祖正之的唐制孔子铜像并举行祭祀。天明八年（1788年），明令藩士及其子弟11—18岁者必须到讲所学习。宽政十一年（1799年），据《大学》“苟日新，又日新，日日新”将藩校改名为日新馆，大行扩建，两年后学舍竣工，四年后圣堂竣工。

会津藩校日新馆鸟瞰图

日新馆是日本规模最大的藩校书院之一，布局也非常独特。圣庙居中，中轴线上从南向北依次为校门、戟门、泮水及桥与大成殿，大成殿后左右设御文库和印刷所，东西两侧、两厢和戟门两侧是文馆，校门两侧和大成殿再外两厢为武馆。祭祀建筑大成殿位于学校中心，文馆位于内圈，武馆位于外圈，内文外武，所以将之称为庙主学围式布局。庆应四年（1868年），会津藩因参与幕府势力反抗新政府的戊辰战乱，战败藩灭，日新馆建筑大半被焚，明治维新后废弃无遗，20世纪80年代复原重建。

二、庙学社式

日本书院一般奉祀孔子，奉祀日本神祇或名人者并不多，而将孔子和日本神祇或名人单设建筑奉祀的更少。既设庙奉祀孔子又分祀日本名人或神祇的书院称之为庙学社式，此类书院很少，只有庙学社分立式和中庙右学左社式两种布局。

（一）庙学社分立式

庙学社分立式布局仅见于水户藩校弘道馆。

水户藩属于亲藩御三家之一，是幕府重藩。宽文十年（1670年），旅日明朝移民学者朱舜水为德川光圀制作三十分之一的孔子庙模型，撰写《学宫图说》，但学校和圣堂却迟迟没有建设，一是因为德川光圀主要精力用来编修《大日本史》，二是幕府规定水户藩主必须定住江户，藩重臣甚至低级军官、步卒很多人都住在江户，设立学校意义不大。天保四年（1833年），九代藩主齐昭被允许归藩，但因为遭遇大饥馑，直到十二年才创建弘道馆。弘道馆是日本最大规模的藩校书院之一，大门向东，入门为主馆，北侧为文馆，南侧为武馆，主馆西侧为独立的祭祀区，建造孔子庙和神社，庙、社各自成区，祭祀区后为独立的医学馆，再西则为练武场。学校文武兼修，祭祀也是文武分祀。文圣为孔子，武神为鹿岛大神，所以祭祀区有孔子庙和鹿岛神社。孔子庙向西，朝向本庙中国曲阜方向。孔子庙规模很小，仅一殿一门而已。鹿岛神社朝向西北，背靠它的本社方向。藩校庙、社、学分设，在日本也是很罕见的。

（二）中庙右学左社式

中庙右学左社式布局仅见于备前藩乡校闲谷学校。

闲谷学校始设于宽文八年（1668年），藩主池田光祖建，当时名手习所，十年建设临时学校，延保元年（1673年）建成讲堂，次年建成孔子庙，环境悠

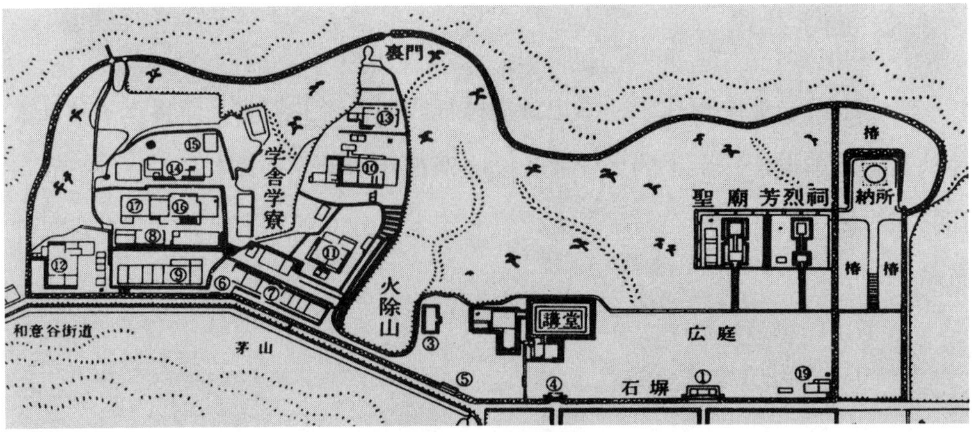

闲谷学校平面图

闲，因此命名闲谷学校。当时呈左庙右学布局，孔子庙在东，学舍在西。池田光祖去世后，葬于学校东侧山上，在墓葬西侧建造神社奉祀，但墓葬以围墙隔离于学校之外。

闲谷学校校门正对孔子庙，左侧为闲谷神社，讲堂在右，隔一个小山梁为学舍，庙社学三立。讲堂规模较大，比孔子庙和神社建筑面积加起来还要多，但校门略对孔子庙说明是以孔子庙为主建筑。

三、殿学式

限于经费，日本书院大多建筑较少，祭祀有所就可以，所以许多书院都是只建造圣殿。在日本，设置单独奉祀建筑的书院就已经算比较规范的书院，本书将只有独设圣殿而未有独立院落的书院称作殿学式书院。

殿学式有前殿后学式、后殿前学式、左殿右学式、右殿左学式四种布局方式。

（一）前殿后学式

前殿后学式布局很少见，已知有高知藩校致道馆。

高知藩位于四国南端，位置比较偏僻，但文化并不落后，16世纪南村梅轩就开创土佐南学派。享保十七年（1732年），于北会所举办会所讲，宝历十年（1760年）建造藩校教授馆，文久二年（1862年）迁址扩建改称致道馆。

迁建的致道馆为前殿后学式。大门基本直对奉祀孔子的泮宫，但并不直通，而是进入藩校正门右转，穿过入德门，抵达玄关，右转进入泮宫，在泮宫奉祀孔子。泮宫后为办公用房，再后为学舍养正寮、时习寮，故称其布局为前殿后学式布局。

（二）后殿前学式

日本书院一般将圣殿设置在讲堂后，已知米泽藩校兴让馆、冈山藩学校、饫肥藩校振德堂等都属于这种布局方式。

米泽藩校兴让馆　元禄十年（1697年），侍医兼儒学者矢尾板三印家建造圣堂感麟殿，米泽五代藩主上杉纲宪在殿侧建造讲堂以教育武士。三印去世后，成为儒官片山氏住宅和家学。明和八年（1771年），十代藩主治宪聘请儒学者细井平洲为儒官，在松樱馆教授藩士子弟，但第二年松樱馆被烧毁。安永五年（1776年）新建藩校，细井片洲据《礼记》“一家让一国兴让”取名兴让馆。宽政七年（1795年）迁入片山家友于堂以教育儿童，取名博习局，享和三年（1803年）增建辨志、敬业、教授三局和四塾，文化三年（1806年）迁入医学馆好生堂。元治元年（1864年）学馆在米泽大火中被焚，当年在讲武所内基本按原貌重建。

从藩校平面图来看，圣堂位于藩校后部，左前为友于堂，右前为讲堂，穿过御成门，直达书院大门，建筑虽小，但安排的位置很重要，属于后殿前学式布局。

冈山藩学校　冈山藩首代藩主池田光政一直非常重视教育，宽永十八年（1641年）在别宅设立临时学校花畠教场，宽文六年（1666年）在城内开设石山假学馆，九年创建正式藩校，请名儒熊泽蕃山出席开学式。宝永二年（1705年）添建桔舍、梧舍，正德二年（1712年）添建辅仁轩，元治元年（1864年）又添建武扬馆，最终形成藩校规模。

冈山藩学校是日本最为规整的藩校。核心区中贯轴线，轴线上自前向后依次为大门、甬道、泮池及桥、校门、讲堂、中室、食堂，东侧自前向后依次设菊舍、兰舍、梅舍、橘舍、梧舍，西侧自前向后依次设松舍、竹舍、柳舍、槐舍、杉舍，东西两两相对，设廊将整个核心区联为一体。校门后左右设廊，将讲堂、中室、食堂连接，讲堂、食堂两侧设廊与东西学区相连，东西两区学区每舍之间也以廊相连。校门左右设塾，门前设泮池，池上架桥，受中国礼制建筑影响很大。

中室为独立建筑，悬挂孔子画像，配祀先贤，祭祀功能明确，其实就是圣殿。讲堂在前，圣殿在后，属于后殿前学式布局。

饫肥藩校振德堂　饫肥藩位于九州南端，位置偏僻，教育不够发达，宽政年间曾建学问所，但不久毁于火灾，直到享和元年（1801年）才建造藩校学问所。天保元年（1830年），十三代藩主伊东祐相决定改造学问所，次年落成，据《孟子》"又从而振德之"命名为振德堂。

振德堂是日本规模最小的藩校之一。虽然文武兼修，但建筑仍少得可怜。藩校负责人办公的寮监室和塾头室设于大门东侧为倒座，西侧设看守房和学寮，沿东围墙建学寮，武场设于西北角。大门正对候客室（控间），后接值班室（当番所），东接主建筑，由南向北依次为素读间、讲堂和圣堂。圣堂供奉孔子木像或悬挂孔子画像，每年正月开学时供奉酒、饼进行祭祀。虽然圣堂与讲堂和素读间相连，但圣堂有单独屋顶，仍可属于后殿前学式布局。

（三）左殿右学式

左殿右学式是日本藩校最常见的布局方式之一，采用此种布局的书院有津和野藩校养老馆、小仓藩校思永馆等。

津和野藩校养老馆　津和野藩是封地只有4.3万石的谱代（早期追随德川家康后来受封的大名）小藩，位于岛根县西南角，位置偏僻，文教也不发达。天明六年（1786年），八代藩主龟井矩贤才创建藩校养老馆，建有圣堂奉祀孔子和朱熹，次年书院落成后举行祭祀孔子和朱熹的释菜仪式。

养老馆学舍在前，圣堂在后，均为独立建筑，属前学后殿式布局。嘉永二年（1849年）改革学制，并入武场，增设学生宿舍，仍然保持左殿右学式布局方式，四年后学校毁于大火。

安政三年（1856年）移地再建，重建后养老馆西部是文场，东部是武场，没有重建圣堂，但仍然仿照中国的释奠仪式祭祀孔子。据说明治三年（1870年）改释奠式为神祭式，改奉祀孔子为奉祀大国主命和楠木正成。

小仓藩校思永馆　小仓藩主不太重视教育，宝历八年（1758年）五代藩主小笠原忠才以石川麟洲家塾教育藩士子弟，取名为思永斋，天明八年（1788年）增设武场，改名思永馆，弘化二年（1845年）增设圣祠，安置孔子铜像。

从学校平面图来看，武场在前，文场在后。文场内圣祠在左，文学教场在右，虽然学大殿小，仍属于左殿右学式布局形式。

明治二年（1869年），藩厅移往丰津，思永馆也随之迁往，据七代藩主为所题讲堂“育德”匾改名育德馆。育德馆未建圣殿，已经是有学无庙。

（四）右殿左学式

右殿左学式布局仅见于上田藩校明伦堂。

上田藩一直由贞平私塾教育藩士，直到文化八年（1811年）五代藩主松平忠学才建造藩校明伦堂，文政三年（1820年）添建大成殿。

藩校文武场分设，武场在北，文场在南。文场讲堂等在西，大成殿在东，由于大成殿面北，所以属于右殿左学式布局。大成殿规模很小，面宽二間，进深二間半，面积只有15.6平方米。

四、堂学一体式

许多书院无力建设独立奉祀建筑，为满足祭祀需要，只能在主建筑内设置单独的空间奉祀。有的藩校把这种奉祀空间称作圣堂，所以本书也将其称作圣堂。采用这种布局形式的有福山藩校城之馆、松山藩校明教馆、菰野藩校修文馆、彦根藩校稽古馆、冈藩藩校修道馆等。

福山藩校诚之馆　福山藩早期教育武士主要是委托儒官在自己家塾内进行，天明六年（1786年），四代藩主阿部正伦才创建藩校弘道馆，进行文科教育，嘉永七年（1854年），七代藩主阿部正弘将文武两校和江户藩邸学问所合并新建，据《中庸》“诚者天之道，诚之者人之道”命名为诚之馆。

诚之馆正门向北，文馆居中，武学建筑分布在东侧和南面，规模比较大但没有专门奉祀建筑，而是将奉祀空间设在文馆东北角。文馆面北，进入玄关，东侧北起第一个空间就是夫子堂，供奉第四代藩主阿部正伦亲绘孔子画像和孔子铜像。夫子堂很小，面积只有6叠，仅10平方米左右。

冈藩藩校修道馆　冈藩三代藩主中川久清与德川光圀、板仓内膳正等并称当世七贤将，比较重视武士教育，曾招请小河弥右卫门、松坂内藏助以文武两道教育武士，明历元年（1655年）和万治三年（1660年）分别招请清澄传七与熊泽蕃山为师，藩校建设却很晚。享保十一年（1726年），五代藩主中川久通才以藩费在儒臣关正轩宅内设立半官半私的辅仁堂，直到安永五年（1776年），八代藩主中川久贞才将其扩建为官学由学馆。天明三年（1783年）、天保三年（1832年）因校舍狭小两次迁址扩建，明治元年（1868年）又因文武两校分设不便，迁来武学经武馆改称修道馆。

修道馆馆门在北面中部朝西，藩主用门在东北角朝南，武馆在西，文馆在东，设有圣堂。圣堂并非独立建筑，而是设在文馆内讲堂前。圣堂供奉圣像，背靠南墙而面北，是非常特别的。

五、堂学社一体式

堂学社一体式布局仅见于高远藩校进德馆。

高远藩地处日本中部山区，是一个只有3.3万石的小藩，经济不发达，对教育也不够重视。直到万延元年（1860年）在大学头林复斋的干预下才建造藩校学问所，后被林复斋命名为进德馆。

进德馆文武兼修，文馆在前，武馆在后。文馆三座建筑相连：右侧主要是讲场和圣庙，圣庙位于讲场之后，供奉孔子和四配木雕像，圣庙面积不大，面宽二間，进深二間半，约16平方米，好在前面教场可以在祭祀时使用，面积约50平方米；左侧主要是学生宿舍和办公室，后部为笔学所，笔学所后设有菅公庙，面阔一間，进深二間，大约6平方米。孔子、四配与菅原道真都有独立的奉祀空间。

六、讲堂兼祀式

有的日本书院不仅没有建造独立的奉祀建筑，也没设单独的奉祀空间，平时连孔子也不供奉，只在春秋祭祀时在讲堂内临时张挂画像或摆放神位举行祭祀。此种书院有彦根藩校稽古馆、菰野藩校修文馆、松山藩校明教馆、弘前藩校稽古馆、林田藩校敬业馆等。

彦根藩校稽古馆　彦根藩校稽古馆始建于宽政九年（1797年），天保元年（1830年）改称弘道馆，明治二年（1869年）改称文武馆，三年又改称学校。

稽古馆面积很大，建筑较多，武学位于右侧和中部前部，文馆位于中部后部，讲堂位于文馆内左侧后部，北侧是藩主临校时的公馆，南侧是稽古馆办公处所。建筑虽多，独独没有单独的祭祀空间，只在讲堂东面安置文武神位，以孔子为文神，以八幡大神为武神，藩主井伊直中亲自书写孔子谥号和八幡大神神号。

菰野藩校修文馆　菰野藩早期偏重武学教育，虽然于宽永十九年（1642年）曾高薪聘请儒学者、医生三宅玄庵为顾问讲授经子，但直到文政二年（1819年）才创建半公半私的学校丽泽馆，天保七年（1836年）新建藩校修文馆，明治二年（1869年）并至武场，改称显道馆。

修文馆没有单独的奉祀空间，每年正月二日在讲堂内临时悬挂孔子和二弟子颜回、曾参画像，以酒祭祀。明治二年又改为奉祀应神天皇和菰野藩始祖土方雄氏，八月十五日以日本神式祭祀。

松山藩校明教馆　松山藩建造藩校很晚，文化二年（1805年），十代藩主松平定则初建藩校考德馆，规模很小，文政十一年（1828年），十二代藩主松平定通新建明教馆。

明教馆文武兼修，武馆在右，文馆在左，建筑不少，但没有专门奉祀建筑。只在讲堂室内北面正中悬挂孔子画像进行祭祀，开馆时藩主松平定通亲自献酒行礼，画家狩野柳溪绘制的孔子画像至今仍存。

弘前藩校稽古馆　弘前藩是一个封地4.7万石的小藩，位于日本本州最北端。宽政八年（1796年），九代藩主津轻宁亲创立藩校稽古馆，建筑面积500多坪，九年添建武场，十年移入医学，但弘前藩经费紧张，九年不得不停办武学，文化五年再将稽古馆迁址重建，缩小规模并削减学生名额。十年后学校再次兴盛，安政二年（1855年）于稽古馆内增设荷兰学堂，文久二年（1862年）又在原稽古馆旧址重建武场修武馆。

从宽政八年创建稽古馆平面图看，稽古馆建筑非常集中，文学、武学合设在一起，文馆在前，武馆在后，中间十字相交处是学校中心，由南向北依次隔出格物堂、善诱堂和德元堂，德元堂供藩主临校时使用，举行释奠时可以将格物堂和善诱堂合并使用，面阔五間，进深七間，面积约110平方米。

七、书院布局的变化

日本历史最长的书院也不过200多年，大多书院只有100年左右的历史。历史虽然不长，但日本属于多地震国家，建筑多用木材，用料较小，而且经常发生火灾，所以书院建筑寿命并不是很长，有的书院还多次迁址重建，特别是到江户后期，随着日本民族主义兴盛，有的书院奉祀人物也进行改变，这些因素极易造成日本书院布局形式的不断变化。

书院布局变化最多的是江户汤岛圣堂。早在其前身忍冈林家书院时就有多次变化。宽永七年（1630年）初建时并无奉祀建筑，两年后才添建先圣殿，呈右庙左学式布局，但学校位于先圣殿前门之右，林家住宅位于左侧，十一年以赐给的骏河公邸材料添建书院。由于初建的先圣殿面西，万治三年（1660年）重修改为面南，并添建入德和杏坛两重门以及杏坛门两侧的两廊，呈左庙右学式布局。元禄三年（1690年）迁往汤岛时，书院规模大扩，并增设仰高门及门内东西两舍，学舍部分增建更多，既添建幕府将军的行殿，还增加众多黉舍，仍然为左庙右学式布局。元禄十六年江户大火，大成殿、将军行殿、学寮等建筑几乎全部被焚。次年重建，文庙除大成殿减低三尺以外其他基本按原貌重建，但学寮部分建筑减少，连将军行殿也未恢复。安永元年（1772年）江户又发大火，圣堂被焚毁，次年重建，“庙殿廊庑诸门略效原规，姑备制度，不唯朴略，又多裁减，破广为狭（廊庑厨庖皆减深阔），划崇斯卑（庙殿减崇五尺），柱楹榱桷不择淑慝，且止素斫，不加丹髹，硐瓦墧墙不用铜裹，壁垣续垩，砌砖补泥，础石或经火裂，多修其故而完，以省工费，苟且为制”[①]。天明六年（1786年），江户再发大火，大成殿、学舍均被焚，次年再建，“天明丁未修造，庙殿廊庑诸门一依安永制，朴略实过之。盖时议专务省费，不复顾大体。其尤甚者，为厅堂视之宝永制减者十七八，蔀屋卑陋，规模褊狭，大约如士庶一区之宅。又原間架用伸間（六尺五寸，俗谓部間），今改为缩間（六尺，俗谓都間），其陋可知矣”，以致第二年祭祀时“以狭窄不能备礼”，大学头据实反映，获准增加建筑，“主祀具状以请，令听添造厂宇数間（仰高门更衣舍亦系添造）”，才基本满足祭祀需要。宽政四年（1792年）增建厅堂、学舍和教官住宅。宽政九年，幕府决定将汤岛圣堂收归官有，改称昌平坂学问所，扩大重建。圣堂不再直通大街，而是改为东出，将仰高门东迁改成东侧门，右转南出，大门正对教官住宅，学寮部分仍然直对大街，应该说此次改制是很不合理的。宽政十一年扩建文庙，按照明末渡日遗民朱舜水为德川光圀制作的大成殿和大门模型建造大成殿和杏坛门以及东西两庑，中心一组具有中国建筑特征。弘化三年（1846年），昌平坂学问所再次被大火延烧，学舍部分全部被焚，大成殿幸免于难。明治二年（1869年），昌平坂学问所被改作大学校，同年祭祀学问神，不祭孔子，改祭日本学问神八心思兼命，明治四十年又恢复祭祀孔子。1923年关东大地震引发大火，将圣堂和斯文会事务所等全部焚毁。1935年按朱舜水模型重建书院，改为钢骨水泥。此次重建后已经没有学舍，在圣堂左侧建造斯文会事务所。

---

① ［日本］犬冢逊：《昌平志》卷一《庙图志》。

第二节　书院建筑配置

日本书院早期主要是文科教育，建筑一般不多，十八世纪后期兴办武学后，许多藩校文场武场合并，规模扩大，建筑增多。按照其功能，可以分作奉祀建筑和教学建筑。

一、奉祀建筑

日本绝大部分书院奉祀建筑很少，规模也不大，有的设置独立院落，有的设置独立建筑，有的在主馆内单辟祭祀空间，有的则借用讲堂奉祀。

独立奉祀院落　建造具有独立奉祀院落的书院有昌平坂学问所、钱溪书院、多久东原庠舍、足利学校、备前藩校闲谷学校、尾张藩校明伦馆、山口藩校萩明伦馆、水户藩校弘道馆、仙台藩校养贤堂等。

设有独立奉祀院落规模最大、建筑最多的是幕府直属学校昌平坂学问所，设有大成殿、东西两庑、杏坛门和入德门，出入德门左转前行为仰高门，出仰高门右转为大街。就建筑物设置来看与中国一般官立学校基本相同，只是名称有所差异。

奉祀建筑比较多的书院还有钱溪书院、足利学校圣堂、山口藩校萩明伦馆和尾张藩校明伦堂等。钱溪书院和足利学校一样，大成殿前有三重门，钱溪书院殿前依次为杏坛门、棂星门和大门，足利学校圣堂前依次有杏坛门、中门（又名学校门）和入德门，不同的是，钱溪书院大成殿左侧还有日本唯一的一座崇圣祠。山口藩校萩明伦馆圣庙正对大门，庙门前设水池，取名泮水，中设万岁桥，庙门名观德门，左右设塾，接墙为封闭院落，圣庙建筑规模比较大，明治维新时被作为宗教财产拍卖给寺庙成为金堂。尾张藩校明伦堂圣堂虽然也是一殿一门，但东北角还有一座小圣堂，原是宽保三年（1743年）所建巾下明伦堂的圣堂，文政七年（1824年）迁来保存，此外院内还有神厨等建筑。

有的书院因为既奉祀孔子又奉祀日本神祇或人物，所以设有两处独立院落的奉祀建筑，已知此类书院有备前藩闲谷学校、水户藩校弘道馆。

闲谷学校奉祀孔子和创建学校的首任藩主池田光政，建造圣庙奉祀孔子，建造芳烈祠奉祀池田光政。庙祠均建在山坡上，建筑基本相同，下设19级踏步，拾级而上为庙门，庙祠为四脚门[①]式建筑，黄瓦歇山顶。奉祀建筑圣庙名大成殿，芳烈祠名本殿，前设行礼建筑，圣庙名中庭，芳烈祠名拜殿，建筑形式相同，都是单檐黄瓦歇山顶。奉祀建筑与行礼建筑之间相连建筑形式不同，圣庙是两端设廊相连，芳烈祠是正中设廊相连。院内附属建筑都有神库和系牲石，唯一不同的是圣庙还设有厨屋。圣庙正对学校大门，就明确圣庙的主祀地位。

关于奉祀藩主的建筑名称，现在观光册子将其称作闲谷神社，《藩校遗构》称其为芳烈祠，名称不同，但应该以《藩校遗构》为准，就其建筑形式来看，应属于中国式建筑，而非日本神社式建筑。

水户藩校弘道馆将奉祀孔子的孔子庙和奉祀八幡神的鹿岛神社共设为奉祀区，而各自为独立的建筑群，孔子庙在右，神社在左。孔子庙大门向西，朝向中国孔子本庙的方向，建筑只有一殿一门，庙门名戟门，为日本常用的四脚门建筑，单间单檐灰瓦歇山顶，大成殿面阔三间、进深三间，也是单檐灰瓦歇山顶，基本属于中国式建筑。鹿岛神社属于纯粹的日本式建筑，背靠八幡神本社，前设两重鸟居[②]，神道入口处为鹿岛鸟居[③]，正门前的为神明鸟居[④]，正门名仁慈门。

---

① 四脚门：日本建筑术语。建筑形制一间一门，中列两柱，中柱其后各立一柱而与之一枋相连，中柱上置斗栱以承托正脊，因有四根立柱如同四只脚所以称之为四脚门，就建筑形式看就是中国一间的分心式单檐建筑。四脚门一般为悬山顶。

② 鸟居：日本建筑名称，形式略同中国单间的牌坊，两立柱加两根横木，上木名笠木，下木名贯木，有的笠木下还加一层，名岛木。

③ 鹿岛鸟居：日本鸟居的一种，笠木为圆形，贯木左右穿过立柱。

④ 神明鸟居：日本鸟居的一种，与鹿岛鸟居相似，只是贯木不穿过立柱。

许多设置独立奉祀院落的书院只是一殿一门而已。佐仓成德书院大门向西，先圣殿面南，右侧设入德门正对书院大门。仙台藩校养贤堂孔子庙为独立院落，中为圣庙，前为大成门。庄内藩校致道馆圣庙也是一殿一门，但有神厨和神库建造在圣庙院落外左侧。

独立圣堂　建造独立圣堂的有米泽藩校兴让馆、上田藩校明伦馆、冈山藩校学校、熊毛乡校德修馆等。

冈山藩学校奉祀建筑名中堂，位于讲堂之后，讲堂前设门，左右设塾，再前为泮池，池上设頖桥，前设甬道与学校大门相接。学院设计很中国化，而泮池近半圆形，也是日本已知最规范的泮池，遗憾的是讲堂在前而奉祀建筑在后。

米泽藩校兴让馆设有独立圣堂，位于藩校最后。圣堂原名感麟殿，是家臣、藩医矢尾板三印建在自家私宅以奉祀孔子的圣堂，元禄十年（1697年），四代藩主上杉纲宪于其旁建造讲堂即藩校学问所。安永五年（1776年）藩校改名兴让馆，天明五年（1785年）藩主上杉治宪亲笔书写“先圣殿”，元治元年（1864年）书院焚后重建，明治十四年（1881年）迁至县厅，二十一年改建并举行迁座式，以后又迁至法泉寺，现在位于中央公园内。关于元治重建后书院的规模，文献记载圣堂连同木板走廊面积9坪，前面台阶面积3坪，其实圣堂建筑面阔1.5間，进深2間。现存建筑面阔只有1間，进深1間2尺，面积约4.4平方米。《藩校遗构》推测是书院迁建时缩小的。建筑为日本神社式，人字形屋顶，屋檐前长后短。

上田藩校明伦馆圣堂为文政三年（1820年）添建，规模很小，进深二間半，面阔二間，面积大约16平方米。

熊毛乡校德修馆圣堂是弘化六年（1849年）仿照藩校萩明伦馆圣堂建造的。建筑面阔三间，前后加抱厦，屋顶四面悬山顶，抱厦正脊略低于主房正脊。建筑平面呈十字形，前抱厦（日语名向拜）为玄关，后抱厦（日语名奥阵）正中为孔子神龛，内置木主，四配神龛左右相对，各置木主。

二、教学建筑

日本私立书院大多仅设文馆，各藩初期建造的藩校书院大多也都是文馆，即使有设武馆的也多是分设，但到18世纪后期有的新建藩校文武并设，原来文武分设的藩校有的也合在一处。

（一）只设文馆

只设文馆的书院有长崎钱溪书院、藤树书院、林家书院、昌平坂学问所、多久乡校东原庠舍、足利学校、米泽兴让馆、岩出山藩有备馆等。其中藤树书院为私立，钱溪书院、林家书院为私立官助，昌平坂学问所和足利学校为幕府官学，东原庠舍为乡校，兴让馆、有备馆为藩校。

长崎立山书院 长崎立山书院始建于正保四年（1647年），只进行文科教育，建造圣堂一座，2間见方，建筑面积约13.2平方米，学寮一座，面阔6間，进深2間，建筑面积约39.67平方米。正德元年（1711年）迁建后的钱溪书院规模大扩，奉祀区、圣堂扩大至面阔、进深均为4間，建筑面积约52.88平方米，增设崇圣祠、杏坛门和棂星门，教学区学寮扩大成两层，面阔11間，进深4間，建筑面积两层约145.43平方米，新增明伦堂两层，面阔7間，进深5間，建筑面积两层约231.35平方米，另增书库一座。到明治维新改行西式教育以前，钱溪书院一直只进行文科教育。

林家书院 林家书院创建于宽永七年（1630年），只进行文科教育，两年后尾张藩主德川义直捐建圣堂，从《宽永壬申创置忍冈孔庙图》来看，先圣殿面西，前设庙门和大门，大门内左侧为林家住宅，右侧为学舍和书库，学舍只有一座建筑，宽永十一年又以幕府赐给官材建造书院。宽文元年（1661年）重建，圣堂改为面南，右侧仍然向西设门，学舍位于右侧北部，增加为两座建筑。宽文三年赐给林恕弘文院学士称号，四年将书院改称弘文馆，同年还添建修史馆，林家书院承担编纂《本朝通鉴》任务。元禄三年，书院迁至汤岛后，规模扩大，学舍增多，“黉舍，横构其后，东西行十二间，南折更构十一间，又纵横其西二十间，层构”，仅学舍就多达86间，此外还有外厅、内厅等可用于教学。

昌平坂学问所　宽政九年（1797年）幕府将林家书院改作官学，改称昌平坂学问所，大肆扩建，除圣堂外均称学问所。圣堂西侧有厅堂一区，有讲堂学舍一区，教官住宅一区，圣堂之东也有教官住宅一区。讲堂学舍一区有讲堂14间，为读授传习之所，讲堂后学舍3栋，原2栋各22间，2层，新增1栋23间，1层，各栋建筑之间均设双廊连接，讲堂前右还有1栋学舍7间。宽政十二年增设书生寮，由于是以原教官官舍改作的，难以容纳，享和元年（1801年），大学头林述庵、教官古贺精里和尾藤二洲建议增设书生寮，幕府同意让其自费建造，增建可容纳50名寄宿生的书生寮，将寄宿生规模扩大到80人。林家书院改作昌平坂学问所后，成为幕府官学，不再由林家自行招收学生，学生身份也规定为幕府直参武士及其子弟，享和元年扩大到陪臣、浪人、游学者和学问所学官门生，但仍然只进行文科教育。

有备馆　有备馆建筑原为岩出山藩主伊达宗亲火灾后于宽文三年（1663年）建造的临时官舍，元禄五年（1692年）迁建改为藩校，取名有备馆。有备馆建筑很少，只有一座门、一间茶室和连在一起的两栋学舍建筑，前栋建筑临水，面阔七間半，进深三間半，设讲堂，后栋为学舍，面阔七間，进深二間，两栋相连的房间为面阔三間，进深二間。有备馆建筑不多，规模不大，但环境很优美，讲堂临水，水池很大，池中有岛，院中栽植古松、紫薇、红枫等树木，昭和八年（1933年）就被指定为日本史迹及名胜。

（二）文馆和武馆兼设

文馆、武馆兼设的书院主要是藩校书院，到19世纪大多藩校书院都改成文武兼设。

冈藩修道馆　修道馆是先建造文馆，后建造武馆，最后又文武合一。冈藩三代藩主中川久清是与水户藩藩主德川光圀、板仓内膳正、山内土佐守等齐名的当世七贤将之一，他邀请文武老师教育藩士，明历元年（1655年）、万治三年（1660年）又分别邀请儒臣清澄传七、熊泽蕃山为师。享保十一年（1726年），五代藩主中川通久以藩费在儒臣关正轩宅设置学舍，初名辅仁堂。安永五年（1776年）改建辅仁堂，学校也改称由学馆，在中堂张挂孔子像，同时整顿学制，任命儒臣夏目庄右卫门以下五人担任司业。天明三年（1783年），因学校狭窄迁建伊豆坂，仍然只是文馆。天明六年十二月始建武场，称作经武馆，设置弓、马、剑、枪、军学、火术、柔术等教室。天保三年（1832年），文馆因校舍狭隘再次迁建，仍然文武分设。直到明治元年（1868年）才因文武分设不便合并一处并改名修道馆。修道馆大门向西，文馆在东，武馆在西。文塾建筑较多，设有圣堂、讲堂、藩主莅学休息室、各级官员和武士休息室、学官办公室等，教室则有文塾、习礼场、习书场等。武馆设有文武主事事务所，其余均为教室，有武塾、射场兼木马室、柔术学习所兼兵学教室、枪术学习所、剑术学习所等。

冈山藩学校　冈山藩是较早重视教育的藩，宽永十八年（1641年），就封刚九年的藩主池田光政就在别邸建造临时教室花畠教场。宽文六年（1666年）又设立供藩士子弟学习的石山仮学馆（临时学馆）。由于学校狭小，宽文八年选址另建，九年落成，邀请熊泽蕃山出席开学仪式。第二年增建射圃，并在他处设置马场，元治元年（1864年）在校内东侧增设武扬馆等。冈山学校是最为规整的藩校之一，核心区三路布局，中贯轴线。中路进入大门后设甬道，甬道接泮池，池上架有頖桥，过桥为讲堂前门，左右设塾，讲堂后为中堂，供奉孔子和配享，中堂后为食堂，兼作习字所。左路为文馆，自南向北依次名为菊舍、兰舍、梅舍、橘舍和梧舍的五栋建筑，分别供习礼、授读（兰舍和梅舍）、武士和铁炮徒子弟授读习字、步卒以下授读习字。右路为武馆，也是自南向北有五栋建筑，分别名松舍、竹舍、柳舍、槐舍和杉舍，分别供藩主临时休息、演武（竹舍和柳舍）、学习、习礼之用。核心区前部甬道以东为督学等公廨，西部为官员办公场所。核心区后部还有学寮、匠舍等建筑，沿东墙也建有官员办公场所。

津藩伊贺上野崇广堂　崇广堂是津藩藩校有造馆的支校。津藩建造藩校比较晚，文政二年（1819年）始建造藩校有造馆，仅设文馆，文政三年又建造上野支校崇广堂，次年落成，也是只有文馆，以后在西侧添建马术、枪术、柔术等各流派武场。安政元年（1854年）大地震，建筑几乎全部被毁，次年开始重建。重建后的崇广堂文武兼修，武场在左，文馆在右，文馆内并设兵学寮。文馆设有讲堂、学官办公室、句读室、习书室、思斋、有恒寮、寄宿所等。武馆在武馆院落内设置兵学风山流和山鹿流教室，武场院内大门以西依次设置军马神明流、击剑若山流、击剑直阴流、击剑户波流、柔道关口流、键枪内海流和军马森内流学习室，中间东侧建筑内分别设置枪十文字流和高田流学习室、素枪无边流学习室，西侧分别设置柔道扬心流学习室和新学习所，北排分别设置薙刀知新流、柔道楠流和实光流学习室。

尾张藩明伦堂　尾张藩初代藩主德川义直时比较重视教育，在大津町开办半官半私的学问所，招请京都熊谷立节来教育藩士子弟。义直以后的几代藩主对教育不够重视，宽延元年（1748年）七代藩主德川宗胜才接受蟹养斋建议建造藩校，取名明伦堂，但仍然属于半官半私，藩主免费借给300坪土地，并资助30两银，以教育藩士子弟，但只延续三年多即停止。直到天明二年（1782年）九代藩主德川宗睦才建造藩校，招请细井平洲为藩史编纂所继述馆总裁并兼任藩校督学。细井平洲允许庶民听讲，他也经常到藩内各教学所巡回教学，教导庶民。明伦堂只设文馆，讲授汉学，天保四年（1833年）开始讲授和学，以后还附设小规模的武场。

岩村藩知新馆　岩村藩是元禄十五年（1702年）转封给松平乘纪的，乘纪就封后不久就建造藩校，因文武兼修所以命名文武所，后改名知新馆。乘纪就封前招请儒者后藤松轩门人佐藤周轩为儒官，移封后擢用佐藤周轩门人乘贤为家老，以周轩子孙信全、文永相继为儒官，藩校教育空前兴盛。文永二子一斋成为林家书院塾长、昌平坂学问所儒官。三代乘蕴的三子述斋成为林家养子，接替林信敬成为昌平坂学问所第八代祭酒。知新馆也由一斋门下若山勿堂、田边恕亭为儒官，教育一直很兴盛。安政六年（1859年）知新馆被焚，迁至殿町重建，为接待外藩藩士元治元年（1864年）还添建寄宿寮。

教学建筑设计最有意思的是仙台藩校养贤堂，中央为太学，四方正中分别为东校、西校、南校、北校，四角设天井。关于太学与四校之制，《易·太初篇》说“天子旦入东学，昼入南学，昃入西学，莫入北学，太学在中央，天子所自学也”，这是天子不同时段考察学习的地方；而《大戴礼记·学礼》则认为太学与四校各有功能，“帝入东学，上亲而贵仁，则亲疏有序而恩相及矣；帝入南学，上齿而贵信，则长幼有差而民不诬矣；帝入西学，上贤而贵德，则圣智在位而功不匮矣；帝入北学，上贵而尊爵，则贵贱有等而下不踰矣；帝入太学，承师问道，退习而端于太傅，太傅罚其不则而达其不及，则德智长而理道得矣。此五义者既成于上，则百姓黎民化辑于下矣。学成治就，此殷周之所以长有道也”。除太学与四学外，再外按四季设置16庠，东春、南夏、西秋、北冬，东面至东南角依次为春孟庠、春仲庠、春季庠和春旺庠，其他三面也按此顺序各设4庠，构思可能来自《孟子》。

附录

日本书院大事记

285年　百济博士王仁将《论语》带到日本。朝鲜《三国史记》说百济近肖古王三十年(375年)才有文字记事，“《古记》云：百济开国以来未有以文字记事，至是得博士高兴，始有书记”，百济375年始有书记，不可能285年就向日本派出博士，于是学者多认为405年王仁将《论语》传入日本。王仁、高兴应该都是中国人，是时朝鲜半岛尚无中国式姓氏。

600年　推古天皇八年，第一批遣隋使到达中国。

663年　天智天皇二年，仿照中国设太学寮。

673—685年间　文武天皇令各国设国学。

701年　大宝元年，颁布《大宝律令》，规定日本官学制度。

718年　养老二年，颁布《养老令》，规定官学制度和科举制度，基本全仿唐朝。

782—806年间　大学寮别当和气广世创建弘文院，此为日本贵族设置私学之始。

828年　天长五年，留唐回国僧人空海创办综艺种智院，此为学者创办私学之始。

894年　宽平六年，菅原道真被任命为遣唐使，建言停派遣唐使。菅原道真(845—903年)为日本早期著名学者，主张和魂汉才，被尊为学问神，奉祀菅原道真的天满宫有1万多所。

1007年　宽弘四年，太学寮文章博士大江匡衡巡视尾张国学，发出“思乡贡以兴书院”的感叹，此为日本史籍最早关于书院记载。

1200年　正治二年，大江宗光抄写《中庸章句》并题记，日本此时已经传入理学。

1479年　文明十一年，桂庵玄树在萨摩创建桂树院，两年后出版《大学章句》，开创萨南学派。

1603年　庆长八年，德川家康在江户开设幕府，江户时代开始。

1628年　宽永五年，山口藩一门家老毛利元就设立时观园，此为日本乡校书院之始。

1629年　宽永六年或略后，尾张藩设立大津町学问所，此为藩校书院之始。

1630年　宽永七年，林罗山在幕府将军支持下建造忍冈家塾，此为江户时期私塾书院之始。

1632年　宽永九年，尾张藩主源义直为林家家塾建造先圣殿，奉祀孔子和四配，此为江户时期书院建造孔子庙之始。

1633年　宽永十年，幕府三代将军德川家光拜谒忍冈孔子庙，此为幕府将军拜谒孔子之始。

林罗山为德川家光进讲《尚书·尧典》，此为私塾为幕府将军讲经之始。

1634年　宽永十一年，幕府将军赐给林罗山骏河公邸建筑，迁至忍冈家塾筑书院，此为日本教育书院名称之始。

1635年　宽永十二年，释奠孔子庙后林罗山讲《论语》首章，此为江户时期释奠后讲经之始。

1639年　宽永十六年，中江藤树制定《藤树规》和《学舍坐右戒》，此为日本书院自制制度之始。中江藤树私塾既讲儒学，也讲医学。

1644年　正保元年，三代将军家光令林罗山修撰《本朝编年录》。

1647年　正保四年，向井元升在长崎设立山书院，此为学者创建私塾以书院命名之始。

1648年　庆安元年，中江藤树的藤树书院落成。

1663年　宽文三年，忍冈林家家塾书院改称弘文馆。

1664年　宽文四年，会津稽古堂落成，此为庶民集资建造的私塾书院。

1664年　宽文四年，四代将军德川家纲令林恕修《本朝通鉴》，于家塾设史馆，幕府给80人月粮，7年再增15人月粮。10年书成，林恕请将修史月粮之半留给家塾，幕府照给95人月粮为林家家塾学生口粮。

1690年　元禄三年，五代将军德川纲吉命将忍冈林家家塾迁至汤岛，以林罗山之孙林恕为大学头，世袭。

1699年　元禄十二年，多久乡校鹤山书院落成，此为乡校以书院命名之始。

1702年　元禄十五年，松平乘纪为岩村藩大名，不久建造文武兼修的藩校文武所，当为藩校文武兼修之始。

1724年　享保九年，大阪怀德堂开馆，后改称怀德书院，此为商人集资建造维持的私塾书院。

1747年　延享四年，大洲藩校止善书院落成，此为藩校以书院命名之始。

1775年　安永四年，鹿儿岛藩校造士馆增设医学院，当为藩校医学教育之始。

1787年　天明七年，林家第四任大学头林信征去世，无子嗣，幕府以富田能登守明亲二子富田志为养子继任，名林信敬。林家血缘绝而以学统存。

1788年　天明八年，会津藩校设置神道指南役，讲授神道。

1790年　宽政二年，幕府禁止朱子学以外的异学。

1792年　宽政四年，第五任大学头林信敬去世，无子，幕府以岩村藩大名松平乘蕴三子松平熊藏为养子接续林家学统，改名林衡。直至废学的第十代大学头林升均为其后裔。

会津藩校设和学师范，讲授日本国学。

1797年　宽政九年，幕府收编林家书院，改称昌平黉学问所，成为幕府官学。

1855年　安政二年，幕府设立洋学所，后改蕃书调所。

1856年　安政三年，吉田松阴创建松下村塾，许讲兵书。

1869年　明治二年，废藩置县，藩校随之废除，有的改为现代学校。

1873年 明治六年，大阪泊园书院再兴。

1896年 明治二十九年，三树一平创办明治书院，此为出版性书院。

1899年 明治三十二年，嘉纳治五郎在东京为清朝留学生建亦乐书院，1902年改称宏文书院。

东亚同文会在东京为清朝留学生设同文书院。

1948年 昭和二十三年，藤泽黄坡去世，大阪泊园书院关闭。

第四编

东南亚及欧美书院

槟城五福书院（局部）

书院虽然发源于中国，但它作为一种行之有效的教育机构也被国外所接受，所仿效。东南亚的马来西亚、印度尼西亚、新加坡、泰国、越南等国都曾建造书院，就连遥远的欧洲和美洲也曾出现过书院。

东南亚、西洋等地的书院传承中华文化，延续华文教育，在当地文化教育史上具有重要地位。进入20世纪以来，随着各国教育政策的调整，相当一部分华文书院变成学校继续担负起华文教育的使命，人们已经很难见到直接冠以“书院”名称的教育机构。

第一章　东南亚书院

明永乐年间，郑和作为正使前后几次下西洋，为中外经济、文化交流起到重要作用。跟随郑和下西洋的一部分船员后来就留在南洋诸国，为了传承中华民族的文化创建了学堂、私塾等教育机构。18世纪，中国放开海禁，南方华人南下谋生，逐渐迁居到马来西亚、新加坡、泰国、缅甸、印度尼西亚、菲律宾等南亚国家，书院则伴随着这些移民在当地扎根发展。

第一节　马来西亚书院

马来西亚是与中国交往最早的南洋国家之一。郑和下西洋时期，船队多次在马来西亚停留，并在马六甲建立后勤基地。18世纪，大量来自福建、广东地区的华人涌入马来西亚，在当地繁衍生息。现在马来西亚有华人600多万，约占该国总人口的百分之三十，马来西亚是华人聚集比较集中的国家。

马来西亚历史上有4所书院，分别为槟城五福书院和南华书院、吉隆坡陈氏书院、马六甲英华书院。此外还有一些与书院相似的私塾、义学和槟城神学院。

槟城五福书院　过去学者一直认为马来西亚华文教育滥觞于1819年设立的槟城五福书院，但近年来随着其他语种资料的发现，五福书院已经被证实并非为马来西亚第一所华文教育机构。郑良树教授在1998年出版的《马来西亚华文教育发展史》第一分册中有相关论述：根据堂内所藏最早的一块碑刻来看，原名叫“五福堂”；“五福书院”之名始见于后期的两方碑刻；所以“堂”在先、“书院”在后，这是可以肯定的[①]。另一位来自马来西亚槟城的历史学者郑永美也指出，“如今确定了依据现有可考证的文献和遗物，根本不能佐证五福书院是大马华教的发源地，而且发现它的创办年份，有迹可循的是1857年，比1819年迟了38年。……五福书院一来不是私塾，实为一所乡会，二来可追溯的创立年代是1857年，缺乏确凿证据如地契说明它拥有181年的历史”[②]，今天五福书院内悬挂的金榜题名匾额被证明官位和名字都是假的。槟城当时为英国所统治，根据英文史料五福书院最早是以五福堂名字注册，结果被英国政府以秘密结社理由拒绝。五福书院内神主牌几乎都是来自当地天地会支系的海山会党。乾隆年间广州府严禁宗姓结盟，除非真的是互有血缘关系，否则就无法建立联合宗祠。清朝广东政府取缔非血缘结盟，就是要防止结党乘势、包括支持城里乡间的互相械斗，或为乱党所用。那些没有办法结盟的宗姓组织，为了提升自己跟别人斗争的实力，它们就托称书院，向政府申明是孩子读书的地方。

槟城五福书院

① 郑良树：《马来西亚华文教育发展史》（第一分册），马来西亚华校教师会总会1998年版。

② 郑永美：《是私塾还是乡会？五福堂非华教起源》，《星洲日报》2000年7月3日。

1819年广州府人成立五福书院，命名的灵感就来自故乡的“书院”，其目的是团结侨民抢夺资源。五福书院以“非血缘”模仿宗祠，是以血缘结义兄弟的共同祠堂。

五福书院至今犹存。正门面阔三间，岭南建筑风格，正脊满塑八仙、福禄寿喜等人物及楼阁，石制门楣门框，镌刻着“五福书院”匾额和“五都人杰钟灵联属邑城十二，福地物华献瑞峥嵘气象万千”对联，室内悬挂着“五福堂”匾额，迎门设置屏门，绕经两厢前廊到正厅。正厅也为三间，前檐下悬挂着“英下同钦”匾额，厅内正中设神龛牌位。五福书院现在又称广州府会馆。

槟城南华书院　南华书院成立于1884年，具体情况不详。

吉隆坡陈氏书院　陈氏书院位于吉隆坡市中心，创立于1896年，建竣于1906年，深受广州陈氏书院的影响。

清光绪二十年（1894年），广州西关陈氏书院（俗称陈家祠）建竣落成；陈氏书院的建筑规模、布局、结构以及精美的木雕、石雕、瓷塑、陶塑、砖雕、金铸、彩绘等装饰，给当时参观的吉隆坡大矿家陈秀连留下深刻印象，于是陈秀连萌生了在吉隆坡建设陈氏书院的念头。每当和宗亲聚会时，陈秀连就与大家畅谈在吉隆坡建设陈氏书院的宏愿，并经常和好友陈春、陈新禧交换意见，最后达成刍议，于1896年首先成立宗亲会，并在同年创建雪兰莪陈氏书院总墓（陈氏书院总墓有一块石碑标明创设于光绪丙申年），同时积极物色地点以期兴建吉隆坡陈氏书院。1897年12月15日，适值政府拍卖土地，陈秀连以每洛（LOT）500元高价，标得吉隆坡八打灵大街7间相连的店铺地段，总值3500元，当局规定必须在一年内兴建价值800元以上的砖瓦屋。有关7间店铺的编号分别为LOT 1905、1906、1907、1908、1909、1910、1911。土地有了着落，陈秀连即刻派人前往中国广州西关陈氏书院勘察，先做图样绘测，返马后经绘测师根据所购土地面积缩小原有图样而成建筑图。由于工程浩大，一年时间不够，于是在一年限期满之前向当局申请并获准展期一年至1899年12月31日。陈秀连、陈春、陈新禧当时都是财雄势大的矿家商贾，但书院建设工程开始不久，三位先贤事业遭

陈氏书院

逢不测，使建设陈氏书院计划大受打击，而致建筑工程一再拖延，于是在1899年建筑限期期满之前再次向当局提出延期申请，获当局批准延期6年至1905年12月31日。书院刚刚开工便不得已停工，当时经营和记号的矿家陈在田先贤每当经过书院院址时就深为难过，甚感陈姓宗族面上无光。当地一所新矿场动土开采之前，在当年总坟春祭时，陈在田暗自向祖先祷告并许下诺言：倘若我挖到锡米仓，第一件事就是要建成陈氏书院。或许是皇天后土有鉴其诚，陈在田果然挖到锡米仓，收获丰盈。陈在田言出必行，于是拨出巨资起建陈氏书院。

陈氏书院建设工程重新开工后，为慎重其事，经大家商议，由陈秀连、陈春、陈新禧三位先贤正式立据将书院地基赠送给以陈在田先贤为主的陈氏公众人士并永远管理。这张收据是由个人名义转让产业给公众人士之开始，立约日期为光绪三十二年（丙午年）正月十六日，即公元1906年2月9日。陈氏书院建设工程终于在四义士共同合力下于1906年建竣。

陈氏书院木柱栋梁、砖瓦、雕塑建材都是在广州采购定制，石柱在马六甲定制，施工在本地寻取人才。

现在陈氏书院保存完好，大门三间，左右各带一间门塾，石制门楣门框，上题“陈氏书院”，边刻“德星光耀远，颍水派流长”对联，左右设角门各一间。大门前后廊式，前出廊。沿前金柱砌墙，后金柱仅迎门置屏风，左右设廊与正堂相连。正脊灰塑二龙捧珠，西施脊灰塑花卉等，脊肚灰塑云龙等，屋面绿瓦，两端置镬耳墙。

正堂名德星堂，面阔三间，进深三间。正中神龛供奉陈氏始祖，奉祀舜、周朝妫满胡公、汉代陈文范、唐代开漳圣王陈元光，两次间也设神龛，贴满陈春、陈秀连、陈在田、陈新禧等人照片。左右各设一间耳房，均置神龛摆放族人牌位。主神龛全木雕，罩顶透雕二龙捧珠、浮雕人物亭台等，贴金彩绘。屋面绿瓦，两端镬耳墙，正脊灰塑二龙捧珠，西施脊灰塑戏曲人物。左右厢面阔各三间，前出廊，左名来金堂，右名子和堂。从陈氏书院的历史介绍来看，历史上并没有办过学校，族人捐资设奖学金，奖励家贫好学、成绩优秀的族人子女。

马六甲英华书院　1818年11月11日，英国伦敦传道会教士马礼逊与米怜在马六甲建造英华书院，1820年书院落成。英华书院主要目的是培养在东南亚和中国传播基督教的传教士，同时还作为远东地区传教士休养和学习语言的场所，并成立恒河外方传道会。书院教授英文、中文和马来文，出版了世界上第一份中文报纸《察世俗每月统记传》，第一本中文基督教读物《劝世良言》，第一本中文《圣经》，第一本马来文《圣经》，第一本《华英字典》，马礼逊从广州带来的华人刻工梁发成为第一位华人牧师。为便于传教，马礼逊先后编成并出版《汉语语法》《华英字典》《广东省土话字汇》等著作。

英华书院建造在马六甲土生华人富商住宅区，多数华人担心孩子被诱信教，不论书院提供何种方便坚决不让子弟入院学习，但也有少部分华人子弟入院学习。当时急需兼通本地语言和英语的人才，学生毕业后大多去当更容易挣钱的翻译或文员，当传教士的人反而不多。也许正因如此，1843年院长理雅阁将英华书院迁至香港，1867年停办，1913年复办，一直延续到现在，仍然是香港著名学校之一。

私塾和义学　19世纪初，随着大量中国移民进入马来西亚，为解决子女教育问题，就在会馆、宗祠、神庙等地方设立私塾，以方言媒介传授《三字经》《百家姓》《千字文》等蒙学读物和《四书》《孝经》等经典古籍，以及书法、珠算等。早期华文教育机构多以义学、学堂命名，根据记载在19世纪末，马来西亚已经出现吉隆坡唐文义学、槟城南华义学和大山脚义学堂等。1820年出版的教会刊物《印中搜闻》(*The Indo-Chinese Gleaner*)记载："约五年前，据说马六甲有八所供福建籍孩子念书的华校，收容约150名学生，以及一所广府学校，有10或12名学生。"马六甲丰顺义学就是其中一所。

1898年，中国清政府采纳维新派主张进行教育改革，建立新式学堂，并影响到马来西亚。1904年，马来西亚第一间现代式华校槟城中华义学创立，教授课程包括修身、读经、国文(华文)、外国语(英语)、历史、地理、算术、物理学、体操等。此后，各地私塾竞相仿效。

1920年，英殖民政府实施学校注册法令，规定凡满十名学生的学校便须注册，而且必须在课程、行政与卫生等方面符合殖民政府要求。注册法令实施后，立即有十多间华文学校被取消注册，而且在1925年至1928年，至少有315间华文学校被取消注册。英殖民政府这项措施引起马来西亚华人社会的普遍反对，但仍强行实施，并将当时华教领导人左希泉、陈新政、余佩皋、宋林木、钟乐臣等递解出境。英殖民政府在1924年及1931年分别在海峡殖民地及马来联邦增设专司华校事务的副教育提学司及华文学校视学官，加强对华文学校管制。1925年，英殖民政府修正学校注册法令，授权教育提学司不准涉及所谓"颠覆"活动的教师进行注册。据1937年马来西亚高等教育委员会所提供的资料，当年华文学校学生共有86289人，约为英文学校学生的两倍。这说明尽管受到各种压制，华文学校仍然蓬勃发展，表现出它的坚韧生命力，但是传统书院私塾式教育随着现代教育的推广而逐渐消失了。

槟城神学院　槟城神学由西洋传教士1807年兴办。当时有一个神父从福建省带来5个学生，另一个神父从四川省带来7个学生，都在马来西亚槟榔屿上岸，在槟城设立神学院。神学院按照当时流行的教育方法，早上教四书五经，下午教《圣经》和西方科技知识，神学院办学的目的是培养在中国以至泛汉语流行区的传教人才。

第二节　印度尼西亚书院

印度尼西亚是中国人最早移居的国家之一。唐代末期就有成批华人定居在印尼，元代远征爪哇时部分士兵流散后定居于西加里曼丹一带，1368年前后，华人梁道明称王于三佛齐（今苏门答腊巨港），“闽粤军民泛海从之者数千家”①。明代郑和七下西洋时，苏门答腊巨港和东爪哇杜板都出现了千余家的华人聚居区，他们使用中国铜钱进行商品交易。

华人因为生活与职业所需，必须具备一些文化知识。在印尼华人社会中，最初的文化教育是由具有一些文化知识的华人在家庭或家族内部进行的，“稍能识字明理之店主或富户，于经营工商之余，在家、在店内教以习字、珠算，兼及‘增广’、‘幼学’、《千字文》、《百家姓》”②。

印尼华人公共教育机构有书院、私塾和义学等。

书院全在巴达维亚（今雅加达），有明诚书院、南江书院和明德书院，此外还有西方教会创办的中国书院。

明诚书院　明诚书院是已知印尼最早的书院。1690年由甲必丹（首领）郭郡观向荷兰总督建议在巴达维亚（今雅加达）设立，“凡唐人有疾病癫狂失性者，无依倚者，盖筑没色甘病厝（即济贫院）以居之”，“至若唐人父母弃世。无人教导及贫乏之儿，建一义学，请一唐人先生以教之”，如此“则病人有课延其性命，贫儿不致艰于读书”，经总督同意，郭郡观建造了明诚书院，延聘一位老学究授课，属于初级教育，经费由遗产局拨给。1729年附设在华人所办医院兼养济院内，专收孤儿和贫苦孩子，经费改由巴城华人公馆承担，属于义

①《明史·外国列传·三佛齐》。

② 华侨志编纂委员会：《印尼华侨志》，华侨志编纂委员会1961年版。

学。1753年，荷兰东印度公司曾派遣数名荷兰儿童到书院学习汉文。书院学生最多的时候约有三四十人，后因管理不善而停办。

南江书院　南江书院建于1775年，具体情况不详。该书院“崇祀紫阳圣像”，“二丁祭祀”，“延师入内，教授贫穷圣徒”，撰写《海岛逸志》的王大海1783年至1793年在爪哇岛逗留期间曾在书院任教多年，南江书院应该是教育水平较高且比较正规的书院。

明德书院　明德书院1775年由华人雷珍兰在华人庙宇金德院内创办，1787年复改明诚书院，以四书五经为教学内容，初期聘请闽南秀才以方言教学，后因交通不便，难以聘到教师，改由寺庙人员授课。1901年兴办新式教育的中华学校，次年明德书院停办，把经费也转给中华学校。

中国书院　中国书院由西方教会1839年在巴达维亚设立，专门培养华人传教士。其他情况不详。

私塾　随着华人的增多，有人倡导设立私塾解决儿童教育问题，出现了以开办私塾谋生的教书先生，一些富有的华人聘请家庭教师任教。巴达维亚、万隆和坤甸等地的一些私塾先生甚至颇具知名度，如撰写《海岛逸志》的王大海就在爪哇岛当了10年教书先生。

书院私塾教育曾经受到荷印殖民当局禁阻。19世纪40年代，荷印殖民当局颁布限制新客入境条规，明文规定只准“匠人百工”到巴达维亚，而禁止“文人学士”入境。巴达维亚华人公馆出面对此条规进行抗争，认为“此举实有负于圣教所云，恐仁义礼智之风尽抿于今”，因此向荷印总督要求文人学士“逐年在巴约用600名”，使华文教育在这一时期并未受到太大影响。到1899年，在爪哇（与马都拉岛）已经有217间学堂和4452名学生；外岛有152间学堂，2170名学生。[①]

20世纪初，印尼处于荷兰殖民统治之下，由于荷兰殖民者人数稀少，为

---

① 廖建裕：《现阶段的印尼华族研究》，新加坡教育出版社1978年版，第48页。

有效管理殖民地，实行分而治之的策略。华人社会中实行甲必丹制，委任华人担任甲必丹、玛腰进行管理。在这些因素的作用下，一批具有近代性质的华文学校纷纷出现。1900年八帝贯中华会馆设立中华学堂，股东由中华会馆董事担任，这是印尼第一所现代华文学校。从20世纪20年代至二战前夕，印尼华文教育发展迅猛。1914年全印尼华文学校148所，学生10848人；1926年华文学校有300余所，学生30288人；1941年华文学校达502所，学生65000余人。[①]随着现代教育的发展，书院、私塾都走向了终结。

印尼书院和私塾的教学内容、方法、仪规等大都与国内相同。教学内容为《三字经》《千字文》以及儒家经典四书五经，许多私塾还教授珠算。授课用闽南语，教法则重背诵[②]。入学先向孔子像或孔子牌位行礼，南江书院还奉祀朱熹，春秋二丁祭祀。

第三节　新加坡书院

1819年，英国殖民者托马斯·斯坦福·莱佛士爵士占领新加坡之后即宣布新加坡为自由港，鼓励华人入境，从而使华侨人数激增。华侨人口日益增加，政治经济活动逐渐活跃，华文教育事业也相应发展，于是新加坡书院、私塾、义学和会文社团也应运而生。

新加坡历史上只有四所书院，一为华人陈金声创建的萃英书院，二为章芳林父子创建的养正书院，三为殖民当局创办的新加坡书院，四为牧师澳汉创建的英华书院。

萃英书院　萃英书院为华人陈金声1854年创建。陈金声祖籍福建永春，

① 王刘波、杨巧妮：《印尼华文教育的历史、现状与发展环境》，《魅力中国》2018年第23期。

② 王秀南：《东南亚教育史大纲》，海洋出版社1985年版，第317—318页。

1805年出生在马来西亚马六甲。新加坡开港之后不久来港开设金声公司，从事商业活动。公司经营有方，个人财富迅速积累，逐渐成为新加坡福建籍华侨领袖人物。陈金声虽然出生在马来西亚，但从小就接受过严格而系统的华文教育，深受儒家思想影响。致力于商业之外，他还非常重视华侨子弟教育。1849年，在天福宫左侧捐建崇文阁，招收华侨子弟，传授儒家经典。陈金声投入资金很多，许多知名学者都来授课，来学华侨子弟也越来越多，学生教室和宿舍都不能满足要求。有鉴于此，陈金声在1854年捐巨资倡建萃英书院，得到曾举荐、陈振生等12人赞助。书院落成后与同会公绅制定《义学规条略》，确定书院义学性质、办学方针、择师和招生的条件及办法等。明确规定择师“必求品学兼优，凡有嗜酒洋烟及事繁者勿聘”，聘任前“例将条规送阅，能如约者方送关书”。书院不收学杂费，福建籍子弟“无论贫富子弟咸使之入学”，对“极贫而天资颖异”学生实行优待。用福建方言教学，教学内容为《孝经》、四书五经、珠算、格致之学以及洒扫进退应对为主的儒家礼仪等，与当时国内书院教学内容基本一致，没有脱离中国古代传统教育轨道，而设置珠算课程显示出经商为主的华侨教育特色。萃英书院主要教育闽籍子弟：“我闽省之人生于斯，集于斯，亦实繁有徒矣，苟不教之以学，则圣域贤关之正途何由知所

崇文阁

往乎？”目的正如《萃英书院碑文》所说，“他日斯文蔚起，人人知周孔之道，使荒陬遐域化为礼仪之邦”，普及孔子思想，将新加坡建设成礼仪之邦。19世纪90年代，书院经费一度紧张，陈金声发动募捐，募集资金后扩大书院规模，增设分校。1884年时，书院建筑多达115间。书院师资队伍不断加强，学生数量不断增加，教育水平不断提高，为提高新加坡人道德水准和文化水平都作出重大贡献。萃英书院足足维持一百年，1954年并入福建会馆所主办的五校（即道南、爱同、崇福、南侨、光华五间学校）。

养正书院　据黄遵宪撰写的章芳林墓志说，“近年又设养正书院，延华、英名师六人，兼治中西学生徒百人，公与公子壬宪独任其费”，养正书院为章芳林、章壬（又作任）宪父子出资建造。书院创建于1892年，初名章任宪义塾，隔年列为政府辅助学校，学生一度多达165名，1902年随着章壬宪去世而关闭。

新加坡书院（莱佛士书院）　1823年6月5日，新加坡首任总督斯坦福·莱佛士建造新加坡书院，这是一所只收男生的中学，1868年为纪念莱佛士改称莱佛士书院。该书院一直是新加坡著名学校之一，李光耀、吴作栋均出自该校。2009年又并入莱佛士初级学院，仍称莱佛士书院。

英华书院　英华书院由牧师澳汉创办于1886年，初在厦门街70号，同年底迁至福康宁山下。书院由美国美以美教会协助，分别招收华人和淡米尔人，分别称为英华和英淡，又各自分为男校和女校，学校共有四所。书院采用双语教学，三年结业。

私塾义塾　新加坡华人教育起源很早，只是当初尚未建立正式学校。华人一向重视教育，为子弟设置就学之所是华族的优良传统。从外人笔述中，可以看到那时华族社会已经有好几间蒙馆。德国传教士汤生牧师（Rev. G. H. Thomsen）在1829年报告指出，其时甘榜格南（Kampong Glam）和北京街（Pekin Street）一带有数间粤语及闽语私塾性质的学校。

左秉隆任新加坡领事期间，大力倡办义塾，前后创办培兰书室、毓兰书室、乐英书室、养正书室等义塾；此外还有广肇学堂，吴寿珍、陈楚楠等人创办由秀才陈观波为校长的养正学堂等，加上家塾讲帐到处可见，一时间弦诵之声相闻于道。

颜永成创办培兰书室，以英语作为教学语言，1886年颜永成申请免税，因校名不便，1888年改称华英义塾。因华人子弟读英校非常困难，义塾深受欢迎，学生爆满，颜永成因此申请官府拨给土地迁建，获得直落亚逸160号地建造新校，1893年新校舍落成，可容纳300名学生。义塾虽然得到政府资助，但经费不足，颜永成联合林文庆、邱正中等13人于1895年12月4日在《叻报》刊登启事发起募捐，期望为学校购置产业，以租金作为学校长期运作经费，但效果似乎不佳。颜永成拟聘请漳州、泉州、潮州、广州和客家方言教员各一人，以使不同方言学生都能受教，但因经费不足未能如愿。

会文社团　19世纪中叶的新加坡，虽然有了私塾、义学和书院，但文风仍然闭塞。直到1881年，当中国直接派遣的第一任领事左秉隆（1881—1891年任领事，1907—1910年任总领事）莅任之后，情形才逐渐改变。左秉隆出身同文馆，原为驻英公使曾纪泽的翻译官。为推行教化，培养文风，他在莅任之后，一面倡办义塾，一面倡设文会，以振兴华人文教为己任。在他的推动下，先后设立会贤社、会吟社、英语雄辩会等。英语雄辩会每周（有说两周）在领事馆举办一次，组织懂英语侨民分别就国内政治、社会、文化等问题进行辩论。

会贤社每月都有"月课"，由左秉隆出题课士并亲自评改课艺，优秀作品还刊发在新加坡《叻报》上。为奖勖士子，左秉隆还将自己的薪俸捐作奖学金。左秉隆离任前赋诗说"欲授诸生换骨丹，夜深常对一灯寒。笑余九年新洲任，不似他官似教官"，他主持的会贤社很像国内科举书院。

黄遵宪是中国近代文学史上一位杰出诗人，也是晚清维新变法运动的积极参与者。到新加坡之前，他曾先后出任驻日公使馆参赞、旧金山总领事与驻英公使馆参赞等职，1891年至1894年任驻新加坡总领事。就职伊始，即着手重组左秉隆离任之后解散的会贤社，将其易名为图南社。黄遵宪亲任图南社督学，每月出题课士，亲自批阅文稿，决定等级，并捐金为赏银以资奖励。据现存二十五期课榜名录估计，从1891年到1894年，呈交课卷士子有千余人，而参与月课人数比会贤社时期可能更多。《叻报》曾报道：图南社成立一年后，“每课收卷至百余本，其拔取前茅者，粤之《中西报》、上海之《沪报》辗转钞刻，互相传诵，南离文明于兹益信”。黄遵宪卸职回国时，当地士子赠以万民伞、德政牌，送行诗中将他比作韩愈。

左秉隆、黄遵宪主持的社团与国内书院基本相似，差别就是没有书院名称。

进入20世纪，现代教育开始兴起。1905年，陈楚楠等人发起设立养正学堂（后改称崇正学校），这是第一所采行近代学制的华文小学。接下来大约20年里，养正（原名广肇学堂）、应新、启发、端蒙、道南、育英、中华、爱同、崇福、崇本、南华、南洋、工商等等10多所华文小学相继创建，1918年还创建第一所华文中学，到1940年，当地华文中小学校多达351所。随着现代教育机构的设立，传统书院私塾教育也就寿终正寝了。

第四节　泰国书院

据中国史籍记载，早在汉代时，中国与当时在今泰国境内的国家就有交往，此后中国赴泰使节、商旅等日益增多。泰国素可泰王朝兰甘亨国王在位时，曾邀500名中国陶瓷工匠先后到素可泰近畿宋加洛设窑烧制瓷器，这是有史以来第一次有记载的大批中国人到泰国居住并参加生产活动。

旅泰定居华人增多，随之出现书斋、私塾以解决教育子女问题。1405至1433年，明代郑和奉命七次下西洋，其中两次曾率上万人的大船队访问泰国阿瑜陀耶城，随行人员中有一些人滞留当地经商。泰王郑信系华裔，率众抗击缅甸入侵者时曾招募不少华侨加入他的队伍，建立吞武里王朝后又对华人采取优惠政策，吸引华人来泰建设，促使中国东部沿海地区贫苦农民大批移居泰国，形成近代中国人移居泰国的第一个高潮。

14世纪以后，一些华人聚居的城镇开始出现私塾，教授四书五经，但为数不多。吞武里王朝时期，大城（阿瑜陀耶）华人将分散私塾联合成为“黉洲”（泰文称“阁良”，意为学府），将学生集中一起上课，但不久因受条件限制而停办。谢犹荣《新编暹罗国志》记载：“据说在曼谷王朝（1782年至今）拉玛一世（1782—1809年在位）时代，泰国华侨在大城府阁良区创办一所华文学校，该校有可容学生200人的教堂。”而丁身展认为，大城皇朝时期，据说有一位姓谢的闽籍华侨开办了一所叫“阁连”（意为学习岛）的学校，全天教授华文，学生约200人。上述3份资料记载的极有可能是同一所华校，只是建校时间上有所不同，相关史料有限无从考证。如果记载属实，这所华校应当是泰国第一所华校。可惜这些资料都不是华文的，无从知道它们的华文名称，根据中国人的习惯，很可能是以书院命名的。

1851至1910年曼谷王朝四世王蒙固和五世王朱拉隆功在位的60年间是泰国华文教育的发展阶段。为维护国家独立，泰国王室在蒙固王和朱拉隆功王的领导下开始自上而下的改革，使泰国在政治、经济和社会各个方面都有一个大发展，并进一步吸引中国沿海贫苦农民到泰国谋生。据统计，1900至1906年间仅乘木帆船抵泰的潮州人就多达24万人。旅泰华侨大幅度增加，希望接受华文教育的需求也随之大增。

随着华人的增长，华文学校日益增加。1908年，潮州、客家、广东、福建及海南各帮联合创办新民学堂，由曾受西方教育的侨领萧佛成主持。之后，潮属华侨创办大同学堂，后改称南英学堂；1912年在曼谷创办联合学校，在万佛岁创办宏华学校，在龙仔厝创办育才学校。1913年，客属华侨在曼谷创办进德学校。1914年，广肇属华侨在曼谷创办明德学校。1915年，福建华侨在曼谷创办培元学校，1920年，泰国曼谷潮属华人将原来潮属中华学堂、新民学堂、南英学堂和联合学堂4校合并成培英学校，同年5月正式开学，学生多至五六百人。1921年，琼属华侨在曼谷创办育民学校。20世纪初华文女校也同时兴起，

1917年广肇人士在曼谷首创华文坤德女校，其后华文女校不断出现，有潮州女校、振坤女校（潮属）、懿德女校（客属）、培华女校、洁芳女校（粤属）、励智女校、中山女校等，后来各华文女校逐步与各属男校合并。

现在曼谷有沈公书院和萱蒲书院两所书院。沈公书院是一所旧书院，闽南式三落带护龙式建筑群。正门一间，带两塾，正堂面阔三间，进深三间，后厅面阔三间，进深一间。

萱蒲书院为华人凌平与几位好友于2015年9月创办，教育华人子女学习中文和泰文。开设国学、历史、书法和泰语等课程，教授《三字经》《千字文》《论语》《孟子》《大学》《诗经》等蒙学和儒学经典。教学为线上线下相结合，仅网上学员就有千余人。书院以“以文会友，以友辅仁”为宗旨，不收任何费用，并免费为学生提供纸墨笔砚和茶水。

第五节　越南书院

自秦汉起，越南北半部即纳入中国管理，中国官员兴办学校，大兴教化，促进越南社会全面发展。968年越南独立后，历朝历代国王人都接受中国皇帝册封，以儒家思想作为国家指导思想，大兴教育，府、州、县普建官学、文庙160余座，加之实行科举制度，教育非常普及，民间私塾众多，胡志明之父阮生色曾多次开办私塾，并受聘到其他私塾任教，胡志明（阮必成）曾先后在其父任教私塾、王植度私塾、王叔贵私塾（书院）就读，可见越南私塾之多，但是以书院命名者却很罕见。

已知越南书院有两类：一类为教育书院，一类为藏书机构。已知教育书院有乂安镇罗山县莱石头社长留村（今河静省甘禄县长禄村）阮辉僅创办的福江书院。

阮辉僅家族有设塾教育的传统。其父阮辉僦为黎朝乡贡，曾任学官训导，在乡创办私塾，“以教授生徒自乐，四方来受业者一千二百十有八”①。阮辉僜1732年解元中举后于棚子沙丘设立私塾，“前来学习有上千人”。1748年，阮辉僜会试为会元，庭试为探花郎（是年不设状元、榜眼，仅取进士13名），先后官至翰林院待制、东阁校书、东阁大学士、国子监祭酒等。

1766年，阮辉僜被委任为岁贡正使出访中国，北上途中先后参观了广西太平丽江书院、南宁阳明书院、南平武成书院、苍梧书院、梧州古岩书院、桂林爱日书院和流恩书院、湖南衡州石鼓书院和长沙岳麓书院、山东东平龙山书院、河北河间瀛洲书院等11座书院。阮辉僜对书院很有兴趣，石鼓书院、龙山书院都有其诗作，而对他影响最大的是岳麓书院。他参观了书院，写了《题书院》《题六君子祠》两首七律诗，会见山长王文清，也写了一首七律诗。

沿途参观书院，阮辉僜产生了创办书院的想法，他年底抵达北京，次年年初就在下榻的北京会同馆撰写了《福江书院规例》。但回国后阮辉僜任官朝野，可能无暇教育，但书院不晚于1783年，是年国王赐予阮辉僜福江书院长恩会魁星斗座阮恩台长生禄位。阮辉僜去世后，其子阮辉似继续经营。

福江书院的教材主要来自阮辉僜父子，有阮辉僜自编的《初学指南》《训女子歌》，节选《五经大全》的《诗经纂要大全》《书经纂要大全》《礼经纂要大全》《易经纂要大全》和《春秋纂要大全》，节选的《四书纂要》，节选《大越史记全书》的《国史纂要》，其父阮辉僦节选《性理大全》并补充越南历史的《性理纂要大全》。书籍由书院自行刻印，其弟阮辉炯和阮辉巨书写，其子阮辉似也参与书写并考阅，弟子阮辉旺负责管理。现在书院还保存着379块书板。

书院经费主要来自学田。阮辉僦开设私塾时即以束脩购置，“以束脩所得，别贮一函，置田在壖轩处，积年而后盈亩”，阮辉僜也出资购置一等田20亩，学田名科名田，出租给课业优良但无力读书的家庭以保障其就读。

---

①［黎朝］阮辉僦:《阮家庄科名田碑记》,《台湾东亚文明研究学刊》2018年12期。

福江书院是越南最有名的书院，阮朝正史记载说“储书数万卷，前后学徒数千人，登第同朝三十余人，领乡贡授职任者不可胜纪”。

阮辉僅创办福江书院有功，1783年黎朝国王赐予其长生禄位（如同中国生祠），1824年，阮朝国王赐封阮辉僅为“福江书院渊博之神”，他是越南唯一封神祭祀的书院创办者，阮辉僅因此被称为书院神，福江书院也被称为书院祠。

藏书类书院，据阮苏兰《越南封建时代国立图书馆略考》说，越南国立图书馆先后有4所以书院命名，分别是国史馆书院、聚奎书院、新书院和保大书院。

国史馆书院设于1821年，为国史馆藏书处，一直延续到1945年阮朝灭亡。

聚奎书院原为内阁藏书处，1826年设东阁，明命十一年（1830年）“置书楼于内阁，上好观北书，收拾数千卷，使内阁臣撰次书目，置之书楼，日进数卷，每出幸城外，令十八衙皂书以从，得备顾问”[①]，其实是国王御用书库，主要收藏中国书籍。嗣德九年（1856年，有作1852年误）改名聚奎书院，并由礼部郎中阮璠编辑藏书目录《聚奎书院总册》，后世还不断续录，越南汉喃研究院现在仍然保存有85页、86页、441页三种抄本。该书院延续到1942年。

新书院1909年设于顺化大内左、皇城之东保安宫隆安殿，为国子监图书馆，维新六年（1912年）编辑的图书目录《新书院守册》仍存，收录图书2639种58947本。

保大书院前身为新书院，1923年改称，一直延续到1947年。

越南和中国史籍中罕有越南书院记载，《大南一统志》按照中国一统志体例编纂也只收录学校文庙并无书院信息，笔者多次赴越南考察和参加学术会议，到处打听越南书院情况，大多学者都说越南没有书院。2016年7月，笔者

① ［越南］潘叔直：《国史遗编》（中集），转引自陈益源《越南阮朝图书馆所藏的〈红楼梦〉及其续书》。

在胡志明市国立人文社会科学大学举办的“儒家哲学价值与现代教育”国际学术会议上首次听说河静省曾有书院，近年中国网络始见有富江书院，但也语焉不详，近日联系到越南汉喃研究院阮俊强院长始知为福江书院。

第二章　欧美书院

外国传教士把书院引进到南洋和意大利等地，这些由传教士兴建的书院则担负起中外文化交流的任务。晚清时期，美国华侨人口日益增加，为了解决华文教育的问题，华侨聚集地还出现了官私合办的书院。

第一节　意大利书院

从16世纪西方传教士进入中国开始，西方教会就意识到，仅靠西方传教士是不够的，为了更好传播其宗教，还需要大量的华人传教士。为培养更多华人传教士，西方教会在华人区仿照中国传统方式建造书院，同时在西方创办书院。

在华人区，外国传教士于1818年首先在马六甲创建英华书院，1839年在印尼巴达维亚设立中国书院。

在西方设立的传教士书院只有一所，就是设立在意大利那不勒斯的圣家书院。该书院也被称为圣家修院、中国书院，中国人称之为文华书院。

文华书院创始人是马国贤（Matteo Ripa），意大利那不勒斯人，天主教传信部教士。马国贤15岁到那不勒斯求学，希望能取得赴东方传教的任务，1707年8月26日，他被选派前往东方，同年10月8日，他跪于教宗前接受祝福，于10月13日开始东方传教之旅。马国贤于1710年2月2日平安抵达澳门，次年奉诏前往北京，以画家身份进宫，成为中国皇宫画师。1713年，中国宫廷画家将承德避暑山庄山光水色绘成三十六景，由马国贤根据原画刻制成铜版，印出《御制避暑山庄图咏三十六景》(《热河三十六景图》)铜版画。马国贤后来还与其他欧洲传教士共同以铜版印制《皇舆全览图》，这是中国地理史上第一部有经纬线的全国地图。此后，马国贤共镌刻中国地图44幅，并应康熙之邀，将雕刻铜版技术传授给中国人。虽然马国贤以画师身份在皇宫内活动，但他并未忘记自己所肩负的传教任务。1719年马国贤在距北京100公里的古北口自办一所学校专收中国学生，传授神学，这是传信部在北京创办的第一所学校。1723年，雍正皇帝即位，马国贤请求辞去画师职务并申请回国，得到批准，他便带着谷文耀等4名中国学生及其老师共5名中国人返国。

1724年，马国贤回到意大利，计划创办培养中国传教士的学校。他在罗马教皇和欧洲王室中奔走8年，终于在1732年4月7日获得教宗格利门十二世批准，在那不勒斯创办"圣家书院"。书院最初以专收中国留学生为目的，后来兼收有志到远东传教的西方人、土耳其人。学校经费由教会负责，学生毕业后授予学位。书院自创办到1868年被意大利政府没收改名为"意大利国立东方语文研究所"期间总共招收中国学生106人。1792年，英国准备派遣马戛尔尼(George Macartney)率团出使中国，副使斯当东爵士偕儿子托马斯受命到文华书院寻访中文翻译，两位信奉天主教的中国学生受聘，成为信奉新教的英国使团翻译。据记载，同治年以前中国赴欧洲留学者共113人，其中91人在该院肄业，这足以说明文华书院在早期中西文化交流史上的重要地位。

文华书院不仅传授西方文化，还向西方介绍中国文化。意大利国家图书馆馆藏有1869年文华书院学长郭栋臣在那不勒斯编印行篡的《中华进境》一书，此书目录为中意文对照，内容包括《三字经》《忠经》《兰亭序》《桃花源记》《原道》等9篇古文。

第二节　美国书院

美国书院是与华人劳工密不可分的。1848年，圣弗朗西斯科发现金矿，急需劳动力，大批中国人作为“契约劳工”来此淘金。

随着华侨劳工的增加，华文教育被提上议事日程。光绪十二年（1886年），华裔士绅正式筹备建造华文学校，十四年在清政府支持下，在沙加缅度街777号创建金山中西学堂，由程赞清任学堂监督，为表明不忘故国，同年便以当时中国国号“大清”作为书院名称。大清书院当时只有学生16名，分为两班，设正副教习各1人主持教学，聘请获得科举考试功名的学者如举人、秀才等充任教习。书院日常经费主要源自清政府发放津贴，肄业生徒每月另交5角钱学费以资补助。书院后来常年招收50—60名学生，分为两班上课，教学内容与国内一般书院相同，以四书五经等儒家经典为主，也杂以科举时文，属于中国传统文化教育模式。因华侨学生白天要到远东学校学习英文等课程，为避开远东学校周一至周五下午四点半到九点授课，大清书院授课时间定为每周六上午九点至下午九点。由此可见，书院主要任务是为华侨子弟补习国学，使其身在异域而心怀故国。大清书院的多数学生侨居海外，只有很少一部分返回祖国，为中西文化交流作出贡献。

光绪三十二年（1906年），旧金山大地震导致书院校舍毁坏，华侨利用清政府救济款在士德顿街新建中华总会大厦，把大清书院迁至大厦内重新开课。光绪三十四年，清政府派遣内阁侍读梁庆桂偕举人曹勉到美国考察，曹勉留在大清书院任主讲，鼓励兴学，有力推动了华文教育的发展，大清书院成为美洲各地华文教育机构的典型。不久，大清书院改称大清侨民公立小学，由时任总领事许炳榛兼任代校长。宣统元年（1909年），校舍迁至士德顿街843号中华总会馆二楼和三楼。民国后，改名为中华侨民公立小学堂，1927年，更名为美洲中华中学校，以士德顿街814—828号为校址。1993年，学校获旧金山联合校区认可，凡是在该校学习中文的学生，只要在联合校区组织的考试中成绩合格就可以得到20个外语学分。现在学校设小学、初中和高中，学生最多时有2000多人。

世界书院研究

第四卷

孔祥林 主编

国家社会科学基金项目『世界书院研究』成果

山东省社科理论重点研究基地

孔子研究院中外文明交流互鉴研究基地成果

山东人民出版社·济南

国家一级出版社 全国百佳图书出版单位

目 录

附 表

附表

江苏海州石室书院平面图（局部）

1.唐代诗文所见唐代书院一览表

书院名称	创建时间	创建人	书院性质	说明
赵氏昆季书院	约721—730年	赵氏	家族学校	有会文活动
李泌书院	约742—756年	李泌	书斋	借用道观，有诗酒会文
樊铸书院	约742—756年	樊铸	书斋	
第四郎书院 薛载少府书院	约766—776年	薛载	家族学校 书斋	有会文、礼乐、学习活动
杜中丞书院	783年略后	杜中丞	书斋	移竹绿化
田将军书院	约819年	田弘正	书斋	植花移石建楼阁，宅邸内
费君书院	约785—804年	费君	书斋	隐居山野
宇文聚书院	800年前后	宇文聚	书斋	借用佛寺，备考
李太守书院	800年前后	李太守	官衙书斋	衙署内
李宽中书院	810年前后	李宽中	书斋	借用道观，备考
郭中丞书院	826年前	郭中丞	官衙书斋	诗酒会文，衙署内
南溪书院	9世纪初	杨发	书斋	山野
段将军书院	不详	段将军	书斋	有会文活动
许浑书院	850—858年	许浑	官衙书斋	诗酒会文，衙署内
李群玉书院	不详	李群玉	书斋	
曹氏书院	873年前后	曹氏	家族学校	植松
沈彬书院	921年以前	沈彬	书斋	有会文活动
光石山书院	不详	不详	疑道人书斋	755年存遗址，不可能名书院

2.方志所见唐代书院一览表

书院名称	位置	创建者	记创建时间	最早著录情况	性质	可信度
桂岩书院	江西高安	幸南容	793年出仕前	1211年重建记	疑开馆	书斋可信
皇寮书院	江西永丰	刘青霖	844年	1138年重建记	讲学	书斋可信
景星书院	江西九江	李渤	821—824年间	元《庙学典礼》	书斋	难以相信
陈氏书堂	江西德安	陈衮	937—969年间	969年徐锴记	书院	比较可信
鳌峰书院	福建建阳	熊秘	875—879年间	1305年熊禾诗	教授	难以确认
草堂书院	福建福鼎	林嵩	860—875年间	清同治《福建通志》	读书处	难以相信
松洲书院	福建龙溪	陈珦	武则天时	清乾隆《龙溪县志》	教授	难以相信
梁山书院	福建漳浦	潘存实	817年出仕前	清康熙《漳浦县志》	读书处	难以相信
孔林书院	广东南雄	孔闰	不详	元刘辰翁1280年记	书院	不可信，系北宋初建
丽正书院	浙江会稽	不详	723年	清康熙《浙江通志》	书院	难以相信
青山书院	浙江寿昌	翁洮	9世纪	清雍正《浙江通志》	读书处	难以相信
光石山书院	湖南攸县	不详	不详	755年记	疑道人书斋	难以相信
天宁书院	湖南桃源	不详	唐	清光绪《桃源县志》	不详	难以相信
杜陵书院	湖南耒阳	不详	不详	徐介、裴说诗	祠堂	难以相信
韦宙书院	湖南衡山	韦宙	元和间	清《湖南通志》	书斋	似难信
邺侯书院	湖南衡山	李泌	756—762年间	明嘉靖《衡岳志》	书斋	似可信
石鼓书院	湖南衡阳	李宽	810年左右	唐刺史吕温诗	书斋	比较可信
卢藩书院	湖南衡山	卢藩	9世纪	清道光《衡山县志》	书斋	难以相信
西溪书院	河北元氏	姚敬	唐	1306年安熙诗	书斋	似可信
张说书院	河北满城	张说	719年左右	明弘治《保定郡志》	书斋	难以相信

（续）

书院名称	位置	创建者	记创建时间	最早著录情况	性质	可信度
瀛洲书院	陕西蓝田	李元通	623年前	清雍正《陕西通志》	不详	难以相信
丹梯书院	四川巴州	张曙	9世纪	《明一统志》	读书处	难以相信
南溪书院	四川南溪	杨发	9世纪初	唐杨发诗	读书处	似难信
凤翔书院	四川南溪	杨发	9世纪	清嘉庆《四川通志》	读书处	难以相信
张九宗书院	四川遂宁	张九宗	唐贞元年间	《明一统志》	不详	难以相信
李公书院	山东临朐	李靖	唐贞观前后	明嘉靖《青州府志》	读书处	难以相信
费君书院	山西永济	费君	约785—804年间	唐杨巨源诗	读书处	似可信
九峰书院	浙江龙游	徐安贞	718年出仕前	明万历《龙游县志》	读书处	难以相信
青山书院	浙江寿昌	翁洮	唐大顺间	明万历《寿昌县志》	书斋	难以相信
德润书院	浙江慈溪	李楚臣	848年	出处不详	不详	难以相信
蓬莱书院	浙江象山	杨宏	850年	出处不详	不详	难以相信
草堂书院	福建福鼎	林嵩	875年前后	出处不详	读书处	似可信
清闻读书院	福建福清	陈灿	不详	出处不详	不详	难以相信
和平书院	福建邵武	黄峭	唐末	出处不详	不详	—
李渤书堂	江西德安	李渤	唐长庆间	出处不详	不详	难以相信
登东书院	江西吉水	解世隆	唐乾符间	出处不详	不详	难以相信
施肩吾书院	江西南昌	施肩吾	唐元和间	元《历世真仙体道通鉴》	修道	似可信
文山书院	湖南澧州	李群玉	9世纪中期	《明一统志》	读书处	难以相信
文献公书院	广东始兴	张九龄	唐开元间	出处不详	读书处	难以相信
儒溪书院	贵州绥阳	柳宗元	贞元前	出处不详	读书处	难以相信
青莲书院	四川盐亭	李白	开元十三年前	清雍正《四川通志》	读书处	难以相信
海棠池书院	四川大渡河	韦皋	唐贞元间	出处不详	不详	难以相信
李绅书院	浙江宁波	李绅	800年	宋宝庆《四明志》	读书	似可信

3.五代十国书院一览表

书院名称	位置	创建者	记创建时间	最早著录	性质	可信度
窦氏书院	北京昌平	窦禹钧	约后周	宋范仲淹《窦谏议录》	收徒讲学	可信
龙门书院	河南洛阳	不详	后唐长兴前	《宋史·张去华传》	收徒讲学	可信
睢阳学舍	河南商丘	杨悫	约后唐	北宋释文莹记	收徒讲学	可信
胡氏书堂	江西奉新	胡仲尧	约南唐	南唐徐铉有记	家塾收徒	可信
中溪书院	河北元氏	不详	五代	左周1065年碑	讲学	可信
嵩阳书院	河南登封	不详	五代	996年宋太宗赐书	讲学	较可信
匡山书院	江西泰和	罗韬	南唐	《明一统志》	收徒讲学	较可信
梧桐书院	江西奉新	罗仁节	南唐	南宋徐应云记	收徒讲学	较可信
兴贤书院	江西吉水	解皋谟	南唐	出处不详,《四库全书》无		似难相信
云阳书院	江西永修	吴白	南唐	出处不详,《四库全书》无		似难相信
蓝田书院	福建古田	徐仁椿	南唐	明一统志作宋建，朱熹匾		似难相信
天衢书院	广东桂阳	黄损	五代	雍正《广东通志》		似难相信
光禄书院	江西吉安	刘玉	宋开宝二年	雍正《江西通志》		似难相信
留张书院	江西宜丰	张玉	后梁	出处不详,《四库全书》无	讲学	似难相信
龙首书院	山西应州	邢抱朴	辽初	雍正《山西通志》	家塾	可信

4.北宋新建书院一览表

书院名称	位置	始建时间	性质	说明
孔林书院	广东南雄	建隆三年	教学	孔闰建
光禄书院	江西吉安	开宝二年		南唐里人刘玉建
白鹿洞书院	江西九江	开宝九年	教学	南唐升元时为国学，皇祐中名白鹿书堂
岳麓书院	湖南长沙	不详	教学	朱洞等人建，祀孔子及其弟子
怀玉精舍	江西玉山	太平兴国初	教学	杨亿建，南宋时朱熹、陆九渊讲学
秀溪书院	江西新建	太平兴国初	教学	邓晏建，孔武仲记，祀孔子
莲溪书院	江西丰城	太平兴国中	教学	侍郎李从建，招周谔讲学
曾氏学舍	江西南丰	太平兴国中	教学	曾致尧建，又名南丰书院
慈竹书院	江西乐安	太平兴国中		侍郎乐史建
香溪书院	江西新建	太平兴国中	教学	邑人邓武建，乾隆通志载
雷塘书院	江西安义	太平兴国中	教学	义门洪文抚建，又名雷湖书院
读书堂	广西全州	雍熙三年	书斋、讲学	柳开建，燕居堂祀孔子
华林书院	江西奉新	雍熙间	教学	胡珰建，原名华林书堂
溪山书院	福建古田	淳化二年		朱熹题溪山第一匾
嵩阳书院	河南登封	至道三年	校官生徒	后周名太乙书院，至道三年赐书置官生徒，景祐二年赐嵩阳书院
石鼓书院	湖南衡阳	至道三年		李士真建，景祐二年赐额
*仆射书院	河南开封	太宗时	书斋	王禹偁有诗
和乐书院	河南嵩县	太宗时		张齐贤建
中溪书院	河北元氏	咸平三年		左周有《夫子堂记》，元安熙文提及
西溪书院	河北元氏	不详	教学	九经张著聚徒百余人讲学
湘西书院	湖南长沙	咸平四年		知州李允则建

（续）

书院名称	位置	始建时间	性质	说明
峨峰书院	浙江平阳	咸平中		
涵晖书院	广东英德	景德初	讲学	知州王仲达为石汝砺建
桂枝书院	安徽绩溪	景德四年		天圣四年进士胡忠廷建
应天府书院	河南商丘	大中祥符二年赐额		邑人曹诚建，又名睢阳书院、南京书院
陆太傅书院	浙江绍兴	大中祥符五年		陆轸（是年进士）建
延和精舍	浙江龙游	大中祥符中		
芝台书院	江西修水	大中祥符中	家塾	黄庭坚曾祖黄湜建，袁燮文提及
樱桃书院	江西修水	大中祥符中		邑人黄中理建，乾隆通志载
华林书堂	江西南丰	大中祥符中		瞿元肃建，皇帝召见王公赋诗
汨罗书院	湖南湘阴	大中祥符中		又名清烈书院，范成大作清烈祠
汨罗书院	湖南汨罗	大中祥符中		祀屈原，后废为汨罗庙
万卷堂	江西新昌	天禧间	石溪义塾	石待旦建贮书，后改为鼓山书院
新兴书院	江西遂川	天禧间		
*龙川书院	江西婺源	天禧中		张舜臣建，元胡炳文著述
笙竹书院	湖南湘阴	天禧中		邑人邓咸建，元祐六年改为县学
范公书院	山东青州	真宗时		范仲淹读书处
果山书院	四川蓬安	真宗时		知州王旦建
遗直书院	四川洪雅	真宗时		
*王仲先书院	陕西	真宗时		在终南山黄池谷，魏野有诗
茅山书院	江苏金坛	天圣二年	教授生徒	处士侯仲逸建
*代祠部书院	四川都江堰	天圣二年	书斋	代渊隐居建，张方平有诗
范文正公讲院	河南商丘	天圣中		晏殊知应天府请范仲淹掌府学，教弟子，后祀范仲淹
泰山书院	山东泰安	景祐二年	讲学	孙复讲学处，石介由栖真观改建
龙山书院	浙江建德	景祐三年		睦州知州范仲淹建
拏云馆	江西宜黄	景宝中		杜子野建，又名鹿冈书院

（续）

书院名称	位置	始建时间	性质	说明
稽山书院	浙江绍兴	宝元二年		范仲淹建，石待旦为山长
徂徕书院	山东泰安	宝元中	讲学	石介建以讲学
濂溪书院	江西修水	康定时	延游学士	周敦颐（24岁任分宁县主簿）建
宗濂书院	江西萍乡	庆历元年	讲学	周敦颐建以讲学，后祀周敦颐
盱江书院	江西南城	庆历三年	教授生徒	李觏教授处，景定置祭器
尼山书院	山东曲阜	庆历三年		文宣公孔宗愿改建，祀孔子及其弟子
花洲书院	河南邓州	庆历六年		范仲淹建
春风书院	河南邓州	庆历六年		范仲淹建
濂山书院	江西修水	庆历初		周敦颐建
星岩书院	广东肇庆	庆历初		太守包拯建
默山书院	浙江建德	庆历中		校书郎胡楚材建，久毁
大隐山书院	浙江慈溪	庆历中		杨适建
石台讲舍	浙江慈溪	庆历中		杜醇建
正议楼公讲舍	浙江鄞州	庆历中		楼郁讲学处，后建城南书院
梅溪书院	浙江安吉	庆历中		
云轫书院	江西新余	庆历中		张相建
云冈书堂	江西万安	庆历中	教学	萧和卿建，杨万里有诗
义学书院	湖北嘉鱼	庆历中		邑人李宗儒建
石鼓书院	湖南岳阳	庆历中		士人公建，张舜民有载
清献书院	广西宜州	庆历中		通判赵抃建于香山寺旁
五峰书院	四川泸州	庆历中		知州杨汝明建，魏了翁奏中提及
古灵书院	福建闽侯	庆皇中		陈襄读书处，不存
白羊书院	江西万年	庆皇中		大理寺丞陈峤建
静逸书院	江西宜黄	庆皇中		载琳建
相山书院	湖北咸宁	皇祐前		冯京读书处

（续）

书院名称	位置	始建时间	性质	说明
太元书院	四川盐亭	皇祐前		文同读书处，后改为太元观
西湖书院	安徽阜阳	皇祐元年		欧阳修故居，后祀晏殊、欧阳修、吕夷简、苏轼
云庄书院	安徽绩溪	嘉祐元年		淳熙间汪安行重建
南丰书舍	江西南丰	嘉祐二年前	书斋家塾	曾巩建，清初改为启圣祠
社平书院	江西安义	嘉祐六年		义门陈思悦建
濂溪书堂	江西九江	嘉祐六年		周敦颐读书处，赵抃有诗，墓志记
东园精舍	江西永丰	嘉祐初		刘炳建，又名龙云书院
醉经堂	浙江永嘉	皇祐中		丁昌期建
兴鲁书院	江西临川	嘉祐中		曾巩居住讲学之所
涂时甫书屋	江西宜黄	嘉祐中		涂济建
观澜书堂	湖南资兴	嘉祐中	教育族人	邑人曹靖建，后改醽泉，宋末废
南丰书院	湖南永兴	嘉祐中		孙仲翔建
清溪书院	江西赣县	嘉祐末		知州赵汴、通判周敦颐建
王鄞江隐居	浙江鄞州	仁宗时	讲学	鄞江先生王致建
贾状元书院	河南邓州	仁宗时		庆历六年状元贾黯建
韩魏公书院	湖北黄冈	仁宗时		韩琦并未在此任职
六一书院	湖北江陵	仁宗时		祀欧阳修
谏议书院	湖南武冈	仁宗时	书斋	宋谏议周仪读书处
太乙书院	四川盐亭	仁宗时		文同读书处
东台书院	四川盐亭	仁宗时		任伯传读书处
嘉岭书院	陕西延安	仁宗时		范仲淹建
观澜书堂	湖南资兴	约仁宗时		曹靖建，又名观澜书院
*张少愚书院	四川成都	约仁宗时	书斋	少愚张愈设，文同有诗
古书院	山西晋城	治平二年		程颢施教
五峰书院	重庆江津	治平中		冯忠建

（续）

书院名称	位置	始建时间	性质	说明
濂溪讲堂	湖南永兴	熙宁前		周敦颐讲学处，久废
安定书院	浙江湖州	熙宁五年		知州孙觉建，燕居孔子，祠祀胡瑗
桃源书院	浙江鄞州	熙宁九年	家塾	原王说家塾，神宗御书额
徐氏书院	江西修水	熙宁初		邑人徐禧建，黄庭坚有诗
双桂书院	浙江淳安	熙宁中		邑人詹安建，淳熙年间改名瀛山书院
古灵书院	浙江余姚	熙宁中		陈襄建，元末刘仁本有诗
萱堂	浙江瑞安	熙宁中	讲学	林石建，反对王安石新经
江郎书院	浙江江山	熙宁中		祝维建
黉堂书院	安徽贵池	熙宁中		徐元功建
凝之精舍	江西庐山	熙宁中	书斋	刘涣（字凝之）建
正学书院	陕西西安	熙宁中		张载倡道地
绿野亭	陕西武功	熙宁中	讲学	张载讲学处，弘治十年改绿野书院以祀
雪堂书院	湖北黄冈	元丰二年		是年贬苏轼，又名东坡书院
伊皋书院	河南洛阳	元丰五年		文彦博庄园改，后名伊川书院
鸣皋书院	河南伊川	元丰五年		程颐建，明洪武修
明道书院	河南玉丰	元丰六年		程颢建
颍谷书院	河南登封	元丰中		至正五年温格、薛友谅重建
伊川书院	河南伊川	元丰中		程颐建
明道书院	河南扶沟	元丰中		程颢建
赵忭书院	湖南衡山	神宗时		赵抃卜居衡山建
*求志书院	河南开封	元祐前	书斋	陈师道设，黄庭坚、李廌有诗
圣泽书院	山东汶上	元祐四年		周师中建，祀孔子及其弟子
义方书院	江西宜丰	元祐四年	教学	蔡谭建，志学者皆廪给，额30名
首阳书院	山西永济	元祐中	讲学	郡人王昉建，有山长张尚文
秀峰书院	江西安义	元祐中		黄元祀建

（续）

书院名称	位置	始建时间	性质	说明
进修书院	江西资溪	元祐中		进士石松建，孙致平重修
清节书院	江西泰和	绍圣中	教学	萧楚（私谥清节）讲学处
山谷书院	湖北崇阳	绍圣中		
龙眠山庄	安徽桐城	元符三年	书斋	李公麟归隐有龙眠山庄图
文明书院	广东遂溪	元符三年		苏辙曾宿静行院
松明书院	广东廉江	元符三年		苏轼谪经此，里人建书院
*白石山房	安徽桐城	约元符中	书斋	李公麟弟公择建，苏轼有诗
鳯山草堂	福建建阳	元符中		游酢建
鳯山书院	福建武夷山	元符中		游酢建，又名水云寮
*陶山书院	浙江绍兴	崇宁前	书斋	陆佃读书处，汪应辰有诗
*西山书院	江苏丹徒	崇宁元年		米芾建
会文书院	浙江平阳	崇宁三年	书斋	陈经正兄弟读书处
*罗蒙书院	湖南通道	崇宁四年		又名罗山书院
秀山书院	安徽休宁	崇宁中		汪若楫建，元代废
浯溪书院	江西新建	崇宁中		谭焕建
力瀛书院	香港	崇宁中		阳春知县邓符建
尊尧书屋	浙江鄞州	崇宁末	书斋	陈瓘建
*佚名书院	河南汝州	大观元年	官衙书斋	知州慕容彦逢建
灵溪书院	福建宁德	大观三年		明嘉靖二十二年士民重建
卢氏书院	江西宜丰	大观中		卢氏建
甘泉书院	湖南道县	政和前	书斋	吴氏建，陈与义有诗
王德循书院	河南开封	政和前后	书斋	李之仪有诗
浮沚书院	浙江温州	政和二年	书斋	周行己建，有记，又名环璧书院
幽岩书院	浙江龙游	政和中		
万卷书堂	浙江桐庐	政和中	书斋	方悫建

（续）

书院名称	位置	始建时间	性质	说明
乐山书院	安徽绩溪	政和中	讲学	许润建
少微书院	福建武夷山	政和中		为江贽建，又名叔圭精舍
星溪书院	福建政和	政和中		县尉朱松建，通志作朱熹建
云根书院	福建政和	政和中		县尉朱松建，通志作朱熹建
溪山精舍	江西南丰	政和中		曾纵、曾悟建
清溪书院	湖南慈利	政和中		进士刘甸、刘畴兄弟建
顾氏书院	湖南江永	政和中		顾涛建，又称顾尚书书院
栅头书院	四川丹棱	宣和二年		状元冯时行建
梅城书院	广东梅县	宣和三年	多士讲学	贬官安置刘安世建
龙江书院	福建福清	宣和六年		镇官陈麟重修，祀孔子
梅岩精舍	浙江衢州	宣和中		郡人毛友、郑可简隐居处
梧峰书院	福建政和	宣和中		许延仁建
高扬书院	江西万年	宣和中		王友颜建
孙氏书院	江西遂川	宣和中		又名盘窝书院
湖南书院	湖南永兴	宣和中		陈纯夫建
*四友堂	江西婺源	徽宗时	居四方学者	邑人汪绍设，子汪存教
王俊义读书院	江苏如皋	徽宗时	家塾	
*修竹书院	浙江会稽	徽宗时		陆佃致仕后舍宅改，林景熙文提及
鸾山书院	湖南攸县	不详		邑人谭渊建
雄山书院	山西长治	靖康中	请师设教	祀孔子、十哲、群弟子
定庵书院	江西宜黄	靖康中	书斋	王革读书处
碧泉书堂	湖南衡山	靖康中	讲学	至正七年改名文定书院，祀胡安国配子侄
郁竹书院	江西奉新	宋初		胡仲尧建
南垣书院	江西奉新	宋初		胡仲尧建
车坪书院	江西奉新	宋初		胡仲尧建
东台书院	四川盐亭	北宋中期		皇祐初进士任伯传读书处

（续）

书院名称	位置	始建时间	性质	说明
望高书院	广东龙川	北宋中期		王汝砺建
丁天锡书院	江苏如皋	北宋	家塾	母治平四年卒，90岁
澹台书院	江苏苏州	北宋		原灭明书院，宋尹焞读书
晏溪书院	江苏泰州	北宋		晏殊建，一说读书处，后建
吕氏义塾	浙江余姚	北宋		吕次姚建，绍兴中孙重建
石鼓书院	浙江新昌	北宋		石亚之建
松明书院	福建漳平	北宋		苏轼建，似未曾在福建任官
南丰书院	江西南丰	北宋		曾巩建，清初改为启圣祠
卜子书院	山东莒县	北宋		又名文学书院
永城学舍	河南永城	北宋		知县杜谊建
上蔡书院	河南上蔡	北宋		谢良佐读书处
同文书院	河南洛阳	北宋		元乡人温格孟、薛友谅等修
西湖书院	河南许昌	北宋		苏辙讲学处
竹溪书院	湖北赤壁	北宋		苏轼题额
*翟家湾书院	不详	北宋		苏颂有诗，具体位置不详
修文书院	四川洪雅	北宋	田锡读书处	后建书院，明改名雅江书院
城东书院	江苏常州	北宋末	讲学	周孚先兄弟建
城西书院	江苏常州	北宋末	讲学	周孚先兄弟建
*佚名书院	江苏金坛	北宋末	教育子弟	邑人汤氏及刘宰祖父刘微合建，墓志载
龟山书院	江苏无锡	北宋末	讲学	道南祠祀杨时，元废为东林寺
崇儒馆	浙江鄞州	北宋末		汪洙建
艺堂书院	浙江乐清	北宋末	讲学	汤建建，乾道中朱熹讲学，后祀朱熹
豫章书院	福建漳平	北宋末		罗从彦建
栟榈书院	福建永安	北宋末		宋邓肃读书处
*王信孺书院	不详	北宋末		赵鼎臣诗提及

说明：有*号者为本书新发现的书院。

5.南宋新建书院一览表

书院名称	位置	始建时间	性质	说明
鳌头精舍	福建泉州	建炎四年		黄护建，嘉定四年镇官游绛改名石井书院，祀朱松、朱熹
侍郎书院	湖南靖州	建炎中		侍郎程敦厚（1135年进士）讲学处
台川书院	湖南平江	两宋之际		邑人吴景思建
龙光书院	江西丰城	绍兴元年	教学	邑人陈自俛建，学者300余
碧泉书院	湖南湘潭	绍兴元年	教学	胡安国建，教学著书，胡宏、张栻讲学
文定书堂	湖南衡山	绍兴元年	办学	胡安国重建
西山书院	四川北川	绍兴元年		清乾隆二十九年知县姜炳璋重建
钓鳌书院	广东博罗	绍兴二年		主簿罗从彦建，后名豫章书院
华石书院	浙江兰溪	绍兴三年		方元若建
云根书院	福建政和	绍兴四年	教学	朱熹曾就读
星溪书院	福建政和	绍兴四年	教学	朱熹曾就读
通政书院	江西石城	绍兴四年		知县李杞建
资善书院	浙江杭州	绍兴五年	太子读书	高宗令宰相赵鼎为赵伯琮（孝宗）建
和靖书院	浙江绍兴	绍兴十年至十二年		程颐弟子尹焞墓
梅溪书院	浙江乐清	绍兴十四年	授徒讲学	王十朋建
新田书院	江西浮梁	绍兴十四年	教学	侍郎李椿年建，有大成殿祀孔子圣贤
石洞书院	浙江东阳	绍兴十八年		郭钦止建，叶适主讲席，有记
*金华书院	江西鄱阳	绍兴十八年		何子应建，汪藻、冯时行、王十朋有诗
张氏书院	湖南沅陵	绍兴十八年		《夷坚志》有载
石屏书院	福建诏安	绍兴二十年		陈景肃讲学处
玉峰书院	湖南安仁	绍兴二十一年		进士周必大读书处

（续）

书院名称	位置	始建时间	性质	说明
一经堂	福建同安	绍兴二十三年	教学	柯翰设，朱熹有记
浦江书院	广东封开	绍兴二十四年	书斋	郑刚中安置封州时居，有诗
寺前书院	广东封开	绍兴二十四年	书斋	郑刚中有诗
芸斋	不详	绍兴二十六年	家塾	徐元聘设，朱熹有记
环溪书院	江西崇仁	绍兴二十六年		吴文通建
城南书院	湖南长沙	绍兴三十一年		张栻建，院额相传张浚书
环溪精舍	福建建瓯	绍兴初	教学	朱松建，朱熹就读，又名环溪书院
文定书堂	福建武夷山	绍兴初		胡安国建
西山精舍	福建光泽	绍兴初		又名西山书院
石月书院	江西弋阳	绍兴初		余应球（1106年进士）建
驾鹤书院	广西柳州	绍兴初		建于驾鹤山
金渊书院	江苏溧阳	绍兴中	士子肄业	知县施祐建
长春书院	浙江宁波	绍兴中		伊洛学者高闶建
焦征君讲舍	浙江鄞州	绍兴中		程颐门人焦瑗讲学处
菊坡书院	浙江鄞州	绍兴中		枢密陈卓建
石林书院	浙江湖州	绍兴中	讲学	叶梦德建，与卢玉溪、陆九韶等讲学
明正书院	浙江衢州	绍兴中		郡守张嵲为汪应辰建祀
石门书院	浙江常山	绍兴中		为赵鼎建
张文忠公书院	浙江海宁	绍兴中		
高斋书院	浙江江山	绍兴中	著述书斋	毛晃建，后为书院
高塘书院	浙江东阳	绍兴中	讲学	郭湜妻吴崇福建
西园书院	浙江东阳	绍兴中		吕祖谦友郭良臣建
友成书院	浙江东阳	绍兴中	教学	赵公藻建，聘吕祖谦主教席
观澜书院	浙江临海	绍兴中		朱熹好友石墩建
介石书院	浙江青田	绍兴中		邑人郑汝谐建
青溪书院	浙江东阳	绍兴中		

（续）

书院名称	位置	始建时间	性质	说明
籝金书院	浙江东阳	绍兴中		
南园书院	浙江东阳	绍兴中		
南塘书院	浙江江山	绍兴中	讲学	徐存、朱熹讲道，又名徐诚叟书院、逸平书院
林泉书院	安徽无为	绍兴中		枢密王之道读书处
西山书院	安徽休宁	绍兴中	讲学	程大昌建
达泉书院	福建长乐	绍兴中		尚书郑丙建
蓝田书院	福建长乐	绍兴中	义学	邑人陈坦然建
樟塘书院	福建建阳	绍兴中		刘中建，又名瑞樟书院
兰田书院	福建长乐	绍兴中		
柳山书院	江西武宁	不详		柳浑读书处，宝庆复建，礼殿祀孔子
寅宾书院	江西德兴	绍兴中		邑人参知政事张焘建
银峰义塾	江西德兴	绍兴中	讲学	邑人余翰建，延朱熹讲学
翠岩书院	江西万年	绍兴中		邑人解人叶舜民建，谢枋得有记
忠宣书院	江西鄱阳	绍兴中		知州洪皓建，后祀洪皓
芗林书院	江西樟树	绍兴中		侍郎向子諲别墅，嘉靖间李盘建书院
龙泽书院	江西丰城	绍兴中		尚书雷宜中建
子男书院	江西乐安	绍兴中		为董德元、董敦逸建
文溪书院	江苏泰和	绍兴中	书斋	解人曾有凭建，赵师夔记
竹楼书院	江西新昌	绍兴中	教学	姚勉有文提及
赖廷简书院	江西万安	绍兴中		解人赖廷简建
曾若川义学	江西永新	绍兴中		曾若川建
竹园书院	江西安福	绍兴中		刘弘仲建，朱熹、胡安国有诗
益公读书台	江西吉安	绍兴中	书斋	周必大读书处
道山书院	湖南宁乡	绍兴中	讲学	张栻等建，又名灵峰书院、云峰书院
云峰书院	湖南宁乡	绍兴中	讲学	胡宏建

（续）

书院名称	位置	始建时间	性质	说明
文定书院	湖南湘潭	绍兴中	讲学	胡宏建
南轩书院	湖南衡山	绍兴中	讲学	相传张栻受业胡宏，后与朱熹讲学于此
东洲书院	湖南泸溪	绍兴中	讲学	王廷珪谪居时讲学，邑令为建书院
碧泉书院	湖南湘潭	绍兴中		胡宏有《上梁文》有诗
五峰书院	湖南仁安	绍兴中		
张留书院	广东博罗	绍兴中		邑人张宋卿建
蜕斋书院	广东高明	绍兴中		名儒谭惟寅建
丞相书院	广东连州	绍兴中		宋张浚谪居时建
豫章书院	广东博罗	绍兴中		
勾漏书院	广西容县	绍兴中		邑人公建，祀宋安抚机宜吴元美
巽崖书院	四川丹棱	绍兴中		邑人李焘建
东馆书院	四川丹棱	绍兴中		乡人建
栅头书院	四川丹棱	绍兴中		
銮塘书院	贵州沿河	绍兴中		又名銮塘胜院
兴贤书院	福建武夷山	隆兴中		胡氏建
龙城书院	江西吉水	隆兴中		曾三异建
保训书院	江西弋阳	隆兴中		陈康伯建
岳麓书院	湖南长沙	乾道元年		刘珙重建，淳祐六年赐御书额
荐山书院	福建建阳	乾道二年		
寒泉精舍	福建建阳	乾道六年		朱熹建
云谷书院	福建建阳	乾道六年		朱熹建
*小山书院	安徽淮南	乾道七年		刘之翰建，张孝祥有诗
丽泽书院	浙江建德	乾道初		知州张栻建
丽泽堂	浙江金华	乾道初	讲学	吕祖谦守丧讲学，去世后建丽泽书院
拙斋书院	福建闽侯	孝宗初		林之奇与其徒吕祖谦讲学处，不存
鸡鸣书院	浙江龙游	乾道中		邑人夏僎、周升、缪景仁建

（续）

书院名称	位置	始建时间	性质	说明
南湖书院	浙江东阳	乾道中		郭良臣侄子郭溥建
相韩旧塾	浙江绍兴	乾道中	讲学	韩琦六世孙、刘清之友韩度隐居讲学
同文书院	福建建阳	乾道中	刊书	朱熹建
台溪精舍	福建建阳	乾道中		朱熹友何镐建
庐峰书院	福建武夷山	乾道中		蔡沈建
德成书院	福建长乐	乾道中		
芦峰书院	福建建阳	乾道中		
桐源书院	江西贵溪	乾道中		唐观察使高宽仁故居
碧落洞天书院	江西弋阳	乾道中		
桐岭书院	江西鄱阳	乾道中	讲学	许氏建聘陆九皋为师
槐堂	江西金溪	乾道中		陆九皋建，陆九渊讲学处，又名青田书院
梭山老圃	江西金溪	乾道中		陆九韶建
杏坞书院	江西乐安	乾道中		里人邓氏建
临烝精舍	湖南衡阳	乾道中		朱熹友知州刘清之建
龙门书院	四川江安	乾道中		隐士吕伯佑讲学处
静晖书院	重庆奉节	乾道中		知州王十朋建
包山书院	浙江开化	乾道末	家族义学	汪观国建逍遥堂，景炎元年赐额
皆山书院	浙江洞头	淳熙二年		尚书戴明建
义宁精舍	福建建阳	淳熙二年	讲学	刘爚故居，嘉定三年赐额云庄书院
西山精舍	福建建阳	淳熙二年	讲学	蔡元定建，理宗御赐额西山书院
溪山书院	福建古田	淳熙二年		朱熹避难讲学
月林书院	浙江上虞	淳熙四年		潘畤建，朱熹曾于此讲学
濂溪书堂	江西九江	不详		朱熹有记
石林书院	湖南桂阳	淳熙五年	书斋	王照邻与子植读书处
咏泽书院	浙江上虞	淳熙六年		朱熹注学庸处，次年设书院，祠祀

（续）

书院名称	位置	始建时间	性质	说明
白鹿洞书院	江西九江	淳熙六年	讲学	知南康军朱熹重建，淳熙八年赐国子监经书
濂溪书院	广东韶关	淳熙七年		周舜元建祠，月旦拜春秋祭
带湖书院	江西上饶	淳熙八年	辛弃疾书斋	又名稼轩书院，1282年改为广信书院，1298年复
莱山书院	湖南醴陵	淳熙八年	家塾	李文伯建，欧阳守道有记
明善书院	浙江松阳	淳熙九年	讲学	叶震私塾，朱熹讲学后扩建书院
武夷精舍	福建武夷山	淳熙十年	讲学	朱熹建，又名武夷书院、紫阳书院
凤冈书院	福建沙县	淳熙十年		黄颢建
应天山书堂	江西贵溪	淳熙十四年	陆九渊讲学处	绍定四年赐额象山书院
仙岩书院	浙江瑞安	淳熙十四年	讲学	陈傅良建
溪山精舍	福建建阳	淳熙十六年		叶味道建，又名溪山书院
江南书社	浙江平阳	淳熙初		章用中建
曾潭讲堂	江西南城	淳熙初	讲学	傅梦泉师朱熹，陆九渊、张栻曾讲学
明经书院	湖南茶陵	淳熙初		后改为长生观
城南书院	江苏常州	淳熙中		知州杨万里建
遂初书院	江苏无锡	淳熙中		尤袤建
玉峰书院	江苏昆山	淳熙中	书斋	状元卫泾藏修处，元赵孟頫书额
石湖书院	江苏昆山	淳熙中		明宣德中改为巡抚行台，后改为试院
楼昉讲舍	浙江鄞州	淳熙中		楼昉建
长春书院	浙江湖州	淳熙中		宣教郎朱弁建，朱熹题额
渊源堂	浙江嵊州	淳熙中	讲学	周瑜建，王十朋曾授书
鹿门书院	浙江嵊州	淳熙中		吕规叔建，邀朱熹、吕祖谦讲学
说斋精舍	浙江金华	淳熙中		唐仲友建
五峰书院	浙江永康	淳熙中		朱熹、吕祖谦、陈亮旧游处
龙川书院	浙江永康	淳熙中	讲学	陈亮读书讲学处

（续）

书院名称	位置	始建时间	性质	说明
心极书院	浙江瑞安	淳熙中		宋陈傅良读书处，又名诚南书社
溪山第一书院	浙江临海	淳熙中		朱熹书额
樊川书院	浙江黄岩	淳熙中		朱熹与杜南湖、杜方山讲学处
竹溪书院	浙江天台	淳熙中		
竹洲书院	浙江鄞州	淳熙中	讲学	陆九龄弟子沈焕晚年讲学处
始置书院	浙江富阳	淳熙中		
槐溪书院	安徽绩溪	淳熙中		戴季仁建，后裔孙戴祥重建
螺峰书院	福建古田	淳熙中		
兰田书院	福建古田	淳熙中		
*佚名书院	江西贵溪	约淳熙中		桂店桂氏建
盛多园	江西都昌	淳熙中	讲学	
隆冈书院	江西南昌	淳熙中		翰林学士刘邦本建，有作李天福建
五溪书院	江西新建	淳熙中		朱熹、丁锬建
万安野馆	江西新余	淳熙中		李伯兴建
柳溪书院	江西新余	淳熙中		易祓建
钤冈书院	江西分宜	淳熙中		王杭建，又名钤阳书院
石潭精舍	江西都昌	淳熙中		朱熹弟子彭蠡建
修江书院	江西永修	淳熙中		朱熹建
芗山书院	江西永修	淳熙中		朱熹门人吕炎建，又名五吕书院
玉贞书院	江西余江	淳熙中		门人吴绍古建
蒙斋书院	江西德兴	淳熙中	讲学	朱熹门人程端蒙（蒙斋）讲学处，祀
番江书院	江西鄱阳	淳熙中		朱熹门人金去伪建，元设蒙古学
东山书院	江西余干	淳熙中	讲学家塾	赵汝靓建，侄崇宪讲学
槐阴精舍	江西樟树	淳熙中		刘清元建
盛家洲书院	江西丰城	淳熙中		邑人盛温如建

（续）

书院名称	位置	始建时间	性质	说明
龙山书院	江西丰城	淳熙中		
碧涧书院	江西临川	淳熙中		知南康军晁百谈建
心斋书院	江西乐安	淳熙中	教学	董德修教授处，从游者建
清风书院	江西永丰	淳熙中		提刑刘禹锡致仕筑清风台，后改为书院
云兴书院	江西万安	淳熙中		
太极书院	广西全州	淳熙中		邓宁明建于清湘县两河
宝林书院	江西都昌	淳熙末		朱熹弟子彭方建
竹梧书院	江西新建	淳熙末	教学	邑人裘万顷建
松冈书屋	江西万年	淳熙末		柴元裕建
梅花书屋	江西宜丰	淳熙末	讲学	孝廉熊良翰讲诵之所
怀苏书院	浙江湖州	孝宗朝	书斋	辛次膺参政嘉林园内
会邱书院	浙江平阳	孝宗朝		
鄱江书院	江西鄱阳	孝宗朝		
南湖书院	江西临川	孝宗朝		
瑜山书院	江西永丰	孝宗朝		
袁学士书院	浙江宁波	淳绍间		袁燮建
沈端宪讲舍	浙江鄞州	淳绍间		沈焕建，又名竹洲讲院
杨文元公书院	浙江鄞州	淳绍间		杨简建，又名碧沚讲院，宁宗题碧沚
竹林精舍	福建建阳	绍熙元年		朱熹建，理宗赐额考亭书院，省府以孙朱沂为山长主祀
潭溪精舍	福建建阳	绍熙元年		黄榦建，又名潭溪书院
龟峰精舍	福建建阳	绍熙中		黄榦建，又名环峰精舍、环峰书院
泉山书院	福建泉州	绍熙中		朱熹建
小山丛竹书院	福建泉州	绍熙中		朱熹题，又名温陵书院
山松书院	江西吉水	绍熙中		王子俊建
濂溪书院	广西桂平	约绍熙中		廖德明扩

（续）

书院名称	位置	始建时间	性质	说明
阁山书院	江西樟树	绍熙末		胡安国门人向浯建，又名紫阳书院
龙潭书院	湖南攸县	庆元元年	教学	廖仰之建，杨万里有记
*渔然书院	不详	庆元二年		朱氏建，周必大有诗
昭穆堂书院	浙江兰溪	庆元二年	讲学	
瓢泉书院	江西铅山	庆元二年		辛弃疾建，后改为稼轩书院、广信书院
城南书院	湖南茶陵	庆元二年	教学	陈弇修葺，周必大有载
石湖书院	福建福鼎	庆元三年		朱熹避学禁曾逗留于此
长芗书院	江西景德镇	庆元三年		镇监李齐愈建
龙头书院	江西万安	庆元四年		知县赵师逌建，初建濂溪祠，改书院
广平书塾	浙江奉化	庆元五年	族塾讲学	舒璘建，德祐元年改书院
*�书院	江西永新	庆元五年		谭汉卿建，周必大己未有诗
玉山草堂	浙江东阳	庆元中		周荣泗建
龙峰书院	福建长乐	庆元中	讲学	朱熹曾避学禁寓此，后建书院
南山书堂	福建长乐	庆元中	讲学著述	蔡沈建，又名咏归精舍、九峰书院
九峰书院	福建武夷山	庆元中		蔡沈建，后祀蔡沈，明中期犹存
江氏书堂	江西都昌	庆元中		江璘建
柳湖书院	江西德兴	庆元中	讲学	朱熹门人程珙（号柳湖）讲学处
归轩书院	江西德兴	庆元中	讲学	杨简门人邹近仁讲学处
双桂书院	江西德兴	庆元中		程烨、程燧建，朱熹有诗
武夷讲堂	江西黎川	庆元中		朱熹等讲学处，后立祠改为崇正书院
金水书院	江西新干	庆元中		知县何洪建
泸溪书院	江西遂川	庆元中	族里人义塾	项德英建，曾丰、杨万里有诗
钟鼎书院	江西上犹	庆元中	义塾	钟鼎建并置义庄，延师训乡族子弟
深柳书院	湖南安乡	庆元中		知县刘愚建
真仙书院	广西融水	庆元中		知州李兴时建，又名兴文书院、仙山书院

（续）

书院名称	位置	始建时间	性质	说明
观过斋	江西永丰	庆元前后	书斋	董亿设，聚书万卷，日延师友讲道义
潜乐书院	江西永丰	庆元前后	书斋	邑人董亿建，与亲宾尊酒论文
盱山书院	江西永修	嘉泰元年	家塾	唐准发动唐氏建，朱熹题匾
*槐阴书院	浙江龙泉	嘉泰元年		李宗儒、师儒兄弟建，周必大辛酉有诗
*卢溪书院	浙江龙泉	嘉泰元年	讲学	项汝弼家，周必大、曾丰均有诗
龙州书院	江西泰和	嘉泰元年	科举补习	赵汝谟建，教春秋补试前列十人
乐善书院	江西高安	嘉泰三年		王淹建，刘凝之读书处，祀赵不黯
秀溪书院	江西安福	嘉泰三年	家塾	周奕建，招良傅以训四子，杨万里记
*霞山书院	不详	嘉泰三年		袁说友有诗
石林书院	江西贵溪	嘉泰三年		为叶梦得建
西山书院	江西乐安	嘉泰四年	教学研究	曾丰致仕后建
龙冈书院	江西南昌	嘉泰中		进士李天福建
一洞天书舍	江西赣县	嘉泰中		太守赵时逢建
盘涧书院	江西德兴	嘉泰中		朱熹门人董铢讲学处
龙洲书院	江西奉新	嘉泰中		直学士余骧建
禺学书院	广东广州	嘉泰中		梁百揆建，又名禺山书院
鳌峰书院	广东龙川	嘉泰中		知州梁克俊建
台山书院	四川遂宁	嘉泰中		
云庄书院	四川眉山	开禧元年	书斋	史公亮建，魏了翁文提及
学礼精舍	江西永新	开禧二年	教学	龙遇建，杨万里题匾，欧阳守道有记
*平氏书院	不详	开禧二年		刘过有诗
云冈书院	江西万安	开禧三年	家塾	杨万里有诗
*玉皇书院	不详	开禧三年		杨万里有诗
鹤山书院	四川邛崃	开禧三年	讲学	
吟轩书院	江西广丰	开禧中		吕志逊建，又名吟阳精舍
南岳书院	湖南衡山	开禧中	书斋	宝庆中迁集贤峰下，监庙兼山长

（续）

书院名称	位置	始建时间	性质	说明
亨泉书院	四川资阳	嘉定前	教学	邑人张方致仕后建，集同里秀士讲习
半山书院	江西吉安	南宋中期	居学者	义士邹彦明建，周必大曾寓讲
丽泽书院	浙江金华	嘉定元年	初奉祀	郡守李大异以吕祖谦兄弟旧居建，祀吕祖谦
桥南书院	浙江衢州	嘉定元年	书斋	徐载叔设，陆游为记
莪峰书院	江西临川	嘉定元年	讲学	参政李壁捐俸同令黄榦建，聚书藏阁
谏议书院	福建沙县	嘉定二年		徐景瞻建，又名了斋书院，祀陈瓘
延平书院	福建南平	嘉定二年		朱熹弟子知州陈宓建，祀李侗
延山书院	福建南平	嘉定二年		
三沙书院	广东龙川	嘉定二年		吴潜建，又名东山书院、吴侯书院
白鹤书院	四川蒲江	嘉定二年	科举补习	魏了翁建，后祀
*挹爽书院	不详	嘉定二年		许纶有诗
云谷书院	福建武夷山	嘉定三年		俞丰致仕后建
鳌头精舍	福建同安	嘉定三年		邹应龙等扩建改名为石井书院
紫芝书院	福建建瓯	嘉定三年		李某捐钱3000余缗建，楼钥有记
东湖书院	江西南昌	嘉定四年	馆游学士	通判丰有俊倡建，袁燮有记
台山书院	湖南炎陵	嘉定四年	教学	邑人尹沂重建，延明经教邑中俊彦
高峰书院	江西新干	嘉定六年	授生徒	黄榦建
汉东书院	陕西安康	嘉定六年	衙署书斋	刘学箕有记述
*札溪书院	浙江淳安	嘉定七年	家塾	吴氏家族建，祀孔子木雕像，程珌记
明道书院	江苏江宁	嘉定八年	讲学	知府吴渊就明道先生书堂建，理宗赐
作新书院	湖南靖州	嘉定八年		知州黄棨建
清湘书院	广西全州	嘉定八年		林岊建，程珌记
龙溪书院	广西宜州	嘉定九年	延师授徒	张自明就黄庭坚僦居建
玉渊书院	四川汉源	嘉定十年	聚徒讲学	黎州知州薛绂建
钩深书院	重庆涪陵	嘉定十年		程颐注易处，范正武建，又名北岩书院

（续）

书院名称	位置	始建时间	性质	说明
双溪书院	江西德兴	嘉定十二年		王炎建，陈文蔚有书院揭示
濂溪书院	湖南道县	嘉定十二年	教学	董与几建，景定四年赐道州濂溪书院
*实相书院	不详	嘉定十二年		赵蕃有诗
西山精舍	福建浦城	嘉定十三年		真德秀建，元延祐四年赐名西山书院
龙山书院	江西广丰	嘉定十四年	课试仿县学	黄维直建，庙祀圣贤
江东书院	广西富川	嘉定十四年		澹然居士毛基建于县北60里
筑隐书院	江西铅山	嘉定十五年	读书会文	傅瑾建，陈文蔚撰墓志有记
濂溪书院	湖南汝城	嘉定十五年		知县周思诚建
春江书院	浙江富阳	嘉定十六年		知县李弥高建
灵寿书院	浙江湖州	嘉定十七年	书斋	户部尚书沈作宾设，叶适有记
城南书院	浙江杭州	嘉定十七年		陈亦颜建，曾丰有诗，祠祀张九成
涟溪书院	湖南湘乡	嘉定十七年		知县徐质夫建，又名涟滨书院
*松竹书院	不详	嘉定十七年		左叔宝兄弟建，曾丰有诗
拙斋书院	江西德兴	嘉定初		胡梦白建
文会学舍	江苏南通	嘉定中		教授卢端谊建
石坡书院	浙江慈溪	约嘉定中		石坡先生桂万荣建
丹山书院	浙江象山	嘉定中		赵善晋建
独峰书院	浙江缙云	嘉定中		邑人叶嗣昌建
采石书院	安徽当涂	嘉定中		
仰止堂	福建莆田	嘉定中	讲学	朱熹门人陈宓建，集同志十余人
豫章书院	江西南昌	嘉定中	会讲	
黄冈书院	江西武宁	嘉定中		邢凯建
南隐书院	江西德兴	嘉定中		董焆建
拙斋书院	江西德兴	嘉定中	讲学	朱熹门人王过（号拙斋）讲学处
南山书院	江西德兴	嘉定中		王渭建
河源书院	江西广丰	嘉定中	讲学	校书郎周天骥建

（续）

书院名称	位置	始建时间	性质	说明
南溪书院	江西万年	嘉定中	讲学	提刑柴中行讲学处，裔孙建书院
清江书院	江西樟树	嘉定中		著作郎张洽建
渔墅书院	江西崇仁	嘉定中		安抚使陈元晋建，又名文溪书院
柳溪书院	江西泰和	嘉定中		里人陈德卿建，严万全记
云津书院	江西泰和	嘉定中	教学	里人刘逢源建，乡人争师之，曾历记
虎溪书院	江西新建	嘉定中	读书	程天器飞麟学塾，孙必东改，虞集记
清溪书院	湖南安仁	嘉定中	教学	知县王槐建
*沧江书院	四川成都	嘉定中	教学	虞刚简建，魏了翁有诗，墓志铭有载
云山书院	四川中江	嘉定中	会文讲授	邑人密阁修撰杨知章建，墓志铭有载
庹子书院	四川铜梁	嘉定中		朱熹门人侍郎庹正建
云庄书院	四川眉山	嘉定中	书斋	史公亮建，魏了翁文有载
鹤山书院	四川蒲江	嘉定中		
*北岩书院	四川	嘉定中		祀程颐
同人书院	四川夹江	嘉定末		知县高定子建
峨峰书院	江西临川	宁宗朝		
九疑书院	湖南宁远	宁宗朝		
鹤山书院	湖南靖州	宝庆元年	讲学著述	魏了翁读学处，理宗御书赐额
龙江书院	福建漳州	宝庆元年	教学	知州危稹建
菊坡书院	广东增城	宝庆元年	讲学	崔与之故居
胡公书院	江苏泰州	宝庆二年		
上蔡书院	浙江仙居	宝庆二年		赵必昇建，叶适有记，春秋祀谢良佐
李氏山房书院	江西永修	宝庆二年	祠堂， 元改教学	朱熹弟子李燔建，又名弘斋，吴澄记
儒林书院	湖南城步	宝庆二年		元皇庆二年总管延承直重建
溪东书院	湖南澧县	宝庆二年		郡守董与几建
北定堂书院	江西泸州	宝庆三年	讲学	程公许有记述

（续）

书院名称	位置	始建时间	性质	说明
湛庐书院	福建松溪	宝庆三年		邑人公建
梅雪堂	江西贵溪	宝庆中		郑会建
环溪书院	江西余江	宝庆中	讲学	尚书汤汉为柴中行建
白石书院	江西横峰	宝庆中	书斋	刘养浩读书处，孙刘光元时建书院
龙泉书院	江西余干	宝庆中		彭震建
宝山书院	湖南黔阳	宝庆中		县令饶敏学建，明成化中陈坚远重建
钓台书院	浙江桐庐	绍定元年	家塾	知州陆子遹建，殿祀孔子，祠祀严子陵
鲁斋书院	浙江兰溪	绍定二年		方永泰建
龟山书院	江苏常州	绍定三年		知府杨万里建
龙津书馆	湖南汉寿	绍定三年	教学	邑人周范建，又名龙津书院，宋元存
卧龙书院	福建汀州	绍定三年	祠堂	李华建，独祀诸葛亮，陈元晋有记
象山书院	江西贵溪	绍定四年		提举袁甫建，祀孔子、陆九渊等
穆青书院	四川泸州	绍定五年		知州魏了翁建，后改为鹤山书院
槐堂书院	江西金溪	绍定六年		陈咏之建，祀陆九龄等，又名象山书院
学古斋	浙江宁海	绍定九年		姚、周二姓建，又名来清书院
蜀阜书院	浙江淳安	绍定中	讲学	又名雉峰书院
竹楼书院	浙江嵊州	绍定中		
丹诏书院	福建漳浦	绍定中		县尉周申建
云岩书院	福建光泽	绍定中		朱熹门人李方子讲学处，殿祀孔子
梦笔山房	福建浦城	绍定中	书斋	真德秀建，息游藏修
鄱江书堂	湖南鄱阳	绍定末	教学	提举袁甫建，选通经古士教生徒
先贤书院	江西赣县	端平元年		杨方故居，门人陈韡请赐祠额
和靖书院	江苏苏州	端平二年		
虎丘山书院	江苏苏州	端平二年	教学	曹豳等人建，嘉定守陈芾建祠，祀尹焞
鹤山书院	江苏苏州	端平三年		魏了翁赐第改，祠祀魏了翁，子孙奉祀
笏洲书院	浙江龙泉	端平三年		赵宗瑨建，朱熹命名

（续）

书院名称	位置	始建时间	性质	说明
南轩书院	江西宜春	端平三年	讲学	
西涧书院	江西高安	端平三年	教学	瑞州太守陈韡建
桂山书院	浙江龙泉	端平中		邑人张奉议建
万全书院	江西乐平	端平中		方贵与建
竹洲精舍	江西乐平	端平中		洪士龙建
文林书院	江西崇仁	端平中		陈月溪建
*江阳书院	不详	嘉熙元年		魏了翁曾提及
东莱书院	浙江金华	嘉熙元年	教学	郡官张渭叟、韩祥等以祠建
南溪书院	福建尤溪	嘉熙元年		朱熹出生处，令李修建
建安书院	福建建瓯	嘉熙二年		知府王埜建，以朱彬主祀
庵山书院	江西丰城	嘉熙二年	书斋	里人徐鹿卿归乡建
辰冈书院	湖南资兴	嘉熙二年		袁文敷建，清康熙九年重建
美化书院	浙江缙云	嘉熙中		朱熹讲学处，令陈大猷、陈实建
东莱书院	浙江德清	嘉熙中		知县章鉴建
五峰书院	四川泸州	淳祐前	教学	魏了翁文中提及
竹林书院	重庆奉节	嘉熙间		
南阳书院	重庆奉节	嘉熙间		
*石堂书院	不详	淳祐前		程公许有诗
*道传书院	不详	淳祐前		程公许有诗
申义书院	江苏金坛	淳祐元年	义庄家塾	邑人太府寺丞张镐建，训族子弟
白鹭洲书院	江西吉安	淳祐元年		知州江万里建
中村书院	浙江泰顺	淳祐二年		吴子良建
宗濂精舍	江西南昌	淳祐二年		知府江万里建，理宗赐御书额宗濂书院
周程书院	江西大余	淳祐二年		知军林寿公建
南阳书院	湖北武昌	淳祐二年		孟珙为流寓襄阳士子建，祀诸葛亮
竹林书院	湖北公安	淳祐二年	教学	荆湖帅孟珙建，淳祐六年理宗赐额公安书院

（续）

书院名称	位置	始建时间	性质	说明
来青书院	福建福宁	淳祐三年		祝子寿建，真德秀门人徐元杰有诗
韩山书院	广东潮州	淳祐三年	教学	知州郑良臣以韩愈祠改建
*梅阜书院	不详	淳祐三年		俞簿建，真德秀门人徐元杰有诗
番山书院	广东广州	淳祐四年	教学	经略使方大琮建，又名濂泉书院
丰湖书院	广东惠州	淳祐四年		赵汝驭建，一说宝祐二年刘克刚建
安定书院	浙江湖州	淳祐五年		知州蔡节建，祀先圣先师
天门书院	安徽当涂	淳祐六年		知州陈垲建
紫阳书院	安徽歙县	淳祐六年		知州韩补建，有大成殿，祠祀朱熹
梅江书院	江西宁都	淳祐六年		知州夙子兴建，祀朱熹门人曾兴宗
濂溪书院	广东曲江	淳祐六年		杨大异建
石峡书院	浙江淳安	淳祐七年	教学	
丛桂书院	江西临川	淳祐七年		胡文斗建，徐元杰有诗
相江书院	广东韶关	淳祐七年		胡宏弟子杨大异建，侄允恭重修
濂溪书院	广东德庆	淳祐七年		县令许鉴因熙宁中周敦颐经此建
淮海书院	江苏镇江	淳祐八年		龚基先建，理宗赐额
八桂书院	安徽贵池	淳祐八年		提举周必正建
濂溪书院	江西赣县	淳祐八年	讲学	提刑翟繁建，又名濂泉书院
临汝书院	江西临川	淳祐九年	讲学	朱熹弟子、冯椅三子、提举冯去疾建
永嘉书院	浙江温州	淳祐十年		提刑王致远建，奉燕居像
鹅湖书院	江西铅山	淳祐十年	讲学	初名四贤祠，提刑蔡抗请赐名文宗书院
石林书院	江西金溪	淳祐十年	讲学	知州叶梦得建
*蒙泉书院	不详	淳祐十年	书斋	董侍郎书斋，戴复古有诗
*南屿书院	不详	淳祐十年	书斋	姚显叔书斋，戴复古有诗
永嘉书院	浙江永嘉	淳祐十二年		王致远、陈南一建
志学精舍	江西宜丰	淳祐十二年	讲学	郭廷发兄弟讲肄之所
太傅书院	江西上犹	淳祐十二年		知军陆镇请朝建

（续）

书院名称	位置	始建时间	性质	说明
西涧书院	江西新昌	淳祐十二年	讲学	姚勉建，祀魁星
忠定书院	江西余干	淳祐初	讲学	赵汝愚子崇宪建，赵汝愚与朱熹讲道
宏文书院	重庆开州	淳祐初		常福庆建
柘山书院	浙江淳安	淳祐中	授徒讲学	黄蜕故居，后改为书院
五峰书院	浙江淳安	淳祐中		黄蜕、徐梦高等读书处，张栻题额
侯林书院	浙江泰顺	淳祐中		吴子良建
履斋书院	浙江德清	淳祐中		
岑山书院	浙江建德	约淳祐中		国子监丞郑彦建，一作岭山书院
平山书院	安徽休宁	淳祐中	讲学	魏了翁弟子汪大发建并讲学
涵江书院	福建莆田	淳祐中		知军杨栋建，设孔子庙，景定设山长
宗濂书院	江西新建	淳祐中		江万里建
雪坡书屋	江西丰城	淳祐中		理学者状元姚勉流寓处
东轩书院	江西萍乡	淳祐中	书斋	朱熹门人胡安之读书处
去非学舍	江西都昌	淳祐中		朱熹弟子、冯椅长子冯去非建
玉溪书院	江西贵溪	淳祐中	讲学	卢孝孙（玉溪先生）讲学处
觉翁书院	江西德兴	淳祐中		齐梦龙建
瑜山书院	江西广丰	淳祐中	义塾	提刑俞琰建
汝水书院	江西抚州	淳祐中	讲学	曾聘黄榦弟子黄重义执教
红泉精舍	江西临川	淳祐中		陆学学者曾极建
古梅书院	江西乐安	淳祐中	讲学	伊洛学者詹元吉讲学处
凤山书院	江西吉安	淳祐中	教学	曾宏甫建，元设山长
鳌溪书院	江西万安	淳祐中		
南湖书院	湖北武昌	淳祐中		教授黄瑞谅建
丽泽书院	湖南长沙	淳祐中		
西山书院	湖南醴陵	淳祐中		

（续）

书院名称	位置	始建时间	性质	说明
羊额书院	广东顺德	淳祐中		县尉虞沧建
开乡书院	广西全州	淳祐中		建于清湘县升平乡
深山书院	江西德兴	宝淳中	讲学	黄榦门人董鼎讲学处，子真卿立书院
*分司书院	江苏仪征	宝祐二年	官衙书斋	包恢有记
三山书院	福建福州	宝祐二年		提刑王泌建
横渠书院	福建建阳	宝祐二年		张载九世孙张德建
濂溪书堂	湖南邵阳	宝祐三年		知府宋仲锡建
元公书院	广东潮州	宝祐四年		知州周梅叟建
濂溪书院	江苏镇江	宝祐中		郡守徐栗建，祀周敦颐
崇正书院	江苏镇江	宝祐中		王从为建，曾祀杨时，后仅祀乡贤
竹楼书院	江西新余	宝祐中		
马洲精舍	江西修水	宝祐中		吴观建
璠龙书院	江西吉水	宝祐中		罗椅建
南薰书院	江西泰和	宝祐中		萧行叔建
石岗书院	江西泰和	宝祐中	教学	萧仪凤建
昂溪书院	江西万安	宝祐中	讲学	段奎斋讲学处，文天祥题额
河东书院	湖北黄冈	宝祐中		郡守李节建，又名黄中书院、黄冈县书院
东斋书院	江西都昌	开庆元年	教学	饶鲁门人陈大猷建
竹隐精舍	广东东莞	开庆元年	教学	御史周梅叟为李用建，理宗御书额
婺州书堂	浙江金华	景定元年	讲学	是年聘方逢辰讲学
上蔡书院	浙江临海	景定三年		知州王华甫建，祀谢良佐，元设山长
宣成书院	广西桂林	景定三年		经略使朱禩孙建，理宗赐额祀张栻吕
石塘书院	福建福清	景定四年	讲学	林公遇讲学处
*梅芳书院	不详	景定四年	书斋	朱炳昭设，姚勉有诗
*腾芳书院	不详	景定四年	延师教学	朱某建，奉祀圣贤，姚勉有诗

（续）

书院名称	位置	始建时间	性质	说明
横城义塾	浙江东阳	景定五年	延师训四方	邑人蒋沐建，至正四世孙修
丹阳书院	安徽当涂	景定五年		贡士刘应安建，设山长
濂溪书院	广东四会	景定五年	讲书	宋有万建
龙津书院	浙江奉化	景定初	讲学	因乾道中朱熹至奉化而建，至元十八年改为文公书院
书源书院	江西万年	景定初		胡孟容建
柯山书院	浙江西安	景定中		
宣公书院	浙江嘉兴	景定中		
樵溪书院	福建邵武	景定中		淳熙十三年建祠，摄军事方澄孙建书院
万坊书院	江西新建	景定中		邑人万骧建
熊氏书院	江西宜丰	景定中	书斋	熊襄读书处
石峰书院	江西丰城	景定中	讲学	饶鲁门人方齐、陈有源建
环绿书院	湖南临武	景定中		邑人谭衡建，毁于明初
濂溪书院	江苏丹徒	理宗时		
丹阳书院	江苏丹阳	理宗时		
甬东书院	浙江宁波	理宗时		楼昉弟子郑清之建，祀楼昉
北山书院	浙江金华	理宗时		为何基建
屏山书院	浙江东阳	理宗时		厉文翁建
东岩书舍	浙江义乌	理宗时	讲学授徒	理学者徐侨建，一作虞复建
翁洲书院	浙江定海	理宗时		参知政事应𢓱建
克斋书院	浙江江山	理宗时	书斋	
龙山书院	安徽六安	理宗时		淳祐进士汪立信读书处，久废
武陟书院	安徽六安	理宗时		焦焕兄弟读书处，久废
东湖书堂	福建莆田	理宗时	讲学	陈宓门人黄绩建，旬日一讲
大洞庵	福建福鼎	理宗时		武状元林汝峡重建，后改名双魁书院
南谷书院	福建泰宁	理宗时		

（续）

书院名称	位置	始建时间	性质	说明
朋来馆	江西万年	理宗时		饶鲁建
石洞书院	江西万年	理宗时		饶鲁先建朋来馆，从游者建书院
明道书院	河南商丘	理宗时		理学者、江淮制史赵善湘建
鹤山书院	四川蒲江	理宗时		
*九峰书院	不详	咸淳元年		有宣圣祠祀孔子，后改名九峰义塾，卫宗武有记
月泉书堂	浙江浦江	咸淳元年		王霖龙建，方逢辰子方栋曾任山长
龟山书院	福建将乐	咸淳三年		礼部尚书冯梦得奏建，春秋有司致祭
崇桂书院	江西吉水	咸淳四年		廖庄建
京山书院	广东潮州	咸淳四年	教学	胡申甫建，林希逸有诗，后祀孔子
学道书院	江苏苏州	咸淳五年	教学	太守赵顺孙建，祀言偃
传贻书院	浙江桐乡	咸淳五年	教学	辅广讲学处，知县家之柄建祀
清源书院	江西分宜	咸淳六年		宋咸淳六年改为县学
稼村书院	江西丰城	咸淳六年	讲学	王义山致仕后建
河南书院	湖北黄冈	咸淳六年		咸淳初以母廷瑞兼山长，祀二程
高节书院	浙江余姚	咸淳七年	教学	沿海制置使刘黼建
慈湖书院	浙江慈溪	咸淳七年		郡守刘黻建，王应麟记，祠祀杨简
平湖书院	广东雷州	咸淳七年		
朝阳书院	浙江平阳	咸淳八年		缪存斋建，黄震记
安湖书院	江西兴国	咸淳八年		何时建
虎丘书院	浙江温州	咸淳九年		知州李芾建
岱山书院	浙江定海	咸淳九年	教学	邑人魏矩建，与乡人藏修息游
一封书院	浙江开化	咸淳十年		程德建，四库无
龚坊书院	江西吉水	咸淳初		龚义甫建，四库无
南轩书院	江苏江宁	咸淳中		真德秀就张栻讲学建祠，咸淳中设书院
昭文精舍	江苏江宁	咸淳中		

（续）

书院名称	位置	始建时间	性质	说明
马洲书院	江苏泰兴	咸淳中	教学	孔子51代孙元虔建，宋初若罕起任教授
淮海书院	江苏丹徒	咸淳中		明洪武初并入丹徒县学
梅村书院	浙江淳安	咸淳中		洪应高建
云峰书院	浙江淳安	咸淳中		进士吴攀龙建，又名翰峰书院
清献书院	浙江衢州	咸淳中		知州陈蒙即赵抃故居建，明末毁
明志书院	浙江衢州	咸淳中		知州赵孟奎建，祀赵抃等乡贤6人
崧山书院	浙江江山	咸淳中	教学	邑人柴氏建，柴望有书院上梁文
胡氏义塾	浙江东阳	咸淳中		邑人胡祐建
登瀛书院	浙江奉化	咸淳中	教学	乡人共建
桐林书院	浙江仙居	咸淳中		张震龙建
龙溪书院	浙江天台	咸淳中		叶亨孙建
仙岩书院	浙江龙泉	咸淳中		邑人章公权建，久毁
本心书院	浙江鄞州	咸淳中		全汝梅建
旧稽山书院	浙江绍兴	咸淳中		
仁山书院	浙江兰溪	咸淳中	讲学	金履祥建
泉山书院	福建同安	咸淳中		赵希悰建
云峰书院	福建顺昌	咸淳中		廖刚孙邦杰建，祀廖刚、廖德明
御书院	江西上饶	咸淳中	祭祀	吏部尚书徐直谅请敕建，祀父元杰
叠山书院	江西上饶	咸淳中	讲学	正德增配弟君禹、君烈、君泽等
荷溪书院	江西宜丰	咸淳中		处士李希周建
徐孺子书院	江西丰城	咸淳中		徐纯建，亦名读书台
斛峰书院	江西万年	咸淳中		柴元裕门人尚书李伯玉建
团湖书院	江西万年	咸淳中		李宏建
水东书院	江西万年	咸淳中		史泳建
义斋书院	广东顺德	咸淳中		制置使黎宏淳翁建
九峰书院	广东顺德	咸淳中		区仕卫建

（续）

书院名称	位置	始建时间	性质	说明
鼎斋书院	广东顺德	咸淳中		进士麦雷斋建
柔川书院	浙江黄岩	咸淳末		黄中玉建
文溪书院	江西高安	咸淳末		邑人陈仲征建
鹤岭精舍	江西万年	咸淳末	讲学	邵士英建
碧梧精舍	江西乐平	咸淳末		马廷鸾建
披云堂	江西乐平	咸淳末		僧普绕建
湖山书院	江西婺源	咸淳末		胡一桂建
息斋书院	江西德兴	咸淳末	讲学	朱子学者余芑舒（号息斋）讲学处
初庵书院	江西德兴	咸淳末	讲学	傅立（家传邵雍易）建，元设山长
文定书院	江西玉山	咸淳末		汪氏建
知止书院	江西玉山	咸淳末		詹氏建
清溪书院	江西泰和	咸淳末		杨球建
登云精舍	江西赣县	咸淳末		刘苍崖建
龙山书院	江苏金坛	度宗朝		
金凤书院	江西浦江	度宗朝		
蒙山书院	江西新喻	度宗朝	讲学	宋司业黎立武建，春秋释菜
御书院	江西上饶	度宗朝		
雷塘书院	江西安义	度宗朝		
道一书院	江西鹰潭	度宗朝	讲学	程邵开建，元设山长
翔龙书院	广东吴川	景炎中		相传丞相陆秀夫建
集义书院	浙江江山	南宋初		著作郎张恪、张恢建
秘阁书院	安徽歙县	南宋初		汪叔詹建
豫章书院	福建龙岩	南宋初		罗从彦建
友教书院	江西南昌	南宋初		转运副使程大昌建，后名澹台祠书院
云居山书院	湖南浏阳	南宋初		柳仲明建，杨万里有诗
瀔东书院	浙江兰溪	南宋前期	书斋	朱熹门人叶诞读书处

（续）

书院名称	位置	始建时间	性质	说明
南山书院	浙江定海	南宋前期	讲学	陆九龄门人沈焕讲学
晦翁书院	福建福安	南宋前期		朱松寓此，祀朱松、朱熹
草堂书院	江西玉山	南宋前期		朱熹曾讲学，一名怀玉书院
刘氏义学	江西玉山	南宋前期		隆兴进士刘允迪建，朱熹作记
明善书院	浙江松阳	南宋中期		淳熙九年朱熹讲学，咸淳末再建
晦庵书院	浙江宁海	南宋中期		朱熹讲学处
陈侍郎讲舍	浙江鄞州	南宋中期	讲学	杨简弟子陈埙建
青源书院	浙江东阳	南宋中期		郭伯中建
*旸谷书院	安徽休宁	南宋中期	书斋	程珌建，《札溪书院记》提及
庐峰书院	福建建阳	南宋中期		蔡沈建，原名大明堂，淳祐三年赐额
考亭书院	福建福安	南宋中期		朱熹讲学处
连城书院	福建连城	南宋中期		邱鳞读书处
龙冈书院	江西南昌	南宋中期		乡贡进士李天福建
阳坪书院	湖南平江	南宋中期	讲学	邑人李雄从朱熹游，建书院讲学
白云先生书院	湖南衡山	南宋中期		白云先生郭雍建，父子研究《易经》
学道书院	浙江缙云	南宋后期		朱子派学者赵顺孙建
花庄书院	浙江鄞州	南宋后期	家塾	应长卿建，教子侄，陈著撰墓志
金斗书堂	浙江龙泉	南宋后期		鲍某建，袁甫（袁燮子）题匾
翠峰书院	安徽泾县	南宋后期		相传宋吴潜、吴渊读书处，后废
六经讲堂	浙江宁海	南宋后期	讲学	黄榦弟子李鉴致仕建
北山书院	福建福安	南宋后期		辅广、陈淳门人郑寀建
南山书院	江西弋阳	南宋后期	讲学	谢枋得设，明洪武初改为县学
石峰书堂	江西丰城	南宋后期	讲学	里人方齐、陈友沅为师饶鲁建讲堂
主一书院	湖南湘潭	南宋后期	教学	钟震去世后其子建，祀张栻、钟震
*木山父书院	不详	南宋后期	书斋	许棐有诗
龟山书院	浙江余杭	南宋	教学	祀杨时，嘉靖间重建，万历年间改名惠泽祠

（续）

书院名称	位置	始建时间	性质	说明
池亭	浙江兰溪	南宋		徐均为金履祥建
虹桥书院	浙江定海	南宋	教学	余天锡建，延师教本乡学者
石坡书院	浙江慈溪	南宋	讲学	杨简门人宝章阁学士桂万荣建
重乐书院	浙江兰溪	南宋	讲学	叶克诚建，聘金履祥讲学处
溢东书院	浙江兰溪	南宋	书斋	何基门人张润之建读书处
紫阳精舍	浙江诸暨	南宋		淳熙八年，朱熹与杨文修谈名理后建
东浦书院	浙江湖州	南宋	书斋家塾	
盘谷书院	浙江乐清	南宋		
万溪书堂	浙江淳安	南宋		邑人方有开建，朱熹书匾
袁学士书院	浙江鄞州	南宋		袁燮建
东屿书院	浙江温岭	南宋		丁世雄建，曾邀朱熹讲学
季原堂	浙江金华	南宋		倪允建
柳溪书院	安徽休宁	南宋		汪洗自柳溪迁邑南汊
紫阳书院	福建武夷山	南宋		为朱熹建
屏山书院	福建武夷山	南宋		殿祀孔子，祠祀刘子翚，配朱熹、刘珙
南山书院	福建武夷山	南宋		
五经讲堂	浙江宁海	南宋		黄超叔建
浣溪书院	福建古田	南宋		朱熹题匾
擢秀书院	福建古田	南宋		
谈书书院	福建古田	南宋		
白龙洞书院	江西南康	南宋	教学	
象山书院	江西贵溪	南宋	书斋	徐绍景建以读书
遗安书院	江西宜黄	南宋	讲学	邹次陈讲学处
鹅湖书院	湖南常宁	南宋	教学	王习隐造士之地，后废
紫阳书院	湖南武冈	南宋		知州何季羽建
昭文书院	湖南醴阳	南宋		

（续）

书院名称	位置	始建时间	性质	说明
南轩书院	湖南宁乡	南宋		
菊坡书院	广东增城	南宋	书斋	
青云峰书院	广东仁化	南宋	家塾义学	邹氏建，欧阳守道记
玉嵒书院	广东广州	南宋		嘉熙二年进士钟启初建
蟠龙书院	四川宜宾	南宋		龙图阁学士陈许读书处，后人建
*眉山书院	四川	南宋		南宋乐雷发诗提及
*陈氏书院	不详	南宋		虞俦有诗
北府书院	上海嘉定	南宋末		龚天定（1268年武进士）建
九峰书院	上海松江	南宋末		邑人卫谦建，祀李纲，明代犹存
陆公书院	江苏盐城	南宋末		相传为陆秀夫读书处
*赵氏书院	浙江宁波	南宋末		宋陈著有诗
易峰书院	浙江淳安	南宋末	讲学	何梦桂建
云阳书院	浙江温岭	南宋末		蒋彦圣（1264年进士）建
齐芳书院	浙江兰溪	南宋末		
西畴书院	安徽歙县	南宋末		鲍寿建，元曹泾方回讲学，嘉庆重修
石鼓书院	福建建瓯	南宋末		叶梦鼎建
*泗东书院	江西临川	南宋末	教学	厉直之建，刘辰翁有记
*日新书院	江西临川	南宋末	教授	黎南隐建并教授
山堂书院	江西吉水	南宋末	聚徒讲学	王介致仕后设
兰玉书院	江西安福	南宋末	家塾	刘弇后裔建
梓源书院	江西婺源	南宋末	家塾	程尧彩建，教育族人
青山书院	江西婺源	南宋末	家塾	程尧彩建，教育族人
理源书院	江西贵溪	南宋末	讲学著述	龚霆松讲学处，作《四书朱陆会同注释》
锦江书院	江西余江	南宋末	家塾	倪玠家塾
莱山书院	湖南醴陵	南宋末	家塾	邑人李文伯建，延师教育家族子弟
义斋	湖南醴陵	南宋末	家塾	邑人周楷建

（续）

书院名称	位置	始建时间	性质	说明
东山书院	湖南茶陵	南宋末	读书刻书	陈古迂读书刻书处，又名古迂书院
石坛精舍	湖南常德	南宋末	讲学	枢密院编修丁易东建，元赐额沅阳书院
容安书院	广西宾阳	南宋末	书斋	邑人王贵珏设，欧阳守道有记
*三文书院	不详	南宋末	教学	理学者林希逸有诗
*核山书院	不详	南宋末	教学	又名核山堂，刘辰翁有记
敬简书院	江苏邳州	宋		
江郎书院	浙江江山	宋		祝维建
蜀峰书院	浙江淳安	宋		
师友渊源堂	浙江新昌	宋		义士陈雷建
蓝田精舍	浙江桐庐	宋	书斋	姚世杰读书处，一说姚势建
静清书院	浙江鄞州	宋		
鄮溪书院	浙江鄞州	宋		
毓秀书院	浙江平阳	宋		
聚英书院	浙江平阳	宋		
聚奎书院	浙江平阳	宋		
雁山书院	浙江乐清	宋		
陶家书院	浙江金华	宋		又名崇正书院
怡思书院	浙江余姚	宋		修职郎孙一元建
山桥书院	浙江金华	宋		
南峰书院	浙江黄岩	宋		
刁坎书院	浙江青田	宋		
平阳书院	浙江平阳	宋		
香入云亭	浙江兰溪	宋		高子章建
南轩书院	浙江兰溪	宋		张从书建
洛阳书院	浙江东阳	宋		
羸金书院	浙江东阳	宋		

（续）

书院名称	位置	始建时间	性质	说明
楼氏精舍	浙江慈溪	宋		
皆山书院	浙江玉环	宋		戴明建
景贤书院	安徽合肥	宋		淳熙中改为合肥县学，后复建
中天书院	安徽黟县	宋		诸儒讲学处，天启毁
芝山书院	安徽无为	宋		
峨岱书院	安徽泾县	宋		进士文澄源建，乾隆二十三年裔孙重建
齐山书院	安徽贵池	宋		元至元间犹存，废后明正德万历年间重建
朱坝书院	福建莆田	宋		监丞陈虚建，又名闽阳书院
双槐书院	福建福鼎	宋		林则庵建
独善书院	福建建瓯	宋		
梓翁书院	福建建瓯	宋		
静可书堂	福建武夷山	宋		詹琦建
龙江书院	福建福清	宋		
魁龙书院	福建古田	宋		
燕南书院	福建金门	宋		
奉先书院	福建南安	宋		
西昌书院	江西南昌	宋	课士	清初知县魏双凤课士
三洲书院	江西新建	宋		邑人夏文政建，夏纠晦有三洲书院赋
柳塘书院	江西新建	宋		邑人邹一唯建
东山书院	江西新建	宋		邑人罗伯高建，在忠孝乡
东山书院	江西新建	宋		白鹿洞院长建，在二十都，虞集有诗
濂溪书院	江西萍乡	宋		祀周敦颐
清洗书院	江西分宜	宋		
通书院	江西庐山	宋		祀陶渊明
万山书院	江西婺源	宋		程傅宸建

（续）

书院名称	位置	始建时间	性质	说明
霞溪书院	江西广丰	宋		张旗建
南图精舍	江西万年	宋		信州守胡预致政后建
西溪书院	江西万年	宋		刘有仁建
东岗书院	江西余干	宋		
龙眼书屋	江西南城	宋		宁文智建
道山书院	江西乐安	宋		
沂水书院	江西乐安	宋		
蒙斋书院	江西吉安	宋		元代彭正翁重建
白云书院	江西吉水	宋		邑人陈云章建
磻溪书院	江西吉水	宋		周泽之建
湖头书院	江西永丰	宋	讲学	邑人金汝砺建，永乐中裔孙从缄重修
螺田书院	江西永丰	宋		陈贯岩建
琴江书院	江西石城	宋		清初改为府馆
明道书院	江西上犹	宋		
东山书院	江西上犹	宋		又名淦滨书院
庵山学舍	江西资溪	宋		宣赞舍人石永寿建
城山书院	江西南昌	宋		
竹林书院	江西南昌	宋		
莲溪书院	江西丰城	宋		
敷山书院	江西丰城	宋		
芝兰书院	江西义宁	宋		
石冈书院	江西安福	宋		
盘窝书院	江西龙泉	宋		
静怡书院	江西宜黄	宋		
勿斋书院	江西德兴	宋		
巽峰书院	江西永宁	宋		

（续）

书院名称	位置	始建时间	性质	说明
靖翁书院	江西德兴	宋		
白羊书院	江西万年	宋		
南园书院	江西万年	宋		
东山书院	湖北武汉	宋		相传为东方朔读书处
万松书院	湖北麻城	宋		知县张仁辅建
东山书院	湖北江陵	宋		在荆门东山，久废
竹溪书院	湖北嘉鱼	宋		
新溪书院	湖北赤壁	宋		
南湖书院	湖北仙桃	宋		
文定公书院	湖南长沙	宋		
文靖书院	湖南浏阳	宋	先学后祠	宋、元、明三朝相继办学
芹东书院	湖南常宁	宋	讲学	裘梦锡讲学处，又名双蹲书院
濂溪书院	湖南郴州	宋		明弘治改建，清康熙三十五年知州重建
文峰书院	湖南资兴	宋		焦氏公建，至元末毁于兵，洪武初复
环绿书院	湖南汝城	宋		
南薰书院	湖南临武	宋		邑人陈骠溪建，元延祐重建，明末毁
东邱书院	湖南零陵	宋		汉相蒋琬故宅，后废
甘泉书院	湖南道县	宋		久废，清代即失地基
濂溪书院	湖南宁远	宋		知县黄大明建，久废，清代已湮
松风书院	湖南桃江	宋		学士李贤读书处，今废
南溪书院	湖南茶陵	宋		
谏议书院	湖南武冈	宋		
清溪书院	湖南慈利	宋		
天岳书院	湖南岳阳	宋		明弘治中知政张举政毁五显庙建
殊恩书院	湖南平江	宋		田梦驹建，久废
侯家书院	湖南衡山	宋		邑人侯宣明待四方游学之士20年
文峰书院	广东兴宁	宋		焦氏公建

（续）

书院名称	位置	始建时间	性质	说明
郑公书院	广东博罗	宋		
擢桂书院	广东博罗	宋		
清湾书院	广东博罗	宋		
罗浮书院	广东博罗	宋		康熙五年令胡大定置田以赡诸生膏火
濂溪书院	广东阳江	宋		南恩州人建
濂溪书院	广东广州	宋		元毁，明正统二年、清康熙二十六年修建
玉岩书院	广东番禺	宋		钟玉岩建
金峰书院	广东顺德	宋		
嶡峰书院	广东龙川	宋		
望高书院	广东龙川	宋		
探花书院	广东兴宁	宋		
松明书院	广东石城	宋		
东坡书院	海南琼山	宋		
零春书院	海南儋州	宋		
连城书院	广西桂林	宋		
香林书院	广西庆远	宋		
明经书院	广西全州	宋		清湘知县建于建乡
濂溪书院	广西桂平	宋	教学	南宋约绍熙年间廖德明扩建，训课生徒
云山书院	四川三台	宋		
金华书院	四川射洪	宋	教学	元至正十年令周镐重建
子云书院	四川犍为	宋		邵伯温故居，知县宋锦建
东台书院	四川盐亭	宋		
丹梯书院	四川巴州	宋		
龙门书院	重庆铜梁	宋		学士苏汝砺建
晋阶书院	重庆奉节	宋		后改为少陵书院，又名子美草堂
艺堂书院	浙江乐清	宋		咸淳中改为宗晦书院，元设山长

6.金代新建书院一览表

书院名称	位置	始建时间	性质	说明
翠屏书院	山西浑源	金天会前	讲学	状元刘㧑、尚书右丞苏保衡讲学处
状元书院	山东日照	金大定十九年		状元张行简建
弦歌书院	山东武城	金大定中	祀子游	城西40里，元泰定迁县治南
涑阳书院	山西绛县	金大定中		邑人吕士俊置藏书以聚学者
龙泉书院	山西柳林	金大定中		又名龙泉讲堂
黄华书院	河南林州	金大定末		王庭筠读书授徒黄华寺，后建
贞白书院	山西陵川	金		元代犹存
文龙书院	湖北谷城	金		刘文龙读书处，在县西
郑康成书院	山东淄博	金		金末毁于兵，元、明仍存
显州书院	辽宁义州	金	教学	耶律楚材1201年入学

7.元代新建书院一览表

书院名称	位置	始建时间	性质	说明
太极书院	北京	太宗十二年		行中书省杨惟中建
紫阳书院	陕西乾县	世祖前		杨奂建，清乾隆重建，后改为公馆
白鹤书院	湖北潜江	中统中		
洛西书院	河南洛宁	至元元年		薛友谅建闻陟义塾，延祐元年赐额
湖山书院	湖北武昌	至元十年		
东山书院	湖北荆州	至元十年		又名孙氏书院
宣公书院	浙江嘉兴	至元十三年		祀陆贽，建炎三年为三贤祠，景定三年为专祠
采石书院	安徽当涂	至元十四年		宣慰使张宏范等建，至元末重建
淮山书院	安徽盱眙	至元十五年		
二戴书院	浙江嵊州	至元十七年	戴逵、戴颙读书处	汪庭以雪溪精舍建
双溪书院	江西景德镇	至元十七年	燕居殿祀孔子	赵镇远以庄园建
蓝山书院	江西弋阳	至元十七年	教学	张卿弼讲学处，门人杨应桂建
聚秀书院	广东东莞	至元十八年		邑人翟龛建
佚名书院	河北唐山	至元十八年		许衡建，相传孔子停车处，孔璠奉祀
慈湖书院	江西乐平	至元十九年	教学	杨简祠，翟衡建书院
东湖书院	浙江长兴	至元二十四年		邑人蒋必胜建，清初圮
化龙书院	福建建阳	至元二十四年		祀杨罗李朱、陈瓘、邓肃、林登
紫阳书院	江西婺源	至元二十四年		知县汪元奎建
锦江书院	江西余江	至元二十五年	讲学	倪玠讲学处，子倪镗请赐额，殿祀孔子
阳丰书院	江西永丰	至元二十九年		进士陈应沐建，延祐四年赐额
龙山书院	山东东平	至元三十年		

（续）

书院名称	位置	始建时间	性质	说明
石门书院	浙江青田	至元三十一年		朱熹讲学处，廉访副使王俣建
太极书院	河南辉县	至元中	赵复讲授	姚枢建
白社书院	上海青浦	至元中		
昭文书院	江苏南京	至元中		相传为昭文太子读书台
安洲书院	浙江仙居	至元中		隐士翁森建，明清兴学不断
西湖书院	浙江杭州	至元中		祀白居易、苏轼、林逋
柔川书院	浙江黄岩	至元中		
西清书院	浙江黄岩	至元中		
白社书院	浙江桐乡	至元中		卫富益讲学
包山书院	浙江开化	至元中		
谢尚书书院	浙江鄞州	世祖间		尚书谢昌建，世祖御书赐南儒书院
慈湖书院	安徽望江	至元中	王幼学 读书讲道	相传王幼学读书讲道处，后废
洪原书院	福建建阳	至元中	讲学	熊禾建
正德书院	江西上高	至元中		
临清书院	江西贵溪	至元中	教学	裴方润建
甘棠书院	江西永修	至元中		
山堂书院	江西大余	至元中		又名仙堂书院
草堂书院	江西崇仁	至元中		县监阿里主持建造
东山书院	湖南茶陵	至元中		隐士刘希泌建
沅阳书院	湖南常德	至元中	义学	隐士丁易东建石坛精舍讲学
文靖书院	湖南浏阳	至元中		
鳌峰书院	福建建阳	至元末	讲学	熊禾重建，又名云谷书院
巽峰书院	江西井冈山	至元末		
儒林义塾	江西万安	至元末	党里子弟 均可入学	刘桂平建，有先圣殿祀孔子
西湖书院	上海松江	元贞元年		知府张之翰建，至正年间为西湖道院

（续）

书院名称	位置	始建时间	性质	说明
中庸精舍	山东邹城	元贞元年	祭祀	尹司居敬建，赐额中庸书院，祀子思、孟子
集虚书院	浙江余杭	元贞二年	修道	道士孟集虚建，又名洞霄宫书院
凤山书院	湖南攸县	元贞二年		邑人谭渊建，元代办学，后废
回浦书院	浙江黄岩	元贞中		又名迂浦书院，久圮
回浦书院	浙江太平	元贞中		
龙川书院	湖北武昌	元贞末		
鄮山书院	浙江宁波	大德二年	讲学	乡儒赵寿建，祀朱熹
同文书院	江西丰城	大德二年	教学	李克家建
静修书院	河北安州	大德三年		有孔子庙，祠祀刘因
五云书院	浙江义乌	大德三年		楼如浚建，圮
百丈溪书院	浙江临安	大德四年	堂祀孔子及群贤	邑人陈斗龙建，东室祀李方子、叶采等
鳌溪书院	江西临川	大德四年		夏友兰建，捐田5顷，仁宗赐额
正中堂	江西崇仁	大德四年		吴澄建
鳌溪书院	江西乐安	大德四年		夏友兰建，置田860亩
车渚书院	湖南澧阳	大德四年		长官杨君建
柳塘书院	江西乐安	大德七年		县尉明安塔拉建，又名柳堂书院、梅隐书院
青田书院	江西金溪	大德七年		
天门书院	湖南慈利	大德七年		田著建
东湖书院	浙江湖州	大德中		邑人蒋必胜建，诏赐额名
屏山书院	江西永新	大德中	聚徒讲学	邑人刘南可建，后改为紫霄观
雪崖书院	江西樟树	大德中		黄言孙建，又名雪崖书堂
皮氏书楼	江西樟树	大德中		皮氏建
思本堂	江西宜春	大德中		黄元瑜建
伊川书院	河南嵩县	大德中		克呼士希建，祀先圣先师，春秋释菜
学殖书院	湖南澧县	大德中		杨国桢建
杜洲书院	浙江慈溪	至大二年		

（续）

书院名称	位置	始建时间	性质	说明
诸葛书院	河南南阳	至大二年		河南平章何玮建，祠东孔子庙，庙后学
明经书院	河北新安	至大三年	延师讲肄	
明经书院	江西婺源	至大三年		胡淀建，祀先圣先师，春秋丁祭
文儒书院	江西永丰	至大四年		艾幼学建
东坡书院	江苏武进	至大中		
静修书院	河北新安	皇庆元年		刘因弟子梁泰等以大德三年祠建
明经书院	江西婺源	皇庆元年		胡淀建
叠山书院	江西弋阳	皇庆二年		虞舜臣建，朝命叠山书院
东山书院	山东费县	皇庆二年		邑人康辅之等建
儒林书院	湖南城步	皇庆二年		总管延承直建，明弘治前改巡检司
静修书院	河北安新	皇庆中		皇庆赐额，有孔子庙，祀刘因
桐江书院	浙江仙居	皇庆中		方斫旧居，孙方志道建，朱熹题鼎山堂
静明书塾	江西贵溪	皇庆中	藏书	陈苑建，春秋祀陈立大
文明书院	贵州贵阳	皇庆中		教授何成禄建，明弘治十七年重建
共山书院	河南辉县	延祐前		张思明建，捐书37000余卷
性善书院	山东滕州	延祐元年	教学	大德四年建义塾，御史任居敬改建，赐额
伊洛精舍	河南洛宁	延祐元年		原名五贤堂，赐额伊洛精舍
鲁斋书院	陕西西安	延祐元年	教学	赵延世建，祀孔子四配，祠祀张载、许衡
沧溪书院	山西黎城	延祐二年		
志欧书院	江西永丰	延祐二年		学士曾靖翁建，有圣殿、欧阳公祠
久大堂	江西崇仁	延祐二年		吴澄建
乐道书院	河南嵩县	延祐三年		勖实戴建
伊川书院	河南伊川	延祐三年		炮手军总管勖实戴就鸣皋书院建
紫岩书院	四川绵竹	延祐三年		张栻读书处，行四川平章赵世延建
武城书院	江西永丰	延祐四年	教学	学士曾德祐建，祀先圣先师，以父晞颜配
凤冈精舍	江西吉安	延祐七年		推官陈孝祥建，祀孔子、曾子，在永和镇

（续）

书院名称	位置	始建时间	性质	说明
学古书院	陕西三原	延祐七年	讲学	邑人李子敬等建，请蔡瑁讲学
渭上书院	陕西高陵	延祐初		
西湖书院	浙江永康	延祐中		
云庄书院	福建建瓯	延祐中		
灵谷书院	江西贵溪	延祐中		桂本建
瑞莲精舍	江西浮梁	延祐中		
匡山精舍	江西九江	延祐中		姚燧建
灵谷书院	江西贵溪	延祐中		桂本建
竹庄书院	江西余江	延祐中	讲学	邑人李存与吴尊光、张仲举等讲学
南薰书院	湖南临武	延祐中		邑人陈骡溪建，明末毁
庆洲书院	湖南益阳	仁宗时		
江东书院	江苏江宁	至治元年		王进德建，吴澄曾讲学
涑水书院	河南光山	至治二年	教学	县尹特穆尔布哈建，祀司马光
涑水书院	山西夏县	至治三年	教学	特穆布尔哈建，祀司马光
文昌书院	江西吉水	至治中		翰林编修王相建
聚奎书院	湖南慈利	至治中		杨钠建，久废
晋山书院	山西临汾	泰定二年		邑人石彦明建
浮云书院	江西永丰	泰定四年		刘鹗建，元末毁，洪武间子公铎修
横渠书院	陕西眉县	泰定四年		就宋儒张载故里中祠堂建
道溪书院	湖南澧阳	泰定八年		刘世英、田公逊建，明废
燕平书院	北京昌平	泰定中		
谏议书院	北京昌平	泰定中		刘姓邑人为唐谏议大夫刘蕡建祀
涑阳书院	山西绛县	泰定中		邑人吕世俊建，清雍正时已废
靖献书院	浙江平湖	泰定中		
龙江书院	福建漳州	泰定中		
上田里塾	江西安福	泰定中	讲学	李辛翁建，又名安贤书院

（续）

书院名称	位置	始建时间	性质	说明
武溪书院	江西吉安	泰定中		
西溪书院	江西乐安	泰定中		何中建
蒨冈义塾	江西丰城	泰定中	教学	揭惠建，祀孔子，吴澄记
南山书院	江西都昌	泰定中		
石桥书院	湖北京山	泰定中		
雪莲书院	湖南临武	泰定中		邑人陈楚舟建以藏书，明末毁
文贞书院	四川剑阁	泰定中		御史忽鲁大都公建，魏征出生地
宁溪书院	广东东莞	天顺元年		邑人卢能建
城南书院	广东东莞	天顺元年		知县吴中建
玉华书院	广东潮州	天顺元年		知府陈瑄建
东湖书院	浙江鄞州	天历元年		陆居敬兄弟建，明代废
正学书院	安徽舒城	天历二年		
云岩书院	福建光泽	天历二年		宋李方子讲学处，燕居孔子，祠祀李方子
贞文书院	江西丰城	天历二年		朝请为揭来成建，殿孔子，祠祀贞文
岐阳书院	陕西凤翔	天历二年		赐额，祀周公
龙眠书院	安徽舒城	天历二年		李公麟龙眠山庄故址，知县夔理溥化建
东山书院	江西吉水	天历中		解观建
安贤书院	江西安福	天历中		
滋阳书院	河北新乐	至顺二年		苏天爵读书处
文学书院	江苏常熟	至顺二年	士子肄业	邑人曹善诚建，祀言偃
闵子书院	山东济南	至顺三年		闵子墓前
益津书院	河北霸州	至顺三年		
董泽书院	山西闻喜	至顺四年		赵鼎六世孙篔建
石岭书院	江西浮梁	至顺中		江白度建
肥州书塾	江西南城	至顺中		包淮建

（续）

书院名称	位置	始建时间	性质	说明
中山书院	江西永丰	至顺中		翰林待制陈植建
龙冈书院	江西乐安	至顺中	讲学	谢均福与谢均寿建
成冈书屋	江西崇仁	至顺中		邑人李幼常建
芳润堂	江西玉山	至顺中		郑伯飞建
云住书院	江西都昌	至顺中		陈澔与饶鲁读书处，祀陈澔、饶鲁
甫里书院	江苏苏州	至顺中		陆德明建，设山长，祀祖陆龟蒙
环溪书院	湖南慈利	至顺中		国史馆编修张兑建，久废
亲民书院	四川剑州	至顺中		同知任璿建
乔江书院	湖南长沙	元统中	义学	黄澹因三贤堂建，祀屈原、贾谊、杜甫
一贯书院	山东郯城	至元二年		又名宗圣书院、琴声书院
浯溪书院	湖南祁阳	至元三年	义学	县尉曾圭父子建，大成殿祀孔子，祠祀元结、颜真卿
原道书院	江西广丰	至元四年	教学	何天衢建
三贤书院	江西奉新	至元五年	讲授肄习	邑人邓谦亨建，殿祀孔子
鲁斋书院	浙江鄞州	至元六年		浙东道都元帅锁南班建，祀许衡
咏泽书院	浙江上虞	后至元中		又名承泽书院，祀朱熹
湖山书院	浙江宁波	后至元中		又名湖山精舍
湖山书院	浙江定海	后至元中		又名泽山书院，祀黄震
草庐书院	江西崇仁	后至元中	祀吴澄	县尹阿里建
靖忠书院	江西彭泽	后至元中		县尹王国辅建
甘棠书院	江西永修	后至元中		明洪武邑人赵宗信重建
大本堂	江西宜春	后至元中		黄盅建
石溪书院	江西宜丰	后至元中	讲学	提举胡俊孚建
东湖精舍	江西婺源	后至元中		汪义钧建
溪山书院	江西贵溪	后至元中		倪志文建
邵庵书院	江西崇仁	后至元中		县监重喜建，祀虞集
山堂书院	江西大余	后至元中	训族党子弟	里人王邦叔建

（续）

书院名称	位置	始建时间	性质	说明
静轩书院	山东高唐	后至元中		又名静山书院
缑山书院	河南安阳	至正元年		
屏山书院	福建建宁	至正元年		副使韩玉伦建
文公书院	福建同安	至正元年		县尹孔公俊建
豫章书院	福建沙县	至正元年		
首阳书院	山西永济	至正三年	讲学	王无矜、王无伐建，祀夷齐乡贤名宦
璧里书院	河北新乐	至正四年	义学	赵恕家建，祀孔子、四配、十哲
瑶台书院	福建莆田	至正四年		
靖忠书院	江西九江	至正四年		唐天佑中三学堂，尹王国辅建书院
乐善书院	河北深泽	至正五年		邑人杜儒建
清忠书院	上海青浦	至正五年		邑人张元泽建
颍谷书院	河南登封	至正五年		
文正书院	江苏苏州	至正六年	祀范仲淹	以咸淳十年郡守潜说友建祠改为书院
黄冈书院	浙江海宁	至正六年		宋义塾，贾执中建书院，又名皇冈书院
石麓书院	江西余江	至正六年	藏书授徒	邑人陈桢藏书授徒，祀孔子
东坡书院	广东惠州	至正六年	殿祀孔子 祠祀苏轼	淳熙五年祠，惠州路总管观鲁建书院
璜溪书院	广西全州	至正七年		有孔子像碑，建于恩乡，明正德九年重修
秀溪书院	安徽无为	至正八年		贾孝恭建，有作绣溪书院
兴文书院	安徽无为	至正八年		
怀德书院	安徽六安	至正八年		奉祀皋陶
中山学塾	江西婺源	至正八年		祝寿明建
青城书院	江西临川	至正八年		周山建
城南书院	湖南衡阳	至正八年		庠生何东厓“以其居改创”
凤池书院	山西汾西	至正九年		
金华书院	四川射洪	至正九年		
洙泗书院	山东曲阜	至正十年		原孔子讲堂改称

（续）

书院名称	位置	始建时间	性质	说明
大同书院	福建同安	至正十年		仿官学，庙祀孔子等，祠祀朱熹配吕大圭
端明书院	江西玉山	至正十年		又名怀玉书院
集成书院	安徽黟县	至正十一年		黄真元建
文定书院	福建武夷山	至正十一年		
清节书院	江西泰和	至正十一年	讲学	宋萧子荆讲学处，萧继文建
泮宫书院	山西阳城	至正十二年		
崇义书院	山东鄄城	至正十二年		唐兀崇禧奉敕建
思圣书院	山东费县	至正十三年		隐士王谦等集资建
忠孝书院	河北顺平	至正十三年		又名养正书院、乐群书院
崇义书院	河北开州	至正十三年		
伏生书院	山东邹平	至正十五年		知县陈埜先建，在墓侧
藕泽书院	山西屯留	至正十八年		又名藕池书院
兰山书院	江西弋阳	至元十八年		
勉斋书院	福建福州	至正十九年		礼殿祀孔子，祠祀黄榦
三沙书院	上海崇明	至正二十年		
松溪书院	浙江奉化	至正二十一年		原为松溪书塾，邑人李德说建
古灵书院	浙江余姚	至正二十三年		
崇仁书院	福建光泽	至正二十三年		龚水同建
文献书院	浙江黄岩	至正二十四年		枢密副使刘仁本建，祀朱熹，配祀杜范
忠孝书院	河北顺平	至正中		
毛公书院	河北河间	至正中		河间总管王思诚以毛苌冢宅建祀
董子祠书院	河北河间	至正中		河间路总管王思诚奏建
温公书院	山西夏县	至正中		明成化、弘治、万历年间重修
松峰书院	山西平定	至正中		孔克威建，以衣巾奉祀
文忠书院	山西陵川	至正中		又名望洛书院、棣华堂书院
清泉书院	山西清徐	至正中		

（续）

书院名称	位置	始建时间	性质	说明
孔宅书院	上海青浦	至正初		蔡廷秀建
澄江书院	江苏江阴	至正中		以义塾改，赐额
龙渊义塾	浙江龙泉	至正中		里人章溢建
泳泽书院	浙江诸暨	至正中		明万历十二年知县朱维藩重建
东山精舍	安徽休宁	至正中		赵汸建
查山书院	安徽休宁	至正中		汪时中建
商山书院	安徽休宁	至正中	讲学	行枢密院判官汪同建，魏忠贤时毁
师山书院	安徽歙县	至正中	讲学	鲍元康等建，中书省赐额
查山书堂	安徽祁门	至正中		一说明景泰年间汪时中建
龙泽书院	江西丰城	至正中		揭傒斯建
漆氏书堂	江西宜丰	至正中		元教谕漆文可建，又名养正书院
端明书院	江西玉山	至正中	祀汪应辰	监县寿安建
南丰书院	江西南丰	至正中		
阆山书院	江西婺源	至正中		行枢密院判官汪同建
隆中书院	湖北襄阳	至正中		在城西隆中山诸葛亮草庐处
古冈书院	广东新会	至正中		县令沈寿为建，祀罗蒙正
居善书院	陕西临潼	至正中		工部尚书赵公谅建
初山精舍	安徽歙县	宋末元初		曹泾讲学地，曾任紫阳书院山长
松林书院	浙江浦江	元初	讲学	吴学方建，宋景廉与徒方希直讲学
东明书院	浙江浦江	元初		郑德璋建，原名东明精舍
龙马山房	江西资溪	元初		李淛建
西村书堂	江西黎川	元初	教族党子弟	处士朱何建
龙崖书塾	江西弋阳	元初		冷应凯建
明新堂	江西宜黄	元初		吴东子建
静虚精舍	江西崇仁	元初	书斋	柳成龙建
湖山书院	江西弋阳	元初		詹氏建

（续）

书院名称	位置	始建时间	性质	说明
悟阳精舍	江西丰城	元初		徐钦建
白沙书院	江西吉水	元初		张氏建
朴山书院	江西泰和	元初	聚徒讲学	严周父建，规制依白鹿洞书院
心远书院	江西婺源	元初		俞皋建
蔡氏义塾	江西瑞昌	元初	延师教乡党子弟	蔡季霖建
甘棠书院	江西武宁	元初		
梅边精舍	江西贵溪	元初		裴方润建
理原书院	江西贵溪	元初	讲学	龚霆松讲学处
来阳宾馆	江西德兴	元初		胡炳文建
四勿斋	江西德兴	元初	书斋	王忆读书处，万历年间令吴维魁改名勿斋书院
方塘书院	江西德兴	元初		徐元祥建
双贤书院	江西德兴	元初		王应奎建
靖翁书院	江西德兴	元初	讲学	李思正讲道处
斗山书院	江西玉山	元初		
魏山书院	江西万年	元初		刘晟建
张岩书院	江西万载	元初	礼殿祀孔子	临江儒学张千崖建
金凤书院	江西樟树	元初		宋国子司业黎立武建，清初已废
管陶书院	江西广昌	元初		刘君举建
兴贤书院	江西吉安	元初		
*容安书院	不详	元初	书斋	潘臞斋建
西山精舍	湖南道县	不详	祠堂	祀蔡元定
独立书院	山西襄垣	元中期		
嵩洛书院	河南巩义	元中期		张惟敏建
*峄山书院	山东邹城	元中期		
文靖书院	北京房山	元	始祠堂	邑人、总管赵密建，祀刘因

（续）

书院名称	位置	始建时间	性质	说明
老泉书院	河北文安	元		邑人、湖广儒学提举李元镇建
璧里书院	河北新乐	元		
安仁书院	河北曲周	元		
颜宗道书院	河北开州	元		
太行书院	河北获鹿	元		学士高健建，祀孔子，祠祀元好问等
林公书院	河北内丘	元	讲学	林起宗聚徒讲学处
义塾	河北蠡县	元	教学	邑人江州路总管王彦弼建，祀孔子
暖泉书院	河北蔚县	元		工部尚书王敬建，因无名人不赐额
中和书院	河北沧州	元	讲学	高伯川建，无祠
景贤书院	河北宣化	元	家塾	原名宣德别墅
冠山精舍	山西平定	元		吕思诚读书处，又名冠山书院、吕公书院
裕斋书院	山西运城	元		隐士岐裕斋建，清雍正时已废
源池书院	山西榆次	元		征士赵彬建，圣殿祀孔子
紫金山书院	山西左权	元		
卜山书院	山西汾阳	元		
沂源书院	上海	元		
石洞书院	上海华亭	元		
陈应雷书院	江苏如皋	元	家塾	陈应雷建，又名陈省元书院
许芳书院	江苏如皋	元	家塾	许芳建
万竹书院	江苏如皋	元		
依绿书院	江苏金坛	元		
青溪书院	江苏江宁	元		
齐芳书院	浙江兰溪	元	家塾	唐良骥建，聘金履祥讲学
江南书院	浙江秀水	元		
东湖书院	浙江宁波	元		邑人陆天佑建，久圮
鄞江书院	浙江鄞州	元		邑人张式良建

（续）

书院名称	位置	始建时间	性质	说明
程程子书院	浙江鄞州	元		程端礼建
燕居书院	浙江嘉兴	元		
白门义塾	浙江诸暨	元		方镒立
兰亭书院	浙江绍兴	元		
和靖书院	浙江会稽	元		
梅泉书院	浙江江山	元		周丙吉建
八华书院	浙江东阳	元		许文懿公讲学处，许彦洪建
华川书舍	浙江义乌	元	书斋	王炜建
青岩山房	浙江义乌	元	书斋	王炜读书处
龟山书院	浙江慈溪	元		
宝峰书院	浙江慈溪	元		赵宝峰建
鉴溪书院	浙江临海	元		邑人柯爴建，又名鉴湖书院
九溪书院	浙江黄岩	元		牟楷讲学处
尔安书院	浙江平湖	元		
崇正书院	浙江金华	元		又名四贤书院、正学书院
交川书院	浙江平阳	元		
石门书院	浙江常山	元		
三贤书院	安徽合肥	元		祀包拯、马亮、王希吕
西岩书院	安徽合肥	元		
李源书院	安徽祁门	元		
中山书堂	安徽祁门	元	讲学	里人汪应建，汪克宽讲学处
遗经堂	安徽黟县	元	讲学	汪泰初建，倪道川讲学其中
文山书院	安徽宿县	元		旋废
翚阳书院	安徽绩溪	元		同知程璲建
山谷书院	安徽安庆	元		明洪武初，知府赵好德改建府学
石洞书院	安徽歙县	元		

（续）

书院名称	位置	始建时间	性质	说明
虚谷书院	安徽歙县	元		
*覆船书院	安徽歙县	元		里人洪相建
齐山书院	安徽宿州	元		
东山书院	安徽当涂	元		
临汝书院	安徽芜湖	元		
崇圣书院	安徽盱眙	元		又名登瀛书院
齐山书院	安徽池州	元		
城南书院	福建古田	元		
夹漈书院	福建仙游	元		
浯州书院	福建同安	元		
东塾书院	福建霞浦	元		姚国秀建，清乾隆时已废
东湖书院	江西婺源	元		汪德钧建
晦菴书院	江西婺源	元		知州于文传建
湖山书院	江西婺源	元		
白石书院	江西兴安	元		
玉溪书院	江西鄱阳	元	处四方学者	处士何英建
明诚书院	江西乐安	元		邑人程鹏建
南溪书院	江西余干	元		
石洞书院	江西余干	元		
水云书院	江西南丰	元		
牛山书院	山东肥城	元		状元张起岩读书处
北麓书院	山东蒙阴	元		隐士张子垫读书教授处
历山书院	山东鄄城	元		历山公千奴建
雪林书院	山东莘县	元		楚惟善读书处
野斋书院	山东东阿	元		元李谦故居，卒后诏立书院以号名
王氏书院	山东临沂	元		解元王佐建

（续）

书院名称	位置	始建时间	性质	说明
李氏书院	山东临沂	元		李炫讲学处
颜鲁公书院	山东费县	元		
明诚书院	山东博兴	元		邑人程鹏建
育英书院	山东肥城	元		邑人曹凯建
曾子书院	山东嘉祥	元		又名宗圣书院
崇义书院	河南濮阳	元		国子生唐兀崇喜建，请朝赐名
儒林书院	河南禹州	元		州人杨可道建
浍滨书院	河南永城	元		县尹张思立建，明嘉靖重建
河洛书院	河南巩义	元		曹铎建
明道书院	河南宝丰	元		又名程子书院
颖昌书院	河南长葛	元		
缑山书院	河南偃师	元		
博山书院	河南内乡	元		
鲁斋书院	河南沁阳	元		
雪斋书院	河南辉县	元		
南阳书院	河南南阳	元		
主一书院	湖北江夏	元		
南阳书院	湖北江夏	元		
汉江书院	湖北安陆	元		赵复讲学处
长庚书院	湖北安陆	元		李仲章建，传唐李白读书处
状元书院	湖北崇阳	元		李政茂读书处
鸣鹤书院	湖北崇阳	元		
江汉书院	湖北安陆	元		
山谷书院	湖北松滋	元		傅琼建，又名松邑书院、鸣凤书院、山谷精舍
陈氏书院	湖北松滋	元		
天门书院	湖北天门	元		县尹贯阿思南海牙建

（续）

书院名称	位置	始建时间	性质	说明
白水书院	湖北枝江	元		拔都抹温司建，废
清江书院	湖北宜都	元		又名北山书院
荆山书院	湖北荆门	元		
傅氏书院	湖北松滋	元		
龙仁夫书院	湖北黄冈	元		
广德书院	湖南会同	元		栗朝仪建
桃溪书院	湖南桃源	元		清乾隆十九年改名桃川书院，后复原名
隐珠书院	湖南长沙	元		刘氏建
东冈书院	湖南长沙	元	教学	许东冈设义学教，卒后生徒立书院
近圣书院	湖南浏阳	元		邑人梁子真建，乾隆年间改名南台书院、清浏书院
紫微书院	湖南茶陵	元		进士陈宜高读书处
碧泉书院	湖南湘潭	元		
文定公书院	湖南长沙	元		
得全书院	广东潮州	元		
玉岩书院	广东番禺	元		又名萝峰书院
白鹤书院	广东惠阳	元		
曹公书院	广西阳朔	元		
草堂书院	四川成都	元		
石室书院	四川成都	元		
*墨池草堂	四川成都	元		元刘岳申文中提及
剑阁书院	四川剑阁	元		
鳌山书院	贵州镇宁	元		
鳌溪书院	贵州镇宁	元		
云峰书院	云南玉溪	元		
正学书院	陕西西安	元		
浯洲书院	台湾金门	元		司令马某建

（续）

书院名称	位置	始建时间	性质	说明
石丘书院	江西婺源	元末		里人胡孟成建
庄山书院	江西泰和	元末	教学	康震建
青阳书院	安徽合肥	元末		余阙读书处
友陶书院	安徽歙县	元末		汪维岳入元不仕读书处
颍昌书院	河南许昌	元末		冯梦周兄弟建，岁给3顷田收入
魁星书院	浙江永康	元末明初		

8.明代新建书院一览表

书院名称	位置	始建时间	性质	说明
忠孝书院	河北定州	洪武元年		后名为养正书院、乐群书院
南麓书院	广西藤县	洪武八年		
龙峰书院	安徽绩溪	洪武九年		胡德裕建
练氏义塾	江苏苏州	洪武十一年	延师教里子弟	练埙、练篪兄弟建，置田30亩
建溪书院	福建漳州	洪武十二年		
濂溪书院	江苏丹阳	洪武十八年		
鹰山书院	福建建阳	洪武二十年		游酢建，一说孙勉道建
温陵书院	福建泉州	洪武二十二年		御史钟道元建
芗江书院	福建漳州	洪武二十三年		钱占训建，废
荷峰书院	江西横峰	洪武初	教族里子弟	邑人张深建
恒山精舍	江西南城	洪武初		王伯昭建
吟溪书院	江西奉新	洪武初		阴镗建
清溪书院	江西高安	洪武初		罗君文建
林塘书院	江西泰和	洪武初	待来学之士	乡人林埜建
白云书院	江西鄱阳	洪武初		知府陶安建，祀许谦
玉溪书院	江西万年	洪武初	纳天下学者	何英建
凤山书院	重庆长寿	洪武初		
鸿江书院	福建漳浦	洪武中		乡人陈彝则建
观澜书院	福建漳州	洪武中		又名文山书院
傍江书院	福建诏安	洪武中		
环谷书院	江西余江	洪武中		学士郑纶（号环谷）建
仁山书舍	江西吉水	洪武中	藏书待来学	邑人刘惠廷建

（续）

书院名称	位置	始建时间	性质	说明
竹林书舍	江西吉水	洪武中	书斋	邑人陈秉献、陈秉哲兄弟弦诵处
橙溪书院	江西丰城	洪武中		刘汉广建
甘泉书院	江西泰和	洪武中		龙叔昭建
武山义塾	江西泰和	洪武中	教学	学录萧执退休后，萧鹏举等建
荷塘书院	江西丰城	洪武中		黄得中建
昼永书院	江西万载	洪武中		长史龙镡建
读书林	江西贵溪	洪武中		吴从敬建
庐阳书院	江西庐山	洪武中		邑人黄仲美建
龙潭书院	江西庐山	洪武中	教宗党	邑人查琛建
桂岩书院	江西婺源	洪武中	延师训子孙	戴天德建
闻韶书院	山东济阳	洪武中		教谕王省建于闻韶台，祀孔配颜仲
子龙书院	湖南桂阳	洪武中		守御李源善建，因赵云曾驻
紫麟书院	湖南攸县	洪武中		邑人陈思立建，明代办学
郢门书院	湖北钟祥	洪武中		
义斋书院	海南儋州	洪武中		
潼江书院	四川梓潼	洪武中		
石门书院	江西新余	洪武末		梁寅读书处，祝修庵建，裔孙祀
泰亨书院	福建长泰	建文二年		教谕章参建，又名文公书院、登科书院
龙津书院	福建长泰	建文二年		教谕章参建
养正书院	广东东莞	永乐六年		邑人秦壬秀建
清溪书院	江西广昌	永乐七年		云南按察赖巽建
白石书院	湖南汝城	永乐九年		朱英读书香积寺，后改为书院
棠荫书院	河北易县	永乐十三年		御史张惟恕建
明伦书院	广西怀集	永乐十五年		又名怀原书院
凤山书院	广东乐昌	永乐二十年		
霍山书院	山西霍州	永乐中		清乾隆十三年重建

（续）

书院名称	位置	始建时间	性质	说明
易安书院	安徽萧县	永乐中	聚徒讲授	郝玘为刘俨建
观澜书院	福建福州	永乐中		
图南书院	江西万载	永乐中	书斋	举人杨资读书处
石潭书院	江西永新	永乐中		刘髦建
南熏书院	江西泰和	永乐中	教学	石台萧氏建，刘子彦教授其间
梅溪书室	江西吉安	永乐中		罗宗智建
坞溪书院	江西万载	永乐中		左布政使易节建
桃溪书院	江西信丰	永乐中		邑人卢敏建
桐冈书院	江西万载	永乐中	教子	刘文忠建
绿荫书院	江西万载	永乐中	课子弟	郭彦正建
宝善书堂	江西宜丰	永乐中		漆用常建
城南书屋	江西丰城	永乐中		罗怀玉建，金幼孜有记
鹿门书院	湖北襄阳	永乐中		
玉溪书院	湖南宜章	永乐中		邝玺建
锦云书院	广东顺德	永乐中		何宗顺建
西石书院	广东东莞	永乐中		
象冈书院	广东东莞	永乐中		
锦云书院	广东顺德	永乐中	教学	学者从游甚众
太子泉书院	广西宁明	永乐中		土知府黄广成建，又名明江书院
云台书院	四川南溪	永乐中		进士汪忱、唐佐读书处
书冈精舍	江西安福	洪熙元年		张衡建
小陂书院	江西崇仁	洪宣年间	讲学	陈献章、胡居仁、胡九韶从游又名康斋书院
石楼书院	山西平定	宣德十年	诸生肄业	学正夏廷器建
峨眉书院	安徽和县	宣德中		
宛陵书院	安徽宣城	宣德中		正统改巡抚行台

（续）

书院名称	位置	始建时间	性质	说明
九川书院	江西弋阳	宣德中		李文仪建
崧台书院	广东高要	宣德中	吴桂芳课士	知府王莹改建
濂溪书院	广东广州	正统二年	讲学	嘉靖中区廷芳主讲
崇正书院	广东广州	正统二年		副使林梃玉建
东园精舍	江西广昌	正统三年		何文渊读书处
九峰书院	四川安县	正统六年		
陶山书院	河北馆陶	正统七年		
仪封书院	河南兰考	正统九年		诏建，以36代次子后裔奉祀孔子
月心书院	四川名山	正统九年		又名仰山书院
瑞樟书院	福建建阳	正统十三年		
东坡书院	四川乐山	正统十三年		邑人刘新建，祀苏轼
水心书院	江西永丰	正统存	教学	
西沙书院	上海崇明	正统中		
句曲书院	江苏句容	正统中		嘉靖中令周仕创
仙居书院	浙江淳安	正统中		商辂建
文峰书院	福建龙岩	正统中		
潭石书院	江西弋阳	正统中		黄溥建
礼吾书舍	江西余干	正统中	群居讲学	胡居仁建
松冈书院	江西余干	正统中		曹伟建
蔡文忠书院	山东平度	正统中		
文溪书院	湖南安乡	正统中		解元罗镃建
正学书院	陕西蒲城	正统中		
卿士书院	山西平遥	景泰元年		
三元书院	广西藤县	景泰元年		冯京读书处，佥事汤性方建
芸阁	江西上饶	景泰四年		娄谅建
叠山书院	江西上饶	景泰四年		知府姚堂建

（续）

书院名称	位置	始建时间	性质	说明
东莱书院	山东莱州	景泰五年		迁建，祀吕祖谦
钟山书院	安徽祁门	景泰七年		程叙建
筹边书院	四川松潘	景泰初		
凤山书院	山西离石	景泰中		
资政书院	江苏扬州	景泰中		知府王恕建
练湖书院	江苏丹阳	景泰中		同知俞端建，又名练海书院
贯道书院	浙江景宁	景泰中		潘氏建
南湖书院	江西丰城	景泰中		李裕建
问渠书院	江西永丰	景泰中		
东园书院	江西广昌	景泰中		
巴山书院	江西崇仁	景泰中		邑人镇远知府吴宣建
城南书院	湖北石首	景泰中		
龙华书院	云南洱源	景泰中		
丹崖书院	浙江临海	景泰中		布政使陈选建，正德十六年改祠
东山书院	山东蒙阴	天顺元年		李灿然读书处
节孝书院	江苏淮安	天顺二年	义学	同治十年重建，清淮同善局给钱
集贤书院	河南修武	天顺三年		知县郭应成建
大梁书院	河南开封	天顺五年		提学刘昌建，原名丽泽书院，乾隆厘正
城南书院	广东东莞	天顺七年		
富春书院	江苏昆山	天顺中		
草峰书院	江西贵溪	天顺中	讲学	邑人郑节建
龙溪书院	湖北麻城	天顺中		邑人周兑建
宁溪书院	广东东莞	天顺中		
玉华书院	广东海阳	天顺中		
凤冈书院	广东东莞	天顺中		
秦晋书院	山西襄垣	成化元年		又名古韩书院

（续）

书院名称	位置	始建时间	性质	说明
濂溪书院	湖南新化	成化元年		傅轸以绍圣县学遗址建，嘉靖二十七年改分司，崇祯八年变价充饷
春阳台	广东新会	成化元年	讲学	陈献章建以讲学
秀峰书院	海南澄迈	成化元年		举人李金建
道南书院	浙江萧山	成化二年		知县窦昱建
紫云书院	河南襄城	成化四年	读礼授徒	户部尚书李敏建，成化十七年赐额
延陵书院	江苏江阴	成化五年	嘉靖中聚学者	知县谢廷桂以公馆建，祀季札
率溪书院	安徽休宁	成化五年	家塾，教学	程希隆建，又名李溪书院，咸丰改宗祠
始兴书院	安徽天长	成化五年		易居仁建，又名芝生书院
靖忠书院	江西九江	成化五年	生徒肄业	知府苏致中建，祀陶潜、狄仁杰
沂水书院	山东沂水	成化五年		副使杨光溥读书处，又名东皋书院
松林书院	山东青州	成化五年		知府李昂建，祀寇准、范仲淹等太守
青云书院	河南郏县	成化五年		刘济建
雯峰书院	江西广昌	成化六年	讲学	饶秉鉴建，又名雯峰道院
鹤山书院	四川蒲江	成化七年		
公冶长书院	山东安丘	成化八年		
豫山书院	河南南阳	成化八年		知府段坚以僧寺改建
志学书院	河南南阳	成化八年	选属邑童蒙	知府段坚以尼寺改建，祀段坚
惜阴书院	江西新干	成化九年	祠堂	陈奇建陶侃读书台，祀陶侃、陶渊明
同文书院	海南琼山	成化九年		副使涂棐建
清溪书院	浙江淳安	成化十一年		通判刘永宽建
登云书院	福建福州	成化十一年		知府唐珣建
沧浪书院	山东诸城	成化十一年		知县阎鼎建
汝南书院	河南汝阳	成化十一年		
大中书院	广东南雄	成化十一年	教学	知府江璞建
道南书院	广东南雄	成化十一年		知府江璞建

（续）

书院名称	位置	始建时间	性质	说明
南山书院	四川蓬州	成化十一年		
明贤书院	广西平乐	成化十二年		知府杨冠建，万历三十四年改为县学
舞泉书院	河南舞阳	成化十五年		知县宋鉴建
范公书院	山东邹平	成化十六年		知县李兴建
程子书院	河南宝丰	成化十六年		知县朱铨建
百泉书院	河南辉县	成化十六年	庠生秀敏者肄业	提学吴伯通建，祀司马光等
新城书院	湖北远安	成化十六年		
六柳书院	江西宜春	成化十七年	书斋	进士袁鲁训与江督袁继咸读书处
汝南书院	河南汝南	成化十七年		提学副使吴伯通建
伊洛书院	河南洛阳	成化十七年	生员及民间颖异宿	吴伯通建，校官轮次莅，群僚以时督课
梅庄书院	湖南祁阳	成化十七年		王华建
欧阳书院	福建泉州	成化十八年		
长白书院	山东邹平	成化十八年		
翠屏书院	四川宜宾	成化十八年		知府陆渊之建，五贤祠祀周敦颐、张载、程颢、程颐、朱熹
涪翁书院	四川叙州	成化十八年		祀黄庭坚，又称文节公祠
临汝书院	江西临川	成化二十年	书斋	知县周瑛建
涂川书院	山西榆次	成化二十二年		知县梁琮改建
曲池书院	江西宜春	成化二十二年		袁经训建
甘棠书院	四川广安	成化二十二年		郡守王舆、同知秦升建
紫潭书院	安徽石台	成化二十三年		
同仁书院	广西柳州	成化二十三年		巡按御史李廷珍建，嘉靖中废
三谷书院	江西南城	成化初	书斋	尚书张昇建，清初为文僖祠祀张昇
佚名书院	山西临汾	成化中		太守建于永利池畔
方塘书院	江苏无锡	成化中	书斋	邑人山东巡抚盛颙建
龙川书院	浙江永康	成化中		

（续）

书院名称	位置	始建时间	性质	说明
玩易书院	安徽泾县	成化中		参议董纲读书处，在木兰山
李白书院	安徽青阳	成化中		
南山书堂	安徽祁门	成化中		谢复建
临池书院	江西余江	成化中		辜瑗建
金牛书院	江西永丰	成化中	讲学	里人毛彻建
南谷书院	江西余干	成化中	讲学	胡居仁讲学处
碧峰书院	江西余干	成化中		胡居仁建
桐源书院	江西余干	成化中	讲学	
东冈书院	江西铅山	成化中		费瑄建
朱氏义学	江西上饶	成化中	教学	
长白书院	山东历城	成化中		知县李兴建
东崖书院	山东即墨	成化中		
松林书院	山东青州	成化中		
鹿鸣书院	河南南召	成化中		
贾状元书院	河南邓州	成化中		
紫云书院	河南长葛	成化中		
芹香书院	湖北武汉	成化中		原社学，提学薛纲建书院
仰高书院	湖北随州	成化中		成化二十一年进士傅凤翔读书处
资政书院	湖南衡阳	成化中		知府何珣建，明代办学
光岳书院	湖南茶陵	成化中		弘治中改为按察分司
粤洲草堂	广东广州	成化中	书斋	黄畿读书处
明贤书院	广西崇左	成化中		知府杨冠建
棣漪书院	广西梧州	成化中		都御史韩雍建于苍梧白鹤观前
竹池书院	广西宜州	成化中		举人沈庸建
潜溪书院	四川成都	成化中		
井泉书院	四川广安	成化中		

（续）

书院名称	位置	始建时间	性质	说明
子云书院	四川郫都	成化中	教族乡子弟	张伯明（别称宋景）建
子云书院	四川犍为	成化中		邵雍故居，由水月寺改为书院
清平书院	四川长宁	成化中		知府陆渊之建
甘泉书院	四川岳池	成化中		郡人吴伯通建
翠屏书院	四川叙州	成化中		
陇干书院	甘肃静宁	成化中		又名阿阳书院
聚星书院	河南许昌	成化末		知州邵宝建
圭峰书院	江西南城	成化末		罗玘建，清初为文肃祠
罗江书院	广东顺德	成弘间	书斋	邑人黎暹建，吟啸其中
李源书院	安徽祁门	成弘间		里人李汎建
卧云书院	江苏苏州	弘治前		范仲淹家族所有
赵季西书院	湖南衡山	弘治前		赵季西建，仅存墨池
凤山书院	云南腾冲	弘治元年		兵备道赵炯改建，又名来凤书院
文清书院	山西河津	弘治元年	祀薛瑄	弟子参政王盛建，配4人，从祀12人
儋林书院	山西偏关	弘治二年		又名凤山书院
学道书院	江苏常熟	弘治二年		
万岩书院	浙江温岭	弘治二年	教乡族子弟	编修谢世衍建，李东阳有记
周溪书院	广东梅州	弘治二年	初为书斋	知县刘彬建，濂溪祠周敦颐，文公祠朱熹
中峰书院	贵州惠水	弘治三年		
宁邑书院	河北阳原	弘治四年		
姑汾书院	山西襄汾	弘治四年	讲学，藏书	张文佐建
一峰书院	江西永丰	弘治四年	祠堂	知府张本、知县郑浚建，祀罗伦
三凤书院	山西万荣	弘治五年		知县侯祁建，清雍正时已毁
道南书院	福建南平	弘治五年		知府苏章建，祀杨时、罗从彦、李侗
辽左书院	辽宁辽阳	弘治六年	教学	御史樊祉建，延师教育
辽右书院	辽宁锦州	弘治六年	教学	巡按御史樊祉建，延师教育，后废

（续）

书院名称	位置	始建时间	性质	说明
文学书院	山东莒县	弘治六年		副使赵鹤龄建
正学书院	辽宁辽阳	弘治七年		御史樊祉建
象山书院	广东新会	弘治七年		
务学书院	山西大同	弘治八年		朱仕玳为存御赐书籍建并请赐额
榆阳书院	陕西榆林	弘治八年		
绿野书院	陕西武功	弘治八年		以绿野亭旧址建，邑人捐建
弘道书院	陕西三原	弘治九年		
墨池书院	湖北宜昌	弘治十年		
东湖书院	广西梧州	弘治十年	书斋	工部尚书吴廷举建于府治东门外
名贤书院	山西平定	弘治十一年		
二泉书院	江苏无锡	弘治十一年	书斋	邵宝建，又名容春精舍、冉泾书院
万松书院	浙江杭州	弘治十一年		右参政周木以废寺建，祀孔子等
南山书院	浙江上虞	弘治十一年	讲学	潘复建并讲学
龙华书院	云南洱源	弘治十一年		
黎公书院	河南浚县	弘治十二年		知县刘台建
苍山书院	云南太和	弘治十二年		又名苍麓书院
东坡书院	江苏宜兴	弘治十三年		祀苏轼，康熙三十七年道士蒋普修
崇正书院	河南郏县	弘治十三年		知县曹豹改高阳寺建，后改名崇道书院
鹿城书院	浙江温州	弘治十四年	教学	知府邓淮建，四贤祠祀二程、朱熹、张栻
洣江书院	湖南茶陵	弘治十七年	集诸生讲习	知州林廷玉建
瑞峰书院	广东清远	弘治十七年		
文明书院	贵州贵阳	弘治十七年		
程程书院	湖北黄陂	弘治十八年		提学陈凤梧建，又名二程书院
正蒙社学	山西晋城	弘治初		知县杨子器建
平山书院	四川新都	弘治初		
雅文书院	四川雅安	弘治初		

（续）

书院名称	位置	始建时间	性质	说明
佚名书院	山西蒲县	弘治初		
大宁书院	山西万荣	弘治中		知州高腾建，嘉靖重建
崇理书院	山西新绛	弘治中		
崇文书院	辽宁广宁	弘治中		
正谊书院	江苏扬州	弘治中	择师教商灶子弟	两淮运司宣德建董子祠，正德六年改
虞溪书院	江苏常熟	弘治中		参政周木建，祀虞仲
石洞书院	江苏南京	弘治中		邑人严纮建，后废
养正书院	江苏南京	弘治中		
东湖书院	江苏昭文	弘治中		
桐江书院	浙江桐庐	弘治中		贵州按察副使毛某建
鸡鸣书院	浙江永嘉	弘治中		林廷瓛建，万历二十四年改会馆
南书院	安徽霍山	弘治中		知州马金建，又名会胜书院、南岳书院
孝肃书院	安徽合肥	弘治中		知府宋鉴建，祀包拯，又名包公书院
葵轩书屋	安徽泾县	弘治中		同知董珪读书处，在中村
南岳书院	安徽霍山	弘治中		
南山书院	福建长乐	弘治中		知县潘府建
凤歧书院	福建长乐	弘治中		知县潘府建
龙峰书院	福建长乐	弘治中		
凤岐书院	福建长乐	弘治中		
观澜书院	福建漳州	弘治中		郑深道建，禁书院时改为孔氏家庙
建溪书院	福建漳州	弘治中		乡人苏廷贵建，废
玉山书院	江西玉山	弘治中	教乡族子弟	谢乾锡、谢贵父子建
贤溪书院	江西黎川	弘治中		
兴文书院	江西上犹	弘治中		知县章爵建
方塘书院	江西万年	弘治中		胡万福建
文明书院	江西泰和	弘治中		

（续）

书院名称	位置	始建时间	性质	说明
清风书院	江西泰和	弘治中		知县杨南金毁螺山淫祠建
义阳书院	河南信阳	弘治中		知州张拱建，清初改为察院
符井书院	河南郏县	弘治中		王璇建
白臬书院	湖北麻城	弘治中		邑人董朴建，又名白果书院、白杲书院
琴东书院	湖北嘉鱼	弘治中		知县姜溥建，后废
东溪书院	湖北麻城	弘治中		邑人熊经建
高堤书院	湖北崇阳	弘治中		
东坡书院	湖北黄冈	弘治中	拔茂异诸生	原苏轼雪堂故址，吴淮建书院
白云书院	湖北随州	弘治中		
象山书院	湖北荆门	弘治中		参政钟文俊建，祀陆九渊
东湖书院	湖北天门	弘治中		鲁铎读书处
梦野台书院	湖北天门	弘治中		鲁铎读书处，李东阳题额
面山草堂	湖南黔阳	弘治中	书斋	知县陈钢建
南山书院	湖南浏阳	弘治中		
龙峰书院	湖南华容	弘治中		刘大夏读书处，乾隆二十五年易名沱江
文定书院	湖南衡山	弘治中		
平山书院	湖南醴陵	弘治中		邑人杭州知府杨温甫建
闻山精舍	湖南常德	弘治中		丙戌进士杨褫建
奇甸书院	广东琼山	弘治中		
义安书院	广东海阳	弘治中		士民公建，后毁
先贤书院	广东梅州	弘治中		
立诚书院	广东梅州	弘治中		
昌溪书院	广东顺德	弘治中		教谕梁英文建
凤凰书院	广东恩平	弘治中		提学潘府建
庐阜精舍	广东新会	弘治中		陈献章建，又名小庐山书院
凤山书院	广东顺德	弘治中		吴廷举建

（续）

书院名称	位置	始建时间	性质	说明
秀峰书院	云南腾越	弘治中		
明志书院	云南大理	弘治中		署知府胡光改寺建，又名崇正书院
育英书院	陕西西安	弘治中		
育英书院	陕西延安	弘治中		
多贤书院	陕西扶风	弘治中		
岍山书院	陕西陇州	弘治中		
西山书院	陕西富县	弘治中		
丽泽书院	陕西富县	弘治中		
芸阁书院	陕西蓝田	弘治中		
嵯峨书院	陕西三原	弘治中		
龙溪书院	陕西延安	弘治中		
学正书院	山西太原	弘治末		
少陵书院	四川成都	弘治末		巡按御史姚祥建
铜江书院	贵州铜仁	弘治末		提学副使毛科建
濂溪书院	福建德化	正德元年		按察使邵宝建
文城书院	山西吉县	正德二年		知州史纪建
吴氏家塾	浙江龙泉	正德二年		邑人吴端禧建
南门书院	湖北蕲水	正德三年		
凝川书院	云南洱源	正德四年		
崇正书院	湖南辰州	正德五年		
崇理书院	陕西蒲城	正德五年		
正德书院	山西永济	正德六年		巡盐御书张士隆建
石溪书院	山西浑源	正德六年	集诸生讲学	巡抚史玠建
阳春书院	福建南昌	正德六年		朱宸濠建，嘉靖元年改为贡院，嘉靖三十五年改名正学书院
状元书院	福建长泰	正德六年		知县叶洪建
四知书院	山东昌邑	正德六年		原杨震祠，副使王良臣改建

（续）

书院名称	位置	始建时间	性质	说明
太泉书院	山东平度	正德六年		
状元书院	福建长泰	正德六年		知县叶洪建
静斋书院	江西泰和	正德六年	居游学者	御史陈凤梧因休笑庵建
金川书院	江西新干	正德七年		提学副使李梦阳建，祀练子宁父子
征士书院	江西进贤	正德七年		李梦阳改为东坛庙，天启改迎春亭
钟陵书院	江西进贤	正德七年		李梦阳与福胜寺换址建
郑公书院	山东即墨	正德七年		郑玄读书处，知县高允中重修
筠阳书院	江西高安	正德八年	会文	知府邝璠建，又名凤仪书院
闵子书院	山东沂水	正德八年		知县汪渊建，又名闵仲书院
崇正书院	湖南沅陵	正德八年	会文	知府戴敏毁淫祠建
栋川书院	云南姚安	正德八年		知府黄澍建
应泉书院	广西全州	正德八年至十一年		州守顾璘建于柳山半峰
河东书院	山西运城	正德九年	文试高等诸生	巡盐御书张士隆建
崇义书院	山东青州	正德九年		佥事牛鸾建
文昌书院	山西吉县	正德九年		
淮南书院	广西横县	正德九年		横州知州黄综建于城西海棠亭
同人书院	广东罗定	正德九年		泷水知县欧一清改建
宁文书院	山西宁武	正德十年		明副使张凤翃建，通志不存
绣春书院	安徽池州	正德十年		
倡南书院	广东河源	正德十年		知县郑敬道建
崇文书院	福建建阳	正德十一年		
泷冈书院	江西永丰	正德十一年		提学副使田汝耕建，祀邹瑾
仰止书院	江苏淮安	正德十一年		提学张鳌山建
龙山书院	江苏金坛	正德十一年		始建年代不详，邑令刘天和重建
河中书院	山西永济	正德十二年		知州吕经改东岳祠建
练川书院	上海嘉定	正德十二年		督学张鳌山等撤留光寺改建

（续）

书院名称	位置	始建时间	性质	说明
豫章书院	福建永安	正德十二年		
二张先生书院	江西婺源	正德十二年		张荫建，又名双贤书院
云谷书院	广东南海	正德十二年		吏部尚书湛若水建
石泉书院	广东南海	正德十二年		少保方献夫建
漳川书院	河北永年	正德十三年		守张羽建，鸡泽教谕掌，又名紫山书院
思贤书院	浙江嘉善	正德十三年	教学	县丞倪玑建，有名宦祠、乡贤祠
义泉书院	江西赣县	正德十三年	选诸生教子弟秀颖	王守仁建，城东，后豪强占，沈谧收回
正蒙书院	江西赣县	正德十三年	社学	城南，嘉靖三十一年署兵备佥事沈谧收回
富安书院	江西赣县	正德十三年	社学	城西，沈谧收回
镇宁书院	江西赣县	正德十三年	社学	城西，沈谧收回
龙池书院	江西赣县	正德十三年	社学	城北，沈谧收回
怀坡书院	广东雷州	正德十三年		知府王秉良建，祀苏轼、任伯雨等
鹤山书院	四川邛崃	正德十三年	祀魏了翁像	巡按抚雍等建，万历中改为校士馆
大益书院	四川成都	正德十三年	祀王守仁	提学王廷相即万安旧寓建
遗直书院	四川洪雅	正德十三年		
忠孝书院	江苏淮安	正德十四年	设六馆课士	巡按成英毁尼寺改，祀徐绩、陆秀夫
道南书院	江苏常州	正德十四年	讲习	知府陈实据杨时祠建，嘉靖改兵备道署
紫阳书院	安徽歙县	正德十四年	集七学士讲读	知府张文林建，祀朱熹
崇正书院	江西信丰	正德十四年		知县冼充建，祀王守仁
东湖书院	江西南昌	正德十四年	学者讲习	王守仁以宁王内官黄瑞基房屋改
大科书院	广东南海	正德十四年		吏部尚书湛若水建
峨山书院	四川邛崃	正德十四年		
兼山书院	四川剑阁	正德十四年		知州李璧改建，祀宋尚书黄裳
峨眉书院	四川峨眉	正德十四年		知县吴廷璧建
元城书院	河北大名	正德十五年	诸生商榷经史	兵备道刘炳鉴建，祀宋刘安世

（续）

书院名称	位置	始建时间	性质	说明
清风书院	江苏丹徒	正德十五年		范仲淹读书处，知县李东建，已圮
东湖书院	浙江嘉兴	正德十五年		邑人屠勋后人建
仁山书院	浙江龙泉	正德十五年		叶竦谕等倡建，嘉靖三年令朱世忠建
文公书院	福建延平	正德十五年		
衍山书院	福建延平	正德十五年		
两吴书院	福建延平	正德十五年		
二贤书院	福建顺昌	正德十五年		
先贤书院	福建永安	正德十五年		祀杨时、罗从彦、李侗
福山书院	福建邵武	正德十五年		知府张羽建
矩墨书院	福建邵武	正德十五年		知府张羽建
白渚书院	福建邵武	正德十五年		知府张羽建，即旧税课司
玉泉书院	福建福州	正德十五年		巡按御史沈灼建
立诚书院	福建莆田	正德十五年	讲学	沈灼为黄巩讲学以寺改，寻于寺西另建
东廓山房	江西安福	正德十五年		邹守益等建
状元书院	山东平度	正德十五年		
东山书院	安徽祁门	正德十六年	集诸生讲肄	
凤山书院	福建安溪	正德十六年		知县龚颖建
考亭书院	福建安溪	正德十六年		
明道书院	河南濮阳	正德十六年		知府龙大有建，祀程颢
圣学书院	河南汝州	正德十六年		知州张崇德建
西清书院	广东南雄	正德十六年		知府倪忠正建
东阳书院	山西黎城	正德初		
沧溪书院	山西黎城	正德初	读书、著述、讲学	隐士赵初建，设圣贤道统堂，有作苍溪书院
三贤书院	山西介休	正德中		谷高有记
见山书院	山西运城	正德中		
仰高书院	上海	正德中		知县郑洛书建仰高祠，后改为书院

（续）

书院名称	位置	始建时间	性质	说明
尚德书院	江苏无锡	正德中		祀李纲
二泉书院	江苏无锡	正德中		邵宝建，后设邵文庄祠祀邵宝
至圣书院	江苏通州	正德中		
中峰书院	浙江会稽	正德中		董某建
仁山书院	浙江兰溪	正德中		知府赵公豫建
陆太傅书院	浙江绍兴	正德中		
罗峰书院	浙江永嘉	正德中	讲学	郡人大学士张璁建
两峰书院	浙江杭州	正德中	书斋	刑部尚书洪钟致仕后建
鹤山书院	浙江青田	正德中		李徽建
于湖书院	安徽芜湖	正德中		
峨嵋书院	安徽和州	正德中		
西津书院	安徽宣城	正德中		知县王时正建，又名凤山书院、明德书院
凤山书院	安徽宁国	正德中		知县王时正建，又名明德书院
山谷书院	安徽怀宁	正德中		知府胡缵宗改僧庵建
两吴书院	福建南平	正德中		知府欧阳铎建，祀宋吴仪、吴熙
文公书院	福建南平	正德中		知府欧阳铎建，祀朱熹
衍山书院	福建南平	正德中		知府欧阳铎建
濉溪书院	福建建瓯	正德中		知县韩琮建
竹田书院	福建福州	正德中		同知叶铁建
濉溪书院	福建建宁	正德中		知县周必复建
养心书院	福建福州	正德中		巡按御史聂豹建
水南书院	福建莆田	正德中		巡按李如圭建
仰止书院	福建莆田	正德中		知县雷应龙等建，祀朱熹、林光朝
少谷书屋	福建福州	正德中	书斋	郑善夫建
朝天书院	福建仙游	正德中		不存
泉山书院	福建福州	正德中		

（续）

书院名称	位置	始建时间	性质	说明
溪山书院	福建建阳	正德中		
兼山书屋	江西安福	正德中		邑人张鳌山建，又名文明书院
乐育书院	江西安福	正德中		
含珠山书院	江西铅山	正德中		邑人大学士费宏建
云丘书院	江西永丰	正德中		邑人兵部尚书聂豹建
离明书院	江西永丰	正德中		刘霖（漳浦人）建
养中书院	江西吉水	正德中	讲学	知县刘成为刘观讲学建
斗湖书院	江西南城	正德中		太常卿夏良胜建
前峰书屋	江西南城	正德中	教族党子弟	罗锦建，又名前锋书院
盱江书院	江西南城	正德中	择士集而讲习	提学副使李梦阳令将东岳庙改建
槐东书院	江西高安	正德中		谢廷（富顺）建，有先师堂祀孔子
银麓书院	江西德兴	正德中	讲学	贡士徐珊讲学课文处
钤山堂	江西分宜	正德中		邑人大学士严嵩建
扶风书院	江西永修	正德中	聚生儒肄业	相传马融讲授处，周岚建书院
丹凌书院	江西南昌	正德中		魏良弼讲学处
莲湖书院	江西广丰	正德中		吕夔建
东岩书院	江西广丰	正德中		夏尚仆建
见山书院	江西余江	正德中		
斗湖书院	江西南城	正德中		太常卿夏良胜建
龙溪书院	江西于都	正德中		袁庆祥读书处，知府邢珣定名
前锋书屋	江西南城	正德中	教族党子弟	罗锦建，又名前锋书院
盱江书院	江西南城	正德中	择士讲习	提学副使李梦阳令将东岳庙改建
阳明书院	江西赣县	正德中		
丹陵书院	江西新建	正德中	讲学	魏良弼讲学处，清初为丹陵观
阳刚书院	江西余江	正德中	书斋	桂华、桂萼兄弟读书处
元庵书院	山东聊城	正德中		

（续）

书院名称	位置	始建时间	性质	说明
元蕃书院	山东堂邑	正德中		
东林书院	山东聊城	正德中		参政耿明建
仕学书院	河南信阳	正德中		佥事阎钦建，万历十九年改名子贡书院
养正书院	河南南阳	正德中		唐王建
少室书院	河南登封	正德中		郡守沈文化建
后渠书屋	河南安阳	正德中		崔铣废道观建，又名后渠书院
柳溪书院	河南灵宝	正德中	书斋	许廷章建
黎公书院	河北大名	正德中		
恒山书院	河北晋州	正德中		
明道书院	河北开州	正德中		
性道书院	河北浚县	正德中		
老塔书院	湖北罗田	正德中		同知毛应时建，进士王先讲学处
崇正书院	湖北石首	正德中		知府姚隆等建，通志作张璧建
北山书院	湖北宜都	正德中		元文章藏修处，邑人何文玺建
雉峰书院	湖北鄂州	正德中		
凤楼书院	湖北襄阳	正德中		
霞山书院	湖北赤壁	正德中		
五贤书院	湖北郧阳	正德中		
凤麓书院	湖北蕲春	正德中		州人陈大中建，又名凤麟书院
凤山书院	湖北赤壁	正德中		提学蔡潮建，后废
龟山书院	湖南浏阳	正德中		知县毛鵷建
濂溪书院	湖南汝城	正德中		嘉靖二十八年改建爱莲池
有竹书院	湖南石门	正德中		覃姓公建，清同治中兴复
秋江书院	湖南城步	正德中		
阳明书院	湖南常德	正德中	讲学	王守仁贬龙场经武陵与蒋信讲学
明诚书院	广东增城	正德中		湛若水改建

（续）

书院名称	位置	始建时间	性质	说明
西樵讲舍	广东南海	正德中		湛若水建
西洲书院	广东琼州	正德中		
七贤书院	广西永福	正德中		建于锦桥里星岗村
桐墩书院	海南琼山	正德中		贡生陈文徽建
西洲书院	海南琼山	正德中		又名养优书院，邑人侍郎唐胄建
凤山书院	四川大宁	正德中		
振德书院	四川蓬安	正德中		知州潘时宜建
三陈书院	四川阆中	正德中		御史卢雍建
龙池书院	四川开江	正德中		知县杨桧建，又名宕渠书院、矗峰书院
白云书院	四川涪陵	正德中		
一崖书院	四川夹江	正德中		宿进读书处
龙冈书院	贵州修文	正德中		
天香书院	贵州开泰	正德中		
青华书院	云南祥云	正德中		
鹿元书院	云南嵩高	正德中		
宁州书院	云南洱源	正德中		
养正书院	云南寻甸	正德中		
龙溪书院	云南鹤庆	正德中		
渼陂书院	陕西鄠邑	正德中		
天游精舍	广东南海	正嘉间		知府陈锡建
梅潭书院	广西全州	正嘉间		工部侍郎蒋淦建于城北梅潭
崇正书院	河北正定	嘉靖元年		知府王腾改建，后名六瑜书院
凤山书院	山西太谷	嘉靖元年		布政司参议秦伟建
仰高书院	山西汾阳	嘉靖元年		督学周宣命知州建，祀卜商、狄仁杰
解梁书院	山西运城	嘉靖元年		知州林元叙、州判吕柟将广慈寺改建

（续）

书院名称	位置	始建时间	性质	说明
浮丘书院	河南浚县	嘉靖元年		兵备道右刘公建
三台书院	湖北宜都	嘉靖元年		知县姚琼建，又名青峰书院
龙山书院	广东英德	嘉靖元年		知县张慎建
濂溪书院	广东乳源	嘉靖元年		知县于祥建
泷川书院	广东泷水	嘉靖元年		
解元书院	广西藤县	嘉靖元年		提学刘节建于赤水镇，祀邑人傅鉴
平川书院	四川夹江	嘉靖元年		程洸建
南轩书院	四川广汉	嘉靖元年		知府尹兖建，后改为南轩祠，祀张栻
松岩书院	云南禄丰	嘉靖元年		
洛阳书院	河北威县	嘉靖二年		知县钱本建，后知县胡容重建
景贤书院	江苏镇江	嘉靖二年		祀柳开、周敦颐、龚基
明道书院	江苏东海	嘉靖二年		知州廖世昭改长安寺为书院
崇正书院	江苏东海	嘉靖二年	课诸生童子	知州廖世昭改观音院建，委学官课
金乡书院	江苏苏州	嘉靖二年		知府胡瓒宗建，祀澹台灭明
定性书院	浙江孝丰	嘉靖二年		
崇正书院	福建漳浦	嘉靖二年		提学邵锐建
崇文书院	福建诏安	嘉靖二年		
旭岭书院	江西南康	嘉靖二年	聚邑士讲学	通判黄廷宣建，隆庆令余世儒讲学
江西书院	江西丹徒	嘉靖二年		
旭岭书院	江西南康	嘉靖二年	聚邑士讲学	通判黄廷宣建，隆庆令余世儒讲学
宏斋书院	江西永修	嘉靖二年		
复古书院	山东汶上	嘉靖二年		吴瀛迁圣泽书院，万历元年改名复古
两山书院	山东平度	嘉靖二年		
四峰书院	广东南海	嘉靖二年		太保霍韬建
又了斋书院	广东合浦	嘉靖二年		
泰泉书院	广东广州	嘉靖二年		黄佐建

（续）

书院名称	位置	始建时间	性质	说明
四贤书院	广西宜州	嘉靖二年		庆元知府王显高以东岳祠改
玉山书院	湖南宁乡	嘉靖二年		知县胡明善建，乾隆三十二年改名玉潭书院
九峰书院	四川乐山	嘉靖二年		
崇文书院	云南建水	嘉靖二年		
玉泉书院	云南大理	嘉靖二年		
文正书院	陕西耀州	嘉靖二年		以明德寺改，祀范仲淹
仁山书院	浙江龙泉	嘉靖三年		
水东精舍	浙江上虞	嘉靖三年		杨绍芳建，康熙四年改为东岳庙
双林书院	福建仙游	嘉靖三年		知府朱究建
文公书院	福建永春	嘉靖三年		
石龙书院	江西樟树	嘉靖三年		知府钱琦建
求仁书院	江西峡江	嘉靖三年		知府钱琦建
仰止书院	广东乳源	嘉靖三年		
凤凰书院	广东顺德	嘉靖三年		知县曾仲魁建
桂林书院	广西桂林	嘉靖三年		巡按御史汪渊建，废
五华书院	云南昆明	嘉靖三年		
学道书院	江苏苏州	嘉靖四年	祀言偃	胡瓒宗以景德寺改，后改督粮道署
县志书院	江苏高淳	嘉靖四年		知县刘启东建
织帘书院	浙江德清	嘉靖四年		齐沈麟士讲学处，南宋建祠
阳明书院	浙江绍兴	嘉靖四年	讲学	王守仁门人建，嘉靖十六年建祠
五云书院	浙江缙云	嘉靖四年		
复初书院	安徽广德	嘉靖四年	会讲	州判邹守益迁玄妙观建，祀王守仁
九龙书院	福建南平	嘉靖四年		参政蔡潮重建
会心书院	福建仙游	嘉靖四年		知府朱究建
湖南书院	山东济南	嘉靖四年	张鹏课士	提学道邹善建，按察使张鹏重建
白鹤书院	山东济南	嘉靖四年		举人周居岐建

（续）

书院名称	位置	始建时间	性质	说明
锦襄书院	河南睢县	嘉靖四年		提学萧凤鸣以尼庵改建
惜阴书院	湖南长沙	嘉靖四年		吕廷爵以陶公祠建，万历初改祠
濂溪书院	广东高要	嘉靖四年		知府曾直改建
学易书院	四川富顺	嘉靖四年		周夔建，又名西湖书院、景阳书院、江阳书院
平虏书院	山西朔州	嘉靖五年		
环谷书院	安徽祁门	嘉靖五年		竹溪城光华建
毛公书院	安徽庐江	嘉靖五年	教乡之俊秀	周良会建，汉毛义读书处，后废
南溟书院	福建诏安	嘉靖五年		分守蔡潮建
东瀛书院	福建诏安	嘉靖五年	祀朱熹，配黄榦	分守蔡潮建
肄武书院	江西九江	嘉靖五年	教军人子弟	兵备副使何棐建，令学官一人领教
求仁书院	江西新干	嘉靖五年		
蒙泉书院	湖南桂阳	嘉靖五年		知县戴录建
中离书院	广东潮州	嘉靖五年		薛侃建
扶义书院	河北东明	嘉靖六年		
彭西书院	江苏徐州	嘉靖六年	武学武生居业	副使赵春建
崇川书院	江苏南通	嘉靖六年		判官史立模建
惟杨书院	江苏江都	嘉靖六年		
格致书院	安徽六安	嘉靖六年	率诸生讲习	知州欧阳德以龙王庙改，后改名龙津
东湖书院	江西鄱阳	嘉靖六年		提学副使徐一鸣建，祀范仲淹等
静观书院	广东博罗	嘉靖六年		知县吴日强建
濂溪书院	广东仁化	嘉靖六年	知府陈绍选士	知县于祥建
东泉书院	广西南宁	嘉靖六年		都御史姚谟建于宣化城，祀姚镆
梧山书院	广西梧州	嘉靖六年		总督姚镆、巡按石金建于旧县学右
景贤书院	云南建水	嘉靖六年		
龙冈书院	云南楚雄	嘉靖六年		

（续）

书院名称	位置	始建时间	性质	说明
上谷书院	河北宣化	嘉靖七年		巡抚刘源建
辽左习武书院	辽宁沈阳	嘉靖七年	本科举人备考	巡按御史王重贤建
甘泉书院	江苏扬州	嘉靖七年	湛若水讲学处	知府易瓒建，后改名崇雅、梅花书院
南山书院	浙江镇海	嘉靖七年		
贞义书院	浙江永嘉	嘉靖七年	书斋	郡人大学士张璁奉敕建
阳明书院	安徽青阳	嘉靖七年		祝增建，纪念王守仁两临九华
甘泉书院	安徽青阳	嘉靖七年	讲学	祝增为湛若水建，咸丰毁于兵火
养正书院	福建福州	嘉靖七年		
紫湖书院	福建德化	嘉靖七年		知县许仁建
紫阳书院	福建德化	嘉靖七年		
养正书院	山东郓城	嘉靖七年		
知德书院	河南淮阳	嘉靖七年		巡按御史谭缵在绝粮祠后建
敷文书院	广西苍梧	嘉靖七年		佥事李杰、生员黎鼐请示王仁建
敷文书院	广西宾阳	嘉靖七年		建于宾州州治左，废
敷文书院	广西南宁	嘉靖七年	聚幕僚诸生讲学	王守仁建，嘉靖四十二年文成公祠增祀姚镆
石壁书院	贵州平越	嘉靖七年		
文宪书院	陕西岐山	嘉靖七年		
横渠书院	河北滦州	嘉靖八年		知州赵叶建
河西书院	辽宁北镇	嘉靖八年		巡抚潘珍建，又名仰高书院
仰高书院	辽宁广宁	嘉靖八年		
崇正书院	江苏无锡	嘉靖八年		
一峰书院	福建晋江	嘉靖八年	祀罗伦	御史聂豹以淫祠改建，后名梅石书院、清源书院
南塘书院	福建晋江	嘉靖八年		
潭溪书院	福建建阳	嘉靖八年		知县薛总铠建，通志作黄幹建
见山书院	江西余江	嘉靖八年		桂萼建，世宗御书清趣、义理完具

（续）

书院名称	位置	始建时间	性质	说明
章贤书院	山东兖州	嘉靖八年		知府刘梦诗建
河内公书院	河南长垣	嘉靖八年	祀子路	知县王懋建，又名季路书院、求仁书院
南山书院	湖南绥宁	嘉靖八年		知县应照建，清代已废
崇正书院	陕西铜川	嘉靖八年		以频山寺改
振英书院	河北蠡县	嘉靖九年		
高岭书院	山西平定	嘉靖九年		邑人孙杰劚石洞，肖孔子像祭祀
启光书院	山西新绛	嘉靖九年		
晋阳书院	山西太原	嘉靖九年	集隽异士肄业	副使陈讲建，万历中改名河汾书院、三立书院
文正书院	江苏苏州	嘉靖九年	寓诸生肄业	在浒墅，方鹏建
天真精舍	浙江杭州	嘉靖九年	祀后会讲	王守仁门人薛侃度师意建后改名天真书院
正学书院	浙江平阳	嘉靖九年		知县冯彬建，嘉靖十六年改名东山书院
古小学	浙江绍兴	嘉靖九年	刘宗周讲学	知府洪珠改善法寺
舞泉书院	河南舞阳	嘉靖九年		
鹤山书院	四川眉山	嘉靖九年		太史邱道隆等建，祀魏了翁
书台书院	四川遂宁	嘉靖九年		
湘山书院	广西全州	嘉靖九年		督学黄佐建于湘山寺东堂
道乡书院	广西平乐	嘉靖九年	祀邹浩	提学黄佐等重建，万历年间改为七贤祠
南麓书院	广西藤县	嘉靖九年		典史孙懋建，崇祯九年令梁昌重建
南山书院	广东英德	嘉靖九年		
新城书院	陕西富平	嘉靖九年		
程程书院	河北保定	嘉靖十年		知府徐嵩建
正学书院	河北新安	嘉靖十年		知州郑朝辅建，又名观光书院
崇正书院	安徽歙县	嘉靖十年		知府冯世雍建
斗山书院	安徽歙县	嘉靖十年		湛若水讲学处，知府冯世雍建
斗南书院	福建福安	嘉靖十年		知县唐仕建，废

（续）

书院名称	位置	始建时间	性质	说明
环溪书院	福建福安	嘉靖十年		知县唐仕建，废
崇贤书院	福建武夷山	嘉靖十年		
丽泽书院	山东长清	嘉靖十年		知县张嘉会建
朐山书院	山东临朐	嘉靖十年		知县褚宝建，有养正、景贤二斋
辋川书院	河南禹州	嘉靖十年		州人张鲲以清凉寺改
月川书院	湖南慈利	嘉靖十年		刘长春建，未报批革，万历中废
甲秀书院	广东陆丰	嘉靖十年		又名甲子书院，总督那彦建成
白沙书院	广东广州	嘉靖十年		侍御吴允祥建
宗山书院	广东潮州	嘉靖十年		薛侃建
合宗书院	四川合州	嘉靖十年		
晋溪书院	山西太原	嘉靖十一年		抚按三司为少保王琼（号晋溪）建
丽泽书院	山西翼城	嘉靖十一年		
罗阳书院	浙江泰顺	嘉靖十一年		推官魏一恭建
崇正书院	福建古田	嘉靖十一年		提学副使潘璜建，不存
东山书院	福建建宁	嘉靖十一年		知县江一桂建
清源书院	山东临清	嘉靖十一年		副使齐之鸾建
东峰书院	河南禹州	嘉靖十一年		知州刘魁建
仙棠书院	河南禹州	嘉靖十一年		知州刘魁建
白沙书院	河南禹州	嘉靖十一年		知州刘魁改西兴国寺建
岭表书院	广东信宜	嘉靖十一年	讲学	地方官为谪官典史程文德建
颐贞书院	广东英德	嘉靖十一年		知府何世伦建
宗山书院	广东潮州	嘉靖十一年		
岭表书院	广西梧州	嘉靖十一年		总督陶谐以总镇署改，嘉靖三十一年改察院
笔花书院	广西崇善	嘉靖十一年		
问津书院	河南叶县	嘉靖十二年		分守参政刘漳建

（续）

书院名称	位置	始建时间	性质	说明
绵山书院	山西翼城	嘉靖十二年		
修篁书院	江苏如皋	嘉靖十二年		
吕梁书院	江苏铜山	嘉靖十二年		
青云书院	安徽定远	嘉靖十二年		
崇贤书院	福建邵武	嘉靖十二年		知县曹察建
养正书院	福建邵武	嘉靖十二年		
梅园书院	江西大余	嘉靖十二年		兵备陶谐为刑部侍郎刘节建
白水书院	河南新野	嘉靖十二年		南汝道刘漳建
天中书院	河南汝阳	嘉靖十二年		
高幖书院	四川乐山	嘉靖十二年	各庠士子居业	巡按熊爵建
滹阳书院	河北藁城	嘉靖十三年		知县尹耕建
献陵书院	河北献县	嘉靖十三年		知县汪銮建
万春书院	河北献县	嘉靖十三年		
王官书院	山西永济	嘉靖十三年		
丽泽书院	山西洪洞	嘉靖十三年		分守参议道吴廷翰改泗州寺建
相观书院	山西洪洞	嘉靖十三年		参议吴廷翰以千佛寺改建
蒲阳书院	辽宁沈阳	嘉靖十三年		巡按御史常时平建，后废
西山书院	安徽怀远	嘉靖十三年		知县谢廷举奉巡按张惟恕建
真儒书院	安徽怀远	嘉靖十三年		知县郭翰屏建，清改县立高等小学
文昌书院	安徽怀远	嘉靖十三年	诸生讲学课艺	
南谯书院	安徽全椒	嘉靖十三年	讲学阐良知	给事中戚贤建
山泉书院	江西修水	嘉靖十三年		知州蒋芝建，又名凤山书院，万历中废
西湖书院	河南许州	嘉靖十三年		
笃志书院	河南汝南	嘉靖十三年		知府廖自显建，嘉靖四十年重建改名天中书院
锎山书院	河南禹州	嘉靖十三年		州人张鲲改清凉寺建
兴文书院	广东四会	嘉靖十三年		知县谢文南建

（续）

书院名称	位置	始建时间	性质	说明
中峰书院	贵州平越	嘉靖十三年		
徽山书院	甘肃耀州	嘉靖十三年		
贞文书院	河北安国	嘉靖十四年		知州孔天胤建
董子书院	河北泊头	嘉靖十四年		冯时雍建
龙门书院	山西太平	嘉靖十四年		
晋城书院	山西高平	嘉靖十四年		
正谊书院	江苏铜山	嘉靖十四年		
松台书塾	浙江永嘉	嘉靖十四年		郡人大学士张璁建
周氏义学	浙江绍兴	嘉靖十四年		邑人周廷泽建
紫山书院	浙江诸暨	嘉靖十四年	讲学	绍兴府推官陈让等建，钱德洪讲学
金华书院	安徽贵池	嘉靖十四年		知府陆冈建
仰止祠	安徽青阳	嘉靖十四年	讲学	化城寺内，隆庆令沈子勉讲学
会华书院	安徽贵池	嘉靖十四年		
中山书院	山东蒙阴	嘉靖十四年		公跻奎读书处
粤州书院	广东广州	嘉靖十四年		巡按戴璟改建
白山书院	广东广州	嘉靖十四年		一说嘉靖二十四年祭酒伦以训建
朋来书院	广东高州	嘉靖十四年		
腾蛟书院	广西横县	嘉靖十四年		永淳县知县方鹏建
阳明书院	贵州贵阳	嘉靖十四年	省城书院	巡抚王杏建，雍正时更名贵山书院
渭川书院	甘肃清源	嘉靖十四年		
崇义书院	甘肃巩县	嘉靖十四年		
石桥书院	山西原平	嘉靖十五年		尚书梁璟建，后改名崞阳书院
文节书院	江苏淮安	嘉靖十五年		
金石书院	江西上高	嘉靖十五年		御史尹敏生、教谕沈学建
青原会馆	江西吉安	嘉靖十五年		邹守益建
复古书院	江西安福	嘉靖十五年		程文德建，祀王守仁

（续）

书院名称	位置	始建时间	性质	说明
同寅书院	河南孟州	嘉靖十五年		知县胡大绅建
探花书院	广东兴宁	嘉靖十五年		知县方述鼎建
海北书院	广西灵山	嘉靖十五年		佥事王崇建
南山书院	贵州兴隆	嘉靖十五年		
董子书院	河北广平	嘉靖十六年		进士冯时雍建
文会书院	江苏南通	嘉靖十六年		同知舒缨建，嘉靖三十二年毁于倭寇
文湖书院	浙江嘉兴	嘉靖十六年	讲学	薛侃门人参议沈谧建，祀王守仁
青阳书院	湖北通城	嘉靖十六年		巡抚顾璘建
石岗书院	江西广昌	嘉靖十六年		吏部郎李乔建
明山书院	湖南芷江	嘉靖十六年	讲学	邑人马元吉建，祀薛瑄
端溪书院	广东肇庆	嘉靖十六年	省城书院	佥事李材建
甘泉精舍	广东博罗	嘉靖十六年		湛若水建
正学书院	江苏盐城	嘉靖十七年	文会	县丞胡鳌建，嘉靖三十七年倭乱改参将府
三友书院	江苏句容	嘉靖十七年		
泰山书院	江苏泰州	嘉靖十七年		
衢麓讲舍	浙江衢州	嘉靖十七年		知府李遂建，同门会讲，祀王守仁
绵江书院	江西瑞金	嘉靖十七年	居诸生	知县王钺建，祀王守仁
文清书院	湖南芷江	不详		薛瑄讲学处，明后期迁偏沅抚署右
武溪书院	湖南临武	嘉靖十七年		按察姜仪建，万历改为侑溪书院
崇文书院	广东清远	嘉靖十七年		佥事李文凤建，嘉靖二十三年何远述迁城内
弼唐精舍	广东博罗	嘉靖十七年		庞弼唐建
南隅书院	广西临桂	嘉靖十七年		义宁县知县蔡邦圮建于县城
仰止祠	江西南昌	嘉靖十八年	会讲	门人、提学副使徐阶建，祀王守仁
寿岩书院	浙江永康	嘉靖十九年	会讲	门人周桐、应典等建，祀王守仁
堵阳书院	河南方城	嘉靖十九年		焦辂建

（续）

书院名称	位置	始建时间	性质	说明
翁山书院	广东翁源	嘉靖十九年		
甘泉精舍	广东曲江	嘉靖十九年		知府符锡建
龟峰书院	广东乐昌	嘉靖十九年		知府符某、知县张坚建
翠峰书院	广东曲江	嘉靖十九年	祀知府符锡	又名颖江书院
翠峰书院	广东从化	嘉靖十九年		邑人黎贯建
挹清书院	辽宁铁岭	嘉靖二十年		兵备道黄云建，后废
龙渠书院	浙江永嘉	嘉靖二十年		王澈建
广阳书院	安徽石台	嘉靖二十年		知府曾仲魁建，又名长林书院
五经书院	安徽贵池	嘉靖二十年		知府建，隆庆改实学书院，万历改名储材书院
孤山精舍	福建邵武	嘉靖二十年		推官丁湛建
北山书院	江西新余	嘉靖二十年		晏若川建
正宗书院	江西黎川	嘉靖二十年	讲学	大司成王材讲学处，又名北田学舍
大成书院	山东肥城	嘉靖二十年		相传孔子晒书处，刘赞建，祀孔子
耀文书院	湖南芷江	嘉靖二十年		金继震等建，后废
锦石书院	广东仁化	嘉靖二十年		绅耆改建
混元书院	浙江青田	嘉靖二十一年	讲学	提学阮鹗扩建改为心极书院，祀王守仁
赤城书院	浙江临海	嘉靖二十一年		知府周志伟等建，清道光年间改名正学书院
邵阳书院	福建邵武	嘉靖二十一年		知府邢祉建
紫阳书院	江西南丰	嘉靖二十一年		知县向缟毁嘉济庙建
至道书院	山东济南	嘉靖二十一年		移建大明湖南，后改提督学院公署
崇正书院	河南封丘	嘉靖二十一年		知县文大才建
东皋书院	湖北武昌	嘉靖二十一年		教谕朱瓒建
崇正书院	四川井研	嘉靖二十一年		知县韩邦儒建
肇化书院	广西崇左	嘉靖二十一年		士民为前参政翁万达建，祀翁万达
正学书院	贵州贵阳	嘉靖二十一年		提学蒋信建，隆庆中废
广福书院	福建宁德	嘉靖二十二年		士民公建

（续）

书院名称	位置	始建时间	性质	说明
灵溪书院	福建宁德	嘉靖二十二年		
河滨书院	山东龙口	嘉靖二十二年	教学	知县贾璋改慧灯庵建
凤台书院	湖北武昌	嘉靖二十二年		谌谦为祈雨令汪玺建汪公祠
象山书院	广东新会	嘉靖二十二年		
文昌书院	广东潮阳	嘉靖二十二年		刘景韶建
慈湖书院	浙江石峡	嘉靖二十三年		提学阮鹗令吴三畏以道会司改
连山书院	江西安福	嘉靖二十三年		邹守益建
白沙书院	湖南衡山	嘉靖二十三年		湛若水建，献章寤寐衡山未至而祀
甘泉书院	湖南衡山	嘉靖二十三年	讲学	湛若水建，与衡士旷世嘉等讲学
阳明精舍	湖南沅陵	嘉靖二十三年	讲学	徐珊建于龙兴寺北，雍正年间改名虎溪书院
崇文书院	广东雷州	嘉靖二十三年		知府罗一鹫重建
秀峰书院	云南宾川	嘉靖二十三年		久废
紫阳书院	浙江丽水	嘉靖二十四年		
濂溪书院	湖北武汉	嘉靖二十四年	遴楚士讲习	都御史张雨以社圃亭建
白山书院	广东番禺	嘉靖二十四年		
仁山书院	广东中山	嘉靖二十四年		知县邓迁建
龙城书院	广西柳州	不详		
养正书院	广西北流	嘉靖二十四年		北流同知施宗谊建于城东，废
养正书院	广西博白	嘉靖二十四年		知县饶天显建于县署东，废
尚志书院	广西合浦	嘉靖二十四年		廉州知府胡鳌以府学建，又名复初书院
彭东书院	江苏徐州	嘉靖二十五年	诸生讲读	副使王梴建，为诸生讲读之所
养正书院	江苏铜山	嘉靖二十五年		
华山书院	江苏丰县	嘉靖二十五年		
石莲书院	江西吉水	嘉靖二十五年		罗洪先建
崇正书院	河南夏邑	嘉靖二十五年		知县郑相建
明道书院	河南扶沟	嘉靖二十五年		

（续）

书院名称	位置	始建时间	性质	说明
拱极书院	广东高州	嘉靖二十五年	聚六庠之秀	知州欧阳烈建
观澜书院	广东河源	嘉靖二十五年		知县黄锦建
崇文书院	广东河源	嘉靖二十五年		知县黄锦建
横槎书院	广东惠阳	嘉靖二十五年		
天池书院	海南澄迈	嘉靖二十五年		
澹庵书院	海南临高	嘉靖二十五年		
天池书院	海南澄迈	嘉靖二十五年		知县秦志道建
恒麓书院	河北深州	嘉靖二十六年		御史刘瑶建
文瑞书院	河北深州	嘉靖二十六年		
四贤书院	福建南平	嘉靖二十六年		范来贤建
丁溪书院	福建德化	嘉靖二十六年		知县褚东山建
尊道书院	江西高安	嘉靖二十六年	讲学	知县潘仲骖以广福寺改建
河东书院	江西德安	嘉靖二十六年	诸生肄业	知县蔡元伟建
清江书院	湖北宜都	嘉靖二十六年		知县陶师文建于儒学右
郧山书院	湖北郧阳	嘉靖二十六年		巡抚于湛建，又名龙门书院
汇川书院	广东大埔	嘉靖二十六年		知县曾广翰建
酒泉书院	甘肃酒泉	嘉靖二十六年		
通惠书院	北京通州	嘉靖二十七年		巡仓御史阮鹗建
白石书院	湖南临武	嘉靖二十七年		知县谭定礼建，祀桂阳太守蔡白石
云兴书院	江西万安	嘉靖二十七年	讲学	嘉靖四十三年建成，门人朱衡等建，祀王守仁
东武书院	山东诸城	嘉靖二十七年		知县祝天宝建
云兴书院	广东广州	嘉靖二十七年		王守仁门人万安同志建
天山书院	广东南海	嘉靖二十七年	讲学	邑人何维柏建并讲学
明经书院	广东韶关	嘉靖二十七年	讲学	门人知府陈大伦建
北城书院	广东潮阳	嘉靖二十七年		
肃州书院	甘肃肃州	嘉靖二十七年		

（续）

书院名称	位置	始建时间	性质	说明
凉州书院	甘肃凉州	嘉靖二十七年		
仰高书院	江西樟树	嘉靖二十八年		知府李檗建
芗林书院	江西樟树	嘉靖二十八年		
昌黎书院	江西宜春	嘉靖二十八年		徐栻以韩公祠改
瀛洲书院	山东蓬莱	嘉靖二十八年		知府周鳌建
濂溪书院	湖南桂阳	嘉靖二十八年		徐兆先以祠改，增讲舍，祀周敦颐
楼山书院	四川屏山	嘉靖二十八年		薛瑄讲学处，知府漆登建为书院
翠华书院	云南寻甸	嘉靖二十八年		
仰圣书院	江苏沛县	嘉靖二十九年		
嘉义书院	江苏溧阳	嘉靖二十九年	讲学	门人吏部主事史际建
崇正书院	福建长汀	嘉靖二十九年		知府陈洪范建
六一书院	江西永丰	嘉靖二十九年		张言建，祀欧阳修，孙欧阳云奉
东华书院	江西永新	嘉靖二十九年		知县徐衍祚建
崇正书院	山东高青	嘉靖二十九年		
白云书院	广东广州	嘉靖二十九年		士人为湛若水讲学而建
天关书院	广东广州	嘉靖二十九年		湛若水建
东郭书院	广西南宁	嘉靖二十九年		知府王贞吉以宣化城东十佛堂改
中郭书院	广西南宁	嘉靖二十九年		王贞吉以保平寺改，又名中坊书院、前坊书院
西郭书院	广西南宁	嘉靖二十九年		知府王贞吉以宣化西崇善祠改建
滏阳书院	河北磁县	嘉靖三十年		
洹阳书院	河北磁县	嘉靖三十年		
正学书院	河北宁晋	嘉靖三十年		御史蔡叆建
正学书院	河北磁县	嘉靖三十年		
水濂书院	安徽庐江	嘉靖三十年	士人论文讲艺	何汝璋建，教谕周以鲁聚徒讲习
松磐书院	山东梁山	嘉靖三十年		
龙州书院	湖南益阳	嘉靖三十年		知县刘激建

（续）

书院名称	位置	始建时间	性质	说明
杜陵书院	湖南耒阳	嘉靖三十年		
超然书院	甘肃临洮	嘉靖三十年		
东山书院	湖南邵阳	嘉靖三十一年		参议杨逢春建，祀周敦颐、张九成
南峰书院	云南楚雄	嘉靖三十一年		
龙冈书院	陕西勉县	嘉靖三十一年		
甘泉书院	甘肃甘州	嘉靖三十一年		乾隆二十四年知府冯祖悦等重建
心极书院	浙江青田	嘉靖三十二年		李楷以阮鹗颁《心问》改府馆
豸山书院	浙江景宁	嘉靖三十二年		知县钟夏嵩建
龙山书院	安徽安庆	嘉靖三十二年		知府李逊建，清乾隆间毁
安湖书院	安徽六安	嘉靖三十二年		知州邓向荣建，以资讲习，久废
同春书院	安徽太湖	嘉靖三十二年		
禹江书院	安徽宿松	嘉靖三十二年		
天山书院	江西永丰	嘉靖三十二年		梁汝元建
仰高书院	湖南湘阴	嘉靖三十二年		知县张灯建，明、清办学不断
崇文书院	海南琼山	嘉靖三十二年	张峻课多士	副使陈茂义建
陉山书院	河北井陉	嘉靖三十三年		知县苟文奎建
慈湖书院	浙江嵊州	嘉靖三十三年		提学阮鹗令知县吴三畏为杨简建
东楼书院	浙江嵊州	嘉靖三十三年		万历七年废
中兴书院	浙江东阳	嘉靖三十三年		
水西书院	安徽泾县	嘉靖三十三年	讲学	巡按闾东、知府刘起宗等建，祀王守仁
崇文书院	广东遂溪	嘉靖三十三年	集多士课艺	知县张天叙建
晋山书院	山西临汾	嘉靖三十四年		知府王楠建，设三太子祠祀徐铎等
杨林书院	安徽庐江	嘉靖三十四年	聚族党读书	邑绅朱绂建，清初已废
泮东书院	山东莱阳	嘉靖三十四年		知县牛山木建
调梅书院	湖北黄梅	嘉靖三十四年		知县张九一建
正学书院	广东广州	嘉靖三十四年		正学刘廷元建

（续）

书院名称	位置	始建时间	性质	说明
正学书院	广东南雄	嘉靖三十四年		知府高晃建
会英书院	广东英德	嘉靖三十四年		知县谌廷诏建
振德书院	海南儋州	嘉靖三十四年		知州潘时宜建
近圣书院	河北饶阳	嘉靖三十五年		
养正书院	江苏徐州	嘉靖三十五年		主事王应时因社仓拓为书院
樊川书院	浙江黄岩	嘉靖三十五年		
镜塘书院	浙江桐庐	嘉靖三十五年		
复初书院	安徽广德	嘉靖三十五年		提学御史赵镗建
养正书院	福建安溪	嘉靖三十五年		
紫阳书院	福建安溪	嘉靖三十五年		提学副使邹锐建
五经书院	福建漳州	嘉靖三十五年		
崇正书院	湖北蕲春	嘉靖三十五年	讲学	乡人顾阙建，沈宠建仰止祠祀王守仁
文龙书院	云南定远	嘉靖三十五年		
城南书院	湖南邵阳	嘉靖三十六年		参议李万实建，后废
仰湖书院	广东高要	嘉靖三十六年		都御史吴桂芳建
修文书院	广西武鸣	嘉靖三十七年		武缘县知县刘浩建于县署东
复真书院	江西安福	嘉靖三十七年		邑人公建，亦称复贞书院
射圃书院	江西湖口	嘉靖三十七年	诸生肄业	知县沈诏建
绪山书院	江西德兴	嘉靖三十七年		
讲德书院	浙江长兴	嘉靖三十七年		知县黄扆建
阳明书院	福建上杭	嘉靖三十七年		巡抚王时槐建
仰止书院	甘肃泾州	嘉靖三十七年		
英龙书院	河北大名	嘉靖三十八年		
二贤书院	江西德兴	嘉靖三十八年		裔孙并蒙斋、柳湖书院，祀程端蒙、程珙
文麓精舍	江西德兴	嘉靖三十八年	讲学	邹绪山主教，万历年间改名绪山讲院
志道书院	湖南宁远	不详		知县白世征重修

（续）

书院名称	位置	始建时间	性质	说明
三江书院	广东三水	嘉靖三十八年		知县陶守训建
龙潭书院	广东增城	嘉靖三十八年		湛若水建
洨滨书院	河北宁晋	嘉靖三十九年		御史蔡叆建
莲谷书院	浙江建德	嘉靖三十九年	讲学	国子助教洪鼐讲学处，李思悦建
萃和书院	江西泰和	嘉靖三十九年	讲学	邑人郭应奎辞官后倡建讲学
道乐书院	山东蓬莱	嘉靖三十九年		知府卢宣建
道东书院	山东蓬莱	嘉靖三十九年		
东山书院	河南浚县	嘉靖三十九年		知县葛慈重修
腹中书院	湖北仙桃	嘉靖三十九年		
武功书院	湖南靖州	嘉靖三十九年		参将黄焘建，祀有武功于靖州者
东山书院	湖南永州	嘉靖三十九年		
云中书院	山西大同	嘉靖四十年	生徒肄业	御史陈文燧建
龙浔书院	福建德化	嘉靖四十年		知县张大纲建
兴文书院	河南遂平	嘉靖四十年		知县翟孟道建
衡湘书院	湖南衡阳	嘉靖四十年		州士人建，祀知府蔡汝南
龙泉书院	云南楚雄	嘉靖四十年		
一庵书院	浙江湖州	嘉靖四十一年		御史张科令知府张邦彦建
佚名书院	江西赣县	嘉靖四十一年		太守黄扆建于金鲫池上
文忠书院	湖北老河口	嘉靖四十一年		知县郑蔓建，祀欧阳修
鳌山书院	湖南武冈	嘉靖四十一年	集优秀庠生	同知蒙大赉改鳌山祠成
宗濂书院	湖南永州	嘉靖四十一年	讲学	知府董翰建，推官万元吉讲学
储元书院	广东开建	嘉靖四十一年		
五云书院	云南祥云	嘉靖四十一年		兵备道沈乔建
育英书院	河北成安	嘉靖四十二年		知县杨沛建
碧阳书院	安徽黟县	嘉靖四十二年		竹溪谢廷杰建
虹东精舍	江西婺源	嘉靖四十二年	讲学	知府胡考建，又名虹东书院

（续）

书院名称	位置	始建时间	性质	说明
保山书院	云南保山	嘉靖四十二年		
集贤书院	陕西周至	嘉靖四十二年		
克斋讲舍	浙江衢州	嘉靖四十三年		郡守郑伯兴等建，邹守益等曾会讲
志学书院	安徽宣城	嘉靖四十三年	讲学	提学御史耿定向建，祀王守仁
揆文书院	宁夏	嘉靖四十三年		
群英书院	江西遂川	嘉靖四十三年		冯衡建
湘江书院	江西会昌	嘉靖四十三年	居来学者	知县沈桂与邑人赖贞捐建
道一书院	广东新兴	嘉靖四十三年		佥事李材建
紫阳书院	浙江杭州	嘉靖四十四年		在锦坞山，祀朱熹
兴贤书院	浙江桐庐	嘉靖四十四年		知县徐鉴建，后改名玉华、志学书院
六一书院	湖北宜昌	嘉靖四十四年		紫峰李一迪建，通志作欧阳修建
思诚书院	河北魏县	嘉靖四十五年		知县李栻建
昌文书院	江西萍乡	嘉靖四十五年		同知杨自治建
三台书院	四川宜宾	嘉靖四十五年		知府余良翰建
汲泉书院	云南太和	嘉靖四十五年		
朔方书院	甘肃灵州	嘉靖四十五年		
讲学书院	江苏苏州	嘉靖初		知府胡瓒宗建
历阳书院	安徽和县	嘉靖初		同知薛祖学改建，后废为桑园
山谷书院	安徽安庆	嘉靖初	祀黄庭坚	胡瓒宗建，毁于兵，顺治九年重建
独山书院	安徽凤阳	嘉靖初		
二良书院	安徽安庆	嘉靖初	诸生读书	知府胡瓒宗建，祀汉文翁、朱邑
近思书院	安徽安庆	嘉靖初		知府胡瓒宗建
竹泉书院	湖南湘潭	嘉靖初	暇则课士	知县高应祯建
集贤书院	湖南衡山	嘉靖初		彭簪建，祀韩愈、李泌、赵抃等
高吾精舍	湖南常德	嘉靖初	讲学	陈洪谟讲学处
五羊书院	广东广州	嘉靖初	讲学	提学魏校建，檄诸生有行者讲学

（续）

书院名称	位置	始建时间	性质	说明
晦庵书院	广东广州	嘉靖初		提学魏校令以仁皇寺改，祀朱熹塑像
濂溪书院	广东广州	嘉靖初		提学魏校令以观音阁改，祀周敦颐遗像
明道书院	广东广州	嘉靖初		提学魏校令以迎真观改，祀程颢像
伊川书院	广东广州	嘉靖初		提学魏校令以悟性寺改，祀程颐像
崇正书院	广东广州	嘉靖初	集全省志士	提学魏校以天竺寺改
文山书院	广东海丰	嘉靖初		提学使魏校建
西峰书院	广东海丰	嘉靖初		提学使魏校建
清明书院	广东海丰	嘉靖初		提学使魏校建
桂林书院	广东海丰	嘉靖初		提学使魏校建
凤山书院	广西藤县	嘉靖初		建于县治原东岳祠
海天书院	广西合浦	嘉靖初		廉州知府韩鸾建于合浦县无妙观后
锦屏书院	四川阆中	嘉靖初	郡庠	知府张思聪建
斗山书院	四川中江	嘉靖初		
恒阳书院	河北正定	嘉靖中		万历十年毁，改将军署，万历四十一年恢复
应龙书院	河北大名	嘉靖中		知县宋湘建
龙冈书院	河北邢台	嘉靖中		提学御史阮口建，后改名国士书院、连城书院
保极书院	河北涿鹿	嘉靖中		
水东书院	河北任丘	嘉靖中		
珍谟书院	河北任丘	嘉靖中		大学士李文康建
洺阳书院	河北威县	嘉靖中		
文明书院	河北霸州	嘉靖中		
兴贤书院	河北东光	嘉靖中		
后卫书院	河北密云	嘉靖中		
云州书院	河北赤城	嘉靖中		
西关书院	河北龙门	嘉靖中		

（续）

书院名称	位置	始建时间	性质	说明
孤竹书院	河北卢龙	嘉靖中	讲学	温景葵选士，严课程，清初已废
贞白书院	山西凌川	嘉靖中		
罗云书院	山西洪洞	嘉靖中		知县贺国定重建，改名云龙书院
陈氏书屋	山西永济	嘉靖中		处士陈道周建
养正书院	山西文水	嘉靖中		士绅建，清道光知县刘祖焕重建
景贤书院	山西介休	嘉靖中		赵讷有记
正学书院	山西运城	嘉靖中		御史余光建
知县书院	山西运城	嘉靖中		
相观书院	山西洪洞	嘉靖中		参议吴廷翰以千佛寺改建
东山书院	山西长治	嘉靖中		仇森仇朴兄弟建，有先师庙祀孔子
习武书院	辽宁辽阳	嘉靖中		御史胡文举建
华山书院	江苏沛县	嘉靖中		知县叶熣建
维扬书院	江苏扬州	嘉靖中	师儒讲肄	盐使雷应龙建
南轩书院	江苏句容	嘉靖中		改接待寺建
安石书院	江苏甘泉	嘉靖中		
富郑公书院	江苏泰州	嘉靖中		
江左书院	江苏句容	嘉靖中		知县周仕建
龙溪书院	江苏淮安	嘉靖中	课士校文	知府王凤灵建，后祀王凤灵
新泉书院	江苏江宁	嘉靖中	延四方之士	礼部侍郎湛若水建，万历初废
崇正书院	江苏江宁	嘉靖中		督学御史耿定向建，有学田，后无考
文正书院	江苏苏州	嘉靖中		
梧溪书院	江苏江阴	嘉靖中		
贵溪书院	江苏泰州	嘉靖中		
泗滨书院	江苏沛县	嘉靖中		
景贤书院	浙江嘉兴	嘉靖中		
方岩书院	浙江太平	嘉靖中		

（续）

书院名称	位置	始建时间	性质	说明
五峰书院	浙江永康	嘉靖中		
五溪书院	浙江淳安	嘉靖中		
龙山书院	浙江太平	嘉靖中		
浮沚书院	浙江永嘉	嘉靖中		
明德书院	浙江东阳	嘉靖中		陈亨同建
崇正书院	浙江东阳	嘉靖中		知县吴翰词建，久圮
善林书院	浙江永康	嘉靖中		应屏山建
瑞龙书院	浙江青田	嘉靖中		徐瑛建
仰屏书院	浙江永康	嘉靖中		周勤建
闻湖书院	浙江秀山	嘉靖中		
富春书院	浙江富阳	嘉靖中		按察签事焦煜建
华阳精舍	浙江瑞安	嘉靖中		郡人王叔果、叔皋建
中峰书院	浙江上虞	嘉靖中		董玘（号中峰）建
介庵书院	浙江平湖	嘉靖中		总督胡宗宪为陆淞（陆游兄）建
文毅书院	浙江黄岩	嘉靖中		礼部尚书黄绾建
石龙书院	浙江黄岩	嘉靖中		黄绾建，黄宗贤读书处
仙岩书院	浙江瑞安	嘉靖中		大学士张璁建，久毁
罗山书院	浙江瑞安	嘉靖中		大学士张璁建，久毁
赤石书院	浙江临安	嘉靖中		大学士袁炜建
吾溪书院	浙江淳安	嘉靖中	子姓肄业	徐楚建，后毁
吴山书院	浙江杭州	嘉靖中		
南屏书院	浙江临海	嘉靖中		冯凤池建
清漾书院	浙江江山	嘉靖中		毛氏建
庐山书院	浙江景宁	嘉靖中		吴学明建
明德书院	浙江景宁	嘉靖中		李鉴堂建
继志书院	浙江景宁	嘉靖中		吴九皋建

（续）

书院名称	位置	始建时间	性质	说明
景濂书院	浙江江山	嘉靖中		周积建
仰山书院	浙江江山	嘉靖中		知县黄纶建
崇文书院	浙江平湖	嘉靖中		知县陈一谦建，又名凤溪书院
涌泉书院	安徽寿县	嘉靖中		巡按御史杨瞻建
同春书院	安徽太湖	嘉靖中		知县罗汝芳建，后废
皖山书院	安徽潜山	嘉靖中		知府胡缵宗以天宁寺建，清初复寺
襄水书院	安徽全椒	嘉靖中		
天泉书院	安徽休宁	嘉靖中		湛若水讲学处，清道光间毁于兵
南山书院	安徽歙县	嘉靖中		
怀南书院	安徽寿州	嘉靖中		
同人书院	安徽天长	嘉靖中	与弟子讲读	邑人王心等建，顺治初复建，旋废
溪南书屋	安徽泾县	嘉靖中		御史董珆读书处，在中村
懋中书院	安徽六安	嘉靖中		知县周仕建
李白书院	安徽贵池	嘉靖中		
李白书院	安徽铜陵	嘉靖中		
李白书院	安徽石台	嘉靖中		
五经书院	安徽建德	嘉靖中		
云龙书院	安徽泾县	嘉靖中		焦职、方元鉴建，乾隆三十七年重建
丁公书院	安徽石台	嘉靖中		
蒲山书屋	安徽歙县	嘉靖中	教子若弟	郑玉后裔郑炳建
天都书院	安徽黄山	嘉靖中		邱振建，又名仙源书院、文峰书院
颍滨书院	安徽绩溪	嘉靖中	崇祯中课士	赵春建，祀苏辙，陈睿嫝课士
云谷文会	安徽绩溪	嘉靖中		程宠建
凤山书院	安徽宣城	嘉靖中	诸生讨论	训导王皞建，祀理学先儒
桐溪书院	安徽桐城	嘉靖中		胡缵宗移灵泉寺建，后易太霞宫建
梅林书院	安徽绩溪	嘉靖中		

（续）

书院名称	位置	始建时间	性质	说明
宛陵精舍	安徽宣城	嘉靖中		知县姜台建
正学书院	安徽合肥	嘉靖中		督学耿定向建，又名庐阳书院
独山书院	安徽怀远	嘉靖中		
文翁书院	安徽无为	嘉靖中		
青阳书院	安徽怀宁	嘉靖中		在余忠宣公祠内
太白书院	安徽太湖	嘉靖中		在余忠宣公祠内
安丰书院	安徽寿州	嘉靖中		知州王荣建，后废
崇正书院	福建福州	嘉靖中		督学副使姜宝建
寿泽书院	福建莆田	嘉靖中		知府朱兖建，不存
崇正书院	福建古田	嘉靖中		
荐山书院	福建武夷山	嘉靖中		
杭川书院	福建上杭	嘉靖中		
练堂书院	福建上杭	嘉靖中		
周潘书院	福建漳州	嘉靖中		
龙岩书院	福建龙岩	嘉靖中		知县胡景华建，废
石埭书院	福建龙岩	嘉靖中		士民公建
蘖山书院	福建古田	嘉靖中		
正学书院	福建古田	嘉靖中		又名探本书院
翠屏书院	福建古田	嘉靖中		同知朱世忠建
青山书院	福建古田	嘉靖中		
定夫书院	福建南平	嘉靖中		祀游酢
新罗书院	福建长汀	嘉靖中		
考亭书院	福建莆田	嘉靖中		
鳌江书院	福建同安	嘉靖中		总兵戚继光建
紫阳书院	福建仙游	嘉靖中		
阳明书院	福建武夷山	嘉靖中		

（续）

书院名称	位置	始建时间	性质	说明
栟榈书院	福建永安	嘉靖中		
新成书院	福建诏安	嘉靖中		知县吴桂改建
豫章书院	福建南平	不详		祀罗从彦，嘉靖废
镇山书院	福建尤溪	嘉靖中		知县钱贞建
忠礼书院	江西贵溪	嘉靖中		赐建，大学士夏言建
象麓草堂	江西贵溪	嘉靖中		夏言建
东山书院	江西上犹	嘉靖中		
鹅湖书院	江西永宁	嘉靖中		
澄清书院	江西赣县	嘉靖中		
佚名书院	江西宁都	嘉靖中	集诸生讲习	知县李梦周毁淫祠建书院
峨峰书院	江西井冈山	嘉靖中		知县陆时雍建
濂溪书院	江西于都	嘉靖中	讲学	何廷仁、黄弘纲、罗洪先讲学处
宁都书院	江西宁都	嘉靖中		知县陈大纶建
石鼓书院	江西东乡	嘉靖中		
东湖书院	江西新余	嘉靖中		晏氏建
紫阳书院	江西南城	嘉靖中		相缟建，祀朱熹，隆万中均重修
近圣会馆	江西安福	嘉靖中		邑人朱淑湘建
艺林书院	江西樟树	嘉靖中		
云邱书院	江西永丰	嘉靖中		
道一书院	江西南城	嘉靖中		
明德书院	江西南城	嘉靖中		
正宗书院	江西黎川	嘉靖中		
石冈书院	江西广昌	嘉靖中		
旭升书院	江西南康	嘉靖中		
浮州书院	江西鄱阳	嘉靖中		知府应鸣凤建
正学书院	江西吉水	嘉靖中		罗洪先建

（续）

书院名称	位置	始建时间	性质	说明
文明书院	江西吉水	嘉靖中		
前溪书院	江西安福	嘉靖中		刘教建
近圣会馆	江西安福	嘉靖中		朱叔相建
天香会馆	江西安福	嘉靖中		赵新建
石屋山房	江西安福	嘉靖中		彭簪建
云霞洞	江西安福	嘉靖中		刘阳建
梅园书屋	江西安福	嘉靖中		文晓建
崇正书院	江西永新	嘉靖中	讲学	尚书严台建，割田以给来学
西郊书院	江西高安	嘉靖中	讲学	廖暹建
福山书院	江西婺源	嘉靖中		知县吴镶建
求志书院	江西永丰	嘉靖中		邑人聂豹建，又名求志堂
南华书院	江西永新	嘉靖中		徐衍祚建
太极书院	江西永丰	嘉靖中		郭汝霖建
道学书院	江西婺源	嘉靖中		知县吴镶建
大成书院	江西乐安	嘉靖中		里人公建
圆通书院	江西乐安	嘉靖中		董燧建
雪峰书院	江西乐安	嘉靖中		董时望建
管峰书院	江西余江	嘉靖中		吴汝斯建
严家书院	江西贵溪	嘉靖中	讲学	徐樾讲学处，四方学者咸辏
弘斋书院	江西永修	嘉靖中	生儒肄业	宋李燔读书处，知县顾阳和建书院
龙光书院	江西南昌	嘉靖中		吴桂芳建
濂溪书院	江西九江	嘉靖中	诸生肄业	兵备道陈洪濛建
洪厓书院	江西南昌	嘉靖中		李迁建
闻讲书院	江西上饶	嘉靖中	讲学	夏言归建，祠朱熹
东窗义馆	江西靖安	嘉靖中	教乡族贫子弟	陈大鸿建
清溪书院	江西南昌	嘉靖中		喻南岳建

（续）

书院名称	位置	始建时间	性质	说明
莲槎书院	江西丰城	嘉靖中		李材建
罗山书院	江西丰城	嘉靖中		李遂建
剑东义馆	江西丰城	嘉靖中	教学	袁伯明建，捐田220亩
钤鹿书院	江西分宜	嘉靖中		严嵩建
香城书院	江西南昌	嘉靖中		谢廷杰建，并捐租以为会费
龙冈书院	江西南昌	嘉靖中	讲学	尚书吴桂芳讲学处
三峰书院	江西万载	嘉靖中		龙国臣建
凤鸣书屋	江西万载	嘉靖中		举人彭澄建
绿筠书屋	江西万载	嘉靖中		辛滔建
崇正书院	江西金溪	嘉靖中		知县冯元鼎建，祀朱熹、陆九渊
山谷书院	江西义宁	嘉靖中		
养正书院	山东郓城	嘉靖中		知县赵若唐建
奎山书院	山东长清	嘉靖中		李攀龙读书处
三泉书院	山东陵城	嘉靖中		
勉学书院	山东兖州	嘉靖中		
养正书院	山东兖州	嘉靖中		
承训书院	山东兖州	嘉靖中		鲁藩建，世宗赐名
愿学书院	山东茌平	嘉靖中		提学副使邹善建
崇德书院	山东泗水	嘉靖中		
正学书院	山东济宁	嘉靖中		
沂兰书院	山东沂水	嘉靖中		
奎山书院	山东日照	嘉靖中		
崇德书院	山东鱼台	嘉靖中		
居敬书院	山东曹县	嘉靖中		
棠湖书院	山东鱼台	嘉靖中		
康成书院	山东淄川	嘉靖中		

（续）

书院名称	位置	始建时间	性质	说明
李公书院	山东临朐	嘉靖中		
范公书院	山东青州	嘉靖中		
曾子书院	山东郯城	嘉靖中		
东流书院	山东东阿	嘉靖中		改洪福寺建，故址在今平阴
白泉书院	河南卫辉	嘉靖中		卫辉司理龙德孚修复
颍滨书院	河南禹州	嘉靖中		
东隅书院	河南西平	嘉靖中		都御史王浩建
韩文公书院	河南邓州	嘉庆中		嘉靖中参政刘漳迁址改名临湍书院
聚奎书院	河南荥阳	嘉靖中		知县彦芳建
主静书院	河南汤阴	嘉靖中	诸生肄业	知县卢学之以永通尼寺改建
南城书院	河南登封	嘉靖中		知县刘汝登建
临汝书院	河南郏县	嘉靖中		知县孙昺建
西溪书院	河南禹州	嘉靖中		州人户部侍郎任洛建
西湖书院	湖北孝感	嘉靖中		知府陈谟建，赵匡胤沽酒处
龙山书院	湖北江陵	嘉靖中		
上蔡书院	湖北应城	嘉靖中		
崇阳书院	湖北崇阳	嘉靖中		
阳明书院	湖北蕲春	嘉靖中		州人冯天驭建
辅仁书院	湖北麻城	嘉靖中	会讲	邑人周思久建，后废
道峰书院	湖北麻城	嘉靖中		知县陈子文为隐士道峰毛凤建
江汉书院	湖北武穴	嘉靖中		
印台书院	湖北随州	嘉靖中		
同仁书院	湖北潜江	嘉靖中		
文昌书院	湖北巴东	嘉靖中		
文澜书院	湖北归州	嘉靖中		
梦野台书院	湖南沔州	嘉靖中		

（续）

书院名称	位置	始建时间	性质	说明
让溪书院	湖南沅陵	嘉靖中		守道游正德建
濂溪书院	湖南长沙	嘉靖中	讲学	徐芳主讲
龙雁书院	湖南衡阳	嘉靖中		刘稳建
艮所书院	湖南桂阳	嘉靖中		何天禄建
清溪书院	湖南东安	嘉靖中		陈祥麟建
宗元书院	湖南江永	嘉靖中		康熙十四年令侯绥重建，易名濂溪书院
文昌书院	湖南新化	嘉靖中		佘杰建，清乾隆前改为洛伽庵
见山书院	湖南安仁	嘉靖中		桂萼建，世宗御书清趣、义理完具
潜龙书院	湖南城步	嘉靖中		
景行书院	湖南衡山	嘉靖中		
桃溪书院	湖南桃源	嘉靖中		
白石书院	湖南耒阳	嘉靖中	祠堂	马宣改祀郡守蔡汝楠，有庞公祠
南轩书院	湖南宁乡	嘉靖中		胡明善建于南轩墓右，旋废
妙华书院	湖南沅陵	嘉靖中		王世隆建
东廓书院	湖南衡山	嘉靖中	讲学	邹守益建
文昌书院	湖南衡山	嘉靖中	教学	知县彭簪建，明、清办学
靖忠书院	湖南岳阳	嘉靖中		知府沈奎建，明末毁
翠山书院	湖南沅陵	嘉靖中		董汉策建
云崖书屋	湖南茶陵	嘉靖中		指挥王廷爵建，后改名书院
奇甸书院	海南琼山	嘉靖中		丘濬建
石湖书院	海南琼山	嘉靖中		参政郑廷鹄建，清代废
仰止书院	广东龙川	嘉靖中		
镇海书院	广东广州	嘉靖中		王渐逵讲学处
虞山书院	广东潮州	嘉靖中		郡守汤啤建
高文书院	广东茂名	嘉靖中		高州知府吴国伦建
明经书院	广东曲江	嘉靖中		

（续）

书院名称	位置	始建时间	性质	说明
迂冈书院	广东广州	嘉靖中		伦以谅建
东山书院	广东长乐	嘉靖中		
观澜书院	广东陆丰	嘉靖中		
澹庵书院	广东新兴	嘉靖中		
泗水书院	广东茂名	嘉靖中		
培风书院	广东嘉应	嘉靖中		
涵江书院	广东博罗	嘉靖中		
赤山书院	广东广州	嘉靖中		尚书李侍问建
矩州书院	广东广州	嘉靖中		侍郎黄衷建
云谷书院	广东广州	嘉靖中		
独冈书院	广东增城	嘉靖中		湛若水建
莲洞书院	广东增城	嘉靖中		湛若水建
鳌峰书院	广东番禺	嘉靖中		李文建，湛若水讲学于此
大科书院	广东广州	嘉靖中		
石泉书院	广东广州	嘉靖中		
石头书院	广东广州	嘉靖中		
黄佐书院	广东广州	嘉靖中		
慎德书院	广东番禺	嘉靖中		霍韬建
长春书院	广东顺德	嘉靖中		邓浩建
平湖书院	广东雷州	嘉靖中		康熙二十五年知县郑俊捐修
高明书院	广东高州	嘉靖中		推官袁怡建
宝贤书院	广东化州	嘉靖中		知州毕敬立建
复所书院	广东英德	嘉靖中		杨起元建
中斋书院	广东潮州	嘉靖中		
乌石书院	广西横县	嘉靖中	讲学	吴时来建，以其号名悟斋
阳明书院	广西桂林	嘉靖中		布政使为宗沐建于城北

（续）

书院名称	位置	始建时间	性质	说明
静庵书院	广西崇善	嘉靖中		崇善县府城城隍庙右，祀知府胡世宁
丽泽书院	广西桂林	嘉靖中		布政使为宗沐建
明江书院	广西宁明	嘉靖中		知府张中正建
橘园书院	广西岑溪	嘉靖中		教谕李时建
左阳书院	广西崇左	嘉靖中		建于左州
思明书院	广西宁明	嘉靖中		祀解缙
崇正书院	广西合浦	嘉靖中		知府胡鳌以玄妙观改建
三贤书院	四川开县	嘉靖中		
崇仁书院	四川荣县	嘉靖中		
白云精舍	四川安县	嘉靖中		
斗山书院	四川中江	嘉靖中		
石鼓书院	四川东乡	嘉靖中		
集贤书院	四川万县	嘉靖中		
南溪书院	四川南溪	嘉靖中		
修文书院	四川洪雅	嘉靖中		
文明书院	四川长宁	嘉靖中		邑绅李仕清建
菁莪书院	四川达县	嘉靖中		
凝道书院	重庆巴南	嘉靖中		
龙州书院	四川富顺	嘉靖中		刘激建
五龙书院	四川犍为	嘉靖中		知县徐景元建，清乾隆十五年迁走
凤凰书院	四川犍为	嘉靖中		知县徐景元建
金泉书院	四川南充	嘉靖中		大学士陈以勤建
凌云书院	四川丰都	嘉靖中		
鹤楼书院	贵州都匀	嘉靖中		
紫阳书院	贵州镇远	嘉靖中		
鱼矶书院	贵州贵阳	嘉靖中		

（续）

书院名称	位置	始建时间	性质	说明
月潭书院	贵州兴隆	嘉靖中		
佚名书院	贵州普定	嘉靖中		
佚名书院	贵州安庄	嘉靖中		
云峰书院	云南安宁	嘉靖中		
玉泉书院	云南邓川	嘉靖中		清乾隆元年知州施震重建
桂林书院	云南太和	嘉靖中		
龙关书院	云南太和	嘉靖中		
玉龙书院	云南太和	嘉靖中		
桂香书院	云南太和	嘉靖中		
崇敬书院	云南太和	嘉靖中		
迤西书院	云南太和	嘉靖中		
桂香书院	云南禄丰	嘉靖中		
点苍书院	云南澄江	嘉靖中		
正学书院	云南保山	嘉靖中		
北池书院	云南元江	嘉靖中		
萃华书院	云南寻甸	嘉靖中		
商山书院	陕西商州	嘉靖中		
华山书院	陕西华州	嘉靖中		
紫薇书院	河北南宫	嘉靖末		胡嘉谟建
鸡鸣书院	山西岢岚	嘉靖末		兵宪王学谟建，又名芦阳书院
罗原书屋	江西南昌	嘉靖末		罗从彦故居，万思默建
崇德书院	江西南昌	嘉靖末		里人高则益建
象山书院	江西金溪	嘉靖末	讲学	程秀民以西升寺改建，祀陆九渊
秀江书院	江西宜春	嘉靖末	课士	以籍没严嵩家产改
东园书院	江西黎川	嘉靖末	讲学	
廪山精舍	江西黎川	嘉靖末	书斋	邓元锡、江如僧、张之奇等读书处

（续）

书院名称	位置	始建时间	性质	说明
为仁书院	贵州思南	嘉靖末	时集郡士课艺	邑人李渭讲学为仁堂，知府建书院
成德书院	江西湖口	嘉靖末		宋儒学址，署县同知吴淞建
讲易庵	湖北蕲春	嘉隆间		州人顾问建
文石书院	浙江江山	嘉隆中		毛应思建
郑氏义学	浙江龙泉	隆庆元年		义民郑佳建，置田赡士
紫阳书院	浙江定海	隆庆元年		
喻义书院	安徽泾县	隆庆元年		知县刘世亨建，明代废
清漳书院	福建龙海	隆庆元年		知府唐九德建，废
西原会馆	江西吉安	隆庆元年	教学	王时槐建，季月小会，九月大会
学道书院	山东武城	隆庆元年		知县金守谅移弦歌书院建
弘道书院	广东南雄	隆庆元年	拔俊才修业	知府周思久建
友仁书院	广西藤县	隆庆元年		同知何文绍建
三台书院	四川叙州	隆庆元年		
云兴书院	江西万安	隆庆二年		知县王圻建
明经书院	江西樟树	隆庆二年		知府管大勋建
南台书院	江西南丰	隆庆二年		知县金文业、教谕王栋捐俸建
养志书院	山东昌邑	隆庆二年		学道邹善建，汉逄萌故祠
太邱书院	河南永城	隆庆二年	诸生月试日课	左思明以旧驿站改，祀汉陈寔
沐川书院	四川屏山	隆庆二年		知府吴宗尧建
镇山书院	江苏沛县	隆庆三年		
正学书院	安徽太湖	隆庆三年		知县萧复阳建，后废
明经书院	江西樟树	隆庆三年		
正学书院	河南汝南	隆庆三年		知府史桂芳建
紫阳书院	湖南靖州	隆庆三年		知州黄镆建，祀朱熹，久废
育贤书院	河北滦州	隆庆四年		推官辛如金建
江苏书院	江苏铜山	隆庆四年		

（续）

书院名称	位置	始建时间	性质	说明
北寨书院	山西大宁	隆庆五年		知县邵蕙建于北寨
崇正书院	江苏淮阴	隆庆五年	诸生肄业	张性诚以如意庵改，天启间圮
狮山书院	浙江淳安	隆庆五年		宋詹骙故居，吴扮谦建，又名五狮书院
道山书院	福建福州	隆庆五年		按察使邹善建，不存
东山书院	广东五华	隆庆五年		按察使张子宏建
北平书院	河北卢龙	隆庆六年		知府辛应乾建
朐阳书院	江苏海州	隆庆六年		
鸡鸣书院	浙江龙游	隆庆六年		
绿筠书院	福建永定	隆庆六年		
绿筠书院	福建武平	隆庆六年		
濂溪书院	江西安远	隆庆六年		知县周昶建
太平书院	江西安远	隆庆六年		知县周昶建，清初改为公馆
扶义书院	山东东明	隆庆六年		知县张正道建
黄池书院	河南内黄	隆庆六年		知县黄克念建
养正书院	福建漳州	隆庆六年		知府罗青霄建
冠山书院	广东澄海	隆庆六年		蔡南建，顺治、康熙、嘉庆重修
明德书院	贵州石阡	隆庆六年		知府吴维京建，又名龙川书院
崇德书院	河北肥乡	隆庆中		知县李栻建
龙城书院	江苏常州	隆庆中	选诸生秀者课	知府施观民建，清代犹存
崇正书院	江苏清河	隆庆中		
爱溪书院	江苏江阴	隆庆中		
敬简书院	江苏邳州	隆庆中		
毓峰书院	江苏海州	隆庆中		
凤池书院	浙江遂昌	隆庆中		知县池浴德建
正心书院	湖北宜都	隆庆中		朱熹、周宗武毁淫祠改书院
紫阳书院	浙江定海	隆庆中		参将梅魁建

（续）

书院名称	位置	始建时间	性质	说明
瀛山书院	浙江遂安	隆庆中		
天心书院	浙江平湖	隆庆中	陆氏义塾	
正蒙书院	安徽泾县	隆庆中		知县刘世亨建，后废
湖南书院	安徽芜湖	隆庆中		
钟山书院	福建莆田	隆庆中		知县祝世乔建
道南书院	福建永安	隆庆中		邑人杨震威建
崇正书院	福建建阳	隆庆中		
复礼书院	江西安福	隆庆中		邑人刘元卿倡建
宝修书堂	江西丰城	隆庆中		参议徐用检建
江阳书院	江西吉水	隆庆中		祀罗洪先
桂山书院	江西上饶	隆庆中		分守道尚德恒建
忠礼书院	江西上饶	隆庆中		知府钱藻建，清初为饯送乡试之所
洪崖书院	江西新建	隆庆中		
罗溪书院	江西南昌	隆庆中		邓文洁建
鹿溪书院	江西南昌	隆庆中		喻均建
枥山书院	江西南昌	隆庆中		熊口建
观礼书院	山东莱芜	隆庆中		又名垂阳书院
笔山书院	广东茂名	隆庆中		
西林书院	四川营山	隆庆中		知县王廷稷建
凤山书院	四川井研	隆庆中		教谕谈其凤建，康熙八年名来凤书院
斗坤书院	贵州思南	隆庆中		佥事周以鲁建，清乾隆间废
文昌书院	云南易门	隆庆中		
梅谷书院	云南晋宁	隆庆中		
泊阳书院	云南安宁	隆庆中		
海春书院	云南昆明	隆庆中		
佚名书院	云南三泊	隆庆中		

（续）

书院名称	位置	始建时间	性质	说明
见湖书院	云南蒙自	隆庆中		
澄心书院	云南澄江	隆庆中		
复性书院	云南鹤庆	隆庆中		
金华书院	云南剑州	隆庆中		
文明书院	云南禄丰	隆庆中		
龙峰书院	江苏砀山	万历元年		
会文书院	浙江建德	万历元年		知府陈文焕建
翁氏义学	浙江隆庆	万历元年		邑人翁景瑗建
南郭云庄	江西广昌	万历元年	讲习	都御史何源藏书讲习处
见泰书院	山东长清	万历元年		知府罗近芳建
云门书院	山东平阴	万历元年		参政孙琉建
阳春书院	湖北潜江	万历元年		
宗濂书院	湖南蓝山	万历元年		郑之韶建，乾隆间易名三蓝书院、鳌山书院
正学书院	湖南蓝山	万历元年		县令郑之韶建
端溪书院	广东高要	万历元年		佥事李材建
古筠书院	广东新兴	万历元年		
桂邑书院	广西桂平	万历元年		创建于桂平县城东勉面
念斋书院	浙江会稽	万历二年		郡人陶允宜建
志学书院	浙江桐庐	万历二年		知县徐鉴建
复初书院	浙江东阳	万历二年		知县赵善政建
会濂书院	湖南宁远	万历二年		知县蔡光建，后废
鼍峰书院	广东阳江	万历二年		佥事李材建
仰高书院	四川奉节	万历二年		
正心书院	江苏句容	万历三年		
凌云书院	江苏宿迁	万历三年	集诸生会文	知县喻文伟建
光岭书院	湖南攸县	万历三年		知县徐希明重建，明代办学，后废

（续）

书院名称	位置	始建时间	性质	说明
大观书院	湖北监利	万历三年		知县李纯朴建，又名容城书院
环溪书院	四川蓬溪	万历三年		
蓬莱书院	四川蓬溪	万历三年		知县李建中建
松阳书院	河北灵寿	万历四年		知县张照建
旧书院	河北冀州	万历四年		
崇正书院	河北文安	万历四年		知县王湘建
范志云书院	河北冀州	万历四年		知州赵宋建
蓉城书院	安徽青阳	万历四年		
鹿苹书院	安徽绩溪	万历四年		知县陈嘉策建
临城书院	安徽青阳	万历四年		苏万民建，又名蓉城会文馆
云门书院	山东青州	万历四年		
叠山书院	湖北阳新	万历四年		
崇正书院	湖南宁远	万历四年		
敬业书院	河北灵寿	万历五年		知县张照建
陵云书院	江苏宿县	万历五年		
联云书院	江西湖口	万历五年		知县陈启明改小学建
凤鸣书院	浙江桐庐	万历五年	诸生会课	知县李绍贤建，又名凤鸣高阁
新建书院	浙江青田	万历五年		知县梅时雨以旧府馆建
鸣阳书院	广西贺州	万历五年		平乐府通判程世寀建
凤原书院	山西沁水	万历六年		
崇正书院	浙江景宁	万历六年		知县林乔松建
借山书院	广东阳江	万历六年		沈继山建
讲易书院	四川邛崃	万历六年		
相圃书院	浙江遂昌	万历七年		知县钟宇淳建
青山书院	安徽当涂	万历八年		知府钱立建，后移天门书院址
文江书院	江西吉水	不详		

（续）

书院名称	位置	始建时间	性质	说明
龙德书院	广东广州	万历八年		知县冯渠建
文清书院	河北元氏	万历九年	祀薛瑄	周诗建，薛瑄出生地，清初改祠
涑水书院	山西夏县	万历九年		
景韩书院	广东澄海	万历九年		同知何敢建，清康熙、乾隆间重修
昂霄书院	广西贺州	万历九年		拔贡毛翊建
西口书院	江苏盐城	万历十年		清顺治七年改为守备署
艇湖书院	浙江嵊州	万历十年		邑人王嘉相建
云龙书院	江西武宁	万历十一年		知县陈子佩建
仁文书院	江西吉水	万历十一年	讲学	邹元标讲学处，知县徐学聚建
白公书院	山西汾阳	万历十二年		
五云书院	浙江绍兴	万历十二年		后改为云衢书院
文昌书院	湖南祁阳	万历十二年		进士邓球建，道光二十年令迁改永昌书院
瑞云书院	广东阳春	万历十二年		
南中书院	云南姚安	万历十二年		
文明书院	陕西乾州	万历十二年		
籍山书院	安徽南陵	万历十三年		沈尧中建，后改为县丞署
凤鸣书院	福建罗源	万历十三年		知县陈应凤建
九龙书院	湖南衡山	万历十三年		知县单廷礼建，清废
凤山书院	四川岳池	万历十三年		
华阳书院	江苏江宁	万历十四年		学使熊廷弼建
龙山书院	湖南沅陵	万历十四年		郡守赵健建
岑山书院	山西静乐	万历十五年		御史陈登云、督学王守城建
鹿山书院	浙江嵊州	万历十五年	讲学	邑人袁日新建
仰止书院	福建龙岩	万历十五年		
志学书院	广东电白	万历十五年		知县魏钟宁建
起秀书院	广东遂溪	万历十五年		知县欧阳豪建

（续）

书院名称	位置	始建时间	性质	说明
老丰山书院	安徽滁州	万历十六年		
文峰书院	广东高要	万历十六年		知府郑一麟建
敬亭书院	安徽宣城	万历十七年		知府廖恒吉建，万历二十六年改名正学
待学书院	安徽宣城	万历十七年	祀王守仁	陈公相建，置养士田，万历二十六年改名正学
大清书院	山东东营	万历十七年		
敬学书院	陕西安定	万历十七年		
绵山书院	山西介休	万历十八年		
泰东书院	江苏丹阳	万历十八年		分运周汝登建，清康熙五十七年重建
泰东书院	江苏东台	万历十八年		
营道书院	广东广州	万历十八年		
青螺书院	贵州毕节	万历十八年		兵备道陈性学建，后废
佚名书院	贵州毕节	万历十八年		
乐天书院	河北临城	万历十九年		乔辅世建
函阳书院	山西高平	万历十九年		
宝阴书院	浙江慈溪	万历十九年		冯柯建
识仁书院	江西安福	万历十九年		吴应明同士民公建
昌黎书院	河南沁阳	万历十九年	祭祀	知府彦启东建，即韩文公庙
怀仁书院	河南沁阳	万历十九年		推官王如坚改察院，清初恢复
宏道书院	河南光山	万历十九年		礼部侍郎蔡毅中建
贵生书院	广东徐闻	万历十九年		知县熊敏建
崇德书院	陕西岐山	万历十九年		
还古书院	安徽休宁	万历二十年	讲学 .	知县祝世禄等建，祀朱熹
霞源书院	江西婺源	万历二十年		知县朱一桂建
讲书堂	北京密云	万历二十一年		知县康丕扬建
道东书院	江西安福	万历二十一年		刘叔堂建，祀李时勉、刘廉等
高士书院	江西宜春	万历二十一年		提学钱槚、知府高为表建，祀袁京

（续）

书院名称	位置	始建时间	性质	说明
兴贤书院	江西德兴	万历二十一年	课士	知县何镤建，捐俸市田20亩
志道书院	江西山阴	万历二十一年		
白檀书院	北京密云	万历二十二年		知县康丕扬建
缑城书院	浙江宁海	万历二十二年		知县王演畴建
四贤书院	江西奉新	万历二十二年		知县冯烶建
共学书院	福建福州	万历二十二年		巡抚许孚远以怀安旧学改
缑城书院	浙江宁海	万历二十二年		知县王演畤改崇圣观建
欧山书院	福建南靖	万历二十二年		
文昌书院	河南浚县	万历二十二年		知县宁时镆建
颖滨书院	河南禹州	万历二十二年		知州史邦载建
南皋书院	贵州都匀	万历二十二年		
旭山书院	江西南康	万历二十三年	率诸生课艺	知县汪承爵建
同文书院	广东清远	万历二十三年		
庆云书院	广东高要	万历二十三年		总督戴耀建
南征书院	广东罗定	万历二十三年		州同张嘉正建
蔚文书院	广东文昌	万历二十三年		
玉阳书院	海南定安	万历二十三年		贺沚建，嘉庆改名蔚文书院
连龙书院	安徽来安	万历二十四年		知县冷起元建，旋废
见罗书院	福建武夷山	万历二十四年		提学徐即登建，又名星村精舍
重华书院	山东菏泽	万历二十四年		知州李天植建，祀舜
花坛书院	河南商城	万历二十四年		知县范应宾建
兴文书院	广西玉林	万历二十四年		兵巡道徐大任建，改提学行署
佚名书院	海南东方	万历二十四年	课士	感恩知县朱景和建
兴文书院	贵州施秉	万历二十四年		
天门书院	河北沧州	万历二十五年		运使何继高、知州卢廷选建
受川书院	山西寿阳	万历二十五年		知县郑金建，初名寿阳书院

（续）

书院名称	位置	始建时间	性质	说明
受川书院	山西平定	万历二十五年		
同仁书院	安徽繁昌	万历二十五年		知县吴绩建
丽阳书院	江西乐平	万历二十五年	教学	知县金忠士建
咸平书院	河南通许	万历二十五年		潘文由育英书院改建
储元书院	广西宜州	万历二十五年		同知陈尧钦建于庆元府学旁
天泉书院	广东惠州	万历二十五年	讲学	参议周应治建，月四会，讲学
正谊书院	广东吴川	万历二十五年		知县周应鳌建
江阳书院	广东吴川	万历二十五年		知县周应鳌建，后改为双峰寺
洎阳书院	江西乐平	万历二十六年		义民王邦本建
崇仁书院	山东德州	万历二十六年		
丽泽书院	广东信宜	万历二十六年		知县周世臣建
天门书院	河北临城	万历二十七年		
图南书院	江苏溧水	万历二十七年		
虎林书院	浙江杭州	万历二十七年		巡抚甘士阶建，康熙二十七年重建
崇文书院	浙江杭州	万历二十七年		御史叶永盛建
铎阳书院	广东高要	万历二十八年		知府陈濂建
儒溪书院	贵州绥阳	万历二十八年		
海门书院	浙江嵊州	万历二十九年	讲学	周汝登建，门人余懋孳改名宗川书院
长春书院	浙江嵊州	万历二十九年		州倅尹如度建，天启五年废
宗传书院	浙江嵊州	万历二十九年		
崇正书院	河南淮阳	万历二十九年		由知德书院改建
范文正公书院	河南商丘	万历二十九年		
正宗会馆	湖北黄冈	万历二十九年	祀周程程	邑人王升建，一名王公书院
旧书院	广东德庆	万历二十九年		
瀛洲书院	河北南皮	万历三十年		李正华建，乾隆三十六年改名清风书院
敷文书院	河南唐河	万历三十年		以文昌阁改

（续）

书院名称	位置	始建时间	性质	说明
正学书院	福建将乐	万历三十年		知县傅宗皋建，又名五经书院
阳明书院	江西九江	万历三十年	选诸生肄业	兵备道葛寅亮建，祀王守仁
明学书院	江西庐陵	万历三十年		
中道会馆	江西安福	万历三十年		士民公建
文会书院	广东雷州	万历三十年		守道袁茂英建
文昌书院	广东雷州	万历三十年		
养正书院	广西大新	万历三十年		
文昌书院	山西汾阳	万历三十一年		
仁文书院	浙江嘉兴	万历三十一年		推官曹光德建，祀薛瑄、胡居仁等
九曲书院	福建邵武	万历三十一年		推官赵贤意建
观澜书院	江西峡江	万历三十一年		
鸿飞书院	江西兴国	万历三十一年		知县何应彪建
游梁书院	河南开封	万历三十一年		巡抚方大美重修设书院，祀孟子等
欧阳公书院	河南滑县	万历三十一年		王廷谏建，又名欧阳文忠书院
启运书院	河南济源	万历三十一年	教学	知县史记言建，集多士督课饩养之
南湫书院	湖南安仁	万历三十一年		谢之蕃建，乾隆四十八年易名宜溪书院
景星书院	广东高要	万历三十一年		总督戴耀建
明德书院	上海嘉定	万历三十二年		韩浚建，天启四年毁，崇祯元年复
尚友书院	山西壶关	万历三十二年		方应明建，清乾隆间改为壶林书院
崇儒书院	江苏宜兴	万历三十二年		
圭山书院	浙江丽水	万历三十二年		
明诚书院	上海嘉定	万历三十二年		
栖贤书院	江西进贤	万历三十二年		
兴文书院	陕西	万历三十二年		
文明书院	浙江东阳	万历三十三年		中兴郭一鹗建
程程书院	河南偃师	万历三十三年		知县吕纯如建

（续）

书院名称	位置	始建时间	性质	说明
莲池书院	广东新兴	万历三十三年		
上谷书院	河北清苑	万历三十四年		
松水社堂	浙江长兴	万历三十四年		知县熊明遇建
箬溪书院	浙江长兴	万历三十四年		知县熊明遇建
雄凤鸣书院	福建邵武	万历三十四年		诸生公建
金山书院	湖南攸县	万历三十四年		洪云蒸改金仙观而成
聚奎书院	浙江象山	万历三十五年		知县周官建
南园书院	江西广昌	万历三十五年		黄太次建
龙门书院	江西石城	万历三十五年		知县黄廷凤建
龙门书院	江西于都	万历三十五年		
会田书院	山东金乡	万历三十五年		
太华书院	陕西华阴	万历三十六年		
聚星书院	河北蠡县	万历三十七年		知县曹昕建
瞻淇书院	广东高要	万历三十七年		知县江中楠建
同文书院	广东会同	万历三十七年		
应台书院	海南琼海	万历三十七年		叶中声建，崇祯年间改名同文书院
琴堂书院	重庆涪陵	万历三十七年		
关中书院	陕西西安	万历三十七年		
熊公书院	广东高明	万历三十八年		
鹤山书院	上海松江	万历三十九年		建祠祀方孝孺，后改名求忠书院
大中书院	贵州思南	万历三十九年		通判陈以跃建，清雍正十一年改名中和书院
文学书院	山西芮城	万历四十年		赵廷琰建，又名子夏书院
见龙书院	山西保德	万历四十年		知州胡柟建，通志不存
江干书院	江苏南京	万历四十年		邑国子生沈自明建
华阳书院	江苏句容	万历四十年	延师讲授	学使熊廷弼建
崇文书院	福建诏安	万历四十年		生员陈王教建

（续）

书院名称	位置	始建时间	性质	说明
云门书院	山东诸城	万历四十年		
弘仁书院	河南鄢陵	万历四十年	讲学	知县张舜典建，置经史数千卷
笔山书院	广东高州	万历四十年	郑之珖课士	知府曹志遇建
四知书院	陕西华阴	万历四十年		
安乐书院	海南琼海	万历四十一年		知县刘叔鳌建
紫金书院	河北武安	万历四十二年		知县李椿茂建
映奎书院	山西阳城	万历四十二年		
董颜书院	山东德州	万历四十二年		马明瑞建，祀董仲舒、颜真卿等
历山书院	山东济南	万历四十二年		巡盐御史毕懋康为同年李攀龙建
起秀书院	广东雷州	万历四十二年		
云从书院	河北抚宁	万历四十三年		知县王台建
文昌书院	江苏南京	万历四十三年		
文昌书院	浙江浦江	万历四十三年		黎洪道建，又名仙华书院、浦阳书院
怀溪书院	江西瑞昌	万历四十三年		知县陈鼎建
长春书院	江西兴国	万历四十三年		知县吴宗周建
苏泉书院	广东琼山	万历四十三年		
蓬山书院	广东高要	万历四十三年		区大伦建
粟泉书院	海南琼山	万历四十三年		琼台郡守街继科建
白眉精舍	山西保德	万历四十四年		知州胡枘建
大观轩	湖北钟祥	万历四十四年	诸生肄业	顺治十八年改名文昌书院
沧溪书院	广东高要	万历四十四年		区大伦建
香林书院	广西宜州	万历四十四年		
崇宁宫书院	河北	万历四十五年		
两河书院	江西景德镇	万历四十五年		陈大绶等共建
青莲书院	山东平原	万历四十五年		知县周淳建
碧霞书院	湖北安陆	万历四十五年		

（续）

书院名称	位置	始建时间	性质	说明
安次书院	河北廊坊	万历四十六年		知县陆燧建，又名金台书院
景濂书院	安徽来安	万历四十六年	集诸生讲习	周之冕建，有说万历十六年周海门建
鲖阳书院	河南新蔡	万历四十六年		潘曾纮建
龙首书院	广东潮阳	万历四十六年		知县朱本建
南山书院	广西容县	万历四十六年		侯应遴改为思贤堂，祀元结等
问以书院	陕西铜川	万历四十六年		
上党书院	山西长治	万历四十七年	延绅士会讲	知府陈儒建
壶峰书院	江西信丰	万历四十七年		知县朱于玉建
思皇书院	江西于都	万历四十八年		知县赛启皋建
梧阳书院	广西梧州	万历四十八年	教十属生徒	知府陈鉴建于府治南门外，废
三希书院	河南灵宝	万历四十八年		知县黄之志建
求仁书院	江西泰和	万历初		胡直建，又名求仁书舍
洗堂	江西南昌	万历初	讲学	章潢建讲学
至道书院	山东历城	万历初		
重华书院	山东曹县	万历初		
岘山书院	湖北襄阳	万历初		改名岘山书院，原名昭明书院
汉东书院	湖北随州	万历初		知州王纳言以旧学建，又名擒珠书院
文昌书院	湖南资兴	万历初		训导王似建，乾隆十九年易名汉宁书院
文昌书院	广东兴宁	万历初		训导王似建，又名汉宁书院
闻道书院	北京通州	万历中		御史马经纶建，又名马闻道书院
文昌书院	河北秦皇岛	万历中	教俊彦	山海关兵部主事邵可立购古今异书
漳阳书院	河北临漳	万历中		知县丁允亨建
建才书院	河北临漳	万历中		知县赵友琴建
清晖书院	河北广平	万历中		
洹阳书院	河北魏县	万历中		知县章正岳建
兴文书院	河北涉县	万历中		知县王启疆建

（续）

书院名称	位置	始建时间	性质	说明
镇城书院	山西文水	万历中		
龙吟书院	山西临汾	万历中	讲学	明末桑拱扬曾讲忠孝
霍山书院	山西霍县	万历中	集庠彦肄业	知州褚相建，又名正学书院
鄂山书院	山西乡宁	万历中		
云邱书院	山西乡宁	万历中		
体仁书院	山西晋城	万历中		知州王所用建
体仁书院	山西泽州	万历中		
共学书院	山西长治	万历中		崇祯中易名文昌书院
明道书院	山西晋城	万历中		知州王所用建
张公书院	山西晋城	万历中		知州王所用建东西学舍
明道书院	江苏宜兴	万历中		史孟麟讲址，喻致知建，天启毁
建中书院	江苏沛县	万历中		
文昌书院	江苏江宁	万历中		助教许令典就国学文昌阁建
正学书院	江苏淮安	万历中		
志道书院	江苏淮安	万历中	聚绅士论学	推官曹于汴建
五山书院	江苏南通	万历中		知州林云程建
三贤书院	江苏溧水	万历中		
龙城书院	江苏武进	万历中		
正学书院	浙江杭州	万历中		
三胜书院	浙江景宁	万历中		知县角韶建
鹤溪书院	浙江景宁	万历中		知县姜师闵建
鞍山书院	浙江遂昌	万历中		
宾兴书院	浙江淳安	万历中		知县萧元冈建，原名鹿鸣书院
龙山书院	浙江淳安	万历中		进士方学龙建
复初书院	浙江余姚	万历中		
正学书院	浙江杭州	万历中		

（续）

书院名称	位置	始建时间	性质	说明
崇文书院	浙江杭州	万历中		
蓉峰书院	浙江金华	万历中		
鸡鸣书院	浙江台州	万历中		
魁峰书院	浙江平阳	万历中		
三益书院	浙江江山	万历中		赵洙建
荷塘书院	浙江浦江	万历中		叶有声建
彭山书院	浙江东阳	万历中		许一元建
定志书院	浙江衢州	万历中	有士行者肄业	祀张元卿
青峒书院	浙江衢州	万历中		方应祥建
求仁书院	安徽芜湖	万历中		知县廖同春建
铜阳书院	安徽桐城	万历中		
崇文书院	安徽歙县	万历中		
兰山书院	安徽泾县	万历中		
兰台书院	安徽建德	万历中		
喻义书院	安徽东流	万历中		
青云会馆	安徽六安	万历中	诸生肄业	知州杨际会生祠
龙溪书舍	安徽泾县	万历中		汪淳祐建，清乾隆四十年重修
蓝山书院	安徽泾县	万历中		水西讲会诸人建
赤麓书院	安徽泾县	万历中	讲学	何廷魁建，规模仿水西书院
同仁会馆	安徽宣城	万历中		邑人施宏猷等建
大观书院	安徽全椒	万历中		杨于庭建，明末废为民居
桶阳书院	安徽桐城	万历中		知县王廷试建
明德书院	安徽舒城	万历中		邑举人祝有年建，后废
正学书院	安徽灵璧	万历中		知县钟大章建，清道光中重修
石丈斋	安徽绩溪	万历中		葛应秋建，有石笋高二丈余而得名
兰台书院	安徽贵池	万历中		知县徐金星建，清咸丰间毁

（续）

书院名称	位置	始建时间	性质	说明
望阳书院	安徽全椒	万历中		周汝登等建，清乾隆间改名襄水书院
龙山学舍	福建长汀	万历中		知府万振孙建
天池书院	福建尤溪	万历中		
云龙书院	福建永安	万历中		
东山书院	福建长汀	万历中		
钟灵书院	福建宁洋	万历中		
龙冈书院	江西南昌	万历中		邓以诰建
敦信书院	江西南昌	万历中		张立建
正学书院	江西南城	万历中		分巡道王俨建，祀罗汝芳
怀仁书院	江西铅山	万历中		知县袁九皋建
明新书院	江西永新	万历中	讲学	知县余懋衡建
郑溪书院	江西井冈山	万历中		龙遇奇建
宝塘书院	江西临川	万历中		
芩山书院	江西兴安	万历中		
匡化庐阳书院	江西德化	万历中		
依仁书院	江西庐陵	万历中		
景行书院	江西铅山	万历中		费元禄建
忠文书院	江西寻乌	万历中		
定定书院	江西乐安	万历中		胡伯成建，祀胡瑗
卧云书院	江西乐安	万历中		董时翀建
求仁书院	江西吉水	万历中		邑人胡直建
泮东书院	江西吉水	万历中	会讲	邑邹、刘、周、李四姓为邹元标讲学建
复初书院	江西吉水	万历中	诸生讲业	知县陈玉辉以毛伯温故居建祀
泷江书院	江西吉水	万历中		知县沈裕建
曲江书院	江西吉水	万历中		罗大铉建，祀罗洪先
同江书院	江西吉水	万历中		尚书曾同亨建，讲致良知

（续）

书院名称	位置	始建时间	性质	说明
岑山书院	江西横峰	万历中		知县谢光阳建
积秀书院	江西吉安	万历中		旷鸣鸾建
三清书院	江西吉安	万历中		刘士登建
万松书院	江西吉安	万历中		匡存谷建
明学书院	江西吉安	万历中		曾皋建，祀文天祥、胡铨等
濂溪书院	江西瑞昌	万历中		
菁莪书院	江西鄱阳	万历中	讲学	淮王朱常清建，长史潘一谔讲学
宝山书院	江西金溪	万历中		聂廷璧建
中阳书院	江苏沛县	万历中		知县宋士中建
中阳书院	江苏丰县	万历中		
任仁精舍	江西安福	万历中	奉祀	御史朱鸿模以邹善讲学地建
中南书院	江西安福	万历中		康元穗建
留余书院	江西上高	万历中		
同善书院	江西安福	万历中		康元穗、康嘉等建，置义田
观澜书院	江西峡江	万历中	日与诸生会讲	知县郑耀建
宝唐书院	江西崇仁	万历中		知县李绍春以按察分司建
愿学书院	山东长清	万历中		副使邹善建
闲道书院	山东平原	万历中		知县郑金建，又名龙云书院
柯亭书院	山东东阿	万历中		知县白栋建
云门书院	山东青州	万历中		
柯亭书院	山东平阴	万历中		知县白栋建
聚奎书院	山东青州	万历中		
兴文书院	河南荥阳	万历中		知县胡襄建
小书院	河南汝阳	万历中		知县文翔凤建
伊川书院	河南汝阳	万历中		知县文翔凤建
崆峒书院	河南汝阳	万历中		知县文翔凤建

（续）

书院名称	位置	始建时间	性质	说明
连珠书院	河南汝阳	万历中		知县文翔凤建
存古书院	河南登封	万历中		知县傅梅建
讲学书院	河南武陟	万历中		知县秦之英建
瑚琏书院	河南信阳	万历中		
大吕书院	河南新蔡	万历中		
城中书院	河南巩义	万历中		知县程宇鹿建
颖滨书院	河南襄城	万历中		
汝南书院	河南襄城	万历中		知县谭性教重建
朝阳书院	河南西平	万历中		邑人李之芬、知县张应化同建
贤良书院	河南正阳	万历中		知县黄瑞辉建
兴文书院	河南涉县	万历中		
川上书院	河南新安	万历中		知县孟云浦建，一说邑绅孟化鲤建
大成书院	河南邓州	万历中		知州夏忠建
滏阳书院	河南淅川	万历中	集诸生讲习	陈邦瞻建
丞圣书院	河南镇平	万历中		知县翁金堂毁淫祠建
德造书院	河南镇平	万历中		知县翁金堂建
文城书院	河南西平	万历中		知县王国柱建
丰羽书院	河南泌阳	万历中		知县周维瀚建
濂溪书院	湖北钟祥	万历中		提学葛寅亮建
洌泉书院	湖北襄阳	万历中		督学葛寅亮建
江汉书院	湖北武汉	万历中	省城书院	提学葛寅亮聚徒讲学
孙公书院	湖北浠水	万历中		知县孙善继建
濂溪书院	湖北安陆	万历中		
文昌书院	湖北安陆	万历中		
宋公书院	湖北浠水	万历中		知县宋文昌建
云路书院	湖北浠水	万历中		知县游正廷建

（续）

书院名称	位置	始建时间	性质	说明
砚山书院	湖北襄阳	万历中		
江汉书院	湖北武穴	万历中	讲学	知县张元一建，官置学田
徐公书院	湖南沅陵	万历中		
若云书院	湖南永顺	万历中		彭元锦建
漳江书院	湖南桃源	万历中		布政使李征罢归建
营道书院	广东广州	万历中		按察徐用检建
龙湖书院	广东潮州	万历中		邑绅建
见罗书院	广东潮州	万历中		郡守陆典建
贞元书院	广东潮州	万历中		邑绅建
文昌书院	广东四会	万历中		
墨池书院	广东高州	万历中		
崇德书院	广东翁源	万历中		
文明书院	广东惠来	万历中		
珠华书院	广东顺德	万历中		庠生李珠华建
凤池书院	广东增城	万历中		知县邹元忠建
石洞书院	广东惠阳	万历中	讲学	邑人叶春及建，置田赡从游诸生
行素书院	广东高要	万历中		
罗阳书院	广东高明	万历中		
敷文书院	广东恩平	万历中		
尚友书院	广东定安	万历中		
安乐书院	广东乐会	万历中		
万安书院	广东万州	万历中		
浔江书院	广西桂平	万历中		左参议高则益、御史唐炼建
回澜书院	广西钦江	万历中		
得一书院	广西玉林	万历中		兵巡道徐大任等建
蔚文书院	海南文昌	万历中		知县贺沚、绅士林有鹗建

（续）

书院名称	位置	始建时间	性质	说明
万安书院	海南万宁	万历中		知州茅一桂建
玉阳书院	海南文昌	万历中	讲学	知县贺沚建，与诸生讲学课艺
尚友书院	海南定安	万历中		尚书王宏诲建
敦仁书院	海南琼山	万历中	讲学	邑人许子伟建
嘉陵书院	四川南充	万历中		顺庆知府饶景晖建
印山书院	四川武胜	万历中		
印清书院	四川犍为	万历中		
嘉湖书院	四川南充	万历中	率诸生课艺	昝云鹤、吴亮嗣建，后祀
开化书院	贵州天柱	万历中		
佚名书院	贵州安顺	万历中		
九峰书院	云南祥云	万历中		
凤仪书院	云南大理	万历中		
桂亭书院	云南洱源	万历中		
龙泉书院	云南石屏	万历中		
三台书院	云南姚安	万历中		
敬一书院	云南路南	万历中		
见罗书院	云南保山	万历中		
新城书院	云南景东	万历中		
文峰书院	云南武定	万历中		
象山书院	云南邓州	万历中		
靖阳书院	云南曲靖	万历中		
道南书院	云南他朗	万历中		
桂香书院	云南澄江	万历中		
云岩书院	陕西延安	万历中		
明新书院	陕西潼关	万历中		
乐育书院	陕西旬邑	万历中		

（续）

书院名称	位置	始建时间	性质	说明
正学书院	甘肃平凉	万历中		
西河书院	江西景德镇	万历末		沈良佐建
芝山书院	江西鄱阳	万历末	集诸生日课之	巡道舒其志建，祀朱熹、饶鲁等
里仁书院	江西鄱阳	万历末		王府长史潘一谔舍宅建
灵溪书院	江西安义	万历末		徐大相建
金陵书院	江西宁都	万历末		温国奇建
恩江书院	江西永丰	万历末		知县瞿式耜建
留金书院	江西上高	万历末		佥事李偕建
启宏书院	山西运城	天启元年		
锦江书院	广东梅州	天启元年		知县刘欲棉建
文昌书院	广东怀集	天启元年		知县谢君惠建，清嘉庆间废
首善书院	北京	天启二年	讲学	御史台建，清初改为天主教堂
循理书院	安徽寿县	天启二年		学正黄士奇建
桃源书院	安徽黟县	天启二年		邑人余心建，又名时习堂，后记
性道书院	河南浚县	天启二年		知县赵建极建，清康熙七年重修
弘运书院	山西运司	天启三年		李日宣建，曹于汴故居，祀子夏等
崧山书院	浙江慈溪	天启四年		
文山书院	山东文登	天启四年		
勉庸书院	山西垣曲	天启五年		
登瀛书院	山西洪洞	天启六年		知县赵京仕建
廉山书院	山西长子	天启六年		
石鱼书院	四川蓬溪	天启六年		知县杨学孔建
双峰书院	河北易县	天启中		孙奇逢建
河东书院	山西临汾	天启中		
甘泉书院	江苏江宁	天启中	讲学	国子监祭酒区大伦恢拓
凝秀书院	江苏泰州	天启中		

（续）

书院名称	位置	始建时间	性质	说明
延令书院	江苏泰兴	天启中		清乾隆二十二年知县介玉涛改建
富教堂	江西婺源	天启中		余懋衡建
依仁馆	江西吉水	天启中		李邦华建，后名书院
道乡书院	江西乐安	天启中		知县庄学曾建，祀李见罗
肖曲书院	江西黎川	天启中		
龙江书院	福建长汀	天启中		推官寇从化建
育英书院	山东泰安	天启中		
大成书院	湖北浠水	天启中		知县孔荣宗建
三元书院	湖北咸宁	天启中		知县曹应聘建，后废
九荅书院	湖南溆浦	天启中		
漓江书院	广西桂林	天启中		
兴古书院	云南曲靖	天启中		知县解其衷建
甘露书院	湖北黄陂	天崇中	书斋	邑人黄彦士与弟商求圣学，祀二程
兴文书院	福建福安	崇祯元年		知县梁兆阳建
凤冈书院	广东三水	崇祯元年		知县蒋献奇建，崇祯十一年改名龙冈书院
西铭书院	福建建阳	崇祯二年		
人龙书院	河南郑州	崇祯二年		知县庞杰建
文起书院	广东揭阳	崇祯二年		知县冯元飚建，后人祀冯元飚
广生书院	广东电白	崇祯二年		知县吕允礽建
翔山书院	山西翼城	崇祯四年	课艺讲业	知县李士淳建
证人书院	浙江绍兴	崇祯四年		祀尹焞
蕺山书院	浙江绍兴	崇祯四年		刘宗周讲学处
经正书院	湖北麻城	崇祯五年		
与言书院	河南淮阳	崇祯六年		睢陈道张鹏翀建
洁已书院	河南周口	崇祯六年		
文昌书院	广东德庆	崇祯六年		知州商朝仕建

（续）

书院名称	位置	始建时间	性质	说明
鄞江书院	福建长汀	崇祯七年		知县曾巽建
文行书院	江西永新	崇祯七年		管正传建
典学书院	广东郁南	崇祯七年	岁时进士面课	西宁知县谢天申捐俸建
凌霄书院	四川兴文	崇祯七年		李栋迁建
佚名书院	甘肃榆中	崇祯七年		
海阳书院	安徽休宁	崇祯八年		王佐建，后改为瞻云书院，祀令廖腾煃
谢侯书院	安徽宣城	崇祯八年		知县谢绍芳建
谢侯书院	安徽宁国	崇祯八年		知县谢绍芳建
文光书院	广东潮阳	崇祯八年		知县漆嘉祉建
雷阳书院	广东雷州	崇祯九年		雷州知府朱敬衡建
典学书院	广东郁南	崇祯九年		知州谢天申建
星岩书院	广东高要	崇祯九年		
大同书院	广西永淳	崇祯九年		永淳知县容文烶以童公祠改建
鹤湖书院	浙江嘉善	崇祯十年	教育士类	知县李陈玉建，又名鸳湖书院
王公书院	江西宜春	崇祯十年		侍御王相说建
文明书院	福建长汀	崇祯十年		
天中书院	河南郑州	崇祯十年	集士子讲肄	知州鲁世任建，后人祀鲁世任肖像
马洲书院	江苏靖江	崇祯十一年		
淡香斋书院	江西奉新	崇祯十一年		胡诒云建
爱莲书院	湖南邵阳	崇祯十一年		知府陶珙以希濂堂改建
石龙书院	广东化州	崇祯十一年		知州赵仕锦建
姚江书院	浙江余姚	崇祯十二年		
三立居书院	江西奉新	崇祯十二年		胡受益建
紫阳书院	江西南城	崇祯十二年		
桃溪书院	广东英德	崇祯十二年		知县吴水澄建
文昌书院	广西岑溪	崇祯十二年		知县卢日就建

（续）

书院名称	位置	始建时间	性质	说明
明德书院	陕西白水	崇祯十二年		
阳春书院	河北蠡县	崇祯十三年		
凤冈书院	江西南城	崇祯十三年	王垣京课士	知县王恒京建，祀李觏、曾巩等
康泉书院	江西赣县	崇祯十三年		知县陈履忠建，祀赵抃、周敦颐
汇东书院	江西庐山	崇祯十三年		
凤台书院	广东增城	崇祯十三年		知县陆清源建
凤栖书院	广东潮州	崇祯十三年		巡抚李栐鸿建
湖山书院	广东大埔	崇祯十三年		
通明书院	海南临高	崇祯十三年		
瑞泉书院	广西玉林	崇祯十三年	诸生讲道课艺	知州刘履丁和潘起鹏、兵备金九陛建
香山书院	江苏丹徒	崇祯十四年		郑一岳就淮海书院旧址建
正心书院	浙江桐乡	崇祯十四年		
止园书院	山西阳城	崇祯十五年		
双岩书院	安徽全椒	崇祯十五年		邑人金双岩两次争免派饷银公建
文昌书院	广东佛山	崇祯十五年		尚书李忠定建
绛山书院	山西曲沃	崇祯十六年		
天都书院	安徽歙县	崇祯十六年	讲学	知府唐良懿建，清康熙十二年重建
南溪书院	广东怀集	崇祯十六年		知县李盘偕邑人建
菉猗书院	海南定安	崇祯十七年		知县廖锡蕃建
定慧书院	湖北黄冈	崇祯初	讲学	知府祝万龄建，集两学诸生讲诚明
文蔚书院	广东博罗	崇祯初	商榷诗文	邑人礼部尚书韩日缵居丧时建
公善书院	河北曲周	崇祯中		邑人路振飞建
观生书院	山西临猗	崇祯中		
日新书院	上海松江	崇祯中	讲学	知府孔友教建，一说邑人钱大复建
黄公书院	江苏淮安	崇祯中		黄文焕建，清顺治末改名黄公书院
双清书院	江苏苏州	崇祯中		郡人为太守陈洪、推官倪长玕建

（续）

书院名称	位置	始建时间	性质	说明
马洲书院	江苏靖江	崇祯中	集诸生会课	陈函辉建，乾隆十年重建改名正谊书院
天心书院	江苏丹徒	崇祯中	讲学	
文起书院	江苏淮安	崇祯中		推官王用予建
白马书院	江苏南京	崇祯中		
淮山书院	江苏盱眙	不详		薛渭野建
泰征书院	陕西洛川	崇祯中		
高山书院	浙江淳安	崇祯中		知县高秉衡为邑人吴希哲建
绿云书院	浙江瑞安	崇祯中		
云起书院	浙江淳安	崇祯中		吏科给事中吴希哲建
保滋书院	浙江湖州	崇祯中		
谦和书院	安徽绩溪	崇祯中		陈于泰建，又名蜀马书院、大来书院
道存书院	安徽歙县	崇祯中		
佚名书院	安徽怀远	崇祯中		
佚名书院	安徽怀远	崇祯中		
明诚书院	福建漳浦	崇祯中		詹事黄道周建
觉罗书院	福建长汀	崇祯中		
归仁书院	江西崇仁	崇祯中		吴学周建
嘤鸣会馆	江西九江	崇祯中	聚徒讲学	文士弘建
萧曲山房	江西黎川	崇祯中	聚徒教授	礼部主事黄端伯聚徒教授处
阳明书院	江西九江	崇祯中		
兴仁书院	江西吉水	崇祯中		
联璧书院	江西上高	崇祯中		
仰山书院	江西吉水	崇祯中		
石井书院	江西南昌	崇祯中		姜曰广建
檀溪书院	江西南昌	崇祯中	书斋	熊文举建，一名淇园书院
龙门书院	江西丰城	崇祯中		知县谢龙文建

（续）

书院名称	位置	始建时间	性质	说明
石潭书院	江西永修	崇祯中		熊德明建
香山学舍	江西广昌	崇祯中		谢大锡建
南湖书院	山东沾化	崇祯中		又名齐云书院
伊洛书院	河南洛阳	崇祯中		巡按吴甡令知县尹洗建，在西关
瀍东书院	河南洛阳	崇祯中		
芝泉书院	河南新安	崇祯中		
佚名书院	河南镇平	崇祯中	延师课士	知县钟其硕建
王公书院	河南沁阳	崇祯中		河内令王汉建
大宗书院	湖北蒲圻	崇祯中		提学高世泰同知县曾拭建
寿昌书院	湖北武昌	崇祯中		初名崇文书院
定惠书院	湖北黄冈	崇祯中		
阳明书院	湖北黄冈	崇祯中		
超然书院	湖南醴陵	崇祯中		朱三才建，祀朱熹
金仙书院	湖南攸县	崇祯中		
白公书院	湖北罗田	崇祯中		
云淙书院	广东番禺	崇祯中	书斋	陈子壮建，啸咏其中
峦山书院	广东番禺	崇祯中		
樵南书院	广东顺德	崇祯中		陈子壮建
彩云书院	广东龙川	崇祯中	书斋	邑人巫三祝建
凤冈书院	广东东莞	崇祯中		
瑞光书院	广东饶平	崇祯中		
连棠书院	广东罗定	崇祯中		
文昌书院	广东南海	崇祯中		邑人李待问建
乐阳书院	四川乐至	崇祯中		田彝年建，后改名世书院
紫奎书院	四川温江	崇祯中		
眉山书院	四川眉山	崇祯中		

（续）

书院名称	位置	始建时间	性质	说明
新洲书院	云南邓川	崇祯中		
文昌书院	云南大理	崇祯中		
文华书院	云南大理	崇祯中		
邺山书院	福建漳州	崇祯末		黄道周建
耆英书院	广东梅州	崇祯末	以读法造士	邑人李士淳建
弘孝书院	山西襄汾	明初		邑人田云建
养蒙精舍	山西运司	明初	乡学	盐运使余彦诚建
南山书院	浙江鄞州	明初		黄润玉建
湖山义塾	浙江青田	明初		邑人季谦建，刘基有记，祀孔子
竞成书院	浙江宁海	明初		陈用中建
三峰精舍	安徽歙县	明初		唐仲实建
丹崖书院	浙江绍兴	明前期		宋瑭家族建
青壁书院	浙江绍兴	明前期		宋瑭家族建
五松书院	浙江绍兴	明前期		宋瑭家族建
听泉书院	浙江绍兴	明前期		宋瑭家族建
槐西书院	浙江绍兴	明前期		宋瑭家族建
梅东书院	浙江绍兴	明前期		宋瑭家族建
覃怀书院	河南沁阳	明前期		祀许衡，薛瑄有诗
蒲阳书院	山西芮城	明中期		
新江书院	江苏南京	明中期	文会	湛若水建，祀庄昶，后改为定山祠
石淙精舍	江苏镇江	明中期		杨一清建
巡抚书院	江苏苏州	明中期		
蛟池书院	浙江淳安	明中期		邑人布政使王子言建
凤山书院	浙江淳安	明中期		成化进士何淳建
南山书院	浙江淳安	明中期		邑人按察副使应颢建
南峰书院	浙江开化	明中期		徐良节建

（续）

书院名称	位置	始建时间	性质	说明
如春书院	浙江桐庐	明中期		姚夔建
南山文会	安徽歙县	明中期		唐皋建，清初移镇西
怀林书院	安徽绩溪	明中期		程辂建
石泉书屋	安徽绩溪	明中期		程辂建
潜虬书院	安徽歙县	明中期	教学	邑人余育建，馆四方交游及来学
龙冈书院	江西南昌	明中期		尚书吴桂芳读书处
西畴书屋	湖南茶陵	明中期		州医官罗炳建
益阳书院	湖南益阳	明中期		蒋新有记
两湖书院	湖南华容	明中期		御史萧一中读书处
东皋书院	湖北江陵	明中期	书斋	龙克温建
白泉书院	湖北崇阳	明中期		正德二年举人汪文明兄弟读书处
龙泉书院	广西梧州	明中期		工部郎石邦柱建于桂江西岸山
雉峰书院	浙江淳安	明后期		嘉靖进士徐楚建，后改为社学
元峰书院	浙江慈溪	明后期		祀袁炜
二酉山房	浙江兰溪	明后期	书斋	胡元瑞藏书
灵洞山房	浙江兰溪	明后期		内阁首辅赵志皋读书处
康洲书院	浙江会稽	明后期		罗光鼎建，隆庆状元罗元化号名
尚行书院	湖北云梦	明后期		邑人万历八年进士邹观光建
白马书院	江苏南京	明晚期		知县李维樾讲学之所
旌忠书院	湖南茶陵	明晚期		邑人吏部主事刘应峰建
东郭书院	河北南宫	明	书斋	御史刘濂致仕后建
槐川书院	河北柏乡	明		魏文毅建，又名昆林书院
偃武书院	河北肥乡	明		知县郝絅建，又名振武书院
资治书院	河北隆尧	明		赵渔建
白河书院	河北定兴	明		张镐建
南台书院	河北定兴	明		

（续）

书院名称	位置	始建时间	性质	说明
宙泉书院	河北蠡县	明		知县沈迅建
独石书院	河北赤城	明		
绿荫书院	河北怀来	明		御史马征建
二贤书院	河北怀来	明		高邮李士龙建，祀范仲淹、欧阳修
横渠书院	河北安国	明		
见麟书院	河北献县	明		
春熙书院	河北广平	明		
大愿书院	河北枣强	明		
成德书院	河北易县	明		
瀛洲书院	河北河间	明		知县王遇宾建
育贤书院	河北衡水	明		知县孙梦麟建
大原书院	河北枣强	明		知县罗廷唯建
平川书院	河北平谷	明		
莲州书院	河北邢台	明		
聚奎书院	河北开州	明		
养正书院	河北枣强	明		
槐山书院	河北柏乡	明		
宁文书院	山西原平	明		
云龙书院	山西赵城	明		
关西书院	山西偏关	明		
聚奎书院	山西阳城	明		
通济书院	山西交城	明		
一隅书院	山西交城	明		
济南吴公书院	山西蒲州	明		
佚名书院	山西猗氏	明		
文昌书院	山西汾阳	明		

（续）

书院名称	位置	始建时间	性质	说明
乡土书院	山西平遥	明		
凤山书院	山西浑源	明		郡人司务孙聪建
石桥书院	山西原平	明		
勉学书院	山西长治	明		
泰晋书院	山西襄垣	明		知县杨述中建
养德书院	山西太原	明		
宝凤书院	山西左云	明		
凤山书院	江苏泰州	明		一镇文会之所
易安书院	安徽萧县	明		
长干书院	江苏江宁	明		
三山书院	江苏南京	明		
清惠书院	江苏南京	明		
中山书院	江苏溧水	明		
清江书院	江苏淮安	明		
石棚书院	江苏东海	明		
伊卢书院	江苏东海	明		诸生就旧石佛寺址建
碧山书院	江苏苏州	明		
道南书院	江苏苏州	明		
芥隐书院	江苏苏州	明		
天池书院	江苏苏州	明		
可贞书院	江苏新阳	明		
苏公书院	江苏新阳	明		
日新书院	江苏华亭	明		
凤山书院	江苏海安	明		
河清书院	江苏铜山	明		
河清书院	江苏邳州	明		

（续）

书院名称	位置	始建时间	性质	说明
张志淑书院	浙江天台	明		以兜率寺改，久圮
双溪书院	浙江遂昌	明		项泗建
心传书院	浙江嵊州	明		王恺七世孙王应昌捐复
尊经书院	浙江湖州	明		知府陈以诚建
养正书院	浙江长兴	明	延师训乡童稚	刑部尚书顾应祥建，清初圮
霞舟书院	浙江长兴	明	诸生问经	诸生为令吴钟峦建，执经问字
开元书院	浙江德清	明		黄懋中建
白云书院	浙江临海	明		检讨陈璲建
崇正书院	浙江临海	明		侍郎金贲亨建
南衡书院	浙江临海	明		主事陈锡建
白象书院	浙江临海	明		太仆王士性建
龙顾书院	浙江临海	明		
敷教书院	浙江临海	明		
龙映书院	浙江临海	明		
来志书院	浙江临海	明		
天目书院	浙江于潜	明		
静虚书院	浙江长兴	明		
开元书院	浙江武康	明		
南屏书院	浙江乐清	明		
招贤书院	浙江乐清	明		
南溪书院	浙江秀水	明		
绿槐书院	浙江石门	明		
源石书院	浙江兰溪	明		
镜川书院	浙江鄞州	明		
康州书院	浙江会稽	明		
蓼溪书院	浙江仙居	明		刺史吴炳庶建

（续）

书院名称	位置	始建时间	性质	说明
灵峰书院	浙江黄岩	明		工部郎中王堂建
屏山书院	浙江临安	明		郑德明建
梅园精舍	浙江鄞州	明		
绿芸书院	浙江瑞安	明	集诸生课艺	教谕沈肇基建
松竹书院	浙江瑞安	明		
太白书院	浙江瑞安	明		
凤南书院	浙江瑞安	明		
澜冈书院	浙江瑞安	明		
马屿书院	浙江瑞安	明		
凤南书院	浙江乐清	明		
南屏书院	浙江瑞安	明		
招贤书院	浙江瑞安	明		何白建
昆明书院	浙江平阳	明		鲍辉建
兰洲书院	浙江兰溪	明		方缙贵建
西宅书院	浙江兰溪	明		方文隆建
留斋书院	浙江江山	明		赵方泉建
松源书院	浙江庆元	明		知县沈维龙、邑人吴治建
中峰书院	浙江诸暨	明		董玘等建
宝峰书院	浙江鄞州	明		
东溪讲舍	浙江江山	明		徐东溪讲学处
大仁书院	浙江兰溪	明		徐用俭建
学山书院	浙江桐庐	明		姚建如建
东泉书院	浙江慈溪	明		岳部尚书姚镆建
竹庄书屋	浙江奉化	明		孙胜建
荷亭书院	浙江东阳	明		卢格建
忠清书院	浙江东阳	明		

（续）

书院名称	位置	始建时间	性质	说明
纯吾书院	浙江义乌	明		御史虞怀忠建
钟山书院	浙江义乌	明		御史虞守随建
古灵书院	浙江上虞	明		
沧江书院	浙江桐庐	明		
雁山书院	浙江乐清	明		
梅溪书院	浙江乐清	明		
当仁会馆	安徽当涂	明		
太学书院	安徽旌德	明		监生姚天泽建，康熙三十五年改为储英书院
林历书院	安徽黟县	明		
新溪书院	安徽休宁	明		朱暹建
淮肥书院	安徽寿县	明		知州庄相建，后废
循礼书院	安徽寿县	明		署学正黄奇士建，清初改为梓潼观
柳溪书院	安徽休宁	明		宋江教耕讲处，汪尚和建，天启毁
独山书院	安徽舒城	明		
佚名书院	安徽舒城	明		秦民悦建于金鸡潭
崇文书院	安徽庐江	明		在儒学东，明末毁于兵乱
三高书院	安徽潜山	明		在高亭上，后废
中天书院	安徽黟县	明		
南屏书院	安徽黟县	明		
紫阳书院	安徽铜陵	明		明末兵毁，清顺治九年修复，后毁
云兴书院	安徽和县	明		焦竑建
考溪书院	安徽泾县	明		嘉靖三十八年进士翟台建
浣溪书屋	安徽绩溪	明		郑汝砺讲学处
东园书院	安徽绩溪	明		参政胡有明建，为胡氏族学
慕川书屋	安徽绩溪	明		胡昺建
梅润草堂	安徽绩溪	明		方正建

（续）

书院名称	位置	始建时间	性质	说明
云阶书屋	安徽绩溪	明		程亮工建
佚名书院	安徽旌德	明		
大学书院	安徽旌德	明		
陵阳书院	安徽石台	明		
青阳书院	安徽合肥	明		
西书院	安徽含山	明		
莲祯书院	安徽含山	明		
志学书院	安徽英山	明		
决科书院	安徽泗县	明		
凤鸣书院	安徽石台	明		
二峨书院	安徽绩溪	明		
凤池书院	安徽歙县	明	讲学	姚玉连讲学地
白云书院	安徽歙县	明		
霞源书院	江西婺源	明		
丛文书院	安徽繁昌	明		在县治北
两所甓山书院	安徽泗县	明		
龙皋书院	安徽泗县	明		
佚名书院	安徽五河	明		
屏山书院	福建仙游	明		侍郎郑纪建
霞桥书院	福建龙海	明		邑人林同建
月山书院	福建光泽	明		御史黄伯珪建
苏江书院	福建福安	明		里人刘信之建
明德书院	福建古田	明		正学刘日飏建
鹤鸣书院	福建古田	明		通判丁一中建
新罗书院	福建龙岩	明		知县杨开泰建，又名瀛龙书院
心源精舍	福建漳平	明		增汝檀建

（续）

书院名称	位置	始建时间	性质	说明
文明书院	福建连城	明		
兴安书院	福建莆田	明		
纹山书院	福建永安	明		
程公书院	福建连城	明		
李公书院	福建连城	明		
王公书院	福建连城	明		
吴公书院	福建永定	明		
岳公书院	福建永定	明		
陶公书院	福建连城	明		
雷公书院	福建连城	明		
卢公书院	福建永定	明		
云龙书院	福建漳州	明		
西清书院	福建漳州	明		
丽泽书院	福建漳州	明		
黄岩书院	福建龙岩	明		
景台书院	福建福安	明		
东塾书院	福建福安	明		
正学书院	福建福安	明		
乐山书院	福建福安	明		
晦庵书院	福建宁德	明		
云中书院	江西南昌	明		李耿建
佚名书院	江西南昌	明		御史张谦改洗马祠、物华楼建
鹿溪书院	江西新建	明		喻均建
界坛义塾	江西新建	明		熊曦建，熊文举复新
霞源义塾	江西新建	明	置田延师课业	邑人公建，姜曰广有记
明经书院	江西新余	明		綦明管建

（续）

书院名称	位置	始建时间	性质	说明
云溪书院	江西修水	明		丁云溪建
鸣阳书院	江西修水	明		陈存之建
中心精舍	江西婺源	明		余世儒建
朱溪书屋	江西万载	明	延师训乡俊秀	处士李克恭建
步云书院	江西万载	明		杨嘉和建
竹泉书屋	江西万载	明		处士欧阳恕建
万松书屋	江西万载	明		晏朝瑞建
三峰书院	江西万载	明		龙国臣建
曲江书院	江西宜丰	明	聚俊秀讲学	毛懋谏建
四知书院	江西宜丰	明		胡学新建
尉山书院	江西宜丰	明		刘全曜建，又名悦云山庄
阳溪书院	江西奉新	明		徐灿建
南娟书院	江西高安	明	书斋	吴江、吴汇兄弟读书处
息园书院	江西高安	明		徐沧如建
傍莲书院	江西高安	明		邑人刘恸子建
章氏义塾	江西南城	明		章前峰建，罗汝芳记
嵩阳书院	江西吉水	明		罗彦辉建
化成书院	江西吉水	明		曾祥宁建
龙云书院	江西永丰	明	讲学	兵部主事刘忠讲学处
梅坡书院	江西万安	明		刘因建
龙门书院	江西于都	明		
螺峰书院	江西瑞金	明		
驻罗庵书院	江西会昌	明		
清溪书院	江西新建	明		
兴仁书院	江西泰和	明		
斋明书院	江西永丰	明		

（续）

书院名称	位置	始建时间	性质	说明
卧龙书院	江西乐安	明		
安定书院	江西乐安	明		
箐峨书院	江西鄱阳	明		
松冈书院	江西万年	明		
石潭书院	江西永修	明		
皇华书院	江西于都	明		
此洗书院	江西南昌	明		
层林书院	江西新建	明		
南征书院	江西新昌	明		
三台书院	江西新昌	明		
欧江书院	江西万载	明		
登东书院	江西吉水	明		
金滩书院	江西吉水	明		
梅陂书院	江西万安	明		
浯溪书院	江西新建	明		
仿莲书院	江西高安	明		
绿槐书院	江西高安	明		
蔚山书院	江西新昌	明		
崆岗山房	江西赣县	明		刘承直建
冉子书院	山东阳谷	明		
东林书院	山东聊城	明		
安平书院	山东东阿	明		
槐荫书院	山东淄博	明		建于董永庙内
麓台书院	山东潍坊	明		相传汉公孙弘读书处，尚书刘应节建
青岩书院	山东泰山	明		
同川书院	山东肥城	明		都御史李邦珍建

（续）

书院名称	位置	始建时间	性质	说明
金峰书院	山东肥城	明		都御史李邦珍建
世扬书院	山东莱芜	明		
丹陵书院	山东鄄城	明		知州薛孟建
南泉书院	山东朝城	明		
磐阳书院	山东德平	明		
汶阳书院	山东汶上	明		
崇文书院	山东冠县	明		
资政书院	山东蓬莱	明		
蓬莱书院	山东蓬莱	明		
韩信书院	山东莱州	明		相传有韩信手书“丹霞壁”
诸葛书院	山东临沂	明		
李氏书院	山东临沂	明		
鲁公书院	山东兰山	明		
荀子书院	山东兰山	明		
颜子书院	山东兖州	明		
养正书院	山东定陶	明		知县刘伦建
见泰书院	山东茌平	明		知府罗汝芳建
南泉书院	山东莘县	明	教学	御史王应授徒处，仕后延师教育
育英书院	河南通许	明		
二程书院	河南开封	明		
崇正书院	河南开封	明		
东坡书院	河南开封	明		
兴文书院	河南荥阳	明		
两程书院	河南偃师	明		
莲塘书院	河南延津	明		
中丞王公书院	河南沁阳	明		

（续）

书院名称	位置	始建时间	性质	说明
造士书院	河南孟州	明		
文成书院	河南西平	明		
新建书院	河南西平	明		
慎独东隅	河南正阳	明		
晒书台书院	河南舞阳	明		
嘉靖书院	河南汤阳	明		
首阳书院	河南偃师	明		
邓公书院	河南渑池	明		
鲁阳书院	河南鲁山	明		
问政书院	河南叶县	明		
佚名书院	河南镇平	明		
望嵩书院	河南洛阳	明		
芝泉书院	河南新安	明		知县吕明德建
汝汶书院	河南汝阳	明		
聚奎书院	河南濮阳	明		
颜宗道书院	河南濮阳	明		
松檗书院	河南范县	明		知县马允升建
正学书院	河南渑池	明		侍郎李缉敬建
衍畴书院	河南西华	明		清乾隆十二年知县吴溶重建
邑侯书院	河南镇平	明		知县胡会宾建
凤山书院	湖北汉阳	明		
凤栖书院	湖北襄阳	明		都御史陈雍建于庞统故宅
凤山书院	湖北襄阳	明		督学顾起凤建
南门书院	湖北浠水	明		谢朝宣建，祀王羲之、陆羽、苏轼
琳山书院	湖北黄冈	明		孙子华建，后废
阳明书院	湖北黄冈	明		原韩琦读书处，后废

（续）

书院名称	位置	始建时间	性质	说明
天台书院	湖北红安	明		耿定向讲学处，胡尚质建
天窝书院	湖北红安	明		耿定向讲学处
义川书院	湖北罗田	明		知县张琳建，又名新櫆书院
乾山书院	湖北嘉鱼	明		知县冯炳然建
复中书院	湖北仙桃	明		州人陈柏建
中洲书院	湖北潜江	明		邑人郭世朝建
郑公书院	湖北京山	明		邑天启进士郑友元建，又名敬业书院
清风书院	湖北武昌	明		
山谷书院	湖北崇阳	明		
百泉书院	湖北崇阳	明		
淋山书院	湖北黄冈	明		
同仁书院	湖北京山	明		
中洲书院	湖北京山	明		
秋江书院	湖北竹山	明		
白云书院	湖北麻城	明		
明德书院	湖北麻城	明		
养正书院	湖北罗田	明		
江阳书院	湖北潜江	明		
白石书院	湖北随州	明		
玉阳书院	湖北当阳	明		
经正书院	湖北孝感	明		
蒋公书院	湖北麻城	明		
佚名书院	湖北武穴	明		
沧浪书院	湖北枣阳	明		在县治东濯缨亭，后废
湖山书院	湖北英山	明		
跃龙书院	湖南攸县	明		

（续）

书院名称	位置	始建时间	性质	说明
文昌书院	湖南新宁	明		
耀文书院	湖南沅州	明		
怀德书院	湖南醴阳	明		
州子书院	湖南桂阳	明		
石山书院	湖南攸县	明		
旸谷书院	湖南长沙	明		吉藩建
环中书院	湖南长沙	明		县人陈时中建
天香书院	湖南炎陵	明	教学	谭如春建，实为义学，后废
西湖书院	湖南衡阳	明		乾隆元年傅学灏重建
梅花书院	湖南常宁	明		
吐秀书院	湖南邵阳	明		知府郭学书建
囊萤书院	湖南邵阳	明		知府郭学书建
文峰书院	湖南平江	明		乡贤喻志儒建，嘉靖中子侄续办
人文书院	湖南临湘	明		知县冉嵩建
桃冈精舍	湖南常德	明	讲学	进士蒋信讲学处
龙池书院	湖南临澧	明		中书黄清建，清废
龙池书院	湖南桑植	明		
道源书院	湖南慈利	明		知县梁大可建
出谷亭书院	湖南慈利	明		
松山书院	湖南永兴	明		黄琪建，李永敷继建
石屏书院	湖南永兴	明		李永敷建
紫泉书院	湖南永兴	明		李禴、李禳建
三洲书院	湖南永兴	明		黄舜中建
文峰书院	湖南永兴	明		曾绍芳建
梅轩书院	湖南永兴	明		廖梅轩建
申义书院	湖南宁远	明		

（续）

书院名称	位置	始建时间	性质	说明
玉楼书院	广东南海	明		
正元书院	广东潮州	明		
玉简书院	广东潮州	明		
四贤书院	广东化州	明		
丽泽书院	广东信宜	明		
绿漪书院	广东定安	明		
图南书院	海南儋州	明		
丽泽书院	海南儋州	明		
翠岩书院	广东顺德	明		
义庵书院	广东顺德	明		
九峰书院	广东顺德	明		
凤皇书院	广东顺德	明		
帆园书院	广东顺德	明		
鹏山书院	广东顺德	明		
五峰书院	广东顺德	明		
泮浦书院	广东顺德	明		
鳌台书院	广东东莞	明		
园沙书院	广东东莞	明		
宝冈书院	广东东莞	明		
龙头书院	广东东莞	明		
道山书院	广东东莞	明		
同寅书院	广东东莞	明		
金鳌书院	广东东莞	明		
凤山书院	广东东莞	明		
鹏南书院	广东东莞	明		
濯鳞书院	广东东莞	明		

（续）

书院名称	位置	始建时间	性质	说明
中石书院	广东东莞	明		
天南书院	广东东莞	明		
韶山书院	广东从化	明		
濂泉书院	广东从化	明		
文昌书院	广东乐昌	明		
龙门书院	广东海丰	明		
神泉书院	广东大埔	明		
观澜书院	广东电白	明		
龙山书院	广东信谊	明		
小庐山书院	广东三水	明	讲学	陈献章建
苍梧书院	广东信宜	明		
豫庵书院	广西横县	明		建于横州县学右
义江书院	广西桂林	明		
南宫书院	广西桂林	明		
觐日书院	广西桂林	明		
起潜书院	广西北流	明		
孝廉书院	广西永福	明		建于马芒山麓
文公书舍	广西岑溪	明		地方公建于大洞福隆围，祀韩愈
登云书院	广西玉林	明		建于郁林州城北
濠江书院	广西玉林	明		建于兴业县城东外
故书院	广西桂平	明		建于桂平县城东外官园
桂平书院	广西桂平	明		建于浔州府治（桂平）西
畅岩书院	广西平南	明		
绿漪书院	广西平南	明		建于县治东
和融书院	广西合浦	明		建于永安所
阳明书院	广西武鸣	不详		万历元年思恩知府侯国治改府学

（续）

书院名称	位置	始建时间	性质	说明
乐古书院	海南琼山	明		
少陵书院	四川德阳	明		巡按姚祥建
九龙书院	四川乐山	明		知州钟振改九龙祠建
凤山书院	四川井研	明		教谕谈其凤建，康熙八年设名来凤
东溪书院	四川长宁	明		周世祥建
山阴书院	四川长宁	明		
云霞书院	四川巴中	明		
少陵书院	四川华阳	明		
佚名书院	四川温江	明		
来凤书院	重庆巴南	明		
香泉书院	重庆长寿	明		
和溪书院	四川武胜	明		
来凤书院	四川井研	明		
峨峰书院	四川峨眉	明		
夔龙书院	重庆奉节	明		
青莲书院	四川盐亭	明		
子渊书院	四川资阳	明		
魁山书院	贵州贵定	明		
屏山书院	贵州石阡	明		
碧城书院	云南罗次	明		
州前书院	云南石屏	明		
五亩书院	云南石屏	明		
张本寨书院	云南石屏	明		
崇正书院	云南石屏	明		清初已废
秀山书院	云南石屏	明		咸丰毁
景贤书院	云南双柏	明		

（续）

书院名称	位置	始建时间	性质	说明
玉笋书院	云南澄江	明		康熙四十一年改府学
通泉书院	云南马龙	明		
学修书院	云南鹤庆	明		
春秋书院	云南腾越	明		
春风亭书院	云南腾越	明		
博南书院	云南永平	明		
武阳书院	云南武定	明		
龙江书院	云南黑井	明		
兴贤书院	云南广通	明		
泾野书院	陕西高陵	明		
秦关书院	陕西蓝田	明		
华岳书院	陕西华阴	明		
正学书院	陕西渭南	明		
赵公书院	陕西延安	明		
正学书院	陕西宜川	明		
三公书院	陕西岐山	明		
崇文书院	甘肃平凉	明		
佚名书院	甘肃秦州	明		
佚名书院	甘肃阶州	明		
复初书院	河南济源	明末	讲学	教谕黄云阖建
积秀书院	山西古交	明末		
河汾书院	山西新绛	明末		
琼林书院	浙江淳安	明末		知县李光德建
五龙书院	浙江温岭	明末		又名龙山书院
枫林书院	浙江龙游	明末	集诸生会文	督学方应祥集诸生会文
兑谷书院	浙江遂昌	明末		邑人包万有建

（续）

书院名称	位置	始建时间	性质	说明
盘溪义塾	浙江遂昌	明末		邑人朱子尧建
项氏义塾	浙江遂昌	明末		邑人项应祥建
光霁书屋	安徽绩溪	明末	讲学	周颂讲学处
阳春书院	湖北江陵	明末		邑人右签都御史徐矿建
凤坡书院	广西全州	明末		设祠祀去职牧王国相
会起书院	江西玉山	不详		
三贤书院	河南汝州	不详		
阳和书院	浙江绍兴	不详	书斋	嘉靖中张元汴、朱赓、罗万化就读
河东书院	山西襄汾	不详	选试高等诸生	
源流书院	浙江兰溪	不详		
义方精舍	浙江兰溪	不详		
漆雕开书院	河南信阳	不详		
城东书院	山西临猗	万历前		
芙蓉书院	浙江永嘉	万历前		郡人侍郎王瓒读书处
羊山书院	湖南慈利	不详		知县朱成文建，又作阳山书院
城南书院	浙江杭州	不详		祀张九成
汇东书院	江西都昌	不详		
宗圣书院	山东嘉祥	不详		万历中改建，又名曾子书院
太平书舍	贵州黎平	不详		邑人胡一中等重修
崇桂书院	江西吉水	天启前		邹元标讲学处
考亭书院	湖南醴陵	不详		教谕易士龙修葺
连城书院	河南太康	不详		建于西关外，明末毁
阳明书院	广西隆安	明末清初		建于县城北门内

9.清代新建书院一览表

书院名称	位置	始建时间	性质	说明
瑞泉书院	陕西宜川	顺治四年		原名舟山书院，顺治四年更名瑞泉书院
唐宫书院	浙江临海	顺治五年		知府堂虞世建
五凤书院	陕西渭南	顺治五年		知县张联第建，后并入象峰书院
东瓯讲堂	江西奉新	顺治六年		知县胡以温建
延光书院	湖南津市	顺治七年	士子肄业	澧州知州汤调鼎建，康熙五十年重建
南亭书院	河北南宫	顺治八年		知县沈秉建
乐育书院	江西樟树	顺治八年		湖西道蒋显捷建
肖江书院	江西樟树	顺治八年		知府洪见清建
凤山书院	福建永定	顺治八年		熊兴麟建
名贤书院	浙江德清	顺治九年		吴道煌建
敬敷书院	安徽安庆	顺治九年	省城书院	巡抚李日芃建培原书院，后改称敬敷书院
嵋公书院	安徽绩溪	顺治九年		郭四维于乾隆二年更名敬业书院，咸丰毁
程山学舍	江西南丰	顺治九年		谢文洊建
景行书院	湖南衡山	顺治九年		邑人公建，祀张兆罴、赵廷标
义田书院	浙江鄞州	顺治十年		海道王尔禄建，康熙二十五年改名月湖书院
泗水书院	安徽泗县	顺治十年		知州朱德芬建
蔡公讲堂	江西南昌	顺治十年		绅士为巡抚蔡士英建，黎元宽有记
云锦书院	江西余江	顺治十年		兴屯道翟凤翥建
联璧书院	江西上高	顺治十年		王徽建
涂氏书堂	江西黎川	顺治十一年		涂氏建
友教书院	江西南昌	顺治十一年		
文昌书院	江西崇仁	顺治十二年		知县谢颖璜建

（续）

书院名称	位置	始建时间	性质	说明
杏坛书院	江苏丹徒	顺治十三年	诸生读书	知县张晋建
从教书院	山西曲沃	顺治十四年		
怀棠书院	浙江淳安	顺治十四年		知县张一魁建
章江书院	江西南昌	顺治十四年		总督张朝麟建，熊文举有记
兴贤书院	江西临川	顺治十四年		知县纪振边建
濂溪书院	湖南永州	顺治十四年		知府魏绍芳建，濂溪祠祀周敦颐
正学书院	河南息县	顺治十五年		祀河洛先儒邵程程等，令邵光荫建
槐里书院	河南兴平	顺治十五年		
袁公书院	湖南芷江	顺治十五年		士民公建，后废
白鹿书院	河北获鹿	顺治十六年		
玉泉书院	河南杞县	顺治十六年		巡抚亢得时建
金山书院	河南邓州	顺治十六年		知州陈良玉建
玉兰书院	湖南攸县	顺治十六年		知县朱英帜建，原为介庵，后废
兴文书院	湖南靖州	顺治十七年		知州梁浩然建，清光绪中建考棚
甘棠书院	广东英德	顺治十七年		
信天书院	云南晋宁	顺治十七年		知州童复咥建，后废
育贤书院	云南凤庆	顺治十七年		知府米缘纨建，康熙二十八年知府徐欐修
蕲阳书院	湖北浠水	顺治十八年		知县刘佑建，又名玉台书院
甘棠书院	湖北钟祥	顺治十八年		郡人公建
仰高书院	安徽阜阳	顺治初		在仰高祠旧址，后废
纹山书院	福建永安	顺治初		罗明祖读书处，其子罗克臣建为书院
冰雪堂	江西南昌	顺治初		杨益介建
中山书院	江西南昌	顺治初		里人何一泗建
佚名书院	江西吉安	顺治初	课诸生	知府蒋维藩建
易堂	江西宁都	顺治初		魏禧建
天中书院	河南洛阳	顺治初		巡道赵文蔚建

（续）

书院名称	位置	始建时间	性质	说明
同仁书院	湖南郴州	顺治初	讲学	举人喻国人入清不仕建，讲学30余年
紫山书院	河北广平	顺治中		御史苏京建
右山书院	河北衡水	顺治中		知县张恒建
丽泽书院	河北枣强	顺治中		知县何之图建
文式书院	山西新绛	顺治中		
佚名书院	江苏淮安	顺治中		操江都御史李日芃建
梅岩书院	江苏昆山	顺治中		
梁公书院	上海崇明	顺治中		
东壁书院	安徽萧县	顺治中		
养中书院	江苏苏州	顺治中		知县刘成为刘观建
桐荫书院	浙江金华	顺治中		又名宝婺书院、蓉峰书院
二峨书院	安徽绩溪	顺治中		
东壁书院	安徽萧县	顺治中		知县祖承勋建，后废
九贤书院	江西奉新	顺治中		胡燕然建
近圣会馆	江西丰城	顺治中		知县宗彝建
檀溪书院	江西新建	顺治中		
锦云书院	江西余江	顺治中		
同善书院	江西安福	顺治中		
宗孔书院	江西安福	顺治中		
天中书院	河南洛阳	顺治中		守道赵文蔚建
汝阳书院	河南汝州	顺治中		巡道张汧复建，乾隆七年改名养蒙
兼山书院	河南辉县	顺治中	讲学	孙奇逢隐居
紫荆书院	湖北武汉	顺治中		布政使黄遴建
先贤书院	广东梅州	顺治中		乡绅李士淳建
瑞峰书院	广东清远	顺治中		学使潘府建
紫薇书院	陕西彬洲	顺治中		

（续）

书院名称	位置	始建时间	性质	说明
西昌书院	江西南昌	顺治末		知县魏双凤建，邹度珙有记
涑水书院	山西闻喜	康熙元年		邑人翟凤翥建
安定书院	江苏扬州	康熙元年		盐使胡文学建，祀胡瑗
明远堂	浙江江山	康熙元年		知县万里侯建于署内
洪都书院	江西南昌	康熙元年		巡抚董卫国建，道光十三年知府张寅建
繁阳书院	河南内黄	康熙元年		知县张沐建
同春书院	广东信宜	康熙元年		知县罗士毅建
天一书院	广西北流	康熙元年		北流知县安九埏建于县城南门外
邻水书院	四川邻水	康熙元年		知县李时亨建
潾山书院	四川邻水	康熙元年		知县李时亨建
九峰书院	四川乐山	康熙元年		
鹤山书院	四川眉山	康熙元年		
有斐书院	河北蠡县	康熙二年		安世鼎建
云岩书院	江西樟树	康熙二年		知县张�建
王侯书院	江西樟树	康熙二年		士民公建
天峰书院	广东南雄	康熙二年	诸生季试月课	知府陆士楷建，祀张九龄、王守仁
墨池书院	广东兴宁	康熙二年		知县李清铉建
武阳书院	云南武定	康熙二年		巡抚吕光洵建
绿萝书院	云南大姚	康熙二年		提举赵大生建
麟凤书院	云南姚安	康熙二年		知府倪巽生建
莲池书院	山西长治	康熙三年		知府萧来鸾建
育英书院	浙江庆元	康熙三年		知县程维伊建
三立书院	安徽潜山	康熙三年		知县常大忠建，乾隆二十六年修
三元书院	安徽潜山	康熙三年		知县常大忠建，嘉庆年间改名潜岳书院，后改为儒学署
剑江书院	江西丰城	康熙三年		知县何士锦建

（续）

书院名称	位置	始建时间	性质	说明
龙山书院	江西丰城	康熙三年		知县何士锦以三贤祠改建
鹤城书院	江西资溪	康熙三年		原为文会馆，后移建书院，原名养正书院、盱江书院
洞桥书院	福建莆田	康熙三年		
南城书院	云南曲靖	康熙三年		知县程封建
黎社书院	贵州毕节	康熙三年		邑绅张克壮建
启光书院	山西新绛	康熙四年		嘉庆九年改为启光楼，翟凤翥改为书院
董公书院	江西安义	康熙四年		知县魏济众建
西平书院	云南沾益	康熙四年		知州王作楫建
溥仁书院	贵州福泉	康熙四年	诸生肄业	守道徐洪业建
心水书院	山西长治	康熙五年		知府萧鸾建
茅茹书院	安徽广德	康熙五年		士民公建，置田会课费，后改训导署
凤仪书院	安徽巢湖	康熙五年		
文昌书院	江西宜丰	康熙五年	诸生肄业	祀文昌，知县黄运启建
景贤书院	江西吉安	康熙五年		守道施闰章建
三江书院	湖南会同	康熙五年		知县何林建，嘉庆六年迁建
龙标书院	湖南黔阳	康熙五年		知县张扶翼建，乾隆十二年迁建
青云书院	广东德庆	康熙五年		知州秦世科建
众春书院	广西蒙山	康熙五年		永安州知州邓林尹建
鹿江书院	江西樟树	康熙六年		士民为施闰章建，后又名龙冈书院
铜川书院	河南确山	康熙六年		士民为知县吴典建，又名朗陵书院
昌山书院	广东乐昌	康熙六年		知县李栋建
文公书舍	广西岑溪	康熙六年		县人黄应宣等改文公书院为书舍
甬上证人书院	浙江宁波	康熙七年	讲学	万泰建
文昌书院	广东高明	康熙七年		乡绅、通判何三复建
眉山书院	四川眉山	康熙七年		
桥山书院	山西曲沃	康熙八年		

（续）

书院名称	位置	始建时间	性质	说明
九峰书院	上海青浦	康熙八年		知府张羽明建
焕文书院	江西萍乡	康熙八年		知县孟宗舜建
小山书院	江西德安	康熙八年		知县姚文燕建
来凤书院	四川井研	康熙八年		
育德书院	云南巍山	康熙八年		同知张善化建
义仓书院	山西闻喜	康熙九年		
养贤书院	江苏常熟	康熙九年		督粮参政卢纮与海防同治鲁超集资建
储英庄	浙江庆元	康熙九年		知县程维伊建
刘公书院	江西南昌	康熙九年		布政使刘楗建
见山书院	江西赣县	康熙九年		权使顾大申建
延陵书院	江苏常州	康熙十年	讲学	知府罗钟麟建
韩公书院	江西南昌	康熙十年		粮储道韩廷芑建
青山书院	湖北枣阳	康熙十年		知县刘嗣煦建
传经书院	湖北潜江	康熙十年		知县王又旦建
希濂书院	湖南邵阳	康熙十年		知府李益阳建，后与东山书院合并为濂溪书院
城内书院	广东乐昌	康熙十年		
莲州书院	河北邢台	康熙十一年		冰台谢公重建
卢川书院	山西交城	康熙十一年		知县赵吉士建
骧腾书院	江苏靖江	康熙十一年		绅士蒲松龄等建
南冈书院	浙江临海	康熙十一年		
东壁书院	浙江临海	康熙十一年		
夏邱书院	安徽泗县	康熙十一年		知县龚起翚建
南阳书院	湖北丹江口	康熙十一年		知州党居易修
观湘书院	湖南衡山	康熙十一年		知县王家贤建，为义学
濂溪书院	湖南邵阳	康熙十一年		知府李益阳合并东山书院、希濂书院建
东莆书院	广东潮州	康熙十一年		通判阎奇英建

（续）

书院名称	位置	始建时间	性质	说明
天雄书院	河北大名	康熙十二年		知县周邦彬建
正义书院	河北容城	康熙十二年		知县赵士麟建，原名正学书院
昭余书院	山西祁县	康熙十二年		知县陈祖法重建
凤池书院	山西汾西	康熙十二年		
东山书院	江苏南京	康熙十二年		知县徐龙光建
青霞书院	浙江衢州	康熙十二年	讲学	为总督李之芳建
佚名书院	安徽虹县	康熙十二年		
潘公讲堂	江西都昌	康熙十二年		知县潘如安建
董侯书院	江西奉新	康熙十二年		知县潘如安建
文山书院	江西安义	康熙十二年		知县陈琣建
正率书院	山东莱芜	康熙十二年		知县叶方恒建
兴学书院	河南新郑	康熙十二年		知县李永庚建
嘉惠书院	河南长葛	康熙十二年		知县米汉雯建
仁风书院	湖北仙桃	康熙十二年		知州王浩冲建
田心书院	广东佛山	康熙十二年		陈绣卿建
东山书院	浙江海宁	康熙十三年		礼部尚书许汝霖建
正学书院	浙江海宁	康熙十三年		知县许三礼建
杨公书院	河南内黄	康熙十三年		知县杨辉斗建
陵邑书院	山西陵川	康熙十四年		
银冈书院	辽宁铁岭	康熙十四年	书斋	以御史郝浴谪戍故居改建，田租年50两
环峰书院	安徽含山	康熙十四年	塾师教读	知县刘祚全建，咸丰四年曾毁于兵
扆箴书院	江西南昌	康熙十四年		分巡道李世昌建
浍川书院	河南睢县	康熙十四年		知州程正性以行馆改建，又名道存书院
庐山书院	山西潞城	康熙十五年		知县李时谦建
龙城书院	黑龙江宁安	康熙十五年		宁古塔将军哈达创建
海昌书院	浙江海宁	康熙十五年		知县许三礼建

（续）

书院名称	位置	始建时间	性质	说明
元钧书院	江西南昌	康熙十五年		粮储道李元桂建
邵公讲堂	江西南昌	康熙十五年		为提学邵远平建
成皋书院	河南荥阳	康熙十五年		知县郑瑞国建
罗川书院	福建罗源	康熙十五年		知县蔡彬建
卢公书院	河北清河	康熙十六年		霍拱辰建
堂阳书院	河北新河	康熙十六年		知县王汝翰建
思文书院	江苏常熟	康熙十六年	社学	捐资为粮道迟日震建，俗称迟公书院
西津书院	安徽宁国	康熙十六年		知县马光建
他山书院	河南长垣	康熙十六年		
槐荫书院	江西南昌	康熙十七年		布政使王新命建
玉阳书院	湖北当阳	康熙十七年		知县俞廷瑞迁建，又名回峰书院
以文书院	广东增城	康熙十七年		知县黄楷倡建
讲沱书院	广东增城	康熙十七年		
凤池书院	广东增城	康熙十七年		
金溪书院	广东高要	康熙十七年		乡人公建
培风书院	广东高要	康熙十七年		乡人公建
罗阳书院	广东罗定	康熙十七年		又名文明书院，里人公建
金河书院	山西徐沟	康熙十八年		
涞阳书院	河北涞水	康熙十八年		知县谭熔建
和阳书院	河北南和	康熙十八年		知县叶青藜建
文昌书院	福建泰宁	康熙十八年		邑生萧徽生建
文昌书院	福建明溪	康熙十八年		
江渚书院	江西南昌	康熙十八年	诸生课业	知县杨周宪重建
桂溪书院	广东高要	康熙十八年		乡人公建
瀛海书院	海南海口	康熙十八年		
漳南书院	河北肥乡	康熙十九年		郝文灿建

（续）

书院名称	位置	始建时间	性质	说明
育才书院	浙江黄岩	康熙十九年		知县张思齐建
来仙书院	安徽望江	康熙十九年		知县陈柿祚建，又名雷阳书院
曾公讲堂	江西都昌	康熙十九年	讲学	知县曾王孙建
鳌湖书院	广东龙川	康熙十九年		知县李文献建
文昌书院	广东罗定	康熙十九年		兵备道李文献建
讲学书院	山西洪洞	康熙二十年		知县朱璘建
县署书院	山西壶关	康熙二十年		知县章经建县署内
鞮山书院	山西武乡	康熙二十年		
刘公书院	上海崇明	康熙二十年		
濂溪书院	江苏丹阳	康熙二十年		
池阳书院	安徽贵池	康熙二十年	诸生肄业	知府喻成龙建，置田700亩，后改公馆
龙山书院	福建长汀	康熙二十年		知府王延抡建
龙江书院	福建长汀	康熙二十年		
正谊书院	福建长汀	康熙二十年		
清惠书院	福建上杭	康熙二十年		
观澜书院	江西樟树	康熙二十年		知府陈克峻建
兴贤书院	河南新郑	康熙二十年		邑民为巡抚佟凤彩建
讲德书院	山东济宁	康熙二十年		
臧公书院	广东潮阳	康熙二十年		
东山书院	河北抚宁	康熙二十一年		知县赵端建
凤辉书院	河北鸡泽	康熙二十一年		知县朱冕建
扶风书院	上海松江	康熙二十一年	知府鲁超延师讲授	郡绅王广心等建，乾隆时改为节妇祠
虹桥书院	江苏江宁	康熙二十一年	取皖苏高才生肄业	总督于成龙建
来学书院	浙江永康	康熙二十一年	祀李之芳	谢从云为总督李之芳建，又名绿野书院
龙山书院	浙江龙游	康熙二十一年		许瑄建
㵐阳书院	河南郾城	康熙二十一年		知县蔡珠建

（续）

书院名称	位置	始建时间	性质	说明
澹津书院	湖南津市	康熙二十一年		士民公建
华掌书院	广西桂林	康熙二十一年	省城书院	巡抚郝浴建，檄取通省高才生
龙冈书院	河北栾城	康熙二十二年		知县王巩建
宏州书院	河北阳原	康熙二十二年		通判陈天栋建
魏榆书院	山西榆次	康熙二十二年		
赵公讲学书院	安徽滁州	康熙二十二年		
文在书院	山东兖州	康熙二十二年		知府张鹏翮改建
少陵书院	山东兖州	康熙二十二年		
东鲁书院	山东兖州	康熙二十二年		知府张鹏翮建
洧阳书院	河南尉氏	康熙二十二年		知县周师望建
大中丞书院	河南长葛	康熙二十二年		知县李元让建
桃林书院	河南灵宝	康熙二十二年		知县江蘩建
东皋书院	湖南湘乡	康熙二十二年		知县为国梁建，1903年改为中学堂
育才书院	湖南宜章	康熙二十二年		知县鹿廷瑛建
穗城书院	广东广州	康熙二十二年		督粮道蒋伊建，又名羊城书院，祀蒋伊
景韩书院	广东澄海	康熙二十二年		知县王岱建
番山书院	广东佛山	康熙二十二年		
宝安书院	广东东莞	康熙二十二年		
文昌书院	广东博罗	康熙二十二年		
新华亭书院	广西兴安	康熙二十二年		
西定坊书院	台湾台南	康熙二十二年		
敬亭书院	江苏江都	康熙二十三年		
汇源书院	江西鄱阳	康熙二十三年	聚诸生肄业	知府黄家遴建
桧阳书院	河南新密	康熙二十三年		知县袁鹍化建
应滨书院	河南宝丰	康熙二十三年		知县胡权建
河阳书院	河南孟州	康熙二十三年		知县徐登瀛建

（续）

书院名称	位置	始建时间	性质	说明
凤山书院	广东顺德	康熙二十三年		知县姚萧规建
晦翁书院	广东广州	康熙二十三年		
桂香书院	重庆梁平	康熙二十三年		知县黄建中建
周王二公书院	香港	康熙二十三年		地方公建
襄南书院	河北沙河	康熙二十四年		知县谈九乾建
繁阳书院	河北南乐	康熙二十四年		
棠荫书院	山西汾阳	康熙二十四年		后改为西河书院
鞞山书院	山西武乡	康熙二十四年		
敬一书院	浙江杭州	康熙二十四年		巡抚赵士麟建，初一宣圣谕，十五集师儒讲学
梅冈书院	福建沙县	康熙二十四年		
希贤书院	江西鄱阳	康熙二十四年	延师设教	巡道查培继不许建祠，祀陶潜等14人
赵侯书院	江西永新	康熙二十四年		知县张士琦建
敬业书院	河南巩义	康熙二十四年		知县蒋征猷建
广学书院	河南中牟	康熙二十四年		知县韩荩光建
平津书院	河南孟津	康熙二十四年		知县高严肃建
洧阳书院	河南长葛	康熙二十四年		知县周师望建
求诚书院	河南沈丘	康熙二十四年		知县郭金璧建
青泉书院	湖南新宁	康熙二十四年		牟国镇建，易名莲潭书院、文昌书院，道光兵毁
城东书院	广东乳源	康熙二十四年		知县张洗易建
景星书院	广东封开	康熙二十四年		知县吴永绪建
紫金书院	广东紫金	康熙二十四年		知县张进箓建
温泉书院	广东乳源	康熙二十四年		
映珠书院	广东合浦	康熙二十四年		
环江义馆	广西环江	康熙二十四年		思恩知县鲍复建，后改名环江书院
联珠书院	广西合浦	康熙二十四年		知县杨昶建于县治西

（续）

书院名称	位置	始建时间	性质	说明
昆明书院	云南昆明	康熙二十四年		总督蔡毓荣等建，四十二年因御书额称育才书院
敬一书院	云南玉溪	康熙二十四年		署州事太和县丞徐瀛翥建
开运书院	山西岳阳	康熙二十五年		
观海书院	江苏阜宁	康熙二十五年		海防同知郎文煌建，后改为社学
安道书院	江苏吴江	康熙二十五年		巡抚汤斌建，后废，道光十八年重建
观澜书院	江苏阜宁	康熙二十五年		
陈安道书院	江苏太仓	康熙二十五年		
凤游书院	江西乐平	康熙二十五年		知县朱兖建
凤游书院	江西余干	康熙二十五年		
少岱书院	山东平阴	康熙二十五年		知县张楷建
兴学书院	河南新密	康熙二十五年		知县夏应元建
新建书院	河南西平	康熙二十五年		知县傅弼建
浈江书院	广东清远	康熙二十五年		知县刘士骥建
嶶湖书院	广东龙川	康熙二十五年		
增江书院	广东增城	康熙二十五年		知县蔡淑建，雍正六年知县改为兵房
五云书院	广东和平	康熙二十五年		知县韩师愈建，乾隆二十年改名龙溪书院
龙门书院	广东海丰	康熙二十五年		知县姚德基建
观澜书院	广西梧州	康熙二十五年	诸生肄业	知府陈天植捐俸购回原陈公祠创建
万青书院	云南祥云	康熙二十五年		知县黎日升建
惠民书院	上海嘉定	康熙二十六年		
三浙书院	浙江杭州	康熙二十六年		巡抚金鋐建，进多士而训迪
五经书院	福建漳州	康熙二十六年		
龙津书院	福建龙岩	康熙二十六年		
传经书院	河南荥阳	康熙二十六年		知县高明俊建
程程书院	河南开封	康熙二十六年		盐驿道张思明以大梁书院旧址建

（续）

书院名称	位置	始建时间	性质	说明
西湖书院	广东惠州	康熙二十六年		知府吕应奎建
濂溪书院	广东南海	康熙二十六年		巡抚李士桢倡建
课士书院	广东普宁	康熙二十六年		
西灵书院	广西灵山	康熙二十六年		知县迟维城捐建
东璧书院	河北井陉	康熙二十七年		知县周文煊建
凤山书院	山西临县	康熙二十七年		知县莫友仁建
凤山书院	山西孝义	康熙二十七年		
杜公书院	山西平顺	康熙二十七年		
去思书院	江苏丹徒	康熙二十七年		邑绅徐诰武等建
三堂讲堂	河南林州	康熙二十七年		知县徐岱建
龙公书院	河南济源	康熙二十七年		邑民为知县龙应运建
虹阳书院	河南项城	康熙二十七年		知县顾芳宗建
阎公书院	河南西平	康熙二十七年		巡抚阎兴邦建，又名定颖书院
丽泽书院	广西扶绥	康熙二十七年		永康州知州许延邵建
养正书院	云南凤庆	康熙二十七年		通判张稷谟建，乾隆二十五年重修易名龙津书院
桂香书院	云南弥勒	康熙二十七年		知州朱点建
龙翔书院	云南祥云	康熙二十七年		知县刘国玺建
平彝书院	云南富源	康熙二十七年		
龙门书院	山西河津	康熙二十八年		知县杨玉建
丰乐书院	浙江绍兴	康熙二十八年		知府李铎以庞公祠改建，延师教孤寒子弟
图南书院	福建德化	康熙二十八年		
文昌书院	江西横峰	康熙二十八年		知县曹学隽建，置赡田
龙城书院	江西龙南	康熙二十八年		知县郭世逢建
崔公书院	山东桓台	康熙二十八年		知县崔懋建
注经书院	山东平邑	康熙二十八年		阎丕茂建

（续）

书院名称	位置	始建时间	性质	说明
注经书院	山东费县	康熙二十八年		
狄梁书院	河南洛阳	康熙二十八年		知府汪楫建
朱阳书院	河南柘城	康熙二十八年		邑绅窦大任建
真源学舍	河南鹿邑	康熙二十八年		吕士鵕建
靖康书院	广东东莞	康熙二十八年		知县郭文炳建
南屏大舍	贵州黎平	康熙二十八年		知府李大章建
碧峣书院	云南昆明	康熙二十八年		总督范承勋建
甸溪书院	云南弥勒	康熙二十八年		
崇文书院	甘肃陇西	康熙二十八年		知县杨本植因旧县治改建，后改考院
崇文书院	江苏靖江	康熙二十九年		诸生沈泓等建
丰乐书院	浙江余姚	康熙二十九年		
共学书院	福建漳平	康熙二十九年		
问政书院	河南叶县	康熙二十九年		知县吕柳文重建
晒书堂书院	河南叶县	康熙二十九年		知县吕柳文重建
王公书院	河南温县	康熙二十九年		邑人建
凤台书院	河南禹州	康熙二十九年		知州刘国儒建
思鲁书院	河南淮阳	康熙二十九年		知州王清彦由崇正书院改建
古蓼书院	河南固始	康熙二十九年		知县杨如楫建
南陂书院	广西宁明	康熙二十九年		教授高熊征建于思明府南门内
绣江书院	广西容县	康熙二十九年		知县李瑞征建
天南书院	广西合浦	康熙二十九年		廉州知府董昭祚建
南坡书院	广西宁明	康熙二十九年		
居丁书院	海南定安	康熙二十九年		知县董兴祚建，教谕梁廷佐母冯氏捐田
凤山书院	云南澄江	康熙二十九年		通判张友宓建
桂香书院	云南易门	康熙二十九年		知州路光岱建，同治中焚毁
碧城书院	云南罗次	康熙二十九年		

（续）

书院名称	位置	始建时间	性质	说明
镇北坊书院	台湾台南	康熙二十九年		蒋毓英建
鼓城书院	河北晋州	康熙三十年		知县陈祖法建，原名湘殷书院
共学书院	江苏镇江	康熙三十年		顾培及武进金敬建，规制条约悉仿东林书院
南明书院	浙江丽水	康熙三十年		知府刘廷玑建
洪山书院	安徽怀远	康熙三十年		知县黄启祚建，后废
回澜书院	安徽池州	康熙三十年		
斗南书院	福建福州	康熙三十年		里人林琦建
有造义塾	江西靖安	康熙三十年		知县高克藩建
海山书院	山东蓬莱	康熙三十年		海防道丁蕙建
海山书院	山东莱州	康熙三十年		
马公书院	山东鱼台	康熙三十年		
紫阳书院	河南柘城	康熙三十年		知县史鉴建
兴贤书院	河南太康	康熙三十年		知县朴怀宝建
大吕书院	河南新蔡	康熙三十年		吕民服建，祀伯夷、漆雕开等
南阳书院	河南南阳	康熙三十年		知府朱璘以旧按察司行署建
韶阳书院	广东曲江	康熙三十年		知府陈廷策捐建，雍正五年设蒙塾
韩山书院	广东潮州	康熙三十年		巡道使起贤建，明代祀分巡梁观
昌黎书院	广东潮州	康熙三十年		
龙湖书院	四川屏山	康熙三十年		知府杨芬建
鹤山书院	四川邛崃	康熙三十年		
鹤山书院	贵州毕节	康熙三十年		竹溪方瑞合建
双明书院	贵州镇宁	康熙三十年		
云龙书院	云南禄丰	康熙三十年		摄县事曲靖、同知蔡维寅建
桂香书院	云南禄丰	康熙三十年		知县刘自唐建
二曲书院	陕西鄠邑	康熙三十年		
桐江书院	浙江桐庐	康熙三十一年		知县薛景莹建

（续）

书院名称	位置	始建时间	性质	说明
丽正书院	浙江仙居	康熙三十一年		
新豫章书院	江西南昌	康熙三十一年		巡抚马如龙建
阳丘书院	山东章丘	康熙三十一年		知县戴瑞建
般阳书院	山东淄博	康熙三十一年		知县周统建
唐文书院	山东定陶	康熙三十一年		
闫公书院	河南洛阳	康熙三十一年		
中梅书院	湖南安化	康熙三十一年		知县赵尺璧建，嘉庆八年改名崇文书院
三渠书院	广西平乐	康熙三十一年		建于平乐府城北门外
启文书院	云南弥勒	康熙三十一年		
弥陀室书院	台湾	康熙三十一年		
淀湖书院	上海青浦	康熙三十二年		
临川书院	江苏淮阴	康熙三十二年		知县管巨为渔沟士民子弟建
清惠书院	浙江萧山	康熙三十二年		
滴翠书院	安徽芜湖	康熙三十二年		知县纪统建义学，乾隆十四年改为书院
回澜书院	安徽贵池	康熙三十二年		邑人公建，旋废
缑山书院	江西新余	康熙三十二年		知县李廷宰建
蔚起书院	江西上犹	康熙三十二年		诸生陈日升捐建
解公书院	湖南溆浦	康熙三十二年		通判解鐇建，后改为驻防千总署
雉山书院	云南宜良	康熙三十二年		知县龙灿建
育英书院	云南宾川	康熙三十二年		知州甘国辅建，雍正四年改名笔山书院
竹溪书院	台湾	康熙三十二年		
南湖书院	浙江丽水	康熙三十三年		知府刘廷玑建，又名圭山书院、莲城书院
北海书院	山东莱州	康熙三十三年		
近圣书院	山东邹城	康熙三十三年		
稷门书院	山东临淄	康熙三十三年		
学山书院	河南孟州	康熙三十三年		知县刘凡建

（续）

书院名称	位置	始建时间	性质	说明
涪风书院	河南尉氏	康熙三十三年		知县张世绶建
刘公书院	河南沁阳	康熙三十三年		
罗山书院	湖南通道	康熙三十三年		知县殷道正建
宝安书院	广东宝安	康熙三十三年		知县丁棠发建
瀛洲书院	广东潮州	康熙三十三年		邑人公建
鹅江书院	海南临高	康熙三十三年		知县史流芳建
寻阳书院	云南寻甸	康熙三十三年		知州黄肇绅建，后改为凤梧书院
开文书院	云南文山	康熙三十三年		知府李锡建
凤梧书院	云南寻甸	康熙三十三年		
宝安书院	香港	康熙三十三年		新安知县丁棠发建
清风书院	山西万荣	康熙三十四年		
进学书院	河南通许	康熙三十四年		令陈治策由明令余尚春祠改
希贤书院	河南襄城	康熙三十四年		刘子章建
省身书院	河南新县	康熙三十四年		知县李登瀛建
省身书院	河南新乡	康熙三十四年		知县李登瀛建，祀蘧伯玉
古郏书院	湖北黄冈	康熙三十四年		知府贾铉建
东坡书院	广西钦州	康熙三十四年		钦州知州程鼎建
茂山书院	广东高州	康熙三十四年		知府郑梁建
东关书院	贵州开阳	康熙三十四年		守杨文铎建，咸丰九年毁，光绪十一年名开阳书院
宗程书院	山西晋城	康熙三十五年		知县梅荔建
庐阳书院	安徽合肥	康熙三十五年		知府张纯修以明中正书院建，初名横渠书院
吴公书院	江西定南	康熙三十五年		知县吴迩建
阳邱书院	山东章丘	康熙三十五年		
李公书院	河南沁阳	康熙三十五年		邑人为知县李柡建
德化书院	河南新县	康熙三十五年		郭遇熙建
涂山书院	湖北京山	康熙三十五年		涂煜建，亦名四公书院

（续）

书院名称	位置	始建时间	性质	说明
茶山书院	广西梧州	康熙三十五年		知县刘以贵以义学改，知府李世孝更名回澜书院
松山书院	贵州毕节	康熙三十五年		知县李曜建，又名毕阳书院
崇实书院	山西永济	康熙三十六年		知州李六成建
育才书院	浙江鄞州	康熙三十六年		知府高启桂建
毛公书院	江西靖安	康熙三十六年		知县毛鹃建
桐山书院	江西信丰	康熙三十六年		知县方正玉建
阳明书院	江西南康	康熙三十六年		知县王材成建
三至书院	广东高州	康熙三十六年		知府郑梁、知县钱以垲建
螺峰书院	云南通海	康熙三十六年		知县蔡酬建
培风书院	甘肃靖远	康熙三十六年		卫守备王三锡建，租粮15石
吴公书院	山西永济	康熙三十七年		分守道吴自肃建
和阳书院	安徽和州	康熙三十七年		
紫阳书院	福建连江	康熙三十七年		知府迟维城建，又名朱子书院
鸣琴书院	山东单县	康熙三十七年		知县金天定以琴台故址建，祀宓子贱、巫马期
近圣书院	广东英德	康熙三十七年		知县田从典建
横渠书院	陕西临潼	康熙三十七年		赵于京建，祀张载
扶风书院	山西翼城	康熙三十八年		
甘公书院	河南济源	康熙三十八年		邑民为知县甘国墀建
兴山书院	湖北长阳	康熙三十八年		
孙公书院	广西南宁	康熙三十八年		宣化士民公建于县城乌龙寺旁
墨江书院	广东始兴	康熙三十八年		知县毛德琦建，雍正九年增建
安乐书院	广东高州	康熙三十八年		知县钱以垲建
赵公书院	贵州独山	康熙三十八年		士民为知州赵完璧立祠，乾隆三十九年扩建，改名紫阳书院
九隆书院	云南保山	康熙三十八年		知府罗纶建
瓯山书院	福建南靖	康熙三十九年		知县丘宪章建

（续）

书院名称	位置	始建时间	性质	说明
屏山书院	福建古田	康熙三十九年		正学陈瑸建
乾明书院	湖北蕲春	康熙三十九年		知州张士驷建，又名张公书院
周南书院	河南洛阳	康熙三十九年		知县钱肇修建
慎独书院	河南正阳	康熙三十九年		知县安圻建
甘棠书院	广东郁南	康熙三十九年		
丽泽书院	海南儋州	康熙三十九年		知州韩祐捐建
张公书院	云南大姚	康熙三十九年		清雍正时作白井儒学训导署
受川书院	山西寿阳	康熙四十年		
淮海书院	广西横县	康熙四十年		知府柯宗仁建，祀秦观，乾隆十一年改名秀林书院
琴冈书院	福建永定	康熙四十一年		知县翁大中建
斗山书院	福建永安	康熙四十一年		知县梁文煜建
皖江陈先生书院	江西奉新	康熙四十一年		知县陈廷枢建
广陵书院	河北文安	康熙四十一年		
正业书院	湖南资兴	康熙四十一年		知县谢乃实建
蒋公书院	湖南溆浦	康熙四十一年		教谕蒋弘毅建，后改为训导署
嵩崖书院	广东高要	康熙四十一年		知县景日昣建
琼台书院	海南儋州	康熙四十一年		巡道焦映汉建
渠江书院	四川广安	康熙四十一年		知州邵仲礼建
晋阶书院	重庆奉节	康熙四十一年		
开南书院	云南景东	康熙四十一年		同知茹凤仪建
鹳和书院	云南南华	康熙四十一年		知州陈元建，乾隆时改名盘水书院，嘉庆时改名龙川书院
了斋书院	广西合浦	康熙四十二年		
西河书院	山西汾阳	康熙四十二年		知县王绶建
超山书院	山西平遥	康熙四十二年		知县王绶建
紫阳书院	浙江杭州	康熙四十二年		

（续）

书院名称	位置	始建时间	性质	说明
崇文书院	福建大田	康熙四十二年		李兰英建
秋山书院	江西永新	康熙四十二年		知县张士琦建
嘉陵书院	四川广元	康熙四十二年		知县黄阁建
濂溪书院	重庆合川	康熙四十二年		祀周敦颐
育才书院	云南昆明	康熙四十二年	省城书院	因御书额改名
龙泉书院	云南嵩明	康熙四十二年		知州雷御龙建，后改名邵川书院
马龙书院	云南马龙	康熙四十二年		
聚奎书院	云南易门	康熙四十二年		生员王昌业等公建
少梁书院	陕西韩城	康熙四十二年		
萝石书院	陕西韩城	康熙四十二年		崇祯知县左懋第建
广川书院	河北景县	康熙四十三年		州治周钺建
玉川书院	河北满城	康熙四十三年		知县张焕建
明德书院	福建福清	康熙四十三年		知县潘树楠建
锦江书院	四川成都	康熙四十三年	省城书院	西汉文翁石室，巡抚贝和诺重建
通泉书院	云南马龙	康熙四十三年		知府常德建
天梯书院	甘肃武威	康熙四十三年		谅庄道武廷适建
成章书院	甘肃武威	康熙四十三年		参议道武廷适捐建
崇文书院	台湾台南	康熙四十三年		知府卫台揆改建
诚意书院	江苏兴化	康熙四十四年		
凤鸣书院	江苏丰县	康熙四十四年		
晴川书院	湖北汉阳	康熙四十四年		知府郝士锌建
怀芝书院	广东博罗	康熙四十四年		知县王安泰建
秀山书院	贵州镇远	康熙四十四年		又名许阳书院
博南书院	云南永平	康熙四十四年		
东安坊书院	台湾台南	康熙四十四年		吴英倡建
清茗书院	福建漳州	康熙四十五年		

（续）

书院名称	位置	始建时间	性质	说明
文昌书院	福建同安	康熙四十五年		
兴贤书院	广东从化	康熙四十五年		知县梁长吉捐建
鸣皋书院	广东增城	康熙四十五年		知县沈澄建
长溪书院	广东高要	康熙四十五年		乡人公建
还珠书院	广西合浦	康熙四十五年		廉州知府施世骥建于砥柱矶
大书院	甘肃临夏	康熙四十五年		士民公建
小书院	甘肃临夏	康熙四十五年		士民公建
应理书院	宁夏中卫	康熙四十五年		同知高士铎建
楼山书院	山西永和	康熙四十六年		
亳城书院	山西垣曲	康熙四十六年		
沙溪书院	广东高要	康熙四十六年		乡人公建
文昌书院	广东英德	康熙四十六年		知县齐捷建
徐公书院	广西横县	康熙四十六年		永淳县士民为知县徐凤池建于县治左
大观书院	广西横县	康熙四十六年		永淳县地方士民建于县治右
登龙书院	四川江油	康熙四十六年		知县朱樟田建，又名天柱书院
凤山书院	云南楚雄	康熙四十六年		知府卢询建，又名新建书院
卢公书院	云南楚雄	康熙四十六年		知府卢询建，后改为府学训导署
卦山书院	山西交城	康熙四十七年		
爱莲书院	浙江衢州	康熙四十七年		知府杨廷望建，又名正谊书院
启蒙书院	安徽凤阳	康熙四十七年		知县王纮建，后改名凤临书院
鳌峰书院	福建福州	康熙四十七年	省城书院	巡抚张伯行建，赐额三山养秀，祀宋五子
文溪书院	福建连城	康熙四十七年		知县段听建
桂圆书院	江西广昌	康熙四十七年		赖泌建
俞公书院	河南济源	康熙四十七年		邑民为知县俞沛建
天章书院	广东高要	康熙四十七年	讲学	总督赵弘灿建

（续）

书院名称	位置	始建时间	性质	说明
桂阳书院	广东连山	康熙四十七年		知县李来章建
荔川书院	广西荔浦	康熙四十七年		知县许之像建于县城东南隅
雅材书院	四川雅安	康熙四十七年		又名蔡蒙书院、宗文书院，训导李来章建
紫川书院	山西隰县	康熙四十八年		知州钱以垲建
弈山书院	浙江遂昌	康熙四十八年		知县缪之弼建
正学书院	福建尤溪	康熙四十八年		知县刘宗枢建
集贤书院	福建泰宁	康熙四十八年		知县区遇建，又名三贤书院
丽泽书院	福建漳州	康熙四十八年		教授郑騆建
澹湖书院	江西鄱阳	康熙四十八年		地方官倡建
石溪书院	江西寻乌	康熙四十八年		知县邵锦江建
鲁阳书院	河南鲁山	康熙四十八年		知县高镗复建
阳春书院	湖北钟祥	康熙四十八年		知府杨绿绶建
石冈书院	广东番禺	康熙四十八年		地方公建
石洞书院	广东番禺	康熙四十八年		
敷文书院	广东高州	康熙四十八年		知府吴柯建
眉江书院	广西蒙山	康熙四十八年		知州陈大辇建，祀朱熹
紫岩书院	四川绵竹	康熙四十八年		乾隆二年改名景宣，十年改名晋熙书院
登龙书院	云南石屏	康熙四十八年		知府胡承禧建
涿鹿书院	河北涿鹿	康熙四十九年	集士子课读	知州杨汝楫改建，后名新洲书院
仁寿书院	安徽定远	康熙四十九年		知县张蔚建
敖阳书院	江西上高	康熙四十九年		知县王柡建
紫阳书院	河南临颍	康熙四十九年		知县沈近思建
粤秀书院	广东广州	康熙四十九年	省城书院	总督赵弘灿等捐建
凤冈书院	广东三水	康熙四十九年		知县郑玫建
文澜书院	广东英德	康熙四十九年		巡检钮荣倡建

（续）

书院名称	位置	始建时间	性质	说明
粤绣书院	广东番禺	康熙四十九年		
新道乡书院	广西平乐	康熙四十九年		黄大成建，兼设义学，祀邹浩
琼台书院	海南琼山	康熙四十九年		雷琼道焦映汉建，集全部生童肄业
凤鸣书院	四川荣县	康熙四十九年		知县李镐建
修文书院	四川洪雅	康熙四十九年		
瀛山书院	重庆綦江	康熙四十九年		知县许国棠建
玉溪书院	云南玉溪	康熙四十九年		任中宜建，咸同毁，修复后改名灵峰书院
玉河书院	云南丽江	康熙四十九年		通判樊经首建，未成，继任余文耀续建落成
天山书院	云南双柏	康熙四十九年		知州张伦至建
山天书院	云南姚安	康熙四十九年		
屏山书院	台湾高雄	康熙四十九年	义学	知县宋永清建，清雍正四年迁建改名凤仪书院
东川书院	江苏靖江	康熙五十年		诸生杨坦等建
鹤庭书院	浙江永康	康熙五十年		知县姬肇燕建
博爱书院	浙江景宁	康熙五十年		
西山书院	浙江萧山	康熙五十年		知县吕廷铨建
宜春书院	江西宜春	康熙五十年		知县汪为龙建
博约斋	江西奉新	康熙五十年		胡汝任建
回澜书院	山东定陶	康熙五十年		
青岩书院	山东泰安	康熙五十年		
忠贤书院	四川荣昌	康熙五十年		
谦益书院	山西太平	康熙五十一年		
绍文书院	山西翼城	康熙五十一年		知县许崇楷建
竹西书院	江苏扬州	康熙五十一年	专课童生	知府赵宏煜建义学，乾隆二十五年改名竹西书院
紫阳书院	浙江义乌	康熙五十一年		
曲江书院	江西上饶	康熙五十一年	召七邑子弟肄业	后改名钟灵讲院，又改名紫阳书院，乾隆四十六年改名信江书院

（续）

书院名称	位置	始建时间	性质	说明
瀛洲书院	山东蓬莱	康熙五十一年		
徐公书院	山东泰安	康熙五十一年		
六一书院	山东日照	康熙五十一年		
希贤书院	河南浚县	康熙五十一年		知县梁通洛建
庄公书院	湖南溆浦	康熙五十一年		通判庄清度建
立诚书院	广东梅州	康熙五十一年		乡绅李士淳建
敦仁书院	广东茂名	康熙五十一年		知县孙士杰建
近圣书院	广东茂名	康熙五十一年		知县孙士杰建
三堡书院	广东南海	康熙五十一年		
凤山书院	四川安岳	康熙五十一年		知县郑吉士建
澧江书院	云南元江	康熙五十一年		
仰华书院	陕西华阴	康熙五十一年		知县简廷佐建，后废
紫阳书院	江苏苏州	康熙五十二年	省城书院	巡抚张伯行建，时征七郡之士弦诵
近圣书院	浙江临海	康熙五十二年		知府张联元建
姚西书院	江西万年	康熙五十二年		知府韩奕建
崇儒书院	江西南城	康熙五十二年	讲学	同知郭维莞重建，又名崇德书院，祀朱熹
崂山书院	山东即墨	康熙五十二年		
龙门书院	河南潢川	康熙五十二年		知州刘学礼建
坪江书院	湖北黄冈	康熙五十二年		邑人钱光时建
黄龙书院	湖南炎陵	康熙五十二年		张瑶建，乾隆时改名烈山书院，同治二年改名洣泉书院
考亭书院	福建安溪	康熙五十二年		知县曾之传建
紫芝书院	福建建瓯	康熙五十二年		
观澜书院	广东茂名	康熙五十二年		知县孙士杰建
双清书院	上海崇明	康熙五十三年		
澄心书院	江西资溪	康熙五十三年		魏文汉建
勺庭书院	湖北武汉	康熙五十三年		学政薄有德建

（续）

书院名称	位置	始建时间	性质	说明
柳江书院	广西龙州	康熙五十三年		提督张朝午重建，又名罗池书院
岳阳书院	四川安岳	康熙五十三年		
青峨书院	贵州岑巩	康熙五十三年		知府管承宏由义学改建，道光初钱桂易名思旸书院
仰文书院	福建莆田	康熙五十四年		
育才书院	河南中牟	康熙五十四年		知县桂芳建
西关书院	河南方城	康熙五十四年		知州董学礼建
三台书院	广东龙川	康熙五十四年		屠孝义建
正学书院	广东三水	康熙五十四年		知县郑玫建
阳溪书院	广东阳山	康熙五十四年		知县管世宁建
湘江书院	贵州遵义	康熙五十四年		知县邱纪建，又名湘川书院，后易名培英书院
文明书院	云南巍山	康熙五十四年		同知许登龙建
丰宁书院	陕西西乡	康熙五十四年		王穆建，光绪三十年改为高等小学堂
清晖书院	河北永年	康熙五十五年		又名莲华书院，知府王嗣衍建
蕺山书院	浙江杭州	康熙五十五年		知府俞卿建
鸳湖书院	浙江嘉兴	康熙五十五年		知府吴永芳建
紫阳书院	福建福安	康熙五十五年		知县尹德咏建
玉泉书院	福建古田	康熙五十五年		水口分司陈大辇建
景贤书院	福建建阳	康熙五十五年		
先觉书院	山东莘县	康熙五十五年		知县刘萧建，祀伊尹
汪公书院	山东青州	康熙五十五年		
请见书院	河南兰考	康熙五十五年		礼部尚书张伯行建
丹山书院	河南禹州	康熙五十五年		知州李朝柱以凤台书院改建
湖湘书院	湖南长沙	康熙五十五年		巡抚李发甲建，雍正元年改贡院
凌江书院	广东南雄	康熙五十五年		知府张楙建
星冈书院	广东龙门	康熙五十五年		知县萧大成建

（续）

书院名称	位置	始建时间	性质	说明
式南书院	广西南宁	康熙五十五年		沈元佐建，乾隆十五年改为蔚南书院
薛南书院	广西南宁	康熙五十五年		知府沈元佐建于宣化县式南书院左
文笔书院	广西灵川	康熙五十五年		知县楼俨建
修和书院	广西南宁	康熙五十五年		清雍正三年与式南书院合改忠义祠
焕文书院	云南建水	康熙五十五年		知州陈肇奎建
龙门书院	山西襄汾	康熙五十六年		知县张学都建，祀王通，又名文中子祠
铜川书院	山西沁县	康熙五十六年		
观海书院	浙江绍兴	康熙五十六年		乡民为知府俞卿建，为民讲孝悌力田
观海书院	浙江杭州	康熙五十六年		知府俞卿建
北海书院	山东蓬莱	康熙五十六年		按察使黄炳建
宏远书院	山东青州	康熙五十六年		
白雀书院	山东堂邑	康熙五十六年		
回澜书院	山东定陶	康熙五十六年		
天河书院	湖南炎陵	康熙五十六年		教谕彭之昙建，咸丰毁于兵
景贤书院	湖南郴州	康熙五十六年		
龙江书院	广西宜州	康熙五十六年		庆元府知府高茂选建宜山县城中
龙江书院	广西灌阳	康熙五十六年		
栖霞书院	广西临桂	康熙五十六年		
阜成书院	广西桂林	康熙五十六年		巡抚陈元龙建，雍正九年改为栖霞书院
育才书院	贵州遵义	康熙五十六年		知府赵光荣公建，乾隆三十七年改名启秀书院
鹤山书院	云南泸西	康熙五十六年		提学道蒋泂建，后改为接官厅
凝秀书院	云南泸西	康熙五十六年		
平阳书院	山西临汾	康熙五十七年		又名正谊书院，邑士共建
秀山书院	山西运城	康熙五十七年		
桂林书院	江苏睢宁	康熙五十七年	课士	监生王讷捐地建，乾隆三十三年更名昭义书院

（续）

书院名称	位置	始建时间	性质	说明
姜公书院	江苏铜山	康熙五十七年		
越山书院	福建福州	康熙五十七年		巡抚陈瑸建
双旌书院	福建福清	康熙五十七年		
阳明书院	福建上杭	康熙五十七年		
文峰书院	福建上杭	康熙五十七年		
振英书院	山东济南	康熙五十七年		按察使黄炳建
锦秋书院	山东博兴	康熙五十七年		
四知书院	河南孟津	康熙五十七年		通判李梦熊建
穆清书院	湖北房县	康熙五十七年		王璋建，又名房陵书院
莲峰书院	广东广州	康熙五十七年		知县宋玮偕七堡绅士捐建
纹江书院	四川安县	康熙五十七年		知县郑羽逵建
摩云书院	重庆彭水	康熙五十七年		知县朱雷建
河阳书院	云南澄江	康熙五十七年		知府柳正芳奉文建
三取书院	天津	康熙五十八年		邑绅捐建
萃升书院	辽宁沈阳	康熙五十八年		府丞任奕鏊建，地租年120两银
醴泉书院	江苏徐州	康熙五十八年		州人同建，后废
文渊书院	浙江建德	康熙五十八年		知府吴昌祚建，嘉庆八年重建改名双峰书院
观成书院	浙江海盐	康熙五十八年		知县梁泽建
崇正书院	浙江定海	康熙五十八年		知县田长文建
容保书院	山东青州	康熙五十八年		
阳平书院	山东聊城	康熙五十八年		知府杨文乾建
睢阳书院	湖北黄冈	康熙五十八年		知县钟苇建，后废
仙湖书院	湖北红安	康熙五十八年		知县张琮建
荆南书院	湖北江陵	康熙五十八年	诸生课读	知府邱天英建
铡山书院	湖北长阳	康熙五十八年		知县朱登俊建
佷山书院	湖北长阳	康熙五十八年		

（续）

书院名称	位置	始建时间	性质	说明
湖南书院	湖南攸县	康熙五十八年		知县陈溥建，又名湘南书院
紫澜书院	广西横县	康熙五十八年		知县凌森美建，又名凌邑侯书院
爱日书院	广西桂林	康熙五十八年		士民为巡抚陈元龙建于壶山北
南池书院	广西昭平	康熙五十八年		知县钱兆澧建
孝公书院	广西宜州	康熙五十八年		郡绅建于庆元府治左
李公书院	广西宜州	康熙五十八年		
桂山书院	重庆永川	康熙五十八年		沈镛建，乾隆二十七年令彭时捷迁改名锦云书院
三台书院	贵州麻江	康熙五十八年		吴秉正建
潞河书院	北京通州	康熙五十九年		仓督张仪朝建
培英书院	河北藁城	康熙五十九年		知县闫尧熙建
香岩书院	江西新余	康熙五十九年		公建
玉山书院	山东高唐	康熙五十九年		
寡过书院	河南长垣	康熙五十九年		知县赵国麟建
昭潭书院	湖南湘潭	康熙五十九年		知县方伯创建
岳阳书院	湖南岳阳	康熙五十九年		知府许玠建
天岳书院	湖南平江	康熙五十九年		杨世芳建
文明书院	广东始兴	康熙五十九年		知县杨炳耀建，教谕陈如锡及绅士同建
宝安书院	广东东莞	康熙五十九年		知县于梓建
金堂书院	四川金堂	康熙五十九年		知县陈舜明建，乾隆十六年易名绣川书院
海东书院	台湾台南	康熙五十九年		分巡道梁文煊建，当时台湾最大书院
金城书院	山西应县	康熙六十年		知州张宏建
云龙书院	江苏徐州	康熙六十年		淮徐同知孙国瑜建义学
定阳书院	浙江常山	康熙六十年		知县孔毓玑建
崇文书院	安徽舒城	康熙六十年		知县蒋鹤鸣建，乾隆三十八年移建改称文昌书院
召南书院	河南陕州	康熙六十年		知州李朝柱建

（续）

书院名称	位置	始建时间	性质	说明
紫阳书院	湖北汉川	康熙六十年		知县钟嘉禬建
崇阳书院	四川崇州	康熙六十年		知州邱纪建，原名江源书院
神山书院	山西浮山	康熙六十一年		
陆公书院	山西浮山	康熙六十一年		
松林书院	浙江诸暨	康熙六十一年		知府俞卿建
崧陵书院	浙江上虞	康熙六十一年		知府俞卿创建，置田22亩、地253亩
滋兰书院	浙江金华	康熙六十一年		知府张坦让建，后改称丽正书院
锦江书院	福建漳州	康熙六十一年		
西江书院	广东惠阳	康熙六十一年		知县孙能宽建
范阳书院	河北定兴	康熙初		张亮建
卜山书院	山西汾阳	康熙初		县学西侧，祀卜商，春秋仲月上戊致祭
兴学书院	安徽泗县	康熙初		知县龚起翚建
河洲书院	安徽颍上	康熙初		知县芬俶胤建，嘉庆中毁于兵
吴令讲堂	江西万载	康熙初		知县吴自肃建，后改名吴公书院
新建书院	河南汝南	康熙初		知府金镇建
佚名书院	广东韶关	康熙初		知府刘世豸建，掇科称盛
古木书院	云南马关	康熙初		
三台书院	河北元氏	康熙中		
彤塔书院	河北南宫	康熙中		
蒙泉书院	河北宁晋	康熙中		
澜阳书院	河北吴桥	康熙中		知县张景良建
双峰书院	河北易县	康熙中		
犹龙书院	河北固安	康熙中		
昌黎书院	河北昌黎	康熙中		
书院山书院	河北昌黎	康熙中		
清河书院	山西浮山	康熙中		

（续）

书院名称	位置	始建时间	性质	说明
回辙书院	山西泽州	康熙中		
宗程书院	山西高平	康熙中	集隽异授文义	知县梅建建，道光中李联蒙重修
延陵书院	山西广灵	康熙中		知府杜坦建
希贤书院	山西洪洞	康熙中		范鄗鼎建，置学田
图南书院	山西广灵	康熙中		
佚名书院	山西代县	康熙中		雁平道张道祥修
西河书院	山西平遥	康熙中		知县王绶以察院改建
佚名书院	山西中阳	康熙中		宁乡知县龚应霖建
沂源书院	上海	康熙中		知县陈善建
惠来书院	上海青浦	康熙中		知县张庚有建
清源书院	上海	康熙中		知县陈善改王氏素园为书院，旋废
大新书院	江苏南京	康熙中		邑人建
文正书院	江苏如皋	康熙中		
澹台书院	江苏苏州	康熙中		
张公书院	上海崇明	康熙中		
阳城书院	江苏江阴	康熙中		
南阳书院	浙江杭州	康熙中		督学彭昭博建
吕公书院	浙江平湖	康熙中		知县吕犹龙建
修文书院	浙江衢州	康熙中		知府杨廷望建
钟峰书院	浙江开化	康熙中		
延陵书院	浙江定海	康熙中		总镇吴升生建
蓉浦书院	浙江定海	康熙中		黄灏建
东湖书院	浙江临海	康熙中		侍郎冯甦建
峄山书院	浙江黄岩	康熙中		知县甘国辅建，在县署内
县治书院	浙江海宁	康熙中		

（续）

书院名称	位置	始建时间	性质	说明
放石镇书院	浙江海宁	康熙中		
尔安书院	浙江平湖	康熙中		
上林书院	浙江奉化	康熙中		
松皋书院	浙江淳安	康熙中		毛士仪建
庞公祠义学	浙江新昌	康熙中		知府李铎以祠堂改
储贤庄	浙江庆元	康熙中		知县程维伊建
东山书院	浙江淳安	康熙中		方瑞合读书讲学处
穆公书院	浙江绍兴	康熙中		巡按两浙盐漕穆纯庵创建
丰乐书院	浙江余姚	康熙中		郡守李铎建
长安镇书院	浙江海宁	康熙中		
硖石镇书院	浙江海宁	康熙中		
郭店镇书院	浙江海宁	康熙中		
袁花镇书院	浙江海宁	康熙中		
澜冈书院	浙江乐清	康熙中		
仰川书院	浙江乐清	康熙中		
太白书院	浙江乐清	康熙中		
帻峰书院	浙江临海	康熙中		
遂宁书院	安徽怀宁	康熙中		督学张鹏翮建
能宏书院	安徽定远	康熙中		知县张景蔚改东岳庙建
秀山书院	安徽贵池	康熙中		知府李暲建
紫山书院	安徽泾县	康熙中	教育子弟	倪姓公建，在县东70里倪家村
龙门书院	安徽繁昌	康熙中		
河州书院	安徽颍上	康熙中		
斗文书院	安徽合肥	康熙中	聚诸生肄习	知府王业兴建，后改为万寿宫
西湖书院	福建福州	康熙中		知府迟维城建
紫阳书院	福建厦门	康熙中		署同知范廷谟建

（续）

书院名称	位置	始建时间	性质	说明
玉屏书院	福建厦门	康熙中		威略将军吴英建
安砂书院	福建永安	康熙中		邑人陈氏公建
龙津书院	福建清流	康熙中		署同知郎丰建，又名丰山书院
同兰书院	福建仙游	康熙中		邑人程铭鼎建
沈公书院	福建诏安	康熙中		
棣华书院	福建南靖	康熙中		庠生林光岳建
紫阳书院	福建同安	康熙中		
振文书院	福建云霄	康熙中		
右文书院	福建建瓯	康熙中		
玉溪书院	福建建瓯	康熙中		
笔锋书院	福建福安	康熙中		
垢洗书院	福建漳浦	康熙中		内阁中书林琛建
共学书院	福建龙岩	康熙中		宁洋知县沈荃建
东谷书院	江西修水	康熙中		徐氏建
梅桂书院	江西余干	康熙中		鲁志建
玉峰书院	江西弋阳	康熙中		知县顾广淳建
马脑山房	江西万载	康熙中		张明德建
竹林书院	江西黎川	康熙中		孔毓琼建
凤冈书院	江西宜黄	康熙中		知县胡虞继建
五峰书院	江西遂川	康熙中		知县赵嗣标建
赵邑侯书院	江西永新	康熙中		
二何书院	江西奉新	康熙中		士民公建，又名二何先生书院
诚意书院	江西吉安	康熙中		邑人张贞生捐宅建
龙门书院	江西余江	康熙中		
共学书院	江西彭泽	康熙中		知县吴士宏建

（续）

书院名称	位置	始建时间	性质	说明
龙章书院	山东济南	康熙中		
张公书院	山东青州	康熙中		
崇文书院	山东文登	康熙中		
春秋书院	山东曲阜	康熙中		相传孔子作《春秋》处，宋代设祠祭祀
昆阳书院	山东文登	康熙中		
济阳书院	山东济宁	康熙中		
山阳书院	山东金乡	康熙中		
广宁书院	河南荥阳	康熙中		知县张国辅建
饮泉书院	河南兰考	康熙中		张伯行建
李公书院	河南辉县	康熙中		知县喻良臣建
喻公书院	河南辉县	康熙中		知县喻良臣建
甘棠书院	河南禹州	康熙中		知州刘国儒修
刘公书院	河南沁阳	康熙中		知府刘维世建
邓公书院	河南渑池	康熙中		知县刘孚嘉建
道存书院	河南睢县	康熙中		知州马世英以当阳令李遥家塾捐俸改建
新建书院	河南汝阳	康熙中		知府金镇建
清风书院	湖北武汉	康熙中		巡抚张朝珍建
邱公书院	湖北宜昌	康熙中		旧祀荆州知府邱天英
墨池书院	湖北宜昌	康熙中		知州宗寺圣改墨池书屋建成
魁阁书院	湖北钟祥	康熙中		知府吴肇荣建
凤鸣书院	湖南攸县	康熙中		蔡氏公建，后废为寺观
怀德书院	湖南澧县	康熙中		士民公建，以祀知州张圣宏
洁爱书院	湖南安仁	康熙中		知县陈黄永建，嘉庆中废为白衣庵
古吴书院	湖南东安	康熙中	义学	沈经以明弘治中沈孟所建通津亭而建
扶风书院	广东广州	康熙中	延宿儒，置都养	布政使鲁超重修

（续）

书院名称	位置	始建时间	性质	说明
正业书院	广东兴宁	康熙中		知县谢乃实建
昌黎书院	广东蕉岭	康熙中		知县蒋弥高建
湛公书院	广东顺德	康熙中		绅士聚资为训导湛上锡建，祀湛上锡
登云书院	广东潮州	康熙中		
郑公书院	广东三水	康熙中		
来鹤书院	四川达县	康熙中		
凤翔书院	四川南溪	康熙中		唐进士杨发读书处，嘉庆十四年重建
跃鲤书院	四川德阳	康熙中		又名兴贤书院
第一山书院	四川遂宁	康熙中		
明水书院	四川资阳	康雍中		贡生李含章建
延陵书院	贵州天柱	康熙中		吴万年建
竹溪书院	贵州沿河	康熙中		又名竹溪书屋
壁峣书院	云南昆明	康熙中		
希文书院	陕西神木	康熙中		东路道张衡建，雍正改管理夷汉同知署
少梁书院	陕西韩城	康熙中		知县康行僩建
椒山书院	甘肃临洮	康熙中	简俊秀肄业	知府许重华修
佚名书院	山西太原	康熙末		按察司公署中，岳岱建
西园书院	浙江永康	康熙末		应修建
高湖书院	江西上高	康熙末		傅氏建
汇海书院	江西上高	康熙末		简提建
孙公书院	江西樟树	康熙末		知府孙嗣靖建
欧阳书院	河南叶县	康熙末		知县崔赫建，清乾隆中知县朱朴增修
培风书院	湖北公安	康熙末		知县杨之骈建
李公书院	贵州贵定	康熙末		邑人公建
虞城书院	山西平陆	雍正元年		
繁禳书院	山西太谷	雍正元年		

（续）

书院名称	位置	始建时间	性质	说明
兴文书院	上海嘉定	雍正元年		知县赵向奎创，乾隆中改建应奎书院
三乐书院	安徽泾县	雍正元年		知县李枚（一说李玖）建，雍正九年改义学
兴庠书院	福建福清	雍正元年		
理学书院	福建连江	雍正元年		
许公书院	山东桓台	雍正元年		
近圣书院	山东平原	雍正元年		知县陈学海建
鄎城书院	河南新县	雍正元年		知县吴元锦建
南湖书院	河南汝南	雍正元年		
兴文书院	云南巍山	雍正元年		同知罗得彦建
麟城书院	陕西神木	雍正元年		原为道署书房，后改为义学
正业书院	甘肃兰州	雍正元年		巡抚卢询捐俸设立
萃文书院	天津武清	雍正二年		邑人曹传建，又名庆成书院
东雍书院	山西新绛	雍正二年		改建
启运书院	内蒙古呼和浩特	雍正二年		土默特都统丹津建学，后设书院于内
钟山书院	江苏南京	雍正二年	省城书院	总督查弼纳建，世宗题额敦崇实学
崇正书院	江苏如皋	雍正二年		知县曹枢建，旋废
虞山书院	江苏常熟	雍正二年		
敬业书院	江西彭泽	雍正二年		教谕彭滨建
颍滨书院	河南渑池	雍正二年		知县刘湘建
箐峨书院	河南灵宝	雍正二年		知县杜薰建
文冈书院	广东宝安	雍正二年		知县段献生建
甘棠书院	广东英德	雍正二年		知县刘庶改建
沧曲书院	河北沧州	雍正三年		张延绪建
信都书院	河北冀州	雍正三年		
玉峰书院	山西洪洞	雍正三年		知县孔传忠建，又名慎交书院
游文书院	江苏常熟	雍正三年		粮道杨木植建

（续）

书院名称	位置	始建时间	性质	说明
聚五书院	江西安远	雍正三年		钟文奎建
颍川书院	河南禹州	雍正三年		知州屠用谦建
传经书院	广西梧州	雍正三年		知府徐嘉宾改回澜书院为传经书院
廉山书院	广西合浦	雍正三年		知府李元伟建，讲堂一座，书舍七间
槎江书院	广东河源	雍正三年		知县刘延泰改建，知县何齐圣等置田租
文昌书院	四川洪雅	雍正三年		
敬业书院	云南元江	雍正三年		知府迟维玺建
北池书院	云南元江	雍正三年		知州迟维玺改建，又名澧江书院
雪山书院	云南丽江	雍正三年		知府杨馝、教授万咸燕建
迷阳书院	云南开远	雍正三年		知州毛振翧建
迤西道书院	云南大理	雍正三年		分巡道贾扩基建
云峰书院	北京密云	雍正四年		
光岳书院	山东聊城	雍正四年		
甘露书院	山东临邑	雍正四年		
文中书院	河南渑池	雍正四年		王箴舆建，乾隆二十二年令蒋廷镛改为韶山书院
学仁书院	河南孟州	雍正四年		邑士崔纯建
乳泉书院	湖北襄阳	雍正四年		知府高茂选建
京南书院	湖北京山	雍正四年		钟祥陈祖心捐金课士
赵大中丞书院	湖南临武	雍正四年		祀巡抚赵申桥，乾隆中废
鹤山书院	四川蒲江	雍正四年		
览凤书院	云南大理	雍正四年		知州汪邦彦建，光绪元年改建更名凤鸣书院
凤翔书院	云南洱源	雍正四年		知县张坦建
新建书院	云南洱源	雍正四年		知县张坦建
鹏飞书院	云南	雍正四年		
中社书院	台湾台南	雍正四年		分巡道吴昌祚建，道光十三年改名奎楼书院

（续）

书院名称	位置	始建时间	性质	说明
南社书院	台湾台南	雍正四年		
棠荫书院	河北易县	雍正五年		
端品书院	湖南临武	雍正五年		
榜山书院	湖南新田	雍正五年		知县高岳建，乾隆十六年迁建
瑞云书院	广东阳春	雍正五年		教谕陈世莲改建
古�书院	广东新兴	雍正五年		知县管遐龄建，乾隆中两次重修
南轩书院	广东连州	雍正五年		知府朱振基以守御所署改建
金鹅书院	四川隆昌	雍正五年		
兼山书院	四川剑阁	雍正五年		
瑞云书院	贵州镇远	雍正五年		
瑞云书院	贵州岑巩	雍正五年		清末改学堂
新邑书院	云南新平	雍正五年		张云翮康熙五十一年改为义馆，乾隆四十七年更名桂香书院
西林书院	云南会泽	雍正五年		知府黄士杰建，又名金钟书院、日新书院、钟灵书院
罗公书院	云南巍山	雍正五年		同知罗得彦建
甘陵书院	河北故城	雍正六年		知县蔡维义建
柏林书院	浙江平湖	雍正六年	会课公所	邑人胡绍泉、俞锡龄泉等四人合建
梅溪书院	浙江乐清	雍正六年		
翠螺书院	安徽当涂	雍正六年		知府李璋建，乾隆四十六年移建清源门内
柳湖书院	安徽亳州	雍正六年		邑人刘恩沛建
宝海庵书院	福建晋江	雍正六年		知县唐孝本建，又名宝海寺书院
景行书院	海南澄迈	雍正六年		知县鹿耿改建
景苏书院	海南澄迈	雍正六年		知县鹿耿建
宏文书院	云南洱源	雍正六年		知州李毓元建，又名育材书院
联云书院	云南洱源	雍正六年		知州李毓元建
漯阳书院	河北怀来	雍正七年		

（续）

书院名称	位置	始建时间	性质	说明
紫阳书院	河北怀来	雍正七年		
雅峰书院	浙江云和	雍正七年		汪士鋐建，又名鹤溪讲堂
正音书院	福建闽侯	雍正七年	教授官话	
正音书院	福建福州	雍正七年		
正音书院	福建永泰	雍正七年		
正音书院	福建福清	雍正七年		
正音书院	福建连江	雍正七年		
正音书院	福建闽清	雍正七年		
正音书院	福建长乐	雍正七年		
正音书院	福建罗源	雍正七年		
正音书院	福建诏安	雍正七年		
正音书院	福建同安	雍正七年		
正音书院	福建永安	雍正七年		
正音书院	福建宁化	雍正七年		
正音书院	福建清流	雍正七年		
正音书院	福建尤溪	雍正七年		
正音书院	福建将乐	雍正七年		
正音书院	福建建宁	雍正七年		
正音书院	福建大田	雍正七年		
正音书院	福建泰宁	雍正七年		
正音书院	福建莆田	雍正七年		
正音书院	福建仙游	雍正七年		
正音书院	福建晋江	雍正七年		
同音书院	福建惠安	雍正七年		
正音书院	福建南安	雍正七年		
正音书院	福建永春	雍正七年		

（续）

书院名称	位置	始建时间	性质	说明
正音书院	福建德化	雍正七年		
正音书院	福建漳浦	雍正七年		
正音书院	福建长泰	雍正七年		
正音书院	福建南靖	雍正七年		
正音书院	福建平和	雍正七年		
正音书院	福建南平	雍正七年		
正音书院	福建建阳	雍正七年		
正音书院	福建浦城	雍正七年		
正音书院	福建顺昌	雍正七年		
正音书院	福建武夷山	雍正七年		
正音书院	福建光泽	雍正七年		
正音书院	福建松溪	雍正七年		
正音书院	福建政和	雍正七年		
正音书院	浙江宁海	雍正七年		
正音书院	福建福安	雍正七年		
正音书院	福建霞浦	雍正七年		
正音书院	福建古田	雍正七年		
正音书院	福建龙岩	雍正七年		
正音书院	福建长汀	雍正七年		
正音书院	福建上杭	雍正七年		
正音书院	福建永定	雍正七年		
正音书院	福建漳平	雍正七年		
正音书院	福建武平	雍正七年		
正音书院	福建连城	雍正七年		
濂溪书院	江西大余	雍正七年		改为府学
凌云书院	湖北英山	雍正七年		知县赵宗炅建

（续）

书院名称	位置	始建时间	性质	说明
芹溪书院	湖南新田	雍正七年		知县宋廷旃建
龙韩社书院	广东潮州	雍正七年		知县张士琏修
凤山书院	广东澄海	雍正七年		知县宁时文建
棉阳书院	广东潮阳	雍正七年		知县蓝鼎元建
王侯书院	广东新宁	雍正七年		
翠屏书院	四川营山	雍正七年		
近仙书院	四川营山	雍正七年		
毓英书院	云南洱源	雍正七年		
关西书院	陕西潼关	雍正七年		原为潼川书院，副使张正瑗建
正音书院	台湾高雄	雍正七年		奉文设立
正音书院	台湾台南	雍正七年		奉文设立
正音书院	台湾嘉义	雍正七年		奉文设立
正音书院	台湾彰化	雍正七年		奉文设立
正谊书院	安徽广德	雍正八年		署知州徐敦蕃建，后改名州宾兴馆
佚名书院	河南临漳	雍正八年		
春陵书院	湖南道县	雍正八年		游击郝贤荫建
崇文书院	湖南保靖	雍正八年		知县王钦建，嘉庆十一年巡道傅鼐改名雅丽书院
博陵书院	湖北襄阳	雍正八年		知县尹会一建
禺山书院	广东广州	雍正八年		知县庞屿等建
步云书院	广东花都	雍正八年		知县应公建
甘棠书院	广西邕宁	雍正八年		建于宣化县五塘圩
海滨书院	福建莆田	雍正八年		
洋川书院	贵州绥阳	雍正八年		知县唐椿建
昭通书院	云南昭通	雍正八年		知府徐德裕、总兵徐成贞建，后改名凤池书院
云龙书院	云南云龙	雍正八年		知州陈希芳建

（续）

书院名称	位置	始建时间	性质	说明
万奎书院	云南洱源	雍正八年		知县吴士信建
东山书院	浙江温州	雍正九年		谢灵运读书处，巡道芮复传捐建
兴文书院	福建平潭	雍正九年		吕瑞麟建
鸿文书院	河南舞阳	雍正九年		知县刘蓟植建
正谊书院	广西南宁	雍正九年		知县黄其炳由孙公讲院公建
丽江书院	广西崇左	雍正九年		知府屠嘉正建于崇善县府城东门外
惠阳书院	广东惠州	雍正九年		知府吴简民建，嘉庆七年伊秉绶迁建易名丰湖书院
王公书院	广东阳春	雍正九年		知县王博厚建
王公书院	海南文昌	雍正九年		知县梁继世改建
温泉书院	海南琼海	雍正九年		
敷文书院	贵州桐梓	雍正九年		知县王伟任建
凤冈书院	贵州思南	雍正九年		又名德江书院、凤仪书院，清末改学堂
新建五华书院	云南昆明	雍正九年	省城书院	总督鄂尔泰建，选士课读，聘江南名师
文山书院	云南文山	雍正九年		知县徐本仙建
西河书院	陕西大荔	雍正九年	延师课学	知县杨胪建
资川书院	河北无极	雍正十年		
养蒙书院	湖北麻城	雍正十年		知县李作宝建
桂香书院	湖南永顺	雍正十年		李瑾建，又名崇文书院、灵溪书院
南靖书院	广东封开	雍正十年		
紫阳书院	广东惠阳	雍正十年		
流恩书院	广西桂林	雍正十年		
毓秀书院	广西西林	雍正十年		
鹤山书院	四川泸州	雍正十年		
维风书院	贵州关岭	雍正十年		
莲池书院	河北保定	雍正十一年	省城书院	总督李卫建，又名直隶书院、保定书院
晋阳书院	山西太原	雍正十一年		曾名三立书院，更名晋阳书院

（续）

书院名称	位置	始建时间	性质	说明
杜陵书院	山西稷山	雍正十一年		
泺源书院	山东济南	雍正十一年	省城书院	巡抚岳濬以旧都司署建
程江书院	广东梅州	雍正十一年		
秀峰书院	广西桂林	雍正十一年	省城书院	建于叠彩山前
讲道书院	四川广汉	雍正十一年		知州鲍成龙建
蓬莱书院	四川蓬溪	雍正十一年		
古凤书院	贵州正安	雍正十一年		知县张元钰建，乾隆五十四年重建易名凤鸣书院
鸣凤书院	贵州正安	雍正十一年		
凤山书院	云南顺宁	雍正十一年		
普阳书院	云南普洱	雍正十一年		
凤山书院	云南凤庆	雍正十一年		知府朱絫英建
桥山书院	陕西黄陵	雍正十一年		光绪三十一年改为高等小学，后改为鄜州师范
巢湖书院	安徽巢湖	雍正十二年		知县朱谌建
牛山书院	安徽巢湖	雍正十二年		
白鹿书院	河南巩义	雍正十二年		监生曹加缙建
求慊书院	河南内黄	雍正十二年		知县陈锡辂建
罗山书院	河南罗山	雍正十二年		知县王夔龙建
鹿门书院	湖北襄阳	雍正十二年		守道鲁之裕建，又名荆南书院
青麓书院	湖南耒阳	雍正十二年		知县徐德泰建
抱朴书院	广西北流	雍正十二年		北流知县刘瓒重修义学，改名抱朴书院
朗池书院	四川营山	雍正十二年		知县李文煊建
芙蕖书院	重庆	雍正十二年		
芙蓉书院	重庆开州	雍正十二年		知县沈震世建，后改名盛山书院
凤池书院	贵州大方	雍正十二年		原名水城书院，通判孟金章建
胜峰书院	云南曲靖	雍正十二年		原名曲阳书院，知府佟世荫等建

（续）

书院名称	位置	始建时间	性质	说明
宝和书院	云南景东	雍正十二年		同知徐树闳建
永保书院	云南保山	雍正十二年		知县张福昶建
龙翔书院	云南弥渡	雍正十二年		通判屈学洙、知州程近仁建
修翎书院	云南云龙	雍正十二年		知州徐本仙建
罗阳书院	云南罗次	雍正十二年		
保和书院	云南景东	雍正十二年		
汾川书院	陕西安定	雍正十二年		知县董三锡建，后废
敬业书院	安徽绩溪	雍正十三年		知县王锡藩建
峨眉书院	福建泰宁	雍正十三年		邑人黄虞夏建
邵武书院	福建邵武	雍正十三年		
峄阳书院	山东峄山	雍正十三年		
石河书院	河南巩义	雍正十三年		知县季璟文建
仙舟书院	河南巩义	雍正十三年		知县季璟文建
莲山书院	河南巩义	雍正十三年		知县季璟文建
见山书院	河南巩义	雍正十三年		知县季璟文建
奎文书院	河南尉氏	雍正十三年		知县常琬建
正谊书院	河南原阳	雍正十三年		知县宋维孜建
桃溪书院	湖北崇阳	雍正十三年		知县李五惇建
三公书院	湖南芷江	雍正十三年		崔巍改为义学
临江书院	广西贺州	雍正十三年		知县马世焕建
月心书院	四川雅安	雍正十三年		巡道李学裕建
晴川书院	云南永胜	雍正十三年		知府钱恒建，广西间改名晴川义馆
罗俊书院	云南洱源	雍正十三年		知州施震建
龙登书院	云南洱源	雍正十三年		知州施震建
景文书院	云南大关	雍正十三年		同知张坦建，又名云程书院
云峰书院	陕西延安	雍正十三年		知府徐洹瀛建

（续）

书院名称	位置	始建时间	性质	说明
兰山书院	甘肃兰州	雍正十三年	省城书院	巡抚许容建
棠荫书院	湖北兴山	雍正初		知县王琪建，后改为秭城书院
正音书院	福建邵武	雍正初		
文纯书院	河北赞皇	雍正中		又名李德裕书院
文昌书院	山西汾阳	不详		署县事司马王重光建
来复书院	山西永济	雍正中		
橹台书院	山西马邑	雍正中		
卫公书院	江苏灌云	雍正中		知州卫哲治建，光绪末改为三育书院
鸣山书院	浙江黄岩	雍正中		牟宗周建
湖山书院	浙江杭州	不详		清巡抚王国安建
鹿鸣书院	浙江嵊州	雍正中	令张泌率士会课	贡生喻恭复建，同治废
靳侯书院	浙江常山	雍正中		
南明书院	浙江会稽	雍正中		邑人、太守诸万里建
浯江书院	福建同安	雍正中		县丞卢国泰建
昌江书院	江西景德镇	雍正中		知县张景苍建
砥英书院	江西遂川	雍正中		
片云书院	江西安远	雍正中		
棠冈书院	江西南昌	雍正中		
桃溪书院	江西信丰	雍正中		
龙门书院	江西于都	雍正中		
长学书院	山东文登	雍正中		相传为郑康成设教处，建置年代不详
近圣书院	河南辉县	雍正中		教谕张止慎建
蒙养书院	河南禹州	雍正中		知州屠用谦改建
育英书院	河南延津	雍正中		
紫山书院	河南南阳	雍正中		
甘露书院	湖北黄陂	雍正中		

（续）

书院名称	位置	始建时间	性质	说明
崇化书院	湖北恩施	雍正中		久废
两湖书院	湖南华容	雍正中		
桃花书院	湖南常宁	雍正中		
琴峰书院	广东饶平	雍正中		
罗阳书院	广东博罗	雍正中		
东阳书院	广东电白	雍正中		绅耆捐建
明经书院	广东曲江	雍正中		
倡南书院	广东河源	雍正中		
崇文书院	广东河源	雍正中		
高明书院	广东茂名	雍正中		
海昌书院	广东雷州	雍正中		
文会书院	广东雷州	雍正中		
东津书院	广东茂名	雍正中		
朋来书院	广东茂名	雍正中		
拱极书院	广东茂名	雍正中		
参天书院	广东茂名	雍正中		
潘江书院	广东茂名	雍正中		
凤冈书院	广东信宜	雍正中		
聚奎书院	广东合浦	雍正中		
海天书院	广东合浦	雍正中		
文兴书院	广西灵山	雍正中		
聚奎书院	广西灵山	雍正中		
临溪书院	广西贵港	雍正中		
临溪书院	广西贺州	雍正中		建于县南门
海门书院	海南海口	雍正中		郡人陈国安等倡建
文翁书院	四川苍溪	雍正中		

（续）

书院名称	位置	始建时间	性质	说明
探源书院	四川夹江	雍正中		
云山书院	四川中江	雍正中		
崇正书院	四川邛崃	雍正中		
芝山书院	四川仁寿	雍乾中		
阳明书院	贵州黔西	雍正中		知州陈德荣建
图园书院	贵州开泰	雍正中		
贵山书院	贵州贵阳	雍正中		
郁文书院	云南盐津	雍正中		又名云从讲舍
龙泉书院	云南凤庆	雍正中		后废
鲁峰书院	云南新平	雍正中		
骊山书院	陕西临潼	雍正中		
云峰书院	陕西延安	雍正中		
杨公书院	陕西延安	雍正中		
维新书院	宁夏银川	雍正中		又名满城维新书院
卫公书院	江苏新沂	雍正末		知州卫哲治建，光绪末改为新新小学
聚星书院	贵州玉屏	雍正末		
昌山书院	浙江遂昌	乾隆元年		
南胜书院	福建漳州	乾隆元年		知府刘良璧建
菁城书院	福建漳平	乾隆元年		知县傅维祖建
白石书院	湖北黄冈	乾隆元年		方可发建
凤山书院	湖南安仁	乾隆元年	义学	
西湖书院	湖南清泉	乾隆元年		
东城书院	广东德庆	乾隆元年		知州祖德宏建
月波书院	四川绵竹	乾隆元年		
刘公书院	重庆万州	乾隆元年		知县刘乃大建
璧江书院	重庆璧山	乾隆元年		知县黄在中建，乾隆十五年改名重璧书院

（续）

书院名称	位置	始建时间	性质	说明
龙华书院	云南沾益	乾隆元年		知州朱干建
玉泉书院	云南邓川	乾隆元年		
秀峰书院	陕西华州	乾隆元年		
三川书院	青海大通	乾隆元年		
二贤书院	山西灵石	乾隆二年		
函香书院	浙江江山	乾隆二年		知县宋云会建，原名文溪书院
魏塘书院	浙江嘉善	乾隆二年		知县张圣训建
旌阳书院	安徽旌德	乾隆二年		知县纪咸建，道光十六年改名凫山书院
双溪书院	福建同安	乾隆二年		知县唐本孝建
丹霞书院	福建知州	乾隆二年		知府刘良璧建
紫阳书院	福建光泽	乾隆二年		知县李光祚建
周墩书院	福建宁德	乾隆二年		县丞张章建
崇文书院	福建龙岩	乾隆二年		
仰山书院	江西金溪	乾隆二年		知县阎廷佶建
洛学书院	河南睢县	乾隆二年		知州刘蓟植建
龙门书院	湖北赤壁	乾隆二年		
徐公讲堂	湖南桂东	乾隆二年		徐祖昌建
菁义书院	广东增城	乾隆二年		乡绅建
东海书院	广东遂溪	乾隆二年		巡检方戴杨建
凤城书院	广东清远	乾隆二年		
明新书院	云南丘北	乾隆二年		又名清江书院，王纬建
桂香书院	四川彭州	乾隆二年		知县张绰迁建，易名江源书院
龙池书院	四川新宁	乾隆二年		
宕渠书院	四川开江	乾隆二年		
乐城书院	陕西城固	乾隆二年		知县王邦光建，光绪三十一年改为高等小学
定武书院	河北定州	乾隆三年		知州姚立德建，后改名奎文书院

（续）

书院名称	位置	始建时间	性质	说明
敬一书院	河北怀安	乾隆三年		知县薛天培建
南池书院	河北辛集	乾隆三年		知县王天庆建
香鱼书院	河北盐山	乾隆三年		知县金世昌建
海州书院	辽宁海城	乾隆三年		知县戴惟檑建，田租年60两
启蒙书院	上海	乾隆三年		巡道翁藻建，乾隆四十七年重修，不久废
吕成公书院	浙江德清	乾隆三年		王良毅等建，原韩元吉与吕祖谦讲道处
汤公书院	安徽绩溪	乾隆三年		合邑士绅捐建，1913年改为教育局
云龙书院	福建德化	乾隆三年		知县黄南春建
樵川书院	福建邵武	乾隆三年		知府任焕建
万安书院	福建龙岩	乾隆三年		
柳州书院	江西彭泽	乾隆三年		知县李松泰建，又名春衣书院
潋江书院	江西兴国	乾隆三年		知县徐大坤建
敬业书院	山东惠民	乾隆三年		知县姚兴滇建
玉带书院	湖北仙桃	乾隆三年		知州禹殿鳌建
凤山书院	广东平远	乾隆三年		知县龙廷标建
新会书院	广西南宁	乾隆三年		旅居新会人集资建，道光二十年重建
玉融书院	广西融水	乾隆三年		融县知县褚起纶建于融县治真仙岩前
渝州书院	重庆	乾隆三年		知府李厚望建，乾隆二十三年改名东川书院
缙云书院	重庆巴南	乾隆三年		知县王裕疆重建，乾隆十五年知县张兑和废
南湖书院	陕西富平	乾隆三年		知县乔履信建，后改名湖山书院
蔚罗书院	河北蔚县	乾隆四年		候补主事李舜臣建
太白书院	山西灵丘	乾隆四年		
凤鸣书院	山西中阳	乾隆四年		
松陵书院	江苏吴江	乾隆四年		邑人捐建，又名松林书塾
九峰书院	浙江平湖	乾隆四年		
九龙书院	浙江平湖	乾隆四年		海防同知林绪光建，乾隆三十八年改名观海书院

（续）

书院名称	位置	始建时间	性质	说明
承泽书院	浙江诸暨	乾隆四年		知县丘兆熊建
承泽书院	浙江上虞	乾隆四年		
环山书院	浙江玉环	乾隆四年		同知张在浚建
蓝溪书院	福建霞浦	乾隆四年		知县姜顺龙建
青云书院	江西临川	乾隆四年		知县李廷友建
文兴书院	河南淅川	乾隆四年		知县李林建
聚星书院	河南许州	乾隆四年		
梅川书院	湖北武穴	乾隆四年		知县李肇梅建
罗峰书院	湖北咸宁	乾隆四年		知县陈钧建
纪恩书院	湖北仙桃	乾隆四年		马世杰建
涟滨书院	湖南湘乡	乾隆四年		官绅倡建，1903年改为师范馆
白苹洲书院	湖南零陵	乾隆四年		
韩苏书院	广东兴宁	乾隆四年		知县施念曾建
龙溪书院	广东东莞	乾隆四年		知县印光任建，东莞元年重修，设外馆
观澜书院	广东惠阳	乾隆四年		
暨南书院	广西龙州	乾隆四年		太平府通判杨仲兴建于龙州花园街
文峰书院	重庆奉节	乾隆四年		知府崔邑俊建
狮山书院	云南武定	乾隆四年		知府朱院淳建
凤鸣书院	陕西凤翔	乾隆四年		知府罗经创建
汉南书院	陕西汉中	乾隆四年		副使岳礼等创建，光绪三十一年改为中学堂
约礼书院	青海西宁	乾隆四年		
养正书院	河北怀安	乾隆五年		知县杨大昆建
五松书院	安徽铜陵	乾隆五年		邑人张烁改建，后毁
考志书院	福建福州	乾隆五年		巡抚王恕建
初晴书院	福建宁德	乾隆五年		
兴安书院	福建莆田	乾隆五年		

（续）

书院名称	位置	始建时间	性质	说明
双洋书院	福建龙岩	乾隆五年		知县黄靖世建
丰溪书院	江西广丰	乾隆五年		知县詹广誉建
冯川书院	江西奉新	乾隆五年		徐元勋建
紫云书院	江西会昌	乾隆五年		
牟平书院	山东牟平	乾隆五年		
甘棠书院	河南宜阳	乾隆五年		训导张尔谦建
鄘南书院	河南新县	乾隆五年		知县赵开元建
昼锦书院	河南安阳	乾隆五年		
育贤书院	河南禹州	乾隆五年		知州章琦建
弦歌书院	河南淮阳	乾隆五年		知府金山建，以思鲁书院改建
味经书院	河南内乡	乾隆五年		知县徐荀龙建
画锦书院	河南安阳	乾隆五年		
双江书院	湖北利川	乾隆五年		
九峰书院	湖南鹤峰	乾隆五年		
湘湄书院	湖南临湘	乾隆五年		
乳源书院	广东乳源	乾隆五年		
左绵书院	四川绵阳	乾隆五年		知州安洪德建，又名文昌书院、涪江书院
雁江书院	四川资阳	乾隆五年		知县刘炽建
儒林书院	四川简阳	乾隆五年		
临江书院	四川忠州	乾隆五年		
仰白书院	重庆开州	乾隆五年		刘乃大建，嘉庆时改名临江书院，又名白鹿书院
瀛洲书院	陕西泾阳	乾隆五年		知县唐秉刚建
罗川书院	甘肃正宁	乾隆五年		知县茹玺建
文洞书院	河北成安	乾隆六年		知县赵元祚建
毓英书院	河北曲周	乾隆六年		陆拱辰建
文漪书院	河北成安	乾隆六年		

（续）

书院名称	位置	始建时间	性质	说明
五贤书院	福建连城	乾隆六年		知县秦士望建
龙潭书院	福建龙岩	乾隆六年		
思乐书院	山东潍坊	乾隆六年		
振雅书院	河南荥阳	乾隆六年		知县许勉改建
黎阳书院	河南浚县	乾隆六年		知县鲍志周建
望峰书院	河南禹州	乾隆六年		
南城书院	河南潢川	乾隆六年		知县梁观建
戈阳书院	河南光州	乾隆六年		
葵潭书院	广东惠来	乾隆六年		
松冈书院	广西横县	乾隆六年		郡司马涂振楚建于横州平塘埠西南
铜城书院	四川万源	乾隆六年		知县林谷建，又名萼山书院
崇文书院	四川汉源	乾隆六年		知县马湘建
集贤书院	四川宣汉	乾隆六年		孙镛建，又名大成书院、复性书院、石鼓书院、来鹿书院
景贤书院	四川双流	乾隆六年		知县黄锷建
方亭书院	四川什邡	乾隆六年		知县史进爵建
凤山书院	四川简阳	乾隆六年		知县刘桥建
汉章书院	四川达县	乾隆六年		又名宣汉书院、通川书院、府书院
大成书院	四川达县	乾隆六年		署县孙矿建
几水书院	重庆江津	乾隆六年		知县杨纯伯建，又名几江书院
宝鼎书院	重庆大足	乾隆六年		沈潜建，乾隆五十三年重建改名棠香书院
㵲阳书院	贵州镇远	乾隆六年		知府赵之坛建
龙泉书院	河北行唐	乾隆七年		知县张振义建
沈阳书院	辽宁沈阳	乾隆七年	省城书院	工部侍郎李永绍建，肄业生员24人
箕山书院	山西榆社	乾隆七年		知县费映奎建
永乐书院	山西永济	乾隆七年		
同文书院	山西阳城	乾隆七年		知县谢廷瑜建

（续）

书院名称	位置	始建时间	性质	说明
对峰书院	浙江庆元	乾隆七年		知县邹儒建
莲塘书院	江西定南	乾隆七年		知县余应祥建
三山书院	河南荥阳	乾隆七年		监生何宪古建
琴台书院	河南鲁山	乾隆七年		知县徐若阶建
奎光书院	河南洛阳	乾隆七年		知县龚松林建
涧西书院	河南洛阳	乾隆七年		知县龚松林建
玉虚书院	河南洛阳	乾隆七年		知县龚松林建
丽泽书院	河南洛阳	乾隆七年		知县龚松林建
敬业书院	河南洛阳	乾隆七年		知县龚松林建
棫朴书院	河南洛阳	乾隆七年		知县龚松林建
宁陵书院	河南宁陵	乾隆七年		知县梁景程建，又名文修书院
蓼野书院	河南桐柏	乾隆七年		知县翁运标建
文明书院	湖北应城	乾隆七年		知县李紘建
岐阳书院	湖北来凤	乾隆七年		知县于执中建
朝阳书院	湖北来凤	乾隆七年		知县于执中建
万峰书塾	湖南绥宁	乾隆七年		董琰建，又名崇宁书院、虎溪书院
白云书院	湖南城步	乾隆七年		知县张方佳建，道光十四年又名青云书院
鸿溪书院	广东揭阳	乾隆七年		举人陈元才建
鹤山书院	广东鹤山	乾隆七年		知县阮懋建
龙山书院	广东陆丰	乾隆七年		知县陈冠世建
浔江书院	广西桂平	乾隆七年		浔州府知府刘玮改名浔阳书院
蓬莱书院	四川叙永	乾隆七年		同知杜枢建
印山书院	四川定远	乾隆七年		
香山书院	陕西渭南	乾隆七年		知县王邦光建，后废
文星书院	陕西韩城	乾隆七年		
洮阳书院	甘肃临洮	乾隆七年		知州张公儒建

（续）

书院名称	位置	始建时间	性质	说明
儋林书院	山西偏关	乾隆八年		知县陆刚建，又名凤山书院
鹤林书院	江苏丹徒	乾隆八年		知县宋楚望建
正谊书院	江苏靖江	乾隆八年		
玉山书院	江苏昆山	乾隆八年		知府觉罗雅尔哈善等建
平江书院	江苏苏州	乾隆八年		知府建平江学舍及六门义学
蛟川书院	浙江宁波	乾隆八年		知县杨玉先等建，巡抚常安改鲲池
古桃书院	浙江安吉	乾隆八年		知州刘蓟植建，又名盘山书院
赓飏书院	安徽六安	乾隆八年		知州卢见曾等建，有作赓扬书院
桃溪书院	安徽舒城	乾隆八年		附贡生翟云鹏建
云龙书院	福建宁化	乾隆八年		知县陆广森建
禾山书院	江西永新	乾隆八年		知县王瀚建
旭升书院	江西南康	乾隆八年		知府游绍安建
东山书院	山东宁阳	乾隆八年		知县李梦雷建
中山书院	河南洛阳	乾隆八年		知县龚松林建
黄鹤书院	河南洛阳	乾隆八年		知县龚松林建
洛浦书院	河南洛阳	乾隆八年		知县龚松林建
伊川书院	河南洛阳	乾隆八年		知县龚松林建
龙门书院	河南洛阳	乾隆八年		知县龚松林建
西亳书院	河南偃师	乾隆八年		知县朱续志建
首阳书院	河南偃师	乾隆八年		知县朱续志建
麟山书院	湖北蕲春	乾隆八年		知府蒋尚德建
富川书院	湖北阳新	乾隆八年		知州靳树春建
鹿峰书院	湖南桂阳	乾隆八年		知州宦儒梓迁城南
昆冈书院	广东普宁	乾隆八年		知县萧麟趾建
榕江书院	广东揭阳	乾隆八年		知县张薰建
回澜书院	广东惠阳	乾隆八年		知县程哲建

（续）

书院名称	位置	始建时间	性质	说明
佛山书院	广东佛山	乾隆八年		知县黄兴礼建
莲峰书院	广东电白	乾隆八年		知县毛邑重建
罗江书院	广东化州	乾隆八年		州守林寅改建
秀阳书院	广西德保	乾隆八年		镇安府知府陈谟建
鸡峰书院	陕西宝鸡	乾隆八年		
武都书院	甘肃阶州	乾隆八年		
萃升书院	河北武强	乾隆九年		知县吴见龙建
崇文书院	山西蒲县	乾隆九年		知县徐常等建
峚山书院	山西左权	乾隆九年		
从公书院	浙江永康	乾隆九年		知县黄宏建，又名崇正书院
信成书院	浙江余姚	乾隆九年		知县蒋允焄建
敬一书院	安徽盱眙	乾隆九年		
蔡津书院	安徽颍上	乾隆九年		邑监生王芹等捐建，乾隆十七年更名梧冈书院
梧冈书院	安徽颍上	乾隆九年		
龙河书院	江西万载	乾隆九年		知县严在昌建
石阳书院	江西吉安	乾隆九年		知县钱昇建
永清书院	江西上犹	乾隆九年		钟莪建
天台书院	山东平邑	乾隆九年		孙天民建
天台书院	山东费县	乾隆九年		
云山书院	河南兰考	乾隆九年		学使建
雪香书院	河南洛阳	乾隆九年		知县蒋国捐建
凤台书院	河南商水	乾隆九年		知县张崇朴建
二贤书院	河南太康	乾隆九年		知县宋士庄建
振英书院	湖北黄冈	乾隆九年		知府禹殿鳌建
竹林书院	湖南衡东	乾隆九年		向氏建，乾隆四十三年改名爱莲书院
乐城书院	湖南资兴	乾隆九年		1903年改为乐城高等小学堂

（续）

书院名称	位置	始建时间	性质	说明
秀峰书院	湖南江华	乾隆九年	义学	知县陈嘉谷建，即锦冈义学
锦田书院	湖南江华	乾隆九年	义学	知县陈嘉谷建
铁潭书院	广东紫金	乾隆九年		知县张士灿建
景行书院	广东中山	乾隆九年		里人蔡朝选建
岑溪书院	广西岑溪	乾隆九年		刘廷栋建于县城文昌阁左
果郡书院	四川南充	乾隆九年		太守刘金江建
启秀书院	四川荥经	乾隆九年	讲学	初在火神祠，乾隆四十八年建院，嘉庆七年改名戴匡书院
北岩书院	重庆涪陵	乾隆九年		
陇川书院	甘肃秦安	乾隆九年		知县牛运震建，又名龙川书院、春雨书院、景权书院
清漳书院	河北肥乡	乾隆十年		知县饶昌绪建
邯山书院	河北邯郸	乾隆十年		知县魏南建
桂林书院	山西绛州	乾隆十年		
南沙书院	江苏丹阳	乾隆十年		场使姚德将明代创建之社学改建为书院
天池书院	江苏连云	乾隆十年		盐场公建，嘉庆时改名郁州书院，道光时改名敦善书院
紫琅书院	江苏南通	乾隆十年		知州董权文建
天然书院	安徽东流	乾隆十年		
金山书院	福建金门	乾隆十年		清道光年间重修，周史云等捐资
莲峰书院	浙江宁海	乾隆十年		知县周天福建
鹤峰书院	福建宁德	乾隆十年		知县周天福建
白沙书院	福建彰化	乾隆十年		
嘉禾书院	江西南丰	乾隆十年		知县叶重熙建，又名琴台书院、琴咏书院
象山书院	江西贵溪	乾隆十年		
汴源书院	河南荥阳	乾隆十年		知县李煦建
文清书院	河南鄢陵	乾隆十年		原名龙冈书院
豹陵书院	河南兰阳	乾隆十年		

（续）

书院名称	位置	始建时间	性质	说明
中洲书院	湖南衡东	乾隆十年		知县德贵建
文昌书院	湖南衡东	乾隆十年		知县德贵建
连璧书院	湖南娄底	乾隆十年		知县张天如建，1902年改为校士馆
锦江书院	湖南麻阳	乾隆十年		知县杨甘雨建，乾隆四十二年迁至城门内
中州书院	湖南衡山	乾隆十年		
连璧书院	湖南湘乡	乾隆十年		
回澜书院	广东龙川	乾隆十年		知县文师大建
桂岭书院	广东蕉岭	乾隆十年		知县陈必元建
安敦书院	广东丰顺	乾隆十年		知县葛曙建
登峰书院	广东博罗	乾隆十年		知县康基田建
环玉书院	广西博白	乾隆十年		知县南宫秀建
屏峰书院	广西宜州	乾隆十年		又名屏江书院、岘棠书院，建于宜山县德胜镇西
柳江书院	广西柳州	乾隆十年		
府秀安岳	广西镇安	乾隆十年		
万春书院	四川温江	乾隆十年		知县冯中存建
旌旗书院	四川德阳	乾隆十年		
晋熙书院	四川绵竹	乾隆十年		原名紫岩书院，知县吴一璜移建易名晋熙书院
懋修书院	四川南充	乾隆十年		知府刘慥建，乾隆三十九年改名朱凤书院
苏泉书院	海南琼山	乾隆十年		琼州知府于霈改建
笔锋书院	陕西清涧	乾隆十年		知县沈逢舜建，光绪二十九年改为高等小学
育才书院	陕西延长	乾隆十年		知县沈堡建，光绪三十二年改为高等小学
白沙书院	台湾彰化	乾隆十年		淡水同知曾曰瑛建
文昌书院	北京怀柔	乾隆十一年		王化南建
骊城书院	河北抚宁	乾隆十一年		知县钱公鋆建
平泉书院	河北平泉	乾隆十一年		同知明德建

（续）

书院名称	位置	始建时间	性质	说明
文昌书院	河北怀安	乾隆十一年		知县王化南建
条山书院	山西运城	乾隆十一年		知县佟濬建
震泽书院	江苏吴江	乾隆十一年		知县陈和志建
六峰书院	江苏六合	乾隆十一年		
养正书院	江苏六合	乾隆十一年		
云山书院	浙江兰溪	乾隆十一年		知县张逢尧建，原名为瀫水书院
凤山书院	福建同安	乾隆十一年		知县张荃建
舫山书院	福建同安	乾隆十一年		知县张荃建
瑶台书院	福建德化	乾隆十一年		知县鲁鼎梅建
恢文书院	福建龙岩	乾隆十一年		知州刘梦骕建
豸山书院	福建连城	乾隆十一年		知县秦士望建
云龙书院	福建德化	乾隆十一年		
东皋书院	福建政和	乾隆十一年		
葛溪书院	江西弋阳	乾隆十一年		
曲水书院	江西进贤	乾隆十一年		知县向总一建
近圣书院	江西上高	乾隆十一年		知县赵颐建
宾阳书院	山东烟台	乾隆十一年		知县李经邦建
茨山书院	河南新郑	乾隆十一年		知县陆烈改建
陉山书院	河南长葛	乾隆十一年		知县阮景咸等建
龙山书院	河南卢氏	乾隆十一年		知县陈思震建
白山书院	湖南衡山	乾隆十一年		知县德贵建，1903年改为民立小学堂
沧浪书院	湖南汉寿	乾隆十一年		知县伊灵阿建
敬修书院	湖南凤凰	乾隆十一年		通判潘曙等建
白云书院	湖南衡山	乾隆十一年		
鹏湖书院	广东丰顺	乾隆十一年		知县葛曙建
昌山书院	广东乐昌	乾隆十一年		知县冯翕建

（续）

书院名称	位置	始建时间	性质	说明
东山书院	广东梅州	乾隆十一年		知州王者辅建
培南书院	广东梅州	乾隆十一年		知州王者辅建
漓江书院	广西兴安	乾隆十一年		知县杨仲兴建
鹤鸣书院	四川大邑	乾隆十一年		知县宋载建
丽泽书院	四川大邑	乾隆十一年		
玉屏书院	重庆荣昌	乾隆十一年		知县许元基建
渭阳书院	陕西咸阳	乾隆十一年		知县柴华建，乾隆五十一年张廷杰改为崇圣祠
佥事书院	陕西商南	乾隆十一年		
敬胜书院	河北卢龙	乾隆十二年		知府卢见曾建
复初书院	河北赞皇	乾隆十二年		知县黄岗竹建
乐昌书院	山西曲沃	乾隆十二年		知县郑志鲸建
雉水书院	江苏如皋	乾隆十二年		赵廷健建
前溪书院	浙江德清	乾隆十二年		知县刘守成建，又名周公书院
菊江书院	安徽东至	乾隆十二年		知县郭维建，光绪年间改为东流高等小学
清颖书院	安徽阜阳	乾隆十二年		知州王敛福建
九和书院	福建平和	乾隆十二年		
风阁书院	福建彰化	乾隆十二年		
少陵书院	山东任城	乾隆十二年		
衍畴书院	河南西华	乾隆十二年		
紫阳书院	湖南东安	乾隆十二年		吴德润建，咸丰二年毁于兵
本道书院	湖南凤凰	乾隆十二年		巡道永贵建
崇文书院	湖南泸溪	乾隆十二年		通判王敷贲建，后废
莲塘书院	湖南保靖	乾隆十二年		王图建，乾隆四十六年改名文昌书院，嘉庆十一年改名行台书院
瑞光书院	广东饶平	乾隆十二年		海防同知陆镛建
文明书院	广东惠来	乾隆十二年		知县王玮建，乾隆五十九年知县张聚奎置田

（续）

书院名称	位置	始建时间	性质	说明
天禄书院	广东郁南	乾隆十二年		
洛江书院	广西鹿寨	乾隆十二年		雒容县知县黄德星建于县南洛江畔
潜溪书院	四川华阳	乾隆十二年		
九峰书院	贵州兴义	乾隆十二年		
邱山书院	贵州定远	乾隆十二年		
通川书院	陕西富平	乾隆十二年		
岩绿书院	陕西怀远	乾隆十二年		
桥山书院	陕西洛川	乾隆十二年		
丽泽书院	甘肃永昌	乾隆十二年		知县李炳文建
河阴书院	甘肃贵德	乾隆十二年		
凤阁书院	台湾高雄	乾隆十二年		
万春书院	河北献县	乾隆十三年		知县吴见龙建
鹤鸣书院	山西宁武	乾隆十三年		知县魏元枢建
二贤书院	山西榆次	乾隆十三年		
养正书院	山西交城	乾隆十三年		
平水书院	山西临汾	乾隆十三年		
敬业书院	上海	乾隆十三年		按察翁藻等建
表海书院	江苏盐城	乾隆十三年		正学黄垣建
昆阳书院	浙江平阳	乾隆十三年		
笔花书院	浙江萧山	乾隆十三年		知县黄钰等建
荆山书院	安徽芜湖	乾隆十三年		
松滋书院	安徽宿松	乾隆十三年		邑绅石述等建
修江书院	江西永修	乾隆十三年		知县丘元遂建
贤溪书院	江西黎川	乾隆十三年		
敬业书院	山东武定	乾隆十三年		
紫逻书院	河南汝阳	乾隆十三年		知县邓国蕃以汝汶书院重建
复文书院	湖北光化	乾隆十三年		知县李飞云建

（续）

书院名称	位置	始建时间	性质	说明
聚奎书院	湖北仙桃	乾隆十三年		知州黄咏建
丰山书院	广东中山	乾隆十三年		
武城书院	广西平南	乾隆十三年		知县李仲良建
对峰书院	陕西周至	乾隆十三年		知县邹儒捐建，光绪三十一年改为高等小学
铜鞮书院	山西沁县	乾隆十四年		知州雷畅建
望洛书院	山西陵川	乾隆十四年		知县罗俊改建
壶峰书院	浙江武义	乾隆十四年		汪正泽建，又名武城书院
丰山书院	安徽滁县	乾隆十四年		
聚奎书院	安徽建平	乾隆十四年		
金石书院	福建仙游	乾隆十四年		知县陈兴祚建
华阳书院	福建顺昌	乾隆十四年		署知县张元芝建
紫阳书院	福建长汀	乾隆十四年		知府增日瑛建
森玉书院	福建长汀	乾隆十四年		
程公书院	江西南昌	乾隆十四年		大唐程氏建
双溪书院	江西靖安	乾隆十四年		知县冯渠建
雩阳书院	江西天都	乾隆十四年		知县左修品建
珠山书院	山东胶县	乾隆十四年		
文明书院	河南荥阳	乾隆十四年		河阴知县周之改建
湖城书院	河南灵宝	乾隆十四年		知县侯锡乐建，次年知县马荣祖改称荆山书院
荆川书院	河南阌乡	乾隆十四年		
观善书院	湖北黄冈	乾隆十四年		守备商裔建，又名养正书院，后废
春陵书院	湖北枣阳	乾隆十四年		知县徐芳桂建
朝阳书院	湖南汝城	乾隆十四年	义学	署知县欧阳龙建，道光四年迁于城北
榄山书院	广东中山	乾隆十四年		
梯云书院	广东顺德	乾隆十四年		知县陈志仪建
葛堡书院	广东顺德	乾隆十四年		知县陈志仪建

（续）

书院名称	位置	始建时间	性质	说明
北池书院	广东顺德	乾隆十四年		陈世科建
广学书院	广西邕宁	乾隆十四年		宣化县知县戴汝槐建
广西书院	广西南宁	乾隆十四年		
右文书院	广西邕宁	乾隆十四年		宣化县知县戴汝槐建
文山书院	陕西子长	乾隆十四年		知县高士超建，后废
尧山书院	陕西蒲城	乾隆十四年		知县罗文思建，道光光绪中相延办学
南安书院	甘肃陇西	乾隆十四年		道光五年知府朱满重建
湟中书院	青海西宁	乾隆十四年		
金台书院	北京	乾隆十五年		知县陆燧建
简城书院	山西洪洞	乾隆十五年		知县李超伦建
清涟书院	山西五寨	乾隆十五年		
当湖书院	浙江平湖	乾隆十五年		知县阎铣迁以崇文书院改建而成
鹤桥书院	浙江临海	乾隆十五年		
建阳书院	安徽来安	乾隆十五年		知县刘瓒建，光绪三十年改为高等小学
平川书院	福建上杭	乾隆十五年		
榆山书院	山东平阴	乾隆十五年		知县刘岱文建
志伊书院	河南开封	乾隆十五年		知县许勉燉建
兰台书院	湖北钟祥	乾隆十五年		知府张世芳建
培风书院	广东梅州	乾隆十五年		知县王吉人建
水南书院	广东东莞	乾隆十五年		里人公建
西淋书院	广东顺德	乾隆十五年		知县陈志仪建
云峰书院	广西凌云	乾隆十五年		泗城知府杨瓒绪、西隆知州唐桂生建
九峰书院	四川彭州	乾隆十五年		知县许伯政建
草堂书院	四川三台	乾隆十五年		知府费元龙建，原名文峰书院
凤翔书院	四川威远	乾隆十五年		知县陈履长建，又名翔凤书院，后改为义学

（续）

书院名称	位置	始建时间	性质	说明
龙池书院	四川犍为	乾隆十五年		知县杨鸾廷建，乾隆四十二年重修更名印清书院
青江书院	四川青神	乾隆十五年		知县林鸿建
巫峰书院	重庆巫山	乾隆十五年		知县钱基建，后更名圣泉书院
文龙书院	贵州大方	乾隆十五年		知府王允浩重建于城南玉皇阁
登文书院	贵州印江	乾隆十五年		
文峰书院	陕西安康	乾隆十五年		知州刘士夫建，乾隆四十七年改名关南书院
问津书院	天津	乾隆十六年		芦商查外义等建
东阳书院	河北南宫	乾隆十六年		知县袁炳修建
晋昌书院	山西定襄	乾隆十六年		知县钟诚建
冠山书院	山西平定	乾隆十六年		
德润书院	浙江慈溪	乾隆十六年		
桐山书院	福建福鼎	乾隆十六年		知县高崎建
繁露书院	山东德州	乾隆十六年		
宛南书院	河南南阳	乾隆十六年		知府庄有信建
沧浪书院	湖北武穴	乾隆十六年		知县虞学灏建
朗江书院	湖南常德	乾隆十六年		知府雷畅建
近圣书院	广东揭阳	乾隆十六年		知县顾彝建
凤阳书院	广东连平	乾隆十六年		邑绅建
鳌山书院	广东中山	乾隆十六年		
富川书院	广西富川	乾隆十六年		知县叶承立建，又名富江书院
紫泉书院	广西玉林	乾隆十六年		知州南宫秀建
鳌州书院	广西钦江	乾隆十六年		绅士彭天泽、谢恩任建
唐昌书院	四川郫都	乾隆十六年		知县陈士隽建
金江书院	四川会理	乾隆十六年		知州韩搢建，又名金华书院、玉墟书院、会川书院
金泉书院	四川仪陇	乾隆十六年		

（续）

书院名称	位置	始建时间	性质	说明
鹤山书院	四川苍溪	乾隆十六年		旧名文翁书院
凤仪书院	四川德阳	乾隆十六年		
云台书院	陕西华阴	乾隆十六年		知县姚远翻建，光绪三十二年改为高等小学
东壁书院	陕西富平	乾隆十六年		知县李世垣创建，又名张桥义学
敷文书院	陕西旬阳	乾隆十六年		知县李珙建
海阳书院	河北滦州	乾隆十七年		知州孙昌鉴建
觐华书院	山西神池	乾隆十七年		
琴泉书院	山西沁源	乾隆十七年		
傅岩书院	山西平陆	乾隆十七年		知州言如泗建
弦歌书院	山西垣曲	乾隆十七年		
娄东书院	江苏吴江	乾隆十七年		知州宋楚望建
南明书院	浙江新昌	乾隆十七年		知县曹鎜等建
瀛奎书院	江西吉安	乾隆十七年		李文龙建
卢乡书院	山东莱阳	乾隆十七年		知县郝大伦建
景文书院	河南郾城	乾隆十七年		知县傅豫建
东周书院	河南巩义	乾隆十七年		知县张珩建
志学书院	河南杞县	乾隆十七年		知县潘思光建
冈州书院	广东新会	乾隆十七年		知县张甄陶建
星江书院	广东连州	乾隆十七年		
玉融书院	广西融县	乾隆十七年		
龙门书院	四川南江	乾隆十七年		
东岩书院	四川乐山	乾隆十七年		
龙津书院	贵州印江	乾隆十七年		黄仲则建，后改名近奎书院
大成书院	云南姚安	乾隆十七年		知州丁士可建
云峰书院	北京房山	乾隆十八年		知县邱锦改建
千秋书院	河北高邑	乾隆十八年		知县李冕建

（续）

书院名称	位置	始建时间	性质	说明
文瑞书院	河北深州	乾隆十八年		知州尹侃建，曾名博陵书院
桂岩书院	河北任丘	乾隆十八年		知县陈文合建
紫阳书院	山西天镇	乾隆十八年		知县张枋建，初名培风书院
传经书院	山西屯留	乾隆十八年		知县焦以敬建，又名麟山书院
云间书院	上海松江	乾隆十八年	生童肄业	知府朱霖等捐建，乾隆五十三年考取生徒肄业
清溪书院	浙江德清	乾隆十八年		知县李方榕建
奎光书院	福建古田	乾隆十八年		正学辛敬可建
龙门书院	台湾云林	乾隆十八年		位于受天宫内
正谊书院	江西武宁	乾隆十八年		知县邹应元建，原名豫宁书院
龙眠书院	山东桓台	乾隆十八年		
同文书院	山东寿光	乾隆十八年		知县王椿建
麟川书院	山东巨野	乾隆十八年		
原陵书院	河南原阳	乾隆十八年		知县葛天申建
鲲池书院	河南开封	乾隆十八年		
汉上书院	湖北荆门	乾隆十八年		知州舒成龙建
渌江书院	湖南醴陵	乾隆十八年		知县管乐建
汉章书院	湖南绥宁	乾隆十八年		知县陈际泰建，乾隆五十年重建，后废
白莲书院	湖南郴州	乾隆十八年		知州刘伯兴等以庵改建
安陵书院	湖南永兴	乾隆十八年		知县康锡侯建，乾隆四十年迁县西，同治中复
南溪书院	湖南泸溪	乾隆十八年		知县熊学烈建，道光时知县改名南溪书院
海门书院	广西合浦	乾隆十八年		廉州知府周硕勋建，又名海川书院
龙门书院	四川新都	乾隆十八年		知县王垂绮建
岷阳书院	四川郫都	乾隆十八年		知县任履索建
泸峰书院	四川邛崃	乾隆十八年		
泸峰书院	四川西昌	乾隆十八年		知府安洪德倡建

（续）

书院名称	位置	始建时间	性质	说明
琴山书院	四川南溪	乾隆十八年		知县王采珍建
南池书院	四川南充	乾隆十八年		邑绅王灏建
白鹤书院	四川苍溪	乾隆十八年		
灵源书院	云南大姚	乾隆十八年		原名绿萝书院，一名龙吟书院，乾隆十八年曾修
瞻云书院	云南云县	乾隆十八年		知州戴济川重建
锦屏书院	陕西平利	乾隆十八年		邑人许士彩等捐建，后改名五峰书院
朱圉书院	甘肃甘谷	乾隆十八年		知县徐浩建
银川书院	宁夏银川	乾隆十八年		知府赵本植建
龙门书院	台湾云林	乾隆十八年		贡生郑海生等建
浭阳书院	河北丰润	乾隆十九年		知县吴慎祥建
文昌书院	山西昔阳	乾隆十九年		知县鹿师祖以文昌祠改建
沾城书院	山西昔阳	乾隆十九年		知县鹿师祖建
明经书院	山西榆次	乾隆十九年		
恒麓书院	山西浑源	乾隆十九年		
泉溪书院	浙江温岭	乾隆十九年		知县刘履昌建，乾隆十九年改名鹤鸣书院
爱山书院	浙江湖州	乾隆十九年		知府李堂建
景贤书院	福建武夷山	乾隆十九年		知县李倓建
五峰书院	江西龙泉	乾隆十九年		
东里书院	河南郑州	乾隆十九年		知州安尔恭建
淇县书院	河南淇县	乾隆十九年		邑民捐建
崇本书院	河南卫辉	乾隆十九年		知府王祖晋建
棘里书院	河南郑州	乾隆十九年		
仙居书院	湖北荆门	乾隆十九年		
龙泉书院	湖北荆门	乾隆十九年		知州舒成龙建
内方书院	湖北荆门	乾隆十九年		知州舒成龙建

（续）

书院名称	位置	始建时间	性质	说明
绣林书院	湖北石首	乾隆十九年		知县黄勋建
春陵书院	湖南宁远	乾隆十九年		知县钟人文建
及泉书院	广东增城	乾隆十九年		知县管一清建
双凤书院	广东增城	乾隆十九年		知县管一清建
旗山书院	广东中山	乾隆十九年		知县彭科建
桂轮书院	广东开平	乾隆十九年		官绅合建
朱崖书院	广东崖州	乾隆十九年		
昆阳书院	广东高明	乾隆十九年		知县刘继建
陶黄二公书院	广东高鹤	乾隆十九年		知县刘继建
三台书院	广西西隆	乾隆十九年		
珠崖书院	海南三亚	乾隆十九年		知州宋锦建
凤仪书院	四川合江	乾隆十九年		知县汪世琳建
绍闻书院	四川长宁	乾隆十九年		知县朱凝道建，又名龙池书院
和山书院	四川九姓	乾隆十九年		
金华书院	四川射洪	乾隆十九年		
三台书院	重庆黔江	乾隆十九年		知县顾维钫建
启秀书院	陕西镇安	乾隆十九年		
银川书院	宁夏银川	乾隆十九年		
冠山书院	北京延庆	乾隆二十年		知州芮泰元建，又名柳川书院
瀛南书院	河北交河	乾隆二十年		
庆阳书院	河北赵县	乾隆二十年		
崇正书院	山西高平	乾隆二十年		
古韩书院	山西襄垣	乾隆二十年		知县李体中建，又名漳川书院
輋山书院	山西左权	乾隆二十年		
涑阳书院	山西绛县	乾隆二十年		
应奎书院	上海嘉定	乾隆二十年		知县廖云芳建，又名香湖书院

（续）

书院名称	位置	始建时间	性质	说明
熙湖书院	安徽太湖	乾隆二十年		知县吴易峰建，咸丰四年兵毁
安阳书院	安徽砀山	乾隆二十年		知县梅云程建
云山书屋	安徽泾县	乾隆二十年		陈氏合族建
寿阳书院	安徽寿县	乾隆二十年		庐凤道龙拔世建，清末改为初等小学堂
衡山书院	安徽霍山	乾隆二十年		知县张花甲就义学建，后废
竹山书院	安徽歙县	乾隆二十年		邑人曹干屏、曹映青兄弟建
濉川书院	福建建宁	乾隆二十年		知县韩琮建
东山书院	福建漳平	乾隆二十年		知县曹钥建
广业书院	福建兴化	乾隆二十年		
饶公书院	山东鱼台	乾隆二十年		
仰山书院	山东茌平	乾隆二十年		
卜里书院	河南温县	乾隆二十年		知县王其华建
临淮书院	河南固始	乾隆二十年		知县杨潮观建
筑阳书院	湖北谷城	乾隆二十年		知县胡廷栋建
五阳书院	湖北建始	乾隆二十年		知县邱岱移建北门
崇文书院	湖南沅陵	乾隆二十年		知县屈宜伸建
石歧书院	广东从化	乾隆二十年		地方公建
凤山书院	广东从化	乾隆二十年		
贵山书院	广东潮阳	乾隆二十年		里人张勋建
金山书院	广东五华	乾隆二十年		知县戴琪建
培风书院	广东阳山	乾隆二十年		金绅建，后改为宗韩书院、桂香书院
化成书院	广西田阳	乾隆二十年		土田州知州岑宜栋建于州府东
鳌山书院	海南三亚	乾隆二十年		知州宋锦改建
顺湖书院	海南陵水	乾隆二十年		知县顾芝建，乾隆二十八年知县赵振铎倡捐田租
丹山书院	四川叙永	乾隆二十年		同知陶敦和建
文明书院	四川大邑	乾隆二十年		

（续）

书院名称	位置	始建时间	性质	说明
平阳书院	贵州织金	乾隆二十年		知州李云龙建，后改名凤西书院、文腾书院
古莘书院	陕西合阳	乾隆二十年		
柳川书院	河北宣化	乾隆二十一年		知府张志奇建
瀛海书院	河北静海	乾隆二十一年		
静安书院	河北深州	乾隆二十一年		
涑水书院	山西临猗	乾隆二十一年		知县李和建
卢山书院	山西潞城	乾隆二十一年		
中阳书院	山西孝义	乾隆二十一年		知州张越建
菁莪书院	山西交城	乾隆二十一年		
回川书院	江苏吴江	乾隆二十一年		里人王世增等建，又名同川书院
正心书院	江苏兴化	乾隆二十一年		
锦溪书院	浙江奉化	乾隆二十一年		
缨溪书院	浙江象山	乾隆二十一年		
初晴书院	浙江宁海	乾隆二十一年		县丞徐必显建
江山书院	福建龙岩	乾隆二十一年		
金鳌书院	江西萍乡	乾隆二十一年		知县沈廷标建，后改为鳌洲书院
文明书院	江西吉安	乾隆二十一年		公建
平江书院	湖北天门	乾隆二十一年		知县胡翼建
五峰书院	湖北竹溪	乾隆二十一年		竹溪宋焕建
崇文书院	湖南桑植	乾隆二十一年		知县钟人文建，又名同府书院，1869年更名澧源书院
卢峰书院	湖南溆浦	乾隆二十一年		知县陶金谐建，民国改设县立小学校
白沙书院	湖南衡阳	乾隆二十一年		学正丁玭建
东山书院	广东中山	乾隆二十一年		知县彭科建
桂山书院	广东中山	乾隆二十一年		嘉庆三年重修
悦山书院	广东中山	乾隆二十一年		
吉阳书院	广西扶绥	乾隆二十一年		新宁州知州胡立铸建于州城

（续）

书院名称	位置	始建时间	性质	说明
三峰书院	广西陆川	乾隆二十一年		知县石崇先建
庆阳书院	广西宜州	乾隆二十一年		庆元知府李文琰建于宜山县城东大街
天池书院	四川乐至	乾隆二十一年		知县王承爔建
青莲书院	四川江油	乾隆二十一年		李白读书处，后建祠并书院，令胡整重建
凌云书院	重庆垫江	乾隆二十一年		知县丁涟建
饮凤书院	陕西醴泉	乾隆二十一年		官绅筹建，道光时易名嶅南书院
星聚书院	陕西醴泉	乾隆二十一年		
燕平书院	河北定州	乾隆二十二年		知县李衡建
蓬山书院	河北内丘	乾隆二十二年		
宿文书院	山西河曲	乾隆二十二年		
秀水书院	山西盂县	乾隆二十二年		知县孔传中建，又名藏山书院
延令书院	江苏泰兴	乾隆二十二年		
嵩山书院	福建福州	乾隆二十二年		盐法道徐景熹迁建
绳公书院	山东桓台	乾隆二十二年		
长乐书院	山东高青	乾隆二十二年		知县张耀璧建
锦屏书院	河南宜阳	乾隆二十二年		知县杨大昆建
吴房书院	河南遂平	乾隆二十二年		知县金忠济建
韶山书院	河南渑池	乾隆二十二年		
紫峰书院	湖北宜城	乾隆二十二年		知县高遴建，又名鄢郢书院
雄溪书院	湖南洪江	乾隆二十二年		知县陈于宣建
绥吉书院	湖南花垣	乾隆二十二年		同知张天如建，嘉庆十二年迁，改称绥阳书院
越华书院	广东广州	乾隆二十二年		盐运司范时纪等建
龙山书院	广东中山	乾隆二十二年		
凤池书院	广东中山	乾隆二十二年		
金山书院	广东中山	乾隆二十二年		嘉庆二十二年重修
义江书院	广西临桂	乾隆二十二年		知县刘铭廷建于县城

（续）

书院名称	位置	始建时间	性质	说明
临江书院	四川广元	乾隆二十二年		知县程余庆建，又名葱岭书院
文江书院	四川高县	乾隆二十二年		知县江世春建
邹公书院	四川合州	乾隆二十二年		
陇西书院	四川彰明	乾隆二十二年		
茂林书院	四川邛崃	乾隆二十二年		
文笔书院	四川邛崃	乾隆二十二年		
相台书院	四川邛崃	乾隆二十二年		
隆化书院	重庆南川	乾隆二十二年		知县应士龙建
钟灵书院	重庆酉阳	乾隆二十二年		知州李光堧建
龙泉书院	贵州凤冈	乾隆二十二年		知县李自洁建
丰登书院	陕西大荔	乾隆二十二年		郡守李氏建，光绪三十二年改名丰登中学堂
定淳书院	陕西洋县	乾隆二十二年		梁作则建，后改为武康书院、洋州书院
凤山书院	澳门	乾隆二十二年		知县彭科建
沧曲书院	河北沧州	乾隆二十三年		
燕平书院	河北昌平	乾隆二十三年		
广阳书院	河北清丰	乾隆二十三年		
东阳书院	山西黎城	乾隆二十三年		
壶林书院	山西壶关	乾隆二十三年		
凌川书院	山西凌川	乾隆二十三年		
崇文书院	江苏新阳	乾隆二十三年		
暨阳书院	江苏江阴	乾隆二十三年	原邑人课业所	知县蔡澍建
双井书院	浙江鄞州	乾隆二十三年		陆汉赤建
正谊书院	浙江青田	乾隆二十三年		知县张日盥建
翠峰书院	安徽霍邱	乾隆二十三年		知县刘吉、丁文灿建
寿山书院	安徽太和	乾隆二十三年		

（续）

书院名称	位置	始建时间	性质	说明
景行书院	福建永泰	乾隆二十三年		知县王士霖建
芦峰书院	福建云霄	乾隆二十三年		督学何子祥建
文献书院	福建顺昌	乾隆二十三年		
演易书院	河南汤阴	乾隆二十三年		
紫阳书院	河南南乐	乾隆二十三年		
崇实书院	河南唐河	乾隆二十三年		知县宋梅建，又名南轩书院
黄甲书院	湖南攸县	乾隆二十三年		知县田彬建，咸丰中仍在办学
培英书院	湖南桂东	乾隆二十三年		公建，道光五年迁沙田清平市北石冈山
营道书院	湖南道县	乾隆二十三年		知县杨玉生建
文峰书院	湖南泸溪	乾隆二十三年		知县吴珣建，后废
凤山书院	广东海丰	乾隆二十三年		地方公建
南平书院	广东恩平	乾隆二十三年		知县张安世建
景贤书院	广东新会	乾隆二十三年		
凤山书院	广东中山	乾隆二十三年		知县彭科建
羊城书院	广西大新	乾隆二十三年		广东商人建于归顺直隶州的下雷州
同文书院	四川盐亭	乾隆二十三年		知县凌霙建，又名凤山书院
东山书院	四川宜宾	乾隆二十三年		知县文俊建
云安书院	重庆云阳	乾隆二十三年		知县沈潓建，后改名飞凤书院
嵩阳书院	云南嵩明	乾隆二十三年		知州严遂成建，又名巢经书院
荣河书院	陕西府谷	乾隆二十三年		署知县张克明建
广阿书院	河北隆尧	乾隆二十四年		知县袁文焕建
东洲书院	河北肃宁	乾隆二十四年		知县范森建
古遂书院	河北徐水	乾隆二十四年		知县谢昌言建
东州书院	河北肃宁	乾隆二十四年		
河东书院	山西永济	乾隆二十四年		兵备道乔光烈以河中书院改建
养正书院	山西夏县	乾隆二十四年		

（续）

书院名称	位置	始建时间	性质	说明
朔州书院	山西朔州	乾隆二十四年		
竹林书院	山西灵石	乾隆二十四年		儒士梁塘之妻武氏捐建
凝秀书院	上海嘉定	乾隆二十四年		知县介玉涛以南丰园改建，不久废
珠湖书院	江苏高邮	乾隆二十四年		州人贾箬林等建，后屡改建
蜀山书院	江苏宜兴	乾隆二十四年		建于东坡书院故址，后移建改名阳羡书院
朐山书院	江苏连云港	乾隆二十四年		知州李永叔建，后改为社学
东白书院	浙江东阳	乾隆二十四年		施廷灿建
中山书院	浙江永嘉	乾隆二十四年		
吴宁书院	浙江东阳	乾隆二十四年		
近圣书院	福建霞浦	乾隆二十四年		前知县余某建
玉峰书院	福建嘉义	乾隆二十四年		
文砥书院	福建龙岩	乾隆二十四年		
成孝书院	江西修水	乾隆二十四年		万来英建
黎川书院	江西黎川	乾隆二十四年		知县卢崧建
琴水书院	江西莲花	乾隆二十四年		同知李其昌建，又名莲花书院
凤仪书院	江西高安	乾隆二十四年		
胶东书院	山东平度	乾隆二十四年		
潍阳书院	山东潍坊	乾隆二十四年		
琅邪书院	山东临沂	乾隆二十四年		知府李希贤建
沮漳书院	湖北南漳	乾隆二十四年		知县刘有洪建
蒲阳书院	湖北应城	乾隆二十四年		知县曾长源建
西津书院	湖北郧西	乾隆二十四年		知县胡廷槐建
炳文书院	湖南保靖	乾隆二十四年		王日丹建
大和书院	广东潮州	乾隆二十四年		知县金绅建
桂香书院	广西崇左	乾隆二十四年		知府查礼建于崇善县府城北门外
龙川书院	广西灌阳	乾隆二十四年		知县宦儒章建

（续）

书院名称	位置	始建时间	性质	说明
怀城书院	广西贵港	乾隆二十四年		贵县知县石崇先建
菁莪书院	四川温江	乾隆二十四年		蔡宋建
通径书院	四川新津	乾隆二十四年		知县戴之适捐建，原名宝资书院
大雅书院	四川丹棱	乾隆二十四年		知县宋惠绥建，乾隆四十九年知县吕文俊迁建
龙川书院	四川南川	乾隆二十四年		
巴州书院	四川铜梁	乾隆二十四年		
怀阳书院	贵州仁怀	乾隆二十四年		知府李振文建
景槐书院	陕西高陵	乾隆二十四年		知县赵友烺建
乐都书院	甘肃碾伯	乾隆二十四年		
玉峰书院	台湾嘉义	乾隆二十四年		知县李倓改建
北灵书院	山西繁峙	乾隆二十五年		知县李凤集建
凤池书院	江苏江宁	乾隆二十五年		
龙山书院	浙江余姚	乾隆二十五年		知县刘长城建
震山书院	安徽泾县	乾隆二十五年		查思道建，聘赵侍卿主讲
翠华书院	安徽霍邱	乾隆二十五年		
儒山书院	福建龙海	乾隆二十五年		知县王作霖建
文津书院	山东乐陵	乾隆二十五年		
莲溪书院	河南项城	乾隆二十五年		知县梁作文建
弋阳书院	河南潢川	乾隆二十五年		知州吴一嵩建
白沙书院	湖南茶陵	乾隆二十五年		谭姓公建
双峰书院	湖南双峰	乾隆二十五年		知县张董达建，1902年改为校士馆
沱江书院	湖南华容	乾隆二十五年		
西湖书院	广东东莞	乾隆二十五年		官绅改建
景贤书院	广东中山	乾隆二十五年		知县周志让建
象江书院	广西象州	乾隆二十五年		象州知州李宏湑建于城西高邱
修江书院	广西荔浦	乾隆二十五年		建于修仁县学署前

（续）

书院名称	位置	始建时间	性质	说明
鼓岩书院	广西梧州	乾隆二十五年		郑交泰建，道光时改名台山书院，同治时改名凤台书院
道南书院	广西靖西	乾隆二十五年		归顺直隶州知州黄叔显建
南广书院	四川珙县	乾隆二十五年		知县曾受一建
汶川书院	四川汶川	乾隆二十五年		李成桂建，又名石纽书院
巴川书院	重庆铜梁	乾隆二十五年		知县蔡玉华建
明道书院	陕西鄠邑	乾隆二十五年		知县舒其绅建，光绪三十一年改为高等小学
仙堤书院	甘肃山丹	乾隆二十五年		知县李复发建，嘉庆二年知县明福修
龙冈书院	河北顺德	乾隆二十六年		
碧峰书院	山西沁水	乾隆二十六年		
文思书院	山西稷山	乾隆二十六年		知县韦之瑗建
桑泉书院	山西临猗	乾隆二十六年		举人王先弟建
珠江书院	江苏南京	乾隆二十六年		
毓秀书院	浙江诸暨	乾隆二十六年	讲学	知县张端木建
吴航书院	福建长乐	乾隆二十六年		知县贺世骏建
凝芳书院	江西新干	乾隆二十六年		知县朱一深建，有作凝秀书院
东垣书院	河南新安	乾隆二十六年		知县张济世建
文昌书院	河南渑池	乾隆二十六年		知县李本杼建
东洲书院	湖南衡阳	乾隆二十六年		贡生蒋一玭等建
崧梁书院	湖南大庸	乾隆二十六年		知县郭六宰建
大酉书院	湖南辰溪	乾隆二十六年	教学	卢九云建，乾隆四十六年曾改名双溪书院
花峰书院	广东花都	乾隆二十六年		知县王壂建改建
学海书院	广东南澳	乾隆二十六年		同知赵廷宾建
景阳书院	四川富顺	乾隆二十六年		
琼江书院	重庆铜梁	乾隆二十六年		蔡玉华建
绣屏书院	云南富民	乾隆二十六年		知州汪斌建，有作秀屏书院

（续）

书院名称	位置	始建时间	性质	说明
象峰书院	陕西渭南	乾隆二十六年		知县成汝舟建，后五凤书院并入
凤城书院	甘肃庆阳	乾隆二十六年		知府赵本植建
乐都书院	青海乐都	乾隆二十六年		知县何泽著建，光绪二十一年重建改名凤山书院
华林书院	山西朔平	乾隆二十七年		
宝凤书院	山西左云	乾隆二十七年		
傅岩书院	山西平陆	乾隆二十七年		
西河书院	山西芮城	乾隆二十七年		
留槎书院	浙江龙泉	乾隆二十七年		知县苏遇龙建
华圃书院	福建同安	乾隆二十七年		邑人黄涛建
杭川书院	福建光泽	乾隆二十七年		邑人公建
鳌阳书院	浙江宁海	乾隆二十七年		
岐山书院	福建建瓯	乾隆二十七年		
杭州书院	福建光泽	乾隆二十七年		
乘州书院	山东乐安	乾隆二十七年		
龙山书院	山东东平	乾隆二十七年		
龙湖书院	广东潮州	乾隆二十七年		
康山书院	广西扶绥	乾隆二十七年		永康知州麻永年建
文昌书院	四川梓潼	乾隆二十七年		知县程立本在南门内建，又名潼江书院
崇文书院	四川内江	乾隆二十七年		知县宫德建
珠江书院	四川资阳	乾隆二十七年		知州宋惠绥建，乾隆五十三年知县石作瑞迁建
宕梁书院	四川巴中	乾隆二十七年		知州李汝琬建，有作岩梁书院，当误
凤城书院	贵州天柱	乾隆二十七年		
新乐书院	陕西安塞	乾隆二十七年		
天水书院	甘肃天水	乾隆二十七年		知州费廷珍建，又名汉阳书院
汉阳书院	甘肃秦州	乾隆二十七年		

（续）

书院名称	位置	始建时间	性质	说明
康衢书院	河北望都	乾隆二十八年		
河西书院	山西芮城	乾隆二十八年		知县莫溥建
武陵书院	山西文水	乾隆二十八年		
思文书院	山西稽山	乾隆二十八年		
宝晋书院	江苏丹徒	乾隆二十八年		知县费中孚建
正修书院	江苏常熟	乾隆二十八年	邑社学	知县康基田建
中山书院	浙江温州	乾隆二十八年		知府李琬建
曲阳书院	安徽定远	乾隆二十八年		知县郑基建，道光三年重修
南浦书院	福建浦城	乾隆二十八年		知县吴镛建
凤山书院	福建福州	乾隆二十八年		
明志书院	福建新竹	乾隆二十八年		
龙溪书院	江西余江	乾隆二十八年		李尚忠建
琴城书院	江西南丰	乾隆二十八年		
兰陵书院	山东枣庄	乾隆二十八年		
任城书院	山东济宁	乾隆二十八年		
龙冈书院	河南汝州	乾隆二十八年		监生赵克勤建
临蒸书院	湖南衡阳	乾隆二十八年		知县陶易建，乾隆四十二年易名莲湖书院
河东书院	广东潮阳	乾隆二十八年		知县陈耀振建
蓝田书院	广东揭阳	乾隆二十八年		知县王殿建
岷江书院	四川都江堰	乾隆二十八年		知县嘉庆建
汉安书院	四川内江	乾隆二十八年		知县韩莱曾建
峨山书院	四川峨眉	乾隆二十八年		
东山书院	四川叙州	乾隆二十八年		
双城书院	贵州仁怀	乾隆二十八年		通判席缵设义学，后改为书院
石鼓书院	陕西宝鸡	乾隆二十八年		县令郭元灏建，乾隆五十九年更名金台书院
云川书院	甘肃永昌	乾隆二十八年		知县郭昌泰建，光绪三十一年改为高等小学

（续）

书院名称	位置	始建时间	性质	说明
明志书院	台湾新北	乾隆二十八年		贡生胡焯猷捐宅为义学，次年名明志书院
风动书院	河北正定	乾隆二十九年		知府郑大进建
河阴书院	山西河曲	乾隆二十九年		
郇阳书院	山西猗氏	乾隆二十九年		
方山书院	山西万泉	乾隆二十九年		
龙山书院	山西永宁	乾隆二十九年		
香山书院	山西闻喜	乾隆二十九年		知县李遵唐建
永宁书院	山西离石	乾隆二十九年		
惠南书院	上海南汇	乾隆二十九年		知县杨宜仑建
崇文书院	江苏淮阴	乾隆二十九年		沈泓等建
梅李书院	江苏昭文	乾隆二十九年		
厚邱书院	江苏沭阳	乾隆二十九年		
白石书院	浙江浦江	乾隆二十九年		
开山书院	福建尤溪	乾隆二十九年		知县蔡述谟建
仁里书院	福建龙岩	乾隆二十九年		
南湖书院	福建台南	乾隆二十九年		
翥山书院	江西乐平	乾隆二十九年		知县元克冲建
桃江书院	江西信丰	乾隆二十九年		知县程化鹏建
三楚书院	广西龙州	乾隆二十九年		建于龙州尚武街两湖会馆内
繁江书院	四川新都	乾隆二十九年		知县李莪建
鳌峰书院	四川仁寿	乾隆二十九年		知县俞尔昌建，又名卓英书院
龙门书院	四川江安	乾隆二十九年		
云安书院	重庆夔州	乾隆二十九年		
奎垣书院	云南彝良	乾隆二十九年		州同蒋肇整建
青莲书院	云南广南	乾隆二十九年		知府王显绪建
颖阳书院	陕西铜川	乾隆二十九年		知县袁文观建

（续）

书院名称	位置	始建时间	性质	说明
龙山书院	甘肃榆中	乾隆二十九年		
南湖书院	台湾台南	乾隆二十九年		知府蒋允焄建
槐阳书院	河北柏乡	乾隆三十年		知县钟赓华建
桃城书院	河北衡水	乾隆三十年		知县陶淑建
金莲书院	浙江缙云	乾隆三十年		知县令狐亦岱建
环青书院	浙江平阳	乾隆三十年		
中江书院	安徽芜湖	乾隆三十年		观察李世杰建，旋废
丰州书院	福建南安	乾隆三十年		
阳明书院	江西崇义	乾隆三十年		知县罗洪钰建，又名旗阳书院
梅冈书院	广东揭阳	乾隆三十年		知县贺朝冕建
双峰书院	广东电白	乾隆三十年		巡检江埙建
双溪书院	广东昌化	乾隆三十年		
临江书院	海南临高	乾隆三十年		知县李翰建
双溪书院	海南昌江	乾隆三十年		知县邹应凤建
斗山书院	四川中江	乾隆三十年		知县王定九建
振文书院	四川大竹	乾隆三十年		知县叶书绅建
西山书院	四川北川	乾隆三十年		
舟山书院	四川永宁	乾隆三十年		
丹山书院	重庆南川	乾隆三十年		同知郑国祠建
泰山书院	贵州黎平	乾隆三十年		咸丰八年毁，同治七年重修
广阳书院	贵州长顺	乾隆三十年		知州孟衍泗建
文明书院	云南镇沅	乾隆三十年		知县萧思浚建
胜峰书院	云南云县	乾隆三十年		原名曲阳书院，咸丰毁，光绪二年重建
胜峰书院	云南曲靖	乾隆三十年		
文明书院	云南思乐	乾隆三十年		
横渠书院	陕西眉县	乾隆三十年		知县周家琰建，光绪三十二年改为高等小学

（续）

书院名称	位置	始建时间	性质	说明
凤台书院	河北广宗	乾隆三十一年		知县劳敦樟建
凤鸣书院	山西榆次	乾隆三十一年		知县史湛建
龙湖书院	浙江平阳	乾隆三十一年		
崇文书院	浙江桐乡	乾隆三十一年		郑廷珠建
潜川书院	安徽庐江	乾隆三十一年		知县李天植建，咸丰初兵毁，同治年间重修
兴贤书院	福建政和	乾隆三十一年		
秀峰书院	湖南石门	乾隆三十一年		知县许耀祖建，道光中改名天门书院
七贤书院	广东阳江	乾隆三十一年		
瀛海书院	海南海口	乾隆三十一年		生员严孔炽建
纹江书院	四川德阳	乾隆三十一年		知县杨周冕建，后改名双江书院
溈江书院	四川夹江	乾隆三十一年		
凤山书院	重庆长寿	乾隆三十一年		知县曾受一建
玉泉书院	陕西澄城	乾隆三十一年		额乐春建，光绪三十一年改为高等小学
文石书院	台湾澎湖	乾隆三十一年	教学	通判胡建伟建，讲堂祀周程程、张朱
恒阳书院	河北曲阳	乾隆三十二年		知县陈旭建，又名瑞灵书院
廉山书院	山西长子	乾隆三十二年		知县王巨源重建
逢源书院	浙江平阳	乾隆三十二年		
金鳌书院	浙江龙泉	乾隆三十二年		刘献建
清源书院	福建泉州	乾隆三十二年		知府陈之铨建
莲山书院	江西信丰	乾隆三十二年		知县吴大勋建
敬业书院	山东临邑	乾隆三十二年		
芒山书院	河南永城	乾隆三十二年		知县周梦龙建
汉东书院	湖北安陆	乾隆三十二年		
清溪书院	湖南新田	乾隆三十二年		知县柴桢建
西溪书院	广东连州	乾隆三十二年		知州顾芝建
龙门书院	四川江油	乾隆三十二年		知府马权建

（续）

书院名称	位置	始建时间	性质	说明
莲峰书院	重庆奉节	乾隆三十二年		
龙门书院	四川平武	乾隆三十二年		知府马权建
和川书院	四川天全	乾隆三十二年		知州段琪建
金粟书院	四川仪陇	乾隆三十二年		
合成书院	四川金堂	乾隆三十二年		
鹿阜书院	云南石林	乾隆三十二年		署知州殷汪臣等建，又名南阳书院
凤起书院	陕西凤翔	乾隆三十二年		知县罗鳌建，后改名正谊书院
增秀书院	甘肃榆中	乾隆三十二年		知县曾凤翔建，光绪三十一年改为高等小学
乐仪书院	江苏泰州	乾隆三十三年		知县卫晞建，经费多由盐官、盐商供给
崇实书院	江苏清河	乾隆三十三年		
乐仪书院	江苏仪征	乾隆三十三年		
泰东书院	江西吉水	乾隆三十三年		
城阳书院	山东莒县	乾隆三十三年		知州欧阳璐建
文峰书院	河南商城	乾隆三十三年		知县林斌建
濂溪书院	湖南桂东	乾隆三十三年		同治五年知县刘邦华迁建，旧院改试院
华灵书院	山西绛县	乾隆三十四年		知县李继峤改建
教山书院	山西绛县	乾隆三十四年		
江青书院	安徽来安	乾隆三十四年		知县韩梦周建，嘉庆十八年并建阳书院
和平书院	福建邵武	乾隆三十四年		知府张凤孙建
群玉书院	湖南永州	乾隆三十四年		知县陈三恪建
仙城书院	广西武宣	乾隆三十四年		知县郑高萃建
龙华书院	云南沾益	乾隆三十四年		
华原书院	陕西大荔	乾隆三十四年		知县杨衍嗣建
绵山书院	山西介休	乾隆三十五年		知县王谟文改建
仰山书院	山西阳城	乾隆三十五年		
吾南书院	浙江平阳	乾隆三十五年		

（续）

书院名称	位置	始建时间	性质	说明
文明书院	浙江天台	乾隆三十五年		
问政书院	安徽歙县	乾隆三十五年		知县张佩芳建
奋贤书院	福建莆田	乾隆三十五年		
东湖书院	山东肥城	乾隆三十五年		
覃怀书院	河南武陟	乾隆三十五年		知县刘德尊等建
文明书院	湖南祁阳	乾隆三十五年		朱锡川建，知县宋溶记
宁阳书院	广东台山	乾隆三十五年		知县康基田改建
文海书院	广东台山	乾隆三十五年		知县康基田建
潭州书院	广东台山	乾隆三十五年		知县康基田建
广海书院	广东台山	乾隆三十五年		知县康基田建
敬修书院	广西荔浦	乾隆三十五年		修仁县教谕李庄建于县南门外
香城书院	四川西昌	乾隆三十五年		知县王尔昌以乾隆二十年古香义学改建
龙山书院	云南龙陵	乾隆三十五年		同知张遐龄建
灵泉书院	云南开远	乾隆三十五年		知州边镛建
仪山书院	甘肃华亭	乾隆三十五年		知县张汉芳建
清风书院	河北南皮	乾隆三十六年		
云龙书院	山西和顺	乾隆三十六年		
许公书院	山西翼城	乾隆三十六年		
鸣凤书院	江苏丹阳	乾隆三十六年		知府周樽建
毓秀书院	福建泰宁	乾隆三十六年		邓文熊建
云亭书院	江西泰和	乾隆三十六年		
龙门书院	江西余江	乾隆三十六年		知县孙跃建
鸣山书院	山东高唐	乾隆三十六年		
湾潭书院	湖北五峰	乾隆三十六年		知县潘含章建
东山书院	湖南郴州	乾隆三十六年		刘世喜以唐刘瞻读书处建
宾阳书院	广西宾阳	乾隆三十六年		宾州知州陈之鹏建于学宫故址

（续）

书院名称	位置	始建时间	性质	说明
青峰书院	四川威远	乾隆三十六年		知县李南晖建
金粟书院	四川仪陇	乾隆三十六年		知县徐鼎亨重建
西山书院	重庆万县	乾隆三十六年		
雁峰书院	海南琼山	乾隆三十六年		官绅捐建
临江书院	海南临高	乾隆三十六年		
文屏书院	陕西绥德	乾隆三十六年		知州舒元焕建，后改名重文书院、雕山书院
石门书院	陕西旬邑	乾隆三十六年		
观海书院	浙江平湖	乾隆三十七年		
金莪书院	安徽繁昌	乾隆三十七年		
五吾书院	江西庐山	乾隆三十七年		查复经修，又名寄傲山房
华阳书院	江西泰和	乾隆三十七年		
五峰书院	湖北五峰	乾隆三十七年		
钦江书院	广西钦州	乾隆三十七年		
蓬山书院	四川蓬安	乾隆三十七年		乾隆四十年知州周天柱迁建
高平书院	甘肃平凉	乾隆三十七年		
高台书院	甘肃高台	乾隆三十七年		
天柱书院	河北平山	乾隆三十八年		知县员家驹建
秀塔书院	辽宁建昌	乾隆三十八年		通判清格建
南金书院	辽宁金县	乾隆三十八年		知县雅尔善倡建，田租年70两
龙山书院	安徽舒城	乾隆三十八年		知县刘作垣建，咸丰初毁于兵，址尚存
霞北书院	福建龙海	乾隆三十八年		知县崔绎建
东山书院	福建龙岩	乾隆三十八年		
绍文书院	江西景德镇	乾隆三十八年		知县黄泌建
泗源书院	山东泗水	乾隆三十八年		知县福明建
新任城书院	山东任城	乾隆三十八年		
敖山书院	山东新泰	乾隆三十八年		

（续）

书院名称	位置	始建时间	性质	说明
春风书院	河南宝丰	乾隆三十八年		知县胡元吉建
上庸书院	湖北竹山	乾隆三十八年		竹溪彭悦桂建
近思书院	湖南醴陵	乾隆三十八年		公建，重修朱子祠，因名近思，祀吕祖谦
三宿书院	湖南江华	乾隆三十八年	义学	知县欧阳桂准建
思灵书院	广西桂平	乾隆三十八年		
瑞山书院	海南琼海	乾隆三十八年		知县于煌请于郡守萧应植改建
南宾书院	重庆石柱	乾隆三十八年		乡人士公建，以南宾河得名
九峰书院	云南富民	乾隆三十八年		知县李登瀛建，又名万庆书院
树人书院	云南禄丰	乾隆三十八年		知县孙铎建，咸丰七年毁
崇化书院	陕西西安	乾隆三十八年		即养正书院，道光时易此名
灵文书院	甘肃灵州	乾隆三十八年		
钟灵书院	宁夏灵武	乾隆三十八年		知州周人杰建
燕山书院	河北遵化	乾隆三十九年		知州李荫椿改建
鹿泉书院	河北获鹿	乾隆三十九年		
芝阳书院	江西鄱阳	乾隆三十九年		巡道秦承恩建
长清书院	江西乐安	乾隆三十九年		
启文书院	山东聊城	乾隆三十九年		知府胡德林建
泉西书院	河南辉县	乾隆三十九年		知县何文耀建
梅英书院	湖北黄梅	乾隆三十九年		
岳屏书院	湖南衡阳	乾隆三十九年		陈三恪合东洲书院、白沙书院，移建更名岳屏书院
丽江书院	广东海丰	乾隆三十九年		贡生蔡大武建
龙山书院	云南宣威	乾隆三十九年		署州周翔千建
渠梁书院	天津宁河	乾隆四十年		吴肇元建
文蔚书院	河北蔚县	乾隆四十年		靳荣藩建
作新书院	河北新河	乾隆四十年		知县戴云元建

（续）

书院名称	位置	始建时间	性质	说明
赤城书院	河北赤城	乾隆四十年		
百娄书院	河北定兴	乾隆四十年		
秀容书院	山西忻州	乾隆四十年		知州鲁潢建
崞阳书院	山西原平	乾隆四十年		
明道书院	江苏泰州	乾隆四十年		州人程旭建义学，乾隆四十五年程禧改为书院
禊湖书院	江苏吴江	乾隆四十年		又名黎川学舍
鳌峰书院	浙江武义	乾隆四十年		正学赵某建
松涛书院	浙江永康	乾隆四十年		知县方泽建
景仰书院	江西景德镇	乾隆四十年		同知兴圣纪建
石门书院	山东曲阜	乾隆四十年		
瑞春书院	河南新密	乾隆四十年		知县丘景云建
丹阳书院	湖北枝江	乾隆四十年		知县秦武棫建
正谊书院	湖南新化	乾隆四十年		知县黄九叙建
文昌书院	广东高要	乾隆四十年		乡人公建
凤冈书院	广西罗城	乾隆四十年		天河县知县董秉纯建于县城南
凤山书院	云南景谷	乾隆四十年		同知赵希尧建，咸丰六年兵毁，光绪时改称钟山书院
凤仪书院	陕西麟游	乾隆四十年		知县孙朝盛建，光绪三十二年改为高等小学
经正书院	陕西富县	乾隆四十年		原为雕阴书院
平陵书院	江苏溧阳	乾隆四十一年		邑人史楚建
高平书院	江苏溧水	乾隆四十一年		
蔚文书院	浙江海盐	乾隆四十一年		邑人徐文锦建
山公书院	浙江安吉	乾隆四十一年		又名定性书院
鳌江书院	福建连江	乾隆四十一年		
蒿庵书院	山东济南	乾隆四十一年		按察使陆曜以振英书院重建
颍川书院	河南临颍	乾隆四十一年		知县王慎旃以紫阳书院改建

（续）

书院名称	位置	始建时间	性质	说明
凤山书院	湖北恩施	乾隆四十一年		知府吕世庆建，久废
毓秀书院	广西田林	乾隆四十一年		西林知县原集凤建
三益书院	重庆巴南	乾隆四十一年		邑人张凡超建
文昌书院	重庆铜梁	乾隆四十一年		知县温清建
古务书院	贵州务川	乾隆四十一年		
玉山书院	陕西蓝田	乾隆四十一年		知县阮署建，光绪二十八年改为高等小学
真乡书院	陕西佳县	乾隆四十一年		郑仔建，光绪三十一年改为高等小学堂
秀峰书院	河北承德	乾隆四十二年		同知尹阿桑建，又名热河书院
皆山书院	河北井陉	乾隆四十二年		知县周尚亲建
尊闻书院	河北正定	乾隆四十二年		知府方立经建，初名恒阳书院
崇实书院	山西五台	乾隆四十二年		
绣湖书院	浙江义乌	乾隆四十二年		知县黄元炜建
秀峰书院	安徽东流	乾隆四十二年		
虚舫书院	福建金门	乾隆四十二年		
希贤书院	山东无棣	乾隆四十二年		
清阳书院	山东高唐	乾隆四十二年		
永阳书院	湖北广水	乾隆四十二年		知县王鸿兴建
莲湖书院	湖南衡阳	乾隆四十二年		知县陈笃改建
玉山书院	广东高明	乾隆四十二年		官绅合建
文明书院	四川芦山	乾隆四十二年		知县谢生晋建
黎阳书院	贵州黎平	乾隆四十二年		知府吴光廷建
日华书院	河北献县	乾隆四十三年		知县黄口建
凤山书院	河北徐水	乾隆四十三年		知县张钝建
赤峰书院	内蒙古赤峰	乾隆四十三年		
相山书院	江西崇仁	乾隆四十三年		知县曹尽建
仰山书院	福建龙岩	乾隆四十三年		

（续）

书院名称	位置	始建时间	性质	说明
乐育书院	山东广饶	乾隆四十三年		知县李卿云等建
两学书院	山东曲阜	乾隆四十三年		
云门书院	山东平阴	乾隆四十三年		
覃怀书院	河南沁阳	乾隆四十三年		知府康基田建
石南书院	广西玉林	乾隆四十三年		兴业知县王巡泰建
鹿岩书院	四川西充	乾隆四十三年		知县王嘉猷建
鹿鸣书院	四川丰都	乾隆四十三年		
书台书院	四川遂宁	乾隆四十三年		
朗井书院	云南朗井	乾隆四十三年		
凤林书院	甘肃临夏	乾隆四十三年		知州周植建
崇实书院	山西五台	乾隆四十四年		知县王秉韬建
培元书院	福建连城	乾隆四十四年		郑一松建
养正书院	广东信宜	乾隆四十四年		知县李玉章建
鳌峰书院	四川苍溪	乾隆四十四年		知县李元奋建
鳌峰书院	四川南部	乾隆四十四年		
东皋书院	四川通江	乾隆四十四年		知县张邦桓、蒋士椿募建
榕城书院	云南宣威	乾隆四十四年		署州饶梦铭建
凤鸣书院	陕西岐山	乾隆四十四年		光绪三十二年改为高等小学堂
白云书院	浙江东阳	乾隆四十五年		卢衍仁建
浯江书院	福建金门	乾隆四十五年		黄汝诚捐建，次年改县丞署，乡人再建
培风书院	山东滨州	乾隆四十五年		
宁城书院	河南修武	乾隆四十五年		知县吴居澳建
南阳讲塾	河南修武	乾隆四十五年		知县吴居澳建
朝阳书院	湖北赤壁	乾隆四十五年		竹溪何光晟建
琼湖书院	湖南沅江	乾隆四十五年		知县方廷玑建，1902年改为小学堂
云溪书院	广东南海	乾隆四十五年		乡绅建

（续）

书院名称	位置	始建时间	性质	说明
云瀛书院	广东南海	乾隆四十五年		光绪十年乡绅迁建
遂良书院	广东遂溪	乾隆四十五年		知县范孝曾重建
瑞山书院	重庆合川	乾隆四十五年		旧名接龙书院，知县左修绪建
文峰书院	贵州黔西	乾隆四十五年		邑人兵部尚书李世杰重建
宏文书院	云南兰坪	乾隆四十五年		清乾隆四十五年重修
仙峰书院	陕西紫阳	乾隆四十五年		知县张志超建，光绪三十一年改为高等小学
敷文书院	甘肃靖远	乾隆四十五年		知县彭永和建
凤鸣书院	甘肃崇信	乾隆四十五年		知县黄道熈建
玉尺书院	浙江瑞安	乾隆四十六年		知县赵应构建
奎璧书院	福建嘉义	乾隆四十六年		
金陵书院	湖南永兴	乾隆四十六年		乡绅李如璧等建
文昌书院	湖南保靖	乾隆四十六年		
鹿山书院	广东番禺	乾隆四十六年		乡绅公建
观澜书院	广东新会	乾隆四十六年		知县萧榕年建
西江书院	四川高县	乾隆四十六年		知县瑺贵建，以江水西流而得名
奎璧书院	台湾台南	乾隆四十六年		赵姓家族建
明志书院	台湾新竹	乾隆四十六年		同知成履泰建
嘉会书院	河北枣强	乾隆四十七年		步登廷建
怀仁书院	山西晋城	乾隆四十七年		
爱莲书院	安徽广德	乾隆四十七年		知州石应璋建，咸丰初兵毁
篆筠书院	河南淇县	乾隆四十七年		知县宋仁溥建
钟灵书院	福建龙岩	乾隆四十七年		
濂溪书院	四川金堂	乾隆四十七年		
开阳书院	云南马关	乾隆四十七年		知府常德建
万春书院	云南牟定	乾隆四十七年		咸丰十一年毁于兵，同治十一年重建
朝阳书院	陕西洛川	乾隆四十七年		知县石养建，光绪三十二年改为高等小学

（续）

书院名称	位置	始建时间	性质	说明
文峰书院	陕西安康	乾隆四十七年		知州吴六鳌卖为黄州府公馆
斗山书院	山西代县	乾隆四十八年		署知州王秉韬建
龙山书院	浙江绍兴	乾隆四十八年		知县庄为进建
九峰书院	浙江金华	乾隆四十八年		正学陈钟炅建
养正书院	浙江东阳	乾隆四十八年		
春谷书院	安徽南陵	乾隆四十八年		知县周学元建，为县试童生之所
文泉书院	福建闽清	乾隆四十八年		太学生黄作宾建
霞山书院	山东栖霞	乾隆四十八年		知县钟凤腾建
宜溪书院	湖南安仁	乾隆四十八年		知县谭崇易建
溪围书院	广东高要	乾隆四十八年		乡绅建
印江书院	广西来宾	乾隆四十八年		建于迁江县
凌霄书院	四川兴文	乾隆四十八年		
万松书院	贵州大方	乾隆四十八年		知府永福建，后改名文峰书院
星山书院	贵州黄平	乾隆四十八年		知州袁治等建
凝阳书院	云南曲靖	乾隆四十八年		署知州周鉴建
凝阳书院	云南华宁	乾隆四十八年		知州周鉴倡建，又名宁阳书院
秀麓书院	云南通海	乾隆四十八年		知县陈朝书建
苏山书院	甘肃民勤	乾隆四十八年		知县王赐均建
永安书院	河北青县	乾隆四十九年		又名会川书院
凤山书院	重庆万州	乾隆四十九年		知县张廷锦建
兰皋书院	贵州贵定	乾隆四十九年		知县周品金和乡宦王政义建
登云书院	云南洱源	乾隆四十九年		
丰阳书院	陕西山阳	乾隆四十九年		知县余芳建，光绪三十二年改为高等小学堂
天池书院	陕西白河	乾隆四十九年		知县培成等改为高等小学堂
柳湖书院	甘肃平凉	乾隆四十九年		知县王法初建
雁江书院	福建龙岩	乾隆五十年		

（续）

书院名称	位置	始建时间	性质	说明
新濂溪书院	江西九江	乾隆五十年		知府初之朴建
宜阳书院	江西新昌	乾隆五十年		
芳远书院	河南项城	乾隆五十年		
桂林书院	湖北来凤	乾隆五十年		巡检沈怀枫建
景奎书院	广东封开	乾隆五十年		知县彭翥改建
清湘书院	广西全州	乾隆五十年		全州知州陈肇辂建于州城内北隅
中峰书院	广西资源	乾隆五十年		全州州同周大沅建
金凤书院	四川万源	乾隆五十年		知县张廷芳建
云州书院	云南云县	乾隆五十年		知州涂梁建
湟中书院	青海西宁	乾隆五十年		知县冷文炜建
培菁书院	安徽宿县	乾隆五十一年		知州赵霖建
萃秀书院	福建龙岩	乾隆五十一年		
胶西书院	山东胶州	乾隆五十一年		
墨香书院	贵州福泉	乾隆五十一年		旧有书院，后废，知府唐乐宇重建
龙泉书院	贵州龙泉	乾隆五十一年		
雪堂书院	云南宜良	乾隆五十一年		县绅合建
鹤阳书院	云南鹤庆	乾隆五十一年		
登峰书院	陕西延川	乾隆五十一年		知县赵希璜建，光绪三十四年改为高等小学
洛源书院	陕西洛南	乾隆五十一年		知县何树滋建，原名燕山学舍
滦江书院	河北滦平	乾隆五十二年		通判景文建
分水书院	浙江桐乡	乾隆五十二年		沈启震建
鹿鸣书院	浙江衢州	乾隆五十二年		
养正书院	江西高安	乾隆五十二年		知府都世告建
胶西书院	山东胶州	乾隆五十二年		
灵山书院	山东胶州	乾隆五十二年		
颖南书院	河南禹州	乾隆五十二年		知州萧应锐建

（续）

书院名称	位置	始建时间	性质	说明
云峰书院	广西永福	乾隆五十二年		署知州魏春华、邵志望建
禹门书院	广东新会	乾隆五十二年		县绅林辉万建
湘川书院	贵州遵义	乾隆五十二年		知府刘诏升等建
萃文书院	贵州锦屏	乾隆五十二年		道光时增修
思诚书院	云南思茅	乾隆五十二年		同知萧霖建，原名玉屏书院
风翼书院	陕西凤县	乾隆五十二年		李如桐建，光绪三十一年改为高等小学
汪平书院	陕西韩城	乾隆五十二年		傅应奎建，后名为龙门书院
芦川书院	浙江平湖	乾隆五十三年		知县王恒建
新溪书院	浙江平湖	乾隆五十三年		知县王恒建
辅仁书院	浙江嵊州	乾隆五十三年		知县唐仁埴建，拨田180亩
东娄书院	河南杞县	乾隆五十三年		知县周玑建
秀水书院	湖南芷江	乾隆五十三年		知县黄允洙建
东皋书院	重庆永川	乾隆五十三年		知县张揺迁建
他山书院	贵州余庆	乾隆五十三年		知县詹某建
太乙书院	陕西宁陕	乾隆五十三年		通判陈明义建，光绪三十一年改为高等小学
悦来书院	河南叶县	乾隆五十四年		知县徐昆增修
保安书院	河南叶县	乾隆五十四年		知县娄□①增建
坟台书院	河南叶县	乾隆五十四年		知县崔赫建，同治八年知县欧阳霖增修
翠华书院	浙江黄岩	乾隆五十四年		知县路邵建，又名清献书院
花封书院	河南孟州	乾隆五十四年		知县仇汝瑚建
河山书院	湖南叶县	乾隆五十四年		
陵阳书院	湖南慈利	乾隆五十四年		攸县邓德麟任教谕兼掌书院
宁江书院	广西宁明	乾隆五十四年		宁明州知州李早荣建于城西门内
云溪书院	四川纳溪	乾隆五十四年		知县刘申建
龙渊书院	贵州黄平	乾隆五十四年		旧义学，邑人山东巡抚朱定元改为书院
太极书院	云南安宁	乾隆五十四年		

① “□”为虚缺号，用来标明缺漏或无法辨认的字，1个“□”代表1个汉字。

（续）

书院名称	位置	始建时间	性质	说明
鸣沙书院	甘肃敦煌	乾隆五十四年		知县彭以懋建
启蒙书院	浙江余杭	乾隆五十五年		闵大夏建
养正书院	安徽颍上	乾隆五十五年		刘士煌建，后改为考棚，咸丰兵毁同治修
紫泉书院	湖南资兴	乾隆五十五年		胡巨山建
紫泉书院	广东兴宁	乾隆五十五年		胡巨山建
萃文书院	广东顺德	乾隆五十五年		里人公建
柳川书院	贵州剑河	乾隆五十五年		通判胡章建
汾阴书院	山西万荣	乾隆五十六年		知县熊耳源建
剡山书院	浙江嵊州	乾隆五十六年	延师授徒	乾隆五十八年监生支本、贡生支金重建
诚正书院	福建宁化	乾隆五十六年		知县毛振翮建
双江书院	江西吉安	乾隆五十六年		公建
震阳书院	湖南攸县	乾隆五十六年		张范迁城内改为梅城书院，嘉庆十八年迁回改名东山书院
凤山书院	陕西潼关	乾隆五十六年		光绪三十年同知刘容第改为高等小学堂
渔阳书院	天津蓟州	乾隆五十七年		知府刘念拔建
玉城书院	河北行唐	乾隆五十七年		知县王壮图建
盱源书院	江西广昌	乾隆五十七年		知县陈士纯建
范泉书院	山东淄博	乾隆五十七年		
岱麓书院	山东泰山	乾隆五十七年		知府徐大榕建
河清书院	河南孟津	乾隆五十七年		
正阳书院	河南正阳	乾隆五十七年		彭良弼建，同治八年改名奎林书院
凤山书院	湖北南漳	乾隆五十七年		知县李芸经建
淦川书院	湖北咸宁	乾隆五十七年		知县陈贻青建
恭城书院	湖南通道	乾隆五十七年		1902年改为小学堂
福山书院	广东佛山	乾隆五十七年		乡绅建
金峰书院	广东顺德	乾隆五十七年		里人公建
榜文书院	广西隆安	乾隆五十七年		知县张树绩建于王文成公祠故址

（续）

书院名称	位置	始建时间	性质	说明
兴文书院	广西隆安	乾隆五十七年		建于县城西门内
建蒙书院	云南个旧	乾隆五十七年		邑人何尔宽建
观澜书院	云南蒙自	乾隆五十七年		知县李焜建
育才书院	河北阜平	乾隆五十八年		知县张极建
启秀书院	河北阜平	乾隆五十八年		知县张极建
集宁书院	辽宁宁远	乾隆五十八年		
芦江书院	浙江定海	乾隆五十八年		杨人模建，又名观澜书院
霞峰书院	福建莆田	乾隆五十八年		
抡升书院	福建龙岩	乾隆五十八年		
如膏书院	湖北利川	乾隆五十八年		
回车书院	湖北黄冈	乾隆五十八年		邑人陶国干建
鳌山书院	湖南蓝山	乾隆五十八年		知县史克信建
元峰书院	广东紫金	乾隆五十八年		知县高应龙公建
滕川书院	四川筠连	乾隆五十八年		知县王以中建
狮山书院	贵州黔西	乾隆五十八年		知州许学范建
养正书院	云南个旧	乾隆五十八年		张太尊建
载道书院	云南蒙自	乾隆五十八年		绅士合建
锦川书院	辽宁锦州	乾隆五十九年		
秀溪书院	浙江仙居	乾隆五十九年		王廷璧建
龙城书院	安徽萧县	乾隆五十九年		知县宗守建，道光中改为文昌宫
毓文书院	安徽旌德	乾隆五十九年		本镇商人谭子文建
凤冈书院	福建龙岩	乾隆五十九年		
东山书院	福建龙岩	乾隆五十九年		
梦泽书院	湖北云梦	乾隆五十九年		知县蔡振中建
凤山书院	广东增城	乾隆五十九年		
镇阳书院	广西那坡	乾隆五十九年		太通判汪应绶建

（续）

书院名称	位置	始建时间	性质	说明
莲峰书院	云南广南	乾隆五十九年		知县傅应奎建
瀛洲书院	上海崇明	乾隆六十年		知县王城建（一说乾隆六年知县许惟枚建）
怀仁书院	江苏赣榆	乾隆六十年		知县王城建
白麟书院	山东临邑	乾隆六十年		
古棣书院	山东庆云	乾隆六十年		知县张元英建
养正书院	湖南宜章	乾隆六十年		
凤鸣书院	云南普洱	乾隆六十年		同知傅鼐建，光绪二十二年迤南道陈灿改名宏远书院
岑山书院	山西静乐	乾隆初		
淮阴书院	江苏淮安	乾隆初		漕督常安建
昌明书院	浙江永康	乾隆初		吴昌明建
灵洞书院	浙江永康	乾隆初		应孟义建
豫章书院	福建沙县	乾隆初		
碧溪书院	江西上饶	乾隆初		知县李文跃建
灵山书院	江西上饶	乾隆初		
碧溪书院	江西上饶	乾隆初		知县李文跃建
灵山书院	江西上饶	乾隆初		知县李文跃建
卷城书院	河南原阳	乾隆初		
萃英书院	湖北红安	乾隆初		知县段绍扆等建
善德书院	湖南常德	乾隆初		知县翁运标建，又称翁公书院
柏林书院	四川盐源	乾隆初		
台登书院	四川冕宁	乾隆初		士民捐建
双桥书院	贵州安顺	乾隆中		
杏林书院	云南通海	乾隆初		
岩绿书院	陕西横山	乾隆初		光绪三十一年改为高等小学堂
汇芳书院	北京	乾隆中		
秀洺书院	河北永年	乾隆中		毕高宗建

（续）

书院名称	位置	始建时间	性质	说明
古洹书院	河北涿州	乾隆中		知州郭守谱建
源泉书院	河北易县	乾隆中		
凌云书院	河北易县	乾隆中		
五华书院	河北易县	乾隆中		
龙门书院	河北龙门	乾隆中		
白河书院	河北武清	乾隆中		
响往书院	河北昌黎	乾隆中		
敬义书院	河北昌黎	乾隆中		
集英书院	河北乐亭	乾隆中		
景贤书院	河北元氏	乾隆中		
保极书院	河北保安	乾隆中		
阳寿书院	河北赤城	乾隆中		
文峰书院	河北卢龙	乾隆中		
槐音书院	山西平定	乾隆中		
双藤书院	山西灵石	乾隆中		
扈氏书院	山西永济	乾隆中		
桐华书院	新疆 乌鲁木齐	乾隆中		伊犁将军阿桂建
柳城书院	辽宁新宾	乾隆中		宁远知州伊汤安建
琴川课院	江苏常熟	乾隆中	邑社学	知县康基田建，设社师、课师，兼课帖括
梅里书院	江苏常熟	乾隆中	邑社学	知县康基田建，教学类琴川课院
智林书院	江苏常熟	乾隆中	邑社学	知县康基田建，类琴川课院
清水书屋	江苏常熟	乾隆中	邑社学	知县康基田建，类琴川课院
海东书屋	江苏常熟	乾隆中	邑社学	知县康基田建，类琴川课院
紫阳书院	江苏阜宁	乾隆中		知县李元奋建于城西，后迁观海旧址
昭阳书院	江苏兴化	乾隆中		知县课士处
桐山书院	江苏江阴	乾隆中		

（续）

书院名称	位置	始建时间	性质	说明
陆公书院	江苏盐城	乾隆中		
五贤书院	江苏江都	乾隆中		
清涟书院	江苏涟水	乾隆中		
丽正书院	江苏淮安	乾隆中	生童皆课	漕督杨锡绂建
勺湖书院	江苏淮安	乾隆中		邑人阮学浩重建，清末改为学堂
朱公书院	浙江杭州	乾隆中		大学士朱轼建
紫溪书院	浙江临安	乾隆中		胡士选建，又名隆山书院
天目书院	浙江临安	乾隆中		
听雨楼	浙江诸暨	乾隆中		张鸿议建
育英书院	浙江永康	乾隆中		知县任进飏建
天香书院	浙江开化	乾隆中		黛西伟建
敬修书院	浙江开化	乾隆中		
盈川书院	浙江龙游	乾隆中		
金兰书院	浙江龙游	乾隆中		
岑峰书院	浙江龙游	乾隆中		
孤山书院	浙江奉化	乾隆中		
于氏书院	浙江黄岩	乾隆中		于德先建
玉岭书院	浙江杭州	乾隆中		
城南书院	浙江鄞州	乾隆中		
南山书院	浙江鄞州	乾隆中		
白云书院	浙江宁海	乾隆中		原名槐花书院，乾隆中改名槐里书院
同谷三先生书院	浙江鄞州	乾隆中		宋侍郎陈埙居所，王应麟葬地，黄震避所，清全祖望改建书院，乾隆中改为嵩阳书院
鹿鸣书院	浙江嵊州	乾隆中		俞恭建
龙山书院	浙江宁海	乾隆中		知县龚正席建
文溪书院	浙江平阳	乾隆中		

（续）

书院名称	位置	始建时间	性质	说明
崇正书院	浙江平阳	乾隆中		
万松书院	浙江瑞安	乾隆中		知县周鼎建
长春书院	浙江鄞州	乾隆中		
石坡书院	浙江慈溪	乾隆中		
如春书院	浙江桐庐	乾隆中		
学山书院	浙江桐庐	乾隆中		
瓯江书院	浙江永嘉	乾隆中		
淮南书院	安徽凤阳	乾隆中		知府杨毓健建，光绪二十七年改为中学堂
萃升文会	安徽绩溪	乾隆中		曹姓公建，1917年改为私立旺川小学
龙门书院	安徽芜湖	乾隆中		署县事张异卿建
毓秀书院	安徽桐城	乾隆中		邑人张若瀛建，咸丰三年兵毁
南湖书院	安徽宣城	乾隆中		
世贤书院	江西婺源	乾隆中		
心远书院	江西婺源	乾隆中		
尊罗书院	江西婺源	乾隆中		
龙川书院	江西婺源	乾隆中		
双贤书院	江西婺源	乾隆中		
明德书院	江西婺源	乾隆中		
山雾书院	江西婺源	乾隆中		
桂林书院	江西婺源	乾隆中		
道川书院	江西婺源	乾隆中		
藻潭书院	江西婺源	乾隆中		
山屋书院	江西婺源	乾隆中		
词源书院	江西婺源	乾隆中		
二峰书院	江西婺源	乾隆中		
双杉书院	江西婺源	乾隆中		

（续）

书院名称	位置	始建时间	性质	说明
骐阳书院	江西婺源	乾隆中		
斗南书院	安徽广德	乾隆中		在青云楼南
西书院	安徽霍山	乾隆中		原名潜台书院
甘城书院	安徽颍上	乾隆中		
玉峰书院	安徽建德	乾隆中		
和阳书院	安徽和县	乾隆中	讲学	咸丰四年兵毁，光绪十九年附课芜湖中江书院
莲花书院	安徽望江	乾隆中		汉梅福、唐罗隐居处
文山书院	福建闽侯	乾隆中		
龙门书院	福建漳平	乾隆中		署县范廷谋建
南阳书院	福建龙岩	乾隆中		
云江书院	福建云霄	乾隆中		
莲峰书院	福建连城	乾隆中		
沧江书院	福建龙海	乾隆中		
金沙书院	福建龙海	乾隆中		
金沙书院	福建金门	乾隆中		
印山书院	福建南平	乾隆中		
凤冈书院	福建沙县	乾隆中		
十七书院	福建霞浦	乾隆中		
崇正书院	福建莆田	乾隆中		
吉江书院	福建莆田	乾隆中		
养正书院	福建仙游	乾隆中		
乐育书院	福建仙游	乾隆中		
荆川书院	福建尤溪	乾隆中		邑人田项建
丛春书院	江西上犹	乾隆中		蔡章明建
魁文书院	江西乐安	乾隆中		
字云巢	江西武宁	乾隆中		盛漠建

（续）

书院名称	位置	始建时间	性质	说明
狮山书院	江西丰城	乾隆中		敖宗湖建
永澜书院	江西永丰	乾隆中		北坊文会公建
文明书院	江西永丰	乾隆中		南坊文会公建
萃升书院	江西泰和	乾隆中		公建
罗台书院	江西瑞金	乾隆中		罗台山建
魁文书院	江西乐安	乾隆中		
崇贤书院	江西乐安	乾隆中		
洪范书院	山东平阴	乾隆中		知县李汝臻建
正蒙书院	山东桓台	乾隆中		
近圣书院	山东邹城	乾隆中		
及泉书院	山东蒙阴	乾隆中		
齐云书院	山东沾化	乾隆中		
善正书院	山东定陶	乾隆中		
龙山书院	河南郏县	乾隆中		知县黄禄建
环颍书院	河南禹州	乾隆中		千总王应清改建
新息书院	河南息县	乾隆中		
方城书院	河南方城	乾隆中		
温泉书院	湖北黄冈	乾隆中		
育英书院	湖北黄冈	乾隆中		
荆台书院	湖北江陵	乾隆中		
日新书院	湖南炎陵	乾隆中		唐三元建，实为义学
江东书院	湖南醴陵	乾隆中		邑绅彭之冕建
雪莲书院	湖南临武	乾隆中		
侍郎书院	湖南靖州	乾隆中		
清泉书院	湖南衡阳	乾隆中		蒋文秀建
湘亭书院	湖南安仁	乾隆中	义学	欧阳熊建，又名欧阳义学

（续）

书院名称	位置	始建时间	性质	说明
酉阳书院	湖南沅陵	乾隆中		乾隆四十八年改为义学，道光二十九年知府复建
紫罗书院	湖南伊阳	乾隆中		
榕溪书院	广东博罗	乾隆中		
心性书院	广东南海	乾隆中		
桂香书院	广东南海	乾隆中		
陇西书院	广东南海	乾隆中		
颍川书院	广东南海	乾隆中		
浣江书院	广东南海	乾隆中		
辉映书院	广东南海	乾隆中		
蜚英书院	广东新宁	乾隆中		
五马公书院	广东博罗	乾隆中		
白沙书院	广东博罗	乾隆中		
石洞书院	广东博罗	乾隆中		
碇冈书院	广东博罗	乾隆中		
凤栖书院	广东潮州	乾隆中		
文昌书院	广东南海	乾隆中		
丰湖书院	广东惠阳	乾隆中		
焕文书院	广东博罗	乾隆中		
融合书院	广东合浦	乾隆中		
仁文书院	广西钦江	乾隆中		
鸿飞书院	广西钦江	乾隆中		建于鸿飞洲
平湖书院	广西合浦	乾隆中		建于县城西
正心书院	广西融县	乾隆中		
岷山书院	四川松潘	乾隆中		
锦屏书院	四川松潘	乾隆中		
子渊书院	四川资阳	乾隆中		

（续）

书院名称	位置	始建时间	性质	说明
香城书院	四川盐源	乾隆中		
清江书院	四川青神	乾隆中		
正业书院	四川大邑	乾隆中		
青霞书院	四川大邑	乾隆中		
月来轩	四川乐至	乾隆中		
陆吴书院	重庆云阳	乾隆中		
陆云书院	重庆云阳	乾隆中		
龙川书院	重庆南川	乾隆中		知县冀宣明建
镇东书院	贵州石阡	乾隆中		
乐源书院	贵州正安	乾隆中		又名乐道书院，相传为汉儒尹珍授徒处
旗山书院	贵州瓮安	乾隆中		知县韩瑛募捐重建，后废
东坡书院	贵州黄平	乾隆中		
振德书院	贵州印江	乾隆中		
太白书院	贵州桐梓	乾隆中		
桂香书院	云南晋宁	乾隆中		后改名巨桥书院，清末改为居仁辅公所
乐育书院	云南凤庆	乾隆中		
鳌峰书院	云南姚安	乾隆中		邑人夏诏新建
宝山书院	云南石屏	乾隆中		
西魏书院	陕西富平	乾隆中		
金粟书院	陕西富平	乾隆中		知县李世恒以善凝寺改建，在流曲
龙山书院	陕西富县	乾隆中		
云阳书院	陕西淳化	乾隆中		咸同年间毁于兵，光绪初官绅重修
渭阳书院	陕西宝鸡	乾隆中		
芝阳书院	陕西韩城	乾隆中		
鸡山书院	陕西凤翔	乾隆中		邑人张鸡山建，后废
石门书院	陕西旬邑	乾隆中		知县方承保建，光绪三十一年改为小学堂

（续）

书院名称	位置	始建时间	性质	说明
成德书院	陕西米脂	乾隆中		叶泳林建，道光中改名圁川书院
龙山书院	陕西富县	乾隆中		州同谢方璞建，光绪三十二年改为中学堂
古柏书院	陕西韩城	乾隆中		观察师彦里之建
石城书院	陕西石泉	乾隆中		知县杨河柱等先后捐建
养素学舍	陕西兴平	乾隆中		清代李颙弟子杨双山讲学处
凤麓书院	甘肃临潭	乾隆中		后废
新兴书院	甘肃宁远	乾隆中		
上禄书院	甘肃西和	乾隆中		
正学书院	甘肃镇原	乾隆中		
凤山书院	甘肃天水	乾隆中		知县张伯魁建
近圣书院	甘肃通渭	乾隆中		
万古堂	香港	乾隆中		廖姓公建
泉州书院	天津宝坻	嘉庆元年		知县陈凤翔建
桂馨书院	山西灵石	嘉庆元年		建于灵石王家大院内
青溪书院	上海青浦	嘉庆元年		知府周宜喜建
画川书院	江苏宝应	嘉庆元年		孙尹圃建
铜峰书院	河南泌阳	嘉庆元年		知县杨兆李建
文兴书院	福建龙岩	嘉庆元年		
三溪书院	福建龙岩	嘉庆元年		
凤鸣书院	云南永胜	嘉庆元年		同知王子音建
乾阳书院	陕西乾县	嘉庆元年		知州赵洵建，光绪三十二年改为中学堂
诂经精舍	浙江杭州	嘉庆二年		督学阮元修《经籍纂诂》，嘉庆六年辟书院
松涛书院	福建龙岩	嘉庆二年		
崇文书院	江西宜黄	嘉庆二年		
营陵书院	山东昌乐	嘉庆二年		知县魏礼焯建
景颜书院	山东平原	嘉庆二年		

（续）

书院名称	位置	始建时间	性质	说明
丹阳书院	湖北秭归	嘉庆二年		知州李炘建
锦江书院	广东仁化	嘉庆二年		知县洪人驿建
金马书院	四川越西	嘉庆二年		
玉珠书院	四川绵阳	嘉庆二年		巡检傅淑和改建，同治末更名桂华书院
金鸟书院	四川越西	嘉庆二年		通判汪金葱建，又名文昌书院、敬义书院、凤文书院
文昌书院	四川绵阳	嘉庆二年		
文星书院	四川安岳	嘉庆二年		
文光书院	甘肃固原	嘉庆二年		
奎文书院	安徽霍山	嘉庆三年		知县俞廷柏建，原名云程馆
龙池书院	湖南汉寿	嘉庆三年		邑人黎学锦建，1902年改为小学堂
三都书院	广东高要	嘉庆三年		地方公建
绥江书院	广东四会	嘉庆三年		邑绅梁炜中等建
平成书院	云南富源	嘉庆三年		知县王子音建
登云书院	云南峨山	嘉庆三年		
零阳书院	湖南慈利	嘉庆四年		知县陆振基建
回澜书院	广东高要	嘉庆四年		
罗峰书院	云南罗平	嘉庆四年		光绪中仍存
梅青书院	浙江杭州	嘉庆五年		镇浙将军范建忠建
文城书院	河南西平	嘉庆五年		知县管城建
圣洲书院	广东番禺	嘉庆五年		盐运使永慧祥建
云门书院	广东乳源	嘉庆五年		知县马千里建
正谊书院	广西荔浦	嘉庆五年		知县杨伦迁荔川书院于西南隅，改名正谊书院
鹏云书院	重庆巴南	嘉庆五年		刘庆广建
正习书院	贵州贵阳	嘉庆五年		布政使常明建，学政严修改名经世学堂
正本书院	贵州贵阳	嘉庆五年		布政使常明建，清末改为巡警学堂

（续）

书院名称	位置	始建时间	性质	说明
联晖书院	河北成安	嘉庆六年		知县孙培曾建
养正书院	福建南平	嘉庆六年		知府广善建
清江书院	湖北长阳	嘉庆六年		知县陈本礼建
芙蓉书院	四川成都	嘉庆六年		知县张人龙倡建
环溪书院	四川蓬溪	嘉庆六年		知县李炘建
莲峰书院	四川隆昌	嘉庆六年		知县盛世琦建
秉彝书院	四川屏山	嘉庆六年		邑绅吕应周建
敦盛书院	四川邛崃	嘉庆六年		
翠屏书院	四川叙州	嘉庆六年		
化龙书屋	四川乐至	嘉庆六年		
蓬莱书院	重庆南川	嘉庆六年		知县易昌建
沔阳书院	陕西勉县	嘉庆六年		马允刚建，曾名作新书院、正谊书院
凤山书院	甘肃徽县	嘉庆六年		知县张伯魁等重修
凤冈书院	香港	嘉庆六年		新安知县孙树新建
景贤书院	上海松江	嘉庆七年		知府康基田等建，为文童肄业之所
石室书院	江苏东海	嘉庆七年	教学	知州唐仲冕率民捐建，分上、中、附、外课
桃源书院	浙江临安	嘉庆七年		雷发馨建
仰山书院	浙江海宁	嘉庆七年		沈毓荪建
安澜书院	浙江海宁	嘉庆七年		知州黄秉哲建
登高书院	福建龙岩	嘉庆七年		
绣江书院	山东章丘	嘉庆七年		
温泉书院	河南商城	嘉庆七年		
丰乐书院	湖南涟源	嘉庆七年		乡人李照轩等倡建，道光十八年改名为观澜书院
罗西书院	广东罗定	嘉庆七年		
养正书院	陕西西安	嘉庆七年		清军同知叶世倬建，道光间易名崇化书院

（续）

书院名称	位置	始建时间	性质	说明
天山书院	甘肃山丹	嘉庆七年		县丞周能珂建，同治初兵毁
新东湖书院	江西南昌	嘉庆八年		知县黎承惠建
右文书院	江西乐安	嘉庆八年		
兴贤书院	江西永丰	嘉庆八年		
敷文书院	山东禹城	嘉庆八年		又名螺乐学舍
萃原书院	河南卢氏	嘉庆八年		知县卢建河建
崇实书院	湖南临澧	嘉庆八年		
崇文书院	湖南安化	嘉庆八年		知县谌熯建，光绪二十八年改为高等小学堂
西湖书院	广东广州	嘉庆八年		布政使康基田建义学，后扩为西湖书院
羊城书院	广东广州	嘉庆八年		康基田创义学，后改名羊石书院，嘉庆二十五年恢复羊城书院
德邻书院	广东海丰	嘉庆八年		白场大使德瑛建
珠江书院	广东番禺	嘉庆八年		
和成书院	四川金堂	嘉庆八年		
培基书院	贵州仁怀	嘉庆八年		知县陈熙建
墨池书院	云南镇雄	嘉庆八年		知州萧大经倡建，嘉庆二十五年邵仁乐改名凤山书院
凤山书院	云南镇雄	嘉庆八年		
育英书院	陕西汉阴	嘉庆八年		署通判杜蕙劝绅庶创建
螺青书院	台湾彰化	嘉庆八年		
聚星书院	辽宁义州	嘉庆九年		
白山书院	吉林吉林	嘉庆九年		将军富俊建
灵山书院	浙江定海	嘉庆九年		邬玺建
灵山书院	浙江镇海	嘉庆九年		
霭门书院	安徽黟县	嘉庆九年		
振文书院	福建龙岩	嘉庆九年		
印山书院	江西修水	嘉庆九年		

（续）

书院名称	位置	始建时间	性质	说明
济南书院	山东济南	嘉庆九年		巡抚铁保建
道水书院	湖南临澧	嘉庆九年		知县张在田建，道光、咸丰、同治中均重修
沅阳书院	湖南桃源	嘉庆九年		知县李瑜建，又名沅南书院
濂溪书院	湖南汝城	嘉庆九年	乡学	邑绅范毓洙建，又称西关濂溪书院
喜泉书院	广东郁南	嘉庆九年		
澄江书院	广西上林	嘉庆九年		建于县城
三台书院	广西上思	嘉庆九年		知州陈遇亨建于县城东街
雁塔书院	四川岳池	道光九年		知县白诗樵建
兴文书院	陕西吴堡	嘉庆九年		知县张履程建，光绪三十年改为高等小学
肇文书院	上海奉贤	嘉庆十年		知县艾荣松等建，本学教官兼司校阅
文游书院	上海奉贤	嘉庆十年		知县艾荣松创建
西溪书院	江苏丹阳	嘉庆十年		江阴师承祖建
西溪书院	江苏东台	嘉庆十年		
正谊书院	江苏苏州	嘉庆十年	专课经解古学	总督铁保、巡抚任志伟建，巡抚李鸿章重建
鸡鸣书院	江苏江宁	嘉庆十年	专课生童	布政使康基田建，嘉庆二十五年改名奎光书院，咸丰兵毁
尊经书院	江苏江宁	嘉庆十年		布政使康基田重建，清末改为校士馆等
翠英书院	浙江瑞安	嘉庆十年		
玉泉书院	山东费县	嘉庆十年		
义泉书院	山东费县	嘉庆十年		
砚溪书院	广东高要	嘉庆十年		乡人公建
桂河书院	广东郁南	嘉庆十年		
甘泉书院	广东郁南	嘉庆十年		
甲秀书院	广东陆丰	嘉庆十年		总督那彦建成，又名甲子书院
凤岩书院	广西恭城	嘉庆十年		知县李著勋建
滕州书院	广西藤县	嘉庆十年		知县陈廷璠建于县治

（续）

书院名称	位置	始建时间	性质	说明
萃文书院	云南砚山	嘉庆十年		里人公建，又名江那书院
凤山书院	贵州施秉	嘉庆十年		咸丰六年毁，光绪十七年重修，后名凤翔书院
坤城书院	河北新河	嘉庆十一年		程灼妻赵氏建
崇古书院	山西平定	嘉庆十一年		
东皋书屋	江西瑞昌	嘉庆十一年		知县赵增建
起云书院	江西余江	嘉庆十一年		毛锡昌建
大成书院	四川金堂	嘉庆十一年		
中川书院	四川内江	嘉庆十一年		
仰山书院	四川名山	嘉庆十一年		训导杨效赐重建，改旧教谕署而成
嘉陵书院	重庆	嘉庆十一年		同知张瑞建
芦秀书院	山西五寨	嘉庆十二年		
金鳌书院	浙江乐清	嘉庆十二年		邑人郑瑞云建
霞文书院	福建龙海	嘉庆十二年		知县马敦仁建
擢英书院	福建莆田	嘉庆十二年		
曲水书院	福建龙岩	嘉庆十二年		
朐阳书院	山东临朐	嘉庆十二年		知县黄思彦建
立诚书院	湖南吉首	嘉庆十二年		巡道傅鼐建，咸丰十一年燹，同治五年修
浦阳书院	湖南泸溪	嘉庆十二年		巡道傅鼐建，嘉庆二十二年改名观澜书院
绥阳书院	湖南花垣	嘉庆十二年		巡道傅鼐建，道光二十五年迁至城东门外
九曲书院	广东高要	嘉庆十二年		乡人公建
元音书院	四川成都	嘉庆十二年		知府张敏树建
龙潭书院	四川西充	嘉庆十二年		杨子涵建
南屏书院	四川雷波	嘉庆十二年		训导鲜宗庠建
凤山书院	重庆巫溪	嘉庆十二年		知县郭南英建
凤山书院	云南陆良	嘉庆十二年		县绅陶尧文建，又名芳华书院
和鸣书院	陕西延安	嘉庆十二年		知府赵洵建，光绪二十七年改为高等小学堂

（续）

书院名称	位置	始建时间	性质	说明
兴贤书院	台湾彰化	嘉庆十二年	义学	1824年设兴贤社，1881年定兴贤书院，祀五文昌
洗心书院	天津蓟州	嘉庆十三年		知州赵锡蒲建
同人书院	河南汝州	嘉庆十三年		曲合德等建
观澜书院	湖南洞口	嘉庆十三年		贡生袁敏建，实为义学
云衢书院	广东中山	嘉庆十三年		官绅合建
容山书院	广东顺德	嘉庆十三年		里人公建
墨林书院	广东高要	嘉庆十三年		乡人公建
育英书院	四川中江	嘉庆十三年		知县王遐龄建
渠江书院	四川渠县	嘉庆十三年		知县王衍庆建
凤山书院	贵州盘州	嘉庆十三年		
师山书院	江苏海门	嘉庆十四年		同知刘平骄建
师山书院	上海崇明	嘉庆十四年		
成山书院	山东荣成	嘉庆十四年		
鳌云书院	广东高明	嘉庆十四年		里人公建
汇江书院	四川渠县	嘉庆十四年		
培龙书院	贵州锦屏	嘉庆十四年		乡绅建，嘉庆二十四年易名兴文书院
褒城书院	陕西汉中	嘉庆十四年		知县傅承湘建，久废
连云书院	陕西汉中	嘉庆十四年		官绅筹建，光绪二十七年改为高等小学堂
廉泉书院	陕西汉中	嘉庆十四年		官绅筹建
凤台书院	甘肃安定	嘉庆十四年		
开文书院	福建莆田	嘉庆十五年		
振英书院	山东滨州	嘉庆十五年		
云头书院	湖南汝城	嘉庆十五年		邑士绅建为乡学，民国时改为第一乡高小
文澜书院	广东广州	嘉庆十五年		邑绅何太清建
贵峰书院	广东新丰	嘉庆十五年		知县蒋宗恺改建

（续）

书院名称	位置	始建时间	性质	说明
龙峰书院	广东博罗	嘉庆十五年		
莲峰书院	广东长宁	嘉庆十五年		
龙门书院	重庆铜梁	嘉庆十五年		周馨北建，在西龙门滩
开州书院	贵州开州	嘉庆十五年		
振文书院	陕西宁强	嘉庆十五年		知州郑绪章建，光绪三十三年改为高等小学
引心书院	台湾台南	嘉庆十五年		光绪十二年改名蓬壶书院
蓬壶书院	台湾台南	嘉庆十五年		监生黄拔萃、拔贡张青峰建，又名引心书院
温州书院	河北沙河	嘉庆十六年		知县傅钟瑑建
东徐书院	江苏邳州	嘉庆十六年		知州丁观堂建
昆阳书院	河南叶县	嘉庆十六年		知县李宾以问津书院改建
登瀛书院	福建建瓯	嘉庆十六年		
文峰书院	广东兴宁	嘉庆十六年		知县仲振履建，又名养正书院
桂阳书院	广东南海	嘉庆十六年		乡绅建
鹤鸣书院	重庆涪陵	嘉庆十六年		知州周钦建
鸣鹤书院	重庆涪陵	嘉庆十六年		
枝阳书院	甘肃会宁	嘉庆十六年		知县张晓山建
广香书院	甘肃两当	嘉庆十六年		知县周邦倚建
主静书院	台湾彰化	嘉庆十六年		知县杨桂森建
南郡书院	湖北恩施	嘉庆十七年		知府谭光祥建
宁溪书院	广东高要	嘉庆十七年		乡人公建
植桂书院	广西灵山	嘉庆十七年		乡绅建于县城东门外镇北街
炳文书院	四川自贡	嘉庆十七年		邑绅王循礼建，又名东新书院
板桥书院	四川富顺	嘉庆十七年		甘文凤建
马边书院	四川马边	嘉庆十七年		同知喻曰泗建
云屏书院	四川阆中	嘉庆十七年		川北道黎学锦建
沐川书院	四川屏山	嘉庆十七年		

（续）

书院名称	位置	始建时间	性质	说明
班城书院	陕西镇巴	嘉庆十七年		同知马允刚建，光绪三十二年改为高等小学
萃文书院	台湾高雄	嘉庆十七年	教育子弟	贡生游化倡建，祀孔子，配文昌
仰山书院	台湾宜兰	嘉庆十七年		知府杨廷理建
振文书院	台湾云林	嘉庆十七年		以嘉庆二年建文昌帝君祠改建，祀五文昌
种天香书院	浙江洞头	嘉庆十八年		戴全斌建，又名玉海书院
钟文书院	福建龙岩	嘉庆十八年		
敷文书院	河南济源	嘉庆十八年		知县何荇芳建
崇文书院	河南淅川	嘉庆十八年		知县李庚生建
昆阳书院	河南淅川	嘉庆十八年		知县李庚生建
泠南书院	湖南宁远	嘉庆十八年		1933年改为泠南师范学校
仁阳书院	广东仁化	嘉庆十八年		知县郑绍曾建
杏花书院	四川理县	嘉庆十八年		罗廷玉建
沱水书院	四川理县	嘉庆十八年		
嘉陵书院	重庆江北	嘉庆十八年		同知米乔龄建，又名金沙书院
笔山书院	贵州兴义	嘉庆十八年		知县杜友倡建
岩溪书院	安徽歙县	嘉庆十九年		
文公讲堂	江西铅山	嘉庆十九年		刘式典建
会英书院	广东英德	嘉庆十九年		知县周本荫建
复性书院	四川宣汉	嘉庆十九年		知县徐陈谟建
桂林书院	四川荣县	嘉庆十九年		
归儒书院	重庆巴南	嘉庆十九年		举人陈立勋建
荔泉书院	贵州荔波	嘉庆十九年		知县蔡元陵建，后改名荔波书院
象山书院	云南晋宁	嘉庆十九年		署知州李瑞元、谭纶建
兴文书院	陕西吴堡	嘉庆十九年		
凤仪书院	台湾高雄	嘉庆十九年		候选训导张廷钦建，祀文昌、魁星、仓颉

（续）

书院名称	位置	始建时间	性质	说明
振文书院	台湾云林	嘉庆十九年		乡绅王有成等建
石梁书院	安徽天长	嘉庆二十年		邑人张潜建
屏东书院	福建凤山	嘉庆二十年		
五峰书院	山东长清	嘉庆二十年		知县李应曾建
紫云书院	湖南耒阳	嘉庆二十年		里绅公建
义兴书院	湖南耒阳	嘉庆二十年		里绅公建
云从书院	湖南龙山	嘉庆二十年		朱沛霖建，道光十八年迁改锦文书院，咸丰改名白岩书院
双溪书院	广东番禺	嘉庆二十年		乡人公建
潭山书院	广东中山	嘉庆二十年		乡人公建
三台书院	广东清远	嘉庆二十年		邑绅黄钟灵建
双洲书院	广东番禺	嘉庆二十年		
道南书院	广东南雄	嘉庆二十年		
大廉乡书院	广西北海	嘉庆二十年		
六湖乡书院	广西北海	嘉庆二十年		
珠场乡书院	广西北海	嘉庆二十年		
瀛洲书院	广西大新	嘉庆二十年		养利州知州高攀桂等修葺
蓬山书院	四川蓬溪	嘉庆二十年		知县吕肇堂建
云峰书院	重庆云阳	嘉庆二十年		里人邬世文建
治平书院	贵州平坝	嘉庆二十年		知县陈嘉祚建，又名平安书院
少华书院	陕西华州	嘉庆二十年		
屏东书院	台湾屏东	嘉庆二十年		知县吴性诚、贡生郭萃等倡建
太平湖书院	江苏吴江	嘉庆二十一年		同知罗琦建，又名仰雪书院
太湖书院	江苏苏州	嘉庆二十一年		同知罗琦建，本名仰云书塾
圣功书院	福建福州	嘉庆二十一年		总督任志伊等建，后改名凤池书院
崇文书院	福建龙岩	嘉庆二十一年		

（续）

书院名称	位置	始建时间	性质	说明
钟灵书院	湖北利川	嘉庆二十一年		知县张兆棨建，光绪三十一年改为高等小学堂
宁山书院	广东中山	嘉庆二十一年		知县冯德滋建
文江书院	广东顺德	嘉庆二十一年		里人公建
廉湖书院	广西合浦	嘉庆二十一年		彭汉光、何天衢建于县东红岭廉湖间
字水书院	重庆巴南	嘉庆二十一年		知县刘德铨建
桅峰书院	贵州兴义	嘉庆二十一年		生员邢思镐等建，道光十五年知府谷嘉禾改为珠泉书院
砺峰书院	云南呈贡	嘉庆二十一年		知县赵怀锷建，光绪九年改为县学官署
象山书院	云南宜良	嘉庆二十一年		
霞东书院	福建龙海	嘉庆二十二年		知县姚莹建
梁峰书院	福建漳浦	嘉庆二十二年		
章山书院	江西樟树	嘉庆二十二年		知府朱渌建
步云书院	山东郓城	嘉庆二十二年		
梅冈书院	湖南炎陵	嘉庆二十二年		知县麦连创建
琴溪书院	广东台山	嘉庆二十二年		知县沈志仁建
珠场书院	广西合浦	嘉庆二十二年		李遇春、赖逢年等建于今山口镇
文辉书院	四川大邑	嘉庆二十二年		
文屏书院	云南鲁甸	嘉庆二十二年		通判胡长宁建，咸丰六年毁
鹤峰书院	云南泸西	嘉庆二十二年		知府福庥建
蒲湖书院	浙江宁海	嘉庆二十三年		知县邓廷彩建
春风书院	浙江仙居	嘉庆二十三年		郑锡官建
搏凤书院	福建龙岩	嘉庆二十三年		
龙松书院	江西进贤	嘉庆二十三年		公建
三山书院	广东中山	嘉庆二十三年		乡人周廷安建
儒林书院	广东顺德	嘉庆二十三年		里人公建
浚元书院	广东雷州	嘉庆二十三年		知府谢邦基就平湖书院旧址改建

（续）

书院名称	位置	始建时间	性质	说明
南明书院	广东香山	嘉庆二十三年		
铜山书院	四川中江	嘉庆二十三年		知县杨澜建
旭川书院	四川荣县	嘉庆二十三年		
甘棠书院	四川广安	嘉庆二十三年		
云龙书院	重庆潼南	嘉庆二十三年		
丹泉书院	重庆彭水	嘉庆二十三年		
秀山书院	重庆秀山	嘉庆二十三年		
云龙书院	重庆潼南	嘉庆二十三年		
鳌峰书院	云南牟定	嘉庆二十三年		提举姜元吉建
文昌书院	浙江宁海	嘉庆二十四年		
右文馆	浙江缙云	嘉庆二十四年		楼步云建
登龙书院	福建龙岩	嘉庆二十四年		
双溪书院	福建龙岩	嘉庆二十四年		
东山书院	广东潮阳	嘉庆二十四年		知县唐文藻建
凤台书院	广西永福	嘉庆二十四年		知县林光棣倡建
饮和书院	四川蓬溪	嘉庆二十四年		知县吕肇堂建，又名凤山书院
文星书院	四川宜宾	嘉庆二十四年		
凤台书院	重庆秀山	嘉庆二十四年		知县余祥善建
玉堂书院	重庆铜梁	嘉庆二十四年		刘在屿建
永康书院	陕西志丹	嘉庆二十四年		清光绪元年知县王道金重修
五泉书院	甘肃兰州	嘉庆二十四年		布政使屠之申建
正谊书院	河北涞源	嘉庆二十五年		知县陈亿建
培文书院	安徽桐城	嘉庆二十五年		知县李文建，咸丰三年兵毁，同治迁
培英书院	安徽亳州	嘉庆二十五年		
青云书院	福建龙岩	嘉庆二十五年		
振英书院	山东东营	嘉庆二十五年		

（续）

书院名称	位置	始建时间	性质	说明
雀城书院	山东聊城	嘉庆二十五年		
崇文书院	山东费县	嘉庆二十五年		知县胡世琦建
文德书院	广东封开	嘉庆二十五年		乡人公建
韩山书院	广东阳山	嘉庆二十五年		知县陆向荣建
九成书院	广东番禺	嘉庆二十五年		
玉山书院	四川蓬溪	嘉庆二十五年		吕肇堂建
锦屏书院	四川雷波	嘉庆二十五年		通判陆成本建
凤岐书院	四川简阳	嘉庆二十五年		
鹿鸣书院	四川中江	嘉庆二十五年		
云山书院	重庆潼南	嘉庆二十五年		
龙门书院	四川铜梁	嘉庆二十五年		在关溅乡，周启勋建
玉山书院	重庆潼南	嘉庆二十五年		知县吕肇堂建
龙溪书院	贵州黎平	嘉庆二十五年		知府陈熙建
双江书院	贵州黎平	嘉庆二十五年		知府陈熙建
双樟书院	贵州黎平	嘉庆二十五年		知府陈熙建
上林书院	贵州黎平	嘉庆二十五年		知府陈熙建
清泉书院	贵州黎平	嘉庆二十五年		知府陈熙建
右甸书院	云南凤庆	嘉庆二十五年		
右仁书院	云南凤庆	嘉庆二十五年		
河阴书院	青海贵德	嘉庆二十五年		
怀英书院	广西鹿寨	嘉庆初		邓氏家族建于寨沙镇里仁街
渤海书院	河北沧州	嘉庆中		
程程书院	河北磁县	嘉庆中		州治博尔多建
封川书院	河北平乡	嘉庆中		
飞狐书院	河北广昌	嘉庆中		
津新书院	河北	嘉庆中		

（续）

书院名称	位置	始建时间	性质	说明
韩山书院	河北涉县	嘉庆中		
溪南书院	江苏武进	嘉庆中		
梅花书院	江苏江阴	嘉庆中		
练湖书院	上海嘉定	嘉庆中		
清廉书院	上海嘉定	嘉庆中		
白公讲院	江苏太仓	嘉庆中		
德宁书院	江苏青浦	嘉庆中		
文明书院	江苏扬州	嘉庆中		
孝廉堂	江苏扬州	嘉庆中	会文	盐政阿克当阿创建，又名文昌楼
石室书院	江苏连云港	嘉庆中		知州吴增仪建，清末改为中学堂
景行书院	浙江定海	嘉庆初		知县宋如林建
石林精舍	浙江泰顺	嘉庆中		潘鼎建
石龙书院	浙江温岭	嘉庆中		
崇化书院	浙江开化	嘉庆中		朱鹤鸣建
绿葱草堂	浙江龙游	嘉庆中		黄赞亭建
骊山书院	浙江温岭	嘉庆中		叶继高建
蓝州书院	浙江天台	嘉庆中		
芝田书院	浙江青田	嘉庆中		
溆濂书院	浙江义乌	嘉庆中		
东山书院	浙江奉化	嘉庆中		
台鼎书院	浙江淳安	嘉庆中		余志才建
梅溪书院	安徽泾县	嘉庆中		监生王夏炎、王百祥建
龙山书院	安徽泾县	嘉庆中		查图园建，清代重建，在县西五龙山
东山书院	安徽巢湖	嘉庆中		在东山下，久废
莲溪书院	安徽庐江	嘉庆中		在城南，久废
灵峰书院	福建漳平	嘉庆中		

（续）

书院名称	位置	始建时间	性质	说明
萃文书院	福建凤山	嘉庆中		
西澜书院	福建建瓯	嘉庆中		知县张腾重建
云霄书院	福建云霄	嘉庆中		
蔚赵书院	江西遂川	嘉庆中		
友仁书院	江西安福	嘉庆中		
冉子书院	山东平阴	嘉庆中		
群英书院	山东邹平	嘉庆中		
东皋书院	山东邹平	嘉庆中		
繁露书院	湖南衡阳	嘉庆中		举人县人刘高阁倡建
城东书院	湖南大庸	嘉庆中	罗氏家塾	罗兴民建，澧州举人龚经济曾为主讲
南平书院	湖南蓝山	嘉庆中	义学	1905年改为高等小学堂
鹅湖书院	湖南常宁	嘉庆中		
兴文书院	广东增城	嘉庆中		乡人公建
鹿鸣书院	广东德庆	嘉庆中		
汪公书院	广东三水	嘉庆中		
敦化书院	广东澄海	嘉庆中		
兰阳书院	广西东兰	嘉庆中		建于东兰州虎头山下
青云书院	广西东兰	嘉庆中		建于东兰州城南三界庙
大观书院	广西永淳	嘉庆中		
得一书院	广西玉林	嘉庆中		
壶山书院	广西桂林	嘉庆中		
修明书院	广西苍梧	嘉庆中		地方人士李世瑞建于长洲尾
豫庵书院	广西横州	嘉庆中		
敬业书院	广西平乐	嘉庆中		绅民建于塘背庵旁，光绪三年张万选重建
安隆书院	广西隆林	嘉庆中		建于西隆州州署西
菁莪书院	四川达县	嘉庆中		

（续）

书院名称	位置	始建时间	性质	说明
聚贤书院	四川盐亭	嘉庆中		后改为关帝庙
东垣书院	四川南江	嘉庆中		
礼都书院	四川开江	嘉庆中		
公山书院	四川南江	嘉庆中		同治十一年知县何治孙迁建
养正书院	贵州仁怀	嘉庆中		知县陈熙建
榕城书院	贵州榕江	嘉庆中		道光十一年巡道于克襄等重建，毁于兵
文峰书院	贵州榕江	嘉庆中		后毁
蔚文书院	贵州天柱	嘉庆中		县丞金台等建，咸丰十年毁，同治中先后修复
格州书院	贵州黎平	嘉庆中		知府陈熙建，后易名福江书院
岑麓书院	贵州施秉	嘉庆中		清中叶废
波罗书院	云南大理	嘉庆中		举人任国彦建，咸丰燹，光绪四年重建
养正书院	云南澄江	嘉庆中		
鹤麓书院	云南泸西	嘉庆中		知府萧以裕建，久圮
昌湖书院	甘肃玉门	嘉庆中		
渊泉书院	甘肃安西	嘉庆中		
中梁书院	陕西南郑	嘉庆中		
景贤书院	湖南衡山	嘉道间		聂蓉峰建，原为储英馆
归儒书院	山西永济	道光元年		典商秦醒建
皋川书院	山西昔阳	道光元年		又名少山书院
浦阳书院	山西永济	道光元年		同知陈世昌倡建
朝阳书院	浙江桐庐	道光元年		知县徐起渭建，又名敬一书院
雁塔书院	福建龙岩	道光元年		
南阳书院	江西景德镇	道光元年		
寅洲书院	江西安福	道光元年		赵孟连建
土乡书院	山东龙口	道光元年		知县冯赓飏建
州新书院	山东宁海	道光元年		

（续）

书院名称	位置	始建时间	性质	说明
濂溪书院	湖南江华	道光元年		咸丰中兵毁，未复
潕阳书院	湖南新晃	道光元年		邑绅公建
岭山书院	广西武鸣	道光元年		武缘县知府张显相建于县城西北隅
墨池书院	四川成都	道光元年		四川学政聂铣敏捐建
集义书院	四川蓬溪	道光元年		知县吕肇堂建
龙山书院	四川达县	道光元年		知县胡光瓒建
培英书院	云南广南	道光元年		知府何愚建
金台书院	甘肃灵台	道光元年		知县苏履吉建
梅庄书院	江西进贤	道光二年		公建
鸾翔书院	山东肥城	道光二年		知县刘宇昌建
锄经书院	山东阳信	道光二年		
金湖书院	湖北大冶	道光二年		知县阮皋修复
澄澜书院	广东中山	道光二年		巡检张国栋建
行台书院	广东三水	道光二年		总督阮元倡建
听涛书院	广东吴川	道光二年		知县邵世培建
起凤书院	广东信宜	道光二年		知县文廷杰建
凤城书院	广东清远	道光二年		知县周诰改建
龙江书院	广西罗城	道光二年		天河县知县谭联陛建
培风书院	云南广南	道光二年		
留河书院	陕西留坝	道光二年		同知唐锡铎建，光绪元年更名紫柏书院，光绪二十年改为文庙
五桂书室	香港	道光二年		又名五桂堂
嵋山书院	山西兴县	道光三年		邑人孙昌源建
钟吾书院	江苏宿迁	道光三年		邑人叶峻眉等建
屏山书院	浙江建德	道光三年		知县疏篁建
定阳书院	浙江常山	道光三年		知县罗升棓建
振文书院	浙江青田	道光三年		叶廷建

（续）

书院名称	位置	始建时间	性质	说明
凤鸣书院	安徽怀宁	道光三年		知县彭广钟建
安仁书院	福建漳平	道光三年		
熊氏书院	江西进贤	道光三年		熊氏公建
东山书院	江西景德镇	道光三年		
高魁书院	江西万载	道光三年		潘维新建
岐峰书院	江西奉新	道光三年		知县邹山立建
逢沅书院	江西丰城	道光三年		有作逢原书院
安浦书院	江西乐安	道光三年		何文芳建
汝东书院	江西东乡	道光三年		知县吴鸣凤建
玉屏书院	江西寻乌	道光三年		知县李景昌建
犁邱书院	山东临邑	道光三年		
石鳞书院	山东长清	道光三年		知县张燮建
麦邱书院	山东商河	道光三年		
莲池书院	河南尉氏	道光三年		
进贤书院	河南清丰	道光三年		
兰阳书院	河南禹州	道光三年		知州许鸿盘改建
永宁书院	湖南绥宁	道光三年		知县杨九鼎建，是年迁巡司署左易名蔚文书院
珠泉书院	湖南嘉禾	道光三年		知县鄢翔建，1903年改为学堂
天衢书院	广东中山	道光三年		巡检张国栋建
文治书院	广东广宁	道光三年		知县黄思廪建
培英书院	广东佛冈	道光三年		同知王禹甸建
丹州书院	广西三江	道光三年		士民捐建于怀远县治丹州
潜德书院	四川蓬溪	道光三年		知县吕肇堂建
东坡书院	海南儋州	道光三年		
三山书院	陕西平利	道光三年		县丞谢敬庄筹立，后改为高等小学堂
宜山书院	陕西长武	道光三年		知县郑谦捐建，光绪三十二年改为高等小学堂

（续）

书院名称	位置	始建时间	性质	说明
景贤书院	陕西渭南	道光三年		邑举人唐顺祖建
蓼泉书院	甘肃临泽	道光三年		原书院毁于兵，同治十三年孙承弼重建
邗阳书院	江苏江都	道光四年		邑人卞萃文等建
仙都书斋	浙江缙云	道光四年		丁汝嘉建
奇迈书院	福建龙岩	道光四年		
凤山书院	福建龙岩	道光四年		
凌云书院	福建龙岩	道光四年		
松山书院	江西湖口	道光四年		刘斐常建
石溪书院	江西余江	道光四年		周作人建
凤冈书院	江西宜丰	道光四年		漆开泰建
添乐书院	江西乐安	道光四年		
昌平书院	山东曲阜	道光四年		居民共建
安昌书院	河南武陟	道光四年		知县王荣陛将覃怀书院移建而更名安昌书院
秀林书院	湖北枣阳	道光四年		知县窦欲峻建
莼湖书院	湖南临湘	道光四年		知县徐凤喈等建，1902 年改为小学堂
学海堂	广东广州	道光四年		两广总督阮元建
莲峰书院	广东潮阳	道光四年		参将何岳钟拓建
礼乐书院	广东新会	道光四年		知县文廷杰建
崃山书院	四川汉源	道光四年		知县余绍元建
龙池书院	四川达县	道光四年		
育才书院	重庆南川	道光四年		知县彭履坦建
凤梧书院	贵州清镇	道光四年		知县杨以增建
观澜书院	甘肃靖远	道光四年		公建
文开书院	台湾彰化	道光四年		举人林廷璋等倡建
奎文书院	天津武清	道光五年		知县刘体仁建
鸣泽书院	河北涿州	道光五年		知州秦承霈建

（续）

书院名称	位置	始建时间	性质	说明
敬敷书院	山西永济	道光五年		
缑山书院	江苏泰州	道光五年		
锦城书院	浙江临安	道光五年		知县卢昆銮建
春江书院	浙江富阳	道光五年		知县姚步莱建
球山书院	浙江鄞州	道光五年		朱兆甲建
郎溪书院	安徽郎溪	道光五年		知县王仲澍改建易名聚奎书院，咸丰毁于兵
集义书院	福建政和	道光五年		
汝阳书院	江西临川	道光五年		桂殿芳建
寿良书院	山东阳谷	道光五年		
清渠书院	河南沈丘	道光五年		邑人赵少娥建
崇实书院	湖南祁阳	道光五年		谢家彦等建，知县王时叙记
儒林乡书院	广东南海	道光五年		
仙山书院	广西融水	道光五年		融县知县赵秉丽改真仙书院为仙山书院
斗山书院	四川射洪	道光五年		郭连城建
云峰书院	四川遂宁	道光五年		周、严两姓建
来凤书院	四川达县	道光五年		
安业书院	陕西镇安	道光五年		知县李希泉移建东门内
求忠书院	上海华亭	道光六年		
学海书院	上海宝山	道光六年		
登瀛书院	河北任丘	道光六年		
晋泉书院	山西太原	道光六年		知县元佩兰建，又名桐封书院
学海书院	上海宝山	道光六年		知县范仕义建
宝贤书院	浙江建德	道光六年		知府聂镐敏建
翊志书院	浙江诸暨	道光六年		吴中怀建
凌云书院	福建莆田	道光六年		在文峰岩
东洲书院	江西万载	道光六年		陈文衡建

（续）

书院名称	位置	始建时间	性质	说明
养正书院	河南宝丰	道光六年		知县谢兴峣建
心兰书院	河南宝丰	道光六年		知县谢兴峣建
彬社书院	广东番禺	道光六年		
崇文书院	四川威远	道光六年		知县凌椿建
云凤书院	四川营山	道光六年		知县夏文臻建
仙峰书院	四川天全	道光六年		知州方同煦建
毓秀书院	四川大邑	道光六年		
启秀书院	四川大邑	道光六年		
育才书院	四川大邑	道光六年		
瀛山书院	重庆巴南	道光六年		乡绅彭载义建
集义书院	重庆潼南	道光六年		
宏州书院	青海西宁	道光六年		知县孟封建
辅仁书院	天津	道光七年		邑绅侯肇安建
万全书院	河北万全	道光七年		知县张庆成建
涑阳讲舍	山西绛县	道光七年		
苕南书院	浙江余杭	道光七年		章钧建
古睢书院	安徽宿州	道光七年		同知赖以平建，咸丰毁于兵，同治重建
南书院	安徽来安	道光七年		知县刘廷槐建
螺阳书院	福建惠安	道光七年		董卜年改建，改名文峰书院
彦威书院	江西万载	道光七年		张明芳建
龙冈书院	江西万载	道光七年		汤存馨建
景恭书院	河南中牟	道光七年		知县董敏善建
方山书院	河南禹州	道光七年		生员彭锡三等建
平舆书院	河南沈丘	道光七年		叶西亭建
菊潭书院	河南内乡	道光七年		知县萧韶鸣建
资东书院	湖南邵东	道光七年		巡检沈登伍建

（续）

书院名称	位置	始建时间	性质	说明
西山书院	湖南宜章	道光七年		柳、刘姓公建，1913年改为高等小学堂
栗源书院	湖南宜章	道光七年		周永基建，1914年改为高等小学堂
镜溪书院	广东番禺	道光七年		
同文书院	广东廉江	道光七年		知县王德茂等建
乐古书院	广东琼山	道光七年		
新城书院	重庆城口	道光七年		
屏山书院	贵州玉屏	道光七年		知县高中某建，光绪三十一年改为小学堂
义川书院	陕西柞水	道光七年		同知钟学渠建，光绪二十九年改为崇实学堂
天嘉书院	甘肃礼县	道光七年		后改礼兴书院，黄凯迁于学街
振秀书院	河北承德	道光八年		知府海忠建
凤山书院	河北丰宁	道光八年		朱予德建
嘉禾书院	河北万全	道光八年		
古陶书院	山西平遥	道光八年		
蕊珠书院	上海	道光八年		署巡道陈銮建
震川书院	上海嘉定	道光八年		巡抚陶澍建
高淳书院	江苏高淳	道光八年		知县许心源等建，后改名学山书院
广学书院	浙江浦江	道光八年		
东山书院	安徽绩溪	道光八年		胡培翚建
道东书院	江西安福	道光八年		士绅公建，祀邑人祁阳令刘淑唐
观海书院	山东诸城	道光八年		知县刘光斗建
梁邹书院	山东邹平	道光八年		
彝山书院	河南开封	道光八年		知府栗毓美建，又名明道书院
襄山书院	河南柘城	道光八年		邑令富成建，又名文起书院
涫阳书院	河南镇平	道光八年		知县苏方阿建
梅坡书院	广东高州	道光八年		乡绅建
文昌书院	广东德庆	道光八年		

（续）

书院名称	位置	始建时间	性质	说明
养正书院	广西钦江	道光八年		知州徐芬建于州城青云路坊左
旗山书院	四川遂宁	道光八年		贡生雷时行建
鹏程书院	四川达县	道光八年		
岱山书院	贵州六枝	道光八年		乡绅张懋德建
太白书院	山西灵丘	道光九年		知县于吉中建
宝贤书院	浙江临海	道光九年		李安邦建
宾坚书院	浙江临海	道光九年		
秀水书院	江西永新	道光九年		知县武穆醇建
启元书院	江西万载	道光九年		
清泉书院	山东冠县	道光九年		
鸣鹿书院	河南鹿邑	道光九年		梅茂南改，原名真源学舍
凝香书院	湖南江华	道光九年	义学	同治六年鄂闵赣士商重建，改名三圣馆
扶风书院	广东仁化	道光九年		巡司孙汝霖建
茶阳书院	广东大埔	道光九年		合邑官绅公建
兴贤书院	广东博罗	道光九年		知县刘衡建
佑贤书院	广东中山	道光九年		里人公建
天河书院	广东新会	道光九年		里人公建
云汉书院	广东新会	道光九年		里人公建
九龙书院	海南东方	道光九年		知县袁斯熊建
石鼓书院	四川东乡	道光九年		
观文书院	重庆巴南	道光九年		知县吴占魁建
汉丰书院	重庆开州	道光九年		知县孔昭焜建
崧高书院	贵州松桃	道光九年		同知高中某建
大雅书院	青海大通	道光九年		知县张于凉建，同治十三年改为崇山书院
罗山书院	台湾嘉义	道光九年		刑部郎中王朝清、知县张绅云倡建
云梯书院	台湾苗栗	道光九年	私塾	后名宣王宫，祀孔子、五文昌

（续）

书院名称	位置	始建时间	性质	说明
柘湖书院	上海金山	道光十年		知县陈士伟建
新养正书院	安徽颍上	道光十年		知县刘曾建，咸丰五年兵毁，同治八年重建
新养正书院	安徽蒙城	道光十年		
同文书院	江西安福	道光十年		周增建
观山书院	湖北孝感	道光十年		知县杨蕉雨建
龙光书院	福建福州	道光十年		镇闽将军萨秉阿建
龙山书院	福建福州	道光十年		
燕洋书院	福建永安	道光十年		
海丰书院	广东海丰	道光十年		知县吴毓钧建
三都书院	广东普宁	道光十年		
锦江书院	广东郁南	道光十年		
莲峰书院	贵州龙里	道光十年		知县陈熙晋建
岚河书院	陕西岚皋	道光十年		通判谢集成建，同治四年易名烛峰书院
兰阳书院	河北遵化	道光十一年		总兵钟昌建
鄂水书院	山西乡宁	道光十一年		知县崔光笏建
泾川书院	安徽泾县	道光十一年		知县赵仁基建
兰台书院	福建云林	道光十一年		
新湘江书院	江西会昌	道光十一年		欧阳俊建
育英书院	山东朝城	道光十一年		
韫山书院	河南浚县	道光十一年		
湘水校经堂	湖南长沙	道光十一年		巡抚吴荣光建，光绪十六年迁城北，称校经书院
虬溪书院	四川开江	道光十一年		邑绅秦正高建
南浦书院	四川开江	道光十一年		邑绅秦正高建
虬溪书院	重庆万州	道光十一年		邑绅马光易建
嘉陵书院	陕西略阳	道光十一年		知县贾芳林修，光绪三十一年改为高等小学
青城书院	甘肃皋兰	道光十一年		皋、金两县绅士公建

（续）

书院名称	位置	始建时间	性质	说明
蓝田书院	台湾南投	道光十一年		县丞朱懋倡建，祀孔子、三恩主等
经川书院	河北玉田	道光十二年		
经正书院	浙江诸暨	道光十二年		知县杨溯泄、教谕徐廷銮建
经正书院	浙江上虞	道光十二年		知县杨溯泄建
正谊书院	安徽宿州	道光十二年		知州周天爵就培菁书院扩建
青山书院	江苏武进	道光十二年		
双桂书院	江西上饶	道光十二年		知府铭惠建
巾车书院	河南宝丰	道光十二年		知县李仿梧建
雅集书院	河南宝丰	道光十二年		知县李仿梧建
临应书院	河南宝丰	道光十二年		知县李仿梧李
隆中书院	湖南隆回	道光十二年		邑人魏纲帙建
五源书院	广西富川	道光十二年		唐鉴、朱德鉠建于宋塘洞
里仁书院	四川蓬溪	道光十二年		
玉华书院	贵州瓮安	道光十二年		王存成建，咸丰末毁，光绪十五年重建改名花竹书院
化平书院	云南永平	道光十二年		知县曹擢新建，咸丰六年毁
翠屏书院	陕西永寿	道光十二年		知县胡元焕建，光绪三十一年改为高等小学
兴文书院	甘肃文县	道光十二年		知县李闲移建于文王庙
新白檀书院	北京密云	道光十三年		知县李宣范建
沮阳书院	河北怀来	道光十三年		
大观书院	上海金山	道光十三年		邑人钱熙载等建，又名大丰书院
锦峰书院	江苏苏州	道光十三年		织造豫创建
崇新书院	山东桓台	道光十三年		
督扬书院	山东齐河	道光十三年		
桂岭书院	广东高要	道光十三年		
桂林书院	重庆江津	道光十三年		邑人杨维翰建
余庆书院	重庆江津	道光十三年		邑人杨维翰建

（续）

书院名称	位置	始建时间	性质	说明
桂林书院	重庆奉节	道光十三年		杨维翰建
鹅塘书院	云南宜良	道光十三年		地震倾圮，道光二十七年士民重建
缙山书院	北京延庆	道光十四年		邑人胡先达捐建
东溟书院	河北秦皇岛	道光十四年		知县萧德宣建
观澜书院	上海川沙	道光十四年		同知何士祁建，月课生童
文正书院	江苏兴化	道光十四年		知县龚善思建
承先书院	浙江仙居	道光十四年		
岱南书院	山东肥城	道光十四年		光绪三十四年改为高等小学堂
茌山书院	山东茌平	道光十四年		
文炳书院	湖南衡山	道光十四年		又名中洲书院，辛亥革命后改为小学堂
文元书院	广东高明	道光十四年		里人谢有申建
榕湖书院	广西桂林	道光十四年		布政使郑祖琛建
奎峰书院	四川南溪	道光十四年		知县王联陛建
凤池书院	四川西昌	道光十四年		
铜山书院	海南文昌	道光十四年		地方公建
青藜书院	重庆铜梁	道光十四年		盐知事刘鉴元建，又名玉瑶书院
玉屏书院	贵州金沙	道光十四年		邑人金开元建
钟秀书院	云南泸西	道光十四年		知州刘珩建
唐岩书院	河北唐县	道光十五年		知县张梦蓉建
焕文书院	河北行唐	道光十五年		
渚阳书院	河北邢台	道光十五年		知县张桂芳建
襄平书院	辽宁辽阳	道光十五年		官绅建
紫峰书院	江西瑞昌	道光十五年		知县董思成建
乡升书院	山东惠民	道光十五年		
寻乐书院	湖南茶陵	道光十五年		苏姓公建
景泗书院	湖南衡山	道光十五年		绅士合建，又名马迹书院

（续）

书院名称	位置	始建时间	性质	说明
蒙泉书院	湖南溆浦	道光十五年		知县龙光甸建
肄麓书院	湖南宁远	道光十五年	教学	庠生骆时玖建，咸丰中兵毁
青城书院	四川都江堰	道光十五年		杨、刘诸姓建
味江书院	四川都江堰	道光十五年		傅姓建
莲城书院	贵州晴隆	道光十五年		知县李振堃建
以成书院	台湾台南	道光十五年	培养祭祀礼乐生	原称礼乐局，设台南府学内
登云书院	台湾嘉义	道光十五年		邑人捐资兴建
东川书院	河北阳原	道光十六年		知县窦士达建
学海堂	浙江杭州	道光十六年		巡抚乌尔恭额建
玉峰书院	江西井冈山	道光十六年		
廉江书院	江西安远	道光十六年		知县陈隽建
学海书院	山东龙口	道光十六年		知县邓肇嘉建
寒溪书院	河南汝南	道光十六年		徐东升建
寿阳书院	广西阳朔	道光十六年		知县吴德征以曹公书院重建，易名寿阳书院
汉源书院	四川崇州	道光十六年		
珉球书院	贵州贞丰	道光十六年		知州袁敏升建
敷文书院	贵州务川	道光十六年		光绪初补修，更名罗峰书院
五莲书院	云南永善	道光十六年		知县俞良杰等建
彩云书院	云南云龙	道光十六年		乡绅杨名飏建
东川书院	青海西宁	道光十六年		知县窦士达建，原为文庙
凤冈书院	台湾高雄	道光十六年		绅民刘维仲、赖为舟等创建
文英书院	台湾台中	道光十六年		邑人吕世芳、吕耀父子创建
广泽书院	河北巨鹿	道光十七年		知县黄育楩建
莲峰书院	山西保德	道光十七年		知州莫兆文建
玉林书院	山西右玉	道光十七年		知府张集馨建

（续）

书院名称	位置	始建时间	性质	说明
近居书院	山西太谷	道光十七年		
奎光书院	江西铜鼓	道光十七年		客籍绅士公建
河朔书院	河南武陟	道光十七年		河北道刘体重建
平舆书院	河南平舆	道光十七年		叶西亭建
洞溪书院	湖南浏阳	道光十七年		邑人张良赞重建，咸丰六年毁，旋废
龙光书院	广东新会	道光十七年		里人公建
川西书院	广东吴川	道光十七年		邑绅李玉铭建
敦睦书院	海南安定	道光十七年		生员王景光建
益昌书院	四川安县	道光十七年		知县彭作籍建
明月书院	四川蓬溪	道光十七年		
凤鸣书院	四川资州	道光十七年		
栖云书院	四川资州	道光十七年		
新添书院	贵州绥阳	道光十七年		知县李毓馨建，又名新书院
联珠书院	云南墨江	道光十七年		通判李天锡改建为义学
崇正书院	云南建水	道光十七年		知府郑绍谦建
启文书院	陕西千阳	道光十七年		知县罗日璧以旧察院改建
学海书院	台湾台北	道光十七年	教育	同知娄云议建，1908年售为高氏宗祠
聚奎书院	台湾云林	道光十七年		贡生蔡庆宗倡建聚奎阁
信成书院	河北清河	道光十八年		
惜阴书院	江苏江宁	道光十八年		总督陶澍建
峰山书院	江苏邳州	道光十八年		邑廪生徐景山等建
峄阳书院	江苏邳州	道光十八年		
新龙城书院	安徽萧县	道光十八年		乡绅张仁矩建，清光绪二十八年改为小学堂
五柳书院	江西彭泽	道光十八年		两江总督陶澍建
宝贤书院	江西兴国	道光十八年		夏侯显建
南山书院	江西兴国	道光十八年		

（续）

书院名称	位置	始建时间	性质	说明
奎峰书院	山东日照	道光十八年		知县周瑞图建
信陵书院	湖北巴东	道光十八年		知县姚拱宸建
金坡书院	广东顺德	道光十八年		里人公建
云台书院	四川三台	道光十八年		知县何保建
育英书院	四川大邑	道光十八年		
养正书院	四川大邑	道光十八年		
槐清书院	重庆铜梁	道光十八年		盐知事王恩九建
梅花书院	贵州紫云	道光十八年		通判谭炜始建，道光二十年通判孟金台续成
同文书院	江苏南京	道光十九年		
景高书院	江西上高	道光十九年		知县高载建
五之书院	江西上高	道光十九年		知县高载建
西箴书院	江西上高	道光十九年		知县高载建
阳明书院	江西吉安	道光十九年		地方官员建
翔和书院	江西泰和	道光十九年		
联奎书院	江西井冈山	道光十九年		
崇德书院	湖南宁远	道光十九年		邑人李承焕建，咸丰兵毁，寻复
狮山书院	湖南浏阳	道光十九年		
文昌书院	湖南资兴	道光十九年		乡人公建，民国时改为高等小学
登龙书院	广东潮阳	道光十九年		知县吴均建
莲峰书院	广东海丰	道光十九年		知县张熉建
养正书院	广东新会	道光十九年		里人公建
东瀛书院	广东遂溪	道光十九年		增生叶唐封等建
龙门书院	广西合浦	道光十九年		知县韩凤翔建于城内
龙门书院	云南云龙	道光十九年		谢体仁建
重光书院	河北枣强	道光二十年		
尧山书院	河北隆尧	道光二十年		知县许本铨建

（续）

书院名称	位置	始建时间	性质	说明
桐乡书院	安徽桐城	道光二十年		咸丰三年兵毁，同治初重建
经训书院	江西南昌	道光二十年		按察使刘体重建
西平书院	江西修水	道光二十年		
龙云书院	江西万载	道光二十年		陈锦韵建
龙江书院	江西井冈山	道光二十年		
道学书院	江西安福	道光二十年		彭翀霄建
东壁书院	江西弋阳	道光二十年		公建
蒲东书院	湖北应城	道光二十年		知县马德旺建
培英书院	湖北金筒	道光二十年		
清溪书院	湖南常宁	道光二十年	教学	邑绅公建，为东乡生童肄业之所
文光书院	广东化州	道光二十年		知州张德化建
西廷书院	广西资源	道光二十年		全州州同程木龄建
德胜书院	广西宜州	道光二十年		同知萧煊倡建于河池所旧城东北
鼎山书院	贵州桐梓	道光二十年		知县甘雨施建
善述书室	香港	道光二十年		邓云阶建
紫藤书屋	河北定兴	道光二十一年		鹿传纶建
凌川书院	辽宁凌海	道光二十一年		知县周良卿建
罗阳书院	上海宝山	道光二十一年		邑人捐建，咸丰十年兵燹毁
龙标书院	江西分宜	道光二十一年		习世黄建
蔚文书院	湖北咸丰	道光二十一年		训导贺青莲等建
文华书院	湖南浏阳	道光二十一年		知县胡泰阶重建，咸丰初增修
潭溪书院	广东台山	道光二十一年		里人公建
五峰书院	广西融水	道光二十一年		夏光品、陈光鼎等建于融县南区
崇儒书院	重庆合川	道光二十一年		邑人李政权建
仰山书院	贵州罗甸	道光二十一年		州判邵鸿儒建
笔峰书院	陕西子长	道光二十一年		知县傅德谦建，光绪三十一年改为高等小学

（续）

书院名称	位置	始建时间	性质	说明
朝阳书院	台湾屏东	道光二十一年		光绪六年训导李岐纯、贡生陈奎等建
近光书院	北京平谷	道光二十二年		知县曹擢新建
成材书院	河北蠡县	道光二十二年		知县丁希陶建
临津书院	江苏宜兴	道光二十二年		荆溪知县高长绅建
南州书院	福建漳平	道光二十二年		
鹤峰书院	广东顺德	道光二十二年		里人公建
清和书院	广东高明	道光二十二年		里人公建
祥柏书院	四川东乡	道光二十二年		
花萼书院	四川内江	道光二十二年		
文澜书院	四川书院	道光二十二年		
盘水书院	贵州普安	道光二十二年		
册亨书院	贵州册亨	道光二十二年		知府张瑛建，光绪十三年改为文昌宫
皋兰书院	甘肃皋兰	道光二十二年		知县徐敬建，光绪三十一年改为高等小学堂
观津书院	河北吴邑	道光二十三年		知县雷五福建
金鳌书院	浙江临海	道光二十三年		知县仲孙樊建
箬溪书院	浙江云和	道光二十三年		知县高毓岱建，原为义学
濂溪书院	安徽绩溪	道光二十三年		周姓公建，民国间一度改为私立小学
熊山书院	福建政和	道光二十三年		
龙桥书院	江西万载	道光二十三年		公建
龙洲书院	江西万载	道光二十三年		公建
求志书院	江西永丰	道光二十三年		知县冯洵建
新兴书院	江西宜丰	道光二十三年		公建
白磷书院	山东德平	道光二十三年		
凤感书院	湖南兰山	道光二十三年		
乡梧书院	湖南兰山	道光二十三年		
瀛海书院	海南儋州	道光二十三年		官绅合建

（续）

书院名称	位置	始建时间	性质	说明
陶成书院	四川东乡	道光二十三年		
凤鸣书院	四川大竹	道光二十三年		知县方长豫建
育英书院	四川乐至	道光二十三年		
修文书院	台湾云林	道光二十三年		贡生詹锡龄等捐建
圣保罗书院	香港	道光二十三年		英国圣公会牧师尹先山顿建
河阳书院	河北定兴	道光二十四年		知县梁宝书建
梯云书院	江西修水	道光二十四年		公建
汜阳书院	山东定陶	道光二十四年		
谦岩书院	湖南宜章	道光二十四年		万兰倡建，1906年改为初等小学
沙城书院	湖南宜章	道光二十四年		公建，1906年改为初等小学
滨江书院	广东清远	道光二十四年		邑绅黎干常建
云鹏书院	广东南海	道光二十四年		
经古书院	广西藤县	道光二十四年		举人李时学公建
临江书院	四川都江堰	道光二十四年		牟、康、刘诸姓建
广寒书院	四川射洪	道光二十四年		任国才建
凤梧书院	浙江龙游	道光二十五年		知县秦淳熙建
西坪书院	江西奉新	道光二十五年		公建
龙潭书院	湖北黄冈	道光二十五年		
崇实书院	湖南溆浦	道光二十五年	族塾	吴氏宗族建，咸丰五年建成
桂林书院	四川三台	道光二十五年		
鳌文书院	台湾彰化	道光二十五年		
选青书院	江苏赣榆	道光二十六年		知县彭荣皓建
凤鸣书院	浙江洞头	道光二十六年		张英凤建
芝嶂书院	浙江乐清	道光二十六年		董开禧建
芝峰书院	浙江乐清	道光二十六年		
聚星书院	安徽阜阳	道光二十六年		知县姚元英建

（续）

书院名称	位置	始建时间	性质	说明
正源书院	江西万载	道光二十六年		王盛森建
渝义书院	江西吉安	道光二十六年		丘日韶建
集益书院	江西万载	道光二十六年		
登峰书院	江西万载	道光二十六年		
谷城书院	山东东阿	道光二十六年		
沮江书院	湖北远安	道光二十六年		知县梁光钊建
龙潭书院	湖南湘潭	道光二十六年		县中官绅在原主一书院基础上改建
承启书院	湖南宜章	道光二十六年		彭姓公建
西南书院	广东新会	道光二十六年		官绅合建
文澜书院	广东南海	道光二十六年		乡绅建
文龙书院	广西博白	道光二十六年		地方人士捐建于龙潭圩
来鹿书院	四川东乡	道光二十六年		
凤集书院	四川简阳	道光二十六年		
东麓书院	贵州长顺	道光二十六年		县绅举人何桂荣建，咸丰九年毁
丹凤书院	云南师宗	道光二十六年		知县李光谦建
桥川书院	云南洱源	道光二十六年		知县樊肇建
卓秀书院	北京房山	道光二十七年		知县陈仁杰建
广乡书院	河北邢台	道光二十七年		知县廷桂建
漳州书院	山西襄垣	道光二十七年		
淮滨书院	江苏泗阳	道光二十七年		知县姚维城建
国山书院	江苏宜兴	道光二十七年		
宗文书院	浙江温岭	道光二十七年		金煦春等建
聚英书院	浙江龙泉	道光二十七年		
开文书院	江西婺源	道光二十七年		公建
敬承书院	江西会昌	道光二十七年		胡技能建
凤鸣书院	山东昌邑	道光二十七年		知县刘杨庭等以古经书院改建

（续）

书院名称	位置	始建时间	性质	说明
将陵书院	山东沾化	道光二十七年		
鹤鸣书院	湖北鹤峰	道光二十七年		知州程明等建
董劝书院	广东仁化	道光二十七年		地方公建
蓝田书院	广东丰顺	道光二十七年		邑绅丁日昌建
步鹿书院	广东开平	道光二十七年		里人公建
文明书院	四川资阳	道光二十七年		知县鲁逵穆建
丹凤书院	重庆荣昌	道光二十七年		知县沈瑛建
凤鸣书院	重庆云阳	道光二十七年		吴大忠建
云南书院	云南江川	道光二十七年		
钟秀书院	云南江川	道光二十七年		
奎文书院	台湾云林	道光二十七年		黄一章捐建
奎文书院	台湾嘉义	道光二十七年		
登瀛书院	台湾南投	道光二十七年	乡塾	登瀛社倡建，祀五文昌（含朱熹）
崇文书院	江苏盐城	道光二十八年		
文峰书院	安徽太和	道光二十八年		知县雷时夏建，光绪中改为经正学堂
明德书院	江西永丰	道光二十八年		
澄江书院	江西泰和	道光二十八年		知县沈衍庆建
明经书院	江西永丰	道光二十八年		
文明书院	湖北武穴	道光二十八年		江防同知李炳奎建
玉环书院	四川蓬安	道光二十八年		知县姚莹重建蓬山书院，改名玉环书院
正名书院	甘肃武都	道光二十八年		知州葛以简建
碣阳书院	河北昌黎	道光二十九年		知县王应奎建
龙湖书院	浙江湖州	道光二十九年		王钟苍建
崇正书院	湖北汉阳	道光二十九年		学政杜翰、知府赵德辙建
董公书院	湖北荆门	道光二十九年		邑人建
焕文书院	广东南海	道光二十九年		九乡公建

（续）

书院名称	位置	始建时间	性质	说明
文昌书院	云南临沧	道光二十九年		
清心书院	上海	道光三十年		
福山书院	浙江开化	道光三十年		方廷巩建
仁义书院	江西修水	道光三十年		
育英书院	江西万载	道光三十年		李宗汉妻杨氏建
尚义书院	江西乐安	道光三十年		公建
汉葭书院	重庆彭水	道光三十年		
月潭书院	云南巧家	道光三十年		同知东钰建
班凤书院	云南临沧	道光三十年		
玉屏书院	云南石屏	道光三十年		乡绅朱臒建
桂香书院	云南元谋	道光三十年		官绅捐建
圆通书院	云南牟定	道光三十年		
龙泉书院	云南牟定	道光三十年		
西林书院	云南牟定	道光三十年		
妙高书院	浙江遂昌	道光初		知县郑鸿文建
刘公义学	江西临川	道光初		知府刘体重建
仁和书院	四川遂宁	道光初		
曹伍书院	贵州毕节	道光初		
二帝书院	香港	道光初		邓鸣鹤等建，区内最高学府，祀文昌、关羽
滹阳书院	河北武强	道光中		
凤仪书院	河北朝阳	道光中		
中山书院	河北定州	道光中		
辰平书院	辽宁盖州	道光中		
柳城书院	辽宁宁远	道光中		
摭余书院	江苏镇江	道光中		将军穆腾阿建
文津书院	江苏淮关	道光中		

（续）

书院名称	位置	始建时间	性质	说明
英华书院	江苏南京	道光中		
鹅山书院	江苏宜兴	道光中		里人闻鹅西讲舍名而建
金沙书院	江苏金坛	道光中		咸丰中毁于兵，同治中重建
莺湖书院	浙江鄞州	道光中		董澜建
阳山书院	浙江嵊州	道光中		邢启强建
培文书院	浙江永康	道光中		胡仁楷建
崇正书院	浙江浦江	道光中		又名从公书院
枕溪书屋	浙江龙游	道光中		潘煦建
文溪书院	浙江天台	道光中		张书绅建
云衢书院	浙江镇海	道光中		
井养书院	安徽全椒	道光中		知县陈焘据宋元祐知县元时忱凿井建
秘阁书院	安徽歙县	道光中		
汤光书院	安徽绩溪	道光中		
桂枝书院	安徽绩溪	道光中		
狮山书院	安徽泾县	道光中		
白鹤书院	安徽桐城	道光中		咸丰三年兵毁，同治七年重建
临淮书院	安徽临淮	道光中		
飞布书院	安徽歙县	道光中		在新安卫前
岑山书院	安徽歙县	道光中		
平虚书院	安徽滁州	道光中		咸丰中毁
杉阳书院	福建泰宁	道光中		道光中毁于火，知县吴来仪重建
绍经书院	福建龙岩	道光中		
会洲书院	福建龙岩	道光中		
龙宫书院	福建龙岩	道光中		
尉山书院	福建龙岩	道光中		
衡文书院	福建同安	道光中		

（续）

书院名称	位置	始建时间	性质	说明
鹭津书院	福建同安	道光中		
观澜书院	福建龙岩	道光中		
大中书院	福建龙岩	道光中		
溟南书院	福建龙岩	道光中		
西山书院	福建龙岩	道光中		
汇沙书院	福建建瓯	道光中		
天禄书院	江西宜春	道光中		
敬修书院	江西吉安	道光中		
爱莲书院	江西吉安	道光中		周赵王建
兼善书院	江西吉安	道光中		萧魁斌建
萃升书院	江西遂川	道光中		
逢源书院	江西遂川	道光中		黄阔元建
笥峰书院	江西井冈山	道光中		
仁丰书院	江西寻乌	道光中		刘道清建
文明书院	江西寻乌	道光中		
彩云书院	江西宜黄	道光中		
澄溪书院	江西丰城	道光中		
荷塘书院	江西丰城	道光中		
灵山书院	江西宜黄	道光中		
景贤书院	山东济南	道光中		以蒿庵书院改建
汶源书院	山东莱芜	道光中		知县纪淦建
居敬书院	山东曹县	道光中		
霖苍书院	山东蓬莱	道光中		
大东书院	山东蓬莱	道光中		
大同书院	山东夏津	道光中		
奎山书院	山东长清	道光中		

（续）

书院名称	位置	始建时间	性质	说明
任民八宅书院	山东高密	道光中		
东渠书院	河南荥阳	道光中		知县蔡銮登改建
信陵书院	河南开封	道光中		
萃野书院	河南开封	道光中		刘荫堂建
固山书院	河南获嘉	道光中		
同山书院	河南获嘉	道光中		知县卢圻建
养蒙书院	河南禹州	道光中		
培风书院	湖北麻城	道光中		罗公望建
集诚书院	湖北仙桃	道光中		州人建
九峰书院	湖北长阳	道光中		知县范炳监建
吉阳书院	湖北安陆	道光中		
举水书院	湖北麻城	道光中		邑人罗锡川建
白云书院	湖北麻城	道光中		在县北，后废
清平书院	湖北公安	道光中		迁建
白沙书院	湖南宜章	道光中		公建，光绪十年乡绅黄飏重建
濂溪书院	湖南东安	道光中		咸丰二年毁于兵，合紫阳书院易名紫溪书院
凤山书院	湖南东安	道光中		学官张瓒昭建
柏子书院	湖南东安	道光中		学官张瓒昭建
道南书院	湖南道县	道光中		
文明书院	湖南祁阳	道光中		
濂溪书院	湖南江华	道光中		
文明书院	广东南海	道光中		
秀水书院	广东南海	道光中		
秀丽书院	广东高明	道光中		
资善书院	广东开平	道光中		
河清书院	广东南海	道光中		

（续）

书院名称	位置	始建时间	性质	说明
回澜书院	广东番禺	道光中		
震亨书院	广东南海	道光中		
三姓书院	广东南海	道光中		
北村书院	广东南海	道光中		
扶溪书院	广东南海	道光中		
萃华书院	广东新会	道光中		
富山书院	广东新会	道光中		
贤侯书院	广东和平	道光中		
紫金书院	广东永安	道光中		
元城书院	广东梅州	道光中		
昌平书院	广东镇平	道光中		
阳明书院	广西武鸣	道光中		知府李彦章建
萃英书院	广西来宾	道光中		光绪二年知县源贶田、张岫轩改为雷江书院
西邕书院	广西武鸣	道光中		思恩府知府李彦章建于府城内
湘门书院	广西全州	道光中		唐湘门建于全州城白茆屋
凤仪书院	广西河池	道光中		河池知州邓树荣建
起凤书院	四川达县	道光中		
振兴书院	四川郫都	道光中		
明德书院	四川达县	道光中		
宝善书院	四川达县	道光中		
富文书院	四川汉源	道光中		
菁莪书院	四川东乡	道光中		
敖溪书院	重庆大足	道光中		
凤山书院	重庆大足	道光中		
崇善书院	重庆云阳	道光中		乡人共建
狮山书院	贵州湄潭	道光中		知县甘雨施迁建，易名湄水书院

（续）

书院名称	位置	始建时间	性质	说明
文峰书院	贵州毕节	道光中		知县鲁秉礼建，光绪三十三年改为女学堂
凤鸣书院	贵州德江	道光中		知县郑士范建，光绪三十年改为初等小学
源泉书院	贵州安顺	道光中		地方公建，后并入凤仪书院
双城书院	贵州关岭	道光中		
德丰书院	云南姚安	道光中		邑人官全建
㝢南书院	陕西醴泉	道光中		
六德书院	甘肃皋兰	道光中		里人李凯德建
育英书院	甘肃定西	道光中		知县赵湘建
觐廷书院	澳门	道光中		
超然书院	台湾台中	道光中		即大墩文祠
庆阳书院	河北元氏	道光末		
月轩书院	湖北蕲春	道咸年间		
崇正书院	浙江缙云	咸丰元年		吕载希建
临泃书院	河北三河	咸丰元年		知事李朝仪建
泃阳书院	河北三河	咸丰元年		
辰州书院	辽宁盖州	咸丰元年		知县姚承恩建
珠溪书院	上海青浦	咸丰元年		知县林德泉建
开文书院	浙江桐乡	咸丰元年		张家缙建，咸丰十年毁于兵
凌云书院	江西萍乡	咸丰元年		蔡振玉建
瀛洲书院	江西新余	咸丰元年		知县张方巨建
登云书院	江西奉新	咸丰元年		公建
聊以居书院	江西奉新	咸丰元年		胡履信建
文澜书院	江西兴国	咸丰元年		
东湖书院	河南新县	咸丰元年		
南陔书院	河南汝南	咸丰元年		
幼学书院	湖南茶陵	咸丰元年		公建，1958年改为民房

（续）

书院名称	位置	始建时间	性质	说明
逢源书院	湖南茶陵	咸丰元年		下十一都公建
崇文书院	湖南茶陵	咸丰元年		十三都公建
龙湖书院	湖南茶陵	咸丰元年		二十五都公建，1930年毁于火
维新书院	湖南新宁	咸丰元年		知县戚天保建，咸丰七年又名求忠书院
金鳌书院	湖南嘉禾	咸丰元年		雷雨亭建
凤鸣书院	广东东莞	咸丰元年		提督洪名香建
冈南书院	广东四会	咸丰元年		里人公建
龙门书院	四川简阳	咸丰元年		
育才书院	重庆江津	咸丰元年		邑人李信存建
迎秀书院	陕西佛坪	咸丰元年		同知李梦愚建
玉山书院	台湾嘉义	咸丰元年		邑人捐资创建
濡上书院	河北高阳	咸丰二年		知县杨景彬建
庭闻书院	江苏青浦	咸丰二年		
文山书院	江西庐陵	咸丰二年		
紫溪书院	湖南东安	咸丰二年		院长周而溥合濂溪、紫阳二书院而改称
鹅泽书院	广东番禺	咸丰二年		里人公建
美溪书院	广东四会	咸丰二年		里人公建
冈梧书院	广东四会	咸丰二年		乡人公建
五社书院	广东高要	咸丰二年		
三都书院	广东高要	咸丰二年		广东黄冈
英华书院	广东广州	咸丰二年		
翰香书院	海南琼山	咸丰二年		附贡王中裕等建
绍鹅书院	重庆忠州	咸丰二年		
爱莲书院	贵州六枝	咸丰二年		厅丞周夔、景时阳续成，更名岩黉书院
悬鱼书院	贵州六枝	咸丰二年		厅丞周夔、景时阳相继，不久毁于兵火
光四书院	甘肃武威	咸丰二年		县丞冒蕖建，又名宽山书院

（续）

书院名称	位置	始建时间	性质	说明
潞河书院	福建福州	咸丰三年		
怡怡书院	山东滨州	咸丰三年		
三台书院	山东惠民	咸丰三年		
怀德书院	山东新泰	咸丰三年		
凤翔书院	湖南溆浦	咸丰三年		知县陆传应建
钟毓书院	湖南芷江	咸丰三年		邑人公建，道光三十年批准建院
桃潭书院	河南孟州	咸丰三年		汪曜奎建
程水书院	广东兴宁	咸丰三年		乡人公建
怀新书院	广东信宜	咸丰三年		邑绅宁象雍等建
圣功书院	四川西昌	咸丰三年		
一甲山房书院	四川三台	咸丰三年		
龙翔书院	重庆潼南	咸丰三年		
乐育书院	云南通海	咸丰三年		李衍绶建，咸丰六年毁，光绪三年千总重建
光四书院	甘肃皋兰	咸丰三年		县丞冒蕖建
树人书院	台湾台北	咸丰三年		陈维英等人建，文昌祠祀孔子、文昌
吉昌书院	山西吉州	咸丰四年		
竹山书院	江西乐安	咸丰四年		
求忠书院	湖南长沙	咸丰四年	省城书院之一	巡抚罗秉章建，清末改忠裔商校
九辨书院	湖南临澧	咸丰四年		知县薛湘建
濂溪书院	湖南新田	咸丰四年		族办书院
正趋书院	湖南溆浦	咸丰四年		知县陆传应建
同泽书院	广东广州	咸丰四年		公建
龙图书院	广东高要	咸丰四年		署府郭汝诚改建
汇川书院	重庆潼南	咸丰四年		贡生周明昱建
鉴亭书院	重庆潼南	咸丰四年		邑绅蔡鸣谦等建
凤鸣书院	云南文山	咸丰四年		咸丰七年兵毁

（续）

书院名称	位置	始建时间	性质	说明
正谊书院	江苏徐州	咸丰五年		知县王检心建，又名泗上书院、川上书院
桂香书院	江西德安	咸丰五年		黄浦熊村公建
棣华园	江西奉新	咸丰五年		胡照南建
近居书院	江西奉新	咸丰五年		胡照南建
启文书院	江西寻乌	咸丰五年		兰韫山建
鳌峰书院	湖南茶陵	咸丰五年		李淳辉等建
翘秀书院	广东南海	咸丰五年		里人公建
梯云书院	广东南海	咸丰五年		里人公建
钟山书院	广东顺德	咸丰五年		
环江书院	海南琼山	咸丰五年		贡生张伯琦建
万川书院	重庆万州	咸丰五年		知县陆玑建
锦屏书院	山西怀仁	咸丰六年		知县赵德璋建
云阳书院	山西阳高	咸丰六年		
鸣凤书院	山西平遥	咸丰六年		
屏山书院	江西石城	咸丰六年		陈勉昭建
洞阳书院	河南荥阳	咸丰六年		
贲南书院	广东番禺	咸丰六年		里绅何若瑶建
文明书院	广东番禺	咸丰六年		里绅谢廷忠建
冈尾书院	广东番禺	咸丰六年		里人公建
象贤书院	广东南海	咸丰六年		十二乡公建
彰善书院	广东南海	咸丰六年		里人公建
桂源书院	广东高要	咸丰六年		
兴让书院	广西灵山	咸丰六年		举人张永渊等建于陆屋行圩
德化书院	海南三亚	咸丰六年		里人公建
炳文书院	海南琼山	咸丰六年		乡绅高锡淳建
拱辰书院	贵州台江	咸丰六年		兵毁

（续）

书院名称	位置	始建时间	性质	说明
云龙书院	云南丘北	咸丰六年		
凤翔书院	山西榆次	咸丰七年		
芸香草堂	上海南汇	咸丰七年	课士	知县冯树勋就文昌宫改建
教忠书院	江西婺源	咸丰七年		
双忠书院	江西吉安	咸丰七年		彭怡文堂建
明志书院	山东沂水	咸丰七年		知县吴树生建
程水书院	湖南资兴	咸丰七年		地方公建，1904年改为程水高等小学堂
狮峰书院	广东花都	咸丰七年		里人公建
化龙书院	广东花都	咸丰七年		里人公建
安和书院	广东番禺	咸丰七年		里人公建
公平书院	广东番禺	咸丰七年		里人公建
康乐书院	广东开平	咸丰七年		里人公建
桂山书院	广东饶平	咸丰七年		
丱峰书院	重庆万州	咸丰七年		廪生金维斗建
养正书院	云南澄江	咸丰七年		焚毁
快园书院	陕西韩城	咸丰七年		知县莫元赓建
道东书院	台湾彰化	咸丰七年		儒士阮鹏程等倡建，祀朱熹、魁星
方城书院	河北固安	咸丰八年		
鄯阳书院	山西朔州	咸丰八年		
州卫书院	山东德州	咸丰八年		
南屏书院	广东增城	咸丰八年		
启秀书院	江西万载	咸丰九年		范元达建
宾兴书院	江西吉安	咸丰九年		公建
培元书院	江西吉水	咸丰九年		公建
横江书院	江西石城	咸丰九年		赖举愓建
犁台书院	山东临邑	咸丰九年		

（续）

书院名称	位置	始建时间	性质	说明
嘉祥书院	山东嘉祥	咸丰九年		
郴侯书院	湖南资兴	咸丰九年		地方公建，1906年改为郴侯高等小学堂
十六坊书院	广东高要	咸丰九年		
涪江书院	四川三台	咸丰九年		知县陈善卿建
太和书院	重庆万州	咸丰九年		知县余茂林建
襟江书院	江苏泰兴	咸丰十年		知县金以诚建，遂移县试于此
净香精舍	浙江奉化	咸丰十年		陈宝器建
鹏岭书院	浙江青田	咸丰十年		叶应选建
聚奎书院	江西修水	咸丰十年		查吉峰建
尔雅书院	湖北宜昌	咸丰十年		知县刘浚建
凤鸣书院	湖北嘉鱼	咸丰十年		知县武镇西改建
太和书院	湖北均州	咸丰十年		知州熊登瀛建
箴言书院	湖南益阳	咸丰十年		胡林翼建，光绪十三年改为校士馆
均和书院	广东花都	咸丰十年		里人公建
嘉诺撒圣心书院	澳门	咸丰十年		意大利嘉诺撒仁爱会建
拔萃女书院	澳门	咸丰十年	教会书院	英国圣公会建
东华书院	湖南新化	咸丰十一年		乡绅建
翠屏书院	四川内江	咸丰十一年		又名经正书院
凤冈书院	重庆巴南	咸丰十一年		
云衢书院	浙江定海	咸丰初		汪莹建
他山书院	辽宁海城	咸丰初		知县张鼎镛移建，光绪三十二年改为小学堂
文喆书院	江西吉安	咸丰初		公建
中南书院	江西安福	咸丰初		知县杨文燮建，又名兴文书院
五溪书院	重庆云阳	咸丰初		陈臣安建
香泉书院	河北深泽	咸丰中		

（续）

书院名称	位置	始建时间	性质	说明
新书院	河南睢州	咸丰中		
淮西书院	河南汝阳	咸丰中		
塔山书院	辽宁海州	咸丰中		
文明书院	江苏兴化	咸丰中		
景范书院	江苏兴化	咸丰中		
石鹿书院	江苏兴化	咸丰中		
明性书院	江苏兴化	咸丰中		
仕优书院	江苏兴化	咸丰中		
东山书院	浙江黄岩	咸丰中		又名东瓯书院
翼文书院	浙江黄岩	咸丰中		又名文达书院
月湖书院	浙江温岭	咸丰中		阮敬熙建
文炳书院	浙江温岭	咸丰中		阮敬熙建
鸿文书院	浙江温岭	咸丰中		叶灵台建
华英斐迪书院	浙江宁波	咸丰中	教会书院	英国偕我公会创立
龙田书院	福建上杭	咸丰中		黄登珩建
龙山书院	福建建瓯	咸丰中		
两都文课书院	江西庐陵	咸丰中		
南州书院	山东济宁	咸丰中		
三省书院	山东济宁	咸丰中		又名曾子书院
龙洞书院	湖北宣恩	咸丰中		清光绪三十一年改为高等小学堂
稽古书院	湖南邵东	咸丰中		邑人刘文煌等建
忠义书院	湖南桂阳	咸丰中		州人魏喻义建
鉴湖书院	湖南桂阳	咸丰中		乡人公建
汲泉书院	湖南宁远	咸丰中		王景烈建
思礼书院	广东高要	咸丰中		
五福书院	广东恩平	咸丰中		

（续）

书院名称	位置	始建时间	性质	说明
观澜书院	广东顺德	咸丰中		
鉴傍书院	广东顺德	咸丰中		
云津书院	广东顺德	咸丰中		
渤海书院	广东顺德	咸丰中		
余山书院	广东顺德	咸丰中		
鳌峰书院	广东顺德	咸丰中		
星槎书院	广东顺德	咸丰中		
珠崖书院	广东琼山	咸丰中		
育才书院	四川达县	咸丰中		
翁和书院	四川达县	咸丰中		
文治书院	四川达县	咸丰中		
清平书院	四川达县	咸丰中		
云峰书院	四川都江堰	咸丰中		
梅江书院	四川秀山	咸丰中		
兴仁书院	四川都江堰	咸丰中		又名寿江书院
蒙泉书院	四川简阳	咸丰中		
翕和书院	四川达县	咸丰中		
鼎新书院	重庆大足	咸丰中		
集成书院	重庆大足	咸丰中		
观澜书院	重庆巴南	咸丰中		
育才书院	重庆奉节	咸丰中		李信存建
三台书院	贵州绥阳	咸丰中		
龙泉书院	贵州丹寨	咸丰中		同治十二年知县刘垂祺重建
彩云书院	云南洱源	咸丰中		举人段邦俊建
升庵书院	云南安宁	咸丰中		知州朱承命建，咸丰九年焚毁
错峰书院	云南罗平	咸丰中		

（续）

书院名称	位置	始建时间	性质	说明
水南书院	陕西澄城	咸丰中		
壹南书院	陕西澄城	咸丰中		
鳌山书院	广西横县	咸同年间		横州地方士民建于博合北鳌山脚下
雪峰书院	四川都江堰	咸同年间		
梗阳书院	山西清徐	同治元年		
金河书院	山西清徐	同治元年		
汾南书院	山西新绛	同治元年		贡生刘国铨捐建
南关书院	山西新绛	同治元年		
西郊书院	江苏江阴	同治元年		邑人金国琛建
蓬山书院	浙江定海	同治元年		洪自含建
至诚书院	江西铜鼓	同治元年		士籍人士建
渼陂书院	江西庐陵	同治元年		
正义书院	河南封丘	同治元年		知县骆文光建
卓山书院	广东中山	同治元年		乡绅林德泉建
培善书院	广东南海	同治元年		里人公建
粤岑书院	广西岑溪	同治元年		建于县署门西面
双峰书院	重庆江津	同治元年		邑人张海门修复
修文书院	贵州务川	同治元年		邑绅冯谦臣建
文昌书院	台湾南投	同治元年		举人林凤池倡议，谦谦社与郁郁社合建
文蔚书院	浙江余姚	同治二年		李协恭建
印山书院	浙江临海	同治二年		知府刘璈建
州来书院	安徽凤台	同治二年		知县裴俊德建
鸠江书院	安徽芜湖	同治二年		巡道吴坤修建，又名中江书院
新秀溪书院	安徽无为	同治二年		知州穆其琛建，清末改为高等小学堂
崇报书院	江西婺源	同治二年		
奎五书院	福建建阳	同治二年		

（续）

书院名称	位置	始建时间	性质	说明
爱莲书院	江西赣县	同治二年		道员王德固建
麟溪书院	湖北恩施	同治二年		知县许光曙建
崇儒书院	湖南宁远	同治二年		知县王光斗以寺产改创
绥宁书院	广东增城	同治二年		知县施绍文建
玉龙书院	四川盐亭	同治二年		教谕马来宾建
登瀛书院	台湾宜兰	同治二年	家塾	祀五文昌，聘名儒掌教，月课季考月给膏火
平乡书院	河北平乡	同治三年		知县苏性建
养蒙书院	江苏淮安	同治三年	义学	
桐溪书院	浙江桐乡	同治三年		王联元建
双山讲舍	浙江河北	同治三年		徐元勋建
崇极书院	江西婺源	同治三年		全邑捐建
植桂书院	江西万年	同治三年		知县项珂建
义首书院	江西永丰	同治三年		符为霖建
忠敬书院	江西余干	同治三年		知县王必达建
嵩青书院	山东高青	同治三年		
广文书院	山东登州	同治三年		
峡山书院	湖南攸县	同治三年		洪氏合建
经正书院	湖南隆回	同治三年		邑人范石麟、罗联璜建
梧冈书院	湖南蓝山	同治三年	义学	1903年改为凤感乡立高等小学堂
同文书院	四川金堂	同治三年		
龙威书院	四川金堂	同治三年		
凤仪书院	四川金堂	同治三年		
集成书院	四川金堂	同治三年		
蓴山书院	四川太平	同治三年		
渝关书院	河北秦皇岛	同治四年		知县许忠重建
龙门书院	上海	同治四年		苏松太兵备道丁日昌建

（续）

书院名称	位置	始建时间	性质	说明
东城讲舍	浙江杭州	同治四年		知府薛时雨建
立志书院	浙江桐乡	同治四年		邑绅严辰建
三隅书院	安徽泾县	同治四年		邑人左、郑二姓公建
广城安阳	安徽六安	同治四年		乡廪生储巩创建
招贤书院	福建建阳	同治四年		
富沙书院	福建浦城	同治四年		
青藜书院	福建浦城	同治四年		
凤巘书院	江西修水	同治四年		知州邓国恩建
崇正书院	江西黎川	同治四年		知县金时宜建
漾源书院	江西吉安	同治四年		梁佐汤建
文藻书院	江西遂川	同治四年		
文藻书院	江西黎川	同治四年		
凤谳书院	江西义宁	同治四年		
螺城书院	江西永丰	同治四年		彭际盛建
沁阳书院	河南沁阳	同治四年		河内知县永安兰建
东山书院	湖北保康	同治四年		知县宋熙建
云山书院	湖南宁乡	同治四年		邑人公建，1902年改为高等小学堂
龙江书院	广东四会	同治四年		里人公建
龙田书院	广东四会	同治四年		乡人公建
象山书院	广东连山	同治四年		知县蒋振举改建
泷水书院	广东罗定	同治四年		
培英书院	广西灵川	同治四年		知县江正本建
兴文书院	四川东乡	同治四年		
中和书院	四川东乡	同治四年		
萍乡书院	四川秀山	同治四年		
安怀书院	四川金堂	同治四年		

（续）

书院名称	位置	始建时间	性质	说明
绿云书院	四川大邑	同治四年		
辅仁书院	重庆巴南	同治四年		张寿黔等建
丹兴书院	重庆黔江	同治四年		知县康为善建
苹香书院	重庆秀山	同治四年		知县张锐堂建
凤台书院	河北大城	同治五年		知县彭瑞祺建
龙泉书院	河北阳原	同治五年		知县杨春华建
龙山书院	山西离石	同治五年		知州梁承先建
泗上书院	上海松江	同治五年		监生张观澜建
歌风书院	江苏沛县	同治五年		知县孙朝干建
太平州书院	江苏泰兴	同治五年		六邑公建
太平书院	江苏丹徒	同治五年		
漯河书院	安徽五河	同治五年		知县裴峻德建
正谊书院	福建福州	同治五年		总督左宗棠建
上义书院	江西奉新	同治五年		公建
崇正书院	江西莲花	同治五年		周颐建
培元书院	江西义宁	同治五年		
广德书院	山东青州	同治五年		英国基督教浸礼会建
索蒲书院	山东滨州	同治五年		
龙蟠书院	湖北荆门	同治五年		邑人陈洪声建
凤冈书院	湖北荆门	同治五年		
钟灵书院	湖北利川	同治五年		
仰高书院	湖南耒阳	同治五年		里绅陈耀芳建
兴贤书院	广东龙门	同治五年		知县彭翰孙建
文昌书院	广西临桂	同治五年		建于义宁县境
龙腾书院	四川南溪	同治五年		知县雷尔卿建
斗瞻书院	四川盐源	同治五年		

（续）

书院名称	位置	始建时间	性质	说明
朝阳书院	重庆巴南	同治五年		知县黄朴建
朝阳书院	重庆潼南	同治五年		又名梓义书院
龙泉书院	青海西宁	同治五年		知县杨春华建，光绪三十二年改为高等小学
潞河书院	北京通州	同治六年	教会书院	美国基督教公理会传教士娄戴德建
观涛书院	上海南汇	同治六年		府庠生徐乐纬捐建
三台书院	浙江临海	同治六年		知府刘璈建
研经书院	安徽东至	同治六年		建德知县路岖就鹭台寺改建
义正书院	安徽涡阳	同治六年		知县薛元启建，光绪中改为县立小学堂
南台书院	江西萍乡	同治六年		
同文书院	江西九江	同治六年	教会书院	美国传教士尔利陶理等建
师古轩	江西奉新	同治六年		胡梅卿建
北海书院	山东寿光	同治六年		知县吴树声建
渊泉书院	湖南临武	同治六年		乡人公建，1919年改为西区高等小学
郎溪书院	湖南芷江	同治六年		
菊坡精舍	广东广州	同治六年		巡抚蒋益澧建
培文书院	广东龙川	同治六年		里人公建
育文书院	广东开平	同治六年		里人公建
近圣书院	广东恩平	同治六年		
鹤鸣书院	四川绵阳	同治六年		
澄江书院	海南澄迈	同治六年		知县孙云改建
蒙泉书院	北京顺义	同治七年		知县王尔琨建
圣贤书院	河北无极	同治七年		知县李宝贞建
圣泉书院	河北无极	同治七年		
开文书院	辽宁昌图	同治七年		同知张鼎镛建，宣统二年改为师范学堂
枫溪书院	上海金山	同治七年		陈宗溥建
东渐书院	江苏南通	同治七年		知州梁悦馨建

（续）

书院名称	位置	始建时间	性质	说明
鹅西讲舍	江苏宜兴	同治七年	讲学课士	
文正书院	浙江宁海	同治七年		知县孙熹建
南渠书院	浙江黄岩	同治七年		知县陈宝善建
金清书院	浙江黄岩	同治七年		吴月桥建
祀贤书院	浙江黄岩	同治七年		
凤楼书院	浙江缙云	同治七年		吕维城建
枫溪书院	浙江嘉善	同治七年		
正学书院	福建浦城	同治七年		
南台书院	江西进贤	同治七年		
重续华林书院	江西奉新	同治七年		公建
槎江书院	江西泰和	同治七年		公建
飞鱼书院	江西兴国	同治七年		
梦笔书院	河南兰考	同治七年		知县李璋重建，又名生花书院、江华书院
爽溪书院	湖南平江	同治七年	族塾	邑人李元度建，收族弟子读书
田头书院	广东台山	同治七年		巡抚蒋益澧建
赤溪书院	广东台山	同治七年		巡抚蒋益澧建
敦和书院	广东顺德	同治七年		乡绅陈松建
遵义书院	广东赤溪	同治七年		
经古书院	广西玉林	同治七年		知州叶葆元建于州城外南街
寮阳书院	广西玉林	同治七年		地方人士捐建
诚正书院	四川都江堰	同治七年		
川南书院	四川泸州	同治七年		知州觉乐恒保建
东关书院	四川盐亭	同治七年		监生岳衡建
镜塘书院	四川威远	同治七年		知县马佩玖建
正谊书院	四川达县	同治七年		
云屏书院	四川巴中	同治七年		知州陈洪绪建

（续）

书院名称	位置	始建时间	性质	说明
禹门书院	重庆潼南	同治七年		
观津书院	河北东光	同治八年		陈锡麒建
益昌书院	河北永清	同治八年		知县丘铭勋建
归儒书院	山西芮城	同治八年		
盛湖书院	江苏吴江	同治八年		里人仲廷机建
松陵学舍	江苏吴江	同治八年		里人仲廷机建，后改为国民学校
道南书院	江苏武进	同治八年		
龙山书院	浙江宁海	同治八年		知府刘璈建
蓉湖书院	浙江湖州	同治八年		知县雷兆棠建
九峰书院	浙江黄岩	同治八年		知县孙熹建
西华书院	浙江黄岩	同治八年		
鳌峰书院	江西修水	同治八年		
至乐书院	江西吉安	同治八年		
桂馨书院	江西吉安	同治八年		
石莲书院	江西吉水	同治八年		公建
千秋书院	江西泰和	同治八年		公建
养源书院	江西庐陵	同治八年		
尚志书院	山东济南	同治八年		巡抚丁宝桢建
金城书院	湖南新宁	同治八年		邑人建
望疑书院	湖南宁远	同治八年		
经心书院	湖北武汉	同治八年		学政张之洞建
应元书院	广东广州	同治八年		布政使为凯泰建
三湖书院	广东南海	同治八年		知县陈善圻建
吉河书院	广东佛冈	同治八年		邑绅宋铨山建
经古书院	广西梧州	同治八年		建于苍梧县
义正书院	四川都江堰	同治八年		唐、刘、袁诸姓建

（续）

书院名称	位置	始建时间	性质	说明
湔江书院	四川广汉	同治八年		文昌会38家会员建
东山书院	四川射洪	同治八年		
养正书院	四川都江堰	同治八年		
储英书院	重庆潼南	同治八年		邑人蒋承琦建
关阳书院	云南大关	同治八年		同知陈廷珍建
翠秀书院	云南峨山	同治八年		知县李衍绶建
泾干书院	陕西泾阳	同治八年		邑绅姚慜、姚德创立
庄浪书院	甘肃庄浪	同治八年		县丞王季寅拨膏火银
嘉诺撒 圣芳济书院	澳门	同治八年	教会书院	意大利嘉诺撒仁爱修会建
瞽目书院	北京	同治九年		
五湖书院	浙江湖州	同治九年		徐有珂建
文公书院	浙江衢州	同治九年		
龙山讲舍	浙江海宁	同治九年		张葆恩建
椒江书院	浙江临海	同治九年		同知成邦干建
秀川书院	浙江黄岩	同治九年		知县孙熹建
灵石书院	浙江黄岩	同治九年		知县孙熹建
翼文书院	浙江温岭	同治九年		同知江景清建
立成书院	安徽宿州	同治九年		周田畴建
庐江书院	江西安福	同治九年		公建
乐庠书院	江西乐安	同治九年		
平阳书院	山东新泰	同治九年		知县李溱建
长林书院	湖北荆门	同治九年		知州王庭桢建
城东书院	湖南宜章	同治九年		
澄江书院	湖南东安	同治九年		毛鸿仪建
南恩书院	广东阳江	同治九年		邑绅邓琳创建
回龙书院	广东高要	同治九年		

（续）

书院名称	位置	始建时间	性质	说明
象台书院	广西象州	同治九年		象州知州李世椿改象江书院名象台书院
香坪书院	广西北海	同治九年		建于合浦县北海珠海西路
龚州书院	广西平南	同治九年		
凤栖书院	四川都江堰	同治九年		
三元书院	四川三台	同治九年		
澄江书院	四川郫都	同治九年		
龙门书院	四川荣县	同治九年		
涪陵书院	四川潼川	同治九年		
聚奎书院	四川三台	同治九年		
志成书院	重庆江津	同治九年		邑人陈麟图建
聚奎书院	重庆涪陵	同治九年		程倬云建
涪陵书院	重庆涪陵	同治九年		知州徐浩建，又名桂馨书院
鹫峰书院	云南牟定	同治九年		乡绅邓芝建
汇文书院	北京	同治十年		
紫峰书院	河北定兴	同治十年		刘灼建
登瀛书院	上海崇明	同治十年		邑人龚克宽捐建
外明德书院	江苏淮安	同治十年	义学	绅士经理，规制义学
孝廉堂	浙江宁波	同治十年		知府边葆诚建
浔溪书院	浙江湖州	同治十年		知县萧书建
复英书院	浙江龙游	同治十年		知县李宗邺建
苍山书院	浙江天台	同治十年		知县刘引之建
萃英书院	江西万年	同治十年		两乡公建
共辰书院	江西万年	同治十年		北乡公建
长松书院	江西石城	同治十年		
从云书院	江西赣县	同治十年		知府黄德溥建
崇文书院	江西安福	同治十年		北多公建

（续）

书院名称	位置	始建时间	性质	说明
罗峰书院	山东招远	同治十年		知县赵敏功建
白阳书院	湖北荆门	同治十年		知州王庭桢建
文华书院	湖北武昌	同治十年		
紫峰书院	湖南溆浦	同治十年	教学	王学健建，未建院，生童居黑神庙肄业
敦仁书院	广东茂名	同治十年		乡绅建
南宫书院	广东茂名	同治十年		乡绅建
龙江书院	广西柳城	同治十年		柳城县知县麦文震建于县南门外
少城书院	四川成都	同治十年		总督吴棠建
余庆书院	贵州余庆	同治十年		
景阳书院	贵州修文	同治十年		知县俞渭建
川星书院	贵州平塘	同治十年		知府罗星潭建，宣统元年改为学堂
文明书院	甘肃岷县	同治十年		知县吕恕建
金山书院	甘肃山丹	同治十年		县贡生建
钟灵书院	宁夏吴忠	同治十年		同知赵兴儁建
鹿城书院	云南楚雄	同治十一年		乡绅谢长清建
幕贞书院	北京	同治十一年		
贵乡书院	河北大名	同治十一年		知府吴人镛建
启秀书院	山西归化	同治十一年		
王官书院	山西虞乡	同治十一年		
长白书院	内蒙古呼和浩特	同治十一年		绥远将军定安建，又名启秀书院
种榆书院	吉林榆树	同治十一年		地方士绅捐建
吴会书院	上海	同治十一年		邑人钮世章建
礼延书院	江苏江阴	同治十一年		金达泉建
吴公书院	江苏上海	同治十一年		
亭山书院	浙江宁海	同治十一年		知县王燿武建
拱台书院	浙江宁海	同治十一年		知县王燿武建

（续）

书院名称	位置	始建时间	性质	说明
逊志书院	浙江宁海	同治十一年		知县王燿武建
庄士书院	浙江宁海	同治十一年		知县王燿武建
翔云书院	浙江桐乡	同治十一年		沈梓建
翔云书院	浙江秀水	同治十一年		
连兴别墅	江西奉新	同治十一年		公建
泰交书院	江西修水	同治十一年		
道德书院	山东高密	同治十一年		
通德书院	山东高密	同治十一年		
乐昌书院	河南南乐	同治十一年		
宏农书院	河南灵宝	同治十一年		知县周淦捐建
鳌峰书院	湖南嘉禾	同治十一年		李实斋建
兴道书院	广东揭阳	同治十一年		乡绅建
登俊书院	广东南海	同治十一年		里人迁建
通儒书院	广东阳山	同治十一年		
桂山书院	广西临桂	同治十一年		
翠英书院	四川宜宾	同治十一年		知县潘先珍建
经道书院	四川崇州	同治十一年		
丰乐书院	四川绵阳	同治十一年		
起凤书院	贵州石阡	同治十一年		知府黄启兰建
襄武书院	甘肃陇西	同治十一年		知县吴本烈建
镜蓉书院	香港	同治十一年		
雄文书院	河北雄县	同治十二年		知县松龄建，又名九河书院
尊道书院	河北乐亭	同治十二年		
乐善书院	山西永济	同治十二年		六营村民佥建
诂经精舍	上海	同治十二年		巡道沈秉成建
尊道书院	江苏吴江	同治十二年	生童肄业	知州吴承露建，祀陆世仪

（续）

书院名称	位置	始建时间	性质	说明
尊道书院	江苏太仓	同治十二年		
致用书院	福建福州	同治十二年		王凯泰建
进修书院	江西高安	同治十二年		邹宗孟建
观成书院	江西广丰	同治十二年		
佚名书院	山东成武	同治十二年		
柳湖书院	河南淮阳	同治十二年		知县潘钟瀚建
六都书院	广东潮阳	同治十二年		总兵方耀建
濂溪书院	广东仁化	同治十二年		
启元书院	广东大埔	同治十二年		总兵方耀建
烟州书院	广东中山	同治十二年		乡绅黄虞臣建
槎西书院	广东高要	同治十二年		
丽山书院	广西扶绥	同治十二年		建于永康州
越州书院	云南曲靖	同治十二年		邑绅李映庚迁建
凌风书院	云南景东	同治十二年		同知凌应梧建
西云书院	云南大理	同治十二年		署提督杨玉科建
敷文书院	云南太和	同治十二年		
味经书院	陕西泾阳	同治十二年		督学许振祎建，戊戌变法后圮
钟灵书院	宁夏金积	同治十二年		
大观义学	台湾新北	同治十二年		林维让等捐建，文昌祠祀孔子、文昌
会文书院	天津	同治十三年		盐运使祝垲建
育英书院	河北邢台	同治十三年		知县宋陈寿建
温泉书院	河北沙河	同治十三年		李福田建
敬义书院	河北枣强	同治十三年		知县方宗诚建
崇文书院	吉林	同治十三年		绅民捐建
启心书院	黑龙江哈尔滨	同治十三年		双城堡总管富兴等倡建
格致书院	上海	同治十三年		徐寿及英人傅兰雅等邀中西绅商捐建

（续）

书院名称	位置	始建时间	性质	说明
金山书院	浙江象山	同治十三年		同知杨殿材建
正本书院	浙江缙云	同治十三年		
闻韶书院	山东临淄	同治十三年		
溴西精舍	河南孟州	同治十三年		知县姚诗雅以桃潭书院改建
石山书院	湖南浏阳	同治十三年		张颂卿等建
希贤精舍	湖南武冈	同治十三年	书斋	署知州张宪和研究经史处
新吾书院	湖南凤凰	同治十三年		兵备吴自发建，光绪六年改名为三潭书院
禺东书院	广东番禺	同治十三年		里人公建
奎光书院	广东潮阳	同治十三年		总兵方耀建
宝峰书院	广东揭阳	同治十三年		廪生谢炼建
毓秀书院	广东中山	同治十三年		乡绅甘雨心建
月山书院	广东开平	同治十三年		里人公建
铜阳书院	广西北流	同治十三年		县人梁科选重修抱朴书院改
凤楼书院	四川彭州	同治十三年		邑绅叶长高建
敷文书院	四川宜宾	同治十三年		知县沈棫建
双溪书院	四川安岳	同治十三年		
莲峰书院	重庆江津	同治十三年		李信存建
聚奎书院	重庆江津	同治十三年		乡绅张元富等建
江华书院	重庆武隆	同治十三年		绅民合建
鹤鸣书院	贵州沿河	同治十三年		恽鸿仪建
文峰书院	贵州兴义	同治十三年		知府陈廷梁建，光绪末改为高等小学堂
松江书院	贵州桐梓	同治十三年		光绪八年改为义塾
养正书院	云南弥勒	同治十三年		马鸣珂建
定阳书院	陕西定边	同治十三年		知县李世瑛建
友仁书院	陕西大荔	同治十三年		知县黄照临建，后废
南华书院	甘肃张掖	同治十三年		绅民公建

（续）

书院名称	位置	始建时间	性质	说明
归儒书院	宁夏泾源	同治十三年		提督俞胜荣建
述卿书院	澳门	同治十三年		邓均石建
崇修书院	山西太原	同治初		布政使王格吉建
服古书院	江西进贤	同治初		二十三都公建
碧莲书院	江西大余	同治初		知县黄鸣河建
春晖书院	河北清河	同治初		崔纯儒建
大观书院	湖北武昌	同治初		
钟灵书院	四川达县	同治初		
星湖书院	云南曲靖	同治初		邑人刘有训建
星湖书院	云南华宁	同治初		邑人刘有训建
定汤书院	陕西礼泉	同治初		光绪元年重建，光绪三十二年改为高等小学堂
继志书院	河北邯郸	同治中		王必恭建
香山书院	河北昌黎	同治中		
龙泉书院	河北阜平	同治中		
马公书院	江苏丰县	同治中		
西山书院	浙江临安	同治中		
崇正书院	浙江东阳	同治中		
尊儒书院	浙江临海	同治中		知府刘璈建
旦华书院	浙江临海	同治中		项靖邦建
东山书院	浙江临海	同治中		知府刘璈建
原道书院	浙江黄岩	同治中		知县孙熹建
登云书院	浙江温岭	同治中		陈万清建，又名望云书院
凤山书院	浙江温岭	同治中		陈含辉建
青云书院	浙江缙云	同治中		
星岩书院	浙江平阳	同治中		

（续）

书院名称	位置	始建时间	性质	说明
继志书院	浙江景宁	同治中		
虞山书院	浙江景宁	同治中		
西山书院	浙江于潜	同治中		
郎川书院	安徽郎溪	同治中		光绪三十二年改为小学堂
屏山书院	福建仙游	同治中		
霞桥书院	福建漳州	同治中		
东山书院	福建建宁	同治中		
道南书院	福建长汀	同治中		
丽泽书院	福建长汀	同治中		
向文书院	福建平和	同治中		
毓秀书院	福建宁化	同治中		
鹏山书院	福建永春	同治中		
怀古书院	福建永春	同治中		
梯山书院	福建永春	同治中		
振南书院	福建建宁	同治中		诸生熊士超建
南轩书院	江西萍乡	同治中		
义峰书院	江西永新	同治中		
崇文书院	江西永新	同治中		
龙江书院	江西永新	同治中		
兴贤书院	江西永新	同治中		
振兴书院	江西永新	同治中		
文州书院	江西永新	同治中		
四教书院	江西永新	同治中		
联珠书院	江西永新	同治中		
崇贤书院	江西永新	同治中		
聚奎书院	江西永新	同治中		

（续）

书院名称	位置	始建时间	性质	说明
松山书院	江西永新	同治中		
相乡书院	江西永新	同治中		
育英书院	江西永新	同治中		
金鳌书院	江西乐安	同治中		
宏敷书院	江西乐安	同治中		
斗峰书院	江西乐安	同治中		
丹桂书院	江西乐安	同治中		
位琴书院	江西乐安	同治中		
五湖书院	江西乐安	同治中		
乐至书院	江西乐安	同治中		
竹洲书院	江西乐安	同治中		
鹏博书院	江西乐安	同治中		
育英书院	江西乐安	同治中		
昌文书院	江西乐安	同治中		
江都书院	江西乐安	同治中		
圆通书院	江西乐安	同治中		
湖石书院	江西乐安	同治中		
东山书院	江西乐安	同治中		
典宣书院	江西乐安	同治中		
镜山书院	江西乐安	同治中		
中冈书院	江西乐安	同治中		
亦简书院	江西乐安	同治中		
敬业书院	江西乐安	同治中		
朝锡书院	江西乐安	同治中		
蓉山书院	江西乐安	同治中		
焕文书院	江西乐安	同治中		

（续）

书院名称	位置	始建时间	性质	说明
凭山书院	江西乐安	同治中		
培风书院	江西乐安	同治中		
崇雅书院	江西乐安	同治中		
乐贤书院	江西乐安	同治中		
横山书院	江西乐安	同治中		
横塘书院	江西乐安	同治中		
龙江书院	江西乐安	同治中		
思敬书院	江西乐安	同治中		
山南书院	江西乐安	同治中		
中山书院	江西乐安	同治中		
止所书院	江西乐安	同治中		
龙川书院	江西乐安	同治中		
山阴书院	江西乐安	同治中		
崇文书院	江西乐安	同治中		
鸽原书院	江西乐安	同治中		
桂岩书院	江西乐安	同治中		
步云书院	江西乐安	同治中		
义云书院	江西乐安	同治中		
春谷书院	江西乐安	同治中		
育才书院	江西铅山	同治中		
怀仁书院	江西铅山	同治中		袁公怀仁书院
南山书院	江西德兴	同治中		
从贤书院	江西德兴	同治中		
共振书院	江西万年	同治中		
芗山书院	江西永修	同治中		
壶峰书院	江西信丰	同治中		

（续）

书院名称	位置	始建时间	性质	说明
文明书院	江西长宁	同治中		
高峰书院	江西修水	同治中		
崇文书院	江西遂川	同治中		
聚星书院	江西遂川	同治中		
鳌峰书院	江西石城	同治中		温和羹建
纯青书院	江西宁都	同治中		
东山书院	江西信丰	同治中		温焕春建
兴贤书院	江西吉安	同治中		
象冈书院	江西安福	同治中		
文昌学院	江西安福	同治中		
淦水书院	山东淄博	同治中		以淦水义学改建
同人书院	山东临邑	同治中		
旌贤书院	山东青州	同治中		
崇正书院	河南南阳	同治中		曹学彬建
尊文书院	河南鄢陵	同治中		陈棐建
繁阳书院	河南滑县	同治中		
龙门书院	河南息县	同治中		
三闾书院	湖北郧阳	同治中		
凤公书院	湖北公安	同治中		知县杨凤翔建
育英书院	湖北房县	同治中		知县钟梦瀛建
鸣凤书院	湖北远安	同治中		
成山书院	湖北恩施	同治中		久废
江峰书院	湖北仙桃	同治中		傅卓然建
启蒙书院	湖南浏阳	同治中		为训蒙所，又称义塾
霞城书院	湖南湘潭	同治中		
景行书院	湖南祁阳	同治中		

（续）

书院名称	位置	始建时间	性质	说明
酉阳书院	湖南辰州	同治中		
延庆书院	湖南炎陵	同治中	义学	谭氏建
文明书院	湖南炎陵	同治中	义学	
鹿原书院	湖南炎陵	同知中	义学	唐姓公建
文江书院	湖南茶陵	同治中		三都公建，1959年改为乌江中学
雩江书院	湖南茶陵	同治中		十六、十七、十八都公建
象湖书院	湖南茶陵	同治中		九、十、十三都公建
大湖书院	湖南茶陵	同治中		庠生颜可象等建
源泉书院	湖南茶陵	同治中		源泉公堂建，1956年拆毁
梅林书院	湖南茶陵	同治中		谭姓公建，1953年废
梓林书院	湖南茶陵	同治中		刘姓公建
芦江书院	湖南茶陵	同治中		下二十都建
范乐书院	湖南茶陵	同治中		蓝纯夫建
北泉书院	湖南永兴	同治中		
塔峰书院	湖南桂阳	同治中		陈氏建
湘南书院	湖南桂阳	同治中		陈氏建
凤山书院	湖南桂阳	同治中		州人颜锡藩等率族人建
指南书院	湖南辰溪	同治中		
霞山书院	湖南湘潭	同治中	教学	教谕邹湘倜建，专招不为科举之士
雯峰书院	湖南衡山	同治中		
正业书院	湖南绥宁	同治中		
莲溪书院	广东高明	同治中		
升平书院	广东恩平	同治中		
员冈书院	广东番禺	同治中		
亭山书院	广东番禺	同治中		
三阁书院	广东番禺	同治中		

（续）

书院名称	位置	始建时间	性质	说明
绍山书院	广东番禺	同治中		
遂良书院	广东番禺	同治中		
六秀书院	广西灵山	同治中		建于六峰山上
寿文书院	广西防城	同治中		建于防城那良镇
三台书院	四川富顺	同治中		乡绅王余照建
奎文书院	四川富顺	同治中		御史赵世延建
崇文书院	四川射洪	同治中		文昌会与乡绅建
凤仪书院	四川达县	同治中		
文林书院	四川达县	同治中		
育德书院	四川达县	同治中		
育英书院	四川达县	同治中		
云峰书院	四川达县	同治中		
字水书院	四川达县	同治中		
集义书院	四川达县	同治中		
鹿鸣书院	四川达县	同治中		
龙会书院	四川达县	同治中		
养贤书院	四川达县	同治中		
南浦书院	重庆万州	同治中		
学源书院	云南曲靖	同治中		邑人赵有仁建
文昌书院	甘肃岷县	同治中		后改名陇南书院，迁天水
关山书院	甘肃康县	同治中		
溇江书院	湖南慈利	同治末		李莲航、李树芳等建，光绪二十一年知县迁建
左江书院	广西南宁	同治末		左江道周星誉建于宣化县府前东街
坝羊书院	贵州紫云	同治末		副贡傅良臣建
书乡书院	天津宁河	光绪元年		邑人陈学曾建
会文书院	河北天津	光绪元年		

（续）

书院名称	位置	始建时间	性质	说明
莲诏书院	辽宁桓仁	光绪元年		知县金作埙建
切问书院	江苏吴江	光绪元年		
高山书院	江苏武进	光绪元年		
姚江书院	浙江会稽	光绪元年		
白岩讲舍	浙江仙居	光绪元年		王鸣盛建
博文书院	福建厦门	光绪元年		
崇德书院	江西修水	光绪元年		
东津书院	山东利津	光绪元年		
静远书院	河南周口	光绪元年		胡万善建
清漪书院	湖南临武	光绪元年		乡人改康王庙而建
凤南书院	广东四会	光绪元年		
梅东书院	广东梅州	光绪元年		邑人公建
双江书院	广东吴川	光绪元年		知县裘伯玉建
蒲津书院	广西邕宁	光绪元年		绅士颜维城等建于蒲庙圩
尊经书院	四川成都	光绪元年		学政张之洞准建
文昌书院	四川富顺	光绪元年		邑绅廖正华建
鹅溪书院	四川盐亭	光绪元年		邑绅建
德阳书院	四川遂宁	光绪元年		举人陈彩建
开文书院	海南琼山	光绪元年		乡绅公建
松茂书院	贵州松桃	光绪元年		乡绅戴明杨建，光绪末废
炉峰书院	贵州凯里	光绪元年		道员曾纪凤建，光绪三十年改高等小学
起凤书院	云南江川	光绪元年		副榜王来宾建
养正书院	云南蒙自	光绪元年		官绅重建，久废
中和书院	云南弥渡	光绪元年		杨景修建
新城书院	陕西靖边	光绪元年		知县孔广晋建，后圮

（续）

书院名称	位置	始建时间	性质	说明
见墙书院	陕西定边	光绪元年		蜀军管带长张刘文等与知县李世瀛建
圣约瑟书院	澳门	光绪元年		天主教会建
求志书院	上海	光绪二年		巡道冯焌光建
登瀛书院	江苏铜山	光绪二年		
聚奎书院	江苏连云港	光绪二年		知县蒋志拔建
三一书院	浙江宁波	光绪二年		英国圣公会传教士霍约瑟建
陶甄书院	浙江嘉兴	光绪二年		知县罗子森等建
鹤皋书院	浙江青田	光绪二年		又名兀突书院
沃西书院	浙江新昌	光绪二年		何维贤等捐资创建，有学田112亩
蒙养书院	浙江长宁	光绪二年		
岳公书院	山东郓城	光绪二年		
富阳书院	湖北京山	光绪二年		邑人高运岳建
兰溪书院	湖南资兴	光绪二年		乡人公建，1904年改为兰溪高等小学堂
清江书院	四川广元	光绪二年		千总杨开山建
镴峰书院	云南罗平	光绪二年		知州高国鼎迁建，后毁于兵火
马街书院	云南元谋	光绪二年		知县秦学贤等建
毓秀书院	云南南涧	光绪二年		同知萧培基建
苹笙书院	陕西安塞	光绪二年		知县吴光霁于城内旧书院重建
陇南书院	甘肃天水	光绪二年		分巡道董文涣建，光绪三十二年改为州中学堂
庆兴书院	甘肃庆阳	光绪二年		
正心书院	台湾南投	光绪二年	教育水社子弟	总兵吴光亮建
滋阳书院	河北安平	光绪三年		
抡才书院	河北张家口	光绪三年		
皋州书院	山西乐平	光绪三年		
启凤书院	辽宁凤城	光绪三年		东边道陈本植建，民国改学校

（续）

书院名称	位置	始建时间	性质	说明
九峰书院	浙江定海	光绪三年		叶振六建
锡光别墅	江西奉新	光绪三年		
学海书院	山东海阳	光绪三年		
太经书院	湖北武穴	光绪三年		
凤阳书院	湖北房县	光绪三年		竹溪陈豪建
凌云书院	广东高明	光绪三年		乡绅建
丽山书院	广东化州	光绪三年		庠生董惟经建
金山书院	广东潮州	光绪三年		总兵方耀建
三山书院	广东潮州	光绪三年		总绅李从龙建
桂林书院	广东高要	光绪三年		
届远书院	广西凭祥	光绪三年		文昌学会筹资建于凭祥土洲
撷秀书院	广西凭祥	光绪三年		地方人士建于凭祥土洲上石
夏古书院	广西凭祥	光绪三年		地方人士建于凭祥土洲夏石
经正书院	广西田东	光绪三年		恩龙县治学陈如金建
潜龙书院	重庆潼南	光绪三年		
沧江书院	云南兰坪	光绪三年		提督杨玉科建
渭川书院	陕西渭南	光绪三年		知县张国钧建
五峰书院	青海西宁	光绪三年		西宁办事大臣豫师等建
泰兴书院	青海大通	光绪三年		知县万钟騄建
龙支书院	青海循化	光绪三年		
又新书院	宁夏平罗	光绪三年		知县宋维孜重建
雪峰书院	台湾屏东	光绪三年		蓝登辉、张简荣、张建德等建
抡材书院	河北张家口	光绪四年		穆图善建
天临书院	山西临县	光绪四年		
梅溪书院	上海	光绪四年		张焕纶建，又名正蒙书院
芝生书院	江苏盱眙	光绪四年		邑绅吴炳田建

（续）

书院名称	位置	始建时间	性质	说明
棠阴书院	江苏常州	光绪四年		
振文书院	浙江定海	光绪四年		王锡山建
集贤书院	福建建阳	光绪四年		
培元书院	江西吉安	光绪四年		匡汝谐建
白雪书院	湖北黄冈	光绪四年		易良材建
辅文书院	湖北江陵	光绪四年		将军希元等四人建
江北书院	湖南涟源	光绪四年		乡人刘雨亭创建
西冲书院	湖南涟源	光绪四年		乡人黄楚才创建
神山书院	广东揭阳	光绪四年		乡绅建
斑峰书院	广西南宁	光绪四年		
卓山书院	贵州铜仁	光绪四年		贵东道易佩绅以大佛寺回龙寺改
学古书院	云南巍山	光绪四年		同知夏廷燮建
龙冈书院	辽宁开原	光绪五年		知县魏樾等建，光绪三十一年改为学堂
三近书院	江苏常州	光绪五年		
圣约翰书院	上海	光绪五年		
博习书院	江苏苏州	光绪五年		
辨志书院	浙江宁波	光绪五年		知府宗源瀚建，又名辨志精舍
北山书院	浙江嵊州	光绪五年		夏森等以云济庵改
兴贤书院	江西莲花	光绪五年		贺永清建
江南书院	湖南涟源	光绪五年		乡人刘弼臣建
崇实书院	广东梅州	光绪五年		邑绅黄鸾藻等建
镇文书院	广东吴川	光绪五年		琼州总兵彭玉建
江阳书院	广东吴川	光绪五年		官绅合建
江溪书院	广西上林	光绪五年		又名汇水书院，建于三里圩
凤鸣书院	广西博白	光绪五年		秀才李瑞偕建于双凤圩
孝灵书院	四川盐亭	光绪五年		贡生许文渊建

（续）

书院名称	位置	始建时间	性质	说明
麟亭书院	四川盐亭	光绪五年		贡生谭慎修建
凤台书院	四川盐亭	光绪五年		贡生谭慎修建
凤翔书院	四川简阳	光绪五年		
作人书院	四川达县	光绪五年		
文明书院	贵州镇远	光绪五年		知县林品南等建
蓉峰书院	云南陆良	光绪五年		知州刘祖启建，光绪三十二年改小学堂
经古书院	云南巍山	光绪五年		同知夏廷燮建
天台书院	陕西汉中	光绪五年		知县罗诚之建，光绪三十一年改高等小学堂
武阳书院	甘肃漳县	光绪五年		袁范、陈秉基、刘树基先后创建
金台书院	江苏武进	光绪六年		
射阳书院	江苏淮安	光绪六年	生童皆课	知县陆元鼎建
养正书院	浙江宁波	光绪六年	教会书院	美国浸礼会传教士卫克斯建
昌明书院	浙江东阳	光绪六年		
朝阳书院	福建凤山	光绪六年		
龙城书院	山东莱州	光绪六年		
龙泉精舍	湖南嘉禾	光绪六年		刘济霖建文昌图书院，后改名龙泉精舍
龙溪书院	广东潮州	光绪六年		总兵方耀建
得朋书院	广东番禺	光绪六年		
十八坊书院	广东高要	光绪六年		
龙池书院	四川南江	光绪六年		
登云书院	重庆潼南	光绪六年		监生张镜明建
墨香书院	重庆黔江	光绪六年		举人陈其杓建
钟灵书院	云南陆良	光绪六年		县绅杨秉仁等建，宣统元年改为小学堂
少保书院	云南施甸	光绪六年		贡生李济川建
曲江书院	云南建水	光绪六年		知县章于锦建
登瀛书院	台湾台北	光绪六年		知府陈星聚建

（续）

书院名称	位置	始建时间	性质	说明
温阳书院	北京怀柔	光绪七年		知县严瑄建，又名螺峰书院
晋城书院	山西泽州	光绪七年		
经义书院	黑龙江齐齐哈尔	光绪七年		水师营总管马海昌倡建
岘湖书院	江苏常州	光绪七年		
临津书院	江苏常州	光绪七年		
崇信书院	浙江宁波	光绪七年		北美长老会传教士麦嘉狄建
罗山书院	浙江永嘉	光绪七年		知县张宝琳建
千秋书院	浙江奉化	光绪七年		张为霖建
崇正书院	安徽庐江	光绪七年		提督王占魁及邑绅许安邦建
孝廉书院	江西南昌	光绪七年		李文敏建
培真书院	山东青州	光绪七年	教会书院	英国教会建
致用精舍	河南武陟	光绪七年		陈宝箴建
凤山书院	湖北来凤	光绪七年		知县唐殿华建
登龙书院	湖北来凤	光绪七年		知县唐殿华建
宋隆书院	广东高要	光绪七年		
文中书院	广东石城	光绪七年		
紫泉书院	广西贵港	光绪七年		城绅林廷献建
鹅城书院	广西百色	光绪七年		陈如金建于厅署东
治经书院	四川绵阳	光绪七年		知州刘南建，原名传经书院
楚材书院	四川宜宾	光绪七年		文生李春霖建
九峰书院	四川茂州	光绪七年		
摩苍书院	云南保山	光绪七年		绅士段朝元建
凤山书院	云南腾越	光绪七年		
正谊书院	陕西泾阳	光绪七年		三原知县焦云龙建
丰广书院	甘肃榆中	光绪七年		邑绅张敬铭建
学古堂	河北保定	光绪八年		

（续）

书院名称	位置	始建时间	性质	说明
筑川书院	江苏盐城	光绪八年		以旧学舍建院
金溪书院	江苏青浦	光绪八年		
中西书院	上海	光绪八年		
珠山书院	浙江象山	光绪八年		王宪章建
莲峰书院	福建建瓯	光绪八年		
仰山书院	福建福安	光绪八年		
圣邻书院	山东宁阳	光绪八年		知县陈六显建
右文书院	山东曹县	光绪八年		
黎南书院	河南滑县	光绪八年		
黎南书院	河南浚县	光绪八年		
鄜梁书院	湖南溆浦	光绪八年		张厚德等建，光绪二十六年落成
临江书院	广东化州	光绪八年		邑绅罗成焕建
继光书院	广东化州	光绪八年		廪生王猷建
鉴光书院	广东化州	光绪八年		
斑峰书院	广西邕宁	光绪八年		绅士黄玉吾等建于刘圩斑山
含文书院	广西邕宁	光绪八年		绅士班风池等建于县汶文头圩
南斌书院	广西邕宁	光绪八年		众绅捐建于良庆圩
经古书院	广西北流	光绪八年		北流地方绅士捐建于新城东龙桥南
炳蔡书院	四川三台	光绪八年		国学吕兆祥建
九峰书院	四川盐亭	光绪八年		邓鸣珂建
昌明书院	四川广安	光绪八年		里人捐建
紫霞书院	四川名山	光绪八年		举人张锡衡建
文明书院	四川梓潼	光绪八年		
亮善书院	四川西昌	光绪八年		邑绅胡国枢建
培风书院	贵州普安	光绪八年		
同仁书院	云南临沧	光绪八年		

（续）

书院名称	位置	始建时间	性质	说明
道成书院	云南蒙自	光绪八年		临开广道陈灿建，为临开广三府书院
令德堂	山西太原	光绪九年		巡抚张之洞建，又名令德书院
仰山书院	山西石楼	光绪九年		
九峰书院	浙江汤溪	光绪九年		
临津书院	山东宁津	光绪九年		
文美书院	山东潍坊	光绪九年		美国基督教会建
宏文书院	湖北南漳	光绪九年		
西成书院	广东南海	光绪九年		乡绅迁建
蓬山书院	广东石城	光绪九年		
凭祥书院	广西凭祥	光绪九年		广西巡抚徐延旭建于凭祥土洲
平山书院	广西玉林	光绪九年		地方人士捐建于平山圩
扶阳书院	广西北流	光绪九年		地方绅士谢景星建于扶来里扶阳乡
凌云书院	四川屏山	光绪九年		
鸡窗书院	贵州雷山	光绪九年		改为义学
三台书院	云南呈贡	光绪九年		砺峰书院改为学官署，新建三台书院
沂溪书院	云南罗平	光绪九年		知州葛敬远改名龙源书院
洱源书院	云南洱源	光绪九年		
求古书院	甘肃兰州	光绪九年		总督谭钟麟建，光绪三十一年改初级师范
明新书院	台湾南投	光绪九年	义学	陈长江倡建，祀文昌、仓颉、朱熹
启文书院	台湾南投	光绪九年		同知傅若金倡建
集益书院	河北霸州	光绪十年		陈鸿保建
平城书院	山西大同	光绪十年		知府丁体常建
养正书院	吉林长春	光绪十年		长春厅通判李金镛建
南菁书院	江苏江阴	光绪十年		江苏学政黄体芳建
篆山书院	浙江奉化	光绪十年		王禹堂建
孝堂书院	山东肥城	光绪十年		

（续）

书院名称	位置	始建时间	性质	说明
龙城书院	河南范县	光绪十年		
文富书院	河南商水	光绪十年		贡生王璪典建
瞻韩书院	河南沁阳	光绪十年		河北观察使许振祎建
高观书院	湖北武昌	光绪十年		巡抚祖贤建
金鹗书院	湖南岳阳	光绪十年		知县刘邦华等建
龙潭书院	湖南桂阳	光绪十年		州人陈士杰等建，1903年改为中学堂
程溪书院	广东德庆	光绪十年		
专经书院	四川南川	光绪十年		
凤栖书院	四川遂宁	光绪十年		雷云凤建
萃英书院	四川铜梁	光绪十年		
研经书院	海南琼山	光绪十年		邑绅冯骥声建
培元书院	贵州务川	光绪十年		知县张济辉建，清末改为高初两等小学
养正书院	云南洱源	光绪十年		知州黄继善重修
鸿材书院	云南永胜	光绪十年		同知汪瑞鸿建
观澜书院	云南洱源	光绪十年		知县陈文锦建，又名洱源书院
仓泉书院	甘肃成县	光绪十年		知县李焌建，有作沧泉书院
莲峰书院	甘肃临潭	光绪十年		知县李日乾建
令德书院	山西太原	光绪十一年		
秀水书院	辽宁康平	光绪十一年		宣统二年改为劝学所
启文书院	吉林伊通	光绪十一年		知州贡启章建
文节书院	江苏新阳	光绪十一年		
道乡书院	江苏武进	光绪十一年		
心兰书院	浙江瑞安	光绪十一年		
梅峰书院	浙江淳安	光绪十一年		知县顾曾林建
崇实书院	浙江宁波	光绪十一年		道台薛福成建
长山书院	浙江金华	光绪十一年		正学曹砺成建

（续）

书院名称	位置	始建时间	性质	说明
仁义书院	江西宁都	光绪十一年		刘乙建
阳明书院	江西吉水	光绪十一年		
渔浦书院	湖南慈利	光绪十一年		李绍华、李长青等仿岳麓书院建
敦伦书院	广东开平	光绪十一年		里人公建
鳌峰书院	广东恩平	光绪十一年		
富文书院	广西玉林	光绪十一年		地方人士捐建于富民乡樟木圩
六里书院	广西北流	光绪十一年		北流地方绅士何守庆建
凤山书院	四川长宁	光绪十一年		
金江书院	海南澄迈	光绪十一年		官绅合建
凤翔书院	云南临沧	光绪十一年		
觻得书院	甘肃张掖	光绪十一年		光绪三十一年知县李含菁改为高等小学堂
集贤书院	天津	光绪十二年		运使季邦桢建
博文书院	天津	光绪十二年		
敦行书院	山西永济	光绪十二年		
古丰书院	内蒙古呼和浩特	光绪十二年		归绥道台安祥建
丽黄书院	江苏泰兴	光绪十二年		知县杨激云建
平川书院	浙江嘉善	光绪十二年		郁洪谟建
同文义塾	浙江诸暨	光绪十二年		寿静观等建，光绪二十四年改为书院
峨峰书院	江西万载	光绪十二年		龙三臣妻宋氏建
湖陵书院	山东鱼台	光绪十二年		
恩平书院	河北邱县	光绪十二年		
滨资书院	湖南安化	光绪十二年		邑人黄岱钟、黄远藩等建
登隆书院	广东潮州	光绪十二年		
正谊书院	广东潮州	光绪十二年		
格致书院	广东广州	光绪十二年		

（续）

书院名称	位置	始建时间	性质	说明
三官书院	广西邕宁	光绪十二年		众绅捐建于县南那尧许
崇文书院	四川射洪	光绪十二年		文生冯刘德周公建
蓬莱书院	四川射洪	光绪十二年		廪生梁崇鲲建
育才书院	四川南川	光绪十二年		
味经书院	贵州遵义	光绪十二年		总兵何行保建，专教以经籍古学
蔚文书院	云南牟定	光绪十二年		
竹林书院	云南牟定	光绪十二年		
稽古书院	天津	光绪十三年		知府汪守正建
仰山书院	山西石桥	光绪十三年		知县曹荣建
辽西书院	辽宁新民	光绪十三年		后改为两等小学堂
启运书院	辽宁新宾	光绪十三年		兴京同知许之泰建
溯沂书院	江苏赣榆	光绪十三年		知县王豫熙建
守正书院	江苏东台	光绪十三年		
鄮山书院	浙江鄞州	光绪十三年		
慎修书院	湖南岳阳	光绪十三年		知府文镛建，1902年改为中学堂
盘石书院	四川资阳	光绪十三年		
菁莪书院	广东罗定	光绪十三年		
瓠荫书院	广西大新	光绪十三年		建于太平土洲城南街
南股书院	广西防城港	光绪十三年		绅士州敬湘建于防城江平旧寨
桄榔书院	海南儋州	光绪十三年		知州崔增瑞改建
崇德书院	贵州镇远	光绪十三年		知府刘桂清督建，清末改为学堂
兴文书院	云南马关	光绪十三年		
海峰书院	青海湟源	光绪十三年		同知张晖旸建，光绪三十二年改为高等小学堂
景义书院	河北新乐	光绪十四年		雷鹤鸣建
广源书院	山西宁武	光绪十四年		

（续）

书院名称	位置	始建时间	性质	说明
考槃书院	山西芮城	光绪十四年		例授修职郎常袖文建
俄文书院	吉林珲春	光绪十四年		吉林将军希元建
学古堂	江苏苏州	光绪十四年		布政使黄彭年仿莲池书院建
汇文书院	江苏江宁	光绪十四年		
元峰书院	福建政和	光绪十四年		
涧东书院	江西吉安	光绪十四年		
德山书院	湖南常德	光绪十四年		知县李宗莲与士民倡建
北江书院	广东曲江	光绪十四年		知县郑守昌建
丽泽书院	广东茂名	光绪十四年		大理寺少卿杨颐建
西关书院	广东潮州	光绪十四年		邑绅翁兰建
皇华书院	广西岑溪	光绪十四年		由粤岑书院改建
振兴书院	广西博白	光绪十四年		刘紫庭建于亚山圩
崇正书院	广西田阳	光绪十四年		奉仪州知州李霈春建于冻暮州玉皇阁
显西书院	广西灵山	光绪十四年		拔贡仇葆厚等建于太平圩
三宁书院	广西灵山	光绪十四年		麻厚光等建于那楼圩
江平书院	广西防城	光绪十四年		建于防城江平旧寨
通林书院	四川犍为	光绪十四年		盐局委员吴国霖建
匡山书院	四川江油	光绪十四年		
通材书院	四川犍为	光绪十四年		
龙山书院	海南三亚	光绪十四年		知州唐镜沅改建
五公精舍	海南琼山	光绪十四年		官绅合建
应元书院	海南琼山	光绪十四年		贡生陈廷芳改建
磺溪书院	台湾台中	光绪十四年	教学	赵壁、蔡翰云等建，祀五文昌
培风书院	江苏丹徒	光绪十五年		知县王兰芝建
颜安书院	江苏青浦	光绪十五年		
振秀书院	浙江嘉兴	光绪十五年		知县朱启凤建

（续）

书院名称	位置	始建时间	性质	说明
邵亭书院	河南济源	光绪十五年		巡检阳克谐建
广雅书院	广东广州	光绪十五年		湖广总督张之洞建
太平书院	广东南海	光绪十五年		乡绅建
文明书院	广东高要	光绪十五年		
凤山书院	广西柳城	光绪十五年		知县陈师舜重建
绥丰书院	广西钦江	光绪十五年		知州李绶彤改东坡书院名绥丰书院
文蔚书院	广西钦江	光绪十五年		建于大直
培文书院	四川广安	光绪十五年		知州廖葆恒建
凤楼书院	四川简阳	光绪十五年		
凤鸣书院	重庆江津	光绪十五年		乡人公建
文峰书院	重庆江津	光绪十五年		乡人公建
墨江书院	重庆黔江	光绪十五年		
兴文书院	云南文山	光绪十五年		贡生唐在瑞建
玉屏书院	云南鹤庆	光绪十五年		邑绅舒金和等建
庆云书院	云南鹤庆	光绪十五年		邑绅舒金和建
玉峰书院	云南鹤庆	光绪十五年		
文介书院	陕西大荔	光绪十五年		邑绅阎敬铭建，清末改学堂后仍存
金明书院	陕西延安	光绪十五年		
宏文书院	台湾台中	光绪十五年		知县黄承乙等建
英才书院	台湾苗栗	光绪十五年		举人谢维岳建
广晋书院	河北大名	光绪十六年		知县姚定元建
修身书院	山西灵石	光绪十六年		秀才胡良建
尊经书院	山西黎城	光绪十六年		
梨城书院	吉林梨树	光绪十六年		知县张瑞三建
文正书院	江苏江宁	光绪十六年		为纪念曾国藩建，清末改为府中学堂
栖溪书院	浙江余杭	光绪十六年		知县高积勋建

（续）

书院名称	位置	始建时间	性质	说明
毓秀书院	浙江衢州	光绪十六年		知县吴桂显建
扶雅书院	浙江黄岩	光绪十六年		管竹霖建
培风书院	福建建阳	光绪十六年		
尼金书院	江西吉安	光绪十六年		李崇谦建
泥金书院	江西庐陵	光绪十六年		
崇正书院	山东兖州	光绪十六年		知县周衍恩建
正谊书院	山东德州	光绪十六年		
经正书院	河南卢氏	光绪十六年		知县韩炬建
两湖书院	湖北武汉	光绪十六年		总督张之洞建
东洲书院	广东高明	光绪十六年		公建
上莆书院	广东潮州	光绪十六年		
六鳌书院	广东潮州	光绪十六年		
毓秀书院	广西邕宁	光绪十六年		谢龙光等建于甘棠书院址，又名尖峰书院
思齐书院	广西宁明	光绪十六年		思乐县分统黄守忠建于伯江圩
云麓书院	广西德保	光绪十六年		建于镇安府城内云山东麓
涪西书院	四川绵阳	光绪十六年		知州刘南建
梅香书院	重庆秀山	光绪十六年		知县余恩鸿建
少墟书院	陕西西安	光绪十六年		巡抚陶模建，光绪三十二年改高等小学堂
菁化书院	黑龙江宾县	光绪十七年		同知吴某建
怀德书院	吉林怀德	光绪十七年		知县建，26年后废
昌明书院	吉林珲春	光绪十七年		副都统恩泽建，又名明昌书院
辅翼书院	吉林农安	光绪十七年		知县贺埙建
尊经书院	江苏高淳	光绪十七年		
宏育书院	江苏江宁	光绪十七年		
丰山书院	安徽滁州	光绪十七年		署知州余适中建
池楼书院	山东济宁	光绪十七年		

（续）

书院名称	位置	始建时间	性质	说明
豫南书院	河南信阳	光绪十七年		兵备道朱寿镛建
两溪书院	湖南慈利	光绪十七年		朱九功建，1907年改为两溪高等小学校
万木草堂	广东广州	光绪十七年		康有为创办
十都书院	广东高要	光绪十七年		
瑞应书院	广东台山	光绪十七年		乡绅建
甲峰书院	广西邕宁	光绪十七年		众绅捐建于县南大塘圩
永业书院	广西岑溪	光绪十七年		乡人陈文波、陈耀光等建于永业乡
通县书院	四川安岳	光绪十七年		举人谢世珍建
鹿山书院	重庆彭水	光绪十七年		
松阳书院	贵州松桃	光绪十七年		宣统元年改为初等小学堂
莲花书院	贵州台江	光绪十七年		同知周庆芝建
经正书院	云南昆明	光绪十七年		总督王文绍、巡抚谭钧培建
五原书院	宁夏固原	光绪十七年		提督雷正绾建
兴贤书院	台湾彰化	光绪十七年		
双城书院	黑龙江双城	光绪十八年		就启心书院改建
南濡学舍	江苏丹徒	光绪十八年		知州王仁堪建
崇正讲舍	浙江海宁	光绪十八年		张宝华建
道南书院	福建永泰	光绪十八年		
凤鸣书院	福建武夷山	光绪十八年		
栗江书院	江西萍乡	光绪十八年		柳恩诚建
东蒙书院	山东蒙阴	光绪十八年		知县陶振宗建
葵丘书院	河南兰考	光绪十八年		知县郭藻建
龙溪书院	广西恭城	光绪十八年		武举常静纯建于常家村
嘉乐书院	四川广汉	光绪十八年		
紫阳书院	四川铜梁	光绪十八年		
育才书院	海南定安	光绪十八年		邑绅莫若师建

（续）

书院名称	位置	始建时间	性质	说明
经古书院	重庆丰都	光绪十八年		
文思书院	贵州德江	光绪十八年		原名言是堂，又名龙津书院、大宝书院
翔凤书院	云南新平	光绪十八年		邑人龚纯儒建
鱼峰书院	云南个旧	光绪十八年		云贵总督岑毓英建
经正书院	上海	光绪十九年		
华英书院	浙江宁波	光绪十九年	教会书院	英国基督教会传教士华以利沙白建
研经书院	湖南衡山	光绪十九年		地方公建，1904年改为小学堂
大乡书院	湖南永顺	光绪十九年		知县朱益浚建
孝廉堂	广东潮州	光绪十九年		
同风书院	广西龙州	光绪十九年		太平思顺道蔡希邠建于龙州东南外
峤南书院	广西容县	光绪十九年		进士黄玉忠等建
味经书院	广西合浦	光绪十九年		知府刘齐浔、县绅李怀本建
凌霄书院	海南琼山	光绪十九年		知县张士程建
庆恩书院	四川富顺	光绪十九年		
渝郡书院	重庆巴南	光绪十九年		
味经书院	四川永川	光绪十九年		
回龙书院	四川东乡	光绪十九年		
华祝书院	重庆丰都	光绪十九年		邑绅杨懋修建
致用书院	重庆巴南	光绪十九年		川东道黎庶昌建，光绪二十六年改名经学
渝郡书院	重庆巴南	光绪十九年		知县王遵文建
经味书院	重庆永川	光绪十九年		知县许曾阴建
龙江书院	贵州凯里	光绪十九年		乡绅某建
蠡山书院	宁夏泾源	光绪十九年		知县王宝镛建
明道书院	台湾台北	光绪十九年		布政使沈应奎建
崇基书院	台湾基隆	光绪十九年		举人江呈辉建
经政书院	北京	光绪二十年		

（续）

书院名称	位置	始建时间	性质	说明
佚名书院	山西大宁	光绪二十年		
益智书院	江苏江宁	光绪二十年		
西山书院	福建浦城	光绪二十年		
求贤书院	湖南长沙	光绪二十年		巡抚吴大澂建
陈氏书院	广东广州	光绪二十年		
燕喜书院	广东连州	光绪二十年		学政徐琪建
迁善书院	广西宁明	光绪二十年		建于上思直隶厅迁隆峒
广仁书院	广西梧州	光绪二十年		康有为等建于梧州广仁路
陆阳书院	广西陆川	光绪二十年		刘赋良、陈经祥建
鹊峰书院	海南澄迈	光绪二十年		邑绅陈彝谦建
清华书院	四川安岳	光绪二十年		
鱼龙书院	四川安岳	光绪二十年		
齐云书院	四川安岳	光绪二十年		
玉溪书院	四川安岳	光绪二十年		
化龙书院	四川安岳	光绪二十年		
云龙书院	四川安岳	光绪二十年		
培英书院	四川安岳	光绪二十年		
云峰书院	四川安岳	光绪二十年		
石龙书院	四川安岳	光绪二十年		
玉林书院	四川安岳	光绪二十年		
龙门书院	四川安岳	光绪二十年		
春秋书院	四川安岳	光绪二十年		
龙文书院	四川安岳	光绪二十年		
瑞星书院	四川三台	光绪二十年		孝廉王龙幼建
行余书院	重庆巴南	光绪二十年		举人汤铭勋建
育英书院	云南昭通	光绪二十年		知府林绍年建

（续）

书院名称	位置	始建时间	性质	说明
天鸡书院	云南兰坪	光绪二十年		知府陈宗海建
紫阳书院	陕西留坝	光绪二十年		原南观义学
时中书院	天津	光绪二十一年		
梁丰书院	江苏江阴	光绪二十一年		里绅邵清儒建，旋改校士馆
尚志书院	江苏盐城	光绪二十一年		知县刘崇熙建，清末改为学堂
犹龙书院	江苏淮阴	光绪二十一年		
算学书院	浙江瑞安	光绪二十一年		孙诒让建，次年开学时定名为学计馆
宏文书院	浙江东阳	光绪二十一年		
丹陵书院	河南范县	光绪二十一年		
广韶书院	河南渑池	光绪二十一年		知县李汝拔建
沱江书院	湖南江华	光绪二十一年		现为江华二中校址
凤山书院	广东开平	光绪二十一年		知县刘盛堂建
康文书院	广东开平	光绪二十一年		谭姓乡绅建
仙冈书院	广东南海	光绪二十一年		里人公建
南阳书院	广西西林	光绪二十一年		岑毓英、岑毓琦建
青云书院	四川安岳	光绪二十一年		
莲峰书院	四川安岳	光绪二十一年		
石龙书院	四川安岳	光绪二十一年		
南乡书院	四川安岳	光绪二十一年		
龙潭书院	四川安岳	光绪二十一年		
东林书院	四川安岳	光绪二十一年		
崇文书院	四川安岳	光绪二十一年		
广德书院	四川安岳	光绪二十一年		
龙冈书院	四川安岳	光绪二十一年		
莲华书院	四川安岳	光绪二十一年		
育英书院	四川安岳	光绪二十一年		

（续）

书院名称	位置	始建时间	性质	说明
三省书院	四川安岳	光绪二十一年		
文峰书院	四川安岳	光绪二十一年		
香玉书院	四川安岳	光绪二十一年		
凤凰书院	四川安岳	光绪二十一年		
崇文书院	四川安岳	光绪二十一年		
研经书院	四川西昌	光绪二十一年		知县胡薇元建
台山书院	云南江川	光绪二十一年		
庆云书院	云南洱源	光绪二十一年		阳葛卢建
峰台书院	宁夏隆德	光绪二十一年		知县卢式堃建
三林书院	上海	光绪二十二年		邑人秦荣光建，光绪二十八年改为三林学堂
锦带书院	江苏江阴	光绪二十二年		里人周诗兴等建
袁江书院	江苏淮阴	光绪二十三年		知县侯绍瀛建
狄龙书院	江苏淮阴	光绪二十三年		知县侯绍瀛建，旋废
东游书院	浙江会稽	光绪二十二年		陶濬瑄独自捐建并提供经费
苍霞书院	福建福州	光绪二十二年		陈璧建
鹤亭书院	福建建瓯	光绪二十二年		
摄西书院	山东聊城	光绪二十二年		
东山书院	海南琼山	光绪二十二年		邑绅王鸣章建
酌经书院	四川荣县	光绪二十二年		
玉乞书院	云南玉溪	光绪二十二年		
卫道书院	陕西吴旗	光绪二十二年		官绅创建
宁河书院	甘肃和政	光绪二十二年		后改名龙泉书院
崇山书院	青海大通	光绪二十二年		原书院毁于同治兵乱，知县史文光重建
求实书院	浙江杭州	光绪二十三年		巡抚廖寿丰、知府林启建
中西书院	浙江杭州	光绪二十三年		巡抚廖寿丰建
育英书院	浙江杭州	光绪二十三年	教会书院	美国基督教会北长老会建

（续）

书院名称	位置	始建时间	性质	说明
求是书院	浙江杭州	光绪二十三年		
时务学堂	湖南长沙	光绪二十三年		光绪二十六年改为求实书院，1902年改为湖南大学堂
平云书院	四川大邑	光绪二十三年		知县陈兆棠建
经纬书院	四川威远	光绪二十三年		
育秀书院	重庆潼南	光绪二十三年		
南台书院	贵州盘州	光绪二十三年		
彝训书院	云南富源	光绪二十三年		知县石渠建
崇实书院	陕西泾阳	光绪二十三年		督学赵维熙建，光绪二十七年奏并于宏道书院
英华书院	香港	光绪二十三年		
三溪书院	浙江永嘉	光绪二十四年		胡宗元建
西河书院	江西景德镇	光绪二十四年		汪应龙建
德华书院	山东青岛	光绪二十四年	教会书院	德国传教士昆祚建
会仙书院	山东邹平	光绪二十四年		
乐善书院	河南周口	光绪二十四年		周口保甲局委鄢世仁建
增江书院	广东广州	光绪二十四年		邑绅捐建
文英书院	广东英德	光绪二十四年		乡绅建
万春书院	四川双流	光绪二十四年		
龙门书院	云南临沧	光绪二十四年		
养正书院	浙江杭州	光绪二十五年		知府林启建
达材书院	浙江诸暨	光绪二十五年		有作达才书院
景紫书院	浙江诸暨	光绪二十五年		陈遹生以紫阳精舍旧址建
养正书院	浙江象山	光绪二十五年		苏良彝建
连萼书院	福建政和	光绪二十五年		
求实书院	湖南长沙	光绪二十五年		巡抚俞廉三改时务学堂而成
通才书院	四川简阳	光绪二十五年		知州马承基建

（续）

书院名称	位置	始建时间	性质	说明
紫金精舍	四川广安	光绪二十五年		蒲殿俊、顾鳌建
文林书院	四川威远	光绪二十五年		
五桂书院	云南新平	光绪二十五年		
三槐书院	山西绛县	光绪二十六年		
蒙城书院	江苏丹阳	光绪二十六年		
稽东书院	浙江会稽	光绪二十六年		董竟吾、朱伯谦建
翠英精舍	福建同安	光绪二十六年		朱藏新建
超英书院	福建华安	光绪二十六年		林佛川倡建
大由书院	江西石城	光绪二十六年		曾海琨建
仰德书院	山东泰安	光绪二十六年		
辣丁书院	广西南宁	光绪二十六年		法国天主教士罗思思建，又名法文书院
月湖书院	海南琼山	光绪二十六年		乡绅建
算学书院	重庆巴南	光绪二十六年		致用书院增设，光绪二十九年改县立小学
合江书院	贵州独山	光绪二十六年		
文思书院	贵州安化	光绪二十六年		
冯翊书院	陕西大荔	光绪二十六年		光绪三十二年改为高等小学堂
圣玛利书院	澳门	光绪二十六年		意大利嘉诺撒修会建
养蒙书院	浙江绍兴	光绪二十七年		秀才俞亦卿等发起，聘三位举人授高低两班
礼贤书院	山东青岛	光绪二十七年		德国传教士卫礼贤（德名威廉）建
海鹤书院	重庆南川	光绪二十七年		雷橡荣建
岭南书院	陕西安康	光绪二十七年		朱祖绶创立，光绪三十四年改为两等学堂
跃龙书院	山西芮城	光绪二十八年		
海岱书院	山东青州	光绪二十八年		
棠阴书院	河南陕州	光绪二十八年		周牧松琊建
颖滨经舍	河南禹州	光绪二十八年		知州曹广权建
兴贤书院	广东南海	光绪二十八年		乡绅公建

（续）

书院名称	位置	始建时间	性质	说明
博约书院	广西灵川	光绪二十八年		龙时乘建于公平圩
回龙书院	四川射洪	光绪二十八年		
金台书院	四川射洪	光绪二十八年		
马胡书院	四川雷波	光绪二十八年		官绅合建
鹿鸣书院	四川遂宁	光绪二十八年		
元升书院	江西庐陵	光绪二十九年		
观音山书院	广西天等	光绪二十九年		当地人士建于龙英土洲
汤家园书院	广西天等	光绪二十九年		当地人士建于添等圩
育才书院	四川富顺	光绪二十九年		
莲峰书院	四川遂宁	光绪二十九年		
正经书院	河南卫辉	光绪三十年		改设初级师范学堂
文安书院	广东南海	光绪三十年		乡绅公建
登瀛书院	重庆巴南	光绪三十年		
博大书院	新疆乌鲁木齐	光绪三十一年		巡抚吴引孙改为高等学堂
镇南书院	湖北咸宁	光绪三十一年		改为高等小学堂
芦洑书院	湖北潜江	光绪三十一年		改为高等小学堂
三闾书院	湖北房县	光绪三十一年		
三都书院	湖南溆浦	光绪三十一年		刘世鲤道建
鸿程书院	重庆长寿	光绪三十一年		
汪平书院	陕西韩城	光绪三十一年		后改为龙门书院
龙冈书院	甘肃永登	光绪三十一年		后改为县高等小学堂
原泉书院	甘肃清水	光绪三十一年		后改为县高等小学堂
绿元书院	广西博白	光绪三十二年		秀才吴栋云、乡绅莫四建于英桥江
凤鸣书院	四川遂宁	光绪三十二年		
天成书院	重庆潼南	光绪三十二年		

（续）

书院名称	位置	始建时间	性质	说明
育英书院	云南宾川	光绪三十二年		
频阳书院	陕西富平	光绪三十二年		后改为第二高等小学堂
建康书院	甘肃高台	光绪三十二年		
雍凉书院	甘肃武威	光绪三十二年		知府联寿改为府中学堂
莲江书院	广西博白	光绪三十三年		进士宾光椿建
丹阳书院	贵州雷山	光绪三十四年		改为学堂
碧梧书院	云南丘北	光绪三十四年		缪成建
汉山书院	山西太原	光绪初		
学爱精庐	江苏常熟	光绪初	试童生	知县陈康祺建，聘院长专课古学
梦符书院	江西德安	光绪初		熊梦符建
谓璜书院	江西德安	光绪初		熊梦符建
停骖书院	湖北黄冈	光绪中		邑人刘鹏南建
船山书院	湖南衡阳	光绪初		灵张宪和建
诂经书院	湖南长沙	光绪初		巡抚刘崐建
崇义书院	湖南资兴	光绪初		乡人公建，光绪末改为凤凰高等小学堂
崇正书院	湖南资兴	光绪初		乡人公建，1906年改为二都两等小学堂
西河书院	湖南蓝山	光绪初	义学	光绪末改为小学堂
龙泉书院	广西龙州	光绪初		地方绅士建于上金县上龙司街
源泉书院	四川南江	光绪初		知县张熙谷建
柳湖书院	贵州余庆	光绪初		
培宗书院	贵州沿河	光绪初		举人张登云建
余麟书院	贵州三都	光绪初		
密相书院	云南洱源	光绪初		
迁乔书院	云南洱源	光绪初		
灵文书院	宁夏灵武	光绪初		知州孙承弼建
伊州书院	新疆哈密	光绪初		回王沙木胡素特建，又称王爷书院

（续）

书院名称	位置	始建时间	性质	说明
会辅堂讲舍	北京	光绪中		原西宁办事大臣豫师建
崇文书院	天津	光绪中		
奎文书院	河北定兴	光绪中		
椒阳书院	河北香河	光绪中		
玉河书院	河北保定	光绪中		
紫泉书院	河北新城	光绪中		
范桥书院	河北青县	光绪中		
卫阳书院	河北故城	光绪中		
中邱书院	河北内丘	光绪中		
崇正书院	河北广平	光绪中		
五星书院	河北邯郸	光绪中		
济公书院	河北曲周	光绪中		
尧峰书院	河北临城	光绪中		
心香书院	河北遵化	光绪中		
东关书院	河北晋州	光绪中		
红亭书院	河南灵宝	光绪中		
菁莪书院	河南灵宝	光绪中		
东山书院	河南巩义	光绪中		在小关镇
梗阳书院	山西徐沟	光绪中		
积秀书院	山西交城	光绪中		
芦阳书院	山西岢岚	光绪中		
万安镇书院	山西洪洞	光绪中		
石渠书院	山西岳阳	光绪中		
运昌书院	山西岳阳	光绪中		
凤鸣书院	山西宁乡	光绪中		
明道书院	山西泽州	光绪中		

（续）

书院名称	位置	始建时间	性质	说明
怀仁书院	山西凤台	光绪中		
河阳书院	山西河曲	光绪中		
申义书院	山西芮城	光绪中		
华岩书院	山西绛县	光绪中		
振文书院	山西太宁	光绪中		
梁余书院	山西和顺	光绪中		
养正书院	山西洪洞	光绪中		
固山书院	山西平鲁	光绪中		
菁华书院	黑龙江宾县	光绪中		
莲沼书院	辽宁桓仁	光绪中		
公共书院	辽宁沈阳	光绪中		
萃德书院	辽宁沈阳	光绪中		
西街书院	辽宁复县	光绪中		
南麓书院	江苏溧阳	光绪中		邑人史良等建
崇文书院	江苏江宁	光绪中		
滆南书院	江苏宜兴	光绪中		
竺西书院	江苏宜兴	光绪中		未建舍，借地月课文士
文山书院	江苏通州	光绪中		
蓬瀛书院	江苏通州	光绪中		
致用书院	江苏松江	光绪中		
赵公书院	江苏溧水	光绪中		
文昌书院	江苏青浦	光绪中		
聚奎书院	江苏铜山	光绪中		
敷文书院	江苏丹徒	光绪中		
龙山书院	浙江嵊州	光绪中		夏森建
鲸山书院	浙江温岭	光绪中		黄毓麟建

（续）

书院名称	位置	始建时间	性质	说明
秉经书院	浙江温岭	光绪中		
育才书院	浙江诸暨	光绪中		金树桂建
清献书院	浙江平湖	光绪中		
尊经书院	浙江归安	光绪中		
杨文元书院	浙江慈溪	光绪中		
正业书院	浙江临海	光绪中		
古坛书院	浙江温岭	光绪中		叶枝掌建
南山书院	浙江杭州	光绪中		
易峰书院	浙江淳安	光绪中		
二凤山书院	浙江淳安	光绪中		
奕山书院	浙江遂昌	光绪中		
鞍山书院	浙江遂昌	光绪中		
卢山书院	浙江景宁	光绪中		
肃成书院	浙江嘉兴	光绪中		
南屏书院	浙江杭州	光绪中		
景紫书院	浙江诸暨	光绪中		
龙山书院	浙江定海	光绪中		
金山书院	浙江宁海	光绪中		叶良仲建
乘龙书院	浙江宁海	光绪中		褚传中建
植桂书院	浙江宁海	光绪中		褚志道建
德邻书院	浙江宁海	光绪中		童德邻建
观澜书院	浙江宁海	光绪中		邬观澜建
育英书院	浙江宁海	光绪中		
环溪书院	浙江宁海	光绪中		
鹿田书院	浙江金华	光绪中		知府基良建
竟成书院	浙江宁海	光绪中		

（续）

书院名称	位置	始建时间	性质	说明
东湖书院	浙江平阳	光绪中		
凤鸣书院	浙江玉环	光绪中		
养正书院	浙江青田	光绪中		
天成书院	安徽桐城	光绪中		
翼兴书院	安徽广德	光绪中		
天柱书院	安徽潜山	光绪中		
乐丰书院	安徽桐城	光绪中		在县东汤家沟
肥西书院	安徽合肥	光绪中		邑绅刘传铭等捐建
银同书院	福建同安	光绪中		
云山书院	福建云霄	光绪中		
屏山书院	福建南平	光绪中		
锦屏书院	福建建瓯	光绪中		
兴贤书院	福建建瓯	光绪中		
紫阳书院	福建建瓯	光绪中		
紫阳书院	福建云霄	光绪中		
毓斌书院	福建建瓯	光绪中		
沙溪书院	福建建瓯	光绪中		
迪溪书院	福建建瓯	光绪中		
聚英书院	福建建瓯	光绪中		
凤山书院	福建建瓯	光绪中		
屯山书院	福建建瓯	光绪中		
蔼东书院	福建建瓯	光绪中		
梨溪书院	福建建瓯	光绪中		
会文书院	福建建阳	光绪中		
文肃书院	福建武夷山	光绪中		
丹桂书院	福建政和	光绪中		

（续）

书院名称	位置	始建时间	性质	说明
西垣书院	福建政和	光绪中		
广陵书院	福建长汀	光绪中		
观文书院	福建长汀	光绪中		
文兴书院	福建归化	光绪中		
龟山书院	福建归化	光绪中		
翠云书院	福建归化	光绪中		
联飞书院	福建归化	光绪中		
道南书院	福建归化	光绪中		
西山书院	福建连城	光绪中		
凤山书院	福建大田	光绪中		
龙翔书院	福建龙岩	光绪中		
复性书院	福建龙岩	光绪中		
云章书院	福建龙岩	光绪中		
仰止书院	福建龙岩	光绪中		
紫山书院	福建龙岩	光绪中		
会钟书院	福建龙岩	光绪中		
表政书院	福建龙岩	光绪中		
振奎书院	福建龙岩	光绪中		
育英书院	福建嘉义	光绪中		
云程书院	江西吉安	光绪中		
志学书院	江西庐陵	光绪中		
鸣阳书院	江西修水	光绪中		
青云书院	江西婺源	光绪中		
联元书院	江西永宁	光绪中		
广贤书院	江西宜丰	光绪中		
两都书院	江西宜丰	光绪中		

（续）

书院名称	位置	始建时间	性质	说明
光绪书院	江西宜丰	光绪中		
洗心书院	江西宜丰	光绪中		
养正书院	江西宜丰	光绪中		
道源书院	江西宜丰	光绪中		
留张书院	江西宜丰	光绪中		
聚英书院	江西宜丰	光绪中		
昆桂书院	江西宜丰	光绪中		
云山书院	江西宜丰	光绪中		
倚山书院	江西宜丰	光绪中		
对峰书院	江西宜丰	光绪中		
泮水书院	江西宜丰	光绪中		
起凤书院	江西宜丰	光绪中		
回澜书院	江西宜丰	光绪中		
南屏书院	江西宜丰	光绪中		
崇德书院	江西南昌	光绪中		
崇儒书院	江西南昌	光绪中		
白云庵书院	江西高安	光绪中		
培文书院	江西泰和	光绪中		
同升书院	江西泰和	光绪中		
集贤书院	江西泰和	光绪中		
怀德书院	江西兴国	光绪中		
方聚书院	江西兴国	光绪中		
章贡书院	江西赣县	光绪中		
万山书院	江西婺源	光绪中		
葆灵女书院	江西南昌	光绪中		
花园书院	江西赣县	光绪中		

（续）

书院名称	位置	始建时间	性质	说明
北斗书院	江西景德镇	光绪中		
崇文书院	江西萍乡	光绪中		
正谊书院	江西万载	光绪中		
多文书院	江西万载	光绪中		
石溪书院	江西万载	光绪中		郭世华建
尚志书院	江西万载	光绪中		郭治清建
明德书院	江西万载	光绪中		闻际誉建
以吾书院	江西万载	光绪中		吴道芳建
友仁书院	江西万载	光绪中		刘国鸣建
敬业书院	江西万载	光绪中		辛超常建
时修书院	江西万载	光绪中		赖用宾建
久大书院	江西万载	光绪中		钟维宗建
东山书院	江西万载	光绪中		
聚贤书院	江西万载	光绪中		
文联书院	江西万载	光绪中		
联元书院	江西万载	光绪中		
龙章书院	江西万载	光绪中		
两以书院	江西万载	光绪中		
集贤书院	江西万载	光绪中		
兴贤书院	江西万载	光绪中		
文昌书院	江西万载	光绪中		
恕训书院	江西万载	光绪中		
会芳书院	江西万载	光绪中		
崇德书院	江西吉安	光绪中		
耕心书院	江西吉安	光绪中		彭怡文堂建
凤山书院	江西丰城	光绪中		

（续）

书院名称	位置	始建时间	性质	说明
狮麓书院	江西丰城	光绪中		
性存书院	江西庐陵	光绪中		
东山书院	江西万载	光绪中		
历山书院	山东费县	光绪中		
平邑书院	山东平邑	光绪中		
凤城书院	山东阳谷	光绪中		
安平书院	山东阳谷	光绪中		
龙湾书院	山东聊城	光绪中		
西山书院	山东临朐	光绪中		
崧青书院	山东青城	光绪中		
丰阳书院	山东费县	光绪中		
凤山书院	山东长白	光绪中		
通德书院	山东莱州	光绪中		
泽山书院	山东鄄城	光绪中		
郅公书院	山东鄄城	光绪中		
田公书院	山东郓城	光绪中		
聊西书院	山东聊城	光绪中		
博陵书院	山东茌平	光绪中		
凤山书院	山东肥城	光绪中		
马公书院	山东泗水	光绪中		
饶公书院	山东泗水	光绪中		
渠展书院	山东利津	光绪中		
后山书院	山东肥城	光绪中	栾氏家塾	
须右书院	河南荥阳	光绪中		代教谕李舒锦建
砥柱书院	河南陕州	光绪中		
龙山书院	河南荥阳	光绪中		知县冯尔炽建

（续）

书院名称	位置	始建时间	性质	说明
瓣香书院	河南开封	光绪中		
鄘城书院	河南沁阳	光绪中		知府李芳等建
经古书院	湖北黄冈	光绪中		邑人周锡恩建
云台书院	湖北红安	光绪中		知县刘承启建
凤山书院	湖北京山	光绪中		邑人查文经建
龙洞书院	湖北红安	光绪中		邑人吴心讲学处
桃花书院	湖北红安	光绪中		王姓公建
琴东书院	湖北嘉鱼	光绪中		
文昌书院	湖北麻城	光绪中		
泗水书院	湖南安乡	光绪中		
东山书院	湖南湘乡	光绪中		邑人刘锦棠等重建
船山书院	湖南长沙	光绪中		
作山书院	湖南资兴	光绪中		举人李廷东读书处
求志书院	湖南新田	光绪中	族办书院	
沅水校经堂	湖南芷江	光绪中		知府朱其懿建，1902年改为中学堂
龙珠书院	湖南新田	光绪中	族办书院	
思贤讲舍	湖南长沙	光绪中		郭嵩焘建
清泉书院	湖南新田	光绪中	族办书院	
瀛洲书院	湖南大庸	光绪中	教学	都司罗冠五建
罗洞书院	湖南桑植	光绪中		
中头书院	湖南资兴	光绪中		乡人公建，不久废
东城书院	湖南资兴	光绪中		乡人公建，民国改为成城高小
文明书院	湖南新田	光绪中	族办书院	
艺林书院	湖南新田	光绪中	族办书院	
樟兰书院	湖南新田	光绪中	族办书院	
李家书院	湖南新田	光绪中	族办书院	

（续）

书院名称	位置	始建时间	性质	说明
秀峰书院	湖南新田	光绪中	族办书院	
三台书院	湖南新田	光绪中	族办书院	
鹤山书院	湖南新田	光绪中	族办书院	
文化书院	湖南新田	光绪中	族办书院	
淝江书院	湖南耒阳	光绪中		
芦洪书院	湖南东安	光绪中	义学	程云翀建
石期书院	湖南东安	光绪中		
康和书院	广东新宁	光绪中		
汇川书院	广东新宁	光绪中		
和风书院	广东香山	光绪中		
上乡书院	广东乐昌	光绪中		
崇文书院	广东高明	光绪中		
文澜书院	广东高明	光绪中		
文昌书院	广东高明	光绪中		
潮声书院	广东恩平	光绪中		
蔚文书院	广东恩平	光绪中		
敦睦书院	广东吴川	光绪中		
得一书院	广东电白	光绪中		
东社书院	广东电白	光绪中		
窦江书院	广东信宜	光绪中		
观化书院	广东信宜	光绪中		
乐城书院	广东兴宁	光绪中		
扶南书院	广东南海	光绪中		
嵩灵书院	广东高要	光绪中		
凤梧书院	广东四会	光绪中		
樵岭书院	广东南海	光绪中		

（续）

书院名称	位置	始建时间	性质	说明
南州书院	广东番禺	光绪中		
桂山书院	广东顺德	光绪中		
西垣书院	广东东莞	光绪中		
丹山书院	广东东莞	光绪中		
迎风书院	广东东莞	光绪中		
凤栖书院	广东东莞	光绪中		
凤台书院	广东东莞	光绪中		
图南书院	广东东莞	光绪中		
朝阳书院	广东东莞	光绪中		
德生书院	广东东莞	光绪中		
盂阳书院	广东东莞	光绪中		
禺山书院	广东东莞	光绪中		
盂溪书院	广东东莞	光绪中		
七桂书院	广东东莞	光绪中		
飞鸾书院	广东东莞	光绪中		
凤山书院	广东龙门	光绪中		
丽泽书院	广东新宁	光绪中		
上石书院	广西凭祥	光绪中		又名文昌书院，建于宁明上石街
丹州书院	广西怀远	光绪中		
维新书院	广西大新	光绪中		廪生赵英翰建于思诚州
经古书院	广西桂平	光绪中		赖鹤年建
亲陆书院	广西陆川	光绪中		黄作霖等建于清湖圩背
正经书院	广西田阳	光绪中		建于凤仪州田州
珠瀛书院	广西合浦	光绪中		王珠海、岑瀛洲建
文治书院	广西合浦	光绪中		建于公馆
福江书院	广西合浦	光绪中		建于福旺

（续）

书院名称	位置	始建时间	性质	说明
毓秀书院	广西合浦	光绪中		建于闸口
三益书院	广西合浦	光绪中		建于石康
文德书院	广西合浦	光绪中		建于平陆
珠江书院	广西合浦	光绪中		建于南康
进城书院	广西合浦	光绪中		建于小江
润珠书院	广西合浦	光绪中		建于西场
浦江书院	广西合浦	光绪中		岑上椿、岑辉光建于沙岗乡浦江村
铜鱼书院	广西钦江	光绪中		建于小董
渔山书院	广西钦江	光绪中		建于板城
云梯书院	广西钦江	光绪中		建于大寺
文海书院	广西钦江	光绪中		建于船厂
育才书院	广西钦江	光绪中		建于龙门
龙文书院	广西浦北	光绪中		建于龙门
石岩书院	广西浦北	光绪中		建于北寨
归德书院	广西浦北	光绪中		建于寨圩
粤东书院	广西上思	光绪中		建于上思直隶厅平福乡平福圩
凤山书院	广西罗城	光绪中		建于罗城县（今东门镇）
榕湖书院	广西南宁	光绪中		
桂香书院	四川遂宁	光绪中		
龙山书院	四川崇州	光绪中		
云龙书院	四川营山	光绪中		
筹笔书院	四川广元	光绪中		
天睿书院	四川遂宁	光绪中		
复兴书院	四川东乡	光绪中		
泸江书院	四川越西	光绪中		
云龙书院	四川遂宁	光绪中		

（续）

书院名称	位置	始建时间	性质	说明
金鱼书院	四川遂宁	光绪中		
蓉池书院	四川铜梁	光绪中		
义学书院	四川三台	光绪中		
聚星书院	四川三台	光绪中		
青云书院	四川三台	光绪中		
云从书院	四川三台	光绪中		
芙蓉书院	四川三台	光绪中		
集成书院	四川三台	光绪中		
平成书院	四川三台	光绪中		
桂香书院	四川三台	光绪中		
忠孝书院	四川三台	光绪中		
凤鸣书院	四川三台	光绪中		
莲溪书院	四川三台	光绪中		
龙门书院	四川三台	光绪中		
云龙书院	四川三台	光绪中		
宝贤书院	四川三台	光绪中		
崇文书院	四川三台	光绪中		
聚云书院	四川三台	光绪中		
卧龙书院	四川三台	光绪中		
回澜书院	四川三台	光绪中		
天台书院	四川三台	光绪中		
象山书院	四川三台	光绪中		
至道书院	四川三台	光绪中		
沟龙寺书院	四川简阳	光绪中		
涌泉寺书院	四川简阳	光绪中		
青峰寺书院	四川简阳	光绪中		又名凤梧书院

（续）

书院名称	位置	始建时间	性质	说明
养正书院	四川简阳	光绪中		
凤翥书院	四川简阳	光绪中		又名蛾术书院
凤泉书院	四川简阳	光绪中		
鸿逵书院	四川简阳	光绪中		
凤梧书院	四川成都	光绪中		又名三乐书院
云龙书院	四川遂宁	光绪中		
宝善书院	四川遂宁	光绪中		
普静书院	重庆涪陵	光绪中		
象山书院	重庆云阳	光绪中		
云龙书院	重庆云阳	光绪中		
静修书院	重庆涪陵	光绪中		
鳌溪书院	重庆大足	光绪中		
凤池书院	重庆大足	光绪中		
钟山书院	重庆江津	光绪中		
传经书院	重庆南川	光绪中		知县张涛建
小养正书院	贵州绥阳	光绪中		
文庙书院	贵州贵阳	光绪中		
合建书院	贵州三都	光绪末		州同李福钟建
新修书院	云南陆良	光绪中		
海镜书院	云南华宁	光绪中		
龙门书院	云南华宁	光绪中		
龙潭书院	云南华宁	光绪中		
玉溪书院	云南华宁	光绪中		
和羹书院	云南剑川	光绪中		
清泉书院	云南漾濞	光绪中		邓宗裕建
杏林书院	云南元江	光绪中		

（续）

书院名称	位置	始建时间	性质	说明
碧松书院	云南镇沅	光绪中		
凤岫书院	云南姚安	光绪中		邑人马驷良建
文华书院	云南大理	光绪中		
养正书院	云南邓州	光绪中		
白云书院	云南邓州	光绪中		
定汤书院	陕西甘泉	光绪中		
彭衙书院	陕西白水	光绪中		后世知县有增修
文兴书院	陕西宜君	光绪中		
龙文书院	陕西绥德	光绪中		
崇正书院	陕西靖边	光绪中		知县涂传德就义学扩建
香泉书院	甘肃两当	光绪中		
文兴书院	甘肃文县	光绪中		
中峰书院	甘肃镇原	光绪中		
健康书院	甘肃肃州	光绪中		
分县书院	甘肃平凉	光绪中		
西固书院	甘肃舟曲	光绪中		在城西门内，久废
寿名书院	甘肃通渭	光绪中		
华川书院	甘肃通渭	光绪中		
临泉书院	宁夏隆德	光绪中		
史塾书院	山西平陆	光绪末		
曜灵书院	重庆云阳	光绪末		
文会书院	辽宁沈阳	宣统元年	教会书院	爱尔兰、苏格兰、丹麦三布道会建
圣士提反书院	澳门	宣统元年		商界和知识界合办
道山书院	福建永定	宣统元年		
南宁砦书院	四川遂宁	宣统中		
阳明书院	广西隆安	明末清初		建于县城北门内

（续）

书院名称	位置	始建时间	性质	说明
西关书院	河北赤城	不详		清乾隆七年通判蒋曰杞重建
五狮书院	浙江淳安	不详		
冯公书院	陕西西安	不详		清初按察使翟凤翥修
安国寺书院	山西柳林	清初		
文华书院	山西凤台	清初		邑人卫正心建，置学田
观生书院	山西临猗	清初		邑人王岩正建
弘孝书院	山西襄汾	清初		邑人田云建
寻乐书院	山西太原	清初		
敦复斋	山西新绛	清初		
两梧书院	浙江诸暨	清初		青山村人章平伟建
帆峰书院	浙江临海	清初		侍郎冯甦建
南冈书院	浙江临海	清初	书斋或家塾	佥事洪若皋建，又名小寒山、琪山园
东壁书院	浙江临海	清初		佥事洪若皋建
月渡堂	安徽天长	清初		邑举人韩兴进建
孔泉书屋	福建南安	清初		潘鲁泉建
髻山书院	江西庐山	清初		宋之盛建
天口书院	湖南醴陵	清初		邑人岁贡生廖志灏建
印台书院	贵州黎平	清初		光绪十一年知府徐鋐重建
二曲书院	陕西鄠邑	清初	讲学	邑人王心敬延师李二曲讲学于此
紫微书院	陕西彬县	清初		宣统二年知州赵增勋改为中学堂
文峰书院	河北迁安	清		又名安昌书院
养源书院	山西宁武	清		
丽泽书院	山西翼城	清		
弦歌书院	山西芮城	清		
新石室书院	江苏东海	清		知州吴增汉捐建，清末改为中学堂
笠泽书院	江苏吴江	清		后改为女校及蒙养院

（续）

书院名称	位置	始建时间	性质	说明
紫阳书院	浙江建德	清		
崇本书院	浙江鄞州	清		董允霏建
艺日书院	浙江永嘉	清		
正学书院	浙江永嘉	清		
银鹤书院	浙江乐清	清		蒋银鹤建
敏生书院	浙江乐清	清		徐敏生建
圣木书院	浙江乐清	清		吴圣木建
宏通书院	浙江乐清	清		宏通建
次西书院	浙江乐清	清		屠次西建
印山书院	浙江乐清	清		曹文升建
龙文书院	浙江乐清	清		丁龙文建
翰屏书院	浙江乐清	清		赵翰屏建
培风书院	浙江永康	清		应鼎和建
崇文书院	浙江开化	清		
南渠书院	浙江余姚	清		张科建
学渊书院	浙江瑞安	清		
延陵书院	浙江义乌	清		
宾贤书院	浙江临海	清		
蒙正书院	浙江仙居	清		
崇正书院	浙江仙居	清		
养正书院	浙江仙居	清		
经正书院	浙江仙居	清		
诚正书院	浙江仙居	清		
居正书院	浙江仙居	清		
正文书院	浙江温岭	清		
玉湖书院	浙江天台	清		洪风岐建

（续）

书院名称	位置	始建时间	性质	说明
寿山书院	安徽颍上	清		知县丁文灿建，嘉庆中废
敬亭书院	安徽当涂	清		
揭公书院	福建霞浦	清		祀知县揭重熙
太白精舍	江西婺源	清		
存存书院	江西奉新	清		徐希圣建
育贤书院	江西奉新	清		胡价建
元秀居	江西奉新	清		胡庆源建
性子书院	江西吉安	清		
丙都文库书院	江西吉安	清		
崇仁书院	江西宁都	清		廖念祖建
翠竹书院	江西瑞金	清		
正蒙书院	江西赣县	清		邑人李慧建
夜光澄清书院	江西赣县	清		
崇正书院	河南开封	清		
东坡书院	河南开封	清		
近梁书院	河南兰考	清		邑令涂光范建
培文书院	河南宝丰	清		监生马耀德等建
阎公书院	河南洛阳	清		
屏山书院	河南宜阳	清		
新口书院	河南孟津	清		知县赵擢彤建
源泉书院	河南卫辉	清		
淇泉书院	河南卫辉	清		
古虞书院	河南虞城	清		
龙池书院	河南罗山	清		
石塘书院	河南罗山	清		
周家庵书院	河南罗山	清		

（续）

书院名称	位置	始建时间	性质	说明
蘋洲书院	湖南永州	清		陆文焕建
跃龙书院	湖南攸县	清		
鹤鸣书院	湖南沅陵	清		清末改为沅陵广东小学堂
凤山书院	湖南城步	清		
长安书院	湖南城步	清		满族人建
明达书院	湖南常德	清		
桃溪校经书院	湖南桃源	清		
萝洞书院	湖南慈利	清		
文明阁书院	湖南安仁	清	义学	段希同等建
振西书院	湖南安仁	清	段氏家塾	
金台书院	湖南桂东	清		郭氏公建
蔡照山房	湖南资兴	清	义塾	州同李锡贵建为子弟读书处
文明书院	湖南永兴	清		陈以书等建
文阁书院	湖南永兴	清		陈以书等建
东源书院	湖南临武	清		郭如陵建
言是书院	湖南祁阳	清		
沅溪书院	湖南吉首	清		厅司马王伟聘龙升明主讲席
镇溪书院	湖南吉首	清		厅司马王伟聘长沙岁贡生胡谦主讲席
峡江书院	湖南武冈	清		1902年改为乡间小学堂
双江书院	湖南武冈	清		1902年改为乡间小学堂
玉城书院	湖南道县	清		1902年改为小学堂
四乡书院	湖南道县	清		1902年改为校士馆
渠水校经堂	湖南靖州	清		1902年改为靖州中学堂
蔡照书院	广东兴宁	清		州同李锡贵建
昭书书院	广东兴宁	清		县丞樊超建
桂树书院	广东兴宁	清		训导李藩建

（续）

书院名称	位置	始建时间	性质	说明
近岳书院	广东兴宁	清		教谕李应期建
作山书院	广东兴宁	清		举人李廷东建
连山书院	广东连山	清		李来章建
伊岭书院	广西武鸣	清		建于武缘县伊岭村
谯楼书院	广西桂林	清		
新化书院	广西桂林	清		
蒙泉书院	广西桂林	清		
培风书院	广西桂林	清		
兑泽书院	广西桂林	清		
连成书院	广西临桂	清		
南宫书院	广西临桂	清		
觐日书院	广西临桂	清		
立鳌书院	广西兴安	清		建于南乡宅美村
和松书院	广西兴安	清		建于南乡潭尾村
凤巢书院	广西永福	清		
湘西书院	广西资源	清		
藜经书院	广西岑溪	清		建于县治内
龙江书院	广西玉林	清		
文祥书院	广西玉林	清		
紫林书院	广西博白	清		
日新书院	广西田阳	清		建于凤仪州城外
秋官书院	广西钦江	清		冯敏昌家族建于城内小教场
成美书院	广西钦江	清		
大朗书院	广西浦北	清		建于龙门
江英书院	广西浦北	清		建于张黄
三都书院	广西防城	清		建于防城

（续）

书院名称	位置	始建时间	性质	说明
凤祥书院	四川简阳	清		
青山寺	四川简阳	清		
凤仪书院	四川简阳	清		
教经书院	四川新津	清		清朝末年举人吴克让建
金声书院	四川江油	清		
玉振书院	四川江油	清		
柏香书院	四川盐源	清		
龙池堰书院	四川威远	清		
小塘湾书院	四川威远	清		
团墩寺书院	四川威远	清		
圆通寺书院	四川威远	清		
和鳣堂书院	四川威远	清		
平夷书院	四川屏山	清		
翠柏书院	四川广元	清		
育才书院	四川巴中	清		
文治书院	四川巴中	清		
步青书院	四川巴中	清		
龙池书院	四川巴中	清		
嘉湖书院	四川顺庆	清		
玉台书院	四川西充	清		
金泉书院	四川西充	清		
龙池书院	四川西充	清		
来龙书院	四川西充	清		
槐秀书院	四川西充	清		
鸣琴书院	四川西充	清		
贯山书院	四川西充	清		

（续）

书院名称	位置	始建时间	性质	说明
三学书院	四川三台	清		
登云书院	四川射洪	清		绅士陈受青等建
宝峰书院	四川中江	清		
玉泉书院	四川遂宁	清		
安溪书院	四川遂宁	清		乡绅建
昭文书院	四川遂宁	清		
佚名书院	四川遂宁	清		
敷文书院	四川遂宁	清		
玉堂书院	四川遂宁	清		乡民黎中望建
龙翔书院	四川遂宁	清		
通贤书院	四川安岳	清		
春秋书院	四川安岳	清		
遗训斋	四川乐至	清		
乐育书院	四川乐至	清		
崇文书院	四川乐至	清		
鹏程书院	四川乐至	清		
桂香书院	四川乐至	清		
文明书院	四川乐至	清		
龙蟠书院	四川乐至	清		
凤逸书院	四川乐至	清		
杏宴书院	四川乐至	清		知县裴显忠建
雁塔书院	四川乐至	清		
东山书院	四川乐至	清		
庆云书院	四川乐至	清		
高峰书院	四川乐至	清		
桂林书院	四川乐至	清		

（续）

书院名称	位置	始建时间	性质	说明
文澜书院	四川乐至	清		
育才书院	四川乐至	清		
香泉书院	重庆长寿	清		
岳阳书院	四川铜梁	清		
还山书院	四川达县	清		
文昌书院	四川东乡	清		
奎光书院	重庆潼南	清		
文明书院	重庆巴南	清		
小观音场书院	重庆巴南	清		
石阳书院	重庆涪陵	清		
佚名书院	重庆夔州	清		
峨麓书院	重庆奉节	清		
学古书院	重庆奉节	清		
桂香书院	重庆奉节	清		
北堂书院	重庆奉节	清		
江华书院	重庆彭水	清		
桂香书院	重庆潼南	清		
安溪书院	贵州正安	清		知州于钟岳建
桂香书院	云南大姚	清		
中和书院	云南大理	清		戴斯琯等捐建，雍正中废
松峰书院	新疆巴里坤	清		宣统元年同知袁运鸿改为识字学塾
碧峰书院	新疆玛纳斯	清		宣统元年知县文笃改为识字学塾
善庆书室	澳门	清		文姓公建
艺浣堂	澳门	清		
正伦书室	澳门	清		
图南书室	澳门	清		

（续）

书院名称	位置	始建时间	性质	说明
华仁书院	澳门	清	教会书院	耶稣会办
培文书院	河南开封	清末		外国教会建
灵泉精舍	山东淄博	清末		孙乃坤等建

10.建设年代不详书院一览表

书院名称	位置	始建时间	性质	说明
董子书院	山东德州	不详	祀董仲舒	万历知州马明端迁，易名醇儒书院
绿照亭	安徽绩溪	不详		明成化中胡天龄重建并讲学
泸川书院	江西德兴	不详		宋代建世忠祠，明程敏政有记
九峰书院	湖北江陵	不详		弘治中存
龙门书院	四川崇州	正德前		
思贤书院	四川绵阳	正德前		
太白书院	四川江油	正德前		
罗隐书院	四川罗江	正德前		
学古书院	四川内江	正德前		
毋丘氏书院	四川南部	正德前		
清溪书院	四川广安	正德前		
琅玕书院	四川巴中	正德前		
孝节书院	四川叙州	正德前		
三峨书院	四川嘉定	正德前		
石岩书院	四川合江	正德前		
钓鳌书院	四川合江	正德前		
白猿书院	四川合江	正德前		
弘道书院	四川合江	正德前		
武信书院	四川遂宁	正德前		
通书院	江西九江	不详		在庐山，祀陶渊明，正德时存
集山书院	湖北蕲春	不详		正德时存，郑善夫有诗
贵阳书院	贵州贵阳	不详	讲学	正德四年提学席书聘王守仁主持

（续）

书院名称	位置	始建时间	性质	说明
南墩书院	安徽宿州	不详		明中期存
会起书院	江西玉山	不详		明中期存
三贤书院	河南汝州	不详		明中期存
阳和书院	浙江绍兴	不详	书斋	嘉靖中张元汴、朱赓、罗万化就读于此
正心书院	广西融水	不详		明嘉靖中废
至圣书院	江苏南通	不详		嘉靖中存，御史陈其学改为忠孝书院
河东书院	山西襄汾	不详		嘉靖中存，选试高等诸生
两山书院	安徽凤阳	不详		嘉靖中存，杨公祠祀明杨瞻
源流书院	浙江兰溪	不详		嘉靖中记载
义方精舍	浙江兰溪	不详		嘉靖中记载
漆雕开书院	河南信阳	不详		嘉靖中记载
芙蓉书院	浙江永嘉	不详	教学	郡人侍郎王瓒（1462—1524年）读书处，在开元寺
双岙书院	浙江永嘉	不详	教学	王瓒曾入读
羊山书院	湖南慈利	不详		知县朱成文建，又作阳山书院
城南书院	浙江杭州	不详		祀宋张九成
汇东书院	江西都昌	不详		
宗圣书院	山东嘉祥	不详		又名曾子书院，万历中改建
太平书舍	贵州黎平	不详		邑人胡一中等重修
崇桂书院	江西吉水	不详		邹元标讲学处
考亭书院	湖南醴陵	不详		教谕易士龙修葺
连城书院	河南太康	不详		明末毁
昭明书院	安徽和县	不详		清康熙《江南通志》有载
龙瀛义塾	福建漳州	不详		清乾隆《福建通志》载，已废
梁山书院	福建漳浦	不详		原唐潘存实读书处，建置年代不详
崇文书院	福建漳浦	不详		清乾隆《福建通志》载
东山书院	福建长乐	不详		清乾隆《福建通志》载

（续）

书院名称	位置	始建时间	性质	说明
东山书院	福建霞浦	不详		清乾隆《福建通志》载，已废
正学书院	福建霞浦	不详		清乾隆《福建通志》载，府治东南，祀朱熹
黄岩书院	福建龙岩	不详		清乾隆《福建通志》载，已废
武侯书院	湖北襄阳	不详		清雍正《湖广通志》载，在府学东
廉泉书院	广东从化	不详		清雍正《广东通志》有载
尊育书院	广东澄海	不详		清雍正《广东通志》有载
濂溪书院	广东乐昌	不详		清雍正《广东通志》有载
鳌峰书院	广东龙川	不详		清雍正《广东通志》有载
濂溪书院	广东梅州	不详		清雍正《广东通志》有载
群英书院	广东兴宁	不详		清雍正《广东通志》有载
濂溪书院	广东惠州	不详		清雍正《广东通志》有载
端州书院	广东南海	不详		清雍正《广东通志》有载
正学书院	广东南海	不详		清雍正《广东通志》有载
象山书院	广东三水	不详		清雍正《广东通志》有载
四水书院	广东茂名	不详		清雍正《广东通志》有载
观澜书院	广东电白	不详		清雍正《广东通志》有载
二洲书院	广东德庆	不详		清雍正《广东通志》有载
正江书馆	广东英德	不详		康熙三十七年改为近圣书院
天衢书院	广东连州	不详		五代时郡人黄损肄业处
阳明书院	广东潮州	不详		在桑浦山
双柏书院	广西阳朔	不详		清雍正《广西通志》有载
汲泉书院	云南双柏	不详		清乾隆《云南通志》载，已废
唐太宗书院	陕西武功	不详		清雍正《陕西通志》有载
山谷书院	江西修水	不详		清雍正《江西通志》有载
星沙书院	湖南长沙	不详		清雍正《湖广通志》有载
广陵书院	河北文安	雍正前		

（续）

书院名称	位置	始建时间	性质	说明
西城义塾	江西黎川	雍正前	讲学	邑人杨振邦建，有田80亩供馔食束脩费
莲华书院	广东增城	雍正前		在南樵山
孝节书院	四川宜宾	雍正前		祀孝子陈相、吴顺、吴审，节士任永费、贻孙镕
来凤书院	重庆	雍正前		
象山书院	云南洱源	雍正前		清雍正前已废
桂香书院	云南洱源	雍正前		清雍正前已废
龙江书院	云南牟定	雍正前		在黑井，雍正时已废
洵江书院	陕西宁陕	光绪三十二年前		光绪三十二年改为公立两等小学堂
五峰书院	陕西陇县	光绪三十二年前		光绪三十二年改为高等小学堂
潇源书院	湖南蓝山	光绪三十三年前		
申阳书院	河南信阳	不详		
文昌书院	云南泸西	不详		知府陈忠建，久圮
壶山书院	广西崇左	不详		位于太平府城内节孝祠
石芸轩书院	山西榆社	不详		位于榆次常家庄园内
霍阳书院	山西古县	不详		
学古书院	山西曲沃	不详		
崇实书院	江苏淮安	不详		咸丰十年毁，同治中移建
登瀛书院	江苏连云港	不详		
玉玲书院	浙江杭州	不详		
醒心书院	浙江杭州	不详		
黄山书室	浙江余杭	不详		
石门书院	浙江临安	不详		陈凤书建
南溪书院	浙江临安	不详		章栋建
宗晦书院	浙江临安	不详		

（续）

书院名称	位置	始建时间	性质	说明
陈宅书院	浙江乐清	不详		
冠生书院	浙江乐清	不详		
仰山书院	浙江乐清	不详		
屠康禧书院	浙江嘉兴	不详		
西塾	浙江新昌	不详		桂山陈氏建
东塾	浙江新昌	不详		桂山陈氏建
夫山书院	浙江诸暨	不详		孟经建
新湖书院	浙江诸暨	不详		王元琦建
古灵书院	浙江诸暨	不详		
楼氏精舍	浙江金华	不详		
尊道书院	浙江金华	不详		
步扬书院	浙江永康	不详		
芸香书院	浙江永康	不详		
崇本书院	浙江永康	不详		
象东书院	浙江永康	不详		
山堂书院	浙江浦江	不详		
涤尘书院	浙江开化	不详		
中峰书院	浙江常山	不详		
新侯书院	浙江常山	不详		
新安书院	浙江常山	不详		
南溪书院	浙江余姚	不详		
象东书院	浙江义乌	不详		
西溪书院	浙江慈溪	不详		周旋建
石峰书院	浙江慈溪	不详		冯钢建
岴峰书院	浙江慈溪	不详		刘士逵建
屿湖书院	浙江慈溪	不详		都御史秦宗道建

（续）

书院名称	位置	始建时间	性质	说明
阚湖书院	浙江慈溪	不详		
观东书院	浙江定海	不详		
自任书院	浙江临海	不详		朱耕建
梯云精舍	浙江黄岩	不详		
濮阳书院	浙江景宁	不详		吴仲镐建
养正书院	浙江遂昌	不详		
濮阳书院	浙江景宁	不详		吴仲镐建
绿泉馆	安徽繁昌	不详		在县东，邑人讲学之所，后废
天城书院	安徽桐城	不详		在县西双巷铺
临海书院	安徽凤阳	不详		咸丰中毁于兵，同治五年侍讲袁保恒建
天堂书院	安徽潜山	不详		在县北衙前街
云溪书院	安徽潜山	不详		在天堂腾云上街
集贤馆	安徽休宁	不详		
密阁书院	安徽歙县	不详		在西溪
崇本书院	安徽歙县	不详		在南溪南
懿兴书院	安徽歙县	不详		
莪轩书院	安徽泾县	不详		张氏首倡公建于铜峰山
济阳书院	安徽泾县	不详		查姓公建，在查村水口
梯云书院	安徽泾县	不详		张天章后裔建，在县北兰冲里
奎曜书屋	安徽泾县	不详		朱礼堂后裔建，在张香都
培风阁书屋	安徽泾县	不详	教学	朱武勋建，贮书万卷，容师徒百余人
桥东书塾	安徽泾县	不详		吴廷璧建，在茂林都魁山下
环山书屋	安徽泾县	不详		公建，在李村园口文昌阁下
玉峰书院	安徽贵池	不详		在秋浦，久圮
九华书院	安徽青阳	不详		
云波书院	安徽青阳	不详		

（续）

书院名称	位置	始建时间	性质	说明
崇宁书院	安徽青阳	不详		
凤台书院	安徽青阳	不详		
南台书院	安徽青阳	不详		
钦所书院	安徽青阳	不详		
双华书院	安徽青阳	不详		
九峰精舍	安徽青阳	不详		
莲祯书院	安徽六安	不详		在东岳庙右
东书院	安徽霍山	不详		在东仓旧址
临淮书院	安徽舒城	不详		
经锄书院	安徽颍上	不详		清末改为塾师小学，在县北60里
铁潭书院	福建永安	不详		
明宗书院	福建莆田	不详		不存
崇正书院	福建仙游	不详		不存
钟山书院	福建建阳	不详		
草堂书院	福建福鼎	不详		
等华精舍	福建古田	不详		
龙池书院	福建明溪	不详		清顺治改为归化县学
靖节书院	江西九江	不详		祀陶渊明
文台书院	江西修水	不详		
培英书院	江西修水	不详		
兴贤书院	江西上饶	不详		
石洞书院	江西鄱阳	不详		元设山长
文陶书院	江西奉新	不详		
华厦书院	江西奉新	不详		胡大用建
三立居	江西奉新	不详		胡顺庵建
静远轩	江西奉新	不详		胡顺庵建

（续）

书院名称	位置	始建时间	性质	说明
积余堂	江西奉新	不详		胡又程建
朴斋	江西奉新	不详		胡汝器建
有邻堂	江西奉新	不详		胡纪臣建
飞跃轩	江西奉新	不详		胡次石建
浣心堂	江西奉新	不详		胡慕瑗建
淡宁轩	江西奉新	不详		公建
小峰精舍	江西奉新	不详		胡小峰建
春山别墅	江西奉新	不详		胡周层建
凭栏得远峰	江西奉新	不详		胡九皋建
一泫可掬	江西奉新	不详		胡秀宜建
致曲园	江西奉新	不详		袁静山建
三余书屋	江西奉新	不详		袁松江建
水心别业	江西奉新	不详		袁水心建
惕斋家塾	江西奉新	不详		袁惕斋建
濂溪书院	江西万安	不详		又名龙溪书院
四留书院	江西赣县	不详		
棠冈书院	江西新建	不详		清初已废
军湖书院	江西进贤	不详		清初已废
凤凰山书院	山东历城	不详		
中麓书院	山东历城	不详		
圣泉书院	山东历城	不详		
乐育书院	山东历城	不详		
丽泽书院	山东历城	不详		
伏生书院	山东历城	不详		
雁泉书院	山东平阴	不详		又名白雁义学，为21村合资公建
峄山书院	山东枣庄	不详		

（续）

书院名称	位置	始建时间	性质	说明
峄阳书院	山东枣庄	不详		
翼经书院	山东淄博	不详		
西山书院	山东临朐	不详		
养正书院	山东寿光	不详		
清溪书院	山东寿光	不详		
渔山书院	山东济宁	不详		
会阳书院	山东金乡	不详		
石鼓书院	山东德州	不详		蔡汝南建
般阳书院	山东临邑	不详		
同仁书院	山东临邑	不详		
大清书院	山东滨州	不详		
高节书院	山东高青	不详		祀鲁仲连祠
凤山书院	山东邹平	不详		
东鲁书院	山东惠民	不详		
佩文书院	山东菏泽	不详		
义正书院	山东定陶	不详		
谷山书院	山东阳谷	不详		
聚奎书院	山东冠县	不详		
毛阳书院	山东费县	不详		
平阴书院	山东新泰	不详		清宣统二年改为羊流小学校
崇正书院	河南延津	不详		
廪近书院	河南延津	不详		
精忠书院	河南汤阴	不详		
虞山书院	河南林州	不详		
问津书院	河南舞阳	不详		
近淮书院	河南信阳	不详		

（续）

书院名称	位置	始建时间	性质	说明
桐淮书院	河南桐柏	不详		
白云书院	湖北随州	不详		在县治西，相传为隋侯得珠处
文昌书院	湖北黄冈	不详		邑人徐驾海建
蒋公书院	湖北黄冈	不详		邑人建，又名萝材棠舍
古塔书院	湖北罗田	不详		邑人张明道读书处
志学书院	湖北英山	不详		萧仪聚建
石桥书院	湖北潜江	不详		在县城，后废
兴山书院	湖北兴山	不详		知县孙保田建
五贤书院	湖北郧阳	不详		祀周程程、张朱
胡忠简书院	湖南衡阳	不详		又名胡公书院
濂溪书院	湖南衡阳	不详		相传凤凰山有周敦颐舅父故居，后筑书院
圣宫书院	湖南临澧	不详		
近岳书院	湖南资兴	不详		教谕李应期读书处
桂树书院	湖南资兴	不详		训导李蕃建
昭书书院	湖南资兴	不详		县丞樊超建
环溪书院	湖南嘉禾	不详		
道观下书院	湖南蓝山	不详		唐氏家族建
波泉书院	湖南宁远	不详		王尊扶建
正蒙书院	湖南黔阳	不详		
徐公书院	湖南芷江	不详		
罗江书院	湖南通道	不详		清废，疑为“罗山”之误
云朝书院	湖南汝城	不详		1902年改为小学堂
奉泉书院	广东番禺	不详		
凤沙书院	广东东莞	不详		
六乡书院	广西横县	不详		
澌凛书院	广西防城	不详		寿文书院别名

（续）

书院名称	位置	始建时间	性质	说明
东坡书院	海南琼山	不详		
凤翔书院	四川安岳	不详		
龙翔书院	四川安岳	不详		
探原书院	四川夹江	不详		
南广书院	四川宜宾	不详		
涪陵书院	四川宜宾	不详		
少陵书院	四川宜宾	不详		
静晖书院	四川宜宾	不详		
竹亭书院	四川南溪	不详		
修山书院	四川长宁	不详		
毋丘氏书院	四川阆中	不详		
琅玕书院	四川阆中	不详		
环山书院	四川达县	不详		
丹杨书院	四川巴中	不详		
寄青书院	四川巴中	不详		
乡都书院	四川开江	不详		
南极书院	四川开江	不详		
丰都书院	四川开江	不详		
沣都书院	四川开江	不详		
南江书院	四川开江	不详		
行台书院	四川开江	不详		
泸江书院	四川西昌	不详		贡生张游龙建
香成书院	四川盐源	不详		
凤仪书院	四川成都	不详		
云纪书院	四川金堂	不详		
明道书院	四川金堂	不详		

（续）

书院名称	位置	始建时间	性质	说明
宣化书院	四川金堂	不详		
稚集书院	四川金堂	不详		
宝山书院	四川金堂	不详		
南轩书院	四川金堂	不详		
山泉书院	四川安县	不详		
安彰书院	四川安县	不详		
青莲书院	四川安县	不详		
玉尺书院	四川苍溪	不详		
白□书院	四川遂宁	不详		
天浚书院	四川遂宁	不详		
南溪书院	四川内江	不详		
竹亭书院	四川内江	不详		
凤来书院	四川简阳	不详		
考棚书院	四川简阳	不详		
敦伦书院	四川简阳	不详		
储秀书院	四川都江堰	不详		
清峰书院	重庆江津	不详		
长寿书院	重庆长寿	不详		
西湖书院	重庆奉节	不详		又名文峰书院
学易书院	重庆奉节	不详		
钟山书院	重庆奉节	不详		
余庆书院	重庆奉节	不详		
双峰书院	重庆奉节	不详		同治五年张海门重建
三台书院	贵州台江	不详		咸丰六年兵毁，光绪三年同知李道本修更名台阳书院
龙山书院	贵州龙里	不详		同治中知县吴书传重建

（续）

书院名称	位置	始建时间	性质	说明
小书院	贵州绥阳	不详		又名养正书院
达泉书院	贵州凤冈	不详		
修文书院	贵州道真	不详		
翠华书院	贵州习水	不详		
温阳书院	贵州习水	不详		
养正书院	贵州锦屏	不详		邑人四川荣县知县吴师贤建
小段书院	贵州黎平	不详		邑人倪天和建
小蓬莱馆	贵州黎平	不详		邑人高继恺建
秀山书院	贵州贵定	不详		
凤山书院	贵州惠水	不详		院址在城北学宫前，早废，余不详
龙标书院	贵州黎平	不详		清雍正三年邑人张应诏重修
桂花书院	贵州荔波	不详		
涌泉书院	贵州威宁	不详		原名凤山书院，后改为南泉书院，乾隆二十七年重修
龙门书院	云南曲靖	不详		
玉溪书院	云南曲靖	不详		
海镜书院	云南曲靖	不详		
龙潭书院	云南曲靖	不详		
五华书院	云南澄江	不详		
翠文书院	云南江川	不详		
丹凤书院	云南江川	不详		
凤山书院	云南江川	不详		
古城书院	云南江川	不详		
黑龙潭书院	云南江川	不详		
龙池书院	云南元江	不详		
新抚书院	云南镇沅	不详		

（续）

书院名称	位置	始建时间	性质	说明
秀松书院	云南镇沅	不详		
弥勒书院	云南泸西	不详		
师宗书院	云南泸西	不详		
扶雅书院	云南禄丰	不详		
定远书院	云南剑川	不详		
起凤书院	云南洱源	不详		
德川书院	云南洱源	不详		
梧桐书院	云南鹤庆	不详		
明龙书院	云南南涧	不详		
宝秀山书院	云南石屏	不详		清初已废
龙文书院	云南弥渡	不详		咸丰七年焚毁
登龙书院	云南洱源	不详		通志时已废
彩云书院	云南云龙	不详		
登云书院	云南峨山	不详		今废
日新书院	云南大姚	不详		
澄心书院	云南澄江	不详		
玉荀书院	云南澄江	不详		
文龙书院	陕西绥德	不详		在南关，内设义学
芝城书院	陕西韩城	不详		久废
展村书院	陕西韩城	不详		久废
昌谷书院	甘肃陇西	不详		
锦屏书院	甘肃武都	不详		
漾源书院	甘肃西和	不详		在治城内南街，久废
乌兰书院	甘肃靖远	不详		

11.朝鲜半岛书院一览表

据韩国《儒教大事典》、李泰东《书院胜览》等制表

书院名称	位置	创建时间	奉祀人物	祭期	说明
汶浦书院	咸南文川	1395年	宋时烈、闵鼎重		
沧州书院	庆北	1400年	曹尚治、曹汉辅、曹汉英、曹善长	不祭	
龙章书院	全北南原	1402年	梁能让、梁朱云、金九容、梁大樸	三月十七	1597年火毁，1792年重建，1868年撤，1962年重建
德林书院	庆北迎日	1403年	吴邦佑	二月下丁	1894年升格改称，1979年复原
凤溪书院	忠北	1416年	金宗敬、金守温		又名凤川书院
苏山书院	京畿	1455年	河演		
蓝田书院	庆南	1459年	尹孜善		
道川书院	庆南山清	1461年	文益渐	九月一日	1787年赐额，1868年撤，1891年复
梅山书院	京畿骊州	1455—1468年	李穑、文益渐	三月、九月下丁	原文益渐祠，后升书院
鸣滩书院	忠南公州	1470年	李明德、李明诚	三月五日	1592年火毁，1731年重建，1831年撤，1956年复原改称升格
曲水书院	忠北清原	1465—1487年	郭庸、成继性、金善钦、柳炯、金伯熹、李国钧、林孝孙等44位		1592年火后重建，大院君毁撤
龙岩书院	全北	1488年	赵简、李继孟、罗应参、尹推、罗建溪、李龟川、赵润琛、罗安世、李世弼	二月中丁	1575年因火重建，1612年移，1868年撤，1904年设坛，1971年再建
松溪书院	全南长城	1492年	刘敞、刘思讷、刘汉良、刘德文、刘好仁	三月十五	1545年重建改称，1592年火毁，1798年再建，1868年撤，1924年复

（续）

书院名称	位置	创建时间	奉祀人物	祭期	说明
佳山书院	全南长城	1498年	李齐贤、李恒福	九月上丁	1868年撤，1957年复
会山书院	庆南	1506年	朴良佐、朴而文、李重茂、权漾	立春	
涑水书院	庆北义城	1509年	孙仲暾、申佑、金友宏、赵靖、赵翊	三月上亥	1656年移建，1703年升格，1870年撤，1971年复原
紫溪书院	庆北清道	1518年	金驲孙、金克一、金大有	二月、八月中丁	1660年赐额，1871年撤，1924年复
道东书院	全北扶安	1534年	金邱、金汝孟、崔秀孙、成重淹、崔弼成、金锡弘、洪翼汉、金启、金垓	不祭	1692年升格,1718年、1726年、1774年追享，1866年撤
明谷书院	庆南	1537年	裴纸沱、裴赋、裴玄庆、裴佑、裴承吉、裴孟厚、裴明远、裴一长、沈一三		又名追本祠、明谷祠
南冈书院	庆北清道	1537年	朴寒柱、朴寿春	不祭	1868年撤，后改称
月川书院	庆北	1539年	赵穆	不祭	
象贤书院	忠北	1540年	金净、成运、赵宪、成悌元、宋时烈		
熏岭书院	庆北	1541年	朴阳茂、朴继恩、朴孟文、朴鸾	不祭	
绍修书院	庆北荣丰	1543年	安珦、安轴、安辅、周世鹏	三月、九月上丁	1550年赐额，1871年撤，1982年修
近岩书院	庆北闻庆	1544年	洪彦忠、金弘敏、洪汝河、李德馨、李万敷、权相一、李榘	三月上亥	1665年改称，1669年升格，1868年撤，1984年复原
鹭潭书院	忠北	1545年	全湜、全侑、全彭龄		又名养神亭
紫阳书院	庆北	1546年	金浣		
玉溪书堂	忠北	1546年		不祭	又名花树楼
文宽书院	黄海	1549年	崔冲、崔惟善		
屏山书院	庆北安东	1550年	柳城龙、柳袗	三月、九月上丁	
临皋书院	庆北永川	1553年	郑梦周	二月、八月中丁	1579年赐额，1871年撤，1965年复

（续）

书院名称	位置	创建时间	奉祀人物	祭期	说明
白鹤书院	庆北永川	1555年	李滉、黄俊良	不祭	1592年烧毁，1612年重建，1738年升格，1868年撤，1900年复建
五峰书院	江原溟州	1556年	孔子、朱熹、宋时烈	九月上丁	1868年毁撤，1946年再建
冰溪书院	庆北义城	1556年	李彦迪、金安国、柳城龙、金诚一、张显光	不祭	1576年赐额，1871年撤
伊山书院	庆北荣丰	1558年	李滉	不祭	1574年赐额，1868年撤
川谷书院	庆北星州	1559年	程颐、朱熹、金宏弼、李彦迪、郑逑、张显光	不祭	1573年赐额，1713年移安柳溪书院，1868年撤
濫溪书院	庆南咸阳	1561年	郑汝昌、郑蕴、姜翼	二月、八月中丁	1566年赐额，1868年撤，1979年修
西岳书院	庆北庆州	1561年	薛聪、金庾信、崔致远	二月、八月中丁	1592年火毁，1602年重建，1623年赐额
研经书院	大邱北区	1563年	李滉、郑逑、郑经世	不祭	初书堂，1565年升书院，1871年撤
三江书院	庆南密阳	1563年	闵九龄、闵九韶、闵九渊、闵九畴、闵九叙	三月中亥	1592年兵火毁，1675年复原，1868年撤，1976年复原
文会书院	咸南咸兴	1563年	孔子		
雪峰书院	京畿利川	1564年	徐熙、李宽义、金安国、崔淑精	三月三九月九	1868年撤废，1945年祭享
清溪书院	庆南陕川	1564年	李希颜、全致远、李大期	九月十五	1868年撤，1936年复原
咏归书院	全南	1564年	金麟厚、许绍、许继、柳彭老、辛二刚、魏伯珪	三月十八	1868年撤，1960年复设，1965年追享
玉川书院	全南顺天	1564年	金宏弼	二月、八月中丁	1568年赐额，1870年撤后复建
仁贤书院	平南	1564年	箕子		
礼林书院	庆南密阳	1567年	林宗直、朴汉柱、申季诚	三月、九月上丁	1669年赐额，1680年移，1975年复
易东书院	庆北安东	1567年	禹倬	二月、八月下丁	1864年赐额，1868年撤，1969年复

（续）

书院名称	位置	创建时间	奉祀人物	祭期	说明
望德书院	咸南	1567年	郑梦周、赵光祖、金尚宽、赵翼、闵鼎重、赵尚䌹、赵明贞		
玉洞书院	咸南	1567年	李继孙、金尚荣、赵锡胤		
坡山书院	京畿坡州	1568年	成守琛、成浑、成守琮、白仁杰	八月中丁	1650年赐额，1986年补修
景光书院	庆北	1568年	裴尚志、李宗准、张兴孝		
道东书院	庆北达城	1568年	金宏弼、郑逑	二月、八月中丁	1573年赐额双溪，1607年赐额道东
仙岩书院	庆北清道	1568年	金大有、朴河淡	不祭	1577年升格，1868年撤，1978年复
镜光书院	庆北安东	1568年	裴尚志、李宗准、张兴孝	九月中丁	1871年撤，1978年复建
九峰书院	黄海	1568年	李珥、成浑、赵宪、朴世采、安瑭、辛应时、吴亿龄、金德诚		
文会书院	黄海	1568年	李珥、成浑、赵宪、朴世采、安瑭、辛应时、吴亿龄、金德诚		
南江书院	庆北盈德	1569年	李彦迪、李滉	不祭	1642年移建，1868年撤
浣潭书院	庆北	1569年	郑氏		
金乌书院	庆北善山	1570年	吉再、郑鹏、朴英、张显光、金宗直	三月三日 九月上丁	1575年、1609年赐额，1871年撤，存书堂祠
迂溪书院	庆北荣丰	1570年	李德弘、李莳	三月中丁 九月中丁	1592年火毁，1595年移建，1691年升格，1868年撤，1978年复设
竹树书院	全南和顺	1570年	赵光祖、梁彭孙	二月、八月中丁	1570年赐额，1868年撤，1869年设坛，1959年移建，1988年重建
莘巷书院	忠北清州	1570年	庆延、朴熏、金净、宋麟寿、韩忠、宋象贤、李得胤、李珥、李穑	三月、九月上丁	1660年赐额，1654年宣额，1871年撤，1892年再建

（续）

书院名称	位置	创建时间	奉祀人物	祭期	说明
双峰书院	忠北	1571年	全彭龄、郭诗、金文起	不祭	
玉山书院	庆北庆州	1572年	李彦迪	二月、八月中丁	1574年赐额
道峰书院	首尔道峰	1573年	赵光祖、宋时烈	三月、九月十日	1573年赐额，1872年撤，1971年复
孤山书院	大邱寿城	1573年	李滉、郑经世	不祭	1871年撤，存书堂
崧阳书院	京畿开城	1573年	郑梦周、禹玄宝、徐敬德、金尚宪、金堉、赵翼		
陶山书院	庆北安东	1574年	李滉、赵穆	二月、八月中丁	1571年赐额，1871年撤，1969年复
吴山书院	龟庆北尾	1574年	吉再	不祭	又名清风斋，1669年赐额，1871年撤
玉洞书院	蔚珍	1574年	南师古	不祭	1952年火毁
文献书院	忠南舒川	1574年	李毅、李穑、李种学、李耔、李垲、李种德	三月、九月中丁	1592年火毁，1611年赐额，1871年撤，1968年再建
黄江影堂	忠北	1574年	宋时烈、韩元震、尹凤九、权煜、权尚夏	不祭	
虎溪书院	庆北安东	1575年	李滉、柳成龙、金诚一	不祭	1676年赐额，1871年撤后移建
忠烈书院	京畿龙仁	1576年	郑梦周、郑保、李时稷、赵光祖	三月、九月中丁	1608年赐额，1706年撤，1911年复
德川书院	庆南山清	1576年	曹植	三月、九月十六	1602年重修，1870年撤，1985年重修
龙溪书院	庆北	1576年	李滉、金诚一、柳成龙	不祭	
象贤书院	平北	1576年	金宏弼、赵光祖		
鼎山书院	庆北醴泉	1577年	李滉、赵穆	不祭	1677年赐额，1934年毁于洪水
南皋书院	全北井邑	1577年	李恒、金千镒、金坫、金福亿、金承绩、苏山福	二月、八月中丁	1685年赐额，1868年撤，1899年复设，1928年再建
楮山书院	全北金堤	1577年	文克谦、文达汉、文益渐、文赞、柳之纲、柳之纪	二月中丁	1869年撤，1904年复建
月峰书院	光州光山	1578年	奇大升、朴祥、朴淳、金长生、金集	不祭	又名冰月堂，1654年赐额，1871年撤

（续）

书院名称	位置	创建时间	奉祀人物	祭期	说明
橘林书院	济州	1578年	金净、宋麟寿、金尚宽、郑蕴、宋时烈	不祭	1682年赐额
橘林书院	济州	1578年	李约东、李桧	不祭	1871年撤
绍贤书院	黄海海州	1578年	朱熹、赵光祖、李滉、李珥、成浑、金长生、宋时烈		1610年赐额
沧州书院	全北南原	1579年	卢慎	三月廿日	1600年赐额，1868年撤，1959年复
南塘书院	忠北堤川	1580年	李滉、姜瑜	不祭	1871年撤
冠山书院	庆南	1581年	姜诉、安汝庆、郑逑	二月中丁	1711年赐额，1868年撤后又复原
溏洲书院	庆南咸阳	1581年	卢慎、郑希辅	不祭	1660年赐额，1868年撤，碑存
安山书院	庆北星洲	1581年	李长卿、李长庚、李百年、李千年、李万年、李亿年、李兆年、李麟起、李承庆、李褒、李元具、李仁复、李仁任、李仁敏、李崇仁、李稷、李济、李师厚、李智活、李恒、李晁、李穢、李光迪	寒食日	又名影堂书院，1680年赐额,1624年升格，1868年撤，1916年重修
忠贤书院	忠南公州	1581年	朱熹、李存吾、李穆、徐起、赵宪、成悌元、金长生、宋浚吉、宋时烈	三月、九月中丁	1625年赐额，1871年撤，1892年设坛，1925年复设，1945年复原
八峰书院	忠北	1582年	金世弼、李耔、卢守慎、李延庆	不祭	
龙门书院	庆南咸阳	1583年	郑汝昌、林熏、林芸、郑蕴	不祭	1662年赐额，1868年撤
景贤书院	全南罗州	1583年	金宏弼、郑汝昌、赵光祖、李彦迪、李滉、奇大升、金诚一	二月十五	1607年赐额，1697年火毁，1609年重建，1868年撤，1977年复
花谷书院	黄海	1584年	金宏弼、李珥、金楺		
西山书院	全北全州	1586年	崔漾、崔德之、李继孟、宋英耇、李兴浡、李起浡	不祭	1607年移建，1868年撤
伊渊书院	庆南陕川	1587年	金宏弼、郑汝昌	四月十五	1660年赐额，1868年撤

（续）

书院名称	位置	创建时间	奉祀人物	祭期	说明
慕岩书院	全南长城	1587年	徐棱、赵英圭、赵廷老、崔鹤龄、郑云龙、金友伋、朴守良	不祭	1592年烧失，1648年重建，1864年撤，后移安奉亭
新山书院	庆南金海	1588年	曹植、申季诚	三月中丁	又名山海亭，1609年赐额
三溪书院	庆北奉化	1588年	权拨	二月、八月上丁	1660年赐额，1868年撤，1901年复设，1960年复原
乌川书院	庆北迎日	1588年	郑袭明、郑梦周、郑四道、郑澈	三月、九月上丁	1952年烧失，1612年、1725年再建，1868年撤，1974年复原
新安书院	全北任实	1588年	朱熹、韩好谦、李舒、宋庆元、韩必圣、韩鸣俞、宋时态、金洙根、康伯珍	三月九日九月十五	1597年火毁，1669年再建，1819年升格，1868年撤，1936年复建
白鹿洞书院	黄海	1588年	朱熹、金宏弼、李珥		
正源书院	黄海	1588年	朱熹、赵光祖、李珥、李滉		
德阳书院	全南谷城	1589年	申宗谦	二月、八月中丁	1597年兵毁，1695年赐额，1871年撤，1934年复设
杜谷书院	全北金堤	1589年	郑梦周、康元纪、咸伝霖	二月中丁	1868年撤，1971年复建
鹭峰书院	黄海	1589年	朱熹、李珥		
临湖书院	庆北尚州	1590年	洪贵达、表沿沫、蔡无逸、蔡寿、权达手	三月上丁	1592年兵火毁，1691年重建，1871年撤，1988年移转复原
博山书院	全南康津	1590年	李后白、白光动、崔庆昌、林荟、金淳	九月十七	又名瑞峰书院，1868年撤，1924年复
竹林书院	全南长城	1590年	李随、尹泓	三月四日	1597年火毁，1868年撤，1946年复建
笔岩书院	全南长城	1590年	金麟厚、梁子澄	二月、八月中丁	1662年赐额，1871年撤，1926年重修
德渊书院	庆南咸安	1591年	周世鹏、周博、裴锡祉、黄恢、周孟献	三月上丁	1676年赐额，1868年毁，1964年复

（续）

书院名称	位置	创建时间	奉祀人物	祭期	说明
飞凤书院	黄海	1596年	朱熹、崔冲、金宏弼、李珥、成浑、朴世采		
沂川书院	京畿骊州	1597年	金安国、李彦迪、洪仁佑、李元翼、郑晔、李植、洪命耇、洪命夏	二月中丁 八月中丁	1625年赐额，1625年改为沂川书院，1871年撤，1936年建慕贤祠，1978年复
百源书院	忠北镇川	1597年	金德崇、李种学、李阜、李畬	九月十六	1669年赐额，1871年撤，1987年复
凤览书院	庆北	1599年	李滉	不祭	
鹤亭书院	全北任实	1600年	金千镒、李兴浡、朴蕃、朴熏、洪鹏、赵平、金元根	三月三日	1656年重建，1868年撤，后设坛
文岩书院	江原春城	1601年	金澍、李滉、李廷馨、赵絅	不祭	1648年赐额
棣华书院	忠北清原	1601年	卢继元、卢后元、卢从元、卢一元、卢德元	九月中丁	1601年赐额，1871年撤，1968年复
磨谷书院	庆北安东	1602年	卞季孙、金有庸、金生溟、朴士熹、李完、柳赟、尹义贞	不祭	1871年撤
凤览书院	庆北英阳	1602年	李滉	不祭	1871年撤
凤岩书院	全南珍岛	1602年	李敬兴、赵泰采、金寿恒、鲁寿慎、郑弘翼、申命圭、李敏迪、南二星、李台重、赵得永	不祭	1684年移建追享，1725年追享，1868年撤
桧洞书院	全北金堤	1602年	李瑞相、李光春、李荣春、崔柱极、崔柱恒、任命恒、仁明龙	不祭	1868年撤
云谷书院	忠北	1602年	朱熹、郑逑		
龙岩书院	庆南陕川	1603年	曹植	不祭	1609年赐额，1871年撤
龙冈书院	全北完州	1603年	柳义孙、宋振门、柳轩、柳玢、柳崇祖、柳景秀、宋殷绪	二月中丁	1795年重建，1868年撤，1900年再建
碧津书院	全南	1604年	朴光玉、金德龄、吴斗寅、金德宏、金德普		
安乐书院	釜山东莱	1605年	主位为宋像贤、郑拨、尹兴信，东配赵英圭等，西配郑运等，东从金玉戒等，西从金廷瑞等	二月、 八月中丁	1624年赐额忠烈祠，1652改为安乐书院，保存书院

（续）

书院名称	位置	创建时间	奉祀人物	祭期	说明
道南书院	庆北尚州	1605年	郑梦周、金宏弼、郑汝昌、李彦迪、李滉、卢守慎、柳成龙、郑经世	三月三十	又名静虚楼，1677年赐额，1793年移建，1868年撤，后复原
道东书院	黄海	1605年	朱熹、李滉、李珥、赵光祖		
忠谷书院	咸北	1606年	奇遵、金德诚、俞棨		
曲江书院	庆北迎日	1607年	李彦迪、赵佶	不祭	1871年撤
龙岩书院	庆南	1603年	曹植	不祭	
临川书院	庆北安东	1607年	金诚一	三月、九月上丁	1871年撤，1908年复原
龙山书院	全南宝城	1607年	朴光前	不祭	1707年赐额，1871年撤
义岩书院	全南谭阳	1607年	柳希春	不祭	1669年赐额，1871年撤
德岩书院	全北任实	1607年	郑梦周、崔瀁、朴从寿、郑知年	二月中丁	1868年撤，1965年复原
花山书院	全北淳昌	1607年	金净、申末周、高敬命、杨士衡、金麟厚、金千镒、朴祥、柳沃、申公济、金时瑞	不祭	又名渔隐亭，1608年奉安，1876年撤
鹤翎书院	平南	1607年	郑逑、曹好翼、朴大德		
景贤书院	平北	1607年	李彦迪		
丹山书院	庆北盈德	1608年	禹卓、李穡、李毅	不祭	1667年移建，1868年撤
栢山书院	全北茂朱	1608年	河卫国、显道、徽道、成道、亨道、河演	三月上丁	1868年撤，1917年复设
三溪书院	忠北	1608年	全彭龄、郭诗、赵宪	不祭	
沧州书院	忠北	1608年	赵宪、金集、宋时烈、宋浚吉、郭垠	不祭	
崇贤书院	大田市西	1609年	郑光弼、金净、宋麟寿、金长生、宋浚吉、宋时烈	不祭	1609年赐额，1871年撤
花谷书院	京畿	1609年	徐敬德、朴淳、许晔、闵纯		五冠书院
大觉书院	庆南晋阳	1610年	河沆、孙天佑、金大鸣、河应图、河守一、李瀞、柳宗智	三月十三	1871年撤，1930年享祭

（续）

书院名称	位置	创建时间	奉祀人物	祭期	说明
表忠书院	庆南密阳	1610年	西山大师、松云大师、骑虚大师	三月、九月上丁	1839年改为书院，1871年撤，1883年改寺
东洛书院	庆北龟尾	1610年	张显光、张庆遇	八月廿七	1676年赐额，1871年撤，1932年修
义山书院	庆北荣丰	1610年	李介立、金应组	不祭	1679年改称升格，1868年撤
仁山书院	忠南牙山	1610年	金时习、郑汝昌、赵光祖、李彦迪、李滉、奇遵、李之菡、洪可臣、李德敏、朴知诚	不祭	1865年撤
花岩书院	忠南保宁	1610年	李之菡、李山甫、李梦圭、李廷馣、具继禹	二月中丁 八月中丁	1686年赐额，1868年撤，1898年设坛，1920年复，1959年移建
龟溪书院	庆南泗川	1611年	李桢、金德诚、李滉	三月十二 十月十六	原龟山祠，1676年升书院，1868年毁，1931年再建
文岩书院	庆北奉化	1611年	李滉、赵穆	不祭	1694年升格，1871年撤
草江书院	忠北	1611年	朴嗣宗、宋邦祚、尹煌、宋柴荣、宋时烈、金昌粹、朴堧	不祭	
七峰书院	江原原州	1612年	元天锡、元昊、郑宗荣、韩百谦	不祭	1661年赐额，1868年毁撤
汾江书院	庆北安东	1612年	李贤辅	三月三日	1871年撤，1966年移建复设
周溪书院	庆北安东	1612年	具凤龄、权春兰	不祭	1693年赐额，1868年撤
青城书院	庆北安东	1612年	权好文	二月、八月下丁	
华岩书院	全北益山	1612年	李公遂、苏世良、苏世让、李若海、苏东道、苏永福、苏光震	二月中丁 八月中丁	1869年撤，1966年重建
兴贤书院	咸南	1612年	郑梦周、赵光祖、李继孙		
道岑书院	庆北永川	1613年	曹好益	不祭	1871年撤
道岩书院	全北高敞	1613年	金质、金景哲、金益哲	二月十四	1868年撤，1946年再建

（续）

书院名称	位置	创建时间	奉祀人物	祭期	说明
龟溪书院	忠北清州	1613年	李凌庆、徐思远、朴枝华、李德胤、李瑭	三月十七	1871年撤，1955年再建，1985年复
凤岩书院	黄海	1613年	朱熹、金宏弼、李珥		
资风书院	忠北	1614年	郑逑		
紫云书院	京畿坡州	1615年	李珥、金长生、朴世采	八月中丁	1650年赐额，1872年撤，1969年重建
鲁峰书院	忠北清原	1615年	宋麟寿、郑磏、宋时烈	不祭	1668年赐额，1871年撤
文溪书院	庆北奉化	1616年	琴仪、郑云敬、琴徽、琴元贞、琴轴、柳宗介	不祭	又名无尽藏斋，1868年撤
亩长书院	全南灵光	1616年	李天佑、李宏、李明仁、李应钟、李黄钟、李洪钟、李根、李馥远	二月、八月中丁	1868年撤，1928年重建，并改称
紫山书院	全南咸平	1616年	郑介清		1657年撤,1677年复，1868年撤
德岩书院	庆南咸安	1617年	朴汉柱、赵纯、赵宗道	不祭	1871年撤
星谷书院	忠南锦山	1617年	金侁、尹择、吉再、金净、高敬明、赵宪	不祭	撤毁
丹溪书院	庆北奉化	1618年	金淡	不祭	又名宾洞斋社，1781年赐额
道溪书院	庆北奉化	1618年	李瑜、李甫钦、李秀亨、曹汝韺	春秋奉享	1868年撤，1912年再建
礼渊书院	庆北达成	1618年	郭再佑、郭趪	九月上丁	1677年赐额，1871年撤,1872年建景义堂，1950年烧毁，1977年复原
宁川书院	全北任实	1619年	安处顺、丁焕、丁熿、李大聘	三月五日	1686年赐额，1868年撤，1945年再建，1960年复原
汭阳书院	全南长兴	1620年	李穡南、孝温、申潜、金光远、刘好仁	九月九日	1869年撤，1927年复设，1975年建
德岗书院	庆北永川	1621年	杨孝智	九月中丁	1921年升格，改称
清逸书院	忠南	1621年	金时习、金孝宗		
武夷书堂	庆北	1623年	李润寿、李行、李治	不祭	

（续）

书院名称	位置	创建时间	奉祀人物	祭期	说明
松潭书院	江原溟州	1624年	李珥	二月中丁	1660年赐额
梧阳书院	庆北漆谷	1624年	郑锤	十月十三	1868年撤，1978年复原
胄峰书院	全南康津	1624年	赵彭年、赵奎运	三月中丁	1868年撤，1965年复设
华山书院	全北全州	1624年	李彦迪、宋麟寿、陆大春	不祭	1622年赐额，1869年撤
效忠书院	全北	1625年	高曦（三父子）		
松林书院	全南务安	1626年	金权、金桀	不祭	1682年赐额，1871年撤
竹林书院	忠南论山	1626年	李珥、成浑、赵光祖、李滉、宋时烈、金长生	三月、九月十五	1665年赐额，1871年撤，1970年重建
南溪书院	庆北军威	1627年	柳成龙、李好闵	不祭	1871年撤
桧渊书院	庆北星洲	1627年	郑逑、李润雨		1690年赐额，1868年撤，1974年修
老德书院	咸南	1627年	李恒福、金德诚、郑弘翼、闵鼎重、吴斗寅、李尚真、李世华		
东溟书院	江原襄阳	1628年	赵仁璧、赵师	三月中丁	1871年撤，1974年复
新安书院	庆北盈德	1628年	朱熹、宋时烈	不祭	1702年移建，1871年撤
德岩书院	庆南咸阳	1623—1629年	李之蕃、李希颜、朴坪、李维、禹绩	不祭	1722年撤
沧江书院	忠南扶余	1629年	黄慎	三月、九月十五	1866年撤，1959年复原
武原书院	庆北永川	1630年	河演	二月、八月中丁	1750年重修
月岩书院	庆北善山	1630年	金澍、河纬地、李孟专	不祭	1694年赐额，升格改称，1868年撤
鹿洞书院	全南灵岩	1630年	崔德之、崔忠成、金寿恒、金昌协	四月五日	1868年撤，1976年复原
景行书院	江原东海	1631年	金孝元、许穆	不祭	1824年升书院，1868年撤
玉城书院	庆北尚州	1631年	金得培、申潛、金范、李㙉、李埈	三月十五	1870年撤，1977年复原

（续）

书院名称	位置	创建时间	奉祀人物	祭期	说明
默林书院	庆北高灵	1632年	郭寿冈、吴善基		1868年撤
龟冈书院	庆北庆州	1632年	李继贤	二月下丁	1871年撤，1917年重建
玉成书院	庆北	1632年	金得培、申潜金、范李瑛、李埈		
方山书院	庆北荣州	1633年	全希哲、全益禧、全命龙	十月九日	1871年撤，1938年再建，1981年复原
双溪书院	全北金堤	1633年	崔湜、崔应参、景居伦	不祭	1871年撤
桧原书院	庆南马山	1634年	郑逑、许穆	十月十五	1868年撤，改在观海亭释菜
芹城书院	庆北安东	1634年	金仁赞、金以鉴	三月中丁	又名尼山书院，1868年撤，1922年移建改称
凤山书院	庆北义城	1634年	权五福、权孟孙、权穑、文瓘、金复一、权文海、权旭	不祭	1871年撤
芝阴书院	全北金堤	1634年	李贵、罗恢、罗凤翼、罗处大、罗善厚、高凤翼	二月中丁	1636年火,1752年移，1872年撤，1901年设坛，1971年重建
遁岩书院	忠南论山	1634年	金长生、金集、宋浚吉、宋时烈	二月、八月中丁	1660年赐额，1871年撤，1881年移
静退书院	忠南牙山	1634年	赵光祖、李滉、孟希道、李舜臣、姜凤寿、赵相禹、洪可臣、姜栢年、尹俔、赵而后	不祭	1871年撤
花山书院	京畿抱川	1635年	李恒福	九月十二	1659年赐额，1971年复原
内山书院	全南灵光	1635年	姜沆、尹舜举	三月、九月上丁	1868年撤，1974年移建改额
伊江书院	庆北达成	1636年	徐思远	十月十一	1871年撤，后复设
凤岩书院	忠北	1637年	李文范、李忠范、李时慎、李时立、李时敏	不祭	
泰阳书院	庆南咸安	1640年	安侹	三月三日	1868年撤，1950年复设享祭
清谷书院	庆南山清	1642年	李天庆	二月、八月中丁	1642年赐额，1871年撤，1922年复

（续）

书院名称	位置	创建时间	奉祀人物	祭期	说明
星川书院	庆南居昌	1643年	宋浚吉、宋明钦、李翻	不祭	1868年毁撤
三江书院	庆北醴泉	1643年	郑琢、郑允穆、郑梦周、柳成龙、李滉	二月中丁	又名讲堂,1868年撤,后复设
鹤林书院	全南长城	1643年	金稳、金英烈、朴熙中、金应斗、朴元恂、朴浚哲、李文龙、金义瑞	不祭	1717年赐额，升格改称，1868年撤
新川书院	庆北醴泉	1645年	金英烈	三月、九月中丁	
洛峰书院	庆北善山	1646年	金叔滋、金就成、朴云、金就文、高应陟	三月中丁	1787年赐额，1868年撤，1977年复
松山书院	庆北善山	1647年	金应祺、金振宗、崔应龙、康惟善、崔岘、卢景任	不祭	1656年移建升格，1868年撤
牛渚书院	京畿金浦	1648年	赵宪	八月十八	1675年赐额
贺老书院	庆北金泉	1648年	李约东	三月、九月中丁	1758年移建，1868年撤，后复原
玉屏书院	京畿抱川	1649年	朴淳、李义健、金寿恒、金声大、李和甫、尹凤阳	三月中丁	1713年赐额，1868年毁撤，1981年复原，1987年建讲堂
凤岩书院	庆北安东	1632—1649年	南应元、南隆达、南碶、南天汉	三月、九月上丁	
露峰书院	全北南原	1649年	洪顺福、崔尚重、吴延吉、崔蕴、崔微之	不祭	1697年赐额，1868年撤
灵溪书院	全北镇安	1649年	崔滃、李仁贤、李廷鸾、全继宗	二月中丁	1869年撤，1870年建遗墟碑,1900年设坛,1947年重建
道东书院	忠南天原	1649年	朱熹、金驲孙、郑逑、黄宗海	不祭	1676年赐额，1871年撤
道浦书院	江原春城	1650年	申崇谦、申钦、金敬直	三月三九月九	1871年撤
忠烈书院	江原道	1650年	洪命	不祭	
深谷书院	京畿龙仁	1650年	赵光祖、梁彭孙	二月、八月中丁	1650年赐额，日战撤废，后重修
茂等书院	庆北善山	1650年	田佐命、李瑀、田胤武	不祭	又名茂洞书院，1868年撤，复原中
三峰书院	荣丰	1650年	金而音、李瀣、金盖国、金隆	不祭	1868年撤

（续）

书院名称	位置	创建时间	奉祀人物	祭期	说明
蓬山书院	全南罗州	1650年	白仁杰	九月十五	1667年赐额，1871年撤，1972年重修
麟峰书院	全北	1650年	崔命龙、金东准、郑祥龙、金基敬	不祭	
道溪书院	忠北	1650年	申崇谦、申忠全、申佑、申逸、申苹、申孟庆、申宽一、申硕蕃、申泰观		
东阳书院	黄海	1650年	申崇谦、李穑、申晏、徐辅、申雅、申丁理、申灏		
泗阳书院	庆北漆谷	1651年	郑逑、李润雨	不祭	1694年移建，1868年撤
花山书院	庆北	1651年	张庆遇		
凤岩书院	忠南燕岐	1651年	韩忠、金长生、宋时烈、宋浚吉	不祭	1665年赐额，1871年撤
海村书院	全南	1652年	崔薄、林亿龄、柳希春、尹衢、尹善道、朴伯凝		
白石书院	全北金堤	1652年	柳楫、赵涑、柳棹	二月、八月中丁	1868年撤，1902年设坛，1962年复
柳川书院	全北扶安	1652年	许震童、金宅三、金铉、金铭	不祭	1868年撤
华岩书院	庆南陕川	1653年	朴绍	不祭	1727年赐额，1868年撤
鲁林书院	庆北安东	1653年	南致利	不祭	1871年撤
龙台书院	全北任实	1653年	金声振、金光奭、金元重、金元健、金元立	九月十五	1868年撤，1970年再建
云溪书院	京畿杨平	1654年	赵昱、赵晟、申抃、赵亨生、赵门衡	八月廿一	1714年赐额，1871年撤，1932年复
德谷书院	庆南宜宁	1654年	李滉	二月廿日	1660年赐额，1871年撤后复原
泗溪书院	庆北荣丰	1654年	黄孝恭、罗以俊	不祭	1656年移建，1868年撤
学堂书院	全北金堤	1654年	安处、郑湛、安敬智、罗伸道、罗八纪、安徽、安御、安卫、安达规	二月中丁	1869年撤，1911年重建，1971年重建
琴湖书院	庆北清道	1655年	李云龙	三月、九月下丁	1870年撤，1947年重建

（续）

书院名称	位置	创建时间	奉祀人物	祭期	说明
英山书院	庆北英阳	1655年	李滉、金诚一	不祭	1694年赐额
景贤书院	黄海	1655年	朱熹、李珥		
石室书院	京畿南杨	1656年	金尚荣、金尚宽、金寿恒、闵鼎重、李瑞相、金昌协、金元行、金相淳	不祭	1663年赐额
伊阳书院	庆北	1656年	张凤翰、张以、张俞	不祭	
凤岗书院	黄海	1656年	朱熹、赵光祖、李滉、李珥		
立岩书院	庆北迎日	1657年	张显光、权克立、郑四象、孙宇男、郑四震	二月下丁	1868年撤，1972年复原
大溪书院	全南宝城	1657年	安邦俊	不祭	1704年赐额，1871年撤
华山书院	全北益山	1657年	金长生、宋时烈、黄自厚、苏斗山、苏辉冕	三月、九月中丁	1662年赐额，1868年撤，1965年重建
忠贤书院	京畿果川	1658年	姜邯赞、徐甄、李元翼	不祭	1676年赐额
龙渊书院	庆南陕川	1658年	朴絪、文东道	不祭	又名碧寒亭，1871年撤
龙谷书院	平南	1658年	鲜于浃		
月井书院	全南罗州	1659年	朴淳、金继辉、沈义谦、郑澈、洪千璟	三月六日	1669年赐额，1871年撤，1960年复
中州书院	全北任实	1659年	朴铉、朴刚生、朴审问、朴仲孙、朴楗、朴熏、朴英、朴增荣、朴忠元	不祭	1871年撤
宝山书院	黄海	1659年	李珥		
观澜书院	庆北庆山	1660年	李彦迪、李永会	九月九日	1868年撤，1901年再建
勿溪书院	庆北醴泉	1660年	金方庆、金应祖、金九荣、金扬震	不祭	1868年撤，1962年复原
遁岩书院	平北	1660年	鲜于浃、金翼虎、金麟祥、白志讷、白鸿祚		
鸣皋书院	京畿华城	1661年	赵翼、赵复阳、赵持谦	不祭	1669年赐额，1871年撤毁
迷源书院	京畿加平	1661年	赵光祖、金湜、南彦经、李济臣、金堉、金昌翕、朴世豪、李元忠、南道振、李恒老、金平默、柳重教	八月中丁	1872年撤毁，1919年设坛

（续）

书院名称	位置	创建时间	奉祀人物	祭期	说明
道山书院	庆南居昌	1661年	金宏弼、郑汝昌、李彦迪、郑蕴	不祭	1662年赐额，1871年撤
琴皋书院	庆北安东	1661年	边永清、边中一	不祭	1871年撤
俭岩书院	忠北清原	1661年	赵宪、韩日休、池汝海、申之益、宋国宽、延最积、李东亨、卞尚曾、申永植、朴文古、申应泰	三月中丁	1871年撤，1958年复原，1960年重修，1984年重建，1985年重建
郁阳书院	庆北荣丰	1662年	李滉、黄俊阳	不祭	1871年撤，1990年再建
建岩书院	忠南舒川	1662年	李山甫、赵宪、赵守伦、赵涑	不祭	1713年赐额，1871年撤
丹岩书院	忠北丹阳	1662年	李滉、禹倬	不祭	1692年赐额，1871年撤
花岩书院	忠北槐山	1662年	李滉、许诩、徐愷、李文楗、朴世茂、卢守慎、金悌甲、柳根、朴知谦、李慎仪、全有亨	九月中丁	1871年撤，1955年复建
道山书院	黄海金川	1662年	李济贤、李钟学、赵锡胤		
龙溪书院	黄海遂安	1662年	管宁、李连松、姜栢年		
道基书院	京畿安城	1663年	金长生	不祭	1669年赐额，1868年撤毁
凤鸣书院	平北定州	1663年	金尚容、金尚宪		
龙冈书院	庆南	1664年	金斗南、金道南	不祭	
浣溪书院	庆南居昌	1664年	金湜	不祭	1690年赐额，1868年撤
凤岩书院	全北沃沟	1664年	金铢、金集	不祭	1695年赐额，1868年撤
鳌山书院	平南龙冈	1664年	金安国、金正国		
福川书院	咸镜端川	1664年	孔子		
福山书院	咸南	1664年	李继孙、俞绛、李后白、韩浚谦、南九万、李安讷		
龟岩书院	大邱中区	1665年	徐沆、徐居正、徐嶰、徐渻	九月一日	1788年建东西斋
九峰书院	庆北盈德	1665年	朴毅长、朴弘长	不祭	1784年升格，1868年撤，存楼

（续）

书院名称	位置	创建时间	奉祀人物	祭期	说明
箕川书院	庆北醴泉	1665年	安俊、李文兴、文瑾、文璀、李构	九月中丁	1868年撤，1928年设坛，1968年复
凤栖书院	全北金堤	1665年	裴克廉、姜升	不祭	1868年撤
龙门书院	忠南公州	1665年	李惟泰	九月一日	1985—1989年建遗物展示馆
崇节书院	京畿	1666年	宋象贤、金炼光、刘克良		
道岩书院	庆北高灵	1666年	金沔、李起春	不祭	1868年撤
松溪书院	忠北	1666年	曹伟、朴英、金始昌、朴应动、南知言、朴惟栋		
钟山书院	咸北	1666年	郑汝昌、奇遵、柳希春、郑晔、郑弘翼、金尚宽、郑蕴、禹棨、闵鼎重、南九万、赵锡重、赵锡胤		
龟岩书院	首尔江东	1667年	郑诚谨、李养仲、郑晔、吴允谦、任叔英、李集	不祭	1709年赐额，1871年撤
清溪书院	庆北安东	1667年	李埴、李堣、李澄	不祭	1868年撤
三川书院	全北镇安	1667年	颜子、程颢、程硕、朱熹、诸葛亮	不祭	1695年赐额，1868年撤
玉川书院	庆北醴泉	1667年	林春、潘濡、太斗南、宋福基	三月、九月十五	1771年升格，1868年撤，1920年再建
云田书院	咸南咸兴	1667年	郑梦周、赵光祖、李滉、李珥、成浑、赵宪、宋时烈、闵鼎重		
安谷书院	京畿华城	1668年	朴世熏、朴世熹、洪暹	三月、九月五日	1721年赐额，1871年撤，1976年复原
道源书院	全南和顺	1668年	崔山斗、林亿龄、郑逑、安邦俊	三月十五	1688年赐额，1868年撤，1975年复
泮谷书院	全北完州	1668年	鞠涵、鞠檽、鞠沈、鞠溟	二月、八月中丁	1866年撤，1905年复设重建
栢岘书院	全北完州	1668年	具莹	二月、八月中丁	1866年撤，1903年设坛，1961年复
栢山书院	庆南陕川	1669年	柳义、柳孟智、柳铁柱、柳世温、柳晦根、柳敷	三月十三	1871年撤，1949年复设，1975年重建

（续）

书院名称	位置	创建时间	奉祀人物	祭期	说明
德林书院	庆北金陵	1669年	金宗直、郑经世、郑鹏	不祭	1676年赐额，1871年撤
盘泉书院	庆北奉化	1669年	金仲清		1711年改称，1868年撤
藏待书院	庆北义城	1669年	申之悌、李民宬、金光粹、申元禄	二月下丁	1702年升格，1871年撤，1956年复
寒溪书院	全北	1669年	申重庆、李尚真、李廷鸾	不祭	
华阳书院	忠北槐山	1696年	宋时烈	不祭	1696年赐额，1716年御书，1871年撤
栢渊书院	庆南咸阳	1670年	崔致远、金宗直	不享	1868年撤
清溪书院	庆南咸安	1670年	李三老、李时馩	三月十日	1868年撤
龟溪书院	庆北安东	1670年	禹倬	不祭	1871年撤，1972年移建
龙冈书院	庆北安东	1670年	崔致远	二月下丁	
道山书院	忠南牙山	1670年	赵翼、赵克善	不祭	
花岩书院	忠北	1670年	张弼武、朴忍、张沆、朴兴生、张智贤、朴季禹、朴兴居、张义贤	不祭	
溟川书院	咸北吉州	1670年	赵宪		
华谷书院	咸北	1670年	宋象贤、金尚宽、郑蕴、闵维重、金昌协、李植、朴兴宗		
程溪书院	黄海文化	1670年	柳宽		
明溪书院	庆北蔚珍	1671年	黄应清、黄汝一	九月下丁	1868年撤，1984年复设
凤岗书院	忠北	1671年	金湜、金权、金堉	不祭	
道林书院	庆南咸安	1672年	郑逑、李瀞、李备、朴齐仁	四月二日	1868年撤，遗墟碑存，享祭
德岩书院	庆北	1672年	李天培、李天封、李细	不祭	
鲁冈书院	忠南论山	1672年	尹煌、尹文举、尹宣举、尹拯	二月、八月中丁	1682年赐额，1717年撤额，1722年复额，1950年战损

（续）

书院名称	位置	创建时间	奉祀人物	祭期	说明
清溪书院	平南江东	1672年	李滉、曹好益、金堉、洪德辉		
孤山书院	庆北蔚珍	1673年	金时习、任有后、吴道一	四月十五	1715年升格，1868年撤，存遗墟碑
道溪书院	全北井邑	1673年	李希孟、金齐闵、金齐颜、崔安、金昕、金暹、金习、金地粹	九月中丁	1868年撤，1913年建遗墟碑，1962年复原
松坡书院	忠北	1673年	尹宣举	不祭	
星山书院	平南顺安	1674年	郑梦周、韩禹臣		
三阳书院	忠北	1675年	郑逑、全彭龄、郭诗	不祭	
宗川书院	庆南河东	1676年	河弘度	三月、九月十日	1871年撤，后重修
龟川书院	庆北永川	1676年	权应铢、权应心	二月、八月中丁	1868年撤，1923年复原
龟湾书院	庆北奉化	1676年	琴轫、南梦鳌、朴善长、权虎臣	三月、九月中丁	1766年升格，1868年撤，1967年复设
道东书院	全南谷城	1676年	朱熹、安珦	三月、九月十五	1887年撤，后再建
鲁恩书院	忠南洪城	1676年	朴彭年、成三问、李垲、柳诚源、河纬地、俞应孚		1692年赐额，1712年改赐额，1871年撤
德山书院	庆南	1677年	李好诚、李僖、李侃	三月下丁	1868年撤，1970年再建改称
宗山书院	庆南	1677年	河弘度		
云田书院	咸南咸兴	1667年	郑梦周、赵光祖、李滉、成浑、赵宪、李珥、宋时烈、闵鼎重		
鸥江书院	蔚山市中	1678年	郑梦周、李彦迪	九月九日	1871年撤
清风书院	忠南锦山	1678年	吉再	九月十五	1977年升格重建
道岩书院	庆南咸安	1679年	裴汝庆、李峰、裴汝发、赵灵得、赵益成、黄后邦	不祭	1868年撤，现存堂
忠贤书院	庆南	1679年	李致、李兴祖、李逸老、李元庆、李安熙		又名清襟祠、中贤祠
洛滨书院	庆北达成	1679年	朴彭年、成三问、河纬地、李垲、柳诚源、俞应孚、朴仲林	八月下丁	1866年撤，1934年建书堂，1982年复原

（续）

书院名称	位置	创建时间	奉祀人物	祭期	说明
临江书院	京畿涟川	1680年	安珦、李穑、金安国、金正国	不祭	1694年赐额，1864年毁撤
龙津书院	全北	1680年	黄喜、黄守身、金孟、李益、朴嵚		
愍节书院	首尔	1681年	不详	不祭	
五冠书院	京畿	1681年	朴尚衷、朴世采		
虎溪书院	京畿安养	1681年	赵宗敬、赵涑	不祭	大院君毁撤
泗滨书院	庆北安东	1681年	金琎、金克一、金寿一、金明一、金诚一、金复一	不祭	1868年撤，后移建
临冈书院	庆北	1681年	李敢	十月九日	1871年撤，现墓祭
竹亭书院	全南灵岩	1681年	朴成干、朴权、朴奎精、李晚成、朴承源	十月中丁	1868年撤，1961年移建复设
山泉斋书院	忠南	1681年	尹拯	不祭	
文井书院	黄海	1681年	李珥、金长生、金集、姜硕期		
新谷书院	京畿坡州	1683年	尹宣举		1695年赐额，1871年毁撤
壮岩书院	庆北荣丰	1683年	洪翼汉、吴达济、尹集	不祭	1758年移建，1871年撤
合湖书院	忠南燕岐	1683年	安裕	九月十二	1843年改称，1868年撤，1927年复
靖节书院	大田东区	1684年	宋愉、朴彭年、宋甲祚、金庆余、宋尚敏、宋国泽	不祭	1871年撤
新川书院	庆南陕川	1684年	河演、何友明、何浑	三月、九月上丁	1871年撤，1922年复
琴湖书院	庆北庆山	1684年	许稠、许诩、许慥	三月上丁	1790年赐额，1871年撤，1913年复
龙溪书院	庆北	1684年	李孟专	春分秋分	
鹤洞书院	平南	1684年	金泮		
秀谷书院	首尔江南	1685年	李义健、赵涑、李厚源		1695年赐额，1871年撤，1985年复
青湖书院	大邱寿城	1685年	孙肇瑞、孙处讷、柳世藩、郑好仁	八月中丁	原祠，1694年升书院，1871年撤，1972年重建

（续）

书院名称	位置	创建时间	奉祀人物	祭期	说明
孝谷书院	庆北尚州	1685年	宋亮、金冲、高仁继、金光斗	三月下丁	1780年撤，1961年复
廉义书院	全北沃沟	1685年	崔致远、高庆、高用贤	九月中丁	1804年赐额，1868年撤,1914年建遗墟碑,1920年复设
孤山书院	京畿骊州	1686年	李纯吾、曹汉英	不祭	1871年撤
龙江书院	京畿高阳	1686年	朴犀、朴淳、赵尚絅	三月、九月十六	1686年赐额
道渊书院	庆南固城	1686年	许麒、许千寿、许栽、许有全、许荣、许惟新	十月三日	1868年撤，1920年复原
道溪书院	庆北安东	1687年	权玮、权玉峰	三月、九月中丁	1871年撤，1928年复设
默溪书院	庆北安东	1687年	金系行、王沾、金涌	不祭	1868年撤，讲堂存
金谷书院	忠南论山	1687年	金秀南、成三问、曹继明	三月三日九月九日	1696年移建，1871年撤,1919年建敬慕斋,1978年复原改称
七山书院	忠南复原	1687年	俞启	三月、九月中丁	1697年赐额，1868年撤，1959年复
文峰书院	京畿高阳	1688年	闵纯、奇遵、南孝温、金正国、郑之云、洪履祥、李慎仪、李有谦	不祭	1709年赐额，1865年撤毁
凤山书院	庆北尚州	1688年	沈喜寿、成允谐、金弘微、曹友仁、丁好善、黄翼再、卢守慎	三月下丁	1708年升格，1770年和1841年重修，1868年撤，1975年复原
雪斋书院	全南罗州	1688年	郑可臣、申穑、郑轼、郑谌、郑祥、郑汝麟、郑澜、郑讷	九月廿五	1723年移,1868年撤,1923年复原
群芳书院	忠北槐山	1688年	辛景行、辛蒇	一月七日六月八日	1760年升格，1871年撤，后孙奉享
药峰书院	平北	1688年	赵光祖		
汝南书院	庆北英阳	1689年	南敏	三月、九月中丁	1871年撤，后复设
玉川书院	庆北星洲	1689年	李士龙	三月中丁	1680年赐额，1871年撤，1958年复

（续）

书院名称	位置	创建时间	奉祀人物	祭期	说明
湄江书院	京畿涟川	1691年	许穆		1693年赐额，1871年撤毁
龙渊书院	京畿抱川	1691年	李德馨、赵絅	二月、八月中丁	1692年赐额，1871年撤
中洞书院	庆南陕川	1691年	李谒平、李开、李禹称	三月十日九月上丁	
清圣书院	黄海	1691年	崔冲		
百源书院	大邱东区	1692年	徐时立	三月中丁	1871年撤
南坡书院	京畿安城	1692年	洪宇远	不祭	1871年撤毁
周源书院	庆南	1692年	车蒲、温车、原俯、车云革		
道溪书院	庆南陕川	1692年	全义甲、全以甲、全雨、全霁、全荣	三月三日	
松原书院	庆南陕川	1692年	安遇、卢瑾、安克家、卢克诚、安世益、卢汉辅	三月中丁	1868年撤，1983年复原
龟冈书院	庆北	1692年	李齐贤		
贤岩书院	庆北龟尾	1692年	张潜、李彦迪	不祭	1761年升格，1871年撤
鹤山书院	庆北迎日	1692年	李彦迪	不祭	1871年撤
花岩书院	庆北尚州	1692年	金安节、金涛、申硕蕃、成滥	不祭	1747年移建，1870年撤
眉泉书院	全南罗州	1692年	许穆、蔡济恭	三月、九月九日	1868年撤，1892年复建，1897年重修
凤冈书院	全南顺天	1692年	李晬光、李晬、李应耆	不祭	1727年赐额，1868年撤，1990年复
清水书院	全南	1692年	李晬光、李应耆	不祭	
蓼溪书院	全北南原	1692年	金泮、李尚馨、金之纯、金之白	不祭	1868年撤
忠谷书院	忠南论山	1692年	阶伯、朴彭年、成三问、李垲、柳诚源、河纬地、俞应孚、李贤童、朴增、金益兼、金延望、金万重、金宏益、金自嫔、李敏进、李学纯、朴种、赵秉始	三月、九月中丁	1871年撤，1935年再建

（续）

书院名称	位置	创建时间	奉祀人物	祭期	说明
道山书院	大田市中	1693年	权得己、权諰	三月、九月中丁	1868年撤，1880年复设，1966年复
大浦书院	庆南山清	1693年	闵安富、闵绥	三月十五	1871年撤，1946年复原
德峰书院	庆南昌宁	1693年	李厚庆、李道孜、李硕庆	八月中丁	1871年撤
道渊书院	庆北奉化	1693年	郑逑、许穆、蔡济恭	不祭	1868年撤
蒙泉书院	庆北蔚珍	1693年	尹时衡、尹时进	不祭	1738年升格，1868年撤
新溪书院	庆北星洲	1693年	李承、李堉、李琡、李堂、李垌	随时定，来年享祭	1754年升格，1766年追享，1869年撤，遗墟碑，斋室存
蓬湖书院	忠南扶余	1693年	尹文举、尹博	不祭	又名凤湖书院，1865年撤
府南书院	平北	1693年	金万重、朴泰辅		
梅谷书院	京畿华城	1694年	宋时烈	不祭	又名梅松书院
龟渊书院	庆南	1694年	慎权、成彭年、慎守彝	二月、八月十日	1867年毁撤，1989年再建
龙源书院	庆南居昌	1694年	文纬、卞昌后		
平川书院	庆南	1694年	裴玄庆、裴慎沈、裴世谦		
鼎刚书院	庆南晋阳	1694年	郑温、姜叔卿、河润、俞伯温、李济臣、李琰、河天澍、陈克敬、朴敏	不祭	1868年撤，1929年建遗墟碑
盘谷书院	庆北	1694年		不祭	
潘溪书院	全南罗州	1694年	朴世采、朴绍、朴弼周、朴尚衷	九月中丁	1697年赐额，1871年撤
松江书院	全南谭阳	1694年	郑澈	不祭	1706年赐额，1868年撤
高岩书院	全北	1694年	陈克纯、黄信龟、陈遵、韩养吾、陈伟、韩尚箕	不祭	
东林书院	全北扶安	1694年	金怀慎、柳馨远、金瑞庆、柳文远	不祭	1721年赐额，1868年撤
瓮井书院	全北扶安	1694年	崔生明、崔继成、孙弘绩、金锡良、崔命、龙崔活、金湍、蔡达周	三月十四	火毁，1778年重建，1868年撤，后建碑

（续）

书院名称	位置	创建时间	奉祀人物	祭期	说明
磻溪书院	忠南	1694年	李惟泰	不祭	
松谷书院	忠南	1694年	郑臣保、郑仁乡、柳方择、金伟材、柳洎濡、柳伯淳、柳润、金璜		
草庐书院	忠南	1694年	李惟泰	不祭	又名柳谷书院
鹭江书院	京畿议政府	1695年	朴泰辅	二月、八月中丁	1697年赐额，1969年再建
德峰书院	京畿安城	1695年	吴斗寅	二月、八月中丁	1700年赐额
古岩书院	庆南陕川	1695年	卢钦、李屹、朴真悫	三月中丁	
燕岩书院	庆南昌宁	1695年	李承彦、李长坤、成安义	不祭	又名琴湖斋，1871年撤后移建
东江书院	庆北庆州	1695年	孙仲暾	二月、八月下丁	1868年撤，1958年重建
考岩书院	全北井州	1695年	宋时烈、权尚夏	不祭	1785年追配，1871年撤，存碑
沧溪书院	全北长水	1695年	黄喜、黄守身、俞好仁、张应斗、康伯珍	九月十日	1868年撤，1948年复原
黔潭书院	忠北清原	1695年	宋浚吉	不祭	1695年赐额，1871年撤享，1980年撤
楼岩书院	忠北	1695年	郑澔、宋时烈、闵鼎重、权尚夏	不祭	
德川书院	忠北清原	1695年	刘希龄、柳希龙、禹慎言、郑应昌	二月中丁	1868年撤，1967年复原补修
松泉书院	忠北清原	1695年	金士廉、崔有庆、李贞干、朴光佑、李之忠、赵纲、李大建、李济臣、李寅嬿、崔锡鼎、南仇万、朴文秀、李宗城、李孝硕、金汝亮	三月廿日	1865年撤，1972年再建
双泉书院	忠北清原	1695年	申湜	三月廿五	1871年撤，后建双泉影堂
龙津书院	咸南	1695年	宋时烈		
凤阳书院	黄海	1695年	朴世采		

（续）

书院名称	位置	创建时间	奉祀人物	祭期	说明
祥凤书院	庆南咸安	1696年	黄悏、黄悦	三月五日	1868年撤，1987年升格享祭
文渊书院	庆北高灵	1696年	朴润、朴择、尹奎、朴廷璠、崔汝契	三月上丁	1868年撤，1946年复原
仁山书院	庆北盈德	1696年	李玄逸、李徽逸	不祭	1868年撤
武城书院	全北井邑	1696年	崔致远、申潜、丁克仁、宋世琳、郑彦忠、金若默、金灌	二月、八月中丁	1696年赐额改称，1825年火毁，1828年重修，1871年撤
玉华书院	忠北清原	1696年	李得胤、尹承任、朴坤元、尹师哲	三月廿九	又名西溪书院，1871年撤，1988年复原
九峰书院	黄海	1696年	朴世采、尹殷聘		
寒泉书院	庆北闻庆	1697年	安贵孙、申淑彬、成晚征	三月中丁	又名寒泉祠，1868年撤，1946年复
凤岩书院	全南长城	1697年	边以中、尹轸、边庆胤、边烋、边允中、边德胤	二月、八月廿日	1868年撤，1976年复原，1980年奉享
秋山书院	全南	1697年	奇虔、奇孝谏、奇廷翼、奇遵、赵缵韩	不祭	
九峰书院	黄海	1697年	闵鼎重、闵维重		
彰节书院	江原宁越	1698年	朴彭年、成三问、李垲、柳诚源、河纬地、俞应孚、金时习、南孝温、朴审问、严兴道	二月、八月中丁	1698年赐额
鹤山书院	庆北	1698年	朴彭年、成三问、李垲、柳诚源、河纬地、俞应孚、吴斗寅、朴泰辅、李世华	不祭	
渊谷书院	全南长兴	1698年	闵鼎重、闵维重、李民琦	三月三日	1726年赐额，1871年撤，1873年设坛，1888年建御笔阁，1988年复
永溪书院	庆南河东	1699年	郑汝昌、金诚一	四月五日	又名龟溪书院，1868年撤
龙山书院	庆北庆州	1699年	崔震立	二月、八月下丁	1711年赐额，1870年撤，1903年设坛享祭，1963年重建

（续）

书院名称	位置	创建时间	奉祀人物	祭期	说明
仁山书院	庆北庆州	1699年	宋时烈	不祭	1722年撤，1725年复，1868年撤
机岩书院	忠北清原	1699年	姜栢年、吴熽	三月七日	1871年撤，1984年再建
龟溪书院	庆北	1670年	禹卓	不祭	
道正书院	庆北醴泉	1700年	郑琢、郑允穆	三月、九月上丁	1868年撤，1970年重修
清岩书院	庆北尚州	1700年	柳达尊、朴讷、李谦、柳宗仁、洪约昌、南嵘、郑允谐、朴成敏、李英甲、南近明	三月中丁	1752年升格，1868年撤，后设坛，1981年复原
九成书院	全北金堤	1700年	尹舜举、尹拯	不祭	1871年撤
三溪书院	全北任实	1700年	郭都、郭得亨、郭兴懋、郭维藩、郭后泰、申启澄、柳组	三月十五	1868年撤，1960年复建
枫溪书院	全北南原	1700年	黄喜、吴尚德、黄暐	三月十日	1788年移建，1931年复建
龟川书院	庆南	1701年	朴孟智、表沿沫、河孟宝、姜汉、梁喜、梁灌、梁弘澍	四月中丁	又名三槐亭，1868年毁撤，1984年复原
沂阳书院	庆南咸安	1701年	周世鹍、周宰成、周善元、周珏、周道复	四月上丁	又名舞沂书院、莲塘书院，1868年撤，1971年复原
道谷书院	庆南咸阳	1701年	赵承肃、郑复周、卢叔同、卢友明、卢士予、郑秀民	四月十二	1868年撤
西湖书院	庆南山清	1701年	吴僩、吴长、朴文（禾英）	不祭	1868年撤，1921年移建
苏川书院	庆北醴泉	1701年	全元发	三月中丁	1871年撤，1966年复原
龙溪书院	全北井邑	1701年	崔瑞琳、金习、殷鼎和、金廷昊、韩伯俞、柳宗兴	三月下丁	1868年撤，1960年重建
菊溪书院	忠北清原	1701年	朴增荣、卞景福、李德洙、李秀彦	三月三日 九月九日	1871年撤，1960年再建，1972年重修
德峰书院	忠北	1701年	宋时烈、赵宪	不祭	

（续）

书院名称	位置	创建时间	奉祀人物	祭期	说明
鹤山书院	仁川南区	1702年	李瑞相、李喜朝	不祭	1708年赐额，1871年撤
都泉书院	庆南昌宁	1702年	辛斯蒧、李中、裴鹤、辛础	寒时日	1868年撤，复原推进中
云岩书院	庆南昌原	1702年	朴身润	四月廿五	1868年撤，1947年复
临川书院	庆南晋阳	1702年	李俊民、姜应台、成汝信、河灯、韩梦参	三月廿日	1871年撤，1945年复建
屏岩书院	庆北青松	1702年	李珥、金长生	三月上丁	1702年赐额，1974年再移建
渊岳书院	庆北尚州	1702年	朴彦诚、金彦健、康应哲、金觉、赵光璧、康用良	三月廿日	1870年撤，1987年复原
松谷书院	庆北永川	1702年	柳方善、李甫钦、郭珣、李贤辅、沈之原、尹凤五	三月上丁	1871年撤，1966年再建
松鹤书院	庆北青松	1702年	李滉、金诚一、张显光	三月上丁	1868年撤，1984年复原
兴岩书院	庆北尚州	1702年	宋浚吉	三月、九月上丁	1704年赐额，1809年移建，1871年撤
江城书院	全南长兴	1702年	文益渐、文纬世	九月九日	1785年赐额，升格改称，1871年撤，1894年设坛，1905年重建
方山书院	全南求礼	1702年	尹孝孙、尹威、崔彦粹、崔衍、李景奭	三月十六	1865年撤,1985年复,1519年立碑
泉洞书院	全南	1702年	李敏叙、李健命、李观命	不祭	
龙岩书院	全北	1702年	郑梦周、朴光玉、边士贞、卢亨弼、徐湜	不祭	
龟山书院	忠南论山	1702年	尹烇、尹舜举、尹元举、尹文举	不祭	1871年撤
凤溪书院	忠北清原	1702年	权常、金宇颙、申涌、申潗	不祭	1871年撤
松溪书院	忠北清州	1702年	卞时焕	三月廿五	1702年赐额，1871年撤，1984年复
陶渊书院	庆北安东	1703年	金是榲、金学培	不祭	1871年撤，书堂存
南溪书院	庆南密阳	1704年	金之岱	三月六日	1868年撤，1907年再建，1954年扩

（续）

书院名称	位置	创建时间	奉祀人物	祭期	说明
盘谷书院	庆南巨济	1704年	宋时烈、金昌集、李重协、金洙根、金镇圭、闺镇远、金洙根	三月上丁	1868年撤，1906年复原
龟山书院	全南	1704年	宋希璟、尹应会、金彦勖、宋纯、金大器、李安讷、罗茂春、宋征、尹庭笄、林广弼	不祭	
玄洲书院	全北任实	1704年	李凌干、丁焰、金复兴、边瑜、丁涀	三月十日	1868年撤，1954年复设
龙山书院	江原东海	1705年	李世弼	三月三日	1868年毁撤，1956年再建
潜谷书院	京畿加平	1705年	金堉	三月中丁	1707年赐额，1872年撤，后复原
古川书院	庆北永川	1705年	李之馣、李荣根、李日将、李得龙、李得麟、孙应晛、崔仁济、郑硕男、金大海、金演	八月下丁	1868年撤，1916年复建
德岑书院	忠南礼山	1705年	金緑	不祭	1714年赐额，1868年撤
西山书院	庆南	1706年	李孟专、赵旅、成聃寿、元昊、金时习、南孝温	九月九日	1713年赐额，1868年撤，1980年复原，1984年完工
谦川书院	全南升州	1706年	赵崇文、赵瑜、赵哲山、朴仲林、金宗瑞、朴彭年	二月中丁 八月中丁	1868年撤，1920年设坛，1948年复
东岳书院	忠南唐津	1706年	李安讷	不祭	1860年撤
惠学书院	忠南洪城	1706年	李世龟	不祭	1871年撤
道渊书院	庆南陕川	1707年	周世鹏、周怡、姜仁寿、文益成、姜大遂	不祭	1871年撤
屏岩书院	庆南居昌	1707年	卞仲良、卞季良、卞璧	不祭	1871年撤
琴山书院	庆北迎日	1707年	许进寿	三月、 九月下丁	1731年升格，1868年撤，1909年重建
道溪书院	庆北永川	1707年	朴仁老	三月下丁	1868年撤，1972年复原
尼阳书院	庆北达成	1707年	郭安邦、郭之霖、郭赳、郭趪	二月、 八月中丁	1871年撤，1954年复原

（续）

书院名称	位置	创建时间	奉祀人物	祭期	说明
竹林书院	庆北	1707年	吴道全、徐惟远、李东哲、皇甫宽	不祭	
西山书院	平南	1707年	洪翼汉、洪命耇		
金昌书院	平北	1707年	金翼虎、鲜于浃、李文三		
德洞书院	大邱达西	1708年	禹玄宝、禹拜善	不祭	
云岩书院	光州北区	1708年	宋斋民、宋柁、权韠、高敬履、申泽、申汉柱	不祭	1865年毁撤
礼岩书院	庆南金海	1708年	曹尔枢	三月廿日	1871年撤，1976年复
中峰书院	庆南	1708年	孙仁甲、卢盖邦、孙若海、申东显	不祭	
西山书院	庆北尚州	1708年	金尚容、金尚宽	不祭	1870年撤
龙湖书院	庆北达成	1708年	都圣俞、都汝俞、都慎修	三月、九月下丁	1871年撤，1988年复原
愚谷书院	庆北醴泉	1708年	金承霔、金光熑	三月、九月中丁	1871年撤，1876年复原，1950年烧
清溪书院	全北扶安	1708年	宋世贞、李承干、罗德宽	不祭	1865年撤
柳村书院	庆南固城	1709年	沈光世、李逵	不祭	1868年撤，复原中
龟岩书院	庆北	1709年	徐沈、徐居正、徐嶰、徐湝		
东溪书院	庆北安东	1709年	琴兰秀、李安道	不祭	1871年撤
晦庵书院	忠南礼山	1709年	朱熹、李洽、李湛、赵克善、姜敏学	不祭	又名晦岩书院，1871年撤
龙岩书院	黄海	1709年	朱熹、李珥		
休亭书院	忠南论山	1700年	柳懋、宋翼弼、金公辉、金灦、李恒吉、金尚埏、金镇一、权燧、金禹择	三月、九月廿日	1868年撤，1959年复原
临漳书院	京畿涟川	1710年	朱熹、宋时烈、	九月十五	1713年赐额
新堂书院	庆南	1710年	赵之瑞	不祭	
歧湖书院	忠南燕岐	1710年	林椿、林兰秀、林穆、林兴生	不祭	1871年撤
白鹿书院	忠北清原	1710年	权常	九月中丁	1871年撤，1951年重建升格

（续）

书院名称	位置	创建时间	奉祀人物	祭期	说明
啸岩书院	庆北漆谷	1711年	蔡梦砚、蔡懋、张乃范	每年择日	1815年升格，1868年撤，1932年再建
新塘书院	庆南河东	1710年	赵之瑞		1718年赐额，1871年撤
仁川书院	庆南河东	1710年	崔得净、崔琦弼、崔濯、金圣运	三月廿日	1868年撤，后复原
阳山书院	庆北军威	1710年	郑梦周、洪鲁	三月上丁	1866年撤，1940年重建
龙泉书院	庆南居昌	1711年	邢士保、柳子雩、李继俊、全八顾、全八及、徐翮	不祭	1871年撤
大川书院	庆北永川	1711年	成松国、成纪、成德龙	三月、九月上丁	1729年升格，1871年撤，1920年复原
灵渊书院	庆北高灵	1711年	申德邻、朴誾、洪翼汉、郑师贤、金守雍	不祭	1868年撤，现存墓亭碑阁
云溪书院	庆北尚州	1711年	成滥、沈硕蕃、赵根、申硕亨、金三乐、成汝櫄	不祭	
云川书院	庆北高灵	1711年	洪翼汉、金守雍	不祭	1791年撤
稷川书院	庆北庆州	1711年	郑四震	三月下丁	1868年撤，1978年复原
沧溪书院	全南罗州	1711年	林泳	九月九日	1871年撤，1928年享祭
龙溪书院	忠北	1711年	南秀文、金文起、郑惟謩、李忠范、全命龙、成彦忠	不祭	
葛川书院	庆南固城	1712年	李岩、卢琟、鱼得江、李峤	三月中丁	又名金凤书院，1869年撤，1880年复原
盘皋书院	庆南	1712年	郑梦周、李彦迪	不祭	
盘龟书院	庆南薛州	1712年	郑梦周、李彦迪、郑逑	三月中丁	又名盘溪书院，1871年撤，1983年复原
潇阳书院	庆北闻庆	1712年	郑彦信、金乐春、南嵘、沈大孚、李禂	三月、九月上丁	1745年撤，1801年复，1868年撤，1987年复原
梧阳书院	庆北军威	1712年	李丽、李世宽	三月十五	又名广石斋，1869年撤，1969年复
龙溪书院	庆北庆山	1712年	崔文炳	三月十五	1786年赐额，1868年撤，1985年复原

（续）

书院名称	位置	创建时间	奉祀人物	祭期	说明
柳溪书院	庆北星洲	1712年	郑昆寿、朴灿、李淳	不祭	1871年撤，1949年再建
曲水书院	全南顺天	1712年	郑沼、赵大成	二月、八月中丁	1868年撤，1958年复建，改称
梁山书院	全南	1712年	廉世庆、廉悌臣、廉国宝、廉致中、廉悌立		
凤谷书院	忠南论山	1712年	李继孟、李纯仁、南溟瀚、陈克孝、南斗建	三月、九月十三	1871年撤，1896年设坛，1968年再建
新安书院	平北	1712年	朱熹		
高冈书院	庆南昌宁	1713年	金廷哲、张是行、孙佺、张翼祯	不祭	1746年赐额
竹溪书院	全北茂朱	1713年	金侁、张弼武、金希雍、张义贤、张智贤	三月十日	1869年撤，1972年再建
孝岩书院	忠南论山	1713年	姜应贞、徐益、杨应春、金文起、金成辉、金必泰、南俊	三月十日九月十日	1871年撤，1925年复原
忠贤书院	咸北	1713年	金济谦、金元行		
玉洞书院	庆北尚州	1714年	黄喜、金湜、黄孝献、黄纽		1789年赐额
松潭书院	庆南梁山	1714年	白受绘	三月中丁	1717年赐额，1871年撤，1986年复
黄岩书院	庆南咸阳	1714年	郭走夋、赵宗道	不祭	1717年赐额
鳌岩书院	庆北	1714年	崔恒庆、崔稳、崔辚		
盘溪书院	全南	1714年	丁仁杰、丁景远、丁鸣设、李舜臣		
舟岩书院	全北任实	1714年	崔德之、崔连孙、张伋、张经世	二月十五	
月华书院	庆南陕川	1715年	卢克复	三月中丁	又名驻跸阁、月华堂，1868年撤，1923年复原
黄岩书院	庆南	1715年	郭赵、宗道	不祭	
松潭书院	庆南金海	1716年	金得器、宋宝、柳湜、李大亨	四月廿日	又名四忠坛，1833年赐额，1871年享祭
清河书院	全北完州	1716年	金长生、朴东立、朴东显、柳组	三月上丁	1868年撤，1908年再建，1968年修

（续）

书院名称	位置	创建时间	奉祀人物	祭期	说明
龙江书院	忠南锦山	1716年	宋浚吉、宋时烈、金元行、宋明欽、俞盘	不祭	1869年撤，后复设改称
芙江书院	忠北清原	1716年	李衣玄、李万元、蔡济恭	不祭	1799年享，1824年升格，1866年撤
广济书院	庆南晋阳	1717年	洪毅、洪灌	三月十日	1891年重建，1957年升格改称
彰烈书院	忠南	1717年	尹集、洪翼汉、吴达济		
寒泉书院	忠北	1717年	宋时烈	不祭	
渼湖书院	大田大德	1718年	宋奎濂	不祭	又明翠白亭，1721年赐额，1871年撤
东山书院	全北高敞	1718年	李敬兴、李敏叙、李观命、李健命	不祭	
鹤林书院	庆南居昌	1719年	权时敏、曹淑、姜渭龙、柳世泓、郭讱、禹锡一	不祭	1865年撤
浮山书院	忠南扶余	1719年	金集、李敬兴	九月十八	1719年赐额，1871年撤，1975年复
石浦斋书院	忠南	1719年	许穆	不祭	
圣岩书院	忠南瑞山	1719年	柳淑、金宏郁	二月、八月中丁	1721年赐额，1871年撤，1924年复
卢阳书院	庆南咸安	1720年	赵参、安宅、朴旿、李明怙、李景藩、李景茂	不祭	又名百源阁，1868年撤
葆光书院	全北	1720年	李彦福、陆大春、李至诚、李致道、梁梦说、金峻業、惟政、李后泰	不祭	
松亭书院	庆南咸安	1721年	赵任道	不祭	1868年撤，推进复原中
龟川书院	庆北义城	1721年	朴宜中、朴瑞生、金孝贞、郑辉、李禹、张龙翰	不祭	1868年撤
新岩书院	庆南	1721年	安灌		
芝山书院	忠北镇川	1722年	崔锡鼎	不祭	1722年赐额，1869年撤
白川书院	庆北义城	1723年	张辅之、张文瑞、卞勇、李埙	不祭	1868年撤
栢山书院	全南	1723年	李世弼	不祭	

（续）

书院名称	位置	创建时间	奉祀人物	祭期	说明
龙溪书院	忠南青阳	1724年	尹拯	不祭	1869年撤
西洞书院	庆北	1725年	柳稷	不祭	
德阳书院	全南高兴	1725年	李健命、李倚天、郑东后、李麟奇、吴伯颜、鲁周观、文跃渊、郑在健、郑兰坡、明重华	八月十九	
朱溪书院	全北茂朱	1725年	朱熹、宋时烈	不祭	1868年撤
四忠书院	京畿广州	1726年	金昌集、李颐命、赵泰采、李健命		1726年赐额，1727年撤，1756年复
玉溪书院	庆南陕川	1726年	李珥、尹凤九、崔斗南、魏伯珪、朴俊钦、崔惟允	二月下丁	
紫阳书院	全南咸平	1726年	朱熹、宋时烈	不祭	1868年撤
德溪书院	全北任实	1726年	李正叔、李瀗、李祺、李桂、崔薳、李焘、金裕庆、李如梓	未详	又名梅溪书院，1868年撤，后建遗墟碑
晴川书院	庆北星洲	1729年	金宇颙、金聃寿、朴而章	不祭	1868年撤
龟湖书院	全北完州	1730年	朴尚衷、李诚中、朴訔、宋有着、林士寿、朴绍、朴宗说、林致愚、刘基双	二月、八月中丁	1868年撤，1869年设坛，1970年重建
瞻斗书院	庆南义昌	1731年	卢景宗	四月一日	1871年撤,1947年复，1950年烧毁，1955年再建
艮岩书院	平北	1731年	李喜朝		
知川书院	忠北	1734年	金世弼、金自粹、朴祥金、金巙、金宏郁、金鼎铉、金宗铉		
文山书院	庆北奉化	1735年	洪宇定	不祭	1741年撤，1786年再建，1824年升格，1868年撤
城南书院	庆北	1735年	周公、箕子、孔子、颜子、朱子、李衡祥	不祭	
龙江书院	咸南	1735年	朴纯、赵尚絅		
枫岩书院	江原旌善	1736年	李穑、金麟厚	不祭	1865年毁撤

（续）

书院名称	位置	创建时间	奉祀人物	祭期	说明
石溪书院	薛州	1737年	李芸	九月九日	1782年移建，1868年撤，复原中
昆义书院	庆南固城	1738年	李允吉、鱼渊、鱼变甲、鱼孝瞻、李义亨	不祭	大院君毁撤
云泉书院	庆北庆州	1738年	李彦适、泉德麟	不祭	1741年撤
竹溪书院	忠北清原	1738年	李瑢、李瑜、李甫钦、李琰、李璎、李琅	三月、九月下丁	1871年撤，1960年复原
云溪书院	庆南陕川	1740年	郑臣保、郑仁卿、郑仁耆、郑仁涵、郑仁洽、郑仁浚	不祭	1862年升格，1868年撤
玉溪书院	庆北蔚珍	1740年	宋时烈、金相定、田铣、金石堂	三月十六	1829年升格改称，1868年撤，1943年建讲堂，遗墟碑等并享祭
陁阳书院	庆北安东	1740年	孙洪亮、金自粹、柳仲淹	三月上丁	1871年撤，1983年复原
灆滨书院	庆南居昌	1744年	郑矩、郑种、郑彪、郑时修、郑荣振、郑应斗	二月、八月中丁	1864年撤，1919年复原
馆谷书院	全北任实	1744年	崔润德、李迪、李亨南	二月十七	1868年撤，1952年复原
鵄山书院	庆南	1745年	新罗朴、堤上夫人、金校、金氏	不祭	
芝冈书院	庆北尚州	1745年	郑国成、赵友新、曹希仁、曹廷融		1870年撤，1925年设坛
洛岩书院	庆北尚州	1745年	金聃寿、金廷龙、金廷坚	三月中丁	1870年撤，1987年复原
凤山书院	大邱南区	1746年	孙遴	不祭	1871年撤，移安密阳惠山书院
武灵书院	全南灵光	1748年	金审言、金该	三月、九月中丁	1868年撤，1903年设坛，1933年移
新溪书院	庆北蔚珍	1749年	金昌翕、金洙根	三月十六	1868年撤，1968年再建
鲁溪书院	庆北荣丰	1750年	泰中吉、韩山斗	不祭	1800年升格，1871年撤，存亭
汶谷书院	庆北星洲	1750年	李监干	二月中丁	1871年撤，1988年复原

（续）

书院名称	位置	创建时间	奉祀人物	祭期	说明
屏岩书堂	庆北	1750年	李圭执	不祭	
惠山书院	庆南密阳	1753年	孙洪亮、孙启瑞、孙讷、孙遴、孙宇男	二月中丁	初名西山书院，祀孙肇瑞，1868年撤，1971年重建改为惠山书院，增祀4人
松湖书院	庆北军威	1753年	李淑璜、李轸、李辅	三月中丁	1815年升格，1868年撤，1922年复
遗爱书院	全南	1754年	李慎仪		又名遗爱祠、敬章阁
凤冈书院	全北完州	1754年	李芳干、徐选、李宽球	二月、八月中丁	1852年改称，1869年撤，1899年复
义山书院	庆北闻庆	1756年	严兴道	三月、九月中丁	1864年撤，1926年复原
春山书院	庆北金陵	1756年	宋时烈、宋能相	三月晦日	又名春川书院
盘山书院	忠南扶余	1757年	赵圣复、赵璞、赵见素	三月、九月上丁	1966年移建
后山书院	庆北义城	1758年	金士元	不祭	1868年撤
龙溪书院	庆北永川	1760年	李孟专、赵旅、元昊、金时习、成聃寿、南孝温	不祭	1786年升格，1871年撤
横溪书院	庆北于此	1760年	郑万阳、郑葵阳	三月、九月上丁	又名慕古轩，1865年撤，1925年复
流岩书院	庆北安东	1763年	李庭栢、李亭男、李庭桧	三月中丁	1786年撤，1946年再建
琴岩书院	庆北	1764年	郑师哲、郑光天	不祭	
玉田书院	庆南陕川	1629—1765年	郑培杰、郑文	三月、十月一日	1799年升格，1861年重修，1871年撤，1980年复原
月麓书院	庆北	1765年	赵运道、赵述道	不祭	
大峙书院	全南谭阳	1766年	李释之、李安直、李宗俭、李甫钦、李宗谦、李鼎宝、李鼎新、李鼎泰	不祭	1868年撤，1920年遗墟碑建立
杜谷书院	全北南原	1766年	金仁镜、金冲汉、申包翅、金宣	不祭	1868年撤，现复设进行中
水晶书院	庆北盈德	1767年	申禧、申从溥、申虬年	不祭	又名水晶斋，1871年撤

（续）

书院名称	位置	创建时间	奉祀人物	祭期	说明
高山书院	庆北安东	1768年	李象靖、李光靖	三月、九月上丁	1789年升格，1871年撤，后复设
柳湖书院	大邱东区	1770年	蔡应麟、郭再谦	不祭	1871年撤
盛才书院	庆北	1770年	不详		
培山书院	庆南	1771年	李源、李光友		书堂
道东书院	庆北金陵	1771年	李崇元、李淑琦、李好闵、李淑瑊、李后白	不祭	又名道洞书院，1870年撤
西山书院	庆北安东	1771年	李穑、李弘祚	三月、九月中丁	1960年升格
竹皋书院	庆北醴泉	1771年	尹师晳、尹涉	不祭	1871年撤
鲁峰书院	庆南陕川	1772年	柳藩	三月三日十月十日	1871年撤，1947年复建，1988年移建
伊阳书院	庆南陕川	1772年	金纽、柳世勋	不祭	1868年撤
道峰书院	庆南义昌	1773年	金命胤	三月十三	又名忠贤祠，1844年升格，1868年撤，1975年复原
老江书院	庆北高灵	1725—1776年	宋时烈、权尚夏、韩元震、尹凤九、宋焕箕	三月中丁	1868年撤，1883年书堂建立
寒泉书院	京畿龙仁	1777年	李縡	不祭	1802年赐额，1850—1861年撤
清川书院	庆南陕川	1777年	李秉泰	不祭	1832年升格，1871年撤
仁溪书院	庆北奉化	1777年	金自粹、金彦迪、金八元、郑士诚	不祭	1868年撤
长渊书院	全南罗州	1777年	文多省、文公裕、文克谦、文惟弼、文益渐	九月中丁	1871年撤，1923年复设
大胜书院	全北完州	1777年	洪南立、柳倻、洪以浆	三月中丁	1868年撤，1926年设坛，1962年重建
圣谷书院	全北任实	1777年	李蒨、李齐贤、李延监、李恒福、李斗然、李宙		1868年撤，1918年移建改称，1938年火失，1954年重建
昌台书院	庆北永川	1777年	郑大任、郑梯、郑干	三月上丁	1868年撤,1955年移,1970年复原
鹤岩书院	庆北安东	1777年	郑士诚、郑士信、权益昌	不祭	1871年撤

（续）

书院名称	位置	创建时间	奉祀人物	祭期	说明
盘谷书院	全北全州	1777年	尹惶、李荣先、徐必远	二月下丁	1827年重建，1868年撤，1938年复
牧溪书院	庆南山清	1778年	李晁、金湛	三月七日	1883年复原
龙溪书院	庆北安东	1778年	金彦玑、权大器、金用石	三月上丁	1871年撤，存讲堂，设坛祭享
寒泉书院	庆北达成	1778年	全以甲、全义甲	四月五日	1864年撤，1989年复原
古山书院	庆北醴泉	1779年	李东标	不祭	1871年撤
屏岩书院	大邱达西	1780年	都应俞、都庆俞	三月廿九	1785年升格，1871年撤，1984年复
五峰书院	庆南密阳	1780年	曹致虞、曹光益	三月下丁	五峰祠，1790年改为书院，1868年撤，1989年复
道溪书院	庆南咸安	1780年	李潇、李休复、朴震英、赵益道	不祭	1868年撤，遗墟碑存
松湖书院	庆南陕川	1780年	文克谦	不祭	1868年撤，后复原
五峰书院	庆南	1780年	曹致虞、曹光益		
云谷书院	庆北	1780年	朱子、宋时烈	不祭	
章山书院	庆北庆州	1780年	李全仁	不祭	1797年升格，1868年撤
道山书院	庆南固城	1781年	崔均、崔堈	三月中丁	1868年撤，1842年移安
鸿浦书院	庆南咸安	1782年	尹桓、尹子当、尹志、尹硕辅、尹卓然	三月下丁	1868年撤，1974年复原
锦山书院	庆北义城	1782年	申体仁、申之悌	三月三日	
道潭书院	庆北义城	1782年	金士贞	不祭	1868年撤
明溪书院	庆北清道	1782年	李原、李胄	不祭	1787年改称，1868年撤
甫村书院	全南灵光	1782年	李克基、李闿、李安礼、李瑮	三月、九月中丁	1871年撤，1927年设坛，1947年改称
眉山书院	全南海南	1782年	闵伸、闵甫昌、闵甫谐、闵甫释	八月中丁	1800年升，1868年撤，1904年复设
甫存书院	全南	1782年	李克基、李闿祭、安礼、李瑮		

（续）

书院名称	位置	创建时间	奉祀人物	祭期	说明
苏溪书院	庆南	1783年	安梦得、安宇、安宙、安宅、安瑾、安琇、安信、安禔命、安以命	不祭	
德阳书院	庆南陕川	1784年	曹受天、曹以天、曹信天	十月十一	1868年撤，后复设
芳春书院	全南海南	1784年	金宗瑞、金孝友、金承霪、金鍪	霜降日	1868年撤，1901年重建
三贤书院	全北金堤	1784年	姜升、金时习、南孝温	二月中丁	1868年撤，1924年再建
大老书院	京畿	1785年	宋时烈		又名江汉祠、大老祠
云谷书院	庆北庆州	1785年	权幸、权山海、权德麟	三月上丁	1868年撤，1976年重建，改称
芝谷书院	全南	1785年	曹恰、曹大中、曹守诚、曹守弘、曹滉	不祭	
梧川书院	大邱寿城	1786年	杨熙止	三月十六	1868年撤，1962年复
云衢书院	庆南陕川	1786年	李午、赵悦、洪载	不祭	1868年撤
龟山书院	庆北	1786年	徐俞、徐仁元		
南湖书院	庆北庆山	1786年	李是声	三月中丁	1871年撤，1928年复原
寒泉书院	庆北荣州	1786年	张寿禧、吴澐、朴桧茂、朴枞茂		1868年撤，遗墟碑存
良川书院	庆北军威	1786年	洪灌、洪彦博、洪玮	二月廿七	1868年撤，1978年复原
梧川书院	奉化	1786年	金鸾、成以性、金人政、郑王	不祭	1868年撤
华川书院	庆北	1786年	柳云龙、金台安、柳元之		
龟山书院	庆北庆州	1786年	徐愈	不祭	1788年改称，1868年撤
荷江书院	忠北中原	1786年	洪履祥	三月十日	1871年撤，1903年设坛，1974年复
浣溪书院	庆南山清	1787年	权涛、权克亮	三月上丁	1871年撤，1883年修，1985年复原
广南书院	庆北迎日	1787年	黄甫仁、黄甫锡、黄甫钦	二月中丁	1868年撤,1900年复，1902年重修

（续）

书院名称	位置	创建时间	奉祀人物	祭期	说明
屏湖书院	庆北	1788年	金喜、朴嗣叔、朴忠仁、朴孝纯	不祭	
武夷书院	全北淳昌	1788年	朱熹、薛公检、薛仁检、赵元吉	不祭	1876年撤
芝溪书院	全北淳昌	1788年	杨培、李有谦、杨士敏、杨应秀	不祭	又名龟岩亭，1876年撤
泰岩书院	庆南宜宁	1789年	田赵生、田子寿	二月下丁	1868年撤，光复后复原
鹿洞书院	庆北达成	1789年	金忠善	三月中丁	1884年撤，1971年复原
凤阳书院	庆北	1789年	张龙翰、张琉		
苏溪书院	庆北永川	1789年	田租生、田兴霁、田仪畴	不祭	1868年撤
鸭溪书院	全北长水	1789年	陆丽、林玉山、朴以谦、朴以恒、陆洪镇	三月十七	1866年撤，1958年重建
孤竹书院	庆北安东	1790年	金济、金澍	不祭	1798年赐额，1871年撤
明湖书院	庆北安东	1790年	李原、李荣、李胃	九月中丁	1837年移建改称，1871年撤
鲁峰书院	庆北醴泉	1791年	权山海	三月、九月上丁	1866年撤，1921年复建
鹤三书院	庆北迎日	1791年	李大任	三月上丁	1871年撤，1907年重修，1948年升格，1985年重修
南岗书院	庆北善山	1792年	金宗武、金玒、金晋庆、金瀁	不祭	1868年撤
文山书院	庆北善山	1792年	卢守诚、卢景泌、卢景伦	三月上丁	1868年撤，1986年重修
晦山书院	庆北醴泉	1792年	朴孙庆	九月上丁	1871年撤，1984年复建
文阳书院	庆北军威	1793年	李堰	二月中丁	1871年撤，1972年复原
鳌川书院	全南升州	1793年	车原俯、车云革	不祭	1868年撤
德林书院	庆北迎日	1794年	宋时烈	九月上丁	1868年撤，1904年复原
早谷书院	庆北	1794年	安佑、安止		

（续）

书院名称	位置	创建时间	奉祀人物	祭期	说明
光山书院	庆南	1795年	杨晅	不祭	1871年撤
熊渊书院	庆北闻庆	1795年	蔡贵河、蔡寿、蔡绍权、蔡得沂	三月中丁	1798年升格，1868年撤
龙皋书院	全北	1795年	刘义孙、宋振门、柳轩、柳玢、柳崇祖、柳景秀、李翊烈	不祭	
道北书院	咸北	1795年	李载亨、朴兴宗、崔斗炳、李瑞世、李元培、崔凤寿、玄翊洙、黄相采		
东溟书院	庆北奉化	1796年	赵仁璧、赵贞	不祭	1868年撤
胜岩书院	庆北善山	1796年	金宁	不祭	1868年撤，进行复原中
愚山书院	庆北尚州	1796年	郑经世、郑宗鲁	不祭	1868年撤
斋洞书院	全南高兴	1796年	宋侃、宋建、宋谌、金时习、宋纯礼、宋大立、宋希立、宋商辅、宋弘渊、宋得运、宋真夫	三月、九月上丁	1868年撤，1946年改称，1966年升格
华东书院	全北高敞	1796年	金良鉴、金仁雨、金承吉、金五行	三月二日	1868年撤，1957年复建升格
云谷书院	全北高敞	1797年	朱熹、金济、金澍、金叔滋、金宗直	三月十日	1868年撤，1925年再建
新安书院	忠南	1797年	宋时烈、白颐、李齐贤		
华江书院	庆北善山	1798年	郑锡监、金蕃、金善初、金震䕶	不祭	1868年撤
圆冈书院	庆南薛州	1799年	严兴道	九月十七	1949年移建
龟岩书院	全南谷城	1799年	沈瑢、沈光亨、沈敏谦、沈敏觉	三月十九	1868年撤，1965年重建
柏谷书院	庆南密阳	1800年	李行、李迨、李光轸、李庆弘、李之运	不祭	又名柏谷斋
芝山书堂	庆北	1800年	金邦杰	不祭	
南山书院	全北淳昌	1800年	权晓	不祭	1807年奉安，1868年撤
阿溪书院	全北任实	1800年	杨墩、杨希迪、韩正吾	十月五日	又名光霁亭，1868年撤，设坛祭

（续）

书院名称	位置	创建时间	奉祀人物	祭期	说明
洛山书院	庆南	1802年	李鲁	二月廿九	1868年撤，1940年复
剡溪书院	庆北金陵	1802年	金文起、金玄锡、张志道、尹殷保、徐鹭	三月中庚	1866年撤，1899年重建
金溪书院	庆南	1803年	李芮、李元达、刘欢、郑玉坚	不祭	1868年毁撤，复原中
白云书院	庆南忠武	1803年	高时浣、高显俊	八月下丁	原名白云书斋
龙冈书院	大邱达西	1804年	许得良、许复良	三月十日	1871年撤，1953年再建，1987年复
鸥湖书院	庆北荣州	1804年	权定、权斗文、金奉祖、金大贤、权昌震	二月、八月中丁	1812年升格，1868年撤，后复原
彰烈书院	庆北	1804年	河纬地		
杏溪书院	庆北奉化	1804年	金钢、金弘济	三月、九月中丁	1868年撤，1931年复原
南康书院	全南康津	1804年	朱熹、宋时烈、朴光一	九月中丁	1809年升格，1868年撤，1896年建讲堂神坛，1959年追配
德源书院	庆南陕川	1806年	车蒲温、车原俯、车云革	三月上丁	1868年撤，1902年再建，1959年修
景洛书院	庆北善山	1807年	吴湜、黄璘、黄玮、黄璭、康居敏、黄耆老	不祭	1868年撤
古老书院	忠南	1808年	郑苯、郑之产		又名忠孝祠
友鹿书院	忠北清原	1808年	河演	二月中丁	又名采真堂，1868年撤，现妥真堂享祭
光山书院	庆北盈德	1812年	南庆熏、南䌹、南佶	四月八日	1868年撤，存遗墟碑坛亨
云山书院	庆北盈德	1812年	白文宝、白见龙	不祭	1868年撤，1900年改称
南山书院	全北金堤	1812年	柳志和、南宫㘈	二月中丁	1868年撤，1970年复建
龙安书院	庆南	1813年	李监干、李轼、李思之、李仲林		
东山书院	庆北庆山	1813年	郑珚	三月中丁十月十一	1868年撤，1937年再建
道山书院	全北茂朱	1813年	金砺石、朴希权	三月廿七	1868年撤，1968年复建

（续）

书院名称	位置	创建时间	奉祀人物	祭期	说明
金塘书院	忠北	1813年	廷嗣宗		
勿峰书院	庆南固城	1814年	曹九龄	不祭	1868年撤
道岩书院	全北长水	1815年	李絅光、李圣求、柳寻春	三月五日	1868年撤，1935年、1960年重建
金华书院	忠北	1815年	崔澐、成运、曹植、成悌元、崔兴霖		
紫岩书院	庆南薛州	1816年	车原俯、车云革	九月中丁	1868年撤，1920年复原
鲁东书院	庆北蔚珍	1816年	宋时烈	二月上丁	1868年撤，1921年复设
凤岗书院	庆北尚州	1817年	姜淮仲、姜调	三月中丁	1959年重修，1976年改称
紫东书院	庆北金陵	1817年	姜滐、姜汝、姜硕龟、姜履和	三月上丁	1868年撤，1923年复原升格
龙湖书院	庆南	1818年	陈克一	不祭	
明谷书院	庆北义城	1818年	琴隐、朴成阳	三月中丁	1868年撤，1905年再建，1976年复原
龙岩书院	全北长水	1818年	安河、梁硕厦、梁圣麟、金永甲、韩仁箕	九月十二	1871年撤，1947年重建
凤鸣书院	平南	1818年	金应荀、李阳元、李元翼		
龙冈书院	庆北清道	1819年	朴翊、朴庆新、朴庆因、朴庆传、朴庆胤、朴庆宣、朴智男、朴瑀、朴瑾、朴琡、朴智南、朴哲男、朴瑄、朴璨、朴球		1868年撤，1914年再建，1960年重建，1988年复原
玉山书院	庆南河东	1820年	郑梦周	四月四日	1868年撤，1967年复原
秀岩书院	全南康津	1820年	李先济、李调元、李仲虎、李泼、李洁	九月十五	1868年撤，1919年再建
龙冈书院	全南顺天	1821年	梁彭孙、梁信容	二月、八月中丁	1868年撤，1971年再建
龟川书院	庆南	1822年	许景胤	不祭	1868年毁撤
莘南书院	庆南密阳	1822年	朴蕆、朴耆	二月下丁	又名景报堂，1868年撤，1981年复原

（续）

书院名称	位置	创建时间	奉祀人物	祭期	说明
德川书院	全南长城	1822年	文以渐、奇孝谨、李实之、崔铁仑	不祭	1868年撤
龟阳书院	庆北	1823年	边庆会、边克泰、边安烈		
松川书院	庆北奉化	1823年	柳宗族	不祭	1871年撤
临湖书院	庆北庆山	1823年	李干	三月十五	
玉溪书院	全南顺天	1823年	郑知年、郑承复、郑思峻、郑思竑、郑惇、郑愃	三月、九月中丁	1868年撤，1953年复原
山阳书院	江原三陟	1824年	黄喜	十月九日	1868年撤，1984年复
云谷书院	庆南昌宁	1824年	李途、李长孙、李克道、李时光、李斗南、李汝涵	不祭	1868年撤
陶阜书院	庆北荣丰	1824年	闵应祺、黄汉忠、孙兴庆、权俊臣、朴守绪	不祭	1871年撤
凤冈书院	庆北	1824年	文益渐、文荣、文英		
龙渊书院	庆北荣丰	1824年	安于器、安牧、安元崇、安瑗、安从约、安理	不祭	1868年撤
云溪书院	庆北盈德	1824年	朴堤上、朴世通、朴文良、朴应天、朴洪茂、朴瑊	十月十五	1868年撤，1988年再建
栗峰书院	全南升州	1824年	丁克仁、丁淑、丁承祖	三月、九月中丁	1868年撤，1948年复原
桂潭书院	忠北	1824年	安珦、安文凯、安轴、金九安、宗源、安宗善、周世鹏、李滉、李石亨、金驲孙、李之菡、安名世、李珥、安德麟、安述、崔益铉		
嵋渊书院	庆南宜宁	1825年	许穆	三月十七	1868年撤，1975年再建
云岩书院	庆北蔚珍	1826年	不详		
云岩书院	庆北	1826年	孔子、孙舜孝、金济		
伊川书院	全南升州	1827年	朴世熹、朴曾孙、朴大鹏	二月、八月中丁	1868年撤，1961年复原
龟岩书院	全北金堤	1827年	黄居中、黄应清、郑弘溟、黄克孝、郑福焕	二月中丁	1868年撤，1902年设坛，1967年复
鱼岩书院	全北淳昌	1827年	金麟厚、李珥、郑澈、金时瑞	不祭	1876年撤

（续）

书院名称	位置	创建时间	奉祀人物	祭期	说明
明皋书院	庆北	1828年	郑湛、吴可成	不祭	
七松书院	全南	1828年	李明德		又名忠贤祠
龟山书院	全北镇安	1828年	宋宝山、金文基、宋琳	三月十五	又名龟山祠，1868年撤，1949年设坛，1967年重建
玉山书院	全北	1828年	金南式、金履成、金性股	不祭	
月冈书院	全北长水	1828年	白庄、宋宝山、金南择、崔庆会、金南重、宋寿山、白如玉	三月六日	1863年撤，1955年再建升格
东山书院	庆南昌宁	1829年	卢善卿、卢克弘、卢世厚、卢垓	不祭	
九峰书院	江原春城	1830年	朴恒	不祭	
松湖书院	庆南咸阳	1830年	李智活、李王于、李之蕃	二月、八月中丁	1868年撤，1915年设坛，1937年复
榆川书院	全北南原	1830年	房贵温、房士良、安瑑、房应贤、安昌国	十月九日	1868年撤，设坛享礼，又名五贤祠
梅阳书院	大邱北区	1831年	宋远器、宋明基、宋履锡	腊月十三	1868年撤，1876年复
南刚书院	庆北	1831年	金虎	不祭	
明山书院	庆北庆州	1831年	成浑、朴泰辅		1868年撤
玉溪书院	庆北达成	1831年	徐均衡、徐忭、徐颖	三月中丁	1871年撤，后复原
湖岩书院	全北南原	1831年	李舒、沈龟龄、安河、苏沿、苏山福、李棠	三月六日	1868年撤，1960年复设
玉成书院	庆北尚州	1831年			
杜陵书院	庆南咸安	1832年	安憋、安憙、安信甲	十月十五	1868年撤，1930年复建
薇阳书院	庆南金海	1832年	金系锦	不祭	1868年撤，现存墟碑
河南书院	庆南陕川	1832年	文景虎	不祭	1871年撤
盘岩书院	庆北高灵	1832年	郑矩、郑善卿、郑种、郑秠	四月中丁	1868年撤，现存遗墟斋，享祭
晦溪书院	庆北于此	1832年	曹景温	九月下丁	又名林溪亭，1868年撤

（续）

书院名称	位置	创建时间	奉祀人物	祭期	说明
桧溪书院	庆南	1833年	权龙见		
德书院粹	庆北	1833年	金昌集、闵镇远	不祭	又名友莲庵
皇冈书院	庆北清道	1833年	千万里	三月三日	1868年撤，1951年享祭
鱼江书院	庆南宜宁	1801—1834年	姜寿男	不祭	1868年撤
梧山书院	庆北	1834年	金鸾祥	不祭	
小鲁书院	庆南梁山	1835年	郑好仁、郑好义	九月中丁	1868年撤，1926年复原
青谷书院	金堤	1835年	尹巑、朴廷荣、尹汝任、白善男、尹汝仁	二月中丁	1868年撤，1987年再建升格
鹤湖书院	蔚山市中	1836年	李济臣	不祭	1868年撤
环峰书院	全北南原	1836年	千万里、千祥、千禧	四月五日	1868年撤，1876年建影堂，1956年改
花靖书院	平南	1837年	安命征		
庆林书院	庆南	1838年	金诚一、赵忠道	不祭	1871年撤
道东书院	庆南晋州	1838年	皇甫仁、金宗瑞、郑苯、金文起	不祭	1868年撤
清溪书院	庆南晋州	1838年	郑臣烈、郑天益	三月十五	1868年撤,1961年复,改为凤南书院
凤谷书院	平南	1838年	李晦斗		
新溪书院	庆南山清	1839年	朴翊	三月中丁	1868年撤，1879年复原
菊山书院	庆南	1841年	李原、李瑭	九月廿五	1869年撤,1944年复,1980年升格
西山书院	庆南咸阳	1841年	全五伦		1868年撤
绣林书院	庆南固城	1841年	裴玄庆、裴廷芝、裴任敬、裴孟宽、裴尚裒	十月十一	1868年撤，1923年复原
文山书院	庆南山清	1843年	权逵、权文任	立春日	1868年撤，1904年移建复原
苇溪书院	庆南固城	1844年	李仁亨、李义亨、李翎、李显、李应星、李礼亨、李诩、李济、李达、李智亨	九月中丁	1868年撤，1964年复原

（续）

书院名称	位置	创建时间	奉祀人物	祭期	说明
七滩书院	庆南	1844年	孙起阳	三月、九月中丁	清节祠改，1868年撤，改为七滩亭
芝山书院	庆北清道	1846年	朴虎、朴之贤、朴太古、朴重采	三月中丁	1868年撤，1973年复设祭享
大峰书院	庆北盈德	1847年	权自慎、权策、权尚吉	不祭	1868年撤
社洞书院	全北长水	1847年	金克一、金宗直、金驲孙、金骏孙、金大有、金致三、金挺泽	三月廿二	1868年撤，1930年复设，1986年重建
兰谷书院	蔚山市中	1848年	宋时烈、金昌集、金济谦	不祭	1868年撤
伊山书院	庆北义城	1849年	南梦赉	不祭	又名伊溪堂，1871年撤
月影书院	庆南马山	1850年	崔致远	不祭	1868年撤，存月影台
苏谷书院	庆南昌宁	1852年	卢抃素、卢沈、卢弘彦	不祭	1868年撤，现存书堂
五冈书院	全北	1852年	金时兴、金珦、金观、金文起、金遵	三月五日	1868年撤，1884年设坛，1922年移，1938年毁，1961年重建，1966年复
道南书院	庆南咸安	1854年	赵埘	不祭	1868年撤
新道书院	庆南固城	1854年	赵凝道、朴爱祥	不祭	1869年撤
龟峰书院	庆南	1855年	南在、南晖、南怡	不祭	1871年毁撤
云谷书院	庆南固城	1856年	鱼得江、诸哲孙、诸沫、诸弘禄	九月廿七	1868年撤，1987年再建，享祭
丹邱书院	庆北义城	1856年	申适道、申悦道、申采	寒食日	1868年撤，1984年复原
月溪书院	庆北蔚珍	1856年	张末翼、张良守	十月中丁	1862年升格，1868年撤，1925年复
龟岩书院	庆南	1858年	郑以吾、郑苯	三月廿二	1868年撤，1920年建，1968年复原
冕岩书院	庆南陕川	1858年	韩哲冲	不祭	1910年撤
道山书院	庆南昌宁	1859年	辛梦参	不祭	1868年撤
鱼隐书院	全北	1860年	洪灌、李蒨、洪演、李堪、洪常畴	不祭	

（续）

书院名称	位置	创建时间	奉祀人物	祭期	说明
新溪书院	庆南宜宁	1861年	郑俊、郑鳌年	三月十五	1871年撤，1956年再建
道生书院	庆北安东	1861年	裴三益、裴龙吉	不祭	
广川书院	庆南密阳	1862年	安命夏	三月中丁	1868年毁撤，1979年复原
聋山书院	庆南陕川	1862年	李元庆、李致、李安熙、李兴祖、李逸老	三月、九月上丁	1870年撤，1985年复原
丹邱书院	庆北庆州	1862年	李世基、李蒨、李从允	三月上庚	1868年撤，1983年复原
灵山书院	全北	1862年	全克礼、全子温、全子讓	不祭	
德阳书院	庆北义城	1850—1863年	金文起、金玄锡	三月上丁	1948年移建
仁衢书院	庆南咸安	1863年	李午	不祭	1871年撤
景显书院	庆南固城	1864年	崔致远、崔汭、崔震立、崔瑜、崔济楫、崔世磷、崔奎翼、崔祥弼、崔铉瓘、崔显甲、崔铉亢	十月上庚	1868年毁撤，1953年重建
湖山书院	全北完州	1865年	郑梦周、宋时烈、金寿恒、金东准、郑叔周	二月、八月中丁	1868年撤，1907年再建，1950年烧失，1958年复原
仁兴书院	庆北达成	1867年	秋适、秋篁、秋濡、秋水境、秋益溪	三月中丁	
桂松书院	全南灵光	1867年	丁良、丁礼孙	三月中丁	
悟礼书院	庆南	1870年	临文起		
伊溪书院	庆南陕川	1870年	沈自光、沈日三	十月十二	
西溪书院	庆北	1871年	李文和、李钠	不祭	又名花树亭
仁山书院	庆北醴泉	1864—1871年	权孟孙、李文佐、权五纪、李光胤、金发、言权墉	不祭	
海望书院	全南和顺	1872年	金宗直、金宏弼、郑汝昌、金驲孙、郑汝谐	九月十五	1962年改称
云阳书院	庆北星洲	1874年	吕希临	二月、八月下丁	1974年升格
凤山书院	庆南固城	1876年	郑廓、郑奎、郑潤	三月十九	1970年重建

（续）

书院名称	位置	创建时间	奉祀人物	祭期	说明
玄岩书院	京畿利川	1883年	金祖淳	不祭	
坪川书院	庆南咸安	1885年	朴希参、朴齐贤、朴齐仁	不祭	
德星书院	忠南燕岐	1885年	任宽晦、田愚、李载九、金骏荣、李裕兴、赵弘淳、任宽瓒	三月八日	1978年复建，1980年改称
沧东书院	全北井邑	1889年	金择述	九月廿日	1963年重修
紫阳影堂	忠北	1889年	朱子、宋时烈、李恒老、柳重教、柳麟锡、李直慎		
杏林书院	忠南论山	1864—1895年	徐益、李韶	三月晦日 九月晦日	1935年重建
德阳书院	忠北	1895年	庚轼	不祭	
蓬山书斋	江原道	1896年	李珥		
鹤川书院	全北	1896年	郑守弘、郑焜、郑达恕	不祭	
觉信书院	忠北	1901年	赵宪		又名二止堂
龙江书堂	庆南	1902年	金宇颙		
武阳书院	光州光山	1903年	崔思全、崔允德、崔溥、柳希春、罗德宽	九月六日	
栢山书院	全北	1904年	宋秉璇、郑济镐、郑东植、郑弘植	三月七日	1920年重建，1934年追配
江皋书院	忠北清原	1907年	吴名立、宋麟寿、郑磏	三月十五	1704年建止善亭，1968年补修
山仰书院	全北沃沟	1908年	宋秉璇	三月中丁	又名乐英堂，1920年重建
紫阳书院	黄海	1909年	郑梦周		
道山书院	庆南义昌	1910年	卞赞、卞廷寿、卞岦	三月中丁	
梅冈书院	庆北	1910年	申元福、申弘道、申琉	不祭	
北山书院	庆北军威	1910年	张海滨	二月、八月中丁	1948年升格
栗冈书院	庆北	1914年	芮仁祥	不祭	
龟阳书院	庆北奉化	1914年	边安烈、边庆会、边克泰	二月、八月下丁	1924年升格，1984年升格

（续）

书院名称	位置	创建时间	奉祀人物	祭期	说明
禾山书院	庆北义城	1915年	马天牧、马胜	九月上丁	
求尼书院	庆南	1916年	金宏弼	不祭	
玉洞书院	庆南河东	1917年	崔永庆、郑弘祚	三月中丁	
青溪书院	庆南咸阳	1917年	金驲孙	二月、八月中丁	1495年建青溪精舍，1498年废，1917年、1921年再建升格
愚谷书院	庆北义城	1918年	吴国华	三月上丁	1979年升格
基洞书院	庆南	1919年	郑梦周、李琼、李贤启、李挺序	二月、八月二十	1985年升格，改称
武山书堂	庆南	1919年	周世鹏	不祭	又名武山祠
乐山书院	庆北漆谷	1919年	李愉、李师孟	不祭	撤废后复原
石洞书院	庆北清道	1921年	李允龙	三月、九月中丁	
临湖书院	庆北安东	1921年	金涌	不祭	1981年移建
南岳书院	晋阳郡	1922年	金庾信、崔致远、薛聪	三月十八	
三明书院	庆北迎日	1923年	李述、李讷	九月九日	1987年重修
龙州书院	京畿坡州	1924年	白仁杰、金行、赵堪、慎齐贤、白惟咸	九月九日	1925年奉享，1926年追享
朱川书院	全北	1924年	朱子、吕大临、朱潜、李滉、李珥、李忠立、金重鼎		
华东书院	全北金堤	1924年	郑允乔、郑允俊、郑允俭、郑寅铉、宋焕箕	二月下丁	
迎胜书院	庆南居昌	1925年	李滉、宋浚吉、全辙	二月、八月中丁	
景白书院	庆南泗川	1926年	申宗谦、申贤、李穑、元天锡	三月中丁	乡中合议建
德山书院	庆北	1926年	徐涉		
高山书院	全南长城	1926年	奇正镇、金锡龟、郑义林、赵性家、金录休、郑载圭、李最善、曹毅坤、奇宇万	三月、九月中丁	1926年揭额
龙湖书院	全北南原	1926年	孙秉璇、金在洪、金种佳	三月十五	1941年追享，1983年追享

（续）

书院名称	位置	创建时间	奉祀人物	祭期	说明
华山书院	全北镇安	1926年	黄喜、黄保身、黄澄	九月十日	1961年重建，1969年改称
西山书院	庆北迎日	1927年	金冲汉、金宪章	九月中丁	1959年建庙，1960年升格
远溪书院	庆北庆山	1927年	宋应贤、宋杰	二月下丁	1954年升格，建立讲堂
淄东书院	全北沃沟	1927年	田横、田禄生、田贵生、田租生	三月下丁	1981年移建
白山书院	全北	1928年	尹瓒、尹汝、任白善、尹滋善、尹滋民	不祭	
玉山书院	全北沃沟	1929年	崔致远、金用泥、金浣、田永芳、姜进文、姜进伯、金景信、金櫐、金丽生、申硕辅、申大旭、杜安复、文昌炫	九月上丁	
水谷书院	京畿杨平	1930年	权景佑、权景裕	二月中丁	1966—1968年重修、补修等
东村书院	全南	1930年	李教川		
玉山书院	全北	1930年	金驲孙、金春世、金汕庆		
东谷书院	忠南扶余	1930年	赵慎	二月、八月中丁	
宜山书院	庆南宜宁	1933年	田愚	二月十五	
凤阳书院	庆北清道	1935年	卞仲良、卞季良	三月十五	1963年改称
龟川书院	庆北	1936年	不详		
栢谷书院	庆北庆山	1936年	许应吉	四月上丁	1976年扩建改称
安山书院	庆北迎日	1939年	金淑、金汉昌	三月中丁	1989年升格
金山书院	全南康津	1940年	金就砺、金自修、金千镒、金声振、金象干	九月十三	1970年、1987年、1988年均补修
墨井书院	忠北清原	1942年	申德麟、申包翅、申穑、申湜、申涌、申潗	三月十六	1942年设坛，1968年重建
汾阳书院	全北茂朱	1943年	徐涉、徐孝载	九月九日	1971年重建
云谷书院	忠北清原	1944年	李蒨、李堪、李忔、李必庆、李重闻	三月中丁	

（续）

书院名称	位置	创建时间	奉祀人物	祭期	说明
中阳书院	庆北迎日	1945年	徐涉、徐时福、徐淙	三月下丁	
景山书院	庆南固城	1946年	具应辰、具应参、具应星、具栋	三月中亥	
泗阳书院	庆北青松	1947年	申贤、申用义、元川锡	三月十五	1958年移建，升格
月岩书院	全北高敞	1948年	赵光祖、白仁杰、朴信蕃	九月十五	
万化书院	全北高敞	1949年	高庆、高用贤、高万郁	三月十五	
白山书院	庆北荣丰	1951年	徐在承	二月、八月下丁	1973年改称，1983年追叙
洛山书院	庆北高灵	1952年	裴绅	二月下丁	
奉德书院	庆北迎日	1952年	朴斗极	九月末日	1956年改称，1966年升格
太和书院	蔚山市中	1953年	李谒平、李居明、李翮、李瑱、李齐贤、李恒福	三月十日	
道天书院	庆山	1954年	李谒平、李齐贤、李蒨、李之会、李恒福	三月、九月上丁	
石冈书院	庆北清道	1955年	朴寒柱、李胄	三月上丁	1970年、1972年建讲堂、大门等
首成书院	庆北	1955年	金达汉	不祭	
鲁阳书院	全北井州	1956年	宋时烈、朴世经	九月十日	
承芳书院	全北金堤	1956年	郑絪、崔哲、郑守弘、郑坤、郑任、朴文	二月十二	
华冈书院	全北高敞	1956年	田愚、柳永善	三月廿日	又名玄谷精舍，1958年追配
岐江书院	庆南	1957年	李云龙	四月中丁	
车山书院	庆北清道	1958年	朴寒柱、李胄、金驲孙	三月、九月上丁	
月溪书院	全南	1958年	刘敞、刘好仁、刘德昭	不祭	
井山书院	庆南咸阳	1959年	许周、许穆、许方佑、许元栻	二月、八月中丁	
宜阳书院	庆南宜宁	1961年	南孝温、南振、南龙翼、南昌熙	不祭	1924年再建
东山书院	庆北安东	1961年	千万里	三月中丁	1968年撤

（续）

书院名称	位置	创建时间	奉祀人物	祭期	说明
文泉书院	全南	1961年	金方砺、金时浩	不祭	
碧溪书院	庆北安东	1962年	姜凤文	三月、九月下丁	1975年移建
济东书院	庆北军威	1962年	金庾信、苏定方、李茂	三月三日	
东竹书院	全北	1962年	赵光祖、崔希汀	三月十五	
洛东书院	大邱达西	1965年	禹倬、申贤、禹吉生、禹玄宝、禹拜善	三月、九月中丁	
碧城书院	全北金堤	1965年	金庾信、崔致远、金普、金璇、许周、金克一、金宗直、金永贞、金驲孙、金字杭	三月、九月五日	
凤阳书院	全北完州	1966年	金集、崔瑞林、柳宗兴	三月九月三月十日	
华山书院	庆南咸阳	1967年	林大仝	二月、八月中丁	1988年升格
东山书院	全北	1967年	金庾信、金普、金克一、许诩、金驲孙、金大有、金景瑞、金完、金寿延、金洪福、许穆	三月、九月十日	
佳湖书院	庆南晋州	1970年	郑文孚	三月十三	又名忠义祠
洛阳书院	全北	1970年	宋廷耆、宋廷耇、宋廷模	八月中丁	
文昌书院	全北沃沟	1970年	崔致远	十月三日	
东山书院	庆南咸安	1971年	车原俯、车云革	三月十五	
美冈书院	全南升州	1971年	裴璹	二月、八月中丁	
武阳书院	全北淳昌	1971年	奇正镇、其宇万、姜大一	三月五日	
碧堤书院	全北金堤	1971年	朴础	三月十六	
德山书院	庆北荣丰	1972年	崔孝源、崔章翰	三月十五	1977年重建
泉谷书院	忠北完州	1972年	任尹圣	二月十五、八月廿日至廿五择日	

（续）

书院名称	位置	创建时间	奉祀人物	祭期	说明
明谷书院	全南康津	1973年	崔冲、崔惟善、崔滋、崔万理、崔遇	三月上丁	
兰溪书院	忠北	1973年	朴堧		又名兰溪祠
朝天书院	济州	1974年	康侯、康虎景、康之渊、康允辉、康永	五月五日	
螺谷书院	庆北迎日	1975年	安侃	四月上丁	
南溪书院	庆北善山	1975年	尹弘宣	三月中亥	
大浦书院	金浦	1976年	梁诚之	三月下丁	
虎岩书院	全南罗州	1976年	李仲虎、罗士忱、郑介清、柳梦鼎、李黄钟、曹大中、李汲、李泼、李洁	三月廿日	
栗山书院	庆北庆山	1977年	朴彦枕、朴铉、朴讷生、朴景慎、朴云达、朴在镐	十月三日	
鹤南书院	庆北清道	1977年	崔致远	二月、八月十日	
龟山书院	庆南	1978年	尹铎		
寒泉书院	江原东海	1979年	李珥、韩元震、朴胃淳、洪仁铉	九月九日	
白鹿书院	全南和顺	1979年	朱熹、朱瓒、朱悦、朱余庆、朱阳东	五月五日	
溪山书院	全北高敞	1979年	金之岱、金应龙、金梦龙、金希邦	三月八日	
云冈书院	庆南晋阳	1980年	河拱辰、河润	二月廿三	
尼山书院	全北高敞	1981年	丁若镛		
栗山书院	全北金堤	1983年	崔秉心	十月五日	
金谷书院	庆北醴泉	1984年	朴仲佐、朴讷、朴孙庆	九月中丁	
华山书院	庆南居昌	1985年	邢士保、柳子雩	四月十日	大院君毁撤后又复原
临溪书院	光州北区	1986年	金克一、金驲孙、金大有	四月五日 十月九日	
忠敬书院	全南罗州	1987年	廉悌臣、廉国宝、廉致中、廉兴邦、廉延秀	三月五日	
斗岩书院	全北井邑	1988年	金驲孙、金泰河、金致玉	三月五日	

（续）

书院名称	位置	创建时间	奉祀人物	祭期	说明
楮山书院	庆南义昌	1989年	金管、金文淑、金伉、金湑	三月、九月上丁	
孝忠书院	全北	1989年	金庾信、金亿万、金亿熙、金顺、金福奎、金种箕		
青海祠	京畿	1999年	李之兰、李重老		
检溪书院	忠南	1999年	全信		
鹤山书院	庆南	2005年	朴允雄、朴朴愈、朴弘春		
鲁东书院	江原洪川	不详	崔冲、崔惟善	九月上丁	1930年移建
长悦书院	江原旌善	不详	立齐贤	不祭	1871年撤
雉壤书院	江原道	不详	元天锡、郑宗荣、韩白谦、元昊、许厚、金昌一、金孝元、丁时翰、元冲甲、金悌甲、秋适、李瑞雨、金孝元、李达		
文宪书院	京畿	不详	崔冲、崔惟善、崔惟吉		
杏州书院	京畿	不详	权慄		
龟岩书院	庆南	不详	李桢		
金凤书院	庆南	不详	李岩	不祭	1712年撤废
南冈书院	庆南	不详	李芳实	不祭	
德渊书院	庆南	不详	朴坤、朴梦龙、朴世墉		又名鱼变堂
道南书院	庆南	不详	金龟	不祭	
道阳书院	庆南	不详	金榥	不祭	
道河书院	庆南	不详	皇甫仁、金汶起	不祭	
绵谷书院	庆南	不详	鱼渊、鱼变甲、鱼孝瞻	不祭	又名月谷斋
卢山书院	庆南	不详	朴震英	不祭	
礼东书院	庆南	不详	表沿末	不祭	
源川书院	庆南	不详	李世甲	不祭	
甑山书院	庆南	不详	徐应时	不祭	

（续）

书院名称	位置	创建时间	奉祀人物	祭期	说明
苍山书院	庆南	不详	成以道	不祭	
粹德书院	庆北星州	不详	金昌集、闵镇远	不祭	1833年赐额，1868年撤
凤岗书院	庆北军威	不详	文益渐、文莱、文英	三月中丁	1861年赐额，1871年撤，1958年复
凤溪书院	庆北奉化	不详	裴尚益、裴应褧	不祭	1868年撤
峄阳书院	庆北安东	不详	金瑛、金箕报	不祭	1871年撤
玉溪书院	庆北	不详	张安世		
仁溪书院	庆北盈德	不详	宋时烈	不祭	1868年撤
林湖书院	庆北	不详	朴庆新	不祭	
丰岩书院	庆北安东	不详	李珙	不祭	1871年撤
镜阳书院	庆北	不详	吕应龟、吕大老	不祭	
镜阳书院	庆北	不详	张龙翰	不祭	
岐阳书院	庆北	不详	柳义孙、柳复起		
洛源书院	庆北	不详	李惟樟、金侃、柳敬时		又名涵碧堂
松潭书院	庆北	不详	朴惺	不祭	
伊洛书院	庆北	不详	郑逑、徐思远	不祭	
日新书院	庆北	不详	李思敬、李穑	不祭	
东山书院	全南长城	不详	徐时灿、金天禄、临必宣	不祭	1868年撤
录山书院	全南	不详	郑介清	不祭	
松川书院	全南升州	不详	金驲孙、金大仁、金致慕	三月、九月中丁	1954年重建、改称
箕山书院	全北	不详	姜氏、金氏	不祭	
德川书院	全北	不详	金氏	不祭	
保宁书院	全北扶安	不详	金庾信	三月、九月廿日	
磻溪书院	全北	不详	刘馨远		
葆宁书院	全北	不详	金庾信		

（续）

书院名称	位置	创建时间	奉祀人物	祭期	说明
黄冈书院	全北全州	不详	李文挺、李德邻、李穆、李伯由、李琼仝、柳仁洪、姜海遇	二月下丁	1592年火毁，1620年移建，1718年重建，1869年撤，1898年移建
屏岩书院	忠南公州	不详	申遵美、申点、林頲	不祭	1871年撤
盛峰书院	忠南公州	不详	李贵、李时白、李时聃、李时昉	不祭	1871年撤，复原中
蓼塘书院	忠南公州	不详	金宗瑞、皇甫仁、金文起、赵顺生、郑苯、成熺、尹愿、郑天卿、尹懿	不祭	1871年撤
云山书院	忠南公州	不详	卢以亨、卢以复	不祭	1871年撤
华山书院	忠南	不详	权惺、权擘、赵守伦、权让、权洪		
琴谷书院	忠北丹阳	不详	李植	不祭	1871年撤
西溪书院	忠北清原	不详	李得胤	不祭	1871年撤
芦溪书院	平南	不详	赵三省、杨德禄、郑旻		
明德书院	平南	不详	李自华		
星峰书院	平南	不详	黄应圣		
绍贤书院	平南	不详	金祖淳		
顺受亭书院	平南	不详	鲜于治		
沧冈书院	平南	不详	金台佐		
忠贤书院	平北	不详	郑凤寿、金砺器		
鹤翎书院	平北	不详	曹好益		
栗溪书院	咸南	不详	李珥		
湖山书院	咸南	不详	赵胖		
五峰书院	黄海	不详	皇甫仁		

主要参考书目

参考的中国书目如下：

《庙学典礼》《文献通考》《续文献通考》《宋史》《四库全书》《中国历代书院志》《中国书院史》《中国古代书院发展史》《中国教育制度通史》《中国书院史资料》《中国书院辞典》《中国书院》《世界孔子庙研究》《湖南文庙与书院》。

参考的朝鲜书目如下：

《增补文献备考》《太学志》《陶山全书》《道东书院志》《道岩书院志》《玉山书院志》《牛渚书院志》《七山书院志》《绍修书院志》《兴岩书院志》《伊山书院志》《迎胜书院志》《玉洞书院志》《彰节书院志》《紫云书院志》《深谷书院志》《德川书院志》《儒教大事典》《书院胜览》。

参考的日本书目如下：

《昌平志》《日本教育史资料》《藩学建筑》《藩校遗构》《日本的藩校》《圣堂物语》《汤岛圣堂和江户时代》《多久圣庙》《会津藩校日新馆和白虎队》《长崎市志》《闲谷学校》《怀德堂的过去与现在》《藩校养老馆》《名古屋市史》。

后 记

“世界书院研究”2014年获国家社会科学基金立项（批准号：14BGJ058），但是由于频繁参加学术会议和讲座，每年有三分之一的时间奔波于国内国际，一直未能坐下来专心写作。2020年4月，突然接到年底必须结项的通知，时间紧迫，只能请人协助。委托山东政法学院李扬博士负责第二编“朝鲜书院”，她还找到樊颖博士协助。委托孔子研究院房伟博士组织撰写第一编“中国书院”部分章节，崔伟芳硕士撰写第三章“中国书院教学”，刘晓霞硕士撰写第五章“中国书院学生”，泰安市岱岳区文物保护中心文景刚硕士撰写第六章“中国书院制度”，房伟撰写第四章“中国书院师长”、第七章“中国书院著述、刊书与藏书”和第八章“中国书院经费”，并改定上述各章。匆匆忙忙，赶在年底结题。当时中国编共十章四十四节，朝鲜编共八章二十三节，日本编共五章十四节，东南亚及欧美编共两章六节，合计二十五章八十七节，文稿连同附表文字共计77.6万字。

结项时署名如下：负责人孔祥林，主要参加人孔喆、李扬、房伟、孔霞、崔伟芳、文景刚、刘晓霞、王蕊、樊颖、郭平。

时间仓促，本项目最后只以合格结项。结项后，对书稿进行重新编写，第一编“中国书院”将原来第七章、第八章合并为一章，增加一章十六节，第二编“朝鲜书院”增加两章九节，第三编“日本书院”增加五章十九节，第四编“东南亚及欧美书院”增加一节，此外还增加中国书院大事记、朝鲜书院大事记和日本书院大事记等，全书纯文字共计110余万字。

在《世界书院研究》一书面世之际，我谨感谢孔子研究院的领导，感谢他们一直关心支持本项目研究，并资助出版。

感谢江西师范大学副教授李星杰博士，她2021年春节后去韩国成均馆大学进行研究，抵达韩国完成隔离后，立即前往图书馆查找朝鲜书院资料，并购置扫描仪，将《绍修书院志》《玉山书院志》《伊山书院志》《迎胜书院志》《玉洞书院志》《紫云书院志》《道东书院志》《道岩书院志》《牛渚书院志》《七山书院志》《兴岩书院志》《彰节书院志》等文献扫描后发来，且随时帮助我翻译。

感谢山东孔子国际旅行社高级翻译魏广平先生，他多次陪我赴日本考察书院、藩校遗存，帮助搜集并翻译资料。

感谢莒县文心高中高月得先生为本书翻译日文资料，由于日本相关资料多是百年前写成，与现在日语差异很大，能够翻译者很少，有朋友亲自去日本也没有找到翻译者，而高先生却是收到即译。

感谢孔子研究院助理翻译韩梦冬硕士为本书翻译韩语资料，尽管许多材料是韩国人将古汉语译成现代韩语的，其中还有许多韩国名物、制度等专用术语，翻译难度很大，但是不论白天晚上，韩梦冬总是随到随译。

感谢山东政法学院李扬博士，江西环境工程职业学院樊颖博士，孔子研究院副研究员房伟博士、崔伟芳硕士和刘晓霞硕士，泰安市岱岳区文物保护中心文景刚硕士，他们不辞辛苦，及时撰出有关编章，帮助完成课题结项。

感谢岳麓书院朱汉民院长，赠送许多书院研究资料。

感谢韩国成均馆崔根德馆长、韩国中央大学梁成武教授、韩国儒道会崔英甲会长，他们多次帮助安排考察韩国书院。

感谢韩国忠南大学孔子学院康惠根院长，康院长2018年2月邀请我参加忠南大学等单位举办的中韩世界文化遗产论坛，协商调整会议日程，安排考察遁岩、武城、笔岩等书院。

感谢日本足利市山浦启荣先生和小笠原康夫先生，爱媛大学菊川康夫教授，日本论语普及会浜田正和、广池明德等先生，他们或支持陪同考察日本藩校书院，或帮助搜集日本藩校书院资料。

感谢越南汉喃研究院院长阮俊强博士将大作《书院与木雕版在东亚儒家知识的传播——越南教育家阮辉偿及其1766—1767出使中国的案例研究》及时发来，充实了越南书院研究内容，弥补了缺少越南书院遗憾。

感谢内人郭平，搜集书院资料，为本书编制历代新建书院一览表。

孔祥林

2024年8月18日